COPTIC TEXTS

EDITED WITH INTRODUCTIONS AND ENGLISH TRANSLATIONS

BY

E. A. WALLIS BUDGE, M.A., Litt.D.

Volume I. Coptic Homilies in the Dialect of Upper Egypt, from the Papyrus Codex Oriental 5001 in the British Museum. With five plates and seven illustrations in the text. 8vo, pp. x + 424. 1910. 12*s*. net.

Contents:—I. The Discourse of Apa John, Archbishop of Constantinople, on Repentance and Continence. II. The Explanation of Apa John, Archbishop of Constantinople, concerning Susanna. III. The Discourse of Saint Athanasius, Archbishop of Rakote, on Mercy and Judgement. IV. The Discourse of Archbishop Theophilus on Repentance and Continence, &c. V. The Discourse which Saint Athanasius, Archbishop of Rakote, pronounced concerning a passage in the Gospel of Saint Matthew. VI. The Discourse pronounced by Proclus, Bishop of Cyzicus, on the last Sunday in Lent. VII. The Discourse which Proclus, Bishop of Cyzicus, pronounced on the Sunday which preceded the holy Forty Days. VIII. The Discourse which Apa Basil, Bishop of Caesarea of Cappadocia, pronounced concerning the end of the world, &c. IX. The Discourse which the holy Patriarch, Apa Athanasius, Archbishop of Rakote, pronounced concerning the Soul and the Body. X. The Discourse which Apa Eusebius, Bishop of Caesarea of Cappadocia, pronounced concerning the Canaanitish woman. Appendices I–VII.—Discourses of Mâr John (Bishop of Constantinople), Proclus, and Alexander (Archbishop of Alexandria).

Volume II. Coptic Biblical Texts in the Dialect of Upper Egypt. With ten plates. 8vo, pp. lxxxviii + 349. 1912. 15*s*. net.

Contents:—I. The Book of Deuteronomy. II. The Book of Jonah. III. The Book of the Acts of the Apostles. IV. The Cursive Script at the end of the Acts. V. The Apocalypse of Saint John. VI. List of Coptic Forms of Greek Words. VII. List of Coptic Forms of Names of Persons, Countries, &c.

Volume III. Coptic Apocrypha in the Dialect of Upper Egypt. With fifty-eight plates. 8vo, pp. lxxvi + 404. 1913. 20*s*. net.

Contents:—I. The Book of the Resurrection of Jesus Christ by Bartholomew the Apostle; The Life of Saint Bartholomew. II. The Repose of Saint John the Evangelist and Apostle. III. The Mysteries of Saint John the Apostle the Holy Virgin. IV. The Life of Bishop Pisentius. V. Encomium on John the Baptist. VI. The Instructions of Apa Pachomius. Coptic Forms of Greek Words, &c.

Volume IV. Coptic Martyrdoms, &c., in the Dialect of Upper Egypt. With thirty-two plates. 8vo, pp. lxxvi + 523. 1914. 17*s*. 6*d*. net.

Contents:—I. The Martyrdom of Saint Victor the General. II. The Encomium of Celestinus, Archbishop of Rome, on Victor the General. III. The Life of Saints Eustathius and Theopistê and their two children. IV. The Life of Apa Cyrus. V. The Encomium of Flavianus, Bishop of Ephesus, on Demetrius, Archbishop of Alexandria. VI. The Askêtikon of Apa Ephraim. VII. Another Epistle of Apa Ephraim to a beloved disciple. VIII. The Life of John the Monk. IX. The Life of Apa Onnophrios the Anchorite. X. Discourse on Abbatôn by Timothy, Archbishop of Alexandria. Coptic Forms of Greek Words, &c.

Volume V. Miscellaneous Texts in the Dialect of Upper Egypt. With forty plates and twenty illustrations in the text. 8vo, pp. clxxxi + 1216. 1915. 40*s*. net.

Contents:—I. The Encomium of Theodore, Archbishop of Antioch, on Theodore the Anatolian. II. The Discourse on Mary Theotokos by Cyril, Archbishop of Jerusalem. III. The Discourse by Demetrius, Archbishop of Antioch, on the birth of God the Word and on the Virgin Mary. IV. The Discourse of Apa Epiphanius, Bishop of Cyprus, on the Holy Virgin, Mary Theotokos. V. The Discourse of Saint Cyril, Archbishop of Rakote, on the Virgin Mary. VI. The Teaching of Apa Psote, the great Bishop of Psoï. VII. The Discourse on the Compassion of God and on the freedom of speech by the Archangel Michael, by Severus, Archbishop of Antioch. VIII. The Discourse of Cyril, Archbishop of Jerusalem, on the discovery of the Cross and on the baptism of Isaac the Samaritan. IX. The Martyrdom of Saint Mercurius the General. X. The Martyrdom and Miracles of Mercurius the General. XI. The Encomium of Acacius, Bishop of Caesarea, on Mercurius the Martyr. XII. A Discourse on the Archangel Gabriel by Celestinus, Archbishop of Rome. XIII. The Encomium of Theodosius, Archbishop of Alexandria, on Saint Michael the Archangel. XIV. Histories of the Monks in the Egyptian Desert by Paphnutius. XV. The Prayer of Saint Athanasius when dying. XVI. The Discourse on Saint Michael the Archangel by Timothy, Archbishop of Alexandria. XVII. Encomium on the Archangel Raphael by Saint John Chrysostom (incomplete). XVIII. The Apocalypse of Paul (incomplete). Appendix.—The Martyrdoms of Absâdî, Alânîkôs, and Mercurius, and Oriental MSS., Nos. 6806 A, 6780, and 6800.

MISCELLANEOUS TEXTS
IN THE
DIALECT OF UPPER EGYPT

MISCELLANEOUS COPTIC TEXTS

IN THE

DIALECT OF UPPER EGYPT

EDITED, WITH ENGLISH TRANSLATIONS

BY

E. A. WALLIS BUDGE, M.A., LITT.D.

KEEPER OF THE EGYPTIAN AND ASSYRIAN ANTIQUITIES
IN THE BRITISH MUSEUM

WITH FORTY PLATES AND TWENTY ILLUSTRATIONS
IN THE TEXTS

PRINTED BY ORDER OF THE TRUSTEES

SOLD AT THE BRITISH MUSEUM

AND BY LONGMANS AND CO., 39 PATERNOSTER ROW
BERNARD QUARITCH, 11 GRAFTON STREET, NEW BOND STREET, W.
ASHER AND CO., 14 BEDFORD STREET, COVENT GARDEN
AND HUMPHREY MILFORD, OXFORD UNIVERSITY PRESS, AMEN CORNER, LONDON

1915

LETTERPRESS AND PLATES PRINTED IN ENGLAND
AT THE OXFORD UNIVERSITY PRESS

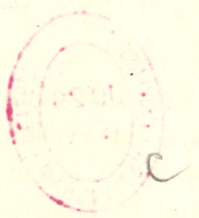

PREFACE

THE present volume contains a series of eighteen Coptic and three Ethiopic texts, with translations, which include Encomia on the Blessed Virgin Mary, Histories of the three great archangels, Michael, Gabriel, and Raphael, Martyrdoms of Psote, Bishop of Psoï, Mercurius, and Theodore the Anatolian, the History of the Monks by Paphnutius, the Apocalypse of Paul, &c. All these texts are written in the dialect of Upper Egypt, and are published herein for the first time. The editing of the texts has been carried out by an arrangement with my colleague, Dr. L. D. Barnett, Keeper of the Department of Oriental Printed Books and Manuscripts in the British Museum.

The series opens with the account of the martyrdom of Theodore the Anatolian, by one Theodore the deacon of Gaius, Archbishop of Antioch, who claims to have succeeded his master on the archiepiscopal throne, and to have been an eye-witness of the events which he describes. Theodore was the son of Soterichus by the niece of Euius, the King, or Governor, of Antioch, and the grandson of Samar, a noble of Tarsus in Cilicia, who possessed vast estates and great wealth. His cousin Claudius was the son of Ptolemy by the daughter of Euius, and the two young men were brought up together, and they were trained in the art of war, and received appointments in the army befitting the sons of kings. On the death of Euius Ptolemy and Soterichus ruled the kingdom jointly, and Theodore and Claudius became generals. The young men were devout Christians, and led almost ascetic lives, eschewing marriage, theatres, baths, and all kinds of amusements; the Scriptures were their guides in religion, and they studied the theory and practice of war with the help of the Book of Alexander. When the war between the Romans and Persians broke out, Theodore and Claudius marched through Armenia at the head of their troops, and in the battles that ensued Claudius was captured and carried off to the court of Agaborne, King of Persia, and Kratôr, the son of Agaborne, was captured by the Romans and taken to Antioch. Theodore set out for Persia with Gaius the archbishop, with the view of effecting an exchange of prisoners, and eventually they returned to Antioch with Claudius, safe and sound. When Theodore left Antioch, Kratôr, the Persian prince, was ill, and soon after the return of the Romans from Persia he died, and was embalmed and buried in the archbishop's palace. When Agaborne heard of his son's death he declared war against the Romans, and Umerianus, the new King of Antioch, who had bribed the City Council to elect him in the room of the deceased Ptolemy, was afraid to go out against him. He was afraid that if he stayed in Antioch Theodore or Claudius would kill him, and he was afraid to let them depart from the city with the troops, lest the soldiers should proclaim one or other of the legal heirs to the throne as King of Antioch. Prompted by the Devil, he sent and fetched a swine-herd or goat-herd called Akrippita from Egypt, and gave him a command in the army. This man became the lover of the daughter of Umerianus, and when a few years later her father died in battle she bribed the Council, and Akrippita became King of Antioch, and subsequently ruled that city and all the Roman Empire under the name of Diocletian. After the accession of Diocletian a bitter feud broke out between him and Theodore and Claudius, and the Empress urged him to destroy Theodore, of whom he was greatly afraid. In one of the wars between the Romans and Persians, Nikometes, another son of the King of Persia, was captured and taken to Antioch, but was allowed to escape with the connivance of Theodore and the help of Archbishop Gaius, who wanted the money which the King of Persia had sent as a bribe to spend upon the poor of Antioch. When Diocletian found this out he slew the Archbishop and plundered all the churches in Antioch, and seized Theodore by treachery, and had him crucified on the great persea tree near the gate of the palace at Antioch, and 153 nails driven into his body. This Martyrdom is a very interesting document, and belongs to a class of historical romance of which few examples in Coptic are known.

In connection with the notice of Akrippita or

Diocletian which is given in the Encomium on Theodore, we may note the little tract called the Teaching of Apa Psote, Bishop of Psoï (see pp. 147, 725). Psote and Akrippita were herdsmen together in Upper Egypt, and Psote sang the Psalms of David whilst Akrippita accompanied him on the pipes. Meanwhile the goats of one herd scattered the sheep of the other. When Akrippita assumed the name of Diocletian and became Emperor, he sent to Egypt, and ordered that his old friend Psote should be made Bishop of the South, i. e. of Upper Egypt and of a part of Northern Nubia. Later, when he issued his Edict against the Christians, he sent a dispatch to Arianus, Prefect of Egypt, and ordered him to seize Psote, and compel him to sacrifice to the gods. Arianus sent an officer to Psoï with instructions to carry out the Emperor's wish, and he arrived there late on the Saturday night. When Psote saw him, and learned the purpose for which he had come, he entreated him to defer his arrest until the following morning. To this the envoy agreed, and Psote went to his church and preached to the congregation his farewell sermon, which only ended when the daylight appeared. Having celebrated the Eucharist he departed with the Imperial Veletarius, and was beheaded, probably at Antaeopolis.

Other valuable texts deal with the martyrdom of Mercurius, a very distinguished officer and military saint who flourished in the reign of Decius, and the miracles which took place at his shrine in Upper Egypt. He was the son of Gordianus, a native of Scythia, and before he enlisted was known by the name of 'Philopator'. With a sword which was given him by the Archangel Michael, and under the influence of Divine Power, he performed such mighty deeds of valour in a decisive battle between the Romans and the Barbarians of Armenia that the enemy broke, and their flight became a rout. In return for these services Decius showered gifts and honours upon him, but when he proposed to go and thank the gods in the temple, and to sacrifice to them, Mercurius refused to do so, and crept away to his own quarters, where he put on sackcloth and wept for the folly of the idolater. When summoned into the Emperor's presence to explain his conduct and his renunciation of the imperial gifts and honours, he related to Decius his early history, and proclaimed himself to be a Christian. The usual dialogue ensued between the persecutor and his victim, followed by the inevitable result, for Mercurius was first tortured and then beheaded at Caesarea. The body of Mercurius appears to have been taken to Upper Egypt, for in the account of his Third Miracle (p. 830) we read of the Christians of Edfû discussing the removal of his body into the city. Whilst they were talking the body of the saint rose up of its own accord and walked into the city, whilst the talking mule that was there cried out, 'Sing praises to the martyr.' The body was afterwards carried into the church, where it remained until a martyrium was built. The other miracles of the saint are of considerable interest as throwing some new light upon the beliefs of the Christians of Edfû at the period when serious persecution of the Copts was imminent. At the end of the Coptic version of the Martyrdom of Mercurius a section dealing briefly with Julian the Apostate has been added, and in this occurs a variant of the old legend that Julian was slain by Mercurius. Julian had shut up in prison his old friend Basil of Caesarea and others, and had departed on his ill-fated expedition against Sapor, leaving them there. One night (p. 826) he saw a troop of soldiers in the air advancing against him, and he knew that they were Mercurius and his friends. Suddenly he felt himself transfixed through the loins by a spear, and catching in his hands the blood which gushed out, he threw it up towards heaven, saying, 'Take this, O Christ, for Thou hast taken the whole world.' And he fell down dead straightway. Three days before this happened Basil and his companions in prison each saw a vision in which Mercurius went into his martyrium, and drew out his spear [from a picture or statue], and they heard him say, 'Shall I permit this lawless man (i. e. Julian) to blaspheme the God of heaven in this manner?' They then saw the saint leave the martyrium. When Basil and his friends had described their vision to each other, they sent a messenger into the martyrium to see whether the spear was in its place or not, and the spear was missing. Three days later came the news of Julian's death, but nothing is said about the spear coming back. In the Annals of Saʿîd ibn Baṭrîḳ, or Eutychius, it is said that Basil was sitting on his chair, with a tablet in front of him on which a figure of Mercurius was painted. Whilst he was looking the figure of Mercurius disappeared from the tablet, and he marvelled; and the figure did not return to the tablet for at least one hour. When it returned Basil saw that on the tip of the spear, which according to the painting the martyr was holding in his hand, there was blood, and Basil remained stupefied with astonishment until he heard later that Julian had been slain at that hour.[1] In the Ethiopic version of the legend (see the Appendix) the spear in the martyr's hand in the picture became 'full of blood'.

Next in importance historically is the History of the Monks of Upper Egypt and the Life of Apa Aaron by Paphnutius, the famous ascetic who flourished in the fourth century. This work appears to have been unknown hitherto. Paphnutius, as we know from his Life of Onnophrius, made several journeys into the desert in order to see for himself how the recluses and anchorites lived, and the Life of Apa Aaron proves that on one occasion at least he visited the monks who lived in the desert near the First Cataract, and on the islands that lay between Syene and Philae. He went to a monastery which must have been near the site of

[1] Pocock, *Contextio Gemmarum, sive Eutychii Annales*, Oxford, 1656, vol. i, pp. 484–7; see also Abû Ṣâliḥ, ed. Evetts, p. 161; and Butler, *Coptic Churches*, vol. ii, p. 359.

the later Monastery of St. Simeon on the left bank of the Nile opposite the Island of Elephantine, where he was received by a brother called Pseleusius. To him he made known his desire to collect histories of the monks who lived in the neighbouring deserts, and Pseleusius gave him many details of the lives of Apa Zebulon, Sarapamôn, Matthew, Apa Zacchaeus, Anianus, Paul, and others. He next told him about Apa Isaac, an aged monk who lived on an island in the First Cataract, and had been the disciple of Apa Aaron, and in answer to the urgent entreaty of Paphnutius took him to see him. Isaac received him with great kindness, and when he learned what Paphnutius wanted he described his own ascetic practices, and then went on to tell him his experiences when he was a disciple of Aaron, and also what he had heard from Apa Macedonius, the bishop. Macedonius was originally a military inspector of Upper Egypt, and a Christian, and on one occasion when he was at Philae, and wished to partake of the Sacrament, he found that there was no church there, and that the Christians there were served by the monks of Syene, who came out weekly and administered the Sacrament to them. On his return to Alexandria he related this fact to Athanasius, and told the archbishop that if he would appoint a priest at Philae, he would take him safely there when he next went to inspect the South. Athanasius replied that no one was more suitable for this work than Macedonius, and after much persuasion he succeeded in inducing him to be consecrated bishop. When Macedonius went to Philae he assumed a very humble position and made himself a man of no importance. He saw that the people went into the temple (of Isis ?) and that they worshipped a hawk, which was kept in a shrine with a grating or screen before it. One day he went into the temple and told the sons of the high priest that he wished to offer up sacrifice, and whilst one of them was making the fire ready Macedonius went to the shrine, seized the hawk, cut off its head, and threw it in the fire. When the high priest's sons saw what had happened, fearing the wrath of their father and of the people, they fled into the desert. Early next morning the high priest (Aristus) went into the temple to offer up sacrifice, and found neither his god nor his sons, and until the reason for this had been explained by an old woman who had seen what Macedonius had done he remained in a state of bewilderment. Then the high priest went out from the temple in wrath, swearing that he would kill his sons and Macedonius. Acting on the advice of one of the faithful Macedonius departed to a place where he could pray and meditate, and whilst there a voice told him to go out into the desert and to seek for the two sons of the high priest who, as he had been shewn in a dream, were to become 'chosen vessels'. After going a few miles into the desert Macedonius found the young men, who were dying of hunger and thirst. He fed them, and took them back to Philae, and having taught them the fundamentals of the Christian Faith he baptized them, and gave them the names of Mark and Isaiah. Later he converted Aristus, the high priest, to Christianity, and baptized him, and called him Jacob. On the death of Macedonius Mark became Bishop of Philae, and was in turn succeeded by his brother Isaiah; both were consecrated by Saint Athanasius at Alexandria. Isaiah was succeeded by Pseleusius, who was consecrated by Timothy, but he preferred the peace of the contemplative life to the activity of a bishop's labours, and his rule was uneventful. The rest of the work of Paphnutius is filled with details of the life and miracles of Apa Aaron. This great ascetic passed much of his time in weaving mats, baskets, sandals, &c., for sale, and to destroy his passions he used to stand under the summer sun with a huge stone resting on his head, or tied to his neck, until his eyes were ready to burst from his head. In the winter he dipped his body-garment in the Nile evening by evening, and having put it on stood by the river bank all night whilst the bitterly cold wind froze his limbs; when the sun rose he crept into a crevice of the cold rocks. Following the life of Aaron is the service for the day of his commemoration (May 2), and it is noteworthy that among the passages of Scripture appointed to be read on that day is the sixteenth chapter of St. Mark, including the last twelve verses which are not commonly found in the older manuscripts.

The Encomia on the Virgin Mary printed in this volume are by (1) Cyril, Archbishop of Jerusalem; (2) Demetrius, Archbishop of Antioch; (3) Epiphanius, Bishop of Cyprus; and (4) Cyril, Archbishop of Alexandria. Cyril of Jerusalem puts before the reader the details of the life of the Virgin which he professes to have received from the Virgin herself. He argues that her parents were 'a man and a woman like the parents of every other person', and that the Virgin was a woman and not a *δύναμις*, and that she died like every other creature of flesh and blood. He quotes various authorities, among them Hebrew documents, to shew that she was born in Magdalia, that her mother was Anna, the daughter of Aminadab, and her father Joakim-Kleôpa, the son of a rich man called David-Aaron and his wife Sara. Cyril's Encomium ends with an account of the Virgin's death and the miraculous disappearance of her body. The Encomium of Demetrius is a very long and full statement of most of the traditions about the birth, education, life in the Temple, &c., of the Virgin, which are found in many Syriac and Ethiopic manuscripts, but the general treatment of these subjects shews that its author intended his work to be more a book of pious reading for the general edification of its readers than a study in doctrine. Epiphanius combats the view that Mary 'cannot possibly have been begotten by a man', and shews that she was an earthly being, with a human father and mother like all other people. He then goes on to shew that Mary was descended from Thamar, a non-Israelitish woman, and Rahab the harlot, the wife of Salmôn, and Ruth the Moabitess, the wife of Boaz, and Bathsheba, the wife of Uriah the Hittite, and states that the Virgin conceived through a cloud of light which Gabriel placed in her mouth. Cyril of Alexandria holds a different view about the Virgin's conception, and in a speech which he professes to have received from Mary the Virgin is made to say, 'When he (i. e. Gabriel) saluted me he trembled, but I was filled with joy. He came, he opened my mouth, he went down into my womb' (p. 719).

In the beginning of his Discourse on the Invention of the Holy Cross, Cyril of Jerusalem relates the story of the conversion and baptism of Isaac the Samaritan, which was due to a miracle wrought by the presbyter Apa Bacchus, and to the appearance of a Cross of light at the bottom of a lake of bitter water. Isaac was a scoffer, and took every opportunity of reviling the Christians, and pointing the finger of scorn at them because they went up to Jerusalem to worship a piece of wood, which was not only idolatry, but disobedience to the Law of Moses. One day he entered into a dispute with Apa Bacchus, a presbyter, who succeeded in making sweet some bitter waters by throwing into it two bits of wood tied together in the form of a cross, which fell to the bottom and assumed there the appearance of a Cross of fiery light which all men saw. When Isaac drank of the water and found it as 'sweet as honey' he believed the words of Apa Bacchus, and on his arrival in Jerusalem he went to see Cyril, the archbishop, and as the result of his teaching he became a Christian and was baptized. Turning now to the Cross Cyril goes on to say, on the authority of Josephus, Philemon, and Irenaeus, that the Jews wilfully tried to conceal the glory of the Cross. The Cross and the crosses of the thieves were removed by night to the Tomb of Jesus by Joseph of Arimathea and Nicodemus, together with the nails, and this fact was concealed from all except the Christians, who took their sick there to be healed. Among those who were taken to the Tomb was Kleôpa, who was carried there on a litter, when he followed the dead body of his son Rufus to the grave. Whilst the body rested by the Tomb a Cross of light came out of it, and rested on the dead man and raised him up to life again, and healed the disease in the feet and legs of Kleôpa, who was able to walk once more. Kleôpa and his son Rufus then became Christians, and were baptized. When the Jews heard of these miracles they took counsel together and determined to destroy the Tomb of Jesus. Some wished to burn it, but others proposed to turn the whole site into a dunghill, which was done. From that day until the coming of Vespasian the Jews had all the offal of Jerusalem carried to the Tomb of Jesus and shot there; the penalty for disposing of the offal in any other way was expulsion from the synagogue and a fine of a copper drachma for each offence. In a very short time the existence of the Tomb of Jesus was forgotten, and its site was not made known to men again until the reign of Constantine, who, as the result of his vision of the inscribed Cross of light, adopted the Cross as his emblem, and fastened a cross of gold to the top of his spear. Having defeated the Persians decisively he devoted his attention to the abolition of the worship of idols everywhere, and to the building of churches with the moneys which he derived from the confiscation of the revenues of pagan shrines. He then took his mother Helena and his sister and went to Jerusalem, where he summoned the chiefs of the Jews to his presence, and asked them to shew him the places where the Cross stood and the Body of Jesus was laid. The seven chief priests of the Jews who heard his questions declared that they knew nothing about the Cross or the Tomb, whereupon Constantine ordered them to be thrown into a dry pit and to be kept there without food and water until they died. At the end of seven days of cold, hunger, and thirst, Judas, one of the seven, remembered that he had heard the history of the Crucifixion from his father Simeon, who had heard it from his father Judas, and he shewed Constantine where Golgotha was, and the dunghill which covered the Tomb, and it was higher than the city by many cubits. By the advice of Judas Constantine established a *corvée*, and made the Jews work day and night to clear Golgotha. After six months' labour the top of the

Tomb became visible, and late one day they reached the stone which was before the door and rolled it away; as they did so a flash like lightning burst forth from the Tomb. Early the next morning the bishops entered the Tomb, in the presence of the Empress Helena, and they found in it a leather roll, written in Hebrew, and purporting to be the work of Joseph of Arimathea and Nicodemus, stating that they had brought the three crosses from Golgotha to the Tomb of Jesus. On the Cross of Christ was written the legend, 'This belongeth to Jesus the Christ.' When Constantine heard from his mother of the finding of the Cross he came to Jerusalem, and paid great honour to it, and he and the Empress immediately began to build one church of the Holy Resurrection over the Tomb, and another on or near Golgotha. Apa Joseph the bishop related that a Cross of light appeared above the Tomb from the first to the ninth hour, and then in sight of all Jerusalem it went up into heaven.

The importance of the cult of Michael is illustrated by the Encomia on this archangel by Severus, Archbishop of Antioch, Theodosius, Archbishop of Alexandria, and Timothy, Archbishop of Alexandria. Severus illustrates the power of Michael, and his compassion on men, and his readiness to assist them in all their troubles by relating the history of Gedsôn, the merchant of Entikê, who was delivered from shipwreck, and became a Christian with Toulê-Irene his wife, and his four sons, John, Stephen, Joseph, and Daniel. Theodosius describes the great spiritual banquet in heaven on St. Michael's Day, at which all the Patriarchs, Prophets, Apostles, Martyrs, and all the angels of heaven are present. And he proves to his hearers by the testimonies of all these that, from the time when this archangel expelled Mastêma, or the Devil, from heaven, he has been the mediator between God and His creatures, and the channel of all His goodness to them. He it is who presents their offerings before God, and causes them to be rewarded tenfold, and every good deed and every gift, however small, given in the name of this archangel, will help a man to triumph on the Day of Judgement. The compassion and benevolence of Michael are proved by the interesting story of the rich man Dorotheus and his wife Theopistê, who sold their clothes to obtain means to do honour to the archangel on the day of his commemoration. The Discourse by Timothy contains an extract from a manuscript which he found in Jerusalem in the house of the mother of Proclus, the disciple of John in Jerusalem, and which describes the annual delivery of souls from the abode of the damned by the Archangel Michael. In this St. John says that whilst he was being shewn heaven and hell by an angel, he saw Michael come to the lake of fire in which the souls of the damned were suffering torture, and dip his right wing into it, and bring up on it a multitude of souls, some 2,095,870 in number. This he did thrice, and having taken these souls to worship God, by His consent he took them away from their tortures into everlasting peace. Timothy urges his hearers to write the name of Michael on the walls of their houses, and on their garments, tables, platters, and drinking-cups.

In his Discourse on Gabriel, Celestinus, Archbishop of Rome, proves that this archangel is the chief celestial envoy chosen to bring glad tidings to man, and describes the great honour which was his when he was sent to the Virgin Mary, and to the shepherds at the Nativity, and when he led the Hebrews forth from their captivity. His power to work miracles is illustrated by the stories of Philip, the rich merchant, and Stephen, his scribe and accountant, and the healing of the blind man and the paralytic, &c. The Encomium on Raphael by Saint John Chrysostom is unfortunately incomplete, but the large fragment from another copy of the Encomium (Oriental MS. 6780) printed in the Appendix supplies a description of the miracles of the Saint and the end of the Encomium. The passing prayer of Athanasius is a very interesting text, notwithstanding the breaks in it caused by the damage done to the manuscript by fire and smoke.

Finally, the two lengthy sections from the Apocalypse of Paul form part of a work of peculiar interest, hitherto unknown in Coptic. As the introductory folios, including the title-page, are wanting, the name of the writer cannot be given, but the general plan and contents of the work are clear. The author makes St. Paul describe a journey through heaven and hell which he was permitted to make under the guidance of an angel. When the angel had shewn him everything he brought him down to the Mount of Olives, where he found the Apostles gathered together. When he had related to them all that he had seen and heard, they commanded Mark and Timothy, the disciple of St. Paul, to do his narrative into writing for the benefit of others. Whilst they were talking the Lord appeared and saluted Peter, John, and Paul by name. Having, in answer to a question, received Paul's assurance that he was satisfied to the full with what he had seen and heard, our Lord declared that the words of the Apocalypse of Paul should be preached throughout the world, that the copyist and reader and writer of it should never see Amente, and that his son and grandson should escape from the bitter weeping of that place. Among the sights seen by Paul was the judgement of souls by God. The descriptions of the abode of the damned in the Apocalypse of Paul, the pits of fire, the Powers of Darkness with their monstrous forms, with prongs, swords, spears and knives of fire, the lakes of boiling water, &c., are all derived from the Book of the Dead and cognate works, e. g. The Book of Gates and the Book of him that is in the Ṭuat. A Greek version of this Apocalypse was published by Tischendorff in his *Apocalypses Apocryphae*, Leipzig, 1866, pp. 34–69, and it is from some similar text that the Coptic version was made. In 1862 the Rev. D. T. Stoddard discovered a manuscript containing a Syriac version among the Nestorians in Urûmîah, or Urmî, and an English rendering of it by Dr. Perkins was published in the *Journal of the American Oriental Society*, vol. viii, pp. 183–212. Lengthy extracts from it were reprinted by Tischendorff under the Greek text in his work referred to above. A very valuable text of the Latin version was published by Dr. M. R. James in his *Apocrypha Anecdota* (see *Texts and Studies*, vol. ii, No. 3, Cambridge), 1893, together with Tables shewing the contents of the Greek, Syriac, and Latin Versions. The name of the angel ⲁϥⲧⲉⲙⲉⲗⲟⲩⲭⲟⲥ, or ⲁϥⲧⲓⲙⲉⲗⲟⲩⲭⲟⲥ (p. 1060) appears in the Greek version as Τεμελοῦχος (Tischendorff, *op. cit.*, p. 58), and in Latin as Tartaruchus (James, *op. cit.*, p. 19, l. 20). The angels who were with him are called 'angelos tartarucos' (*ibid.*, p. 29, l. 32), and, as the Coptic ⲁϥⲧⲉ suggests, they were probably four in number.

The present double volume contains the texts which are found in fifteen manuscripts, viz. Orr. 6780, 6781, 6782, 6784, 6799, 6800, 6801, 6806 A, 7021, 7023, 7027, 7028, 7029, 7030, 7597. Of these manuscripts eight were written before the end of the tenth century, five in the first half, and two in the second half of the eleventh century. The great importance of such a set of lengthy texts from manuscripts, the greater number of which were written before the close of the tenth century, and before the general pillage and closing of churches by Al-Yâzûrî between 1053 and 1058, is obvious.

This volume, which is the fifth and last of the series, and the previous volumes contain all the principal texts from the series of parchment and paper volumes that originally formed parts of the libraries of the monasteries and churches of Edfû and Asnâ, and are now in the British Museum. Thirteen of these were acquired for the Trustees by myself in 1907–8, and the remainder were purchased from Mr. Rustafjaell. The chief object of the publication of this pioneer edition of the Edfû manuscripts is to make accessible as quickly as possible the information contained in them. Its plan and scope rendered it impossible to treat adequately the numerous points concerning the history, theology, mythology, eschatology, folk-lore, manners and customs, philology, &c., with which these texts abound. Even were a single editor capable of the task, any serious attempt to perform it must have doubled the number of volumes in the series, and delayed for several years the publication as a whole of this most important collection of ecclesiastical documents.

I am indebted to the Director, Sir Frederic G. Kenyon, for his help in deciphering the Greek portions of the colophons, and for some friendly suggestions. To Dr. Barnett, who has facilitated the production of the volumes of this series, and to Mr. Horace Hart, M.A., and Mr. F. J. Hall, of the University Press, Oxford, and their readers, my thanks are also due. The tracings of the toolings of the bindings were made by Mr. E. J. Lambert.

E. A. WALLIS BUDGE.

Department of Egyptian and Assyrian Antiquities,
British Museum.

August 23*rd*, 1915.

CONTENTS

APPENDIX

PLATES

INTRODUCTION

I. DESCRIPTION OF THE MANUSCRIPTS

1. Oriental, No. 7030.

This manuscript contains 43 vellum leaves measuring from 11¾ to 12 in. in length by about 8¾ in. in width. The volume was very much used in ancient days, for the outer margins of the leaves are soiled and worn and torn. The pagination runs from ⲁ̅–ⲟ̅ⲏ̅, then we have ⲡ̅ⲁ̅–ⲡ̅ⲏ̅. The quires are six in number, and are signed by letters. The first three contain eight leaves each, the fourth and fifth quires contain seven leaves each, and the last quire contains only five leaves. The leaves vary greatly in colour and thickness, and some are spotted with grease and stained with water. Foll. 11–14 are written in a different hand, and take the place of illegible or missing leaves. A tear in Fol. 32 has been repaired by sewing, and the thread which joins the edges is still in place. Each page is filled with two columns of writing, containing from 28 to 30 lines. The writing is bold and good. The initials are usually written in black ink, and decorated with red borders, but sometimes the reverse is the case (e.g. Foll. 4, 7, 19). The letter ⲙ is often filled with a large red dot. One of the best pages of writing in the volume is illustrated by Plate I. The only piece of decoration in the volume is found on Fol. 1 *a* (see Plate II), and consists of a narrow plaited-work border painted in red and black. Bound up with the manuscript are some fragments of older books which were used by the monks of Edfû for padding in the original binding. On one of these is a portion of the 'Encomium of Eustathius, Bishop of Trakê, on Saint Michael the Archangel', in the dialect of Upper Egypt. It reads: ⲡⲉϫⲁϥ ⲛⲁⲥ ϫⲉ ⲛϣ[ⲉⲣⲉ] ⲉⲧ ϩⲙ ⲡⲉⲥⲙⲟⲧ ⲛ ⲧⲙⲟⲛⲁⲭⲏ· ⲡⲉϫⲁϥ ⲛⲁⲥ ϫⲉ ⲛ ϣⲁ[ϫⲉ] ⲛⲧ ⲁⲣϫⲟⲟⲥ ϫⲉ ⲙⲡⲉ ϩⲟⲟⲩⲧ ⲛ ⲟⲩⲱⲧ [ⲓ ⲉ] ϩⲟⲩⲛ ϩⲙ ⲡⲣⲱ[ⲙ] ⲡⲁ ⲙⲁ▨ ϫⲓⲛ ⲛⲧⲁ ⲡⲁ ϩⲁⲓ ⲙⲟⲩ· ⲙ[ⲡ]ⲣ ⲱⲣⲕ ⲛ ⲗⲁⲁⲩ ⲛ ⲁⲛⲁϣ· ⲧⲉⲛⲟⲩ ⲉⲓⲥ ϩⲏⲏⲧⲉ ⲁⲣⲣ ⲛⲟⲃⲉ· ⲁⲩⲱ ⲧⲕⲉⲁⲛⲟⲙⲓⲁ· ⲁⲣϫⲟⲕⲉⲥ ⲉ ⲃⲟⲗ· ⲉⲓⲥ ϩⲏⲏⲧⲉ ⲁⲣϫⲓ ϭⲟⲗ· ⲁⲣⲱⲣⲕ ⲛ ⲛⲟⲩϫ· ⲙⲛ ⲙⲡⲣ ϫⲟⲟⲥ ⲛⲁⲓ ϩⲁ ⲑⲏ· ⲛ ⲟⲩⲕⲟⲩⲓ ϫⲉ ⲕⲁⲁⲧ ⲛ ϣⲟⲣⲡ ⲛⲧⲁⲃⲱⲕ ⲉ ϩⲟⲩⲛ ⲉ ⲡⲁ ⲕⲟⲓⲧⲱⲛ· ⲧⲁⲥⲕⲉⲡⲧⲉⲓ ⲙⲙⲟⲓ ⲙⲛ ⲡⲁⲕⲟⲩⲗⲁⲧⲱⲣ· ⲛⲧⲁ ⲡⲁ ϩⲁⲓ ⲧⲁⲁⲧ ⲉ ⲧⲟⲟⲧϥ· ϩⲓ ⲑⲏ ⲉ ⲧⲣⲉϥ ⲉⲓ ⲉ ⲃⲟⲗ ϩⲛ ⲥⲱⲙⲁ· ⲙⲛ ⲡⲕⲟⲩⲗⲁⲧⲱⲣ ⲟⲩϩⲟⲟⲩⲧ ⲁⲛ ⲡⲉ· ⲙⲛ ϣⲁ▨ ⲧⲏϩⲟⲩ ⲡⲕⲟⲩⲗⲁⲧⲱⲣ ⲉ ⲥϩⲓⲙⲉ ⲉⲛⲉϩ· ⲟⲩⲕ ⲟⲩⲛ ⲉⲓⲥ [ϩⲏⲏ]ⲧⲉ ⲟⲩⲛ ϩⲟⲟⲩⲧ ⲛ ϩⲟⲩⲛ▨▨▨▨ⲙ ⲡⲟⲩⲕⲟⲓⲧⲱⲛ ⲧⲉ[ⲛⲟⲩ]· ⲁⲩⲱ ⲟⲛ ⲛ▨▨ⲛ ⲉϥⲛ▨▨ⲙ ⲡⲕⲟⲓⲧⲱⲛ· ⲁⲣϫⲓϭⲟⲗ ⲉ ϫⲱϥ· ⲁⲣ[ⲱⲣ]ⲕ ⲛ ⲛⲟⲩϫ ⲛ ϯⲛⲁϣⲡⲧⲟ[▨▨]ⲣⲱ ⲁⲛ· ⲙ ⲡⲁ(?)[ⲥⲩ]ⲛⲅ[ⲉⲛⲏⲥ] ⲉ ⲡⲧⲏⲣϥ· ⲉⲣϯ▨▨ⲛⲧⲟⲩⲙⲛⲧⲣⲙⲙⲁⲟ ⲧⲏⲣⲥ· ⲧⲉⲥϩⲓⲙⲉ ⲇⲉ ⲛ ⲥⲙⲏⲛ ⲉ ⲡⲉϩⲟⲩⲟ ⲉⲩⲫⲏⲙⲓⲁ ⲧⲉⲥⲩⲅⲕⲗⲏⲧⲓⲕⲏ ⲛⲁⲙⲉ· ⲁⲥⲛⲉⲧⲃ ⲣⲱⲥ ⲛ ⲥⲱⲃⲉ ϩⲛ ⲟⲩⲥⲱⲃⲉ ⲙ ⲡⲛⲓⲕⲟⲛ· ⲡⲉϫⲁⲥ ⲙ ⲡⲇⲓⲁⲃⲟⲗⲟⲥ ⲙ ⲡⲉⲥⲙⲟⲧ ⲛ ⲧⲙⲟⲛⲁⲭⲏ· ϫⲉ ⲱ ⲧⲁ ⲥⲱⲛⲉ· ⲡⲉⲓ ϩⲱⲃ ϫⲉ ϩⲙⲟⲟⲥ ⲙⲛ ϩⲁⲓ ⲟⲩ ⲡⲁⲣⲁ ⲡⲁ ⲟⲩⲱϣ ⲡⲉ ⲡⲁⲓ· ⲁⲩϯ ϫⲱ ⲙⲙⲟⲥ ⲛⲏ̄ ϫⲉ ⲟⲩ ⲙⲟⲛⲟⲛ ⲛⲉⲭⲣⲏⲙⲁ ⲛⲧ ⲁⲣⲉⲛⲧⲟⲩ ⲛⲁⲓ· ⲙⲛ ⲛⲉⲓ ⲕⲟⲥⲙⲏⲥⲓⲥ· ⲉ ⲧⲃⲉ ⲡⲁⲓ ϩⲱⲃ ⲛⲓⲙ ⲉⲩⲉϣ ⲁⲛ ϯ ⲛⲁⲓ ⲛ ⲛⲉⲭⲣⲏⲙⲁ ⲧⲏⲣⲟⲩ ⲉⲧ ϩⲙ ⲡⲁⲗⲗⲁⲧⲓⲟⲛ ⲛ ⲱⲛ[ⲛⲱ]ⲣⲓⲟⲥ ⲡⲣⲣⲟ, &c.[1]

At the end of the manuscript are two small slips of light-coloured vellum, taken out of the original papyrus covers, on which are written:

1. ⲉⲅⲱ ⲁⲣⲭⲉⲗⲗⲓ̈ ⲉⲗⲁⲭ ⲇⲓⲁⲕⲟ ⲡⲁⲓⲥ ⲧⲟⲩ ⲓ̈ⲱⲥⲏⲫ ⲡⲣⲕⲥ ⲡⲱⲗ ⲗⲁⲅ ⲇⲓⲟⲕⲗⲏ ⲯⲓⲁ·

2. ⲉⲅⲱ ⲁⲭⲁⲣⲓⲁⲥ (?) ⲉⲗⲁⲭⲥ ⲇⲓⲁⲕⲟⲛⲟⲩ ⲡϩⲓⲡⲉⲣⲉϯⲥ ⲡ̄ ⲁⲃⲃⲁ ⲛⲓⲕⲟⲇⲓⲙⲟⲥ ⲉⲡⲓⲥⲕⲟⲡⲟⲩ ⲧⲡⲟⲗⲉⲟⲥ ⲑⲉⲥⲏ (?)· ⲟⲩⲟⲛ ⲛⲓⲙ ⲉⲧ ⲛⲁⲱϣ ⲡⲓ ⲥϩⲁⲓ ⲙⲁⲣϥ ⲥⲟⲡⲥⲡ̄·

[1] For the text of the Encomium in the dialect of Lower Egypt see my *Saint Michael the Archangel*, p. 106 (text).

The first slip mentions Archelli (?) the deacon, the son of Joseph, an ecclesiastic of the city of Latopolis, in Upper Egypt, and gives a date, viz. the 711th (ⲯ̄ⲓ̄ⲁ̄) year of the Era of Diocletian = A. D. 995. As the Colophon of the manuscript is wanting this date is of importance, for it proves beyond doubt that the manuscript was written before the end of the tenth century. The second slip was written by Acharias (?), the deacon and servant of Abba Nicodemus, Bishop of the city of Thesê (?), and he beseeches every one who reads this book to pray for him. The manuscript contains one composition only:

The Encomium which Saint Apa Theodore, Archbishop of Antioch, pronounced on the valiant Saint, the victorious warrior of Antioch, the destroyer of the Persians, Saint Theodore the Anatolian. ⲟⲩⲛ̄ⲕⲱⲙⲓⲟⲛ ⲉ ⲁϥⲧⲁⲟⲩⲟϥ ⲛ̄ϭⲓ ⲡϩⲁⲅⲓⲟⲥ ⲁⲡⲁ ⲑⲉⲟⲇⲱⲣⲟⲥ· ⲡⲁⲣⲭⲏⲉⲡⲓⲥⲕⲟⲡⲟⲥ ⲛ̄ ⲧⲁⲛⲧⲓⲟ̄ⲭⲓⲁ· ⲉ ⲁϥⲧⲁⲟⲩⲟϥ ⲉ ⲡⲡⲉⲧ ⲟⲩⲁⲁⲃ ⲛ̄ ϫⲱⲱⲣⲉ· ⲁⲩⲱ ⲡⲣⲉϥⲉⲣⲡⲟⲗⲁⲓⲙⲟⲥ· ⲡⲧⲁϫⲣⲟ ⲛ ⲧⲁⲛϯⲟⲭⲓⲁ· ⲡϣⲟⲣϣⲣ̄ ⲛ̄ ⲛ̄ ⲛ̄ⲡⲉⲣⲥⲟⲥ· ⲡϩⲁⲅⲓⲟⲥ ⲑⲉⲟⲇⲱⲣⲟⲥ ⲡⲁⲛⲁⲧⲟⲗⲓⲟⲥ· Fol. 1 *a*.

2. Oriental, No. 6784.

This manuscript contains 23 stout vellum leaves measuring from 10 to 11 in. in length by about 8½ in. in width. The pagination runs from ⲁ̄ to ⲕ̄ⲉ̄, and then from ⲕ̄ⲑ̄ to ⲙ̄ⲏ̄; one leaf, which contained pages ⲕ̄ⲍ̄ and ⲕ̄ⲏ̄, is wanting. The quires, three in number, are signed by letters; the first and third contain eight leaves each, and the second quire contains seven leaves only. The leaves are clean and unspotted, but vary greatly in colour; the darkest are of a yellowish brown, e. g. Foll. 17, 19, 21, and some are nearly white. In Fol. 6 two rents were repaired by sewing in ancient days. Each page is filled with two columns of writing, which contain from 28 to 34 lines. The writing is good and clear. The initials vary considerably in size; all are written in black ink, but some of them are decorated with borders in red. A good specimen page is given on Plate III. The title of the sole composition in the manuscript is decorated with a small narrow band of plaited work with squares in pinkish red, slate, and yellow colours, with a loop at each corner (see Plate IV). On the lower margin of Fol. 1 *a* are the remains of a scene representing the spearing of an animal, which is painted yellow and has red ears. The spear-head is painted red, the handle silver-grey, and the cat-like animal under the end of the spear-handle yellow. The Colophon (see Plate V) contains the prayer that the Lord Jesus Christ, Who is God in truth, will bless those who have provided for the copying of the manuscript, and that the Virgin Mary will make supplication to her Son on their behalf, so that He may tear up the bill of indictment of their sins, and inscribe their names in the Book of Life. The manuscript was given to the church of Ptjolpef, ⲡϭⲟⲗⲡⲉϥ, which was situated in the Oxyrhynchite nome, ⲡⲙ̅ⲭⲏ, of Upper Egypt; the exact position of this village or town is unknown to me. The manuscript is undated, but there is little doubt that it was written in the second half of the tenth century of our era. It contains composition only:

The Discourse on Mary Theotokos and her birth by Cyril, Archbishop of Jerusalem. ⲧⲙⲉϩ ϫⲟⲩⲧⲟⲩⲉ ⲛ̅ ⲉⳅⲏⲅⲏⲥⲓⲥ ⲉ ⲁϥⲧⲁⲟⲩⲟⲥ· ⲛ̅ϭⲓ ⲡⲡⲁⲧⲣⲓⲁⲣⲭⲏⲥ ⲉⲧ ⲟⲩⲁⲁⲃ̅· ⲁⲡⲁ ⲕⲩⲣⲓ̅ⲗⲗⲟⲥ ⲡⲁⲣⲭⲏⲉⲡⲓⲥⲕⲟⲡⲟⲥ ⲛ̅ ⲑⲓ̅ⲗⲏⲙ· Fol. 1 *a*.

3. Oriental, No. 7027.

This manuscript contains 73 paper leaves measuring from 11½ to 12 in. in length by about 7¼ in. in width. It was copied by Victor the deacon, the son of Mercurius the deacon, in the 721st year of the Era of the Martyrs, i. e. A. D. 1005, which date the manuscript equates with the 365th year of the Era of the Saracens, i. e. the Era of the Hijrah, or A. D. 975. The manuscript contains:

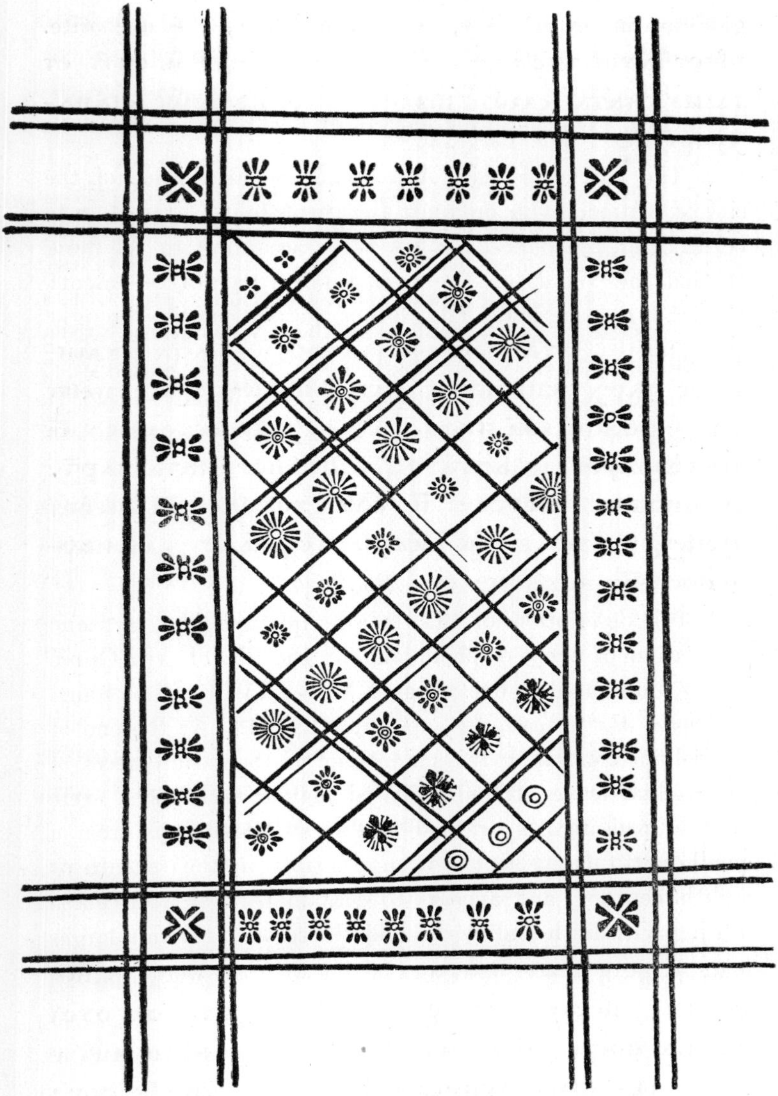

Tooling on the leather cover of Oriental 7027.

1. The life and conversation of our holy Father, who was glorious in every way, Apa Onnophrius, the anchorite. ⲡⲃ̅ⲓⲟⲥ ⲁⲩⲱ ⲧⲡⲟⲗⲩϯⲁ ⲙ̅ ⲡⲛ̅ⲡⲉⲧ ⲟⲩⲁⲁⲃ ⲛ̅ ⲉⲓⲱⲧ ⲉⲧ ⲧⲁⲓⲏⲩ ⲕⲁⲧⲁ ⲥⲙⲟⲧ ⲛⲓⲙ ⲁⲡⲁ ⲟⲛⲛⲟⲫⲣⲓⲟⲥ ⲡⲁⲛⲁ-ⲭⲱⲣⲓⲧⲏⲥ · Fol. 1 *a*.

2. The Discourse which Apa Demetrius, archbishop of the city of Antioch, who ordained the great John Chrysostom to be an elder, pronounced on the birth, according to the flesh, of God the Word, on the twenty-ninth day of the month Khoiakh, and on Mary His mother, the Virgin who brought Him forth. ⲟⲩⲗⲟⲅⲟⲥ ⲉ ⲁϥⲧⲁⲩⲟϥ ⲛ̅ϭⲓ ⲁⲡⲁ ⲇⲩⲙⲏ-ⲧⲣⲓⲟⲥ ⲡⲁⲣⲭⲏⲉⲡⲓⲥⲕⲟⲡⲟⲥ ⲛ̅ ⲧⲡⲟⲗⲓⲥ ⲁⲛϯⲟⲭⲓⲁ · ⲡⲉⲛⲧ ⲁϥⲭⲉⲓⲣⲟⲇⲟⲛⲉⲓ ⲙ̅ ⲡⲛⲟϭ ⲓ̅ⲱ̅ⲥ̅ · ⲡⲉⲭⲣⲩⲥⲟⲥⲧⲟⲙⲟⲥ · ⲙ̅ ⲡⲣⲉⲥⲃⲩⲧⲉⲣⲟⲥ · ⲉ ⲁϥⲧⲁⲩⲟϥ ⲉ ⲡⲉϫⲡⲟ · ⲕⲁⲧⲁ ⲥⲁⲣⲝ̅ · ⲙ̅ ⲡⲛⲟⲩⲧⲉ ⲡⲗⲟⲅⲟⲥ · ⲛ̅ ⲥⲟⲩ ϫⲟⲩⲯⲓⲥ ⲙ̅ ⲡⲉⲃⲟⲧ ⲭⲟⲓⲁⲭ · ⲁⲩⲱ ⲉ ⲧⲃ̅ⲉ ⲙⲁⲣⲓⲁ ⲧⲉϥⲙⲁⲁⲩ · ⲙ̅ ⲡⲁⲣ-ⲑⲉⲛⲟⲥ ⲧⲛ̅ⲧ ⲁⲥϫⲡⲟϥ · &c. Fol. 21 *b*.

A full description of this manuscript, and the text and translation of the Colophon, and of the life of Apa Onnophrius, illustrated by five plates (XXII–XXVI), will be found in *Coptic Martyrdoms*, &c., pp. lix, 179, 431. At the end of the volume containing this manuscript are bound up pieces of two vellum leaves from mutilated manuscripts which were used in padding its original binding. The first is from a small quarto manuscript written probably in the seventh or eighth century, and appears to contain part of a discourse dealing with faith and works, and the second is from a larger manuscript of a later date, and begins with the words (p. ⲕ̅ⲑ̅) ⲧⲏⲣⲟⲩ · ⲉⲛⲥ̅ⲣⲓⲙⲉ ⲡⲉ · ϩⲛ̅ ⲟⲩⲙ̅ⲕⲁϩ ⲛ̅ ϩⲏⲧ · ϫⲉ ⲟⲩⲟⲓ̈ ⲛⲁⲓ ⲡⲁ ϣⲏⲣⲉ · ⲛ̅ⲧⲁ ⲡⲉⲓ̈ ⲙⲟⲩ ⲛ̅ ⲁⲛⲁⲅⲕⲏ ⲧⲱⲙⲛ̅ⲧ ⲉ ⲣⲟⲕ · ⲙⲛ̅ ⲓϭⲛ̅ ⲟⲩϩⲏⲅⲉⲙⲱⲛ · ⲛⲉϥϯ ϩⲧⲏϥ ⲉ ⲣⲟⲕ · ⲉ ⲛⲁ ϫⲓⲛϭⲟⲛⲥ̅ · ⲟⲩⲇⲉ ⲣ̅ϥⲧⲓ ϩⲁⲡ · ⲛ̅ϥⲧⲓ̈ ϩⲧⲏϥ · ⲉ ⲡⲁ ⲙ̅ⲕⲁϩ ⲛ̅ ϩⲏⲧ · ⲉ ⲛⲉⲛⲧⲁⲕⲣⲓ̈[ⲛ]ⲉ · ⲕⲁⲧⲁ ⲡⲛⲟⲙⲟⲥ · ϣ̅ ⲡϩⲏ[ⲅⲉ]ⲙⲱⲛ · ⲙⲉⲩⲙⲟⲟⲩⲧ ⲛ̄ ϣⲏ[ⲣⲉ] ⲛ̄ ⲣ̄ⲣⲟ · ⲉϥϩⲟⲕⲣ̄ ⲉϥⲟⲃⲉ · ⲉ [ⲛⲉ]ⲛⲧ ⲁⲕϯ ϩⲁⲡ · ⲕⲁⲧⲁ ⲡⲛⲟ[ⲙⲟ]ⲥ Ⲱ̄ ⲡⲁⲣⲭⲏⲛⲉⲣⲉⲩⲥ · ⲡϩⲙ̄[ϩⲁ]ⲗ ⲙ̄ⲡϣⲁ ⲙ̄ ⲡⲙⲟⲩ · ⲡⲁⲣⲁ ⲡϥ▒ⲓⲥ · ⲉ ⲛⲉⲛⲧ ⲁⲕϯ ϩⲁⲡ · ⲕⲁ[ⲗⲱ]ⲥ · Ⲱ̄ ⲡϩⲏⲅⲉⲙⲱⲛ · ⲙ̄ⲕⲥⲣⲟⲩ ⲙ̄ ⲡⲁ ϣⲏⲣⲉ · ϩⲁ ⲃⲁⲣⲁⲃⲃⲁⲥ · ⲉⲛⲛ̄ (p. ⲗ̄) ⲉ ⲛⲉⲛⲧⲁⲕⲣⲓⲛⲉ · ⲕⲁⲗⲱⲥ Ⲱ̄ ⲡⲁⲣⲭⲏⲛⲉⲣⲉⲩⲥ · ⲙⲉⲕⲣ̄ ⲟⲩⲥⲟⲟⲛⲉ · ⲛ̄ ⲣⲙ̄ϩⲉ ⲉ ⲡⲙⲟⲩ · ⲛ̄ⲅ̄ⲙⲟⲩⲟⲩⲧ ⲛ̄ ⲟⲩⲡⲓⲥⲧⲟⲥ · ⲉ ⲛⲉⲛⲧ ⲁⲕⲧⲓ ϩⲁ[ⲡ] ⲕⲁⲗⲱⲥ · ⲙⲉⲕ ⲙⲟⲟⲩⲧ ⲛ̄ ⲟⲩⲁⲩⲛⲁⲧⲟⲥ · ⲉⲣⲉ ⲡⲡⲟⲗⲓ̈ⲙⲟⲥ ϩⲓϫ[ⲛ̄] ⲉ ⲛⲉⲛⲧ ⲁⲕⲧⲓ ϩⲁⲡ ⲕⲁⲗⲱⲥ · ⲡⲁⲣⲭⲏⲛⲉⲣⲉⲩⲥ ⲙⲉⲕⲣ̄ ⲁⲧ ϣ▒ ⲉ ϩⲟⲩⲛ ⲉ ⲡⲉⲕⲥⲁϩ · ϯⲥⲱ[ⲧⲙ̄] ⲉ ⲧⲃⲉ ⲙ̄ ⲡⲟⲗⲓⲙⲟⲥ ⲧⲏⲣⲟⲩ · ▒ ⲙⲓ̈ϣⲉ ⲛ̄ϩⲏⲧⲟⲩ · ϫⲉ ⲉⲛ▒ϭⲱⲡⲉ · ⲛ̄ ⲟⲩϣⲏⲣⲉ ⲛ̄ ⲣ̄ⲣⲟ · &c.

4. Oriental, No. 6782.

This manuscript contains 36 leaves of fine vellum measuring $13\frac{3}{4}$ in. in length by $10\frac{1}{4}$ in. in width. According to a note on Fol. 28 *b* the volume to which the leaves of this manuscript belonged was written in the 706th year of Diocletian, ϩⲙ̄ ⲧⲙⲉϩ ⲯ̄ⲋ̄ ⲛ̄ ⲣⲟⲙⲡⲉ ⲛ̄ ⲇⲓⲟⲕⲗⲏ, i.e. A.D. 990. It was copied by a scribe who calls himself the most worthless of men, and says that he is unworthy of the name which he bears. After an erasure he goes on to say that repentance has made him free, and that he made bold to write this book when he was in ϩⲣⲓⲧⲉⲡⲓⲟⲙ at an earlier period of his life. ϩⲣⲓⲧⲉⲡⲓⲟⲙ may be the name of a monastery or a village, but it is probable that we should divide the Coptic letters thus: ϩⲣⲓⲧⲉ ⲡⲓⲟⲙ · The last word ⲡⲓⲟⲙ may be the later form of the hieroglyphic name of the Fayyûm *Pa-ium* , and if this be so ϩⲣⲓⲧⲉ is probably the name of the village in the Fayyûm in which the manuscript was written. The manuscript contains :

1. The Report of Saint John the Evangelist and Apostle. Fol. 2 *a*.

2. Fragment of a Discourse by Gregory, Bishop of Nazianzus. Fol. 9 *b*.

3. A Discourse by Saint Epiphanius, Bishop of Cyprus, on the Holy Virgin, who gave birth to God. Fol. 10 *a*.

4. A Discourse by Cyril, Archbishop of Alexandria, on Mary the Perpetual Virgin, who gave birth to God. Fol. 29 *a*.

The texts of the first two of the above works, and the Colophon, together with translations and three plates (XLIX–LI), will be found in *Coptic Apocrypha in the Dialect of Upper Egypt*, pp. 51 ff. and 233 ff.

5. Oriental, No. 7597.

This manuscript contains 40 vellum leaves of various thicknesses and colours measuring about 10¾ in. in length by about 8½ in. in width. The pagination runs from ⲁ̅ to ⲗ̅ⲅ̅, with duplicate ⲗ̅ⲃ̅ and ⲗ̅ⲅ̅, and then runs from ⲗ̅ⲇ̅ to ⲟ̅ⲅ̅. The first and last leaves and Fol. 39 *b* are unpaged. The quires, which are signed by letters, are five in number. The first quire contains nine leaves, the second, third, and fourth quires contain eight leaves each, and the fifth quire six leaves. Some of the leaves have been much 'thumbed', and a few are illegible in places because the damp at some time made them stick together. Each page is filled with two columns of writing containing from 25 to 28 lines. The writing is clear and good, and the greater number of the initials are in black; towards the end of the manuscript a few are outlined in red. The title of the Discourse by Apa Psote (Fol. 2 *a*) is decorated with a small band of plaited work in colours, and on the lower margin of the leaf are painted figures of a hare (?) and a crow (?) (see Plate VI). On Fol. 10 *b* are figures of a crane, or ibis (?) and two animals (see Plate VII), and on Fol. 11 *a* is the figure of a winged cherub in black outline (see Plate VIII). The manuscript contains:

1. The Teaching of our holy father Apa Psote, the great Bishop of Psoï, which he pronounced on the first day of the week, when Arianus, the governor of the Thebaïd, had sent messengers to him to cut off his head. ⲟⲩⲕⲁⲑⲏⲅⲏⲥⲓⲥ ⲛ̄ⲧⲉ ⲡⲛ̄ⲡⲉⲧ ⲟⲩⲁⲁⲃ ⲡ̄ ïⲱⲧ ⲁⲡⲁ ⲯⲟⲧⲉ ⲡⲛⲟϭ ⲡ̄ ⲉⲡⲓⲥⲕⲟⲡⲟⲥ ⲡ̄ ⲧⲡⲟⲗⲓⲥ ⲡⲥⲟï · ⲛ̄ⲧⲁϥⲧⲁⲩⲟⲥ ⲇⲉ ⲡ̄ ϣⲱⲣⲡ ⲡ̄ ⲧⲕⲩ-ⲣⲓⲁⲕⲏ · ⲡ̄ ⲧⲉⲣⲉ ⲁⲣⲓⲁⲛⲟⲥ ⲡϩⲏⲅⲉⲙⲱⲛ ⲡ̄ ⲑⲩⲃⲁⲉⲓⲥ ⲧⲛ̄ⲛⲟⲟⲩ ⲛ̄ⲥⲱϥ ⲉⲃⲓ ⲛ ⲧⲉϥⲁⲡⲉ · Fol. 2 *a*.

2. A Discourse on the compassion of God and the boldness of the holy Archangel Michael, and the history of Matthew the merchant, and his wife and sons, by Severus, Patriarch and Archbishop of Antioch. ⲟⲩⲗⲓⲁⲗⲟⲅⲟⲥ ⲛ̄ⲧⲉ ⲡⲣⲱⲙⲉ ⲉⲧ ⲫⲟⲣⲓⲛ ⲡⲉⲭ̄ⲥ̄ ϩⲛ̄ ⲟⲩⲙⲉ · ⲡⲡⲁⲧⲣⲓⲁⲣⲭⲏⲥ ⲉⲧ ⲟⲩⲁⲁⲃ · ⲁⲩⲱ ⲡⲁⲣⲭⲏⲉⲡⲓⲥⲕⲟⲡⲟⲥ ⲡ̄ ⲁⲛϯⲟⲭⲓⲁ ⲡϩⲁⲅⲓⲟⲥ ⲥⲉⲩⲏ-ⲣⲟⲥ · ⲉⲁϥⲧⲁⲩⲟϥ ⲉ ⲧⲃⲉ ⲙⲙⲛ̄ⲧϣⲛ̄ϩⲧⲏϥ ⲡ̄ ⲡⲛⲟⲩⲧⲉ ⲙⲛ̄ ⲧⲡⲁⲣⲣⲏⲥⲓⲁ ⲛ ⲡⲁⲣⲭⲁⲅⲅⲉⲗⲟⲥ ⲉⲧ ⲟⲩⲁⲁⲃ ⲙⲓⲭⲁⲏⲗ · . . . . ⲁϥϣⲁϫⲉ ⲇⲉ ⲟⲛ ⲉ · ⲧⲃⲉ ⲙⲁⲑⲁⲓⲟⲥ ⲡⲉⲡⲣⲁⲅⲙⲁ-ⲧⲉⲩⲧⲏⲥ ⲙⲛ̄ ⲧⲉϥⲥϩⲓⲙⲉ ⲙⲛ̄ ⲛⲉϥϣⲏⲣⲉ · Fol. 10 *b*. The manuscript was probably written in the second half of the tenth century.

On Fol. 1 *b* is a prayer which reads, 'May the Lord Jesus Christ bless (ⲉⲃⲉⲥⲙⲟⲩ for ⲉϥⲉⲥⲙⲟⲩ) him that saith, May God shew mercy (ⲡⲛⲟⲩⲧⲉ ⲉⲣ ⲟⲩⲛⲁ) in truth to him that wrote (read ⲡⲛⲧ ⲁϥⲥϩⲁⲓ) this book with his own hand (?). Amen. So be it (ⲉⲃⲉϣⲱⲡⲉ for ⲉϥⲉϣⲱⲡⲉ).' The manuscript is bound in thick leather-covered boards made of layers of papyrus gummed together, and it was kept closed by means of two leather loops knotted in one cover, which slipped over two bone pegs that were fastened in the other. One of the two pegs is

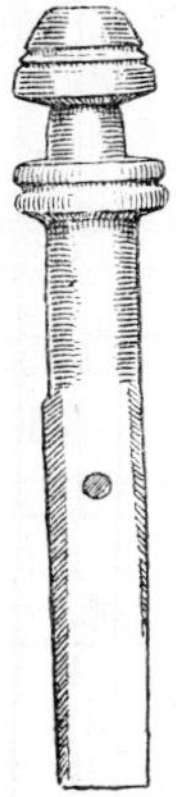

Ivory peg from the cover of Oriental 7597 (exact size of original).

still *in situ.* The tooling of the cover is illustrated by the following tracings:

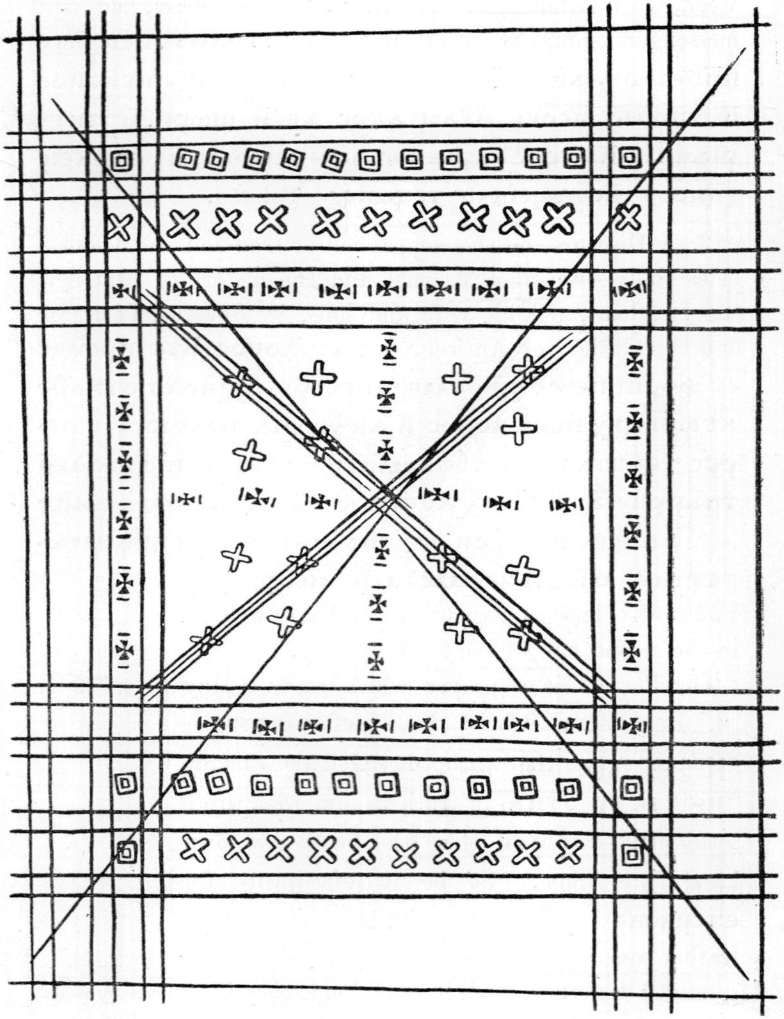

Tooling on the leather cover of Oriental 7597.

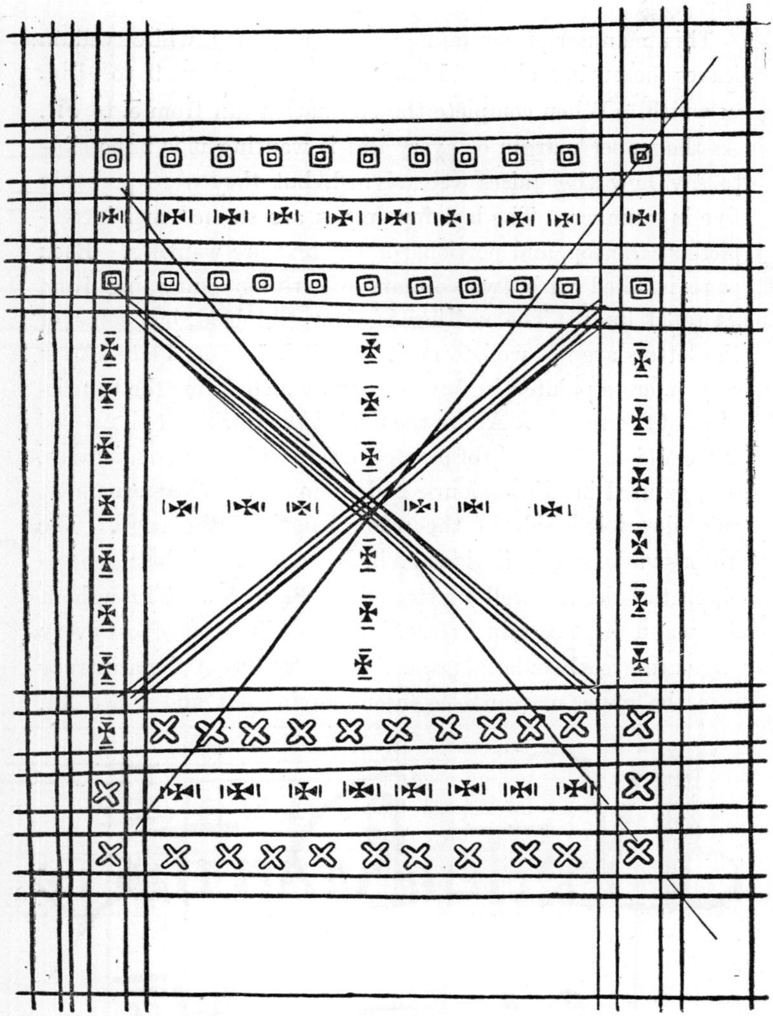

Tooling on the leather cover of Oriental 7597.

6. Oriental, No. 6799.

This manuscript contains 40 large quarto white vellum leaves measuring about 11 in. in length by about 9 to $9\frac{1}{2}$ in. in width. When complete the pagination ran from ⲁ̅ to ⲟ̅ⲏ̅. As the upper margin of every leaf is wanting it is impossible to say how the quires were signed, but they were probably five in number. The last few leaves are stained and incomplete at the top, and portions of the text are wanting. Each page is filled with two columns of writing containing from 24 to 31 lines. The writing is clear and bold, but some of the letters are not well formed. On Fol. 1 *b* (see Plate IX) is a large cross painted in faint colours, which forms the frontispiece of the volume. Above the title of the work on Fol. 2 *a* (see Plate X) is a small strip of painted design with loops, semicircles, &c., painted in faint colours, and a small vine leaf ornament runs down one side of the whole length of the page. The initials vary greatly in size and in decoration, and their general characteristics are well illustrated by Plate XI. Throughout the manuscript certain letters in the first lines of almost every page are greatly enlarged, and the upper parts of them intrude into the upper margin (see accompanying cut and Plate XI,

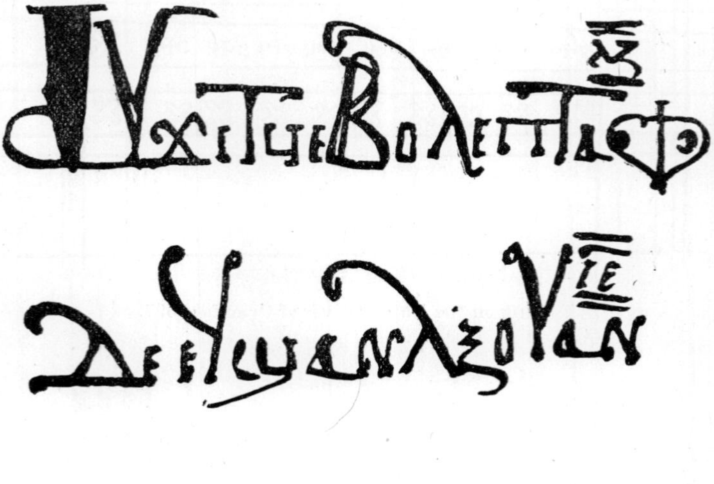

col. 2). The points of punctuation are in black and red, and the letter ϥ has usually two red dots, one on each side. According to the Colophon (see Plate XII) the copying of the manuscript was completed on the fifteenth day of the month Paône, in the 769th year of the Era of the Martyrs, i. e. A. D. 1053, a date which in the manuscript is equated with the 448th year of the Hijrah, i. e. A. D. 1070. The cost of the vellum and the copying of the volume was defrayed by . . . . . ., the son of Mashenka, who gave it to the Church of the Cross in ⲡⲧ̀ⲉⲥⲉⲣⲣⲁϩ, for the benefit of himself and of his wife and family. The copyist was . . . . . Mercurius, the son of Papameos (?), who says that he was very young, and that he did not understand [the craft of the scribe] very well. The manuscript contains one composition only, namely:

The Discourse which Saint Cyril, Archbishop of Jerusalem, pronounced concerning the Cross of our Lord Jesus the Christ, on the day of its discovery, which is the seventeenth day of the month Thoth, &c. ⲟⲩⲗⲟⲅⲟⲥ ⲛ̄ⲧⲉ ⲡϩⲁⲅⲓⲟⲥ ⲕⲩⲣⲓⲗ-ⲗⲟⲥ ⲡⲁⲣⲭⲏⲉⲡⲓⲥⲕⲟⲡⲟⲥ ⲛ̄ ⲑⲓⲉ̄ⲗⲏ̄ⲙ̄ · ⲉ ⲁϥⲧⲁⲟⲩⲟϥ ⲉ ⲧⲃ̄ⲉ ⲡⲉⲥ̄ⲧ̄ⲟⲥ · ⲙ̄ ⲡⲉⲛϫⲟⲉⲓⲥ ⲓ̄ⲥ̄ ⲡⲉⲭ̄ⲥ̄ · ⲙ̄ ⲡⲉϩⲟⲟⲩ ⲙ̄ ⲡϥⲟⲩⲱⲛϩ ⲉ ⲃⲟⲗ · ⲉⲧⲉ ⲥⲟⲩ ⲙⲛ̄ⲧⲥⲁϣϥ ⲡⲉ ⲙ̄ ⲡⲉⲃⲱⲧ ⲑⲱⲟⲩⲧ · Fol. 2 *a*.

7. Oriental, No. 6801.

This manuscript contains 31 light-coloured vellum leaves measuring about 11 in. in length and from 8 to 8½ in. in width. The pagination runs from ⲁ̄–ⲝ̄, but on the first and last leaves there are no pagination letters. The quires that are signed with letters are four in number. The first quire contains seven leaves, and the second, third, and fourth contain eight leaves each. Several of the leaves are much stained and dirty, and in a few places where the leaves have been stuck together by damp or water the text is illegible. The last leaf, which contained the Colophon and date, is much mutilated. Each page is filled with one column of writing containing from 23 to 25 lines; a good average page of text, with numerous initials, is illustrated by Plate XIII. On Fol. 1 *a* is a full-page picture in colours of Saint Mercurius seated on horseback and driving his spear into Gaipios (?), the Jew who dared to ride into the shrine of the saint upon a white she-mule (see *infra*, pp. 840 ff.). Gaipios is seen lying on the ground, where he was thrown by the mule, the hind legs of which sank into the soft ground inside the building, and the mule's face is turned reproachfully towards him (see Plate XIV). The title is enclosed with a plaited border painted in red, green, and yellow, and the opening words of the text are decorated with a large initial and a characteristic floral border (see Plate XV). The manuscript contains:

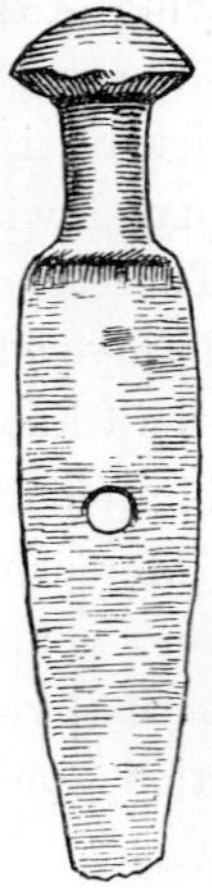

Iron peg from the cover of Oriental 6801 (exact size of original).

1. The Martyrdom of Saint Mercurius the General, the holy martyr of the Christ, which he completed this day, that is to say, the twenty-[fifth] day of the month of Athor, in peace. Amen. ⲧⲙⲁⲣⲧⲩⲣⲓⲁ ⲙ̄ ⲫⲁⲅⲓⲟⲥ ⲙⲉⲣⲕⲟⲩⲣⲓⲟⲥ ⲡⲉⲥⲧⲣⲁⲧⲏⲗⲁⲧⲏⲥ ⲁⲩⲱ ⲡⲙⲁⲣⲧⲩⲣⲟⲥ ⲉⲧ ⲟⲩⲁⲁⲃ ⲙ̄ ⲡⲉⲭ̅ⲥ̅ ⲛ̄ⲧⲁϥϫⲟⲕⲥ̄ ⲉ ⲃⲟⲗ ϩⲣⲁⲓ ϩⲙ̄ ⲡⲟⲟⲩ ⲛ̄ϩⲟⲟⲩ ⲉⲧⲉ ⲡⲉⲓ ⲡⲉ ⲥⲟⲩ ϫⲟⲧⲉ ⲙ̄ ⲡⲉⲃⲟⲧ ⲁⲑⲱⲣ ϩⲛ̄ ⲟⲩⲉⲩⲣⲏⲛⲉ · ϥ̅ⲑ̅ ·· Fol. 2 *a*.

2. The Service for the Festivals of Saint Mercurius. Fol. 22 *a*. With the exception of the Versicles, Psalms viii. 6, 7, xxi. 4, 5, with the singing of which the Service opened, all the passages of Scripture which were read on the days on which he was commemorated are given in Greek and Coptic, page for page.

Immediately following the Versicles is a strip of plaited work painted in colours, and another strip of ornament in a mutilated state is seen at the foot of Fol. 31 *a*. The portion of the Colophon that gave the date is badly mutilated, and the years of the Era of the Martyrs and of the Era of the Saracens (ⲥⲁⲣⲁⲕⲓⲛⲟⲥ) are wanting. The expense of producing the manuscript was defrayed by a certain . . . . the son of the blessed Phêu (?) ⲡϣⲏⲣⲉ ⲙ ⲡⲙⲁⲕⲁⲣⲓⲟⲥ ⲡϩⲏⲩ, who gave it to the monastery of Saint Mercurius the General and Warrior ⲁϥϫⲱⲣⲓⲍⲉ ⲙ̄ⲙⲟϥ ⲉ ϩⲟⲩⲛ ⲉ ⲡⲙⲟⲛⲁⲥⲧⲏⲣⲓⲟⲛ ⲙ ⲫⲁⲅⲓⲟⲥ ⲙⲉⲣⲕⲟⲩⲣⲓⲟⲥ ⲡⲉ ⲥⲧⲣⲁⲧⲏⲗⲁⲧⲏⲥ ⲁⲩⲱ ⲡⲁⲅⲱⲛⲱⲑⲉⲧⲏⲥ for the salvation of his soul.

8. Oriental, No. 6802.

This manuscript contains 43 small quarto paper leaves measuring about 8½ in. in length and from 6½ to 7 in. in width; several of them are mutilated and stained, and the tops of many have been so much injured by water that the text of the opening lines on them is illegible. Nine leaves are wanting at the beginning of the manuscript. The pagination runs thus: ⲕ̄–ⲗ̄ⲅ̄, ⲗ̄ⲉ̄–ⲙ̄ⲍ̄, ⲙ̄ⲏ̄ or ⲙ̄ⲑ̄, ⲛ̄–ⲛ̄ⲉ̄, ⲛ̄ⲑ̄–ⲝ̄. With the Encomium of Acacius a new pagination begins, which runs from ⲁ̄–ⲗ̄ⲏ̄. The quires are not marked by letters. The manuscript has no Colophon, and is undated, but the dark-coloured soft paper, which seems to have a water-mark (Fol. 6), was probably made in the eleventh century of our Era. Each page is filled with two columns of writing, containing from 25 to 27 lines. The writing is bold and clear, but the letters are often ill-formed and are badly arranged, and the varying lengths of the lines and widths of the columns prove that the copyist was no trained scribe (see Plate XVI). The manuscript contains:

1. The Martyrdom of Saint Mercurius the General, who finished his contest on the twenty-fifth day of the month Athor. ⲧⲙⲁⲣⲧⲩⲣⲓⲁ ⲙ ⲡϩⲁⲅⲓⲟⲥ ⲙⲉⲣⲕⲟⲩⲣⲓⲟⲥ ⲡⲉⲥⲧⲣⲁⲧⲏⲗⲁⲧⲏⲥ ⲛⲧⲟϥϫⲱⲕ (*sic*) ⲉ ⲃⲟⲗ ⲙ ⲡⲉϥⲁⲅⲱⲛ ⲉⲧⲁⲓⲏⲩ ⲛ ⲥⲟⲩ ϫⲟⲩⲧⲏ ⲙ ⲡⲉⲓ ⲉⲃⲟⲧ ⲁⲑⲱⲣ· Fol. 1 *a*. Imperfect.

2. [The Second Miracle of Mercurius.] Fol. 2 *a*. Imperfect.

3. The Third Miracle of Mercurius. ⲧⲙⲉϩ ϣⲟⲙⲛⲧ ⲛϭⲟⲙ ⲙ ⲡϩⲁⲅⲓⲟⲥ ⲙⲉⲣⲕⲟⲩⲣⲓⲟⲥ· Fol. 3 *a*.

4. The Fourth Miracle of Mercurius. ⲧⲙⲉϩ ϥⲧⲟ ⲉⲛϭⲟⲙ ⲙ ⲡϩⲁⲅⲓⲟⲥ ⲙⲉⲣⲕⲟⲩⲣⲓⲟⲥ· Fol. 4 *a*.

5. The Fifth Miracle of Mercurius. ⲧⲙⲉϩ ϯ ⲉⲛϭⲟⲙ ⲙ ⲡϩⲁⲅⲓⲟⲥ ⲙⲉⲣⲕⲟⲩⲣⲓⲟⲥ· Fol. 7 *a*.

6. The Sixth Miracle of Mercurius. ⲧⲙⲉϩ ⲥⲟ ⲉⲛϭⲟⲙ ⲙ ⲡϩⲁⲅⲓⲟⲥ ⲙⲉⲣⲕⲟⲩⲣⲓⲟⲥ· Fol. 10 *a*.

7. The Seventh Miracle of Mercurius. ⲧⲙⲉϩ ⲥⲁϣϥ ⲉⲛϭⲟⲙ ⲙ ⲡϩⲁⲅⲓⲟⲥ ⲙⲉⲣⲕⲟⲩⲣⲓⲟⲥ· Fol. 12 *a*.

8. The Eighth Miracle of Mercurius. ⲧⲙⲉϩ ϣⲙⲟⲩⲛ ⲛϭⲟⲙ ⲙ ⲡϩⲁⲅⲓⲟⲥ ⲙⲉⲣⲕⲟⲩⲣⲓⲟⲥ· Fol. 16 *a*. Incomplete.

9. The Encomium which Saint Apa Acacius, Bishop of Caesarea, pronounced in the martyrium which was built in the name of Saint Mercurius. ⲟⲩⲉ[ⲛⲕ]ⲱⲙⲓⲟⲛ ⲉ ⲁϥⲧⲁⲩⲟϥ· ⲛ̄ϭⲓ ⲡϩⲁⲅⲓⲟⲥ ⲁⲡⲁ ⲁⲕⲁⲕⲓⲟⲥ· ⲡⲉⲡⲓⲥⲕⲟⲡⲟⲥ ⲛ̄ ⲧⲕⲁⲓ-ⲥⲁⲣⲓⲁ· ϩⲙ̄ ⲡⲙⲁⲣⲧⲏⲣⲓⲟⲛ· ⲛ̄ⲧⲁⲩⲕⲟⲧϥ̄ ⲉ ⲡⲣⲁⲛ ⲙ̄ ⲡϩⲁⲅⲓⲟⲥ ⲙⲉⲣⲕⲟⲩⲣⲓⲟⲥ· Fol. 25 *a*.

Both the Miracles and the Encomium were written by the same hand. At many places in the manuscript attempts are made to decorate the pages, but not with any great success. Thus the title of the Martyrdom is enclosed within a simple border, as is also the title of the Encomium of Acacius (see Plate XVII); a curious tail-piece, painted a dirty red colour and edged in black, is found on Fol. 35 *b* (see Plate XVIII). Other attempts at decoration are shewn on p. xlix.

There are unusual spellings in the manuscript, most of which are marked by (*sic*) in the text, e. g. ⲉⲥ for ⲉⲓⲥ, p. 280. 11; 287. 22; 288. 17; 290. 20, 28; ⲛⲧⲟϥϫⲱⲕ for ⲛⲧⲁϥϫⲱⲕ, p. 256. 5; ⲛⲧⲟϥϣⲱⲡⲉ for ⲛⲧⲁϥϣⲱⲡⲉ, p. 262. 33; ⲛⲧⲟϥⲙⲁⲅⲉⲩⲉ for ⲛⲧⲁϥⲙⲁⲅⲉⲩⲉ, p. 278. 33; ⲛⲧⲟϥⲁⲡⲓ̈ⲗⲉ for ⲛⲧⲁϥⲁⲡⲓ̈ⲗⲉ, p. 279. 2; ⲁϥⲱϣⲁϩⲟⲙ for ⲁϥϩⲁϣⲁϩⲟⲙ, p. 263. 21; ⲡⲙⲁ ⲛ̄ ⲙ̄ⲕⲁⲧⲕ for ⲡⲙⲁ ⲛ̄ ⲛ̄ⲕⲟⲧⲕ̄, p. 275. 33, &c. The spellings of several Greek words are unusually curious, e.g. ⲕⲁⲛⲧⲩⲗⲏ, p. 259. 4; ⲁϥⲕⲩⲣⲓⲥⲍⲉ, p. 259. 22; ⲭⲣⲓⲁⲁ, p. 260. 5; 261. 11; ⲁⲣⲕⲁⲧⲏⲥ, p. 263. 6; ⲁϥⲉⲡⲓ̈ⲑⲉⲙⲉⲓ, p. 263. 12; ⲉⲩⲉⲡⲉⲓⲑⲉⲙⲉⲓ, p. 263. 23; ⲕⲟⲇⲟⲙⲏ, p. 265. 6; ϩⲁⲯⲓⲥ, p. 269. 8; ⲁⲛⲁⲅⲅⲉⲕⲏ, p. 271. 7; ⲁⲓ̈ⲧⲉⲓ̈ⲙⲁ, p. 273. 31; ⲛⲓⲗⲓⲫⲁⲛϯⲛⲟⲛ, p. 274. 2; ϩⲓⲗⲉⲫⲁ[ⲛ]ϯⲛⲟⲛ, p. 275. 32; ⲁⲩⲑⲁⲃⲙⲁⲍⲉ, p. 276. 8; ⲗⲓⲟⲡⲟⲛ, p. 293. 7, &c. The manuscript is undated; it was probably written in the eleventh century.

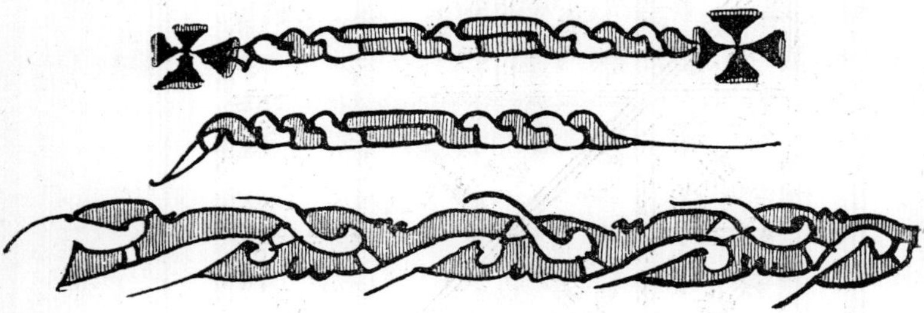

Tail-pieces from Oriental 6802.

9. Oriental, No. 7028.

This manuscript contains 24 large quarto vellum leaves, some of which are torn and stained, measuring from 11 to 12 in. in length by about 9½ in. in width. The pagination runs from ⲁ̄–ⲗ̄ⲁ (ⲗ̄ⲃ is omitted) and from ⲗ̄ⲅ–ⲙ̄ⲍ. The quires are not signed with letters, and their number is uncertain. Each page is filled with two columns of writing, containing from 23 to 26 lines. The writing is bold and clear, but the letters are not carefully formed, and there is a tendency to elongate the tails of certain letters, e.g. ⲭ, ϣ, ⲩ, and ϯ (see Plate XIX). Some of the initials are decorated with red ink, and the title has above and below it a decorated border of zigzag lines and vine leaves (see Plate XX). The manuscript contains one composition only:

The Discourse which the glorious Patriarch, who became a habitation for the Holy Spirit, Apa Celestinus, the Archbishop of the great city of Rome, pronounced on the . . . . .

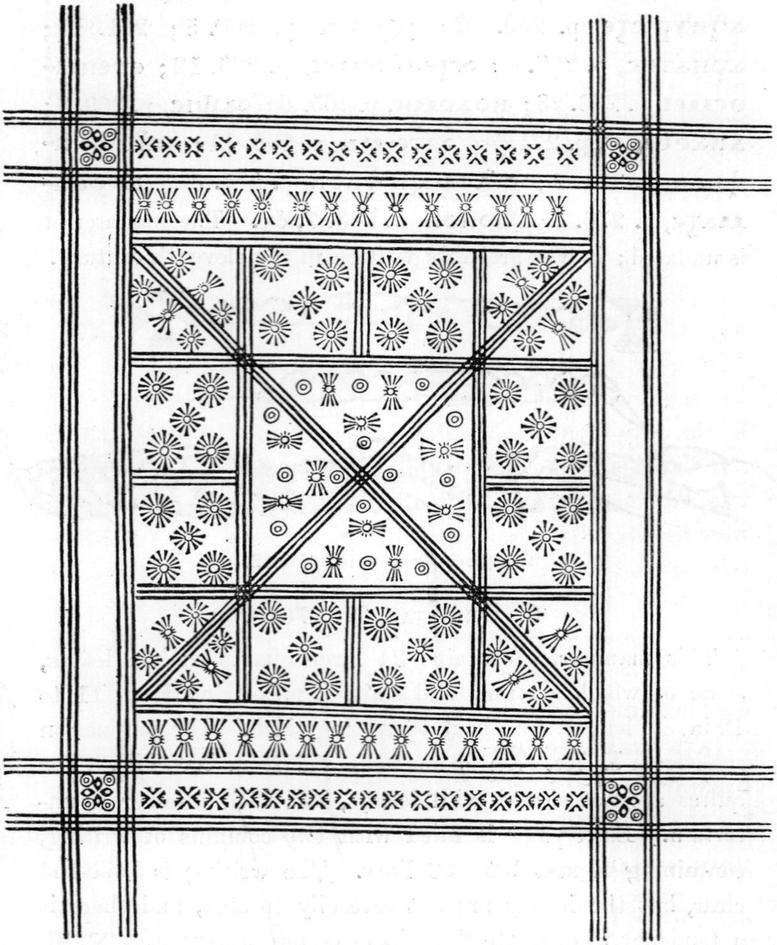

Tooling on the leather cover of Oriental 7028.

Archangel Gabriel. ⲟⲩⲗⲟⲅⲟⲥ ⲛ̄ⲧⲉ ⲡⲡⲁⲧⲣⲓ̈ⲁⲣⲭⲏⲥ · ⲉⲧⲧⲁⲓⲏⲩ · ⲁⲩⲱ ⲡⲉⲛⲧⲁϥⲣ̄ ⲙⲁ ⲛ̄ ⲟⲩⲱϩ ⲙ̄ ⲡⲉⲡⲛ̄ⲁ ⲉⲧⲟⲩⲁⲁⲃ · ⲁⲡⲁ ⲕⲉⲗⲉⲥϯⲛⲟⲥ · ⲡⲁⲣⲭⲏⲉⲡⲓⲥⲕⲟⲡⲟⲥ ⲛ̄ ⲧⲛⲟϭ ⲙ̅ ⲡⲟⲗⲓⲥ ϩⲣⲱⲙⲉ· ⲉ ⲁϥⲧⲁⲩⲟϥ . . . . . ⲡⲁⲣⲭⲁⲅⲅⲉⲗⲟⲥ ⲅⲁⲃⲣⲓ̈ⲏⲗ· &c. Fol. 2 *a*. Imperfect.

Bound up at the end of the manuscript are two large quarto vellum leaves which do not belong to it, although the first of them is numbered Fol. 25. These leaves contain the opening portion of an Encomium on the Archangel Raphael by Severus, Patriarch and Archbishop of Antioch. For a facsimile of Fol. 25 *a* see Plate XXI. At the beginning of the manuscript is bound a piece of vellum which was used as padding in its original leather covers; on it are 31 lines of Greek written on one side only of the vellum. What appears to be the Colophon is found in a most unusual place, viz. at the beginning of the manuscript (Fol. 1 *b*; see Plate XXII). According to this the manuscript was deposited in the monastery of Saint Mercurius, in the mountain of Tbô (Edfû), in the days of Abba Nicodemus, the Bishop of Edfû and of the Camp and of Pelêk (Philae), and when Abba Abraham was Archimandrite, so that all the fathers and brethren who were bearing their crosses might obtain from its perusal consolation and profit for their souls. The shrine of the saint appears to have been rebuilt in the year 378 of the Saracens, and the manuscript was copied in the 705th year of the Era of the Martyrs, i. e. A. D. 989. The parts of the Colophon legible to me are:

[ⲁⲣⲓ ⲧⲁⲅⲁⲡⲉ ⲛⲁ ⲁⲓ̈ⲁⲁⲧⲉ] ⲙⲛ̅ ⲛⲁ ⲥⲛ[ⲏⲩ] ϣⲗⲏⲗ ⲉ ϫⲱⲓ̈· ▨ ⲣ ▨ ⲉ ⲧⲟⲗⲙⲁ ⲛϥϫⲟⲟⲥ· ϫⲉ ⲛ̅ⲧ ▨ ϥⲧ ⲙ̅ ⲡⲉⲓ ϫⲱⲙⲉ ϩⲛ̅ ⲧϥⲉⲕⲕⲗⲉⲥⲓ̈ⲁ ▨ ⲛ̅ⲧⲁ ⲡⲟⲓⲕⲟⲛⲟⲙⲟⲥ ⲉⲣ̅ ⲭⲣⲓⲁ ⲙⲙⲟⲟϥ· ▨ ⲛ ⲕⲉⲓⲙⲓⲗⲓⲟⲛ ⲁϥⲧⲓⲟⲩ ⲉ ⲃⲟⲗ ⲉϩⲓⲕⲱϩⲱⲙⲟⲓ̈ ⲡⲁⲣ^ⲭ ⲅⲁⲃⲣⲓⲏⲗ ⲁϥⲕⲱⲧϥ̅ ⲛ̅ ⲃⲣ̅ⲣⲉ ϩⲛ̅ ⲧⲙⲛ̅ⲧ[ⲉ]ⲣⲟ· ⲙ̅ ⲡⲁⲗⲁⲥ ⲓⲥ ⲛϫ̅ⲥ̅ ⲕⲱϥ ⲁ..ⲩ ⲥⲁⲣⲁⲕⲓⲛ̅ⲥ̅ ⲧⲟⲛ ▨ ⲉ ⲁⲃⲃⲁ ⲛⲩⲕⲱⲇⲩⲙⲟⲥ ⲱ ⲛ ⲉⲡⲓⲥⲕⲟⲡⲟⲥ ⲉ ⲧ[ⲡⲟ]ⲗⲓⲥ ⲧⲃⲱ· ⲙⲛ̅ ⲛ̅ ⲕⲁⲥⲧⲣⲟⲛ· ⲙⲛ̅ ⲡⲉⲗⲏⲕ· ⲛϫ̅ⲥ̅ ⲕⲁⲁϥ ▨ ⲛⲉⲛⲁⲓ̈ⲁⲁⲧⲉ ⲙⲛ̅ ⲛⲉⲛⲥⲛⲏⲩ

ⲡ̄ⲥⲧⲁⲩⲣⲟⲫⲟⲣⲟⲥ [ⲙ̄] ⲡⲙⲟⲛⲁⲥⲧⲏⲣⲓⲟⲛ ⲙ̄ ⲫⲁⲅⲓⲟⲥ ⲙⲉⲣ̄ⲥ̄
ⲙ̄ ⲡⲧⲟⲟⲩ ⲛ ⲧⲃⲱ · ▨ ⲱ(?) ⲡϥ̄ ⲉ ⲧⲣⲉⲩϫⲓ ⲥⲁⲗⲥⲗ̄ ϩⲓ
ϩⲏⲩ ⲡ̄ ϩⲏⲧϥ̄ ⲡ̄ ⲛⲉⲩⲯⲩⲭⲏ · ▨ ⲁⲃⲃⲁ ⲁⲃⲣⲁⲁⲙ ⲱ
ⲡⲣⲟⲉⲓⲥⲧⲟⲥ ⲉ ϫⲱϥ ⲡϫ̄ⲥ̄ ⲕⲁⲥ ▨ ⲁⲣⲟⲩ ⲧⲏⲣⲟⲩ ϩⲙ̄
ⲟⲩϩⲩⲡⲟⲙⲟⲛⲏ ϫⲉ ⲕⲁⲥ ⲉⲣⲉ [ⲡⲁⲣ̄ⲭ ⲅ̄]ⲁⲃⲣⲓⲏⲗ ⲙⲛ̄ ⲡⲟⲩⲁ
ⲡⲟⲩⲁ ⲡ̄ ⲛⲉⲧ ⲟⲩⲁⲁⲃ ▨ ϩ ⲉ ⲡⲓ ϫⲱⲱⲙⲉ ⲛⲁⲡⲁⲣⲁ-
ⲕⲁⲗⲉⲓ ⲙ̄ ⲡⲉⲭ̄ⲥ̄ ▨ ⲁⲓ ⲉ ϫⲱⲛ ⲛ̄ϥⲕⲱ ⲛⲉⲛⲛⲟⲃⲉ ⲛⲁⲛ
ⲉ ⲃⲟⲗ [ⲉϥⲉϣ]ⲱⲡⲉ ϩⲁⲙⲏⲛ ⲁⲛⲟⲛ ⲙⲛ̄ ⲡⲅⲉⲛⲟⲥ ⲧⲏⲣϥ̄
ϩⲁⲙⲏⲛ ⲁⲡⲟ ⲇⲓⲟⲕⲗ̄ⲏ ⲯ̄ⲉ̄ ·

10. Oriental, No. 7021.

This manuscript contains 50 leaves, made of a brownish-yellow soft paper with a water-mark, measuring 11½ in. in length by 7¾ in. in width. The outer margin of many of the leaves has been rubbed away, and the lower part of the manuscript has suffered seriously from water; on several leaves the ink of the last two or three lines has disappeared from the paper. The pagination runs from ⲁ̄–ϥ̄ⲥ̄. The quires are six in number, and, with the exception of the last, are signed with letters. Each page is filled with one column of writing containing from 27 to 31 lines. The writing is bold, clear, and regular, and the symmetry of the columns proclaims the scribe's skill and experience. On Fol. 1 *a* is a full-length, full-faced figure of Saint Michael the Archangel, who is represented in the form of a round-faced beardless man wearing a tunic, which is fastened by an ornament at his left shoulder, and a girdle from which are suspended by cords a ring and a bow-shaped object. Over the tunic falls a long purple cloak, and the part of it which falls over his breast has a decorated border. The saint has a halo round his head, and he wears sandals. In his right hand he holds a spear with a cross-shaped handle, and in his left is a circular object with a rectangular design and the letters ⲁ̅, ⲱ̅, ⲓ̅ⲥ̅, ⲭ̅ⲥ̅ (see Plate XXIII). The title of the work contained in the manuscript is decorated with a head-piece and a tail-piece and the usual pattern running down the left margin (see Plate XXIV). The copying of the manuscript was finished on the . . . . . day of the month Epêp of the . . . . . Indiction of the year 703 of the Era of the Martyrs, i. e. A. D. 987 (see Plate XXV). The Colophon states that the production of the manuscript was paid for by Sirê, the son of the blessed Phêu, who lived in a village called Kourosê, or Pkourosê, and who was a member of the guard (?) of the city of Asna or Esna in Upper Egypt. He gave the volume to the shrine of Saint Michael the Archangel, in the district of Edfû, in order to obtain the archangel's blessing on himself and his wife, and his children, and his cattle, and on all his possessions (see Plate XXVI). The manuscript contains one composition only:

The Encomium which Theodosius, Archbishop of Alexandria, pronounced on Saint Michael the Archangel. ⲟⲩⲉⲅⲕⲱⲙⲓ̈ⲟⲛ ⲉ ⲁϥⲧⲁⲩⲟϥ ⲛ̅ϭⲓ ⲡⲉⲛⲡⲉⲧ ⲟⲩⲁⲁⲃ ⲛ̅ ⲉⲓⲱⲧ· ⲉⲧ ⲧⲁⲓⲏⲩ ⲕⲁⲧⲁ ⲥⲙⲟⲧ ⲛⲓⲙ ⲁⲡⲁ ⲑⲉⲟⲇⲱⲥⲓⲟⲥ ⲡⲁⲣⲭⲏⲉⲡⲓⲥⲕⲟⲡⲟⲥ ⲛ̅ ⲣⲁⲕⲟⲧⲉ· &c. Fol. 2 *a*.

11. Oriental, No. 6781.

This manuscript contains 35 large quarto light-coloured vellum leaves measuring $13\frac{1}{2}$ in. in length by 12 in. in width; the first six leaves are wanting. The pagination runs from ⲓ̅ⲅ̅–ⲡ̅ⲃ̅, and the quires are unsigned. Each page is filled with two columns of writing containing from 28 to 30 lines. The letters are clear and well formed, and the writing is bold and handsome. The margins of the pages are decorated with a large number of initial letters and curvilinear designs, and fantastic figures of birds, animals, fish, &c., some of which are illustrated by Plates XXVII–XXXI, and some by the tracings reproduced on pp. liv and lv. The Colophon on Fol. 35 *b*, which is unusually well written, but some lines of

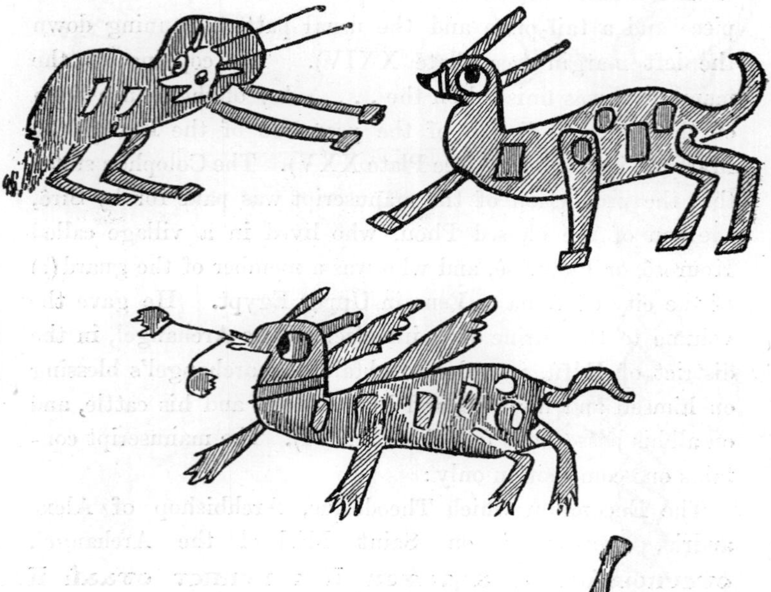

Marginal ornaments in Oriental 6781.

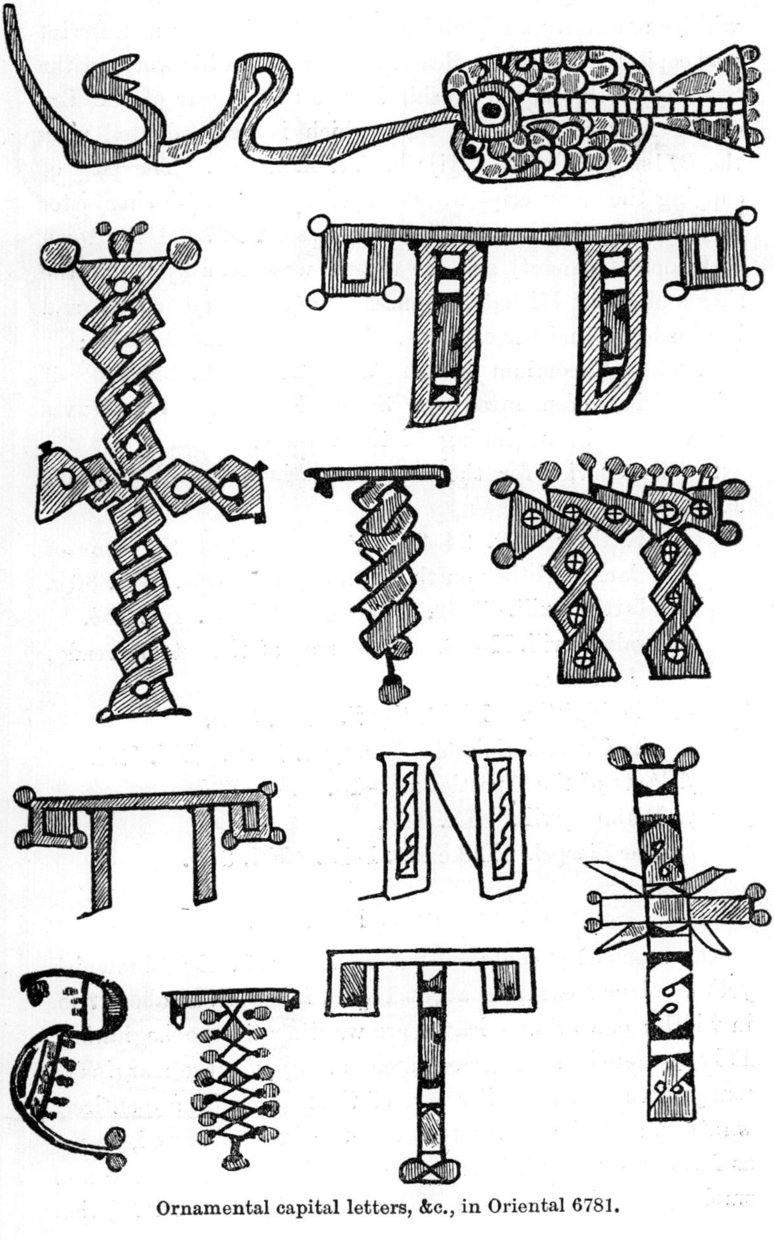

Ornamental capital letters, &c., in Oriental 6781.

which are unfortunately obliterated, states that the manuscript was copied by Mark the deacon, who finished his work on the 8th day of the month Meshir in the 699th year of the Era of the Martyrs, i. e. A. D. 983, which is here equated with the 371st year of the Hijrah, i. e. A. D. 981. The cost of copying the manuscript was defrayed by the God-loving sister Kountite (?), the daughter of the blessed . . . . . of the town of Ermont (Armant), and the volume was given by her to the shrine of Saint Michael, whom she prays to bless herself, and her husband, and her children. The manuscript contains:

1. The Encomium which Theodosius, Archbishop of Alexandria, pronounced on Saint Michael. Six leaves wanting at the beginning of the volume.

2. The Service for the commemoration festival of Saint Michael:

a. Matthew xxiv. 24–37. To be read at the time of lamp-lighting on the 12th day of Paape. Fol. 30 *a*.
b. Matthew xiii. 43–52. To be read at dawn. Fol. 30 *b*.
c. Psalm lxviii. 11–28. To be read at the setting ready. Fol. 31 *a*.
d. The Epistle. 1 Timothy ii. Fol. 32 *a*.
e. The General Epistle. 1 Peter i. 1–12. Fol. 32 *b*.
f. Acts of the Apostles x. 1–13. Fol. 33 *b*.
g. Psalm cxlviii. Fol. 34 *a*.
h. The Gospel. Luke xiv. 1–15. Fol. 34 *b*.

12. Oriental, No. 7029.

This manuscript contains 78 paper leaves of a light brownish yellow colour measuring about $11\frac{1}{2}$ in. in length by about 7 in. in width; one or two leaves are wanting at the beginning. It has suffered greatly from careless usage, for the margins of many leaves of the earlier part of the manuscript are entirely wanting, and the leaves that are the best preserved, so far as form is concerned, have been so much damaged by fire and smoke (see Foll. 36 ff. and Plates XXXII and XXXIII) that

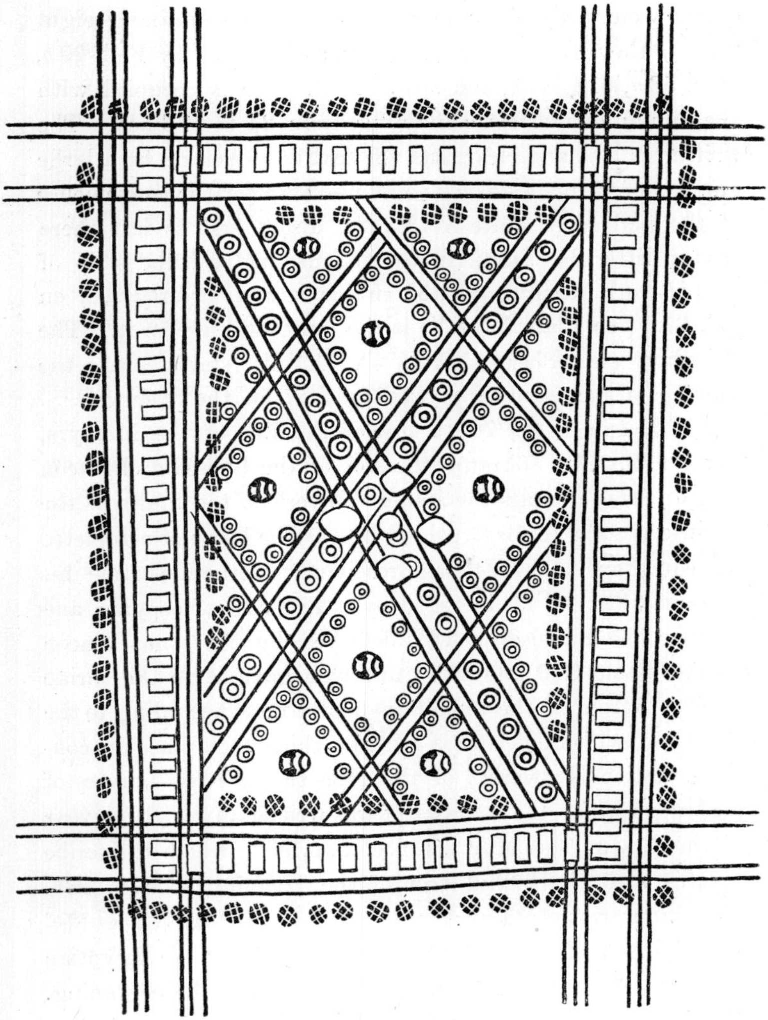

Tooling on the leather cover of Oriental 7029.

the opening and concluding lines of many of them are illegible. The pagination ran apparently from ⲁ̄–ⲣ̄ⲡ̄ⲅ̄. The quires were probably ten in number, each containing eight leaves; they were signed by letters, as is proved by Foll. 29 *b*, 46 *a*, 53 *a*, 61 *b*, 62 *a*, and 70 *a*. Each page is occupied with one column of writing containing from 24 to 27 lines. The writing is bold and clear, and the text is broken up by a large number of points on every page, probably for the convenience of the reader (see Plate XXXIV). From first to last there is very little decoration in the manuscript, and the strip of plaited-work design, painted in black and a dirty red, on Fol. 67 *b* (see Plate XXXV) is the only tail-piece in it. The Colophon (see Plates XXXV–XXXVII) states that the copying of the manuscript was finished on the twenty-. . . . day of Epêph in the 708th year of the Era of the Martyrs, i. e. A. D. 992, by Zôkratôr, the son of the blessed archdeacon Joseph, who entreats the reader to overlook the faults in the manuscript and to forgive him, because he had not completed his education and was still receiving instruction from his masters when he made the copy. The cost of copying and binding the manuscript was defrayed by the pious deacon 'whose name God knoweth', and who gave it to the shrine of Apa Aaron in the mountain of Edfû. According to the Colophon, which describes a miracle which took place in connection with the waters of the Nile through the prayers of the Virgin Mary, the manuscript was written in the 708th year of the Era of the Martyrs, i. e. A. D. 992, which the scribe equates with the 372nd year of the Hijrah, i. e. A. D. 982. The manuscript contains:

1. History of Apa Aaron and other monks of the Egyptian Desert by Paphnutius. Fol. 1 *a*. Imperfect at the beginning.

2. The Service for the Commemoration Festival of Apa Aaron:

   a. Psalm xcix. 1–9. To be read at the setting ready. Fol. 57 *a*.

b. The Epistle. Hebrews iv. 14–v. 6. Fol. 57 *b*.

c. The General Epistle. James v. 10–16. Fol. 58 *a*.

d. Acts of the Apostles vii. 34–43. Fol. 58 *b*.

e. Psalm lxxvii. 18–20. Fol. 59 *a*.

f. The Gospel. Matthew iv. 23–v. 16. Fol. 59 *a*.

g. The Resurrection. Mark xvi. Fol. 60 *a*.

3. The Dying Prayer of Saint Athanasius. **ⲡⲉϣⲗⲏⲗ · ⲙ ⲡϩⲁⲅⲓⲟⲥ · ⲁⲑⲁⲛⲁⲥⲓⲟⲥ ⲛⲧⲁϥⲧⲁⲩⲟϥ ⲙ̅ ⲡⲙⲁⲩ** (*sic*) **ⲉⲧ ⲉϥⲛⲁⲕⲁ ⲥⲱⲙⲁ · ⲉ ϩⲣⲁⲓ ⲛ ϩⲏⲧϥ ·** Fol. 61 *a*.

4. The Discourse which Saint Timothy, Archbishop of Alexandria, pronounced on the festival of the holy Archangel Michael. **ⲟⲩⲗⲟⲅⲟⲥ · ⲉ ⲁϥⲧⲁⲩⲟϥ ⲛϭⲓ ⲡϩⲁⲅⲓⲟⲥ ⲁⲓⲙⲱⲑⲉⲟⲥ ⲡⲁⲣⲭⲏⲉⲡⲓⲥⲕⲟⲡⲟⲥ ⲛ̅ ⲣⲁⲕⲟⲧⲉ · ⲉ ⲧⲃ̅ⲉ ⲡϣⲁ ⲙ̅ ⲡⲁⲣⲭⲏⲁⲅⲅⲉⲗⲟⲥ · ⲉⲧ ⲟⲩⲁⲁⲃ ⲙⲓⲭⲁⲏⲗ ·** Fol. 67 *b*.

13. Oriental, No. 7023.

This manuscript contains 37 vellum leaves, measuring 12½ in. in length by 9¾ in. in width, which formed part of a large volume of at least 70 leaves. The pagination shews that we have three sections of the original volume, for it runs from ⲁ̅–[ⲓ̅ⲁ̅], and from ⲟ̅ⲑ̅–ⲣ̅ⲕ̅ⲅ̅, and from ⲣ̅ⲕ̅ⲑ̅–ⲣ̅ⲙ̅. Foll. 24–31 (ⲟ̅ⲑ̅–ϥ̅ⲁ̅) have been bound up in the wrong place, and to obviate the re-numbering of the folios the printed Coptic text runs on in the same sequence as in the manuscript. In the translation, however, the sections follow in their correct order, that is to say, the text of Foll. 24–31 (ⲟ̅ⲑ̅–ϥ̅ⲁ̅) precedes that of Foll. 8–23 (ϥ̅ⲉ̅–ⲣ̅ⲕ̅ⲅ̅). The quires contain 8 leaves, and are signed with letters, and from the fact that Fol. 16 *a* (p. ⲣ̅ⲓ̅ⲁ̅) is the first of quire No. ⲓ̅ⲁ̅ we may assume that the volume which is represented by the 37 leaves of this manuscript is the second of a series. The writing is bold and clear, but somewhat irregular. Each page is occupied by two columns of writing containing from 24 to 30 lines. The initials are comparatively few, and the greater number of them are undecorated. There are decorated initials on Foll. 1 *b*, 2 *a*, 3 *a*, 5 *a*, 7 *b*, 19 *b*, and the title of the first work

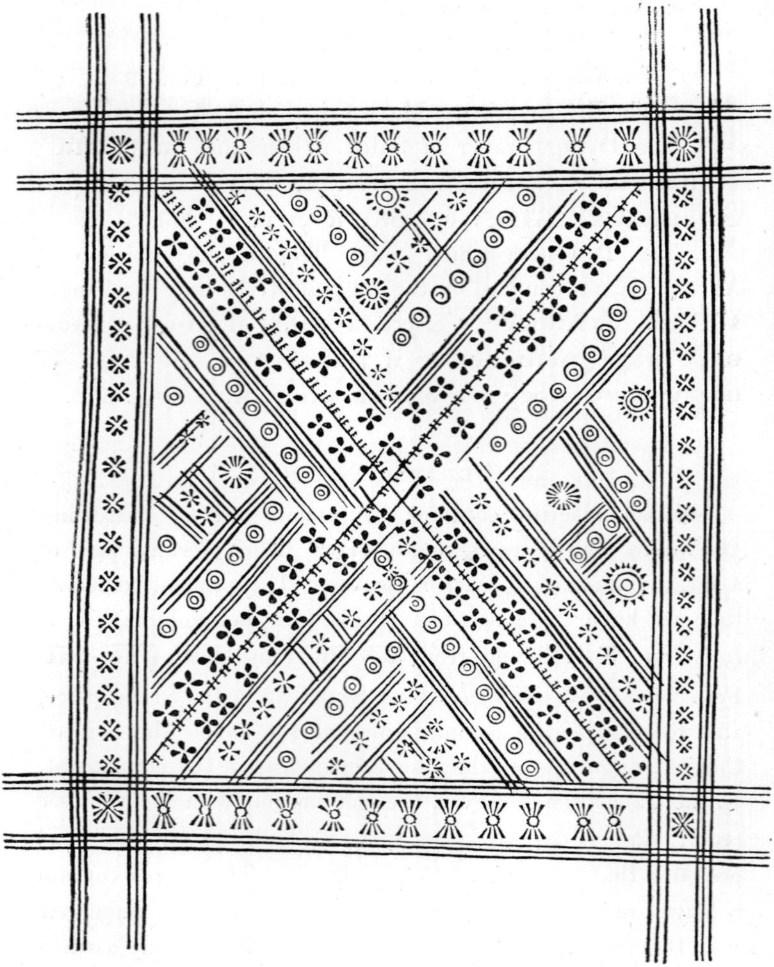

Tooling on the leather cover of Oriental 7023.

in the manuscript has an ordinary 'twist' border, painted in red and yellow on three sides; for typical examples of the writing see Plates XXXVIII–XL. According to the Colophon the cost of producing the manuscript was defrayed by the God-loving brother Psate, a native of the town or village of Mekra, or Tmekra, in the district of Ermant (Armant), and the blessing of Raphael and of Saint Paul is invoked upon him, and upon his wife and family. Below the Colophon is written a line of Greek, which contains the name of Joseph (probably Joseph the Archdeacon, whose son Zôkratôr copied so many manuscripts), and below that seem to be the remains of a date, according to the Era of the Hijrah, which begins with the letter ⲧ, i. e. 300 (see Plate XL). At the end of the line of Greek there remains a portion of ⲯ, the first letter of the date according to the Era of the Martyrs, and therefore the copying of the manuscript can be assigned without doubt to the second half of the tenth century of our Era. The manuscript contains:

1. The Discourse which was pronounced on the holy Archangel Raphael by Saint John Chrysostom, Archbishop of Constantinople, on the day of the Commemoration of the Saint.
ⲟⲩⲗⲟⲅⲟⲥ ⲉ ⲁϥⲧⲁⲩⲟϥ ⲛ̄ϭⲓ ⲡϩⲁⲅⲓⲟⲥ ⲓⲱϩⲁⲛⲛⲏⲥ
ⲡⲁⲣⲭⲓⲉⲡⲓⲥⲕⲟⲡⲟⲥ ⲛ̄ ⲕⲱⲥⲧⲁⲛⲧⲓⲛⲟⲩⲡⲟⲗⲓⲥ· ⲁⲩⲱ
ⲡⲉⲭⲣⲩⲥⲟⲥⲧⲟⲙⲟⲥ· ⲁⲩⲱ ⲡⲁ ⲡⲗⲁⲥ ⲛ̄ ⲛⲟⲩⲃ· ⲛ̄ⲧⲁϥ-
ⲧⲁⲩⲟϥ ⲇⲉ ⲉ ⲡⲁⲣⲭⲁⲅⲅⲉⲗⲟⲥ ⲉⲧ ⲟⲩⲁⲁⲃ ϩⲣⲁⲫⲁⲏⲗ·
ϩⲙ̄ ⲡⲉϩⲟⲟⲩ ⲙ̄ ⲡⲉϥⲣ̄ ⲡⲙⲉⲉⲩⲉ· ⲉⲧ ⲟⲩⲁⲁⲃ, &c.
Fol. 1 *a*. Imperfect.

2. The Apocalypse of Saint Paul. Fol. 8 *a*. Imperfect at the beginning.

II. SUMMARIES

1. The Life and Martyrdom of Theodore the Anatolian.

The Encomium in which Theodore, Patriarch of Antioch, describes the stirring events in the life of Theodore the Anatolian, and his martyrdom, is of an unusual character, and of peculiar interest, because it treats of events and matters of a secular character, which writers of encomia on saints and martyrs were not accustomed to include in their works. Theodore begins his discourse with a eulogy on the city of Antioch, which he describes as a beautiful and fertile garden, filled with trees bearing scented blossoms. Great men and generals rejoice therein, and Antioch may, in this respect, be compared with the heavenly Jerusalem, the abode of the Saints. In a series of highly rhetorical sentences the Patriarch of Antioch goes on to comment on the deaths of the nobles of Antioch, which were brought about by the cruel acts of Diocletian, and on the insane behaviour of this 'lawless Emperor', which laid waste the fair city of Antioch. When Theodore remembers his rule, and the evil which he wrought in Antioch, he addresses Diocletian, saying, 'I curse thee, I revile thee, I call thee by evil names, O thou evil blood-shedding lion, thou bear that didst drink blood at all times, thou dragon that dost dwell in the abyss!' When, however, the remembrance of the saints comes into his mind, and he thinks upon the honour which the martyrs receive in heaven before God and His angels, and upon the punishment which Diocletian is suffering in the nethermost parts of Amente, Theodore comforts himself and declares that it is well that Diocletian was born if only to enable the saints to attain unto such glory. Looking round him on Antioch, and noting the churches and martyria and monasteries which flourish there, and the heathen temples and shrines of idols lying in ruined heaps, he receives comfort in his soul, and admits that since these glorious buildings, which testify to the growth and spread of Christ's religion in the world, are the direct result of the acts of the 'lawless Emperor', it is well that Diocletian was born on the earth. Among all the martyrs who suffered death at the hands of Diocletian, Theodore the Anatolian holds first place in the affections of Theodore, Patriarch of Antioch, and the thought of the 153 nails which were driven through the martyr's body when he was crucified compels curses to rise to his lips. The history of the sufferings of the Anatolian must be proclaimed throughout the world, and invoking the martyr's help to raise him when he falls, to correct him when he errs, and to give him courage when he is filled with despair at the mere idea of writing the martyr's life, the Patriarch sets before us the following facts about one of the most distinguished of all the martyrs of Antioch.

In the neighbourhood of Tarsus in Cilicia there lived a certain man called Samar, who was a great landed proprietor, and who possessed gardens, vineyards, and orchards, and who grew wheat on a very large scale. When he died he left all his property to his sons, Ptolemy and Soterichus, who as soon as the funerary ceremonies were over began to quarrel about the division of the same. Whether Ptolemy the elder brother wished to defraud his younger brother Soterichus, or whether Soterichus claimed more than his share, cannot be said, but as they failed to arrive at a settlement they came to Antioch and brought their case before Euius the 'king' of Antioch. Ptolemy found the opportunity to bribe Euius, and, unknown to Soterichus, gave him a centenarius of gold. Euius seeing that the two brothers were men of wealth and position persuaded them to leave Tarsus, and to come and live in Antioch. This they did, and Euius gave his daughter to Ptolemy to wife, and to Soterichus he gave his niece Sophia to wife. He also bestowed upon them high rank, and the two brothers flourished exceedingly under royal favour, and they became very powerful in the city, and the inhabitants of the town paid them great honour. In due course the king's daughter and niece each gave birth to a son, and the Archbishop Apa Gaius was sent for to pray over them and to bless them, and to suggest names for them. A few days later Gaius took the two boys into the church and set them before the altar, and when he had prayed over them he uncovered their faces, and saw their names written upon their foreheads. On the forehead of the son of the king's daughter the letter ⲕ was written, and on that of the son of the king's niece the letter ⲑ was written, and all the congregation saw these letters. Whilst the archbishop was gazing in amazement a voice was heard, saying, 'Theodore the Anatolian, Claudius the Persian'; and when he baptized the children he gave them these names. A festival in honour of the birth of the children was celebrated, and for twenty-seven days the people in the city rejoiced. Claudius and Theodore were nursed by free women, and were educated in the same school, and were treated as equals in every respect. The people of the city loved to look upon their handsome faces, and they admired their bearing and their splendid apparel. When they were grown up and they went to church to receive the Sacrament, a herald preceded them, and a band of music accompanied them, and the people of the city strewed their road with aromatic herbs, and laurel, and syringa, and decorated the street leading to the church with banners and streamers made of purple cloth, byssus, linen, &c. On one occasion when the children came forth from their place in the church to receive the Sacrament, the Archangels Michael and Gabriel were seen standing by them. And Michael reaching out his hand gave to Theodore a sword with which to fight like Benaiah, a famous warrior of Israel, and promised him conquest and victory. At the same time Gabriel gave to Claudius a sword, directing him to use it against the Barbarians and the Persians. When Archbishop Gaius saw what was happening before him he marvelled. Turning to Theodore, the writer of this Encomium, who was serving that day as deacon, he declared to him that the youths would one day become very famous men, and he told him how he had seen the Archangels take Theodore and Claudius under their protection.

In due course Euius the king of Antioch died, and the city was governed by Ptolemy and Soterichus, who assumed almost royal rank, and later they were assisted in ruling the country by their sons, who had attained to man's estate. Theodore and Claudius received their military diplomas, and they wore royal dress and were treated as princes; each wore a bracelet of gold, and each had a household which consisted of a thousand slaves, and the income of each was one thousand pieces of money. It was also arranged that Claudius should marry Theodore's sister, and that the sister of Claudius should marry Theodore; but these arrangements fell to the ground because the young men devoted all their days to military duties and the study of the Scriptures, and passed their nights in fasting and prayer. They modelled their behaviour upon that of Alexander the Great, who, according to the beliefs of Arabian and Ethiopian writers, preached Christian asceticism to his troops.

When Claudius and Theodore had been in the service of the state for about fifteen years war broke out between the Romans and the Persians. After two fierce fights the hostile armies encamped on the river Tanobis, facing each other. Whilst they were resting thus the Devil disguised himself as a Roman envoy, and making his way into the Persian camp described to the troops what awful things would befall them if the Romans conquered them. Then changing his disguise into that of a Persian envoy, he went to the Roman camp and tried to terrify them by descriptions of what they would suffer if the Persians were victorious. Taking up a position between the two armies, he sowed dissension and hatred between them. At length the Romans and Persians fought. In the first of these ten thousand men were killed, and in the second twenty thousand, and the Persian prince, who was called Kratôr, and who was leading his troops, was made prisoner by the Romans. On the third day after the capture of the prince the Persian army broke up, and the soldiers fled in all directions. They soon rallied, however, and the general, feeling it to be impossible to return to the king of Persia whilst his son was in the hands of the Romans, determined to attack the Romans and rescue the prince. Thereupon the Persians retraced their steps, and finding the Romans encamped by the river Tanobis they fell upon them, and slew five thousand Romans, and captured Claudius, the son of Ptolemy, and took him to Persia, and delivered him to the king.

When Agaborne the king of Persia saw Claudius he marvelled at the goodliness of his person, and at his dignified carriage and behaviour, and the priests admiring the fairness of his form wished to offer him up as a sacrifice to the gods for the salvation of prince Kratôr, who was then in the hands of the Romans. Whilst this matter was being debated by the king and the priests, Aliphorus the Queen looked out from her chamber, and observing the goodliness of form and the noble bearing of Claudius besought the king to spare his life. Her wish was to give him her daughter Kesen (or Gesen) to wife, and to send him back to his home, so that the Romans might be induced to send back her son Kratôr safe and sound. Agaborne hearkened to the Queen's petition, and allowed her to receive Claudius into her house, where he bitterly lamented the position in which he found himself. One day his chamber became suddenly filled with blazing light and fire, and the Archangel Gabriel appeared unto him, and bidding him be of good cheer asked him why, since the Angel of God was his protector, he was afraid. Claudius replied that he was not afraid of death, but of the pollution of marriage with which he was threatened. Gabriel then told him that neither death nor marriage should befall him, that

Theodore the Anatolian should come to him, and that both Theodore and he would become famous throughout the land. The archangel then disappeared.

When Queen Aliphorus saw the fire with which Claudius was surrounded she was afraid, and she entreated the king to send him away to his own country; this Agaborne was quite willing to do, but the nobles opposed the Queen's wish. Aliphorus next begged Agaborne to allow Claudius to write to his father with his own hand, and to tell him and his mother where and how he was. For some days before this Agaborne had been seeing visions and hearing voices which told him that Theodore the Anatolian was coming to destroy him. Moved by the Queen's entreaty, he caused Claudius to be set before him, and he questioned him about the light and fire which had appeared in his chamber. Claudius told him that his visitor was an angel of Jesus Christ, and that Theodore the Anatolian was his brother, i. e. cousin, and not a god. Writing materials having been given to him by the king's command, Claudius wrote a lengthy epistle to his father Ptolemy.

When the Roman soldiers returned to Antioch, and Claudius could not be found, lamentations broke out in all the city. Ptolemy and the nobles mourned bitterly, his Queen rent her garments, and strewed ashes upon her head, and tore out her hair, and Thebasia, the sister of Claudius, did likewise. Slaves also rent their garments, and the widows and orphans of Antioch bewailed their generous protector and benefactor. When the first outbursts of grief had subsided Soterichus went to the king his brother and reminded him that the Persian prince Kratôr had been captured by the Romans, and that he was alive at that moment in Antioch. He advised Ptolemy to make Kratôr to write to the king of Persia, with a view to the exchange of the two royal prisoners, and suggested that the Archbishop (Gaius) should come to Ptolemy with prince Kratôr, and superintend the writing of the letter.

Ptolemy, apparently, accepted this advice, and 'each side waited for a month'.

When the letter which Claudius had written to his father from Persia arrived in Antioch there was great rejoicing, and the mention in it of Theodore the Anatolian caused Ptolemy to send to the eastern frontier where Theodore and his troops were stationed, and recall him to Antioch. Theodore, having been absent from the city for some time, and knowing nothing about the capture of Claudius by the Persians, wondered greatly at the signs of general mourning which he saw when he returned to Antioch. As soon as he learned what had happened he volunteered to go and bring Claudius back, but though Ptolemy accepted Theodore's offer, Aliphorus the Queen was unwilling for him to be sent. Ptolemy then sent to Archbishop Gaius and bade him guard the Persian prince carefully, because, when Claudius had been sent back to Antioch, he determined to send Kratôr back to Persia. The Archbishop replied that Kratôr lived in his house, and ate at his table, but that he was ill through a wound made in his side by an arrow during the war. Having given the Archbishop authority to summon the state physician to Kratôr, Ptolemy told Gaius to prepare to go to Persia to bring back Claudius. Soon after this Gaius and Theodore the Anatolian, laden with rich presents, and accompanied by a number of men of high rank and soldiers, set out for Persia, and in due course reached the court of Agaborne, king of Persia. Kratôr, the Persian prince, was left behind sick in Antioch.

When the Roman envoys arrived Agaborne expected that his son Kratôr would be with them, and he caused his city to be decorated with lamps and garlands, and all the inhabitants rushed out to watch the Romans arrive and march through the city. When the Archbishop had revealed his business, and presented the gifts he had brought, and reported that Kratôr was alive, Agaborne first asked why Kratôr had not been brought, and then demanded that Theodore should be brought into his presence, saying that he had heard much about him. When Theodore had answered Agaborne's questions about his strength and renown, he asked to be allowed to see Claudius, and the king granted his desire. Claudius was brought, and the two cousins embraced each other, and wept, and enjoyed each other's society for a week. The Queen fell in love with the young men, and had their portraits painted on the wall of her bedchamber.

Having tarried at the Persian court for a month the Archbishop asked the king's permission to return to Antioch, promising to send Kratôr back to him as soon as possible. The king replied that he would not allow Theodore to depart until Kratôr had returned safe and sound; and the Queen, finding that Claudius would not marry her daughter Kesen, or Gesen, swore that she would not let him leave Persia until Kratôr had been brought back. From the paragraph which follows it seems clear that Theodore and Claudius were promptly thrown into prison, where they were visited by Michael and Gabriel, who were in the form of soldiers. By some means or other Theodore and Claudius were brought out into the city, and the archangels having given their own swords to them to fight with, the two cousins fell upon the Persians, and slew twenty thousand of them. They then brought Agaborne and the Archbishop outside the city, and Theodore told the king that he was now able from what he saw to judge of the power which the Romans possessed. The king was panic-stricken, and was carried back to his palace in a state of collapse and abject fear. The archangels then went into the temples and proclaimed to the priests the arrival of Theodore who would destroy them, and straightway the temple wall fell in on them, and a fire broke out and consumed them. Moreover, under the influence of the archangels, the equestrian portrait-figures of Theodore and Claudius, which the Queen had caused to be painted upon the wall in her bedroom, used to come away from the walls, and take the forms of well-armed horsemen, and gallop through the country slaying the Persians everywhere. Whenever the words 'Theodore and Claudius are coming to destroy you' were heard in Persia, the painted figures of their horses began to neigh, and to gallop about, before the Persians had time to draw up their troops in battle array.

By some means unstated Archbishop Gaius and his soldiers succeeded in getting away from Persia with Claudius and Theodore, and when they arrived in Antioch the city was decorated in their honour, and all the people turned out to greet them joyfully. About this time Kratôr, the Persian prince, died in the Archbishop's palace, and Ptolemy the king had his body brought at once to the palace and examined, and with the exception of the wound in his side, which he received from a spear in the war, there was no mark of violence on him. The king caused the body to be embalmed and put in a chest, which was committed to the care of the archbishop, until an answer to the letter which had been sent to Agaborne announcing the death of his son could be received.

Soon after this event Ptolemy died, and the people wished his son Claudius to succeed him, but his mother carried him away and hid him, and a certain noble called Umerianus was made king of Antioch. As soon as news reached Agaborne that his son was dead the Persians declared war against the Romans, and sent their challenge to Umerianus. This man, who seems to have spent all his patrimony in bribing the people of Antioch to make him king, was greatly disturbed at the threat of war, and he wept freely and cursed his ill luck. He then summoned Soterichus, Romanus, and Basilides, and took counsel with them; he proposed to abdicate the throne of Antioch, and wished Claudius to take his place. This, however, Claudius refused to do, and he and Theodore and the older men took an oath of allegiance to Umerianus, and swore by the Gospel that they would loyally support his throne. Umerianus, however, doubted the loyalty of Claudius and Theodore, and the Devil urged him to dispatch them to Egypt to serve with the recruits, obviously with the idea of removing from them the opportunity for plotting against him. As for any services which they might be able to render in the wars against the Persians, the Devil was able to recommend a man who would be far more useful in this respect, namely, one Akrippita, or Agrippita, a goat-herd, then living in the district of Psoï or Ptolemaïs, in Egypt. Thereupon Umerianus dispatched an imperial officer to bring Akrippita to Antioch. Akrippita was a friend and neighbour of Psote of Psoï, and he played some kind of instrument of music whilst Psote sang from the Psalter. At times Akrippita used to dash in among the flocks and scatter them in sheer mischief; and when the officer arrived to summon him to Antioch he seized his horse, and having leaped upon it he galloped among the flocks, and cut down a great many animals with the officer's sword. When Apa Psote tried to restrain him, Akrippita rode his horse at him, and tried to trample the old man to death. In due course Akrippita reached Antioch, and received his commission in the army; but as the eldest daughter of Umerianus fell in love with him he was excused military duty, and at the age of twenty he became her groom and her lover.

Some time after these things Umerianus, king of Antioch, was slain in battle with the Persians, and his daughter seized the kingdom and ruled it for three years. She then bribed the chief men of the city, and they elected her lover king of Antioch, who now seems to have assumed the name of Diocletian. When Theodore the Anatolian heard of this he went to the palace, and driving Diocletian from the throne set Claudius in his place, but Claudius refused the throne, and fled from the palace whilst yet the shouts of approval of the multitude were ringing in his ears. Meanwhile Diocletian had taken refuge with his wife, who reviled Theodore and cursed him for his arrogance. When Theodore heard of this he rushed from the throne-room, and slew two thousand four hundred officers and men. As the result of this slaughter the imperial herald declared that the kingdom of Antioch belonged to Theodore by right of conquest. On hearing of Theodore's acts the Queen became afraid, and taking out the royal crown and sceptre and robes from the secret place in the palace wherein she had hidden them, she offered them to Theodore and begged him to become king. In answer to this offer Theodore set fire to the palace with the view of destroying every one in it, and a great riot broke out in the city on the following morning; however, urged by the petitions of his sister, and the sister of Claudius, Theodore extinguished the fire. At this time the Archangel Michael appeared to Theodore and told him that God had arranged for Diocletian to be Emperor of the Romans. On the following morning the Anatolian proclaimed that the throne was vacant, but as the fear of Theodore was still great in the city no man attempted to occupy it. When a month had passed and the throne was still vacant, the Queen bribed the soldiers, and they succeeded in making Diocletian, who had hidden himself through fear, undertake the rule of the kingdom.

Soon after this Theodore went to visit Diocletian, who invited him to occupy the throne, but the Anatolian refused to do so, and told him that if he kept the Faith and did the thing that was right his kingdom would stand. Diocletian took this advice, for he attended Divine Service in the churches, and received the Sacrament, and took counsel with Archbishop Gaius, and 'lived in the Faith, and performed good works'. He gave to Gaius ecclesiastical jurisdiction over all Egypt, and he had his old friend Psote made a bishop, and gave him rule over the province of Marês, i. e. the district between Philae and Dakkah in Northern Nubia. Diocletian was still doubtful in his mind about the loyalty of Theodore, and his wife urged him to let her bribe the soldiers to kill him, but he was afraid to let this be done because he could not trust the soldiers in the city to defend him. Soon afterwards war broke out again between the Romans and the Persians, and acting on the advice of the Queen Diocletian dispatched Claudius and Theodore with their hosts to fight against the Persians. He also gave a large sum of money to Archbishop Gaius to offer up a sacrifice and to pray for victory for his arms. In the battle which followed soon after the Romans were victorious, and they captured another Persian prince, and Theodore took him to Antioch and set him before Diocletian; and at Theodore's request the king handed the prince over to the Archbishop's care.

As soon as the king of Persia learned that his son was under the care of the Archbishop he sent many valuable gifts to Gaius, who being in urgent need of money for his charities set the young Persian free without telling any one what he had done. In due course Diocletian was told what the Archbishop had done, and he sent and demanded an explanation from Gaius. In answer the Archbishop declared that when the prince was handed over to him two months ago there was a wound in his side from which he had since died; his body was prepared for burial in a suitable manner, and was then lying in the archiepiscopal palace. When Diocletian demanded to see the body, an embalmed body arrayed in purple was produced by the Archbishop, who swore that it was the body of the Persian prince, meaning the king to think that it was the Persian prince who had been recently captured. Diocletian had doubts about the truth of the Archbishop's statement, but he could not prove that he was lying.

Soon after this the Romans and Persians fought another battle, and the Romans captured a Persian prince called Nikometes; as soon as Claudius and Theodore saw him they knew that he was the prince whom they had captured during the last fight, and that the Archbishop must have set him free. When Diocletian heard of the capture of Nikometes, he asked Theodore if this was so, for the Archbishop had assured him that Nikometes was dead. Thereupon Theodore lied and said, 'It is his brother whom we have captured. Nikometes is dead.' Theodore stripped Nikometes of his royal apparel, and ordered him to tell no man who he was; and when the king returned to Antioch he delivered Nikometes into the care of Claudius and Theodore.

When the king of Persia heard that his son Nikometes had been captured once again he sent Panicerus and Leontius with large gifts to Theodore and Claudius that they might let him escape, and apparently they caused the Archbishop, in whose palace they had lodged the prince, to set him free. After a very short time Diocletian learned from the Devil, who appeared to him, that Nikometes had been allowed to escape a second time, that Gaius, Claudius, and Theodore had divided the Persian king's bribe among them, and that all three had deceived him and lied to him. The Devil urged the king to put them to death at once, but Diocletian objected, saying that if he did so there would be none left to command his troops, and that he would lose his kingdom. On this the Devil tried to convince Diocletian that it was he, and not Theodore, who had captured Nikometes, and that he had large armies of soldiers at his command. In proof of this he made great numbers of his demons to take the forms of soldiers prepared for battle, and to appear before Diocletian, and with them were seventy demons in the forms of gods. Pointing these out to Diocletian the Devil said to him, 'Thou wilt now know that the fear of the Anatolian and of Claudius need not terrify thee'; and when the Devil had described how he would bring these two men into great disgrace he disappeared.

When the Devil left him Diocletian went and told the Queen all that he had said, and then had Nikometes brought before him for examination. The prince confessed that he had been twice captured, thus proving that Gaius and Theodore and Claudius had deceived Diocletian, and lied to him. Diocletian rejoiced to have his suspicions confirmed, and he rose up in a rage and went and slew Archbishop Gaius, and wrecked his palace, and then plundered all the churches in Antioch. Whilst these events were taking place in Antioch Theodore was in the country, engaged in his military duties, but he was kept informed about what was happening by his sister, who wrote letters to him. Meanwhile the Queen pressed Diocletian to summon Theodore to Antioch, ostensibly to discuss with him a private matter in connection with the king of Persia, and he carried out her wish. When the letter of recall had been dispatched to Theodore, the Emperor instructed sixteen guards (?) to prepare fetters for Theodore, and to hold themselves in readiness to seize him when he appeared. In response to the imperial message, Theodore, suspecting no foul play, returned quickly to Antioch, and when he entered the palace he laid down his sword, and passed at once into the royal presence. Diocletian smiled at him craftily, and having addressed to him words of congratulation made a sign to the sixteen guards, who fell upon him and bound him in fetters, and haled him out to the persea tree in the courtyard of the palace. Theodore entreated the guards to loosen his bonds that he might pray a little before he died. When they refused to do this he made a violent effort, and throwing out his arms burst their bonds asunder, and hurled the whole of the sixteen guards to the ground. When he had ended his prayer he bade the executioners do their duty, and they at once nailed him to the persea tree with one hundred and fifty-three nails. Michael appeared and comforted him in his agony, and when Theodore entreated Christ to give him rest He received the martyr's spirit to Himself. Saint Victor begged Romanus his father to ask Diocletian for the body of Theodore, and the Emperor granted his petition. Victor, and Claudius, and the sister of Theodore took the body down from the persea tree, and laid it in the family vault, and it worked many cures.

2. The Discourse on Mary Theotokos by Cyril, Archbishop of Jerusalem.

Cyril, the writer of this Discourse, seems to have been born in or near Jerusalem about A.D. 315. He was consecrated bishop of Jerusalem in 351, held the see for thirty-five years, during sixteen of which he was in exile, and died about 386. The Discourse summarized below[1] is probably an imitation of the twenty-first[2] of his 'Catechetical Lectures', which seem to have been written when he was a presbyter before 350.[3] Cyril compares the Discourse which he pronounced on the day of the Assumption of the Blessed Virgin Mary to the feast which a rich man gives to his friends. As the rich man sets before them first of all the daintiest meats and the choicest wines, even so Cyril places first of all before his hearers the most important facts and arguments which he has been able to collect about the Virgin Mary. In the first place, he says, we must remember that it is Jesus Who has invited us this day to commemorate His mother, who was at once His throne and His habitation. On this day the mother of the King of Life tasted death, because she was a mortal woman and a creature of flesh and blood. Moreover, Mary was begotten by a human father and brought forth by a human mother, like every other human being. Those godless heretics, like Ebion (?) and Harpocratius, who say that Mary was a 'δύναμις', which took the form of a woman and gave birth to Emmanuel, fail to see that if Mary was a δύναμις she could have had no body, and could never have died, and that Christ could never have put on flesh from her. If we listen attentively, with the help of the Paraclete and of the Virgin Mary herself Cyril will relate Mary's history.

[1] For an Ethiopic version see Oriental, No. 604, fol. 92 *a* ff.

[2] Read 'twenty-first' for 'twentieth' on p. 626, l. 4.

[3] See De Ronestin, 'The Five Lectures of St. Cyril', Oxford, 1887; and E. H. Gifford, *Catechetical Lectures* (in A Select Library, 2nd ser., vol. vii); Migne, *Patrologia*, Ser. Graec. tom. 33.

Many writers have compiled fabulous lives of the Virgin which resemble the mythological stories that are found in the works of the Greek poets, but works of this kind he rejects entirely.

From information which Cyril claims to have derived from the Virgin Mary herself, he states that her parents were of the tribe of Judah, and of the House of David. Her mother was called Anna, or more commonly Mariham. She was born in the village of Magdalia, and was called also Mary Magdalene. She was Mary who belonged to Kleôpa and to James, the son of Joseph the carpenter, into whose care she had been committed. Cyril says that he has examined the writings of Josephus and Irenaeus and of the Hebrews, and he is convinced that Mary was of the House of David. In a district of Jerusalem called Magdalia there was a small village inhabited by Jews. Among these was one Aaron, who was commonly called David; he was very rich and very charitable, and awaited the coming of the Redeemer of Israel. As Aaron was lying on his bed one evening he fell into an ecstasy, and heard a voice telling him that the Redeemer of Israel should spring from his family. His wife was called Sara, and she bore him a son, whom his father called Joakim and his mother called Kleôpa. David, i.e. Aaron, gave his niece Anna, the daughter of his brother Aminadab, to Joakim-Kleôpa to wife, and some time after this David-Aaron and his wife Sara left all their possessions to their son; now Anna, their daughter-in-law, was barren. After some time, when it seemed probable that a stranger would inherit their property, Joakim-Kleôpa and Anna went up to the Temple and paid their vows, and prayed for a child, whom they promised to dedicate to the Lord. Having ended his prayer, Joakim-Kleôpa heard a voice, which came from the altar, telling him that he should have a child, for his petition had been accepted. In due course a daughter was born to Joakim-Kleôpa, and he called her Mary, and when she was a few years old her parents took her to the Temple and gave her to the Lord, according to their vow. In the fifteenth year of her age Gabriel visited her, and announced to her that the 'Saviour was coming to her'. Cyril states that Gabriel visited her on the 7th day of the month Xanthikos, which is the day of the new moon of Parmoute, i. e. March 27, and that Christ was born on the 29th day of Khasileue,[1] or Khoiak, i. e. December 25. He was born at Khabratha,[2] which is Bethlehem. When Jesus entered Egypt He was two years and four months old, and He and Joseph and Mary travelled thither on a light fleecy cloud. According to Cyril it would have been impossible for Mary and the Child to bear the fatigue of a journey which was so long that a traveller had to make twenty halts in the caravanserais on the road.

The Discourse on Mary Theotokos is interrupted at this point by a personal anecdote told by Cyril himself. A certain monk called Annarikhus, who lived near Gaza, and who had studied with great success the works of the heresiarch Bion (?) and Harpocratius (?), began to preach the lies and blasphemies of these men to the pilgrims who flocked to the shrines in the neighbourhood. When Cyril learned what the monk's doctrines were he sent two messengers to the Bishop of Gaza, ordering him to send Annarikhus, together with his books of heresy, to him in Jerusalem. When he entered Cyril's presence, in answer to the archbishop's accusation that he preached false doctrine, Annarikhus declared that he only preached the doctrine of the Apostles and of Fathers such as Satôr, Ebion, and Harpocratius. Pressed by Cyril to declare what this doctrine was exactly, the monk, on the authority of the Gospel to the Hebrews, asserted that: 1. When Christ wished to come upon the earth the Good Father committed

[1] On p. 634, l. 16, for Khasilene read Khasileue.

[2] Ἐφράθα, αὕτη ἐστὶν Βαιθλέεμ (LXX, Swete's edition, i, 453). Originally Ephratha seems to have been the name of the district of Bethlehem, but in Micah v. 1 and Ruth iv. 11 אֶפְרָתָה means the town itself.

Him to the care of a mighty δύναμις, which was called Michael. 2. This δύναμις came down upon earth, and was called Mary, and Christ was in her womb seven months. In reply to Cyril's question if he took the Gospels literally, the monk said Yes, and then Cyril asked him where in the Gospels did he find it stated that the Virgin Mary, the Mother of God, was a δύναμις? The monk replied 'In the Gospel of the Hebrews', a work which he regarded as of authority equal to that of the Gospels of Matthew, Mark, Luke, and John. When Cyril had shewn him the absurdity of setting the 'misleading doctrine of the Hebrews' in the place of the doctrine of Christ, and proved to him by quotations from the New Testament and the 'Ancoratus'[1] (Ἀγκυρωτός) of Epiphanius that the doctrine of the Jews can never be joined unto the doctrine of Christ, the monk admitted that he had made a mistake, and asked for Cyril's forgiveness. He then delivered up his books to Cyril, who burned them in the fire. This done Cyril began to expound his doctrine of Mary Theotokos, but the loss of a leaf from our manuscript makes our statement of it incomplete. At the end of his exposition he told Annarikhus that if he was willing to accept and to confess this doctrine he would receive him into his fold, and that if not he must leave the place. The monk then cursed the heresy of Bion (or, Ebion) and Harpocratius, and Cyril baptized him in the name of Saint Mary. Finally, Annarikhus went into a monastery in the Mount of Olives, and preached the doctrine acceptable to Cyril, denying that Mary was a δύναμις.

Passing briefly over the paragraphs in which Cyril describes the relationship of Mary to Elisabeth, we come to his narrative

[1] This work was compiled by Epiphanius with the view of supplying presbyters and others with an exposition of the Monophysite creed for use in various countries; the 121 sections in it deal chiefly with the doctrine of the Trinity, and assert clearly the veritable humanity of Christ and the resurrection of the body. See Tillemont, *Mémoires Ecclés.*, tom. x, and for a handy reprint of the text, Migne, *Patrologiae*, tom. 43, Paris, 1858.

of Mary's life in Jerusalem. After the Crucifixion John took Mary to his house, according to the command (see John xix. 26), and she passed her life in working miracles and in healing the sick. She gathered about her a large number of virgins, and shewed them by example as well as precept the blessings of a life dedicated wholly to God. When she had been living thus for ten years she one day bade John summon to her Peter and James, and when they had arrived she reminded them of the great events in the life of her Son which they had witnessed, and then told them that He had appeared to her and warned her that she had only three more days to live. She further told the Apostles that He had promised her such glory in heaven that even the saints would marvel thereat, and that all the angels and patriarchs and prophets and virgins would bow in homage before her. He bade her have no concern about her body, for as He Himself had tasted death, and had destroyed its power, so He would take care of her body and raise it up incorruptible at the appointed time. Having told her to inform Peter and John, and to tell them what to do in connection with her departure, and to give the nuns whom she superintended a solemn charge, He disappeared. The Apostles summoned the virgins to her, and when they came she took the hand of Mary Magdalene, who was very old, and turning to the virgins she bade them regard her as their mother. She then sent Peter to one Bibros, or Bifros, to fetch from his house some fine linen which had been deposited there, and James she sent to buy a stater's worth of perfumed spices. When the evening of the day of her death arrived Mary told John to light a large number of lamps; and having laid the fine linen on the ground, and spread the sweet spices over it, she stood up on it and prayed that the river of fire might be tranquil and allow her to cross over it. She then lay down upon the linen with her face to the east, and Christ mounted on the Cherubim came to her with His angels. He summoned Death to appear, for needs must that Mary should see him, and as soon as she saw Death she threw her soul into the bosom of her Son, and He wrapped it up in a napkin of light. Mary fell asleep on the 20th day of the month Tôbe (January 16).

By the Lord's command the Apostles laid Mary's body on a bier and set out to carry it to the Valley of Jehoshaphat, opposite to the Mount of Olives, singing hymns as they went. On their way they passed the Temple, and when the members of the Sanhedrin, who were in session, heard the singing they asked who had died. Hearing that it was Mary, the mother of Jesus, they hurriedly passed a decree prohibiting the burial of the body in the city, and they ordered it to be burnt. Certain Jews set out to stop the Apostles and to seize the body, and when the Apostles saw that they were pursued they set the bier down upon the ground and fled. When the Jews arrived at the place where the bier had been set down they found that Mary's body had disappeared, and though they searched all the neighbourhood they did not find it. A voice from heaven bade them cease to search for the body until the 'appearing of the Saviour', and the Jews fled in shame. The Virgin Mary was sixty years old when she died; she was fifteen years old when she gave birth to Jesus, she followed Him for thirty-three and a half years, and she lived eleven and a half years after the Crucifixion. After the accession of Constantine a church was built in her honour in Jerusalem.

3. The Discourse by Demetrius, Archbishop of Antioch, on the Birth of our Lord and on the Virgin Mary.

Of Demetrius, Archbishop of Antioch, who claims to have ordained St. John Chrysostom a presbyter, little seems to be known. It is clear that there is some confusion in the Coptic text, for St. John Chrysostom was made presbyter by Flavian in 386, having been ordained deacon by Meletius in 381. Demetrius, the author of the Discourse on the Virgin, is obviously identical with the compiler of the Miracles of Victor, the son of Romanus, who also claims to have appointed Chrysostom to the presbyterate: ድርሳን፡ ዘደረሰ፡ አቡ፡ ቅዱስ፡ ድሜጥሮስ፡ ሊቀ፡ ኤጴስ፡ ቆጶሳት፡ ዘአንጾኪያ፡ ዘሤሞ፡ ቀሲስ፡ ለቅዱስ፡ ዮሐንስ፡ ልሳነ፡ ወርቅ፡ በእንተ፡ ክብሩ፡ &c.[1]

Demetrius opens his discourse with a reference to the two-fold joy which attaches to the month of Khoiak (Nov. 27–Dec. 26), first because at its beginning the festival of harvest is celebrated, and secondly because at its end is the great festival of the Nativity. According to a tradition which he found in some work on Chronology, Demetrius also states that Christ was born on the day of the new moon of Khoiak (November 27), which fell on a Sunday. Mary, he says, was the daughter of Joakim and Susanna (*sic*), and was the child of their old age. She was born on the Sabbath, on the 15th day of the month of Hathor, and on the following Sabbath her name was registered in the Temple, because she was the first-born child. When she was three years old, her mother took her to the Temple to give her to the Lord, and as soon as the child was set upon her feet she walked into the Temple by herself and went on into the place behind the veil, where she remained, and wholly forgot her parents. At the age of ten she wore a dainty, spotless tunic, which was kept in position by a girdle, and a *kafîyyah*, or head-cloth, which covered her eyes. She wore no sandals, and her feet, arms, and hands were unadorned by jewellery of any kind; she used neither *kohl* (stibium) for her eyes nor crocus-flower unguent for her cheeks. She walked but little outside the Temple, and ate most sparingly, and never talked to a man except the priests; she never denuded her body, and never washed in a [public] bath. Her service in the Temple she performed discreetly and diligently, and with profound awe and reverence. When Mary was twelve years old the priests decided to give her in marriage

[1] See Brit. Mus. MS. Oriental, No. 729, Fol. 78 *a* (Wright, *Cat. Eth. MSS.*, p. 197).

to Joseph the carpenter. When Joseph took her to his house she took up her abode in an upper chamber, and rarely came downstairs. She spent her time in weaving purple into the veil of the Temple, and angels in the form of doves came and flocked about her, and Joseph's sons ministered unto her. Thus she lived for three years, and all the Powers in the heavens marvelled at her purity and chastity, for her virtues eclipsed those of Sarah, Rebecca, Leah, Rachel, and Anna, the mother of Samuel. Then God spake unto His Son, Who was like unto Himself in every respect, saying, The time hath come for Thee to go down upon the earth to seek after the lost sheep, to redeem Adam, to still the cry of the blood of Abel, to complete the sacrifice of Isaac, and to fulfil the expectation of the Prophets. No second Flood of water hath destroyed the earth, but all the people thereof are swallowed up in sin and iniquity. The Virgin Mary shall be Thy throne, and Thou shalt abide in her for nine months; her womb shall be a second Ark. Thy departure is voluntary, nevertheless I tell Thee to fulfil My command. I destroyed Sodom and Gomorrah, I sent Jonah to Nineveh, I gave the Law by Moses, and still the people on earth are committing sin daily. Thou must go down to earth and wash it clean with Thy blood, because the people who live on it and the beings in Amente (Hades) eagerly await Thy coming.

When the Son at His Father's command, and by His own free-will, determined to come upon the earth He sent Gabriel to announce His coming to Mary, and He admonished the archangel not to frighten or threaten her, and not to alarm her sensitive mind in any way, but to speak to her tenderly and encouragingly, and to lead her thoughts to the contemplation of the glory which was about to be hers. Then Gabriel went, and standing outside the door of her chamber saluted her twice, and when Mary began to be disturbed at the salutation the archangel entered into her presence, and delivered his message, telling her that she would bear the

Son of God. He explained to her the mission on which he had been sent to Elisabeth her cousin in Torinê, and how she had conceived, and he bade her go and visit Elisabeth, when she would understand the matter which was at that moment a mystery to her. When Gabriel had departed, Mary rose up and went from Nazareth to Torinê, and she found that everything was as the archangel had told her; and she stayed with Elisabeth, according to Demetrius (p. 670), until her child John was born. Returning to her house, Mary again took up her abode in the upper room, and lived there until she had fulfilled eight months.

About this time the decree of the Emperor Augustus, which ordered all the people to register themselves for taxation, was promulgated, and Joseph taking Mary with him went up to Bethlehem to be registered in the taxing-list. The day on which they arrived happened to be the Day of Preparation, which is the great day of the fast; and they found that all the inns were overcrowded, and that there was no room for them in the town. At length they found a Khân, or Ḳairawân [1] Sarai, which was frequented by strangers, where, on the ground floor, there was room for themselves and their beast. All the rooms on the upper floor were occupied, and Joseph and Mary were obliged to unroll their beds and lay them down among the beasts. This they appear to have done at dawn on the 28th day of the month of Khoiak, for they spent the whole of the 27th day in waiting at the registration booth. Joseph caused himself to be enrolled as a carpenter, and as of the tribe of David, and the names of Mary his wife and Jesus their Son followed his on the taxing-list. On the 29th day Mary was seized with birth pangs, and Joseph went out to look for a midwife, and he found Salome, who hurriedly went with him to the khân; but before they arrived Mary had brought forth Jesus, and wrapped Him up

[1] قَيْرَوَان.

in strips of old stuff, and laid Him in one of the mangers. When Salome entered the khân, and saw the Child lying in a manger with an ox and an ass standing over Him and protecting Him, she fell down and worshipped Him, for she knew that He was to be the Saviour of the world.

Meanwhile the shepherds in the fields saw a very bright star, the appearance of which portended a great mystery; and whilst they were looking at it the Angel of the Lord came to them, and announced to them the birth of the Saviour, and told them where the Child was, and how to find Him. And their eyes were opened, and they saw a multitude of angels, and they heard them singing, 'Glory to God in the highest,' &c.; and when the angels had departed the shepherds went into Jerusalem, and found Mary and the Child. Herod also saw the star and was troubled, and his fear of its significance was increased when certain of the Magi, who had seen the star and who knew that its appearance portended the birth of a king, came from the East to Jerusalem and enquired where the King was. Herod secretly summoned the Magi to him, and in answer to his questions they told him that the everlasting King of infinite power and majesty had been born, and that He was Jesus the Christ. Herod then gave them money, and bade them seek out this King, so that he might go and worship Him; but the Magi, having found the Child and worshipped Him, under the direction of the Angel of the Lord returned to Persia, and burnt all their books of Magianism, and preached Jesus everywhere. The Angel of the Lord also appeared to Joseph after the Magi had departed, and told him to flee into Egypt, and taking with him the Child and Mary and Salome he did so. For two whole years Herod awaited the return of the Magi, and when he found that they did not return he slew all the children in Bethlehem who were two years old and under. Their blood, according to Demetrius, was the first sacrifice offered by Christ to His Father.

Herod was succeeded about this time by one of his sons, Herod Archelaus, who did not continue the persecution begun by his father, and therefore Joseph returned to Palestine with Mary and the Child. Archelaus was succeeded by one of his sons called Herod, who was in the habit of committing adultery with Herodias, the wife of his brother Philip, but no man knew this except John, the son of Zacharias the priest. Herod sought for John meaning to kill him, and when Zacharias refused to tell him where his son was Herod sent messengers who slew the priest as he lay on the steps leading up to the altar in the apse of the Temple. Demetrius is puzzled to understand why it was, since John rebuked him daily, that Herod did not know where John was to be found, and he concluded that John's daily rebukes to him were conveyed to him by an angel sent by John, who was thereby enabled to keep himself hidden in the desert of Torinê.

Demetrius then passes on to consider the magnitude of the miracle of the Virgin Birth, and the wonderful behaviour of Joseph, and when he meditates upon the marvellous thing which happened unto Mary he says, 'I am as much stricken with amazement as I should be if I were to be transported from earth to heaven.' Many bishops and many inspired and learned men have attempted to reason out and to explain the perpetual virginity of Mary, but all have found it to be quite impossible. If we are wise, he says, we shall accept the fact as it is placed before us, and not attempt to pry into it, for it is quite useless so to do, seeing that the matter is incomprehensible to man. But some were not wise, e. g. Nestorius, who meditated so constantly upon the mystery that his reason lost its balance, and he became silly. In the case of Nestorius, the result of all the abominable and blasphemous things which he said was that he fell into the slough of wickedness, and was expelled from his bishopric, and was excommunicated and banished, and he died a horrible death, and his shameful mouth is now stopped with the unquenchable fire of Amente. Let us try to understand and to appreciate this ocean of loving-kindness which floweth to us from the Virgin Mary Theotokos. Come, ye mothers, and glorify the Virgin Theotokos. Come, ye married women [who are childless], and glorify her. Come, ye widows, and rejoice because the Friend of the widows hath come. Come, ye virgins, and gaze at the King of Glory and the glorious Virgin Theotokos. Come, O ye old men, come, O ye young men and youths, come, O ye aliens, come, O all ye tribes and nations, come, O ye peoples of divers tongues, and gaze upon the Virgin Mary Theotokos!

Again, let us rejoice this day, and let the festival be a twofold occasion for joy, and let us not forget the words which we have heard before we reach our homes. Let us put on the apparel of righteousness and charity, so that we may be suitably arrayed for the Bridegroom's feast. Let the women eschew outward adornments, and scents and perfumed unguents, and gold ornaments and costly apparel and precious stones. Let them follow the example of Sarah, the wife of Abraham, and learn to be her daughters. If you, O women, come to church and display your rich apparel, and boast yourselves in the observance of this festival, and then go home to your houses wherein are tables heaped high with dainty meats, and find your doors surrounded by crowds of ragged and starving folk, what good does your observance of the festival do you if ye do not consider and relieve their wants? I see many standing before me with their faces saddened by my words, and their eyes filled with tears; but I know quite well that before the tears are dried on their cheeks, and before they have left the church, their thoughts will be running on the friends whom they are likely to meet outside. Some on their way out will wave their hands to their friends, ostensibly to shew that they have not forgotten them, but in reality to display their gold rings. Others exchange lewd and ribald remarks with their friends, and others arrange meetings in order to commit adultery. Moreover, among the well-fed and pleasure-loving people who are listening to me there are assuredly some who will say unto me, How can I be saved? I am worn out and I am not strong enough in body to undertake exhausting labours. Besides, I am old and feeble, and I have lived in a town all my life, and am accustomed to the pleasures and luxuries of a town. To such I say, In saying such things you are using your blindness of heart as a pretext. You are not required to exhaust yourselves by ascetic labours or to leave the city, but to cease to do the works of evil which ye have been committing for years past, and not to return to them. When a man puts God behind his back he begins at once to commit many sins, but still God does not cast him away utterly. Even those who have committed such terrible sins that men put their hands over their ears so as not to hear of them God wishes to repent. And when they do so, and, as a result of their repentance, perform good deeds, after their death their former reputation as sinners is forgotten, and men think well of them, and only want to hear about their good deeds. If you doubt this go to the monastery just outside this city, and you will find there scores of men who passed their lives at the theatres and on the race-courses, and in places where hippic and athletic sports took place, and who committed fornication as a matter of course, and who, having abandoned their former course of life, are now regarded as the equals of the angels, and men marvel at their good works. I grieve to speak sad words of this kind, but it is my duty to endeavour to present you spotless before our Lord. May He cause us all to be chosen, may we find boldness of speech before Him, and after this life may He receive us unto Himself in His tabernacle for ever.

4. The Discourse of Apa Epiphanius, Bishop of Cyprus, on the Holy Virgin Mary Theotokos.

Epiphanius says: When the Virgin Mary died the world suffered a sore loss, and heaven received a choice and glorious pledge. I am in duty bound to deliver a discourse on the Virgin Mary this day, but I must beg of thee, O Holy Virgin, to remember my halting tongue and my infirm mind, and to give me thine aid in my undertaking. Thou art greater than Zion and greater than the heavenly Jerusalem, for Zion was a city built by man, but no man knoweth how thou wast founded. Mary is greater than the Prophets and the Apostles, and her honour is second only to that of the Persons of the Trinity. For He on Whom the Seraphim dared not gaze was dandled on her hands, and she gave Him her breast, and she called Him 'my Son', and He called her 'My mother'. But let no man imagine because Mary hath such exalted honour that she was not a human being, or that she was not begotten by a man, or that she came down upon earth direct from heaven, as some schismatics foolishly proclaim. On the contrary, she was begotten by a human father and brought forth by a human mother, like all other folk. If ye will listen I will explain the matter to you, O ye God-loving folk. We base our argument upon the words of Matthew the Evangelist, and on those of St. Paul. St. Paul is correct in stating that our Lord sprang from Judah, but he errs if he bases his opinion on the words 'A lion's whelp is Judah' and 'A ruler shall never cease in Judah'. This I could easily prove by many quotations from the Scriptures, but the hour is late, and I must make my discourse very brief.

Epiphanius then goes on to discuss the genealogy of our Lord as given by St. Matthew, and draws special attention to the fact that Thamar is mentioned whilst Sarah, Leah, Rachel, Rebecca, and other wives of patriarchs are not. The story of Thamar's relations with Judah is told at length, and Judah is held to be a type of the Almighty, and the signet and the necklace and the staff are similitudes of the Three Persons of the Trinity. Thamar is the type of the Christian Church, the shepherd whom Judah sent to Thamar is the type of Moses, and the he-goat is the Law of Moses, which Thamar declined to accept. The Rachab whom Salmon married is identified by Epiphanius with Rahab the harlot of Jericho, who received the envoys of Joshua into her house. Boes, the son of Salmon and Rachab, married Ruth, a Moabitess; and Moab, the eldest son of Lot, whom he begot by his own daughter, was of the seed of Sodom. Though entrance into the Temple by a Moabite or an Ammonite was forbidden by the Law, Ruth the Moabitess was an ancestress of Christ. Bathsheba also was an ancestress of Christ, for it is quite certain that she was 'the wife of Uriah' who is mentioned by St. Matthew the Evangelist. From Abraham to Christ there are forty-two generations, and yet only four of our Lord's ancestresses are mentioned, and all these were of foreign extraction, namely: Thamar, a daughter of the Philistines, Rahab, a native of Jericho, Ruth, a Moabitess, and Bathsheba, the daughter of Hittites. Now these things are not the result of chance, but they were specially ordained by God, so that those who are of the circumcision and those who are not may be bound together in one communion. Turning from St. Matthew's Gospel Epiphanius relates the story of the birth of Christ as told by St. Luke, first apologizing to the 'physician and healer of all the sick' for having hitherto neglected him. To the narrative of St. Luke Epiphanius adds statements copied from other writers, e. g. he says that the Living Word was conceived on the seventh day of the month of Parmoute (April 2), according to St. Hippolytus. In another passage (p. 712) Gabriel is made to say to Mary, 'Open thy mouth and receive into thee the cloud of light, and thou shalt conceive and bear a Son,' &c. This discourse concludes with a prayer by

Epiphanius to Mary for help to make effective supplication to Christ on behalf of the people of his city.

5. Discourse of St. Cyril, Archbishop of Alexandria, on the Virgin Mary.

In this Discourse Cyril dwells chiefly upon the human relations which existed between Christ and the Virgin Mary. He begins by enumerating the principal facts connected with His birth, and then describes how Mary made Him to lie on her left arm, how when she bent her head her hair fell over Him, how she kissed Him, how He sat on her knees, how she suckled Him, how He called her 'mother', how she took His hand and encouraged Him to walk a little, how His fingers closed over her hand, and how He clung to her skirts, &c. After bidding all women to contemplate with the eyes of their minds the scene upon earth when the Child Who was God walked by Mary's side and kissed her, Cyril calls upon Mary to explain the marvellous things which happened to her. In answer Mary recites briefly the principal events of her life from the time when she lived the secluded life of a maiden until the day when the Archangel Gabriel came to her, and opened her mouth, and went down into her womb (p. 719). And the archangel clave to her, and directed her, and ministered unto That which was in her innermost part. When she sang in the evening the angels sang with her, and the strength of the Trinity sustained her during the noonday. All the peoples in the world ascribe glory to her as the deliverer, who brought them out of captivity, and freed them from the Devil's clutches. Her legs which carried the Lord in the womb must now be pillars in the heavenly Jerusalem, and stand before the altar of sacrifice. As her garment shielded the face of the Child from wind and snow, so do the Cherubim and Seraphim cover her face with their splendid wings. Because she fed Him with her milk on earth she shall eat the Body and Blood of God in heaven.

He continues: Come, ye women who seek to follow the Virgin's life, and consider the example of Mary. Her food was coarse and meagre, her bed was laid upon the ground, she never used the public baths, she never used face-paint, eye-paint, or powder, she wore sombre dress, she drank no wine, she talked to none but the members of her family, and she sat with her face always turned towards the East, awaiting the coming to her of the Creator. The memory of Mary shall flourish for ever, and her festival shall be celebrated throughout all the world for ever. She is the boast of the angels, and the subject of the hymns and converse of the Cherubim and Seraphim, and the object of the praise of the saints. Her womb was both heaven and earth, for its entrance received Him that filleth both heaven and earth. In heaven He had no mother, and on earth no father. It is wholly impossible to understand the greatness of the honour of the Virgin, that Cruse of oil which was unconsumed, that Habitation of God, that Gate of the Lord, that perpetual Virgin who brought forth Life. God rested from His labours on the seventh day, and our Lord came down from heaven and became incarnate on the seventh day of the month Parmoute.

St. Cyril's discourse ends with a prayer to the Virgin, in which he entreats her to intercede with her Son on behalf of us all, for Cyril is certain that He Who called Mary 'My mother' will receive her petition, and will forgive us our sins.

6. The Teaching of Apa Psote, Bishop of Psoï.

According to the statement made by the author of this discourse (see p. 726) Psote was a Christian from his youth up, and whilst he was pasturing his father's sheep the Angel of the Lord often appeared unto him, and recited the Scriptures so frequently to him that at length he could repeat them by heart. In the Discourse on Theodore the Anatolian it is said (p. 609) that Psote lived at Psoï in Upper Egypt, and that he and a young man called Akrippita were neighbours. Their herds of sheep and goats and swine fed side by side, and Akrippita accompanied Psote on an instrument of music when he sang from the Psalter. Acting under the advice of the Devil, Umerianus, king of Antioch, dispatched an imperial envoy to Egypt to fetch Akrippita, and when he arrived in Egypt he found Akrippita and Psote pasturing their sheep in the fields. When Akrippita returned to Antioch he was made an officer in the army, and subsequently he married the daughter of Umerianus, and became king of Antioch, and Emperor of Rome under the name of Diocletian. In the hour of his success Diocletian did not forget Psote, and some time during his reign, when he favoured the spread of the Christian religion, he caused Psote to be made a bishop, and gave him ecclesiastical authority over the northern part of Egypt and over the northern part of Nubia (p. 614). Psote's ministration was crowned with success, and the influence of himself and of a fellow bishop called Hellanicus (?) was great in the land. When Diocletian determined to persecute the Christians he withdrew his protection from Psote, and sent an order to his Prefect, or Governor, of Egypt, who was called Arianus, to arrest Psote and Hellanicus, and either to make them to reject Christ and to offer up sacrifice to the gods or to kill them. Arianus, the Duke of the Thebaïd, summoned the two bishops, according to the Ethiopic text, to Antinoë እንዴናው፡, and finding that they did not appear he sent an imperial officer, ⲃⲉⲗⲉⲧⲁⲣⲓⲟⲥ, with a company of soldiers to bring them to him. When the officer arrived and delivered his message to Psote the people of his town were very sorry and wept. With the view of comforting them Psote proposed to deliver a farewell address to them, and begged the officer to defer his arrest until the following day. The officer having given his consent, Psote assembled his congregation in the church, and addressed them thus:

I salute you, beloved sons and daughters, for the last time, and I salute you with the salutation of God, and I command you to keep the commandments of life, and to fulfil my desire in respect of you. Fight the good fight, and woe be to the man who shall continue to do evil. Whether I am guilty or innocent the wicked Emperor hath sent to carry me off to death. I know well that my blood shall be shed for Christ's Name, and being mortal I dread, naturally, the road which shall take me to God, and the Powers (i. e. fiends) that infest it. The Church saith, 'A bishop must be blameless,' but what man is there who is without sin? Before the impartial Judge, God, every man must account for what he hath uttered; neither rank, nor position, nor fine apparel availeth a man at that tribunal. Before the Judgement cometh the River of Fire, with its billows of flame, which every man must pass through ere he can appear before the Awful Throne. Woe is me, for before I can reach the throne my sins will find their way thither, and will stand in a row awaiting me. The Judge will say, 'Alas for this old man and his grey hairs!' Neither my name of monk, nor the monk's garb, nor my rank as bishop will protect me. In the presence of the Judge what shall we say? Far better will it be to keep silence. If we deny our sins our own angels, acting with the angels by the throne, will prove that we are liars. The sins of the bishop, the abbot, the judge, the priest, the presbyter, the deacon, and the layman shall be mercilessly exposed, and the fornicator and every worker of impurity, inasmuch as they pollute the temple of God by their presence, shall be destroyed utterly. The end of each man shall come to him, and my end will come to me this day. I know well that the governor will condemn me to death, but I will never renounce Christ. I entreat you to remember me, and let your remembrance of me make itself manifest by doing the good works which I would have you do. The doer of the Law is a friend of God, and he who doeth it not is His enemy. Woe be to the thieves, and murderers, and whoremongers, and adulterers, and magicians, and sorcerers, and necromancers, and soothsayers, and diviners by cups! If God willeth to bring an illness on a man, who shall turn it aside? I beseech you to walk in the ways of the Lord, lest ye bring upon yourselves and upon me an irrevocable sentence of doom. Perdition awaiteth the disobedient, and heaven is prepared for those who do God's Will; He will deny those who have denied Him, and forget those who have forgotten Him. Love not the world, which shall pass away, for when it hath passed away only God shall remain. A man's sins will become his judges; the sinner is a suicide, and his shepherd is Death. The simple sinner sinneth against himself daily under the impression that he is 'loving his soul', but he forgetteth that his sins are registered one by one in the books of the spirit, which never wear out, and which cannot be destroyed. The punishments of sinners vary in proportion to the character and gravity of the sins which they have committed; and sinners should never forget that the roads whereon their souls must travel to the Judge's dominions are infested with awful monsters having hideous faces, and cruel and merciless fiends, and the invisible but vengeful Dekans. The Devil tempteth man in each of his Three Ages. In the First Age the Devil approacheth man boldly, and soweth wickedness in him. In the Second Age he attacketh him skilfully through the lust of the eye, and stirreth up in him jealousy, avarice, pride, vainglory, lasciviousness, gluttony, wantoning, arrogance, fornication, adultery, magic, and sorcery. In the Third Age the Devil attacketh him through weakness and timidity, and he maketh old men to babble and to swear false oaths, and to love delicate fare. And now the lights are burning low, and the dawn hath come; let us therefore partake of the Sacrament before I leave you; for now that the daylight hath appeared the Veletarius is wishful to take me and to depart to his master.

Having finished his discourse Psote made the Sign of the

Cross over his flock thrice in the Name of the Trinity, and administered the Sacrament to them; this done he dismissed them to their homes with the Benediction.

Ethiopian tradition associates with Psote, or Absâdî, another bishop called Hellanicus (?), and describes at some length the causes which brought the heads of both bishops under the executioner's axe. The Ethiopic account of their martyrdom is published with an English translation in the Appendix, and to this the reader is referred for further particulars.

7. A Discourse on the Compassion of God and on the freedom of speech of the Archangel Michael, by Severus, Archbishop of Antioch.

In the large towns in Egypt and Syria, which contained wealthy Christian communities, it was customary to celebrate the Festival of St. Michael several times during the year, and to read the same Discourse on each occasion. The Discourse by Severus of Antioch appears to have been prepared for a festival of St. Michael which fell on Easter Day, and in the opening paragraphs Severus bids his hearers rejoice at the 'double festival', because both our Lord and St. Michael are present to receive their prayers and praises. After a brief introduction Severus, in order to prove to the congregation how ready and how powerful a helper Michael can be to those who believe in him, relates to them the wonderful history of Gedsôn, a very rich merchant of the country of Entikê. Now Gedsôn was a pagan, but even whilst he was living in his paganism (ⲙⲛ̄ⲧϩⲉⲗⲗⲏⲛ) God decreed that he should be saved. One year, early in the month of Hathor (Oct.–Nov.), he loaded a ship with his wares and set sail for Galonia, a city of the Philippians, where he arrived when the citizens were preparing to celebrate the festival of St. Michael. He saw the church cleaned, and decorated, and illuminated with numerous lamps, and he watched the people thronging to the archangel's shrine in great amazement. At length he asked two men the meaning of all he saw, and they being Christians explained to him the power of St. Michael. Wishing to place himself under the saint's protection, he asked them to take him to the shrine, and gave each of them a piece of money (ⲛⲟⲙⲓⲥⲙⲁ); but they refused to do this, telling him that he must first be baptized by the bishop. On the following day the men took him to the bishop, who questioned him as to his native land, the sincerity of his wish to become a Christian, the god he worshipped, and his wife and family. Gedsôn's answers were satisfactory, but the bishop thought it best to defer his baptism until he had been able to discuss his conversion with his wife. Gedsôn embarked in his ship and set sail for his own city, but the Devil stirred up a violent storm, and the danger to his life and property was so great that Gedsôn, shedding tears, invoked the aid of Michael, and promised the archangel that if he would deliver him out of his danger he would return to Galonia with his wife and children, and they would become Christians. Immediately Gedsôn heard a voice which promised him safety, and the wind dropped, the waves sank to rest, and the ship ceased to roll and pitch, and at length he arrived in Entikê.

Having told his wife and sons of the events which had befallen him, he stated it to be his belief that the sun, which he had hitherto worshipped, was not a god at all. Thereupon a son of Gedsôn went up on the roof and adjured the sun to tell him whether his father's new belief was justified or not. The sun promptly replied that he was not a god as the Greeks said, but only a servant of the True God, i. e. the god of the Christians. Gedsôn then told his wife Toulê that he was going to Galonia to seek forgiveness of his sins, and offered her 8,000 oboli to establish herself elsewhere if she did not wish to become a Christian. She refused to leave her husband, and then the whole family embarked in a ship and sailed for Galonia. Gedsôn and his family were taken to the bishop, who rejoiced to welcome them, and then baptized them all in the baptistery of the shrine of St. Michael, and gave them new names; Gedsôn was baptized Matthew, Toulê was baptized Irene, and the four sons received the names of John, Stephen, Joseph, and Daniel. Matthew gave an endowment to the church of 6,000 oboli, and when he and his family had stayed in Galonia for twenty days, and were grounded in the Christian Faith, they returned to Entikê, where two months later Matthew died. After his death the Devil stirred up one of the chief archons of the city, who began to rob the widow Irene and her sons, and even took possession of their shop. Acting on the advice of her eldest son John, Irene removed to Entia, the capital of the district, where the Devil also stirred up trouble for her and her sons. Soon after their arrival in Entia the house of a certain archon called Sulôm was broken into and much property stolen, and John and his brethren through the Devil's agency were accused of the burglary. The local police seized the four young men, and haled them before the governor. During the trial St. Michael appeared in the form of an officer, and seated himself by the governor to hear the charge made against the four young men, and their defence. Watching his opportunity the archangel told the governor to take Daniel, Irene's youngest son, to the house of a certain man called Prosthuros, where the stolen goods would be found. When this was done, Daniel took the police down into a cellar under the house of Prosthuros, and there they saw Sulôm's property; on this John and his brethren were set at liberty.

Some time afterwards it happened that a certain man, who had been dining with a friend, set out to return to his own house, and as he was walking across the market-place a cerastes stung him, and he fell down dead. When the officer of the watch found the body he examined it, and seeing no marks of violence upon it he prepared the body for the tomb and buried it. The Devil, however, went about the city charging

John and his brethren with murder, and this report reached the ears of the governor and of the king Gesanthus. The four young men were promptly arrested, and halters were put round their necks, and they were dragged before the king, and charged with murder. When they pleaded 'not guilty' the king ordered them to be tortured. At this moment St. Michael appeared in splendid attire, and suggested to Gesanthus that the wisest course would be to have the dead body brought into court, and to ask it who had killed it. The governor had the body exhumed and brought before him, and at St. Michael's suggestion the young man Daniel was told to ask it how it had met its death. At once the soul of the dead body returned to it, and proclaimed the innocence of John and his brethren, and told the governor that St. Michael would clear up the mystery. Thereupon St. Michael ascended into heaven in great glory, taking the soul of the dead man with him, and he sent a voice from heaven which told Gesanthus that the dead man had not been murdered, but had died through the bite of a cerastes. At this news the king rejoiced, and he embraced John and his brethren, and made in their honour a festival which lasted for seven days. At John's suggestion he wrote a letter to the Emperor Constantine, and told him what had taken place in connection with the young men, and asked him to send a bishop to baptize them. When Constantine read the letter he wrote to John, Archbishop of Ephesus, asking him to go to Entikê and baptize the people. The archbishop at once summoned to him a deacon, two presbyters, a reader, three singers, and twelve ϥιλοπωнос, and certain priests, and taking with him a table of gold, four gold-plated vessels, a censer of gold, a napkin worked with gold thread, silk covers, the Four Gospels, the Book of the Acts of the Apostles, the Apostolic Epistles, in short, all the equipment for the altar and baptistery, he set out with joy for Entikê. Gesanthus went out to meet the archbishop, and received him with great honour, and on the following day the building of a church was begun on a site approved by the archbishop. Soon after this all the people were baptized in a lake to the east of the city, and whilst this ceremony was being performed choirs of angels sang above the water, and a voice from heaven proclaimed the forgiveness of the people's sins. After the baptism they assembled in the church, and the archbishop consecrated John, the merchant's son, bishop, and made his three brothers elders; Achillas, the son of Gesanthus, was made a deacon. The archbishop then administered the Sacrament for the first time in that country, and having stayed with the people for a 'month of days' he departed to his own city. John, the new bishop, then built a church in honour of St. Michael, and on the day of its dedication he and his followers went and destroyed the temple of Zeus, and the statue of the god inside it. On the site of the pagan temple he built a church in the names of the Twelve Apostles. And his zeal and success reached the ears of Constantine, who wrote him a letter, in which he begged John to give him his blessing, and styled him 'a second Daniel, the destroyer of idols'.

Severus then goes on to comment on the greatness and benevolence of St. Michael and his goodness to men, and refers to the assistance which he gave to Daniel, Habakkuk, and Peter. He says: Through St. Michael the sun riseth, and the Four Rivers flow from Eden, and the earth beareth her fruits, and the influence of the archangel is manifest in every operation of nature, and to his forethought and kindness man oweth his spiritual and material benefits. Since we know how much we owe him, let us lead clean lives, so that we may be worthy of his help. Let us keep our lips free from slanderous gossip, and let us put away all impurity, and uncleanness, and fornication, which lust is a friend of the Devil, and conduceth to death in poverty and misery. Finally, let us pray to St. Michael with an upright heart, and pray that God may receive his prayers on our behalf, and may forgive us our sins committed in the past, and bring us into the right path in the future.

8. THE DISCOURSE OF CYRIL, ARCHBISHOP OF JERUSALEM, ON THE CROSS.

Cyril opens his Discourse with a quotation from the Psalms, 'The Lord reigneth; let the earth rejoice; let the isles, which are many, be glad'; and he goes on to shew, with the help of the Holy Spirit, that the Lord referred to in the Psalms is no other than the Lord Christ, Whom the Magi came to worship. He says: Let us take the parable of the king against whom a vassal chief rebelled. This chief tyrannized over his overlord's soldiers, maltreated them, and slew them, and laid all the people under heavy tribute. Meanwhile the king sorrowed deeply because he could neither fight against nor suppress the rebel. At length the king rose in his might, and attacked the rebel, and conquered him, and set free the slaves of the rebel who had been at one time his own servants, and they rejoiced in the overthrow of their cruel master. God is the king, and the Devil is the rebel who rose up and gained such great influence in the world that no one could resist him. Men were afraid to flee from the Devil, for he destroyed their understandings, and fear joined to apathy made them bondsmen of Satan and slaves of Sin. Of this result, however, God was not unmindful, and therefore He sent His Son into the world in a state of humility, and He put on flesh, and smote the Devil, and set free all those who had been in thrall to him. Even whilst He was upon earth He healed the sick, and raised to life the dead son of the widow of Nain. The scribes and Pharisees saw this, and they cursed Him, and thus were fulfilled the words, 'Let the nations rage furiously.' But the Lord is King! He raised the dead. He cast out devils, He routed them, and He made Beelzebub to be a thing of contempt. The stupid Jews were wroth with Him when He raised Lazarus to life, and they scoffed at Him as the son of Joseph the carpenter. In modern times the Devil and his fiends rage at any sinner who repents, a fact which is proved by the case of Isaac the Samaritan, a native of Joppa.

Now this Isaac heard certain Christians declare their intention of going up to Jerusalem to worship the Cross of Christ, and through fear of the marauding bands of the Lebarites he determined to travel with them for protection. Furthermore, he wished to visit the well of Gabaôn, and to sprinkle all his possessions with the waters thereof, which were supposed to possess wonderfully cleansing properties. In due course the caravan of Christians to which Isaac had joined himself came to a pool of water, and man and beast went to drink thereat; and Isaac and his beasts went to drink also, but it is clear that the water of the lake was bitter or brackish. Then Isaac began to revile a certain Christian, and to abuse him for going up to Jerusalem to worship a 'log of dried-up wood', and he uttered many blasphemies, and declared that it was the wooden Cross which the Christians were going up to worship that made bitter the waters of the lake by which they were standing. Among the party was a certain presbyter called Apa Bacchus, and he being very angry began to upbraid Isaac and to abuse the Samaritan Faith, and told him that the Samaritans were worse than pagans. He then explained to Isaac that the Cross was not an object of worship, but a symbol of the death of Christ. As the brazen serpent made by Moses caused the serpent's venom to be of no effect, so the Cross destroyed the poison of that serpent the Devil. The Ark carried Noah, but the Cross carried Him Who told Noah to build the Ark, and when the Blood of Christ was shed on the Cross the Cross created a new world. At these words Isaac marvelled, but he pressed Apa Bacchus to say what miracle had ever been wrought by the Cross, and went on to say that he would never believe that the Cross could work miracles unless he saw one performed by it with his own eyes. Thereupon, having made a long prayer in which he referred to the bitter waters of Elim which were made sweet by Moses, Apa Bacchus tied two pieces of wood together in the form of the Holy Cross, and cast them into the lake, and cried out, 'This lake hath Christ healed by His Cross, and the waters thereof shall be sweet from this time forth and for ever to those who shall drink thereof in faith; but to those who are unbelievers, either in respect of Christ or His Cross, these waters shall be as vinegar and gall.' Apa Bacchus then invited all to come and drink, and the believers who did so found the water as sweet as honey. And when those who went to the lake to draw water to take away looked down into it they saw in the waters a little Cross blazing with light.

Meanwhile Isaac the Samaritan and his animals appear to have drunk from his own watering place, but his supply suddenly ceased, and he and his men were consumed with thirst. With great reluctance he went to drink of the waters of the lake which Apa Bacchus had made sweet, and when he too looked down into the lake he saw the little Cross blazing with light. Plucking up courage he drank, but he found that the water was bitter, acid, and nauseous, and he cried out that Christ and His Cross were working no miracles for him that day. Isaac then went and offered Apa Bacchus all his goods if he would shew him where the Holy Cross was, and the presbyter told him to go to the bishop in Jerusalem. Wishing to strengthen Isaac's inclination towards Christianity, Apa Bacchus made the Sign of the Cross over the waters of which Isaac had just drunk, and when Isaac and his men tasted them a second time they found them sweet and wholesome. The Christians, having refreshed themselves at the lake, reformed their caravan, and went on to Jerusalem, and Isaac travelled in their train.

At this point St. Cyril interpolates a long paragraph containing further remarks about the greatness of the miracle which Apa Bacchus wrought, and he quotes the testimony of certain eye-witnesses who declared that the water which he made sweet had been stinking and full of worms, and that they saw the Cross in the water 'flaming like a torch'. When the fame of this lake, or well, became noised abroad, and many pagans who had benefited by the application of its waters to their bodies became converted to Christianity, the Christians in the neighbourhood built the church of the 'Similitude of the Cross' by the lake, and St. Cyril consecrated it, and saw the fiery Cross in its depths. Cyril himself identifies this lake (p. 196) with the famous 'Fountain of the Sun' at Heliopolis, wherein, according to ancient Egyptian tradition, the Sun-god Rā bathed his face.[1] The water that was honey to the believer, and vinegar to the unbeliever, recalls the water of the Lake of the Ṭuat which was boiling hot and stinking to the enemies of Osiris, but cool and sweet to the devotees of the god.[2]

As soon as Isaac arrived in Jerusalem he sought out St. Cyril, whom he found celebrating the festival of the Holy Cross in the Church of the Resurrection. By Cyril's orders he was introduced into the church by a deacon, and when he heard read the words, 'I do not desire the death of a sinner, but that he turn, and repent of his evil ways, and live,' from the Scripture for the day, he lost all fear and exulted, and the words burned within him like a fire, and they were as sharp as a sword.

St. Cyril next discusses the reasons why the Jews crucified Jesus, and why they brought the Cross to the judgement-seat. The Cross is the hope of every one who shall be signed therewith, and without the Sign of the Cross baptism is incomplete. If the priest did not make the Sign of the Cross over the baptismal vessel the Holy Spirit would be lacking. The Cross is the pledge of the Kingdom, and it drives away evil spirits. The slaughter of a sheep on the

[1] Stele of Piānkhi, l. 102, and see the Turin *Book of the Dead*, ch. 145, l. 3.
[2] *Book of Gates*, Division III (ed. Budge, p. 113).

14th day of Parmoute is the type of the slaughter of the Lamb Jesus on the fourteenth day, and as the blood of the sheep was sprinkled on the door-posts, so the blood of the Lamb is laid upon our lips when we partake of the Sacrament. The greatest of the three festivals of the year is the festival of the Manifestation or Discovery of the Cross. The Jews lied about the Resurrection of our Lord, and they wished to conceal the glory of the Cross, and to burn the wood thereof after the Resurrection. The Cross was firmly fixed in the ground, and an uproar broke out among the Jews whilst they were trying to find a means of burning it. When Joseph of Arimathea knew this he went to Nicodemus, and told him that the Sanhedrin wanted to burn the Cross. Then these two men came to the Skull (i. e. Golgotha) by night, and found the Cross, with Pilate's superscription still fastened to it. And they took out the nails on which Jesus and the two thieves had hung, and hid them, for they could not carry them away. They then sawed off the Cross close to the ground, and carried it and the crosses of the two thieves into a new tomb belonging to Joseph of Arimathea, and they hid all three therein, and rolled a stone before the mouth of the tomb. The disciples knew what had been done with the Cross, for they used to take the sick there to be healed, and they went to pray there day and night, but the Jews did not know. Meanwhile the devils saw with dismay that the wood of the Cross was carrying on the good work of healing the sick which Christ began upon earth.

At length the power of the Cross was revealed to all the people in Jerusalem in this wise: There lived in the city a certain Jew called Kleôpa who suffered so much from gout that he was unable to wash or dress himself, and had to be carried everywhere by his servants. He had a son called Rufus, who was dying slowly of a fatal disease, and he had a tomb prepared in which he intended his son and himself to be buried. Soon after this Rufus died, and his father went out to bury him on the first day of the week. On the way to the cemetery the bier was set down by the Tomb of Jesus, and Kleôpa began to weep and to lament that Jesus was not upon earth to raise up Rufus as He raised up Anna, the daughter of Jairus, and Lazarus. Whilst Kleôpa was saying these words a strong, sweet odour came forth from the Tomb of Jesus, and he saw a Cross of light come forth from the Tomb and rest upon the bier of Rufus, who immediately sat up. When Kleôpa saw his son restored to life he was filled with emotion, and he leaped up on his feet like a man who had never suffered from gout. The grave-clothes were stripped off Rufus, and he and his father returned to the city praising Christ and the power of the Holy Cross. Kleôpa made a great feast for the widows and orphans, and the poor and the needy, and gave his slaves their freedom, and he and all his house were baptized. When the Jews heard what had happened some of them proposed to destroy the Tomb of Jesus by fire, and others to bury it under the offal of the city, and to make the whole site a place for the shooting of filth and rubbish. And a decree was promulgated by the Sanhedrin which ordered every man in the city to cast the refuse of their houses there under penalty of a fine of a copper drachma for each offence. The Tomb of Jesus was used as a dung-heap until the coming of Vespasian, who destroyed Jerusalem A.D. 70, and who treated the Jews with such rigour that they ceased to cast offal on the Tomb of Jesus. Vespasian slew 30,000 Jews, and banished 3,000 to Egypt, where they were made tillers of the soil, and forbidden to trade in oil, milk, wine, grain, &c., and they were reduced to such misery that if ten able-bodied Jews met a single Egyptian youth they would cry out to him to spare them. Ptolemy, the governor of Egypt, reduced the Jews to a bondage that was harder than that which their forefathers had suffered in the days of old, when Pharaoh oppressed them in the days of Moses.

Every effort made by the Jews to suppress and to hide the

Cross was in vain, for its memory was graven in the hearts of the faithful, unto whom it became an *eikôn*. The Cross is the strength of God-loving kings, who set it over their crowns, and on their sceptres, and in their palaces. Men set it up on pillars, and in their houses, and by the roadside, and in ships, and it is found in every royal edict. The Cross is everywhere, and the Sign of the Cross blesseth, and comforteth, and driveth away wrath, and bringeth tranquillity. The Cross blinded Diocletian and destroyed him. The Cross destroyed Maximinianus,[1] whose tongue rotted in his mouth, and whose body mortified whilst he was still alive. The Cross destroyed Julian the Apostate, who in his delirium drank the urine of horses, and died raving. Those who have made themselves enemies of the Cross have always perished through want and misery.

St. Cyril then goes on to describe Constantine's connection with the Cross, and relates his history. Constantine was the son of Christian parents, and was himself a firm believer in Christ. He was wise and understanding, and possessed great skill as a physician, and all men thronged to see him. The favour he shewed towards the Christians endeared him to Diocletian, and his prowess in war caused this Emperor to entrust the administration of his Empire to him. Whilst Constantine was a young man, and was engaged in fighting the Persians at a place called Kallamakh, he went to bed one night sorely depressed in mind because he believed that the forces of the Persians were irresistible. As he lay awake in anxious thought he looked up into the sky, and suddenly he saw among the stars a Cross of light ⲉⲩⲥ̅ⲧ̅ⲟⲥ ⲛ̅ ⲟⲩⲟⲉⲓⲛ, and on it in Greek letters ⲥϩⲁⲓ ⲛ̅ ϩⲣⲱⲙⲁⲉⲓⲕⲱⲛ was written, 'Constantine, through this sign thou shalt conquer those who are fighting against thee. Seek thou the God of

[1] A mistake for Maximianus the Emperor, who reigned from 305–11.

thy fathers, and thou shalt find Him.'[1] When he awoke in the morning he sent for the priests, and asked them what this sign meant, and of what god it was the symbol. Some said it belonged to Phiblarion, the giver of victory in battle, and others said to Herakles, and each group of priests recommended the pouring out of libations. Whilst Constantine was undecided what to think or do, a certain soldier called Eusignius, who was a Christian, came and told him that the Cross of light belonged to Jesus Christ, and gave him an outline of His death upon earth. Then Constantine said, 'Jesus is the God of my fathers, and shall not this sign give me victory?' and he at once fastened a cross of gold to the top of his spear, and set it before him. When the armistice between the Romans and Persians came to an end, Constantine moved his troops across the river, and the Romans routed the enemy with great loss, and pursued them right up to their frontier. During the battle Constantine saw angels with drawn swords in their hands among his soldiers, and when he returned in triumph to the city he found that not one of his soldiers was wounded. Then the Senate of Rome and the Senate of Antioch made him Emperor in the room of Diocletian, whose eyes God had destroyed. Constantine began his reign by remitting taxes to all classes of his subjects; and he gave peace to the Church, and under his protection the Christians began to build churches everywhere. He issued an edict for the closing of the temples, and he devoted their endowments and emoluments to the restoration of ruined churches and the building of new ones.

Constantine next decided to go to Jerusalem to seek out the Tomb of Jesus and to find the Cross, and taking his mother Helena, and his young sister, and bishops, and soldiers, and slaves, he set out for the holy city. On his arrival he had the chief men of the city brought before him, and questioned

[1] See Eusebius, *Vita Constantini*, and the Life of Constantine in Tillemont, *Histoire des Empereurs*.

them carefully about the Tomb and the Cross, but they pointed out to him that six generations of men had passed since Vespasian destroyed Jerusalem, and that many of their ancestors were banished to Egypt, and that none of them knew anything about the ancient history of the city. When Constantine began to threaten them with punishment if they did not give him the information he wanted, the chief men referred him to the chief priests, the names of seven of whom they gave him. The seven chief priests, Judas, [Ben]jamin, Abidôn, Adôth-Iêsou, Joshua, Sulôm, and Iassôn, were brought before him. Constantine ordered them to tell him where the grave of Jesus was under the penalty of the death of their bodies and the destruction of their souls. Iassôn, the spokesman of the chief priests, made a characteristic reply:—Our city was destroyed thrice by the Romans, who slew and banished our fathers. We live under the yoke of the Romans, and pay tribute to them. We never attempt to proselytize among the Gentiles about us, and whatever remnant there may be of our race in the city it only seeks to live according to the Law of Moses. Since the houses of our fathers, who were slain and banished, have never been rebuilt, we cannot and do not know anything about the matter concerning which thou dost ask. Constantine's answer was to have the chief priests thrown into a dry pit, where they were to be allowed to starve to death. After seven days passed in the pit cold and hunger compelled the priests to declare what they knew, and when they had been taken out of the pit and fed, Judas offered to tell Constantine everything he knew about the Tomb of Jesus. He stated that his father Simeon, who was repeating what he had heard from his father Judas, told him that his ancestors denied the Resurrection, and that being very jealous of Christ because of the miracles which He wrought before and after His death, they agreed to turn the grave of Jesus into a dung-heap. And they did so until Vespasian came. Judas reminded Constantine that the place of the Tomb of Jesus was described in the Book of the Gospels, and when Constantine had consulted the Gospel of each Evangelist, and found that all Four Gospels agreed in saying that Jesus was taken to Golgotha, he promised Judas that if he would shew him where Golgotha was he would set him free. Then Judas guided the Emperor and his mother the Empress Helena to a huge dung-heap which towered above the city and covered a space equal to that of twenty fields, and he said that the place was called Golgotha in Constantine's language, but Gabbatha in Hebrew.[1]

When Constantine saw the huge dunghill he was very sad, but Judas reminded him that if the fathers made it their children could unmake it, and he advised the Emperor to make all the Jews come with carts and beasts and remove the hill to another place. This advice seemed good to Constantine, and he issued an edict ordering the Jews to come and clear away the hill, and he appointed 2,000 soldiers to act as task-masters and gangers until the work was completed. Affairs of state called the Emperor to Rome, and he departed, leaving his mother to carry on the work. Urged on by the soldiers the Jews worked all through the summer, from April 7 to September 13, and at length the top of the Tomb became visible. When the Empress knew of the discovery she went to the Tomb, together with the bishops and all the nobles, and seeing light as bright as the lightning issuing from it they fell down and worshipped. Judas and the bishops took spades

[1] There is a difficulty here. GABBATHÂ, גַּבְּתָה, must be the emphatic form of גַּב or גַּבְּבָא, a word meaning 'back, hill, anything rounded,' e. g. a camel's hump. According to John xix. 13 Pilate sat down in the judgement-seat in a place that is called Λιθόστρωτον in Greek, and Γαββαθᾶ in Hebrew. The Syriac Version correctly renders Γαββαθᾶ by ܓܦܝܦܬܐ, which Bar Bahlûl (ed. Duval, col. 511) explains by 'a paved place' ܪܨܝܦܬܐ ܡܪܨܦܘܬ ܒܟܐ̈ܦܐ. It seems clear that St. Cyril, or his copyist, has mixed up verses 13 and 17 of John xix, or thought that the name Golgotha was Latin or Greek, and that it was the equivalent of both Γαββαθᾶ and Κρανίου.

and began to dig, and they found the great stone which Joseph of Arimathea and Nicodemus had rolled before the mouth of the Tomb, but the fall of night surprising them they deferred entering the Tomb until the following day. They set believing men to watch it during the night, and these saw a fiery light issuing from it from nightfall until dawn.

Early the following day the Empress Helena took the bishops and men bearing lighted lamps and censers with burning incense in them, and they went to the Tomb and looked in, and they saw three crosses, lying one on top of the other, and by them was a parchment roll. When the Tomb was cleared out the bishops went in and took the roll, which had Hebrew writing upon it, and gave it to Judas, who read it to the Empress. This writing purported to be the work of Joseph of Arimathea and Nicodemus, who stated in it that they had carried by night the Cross of Jesus, and the crosses of the two thieves, from Golgotha to this Tomb, in which the body of the Lord had been laid. To one of the crosses a writing was attached, saying, 'This belongeth to Jesus Christ,' and this the bishops embraced, and kissed, and carried to the Empress, who embraced it and swathed it in the imperial purple. Meanwhile the clearing away of the dunghill was continued, and 103,000 Jews assisted in the work.

The Empress then wrote to Constantine and reported the discovery of the Cross, and entreated him to come and worship it. The Emperor quickly set out for Jerusalem, and Helena and the bishops formed a procession, and went out a distance of six miles to meet him, carrying with them the Honourable Cross, which was swathed in royal purple and laid upon a white mule. When Constantine saw the Cross he descended from his chariot, and embraced it, and wept over it. When he arrived in Jerusalem he went to the Tomb, and to the Rock of the Skull, and worshipped at each place, and he placed the Cross in the Tomb of Jesus until he could build a suitable place wherein to deposit it, and he determined to build two churches in Jerusalem, and to found a city on the spot where the Cross of Light had first appeared to him. Brickmakers, builders, and handicraftsmen of all sorts were set to work on the churches, and valuable materials, alabaster, silver, copper, &c., were ordered and paid for by Helena with the money which her son gave her. One church was built over the Tomb of Jesus, which was called the Church of the Resurrection, and another on or by Golgotha, and each had spacious courts. One of these was consecrated by Apa Joseph, the fourteenth bishop of Jerusalem, on the 17th day of the month Thoth (Sept. 14), and Judas was baptized probably on the same day. Apa Joseph related the following miracle to his congregation on 'holy evening': The Cross of Light appeared above the Tomb of Jesus from the first until the ninth hour, when it ascended into heaven.[1] All the people of Jerusalem saw it, and were greatly moved by its appearance, and Apa Joseph wrote a full account of the remarkable parhelion and sent it to Constantine. Apa Joseph was succeeded by Judas, a high priest of the Jews who became a Christian, and on his death the bishopric passed to one Mark, who was not a native of Jerusalem.

Finally, St. Cyril exhorts his hearers not to mix themselves up with the works of the heathen, and not to render unto Christ mere lip service. Men learned in natural history tell us of the existence of an irrational animal which lives in the desert, and is called a 'camelopard'. It is a large beast, and has the face of a lion, and the body of a camel, with which animal it has much in common, and its form is ungainly, and its colour variegated; both its inside and outside are foul. This animal is the exact type of the heretics, who make Christ out to be a mere man, and who almost say that Emmanuel is not God. Cyril adds: O ye Christians, let us avoid all

[1] This is said to have taken place on May 7, A.D. 351, and it was Cyril who wrote to the Emperor about it, and not Apa Joseph.

thoughts about heretical doctrines, and let us not enter their churches to pray, for they are not in reality churches.

9. The Martyrdom of Saint Mercurius.

According to the Coptic text Mercurius suffered martyrdom during the reign of the Emperor Decius, i. e. between A.D. 249 and 251. The anonymous author of this Martyrdom opens his work with a version of the famous Edict against the Christians which is here said to have been promulgated by Decius and Valerianus early in the year 250.[1] This Edict ordered every subject of the Roman Empire to burn incense and to offer sacrifices to the gods, under penalty of death by sword, or water, or wild beast, and the magistrates throughout the Empire were commanded to see that the Edict was obeyed by every person under their authority. Soon after the Edict was promulgated war broke out between the 'Barbarians' (the Carpi ?) and the Romans, and Decius, leaving Valerianus to take charge of state affairs in Rome, went out against them. Among the regiments called up by the Romans was the famous Martusian regiment, which had served with distinction in Armenia and was commanded by a tribune called Sardonicus. The hostile forces met, presumably in Pannonia, and though each side fought with the greatest bravery neither secured a decisive success. There was in the Martusian regiment a man called Mercurius, and one day a very tall being in human form, wearing gorgeously brilliant apparel, and holding a drawn sword in his hand, appeared to him, and bidding him be of good cheer, he gave him the sword, and bade him go and attack the Barbarians, whom he would conquer, and not to forget God. Mercurius thought that his visitor was one of the imperial officers, and when he recovered from his surprise, and being filled with the Holy Spirit, he attacked the enemy with such violence that he

[1] See Eusebius, *Hist. Eccles.* vi. 40–2 ; Gibbon, *Decline and Fall*, chap. x.

slew their captain and his company and so many other men that his sword was drenched with blood, and he lost his grip on it, and his arm fell powerless by his side. The success of Mercurius so terrified the Barbarians that they broke and fled, and victory lay with the Romans.

When Decius learned concerning the brave deeds of Mercurius, who was then about twenty years of age, he sent for him, and promoted him to the command of all his army, and bestowed upon him honours, and decorations, and money. A large part of the money Mercurius gave to his soldiers, and he felt very grateful to God for his success. One night the being who had appeared to him on the field of battle came to him during his sleep, and waking up Mercurius told him to remember the words he had spoken to him during the fight, and went on to say that Mercurius would have to suffer for Christ's Holy Name, and that he should receive a crown of victory in heaven. The radiant being, who was the Angel of the Lord, then left him, and Mercurius began to ponder over his words in connection with some observations which his father had made to him some time previously. Now the father of Mercurius was a soldier, and he was the Captain of the First Regiment; his name was Gordianus, and he was a Christian, and he had carefully instilled into the mind of his son the knowledge of God, the Creator of the universe, the Judge of men, Who shall give unto each man according to his works. Whilst he was calling these things to mind one of the royal messengers called 'Silentiarii' came and summoned him to the Emperor's presence; pleading fatigue Mercurius excused himself from obeying the royal command that day, and did not go to the Emperor until the following day. When he came before Decius the Emperor invited him to go with him to offer up sacrifice to Artemis, but the blessed man turned aside and hid himself in the praetorium. That Decius had great regard for Mercurius is proved by the fact that when one of the men who had access to his presence slandered Mercurius, and tried to stir up anger in the Emperor's breast against him, Decius refused absolutely to believe in the disloyalty of Mercurius to the gods, until he should see absolute proof of it with his own eyes. Then Decius ordered his servants to bring Mercurius into his presence, and to treat him with the respect due to his rank; and when he appeared before him the Emperor spoke graciously to him, and asked him why he wished to destroy the friendship which existed between them, and pointed out to him that the course of action which he was following tended to bring the gods and imperial honours into contempt.

Mercurius replied with gentleness but firmness, and having stripped off his military attire and the imperial insignia and decorations, he cast them at the feet of Decius, and cried out, 'I am a Christian.' Decius stared at Mercurius, and sat stupefied for a long time, and at length he ordered the soldiers to remove him to the prison, hoping that confinement therein might induce Mercurius to return to his military duties. On the night of his arrival in prison an angel appeared to him and comforted him. On the following day Mercurius was brought before Decius, and in answer to the Emperor's questions he stated that his father, Gordianus, was a Scythian, and had command of the Martusian regiment; and that he was a Christian. Gordianus called his son 'Philopator', but when the young man enlisted the captain of his company called him 'Mercurius'. Decius offered Mercurius his former rank and emoluments, but Mercurius rejected all earthly honours, saying that he was going to conquer both Decius and Satan, and that in return for his conquest Christ would give him a true crown. And he called upon Decius to do quickly to him whatever he intended to do. Thereupon Mercurius was racked, and hot ashes were scattered over gashes made in his body with butchers' knives, but he bore all these tortures bravely, and was still alive when they carried him back to prison. As he lay in his cell the Angel of the Lord appeared unto him, and healed all his wounds, and gave him fresh courage. When Decius saw him the next day he was amazed to find that he was sound and whole, and he did not believe that he could have been healed until his spearmen reported to him that they had examined the body of Mercurius, and had not found the least trace of a wound in it. After some conversation with Mercurius, who proclaimed Christ's power to heal and make alive, Decius determined to put his words to the test. He ordered red-hot irons to be thrust into the tender parts of his body, and he caused him to be hung head downwards from a tree, with a great stone tied to his neck, and to be beaten with a four-thonged whip. Finally, being impatient to return to Rome, Decius ordered him to be beheaded in Cappadocia. Mercurius was then set upon a beast, and was tied to it to prevent his falling off it, and was brought to Caesarea, and was at length beheaded, on the twentieth day of the month of November, or Athor.

The writer of the Martyrdom of Mercurius then goes on to mention the marvellous Cross of light which appeared beside the grave of Jesus in Jerusalem, from the third to the ninth hour on a certain day during the year in which Cyril was made Bishop of Jerusalem, and certain incidents connected with Julian the Apostate. As soon as Julian became Emperor he reopened all the pagan temples and oppressed the Christians. On one occasion he gave a hawk to a pagan priest to offer up as sacrifice, and the priest slew the bird, took out the liver, and gave it to Julian, who ate it. He put to death Theodorichus the presbyter, and imposed very heavy taxes on the Christians. Among the fellow students of Julian at Athens was Basilius, who afterwards became famous as Bishop of Caesarea, and is generally known as 'Basil the Great', and soon after Julian ascended the throne he invited him to come and spend some time with him. Soon after the apostasy of Julian, Basilius went to Julian with two God-fearing friends, and remonstrated with him on his behaviour, and complained to him of the abuse which he was heaping on the Holy Scriptures. Julian did them no harm beyond putting them in prison, where he told them they should stay until he returned from Persia. In reply Basilius said, 'If thou shalt go into Persia and shalt return, then hath God not spoken by Basilius.' When the holy men were shut up in prison Julian went to Jerusalem, and he set men to rebuild the Temple, under the direction of a Count, so that he might make to be a lie the words of Christ, 'There shall not be left here one stone upon another, that shall not be thrown down' (Matt. xxiv. 2). The workmen toiled from dawn to sunset, and each morning when they came to continue their work they found that all that they had done the day before was pulled down. The Jews suggested to the workmen to burn the tombs of the Christians, because they hindered the work, but when they set fire to the cemetery the tombs of John the Baptist and Elisha would not burn. Then the Christians bribed the Count to allow them to carry away the bones of John the Baptist and Elisha; and they came by night and took the bones, and packed them up, and took them to Athanasius, Archbishop of Alexandria. Athanasius received the bones with great joy, and he laid them up in the baptistery until the time when he should be able to build a martyrium over them. Athanasius lived in the Hermes quarter, which lay towards the dunghills and the desert spaces of the city; it was on the site of these dunghills that he proposed to build the martyrium of John the Baptist.

One night Basilius saw a vision in which St. Mercurius went into his martyrium, and taking his spear [from his statue there] went out, saying, 'Shall I permit this lawless man (i.e. Julian) to blaspheme God thus?' When Basilius awoke he told his two companions about the vision which he had seen, and each of them said that he had seen the same vision. So they sent into the martyrium to see if the spear was in its place, and they found that it was not. Three days later news arrived that Julian had been killed in battle. According to the Coptic text Julian, on the night of his death, saw in the air a troop of soldiers coming against him, and he knew that they were Mercurius and his friends. Suddenly his body was transfixed by the spear of Mercurius, and as his blood poured out he caught it in his hands, and threw it up into the air saying, 'Take this, O Christ, for Thou hast taken the whole world.' So Julian died, and the words of Basilius were fulfilled. Julian was succeeded by Jovianus, a Christian, who promptly released Basilius and his companions from prison.

10. The Martyrdom and Miracles of Mercurius.

The greater part of the text of the Martyrdom of Mercurius in Oriental, No. 6802, is wanting, and the opening lines which remain add nothing to our knowledge. The Martyrdom was followed by a series of Eight Miracles, and of these the text of the First Miracle, and that of a part of the Second Miracle, are wanting. From the fragment of the Second Miracle which we have it seems that a certain pagan quarrelled for some reason with the 'poor man' (*faḳîr*) who acted as custodian of the shrine of St. Mercurius, and beat him, and then tried to ride away on his mule. On this the body of St. Mercurius, which was lying on a bier in the shrine, turned round; and this so frightened the mule that it swerved round or backed, thereby disturbing the balance of the rider. His feet lost the stirrups, and caught in some way in the saddle-trappings, and the she-mule bolted, dragging the rider with her head downwards. Presently the mule stopped, and acquiring speech, like Balaam's ass, she called upon 'the man of perdition', and the pagans whose god had been destroyed, to come and look upon her rider's punishment, and on the body of the holy martyr Mercurius, and to believe on the Lord Jesus. Having thus spoken she again bolted with her rider, and did not return. The rider, it seems, had a sister who was blind, and who worshipped a gold figure of Apollo, whom she expected to restore her sight to her. By some means, no doubt by an exhibition of the power of Mercurius, the figure was broken into two pieces, and under the influence of the pain caused by her eyes, and by the disgrace of her god, she appealed to Mercurius for help, and promised to believe on Christ and His holy martyr. As soon as she had uttered these words a mass of white secretion flowed from her eyes, and she was able to see, and her sight became as good as ever it had been. She then smashed the figure of Apollo into pieces, and ground up its fragments, at the same time adjuring Apollo to take shame to himself, and Christ to take honour to Himself. When her parents saw that her sight was restored they became Christians.

According to the Third Miracle the body of Mercurius, which must have been embalmed in some way, rested at a place outside the city. Some of the people wished that it might be brought into the city, but others did not, and whilst they were disputing over the matter the saint rose up and set out for the city, and the mule who had the gift of human speech cried out, 'Sing praises to the martyr.' It was noticed that there was no sign of any wound in the martyr's body, and no mark of corruption, and the people accompanied him to the church, singing as they went, and carrying sweet-smelling shrubs and flowers in their hands. One of the inhabitants wished to take the martyr's body into his house, but he found that it was as heavy as lead, and that the people could not move it.

The Fourth Miracle deals with the healing of an ox for ploughing, which was gored by its companion. Before this Miracle is recounted the text states that the festival for the discovery of the body of Mercurius was kept for seven days, and that the father of the blind girl who had been made to see was baptized with all his house, and that the number of those converted to Christianity was fifty-three souls. One day the saint appeared to the poor man who cleaned the place where his body lay, and asked him why he did not make bricks to build a suitable shrine for him. The man replied that he was poor, and that he had no workmen, nor beasts of burden, nor money. By the command of the saint the poor man rose up early the following morning, and went to the First Quarter of the city, where, by the arrangement of Divine Providence, he met the young man whose life had been endangered by the bolting of the mule already referred to, and took from him the three oboli, which he had intended to give as alms. The poor man also told him of the appearance of the saint to him, and of his wish for a martyrium to be built. When the young man returned home he told his father of the saint's wish, and his father, remembering that his son owed his life to the saint, and his daughter her eyesight, collected camels, and workmen, and materials, and gave them to the poor man so that he might begin the building of the shrine. One day, whilst two of the oxen were ploughing up the ground on which the shrine was to stand, one of the animals attacked the other and inflicted a serious wound upon it with its horns. The injured beast was taken into the town, and placed in a quiet stall with food, and the poor man remained with it to tend it. The owners of the ox were greatly grieved, for he was a large powerful animal, and goodly to behold. Later in the day Mercurius came into the stall where the wounded ox was, and touching it with his foot, ordered it to rise up and perform its work. The ox immediately rose up with great vigour, and ate some grass, and all trace of its wound had disappeared. The saint then went and rebuked the ox which had gored its fellow, and told it that its horns should fall out; and straightway the horns began to decay, and they fell off its head, and the animal became quiet and docile.

The Fifth Miracle. A certain archon, wishing to build a portico to his house, set a gang of men to work at making bricks, and the site chosen by him for his brickfield was near the field where the bricks for the shrine of Mercurius were being made. When he compared the bricks made by his own men with those made by the Christians, he discovered that the latter were better than his own, and he determined to obtain some of them by fraud, or, if necessary, by force. Then he went to the custodian of the shrine, and pretending not to know which were his and which were the saint's, he claimed in his presence that his stack of bricks reached to such and such a place. When the custodian pointed out his mistake to him the archon struck him, and defied him and the saint. The archon then told his servant to bring camels to carry away the bricks, and when the camels came he superintended the loading of them, and uttered words of defiance against Mercurius. Whilst he was doing this the huge male camel before which he was standing suddenly gripped him with his teeth, and threw him on the ground, and rolled on him. On this Mercurius appeared on horseback and drove his spear into the archon's left leg, and the camel seems to have seized the archon by his legs, and to have dragged him, as he hung head downwards, into the shrine. Whilst the archon was being dragged into the shrine he cried out for forgiveness to Mercurius, and promised to give gifts to his shrine, and to become a Christian, and to set free his slaves, and to serve as a door-keeper in the shrine until the day of his death. The camel then let go his hold on the archon, and Mercurius touched his wounds and healed them. The archon kept his promises to the saint, for he and all his house were baptized, and he gave all his slaves their freedom. He sent large quantities of materials for the building of the shrine, and he himself laboured with his men at the work, and he died before the martyrium was completed.

The Sixth Miracle. A certain man stole a plank of wood

from the timber which was being used in the construction of the shrine of Mercurius, and whilst he was carrying it to his house the saint made his mind to wander, and made him to go to the house of the custodian of the shrine, outside which he staggered about under his load, not having the least idea where he was. As soon as the custodian opened the door and looked at the thief, the senses of the man returned to him, and he knew where he was, and he cried out to Mercurius for mercy, and confessed that he had stolen his wood. By order of the saint the custodian forgave the thief, and made him carry the wood back whence he had taken it, and promise to tell the people of the city what had happened to him. On the following day he fulfilled his promise to the custodian, and from this time onward no man attempted to steal any of the building materials which were contributed to the shrine by the people round about. Having confessed his fault publicly, the wood-stealer returned to the shrine, and devoted himself to mixing mud and making bricks.

The Seventh Miracle. In due course the walls of the shrine were finished, and the work of adorning the east end of the church began. The woman whose sight had been restored to her by Mercurius had married a man with great possessions, and when he died he left her all his property. In one portion of his estate there stood three *shouebe* trees (sycamore-fig ?), which he had dedicated to the shrine of Mercurius, and after his death these were cut down, and the wood used for making a screen [1] and for the decoration of the apse. Whilst a large number of workmen were placing the *kinbêl* in position in the apse one of the workmen said, by way of a joke, that he wished Mercurius would make the wood of the object which they were putting in position send forth branches laden with fruit so that they might eat and be refreshed. Hardly

[1] On the haikal screen and its varieties see Butler, *Coptic Churches*, vol. i, pp. 28 ff.

were the words spoken when branches began to grow out of the wood, and the workmen saw that they were laden with fruit. The news of the miracle spread rapidly through the city, and every one rushed to see the branches laden with fruit, and many people brought away some of the fruit and kept it as phylacteries, and many cures were effected by it. Among those who heard of the miracle was a Jew called Gaipios, a man of uncouth manner and sullen disposition, and a foe of every Christian. He did not believe the report which had reached him, and he determined to go to the shrine of the saint, hoping that he might find an occasion for scoffing. Having mounted his white she-mule, and accompanied by one of his slaves, he set out for the shrine, and rode through the courtyard into the church of the martyrium, and sat and gazed at the apse containing the fruit and leaves. The Jew paid no heed to the guardian of the shrine who remonstrated with him about riding his ass into the sacred building, and at once began to jeer at the miracles of the saint, and to say that the fruit-bearing branches had been fastened to the apse by some man. When the guardian rebuked him for his unbelief the Jew lost his temper, and turning his mule against him he urged her on, meaning to ride down the guardian and trample him under foot. When the mule's feet left the pavement they began to sink in the soft earth beyond it, and she threw her rider off, and he fell down on the rough bricks and pieces of stone and cut himself badly. As he was lying there St. Mercurius came and drove the spear which he had in his hand into the body of Gaipios, and rebuked him for bringing the mule into the church, and for obstructing the workers in his shrine. In his agony Gaipios cried out to Mercurius for mercy, and promised, if the saint would help him, to dedicate to him a stele with a figure of the saint spearing the Jew inlaid in precious stones upon it. At the instance of the Angel of the Lord the saint withdrew his spear and restored the Jew to his senses, and on the following day Gaipios and his wife and his servants were baptized. To Gaipios the bishop gave the name of Zacharias, and to his wife the name of Elisabeth; one year after her baptism Elisabeth gave birth to male twins, one of whom was called Mercurius and the other John. The Jew kept his promise to the saint, and had a golden stele made and inlaid in precious stones with a figure of Mercurius spearing Gaipios, who lay prostrate at his feet, with the spear of the saint thrust through his body. This stele was taken to the church of Mercurius, and consecrated therein, and it remained there as a witness to the power of the holy martyr.

The Eighth Miracle. As years went on the fame of the saint grew, and multitudes thronged to his shrine to worship his relics and to make offerings to him; and those who were sick were healed, and devils were cast out, and every believing sufferer obtained relief. Among the noblemen of the district was one called Hermapollo, who had only one child, a little daughter, and she was the object of his deepest affection. Hearing of the miracles of the saint, he made a journey to his shrine, and prayed there for his daughter's welfare, and gave thirty oboli to the shrine and thirty oboli to the steward thereof. The clergy of the shrine were hospitable men, and they entertained the nobleman at dinner and pleased him, wherefore he promised to present to the shrine of the saint a bier, or couch of state, upon which the relics of the saint could be carried in procession with suitable honour through the streets of his town. Hermapollo slept in the shrine that night, and St. Mercurius appeared to him there in the form of a general, and promised to give him a son (son-in-law?) if he would give without fail the couch of state which he had promised to his shrine. When morning came Hermapollo paid a final visit to the relics of the saint and returned to his home.

Shortly after his return a nobleman of the district sent messengers to Hermapollo asking him to give his daughter to his son to wife. Hermapollo's wife received the messengers and heard the proposals which they made in respect of the dowry, and then laid the matter before her lord. The offer was unsatisfactory in Hermapollo's opinion and was rejected, and the messengers returned to their master sadly. That evening the parents of the young man for whom the maiden was asked told him that their attempt to obtain her for him had failed, and tried to induce him to transfer his affections to another maiden, but none of the maidens whose names were mentioned by them pleased him. He was desperately in love with Hermapollo's daughter and found means to communicate with her by writing, and he lay awake at night inventing schemes for obtaining possession of the maiden. Soon after the mother of the young man had made the proposal of marriage for her son she died, and her husband, being overcome with grief, took no further steps in the search for a wife for his son.

Meanwhile the young man could not forget the maiden whom he loved, and his distress of mind was so great that he fell into bad health and well-nigh died. At length he bethought himself of magic, and he applied to one magician after another and asked them to use their powers in such a way that the parents of the maiden might accept his suit. Finally he found a great magician who promised to bring the maiden to him, so that he might see her face to face and talk with her. The loss of a leaf of the manuscript prevents us from knowing the details of the magician's operations, but it is quite clear that he succeeded in making an evil spirit to take possession of her, for Hermapollo was obliged to take her to the shrine of Mercurius to have the spirit expelled. About this time the couch of state which Hermapollo had promised to give to the shrine was completed, and taking it, and his wife and daughter, he set out from his house for the shrine. When he arrived with his family and the priests saw the splendour of his gift they marvelled. The framework of the couch rested on pillars which were set upon pedestals, and it was decorated with inlaid leaves of ivory, and with a figure of the martyr made of precious stones, and six crosses, three of gold and three of silver. When Mercurius saw the sad plight of the daughter of Hermapollo, he went to the town where lived the young man who wished to marry her, and appeared to him by night in the form of a general with his sword drawn in his hand. When the young man woke up and saw the wrathful face of the saint he was terrified, and when he had been smitten thrice with the flat side of the sword he fell on his knees and begged for mercy. The saint rebuked him severely for causing a spell to be cast on Hermapollo's daughter, but agreed to spare his life on condition that he went to the magician in the morning and made him remove the spell which he had cast upon the maiden. He also promised the young man happiness when he should come to his shrine.

On the following morning the young man set out for the shrine of Mercurius, but stopped at the village where the magician lived in order to tell him all that had happened. When the magician heard that Hermapollo and his daughter were in the shrine of Mercurius he was afraid, and would not go with the young man, who proceeded thither alone. As soon as he arrived in the shrine he gave the steward ten oboli, and when he looked round he saw the maiden whom he loved lying close to the body of the saint, and her father and mother crying to it for help and relief for their daughter, which were granted to her. When Hermapollo looked round, and saw the young man there, he recognized him, and going to him asked him concerning his parents' health. Knowing nothing about the young man's connection with the magician and the spell which had been cast on his daughter, Hermapollo took the young man to his lodgings, and made him known to his wife and daughter; and the young man ate with the family, and saw his beloved and rejoiced, although the delicate appearance of the maiden and the thought of what she had suffered grieved him sorely. That night Mercurius appeared to Hermapollo, and told him to give his daughter to the young man, who would become of age, and would succeed his father in three months' time, and who had caused the maiden to fall ill through his great longing for her. Early the next morning Hermapollo and his family and the young man went into the sanctuary to worship, and Hermapollo was hoping that the saint would clear up the matter of his daughter's marriage. When the young man went to the couch of state to admire it, he found the magician tied to it, like a dog, and the wretched man told him that Mercurius first gagged him and then dragged him to the shrine and tied him up there, and that even at that moment the saint was smiting the magician's face. Whilst they were talking a devil leaped upon the magician, having orders to punish him for the blasphemies which he had uttered, and Mercurius, having driven out of him another devil, restored his sight to him and dismissed him to the desert, where he lived ever after. When the Eucharist was ended, it was found that all pain had left Hermapollo's daughter, and a woman who was possessed of a spirit cried out to Hermapollo, telling him to give his daughter in marriage to the young man, for her one hope of permanent cure lay in her marriage with him. After the festival Hermapollo and his family and the young man travelled back to their native city together, and shortly afterwards the marriage of the young man with the maiden was arranged, and the ceremony was performed with great pomp and splendour and rejoicing. Within three months from the wedding the father of the bridegroom died, and left all his property to his son. As a mark of gratitude to Mercurius for his assistance the daughter of Hermapollo and her husband paid an annual visit to his shrine.

11. The Encomium of Acacius, Bishop of Caesarea, on Mercurius the Martyr.

This Encomium contains very little information which is not given in the manuscripts already summarized. According to Acacius Mercurius was a pagan when he became a soldier of Decius, and he first served as a bowman; later the Lord gave him a sword and commanded him to destroy the Barbarians with it. As the result of the famous Edict of Decius against the Christians, which was promulgated through all Egypt and Northern Nubia, Christians were dragged into the pagan temples and made to sacrifice to pagan gods, or were tortured and slain. The Roman generals caused to be exposed in prominent places swords, daggers, butchers' knives, racks, pincers, tongue-slitting tools, iron pots, which were filled with fire and placed on the heads of those who were to be tortured, cauldrons of boiling oil and boiling bitumen, wheels with knives attached to them, &c. Continuing his narrative Acacius says that Mercurius was an officer in the Martusian regiment, and that he feared God, and that he was a Christian from his youth up, and the son of Christians. He was a capable and bold soldier, and his knowledge of the theory and practice of war caused him to be promoted to the rank of commander (ⲡⲣⲓⲙⲏⲕⲓⲣⲓⲟⲥ). He was beloved by his comrades, and the Emperor, attracted by his ability and good sense, made him his personal friend. A rising of the Barbarians in Western Asia gave Mercurius the opportunity of displaying his valour. The Barbarians appear to have risen quite suddenly, and marching westwards they captured all Armenia, and invaded Roman territory. The Romans were taken by surprise, and were in great difficulties owing to lack of both men and equipment, and the Barbarians continued their victorious career unchecked. The Romans raised levies everywhere, and at length, with certain selected troops, Decius was able to march against the Barbarians;

having crossed the Euphrates Decius joined battle with the enemy, and conquered them completely. Before the decisive battle was fought the Angel of the Lord appeared to Mercurius by night, and gave him a sword, and though he promised him victory he told him that it was decreed for him to become a martyr, and to suffer great tortures before his death. He told him also that he should become famous throughout the world, and that he should wear three crowns. When the Emperor heard of the mighty deeds of Mercurius in the battle against the Barbarians, he promoted him to high rank and gave him many valuable gifts.

Decius rejoiced in his victory, and having gathered together all his officers and men ordered them to go to the temple of Apollo, and to offer up sacrifices and thanksgiving for the victory. Mercurius refused to go and sacrifice to Apollo, and went to his house, where he sat in sackcloth and ashes, and mourned because of the errors which the Devil had scattered throughout the world.

When the Emperor enquired for Mercurius, a certain soldier went to him and told him how Mercurius had treated the imperial honours with contempt, and how he was corrupting the Roman army by preaching that Jesus of Nazareth was God, the Creator of the heavens and the earth. Decius refused to believe that Mercurius, whom he had treated as a confidential friend, had done these things, and he caused him to be summoned into his presence. When Mercurius came before him Decius asked him to explain his conduct, and begged him to return to his military duties, and to renew his former pleasant relations with him. Mercurius was not moved by the Emperor's gentle words, but declared that he was a Christian, and that he, being a servant of Christ, would not sacrifice to Apollo. In vain Decius urged him not to cast his life away, and when he saw that Mercurius was determined to resist all entreaties and persuasion he ordered him to be racked, but the rack broke, and Mercurius leaped to his feet uninjured. After this Decius caused him to be tied to stakes, and the soldiers made gashes in the body of Mercurius, and poured burning ashes upon them, but this torture failed to move him to recant. Having burnt his body with hot irons, and applied fire to his sides, and suspended him head downwards with a huge stone hanging to his neck, Decius ordered him to be beheaded, and the sentence was carried out in Caesarea. Mercurius was buried in a prominent part of the city, and many works of power and miracles were performed at his tomb.

12. Discourse on the Archangel Gabriel by Celestinus, Archbishop of Rome.[1]

The contents of this Discourse on Gabriel have much in common with the Encomia on the Archangel which are found in Ethiopic,[2] and it is probable that the Ethiopic Encomia were derived from the same source as the Coptic. Celestinus opens his Discourse with thanks to God for His protection during the past year, and suggests that the day of the commemoration of Gabriel may be described, in the words of David, as 'the day which the Lord hath made'. He then alludes to the greatness of the glory of Gabriel, and states that the meaning of his name is 'God and man', a fact which proves that the archangel was a type of our Lord, Who was Very God and man, inseparably, indivisibly, immutably, completely, and at the same time, in the womb of Mary. Addressing Nestorius Celestinus bids him to take shame to himself for his want of sense, and his godlessness, in failing to see that Christ was the One One, and God and man. The whole world worships Christ, and it is well that Nestorius suffered a horrible death in exile because of his blasphemy. Turning then to Gabriel Celestinus asks what tongue can proclaim adequately his honour, and what words of man can

[1] On p. 873, l. 26, for Michael read Gabriel.
[2] See Brit. Mus. MS. Oriental, No. 615, foll. 104 ff.

describe the glory of the great Herald of the heavenly hosts, who took to the Virgin Mary, the Queen of women, the announcement that God the Word was about to take up His abode in her. When Gabriel went to her he carried with him the cloud of life, and when he had told her that she was to bring forth Jesus, he made the cloud to enter her mouth and pass into her body, and the Virgin conceived through the hearing of her ears and the salutation of Gabriel, and the Son of God went down into her womb, she being unconscious of His coming. Many were the ways in which Gabriel, 'the angel of joy', helped the saints upon earth. When Daniel was in the den of lions Gabriel seized Habakkuk, with the food in his hands, and transported him from Judea to Babylon, a journey of forty days, in a moment of time, and gave the food to Daniel. Gabriel shut the mouths of the lions and kept Daniel unharmed, and announced the birth of John to Zacharias, and proclaimed the birth of God the Word to the shepherds, and worked miracles by the hand of Moses in the desert, and delivered the Israelites from their captivity. Gabriel intercedes jointly with Michael before God on man's behalf, and entreats Him to send them abundant Nile floods and crops, and these archangels never cease to make supplication to God for men until He hath forgiven them. Gabriel is also the protector of those who put their trust in him as the following miracles shew.

There once lived, by the shrine of Gabriel in this city (Rome?), a certain rich merchant called Philip, who was very charitable, and who was greatly beloved for his good works and his kindness to the poor. Near him there lived a poor man called Stephen, who had learned to read and write well, and who was frequently employed by Philip as his clerk and secretary. Some of Philip's clients bribed Stephen to keep his master in ignorance about the exact state of their accounts, and as Philip could not read or write easily he never found out Stephen's dishonesty. After a time Stephen began to be well-to-do, and to live comfortably, and to prevent Philip from suspecting the means whereby his poor clerk had become so prosperous he borrowed 700 oboli from him, and gave him a bond for the money, in which it was agreed that Philip and Stephen were to divide the profits of all transactions effected by the loan. Stephen traded with the money with very great success for three years, but though he made large profits he neither paid back to Philip any of the principal nor gave him any part of his share of the profits. Meanwhile Philip made no complaint, and continued to employ Stephen to keep his accounts. One day he set him to search for certain papers, and as Stephen was doing this he found his own bond, and watching his opportunity he slipped it under his shirt, and carried it away to his house and destroyed it; and Philip knew nothing of the theft. At the end of four years Philip, having received neither principal nor interest from his debtor, summoned Stephen to his presence, and demanded the payment of the 700 oboli. Thereupon Stephen denied that he had ever received money from him, and challenged him to produce any written proof of his indebtedness to him; when Philip had searched through all his papers, and could not find Stephen's note of hand, he knew that it had been stolen, and that Stephen was the thief. He then offered Stephen to withdraw his claim upon him if he would go into the shrine of Gabriel, and swear that he had never received the money from him. This Stephen agreed to do, and he went with Philip into the shrine, and laying his hand upon the door of the altar-chamber, he swore by Gabriel that he owed Philip nothing, and that Philip had not given him 700 oboli. Before the words had left his mouth a power (ⲇⲓ̈ⲛⲁⲙⲓⲥ) smote him, and he fell blinded headlong on his face, with his head twisted backwards on his neck, and his tongue stopping up his mouth; and he bit his tongue in great agony and foamed at the mouth. After some time he began to beg Gabriel to forgive him, and he admitted that he had received the oboli five (*sic*) years ago, and that he stole the bond; and he sent a message to his wife, who brought 700 oboli and gave them to the merchant.

And there was another [rich] man in Rome (?) who had been blind in both eyes from his childhood, and when he heard of the miraculous power of Gabriel he caused himself to be taken into his shrine, where he prayed to be healed before the altar. Whilst he prayed a man's hand came over his face and made the Sign of the Cross over his eyes, and he at once regained his sight. In gratitude to the Archangel Gabriel he remained in the shrine and ministered therein all his days.

And there was another rich man who was dumb, and who suffered from gout. Hearing of the power of Gabriel he made his slaves carry him into the shrine of the archangel, where he lay by the side of a man who was paralysed in his legs, and both sufferers prayed to the saint to heal them. That night the archangel appeared unto the paralysed man, and told him to go and pull the coverings off the bed of the dumb man, and promised him that healing would follow this act. When the paralytic woke up and thought about the matter his courage failed him, for he felt sure that he would be well beaten if the dumb man's slaves caught him. On the following night Gabriel appeared to him again and repeated his command and promise, and the next night, having waited until all in the shrine were asleep, he rose up, took the bandages off his legs, and crawled to the bed of the dumb man and began to pull the clothes off it. Thereupon the dumb man woke up in such an agony of fright that his terror broke his tongue-string, and he cried out loudly to his slaves to seize the thief who had stolen his bedclothes. The paralytic, fearing that the slaves of the dumb man would seize him and beat him sorely, leaped upon his feet, and ran away like a 'trained runner' to his bed, and so regained the use of his feet and legs. Meanwhile the man who had been dumb leaped from his bed, and joined his slaves in the pursuit of the snatcher of the bedclothes, and thus he obtained the power of speech, and was healed of his acute attack of gout. Both men lived in the sanctuary ever afterwards, and served the Archangel Gabriel.

And there was another rich man who lived in a village about six miles from Rome, and he had a son who, on attaining manhood's estate, suddenly fell ill and suffered agonies from chronic attacks of gout. For six years he was bedridden, and as the physicians failed wholly to afford him relief, his parents felt that death would give him a happy release from suffering. At length the rich man heard of Gabriel's power, and of the miracles which he was working in Rome, and he made a vow that if the God of Gabriel would heal his son he would endow Gabriel's shrine yearly with six oboli. As the young man could neither walk nor ride, his father entreated the archangel to heal him where he lay. That night Gabriel appeared to the sufferer and promised him healing, and when the young man woke up the following morning he rejoiced to find that he was healed, and that he could skip and run like one who had never been ill at all. Very soon after this the rich man gave his son six oboli and other gifts, and told him to take them to the shrine of Gabriel in Rome as payment of his vow for that year. The young man set out for Rome with the money and gifts in his wallet, and when he was about half-way to the city, and was passing through a belt of forest with large trees and much undergrowth, a lion sprang out upon him, and seized him, and dragged him off into the forest. In the agony of the pain of the wound made in his side by the lion, he cried out to Gabriel, who straightway appeared from heaven, and rescued him from the lion's jaws, and healed his wound.[1]

[1] The remainder of the Encomium is wanting in Oriental, No. 7028, but Oriental, No. 6780, foll. 1–7 contains the greater part of it. The text of this large fragment is printed, with a translation, in the Appendix.

13. Encomium on Saint Michael by Theodosius, Archbishop of Alexandria.

This Encomium is extant in two manuscripts of the Edfû collection and the text and its contents are of unusual interest. Theodosius opens his discourse with an acknowledgement of the Source of his inspiration and help, that is to say, the Word of the Good Father, Whose Body he breaks with his sinful hands at the Eucharist, and Whose Blood he pours into the chalice. He has already asked and received help twice from this Source, and with this help he wrote a Discourse on the New Moon, and an Encomium on John the Baptist; but he is determined to ask God to give him strength to write an Encomium on St. Michael, the greatest of the Seven Archangels. It is true that moderation in all things is best, but Theodosius is determined to emulate the example of Abraham when he made entreaty to God on behalf of Sodom, and to petition God yet once again. For Theodosius to attempt to describe the greatness and glory of Michael is like a man who has very little skill in seamanship, and who cannot swim, setting out in a small boat with cargo in it to cross the sea in the teeth of stormy winds and high seas. The boat of Theodosius is his sinful body, which he has never been able to steer, his cargo is his blindness of heart, and his ignorance of the art of swimming is his lack of the knowledge and meaning of the Holy Scriptures. Nevertheless, having been asked by his congregation to deliver an Encomium on St. Michael, he is determined to make an attempt to do so. His task is very difficult, for Michael is a spirit of heaven, an angel of light, a flame of fire and not an earthly being like an archon, or a Commander-in-Chief, who cometh to an end. He is the ruler of heaven, and he hath audience of the King, God Almighty, whensoever he pleaseth, but still is a friend of man and is full of compassion for the seed of Adam. Michael is the Commander-in-Chief of all the hosts of heaven, and as all the denizens of heaven are celebrating his festival this day, it is our bounden duty to do likewise. Some may object that it is unnecessary for men to rejoice on this day at the festival of Michael, but it is easy to prove it to be our duty. If the angels who are without sin have need to keep the archangel's festival, how much more is it necessary for men, who are full of sin, to do so? The angels celebrate the festival of Michael because he fought against Satan, or the Devil, and prevailed over him, and made him impotent, and bound him in fetters and cast him into the Lake of Fire, wherein he shall lie bound until the day of the Great Judgement. Had he been permitted to roam about the earth he would have destroyed every one on it. Some may wonder why Satan was allowed to vex Job, and to tempt David and Paul, and even our Lord Himself, but this is easily explained. In heaven the Devil was in command of legions of angels, each of whom obeyed him implicitly, and he was mad enough to imagine that he could make himself the equal of God, his Master. When he was cast out from heaven by Michael, many companies of his prideful angels were expelled with him, and it is they who carry out all his evil designs upon earth, even though he is bound in a place of darkness under the earth. Let us therefore keep the festival of Michael this day and array ourselves in garments of purity and virtue, and by the help of the Holy Spirit and of the archangel we shall be able to go into the great banquet of the mighty warrior of the King of kings, and sit down with the Lord, and with the Archangels and Angels, and Cherubim and Seraphim, and Principalities and Powers, and Thrones and Dominions, and Patriarchs and Prophets, and Apostles and Evangelists, and all the Saints and Martyrs, and partake of the divine Food with them.

Assuming that all his congregation are anxious to go with him into the banqueting hall of the Spirit, Theodosius addresses in turn the great ones who are there, and thus makes each to tell his hearers why he rejoices at the festival of the Archangel Michael. In answer to a question Adam describes the cause of the expulsion of the Devil from heaven thus: When God had fashioned me He breathed into me the breath of life, and he set me on a throne, and made all the angels of heaven come and worship me. Michael and Gabriel came and paid homage first to Christ, and secondly to me, but Satanaêl, or Mastêma, i.e. the Devil, refused to do so, saying that he belonged to the first creation (ⲡⲣⲟⲧⲟⲡⲗⲁⲥⲙⲁ) and was formed of spirit and not of earth, and that he would not worship me, and that it was my duty to worship him, being senior to me. Thrice did God exhort Satanaêl to obedience, and thrice did that archangel refuse to worship me, claiming that there was only one Being in heaven superior to him in rank and power, that is to say, God. Then God ordered Michael to take away from him his crown, sceptre, staff of light, and sapphire girdle, and to expel him and his hosts from heaven. When this had been done God appointed Michael to the position of Satanaêl in heaven, and made him His Commander-in-Chief, and gave him the crown, and sceptre, and girdle of the fallen angel. Michael was then appointed the friend and protector of the children of men, and God took counsel with him about making my wife Eve, and from that day Michael has always been an advocate for the sons of men with the Father.

Theodosius then questions in turn Abel, Seth, Enoch, Methuselah, Noah, Abraham, Isaac, Jacob, Joseph, Moses, Aaron, Joshua, Gideon, Manoah and Anna, David, Solomon, Hezekiah, Isaiah, Jeremiah, Ezekiel, Ananias, Azarias, and Misael, Daniel, the Twelve Apostles, Zacharias, Stephen, the Martyrs and Saints, and the Orders of the Angels, and each proclaims how he has been helped by the Archangel Michael, and how greatly he rejoices in being present at his festival. This being so Theodosius urges his hearers to go into the banqueting hall with him; but before they can do so they must, he says, cleanse the heart, cast away hypocrisy, and backbiting and gossip, and wash the face and anoint the head. These things constitute the true wedding garment. Besides this men must give alms and oblations, and support charities, and feed the widows and orphans, and they must remember that every gift which they make with a right heart is taken up to heaven by Michael and presented before God, Who will reward the giver tenfold. As a man giveth so shall it be given unto him. He who refuseth the petition of a needy man shall find his own petition to Michael refused; he who turneth the stranger from his door shall himself be turned away from the gates of heaven by Michael. Moreover, almsgiving and charity, and compassion and mercy, shall enable a man to triumph in the Great Judgement at the Last Day. Some may object that alms and oblations ought to be made to God alone, and that Michael is not God; but it must be remembered that God hath a special favour to Michael, and that He hath specially commissioned this archangel to receive the gifts of the faithful on His behalf, and hath given him power to appear in His presence at all times. The relations that exist between Michael and the faithful, and the means which the archangel employs to render assistance to those who keep his festivals, are well illustrated by the following story which is truly wonderful.

There lived in Egypt a God-fearing and most charitable man called Dorotheus, who had a wife called Theopistê, who was pious and prudent, and as great a lover of charity as her husband. Each sprang from a family which was well dowered with the goods of this world, and from their youth up they had a large and sure income, and they had flocks and herds, and many possessions of all kinds. On the twelfth day of each month they celebrated a festival in honour of Michael, and on the day before they killed a sheep, and made savoury stews, and baked bread, and invited all the poor and needy, as well as their own relations, to rejoice with them.

Early in the morning of the twelfth day they sent their first-fruits and offerings to the sanctuary of Michael, and having arrayed themselves suitably they went and partook of the Eucharist therein, and then returned to their house and ministered to the multitude of guests who thronged their rooms and courtyards. After the guests had eaten wine was distributed freely, and oil was provided to anoint the heads of the pilgrims and wayfarers, and the widows and orphans, and the maimed, and the halt, and the blind, and the starving were well fed with messes of herbs and pottage and bread in abundance. Dorotheus and his wife carried out their works of benevolence quietly and unostentatiously for many years, and the odour of their good works ascended unto the presence of God.

But there came a year when God, wishing to rebuke men for their wickedness, caused the waters of the Nile flood to be diminished, and much land remained unwatered in consequence. For three successive years the Nile flood failed, and man and beast died everywhere in large numbers, and the famine waxed sore in the land, and men forgot the plenty of former years. During the first year of scarcity Dorotheus lost many of his cattle, and during the second year he lost a great many more, and when the third year began not a beast was left to him, and he was entirely at the end of his resources. When the June festival of Michael drew nigh, he discussed with his wife what they should do for the saint; and when they took stock of their possessions they found that they had nothing left to them except a little bread and wine, and the apparel in which they received the Sacrament. In their need they turned to Michael to help them to celebrate his festival with due honour, for they were destitute of everything. At the moment Michael made no answer, and Dorotheus was left apparently unaided to keep the festival as best he might. His wife told him that all the food they had in the house was some crusts of bread and a little oil, and that there was neither a whole loaf nor any flour in the bin. Dorotheus insisted in making an attempt to keep the festival in one way or another, and he took his Sunday cloak and went and sold it, and with the proceeds he bought some grain which he had ground by the miller of his village. The next morning Theopistê brought her Sunday cloak to her husband, and asked him to take it and sell it, and buy a sheep with the proceeds. To this Dorotheus objected, saying that a woman must go with her body covered, especially in church; but when she reminded him that he and she were one, and that there was neither male nor female in Christ, he took the cloak and went to a shepherd, and tried to buy from him a sheep at the price which he had received for his own cloak, namely a *termêsion,* i. e. about half a crown or three shillings. The shepherd was able to supply the sheep, but he demanded his price before delivery, and when Dorotheus handed him his wife's cloak to keep in pledge for three days, the shepherd rejected it, and Dorotheus turned away sadly without the sheep.

As he was going along the road in great distress he looked up suddenly, and saw before him, as he thought, an imperial officer riding on a white horse, but the officer was Michael the archangel. As the officer approached Dorotheus removed to the side of the road to make way for him, but when he came up to him he drew bridle, and asked Dorotheus why he was by himself, and whether his wife Theopistê was alive, and what it was that he was carrying. Dorotheus confessed shamefacedly that the garment on his arm was his wife's cloak, which he was trying to sell in order to obtain money to buy a sheep, and that he was in sore need of a sheep to kill to make a feast for a great man whom he expected to arrive in his house on the morrow. The officer undertook to be surety for a sheep, and told Dorotheus to cook it for himself and his attendant soldiers. Then the officer sent one of his followers to get a sheep, and promised the shepherd that he should be paid at noon that day. He then told Dorotheus to obtain wood and a fish, and as he had nothing to deposit as surety for the payment except his wife's cloak, the officer undertook to be surety for the payment for the fish by noon that day. Then taking the sheep and the fish Dorotheus returned to his house, and he and his wife busied themselves with the preparation of the feast. Soon after this the officer and his soldiers went to the house of Dorotheus, and knocked at the door, which was opened by Theopistê, who invited them inside. After Theopistê had made suitable obeisance before him, he commanded her and her husband not to touch the fish until he arrived later, when he would dress it himself, but to have everything else ready for his return. He and his soldiers then departed to the shrine of the archangel to partake of the Sacrament.

Dorotheus and Theopistê first prepared *dîwâns* and cushions in a suitable room, and then began to bring out the little wine they had to see if it was fit for the officer and his soldiers to drink. When they went to the wine cellar they found it to be filled with jars of wine, and similarly the oil cellar was filled with jars full of oil up to the very brim. In other storehouses they found jars and vessels of many kinds filled with dainties and sweetmeats, and condiments and preserves, and they drew upon these to furnish the table of the officer. The bread cellar also was found to be full of large, fine loaves of bread of the best quality, which resembled snow in their whiteness. A further surprise awaited Dorotheus and his wife when they went into their own private apartments and bedchamber, for they found their clothes' chests to be filled with costly raiment and fine apparel similar to that which they had worn in the days when they were well-to-do. Then they realized that the favour of God had come to them, and they arrayed themselves in white apparel and went to the shrine of Michael, and gave thanks to God and to the archangel. Hurrying back from the church they opened their house and admitted all their relatives and friends, and whilst these were eating and drinking the officer together with the soldiers arrived and entered the house, and he expressed his astonishment at the number of those who sat at meat. Feigning to think that these had all been bidden in his honour, he expressed regret that he had put Dorotheus to such great trouble and made him prepare a feast which equalled in splendour the banquets which he gave to his friends in the years before the famine. Dorotheus made a suitable reply, and then, in obedience to the officer's command, led him into the dining-hall with his soldiers. The officer then asked for the fish, and when it was brought he told Dorotheus to open it. When he had done this, and taken out the stomach, which was very large, the officer told him to open it, and he did so, and found in it a sealed bag. Dorotheus did not open it, although the officer commanded him to do so, and when it was opened by the officer himself it was found to be full of a large number of gold coins of the value of 300 'oboli with heads'. And this was not all, for under the gold coins lay three *termêsia*. Beckoning to him Dorotheus and his wife the archangel told them that the seal on the bag shewed that the money belonged to his Lord, the King Christ, and that he was going to give all the money to them, as a small reward for all the alms and oblations which they had given to the poor and needy. But one *termêsion* must be given to the man who supplied the sheep, another to the fisherman for his fish, and the third to the merchant who gave Dorotheus the wheat in return for his cloak. Dorotheus objected to taking all the money, but was at length persuaded to do so. The officer then went on to say that he had been observing their good deeds since the death of their parents, and that he had visited their house monthly, and received from them gifts for his Master. Dorotheus and his wife were overcome with emotion, and protested that in feeding the poor and needy they had only been giving away what belonged to God and Michael

His great archangel. Emboldened by the graciousness of the archangel they begged him to tell them his name, and then he declared himself to them as Michael, the Commander-in-Chief of the hosts of heaven, the great and trusted servant of God and of His Son, and told them that the money he was giving them was only the interest on their gifts, and that he would give them the principal in the heavenly Jerusalem when they arrived thither. Having lifted them up on their feet and comforted them, Michael gave them the money and the salutation of peace, and went up to heaven in great glory.

Such a story must influence every God-loving man, and convince him how important it is to give gifts to God on St. Michael's day. We must not hesitate, but give according to our ability, for the gift of a very little, if given with a right heart, will secure us the blessing of God, even as the widow's gift of two *lepta* secured for her God's approbation and blessing. Give, and it shall be given unto you. Shew mercy, and mercy shall be shewn unto you. Mercy shall make a man to triumph over judgement, and charity covereth a multitude of sins. Let us do works of charity and shew our love on St. Michael's day; let us follow after love, for love is from God, and God is love. Through the intercession of Michael God pardoned Adam and Eve, and accepted Abel's sacrifice, and translated Enoch, and delivered Noah and his house, and made a covenant with Abraham, and accepted a ram in the place of Isaac, and made Esau kind and generous to Jacob, and delivered Joseph from his brethren and from the Egyptian woman, and delivered Moses from Pharaoh, and made the sun to stand still for Joshua until he had slain all his enemies, and gave the Law to Moses, and selected David from among his brethren, and made him king of Israel, and allowed Solomon to build the Temple, and added fifteen years to Hezekiah's life, and made the Son of God to become man and to suffer death, and selected the Apostles, through whose preaching we have obtained the knowledge of the truth.

The latter part of the Encomium contains a prayer to Michael by Theodosius on behalf of himself and his congregation, and a number of exhortations to his hearers to do great works of charity in order that they may be worthy of sitting down at the spiritual banquet whereat Michael and all the hosts of heaven are assembled. Finally Theodosius declares to Michael that in undertaking to write this Encomium he essayed a task beyond his strength, and that his tongue and his mind were quite unable to describe the archangel's glory, honour, and power. He begs Michael to accept what he has written, and at the same time to forgive him because he is a sinful man; he has done all he could, and Michael must not blame him because he has no ability to do more. Michael must accept his willing intent and his small gift, and even if he will not Theodosius will nevertheless devote to his service his tongue and heart all the days of his life. If he does this, and remembers the great acts of Michael, he is certain that he will not remain without reward. The repetition of the name of Michael is as honey in the mouth, and is an equipment for a man in lying down and rising up. Through Michael the seed of Adam has found freedom of speech before God. Through him the sweet scent of our prayers rises to God, and he keeps them prominently before God until He shews compassion upon us. May he accept our good intention which we offer unto him this day!

14. [Histories of the Monks in the Egyptian Desert by Paphnutius.]

The manuscript which contains this interesting and valuable text is imperfect at the beginning, and the title-page is wanting; but it is clear from several passages in the work (see pp. 958, 959, 986, 987, 1011) that its author was the famous ascetic **ⲡⲁⲡⲛⲟⲩⲧⲉ** or Paphnutius, and that we have here a copy of a hitherto unknown work in Coptic. The Paphnutius who is addressed in the narrative is probably

Paphnutius Cephala, the author of the 'Life of Saint Onnophrios',[1] who flourished in the fourth century, and was a contemporary of many of the followers of Anthony the Great, and of Pachomius. This ascetic travelled through many deserts and visited the most famous of the solitaries and anchorites therein, and noted the manner of their lives and their virtues, and put them into writing for the benefit of the brethren of Scete and other places. The present History of the Monks in the Egyptian Desert is of peculiar interest, because it describes his journeys to the monks in the deserts of Upper Egypt, and the islands of the First Cataract near Philae, and the establishing of the bishopric of Philae. The text opens with an account of a visit paid by him to an unnamed community of monks, with whom he made friends and stayed some days. Having eaten and drunk, and partaken of the Sacrament, the brethren lighted the lamp, and began to discuss the dispensation of God and the teaching of the ascetics. Paphnutius enquired of Pseleusius about a certain fellow monk of his called Zebulon, and received from him many interesting details of his life and work. Pseleusius next describes how he became a monk, and tells Paphnutius a story of how he once went into the 'inner desert', and after travelling for two days he found a little *wâdî*, or valley, with a spring of water in it; and he wondered if any monks lived there. Soon after he had sat down there two men appeared before him, and they gave him water to drink. Having questioned them they told Pseleusius that they were natives of Syene who, having heard the Lessons read in the church there, determined to seek perfection in the desert. They embarked in a small boat and sailed to a certain mountain where they met the anchorite Apa Zacchaeus, who taught them the rules and practice of the ascetic life. Sarapamôn, one of two brethren who lived near Apa Zacchaeus, used to buy the ropes, baskets, maps, &c., which his fellow monks made, and he took

[1] See *Coptic Martyrdoms*, &c., in this series, pp. 205, 455.

care to sell them before he attempted to sell any of his own work. Matthew, the other brother, who was exceedingly learned in the Scriptures, could never be persuaded to answer any question concerning a text, and would always answer, 'Excuse me; I do not understand it.' Apa Zacchaeus, the teacher of the two young men from Syene, was a great ascetic, and the rules which he laid down for novices were very hard. He wept always, and fasted rigorously, and he attached the greatest importance to prayer. The monk who lifts up his hands, after the manner of the Cross of Christ, in prayer, shall vanquish all his enemies, even as Moses vanquished Amalek by the lifting up of his hands. A man should weep always remembering the punishments of Amente. When Zacchaeus had instructed the two young men from Syene, who were called Anianus and Paul, in the rudiments of the ascetic life, he took them out into the desert, and taught them how to watch, and fast, and pray, and how to overcome the naked devils who attacked monks in the desert by night. After he left them the young men continued to live the ascetic life, and they were visited by a certain brother from time to time; when this brother returned and reported that both had died on the same day, the monk Banouphiel went and fetched their bodies, and buried them near him.

Pseleusius next described to Paphnutius the life of Apa Isaac, who dwelt on an island in the middle of the Cataract, about four miles to the south of the monastery in which Pseleusius lived.[1] When Paphnutius heard of the great spiritual excellence of this sage he begged Pseleusius to take him to see him, and he did so. They entered a boat, and sailed to the south, and near a place where large rocks stood up among swirling waters which roared terribly was the habitation of Apa Isaac. Paphnutius and his guide landed, and were warmly welcomed by Isaac, who led them into his abode, and gave

[1] It stood probably on the west bank of the Nile, opposite to the Island of Elephantine.

them water to wash their feet. Afterwards they all ate and drank, and Paphnutius began to ask Isaac questions about his life and work, and when Isaac learned that he wished to be informed about the early Christians and monks who had lived in that district, he promised to tell him the things which he had received from his own master Apa Aaron who, in addition to the things which he himself had seen, had received many things from Macedonius. When Macedonius, an official who was subsequently made bishop, was appointed inspector [of Upper Egypt] he visited all the towns in his district, including Philae. Whilst there he wished to receive the Sacrament, for he was orthodox, and he learned on making enquiries that the Christians of Philae were visited weekly by the clergy from Syene, who administered the Sacrament to them. When he returned to Alexandria he reported to the Archbishop Athanasius what he had seen and heard, and offered, if he would appoint a bishop of Philae, to take him to the South on his next tour of inspection. In reply Athanasius said that no one was better fitted to be bishop than Macedonius himself, and he at length succeeded in inducing him to accept the appointment.

When Macedonius went to Philae he did not assert his episcopal authority, but he lived simply and was humble in his behaviour. He watched the daily life of the people, and saw that they went into the old Egyptian temple on the Island of Philae and worshipped a hawk[1] (**ⲃⲏϭ** = ), which was kept in a kind of mechanical contrivance[2] (**ⲙⲁⲅⲕⲁⲛⲟⲛ**). One day, taking advantage of the absence of the high priest, Macedonius went into the temple, and told

[1] When Strabo (xvii. 1. 49) visited Philae he saw the hawk which was worshipped there, and he says that the bird did not in the least resemble the Egyptian hawk, for it was larger and the markings of its plumage were different. The natives told him that it came from 'Ethiopia'.

[2] Probably a granite shrine with a wooden or iron grating kept in position by bolts.

one of the sons of the priest that he wished to offer up sacrifice unto God. Whilst the young man was superintending the preparation of the fire, Macedonius went to the shrine in which the hawk was kept, and took out the bird, and cut off its head, and cast it into the fire on the altar, and then left the temple. When the priest's sons saw what had happened they rent their garments, and fearing the vengeance of the people and of their father they crossed the Nile and fled into the Eastern Desert, saying that it was better to starve to death there than to be stoned. On the following morning the high priest went into the temple to offer up sacrifice, but found neither his god the hawk nor his sons. As he stood there bewildered, and wondering what could have happened, an old woman told him that she had seen Macedonius, 'that wicked monk', go into the temple to his sons, and seize the hawk, and that his sons betook themselves to flight. Hearing these things the priest left the temple and set out for the city, intending to slay his sons and Macedonius when he found them.

Whilst the high priest and the old woman were talking, a certain man, who was a Christian, was listening, and he went to Macedonius, and having told him of the threat of the high priest to slay him, entreated him to depart into some quiet place for some days until the matter had blown over. When Macedonius heard about the old woman he cursed her tongue, and she forthwith became dumb. Macedonius then departed to the north, to a certain place where he fasted and prayed for the conversion of the people to Christianity. One night he saw a vision in which the two sons of the pagan high priest were kneeling, one on each side of him, and a man of light came and put a crown on the head of each, and a sceptre to which was attached a key, in the hand of each. Next morning, whilst he was pondering over the vision, he heard a voice which told him to go and seek the young men, and gave him directions where to find them. Macedonius at once set out in the desert, and found the two young men half dead of hunger and thirst, for they had been without food for six days, and as soon as he saw them he knew them to be those about whom he had been instructed in the vision. When they had eaten and drunk the elder brother told him that he had seen a vision in which a man of light appeared and arrayed him in a garment, which the man took off him soon after and put on his brother. The brethren were quite content to commit themselves to the care of Macedonius, and they returned to the town with him, and lived with him. As he could not eat with them until they were purified from their paganism, he baptized them, and renamed them, giving to the elder brother the name of Mark, and to the younger that of Isaiah; and he administered to them the Sacrament. He then taught them prayers, and how to pray, and he gave them the tonsure, and he made Mark a presbyter and Isaiah a deacon. Under the direction of Macedonius Isaiah the deacon worked a miracle and healed the broken leg of a camel by means of a little water sprinkled upon the limb and the Sign of the Cross.

When Aristus, the high priest of the temple, heard of his son's power he went to visit Macedonius and his sons in the bishop's house; Macedonius received him with great courtesy, but his two sons would not kiss him because he was not baptized. Aristus then placed himself under the guidance of the bishop, and when he had been sufficiently instructed by him he received baptism at his hands and the new name of Jacob, in the church which he had built by the bishop's orders. Vessels for the celebration of the Sacrament were taken from their place of concealment by the people, and Mark the presbyter struck the boards which served as bells, and Macedonius administered the Sacrament to Jacob and the congregation. He then ordered the old woman whom he had stricken dumb to be brought before him; and having nodded her head, as a sign that she believed in God, he put his finger in her mouth, and the bond of her tongue was relaxed, and she spake freely. When Macedonius was very old and felt his end approaching he appointed Mark to be his successor, and a few days later he died, and the people buried him outside his house.

After the see of Philae had been vacant for some time, the people felt that a new bishop ought to be appointed, but though they debated the matter for three days at a general meeting they could not agree about a successor of Macedonius. The chief presbyter was in favour of casting lots, but the archdeacon insisted on the claims of Mark and Isaiah being taken into consideration, and he was supported by all the people. Thereupon Mark was selected, and letters having been written to Archbishop Athanasius, he was taken by certain of the faithful by boat to Alexandria, where he was consecrated bishop of Philae, and the archbishop ordered him to ordain his brother Isaiah first deacon and next presbyter, for he was to succeed him as bishop of Philae. Mark managed to obtain a passage back to Syene on a private boat on which was a noble family, and they made a festival in his honour when he left them and gave him a sheep. Having served in his diocese for many years and feeling his end to be approaching Mark appointed his brother Isaiah as his successor, and died, and was buried by the side of Macedonius. The people took Isaiah and handed him, with the necessary papers, over to certain brethren, who went with him by boat to Alexandria where the archbishop consecrated him bishop of Philae. When he returned to Philae he gave to the officers of the church his bishop's licence, and having stayed in the church three days he departed to his house, and ever after only appeared in the city on great occasions or by special request. When he died the people buried him by the side of Macedonius and Mark.

The see of Philae was vacant for some time, but at length the people made up their mind to make a very holy monk called Psoulousia their bishop, and when he refused the bishopric they took him by force from his island and carried him to Syene, and sent him under the charge of 'certain God-loving brethren' to Alexandria to be consecrated. When he arrived the Archbishop Timothy made him a deacon, and then a presbyter, and then a bishop. On his return to Syene he went direct to his old abode, and sat down there, for he loved a life of peace and meditation, and did not report his consecration to the congregation. The news of his arrival leaked out, and the believers went to his island in boats, and learned that he had been consecrated bishop. Then they induced him to enter a boat and to come to the town, and he remained there teaching in the church sixteen days after his enthronement. One of the chief events of his life was the visit which he paid to Alexandria on the occasion of the enthronement of Theophilus as archbishop in July, A.D. 385. Psoulousia continued to live on his island until the day of his death.

Isaac the monk next relates to Paphnutius the principal events in the early life of Apa Aaron as he learned them at first hand from the old man. The parents of Aaron bought him a commission in the army, and when he took up his duty he used to give away his rations to fellow soldiers; contrary to his parents' wishes he refused to marry. One day he was ordered to march certain troops from the town in which he was to another, and when he came out of the town to march in the evening a lion attacked him, and he made a vow that, if the Lord would deliver him from the beast, he would renounce all his possessions, and forsake his family, and become a monk. As he was familiar with the passage referring to the slaughter of the lion and the bear by David, and appealed to Christ, he must have received Christian instruction. Having slain the lion Aaron did not return to his troop, but went to a town three days' journey to the south. He sold his horse and his tunic; part of the proceeds he spent on peasant's clothes, and the remainder he gave to the poor. Next he went to Scete, where he donned the garb of the monk; but he did not stay there long, fearing that his parents would hear of his being there, and fetch him home, and he therefore set out for the South, travelling thither by degrees, until he reached Syene. From this point onwards Apa Isaac relates to Paphnutius facts concerning Apa Aaron his master which he saw with his own eyes. He says that his parents put him to school when a boy, where his master took great pains with him, and taught him to write 'the holy letters'. When he could read well he read the words 'Whosoever will not forsake father and mother', &c., and he meditated upon them for a long time. Whilst doing so he heard of the wonderful cures which Apa Aaron was performing, and he went to the place where he lived, and sat down outside his door until sunset. As Aaron did not appear Isaac rose up and went into the desert, and when he had gone three miles he saw human footprints in the sand, and he followed them, and so reached the place where Aaron was. Isaac found him standing up naked, with a large stone hanging from his neck by a rope; and when Aaron saw him he untied the rope round his neck, dropped the stone, and put on his garment. Isaac pretended that he had lost his way, but Aaron assured him that he had found the good path, and after further talk Aaron brought him out of the desert, and took him to a certain presbyter, who gave him the tonsure and arrayed him in the garb of the monk. When they returned to their abode Aaron spent a week in instructing Isaac in the 'works of the service of God'. Soon after this Aaron departed by himself to a secret place to perform in private his ascetic exercises, and when he had been absent for five days the devils persuaded Isaac that Aaron had gone away alone in order to prevent Isaac from sharing with him the blessing of his labour. Isaac was unable to restrain himself, and he rose up and searched for Aaron, and although it was the time of the inundation, and the weather was at its hottest, he found him standing up with a stone on his head, which was so heavy that its weight was forcing his eyeballs out of their sockets. Whilst Isaac was looking at him Aaron fell on the ground and lay as one dead. Isaac raised him up, and in answer to his question, Why dost thou make thyself suffer much pain? Aaron told him that from the moment when he heard of the suffering of our Lord he determined to inflict every kind of pain upon himself, so that He might shew mercy unto him in the hour of death. Aaron never ate and drank on the same day; on the day he ate bread he did not drink, on the day he drank he ate no bread. One night the valley was filled with the roarings of savage beasts, and Aaron and Isaac went to an upper chamber, fearing that they might force their way into the courtyard. Voices were heard saying, 'Bring them out and we will slay them,' and 'Let us slay them where they are'; but as soon as the terrified men began to pray the beasts fled along the valley and the voices ceased, for the beasts were only devilish phantoms, and the voices were produced by demons. Then Aaron told Isaac that on one occasion when he had been standing up for six days, and had neither eaten nor drunk during that time, the Devil came to him carrying a golden staff in his hand, and said that he had been sent to comfort him. Aaron drew the Sign of the Cross on the ground, whereupon the Devil disappeared. The miracles of Aaron were many.

I. A Nubian child went down to the Nile to drink, and whilst he was drinking a crocodile seized him and dragged him into the river and drowned him and swallowed him. The child's father hurried down to the river to save him, cutting and wounding himself seriously on the sharp rocks as he did so, and having seen his boy disappear before his eyes he went to Aaron and told him about it. Aaron gave him a chip of wood and told him to throw it in the river at the place where the boy was dragged under, and he took it and did as he was told. As soon as the chip fell on the water a huge crocodile appeared, and cast up the child on the sand alive and uninjured.

II. A fisherman and his son were dragging a net into the boat when the boy lost his balance and fell overboard into the net and was drowned. The fisherman went for help to Aaron, who told him to go back to his boat in which he would find his son alive and well. The fisherman did so, and found his son, who told him that a man of light came to him just as he was breathing his last, and brought him up out of the net, and set him in the boat again.

III. Whilst a peasant was gathering dates the rope on which he sat frayed through, and he fell to the ground dead. He was restored to life by a sprinkling with water over which Aaron had made the Sign of the Cross.

IV. A certain woman at Philae gave birth to a dead child, and her parents grieved exceedingly because they wanted an heir. Taking money in their hands they went to Aaron's house, and offering to him the gold they tried to buy his help and the resuscitation of the child. Aaron was indignant at their thinking that the help of God could be bought for money, and reminded them of Simon Magus and Gehazi, and of the words of Paul, 'The love of money is the root of all evil,' and told them that if they believed they should receive Christ's gift for nothing. Thereupon the father of the dead child took a little dust from the floor in Aaron's house, and tied it up in the corner of his neckcloth, and when he went home he sprinkled it on the dead child, who forthwith moved his limbs and opened his eyes.

V. A native of Syene borrowed ten oboli from a rich man in the town and was unable to pay his debt, and his creditor was threatening legal proceedings against him; the debtor knew that the decision in court would go against him, and also that he would be obliged to assign his vineyard to his creditor. The debtor went for help to Aaron, who kept him in his house and prayed all night for him, and in the morning the creditor arrived riding upon an ass which was being led, for although the rich man's eyes were open he could not see with them. Aaron received him, and lifted him up from the ground on which he had cast himself in homage, and then reminded him of the Mosaic law against covetousness, and the fate of Ahab, and Christ's injunction to shew mercy, and the efficacy of charity in the Judgement. The creditor asked Aaron's forgiveness, and promised to do what he wished him to do, and said that he knew that blindness had come upon him through his instrumentality. When Aaron told him that Christ would restore his sight if he shewed mercy to the poor man, the creditor sent for the debtor's bond and gave it to Aaron. Thereupon Aaron made the Sign of the Cross over the rich man's eyes, and when, according to Aaron's command, he washed, believing firmly that he would see, he received his sight again.

VI. A man was cured of the gout by merely laying upon his feet and legs the hand of the rich man mentioned above which had been touched by Aaron when he lifted him up from the ground.

VII. A dead ass was resuscitated by three strokes from Aaron's staff.

VIII. Some vines which were in a very backward state were tied up with rope made by Aaron, whereupon they began to thrive immediately, and produced an abundant harvest of grapes.

IX. Nets which had been sprinkled with water blessed by Aaron made a large haul of fish, and prevented their owners from being fined for breach of contract in supplying fish to a certain nobleman.

X. A sailor seeing his boat, laden with cargo, beginning to sink cried out to Aaron, and both ship and cargo were saved.

XI. Aaron restored the sight of one of the eyes of a Nubian.

XII. A barren woman brought forth a son through the prayers of Aaron.

XIII. Aaron cast a devil out of a man and sent him to Babylon to await the Day of Judgement when he would be sent to Amente.

XIV. One year the poor people sent a deputation to Aaron, and begged him to entreat God to increase the Nile flood, so that their lands might be watered and they might have bread to eat. Having comforted them with promises from the Bible Aaron went to the river each evening, and stood up in the water immersed to his neck, and prayed to God with tears that the Nile flood might be sufficient for their needs; and this he did day by day until the Lord answered his prayer. The water rose steadily and continued to rise until all their fields had been watered, even though the time for the Nile to rise had passed and the period was well advanced in which, in normal years, the river fell.

The ascetic exercises in which Aaron spent his life were exceedingly rigorous, for besides standing with a stone of crushing weight poised on his head or hanging from his neck, in the height of summer, he would in the winter time dip in water the garment which he wore next his skin, and then put it on and stand in it praying during the whole of the bitterly cold nights. When the dawn came he would withdraw himself into a crevice of the cold rocks so that the rays of the rising sun might not warm him. He died at a very advanced age after four or five days' illness, his body being completely worn out by ascetic exercises, and was buried with Apa Macedonius, Apa Mark, and Apa Isaiah.

The Life of Apa Aaron is followed by the texts of the passages of Scripture which were to be read on May 2, the day of his commemoration, and the last of these is the sixteenth chapter of St. Mark, including the twelve verses not usually found in the manuscripts.[1]

[1] Another copy of these verses is given by Prof. Heer in *Oriens Christianus*, 1912. I owe this reference to the Rev. G. Horner.

15. The Dying Prayer of Saint Athanasius, Archbishop of Alexandria.

This interesting prayer seems to have been included in the volume containing the Life of Apa Aaron because the festival of his commemoration and that of Athanasius fall on the same day, namely, May 2. The text is unfortunately broken in places owing to the damage done to the lower margins of the leaves of the manuscript by fire. At the end of the Prayer is a statement by Timothy, the deacon who attended his dying master, in which he says that he saw the Archangel Michael come to Athanasius and take his soul, which was in the selfsame form as Athanasius, and carry it up into heaven. At the same time he saw choirs of angels and heard them ascribing blessing to God Who 'glorifieth His saints'.

16. The Discourse on Saint Michael the Archangel by Timothy, Archbishop of Alexandria.

After a short preface, in which he identifies the Archangel Michael with 'the angel of the Lord who campeth round about those who fear Him, and delivereth them', mentioned in Psalm xxxiv. 7, Timothy relates the principal contents of a parchment book which contained a work by Saint John, describing the abode of the damned in Amente. This book was copied by Proclus, a disciple of John, and Timothy, the successor of Archbishop Athanasius, found it in the house of the mother of Proclus when he went up to Jerusalem to worship the Cross of our Lord, and to visit the sacred places which His feet had trodden. The dwellers in the house used the book as a phylactery. According to Timothy, John was taken into the regions of the damned by an angel, who led him into a country full of lakes and a pit of fire, the smoke from which ascended to a height of three hundred stadia. The pit contained dragons, lions, serpents, and scorpions of fire, the unsleeping worm, and vipers and asps of frightful aspect; there was also a wheel from which myriads of flashes of lightning leaped forth as it revolved. The wheel carried sinners down into the depths of the lake of fire, and brought them up again after a period of submersion for 300 days or three years. Whilst John was weeping over the destruction of sinners the Archangel Michael appeared from heaven seated on the chariot of the Cherubim. Before him went all the Saints, and the Patriarchs, and the Prophets, all arrayed in glorious apparel, and all bearing in their hands branches of sweet-smelling shrubs. And Michael went to the pit of fire, whereupon the flames died down, and the fiery beasts were no more seen. Then Michael lowered his right wing into the lake three times, and on each occasion multitudes of souls who were suffering torture clung to it, and Michael lifted them up out of the fire, and delivered them from everlasting punishment. The angels who were with him carried them into the presence of the Father, and when the souls which had been rescued had worshipped God, Michael carried them into the rest that is everlasting.

The angel who guided John then reminded him of the great works which Michael had performed, how he had accompanied Christ into Amente, and bound Beliar (Satan), and brought all the souls that were captives in hell to the Saviour. In return for his services to God the Father in hurling the Devil out of heaven Michael was made Commander-in-Chief in heaven, and in return for his services to Christ he was arrayed in great and indescribable splendour, and was granted the power to rescue souls from hell yearly on June 6. On this day all the souls that are being tortured in the Lake of Fire assemble in one place, and wait for the archangel to dip his wing in the lake so that they may cling to it and be saved. The wing is dipped into the lake thrice, and each time Michael lifts it up out of the fire he rescues more than two millions of souls. This has Michael done each year from the year of the Resurrection of our Lord until now, and he will continue to do so for all time. On June 6 Michael also goes behind the veil, and casts himself down at the feet of the Father, and does not rise until He has provided for the rise of the Nile and the means of subsistence for man and beast throughout the following year. Services rendered to Michael by men, e.g. making a copy of his history, or lighting a lamp, or making an offering, or giving alms, or a loaf of bread, deliver them at death from punishment, however great sinners they may have been, and shall preserve them and their wives and families, and their beasts and cattle, and their vineyards and gardens. The angel then gave John a series of pairs and triads of magical letters which, if written on certain parts of a man's house, would keep all enemies and danger away from it, and then he brought John down from the heavens, and set him upon the Mount of Olives.

Having recited the above passages from the manuscript which he found in the house of the mother of Proclus, Timothy advises his hearers to give generously to the poor on the day of the festival of Michael the Archangel. Whatever we possess and enjoy we owe to Michael, namely, freedom of speech, the waters of the Nile, the dew, the rain, a fine climate, the fruits of the earth, wine, and sweet spiritual foods. To ensure protection for our houses we must write the name of Michael on its corners, inside and outside. To protect our persons we must write his name on our garments, and on our tables at which we eat, and on our platters and cups, especially on the last named, for it will save us from drunkenness. We must withdraw ourselves from every kind of sin, and lift up our hands and our souls in purity to the Commander-in-Chief of heaven, that is, Michael. And as we gather ourselves together this day in his shrine, so may he gather us together in the kingdom of God, and hear that blessed voice saying, 'Come, ye blessed of My Father, and inherit the kingdom,' &c.

17. Encomium on the Archangel Raphael by St. John Chrysostom.

This fragment of the Encomium on the Archangel Raphael by John Chrysostom opens with a quotation from the Psalms (xxxiv. 7), 'The angel of the Lord encampeth round about them that fear Him, and delivereth them,' and he identifies the Archangel Raphael with the Angel of the Lord. Chrysostom then alludes to the service which Raphael rendered to Tobias, the son of Tobit, and how he healed the husbands of Sarra (Tobit vi. 13), and how he gave Sarra, the daughter of Raguel, a child. Michael, Gabriel, and Raphael are the great chiefs of the angelic hosts. Michael smote Satanaêl and bound him for one thousand years, Gabriel announced to the Virgin Mary the birth of the Christ, and Raphael served the righteous, and guided them, and healed them, and fettered the wicked devil Asmodeus. The meaning of the name Raphael is 'God Who guideth men'.[1] From the Book of Tobit we learn that the Devil became envious of this man's piety and good deeds and smote him with blindness, and that Raphael restored his sight. When Tobias had to journey into a far country Raphael was his guide. Raphael is a benevolent angel, a minister, a flame of fire, a spirit, a faithful guide, a good servant, a vigilant watchman, a trusted workman, a physician who healeth without fee. He is a master-cook, a master of bridal ceremonies, and the proof that he is incorporeal is furnished by the fact that he ate no food during the time when he was travelling in his master's service. One day, when Chrysostom was celebrating the Eucharist at the sixth hour, a great light appeared suddenly, and in it was a young man of exceedingly beautiful countenance. He was dressed in splendid apparel, and held a staff surmounted by a cross in his right hand. Addressing Chrysostom thrice in the words, 'John, thou reed of the

[1] רְפָאֵל = God hath healed.

Holy Spirit,' Raphael revealed himself to him, and told him that he had been with him from his youth, when Christ gave him into his charge, and that he had never left him since that hour, and that he would be with him for ever. On Chrysostom's journeys to Athens and Bêrût Raphael had been with him, and the archangel had specially supervised his education, and ordered his studies, and selected the subjects of the same with affectionate care. Raphael then exhorted him not to be afraid of him, 'the angel of mercy,' and told him that the Emperor Arcadius was thinking of building a shrine in honour of the Archangel Raphael, and that Chrysostom was to encourage him to do this work, should the Emperor discuss it with him. Having promised him a reward, the archangel left him and went up into heaven, and Chrysostom was full of joy at the archangel's communication that day. On the following day the Emperor went to the house of the archbishop, and began to discuss with him the building of a shrine to Raphael, and told him that his anxiety about the matter had kept him awake all the previous night.

The rest of the Encomium is wanting, but it is clear from the contents of the Ethiopic version[1] of the Encomium that Arcadius built the shrine in Rome. The title of this version reads, 'The Homily by the blessed Father, Abbâ John, the mouth of gold, archbishop of the great city of Constantinople, which was pronounced on the great festival of the Archangel Raphael. He pronounced this Homily in the city of Rome, by the command of God the Most High, to Him be glory! and by the command of the two God-loving Emperors, Honorius and Arcadius, the sons of the God-loving Theodosius, on the third day of the "Little Month", that is to say Pâgûmên' (August 26) ድርሳን፡ ዘይቤ፡ አቡ፡ ብፁዕ፡ አባ፡ ዮሐንስ፡ አፈ፡ ወርቅ፡ ሊቀ፡ ጳጳሳት፡

[1] See Oriental, No. 615, fol. 135 (Wright, *Catalogue of the Ethiopic MSS.*, p. 149).

ዘሀገረ፡ ዓባይ፡ ቍስጥንጥንያ፡ ዘይትነበብ፡ በበዓለ፡ ሊቀ፡ መላእክት፡ ሩፋኤል። ይቤ፡ ዘንተ፡ ድርሳነ፡ በውስተ፡ ሀገረ፡ ሮሜ፡ በትእዛዘ፡ እግዚአብሔር፡ ልዑል፡ ሎቱ፡ ስብሐት፡ ወበትእዛዘ፡ ፪ነገሥት፡ መፍቀርያነ፡ እግዚአብሔር፡ አኖሬዎስ፡ ወአርቃድዮስ፡ ውሉዱ፡ ለነገሥት፡ መፍቀሬ፡ እግዚአብሔር፡ ቴቃዶስዮስ፡ አመ፡ ሠሉሱ፡ ለወርኃ፡ ንዑስ፡ ዘውእቱ፡ ጳጕሜን። The opening words of the Homily have no equivalent in the Coptic version, nor has the narrative of the building of the ግንፋለ፡ or brick shrine in which they painted on the walls or set up an image ሠዓሉ፡ ውስቴቱ፡ ሥዕለ፡ መልአከ፡ ሩፋኤል፡ of the Archangel Raphael (Fol. 136*b*). It is quite clear that the original form of the Homily is greatly modified in the Ethiopic version, and it is doubtful if the latter part of it, which is wanting in the Coptic version, can be supplied from the Ethiopic. For extracts from the mutilated leaves in Oriental, No. 6806 A, see the Appendix.

18. The Apocalypse of Paul.

The two sections of text[1] printed on pp. 534–74 belong, it seems, to a hitherto unknown apocalyptic work, to which on the authority of the passages on pp. 1071 and 1082 the title of the 'Apocalypse of Paul' may be given. This work dealt with the fate of the soul after death, and described at length the various abodes of the damned and the Paradise of the Blessed. The portions of it that remain to us prove that it was full of ancient Egyptian beliefs and views about the spirit, and soul, and 'angel', of a man, and the conceptions of heaven and hell are, fundamentally, those of the Book of the Dead and cognate works. The first section begins with the description of the fate of a sinful soul on leaving the body. This soul was attended on earth by its angel, and admonished by its spirit, which reported daily to God the sins which it committed. When its body died,

[1] These are bound up in the wrong order in the manuscript; their proper sequence is given in the translation.

its spirit reviled it for its wickedness, and its angel afflicted it, and then its spirit summoned it into the presence of the Judge of Truth, who is here Christ, and not Osiris, so that it might be judged. There the soul stood alone, and was surrounded by the 'Powers of Darkness', which are in the forms of lion-faced beings with fiery armour and swords, and bull-faced beings with horns of fire and spears, and bear-faced beings with fire-shooting eyes, and serpent-faced beings vomiting smoke and fire, and raven-faced beings holding saws, and viper-faced beings with spears, and ass-faced beings in black armour holding knives of fire, and crocodile-faced beings with huge knives. Many of these beings have iron teeth and tongues of fire. The souls of the wicked are seized by one class of beings who chew them up in their mouths and then spit them out into the mouths of a second class of beings, who chew them up and spit them out into the mouths of a third class of beings, until the souls have been chewed up by all the monsters. Whilst these Powers were questioning the soul, and terrifying it with their threats, a voice from heaven summoned the soul thither. When it entered heaven myriads of angels cried out to it; but its mouth was closed, and it remained speechless before God. The angel of the soul said to the angels, 'Weep with me'; but they replied, 'Away with it, away with it, for from the moment wherein we saw it there hath been a foul smell in our midst.' Then the soul was taken before God, and its angel and its spirit addressed God, Who asked the soul, 'Where are all the good works which thou shouldst have done?' The soul was speechless, and God passed the sentence of doom upon it, and it was given over into the hand of the angel who superintended the punishment of the wicked, and it was cast into outer darkness until the day of the Great Judgement. And all the angels of heaven applauded the sentence.

After this Paul saw another soul, which had left the body a week before, brought by two angels before the Judge, and it pleaded, 'Lord, I have not committed sin.' Then the Judge summoned the angel of that soul into His presence, and when he came he brought with him a list of the sins which his soul had committed. Then God bade Uriêl and Sûriêl to bring certain souls before Him, and when they came He asked the sinful soul if it recognized them. And the sinful soul was forced to admit that it had murdered the body of one of the souls, and committed fornication with the body of another, and the Judge delivered the wicked soul over to the governor of Amente to be tortured until the day of the Great Judgement.

Then the angel took Paul into the Third Heaven, and set him by a gate of gold, on the pillars of which were tablets of gold on which were written the names of all the righteous who were serving God within the gate, and whose forms were before Him and were known to and recognized by the angels. When the gate was opened, Enoch, the scribe of righteousness, and Elijah the prophet came up and saluted Paul, and Elijah praised his good works. The angel then took Paul to the second gate, and brought him in through it to the place of sunrise, where the heavens rested on a river of water, which surrounded the whole world and is called 'Ocean'. The region there was seven times brighter than silver, and it was the abode of the souls of the righteous when they left their bodies, and was destined to be the site of the Kingdom of Christ. Through the country ran a river of milk and honey, and on its banks grew palm trees, each of which had 10,000 branches, and each branch bore 10,000 clusters, and each cluster contained 10,000 dates. And thus also it was with the vines, and with each of the hundreds of thousands of other kinds of trees that bore fruit. All the things of this country were given to the souls of those who had been married men and women upon earth, but things that were seven times more splendid were reserved for the souls of those who had preserved their virginity.

Taking him to the east the angel shewed Paul a large lake

of water whiter than milk, and told him that it was called the Acherausian Lake. The City of the Saints lay beyond this Lake, and no soul could enter it that had not washed itself, under the direction of the Archangel Michael, in its waters. When Paul came to the edge of the Lake, the angel made him embark in a ship of gold with a prow of silver and with sails of silver and a rigging of gold. The ship was inlaid with jewels and precious stones, and had a crew of 3,000 angels. When Paul reached the City of Christ, he found that it was built of gold, and had 12 walls made of precious stones. Each wall had a tower, and the circumference of each wall was 100 stadia, i. e. it would take 100 days to journey round each wall. The city had a river on each of its four sides; on the west was a river of honey, on the south a river of milk, on the east a river of wine, and on the north a river of oil. These rivers were the celestial equivalents of the rivers Pison, Euphrates, Nile, and Tigris. When Paul came nigh to the gate he found there great, leafy trees, with no fruit upon them, and he saw under them certain men who were naked. The angel told Paul that these beings were the spiritually arrogant, and that they were to be pitied, because they would not be allowed to enter the City of Christ until His [second] coming, and even then they would not acquire the freedom of those who had served God with humility all their lives. The angel then took Paul to the west gate of the city, and there he found Isaiah, Jeremiah, Ezekiel, Amos, Micah, and the other Greater and Lesser Prophets. Through this gate entered the souls of all those who lost their lives for God's sake upon earth.

[About seventeen folios are here wanting in the manuscript.]

The angel then took Paul to the river of milk, to the south of the city, where he found the souls of all the little children who had been slain by Herod, and there too dwelt the souls of those who had preserved their virginity and of the chaste, and they were regarded as brothers and sisters by the souls of the children, and were kissed by them as such. By the river of wine to the east of the city Paul found Abraham, Isaac, and Jacob, who passed their time in welcoming to the hospitality of the City of Christ the souls of all those who had hospitably entertained strangers upon earth. By the gate were assembled the souls of those who praised God with all their hearts upon earth, and their sole occupation was to praise God. The angel and Paul then went to the Twelfth Wall (or, Tower) which was in the middle of the city, and was the best of all the Walls. Here Paul saw certain thrones of gold, which were reserved for the simple souls who had, when in the body, made themselves fools for God's sake. In the middle of the city was a great high altar, and before it stood a being with a face shining like the sun, and holding a harp and a psaltery of gold in his hands. This being was David, who was appointed to play music, and to sing before Christ in the Seventh Heaven; and all the angels shouted antiphonally 'Hallelujah' with such power that the foundations of the city rocked under their cries. Paul asked the angel what the word 'Hallelujah' meant, and the angel told him, 'Give glory unto God.'

From the City of Christ the angel led Paul to the west, where he again saw the heavens resting on the river called 'Ocean', which surrounded the whole world. Here were the Acherausian Lake and the region wherein was nothing but sighings and sorrow, and gloom and darkness, and fog and destruction. Here too was a parched desert wherein were pits of various depths, some 20 cubits, some 30 cubits, some 50 cubits, and some 100 cubits, and one pit was so deep that it reached to the lowest depth of Amente. One pit was filled with dragons, another with ice (or, snow), another with boiling pitch and sulphur, another with stinking serpents, another with filth, another with fire, another belched fumes and smoke, and another was presided over by the angels of death. Close by Paul saw a great river of fire with crested waves of fire rolling on it, wherein multitudes of beings were immersed, some up to their knees, some up to their waists, some up to their lips, and some up to their hair. To the west of this river was an awful place of torture, that is to say, a hollow, that descended to a depth of thirty thousand cubits (about $2\frac{1}{2}$ miles), and that entered a place so deep that a stone cast into it would hardly reach the bottom in one hundred years. In this hollow the souls of thirty or forty generations of men and women were heaped up one upon the other, and over them there flowed down the river of liquid fire, which bubbled as it descended like water in a boiling cauldron. In the river of fire Paul saw an elder who had fornicated on earth plunged up to his knees in the fiery flood, and a demon with a red-hot fork of three prongs was disembowelling him through his mouth. Further on he saw a bishop, who had been easy-going and negligent, standing in the fiery flood up to his knees, and near him a deacon, who had committed fornication, with blood-stained hands and with worms crawling out of his mouth and nostrils. He also saw a deacon, whose acts did not correspond with his precepts, and he was standing in the river of fire up to his lips, and one of the merciless angels was burning away with a red-hot iron his tongue and his lips.

Beyond these were pits of fire wherein usurers were immersed, and worms were devouring them; and in a parched region Paul saw many beings who were gnawing through their tongues, and the angel told him they were the forms of men and women who had slandered the Church when on earth. Beyond these was a pit full of blood in which stood plunged, some up to their knees and others up to their lips, the magicians who had worked enchantments on men and women in this world. Low down in the fiery stream Paul also saw a number of black forms of men and women, which were seven times blacker than sackcloth, and were immersed in the fire up to their waists, and these were they who had committed adultery on earth. Looking again Paul saw some girls of tender years wearing foul garments, and as they were being carried away into places of darkness they were decorating themselves with necklaces of fire. These were the maidens who had lost their virginity before marriage, and unknown to their parents. Beyond these were the forms of those who had oppressed the poor and the orphan, fixed in a place of icy coldness, with worms devouring them. Others were there also whose tongues were cracked through thirst, but who were not allowed to eat the fresh fruits and to drink the water which were set before them, because they had broken their fasts on earth before the appointed time. Near these were the forms of the women who when on earth were in the habit of beautifying their faces and bodies with paints and unguents, and then going to church and seducing men to commit adultery with them. These were suspended head downwards, and dragon-serpents were twining about their bodies and devouring them, and their faces were being burned with fiery torches.

Again Paul looked and saw a pit of fire, and above it, laid out on gridirons, were the forms of the godless heathen, and they were all blind, and were dressed in black apparel. Laid out on another series of gridirons over the fire were other human forms, with savage beasts tearing out their entrails and devouring them. These were the virgins and widows, who on this earth not only committed fornication, but who slew the children that were the offspring of this sinful intercourse, and then cast out their bodies to be devoured by the dogs and by the swine. With them were the men who had been their paramours. For these a still more terrible punishment was provided, for God gave the souls of the children thus slain to the angel who was over the punishments, and he took them and set them in places where they were able to see their guilty and unnatural parents suffering torture.

Near these were the forms of those who had been false Christians in this world, who had made the garb of Christ a covering for greed and avarice, and who had never helped the poor, or received the stranger, or prayed a pure prayer, and whose service of God was distorted by their love of gain. They were dressed in sackcloth steeped in pitch and sulphur, and were being driven along by the pitiless angels who thrust their fiery horns into them, and meanwhile serpents of fire were coiling about their arms, and necks, and legs. When Paul wept at the sight of these awful punishments the angel rebuked him, and told him that he would shew him the punishments which would be inflicted on the Day of the Great Judgement, and that they were seven times more terrible than those he had seen.

The angel then took Paul to the pit of the abyss, which was sealed with seven seals, and when these were broken, and the pit uncovered, a stench so foul arose from it that to smell it was worse than enduring all the other tortures. The pit was filled with fire, and in it were being tortured all those who denied that Jesus had come and that He was the Son of Mary, the Holy Virgin, and all those who denied the Real Presence in the Eucharist, and all those who denied the efficacy of baptism. Away at a distance from this pit there was a region of ice and snow, the cold of which was so intense that even seven suns could not warm the region, and here Paul saw the forms of those who denied the Resurrection of Christ and declared the resurrection of the body to be impossible. All these frozen beings were gnashing their teeth. At this point in his journey Paul looked and saw the Archangel Michael appear from heaven with all his hosts of angels, and immediately all the tortured who were capable of doing so cried to him for mercy, and begged him to permit them to repent. In answer to them Michael reminded them that whilst he had been praying for men day and night regularly men had amused themselves on earth, and had committed fornication, and had wasted their time, and had neither prayed nor repented, nor done charitable acts, and that all he could do for them was to weep for them. Then the tortured ones wept and entreated Michael for mercy, and when Michael, and Paul, and the Four and Twenty Elders, and the Four Beasts, and the Altar and the Veil had cast themselves down before the throne of God, and entreated Him to shew mercy unto the tortured, the heavens opened and the Son of God appeared. Then the damned raised their voices to Him and wailed for mercy and rest, for His appearance above had brought them some alleviation of their torments. But Christ first reminded them of all the evil which they had done to Him on earth, and then promised, for the sake of Michael and Paul, to give them rest each Sunday, and for the fifty days which begin with Easter Sunday and end with Whit Sunday.

Then the angel transported Paul to Paradise, and shewed him the Four Rivers of Paradise, and the Tree in the centre thereof, from the roots of which flowed the Four Rivers, and the Tree of Knowledge of good and evil, and the Tree of Life, by the side of which stood the Virgin Mary and three angels. The Virgin addressed Paul as the beloved of God and of angels and men, and told him that all the angels had longed to see him in the flesh, and had entreated Christ to permit him to visit heaven before he left the body finally. She also promised great blessings to those who should make copies of the Apocalypse of Paul wherein would be written the account of all that he had seen in the heavens. Whilst Paul was holding converse with the Virgin, Abraham, Isaac, and Jacob came up and saluted him, and promised to help all those who came to heaven as his disciples; and these were followed by the Twelve Patriarchs, from Reuben to Benjamin; and by Moses, who lamented that his plants had not taken root, that his sheep were scattered, and that all the trouble which he took for the Children of Israel was wasted, for uncircumcised aliens and idolaters had entered into the inheritance of Israel. When Christ was crucified Michael, Gabriel, the angels, Abraham, Isaac, and Jacob wept. Whilst Moses was saying these things the Twelve Prophets came and saluted Paul, and also Lot, Job, Elijah, Enoch, Zacharias and John his son, Cain, Abel, and Adam.

Then suddenly Paul was caught up into the Third Heaven, and the angel who was with him became transformed into a flame of fire. A voice warned him that he was not to reveal to any man the things which he was to see, and he saw a cross (?) and an altar, with seven eagles to the right of it and seven to the left; and untold myriads of angels were praising the Name of God, whilst the Cherubim and Seraphim chanted Amens. At this sight Paul fell on his face, and when the angel had lifted him up he saw multitudes of beings in human forms, with faces seven times brighter than the sun and hair like white wool; and this region was the country of the Lord. The angel then shewed Paul the throne on which he should sit, and Urîêl and Sûrîêl, its guardian angels. In another place the angel shewed Paul some magnificent trees, with multitudes of men about them, and these last were the 'plants' which Paul had planted in the world. From this place the angel took Paul to see Paradise, and his throne and crown therein. Paradise was surrounded by three walls, the two outside walls being of silver, and the innermost wall of gold; each wall was 72 cubits high, and two roads, running from east to west and from north to south, divided Paradise into four quarters. The circumference of the [outermost] wall of Paradise was 244,400 measures, and it contained 244,[4]00 strong pillars, each 72 cubits high. It contained 1,800 different kinds of plants, and 2,000 varieties of flowering plants, and 45 varieties of scented plants, and 12 cypress trees, 1,200 lamps of gold, 1,6[00] pillars of silver and marble, and its door was a single gem, on each side of which were three eagles. The light of Paradise was God, and every part of it was lighted up with the caerulean light of noonday. At dawn Paradise sent forth the odour of perfume plants, at noon the odour of myrrh, and at eventide the odours of all the flowers mixed together. The inlaid capitals of the 140,800 pillars were wreathed with almond branches, and their bases stood among malabathrum and styrax plants. All the trees of Paradise ascribed blessing to God, and cried out to Him, 'Holy, Holy, Holy,' thrice daily, at dawn, noon, and eventide.

When Paul expressed his doubts as to his own fitness for Paradise the angel bade him be of good cheer, and promised him that he should overcome the Accuser in Amente, and return to the world, and that through his Apocalypse many should repent and live. The angel then shewed him the Veil, which conceals the presence of the Deity, and many thrones, and much raiment, and many crowns; and a sweet perfume permeated the whole place; and David also was there playing music on his harp, and singing antiphons with the angels. This, according to the angel, was intended to be the abode of the Prophets and of Paul. In another region, which was set with real sapphires, and was situated in a country white like snow, were the Company of Martyrs, arrayed in glorious cloaks, and wearing crowns, and seated upon thrones. After this the angel brought Paul down upon the Mount of Olives, where he found the Apostles, and he related unto them everything which he had seen. The Apostles rejoiced greatly, and they commanded Mark and Timothy, the disciple of St. Paul, to write down in a book all that Paul had seen. Whilst Paul and the Apostles were conversing Christ appeared to them, and saluted by name Peter and John and Paul, 'glorious writer of Epistles.' In answer to the Lord's question, 'Art thou satisfied to the full by the things which thou hast heard?' Paul replied, 'Yea, my Lord.' The Lord then decreed that the words of this Apocalypse should be preached throughout the world, and promised great blessings to all who should make a copy of it, or have one made, or should read it with faith. He then commanded the Apostles to go into the world and preach the Gospel of His Kingdom, and straightway a cloud took them upon itself, and carried each to the country in which it was ordained that he should serve.

PASSAGES OF SCRIPTURE QUOTED OR REFERRED TO

THE ENCOMIUM OF THEODORE, ARCHBISHOP OF ANTIOCH, ON THEODORE THE GENERAL, THE ANATOLIAN

(**Brit. Mus. MS. Oriental, No. 7030**)

**ⲞⲨⲚ̄ⲔⲰⲘⲒⲞⲚ Ⲉ ⲀϤⲦⲀⲞⲨⲞϤ Ⲛ̄ϬⲒ ⲠϨⲀ- Fol. 1a 1
ⲄⲒⲞⲤ ⲀⲠⲀ ⲐⲈⲞⲆⲰⲢⲞⲤ· ⲠⲀⲢⲬⲎⲈⲠⲒⲤⲔⲞ- ⲁ̄
ⲠⲞⲤ Ⲛ̄ ⲦⲀⲚⲦⲒⲞ̄ⲬⲒⲀ· Ⲉ ⲀϤⲦⲀⲞⲨⲞϤ Ⲉ
ⲠⲠⲈⲦ ⲞⲨⲀⲀⲂ Ⲛ̄ ϪⲰⲰⲢⲈ· ⲀⲨⲰ ⲠⲢⲈϤⲈⲢ-
ⲠⲞⲖⲀⲒⲘⲞⲤ· ⲠⲦⲀϪⲢⲞ Ⲛ ⲦⲀⲚϮⲞⲬⲒⲀ·
ⲠϢⲞⲢϢⲢ̄ Ⲛ̄Ⲛ̄ Ⲙ̄ⲠⲈⲢⲤⲞⲤ· ⲠϨⲀⲄⲒⲞⲤ ⲐⲈⲞ-
ⲆⲰⲢⲞⲤ ⲠⲀⲚⲀⲦⲞⲖⲒⲞⲤ· ⲈϤϢⲀϪⲈ Ⲉ ⲦⲂⲈ
ⲠⲈϤϪⲠⲞ· ⲘⲚ̄ ⲠⲈϤⲄⲈⲚⲞⲤ ⲘⲚ̄ ⲦⲈϤⲘⲚ̄Ⲧ-
ⲘⲀⲦⲞⲒ· ⲘⲚ̄ ⲦⲈϤⲘⲚ̄ⲦⲤⲦⲢⲀⲦⲨⲖⲀⲦⲎⲤ ⲈⲦ
ⲦⲀⲒⲎⲨ· ⲘⲚ̄ ⲦⲎⲠⲈ Ⲛ̄ ⲚⲈϤⲀⲚⲚⲰⲚⲎⲚⲀ· ⲀϤ-
ϢⲀϪⲈ ⲆⲈ ⲞⲚ Ⲉ ⲦⲂⲈ ⲠⲈϨⲞⲞⲨ Ⲙ̄ ⲠⲈϤϪⲰⲔ
Ⲉ ⲂⲞⲖ Ⲙ̄ ⲘⲀⲔⲀⲢⲒⲞⲤ(?)· ⲈⲦⲈ ⲤⲞⲨ ⲘⲚⲦ-
ⲤⲚⲞⲞⲨⲤ ⲠⲈ Ⲙ̄ ⲠⲈⲂⲞⲦ ⲦⲰⲂⲈ· ⲀϤϢⲀϪⲈ
ⲆⲈ ⲞⲚ Ⲉ ⲦⲂⲈ ⲀⲠⲀ ⲔⲀⲒⲞⲤ· ⲠⲀⲢⲬⲎⲈⲠⲒ-
ⲤⲔⲞⲠⲞⲤ ⲀⲚϮⲞⲬⲒⲀ· ϪⲈ Ⲛ̄ϢⲞⲢⲠ̄ ⲠⲈ ϨⲀ
ϪⲰϤ Ⲛ̄ ⲚⲈⲘⲀⲢⲦⲨⲢⲞⲤ ⲦⲎⲢ[ⲞⲨ]· ⲀϤϪⲰ(?)
ϨⲚ̄ ⲔⲞⲨⲒ ⲆⲈ ⲞⲚ Ⲉ ⲦⲂⲈ ⲠϨⲀⲄⲒⲞⲤ ⲀⲠⲀ
ⲔⲖⲀⲨⲆⲒⲞⲤ· ϨⲚ̄ ⲞⲨⲈⲒⲢⲎⲚⲎ ⲚⲦⲈ ⲠⲚⲞⲨⲦⲈ
ϨⲀⲘⲎⲚ·**

Ⲡⲕⲟⲙⲁⲣⲓⲟⲛ ϩⲟⲗϭ̄· ⲉⲣⲉ ⲛⲉϥϣⲏⲛ ⲧⲏⲣⲟⲩ ⲕⲱⲧⲉ ⲉ ⲣⲟϥ· Fol. 1a 2
ⲉⲩⲣⲟⲟⲩⲧ ⲉⲩⲱⲧⲡ̄ ⲙ̄ⲕⲁⲣⲡⲟⲥ ⲱ̄ ⲛⲁ ⲙⲉⲣⲁⲧⲉ· ⲡⲉ[ ]ⲱ-
ⲣⲁ[ ]ⲟⲥ ϩⲟⲗϭ̄· ⲁⲩⲱ ϥ̄ⲧⲁⲓⲏⲩ· ⲉϥϯ ⲥϯ ⲛⲟⲩϥⲉ ⲉ ⲃⲟⲗ

Fol. 1 b 1 ⲉⲧ ⲥⲟⲧⲡ̅· | ⲉⲣⲉ ⲛ̅ⲛⲟϭ ⲧⲏⲣⲟⲩ ⲕⲱⲧⲉ ⲉ ⲣⲟⲥ· ⲙⲛ̅ ⲛ̅ⲇⲩⲛⲁ-
ⲃ̅ ⲧⲟⲥ ⲙⲛ̅ ⲛⲉⲥⲧⲣⲁⲧⲩⲗⲁⲧⲏⲥ· ⲉⲩⲟⲩⲛⲟϥ ⲙ̅ⲙⲟⲟⲩ ⲛ̅ϩⲏⲧⲥ̅·
ⲛⲉⲓ ϣⲁϫⲉ ⲁⲛ ⲉ ⲧⲁⲛⲧⲓⲟⲭⲓⲁ ⲙⲁⲩⲁⲁⲥ· ⲁⲗⲗⲁ ⲛⲉⲓ
ⲙ̅ⲙⲁⲩ ⲛ̅ϭⲓ ⲑⲓ̈ⲗⲏⲙ̅ ⲛ̅ ⲧⲡⲉ· ⲡⲙⲁ ⲛ̅ ϣⲱⲡⲉ ⲛ̅ ⲛⲉⲧ ⲟⲩⲁⲁⲃ
ⲧⲏⲣⲟⲩ· Ⲕⲁⲛ ⲉϣϫⲉ ⲁ ⲇⲓⲟⲕⲗⲏⲧⲓⲁⲛⲟⲥ ⲡⲁⲛⲟⲙⲟⲥ
ϣⲟⲣϣⲣ̅ ⲛ̅ ⲛ̅ⲏⲓ ⲛ̅ ⲛⲉⲥⲧⲣⲁⲧⲩⲗⲁⲧⲏⲥ ⲛ̅ ⲧⲁ ⲡⲟⲗⲓⲥ ⲁⲛ-
ⲧⲓⲟⲭⲓⲁ ⲉ ⲧⲃⲉ ⲡⲉϥⲑⲩⲙⲟⲥ ⲉ ϩⲟⲩⲛ ⲉ ⲣⲟⲟⲩ· ⲁ ⲡⲉⲭ̅ⲥ̅
ϩⲱⲱϥ ⲡⲙⲉⲣⲓⲧ ⲙ̅ ⲡⲉⲓⲱⲧ ⲕⲱⲧ ⲛⲁⲩ ϩⲙ̅ ⲡⲁⲗⲗⲁⲧⲓⲟⲛ
ϩⲛ̅ ⲧⲉϥⲡⲟⲗⲓⲥ ⲙ̅ⲙⲉ ⲑⲓ̈ⲗⲏⲙ̅ ⲛ̅ ⲧⲡⲉ· [Ⲕⲁ]ⲛ ⲉϣϫ[ⲉ ⲁ]
Fol. 1 b 2 ⲇⲓⲟⲕ|ⲗⲏⲧⲓⲁⲛⲟⲥ ⲡⲁⲛⲟⲙⲟⲥ ⲡⲱⲣϫ̅ ⲙ̅ⲙⲟⲟⲩ ⲉ ⲃⲟⲗ
ⲉ ⲛⲉⲩⲉⲓⲟⲧⲉ· ⲙⲛ̅ ⲛⲉⲩⲥⲛⲏⲩ· ⲙⲛ̅ ⲛⲉⲩⲥⲩⲛⲅⲉⲛⲏⲥ
ϩⲓϫⲙ̅ ⲡⲓⲥⲁϩ· Ⲁ ⲡⲣ̅ⲣⲟ ⲛ̅ ⲛ̅ⲣ̅ⲣⲱⲟⲩ ⲡⲉⲭ̅ⲥ̅ ⲙⲟⲩⲧⲉ ⲉ
ⲣⲟⲟⲩ ⲛⲁϥ ⲛ̅ⲥⲟⲛ ϩⲓ ϣⲃⲏⲣ ⲛ̅ⲑⲉ ⲛ̅ ⲛ̅ⲁⲡⲟⲥⲧⲟⲗⲟⲥ ϫⲓⲛ
ⲉⲩϩⲓϫⲙ̅ ⲡⲕⲁϩ· Ⲁ ⲡⲣ̅ⲣⲟ ⲙ̅ ⲡⲕⲁϩ ⲙⲟⲩⲧⲉ ⲛ̅ϫⲱⲱⲣⲉ
ⲛ̅ ⲧⲁ ⲡⲟⲗⲓⲥ ⲛⲁϥ ⲛ̅ⲇⲓⲣⲱⲛ· Ⲁ ⲡⲣ̅ⲣⲟ ⲛ̅ ⲁⲧ ⲙⲟⲩ
ⲡⲉⲭ̅ⲥ̅ ⲙⲟⲩⲧⲉ ⲉ ⲣⲟⲟⲩ ϫⲉ ⲛⲁⲡⲟⲗⲩⲙⲁⲣⲭⲏⲥ ⲛ̅ⲣⲉϥϫⲣⲟ
ϩⲙ̅ ⲡⲁⲅⲱⲛ· Ⲁⲛⲟⲕ ⲇⲉ ϩⲱ ⲡⲉⲓ ⲉⲗⲁⲭⲓⲥⲧⲟⲥ ⲑⲉⲟ-
ⲇⲱⲣⲟⲥ ⲉⲓϣⲁⲛⲛⲁⲩ ⲉ ⲛⲉⲩⲙⲁ ⲛ̅ ϣⲱⲡⲉ ϩⲓϫⲙ̅ ⲡⲕⲁϩ
Fol. 2 a 1 ⲛ̅ⲧⲁ ⲇⲓⲟⲕⲗⲏⲧⲓⲁⲛⲟⲥ ⲁⲁⲩ ⲛ̅ | ϫⲁⲓⲉ· ⲛ̅ⲧⲉⲩⲛⲟⲩ ϣⲁⲓϫⲟⲟⲥ
ⲅ̅ ϫⲉ ⲉⲩⲧⲱⲣ ⲛ̅ⲣ̅ⲣⲱⲟⲩ ⲛ̅ⲧⲁⲩⲙⲟⲩ ⲙⲛ̅ ⲛⲉⲥⲧⲣⲁⲧⲩⲗⲁⲧⲏⲥ
ⲛ̅ⲧⲁ ⲇⲓⲟⲕⲗⲏⲧⲓⲁⲛⲟⲥ ⲁⲁⲩ ⲛ̅ ϫⲁⲓⲉ· Ⲛ̅ⲇⲩⲛⲁⲧⲟⲥ ⲛ̅ ⲧⲁ
ⲡⲟⲗⲓⲥ ⲁϥⲧⲁⲟⲩⲟⲟⲩ ⲉ ⲡⲉⲥⲏⲧ ⲛ̅ϭⲓ ⲡⲉⲓ ⲑⲩⲣⲓⲟⲛ ⲉⲑⲟⲟⲩ
ⲉ ⲧⲃⲉ ⲡⲉϥⲙⲟⲥⲧⲉ ⲉ ϩⲟⲩⲛ ⲉ ⲣⲟⲟⲩ· ⲁⲗⲗⲁ ⲁ ⲡϫⲟⲉⲓⲥ
ⲙ̅ ⲙⲁⲓ ⲣⲱⲙⲉ ϣⲟⲡⲟⲩ ⲉ ⲣⲟϥ ⲉ ϩⲟⲩⲛ ⲉ ⲧⲉϥⲙⲛ̅ⲧⲣ̅ⲣⲟ·
ⲁϥϯ ⲕⲗⲏⲣⲟⲛⲟⲙⲓⲁ ⲛⲁⲩ ϩⲛ̅ ⲧⲉϥⲙⲛ̅ⲧⲣ̅ⲣⲟ· ⲁⲩⲱ
ⲟⲩⲡⲟⲗⲓⲥ ⲉⲙ ⲉⲥϣⲱϥ· ⲟⲩⲇⲉ ⲙⲉⲣⲉ ⲛⲉⲥϣⲏⲛ ⲗⲱⲱⲙ·
ⲟⲩⲇⲉ ⲙⲉⲣⲉ ⲛⲉⲩⲕⲁⲣⲡⲟⲥ ⲧⲁⲕⲟ ϣⲁ ⲉⲛⲉϩ· Ⲡⲁⲓ ⲡⲉ
Fol. 2 a 2 ⲡⲙⲁ ⲙ ⲡⲣⲁϣⲉ ⲙⲉⲛ ⲡⲧⲉⲗⲏⲗ· ⲙⲛ̅ ⲡⲟⲩ|ⲛⲟϥ ϣⲁ
ⲉⲛⲉϩ· Ϫⲓ ϣⲓⲡⲉ ⲛⲁⲕ ⲙ̅ⲡⲟⲟⲩ ⲱ̅ ⲇⲓⲟⲕⲗⲏⲧⲓⲁⲛⲟⲥ· ⲉⲕ-
ϣⲟⲟⲡ ϩⲛ̅ ⲁⲙⲛ̅ⲧⲉ ⲙ̅ ⲡⲉⲥⲏⲧ ⲉⲣⲉ ⲛⲉⲧ ⲟⲩⲁⲁⲃ ⲧⲏⲣⲟⲩ
ϩⲛ̅ ⲧⲙⲛ̅ⲧⲣ̅ⲣⲟ ⲛ̅ ⲙ̅ⲡⲏⲩⲉ· Ⲛ̅ⲣ̅ⲣⲱⲟⲩ ⲛ̅ⲁⲛⲟⲙⲟⲥ ϣⲟⲟⲡ
ϩⲛ̅ ⲁⲙⲛ̅ⲧⲉ ⲉ ⲧⲃⲉ ⲙ̅ ⲡⲉⲑⲟⲟⲩ ⲛ̅ⲧⲁⲩⲁⲁⲩ ⲛ̅ ⲙ̅ⲙⲁⲣⲧⲩⲣⲟⲥ
ⲉⲧ ⲟⲩⲁⲁⲃ· ⲉⲣⲉ ⲛⲉⲓ ⲡⲉⲧ ⲟⲩⲁⲁⲃ ϩⲱⲟⲩ ϩⲛ̅ ⲧⲙⲛ̅ⲧⲣ̅ⲣⲟ
ⲛ̅ ⲙ̅ⲡⲏⲩⲉ· Ⲁⲕϥⲓⲧⲟⲩ ⲙ̅ⲙⲁⲩ ⲱ̅ ⲡⲡⲁⲣⲁⲛⲟⲙⲟⲥ ϩⲛ̅

ⲟⲩⲡⲟⲗⲓⲥ ⲉⲣⲉ ⲡⲙⲟⲩ ⲟⲛ ⲡ̄ⲣ̄ⲣⲟ ⲉ ϩⲣⲁⲓ ⲉ ϫⲱⲥ· ⲁⲩϫⲓⲧⲟⲩ
ϩⲱⲟⲩ ⲉ ϩⲣⲁⲓ ⲉⲩⲡⲟⲗⲓⲥ ⲉⲙⲛ ⲉⲝⲟⲩⲥⲓⲁ ⲛ̄ⲧⲉ ⲡⲙⲟⲩ
ϩⲓ ϫⲱⲥ· ⲛ̄ⲧⲁⲕⲙⲟⲩⲟⲩⲧ ⲙ̄ⲙⲟⲟⲩ ⲁⲛ ⲱ̄ | ⲡⲡⲁⲣⲁⲛⲟⲙⲟⲥ Fol. 2 *b* 1
ⲛ̄ⲑⲉ ⲛ̄ ⲟⲩⲟⲛ ⲛⲓⲙ ⲁⲗⲗⲁ ⲛ̄ⲧⲁⲕⲙⲟⲟⲩⲟⲩ ϩⲛ̄ ϩⲉⲛⲙⲟⲩ ⲛ̄ ⲇ̄
ⲁⲛⲁⲅⲕⲏ· ⲁⲗⲏⲑⲱⲥ ⲅⲁⲣ ⲱ̄ ⲇⲓⲟⲕⲗⲏϯⲁⲛⲟⲥ ⲉⲓϣⲁⲛⲉⲣ
ⲡⲙⲉⲉⲩⲉ ⲛ̄ ⲧⲉⲕⲁⲣⲭⲏ ⲙⲛ̄ ⲙ̄ ⲡⲉⲑⲟⲟⲩ ⲛ̄ⲧⲁⲕⲁⲁⲩ ⲛ̄
ⲛⲉⲛⲟϭ ⲛ̄ ⲧⲁⲛϯⲟⲭⲓⲁ ϣⲁⲓⲥⲁϩⲟⲩ ⲙ̄ⲙⲟⲕ· ⲧⲁⲥⲟϣⲕ̄
ⲧⲁⲃⲁⲃⲱⲱⲕ· ⲱ̄ ⲡⲙⲟⲩⲓ ⲉⲑⲟⲟⲩ ⲛ̄ ⲣⲉϥⲡⲉϩⲧ̄ ⲥⲛⲟϥ ⲉ
ⲃⲟⲗ· ⲱ̄ ⲧⲁⲣⲝ̄ ⲛ̄ ⲣⲉϥⲥⲉ ⲥⲛⲟϥ ⲛⲁⲩ ⲛⲓⲙ· ⲱ̄ ⲡⲇⲣⲁ-
ⲕⲱⲛ ⲉⲧ ϩⲙ̄ ⲡⲛⲟⲩⲛ· ⲉⲓϣⲁⲛⲉⲣ ⲡⲙⲉⲉⲩⲉ ϩⲱⲱϥ ⲛ̄
ⲛⲉⲧⲁⲉⲓⲟ̄ ⲛ̄ⲧⲁⲩϫⲓⲧⲟⲩ ϩⲛ̄ ⲙ̄ⲡⲏⲩⲉ· ⲉⲣⲉ ⲡⲉⲩⲉⲣ ⲡⲙⲉⲉⲩⲉ
ⲙⲏⲛ ⲉ ⲃⲟⲗ ϩⲙ̄ ⲡⲕⲟⲥ|ⲙⲟⲥ· ⲉⲣⲉ ⲛ̄ⲗⲁⲟⲥ ⲉⲣϣⲁⲛⲁⲩ Fol. 2 *b* 2
ⲉⲣⲉ ϩⲛ̄ⲇⲩⲛⲁⲙⲓⲥ ⲛ̄ⲣⲉϥⲧⲁⲗϭⲟ ⲧⲏϣ ⲉⲛⲉⲩⲥⲱⲙⲁ ⲉⲧ
ⲟⲩⲁⲁⲃ· ⲉⲩⲭⲁⲣⲓⲍⲉ ⲙ̄ ⲛ̄ⲧⲁⲗϭⲟ ⲛ̄ ⲛⲉⲧ ϣⲱⲛⲉ ϩⲙ̄
ⲡⲣⲁⲛ ⲛ̄ ⲛⲉⲧ ⲟⲩⲁⲁⲃ· ⲉⲣⲉ ⲛⲉⲩⲙⲁⲣⲧⲩⲣⲓⲟⲛ ⲕⲏⲧ ⲛ̄ⲥⲁ
ⲛⲉⲩⲉⲣⲏⲩ ϩⲓϫⲙ̄ ⲡⲕⲁϩ ⲁⲩⲱ ⲛ̄ⲧⲉⲩⲛⲟⲩ ϣⲁⲓϫⲟⲟⲥ· ϫⲉ
ⲕⲁⲕⲱⲥ ⲁⲩϫⲡⲟⲕ ⲉ ⲡⲉⲕⲧⲁⲕⲟ ⲙⲁⲩⲁⲁⲕ· ⲁⲩⲱ ⲟⲛ
ⲕⲁⲗⲱⲥ ⲁ ⲛⲉⲓ ⲡⲉⲧ ⲟⲩⲁⲁⲃ ⲙ̄ⲙⲁⲣⲧⲩⲣⲟⲥ ϫⲱⲕ ⲉ ⲃⲟⲗ
ϩⲓ ⲧⲟⲟⲧⲕ̄ ⲁⲩϫⲓ ⲙ̄ⲡⲉⲕⲗⲟⲙ ⲛ̄ ⲁⲧ ⲧⲁⲕⲟ ϩⲛ̄ ⲧⲙⲛ̄ⲧⲣ̄ⲣⲟ
ⲛ̄ⲛ̄ ⲙ̄ⲡⲏⲩⲉ· ⲁⲗⲏⲑⲱⲥ ⲅⲁⲣ ⲉⲓϣⲁⲛⲉⲣ ⲡⲙⲉⲉⲩⲉ ⲙ̄
ⲡⲉⲛⲧⲁⲕⲁⲁϥ ⲙ̄ ⲡϩⲁⲅⲓⲟⲥ | ⲑⲉⲟⲇⲱⲣⲟⲥ· ⲡⲁⲛⲁⲧⲟⲗⲁⲓ̈ⲟⲥ Fol. 3 *a* 1
ϣⲁⲓⲉⲣ ϩⲃⲁ· ⲁⲩⲱ ⲧⲁϣⲧⲟⲣⲧⲣ̄· ϩⲛ̄ⲛⲟϭ ⲅⲁⲣ ⲁⲗⲏⲑⲱⲥ ⲉ̄
ⲛⲉ ⲛⲉⲡⲉⲑⲟⲟⲩ ⲛ̄ ⲧⲁⲕⲁⲁⲩ ⲛ̄ ⲛⲉϫⲱⲱⲣⲉ ⲛ̄ ⲧⲁⲛϯⲟⲭⲓⲁ
ⲱ̄ ⲇⲓⲟⲕⲗⲏϯⲁⲛⲟⲥ· ⲉⲓϣⲁⲛⲛⲁⲩ ⲉ ⲡⲉϣⲟⲩⲉ ⲛ̄ⲧⲁⲩⲥ̄ϯⲫⲟⲥ
ⲛ̄ ⲑⲉⲟⲇⲱⲣⲟⲥ ⲡⲁⲛⲁⲧⲟⲗⲁⲓⲟⲥ ϩⲓ ϫⲱϥ· ⲉⲣⲉ ⲡⲉϥⲥⲛⲟϥ ⲉⲧ
ⲟⲩⲁⲁⲃ ϫⲏϩ ⲉ ⲣⲟϥ· ⲁⲩⲱ ⲧⲁⲉⲣ ⲡⲙⲉⲉⲩⲉ ⲙ̄ ⲡϣⲉⲧⲁⲓⲟⲩ·
ⲙⲛ̄ ⲡϣⲟⲙⲛ̄ⲧ ⲛ̄ⲓⲃⲧ ⲛ̄ⲧⲁⲩⲧⲟⲕⲥⲟⲩ ⲉ ⲡⲉϥⲥⲱⲙⲁ ⲉⲧ ⲟⲩⲁⲁⲃ
ⲉ ϩⲟⲩⲛ ϩⲙ̄ ⲡⲉϣⲟⲩⲉ· ϣⲁⲓⲣⲓⲙⲉ ⲙ̄ⲙⲁⲧⲉ ϩⲛ̄ ⲟⲩⲥⲓϣⲉ
ⲧⲁⲥⲁϩⲟ ⲙ̄ⲙⲟⲕ ⲱ̄ ⲇⲓⲟⲕⲗⲏϯⲁⲛⲟⲥ· ϩⲟⲧⲁⲛ ⲇⲉ ⲉⲓϣⲁⲛ
ϭⲱϣⲧ̄ ⲉ ⲧⲡⲉ | ⲧⲁⲛⲁⲩ ⲉ ⲡⲉϥⲑⲣⲟⲛⲟⲥ ϩⲱⲱϥ ϩⲓ ⲟⲩⲛⲁⲙ Fol. 3 *a* 2
ⲙ̄ ⲙⲓⲭⲁⲏⲗ ϩⲓ ⲃⲟⲗ ⲉ ⲡⲕⲁⲧⲁⲡⲉⲧⲁⲥⲙⲁ ⲙ̄ ⲡⲉⲓⲱⲧ·
ⲁⲩⲱ ⲛ̄ⲧⲉⲩⲛⲟⲩ ϣⲁⲓⲉϣⲗⲟⲩⲗⲁⲓ ⲉ ⲃⲟⲗ ⲧⲁϫⲟⲟⲥ· ϫⲉ
ⲕⲁⲗⲱⲥ ⲁⲩϫⲡⲟⲕ ⲱ̄ ⲇⲓⲟⲕⲗⲏϯⲁⲛⲟⲥ· ϣⲁⲛⲧ ⲉⲕⲙⲟⲩⲟⲩⲧ
ⲙ̄ ⲡⲉⲓ ϫⲱⲱⲣⲉ ⲑⲉⲟⲇⲱⲣⲟⲥ ⲡⲁⲛⲁⲧⲟⲗⲁⲓⲟⲥ· ϣⲁⲛⲧ

ⲉϥⲙⲁⲧⲉ ⲙ̄ ⲡⲉⲓ ⲛⲟϭ ⲛ̄ ⲧⲁⲉⲓⲟ ϩⲛ̄ ⲙ̄ⲡⲏⲩⲉ ⲛⲁϩⲣⲙ̄
ⲡⲉⲭ̅ⲥ̅ ⲓ̅ⲥ̅· Ⲉⲓⲥ ⲡⲉϣⲟⲩⲉ ⲛ̄ⲧⲁⲩⲥ̄ϯⲟⲩ ⲙ̄ⲙⲟⲕ ϩⲓ ϫⲱϥ·
ⲁ ⲡ̄ⲣ̄ⲣⲟ ⲕⲱⲥⲧⲁⲛϯⲛⲟⲥ ⲕⲉⲗⲉⲩⲉ ⲉ ⲧⲁⲁϥ ⲉⲛⲉⲣⲟ ⲙ̄
ⲡⲉϥⲙⲁⲣⲧⲩⲣⲓⲟⲛ ⲙⲛ̄ ⲑⲁⲯⲓⲥ ⲙ̄ ⲡⲉϥⲑⲩⲥⲓⲁⲥⲧⲏⲣⲓⲟⲛ
ⲙⲛ̄ ⲡⲉϭⲗⲟϭ ⲉⲧ ⲉⲣⲉ ⲡⲉϥⲥⲱⲙⲁ ⲉⲧ ⲟⲩⲁⲁⲃ ϩⲓ ϫⲱϥ·|
Fol. 3 b 1 Ⲉⲓϣⲁⲛⲙⲉⲉⲩⲉ ⲉ ⲃⲟⲗ ⲉ ⲡⲉⲛⲧⲁⲕⲁⲁϥ ⲛ̄ ⲃⲓⲕⲧⲱⲣ ⲡϣⲏⲣⲉ
ⲉ̅ ⲛ ϩⲣⲱⲙⲁⲛⲟⲥ ϣⲁⲓⲉⲣ ϩⲃⲁ· ϫⲉ ⲙ̄ⲡⲉ ⲕϣⲓⲡⲉ ϩⲏⲧϥ ⲙ̄
ⲡⲉϥⲉⲓⲱⲧ ⲉⲧ ⲙⲟⲟⲩⲧ ⲙ̄ⲙⲟϥ· Ⲉⲓϣⲁⲛⲛⲁⲩ ⲉ ⲛⲉⲡⲗⲁⲝ
ⲛ̄ⲧⲁⲩⲥⲩⲣⲁ ⲙ̄ⲙⲟϥ ϩⲓ ϫⲱⲟⲩ· ⲉⲩϫⲏϩ ϩⲙ̄ ⲡⲉϥⲥⲛⲟϥ ⲉⲧ
ⲟⲩⲁⲁⲃ· Ⲉⲓϣⲁⲛⲉⲣ ⲡⲙⲉⲉⲩⲉ ⲛ̄ ⲙ̄ⲡⲁⲓⲁⲛⲏⲥ ⲛ̄ⲧⲁⲩⲥⲟⲛϩ̄
ⲙ̄ⲙⲟϥ ⲛ̄ϩⲏⲧⲟⲩ· ⲉⲩⲁϣⲉ ⲉ ⲛⲉⲣⲟ ⲙ̄ ⲡⲉϥⲙⲁⲣⲧⲩⲣⲓⲟⲛ
ⲉⲧ ⲟⲩⲁⲁⲃ ⲉϥⲛⲉϫ ⲇⲁⲓⲙⲱⲛⲓⲟⲛ ⲉ ⲃⲟⲗ ⲛ̄ϩⲏⲧϥ· ⲁⲩⲱ ⲟⲛ
ⲛⲉⲡⲗⲁⲝ ⲇⲉ ⲉⲧ ϫⲏϩ ϩⲛ̄ ⲡⲉϥⲥⲛⲟϥ ⲉⲩⲧⲟⲧⲉ̄ ⲉ ⲡⲉϥⲙⲁⲣ-
Fol. 3 b 2 ⲧⲩⲣⲓⲟⲛ ⲉⲩϯ ⲙ̄ ⲡⲟⲩⲟⲉⲓ̄ ⲁⲗⲗⲉ ⲛ̄ ⲧⲁ ⲡⲟ|ⲗⲓⲥ·
ϣⲁⲓϣⲡ̄ϩⲙⲟⲧ ⲛ̄ⲧ ⲙ̄ ⲡⲛⲟⲩⲧⲉ ⲧⲁϫⲟⲟⲥ ϫⲉ ⲕⲁⲗⲱⲥ
ⲁⲩϫⲡⲟⲕ ⲱ̄ ⲇⲓⲟⲕⲗⲏϯⲁⲛⲟⲥ· ϣⲁⲛⲧ ⲉⲕⲙⲟⲩⲟⲩⲧ ⲛ̄ ⲛⲉⲓ
ⲡⲉⲧ ⲟⲩⲁⲁⲃ· ⲁⲩϣⲱⲡⲉ ϩⲱⲱϥ ⲛ̄ϩⲓⲥⲁⲅⲅⲉⲗⲟⲥ ϩⲛ̄ ⲙ̄ⲡⲏⲩⲉ
ⲁⲩⲱ ϩⲓϫⲙ̄ ⲡⲕⲁϩ· Ⲉⲓϣⲁⲛⲛⲁⲩ ⲉ ⲧⲉⲛⲃⲉ ⲛ̄ϩⲟⲣⲓⲟⲛ
ⲡⲉϣⲃⲏⲣ ⲙ̄ ⲡⲡⲉⲧ ⲟⲩⲁⲁⲃ ⲁⲡⲁ ⲃⲓⲕⲧⲱⲣ ⲉⲥⲡⲉⲇⲁⲗⲟⲛ
ⲛ̄ ⲛⲟⲩⲃ ⲉⲥⲁϣⲉ ⲙ̄ ⲡⲉϥⲙⲁⲣⲧⲩⲣⲓⲟⲛ· Ⲁⲩⲱ ⲟⲛ ⲧⲁϥⲓ
ⲛ̄ ⲛⲁⲃⲁⲗ ⲉ ϩⲓⲁⲓ ⲉ ⲧⲡⲉ· ⲧⲁⲛⲁⲩ ⲉ ⲡⲉϥⲕⲗⲟⲙ ⲛ̄ ⲛⲟⲩⲃ
ⲙⲛ̄ ⲧⲉϥϭⲣⲏⲡⲉ ⲛ̄ⲣ̄ⲣⲟ ⲉⲣⲉ ϫⲟⲩⲧⲁϥⲧⲉ ⲛ̄ⲁⲅⲅⲉⲗⲟⲥ
Fol. 4 a 1 ⲧⲱⲟⲩⲛ ϩⲁ ⲣⲟⲟⲩ ϩⲛ̄ ⲙ̄ⲡⲏⲩⲉ· Ⲁⲩⲱ ⲧⲁⲛⲁⲩ ⲉ | ⲡ̄ⲣ̄ⲣⲟ
ⲋ̅ ⲡⲉⲭ̅ⲥ̅ ⲉϥⲥⲟⲗⲥⲉⲗ ⲙ̄ⲙⲟϥ ⲉϥϫⲱ ⲙ̄ⲙⲟⲥ· ϫⲉ ⲁⲓⲧⲛ̄ⲧⲛ̄
ⲛⲁϩⲓⲥⲉ ⲉ ⲛⲟⲩⲕ ⲱ̄ ⲡⲁ ⲥⲱⲧⲡ̄ ⲃⲓⲕⲧⲱⲣ· Ⲉⲓϣⲁⲛⲛⲁⲩ ⲉ
ⲛⲉϥⲁⲩⲗⲏ ⲉⲩⲣⲏⲧ ⲛ̄ ϣⲏⲛ· ⲉⲣⲉ ϩⲙ̄ ⲡⲧⲩⲏ ⲙ̄ⲙⲟⲟⲩ
ⲕⲏ ⲉ ϩⲣⲁⲓ ⲛ̄ϩⲏⲧⲟⲩ ⲙⲛ̄ ϩⲛ̄ⲥⲧⲩⲗⲗⲟⲥ ⲉⲩⲧⲉⲕ ⲉⲃⲓⲱ ⲉ
ⲃⲟⲗ ⲛ̄ ⲛⲁⲩ ⲛⲓⲙ· ⲧⲁⲛⲁⲩ ⲉ ⲡⲣⲁϣⲉ ⲙ̄ ⲡⲉϥⲕⲟⲓⲛⲱⲃⲓⲟⲛ
ⲉϥⲕⲏ ⲉ ϩⲣⲁⲓ ϩⲛ̄ ⲙ̄ⲡⲏⲩⲉ· ⲉⲩⲡⲱⲱⲛⲉ ⲙ̄ⲙⲟϥ ⲉ ⲡⲉⲓ
ⲥⲁ ⲙⲛ̄ ⲡⲁⲓ· ϣⲁⲓϫⲟⲟⲥ ϩⲱ· ϫⲉ ⲕⲁⲗⲱⲥ ⲁⲩϫⲡⲟⲕ ⲱ̄
ⲇⲓⲟⲕⲗⲏϯⲁⲛⲟⲥ· ϫⲉ ⲁⲕⲙⲟⲩⲟⲩⲧ ⲙ̄ ⲡⲉⲓ ϫⲱⲱⲣⲉ ϩⲓϫⲙ̄
ⲡⲕⲁϩ· ϣⲁⲛⲧ ⲉϥϫⲓ ⲕⲗⲏⲣⲟⲛⲟⲙⲓⲁ ϩⲛ̄ ⲙ̄ⲡⲏⲩⲉ· Ⲁⲩⲱ
Fol. 4 a 2 ⲛ̄ⲧⲉⲩⲛⲟⲩ ϣⲁⲓⲥⲙⲟⲩ ⲉ ⲡⲣⲉϥ|ⲥⲱⲛⲧ ⲙ̄ ⲙⲉ ⲡⲉⲭ̅ⲥ̅· ϫⲉ
ⲁϥⲉⲣ ⲡⲙⲉⲉⲩⲉ ⲛ̄ ⲧⲁ ⲡⲟⲗⲓⲥ ⲁⲛϯⲟⲭⲓⲁ· ⲁϥⲧⲟⲩⲛⲟⲩⲥ

ⲛⲁⲓ ⲛ̄ ⲛⲉⲓ ⲛⲟϭ ⲙ̄ ⲫⲱⲥⲧⲏⲣ ⲉⲧ ⲉⲣ ⲟⲩⲟⲉⲓⲛ· ⲛⲉⲓ
ⲙⲁⲣⲕⲁⲣⲓⲧⲏⲥ ⲙ̄ ⲙⲉ ⲉⲧϩⲙ̄ ⲡⲏⲓ ⲛ̄ ⲛⲉⲣⲣ̄ⲱⲟⲩ ⲛ̄ⲇⲓⲕⲁⲓⲟⲥ·
ⲛⲉⲓ ϫⲱⲱⲣⲉ ϩⲙ̄ ⲡⲡⲟⲗⲉⲙⲟⲥ· Ⲡ ⲡⲛⲁⲩ ⲅⲁⲣ ⲛ̄ ϣⲁⲓ-
ⲙⲟⲟϣⲉ ϩⲛ̄ ⲛⲉⲩⲙⲁⲣⲧⲩⲣⲓⲟⲛ ϩⲓϫⲙ̄ ⲡⲓⲥⲁϩ· ⲧⲁⲛⲁⲩ ⲉ
ⲛⲉⲩⲗⲓⲙⲏⲛ ⲉⲩⲍⲱⲅⲣⲁⲫⲓ ϩⲁϩⲧⲛ̄ ⲛⲉⲩⲉⲣⲏⲩ· ϩⲱⲥ ϫⲉ
ⲛ̄ⲧⲁⲩⲉⲓ ϩⲙ̄ ⲡⲡⲟⲗⲉⲙⲟⲥ ⲉⲩⲙⲓϣⲉ· Ⲁⲩⲱ ⲛ̄ⲧⲉⲩⲛⲟⲩ
ϣⲁⲓⲧⲉⲗⲏⲗ ⲙ̄ⲙⲟⲓ ⲧⲁⲉϣⲗⲟⲩⲗⲁⲓ ⲉ ⲃⲟⲗ· ⲙ̄ ⲉⲓⲉϣ-
ϭⲙ̄ϭⲟⲙ ⲉ ⲁⲙⲁϩⲧⲉ ⲙ̄ ⲡⲧⲱⲱⲃⲉ ⲛ̄ ⲛ̄ⲁⲥⲡⲟⲧⲟⲩ ⲛ̄ⲕⲉ
ⲥⲟⲡ· | ⲟⲩⲇⲉ ⲙ̄ ⲓⲉϣϯ ⲭⲁⲗⲓⲛⲟⲥ ⲉ ⲛⲁⲥⲡⲟⲧⲟⲩ ⲙⲛ̄ Fol. 4 b 1 ⲏ̄
ⲧⲁ ⲧⲁⲡⲣⲟ ⲉ ⲧⲃⲉ ⲡⲉⲩⲣⲁϣⲉ ⲉⲓⲑⲉⲱⲣⲉⲓ ⲙ̄ⲙⲟⲟⲩ· ⲙ̄
ⲉⲓⲉϣⲕⲱⲗⲩ ⲙ̄ ⲡⲁ ⲗⲁⲥ ⲉ ⲧⲙ̄ ⲕⲓⲙ ⲙ̄ ⲡⲉϥⲟⲣⲅⲁⲛⲟⲛ
ⲧⲁϣⲁϫⲉ ⲉ ⲡⲉⲩⲧⲁⲉⲓⲟ· Ⲉⲓϣⲁⲛⲛⲁⲩ ⲅⲁⲣ ⲉ ⲡⲡⲁⲗ-
ⲗⲁϯⲟⲛ ⲛ̄ ⲇⲓⲟⲕⲗⲏϯⲁⲛⲟⲥ· ⲡⲉⲓ ⲣⲉϥⲙⲟⲩⲟⲩⲧ ⲛ̄ ⲛ̄ⲇⲩ-
ⲛⲁⲧⲟⲥ ⲛ̄ ⲧⲁⲛϯⲟⲭⲓⲁ· ⲉϥϣⲟⲟⲡ ϩⲁ ⲧⲕⲁⲧⲁⲥⲧⲁⲥⲓⲥ ⲙ̄
ⲡⲣ̄ⲣⲟ ⲙ̄ ⲙⲁⲓ ⲛⲟⲩⲧⲉ· ⲁⲩⲱ ⲧⲁⲛⲁⲩ ⲉ ⲛⲉϥⲙⲁ ⲛ̄
ⲓⲇⲱⲗⲟⲛ ⲉⲩϣⲣ̄ϣⲱⲣ· ⲛ̄ⲧⲁⲩⲁⲁⲩ ⲛⲉⲕⲕⲗⲏⲥⲓⲁ ⲉⲩⲱϣ
ⲛ̄ ⲡⲉⲩⲁⲅⲅⲉⲗⲓⲟⲛ ⲛ̄ϩⲏⲧⲟⲩ· ⲁⲩⲱ ⲧⲁⲛⲁⲩ ⲉ ⲡⲉϥⲑⲣⲟⲛⲟⲥ
ⲛ̄ⲁⲛⲟⲙⲓⲁ ⲛ̄ⲧⲁⲩⲡⲟⲟⲛⲉϥ | ϩⲁ ⲣⲟϥ· Ⲧⲁⲛⲁⲩ ⲉ ⲡⲉϥ- Fol. 4 b 2
ⲕⲟⲓⲧⲱⲛ ⲛ̄ ⲁⲛⲟⲙⲓⲁ ⲉϥϣⲣ̄ϣⲱⲣ· ϣⲁⲓϫⲟⲟⲥ ϫⲉ ⲕⲁⲗⲱⲥ
ⲁⲩⲑⲃ̄ⲃⲓⲟ ⲙ̄ ⲡϫⲁⲥⲓ ϩⲏⲧ ⲇⲓⲟⲕⲗⲏϯⲁⲛⲟⲥ· ⲁⲩⲧⲟⲩⲛⲟⲩⲥ
ⲙ̄ ⲡⲉⲧ ⲑⲃ̄ⲃⲓⲏⲩ ⲛⲁⲛ ⲕⲱⲥⲧⲁⲛϯⲛⲟⲥ ⲡⲣ̄ⲣⲟ ⲙ̄ ⲙⲁⲓ-
ⲛⲟⲩⲧⲉ· ⲁⲩⲱ ⲁϥⲉⲣ ⲡⲙⲉⲉⲩⲉ ⲛ ⲧⲉϥⲙⲛ̄ⲧϣⲃⲏⲣ ⲛ̄ⲙ̄ⲙⲁⲩ
ⲙⲛ̄ ⲧⲉϥⲙⲛ̄ⲧⲥⲧⲣⲁⲧⲩⲗⲁⲧⲏⲥ· ⲁϥⲭⲁⲣⲓⲍⲉ ⲛⲁϥ ⲙ̄ ⲡⲉ-
ⲑⲣⲟⲛⲟⲥ ⲛ̄ ⲧⲁⲛϯⲟⲭⲓⲁ· Ⲉⲓϣⲁⲛⲛⲁⲩ ⲅⲁⲣ ⲉ ⲙⲁⲣⲑⲁ
ⲧⲙⲁⲁⲩ ⲛ̄ ⲁⲡⲁ ⲃⲓⲕⲧⲱⲣ ⲉⲥⲣⲓⲙⲉ ⲉ ⲡⲉⲥϣⲏⲣⲉ ϩⲛ̄
ⲟⲩϫⲟⲩϥ ⲛ̄ϩⲏⲧ· ⲁⲩⲱ ⲧⲁⲥⲱⲧⲙ̄ ⲉ ⲑⲏⲃⲁⲥⲓⲁ ⲧⲥⲱⲛⲉ
ⲛ̄ ⲁⲡⲁ ⲕⲗⲁⲩⲇⲓⲟⲥ ⲉⲥⲣⲓⲙⲉ ⲉ ⲡⲉⲥⲥⲟⲛ ϩⲛ̄ | ⲟⲩⲙⲕⲁϩ ⲛ̄- Fol. 5 a 1 ⲑ̄
ϩⲏⲧ· Ⲁⲩⲱ ⲧⲁⲛⲁⲩ ⲉ ⲧⲉⲭⲁⲣⲓⲥ ⲧⲥⲱⲛⲉ ⲛ̄ ⲑⲉⲟⲇⲱⲣⲟⲥ
ⲡⲁⲛⲁⲧⲟⲗⲁⲓⲟⲥ ϩⲁ ⲣⲁⲧϥ ⲙ̄ ⲡⲉϣⲟⲩⲉ ⲉⲥⲣⲓⲙⲉ ⲉ ⲡⲉⲥⲥⲟⲛ·
Ⲧⲁⲛⲁⲩ ⲉ ⲁⲥⲉⲛⲛⲏⲑ ⲧⲥⲱⲛⲉ ⲛ̄ ⲁⲡⲁ ⲥⲧⲉⲫⲁⲛⲟⲥ· ⲡϣⲏⲣⲉ
ⲛ̄ ⲃⲁⲥⲓⲗⲓⲧⲏⲥ ⲉⲥⲣⲓⲙⲉ ⲉ ⲡⲉⲥⲥⲟⲛ· Ⲉⲓϣⲁⲛⲛⲁⲩ ⲅⲁⲣ ⲉ
ⲛⲁⲓ ⲧⲏⲣⲟⲩ ⲉⲩⲣⲓⲙⲉ ϣⲁⲓϫⲟⲟⲥ ϫⲉ ⲕⲁⲕⲱⲥ ⲁⲩϫⲡⲟⲕ
ⲱ̄ ⲇⲓⲟⲕⲗⲏϯⲁⲛⲟⲥ· Ⲙⲛ̄ⲛ̄ⲥⲱⲥ ⲟⲛ ⲉⲓϣⲁⲛϥⲓ ⲛ̄ ⲛⲁⲃⲁⲗ
ⲉ ϩⲣⲁⲓ ⲉⲧⲡⲉ· ⲧⲁⲛⲁⲩ ⲉ ⲛⲉⲓ ⲡⲉⲧ ⲟⲩⲁⲁⲃ· ⲉⲩϩⲙⲟⲟⲥ ⲉ

ϩⲣⲁⲓ ⲉϫⲛ̄ ϩⲛ̄ⲑⲣⲟⲛⲟⲥ ⲛ̄ ⲉⲟⲟⲩ· ⲉⲣⲉ ⲛ̄ⲁⲅⲅⲉⲗⲟⲥ ϯ ⲕⲗⲟⲙ
ⲉ ϫⲱⲟⲩ· ϣⲁⲓϫⲟⲟⲥ ϫⲉ ⲕⲁⲗⲱⲥ ⲁⲩϫⲡⲟⲕ ϣⲁⲛⲧⲉ ⲛⲉⲓ
Fol. 5 a 2 ⲡⲉ|ⲧ ⲟⲩⲁⲁⲃ ϫⲓ ⲕⲗⲟⲙ ⲛ̄ⲧⲉⲕⲁⲫⲟⲣⲙⲏ· Ϩⲟⲧⲁⲛ ⲅⲁⲣ
ⲉⲓϣⲁⲛⲛⲁⲩ ⲉ ⲛⲉⲩⲙⲁⲣⲧⲩⲣⲓⲟⲛ ⲉⲧ ⲟⲩⲁⲁⲃ ⲉⲩⲕⲱⲧⲉ ⲉ
ⲧⲁ ⲡⲟⲗⲓⲥ ⲁⲛϯⲟ̄ⲭⲓⲁ ⲛ̄ⲑⲉ ⲛ̄ⲟⲩⲥⲟⲃⲧ̄· Ⲁⲩⲱ ⲧⲁⲥⲱⲧⲙ̄
ⲉ ⲡⲉϣⲕⲉⲗⲕⲉⲗ ⲛ̄ ⲛⲟⲩⲃ ⲉⲧ ⲁϣⲉ ⲉ ⲛⲉⲩⲕⲁⲧⲁⲡⲉⲧⲁⲥⲙⲁ
ϩⲛ̄ ⲛⲉⲩⲙⲁⲣⲧⲩⲣⲓⲟⲛ· Ⲁⲩⲱ ⲟⲛ ⲧⲁⲛⲁⲩ ⲛ̄ⲗⲁⲟⲥ ⲉⲩⲉϣ
ⲗⲟⲩⲗⲁⲓ ⲉ ⲃⲟⲗ ϩⲙ̄ ⲡⲉⲩϣⲁ ⲉⲧ ⲟⲩⲁⲁⲃ· ⲛ̄ⲧⲉⲩⲛⲟⲩ
ϣⲁⲓⲧⲉⲗⲏⲗ· ⲧⲁⲥⲙⲟⲩ ⲉ ⲡⲁ ⲣ̄ⲣ̄ⲟ ⲡⲉⲭ̄ⲥ̄· ⲉⲓϫⲱ ⲙ̄ⲙⲟⲥ
ϫⲉ ⲕⲁⲗⲱⲥ ⲁ ⲡⲛⲟⲩⲧⲉ ⲧⲟⲩⲛⲟⲩⲥ ⲛⲁⲛ ⲛ̄ ⲛⲉⲓ ⲛⲟϭ
ⲙ̄ ⲫⲱⲥⲧⲏⲣ ⲉⲧ ⲉⲣ ⲟⲩⲟⲉⲓⲛ· ⲧⲁⲣⲟⲩ ⲉⲣ ⲟⲩⲟⲉⲓⲛ ⲉ ⲧⲛ̄-
Fol. 5 b 1 ⲡⲟⲗⲓⲥ ⲧⲏⲣⲥ̄· Ⲛⲉⲓ ⲥⲁⲉⲓⲛ ⲛ̄ⲣⲉϥ|ⲧⲁⲗϭⲟ ⲛ̄ ⲛⲉⲛⲯⲩⲭⲏ·
ⲓ̄ ⲙⲛ̄ ⲛⲉⲛⲥⲱⲙⲁ ϩⲓ ⲟⲩⲥⲟⲡ· Ⲛⲉⲓ ⲥⲧⲣⲁⲧⲩⲗⲁⲧⲏⲥ ⲉⲧⲟ
ⲛ̄ϩⲟⲧ· Ⲛⲉⲓ ⲣⲉϥⲙⲓϣⲉ ⲛ̄ ⲟⲩⲟⲉⲓϣ ⲛⲓⲙ ⲉϫⲙ̄ ⲡⲣⲁⲛ
ⲙ̄ ⲡⲉⲭ̄ⲥ̄· Ⲛⲉⲓ ⲡⲟⲗⲩⲙⲓⲥⲧⲏⲥ ⲉⲧ ⲡⲟⲗⲩⲙⲉⲓ ⲛ̄ ⲟⲩⲟⲉⲓϣ
ⲛⲓⲙ· ⲙⲛ̄ ⲡⲥⲁⲇⲁⲛⲁⲥ· ⲁⲩⲱ ⲁϥⲧⲟⲩⲛⲟⲩⲥ ⲛⲁⲛ ⲙ̄
ⲡⲣ̄ⲣⲟ ⲙ̄ ⲙⲁⲓ ⲛⲟⲩⲧⲉ ⲕⲱⲥⲧⲁⲛϯⲛⲟⲥ· ϫⲉ ⲡⲉⲩϣⲃⲏⲣ
ⲥⲧⲣⲁⲧⲩⲗⲁⲧⲏⲥ ⲡⲉ ϫⲓⲛ ⲉⲩϩⲙ̄ ⲡⲥⲱⲙⲁ ⲛ̄ⲙ̄ⲙⲁϥ·
Ⲁⲩⲱ ⲁϥⲕⲱⲧ ⲛ̄ ⲛⲉⲩⲙⲁⲣⲧⲩⲣⲓⲟⲛ ϩⲛ̄ ⲧⲁⲉⲓⲟ ⲛⲓⲙ·
ⲁϥϣⲓⲛⲉ ⲛ̄ⲥⲁ ⲛⲉⲩⲥⲱⲙⲁ ⲁϥⲟⲩⲟⲛϩⲟⲩ ⲉ ⲃⲟⲗ· ⲉⲩ-
Fol. 5 b 2 ⲥⲟⲗⲥⲗ̄ | ⲛ̄ ⲛⲉⲩⲣⲱⲙⲉ ⲛ̄ⲙ̄ⲙⲁⲛ ⲧⲏⲣⲛ̄· ⲉⲩⲧⲁϫⲣⲟ ⲛ̄
ⲧⲛ̄ⲡⲟⲗⲓⲥ ⲧⲏⲣⲥ̄· ⲙ̄ ⲡⲉⲛⲣ̄ⲣⲟ ⲙ̄ ⲙⲁⲓ ⲛⲟⲩⲧⲉ· ⲉϥⲥⲟⲟⲩⲛ̄
ⲉ ⲛⲉⲩϭⲟⲙ ϫⲓⲛ ⲉⲩϩⲙ̄ ⲡⲥⲱⲙⲁ ⲛ̄ⲙ̄ⲙⲁϥ· ϫⲉ ϩⲛ̄ⲣⲉϥⲉⲣ-
ⲡⲟⲗⲁⲓⲙⲟⲥ ⲛⲉ· ⲙⲛ̄ ⲛ̄ⲃⲁⲣⲃⲁⲣⲟⲥ ⲉⲑⲟⲟⲩ· Ϩⲙ̄ ⲡⲧⲣⲉ
ϥⲛⲁⲩ ϫⲉ ⲁϥⲉⲣ ⲣ̄ⲣ̄ⲟ ⲁⲩⲱ ϫⲉ ϥⲉⲣ ⲭⲣⲓⲁ ⲙ̄ⲙⲟⲟⲩ
ⲉ ⲡⲉϩⲟⲩⲟ ϩⲙ̄ ⲡⲡⲟⲗⲁⲓⲙⲟⲥ· ⲉϥⲥⲟⲟⲩⲛ̄ ϫⲉ ⲁⲩⲉⲣ ϩⲟⲩ
ⲉ ⲇⲩⲛⲁⲧⲟⲥ· ⲁϥϯⲉⲟⲟⲩ ⲛⲁⲩ ⲛ̄ϩⲟⲩⲟ ϫⲉ ⲉⲩⲉϫⲓⲥⲉ ⲙ̄ⲙⲟϥ
ϩⲙ̄ ⲡⲁⲍⲓⲱⲙⲁ ⲛ̄ ⲧⲉϥⲙⲛ̄ⲧⲣ̄ⲣⲟ· ⲙ̄ ⲡⲉϥⲟⲩⲱϣ ⲉ ⲥⲛ̄ⲧ
ⲧⲙⲛ̄ⲧϣⲃⲏⲣ ⲙ̄ ⲡⲁⲛⲁⲧⲟⲗⲁⲓⲟⲥ ⲉ ⲃⲟⲗ· ⲉϥⲥⲟⲟⲩⲛ̄ ⲉ
Fol. 6 a 1 ⲧⲉϥⲙⲛ̄ⲧϫⲱⲱⲣⲉ | ⲙⲛ̄ ⲡⲉϥⲧⲁⲉⲓⲟ̄ ϫⲓⲛ ⲉ ⲛⲉϥⲉⲓⲟⲧⲉ·
ⲓ̄ⲁ̄ ⲁⲗⲗⲁ ⲁϥϯ ⲉⲟⲟⲩ ⲛⲁϥ ϫⲉ ⲕⲁⲥ ⲉϥⲉⲉⲣ ϩⲟⲩⲟ ⲉ ϫⲓⲥⲉ
ⲙ̄ⲙⲟϥ· Ⲁⲛⲟⲕ ⲇⲉ ϩⲱ ⲡⲉⲓ ⲉⲗⲁⲭⲓⲥⲧⲟⲥ ⲑⲉⲟⲇⲱⲣⲟⲥ ⲛ̄
ϯⲛⲁⲕⲁ ⲣⲱⲓ ⲁⲛ ⲉ ⲡⲉⲣ̄ ⲡⲙⲉⲉⲩⲉ ⲙ̄ ⲡⲉⲓ ϩⲁⲅⲓⲟⲥ ⲑⲉⲟ-
ⲇⲱⲣⲟⲥ ⲡⲁⲛⲁⲧⲟⲗⲁⲓⲟⲥ· ⲉ ⲃⲟⲗ ϫⲉ ⲉⲛⲟⲩⲱⲙ ⲉ ⲃⲟⲗ

ϩⲛ̄ ⲧⲉϥϩⲁⲣⲁⲡⲩⲍⲁ· ⲁⲩⲱ ⲉⲥⲑⲁⲣⲉⲓ ⲛ̄ ⲧⲉϥⲙⲛ̄ⲧϫⲱⲱⲣⲉ·
ϫⲉ ⲉⲓϣⲁⲛϩⲉ ϥ̄ⲛⲁⲧⲟⲩⲛⲟⲥⲧ̄· ⲉⲣϣⲁⲛ ⲡⲁ ϫⲁϫⲉ ⲡⲱⲧ
ⲛ̄ⲥⲱⲓ ϥ̄ⲛⲁⲛⲟⲩϩⲙ̄ ⲙ̄ⲙⲟⲓ ⲛ̄ ⲧⲟⲟⲧϥ̄· Ⲉⲣϣⲁⲛ ⲡⲁ ϫⲟⲓ
ⲱⲙ̄ⲥ̄ ϣⲁϥⲉⲣ ϩⲙ̄ⲙⲉ ⲙ̄ⲙⲟⲓ ⲛ̄ϥⲛⲏⲛⲧ̄ ⲉ ⲡⲉⲕⲣⲟ· ⲉⲓϣⲁⲛ-
ϣⲱϥⲧ̄ ϩⲙ̄ ⲡⲉϥ|ⲡ̄ⲧⲱⲙⲓⲟⲛ ϣⲁϥϩⲣⲟϣ ⲛ̄ϩⲏⲧ ⲉ ϫⲱⲓ· Fol. 6 *a* 2
ϣⲁⲛⲧ ⲉⲓⲗⲟ ⲉⲓⲥⲟⲣⲙ̄ ⲛ̄ⲧⲉ ⲧⲁ ⲉⲕⲥⲧⲁⲥⲓⲥ ⲕⲧⲟⲥ ⲉ ⲣⲟⲓ· ⲉ
ⲧⲃⲉ ⲡⲁⲓ ϯⲛⲁⲕⲓⲙ ⲙ̄ ⲡⲟⲣⲅⲁⲛⲱⲛ ⲙ̄ ⲡⲁ ⲗⲁⲥ ϩⲛ̄
ⲟⲩⲥⲟⲟⲩⲧⲛ̄· ⲧⲁϣⲁϫⲉ ⲉ ⲡⲉⲣ ⲡⲙⲉⲉⲩⲉ ⲙ̄ ⲡⲉⲓ ⲡⲉⲧ
ⲟⲩⲁⲁⲃ ⲑⲉⲟⲇⲱⲣⲟⲥ ⲡⲁⲛⲁⲧⲟⲗⲁⲓⲟⲥ· ϯⲛⲁ ⲟⲩⲱⲛ ⲛ̄ ⲣⲱⲓ
ϩⲛ̄ ⲟⲩⲟⲩⲛⲟϥ· ⲧⲁϫⲱ ⲛ̄ⲛⲉⲧ ⲉⲣⲉ ⲡⲉⲡⲛ̄ⲁ̄ ⲉⲧ ⲟⲩⲁⲁⲃ
ⲡⲁⲭⲟⲣⲏⲅⲉⲓ ⲙ̄ⲙⲟⲟⲩ ⲉ ⲧⲁ ⲧⲁⲡⲣⲟ· Ⲡⲉ ⲡⲉⲧ ⲟⲩⲁⲁⲃ
ⲑⲉⲟⲇⲱⲣⲟⲥ ⲡⲁⲓ ⲉⲧ ⲛⲁ ⲉⲣϣⲁ ⲛⲁϥ ⲙ̄ⲡⲟⲟⲩ ⲉⲛⲉ ⲡϣⲏⲣⲉ
ⲡⲉ ⲛ̄ⲥⲟⲧⲉⲣⲓⲭⲟⲥ ⲡⲥⲟⲛ ⲙ̄ ⲡⲧⲟⲗⲟⲙⲁⲓⲟⲥ ⲡⲣ̄ⲣⲟ ⲡⲉⲓⲱⲧ
ⲛ̄ ⲁⲡⲁ | ⲕⲗⲁⲩⲇⲓⲟⲥ· ⲛⲉ ϩⲛ̄ ⲣⲙ̄ ⲧⲁⲣⲥⲟⲥ ⲛⲉ ⲛ̄ⲧⲉ Fol. 6 *b* 1
ⲕⲩⲗⲏⲕⲓⲁ ⲉⲩϩⲛ̄ ⲟⲩⲕⲏⲡⲟⲥ ⲛ̄ ⲟⲩⲱⲧ ⲙⲛ̄ ⲛⲉⲩⲉⲣⲏⲩ· ⲓ̅ⲃ̅
Ⲡⲉⲩⲉⲓⲱⲧ ⲇⲉ ⲙ̄ ⲡⲉⲥⲛⲁⲩ ⲁⲡⲁ ⲑⲉⲟⲇⲱⲣⲟⲥ· ⲙⲛ̄ ⲁⲡⲁ
ⲕⲗⲁⲩⲧⲓⲟⲥ ⲛⲉ ⲛ̄ϣⲏⲣⲉ ⲛ̄ ⲟⲩⲣⲱⲙⲉ ⲛ̄ ⲟⲩⲱⲧ ⲛⲉ ⲉ
ⲡⲉϥⲣⲁⲛ ⲡⲉ ⲥⲁⲙⲁⲣ· ⲉⲛⲉ ⲟⲩⲣⲙ̄ⲙⲁⲟ ⲙ̄ⲙⲁⲧⲉ ⲡⲉ
ⲉ ⲡⲉϩⲟⲩⲟ· ⲉϥϫⲟ ⲛ̄ ⲟⲩⲛⲟϭ ⲛ̄ⲥⲱϣⲉ ⲛ̄ⲥⲟⲩⲟ· ⲉⲩⲛ̄ⲧⲁϥ
ⲙ̄ⲙⲟⲩ ⲛ̄ ϩⲛ̄ⲕⲏⲡⲟⲥ ⲙⲛ̄ ϩⲙ̄ⲙⲁ ⲛ̄ ⲉⲗⲟⲟⲗⲉ ⲙⲛ̄ ϩⲛ̄ⲕⲟ-
ⲙⲁⲣⲓⲟⲛ· Ⲉⲛⲉ ⲟⲩⲉϣⲱⲧ ⲡⲉ ⲉϥϣⲱⲡ ⲙ̄ ⲡⲉⲧ ⲛ̄ⲧⲁϥ
ⲧⲏⲣⲟⲩ ⲙ̄ ⲡⲧⲟϣ ⲉⲧ ⲙ̄ⲙⲁⲩ ⲉ ⲧⲃⲉ ⲡⲉϩⲟⲩⲟ ⲛ̄ ⲧⲉϥ-
ⲙⲛ̄ⲧⲣ̄ⲙ̄ⲙⲁⲟ· Ⲛ̄ⲛ̄ⲥⲁ ⲟⲩⲛⲟϭ | ⲇⲉ ⲛ̄ ⲟⲩⲟⲉⲓϣ ⲁϥⲙ̄ⲧⲟⲛ Fol. 6 *b* 2
ⲙ̄ⲙⲟϥ ⲛ̄ⲑⲉ ⲛ̄ⲣⲱⲙⲉ ⲛⲓⲙ· ⲁϥⲕⲱ ⲙ̄ ⲡⲉⲧ ⲛ̄ⲧⲁϥ ⲉ ⲃⲟⲗ
ⲛ̄ ⲛⲉϥϣⲏⲣⲉ· ⲡⲧⲟⲗⲟⲙⲁⲓⲟⲥ ⲡⲉⲓⲱⲧ ⲛ̄ ⲁⲡⲁ ⲕⲗⲁⲩⲇⲓⲟⲥ
ⲙⲛ̄ ⲥⲟⲧⲉⲣⲓⲭⲟⲥ ⲡⲉⲓⲱⲧ ⲛ̄ ⲁⲡⲁ ⲑⲉⲟⲇⲱⲣⲟⲥ· Ⲛ̄ ⲧⲉⲣⲉ
ⲑⲏⲃⲉ ⲇⲉ ⲙ̄ ⲡⲉⲩⲉⲓⲱⲧ ⲟⲩⲉⲓⲛⲉ ⲁⲩⲛⲟϭ ⲛ̄ ϯⲧⲱⲛ ϣⲱⲡⲉ
ϩⲛ̄ ⲧⲉⲩⲙⲏⲧⲉ ⲙ̄ ⲡⲉⲥⲛⲁⲩ ⲉ ⲧⲃⲉ (?) ⲡⲉⲧ ⲛ̄ⲧⲁϥ ⲙ̄
ⲡⲉⲩⲉⲓⲱⲧ· Ⲁⲩⲱ ⲁⲩⲧⲱⲟⲩⲛ ⲙ̄ ⲡⲉⲥⲛⲁⲩ ⲁⲩⲉⲓ ⲉ ⲧⲁⲛ-
ϯⲟⲭⲓⲁ ⲉ ⲣⲁⲧϥ̄ ⲙ̄ ⲡⲣ̄ⲣⲟ ⲉ ⲧⲣⲉϥⲃⲟⲗⲟⲩ ⲙⲛ̄ ⲛⲉⲩⲉⲣⲏⲩ·
Ⲡⲧⲟⲗⲟⲙⲁⲓⲟⲥ ⲇⲉ ⲡⲉⲓⲱⲧ ⲛ̄ ⲁⲡⲁ ⲕⲗⲁⲩⲇⲓⲟⲥ· ⲟⲩⲛⲟϭ
ⲡⲉ ϩⲙ̄ ⲡⲉⲭⲣⲟⲛⲟⲥ ⲡⲁⲣⲁ ⲥⲟⲧⲉⲣⲓ|ⲭⲟⲥ ⲡⲉⲓⲱⲧ ⲛ̄ ⲁⲡⲁ Fol. 7 *a* 1
ⲑⲉⲟⲇⲱⲣⲟⲥ· Ⲁⲩⲱ ⲁ ⲡⲧⲟⲗⲟⲙⲁⲓⲟⲥ ϩⲱϥ ⲧ (*sic*) ⲛ̄ ⲟⲩ- ⲓ̅ⲅ̅
ⲕⲓⲛⲁⲩⲛⲁⲣⲓⲟⲛ ⲛ̄ ⲛⲟⲩⲃ ϩⲓ ⲡⲁϩⲟⲩ ⲙ̄ ⲡⲉⲓⲱⲧ ⲛ̄ ⲁⲡⲁ

ⲑⲉⲟⲇⲱⲣⲟⲥ · ⲁϥⲧⲁⲁϥ ⲛ̄ ⲉⲩϩⲓⲟⲥ ⲡⲣ̄ⲣⲟ · Ⲛ̄ ⲧⲉⲣⲉ ⲡⲣ̄ⲣⲟ
ⲇⲉ ⲛⲁⲩ ⲉ ⲧⲉⲩⲙⲛ̄ⲧⲣ̄ⲙ̄ⲙⲁⲟ · ⲙⲛ̄ ⲧⲉⲩⲙⲛ̄ⲧⲥⲡⲁⲑⲁⲣⲓⲟⲥ ·
ⲁϥϯ ⲛ̄ ⲧⲉϥϣⲉⲉⲣⲉ ⲙ̄ ⲡⲧⲟⲗⲟⲙⲁⲓⲟⲥ ⲛ̄ ⲥϩⲓⲙⲉ · Ⲥⲟⲧⲉ-
ⲣⲓⲭⲟⲥ ⲇⲉ ϩⲱⲱϥ ⲡⲉⲓⲱⲧ ⲛ̄ ⲁⲡⲁ ⲑⲉⲟⲇⲱⲣⲟⲥ · ⲁ ⲡⲧⲟⲗⲟ-
ⲙⲁⲓⲟⲥ ⲧⲁⲙⲉ ⲉⲩϩⲓⲟⲥ ⲡⲣ̄ⲣⲟ · ϫⲉ ⲡⲁ ⲥⲟⲛ ⲡⲉ ⲁⲩⲱ
ⲟⲩⲉⲓⲱⲧ ⲛ̄ ⲟⲩⲱⲧ ⲁϥϫⲡⲟ ⲛ̄ ⲙ̄ ⲡⲉⲥⲛⲁⲩ · ⲁⲩⲱ ⲁϥⲁⲁϥ
ⲛ̄ ⲥⲩⲛⲕⲁⲑⲉⲇⲣⲟⲥ ⲛⲁϥ · Ⲁⲩⲱ ⲁ ⲡⲣ̄ⲣⲟ ϫⲟⲟⲩ ⲉ ⲧⲁⲣⲥⲟⲥ
Fol. 7 a 2 ⲁϥⲡⲟⲟⲛⲟⲩ ⲉ ⲧⲁⲛϯⲟⲭⲓⲁ · | ⲁⲩⲱ ⲁ ⲡⲣ̄ⲣⲟ ϯ ⲛ̄ ⲥⲟⲧⲉ-
ⲣⲓⲭⲟⲥ ⲛ̄ ⲧϣⲉⲉⲣⲉ ⲙ̄ ⲡⲉϥⲥⲟⲛ ⲛ̄ ⲥϩⲓⲙⲉ ⲉ ⲡⲉⲥⲣⲁⲛ ⲡⲉ
ⲥⲟⲫⲓⲁ · Ⲛ̄ⲧⲟⲟⲩ ⲇⲉ ⲙ̄ ⲡⲉⲥⲛⲁⲩ ⲁⲩϭⲙ̄ϭⲟⲙ ⲙ̄ⲙⲁⲧⲉ ·
ⲁⲩⲱ ⲁⲩⲧⲁϫⲣⲟ ϩⲛ̄ ⲧⲁⲛϯⲟⲭⲓⲁ · ϫⲉ ⲛⲉⲣⲉ ⲡⲣ̄ⲣⲟ ⲙⲉ
ⲙ̄ⲙⲟⲟⲩ · Ⲛ̄ ⲡⲛⲁⲩ ⲅⲁⲣ ⲛ̄ ϣⲁⲩⲃⲱⲕ ⲉ ⲡⲡⲟⲗⲁⲓⲙⲟⲥ
ⲛⲉⲩⲧⲁⲗⲏⲩ ⲉ ⲛⲉϩⲁⲣⲙⲁ ⲛ̄ ⲣ̄ⲣⲟ ⲙ̄ ⲡⲉⲥⲛⲁⲩ · Ⲉⲓⲧⲁ ⲁ
ⲡⲉⲓ ϩⲱⲃ ⲟⲩⲟⲛϩ̄ ⲉ ⲃⲟⲗ · ϫⲉ ⲉⲩϩⲙⲟⲟⲥ ⲙⲛ̄ ⲧϣⲉⲉⲣⲉ
ⲛ̄ⲧⲉ ⲛ ⲣ̄ⲣⲟ ⲙ̄ ⲡⲉⲥⲛⲁⲩ · Ⲙⲛ̄ⲛ̄ⲥⲁ ⲛⲁⲓ ⲇⲉ ⲁⲩϫⲡⲟ ⲙ̄
ⲡⲉⲓ ⲫⲟⲥⲧⲏⲣ (*sic*) ⲥⲛⲁⲩ ⲉⲧ ⲉⲣ ⲟⲩⲟⲉⲓⲛ · ⲑⲉⲟⲇⲱⲣⲟⲥ ⲙⲛ̄
ⲕⲗⲁⲩⲇⲓⲟⲥ · ⲛ̄ⲧⲉⲩⲛⲟⲩ ⲁⲩϫⲟⲟⲩ ⲛ̄ⲥⲁ ⲡⲁⲣⲭⲏⲉⲡⲓⲥⲕⲟ-
Fol. 7 b 1 ⲡⲟⲥ ⲁⲡⲁ ⲕⲁⲓⲟⲥ · | ⲁϥϣⲗⲏⲗ ⲉϫⲛ̄ ⲛ̄ϣⲏⲣⲉ ⲕⲟⲩⲓ · ⲁⲩⲱ
ⲓⲇ ⲁⲩⲉⲓⲣⲉ ⲛ̄ ⲟⲩⲛⲟϭ ⲛ̄ ⲁⲣⲓⲥⲧⲟⲛ ⲉ ⲡⲁⲣⲭⲏⲉⲡⲓⲥⲕⲟⲡⲟⲥ ·
ⲙⲛ̄ ⲛ̄ⲛⲟϭ ⲙ̄ ⲡⲡⲁⲗⲗⲁⲇⲓⲟⲛ ⲙⲛ̄ ⲧⲁⲛϯⲟⲭⲓⲁ ⲧⲏⲣⲥ̄
ⲙ̄ ⲡⲉϩⲟⲟⲩ ⲉⲧ ⲙ̄ⲙⲁⲩ · ⲁⲩⲱ ⲙ̄ⲡⲉ ⲛⲉⲩⲉⲓⲟⲧⲉ ϯ ⲣⲁⲛ
ⲉ ⲣⲟⲟⲩ · ⲁϫⲛ̄ ⲧⲉⲩⲅⲛⲱⲙⲏ ⲙ̄ ⲡⲁⲣⲭⲏⲉⲡⲓⲥⲕⲟⲡⲟⲥ · ⲁⲩⲱ
ⲁϥⲥⲙⲟⲩ ⲉ ⲣⲟⲟⲩ ⲛ̄ϭⲓ ⲁⲡⲁ ⲕⲁⲓⲟⲥ ϩⲛ̄ ⲑⲟⲣⲙⲏ ⲙ̄
ⲡⲉϥⲡ̄ⲛ̄ⲁ̄ · Ⲛ̄ ⲧⲉⲣ ⲟⲩϫⲱⲕ ⲇⲉ ⲉ ⲃⲟⲗ ⲛ̄ϭⲓ ⲛⲉϩⲟⲟⲩ
ⲙ̄ ⲡⲉⲩⲧⲃ̄ⲃⲟ · ⲁ ⲡⲁⲣⲭⲏⲉⲡⲓⲥⲕⲟⲡⲟⲥ ϫⲓ ⲙ̄ ⲡϣⲏⲣⲉ ϣⲏⲙ
ⲥⲛⲁⲩ ⲁϥⲕⲁⲁⲩ ϩⲓⲑⲏ ⲙ̄ ⲡⲉⲑⲩⲥⲓⲁⲥⲧⲏⲣⲓⲟⲛ ⲁϥϣⲗⲏⲗ
Fol. 7 b 2 ⲉ ϩⲣⲁⲓ ⲉ ϫⲱⲟⲩ · ⲁⲩⲱ | ⲁϥϭⲱⲗⲡ̄ ⲉ ⲃⲟⲗ ⲙ̄ ⲡⲉⲩϩⲟ ·
ⲁϥⲛⲁⲩ ⲉ ⲡⲉⲩⲣⲁⲛ ⲙ̄ ⲡⲉⲥⲛⲁⲩ ⲉⲩⲥⲏϩ ⲉϫⲛ̄ ⲧⲉⲩⲧⲉϩⲛⲏ ·
Ⲑⲏⲧⲁ ⲛ̄ ⲥϩⲁⲓ ϩⲓϫⲙ̄ ⲡϣⲏⲣⲉ ⲛ̄ ⲥⲟⲧⲉⲣⲓⲭⲟⲥ · ⲁⲩⲱ
ⲅⲁⲙⲙⲁ ⲛ̄ ⲥϩⲁⲓ ⲉϫⲙ̄ ⲡϣⲏⲣⲉ ⲛ̄ ⲧϣⲉⲉⲣⲉ ⲙ̄ ⲡⲣ̄ⲣⲟ ·
ⲁⲩⲱ ⲡⲉⲓ ⲕⲁⲡ ⲥⲛⲁⲩ ⲛ̄ ⲥϩⲁⲓ · ⲟⲩⲟⲛϩ̄ ⲉ ⲃⲟⲗ · ⲛ̄ ⲟⲩⲟⲛ
ⲛⲓⲙ ⲉⲩⲉⲣ ϣⲡⲏⲣⲉ ⲙ̄ⲙⲟⲟⲩ · Ⲁⲡⲁ ⲕⲁⲓⲟⲥ ⲇⲉ ⲡⲁⲣⲭⲏ-
ⲉⲡⲓⲥⲕⲟⲡⲟⲥ ⲁϥⲑⲁⲩⲙⲁⲍⲉ ⲙ̄ⲙⲁⲧⲉ ⲉ ⲧⲃⲉ ⲡⲉⲛⲧⲁϥϣⲱⲡⲉ
ⲛ̄ ⲛⲉϣⲏⲣⲉ ⲕⲟⲩⲓ · Ⲁⲩⲱ ⲁⲩⲥⲙⲏ ϣⲱⲡⲉ ϩⲙ̄ ⲡⲉⲥⲧⲩⲗ-

ⲙⲓⲥⲙⲁ̄ ⲉ ⲡⲟⲩⲁ̄ ϩⲙ̄ ⲡⲁⲗⲗⲁϯⲟⲛ ⲙ̄ ⲡⲣ̄ⲣⲟ· ⲙ̄ⲡⲉ
ⲛⲉⲡⲉⲧ ⲟⲩⲁⲁⲃ ⲉⲡⲉⲓⲑⲩⲙⲉⲓ̈ ⲉⲩⲁⲣⲓⲥⲧⲱⲛ ⲉⲛⲉϩ· Ⲉⲣⲉ
ϩⲉⲛⲙⲟⲩⲙⲕⲟⲩⲙ̄[1] ⲙⲛ̄ ϩⲉⲛⲥⲏϥⲉ ⲛ̄ϫⲱ ⲛ̄ϩⲏⲧϥ̄· ⲙⲛ̄
ⲟⲩⲙⲉⲣⲉ ⲟⲩⲙⲁ ⲛ̄ ⲑⲉⲱ̄ⲣⲉⲓ̈ ⲉⲛⲉϩ· ⲙ̄ⲛ ⲟⲩⲙⲏⲣⲉ ⲙⲁ ⲛ̄
ϫⲱ | ⲛ̄ⲟⲣⲅⲁⲛⲟⲛ ⲉⲛⲉϩ· Ⲙ̄ⲛ ⲟⲩⲉⲡⲓ̈ⲑⲏⲙⲉⲓ̈ ⲉⲩⲡⲁⲗⲗⲁⲕⲏ Fol. 11 b 2
ⲉⲛⲉϩ· Ⲟⲩⲇⲉ ⲙ̄ⲛ ⲟⲩϭⲱϣⲧ̄ ⲉⲛⲥⲱⲟⲩ ⲉ ⲡⲧⲏⲣϥ̄· ϩⲱⲥ
ϣⲏⲣⲉ ⲛ̄ ⲣ̄ⲣⲟ· ⲙ̄ⲛ ⲟⲩⲉⲡⲓⲑⲩⲙⲉⲓ̈ ⲉ ⲡϣⲟⲩϣⲟⲩ ⲛ̄ⲧⲉ ⲡⲉⲓ̈
ⲕⲟⲥⲙⲟⲥ ⲉⲛⲉϩ· Ⲁⲗⲗⲁ ⲉⲩϣⲟⲟⲡ ϩⲛ̄ ⲟⲩⲕⲁⲧⲁⲥⲧⲁⲥⲓ̈ⲥ
ⲙⲛ̄ ϩⲉⲛⲯⲁⲗⲙⲟⲥ ⲙⲛ̄ ϩⲉⲛϣⲗⲏⲗ ϩⲛ̄ ϩⲉⲛⲟⲩϣⲏ ⲛ̄
ⲣ̄ⲟⲉⲓ̈ⲥ· ⲉⲩϣⲁⲛⲉⲡⲉⲑⲩⲙⲉⲓ̈ ⲉ ϩⲉⲛϩⲃ̄ⲏⲩⲉ ⲛ̄ⲧⲉ ⲡⲟⲗⲉⲙⲟⲥ
ϣⲁⲩϫⲓ ⲙ̄ ⲡϫⲱⲱⲙⲉ ⲛ̄ ⲁⲗⲉⲝⲁⲛⲇⲣⲟⲥ ⲛ̄ⲥⲉⲱϣ ⲛ̄ϩⲏⲧϥ̄
ⲉⲩⲥⲟⲗⲥⲗ̄ ⲛⲁⲩ· ⲛⲉⲓ̈ ⲡⲉⲧ ⲟⲩⲁⲁⲃ ⲇⲉ ⲁⲩⲣ̄ ⲙⲛ̄ⲧⲏ
ⲛ̄ⲣⲟⲙⲡⲉ ϩⲙ̄ ⲡϣⲟⲩϣⲟⲩ ⲛ̄ⲧⲙⲛ̄ⲧⲉⲣⲟ· ϩⲛ̄ ⲧⲉⲩⲙⲛ̄ⲧ-
ⲕⲟⲩⲓ̈ ⲉⲛⲉⲣⲉ ⲛⲁ ⲧⲧⲁⲝⲓ̈ⲥ | ⲧⲏⲣⲟⲩ ⲙⲉ ⲙ̄ⲙⲟⲟⲩ ⲛ̄ⲑⲉ Fol. 12 a 1
ⲉⲛ ⲟⲩⲁⲅⲅⲉⲗⲟⲥ ⲛ̄ⲧⲉ ⲡⲛⲟⲩⲧⲉ· ⲉ ⲧⲃⲉ ⲧⲉⲩⲁⲛⲁⲥⲧⲣⲁⲫⲏ ⲕⲅ̄
ⲉⲧ ⲛⲁⲛⲟⲩⲥ· ⲙⲛ̄ ⲡⲉⲩⲃⲓ̈ⲟⲥ ⲛ̄ ⲥⲩⲙⲟⲛ· ϩⲱⲥ ⲇⲉ ⲛ̄ⲧⲉ
ⲙ̄ⲡⲉⲣⲥⲟⲥ ⲥⲱⲧⲙ̄ ⲉ ⲡⲉⲩⲣⲁⲛ ⲛ̄ⲥⲉⲣ̄ ϣⲡⲏⲣⲉ ⲙ̄ⲙⲟⲟⲩ·
Ϩⲣⲁⲓ̈ ⲇⲉ ϩⲛ̄ ⲛⲉϩⲟⲟⲩ ⲉⲧ ⲙ̄ⲙⲁⲩ· ⲁⲩⲡⲟⲗⲩⲙⲟⲥ ϣⲱⲡⲉ
ϩⲛ̄ ⲧⲙⲏⲏⲧⲉ ⲛ̄ ⲙ̄ⲡⲉⲣⲥⲟⲥ· ⲙⲛ̄ ⲛⲉϩⲣⲱⲙⲁⲓ̈ⲟⲥ· ⲉ ⲧⲃⲉ
ϩⲉⲛⲉϫⲏⲩ· ⲛ̄ⲧⲁⲩϣⲟⲗⲟⲩ ϩⲛ̄ ⲧⲉϩⲓ̈ⲏ̄· Ⲗⲟⲓ̈ⲡⲟⲛ ⲁⲩⲛⲟϭ
ⲛ̄ ⲧⲓ̈ ⲧⲱⲛ ϣⲱⲡⲉ ϩⲛ̄ ⲧⲉⲩⲙⲏⲏⲧⲉ· ⲥⲭⲉⲇⲱⲛ ⲇⲉ ⲛ̄ⲧⲉ
ϩⲁϩ ⲛ̄ⲣⲱⲙⲉ ⲙⲟⲩ ϩⲙ̄ ⲡⲡⲟⲗⲩⲙⲟⲥ ⲉⲧ ⲙ̄ⲙⲁⲩ· ⲁ ⲡⲣ̄ⲣⲟ
ⲛ̄ ⲛⲉϩⲣⲱⲙⲁⲓ̈ⲟⲥ ϫⲟⲟⲩ· ⲙ̄ⲡⲉϥ|ⲥⲧⲣⲁⲧⲉⲩⲙⲁ ⲙ̄ⲙⲁⲧⲟⲓ̈· Fol. 12 a 2
ⲙⲛ̄ ⲡⲉϥϣⲏⲣⲉ· ⲙ̄ⲙⲓ̈ⲛ ⲙ̄ⲙⲟϥ· ⲙⲛ̄ ⲡⲉϥⲙⲏⲛϣⲉ ⲡⲡⲟ-
ⲗⲩⲙⲟⲥ· ⲛⲉⲣⲉ ⲥⲱⲧⲏⲣⲓ̈ⲭⲟⲥ ϩⲙ̄ ⲡⲡⲁⲗⲗⲁⲧⲓ̈ⲟⲛ ⲙⲛ̄
ⲡⲉϥϣⲏⲣⲉ ⲑⲉⲱⲇⲱⲣⲟⲥ· ϫⲉ ⲛⲉⲩⲱ̄ ⲛ̄ϩⲟⲧ ⲉ ⲡⲉⲑⲣⲟⲛⲟⲥ
ⲛ̄ⲛⲉⲣ̄ⲣⲱⲟⲩ· ⲉⲓ̈ⲧⲁ ⲙⲛ̄ⲛ̄ⲥⲁ ⲛⲁⲓ̈ ⲁ ⲡⲟⲗⲩⲙⲟⲥ ⲥⲛⲁⲩ
ⲧⲱⲙⲛ̄ⲧ ⲉⲛⲉⲩⲉⲣⲏⲩ ϩⲓ̈ϫⲙ̄ ⲡⲉⲓ̈ⲉⲣⲟ· ⲛ̄ⲧⲁⲛⲟⲃⲓ̈ⲥ· ⲁ ⲡⲣ̄ⲣⲟ·
ⲛ̄ⲛⲉϩⲣⲱⲙⲁⲓ̈ⲟⲥ ϫⲟⲟⲥ ⲙ̄ ⲡⲉϥⲙⲏⲛϣⲉ· ϫⲉ ⲛ̄ⲧⲟⲥ ⲛⲓ̈ⲙ
ⲉⲧⲉ ⲧⲛ̄ϣⲁⲛϥⲓ̈ⲧⲟⲩ ϩⲛ̄ ⲛ̄ϣⲟⲗⲉⲥ ⲛ̄ ⲙ̄ⲡⲉⲣⲥⲟⲥ· ⲉⲧⲉⲧⲛ̄ⲟ
ⲛ̄ ϫⲟⲉⲓ̈ⲥ ⲉ ⲣⲟⲟⲩ· ϩⲱⲙⲁⲓ̈ⲟⲥ (*sic*) ⲟⲛ ⲡⲣ̄ⲣⲟ ⲛ̄ ⲙ̄|ⲡⲉⲣⲥⲟⲥ Fol. 12 b 1
ⲕⲁⲧⲁ ⲧⲉⲓ̈ ϩⲉ· Ⲗⲟⲓ̈ⲡⲟⲛ ⲁⲩⲧⲱⲙⲛ̄ⲧ ⲉⲛⲉⲩⲉⲣⲏⲩ ϩⲛ̄ ⲕⲇ̄
ⲟⲩⲙⲉ ⲉϥⲟⲩⲟⲩⲱϣⲥ̄ ⲉ ⲃⲟⲗ ⲉⲙⲁⲧⲉ· ⲁⲩⲣ̄ ϩⲙⲉ ⲛ̄ϩⲟⲟⲩ

[1] ⲕⲟⲩⲕⲉⲙ, cymbals.

ⲉⲩⲥⲕⲉⲡⲧⲉ ⲙⲛ̅ ⲛⲉⲩⲉⲣⲏⲩ ϩⲓϫⲛ̅ ⲡⲉⲓ̈ⲉⲣⲟ̅ · ⲛ̅ⲧⲁⲛⲟⲩⲃⲓ̈ⲥ ·
ⲉⲩϯϩⲣⲉ ⲛ̅ ⲛⲉⲩⲧⲃ̅ⲛⲟⲟⲩⲉ ⲙ̅ⲡⲁⲧ ⲟⲩⲙⲓ̈ϣⲉ ⲁⲩⲥⲙⲓ̈ⲛⲉ
ⲙ̅ ⲡⲉⲩⲕⲣⲟϥ · ⲉ ⲧⲃⲉ ⲑⲉ ⲛⲉⲣ ⲡⲟⲗⲩⲙⲟⲥ · Ⲁ ⲡⲇⲓ̈ⲁ-
ⲃⲟⲗⲟⲥ ⲇⲉ ⲙⲟⲥⲧⲉ ⲡⲉⲧ ⲛⲁⲛⲟⲩϥ ⲛⲓⲙ · ⲛ̅ ⲧⲉⲣⲉ ϥⲛⲁⲩ
ϫⲉ ⲙ̅ⲡ ⲟⲩⲙⲓ̈ϣⲉ ⲙⲛ̅ ⲛⲉⲩⲉⲣⲏⲩ · ⲁϥⲃⲱⲕ ⲉ ϩⲟⲩⲛ ⲙ̅-
ⲡⲉⲣⲥⲟⲥ · ⲙ̅ ⲡⲉⲥⲙⲟⲧ ⲛ̅ ⲟⲩϥⲁⲓ̈ϣⲓ̈ⲛⲉ · ⲛ̅ⲧⲉ ⲛⲉϩⲣⲱⲙⲁⲓ̈ⲟⲥ ·
ⲁϥⲕⲁⲧⲏⲕⲟⲣⲉⲓ̈ ⲙ̅ ⲡⲣ̅ⲣⲟ · ⲙⲛ̅ ⲡⲉϥⲙⲏⲏϣⲉ · Ⲉϥϫⲱ
ⲙ̅ⲙⲟⲥ ϫⲉ ⲉⲧⲉⲧⲛ̅ϩⲙⲟⲟⲥ ⲉⲧⲉⲧⲛ̅ⲣ̅ ⲟⲩ · ⲉ ⲧⲙ̅ ⲙⲓ̈ϣⲉ ⲙⲛ̅
Fol. 12 b 2 ⲛⲉ|ⲧⲛ̅ⲉⲣⲏⲩ · ⲉⲣⲉ ⲛⲉϩⲣⲱⲙⲁⲓ̈ⲟⲥ · ⲥⲱϣ ⲙ̅ⲙⲱⲧⲛ̅ · ⲙⲛ̅
ⲡⲉⲧⲛ̅ⲙⲏⲏϣⲉ · ⲉⲩⲙⲟⲩⲧⲉ ⲉⲣⲱⲧⲛ̅ ϫⲉ ⲛ̅ϩⲉⲑⲛⲟⲥ · ⲛ̅ⲁⲧ
ⲛⲟⲩⲧⲉ · ⲉⲩⲥⲱϣ ⲛ̅ ⲛⲉⲧⲛ̅ⲛⲟⲩⲧⲉ · ⲡⲣⲏ ⲙⲛ̅ ⲡⲟⲟϩ · ϫⲉ
ϩⲉⲛⲛⲟⲩⲧⲉ ⲁⲛ ⲛⲉ · ⲉⲩϯ ⲧⲱϣ ⲉ ϣⲱϥ ⲛ̅ⲧⲛ̅ⲡⲟⲗⲓ̈ⲥ ·
ⲉ ⲣⲱⲕϩ̅ ⲙ̅ⲙⲟⲟⲩ · ⲉⲁⲁⲩ̅ ⲛ ϫⲁⲓ̈ⲉ̅ · ⲁⲩⲱ ⲛ̅ⲥⲉϣⲟⲣϣⲉⲣ
ⲛ̅ ⲛⲉⲧⲛ̅ⲣⲡⲉ̅ · ⲛⲥⲉⲁ̅ⲙⲁϩⲧⲉ ⲙ̅ ⲡⲉⲧⲛ̅ⲣ̅ⲣⲟ · ⲛ̅ⲥⲉ ⲁⲁϥ ⲛ̅
ϩⲙ̅ϩⲁⲗ ϩⲁ ⲣⲁⲧⲟⲩ · Ⲁⲛⲟⲕ ϯⲥⲟⲟⲩⲛ ⲙ̅ⲙⲟⲟⲩ · ϫⲉ
ϩⲉⲛⲣⲱⲙⲉ · ⲛ̅ⲁⲧ ϩⲙⲟⲧ ⲛⲉ · ⲉⲓ̈ⲥ ⲛⲉ ⲛ̅ⲧⲁⲓ̈ⲥⲱⲧⲙ̅ ⲉ ⲣⲟⲟⲩ
ⲁⲓ̈ϫⲟⲟⲩ ⲉⲣⲱⲧⲛ̅ · ⲁⲩⲱ ⲉⲧⲉⲧⲛ̅ϣⲁⲛⲁⲛⲓ̈ⲭⲉ · ⲙ̅ⲙⲟⲟⲩ ·
Fol. 13 a 1 ⲉ ⲧⲙ̅ ⲙⲟⲟⲩⲧⲟⲩ · ⲥⲉⲛⲁⲧⲱⲟⲩⲛ ⲛ̅ϩⲏⲧⲟⲩ ⲛ̅ϭⲓ | ϩⲉⲛⲣⲱⲙⲉ
ⲕⲉ ⲛ̅ϫⲱⲱⲣⲉ · ⲛ̅ⲥⲉⲑⲗⲓ̈ⲃⲉ ⲙ̅ⲙⲱⲧⲛ̅ · ⲉ ⲡⲉϩⲟⲩⲟ̅ · ⲉⲓ̈ⲥ ⲟⲩ-
ⲅⲉⲛⲓ̈ⲁ · ⲁⲥⲉⲓ̈ ⲉ ϩⲣⲁⲓ̈ ⲛ̅ϩⲏⲧⲟⲩ ⲉϣⲁⲥϫⲣⲟ ⲉ ⲡⲉϩⲟⲩⲟ ⲉ
ⲡⲉϩⲟⲩⲟ (*sic*) ϩⲙ̅ ⲡⲡⲟⲗⲩⲙⲟⲥ · ⲉⲓ̈ⲛⲁϫⲱ ⲉⲣⲱⲧⲛ̅ ⲛ̅ⲛⲉⲩ-
ⲣⲁⲛ · ⲡⲛⲟϭ ⲉⲧ ⲛ̅ϩⲏⲧⲟⲩ ⲡⲉ ⲑⲉⲱⲇⲱⲣⲟⲥ ⲡⲁⲛⲁⲧⲟⲗⲉⲩⲥ
ⲟⲩϩⲣⲟⲟⲩ ⲙ̅ⲙⲟⲩⲓ̈ ⲡⲉ · ⲡϣⲁϫⲉ ⲛ̅ ⲧⲉϥⲧⲁⲡⲣⲟ · ⲟⲩⲕⲱϩⲧ̅
ⲉϥⲙⲟⲩϩ ⲡⲉ ⲧⲉϥⲥⲏϥⲉ · ⲉϥⲙⲓ̈ϣⲉ ⲛ̅ϩⲏⲧⲥ̅ ϩⲱ ⲉⲣⲱⲧⲛ̅
ⲉ ⲡⲉⲧ ⲙ̅ⲙⲁⲩ · ⲉϥϣⲁⲛⲣ̅ ⲛⲟϭ · ⲉ ϣⲁϥⲑⲗⲓ̈ⲃⲉ ⲙ̅ⲙⲱⲧⲛ̅
ⲉ ⲡⲉϩⲟⲩⲟ · ⲕⲉ ⲟⲩⲁ ϫⲉ ⲕⲗⲁⲩϯⲟⲥ ⲟⲩϫⲱⲱⲣⲉ ⲡⲉ ⲉ ⲡⲉ-
ϩⲟⲩⲟ · ⲉϥϣⲁⲛⲣ̅ ⲛⲟϭ · ϣⲁϥⲑⲗⲓ̈ⲃⲉ ⲙ̅ⲙⲱⲧⲛ̅ ⲉ ⲡⲉϩⲟⲩⲟ ·
Fol. 13 a 2 ⲕⲉ | ⲟⲩⲁ̅ ϫⲉ ⲟⲩⲥⲧⲟⲥ ⲙⲛ̅ ⲥⲧⲉⲫⲁⲛⲟⲥ ⲙⲛ̅ ⲇⲓ̈ⲟⲥⲕⲟⲣⲟⲥ ·
ⲙⲛ̅ ⲟⲩⲣⲙ̅ ⲛ̅ ⲕⲏⲙⲉ ϫⲉ ⲑⲉⲱⲇⲱⲣⲟⲥ · ⲡⲉⲥⲧⲣⲁⲧⲏⲗⲁ-
ⲧⲏⲥ · ⲙⲛ̅ ⲕⲉ ⲟⲩⲁ̅ ϫⲉ ⲁⲡⲁ ⲡⲁⲧⲏⲣ · ⲟⲩϫⲱⲱⲣⲉ ⲡⲉ
ⲉ ⲡⲉϩⲟⲩⲟ · ⲙⲛ̅ ⲕⲉ ⲟⲩⲁ̅ ϫⲉ ⲉⲩϩⲓ̈ⲟⲥ · ⲙⲛ̅ ⲛⲉⲧ ⲙⲛ̅ⲛ-
ⲥⲱⲟⲩ · Ⲧⲉⲛⲟⲩ ϭⲉ · ⲧⲱⲕ ⲙ̅ⲙⲱⲧⲛ̅ · ⲉ ⲛⲓ̈ ⲣⲱⲙⲉ ·
ⲛ̅ϫⲱⲱⲣⲉ · ⲛ̅ⲧ ⲁⲓ̈ϫⲟⲟⲥ ⲛⲏⲧⲛ̅ ⲉ ⲧⲃⲏⲏⲧⲟⲩ · Ⲁⲩⲱ ϩⲛ̅
ⲛⲉⲓ̈ ϣⲁϫⲉ ⲧⲏⲣⲟⲩ · ⲛ̅ⲧ ⲁⲓ̈ϫⲟⲟⲩ ⲛⲏⲧⲛ̅ ⲉ ⲧⲃⲏⲏⲧⲟⲩ ·

ⲁⲩⲱ ϩⲛ̅ ⲛⲉϥϣⲁϫⲉ ⲧⲏⲣⲟⲩ · ⲛ̅ⲕⲁⲧⲏⲕⲟⲣⲉⲓ̈ · ⲛ̅ⲧⲁϥϫⲟⲟⲩ
ⲛ̅ ⲙ̅ⲡⲉⲣⲥⲟⲥ · ⲁϥϩⲟⲡϥ̅ ⲉ ⲣⲟⲟⲩ · ⲁⲩⲱ ⲁϥϣⲃ̅ⲃⲧ̅ ⲡⲉϥ-
ⲥⲙⲟⲧ · ⲁϥⲉⲓ̈ | ϣⲁ ⲛⲉⲓ̈ ⲕⲟⲟⲩⲉ · ⲁϥϫⲓ̈ ⲙ̅ ⲡⲉⲥⲙⲟⲧ ⲛ̅ Fol. 13 *b* 1
ⲟⲩϥⲁⲓ̈ϣⲓ̈ⲛⲉ · ⲛ̅ⲧ ⲛ̅ⲡⲏⲣⲥⲟⲥ (*sic*) · ⲁϥⲧⲁⲕⲉ ⲡϩⲏⲧ ⲛ̅ ⲛⲉⲓ̈ ⲕⲉ
ⲕⲟⲟⲩⲉ · ϫⲉ ⲛⲁⲓ̈ ⲛⲉⲧ ⲉⲣⲉ ⲙ̅ⲡⲉⲣⲥⲟⲥ ϫⲱ ⲙ̅ⲙⲟⲟⲩ · ϫⲉ
ⲧⲛ̅ⲛⲁⲕⲟⲧⲛ̅ ⲉ ⲡⲁϩⲟⲩ ⲁⲛ · ϣⲁⲛⲧ ⲛ̅ϣⲱⲗ ⲛ̅ ⲧⲉϩⲣⲱⲙⲁⲛⲓ̈ⲁ
ⲧⲏⲣⲥ̅ · ⲛ̅ⲧⲛ̅ϫⲓ̈ ⲙ̅ ⲡⲉⲥⲣ̅ⲣⲟ · ⲉ ⲧⲛ̅ⲭⲱⲣⲁ ⲉⲁⲥⲙⲟⲛⲧ̅ ⲉ
ⲡⲉϥⲕⲗⲁⲗ ⲛ̅ⲑⲉ ⲛ̅ⲟⲩⲟⲩϩⲟⲟⲣ · ⲛ̅ⲧⲛ̅ⲣ̅ ⲛⲉϥϣⲏⲣⲉ ϩⲙ̅ϩⲁⲗ ·
ⲉ ⲧⲛ̅ⲉⲣⲅⲁⲥⲓⲁ ⲛ̅ⲑⲉ ⲛ̅ ⲛⲁ ⲧⲃⲁⲃⲩⲗⲱⲛ · ⲛ̅ ⲧⲉⲣⲉ ϥϫⲉ
ⲛⲁⲓ̈ ⲇⲉ ⲛ̅ ⲛⲉⲓ̈ ⲕⲟⲟⲩⲉ · ⲁϥϩⲟⲡϥ̅ ⲉ ⲣⲟⲟⲩ · ⲁⲩⲱ ⲁϥϩ-
ⲙⲟⲟⲥ ϩⲛ̅ ⲧⲙⲏⲏⲧⲉ ⲙ̅ ⲡⲙ̅ⲙⲁϩ ⲥⲛⲁⲩ ⲡⲁ ⲙ̅ⲡⲉⲣⲥⲟⲥ ·
ⲙⲛ̅ | ⲡⲁ ⲛⲉⲓ̈ ϩⲣⲱⲙⲁⲓ̈ⲟⲥ · ⲁϥⲛⲉϫ ϯⲧⲱⲛ ϩⲓ̈ ⲙⲛ̅ⲧϫⲁϫⲉ Fol. 13 *b* 2
ⲉ ⲧⲉⲩⲙⲏⲏⲧⲉ ⲙⲛ̅ ⲛⲉⲩⲉⲣⲏⲩ · Ⲡϣⲟⲣⲡ̅ ⲛ̅ⲥⲟⲡ ⲛ̅ⲧⲁⲩ-
ⲙⲓ̈ϣⲉ ⲙⲛ̅ ⲛⲉⲩⲉⲣⲏⲩ · ⲁⲩⲙⲟⲩⲟⲩⲧ ⲙ̅ ⲙⲏⲧ ⲛ̅ϣⲟ
ⲛ̅ⲣⲱⲙⲉ · Ⲡⲙⲉϩ ⲥⲛⲁⲩ ⲛ̅ϩⲟⲟⲩ ⲛ̅ⲧⲁⲩⲙⲓ̈ϣⲉ ⲁⲩⲙⲟⲩⲟⲩⲧ
ⲛ̅ ϫⲟⲩⲧⲟⲩⲉ ⲛ̅ϣⲟ̅ ⲛ̅ⲣⲱⲙⲉ · ϩⲛ̅ ⲧϣⲟⲣⲡ̅ ⲛ̅ⲣⲁϩⲧⲥ̅ ⲛ̅ⲧⲁⲥ-
ϣⲱⲡⲉ · ⲁ ⲛⲉϩⲣⲱⲙⲁⲓ̈ⲟⲥ · ⲁⲙⲁϩⲧⲉ ⲙ̅ ⲡϣⲏⲣⲉ ⲙ̅
ⲡⲣ̅ⲣⲟ ⲛ̅ ⲙ̅ⲡⲣ̅ⲥⲟⲥ · ϩⲓ̈ϫⲛ̅ ⲡⲉϥϩⲁⲣⲙⲁ · Ⲁⲩⲱ ϩⲙ̅ ⲡⲙⲉϩ
ϣⲟⲙⲛ̅ⲧ ⲛ̅ϩⲟⲟⲩ ⲁⲩϥⲓ̈ ⲙ̅ ⲡϣⲏⲣⲉ ⲙ̅ ⲡⲣ̅ⲣⲟ ⲛ̅ ⲙ̅ⲡⲉⲣⲥⲟⲥ
ⲁⲩⲡⲱⲧ · Ⲁⲩⲱ ⲁ ⲡⲙⲏⲏϣⲉ ⲧⲏⲣϥ̅ ϫⲱⲱⲣⲉ ⲉ ⲃⲟⲗ ϩⲓⲧⲛ̅
ⲧⲣⲁϩⲧⲥ̅ | ⲛ̅ⲧⲁⲥϣⲱⲡⲉ · ⲙⲛ̅ ⲧⲁϣⲉ ⲛ̅ ⲥⲛⲟϥ · ⲛ̅ⲧⲁⲩ- Fol. 14 *a* 1
ⲡⲁϩⲧⲟⲩ ⲉ ⲃⲟⲗ ⲙⲛ̅ ⲛ̅ⲥⲱⲙⲁ · ⲉⲧ ⲛⲏϫ ⲉ ⲃⲟⲗ ⲉⲧ ⲕⲍ
ⲙⲟⲟⲩⲧ · ⲉⲧⲗⲟⲙⲥ̅ · Ⲁⲩⲱ ⲁ ⲛⲉϩⲣⲱⲙⲁⲓ̈ⲟⲥ ⲱϣ ⲉ ⲃⲟⲗ ·
ϫⲉ ⲁⲛϥⲓ ⲙ̅ ⲡϣⲏⲣⲉ ⲙ̅ ⲡⲣ̅ⲣⲟ ⲛ̅ ⲙ̅ⲡⲉⲣⲥⲟⲥ · ⲁⲩⲱ
ⲛⲉ ⲟⲩⲣⲁϣⲉ ⲉⲙⲁⲧⲉ · ⲁⲩⲉⲓ̈ ⲉϫⲙ̅ ⲡⲉⲓ̈ⲉⲣⲟ̅ ⲛ̅ⲧⲁⲛⲟⲃⲓ̈ⲥ ·
ⲉⲩⲛⲁϫⲱⲕⲙ̅ ⲛ̅ϭⲓ ⲛⲉϩⲣⲱⲙⲁⲓ̈ⲟⲥ ⲉ ⲧⲃⲉ ⲡϩⲓ̈ⲥⲉ ⲙⲛ̅ ⲡⲉⲥ-
ⲛⲟϥ ⲛ̅ⲛⲉ ⲛ̅ⲧⲁⲩⲙⲟⲟⲩⲧⲟⲩ · Ⲁⲩⲱ ⲛ̅ ⲧⲉⲣⲉ ⲙ̅ⲡⲉⲣⲥⲟⲥ
ϣⲓ̈ⲛⲉ ⲛ̅ⲥⲁ ⲡϣⲏⲣⲉ ⲙ̅ ⲡⲉⲩⲣ̅ⲣⲟ · ⲙ̅ⲡ ⲟⲩϩⲉ ⲉ ⲣⲟϥ ϩⲓ̈ϫⲛ̅
ⲡⲉϥϩⲁⲣⲙⲁ · ⲁⲩϣⲧⲟⲣⲧⲣ̅ ⲉⲙⲁⲧⲉ · ⲡⲉϫⲁⲩ ϫⲉ ⲛ̅ⲛ̅ ⲁϣ
ⲛ̅ ϩⲉ | ⲛ̅ⲛⲁⲁⲡⲟⲗⲟⲅⲓ̈ⲍⲉ ⲙ̅ ⲡⲉϥⲉⲓ̈ⲱⲧ · ϩⲁⲣⲟϥ ϫⲉ ⲁⲩ- Fol. 14 *a* 2
ϥⲓ̈ⲧϥ̅ · Ⲉϣϫⲉ ϩⲁⲡⲥ̅ ⲡⲉ ⲉ ⲧⲣⲉ ⲛ̅ ⲙⲟⲩϩ ⲛ̅ ⲛ̅ϭⲓ̈ϫ ⲙ̅
ⲡⲉϥⲉⲓ̈ⲱⲧ · ⲙⲁⲣⲉⲛⲡⲱⲧ ⲛ̅ⲥⲁ ⲛⲉϩⲣⲱⲙⲁⲓ̈ⲟⲥ · ⲛ̅ⲧⲛ̅ϥⲓ̈
ⲙ̅ ⲡϣⲏⲣⲉ ⲙ̅ ⲡⲛ̅ⲣ̅ⲣⲟ ⲛ̅ ⲧⲟⲟⲧⲟⲩ ⲙ̅ⲡⲁⲧ ⲛ̅ⲃⲱⲕ ⲉ ⲧⲛ̅-
ⲭⲁⲣⲁ (*sic*) Ⲁⲩⲱ ⲛ̅ⲧⲉⲩⲛⲟⲩ ⲁⲩⲡⲱⲧ ⲛ̅ⲥⲁ ⲛⲉϩⲣⲱⲙⲁⲓ̈ⲟⲥ

ⲁⲩⲧⲁϩⲟⲟⲩ ϩⲓϫⲙ̅ ⲡⲉⲓ̈ⲉⲣⲟ̅ ⲛ̅ⲧⲁⲛⲟⲃⲓ̈ⲥ· ⲉⲩⲱϣ ⲉϫⲓ̈ⲟⲟⲣ
ⲛ̅ⲥⲉⲃⲱⲕ· ⲉ ⲧⲉⲩⲭⲱⲣⲁ· Ⲁⲩⲱ ⲁⲙⲡⲉⲣⲥⲟⲥ ⲧⲁϩⲉ
ⲡϩⲁⲣⲙⲁ· ⲉⲧ ⲉⲣⲉ ⲕⲗⲁⲩϯⲟⲥ ⲧⲁⲗⲏⲩ ⲉ ⲣⲟϥ· ϩⲓ̈ ⲃⲟⲗ
Fol. 14 b 1 ⲙ̅ ⲡⲙⲏⲏϣⲉ Ⲉⲣⲉ ⲙ̅ⲡⲣ̅ⲥⲟⲥ ⲙⲉⲉⲩⲉ ϫⲉ ⲡϣⲏⲣⲉ | ⲙ̅
ⲕⲏ ⲡⲉⲩⲣ̅ⲣⲟ ⲡⲉ· ⲁⲩⲱ ⲁⲩⲙⲓ̈ϣⲉ ⲙⲛ̅ ⲛⲉⲩⲉⲣⲏⲩ ⲛ̅ⲕⲉ ⲥⲟⲡ·
ⲁⲩⲙⲟⲩⲟⲩⲧ ⲛ̅ ϯⲟⲩ ⲛ̅ϣⲟ ⲛ̅ⲣⲱⲙⲉ· ϩⲙ̅ ⲡⲉⲩⲙⲏⲏϣⲉ·
ⲁⲩⲱ ⲁⲩϫⲣⲟ ⲉ ⲛⲉϩⲣⲱⲙⲁⲓ̈ⲟⲥ· ⲁⲩϥⲓ̈ ⲛ̅ ⲕⲗⲁⲩϯⲟⲥ
ⲁⲩⲡⲱⲧ ⲉ ⲧⲉⲩⲭⲱⲣⲁ· ⲛⲉⲣⲉ ⲛⲉϩⲣⲱⲙⲁⲓ̈ⲟⲥ ⲗⲩⲡⲉⲓ̈·
ϫⲉ ⲁⲩϥⲓ̈ ⲙ̅ ⲡϣⲏⲣⲉ ⲙ̅ ⲡⲉⲩⲣ̅ⲣⲟ· ⲉⲣⲉ ⲙ̅ⲡⲉⲣⲥⲟⲥ ϩⲱⲟⲩ
ⲗⲩⲡⲉⲓ̈· ϫⲉ ⲁⲩϥⲓ̈ ⲙ̅ ⲡϣⲏⲣⲉ ⲙ̅ ⲡⲉⲩⲣ̅ⲣⲟ· Ⲗⲟⲓ̈ⲡⲟⲛ
ⲁⲩϫⲓ̈ ⲛ̅ ⲕⲗⲁⲩϯⲟⲥ ⲉ ⲧⲉⲭⲱⲣⲁ ⲛ̅ ⲙ̅ⲡⲉⲣⲥⲟⲥ· ⲁⲩⲧⲁϩⲟϥ
ⲉ ⲣⲁⲧϥ̅ ⲙ̅ ⲡⲉⲩⲣ̅ⲣⲟ· ⲡⲉϫⲁⲩ ⲛⲁϥ ϫⲉ ⲡⲉⲛϫⲥ̅ ⲁⲩϥⲓ̈
ⲛ̅ⲕⲣⲁⲧⲱⲣ ⲡⲉⲕϣⲏⲣⲉ ⲛ̅ϫⲓ ⲛⲉⲕϫⲁϫⲉ· ⲁⲗⲗⲁ ⲉⲓ̈ⲥ ⲡϣⲏⲣⲉ
ⲙ̅ ⲡⲉⲩⲣ̅ⲣⲟ· ⲁⲛⲉⲛⲧϥ̅ ⲛⲁⲕ· Ⲛ̅ ⲧⲉⲣⲉ ⲡⲣ̅ⲣⲟ ⲇⲉ ⲛⲁⲩ
ⲉ ⲕⲗⲁⲩϯⲟⲥ· ⲡⲉϫⲁϥ ⲛⲁϥ ϫⲉ ⲛ̅ⲧⲟⲕ ⲡⲉ ⲡϣⲏⲣⲉ ⲙ̅
Fol. 14 b 2 ⲡⲣ̅|ⲣⲟ ⲛ̅ ⲛⲉϩⲣⲱⲙⲁⲓ̈ⲟⲥ· Ⲛⲉ ⲁ ⲡⲣ̅ⲣⲟ ⲣ̅ ϣⲡⲏⲣⲉ ⲙ̅ⲙⲟϥ
ⲉ ⲧⲃⲉ ⲡⲉϥⲥⲁ ⲙⲛ̅ ⲧⲉϥⲙⲛ̅ⲧⲥⲁⲃⲉ· ⲙⲛ̅ ⲧⲉϥⲙⲛ̅ⲧⲥⲡⲁⲑⲁ-
ⲣ[ⲓ]ⲟⲥ ⲉⲛⲉϥⲫⲟⲣⲉⲓ̈ ⲛ̅ ⲧⲉϥϩⲃ̅ⲥⲱ ⲛ ⲉⲣ̅ⲣⲟ· ⲙⲛ̅ ⲧⲉⲕⲗⲁⲃⲧ̅
ⲛ̅ ⲧⲉϥⲙⲛ̅ⲧⲕⲟⲩⲓ̈· ⲁⲩⲱ ⲁ ⲡⲉϥⲥⲙⲟⲧ ⲟⲩⲟⲛϩϥ̅ ⲉ ⲃⲟⲗ
ϫⲉ ⲟⲩϣⲏⲣⲉ ⲛ̅ ⲣ̅ⲣⲟ ⲡⲉ· ⲡⲉϫⲉ ⲡⲣ̅ⲣⲟ ⲛⲁϥ ϫⲉ ⲛ̅ⲧⲟⲕ
ⲡⲉ ⲡϣⲏⲣⲉ ⲙ̅ ⲡⲣ̅ⲣⲟ· ⲁϥⲟⲩⲱϣⲃ̅ ⲉϥϫⲱ ⲙ̅ⲙⲟⲥ ϫⲉ ⲛ̅
ⲟⲩⲟⲉⲓ̈ϣ ⲙⲉⲛ· ⲁⲛⲟⲕ ⲡⲉ ⲡϣⲏⲣⲉ ⲙ̅ ⲡⲣ̅ⲣⲟ ⲛ̅ ⲛⲉϩⲣⲱ-
ⲙⲁⲓ̈ⲟⲥ· ⲙ̅ⲡⲟⲟⲩ ⲇⲉ ϩⲱⲱϥ· ⲁⲛⲟⲕ ⲟⲩϩⲙ̅ϩⲁⲗ· ϩⲁ
ⲣⲁⲧϥ̅ ⲙ̅ ⲡⲣ̅ⲣⲟ· ⲉⲓ̈ⲥ ϩⲏⲏⲧⲉ ⲁⲓ̈ⲁϩⲉ ⲣⲁⲧ· ⲙ̅ ⲡⲉϥ ⲙ̅ⲧⲟ
ⲉ ⲃⲟⲗ· ⲙⲛ̅ⲛ̅ⲥⲁ ⲛⲁⲓ̈ ⲁⲛⲟⲩⲏⲏⲃ̅ ⲛⲁⲩ ⲉ ⲕⲗⲁⲩϯⲟⲥ
ⲉⲛⲉⲥⲱϥ ⲉⲙⲁⲧⲉ ϩⲙ̅ ⲡⲉϥⲉⲓ̈ⲛⲉ· ⲡⲉϫⲁⲩ ⲙ̅ ⲡⲣ̅ⲣⲟ ϫⲉ
ⲡⲁⲓ̈ ⲛⲁⲙ ⲉⲣϣⲁⲩ ⲉ ⲑⲩⲥⲓ̈ⲁ ⲛ̅ ⲛ̅ⲛⲟⲩⲧⲉ· ⲉ ⲧⲃⲉ ⲡⲟⲩ-
Fol. 15 a 1 ϫⲁⲓ̈ ⲙ̅ ⲡⲉⲕϣⲏ|ⲣⲉ ⲛ̅ⲧⲁ ⲛⲉϩⲣⲱⲙⲁⲓ̈ⲟⲥ ⲃⲓⲧϥ̅ ϩⲙ̅ ⲡⲡⲟ-
ⲕⲑ ⲗⲉⲙⲟⲥ· Ⲁⲩⲱ ⲛ̅ⲧⲉⲩⲛⲟⲩ ⲁ ⲧⲣ̅ⲣⲱ ϭⲱϣⲧ̅ ⲉ ⲃⲟⲗ ϩⲛ̅
ⲟⲩϣⲟⲩϣⲧ̅ ϩⲙ̅ ⲡⲉⲥⲕⲟⲓⲧⲱⲛ· ⲁⲥⲛⲁⲩ ⲉ ⲕⲗⲁⲩϯⲟⲥ
ⲉⲛⲉⲥⲱϥ ϩⲙ̅ ⲡⲉϥⲥⲁ· ⲁⲥⲙⲉⲣⲓⲧϥ̅ ⲉ ⲡⲉϩⲟⲩⲟ· Ⲁⲩⲱ
ⲁⲥⲉⲓ̈ ⲉ ⲡⲉⲥⲏⲧ ⲧⲁⲭⲏ ⲡⲉϫⲁⲥ ⲙ̅ ⲡⲣ̅ⲣⲟ· ϫⲉ ⲡⲣ̅ⲣⲟ ⲱⲛϩ̅
ϣⲁ ⲉⲛⲉϩ· ϯⲡⲁⲣⲁⲕⲁⲗⲉⲓ ⲙ̅ⲙⲟⲕ ⲙ̅ⲡⲉⲣ ⲣ̅ ⲡⲉⲑⲟⲟⲩ ⲙ̅
ⲡⲉⲓ ϣⲏⲣⲉ ϣⲏⲙ ⲛ̅ ⲣ̅ⲣⲟ· ϫⲉ ⲉⲛⲉⲥⲱϥ ϩⲙ̅ ⲡⲉϥⲥⲁ·

ⲙⲛ̄ ⲡⲉϥⲡⲣⲟⲥⲟⲡⲟⲛ ⲙⲛ̄ ⲧⲉϥⲙⲛ̄ⲧⲥⲁⲃⲉ· ⲛ̄ⲧ̄ ⲉⲓⲣⲉ ⲁⲛ
ⲙ̄ ⲡⲙⲉⲉⲩⲉ ⲱ̄ ⲡⲣ̄ⲣⲟ ϫⲉ ⲟⲩⲕⲁⲗⲁϩⲏ ⲛ̄ ⲥϩⲓⲙⲉ ⲧⲛ̄ⲧⲁ-
ⲥⲧⲱⲟⲩⲛ | ϩⲁ ⲡⲁⲓ ⲛ̄ⲑⲉ ⲛ̄ ⲟⲩⲟⲛ ⲛⲓⲙ· ⲁⲩⲱ ⲟⲛ ϩⲛ̄ⲉⲕⲓⲃⲉ Fol. 15 *a* 2
ⲛ̄ ⲥϩⲓⲙⲉ ⲁⲩⲥⲁⲛⲟⲩϣϥ ⲛ̄ⲑⲉ ⲙ̄ ⲡⲁ ⲙⲉⲣⲓⲧ ⲛ̄ ϣⲏⲣⲉ ϩⲱ·
ⲁⲩⲱ ⲛ̄ⲑⲉ ⲉⲧ ⲉⲓⲑⲗⲓⲃⲉ ⲉ ⲧⲃⲉ ⲡⲁ ⲙⲉⲣⲓⲧ ⲛ̄ ϣⲏⲣⲉ·
ⲧⲙⲁⲁⲩ ⲙ̄ ⲡⲁⲓ ϩⲱⲱϥ ⲑⲗⲓⲃⲉ ⲉ ⲧⲃⲏⲏⲧϥ· Ⲁⲩⲱ
ⲉⲕϣⲁⲛⲧⲁⲕⲉ ⲡⲁⲓ ⲛ̄ⲧⲉ ⲡⲉϥⲉⲓⲱⲧ ⲥⲱⲧⲙ̄ ⲉ ⲡⲉϥⲟⲩⲱ·
ϥⲛⲁⲙⲟⲟⲩⲧ ⲙ̄ ⲡⲁ ⲙⲉⲣⲓⲧ ⲛ̄ ϣⲏⲣⲉ ϩⲱ ⲛ̄ⲧⲉϥⲁⲫⲟⲣⲙⲏ
ⲛ̄ⲧⲛ̄ϣⲱⲡⲉ ⲛ̄ ⲁⲧ ϣⲏⲣⲉ· Ϩⲛ̄ ⲟⲩⲙⲉ ⲅⲁⲣ ⲱ̄ ⲡⲣ̄ⲣⲟ·
ⲟⲩϩⲁⲡ ⲛ̄ ⲇⲓⲕⲁⲓⲟⲛ ⲁϥϣⲱⲡⲉ ϩⲛ̄ ⲧⲙⲏⲧⲉ ⲛ̄ ⲧⲡⲉ· ⲁ ⲡⲟⲩⲁ
ⲡⲟⲩⲁ ⲉⲣ ϫⲟⲉⲓⲥ ⲉ ⲡⲉϥϣⲏⲣⲉ· | ⲛ̄ⲛⲁⲕⲁⲁⲕ ⲁⲛ ⲉⲛⲉϩ ⲱ̄ Fol. 15 *b* 1
ⲡⲣ̄ⲣⲟ ⲉ ⲙⲟⲩⲟⲩⲧ ⲙ̄ ⲡⲉⲓ ϣⲏⲣⲉ ϣⲙ̄ (*sic*) ⲉⲛⲉⲥⲱϣ ϩⲙ̄ ⲗ̄
ⲡⲉϥⲥⲁ· ⲁⲩⲱ ϥ̄ⲧⲁⲓⲏⲩ ϫⲉ ⲟⲩϣⲏⲣⲉ ⲛ̄ ⲣ̄ⲣⲟ ⲡⲉ· Ⲁⲩⲱ
ⲕⲥⲟⲟⲩⲛ ϫⲉ ϩⲛ̄ ⲧⲉ ⲣⲟⲙⲡⲉ ⲛ̄ⲧⲁⲛϯ ⲧⲱϣ ⲉ ϫⲓ ϩⲱⲛ ⲙ̄
ⲡⲉⲛϣⲏⲣⲉ ⲙⲛ̄ ⲧⲉϥⲥⲱⲛⲉ· ⲛ̄ ⲟⲩⲛⲏⲙⲫⲓⲟⲥ ⲙⲛ̄ ⲟⲩ-
ϣⲉⲗⲉⲉⲧ ⲁⲛⲛⲁⲩ ⲉⲩⲛⲟϭ ⲛ̄ ⲧⲁⲉⲓⲟ ϩⲙ̄ ⲡⲉⲩⲅⲉⲛⲟⲥ· ⲁⲩⲱ
ⲉⲥϣⲁⲛϣⲱⲡⲉ ⲛ̄ⲥⲉⲕⲱ ⲙ̄ ⲡⲉⲛϣⲏⲣⲉ ⲛⲁⲛ ⲉ ⲃⲟⲗ· ϣⲁⲓϯ
ⲛ̄ ⲕⲉⲥⲉⲛ ⲧⲁ ϣⲉⲉⲣⲉ ⲛⲁϥ ⲛ̄ ⲥϩⲓⲙⲉ· ⲧⲁϫⲟⲟⲩϥ ϣⲁ
ⲡⲉϥⲉⲓⲱⲧ ϩⲛ̄ ⲟⲩⲛⲟϭ ⲛ̄ ⲧⲁⲉⲓⲟ· Ⲁⲩⲱ ⲁ ⲧⲣ̄ⲣⲱ | ⲥⲉⲕ Fol. 15 *b* 2
ⲡϩⲏⲧ ⲙ̄ ⲡⲣ̄ⲣⲟ ϩⲛ̄ ϩⲉⲛϣⲁϫⲉ ⲙ̄ ⲡⲉⲧ ⲛⲁⲛⲟⲩϥ ⲉ
ϩⲟⲩⲛ ⲉ ⲕⲗⲁⲩⲇⲓⲟⲥ· ⲁⲥⲕⲧⲟϥ ⲉ ⲡⲁϩⲟⲩ ⲉ ⲧⲙ̄ ⲙⲟⲩⲟⲩⲧ
ⲙ̄ⲙⲟϥ· Ⲉⲛⲉⲣⲉ ⲕⲗⲁⲩⲧⲓⲟⲥ ⲉⲓⲣⲉ ⲛ̄ ϩⲛ̄ⲛⲟϭ ⲛ̄ ⲣⲓⲙⲉ
ϩⲙ̄ ⲡⲏⲓ ⲛ̄ ⲧⲣ̄ⲣⲱ ⲉϥϫⲱ ⲙ̄ⲙⲟⲥ· ϫⲉ ⲛⲓⲙ ⲡⲉⲧ ⲛⲁ
ⲧⲁⲙⲉ ⲡⲁ ⲉⲓⲱⲧ ⲙⲛ̄ ⲧⲁ ⲙⲁⲁⲩ ⲉ ⲡⲁ ⲙ̄ⲕⲁϩ ⲛ̄ϩⲏⲧ·
ⲛ̄ϥϫⲱ ⲉ ⲣⲟⲟⲩ ⲛ̄ ⲧⲁ ⲙⲛ̄ⲧⲉⲃⲓⲏⲛ· ϫⲉ ⲕⲗⲁⲩⲧⲓⲟⲥ· ⲡⲉⲕ-
ϣⲏⲣⲉ ϩⲁ ⲧⲟⲟⲧϥ ⲉ ⲡⲙⲟⲩ ϩⲁϩⲧⲙ̄ ⲡⲣ̄ⲣⲟ· Ⲛⲓⲙ ⲡⲉ ⲡⲁ
ⲃⲁⲓ ϣⲓⲛⲉ ⲙ̄ⲡⲟⲟⲩ· ⲛⲉϥⲧⲁⲙⲉ ⲡⲁ ⲉⲓⲱⲧ ⲙⲛ̄ ⲧⲁ ⲙⲁⲁⲩ
ϫⲉ ϯⲟⲛⲉϩ ϩⲙ̄ ⲡ|ⲛⲁ ⲙ̄ ⲡϫⲟⲉⲓⲥ· Ⲛⲓⲙ ⲡⲉⲧ ⲛⲁⲥⲗ̄ⲥⲗ̄ Fol. 16 *a*
ⲡⲁ ⲉⲓⲱⲧ ⲙⲛ̄ ⲧⲁ ⲙⲁⲁⲩ ⲉ ⲡⲁ ⲙ̄ⲕⲁϩ ⲛ̄ϩⲏⲧ· Ⲛⲓⲙ ⲡⲉ ⲗⲁ
ⲛ̄ ϣⲁϥⲧⲁⲙⲉ ⲡⲁ ⲉⲓⲱⲧ ⲙⲛ̄ ⲧⲁ ⲙⲁⲁⲩ· ϫⲉ ⲁⲣⲓ ⲡⲡⲉⲧ
ⲛⲁⲛⲟⲩϥ ⲙⲛ̄ ⲡϣⲏⲣⲉ ⲙ̄ ⲡⲣ̄ⲣⲟ ⲛ̄ ⲙ̄ⲡⲉⲣⲥⲟⲥ· ⲉⲧ
ϭⲁⲗⲉⲩ ⲉ ⲣⲱⲧⲛ̄· ⲧⲁⲣⲉ ⲡⲛⲟⲩⲧⲉ ϯ ⲙ̄ ⲡⲁ ⲛⲁ ⲉ ⲡϩⲏⲧ
ⲙ̄ ⲡⲉϥⲉⲓⲱⲧ ⲛ̄ϥⲉⲣ ⲡⲛⲁ ⲛ̄ⲙ̄ⲙⲁⲓ ϩⲱ· Ⲛⲓⲙ ⲡⲉ ⲛ̄ϣⲁϥϫⲓ
ⲙ̄ ⲡⲁ ⲟⲩⲱ· ⲛ̄ϥⲧⲁⲙⲉ ⲡⲁ ⲥⲟⲛ ⲑⲉⲟⲇⲱⲣⲟⲥ ϫⲉ ⲕⲗⲁⲩ-

ⲇⲓⲟⲥ ϣⲓⲛⲉ ⲉ ⲣⲟⲕ ⲕⲁⲗⲱⲥ · Ⲛⲓⲙ ⲡⲉⲧ ⲛⲁϫⲓ ⲙ̅ ⲡⲁ ⲟⲩⲱ
ⲛ̅ϥⲧⲁⲙⲉ ⲧⲁ ⲙⲉⲣⲓⲧ ⲛ̅ ⲥⲱⲛⲉ ⲉ ⲡⲁ ⲙ̅ⲕⲁϩ ⲛ̅ϩⲏⲧ · |
Fol. 16 a 2 Ⲛⲓⲙ ⲡⲉⲧ ⲛⲁ ϫⲟⲟⲥ ⲧⲁ ⲙⲉⲣⲓⲧ ⲙ̅ ⲙⲁⲁⲩ ϫⲉ ⲁⲣⲓ
ⲟⲩⲣⲓⲙⲉ ⲉ ⲡⲉⲧⲛ̅ϣⲏⲣⲉ · ⲕⲗⲁⲩϯⲟⲥ ϫⲉ ϥϩⲁ ⲧⲟⲟⲧϥ̅ ⲛ̅
ⲟⲩⲣ̅ⲣⲟ ⲛ̅ ⲇⲩⲣⲁⲛⲛⲟⲥ ⲉⲑⲟⲟⲩ · Ϩⲁⲙⲟⲓ ⲉ ⲛⲉ ⲛⲧⲁϭⲓⲛⲉ
ⲛ̅ ⲟⲩⲛⲁⲛⲧ ⲧⲁⲥϩⲁⲓ ⲛⲁϥ ⲛ̅ ⲟⲩⲉⲡⲓⲥⲧⲟⲗⲏ ⲛ̅ϥϫⲓⲧⲥ̅
ⲛ̅ϥⲧⲁⲁⲥ ⲙ̅ ⲡⲧⲟⲗⲟⲙⲁⲓⲟⲥ ⲡⲁ ⲉⲓⲱⲧ · Ⲛ̅ ϯⲥⲟⲟⲩⲛ ⲁⲛ
ⲉⲩⲣⲱⲙⲉ ⲙ̅ ⲡⲛ̅ ⲙⲁ · ⲧⲁϯ ⲛⲁϥ ⲙ̅ ⲡⲉϥⲃⲉⲕⲉ ⲧⲁϫⲟⲟⲩϥ
ϣⲁ ⲡⲁ ⲉⲓⲱⲧ · ⲙⲛ̅ ⲧⲁ ⲙⲁⲁⲩ · ⲛ̅ϥⲧⲁⲙⲟⲟⲩ ⲉ ⲡⲁ
ⲟⲩⲱ · ϫⲉ ⲉⲓⲣ ⲟⲩ · Ⲛⲁⲓ ⲇⲉ ⲙⲛ̅ ⲛⲉⲓ ⲕⲟⲟⲩⲉ · ⲉⲣⲉ
Fol. 16 b 1 ⲡϩⲁⲅⲓⲟⲥ ⲕⲗⲁⲩϯⲟⲥ ϫⲱ ⲙ̅ⲙⲟⲟⲩ ϩⲙ̅ ⲡⲉϥⲕⲟⲓ̈|ⲧⲱⲛ ·
ⲗ̅ⲃ̅ ⲉϥⲣⲓⲙⲉ · ⲉⲓ ⲉⲣⲉ ⲧϣⲉⲉⲣⲉ ⲙ̅ ⲡⲣ̅ⲣⲟ ⲁϩⲉ ⲣⲁⲧⲥ̅ · ⲉⲥϫⲓ
ⲥⲙⲏ ⲉ ⲣⲟϥ ⲁⲥⲣⲓⲙⲉ ϩⲱⲱⲥ ⲉ ⲧⲃⲉ ⲛ̅ϣⲁϫⲉ ⲉⲧ ϩⲟⲗϭ̅
ⲉⲧ ⲉϥϫⲱ ⲙ̅ⲙⲟⲟⲩ · Ⲁⲩⲱ ⲛ̅ⲧⲉⲩⲛⲟⲩ ⲉⲓⲥ ⲟⲩⲟⲡⲧⲁⲥⲓⲁ
ⲛ̅ ⲟⲩⲟⲉⲓⲛ · ⲁⲥϣⲁ ⲉ ϩⲣⲁⲓ ⲉ ϫⲱϥ · ⲁⲩⲱ ⲁ ⲡⲙⲁ ⲧⲏⲣϥ̅
ⲉⲣ ⲑⲉ ⲛ̅ ⲟⲩⲕⲱϩⲧ̅ ⲉⲧ ⲙⲟⲩϩ · ϩⲱⲥ ⲇⲉ ⲛ̅ⲧⲉ ⲡⲡⲁⲗⲗⲁ-
ϯⲟⲛ ⲙ̅ ⲡⲣ̅ⲣⲟ ϯ ϣⲁϩ · Ⲁⲩⲱ ⲛ̅ⲧⲉⲩⲛⲟⲩ ⲁ ⲡⲁⲣⲭⲁⲅ-
ⲅⲉⲗⲟⲥ ⲅⲁⲃⲣⲓⲏⲗ ⲟⲩⲟⲛϩϥ̅ ⲉ ⲡⲡⲉⲧ ⲟⲩⲁⲁⲃ ⲕⲗⲁⲩⲇⲓⲟⲥ ·
ⲁϥϣⲁϫⲉ ⲛ̅ⲙⲙⲁϥ · ⲉϥϫⲱ ⲙ̅ⲙⲟⲥ · Ϫⲉ ⲭⲁⲓⲣⲉ ⲕⲗⲁⲩ-
ϯⲟⲥ · ⲡⲉⲛⲧ ⲁⲓϯ ⲣⲁⲛ ⲉ ⲣⲟϥ · ϫⲓⲛⲉ ⲧⲉϥϣⲟⲣⲡ̅
Fol. 16 b 2 ⲉⲛⲑⲩⲥⲓⲁ · ⲭⲁⲓⲣⲉ | ⲡⲉⲛⲧ ⲁⲓⲣⲟⲉⲓⲥ ⲉ ⲣⲟϥ ϫⲓⲛⲉ ⲧⲉϥ-
ⲙⲛ̅ⲧⲕⲟⲩⲓ̈ · ⲉ ⲧⲃⲉ ⲟⲩ ⲉⲕⲣⲓⲙⲉ · ⲁⲩⲱ ⲉⲕⲁϣⲁϩⲟⲙ ·
ϫⲉ ⲉⲕϩⲁ ⲧⲟⲟⲧϥ̅ · ⲛ̅ ⲟⲩⲣ̅ⲣⲟ ⲛ̅ ϣⲁⲥⲙⲟⲩ · ⲉⲣⲉ ⲡⲣ̅ⲣⲟ
ⲛ̅ ⲧⲡⲉ ⲙⲛ̅ ⲡⲕⲁϩ ⲣⲟⲉⲓⲥ ⲉ ⲣⲟⲕ · ⲛⲁϥ ⲛ̅ⲥⲁ ⲥⲁ ⲛⲓⲙ ·
Ⲁⲛⲟⲕ ⲡⲉ ⲅⲁⲃⲣⲓⲏⲗ ⲡⲉⲛⲧⲁ ⲡⲣ̅ⲣⲟ ⲙ̅ ⲙⲉ · ⲡⲉⲭ̅ⲥ̅ ·
ⲧⲁⲁⲕ ⲉ ⲧⲟⲟⲧ ϫⲓⲛⲉ ⲧⲉⲕⲙⲛ̅ⲧⲕⲟⲩⲓ · ⲁⲩⲱ ⲁϥϯ ⲛ̅ ⲑⲉⲟ-
ⲇⲱⲣⲟⲥ ⲡⲁⲛⲁⲧⲟⲗⲁⲓⲟⲥ · ⲉ ⲧⲟⲟⲧϥ̅ ⲙ̅ ⲙⲓⲭⲁⲏⲗ ⲡⲁⲣⲭ-
ⲁⲅⲅⲉⲗⲟⲥ · ⲉ ⲧⲣⲉ ϥ̅ϣⲱⲡⲉ ⲉϥⲣⲟⲉⲓⲥ ⲉ ⲣⲟϥ ϩⲱⲱϥ ·
Ⲉ ⲧⲃⲉ ⲟⲩ ⲉⲕⲉⲣ · ϩⲟⲧⲉ ϩⲏⲧⲟⲩ · ⲛ̅ ⲛ̅ⲇⲓⲣⲱⲛ ⲙ̅ ⲡⲕⲁϩ
ⲉϣⲁⲩⲙⲟⲩ · ⲉⲣⲉ ⲡ̅ ⲁⲅⲅⲉⲗⲟⲥ ⲙ̅ ⲡϫⲟⲉⲓⲥ ⲣⲟⲉⲓⲥ ⲉ ⲣⲟⲕ |
Fol. 17 a 1 ⲛⲁϥ ⲛ̅ⲥⲁ ⲥⲁ ⲛⲓⲙ · Ⲡⲉϫⲉ ⲕⲗⲁⲩⲇⲓⲟⲥ ⲛⲁϥ ϫⲉ ⲡⲁ
ⲗ̅ⲅ̅ ϫⲟⲉⲓⲥ ⲉⲓⲉⲣ ϩⲟⲧⲉ ⲙ̅ ⲡⲙⲉⲣⲟⲥ ⲥⲛⲁⲩ · ϫⲉ ⲁⲓϩⲉ ⲉ
ⲧⲟⲟⲧⲟⲩ · ⲛ̅ ⲛ̅ⲃⲁⲣⲃⲁⲣⲟⲥ ⲉⲑⲟⲟⲩ · ⲕⲁⲛ ⲛ̅ⲥⲉⲙⲟⲩⲟⲩⲧ
ⲙ̅ⲙⲟⲓ · ⲕⲁⲛ ⲛ̅ⲥⲉⲁⲁⲧ ⲛ̅ ⲑⲩⲥⲓⲁ ⲛ̅ ⲛⲉⲩⲛⲟⲩⲧⲉ ⲧⲁ ⲥⲱϣ

ⲛⲁϩⲣⲉⲙ ⲡⲛⲟⲩⲧⲉ ⲛ̅ ⲧⲡⲉ· Ⲕⲁⲛ ⲛ̅ⲥⲉϩⲟⲧⲣⲧ̅ ϩⲛ̅ ⲟⲩ-
ⲧⲁⲙⲓⲟⲥ· ⲉϥϫⲁϩⲙ̅ ⲡⲁⲣⲁ ⲡⲁ ⲟⲩⲱϣ· ⲧⲁϯ ϣⲏⲣⲉ ⲙ̅
ⲡⲅⲉⲛⲟⲥ ⲛ̅ ⲛⲁⲉⲓⲟⲧⲉ· Ⲡⲉϫⲉ ⲡⲁⲣⲭⲁⲅⲅⲉⲗⲟⲥ ⲅⲁⲃⲣⲓⲏⲗ
ⲛⲁϥ· ϫⲉ ϯϫⲱ ⲙ̅ⲙⲟⲥ ⲛⲁⲕ· ϫⲉ ⲙⲉⲣⲉ ⲗⲁⲁⲩ ⲙ̅
ⲡⲉⲑⲟⲟⲩ ϣⲱⲡⲉ ⲙ̅ⲙⲟⲕ· ⲛ̅ⲑⲉ ⲧⲉⲕⲙⲉⲉⲩⲉ ⲉ ⲣⲟⲥ· Ⲉϣϫⲉ
ⲁⲕⲉⲓ ⲉ ⲧⲉⲓ ⲭⲱⲣⲁ ⲱ̅ ⲕⲗⲁⲩ|ϯⲟⲥ· ϩⲁⲡⲥ̅ ⲡⲉ ⲉ ⲧⲣⲉ Fol. 17 *a* 2
ⲑⲉⲟⲇⲱⲣⲟⲥ ⲡⲁⲛⲁⲧⲟⲗⲁⲓⲟⲥ· ⲉⲓ ⲉ ⲣⲁⲧⲕ̅· ⲛ̅ⲅ̅ ⲛⲁⲩ ⲉ
ⲣⲟϥ· ⲛ̅ϩⲟ ϩⲓ ϩⲟ· ⲟⲩⲱ ⲟⲩⲛ ⲟⲩⲣⲁⲛ ⲛ̅ ⲥⲟⲉⲓⲧ ⲛⲁϣⲱⲡⲉ
ⲛⲏⲧⲛ̅ ⲙ̅ ⲡⲉⲥⲛⲁⲩ· ⲛ̅ⲧⲉ ⲟⲩϣⲧⲟⲣⲧⲣ̅ ϣⲱⲡⲉ ⲛ̅ⲧⲉⲓ ⲭⲱⲣⲁ
ⲧⲏⲣⲥ̅· ϩⲙ̅ ⲡⲉⲧⲛ̅ⲣⲁⲛ· ϯⲣⲏⲛⲏ ⲙ̅ ⲡⲁ ⲣ̅ⲣⲟ ⲡⲉⲭ̅ⲥ̅·
ⲉⲥⲉϣⲱⲡⲉ ⲛ̅ⲙ̅ⲙⲁⲕ· ⲛ̅ⲅ̅ ⲟⲩϫⲁⲓ ϩⲙ̅ ⲡⲉϥⲣⲁⲛ ⲉⲧ ⲟⲩⲁⲁⲃ·
Ⲛⲁⲓ ⲇⲉ ⲉⲣⲉ ⲡⲁⲣⲭⲁⲅⲅⲉⲗⲟⲥ ⲅⲁⲃⲣⲓⲏⲗ ϫⲱ ⲙ̅ⲙⲟⲟⲩ·
ⲁϥϩⲟⲡϥ̅ ⲉ ⲡⲡⲉⲧ ⲟⲩⲁⲁⲃ· Ⲁⲩⲱ ⲁ ⲧⲣ̅ⲣⲱ ⲛⲁⲩ ⲉ ⲧⲟⲡ-
ⲧⲁⲥⲓⲁ ⲛ̅ⲟⲩⲟⲉⲓⲛ ⲛ̅ⲧⲁⲥϣⲁ ⲉϫⲛ̅ ⲕⲗⲁⲩϯⲟⲥ ⲉϥϩⲛ̅
ⲧⲙⲏⲧⲉ ⲙ̅ ⲡⲕⲱϩⲧ̅· ⲁⲥϣⲧⲟⲣⲧⲣ̅ ⲙ̅ⲙⲁⲧⲉ· | ⲁⲥⲉⲓ ⲉ ⲡⲉ- Fol. 17 *b* 1
ⲥⲏⲧ ϣⲁ ⲡⲣ̅ⲣⲟ· ⲛ̅ⲧⲉⲩⲛⲟⲩ ⲡⲉϫⲁⲥ ⲛⲁϥ· ϫⲉ ⲡⲁ ϫⲟⲉⲓⲥ ⲗ̅ⲇ̅
ⲡⲣ̅ⲣⲟ· ⲧⲁⲭⲏ ϫⲟⲟⲩ ⲙ̅ ⲡⲉⲓ ϣⲏⲣⲉ ⲛ̅ ⲣ̅ⲣⲟ ⲉ ⲣⲁⲧϥ̅ ⲙ̅
ⲡⲉϥⲉⲓⲱⲧ ⲛ̅ⲁⲛⲁⲅⲕⲏ ⲙ̅ⲙⲟⲛ· ⲁⲓⲛⲁⲩ ⲉ ⲡⲕⲱϩⲧ̅ ⲛ̅ⲧⲁϥⲉⲣ·
ϯ ⲟⲩϣⲏ ⲧⲏⲣⲥ̅ ϩⲙ̅ ⲡⲉϥⲙⲁ· ⲛ̅ϭⲓ (?) ⲡⲉϩⲟⲩⲛ· ⲡⲁⲛⲧⲟⲥ
ⲅⲁⲣ ⲛ̅ⲧⲉ ⲡⲛⲟⲩⲧⲉ ⲛ̅ ⲛⲉϥⲉⲓⲟⲧⲉ ⲧⲁⲕⲟ ⲛ̅ⲧⲡ̅ⲡⲟⲗⲓⲥ ⲛ̅ⲧⲉϥ-
ⲁⲫⲟⲣⲙⲏ· Ⲁⲩⲱ ⲛ̅ ⲧⲉⲣⲉ ⲡⲣ̅ⲣⲟ ⲥⲱⲧⲙ̅ ⲉ ⲛⲁⲓ· ⲁⲥⲉⲣ-
ⲁⲛⲁϥ ⲉ ϫⲟⲟⲩ ⲛ̅ ⲕⲗⲁⲩϯⲟⲥ ⲉ ⲧⲉϥⲭⲱⲣⲁ· ⲁⲗⲗⲁ ⲙ̅ⲡⲉ
ⲛ̅ⲛⲟϭ ⲙ̅ ⲡⲡⲁⲗⲗⲁϯⲟⲛ ⲕⲁⲁϥ ⲉ ⲉⲣ ⲡⲁⲓ· Ⲡⲉϫⲉ ⲧⲣ̅ⲣⲱ
ⲛⲁϥ ϫⲉ ⲉϣϫⲉ ⲕⲙⲉ ⲙ̅ ⲡⲉⲕϣⲏⲣⲉ· ⲁⲣⲓ ⲡⲡⲉⲧ ⲛⲁ|ⲛⲟⲩϥ· Fol. 17 *b* 2
ⲙⲛ̅ ⲡⲉⲓ ϣⲏⲣⲉ ϣⲏⲙ ⲛ̅ ⲣ̅ⲣⲟ· ⲙⲉϣⲁⲕ ⲛ̅ⲧⲉ ⲡⲛⲟⲩⲧⲉ·
ⲣⲉⲕⲧ̅ ⲡϩⲏⲧ ⲙ̅ ⲡⲉϥⲉⲓⲱⲧ· ⲉ ⲡⲡⲉⲧ ⲛⲁⲛⲟⲩϥ ⲉ ϩⲟⲩⲛ
ⲉ ⲡⲉⲕϣⲏⲣⲉ· ⲁⲩⲱ ⲉϣⲱⲡⲉ ⲧⲁ ⲥⲩⲙⲃⲟⲩⲗⲓⲁ̅ ⲉⲣⲁⲛⲁⲕ·
ⲁⲩⲱ ⲛⲁϣⲁϫⲉ· ⲃⲏⲕ ⲉ ϩⲟⲩⲛ ⲉ ⲛⲉⲕⲙⲁⲁϫⲉ· ϯ ⲛⲁϥ ⲛ̅
ⲟⲩⲭⲁⲣⲧⲏⲥ ⲙⲛ̅ ⲟⲩⲙⲉⲗⲁ[ⲥ]· ⲧⲁⲣⲉϥⲥϩⲁⲓ ⲛ̅ ⲛⲉϥϭⲓϫ
ⲙ̅ⲙⲓⲛ ⲉⲙⲙⲟϥ· ϣⲁ ⲡⲉϥⲉⲓⲱⲧ· ⲉϥϫⲱ ⲙ̅ⲙⲟⲥ ϫⲉ
ϯⲟⲛϩ̅· ⲁⲩⲱ ⲙ̅ⲡ ⲟⲩⲉⲣ ⲗⲁⲁⲩ ⲛⲁⲓ· ⲙ̅ ⲡⲉⲑⲟⲟⲩ·
ⲁⲣⲏⲩ ϥ̅ⲛⲁϫⲟⲟⲩ· ⲙ̅ ⲡⲉⲛⲙⲉⲣⲓⲧ ⲛ̅ ϣⲏⲣⲉ ⲛⲁⲛ· ⲛ̅ⲧⲛ̅ⲕⲱ
ⲙ̅ ⲡⲉϥϣⲏⲣⲉ· ⲉ ⲃⲟⲗ ϩⲱⲱϥ· ϩⲛ̅ ⲟⲩⲛⲟϭ | ⲛ̅ ⲧⲁⲉⲓⲟ· Fol. 18 *a* 1
ⲁⲩⲱ ⲉϣϫⲉ ⲡⲉϥⲟⲩⲱϣ ⲡⲉ· ϯⲛⲁϯ ⲛⲁϥ ⲛ̅ ⲅⲉⲥⲉⲛ ⲗ̅ⲉ̅

ⲧⲁ ϣⲉⲉⲣⲉ ⲛⲁϥ ⲛ̄ ⲥϩⲓⲙⲉ· Ⲡⲣ̄ⲣⲟ ⲇⲉ ⲁϥⲡⲓⲑⲉ· ⲉϫⲙ̄
ⲡϣⲁϫⲉ ⲛ̄ ⲁⲗⲓⲫⲟⲣⲟⲥ ⲧⲣ̄ⲣⲱ· ⲁⲩⲱ ⲛ̄ⲧⲉⲩⲛⲟⲩ ⲁϥⲧⲣⲉ
ⲩⲧⲁϩⲉ ⲕⲗⲁⲩϯⲟⲥ· ⲉ ⲣⲁⲧϥ̄ ⲙ̄ⲡⲉϥ ⲙ̄ⲧⲟ ⲉ ⲃⲟⲗ· Ⲡⲉϫⲉ
ⲡⲣ̄ⲣⲟ ⲛⲁϥ ϫⲉ ⲁϫⲓⲥ ⲉ ⲣⲟⲓ· ϫⲉ ⲛⲓⲙ ϩⲛ̄ ⲛ̄ⲛⲟⲩⲧⲉ ⲙ̄
ⲡⲉⲕⲉⲓⲱⲧ· ⲡⲉⲛⲧⲁϥⲉⲓ ϣⲁ ⲣⲟⲕ· ⲛ̄ ⲧⲉⲓ ⲟⲩϣⲏ· ⲁϥϣⲱⲡⲉ
ⲛ̄ ⲟⲩⲟⲉⲓⲛ ⲛ̄ ⲕⲱϩⲧ̄· ϩⲱⲥ ⲇⲉ ⲛϥ̄ⲣⲱⲕϩ̄ ⲙ̄ ⲡⲡⲁⲗⲗⲁϯⲟⲛ·
ⲙⲛ ⲟⲩⲛⲟⲩⲧⲉ ⲡⲉ ⲡⲁⲛⲁⲧⲟⲗⲁⲓⲟⲥ· ⲛ̄ⲧⲁ ⲡⲉϥⲣⲁⲛ ⲉⲣⲥⲟⲉⲓⲧ
Fol. 18 *a* 2 ⲛ̄ ⲧⲉⲓ ϩⲉ ⲧⲏⲣⲥ̄· ⲙ̄ⲙⲟⲛ ⲉⲓⲥ ϣⲟⲙⲛ̄ⲧ ⲉⲛⲟⲩ|ϣⲏ ϯⲛⲁⲩ
ⲉⲩϩⲟⲣⲟⲙⲁ· ⲉⲩⲙⲟⲩⲧⲉ ⲉ ϫⲱⲓ· ⲉⲩϫⲱ ⲙ̄ⲙⲟⲥ· ϫⲉ ⲉⲓⲥ
ⲑⲉⲟⲇⲱⲣⲟⲥ ⲡⲁⲛⲁⲧⲟⲗⲁⲓⲟⲥ· ⲛⲏⲩ ⲉ ϫⲱⲧⲛ̄· ⲉ ⲃⲉⲧ
ⲧⲏⲩⲧⲛ̄ ⲉ ⲃⲟⲗ· Ⲡⲁⲛⲧⲟⲥ ⲅⲁⲣ· ⲁⲣⲏⲩ ⲛ̄ⲧⲟϥ ⲡⲉ ⲛ̄ⲧⲁϥⲉⲓ·
ϣⲁ ⲣⲟⲕ ⲛ̄ ⲧⲉⲓ ⲟⲩϣⲏ· ⲉϥⲟⲩⲱϣ ⲉ ⲣⲱⲕϩ̄ ⲙ̄ⲙⲟⲛ·
Ⲡⲉϫⲉ ⲡⲡⲉⲧ ⲟⲩⲁⲁⲃ ⲁⲡⲁ ⲕⲗⲁⲩⲇⲓⲟⲥ· ⲙ̄ ⲡⲣ̄ⲣⲟ ⲁⲅⲁ-
ⲃⲟⲣⲛⲉ· ⲡⲁⲓ ⲅⲁⲣ ⲡⲉ ⲡⲉϥⲣⲁⲛ· ϫⲉ ⲙ̄ⲙⲟⲛ ⲡⲁ
ϫⲟⲉⲓⲥ ⲡⲣ̄ⲣⲟ· ⲁⲗⲗⲁ ⲡⲁⲅⲅⲉⲗⲟⲥ ⲙ̄ ⲡⲁ ϫⲟⲉⲓⲥ· ⲓ̄ⲥ̄
ⲡⲉⲭ̄ⲥ̄· ⲡⲉ ⲛ̄ⲧⲁϥⲉⲓ ϣⲁ ⲣⲟⲓ· ⲛ̄ ⲧⲉⲓ ⲟⲩϣⲏ· ⲁⲩⲱ
ⲛ̄ⲧⲟϥ ⲡⲉ ⲛ̄ⲧⲁϥⲧⲟⲩϫⲟⲓ· ⲉ ⲡⲙⲟⲩ ϩⲛ̄ ⲧⲙⲏⲧⲉ ⲙ̄ ⲡⲉⲕ-
Fol. 18 *b* 1 ⲙⲏⲏ|ϣⲉ· ⲛ̄ⲧⲟϥ ⲟⲛ ⲡⲉ ⲛ̄ⲧⲁϥϯ ⲡⲁ ⲛⲁ· ⲉ ⲡⲉⲕϩⲏⲧ·
ⲗ̄ⲥ̄ ⲁⲕⲉⲣ ⲡⲉⲓ ⲡⲉⲧ ⲛⲁⲛⲟⲩϥ ⲛ̄ⲙ̄ⲙⲁⲓ· ⲉ ⲧⲃⲉ ⲑⲉⲟⲇⲱⲣⲟⲥ
ϩⲱⲱϥ ⲡⲁⲛⲁⲧⲟⲗⲁⲓⲟⲥ· ⲡⲁⲓ ⲛ̄ⲧⲁⲕⲥⲱⲧⲙ̄ ⲉ ⲡⲉϥⲣⲁⲛ·
ⲡⲁ ⲥⲟⲛ ⲡⲉ· Ⲡⲉϫⲉ ⲡⲣ̄ⲣⲟ ⲙ̄ ⲡϩⲁⲅⲓⲟⲥ ⲁⲡⲁ ⲕⲗⲁⲩⲇⲓⲟⲥ·
ϫⲉ ⲉⲓⲟⲩⲱϣ ⲉ ⲧⲣⲉ ⲕⲥϩⲁⲓ· ϣⲁ ⲡⲉⲕⲉⲓⲱⲧ· ϩⲛ̄ ⲧⲉⲕϭⲓϫ
ⲙ̄ⲙⲓⲛ ⲙ̄ⲙⲟⲕ· ⲛϥ̄ϫⲟⲟⲩ ⲙ̄ ⲡⲁ ϣⲏⲣⲉ ⲛⲁⲓ· ⲙⲛ̄
ⲑⲉⲟⲇⲱⲣⲟⲥ ⲡⲁⲛⲁⲧⲟⲗⲁⲓⲟⲥ ⲧⲁⲛⲁⲩ ⲉ ⲣⲟϥ· ⲧⲁⲕⲁⲁⲕ
ⲉ ⲃⲟⲗ ϩⲱⲱⲕ· ⲛⲅ̄ ⲃⲱⲕ ϣⲁ ⲡⲉⲕⲉⲓⲱⲧ· ϩⲛ̄ ⲟⲩϯⲙⲏⲛ·
Fol. 18 *b* 2 Ⲁⲩⲱ ⲁ ⲡϩⲁⲅⲓⲟⲥ| ⲁⲡⲁ ⲕⲗⲁⲩⲇⲓⲟⲥ· ⲥϩⲁⲓ ϣⲁ ⲡⲉϥⲉⲓⲱⲧ·
ⲛ̄ ⲧⲉⲓ ϩⲉ· Ϫⲉ ϩⲙ̄ ⲡⲣⲁⲛ ⲙ̄ ⲡⲉⲓⲱⲧ· ⲙⲛ̄ ⲡϣⲏⲣⲉ· ⲙⲛ̄
ⲡⲉⲡⲛ̄ⲁ̄ ⲉⲧ ⲟⲩⲁⲁⲃ· ⲧⲉ ⲧⲣⲓⲁⲥ ⲉⲧ ⲟⲩⲁⲁⲃ· ⲛ̄ ϩⲟⲙⲟⲟⲩ-
ⲥⲓⲱⲛ· ⲛ̄ ⲁⲧ ⲡⲱⲱⲛⲉ· ⲛ̄ ⲁⲧ ϣⲓⲃⲉ· ⲛ̄ ⲁⲧ ⲉⲓⲙⲉ ⲉ ⲣⲟⲥ·
ⲧⲉ ⲧⲁⲙⲁϩⲧⲉ ⲛ̄ ⲧⲡⲉ ⲙⲛ̄ ⲡⲕⲁϩ· ⲙⲛ̄ ⲛⲉⲥⲧⲟⲭⲓⲱⲛ·
ⲛ̄ ⲁⲧ ⲃⲱⲗ ⲉ ⲃⲟⲗ· ⲡⲉⲧ ⲉⲓⲙⲉ ⲉ ⲡⲣⲏ ϩⲛ̄ ⲧⲉϥⲉⲣⲅⲁⲥⲓⲁ·
ⲛ̄ ⲁⲧ ϩⲓⲥⲉ· ⲡⲉⲧ ⲡⲱⲱⲛⲉ ⲙ̄ ⲡⲟⲟϩ ⲉⲩⲙⲛ̄ⲧⲕⲟⲩⲓ ⲙ̄
ⲡϫⲱⲕ ⲙ̄ ⲡⲉϥⲕⲉⲕⲗⲟⲥ· Ⲡⲉⲛⲧ ⲁϥⲍⲱⲅⲣⲁⲫⲉⲓ ⲛ̄ ⲧⲡⲉ·
ϩⲛ̄ ϩⲉⲛⲥⲓⲟⲩ ⲉⲩⲉⲣ ⲟⲩⲟⲉⲓⲛ· ⲉϥⲉϩⲁⲣⲉϩ ⲉ ⲧⲉⲕⲙⲛ̄ⲧⲣ̄ⲣⲟ

ⲡⲧⲟⲗⲟⲙⲁⲓⲟⲥ | ⲡⲁ ⲉⲓⲱⲧ · ϫⲓ ⲙ̅ ⲡⲉⲓ ⲣⲁϣⲉ ⲛⲁⲕ ϫⲉ Fol. 19 *a* 1
ϯⲟⲛϩ̅ · ⲁⲛⲟⲕ ⲡⲉ ⲕⲗⲁⲩⲇⲓⲟⲥ ⲡⲉⲕϣⲏⲣⲉ · ⲛ̅ⲧⲁ ⲙ̅ⲡⲉⲣⲥⲟⲥ ⲗⲍ
ϥⲓⲧ · ϩⲙ̅ ⲡⲡⲟⲗⲁⲓⲙⲟⲥ · ⲁ ⲡⲛⲟⲩⲧⲉ ϩⲁⲣⲉϩ ⲉ ⲣⲟⲓ · ϣⲁ
ⲧⲉⲛⲟⲩ · ⲁϥϯⲥⲁ ϩⲓ ⲭⲁⲣⲓⲥ ⲛⲁⲓ · ⲙ̅ⲡⲙ̅ⲧⲟ ⲉ ⲃⲟⲗ · ⲙ̅
ⲡⲣ̅ⲣⲟ · ⲙⲛ̅ ⲧⲣ̅ⲣⲱ · Ⲛ̅ ϣⲟⲣⲡ̅ ⲙⲉⲛ ⲱ̅ ⲡⲁ ⲉⲓⲱⲧ · ⲁⲣⲓ
ⲡⲡⲉⲧ ⲛⲁⲛⲟⲩϥ ⲙⲛ̅ ⲡϣⲏⲣⲉ ⲙ̅ ⲡⲣ̅ⲣⲟ ⲉⲧ ϩⲁ ⲧⲟⲟⲧⲕ̅ ·
ϯⲥϩⲁⲓ ⲛⲏ ⲱ̅ ⲧⲁ ⲙⲉⲣⲓⲧ ⲙ̅ ⲙⲁⲁⲩ · ⲙⲛ̅ ⲧⲁ ⲥⲱⲛⲉ
ⲑⲉⲃⲁⲥⲓⲁ · ⲙⲛ̅ ⲡⲁ ⲙⲉⲣⲓⲧ ⲛ̅ⲥⲟⲛ ⲑⲉⲟⲇⲱⲣⲟⲥ · ⲡⲁⲛⲁ-
ⲧⲟⲗⲁⲓⲟⲥ · ⲉ ϣⲓⲛⲉ ⲉ ⲣⲱⲧⲛ̅ ⲧⲏⲣⲧⲛ̅ ϩⲙ̅ ⲡϫⲟⲉⲓⲥ · ⲁⲩⲱ |
ⲟⲛ ϯϣⲓⲛⲉ ⲉⲛⲛⲟϭ ⲙ̅ ⲡⲡⲁⲗⲗⲁϯⲟⲛ · ⲙⲛ̅ ⲡⲁ ⲉⲓⲱⲧ · Fol. 19 *a* 2
ⲁⲡⲁ ⲕⲁⲓⲟⲥ · ⲡⲁⲣⲭⲏⲉⲡⲓⲥⲕⲟⲡⲟⲥ · ϯϫⲱ ⲙ̅ⲙⲟⲥ ⲛⲏⲧⲛ̅
ϫⲉ ⲉⲓⲥ ϩⲏⲏⲧⲉ · ϯ ⲛ̅ ϩⲟⲩⲛ ⲉ ⲡⲕⲟⲓⲧⲱⲛ · ⲛ̅ ⲧⲣ̅ⲣⲱ ϩⲛ̅
ⲟⲩⲛⲟϭ ⲛ̅ ϯⲙⲏ · ⲗⲟⲓⲡⲟⲛ ⲧⲛ̅ⲛⲟⲟⲩ ⲡϣⲏⲣⲉ ⲙ̅ ⲡⲣ̅ⲣⲟ
ⲛⲁⲓ · ⲙⲛ̅ ⲡⲁ ϣⲃⲏⲣ ⲑⲉⲟⲇⲱⲣⲟⲥ ⲡⲁⲛⲁⲧⲟⲗⲁⲓⲟⲥ · ⲧⲁⲣⲉ
ⲡⲣ̅ⲣⲟ ⲕⲁⲁⲧ ⲉ ⲃⲟⲗ · ⲛ̅ⲑⲉ ⲛ̅ⲧⲁϥϫⲟⲟⲥ ⲉ ⲣⲟⲓ · Ⲁⲛⲟⲕ
ⲡⲉ ⲕⲗⲁⲩⲇⲓⲟⲥ ⲡⲉⲕϣⲏⲣⲉ · ⲉⲓⲥϩⲁⲓ ϣⲁ ⲣⲟⲕ · ⲱ̅ ⲡⲧⲟⲗⲟ-
ⲙⲁⲓⲟⲥ · ⲡⲁ ⲉⲓⲱⲧ · ϩⲛ̅ ⲧⲁ ϭⲓϫ ⲙ̅ⲙⲓⲛ ⲉⲙⲙⲟⲥ · Ⲁⲩⲱ
ⲁϥⲥϩⲁⲓ ⲛ̅ ϩⲛ̅ⲕⲉ ⲙⲩⲥⲧⲏⲣⲓⲟⲛ · ⲉⲩϩⲛ̅ ⲧⲉϥⲙⲏ|ⲧⲉ · ⲙⲛ̅ Fol. 19 *b* 1
ⲡⲉϥⲉⲓⲱⲧ ⲙⲛ̅ ⲧⲉϥⲙⲁⲁⲩ · ⲁⲩⲱ ⲁϥϯ ⲛ ⲧⲉⲡⲓⲥⲧⲟⲗⲏ ⲙ̅ ⲗⲏ
ⲡⲣ̅ⲣⲟ · ϯⲛⲁⲧⲁⲙⲱⲧⲛ̅ ⲇⲉ ⲱ̅ ⲛⲁⲙⲉⲣⲁⲧⲉ ⲛ̅ ⲛⲉⲛⲧⲁⲩ-
ϣⲱⲡⲉ ⲛ̅ ⲛⲉϩⲣⲱⲙⲁⲓⲟⲥ ϩⲱⲟⲩ · ⲛ̅ ⲧⲉⲣ ⲟⲩⲗⲟ ⲉⲩϩⲙ̅
ⲡⲡⲟⲗⲁⲓⲙⲟⲥ ⲛ̅ⲥⲉⲕⲧⲟⲟⲩ ⲉ ⲧⲉⲩⲡⲟⲗⲓⲥ · Ⲁⲥϣⲱⲡⲉ ⲇⲉ ⲛ̅
ⲧⲉⲣ ⲟⲩϣⲓⲛⲉ · ϩⲙ̅ ⲡⲉⲩⲙⲏⲏϣⲉ · ⲙ̅ⲡ ⲟⲩϩⲉ ⲕⲗⲁⲩⲇⲓⲟⲥ ·
ϩⲓϫⲙ̅ ⲡⲉϥϩⲁⲣⲙⲁ · ⲁⲣⲁ ⲟⲩ ⲡⲉⲛⲧ ⲁϥϣⲱⲡⲉ · ϩⲙ̅
ⲡⲡⲁⲗⲗⲁϯⲟⲛ ⲙ̅ ⲡⲛⲁⲩ ⲉⲧ ⲙ̅ⲙⲁⲩ · ⲛ̅ ⲧⲉⲣ ⲟⲩϫⲟⲟⲥ ·
ϫⲉ ⲁⲩϥⲓ ⲛ̅ ⲕⲗⲁⲩⲇⲓⲟⲥ · Ⲛ̅ ⲧⲉⲣⲉ ⲧⲉϥⲙⲁⲁⲩ ⲇⲉ ⲥⲱⲧⲙ̅
ⲁⲥⲡⲱϩ ⲛ̅ⲛⲉⲥϩⲟⲓⲧⲉ · ⲁⲥⲧⲁⲗⲉ | ⲉⲓⲧⲛ̅ ⲉϫⲛ̅ ⲧⲉⲥⲁⲡⲉ · ⲁⲥ- Fol. 19 *b* 2
ⲧⲱⲗⲕ̅ ⲉ ⲃⲟⲗ ⲙ̅ ⲡⲉⲥⲃⲱ · ⲙⲛ̅ ⲑⲏⲃⲁⲥⲓⲁ ⲧⲉϥⲥⲱⲛⲉ ·
ⲛ̅ϩⲟⲩⲟ ⲇⲉ ⲡⲧⲟⲗⲟⲙⲁⲓⲟⲥ · ⲡⲉϥⲉⲓⲱⲧ · ⲙⲛ̅ ⲛ̅ⲛⲟϭ ⲙ̅
ⲡⲡⲁⲗⲗⲁϯⲟⲛ · ⲁ ⲛⲉϥϩⲙ̅ϩⲁⲗ ⲡⲱϩ ⲛ̅ⲛⲉⲩϩⲟⲓⲧⲉ · ⲛⲉ-
ⲭⲏⲣⲁ ⲙⲛ̅ ⲛ̅ⲟⲣⲫⲁⲛⲟⲥ ⲛⲉⲩⲣⲓⲙⲉ ⲉ ⲣⲟϥ ⲧⲏⲣⲟⲩ · ⲉ
ⲧⲃⲉ ⲙ̅ ⲙⲛ̅ⲧⲛⲁ ⲉ ⲛⲉϥⲉⲓⲣⲉ ⲙ̅ⲙⲟⲟⲩ ⲙⲛ̅ ⲛⲉⲧ ϣⲁⲁⲧ ·
Ⲉⲛ ⲉⲣⲉ ⲧⲉϥⲙⲁⲁⲩ ⲣⲓⲙⲉ ⲉ ⲣⲟϥ · ⲉⲥϫⲱ ⲙ̅ⲙⲟⲥ · ϫⲉ
Ⲟⲩⲟⲓ ⲛⲁⲓ · ⲡⲁ ⲙⲉⲣⲓⲧ ⲛ̅ ϣⲏⲣⲉ · ⲕⲗⲁⲩϯⲟⲥ · ⲉⲓⲣ ⲟⲩ

ⲙ̅ ⲡⲟⲗⲁⲓⲙⲟⲥ· ⲁⲛⲟⲕ ⲡⲁ ϣⲏⲣⲉ· ⲟⲩⲇⲉ ϩⲁⲣⲙⲁ ⲛ̅ⲣ̅ⲣ̅ⲟ̅
Fol. 20 *a* 1 ⲛ̅ⲧⲁⲩϥⲓⲧⲕ̅ ⲛ̅ ⲧⲟⲟⲧ· Ⲛⲓⲙ ⲡⲉ ⲡⲣⲱⲙⲉ· | ⲛ̅ ϣⲁⲓϩⲉ ⲉ
ⲗ̅ⲑ̅ ⲣⲟϥ ⲟⲛ· ⲧⲁϫⲟⲟⲩ ⲙ̅ ⲡⲁ ϣⲓⲛⲉ ⲛⲁⲕ ⲛ̅ⲙ̅ⲙ̅ⲁϥ· ⲑⲩ-
ⲃⲁⲥⲓⲁ ⲧⲉⲕⲥⲱⲛⲉ ⲗⲩⲡⲏ· ⲁⲩⲱ ⲥⲣⲓⲙⲉ· ϩⲛ̅ ⲟⲩⲥⲓϣⲉ·
ⲉ ⲧⲃⲉ ⲡⲉⲕⲙ̅ⲕⲁϩ ⲛ̅ϩⲏⲧ· ⲱ̅ ⲡⲁ ⲙⲉⲣⲓⲧ ⲛ̅ ϣⲏⲣⲉ· Ⲧⲁⲣ
ⲟⲩ ⲛ̅ⲧⲉⲕϭⲣⲏⲡⲉ ⲛ̅ⲣ̅ⲣ̅ⲟ̅· ⲛ̅ⲧⲁⲩϩⲟⲩⲣⲱⲱⲧ· ⲉ ⲡⲉⲕϩⲟ
ⲉⲧ ϩⲟⲗϭ̅· ⲧⲁⲣ ⲟⲩ ⲙ̅ ⲡⲉⲕⲙⲁⲛⲓⲁⲕⲏⲥ ⲛ̅ ⲛⲟⲩⲃ· ⲡⲁ
ϣⲏⲣⲉ· ⲛ̅ⲧⲁⲩϫⲓⲧⲕ̅ ⲉⲩⲭⲱⲣⲁ ⲛ̅ ϣⲙ̅ⲙ̅ⲟ· Ϩⲁⲙⲟⲓ ⲉ
ⲛⲉ ⲛⲧⲁⲓⲉⲓⲙⲉ ⲉ ⲡⲃⲁⲣⲃⲁⲣⲟⲥ· ⲛ̅ⲧⲁϥⲃⲓⲧⲕ̅· ⲧⲁϯ ⲛ̅ ⲧⲉ-
ⲕⲁⲥⲟⲩ ⲛⲁϥ· ⲛ̅ ϥⲧⲟⲟⲩ ⲛ̅ⲕⲱⲃ· ⲁⲣⲏⲩ ϣⲁϥⲕⲁⲁⲕ ⲛⲁⲓ
ⲉ ⲃⲟⲗ· ⲁⲣⲁ ⲛⲓⲙ ⲡⲉ ⲡⲃⲁⲣⲃⲁⲣⲟⲥ ⲉⲑⲟⲟⲩ· ⲛ̅ⲧⲁϥⲛⲁⲩ
Fol. 20 *a* 2 ⲉ ⲕⲗⲁⲩϯⲟⲥ ⲡⲁ | ϣⲏⲣⲉ· ⲁϥⲉⲣ ⲡⲉⲑⲟⲟⲩ ⲛⲁϥ· ϯⲧⲉⲣⲕⲟ
ⲙ̅ⲙⲱⲧⲛ̅ ⲛⲉⲥⲧⲣⲁⲧⲩⲗⲁⲧⲏⲥ· ⲙ̅ ⲡⲣ̅ⲣ̅ⲟ̅ ⲙⲛ̅ ⲛⲛⲟϭ ⲙ̅
ⲡⲁⲗⲗⲁϯⲟⲛ· ⲉϣⲱⲡⲉ ⲁⲩⲙⲟⲟⲩⲟⲩⲧ· ⲙ̅ ⲡⲁ ⲙⲉⲣⲓⲧ ⲛ̅
ϣⲏⲣⲉ ⲕⲗⲁⲩⲇⲓⲟⲥ· ⲧⲁⲙⲟⲓ ⲉ ⲧⲙⲉ· ⲧⲁϯ ⲛ̅ⲛⲁⲭⲣⲏⲙⲁ·
ⲧⲏⲣⲟⲩ· ϣⲁⲛ ⲧⲁⲉⲓⲛⲉ ⲙ̅ ⲡⲉϥⲥⲱⲙⲁ· ⲉ ⲡⲁ ⲏⲓ· ⲧⲁϯ
ⲛ̅ ⲟⲩⲕⲁⲓⲥⲉ ⲉ ⲣⲟϥ· ⲕⲁⲧⲁ ⲡⲉϥⲙ̅ⲡϣⲁ· ⲧⲁⲕⲁⲁϥ ϩⲙ̅
ⲡⲧⲁⲫⲟⲥ ⲛ̅ ⲛ̅ⲣ̅ⲣ̅ⲱⲟⲩ· ⲧⲁⲣⲓⲙⲉ ⲉ ϩⲣⲁⲓ ⲉ ϫⲱϥ· ⲁⲣⲏⲩ
ϣⲁⲓⲥⲟⲗⲥⲗ̅ ⲛ̅ ⲟⲩⲕⲟⲩⲓ· ⲙ̅ⲙⲟⲛ· ⲙⲉ ⲥⲟⲗⲥⲗ̅· ⲛⲁϣⲱⲡⲉ
ⲛ̅ ⲟⲩⲣ̅ⲣ̅ⲱ· ⲉⲩϣⲁⲛϥⲓ ⲙ̅ ⲡⲉⲥϫⲟⲉⲓⲥ· ⲙⲉ ⲥⲟⲗⲥⲗ̅ ϩⲛ̅
Fol. 20 *b* 1 ⲟⲩⲡⲁⲗⲗⲁϯⲟⲛ ⲉⲣⲉ ⲡⲣⲓⲙⲉ | ϣⲟⲟⲡ ⲛ̅ϩⲏⲧϥ̅· Ⲙⲉ ⲥⲟⲗⲥⲗ̅
ⲙ̅ ⲛ̅ⲧⲉ ⲟⲩϩⲁⲗⲏⲧ ⲉⲩϣⲁⲛⲧⲱⲣⲡ̅ ⲛ̅ ⲛⲉϥⲙⲁⲥ· Ⲙⲉ ⲥⲟⲗⲥⲗ̅
ⲛ̅ⲧⲉ ⲟⲩⲟⲣⲫⲁⲛⲟⲥ· ⲉⲩϣⲁⲛϥⲓ ⲛ̅ ⲛⲉϥⲉⲓⲟⲧⲉ· Ⲙⲉ ⲟⲩⲛⲟϥ
ⲛ̅ ⲧⲉⲭⲏⲣⲁ· ⲉⲩϣⲁⲛϥⲓ ⲙ̅ ⲡⲉⲥⲃⲟⲏⲑⲟⲥ· Ⲙⲉ ⲛⲧⲁⲓⲥⲟⲗⲥⲗ̅
ⲙ̅ⲙⲁⲩ ϩⲱ· ⲟⲩⲇⲉ ⲟⲩⲛⲟϥ· ⲛ̅ⲧⲁⲩϥⲓ ⲙ̅ ⲡⲁ ⲙⲉⲣⲓⲧ ⲛ̅
ϣⲏⲣⲉ ⲕⲗⲁⲩϯⲟⲥ· Ⲙⲉⲛⲧⲁⲕ ⲥⲟⲛ ⲙ̅ⲙⲁⲩ· ⲱ̅ ⲡⲁ ϣⲏⲣⲉ·
ⲧⲁϫⲓ ⲙ̅ ⲡⲁ ⲥⲟⲗⲥⲗ̅ ⲉ ⲃⲟⲗ ⲛ̅ϩⲏⲧϥ̅· Ⲁⲗⲏⲑⲱⲥ ⲉⲓϭⲱϣⲧ̅
ⲉ ⲣⲟⲕ ⲙ̅ⲙⲏⲛⲉ· ⲛ̅ⲑⲉ ⲛ̅ ⲟⲩⲁⲅⲅⲉⲗⲟⲥ ⲛ̅ⲧⲉ ⲡⲛⲟⲩⲧⲉ·
Ⲙⲉⲛⲧ ⲁⲓⲥⲟⲗⲥⲗ̅ ⲙ̅ⲙⲁⲩ ⲛ̅ ⲕⲉ ⲥⲟⲡ· ⲉ ⲧⲃⲉ ϫⲉ· ⲁⲩϩⲟⲩ-
Fol. 20 *b* 2 ⲣⲱⲱⲧ ⲉ ⲡⲉⲕϩⲟ ⲉⲧ ϩⲟⲗϭ̅ :— | Ϩⲁⲡⲗⲱⲥ ⲛⲉⲣⲉ ⲟⲩⲛⲟϭ
ⲛ̅ ⲣⲓⲙⲉ· ⲥⲏⲣ ⲉ ⲃⲟⲗ ϩⲛ̅ ⲧⲡⲟⲗⲓⲥ ⲧⲏⲣⲥ̅· ⲁⲛϯⲟ̅ⲭⲓⲁ·
Ϩⲟⲓⲛⲉ ϫⲉ ⲡⲉⲓ ⲥⲁⲉ̅ ϩⲙ̅ ⲡⲉϥⲡⲣⲟⲥⲟⲡⲟⲛ· Ϩⲛ̅ⲕⲟⲟⲩⲉ ϫⲉ
ⲡⲉⲓ ϣⲏⲣⲉ ϣⲏⲙ· ⲉϥⲧⲟⲟⲙⲉ ⲉ ⲧⲙ̅ⲛ̅ⲧⲣ̅ⲣⲟ· ϩⲛ̅ⲕⲟⲟⲩⲉ
ϫⲉ ⲡⲉⲓ ⲥⲡⲁⲑⲁⲣⲓⲟⲥ· ⲛⲉⲣⲉ ⲡⲣ̅ⲣ̅ⲟ̅ ⲟⲩⲟⲗⲥ̅ ⲛ̅ϩⲏⲧ· ⲉ ⲧⲃⲉ

ⲧⲗⲩⲡⲏ ⲛ̄ ⲕⲗⲁⲩϯⲟⲥ ⲡⲉϥϣⲏⲣⲉ· Ⲉⲓⲧⲁ ⲙⲛ̄ⲛ̄ⲥⲁ ⲛⲁⲓ· ⲁ
ⲥⲟⲧⲉⲣⲓⲭⲟⲥ ⲡⲉⲓⲱⲧ ⲛ̄ ⲁⲡⲁ ⲑⲉⲟⲇⲱⲣⲟⲥ· ϯ ⲙ̄ ⲡⲉϥ ⲟⲩⲟⲓ
ⲉ ⲣⲟϥ· ⲉϥϫⲱ ⲙ̄ⲙⲟⲥ· ϫⲉ ⲡⲣ̄ⲣⲟ ⲱⲛ̄ϩ ϣⲁ ⲉⲛⲉϩ· ⲉϣϫⲉ
ⲁⲩϥⲓ ⲛ̄ ⲕⲗⲁⲩϯⲟⲥ ⲡⲉⲕϣⲏⲣⲉ· ⲉⲓⲥ ⲡϣⲏⲣⲉ ⲙ̄ ⲡⲣ̄ⲣⲟ ⲛ̄
ⲙ̄ⲡⲉⲣⲥⲟⲥ· ⲁⲩⲛ̄|ⲧϥ̄ ϣⲁ ⲣⲟⲕ ϩⲱⲱⲕ ⲉϥⲟⲛⲉϩ· ⲙⲁ ϫⲓ- Fol. 21 *a* 1 ⲙ̄ⲁ̄
ⲛⲟⲩϥ· ⲧⲁⲣⲉϥⲥϩⲁⲓ ϣⲁ ⲡⲉϥⲉⲓⲱⲧ· ⲉϣⲱⲡⲉ ⲕⲗⲁⲩⲇⲓⲟⲥ
ⲡⲉⲕϣⲏⲣⲉ ⲟⲛ̄ϩ· ϥⲛⲁⲕⲁⲁϥ ⲛⲁⲕ ⲉ ⲃⲟⲗ· ⲛⲅ̄ ⲕⲱ ⲙ̄
ⲡⲉϥϣⲏⲣⲉ ⲉ ⲃⲟⲗ ϩⲱⲱϥ· Ⲡⲉϫⲉ ⲡⲣ̄ⲣⲟ ⲛ̄ ⲥⲟⲧⲉⲣⲓⲭⲟⲥ·
ϫⲉ ϫⲟⲟⲩ ⲛ̄ⲥⲁ· ⲡⲁⲣⲭⲏⲉⲡⲓⲥⲕⲟⲡⲟⲥ· ⲛϥ̄ⲉⲓⲛⲉ ⲙ̄ ⲡϣⲏⲣⲉ
ⲙ̄ ⲡⲣ̄ⲣⲟ· ⲛ̄ⲛ̄ ⲙ̄ⲡⲉⲣⲥⲟⲥ· ϣⲁ ⲣⲟⲕ ⲛϥ̄ⲥϩⲁⲓ ϣⲁ
ⲡⲉϥⲉⲓⲱⲧ· ⲉ ⲧⲃⲉ ⲡⲁ ⲙⲉⲣⲓⲧ ⲛ̄ ϣⲏⲣⲉ ⲕⲗⲁⲩⲇⲓⲟⲥ·
Ⲉⲧⲉⲓ (*sic*) ⲙⲛ̄ⲛ̄ⲥⲁ ⲛⲁⲓ· ⲉⲩⲥⲕⲉⲡⲧⲉⲓ ⲙ̄ⲙⲟⲟⲩ ⲙⲛ̄ ⲛⲉⲩ-
ⲉⲣⲏⲩ ⲛ̄ ⲟⲩⲉⲃⲟⲧ· ⲁ ⲛⲉⲥϩⲁⲓ ⲛ̄ ⲕⲗⲁⲩϯⲟⲥ· ⲉⲓ ⲉ ϩⲟⲩⲛ
ⲉ ⲧⲁⲛϯⲟⲭⲓⲁ· Ϣ̄ ϫⲉ ⲁⲟⲩⲏⲣ ⲛ̄ | ⲣⲁϣⲉ· ϣⲱⲡⲉ ⲙ̄ Fol. 21 *a* 2
ⲡⲉϩⲟⲟⲩ ⲉⲧ ⲙ̄ⲙⲁⲩ· ⲛ̄ ⲧⲉⲣ ⲟⲩⲱϣ ⲛ̄ ⲛⲉⲥϩⲁⲓ ⲁⲩϩⲉ
ⲉ ⲡⲣⲁⲛ· ⲙ̄ ⲡϩⲁⲅ̄ⲓⲟⲥ ⲑⲉⲟⲇⲱⲣⲟⲥ ⲡⲁⲛⲁⲧⲟⲗⲁⲓⲟⲥ· ⲉⲣⲉ
ⲡⲣ̄ⲣⲟ ⲁⲓⲧⲉⲓ ⲙ̄ⲙⲟϥ· ⲉ ⲧⲣⲉ ϥⲛⲁⲩ ⲉ ⲣⲟϥ· Ⲁⲩⲱ
ⲛ̄ⲧⲉⲩⲛⲟⲩ ⲁ ⲡⲣ̄ⲣⲟ ϫⲟⲟⲩ ⲛ̄ⲥⲱϥ· ⲙⲛ̄ ⲡⲉϥⲁⲣⲓⲑⲙⲟⲥ
ⲙ̄ⲙⲁⲧⲟⲓ· ⲛⲉϥϩⲛ̄ ⲙ̄ ⲙⲁ ⲛ̄ ⲣⲟⲉⲓⲥ ⲅⲁⲣ ⲉ ⲧⲃⲉ ⲛ̄ⲃⲁⲣ-
ⲃⲁⲣⲟⲥ· ⲉ ⲃⲟⲗ ϫⲉ ⲙ̄ⲡⲉ ϥⲉⲓⲙⲉ· ⲉ ⲡⲉⲛⲧ ⲁϥϣⲱⲡⲉ ⲛ̄
ⲕⲗⲁⲩϯⲟⲥ· Ⲉⲓⲧⲁ ⲙⲛ̄ⲛ̄ⲥⲁ ⲛⲁⲓ· ⲁ ⲡϩⲁⲅ̄ⲓⲟⲥ ⲑⲉⲟⲇⲱⲣⲟⲥ·
ⲉⲓ ⲉ ⲡⲡⲁⲗⲗⲁϯⲟⲛ· ⲁϥϩⲉ ⲛ̄ⲡϩⲙ̄ϩⲁⲗ ⲛ̄ ⲕⲗⲁⲩϯⲟⲥ· ⲉⲣⲉ
ⲛⲉⲩϩⲟⲓⲧⲉ ⲡⲏϩ ϩⲓⲱⲟⲩ· ⲁϥϣⲓⲛⲉ ϫⲉ ⲟⲩ ⲡⲉⲧ ϣⲟⲟⲡ·
ⲉⲧⲉⲧⲛ̄ⲉⲣ | ϩⲏⲃⲉ ⲛ̄ ⲧⲉⲓ ϩⲉ ⲧⲏⲣⲥ̄· ⲁⲩⲱ ⲁⲩⲧⲁⲙⲟϥ· ⲉ Fol. 21 *b* 1 ⲙ̄ⲃ̄
ⲡⲉⲛⲧ ⲁϥϣⲱⲡⲉ ⲙ̄ ⲡϩⲁⲅ̄ⲓⲟⲥ ⲕⲗⲁⲩϯⲟⲥ· ⲁϥⲣⲓⲙⲉ ⲙ̄ⲙⲁⲧⲉ
ⲉ ⲧⲃⲏⲏⲧϥ̄· ⲁϥⲃⲱⲕ ⲇⲉ ⲉ ϩⲟⲩⲛ ϣⲁ ⲡⲣ̄ⲣⲟ· ⲁϥⲁⲍⲓⲟⲩ
ⲙ̄ⲙⲟϥ ⲉ ⲧⲃⲉ ⲕⲗⲁⲩϯⲟⲥ ⲡⲉϥϣⲏⲣⲉ· Ⲉⲛⲉϥϫⲱ ⲙ̄ⲙⲟⲥ
ⲛⲁϥ· ϫⲉ ⲙ̄ⲡⲉⲣ ⲙ̄ⲕⲁϩ ⲛ̄ϩⲏⲧ ⲱ̄ ⲡⲣ̄ⲣⲟ ⲁⲛⲟⲕ ⲡⲉⲧ-
ⲛⲁⲃⲱⲕ· ⲧⲁⲉⲓⲛⲉ ⲛ̄ ⲕⲗⲁⲩⲇⲓⲟⲥ ⲡⲁ ⲥⲟⲛ ⲛⲁⲕ· ⲉ ⲡⲉⲓ
ⲙⲁ· ⲉⲥϣⲁⲛϣⲱⲡⲉ ⲧⲁⲙⲟⲩ ⲛ̄ⲙ̄ⲙⲁϥ· ϯⲛⲁⲕⲁ ⲧⲟⲟⲧ
ⲉ ⲃⲟⲗ ⲁⲛ· ϣⲁⲛ ⲧⲁⲉⲛⲧϥ̄ ϣⲁ ⲣⲟⲕ· Ⲡⲣ̄ⲣⲟ ⲇⲉ ⲁϥⲉⲣ
ⲡⲥⲟϥⲧⲉ ⲧⲏⲣϥ̄· ⲛ̄ ⲧⲉⲩⲁⲡⲟⲇⲩ|ⲙⲓⲁ· ⲉ ⲧⲣⲉ ⲩⲧⲁⲁⲩ ⲉ Fol. 21 *b* 2
ⲧⲉϩⲓⲏ· Ⲧⲣ̄ⲣⲱ ⲇⲉ ⲙ̄ⲡⲉ ⲥⲛⲓⲑⲉ· ⲛ̄ϫⲟⲟⲩ ⲛ̄ ⲑⲉⲟⲇⲱⲣⲟⲥ·
ⲉ ⲧⲃⲉ ⲡⲉⲥϣⲏⲣⲉ ϫⲉ ⲛ̄ⲛⲉ ⲡⲣ̄ⲣⲟ ⲁⲙⲁϩⲧⲉ ⲙ̄ⲙⲟϥ· ⲉ

ⲃⲟⲗ ϫⲉ ⲡⲉⲥⲙⲉ ⲙ̄ⲙⲟϥ ⲉ ⲡⲉϩⲟⲩⲟ· Ⲉⲛⲉ ⲥϫⲱ ⲇⲉ
ⲙ̄ⲙⲟⲥ ϫⲉ ⲉⲓⲉⲣ ϩⲟⲧⲉ· ϫⲉ ⲙ̄ⲡⲉ ⲡⲣ̄ⲣⲟ ⲁⲙⲁϩⲧⲉ ⲙ̄ⲙⲟⲟⲩ·
ⲙ̄ ⲡⲉⲥⲛⲁⲩ· ⲧⲁⲗⲩⲡⲏ ⲉ ⲧⲃⲏⲏⲧⲟⲩ· Ⲉⲓⲧⲁ ⲁ ⲡⲣ̄ⲣⲟ
ϫⲟⲟⲩ ⲛ̄ⲥⲁ ⲡⲁⲣⲭⲏⲉⲡⲓⲥⲕⲟⲡⲟⲥ· ⲡⲉϫⲁϥ ⲛⲁϥ ϫⲉ ⲡⲁ
ⲉⲓⲱⲧ ⲉⲧ ⲟⲩⲁⲁⲃ· ϩⲁⲣⲉϩ ⲉ ⲡϣⲏⲣⲉ· ⲙ̄ ⲡⲣ̄ⲣⲟ ⲉⲧ
ϭⲁⲗⲏⲩ ⲉ ⲣⲟⲕ· ϣⲁⲛ ⲧⲁϣⲓⲛⲉ ⲛ̄ⲥⲱϥ ⲛ̄ⲧⲟⲟⲧⲕ̄· ⲉ ⲧⲃⲉ·
Fol. 22 *a* 1 ⲙⲅ̄ ϫⲉ ⲁⲓⲉⲣ ⲉⲓⲣⲏ̈ⲛⲏ ⲙⲛ̄ ⲡⲉϥⲉⲓⲱⲧ· ⲛϥ̄ϫⲟⲟⲩ | ⲙ̄ ⲡⲁ
ϣⲏⲣⲉ ⲛⲁⲓ· ⲧⲁϫⲟⲟⲩ ⲙ̄ ⲡⲉϥϣⲏⲣⲉ ⲛⲁϥ ϩⲱⲱϥ· Ⲡⲉϫⲉ
ⲡⲁⲣⲭⲏⲉⲡⲓⲥⲕⲟⲡⲟⲥ ⲛⲁϥ· ϫⲉ ⲡⲁ ϫⲟⲉⲓⲥ ⲡⲣ̄ⲣⲟ ϥϩⲙ̄
ⲡⲉⲡⲓⲥⲕⲟⲡⲓⲟⲛ ⲛ̄ⲙ̄ⲙⲁⲓ· ⲟⲩⲁⲣⲁⲡⲩⲍⲁ ⲛ̄ ⲟⲩⲱⲧ ⲧⲉⲧ ⲉⲓ·
ⲟⲩⲱⲙ ϩⲓ ϫⲱⲥ ⲛ̄ⲙ̄ⲙⲁϥ· ⲁⲗⲗⲁ ⲉⲣⲉ ⲟⲩⲙⲁⲉⲓⲛ ⲛ̄
ⲥⲟⲧⲉ· ⲛ̄ⲧⲉ ⲡⲡⲟⲗⲁⲓⲙⲟⲥ· ϩⲙ̄ ⲡⲉϥⲥⲡⲓⲣ ⲉϥϣⲱⲛⲉ ⲉ
ⲣⲟϥ· Ⲡⲉϫⲉ ⲡⲣ̄ⲣⲟ ⲙ̄ ⲡⲁⲣⲭⲏⲉⲡⲓⲥⲕⲟⲡⲟⲥ· ϫⲉ ϫⲓ ⲛ
ⲟⲩⲥⲁⲉⲓⲛ· ⲛ̄ⲧⲉ ⲧⲙⲛ̄ⲧⲣ̄ⲣⲟ ⲉ ϩⲟⲩⲛ ϣⲁ ⲣⲟϥ· ⲛϥ̄ⲧⲁⲗ-
ϭⲟϥ ϣⲁⲛ ⲧⲁⲥϩⲁⲓ· ϣⲁ ⲡⲉϥⲉⲓⲱⲧ· ⲁⲩⲱ ⲥⲃ̄ⲧⲱⲧⲕ̄ ⲱ̄
ⲡⲁ ⲉⲓⲱⲧ· ⲛⲅ̄ ⲃⲱⲕ ⲉ ⲣⲁⲧϥ̄ ⲙ̄ ⲡⲣ̄ⲣⲟ· ⲛ̄ ⲙ̄ⲡⲉⲣⲥⲟⲥ·
Fol. 22 *a* 2 ⲛⲅ̄ | ⲉⲓⲛⲉ ⲛⲁⲓ ⲛ̄ ⲕⲗⲁⲩϯⲟⲥ ⲡⲁ ϣⲏⲣⲉ· ϫⲉ ϯⲗⲩⲡⲏ
ⲉ ⲧⲃⲏⲏⲧϥ̄· Ⲡⲉϫⲉ ⲡⲁⲣⲭⲏⲉⲡⲓⲥⲕⲟⲡⲟⲥ ⲛⲁϥ· ϫⲉ ⲕⲁⲧⲁ
ⲧⲉⲕⲕⲉⲗⲉⲩⲥⲓⲥ· ⲡⲉⲕϩⲙ̄ϩⲁⲗ ⲛⲁⲃⲱⲕ ϩⲛ̄ ⲟⲩϭⲉⲡⲏ· Ⲁⲩⲱ
ⲁ ⲡⲣ̄ⲣⲟ ⲧⲛ̄ⲛⲟⲟⲩ ⲛ̄ ϩⲙ̄ⲙⲁⲧⲟⲓ· ⲙⲛ̄ ϩⲛ̄ⲛⲟϭ ⲛ̄ⲧⲉ
ⲧⲙⲛ̄ⲧⲣ̄ⲣⲟ· ⲙⲛ̄ ⲟⲩⲙⲏⲏϣⲉ ⲛ̄ⲧⲁⲉⲓⲟ ⲉⲧ ⲟϣ· ⲙⲛ̄ ⲡϩⲁ-
ⲅⲓⲟⲥ ⲑⲉⲟⲇⲱⲣⲟⲥ· ⲁⲩⲱ ⲁⲩⲕⲱ ⲙ̄ ⲡϣⲏⲣⲉ· ⲙ̄ ⲡⲣ̄ⲣⲟ
ⲛ̄ ⲙ̄ⲡⲉⲣⲥⲟⲥ ϩⲁ ⲧⲟⲟⲧ· ⲁⲛⲟⲕ ⲡⲉⲓ ⲉⲗⲁⲭⲓⲥⲧⲟⲥ ⲑⲉⲟ-
ⲇⲱⲣⲟⲥ· ⲉⲓⲟ ⲙ̄ ⲡⲣⲉⲥⲃⲩⲧⲉⲣⲟⲥ· ⲉⲓϣⲟⲟⲡ ϩⲁ ⲑⲩⲡⲟ-
ⲧⲁⲕⲏ· ⲙ̄ ⲡⲁ ⲉⲓⲱⲧ· ⲁⲡⲁ ⲕⲁⲓⲟⲥ ⲡⲁⲣⲭⲏⲉⲡⲓⲥⲕⲟⲡⲟⲥ·
Fol. 22 *b* 1 ⲙⲇ̄ ⲉⲓⲟ ⲛⲁϥ ⲛ̄ ⲇⲓⲁⲧⲟⲭⲟⲥ· Ⲉⲓⲧⲁ ⲙⲛ̄ⲛ̄ⲥⲁ ⲛⲁⲓ | ⲁⲩⲧⲁⲁⲩ
ⲉ ⲧⲉϩⲓⲏ· ϫⲉ ⲉⲩⲛⲁⲃⲱⲕ ⲉ ⲧⲉⲩⲭⲱⲣⲁ ⲛ̄ⲛ̄ ⲙ̄ⲡⲉⲣⲥⲟⲥ·
ⲁⲩⲱ ⲁⲩϫⲟⲟⲩ· ⲛ̄ ϩⲛ̄ⲃⲁⲓϣⲓⲛⲉ ϩⲓⲑⲏ ⲙ̄ⲙⲟⲟⲩ· ϫⲉ ⲉⲩⲉ-
ⲧⲁⲙⲉ ⲡⲣ̄ⲣⲟ ⲛ̄ⲛ̄ ⲙ̄ⲡⲉⲣⲥⲟⲥ ϫⲉ ⲛ̄ⲧⲁⲩⲉⲓ ⲉⲩⲉⲓⲣⲏⲛⲏ·
Ⲡⲣ̄ⲣⲟ ⲇⲉ ⲁϥⲕⲩⲣⲓⲍⲉ· ⲛ̄ ⲛⲁ ⲧⲡⲟⲗⲓⲥ ⲧⲏⲣⲟⲩ· ϫⲉ
ⲁⲙⲏⲓⲧⲛ̄ ⲉ ⲃⲟⲗ ϩⲏⲧϥ̄· ⲙ̄ ⲡⲁ ϣⲏⲣⲉ· ⲙⲛ̄ ⲑⲉⲟⲇⲱ-
ⲣⲟⲥ ⲡⲁⲛⲁⲧⲟⲗⲁⲓⲟⲥ· ⲛ̄ⲧⲁϥⲉⲓ ⲛ̄ⲙ̄ⲙⲁϥ ⲛ̄ⲧⲛ̄ⲉⲓⲙⲉ· ϫⲉ
ⲟⲩⲁϣ ⲙ̄ ⲙⲓⲛⲉ ⲡⲉ· Ⲁⲩⲱ ⲁⲩⲥⲧⲉⲫⲁⲛⲟⲩ ⲙ̄ ⲡⲡⲁⲗⲗⲁ-
ϯⲟⲛ ϩⲓⲑⲏ ⲙ̄ⲙⲟⲟⲩ· ⲁ ⲡⲙⲏⲏϣⲉ ⲛ̄ ⲧⲡⲟⲗⲓⲥ ⲉⲓ ⲉ ⲃⲟⲗ·

ϩⲁ ⲧⲉⲩϩⲏ· ϫⲉ ⲛⲉ ⲁ ⲡⲣⲁⲛ ⲙ̅ ⲡⲁⲛⲁⲧⲟⲗⲁⲓ|ⲟⲥ ⲉⲣ ⲥⲟⲉⲓⲧ· Fol. 22 *b* 2
ⲉⲓⲧⲁ ⲛ̅ ⲧⲉⲣ ⲟⲩⲉⲓ ⲉ ϩⲟⲩⲛ· ⲁ ⲧⲡⲟⲗⲓⲥ ⲧⲏⲣⲥ̅· ⲛ̅ⲟⲉⲓⲛ
ϣⲁ ϩⲣⲁⲓ ⲉ ⲛⲉϩⲓⲟⲙⲉ· ⲁⲩⲃⲱⲕ ⲉ ϩⲣⲁⲓ ⲉ ⲛⲉϫⲉⲛⲉⲡⲱⲣ·
Ⲡⲁⲣⲭⲏⲉⲡⲓⲥⲕⲟⲡⲟⲥ ⲇⲉ ⲁⲩⲙⲏⲛⲉⲩⲉ ⲙ̅ⲙⲟϥ ⲙ̅ ⲡⲣ̅ⲣⲟ·
ⲡⲉϫⲉ ⲡⲣ̅ⲣⲟ ⲛⲁϥ· ϫⲉ ⲛ̅ⲧⲟⲕ ⲡⲉ ⲡⲛⲟⲩⲧⲉ ⲛ̅ ⲛⲉϩⲣⲱ-
ⲙⲁⲓⲟⲥ· ⲉⲕⲫⲟⲣⲉⲓ ⲙ̅ ⲡⲉⲓ ⲥⲭⲏⲙⲁ ⲛ̅ ⲧⲉⲓ ⲙⲓⲛⲉ· Ⲡⲉϫⲉ
ⲡⲁⲣⲭⲏⲉⲡⲓⲥⲕⲟⲡⲟⲥ ⲛⲁϥ· ϫⲉ ⲙ̅ⲙⲟⲛ ⲁⲛⲟⲕ ⲁⲛ ⲡⲉ
ⲡⲛⲟⲩⲧⲉ· ⲙⲉ ⲅⲉⲛⲟⲓⲧⲟ· ⲁⲗⲗⲁ ⲁⲛⲟⲕ ⲡⲉ ⲡⲉϥⲁⲣ-
ⲭⲓⲉⲣⲉⲩⲥ· ⲉⲓϣⲗ̅ⲗ̅ ϩⲁ ⲛ̅ⲛⲟⲃⲉ ⲙ̅ ⲡⲗⲁⲟⲥ· ⲛ̅ⲧⲁ ⲡⲣ̅ⲣⲟ
ⲛ̅ ⲛⲉϩⲣⲱⲙⲁⲓⲟⲥ· ϫⲟⲟⲩⲧ ϣⲁ ⲣⲟⲕ· ⲉ ⲧⲣⲁ ϯ ⲛⲁⲕ ⲛ̅|
ⲛⲉⲓ ⲇⲱⲣⲟⲛ ⲙⲛ̅ ⲡϣ̅ⲙ̅ⲛⲟⲩⲃⲉ· ⲙ̅ ⲡⲉⲕϣⲏⲣⲉ ϫⲉ ϥⲟⲛϩ̅· Fol. 23 *a* 1 ⲙ̅ⲉ̅
Ⲡⲉϫⲉ ⲡⲣ̅ⲣⲟ ⲛⲁϥ ϫⲉ ⲉ ⲧⲃⲉ ⲟⲩ ⲙ̅ⲡⲉ ⲕⲉⲓⲛⲉ ⲙ̅ⲙⲟϥ
ⲛⲁⲓ· Ⲡⲉϫⲉ ⲡⲁⲣⲭⲏⲉⲡⲓⲥⲕⲟⲡⲟⲥ ⲛⲁϥ· ϫⲉ ⲉϥϩⲛ̅ ⲧⲁⲛ-
ϯⲟⲭⲓⲁ· ⲁⲗⲗⲁ ϣⲉ ⲡⲉⲕⲟⲩϫⲁⲓ· ⲱ̅ ⲡⲣ̅ⲣⲟ· ⲉⲓⲥ ⲡⲉⲕ-
ϣⲏⲣⲉ ⲟⲛϩ̅· ⲁⲩⲱ ⲁⲛⲟⲕ ⲡⲉⲧ ⲛⲁⲉⲓⲛⲧϥ̅ ϣⲁ ⲣⲟⲕ· ⲉⲕ-
ϣⲁⲛⲕⲱ ⲛ̅ ⲕⲗⲁⲩϯⲟⲥ ⲛⲁⲓ ⲉ ⲃⲟⲗ· Ⲡⲉϫⲉ ⲡⲣ̅ⲣⲟ ⲛⲁϥ
ϫⲉ ⲉϥⲧⲱⲛ· ⲑⲉⲟⲇⲱⲣⲟⲥ ⲡⲁⲛⲁⲧⲟⲗⲁⲓⲟⲥ· ⲧⲁⲛⲁⲩ ⲉ
ⲣⲟϥ· Ⲡⲉϫⲉ ⲡⲁⲣⲭⲏⲉⲡⲓⲥⲕⲟⲡⲟⲥ ⲛⲁϥ· ϫⲉ ϥ̅ϩⲓ ⲃⲟⲗ
ⲉ ⲡⲡⲁⲗⲗⲁϯⲟⲛ· ⲙⲛ̅ ⲛⲉⲥϩⲁⲓ ⲙ̅ ⲡⲣ̅ⲣⲟ· ⲙⲛ̅ ⲡⲛⲟϭ ⲙ̅
ⲡⲡⲁⲗ|ⲗⲁϯⲟⲛ· ⲁⲩⲱ ⲛ̅ⲧⲉⲩⲛⲟⲩ ⲁ ⲡⲣ̅ⲣⲟ ⲟⲩⲉϩⲥⲁϩⲛⲉ· Fol. 23 *a* 2
ⲉ ⲧⲣⲉ ⲩⲛⲧϥ̅ ⲛⲁϥ· Ⲡⲉϫⲉ ⲡⲣ̅ⲣⲟ ⲛⲁϥ ϫⲉ ⲛ̅ⲧⲟⲕ ⲡⲉ
ⲑⲉⲟⲇⲱⲣⲟⲥ ⲡⲁⲛⲁⲧⲟⲗⲁⲓⲟⲥ· ⲙⲁⲧⲁⲙⲟⲓ ⲧⲉⲛⲟⲩ· ϫⲉ
ⲟⲩⲧⲉ ⲧⲉⲕϭⲟⲙ· ⲛ̅ⲧⲁ ⲡⲉⲕⲣⲁⲛ· ⲉⲣ ⲥⲟⲉⲓⲧ ⲛ̅ ⲧⲉⲓ ϩⲉ
ⲧⲏⲣⲥ̅· Ⲡⲉϫⲉ ⲡϩⲁⲅⲓⲟⲥ ⲛⲁϥ· ϫⲉ ⲧϭⲟⲙ· ⲙⲛ̅ ⲧⲙⲛ̅ⲧ-
ϫⲱⲱⲣⲉ· ⲙⲛ̅ ⲡⲡⲟⲗⲁⲓⲙⲟⲥ· ⲛⲁ ⲡϫⲟⲉⲓⲥ ⲛⲉ· ⲁⲩⲱ
ⲡⲉⲓ ⲣⲁⲛ· ⲉⲩⲙⲟⲩⲧⲉ ⲉ ⲣⲟⲓ ⲙ̅ⲙⲟϥ· ⲡⲁⲣⲭⲁⲅⲅⲉⲗⲟⲥ
ⲙⲓⲭⲁⲏⲗ· ⲁϥⲧⲁⲁϥ ⲉ ⲣⲟⲓ· Ⲡⲉϫⲉ ⲡⲣ̅ⲣⲟ ⲛⲁϥ ϫⲉ
ϯⲛⲁⲕⲁⲁⲕ ⲉ ⲃⲟⲗ· ⲁⲛ ⲙ̅ⲡⲉ ⲕⲉⲣ ⲟⲩⲙⲛ̅ⲧϫ̅ⲱⲱⲣⲉ· ϩⲛ̅
ⲧⲉⲓ ⲡⲟⲗⲓⲥ· ⲧⲁⲛⲁⲩ ⲉ ⲣⲟⲕ· Ⲡⲉϫⲉ ⲡⲡⲉⲧ ⲟⲩ|ⲁⲁⲃ ⲙ̅ Fol. 23 *b* 1 ⲙ̅ⲥ̅
ⲡⲣ̅ⲣⲟ· ϫⲉ ⲁⲓⲟⲩⲱ ⲉⲓϫⲟⲟⲥ ⲉ ⲣⲟⲕ· ϫⲉ ⲧϭⲟⲙ ⲙⲛ̅
ⲧⲙⲛ̅ⲧϫⲱⲱⲣⲉ· ⲧⲁ ⲡϫⲟⲉⲓⲥ ⲧⲉ· ⲁⲗⲗⲁ ϯϫⲱ ⲙ̅ⲙⲟⲥ
ⲛⲁⲕ· ϫⲉ ⲉⲛⲉⲓϣⲟⲟⲡ ⲡⲉ· ϩⲙ̅ ⲡⲡⲟⲗⲁⲓⲙⲟⲥ· ⲛⲉⲣⲉ
ⲡⲉⲕⲙⲏⲛϣⲉ· ⲛⲁⲉϣϥⲓ ⲁⲛ ⲛ̅ ⲧⲟⲟⲧⲛ̅ ⲕⲗⲁⲩⲇⲓⲟⲥ· ⲡⲗⲏⲛ
ⲕⲁⲁⲧ ⲧⲁⲛⲁⲩ ⲉ ⲕⲗⲁⲩϯⲟⲥ ⲧⲁϭⲙ̅ ⲡⲉϥϣⲓⲛⲉ ⲙ̅ⲡⲁ-

ⲧⲁⲉⲓⲣⲉ · ⲛ̅ ⲟⲩϭⲟⲙ · ⲛ̅ⲧ̅ ⲛⲁⲩ ⲉ ⲣⲟⲥ · Ⲁⲩⲱ ⲁ ⲡⲣ̅ⲣⲟ
ⲧⲣⲉ ⲩⲉⲓⲛⲉ ⲉ ⲃⲟⲗ · ⲙ̅ ⲡϩⲁⲅⲓⲟⲥ ⲕⲗⲁⲩϯⲟⲥ · ϩⲙ̅ ⲡⲕⲟⲓ-
ⲧⲱⲛ ⲛ̅ ⲧⲣ̅ⲣⲱ · ⲁⲩⲧⲁϩⲟϥ ⲉ ⲣⲁⲧϥ̅ ⲉ ⲡϩⲁⲅⲓⲟⲥ ⲑⲉⲟ-
ⲇⲱⲣⲟⲥ · ⲁⲩⲱ ⲛ̅ ⲧⲉⲣ ⲉϥⲛⲁⲩ ⲉ ⲣⲟϥ · ⲁϥⲁⲣⲭⲉⲓ ⲛ̅
Fol. 23 *b* 2 ⲣⲓⲙⲉ ⲙⲛ̅ ⲡⲕⲉ ⲕⲗⲁⲩϯⲟⲥ · ϩⲓ ⲟⲩⲥⲟⲡ | ⲉⲛⲉⲩϯⲡⲉⲓ ⲉ
ⲡⲙⲁⲕϩ̅ ⲛ̅ ⲛⲉⲩⲉⲣⲏⲩ · ⲁⲩⲱ ⲁ ⲡⲣ̅ⲣⲟ ⲕⲁⲁⲩ · ⲛ̅ ⲟⲩϩⲃ̅-
ⲇⲟⲙⲁⲥ ⲛ̅ϩⲟⲟⲩ · ⲉⲩϭⲓⲛⲉ ⲙ̅ ⲡϣⲓⲛⲉ ⲛ̅ ⲛⲉⲩⲉⲣⲏⲩ · Ⲛ̅
ⲧⲉⲣⲉ ⲧⲣ̅ⲣⲱ ⲇⲉ · ⲛⲁⲩ ⲉ ⲡⲉⲩⲡⲣⲟⲥⲟⲡⲟⲛ · ⲁⲥⲉⲡⲉⲓⲑⲩⲙⲉⲓ
ⲉ ⲣⲟⲟⲩ · ⲁⲥϫⲟⲟⲩ ⲛ̅ⲥⲁ ⲟⲩⲍⲟⲅⲣⲁⲫⲟⲥ · ⲁϥⲙⲉϩ ⲓⲁⲧϥ̅
ϩⲙ̅ ⲛⲉⲧ ⲟⲩⲁⲁⲃ · ⲙ̅ ⲡⲉⲥⲛⲁⲩ · ⲁⲩⲱ ⲁⲩⲥϩⲁⲓ ⲙ̅ ⲡⲉⲩ-
ϩⲓⲥⲱⲛ · ⲉ ⲛⲉϫⲟ ⲙ̅ ⲡⲉⲥⲕⲟⲓⲧⲱⲛ · Ⲉⲓⲧⲁ ⲙⲛ̅ⲛ̅ⲥⲁ ⲛⲁⲓ ·
ⲁ ⲁⲡⲁ ⲕⲗⲁⲩϯⲟⲥ · ϣⲓⲛⲉ ⲛ̅ⲥⲁ ⲡⲟⲩϫⲁⲓ · ⲛ̅ ⲛⲉϥⲣⲱⲙⲉ ·
ⲛ̅ ⲧⲟⲟⲧϥ̅ ⲙ̅ ⲡϩⲁⲅⲓⲟⲥ ⲑⲉⲟⲇⲱⲣⲟⲥ · ⲁⲩⲱ ϫⲉ ⲁ ⲡⲣ̅ⲣⲟ
Fol. 24 *a* 1 ⲉⲣ ⲗⲁⲁⲩ ⲛⲁⲕ ⲙ̅ ⲡⲉⲑⲟⲟⲩ · Ⲡⲉϫⲁϥ ⲛⲁϥ · ϫⲉ | ⲙ̅ⲡⲉ
ⲙ̅ⲍ̅ ⲡⲁ ⲙⲉⲣⲓⲧ ⲛ̅ ⲥⲟⲛ · ⲁⲗⲗⲁ ⲉϥϣⲓⲛⲉ ⲛ̅ⲥⲁ ϩⲟⲧⲣⲉⲧ · ϩⲙ̅
ⲟⲩⲅⲁⲙⲙⲟⲥ ⲉⲧ ϫⲁϩⲙ̅ · ⲙⲛ̅ ⲧⲉϥϣⲉⲉⲣⲉ · Ⲡⲉϫⲉ ⲡϩⲁⲅⲓⲟⲥ
ⲑⲉⲟⲇⲱⲣⲟⲥ ⲛⲁϥ · ϫⲉ ⲛ̅ⲧ̅ ⲉⲣ ϩⲟⲧⲉ ⲁⲛ · ⲱ̅ ⲡⲁ ⲙⲉⲣⲓⲧ
ⲛ̅ ⲥⲟⲛ ⲕⲗⲁⲩϯⲟⲥ · ⲉⲓⲥ ⲙⲓⲭⲁⲏⲗ · ⲙⲛ̅ ⲅⲁⲃⲣⲓⲏⲗ · ⲟⲛ
ⲥⲟⲃⲧⲉ ⲉ ⲣⲟⲛ ⲙ̅ ⲡⲉⲥⲛⲁⲩ · ϯϫⲱ ⲅⲁⲣ ⲙ̅ⲙⲟⲥ ⲛⲁⲕ ·
ⲱ̅ ⲡⲁ ⲥⲟⲛ · ϫⲉ ⲙⲉⲣⲉ ⲗⲁⲁⲩ ⲙ̅ ⲡⲉⲑⲟⲟⲩ ϣⲱⲡⲉ ⲙ̅ⲙⲟⲛ ·
Ⲉⲓⲧⲁ ⲙⲛ̅ⲛ̅ⲥⲁ ⲟⲩⲉⲃⲟⲧ ⲛ̅ϩⲟⲟⲩ · ⲁ ⲡⲁⲣⲭⲏⲉⲡⲓⲥⲕⲟⲡⲟⲥ ·
ϯ ⲙ̅ ⲡⲉϥⲟⲩⲟⲓ · ⲉ ⲡⲣ̅ⲣⲟ ⲉϥϫⲱ ⲙ̅ⲙⲟⲥ · ϫⲉ ⲡⲉⲛϫⲟⲉⲓⲥ
ⲡⲣ̅ⲣⲟ · ⲁ ⲡϩⲱⲃ ⲣⲱϣⲉ · ⲉⲛϣⲟⲟⲡ ϩⲙ̅ ⲧⲉⲓ ⲭⲱⲣⲁ ⲧⲁⲓ ·
Fol. 24 *a* 2 ⲕⲁⲁⲛ | ⲉ ⲃⲟⲗ · ⲧⲛ̅ⲃⲱⲕ ⲉ ⲧⲛ̅ⲭⲱⲣⲁ · ⲧⲛ̅ϫⲟⲟⲩ ⲙ̅
ⲡⲉⲕϣⲏⲣⲉ ⲛⲁⲕ · Ⲡⲉϫⲉ ⲡⲣ̅ⲣⲟ ⲛⲁϥ · ϫⲉ ⲛ̅ ϯⲛⲁⲕⲁ
ⲑⲉⲟⲇⲱⲣⲟⲥ ⲉ ⲃⲟⲗ ⲁⲛ · ϣⲁⲛⲧ ⲉⲕϫⲟⲟⲩ ⲙ̅ ⲡⲁ ϣⲏⲣⲉ
ⲛⲁⲓ ⲉϥⲟⲩⲟϫ · Ⲁⲩⲱ ⲛ̅ ⲧⲉⲓ ϩⲉ ⲁ ⲡⲁⲣⲭⲏⲉⲡⲓⲥⲕⲟⲡⲟⲥ ·
ⲧⲁⲙⲉ ⲡϩⲁⲅⲓⲟⲥ ⲑⲉⲟⲇⲱⲣⲟⲥ · ⲉ ⲡϣⲁϫⲉ ⲙ̅ ⲡⲣ̅ⲣⲟ ·
Ⲁⲥϣⲱⲡⲉ ⲇⲉ ⲙ̅ ⲡⲉϥⲣⲁⲥⲧⲉ · ⲁ ⲧⲣ̅ⲣⲱ ϯ ⲙ̅ ⲡⲉⲥⲟⲩⲟⲓ
ⲉ ⲡⲣ̅ⲣⲟ · ⲁⲥⲉⲧⲉⲓ ⲙ̅ⲙⲟϥ · ϫⲉ ⲉⲕⲉϯ ⲛ̅ⲧⲛ̅ϣⲉⲉⲣⲉ · ⲛ̅
ⲕⲗⲁⲩϯⲟⲥ ⲛ̅ ⲥϩⲓⲙⲉ · ϫⲉ ⲛⲉⲥⲙⲉ ⲙ̅ⲙⲟϥ ⲉ ⲡⲉϩⲟⲩⲟ ·
Ⲡⲉϫⲉ ⲁⲡⲁ ⲕⲗⲁⲩⲇⲓⲟⲥ ⲛ̅ ⲧⲣ̅ⲣⲱ · ϫⲉ ⲁ ⲛⲁ ⲉⲓⲟⲧⲉ ·
Fol. 24 *b* 1 ⲙⲛ̅ ⲡⲁⲣⲭⲏⲉⲡⲓⲥⲕⲟⲡⲟⲥ · ⲟⲩⲱ ⲉⲩϩⲱ|ⲧⲣ̅ ⲙ̅ⲙⲟⲓ · ϩⲙ̅
ⲙ̅ⲏ̅ ⲡⲅⲁⲙⲙⲟⲥ · ⲙ̅ⲡⲁⲧ ⲉⲓⲉⲓ ⲉ ⲡⲉⲓ ⲙⲁ · ⲙⲛ̅ⲛ̅ϭⲟⲙ ⲙ̅ⲙⲟⲓ ·

ⲉ ⲡⲱⲣϫ̄ ⲉ ⲣⲟϥ· ⲧⲁⲧⲁⲕⲉ ⲡⲛⲟⲙⲟⲥ ⲛ̄ ⲛⲁⲉⲓⲟⲧⲉ· Ⲉⲓⲧⲁ
ⲛ̄ ⲧⲉⲣⲉ ⲥⲛⲁⲩ ⲛ̄ϭⲓ ⲧⲣ̄ⲣⲱ· ϫⲉ ⲙ̄ⲡⲉ ⲥⲉϣⲡⲱⲱⲛⲉ ⲙ̄
ⲡⲉⲩⲗⲟⲅⲓⲥⲙⲟⲥ· ⲁⲥϭⲱⲛⲧ̄ ⲙ̄ⲙⲁⲧⲉ ⲉⲥϫⲱ ⲙ̄ⲙⲟⲥ· ϫⲉ
ⲉⲩⲧⲙⲉⲓⲛⲉ ⲛⲁⲓ ⲙ̄ ⲡⲁ ϣⲏⲣⲉ ⲛ̄ ϣⲟⲣⲡ̄· ⲛ̄ ϯⲛⲁⲕⲁ
ⲧⲏⲩⲧⲛ̄ ⲉ ⲃⲟⲗ ⲁⲛ· Ⲉⲓⲧⲁ ⲙⲛ̄ⲛ̄ⲥⲁ ⲛⲁⲓ ⲉⲩϣⲟⲟⲡ ϩⲙ̄
ⲡⲉϣⲧⲉⲕⲟ· ⲉⲓⲥ ⲙⲓⲭⲁⲏⲗ· ⲙⲛ̄ ⲅⲁⲃⲣⲓⲏⲗ· ⲁⲩⲉⲓ ⲉ
ⲡⲉⲥⲏⲧ· ⲉ ⲃⲟⲗ ϩⲛ̄ ⲧⲡⲉ· ⲉⲩⲟ ⲙ̄ ⲡⲉⲥⲙⲟⲧ ⲛ̄ ϩⲙ̄ⲙⲁⲧⲟⲓ·
ⲉⲩⲱϣ ⲉ ⲃⲟⲗ· ⲉⲩϫⲱ ⲙ̄ⲙⲟⲥ· ϫⲉ ⲱ̄ ⲙ̄ⲡⲉⲣⲥⲟⲥ· ⲉⲧⲉ-
ⲧⲡ̄ϩⲙⲟⲟⲥ | ⲧⲉⲧⲛ̄ⲣ̄ ⲟⲩ· ⲉⲓⲥ ⲑⲉⲟⲇⲱⲣⲟⲥ ⲡⲁⲛⲁⲧⲟⲗⲁⲓⲟⲥ· Fol. 24 *b* 2
ⲙⲛ̄ ⲕⲗⲁⲩⲇⲓⲟⲥ· ⲁⲩⲉⲓ ⲉ ϫⲱⲧⲛ̄ ⲉ ⲃⲉⲧ ⲧⲏⲩⲧⲛ̄ ⲉ ⲃⲟⲗ·
ⲥⲉⲛⲁⲙⲓϣⲉ ϩⲛ̄ ⲧⲉⲩⲥⲏⲃⲉ· ⲛ̄ⲥⲉⲣ̄ ϫⲟⲉⲓⲥ· ⲛ̄ϭⲓ ⲧⲉⲩϭⲓϫ·
Ⲁⲩⲱ ⲁ ⲡⲉϩⲣⲟⲟⲩ ⲛ̄ ⲛ̄ⲁⲅⲅⲉⲗⲟⲥ· ⲙⲉϩ ⲧⲡⲟⲗⲓⲥ ⲧⲏⲣⲥ̄·
ⲁⲩⲛⲟϭ ⲛ̄ ϩⲟⲧⲉ ⲙⲛ̄ ⲟⲩϣⲧⲟⲣⲧⲣ̄· ⲁⲙⲁϩⲧⲉ ⲙ̄ⲙⲟⲟⲩ·
ⲛ̄ⲁⲅⲅⲉⲗⲟⲥ ⲇⲉ· ⲁⲩⲟⲩⲱⲛ ⲛ̄ⲣⲟ ⲙ̄ ⲡⲉϣⲧⲉⲕⲟ· ⲁⲩⲛ̄ⲧⲟⲩ
ⲉ ⲃⲟⲗ· ⲁ ⲙⲓⲭⲁⲏⲗ ⲥⲟⲟⲩⲧⲛ̄ ⲛ̄ ⲧⲉϥⲥⲏⲃⲉ· ⲉ ⲡϩⲁⲅⲓⲟⲥ
ⲑⲉⲟⲇⲱⲣⲟⲥ· ⲁⲩⲱ ⲁ ⲅⲁⲃⲣⲓⲏⲗ· ⲥⲟⲟⲩⲧⲛ̄ ⲛ̄ ⲧⲉϥⲥⲏⲃⲉ
ⲛ̄ ⲕⲱϩⲧ̄· ⲉ ⲕⲗⲁⲩϯⲟⲥ· ⲉ ⲧⲣⲉ ⲩⲙⲓϣⲉ ⲙⲛ̄ ⲙ̄ⲡⲉⲣⲥⲟⲥ·
Ⲁⲩⲱ ⲁ ⲡϩⲁⲅⲓⲟⲥ ⲑⲉⲟⲇⲱⲣⲟⲥ ⲱϣ | ⲉ ⲃⲟⲗ· ⲉϫⲛ̄ Fol. 25 *a* 1
ⲙ̄ⲑ
ⲙ̄ⲡⲉⲣⲥⲟⲥ· ⲉϥϫⲱ ⲙ̄ⲙⲟⲥ· ϫⲉ ⲁⲛⲟⲕ ⲡⲉ ⲑⲉⲟⲇⲱⲣⲟⲥ·
ⲡⲁⲛⲁⲧⲟⲗⲁⲓⲟⲥ· ⲛ̄ⲧⲁⲓⲉⲓ ⲉ ⲃⲉⲧ ⲧⲏⲩⲧⲛ̄ ⲉ ⲃⲟⲗ· ⲁⲛⲁⲅ-
ⲅⲉⲗⲟⲥ ϩⲣⲁ· ⲙ̄ ⲡⲉⲩϩⲣⲟⲟⲩ ϫⲓⲛⲉ ϫⲱⲥ ⲛ̄ ⲧⲡⲟⲗⲓⲥ ϣⲁ
ϫⲱⲥ· ⲁⲩⲱ ⲁⲛϫⲱⲱⲣⲉ ⲉⲣ ϩⲟⲧⲉ· ⲁⲛⲇⲩⲛⲁⲧⲟⲥ ⲛⲉϫ
ⲛⲉⲩⲥⲏⲃⲉ ⲉ ⲃⲟⲗ· ⲁⲩⲡⲱⲧ ⲁⲛⲉⲗⲉⲩⲑⲉⲣⲟⲥ ⲉⲣ ϩⲟⲧⲉ· ⲁ
ⲛⲉⲧ ϫⲓ ⲉⲕⲓⲃⲉ· ⲉⲣ ϩⲟⲧⲉ ⲁⲩⲡⲱⲧ· Ⲛ̄ⲧⲉⲩⲛⲟⲩ ⲁⲩⲙⲓϣⲉ
ⲙⲛ̄ ⲙ̄ⲡⲉⲣⲥⲟⲥ· ϩⲛ̄ ⲧⲙⲏⲧⲉ ⲛ̄ ⲧⲉⲡⲗⲁϯⲁ· ⲁⲩⲙⲟⲩⲟⲩⲧ
ⲛ̄ϫⲟⲩⲧⲟⲩ ⲉⲛϣⲟ· ⲉ ⲃⲟⲗ ϩⲛ̄ ϩⲏⲧⲟⲩ· Ⲛⲉⲣⲉ ⲙ̄ⲡⲉⲣⲥⲟⲥ·
ⲱϣ ⲉ ⲃⲟⲗ· ϫⲉ ϩⲱ ⲉ ⲣⲟⲕ ⲱ̄ ⲑⲉⲟⲇⲱⲣⲟⲥ· ⲡⲁⲛⲁ|ⲧⲟ- Fol. 25 *a* 2
ⲗⲁⲓⲟⲥ· ⲁⲕϥⲓ ⲅⲁⲣ ⲙ̄ ⲡⲙⲁ ⲧⲏⲣϥ̄· ⲁⲩⲱ ⲁⲩⲕⲟⲧⲟⲩ ⲉ
ϩⲟⲩⲛ ⲉ ⲧⲡⲟⲗⲓⲥ· ⲁⲩⲧⲱⲣⲡ̄ ⲙ̄ ⲡⲣ̄ⲣⲟ ϩⲓϫⲙ̄ ⲡⲉϥⲑⲣⲟⲛⲟⲥ·
ⲁⲩⲉⲛⲧϥ̄ ⲡⲃⲟⲗ ⲉ ⲧⲡⲟⲗⲓⲥ· ⲙⲛ̄ ⲡⲁⲣⲭⲏⲉⲡⲓⲥⲕⲟⲡⲟⲥ·
Ⲡⲣ̄ⲣⲟ ⲇⲉ ⲁϥⲉⲣ ϣⲡⲏⲣⲉ· ⲙ̄ ⲡⲉⲛⲧ ⲁϥϣⲱⲡⲉ· ⲛⲉⲣⲉ
ⲡⲉϥⲙⲏⲏϣⲉ ⲧⲏⲣϥ̄ ⲥⲱⲟⲩϩ ⲉ ⲣⲟϥ· ⲙ̄ⲡⲉ ⲗⲁⲁⲩ ⲉϣϭⲙ̄-
ϭⲟⲙ· ⲉ ⲁⲛϯⲗⲉⲅⲉ ⲛⲁϥ· ⲟⲩⲇⲉ ⲙ̄ⲡⲉ ⲛⲉϥⲇⲩⲛⲁⲧⲟⲥ·
ⲉϣϭⲙ̄ϭⲟⲙ ⲉ ⲙⲓϣⲉ ⲛ̄ⲙ̄ⲙⲁϥ· ⲉ ⲧⲃⲉ ⲛⲉϥⲙⲛ̄ⲧϫⲱⲱⲣⲉ·

Ⲡⲉϫⲉ ⲡⲣ̅ⲣⲟ ⲙ̅ ⲡⲁⲣⲭⲏⲉⲡⲓⲥⲕⲟⲡⲟⲥ· ϫⲉ ⲙⲛ̅ ⲙ̅ⲡ ⲉⲓϫⲟⲟⲥ
Fol. 25 b 1 ⲛⲁⲕ· ϫⲉ ⲛ̅ⲧⲟⲕ ⲡⲉ ⲡⲛⲟⲩⲧⲉ ⲛ̅ ⲛⲉϩⲣⲱⲙⲁⲓⲟⲥ· | ⲛ̅ⲧⲁⲕϯ
ⲡ̅ ϭⲟⲙ· ⲙ̅ ⲡⲉⲓ ϣⲏⲣⲉ ϣⲙ̅ⲙ̅ ⲥⲛⲁⲩ· ϣⲁⲛⲧ ⲟⲩϣⲱⲗ·
ⲛ̅ ⲧⲉⲓ ⲡⲟⲗⲓⲥ ⲧⲏⲣⲥ̅· ⲁϫⲛ̅ ⲉⲣ ϩⲟⲧⲉ ϩⲏⲧϥ̅ ⲛ̅ ⲗⲁⲁⲩ·
ϣⲁⲛⲧⲉ ⲡⲉⲓ ⲛⲟϭ ⲙ̅ⲙⲏⲏϣⲉ ϣⲧⲟⲣⲧⲣ̅· ⲛ̅ⲥⲉⲉⲣⲑⲉ ⲛ̅
ⲟⲩⲡⲟⲗⲓⲥ ⲉⲥϣⲏϥ· ⲉⲣⲉ ⲥⲉ ⲛ̅ ⲧⲃⲁ ⲙ̅ⲙⲏⲏϣⲉ· ϣⲟⲟⲡ
ⲛ̅ϩⲏⲧⲥ̅· ⲙ̅ⲡ ⲟⲩⲉϣϭⲙ̅ϭⲟⲙ ⲉ ⲙⲓϣⲉ ⲛ̅ⲙⲙⲁϥ· ⲁⲗⲗⲁ
ⲁⲩⲡⲱⲧ ϩⲛ̅ ⲟⲩϭⲉⲡⲏ· Ⲡⲉϫⲉ ⲡⲁⲣⲭⲏⲉⲡⲓⲥⲕⲟⲡⲟⲥ ⲛⲁϥ·
ϫⲉ ⲁⲓⲟⲩⲱ ⲉⲓϫⲟⲟⲥ ⲛⲁⲕ· ⲛ̅ ⲕⲉ ⲥⲟⲡ· ϫⲉ ⲛ̅ ⲁⲛⲟⲕ ⲁⲛ
ⲡⲉ ⲡⲛⲟⲩⲧⲉ· ⲙⲉ ⲅⲉⲛⲟⲓⲧⲟ· ⲁⲗⲗⲁ ⲁⲛⲟⲕ ⲡⲉ ⲡⲉϥⲁⲣ-
Fol. 25 b 2 ⲭⲓⲉⲣⲉⲩⲥ· Ⲡⲉϫⲉ ⲡϩⲁⲅⲓⲟⲥ ⲑⲉⲟⲇⲱⲣⲟⲥ· ⲙ̅ ⲡⲣ̅|ⲣⲟ·
ϫⲉ ⲙⲛ̅ ⲙ̅ⲡⲉ ⲕϫⲟⲟⲥ ⲉ ⲣⲟⲓ· ϫⲉ ⲉⲓⲟⲩⲱϣ· ⲉ ⲛⲁⲩ
ⲉⲩϭⲟⲙ· ⲉ ⲃⲟⲗ ϩⲓ ⲧⲟⲟⲧⲕ̅· ⲙ̅ⲡⲁⲧ ⲉⲓⲕⲁ ⲧⲏⲩⲧⲛ̅ ⲉ ⲃⲟⲗ·
ⲉⲓⲥ ϩⲏⲏⲧⲉ ⲅⲁⲣ· ⲁⲕⲛⲁⲩ ⲉⲩⲕⲟⲩⲓ ϩⲛ̅ ⲧⲁ ϭⲟⲙ· ⲉⲣⲉ
ⲡⲁ ⲣ̅ⲣⲟ ϯ ⲙ̅ⲙⲟⲥ ⲛⲁⲓ· ⲁⲩⲱ ϣⲁ ⲉⲛⲉϩ· ⲙⲉⲣⲉ ⲧⲉϥϭⲟⲙ
ⲱϫⲛ̅ ϩⲛ̅ ⲛⲉϩⲣⲱⲙⲁⲓⲟⲥ· Ⲡⲉϫⲉ ⲡⲣ̅ⲣⲟ ⲙ̅ ⲡⲡⲉⲧ ⲟⲩⲁⲁⲃ
ⲑⲉⲟⲇⲱⲣⲟⲥ· ϫⲉ ⲛ̅ⲥⲁϥ ⲁⲛⲅ̅ ⲟⲩⲣ̅ⲣⲟ· ⲙ̅ⲡⲟⲟⲩ ⲇⲉ ϩⲱⲱϥ
ⲁⲛⲟⲕ ⲡⲉ ⲡⲉⲕϩⲙ̅ϩⲁⲗ· ⲁⲙⲟⲩ ϩⲙⲟⲟⲥ ⲛⲁⲕ ϩⲓϫⲙ̅ ⲡⲁ
ⲑⲣⲟⲛⲟⲥ· ⲧⲁϩⲏⲡⲉⲣⲉⲧⲉⲓ ⲛⲁⲕ ϩⲱⲥ ϩⲙ̅ϩⲁⲗ· Ⲡⲉϫⲉ
Fol. 26 a 1 ⲡⲡⲉⲧ ⲟⲩⲁⲁⲃ ⲛⲁϥ· ϫⲉ ⲡⲉⲑⲣⲟⲛⲟⲥ ⲛ̅ⲧⲁ | ⲡⲁ ϫⲟⲉⲓⲥ
ⲡⲁ̅ ⲉⲣⲏⲧ ⲙ̅ⲙⲟϥ ⲛⲁⲓ· ⲙⲛ̅ ⲡⲁ ⲥⲟⲛ ⲕⲗⲁⲩϯⲟⲥ· ⲧⲁⲓ ⲧⲉ
ⲧⲙⲛ̅ⲧⲉⲣⲟ· ⲉⲧ ⲛⲁⲙⲟⲩⲛ ⲉ ⲃⲟⲗ· ⲉⲩⲱⲛϩ̅ ϣⲁ ⲉⲛⲉϩ ϩⲙ̅
ⲙ̅ⲡⲏⲩⲉ· ⲛ̅ ⲛⲁ ⲡⲕⲁϩ ⲁⲛ ⲛⲉ· ⲁⲗⲗⲁ ⲛⲁ ⲧⲡⲉ ⲛⲉ·
ⲁⲩⲱ ⲧⲛ̅ⲛⲁⲙⲁⲧⲉ ⲙ̅ⲙⲟⲟⲩ· ⲙ̅ ⲡⲉⲥⲛⲁⲩ· ϩⲛ̅ ⲟⲩⲡⲟⲗⲓⲥ
ⲛ̅ ⲟⲩⲱⲧ· Ⲡⲗⲏⲛ ⲙ̅ⲡⲉⲣ ⲣ̅ ϩⲟⲧⲉ· ⲱ̅ ⲡⲣ̅ⲣⲟ· ⲙ̅ⲙⲟⲛ
ⲛⲉⲓ ϩⲁⲅⲓⲟⲥ ⲛⲉ ⲛ̅ⲧⲁⲩⲕⲱ· ⲙ̅ ⲡⲁⲣⲭⲏⲉⲡⲓⲥⲕⲟⲡⲟⲥ ⲉ
ⲃⲟⲗ· ⲁⲩⲉⲛⲧϥ̅· ⲉ ⲡⲉⲓ ⲙⲁ· ⲛ̅ⲧⲟⲟⲩ ⲟⲛ ⲛⲉ ⲛ̅ⲧⲁⲩϫⲓⲧⲕ̅
ⲉ ⲡⲉⲕⲡⲁⲗⲗⲁϯⲟⲛ· ⲛ̅ ⲧⲉⲓ ϩⲉ· ⲁⲩⲱ ⲁⲩϫⲓⲧϥ̅ ⲉϫⲙ̅
ⲡⲉϥⲑⲣⲟⲛⲟⲥ· ⲛ̅ⲧⲉϥϩⲉ ϩⲛ̅ ⲟⲩⲛⲟϭ ⲛ̅ ϩⲟⲧⲉ· Ⲁⲛⲁⲅⲅⲉⲗⲟⲥ
Fol. 26 a 2 ⲃⲱⲕ· ϩⲁϩⲧⲙ̅ ⲡⲉⲣⲡⲉ· ⲉⲧ ⲉⲣⲉ ⲛⲉⲟⲩⲏⲏⲃ | ⲛ̅ϩⲏⲧϥ̅·
ⲁⲩⲱϣ ⲉ ⲃⲟⲗ ⲉⲩϫⲱ ⲙ̅ⲙⲟⲥ· ϫⲉ ⲁ ⲑⲉⲟⲇⲱⲣⲟⲥ ⲡⲁⲛⲁ-
ⲧⲟⲗⲁⲓⲟⲥ· ⲉⲓ ⲉϫⲛ̅ ⲧⲏⲩⲧⲛ̅ ⲉ ⲃⲉⲧ ⲧⲏⲩⲧⲛ̅ ⲉ ⲃⲟⲗ· ⲁⲩⲱ
ⲁϥϣⲟⲣϣⲣ̅ ⲙ̅ ⲡⲉⲣⲡⲉ ⲉ ⲡⲉⲥⲛⲧ ⲉ ϫⲱⲟⲩ· ⲁⲩⲱ ⲁⲩⲕⲱϩⲧ̅
ⲙⲟⲩϩ ⲛ̅ϩⲏⲧϥ̅· Ⲁⲩⲱ ⲟⲛ ⲁ ⲕⲉ ⲛⲟϭ· ⲛ̅ϣⲡⲏⲣⲉ ϣⲱⲡⲉ

ϩⲛ̄ ⲧⲉⲭⲱⲣⲁ · ⲛ̄ⲛ̄ ⲙ̄ⲡⲉⲣⲥⲟⲥ · ⲉⲁ ⲡⲁ ⲉⲓⲱⲧ ⲁⲡⲁ ⲕⲁⲓⲟⲥ ·
ϫⲟⲟⲥ ⲉ ⲣⲟⲓ · ϫⲉ ⲁⲛⲁⲅⲅⲉⲗⲟⲥ ⲧⲣⲉ ⲡ̄ⲗⲓⲙⲏⲛ · ⲉⲧ ⲉⲣⲉ
ⲛⲉⲓ ϩⲁⲅⲓⲟⲥ ⲥⲛϩ ⲉ ⲣⲟϥ · ⲡⲉⲛⲧⲁ ⲧⲣ̄ⲣⲱ ⲕⲁⲗⲓⲟⲡⲓⲍⲉ
ⲙ̄ⲙⲟϥ · ⲛ̄ ϩⲟⲩⲛ ⲉ ⲡⲉⲥⲕⲟⲓⲧⲱⲛ · ⲁⲩϩⲱⲗ ⲉ ⲃⲟⲗ ⲉϫⲛ̄
ⲧⲡⲟⲗⲓⲥ ⲧⲏⲣⲥ̄ · ⲙ̄ ⲡⲉⲥⲙⲟⲧ ⲛ̄ ϩⲙ̄ⲙⲁⲧⲟⲓ · ⲛ̄ⲧⲉ ⲛ̄ⲡⲟⲗⲁⲓ-
ⲙⲟⲥ · ⲉⲣⲉ | ⲡ̄ⲁⲅⲅⲉⲗⲟⲥ ⲱϣ ⲉ ⲃⲟⲗ · ϩⲓⲑⲏ ⲙ̄ⲙⲟⲟⲩ · Fol. 26 *b* 1
ⲉⲩϫⲱ ⲙ̄ⲙⲟⲥ · ϫⲉ ⲉⲓⲥ ⲑⲉⲟⲇⲱⲣⲟⲥ · ⲡⲁⲛⲁⲧⲟⲗⲁⲓⲟⲥ · ⲛ̄ⲃ̄
ⲁϥⲉⲓ ⲉϫⲱⲧⲛ̄ · ⲉ ⲃⲉⲧ ⲧⲏⲩⲧⲛ̄ ⲉ ⲃⲟⲗ · ⲁⲩⲱ ϣⲁ ϩⲣⲁⲓ
ⲉ ⲡⲟⲟⲩ ⲛ̄ϩⲟⲟⲩ · ⲡ̄ⲗⲓⲙⲏⲛ ⲛ̄ ⲛⲉⲓ ϩⲁⲅⲓⲟⲥ · ⲑⲉⲟⲇⲱⲣⲟⲥ ·
ⲙⲛ̄ ⲕⲗⲁⲩϯⲟⲥ · ϩⲏⲗ ⲉ ⲃⲟⲗ ϩⲓϫⲛ̄ ⲧⲉⲭⲱⲣⲁ ⲧⲏⲣⲥ̄ ⲛ̄ⲛ̄
ⲙ̄ⲡⲉⲣⲥⲟⲥ · Ⲁⲩⲱ ⲉⲣϣⲁⲛ ⲟⲩⲡⲟⲗⲁⲓⲙⲟⲥ · ϣⲱⲡⲉ ϩⲛ̄
ⲧⲙⲏⲧⲉ · ⲛ̄ⲛ̄ ⲙ̄ⲡⲉⲣⲥⲟⲥ · ⲙⲛ̄ ⲛⲉϩⲣⲱⲙⲁⲓⲟⲥ · ⲛ̄ⲥⲉⲁⲣⲭⲉⲓ
ⲙ̄ ⲙⲓϣⲉ ⲙⲛ̄ ⲛⲉⲩⲉⲣⲏⲩ · Ⲛ̄ⲧⲉⲩⲛⲟⲩ ϣⲁⲣⲉ ⲡ̄ϩⲁⲅⲓⲟⲥ
ⲑⲉⲟⲇⲱⲣⲟⲥ · ϯ ⲛ̄ⲧⲉϥⲥⲙⲏ ϩⲛ̄ ⲛ̄|ⲧⲟϣ ⲛ̄ ⲛⲉϩⲣⲱⲙⲁⲓⲟⲥ · Fol. 26 *b* 2
ϫⲉ ⲁ ⲑⲉⲟⲇⲱⲣⲟⲥ · ⲡⲁⲛⲁⲧⲟⲗⲁⲓⲟⲥ · ⲙⲛ̄ ⲕⲗⲁⲩϯⲟⲥ ·
ⲉⲓ ⲉϫⲱⲧⲛ̄ · ⲉ ⲃⲉⲧ ⲧⲏⲩⲧⲛ̄ ⲉ ⲃⲟⲗ · ⲁⲩⲱ ⲛ̄ⲧⲉⲩⲛⲟⲩ
ϣⲁⲣⲉ ⲛⲉϩⲧⲱⲱⲣ · ⲉⲧ ⲉⲣⲉ ⲛⲉⲩⲗⲓⲙⲏⲛ · ⲙ̄ ⲡⲉⲥⲛⲁⲩ
ⲧⲁⲗⲏⲩ ⲉ ⲣⲟⲟⲩ · ⲉⲩⲍⲱⲅⲣⲁⲫⲉⲓ ⲛ̄ ϩⲟⲩⲛ ⲉ ⲡⲕⲟⲓⲧⲱⲛ
ⲛ̄ ⲧⲣ̄ⲣⲱ ϣⲁⲩϩⲙ̄ϩⲙ̄ · ⲛ̄ⲥⲉϩⲱⲗ ⲉ ⲃⲟⲗ · ⲛ̄ⲧⲉⲩⲛⲟⲩ
ϩⲛ̄ ⲧⲉⲭⲱⲣⲁ ⲛ̄ⲛ̄ ⲙ̄ⲡⲉⲣⲥⲟⲥ ⲧⲏⲣⲟⲩ · ⲉ ⲧⲃⲉ ⲡⲣⲁⲛ ⲙ̄
ⲡ̄ϩⲁⲅⲓⲟⲥ ⲑⲉⲟⲇⲱⲣⲟⲥ · ⲡⲁⲛⲁⲧⲟⲗⲁⲓⲟⲥ · ⲙⲛ̄ ⲕⲗⲁⲩϯⲟⲥ
ⲙ̄ⲡⲁⲧ ⲟⲩⲙⲓϣⲉ ⲉ ⲡⲧⲏⲣϥ̄ · Ⲉⲓⲧⲁ ⲙⲛ̄ⲛ̄ⲥⲁ ⲛⲁⲓ ⲁⲩⲕⲟⲧⲟⲩ ·
ⲉ ⲧⲉⲩⲭⲱⲣⲁ ⲁⲛ|ϯⲟⲭⲓⲁ · ⲙⲛ̄ ⲡⲁⲣⲭⲏⲉⲡⲓⲥⲕⲟⲡⲟⲥ · Fol. 27 *a* 1
ⲙⲛ̄ ⲛⲉ ⲛ̄ⲧⲁⲩⲃⲱⲕ ⲛ̄ⲙ̄ⲙⲁⲩ · ⲙ̄ⲡ ⲟⲩϫⲓ ⲗⲁⲁⲩ ⲛ̄ ϣⲱⲗ · ⲛ̄ⲅ̄
ⲛ̄ⲧⲉ ⲙ̄ⲡⲉⲣⲥⲟⲥ ⲛ̄ⲙ̄ⲙⲁⲩ · Ⲁⲩⲱ ⲛ̄ ⲧⲉⲣ ⲟⲩϩⲱⲛ ⲉ ϩⲟⲩⲛ ·
ⲉ ⲧⲡⲟⲗⲓⲥ ⲛ̄ ⲧⲙⲛ̄ⲧⲣ̄ⲣⲟ · ⲁⲛⲃⲁⲓϣⲓⲛⲉ ⲉⲓ · ⲁⲩⲧⲁⲙⲉ
ⲡ̄ⲣ̄ⲣⲟ · ϫⲉ ⲁ ⲑⲉⲟⲇⲱⲣⲟⲥ ⲉⲓ · ⲙⲛ̄ ⲕⲗⲁⲩϯⲟⲥ ⲡⲉⲕϣⲏⲣⲉ ·
ⲁⲩⲙⲏⲏϣⲉ ⲛ̄ⲗⲟⲩⲗⲁⲓ · ϣⲱⲡⲉ ⲙ̄ ⲡⲛⲁⲩ ⲉⲧ ⲙ̄ⲙⲁⲩ ·
ⲁⲩⲥⲱⲟⲩϩ ⲧⲏⲣⲟⲩ ϫⲓⲛⲉ ⲡⲉⲩⲕⲟⲩⲓ · ϣⲁ ⲡⲉⲩⲛⲟϭ · ⲉⲩ-
ϭⲱϣⲧ ⲉ ⲃⲟⲗ ϩⲏⲧⲟⲩ · ⲛ̄ ⲛⲉⲓ ⲡⲉⲧ ⲟⲩⲁⲁⲃ · ⲁⲩⲱ
ⲁⲩⲥⲧⲉⲫⲁⲛⲟⲩ · ⲛ̄ ⲧⲡⲟⲗⲓⲥ ⲧⲏⲣⲥ̄ · Ⲁⲩⲱ ⲁ ⲧⲙⲁⲁⲩ ·
ⲛ̄ ⲁⲡⲁ ⲕⲗⲁⲩϯ|ⲟⲥ · ⲙⲛ̄ ⲧⲉϥⲥⲱⲛⲉ · ⲁⲗⲉ ⲉⲛϩⲁⲣⲙⲁ Fol. 27 *a* 2
ⲛ̄ⲣ̄ⲣⲱⲟⲩ · ⲁⲩⲉⲓ ⲉ ⲃⲟⲗ · ⲉ ⲧⲱⲙⲛ̄ⲧ ⲉ ⲣⲟⲟⲩ · ϩⲛ̄ ⲧⲉϩⲓⲏ ·
ⲛ̄ⲑⲉ ⲛ̄ ⲓⲱⲥⲏⲫ ⲙ̄ⲡⲉⲓ ⲟⲩⲟⲉⲓϣ · ⲛ̄ⲧⲁϥⲃⲱⲕ ϩⲏⲧϥ̄ · ⲛ̄

ⲓⲁⲕⲱⲃ ⲡⲉϥⲉⲓⲱⲧ· Ϣ ϫⲉ ⲉⲣⲉ ⲛⲓⲙ ⲛⲁⲉϣϫⲱ· ⲙ̄
ⲡⲣⲁϣⲉ· ⲙⲛ̄ ⲡⲗⲟⲩⲗⲁⲓ· ⲛ̄ⲧⲁϥϣⲱⲡⲉ ⲙ̄ ⲡⲛⲁⲩ ⲉⲧ
ⲙ̄ⲙⲁⲩ· ⲁⲩⲱ ⲁ ⲡⲁⲣⲭⲏⲉⲡⲓⲥⲕⲟⲡⲟⲥ ϫⲱ ⲉ ⲡⲣ̄ⲣⲟ· ⲙⲛ̄
ⲛⲁ ⲡⲡⲁⲗⲗⲁϯⲟⲛ· ⲛ̄ ⲛⲉⲙⲛ̄ⲧⲛⲟϭ ⲙ̄ ⲡⲛⲟⲩⲧⲉ· ⲙⲛ̄
ⲛ̄ϭⲟⲙ ⲛ̄ ⲛⲉⲓ ⲡⲉⲧ ⲟⲩⲁⲁⲃ· Ⲁⲛⲟⲕ ⲡⲉ ⲑⲉⲟⲇⲱⲣⲟⲥ· ⲡⲉⲓ
ⲉⲗⲁⲭⲓⲥⲧⲟⲥ· ⲉⲛⲉⲓⲇⲓⲁⲕⲟⲛⲉⲓ· ⲉ ⲡϣⲏⲣⲉ ⲙ̄ ⲡⲣ̄ⲣⲟ·
Fol. 27 b 1 ⲛ̄ⲛ̄ ⲙ̄|ⲡⲉⲣⲥⲟⲥ· ϩⲙ̄ ⲡⲉⲡⲓⲥⲕⲟⲡⲓⲟⲛ· ⲙ̄ ⲡⲁ ⲉⲓⲱⲧ ⲁⲡⲁ
ⲡ̄ⲇ ⲕⲁⲓⲟⲥ· Ⲛ̄ⲧⲉⲣⲉ ϥ̄ⲙⲟⲩ ⲇⲉ ⲁⲓⲃⲱⲕ ϣⲁ ⲡⲁ ⲉⲓⲱⲧ· ⲁⲓⲧⲁ-
ⲙⲟϥ ϫⲉ ⲁ ⲡϣⲏⲣⲉ· ⲙ̄ ⲡⲣ̄ⲣⲟ ⲛ̄ⲛ̄ ⲙ̄ⲡⲉⲣⲥⲟⲥ ⲙⲟⲩ·
ⲁⲩⲱ ⲛ̄ⲧⲉⲩⲛⲟⲩ· ⲁ ⲡⲣ̄ⲣⲟ ϫⲟⲟⲩ ⲁϥⲉⲓⲛⲉ ⲙ̄ⲙⲟϥ· ⲉ
ⲡⲡⲁⲗⲗⲁϯⲟⲛ· ⲉ ⲧⲙⲛ̄ⲧⲉ ⲛ̄ ⲛⲉⲛⲟϭ· ⲁⲩⲇⲟⲕⲓⲙⲁⲍⲉ
ⲙ̄ⲙⲟϥ ⲙⲛ̄ ⲟⲩϩⲉ· ⲉ ⲗⲁⲁⲩ ⲙ̄ ⲡⲉⲑⲟⲟⲩ ⲛ̄ϩⲏⲧϥ̄· ⲛ̄ⲥⲁ
ⲡⲙⲁⲉⲓⲛ ⲙ̄ ⲡⲥⲟⲧⲉ ⲙ̄ⲙⲁⲧⲉ· ⲛ̄ⲧⲁⲩⲧⲁⲁϥ ⲛⲁϩⲣⲙ̄
ⲡⲡⲟⲗⲁⲓⲙⲟⲥ· ⲁⲩⲱ ⲁ ⲡⲣ̄ⲣⲟ· ⲙⲛ̄ ⲡⲁⲣⲭⲏⲉⲡⲓⲥⲕⲟⲡⲟⲥ·
Fol. 27 b 2 ⲗⲩⲡⲏ ⲙ̄ⲙⲁⲧⲉ ⲉ ⲧⲃⲏⲏⲧϥ̄· Ⲡⲣ̄ⲣⲟ ⲇⲉ ⲁϥⲟⲩⲉϩ|ⲥⲁϩⲛⲉ·
ⲙ̄ ⲡⲁⲣⲭⲏⲉⲡⲓⲥⲕⲟⲡⲟⲥ· ⲁϥⲕⲱⲱⲥ ⲙ̄ⲙⲟϥ ϩⲛ̄ ⲟⲩⲧⲁⲉⲓⲟ·
ϩⲛ̄ ϩⲉⲛϩⲟⲓⲧⲉ ⲉⲧ ⲧⲁⲓⲏⲩ· ⲙⲛ̄ ϩⲛ̄ⲥϯ ⲛⲟⲩⲃⲉ· ⲁⲩⲕⲁⲁϥ
ϩⲛ̄ ⲟⲩⲧⲁⲓⲃⲉ· ⲁⲩϭⲁⲗⲱⲱϥ ⲉ ⲡⲁⲣⲭⲏⲉⲡⲓⲥⲕⲟⲡⲟⲥ·
ϣⲁⲛⲧ ⲟⲩⲥϩⲁⲓ ϣⲁ ⲡⲉϥⲉⲓⲱⲧ· Ⲙ̄ⲡⲁⲧⲉ ⲱⲥⲕ ⲇⲉ ϣⲱⲡⲉ·
ⲁϥⲙⲟⲩ ⲛ̄ϭⲓ ⲡⲉⲓⲱⲧ ⲛ̄ ⲁⲡⲁ ⲕⲗⲁⲩⲇⲓⲟⲥ· ⲁⲩⲱ ⲁⲩϣⲓⲛⲉ
ⲛ̄ⲥⲁ ⲕⲗⲁⲩⲇⲓⲟⲥ ⲉ ⲁⲁϥ ⲛ̄ ⲣ̄ⲣⲟ· ⲁ ⲧⲉϥⲙⲁⲁⲩ ϫⲓⲧϥ̄
ⲁⲥϩⲟⲡϥ̄· Ⲛⲉⲩⲛ̄ ⲟⲩⲛⲟϭ ⲇⲉ ϩⲙ̄ ⲡⲡⲁⲗⲗⲁϯⲟⲛ· ⲉ
ⲡⲉϥⲣⲁⲛ ⲡⲉ ⲟⲩⲙⲉⲣⲓⲁⲛⲟⲥ· ⲁⲩⲱ ⲁⲩⲁⲙⲁϩⲧⲉ ⲙ̄ⲙⲟϥ·
ⲁⲩⲁⲁϥ ⲛ̄ ⲣ̄ⲣⲟ· ⲙⲛ̄ ⲟⲩϯ ϩⲧⲏⲩ ⲉ ϩⲱⲃ ⲛ̄ ⲧⲉⲓ ⲙⲓⲛⲉ·|
Fol. 28 a 1 ⲛ̄ⲕⲉ ⲥⲟⲡ· Ⲁⲥϣⲱⲡⲉ ⲇⲉ ⲙⲛ̄ⲛ̄ⲥⲁ ⲛⲁⲓ· ⲁ ⲡⲟⲩⲱ ⲧⲁϩⲉ
ⲡ̄ⲉ ⲛ̄ ⲣ̄ⲣⲱⲟⲩ ⲛ̄ⲛ̄ ⲙ̄ⲡⲉⲣⲥⲟⲥ· ϫⲉ ⲁ ⲡϣⲏⲣⲉ· ⲙ̄ ⲡⲣ̄ⲣⲟ ⲛ̄ⲛ̄
ⲙ̄ⲡⲉⲣⲥⲟⲥ· ⲉⲧ ϭⲁⲗⲱⲟⲩ ⲉ ⲡⲁⲣⲭⲏⲉⲡⲓⲥⲕⲟⲡⲟⲥ ⲙⲟⲩ·
ⲁⲩⲥⲉⲣ ⲡⲟⲗⲁⲓⲙⲟⲥ ⲉ ⲃⲟⲗ· ⲉ ⲟⲩⲙⲉⲣⲓⲁⲛⲟⲥ· ⲛ̄ⲑⲉ ⲛ̄
ϣⲟⲣⲡ̄· ⲁⲩⲉⲣ ⲡⲱⲃϣ̄ ⲛ̄ ⲧⲣⲁϩⲧⲥ̄· ⲛ̄ⲧⲁⲥϣⲱⲡⲉ ⲛⲁⲩ·
ϩⲓⲧⲛ̄ ⲧⲙⲛ̄ⲧϫⲱⲱⲣⲉ· ⲛ̄ ⲑⲉⲟⲇⲱⲣⲟⲥ ⲡⲁⲛⲁⲧⲟⲗⲁⲓⲟⲥ·
Ⲛ̄ⲧⲉⲣ ⲟⲩⲧⲁⲙⲉ ⲟⲩⲙⲉⲣⲓⲁⲛⲟⲥ· ⲉ ⲡⲟⲩⲱ ⲙ̄ ⲡⲡⲟⲗⲁⲓ-
ⲙⲟⲥ· ⲁϥϣⲧⲟⲣⲧⲣ̄ ⲙ̄ⲙⲁⲧⲉ· ⲡⲉϫⲁϥ ϫⲉ ⲟⲩⲟⲓ ⲛⲁⲓ· ϫⲉ
ⲁⲓϯ ⲛ̄ ⲛ̄ⲉⲭⲣⲏⲙⲁ· ⲛ̄ ⲧⲁ ⲙⲛ̄ⲧⲉϣⲱⲧ· ⲙⲛ̄ ⲡⲉⲧ ⲛ̄ⲧⲁϥ
Fol. 28 a 2 ⲛ̄ ⲛⲁⲉⲓⲟⲧⲉ· ϣⲁⲛⲧ ⲓϫⲓⲧⲥ̄· | ⲉⲓⲥ ϩⲏⲏⲧⲉ· ⲁⲛⲃⲁⲣ-

ⲃⲁⲣⲟⲥ ⲧⲱⲟⲩⲛ ⲉ ϫⲱⲓ · ⲉⲩⲟⲩⲱϣ ⲉ ⲙⲟⲩⲟⲩⲧ ⲙ̄ⲙⲟⲓ ·
ⲁⲩⲱ ⲁ ⲑⲟⲧⲉ ⲙⲛ̄ ⲡⲉϣⲧⲟⲣⲧⲣ̄ · ⲁⲙⲁϩⲧⲉ ⲙ̄ⲙⲟϥ · ⲁϥ-
ⲣⲓⲙⲉ ⲙ̄ⲙⲁⲧⲉ · Ⲁⲩⲱ ⲁϥⲙⲟⲩⲧⲉ ⲉⲛⲛⲟϭ ⲙ̄ ⲡⲡⲁⲗⲗⲁ-
ϯⲟⲛ · ⲥⲟⲧⲉⲣⲓⲭⲟⲥ · ⲡⲉⲓⲱⲧ ⲛ̄ ⲁⲡⲁ ⲑⲉⲟⲇⲱⲣⲟⲥ · ⲙⲛ̄
ϩⲣⲱⲙⲁⲛⲟⲥ · ⲡⲉⲓⲱⲧ ⲛ̄ ⲁⲡⲁ ⲃⲓⲕⲧⲱⲣ · ⲙⲛ̄ ⲃⲁⲥⲓⲗⲓⲧⲏⲥ ·
ⲡⲉⲓⲱⲧ ⲛ̄ ⲁⲡⲁ ⲥⲧⲉⲫⲁⲛⲟⲥ · ⲡⲉϫⲁϥ ⲛⲁⲩ · ϫⲉ ⲙⲁⲣⲉ
ⲕⲗⲁⲩϯⲟⲥ ⲉⲓ · ⲛϥϩⲙⲟⲟⲥ ⲉϫⲙ̄ ⲡⲉⲑⲣⲟⲛⲟⲥ · ⲉ ⲡⲙⲁ ⲙ̄
ⲡⲉϥⲉⲓⲱⲧ · ϫⲉ ⲛ̄ⲧⲁϭⲟⲙ ⲁⲛ ⲧⲉ ⲉⲙⲓϣⲉ ⲙⲛ̄ ⲛ̄ⲃⲁⲣ-
ⲃⲁⲣⲟⲥ · Ⲡⲉϫⲉ ⲡϩⲁⲅⲓⲟⲥ ⲕⲗⲁⲩⲇⲓⲟⲥ ⲛⲁϥ · ϫⲉ ⲙⲛ̄
ⲉⲓϩ|ⲙⲟⲟⲥ · ⲉϫⲙ̄ ⲡⲉⲑⲣⲟⲛⲟⲥ · ⲛ̄ ⲧⲙⲛ̄ⲧⲣ̄ⲣⲟ ⲉⲛⲉϩ · Fol. 28 *b* 1
ⲁⲗⲗⲁ ⲙⲁⲣⲉ ⲡϩⲏⲧ ⲙ̄ ⲡⲣ̄ⲣⲟ ⲧⲁϫⲣⲟ · ⲛϥϩⲙⲟⲟⲥ ⲉϫⲙ̄
ⲛ̄ⲉ̄
ⲡⲉⲑⲣⲟⲛⲟⲥ · ⲙ̄ⲙⲟⲛ ⲁⲛ ⲟⲛ · ⲛⲉⲕϩⲙ̄ϩⲁⲗ ⲛ̄ ⲛⲉϩⲟⲟⲩ
ⲧⲏⲣⲟⲩ · ⲙ̄ ⲡⲉⲕⲱⲛⲉϩ · ⲉⲕϣⲟⲟⲡ ϩⲛ̄ ⲧⲡⲓⲥⲧⲓⲥ · ⲛ̄ ⲛⲉ-
ⲛⲉⲓⲟⲧⲉ · Ⲛ̄ⲛⲟϭ ⲇⲉ ⲙ̄ ⲡⲡⲁⲗⲗⲁϯⲟⲛ · ⲡⲉϫⲁⲩ ⲙ̄ ⲡⲣ̄ⲣⲟ ·
ϫⲉ ⲛ̄ ϩⲟⲥⲟⲛ · ⲉⲣⲉ ⲕⲗⲁⲩϯⲟⲥ ⲙ̄ⲙⲁⲩ · ⲙⲛ̄ ⲑⲉⲟⲇⲱⲣⲟⲥ ·
ⲙⲉⲛ ⲡⲉⲑⲟⲟⲩ ⲛⲁϣⲱⲡⲉ · ⲛ̄ⲧⲉⲕⲙⲛ̄ⲧⲣ̄ⲣⲟ · Ⲡⲉϫⲉ ⲡⲣ̄ⲣⲟ
ⲛⲁⲩ · ϫⲉ ⲉⲓⲉⲣ ϩⲟⲧⲉ · ϫⲉ ⲛ̄ⲧⲁⲓϥⲓ ⲛ̄ ⲧⲙⲛ̄ⲧⲣ̄ⲣⲟ · ⲙ̄
ⲡⲉϥⲉⲓⲱⲧ ⲛ̄ϥⲉⲣ ⲟⲩⲕⲣⲟϥ ⲉ ⲣⲟⲓ · ϩⲙ̄ ⲡⲡⲟⲗⲁⲓⲙⲟⲥ ·
ⲛ̄ⲥⲉ ⲙⲟⲩⲟⲩⲧ ⲙ̄ⲙⲟⲓ · ⲁⲗ|ⲗⲁ ⲉϣⲱⲡⲉ ⲙⲉⲛ · ⲁⲣⲓⲕⲉ Fol. 28 *b* 2
ϩⲙ̄ ⲡⲉϥϩⲏⲧ · ⲉ ϩⲟⲩⲛ ⲉ ⲣⲟⲓ · ⲙⲁⲣⲟⲩ ⲱⲣⲕ̄ ⲛⲁⲓ ⲙ̄
ⲡⲉⲩⲁⲅⲅⲉⲗⲓⲟⲛ · ⲧⲁⲡⲓⲥⲧⲉⲩⲉ ⲛⲁⲩ · ⲁⲩⲱ ⲧⲁⲓ ⲧⲉ ⲑⲉ
ⲛ̄ⲧⲁⲩⲧⲉⲧ · ⲡϩⲏⲧ ⲙ̄ ⲡⲣ̄ⲣⲟ ⲁϥⲕⲁⲁⲩ ⲉ ⲃⲟⲗ · Ⲛ̄ ⲡⲉϥ-
ⲣⲁⲥⲧⲉ ⲇⲉ ⲉϥϣⲧⲣ̄ⲧⲱⲣ ⲛ̄ϭⲓ ⲡⲣ̄ⲣⲟ · ⲁ ⲡⲇⲓⲁⲃⲟⲗⲟⲥ
ⲟⲩⲱⲛϩ̄ ⲛⲁϥ ⲉ ⲃⲟⲗ · ⲉϥϫⲱ ⲙ̄ⲙⲟⲥ · ϫⲉ ⲟⲩⲙⲉⲣⲓⲁⲛⲟⲥ
ⲡⲣ̄ⲣⲟ · ⲉⲕϩⲙⲟⲟⲥ ⲉⲕⲣ̄ ⲟⲩ · ⲉⲕⲡⲓⲥⲧⲉⲩⲉ ⲉ ⲡⲁⲛⲁϣ · ⲛ̄
ⲑⲉⲟⲇⲱⲣⲟⲥ ⲙⲛ̄ ⲕⲗⲁⲩϯⲟⲥ · ϫⲉ ⲙⲛ̄ ⲗⲟⲅⲟⲥ · ⲟⲩⲇⲉ
ⲁⲛⲁϣ · ⲟⲩⲇⲉ ⲥⲟⲛ · ⲟⲩⲇⲉ ϣⲃⲏⲣ ϩⲙ̄ ⲡⲡⲟⲗⲁⲓⲙⲟⲥ ·
ⲉϣⲱⲡⲉ ⲕⲟⲩⲱϣ ⲉ ⲉⲣ ⲣ̄ⲣⲟ · ⲧⲱⲟⲩⲛ ⲛ̄ | ⲣⲁⲥⲧⲉ ϫⲟⲟⲩ ⲉ Fol. 29 *a* 1
ⲕⲏⲙⲉ · ⲉⲛⲥⲁ ϩⲛ̄ⲇⲓⲣⲟⲛ · ⲛⲁⲓ ⲛⲉ ⲛ̄ⲣⲱⲙⲉ ⲛ̄ϣⲁⲩⲙⲓϣⲉ
ⲛ̄ⲍ̄
ⲉ ϫⲱⲕ · ϯϫⲱ ⲅⲁⲣ ⲙ̄ⲙⲟⲥ ⲛⲁⲕ · ⲱ̄ ⲡⲣ̄ⲣⲟ · ϫⲉ ϯⲥⲟⲟⲩⲛ
ⲉⲩϣⲏⲣⲉ ϣⲏⲙ · ϩⲙ̄ ⲡⲙⲁⲣⲏⲥ ⲛ̄ϣⲁⲩⲙⲟⲩⲧⲉ ⲉ ⲣⲟϥ ·
ϫⲉ ⲁⲕⲣⲓⲡⲡⲓⲧⲁ · ⲉϥⲙⲟⲟⲛⲉ ⲛ̄ ϩⲛ̄ⲃⲁⲁⲙⲡⲉ · ϩⲛ̄ ⲧⲥⲱϣⲉ ·
ⲉ ⲡⲁ ⲡⲧⲟϣ ⲙ̄ ⲡⲥⲟⲓ ⲡⲉ · ϫⲟⲟⲩ ⲛ̄ⲥⲱϥ ⲛ̄ⲅ̄ ⲉⲛⲧϥ̄ · ⲉ
ⲧⲉⲓ ⲡⲟⲗⲓⲥ · ⲡⲁⲓ ⲡⲉ ⲡⲣⲱⲙⲉ · ⲉⲧ ⲛⲁⲙⲓϣⲉ ⲙⲛ̄ ⲙ̄ⲡⲉⲣ-

ⲥⲟⲥ · ⲛ̄ⲧⲁϥϫⲉ ⲛⲁⲓ ⲇⲉ · ⲉ ⲧⲃⲉ ⲇⲓⲟⲕⲗⲏϯⲁⲛⲟⲥ ·
ⲉϥϩⲙ̄ ⲡⲧⲟϣ ⲙ̄ ⲡⲥⲟⲓ · ⲉϥⲙⲟⲟⲛⲉ ⲛ̄ ⲛⲉⲃⲁⲁⲙⲡⲉ ⲙ̄ ⲡⲁ
ⲉⲓⲱⲧ · ⲛ̄ ⲁⲡⲁ ⲯⲟⲧⲉ · ⲉⲣⲉ ⲁⲡⲁ ⲯⲟⲧⲉ ϩⲱⲱϥ · ⲙⲟⲟⲛⲉ
Fol. 29 *a* 2 ⲛ̄ ⲛⲉⲥⲟⲟⲩ | ⲙ̄ ⲡⲉϥⲉⲓⲱⲧ · ⲉⲩⲟ ⲛ̄ϣⲃⲏⲣ ⲉⲛⲉⲩⲉⲣⲏⲩ ·
ⲉⲛⲉϥⲉⲓⲣⲉ ϩⲛ̄ ⲙⲛ̄ⲧⲛⲁ · ⲉϥϫⲱ ⲉϥϭⲟⲥϭⲥ̄ · ⲉⲣⲉ ⲡⲉⲯⲁⲗ-
ⲧⲏⲣⲓⲟⲛ ⲛ̄ ⲧⲟⲟⲧϥ · ⲛ̄ ⲁⲡⲁ ⲯⲟⲧⲉ ⲉϥⲙⲉⲗⲉⲧⲁ · ⲛ̄ ⲛⲉ-
ⲯⲁⲗⲙⲟⲥ ⲙ̄ ⲡⲉϩⲟⲟⲩ ⲙⲛ̄ ⲧⲉⲩϣⲏ · Ⲛⲉⲣⲉ ⲡⲟⲣⲅⲁⲛⲟⲛ
ⲛ̄ ⲧⲟⲟⲧϥ ⲛ̄ ⲁⲕⲣⲓⲡⲡⲓⲧⲁ · ⲉϥϣⲁⲛϫⲱ · ϣⲁⲣⲉ ⲛ̄ ⲃⲁⲁⲙⲡⲉ
ⲡⲱⲣϫ̄ ⲉ ⲃⲟⲗ · ⲉⲛⲉⲥⲟⲟⲩ ⲛ̄ ⲁⲡⲁ ⲯⲟⲧⲉ · ⲁⲩⲱ ⲛϥϫⲛⲟⲩ
ⲙ̄ⲙⲟⲥ ⲛⲁϥ · ϫⲉ ⲱϩⲉ ⲡⲧⲟϣ ⲡⲥⲟⲓ · ⲛ̄ⲧ ⲁϥϯⲟⲩⲱ ⲙ̄ⲙⲟⲕ
ⲉ ϩⲣⲁⲓ · ϫⲉ ⲕⲛⲁⲗⲟ ⲉⲕⲕⲉⲛⲥ̄ ⲧⲃ̄ⲛⲟⲟⲩⲉ · ⲛ̄ⲅ̄ ⲕⲉⲉⲛⲥ̄
ⲣⲱⲙⲉ · Ⲉⲓⲧⲁ ⲁϥϫⲟⲟⲩ ⲛ̄ ⲟⲩⲙⲁⲅⲓⲥⲧⲣⲓⲁⲛⲟⲥ · ϩⲓⲧⲙ̄
Fol. 29 *b* 1 ⲡⲟⲩⲉϩⲥⲁϩⲛⲉ ⲛ̄ ⲟⲩⲙⲉ|ⲣⲓⲁⲛⲟⲥ ⲡⲣ̄ⲣⲟ · Ⲛ̄ ⲧⲉⲣⲉ ϥⲉⲓ
ⲛ̄ⲏ̄ ⲇⲉ ⲉ ⲡⲧⲟϣ ⲡⲥⲟⲓ · ⲁϥϩⲉ ⲉ ⲁⲕⲣⲓⲡⲡⲓⲧⲁ · ⲙⲛ̄ ⲁⲡⲁ
ⲯⲟⲧⲉ · ⲉⲩⲙⲟⲟⲛⲉ ϩⲛ̄ ⲧⲥⲱϣⲉ · Ⲡⲉϫⲉ ⲁⲡⲁ ⲯⲟⲧⲉ ⲛ̄
ⲁⲕⲣⲓⲡⲡⲓⲧⲁ · ϫⲉ ⲉⲓⲥ ⲡⲉⲕⲉⲓⲱⲧ · ⲙⲟⲩⲧⲉ ⲉ ⲣⲟⲕ · ⲉ
ⲧⲣⲉϥⲁⲁⲕ ⲛ̄ ⲣ̄ⲣⲟ · Ⲁⲩⲱ ⲛ̄ ⲧⲉⲓ ϩⲉ · ⲁ ⲁⲕⲣⲓⲡⲡⲓⲧⲁ ·
ⲧⲁⲗⲉ ⲉ ⲡⲉϩⲧⲟ · ⲙ̄ ⲡⲛⲟϭ ⲛ̄ ⲥⲧⲣⲁⲧⲩⲗⲁⲧⲏⲥ · ⲁϥϫⲱⲣⲙ̄
ⲉ ⲡⲉⲓ ⲥⲁ ⲙⲛ̄ ⲡⲁⲓ · ⲁϥϫⲓ ⲛ̄ⲧⲉϥⲥⲛⲃⲉ · ⲁϥϣⲟⲗⲥ̄ ⲁϥⲡⲱⲧ ·
ⲉ ⲧⲙⲏⲧⲉ ⲛ̄ ⲛⲉⲥⲟⲟⲩ ⲛ̄ ⲁⲡⲁ ⲯⲟⲧⲉ · ⲁϥⲣⲱϩⲧ̄ ⲉ ⲃⲟⲗ ⲛ̄
ϩⲏⲧⲟⲩ · Ϩⲟⲓⲛⲉ ⲁⲩⲕⲟⲛⲥⲟⲩ ⲉ ⲡⲉⲩⲙⲁⲕϩ̄ · ϩⲛ̄ⲕⲟⲟⲩⲉ
Fol. 29 *b* 2 ⲁⲩⲥⲱⲗⲡ̄ ⲉ ⲃⲟⲗ ⲛ̄ ⲛⲉⲩϭⲓϫ · ⲙⲛ̄ ⲛⲉⲩⲟⲩ|ⲉⲣⲏⲧⲉ · ⲁⲡⲁ
ⲯⲟⲧⲉ ⲇⲉ · ⲛ̄ ⲧⲉⲣⲉ ϥⲛⲁⲩ ⲉ ⲧⲉϥⲙⲉⲧⲁⲕⲣⲓⲟⲥ · ⲡⲉϫⲁϥ
ⲛⲁϥ · ϫⲉ ϩⲱ ⲉ ⲣⲟⲕ · ⲉⲕⲡⲉϩⲧ̄ ⲥⲛⲟϥ ⲛ̄ ⲁⲧⲛⲟⲃⲉ ⲉ ⲃⲟⲗ ·
ⲁ ⲡϩⲏⲧ ⲅⲁⲣ ⲙ̄ ⲡⲉⲕⲉⲓⲱⲧ · ⲟⲩⲱ ⲉϥⲙ̄ⲧⲟⲛ · ⲉ ϩⲣⲁⲓ ⲉ
ϫⲱⲕ · ϫⲉ ⲁϥϫⲡⲟⲕ · ⲛⲟⲩϫ ⲛ̄ⲧⲉⲕⲥⲛⲃⲉ ⲉ ⲡⲉⲥⲕⲟⲉⲓϩ ·
ϫⲉ ⲙ̄ⲡⲁⲧⲉ ⲡⲉⲕⲟⲩⲟⲉⲓϣ ϣⲱⲡⲉ · ⲉ ⲧⲣⲉ ⲕⲡⲉϩⲧ̄ ⲥⲛⲟϥ
ⲉ ⲃⲟⲗ · ⲉϥⲧⲱⲛ ϭⲉ ⲡⲙⲟⲩ ⲙ̄ ⲡⲉⲕⲉⲓⲱⲧ · ⲉⲧⲉ ⲙ̄ⲡⲉ ϥⲉⲓ
ⲉ ϫⲱⲕ ϩⲱⲱⲕ · ⲙ̄ⲡⲁⲧⲉ ⲙⲟⲟⲩ ϣⲱⲡⲉ · Ⲉⲩⲧⲱⲛ ⲛⲉ-
ⲙⲟⲟⲛⲉ · ⲛ̄ⲡⲣⲉϥϩⲉⲧⲃ̄ ϣⲏⲣⲉ ⲕⲟⲩⲓ · ⲉⲧⲉ ⲙ̄ⲡ ⲟⲩⲙⲟⲩⲟⲩⲧ
Fol. 30 *a* 1 ⲙ̄ⲙⲟⲕ · ⲉⲕϫⲓ ⲉⲣⲱⲧⲉ ϩⲛ̄ ⲧⲉⲕⲙⲁⲁⲩ :—Ⲛⲁⲓ | ⲇⲉ · ⲉⲣⲉ
ⲛ̄ⲑ̄ ⲁⲡⲁ ⲯⲟⲧⲉ ϫⲱ ⲙ̄ⲙⲟⲟⲩ · ⲁ ⲡϣⲏⲣⲉ ⲙ̄ ⲡⲧⲁⲕⲟ · ϣⲱⲗ
ⲛ̄ ⲧⲉϥⲥⲛⲃⲉ · ⲁϥⲡⲱⲧ ⲛ̄ⲥⲱϥ · ⲉϥⲧⲁⲗⲏⲩ ⲉ ⲡⲉϩⲧⲟ · ⲉϥ-
ⲟⲩⲱϣ ⲉ ⲙⲟⲩⲟⲩⲧ ⲙ̄ⲙⲟϥ · Ⲡⲉϫⲉ ⲁⲡⲁ ⲯⲟⲧⲉ ⲛⲁϥ ·

ϫⲉ ϩⲱ ⲉ ⲣⲟⲕ ⲙ̅ⲡⲁⲧⲉ ⲡⲁ ⲟⲩⲟⲉⲓϣ ϣⲱⲡⲉ· ⲉ ⲧⲣⲉ
ⲕⲙⲟⲩⲟⲩⲧ ⲙ̅ⲙⲟⲓ· Ⲁⲛⲁⲥⲧⲁⲥⲓⲟⲥ ⲇⲉ· ⲡⲙⲁⲅⲓⲥⲧⲣⲓⲁⲛⲟⲥ·
ⲁϥⲉⲣϣⲡⲏⲣⲉ ⲛ̅ ⲧⲉϥⲙⲛ̅ⲧⲧⲟⲗⲙⲏⲣⲟⲥ· ϫⲉ ⲛⲁⲙⲉ ϥⲉⲣ-
ϣⲁⲩ ⲉ ⲡⲡⲟⲗⲁⲓⲙⲟⲥ· Ⲡⲉϫⲉ ⲁⲡⲁ ⲯⲟⲧⲉ ⲛⲁϥ· ϫⲉ
ϥⲉⲣϣⲁⲩ ⲉ ⲡⲡⲟⲗⲁⲓⲙⲟⲥ ⲙ̅ ⲡⲧⲁⲕⲟ· Ⲙⲛ̅ⲛ̅ⲥⲁ ⲛⲁⲓ
ⲁⲩⲧⲱⲣⲡ ⲙ̅ ⲁⲥⲉⲃⲏⲥ ⲁⲕⲣⲓⲡⲡⲓⲧⲁ· ⲁⲩⲛ̅ⲧϥ ⲉ ⲧⲡⲟⲗⲓⲥ·
ⲛ̅ ⲧⲙⲛ̅|ⲧⲣⲣⲟ· ⲛⲉϥ ϩⲛ̅ ϫⲟⲩⲱⲧⲉ ⲅⲁⲣ ⲛ̅ⲣⲟⲙⲡⲉ· ⲛ̅ ⲁϩⲉ Fol. 30 *a* 2
ⲙ̅ ⲡⲉϩⲟⲟⲩ ⲉⲧ ⲙ̅ⲙⲁⲩ· ⲁⲩⲱ ⲁⲩϯ ⲙ̅ ⲡⲉϥⲯⲩⲫⲟⲥ
ϩⲁ ⲣⲟϥ· ϩⲁⲧⲙ̅ ⲡⲣ̅ⲣⲟ· ϫⲉ ⲉϥⲉⲣϣⲁⲩ ⲉ ⲡⲡⲟⲗⲁⲓⲙⲟⲥ·
Ⲁⲩⲱ ⲁ ⲧⲛⲟϭ ⲛ̅ ϣⲉⲉⲣⲉ ⲛ ⲟⲩⲙⲉⲣⲓⲁⲛⲟⲥ· ⲉⲡⲉⲓⲑⲩⲙⲉⲓ
ⲉ ⲣⲟϥ· ⲉⲛⲉⲁϥⲕⲁⲁⲩ ϩⲙ̅ ⲡⲡⲟⲗⲩⲙⲟⲥ· ⲉϥⲟ ⲛ̅ ⲥⲧⲁϥ-
ⲗⲓⲧⲏⲥ· ⲉϥϯ ϩⲣⲉ ⲛ̅ ⲛ̅ⲧⲃ̅ⲛⲟⲟⲩⲉ· ⲁⲩⲱ ⲛⲉⲥⲥⲕⲉⲡϯ
ⲙ̅ⲙⲟⲥ· ⲛ̅ⲙ̅ⲙⲁϥ ⲙ̅ⲙⲏⲛⲉ· ϩⲛ̅ ϩⲉⲛϩⲃ̅ⲏⲩⲉ ⲙ̅ ⲙⲛ̅ⲧ-
ϣⲛⲁ· Ⲉⲓⲧⲁ ⲙⲛ̅ⲛ̅ⲥⲁ ⲛⲁⲓ· ⲁϥⲙⲟⲩ ⲛ̅ϭⲓ ⲟⲩⲙⲉⲣⲓⲁⲛⲟⲥ
ϩⲙ̅ ⲡⲡⲟⲗⲁⲓⲙⲟⲥ· ⲁ ⲧⲉϥϣⲉⲉⲣⲉ· ⲁⲙⲁϩⲧⲉ ⲉϫⲛ̅ ⲧⲙ-
ⲛ̅ⲧⲣⲣⲟ· ⲛ̅ ϣⲟⲙⲧⲉ ⲛ̅ⲣⲟⲙⲡⲉ· ⲉⲣⲉ ⲁⲕⲣⲓⲡⲡⲓⲧⲁ | ϩⲏⲡ Fol. 30 *b* 1
ϩⲁ ⲧⲟⲟⲧⲥ̅· Ⲙⲛ̅ⲛ̅ⲥⲱⲥ ⲁϥϯ ⲛ̅ⲟⲩⲕⲓⲛⲁⲩⲛⲁⲣⲓⲟⲛ· ⲛ̅ ⲛⲟⲩⲃ· ⲝ̅
ⲛ̅ ⲛⲉⲛⲟϭ ⲙ̅ ⲡⲡⲁⲗⲗⲁϯⲟⲛ· ⲙ̅ⲡⲁⲧ ⲟⲩⲥϩⲁⲓ ⲉ ϫⲱⲥ
ⲛ̅ⲙ̅ⲙⲁϥ· ⲁⲩⲱ ⲁⲩϯ ⲛ̅ ϩⲛ̅ⲛⲟϭ ⲛ̅ ⲧⲁⲉⲓⲟ ⲛⲁϥ· Ⲉⲓⲧⲁ
ⲁⲥⲑⲙ̅ⲥⲟⲟϥ ⲉϫⲙ̅ ⲡⲉⲑⲣⲟⲛⲟⲥ· ⲛ̅ ⲟⲩⲙⲉⲣⲓⲁⲛⲟⲥ ⲡⲉⲥⲉⲓⲱⲧ·
ϫⲉ ⲁϥⲃⲟⲗ ⲉ ⲃⲟⲗ· ⲛ̅ ⲧⲉⲥⲡⲁⲣⲑⲉⲛⲓⲁ· Ⲙⲛ̅ⲛ̅ⲥⲁ ⲛⲁⲓ ⲇⲉ·
ⲁ ⲑⲉⲟⲇⲱⲣⲟⲥ· ⲡⲁⲛⲁⲧⲟⲗⲁⲓⲟⲥ· ⲉⲓ ϩⲙ̅ ⲡⲡⲟⲗⲁⲓⲙⲟⲥ·
ⲁⲩⲧⲁⲙⲟϥ· ϫⲉ ⲁ ⲇⲓⲟⲕⲗⲏϯⲁⲛⲟⲥ ⲉⲣ ⲣ̅ⲣⲟ· ⲡⲉϫⲁϥ
ϫⲉ ⲛⲓⲙ ⲡⲉ ⲇⲓⲟⲕⲗⲏϯⲁⲛⲟⲥ· ⲏ̅ ⲟⲩⲁϣ ⲙ̅ⲙⲓⲛⲉ ⲡⲉ·
ⲁⲩⲱ ⲁϥⲃⲱⲕ ⲉ ϩⲟⲩⲛ ϣⲁ ⲣⲟϥ ⲙⲛ̅ ⲕ|ⲗⲁⲩⲇⲓⲟⲥ· ⲡⲉϫⲁⲩ Fol. 30 *b* 2
ⲛⲁϥ· ϫⲉ ⲛⲓⲙ ⲡⲉ ⲛ̅ⲧⲁϥⲁⲁⲕ· ⲛ̅ ⲣ̅ⲣⲟ ⲉ ⲧⲉⲓ ⲡⲟⲗⲓⲥ·
ⲡⲉϫⲁϥ· ϫⲉ ⲛ̅ⲧⲱⲧⲛ̅ ⲡⲉ· ⲙⲛ̅ ⲛⲉⲧⲛ̅ⲉⲓⲟⲧⲉ ⲙ̅ⲙⲟⲛ· ⲁⲛⲅ̅
ⲟⲩⲣ̅ⲣⲟ ⲁⲛ· ⲟⲩⲇⲉ ⲙ̅ ⲡⲁ ⲣⲟⲟⲩϣ ⲁⲛ ⲡⲉ ϩⲁ ⲧⲙⲛ̅ⲧⲣ̅ⲣⲟ·
Ⲁⲩⲱ ⲛ̅ⲧⲉⲩⲛⲟⲩ· ⲁ ⲡϩⲁⲅⲓⲟⲥ ⲑⲉⲟⲇⲱⲣⲟⲥ ⲁⲙⲁϩⲧⲉ· ⲛ̅
ⲧⲉϥϭⲓϫ ⲁϥⲧⲟⲩⲛⲟⲥϥ̅ ⲉ ϩⲣⲁⲓ· ϩⲓϫⲙ̅ ⲡⲉⲑⲣⲟⲛⲟⲥ· ⲉ ⲃⲟⲗ
ϫⲉ ⲙ̅ⲡⲁⲧⲉ ϥϫⲣⲟ ⲕⲁⲗⲱⲥ· ⲁⲗⲗⲁ ⲛⲉϥⲉⲣ ϩⲟⲧⲉ· Ⲡⲉϫⲉ
ⲡϩⲁⲅⲓⲟⲥ ⲑⲉⲟⲇⲱⲣⲟⲥ ⲛⲁϥ· ϫⲉ ⲧⲱⲟⲩⲛ ⲉ ϩⲣⲁⲓ· ϫⲉ
ⲛ̅ⲧⲕ̅ ⲟⲩⲙⲁ ⲛ̅ ⲉⲣⲓⲣ ϩⲙ̅ ⲡⲉⲕⲕⲁϩ· ⲉ ⲧⲃⲉ ⲟⲩ· ⲉⲣⲉ ⲣⲙ̅ Fol. 31 *a* 1
ⲛ̅ ⲕⲏⲙⲉ· ⲛⲁϩⲙⲟⲟⲥ· ϩⲓϫⲙ̅ ⲡⲉ|ⲑⲣⲟⲛⲟⲥ ⲛ̅ ⲛ̅ⲣ̅ⲣⲱⲟⲩ· ⲝ̅ⲁ̅

ⲉⲣⲉ ⲛⲉϩⲣⲱⲙⲁⲓⲟⲥ ⲟⲛϩ̅ · ⲁⲩⲱ ⲁⲩⲑⲙ̅ⲥⲟ ⲛ̅ ⲕⲗⲁⲩⲇⲓⲟⲥ ·
ϩⲓϫⲙ̅ ⲡⲉⲑⲣⲟⲛⲟⲥ · ⲁⲩⲛⲟϭ ⲛ̅ ⲁϣⲕⲁⲕ · ϣⲱⲡⲉ ϩⲙ̅
ⲡⲡⲁⲗⲗⲁϯⲟⲛ · ⲉⲩϫⲱ ⲙ̅ⲙⲟⲥ · ϫⲉ ⲁ ⲑⲉⲟⲇⲱⲣⲟⲥ ·
ⲡⲁⲛⲁⲧⲟⲗⲁⲓⲟⲥ · ⲉⲣ ⲟⲩⲙⲛ̅ⲧϫⲱⲱⲣⲉ · ⲙ̅ⲡⲟⲟⲩ ϩⲙ̅ ⲡⲡⲁⲗ-
ⲗⲁϯⲟⲛ · ⲙ̅ⲡⲉ ⲗⲁⲁⲩ ⲉϣⲁⲛϯⲗⲉⲅⲉ ⲛⲁϥ · ϩⲛ̅ ⲧⲁⲛϯⲟ-
ⲭⲓⲁ ⲧⲏⲣⲥ̅ · Ⲡϩⲁⲅⲓⲟⲥ ⲇⲉ ⲁⲡⲁ ⲕⲗⲁⲩϯⲟⲥ · ⲙ̅ⲡⲉ ⲥⲉⲣ
ϩⲛⲁϥ · ⲉ ⲧⲣⲉ ϥϩⲙⲟⲟⲥ · ⲉϫⲙ̅ ⲡⲉⲑⲣⲟⲛⲟⲥ ⲛ̅ ⲛ̅ⲣ̅ⲣⲱⲟⲩ ·
ϫⲉ ⲙ̅ⲡⲉ ϥⲣⲟⲟⲩϣ ⲁⲛ ⲡⲉ ϩⲁ ⲧⲙⲛ̅ⲧⲉⲣ̅ⲣⲟ · ⲁⲗⲗⲁ
ⲁϥⲧⲱⲟⲩⲛ · ϩⲛ̅ ⲟⲩϭⲉⲡⲏ · ⲉⲛⲉⲣⲉ ⲡⲙⲏⲏϣⲉ ⲧⲏⲣϥ̅ ⲱϣ |
Fol. 31*a* 2 ⲉ ⲃⲟⲗ · ϫⲉ ⲁⲝⲓⲟⲥ · ⲁⲝⲓⲟⲥ · ⲁⲝⲓⲟⲥ ⲕⲗⲁⲩⲇⲓⲟⲥ ⲁϥⲉⲣ
ⲣ̅ⲣⲟ · Ⲡⲁⲥⲉⲃⲏⲥ ⲇⲉ ⲇⲓⲟⲕⲗⲏϯⲁⲛⲟⲥ · ⲁϥⲉⲣ ϩⲟⲧⲉ · ⲁϥ-
ⲃⲱⲕ ⲁϥϩⲟⲡϥ̅ ⲛ̅ ⲥⲁϣϥ ⲛ̅ϩⲟⲟⲩ · ϩⲁⲧⲛ̅ ⲧⲣ̅ⲣⲱ ⲙ̅ⲡ ⲟⲩϩⲉ
ⲉ ⲣⲟϥ · ⲁⲗⲗⲁ ⲛⲉⲣⲉ ⲡⲉⲑⲣⲟⲛⲟⲥ ⲕⲏ ⲉ ⲃⲟⲗ · Ⲁⲩⲱ
ⲁ ⲧⲡⲟⲣⲛⲏ ⲛ̅ ⲣ̅ⲣⲟ ⲉⲧ ⲙ̅ⲙⲁⲩ · ϭⲱϣⲧ̅ ⲉ ⲃⲟⲗ · ϩⲛ̅
ⲟⲩϣⲟⲩϣⲧ̅ · ϩⲙ̅ ⲡⲉⲥⲕⲟⲓⲧⲱⲛ · ⲡⲉϫⲁⲥ · ϫⲉ ⲛⲓⲙ ⲡⲉ
ⲡⲁⲛⲁⲧⲟⲗⲁⲓⲟⲥ · ϫⲉ ⲉϥⲉⲧⲟⲩⲛⲉⲥ ⲡ̅ⲣ̅ⲣⲟ · ⲉ ϩⲣⲁⲓ ⲉϫⲙ̅
ⲡⲉϥⲑⲣⲟⲛⲟⲥ · Ⲛⲓⲙ ⲡⲉ ⲟⲩⲙⲁⲧⲟⲓ ⲛ̅ⲧⲉ ⲡⲁ ⲉⲓⲱⲧ · ϫⲉ
ⲉϥⲉⲁⲛϯⲗⲉⲅⲉ ⲟⲩϥ ⲉ ⲧⲉϥϣⲉⲉⲣⲉ · Ⲛⲓⲙ ⲡⲉ ⲟⲩⲣⲉϥ-
Fol. 31*b* 1 ⲙⲟⲟϣⲉ · ⲛ̅|ⲛⲉϥⲟⲩⲉⲣⲏⲧⲉ · ⲛ̅ϥⲁⲛϯⲗⲉⲅⲉ ⲛ̅ ⲟⲩϣⲉⲉⲣⲉ
ⲍ̅ⲃ̅ ⲛ̅ ⲣ̅ⲣⲟ · Ⲡⲁ ⲡⲡⲟⲗⲁⲓⲙⲟⲥ ⲡⲉ ⲡⲁⲛⲁⲧⲟⲗⲁⲓⲟⲥ · ⲡⲁ ⲧⲙ-
ⲛ̅ⲧⲣ̅ⲣⲟ ⲡⲉ · ⲇⲓⲟⲕⲗⲏϯⲁⲛⲟⲥ · ⲁⲗⲗⲁ ⲁⲛⲅ̅ ⲟⲩϩⲏⲣⲱⲇⲓⲁⲥ
ⲛ̅ ⲃ̅ⲣ̅ⲣⲉ · ⲉⲓ ⲉⲙⲡ ⲉⲓⲉⲣ ⲡⲁ ϩⲁⲡ ⲛ̅ⲙ̅ⲙⲁϥ · Ⲛ̅ ⲧⲉⲣⲉ
ⲡϩⲁⲅⲓⲟⲥ ⲑⲉⲟⲇⲱⲣⲟⲥ ⲥⲱⲧⲙ̅ ⲉ ⲛⲁⲓ · ⲁϥϣⲱⲗ ⲛ̅ ⲧⲉϥ-
ⲥⲏⲃⲉ · ⲁϥϩⲓⲟⲩⲉ ϫⲓⲛⲉ · ⲡⲉⲑⲣⲟⲛⲟⲥ ⲙ̅ ⲡ̅ⲣ̅ⲣⲟ ϣⲁ ⲡⲣⲟ ·
ⲙ̅ ⲡⲡⲁⲗⲗⲁϯⲟⲛ · ⲁϥⲙⲟⲩⲟⲩⲧ ⲙ̅ ⲙⲛ̅ⲧⲟⲩⲉ ⲛ̅ϣⲉ ⲛ̅
ⲥⲕⲉⲡⲧⲱⲣ · ϩⲓ ⲕⲟⲩⲃⲟⲩⲕⲗⲁⲣⲓⲟⲛ · ⲁⲩⲱ ⲙⲛ̅ⲧϣⲟⲙⲧⲉ
ⲛ̅ϣⲉ ⲙ̅ⲙⲁⲧⲟⲓ ϩⲓ ⲣⲉϥϫⲓⲙⲗⲁϩ · ⲉⲛⲉⲣⲉ ⲡⲕⲩⲣⲍ (*sic*) ⲱϣ
Fol. 31*b* 2 ⲉ ⲃⲟⲗ · ϫⲉ ⲡⲟⲗⲗⲁ | ⲧⲁⲁⲓⲧⲉⲓ ⲧⲟⲩⲃⲁⲥⲓⲗⲉⲩⲥ ⲁ ⲧⲙ-
ⲛ̅ⲧⲣ̅ⲣⲟ · ⲉⲣⲧⲁ ⲕⲗⲁⲩⲧⲓⲟⲥ · ⲁⲩⲱ ⲁ ⲑⲉⲟⲇⲱⲣⲟⲥ ⲙⲓϣⲉ
ⲁϥϫⲣⲟ · Ⲛ̅ ⲧⲉⲣⲉ ⲧⲣ̅ⲣⲱ · ⲥⲱⲧⲙ̅ ⲉ ⲛⲁⲓ · ⲁⲥⲉⲣ ϩⲟⲧⲉ
ⲙ̅ⲙⲁⲧⲉ · ⲁⲥϫⲓ ⲙ̅ ⲡⲉⲕⲗⲟⲙ · ⲙ̅ ⲡⲉⲥⲉⲓⲱⲧ · ⲙⲛ̅ ⲧⲉϥ-
ϭⲣⲏⲡⲉ · ⲙⲛ̅ ⲧⲉϥϩⲃ̅ⲥⲱ ⲛ̅ ⲣ̅ⲣⲟ · ⲁⲥⲭⲁⲗⲁ ⲙ̅ⲙⲟⲟⲩ ·
ⲉ ⲡⲉⲥⲏⲧ ϩⲙ̅ ⲡⲗⲱⲃϣ ⲙ̅ ⲡⲡⲁⲗⲗⲁϯⲟⲛ · ⲉⲥⲱϣ ⲉ ⲃⲟⲗ
ⲉⲥϫⲱ ⲙ̅ⲙⲟⲥ · Ϫⲉ ⲑⲉⲟⲇⲱⲣⲟⲥ ⲡⲁⲛⲁⲧⲟⲗⲁⲓⲟⲥ · ϫⲓ

ⲛ̄ⲛⲁⲓ ⲛⲁⲕ· ⲛ̄ⲅ̄ ⲉⲣ ⲣ̄ⲣ̄ⲟ· ϫⲉ ⲁⲕϥⲓ ⲅⲁⲣ ⲙ̄ ⲡⲙⲁ
ⲧⲏⲣϥ̄· ϫⲉ ϫⲓⲛⲉ ⲡⲟⲟⲩ ⲉ ϩⲣⲁⲓ· ⲁⲛⲟⲕ ⲧⲉ ⲧⲉⲕϩⲙ̄ϩⲁⲗ·
ϯⲧⲉⲣⲕⲟ ⲙ̄ⲙⲟⲕ· ⲙ̄ ⲡⲟⲩϫⲁⲓ ⲛ̄ ⲕⲗⲁⲩϯⲟⲥ· ⲡⲉⲕϣ|ⲃⲏⲣ· Fol. 32 *a* 1
ⲙⲛ̄ ⲡⲟⲩϫⲁⲓ ⲛ̄ ⲓⲟⲩⲥⲧⲟⲥ· ⲡⲁ ⲥⲟⲛ ⲛ̄ ϣⲁⲕⲧⲁⲕⲟ ⲛ̄ ⲝ̄ⲅ̄
ⲧⲙⲛ̄ⲧⲣ̄ⲣⲟ· ⲛ̄ ⲧⲁ ⲁⲫⲟⲣⲙⲏ· Ⲙⲛ̄ⲛ̄ⲥⲱⲥ ⲁϥϯ ⲕⲱϩⲧ̄ ⲉⲛ
ⲣⲟ ⲙ̄ ⲡⲡⲁⲗⲗⲁϯⲟⲛ· ϫⲉ ⲉϥⲉⲣⲱⲕϩ̄ ⲛ̄ ⲟⲩⲟⲛ ⲛⲓⲙ·
ⲛ̄ⲧⲁϥⲉⲣ ⲡⲁⲓ· ⲉ ⲧⲃⲉ ⲇⲓⲟⲕⲗⲏϯⲁⲛⲟⲥ· ϫⲉ ⲁⲩⲁⲁϥ
ⲛ̄ⲣ̄ⲣⲟ· ⲁⲩⲱ ⲙ̄ⲡⲉ ⲗⲁⲁⲩ· ⲉϣϭⲙ̄ϭⲟⲙ ⲉ ⲁⲛϯⲗⲉⲅⲉ
ⲛⲁϥ· Ⲥⲟⲧⲉⲣⲓⲭⲟⲥ ⲇⲉ ⲡⲉϥⲉⲓⲱⲧ ⲙⲛ̄ ⲃⲁⲥⲓⲗⲓⲧⲏⲥ· ⲙⲛ̄
ϩⲣⲱⲙⲁⲛⲟⲥ· ⲁⲩⲡⲁϩⲧⲟⲩ ⲙ̄ ⲡⲉϥ ⲙ̄ⲧⲟ ⲉ ⲃⲟⲗ· ⲉⲩϫⲱ
ⲙ̄ⲙⲟⲥ ϫⲉ ⲡⲉⲛ ϫⲟⲉⲓⲥ ⲑⲉⲟⲇⲱⲣⲟⲥ· ⲧⲱⲕ ⲧⲉ ⲧⲙⲛ̄ⲧⲣ̄ⲣⲟ·
ⲙ̄ⲙⲏⲛⲉ· ⲙⲁⲗⲓⲥⲧⲁ ⲙ̄ⲡⲟ|ⲟⲩ ⲛ̄ⲧⲁ ⲧⲉⲕϭⲟⲙ ⲟⲩⲱⲛϩ̄ Fol. 32 *a* 2
ⲉ ⲃⲟⲗ· ⲁⲛⲟⲛ ⲅⲁⲣ ⲧⲏⲣⲛ̄ ⲛⲉ ⲛⲉⲕϩⲙ̄ϩⲁⲗ· ⲁⲝⲓⲟⲩ ⲛ̄
ⲧⲉⲕⲙⲉⲧϫⲱⲱⲣⲉ· ⲉ ⲧⲙ̄ ⲣⲱⲕϩ̄ ⲙ̄ ⲡⲡⲁⲗⲗⲁϯⲟⲛ· ⲉⲓⲉ
ⲙⲓϣⲉ ⲛ̄ ⲕⲉ ⲥⲟⲡ· ϫⲉ ⲁ ⲡϩⲱⲃ ⲣⲱϣⲉ· Ⲁⲩⲱ ⲛ̄ⲧⲉⲩⲛⲟⲩ
ⲁϥⲣⲓⲙⲉ· ⲉϥϫⲱ ⲙ̄ⲙⲟⲥ· ϫⲉ ⲱ̄ ⲡⲉⲓ ⲛⲟϭ ⲛ̄ ϫⲓⲛϭⲟⲛⲥ̄·
ⲛ̄ⲧⲁϥϣⲱⲡⲉ ⲙ̄ⲡⲟⲟⲩ· ϩⲛ̄ ⲧⲡⲟⲗⲓⲥ ⲛ̄ ⲧⲙⲛ̄ⲧⲣ̄ⲣⲟ· ϫⲉ
ⲉⲣⲉ ⲟⲩⲥϩⲓⲙⲉ· ⲛⲁⲉⲣ ⲟⲩ ⲙⲁⲛⲉⲃⲁⲁⲙⲡⲉ ⲛ̄ ⲣ̄ⲣ̄ⲟ· ⲉ
ϩⲣⲁⲓ ⲉ ϫⲱⲛ· ⲉⲣⲉ ⲡⲉⲓ ⲙⲏⲛϣⲉ ⲛ̄ ⲣⲉϥⲙⲓϣⲉ· ϣⲟⲟⲡ
ϩⲛ̄ ⲧⲁⲛϯⲟⲭⲓⲁ· Ⲉϣⲱⲡⲉ ⲟⲩⲛ ⲇⲓⲕⲁⲓⲟⲛ ϣⲟⲟⲡ ϩⲟⲗⲟⲥ·
ⲕⲗⲁⲩϯⲟⲥ ⲙⲛ̄ ⲓⲟⲩⲥⲧⲟⲥ ⲙ̄ⲡϣⲁ | ⲛ̄ ⲧⲙⲛ̄ⲧⲣ̄ⲣⲟ· Ⲟⲩⲛⲟϭ Fol. 32 *b* 1
ⲇⲉ ⲛ̄ϣⲡⲏⲣⲉ· ⲁⲥϣⲱⲡⲉ ϩⲛ̄ ⲧⲡⲟⲗⲓⲥ ⲁⲛϯⲟⲭⲓⲁ· ⲉ ⲧⲃⲉ ⲝ̄ⲇ̄
ⲡⲙⲏⲛϣⲉ· ⲛ̄ⲧⲁⲩⲙⲟⲟⲩⲧⲟⲩ ϩⲙ̄ ⲡⲡⲁⲗⲗⲁϯⲟⲛ· ⲛⲉⲣⲉ
ⲛⲉⲩⲉⲓⲟⲧⲉ ⲣⲓⲙⲉ ⲉ ⲣⲟⲟⲩ· Ϩⲟⲉⲓⲛⲉ ϫⲉ ⲁ ⲡⲁⲛⲁⲧⲟⲗⲁⲓⲟⲥ
ⲙⲟⲩⲟⲩⲧ ⲙ̄ ⲡⲣ̄ⲣⲟ· ⲙⲛ̄ ⲧⲣ̄ⲣⲱ· Ϩⲛ̄ ⲕⲟⲟⲩⲉ· ϫⲉ
ⲁⲩϩⲁⲡ ⲛ̄ ⲇⲓⲕⲁⲓⲟⲥ· ϣⲱⲡⲉ ⲙ̄ⲡⲟⲟⲩ· Ϩⲟⲉⲓⲛⲉ ϫⲉ ⲧⲁ
ⲛⲉϥⲉⲓⲟⲧⲉ ⲙⲛ̄ ⲛⲉϥⲥⲛⲏⲩ ⲧⲉ ⲧⲙⲛ̄ⲧⲣ̄ⲣⲟ· Ⲉⲓⲧⲁ ⲁⲩⲛⲟϭ
ⲛ̄ ϣⲧⲟⲣⲧⲣ̄· ϣⲱⲡⲉ ⲙ̄ ⲡⲉϩⲟⲟⲩ ⲉⲧ ⲙ̄ⲙⲁⲩ· ⲁⲩⲱ ⲛ̄
ⲧⲉⲣⲉ ⲡⲙⲁ ⲉⲥⲉⲭⲁⲍⲉ· ⲛ̄ ⲟⲩⲕⲟⲩⲓ· ⲁ ⲧⲣ̄ⲣⲱ ⲉⲓ | ⲉ ⲃⲟⲗ· Fol. 32 *b* 2
ⲁⲥϣⲟⲣⲡ̄ⲥ̄ ⲉ ⲡⲏⲓ ⲛ̄ ⲁⲡⲁ ⲕⲗⲁⲩϯⲟⲥ· ϣⲁ ⲧⲉϥⲙⲁⲁⲩ·
ⲙⲛ̄ ⲧⲉϥⲥⲱⲛⲉ· ⲙⲛ̄ ⲧⲥⲱⲛⲉ ⲛ̄ ⲁⲡⲁ ⲑⲉⲟⲇⲱⲣⲟⲥ· ⲁⲩⲱ
ⲁⲥⲣⲓⲙⲉ ⲙ̄ ⲡⲉⲩ ⲙ̄ⲧⲟ ⲉ ⲃⲟⲗ· ϫⲉ ⲛⲉⲥⲥⲛⲏⲩ ⲛⲉ· ⲁⲩⲱ ⲁ
ⲧⲥⲱⲛⲉ ⲛ̄ ⲁⲡⲁ ⲕⲗⲁⲩϯⲟⲥ· ⲙⲛ̄ ⲧⲥⲱⲛⲉ ⲛ̄ ⲁⲡⲁ ⲑⲉⲟ-
ⲇⲱⲣⲟⲥ· ⲉⲓ ⲉ ⲡⲡⲁⲗⲗⲁϯⲟⲛ· ϣⲁ ⲛⲉⲩⲥⲛⲏⲩ· ⲁⲩⲥⲡ̄-

ⲥⲱⲡⲟⲩ· ϣⲁⲛⲧ ⲟⲩϩⲙⲟⲟⲥ ⲛ̄ ⲟⲩⲕⲟⲩⲓ· ⲁⲩⲱ ⲁⲩⲱϣⲙ̄
ⲙ̄ ⲡⲕⲱϩⲧ̄· ⲉⲧ ⲙⲟⲩϩ ϩⲛ̄ ⲛ̄ⲣⲟ ⲙ̄ ⲡⲡⲁⲗⲗⲁϯⲟⲛ· Ⲁⲩⲱ
ⲛ̄ⲧⲉⲩⲛⲟⲩ· ⲁ ⲙⲓⲭⲁⲏⲗ ⲉⲓ· ⲉ ⲡⲉⲥⲏⲧ ⲉ ⲃⲟⲗ ϩⲛ̄ ⲧⲡⲉ·
ⲁϥⲕⲱ ⲛ̄ⲧⲉϥϭⲓϫ· ⲛ̄ ⲟⲩⲛⲁⲙ· ⲉϫⲛ̄ ⲧⲙⲉⲥⲧ ϩⲏⲧ· ⲛ̄
ⲡⲉⲓ ϩⲁⲅⲓⲟⲥ· ⲁⲩⲱ ⲡⲉϫⲁϥ ⲙ̄ ⲡϩⲁⲅⲓⲟⲥ ⲑⲉⲟⲇⲱⲣⲟⲥ·|
Fol. 33 a 1 ϫⲉ ⲛⲟⲩϫ ⲛ̄ⲧⲉⲕⲥⲏⲃⲉ· ⲉ ⲡⲉⲥⲕⲟⲉⲓϩ· ϫⲉ ⲛⲁϣⲉ ⲧⲣⲁϩⲧⲥ̄
ⲝ̄ⲉ̄ ⲛ̄ⲧⲁⲥϣⲱⲡⲉ· Ⲏⲡ̄ ⲥⲟⲟⲩⲛ ⲁⲛ· ⲱ̄ ⲡϩⲁⲅⲓⲟⲥ ⲑⲉⲟⲇⲱⲣⲟⲥ·
ϫⲉ ⲉⲕϣⲁⲛⲙⲓϣⲉ· ⲙⲛ̄ϭⲟⲙ ⲛ̄ ⲗⲁⲁⲩ ⲉ ⲁϩⲉ ⲣⲁⲧϥ̄·
ϩⲓⲑⲏ ⲛ̄ ⲧⲉⲕⲟⲣⲅⲏ· ϫⲉ ⲧϭⲟⲙ ⲙⲛ̄ ⲧⲙⲛ̄ⲧϫⲱⲱⲣⲉ· ⲁⲩ-
ⲧⲁⲁⲩ ⲛⲁⲕ ⲉ ⲃⲟⲗ· ϩⲓⲧⲙ̄ ⲡϫⲟⲉⲓⲥ· Ⲡⲉϫⲉ ⲡϩⲁⲅⲓⲟⲥ
ⲑⲉⲟⲇⲱⲣⲟⲥ· ⲙ̄ ⲙⲓⲭⲁⲏⲗ· ϫⲉ ⲉⲓⲉ ⲛ̄ ⲟⲩϣⲡⲏⲣⲉ
ⲁⲛ ⲧⲉ ⲱ̄· ⲡⲁ ϫⲟⲉⲓⲥ· ⲛ̄ⲧⲉ ⲟⲩⲙⲁⲛⲉⲃⲁⲁⲙⲡⲉ· ⲛ̄ ⲣⲙ̄
ⲛ̄ ⲕⲏⲙⲉ· ⲉⲣ ⲣ̄ⲣⲟ ⲉ ϫⲱⲛ· ϩⲓⲧⲛ̄ ⲧⲉⲅⲛⲱⲙⲏ ⲛ̄ ⲟⲩ-
ⲥϩⲓⲙⲉ· ⲉⲣⲉ ϣⲏⲣⲉ ⲛ̄ ⲣ̄ⲣⲟ ϩⲙ̄ ⲡⲡⲁⲗⲗⲁϯⲟⲛ· Ⲡⲉϫⲉ
ⲙⲓⲭⲁⲏⲗ ⲛⲁϥ· ϫⲉ ⲑⲉⲟⲇⲱⲣⲟⲥ ⲡϫⲱⲱⲣⲉ ⲛ̄ ϩⲁⲣϣ
Fol. 33 a 2 ϩⲏⲧ [...] ⲡⲉ ⲡϫⲱⲱⲣⲉ· ⲉⲣⲉ ⲡⲛⲟⲩⲧⲉ ⲙⲉ ⲙ̄ⲙⲟϥ·
ⲁⲩⲱ ⲛ̄ⲧⲉⲩⲛⲟⲩ· ⲁ ⲡϩⲁⲅⲓⲟⲥ ⲑⲉⲟⲇⲱⲣⲟⲥ ⲡⲁϩⲧϥ̄· ⲁϥ-
ⲟⲩⲱϣⲧ̄ ⲙ̄ ⲡⲛⲟⲩⲧⲉ· ⲉϥϫⲱ ⲙ̄ⲙⲟⲥ· ϫⲉ ⲕⲱ ⲛⲁⲓ ⲉ
ⲃⲟⲗ· ⲡⲁ ϫⲟⲉⲓⲥ ⲙⲓⲭⲁⲏⲗ· Ⲡⲉϫⲉ ⲙⲓⲭⲁⲏⲗ ⲛⲁϥ·
ϫⲉ ⲛ̄ ⲟⲩϣⲡⲏⲣⲉ ⲁⲛ ⲧⲉ· ⲛ̄ⲧⲉ ⲇⲓⲟⲕⲗⲏϯⲁⲛⲟⲥ ⲉⲣ ⲣ̄ⲣⲟ·
ϫⲉ ⲁⲩϯ ⲛⲁϥ· ⲛ̄ ⲟⲩⲥⲟⲩⲥⲟⲩ· ⲉ ⲃⲟⲗ ϩⲓⲧⲙ̄ ⲡϫⲟⲉⲓⲥ·
ⲧⲉ ϣⲡⲏⲣⲉ ⲛ̄ⲧⲟϥ ⲧⲉ ⲧⲁⲓ· ⲉⲣⲉ ⲡⲓⲗⲁⲧⲟⲥ ⲙⲛ̄ ϩⲏⲣⲱⲇⲏⲥ·
ϩⲙⲟⲟⲥ· ⲉⲣⲉ ⲡϣⲏⲣⲉ ⲙ̄ ⲡⲛⲟⲩⲧⲉ· ⲁϩⲉ ⲣⲁⲧϥ̄ ⲉ ⲣⲟⲟⲩ·
ⲧⲁⲓ ϩⲱⲱϥ ⲧⲉ ⲑⲉ· ⲉⲧ ⲉⲣⲉ ⲇⲓⲟⲕⲗⲏϯⲁⲛⲟⲥ ⲛⲁⲉⲣ ⲣ̄ⲣⲟ
ⲉϫⲛ̄ ⲛⲉϩⲣⲱⲙⲁⲓⲟⲥ· Ⲡⲉϫⲉ ⲡϩⲁⲅⲓⲟⲥ ⲑⲉⲟⲇⲱⲣⲟⲥ· ⲙ̄
Fol. 33 b 1 ⲙⲓⲭⲁ|ⲏⲗ· ϫⲉ ⲉϣⲱⲡⲉ ⲡⲟⲩⲉϩⲥⲁϩⲛⲉ ⲙ̄ ⲡϫⲟⲉⲓⲥ ⲡⲉ·
ⲝ̄ⲋ̄ ⲉ ⲧⲣⲉ ⲇⲓⲟⲕⲗⲏϯⲁⲛⲟⲥ ⲉⲣ ⲣ̄ⲣⲟ· ⲟⲩ ⲉ ⲣⲟⲓ ⲁⲛⲟⲕ ⲡⲉ
ⲕⲱⲗⲩ ⲙ̄ ⲡⲉϥⲟⲩⲉϩⲥⲁϩⲛⲉ· Ⲁⲩⲱ ⲁ ⲙⲓⲭⲁⲏⲗ ϫⲱ ⲉ
ⲣⲟϥ· ⲛ̄ ϩⲛ̄ⲕⲉ ⲙⲩⲥⲧⲏⲣⲓⲟⲛ· ⲉⲩⲛⲁϣⲱⲡⲉ ⲛ̄ ⲇⲓⲟⲕⲗⲏ-
ϯⲁⲛⲟⲥ· ⲁⲩⲱ ⲁϥϩⲟⲡϥ̄ ⲉ ⲣⲟϥ· ϩⲛ̄ ⲟⲩⲉⲓⲣⲏⲛⲏ ϩⲁⲙⲏⲛ·
Ϣⲱⲣⲡ̄ ϫⲉ ⲛ̄ ⲧⲉⲣⲉ ϥϣⲱⲡⲉ· ⲁ ⲡϩⲁⲅⲓⲟⲥ ⲑⲉⲟⲇⲱⲣⲟⲥ·
ⲉⲓ ⲉ ⲡⲡⲁⲗⲗⲁϯⲟⲛ· ⲁϥⲱϣ ⲉ ⲃⲟⲗ ⲉϥϫⲱ ⲙ̄ⲙⲟⲥ· ϫⲉ
ⲡⲉⲧ ⲟⲩⲱϣ ⲉ ⲉⲣ ⲣ̄ⲣⲟ· ⲉⲓⲥ ⲡⲉⲑⲣⲟⲛⲟⲥ ⲕⲏ ⲉ ⲃⲟⲗ· ⲁⲩⲱ
ⲁ ⲑⲟⲧⲉ ⲙ̄ ⲡⲁⲛⲁⲧⲟⲗⲁⲓⲟⲥ· ⲙⲉϩ ⲧⲁⲛϯⲟⲭⲓⲁ ⲧⲏⲣⲥ̄·

ⲙ̄ⲡⲉ ⲗⲁⲁⲩ ⲉϣϭⲙ̄ϭⲟⲙ ⲉ ϩⲙⲟⲟⲥ | ⲉϫⲙ̄ ⲡⲉⲑⲣⲟⲛⲟⲥ · Fol. 33 b 2
ⲛ̄ ⲟⲩⲉⲃⲟⲧ ⲛ̄ϩⲟⲟⲩ · ϣⲁⲛⲧ ⲉϥϯ ⲗⲟⲅⲟⲥ ⲛⲁⲩ ⲉ ⲧⲙ̄ ⲙⲟⲩ-
ⲟⲩⲧ ⲙ̄ⲙⲟⲟⲩ ⲛ̄ⲕⲉ ⲥⲟⲡ · Ⲧⲁⲥⲉⲃⲏⲥ ⲇⲉ ⲛ̄ ⲣ̄ⲣⲟ · ⲁⲥϯ ⲛ̄
ϩⲛ̄ⲛⲟϭ ⲛ̄ ϩⲟⲙⲛ̄ⲧ · ⲛ̄ⲛ̄ ⲙ̄ⲙⲁⲧⲟⲓ ϣⲁⲛⲧ ⲟⲩϣⲓⲛⲉ ⲛ̄ⲥⲁ
ⲇⲓⲟⲕⲗⲏϯⲁⲛⲟⲥ · ⲁϥⲉⲣ ⲕⲉ ϩⲙⲉ ⲛ̄ϩⲟⲟⲩ · ⲉϥⲟ ⲛ̄ ⲥⲧⲁϥ-
ⲗⲓⲧⲏⲥ ⲙ̄ ⲙⲁⲛⲉϩⲧⲟ · ⲙ̄ⲡⲁⲧⲉ ⲑⲟⲧⲉ ⲕⲁⲁϥ ⲉ ⲉⲣ ⲣ̄ⲣⲟ ·
Ⲉⲓⲧⲁ ⲛ̄ ⲧⲉⲣⲉ ⲉϥⲉⲣ ⲣ̄ⲣⲟ ⲛ̄ϭⲓ ⲇⲓⲟⲕⲗⲏϯⲁⲛⲟⲥ ⲛϥ̄ϫⲣⲟ
ⲛ̄ ⲟⲩⲕⲟⲩⲓ · ⲁ ⲡϩⲁⲅⲓⲟⲥ ⲑⲉⲟⲇⲱⲣⲟⲥ ⲃⲱⲕ ⲉ ϭⲙ̄ ⲡⲉϥ-
ϣⲓⲛⲉ ⲁⲩⲱ ⲁϥⲧⲱⲟⲩⲛ ϩⲁ ϫⲱϥ · ⲡⲉϫⲁϥ ⲛⲁϥ ϫⲉ ⲕⲓⲣⲉ
ⲑⲉⲟⲇⲱⲣⲟⲥ · ⲁⲙⲟⲩ ϩⲙⲟⲟⲥ ⲛⲁⲕ · ⲉϫⲙ̄ ⲡⲉⲑⲣⲟⲛⲟⲥ ·
ⲛⲅ̄ ⲉⲣ ⲣ̄ⲣⲟ · | Ⲡⲉϫⲁϥ ⲡⲡⲉⲧ ⲟⲩⲁⲁⲃ ⲛⲁϥ · ϫⲉ ϩⲁⲣⲉϩ Fol. 34 a 1 ⲝ̄ⲍ̄
ⲉ ⲧⲡⲓⲥⲧⲓⲥ · ⲁⲩⲱ ⲛⲅ̄ ⲉⲓⲣⲉ ⲙ̄ ⲡⲇⲓⲕⲁⲓⲟⲛ · ⲧⲁⲣⲉ ⲧⲉⲕ-
ⲙⲉⲧⲣ̄ⲣⲟ ⲧⲁϫⲣⲟ · Ⲡⲁⲥⲉⲃⲏⲥ ⲇⲉ · ⲁϥϭⲙ̄ϭⲟⲙ ⲕⲟⲩⲓ ⲕⲟⲩⲓ ·
ⲁⲩⲱ ⲁϥⲉⲣ ⲟⲩⲟⲉⲓϣ · ⲉϥϩⲁ ⲧⲁⲕⲟⲗⲟⲩⲑⲓⲁ ⲛ̄ ⲧⲉⲕⲕⲗⲏⲥⲓⲁ
ⲉϥⲥⲩⲛⲁⲅⲉ · Ⲡⲁ ⲉⲓⲱⲧ ⲇⲉ ⲁⲡⲁ ⲕⲁⲓⲟⲥ · ⲉⲛⲉϥⲃⲏⲕ ϣⲁ
ⲣⲟϥ · ⲙ̄ⲙⲏⲛⲉ ⲉϥϭⲓⲛⲉ ⲙ̄ ⲡⲉϥϣⲓⲛⲉ · ⲉϥⲡⲣⲟⲧⲣⲉⲡⲉ
ⲙ̄ⲙⲟϥ · ⲉ ϩⲟⲩⲛ ⲉ ⲡⲡⲉⲧ ⲛⲁⲛⲟⲩϥ · ⲁⲩⲱ ⲁϥϯ ⲙ̄
ⲡⲧⲱϣ ⲧⲏⲣϥ̄ ⲛ̄ ⲕⲏⲙⲉ · ⲉ ⲧⲟⲟⲧϥ̄ ⲙ̄ ⲡⲁⲣⲭⲏⲉⲡⲓⲥⲕⲟⲡⲟⲥ ·
ⲉ ⲧⲣⲉ ϥⲁⲣⲭⲉⲓ ⲉ ϫⲱϥ · Ⲁϥⲉⲣ ⲡⲙⲉⲉⲩⲉ ⲛ̄ ⲁⲡⲁ ⲯⲟⲧⲉ ·
ϩⲙ̄ ⲡⲙⲁⲣⲏⲥ · ϫⲉ ⲡⲉϥϣⲃⲏⲣ ⲡⲉ ⲙ̄ⲡⲁⲧ ⲉϥⲉⲣ ⲣ̄ⲣⲟ ·
ⲁⲩⲱ | ⲁϥⲧⲣⲉⲩ ⲁⲁϥ ⲛ̄ⲉⲡⲓⲥⲕⲟⲡⲟⲥ · ⲛⲉⲣⲉ ⲡⲣ̄ⲣⲟ ϣⲟⲟⲡ Fol. 34 a 2
ϩⲛ̄ ⲧⲡⲓⲥⲧⲓⲥ · ⲉϥϫⲱⲕ ⲉ ⲃⲟⲗ · ⲛ̄ ⲛⲉϩⲃⲏⲩⲉ ⲧⲏⲣⲟⲩ · ϫⲉ
ⲛⲉ ⲙ̄ⲡⲁⲧⲉ ⲡϫⲁϫⲉ ⲉⲑⲟⲟⲩ · ϫⲟ ⲙ̄ ⲡⲉϥⲛ̄ⲧⲏϭ · ϩⲣⲁⲓ
ⲛ̄ϩⲏⲧϥ̄ · ⲉⲓϣⲁϫⲉ ⲉ ⲡⲇⲓⲁⲃⲟⲗⲟⲥ : Ⲁⲩⲱ ⲉⲛⲉϥϯ ⲧⲱϣ
ⲉ ϫⲟⲟⲩ · ⲉ ⲑⲓ̄ⲗⲏⲙ · ⲉ ϭⲱⲗⲡ̄ ⲉ ⲃⲟⲗ · ⲙ̄ ⲡⲉⲥ̄ⳁⲟⲥ ·
ⲙ̄ ⲡⲉⲛϫⲟⲉⲓⲥ ⲓ̄ⲥ̄ ⲡⲉⲭ̄ⲥ̄ · ϩⲓⲧⲛ̄ ⲧⲉⲅⲛⲱⲙⲏ ⲙ̄ ⲡⲁ ⲉⲓⲱⲧ
ⲁⲡⲁ ⲕⲁⲓⲟⲥ · ⲁⲗⲗⲁ ⲙ̄ⲡⲉ ⲡϫⲁϫⲉ ⲉⲑⲟⲟⲩ · ⲁⲙⲉⲗⲉⲓ
ⲉ ⲣⲟϥ · ⲉ ⲧⲣⲉ ϥⲉⲣ ⲡⲁⲓ · ⲉϥⲥⲟⲟⲩⲛ ϫⲉ ⲉϥϣⲁⲛⲟⲩⲱⲛϩ̄
ⲉ ⲃⲟⲗ · ϣⲁϥϣⲟⲣϣⲣ̄ ⲛ̄ ⲛⲉϥϩⲓⲟⲟⲩⲉ ⲧⲏⲣⲟⲩ · Ⲉⲓⲧⲁ
ⲛⲉⲣⲉ ⲡⲁⲥⲉⲃⲏⲥ ⲛ̄ⲣⲟ ⲉⲣ ϩⲟⲧⲉ ⲛ̄ ⲑⲉⲟⲇⲱⲣⲟⲥ ⲡⲁⲛⲁⲧⲟ- |
ⲗⲁⲓⲟⲥ · ⲁⲩⲱ ⲁ ⲡⲣ̄ⲣⲟ · ϣⲁϫⲉ ⲛ̄ⲙⲙⲁϥ · ⲉⲥϫⲱ ⲙ̄ⲙⲟⲥ Fol. 34 b 1 ⲝ̄ⲏ̄
ϫⲉ ϩⲣⲟϣ ⲛ̄ϩⲏⲧ · ⲛ̄ ⲟⲩⲕⲟⲩⲓ · ϣⲁⲛⲧⲉ ⲟⲩⲡⲟⲗⲁⲓⲙⲟⲥ
ϣⲱⲡⲉ · ϣⲁⲓϯ ϩⲁϩ ⲛ̄ⲭⲣⲏⲙⲁ ⲛ̄ ⲛ̄ⲇⲓⲣⲱⲛ · ϣⲁⲛⲧ
ⲟⲩⲙⲟⲩⲟⲩⲧ ⲙ̄ⲙⲟϥ · Ⲡⲉϫⲉ ⲡⲣ̄ⲣⲟ ⲛⲁϥ · ϫⲉ ⲉⲓⲉⲣ ϩⲟⲧⲉ

ⲛ̄ ϫⲟⲟⲩϥ· ⲉ ⲡⲡⲟⲗⲁⲓⲙⲟⲥ· ⲛ̄ⲥⲉⲧⲟⲩⲛⲉⲥ ⲡⲉ ⲙ̄ⲗⲁϩ ⲉ
ϫⲱⲓ̈· ⲛ̄ⲥⲉⲙⲟⲩⲟⲩⲧ ⲙ̄ⲙⲟⲓ· Ⲉⲛⲉϥⲧⲙ̄ⲡⲟⲟⲩ ⲛⲁϥ ⲛ̄ϩⲁϩ
ⲛ̄ⲥⲟⲡ· ϫⲉ ⲕⲟⲩⲱϣ ⲉ ⲧⲣⲁ ϩⲙⲟⲟⲥ· ⲉϫⲙ̄ ⲡⲉⲑⲣⲟⲛⲟⲥ·
ϫⲉ ⲕⲟⲩⲱϣ· ⲉ ⲧⲣⲁ ⲁⲛⲁⲭⲱⲣⲉⲓ ⲛⲁⲓ ⲉ ⲡⲁ ⲕⲁϩ· Ⲁⲩⲱ
ϣⲁⲣⲉ ⲑⲉⲟⲇⲱⲣⲟⲥ ϫⲟⲟⲩ ⲛⲁϥ ϫⲉ ϩⲙⲟⲟⲥ ⲛⲁⲕ ϩⲓϫⲙ̄
Fol. 34 *b* 2 ⲡⲉⲑⲣⲟⲛⲟⲥ· ϫⲉ ⲁ ⲧⲙⲛ̄ⲧⲣ̄ⲣⲟ ⲉⲣ ⲧⲱⲕ· ⲙ̄ⲡⲉⲣ ⲣ̄ | ϩⲟⲧⲉ
ⲱ̄ ⲡⲣ̄ⲣⲟ· ⲙⲟⲛⲟⲛ ⲛ̄ ϯⲛⲁⲉⲣ ⲗⲁⲁⲩ ⲙ̄ ⲡⲉⲑⲟⲟⲩ ⲛⲁⲕ
ⲁⲛ· ϣⲁ ⲉⲛⲉϩ· Ⲉⲛⲉⲣⲉ ⲡⲁⲣⲭⲏⲉⲡⲓⲥⲕⲟⲡⲟⲥ· ⲃⲏⲕ ϣⲁ
ⲣⲟϥ· ⲙⲛ̄ ⲡⲉⲧ ⲕⲱⲗⲩ ⲙ̄ⲙⲟϥ· Ϩⲣⲁⲓ ⲇⲉ ϩⲛ̄ ⲛⲉϩⲟⲟⲩ
ⲉⲧ ⲙ̄ⲙⲁⲩ· ⲁⲩⲛⲟϭ ⲙ̄ ⲡⲟⲗⲁⲓⲙⲟⲥ ⲧⲱⲟⲩⲛ· ⲉϫⲛ̄
ⲛⲉϩⲣⲱⲙⲁⲓⲟⲥ ϩⲓⲧⲛ̄ ⲙ̄ⲡⲉⲣⲥⲟⲥ· ⲁⲩⲱ ⲁ ⲡⲟⲩⲱ ⲧⲁϩⲉ
ⲡⲣ̄ⲣⲟ· ϫⲉ ⲁ ⲙ̄ⲡⲉⲣⲥⲟⲥ· ⲉⲓ ϣⲁ ⲙ̄ ⲙⲁ ⲛ̄ ⲣⲟⲉⲓⲥ·
ⲁⲩϣⲉⲗ ⲙⲁ ⲛⲓⲙ· Ⲡⲣ̄ⲣⲟ ⲇⲉ ⲁϥϣⲧⲟⲣⲧⲣ̄ ⲙ̄ⲙⲁⲧⲉ
ⲡⲉϫⲁϥ· ϫⲉ ⲟⲩ ⲡⲉ ⲡⲁ ϩⲱⲃ· ⲁⲛⲟⲕ ⲙⲛ̄ ⲧⲙⲛ̄ⲧⲣ̄ⲣⲟ·
ⲧⲁ ⲑⲉⲟⲇⲱⲣⲟⲥ ⲙⲛ̄ ⲕⲗⲁⲩϯⲟⲥ ⲧⲉ ⲧⲙⲛ̄ⲧⲣ̄ⲣⲟ· Ⲡⲉϫⲉ
Fol. 35 *a* 1 ⲛⲉⲓ ϩⲁⲅⲓⲟⲥ ⲙ̄ ⲡⲣ̄ⲣⲟ· ϫⲉ ⲧⲱⲕ ⲧⲉ ⲧⲙⲛ̄ⲧⲣ̄ⲣⲟ· | ϫⲉ
ⲍ̄ⲑ̄ ⲁⲩⲧⲁⲁⲥ ⲛⲁⲕ ⲉ ⲃⲟⲗ ϩⲛ̄ ⲧⲡⲉ· Ⲛ̄ ⲧⲉⲣⲉ ⲡⲣ̄ⲣⲟ ⲃⲱⲕ ⲉ
ϩⲟⲩⲛ ϣⲁ ⲧⲣ̄ⲣⲱ· ⲁⲥⲛⲁⲩ ⲉ ⲣⲟϥ· ⲉϥⲟⲩⲱⲗⲥ̄ ⲛ̄ϩⲏⲧ·
ⲁⲩⲱ ⲉϥϣⲧⲣ̄ⲧⲱⲣ· ⲡⲉϫⲁⲥ ⲛⲁϥ· ϫⲉ ⲉ ⲧⲃⲉ ⲟⲩ· ⲉⲕⲟ
ⲛ̄ ϭⲁⲃ ϩⲏⲧ· ⲛ̄ ⲧⲉⲓ ϩⲉ ⲧⲏⲣⲥ̄· ⲉⲓⲟⲩⲱϣ ⲉ ⲧⲣⲉⲕⲉⲣⲏⲧ·
ⲛ̄ⲑⲉ ⲑⲉⲟⲇⲱⲣⲟⲥ ⲙⲛ̄ ⲕⲗⲁⲩϯⲟⲥ· ⲛ̄ ϩⲛ̄ⲛⲟϭ ⲛ̄ⲧⲁⲉⲓⲟ
ⲛⲅ̄ ϫⲟⲟⲩ ⲉ ⲡⲡⲟⲗⲁⲓⲙⲟⲥ· ⲛ̄ⲥⲉⲙⲟⲩⲟⲩⲧ ⲙ̄ⲙⲟⲟⲩ·
ⲧⲁⲣⲉⲕⲗⲟ ⲉⲕϣⲧⲣ̄ⲧⲱⲣ ⲉ ⲧⲃⲏⲏⲧⲟⲩ· Ⲛ̄ ⲧⲉⲣⲉ ⲡⲣ̄ⲣⲟ ⲇⲉ
ⲥⲱⲧⲙ̄ ⲉ ⲛⲁⲓ· ⲁϥϫⲟⲟⲥ ⲛ̄ⲥⲁ ⲡⲁⲣⲭⲏⲉⲡⲓⲥⲕⲟⲡⲟⲥ· ⲁϥϯ
ⲛⲁϥ ⲛ̄ ϩⲛ̄ⲛⲟϭ ⲛ̄ⲭⲣⲏⲙⲁ· ⲉ ⲧⲣⲉ ϥⲧⲁⲁⲩ ⲛ̄ ⲑⲩⲥⲓⲁ
ⲙ̄ ⲡϫⲟⲉⲓⲥ· ⲉ ⲧⲃⲉ ⲡⲟⲩϫⲁⲓ ⲙ̄ ⲡⲡⲟⲗⲁⲓⲙⲟⲥ· ⲁⲩⲱ |
Fol. 35 *a* 2 ⲁϥϫⲟⲟⲩ ⲛ̄ⲥⲁ ⲛⲉⲓ ϩⲁⲅⲓⲟⲥ· ⲉϥϫⲱ ⲙ̄ⲙⲟⲥ ⲛⲁⲩ· ϫⲉ
ⲟⲩ ⲡⲉ ⲡⲧⲱϣ ⲙ̄ ⲡⲉⲓ ⲡⲟⲗⲁⲓⲙⲟⲥ· ⲉⲧ ϩⲓ ϫⲱⲛ· Ⲡⲉϫⲁⲩ
ⲛⲁϥ ϫⲉ ⲡⲡⲟⲗⲁⲓⲙⲟⲥ ⲡⲁ ⲡϫⲟⲉⲓⲥ ⲡⲉ· ⲛ̄ⲧⲟϥ ⲡⲉⲧ ϥⲓ
ⲙ̄ⲙⲟϥ ϩⲓ ϫⲱⲛ· Ⲡⲉϫⲉ ⲡⲣ̄ⲣⲟ ⲛⲁⲩ ϫⲉ ⲙⲁⲣⲟⲩ ⲥⲟϥⲧⲉ
ⲛ̄ ϩⲛ̄ⲕⲁⲣⲟⲩⲭⲓⲟⲛ· ⲙⲛ̄ ϩⲛ̄ϩⲁⲣⲙⲁ· ⲁⲗⲉ ⲉ ⲣⲟⲟⲩ·
ⲙⲛ̄ ⲛⲉⲧ ⲛⲉⲣⲏⲩ· ϫⲓ ⲙ̄ ⲡⲉⲧⲛ̄ⲙⲏⲏϣⲉ ⲃⲱⲕ ⲉ ⲡⲡⲟ-
ⲗⲁⲓⲙⲟⲥ· ϭⲱ ⲉⲕϯ ⲧⲱⲕ ⲛ̄ϩⲏⲧ ⲛⲁⲩ· ϩⲓ ⲡⲁϩⲟⲩ· ϣⲁⲛⲧ
ⲉⲕϫⲉⲉⲣⲉ ⲡⲡⲟⲗⲁⲓⲙⲟⲥ ⲉ ⲃⲟⲗ· Ⲡⲉϫⲉ ⲛⲉⲓ ϩⲁⲅⲓⲟⲥ ⲙ̄

ⲡⲣ̅ⲣⲟ · ϫⲉ ⲟⲩⲇⲉ ϩⲁⲣⲙⲁ · ⲟⲩⲇⲉ ⲕⲁⲣⲟⲩⲭⲓⲟⲛ · |
ⲛ̅ⲧⲛ̅ⲛⲁⲁⲗⲉ ⲁⲛ ⲉ ⲣⲟⲟⲩ · ⲁⲩⲱ ⲧⲛ̅ⲛⲁⲃⲱⲕ ⲉ ⲡⲡⲟⲗⲁⲓ- Fol. 35 *b* 1
ⲙⲟⲥ · ⲡⲉϫⲉ ⲡⲣ̅ⲣⲟ ⲛⲁⲩ · ϫⲉ ⲃⲱⲕ ⲉ ⲡⲧⲁⲙⲓⲟⲛ ⲛ̅ ⲟ̅
ⲛⲉⲭⲣⲏⲙⲁ · ϥⲓ ⲙ̅ ⲡⲉⲧ ⲛⲁ ⲣⲱϣⲉ ⲉ ⲣⲟⲕ ⲙⲛ̅ ⲡⲉⲕ-
ⲙⲏⲏϣⲉ · ϩⲙ̅ ⲡⲡⲟⲗⲁⲓⲙⲟⲥ · ϣⲁⲛⲧⲉ ⲧⲛ̅ⲕⲉⲧ ⲧⲏⲩⲧⲛ̅
ϩⲛ̅ ⲟⲩϫⲣⲟ · ⲙⲛ̅ⲛ̅ⲥⲁ ⲛⲁⲓ ⲇⲉ · ⲁⲩⲃⲱⲕ ⲉ ⲡⲡⲟⲗⲁⲓⲙⲟⲥ ·
ⲁⲩⲙⲓϣⲉ ⲙⲛ̅ ⲙ̅ⲡⲉⲣⲥⲟⲥ · ⲁⲩϫⲣⲟ ⲁⲩϭⲱⲡⲉ ⲙ̅ ⲡϣⲏⲣⲉ ·
ⲙ̅ ⲡⲣ̅ⲣⲟ ⲛ̅ⲛ̅ ⲙ̅ⲡⲉⲣⲥⲟⲥ · ⲁⲩⲧⲁϩⲟϥ ⲉ ⲣⲁⲧϥ̅ ⲉ ⲡⲣ̅ⲣⲟ ·
ⲡⲉϫⲉ ⲑⲉⲟⲇⲱⲣⲟⲥ ⲛⲁϥ · ϫⲉ ⲉⲓⲥ ⲡϣⲏⲣⲉ ⲙ̅ ⲡⲣ̅ⲣⲟ ⲛ̅ⲛ̅
ⲙ̅ⲡⲉⲣⲥⲟⲥ · ⲁⲓⲉⲛⲧϥ̅ ⲙ̅ ⲡⲉⲕ ⲙ̅ⲧⲟ ⲉ ⲃⲟⲗ · ϩⲓⲧⲛ̅ | ⲧϭⲟⲙ Fol. 35 *b* 2
ⲙ̅ ⲡⲁ ⲣ̅ⲣⲟ ⲡⲉⲭ̅ⲥ̅ · ⲁⲗⲗⲁ ⲛ̅ⲥⲧⲟ ⲁⲛ · ⲉ ⲧⲣⲉ ⲛⲕⲱ ⲙ̅ ⲡⲁⲓ
ϩⲁϩⲧⲛ̅ ⲗⲁⲁⲩ ⲛ̅ⲣⲱⲙⲉ · ⲉⲓ ⲙⲏ ⲧⲉⲓ ⲡⲁⲣⲭⲏⲉⲡⲓⲥⲕⲟⲡⲟⲥ ·
ⲡⲉϫⲉ ⲡⲣ̅ⲣⲟ ⲛⲁⲩ · ϫⲉ ϩⲱⲃ ⲛⲓⲙ ⲉⲧⲉⲧⲛ̅ⲟⲩⲁϣⲟⲩ · ⲁⲣⲓ
ⲥⲟⲩ ϩⲛ̅ ⲧⲁ ⲙⲛ̅ⲧⲣ̅ⲣⲟ · ⲁⲩⲱ ⲙⲛ̅ ⲗⲁⲁⲩ ⲛⲁⲉϣⲕⲱⲗⲩ ·
ⲙ̅ ⲡⲉⲧⲛ̅ⲟⲩⲉϩⲥⲁϩⲛⲉ · ⲡⲉϫⲉ ⲡⲣ̅ⲣⲟ ⲙ̅ ⲡⲁⲣⲭⲏⲉⲡⲓⲥⲕⲟ-
ⲡⲟⲥ · ϫⲉ ϫⲓ ⲙ̅ ⲡϣⲏⲣⲉ · ⲙ̅ ⲡⲣ̅ⲣⲟ ⲛ̅ⲛ̅ ⲙ̅ⲡⲉⲣⲥⲟⲥ · ⲛ̅ⲅ̅
ⲕⲁⲁϥ ϩⲁ ⲧⲟⲟⲧⲕ̅ · ⲁⲩⲱ ⲛ̅ ⲧⲉⲓ ϩⲉ ⲁϥⲧⲁⲁϥ ⲛⲁϥ · ⲉⲣⲉ
ⲛ̅ⲛⲟϭ ⲧⲏⲣⲟⲩ ⲥⲟⲟⲩϩ · ⲉⲩⲟ ⲙ̅ⲙⲛ̅ⲧⲣⲉ ⲉ ⲡⲉⲓ ϩⲱⲃ ·
ⲙⲛ̅ⲛ̅ⲥⲁ ⲛⲁⲓ ⲇⲉ ⲁ ⲡϩⲱⲃ ⲱⲥⲕ̅ · ⲉⲣⲉ ⲡϣⲏⲣⲉ ⲙ̅ | ⲡⲣ̅ⲣⲟ Fol. 36 *a* 1
ⲛ̅ⲛ̅ ⲙ̅ⲡⲉⲣⲥⲟⲥ · ϭⲁⲗⲱⲟⲩ ⲉ ⲡⲁⲣⲭⲏⲉⲡⲓⲥⲕⲟⲡⲟⲥ · ⲁϥ- ⲟ̅ⲁ̅
ⲥⲱⲧⲙ̅ ⲛ̅ϭⲓ ⲡⲉϥⲉⲓⲱⲧ · ϫⲉ ϥϭⲁⲗⲏⲩ ⲉ ⲣⲟϥ · ⲁϥϫⲟⲟⲩ
ⲛ̅ ϩⲛ̅ⲛⲟϭ ⲛ̅ⲧⲁⲉⲓⲟ ⲛⲁϥ · ⲁϥⲕⲱ ⲙ̅ ⲡⲉϥϣⲏⲣⲉ ⲉ ⲃⲟⲗ ·
ⲁⲩⲱ ⲙ̅ⲡⲉ ⲗⲁⲁⲩ ⲉⲓⲙⲉ ⲉ ⲡⲉⲓ ϩⲱⲃ · ⲡⲁⲣⲭⲏⲉⲡⲓⲥⲕⲟⲡⲟⲥ
ⲇⲉ · ⲁϥϫⲓ ⲛ̅ ⲛⲉⲭⲣⲏⲙⲁ · ⲁϥⲥⲟⲣⲟⲩ ⲛ̅ ⲛⲉϩⲏⲕⲉ ⲛ̅
ⲧⲡⲟⲗⲓⲥ · ⲙⲛ̅ ⲛⲉⲭⲏⲣⲁ · ⲙⲛ̅ ⲛ̅ⲟⲣⲫⲁⲛⲟⲥ · ⲙⲛ̅ ⲛⲉϥ-
ⲑⲩⲥⲓⲁ ⲛ̅ⲛⲉⲕⲕⲗⲏⲥⲓⲁ ⲧⲏⲣⲟⲩ · ⲡⲇⲓⲁⲃⲟⲗⲟⲥ ⲇⲉ ⲁϥⲟⲩ-
ⲱⲛϩ̅ ⲉ ⲃⲟⲗ · ⲉ ⲡⲁⲥⲉⲃⲏⲥ · ⲇⲓⲟⲕⲗⲏϯⲁⲛⲟⲥ ⲉϥϫⲱ
ⲙ̅ⲙⲟⲥ ⲛⲁϥ ϫⲉ ⲉⲕϩⲙⲟⲟⲥ ⲉⲕⲣ̅ ⲟⲩ · ⲁ ⲡⲁⲣⲭⲏⲉⲡⲓⲥⲕⲟⲡⲟⲥ
ⲕⲱ ⲙ̅ ⲡ|ϣⲏⲣⲉ ⲙ ⲡⲣ̅ⲣⲟ ⲛ̅ⲛ̅ ⲙ̅ⲡⲉⲣⲥⲟⲥ ⲉ ⲃⲟⲗ · ⲁϫⲛ̅ Fol. 36 *a* 2
ⲧⲉⲕⲕⲉⲗⲉⲩⲥⲓⲥ · ⲁϥϫⲓ ⲛ̅ⲧⲉϥϯⲙⲏ · ⲁϥⲧⲁⲁⲥ ⲛ̅ ⲛⲉϩⲏⲕⲉ
ⲛ̅ ⲧⲡⲟⲗⲓⲥ · ⲙ̅ⲡⲉ ϥϣⲉⲡ ϩⲣⲁⲕ ⲉ ⲡⲧⲏⲣϥ̅ · ⲉⲓⲥ ϣⲟⲙⲧⲉ
ⲅⲁⲣ ⲛ̅ⲣⲟⲙⲡⲉ · ϥϯ ⲁⲅⲁⲡⲏ ϩⲙ̅ ⲡⲉⲭⲣⲏⲙⲁ ⲛ̅ⲧⲁϥϫⲓⲧϥ̅ ·
ⲡⲣ̅ⲣⲟ ⲇⲉ ⲁϥⲙⲟⲩⲧⲉ · ⲉ ⲛⲉⲛⲟϭ ⲙ̅ ⲡⲡⲁⲗⲗⲁϯⲟⲛ ·
ⲁϥⲧⲁⲙⲟⲟⲩ ⲉ ⲡⲙⲩⲥⲧⲏⲣⲓⲟⲛ ⲛ̅ⲧⲁ ⲡⲇⲓⲁⲃⲟⲗⲟⲥ ϫⲟⲟϥ ·

ⲉ ⲣⲟϥ ⲉ ⲧⲃⲉ ⲡⲁⲣⲭⲏⲉⲡⲓⲥⲕⲟⲡⲟⲥ· ⲁⲩⲱ ⲛ̄ⲧⲉⲩⲛⲟⲩ
ⲁϥϫⲟⲟⲩ ⲛ̄ⲥⲱϥ ⲉϥϫⲱ ⲙ̄ⲙⲟⲥ· ϫⲉ ⲡⲁ ⲉⲓⲱⲧ· ⲟⲩ ⲡⲉ
ⲡϣⲓⲛⲉ ⲙ̄ ⲡϣⲏⲣⲉ ⲙ̄ ⲡⲣ̄ⲣⲟ· ⲛ̄ ⲙ̄ⲡⲉⲣⲥⲟⲥ ⲉⲧ ϭⲁⲗⲏⲩ
Fol. 36 b 1 ⲉ ⲣⲟⲕ :— | Ⲡⲉϫⲁϥ ⲛⲁϥ· ϫⲉ ϥⲟⲛϩ ⲛ̄ϭⲓ ⲡϫⲟⲉⲓⲥ ⲡⲉⲥ̄
ⲟ̄ⲃ̄ ⲡⲉⲭ̄ⲥ̄· ⲙⲛ̄ ⲡⲉⲕⲕⲣⲁⲧⲟⲥ ⲱ̄ ⲡⲣ̄ⲣⲟ· ϫⲉ ϫⲓⲛⲉ ⲡⲙⲉϩ
ⲥⲛⲁⲩ ⲛ̄ ⲉⲃⲟⲧ· ⲉϥϭⲁⲗⲏⲩ ⲉ ⲣⲟⲓ· ⲉⲣⲉ ⲟⲩⲥⲟⲧⲉ ⲛ̄ⲧⲉ
ⲡⲡⲟⲗⲁⲓⲙⲟⲥ· ϩⲙ̄ ⲡⲉϥⲥⲡⲓⲣ· ⲁϥⲙⲟⲩ ⲉⲕϩⲙ̄ ⲡⲡⲟⲗⲁⲓ-
ⲙⲟⲥ· ⲱ̄ ⲡⲁ ϫⲟⲉⲓⲥ ⲡⲣ̄ⲣⲟ· ⲁⲓⲕⲱⲱⲥ ⲙ̄ⲙⲟϥ ⲕⲁⲗⲱⲥ
ⲁⲓⲕⲁⲁϥ ϩⲙ̄ ⲡⲉⲡⲓⲥⲕⲟⲡⲓⲟⲛ· Ⲁⲩⲱ ⲁ ⲡⲣ̄ⲣⲟ ⲧⲣⲉ ⲩⲛⲧⲉϥ
ⲙ̄ ⲡⲉϥ ⲙ̄ⲧⲟ ⲉ ⲃⲟⲗ· ⲉⲣⲉ ⲧⲡⲟⲣⲫⲩⲣⲁ ϭⲟⲟⲗⲉ ⲙ̄ⲙⲟϥ·
Ⲡⲉϫⲉ ⲡⲣ̄ⲣⲟ ⲛⲁϥ· ϫⲉ ⲕⲛⲁⲱⲣⲕ̄ ⲛⲁⲓ· ϫⲉ ⲡⲁⲓ ⲡⲉ ϩⲛ̄
ⲟⲩⲙⲉ· ⲁⲩⲱ ⲛ̄ⲧⲉⲩⲛⲟⲩ ⲁ ⲡⲁⲣⲭⲏⲉⲡⲓⲥⲕⲟⲡⲟⲥ· ⲱⲣⲕ̄
Fol. 36 b 2 ⲙ̄ ⲡⲣ̄ⲣⲟ· ϫⲉ ⲛ̄ⲧⲟϥ ⲡⲉ ⲡⲁⲓ· | ϩⲛ̄ ⲟⲩⲙⲉ· ⲁⲩⲱ ⲙ̄ⲡⲉ
ⲗⲁⲁⲩ ⲉⲓⲙⲉ· ϫⲉ ⲛ̄ⲧⲁϥⲱⲣⲕ̄ ⲉ ⲧⲃⲉ ⲟⲩ· ⲁⲩⲱ ⲁ ⲡⲁⲣⲭⲏ-
ⲉⲡⲓⲥⲕⲟⲡⲟⲥ· ⲉⲓ ⲉ ⲃⲟⲗ ϩⲓ ⲧⲟⲟⲧϥ̄· ⲙ̄ ⲡⲣ̄ⲣⲟ· Ⲁⲩⲱ
ⲙ̄ⲡⲉ ⲡⲇⲓⲁⲃⲟⲗⲟⲥ· ϩⲱ ⲉ ⲣⲟϥ ϩⲛ̄ ⲧⲉϥⲙⲁⲛⲓⲁ· ⲉ ϩⲟⲩⲛ
ⲉ ⲡⲁⲣⲭⲏⲉⲡⲓⲥⲕⲟⲡⲟⲥ· ϣⲁ ⲡⲙⲉϩ ϣⲟⲙⲛ̄ⲧ ⲙ̄ ⲡⲟⲗⲁⲓ-
ⲙⲟⲥ· ⲛ̄ⲧⲁϥϣⲱⲡⲉ· ⲁⲩⲱ ⲁⲩⲁⲙⲁϩⲧⲉ ⲛ̄ ⲛⲓⲕⲟⲙⲏⲇⲏⲥ·
ⲡϣⲏⲣⲉ ⲙ̄ ⲡⲣ̄ⲣⲟ ⲛ̄ⲛ̄ ⲙ̄ⲡⲉⲣⲥⲟⲥ· ⲁⲩⲉⲛⲧϥ̄ ⲙ̄ ⲡⲙ̄ⲧⲟ
ⲉ ⲃⲟⲗ· ⲙ̄ ⲡⲁⲣⲓⲑⲙⲟⲥ ⲙ̄ⲙⲁⲧⲟⲓ· Ⲛ̄ ⲧⲉⲣⲉ ⲡϩⲁⲅⲓⲟⲥ
ⲑⲉⲟⲇⲱⲣⲟⲥ· ⲙⲛ̄ ⲡϩⲁⲅⲓⲟⲥ ⲕⲗⲁⲩϯⲟⲥ· ⲛⲁⲩ ⲉ ⲣⲟϥ·
Fol. 37 a 1 ⲁⲩⲥⲟⲩⲱⲛϥ̄· ϫⲉ ⲡϣⲏⲣⲉ ⲙ̄ ⲡⲣ̄ⲣⲟ ⲛ̄ⲛ̄ ⲙ̄ⲡⲉⲣ|ⲥⲟⲥ ⲡⲉ·
ⲟ̄ⲅ̄ ⲁⲩⲱ ϫⲉ ⲛ̄ⲧⲁ ⲡⲁⲣⲭⲏⲉⲡⲓⲥⲕⲟⲡⲟⲥ ⲕⲁⲁϥ ⲉ ⲃⲟⲗ· ⲁⲩⲱ
ⲛ̄ⲧⲉⲩⲛⲟⲩ ⲁⲩⲣⲓⲙⲉ ⲉ ⲧⲃⲉ ⲡⲉ ⲛ̄ⲧⲁϥϣⲱⲡⲉ· ⲁⲩⲱ ⲁⲩ-
ϩⲟⲡϥ̄· ⲉ ⲧⲙ̄ ⲧⲁⲙⲟϥ· ⲉ ⲧⲃⲏⲏⲧϥ̄· ⲉⲛⲉⲩⲟⲩⲱϣ ⲡⲉ·
ⲉ ⲕⲁⲁϥ ⲉ ⲃⲟⲗ· ⲉ ⲧⲃⲉ ⲡⲁⲣⲭⲏⲉⲡⲓⲥⲕⲟⲡⲟⲥ· ⲁⲩⲱ ⲁ
ⲡϣⲁϫⲉ ⲥⲱⲣ ⲉ ⲃⲟⲗ· ϩⲙ̄ ⲡⲡⲟⲗⲁⲓⲙⲟⲥ· ϫⲉ ⲁⲩϭⲱⲡⲉ
ⲛ̄ ⲛⲓⲕⲟⲙⲏⲇⲏⲥ· ⲡϣⲏⲣⲉ ⲙ̄ ⲡⲣ̄ⲣⲟ ⲛ̄ⲛ̄ ⲙ̄ⲡⲉⲣⲥⲟⲥ· Ⲁⲩⲱ
ⲁ ⲡⲟⲩⲱ ⲧⲁϩⲉ ⲙ̄ⲙⲁⲁϫⲉ· ⲙ̄ ⲡⲣ̄ⲣⲟ· ⲁϥϫⲟⲟⲩ ⲛ̄ⲥⲁ
ⲡϩⲁⲅⲓⲟⲥ ⲑⲉⲟⲇⲱⲣⲟⲥ· ⲡⲉϫⲁϥ ⲛⲁϥ· ϫⲉ ⲕⲩⲣⲓ ⲥ̄ⲧⲣⲁ-
ⲧⲩⲗⲁⲧⲏⲥ· ⲁⲩⲧⲁⲙⲟⲓ· ϫⲉ ⲁⲕϫⲣⲟ· ϩⲙ̄ ⲡⲡⲟⲗⲁⲓⲙⲟⲥ·
Fol. 37 a 2 ⲁⲕϭⲱⲡⲉ ⲙ̄ ⲡϣⲏⲣⲉ ⲙ̄ ⲡⲣ̄ⲣⲟ· ⲛ̄|ⲛ̄ ⲙ̄ⲡⲉⲣⲥⲟⲥ· ⲗⲟⲓⲡⲟⲛ
ϫⲓ ⲛ̄ ⲧⲉϥϩⲣⲏϣⲉ ⲛ̄ ⲛⲟⲩⲃ ⲛⲁⲕ· ⲧⲁⲙⲟϊ ⲉ ⲣⲟϥ ϩⲱ
ⲧⲁⲉⲓⲙⲉ· ϫⲉ ⲟⲩⲙⲉ ⲡⲉ ⲡϩⲱⲃ ⲙ̄ⲙⲟⲛ· ⲁⲡⲁⲣⲭⲏⲉⲡⲓ-

ⲥⲕⲟⲡⲟⲥ ⲱⲣⲡ̄ ⲛⲁⲓ· ϫⲉ ⲁϥⲙⲟⲩ· Ⲡⲉϫⲉ ⲡⲡⲉⲧ ⲟⲩⲁⲁⲃ
ⲑⲉⲟⲇⲱⲣⲟⲥ ⲙ̄ ⲡⲣ̄ⲣⲟ· ϫⲉ ⲡⲉϥⲥⲟⲛ ⲡⲉ ⲛ̄ⲧⲁⲛⲁⲙⲁϩⲧⲉ
ⲙ̄ⲙⲟϥ· Ⲁⲩⲱ ⲛ̄ⲧⲉⲩⲛⲟⲩ ⲁ ⲡⲡⲉⲧ ⲟⲩⲁⲁⲃ· ⲕⲱ ⲛ̄ ⲛⲉⲓ-
ⲕⲱⲙⲏⲧⲏⲥ· ⲕⲁ ϩⲏⲩ ⲛ̄ ⲧⲉϥϩⲃ̄ⲥⲱ ⲛ ⲣ̄ⲣⲟ ϫⲉ ⲛ̄ⲛⲉⲩ-
ⲥⲟⲩⲱⲛϥ̄· ⲁϥϯ ⲛ̄ ⲕⲉ ⲟⲩⲉⲓ ⲉ ϫⲱϥ· ⲉϥϫⲛⲟⲩ ⲙ̄ⲙⲟϥ·
ϫⲉ ⲙ̄ⲡⲉⲣ ⲧⲁⲙⲉ ⲡⲣ̄ⲣⲟ· ϫⲉ ⲛ̄ⲧⲟⲕ ⲡⲉ ⲛⲓⲕⲟⲙⲏⲧⲏⲥ·
ⲡϣⲏⲣⲉ ⲙ̄ ⲡⲣ̄ⲣⲟ ⲛ̄ⲛ̄ ⲙ̄ⲡⲉⲣⲥⲟⲥ· Ⲁⲩⲱ ⲁ ⲡⲣ̄ⲣⲟ ⲙⲟⲩⲧⲉ
ⲉ ⲡⲡⲉⲧ ⲟⲩⲁⲁⲃ· ⲑⲉⲟⲇⲱⲣⲟⲥ· ⲉϥ|ϫⲱ ⲙ̄ⲙⲟⲥ· ϫⲉ Fol. 37 *b* 1
ⲙⲁⲧⲁⲙⲟⲓ ⲉ ⲡⲧⲱϣ· ⲉ ⲡϣⲏⲣⲉ ⲙ̄ ⲡⲣ̄ⲣⲟ· ⲛ̄ⲧⲁⲕⲁ- ⲟ̄ⲇ̄
ⲙⲁϩⲧⲉ ⲙ̄ⲙⲟϥ· ϩⲙ̄ ⲡⲡⲟⲗⲉⲙⲟⲥ· Ⲡⲉϫⲉ ⲡⲡⲉⲧ ⲟⲩⲁⲁⲃ
ⲛⲁϥ· ϫⲉ ⲁ ⲛⲓⲕⲟⲙⲏⲧⲏⲥ ⲙⲟⲩ· ⲡⲉϥⲥⲟⲛ ⲡⲉ ⲡⲁⲓ·
ⲛ̄ⲧⲁⲛⲁⲙⲁϩⲧⲉ ⲙ̄ⲙⲟϥ· ⲙⲁⲣⲉⲛϣⲓⲛⲉ ⲛ̄ⲧⲟⲟⲧϥ̄· ⲛ̄ⲥⲁ
ⲡⲉϥⲥⲟⲛ ⲙ̄ⲙⲟⲛ· ⲁ ⲡⲁⲣⲭⲏⲉⲡⲓⲥⲕⲟⲡⲟⲥ ϩⲱⲓ· ϣⲁ
ⲡⲉϥⲉⲓⲱⲧ· ϫⲉ ⲁϥⲙⲟⲩ· Ⲛⲁⲓ ⲇⲉ ⲉϥⲥⲱⲧⲙ̄ ⲉ ⲣⲟⲟⲩ·
ⲛ̄ϭⲓ ⲡϣⲏⲣⲉ ⲙ̄ ⲡⲣ̄ⲣⲟ· ⲁϥⲉⲓⲣⲉ ⲕⲁⲧⲁ ⲑⲉ ⲛ̄ⲧⲁ ⲡⲡⲉⲧ
ⲟⲩⲁⲁⲃ· ϩⲱⲛ ⲉ ⲧⲟⲟⲧϥ̄· Ⲡⲣ̄ⲣⲟ ⲇⲉ ⲛ̄ ⲧⲉⲣⲉ ϥⲉⲓ· ⲉ
ϩⲣⲁⲓ ⲉ ⲧⲡⲟⲗⲓⲥ ⲁⲛϯⲟⲭⲓⲁ· ⲙⲛ̄ ⲡⲉϥⲙⲏⲏϣⲉ· ⲙⲛ̄
ⲡϣⲏⲣⲉ ⲙ̄ ⲡⲣ̄ⲣⲟ ⲛ̄ⲛ̄ ⲙ̄ⲡⲉⲣⲥⲟⲥ· | ⲁ ⲡϩⲁⲅⲓⲟⲥ ⲑⲉⲟⲇⲱ- Fol. 37 *b* 2
ⲣⲟⲥ· ⲙⲛ̄ ⲁⲡⲁ ⲕⲗⲁⲩϯⲟⲥ· ϣⲡ̄ⲧⲱⲣⲉ ⲙ̄ⲙⲟϥ ⲛ̄ ⲧⲟⲟⲧϥ̄
ⲙ̄ ⲡⲣ̄ⲣⲟ· ⲙ̄ⲡⲉ ⲉϥⲉϣⲕⲱⲗⲩ ⲙ̄ⲙⲟⲟⲩ· ϫⲉ ⲛ̄ⲛⲟϭ ⲛ̄
ⲧⲙⲛ̄ⲧⲣ̄ⲣⲟ· ⲛⲉ ⲁⲩϫⲓⲧϥ̄ ϣⲁ ⲡⲁⲣⲭⲏⲉⲡⲓⲥⲕⲟⲡⲟⲥ· ⲁⲩⲱ
ⲛⲉⲩⲟⲩⲱϣ ⲡⲉ ⲉ ⲕⲁⲁϥ ⲉ ⲃⲟⲗ· Ⲛ̄ⲛⲟϭ ⲇⲉ ⲛ̄ⲛ̄ ⲙ̄ⲡⲉⲣⲥⲟⲥ·
ⲡⲁⲛⲓⲕⲏⲣⲟⲥ· ⲙⲛ̄ ⲗⲉⲟⲛϯⲟⲥ· ⲁⲩⲉⲓ ⲉ ⲧⲁⲛϯⲟⲭⲓⲁ· ⲉ
ⲣⲁⲧϥ̄ ⲛ̄ ⲑⲉⲟⲇⲱⲣⲟⲥ· ⲙⲛ̄ ⲕⲗⲁⲩϯⲟⲥ· ⲙⲛ̄ ⲡⲕⲉ ⲥⲉⲉⲡⲉ·
ⲁⲩⲉⲓⲛⲉ ⲙ̄ⲙⲁⲩ ⲛ̄ ϩⲛ̄ⲛⲟϭ ⲛ̄ⲧⲁⲉⲓⲟ· ⲛ̄ⲧⲉ ⲡⲉⲓⲱⲧ ⲛ̄ⲛⲓⲕⲟ-
ⲙⲏⲧⲏⲥ· ϫⲉ ⲉⲩⲉⲕⲁⲁϥ ⲉ ⲃⲟⲗ· Ⲁⲩⲱ ⲁ ⲡⲇⲓⲁⲃⲟⲗⲟⲥ
ⲟⲩⲟⲛϩϥ̄ ⲉ ⲃⲟⲗ· ⲉ ⲡⲣ̄ⲣⲟ ⲇⲓⲟⲕⲗⲏϯⲁⲛⲟⲥ· ⲉϥϫⲱ
ⲙ̄ⲙⲟⲥ ⲛⲁϥ· ϫⲉ | ⲡⲁ ϣⲏⲣⲉ ⲇⲓⲟⲕⲗⲏϯⲁⲛⲟⲥ· ⲛ̄ⲧⲁⲓ- Fol. 38 *a* 1
ϫⲡⲟⲕ ⲉ ⲡϫⲓⲛϫⲏ· ⲁⲓϯ ⲛⲁⲕ ⲛ̄ ⲧⲉⲓ ⲇⲱⲣⲁⲓⲁ· ⲙⲛ̄ ⲧⲉⲓ ⲟ̄ⲉ̄
ϭⲣⲏⲡⲉ ⲛ̄ ⲣ̄ⲣⲟ· ⲉ ⲡϫⲓⲛϫⲏ· Ⲁⲓϯ ϩⲓⲙⲉ ⲛ̄ ⲣ̄ⲣⲟ ⲛⲁⲕ·
ⲛ̄ ⲁⲧ ϩⲙⲟⲧ· ⲁⲓϭⲟⲟⲗⲉⲕ ⲛ̄ ⲧⲡⲟⲣⲫⲩⲣⲁ· Ⲁⲓϯ ⲛ̄ⲧⲥⲏⲃⲉ
ⲛ̄ ⲣ̄ⲣⲟ ⲉ ⲧⲉⲕϭⲓϫ· ⲉ ⲡⲙⲁ ⲙ̄ ⲡϭⲉⲣⲱϥ ⲙ̄ⲙⲁ ⲛⲉⲃⲁⲁ-
ⲙⲡⲉ· ⲛ̄ ⲁⲧ ϩⲙⲟⲧ· Ⲁⲓⲕⲁⲑⲓⲥⲧⲁ ⲙ̄ⲙⲟⲕ ϩⲓϫⲛ̄ ϩⲛ̄ϣⲟ
ⲛ̄ ϣⲟ ⲛ̄ⲗⲁⲟⲥ· ⲁⲓⲧⲣⲉ ⲧϣⲉⲉⲣⲉ ⲙ̄ ⲡⲣ̄ⲣⲟ ϯ ⲙ̄ ⲡⲉϩⲟⲩⲣ·

ⲙ̄ ⲡⲉⲥⲉⲓⲱⲧ ⲉ ⲡⲉⲕ ⲧⲏⲏⲃⲉ· ⲛⲁⲓ ⲇⲉ ⲧⲏⲣⲟⲩ ⲁⲓⲁⲁⲩ
ⲛ̄ⲙ̄ⲙⲁⲕ· ⲙ̄ⲡⲉ ⲕⲛⲟⲓ ⲉ ⲡⲁ ⲉⲟⲟⲩ· Ⲁϥⲟⲩⲱϣⲃ̄ ⲛ̄ϭⲓ
ⲇⲓⲟⲕⲗⲏϯⲁⲛⲟⲥ· ⲉϥϫⲱ ⲙ̄ⲙⲟⲥ· ϫⲉ ⲛ̄ⲧⲕ̄ ⲛⲓⲙ· ⲉⲕϫⲱ
Fol. 38 *a* 2 ⲉ ⲣⲟⲓ ⲛ̄ ⲛⲁⲓ ⲛ̄ ⲧⲉⲓ ϩⲉ· ⲛ̄ⲧⲟⲕ ⲡⲉ ⲡⲁ|ⲛⲁⲧⲟⲗⲁⲓⲟⲥ·
ⲡϣⲟⲩϣⲟⲩ ⲛ̄ ⲧⲙ̄ⲛ̄ⲧⲣ̄ⲣⲟ· ⲏ̄ ⲛ̄ⲧⲟⲕ ⲡⲉ ⲕⲗⲁⲩϯⲟⲥ·
ⲡϩⲓⲥⲱⲛ ⲛ̄ⲛ̄ ⲣ̄ⲣⲟ· Ⲡⲉϫⲉ ⲡⲇⲓⲁⲃⲟⲗⲟⲥ ⲛⲁϥ· ϫⲉ ⲟⲛ
ⲃⲓⲁ ⲙ̄ⲡⲟⲟⲩ· ⲉⲩⲉⲃⲉⲧ ⲡⲉⲓ ⲣⲁⲛ· ⲥⲛⲁⲩ ⲉ ⲃⲟⲗ ϩⲙ̄
ⲡⲕⲟⲥⲙⲟⲥ ⲧⲏⲣϥ̄· ϩⲛ̄ ⲛ̄ⲣⲱⲙⲉ ⲛ̄ⲛⲉⲓⲥⲱⲧⲙ̄ ⲉ ⲣⲟⲟⲩ ϣⲁ
ⲉⲛⲉϩ· ⲉⲕⲣ̄ ⲟⲩ ⲛ̄ⲛ̄ ⲛⲉⲓ ⲣⲉϥⲛⲟⲩϭⲥ̄· ⲉ ⲣⲟⲓ ⲉⲕϫⲱ ⲉ
ⲣⲟⲓ· ⲛ̄ ⲛⲉⲩⲣⲁⲛ· Ⲡⲉϫⲉ ⲡⲣ̄ⲣⲟ ⲛⲁϥ· ϫⲉ ⲡϣⲟⲩϣⲟⲩ
ⲛ̄ ⲧⲙ̄ⲛ̄ⲧⲣ̄ⲣⲟ ⲡⲉ· ⲡⲁⲛⲁⲧⲟⲗⲁⲓⲟⲥ ⲙⲛ̄ ⲕⲗⲁⲩϯⲟⲥ· ⲉⲓϫⲓ
ϩⲁⲓⲃⲥ̄ ϩⲁ ⲣⲟⲟⲩ· ϫⲉ ⲧⲱⲟⲩ ⲧⲉ ⲧⲙ̄ⲛ̄ⲧⲉⲣ̄ⲣⲟ· ϩⲁ ⲛⲉⲩ-
ⲉⲓⲟⲧⲉ· Ⲡⲉϫⲉ ⲡⲇⲓⲁⲃⲟⲗⲟⲥ ⲛⲁϥ· ϫⲉ ϣⲁ ⲡⲟⲟⲩ ⲕⲉⲣ
Fol. 38 *b* 1 ϩⲟⲧⲉ ϩⲏⲧⲟⲩ· ⲛ̄ ⲛ̄ⲇⲩⲣⲁⲛⲛⲟⲥ ⲉⲧ ⲙ̄ⲙⲁⲩ· | Ⲡⲉϫⲉ
ⲟ̄ⲉ̄ ⲡⲣ̄ⲣⲟ ⲛⲁϥ· ϫⲉ ϯⲥⲟⲟⲩⲛ· ϫⲉ ⲁ ⲧⲣ̄ⲣⲟ ⲁⲛϯⲗⲉⲅⲉ ⲛ̄
ⲑⲉⲟⲇⲱⲣⲟⲥ ⲛ̄ⲕⲉ ⲥⲟⲡ· ⲁϥⲧⲟⲩⲛⲟⲥⲧ̄ ϩⲓϫⲙ̄ ⲡⲉⲑⲣⲟⲛⲟⲥ·
ⲛ̄ ⲧⲙ̄ⲛ̄ⲧⲣ̄ⲣⲟ· ⲁϫⲛ̄ ⲉⲣ ϩⲟⲧⲉ ϩⲏⲧϥ̄ ⲛ̄ ⲗⲁⲁⲩ· Ⲡⲉϫⲉ
ⲡⲇⲓⲁⲃⲟⲗⲟⲥ ⲛⲁϥ· ϫⲉ ⲁ ⲛⲉϩⲟⲟⲩ ⲉⲧ ⲙ̄ⲙⲁⲩ· ⲟⲩⲉⲓⲛⲉ· ⲁ
ⲧⲉⲩϩⲟⲧⲉ ⲱϫⲛ̄ ϣⲁ ⲉⲛⲉϩ ⲛⲁϩⲣⲁⲕ· ⲥⲟⲩⲱⲛ ⲉⲧ ⲛⲁⲕϫ (*sic*)·
ⲁⲛⲟⲕ ⲡⲉ ⲡⲉⲕⲉⲓⲱⲧ ⲡⲇⲁⲓⲙⲱⲛⲓⲁⲕⲟⲥ· ⲉ ⲧⲃⲉ ⲟⲩ ⲉⲕⲉⲣ
ϩⲟⲧⲉ ϩⲏⲧⲟⲩ ⲛ̄ ⲑⲉⲟⲇⲱⲣⲟⲥ· ⲙⲛ̄ ⲕⲗⲁⲩϯⲟⲥ· ⲉⲣⲉ
ⲡϣⲏⲣⲉ ⲙ̄ ⲡⲣ̄ⲣⲟ ⲛ̄ⲛ̄ ⲙ̄ⲡⲉⲣⲥⲟⲥ· ϭⲁⲗⲏⲩ ⲉ ⲡⲁⲣⲭⲏ-
ⲉⲡⲓⲥⲕⲟⲡⲟⲥ· ⲉⲩⲟⲩⲱϣ ⲉ ⲕⲁⲁϥ ⲉ ⲃⲟⲗ· ⲛ̄ⲥⲉϫⲟⲟⲥ ⲉ
Fol. 38 *b* 2 ⲣⲟⲛ· ϫⲉ ⲁϥⲙⲟⲩ· ⲙ̄ⲡ ⲟⲩϥⲓ ⲛ̄ ⲧⲉϥⲁ|ⲥⲟⲩ ⲉⲩⲥⲟⲟⲩⲛ·
ϫⲉ ⲕⲉⲣ ϩⲟⲧⲉ ϩⲏⲧⲟⲩ· Ⲛⲏ ⲙ̄ⲡⲉ ⲡⲁⲣⲭⲏⲉⲡⲓⲥⲕⲟⲡⲟⲥ·
ⲕⲁⲁϥ ⲉ ⲃⲟⲗ· ⲛ̄ⲕⲉ ⲥⲟⲡ· ⲛ̄ϥⲉⲣ ϩⲁⲗ ⲙ̄ⲙⲟⲕ· ϫⲉ
ⲁϥⲙⲟⲩ· ⲁⲩⲱ ⲟⲛ ϫⲉ ⲡⲉϥⲥⲟⲛ ⲡⲉ ⲡⲁⲓ· ⲛ̄ⲧ ⲁⲛⲁⲙⲁϩⲧⲉ
ⲙ̄ⲙⲟϥ· ⲉⲓⲟⲩⲱϣ ⲉ ⲧⲣⲉ ⲕϯ ⲗⲟⲅⲟⲥ ⲛⲁⲓ· ϫⲉ ϣⲁⲓ-
ⲧⲁϩⲉ ⲧⲉⲕⲙⲛ̄ⲧⲣ̄ⲣⲟ ⲉ ⲣⲁⲧⲥ̄· ϣⲁⲕⲙⲟⲩⲟⲩⲧ ⲙ̄ⲙⲟⲟⲩ ⲙ̄
ⲡϣⲟⲙⲉⲧ· ⲡⲁⲛⲁⲧⲟⲗⲁⲓⲟⲥ· ⲙⲛ̄ ⲡⲁⲣⲭⲏⲉⲡⲓⲥⲕⲟⲡⲟⲥ·
ⲙⲛ̄ ⲕⲗⲁⲩϯⲟⲥ· ⲛ̄ⲧⲉ ⲧⲙ̄ⲛ̄ⲧⲣ̄ⲣⲟ· ⲉⲣ ⲧⲱⲕ ⲙⲁⲩⲁⲁⲕ·
Ⲡⲉϫⲉ ⲡⲣ̄ⲣⲟ ⲛⲁϥ· ϫⲉ ⲉⲓϣⲁⲛⲙⲟⲩⲟⲩⲧ ⲙ̄ⲙⲟⲟⲩ· ⲉⲣⲉ
Fol. 39 *a* 1 ⲛⲓⲙ ⲛⲁⲙⲓϣⲉ ⲉ ϫⲱⲓ· ϫⲉ ⲛ̄ⲛⲉ ⲛ̄ⲃⲁⲣⲃⲁⲣⲟⲥ ϥⲓ ⲛ̄
ⲟ̄ⲋ̄ ⲧⲁⲙⲛ̄ⲧⲣ̄ⲣⲟ ⲛ̄ ⲧⲟⲟⲧ· | Ⲡⲉϫⲉ ⲡⲇⲓⲁⲃⲟⲗⲟⲥ ⲙ̄ ⲡⲣ̄ⲣⲟ·

ϫⲉ ⲙ̅ⲡⲁⲧⲉ ⲕⲉⲓⲙⲉ · ϫⲉ ⲁⲛⲟⲕ ⲡⲉⲧ ⲙⲓϣⲉ ⲉ ϫⲱⲕ · ϣⲁ
ⲧⲉⲛⲟⲩ · ⲙ̅ ⲡⲁⲛⲁⲧⲟⲗⲁⲓⲟⲥ ⲁⲛ · ⲡⲉⲧ ϭⲱⲡⲉ ⲙ̅ ⲡϣⲏⲣⲉ ·
ⲙ̅ ⲡⲣ̅ⲣⲟ ⲛ̅ⲛ̅ ⲙ̅ⲡⲉⲣⲥⲟⲥ · ⲁⲗⲗⲁ ⲁⲛⲟⲕ ⲡⲉ · ⲙⲛ̅ ⲙ̅-
ⲙⲁⲧⲟⲓ ⲉⲧ ϩⲁ ⲣⲁⲧ · ⲁⲩⲱ ⲡⲁⲛⲟⲩⲧⲉ · ⲉⲧ ϯ ϭⲟⲙ ⲛⲁⲓ ·
ϣⲁⲛⲧⲁ ⲁⲙⲁϩⲧⲉ ⲙ̅ⲙⲟϥ · Ⲡⲉϫⲉ ⲡⲣ̅ⲣⲟ ⲛⲁϥ ϫⲉ ⲛⲓⲙ
ⲡ̅ⲛⲟⲩⲧⲉ ⲡⲉⲧ ⲛ̅ⲛⲁϣⲙ̅ϣⲉ ⲛⲁϥ ⲛ̅ⲥⲁ ⲓ̅ⲥ̅ · ⲡⲉϫⲉ ⲡⲇⲓⲁ-
ⲃⲟⲗⲟⲥ · ϫⲉ ⲟⲩⲇⲉ ⲛ̅ⲛⲉⲕϫⲱ · ⲙ̅ ⲡⲣⲁⲛ ⲙ̅ ⲡⲕⲉ ⲟⲩⲁ
ⲉⲧ ⲙ̅ⲙⲁⲩ · ⲉ ⲃⲟⲗ ϩⲛ̅ ⲣⲱⲕ ϣⲁ ⲉⲛⲉϩ · ⲉⲕⲕⲱ ⲛ̅ϩⲧⲏⲕ ·
ⲉⲩⲛⲟⲩⲧⲉ ⲛ̅ⲧ ⲁⲛϩⲃⲣⲁⲓⲟⲥ ⲙⲟⲩⲟⲩⲧ ⲙ̅ⲙⲟϥ · ⲁⲗⲗⲁ
ⲟⲩⲱⲛ ⲛ̅ | ⲛⲉⲕⲃⲁⲗ · ⲛ̅ⲅ̅ ⲛⲁⲩ ⲉ ⲡⲁⲛⲟⲩⲧⲉ · ϫⲉ ⲟⲩⲛ̅ Fol. 39 *a* 2
ⲟⲩⲏⲣ ϩⲛ̅ ⲧⲉⲩⲏⲡⲉ · ⲁⲩⲱ ⲡⲙⲏⲏϣⲉ ⲛ̅ ⲛⲁⲙⲁⲧⲟⲓ ·
Ⲁⲩⲱ ⲛ̅ⲧⲉⲩⲛⲟⲩ ⲁϥⲧⲣⲉ ϩⲛ̅ⲁϣⲏ · ⲛ̅ⲇⲁⲓⲙⲱⲛⲓⲟⲛ · ⲉⲣ
ⲡⲉⲥⲙⲟⲧ ⲛ̅ ϩⲙ̅ⲙⲁⲧⲟⲓ · ⲁⲩⲥⲱⲟⲩϩ ⲉ ⲣⲟϥ · ⲉⲩⲥⲃ̅ⲧⲱⲧ
ⲉ ⲡⲡⲟⲗⲁⲓⲙⲟⲥ · ⲁⲩⲱ ⲟⲛ · ⲕⲉ ϣⲃⲉ ⲛ̅ⲇⲁⲓⲙⲱⲛⲓⲟⲛ
ⲁⲩⲉⲣ ⲡⲉⲥⲙⲟⲧ · ⲛ̅ ϩⲛ̅ⲛⲟⲩⲧⲉ ⲛ̅ⲛⲟⲩϫ · ⲁⲩⲟⲩⲟⲛϩⲟⲩ
ⲉ ⲃⲟⲗ · ⲉ ⲇⲓⲟⲕⲗⲏϯⲁⲛⲟⲥ · Ⲡⲉϫⲉ ⲡⲇⲓⲁⲃⲟⲗⲟⲥ ⲛⲁϥ ·
ϫⲉ ⲧⲁⲣⲉⲕⲉⲓⲙⲉ ⲧⲉⲛⲟⲩ · ϫⲉ ⲁ ⲑⲟⲧⲉ ⲙ̅ ⲡⲁⲛⲁⲧⲟⲗⲁⲓⲟⲥ ·
ⲙⲛ̅ ⲕⲗⲁⲩϯⲟⲥ ϣⲧⲣ̅ⲧⲱⲣⲕ̅ · Ⲁⲩⲱ ⲁ ⲡⲁⲣⲭⲏⲉⲡⲓⲥⲕⲟⲡⲟⲥ ·
ⲕⲱ ⲙ̅ ⲡϣⲏⲣⲉ ⲙ̅ ⲡⲣ̅|ⲣ̅ⲟ ⲛ̅ⲛ̅ ⲙ̅ⲡⲉⲣⲥⲟⲥ ⲉ ⲃⲟⲗ · ⲁϥϫⲓ Fol. 39 *b* 1 ⲟ̅ⲏ̅
ⲛ̅ ⲧⲉϥⲁⲥⲟⲩ · ⲁⲩⲡⲱϣ ⲙ̅ⲙⲟⲥ ⲉ ϫⲱⲟⲩ · ⲙ̅ ⲡϣⲟⲙⲛ̅ⲧ ⲁϫⲛ̅
ⲧⲉⲕⲅ̅ⲛⲱⲙⲏ · ⲛⲉⲥⲙⲉⲗⲉⲓ (*sic*) ⲛⲁⲩ ⲁⲛ · ϫⲉ ⲛ̅ⲧⲕ̅ ⲟⲩⲣ̅ⲣⲟ ·
ⲉ ⲁϥⲱⲣⲕ̅ ⲛⲁⲕ ⲛ̅ⲛⲟⲩϫ · ⲙ̅ ⲡϣⲟⲣⲡ̅ ⲛ̅ⲥⲟⲡ · ⲁⲩⲱ ⲁⲩϫⲓ
ϭⲟⲗ ⲉ ⲣⲟⲕ · ⲙ̅ ⲡⲉⲓ ⲕⲉ ⲥⲟⲡ · ⲧⲁⲣⲉⲕⲉⲓⲙⲉ · ϫⲉ ϩⲛ̅ⲙⲉ
ⲛⲉⲧ ⲉⲓϫⲱ ⲙ̅ⲙⲟⲟⲩ ⲛⲁⲕ · Ϣⲉ ⲡⲉⲕⲟⲩϫⲁⲓ · ⲱ̅ ⲇⲓⲟⲕⲗⲏ-
ϯⲁⲛⲟⲥ · ϯⲛⲁⲧⲣⲉⲕⲛⲁⲩ ⲉ ⲡⲁⲛⲁⲧⲟⲗⲁⲓⲟⲥ · ⲙⲛ̅ ⲕⲗⲁⲩ-
ϯⲟⲥ · ϩⲛ̅ ⲟⲩⲛⲟϭ ⲛ̅ ⲑⲃ̅ⲃⲓⲟ · ⲧⲁⲉⲓⲛⲉ ⲛ̅ ⲟⲩⲙⲟⲩ ⲉϥϩⲟⲟⲩ ·
ⲛ̅ⲑⲉ ⲙ̅ ⲡⲁ ⲡⲉϥϫⲟⲉⲓⲥ ⲉ ϫⲱⲟⲩ · ϯⲟⲩ ⲛⲏⲃⲧ ⲛⲉ ⲛ̅ⲧⲁⲓ
ⲧⲣ[ⲉ]ⲩⲧⲟⲍⲟⲩ · ⲉ ⲛⲉϭⲓϫ ⲙ̅ ⲡⲉⲩϫⲟⲉⲓⲥ · ϩⲓ ⲡⲉⲥ|ϯⲟⲥ Fol. 39 *b* 2
ⲉⲓⲥ ϣⲉ ⲧⲁⲓⲟⲩ · ⲙⲛ̅ ϣⲟⲙⲉⲧ ⲛ̅ⲓⲃⲧ · ⲁⲓⲥⲃ̅ⲧⲱⲧⲟⲩ ⲉ
ⲧⲣⲉⲩⲧⲁⲁⲩ · ⲉ ⲡⲥⲱⲙⲁ ⲙ̅ ⲡⲁⲛⲁⲧⲟⲗⲁⲓⲟⲥ · ϩⲙ̅ ⲡⲛⲟϭ
ⲛ̅ ϣⲟⲩⲉ · ⲉⲧ ϩⲙ̅ ⲡⲣⲟ ⲙ̅ ⲡⲡⲁⲗⲗⲁϯⲟⲛ · ⲧⲁⲣⲉ ⲧⲉϥ-
ⲥⲱⲛⲉ ⲛⲁⲩ ⲉ ⲡⲉϥⲙⲟⲩ · Ⲁⲩⲱ ⲕⲗⲁⲩϯⲟⲥ ϩⲱⲱϥ ·
ϯⲛⲁⲧⲣⲉⲩⲗⲟⲛⲭⲓⲍⲉ ⲙ̅ⲙⲟϥ ⲉ ⲡⲉϥⲥⲡⲓⲣ · ⲛ̅ⲑⲉ ⲙ̅ ⲉ[ ]
ⲡⲉϥϫⲟⲉⲓⲥ · ⲛ̅ⲧⲁⲓⲧⲣⲉⲩⲕⲟⲟⲛⲥϥ̅ ⲉ ⲡⲉϥⲥⲡⲓⲣ · ϩⲓ ⲡⲉⲥϯⲟⲥ ·

ⲛ̄ⲑⲉ ⲛ̄ⲧⲁⲓⲧⲣⲉⲩϩⲱⲧⲃ̄ ⲙ̄ ⲡⲉⲧⲣⲟⲥ · ⲙⲛ̄ ⲡⲁⲩⲗⲟⲥ ⲛⲉϥ-
ⲁⲡⲟⲥⲧⲟⲗⲟⲥ · ϩⲛ̄ ⲧⲉⲛⲃⲉ · ϯⲛⲁⲧⲣⲉⲩⲙⲟⲩⲟⲩⲧ ⲛ̄ ⲛⲉⲓ
Fol. 40 *a* 1 ⲕⲟⲟⲩⲉ · ⲛ̄ⲧⲉ ⲧⲙⲛ̄ⲧⲣ̄ⲣⲟ ⲉⲣ ⲧⲱⲕ | ⲱ̄ ⲇⲓⲟⲕⲗⲏϯⲁⲛⲟⲥ ·
ⲡ̄ⲁ̄ (*sic*) Ⲛⲁⲓ ⲇⲉ ⲛ̄ ⲧⲉⲣⲉ ⲡⲇⲓⲁⲃⲟⲗⲟⲥ ϫⲟⲟⲩ ⲙ̄ ⲡⲣ̄ⲣⲟ · ⲁϥϩⲟⲡϥ̄
ⲉ ⲣⲟϥ · ⲡⲁⲥⲉⲃⲏⲥ ⲇⲉ ⲛ̄ ⲣ̄ⲣⲟ · ⲁϥϣⲟⲣⲡϥ̄ ⲉ ⲡⲏⲓ · ϣⲁ
ⲧⲣ̄ⲣⲟ · ⲁϥⲧⲁⲙⲟⲥ ⲉ ϩⲱⲃ ⲛⲓⲙ ⲛ̄ⲧⲁⲩϫⲟⲟⲩ ⲉ ⲣⲟϥ ·
Ⲧⲡⲟⲣⲛⲏ ⲇⲉ ⲛ̄ ⲣ̄ⲣⲱ ⲉⲧ ⲙ̄ⲙⲁⲩ · ⲁⲥⲣⲁϣⲉ ⲙ̄ⲙⲁⲧⲉ
ⲉϫⲙ̄ ⲡⲙⲟⲩ ⲛ̄ ⲛⲉⲓ ⲡⲉⲧ ⲟⲩⲁⲁⲃ · Ⲡⲉϫⲁⲥ ⲇⲉ ⲛⲁϥ · ϫⲉ
ⲧⲁⲣⲉⲕⲉⲓⲙⲉ ⲉ ⲧⲙⲉ · ϫⲉ ⲁⲩⲉⲓⲛⲉ · ⲙ̄ ⲡϣⲏⲣⲉ ⲙ̄ ⲡⲣ̄ⲣⲟ
ⲛ̄ ⲙ̄ⲡⲉⲣⲥⲟⲥ · ⲉ ⲡⲉⲓ ⲙⲁ · ⲁⲩⲕⲁⲁϥ ⲉ ⲃⲟⲗ · ⲁⲩⲱ
ϣⲁϫⲉ ⲛⲓⲙ · ⲛ̄ⲧ ⲁⲩϫⲟⲟⲩ ⲛⲁⲕ · ⲉ ⲧⲃⲏⲏⲧⲟⲩ · ϩⲛ̄ ⲙⲉ
ⲛⲉ · Ⲙⲛ̄ⲛ̄ⲥⲁ ⲛⲁⲓ ⲇⲉ · ⲁⲩⲉⲓⲛⲉ ⲙ̄ ⲡϣⲏⲣⲉ ⲙ̄ ⲡⲣ̄ⲣⲟ
Fol. 40 *a* 2 ⲛⲛ̄ ⲙ̄|ⲡⲉⲣⲥⲟⲥ · ⲁⲩⲧⲁϩⲟϥ ⲉ ⲣⲁⲧϥ̄ · ⲉ ⲡⲣ̄ⲣⲟ · ⲁⲩⲱ
ⲁϥϩⲟⲙⲟⲗⲟⲅⲉⲓ ⲛⲁϥ · ϫⲉ ⲁⲛⲟⲕ ⲡⲉ ⲛ̄ⲧⲁⲩⲁⲙⲁϩⲧⲉ
ⲙ̄ⲙⲟⲓ · ⲙ̄ ⲡϣⲟⲣⲡ ⲛ̄ⲥⲟⲡ ⲙⲛ̄ ⲡⲙⲉϩ ⲥⲛ̄ ⲥⲛⲁⲩ · Ⲁⲩⲱ
ⲡⲁⲛⲁϣ · ⲛ̄ⲧⲁ ⲡⲁⲣⲭⲏⲉⲡⲓⲥⲕⲟⲡⲟⲥ · ⲱⲣⲕ̄ ⲙ̄ⲙⲟϥ ·
ϩⲓϫⲙ̄ ⲡϣⲏⲣⲉ ⲙ̄ ⲡⲣ̄ⲣⲟ ⲡⲁ ⲥⲟⲛ · ⲡⲉ ⲛ̄ⲧⲁϥⲙⲟⲩ ⲉϥ-
ϭⲁⲗⲱⲟⲩ ⲉ ⲡⲁⲣⲭⲏⲉⲡⲓⲥⲕⲟⲡⲟⲥ · Ⲛⲁⲓ ⲇⲉ ⲛ̄ ⲧⲉⲣⲉ
ϥϫⲟⲟⲩ · ⲁ ⲡⲣ̄ⲣⲟ ⲣⲁϣⲉ ⲙ̄ⲙⲁⲧⲉ · ⲁϥϫⲟⲟⲩ ⲁϥⲉⲓⲛⲉ ·
ⲙ̄ ⲡⲁⲣⲭⲏⲉⲡⲓⲥⲕⲟⲡⲟⲥ · ⲁϥⲱⲣⲕ̄ ⲛⲁϥ ⲟⲛ ⲛ̄ⲑⲉ ⲙ̄
ⲡϣⲟⲣⲡ ⲛ̄ ⲥⲟⲡ · Ⲁⲩⲱ ⲛ̄ⲧⲉⲩⲛⲟⲩ · ⲁ ⲡⲣ̄ⲣⲟ ϭⲱⲛⲧ̄ ϩⲛ̄
Fol. 40 *b* 1 ⲟⲩⲑⲩⲙⲟⲥ · ⲁϥⲃⲱⲕ ⲉ ϩⲟⲩⲛ ⲉ ⲛⲉⲕ|ⲕⲗⲏⲥⲓⲁ ⲧⲏⲣⲟⲩ · ⲛ̄
ⲡ̄ⲃ̄ (*sic*) ⲧⲡⲟⲗⲓⲥ · ⲁϥϥⲓ ⲛ̄ ⲛ̄ⲕⲟⲓⲙⲏⲗⲓⲟⲛ ⲛ̄ ⲛⲟⲩⲃ · ϩⲓ ϩⲁⲧ · ϩⲓ ⲱⲛⲉ
ⲙ̄ⲙⲉ · ⲁⲩⲱ ⲁϥϩⲉ ⲉ ⲉⲛⲕⲁ ⲛⲓⲙ · ϩⲙ̄ ⲡⲉⲡⲓⲥⲕⲟⲡⲓⲟⲛ · ⲙ̄
ⲡⲁⲣⲭⲏⲉⲡⲓⲥⲕⲟⲡⲟⲥ · ⲁⲩⲱ ⲁϥⲙⲟⲟⲩⲧϥ̄[1] Ⲉⲛⲉⲣⲉ ⲡϩⲁⲅⲓⲟⲥ
ⲑⲉⲟⲇⲱⲣⲟⲥ · ϩⲙ̄ ⲡⲡⲟⲗⲉⲙⲟⲥ ⲙⲛ̄ ⲡⲉϥⲙⲏⲏϣⲉ · Ⲁⲩⲱ
ⲁ ⲧⲉϥⲥⲱⲛⲉ ⲥϩⲁⲓ ϣⲁ ⲣⲟϥ · ⲛ̄ⲛⲉ ⲛ̄ⲧⲁⲩϣⲱⲡⲉ ⲧⲏⲣⲟⲩ ·
ϩⲙ̄ ⲡⲡⲁⲗⲗⲁϯⲟⲛ · Ⲁⲩⲱ ⲁ ⲡϩⲁⲅⲓⲟⲥ ⲑⲉⲟⲇⲱⲣⲟⲥ ·
Ⲗⲩⲡⲉⲓ ⲙ̄ⲙⲁⲧⲉ · ⲉ ⲧⲃⲉ ⲡⲉⲛⲧⲁϥϣⲱⲡⲉ ϩⲛ̄ ⲧⲡⲟⲗⲓⲥ ·
Ⲙⲛ̄ⲛ̄ⲥⲁ ⲛⲁⲓ ⲇⲉ · ⲁ ⲧⲡⲟⲣⲛⲏ ⲛ̄ ⲣ̄ⲣⲟ · ϣⲁϫⲉ ⲙⲛ̄ ⲡⲣ̄ⲣⲟ ·
Fol. 40 *b* 2 ϫⲉ ⲉⲕϩ|ⲙ̄ⲙⲟⲟⲥ · ⲉⲕⲣ̄ ⲟⲩ ⲧⲁⲭⲏ ⲧⲁⲭⲏ · ⲙⲟⲩⲟⲩⲧ ⲛ̄
ⲑⲉⲟⲇⲱⲣⲟⲥ · ⲙⲛ̄ ⲕⲗⲁⲩⲇⲓⲟⲥ ϩⲛ̄ ⲧⲁⲣⲭⲏ ⲙ̄ ⲡⲁⲓⲱⲛ-

[1] The words ⲁⲩⲱ ⲁϥⲙⲟⲟⲩⲧϥ̄ are an addition, written in smaller characters.

ⲙⲟⲥ· Ⲡⲉϫⲉ ⲡⲣ̅ⲣⲟ ⲛ̅ ⲧⲣ̅ⲣⲱ· ϫⲉ ⲉⲛⲛⲁⲙⲟⲩⲟⲩⲧ ⲙ̅-
ⲙⲟⲟⲩ· ⲛ̅ ⲁϣ ⲛ̅ ϩⲉ· ⲉⲣⲉ ⲡⲉⲓ ⲙⲏⲏϣⲉ ⲧⲏⲣϥ̅ ⲛ̅ⲙ̅ⲙⲁⲩ·
ⲙⲏⲡⲟⲧⲉ ⲛ̅ⲥⲉⲧⲱⲟⲩⲛ· ⲉ ϫⲱⲓ ⲛ̅ⲥⲉϥⲓ ⲛ̅ ⲧⲁ ⲙⲛ̅ⲧⲣ̅ⲣⲟ ⲛ̅
ⲧⲟⲟⲧ· Ⲛ̅ⲧⲟⲥ ⲇⲉ ⲡⲉϫⲁⲥ ⲛⲁϥ· ϫⲉ ⲙ̅ⲡⲉⲣ ⲣ̅ ϩⲟⲧⲉ· ⲱ̅
ⲡⲣ̅ⲣⲟ ⲥϩⲁⲓ ϣⲁ ⲣⲟϥ· ϫⲉ ⲁⲙⲟⲩ ⲛⲁⲓ ⲧⲁⲭⲏ· ⲙⲁⲩⲁⲁⲕ
ϫⲉ ⲟⲩⲛ̅ⲧⲁⲓ ⲟⲩϣⲁϫⲉ· ⲙ̅ ⲙⲩⲥⲧⲏⲣⲓⲟⲛ· ⲉⲓⲛⲁϫⲟⲟϥ
ⲉ ⲣⲟⲕ· ⲉ ⲧⲃⲉ ⲡⲣ̅ⲣⲟ ⲛ̅ⲛ̅ ⲙ̅ⲡⲉⲣⲥⲟⲥ· ⲉϥϣⲁⲛ|ⲉⲓ ϣⲁ ⲣⲟⲕ Fol. 41 *a* 1
ϫⲓⲧϥ̅ ⲉ ϩⲟⲩⲛ· ⲉ ⲡⲉⲕⲕⲟⲓⲧⲱⲛ· ϩⲱⲥ ⲇⲉ ϫⲉ ⲉⲕⲛⲁⲕⲟ- ⲡ̅ⲅ̅ (*sic*)
ⲗⲁⲍⲉⲓ ⲙ̅ⲙⲟϥ· ⲥⲟϥⲧⲉ ⲛ̅ ϩⲛ̅ⲇⲁⲩⲙⲓⲟⲥ· ⲛ̅ⲅ̅ ⲥⲟⲛϩ̅
ⲙ̅ⲙⲟϥ· ⲛ̅ⲅ̅ ⲙⲟⲩⲟⲩⲧ ⲙ̅ⲙⲟϥ· ϩⲛ̅ ⲟⲩϩⲱⲡ· Ⲡⲁⲥⲉⲃⲏⲥ
ⲇⲉ ⲛ̅ ⲣ̅ⲣⲟ ⲁϥⲡⲓⲑⲉ· ⲉϫⲛ̅ ⲛ̅ϣⲁϫⲉ ⲛ̅ ⲗⲟⲓⲙⲟⲥ ⲛ̅ ⲧⲣ̅ⲣⲱ·
ⲁϥⲥⲟϥⲧⲉ ⲙ̅ ⲙⲛ̅ⲧⲁⲥⲉ ⲛ̅ⲇⲁⲩⲙⲓⲟⲥ ⲉ ⲣⲟϥ· ⲙⲛ̅ ⲛ̅ⲓⲃⲧ·
ⲁⲩⲱ ⲁϥⲥϩⲁⲓ ϣⲁ ⲣⲟϥ· ⲛ̅ ϩⲛ̅ϣⲁϫⲉ ⲛ̅ⲕⲟⲗⲁⲕⲓⲁ
ⲛ̅ⲕⲣⲟϥ· ⲁⲩⲱ ⲁ ⲡⲡⲉⲧ ⲟⲩⲁⲁⲃ ⲑⲉⲟⲇⲱⲣⲟⲥ ⲉⲓ ⲉ ⲡⲡⲁⲗ-
ⲗⲁϯⲟⲛ· Ⲛ̅ ⲧⲉⲣⲉ ⲡⲣ̅ⲣⲟ ⲇⲉ ⲛⲁⲩ ⲉ ⲣⲟϥ· ⲁϥⲥⲱⲃⲉ ⲛ̅-
ⲕⲣⲟϥ· ⲉ ϩⲟⲩⲛ ⲉ ⲣⲟϥ· ⲉϥϫⲱ ⲙ̅ⲙⲟⲥ· ϫⲉ ⲁ ⲙⲁ
ⲛⲓⲙ ⲙⲟⲩ ϩⲛ̅ ⲣⲁϣⲉ ϫⲉ· ⲁ ⲡⲛⲟϭ ⲛ̅ⲇⲁⲩ|ⲛⲁⲧⲟⲥ· ⲉⲓ Fol. 41 *a* 2
ⲉ ⲡⲡⲁⲗⲗⲁϯⲟⲛ· Ⲕⲁⲗⲱⲥ ⲁⲕⲉⲓ· ⲱ̅ ⲕⲓⲣⲉ ⲑⲉⲟⲇⲱⲣⲟⲥ·
ⲡⲡⲟⲗⲩⲙⲁⲣⲭⲏⲥ ⲛ̅ ⲣⲉϥϫⲣⲟ· ⲁ ⲙⲟⲩ ⲃⲱⲕ ⲉⲙⲡⲉⲣⲥⲟⲥ·
ⲙⲛ̅ ⲡϣⲏⲣⲉ ⲙ̅ ⲡⲣ̅ⲣⲟ ⲛ̅ⲛ̅ ⲙ̅ⲡⲉⲣⲥⲟⲥ· ϫⲓ ⲛ̅ ⲛⲉⲓ ⲧⲁⲉⲓⲟ
ⲙ̅ ⲡⲉϥⲉⲓⲱⲧ· ⲙ̅ⲙⲟⲛ ⲕⲉ ⲙ̅ⲡϣⲁ ⲙ̅ⲙⲟⲟⲩ· ⲉ ϩⲟⲩⲛ ⲉ
ⲡⲁⲣⲭⲏⲉⲡⲓⲥⲕⲟⲡⲟⲥ· Ⲁⲩⲱ ⲁ ⲡⲡⲉⲧ ⲟⲩⲁⲁⲃ· ⲕⲱ ⲉ ϩⲣⲁⲓ
ⲛ̅ ⲧⲉϥⲥⲏⲃⲉ· ⲁϥⲃⲱⲕ ⲉ ϩⲟⲩⲛ ϣⲁ ⲡⲣ̅ⲣⲟ· ⲁⲩⲱ ⲁϥ-
ⲧⲱⲟⲩⲛ ⲁϥⲁⲥⲡⲁⲍⲉ ⲙ̅ⲙⲟϥ· ⲁϥϫⲱⲣⲙ̅ ⲉ ⲡⲙⲛ̅ⲧⲁⲥⲉ
ⲛ̅ⲇⲁⲩⲙⲓⲟⲥ· ⲁⲩⲥⲱⲛϩ̅ ⲙ̅ⲙⲟϥ· Ⲡⲉϫⲉ ⲡⲡⲉⲧ ⲟⲩⲁⲁⲃ
ⲛⲁϥ· ϫⲉ ⲙ̅ⲡⲟⲟⲩ· ⲁ ⲡⲉⲕⲣⲟϥ | ⲛ̅ ⲓⲟⲩⲇⲁⲥ· ⲙⲛ̅ Fol. 41 *b* 1
ⲡⲉⲭ̅ⲥ̅· ⲟⲩⲱⲛϩ̅ ⲉ ⲃⲟⲗ ⲛ̅ϩⲏⲧⲕ̅· ⲱ̅ ⲡⲣ̅ⲣⲟ· ⲁⲗⲗⲁ ⲡ̅ⲇ̅ (*sic*)
ⲕ̅ϩⲟⲟⲩ ⲉϩⲟⲩⲉ ⲓⲟⲩⲇⲁⲥ· Ⲛ̅ⲇⲁⲩⲙⲓⲟⲥ ⲇⲉ· ⲁⲩⲧⲁϫⲣⲟϥ
ⲕⲁⲗⲱⲥ· ⲛ̅ⲑⲉ ⲙ̅ⲙⲟⲩⲟⲩⲧ ⲙ̅ⲙⲟϥ· ⲁⲩⲱ ⲁⲩⲥⲱⲕ
ⲙ̅ⲙⲟϥ· ϣⲁ ⲡⲉϣⲟⲩⲉ ⲉ ⲧⲣⲉⲩⲁϣⲧϥ̅ ⲉ ϩⲣⲁⲓ ⲉ ⲣⲟϥ·
ⲙ̅ⲡⲁⲧⲟⲩⲱⲛ ⲛ̅ ⲣⲟ ⲙ̅ ⲡⲡⲁⲗⲗⲁϯⲟⲛ· Ⲡⲉϫⲉ ⲡⲡⲉⲧ
ⲟⲩⲁⲁⲃ ⲛⲁⲩ· ϫⲉ ⲛⲁ ⲥⲛⲏⲩ· Ⲃⲱϣ ⲛⲁⲓ ⲛ̅ ⲟⲩⲕⲟⲩⲓ·
ⲧⲁϫⲱ ⲛ̅ ⲟⲩⲥⲟⲡ ⲉϣⲗⲏⲗ· ⲉ ⲡⲁ ⲣ̅ⲣⲟ· ⲡⲉⲭ̅ⲥ̅· ⲙ̅ⲡⲁ-
ⲧⲉⲧⲛ̅ⲙⲟⲩⲟⲩⲧ ⲙ̅ⲙⲟⲓ· ⲁⲩⲱ ⲙ̅ⲡⲉⲑⲟⲧⲉ· ⲕⲁⲁⲩ ⲉ

ⲃⲟⲗϥ̅ ⲉ ⲃⲟⲗ ϫⲉ ⲛ̅ⲡⲉϥⲙⲟⲩⲟⲩⲧ ⲙ̅ⲙⲟⲟⲩ· ⲁϥⲟⲩⲱϣⲃ̅
Fol. 41 b 2 ⲛ̅ϭⲓ ⲡϩⲁⲅⲓⲟⲥ ⲑⲉⲟⲇⲱⲣⲟⲥ· ϫⲉ ⲛⲁ|ⲥⲛⲏⲩ· ⲃⲱϣ ⲛⲁⲓ
ⲙ̅ⲙⲟⲛ ⲛ̅ ϯⲛⲁⲉⲣ· ⲡⲉⲑⲟⲟⲩ ⲁⲛ· ⲛ̅ ⲗⲁⲁⲩ ⲛ̅ⲕⲉ ⲥⲟⲡ·
ⲙⲏ ⲙ̅ⲡ ⲉⲓⲉⲣ ⲟⲩⲙⲛⲛϣⲉ· ⲙ̅ ⲡⲉⲧ ⲛⲁⲛⲟⲩϥ ⲛ̅ⲙ̅ⲙⲛ̅ⲧⲛ̅·
ϣⲉ ⲧϭⲟⲙ ⲙ̅ ⲡⲁ ⲣ̅ⲣ̅ⲟ ⲡⲉⲭ̅ⲥ̅· ⲛ̅ ϯⲛⲁⲉⲣ ⲡⲉⲑⲟⲟⲩ
ⲛⲏⲧⲛ̅ ⲁⲛ· ⲁⲓⲟⲩⲱ ⲅⲁⲣ· ⲉⲓⲥⲱⲛϩ̅ ⲙ̅ⲙⲟⲓ ϩⲙ̅ ⲡⲁ ϩⲧⲟⲣ·
ⲙ̅ⲙⲓⲛ ⲉⲙⲙⲟⲓ· ⲉ ⲧⲃⲉ ⲡⲣⲁⲛ ⲙ̅ ⲡⲉⲭ̅ⲥ̅· ⲁⲩⲱ ⲛ̅
ⲧⲉⲣⲉ ϥⲛⲁⲩ· ϫⲉ ⲙ̅ⲡ ⲟⲩⲡⲓⲑⲉ ⲛ̅ ⲕⲁⲁϥ ⲉ ⲃⲟⲗ· ⲁϥⲥⲱⲕ
ⲙ̅ ⲡⲉϥϫⲛⲁϩ ⲥⲛⲁⲩ· ⲉ ϩⲣⲁⲓ ⲛ̅ ⲟⲩⲥⲟⲡ ⲛ̅ ⲟⲩⲱⲧ· ⲁϥ-
ⲥⲱⲗⲡ ⲛ̅ⲛ̅ ⲙ̅ⲙⲣ̅ⲣⲉ ⲉⲧ ⲙⲏⲣ ⲙ̅ⲙⲟϥ· ⲁϥⲧⲱϭⲛ̅ ⲙ̅
ⲡⲙ̅ⲛ̅ⲧⲁⲥⲉ ⲛ̅ ⲣⲱⲙⲉ· ⲉ ⲡⲁϩⲟⲩ· ⲁⲩϩⲉ ⲉ ϩⲣⲁⲓ ⲉϫⲙ̅
Fol. 42 a 1 [?] ⲡⲉⲩϩⲟ· ⲁⲩⲱ ⲁϥⲡⲁϩⲧϥ̅· ⲁϥⲟⲩ|ⲱϣⲧ ⲙ̅ ⲡⲛⲟⲩⲧⲉ· ⲁϥ-
ⲡⲱⲣϣ̅ ⲛ̅ ⲛⲉϥϭⲓϫ ⲉ ⲃⲟⲗ· ⲁϥϣⲗⲏⲗ ⲛ̅ ⲧⲉⲓ ϩⲉ· ⲉϥϫⲱ
ⲙ̅ⲙⲟⲥ· ϫⲉ ϯⲧⲱⲃϩ̅ ⲙ̅ⲙⲟⲕ· ⲡⲁ ϫⲟⲉⲓⲥ ⲓ̅ⲥ̅ ⲡⲉⲭ̅ⲥ̅·
ⲡⲉ ⲛ̅ⲧⲁϥⲡⲗⲁⲥⲥⲉ ⲙ̅ⲙⲟⲓ· ϫⲉ ⲛⲉⲓ ϩⲛ̅ ⲧⲕⲁⲗⲁϩⲏ ⲛ̅ ⲧⲁ
ⲙⲁⲁⲩ· ⲁ ⲡⲉϥⲁⲅⲅⲉⲗⲟⲥ ϯ ⲣⲁⲛ ⲉ ⲣⲟⲓ· ϫⲓⲛⲉ ⲧⲁ
ⲙⲉⲧⲕⲟⲩⲓ· ⲁⲩⲱ ⲁ ⲡⲉⲕⲛⲁ ⲧⲁϩⲟⲓ· ⲁⲕϯ ϭⲟⲙ ⲛⲁⲓ ϩⲙ̅
ⲡⲡⲟⲗⲁⲓⲙⲟⲥ· ⲛ̅ⲑⲉ ⲛ̅ⲓⲏⲥⲟⲩ ⲛⲁⲩⲏ· ⲉⲣⲉ ⲡⲉⲕⲁⲅⲅⲉⲗⲟⲥ
ⲙⲓϣⲉ ⲉ ϫⲱϥ· ⲁⲩⲱ ⲛ̅ⲑⲉ ⲛ̅ⲥⲉⲙⲙⲉⲉⲓ ⲛ̅ⲧⲁϥⲡⲁⲧⲁⲥⲥⲉ ⲛ̅
ⲛ̅ⲁⲗⲗⲟⲫⲩⲗⲟⲥ· ⲁⲛⲟⲕ ⲇⲉ ϩⲱ· ⲛ̅ⲧⲁⲓⲡⲁⲧⲁⲥⲥⲉ ⲛ̅ⲛ̅ ⲙ̅-
ⲡⲉⲣⲥⲟⲥ· ϩⲙ̅ ⲡⲉⲕⲣⲁⲛ ⲉⲧ ⲟⲩⲁⲁⲃ· ⲁ ⲛⲁ[ϫ]ⲁϫⲉ ϫⲓ
Fol. 42 a 2 ϣⲓⲡⲉ ϩⲉ ϩⲁ ⲛⲁⲟⲩⲉⲣ[ⲏ]ⲧⲉ· ϯϣⲡ | ϩⲙⲟⲧ ⲛ̅ ⲧⲟⲟⲧⲕ̅
ⲡⲁ ϫⲟⲉⲓⲥ· ϫⲉ ⲁⲕϥⲓ ⲙ̅ⲙⲁⲩ ⲛ̅ⲛ̅ ⲙ̅ⲙⲣ̅ⲣⲉ ⲉⲧ ⲙⲏⲣ
ⲙ̅ⲙⲟⲓ· ϣⲁⲛⲧ ⲉⲓϣⲗⲏⲗ ⲉ ϩⲣⲁⲓ ⲉ ⲣⲟⲕ· ϯ ϭⲟⲙ ⲛⲁⲓ
ⲡⲁ ϫⲟⲉⲓⲥ· ϣⲁⲛⲧⲉ ⲉⲓϣϭⲙ̅ϭⲟⲙ· ⲉϥⲓ ϩⲁ ⲃⲁⲥⲁⲛⲟⲥ·
ⲉⲧ ϭⲉⲉⲧ ⲉ ⲣⲟⲓ· ϫⲉ ⲁⲛⲅ̅ ⲟⲩⲥⲁⲣⲝ̅ ϩⲓ ⲥⲛⲟϥ· ⲛ̅ⲑⲉ ⲛ̅
ⲟⲩⲟⲛ ⲛⲓⲙ· ⲙⲁⲣⲉ ⲡⲉⲕⲁⲅⲅⲉⲗⲟⲥ ⲛ̅ ϫⲱⲱⲣⲉ ⲁϩⲉ ⲣⲁⲧϥ̅
ⲛ̅ⲙ̅ⲙⲁⲓ· ϩⲛ̅ ⲧⲉⲓ ⲟⲩⲛⲟⲩ ⲧⲁⲓ· ϣⲁⲛⲧ ⲉⲓϫⲱⲕ ⲉ ⲃⲟⲗ·
ⲙ̅ ⲡⲁ ⲁⲅⲱⲛ· ⲙ̅ⲡⲉⲣ ϩⲟⲩⲣⲱⲱⲧ ⲡⲁ ϫⲟⲉⲓⲥ· ⲉ ⲛⲉⲕ-
ⲁⲅⲁⲑⲟⲛ· ⲟⲩⲇⲉ ⲙ̅ⲡⲉⲣ ϥⲓ ⲱⲡ ⲛ̅ⲙ̅ⲙⲁⲓ· ⲉ ⲧⲃⲉ ⲡⲉⲓ
ⲙⲛⲛϣⲉ ⲛ̅ ⲥⲛⲟϥ ⲛ̅ⲧ ⲁⲓⲡⲁϩⲧⲟⲩ ⲉ ⲃⲟⲗ· ϩⲙ̅ ⲡⲡⲟⲗⲁⲓ-
Fol. 42 b 1 [?] ⲙⲟⲥ· ϫⲉ ⲛ̅ⲧⲟⲕ ⲁⲕⲧⲁϫⲣⲟⲓ ϩⲛ̅ | ⲧⲉⲕϭⲟⲙ ⲁⲓⲡⲁⲧⲁⲥⲥⲉ
ⲙ̅ⲙⲟⲟⲩ· ⲙ̅ⲡⲉⲣ ⲧⲣⲉ ⲧⲁ ⲥⲛⲃⲉ· ⲡⲱⲧ ⲉ ⲧⲟⲟⲧϥ̅ ⲛ̅ⲕⲉ
ⲟⲩⲁ· ⲡⲉⲟⲟⲩ ⲛⲁⲕ· ϣⲁ ⲉⲛⲉϩ ⲛ̅ ⲉⲛⲉϩ ϩⲁⲙⲏⲛ· ⲛⲁⲓ ⲇⲉ

ⲛ̄ ⲧⲉⲣⲉ ϥ̄ϫⲟⲟⲩ · ⲁϥⲙⲟⲩⲧⲉ ⲉⲛⲁⲩⲙⲓⲟⲥ · ⲉⲧ ⲕⲱⲧⲉ ⲉ
ⲣⲟϥ · ϫⲉ ⲙⲟⲩⲧⲉ ⲉ ⲛⲉⲙⲁⲧⲟⲓ · ⲛ̄ⲥⲉⲗⲟ ⲉⲩϣⲧⲣ̄ⲧⲱⲣ ·
ⲁⲩⲱ ⲁ ⲡⲁ ⲟⲩⲟⲉⲓϣ ⲟⲩⲉⲓⲛⲉ · ⲙ̄[ⲡ]ⲉⲓⲉⲣ ⲗⲁⲁⲩ ⲛ̄ϩⲱⲃ ·
ϫⲉ ⲁ ⲡⲁ ⲁϩⲉ ϫⲱⲕ ⲉ ⲃⲟⲗ · Ⲁⲩⲱ ⲛ̄ⲧⲉⲩⲛⲟⲩ ⲁϥⲉⲓⲛⲉ ·
ⲛ̄ ⲛⲉϥϭⲓϫ ⲥⲁ ⲥⲡⲓⲣ ⲙ̄ⲙⲟϥ · ⲁϥϣⲁϣⲟⲩ ⲙⲛ̄ ⲡⲉϥ-
ⲥⲱⲙⲁ · Ⲡⲉϫⲁϥ ⲛⲁⲩ ϫⲉ ⲥⲱⲛϩ̄ ⲙ̄ⲙⲟⲓ ϩⲓ ⲃⲟⲗ · ⲁⲓⲟⲩⲱ
ⲉⲓⲥⲱⲛϩ̄ ⲙ̄ⲙⲟⲓ ϩⲙ̄ ⲡⲉⲡⲛ̄ⲁ · Ⲛ̄ⲧⲉⲩⲛⲟⲩ ⲁϥⲁⲗⲉ ⲉϫⲙ̄
ⲡⲉϣⲟⲩⲉ | ⲙ̄ⲁⲁⲩⲁϥ · ⲁϥⲟⲩⲱϣⲧ̄ ⲙ̄ ⲡⲛⲟⲩⲧⲉ · ⲁϥϣⲁϫⲉ Fol. 42 *b* 2
ⲙⲛ̄ ⲛ̄ⲁⲩⲙⲓⲟⲥ · ϫⲉ ⲁⲙⲏⲓⲧⲛ̄ ⲙⲛ̄ ⲛⲉⲧⲛ̄ⲉⲓⲃⲧ · ⲙⲛ̄
ⲛⲉⲧⲛ̄ϩⲁⲧⲏⲣ · ⲛ̄ⲧⲉⲧⲛ̄ϫⲱⲕ ⲉ ⲃⲟⲗ · ⲙ̄ ⲡⲉ ⲛ̄ⲧⲁⲩⲟⲩⲉϩ-
ⲥⲁϩⲛⲉ ⲙ̄ⲙⲟϥ ⲛⲏⲧⲛ̄ · Ⲛ̄ⲁⲧⲛⲁ ⲇⲉ ⲉⲧ ⲙ̄ⲙⲁⲩ · ⲁⲩⲧⲟⲕⲥ̄
ⲙ̄ ⲙⲛⲧ ⲛ̄ⲓⲃⲧ ϩⲛ̄ ⲧⲉϥϭⲓϫ ⲛ̄ ⲟⲩⲛⲁⲙ · ⲁⲩⲱ ⲙⲛⲧ ϩⲛ̄
ⲧⲉϥϭⲓϫ ⲛ̄ ϩⲃⲟⲩⲣ · ⲁⲩⲱ ⲁⲩⲧⲟⲕⲥ̄ ⲙ̄ ⲡⲥⲉⲉⲡⲉ ϩⲙ̄ ⲡⲉϥ-
ⲥⲱⲙⲁ ⲧⲏⲣϥ̄ · ϩⲱⲥ ⲇⲉ ⲛ̄ⲧⲉ ⲡⲉϥⲥⲛⲟϥ ⲧⲱϩ ⲙⲛ̄
ⲡⲙⲟⲟⲩ · ⲙ̄ ⲡⲉϣⲟⲩⲉ ⲛ̄ⲥⲉϩⲁⲧ[…] ϩⲓϫⲙ̄ ⲡⲕⲁϩ ·
Ⲁⲩⲱ ⲁ ⲡϩⲁⲅⲓⲟⲥ ⲑⲉⲟⲇⲱⲣⲟⲥ ϩⲱ ⲙ̄ⲙⲁⲧⲉ · [ⲁϥ]ϥⲓ ⲛ̄
ⲛⲉϥⲃⲁ[ⲗ] · ⲉ ϩ|ⲣⲁⲓ ⲉ ⲧⲡⲉ · ϫⲉ ⲉϥⲛⲁⲉⲡⲓⲕⲁⲗⲉⲓ ⲙ̄ Fol. 43 *a* 1
ⲡϫⲟⲉⲓⲥ · ⲁϥⲛⲁⲩ ⲉ ⲡⲉⲭ̄ⲥ̄ ⲙⲛ̄ ⲛⲉϥⲁⲅⲅⲉⲗⲟⲥ · ⲉⲣⲉ ⲡ̄ⲉ (*sic*)
ⲙⲓⲭⲁⲏⲗ ⲥⲟⲗⲥⲗ̄ ⲙ̄ⲙⲟϥ · ⲉⲣⲉ ⲡⲉⲭ̄ⲥ̄ ⲉⲣⲏⲧ ⲛⲁϥ ·
ⲛ̄ ϩⲁϩ ⲙ̄ⲙⲁ ⲛ̄ ϣⲱⲡⲉ ϩⲛ̄ ⲙ̄ⲡⲏⲩⲉ · Ⲛ̄ ⲧⲉⲣⲉ ⲡⲉⲭ̄ⲥ̄
ⲛⲁⲩ ⲉ ⲛⲉϩⲓⲥⲉ · ⲙ̄ ⲡⲡⲉⲧ ⲟⲩⲁⲁⲃ · ⲑⲉⲟⲇⲱⲣⲟⲥ · ⲡⲉϫⲁϥ
ⲇⲉ ⲛⲁϥ · ϫⲉ ⲕⲟⲩⲱϣ ⲉ ⲧⲣⲁ ϯ ⲙ̄ⲧⲟⲛ ⲛⲁⲕ · ϩⲛ̄
ⲛⲉⲕϩⲓⲥⲉ · ϫⲉ ⲕⲟⲩⲱϣ ⲉ ⲧⲣⲁ ⲃⲱⲗ ⲉ ⲃⲟⲗ · ⲛ̄ ⲛ̄ⲓⲃⲧ
ⲉⲧ ϩⲙ̄ ⲡⲉⲕⲥⲱⲙⲁ · ⲛ̄ⲑⲉ ⲛ̄ ⲟⲩⲙⲟⲟⲩ · Ⲡⲉϫⲉ ⲡⲡⲉⲧ
ⲟⲩⲁⲁⲃ ⲛⲁϥ · ϫⲉ ϯⲟⲩⲱϣ ⲉ ⲧⲣⲉ ⲕϯ ⲙ̄ⲧⲟⲛ ⲛⲁⲓ · ϫⲉ
ⲁⲓϩⲓⲥⲉ · ⲁⲩⲱ ⲛ̄ⲧⲉⲩⲛⲟⲩ · ⲁϥϯ ⲙ̄ ⲡⲉϥⲡⲛ̄ⲁ · ⲉⲛϭⲓϫ
ⲙ̄ ⲡⲛⲟⲩⲧⲉ · ⲛ̄ ⲥⲟⲩ ⲙⲛ̄ⲧⲥⲛⲟⲟⲩⲥ | ⲙ̄ ⲡⲉⲃⲟⲧ ⲧⲱⲃⲉ ϩⲛ̄ Fol. 43 *a* 2
ⲟⲩⲉⲓⲣⲏⲛⲏ ϩⲁⲙⲏⲛ · Ⲁⲩⲱ ⲁⲩⲛⲟϭ ⲛ̄ ϣⲧⲟⲣⲧⲣ̄ · ϣⲱⲡⲉ
ϩⲛ̄ ⲧⲡⲟⲗⲓⲥ ⲧⲏⲣⲥ̄ · ⲉ ⲧⲃⲉ ⲡⲁⲛⲁⲧⲟⲗⲁⲓⲟⲥ · ⲉϥⲁϣⲉ ⲉ
ⲡⲉϣⲟⲩⲉ · ϩⲟⲓⲛⲉ ϫⲉ ⲛⲁⲛⲟⲩ ⲡⲙⲟⲩ ⲙ̄ ⲡⲣ̄ⲣⲟ · ⲙⲛ̄
ⲧⲣ̄ⲣⲱ ⲡⲁⲣⲁ ⲡⲉⲛⲧ ⲁϥϣⲱⲡⲉ · Ⲁⲩⲱ ⲡϩⲁⲅⲓⲟⲥ ⲁⲡⲁ
ⲕⲗⲁⲩⲇⲓⲟⲥ · ⲉⲣ ⲟⲩⲛⲟϭ ⲛ̄ ⲣⲓⲙⲉ · ⲉ ⲣⲟϥ ⲉϥⲁϣⲉ ⲉ ⲡⲉ-
ϣⲟⲩⲉ · Ⲙ̄ⲛ̄ⲛ̄ⲥⲁ ⲛⲁⲓ ⲁ ⲡϩⲁⲅⲓⲟⲥ ⲃⲓⲕⲧⲱⲣ · ⲡⲁⲣⲁⲕⲁⲗⲉⲓ
ⲙ̄ ⲡⲉϥⲉⲓⲱⲧ · ⲉ ⲧⲣⲉϥϫⲟⲟⲥ ⲙ̄ ⲡⲣ̄ⲣⲟ · ⲉ ⲧⲃⲉ ⲡⲥⲱⲙⲁ ⲛ̄

ⲁⲡⲁ ⲑⲉⲟⲇⲱⲣⲟⲥ· ⲁⲩⲱ ⲛ̄ⲧⲉⲩⲛⲟⲩ ⲁ ϩⲣⲱⲙⲁⲛⲟⲥ·
Fol. 43 *b* 1 ⲁⲓⲧⲉⲓ ⲙ̄ ⲡⲣ̄ⲣⲟ· ⲁϥⲭⲁⲣⲓⲍⲉ ⲙ̄ ⲡⲉϥ|ⲥⲱⲙⲁ ⲛⲁϥ· ⲁⲩⲱ
ⲡ̄ⲥ̄ (*sic*) ⲁϥⲉⲓ ⲛ̄ϭⲓ ⲁⲡⲁ ⲃⲓⲕⲧⲱⲣ· ⲙⲛ̄ ⲧⲥⲱⲛⲉ ⲛ̄ ⲁⲡⲁ ⲑⲉⲟⲇⲱⲣⲟⲥ·
ⲙⲛ̄ ⲁⲡⲁ ⲕⲗⲁⲩⲇⲓⲟⲥ· ⲁⲩⲉⲓⲛⲉ ⲙ̄ ⲡⲉϥⲥⲱⲙⲁ· ⲉ ⲡⲉⲥⲏⲧ
ϩⲙ̄ ⲡⲉϣⲟⲩⲉ· ⲁⲩⲕⲁⲁϥ ϩⲙ̄ ⲡⲧⲁⲫⲟⲥ ⲛ̄ ⲛⲉϥⲉⲓⲟⲧⲉ·
Ⲉⲛⲉϥⲉⲓⲣⲉ ⲛ̄ ϩⲛ̄ⲛⲟϭ ⲛ̄ⲧⲁⲗϭⲟ· ϩⲛ̄ ⲛⲉⲧ ϣⲱⲛⲉ· ϫⲉ
ⲛⲉⲣⲉ ⲧⲉⲭⲁⲣⲓⲥ ⲛ̄ ⲓ̄ⲥ̄ ⲛ̄ⲙ̄ⲙⲁϥ· ϫⲉ ⲁϥϫⲓ ⲙ̄ ⲡⲉⲕⲗⲟⲙ
ⲙ̄ ⲡⲱⲛϩ̄ ϩⲛ̄ ⲙ̄ⲡⲏⲩⲉ· Ⲙⲛ̄ⲛ̄[ⲥⲁ ⲡϫⲱ]ⲕ ⲇⲉ ⲉ ⲃ[ⲟⲗ]·
ⲙ̄ ⲡⲡⲉⲧ ⲟⲩⲁⲁⲃ· ⲁϥϩⲱⲗ ⲉ ⲡϫⲓⲥⲉ· ⲉϥⲉⲣϣⲁ ⲙⲛ̄ ⲛⲉⲧ
ⲟⲩⲁⲁⲃ ⲧⲏⲣⲟⲩ· ϯⲡⲁⲣⲁⲕⲁⲗⲉⲓ ⲙ̄ⲙⲟⲕ· ⲱ̄ ⲡϩⲁⲅⲓⲟⲥ
ⲑⲉⲟⲇⲱⲣⲟⲥ· ⲥⲟⲡⲥ̄ ⲙ̄ ⲡϫⲟⲉⲓⲥ ⲉ ϫⲱⲓ· ⲁⲛⲟⲕ ⲡⲉⲓ ⲉⲗⲁ-|
Fol. 43 *b* 2 ⲭⲓⲥⲧⲟⲥ ⲑⲉⲟⲇⲱⲣⲟⲥ· ⲛϥ̄ⲕⲱ ⲛⲁⲓ ⲉ ⲃⲟⲗ· ⲉ ⲧⲃⲉ ϫⲉ
ⲁⲓⲧⲟⲗⲙⲁ ϩⲟⲗⲟⲥ· ⲁⲓϣⲁϫⲉ ⲉ ⲧⲃⲏⲏⲧⲕ̄· ⲉ ⲃⲟⲗ ϫⲉ
ⲛ̄ⲧⲕ̄ ⲟⲩⲥⲧⲣⲁⲧⲩⲗⲁⲧⲏⲥ ϥ ϩⲓ ⲟⲩⲛⲁⲙ ⲙ̄ ⲡⲉⲥⲧⲣⲁⲧⲩ-
ⲗⲁⲧⲏⲥ· ⲁⲩⲱ ⲡⲡⲟⲗⲩⲙⲁⲣⲭⲏⲥ ⲙⲓⲭⲁⲏⲗ· ⲡⲣⲉϥⲥⲟⲡⲥ̄
ⲉϥⲥⲟⲡⲥ̄ ⲙ̄ ⲡⲣ̄ⲣⲟ ⲡⲉⲭ̄ⲥ̄· ⲉ ϫⲱⲛ ϩⲱⲱⲛ· ⲛϥ̄ⲕⲱ ⲛⲁⲛ
ⲉ ⲃⲟⲗ ⲛ̄ ⲛⲉⲛⲛⲟⲃⲉ· Ϩⲓⲧⲛ̄ ⲧⲉⲭⲁⲣⲓⲥ ⲙⲛ̄ ⲧⲙⲛ̄ⲧⲙⲁⲓ
ⲣⲱⲙⲉ· ⲙ̄ ⲡⲉⲛϫⲟⲉⲓⲥ ⲓ̄ⲥ̄ ⲡⲉⲭ̄ⲥ̄· [Ⲡⲁⲓ ⲉ ⲃⲟⲗ] ϩⲓ ⲧⲟⲟⲧϥ̄
ⲡⲉⲟⲟⲩ ▒ⲉⲓⲱⲧ ⲛ̄ⲙ̄ⲙⲁϥ ⲙⲛ̄ ⲡⲉⲡⲛ̄ⲁ̄ ⲉⲧ ⲟⲩⲁⲁⲃ· ⲛ̄
ⲣⲉϥⲧⲁⲛϩⲟ· ⲁⲩⲱ [ⲛ̄ ϩⲟⲙⲟ]ⲟⲩⲥⲓⲟⲥ ϣⲁ ⲉⲛⲉϩ ⲛ̄ⲉⲛⲉϩ
ϩⲁⲙⲏⲛ·

DISCOURSE ON MARY THEOTOKOS BY CYRIL, ARCHBISHOP OF JERUSALEM

(Brit. Mus. MS. Oriental, No. 6784)

⁘ ⲦⲘⲈϨ ϪⲞⲨⲦⲞⲨⲈ Ⲛ̄ ⲈⲜⲎⲄⲎⲤⲒ̈Ⲥ Ⲉ Fol. 1 *a*
ⲀϤⲦⲀⲞⲨⲞⲤ· Ⲛ̄ϬⲒ ⲠⲠⲀⲦⲢⲒ̈ⲀⲢⲬⲎⲤ Ⲉ̅Ⲧ [ⲁ̅]
ⲞⲨⲀⲀⲂ· ⲀⲠⲀ ⲔⲨⲢⲒ̈ⲖⲖⲞⲤ ⲠⲀⲢⲬⲎⲈⲠⲒ̄-
ⲤⲔⲞⲠⲞⲤ Ⲛ̄ ⲐⲒ̈ⲖⲎ̅Ⲙ̅· Ⲉ ⲠⲂⲒ̈ⲞⲤ Ⲛ̄ⲦⲈ ⲐⲈⲰ-
ⲆⲞⲄⲞⲤ Ⲉ̅Ⲧ ⲞⲨⲀⲀⲂ ⲘⲀⲢⲒ̈Ⲁ̅· ⲀϤϢⲀ[ϪⲈ]
ⲆⲈ ⲞⲚ ϪⲈ ⲞⲨϨⲞ[ⲞⲨ]Ⲧ Ⲙ̄Ⲛ̄ ⲞⲨⲤϨⲒ̈ⲘⲈ [ⲚⲈ
Ⲉ]ⲦⲀⲨϪⲠⲞⲤ Ⲛ̄[ⲐⲈ Ⲛ̄]ⲞⲨⲞⲚ ⲚⲒ̄Ⲙ· ⲀϤ[ϢⲀ]ϪⲈ
ⲆⲈ ⲞⲚ Ⲉ ⲦⲂⲈ [ⲠⲈ]ϨⲞⲞⲨ Ⲛ̄ⲦⲀⲤⲠ̄ⲦⲞⲚ
Ⲙ̄ⲘⲞⲤ Ⲛ̄ϨⲎⲦϤ̄· ⲈⲦⲈ ⲠⲀⲒ̈ ⲠⲈ ⲤⲞⲨ ϪⲞⲨ-
ⲦⲞⲨⲈ Ⲛ̄ ⲦⲰⲂⲈ· ϨⲚ̄ ⲞⲨⲈⲒ̈ⲢⲎⲚⲎ Ⲛ̄ⲦⲈ
ⲠⲚⲞⲨⲦⲈ· ϨⲀⲘⲎⲚ·

Ⲉⲣϣⲁⲛ ⲟⲩⲁⲍⲓ̈ⲱⲙⲁⲁⲓ̈ⲕⲟⲥ ⲟⲩⲱϣ ⲉ ⲧⲱϩⲙ̄ ⲛ̄[ⲛⲉϥ]ϣ-
ⲃⲏ[ⲣ] [ⲉ ⲡ]ⲁⲣⲓ̈ⲥⲧⲟⲛ· ⲛ̄ ⲟⲩⲇⲓ̈ⲡⲛⲟⲛ· Ⲙⲏ ⲙⲉϥϩ̄ⲙⲟⲟⲥ
ϣⲟⲣⲡ̄ ⲙ̄ ⲡⲁⲧ▨ⲙⲟⲩⲧⲉ ⲉ̄ ⲛⲉⲧ ⲧⲁϩⲙ̄· ⲛϥ̄ⲉⲡⲉⲓ̈ⲇⲁⲍⲉ
ⲛ̄ ⲛ̄ϭⲓ ⲛ̄ⲟⲩⲱⲙ ⲉⲩϣⲟⲃⲉ ⲉ ⲛⲉⲩⲉⲣⲏⲩ· ϫⲉ ⲕⲁⲥ ⲉϥⲉ-
ⲧⲣⲉⲫⲏ ⲛ̄ ⲛⲉⲧ ⲛⲁⲩ ⲉ̄ ⲣⲟⲟⲩ· ⲁⲩⲱ̄ ⲛ̄ⲥⲉϫⲓ̈ ϯⲡⲉ ⲙ̄-
ⲙⲟⲟⲩ· ⲁⲩⲱ̄ ⲟⲛ [ⲁϥⲧⲣⲉⲩ]ⲙⲟⲩⲧⲉ ⲉ̄ ⲛⲉϥϩ̄ⲙ̄ϩⲁⲗ· ⲛϥ̄-
ϫⲟⲟⲩ ⲥⲟⲩ ϣⲁ ⲛⲉϥϣⲃⲏⲣ ⲉ ⲡⲁⲣⲓ̈ⲥⲧⲟⲛ· Ϩⲟⲧⲁⲛ ⲇⲉ ⲉⲩ-
ϣⲁⲛⲃⲱⲕ ⲉ̄ ϩⲟⲩⲛ ⲛ̄ⲥⲉⲛⲟϫⲟⲩ· ϣⲁⲣⲉ ⲡⲉⲛⲧⲁϥⲧⲁϩⲙⲟⲩ
ϯ ⲛⲁⲩ ⲛ̄ ⲟⲩⲏⲣⲡ̄ ⲉ ⲛⲁⲛⲟⲩϥ ⲉϥⲟ ⲛ̄ ⲥϯ ⲛⲟⲩⲃⲉ· ⲁⲩⲱ̄ Fol. 1 *b*
ⲉϥϩⲩⲇⲁⲁⲛⲉ ⲙ̄ ⲛⲉⲩϭⲃ̄ϣⲁ· | [one line wanting] ⲉⲩⲉⲓ̈ⲛⲉ [ⲃ̅]

ⲉ̄ ϩⲟⲩⲛ ⲛ̄ ⲛ̄ϭⲓ ⲛ̄ⲟⲩⲱⲙ ⲧⲏⲣⲟⲩ· ⲛⲟⲩⲁ̄ ⲛⲟⲩⲁ̄ ϩⲛ̄
ⲧⲉⲩϯⲡⲉ· ⲁⲩⲱ ⲉⲩϣⲟⲃⲉ ⲉ̄ ⲛⲉⲩⲉⲣⲏⲩ· Ⲉϥⲉⲓ̈ⲣⲉ ⲇⲉ ⲙ̄
ⲡⲁⲓ̈ ⲛ̄ϭⲓ̈ ⲡⲉⲛⲧⲁϥⲧⲁϩⲙⲟⲩ· ϫⲉ ⲛ̄ⲛⲉ ⲛⲉⲧ ⲛⲏϫ ϫⲟⲟⲥ·
ϫⲉ ⲁⲛϫⲓ̈ ϯⲡⲉ ⲙ̄ ⲡⲁⲓ̈ ⲛ̄ⲕⲉ ⲥⲟⲡ· ⲧⲁⲓ̈ ⲧⲉ ⲧⲁϩ[▨ ⲛⲙ̄]-
ⲙⲛⲧⲛ̄ ⲙ̄ⲡⲟⲩⲃ̄· Ⲕⲁⲓ̈ ⲅⲁⲣ ⲛⲉ ϯⲛⲁϫⲟⲟⲩ ⲛⲏⲧⲛ̄ ϣⲁ
ⲧⲉⲧⲛ̄ϫⲟⲟⲥ· ϫⲉ ⲁⲛⲥⲉⲧⲙ̄ ⲛⲁⲓ̈ ⲛ̄ⲕⲉ ⲥⲟⲡ· ⲕⲁⲧⲁ ⲑⲉ
ⲛ̄ⲧⲁ ⲡⲁⲑⲛ̄ⲛⲁⲓ̈ⲟⲥ ϫⲟⲟⲥ ϫⲟⲟⲥ (*sic*) ⲙ̄ ⲡⲁⲩⲗⲟⲥ· ϫⲉ
ⲡⲁⲑⲛ̄ⲛⲁⲓ̈ⲟⲥ ⲉⲧⲟⲩⲱϣ ⲉ ⲥⲱⲧⲙ̄· ⲉ ⲗⲁⲁⲩ ⲉⲓ̈ ⲙⲏ ⲧⲉⲓ̈
ϩⲱⲃ ⲛ̄ ⲃⲣ̄ⲣⲉ· Ϣⲁϥϫⲟⲟⲥ ⲟⲛ ⲛ̄ϭⲓ̈ ⲇⲁⲇ̄· ϫⲉ ϫⲱ ⲉ
ⲡϫⲟⲉⲓⲥ ⲛ̄ ⲟⲩϫⲱ ⲛ̄ ⲃⲣ̄ⲣⲉ· ⲡⲉϥⲥⲙⲟⲩ ϩⲛ̄ ⲛⲉⲕⲕⲗⲏⲥⲓⲁ̄
ⲛ̄ ⲛⲉⲧ ⲟⲩⲁⲁⲃ· Ⲡⲉⲩⲁⲅⲅⲉⲗⲓ̈ⲟⲛ ⲟⲛ ϫⲱ ⲙ̄ⲙⲟⲥ· ϫⲉ
ⲉⲥⲧⲛ̄ⲧⲱⲛ ⲛ̄ϭⲓ̈ ⲧⲙⲛ̄ⲧⲣ̄ⲣⲟ ⲛ̄ⲛ̄ ⲙ̄ⲡⲏⲩⲉ· ⲉⲩⲣⲱⲙⲉ ⲛ̄-
[ⲣⲙ̄]ⲙⲁⲟ· Ⲁⲩⲱ ⲟⲛ ϫⲉ ⲁ[ⲧⲉ]ⲧⲛ̄ⲥⲱⲧⲙ̄ [ⲉ ⲧ]ⲃⲉ ⲡⲧⲁⲓ̈ⲟ
ⲙ̄ ⲡⲉⲥ̄⳨ⲟⲥ· ⲙⲛ̄ ⲡⲉϥⲟⲩⲱⲛϩ̄ ⲉ̄ ⲃⲟⲗ· ⲙⲛ̄ ⲡⲉⲧ ⲟ
ⲛ̄ ⲛ̄ϩⲉⲑⲛⲟⲥ ⲙⲛ̄ ⲛ̄ ⲓ̈ⲟⲩⲇⲁⲓ· ⲉ̄ ϩⲟⲩⲛ ⲉ̄ ⲡⲥⲟⲟⲩⲛ ⲛ̄ ⲓ̅ⲥ̅
Fol. 2*a* ⲡⲉⲭ̅ⲥ̅· Ⲙⲛ̄ [ⲡ]ⲉⲛⲧⲁϥⲡⲓ̈ⲥⲧ[ⲉ]ⲩⲉ | ⲛ̄ϭⲓ ⲅⲁ̄ⲥⲧⲱⲣ· ⲡⲛⲟϭ
ⲅ̄ ⲛ̄ ⲓ̈ⲟⲩⲇⲁⲓ̈ ⲙⲛ̄ ⲡⲉϥⲏⲓ̈ ⲧⲏⲣϥ̄· ⲁⲩⲱ̄ ⲧⲁ ⲙⲛ̄ⲧⲉⲗⲁⲭⲓ̈ⲥⲧⲟⲥ
ⲁⲛⲟⲕ ⲕⲩⲣⲓ̈ⲗⲗⲟⲥ· ⲁⲓ̈ⲕⲁⲑⲩⲅⲉ ⲙ̄ⲙⲟϥ· ⲁⲩⲱ ⲁⲓ̈ⲃⲁⲡ-
ϯⲍⲉ ⲙ̄ⲙⲟϥ ϩⲛ̄ ⲧⲛⲟϭ ⲛ̄ ⲁⲛⲁⲥⲧⲁⲥⲓ̈ⲥ ⲙ̄ ⲡⲉⲭ̅ⲥ̅· Ⲉ
ⲁϥϣⲱⲡⲉ ⲛ̄ ⲟⲩⲛⲟϭ ⲛ̄ ⲥⲕⲁⲓ̈ⲟⲥ ⲛ̄ ⲥⲱⲧⲡ̄ ⲛ̄ ⲇⲓ̈ⲕⲁⲓ̈ⲟⲥ·
ⲉϥⲙⲉ ⲛ̄ ⲧⲡⲓ̈ⲥⲧⲓ̈ⲥ ⲙ̄ ⲡϣⲏⲣⲉ ⲙ̄ ⲡⲛⲟⲩⲧⲉ· Ⲁⲩⲱ ⲁⲓ̈-
ⲃⲁⲡϯⲍⲉ ⲛ̄ ⲕⲉ ⲙⲏⲏϣⲉ ⲛ̄ⲥⲁⲙⲁⲣⲓ̈ⲧⲏⲥ· ⲉ ⲟⲩⲁ̄ ⲛ̄ϩⲏⲧⲟⲩ
ⲡⲉ ⲓ̈ⲥⲁⲁⲕ ⲛ̄ⲓⲟⲡⲉⲛⲓⲧⲏⲥ (*sic*)· ⲁϥϣⲱⲡⲉ ⲛ̄ ⲟⲩⲥⲱⲧⲡ̄ ⲛ̄
ⲭⲣⲏⲥϯⲁⲛⲟⲥ ⲛ̄ⲧⲉ ⲡⲉⲭ̅ⲥ̅· Ⲉⲓ̈ϫⲱ ⲛ̄ ⲛⲁⲓ̈ ⲧⲏⲣⲟⲩ ⲱ̄
ⲛⲁⲙⲉⲣⲁⲧⲉ· ϫⲉ ⲁⲓ̈ⲟⲩⲱ ⲉⲓ̈ϯⲥⲃⲱ ⲛ̄ⲧⲉⲧⲛ̄ⲁⲅⲁⲡⲏ ⲛ̄ⲕⲉ
ⲥⲟⲡ ⲛ̄ϩⲏⲧⲟⲩ· ⲁⲗⲗⲁ ⲛ̄ϣⲁϫⲉ ⲙ̄ ⲡⲛⲟⲩⲧⲉ ⲙⲉⲩⲣ̄
ϩⲟⲟⲗⲉ ⲉⲛⲉϩ· ⲥⲉϩⲟⲗϭ̄ ⲙ̄ ⲡⲁⲣⲁ ⲡⲉⲃⲓ̈ⲱ̄ ⲙⲛ̄ ⲡⲙⲟⲩⲗϩ̄·
Ⲕⲁⲧⲁ ⲑⲉ ⲛ̄ⲧⲁϥϫⲟⲟⲥ ⲛ̄ϭⲓ̈ ⲡⲉⲛⲉⲓ̈ⲱⲧ ⲇⲁⲇ̄· ϫⲉ ⲛⲉⲕ-
ϣⲁϫⲉ ϩⲗⲟϭ ϩⲛ̄ ⲧⲁ ϣⲟⲩⲱⲃⲉ ⲙ̄ ⲡⲁⲣⲁ ⲡⲉⲃⲓ̈ⲱ̄· Ⲧⲉⲛⲟⲩ
ϭⲉ ⲙⲁⲣⲉⲛⲣ̄ ⲡⲙⲉⲉⲩⲉ ⲙ̄ ⲡⲛⲟϭ ⲛ̄ ⲭⲣⲉⲱⲥ ⲧⲉⲓ̈ ⲉⲧ ⲉ̄
Fol. 2*b* ⲣⲟⲛ· ⲛ̄ⲧⲉⲛⲛⲁⲩ· ϫⲉ ⲧⲉⲛⲛⲁϣⲧⲟⲩⲓ̈ⲱ ⲟⲩⲕⲟⲩⲓ̈ | ⲛ̄ϩⲏⲧϥ̄·
ⲇ̄ ⲕⲁⲛ ϣ̄ϫⲉ ⲙⲉⲛ̄ϣⲧⲁⲁϥ ⲧⲏⲣϥ̄· ⲁⲗⲗⲁ ⲙⲁⲣⲉⲛϯ ⲛ̄
ⲗⲉⲡⲧⲟⲛ ⲥⲛⲁⲩ ⲙ̄ⲙⲁⲧⲉ· ⲛ̄ⲑⲉ ⲛ̄ ⲧⲙⲁⲕⲁⲣⲓ̈ⲁ̄ ⲛ̄ ϩⲏⲕⲉ
ⲉⲧ ⲙ̄ⲙⲁⲩ· ⲏ̄ ⲟⲩⲧⲉⲛⲁⲣⲓ̈ⲟⲥ· ⲉ̄ⲧⲉ ⲟⲩⲥⲁⲧⲉⲉⲣⲉ ⲧⲉ·

ⲛ̄ⲑⲉ ⲛ̄ ⲧⲉ ⲛⲧⲁ ⲡⲉⲧⲣⲟⲥ ϭⲛ̄ⲧⲥ̄ ϩⲛ̄ ⲣⲱϥ ⲙ̄ ⲡⲧⲃ̄ⲧ· ⲛ̄-
ⲧⲁϥⲧⲁⲁⲥ ⲛ̄ ⲧⲩⲗⲟⲥ ϩⲁ ⲣⲟϥ ⲙⲛ̄ ⲡⲉϥϫⲟⲉⲓ̈ⲥ· Ⲉⲛϣⲁⲛϯ
ⲟⲩⲕⲟⲩⲓ̈ ⲅⲁⲣ ϩⲙ̄ ⲡⲉⲧ ⲉ̄ ⲣⲟⲛ· ⲛ̄ⲥⲉⲛⲁⲧϭⲁⲓ̈ⲟⲟ ⲛⲁⲛ
ⲛ̄ⲑⲉ ⲙ̄ ⲡⲉⲧ ⲙ̄ⲡⲉ ϥϯ ⲉ ⲡⲧⲏⲣϥ· Ⲁⲗⲗⲁ ⲙⲁⲣⲉⲛⲉⲓ̈ⲙⲉ
ϩⲛ̄ ⲟⲩⲁⲕⲣⲏϥⲓⲁ̄· ϫⲉ ⲛ̄ⲧⲁⲩⲧⲁϩⲙⲉⲛ ⲉ̄ ⲡⲉⲓ̈ ⲙⲁ ⲙ̄ⲡⲟⲟⲩ
ϩⲙ̄ ⲡⲣⲁⲛ ⲛ̄ ⲛⲓⲙ· ⲏ̄ ⲛⲓⲙ ⲡⲉⲧ ⲧⲱϩⲙ̄ ⲙ̄ⲙⲟⲛ· Ⲓ̄ⲥ̄
ⲡⲛⲟⲩⲧⲉ ⲙ̄ ⲙⲉ ⲡⲉⲧ ⲧⲱϩⲙ̄ ⲙ̄ⲙⲟⲛ· ⲉ ⲡⲉⲣ̄ ⲡⲙⲉⲉⲩⲉ
ⲛ̄ⲧⲉϥⲙⲁⲁⲩ ⲛ̄ⲧⲁⲥϣⲱⲡⲉ ⲛⲁϥ· ⲛ̄ⲑ̄ⲣⲟⲛⲟⲥ· ⲁⲩⲱ ⲙ̄
ⲙⲁ ⲛ̄ ⲟⲩⲱϩ· ϩⲱⲥ ⲁϥⲧⲁϩⲙⲉⲛ ⲙ̄ ⲡⲉⲧ ϣ̄ϣⲉ ⲁⲛ ⲡⲉ·
ⲉ ⲧⲣⲉⲛϣⲱⲡⲉ ⲛ̄ ⲣⲉϥϫⲛⲁⲁⲩ· ⲉ ⲧⲙ̄ ϫⲱⲕ ⲉ̄ ⲃⲟⲗ ⲙ̄
ⲡⲉⲛⲧⲁ ⲡⲉⲣⲏⲧ ⲙ̄ⲙⲟϥ ⲛⲏⲧⲛ̄ ϩⲛ̄ ⲑⲉⲡⲟⲥⲧⲁⲥⲓ̈ⲥ ⲛ̄ ϯⲉⲝⲏ-
ⲅⲏⲥⲓ̈ⲥ· Ⲡⲁⲓ̈ ⲡⲉ ⲡⲉϩⲟⲟⲩ ⲛ̄ ⲧⲉⲡⲣⲟⲥⲫⲟⲣⲁ ⲉ̄ⲧ ⲟⲩⲁⲁⲃ·
ⲁⲩⲱ̄ ⲉ̄ⲧ ⲧⲃ̄ⲃⲏⲩ ⲧⲏⲣⲥ̄· ϩⲛ̄ ⲧⲉⲥⲯⲩⲭⲏ ⲙ̄ ⲡⲉⲥⲡ̄ⲛ̄ⲁ̄·
Ⲡⲁⲓ̈ ⲡⲉ ⲡⲉϩⲟⲟⲩ | ⲛ̄ⲧⲁ ⲧⲣ̄ⲣⲱ ⲧ̄ⲙⲁⲁⲩ ⲙ̄ ⲡⲣ̄ⲣⲟ ⲙ̄ Fol. 3 *a* ⲉ̄
ⲡⲱⲛ̄ϩ̄· ϫⲓ̈ ϯⲡⲉ ⲙ̄ ⲡⲙⲟⲩ ⲛ̄ⲑⲉ ⲣⲱⲙⲉ ⲛⲓⲙ· ⲉ ⲃⲟⲗ
ϫⲉ ⲟⲩⲥⲁⲣⲝ̄ ϩⲓ̈ ⲥⲛⲟϥ ⲧⲉ· Ⲁⲩⲱ ⲟⲛ ⲟⲩϫⲡⲟ ⲧⲉ ⲉ̄ ⲃⲟⲗ
ϩⲛ̄ ⲟⲩⲉⲓ̈ⲱⲧ· ⲙⲛ̄ ⲟⲩⲙⲁⲁⲩ ⲛ̄ⲑⲉ ⲛ̄ⲣⲱⲙⲉ ⲛⲓⲙ· Ⲡⲁ-
ⲣⲉϥϫⲓ̈ ϣⲓ̈ⲡⲉ ⲧⲉⲛⲟⲩ ⲛ̄ϭⲓ ⲉ̄ⲃⲓ̈ⲱⲛ· ⲙⲛ̄ ⲁⲣⲡⲟⲕⲣⲁϯⲟⲥ·
ⲛⲉⲓ̈ ϩⲁⲓ̈ⲣⲉϯⲕⲟⲥ ⲛ̄ ⲁⲧ ⲛⲟⲩⲧⲉ· ⲛⲁⲓ̈ ⲉⲩϫⲱ ⲙ̄ⲙⲟⲥ ϩⲙ̄
ⲡⲉⲩⲗⲓ̈ⲃⲉ ⲡⲟⲟⲩ· ϫⲉ ⲟⲩⲇⲩⲛⲁⲙⲓ̈ⲥ ⲛ̄ⲧⲉ ⲡⲛⲟⲩⲧⲉ ⲧⲉ·
ⲛ̄ⲧⲁⲥϫⲓ̈ ⲙ̄ ⲡⲓ̈ⲛⲉ ⲛ̄ ⲟⲩⲥϩⲓ̈ⲙⲉ· ⲁⲥⲉⲓ̈ ⲉ̄ϫⲙ̄ ⲡⲕⲁϩ·
ⲁⲩⲙⲟⲩⲧⲉ ⲉ̄ ⲣⲟⲥ· ϫⲉ ⲙⲁⲣⲓ̈ⲁ̄· ⲛ̄ⲧⲟⲥ ⲁⲥⲙⲓ̈ⲥⲉ ⲛ̄ⲁⲛ
ⲙ̄ⲙⲁⲛⲟⲩⲏⲗ· Ⲟⲩⲕ ⲟⲩⲛ ⲕⲁⲧⲁ ⲡⲉⲕϣⲁϫⲉ ⲛ̄ ⲡⲗⲁⲥⲧⲣⲟⲛ·
ⲉⲧⲉ ⲛ̄ϥ̄ⲥⲙⲟⲟⲛ̄ⲧ ⲁⲛ· ⲙ̄ⲡⲉ ⲡⲉⲭ̄ⲥ̄ ϫⲓ̈ ⲥⲁⲣⲝ̄· ⲙⲛ̄ ⲥⲁⲣⲝ̄
ⲅⲁⲣ· ⲟⲩⲇⲉ ⲕⲁⲥ ϩⲛ̄ ⲇⲩ̄ⲛⲁⲙⲓ̈ⲥ ϩⲛ̄ ⲁⲥⲱⲙⲁⲧⲟⲥ ⲅⲁⲣ
ⲡⲉ· ⲁⲩⲱ ⲙⲉⲩⲙⲟⲩ ⲛ̄ⲑⲉ ⲛ̄ ⲛ̄ⲣⲱⲙⲉ ⲛ̄ϣⲁⲩⲙⲟⲩ· Ⲡⲗⲏⲛ
ⲁⲙⲏⲓ̈ⲧⲛ̄ ⲛ̄ⲕⲟⲫⲟⲥ· ⲛ̄ⲃⲗ̄ⲗⲉ· ⲁⲩⲱ̄ ⲛ̄ⲥⲟϭ ⲱ̄ ⲃⲓ̈ⲱⲛ·
ⲙⲛ̄ ⲁⲣⲡⲟⲕⲣⲁϯⲟⲛ ⲧⲁϫⲛⲟⲩⲓ̈ ⲛ̄ⲙ̄ⲙⲏⲧⲛ̄· Ⲉϣϫⲉ ⲕϫⲱ
ⲙ̄ⲙⲟⲥ· ϫⲉ ⲟⲩⲇⲩⲛⲁⲙⲓ̈ⲥ ⲡⲉ ⲙⲁⲣⲓ̈ⲁ̄ ⲁⲩⲱ̄· ϫⲉ ϣⲁⲣⲉ
ⲇⲩⲛⲁⲙⲓ̈ⲥ ⲙⲟⲩ· Ⲉⲓⲉ̄ ⲛⲓⲙ ⲧⲉ ⲧⲁⲓ̈ ⲉ̄ⲣⲉ ⲧⲟⲓ̈ⲕⲟⲩⲙⲉⲛⲏ
ⲧⲏⲣⲥ̄ ⲉⲣϣⲁ ⲛⲁⲥ ⲙ̄ ⲡⲉ|ϩⲟⲟⲩ ⲙ̄ ⲡⲉⲥⲛ̄ⲕⲟⲧⲕ̄· Ⲙⲏ ⲛ̄ Fol. 3 *b* ⲋ̄
ⲑⲁⲅⲓ̈ⲁ̄ ⲙⲁⲣⲓ̈ⲁ̄ ⲁⲛ ⲧⲉ· ⲧⲙⲁⲁⲩ ⲙ̄ ⲡⲉⲛϫⲟⲉⲓⲥ ⲓ̄ⲥ̄ ⲡⲉⲭ̄ⲥ̄·
Ⲁⲗⲗⲁ ⲙⲁ ⲛⲁⲓ̈ ⲙ̄ ⲡⲉⲧⲛ̄ⲛⲟⲩⲥ ⲉϥⲥϭ̄ⲣⲁϩⲧ· ⲙⲛ̄ ϩⲛ̄-
ⲙⲁⲁϫⲉ ⲛ̄ⲣⲉϥⲥⲱⲧⲙ̄· Ⲁⲛⲟⲕ ⲇⲉ ϩⲱⲱⲧ ϯⲛⲁⲡⲁⲣⲁ-

ⲕⲁⲗⲉⲓ̈ ⲙ̅ ⲡ̅ⲡⲁⲣⲁⲕⲗⲏⲧⲟⲥ· ⲡⲉⲡ̅ⲛ̅ⲁ ⲉ̅ⲧ ⲟⲩⲁⲁⲃ· ⲛϥⲣ-
ⲟⲩⲟⲉⲓ̈ⲛ ⲉ̅ ⲡⲁ ϩⲏⲧ· ⲉ̅ ⲃⲟⲗ ϩⲙ̅ ⲡⲥⲟⲟⲩⲛ̅ ⲛ̅ ⲛⲉⲅⲣⲁⲫⲏⲛ
ⲛⲓⲃ ⲛ̅ⲧⲉ ⲡⲛⲟⲩⲧⲉ· ⲉ ⲧⲣⲁⲟⲩⲱⲛϩ̅ ⲛⲏⲧⲛ̅ ⲉ ⲃⲟⲗ ϩⲛ̅
ⲟⲩⲉⲩⲫⲣⲟⲥⲩⲛⲏ· ⲙ̅ ⲡⲃⲓ̈ⲟⲥ ⲛ̅ ⲧⲡⲁⲣⲑⲉⲛⲟⲥ ⲉ̅ⲧ ⲟⲩⲁⲁⲃ
ⲙⲁⲣⲓ̈ⲁ̅· ⲁⲩⲱ̅ ϫⲉ ⲁϣ ⲡⲉ ⲡⲉⲥⲅⲉⲛⲟⲥ· ⲙⲛ̅ ⲡⲣⲁⲛ ⲛ̅
ⲛⲉⲥⲉⲓ̈ⲟⲧⲉ ⲕⲁⲧⲁ ⲧ̅ⲅⲉⲛⲉⲁⲗⲟⲅⲓ̈ⲁ̅· ⲛ̅ϣⲟⲣⲡ̅ ⲉⲧ ⲥⲏϩ ϩⲛ̅
ⲛⲓ̈ⲅⲣⲁⲫⲏ· Ⲛ̅ⲧⲁⲛⲟⲩⲁϩⲛ̅ ⲅⲁⲣ ⲁⲛ ⲛ̅ⲥⲁ ϩⲛ̅ ϣⲁϫⲉ ⲉ̅
ⲁⲩⲧⲃ̅ⲧⲱⲃⲟⲩ· ⲙ̅ ⲡ̅ⲗⲁⲥⲧⲣⲟⲕⲣⲁⲫⲓ̈ⲁ̅· ⲛ̅ⲑⲉ ⲛ̅ⲛ̅ ⲙ̅
ⲡⲟⲓ̈ⲏⲧⲏⲥ ⲛ̅ϩⲉⲗⲗⲏⲛ· ⲉⲩⲙⲛ̅ⲧⲑⲉⲱⲗⲟⲅⲓ̈ⲁ̅· ⲉⲩⲧⲁⲩⲟ
ⲛ̅ⲛ̅ ⲙ̅ⲙⲩⲑⲟⲥ ϩⲁ ⲛⲉⲩⲛⲟⲩⲧⲉ· Ⲟⲩⲇⲉ ⲛⲉⲛⲧⲁⲙⲓ̈ⲟ ⲛⲁⲥ
ⲛ̅ⲛ̅ ⲟⲩⲃⲓⲟⲥ· ⲉⲛⲡⲣⲟⲥⲭⲁⲣⲓ̈ⲍⲉ ⲛⲁⲥ· ⲁⲗⲗⲁ ⲡⲱⲥ ⲡⲉ-
ⲭⲁⲣⲓ̈ⲥⲙⲁ ⲛⲓⲙ· Ⲁϣ ⲡⲉ ⲡⲉⲭⲁⲣⲓ̈ⲥⲙⲁ ⲛ̅ⲧⲁϥϣⲱⲡⲉ
Fol. 4 *a* ⲛ̅ϩⲟⲟⲩⲧ· | ⲛ̅ ⲥϩⲓⲙⲉ· ϫⲓ̈ⲛⲉ ⲁⲇⲁⲙ ϣⲁ ϩⲣⲁⲓ̈ ⲉ̅ ⲡⲟⲟⲩ
ⲍ ⲙ̅ ϩⲟⲟⲩ· ⲛⲟⲉⲓ ⲉ̅ ⲡⲉⲛⲧⲁϥϣⲱⲡⲉ ⲛⲉ· ⲱ̅ ⲧⲡⲁⲣⲑⲉⲛⲟⲥ ⲛ̅
ⲥⲟⲫⲏ· ϩⲱⲥ ⲇⲉ ⲛ̅ⲧⲉⲣϣⲱⲡⲉ (*sic*) ⲙ̅ ⲡⲉ· ⲁⲩⲱ ⲛ̅ ⲑⲣⲟⲛⲟⲥ
ⲙ̅ ⲡⲉⲛⲧⲁϥⲡⲗⲁⲥⲥⲉ ⲙ̅ⲙⲟⲥ· Ⲙⲛ ⲟⲩϯ ⲙ̅ ⲡⲓ̈ ⲭⲁⲣⲓⲥⲙⲁ
ⲛⲉⲡⲁⲧⲣⲓ̈ⲁⲣⲭⲏⲥ· ⲛ̅ⲧⲁⲩⲣ̅ ϣⲃⲏⲣ ⲉ̅ ⲡⲛⲟⲩⲧⲉ ⲁⲩⲟⲩⲱⲙ
ⲛ̅ⲙ̅ⲙⲁϥ· Ⲁⲩⲱ ⲉⲛⲉⲩϭⲱϣⲧ̅ ⲉ̅ ⲃⲟⲗ ϩⲏⲧϥ̅ ϫⲉ ⲡⲁⲛⲧⲱⲥ·
ϥⲛⲁϣⲱⲡⲉ ϩⲛ̅ ⲛⲉⲩⲟⲩⲟⲉⲓϣ· Ⲙⲛ ⲟⲩϯ ⲙ̅ ⲡⲓ̈ ⲭⲁⲣⲓ̈ⲥⲙⲁ
ⲛ̅ ⲛⲉⲡⲣⲟⲫⲏⲧⲏⲥ· ⲁⲗⲗⲁ ⲁⲩⲛⲁⲩ ⲉ̅ ⲣⲟϥ· ϫⲓⲛ ⲉ̅ ⲡⲟⲩⲉ
ⲁⲩⲁⲥⲡⲁⲍⲉ ⲙ̅ⲙⲟϥ· ⲁⲩⲡⲣⲟⲫⲏⲧⲉⲩⲉ· ϩⲁ ⲧϭⲓ̈ⲛⲉⲓ̈ ⲙ̅
ⲡⲗⲟⲅⲟⲥ ⲙ̅ ⲡⲛⲟⲩⲧⲉ· ϣⲁⲛⲧ ⲉϥⲉⲓ̈ ⲧⲉϥⲟⲩⲱϩ ϩⲛ̅ ⲧⲕⲁ-
ⲗⲁϩⲏ ⲙ̅ ⲙⲁⲣⲓ̈ⲁ̅· ⲧⲡⲁⲣⲑⲉⲛⲟⲥ· ⲛ̅ⲧⲁⲥⲣ̅ ⲙⲁⲁⲩ ⲙ̅
ⲡⲣ̅ⲣⲟ ⲡⲉⲭ̅ⲥ̅· Ⲙⲁⲧⲁⲙⲟⲓ̈ ⲉ ⲡⲟⲩⲗⲁⲟⲥ· ⲙⲛ̅ ⲡⲏⲓ̈ ⲙ̅
ⲡⲟⲩⲉⲓ̈ⲱⲧ· ϫⲉ ⲉⲓ̈ⲉⲧⲁⲙⲙⲉ ⲟⲩⲟⲛ ⲛⲓⲙ ⲉ ⲡⲟⲩⲅⲉⲛⲟⲥ
ⲉⲧ ⲥⲟⲧⲡ̅· Ⲉⲓ̈ⲥ ϩⲏⲛⲧⲉ ⲇⲉ ⲟⲛ ϩⲱⲥ ⲉ̅ⲣⲉ ⲧⲡⲁⲣⲑⲉⲛⲟⲥ·
ⲥⲟⲟⲩⲧⲛ̅ ⲉ̅ ⲣⲟⲓ ⲛ̅ⲧⲉⲥϭⲓϫ· ϫⲉ ⲱ̅ ⲕⲩⲣⲓ̈ⲗⲗⲟⲥ· ⲉϣϫⲉ
Fol. 4 *b* ⲕⲟⲩⲱϣ ⲉ̅ ⲉⲓ̈ⲙⲉ ⲉ̅ ⲡⲁ ⲅⲉⲛⲟⲥ | ⲙⲛ̅ ⲡⲏⲓ̈ ⲛ̅ ⲛⲁⲓ̈ⲟⲧⲉ·
ⲏ ⲥⲱⲧⲙ̅· Ⲁⲛⲅ̅ ⲟⲩⲉⲣⲏⲧ ⲛ̅ⲧⲉ ⲡⲛⲟⲩⲧⲉ· ⲉⲁ ⲛⲁⲓ̈ⲟⲧⲉ ⲉ̅
ⲣⲏⲧ ⲙ̅ⲙⲟⲓ ϣⲁⲛⲧ ⲟⲩϫⲡⲟⲓ̈· Ⲁⲩⲱ ⲛⲁⲓ̈ⲟⲧⲉ ⲛ̅ⲧⲁⲩϫⲡⲟⲓ̈
ϩⲛ̅ ⲉ̅ ⲃⲟⲗ ⲛⲉ ϩⲛ̅ ⲧⲉⲫⲩⲗⲏ ⲛ̅ ⲓ̈ⲟⲩⲇⲁ ⲙⲛ̅ ⲡⲏⲓ̈ ⲛ̅ ⲇⲁ̅ⲇ̅·
Ⲓⲱⲁⲕⲓ̈ⲙ ⲡⲉ ⲡⲁ ⲉⲓ̈ⲱⲧ· ⲛ̅ϣⲁⲩⲟⲩⲁϩⲙⲉϥ ϫⲉ ⲕⲗⲉⲱⲡⲁ·
Ⲁⲛⲛⲁ ⲧⲉ ⲧⲁ ⲙⲁⲁⲩ· ⲛ̅ⲧⲁⲥϫⲡⲟⲓ̈· ⲛ̅ϣⲁⲩⲙⲟⲩⲧⲉ ⲉ̅
ⲣⲟⲥ ϫⲉ ⲙⲁⲣⲓ̈ϩⲁⲙ· Ⲁⲛⲟⲕ ⲧⲉ ⲙⲁⲣⲓ̈ⲁ̅ ⲧⲙⲁⲕⲇⲁⲗⲓ̈ⲛⲏ·

ⲉ̄ ⲃⲟⲗ ϫⲉ ⲡⲣⲁⲛ ⲙ̄ ⲡϯⲙⲉ ⲛ̄ⲧⲁⲩϫⲡⲟⲓ̈ ⲛ̄ϩⲏⲧϥ̄ ⲡⲉ-
ⲙⲁⲕⲇⲁⲗⲓⲁ̄ · Ⲡⲁ ⲣⲁⲛ ⲧⲉ ⲙⲁⲣⲓⲁ̄ ⲧⲁ ⲕⲗⲉⲱⲡⲁ · ⲁⲛⲟⲕ
ⲧⲉ ⲙⲁⲣⲓⲁ̄ ⲧⲁ ⲓ̈ⲁⲕⲕⲱⲃⲟⲥ · ⲡ̄ϣⲏⲣⲉ ⲛ̄ ⲓ̈ⲱⲥⲏⲫ ⲡ̄ϩⲁⲙϣⲉ ·
ⲡⲁⲓ̈ ⲛ̄ⲧⲁⲩϭⲁⲗⲱⲱⲧ ⲉ̄ ⲣⲟϥ · Ϣⲓ̈ⲛⲉ ϩⲛ̄ ⲛⲉⲅⲣⲁⲫⲏ · ⲁⲩⲱ
ⲕⲛⲁⲡⲗⲏⲣⲟⲫⲟⲣⲉⲓ̈ ϩⲛ̄ ⲛⲉⲧ ⲉⲕϣⲓ̈ⲛⲉ ⲛ̄ⲥⲱⲟⲩ · Ⲕⲁⲓ̈ ⲅⲁⲣ
ϩⲙ̄ ⲡ̄ⲧⲣⲉ ⲓ̈ⲏⲥⲟⲩ ⲡϣⲏⲣⲉ ⲛ̄ ⲛⲁⲩⲏ̄ · ⲡⲱϣ ⲙ̄ ⲡⲕⲁϩ ⲙ̄
ⲡⲉⲟⲩⲟⲉⲓϣ ⲉⲓ̈ϫⲉ ⲛ̄ ⲛⲉϣⲏⲣⲉ ⲙ̄ ⲡⲓ̈ⲏ̄ⲗ̄ · ⲁ̄ ⲧⲉⲫⲩⲗⲏ
ⲛ̄ ⲓ̈ⲟⲩⲇⲁ · ⲕⲗⲏⲣⲟⲛⲟⲙⲉⲓ̈ ⲛ̄ⲧⲉⲃⲟⲩⲥⲉⲗⲓⲁ̄ · ⲉⲧⲉ ⲧⲁⲓ̈ ⲧⲉ
ⲑⲓ̈ⲗⲏⲙ̄ · ⲙⲛ̄ ⲡⲉⲥⲧⲟϣ · Ⲭⲓⲛ ⲡⲉⲩⲟⲉⲓϣ ⲉⲧ ⲙ̄ⲙⲁⲩ ·
ⲁ ⲧⲙⲛ̄ⲧⲥⲛⲟⲟⲩⲥ ⲙ̄ⲫⲩⲗⲏ ϭⲱ ⲧⲟⲩⲉⲓ̈ · ⲧⲟⲩⲉⲓ̈ | ϩⲛ̄ Fol. 5 a
ⲛⲉⲧⲟϣ ⲛ̄ ⲧⲉⲩⲕⲗⲏⲣⲟⲛⲟⲙⲓⲁ̄ · ⲙⲉⲣⲉ ⲟⲩⲫⲩⲗⲏ ϣⲃⲟⲕ ⲑ̄
ⲉ̄ ϩⲟⲩⲛ ⲉⲩⲫⲩⲗⲏ · ⲛ̄ⲥϫⲓ̈ ⲕⲗⲏⲣⲟⲛⲟⲙⲉⲓ̈ ⲛ̄ϩⲏⲧⲥ̄ · ⲟⲩⲇⲉ
ⲛⲉⲥⲧⲟϣ · ⲟⲩⲇⲉ ⲟⲛ ⲙⲉⲩϫⲓ̈ ⲥϩⲓ̈ⲙⲉ · ⲟⲩⲇⲉ ⲙⲉⲩϫⲓ̈
ϩⲁⲓ̈ ϩⲛ̄ ⲟⲩⲫⲩⲗⲏ ⲛ̄ⲧⲱⲟⲩ ⲁⲛ ⲧⲉ · Ϣⲁ ⲡⲉⲩⲟⲉⲓϣ ⲛ̄ⲧⲁ
ⲡⲗⲟⲅⲟⲥ ⲙ̄ ⲡⲉⲓ̈ⲱⲧ · ⲉⲣϩⲛⲁϥ · ⲛϥⲉⲓ̈ ⲛϥⲥⲱⲧⲉⲓ̈ ⲙ̄ⲙⲟⲛ
ⲉ̄ ⲃⲟⲗ ϩⲛ̄ ⲧⲙⲛ̄ⲧϩⲙ̄ϩⲁⲗ ⲙ̄ ⲡⲛⲟⲃⲉ · Ⲁⲩⲱ ⲟⲛ ⲛϥ-
ⲫⲟⲣⲉⲓ̈ ⲛ̄ⲧⲉⲛⲥⲁⲣⲝ̄ ⲉ̄ ⲃⲟⲗ ϩⲛ̄ ⲟⲩⲥϩⲓ̈ⲙⲉ · ⲛ̄ⲑⲉ ⲛ̄ⲧⲁϥ-
ⲟⲩⲱϣ ⲉ ⲙⲛ̄ϭⲟⲙ ⲙ̄ⲙⲟⲛ ⲉ̄ ⲛⲟⲩϩⲙ̄ · Ⲁⲛⲟⲕ ⲅⲁⲣ ϩⲙ̄
ⲡ̄ⲧⲣⲁ ⲙⲟⲩϣⲧ ⲛ̄ ⲛⲁⲣⲭⲏⲟ̄ⲗⲱⲅⲓⲁ̄ ⲛ̄ ⲓ̈ⲱⲥⲏⲡⲡⲟⲥ · ⲙⲛ̄
ⲉⲓ̈ⲉⲣⲏ̄ⲛⲁⲓ̈ⲟⲥ · ⲛ̄ ⲁⲡⲟ ϩⲉⲃⲣⲁⲓ̈ⲟⲥ · ⲛ̄ⲧⲁϩⲉ ϩⲱⲱⲧ · ⲁⲓ̈ⲛⲟⲓ̈
ⲉ ⲡⲉϯⲛⲁϫⲟⲟϥ ⲧⲉⲛⲟⲩ · Ⲉⲡⲉⲓ̈ ⲇⲏ ⲟⲩⲉ ⲉ̄ ⲃⲟⲗ ϩⲛ̄ ⲛ̄
ⲓ̈ⲟⲩⲇⲁⲓ̈ ⲧⲉ ⲙⲁⲣⲓⲁ̄ · ⲉ̄ ⲃⲟⲗ ϩⲛ̄ ⲧⲉⲫⲩⲗⲏ ⲛ̄ ⲇⲁ̄ⲇ̄ · ⲕⲁⲧⲁ
ⲡⲉⲥⲙⲟⲩ ⲛ̄ⲧⲁ ⲡϫⲟⲉⲓⲥ ϫⲟⲟϥ ⲉⲓ̈ϫⲉ ⲛ̄ ⲁⲃⲣⲁϩⲁⲙ · ϫⲉ
ⲥⲉⲛⲁϫⲓ̈ ⲥⲙⲟⲩ ϩⲙ̄ ⲡⲉⲕⲥⲡⲉⲣⲙⲁ ⲛ̄ϭⲓ̈ ⲙ̄ ⲡⲁⲧⲣⲓⲁ̄ ⲧⲏⲣⲟⲩ
ⲙ̄ ⲡⲕⲁϩ · Ⲁ ⲁⲃⲣⲁϩⲁⲙ ϫⲡⲉ ⲓ̈ⲥⲁⲁⲕ · ⲓ̈ⲥⲁⲁⲕ ⲇⲉ
ⲁϥϫⲡⲟ ⲛ̄ ⲓ̈ⲁⲕⲱⲃ · ⲓ̈ⲁⲕⲱⲃ ⲇⲉ ⲁϥϫⲡⲟ ⲛ̄ ⲓ̈ⲟⲩⲇⲁⲥ ⲙⲛ̄
ⲛⲉϥⲥ̄ⲛⲏⲩ · | ⲁ̄ ⲡⲉⲛϫⲟⲉⲓ̈ⲥ ⲉⲓ̈ ⲉ̄ ⲃⲟⲗ ϩⲛ̄ ⲧⲉⲫⲩⲗⲏ ⲛ̄ Fol. 5 b
ⲓ̈ⲟⲩⲇⲁⲥ ⲙ̄ ⲡⲉⲥⲙⲟⲩ ⲛ̄ ⲁⲃⲣⲁϩⲁⲙ ϫⲱⲕ ⲉ̄ ⲃⲟⲗ ϩⲙ̄ ⲓ̄
ⲡⲓ̈ⲙⲁ · Ⲉⲡⲉⲓ̈ ⲇⲏ ⲡⲟⲩⲁ̄ ⲡⲟⲩⲁ̄ ⲙ̄ⲙⲱⲧⲛ̄ ⲟⲩⲱϣ ⲉ̄ ⲉⲓ̈ⲙⲉ
ⲉ̄ ⲡⲉϯⲛⲁϫⲟⲟϥ · ⲧⲉⲛⲟⲩ · ⲉⲁ̄ ⲛ̄ ⲛ̄ⲧⲟⲧⲉ ⲧⲥⲁⲃⲟⲛ ⲉ̄ ⲣⲟϥ
ϩⲱⲱⲛ · Ⲛ̄ⲑⲉ ⲛ̄ ϣⲁⲣⲉ ⲡⲉⲯⲁⲗⲙⲟⲇⲟⲥ ⲇⲁ̄ⲇ̄ ϫⲟⲟⲥ ·
ϫⲉ ⲛⲉ ⲛ̄ⲧⲁ ⲛⲉⲛⲓ̈ⲟⲧⲉ ϫⲟⲟⲩ ⲙ̄ⲡ ⲟⲩϩⲱⲡ ⲉ ⲛⲉⲩϣⲏⲣⲉ
ⲉ̄ ⲕⲉ ϫⲱⲙ · Ϩⲣⲁⲓ̈ ⲇⲉ ϩⲛ̄ ⲛⲉⲩⲟⲉⲓϣ ⲛ̄ⲧⲁⲩϫⲡⲟ ⲛ̄
ⲧ̄ⲡⲁⲣⲑⲉⲛⲟⲥ ⲛ̄ϩⲏⲧϥ̄ ⲟⲩⲉⲛ ⲟⲩⲥⲱϣⲉ ϩⲛ̄ ⲑⲓ̈ⲗⲏⲙ · ⲛ̄-

ϣⲁⲩⲙⲟⲩⲧⲉ ⲉ ⲣⲟⲥ ϫⲉ ⲙⲁⲕⲇⲁⲗⲓⲁ̄· Ⲛⲉⲩⲛ̄ ⲟⲩⲕⲟⲩⲓ̈
ⲛ̄ ϯⲙⲉ ⲛ̄ϩⲏⲧϥ̄ ⲉⲩⲙⲟⲩⲧⲉ ⲉ̄ ⲣⲟϥ ⲉ̄ ⲡⲉⲓ̈ ⲣⲁⲛ· ⲉⲩϣⲟⲟⲡ
ⲛ̄ϩⲏⲧϥ̄ ⲛ̄ϭⲓ̈ ϩⲛ̄ⲕⲟⲩⲓ̈ ⲛ̄ ⲛⲡⲉ ⲛ̄ⲣⲱⲙⲉ ⲉ̄ ϩⲛ̄ⲓⲟⲩⲇⲁⲓ̈ ⲛⲉ·
Ⲛⲉⲩⲛ̄ ⲟⲩⲁ̄ ⲇⲉ ⲉ̄ ⲃⲟⲗ ⲛ̄ϩⲏⲧⲟⲩ ⲛ̄ϣⲁⲩⲙⲟⲩⲧⲉ ⲉ̄ ⲣⲟϥ
ϫⲉ ⲇⲁⲇ̄· ⲉⲛⲉ ⲟⲩⲣ̄ⲙ̄ⲙⲁⲟ ⲙ̄ⲙⲁⲧⲉ ⲡⲉ ϩⲛ̄ ϩⲱⲃ ⲛⲓⲙ
ⲛ̄ⲁⲅⲁⲑⲟⲛ· ⲉϥϯ ⲛ̄ϩⲏⲧϥ̄ ⲉ ⲡⲛⲟⲙⲟⲥ ⲙ̄ ⲙⲱⲩⲥⲏⲥ· ⲙⲛ̄
ⲛⲉⲡⲣⲟⲫⲏⲧⲏⲥ· ⲉⲩϩⲟⲗϭ̄ ⲛⲁϥ ⲙ̄ ⲡⲁⲣⲁ ⲡⲉⲃⲓⲱ̄· ⲉϥⲉⲓ̈ⲣⲉ
ⲛ̄ϩⲁϩ ⲙ̄ⲙⲛ̄ⲧⲛⲁ ⲛ̄ ⲛⲉⲧ ⲣ̄ ⲭⲣⲓⲁ̄· ⲉ̄ⲛⲉϥϭⲱϣⲧ̄ ⲉ̄ ⲃⲟⲗ
Fol. 6 *a* ϩⲏⲧϥ̄ ⲉ ⲡⲥⲱⲧⲉ ⲙ̄ ⲡⲓⲏ̄ⲗ· ϫⲉ ⲉϥⲛⲏⲩ ϩⲛ̄ | ⲁϣ ⲛ̄
ⲓ̄ⲁ ⲟⲩⲟⲉⲓ̈ϣ· Ⲡⲁⲓ̈ ⲇⲉ ⲛⲉϥⲛ̄ⲕⲟⲧⲕ̄ ⲛ̄ ⲟⲩⲟⲩϣⲏ· ⲁϥϣⲱⲡ
ⲉ̄ ϩⲛ̄ ⲟⲩⲉⲕⲥ̄ⲧⲁⲥⲓ̈ⲥ· ⲛ̄ⲑⲉ ⲉϣϫⲉ ⲉ̄ⲣⲉ ⲟⲩⲁ̄ ϫⲱ ⲙ̄ⲙⲟⲥ
ⲛⲁϥ· ϫⲉ ⲱ̄ ⲁⲁ̄ⲣⲱⲛ· ⲉ̄ⲣⲉ ⲡⲥⲱⲧⲉ ⲙ̄ ⲡⲓⲏ̄ⲗ ⲛⲁϣⲱⲡⲉ
ϩⲙ̄ ⲡⲉⲕⲅⲉⲛⲟⲥ· ⲉ̄ ⲃⲟⲗ ϫⲉ ⲁ ⲡⲉⲩⲟⲉⲓ̈ϣ ϣⲱⲡⲉ· ⲛ̄ⲧⲉ
ⲧⲛⲟⲩⲛⲉ ⲧⲁⲩⲉ ⲕⲁⲣⲡⲟⲥ ⲉ̄ ⲃⲟⲗ· Ⲛ̄ⲧⲟϥ ⲇⲉ ⲡⲉϫⲁϥ
ϩⲣⲁⲓ̈ ⲛ̄ϩⲏⲧϥ̄· ϫⲉ ⲟⲩ ⲁⲣⲁ ⲡⲉ ⲡⲉⲓ̈ ϩⲟⲣⲟⲙⲁ· ⲛ̄ⲧⲁⲓ̈ⲛⲁⲩ
ⲉ̄ ⲣⲟϥ· Ⲡⲗⲏⲛ ⲛ̄ⲑⲉ ⲉⲧ ⲉⲣⲉ ⲡϫⲟⲉⲓ̈ⲥ ⲟⲩⲱϣⲥ̄· ⲙⲁⲣⲉ-
ϥϣⲱⲡⲉ· Ⲛⲉⲩⲛ̄ⲧⲁϥ ⲇⲉ ⲙ̄ⲙⲁⲩ ⲛ̄ ⲟⲩⲥϩⲓ̈ⲙⲉ ⲙ̄ ⲡⲓ̈ⲥⲧⲏ
ⲉ̄ ⲡⲉⲥⲣⲁⲛ ⲡⲉ ⲥⲁⲣⲁ· ⲁⲥϫⲡⲟ ⲛⲁϥ ⲛ̄ ⲟⲩϣⲏⲣⲉ ⲛ̄ ϩⲟⲟⲩⲧ·
ⲁ ⲡⲉϥⲉⲓ̈ⲱⲧ ⲙⲟⲩⲧⲉ ⲉ ⲣⲟϥ· ϫⲉ ⲓ̈ⲱⲁ̄ⲕⲓⲙ· Ⲧⲉϥⲙⲁⲁⲩ
ϩⲟⲟⲥ ⲱⲥ *(sic)*· ⲁⲥⲙⲟⲩⲧⲉ ⲉ̄ ⲣⲟϥ ϫⲉ ⲕⲗⲉⲱⲡⲁ· Ⲁⲡⲉϥⲉⲓ̈ⲱⲧ
ⲇⲁⲇ̄ ϯ ⲛⲁϥ ⲛ̄ ⲁⲛⲛⲁ ⲧϣⲉⲉⲣⲉ ⲙ̄ ⲡⲉϥⲥⲟⲛ ⲁⲙⲓ̈ⲛⲁⲇⲁⲃ·
ⲉ ⲧⲣⲉ ϥϣⲱⲡⲉ ⲛⲁϥ ⲛ̄ ⲥϩⲓ̈ⲙⲉ· ⲉⲛⲉ ⲛⲁⲛⲟⲩⲟⲩ ⲙ̄ ⲡⲉⲥⲛⲁⲩ
ⲙ̄ ⲡⲙ̄ⲧⲟ ⲉ ⲃⲟⲗ ⲙ̄ ⲡϫⲟⲉⲓ̈ⲥ· ⲁⲩⲱ ⲙⲛ̄ⲛ̄ⲥⲁ ⲟⲩⲟⲉⲓ̈ϣ
Fol. 6 *b* ⲁⲩϯ ⲙ̄ ⲡⲉⲧⲛ̄ⲧⲁⲩ ⲧⲏⲣⲥ̄ ⲛ̄ ⲓ̈ⲱⲁ̄ⲕⲓⲙ ⲡⲉⲩ|ϣⲏⲣⲉ· ⲙⲛ̄
ⲓ̄ⲃ ⲁⲛⲛⲁ ⲧⲉϥⲥϩⲓ̈ⲙⲉ· ϩⲙ̄ ⲡ̄ϯⲙⲉ ⲧⲏⲣϥ̄ ⲙⲁⲅⲇⲁⲗⲓⲁ̄·
Ⲁⲛⲛⲁ ϩⲱⲱⲥ ⲉⲛⲉ ⲟⲩⲁϭⲣⲏⲛ ⲧⲉ· ⲙ̄ⲡⲉ ⲥϫ̄ⲡⲉ ϣⲏⲣⲉ
ⲉ̄ⲛⲉϩ· ⲉⲛⲉⲣⲉ ⲛ̄ϩⲱⲃ ⲟⲛ ⲣⲟⲟⲩϣ ⲛⲁⲩ ⲡⲉ ⲉⲩϫⲱ ⲙ̄ⲙⲟⲥ·
ϫⲉ ⲛⲓⲙ ⲁ̄ⲣⲁ ⲡⲉⲧ ⲛⲁⲕⲗⲏⲣⲟⲛⲟⲙⲉⲓ̈ ⲙ̄ⲙⲟⲛ· Ⲡⲉϫⲉ
ⲓ̈ⲱⲁ̄ⲕⲓⲙ ⲛ̄ ⲁⲛⲛⲁ· ⲙⲛ̄ⲛ̄ⲥⲁ ϩⲛ̄ ϩⲟⲟⲩ ϫⲉ ⲙⲁⲣⲉⲛⲃⲱⲕ
ⲉ̄ ⲡⲉⲣⲡⲉ ⲙ̄ ⲡ̄ϫⲟⲉⲓ̈ⲥ· ⲛ̄ⲧⲉⲛⲥⲟⲡⲥ̄ ⲙ̄ ⲡϫⲟⲉⲓ̈ⲥ· ⲧⲁⲣⲉϥⲛⲁ
ⲛⲁⲛ ϩⲱⲱⲛ· ⲛϥϯ ⲛⲁⲛ ⲙ̄ ⲡⲉⲛⲁⲓ̈ⲧⲏⲙⲁ· ⲉ̄ ⲧⲉⲛⲁⲓ̈ⲧⲉⲓ̈
ⲙ̄ⲙⲟϥ ⲛ̄ⲧⲟⲟⲧϥ̄· ⲁⲩⲱ ⲁⲩⲧⲱⲟⲩⲛ ⲁⲩⲃ̄ⲱⲕ ⲉ̄ ⲛ̄ⲣⲡⲉ
ⲙ̄ ⲡϫⲟⲉⲓ̈ⲥ· ⲁⲩⲱ ⲁⲩⲥⲟⲡⲥ̄ ⲙ̄ⲙⲟϥ· ⲁⲩϯ ⲛ̄ ⲛⲉⲩⲉⲣⲏⲧ
ⲉ ⲡⲟⲩⲛⲏⲃ· ⲁⲩϣⲗⲏⲗ ⲉ̄ ϩⲣⲁⲓ̈ ⲉ̄ ⲡϫⲟⲉⲓ̈ⲥ· ⲉ̄ⲣⲉ ⲡⲉⲩϩⲟ

ⲡⲁϩⲟⲩ̅ ⲉ̅ ⲡⲉⲥⲏⲧ ⲉⲓ̈ϫⲙ̅ ⲡⲕⲁϩ· ⲉϥⲧⲱⲃϩ̅ ⲛ̅ϭⲓ ⲓ̈ⲱⲁ̅ⲕⲓⲙ
ⲉϥϫⲱ ⲙ̅ⲙⲟⲥ· Ϫⲉ ⲡϫⲟⲉⲓ̈ⲥ ⲡⲛⲟⲩⲧⲉ ⲡⲡⲁⲛⲧⲟⲕⲣⲁⲧⲱⲣ·
ⲡⲉⲛⲧⲁϥⲥⲱⲧⲙ̅ ⲉ ⲡⲉⲛⲉⲓ̈ⲱⲧ ⲁⲃⲣⲁϩⲁⲙ ϩⲛ̅ ⲧⲉϥⲙⲛ̅ⲧϩⲗ̅ⲗⲟ·
ⲁϥⲭⲁⲣⲓ̈ⲍⲉ ⲛⲁϥ ⲛ̅ ⲓ̈ⲥⲁⲁⲕ ⲡⲉϥϣⲏⲣⲉ ⲙⲉⲣⲓⲧ ⲉ̅ⲕⲉⲥⲱⲧⲙ̅
ⲉ̅ ⲣⲟⲛ· ϩⲱⲱⲛ ⲙ̅ⲡⲟⲟⲩ· ⲙⲁ̅ϯ ⲛⲁⲛ ⲛ̅ ⲟⲩⲥⲡⲉⲣⲙⲁ
ⲛ̅ⲣⲱⲙⲉ· Ⲉⲣϣⲁⲛ ⲡⲁⲓ̈ ϣⲱⲡⲉ ⲙⲁ̅ ⲧⲁⲁϥ ⲛⲁⲛ ⲉⲓⲧⲉ
ϩⲟⲟⲩⲧ | ⲉⲓⲧⲉ ⲥϩⲓⲙⲉ· ⲧⲉⲛⲁⲧⲁⲁϥ ⲉ̅ ϩⲟⲩⲛ ⲉ̅ ⲡⲉⲕⲣ̅ⲡⲉ· Fol. 7 *a*
ⲛ̅ ⲛⲉϥϩⲟⲟⲩ ⲧⲏⲣⲟⲩ· ⲛϥϣⲙ̅ϣⲉ ⲛⲁⲕ· Ⲁⲩⲱ ⲛ̅ⲧⲉⲩⲛⲟⲩ ⲓ̅ⲅ̅
ⲁⲥϣⲱⲡⲉ ϣⲁ ⲣⲟⲟⲩ· ⲛ̅ϭⲓ ⲟⲩⲥⲙⲏ ⲉ̅ ⲃⲟⲗ ϩⲙ̅ ⲡⲉⲑⲩ-
ⲥⲓⲁⲥⲧⲏⲣⲓ̈ⲟⲛ· ⲉⲥϫⲱ ⲙ̅ⲙⲟⲥ· ϫⲉ ⲓ̈ⲱⲁ̅ⲕⲓⲙ ⲕⲗⲉⲱⲡⲁ·
ⲡⲉⲕⲧⲱⲃϩ̅ ⲛ̅ⲧⲁⲕⲁⲁϥ ⲁ ⲡϫⲟⲉⲓ̈ⲥ ⲥⲱⲧⲙ̅ ⲉ̅ ⲣⲟϥ· ⲁⲩⲱ
ⲁϥϫⲱⲕ ⲉ̅ ⲃⲟⲗ ⲙ̅ ⲡⲉⲕⲁⲓ̈ⲧⲏⲙⲁ· Ⲧⲉⲛⲟⲩ ϭⲉ ⲧⲱⲟⲩⲛ
ⲙⲁ̅ ⲃⲱⲕ ⲉ̅ ϩⲣⲁⲓ̈ ⲉ̅ ⲡⲉⲕⲏⲓ̈· ϫⲉ ⲡⲉϩⲙⲟⲧ ⲛ̅ⲧⲁϥϣⲱⲡⲉ
ⲙ̅ⲙⲟⲕ ⲙ̅ⲡⲉ ϥϣⲱⲡⲉ ⲛ̅ ⲛ̅ⲁⲣⲭⲁⲓⲟⲛ· Ⲉⲣⲉ ⲓ̈ⲱⲁ̅ⲕⲓⲙ
ⲙⲉⲉⲩⲉ ϫⲉ ⲡⲟⲩⲏⲏⲃ ⲡⲉ ⲉϥϣⲁϫⲉ ⲛ̅ⲙ̅ⲙⲁϥ· ⲉ̅ ϩⲟⲩⲛ
ⲉ̅[ⲡⲉ]ⲑⲩⲥⲓ̈ⲁⲥⲧⲏⲣⲓⲟⲛ· Ⲁϥⲟⲩⲱϣ[ⲃ̅ ⲉϥ]ϫⲱ ⲙ̅ⲙⲟⲥ [ⲛⲁϥ]·
ϫⲉ ⲥⲉϣⲱ[ⲡⲉ] ⲛ̅ⲙ̅ⲙⲁⲓ̈ ⲕⲁⲧⲁ ⲡⲉⲕϣⲁϫⲉ ⲡⲁ ϫⲟⲉⲓ̈ⲥ·
Ⲁⲩⲧⲱⲟⲩⲛ ⲁⲩⲃⲱ[ⲕ] ⲉ̅ ϩⲣⲁⲓ̈ ⲡⲉⲩⲏⲓ̈· ⲁⲩⲱ̅ ⲙⲛ̅ⲛ̅ⲥⲁ
ϩⲛ̅ϩⲟⲟⲩ· ⲁ ⲓ̈ⲱⲁ̅ⲕⲓⲙ ϭⲙ̅ ⲡ̅ϣⲓ̈ⲛⲉ ⲛ̅ ⲁⲛⲛⲁ ⲁⲥⲱ̅· ⲁⲩ-
ⲣⲁϣⲉ ⲛ̅ⲙ̅ⲙⲁⲥ ⲧⲏⲣⲟⲩ ⲛ̅ϭⲓ̈ ⲛⲉⲧ ⲥⲟⲟⲩⲛ̅ ⲙ̅ⲙⲟⲥ ⲧⲏⲣⲟⲩ·
Ⲁⲩⲱ̅ ⲛ̅ ⲧⲉⲣⲉ ϥϫⲱⲕ ⲉ̅ ⲃⲟⲗ ⲛ̅ϭⲓ̈ ⲡⲉϩⲟⲟⲩ ⲙ̅ ⲡⲉⲥⲙⲓ̈ⲥⲉ·
ⲁⲥϫⲡⲟ ⲛ̅ ⲟⲩϣⲉⲉⲣⲉ ⲛ̅ⲥϩⲓ̈ⲙⲉ ⲕⲁⲧⲁ ⲟⲩⲟⲓ̈ⲕⲟⲛⲟⲙⲓ̈ⲁ̅ ⲛ̅ⲧⲉ
ⲡⲛⲟⲩⲧⲉ· ⲁⲩⲱ̅ ⲛⲉⲣⲉ ⲧⲉⲭⲁⲣⲓ̈ⲥ ⲙ̅ ⲡⲛⲟⲩⲧⲉ ϩⲓ̈ⲣⲙ̅
ⲡⲉⲥϩⲟ· Ⲁ ⲛⲉⲥⲓ̈ⲟⲧⲉ ⲇⲉ | ⲙⲟ[ⲩ]ⲧⲉ ⲉ̅ ⲣⲟⲥ ⲉ ⲡ[illegible]ⲛϫⲉ Fol. 7 *b*
ⲙⲁ[ⲣⲓ̈ⲁ̅]· ⲁ̅ⲩⲱ̅ ⲉ[illegible]ⲉⲥϯⲉ̅[1] ⲡⲁⲛⲁⲓ̈ [ⲙ̅]ⲙⲏⲛⲉ· ⲁⲩⲱ̅ ⲛⲉⲧ ⲓ̅ⲇ̅
ⲛⲁⲩ ⲉ̅ ⲣⲟⲥ ⲧⲏⲣⲟⲩ ⲛⲉⲩⲣ̅ ϣ̅ⲡⲏⲣⲉ ⲙ̅ⲙⲟⲥ· ⲉ̅ ⲧⲃⲉ
ⲡⲉⲟⲟ̅ⲩ ⲙ̅ ⲡⲛⲟⲩⲧⲉ ⲉ̅ⲧ ⲕⲱⲧⲉ ⲉ̅ ⲣⲟⲥ ⲛ̅ ⲛⲁⲩ ⲛⲓⲙ· Ⲁⲩⲱ̅
ⲛ̅ ⲧⲉⲣⲉ ϣⲟⲙⲧⲉ ⲛ̅ⲣⲟⲙⲡⲉ ϫⲱⲕ ⲉ̅ ⲃⲟⲗ· ⲁⲩⲱⲙⲥ̅
ⲛ̅ⲧϣⲉⲉⲣⲉ ϣⲏⲙ ⲉ̅ ⲃⲟⲗ ϩⲛ̅ ⲧⲉⲣⲱⲧⲉ ⲛ̅ⲧⲉⲥⲙⲁⲁⲩ· Ⲡⲉϫⲉ
ⲓ̈ⲱⲁ̅ⲕⲓⲙ ⲛ̅ ⲁⲛⲛⲁ ⲧⲉϥⲥϩⲓ̈ⲙⲉ· ϫⲉ ⲙⲁⲣⲉⲛϯ ⲙ̅ ⲡⲉⲛⲧⲁ-
ⲛⲉ̅ⲣⲏⲧ ⲙ̅ⲙⲟϥ ⲉ ⲡϫⲟⲉⲓ̈ⲥ· ϫⲉ ⲛ ⲛⲉϥϭⲱⲛⲧ̅ ⲉ̅ ⲣⲟⲛ·
Ⲁⲩⲱ̅ ⲁⲩⲥⲟϥⲧⲉ ⲛ̅ ⲛⲉⲩⲉⲣⲏⲧ ⲙⲛ̅ ⲛⲉⲩⲁⲡⲁⲣⲭⲏ· ⲁⲩⲉⲛ-
ⲧⲟⲩ ⲉ̅ ϩⲣⲁⲓ̈ ⲛ̅ⲣⲡⲉ ⲙⲛ̅ ⲙⲁⲣⲓ̈ⲁ̅ ⲧⲉⲩϣⲉⲉⲣⲉ· Ⲁⲩϯ ⲛ̅

[1] Reading doubtful.

ⲛⲉⲩⲁⲡⲁⲣⲭⲏ ⲛ̄ ⲛⲉⲟⲩⲏⲏⲃ ⲉ̄ⲧ ⲁⲣⲭⲉⲓ̈ ⲙ̄ ⲡⲉⲟⲩⲟⲉⲓ̈ϣ
ⲉ̄ⲧ ⲙ̄ⲙⲁⲩ · ⲉⲧⲉ ⲥⲉⲙⲉⲱⲛ ⲡⲉ · ⲙⲛ̄ ⲍⲁⲭⲁⲣⲓⲁⲥ · Ⲁⲩⲁ̄-
ⲙⲁϩⲧⲉ ⲛ̄ ⲧⲉⲩϣⲉⲉⲣⲉ ⲙⲁⲣⲓ̈ⲁ̄ · ⲁⲩⲧⲁⲁⲥ ⲉ ⲛⲉϭⲓ̈ϫ ⲛ̄
ⲛⲉⲟⲩⲏⲏⲃ ⲉⲩϫⲱ ⲙ̄ⲙⲟⲥ ⲛⲁⲩ · ϫⲉ ⲉⲓ̈ⲥ ⲡⲉⲛⲧⲁ ⲡⲛⲟⲩⲧⲉ
ⲭⲁⲣⲓ̈ⲍⲉ ⲙ̄ⲙⲟϥ ⲛⲁⲛ · ⲧⲉⲛϯ ⲙ̄ⲙⲟϥ (sic) ⲛⲉⲣⲏⲧ ⲉ̄ ϩⲟⲩⲛ
ⲉ̄ ⲡⲉⲣⲡⲉ ⲙ̄ ⲡϫⲟⲉⲓ̈ⲥ · ⲉ ⲧⲣⲉ ⲥϣⲙ̄ϣⲉ ⲛⲁϥ ⲛ̄ ⲛⲉⲥϩⲟⲟⲩ
Fol. 8 *a* ⲧⲏⲣⲟⲩ · Ⲁⲩⲱ ⲁ ⲛⲉⲟⲩⲏⲏⲃ | ⲥⲙⲟⲩ ⲉ̄ ⲓ̈ⲱⲁ̄ⲕⲓⲙ ⲙⲛ̄
[ⲓⲉ] ⲁⲛⲛⲁ · ⲉⲩϫⲱ ⲙ̄ⲙⲟⲥ · Ϫⲉ ⲛ̄ⲑⲉ ⲛ̄ⲧⲁⲧⲉⲧⲛ̄ⲉⲣⲏⲧ · ⲁⲧⲉ-
ⲧⲛ̄ⲧⲟⲩⲓ̈ⲟ ⲙ̄ ⲡϫⲟⲉⲓ̈ⲥ · ⲉϥⲉⲧⲟⲩⲓ̈ⲟ ⲛⲏⲧⲛ̄ ⲛ̄ ⲛⲉϥⲁⲅⲁⲑⲟⲛ ·
ⲛ̄ⲧⲉ ϩⲛ̄ ⲕⲉ ϣⲏⲣⲉ ϣⲱⲡⲉ ⲛⲏⲧⲛ̄ · ⲉ ⲡⲙⲁ ⲛ̄ⲧⲁⲓ̈ · ⲛ̄ⲧⲁ
ⲧⲉⲧⲛ̄ⲧⲁⲁⲥ ⲉ ⲡϫⲟⲉⲓ̈ⲥ · Ⲙⲁⲣⲓ̈ⲁ̄ ⲇⲉ ϩⲱⲱⲥ ⲛ̄ⲧⲉ ⲡⲉⲥⲣⲁⲛ
ⲣ̄ ⲥⲟⲉⲓ̈ⲧ ϣⲁ ⲉⲛⲉϩ · ⲡⲉϫⲁⲩ ϫⲉ ϩⲁⲙⲏⲛ · ⲙⲁⲣⲉⲥϣⲱⲡⲉ ·
ⲁⲩⲱ ⲁⲩⲕ̄ⲧⲟⲟⲩ ⲉ̄ ϩⲣⲁⲓ̈ ⲉ̄ ⲡⲉⲩⲏⲓ̈ · Ⲛⲉ ⲛ̄ϣⲁⲩϭⲙ̄ ⲛ̄ϣⲓ̈ⲛⲉ
ⲇⲉ ⲛ̄ ⲧⲉⲩϣⲉⲉ̄ⲣⲉ ⲛ̄ ⲟⲩⲥⲟⲡ ⲕⲁⲧⲁ ⲉⲃⲟⲧ · ⲛ̄ⲥⲉⲉⲓ̈ⲛⲉ ⲛⲁⲥ
ⲙ̄ ⲡⲉⲧ ⲉⲥⲣ̄ ⲭⲣⲓ̈[ⲁ̄] ⲙ̄ⲙⲟⲟⲩ Ⲁⲩⲱ ⲉⲛⲉⲥϯⲁ̄ⲕⲟⲛⲉⲓ̈ ϩⲙ̄
ⲡⲣⲡⲉ ⲛ̄ϭⲓ̈ ⲧ̄ⲕⲟⲩⲓ̈ ⲛ̄ ϣⲉⲉ̄ⲣⲉ ⲙ̄ ⲡⲁⲣⲑⲉⲛⲟⲥ · ⲙⲛ̄ ϩⲛ̄
ⲕⲉ ϩⲗⲗⲱ ⲛ̄ⲥϩⲓ̈ⲙⲉ ⲙ̄ ⲡⲁⲣⲑⲉⲛⲟⲥ · ⲉⲩⲧⲁⲙⲓⲟ ⲙ̄ⲙⲟⲥ
ⲉ ⲣ̄ ϩⲱⲃ ⲛ̄ϭⲓ̈ϫ · Ⲁⲩⲱ ⲛ̄ ⲧⲉⲣⲉ ⲥⲣ̄ ⲡⲉⲥϫⲟⲉⲓ̈ⲥ ⲛ̄ ⲟⲩⲕⲟⲩⲓ̈ ·
ⲁⲥⲃⲱⲕ ⲉ̄ ϩⲟⲩⲛ ⲉⲩⲙⲁ ⲙⲁⲩⲁⲁⲥ ϩⲙ̄ ⲡⲣⲡⲉ · ⲉ̄ⲙ ⲛ̄-
ⲣⲱⲙⲉ ⲛⲁⲩ ⲉ̄ ⲣⲟⲥ ⲉ̄ ⲡⲧⲏⲣϥ̄ ⲉⲓ̈ ⲙⲏ ⲧⲉⲓ̈ ⲛ̄ ⲟⲩⲏⲏⲃ ·
ⲙⲛ̄ ⲛⲉⲥⲓ̈ⲟⲧⲉ · Ⲧⲉⲥⲧⲣⲟⲫⲏ ⲡⲉ ⲟⲩⲟⲉ̄ⲓ̈ⲕ · ⲙⲛ̄ ⲟⲩⲙⲟⲩ ·
ⲙⲛ̄ ⲟⲩⲕⲟⲩⲓ̈ ⲛ̄ ⲟⲩⲟⲟ̄ⲧⲉ · ⲉ̄ⲛⲉⲥⲛⲏⲥⲧⲉⲩⲉ̄ ϩⲛ̄ ⲟⲩⲙⲟⲩⲛ
Fol. 8 *b* ⲉ̄ ⲃⲟⲗ · Ϩⲁⲡⲗⲱⲥ ⲉ̄ⲛⲉ░ | ⲙⲛ̄ϣ░░ⲟⲟⲡ ⲙ̄ ⲡⲉⲥⲁ̄ⲛⲁⲓ̈ ·
[ⲓⲋ] ϩⲙ̄ ⲡⲉⲥⲥⲱⲙⲁ · ⲙⲛ̄ ⲧⲉⲥⲯⲩⲭⲏ ⲙⲛ̄ ⲡⲉⲥⲡ̄ⲛ̄ⲁ̄ · Ϩⲙ̄
ⲛ̄ⲧⲣⲉⲩϫⲱⲕ ⲛⲁⲥ ⲉ̄ ⲃⲟⲗ ⲛ̄ϭⲓ̈ ⲙⲛ̄ⲧⲁϥⲧⲉ ⲛ̄ⲣⲟⲙⲡⲉ · ⲁ
ⲡϣⲱⲥ ⲣ̄ϩⲛⲁϥ ⲉ ⲧⲣⲉ ϥⲉⲓ̈ ⲛ̄ϥϣⲓ̈ⲛⲉ ⲛ̄ⲥⲁ ⲛⲉϥⲉⲥⲟⲟⲩ ·
ⲛ̄ϥϥⲓ̈ⲧⲟⲩ ⲛ̄ⲧⲟⲟⲧϥ̄ ⲉ ⲡⲟⲩⲱⲛϣ̄ · Ⲁ ⲡⲣ̄ⲣⲟ ⲣ̄ϩⲛⲁϥ
ⲉ̄ ⲥⲱⲧⲉ ⲛ̄ ⲧⲉϥⲁⲓ̈ⲭⲙⲁⲗⲱⲥⲓ̈ⲁ̄ · ⲛ̄ⲧⲟⲟⲧϥ̄ ⲉ ⲡⲧⲩⲣⲁⲛⲟⲥ ·
Ⲁⲩϫⲟⲟⲩ ⲛ̄ ⲅⲁⲃⲣⲓ̈ⲏⲗ ⲡⲁⲣⲭⲁⲅⲅⲉⲗⲟⲥ ⲉ̄ ⲃⲟⲗ ϩⲓ̈ⲧⲙ̄
ⲡⲛⲟⲩⲧⲉ · ϣⲁ ⲧⲡⲁⲣⲑⲉⲛⲟⲥ ⲉ̄ⲧ ⲟⲩⲁⲁⲃ ⲙⲁⲣⲓ̈ⲁ̄ · ⲁϥⲉⲩ-
ⲁⲅⲅⲉⲗⲓ̈ⲍⲉ ⲛⲁⲥ ⲛ̄ⲧϭⲓ̈ⲛⲉⲓ̈ ϣⲁ ⲣⲟⲥ ⲙ̄ ⲡⲥⲱⲧⲏⲣ · ⲁⲗⲗⲁ
ⲕⲛⲁϫⲟⲟⲥ ⲛⲁⲓ̈ ϫⲉ ϩⲛ̄ ⲁϣ ⲛ̄ⲭⲣⲟⲛⲟⲥ · ⲏ ϩⲛ̄ ⲁϣ ⲛ̄
ϩⲉⲡⲁϯⲁ̄ ⲛ̄ⲧⲁ ⲛⲁⲓ̈ ϣⲱⲡⲉ · ϫⲉ ⲕⲁⲥ ⲛⲁⲧⲁϫⲣⲟⲛ ⲉⲓ̈ϫⲙ̄
ⲡ̄ϣⲁϫⲉ ⲉ̄ⲧ ⲉⲕϫⲱ ⲙ̄ⲙⲟϥ · ϯⲛⲁⲧⲓ̈ⲅⲛⲉⲩⲉ ⲙ̄ⲙⲟⲥ ⲛⲁⲕ

ⲕⲁⲧⲁ ⲛⲉⲅⲣⲁⲫⲏ· ⲛ̅ⲧⲁ ⲡϫⲟⲉⲓ̈ⲥ ϫⲟⲟⲩ ⲛ̅ ⲅⲁⲃⲣⲓⲏⲗ·
ⲛ̅ ⲥⲟⲩ ⲥⲁϣϥ̅ ⲙ̅ ⲡⲉⲃⲟⲧ ⲍⲁⲛⲑⲓ̈ⲕⲟⲥ· ⲉⲧⲉ ⲡⲉⲃⲟⲧ ⲛ̅ ⲃ̅ⲣ̅ⲣⲉ
ⲡⲉ ⲡⲁⲣⲙⲟⲩⲧⲉ· ϩⲙ̅ ⲡⲙⲉϩ ϯⲟⲩ ϭⲁⲥ ⲛ̅ϣⲟ ⲛ̅ⲣⲟⲙⲡⲉ·
ⲡⲁⲓ̈ ⲟⲛ ⲛ̅ⲧⲁⲩⲱⲱ ⲛ̅ϩⲏⲧϥ̅ ⲙ̅ ⲡⲉⲛⲱⲛϩ̅ ⲧⲏⲣϥ̅· ⲁⲩϫⲡⲟϥ
ⲛ̅ ⲥⲟⲩ | ϫⲟⲩⲯⲓ̈ⲥ ⲙ̅ ⲡⲉⲃⲟⲧ ⲭⲁⲥⲓ̈ⲗⲉⲩ· ⲉⲧⲉ ⲭⲟⲓⲁϩⲕ̅ Fol. 9 a
ⲡⲉ· ϩⲛ̅ ⲧⲙⲉϩ ϥ̅ⲧⲟ ⲛ̅ⲣⲟⲙⲡⲉ ⲛ̅ ⲁⲩⲕⲟⲩⲥⲧⲟⲥ ⲡ̅ⲣ̅ⲣⲟ ⲛ̅ ΙΖ
ⲛⲉϩⲣⲱⲙⲁⲓ̈ⲟⲥ· ϩⲛ̅ ⲧⲙⲉϩ ⲙⲛ̅ⲧⲏ ⲛ̅ⲣⲟⲙⲡⲉ ⲙ̅ ⲡⲱⲛϩ̅
ⲙ̅ ⲙⲁⲣⲓ̈ⲁ̅· ⲡⲙⲁ ⲛ̅ⲧⲁⲩϫⲡⲟϥ ⲛ̅ϩⲏⲧϥ̅ ⲡⲉ ⲭⲁⲃⲣⲁⲑⲁ·
ⲉ̅ⲧⲉ ⲃⲉⲑⲗⲉⲉⲙ· [ⲙ̅]ⲡⲉ ⲡ̅ⲕⲁϩ ⲛ̅ ⲓ̈ⲟⲩⲇⲁ· ϩⲛ̅ ⲧ̅ⲙⲉϩ ⲣⲟⲙⲡⲉ
ⲥⲛ̅ⲧⲉ ⲛ̅ ϩⲏⲣⲱⲇⲏⲥ ⲡ̅ⲣ̅ⲣⲟ· ⲛ̅ ϯⲟⲩⲇⲁⲓ̈ⲁ̅· ⲛ̅ⲧⲁⲩⲉⲓ̈ⲛⲉ
ⲙ̅ ⲡⲉⲭ̅ⲥ̅ ⲉ̅ ⲕⲏⲙⲉ ⲉϥϩⲛ̅ ⲣⲟⲙⲡⲉ ⲥⲛ̅ⲧⲉ ⲙⲛ̅ ϥ̅ⲧⲟⲟⲩ ⲛ̅
ⲉⲃⲟⲧ· ⲁⲗⲗⲁ ⲡⲁⲛⲧⲟⲥ ⲕⲛⲁϫⲟⲟⲥ ⲛⲁⲓ̈· ϫⲉ ⲛ̅ ⲁϣ ⲛ̅ ϩⲉ
ⲁ̅ ⲓ̈ⲱⲥⲏⲫ ⲃⲱⲕ ϩⲙ̅ ⲡⲓ̈ⲛⲟϭ ⲛ̅ ⲇⲓ̈ⲁⲥⲧⲏⲙⲁ ⲙⲛ̅ ⲙⲁⲣⲓ̈ⲁ̅·
ϫⲓ̈ⲛⲉ ⲧⲡⲁⲗⲉ̅ⲥϯⲛⲏ· ϣⲁⲛⲧ ⲟⲩⲉⲓ̈ ⲉ̅ ϩⲣⲁⲓ̈ ⲉ̅ ⲕⲏⲙⲉ ⲙⲁⲩ-
ⲁⲁⲩ· ⲁⲩⲱ ⲥⲉϫⲱ ⲙ̅ⲙⲟⲥ· ϫⲉ ⲟⲩⲉⲛ̅ ϫⲟⲩⲱⲧⲉ ⲙ̅ⲙⲱⲛⲏ
ⲙ̅ⲙⲁⲩ· ϣⲁⲛⲧ ⲟⲩⲉⲓ̈ ⲉ̅ ⲕⲏⲙⲉ· ⲉⲓ̈ⲉ̅ ⲁⲩϫⲉⲕ ϯⲛⲟϭ ⲛ̅
ϩⲓ̈ⲏ ⲙ̅ ⲙⲟⲟϣⲉ ⲉ̅ ⲃⲟⲗ ⲛ̅ ϯϭⲟⲧ ⲛ̅ ⲟⲩⲏⲣ ⲛ̅ϩⲟⲟⲩ ⲛ̅
ⲛ̅ⲧⲁⲩϭⲛ̅ ⲧ̅ⲣⲟⲫⲏ ⲧⲱⲛ ⲁⲩⲟⲩⲱⲙ· ϯⲛⲁϫⲟⲟⲥ ⲛⲁⲕ ϫⲉ
ⲧⲉⲕⲙⲛ̅ⲧⲁⲡⲓ̈ⲥⲧⲟⲥ· ⲙⲛ̅ ⲧⲉⲕⲙⲛ̅ⲧⲁⲥⲑⲉⲛⲏⲥ· ⲛⲉⲧ ϯ ⲙ̅
ⲡⲉⲣ ⲡ̅ⲙⲉⲉⲩⲉ ⲛⲁⲕ· ⲁⲛⲟⲕ ⲇⲉ ϯⲛⲁϣⲁϫⲉ ⲛ̅ⲙ̅ⲙⲁⲕ
ⲉ̅ ⲃⲟⲗ ϩⲛ̅ ⲛⲉⲅⲣⲁⲫⲏ· | ⲁⲣⲁ ⲕⲛⲁϫⲟⲟⲥ ⲛⲁⲓ̈ ϫⲉ ⲁ Fol. 9 b
ⲡⲁⲅⲅⲉⲗⲟⲥ ϫⲓ̈ ⲛ̅ ⲁⲃⲁⲕⲟⲩⲙ ⲉ̅ ⲧⲃⲁⲃⲩⲗⲱⲛ ϫⲓ̈ⲛⲉ ΙΗ
ⲑⲓ̈ⲗⲏⲙ· ⲉⲣⲉ ⲧⲉϩⲓ̈ⲏ ⲉⲓ̈ⲣⲉ ⲛ̅ϣⲃⲉ ⲙ̅ⲙⲟⲛⲏ ⲛ̅ ⲟⲩⲏⲣ
ⲛ̅ ⲟⲩⲟⲉⲓ̈ϣ· ⲁ ⲁⲃⲁⲕⲟⲩⲙ ⲡⲉϫⲁϥ ⲡⲱϣ ⲛ̅ϩⲛ̅ⲟⲉⲓ̈ⲕ
ⲉⲩⲕⲱⲧ· ⲁϥⲧⲁⲗⲟⲟⲩ ⲙⲛ̅ ⲡⲏⲣⲡ̅· ⲙⲛ̅ ⲛ̅ ϭⲓ̈ⲛⲟⲩⲱⲙ·
ⲁϥⲙⲟⲟϣⲉ ⲉ̅ ⲧⲥⲱϣⲉ ⲉ̅ ⲧⲣⲉ ϥⲛ̅ⲧⲟⲩ ⲛ̅ ⲛⲉϥϫⲁⲓ̈ⲟϩⲉ̅·
ⲁ ⲡⲁⲅⲅⲉⲗⲟⲥ ⲙ̅ ⲡϫⲟⲉⲓ̈ⲥ ⲁϣⲧϥ̅ ⲛ̅ⲥⲁ ⲡⲃⲱ ⲛ̅ⲧⲉϥⲁⲡⲉ·
ϩⲙ̅ ⲡⲟⲩⲟⲓ̈ ⲙ̅ ⲡⲉϥⲡⲛⲁ̅· ⲉⲧⲉ ⲡⲁⲓ̈ ⲡⲉ ϫⲉ ϩⲛ̅ ⲧϭⲟⲙ
ⲛ̅ ⲧⲉϥⲁⲓ̈ⲛϩⲱⲗ· ⲁϥⲉⲛⲧⲉϥ ⲛ̅ⲧⲉⲩⲛⲟⲩ ϩⲓ̈ϫⲙ̅ ⲡϣⲏⲓ̈ ⲛ̅
ⲛⲉⲙⲟⲩⲓ̈· ϩⲛ̅ ⲧⲃⲁⲃⲩⲗⲱⲛ ⲁϥϯ ⲙ̅ ⲡⲁⲣⲓ̈ⲥⲧⲟⲛ ⲛ̅ ⲇⲁⲛⲓ̈ⲏⲗ·
ⲁϥⲟⲩⲱⲙ ⲛ̅ϩⲏⲧϥ̅· ⲁⲩⲟⲩⲱⲙ ϩⲟⲟⲩ ⲛ̅ϭⲓ ⲛ̅ϫⲁⲓ̈ⲟϩⲉ̅ ⲙ̅
ⲡⲉϩⲟⲟⲩ ⲛ̅ ⲟⲩⲱⲧ· ⲉϣϫⲉ ⲧϭⲟⲙ ⲛ̅ ⲟⲩⲁⲅⲅⲉⲗⲟⲥ ⲟ ⲛ̅
ⲛⲟϭ ⲛ̅ϯϩⲉ· ⲉⲓ̈ⲉ̅ ⲡϫⲟⲉⲓ̈ⲥ ⲛ̅ ⲛⲁⲅⲅⲉⲗⲟⲥ ⲛ̅ⲧⲁϥⲉⲓ̈ ⲉ̅ ⲕⲏⲙⲉ·
ⲉϥⲧⲁⲗⲏⲩ ⲉⲓ̈ϫⲉⲛ ⲧⲉⲕⲗⲟⲟⲗⲉ ⲉ̅ⲧ ⲁⲥⲟⲟⲩ· ϩⲛ̅ ⲟⲩⲙⲉ

ⲧⲉⲥⲁⲥⲟⲟⲩ ⲛ̄ϭⲓ̄ ⲧⲉⲕⲗⲟⲟⲗⲉ ⲛ̄ⲧⲁ ⲡⲛⲟⲩⲧⲉ ⲉⲓ̄ ⲉ̄ ⲕⲏⲙⲉ
ⲛ̄ϩⲏⲧⲥ̄· Ⲁ ⲡϣⲏⲣⲉ ϣⲏⲙ ⲉⲓ̄ ⲉ̄ ⲕⲏⲙⲉ· ⲁϥⲁⲛⲁⲕⲁⲗⲉⲓ̄
Fol. 10 a ⲛ̄ ⲛⲉϩⲃⲏⲩⲉ ⲛ̄ ⲕⲏⲙⲉ· ⲉϥⲧⲁⲗⲏⲩ|ⲉ ⲉ̄ϫⲉⲛ ⲧⲉⲕⲗⲟⲟⲗⲉ
ⲓ̄ⲑ̄ ⲉⲥⲁⲥⲟⲟⲩ ⲛ̄ⲥⲁ ⲃⲟⲗ ⲉ̄ ⲛⲉⲧⲡⲟⲛⲓ̄ ⲙⲛ̄ⲧⲉ ⲡⲛⲟⲃⲉ· Ⲁ
ⲧⲉϩⲓⲁⲓ̄ⲃⲉ ⲛ̄ ⲁⲧ ⲧⲟⲗⲙ̄ⲙ̄ ⲙⲛ̄ ⲛ̄ϩⲗ̄ⲗⲟ ⲓ̄ⲱⲥⲏⲫ ⲉⲓ̄ ⲉ̄ ϩⲣⲁⲓ̄
ⲉ̄ ⲕⲏⲙⲉ· ⲕⲁⲧⲁ ⲑⲉ ⲛ̄ⲧⲁ ⲡⲉⲧ ⲧⲁⲗⲏⲩ ⲉ ⲣⲟⲥ ⲟⲓ̄ⲕⲟⲛⲟⲙⲓ̄
ⲙ̄ⲙⲟⲥ· Ⲁⲩⲱ̄ ⲉⲛⲉⲣⲉ ⲛ̄ⲧⲟⲟⲩ ⲙⲛ̄ ⲛⲉⲡⲉϩⲣⲁ ϣⲏϣ ⲉ̄
ⲃⲟⲗ ϩⲓⲑⲏ ⲙ̄ⲙⲟⲟⲩ· ⲉⲩⲉⲓ̄ⲣⲉ ⲛ̄ ϩⲛ̄ϩⲓⲏ ⲙ̄ⲙⲟⲟϣⲉ·
ⲉⲩϣⲏϣ ⲉ̄ ⲃⲟⲗ ⲉ̄ ⲛⲉⲩⲟⲩⲉⲣⲏⲧⲉ· Ⲛⲉⲩϯ ⲁ̄ⲡⲉⲣⲁⲛ ⲛⲉⲙⲟⲩ
ⲛⲟⲟⲩⲉ· ⲭⲱⲣⲓ̄ⲥ ϫⲟⲓ̄ ϩⲓ̄ ⲛⲉⲉϥ· Ⲗⲟⲓⲡⲟⲛ ⲁ ⲡⲉⲛⲥⲱⲧⲏⲣ
ⲉⲓ̄ ⲉ̄ ⲕⲏⲙⲉ ϩⲓ̄ⲧⲉⲛ ⲧ̄ϭⲟⲙ ⲙ̄ ⲡⲉϥⲉⲓ̄ⲱⲧ· ⲁϥⲉⲣ ϣⲟⲙⲧⲉ
ⲛ̄ⲣⲟⲙⲡⲉ ⲙ̄ⲙⲁⲩ· ⲉϥⲉⲩⲁⲅⲅⲉⲗⲓ̄ⲥⲥⲉ ⲛⲁⲩ ⲛ̄ ⲛⲉⲧ ϣ̄ϣⲉ
ⲉ ⲁⲁⲩ· ⲉϥϩⲙ̄ ⲡϩⲁⲙⲏⲣ ⲛ̄ ⲧⲉϥⲙⲁⲁⲩ ⲙⲁⲣⲓ̄ⲁ̄· Ⲛ̄ⲧⲉⲣⲉ
ϩⲏⲣⲱⲇⲏⲥ ϫⲓ̄ ⲛ̄ ⲧⲉϥϯⲙⲟⲣⲓ̄ⲁ̄ ⲉ̄ⲧ ⲉϥⲙ̄ϣⲁ ⲙ̄ⲙⲟⲥ· ⲉ̄
ⲧⲃⲉ ⲛ̄ ϣⲏⲣⲉ ⲕⲟⲩⲓ̄ ⲛ̄ⲧⲁϥⲙⲟⲟⲩⲧⲟⲩ ⲛ̄ ⲁⲧ ⲛⲟⲃⲉ· ⲁ
ⲡϣⲁϫⲉ ⲉⲧ ⲥⲏϩ ϩⲙ̄ ⲡⲉⲡⲣⲟⲫⲏⲧⲏⲥ ϫⲱⲕ ⲉ̄ ⲃⲟⲗ· ϫⲉ
ⲁⲓⲙⲟⲩⲧⲉ ⲉ̄ ⲡⲁ ϣⲏⲣⲉ ⲉ̄ ⲃⲟⲗ ϩⲛ̄ ⲕⲏⲙⲉ· Ⲁ ⲡⲛⲟⲩⲧⲉ
Fol. 10 b ϫⲟⲟⲩ ⲙ̄ ⲡⲉϥϣⲏⲣⲉ ⲙ̄ ⲙⲉⲣⲓⲧ ⲙⲛ̄ | ⲧⲉϥⲙⲁⲁⲩ ⲙⲁⲣⲓ̄ⲁ̄
ⲕ̄ ⲙⲛ̄ ⲓ̄ⲱⲥⲏⲫ· ⲡⲁⲣⲁ ⲑⲩⲛⲟⲫⲩⲗⲁⲝ ⲁϥⲉⲛⲧⲟⲩ ⲉ̄ ⲃⲟⲗ
ϩⲛ̄ ⲕ̄ⲏⲙⲉ· ⲁϥⲟⲩⲱϩ ϩⲛ̄ ⲛⲁⲍⲁⲣⲉⲑ· Ⲛ̄ⲧ ⲁⲓ̄ⲧⲁⲩⲉ̄ ⲛⲁⲓ̄
ⲧⲏⲣⲟⲩ ⲉ ⲧⲉⲧⲛ̄ⲁⲅⲁⲡⲏ· ⲉ̄ ⲧⲃⲉ ⲛⲉϩⲁⲓ̄ⲣⲉⲇⲓⲕⲟⲥ ⲛ̄ ⲁⲧ
ⲛⲟⲩⲧⲉ· ⲛⲁⲓ̄ ⲉⲧ ϫⲱ ⲙ̄ⲙⲟⲥ ϫⲉ ⲟⲩⲇⲩⲛⲁⲙⲓ̄ⲥ ⲧⲉ ⲙⲁⲣⲓ̄ⲁ̄·
Ⲉⲓ̄ⲥ ϩⲏⲏⲧⲉ ⲁⲓ̄ⲧⲓ̄ⲕⲛⲉⲩⲉ ⲙ̄ⲙⲟⲥ ⲛⲏⲧⲛ̄ ϩⲙ̄ ⲡ̄ϣⲁϫⲉ
ϩⲓ̄ⲧⲉⲛ ⲛⲉ ⲛ̄ⲧ ⲁⲓ̄ϫⲟⲟⲩ ⲧⲉⲛⲟⲩ· ϫⲉ ⲟⲩⲥⲁⲣⲝ̄ ϩⲱⲱⲥ ⲧⲉ
ⲙⲁⲣⲓ̄ⲁ̄ ⲛ̄ⲑⲉ ⲛ̄ⲣⲱⲙⲉ ⲛⲓ̄ⲙ· ⲛ̄ⲧⲁ ⲡⲉϩⲓ̄ⲉⲓ̄ⲃ ⲙ̄ ⲡⲛⲟⲩⲧⲉ
ⲡⲉⲛⲧⲁϥϥⲓ̄ ⲙ̄ ⲡ̄ⲛⲟⲃⲉ ⲙ̄ ⲡⲕⲟⲥⲙⲟⲥ· ϫⲓ̄ ⲥⲁⲣⲝ̄ ⲛ̄ϩⲏⲧⲥ̄·
ϯⲟⲩⲱϣ ⲇⲉ ⲉ ϫⲱ ⲉ̄ ⲣⲱⲧⲛ̄ ⲛ̄ ⲟⲩⲇⲓ̄ⲁⲧⲁⲅⲙⲁ ⲉ̄ ⲁϥϣⲱⲡⲉ
ϩⲓ̄ⲱⲱⲧ· Ⲛⲉⲩⲛ̄ ⲟⲩⲙⲟⲛⲟⲭⲟⲥ ⲇⲉ ⲉϥⲟⲩⲏϩ ϩⲙ̄ ⲡⲕⲱⲧⲉ
ⲙ̄ ⲡ̄ⲙⲁⲓ̄ⲱⲙⲁ ⲛ̄ ⲕⲁⲍⲁ· ⲛ̄ⲧⲁϥϫⲓ̄ ⲥⲃⲱ ⲛ̄ ⲧⲟⲟⲧⲟⲩ ⲛ̄-
ⲑⲉⲣⲏⲥⲓ̄ⲥ ⲛ̄ ⲃⲓ̄ⲱⲛ ⲙⲛ̄ ⲁⲣⲡⲟⲕⲣⲁⲇⲓ̄ⲟⲥ ⲡⲉϥⲥⲁϩ· ⲉ̄ ⲁϥⲕⲱ
ⲛⲁϥ ⲛ̄ ⲛⲉϥϫⲱⲱⲙⲉ· ⲁϥⲱϣ ϩⲓ̄ⲱⲟⲩ· ⲉⲩⲙⲏϩ ⲛ̄ⲫⲗⲁ-
ⲥⲫⲩⲙⲓ̄ⲁ̄· ⲙ̄ ⲙⲛ̄ⲧⲥⲟϭ· ⲁⲩⲱ̄ ⲛⲉϥⲫⲁⲛⲧⲁⲥⲓ̄ⲁⲥⲑⲁⲓ̄ ϩⲛ̄
ⲟⲩⲛⲟϭ ⲙ̄ ⲙⲛ̄ⲧϫⲁⲥⲓ̄ ϩⲏⲧ· ϩⲙ̄ ⲡⲕⲱⲧⲉ ⲉ̄ⲧ ⲙ̄ⲙⲁⲩ·
ⲉ̄ ⲃⲟⲗ ϩⲓ̄ⲧⲉⲛ ⲛⲉⲧ ⲛⲏⲩ ϣⲁ ⲛⲉⲧⲟⲡⲟⲥ ⲉ̄ⲧ ⲟⲩⲁⲁⲃ ⲉ̄ⲧ

ϣⲗⲏⲗ ⲛ̄ϩⲏⲧⲟⲩ· ⲁⲩϫⲱ ⲉ̄ ⲣⲟⲓ̈ ⲛ̄ ⲛⲉⲧ ⲉϥⲧⲁⲩⲟ̄ ⲙ̄-
ⲙⲟⲟⲩ | ϩⲛ̄ ⲧⲉϥⲕⲁⲕⲟⲇⲟⲝⲓⲁ̄ ⲙ̄ ⲡ̄ⲗⲁⲛⲏ· ⲁⲩⲱ̄ ⲁⲓ̈ϫⲟⲟⲩ Fol. 11 *a* ⲕⲁ̄
ⲛ̄ ⲥⲛⲁⲩ ⲛ̄ϩⲩⲡⲉⲣⲉⲧⲏⲥ ϣⲁ ⲡⲉⲡⲓ̈ⲥⲕⲟⲡⲟⲥ ⲛ̄ ⲕⲁⲍⲁ· Ⲉⲓ̈ϫⲱ
ⲙ̄ⲙⲟⲥ ⲛⲁϥ· ϫⲉ ⲙⲁⲣⲉ ⲧⲉⲕⲙⲛ̄ⲧϣⲓ̈ⲛⲉ ⲛⲁⲓ̈ ⲛ̄ⲥⲁ ⲡⲓ̈-
ⲙⲟⲛⲟⲭⲟⲥ ⲉⲧ ϩⲙ̄ ⲡⲕⲟⲧⲉ ⲙ̄ⲙⲁⲓ̈ⲱⲙⲁ· ⲛⲅ̄ ⲧⲛ̄ⲛⲟⲟⲩϥ
ⲛⲁⲓ̈ ⲙⲛ̄ ⲛⲉϥϫⲱⲱⲙⲉ· Ⲧⲟⲧⲉ ⲡⲉⲡⲓ̈ⲥⲕⲟⲡⲟⲥ ⲛ̄ ⲧⲉⲣⲉ
ϥϫⲓ̈ ⲛ̄ ⲛⲉⲥϩⲁⲓ̈· ⲁϥϣⲟϣⲟⲩ ⲁϥⲧⲣⲉⲩ ϯⲟⲩⲟⲓ̈ ⲛ̄ⲥⲱϥ ϩⲙ̄
ⲙⲁ ⲛⲓⲙ· Ⲛ̄ ⲧⲉⲣ ⲟⲩⲛ̄ⲧϥ̄ ⲇⲉ ϣⲁ ⲡⲉⲡⲓ̈ⲥⲕⲟⲡⲟⲥ· ⲡⲉϫⲁϥ
ⲛⲁϥ· ϫⲉ ⲡⲁ ϣⲏⲣⲉ· ⲧⲱⲟⲩⲛ ⲛⲅ̄ ⲃⲱⲕ ⲉ̄ ⲑⲓ̈ⲗⲏⲙ·
ϣⲁ ⲡⲁⲣⲭⲏⲉⲡⲓ̈ⲥⲕⲟⲡⲟⲥ· ⲙ̄ⲙⲟⲛ ⲁϥⲧⲛ̄ⲛⲟⲟⲩ ⲛ̄ⲥⲱⲕ·
ⲙⲛ̄ ⲛⲉⲕϫⲱⲱⲙⲉ· ⲛ̄ϥⲉⲓ̈ⲙⲉ ⲉ̄ ⲧⲉⲕⲥ̄ⲃⲱ· ⲉ̄ ⲧⲉⲕⲧⲁϣⲉ-
ⲟⲉⲓ̈ϣ· ⲙ̄ⲙⲟⲥ ϫⲉ ⲧⲁ ⲛⲓⲙ ⲧⲉ· Ⲡⲙⲟⲛⲟⲭⲟⲥ ⲇⲉ
ⲁϥⲟⲩⲱϣⲃ̄· ϫⲉ ϯⲛⲁϥⲓ̈ ⲛ̄ ⲛⲁϫⲱⲱⲙⲉ· ⲧⲁ ⲃⲱⲕ ϣⲁ
ⲣⲟϥ ⲉ̄ ⲑⲓ̈ⲗⲏⲙ· Ⲡϩⲩⲡⲉⲣⲉⲧⲏⲥ ⲇⲉ ⲥⲛⲁⲩ ⲁⲩⲉⲛⲧϥ̄ ⲉ
ⲑⲓ̈ⲗⲏⲙ ϣⲁ ⲡⲁⲣⲭⲏⲉⲡⲓ̈ⲥⲕⲟⲡⲟⲥ· Ⲡⲉϫⲁϥ ⲛⲁϥ· ϫⲉ
ⲁⲛⲥⲱⲧⲙ̄ ⲛ̄ⲥⲟⲛ· ϫⲉ ⲕⲧⲓ̈ⲥⲃⲱ ϩⲛ̄ ⲟⲩⲥⲃⲱ ⲛ̄ ϣⲙ̄ⲙⲟ·
ⲉⲕⲡⲱⲱⲛⲉ ⲛ̄ ⲛⲉϥⲫⲟⲛⲟⲟⲩⲉ̄ ⲛ̄ ⲛⲉⲩⲁⲅⲅⲉⲗⲓ̈ⲟⲛ ⲉ̄ⲧ ⲟⲩⲁⲁⲃ·
Ⲡⲉϫⲉ ⲁⲛⲛⲁⲣⲓ̈ⲭⲟⲥ ⲡⲙⲟⲛⲟⲭⲟⲥ ⲛⲁϥ· ϫⲉ ⲛ̄ ⲟⲩⲥⲃⲱ
ⲛ̄ ϣⲙ̄|ⲙⲟ ⲁⲛ ⲧⲉ ⲧⲁ ⲥⲃⲱ· ⲁⲗⲗⲁ ⲧⲁ ⲛⲉⲛⲓ̈ⲟⲧⲉ ⲛ̄- Fol. 11 *b*
ⲁⲡⲟⲥⲧⲟⲗⲟⲥ ⲧⲉ· ⲉⲁ̄ ⲛⲉⲛⲓ̈ⲟⲧⲉ ⲧⲓ̈ⲥⲃⲱ ⲙ̄ⲙⲟⲥ ϩⲛ̄ ⲟⲩⲉⲩ- ⲕⲃ̄
ⲇⲟⲝⲓⲁ̄ ϩⲙ̄ ⲙⲁ ⲛⲓⲙ· Ⲡⲉϫⲉ ⲁⲡⲁ ⲕⲩⲣⲓ̈ⲗⲗⲟⲥ ⲛⲁϥ·
ϫⲉ ⲛⲓⲙ ⲛⲉ ⲛⲉⲕⲓ̈ⲟⲧⲉ· Ⲡⲉϫⲁϥ ϫⲉ ⲡⲛⲟϭ ⲛ̄ ⲉⲡⲓ̈ⲥⲕⲟⲡⲟⲥ
ⲉ̄ⲧ ⲟⲩⲁⲁⲃ ⲥⲁⲧⲱⲣ· ⲙⲛ̄ ⲉ̄ⲃⲓ̈ⲱⲛ· ⲡⲉⲛⲧⲁϥⲉⲓ̈ ⲙⲛ̄ⲛ̄ⲥⲱϥ·
Ⲡⲉϫⲉ ⲡⲁⲣⲭⲏⲉⲡⲓ̈ⲥⲕⲟⲡⲟⲥ ⲛⲁϥ· ϫⲉ ⲛ̄ⲧⲁⲕⲙⲁⲑⲉⲧⲉⲩⲉ·
ⲁⲩⲱ ⲁⲕⲉⲣ ⲙⲟⲩⲗⲓ̈ⲁⲣⲏⲥ ⲙ̄ ⲡⲥⲟⲉⲓ̈ϣ ⲛ̄ ⲥⲛⲁϭ ⲙ̄ ⲡϩⲁⲣⲙⲁ
ⲙ̄ ⲡⲇⲓ̈ⲁⲃⲟⲗⲟⲥ· Ⲡⲉϫⲉ ⲡⲙⲟⲛⲟⲭⲟⲥ ⲛⲁϥ· ϫⲉ ⲁ ⲁⲣⲡⲟ-
ⲕⲣⲁⲇⲓ̈ⲟⲥ ⲛⲉϫ ⲇⲁⲓ̈ⲙⲟⲛⲓ̈ⲟⲛ ⲉ̄ ⲃⲟⲗ· Ⲡⲉϫⲉ ⲡⲁⲣⲭⲏ-
ⲉⲡⲓ̈ⲥⲕⲟⲡⲟⲥ ⲛⲁϥ· ϫⲉ ⲧⲁⲙⲟⲓ̈ ϫⲉ ⲕⲛⲉϫ ⲇⲁⲓ̈ⲙⲟⲛⲓ̈ⲟⲛ
ⲉ̄ ⲃⲟⲗ ⲛ̄ ⲁϣ ⲛ̄ ϩⲉ· ⲉⲓ̈ ⲉⲕⲧⲁϣⲉⲟⲉⲓ̈ϣ ⲙ̄ ⲡⲉⲩⲁⲅⲅⲉⲗⲓ̈ⲟⲛ
ⲛ̄ ⲁϣ ⲛ̄ ϩⲉ· Ⲏ ⲉⲕϫⲱ ⲙ̄ⲙⲟⲥ· ϫⲉ ⲟⲩ ⲉ̄ ⲧⲃⲉ ⲡⲉⲭ̄ⲥ̄
ⲙⲛ̄ ⲡⲉϥϫⲡⲟ ⲕⲁⲧⲁ ⲥⲁⲣⲝ̄· Ⲏ ϫⲉ ⲛⲓⲙ ⲧⲉ ⲧⲉϥⲙⲁⲁⲩ
ⲛ̄ⲧⲁⲥϫⲡⲟϥ· ⲙⲛ̄ ⲡⲉϥⲙⲟⲩ ⲉ̄ⲧ ⲙⲉϩ ⲛ̄ ⲟⲩϫⲁⲓ̈· ⲙⲛ̄
ⲡⲉϥⲧⲱⲟⲩⲛ ⲉ̄ ⲃⲟⲗ ϩⲛ̄ ⲛⲉⲧ ⲙⲟⲟⲩⲧ ⲙ̄ ⲡⲉϥⲙⲉϩ ϣⲟⲙⲛ̄ⲧ Fol. 12 *a*
ⲛ̄ϩⲟⲟⲩ· Ⲡⲉϫⲉ ⲡⲉⲧ ⲙ̄ⲙⲁⲩ ϫⲉ ϥⲥⲏϩ ϩⲙ̄ ⲡ|ⲕⲁⲧⲁ ⲕⲅ̄

ϩⲃ̄ⲣⲁⲓ̈ⲟⲥ· ϫⲉ ⲛ̄ ⲧⲉⲣⲉ ⲡⲉⲭ̄ⲥ̄ ⲟⲩⲱϣ ⲉ̄ ⲉⲓ̈ ⲉ̄ϫⲙ̄ ⲡⲕⲁϩ
ϣⲁ ⲛ̄ⲣⲱⲙⲉ· ⲁ ⲡⲉⲉⲓ̈ⲱⲧ ⲛ̄ ⲁⲅⲁⲑⲟⲥ ⲙⲟⲩⲧⲉ ⲉⲩⲛⲟϭ
ⲛ̄ ⲇⲩⲛⲁⲙⲓ̈ⲥ· ϩⲛ̄ ⲛ̄ ⲙ̄ⲡⲏⲩⲉ· ⲛ̄ ϣⲁⲩⲙⲟⲩⲧⲉ ⲉ̄ ⲣⲟⲥ
ϫⲉ ⲙⲓ̈ⲭⲁⲏⲗ· ⲁϥϭⲁⲗⲱ ⲙ̄ ⲡⲉⲭ̄ⲥ̄ ⲉ̄ ⲣⲟⲥ· ⲁⲥⲉⲓ̈ ⲉ̄
ⲡⲉⲥⲏⲧ ⲉ̄ ⲡⲕⲟⲥⲙⲟⲥ· ⲁⲩⲙⲟⲩⲧⲉ ⲉ̄ ⲣⲟⲥ· ϫⲉ ⲙⲁⲣⲓ̈ⲁ̄·
ⲁϥϣⲱⲡⲉ ϩⲛ̄ ⲧⲉⲥⲕⲁⲗⲁϩⲏ ⲛ̄ⲥⲁϣϥ̄ ⲛ̄ⲉⲃⲟⲧ· Ⲓⲛ̄ⲛ̄ⲥⲱⲥ
ⲁⲥⲙⲓ̈ⲥⲉ ⲙ̄ⲙⲟϥ· ⲁϥⲁⲓ̈ⲁⲓ̈ ϩⲛ̄ ⲑⲩⲗⲏⲕⲓⲁ̄· ⲁϥⲥⲟⲧⲡ̄ ⲛ̄
ϩⲛ̄ⲁⲡⲟⲥⲧⲟⲗⲟⲥ· ⲁⲩⲧⲁ ϣⲉⲟⲉⲓϣ ⲙ̄ⲙⲟϥ ϩⲙ̄ ⲙⲁ ⲛⲓⲙ·
ⲁϥϫⲱⲕ ⲉ ⲃⲟⲗ ⲛ̄ ⲧⲉⲡⲣⲟⲑⲉⲥⲙⲓⲁ̄· ⲉⲧ ⲧⲏϣ ⲛⲁϥ· ⲁ
ⲛⲓⲟⲩⲇⲁⲓ̈ ⲕⲱϩ ⲉ̄ ⲣⲟϥ· ⲁⲩⲙⲉⲥⲧⲱϥ· ϫⲉ ⲁϥϣⲓ̈ⲃⲉ ⲛ̄
ⲛⲉⲥⲩⲛⲏⲑⲓⲁ̄ ⲙ̄ ⲡⲉⲩⲛⲟⲙⲟⲥ· Ⲁⲩⲱ ⲁⲩⲧⲱⲟⲩⲛ ⲉ̄ ϩⲣⲁⲓ̈
ⲉ̄ ϫⲱϥ ⲁⲩϭⲟⲡϥ̄· ⲁⲩⲡⲁⲣⲁⲇⲓ̈ⲇⲟⲩ ⲙ̄ⲙⲟϥ ⲉ̄ ⲡϩⲏⲅⲉ-
ⲙⲱⲛ· ⲁϥⲧⲁⲁϥ ⲛⲁⲩ ⲉ ⲧⲣⲉ ⲩⲥ̄ϯⲟⲩ̄ ⲙ̄ⲙⲟϥ· Ⲛ̄ ⲧⲉⲣ
ⲟⲩⲧⲁⲗⲟϥ ϩⲓ̈ϫⲙ̄ ⲡϣⲉ ⲙ̄ ⲡⲉⲥ̄ϯⲟⲥ̄ ⲁ ⲡⲉⲓ̈ⲱⲧ ϥⲓ̈ⲧϥ̄ ⲉ̄
ⲧⲡⲉ ϩⲁϩⲧⲏⲓ· Ⲡⲉϫⲉ ⲡⲡⲁⲧⲣⲓ̈ⲁⲣⲭⲏⲥ ⲕⲩⲣⲓ̈ⲗⲗⲟⲥ· ϫⲉ
ⲛⲓⲙ ⲁϥⲧⲛ̄ⲛⲟⲟⲩⲕ· ϫⲉ ⲧⲓ̈ⲥⲃⲱ ⲛⲁⲓ̈· Ⲡⲉϫⲉ ⲡⲏ ⲛⲁϥ·
Fol. 12 *b* ϫⲉ ⲡⲉⲭ̄ⲥ̄ ⲁϥϫⲟⲟⲥ ϫⲉ ⲉ̄ ⲙⲟⲟϣⲉ | ⲉ̄ ⲃⲟⲗ ⲉ̄ ⲡⲕⲟⲥⲙⲟⲥ
ⲕ̄ⲇ̄ ⲧⲏⲣϥ̄· ⲛ̄ⲧⲉⲧⲛ̄ⲧⲓ̈ⲥⲃⲱ ⲛ̄ ⲛⲓϩⲉⲑⲛⲟⲥ ⲧⲏⲣⲟⲩ ϩⲙ̄ ⲡⲁ
ⲣⲁⲛ ϩⲙ̄ ⲙⲁ ⲛⲓⲙ· Ⲡⲉϫⲉ ⲁⲡⲁ ⲕⲩⲣⲓ̈ⲗⲗⲟⲥ ⲛⲁϥ· ϫⲉ
ⲕϫⲓ̈ ⲣⲱ ⲛ̄ ⲛⲉⲩⲁⲅⲅⲉⲗⲓ̈ⲟⲛ· Ⲡⲉϫⲁϥ ⲛⲁϥ· ϫⲉ ⲥⲉ·
ⲧⲱⲛⲟⲩ ⲡⲁ ϫⲟⲉⲓ̈ⲥ ⲛ̄ ⲉⲓ̈ⲱⲧ· Ⲁϥⲟⲩⲱϣⲃ̄ ⲛ̄ϭⲓ ⲡⲁⲣⲭⲏ-
ⲉⲡⲓ̈ⲥⲕⲟⲡⲟⲥ· ϫⲉ ⲁϣ ϩⲙ̄ ⲡⲉϥⲧⲟⲟⲩ ⲛ̄ⲉⲩⲁⲅⲅⲉⲗⲓ̈ⲟⲛ
ⲡⲉⲛⲧⲁϥϫⲟⲟⲥ· ϫⲉ ⲟⲩⲇⲩⲛⲁⲙⲓ̈ⲥ ⲧⲉ ⲧⲡⲁⲣⲑⲉⲛⲟⲥ ⲉ̄ⲧ
ⲟⲩⲁⲁⲃ ⲙⲁⲣⲓ̈ⲁ̄ ⲧⲙⲁⲁⲩ ⲙ̄ ⲡⲛⲟⲩⲧⲉ· Ⲁϥⲟⲩⲱϣⲃ̄ ⲛ̄ϭⲓ
ⲡⲏ ϫⲉ ⲡⲕⲁⲧⲁ ϩⲃ̄ⲣⲁⲓ̈ⲟⲥ ⲡⲉ· Ⲁϥⲟⲩⲱϣⲃ̄ ⲁⲡⲁ ⲕⲩⲣⲓ̈ⲗ-
ⲗⲟⲥ· ϫⲉ ⲟⲩⲕ ⲟⲩⲛ ⲕⲁⲧⲁ ⲡⲉⲕϣⲁϫⲉ ⲟⲩⲉⲛ ϯⲟⲩ ⲛ̄ⲉⲩ-
ⲁⲅⲅⲉⲗⲓ̈ⲟⲛ ⲙ̄ⲙⲁⲩ· Ⲁϥⲟⲩⲱϣⲃ̄ ⲛ̄ϭⲓ̈ ⲡ̄ⲙⲟⲛⲟⲭⲟⲥ ⲉ̄ⲧ
ⲙ̄ⲙⲁⲩ· ϫⲉ ⲥⲉ ⲥⲉ ⲙ̄ⲙⲁⲩ· Ⲁϥⲟⲩⲱϣⲃ̄ ⲛ̄ϭⲓ̈ ⲁⲡⲁ
ⲕⲩⲣⲓ̈ⲗⲗⲟⲥ ϫⲉ ⲛⲓⲙ ⲡⲉ ⲡⲣⲁⲛ ⲙ̄ ⲡⲙⲉϩ ϯⲟⲩ ⲛ̄ⲉⲩ-
ⲁⲅⲅⲉⲗⲓ̈ⲟⲛ ⲧⲁⲣⲉⲛ ⲉⲓ̈ⲙⲉ ϫⲉ ⲟⲩⲉ ⲉ̄ ⲃⲟⲗ ⲧⲱⲛ ⲡⲉ ⲧⲉⲥⲃⲱ
ⲙ̄ ⲡⲉⲭ̄ⲥ̄ ⲧⲉⲛⲉⲓ̈ⲙⲉ ⲉ ⲣⲟⲥ· Ⲡⲉϥⲧⲟⲟⲩ ⲛ̄ⲉⲩⲁⲅⲅⲉⲗⲓ̈ⲟⲛ
ⲥⲉⲥⲏϩ ⲉ̄ ϫⲱⲟⲩ· Ⲡⲕⲁⲧⲁ ⲙⲁⲑⲉⲟⲥ· ⲡ̄ⲕⲁⲧⲁ ⲙⲁⲣⲕⲟⲥ·
Fol. 13 *a* ⲡ̄ⲕⲁⲧⲁ ⲗⲟⲩⲕⲁⲥ· ⲡ̄ⲕⲁⲧⲁ ⲓ̈ⲱϩⲁⲛⲛⲏⲥ· | ⲛⲓⲙ ϩⲱⲱϥ ⲡⲉ
ⲕ̄ⲉ̄ ⲡ̄ⲙⲉϩ ϯⲟⲩ· Ⲡⲉϫⲉ ⲡⲏ ⲛⲁϥ ϫⲉ ⲛⲉϩⲃ̄ⲣⲁⲓ̈ⲟⲥ· ⲁⲩⲥⲁϩϥ̄·

Ⲁϥⲟⲩⲱϣⲃ̄ ⲛ̄ϭⲓ̈ ⲡϩⲁⲅⲓ̈ⲟⲥ ⲕⲩⲣⲓ̈ⲗⲗⲟⲥ· ϫⲉ ⲁⲕϫⲉ ⲧⲙⲏ
ⲙ̄ ⲡⲓ̈ⲥⲟⲛ· Ⲟⲩⲕ ⲟⲩⲛ ⲉⲛⲛⲁⲕⲱ ⲛ̄ⲥⲱⲛ ⲉ̄ ⲧⲉⲥⲃⲱ ⲙ̄
ⲡⲉⲭ̅ⲥ̅· ⲉⲛⲧⲛ̄ⲡⲟⲩⲁ̄ϩⲛ̄ ⲛ̄ⲥⲁ ⲛⲉϩⲃ̄ⲣⲁⲓ̈ⲟⲥ· ⲉⲩⲡⲗⲁⲛⲁ· ⲛ̄ⲛⲉ
ϥϣⲱⲡⲉ· Ⲉ̄ⲣⲉ ⲛ̄ϩⲃ̄ⲣⲁⲓ̈ⲟⲥ ⲟⲩⲉϣⲟⲩ ⲛ̄ⲥⲁ ⲡⲁⲓ̈ ⲙ̄ⲙⲁⲧⲉ·
ⲉ ⲧⲣⲉ ⲩ† ⲛ̄ ⲟⲩⲧⲱⲗⲙ̄ ⲉ̄ ⲡⲉⲛⲧⲃ̄ⲃⲟ· ⲁⲩⲱ ⲡⲉⲛⲧⲁⲓ̈ⲟ
ⲛ̄ⲑⲉ ⲛ̄ⲧⲁⲩϫⲟⲟⲥ ⲙ̄ ⲡⲉⲭ̅ⲥ̅ ⲙ̄ ⲡⲓ̈ⲟⲩⲟⲉⲓϣ ϫⲉ ⲉⲕⲛⲉϫ
ⲇⲁⲓ̈ⲙⲟⲛⲓ̈ⲟⲛ ⲉ̄ ⲃⲟⲗ ϩⲛ̄ ⲃⲉⲣⲍⲉⲃⲟⲩⲗ· Ⲙⲏ ⲛ̄ϥⲥⲛϩ ⲁⲛ·
ϫⲉ ⲡⲉⲧ ⲛ̄ϥϩⲟⲙⲟⲗⲟⲅⲓ̈ ⲁⲛ· ϫⲉ ⲓ̅ⲥ̅ ⲡⲉⲭ̅ⲥ̅ ⲁϥⲉⲓ̈ ϩⲛ̄
ⲧⲥⲁⲣⲝ̄· ⲡⲁⲓ̈ ⲡⲉ ⲡⲉⲡⲗⲁⲛⲟⲥ· ⲁⲩⲱ ⲡⲁⲛⲧⲓ̈ⲭⲣⲓ̈ⲥⲧⲟⲥ ⲛ̄
ⲧⲉⲕϩⲉ ϩⲱⲱⲕ· ⲁⲩⲱ̄ ⲟⲛ ϫⲉ ⲡⲉⲧ ⲛⲛⲩ ϣⲁ ⲣⲱⲧⲛ̄ ⲛ̄ϥⲧ-
ⲙ̄ ⲉⲓ̈ⲛⲉ ⲛⲏⲧⲛ̄ ⲛ̄ ⲧⲓ̈ⲥⲃⲱ· ⲙ̄ⲡⲉⲣ ϫⲓ̈ⲧϥ ⲉ̄ ϩⲟⲩⲛ ⲉ̄ ⲡⲉⲧⲛ̄ⲏⲓ̈·
ⲟⲩⲇⲉ ⲙ̄ⲡⲉⲣϫⲟⲟⲥ ⲛⲁϥ ϫⲉ ⲭⲁⲓ̈ⲣⲉ· ⲁⲩⲱ̄ ⲟⲛ ϫⲉ ⲉⲛⲉ
ϩⲛ̄ ⲉ̄ ⲃⲟⲗ ⲙ̄ⲙⲟⲛ ⲛⲉ ⲛⲉⲩⲛⲁⲉⲓ̈ⲛⲉ ⲙ̄ⲙⲟⲛ ⲡⲉ· ⲛ̄ⲧⲁⲩⲉⲓ̈
ⲉ̄ ⲃⲟⲗ ⲛ̄ϩⲏⲧⲛ̄· Ⲁⲗⲗⲁ ϩⲛ̄ ⲉ̄ ⲃⲟⲗ ⲛ̄ϩⲏⲧⲛ̄ ⲁⲛ ⲛⲉ· ⲉⲧⲉ
ⲡⲁⲓ̈ ⲡⲉ ϫⲉ ⲥⲉϫⲱ ⲙ̄ ⲡⲣⲁⲛ ⲙ̄ ⲡⲉⲭ̅ⲥ̅ ⲉ ⲃⲟⲗ ϩⲛ̄ ⲣⲱⲟⲩ·
ⲉⲩϩⲩⲡⲟⲕⲣⲓ̈ⲛⲉ ϩⲙ̄ ⲡⲉⲩϩⲏⲧ ⲛ̄ⲁⲧⲉⲣϩ̄ⲧⲏⲉⲩ|ⲥⲉⲩϩ̄ ϭⲱⲛⲧ Fol. 13 *b*
ⲛⲁⲩ ⲉ̄ ϩⲟⲩⲛ ⲙ̄ ⲡⲉϩⲟⲟⲩ ⲙ̄ ⲡϩⲁⲡ ⲙ̄ ⲙⲉ· ⲙⲛ̄ ⲡ̄ϭⲱⲛⲧ ⲕ̅ⲋ̅
ⲉ ⲃⲟⲗ ⲛ̄ ⲓ̅ⲥ̅ ⲡⲉⲭ̅ⲥ̅· Ⲙⲉⲣⲉ ⲧⲉⲥⲃⲱ ⲛ̄ ⲛ̄ⲓ̈ⲟⲩⲇⲁⲓ̈ ϣ̄ϩⲱⲧⲉⲣ
ⲙⲛ̄ ⲧⲉⲥⲃⲱ ⲙ̄ ⲡⲉⲭ̅ⲥ̅· Ⲁϣ ⲡⲉ ⲡϣⲟⲛϥ ⲛ̄ ⲛⲉϩⲃ̄ⲣⲁⲓ̈ⲟⲥ·
ⲙⲛ̄ ⲡϣⲟⲛϥ ⲛ̄ ⲛ̄ⲉⲩⲁⲅⲅⲉⲗⲓ̈ⲟⲛ ⲉ̄ⲧ ⲟⲩⲁⲁⲃ· Ⲁ[ⲓ] † ⲅⲁⲣ
ⲛ̄ϩⲁⲓ̈ⲣⲉⲥⲓ̈ⲥ ϣⲱⲡⲉ· ⲛⲁⲓ̈ ⲛ̄ⲧⲁ ⲁⲡⲁ ⲉ̄ⲡⲓ̈ⲫⲁⲛⲓ̈ⲟⲥ ϣⲁϫⲉ
ϩⲁ ⲣⲟⲟⲩ· ϩⲙ̄ ⲡⲉϥⲉⲩⲁⲅⲅⲉⲣⲟⲇⲟⲥ· ⲟⲩⲉⲧ ⲧⲉⲡⲗⲁⲛⲏ
ⲛ̄ⲧⲟⲩⲉⲓ̈ ⲧⲟⲩⲉⲓ̈ ⲙ̄ⲙⲟⲟⲩ ⲧⲟⲕ ϩⲟⲟⲩ ⲡⲁⲣⲁ ⲧⲟⲟⲩ ⲧⲏⲣⲟⲩ·
Ⲡⲉϫⲉ ⲁⲛⲛⲁⲣⲓ̈ⲭⲟⲥ ⲡⲙⲟⲛⲟⲭⲟⲥ ⲛ̄ ⲁⲡⲁ ⲕⲩⲣⲓ̈ⲗⲗⲟⲥ· ϫⲉ
ⲙⲛ̄ ϭⲟⲙ ⲛ̄ⲧⲉⲩϣⲏ ⲉ †ⲧⲟⲛ ⲙⲛ̄ ⲡⲉϩⲟⲟⲩ· ⲟⲩⲇⲉ ⲙⲉⲣⲉ
ⲡⲕⲁⲕⲉ ⲉϣⲁϩⲉ ⲣⲁⲧϥ ϩⲓ̈ ⲑⲏ ⲙ̄ ⲡⲟⲩⲟⲉⲓ̈ⲛ· Ⲁⲓ̈ϭⲱⲧⲡ̄
ⲛⲁϩⲣⲉⲛ ⲧⲉⲕⲛⲟϭ ⲛ̄ⲥⲟⲫⲓⲁ· ⲁⲩⲱ ⲁⲓ̈ⲉⲓ̈ⲙⲉ ϩⲱⲱⲧ ϫⲉ
†ϣⲟⲃⲧ· ⲙⲁⲣⲉ ⲧⲉⲕⲙⲛ̄ⲧⲓⲱⲧ· † ⲙⲉⲧⲁⲛⲟⲓ̈ⲁ̄ ⲛⲁⲓ̈ ϩⲱⲱⲧ·
ⲁⲩⲱ̄ ⲛⲁⲓ̈ ⲧⲏⲣⲟⲩ ⲛ̄ⲧⲁⲓ̈ϣⲣ̄ϣⲱⲣⲟⲩ †ⲛⲁⲕⲟⲧⲟⲩ· Ⲁⲗⲗⲁ
ϫⲓ̈ ⲛ̄ ⲛⲁϫⲱⲱⲙⲉ ⲛⲅ̄ ⲣⲟⲕϩⲟⲩ· ⲁⲩⲱ ⲛⲁ ⲭ̄ⲣⲏⲙ[ⲁ]·
ⲛⲅ̄ ⲧⲁⲁⲩ ⲛ̄ ⲛⲉϩⲏⲕⲉ· ϫⲉ ⲁ̄ ⲡⲁ ϩⲏⲧ ⲟⲩⲁϩϥ ⲛ̄ⲥⲁ
ⲛⲉⲕϣⲁϫⲉ· ⲙⲛ̄ ⲛⲉⲩⲁⲅⲅⲉⲗⲓ̈ⲟⲛ ⲉ̄ⲧ ⲟⲩⲁⲁⲃ· Ⲁⲩⲱ ⲛ̄
ⲧⲉⲣ ⲓ̈ⲣⲱⲕϩ̄ ⲛ̄ ⲛⲉϥϫⲱⲱⲙⲉ· ⲡⲉϫⲁⲓ̈ ⲛⲁϥ ϫⲉ ⲛⲓ̈ⲙ | Fol. 14 *a* ⲕ̅ⲑ̅

[One leaf wanting]

Ⲡⲉⲧ ⲙ̄ⲛ̄ ⲟⲩϯ ⲥⲭⲏⲙⲁ ⲉ ⲣⲟϥ ⲟⲩϫⲡⲟ ⲛ̄ ϣⲏⲣⲉ ⲡⲉ·
ⲟⲩⲁⲣⲭⲏ̄ ⲇⲉ ⲡⲉ· ⲁⲩϫⲡⲟϥ ⲉⲧⲉ ⲙ̄ⲛ̄ⲧϥ̄ ⲁⲣⲭⲏ· Ⲧⲁⲣⲭⲏ
ⲙ̄ⲛ̄ ⲁⲥϣⲱⲡⲉ ⲛ̄ ⲧⲙⲛ̄ⲧⲣⲱⲙⲉ· ⲧⲙⲛ̄ⲧⲛⲟⲩⲧⲉ ⲇⲉ ⲙ̄ⲛ̄ⲧⲥ̄
ⲁⲣⲭⲏ· ⲡⲉⲓ̈ ⲁⲧ ⲙⲟⲣⲫⲏ· Ⲁⲩⲱ̄ ⲙ̄ⲡⲉ ⲡⲣⲟⲥⲑⲏⲕⲏ
ϣⲱⲡⲉ ϩⲛ̄ ⲧⲉⲧⲣⲓ̈ⲁⲥ· ⲉ ⲧⲣⲉ ⲥϣⲱⲡⲉ ⲛ̄ ⲧⲉⲧⲣ[ⲓ̈]ⲁⲥ· ⲉⲧⲉ
ⲡⲁⲓ̈ ⲡⲉ ϫⲉ ⲛ̄ⲧⲉ ϣⲟⲙⲛ̄ⲧ ⲣ̄ ϥⲧⲟⲟⲩ· Ⲟⲩⲥⲩⲛϩⲟⲇⲟⲥ ⲛ̄
ⲟⲩⲱⲧ· ⲟⲩϭⲓ̈ⲛⲓ̈ ⲉ ϩⲟⲩⲛ ⲛ̄ ⲟⲩⲱⲧ ⲉ̄ ⲃⲟⲗ ϩⲛ̄ ⲫⲩⲥⲓ̈ⲥ ⲥⲛ̄ⲧⲉ·
ⲁⲩⲱ̄ ⲟⲩϫⲡⲟ ⲛ̄ ⲟⲩϣⲏⲣⲉ ⲛ̄ ⲟⲩⲱⲧ ⲟⲩⲙⲛ̄ⲧⲟⲩⲁ̄ ⲛ̄ ⲧⲥⲁⲣⲝ̄·
ⲁϫⲛ̄ ⲗⲁⲁⲩ ⲛ̄ϫⲣⲟⲡ· Ⲡⲉϥϣⲓ̈ⲃⲉ ⲅⲁⲣ ϩⲛ̄ ⲧⲉϥⲫⲩⲥⲓ̈ⲥ·
ⲟⲩⲇⲉ ⲙⲉϥϭⲟϫϥ̄ ϩⲛ̄ ⲧⲉϥϭⲟⲙ· ⲟⲩⲇⲉ ⲙⲉϥⲡⲱⲣϫ̄ ⲥⲁ
ⲃⲟⲗ ⲉ̄ ⲡⲉⲛⲧⲁϥϫⲡⲟϥ ⲛ̄ ⲁⲣⲭⲁⲓ̈ⲟⲥ· ⲉⲧⲉ ⲡⲁⲓ̈ ⲡⲉ ⲛ̄
ⲁⲣⲭⲏ· ⲁⲗⲗⲁ ⲟⲩⲙⲛ̄ⲧⲟⲩⲁ̄ ⲇⲉ ⲛ̄ ⲧⲥⲁⲣⲝ̄ ⲙ̄ ⲡⲛⲟⲩⲧⲉ·
ⲉⲩϫⲓ̈ ⲛ̄ ⲟⲩⲫⲩⲥⲓ̈ⲥ ⲛ̄ ⲟⲩⲱⲧ· ⲛ̄ⲧⲉⲧϭⲓ̈ⲛⲓ̈ ϣⲁ ⲣⲟⲛ ⲙ̄
ⲡⲉϫⲡⲟ ⲉⲧ ⲥⲙⲁⲙⲁⲁⲧ ⲙ̄ ⲡ̄ⲛⲟⲩⲧⲉ ⲡⲗⲟⲅⲟⲥ· ⲧⲉ ϣⲡⲏⲣⲉ
ⲉⲧ ϩⲏⲡ ϩⲙ̄ ⲡⲛⲟⲩⲧⲉ ϫⲓ̈ⲛ ⲉⲛⲉϩ· ⲉⲓ̈ϣⲁϫⲉ ⲉ̄ ⲧⲉϣⲡⲏⲣⲉ
ⲙ̄ ⲡ̄ⲛⲟⲩⲧⲉ ⲛ̄ⲧⲁϥⲣ̄ ⲣⲱⲙⲉ· Ⲡⲙⲩⲥⲧⲏⲣⲓ̈ⲟⲛ ⲛ̄ ⲁⲧ ⲡⲟϣϥ̄·
ⲧⲉ ⲫⲩⲥⲓ̈ⲥ· ⲡⲉⲛⲧⲁϥⲃⲱⲗ ⲉ̄ ⲃⲟⲗ ⲉ̄ ⲡⲥⲁϩⲟⲩ· ⲁϥⲧⲁⲕⲟ
ⲛ̄ ⲧⲁⲡⲟⲫⲁⲥⲓ̈ⲥ ⲙ̄ ⲡⲙⲟⲩ· Ⲡⲉⲛⲧⲁϥⲧⲥⲁⲃⲟⲛ ⲉ ⲑⲩⲡⲟ-
ⲥⲧⲁⲥⲓ̈ⲥ ⲉ̄ⲧⲉ ⲙ̄ⲛ̄ⲧⲥ̄ ⲁⲣⲭⲏ· ⲛ̄ⲧⲉ ⲡⲙⲟⲛⲟⲅⲉⲛⲏⲥ ⲙⲁⲩⲁⲁϥ
ⲓ̄ⲥ̄ ⲡⲉⲭ̄ⲥ̄ ⲡⲉⲛϫⲟⲉⲓ̈ⲥ· Ⲡⲉϫⲡⲟ ⲕⲁⲧⲁ ⲥⲁⲣⲝ̄ ϩⲛ̄ ⲧⲉⲧⲟ ⲙ̄
ⲡⲁⲣⲑⲉⲛⲟⲥ ⲛ̄ ⲟⲩⲟⲉⲓ̈ϣ ⲛⲓⲙ ⲑⲁⲅⲓ̈ⲁ̄ ⲙⲁⲣⲓ̈ⲁ̄· ⲧⲁⲓ̈ ⲉ̄ⲧ
Fol. 14 b ⲉⲛⲉⲥⲱⲟⲩϩ ⲉ̄ ϩⲟⲩⲛ | ⲉ̄ ⲡⲉⲥⲛⲓ̈ ⲉ̄ⲧ ⲟⲩⲁⲁⲃ ⲙ̄ⲡⲟⲟⲩ· ⲉⲛⲉⲓ̈ⲣⲉ
ⲗ ⲙ̄ ⲡ̄ⲙⲉⲉⲩⲉ̄ ⲙ̄ ⲡⲉϩⲟⲟⲩ ⲙ̄ ⲡⲉⲥⲛ̄ⲕⲟⲧⲕ̄· Ⲉϣϫⲉ ⲕ̄ⲛⲁϩⲟ-
ⲙⲟⲗⲟⲅⲉⲓ̈ ⲛ̄ ⲛⲁⲓ̈· ⲛ̄ⲟⲩⲡⲓ̈ⲥⲧⲓ̈ⲥ ⲛ̄ ⲁⲧⲁ̄ⲣⲓ̈ⲕⲉ· ⲉⲓ̈ⲉ ⲧⲉⲛⲥ̄ⲃ-
ⲧⲱⲧ ⲉ̄ ϫⲓ̈ⲕ̄ ⲉ̄ ϩⲟⲩⲛ ⲉ̄ ⲧⲁⲩⲗⲏ ⲛ̄ ⲛⲉⲥⲟⲟⲩ ⲧⲏⲣⲟⲩ· ⲙ̄
ⲛ̄ϣⲱⲥ ⲙ̄ⲙⲉ ⲙ̄ ⲡⲉⲭ̄ⲥ̄· ⲙⲏ ⲉⲕⲟ ⲛ̄ϩⲏⲧ ⲥⲛⲁⲩ· ⲉⲕⲟⲩⲏϩ
ⲛ̄ⲥⲁ ⲛⲉϣⲁϫⲉ ⲛ̄ⲧⲁⲩⲧⲥⲁⲃⲟⲕ ⲉ ⲣⲟⲟⲩ· ⲉⲓ̈ⲉ ⲁ̄ⲛⲁⲭⲱⲣⲉⲓ̈
ⲛⲁⲕ ⲥⲁ ⲃⲱⲗ ⲉ̄ ⲡⲓ̈ⲙⲁ· Ⲁϥⲟⲩⲱⲛ ⲉ̄ ⲣⲟϥ ⲛ̄ϭⲓ ⲁⲛⲛⲁⲣⲓ̈-
ⲭⲟⲥ· ⲁϥⲁⲛⲁⲑⲏⲙⲁϯⲍⲉ ⲉ̄ ⲑⲁⲓⲣⲏⲥⲓ̈ⲥ ⲛ̄ ⲉⲃⲓ̈ⲱⲛ· ⲙⲛ̄
ⲁⲣⲡⲟⲕⲣⲁⲧⲓ̈ⲥ· ⲉϥϫⲱ ⲙ̄ⲙⲟⲥ· ϫⲉ ⲁ̄ⲛⲁⲑⲩⲙⲁ ⲉ̄ ϩⲩⲣⲏ-
ⲥⲓ̈ⲥ ⲛⲓⲙ· ⲉ̄ⲧⲛ̄ⲥⲉⲡⲓ̈ⲥⲧⲉⲩⲉ̄ ⲁⲛ ⲉ̄ ⲛⲉⲛⲧⲁⲕϫⲟⲟⲩ ⲛⲁⲓ̈·
Ⲧⲉⲛⲟⲩ ⲧⲉ ⲡⲁ ⲉⲓ̈ⲱⲧ· ϣⲟⲡⲧ̄ ⲉ̄ ⲣⲟⲕ ⲉⲩⲁ̄ⲅⲁⲑⲟⲛ ⲛⲁⲕ·
Ⲛ̄ ⲧⲉⲣ ⲓ̈ⲉⲓ̈ⲙⲉ ⲇⲉ· ϫⲉ ⲁ ⲡⲉϥⲛⲟⲩⲥ ϫⲓ̈ ⲟⲩⲟⲉⲓ̈ⲛ· ⲁⲓ̈ⲃⲁⲡ-
ϯⲍⲉ ⲙ̄ⲙⲟϥ ϩⲙ̄ ⲡ̄ⲣⲁⲛ ⲛ̄ ⲧⲉⲛϫⲟⲉⲓ̈ⲥ· ⲧⲏⲣⲉⲛ ⲑⲁⲅⲓ̈ⲁ̄

ⲙⲁⲣⲓ̈ⲁ̅ · ⲉ̅ⲧⲉ ⲡⲟⲟⲩ ⲡ̅ϩⲟⲟⲩ ⲡⲉ · Ⲗⲟⲓ̈ⲡⲟⲛ ⲁϥⲃⲱⲕ ⲉⲩ-
ⲙⲟⲛⲁⲥⲧⲏⲣⲓ̈ⲟⲛ ϩⲙ̅ ⲡⲧⲟⲟⲩ ⲙ̅ ⲡⲉϫⲟⲉⲓ̈ⲧ · ⲉϥⲕⲱⲧ ⲉⲓ̈ϫⲉⲛ
ⲧ̅ⲥⲩⲛⲧⲉ ⲙ̅ ⲡ̅ⲁⲡⲟⲥⲧⲟⲗⲟⲥ ϣⲁ ⲡⲉϩⲟⲟⲩ ⲙ̅ ⲡⲉϥⲙⲟⲩ ·
Ⲛ̅ⲧⲁⲓ̈ϫⲱ ⲉ̅ ⲣⲱⲧⲛ̅ ⲙ̅ ⲡⲓ̈ ⲁⲓ̈ⲛⲅⲙⲁ̅ ⲧⲏⲣϥ̅ ⲉ̅ ⲧⲃⲉ ⲑⲁⲓ̈ⲣⲏ-
ⲥⲓ̈ⲥ ⲛ̅ ⲉⲃⲓ̈ⲱⲛ · ⲉϥϫⲱ ⲙ̅ⲙⲟⲥ · ϫⲉ ⲟⲩⲁⲩⲛⲁⲙⲓ̈ⲥ ⲧⲉ
ⲙⲁⲣⲓ̈ⲁ ⲧⲙⲁⲁⲩ ⲙ̅ ⲡ̅ϫⲟⲉⲓ̈ⲥ · Ⲡⲁⲣⲉⲛⲕⲧⲟⲛ ⲧⲉⲛⲟⲩ
ⲉⲓ̈ϫⲉⲛ | ⲡⲉⲛⲧⲁⲛⲉⲣⲛⲧ ⲙ̅ⲙⲟϥ ⲛⲏⲧⲛ̅ ϩⲛ̅ ⲁⲩⲡⲟⲑⲩⲥⲓⲥ ⲛ̅ Fol. 15 *a*
ⲧⲉ̅ϩⲏⲅⲏⲥⲓ̈ⲥ · ⲉⲧⲉ ⲡϫⲱⲕ ⲉ̅ ⲃⲟⲗ ⲡⲉ ⲛ̅ ⲧⲡⲁⲣⲑⲉⲛⲟⲥ ⲉ̅ⲧ ⲗⲁ
ⲟⲩⲁⲁⲃ ⲙⲁⲣⲓ̈ⲁ̅ · ϯⲟⲩⲱϣ ⲇⲉ ⲟⲛ ⲉ ⲧⲣⲁⲕⲧⲟⲓ̈ ⲉ̅ ϩⲣⲁⲓ̈
ⲉⲓ̈ϫⲙ̅ ⲡⲉⲛⲧⲁⲛⲉⲣⲛⲧ ⲙ̅ⲙⲟϥ ⲛⲏⲧⲛ̅ · ϫⲓ̈ⲛⲉ ϣⲟⲣⲡ̅ ⲧⲁ
ϣⲁϫⲉ ⲉ̅ ⲣⲟϥ · Ⲁϫⲓ̈ⲥ ⲉ̅ ⲣⲟⲓ ⲱ̅ ⲅⲁⲃⲣⲓ̈ⲏⲗ · ⲡ̅ϯⲁⲧⲟⲭⲟⲥ
ⲙ̅ⲡⲛⲟⲩⲧⲉ ϣⲁ ⲛⲉⲣⲱⲙⲉ · ϫⲉ ⲧⲥⲩⲅⲅⲉⲛⲏⲥ ⲙ̅ ⲙⲁⲣⲓ̈ⲁ ·
ⲧⲉ ⲉⲗⲓ̈ⲥⲁⲃⲉⲧ ⲛ̅ ⲁϣ ⲛ̅ ϩⲉ · ϯⲥⲱⲧⲙ̅ ⲅⲁⲣ ⲉ̅ ⲣⲟⲕ ⲉⲕⲧⲁ-
ϣⲉⲟⲉⲓ̈ϣ ⲛⲁⲥ · ϫⲉ ⲉⲓ̈ⲥ ⲉ̅ⲗⲓ̈ⲥⲁⲃⲉⲧ · ⲧⲟⲩⲥⲩⲅⲅⲉⲛⲏⲥ ·
ⲁⲥⲱⲱ̅ ⲛ̅ ⲟⲩϣⲏⲣⲉ ϩⲛ̅ ⲧⲉⲥⲙⲛ̅ⲧϩ̅ⲗⲗⲟ · ⲕⲁⲧⲁ ⲧⲉⲡⲣⲟ-
ⲫⲏϯⲁ̅ ⲙ̅ ⲡⲉⲩⲁⲅⲅⲉⲗⲓ̈ⲟⲛ · Ⲛⲉⲓ̈ⲟⲧⲉ ⲛ̅ⲧⲡⲁⲣⲑⲉⲛⲟⲥ ϩⲛ̅ ⲉ̅
ⲃⲟⲗ ⲛⲉ ϩⲛ̅ ⲧⲉⲫⲩⲗⲏ ⲛ̅ ⲓ̈ⲟⲩⲇⲁ · ⲉⲗⲓ̈ⲥⲁⲃⲉⲧ ϩⲱⲱⲥ ⲟⲩⲉ
ⲉ̅ ⲃⲟⲗ ⲧⲉ ϩⲛ̅ ⲛⲉϣⲉⲉⲣⲉ ⲛ̅ ⲁⲁⲣⲱⲛ · Ⲁⲁⲣⲱⲛ ⲇⲉ ϩⲱⲱϥ
ⲟⲩⲉ ⲉ̅ ⲃⲟⲗ ⲡⲉ ϩⲛ̅ ⲧⲉⲫⲩⲗⲏ ⲛ̅ ⲗⲉⲩⲉⲓ̈ · ⲡⲉⲓ̈ ϣⲁϫⲉ ⲛ̅ϯϩⲉ
ⲟⲛ ⲧⲓ̈ⲡⲗⲟⲩⲛ · ⲁⲩⲱ ϥ̅ⲛⲏⲩ ⲉⲓ̈ϫⲉⲛ ϩⲱ (?) ⲥ̅ⲛⲁⲩ · Ⲓ̈ⲟⲩⲇⲁⲥ
ⲙⲛ̅ ⲗⲉⲩⲉⲓ̈ · ϩⲛ̅ⲥⲛⲏⲩ ⲛⲉ · ⲙⲛ̅ ⲛⲉⲩⲉⲣⲏⲩ · ⲟⲩⲉⲓ̈ⲱⲧ
ⲙⲛ̅ ⲟⲩⲙⲁⲁⲩ ⲛⲉ ⲛ̅ⲧⲁⲩϫⲡⲟⲟⲩ · ⲉⲧⲉ ⲓ̈ⲁⲕⲱⲃ ⲡⲉ · Ⲉϣϫⲉ
ⲧ̅ϣⲉⲉⲣⲉ ⲛ̅ ⲗⲉⲩⲉⲓ̈ ⲧⲉ ⲉⲗⲓ̈ⲥⲁⲃⲉⲧ · ⲁⲩⲱ̅ ⲟⲩⲉ ⲉ̅ ⲃⲟⲗ ϩⲛ̅
ⲓ̈ⲟⲩⲇⲁ ⲡⲉ ⲙⲁⲣⲓ̈ⲁ · ⲉⲓ̈ⲉ ⲡ̅ϣⲉⲉⲣⲉ ⲛⲉ ⲡ̅ⲥⲟⲛ ⲥⲛⲁⲩ · ⲟⲩⲕ
ⲟⲩⲛ ⲉⲩⲟ ⲛ̅ ⲥⲩⲅⲅⲉⲛⲏⲥ ⲉ ⲛⲉⲩⲉⲣⲏⲩ · | Ⲁⲓ̈ϯ ⲟⲛ ⲉ̅ⲣⲉ Fol. 15 *b*
ⲧⲕⲟⲩⲓ̈ ⲙ̅ ⲡⲁⲣⲑⲉⲛⲟⲥ ⲙⲁⲣⲓ̈ⲁ ϩⲙ̅ ⲡ̅ⲣⲡⲉ · ⲉⲛⲉⲥϭⲉⲉⲧ ⲗⲃ
ⲙⲁⲩⲁⲁⲥ ⲡⲉ ϩⲁ ⲑⲏ ⲉ ⲧⲣⲉ ⲡⲁⲣⲭⲁⲅⲅⲉⲗⲟⲥ ⲅⲁⲃⲣⲓ̈ⲏⲗ
ⲃⲱⲕ ϣⲁ ⲣⲟⲥ ⲙⲛ̅ ⲡϣⲙ̅ ⲛⲟⲩⲃⲉ · Ⲁ ⲍⲁⲭⲁⲣⲓⲁⲥ ⲡⲟⲩⲏⲏⲃ
ⲡϩⲁⲓ̈ ⲛ̅ ⲉⲗⲓ̈ⲍⲁⲃⲉⲧ · ϫⲱ ⲉ̅ ⲣⲟⲥ ⲛ̅ ⲛⲉⲡⲁⲓ̈ⲛⲟⲥ ⲛ̅ ⲧⲡⲁⲣ-
ⲑⲉⲛⲟⲥ · ⲁⲓ̈ϯ ⲉⲥϩⲙ̅ ⲡ̅ⲣⲡⲉ ⲙ̅ⲡⲁⲧ ⲟⲩⲧⲁⲁⲥ ⲛ̅ ⲇⲱⲣⲟⲛ ⲉ̅
ⲡϫⲟⲉⲓ̈ⲥ · ⲉⲛⲉ ⲙⲛ̅ ϣⲓ ϣⲟⲟⲡ ⲙ̅ ⲡⲉⲥⲁ̅ⲛⲁⲓ̈ · Ⲉⲛⲉ ⲛ̅
ϣⲁⲣⲉ ⲡ̅ⲣⲡⲉ ⲧⲏⲣϥ̅ ⲙⲟⲩϩ ⲛ̅ⲁⲅⲅⲉⲗⲟⲥ ⲉ̅ ⲃⲟⲗ ϩⲙ̅ ⲡⲉⲥϯ
ⲛⲟⲩⲃⲉ · ⲉⲩⲛⲏⲩ ϣⲁ ⲣⲟⲥ ⲉⲩϭⲓ̈ⲛⲉ ⲙ̅ ⲡⲉⲥϣⲓ̈ⲛⲉ · ⲉ̅ ⲧⲃⲉ
ⲛⲉⲥⲡⲟⲗⲩϯⲁ · Ⲛ̅ ⲧⲉⲣⲉ ⲥⲥⲱⲧⲙ̅ ⲉ ⲛⲁⲓ̈ · ⲛ̅ϭⲓ ⲉⲗⲓ̈ⲍⲁⲃⲉⲧ ·

ⲁⲥⲧⲱⲟⲩⲛ · ⲁⲥⲕⲁ ⲣⲁⲧⲥ̄ ⲉ̄ ⲃⲟⲗ ϫⲓ̄ⲛⲉ ⲇⲱⲣⲓ̄ⲛⲏ · ⲁⲥⲃⲱⲕ
ⲉ̄ ⲑⲓ̄ⲗⲏ̄ⲙ̄ · ⲁⲥⲃⲱⲕ ⲉ̄ ϩⲟⲩⲛ ⲉ̄ ⲡⲣ̄ⲡⲉ ⲙ̄ ⲡϫⲟⲉⲓ̄ⲥ · Ⲛ̄ ⲧⲉⲣⲉ
ⲥⲛⲁⲩ ⲉ̄ ⲙⲁⲣⲓ̄ⲁ̄ · ⲁⲥⲉⲣ ϣⲡⲏⲣⲉ · ⲛ̄ ⲧⲉⲭⲁⲣⲓⲥ ⲙ̄ ⲡ̄ϫⲟⲉⲓ̄ⲥ
ⲉ̄ⲧ ϩⲓ̄ⲣⲙ̄ ⲡⲉⲥϩⲟ · ⲁⲩⲱ̄ ⲁⲩⲁⲥⲡⲁⲍⲉ ⲛ̄ ⲛⲉⲩⲉⲣⲏⲩ · ⲁⲩ-
ϩ̄ⲙⲟⲟⲥ · Ⲡⲉϫⲉ ⲉ̄ⲗⲓ̄ⲍⲁⲃⲉⲧ ⲙ̄ ⲙⲁⲣⲓ̄ⲁ̄ · ϫⲉ ⲁⲣⲧⲟϭⲉ
ⲛ̄ⲧⲟⲩⲯⲩⲭⲏ ⲙⲛ̄ ⲡⲟⲩⲥⲱ̄ⲙⲁ ⲉ̄ ⲡϫⲟⲉⲓ̄ⲥ · ϫⲓ̄ⲛⲉ ⲧⲟⲩ-
ⲙⲛ̄ⲧⲕⲟⲩⲓ̄ · ⲁⲣⲟⲩⲁϩⲉ ⲛ̄ⲥⲱϥ ϩⲙ̄ ⲡⲟⲩϩⲏⲧ ⲧⲏⲣⲉϥ · ⲛ̄ⲑⲉ
ϫⲉ ⲉ̄ⲣⲉ ⲡⲥⲱⲧⲉ ⲙ̄ ⲡⲓ̄ⲏ̄ⲗ̄ ⲛⲏⲩ ⲉ̄ ⲃⲟⲗ ⲛ̄ϩⲏⲧⲉ · Ⲡⲉϫⲉ
ⲙⲁⲣⲓ̄ⲁ̄ · ϫⲉ ϥⲥⲙⲁⲙⲁⲁⲧ ⲛ̄ϭⲓ ⲡⲛⲟⲩⲧⲉ ⲙ̄ ⲡⲓ̄ⲏ̄ⲗ̄ · ⲡⲉⲛⲧ-
Fol. 16 *a* ⲁϥⲧⲁϩⲙⲉⲧ ⲛⲁϥ · ϫⲓ̄ⲛⲉ ⲧⲁ ⲙⲛ̄ⲧⲕⲟⲩⲓ̈ · | ⲉ ⲧⲣⲁ ϣⲙ̄ϣⲉ
[ⲗ̄ⲅ̄] ⲛⲁϥ ϩⲙ̄ ⲡⲣ̄ⲡⲉ ϩⲛ̄ ⲟⲩϫⲱⲕ ⲉ̄ ⲃⲟⲗ · Ⲁⲩⲱ̄ ⲛⲉⲩⲥⲟⲗⲥⲗ̄ ⲛ̄
ⲛⲉⲩⲉⲣⲏⲩ · ⲛ̄ⲧⲥⲛ̄ⲧⲉ ⲉ̄ ⲃⲟⲗ ϩⲙ̄ ⲡⲛⲟⲙⲟⲥ · ⲙⲛ̄ ⲛⲉⲡⲣⲟ-
ⲫⲏⲧⲏⲥ ⲛ̄ ⲟⲩⲙⲏⲛⲏϣⲉ ⲛ̄ϩⲟⲟⲩ · Ⲙⲛ̄ⲛ̄ⲥⲱⲥ ⲁ̄ ⲉⲗⲓ̄ⲍⲁⲃⲉⲧ
ⲕⲟⲧⲥ̄ ⲉ̄ ϩⲣⲁⲓ̄ ⲉ̄ ⲇⲱⲣⲓ̄ⲛⲏ ⲛ̄ ⲧⲉⲥϩⲉ · ⲉ̄ⲛⲉⲛϣⲁⲥϭⲛ̄ ⲡϣⲓ̄ⲛⲉ
ⲛ̄ⲧⲡⲁⲣⲑⲉⲛⲟⲥ ⲛ̄ ⲟⲩⲙⲏⲛⲏϣⲉ ⲛ̄ⲥⲟⲡ ⲛ̄ⲧⲉⲣⲟⲙⲡⲉ · ⲁⲥϯⲁ-
ⲕⲟⲛⲓ̄ ⲛⲁⲥ ⲙ̄ ⲡⲉⲧ ⲉⲥⲣ̄ ⲭⲣⲓ̄ⲁ̄ ⲙ̄ⲙⲟϥ · ϣⲁ ⲡⲉϩⲟⲟⲩ ⲛ̄ⲧⲁ
ⲅⲁⲃⲣⲓ̄ⲏⲗ ⲉⲓ̄ ϣⲁ ⲣⲟⲥ · ⲁϥϫⲟⲟⲥ ⲛⲁⲥ ⲉⲓ̄ⲥ ⲉ̄ⲗⲓ̄ⲍⲁⲃⲉⲧ
ⲧⲟⲩⲥⲩⲅⲅⲉⲛⲏⲥ ⲁⲥⲱ̄ⲱ̄ · Ⲗⲟⲓ̄ⲡⲟⲛ ⲉⲓ̄ⲥ ⲡϩⲱⲃ ⲁϥⲟⲩⲱ̄ⲛϩ̄
ⲉ̄ ⲃⲟⲗ · ϫⲉ ⲛ̄ⲥⲩⲅⲅⲉⲛⲏⲥ ⲛ̄ ⲛⲉⲩⲉⲣⲏⲩ ⲡⲉ ⲙⲁⲣⲓ̄ⲁ̄ ⲙⲛ̄
ⲉ̄ⲗⲓ̄ⲍⲁⲃⲉⲧ · ⲡⲣⲟⲥ ⲡⲉⲧ ⲥⲏϩ ϩⲛ̄ ⲛⲉⲩⲁⲅⲅⲉⲗⲓ̄ⲟⲛ · ⲛⲉ
ⲛ̄ⲧⲁⲓ̄ϣⲉⲣⲡ̄ ϫⲟⲟⲥ · Ⲁⲩⲉⲓ̄ⲥ ⲧⲉⲛⲟⲩ · ⲛ̄ⲧⲉⲛⲕ̄ⲧⲟⲛ ⲉ ϩⲣⲁⲓ̄
ⲉⲓ̄ϫⲙ̄ ⲡⲉⲡⲣⲟⲕⲓ̄ⲙⲉⲛⲟⲛ · ⲉ̄ⲧ ⲕⲏ ⲛⲁⲛ ⲉ̄ ϩⲣⲁⲓ · ⲉ̄ ⲧⲃⲉ
ⲧⲣ̄ⲣⲱ ⲧⲙⲁⲁⲩ ⲙ̄ ⲡⲣ̄ⲣⲟ · ⲛ̄ ⲟⲩϩⲓ̄ⲥⲉ ⲁⲛ ⲡⲉ ⲙ̄ ⲡⲉⲧ
ϣⲁϫⲉ ⲉ̄ ⲣⲟⲥ · ⲛ̄ⲟⲩⲉⲧ̄ⲡⲟ ⲁⲛ ⲧⲉ ⲙ̄ ⲡⲉⲧ ⲥⲱⲧⲙ̄ · ⲙ̄
ⲡⲉⲥⲙⲟⲧ ⲛ̄ ⲟⲩⲁ̄ ⲉϥⲛⲁϫⲱⲗϩ̄ ⲛ̄ ⲟⲩⲙⲟⲟⲩ ⲉ̄ ⲃⲟⲗ ϩⲛ̄
ⲟⲩⲡⲩⲅⲏ · ϩⲙ̄ ⲡⲧⲣⲉ ϥϩⲓ̄ ⲧⲟⲟⲧϥ̄ ⲅⲁⲣ ⲉ̄ ϫⲱⲗϩ̄ ⲉ̄ ⲃⲟⲗ ·
ϣⲁⲣⲉ ⲧⲡⲩⲅⲉⲓ ⲃⲉⲉⲃⲉ ⲉ̄ ⲡⲉϩⲟⲩⲟ̄ · ⲧⲁⲓ̄ ⲧⲉ ⲧⲁ ϩⲉ ϩⲱ ϩⲙ̄
ⲡⲧⲣⲁ ⲁⲣⲭⲉⲓ̄ ⲉ̄ ⲡⲃⲓⲟⲥ ⲛ̄ⲧⲡⲁⲣⲑⲉⲛⲟⲥ · ϣⲁⲣⲉ ⲧⲡⲩⲅⲏ
ⲙ̄ ⲡⲗⲟⲅⲟⲥ ⲃⲉⲉⲃⲉ ⲉ̄ ⲡⲉϩⲟⲩⲟ · ϯⲛⲁ ⲱϣ ⲉ̄ ⲃⲟⲗ ϩⲱ ⲙⲛ̄
Fol. 16 *b* ⲡⲉⲡⲣⲟⲫⲏⲧⲏⲥ ⲇ̄ⲁ̄ⲇ̄ · ⲧⲁϫⲓ̄ⲥⲉ ⲛ̄ ⲧⲁ ⲥⲙⲏ · | ϫⲉ ⲁⲕⲧⲥⲁⲃⲟⲓ̄
[ⲗ̄ⲇ̄] ⲛ̄ ϩⲟⲩ ⲉ̄ ⲛⲉⲧ ⲧⲥⲁⲃⲟ ⲙ̄ⲙⲟⲓ ⲧⲏⲣⲟⲩ · Ⲁⲩⲱ̄ ⲟⲛ ϫⲉ
ⲡⲟⲩⲱⲛϩ̄ ⲉ̄ ⲃⲟⲗ ⲛ̄ ⲛⲉⲕϣⲁϫⲉ · ⲡⲉⲧ ⲣ̄ ⲟⲩⲟ̄ⲉⲓⲛ ⲉ̄ ⲣⲟⲛ ·
Ⲉⲓ̄ⲙⲟⲩϣⲧ̄ ⲅⲁⲣ ⲙ̄ⲙⲟⲓ̄ · ϫⲉ ⲉⲓ̄ⲛⲁⲁⲣⲭⲉⲓ̄ ⲛ̄ϣⲁϫⲉ ⲉ̄ ⲃⲟⲗ
ⲧⲱⲛ · ⲁⲓ̄ⲉⲣ ⲡ̄ⲙⲉⲉⲩⲉ ⲅⲁⲣ ⲛ̄ ⲛⲉϣⲁϫⲉ ⲙ̄ ⲡⲥⲱⲧⲏⲣ ·

ⲛ̄ⲧⲁϥϫⲟⲟⲩ ⲛ̄ⲧⲉϥⲙⲁⲁⲩ· ⲉϥⲧⲁⲗⲏⲩ ⲉ ⲡⲉⲥ⳨ⲟⲥ· ϫⲉ
ⲧⲉⲥϩⲓ̈ⲙⲉ ⲉⲓ̈ⲥ ⲡⲟⲩϣⲏⲣⲉ· ⲉϥϣⲁϫⲉ ⲉ̄ ⲓ̈ⲱϩⲁⲛⲛⲏⲥ· ⲁϥ-
ⲕⲟⲧϥ̄ ⲟⲛ ⲉ ⲓ̈ⲱϩⲁⲛⲛⲏⲥ· ⲡⲉϫⲁϥ ⲛⲁϥ ϫⲉ ⲉⲓ̈ⲥ ⲧⲉⲕ-
ⲙⲁⲁⲩ· ϫⲓ̈ⲛⲉ ⲡⲉϩⲟⲟⲩ ⲉ̄ⲧ ⲙ̄ⲙⲁⲩ ⲁ ⲡⲙⲁⲑⲏⲧⲏⲥ ϫⲓⲧⲥ̄
ⲉ̄ ϩⲟⲩⲛ ⲉ̄ ⲡⲉϥⲏⲓ̈· ⲛⲉⲥⲇⲓⲁⲕⲟⲛⲉⲓ̈ ⲛⲁⲥ ϩⲛ̄ ⲇⲓⲁⲕⲟⲛⲓⲁ̄·
ⲛⲓⲙ ⲛ̄ⲑⲉ ⲛ̄ ⲟⲩϩⲙ̄ϩⲁⲗ· ⲉϥⲇⲓⲁⲕⲟⲛⲓ ⲉ ⲡⲉϥϫⲟⲉⲓ̈ⲥ·
ⲛⲉⲥⲙⲉ ⲙ̄ⲙⲟϥ· ϩⲱⲱϥ· ⲛ̄ⲑⲉ ⲛ̄ⲟⲩⲙⲁⲁⲩ ⲙⲛ̄ ⲛⲉⲥ-
ϣⲏⲣⲉ· ⲉ̄ⲛⲉⲥⲉⲓ̈ⲣⲉ ⲛ̄ ϩⲛ̄ⲛⲟϭ ⲛ̄ϭⲟⲙ· ⲙⲛ̄ ϩⲛ̄ⲧⲁⲗϭⲟ
ϩⲙ̄ ⲡ̄ⲗⲁⲟⲥ· ⲉⲩⲧⲛ̄ⲧⲟⲛ ⲉ ⲛⲁ ⲓ̄ⲥ̄ ⲡⲉⲛⲛⲟⲩⲧⲉ· ⲁⲗⲗⲁ
ⲛⲉⲥⲕⲱ ⲁⲛ ⲛ̄ ⲛ̄ⲁⲡⲟⲥⲧⲟⲗⲟⲥ ⲉⲓ̈ⲙⲉ· ϫⲉ ⲛⲉⲥⲡⲏⲧ ⲉ̄ ⲃⲟⲗ
ⲉ̄ ⲡⲉⲟⲟⲩ ⲛ̄ ⲛ̄ⲣⲱⲙⲉ· Ⲛⲉⲣⲉ ⲛ̄ⲁⲡⲟⲥⲧⲟⲗⲟⲥ ⲙⲏⲣ ⲉ̄ ⲣⲟⲥ
ⲛ̄ⲛⲁⲩ ⲛⲓⲙ· ⲉ̄ ⲃⲟⲗ ϩⲓ̈ ⲧⲟⲟⲧⲥ̄ ⲙⲛ̄ⲧⲁϣⲉⲟⲉⲓϣ· Ⲁⲥ-
ⲥⲱⲟⲩϩ ⲇⲉ ⲉ̄ ⲣⲟⲥ ⲛ̄ ⲟⲩⲙⲏⲏϣⲉ ⲙ̄ⲡⲁⲣⲑⲉⲛⲟⲥ· ⲉⲥⲡ̄ⲣⲟ-
ⲉⲓ̈ⲥⲧⲁ ⲉ̄ ϫⲟⲟⲩ ⲉⲥϯ ⲟⲩⲣⲟⲧ ⲛⲁⲩ· ⲉ̄ ϩⲟⲩⲛ ⲉ̄ ⲡⲁⲅⲁⲑⲟⲛ
ⲛ̄ ⲧⲡⲁⲣⲑⲉⲛⲓⲁ̄· ⲛ̄ϭⲓ ⲧⲉ ⲛ̄ⲧⲁⲥⲥⲟⲕ ϣⲁ ⲣⲟⲥ· ⲙ̄ ⲡⲛⲟⲩⲧⲉ·
ϣⲁⲛⲧ ⲉϥⲉⲓ̈ ⲧ ⲉϥ | ⲟⲩⲱϩ ϩⲛ̄ ⲧⲉⲥⲕⲁⲗⲁϩⲏ· ⲙ̄ ⲯⲓ̈ⲥ ⲛ̄ⲉⲃⲟⲧ· Fol. 17 *a*
ⲛⲥ̄ϯ ⲧⲉϩⲓ̈ⲏ· ⲛⲁⲛⲉ ⲧϭⲓ̈ⲛⲃⲱⲕ ⲉ̄ ϩⲣⲁⲓ̈ ⲉ̄ ⲧⲡⲉ· ϣⲁ ⲡⲉⲥ- ⲗ̄ⲉ̄
ⲙⲉⲣⲓ̈ⲧ ⲛ̄ ϣⲏⲣⲉ ⲁ̄ϫⲛ̄ ϫⲣⲟⲡ· Ⲁⲥϣⲱⲡⲉ ⲇⲉ ⲙⲛ̄ⲛ̄ⲥⲁ
ⲙⲛ̄ⲧⲉ ⲛ̄ⲣⲟⲙⲡⲉ· ϫⲓ̈ⲛ ⲛ̄ⲧⲁ ⲡⲉⲛϫⲟⲉⲓ̈ⲥ ⲧⲱⲟⲩⲛ ⲉ̄ ⲃⲟⲗ
ϩⲛ̄ ⲛⲉⲧ ⲙⲟⲟⲩⲧ· ⲕⲁⲧⲁ ⲛ̄ ⲁⲣⲭⲏⲟ̄ⲗⲟⲅⲓⲁ̄ ⲛ̄ ⲓ̈ⲱⲥⲏⲡⲡⲟⲥ·
ⲙⲛ̄ ⲉⲅⲉⲣⲓ̈ⲛⲁⲓ̈ⲟⲥ· ⲛ̄ ⲁⲡⲟ ϩⲉⲃⲣⲁⲓ̈ⲟⲥ· Ⲁⲩϫⲟⲟⲩ· ϫⲉ
ⲛⲉⲣⲉ ⲓ̈ⲱϩⲁⲛⲛⲏⲥ ⲙⲛ̄ ⲙⲁⲣⲓⲁ̄· ⲟⲩⲏϩ ϩⲛ̄ ⲟⲩⲏⲓ̈ ⲛ̄ ⲟⲩⲱⲧ
ϩⲛ̄ ⲑⲓ̈ⲗⲏⲙ· Ⲁⲥϣⲱⲡⲉ ⲛ̄ϭⲓ̈ ⲟⲩϩⲟⲟⲩ ⲛ̄ϯϩⲉ ⲡⲉϫⲁϥ· ⲁ
ⲧⲡⲁⲣⲑⲉⲛⲟⲥ ⲉ̄ⲧ ⲟⲩⲁⲁⲃ ⲙⲁⲣⲓⲁ̄· ⲙⲟⲩⲧⲉ ⲉ̄ ⲉⲓ̈ⲱϩⲁⲛⲛⲏⲥ·
ⲡⲉϫⲁⲥ ⲛⲁϥ· ϫⲉ ⲃⲱⲕ· ⲙⲟⲩⲧⲉ ⲛⲁⲓ̈ ⲉ̄ ⲡⲉⲧⲣⲟⲥ ⲙⲛ̄
ⲓ̈ⲁⲕⲕⲱⲃⲟⲥ· ⲙⲁⲣⲟⲩⲉⲓ̈ ⲛⲁⲓ̈ ⲙ̄ ⲡⲓ̈ ⲙⲁ· Ⲁϥⲃⲱⲕ ⲇⲉ ϩⲛ̄
ⲟⲩϭⲉⲡⲏ· ⲁϥⲙⲟⲩⲧⲉ ⲉ̄ ⲣⲟⲟⲩ· ⲁⲩⲉⲓ̈ ⲁⲩϩ̄ⲙⲟⲟⲥ ϩⲁϩ-
ⲧⲏⲥ· ⲙ̄ ⲡ̄ϣⲟⲙⲛ̄ⲧ· Ⲡⲉϫⲁⲥ ⲛⲁⲩ ϫⲉ ⲥⲱⲧⲙ̄ ⲉ̄ ⲣⲟⲓ̈ ⲛⲉ
ⲛ̄ⲧⲁ ⲡⲛⲟⲩⲧⲉ ⲥⲟⲧⲡⲟⲩ ⲉ ⲧⲣⲉ ⲩⲧⲁϣⲉⲟⲉⲓϣ ⲙ̄ ⲡⲉⲩ-
ⲁⲅⲅⲉⲗⲓⲟⲛ ϩⲛ̄ ⲧⲟⲓ̈ⲕⲟⲩⲙⲉⲛⲏ ⲧⲏⲣⲥ̄· Ⲛ̄ⲧⲉⲧⲛ̄ ⲇⲉ ⲁⲧⲉⲧⲛ̄-
ⲛⲁⲩ ϩⲉⲛ ⲛⲉⲧⲛ̄ⲃⲁⲗ· ⲉⲛϭⲟⲙ ⲙⲛ̄ ⲛⲉϣⲡⲏⲣⲉ· ⲛ̄ⲧⲉ
ⲡⲛⲟⲩⲧⲉ ⲁⲁⲩ· ⲙ̄ ⲡⲉⲩⲟ̄ⲉⲓϣ ⲉϥϩⲙ̄ ⲡⲕⲟⲥⲙⲟⲥ ⲛ̄ⲙ̄ⲙⲏⲧⲛ̄·
ⲁⲩⲱ̄ ⲛ̄ⲧⲉⲧⲛ̄ⲣ̄ ⲭⲣⲓⲁ̄ ⲁⲛ ⲛ̄ ⲟⲩⲁ̄· ⲉ ⲧⲣⲉ ϥⲣ̄ ⲙⲛ̄ⲧⲣⲉ- Fol. 17 *b*
ⲛⲏⲧⲛ̄ | ⲛ̄ⲧⲟⲧⲛ ⲛ̄ ⲙ̄ ⲡϣⲟⲙⲛ̄ⲧ· ⲁϥϫⲓ̈ ⲧⲏⲩⲧⲛ̄ ϩⲓϫⲙ̄ ⲗ̄ⲥ̄

ⲡⲉⲧⲟⲟⲩ ⲛ̄ ⲛⲉϫⲟⲉⲓⲧ · ⲁⲩⲱ̄ ⲁ ⲛⲉⲧⲛ̄ⲙⲁⲁϫⲉ ⲥⲱⲧⲙ̄ ⲉ̄
ⲧⲉϥⲫⲱⲛⲏ ⲙ̄ ⲡⲉⲓ̈ⲱⲧ ⲉⲥⲉⲣ ⲙⲛ̄ⲧⲣⲉ ϩⲁ ⲣⲟϥ · ϫⲉ ⲡⲁⲓ̈ ⲡⲉ
ⲡⲁ ϣⲏⲣⲉ ⲡⲁ ⲙⲉⲣⲓ̈ⲧ · ⲡⲉⲛⲧⲁ ⲡⲁ ⲟⲩⲱϣ ϣⲱⲡⲉ ⲛ̄ϩⲏⲧϥ̄ ·
ⲁⲧⲉⲧⲛ̄ⲛⲁⲩ ⲉⲛϩⲓ̈ⲥⲉ ⲛ̄ⲧⲁ ⲛⲓ̈ⲟⲩⲇⲁⲓ̈ ⲧⲁⲁⲩ ⲛⲁϥ · ⲉϥⲁ-
ⲗⲏⲩ (*sic*) ⲉ̄ ⲡⲉⲥ̄ⳁⲟⲥ · ⲁⲩⲱ̄ ⲁⲩⲙⲟⲟⲩⲧϥ̄ · ⲁ ⲡⲉϥⲉⲓ̈ⲱⲧ
ⲧⲟⲩⲛⲟⲥϥ̄ ⲉ̄ ⲃⲟⲗ ϩⲛ̄ ⲛⲉⲧ ⲙⲟⲟⲩⲧ · ⲙ̄ ⲡⲉϥⲙⲉϩ ϣⲟⲙⲛ̄ⲧ
ⲛ̄ϩⲟⲟⲩ · ⲁⲩⲱ ⲁⲓ̈ⲃⲱⲕ ⲉ̄ ⲃⲟⲗ ⲉ̄ ⲡⲧⲁⲫⲟⲥ · ⲁϥⲟⲩⲱ̄ⲛϩ̄ ⲉ̄
ⲣⲟⲓ̈ · ⲁϥϣⲁϫⲉ ⲛⲙ̄ⲙⲁⲓ̈ ⲉϥϫⲱ ⲙ̄ⲙⲟⲥ · ϫⲉ ⲃⲱⲕ ⲧⲁⲙⲉ
ⲛⲁⲥⲛⲏⲩ · ⲉ ⲛⲉⲛⲧⲁⲣⲛⲁⲩ ⲉ ⲣⲟⲟⲩ · ⲛⲁⲓ̈ ⲛ̄ⲧⲁ ⲡⲁ ⲉⲓ̈ⲱⲧ
ⲙⲉⲣⲓ̈ⲧⲟⲩ · ⲙⲁⲣⲟⲩⲉⲓ̈ ⲉ̄ ⲧⲅⲁⲗⲓ̈ⲗⲉⲁ · ⲁⲩⲱ ⲁϥⲉⲓ̈ ⲉ̄ ϩⲟⲩⲛ
ϣⲁ ⲣⲱⲧⲛ̄ ⲉ̄ⲣⲉ ⲛ̄ ⲣⲟ ϣⲟⲧⲙ̄ · ⲁϥϣⲁϫⲉ ⲛⲙ̄ⲙⲏⲧⲛ̄ ⲉ̄
ⲧⲃⲉ ⲧⲙⲛ̄ⲧⲣ̄ⲣⲟ ⲛ̄ⲛ̄ ⲙ̄ⲡⲏⲩⲉ · ⲁⲩⲱ̄ ⲛ̄ϫⲱⲕ ⲛ̄ ϩ̄ⲙⲏⲛ
ⲛ̄ϩⲟⲟⲩ ⲉ̄ⲧⲉⲧⲛ̄ⲥⲟⲟⲩϩ ⲧⲏⲣⲧⲛ̄ · ⲉⲩⲙⲁ ⲛ̄ ⲟⲩⲱⲧ · ⲛⲉ ⲙ̄-
ⲙⲁⲩ ⲅⲁⲣ ⲛⲙ̄ⲙⲏⲧⲛ̄ ⲡⲉ ϩⲓ̈ϫⲙ̄ ⲡ̄ⲧⲟⲟⲩ ⲛ̄ ⲛⲉϫⲟⲉⲓ̈ⲧ ·
ⲁϥⲉⲓ̈ ⲟⲛ ϣⲁ ⲣⲱⲧⲛ̄ ⲛ̄ϭⲓ̈ ⲡ̄ϫⲟⲉⲓ̈ⲥ · ⲡⲉϫⲁϥ ⲛⲏⲧⲛ̄ · ϫⲉ
ⲁⲓ̈ϫⲉⲕ ⲧⲟⲓ̈ⲕⲟⲛⲟⲙⲓ̈ⲁ̄ ⲉ̄ ⲃⲟⲗ ⲉ̄ⲧ ⲕⲏ ⲛⲁⲓ̈ ⲉ̄ ϩⲣⲁⲓ̈ · ϩⲙ̄
ⲡⲕⲟⲥⲙⲟⲥ · ⲁⲩⲱ ⲉⲓ̈ⲛⲁⲃⲱⲕ ⲉ ϩⲣⲁⲓ̈ ϣⲁ ⲡⲁ ⲉⲓ̈ⲱⲧ ·
Fol. 18 *a* ⲁⲧⲉⲧⲛ̄ⲟⲩⲱϣⲃ̄ · ϫⲉ ⲉⲕⲛⲁⲃⲱⲕ ⲛⲅ̄ ⲕⲁⲁⲛ ⲉⲛⲉ|ⲛⲟⲣ-
ⲗ̅ⲍ̅ ⲫⲁⲛⲟⲥ · ⲛ̄ⲧⲟϥ ⲇⲉ ⲡⲉϫⲁϥ ϫⲉ ⲉⲓ̈ϣⲁⲛⲃⲱⲕ · ϯⲛⲁⲧⲛ̄-
ⲛⲟⲟⲩ ⲛⲏⲧⲛ̄ ⲉ ⲡⲡⲁⲣⲁⲕⲗⲏⲧⲟⲥ · ⲡⲉⲡⲛ̄ⲁ̄ ⲉ̄ⲧ ⲟⲩⲁⲁⲃ ·
ⲛ̄ ⲧⲁ ϣⲃ̄ⲃⲓ̈ⲟ · ⲙⲛ̄ⲛ̄ⲥⲁ ϩⲁϩ ⲁⲛ ⲛ̄ϩⲟⲟⲩ · ⲁⲗⲗⲁ ϣⲁ
ⲧⲡⲉⲛⲧⲏⲕⲟⲥⲧⲏ · ⲁⲗⲗⲁ ⲉⲓ̈ⲥ ⲧⲉⲛⲧ ⲁⲥϣⲱⲡⲉ ⲛⲁⲓ̈ ⲙ̄ ⲙⲁ
ⲛ ⲟⲩⲱϩ · ⲁⲓ̈ϣⲱⲡⲉ ⲛⲁⲥ ⲛ̄ ϣⲏⲣⲉ ϩⲛ̄ ⲧⲉⲥⲁⲣⲝ̄ · ⲉϣⲟⲟⲡ
ϩⲁⲧⲛ̄ ⲧⲏⲩⲧⲛ̄ ⲧⲉⲛⲟⲩ · ⲁⲗⲗⲁ ⲁⲛⲟⲕ ϯϣⲟⲟⲡ ⲛⲙ̄ⲙⲏⲧⲛ̄
ϣⲁ ⲧⲥⲩⲛⲧⲉⲗⲉⲁ̄ ⲙ̄ ⲡⲁⲓ̈ⲱⲛ · ⲁⲩⲱ̄ ⲛ̄ ⲧⲉⲣⲉ ϥϫⲉ ⲛⲁⲓ̈
ⲛⲁⲛ · ⲁϥⲡⲟⲣϫ̄ ⲉ ⲃⲟⲗ ⲙ̄ⲙⲟⲛ · ⲛ̄ ⲟⲩⲕⲟⲩⲓ̈ · ⲁϥⲁⲗⲉ
ⲉⲓ̈ϫⲙ̄ ⲡⲧⲟⲟⲩ ⲙ̄ ⲡⲓ̈ⲛⲃ̄ⲧ · ⲁϥⲁⲗⲉ ⲉⲓ̈ϫⲉⲛ ⲛⲉⲭⲁⲓ̈ⲣⲟⲩ-
ⲃⲓ̈ⲛ · ⲁϥⲃⲱⲕ ⲉ̄ ⲡϫⲓ̈ⲥⲉ ϩⲛ̄ ⲧⲥⲁⲣⲝ̄ · ⲛ̄ⲧⲁϥϫⲓ̈ⲧⲥ̄ ⲛ̄ϩⲏⲧ ·
ⲁⲩⲱ̄ ⲁⲩϩⲩⲙⲛⲉⲩⲉ ⲉ̄ ⲣⲟϥ · ⲛ̄ϭⲓ̈ ϩⲛ̄ϣⲟ ⲛ̄ϣⲟ · ⲙⲛ̄ ϩⲛ̄-
ⲧⲃⲁ ⲛ̄ⲧⲃⲁ · ⲁⲩⲱ̄ ⲛⲉⲩϭⲱϣⲧ̄ ⲛ̄ⲥⲱϥ · ϣⲁⲛⲧ ⲉϥⲃⲱⲕ ⲉ̄
ϩⲣⲁⲓ̈ ⲉ̄ ⲧⲡⲉ · ⲁⲩⲱ̄ ⲁⲛⲛⲁⲩ ⲟⲛ ⲉ̄ ⲣⲱⲙⲉ ⲥⲛⲁⲩ ⲉⲩⲁϩⲉ
ⲣⲁⲧⲟⲩ ϩⲓ̈ⲧⲟⲩⲱϥ · ⲡⲉϫⲁⲩ · ϫⲉ ⲛ̄ⲣⲱⲙⲉ ⲁϩⲣⲱⲧⲛ̄
ⲉⲧⲉⲧⲛ̄ϭⲱϣⲧ̄ ⲉ̄ ϩⲣⲁⲓ̈ ⲉ̄ ⲧⲡⲉ · ⲡⲁⲓ̈ ⲡⲉ ⲓ̅ⲥ̅ ⲡⲉⲛⲧⲁⲩⲥ̄ⳁⲟⲩ
ⲙ̄ⲙⲟϥ · ⲉⲩⲛⲁϥⲓ̈ⲧϥ̄ ⲉ̄ ϩⲣⲁⲓ̈ ⲉ̄ ⲧⲡⲉ · ⲁⲩⲱ̄ ⲧⲁⲓ̈ ⲧⲉ ⲑⲉ ⲉⲧ

ⲉϥⲛⲏⲩ ⲙ̅ⲙⲟⲥ ⲉ ⲕⲣⲓ̈ⲛⲉ ⲛ̅ ⲛⲉⲧ ⲟⲛ̅ϩ̅ · ⲙⲛ̅ ⲛⲉⲧ ⲙⲟⲟⲩⲧ ·
Ⲁⲩⲱ ⲙⲛ̅ⲛ̅ⲥⲁ ⲡϫⲱⲕ ⲙ̅ ⲙⲛⲧ ⲛ̅ϩⲟⲟⲩ · ⲁϥⲧⲛ̅|ⲧⲟⲟⲩ Fol. 18 *b*
ⲉⲓ̈ϫⲉⲛ ⲛ̅ⲧⲏⲩⲧⲛ̅ ⲙ̅ ⲡⲉⲡⲛ̅ⲁ̅ ⲉ̅ⲧ ⲟⲩⲁⲁⲃ · ⲁⲩⲱ̅ ⲉⲛⲉϥ- ⲗ̅ⲏ̅
ⲉ̅ⲛⲉⲣⲅ̅ⲓ̅ ⲛⲏⲧⲛ̅ ⲛ̅ ⲛⲓ̈ϭⲟⲙ · ⲡⲣⲟⲥ ⲑⲉ ⲉⲧⲉⲧⲛ̅ⲁϣϭⲙ̅ϭⲟⲙ
ⲙ̅ⲙⲟⲥ · ⲁⲩⲱ̅ ⲙ̅ⲡⲉⲣ ⲕⲱ ⲛ̅ⲥⲱⲧⲛ̅ ⲉ̅ⲛⲉⲛⲧⲟⲗⲏ ⲙ̅ ⲡ̅ϣⲏⲣⲉ
ⲙ̅ ⲡⲛⲟⲩⲧⲉ · Ⲙ̅ⲡⲉⲣ ⲣ̅ ϩⲟⲧⲉ ϩⲏⲧⲥ̅ ⲉ̅ ⲧⲁⲡⲓ̈ⲗⲏ ⲛ̅ ⲛ̅ⲣ̅ⲣⲱⲟⲩ
ⲙⲛ̅ ⲛ̅ⲁⲣⲭⲱⲛ ⲙ̅ ⲡⲕⲁϩ · ⲛ̅ⲧⲉⲧⲛ̅ⲕⲱ ⲛ̅ ⲥⲱⲧⲛ̅ ⲉ̅ ⲛⲉⲡⲁⲣ-
ⲁⲅⲅⲉⲗⲓ̈ⲁ̅ ⲙ̅ ⲡⲉⲧⲛ̅ϫⲟⲉⲓ̈ⲥ · ⲁⲩⲱ ⲡⲉⲧⲛ̅ⲥⲁϩ · Ⲧⲉⲛⲟⲩ ϭⲉ
ⲙ̅ⲡⲉⲣ ⲗⲩⲡⲏ ϩⲙ̅ ⲡⲉⲧⲛ̅ϩⲏⲧ ϩⲙ̅ ⲡⲉ ϯⲛⲁϫⲟⲟϥ ⲛⲏⲧⲛ̅ ·
Ⲁϥϩⲱⲛ ⲉ̅ ϩⲟⲩⲛ ⲉ̅ ⲣⲟⲓ̈ ⲛ̅ϭⲓ ⲡⲉⲩⲟⲉⲓϣ ⲙ̅ ⲡⲁ ϭⲙ̅
ⲡ̅ϣⲓ̈ⲛⲉ · ⲧⲁⲕⲱ ⲉ̅ ϩⲣⲁⲓ̈ ⲙ̅ ⲡⲁ ⲥⲱⲙⲁ ⲛ̅ⲧⲉ ⲧⲁ ⲯⲩⲭⲏ
ⲙⲛ̅ ⲡⲁ ⲡⲛ̅ⲁ̅ ⲃⲱⲕ ⲉ̅ ϩⲣⲁⲓ̈ ϩⲁⲧⲙ̅ ⲡ̅ϫⲟⲉⲓ̈ⲥ · ϫⲉ ⲕⲁⲥ
ⲉϥⲉϯ ⲛⲁⲓ̈ ⲛ̅ ⲛⲉⲛⲧⲁϥⲉ̅ⲣⲏⲧ ⲙ̅ⲙⲟⲟⲩ ⲛⲁⲓ̈ · Ⲕⲁⲓ̈ ⲅⲁⲣ
ⲁϥⲉⲓ̈ ϣⲁ ⲣⲟⲓ̈ ⲛ̅ϭⲓ̈ ⲡⲁ ϫⲟⲉⲓⲥ ⲛ̅ ⲧⲉⲩϣⲏ ⲛ̅ ⲥⲁⲃ (*sic*) · ⲉⲓ̈-
ⲁ̅ϩⲉ ⲣⲁⲧ ⲉ̅ ϣⲗⲏⲗ · ⲡⲉϫⲁϥ ⲛⲁⲓ̈ · ϫⲉ ⲁⲣⲥⲟⲩⲱ̅ⲛⲧ ·
ⲡⲉϫⲁⲓ̈ ⲛⲁϥ · ϫⲉ ⲛ̅ⲧⲟⲕ ⲡⲉ ⲡⲁ ϫⲟⲉⲓ̈ⲥ · ⲁⲩⲱ̅ ⲡⲁ ϣⲏⲣⲉ
ⲙ̅ ⲙⲉⲣⲓ̈ⲧ · ⲟⲩ ⲡⲉ ⲡⲉⲧ ⲉⲕⲟⲩⲉϩⲥⲁϩⲛⲉ ⲙ̅ⲙⲟϥ ⲛⲁⲓ̈ ·
Ⲡⲉϫⲁϥ ⲛⲁⲓ̈ · ϫⲉ ⲧⲁⲙⲙⲉ ⲡⲉⲧⲣⲟⲥ ⲙⲛ̅ ⲓ̈ⲱϩⲁⲛⲛⲏⲥ ⲉ̅
ⲛⲁⲓ̈ · ϫⲉ ⲛ̅ⲧⲟⲟⲩ ⲛⲉ ⲛ̅ϣⲁⲩⲕⲱ ⲛ̅ ⲛⲉⲩϭⲓ̈ϫ ⲉⲓ̈ϫⲛ̅ ⲛ̅ ⲟⲩ-
ⲃⲁⲗ · Ⲧⲉⲛⲟⲩ ϭⲉ ⲕⲉ ϣⲟⲙⲛ̅ⲧ ⲛ̅ϩⲟⲟⲩ ⲛⲉ ϣⲁⲛⲧⲁⲉⲓ̈|
ⲛ̅ⲥⲱ ⲧⲁϫⲓ̈ ⲧⲟⲩⲯⲩⲭⲏ ⲙⲛ̅ ⲡⲟⲩⲥⲱⲙⲁ ⲉ̅ ϩⲟⲩⲛ ⲉ̅ ⲧⲁ Fol. 19 *a*
ⲡⲟⲗⲓⲥ ⲑⲓ̈ⲗⲏⲙ̅ ⲛ̅ ⲧⲡⲉ · ⲛ̅ⲧⲉ ⲛⲁⲡⲉⲧ ⲟⲩⲁⲁⲃ ⲧⲏⲣⲟⲩ ⲣ̅ ⲗ̅ⲑ̅
ϣⲡⲏⲣⲉ ⲙ̅ ⲡⲉⲟⲟⲩ ⲉ ϯⲛⲁⲧⲁⲁϥ ⲛⲏ ϩⲙ̅ ⲡ̅ⲙⲁ ⲉ̅ⲧ ⲙ̅ⲙⲁⲩ ·
ϫⲉ ⲛ̅ⲧⲟ ⲡⲉ ⲛ̅ⲧⲁⲣ̅ ϩⲱⲧⲡ̅ ⲉ̅ ⲡⲛⲟⲩⲧⲉ ⲙⲛ̅ ⲛⲉϥⲁⲅⲅⲉⲗⲟⲥ ·
ⲉ̅ ⲧⲙ̅ⲛ̅ⲧⲣⲱⲙⲉ · Ⲁⲩⲱ̅ ⲧⲉⲣⲛⲁϣⲱⲡⲉ ⲉⲣ ϫⲟⲥⲉ ⲉ̅ ⲛⲉⲧ
ⲟⲩⲁⲁⲃ ⲧⲏⲣⲟⲩ · ϯⲛⲁⲧⲣⲉ ⲛⲁⲁⲅⲅⲉⲗⲟⲥ ϣⲱⲡⲉ · ⲉⲩϩⲩⲙ-
ⲛⲉⲩⲉ̅ ⲉ̅ⲣⲟ ⲛ̅ⲛⲁⲩ ⲛⲓⲙ · ϫⲉ ⲉⲣⲧⲛ̅ⲧⲱⲛ ⲉ ⲣⲟⲟⲩ ϩⲙ̅
ⲡⲟⲩⲧⲃ̅ⲃⲟ ⲙⲛ̅ ⲧⲟⲩⲁⲓ̈ ⲛ̅ ⲧ̅ⲡⲁⲣⲑⲉⲛⲟⲥ · Ⲥⲉⲛⲁⲣⲁϣⲉ ⲛ̅ϭⲓ
ⲛ̅ ⲁⲅⲅⲉⲗⲟⲥ ⲧⲏⲣⲟⲩ · ⲙⲛ̅ ⲛⲉⲧⲁⲅⲙⲁ ⲛ̅ ⲧⲡⲉ · ⲉⲓ̈ϫⲛ̅ ⲧⲟⲩ-
ϭⲓ̈ⲛⲁⲡⲁⲛⲧⲁ ⲉ̅ ⲣⲟⲟⲩ · Ⲙ̅ⲡⲁⲧⲣⲓ̈ⲁⲣⲭⲏⲥ ⲙⲛ̅ ⲛⲉⲡⲣⲟⲫⲏ-
ⲧⲏⲥ ⲛⲁⲉⲓ̈ ⲉ̅ ⲃⲟⲗ ⲉ̅ⲧ ⲟⲩⲁ̅ⲡⲁⲛⲧⲏ · ⲉⲩⲧⲉⲗⲏⲗ ⲙ̅ⲙⲟⲟⲩ ·
ϫⲉ ⲁ ⲧⲙⲁⲁⲩ ⲙ̅ ⲡϫⲟⲉⲓ̈ⲥ ⲉⲓ̈ ϣⲁ ⲣⲟⲛ · Ⲕⲁⲓ̈ ⲅⲁⲣ ⲙ̅-
ⲡⲟⲩϣϭⲙ̅ϭⲟⲙ ⲛ̅ ⲛⲁⲩ ⲉ̅ ⲣⲟⲥ ϩⲛ̅ ⲧ̅ⲥⲁⲣⲝ̅ · ⲉⲓ̈ⲥ ϩⲏⲛ̅ⲧⲉ
ⲁⲩⲛⲁⲛ (*sic*) ⲉ̅ ⲣⲟⲥ · ⲉⲩϯ ⲉ̅ⲟⲟⲩ ⲛⲁⲥ ϩⲓ̈ⲧⲙ̅ ⲡⲛⲟⲩⲧⲉ ⲡ̅ⲉⲓ̈ⲱⲧ ·

F 2

Ⲛ̅ⲡⲁⲣⲑⲉⲛⲟⲥ ⲧⲏⲣⲟⲩ ⲛ̅ⲛ̅ ⲙ̅ⲡⲏⲩⲉ̅· ⲥⲉⲛⲁⲣⲁϣⲉ ⲛ̅ⲙ̅ⲙⲏⲛ
ϩⲛ̅ ⲟⲩϭⲓ̈ⲛⲁⲡⲁⲛⲧⲁ ⲉ̅ ⲣⲟⲟⲩ· ⲛⲁⲓ̈ ⲛ̅ⲧⲁⲩϩⲁⲣⲉϩ ⲉ̅ ⲧⲉⲩ-
ⲡⲁⲣⲑⲉⲛⲓ̅ⲁ̅· ⲥⲉⲛⲏⲩ ⲉ ⲃⲟⲗ ϩⲁ ϫⲱ· ⲉⲩⲡ̅ⲣⲟⲥⲕⲩⲛⲏ
ⲙ̅ⲙⲟ· ⲉⲩϫⲱ ⲙ̅ⲙⲟⲥ· ϫⲉ ⲕⲁⲗⲱⲥ ⲁⲣⲉⲓ̈ ⲧ̅ⲙⲁⲁⲩ ⲛ̅
Fol. 19 *b* ⲛⲉ|ⲡⲁⲣⲑⲉⲛⲟⲥ ⲧⲏⲣⲟⲩ· ⲗⲟⲓ̈ⲡⲟⲛ ⲁ ⲡⲉⲩⲟⲉⲓ̈ϣ ϣⲱⲡⲉ ⲉ̅
ⲙ̅ ⲧⲣⲉ ⲣ ⲉⲓ̈ ϩⲁϩⲧⲏⲛ ⲱ̅ ⲧⲁ ⲙⲁⲁⲩ· Ⲙ̅ⲡⲉⲣ ⲗⲩⲡⲏ ⲱ̅ ⲧⲁ-
ⲙⲁⲁⲩ ⲉ̅ ⲧⲃⲉ ⲡⲟⲩⲥⲱⲙⲁ ⲉ̅ⲧ ⲟⲩⲁⲁⲃ· ϫⲉ ⲟⲩ ⲡⲉⲧ
ⲛⲁϣⲱⲡⲉ ⲙ̅ⲙⲟϥ· Ⲏ̅ ⲉⲩⲛⲁⲕⲁⲁϥ ⲧⲱⲛ· Ⲛⲓⲙ ⲛ̅ ⲣⲱⲙⲉ
ϩⲱⲗⲟⲥ ⲛ̅ ϫⲡⲟ ⲛ̅ ⲥⲁⲣⲝ̅· ⲡⲉⲧⲉ ⲙⲉϥϫⲓ̈ ϯⲡⲉ ⲙ̅ ⲡ̅ⲙⲟⲩ·
ⲁⲩⲱ ⲛ̅ⲧⲉ ⲡⲉϥⲥⲱⲙⲁ ⲕⲟⲧϥ̅ ⲉ ⲡⲕⲁϩ· ⲛ̅ⲧⲁϫⲓ̈ⲧϥ̅ ⲛ̅ϩⲏⲧϥ̅·
Ⲁⲛⲟⲕ ⲁⲓ̈ϫⲓ̈ ϯⲡⲉ ⲙ̅ ⲡⲙⲟⲩ· ⲁⲗⲗⲁ ⲁⲓ̈ⲧⲱⲟⲩⲛ ⲉ̅ ⲃⲟⲗ
ϩⲛ̅ ⲛⲉⲧ ⲙⲟⲟⲩⲧ· ⲙ̅ ⲡⲙⲉϩ ϣⲟⲙⲛ̅ⲧ ⲛ̅ϩⲟⲟⲩ· ⲁⲓ̈ⲃⲱⲗ
ⲉ̅ ⲃⲟⲗ ⲙ̅ ⲡⲉⲧ ⲉⲩⲉⲛⲧϥ̅ ⲡⲁⲙⲁϩⲧⲉ ⲙ̅ⲙⲁⲩ ⲙ̅ ⲡⲙⲟⲩ·
ϯⲛⲁⲥⲕⲩⲡⲁⲍⲉ ⲙ̅ ⲡⲟⲩⲥⲱⲙⲁ ϩⲙ̅ ⲡⲕⲁϩ· ⲧⲁⲧⲣⲉ ⲛⲁⲁⲅ-
ⲅⲉⲗⲟⲥ ⲥⲕⲩⲡⲁⲍⲉ ⲙ̅ ⲡⲟⲩⲥⲱⲙⲁ ϩⲙ̅ ⲡⲕⲁϩ ⲛ̅ⲛⲁⲩ ⲛⲓⲙ·
Ⲙ̅ⲛⲉ ⲗⲁⲁⲩ ⲛ̅ⲣⲱⲙⲉ ϭⲛ̅ ⲡⲟⲩⲥⲱⲙⲁ ϩⲙ̅ ⲡⲕⲁϩ ϩⲙ̅ ⲡⲙⲁ
ⲉϯⲛⲁⲕⲁⲁϥ ⲛ̅ϩⲏⲧϥ̅· ϣⲁ ⲡⲉϩⲟⲟⲩ ⲉ ϯⲛⲁⲧⲟⲩⲛⲟⲥϥ̅ ⲉϥⲟ
ⲛ̅ ⲁⲧ ⲧⲁⲕⲟ· Ⲁⲗⲗⲁ ⲟⲩⲉⲛ ⲟⲩⲥϯ ⲛⲟⲩⲃⲉ ⲛⲁϣⲟⲩϣⲟⲩ
ⲉ̅ ⲃⲟⲗ ϩⲙ̅ ⲡⲟⲩⲥⲱⲙⲁ ϣⲁ ⲡⲉϩⲟⲟⲩ ⲉ̅ⲧ ⲉϥⲛⲁⲧⲱⲟⲩⲛ
ⲛ̅ϩⲏⲧϥ̅· Ⲥⲉⲛⲁⲕⲱⲧ ⲛ̅ ⲟⲩⲛⲟϭ ⲛ̅ ⲉⲕⲕⲗⲏⲥⲓ̅ⲁ̅ ⲉⲓ̈ϫⲙ̅
ⲡⲟⲩⲥⲱⲙⲁ ⲉ̅ⲧ ⲧⲁⲓ̈ⲏⲩ· ⲁⲩⲱ̅ ⲉ̅ⲧ ⲥⲟⲧⲡ̅· ⲙ̅ ⲡⲁⲣⲁ ⲡⲡⲁⲗ-
ⲗⲁϯⲟⲛ ⲛ̅ ⲛ̅ⲣ̅ⲣⲱⲟⲩ· ϭⲉⲡⲏ ⲙ̅ⲙⲟ ⲟⲩⲉϩⲥⲁϩⲛⲉ ⲛ̅
Fol. 20 *a* ⲛ̅ⲁⲡⲟⲥⲧⲟⲗⲟⲥ· | ϯ ⲡⲧⲱϣ ⲛ̅ ⲛⲉⲡⲁⲣⲑⲉⲛⲟⲥ· ⲁⲛⲟⲕ
ⲙ̅ⲁ̅ ϯⲛⲏⲩ ⲙⲛ̅ ⲛⲁⲁⲅⲅⲉⲗⲟⲥ· ⲧⲁⲥⲕⲉⲡⲁⲍⲉ ⲙ̅ ⲡⲟⲩⲥⲱⲙⲁ·
ⲙⲛ̅ ⲧⲟⲩⲯⲩⲭⲏ· ⲛ̅ⲧⲉ ⲧⲙ̅ ⲣ̅ ϩⲟⲧⲉ ⲉ ϩⲏⲧϥ̅ ⲉ̅ ⲡⲙⲟⲩ ⲉ̅ⲧ
ⲛⲏⲩ ⲛ̅ⲥⲱ· Ⲧⲉⲛⲟⲩ ϭⲉ ⲙⲟⲩⲧⲉ ⲛⲁⲓ̈ ⲛ̅ ⲛⲉⲡⲁⲣⲑⲉⲛⲟⲥ
ⲧⲏⲣⲟⲩ· ⲧⲁϯ ⲡⲧⲟϣ ⲛⲁⲩ· Ⲛ̅ⲧⲟⲟⲩ ⲇⲉ ⲁⲩⲉⲓ̈ⲣⲉ ⲕⲁⲧⲁ
ⲑⲉ ⲛ̅ⲧⲁⲥϫⲟⲟⲥ ⲛⲁⲩ· Ⲛ̅ ⲧⲉⲣ ⲟⲩⲉⲓ̈ ⲇⲉ ϣⲁ ⲣⲟⲥ· ⲁⲩⲁⲥ-
ⲡⲁⲍⲉ ⲙ̅ⲙⲟⲥ· ⲡⲉϫⲁⲥ ⲛⲁⲩ· ϫⲉ ϯϣⲓ̈ⲛⲉ ⲉ̅ ⲣⲱⲧⲛ̅ ⲙ̅-
ⲙⲟⲛ ⲉⲓ̈ⲃⲏⲕ ⲉ̅ ⲑⲓ̈ⲗⲏⲙ̅ ⲛ̅ ⲧⲡⲉ· ⲛ̅ⲧⲟⲟⲩ ⲇⲉ ⲙ̅ⲡ ⲟⲩϯ
ϩⲧⲏⲩ ⲉ̅ ⲡϣⲁϫⲉ· Ⲁⲥⲁⲙⲁϩⲧⲉ ⲛ̅ ⲧϭⲓϫ ⲛ̅ ⲟⲩⲉⲓ̈ ⲛ̅ϩⲏⲧⲟⲩ
ⲉ̅ ⲁⲥⲣ̅ ϩⲗⲗⲱ ⲙ̅ⲙⲁⲧⲉ· ⲉⲧⲉ ⲙⲁⲣⲓ̅ⲁ̅ ⲧⲉⲧ ⲙⲁⲕⲧⲁⲗⲓ̈ⲛⲏ·
ⲧⲉ ⲛ̅ⲧⲁ ⲡⲉⲭ̅ⲥ̅ ⲛⲉϫ ⲥⲁϣϥ̅ ⲛ̅ ⲇⲁⲓ̈ⲙⲱⲛⲓⲟⲛ ⲉ̅ ⲃⲟⲗ
ⲛ̅ϩⲏⲧⲥ̅· Ⲡⲉϫⲁⲥ ⲛ̅ ⲛⲉⲡⲁⲣⲑⲉⲛⲟⲥ· ϫⲉ ⲉⲓ̈ⲥ ⲧⲉⲧⲛ̅ⲙⲁⲁⲩ

ϫⲓⲛⲉ ⲧⲉⲩⲛⲟⲩ· ϯ ⲙ̅ⲧⲟⲛ ⲉ ⲡⲉⲥⲡ̅ⲛ̅ⲁ̅· ⲛ̅ⲑⲉ ⲛ̅ⲧⲁⲥϯ ⲙ̅-
ⲧⲟⲛ ⲉ̅ ⲡⲟⲓ ϩⲱ ⲛ̅ⲛⲁϩⲟⲟⲩ· ϩⲁⲣⲉϩ ⲉⲛⲥⲩⲛⲏⲑⲓ̅ⲁ̅ ⲛ̅ⲧⲁⲧⲉ-
ⲧⲛ̅ⲥⲙ̅ⲛ̅ⲧⲟⲩ ⲙⲛ̅ ⲡⲉⲭ̅ⲥ̅· ⲧⲁⲣⲉⲧⲉⲧⲛ̅ϣⲱⲡⲉ ⲛ̅ⲙ̅ⲙⲁϥ·
Ⲛⲁⲓ̈ ⲇⲉ ⲉⲥϫⲱ ⲙ̅ⲙⲟⲟⲩ ⲙ̅ⲡⲉ ⲥⲧⲁⲙⲟⲟⲩ ⲉ̅ ⲡⲉⲥⲛ̅ⲕⲟⲧⲕ̅·
Ⲁⲩⲱ̅ ⲁⲥⲕⲟⲧⲥ̅ ⲉⲛⲁⲡⲟⲥⲧⲟⲗⲟⲥ· ⲡⲉϫⲁⲥ ⲛ̅ ⲥⲓ̈ⲙⲱⲛ
ⲡⲉⲧⲣⲟⲥ· ϫⲉ ⲥⲓ̈ⲙⲱⲛ ⲡⲉⲧⲣⲟⲥ· ⲡⲉⲛⲧⲁ ⲡϫⲟⲉⲓ̈ⲥ
ⲙⲉⲣⲓ̈ⲧϥ̅· ⲁϥⲧⲁⲛ | ϩⲟⲩⲧϥ̅ ⲉ̅ ⲧⲙⲛ̅ⲧⲣ̄ⲣⲟ ⲛ̅ⲛ̅ ⲙ̅ⲡⲏⲩⲉ· Fol. 20 *b*
ϣⲱⲡⲉ ⲛ̅ ϣⲉⲛϩ̅ⲧⲏϥ ⲛ̅ⲑⲉ ⲙ̅ ⲡⲉⲧⲛ̅ⲉⲓ̈ⲱⲧ ⲉ̅ⲧ ϩⲛ̅ ⲙ̅ⲡⲏⲩⲉ· ⲙ̅ⲃ̅
ⲉⲩϣⲉⲛϩ̅ⲧⲏϥ ⲡⲉ· Ⲓⲁⲕⲕⲱⲃⲟⲥ ⲙⲛ̅ ⲓ̈ⲱϩⲁⲛⲛⲏⲥ ⲣⲟⲉⲓ̈ⲥ ⲉ̅
ⲡⲉⲧⲛ̅ⲕⲁⲑⲟⲗⲓⲕⲟⲥ ⲉϥⲟⲩⲁⲁⲃ· ϣⲱⲡⲉ ⲛ̅ⲡⲣ̅ⲙ̅ⲣⲁϣ ⲉ ϩⲟⲩⲛ
ⲉ̅ ⲣⲱⲙⲉ ⲛⲓⲙ· Ⲛ̅ⲧⲟⲕ ⲇⲉ ⲱ̅ ⲡⲉⲧⲣⲟⲥ· ⲃⲱⲕ ⲉ̅ ⲡⲏⲓ̈
ⲃⲓⲃⲣⲟⲥ ⲡⲉⲕⲙⲁⲑⲏⲧⲏⲥ· ⲛ̅ⲅ̅ ϫⲓ ⲛ̅ ⲛⲓ̈ⲥⲩⲛⲇⲟⲛⲓⲟⲛ ⲛ̅ⲧⲁⲕ-
ϭⲁⲗⲟⲟⲩ ⲉ̅ ⲣⲟϥ· ⲛ̅ⲅ̅ ⲛ̅ⲧⲟⲩ ⲛⲁⲓ̈ ⲉ̅ ⲡⲓ̈ ⲙⲁ· ⲁⲩⲱ̅ ⲁϥⲉⲓ̈ⲣⲉ
ⲕⲁⲧⲁ ⲑⲉ ⲛ̅ⲧⲁⲥϫⲟⲟⲥ ⲛⲁϥ· ⲁϥⲉⲓ̈ⲛⲉ ⲛ̅ ⲛⲉⲥⲩⲛⲧⲟⲛⲓⲟⲛ
ⲛ̅ⲧⲁϥϭⲁⲗⲟⲟⲩ ⲉ ⲃⲓϥⲣⲟⲥ· ⲁⲩⲱ̅ ⲡⲉϫⲁⲥ ⲛ̅ ⲓ̈ⲁⲕⲕⲟⲃⲟⲥ·
ϫⲉ ⲧⲱⲟⲩⲛ ⲛ̅ⲅ̅ ϫⲓ ⲛ̅ ϯⲥⲁⲧⲉⲉⲣⲉ· ⲛ̅ⲅ̅ ⲃⲱⲕ ϣⲁ ⲛⲉⲧ
ϯ ϣⲟⲩϩⲛⲏⲉ ⲉ̅ ⲃⲟⲗ· ⲛ̅ⲅ̅ ϫⲓⲧⲥ̅ ⲛ̅ ⲥⲧⲟⲓ̈ ⲛ̅ⲅ̅ ⲛ̅ⲧⲟⲩ ⲛⲁⲓ̈ ⲉ̅
ⲡⲓ̈ ⲙⲁ· ⲁⲩⲱ̅ ⲁϥⲉⲓ̈ⲣⲉ ⲕⲁⲧⲁ ⲑⲉ ⲛ̅ⲧⲁⲥϫⲟⲟⲥ ⲛⲁϥ· ⲛ̅
ⲧⲉⲣⲉ ⲛⲉϩⲟⲟⲩ ⲛ̅ ⲧⲉⲥⲁ̅ⲛⲁⲗⲩⲯⲓⲥ ϣⲱⲡⲉ· ⲡⲉϫⲉ ⲧⲡⲁⲣ-
ⲑⲉⲛⲟⲥ ⲙⲁⲣⲓ̈ⲁ̅ ⲛⲁϩⲣⲉⲛ ⲓ̈ⲱϩⲁⲛⲛⲏⲥ· ϫⲉ ⲧⲱⲟⲩⲛ ⲛ̅ⲅ̅
ϫⲉⲣⲟ ⲛ̅ ⲟⲩⲙⲏⲏϣⲉ ⲛ̅ ⲗⲁⲙⲡⲁⲥ· ⲙⲛ̅ ϩⲛ̅ⲫⲁⲛⲟⲥ· ϫⲉ
ⲛⲉ ⲁ̅ ⲣⲟⲩϩⲉ ⲅⲁⲣ ϣⲱⲡⲉ· ⲁⲥϫⲓ̈ ⲛ̅ ⲛⲉⲥⲩⲛⲇⲟⲛⲓⲟⲛ·
ⲁⲥⲡⲟⲣϣⲟⲩ ϩⲙ̅ ⲡⲕⲁϩ· ⲁⲥⲡⲱϩⲧ̅ ⲛ̅ ⲛⲉⲥϯ ⲛⲟⲩⲃⲉ ⲉⲓ̈ϫⲉⲛ
ⲛⲉⲩⲉⲣⲏⲩ· ⲉⲓ̈ϫⲉⲛ ⲛⲉⲥⲩⲛⲇⲟⲛⲓⲟⲛ· ⲁⲥⲁϩⲉ ⲣⲁⲧⲥ̅ ⲉ̅
ϫⲟⲟⲩ· ⲡⲉϫⲁⲥ ⲛ̅ ⲛ̅ⲁⲡⲟⲥⲧⲟⲗⲟⲥ ϫⲉ ⲙⲁⲣⲉⲛϣⲗⲏⲗ ⲉ̅
ϩⲣⲁⲓ̈ ⲉ̅ ⲡ|ϫⲟⲉⲓ̈ⲥ· ⲧⲁⲣⲉϥⲛⲁ ⲛⲁⲛ· ⲁⲩⲱ̅ ⲁⲥⲡⲱⲣϣ̅ ⲛ̅ Fol. 21 *a*
ⲛⲉⲥϭⲓϫ ⲉ̅ ⲃⲟⲗ· ⲉ̅ ⲡⲥⲁ ⲛ̅ ⲧⲁⲛⲁⲧⲟⲗⲏ· ⲁⲥⲥⲟⲡⲥⲡ̅ ⲉ̅ ⲙ̅ⲅ̅
ⲡϫⲟⲉⲓ̈ⲥ· ⲉⲥϫⲱ ⲙ̅ⲙⲟⲥ· Ϫⲉ ϯϣⲡ̅ ϩⲙⲟⲧ ⲛ̅ ⲧⲟⲟⲧⲕ̅
ⲡϫⲟⲉⲓ̈ⲥ ⲡⲛⲟⲩⲧⲉ· ⲙ̅ⲡⲁⲛⲧⲟⲕⲣⲁⲧⲱⲣ· ⲙⲛ̅ ⲡⲉⲕⲙⲟⲛⲟ-
ⲅⲉⲛⲏⲥ ⲛ̅ ϣⲏⲣⲉ ⲓ̅ⲥ̅ ⲡⲉⲭ̅ⲥ̅· ⲡ̅ⲗⲟⲅⲟⲥ· ⲙ̅ ⲡⲉⲓ̈ⲱⲧ· ϫⲉ
ⲁϥⲉⲓ̈ ϣⲁ ⲣⲟⲛ· ⲁϥⲕⲱⲧ ⲛⲁϥ ⲟⲩⲁ̅ⲁϥ ⲛ̅ ⲟⲩⲙⲁ ϩⲛ̅ ⲧⲁ
ⲕⲁⲗⲁϩⲏ· ⲛ̅ⲑⲉ ⲛ̅ⲧⲁϥⲟⲩⲁϣⲥ̅· ⲁⲓ̈ϫⲡⲟϥ ⲁϫⲛ̅ ϫⲱϩⲙ̅
ⲁϫⲛ̅ ϩ̅ⲧⲟⲡ· ⲁⲓ̈ⲥⲁⲛⲟⲩϣϥ̅ ⲁϫⲛ̅ ⲣⲟⲟⲩϣ ⲛ̅ⲧⲟϥ ⲡⲉⲧ
ⲥⲁⲁⲛ̅ϣ ⲙ̅ⲙⲟⲓ̈· ϯϣⲡ̅ ϩⲙⲟⲧ ⲛ̅ ⲧⲟⲟⲧϥ̅ ⲛ̅ⲧⲉ ⲡⲉⲕⲡ̅ⲛ̅ⲁ̅ ⲉ̅ⲧ

ⲟⲩⲁⲁⲃ ⲉⲓ̈ ⲉ̅ ϩⲣⲁⲓ̈ ⲉ̅ ϫⲱⲓ · Ⲧⲉⲛⲟⲩ ⲇⲉ ⲡⲁ ϫⲟⲉⲓ̈ⲥ · ⲁ
ⲡⲛⲁⲩ ϣⲱⲡⲉ ⲛ̅ⲧ̅ ⲉⲓ̈ ϣⲁ ⲣⲟⲓ̈ ⲛ̅ⲧ̅ ⲛⲁ ⲛⲁⲓ̈ · ⲛⲟⲩϫ ⲉ̅ ⲃⲟⲗ
ⲛ̅ ⲛ̅ⲱⲛⲉ ⲧⲏⲣⲟⲩ · ⲛ̅ϫⲣⲟⲡ ⲉ̅ⲧ ϩⲁⲧⲁϩⲏ · ⲙⲛ̅ ⲛⲉϣⲁ-
ⲃⲉϩⲟ · Ⲙⲁⲣⲟⲩ ⲡⲱⲧ ⲉ̅ ⲃⲟⲗ ϩⲁⲧⲁϩⲏ · ⲛ̅ϭⲓ̈ ⲛⲉⲧ ϩⲓ̈
ϩⲃⲟⲩⲣ · ⲛ̅ⲧⲉ ⲛⲉⲧ ϩⲓ̈ ⲟⲩⲛⲁⲙ · ⲁϩⲉ ⲣⲁⲧⲟⲩ ⲛ̅ⲙ̅ⲙⲁⲓ ϩⲛ̅
ⲟⲩⲣⲁϣⲉ · Ⲙⲁⲣⲉ ⲛⲉⲝⲟⲩⲥⲓ̈ⲁ̅ ⲙ̅ ⲡ̅ⲕⲁⲕⲉ ϫⲓ̈ ϣⲓⲡⲉ · ϫⲉ
ⲙ̅ⲡ ⲟⲩϭⲛ̅ ⲗⲁⲁⲩ ⲛ̅ⲧⲁⲩ ⲛ̅ϩⲏⲧ · Ⲗⲟⲩⲱⲛ ⲛⲁⲓ̈ ⲙ̅ⲡⲩⲗⲏ
ⲛ̅ ⲧⲇⲓ̈ⲕⲁⲓ̈ⲟ̅ⲥⲩⲛⲏ · ⲧⲁⲉⲓ̈ ⲉ̅ ϩⲟⲩⲛ ⲛ̅ϩⲏⲧⲟⲩ · ⲧⲁⲟⲩⲱⲛϩ̅
ⲉ̅ ⲃⲟⲗ ⲉ̅ ⲡⲉⲕⲣⲁⲛ ⲉ̅ⲧ ⲟⲩⲁⲁⲃ ⲡⲁ ⲛⲟⲩⲧⲉ · Ⲙⲁⲣⲉ ⲡⲉ-
ⲇⲣⲁⲕⲱⲛ ⲡⲱⲧ ϩⲁⲧⲁϩⲏ · ϫⲉ ⲉⲓ̈ⲉⲡⲁⲣⲣⲏⲥⲓ̈ⲁⲍⲉ ⲙ̅ⲙⲟⲓ̈
ⲛⲁϩⲣⲁⲕ · Ⲙⲁⲣⲉ ⲡⲓ̈ⲉⲣⲟ ⲛ̅ ⲕⲱϩⲧ̅ ϩⲣⲁⲕ ⲉⲓ̈ⲛⲏⲩ ⲉ ⲣⲁⲧⲕ̅
Fol. 21 *b* ϥϣⲁⲛϯ ⲡⲁⲣⲁⲅⲉ ⲙ̅ⲙⲟⲓ · | ϫⲉ ⲧⲟⲕ ⲧⲉ ⲧϭⲟⲙ · ⲙⲛ̅
ⲙ̅ⲁ̅ ⲡⲉ̅ⲟⲟⲩ ϣⲁ ⲉⲛⲉϩ ⲛ̅ⲉⲛⲉϩ ϩⲁⲙⲏⲛ · Ⲁⲩⲱ̅ ⲛ̅ ⲧⲉⲣⲉ ⲥϫⲉ
ⲛⲁⲓ̈ · ⲁⲥⲛ̅ⲕⲟⲧⲕ̅ ⲉⲓ̈ϫⲉⲛ ⲛⲉⲥⲩⲛⲇⲟⲛⲓ̈ⲟⲛ ⲙⲛ̅ ⲛⲉϣⲟⲩ-
ϩⲏⲛⲉ · ⲉⲣⲉ ⲡⲉⲥϩⲟ ⲕⲧⲏⲩ ⲉ̅ ⲡⲥⲁ ⲛ̅ ⲧⲁⲛⲁⲛⲧⲟⲗⲏ (*sic*) ·
Ⲁⲩⲱ̅ ⲉⲓ̈ⲥ ⲡϫⲟⲉⲓ̈ⲥ ⲓ̅ⲥ̅ ⲡⲉⲭ̅ⲥ̅ ⲁϥⲉⲓ̈ ϣⲁ ⲣⲟⲥ · ⲉⲓ̈ϫⲉⲛ
ⲛⲉⲭⲁⲓ̈ⲣⲟⲩⲃⲓ̈ⲛ · ⲉ̅ⲣⲉ ⲛ̅ⲁⲅⲅⲉⲗⲟⲥ ϩⲓ̈ⲑⲏ ⲙ̅ⲙⲟϥ · ⲁϥⲉⲓ̈
ⲁϥⲁϩⲉ ⲣⲁⲧϥ̅ ϩⲁϩⲧⲛ̅ ⲧⲁⲡⲉ ⲛ̅ ⲧⲉϥⲙⲁⲁⲩ · ⲡⲉϫⲁϥ ⲛⲁⲥ
ϫⲉ · ⲙ̅ⲡⲉⲣ ⲣ̅ ϩⲟⲧⲉ ϩⲏⲧϥ̅ · ⲙ̅ ⲡ̅ⲙⲟⲩ · ⲉ̅ⲣⲉ ⲡⲱⲛϩ̅
ⲙ̅ ⲡⲕⲟⲥⲙⲟⲥ ⲧⲏⲣϥ̅ ϩⲁⲧⲏ · ϩⲁⲡⲥ̅ ⲡⲉ ⲉ̅ ⲧⲣⲉ ⲛⲁⲩ ⲉ̅
ⲣⲟϥ · ϩⲛ̅ ⲛ̅ⲟⲩⲃⲁⲗ ⲙ̅ⲙⲁⲧⲉ · ⲙ̅ⲙⲟ̅ ⲉⲓ̈ ⲧⲙ̅ ⲟⲩⲉϩⲥⲁϩⲛⲉ
ⲛⲁϥ · ⲛⲉϥⲛⲁϣⲉⲓ̈ ⲁⲛ ⲡⲉ · Ⲁⲩⲱ̅ ⲡⲉϫⲉ ⲓ̅ⲥ̅ ⲛⲁϥ · ϫⲉ
ⲁⲙⲟⲩ ⲡⲉⲧ ϩⲛ̅ ⲛⲉⲧⲁⲙⲓ̈ⲟⲛ ⲙ̅ ⲡⲣⲏⲥ · ⲁⲩⲱ̅ ⲛ̅ ⲧⲉⲣⲉ
ⲥⲛⲁⲩ ⲉ̅ ⲣⲟϥ · ⲁⲥϥⲟϭⲥ̅ ⲛ̅ϭⲓ̈ ⲧⲉⲥⲯⲩⲭⲏ ⲉ̅ ⲡϩⲁⲙⲏⲣ ⲙ̅
ⲡⲉⲥϣⲏⲣⲉ · ⲁϥⲥ̅ⲕⲩⲡⲁⲍⲉ ⲙ̅ⲙⲟⲥ ϩⲛ̅ ⲛ̅ⲉⲛⲇⲏⲙⲁ ⲙ̅
ⲡⲟⲩⲟⲉⲓⲛ · Ⲁⲛⲁⲡⲟⲥⲧⲟⲗⲟⲥ ⲧⲁⲗⲟ ⲛ̅ ⲛⲉⲩϭⲓϫ ⲉⲓ̈ϫⲛ̅
ⲛⲉⲥⲃⲁⲗ · ⲁⲥⲛ̅ⲕⲟⲧⲕ̅ ϩⲛ̅ ⲟⲩⲛ̅ⲕⲟⲧⲕ̅ ⲉ̅ⲛⲁⲛⲟⲩϥ · ⲛ̅ⲧⲉⲩϣⲏ
ⲛ̅ ⲥⲟⲩ ϫⲟⲩⲧⲟⲩⲉ ⲛ̅ ⲧⲱⲃⲉ · ϩⲛ̅ ⲟⲩⲉⲓ̈ⲣⲏⲛⲏ ⲛ̅ⲧⲉ ⲡⲛⲟⲩⲧⲉ
ϩⲁⲙⲏⲛ · Ⲡϫⲟⲉⲓⲥ ⲇⲉ ⲡⲉϫⲁϥ ⲛ̅ ⲛ̅ⲁⲡⲟⲥⲧⲟⲗⲟⲥ · ϫⲉ
ⲱⲗ ⲙ̅ ⲡⲉⲥⲥⲱⲙⲁ ⲕⲁⲗⲱⲥ · ϫⲓ̈ⲧⲥ̅ ⲉ̅ ⲡⲓ̈ⲁ̅ ⲛ̅ ⲓ̈ⲱⲥⲁⲫⲁⲧ ·
ⲡⲉⲧ ⲙ̅ ⲡⲙ̅ⲧⲟ ⲉ̅ ⲃⲟⲗ ⲙ̅ ⲡⲧⲟⲟⲩ ⲛ̅ ⲛⲉϫⲟⲉⲓⲧ · ⲛ̅ⲙⲁ ⲛ̅ⲧ
ⲁⲓ̈ⲡⲱϣ ⲙ̅ⲡⲟⲉⲓⲕ · ⲙ̅ ⲡⲓ̈ⲟⲩⲟⲉⲓ̈ϣ · Ⲕⲱ ⲙ̅ ⲡ̅ⲙⲁ ⲛ̅ ⲉⲛ-
ⲕⲟⲧⲕ̅ ⲉ̅ ⲡⲉⲥⲏⲧ · ⲉ̅ⲧ ⲉ̅ⲣⲉ ⲡⲥⲱⲙⲁ ϩⲓ̈ϫⲱϥ · ⲁⲛⲁⲭⲱⲣⲓ̈
ⲙⲏⲧⲛ̅ ⲉ̅ ⲧⲃⲉ ⲧⲁⲡⲓ̈ⲗⲏ ⲛ̅ ⲛ̅ⲓ̈ⲟⲩⲇⲁⲓ̈ · ϫⲉ ⲥⲉⲛⲁⲡⲱⲧ

ⲛ̄ⲥⲱⲧⲡ̄· ⲉⲩⲟⲩⲱϣ ⲉ̄ ϩⲱⲧϥ̄ ⲙ̄ⲙⲱⲧⲛ̄· Ⲁⲛⲟⲕ ⲇⲉ
ϯⲛⲁⲥⲕⲩⲡⲁⲍⲉ ⲙ̄ ⲡⲥⲱⲙⲁ ⲛ̄ⲑⲉ ⲉ̄ⲧ ⲉϩⲣⲁⲓ̈· Ⲁⲩⲱ ⲛ̄ϯϩⲉ
ⲁⲛⲁ|ⲡⲟⲥⲧⲟⲗⲟⲥ ⲱⲗ ⲙ̄ ⲡⲥⲱⲙⲁ· ⲁⲩⲧⲁⲗⲟϥ ⲉⲓ̈ϫⲉⲛ Fol. 22 *a* [ⲙⲉ]
ⲟⲩⲙⲁ ⲛ̄ ⲛ̄ⲕⲟⲧⲕ̄· Ⲁⲩⲱ̄ ⲛ̄ ⲧⲉⲣⲉ ϩⲧⲟⲟⲩⲉ ϣⲱⲡⲉ· ⲁⲩ-
ⲛⲟϭ ⲙ̄ⲙⲏⲏϣⲉ ⲥⲱⲟⲩϩ ϩⲙ̄ ⲧ̄ⲡⲟⲗⲓⲥ· ⲁⲩⲱ ϩⲙ̄ⲡⲁⲣⲑⲉⲛⲟⲥ
ⲉⲩⲱϣ· Ⲛ̄ⲧⲉⲩⲛⲟⲩ ⲁⲩⲧⲱⲟⲩⲛ ⲙ̄ⲙⲟⲥ· ⲛ̄ϭⲓ̈ ⲡⲉⲧⲣⲟⲥ
ⲙⲛ̄ ⲓ̈ⲱϩⲁⲛⲛⲏⲥ· ⲉ ⲧⲣⲉⲩϫⲓ̈ⲧⲥ̄ ⲉ̄ ⲃⲟⲗ ⲉ̄ ⲡⲙⲁ ⲛ̄ⲧⲁ
ⲡⲥⲱⲧⲏⲣ ϫⲟⲟⲥ ⲛⲁⲩ· ⲛⲉⲩⲯⲁⲗⲗⲓ̈ ϩⲓ̈ⲑⲏ ⲙ̄ⲙⲟⲥ· ⲛ̄ϭⲓ ⲟⲩ-
ⲛⲟϭ ⲙ̄ⲙⲏⲏϣⲉ· ϫⲉ ⲡϫⲟⲉⲓ̈ⲥ [...] ⲛⲉϥϩⲟ ⲛⲡⲉ [...] ⲙⲟⲥ·
ⲙⲛ̄ ⲟⲩⲙⲏⲏϣⲉ ⲛ̄ⲁⲅⲅⲉⲗⲟⲥ ⲉⲩϩⲩⲙⲛⲉⲩⲉ ϩⲁ ⲧⲉⲥϩⲏ·
Ⲛ̄ ⲧⲉⲣ ⲟⲩⲡⲱϩ ⲇⲉ ⲉ̄ ⲡⲣ̄ⲡⲉ ⲛ̄ ⲛ̄ⲓⲟⲩⲇⲁⲓ̈· ⲉⲣⲉ ⲡⲉⲩⲛ-
ϩⲩⲇⲣⲓ̈ⲟⲛ ⲧⲏⲣⲉϥ ⲥⲟⲟⲩϩ ⲉ̄ ⲡⲣ̄ⲡⲉ ⲙ̄ ⲡⲉϩⲟⲟⲩ ⲉ̄ⲧ ⲙ̄ⲙⲁⲩ·
ⲁⲩⲥⲱⲧⲙ̄ ⲉ̄ ⲛⲉⲯⲁⲗⲗⲓ̈ ϩⲁ ϫⲱϥ ⲙ̄ ⲡⲉⲗⲓ̈ⲯⲁⲛⲟⲛ ⲉ̄ⲧ
ⲟⲩⲁⲁⲃ· ⲡⲉϫⲁⲩ ϫⲉ ⲛⲓⲙ ⲡⲉ ⲡⲁⲓ̈ ⲛ̄ⲧⲁϥⲙⲟⲩ ⲙ̄ⲡⲟⲟⲩ
ϩⲙ̄ ϯⲡⲟⲗⲓⲥ· Ⲡⲉϫⲁⲩ ϫⲉ ⲧⲙⲁⲁⲩ ⲧⲉ ⲙ̄ ⲡⲛⲁⲍⲱⲣⲁⲓ̈ⲟⲥ·
ϫⲉ ⲓ̄ⲥ̄· ⲛ̄ⲧⲁⲥⲙⲟⲩ· ⲉⲩϫⲓ̈ ⲙ̄ⲙⲟⲥ ⲉ̄ ⲃⲟⲗ ⲉ̄ ⲧⲱⲙⲥ̄
ⲙ̄ⲙⲟⲥ· Ⲁⲩⲱ̄ ⲁⲩⲉⲣ ⲟⲩϣⲟϫⲛⲉ ⲛ̄ ⲟⲩⲱⲧ ϩⲓ̈ ⲟⲩⲥⲟⲡ·
ϫⲉ ⲙ̄ⲡⲉⲣ ⲧ̄ⲣⲉⲛⲕⲁⲁⲩ ⲉ̄ ⲧⲱⲙⲥ̄ ⲙ̄ⲙⲟⲥ ϩⲙ̄ ϯⲡⲟⲗⲓⲥ·
ⲙⲏ ⲡⲟⲧⲉ ⲛ̄ⲥⲉⲉⲓ̈ⲣⲉ ⲛ̄ ϩⲛ̄ⲛⲟϭ ⲛ̄ϭⲟⲙ· ⲛ̄ⲑⲉ ⲛ̄ⲧⲁ ⲡⲉⲥ-
ϣⲏⲣⲉ ⲁⲁⲩ· ⲛ̄ⲥⲉⲡⲓ̈ⲥⲧⲉⲩⲉ ⲉ̄ ⲣⲟⲥ ⲛ̄ⲥⲉϣⲓ̈ⲃⲉ ⲙ̄ ⲡⲉⲛⲛⲟ-
ⲙⲟⲥ· Ⲡ[ⲉ]ϫⲉ ⲡ̄ⲁⲣⲭⲓ̈ⲉⲣⲉⲩⲥ [ⲙ]ⲛ̄ ⲛⲉⲥⲁϩ· ϫⲉ ⲙⲁ[ⲣⲉ]ⲛ-
ⲃⲱⲕ ⲧⲉⲛⲣⲱⲕϩ̄ ⲙ̄ ⲡⲉⲥⲥⲱⲙⲁ· ϩⲙ̄ ⲟⲩⲕⲱϩⲧ̄· ϫⲉ ⲛ̄ⲛⲉ
ⲗⲁⲁⲩ ⲛ̄ⲣⲱⲙⲉ ϭⲛ̄ⲧϥ̄ ⲉ ⲡⲧⲏⲣϥ̄· Ⲁⲩⲱ̄ ⲁⲩϫⲉⲣⲟ ⲛ̄
ⲟⲩⲕⲱϩⲧ̄ ⲛ̄ϭⲓ̈ ⲛ̄ⲓⲟⲩⲇⲁⲓ̈· ⲁⲩⲡⲱⲧ ⲛ̄ⲥⲱⲟⲩ ⲙⲛ̄ ⲧ̄ⲙⲁ ⲛ̄
ⲛ̄ⲕⲟⲧⲕ̄· ⲉ̄ⲣⲉ ⲡⲥⲱⲙⲁ ⲛ̄ ⲧ̄ⲡⲁⲣⲑⲉⲛⲟⲥ ⲉ̄ ϫⲱϥ· Ⲛ̄ ⲧⲉⲣ
ⲟⲩⲃⲱⲕ ⲇⲉ ⲉ̄ ⲡⲓ̄ⲁ̄ ⲛ̄ ⲓ̈ⲱⲥⲁⲫⲁⲧ ⲁⲛⲁⲡⲟⲥⲧⲟⲗⲟⲥ ϭⲱϣⲧ̄ ⲉ̄
ⲡⲁϩⲟⲩ·| ⲁⲩⲛⲁⲩ ⲉ̄ ⲛ̄ⲓⲟⲩⲇⲁⲓ̈· ⲉⲩⲡⲏⲧ ⲛ̄ⲥⲱⲟⲩ· ⲁⲩⲕⲱ Fol. 22 *b* [ⲙⲋ]
ⲙ̄ ⲡⲉϭⲗⲟϭ ⲉ̄ ⲡⲉⲥⲏⲧ· ⲉⲩⲣ̄ ϩⲟⲧⲉ· ϫⲉ ⲛ̄ ⲛ̄ⲟⲩϩⲟⲧⲃⲟⲩ·
ⲛ̄ϭⲓ̈ ⲛ̄ ⲁⲧ ⲛⲟⲩⲧⲉ· ⲛ̄ⲓⲟⲩⲇⲁⲓ̈· Ⲛ̄ ⲧⲉⲣ ⲟⲩⲡⲱⲧ ⲇⲉ ⲉ̄
ϩⲣⲁⲓ̈ ⲉ̄ ϫⲱⲟⲩ· ⲁⲛⲁⲡⲟⲥⲧⲟⲗⲟⲥ ⲡⲱⲧ ⲁⲩⲛⲟⲩϩⲙ̄· ⲁⲩⲱ̄
ⲡⲥⲱⲙⲁ ⲛ̄ ⲧ̄ⲡⲁⲣⲑⲉⲛⲟⲥ ⲉ̄ⲧ ⲟⲩⲁⲁⲃ ⲙⲛ̄ ⲟⲩϩⲉ ⲉ̄ ⲣⲟϥ·
ⲁⲗⲗⲁ ⲡⲙⲁ ⲛ̄ ⲛ̄ⲕⲟⲧⲕ̄ ⲛ̄ ϣⲉ ⲙ̄ⲙⲁⲧⲉ· ⲡⲉⲛⲧ ⲁⲩϩⲉ ⲉ
ⲣⲟϥ· ⲁⲩⲱ̄ ⲁⲩϫⲉⲣⲱ ⲙ̄ ⲡ̄ⲕⲱϩⲧ̄· ⲁⲩⲧⲁⲁϥ ⲉ̄ ⲣⲟϥ ⲙ̄
ⲡⲉϥⲣⲱ[ⲕϩ̄] Ⲉⲛⲉⲩϯ ⲟⲩⲟⲓ̈ ϩⲙ̄ ⲙ[ⲁ] ⲛⲓⲙ· ϫⲉ ⲙⲉⲛϣⲁⲕ

ⲛ̅ⲧⲁⲩϥⲓ̈ⲧⲥ̅ ⲛ̅ϫⲓ̈ⲟⲩⲉ̅· ⲁⲩⲱ̅ ⲙ̅ⲡ ⲟⲩϩⲉ ⲉ̅ ⲣⲟϥ· ⲁⲩⲱ̅
ⲁⲩϫⲉⲣⲱ ⲙ̅ ⲡⲕⲱϩⲧ̅· ⲁⲩⲧⲁⲁϥ ⲉ̅ ⲣⲟϥ ⲙ̅ ⲡⲉϥⲣⲟⲕϩ̅·
Ⲉⲛⲉⲩϯ ⲟⲩⲟⲓ̈ ϩⲙ̅ ⲙⲁ ⲛⲓⲙ· ϫⲉ ⲙⲛϣⲁⲛ ⲛ̅ⲧⲁⲩϥⲓ̈ⲧⲥ̅
ⲛ̅ϫⲓ̈ⲟⲩⲉ̅· ⲁⲩⲱ̅ ⲙ̅ⲡ ⲟⲩϩⲉ ⲉ ⲣⲟⲥ·[1] Ⲛⲉⲣⲉ ⲟⲩⲛⲟϭ ⲛ̅ ⲥϯ
ⲛⲟⲩϥⲉ ϣⲱϣ ⲉ̅ ⲃⲟⲗ ϩⲙ̅ ⲡⲙⲁ ⲛ̅ⲧⲁⲩⲕⲱ ⲙ̅ ⲡⲥⲱ[ⲙ]ⲁ ⲛ̅
ⲧ̅ⲡⲁⲣⲑⲉⲛⲟⲥ ⲛ̅ϩⲏⲧϥ̅· Ⲁⲩⲱ̅ ⲁⲩⲛⲟϭ ⲛ̅ ⲥⲙⲏ ϣⲱⲡⲉ ϣⲁ
ⲣⲟⲟⲩ ⲉ̅ ⲃⲟⲗ ϩⲛ̅ ⲧⲡⲉ· ⲉⲥϫⲱ̅ ⲙ̅ⲙⲟⲥ ⲛⲁⲩ· ϫⲉ ⲙ̅ⲡⲉⲣ
ⲧⲣⲉ ⲗⲁⲁⲩ ϯ ϩⲓ̈ⲥⲉ ⲛⲁϥ ⲉ̅ ⲕⲱⲧⲉ ⲛ̅ⲥⲁ ⲡⲥⲱⲙⲁ ⲛ̅ ⲧ̅ⲡⲁⲣ-
ⲑⲉⲛⲟⲥ· ϣⲁ ⲡⲉϩⲟⲟⲩ ⲛ̅ ⲧ̅ⲛⲟϭ ⲙ̅ ⲡⲁⲣⲣⲟⲩⲥⲓ̈ⲁ̅ ⲙ̅ ⲡⲥⲱ-
ⲧⲏⲣ· ⲁⲩⲱ ⲁⲩⲡⲱⲧ ϩⲛ̅ ⲟⲩⲛⲟϭ ⲛ̅ ϣⲓ̈ⲡⲉ ⲛ̅ϭⲓ̈ ⲛ̅ⲓⲟⲩⲇⲁⲓ̈·
ⲁⲩⲉⲓ̈ ⲉ ⲧⲡⲟⲗⲓ̈ⲥ· ⲉⲩϫⲱ ⲙ̅ ⲡⲉⲛⲧ ⲁϥϣⲱⲡⲉ ⲉ̅ ⲛⲉⲩ-
[ϣⲃ]ⲉⲉⲣ· ⲁⲩⲟⲩⲉϩⲥⲁϩⲛⲉ ⲛⲁⲩ· ϫⲉ ⲙ̅ⲡⲉⲣ ϫⲱ ⲙ̅
ⲡⲉⲛⲧ ⲁϥϣⲱⲡⲉ ⲉ̅ ⲗⲁⲁⲩ· Ⲧⲉⲛⲟⲩ ϭⲉ ⲛⲁⲙⲉⲣⲁⲧⲉ· ⲛⲁⲓ̈
ⲛⲉ ⲛⲉⲛⲧⲁⲛⲉϣⲡⲱϩ ϣⲁ ⲣⲟⲟⲩ· ⲉⲛϣⲁϫⲉ ⲉ̅ ⲡⲃⲓ̈ⲟⲥ ⲛ̅
ⲧ̅ⲡⲁⲣⲑⲉⲛⲟⲥ ⲉ̅ⲧ ⲟⲩⲁ̅ⲁⲃ ⲙⲁⲣⲓ̈ⲁ̅· Ⲡⲉⲩⲟ̅ⲉⲓ̈ϣ ⲅⲁⲣ ⲧⲏⲣⲉϥ
Fol. 23 a ⲙ̅ ⲡⲉⲥⲁ̅ϩⲉ | ⲡⲉ ⲥⲉ ⲛ̅ⲣⲟⲙⲡⲉ· Ⲁⲥϫⲡⲟ ⲙ̅ ⲡⲉⲛϫⲟⲉⲓ̈ⲥ ⲓ̅ⲥ̅
ⲙ̅ⲍ̅ ⲡⲉⲭ̅ⲥ̅ ⲉⲥϩⲛ̅ ⲙⲛ̅ⲧⲏ ⲛ̅ⲣⲟⲙⲡⲉ· Ⲁⲥⲙⲟⲟϣⲉ ⲛ̅ⲥⲁ ⲡⲥⲱ-
ⲧⲏⲣ ⲉϥⲧⲁϣⲉⲟⲉⲓ̈ϣ ⲛ̅ ϣⲟⲙⲧⲉ ⲛ̅ⲣⲟⲙⲡⲉ· ⲟⲩϭⲁⲥ ⲙⲛ̅-
ⲛ̅ⲥⲁ ⲧⲣⲉⲥϫⲡⲟϥ· Ⲁⲩⲱ̅ ⲙⲛ̅ⲛ̅ⲥⲁ ⲧⲣⲉ ⲡⲥⲱⲧⲏⲣ· ⲧⲱⲟⲩⲛ
ⲉ̅ ⲃⲟⲗ ϩⲛ̅ ⲛⲉⲧ ⲙⲟⲟⲩⲧ· ⲁⲥⲱⲛϩ̅ ⲛ̅ ⲕⲉ ⲙⲛ̅ⲧⲟⲩⲉ̅
ⲛ̅ⲣⲟⲙⲡⲉ ⲟⲩϭⲁⲥ· Ⲛ̅ⲧⲁⲥϫⲱⲕ ⲉ̅ ⲃⲟⲗ ⲙ̅ ⲡⲉⲥⲃⲓⲟⲥ ⲛ̅
ⲥⲟⲩ ϫⲟⲩⲧⲟⲩⲉ ⲙ̅ ⲡⲉⲃⲟⲧ ⲧⲱⲃⲉ· ⲉ̅ⲣⲉ ⲡⲉⲛϫⲟⲉⲓ̈ⲥ ⲓ̅ⲥ̅
ⲡⲉⲭ̅ⲥ̅ ⲟⲛ ⲣ̅ⲣⲟ ⲉ̅ ϩⲣⲁⲓ ⲉ̅ ϫⲱⲛ· Ⲁⲩⲱ̅ ⲙⲛ̅ⲛ̅ⲥⲁ ⲧⲣⲉⲩ-
ⲧⲱⲟⲩⲛ ⲛ̅ϭⲓ̈ ⲛ̅ⲣ̅ⲣⲱⲟⲩ ⲛ̅ⲇⲓ̈ⲕⲁⲓ̈ⲟⲥ ⲕⲟⲥⲧⲁⲛϯⲛⲟⲥ· ⲙⲛ̅
ⲛⲉϥϣⲏⲣⲉ· ⲛ̅ⲧⲁⲛⲕⲱⲧ ⲛ̅ ϯϩⲁⲅⲓ̈ⲁ̅ ⲛⲉⲕⲕⲗⲏⲥⲓ̈ⲁ̅· ϩⲙ̅
ⲡⲣⲁⲛ ⲛ̅ ⲧ̅ⲡⲁⲣⲑⲉⲛⲟⲥ ⲉ̅ⲧ ⲟⲩⲁⲁⲃ ⲙⲁⲣⲓ̈ⲁ̅· ⲧⲙⲁⲁⲩ ⲙ̅
ⲡϫⲟⲉⲓⲥ· ϩⲙ̅ ⲡⲉϩⲟⲟⲩ ⲙ̅ ⲡⲉⲥⲉⲣ ⲡⲙⲉⲉⲩⲉ ⲉ̅ⲧ ⲟⲩⲁⲁⲃ·
Ⲁⲛⲟⲛ ⲇⲉ ϩⲱⲱⲛ ⲙⲁⲣⲉⲛⲧⲛ̅ⲛⲟⲟⲩ ⲛⲁⲥ ⲉ̅ ϩⲣⲁⲓ̈ ⲛ̅ ⲟⲩ-
ϣⲡ̅ ϩⲙⲟⲧ· ⲉⲛϫⲱ ⲙ̅ⲙⲟⲥ· ϫⲉ ⲁ̅ⲣⲓ̈ ⲡⲉⲛⲙⲉⲉⲩⲉ ⲉ̅ ⲧⲣ̅ⲣⲱ
ⲛ̅ ⲁⲗⲏⲑⲓ̈ⲛⲏ· ⲛ̅ ⲧⲉⲣⲡⲣⲉⲥⲃⲉⲩⲉ̅ ϩⲁ ⲣⲟⲛ ⲛⲁϩⲣⲉⲙ
ⲡⲛⲟⲩⲧⲉ· ϫⲉ ⲕⲁⲥ ⲉϥⲉ̅ⲛⲁ ⲛⲁⲛ· ⲛ̅ⲧⲉⲛⲣ̅ ϣⲁ ⲛⲁϥ
ⲛ̅ ⲟⲩⲟ̅ⲉⲓ̈ϣ ⲛⲓⲙ· Ⲡⲁⲣⲉⲛϯ ⲙⲛ̅ⲧⲛⲁ ⲛ̅ ⲛⲉϩⲏⲕⲉ ϩⲙ̅
ⲡⲣⲁⲛ ⲛ̅ ⲧⲡⲁⲣⲑⲉⲛⲟⲥ· ⲛ̅ⲥ̅ⲛⲁⲕⲁⲁⲛ ⲁⲛ ⲛ̅ⲥⲱ ⲉ ϩⲙ̅ ⲡⲙⲁ

[1] The text is confused; several words have been repeated.

ⲉ̅ⲧⲉⲛⲛⲁⲃⲱⲕ ⲉ̅ ⲣⲟϥ· Ⲡⲁⲣⲉⲛϯ ⲉ̅ⲟⲟⲩ ⲛⲁⲥ ϩⲓⲧⲙ̅ ⲡ̅ⲕⲱ
ⲛ̅ ⲛⲉⲛⲥⲡⲟⲧⲟⲩ· ⲉⲛϫⲱ ⲙ̅ⲙⲟⲥ· ϫⲉ ⲁⲩϫⲱ ⲛ̅ ϩⲛ̅ⲧⲁⲓ̈ⲟ
ⲉ ⲧⲃ̅ⲏⲏⲧ ⲉ ⲧⲡⲟⲗⲓ̈ⲥ· ⲙ̅ ⲡⲉⲛⲛⲟⲩⲧⲉ· Ⲁⲩⲱ ⲟⲛ ϫⲉ ⲉ̅ⲣⲉ
ⲡⲙⲟⲩ ⲛ̅ ⲛⲉⲧ ⲟⲩⲁⲁⲃ ⲙ̅ ⲡ̅ϫⲟⲉⲓ̈ⲥ ⲧⲁⲓ̈ⲏⲩ· | ⲙ̅ ⲡⲉϥⲙ̅ⲧⲟ Fol. 23 *b*
ⲉ̅ ⲃⲟⲗ· Ⲁⲩⲱ ⲟⲛ ϫⲉ ⲡⲉϩⲣⲟⲟⲩ ⲙ̅ ⲡ̅ⲧⲉⲗⲏⲗ· ⲙⲛ̅ ⲡⲟⲩ- ⲙⲏ
ϫⲁⲓ̈ ϩⲛ̅ ⲛⲉⲙⲁ ⲛ̅ ϣⲱⲡⲉ ⲛ̅ ⲛⲉⲇⲓ̈ⲕⲁⲓ̈ⲟⲥ· Ⲧⲉⲛⲟⲩ ⲇⲉ
ⲁ ⲡⲛⲁⲩ ϣⲱⲡⲉ ⲛ̅ⲧⲉⲛⲧⲁⲗⲟ ⲉ ϩⲣⲁⲓ̈ ⲛ̅ ⲧⲉⲡⲣⲟⲥⲫⲟⲣⲁ ⲉ̅ⲧ
ⲟⲩⲁⲁⲃ· ⲡⲥⲱⲙⲁ ⲙⲛ̅ ⲡⲉⲥⲛⲟϥ ⲛ̅ ⲓ̅ⲥ̅ ⲡⲉⲭ̅ⲥ̅ ⲡⲉⲛϫⲟⲉⲓ̈ⲥ·
ⲁⲩⲱ ⲛⲁⲛⲟⲩ ⲡϣⲓ̈ ϩⲛ̅ ϩⲱⲃ ⲛⲓⲙ· ϩⲙ̅ ⲡⲟⲩⲱϣ ⲙ̅
ⲡⲛⲟⲩⲧⲉ· ⲧⲉⲛⲛⲁⲧⲉ ⲙ̅ ⲡⲥⲉⲉⲡⲉ ⲛ̅ ϯⲉⲝⲏⲅⲏⲥⲓ̈ⲥ ϩⲙ̅ ⲡⲧⲟ-
ⲡⲟⲥ ⲉ̅ⲧ ⲟⲩⲁⲁⲃ· Ⲡⲁⲣⲉⲛϯ ⲛ̅ ⲟⲩϫⲱⲕ ⲉ̅ ⲡϣⲁϫⲉ ϣⲁ ⲡⲓ̈
ⲙⲁ· ⲧⲉⲛϯ ⲉ̅ⲟⲟⲩ ⲛ̅ ⲧⲉⲧⲣⲓ̈ⲁⲥ ⲉ̅ⲧ ⲟⲩⲁ̅ⲁⲃ ⲡⲉⲓ̈ⲱⲧ ⲙⲛ̅
ⲡ̅ϣⲏⲣⲉ ⲙⲛ̅ ⲡⲉⲡ̅ⲛ̅ⲁ̅ ⲉ̅ⲧ ⲟⲩⲁⲁⲃ· ⲛ̅ ⲣⲉϥⲧⲁⲛϩⲟ· ⲁⲩⲱ
ⲛ̅ ϩⲟⲙⲟⲟⲩⲥⲓ̈ⲱⲛ· Ⲧⲉⲛⲟⲩ· ⲁⲩⲱ ⲛ̅ ⲟⲩⲟⲉⲓϣ ⲛⲓⲙ ϣⲁ
ⲉⲛⲉϩ· ⲡ̅ⲉⲛⲉϩ ϩⲁⲙⲏⲛ·

COLOPHON

⳨ ⲡ̅ⲟ̅ⲥ̅ ⲓ̅ⲥ̅ ⲡⲉⲭ̅ⲥ̅ ⲡⲓⲁⲗ^{ⲑ}ⲏ ⲛ̅ ⲛⲟⲩⲧⲉ· ⲉϥⲉⲥⲙⲟⲩ ⲉ
ⲡⲱⲛϩ̅ ⲛ̅ ⲛ̅ⲧⲁⲩϥⲓ ⲡⲣⲟⲟⲩϣ ⲙ̅ ⲡⲓ̈ ⲇⲱⲣⲟⲛ ⲉⲧ ⲥⲟⲧⲡ̅ ⲉ
ⲇⲱⲣⲟⲛ ⲛⲓⲙ· ⲛ̅ ⲉⲡⲟⲩⲣⲁⲛⲓ̈ⲟⲛ· ⲁⲩⲕⲁⲁϥ ϩⲛ̅ ⲛⲉⲕ-
ⲕⲗⲏⲥⲓ̈ⲁ̅ ⲙ̅ ⲡ̅ϭⲟⲗⲡⲉϥ ϩⲙ̅ ⲡⲧⲟϣ ⲡ̅ⲙ̅ϫⲏ· ϫⲉ ⲕⲁⲥ ⲉⲣⲉ
ⲧⲡⲁ^{ⲑ}ⲣ ⲙⲁⲣⲓ̈ⲁ̅ ⲥⲟⲡⲥ̅ ⲙ̅ ⲡⲉⲥϣⲏⲣⲉ ⲉ ϩⲣⲁⲓ̈ ⲉ ϫⲱⲟⲩ
ⲧⲉϥⲡⲱϩ ⲙ̅ ⲡⲉⲭⲓ̈ⲗⲟⲅⲣⲁⲫⲟⲛ ⲛ̅ ⲛⲉⲩⲛⲟⲃⲉ· ⲧⲉϥⲥϩⲁⲓ̈
ⲙ̅ ⲡⲉⲩⲣⲁⲛ ⲉ ⲡϫⲱⲱⲙⲉ ⲙ̅ ⲡⲱⲛϩ̅ ϩⲁⲙⲏⲛ ⲉⲥⲉϣⲱⲡⲉ·

Below this is written in smaller letters:

ⲉⲣⲉ ⲡ̅ⲟ̅ⲥ̅ ⲓ̅ⲥ̅ ⲡⲉⲭ̅ⲣ̅ⲥ̅ ⲡⲉ ⲁⲗⲓ▨ⲑⲓⲛⲟⲥ ⲛ̅ ⲛⲟⲩⲧⲉ ⲟⲩⲙⲉ
ⲉϥⲉⲥⲙⲟⲩ ⲡⲱⲛϩ̅ ⲛ̅ ⲛ̅ⲧⲁⲩϥⲓ ⲡⲣⲟⲟⲩϣ ⲙ̅ ⲡⲓⲇⲱⲣⲟⲛ
▨ⲡⲉⲛⲧⲁϥ ϣⲏⲡ (?) ⲡⲓϫⲱⲱⲙⲉ· ⲁⲛⲟ[ⲕ] ⲙⲁⲣⲓⲁⲕⲟⲩ
[the text of the two remaining lines is much broken].

DISCOURSE BY DEMETRIUS, ARCHBISHOP OF ANTIOCH, ON THE BIRTH OF OUR LORD AND THE VIRGIN MARY

(Brit. Mus. MS. Oriental, No. 7027)

Fol. 21 *b* ⲙ̄ⲃ̄ ⲞⲨⲖⲞⲄⲞⲤ Ⲉ ⲀϤⲦⲀⲨⲞϤ Ⲛ̄ϬⲒ ⲀⲠⲀ ⲆⲨⲘⲎⲦⲢⲒⲞⲤ ⲠⲀⲢⲬⲎⲈⲠⲒⲤⲔⲞⲠⲞⲤ Ⲛ̄ ⲦⲠⲞⲖⲒⲤ ⲀⲚϮⲞⲬⲒⲀ· ⲠⲈⲚⲦⲀϤⲬⲈⲒⲢⲞⲆⲞⲚⲈⲒ Ⲙ̄ ⲠⲚⲞϬ Ⲓ̄Ⲱ̄Ⲥ̄· ⲠⲈⲬⲢⲨⲤⲞⲤⲦⲞⲘⲞⲤ· Ⲙ̄ ⲠⲢⲈⲤⲂⲨⲦⲈⲢⲞⲤ· Ⲉ ⲀϤⲦⲀⲨⲞϤ Ⲉ ⲠⲈϪⲠⲞ· ⲔⲀⲦⲀ ⲤⲀⲢⲜ̄· Ⲙ̄ ⲠⲚⲞⲨⲦⲈ ⲠⲖⲞⲄⲞⲤ· Ⲛ̄ ⲤⲞⲨ ϪⲞⲨ ⲮⲒⲤ Ⲙ̄ ⲠⲈⲂⲞⲦ ⲬⲞⲒⲀⲬ· ⲀⲨⲰ Ⲉ ⲦⲂⲈ ⲘⲀⲢⲒⲀ ⲦⲈϤⲘⲀⲀⲨ· Ⲙ̄ ⲠⲀⲢⲐⲈⲚⲞⲤ ⲦⲚ̄Ⲧ ⲀⲤϪⲠⲞϤ ϨⲚ̄ ⲞⲨⲈⲒⲢⲎⲚⲎ Ⲛ̄ⲦⲈ ⲠⲚⲞⲨⲦⲈ Ϥ̄Ⲑ̄·

Ⲧⲁⲣⲭⲏ ⲅⲁⲣ ⲙ̄ⲙ ⲡⲉⲃⲟⲧ ⲭⲟⲓⲁϩⲕ̄ ⲟⲩⲣⲁϣⲉ ⲛⲁⲛ ⲡⲉ |
Fol. 22 *a* ⲙ̄ⲅ̄ ⲁⲩⲱ ⲧⲉϥϩⲁⲏ· ⲟⲩⲉⲩⲫⲣⲟⲥⲩⲛⲏ ⲧⲉ ⲛ̄ ⲧⲙⲛ̄ⲧⲣⲱⲙⲉ ⲧⲏⲣⲥ̄ ⁖—ⲉⲛϣⲁⲛⲉⲓ ⲅⲁⲣ ⲉ ⲧⲁⲣⲭⲏ· ⲙ̄ⲙ ⲡⲉⲓ ⲉⲃⲟⲧ· ⲧⲉ ⲣⲟⲙⲡⲉ· ϣⲁⲣⲉ ⲡⲉⲛⲥⲱⲙⲁ ⲧⲏⲣϥ̄ ⲉⲩⲫⲣⲁⲛⲉ ⲉϥⲥⲩⲙⲁⲛⲉ ⲛⲁⲛ ⲛ̄ ⲟⲩⲙⲛ̄ⲧⲣⲉϥⲣ̄ϣⲁ ⁖—ϩⲙ̄ⲙ ⲡⲉⲓ ⲉⲃⲟⲧ ⲅⲁⲣ ⲛ̄ⲧⲁ ⲡⲇⲓⲁⲃⲟⲗⲟⲥ ⲣ̄ ϭⲱⲃ ⲁⲩⲱ ⲁϥϫⲓ ϣⲓⲡⲉ ⁖—ⲧⲁⲣⲭⲏ ⲙⲉⲛ· ⲙ̄ⲙ ⲡⲉⲓ ⲉⲃⲟⲧ· ⲡⲣⲱⲧ ⲡⲉ ⲛ̄ ⲛ̄ⲕⲁⲣⲡⲟⲥ ⲛ̄ ⲧⲥⲱϣⲉ· ⲁⲩⲱ ⲧⲉϥϩⲁⲏ ⲡⲉ ⲡⲧⲁϩⲟ ⲉ ⲣⲁⲧϥ̄ ⲛ̄ ⲛⲉⲛⲯⲩⲭⲏ· ⲧⲙⲛ̄ⲧⲣⲱⲙⲉ ⲧⲏⲣⲥ̄ ϩⲛ̄ ⲟⲩⲙⲛ̄ⲧⲣⲉϥϣⲁ· ⲧⲁⲣⲭⲏ ⲅⲁⲣ ⲙ̄ⲙ ⲡⲉⲓ ⲉⲃⲟⲧ· ⲉϥⲥⲩⲙⲁⲛⲉ· ⲛⲁⲛ ⲙ̄ⲙ ⲡⲉϫⲡⲟ ⲕⲁⲧⲁ ⲥⲁⲣⲝ̄ ⲙ̄ⲙ ⲡⲛⲟⲩⲧⲉ ⲡⲗⲟⲅⲟⲥ· ⲧⲉϥϩⲁⲏ ⲇⲉ· ⲉϥⲥⲩ-

ⲙⲁⲛⲉ ⲛⲁⲛ ⲫⲁⲛⲉⲣⲱⲥ· ϫⲉ ⲁⲩϫⲡⲟ ⲙ̄ ⲡⲗⲟⲅⲟⲥ ⲙ̄
ⲡⲉⲓⲱⲧ ⁘—ⲛⲓⲙ ⲡⲉ ⲡⲁⲓ ⲉⲧ ⲥⲩⲙⲁⲛⲉ ⲛⲁⲛ ϩⲙ̄ ⲧⲁⲣⲭⲏ
ⲙ̄ ⲡⲉⲓ ⲉⲃⲟⲧ· ⲛ̄ ⲟⲩⲙⲛ̄ⲧⲣϥ̄ⲣϣⲁ· Ⲡⲁⲓ ⲡⲉ ⲇ̄ⲁ̄ⲇ̄ ⲡⲉⲓⲱⲧ
ⲙ̄ ⲡⲉⲭ̄ⲥ̄· ⲕⲁⲧⲁ ⲥⲁⲣⲝ̄· ⲉϥϫⲱ ⲙ̄ⲙⲟⲥ ϫⲉ ⲥⲁⲗⲡⲓⲍⲉ
ⲛ̄ ⲛⲉⲧⲛ̄ⲥⲁⲗⲡⲓⲅ̄ⲝ ϩⲙ̄ ⲡⲉⲧⲛ̄ⲥⲟⲩⲁ· ⲡⲉϩⲟⲟⲩ ⲉⲧ ⲟⲩⲟⲛϩ̄
ⲉ ⲃⲟⲗ ⲉⲧⲉ ⲡⲉⲛϣⲁ ⲡⲉ· ϫⲉ ⲟⲩⲡⲣⲟⲥⲇⲁⲅⲙⲁ ⲡⲉ ⲙ̄
ⲡⲓⲏ̄ⲗ̄· | ⲁⲩⲱ ⲟⲩϩⲁⲡ ⲡⲉ ⲙ̄ ⲡⲛⲟⲩⲧⲉ ⲛ̄ ⲓⲁⲕⲱⲃ ⁘—ⲁϥ- Fol. 22 *b*
ⲟⲩⲉⲛϩ̄ ⲡϩⲱⲃ ⲉ ⲃⲟⲗ· ϫⲉ ⲡⲉⲧ ⲉⲣⲉ ⲧⲡⲁⲣⲑⲉⲛⲟⲥ ⲛⲁϫ- ⲙ̄ⲇ̄
ⲡⲟϥ· ⲛ̄ⲧⲟϥ ⲡⲉⲧ ⲛⲁϣⲱⲡⲉ ⲙ̄ ⲙⲟⲛⲟⲅⲉⲛⲏⲥ ⲛ̄ ⲧⲙⲛ̄ⲧ-
ⲣⲱⲙⲉ ⲧⲏⲣⲥ̄· ⲕⲁⲓ ⲅⲁⲣ ϥϫⲱ ⲟⲛ ⲙ̄ⲙⲟⲥ· ϫⲉ ⲡⲉ-
ⲯⲁⲗⲙⲟⲥ ⲛ̄ ⲇ̄ⲁ̄ⲇ̄ ⲛ̄ⲥⲟⲩⲁ ⲛ̄ ⲛ̄ⲥⲁⲃⲃⲁⲧⲟⲛ· Ⲁⲩⲱ ⲟⲛ
ϫⲉ ⲡⲉⲯⲁⲗⲙⲟⲥ ⲛ̄ ⲇ̄ⲁ̄ⲇ̄ ⲉⲩⲣ̄ ⲡⲙⲉⲉⲩⲉ· ⲉ ⲧⲃⲉ ⲡⲥⲁⲃⲃⲁ-
ⲧⲟⲛ· ϩⲙ̄ ⲡⲉϩⲟⲟⲩ ⲇⲉ ⲛ̄ⲧⲁϥϣⲱⲡⲉ ⲛ̄ϭⲓ ⲡⲉⲓ ⲛⲟϭ ⲙ̄
ⲙⲩⲥⲧⲏⲣⲓⲟⲛ· ⲉ ⲧⲣⲉ ⲧⲡⲁⲣⲑⲉⲛⲟⲥ ⲉⲧ ⲟⲩⲁⲁⲃ ϫⲡⲟ ⲛⲁⲛ
ⲙ̄ ⲡⲙⲟⲛⲟⲅⲉⲛⲏⲥ ⲙ̄ ⲡⲉⲓⲱⲧ· ⲥⲟⲩⲁ ⲛ̄ ⲭⲟⲓⲁϩⲕ̄ ⲡⲉ· ⲛ̄ ⲧⲉ
ⲣⲟⲙⲡⲉ ⲉⲧ ⲙ̄ⲙⲁⲩ ⲛⲉ ⲡⲥⲁⲃⲃⲁⲧⲟⲛ ⲡⲉ· ⲕⲁⲧⲁ ⲛⲉⲛⲧ
ⲁⲛϩⲉ ⲉ ⲣⲟⲟⲩ· ⲉⲩⲥⲏϩ ϩⲙ̄ ⲧⲃⲩⲃⲗⲓⲟⲑⲩⲕⲏ ⲙ̄ ⲡⲉⲭⲣⲟ-
ⲛⲟⲥ· ⲛ̄ⲧⲁⲩϫⲡⲟϥ ⲛ̄ϩⲏⲧⲥ̄· ⲡⲉϫⲁϥ ϫⲉ ⲡⲉⲯⲁⲗⲙⲟⲥ ⲛ̄
ⲇ̄ⲁ̄ⲇ̄ ⲉⲩⲣ̄ ⲡⲙⲉⲉⲩⲉ ⲉ ⲧⲃⲉ ⲡⲥⲁⲃⲃⲁⲧⲟⲛ ϩⲱⲥ ⲧⲉ ϥⲡⲁⲣⲁⲅ-
ⲅⲉⲗⲉ ⲙ̄ ⲡⲥⲱⲛⲧ ⲧⲏⲣϥ̄· ϫⲉ ⲁⲣⲓ ⲡⲙⲉⲉⲩⲉ· ⲛ̄ ⲧⲉⲓ ⲛⲟϭ
ⲙ̄ ⲡⲁⲛⲏⲅⲩⲣⲓⲥ· ⲙ̄ ⲡⲉⲓ ⲛⲟϭ ⲛ̄ ϣⲁ ⲙ̄ ⲡⲟⲟⲩ | ⲙ̄ⲡⲣ̄ ⲣ̄ Fol. 23 *a*
ⲡⲉⲥⲱⲃϣ̄· ⲡⲉϫⲁϥ ϫⲉ ⲙ̄ ⲡϯⲟⲩ ⲙ̄ ⲡⲥⲁⲃⲃⲁⲧⲟⲛ ⁘— [ⲙ̄ⲉ̄]
ϯⲟⲩⲱϣ ⲅⲁⲣ ⲱ̄ ⲛⲉⲥⲛⲏⲩ ⲉ ⲟⲩⲱⲛϩ̄ ⲛⲏⲧⲛ̄ ⲉ ⲃⲟⲗ ⲛ̄
ⲟⲩⲛⲟϭ ⲙ̄ ⲙⲩⲥⲧⲏⲣⲓⲟⲛ ⲛ̄ ϣⲡⲏⲣⲉ· ⲉϣϫⲉ ⲟⲩⲥⲟⲉⲓⲧ·
ⲉ ⲛⲁⲛⲟⲩϥ ⲡⲉ ⲡⲣ̄ ⲡⲙⲉⲉⲩⲉ ⲙ̄ ⲡⲇⲓⲕⲁⲓⲟⲥ· ⲉⲓⲉ ⲟⲩⲛ̄
ⲟⲩⲏⲣ· ⲛ̄ ⲁⲅⲁⲑⲟⲛ· ⲛⲁϣⲱⲡⲉ· ϩⲓ ⲡⲉⲧ ⲛⲁⲛⲟⲩϥ
ⲛⲓⲙ ϩⲙ̄ ⲡⲉⲣ ⲡⲙⲉⲉⲩⲉ· ⲙ̄ ⲡⲉⲛⲧⲁ ⲛ̄ⲇⲓⲕⲁⲓⲟⲥ ⲧⲏⲣⲟⲩ·
ϣⲱⲡⲉ ⲉ ⲃⲟⲗ ϩⲓ ⲧⲟⲟⲧϥ̄· Ⲛⲁⲣⲛ̄ ⲕⲱ ϭⲉ ⲛ̄ⲥⲱⲛ ⲙ̄
ⲡⲙⲩⲥⲧⲏⲣⲓⲟⲛ ⲛ̄ⲧⲁⲛⲁⲣⲭⲉⲓ ⲉ ⲣⲟϥ ⲛ̄ ϯⲉⲟⲟⲩ ⲛ̄ϩⲏⲧϥ̄ ⲙ̄
ⲡⲙⲟⲛⲟⲅⲉⲛⲏⲥ ⲙ̄ ⲡⲉⲓⲱⲧ ⁘—ⲧⲁⲣⲛ̄ⲉⲓⲛⲉ ⲟⲛ ⲉ ⲧⲙⲏⲏⲧⲉ
ⲙ̄ ⲡⲉϫⲡⲟ ⲛ̄ ⲧⲡⲁⲣⲑⲉⲛⲟⲥ· ⲁⲩⲱ ⲧⲕⲓⲃⲱⲇⲟⲥ· ⲛ̄ⲡⲣⲉϥⲣ̄
ϩⲙ̄ⲙⲉ· ⲛ̄ⲧⲁϥϣⲱⲡⲉ ⲉ ⲃⲟⲗ ϩⲓ ⲧⲟⲟⲧⲥ̄ ⲛ̄ϭⲓ ⲡⲗⲟⲅⲟⲥ ⲙ̄
ⲡⲉⲓⲱⲧ· ⲉⲧⲉ ⲧⲁⲓ ⲧⲉ ⲧⲡⲁⲣⲑⲉⲛⲟⲥ· ⲉⲧ ⲟⲩⲁⲁⲃ ⲙⲁⲣⲓⲁ·
Ⲛⲉⲩⲛ̄ ⲟⲩⲣⲱⲙⲉ ⲇⲉ ⲉϥϣⲟⲟⲡ ϩⲙ̄ ⲑⲓⲉⲗⲏⲙ ⲉ ⲡⲉϥⲣⲁⲛ

ⲡⲉ ⲓⲱⲁⲕⲓⲙ · ⲉ ⲟⲩⲟⲛⲧⲁϥ ⲟⲩⲥϩⲓⲙⲉ ⲙ̅ⲙⲁⲩ · ⲉ ⲡⲉⲥⲣⲁⲛ
Fol. 23 *b* ⲙⲉ ⲡⲉ ⲥⲟⲩⲥⲁⲛⲛⲁ · ⲁⲩⲱ ⲛ̅ⲧⲟⲟⲩ ⲙ̅ ⲡⲉⲥⲛⲁⲩ | ⲛⲉ ⲁⲩⲣ̅
ϩⲗ̅ⲗⲟ · ⲁⲩⲁⲓⲁⲓ ϩⲛ̅ ⲛⲉⲩϩⲟⲟⲩ · ⲁⲩⲱ ⲛⲉⲩϩⲏⲛ ⲉ ϩⲟⲩⲛ
ⲉ ⲡⲛⲟⲩⲧⲉ · ⲛⲉⲩϣⲟⲟⲡ ⲇⲉ ⲙⲛ̅ ⲛⲉⲩⲉⲣⲏⲩ · ⲉⲩⲥⲟⲡⲥ̅ⲡ̅
ⲙ̅ ⲡⲛⲟⲩⲧⲉ ⲉⲩϫⲱ ⲙ̅ⲙⲟⲥ ϫⲉ · ⲡⲛⲟⲩⲧⲉ ⲡⲁⲅⲁⲑⲟⲥ ·
ⲁⲩⲱ ⲡⲙⲁⲓⲣⲱⲙⲉ · ⲙ̅ⲡⲣ̅ ⲧⲣⲉ ⲧⲙⲟⲩⲧⲉ ⲉ ⲧⲁ ⲥϩⲓⲙⲉ
ϫⲉ ⲧⲁϭⲣⲏⲛ · ⲁⲗⲗⲁ ⲉⲕⲉϯ ⲛⲁⲛ ⲛ̅ ⲟⲩⲥⲡⲉⲣⲙⲁ ⲛ̅
ⲣⲱⲙⲉ ·:—ⲛ̅ⲧⲟⲕ ⲅⲁⲣ ⲡⲉ ⲛ̅ⲧⲁⲕϫⲟⲟⲥ · ϩⲛ̅ ⲧⲧⲁⲡⲣⲟ · ⲙ̅
ⲙⲱⲩⲥⲏⲥ · ⲡⲉⲕϩⲙ̅ϩⲁⲗ · ϫⲉ ⲛ̅ⲛⲉ ⲁϭⲣⲏⲛ · ⲟⲩⲇⲉ ⲟⲩ
ⲁⲧ ϣⲏⲣⲉ ϣⲱⲡⲉ ϩⲙ̅ ⲡⲓⲏ̅ⲗ̅ · Ⲛⲁⲓ̈ ⲇⲉ ⲉϥϫⲱ ⲙ̅ⲙⲟⲥ ·
ⲉⲓⲥ ⲟⲩⲣⲱⲙⲉ ⲛ̅ ⲟⲩⲟⲉⲓⲛ · ⲁϥⲟⲩⲱⲛϩ̅ ⲛⲁϥ ⲉ ⲃⲟⲗ ⲛ̅
ⲧⲉⲩϣⲏ · ⲉϥϫⲱ ⲙ̅ⲙⲟⲥ · ϫⲉ ⲓⲱⲁⲕⲓⲙ · ⲓⲱⲁⲕⲓⲙ · ⲟⲩ
ⲡⲉⲧ ϣⲟⲟⲡ ⲙ̅ⲙⲟⲕ · ⲉⲕⲙⲟⲕϩ̅ ⲛ̅ϩⲏⲧ ⲛ̅ ⲧⲉⲓ ϩⲉ ⲧⲏⲣⲥ̅ ·
ⲡⲉϫⲁϥ ⲛⲁϥ · ϫⲉ ⲡⲁ ϫⲥ̅ · ⲁⲓⲁⲓⲁⲓ ϩⲛ̅ ⲛⲁϩⲟⲟⲩ · ⲁⲛⲟⲕ
ⲙⲛ̅ ⲧⲁ ⲥϩⲓⲙⲉ ⲙ̅ⲡⲉ ϣⲏⲣⲉ · ϣⲱⲡⲉ ⲛⲁⲛ · ⲛ̅ⲧⲟϥ ⲇⲉ
ⲡⲉϫⲁϥ ⲛⲁϥ ϫⲉ ⲉⲓⲥ ⲧⲉⲕⲥϩⲓⲙⲉ ⲛⲁⲱ̅ⲱ ⲛⲉⲥϫⲡⲟ ⲛ̅ ⲟⲩ-
Fol. 24 *a* ⲙⲍ ϣⲉⲉⲣⲉ ⲛ̅ ⲥϩⲓⲙⲉ · ⲧⲁⲓ ⲉⲧⲉ ⲙ̅ⲡⲉ ⲥ|ϩⲓ̈ⲙⲉ ⲙⲓ̈ⲥⲉ ⲛ̅ ⲧⲉⲥϩⲉ
ⲉⲛⲉϩ · ⲟⲩⲇⲉ ⲟⲛ ⲛ̅ⲛⲉⲩⲙⲓⲥⲉ ⲛ̅ ⲧⲉⲥϩⲉ ϣⲁ ⲉⲛⲉϩ · ϯϩⲧⲏⲕ
ϭⲉ ⲉ ⲣⲟⲕ · ⲡⲉϩⲟⲟⲩ ⲅⲁⲣ ⲉⲧ ⲟⲩⲛⲁⲙⲁⲥⲧⲥ̅ ⲛ̅ϩⲏⲧϥ̅ ·
ⲟⲩⲛ̅ ⲟⲩⲛⲟϭ ⲛ̅ ⲣⲁϣⲉ ⲛⲁϣⲱⲡⲉ ⲛⲁⲕ · ⲁⲩⲱ ⲉⲕⲉϯ ⲙ̅-
ⲙⲟⲥ ⲉ ϩⲟⲩⲛ ⲙ̅ ⲡⲣ̅ⲡⲉ ⲙ̅ ⲡϫⲥ̅ · ⲁⲩⲱ ⲉⲕⲉⲙⲟⲩⲧⲉ ⲉ
ⲡⲉⲥⲣⲁⲛ ϫⲉ ⲙⲁⲣⲓⲁ ·:—Ⲛ ⲧⲉⲣⲉ ⲡⲣⲱⲙⲉ ⲇⲉ ⲗⲟ · ⲉϥ-
ϣⲁϫⲉ ⲛ̅ⲙ̅ⲙⲁϥ · ⲁϥⲧⲱⲟⲩⲛ ⲁϥⲛⲉϩⲥⲉ ⲛ̅ ⲁⲛⲛⲁ ⲧⲉϥ-
ⲥϩⲓⲙⲉ · ⲁϥⲧⲁⲙⲟⲥ · ⲉⲛϣⲁϫⲉ ⲧⲏⲣⲟⲩ ⲛ̅ⲧⲁⲩϫⲟⲟⲩ
ⲛⲁϥ ·:—ⲛ̅ⲧⲟⲥ ⲇⲉ ⲁⲥⲟⲩⲱϣ̅ⲃ̅ ⲛ̅ϭⲓ ⲧⲉϥⲥϩⲓⲙⲉ · ⲡⲉϫⲁⲥ
ⲛⲁϥ · ϫⲉ ⲙⲁⲣⲉ ⲡⲟⲩⲱϣ ⲙ̅ ⲡϫⲥ̅ ϣⲱⲡⲉ ·:—ⲙⲛ̅ⲛ̅ⲥⲁ
ⲛⲁⲓ ⲁⲥⲱ̅ⲱ ⲛ̅ϭⲓ Ⲁⲛⲛⲁ ⲧⲉϥⲥϩⲓⲙⲉ · ⲁⲥⲙⲓⲥⲉ ⲙ̅ ⲡⲉⲓ̈ ⲛⲟϭ
ⲛ̅ ⲇⲱⲣⲟⲛ · ⲡⲉϩⲟⲟⲩ ⲇⲉ ⲛ̅ⲧⲁⲩϫⲡⲟⲥ ⲛ̅ϩⲏⲧϥ̅ ⲡⲥⲁⲃⲃⲁⲧⲟⲛ
ⲡⲉ · ⲛ̅ⲥⲟⲩ ⲙⲛ̅ⲧⲏ ⲙ̅ ⲡⲉⲃⲟⲧ ⲁⲑⲱ̅ⲣ · ⲉⲛⲉⲩⲣ̅ ϣⲁ ⲅⲁⲣ
ⲡⲉ ϩⲙ̅ ⲡⲉϩⲟⲟⲩ ⲉⲧ ⲙ̅ⲙⲁⲩ · ⲙ̅ ⲡϩⲉⲑⲛⲟⲥ ⲛ̅ ⲛⲓⲟⲩⲇⲁⲓ ·
ⲡⲉⲥ ⲙⲉϩ ϣⲙⲟⲩⲛ ⲛ̅ϩⲟⲟⲩ ⲟⲛ ⲡⲉ ⲡⲥⲁⲃⲃⲁⲧⲟⲛ · ⲁⲩⲥⲉϩ
ⲡⲉⲥⲣⲁⲛ ⲙⲛ̅ ⲡⲉⲥⲇⲱⲣⲟⲛ · ⲁⲩⲧⲁⲁϥ (*sic*) ⲉ ϩⲟⲩⲛ ⲉ ⲡⲣ̅ⲡⲉ
Fol. 24 *b* ⲙⲏ ϫⲉ ⲛⲉ ⲟⲩϣⲁ ⲙⲓⲥⲉ ⲧⲉ · ⲡⲁⲓ ⲅⲁⲣ | ⲡⲉ ⲡⲛⲟⲙⲟⲥ · ⲛ̅
ⲛ̅ϩⲉⲃⲣⲁⲓⲟⲥ · ⲉⲩϯ ⲣⲁⲛ ⲅⲁⲣ ⲉ ⲡⲉⲧ ⲟⲩⲛⲁⲙⲁⲥⲧϥ̅ · ϩⲙ̅

ⲡⲉϥ̄ ⲙⲉϩ ϣⲙⲟⲩⲛ ⲛ̄ϩⲟⲟⲩ· ⲉ ⲧⲃⲉ ⲡⲁⲓ ⲁⲩⲉⲓⲣⲉ ϩⲁ ⲣⲟⲥ ϩⲓ
ⲛⲁⲓ· Ⲛ̄ ⲧⲉⲣⲉ ⲥⲁⲓⲁⲓ ⲇⲉ ⲛⲉⲥⲉⲓ ⲉ ⲡϫⲱⲕ ⲛ̄ ϣⲟⲙⲧⲉ ⲛ̄
ⲣⲟⲙⲡⲉ· ⲁⲩⲧⲁⲁⲥ ⲉ ϩⲟⲩⲛ ⲉ ⲡⲣ̄ⲡⲉ ⲙ̄ ⲡϫ︦ⲥ︦ ⲟⲩⲛⲟϭ ⲛ̄
ϣⲡⲏⲣⲉ ⲁⲥϣⲱⲡⲉ· ⲧⲁⲓ ⲉⲧⲉ ⲙ̄ⲡⲉ ⲟⲩⲟⲛ ⲛ̄ ⲧⲉⲥϩⲉ ϣⲱⲡⲉ·
ϫⲓⲛ ⲡϣⲁⲥⲱⲛⲧ̄ ⲙ̄ ⲡⲕⲟⲥⲙⲟⲥ ϣⲁ ⲉⲛⲉϩ· ⲛ̄ ⲟⲩⲟⲉⲓϣ ϩⲙ̄
ⲡⲧⲣⲉ ⲁⲛⲛⲁ ⲧⲉⲥⲙⲁⲁⲩ· ⲕⲁⲁⲥ ⲉ ⲡⲉⲥⲏⲧ· ϩⲓϫⲛ̄ ⲛⲉⲥϭⲃⲟⲓ
ⲙ̄ ⲡϩⲟⲩⲛ ⲙ̄ ⲡⲣⲟ ⲙ̄ ⲡⲣ̄ⲡⲉ· ⲙ̄ ⲡⲙ̄ⲧⲟ ⲉ ⲃⲟⲗ ⲛ̄ ⲛ̄ⲟⲩⲏⲏⲃ·
ⲁⲥⲙⲟⲟϣⲉ ⲙⲁⲩⲁⲁⲥ· ⲉ ϩⲟⲩⲛ ⲉ ⲡⲣ̄ⲡⲉ ϣⲁⲥⲧ ⲉⲥⲃⲱⲕ
ⲉ ϩⲟⲩⲛ ⲉ ⲡⲥⲁ ⲛ̄ ϩⲟⲩⲛ ⲙ̄ ⲡⲕⲁⲧⲁⲡⲉⲧⲁⲥⲙⲁ· ⲙ̄ ⲡⲉⲑⲩ-
ⲥⲓⲁⲥⲧⲏⲣⲓⲟⲛ· ⲡⲁⲓ ⲉⲧⲟⲩⲧⲁⲗⲟ ⲉ ϩⲣⲁⲓ ⲉ ϫⲱϥ ⲛ̄ ⲛⲉⲑⲩⲥⲓⲁ
ⲙ̄ ⲡϫ︦ⲥ︦· ⲁⲩⲱ ϩⲙ̄ ⲡ ⲧⲣⲉ ⲥⲃⲱⲕ ⲉ ϩⲟⲩⲛ ⲙ̄ⲡⲉ ⲥⲕⲧⲟⲥ
ⲉ ⲉⲓ ⲉ ⲃⲟⲗ ⲛ̄ ⲕⲉ ⲥⲟⲡ· ⲟⲩⲇⲉ ⲙ̄ⲡⲉ ⲡⲙⲉⲉⲩⲉ ⲛ̄ ⲛⲉⲥ-
ⲉⲓⲟⲟⲧⲉ· ⲁⲗⲉ | ⲉ ϩⲣⲁⲓ ⲉϫⲙ̄ ⲡⲉⲥϩⲏⲧ· ⲟⲩⲇⲉ ⲗⲁⲁⲩ Fol. 25 *a* ⲙ̄ⲑ
ⲙ̄ ⲙⲉⲉⲩⲉ ⲛ̄ⲧⲉ ⲡⲉⲓ ⲕⲟⲥⲙⲟⲥ· ⲉⲛⲉⲥⲡⲣⲟⲕⲟⲡⲧⲉⲓ ⲙ̄
ⲙⲏⲛⲉ· ⲁⲩⲱ ⲉⲛⲉⲥϯ ⲉⲡⲁⲛⲁⲓ ⲡⲁⲣⲁ ⲡ ⲕⲉ ⲥⲉⲉⲡⲉ ⲛ̄
ⲙ̄ⲡⲁⲣⲑⲉⲛⲟⲥ ⲉⲧ ϩⲙ̄ ⲡⲣ̄ⲡⲉ ⁘—ⲙⲛ̄ⲛ̄ⲥⲁ ⲧⲣⲉ ⲥⲁⲓⲁⲓ ⲇⲉ
ⲛⲉⲥⲣ̄ ⲁϣⲙⲟⲩⲛⲉ ⲛ̄ ⲣⲟⲙⲡⲉ ⲛ̄ ⲙⲏⲛⲧⲉ· ⲛⲉⲥϣⲟⲟⲡ ⲛ̄
ⲧⲩⲡⲟⲥ ⲛ̄ ⲛ̄ⲟⲩⲏⲏⲃ· ⲁⲩⲱ ⲛⲉⲩⲣ̄ ϩⲟⲧⲉ ⲉ ⲁⲡⲁⲛⲧⲁ ⲉ ⲣⲟⲥ·
ⲛⲉⲣⲉ ⲡⲉⲥⲥⲱⲙⲁ ⲅⲁⲣ ⲧⲏⲣϥ̄ ⲧⲃ̄ⲃⲏⲩ ⲁⲩⲱ ⲛⲉⲣⲉ ⲡⲉⲥϩⲏⲧ
ⲧⲁϫⲣⲏⲩ ϩⲙ̄ ⲡϫ︦ⲥ︦· Ⲛⲉⲟⲩⲕⲁⲑⲁⲣⲟⲥ ⲧⲉ ϩⲙ̄ ⲡⲉⲥⲥⲱⲙⲁ
ⲙⲛ̄ ⲧⲉⲥⲯⲩⲭⲏ ⲙ̄ⲡⲉ ⲥϯ ⲙ̄ⲡⲉ ϩⲟ ⲙ̄ ⲡⲃⲟⲗ ⲙ̄ ⲡⲣⲟ
ⲙ̄ ⲡⲣ̄ⲡⲉ· ϫⲉ ⲛ̄ⲛⲉ ⲥⲛⲁⲩ ⲉ ϩⲟⲟⲩⲧ ⲛ̄ ϣⲙ̄ⲙⲟ· ⲙ̄ⲡⲉ
ⲥⲁⲛⲉⲭⲉ ⲉⲛⲉϩ ⲉ ⲛⲁⲩ ⲉ ϩⲟ ⲛ̄ ⲟⲩϩⲣ̄ϣⲉⲉⲣⲉ· ⲛⲉⲥ-
ϣⲟⲟⲡ ⲇⲉ ϩⲛ̄ ⲟⲩϩⲁⲅⲛⲓⲁ ⲙⲛ̄ ⲟⲩⲙⲛ̄ⲧⲣϥ̄ϣⲙ̄ϣⲉ ⲛⲟⲩⲧⲉ
ⲙⲛ̄ ⲟⲩⲕⲁⲧⲁⲥⲧⲁⲥⲓⲥ· ⲛⲉⲣⲉ ⲧⲉⲥϩⲃ̄ⲥⲱ ⲇⲉ ϣⲟⲟⲡ ϩⲛ̄
ⲟⲩⲙⲛ̄ⲧⲁⲥϯⲟⲥ· ⲉⲣⲉ ⲧⲉⲥϣⲧⲏⲛ ⲛⲏⲩ· ⲉ ⲡⲉⲥⲏⲧ ⲉϫⲛ̄
ⲛⲉⲥⲧⲃ̄ⲥ̄· ⲉⲣⲉ ⲡⲉⲥⲡⲁⲗⲗⲏⲛ ⲛⲏⲩ ⲉ ⲡⲉⲥⲏⲧ ⲉϫⲛ̄ ⲛⲉⲥⲃⲁⲗ·
ⲉⲥⲙⲏⲣ ⲛ̄ ⲟⲩⲫⲁⲥ|ⲕⲓⲁ ⲉϫⲛ̄ ⲧⲉⲥϣⲧⲏⲛ· ⲙ̄ⲡⲉ ⲧⲥ̄ϣⲧⲏⲛ Fol. 25 *b* ⲛ̄
ⲗⲱⲙ ⲉⲛⲉϩ ⲟⲩⲇⲉ ⲙ̄ⲡⲉ̄ ⲡⲱϩ· ⲟⲩⲇⲉ ⲙ̄ⲡⲉ ⲥϯ ⲛ̄ ⲟⲩ-
ⲥⲧⲏⲙ ⲉ ⲛⲉⲥⲃⲁⲗ ⲉⲛⲉϩ· ⲟⲩⲇⲉ ⲟⲩⲕⲣⲟⲅⲟⲥ ⲉ ⲛⲉⲥ-
ⲟⲩⲟⲓϭⲉ (*sic*)· ⲙ̄ⲡⲉ ⲥϯ ⲛ̄ ⲟⲩⲧⲟⲟⲩⲉ ⲉ ⲛⲉⲥⲟⲩⲣⲏⲏⲧⲉ ϩⲛ̄
ⲟⲩⲁⲡⲁⲧⲏ· ⲟⲩⲇⲉ ϩⲉⲛⲕⲟⲥⲙⲏⲥⲓⲥ ⲙⲛ̄ ϩⲉⲛⲯⲉⲗⲓⲟⲛ ⲉ
ⲛⲉⲥϭⲓϫ· ⲙ̄ⲡⲉ ⲥⲉⲡⲉⲓⲑⲩⲙⲉⲓ ⲉ ϩⲉⲛⲛⲟϭ ⲛ̄ϭⲓⲛ ⲟⲩⲱⲙ
ⲉⲛⲉϩ· ⲟⲩⲇⲉ ⲙ̄ ⲡⲉⲥⲙⲟⲟϣⲉ ϩⲛ̄ ⲧⲁⲅⲟⲣⲁ ⲛ̄ ⲧⲉⲥⲡⲟⲗⲓⲥ

ⲉⲛⲉϩ· ϫⲉ ⲙ̄ⲡⲉ ⲥⲉⲡⲉⲓⲑⲩⲙⲉⲓ ⲉ ⲛⲉϩⲃⲏⲩⲉ ⲙ̄ ⲡⲉⲓ ⲕⲟⲥ-
ⲙⲟⲥ· ⲙ̄ⲡⲉ ⲥⲕⲁⲁⲥ ⲕⲁ ϩⲏⲩ ⲉⲛⲉϩ· ⲟⲩⲇⲉ ⲙ̄ⲡⲉ ⲥϫⲱ-
ⲕⲙ̄ ϩⲛ̄ ⲟⲩⲥⲓⲟⲟⲛ· ⲟⲩⲇⲉ ⲙ̄ⲡⲉ ⲥϭⲱϣⲧ̄ ⲉϫⲛ̄ ⲙⲉⲗⲟⲥ
ⲛ̄ⲧⲁⲁⲥ ⲉⲛⲉϩ· ϩⲙ̄ ⲡⲉⲥⲥⲱⲙⲁ ϩⲛ̄ ⲟⲩϯ ϩⲧⲏϥ· ⲛⲉⲥϣⲟⲟⲡ
ⲇⲉ ϩⲛ̄ ⲟⲩⲉⲡⲉⲓⲥϯⲙⲏ· ϩⲛ̄ ⲟⲩϩⲟⲧⲉ ⲛ̄ⲧⲉ ⲡⲛⲟⲩⲧⲉ· ⲉⲣⲉ
ⲡⲉⲭ̅ⲥ̅ ⲙⲟⲟϣⲉ ⲛ̄ⲙ̄ⲙⲁⲥ ⲉϥⲣⲟⲉⲓⲥ ⲉ ⲣⲟⲥ ⲛ̄ ⲥⲁ ⲥⲁ ⲛⲓⲙ·
ϥⲥⲟⲟⲩⲛ ⲅⲁⲣ ϫⲉ ⲛ̄ⲧⲁϥⲧⲁⲙⲓⲟⲥ ⲉ ⲧⲣⲉ ⲥϣⲱⲡⲉ ⲛⲁϥ ⲛ̄
ⲟⲩⲕⲓⲃⲱⲧⲟⲥ· ⲁⲩⲱ ⲙ̄ ⲙⲁ ⲛ̄ ⲟⲩⲟϩ· ⲛⲉⲥϣⲟⲟⲡ ⲇⲉ ⲛ
Fol. 26 *a* ⲡ̄ⲁ̄ ϩⲟⲩⲛ ⲙ̄ ⲡⲣ̄ⲡⲉ· ϩⲙ̄ ⲡⲉⲓ ⲥⲙⲟⲧ ⲉⲧ ⲟⲩⲁ|ⲁⲃ ϣⲁⲛⲧⲉ ⲥϫⲉⲕ
ⲙⲛ̄ⲧⲥⲛⲟⲟⲩⲥ ⲛ̄ ⲣⲟⲙⲡⲉ· Ⲛ̄ⲧⲉⲣ ⲟⲩⲛⲁⲩ ⲇⲉ ⲉ ⲣⲟⲥ ⲛ̄ϭⲓ
ⲛ̄ ⲟⲩⲏⲏⲃ ⲉⲧ ϩⲙ̄ ⲡⲣ̄ⲡⲉ ϫⲉ ⲁⲥⲣ̄ ⲛⲟϭ ϩⲙ̄ ⲡⲉⲥⲥⲱⲙⲁ
ⲁⲩⲣ̄ ϩⲟⲧⲉ· ϫⲉ ⲙⲏ ⲡⲟⲧⲉ ⲛ̄ⲧⲉ ⲛ̄ ⲥⲱⲛ̄ⲧ ⲛ̄ ⲛⲉϩⲓⲟⲟⲙⲉ
ϣⲱⲡⲉ ⲙ̄ⲙⲟⲥ ϩⲙ̄ ⲡⲣ̄ⲡⲉ· ⲛ̄ⲥⲉⲥⲟⲟⲩⲛ ⲁⲛ ⲛ̄ ⲧⲟⲓⲕⲟⲛⲟ-
ⲙⲓⲁ ⲙ̄ ⲡⲛⲟⲩⲧⲉ ⲉⲧ ⲛⲁϣⲱⲡⲉ ⲙ̄ⲙⲟⲥ· ⲉⲓⲧⲁ ⲁⲩϫⲓ
ⲛ̄ ⲟⲩϣⲟϫⲛⲉ ⲛ̄ϭⲓ ⲛ̄ⲟⲩⲏⲏⲃ ⲉ ⲧⲣⲉⲩ ⲧⲁⲁⲥ ⲉ ⲧⲟⲟⲧϥ̄ ⲛ̄
ⲟⲩⲣⲱⲙⲉ ⲛ̄ϥϩⲁⲣⲉϩ ⲉ ⲣⲟⲥ ϣⲁⲛⲧ ⲟⲩⲛⲁⲩ ⲉ ⲛⲉⲧ
ⲛⲁϣⲱⲡⲉ ⲙ̄ⲙⲟⲥ· Ⲁⲩϩⲙⲟⲟⲥ ϫⲉ ⲉⲩⲛⲁⲛⲉϫ ⲕⲗⲏⲣⲟⲥ·
ⲁ ⲡⲉⲕⲗⲏⲣⲟⲥ ⲉⲓ ⲉ ϩⲣⲁⲓ ⲉϫⲙ̄ ⲡⲏⲓ ⲛ̄ ⲇ̅ⲁ̅ⲇ̅· ⲁⲩⲛⲉϫ
ⲕⲗⲏⲣⲟⲥ ⲉϫⲛ̄ ⲛⲁ ⲡⲏⲓ ⲧⲏⲣϥ̄ ⲉⲧ ⲙ̄ⲙⲁⲩ· ⲁ ⲡⲉ ⲕⲗⲏⲣⲟⲥ
ϣⲱⲡⲉ ⲉϫⲛ̄ ⲓⲱⲥⲏⲫ· Ⲡⲁⲓ ⲇⲉ ⲡⲉ ⲟⲩϩⲗ̄ⲗⲟ ⲛ̄ ϩⲁⲙϣⲉ
ⲡⲉ ϩⲛ̄ ⲧⲉϥⲧⲉⲭⲛⲏ· ⲉϥⲣ̄ ϩⲟⲧⲉ ϩⲏⲧϥ̄ ⲙ̄ ⲡⲛⲟⲩⲧⲉ· ⲡⲁⲓ
ⲉⲙ ⲉϥⲟⲩⲱⲙ ⲛ̄ ⲟⲩⲟⲉⲓⲕ ⲉⲛⲉϩ ϩⲛ̄ ⲟⲩⲙⲛ̄ⲧⲣⲉϥϫⲛⲁⲁⲩ·
ⲁⲩⲱ ⲛⲉ ⲙⲛ̄ⲧⲁϥ ⲥϩⲓⲙⲉ ⲙ̄ⲙⲁⲩ ⲡⲉ· ⲛⲉ ⲁ ⲧⲉϥⲥϩⲓⲙⲉ
ⲅⲁⲣ ⲙⲟⲩ· ⲁⲥⲕⲱ ⲛⲁϥ ⲛ̄ ϩⲉⲛϣⲏⲣⲉ ⲛ̄ ⲥⲁⲃⲉ· ⲙⲛ̄
Fol. 26 *b* ⲡ̄ⲃ̄ ϣⲉⲉⲣⲉ ⲥⲛ̄ⲧⲉ ⲛ̄ ⲥϩⲓⲙⲉ· ⲁⲩⲱ ⲁⲩ|ⲙⲟⲩⲧⲉ ⲉ ⲣⲟϥ ⲛ̄ϭⲓ ⲛ̄
ⲟⲩⲏⲏⲃ· ⲡⲉϫⲁⲩ ⲛⲁϥ ϫⲉ ⲙⲁⲣⲓⲁ ⲧⲡⲁⲣⲑⲉⲛⲟⲥ· ⲧϣⲉⲉⲣⲉ
ⲛ̄ ⲓⲱⲁⲕⲓⲙ ⲁ ⲡⲉ ⲕⲗⲏⲣⲟⲥ ⲉⲓ ⲉ ϫⲱⲕ· ⲉ ⲧⲣⲉ ⲥϣⲱⲡⲉ
ⲛⲁⲕ ⲛ̄ ⲥϩⲓⲙⲉ· ⲉⲓⲥ ϩⲏⲏⲧⲉ ⲛ̄ϯ ⲙ̄ⲙⲟⲥ ⲉ ϩⲣⲁⲓ ⲉ
ⲛⲉⲕϭⲓϫ· ϩⲁⲣⲉϩ ⲉ ⲣⲟⲥ ϣⲁ ⲡⲉⲟⲩⲟⲉⲓϣ ⲛ̄ⲧⲛ̄ⲣ̄ ⲧϣⲉ-
ⲗⲉⲉⲧ· Ⲡϩ̄ⲗ̄ⲗⲟ ⲇⲉ ⲉⲧ ⲟⲩⲁⲁⲃ ⲉⲧ ⲉⲣⲉ ⲛ̄ϥⲥⲕⲓⲙ ⲧⲛ̄ⲧⲱⲛ·
ⲉⲛⲉⲕⲗⲁⲇⲟⲥ ⲙ̄ ⲡϣⲏⲛ ⲙ̄ ⲡⲁⲣⲁⲇⲓⲥⲟⲥ· ⲉⲧⲉ ⲡϣⲏⲛ ⲙ̄
ⲡⲱⲛϩ̄ ϩⲛ̄ ⲧⲙⲏⲏⲧⲉ ⲙ̄ ⲡⲡⲁⲣⲁⲇⲓⲥⲟⲥ· ⲁϥⲥⲱⲕ ϩⲁ ϫⲱⲥ
ⲛ̄ⲧⲥⲱϣⲉ· ⲉⲧ ⲉⲣⲉ ⲡⲱⲛⲉ ⲙ̄ ⲙⲁⲣⲕⲁⲣⲓⲧⲏⲥ· ϩⲏⲡ ⲛ̄-
ϩⲏⲧⲥ̄· ⲁϥϥⲓⲧⲥ̄ ⲉ ⲛⲁⲍⲁⲣⲉⲑ· ⲁϥϫⲓⲧⲥ̄ ⲉ ϩⲟⲩⲛ ⲉ ⲡⲉϥⲏⲓ·

ⲁⲥⲣ̅ ⲡϥ̅ⲏⲓ ⲙ̅ ⲙⲁ ⲛ̅ ϣⲗⲏⲗ ⲁⲩⲱ ⲙ̅ⲙⲟⲛⲁⲥⲧⲏⲣⲓⲟⲛ·
ⲁϥϫⲓ ⲛ̅ ⲟⲩⲡⲁⲣⲑⲉⲛⲟⲥ ⲉ ϩⲟⲩⲛ ⲉ ⲡϥ̅ⲏⲓ ⲉ ⲧⲣⲉ ⲥϣⲱⲡⲉ
ⲛⲁϥ ⲛ̅ ⲥϩⲓⲙⲉ· ⲁⲥⲣ̅ ⲡϥ̅ⲏⲓ ⲛ̅ ⲟⲩⲉⲕⲕⲗⲏⲥⲓⲁ· ⲁ ϩⲉⲛ-
ⲯⲁⲗⲙⲟⲥ ϣⲱⲡⲉ ⲛ̅ϩⲏⲧϥ̅· ⲙⲛ̅ ϩⲉⲛϣⲗⲏⲗ ⲙⲛ̅ ϩⲉⲛⲱ̅ⲇⲏ
ⲙ̅ ⲡ̅ⲛ̅ⲓⲕⲟⲛ· ⲁϥϫⲓ ⲛ̅ ⲟⲩⲥϩⲓⲙⲉ· ⲁⲥϣⲱⲡⲉ ⲛⲁϥ ⲛ̅
ⲥⲱⲧⲏⲣⲓⲁ· ⲙⲛ̅ⲛ̅ⲥⲁ | ⲧⲣϥ̅ϫⲓⲧⲥ̅ ⲇⲉ ⲉ ϩⲟⲩⲛ ⲉ ⲡⲉϥⲏⲓ Fol. 27 a ⲡ̅ⲅ̅
ⲁⲥⲃⲱⲕ ⲉ ϩⲟⲩⲛ ⲉⲩⲕⲟⲓⲧⲟⲛ ⲁⲥϩⲙⲟⲟⲥ ⲙ̅ⲙⲁⲩ· ⲙ̅ⲡⲉ
ⲥⲟⲩⲱϩ ⲉ ⲧⲟⲟⲧⲥ̅· ⲉ ⲉⲓ ⲉ ⲡⲉⲥⲏⲧ ⲙ̅ ⲡⲧⲱⲣⲧⲣ̅ ϣⲁ ⲡⲉ-
ϩⲟⲟⲩ ⲛ̅ⲧ ⲁⲥⲃⲱⲕ ⲉⲧⲟⲣⲓⲛⲏ· ⲙⲛ̅ ⲡⲉϩⲟⲟⲩ ⲛ̅ⲧⲁ ⲓⲱⲥⲏⲫ
ϫⲓⲧⲥ̅ ⲉ ⲃⲏⲑⲗⲉⲉⲙ ⲉ ⲧⲣⲉⲩ ⲥϩⲁⲓ ⲙ̅ ⲡⲉϥⲣⲁⲛ ⲙⲛ̅ ⲡⲱⲥ
ⲙⲛ̅ ⲡⲁ ⲡⲉⲥϣⲏⲣⲉ· ⲛ̅ⲧⲁⲩⲥϩⲁⲓ ⲛ̅ϯϩⲉ ϫⲉ ⲓⲱⲥⲏⲫ
ⲡϣⲏⲣⲉ ⲛ̅ ⲇ̅ⲁ̅ⲇ̅ ⲙⲛ̅ ⲙⲁⲣⲓⲁ ⲧⲉϥⲥϩⲓⲙⲉ· ⲙⲛ̅ ⲓ̅ⲥ̅
ⲡⲉⲩϣⲏⲣⲉ· ⲁⲛⲁⲩ ϭⲉ ⲉ ϯ ⲛⲟϭ ⲛ̅ ϣⲡⲏⲣⲉ· ⲱ̅
ⲛⲁⲙⲉⲣⲁⲁⲧⲉ ⁝—ⲟⲩⲥϩⲓⲙⲉ ⲉⲥⲉⲉⲧ ⲉⲥⲟ ⲙ̅ ⲡⲁⲣⲑⲉⲛⲟⲥ
ⲛ̅ⲥⲉⲥⲟⲟⲩⲛ ⲁⲛ ϫⲉ ⲟⲩ ⲡⲉⲧ ϩⲓ ϩⲟⲩⲛ ⲙ̅ⲙⲟⲥ· ϯⲣ̅ ϣⲡⲏⲣⲉ
ⲙ̅ⲙⲟⲕ ⲱ̅ ⲡϩ̅ⲗⲗⲟ ⲛ̅ ϩⲁⲙϣⲉ ⲉⲧ ⲥⲙⲁⲙⲁⲁⲧ· ϫⲉ ⲟⲩ
ⲡⲉ ⲛⲧⲁϥⲉⲓ ⲉ ⲡⲉⲕϩⲏⲧ ⲛ̅ⲧⲁⲕⲥϩⲁⲓ ⲡⲉⲓ̈ ϣⲏⲣⲉ ϣⲏⲙ
ⲛ̅ⲥⲱⲕ· ⲛⲅ̅ ⲥⲟⲟⲩⲛ ⲁⲛ ϫⲉ ⲟⲩ ⲉ ⲃⲟⲗ ⲧⲱⲛ ⲡⲉ· ⲟ̅ⲛ̅ⲥ̅ ϫⲉ
ⲁⲕⲥϩⲁⲓ ⲧⲉⲥϩⲓⲙⲉ ⲛ̅ⲥⲱⲕ ϫⲉ ⲉⲥϭⲁⲗⲱⲟⲩ ⲉ ⲣⲟⲕ· ⲉⲕ-
ⲥⲟⲟⲩⲛ ⲧⲱⲛ ϫⲉ ⲟ̅ⲩ̅ ⲡⲉⲧ ⲉⲥⲉⲓⲉⲧ ⲙ̅ⲙⲟϥ· ⲟⲩⲡⲓⲥⲧⲟⲥ ⲅⲁⲣ
ⲡⲉ ⲡⲉⲛⲧ ⲁϥϣⲁϫⲉ ⲛ̅ⲙ̅ⲙⲁⲓ· ⲉϥϫⲱ ⲙ̅ⲙⲟⲥ· ϫⲉ ϫⲓ ⲙ̅
ⲙⲁⲣⲓⲁ ⲧⲉⲕⲥϩⲓⲙⲉ | ⲉ ϩⲟⲩⲛ ⲉ ⲡⲉⲕⲏⲓ· ⲡ ⲉⲧ ⲟⲩⲛⲁϫ- Fol. 27 b ⲡ̅ⲇ̅
ⲡⲟϥ· ⲉ ⲃⲟⲗ ⲛ̅ϩⲏⲧⲥ̅ ⲟⲩ ⲉ ⲃⲟⲗ ⲡⲉ· ϩⲛ̅ ⲟⲩⲡ̅ⲛ̅ⲁ̅
ⲉϥⲟⲩⲁⲁⲃ⁝—ⲉⲓⲧⲁ ϫⲉ ⲛ̅ⲛⲉ ⲛⲕⲧⲉ ⲡϣⲁϫⲉ ⲉ ⲕⲉ ⲥⲁ· ⲁ
ⲡϩ̅ⲗⲗⲟ ⲛ̅ ϩⲁⲙϣⲉ ϥⲓ ⲛ̅ ⲧⲡⲩⲗⲏ ⲉⲧ ϣⲟⲧⲙ̅ ⲉ ϩⲟⲩⲛ ⲉ
ⲡϥ̅ⲏⲓ· ⲁ ⲡⲉⲛⲧ ⲁϥϫⲓ ϯⲡⲉ ⲙ̅ ⲡⲅⲁⲙⲟⲥ ⲣⲟⲉⲓⲥ· ⲉⲧ ⲉⲧⲉ
ⲙ̅ⲡⲉ ⲥⲥⲟⲩⲛ̅ ϩⲟⲟⲩⲧ ⲉⲛⲉϩ· ⲁ ⲡⲉⲓ̈ⲱⲧ ⲛ̅ ϩⲉⲛϣⲏⲣⲉ
ϣⲱⲡ ⲉ ⲣⲟϥ ⲙ̅ ⲡⲗⲟⲅⲟⲥ ⲙ̅ ⲡⲓⲱⲧ⁝—ⲁ ⲡⲉⲛⲧ ⲁϥϫⲓ
ⲡⲉⲓⲣⲁ ⲙ̅ ⲡⲅⲁⲙⲟⲥ ⲙ̅ ⲡⲉⲓ ⲕⲟⲥⲙⲟⲥ· ϣⲱⲡⲉ ⲛ̅ ϩⲩⲡⲉⲣ-
ⲉⲧⲏⲥ ⲛ̅ ⲧⲉϩⲓⲉⲓⲃ ⲛ̅ ⲁⲧⲧⲱⲗⲙ̅· ⲉⲧ ⲧⲱⲟⲩⲛ ϩⲁ ⲡⲙⲟ-
[ⲛⲟ]ⲅⲉⲛⲏⲥ· ⲡ̅ ϣⲏⲣⲉ· ⲛ̅ⲧⲉ ⲡⲛⲟⲩⲧⲉ· ⲁ ⲓⲱⲥⲏⲫ ϫⲓ ⲙ̅
ⲙⲁⲣⲓⲁ ⲉ ϩⲟⲩⲛ ⲉ ⲡⲉϥⲏⲓ· ⲁ ⲡⲣⲱⲙⲉ ϣⲱⲡ ⲉ ⲣⲟϥ
ⲙ̅ ⲡⲛⲟⲩⲧⲉ· ⲛϥ̅ⲥⲟⲟⲩⲛ ⲁⲛ· ⲛⲉⲥϩⲙⲟⲟⲥ ⲇⲉ ⲡⲉ ϩⲙ̅
ⲡⲏ̅ⲓ· ⲉⲥⲣ̅ ϩⲱⲃ ⲉ ⲡϫⲏϭⲉ ⲙ̅ ⲡⲕⲁⲧⲁⲡⲉⲧⲁⲥⲙⲁ ⲕⲁⲧⲁ

ⲡⲛⲟⲙⲟⲥ ⲛ̄ ⲙ̄ⲡⲁⲣⲑⲉⲛⲟⲥ · ⲛⲉⲥⲛⲁⲩ ⲁⲛ ⲉ ⲗⲁⲁⲩ ⲛ̄
Fol. 28 *a* ⲛ̄ⲉ ⲣⲱⲙⲉ · ⲁⲗⲗⲁ ⲛⲉⲣⲉ | ⲛ̄ⲁⲅⲅⲉⲗⲟⲥ ⲛⲏⲩ ⲉⲩⲇⲓⲁⲕⲱⲛⲉⲓ̈
ⲉ ⲣⲟⲥ · ⲉⲩⲉⲓⲣⲉ ⲙ̄ ⲡⲉϩⲟⲟⲩ ⲧⲏⲣϥ̄ · ⲉⲩⲁϩⲉ ⲣⲁⲧⲟⲩ ⲙ̄
ⲡⲉⲥⲙ̄ⲧⲟ ⲉ ⲃⲟⲗ · ⲙ̄ ⲡⲉⲥⲙⲟⲧ ⲛ̄ ϩⲉⲛⲙⲁⲥ ⲛ̄ ϭⲣⲟⲙⲡⲉ ·
ⲉⲩϯ ⲧⲱⲕ ⲛ̄ϩⲏⲧ ⲛⲁⲥ · ⲁⲩⲱ ⲉⲩⲥⲟⲗⲥⲗ̄ ⲙ̄ⲙⲟⲥ ·
ⲛⲉⲥϩⲙⲟⲟⲥ ⲇⲉ ⲡⲉ ϩⲙ̄ ⲡⲉϥⲏⲓ̈ ⲛ̄ ϣⲟⲙⲧⲉ ⲛ̄ ⲣⲟⲙⲡⲉ ·
ⲉⲩⲇⲓⲁⲕⲱⲛⲉⲓ ⲉ ⲣⲟⲥ ⲛ̄ϭⲓ ⲛⲉϥϣⲏⲣⲉ ⲉⲣⲉ ⲛ̄ ⲁⲅⲅⲉⲗⲟⲥ
ⲙ̄ ⲡⲉⲥⲕⲱⲧⲉ ⲛ̄ ⲛⲁⲩ ⲛⲓⲙ · ⲉⲩⲉⲡⲉⲓⲑⲩⲙⲉⲓ ⲉ ϭⲱ ϩⲁϩ-
ⲧⲏⲥ · ⲉ ⲧⲃⲉ ⲡⲉⲥⲧⲃ̄ⲃⲟ · ⲉⲩⲟ ⲙ̄ ⲡⲉⲥⲙⲟⲧ ⲛ̄ ϩⲉⲛϭⲣⲟⲙⲡⲉ ·
ⲏ̄ ϩⲉⲛⲕⲟⲟⲩⲉ ⲛ̄ ϩⲁⲗⲁⲁⲧⲉ ⲉⲩⲟⲩⲁⲁⲃ · ⲉⲥϩⲏⲗ ⲙ̄ ⲡⲉⲥ-
ⲕⲱⲧⲉ ϩⲙ̄ ⲡⲙⲁ ⲉⲛⲉⲥϩⲙⲟⲟⲥ ⲛ̄ϩⲏⲧϥ̄ · ⲉⲥⲉⲓⲣⲉ ⲙ̄ ⲡⲉⲥ-
ϩⲱⲃ ⲛ̄ ϭⲓϫ ⲁⲩⲱ ⲛⲉⲩ ϩⲓϫⲛ̄ ⲛ̄ ϣⲟⲩϣⲧ̄ ⲙ̄ ⲡⲉⲥⲕⲟⲓ-
ⲧⲟⲛ · ⲉⲩⲉⲡⲉⲓⲑⲩⲙⲉⲓ ⲉ ⲥⲱⲧⲙ̄ ⲉ ⲧⲉⲥⲙⲏ ⲉⲧ ⲟⲩⲁⲁⲃ ·
ⲁⲩⲱ ⲉⲧϩⲟⲗϭ̄ ⲉⲧ ⲛⲟⲧⲙ̄ ⲉⲧ ⲟⲩⲁⲁⲃ · ⲉⲥⲥⲙⲟⲩ ⲉ ⲡⲛⲟⲩⲧⲉ
ⲉⲛⲉⲥⲕⲱ ⲛ̄ ⲧⲟⲟⲧⲥ̄ ⲉ ⲃⲟⲗ ⲁⲛ ⲙ̄ ⲡⲉϩⲟⲟⲩ ⲙⲛ̄ ⲧⲉⲩϣⲏ ·
Fol. 28 *b* ⲛ̄ⲋ ⲉⲥⲥⲙⲟⲩ ⲉ ⲡⲉⲥⲇⲏⲙⲓⲟⲩⲣⲅⲟⲥ | ⲉⲣⲉ ⲟⲩⲛⲟϭ ⲛ̄ ⲥϭⲣⲁϩⲧ̄
ⲙⲛ̄ ⲟⲩϩⲟⲧⲉ ⲛ̄ⲧⲉ ⲡⲛⲟⲩⲧⲉ ϣⲟⲟⲡ ⲙ̄ ⲡⲕⲱⲧⲉ · ⲙ̄ ⲡⲙⲁ
ⲉⲧ ⲉⲥⲏⲍⲩⲭⲁⲍⲉ (*sic*) ⲛ̄ϩⲏⲧϥ̄ · ⲉⲣⲉ ⲛ̄ ⲇⲩⲛⲁⲙⲓⲥ ⲧⲏⲣⲟⲩ ⲉⲧ
ϩⲛ̄ ⲙ̄ⲡⲏⲩⲉ ⲟ̄ ⲛ̄ ϣⲡⲏⲣⲉ ⲙ̄ ⲡⲉⲥⲧⲃ̄ⲃⲟ ⲙⲛ̄ ⲧⲉⲥϩⲁⲅⲛⲓⲁ ·
ⲉⲩϫⲱ ⲙ̄ⲙⲟⲥ ϫⲉ ⲙ̄ⲡⲉⲛ ⲛⲁⲩ ⲉ ⲟⲩⲟⲛ ⲛ̄ ⲧⲉⲓ ϩⲉ ⲉⲛⲉϩ ·
Ⲥⲁⲣⲣⲁ ⲇⲉ ⲧⲉⲥϩⲓⲙⲉ ⲛ̄ ⲁⲃⲣⲁϩⲁⲙ ⲛⲉ ⲟⲩⲥϩⲓⲙⲉ ⲧⲉ ⲉⲛⲉⲥ-
ϩⲣⲁⲥ ⲁⲩⲱ ⲛⲉⲥϣⲟⲟⲡ ⲁⲛ ϩⲛ̄ ⲛⲉϩⲃⲏⲩⲉ ⲛ̄ ⲧⲉⲓ ⲙⲓⲛⲉ ·
Ϩⲣⲉⲃⲉⲕⲕⲁ ⲧⲉⲥϩⲓⲙⲉ ⲛ̄ ⲓⲥⲁⲕ ⲛⲉ ⲟⲩⲥϩⲓⲙⲉ ⲉⲛⲉⲥⲱⲥ
ⲉⲙⲁⲧⲉ · ⲁⲗⲗⲁ ⲛⲥ̄ⲧⲛ̄ⲧⲱⲛ ⲁⲛ ⲉ ⲧⲉⲓ ⲡⲁⲣⲑⲉⲛⲟⲥ ·:—
Ⲗⲓⲁ ⲙⲛ̄ ⲣⲁⲭⲏⲗ ϩⲉⲛⲥϩⲓⲙⲉ ⲛⲉ ⲉⲩϣⲟⲟⲡ ϩⲙ̄ ⲡⲅⲁ-
ⲙⲟⲥ · ⲉⲩϫⲡⲉ ϣⲏⲣⲉ ⲁⲗⲗⲁ ⲙ̄ⲡ ⲟⲩϣⲱⲡⲉ ϩⲙ̄ ⲡⲧⲁⲓ̈ⲟ
ⲛ̄ ⲧⲉⲓ ⲡⲁⲣⲑⲉⲛⲟⲥ ·:—ⲁⲛⲛⲁ ⲧⲙⲁⲁⲩ ⲛ̄ ⲥⲁⲙⲟⲩⲏⲗ ⲟⲩ-
ϩⲟⲟⲩ ⲛ̄ ⲟⲩⲱⲧ · ⲡⲉ ⲛⲧⲁⲥⲁⲁϥ · ⲉⲥⲡⲱϩⲧ̄ ⲛ̄ ⲛⲉⲥⲣⲙ̄-
ⲉⲓⲟⲟⲩⲉ · ⲙ̄ ⲡⲙ̄ⲧⲟ ⲉ ⲃⲟⲗ ⲙ̄ ⲡⲛⲟⲩⲧⲉ · ⲁϥⲭⲁⲣⲓⲍⲉ ⲛⲁⲥ
Fol. 29 *a* ⲛ̄ⲍ ⲙ̄ ⲡⲉⲥⲁⲓⲧⲏⲙⲁ · ⲧⲉ ⲡⲁⲣⲑⲉⲛⲟⲥ ⲇⲉ | ⲛ̄ⲧⲟⲥ · ϫⲓⲛ ⲙ̄
ⲡⲉϩⲟⲟⲩ ⲛ̄ⲧⲁⲩⲧⲁⲁⲥ ⲉ ϩⲟⲩⲛ ⲉ ⲡⲣ̄ⲡⲉ ⲙ̄ⲡⲉⲥ ⲕⲁ ⲧⲟⲟⲧⲥ̄
ⲉ ⲃⲟⲗ ϩⲙ̄ ⲡⲉⲥⲙⲟⲧ ⲛ̄ ⲟⲩⲱⲧ · ϩⲛ̄ ⲛⲉⲥϣⲗⲏⲗ ⲙⲛ̄ ⲛⲉⲥ-
ⲛⲏⲥϯⲁ ⲙⲛ̄ ⲛⲉⲥⲡⲟⲗⲩϯⲁ ⲙⲛ̄ ⲛⲉⲥⲁⲥⲕⲏⲥⲓⲥ ⲉⲧ ⲟϣ ·
Ⲙⲛ̄ⲛ̄ⲥⲁ ⲛⲁⲓ ⲁ ⲡⲉⲟⲩⲟⲉⲓϣ ϣⲱⲡⲉ ⲉ ⲧⲣⲉ ⲡϫ̄ⲥ̄ ⲣ̄ ⲡⲙⲉⲉⲩⲉ

ⲛ̄ ⲡ̄ϣⲁϫⲉ ⲛ̄ ⲛⲉⲛⲉⲓⲟⲟⲧⲉ· ⲉⲧ ⲟⲩⲁⲁⲃ ⲙ̄ ⲡⲣⲟⲫⲏⲧⲏⲥ·
ⲁϥϫⲓ ϣⲟϫⲛⲉ ⲛ̄ϭⲓ ⲡⲉⲓⲱⲧ ⲙⲛ̄ ⲡⲉϥⲗⲟⲅⲟⲥ ⲉⲧ ⲟⲩⲁⲁⲃ
ⲡⲉⲛⲧⲁϥⲉⲓ ⲉ ⲃⲟⲗ ⲛ̄ϩⲏⲧϥ· ⲡⲉⲧ ⲟ ⲛ̄ ϩⲟⲙⲟⲟⲩⲥⲓⲟⲥ ⲛⲙ̄-
ⲙⲁϥ· ⲡⲉⲧ ϣⲟⲟⲡ ⲛⲙ̄ⲙⲁϥ· ϩⲙ̄ ⲡⲉⲓ ⲧⲁⲓⲟ· ⲛ̄ ⲟⲩⲱⲧ
ϫⲓⲛ ⲧⲉϩⲟⲩⲉⲓⲧⲉ· ⲙⲛ̄ ⲡⲉⲓ ⲉⲟⲟⲩ ⲛ̄ ⲟⲩⲱⲧ· ⲙⲛ̄ ⲧⲉⲓ ϭⲟⲙ
ⲛ̄ ⲟⲩⲱⲧ· ⲙⲛ̄ ⲧⲉⲓ ⲉⲛⲉⲣⲅⲓⲁ ⲛ̄ ⲟⲩⲱⲧ· ⲙⲛ̄ ϯⲫⲩⲥⲓⲥ
ⲛ̄ ⲟⲩⲱⲧ· ⲉⲓϣⲁϫⲉ ⲉ ⲡⲉϥⲙⲟⲛⲟⲅⲉⲛⲏⲥ ⲛ̄ ϣⲏⲣⲉ· ⲉⲧⲟ
ⲛ̄ ⲟⲩⲁ ⲛ̄ ⲟⲩⲱⲧ ⲛⲙ̄ⲙⲁϥ ϩⲛ̄ ⲧⲟⲩⲥⲓⲁ ⲛ̄ ⲧⲉϥⲙⲛ̄ⲧⲛⲟⲩⲧⲉ·
ⲉϥϫⲱ ⲙ̄ⲙⲟⲥ ϫⲉ ⲁ ⲡⲉⲟⲩⲟⲉⲓϣ ϣⲱⲡⲉ ⲡⲁ ⲙⲉⲣⲓⲧ ⲛ̄
ϣⲏⲣⲉ· ⲙ̄ ⲙⲉⲣⲓⲧ ⲉ ⲧⲣⲉ ⲕⲃⲱⲕ ⲉ ⲡⲉⲥⲏⲧ ⲛⲅ̄ ϣⲓ|ⲛⲉ· Fol. 29 b
ⲛ̄ⲥⲁ ⲡⲉⲕⲉⲥⲟⲟⲩ ⲛ̄ⲧⲁϥⲥⲱⲣⲙ̄ ϩⲙ̄ ⲡⲕⲟⲥⲙⲟⲥ· ⲉ ⲧⲃⲉ ⲛ̄ⲏ
ⲡⲛⲟⲃⲉ· ϯⲟⲩⲱϣ ⲉ ⲧⲣ ⲕ̄ϣⲡ̄ ϩⲧⲏⲕ ϩⲁ ⲁⲇⲁⲙ ⲛⲅ̄ ⲟⲩⲱⲛ
ⲛⲁϥ ⲙ̄ ⲡⲣⲟ ⲙ̄ ⲡⲁⲣⲁⲇⲓⲥⲟⲥ· ⲁⲣⲓ ⲡⲁⲙⲉⲉⲩⲉ· ⲡⲁϣⲏⲣⲉ·
ϫⲉ ⲁ ⲡⲉⲟⲩⲟⲉⲓϣ ϣⲱⲡⲉ ⲉ ⲧⲣⲉ ⲕϫⲱⲕ ⲉ ⲃⲟⲗ ⲛ̄ ⲧⲉⲑⲩⲥⲓⲁ
ⲛ̄ ⲓⲥⲁⲕ· ϫⲉ ⲙ̄ⲡⲉ ⲡⲉⲧ ⲙ̄ⲙⲁⲩ ⲣⲱϣⲉ ⲉ ⲧⲟⲩϫⲉ ⲡⲕⲟⲥⲙⲟⲥ
ⲁⲩⲧⲁⲗⲟ ⲙⲉⲛ ⲉ ϩⲣⲁⲓ ⲛ̄ ⲧϣⲉⲉⲣⲉ ⲛ̄ ⲓⲉϥⲑⲁⲉ· ⲁⲗⲗⲁ
ⲡⲉⲥⲥⲛⲟϥ· ⲡⲉⲛⲧ ⲁϥⲧⲟⲩϫⲟⲥ ⲙ̄ⲙⲓⲛ ⲙ̄ⲙⲟⲥ· Ⲡⲉⲥⲛⲟϥ
ⲅⲁⲣ ⲛ̄ ⲁⲃⲉⲗ ⲱϣ ⲉ ⲃⲟⲗ· ⲉϥϭⲱϣⲧ̄ ⲉ ⲃⲟⲗ ⲛ̄ ϩⲏⲧⲕ̄ ⲉ
ⲧⲣⲉ ⲕⲃⲱⲕ ⲉ ⲡⲉⲥⲏⲧ ⲉ ⲡⲕⲟⲥⲙⲟⲥ· ⲛⲅ̄ ⲡⲱϩⲧ̄ ⲉ ⲃⲟⲗ ⲙ̄
ⲡⲉⲕⲥⲛⲟϥ ϫⲉ ⲕⲁⲥ ⲉⲣⲉ ⲡⲱⲕ ⲱϣ ⲉ ⲃⲟⲗ ⲛ̄ⲧⲉ ⲡⲱϥ ⲕⲁ
ⲣⲱϥ· ⲛⲉⲡⲣⲟⲫⲏⲧⲏⲥ ⲧⲏⲣⲟⲩ ϭⲱϣⲧ̄ ⲉ ⲃⲟⲗ ϩⲏⲧⲕ̄ ⲉⲩϫⲱ
ⲙ̄ⲙⲟⲥ· ϫⲉ ϣⲁ ⲧⲛⲁⲩ ⲡϫ̄ⲥ̄· ⲉⲕⲛⲁⲕⲧⲟⲕ ⲛⲅ̄ ⲉⲓ ⲉ ⲡⲉⲥⲏⲧ
ⲛⲅ̄ ϫⲱⲕ ⲉ ⲃⲟⲗ ⲛ̄ ⲛⲉⲛⲡⲣⲟⲫⲏϯⲁ ⲙⲛ̄ | ⲛⲉⲛϩⲟⲣⲁⲥⲓⲥ· Fol. 30 a
ⲧⲉⲛⲟⲩ ϭⲉ ⲱ̄ ⲡⲁϣⲏⲣⲉ· ⲙ̄ⲡ ⲣ̄ ⲁⲙⲉⲗⲉⲓ ⲉ ⲡⲉⲕⲡⲗⲁⲥⲙⲁ ⲛ̄ⲑ
ϫⲉ ⲛ̄ⲛⲉ ϥⲧⲁⲕⲟ ⁝— ⲉⲓⲥ ⲡⲉⲕⲑⲣⲟⲛⲟⲥ· ⲥⲃ̄ⲧⲱⲕ ⲛⲁⲕ· ⲱ̄
ⲡⲁ ⲙⲉⲣⲓⲧ ⲛ̄ ϣⲏⲣⲉ· ϣⲁⲛⲧ ⲕ̄ϭⲱⲧⲡ̄ ⲙ̄ ⲡⲇⲓⲁⲃⲟⲩⲗⲟⲥ·
ⲉⲓⲥ ⲡⲉⲕⲙⲁ ⲛ̄ ϣⲱⲡⲉ· ⲥⲃ̄ⲧⲱⲧ ⲛⲁⲕ ϩⲓϫⲙ̄ ⲡⲕⲁϩ· ⲉⲧⲉ
ⲙⲁⲣⲓⲁ ⲧⲡⲁⲣⲑⲉⲛⲟⲥ ⲧⲉ· ⲧⲁⲓ ⲛ̄ⲧⲁⲕⲧⲁⲙⲓⲟⲥ· ϩⲛ̄ ⲛⲉⲕ-
ϭⲓϫ ⲙ̄ⲙⲓⲛ ⲙ̄ⲙⲟⲕ· ⲉⲓⲥ ϩⲏⲏⲧⲉ ⲁⲓⲥⲟⲃⲧⲉ ⲛⲁⲕ ⲛ̄
ⲟⲩⲉⲓⲱⲧ ϩⲓϫⲙ̄ ⲡⲕⲁϩ ⲉⲧⲉ ⲓⲱⲥⲏⲫ ⲡⲉ ⲡϩⲗ̄ⲗⲟ ⲛ̄ ϩⲁⲙϣⲉ·
ⲉⲧ ⲥⲙⲁⲙⲁⲁⲧ· ⲡⲁⲓ̈ ⲉⲧ ⲛⲁϣⲱⲡⲉ ⲛⲁⲕ ⲛ̄ ⲇⲓⲁⲕⲱⲛⲓⲧⲏⲥ·
ⲁⲩⲱ ⲛ̄ ϩⲩⲡⲉⲣⲉⲧⲏⲥ· Ⲉⲕϣⲁⲛⲃⲱⲕ ⲉ ⲡⲉⲥⲏⲧ ⲉϫⲙ̄ ⲡⲕⲁϩ
ϥⲛⲁⲉⲩⲫⲣⲁⲛⲉ ϣⲁ ⲛⲉϥⲥⲛ̄ⲧⲉ· ⲁⲩⲱ ⲡⲇⲓⲁⲃⲟⲩⲗⲟⲥ ⲛⲁ-
ϣⲓⲛⲉ ⲛ̄ⲥⲁ ⲡⲱⲧ ⁝— ⲃⲱⲕ ⲡⲁϣⲏⲣⲉ· ϩⲛ̄ ⲟⲩⲉⲓⲣⲏⲛⲏ· ⲛⲅ̄

ⲉⲓ ⲟⲛ ϩⲛ̄ ⲟⲩⲉⲓⲣⲏⲛⲏ · ⲙⲛ̄ ⲗⲁⲁⲩ ⲁⲛⲁⲅⲕⲁⲍⲉ ⲙ̄ⲙⲟⲕ ⲉ
ⲃⲱⲕ · ⲁⲛⲟⲕ ⲡⲉⲧ ⲟⲩⲉϩⲥⲁϩⲛⲉ ⲛⲁⲕ ϫⲱⲕ ⲉ ⲃⲟⲗ ⲙ̄ ⲡⲁ
Fol. 30 b ⲟⲩⲉϩⲥⲁϩⲛⲉ · ⲙ̄ⲡⲣ̄ ⲁⲙⲉ|ⲗⲉⲓ ⲉ ⲡϩⲱⲃ ⲛ̄ ⲛⲉⲕϭⲓϫ · ⲛϥ-
ⲝ̄ ⲧⲁⲕⲟ · ⲁⲓϫⲟⲟⲥ ⲉ ⲃⲟⲗ ϩⲛ̄ ⲧⲁ ⲧⲁⲡⲣⲟ ϫⲉ ⲛ̄ⲛⲉ ⲕⲁⲧⲁ-
ⲕⲗⲩⲥⲙⲟⲥ ⲙ̄ⲙⲟⲟⲩ ϣⲱⲡⲉ · ϩⲓϫⲙ̄ ⲡⲕⲁϩ · ⲁ ⲡ-
ⲕⲁⲧⲁⲕⲗⲩⲥⲙⲟⲥ ⲙ̄ ⲡⲛⲟⲃⲉ ⲁϣⲁⲓ ϩⲓϫⲙ̄ ⲡⲕⲁϩ · ⲁϥⲟⲙ-
ⲥⲟⲩ ⲧⲏⲣⲟⲩ · ϩⲛ̄ ⲙ̄ⲙⲟⲩ ⲛ ⲉⲓⲟⲟⲩⲉ ⲛ̄ ⲧⲁⲛⲟⲙⲓⲁ · Ⲁ
ⲧⲕⲓⲃⲱⲇⲟⲥ ⲛ̄ ⲛⲱϩⲉ ϣⲱϫⲡ̄ ⲛ̄ ⲟⲩⲥⲡⲣ̄ⲙⲁ ϩⲓϫⲙ̄ ⲡⲕⲁϩ ·
ⲉⲓⲥ ϩⲏⲏⲧⲉ ⲁⲓⲥⲟⲃⲧⲉ ⲛⲁⲕ ⲛ̄ ⲧⲕⲁⲗⲁϩⲏ ⲙ̄ ⲙⲁⲣⲓⲁ ⲧⲡⲁⲣ-
ⲑⲉⲛⲟⲥ ⲉ ⲧⲣⲉ ⲕϣⲱⲡⲉ ⲛ̄ϩⲏⲧⲥ̄ ⲙ̄ ⲯⲓⲥ ⲛ̄ ⲉⲃⲟⲧ · ϫⲉ
ⲉⲕⲉⲧⲟⲩϫⲟ ⲙ̄ ⲡⲕⲟⲥⲙⲟⲥ ⲧⲏⲣϥ̄ ⲉ ⲃⲟⲗ ϩⲓ ⲧⲟⲟⲧⲥ̄ ·
Ⲁⲛⲧⲁⲕⲉ ⲥⲟⲇⲟⲙⲁ ⲙⲛ̄ ⲅⲟⲙⲟⲣⲣⲁ ⲙⲛ̄ ⲙ̄ ⲡⲟⲗⲓⲥ
ⲧⲏⲣⲟⲩ ⲉⲧ ⲕⲱⲧⲉ ⲉ ⲣⲟⲟⲩ · ⲁⲩⲱ̄ ϣⲁ ⲧⲉⲛⲟⲩ ⲙ̄ⲡ ⲟⲩⲕⲁ
ⲧⲟⲟⲧⲟⲩ ⲉ ⲃⲟⲗ ϩⲙ̄ ⲡⲛⲟⲃⲉ · ⲧⲉⲛⲟⲩ ϭⲉ ⲡⲁ ⲙⲉⲣⲓⲧ ⲛ̄
ϣⲏⲣⲉ ϭⲉⲡⲏ ⲛ̄ⲅ̄ ⲃⲱⲕ ⲉ ⲡⲉⲥⲏⲧ ⲛ̄ⲅ̄ ⲧⲟⲩϫⲟ ⲙ̄ ⲡⲕⲉ
ⲥⲉⲉⲡⲉ ⲛ̄ ⲧⲙⲛ̄ⲧⲣⲱⲙⲉ ⲧⲏⲣⲥ̄ · Ⲁⲛϫⲟⲟⲩ ⲛ̄ ⲓⲱⲛⲁⲥ ⲡⲉ-
ⲡⲣⲟⲫⲏⲧⲏⲥ · ⲉ ⲛⲓⲛⲉⲩⲏ ⲧⲛⲟϭ ⲙ̄ ⲡⲟⲗⲓⲥ ⲁϥⲧⲁϣⲉⲟⲉⲓϣ
ⲛⲁⲥ · ⲛ̄ ⲟⲩⲙⲉⲧⲁⲛⲟⲓⲁ · ⲁⲗⲗⲁ ⲙ̄ⲡⲉ ⲡⲉϥⲧⲁϣⲉ[ⲟⲉⲓϣ] |
Fol. 31 a ⲣⲱϣⲉ ⲉ ⲧⲟⲩϫⲟⲟⲩ ⲙⲛ̄ⲛ̄ⲥⲁ ⲧⲣⲉ ⲩⲙⲉⲧⲁⲛⲟⲓ · ⲁⲩⲧⲁⲕⲟ
ⲝ̄ⲁ ⲟⲛ · ⲁⲩⲙⲉⲣⲟⲥ ⲛ̄ⲧⲉ ⲡⲕⲟⲥⲙⲟⲥ · ⲧⲁⲕⲟ · ϫⲉ ⲉⲣⲉ ⲡⲕⲉ
ⲥⲉⲉⲡⲉ ⲛⲁⲣ̄ ϩⲟⲧⲉ ⲛ̄ⲥⲉⲕⲁ ⲧⲟⲟⲧⲟⲩ ⲉ ⲃⲟⲗ ϩⲙ̄ ⲡⲛⲟⲃⲉ ·
ⲁⲩⲱ ⲙ̄ⲡ ⲟⲩⲣ̄ ϩⲟⲧⲉ · ⲁⲗⲗⲁ ⲉⲧⲉⲓ ⲟⲛ ⲥⲉⲙⲏⲛ ⲉ ⲃⲟⲗ ϩⲛ̄
ⲛⲉⲩⲛⲟⲃⲉ · Ⲧⲉⲛⲟⲩ ϭⲉ ⲱ̄ ⲡⲁ ⲙⲉⲣⲓⲧ ⲛ̄ ϣⲏⲣⲉ · ⲁⲙⲟⲩ
ⲛ̄ⲅ̄ ⲃⲱⲕ ⲉ ⲡⲉⲥⲏⲧ ⲉ ⲡⲕⲟⲥⲙⲟⲥ ⲛ̄ⲅ̄ ⲧⲟⲩϫⲉ ⲡⲕⲉ ⲥⲉⲉⲡⲉ
ⲛ̄ ⲧⲙⲛ̄ⲧⲣⲱⲙⲉ · ⲁⲓϯ ⲛⲁⲩ ⲙ̄ ⲡⲛⲟⲙⲟⲥ ϩⲓⲧⲙ̄ ⲙⲱⲩⲥⲏⲥ ·
ⲁⲗⲗⲁ ϣⲁⲛⲧ ⲕ̄ⲃⲱⲕ ⲉ ⲡⲉⲥⲏⲧ ⲉ ⲡⲕⲟⲥⲙⲟⲥ ⲛ̄ⲅ̄ ⲇⲉⲗⲓⲟⲩ
ⲙ̄ⲙⲟϥ · ⲛϥⲛⲁϫⲱⲕ ⲉ ⲃⲟⲗ ⲁⲛ ·:—ⲁ ⲛⲉⲡⲣⲟⲫⲏⲧⲏⲥ
ⲧⲏⲣⲟⲩ ⲡⲣⲟⲫⲏⲧⲉⲩⲉ ϩⲁ ⲣⲟⲕ ⲁⲗⲗⲁ ϩⲉⲛ ⲗⲁⲁⲩ ⲛⲉ
ⲛⲉⲩⲡⲣⲟⲫⲏⲧⲓⲁ ϣⲁⲛⲧ ⲉⲕⲃⲱⲕ ⲉ ⲡⲉⲥⲏⲧ · ⲛ̄ⲅ̄ ⲧⲁϩⲟⲟⲩ
ⲉ ⲣⲁⲧⲟⲩ · ⲧⲟⲓ̈ⲕⲟⲩⲙⲉⲛⲏ ⲧⲏⲣⲥ̄ ϭⲱϣⲧ̄ ⲉ ⲃⲟⲗ ϩⲏⲧⲕ̄ ⲁ
ⲡⲕⲁϩ ⲧⲏⲣϥ̄ ϫⲱϩⲙ̄ ⲉ ⲃⲟⲗ ϩⲛ̄ ⲧⲉⲡⲗⲁⲛⲏ ⲛ̄ ⲛ̄ⲉⲓⲇⲱⲗⲟⲛ ·
ⲉⲕ ⲧⲙ̄ ⲃⲱⲕ ⲉ ⲡⲉⲥⲏⲧ ⲛ̄ⲅ̄ ⲡⲱϩⲧ̄ ⲉ ⲃⲟⲗ ⲙ̄ ⲡⲉⲕⲥⲛⲟϥ ϩⲓ
Fol. 31 b ϫⲱϥ ⲛϥⲛⲁⲧⲃ̄ⲃⲟ ⲁⲛ · ⲛⲉⲧ ϩⲛ̄ ⲁⲙⲛ̄ⲧⲉ ⲙ̄ ⲡⲉⲥⲏⲧ ϭⲱϣⲧ̄
ⲝ̄ⲃ ⲉ ⲃⲟⲗ ϩⲏⲧⲕ̄ ϫⲉ ⲕⲁⲥ ⲉⲕⲛⲁⲃⲱⲕ ⲛ̄ⲅ̄ | ϯ ⲛⲁⲩ ⲛ̄ ⲟⲩ-

ⲥⲱⲧⲉ ⁘—ⲁ ⲡⲉⲟⲩⲟⲉⲓϣ ϣⲱⲡⲉ· ⲉ ⲧⲣⲉ ⲕⲟⲩⲱⲛ ⲙ̄ ⲡⲣⲟ̄
ⲙ̄ ⲡⲡⲁⲣⲁⲇⲓⲥⲟⲥ· ⲛ̄ⲅ̄ ⲕⲧⲉ ⲁⲇⲁⲙ ⲉ ϩⲟⲩⲛ ⲉ ⲣⲟϥ ⲛ̄ ⲕⲉ
ⲥⲟⲡ· ⲉⲩϩⲁ· ⲧⲙⲁⲁⲩ ⲛ̄ ⲛⲉⲧ ⲟⲛϩ̄ ⲧⲏⲣⲟⲩ· ⲥϭⲱϣⲧ̄ ⲉ
ⲃⲟⲗ ϩⲏⲧⲕ̄ ⲉ ⲧⲣⲉ ⲕⲃⲱⲕ ⲉ ϩⲏⲧⲥ̄ ⲙ̄ ⲙⲁⲣⲓⲁ ⲛ̄ⲅ̄ ϫⲓ ⲛ̄
ⲟⲩⲥⲱⲙⲁ ⲛ̄ ⲣⲱⲙⲉ ϩⲛ̄ ⲧⲉⲥⲕⲁⲗⲁϩⲏ· ⲛ̄ⲅ̄ ⲭⲁⲣⲓⲍⲉ ⲛ̄
ⲟⲩⲉⲗⲉⲩⲑⲉⲣⲓⲁ ⲙ̄ ⲡⲅⲉⲛⲟⲥ ⲧⲏⲣϥ̄ ⲛ̄ ⲛⲉϩⲓⲟⲟⲃⲉ· ⲉⲕ-
ϣⲁⲛⲃⲱⲕ ⲡⲁ ϣⲏⲣⲉ· ⲕⲛⲁϯ ⲙ̄ⲧⲟⲛ ⲛ̄ ⲛ̄ϩⲉⲑⲛⲟⲥ ⲧⲏⲣⲟⲩ·
ⲃⲱⲕ ⲡⲁ ϣⲏⲣⲉ ⲛ̄ⲅ̄ ϯ ϩⲧⲏⲕ ⲉ ⲡⲙⲁ ⲛ̄ ⲉⲗⲟⲟⲗⲉ ϫⲉ ⲛ̄
ⲛϥ̄ⲣ̄ ⲭⲉⲣⲥⲟⲥ ⁘—Ⲙⲛ̄ⲛ̄ⲥⲁ ⲛⲁⲓ ⲇⲉ ⲁ ⲡⲙⲟⲛⲟⲅⲉⲛⲏⲥ
ⲥⲱⲧⲙ̄ ⲛ̄ⲥⲁ ⲡⲟⲩⲉϩⲥⲁϩⲛⲉ ⲙ̄ ⲡⲉϥⲉⲓⲱⲧ· ⲁⲩⲱ ϩⲙ̄ ⲡⲉϥ-
ⲟⲩⲱϣ ⲙ̄ⲙⲓⲛ ⲙ̄ⲙⲟϥ· ⲁϥⲥⲃ̄ⲧⲱⲧϥ̄ ⲉ ⲉⲓ ⲉ ⲡⲉⲥⲏⲧ ⲉϫⲙ̄
ⲡⲕⲁϩ· ⲉ ϫⲱⲕ ⲉ ⲃⲟⲗ ⲙ̄ ϩⲱⲃ ⲛ̄ⲧⲁⲩϫⲟⲟⲩ ⲉ ⲧⲃⲏⲏⲧϥ̄·
ϩⲙ̄ ⲡⲛⲟⲙⲟⲥ ⲙⲛ̄ ⲛⲉⲡⲣⲟⲫⲏⲧⲏⲥ· ⲡⲉϫⲁϥ ⲅⲁⲣ ⲛ̄ϭⲓ
ⲡⲉⲥⲕⲉⲩⲟⲥ ⲛ̄ ⲥⲱⲧⲡ̄ ⲡⲁⲩⲗⲟⲥ ϫⲉ ⲛ̄ ⲧⲉⲣⲉ ⲡϫⲱⲕ ⲙ̄
ⲡⲉⲟⲩⲟ|ⲉⲓϣ ⲉⲓ· ⲁ ⲡⲛⲟⲩⲧⲉ ⲧⲛ̄ⲛⲟⲟⲩ ⲙ̄ ⲡⲉϥϣⲏⲣⲉ· Fol. 32 *a*
ⲁϥϣⲱⲡⲉ ⲉ ⲃⲟⲗ ϩⲛ̄ ⲟⲩⲥϩⲓⲙⲉ· ⲁϥϣⲱⲡⲉ ϩⲁ ⲡⲛⲟⲙⲟⲥ· ⲝ̄ⲅ̄
ϫⲉ ⲉϥⲉϣⲱⲡ ⲛ̄ ⲛⲉⲧ ϩⲁ ⲡⲛⲟⲙⲟⲥ ⁘—ⲛⲓⲙ ⲡⲉⲧ ⲛⲁ-
ⲥⲱⲧⲙ̄ ⲉ ⲛⲉⲓ ⲛⲟϭ ⲛ̄ ϣⲁϫⲉ ⲛ̄ ⲑⲁⲩⲙⲁⲥⲓⲁ ⲛϥ̄ ⲧⲙ̄ ⲣ̄
ϣⲡⲏⲣⲉ ⲉ ⲡⲉϩⲟⲩⲟ· ⲁⲛⲟⲕ ⲅⲁⲣ ⲉⲓϣⲁⲛⲙⲉⲉⲩⲉ ⲉ ⲃⲟⲗ·
ⲉ ⲡⲉⲛⲧ ⲁϥϣⲱⲡⲉ ⲛ̄ ⲧⲉⲓ ⲡⲁⲣⲑⲉⲛⲟⲥ· ϣⲁⲓⲣ̄ϩⲃⲁ ⲛ̄ⲧⲁ-
ϣⲧⲟⲣⲧⲣ̄ ⲛ̄ⲧⲁⲕⲁ ⲧⲟⲟⲧ ⲉ ⲃⲟⲗ· ⲉⲙ ⲉⲓϭⲛ̄ ⲉⲓⲛⲁⲣ̄ ⲟⲩ·
ⲕⲁⲓ̈ ⲅⲁⲣ ⲁⲩⲙⲏⲏϣⲉ ⲟⲩⲱϣ ⲉ ϩⲟⲧϩⲧ̄ ⲛ̄ⲥⲁ ⲛⲉⲓ ⲁⲛϯ-
ⲗⲟⲅⲓⲁ ⲛ̄ ϯ ⲙⲉⲓⲛⲉ· ⲁⲩϩⲉ ⲉ ϩⲣⲁⲓ ⲉⲩⲙⲛ̄ⲧⲣⲉϥⲉⲓⲁ
ⲧⲟⲟⲧⲟⲩ ⲛ̄ⲥⲱⲟⲩ ⲙⲛ̄ ⲟⲩⲉⲓⲙⲉ· Ⲟⲩϩⲱⲃ ⲅⲁⲣ ⲡⲉ ⲉϥϫⲟⲥⲉ
ⲉ ⲧⲉⲫⲩⲥⲓⲥ ⲛ̄ ⲧⲙⲛ̄ⲧⲣⲱⲙⲉ ϩⲙ̄ ⲡ ⲧⲣⲉ ϥϣⲓⲛⲉ ϫⲉ ⲛ̄ ⲁϣ
ⲛ̄ ϩⲉ ⲁ ⲡⲗⲟⲅⲟⲥ ⲣ̄ ⲥⲁⲣⲝ̄· ⲏ̄ ϫⲉ ⲛ̄ⲧⲁϥϣⲱⲡⲉ ⲛ̄ ⲣⲱⲙⲉ
ⲛ̄ ⲁϣ ⲛ̄ ϩⲉ· ⲡⲱⲛ ⲙ̄ⲙⲁⲧⲉ ⲡⲉ ⲡⲓ̈ⲥⲧⲉⲩⲉ ⲉⲩⲛⲟⲩⲧⲉ ⲛ̄
ⲧⲉⲗⲓ̈ⲟⲥ ⲛϥ̄ϭⲟϫⲃ̄ ⲁⲛ ⲉ ⲡⲉϥⲉⲓⲱⲧ· ⲟⲩⲙⲟⲛⲟⲅⲉⲛⲏⲥ ⲡⲉ ⲉ
ⲃⲟⲗ | ϩⲙ̄ ⲡⲛⲟⲩⲧⲉ ⲡ[ⲉ]ⲓⲱⲧ ⁘—ⲟⲩϣⲣ̄ⲡ ⲙ̄ ⲙⲓⲥⲉ ⲟⲛ ⲡⲉ· Fol. 32 *b*
ⲉ ⲃⲟⲗ ϩⲛ̄ ⲧⲕⲁⲗⲁϩⲏ ⲙ̄ ⲙⲁⲣⲓⲁ ⲧⲉϥⲙⲁⲁⲩ ⲙ̄ ⲡⲁⲣⲑⲉ- ⲝ̄ⲇ̄
ⲛⲟⲥ· ⲟⲩⲛⲟⲩⲧⲉ ⲅⲁⲣ ⲡⲉ ⲁϥⲣ̄ ⲣⲱⲙⲉ· ⲁⲩⲱ ⲉϥϫⲏⲕ ⲉ
ⲃⲟⲗ ⲛ̄ϩⲱⲃ ⲛⲓⲙ· ⲛ̄ ⲧⲙⲛ̄ⲧⲣⲱⲙⲉ ϣⲁⲛⲧ ⲛ̄ ⲡⲛⲟⲃⲉ·
ⲟⲩϩⲟⲙⲟⲟⲩⲥⲓⲟⲥ ⲡⲉ ⲙⲛ̄ ⲡⲉϥⲉⲓⲱⲧ· Ⲁⲩⲱ ⲛϥ̄ⲡⲟⲣϫ̄ ⲁⲛ
ⲉ ⲡⲉϥⲉⲓⲱⲧ· ⲕⲁⲧⲁ ⲧⲟⲩⲥⲓⲁ ⲛ̄ ⲧⲙⲛ̄ⲧⲛⲟⲩⲧⲉ· ⲟⲩⲣⲱⲙⲉ

ⲡⲉ ⲉϥⲟ ⲛ̄ ⲛⲟⲩⲧⲉ· ⲉ ⲁϥⲡⲣⲟⲕⲟⲡⲧⲉⲓ̈ ϩⲛ̄ ϩⲱⲃ ⲛⲓⲙ· ⲛ̄
ⲧⲙⲛ̄ⲧⲕⲟⲩⲓ̈ ⲉϥⲥⲱⲧⲙ̄ ⲛ̄ⲥⲁ ⲛⲉϥ̄ⲉⲓⲟⲟⲧⲉ· ⲛ̄ ⲧⲉⲣ ϥ̄ⲟⲩⲱϣ
ⲟⲩⲛ ⲉ ⲉⲓ ϣⲁ ⲣⲟⲛ ⲁϥϣⲁϫⲉ ⲙⲛ̄ ⲅⲁⲃⲣⲓⲏⲗ ⲡⲁⲣⲭⲁⲅ-
ⲅⲉⲗⲟⲥ ⲉϥϫⲱ ⲙ̄ⲙⲟⲥ ⲛⲁϥ ϫⲉ ⲁⲙⲟⲩ ⲛ̄ⲅ̄ ϫⲱⲕ ⲉ ⲃⲟⲗ
ⲙ̄ ⲡⲟⲩⲉϩⲥⲁϩⲛⲉ ⲙ̄ ⲡⲉⲕϫⲥ̄· ⲁⲙⲟⲩ ⲛ̄ⲅ̄ ϩⲩⲡⲉⲣⲉⲧⲏ ⲛ̄
ⲧⲁ ⲇⲓⲁⲕⲱⲛⲓⲁ· ⲃⲱⲕ ϣⲁ ⲧⲡⲁⲣⲑⲉⲛⲟⲥ ⲉⲧ ⲟⲩⲁⲁⲃ ⲙⲁⲣⲓⲁ·
ⲛ̄ⲅ̄ ⲥⲩⲙⲁⲛⲉ ⲛⲁⲥ ⲛ̄ ⲧⲁ ⲡⲁⲣⲟⲩⲥⲓⲁ· ⲛ̄ⲅ̄ ⲧⲁⲙⲟⲥ ϫⲉ
Fol. 33 *a* ϯⲛⲁⲟⲩⲱϩ ϩⲣⲁⲓ ⲛ̄ϩⲏⲧⲥ̄· | ϯ ϩⲧⲏⲕ ⲉ ⲣⲟⲥ ⲉⲕϣⲁⲛϣⲁϫⲉ
ⲝ̄ⲉ̄ ⲛ̄ⲙ̄ⲙⲁⲥ· ⲙ̄ⲡⲣ̄ ϯ ϩⲟⲧⲉ ⲛⲁⲥ ϩⲛ̄ ⲧⲕ̄ϭⲓⲛⲟⲩⲱⲛ̄ϩ̄ ⲉ ⲣⲟⲥ
ⲙ̄ⲡⲣ̄ ϣⲧⲣ̄ⲧⲱⲣⲥ̄ ϩⲛ̄ ⲧⲉⲕϭⲓⲛϣⲁϫⲉ·:—ⲙ̄ⲡⲣ̄ ⲧⲁⲣⲁⲥⲥⲉ
ⲙ̄ ⲡⲉⲥⲛⲟⲩⲥ· ⲟⲩϣⲉⲉⲣⲉ ϣⲏⲙ ⲅⲁⲣ ⲧⲉ ⲛⲉⲥⲛⲁϣϥⲓ ⲁⲛ
ϩⲁ ⲧⲕ̄ϩⲟⲧⲉ· ⲟⲩⲛⲟϭ ⲛ̄ ϣⲡⲏⲣⲉ ⲧⲉ ⲉ ⲧⲣⲉ ⲣⲱⲙⲉ·
ⲥⲱⲧⲙ̄ ϫⲉ ⲟⲩⲛ̄ ⲟⲩⲡⲁⲣⲑⲉⲛⲟⲥ ⲛⲁⲙⲓⲥⲉ ⲁϫⲛ̄ ⲥⲡⲣ̄ⲙⲁ ⲛ̄
ϩⲟⲟⲩⲧ· ⲙ̄ⲡ ⲣ̄ ⲁⲡⲟⲫⲁⲛⲉ ⲉ ϫⲱⲥ ⲛ̄ ⲟⲩⲧⲏⲙⲱⲣⲓⲁ ⲛ̄ⲑⲉ
ⲛ̄ ⲍⲁ[ⲭⲁ]ⲣⲓⲁⲥ· ⲟⲩⲟⲛ̄ϩⲕ̄ ⲉ ⲣⲟⲥ ϩⲛ̄ ⲟⲩⲟⲩⲣⲟⲧ· ϣⲁϫⲉ
ⲛ̄ⲙ̄ⲙⲁⲥ ϩⲛ̄ ⲟⲩⲙⲛ̄ⲧⲣ̄ⲙ̄ⲣⲁϣ· ⲧⲁⲙⲟⲥ ⲉ ⲡⲁ ⲉⲟⲟⲩ ⲉⲧ
ⲛⲁϣⲱⲡⲉ ⲙ̄ⲙⲟⲥ· ⲡⲙⲩⲥⲧⲏⲣⲓⲟⲛ ⲙ̄ ⲡⲣ̄ⲣⲟ ⲛⲁⲛⲟⲩ
ϩⲟⲡϥ̄· ⲛⲉϩⲃⲏⲩⲉ ⲇⲉ ⲙ̄ ⲡⲛⲟⲩⲧⲉ ⲛⲁⲛⲟⲩ ⲟⲩⲟⲛϩⲟⲩ ⲉ ⲃⲟⲗ
ϩⲛ̄ ⲟⲩⲉⲟⲟⲩ· Ⲛ̄ ⲧⲉⲣⲉ ϥⲉⲓ ⲇⲉ ϣⲁ ⲣⲟⲥ ⲛ̄ϭⲓ ⲅⲁⲃⲣⲓⲏⲗ·
ⲙ̄ⲡⲉ ϥⲟⲩⲟⲛ̄ϩϥ̄ ⲉ ⲣⲟⲥ ϩⲙ̄ ⲡⲉϥⲉⲟⲟⲩ· ⲟⲩⲇⲉ ⲙ̄ⲡⲉ ϥⲃⲱⲕ
Fol. 33 *b* ⲉ ϩⲟⲩⲛ ϣⲁ ⲣⲟⲥ ϩⲱⲥ ⲣⲱⲙⲉ· ϥⲥⲟⲟⲩⲛ | ⲅⲁⲣ ϫⲉ ⲧⲉⲥⲥⲩ-
ⲝ̄ⲋ̄ ⲛⲏⲑⲓ̈ⲁ ⲁⲛ ⲡⲉ ⲛⲁⲩ ⲉ̄ ⲣⲱⲙⲉ ⲛ̄ ϣⲙ̄ⲙⲟ· ⲁϥⲁϩⲉ ⲣⲁⲧϥ̄ ⲙ̄
ⲡⲃⲟⲗ ⲙ̄ ⲡⲣⲟ ⲙ̄ ⲡⲉⲥⲕⲟⲓⲧⲱⲛ· ⲁϥⲙⲟⲩⲧⲉ ⲉ ⲣⲟⲥ ⲉϥϫⲱ
ⲙ̄ⲙⲟⲥ· ϫⲉ ⲭⲁⲓⲣⲉ ⲧⲛ̄ⲧ ⲁⲥϭⲛ̄ ϩⲙⲟⲧ ⲡϫⲥ̄ ⲛ̄ⲙ̄ⲙⲉ·
ⲛ̄ ⲧⲉⲣⲉ ⲥⲥⲱⲧⲙ̄ ⲇⲉ ⲉ ⲧⲉⲥⲙⲏ ⲛ̄ ϣⲙ̄ⲙⲟ· ⲁⲥϣⲧⲟⲣⲧⲣ̄
ⲉⲥϫⲱ ⲙ̄ⲙⲟⲥ ϫⲉ ⲟⲩⲁϣ ⲙ̄ ⲙⲓⲛⲉ ⲡⲉ ⲡⲉⲓ̈ ⲁⲥ[ⲡⲁⲥ]ⲙⲟⲥ·
ⲉⲥⲙⲟⲕⲙⲉⲕ ⲇⲉ ⲙ̄ⲙⲟⲥ ϩⲓ ⲛⲁⲓ· ⲁⲩⲱ ⲉⲥⲣ̄ ϣⲡⲏⲣⲉ ⲉϫⲛ̄
ⲧⲉⲥⲙⲏ ⲛ̄ⲧ ⲁⲥⲥⲟⲧⲙⲉⲥ· Ⲁϥⲙⲟⲩⲧⲉ ⲟⲛ ⲙ̄ ⲡⲙⲉϩ ⲥⲡ
ⲥⲛⲁⲩ ϫⲉ ⲭⲁⲓⲣⲉ ⲧⲛ̄ⲧ ⲁⲥϭⲛ̄ ϩⲙⲟⲧ ⲡϫⲥ̄ ⲛ̄ⲙ̄ⲙⲉ· ⲛ̄ ⲧⲉⲣⲉ
ⲡⲁⲅⲅⲉⲗⲟⲥ ⲇⲉ ⲛⲁⲩ ⲉ ⲣⲟⲥ ϫⲉ ⲁⲥϣⲧⲟⲣⲧⲣ̄ ⲉϫⲙ̄
ⲡϣⲁϫⲉ· ⲁϥⲁⲣⲭⲉⲓ ⲙ̄ ⲙⲟⲟϣⲉ· ⲉ ϩⲟⲩⲛ ⲉ ⲣⲟⲥ ϩⲛ̄ ⲟⲩ-
ⲟⲩⲣⲟⲧ· ⲙⲛ̄ ⲟⲩⲟⲩⲣⲟⲧ ⲉϥϫⲱ ⲙ̄ⲙⲟⲥ· ϫⲉ ⲙ̄ⲡⲣ̄ ⲣ̄ ϩⲟⲧⲉ
ⲙⲁⲣⲓⲁ· ⲁⲣϭⲓⲛⲉ ⲅⲁⲣ ⲛ̄ ⲟⲩϩⲙⲟⲧ ⲛ̄ ⲛⲁϩⲣⲙ̄ ⲡⲛⲟⲩⲧⲉ·
ⲉⲓⲥ ϩⲏⲏⲧⲉ ⲅⲁⲣ ⲧⲉⲣⲁⲱ̄ⲱ̄ ⲛ̄ⲧⲉϫⲡⲟ̄ ⲛ̄ ⲟⲩϣⲏⲣⲉ ⲛ̄ⲧⲉ-

ⲙⲟⲩⲧⲉ ⲉ ⲣⲟϥ ϫⲉ ⲓ̅ⲥ̅· ⲁⲥⲣ̄ϣⲡⲏⲣⲉ ⲇⲉ ⲛ̄ϭⲓ ⲧⲡⲁⲣ-
ⲑⲉⲛⲟⲥ· ⲉⲥϫⲱ ⲙ̄ⲙⲟⲥ· | ϫⲉ ⲁⲩⲱ ⲛ̄ ⲁϣ ⲛ̄ ϩⲉ· ⲉⲣⲉ Fol. 34 *a*
ⲡⲁⲓ ⲛⲁϣⲱⲡⲉ ⲙ̄ⲙⲟⲓ· ⲙ̄ⲛ ⲉⲓⲥⲟⲩⲛ̄ ϩⲟⲟⲩⲧ ⲉⲛⲉϩ· ⲁⲛⲟⲕ ⲝ̄ⲍ̄
ⲅⲁⲣ ⲁⲛⲅ̄ ⲟⲩⲡⲁⲣⲑⲉⲛⲟⲥ· ⲁϥⲟⲩⲱϣⲃ̄ ⲛ̄ϭⲓ ⲡⲁⲣⲭⲏ-
ⲁⲅⲅⲉⲗⲟⲥ ⲡⲉϫⲁϥ ⲛⲁⲥ ϫⲉ ⲙ̄ⲡⲣ̄ ⲣ̄ ϩⲟⲧⲉ ⲙⲁⲣⲓⲁ
ⲁⲣϭⲓⲛⲉ ⲅⲁⲣ ⲛ̄ ⲟⲩϩⲙⲟⲧ ⲛ̄ ⲛⲁϩⲣⲙ̄ ⲡⲛⲟⲩⲧⲉ· ϭⲙ̄ϭⲟⲙ
ⲁⲩⲱ ⲛ̄ⲧⲉ ⲧⲁϫⲣⲟ ϫⲉ ⲡⲉⲧ ⲉⲣⲁϫⲡⲟϥ· ϥⲟⲩⲁⲁⲃ ⲁⲩⲱ
ⲥⲉⲛⲁⲙⲟⲩⲧⲉ ⲉ ⲣⲟϥ ϫⲉ ⲡϣⲏⲣⲉ ⲙ̄ ⲡⲛⲟⲩⲧⲉ ⁘—ⲭⲁⲓⲣⲉ
ⲙⲁⲣⲓⲁ· ⲧⲉⲧ ⲉⲣⲉ ⲡⲉⲥⲕⲁⲣⲡⲟⲥ ⲛⲁϯ ⲛ̄ ⲟⲩⲟⲩϫⲁⲓ ⲙ̄
ⲡⲕⲟⲥⲙⲟⲥ· ⲙⲛ̄ ⲧⲙⲛ̄ⲧⲣⲱⲙⲉ ⲧⲏⲣⲥ̄ ⁘—ⲭⲁⲓⲣⲉ ⲧⲛ̄ⲧ
ⲁⲥϭⲛ̄ ϩⲙⲟⲧ ⲡ̄ϫ̄ⲥ̄ ⲛⲙ̄ⲙⲉ· ⲭⲁⲓⲣⲉ ⲙⲁⲣⲓⲁ ⲧⲉϭⲣⲟⲙⲡⲉ
ⲛ̄ ⲁⲧ ⲧⲱⲗⲙ̄ ⲉⲧⲉ ⲙⲛ̄ ϫⲃⲓⲛ ⲛ̄ϩⲏⲧⲥ̄· ⲛ̄ⲧⲁⲩϫⲟⲟⲩ
ϣⲁ ⲣⲟⲥ ⲙ̄ ⲡϣⲙ̄ ⲛⲟⲩϥⲉ ⲉⲧ ⲥⲟⲧⲡ̄ ⲉ ⲃⲟⲗ ϩⲓ ⲧⲟⲟⲧ
ⲁⲛⲟⲕ ⲅⲁⲃⲣⲓⲏⲗ ⁘—ⲭⲁⲓⲣⲉ ⲧⲛ̄ⲧ ⲁⲥϭⲛ̄ ϩⲙⲟⲧ ⲡ̄ϫ̄ⲥ̄
ⲛⲙ̄ⲙⲉ· ⲭⲁⲓⲣⲉ ⲙⲁⲣⲓⲁ· ⲧⲉⲧ ⲛⲁⲫⲟⲣⲉⲓ ⲛ̄ ⲧⲟⲓⲕⲟⲩ-
ⲙⲉⲛⲏ ⲧⲏⲣⲥ̄ ϩⲛ̄ ⲟⲩϩⲃ̄ⲥⲱ ⲛ̄ ⲟⲩϫⲁⲓ ⁘—ⲭⲁⲓⲣⲉ ⲧⲛ̄ⲧ
ⲁⲥϭⲛ̄ ϩⲙⲟⲧ ⲡ̄ϫ̄ⲥ̄ ⲛⲙ̄ⲙⲉ· ⲭⲁⲓⲣⲉ ⲙⲁⲣⲓⲁ ⲧⲛ̄ⲧ ⲁ
ⲡⲟⲩϫⲁⲓ ⲙ̄ ⲡⲕⲟⲥⲙⲟⲥ ⲧⲏⲣϥ̄ ϣⲱⲡⲉ | ϩⲓⲧⲛ̄ ⲧⲉⲥϭⲓⲛ- Fol. 34 *b*
ⲙⲟⲟϣⲉ ϩⲓ ϫⲱϥ· ⲭⲁⲓⲣⲉ ⲧⲛ̄ⲧ ⲁⲥϭⲛ̄ ϩⲙⲟⲧ· ⲡ̄ϫ̄ⲥ̄ ⲝ̄ⲏ̄
ⲛⲙ̄ⲙⲉ ⁘—ⲭⲁⲓⲣⲉ ⲙⲁⲣⲓⲁ ⲧⲉⲧ ⲥⲟⲧⲡ̄ ⲡⲁⲣⲁ ⲧⲡⲉ ⲙⲛ̄
ⲡⲕⲁϩ· ⲭⲁⲓⲣⲉ ⲧⲛ̄ⲧ ⲁⲥϭⲛ̄ ϩⲙⲟⲧ ⲡ̄ϫ̄ⲥ̄ ⲛⲙ̄ⲙⲉ ⁘—
ⲭⲁⲓⲣⲉ ⲙⲁⲣⲓⲁ ⲡⲡⲩⲣⲅⲟⲥ· ⲉⲧ ⲉⲣⲉ ⲡⲉⲑⲩⲥⲁⲩⲣⲟⲥ·
ⲙ̄ ⲡⲣ̄ⲣⲟ ⲛ̄ϩⲏⲧϥ̄ ⁘—ⲭⲁⲓⲣⲉ ⲧⲛ̄ⲧ ⲁⲥϭⲛ̄ ϩⲙⲟⲧ ⲡ̄ϫ̄ⲥ̄
ⲛⲙ̄ⲙⲉ ⁘—ⲭⲁⲓⲣⲉ ⲙⲁⲣⲓⲁ ⲧⲛ̄ⲧ ⲁⲥϯ ⲛⲁⲛ ⲛ̄ ⲟⲩϩⲓⲏ
ⲛ̄ ⲃⲱⲕ ⲉ ϩⲣⲁï ⲉ ⲧⲡⲉ· ⲭⲁⲓⲣⲉ ⲧⲛ̄ⲧ ⲁⲥϭⲛ̄ ϩⲙⲟⲧ ⲡ̄ϫ̄ⲥ̄
ⲛⲙ̄ⲙⲉ ⁘—ⲭⲁⲓⲣⲉ ⲙⲁⲣⲓⲁ ⲧⲛ̄ⲧ ⲁⲥⲟⲩⲱⲛ ⲛⲁⲛ ⲙ̄ ⲡⲣⲟ
ⲙ̄ ⲡⲡⲁⲣⲁⲇⲓⲥⲟⲥ· ⲙⲛ̄ⲛ̄ⲥⲁ ⲧⲣⲉⲩ ϣⲱⲧⲙ̄ ⲙ̄ⲙⲟϥ ϩⲓⲧⲛ̄
ⲧⲡⲁⲣⲁⲃⲁⲥⲓⲥ ⲛ̄ ⲁⲇⲁⲙ ⲙⲛ̄ ⲉⲩϩⲁ· ⲭⲁⲓⲣⲉ ⲧⲛ̄ⲧ ⲁⲥϭⲛ̄
ϩⲙⲟⲧ ⲡ̄ϫ̄ⲥ̄ ⲛⲙ̄ⲙⲉ ⁘—ⲭⲁⲓⲣⲉ ⲧⲙⲉϩ ⲥⲛ̄ⲧⲉ ⲛ̄ ⲕⲓⲃⲱⲇⲟⲥ
ⲛ̄ⲧ ⲁⲥⲧⲟⲩϫⲉ ⲡⲕⲟⲥⲙⲟⲥ ⲉ ⲡⲧⲁⲕⲟ ⲛ̄ ⲧⲙⲛ̄ⲧⲁⲥⲉⲃⲏⲥ ⁘—
ⲭⲁⲓⲣⲉ ⲧⲛ̄ⲧ ⲁⲥϭⲛ̄ ϩⲙⲟⲧ ⲡ̄ϫ̄ⲥ̄ ⲛⲙ̄ⲙⲉ· ⲭⲁⲓⲣⲉ ⲧⲉϩⲓⲉⲓⲃ
ⲉⲧ ⲛⲉⲥⲱⲥ· ⲛ̄ⲧⲁⲥϯ ⲟⲩⲱ ⲛⲁⲛ ⲉ ϩⲣⲁï ⲙ̄ ⲡⲥⲟⲣⲧ̄· ⲛ̄ ⲕⲁ-
ⲑⲁⲣⲱⲛ ⲙⲛ̄ ⲑⲃ̄ⲥⲱ ⲛ̄ | ⲧⲙⲛ̄ⲧ ⲁⲧ ⲧⲁⲕⲟ ⁘—ⲭⲁⲓⲣⲉ ⲧⲛ̄ⲧ Fol. 35 *a*
ⲁⲥϭⲛ̄ ϩⲙⲟⲧ ⲡ̄ϫ̄ⲥ̄ ⲛⲙ̄ⲙⲉ· ⲭⲁⲓⲣⲉ ⲡϭⲁⲗⲙⲁⲛ ⲛ̄ ⲛⲟⲩⲃ ⲝ̄ⲑ̄

ⲉⲧ ⲉⲣⲉ ⲡⲙⲁⲛⲛⲁ ⲛ̄ϩⲏⲧϥ̄ :—ⲭⲁⲓⲣⲉ ⲧⲛ̄ⲧ ⲁⲥϭⲛ̄ ϩⲙⲟⲧ ⲡϫ̄ⲥ̄ ⲛⲙ̄ⲙⲉ· ⲭⲁⲓⲣⲉ ⲧⲛ̄ⲧ ⲁⲥϥⲓ ⲙ̄ⲙⲁⲩ ⲛ̄ ⲧⲙⲛ̄ⲧϫⲁϫⲉ· ⲉⲧ ⲟⲩⲧⲱⲛ ⲙⲛ̄ ⲡⲛⲟⲩⲧⲉ ⁘—ⲭⲁⲓⲣⲉ ⲧⲛ̄ⲧ ⲁⲥϭⲛ̄ ϩⲙⲟⲧ ⲡϫ̄ⲥ̄ ⲛⲙ̄ⲙⲉ ⁘—ⲭⲁⲓⲣⲉ ⲙⲁⲣⲓⲁ ⲡⲉⲥϯ ⲛⲟⲩϥⲉ ⲉⲧ ⲟⲩⲧⲁⲗⲟ ⲙ̄ⲙⲟϥ ⲉ ϩⲣⲁⲓ ⲙ̄ ⲡⲙ̄ⲧⲟ ⲉ ⲃⲟⲗ ⲙ̄ ⲡⲛⲟⲩⲧⲉ ⲡⲡⲁⲛⲧⲱⲕⲣⲁⲧⲱⲣ ϣⲁⲛⲧ ϥ̄ϩⲱⲧⲡ̄· ⲉ ⲡⲛⲟⲩⲧⲉ ⲙ̄ ⲡⲉϥⲡⲗⲁⲥⲙⲁ ⲛ̄ⲧⲁϥⲧⲁⲙⲓⲟϥ ⁘—ⲭⲁⲓⲣⲉ ⲧⲛ̄ⲧ ⲁⲥϭⲛ̄ ϩⲙⲟⲧ ⲡϫ̄ⲥ̄ ⲛⲙ̄ⲙⲉ ⁘—ⲭⲁⲓⲣⲉ ⲧⲉⲥⲕⲩⲛⲏ ⲧⲛ̄ⲧⲁ ⲧⲙⲛ̄ⲧⲛⲟⲩⲧⲉ· ⲙ̄ ⲡⲙⲟⲛⲟⲅⲉⲛⲏⲥ ⲙ̄ ⲡⲉⲓⲱⲧ ⲙ̄ⲧⲟⲛ ⲙ̄ⲙⲟϥ ⲛ̄ϩⲏⲧⲥ̄ ⁘—ⲭⲁⲓⲣⲉ ⲧⲛ̄ⲧ ⲁⲥϭⲛ̄ ϩⲙⲟⲧ ⲡϫⲟⲉⲓⲥ ⲛⲙ̄ⲙⲉ ⁘—ⲭⲁⲓⲣⲉ ⲙⲁⲣⲓⲁ ⲧⲕⲓⲃⲱⲧⲟⲥ ⲉⲧ ϭⲟⲟⲗⲉ ⲛ̄ ⲛⲟⲩⲃ ⲛ̄ ⲥⲁ ⲥⲁ ⲛⲓⲙ· ⲧⲁⲓ ⲛ̄ⲧⲁ ⲡⲛⲟⲩⲧⲉ ⲡⲉⲓⲱⲧ ϭⲟⲓⲗⲉ ⲉ ⲣⲟⲥ ⲙ̄ ⲡⲉϥⲗⲟⲅⲟⲥ
Fol. 35 b ⲟ̄ ⲉⲧ ⲟⲩⲁⲁⲃ· ⲭⲁⲓⲣⲉ ⲙⲁⲣⲓⲁ ⲡⲟⲉⲓⲕ ⲛ̄ⲧⲁϥⲉⲓ̈ | ⲉ ⲃⲟⲗ ϩⲛ̄ ⲧⲡⲉ ⲉ ⲧⲥⲓⲟ ⲛ̄ⲛⲉⲧ ϩⲕⲟⲉⲓⲧ· ⲁⲩⲱ ⲉ ⲙⲟⲩϩ ⲛ̄ⲛⲉⲩⲯⲩⲭⲏ ⲛ̄ ⲁⲅⲁⲑⲟⲛ· ⲭⲁⲓⲣⲉ ⲧⲛ̄ⲧ ⲁⲥϭⲛ̄ ϩⲙⲟⲧ ⲡϫ̄ⲥ̄ ⲛⲙ̄ⲙⲏ ⁘—ⲭⲁⲓⲣⲉ ⲙⲁⲣⲓⲁ ⲧⲉⲧ ⲧⲟⲩϫⲟ ⲛ̄ ⲟⲩⲟⲛ ⲛⲓⲙ ⲉ ⲃⲟⲗ ϩⲛ̄ ⲛ̄ ⲭⲉⲓⲙⲱⲛ ⲙ̄ ⲡⲇⲓⲁⲃⲟⲗⲟⲥ· ⲁⲩⲱ ⲉⲥⲉⲓⲛⲉ ⲙ̄ⲙⲟⲟⲩ ⲉ ϩⲟⲩⲛ ⲉ ⲡⲗⲩⲙⲏⲛ ⲙ̄ ⲡⲟⲩϫⲁⲓ ⁘ ⲭⲁⲓⲣⲉ ⲧⲛ̄ⲧ ⲁⲥϭⲛ̄ ϩⲙⲟⲧ ⲡϫ̄ⲥ̄ ⲛⲙ̄ⲙⲉ· ⲭⲁⲓⲣⲉ ⲙⲁⲣⲓⲁ· ⲧⲛⲩⲙⲫⲏ ⲛ̄ ⲁⲧ ⲧⲱⲗⲙ̄· ⲛ̄ ⲁⲧ ϫⲃⲓⲛ ⲛ̄ⲧⲁⲥⲥⲟⲃⲧⲉ ⲛⲁⲛ [ⲛ̄ ⲧⲉϩⲓⲏ ⲙ̄ ⲡⲟⲩϫⲁⲓ]·[1] ⲭⲁⲓⲣⲉ ⲧⲛ̄ⲧ ⲁⲥϭⲛ̄ ϩⲙⲟⲧ ⲡϫ̄ⲥ̄ ⲛⲙ̄ⲙⲉ· ⲭⲁⲓⲣⲉ ⲙⲁⲣⲓⲁ ⲧⲛ̄ⲧⲁ ⲛⲉϩⲓⲟⲟⲙⲉ ⲧⲏⲣⲟⲩ ⲛ̄ ⲧⲟⲓⲕⲟⲩⲙⲉⲛⲏ ϭⲓⲛⲉ ⲛ̄ ⲟⲩⲡⲁⲣϩⲏⲥⲓⲁ· ϩⲓⲧⲙ̄ ⲡⲉⲥ ϫ̄ⲥ̄ ⲁⲩⲱ ⲉ ⲧⲃⲏⲏⲧⲥ̄ ⁘—ⲭⲁⲓⲣⲉ ⲧⲛ̄ⲧ ⲁⲥϭⲛ̄ ϩⲙⲟⲧ ⲡϫ̄ⲥ̄ ⲛⲙ̄ⲙⲉ ⁘—ⲭⲁⲓⲣⲉ ⲙⲁⲣⲓⲁ ⲧⲉ ⲧⲣⲁⲡⲉⲍⲁ ⲉⲧ ⲟⲩⲁⲁⲃ· ⲉⲧⲟⲩϣⲱⲱⲧ ϩⲓ ϫⲱⲥ ⲛ̄ ⲧⲉⲑⲩⲥⲓⲁ ⲛ̄ ⲗⲟⲅⲓⲕⲏ ⁘—ⲭⲁⲓⲣⲉ ⲧⲛ̄ⲧ ⲁⲥϭⲛ̄ ϩⲙⲟⲧ ⲡϫ̄ⲥ̄ ⲛⲙ̄ⲙⲉ· ⲭⲁⲓⲣⲉ ⲙⲁⲣⲓⲁ ⲧⲛ̄ⲧⲁ ⲡⲟⲩⲟⲉⲓⲛ ⲙ̄ ⲡⲉⲥϣⲏⲣⲉ ⲙⲉϩ ⲧⲟⲓⲕⲟⲩⲙⲉⲛⲏ ⲧⲏⲣⲥ̄ ⁘—ⲭⲁⲓⲣⲉ ⲧⲛ̄ⲧ ⲁⲥϭⲛ̄ ϩⲙⲟⲧ ⲡϫ̄ⲥ̄
Fol. 36 a ⲟ̄ⲁ̄ ⲛⲙ̄ⲙⲉ ⁘—| ⲭⲁⲓⲣⲉ ⲙⲁⲣⲓⲁ ⲧⲉⲧ ⲉⲣⲉ ⲧⲡⲉ ⲙⲛ̄ ⲡⲕⲁϩ ϭⲱϣⲧ̄ ⲉ ⲃⲟⲗ ϩⲏⲧⲥ̄ ⁘—ⲛ̄ⲧⲉⲥⲛⲁⲁⲕⲉ ⲉⲧ ⲟⲩⲁⲁⲃ ⁘—ⲭⲁⲓⲣⲉ ⲧⲛ̄ⲧ ⲁⲥϭⲛ̄ ϩⲙⲟⲧ ⲡϫ̄ⲥ̄ ⲛⲙ̄ⲙⲉ ⁘—ⲭⲁⲓⲣⲉ ⲙⲁⲣⲓⲁ ⲧⲛⲟⲩⲛⲉ ⲉⲧ ⲛⲁⲛⲟⲩⲥ· ⲧⲛ̄ⲧ ⲁⲥϯ ⲟⲩⲱ ⲛⲁⲛ ⲉ ϩⲣⲁⲓ ⲙ̄

[1] The words within brackets are badly written in red ink, the scribe having, presumably, omitted them.

ⲡⲕⲁⲣⲡⲟⲥ ⲛ̄ ⲧⲇⲓⲕⲁⲓⲟⲥⲩⲛⲏ· ⲭⲁⲓⲣⲉ ⲧⲛ̄ⲧ ⲁⲥϭⲛ̄ ϩⲙⲟⲧ
ⲡϫⲥ̄ ⲛ̄ⲙ̄ⲙⲉ ⁘—ⲭⲁⲓⲣⲉ ⲙⲁⲣⲓⲁ ⲡⲉⲥⲡⲉⲣⲙⲁ ⲉⲧ ⲥⲙⲁ-
ⲙⲁⲁⲧ ⲛ̄ⲧⲁϥϯ ⲟⲩⲱⲱ̄ ⲛⲁⲛ ⲉ ϩⲣⲁⲓ ⲙ̄ ⲡⲕⲁⲣⲡⲟⲥ ⲛ̄ ⲧⲇⲓ-
ⲕⲁⲓⲟⲥⲩⲛⲏ· ⲙ̄ ⲡϣⲏⲛ ⲙ̄ ⲡⲱⲛϩ̄ ⁘—ⲭⲁⲓⲣⲉ ⲧⲛ̄ⲧ ⲁⲥϭⲛ̄
ϩⲙⲟⲧ ⲡϫⲥ̄ ⲛ̄ⲙ̄ⲙⲉ ⁘—ⲭⲁⲓⲣⲉ ⲙⲁⲣⲓⲁ ⲧⲗⲩⲭⲛⲓⲁ ⲛ̄
ⲛⲟⲩⲃ:—ⲭⲁⲓⲣⲉ ⲧⲛ̄ⲧ ⲁⲥϭⲛ̄ ϩⲙⲟⲧ ⲡϫⲥ̄ ⲛ̄ⲙ̄ⲙⲉ ⁘—
ⲭⲁⲓⲣⲉ ⲙⲁⲣⲓⲁ ⲧϩⲩⲇⲣⲓⲁ ⲛ̄ ⲃⲣ̄ⲣⲉ ⲉⲧ ⲉⲣⲉ ⲡⲉϩⲙⲟⲩ ⲛ̄-
ϩⲏⲧⲥ̄· ⲛ̄ⲧⲁϥ ⲧⲣⲉ ⲛⲉⲧ ⲥⲁϣⲉ ϩⲗⲟϭ ⁘—ⲭⲁⲓⲣⲉ ⲧⲛ̄ⲧ
ⲁⲥϭⲛ̄ ϩⲙⲟⲧ ⲡϫⲥ̄ ⲛ̄ⲙ̄ⲙⲉ ⁘—ⲁⲗⲏⲑⲱⲥ ⲣ̄ϣⲁⲛ ⲧⲟⲓⲕⲟⲩ-
ⲙⲉⲛⲏ ⲧⲏⲣⲥ̄ ⲉⲓ ⲉⲩⲙⲁ ⲛ̄ ⲟⲩⲱⲧ· ⲁⲗⲏⲑⲱⲥ ⲉⲓϣⲁⲛⲕⲧⲟⲓ
ⲛ̄ ⲥⲁ ⲥⲁ ⲛⲓⲙ ⲛ̄ ϯⲛⲁϭⲛ̄ ⲡϫⲱⲕ ⲁⲛ ⲛ̄ ⲛⲟⲩⲙⲁⲕⲁⲣⲓⲥ-
ⲙⲟⲥ ⁘— | ⲉⲧ ⲧⲟⲟⲙⲉ ⲉⲣⲟ ⲱ̄ ⲧⲉ ϭⲣⲙ̄ⲡϣⲁⲛ ⲉⲧ ⲟⲩⲁⲁⲃ· Fol. 36 *b*
ⲛ̄ⲧⲁⲥⲉⲓ ⲉ ⲃⲟⲗ ϩⲙ̄ ⲡⲉⲙⲛⲟⲩⲁⲗ ⲙ̄ ⲡⲛⲟϭ ⲛ̄ ⲣ̄ⲣⲟ ⲧⲉ ⲟⲇ̄ (*sic*)
ⲛⲧⲁⲥϫⲡⲟ ⲙ̄ ⲡⲛⲩⲙⲫⲓⲟⲥ ⲙ̄ ⲡⲕⲟⲥⲙⲟⲥ ⲧⲏⲣϥ̄· ⲕⲁⲛ ⲣ̄
ϣⲁⲛ ⲛ̄ⲥⲟⲫⲟⲥ ⲧⲏⲣⲟⲩ ⲙ̄ ⲡⲕⲟⲥⲙⲟⲥ ⲧⲏⲣϥ̄· ⲙⲛ̄ ⲛⲉⲥ-
ⲭⲟⲗⲁⲥϯⲕⲟⲥ· ⲙⲛ̄ ⲛⲉϩⲣⲏⲧⲱⲣ ⲛ̄ ⲧⲟⲓⲕⲟⲩⲙⲉⲛⲏ ⲧⲏⲣⲥ̄
ⲉⲩϣⲁⲛⲥⲱⲟⲩϩ ⲧⲏⲣⲟⲩ· ⲉ ⲛⲉⲩⲉⲣⲏⲩ· ⲛ̄ⲥⲉⲛⲁⲉϣϭⲙ̄ϭⲟⲙ
ⲁⲛ ⲉϫⲱ ⲛ̄ ⲛⲟⲩⲧⲁⲓⲟ ⲉⲧ ⲧⲟⲟⲙⲉ ⲉⲣⲟ· ⲛ̄ ϩⲟⲗⲱⲥ ϫⲉ
ⲉⲩⲛⲁϫⲟⲟⲥ ϫⲉ ⲟⲩ ⲛ̄ ⲛⲁϩⲣⲙ̄ ⲡⲛⲟϭ ⲛ̄ ⲉⲟⲟⲩ ⲛ̄ⲧ ⲁⲣ-
ⲙⲁⲁⲧⲉ ⲙ̄ⲙⲟϥ ϩⲓⲧⲙ̄ ⲡⲟⲩϣⲏⲣⲉ· ⲉⲩϣⲁⲛϫⲟⲟⲥ ϫⲉ ⲧⲡⲉ
ϫⲟⲟⲥⲉ· ⲁⲗⲗⲁ ⲛⲉⲥϣⲛ̄ϣ ⲁⲛ ⲛ̄ⲙ̄ⲙⲉ· ⲁ ⲧⲟⲩⲕⲁⲗⲁϩⲏ
ⲅⲁⲣ ϥⲓ ϩⲁ ⲡⲉⲧ ⲙⲟⲩϩ ⲛ̄ ⲧⲡⲉ ⲙⲛ̄ ⲡⲕⲁϩ· ⲉⲩϣⲁⲛϫⲟⲟⲥ
ϫⲉ ⲟⲩⲛⲟϭ ⲡⲉ ⲡⲕⲁϩ· ϣⲁⲓϫⲟⲟⲥ ϫⲉ ⲡⲕⲁϩ ⲡⲉ ⲡϩⲩⲡⲟ-
ⲡⲟⲇⲓⲟⲛ ⲛ̄ ⲛⲉϥⲟⲩⲣⲏⲏⲧⲉ ⁘—ⲉⲩϣⲁⲛⲧⲛ̄ⲧⲱⲛⲉ ⲛ̄ⲧⲁⲥⲙⲁ
ⲛ̄ ⲙ̄ⲡⲏⲩⲉ· ⲧⲉϫⲟⲥⲉ ⲛ̄ ϩⲟⲩⲟ | ⲉ ⲣⲟⲟⲩ ϩⲙ̄ ⲡⲟⲩⲧⲃ̄ⲃⲟ· Fol. 37 *a*
ⲉⲩⲛⲁⲙⲟⲩⲧⲉ ⲉⲣⲱ ϫⲉ ⲧⲕⲟⲓⲃⲱⲇⲟⲥ ⲛ̄ⲧⲁ ⲧⲕⲓⲃⲱⲇⲟⲥ· ⲟⲉ̄
ⲙ̄ ⲡⲉⲟⲩⲟⲉⲓϣ· ϩⲁⲣⲉϩ ⲉ ⲛⲱϩⲉ ⲙⲛ̄ ⲛⲉϥϣⲏⲣⲉ· ⲛ̄ⲧⲟ ⲇⲉ
ⲁⲣⲧⲟⲩϫⲟ ⲙ̄ ⲡⲕⲟⲥⲙⲟⲥ ⲧⲏⲣϥ̄ ϩⲙ̄ ⲡⲧⲁⲕⲟ ⲛ̄ ⲧⲙⲛ̄ⲧⲁⲥⲉ-
ⲃⲏⲥ· ⲉⲩⲛⲁⲙⲟⲩⲧⲉ ⲉⲣⲟ ϫⲉ ⲧⲕⲓⲃⲱⲇⲟⲥ ⲛ̄ ⲧⲇⲓⲁⲑⲏⲕⲏ·
ⲁⲗⲗⲁ ⲧⲉⲧ ⲙ̄ⲙⲁⲩ ⲙⲉⲛ· ⲉⲣⲉ ⲧⲉⲡⲗⲁⲝ̄ ⲥⲛ̄ⲧⲉ ⲛ̄ϩⲏⲧⲥ̄·
ⲉⲩⲥⲏϩ ϩⲛ̄ ⲛ̄ⲧⲏⲏⲃⲉ· ⲙ̄ ⲡⲛⲟⲩⲧⲉ· ⲛ̄ⲧⲟ ⲇⲉ ⲁ ⲡⲉⲧϥⲓ ϩⲁ
ⲡⲧⲏⲣϥ̄ ϩⲙ̄ ⲡϣⲁϫⲉ ⲛ̄ ⲧⲉϥϭⲟⲙ· ⲉⲩⲛⲁⲙⲟⲩⲧⲉ ⲉⲣⲟ
ϫⲉ ⲡϭⲉⲗⲙⲏⲛ ⲛ̄ ⲛⲟⲩⲃ· ⲡⲉⲧ ⲙ̄ⲙⲁⲩ ⲙⲉⲛ ⲛ̄ⲧⲁϥ-
ϣⲱⲡⲉ ⲉ ⲣⲟϥ ⲛ̄ ⲟⲩϣⲏⲙ ⲙ̄ ⲙⲁⲛⲛⲁ ⲉⲩⲣ̄ ⲡⲙⲉⲉⲩⲉ ⲛ̄

ⲛ̅ϣⲏⲣⲉ ⲙ̅ ⲡⲓⲏ̅ⲗ̅ · ⲛ̅ⲧⲟ ⲇⲉ ⲁⲣϣⲱⲡ ⲉⲣⲟ ⲙ̅ ⲡⲉⲛⲧ ⲁϥⲧ-
ⲥⲓⲟ ⲛ̅ ⲧⲟⲓⲕⲟⲩⲙⲉⲛⲏ ⲧⲏⲣⲥ̅ ϩⲙ̅ ⲡⲙⲁⲛⲛⲁ ⲛ̅ ⲛⲟⲛⲧⲟⲛ
ⲉⲧⲉ ⲡⲁⲓ ⲡⲉ ⲡⲉϥⲥⲱⲙⲁ ⲛ̅ ⲛⲟⲩⲧⲉ ⲙⲛ̅ ⲡⲉϥⲥⲛⲟϥ ⲛ̅
ⲁⲗⲩⲑⲓⲛⲟⲛ · ⲛ̅ⲧⲁϥⲧⲁⲁϥ ϩⲁ ⲣⲟⲛ · ϣⲁⲛ ⲧⲉϥⲥⲟⲧⲡ̅ · |
Fol. 37 b ϩⲛ̅ ⲛⲉⲛⲛⲟⲃⲉ ⁘ **Ⲙⲛ̅ⲛ̅ⲥⲁ** ⲛⲁⲓ ⲇⲉ ⲡⲉϫⲉ ⲙⲁⲣⲓⲁ ⲙ̅ ⲡⲁⲣ-
ⲟ̅ⲉ̅ ⲭⲏⲁⲅⲅⲉⲗⲟⲥ ϫⲉ ⲉⲓⲥ ϩⲏⲏⲧⲉ ⲁⲕϣⲁϫⲉ ⲛⲙ̅ⲙⲁⲓ ϩⲛ̅
ϩⲉⲛϣⲁϫⲉ ⲉⲩϫⲟⲥⲉ ⲡⲁⲣⲁ ⲡϣⲓ ⲛ̅ ⲧⲙⲛ̅ⲧⲣⲱⲙⲉ ⲧⲏⲣⲥ̅ ·
ⲁⲩⲱ ⲕⲧⲁϣⲉⲟⲉⲓϣ ⲛⲁⲓ ⲛ̅ ⲟⲩⲙⲩⲥⲧⲏⲣⲓⲟⲛ ⲛ̅ ϣⲡⲏⲣⲉ ·
ⲁⲛⲅ̅ ⲟⲩⲡⲁⲣⲑⲉⲛⲟⲥ ⲅⲁⲣ ⲁⲩⲱ ⲛ̅ ⲁϣ ⲛ̅ ϩⲉ ⲉⲣⲉ ⲡⲁⲓ
ⲛⲁϣⲱⲡⲉ ⲙ̅ⲙ̅ⲟⲓ ⲙ̅ⲡⲉ ⲓ̈ⲥⲟⲩⲛ̅ ϩⲟⲟⲩⲧ · ⲁ ⲡⲁⲅⲅⲉⲗⲟⲥ
ⲇⲉ ⲟⲩⲱϣⲃ̅ ⲡⲉϫⲁϥ ϫⲉ ⲉϣⲱⲡⲉ · ⲧⲣ̅ ⲟⲩⲱϣ ⲉ ⲧⲁⲛϩⲉⲧ ·
ⲛ̅ϣⲁϫⲉ ⲛ̅ⲧ ⲁⲓϫⲟⲟⲩ ⲛⲉ · ⲧⲱⲟⲩⲛ ⲛ̅ⲧⲉⲃⲱⲕ ϣⲁ ⲉⲗⲩⲥⲁ-
ⲃⲉⲧ ⲧⲉⲥϩⲓⲙⲉ ⲛ̅ ⲍⲁⲭⲁⲣⲓⲁⲥ ⲡⲟⲩⲏⲏⲃ̅ · ⲧⲁⲓ ⲉⲧ ϣⲟⲟⲡ ϩⲛ̅
ⲧⲟⲣⲓⲛⲏ ⲧⲟⲩⲥⲩⲅⲅⲉⲛⲏⲥ ⲅⲁⲣ ⲧⲉ · ⲁⲩⲱ ⲧⲣ̅ ⲛⲁⲉⲓⲙⲉ
ⲉ ⲧⲙⲉ ⲛ̅ ⲛ̅ϣⲁϫⲉ · ⲛ̅ⲧ ⲁⲓϫⲟⲟⲩ ⲛⲉ ⲉ ⲃⲟⲗ ϩⲓ ⲧⲟⲟⲧⲥ̅ ·
ⲕⲁⲓ ⲅⲁⲣ ⲁⲩⲧⲛ̅ⲛⲟⲟⲩⲧ ϣⲁ ⲍⲁⲭⲁⲣⲓⲁⲥ · ⲡⲉⲥϩⲁⲓ ϩⲁ ⲑⲉ
ⲛ̅ ⲛⲉϩⲟⲟⲩ ⲁϥⲧⲁϣⲉⲟⲉⲓϣ (*sic*) ⲛⲁϥ ϩⲱⲱϥ ⲛ̅ ⲟⲩⲣⲁϣⲉ ·
Fol. 38 a ϫⲉ ⲉⲓⲥ ⲉⲗⲩⲥⲁⲃⲉⲧ | ⲧⲉⲕⲥϩⲓⲙⲉ ⲛⲁϫⲡⲟ ⲛⲁⲕ ⲛ̅ ⲟⲩϣⲏⲣⲉ
ⲟ̅ⲍ̅ ⲛⲅ̅ ⲙⲟⲩⲧⲉ ⲉ ⲡⲉϥⲣⲁⲛ ϫⲉ ⲓⲱϩⲁⲛⲛⲏⲥ · ⲁⲩⲱ ⲛ̅ ⲧⲉⲣⲉ
ⲍⲁⲭⲁⲣⲓⲁⲥ ⲣ̅ ⲁⲧ ⲛⲁϩⲧⲉ ⲉ ⲛⲁ ϣⲁϫⲉ · ⲁⲓϩⲟⲣⲓⲍⲉ ⲉ ϫⲱϥ
ⲛ̅ ⲟⲩⲧⲏⲙⲱⲣⲓⲁ ⲉⲧⲉ ⲧⲙⲛ̅ⲧⲙ̅ⲡⲟⲧⲉ · Ⲉⲗⲩⲥⲁⲃⲉⲧ ⲙⲉⲛ
ⲁⲥⲱ̅ⲱ̅ ⲙ̅ ⲡϣⲏⲣⲉ · ⲍⲁⲭⲁⲣⲓⲁⲥ ϩⲱⲱϥ ⲁϥϣⲱⲡⲉ ⲉϥⲟ ⲛ̅
ⲙ̅ⲡⲟ ⲕⲁⲧⲁ ⲡϣⲁϫⲉ ⲛ̅ ⲧⲁ ⲧⲁⲡⲣⲟ · Ⲁⲩⲛⲟϭ ⲇⲉ ⲛ̅
ⲣⲁϣⲉ ϣⲱⲡⲉ ϩⲙ̅ ⲡⲏⲓ̈ ⲛ̅ ⲍⲁⲭⲁⲣⲓⲁⲥ · ⲁⲩⲱ ⲡⲙⲉϩ ⲥⲟⲟⲩ
ⲛ̅ ⲉⲃⲟⲧ ⲡⲉ ⲡⲁⲓ̈ ϫⲓⲛ ⲛ̅ⲧⲁ ⲉⲗⲩⲥⲁⲃⲉⲧ ⲱ̅ⲱ̅ ⲙ̅ ⲡϣⲏⲣⲉ
ϣⲏⲙ ⲕⲁⲧⲁ ⲡϣⲁϫⲉ ⲛ̅ⲧ ⲁⲓⲉⲩⲁⲅⲅⲉⲗⲓⲍⲉ ⲙ̅ⲙⲟϥ ⲛⲉ ·
ⲛ̅ⲧⲟ ⲇⲉ ⲱ̅ ⲧⲡⲁⲣⲑⲉⲛⲟⲥ ⲛ̅ ⲥⲁⲃⲏ · ⲧⲉϫⲟⲥⲉ ⲡⲁⲣⲁ ⲡⲥⲱⲛⲧ̅
ⲧⲏⲣϥ̅ ⲛ̅ⲧⲁ ⲡⲛⲟⲩⲧⲉ ⲧⲁⲙⲓ̈ⲟϥ ⲁⲩⲱ ⲙⲛ̅ϭⲟⲙ ⲙ̅ⲙⲟⲓ ⲉ
ⲁⲡⲟⲫⲁⲛⲉ ⲉϫⲱ ⲛ̅ ⲟⲩⲕⲁⲧⲁⲇⲓⲕⲏ · ⲕⲁⲧⲁ ⲑⲉ ⲛ̅ⲧ ⲁⲓⲁⲁⲥ
ⲙ̅ ⲡⲉⲧ ⲙ̅ⲙⲁⲩ ⲉ ⲃⲟⲗ · ϫⲉ ⲛ̅ⲧⲟ ⲡⲉ ⲡⲕⲁⲍⲟⲫⲩⲗⲁⲕⲓⲟⲛ
Fol. 38 b ⲙ̅ ⲡⲁ ϫⲟⲉⲓⲥ ⁘— | ⲙ̅ ⲡⲁ ϫ̅ⲥ̅ (*sic*) · ⲕⲁⲓ ⲅⲁⲣ ⲡⲙⲩⲥⲧⲏⲣⲓⲟⲛ
ⲟ̅ⲏ̅ ⲛ̅ⲧⲁϥϣⲱⲡⲉ · ⲛ̅ ⲍⲁⲭⲁⲣⲓⲁⲥ · ⲁϥϣⲱⲡⲉ ⲛ̅ ϩⲉⲛⲕⲟⲟⲩⲉ
ϩⲁ ⲧⲉϥϩⲏ · **Ⲡⲙⲩⲥⲧⲏⲣⲓⲟⲛ** ⲇⲉ ⲛ̅ⲧⲟϥ ⲛ̅ⲧⲁϥϣⲱⲡⲉ ⲙ̅-
ⲙⲁⲩ ⲙ̅ⲡⲉ ϥϣⲱⲡⲉ ⲉⲛⲉϩ ϫⲓⲛ ⲙ̅ ⲡϣⲁ ⲥⲱⲛⲧ̅ ⲙ̅ ⲡⲕⲟⲥ-

ⲙⲟⲥ· ⲟⲩⲇⲉ ⲟⲛ ⲛ̅ⲛⲉ ϥϣⲱⲡⲉ· Ⲙⲁⲣⲓⲁ ⲇⲉ ⲛ̅ ⲧⲉⲣⲉ
ⲥⲱⲧⲙ̅ ⲉ ⲛⲁⲓ· ⲡⲉϫⲁⲥ ⲛ̅ ⲅⲁⲃⲣⲓⲏⲗ ϩⲛ̅ ⲟⲩϩⲟ ⲉϥⲛⲟⲧⲙ̅·
ϫⲉ ⲉⲓⲥ ϩⲏⲏⲧⲉ· ⲁⲛⲅ̅ ϩⲙ̅ϩⲁⲗ ⲙ̅ ⲡϫ̅ⲥ̅· ⲙⲁⲣⲉⲥϣⲱⲡⲉ ⲛⲁⲓ
ⲕⲁⲧⲁ ⲡⲉⲕϣⲁϫⲉ· ⲁⲩⲱ ⲁ ⲡⲁⲅⲅⲉⲗⲟⲥ ⲃⲱⲕ ϩⲓ ⲧⲟⲟⲧⲥ̅·
ⲙⲁⲣⲓⲁ ⲇⲉ ⲙ̅ⲡⲉ ⲥⲙⲙⲉⲗⲉⲓ ⲉ ⲡⲧⲏⲣϥ̅ ⲉ ⲉⲓⲣⲉ ⲙ̅ ⲡⲉⲛⲧ
ⲁⲩϫⲟⲟϥ ⲛⲁⲥ· ⲁⲗⲗⲁ ⲁⲥⲧⲱⲟⲩⲛ ϩⲛ̅ ⲟⲩϭⲉⲡⲏ ⲉ ⲧⲣⲉ
ⲥⲃⲱⲕ ⲉ ⲧⲟⲣⲓⲛⲏ· ⲉⲥⲟⲩⲏⲛϩ ⲉⲥⲟⲩⲏⲛϩ *(sic)* ⲛ̅ⲥⲱⲥ ⲛ̅ϭⲓ
ⲧϣⲉⲉⲣⲉ ⲛ̅ ⲓⲱⲥⲏⲫ ⲉⲥⲟ ⲛⲁⲥ ⲛ̅ ⲣⲙ̅ⲛ̅ϩⲏⲛ· ⲁⲥⲧⲁⲁⲥ ⲇⲉ
ⲉ ⲧⲉϩⲓⲏ ⲙ̅ ⲡⲉⲓ ⲛⲟϭ ⲛ̅ ⲇⲓⲁⲥⲧⲏⲙⲁ ⲛ̅ ⲧⲉⲓ ϭⲟⲧ· ϫⲓⲛ
ⲛⲁⲍⲁⲣⲉⲑ ϣⲁ ⲧⲟⲣⲓ̈ⲛⲏ· ⲁⲥⲃⲱⲕ ⲉ ϩⲟⲩⲛ ⲉ ⲡⲏⲓ ⲛ̅
ⲍⲁⲭⲁⲣⲓⲁⲥ ⲁⲥⲡⲁⲍⲉ ⲛ̅ ⲉⲗⲩⲥⲁ|ⲃⲉⲧ· ϯⲣ̅ ϣⲡⲏⲣⲉ ⲙ̅ⲙⲟ Fol. 39 *a*
ⲱ̅ ⲧⲡⲁⲣⲑⲉⲛⲟⲥ· ϫⲉ ⲣ̅ ⲥⲟⲟⲩⲛ ⲧⲱⲛ ⲛ̅ ⲧⲟⲣⲓⲛⲏ· ⲛ̅ ⲛⲓⲙ ⲟ̅ⲑ̅
ⲡⲉⲛⲧ ⲁϥⲧⲁⲙⲟ ⲉ ⲡⲏⲓ ⲛ̅ ⲍⲁⲭⲁⲣⲓⲁⲥ ⲛ̅ⲧⲉⲙⲙⲟⲟϣⲉ ⲁⲛ
ϩⲛ̅ ⲧⲟⲩⲡⲟⲗⲓⲥ ⲙ̅ⲙⲓⲛ ⲙ̅ⲙⲟ· ⲟⲩⲇⲉ ⲛⲓ ⲛ ϣ̅ⲙ̅ⲙⲟ· ⲛ̅ⲧⲉ-
ⲧⲥⲁⲃⲏⲩ ⲁⲛ ⲉ ⲃⲱⲕ ⲉ ϩⲟⲩⲛ ⲉ ⲣⲟϥ ⲉ ⲡⲧⲏⲣϥ̅ ⲉ ⲃⲟⲗ ϫⲉ
ⲧⲟⲩⲥⲩⲛⲏⲑⲓⲁ ⲁⲛ ⲧⲉ ⁘ ⲉⲓⲃⲏⲕ ⲡⲉϫⲁⲥ ⲛ̅ϭⲓ ⲧⲡⲁⲣⲑⲉⲛⲟⲥ
ⲉ ⲧⲣⲁⲛⲁⲩ ⲉ ⲡⲉⲓ ⲛⲟϭ ⲙ̅ⲙⲩⲥⲧⲏⲣⲓⲟⲛ ⲛ̅ ϣⲡⲏⲣⲉ ⲛ̅ⲧⲁⲩ-
ⲥⲏⲙⲁⲛⲉ ⲙ̅ⲙⲟϥ ⲛⲁⲓ ⁘—ⲉⲓϣⲁⲛϭⲛ̅ ⲉⲗⲩⲥⲁⲃⲉⲧ ⲉⲥⲉⲉⲧ
ⲛ̅ⲧⲁⲛⲁⲩ ϩⲛ̅ ⲛⲁ ⲃⲁⲗ ⲉ ⲧⲕⲁⲗⲁϩⲏ ⲛ̅ⲧ ⲁϭⲣⲏⲛ ⲉⲥⲃⲟⲟⲣ
ⲉ ⲃⲟⲗ ϩⲓⲧⲙ̅ ⲡⲉϩⲣⲟϣ ⲛ̅ ⲡϣⲏⲣⲉ ϣⲏⲙ ⲉⲧ ⲉⲥϥⲓ̈ ϩⲁ
ⲣⲟϥ· ⲁⲩⲱ ⲛ̅ⲧⲁⲛⲁⲩ ⲉ ⲛⲉⲥⲉⲕⲓⲃⲉ· ⲛ̅ⲧ ⲁⲩϣⲟⲟⲩⲉ ⲉⲁⲩ-
ϫⲱⲥ ⲛ̅ ⲉⲣⲱⲧⲉ· ⲛ̅ⲧⲁⲛⲁⲩ ⲉ ⲡⲣⲁϣⲉ ⲛ̅ ⲧⲙⲛ̅ⲧⲣϥ̅ⲙⲓⲥⲉ
ϩⲙ̅ ⲡⲏⲓ ⲛ̅ ⲧⲁϭⲣⲏⲛ· ⲛ̅ⲧⲁⲛⲁⲩ ⲉ ⲍⲁⲭⲁⲣⲓⲁⲥ ⲉϥⲟ ⲛ
ⲙ̅ⲡⲟ· ⲉϥⲕⲱ ⲛ̅ ⲣⲱϥ ⲟ̅ⲛⲧⲱⲥ· ⲁⲛⲟⲕ ϩⲱ ϯⲛⲁⲡⲓⲥⲧⲉⲩⲉ |
ⲁⲛⲟⲕ ϩⲱ ϯⲛⲁⲡⲓⲥⲧⲉⲩⲉ *(sic)* ⲉ ⲛⲉⲓ̈ ϣⲁϫⲉ ⲛ̅ⲧⲁⲩϫⲟⲟⲩ ⲛⲁⲓ Fol. 39 *b*
ϫⲉ ϩⲉⲛⲙⲉ ⲛⲉ· ⲕⲁⲓ ⲅⲁⲣ ϯϣⲡⲏⲣⲉ ⲁⲛⲟⲕ ⲙ̅ ⲡⲉⲓ· ϣⲁϫⲉ ⲡ̅
ϫⲉ ϯⲛⲁⲙⲓⲥⲉ ⲛ̅ ⲟⲩϣⲏⲣⲉ ⲁϫⲛ̅ ⲛ̅ ϩⲟⲟⲩⲧ· ⲡϩⲱⲃ ⲙⲉⲛ
ⲉ ⲧⲣⲉ ⲟⲩⲁϭⲣⲏⲛ ⲱ̅ⲱ ⲛ̅ ⲟⲩϣⲏⲣⲉ ⲁⲛ ⲧⲉ· ⲕⲁⲓ ⲅⲁⲣ
ⲁⲩϯ ⲓⲥⲁⲕ ⲛ̅ ⲁⲃⲣⲁϩⲁⲙ ⲉϥ ϩⲙ̅ ϣⲉ ⲛ̅ⲣⲟⲙⲡⲉ· ⲉⲣⲉ
ⲥⲁⲣⲣⲁ ϩⲱⲱⲥ ϩⲙ̅ ⲡⲉⲥⲧⲁⲓⲟⲩ ⲛ̅ⲣⲟⲙⲡⲉ· ⲉϥ ϩⲙ̅ ⲥⲉ ⲛ̅-
ⲣⲟⲙⲡⲉ ⲛ̅ϭⲓ ⲓⲥⲁⲁⲕ· ⲉϥⲛⲁϫⲡⲟ ⲛ̅ ⲓⲁⲕⲱⲃ ⲙⲛ̅ ⲏⲥⲁⲩ·
ⲉⲣⲉ ϩⲣⲉⲃⲉⲕⲕⲁ ϩⲙ̅ ⲧⲁⲓⲟⲩ ⲛ̅ⲣⲟⲙⲡⲉ· ϩⲣⲁⲭⲏⲗ ⲟⲩ
ⲁϭⲣⲏⲛ ⲧⲉ ⲁⲥⲙⲓⲥⲉ ⲛ̅ ⲃⲉⲛⲉⲁⲙⲓⲛ ⲙⲛ̅ ⲓⲱⲥⲏⲫ· ⲁⲛⲛⲁ
ⲧⲙⲁⲁⲩ ⲛ̅ ⲥⲁⲙⲟⲩⲏⲗ ⲟⲩⲁϭⲣⲏⲛ ⲧⲉ· ⲁⲥϫⲡⲟ ⲛ̅ ⲟⲩ-

ⲡⲣⲟⲫⲏⲧⲏⲥ· ⲉ ⲧⲣⲉ ⲟⲩⲡⲁⲣⲑⲉⲛⲟⲥ ⲙⲓⲥⲉ ⲁϫⲛ̄ ϩⲟⲟⲩⲧ·
ⲟⲩϣⲡⲏⲣⲉ ⲡⲉ ⲡⲉⲓ ⲙⲩⲥⲧⲏⲣⲓⲟⲛ ⁘—Ⲁⲥⲙⲟⲟϣⲉ ⲇⲉ ⲛ̄ϭⲓ
ⲙⲁⲣⲓⲁ ⲁⲥⲃⲱⲕ ⲉ ϩⲟⲩⲛ ⲉ ⲡⲏⲓ ⲛ̄ ⲍⲁⲭⲁⲣⲓⲁⲥ ⲁⲥⲡⲁⲍⲉ ⲛ̄
ⲉⲗⲩⲥⲁⲃⲉⲧ· ⲁⲩⲱ ⲁⲥϩⲉ ⲉ ⲉⲗⲩⲥⲁⲃⲉⲉⲧ ⲁⲥⲱ̄ⲱ̄ ⲁⲩⲱ |
Fol. 40 *a* ⲁⲥϭⲓⲛⲉ ⲛ̄ ⲍⲁⲭⲁⲣⲓⲁⲥ ⲉϥⲟ ⲛ̄ ⲙ̄ⲡⲟ̄· ⲙⲛ̄ ⲙ̄ⲙⲁⲉⲓⲛ
ⲡ̄ⲁ̄ ⲧⲏⲣⲟⲩ ⲉⲩⲍⲩⲛϩⲓⲥⲧⲁ· ⲁⲥⲛⲁⲩ ⲟⲛ ⲉ ⲍⲁⲭⲁⲣⲓⲁⲥ· ⲉ ⲁϥϫⲓ
ⲛ̄ ⲟⲩⲕⲁⲧⲁⲇⲓⲕⲏ· ⲉⲧⲉ ⲧⲙⲛ̄ⲧⲙ̄ⲡⲟⲧⲉ ⲁⲩⲱ ⲛ̄ϥϩⲙⲟⲟⲥ
ⲉϥⲕⲱ ⲛ ⲣⲱϥ ⁘—Ⲁⲥⲛⲁⲩ ⲟⲛ ⲉ ⲧϩⲗⲗⲱ ⲛ̄ ⲁϭⲣⲏⲛ· ⲉ
ⲁⲥⲣ̄ ⲃⲣ̄ⲣⲉ· ϩⲓⲧⲛ̄ ⲡⲉϩⲣⲟⲟϣ ⲙ̄ ⲡϣⲏⲣⲉ ϣⲏⲙ· ⲁⲥⲛⲁⲩ
ⲟⲛ ⲉ ⲛⲉⲕⲓⲃⲉ ⲛ̄ⲧⲁⲩϣⲟⲟⲩⲉ ϩⲓⲧⲙ̄ ⲡⲉ ⲭⲣⲟⲛⲟⲥ· ⲉⲧ ⲟϣ
ⲁⲩⲱ ⲉ ⲁⲩⲗⲱⲱⲙ ⲉ ⲁⲩϣⲟⲩⲉ ⲉ ⲣⲱⲧⲉ ⲉ ⲡⲉⲥⲏⲧ· ⲁⲩⲱ
ⲁⲥϭⲓⲛⲉ ⲛ̄ ⲧⲕⲁⲗⲁϩⲏ ⲛ̄ⲧⲁⲥⲗⲱⲱⲙ ⲁⲩⲱ ⲁⲥϣⲟⲟⲩⲉ
ⲁⲥⲃⲱⲱⲣⲉ ⲉ ⲃⲟⲗ ⲉⲥⲧⲱⲟⲩⲛ ϩⲁ ⲡϣⲏⲣⲉ ϣⲏⲙ· Ⲁⲥⲛⲁⲩ
ⲉⲩⲉⲩⲫⲣⲟⲥⲩⲛⲏ ⲙⲛ̄ ⲟⲩⲙⲛ̄ⲧⲣⲉϥⲣ̄ϣⲁ· ϩⲙ̄ ⲡⲏⲓ ⲛ̄ ⲍⲁⲭⲁ-
ⲣⲓⲁⲥ· ⲛ̄ⲧⲉⲩⲛⲟⲩ ⲛ̄ⲧⲁⲥⲙⲟⲟϣⲉ ⲉ ϩⲟⲩⲛ ⲉ ⲉⲗⲩⲥⲁⲃⲉⲧ
ⲁⲥⲁⲥⲡⲁⲍⲉ ⲙ̄ⲙⲟⲥ· ⲁⲥϥⲟⲕⲥ̄ ⲉ ϩⲣⲁⲓ ⲛ̄ⲑⲉ ⲛ̄ ⲟⲩϣⲉⲉⲣⲉ
ϣⲏⲙ ϩⲓⲧⲙ̄ ⲡⲉⲡⲛ̄ⲁ̄ ⲉⲧ ⲟⲩⲁⲁⲃ ⲛ̄ⲧⲁϥⲉⲓ ⲉ ϩⲣⲁⲓ ⲉ ϫⲱⲥ·
ⲛ̄ ⲧⲉⲣⲉ ⲥⲁϩ ⲇⲉ ⲉ ⲣⲁⲧⲥ̄ ⲁ ⲓ̄ⲱ̄ⲥ̄ ⲕⲓⲙ ϩⲛ̄ ⲟⲩⲧⲉⲗⲏⲗ ϩⲣⲁⲓ
Fol. 40 *b* ⲛ̄ϩⲏⲧⲥ̄ ⁘ Ⲛⲧⲉⲩⲛⲟⲩ | ⲁⲥⲱϣ ⲉ ⲃⲟⲗ ϩⲛ̄ ⲟⲩⲛⲟϭ ⲛ̄ ⲥⲙⲏ
ⲡ̄ⲃ̄ ⲡⲉϫⲁⲥ ϫⲉ ⲧⲉ ⲥⲙⲁⲙⲁⲁⲧ ⲛ̄ⲧⲟ ϩⲛ̄ ⲛⲉϩⲓⲟⲙⲉ· ⲁⲩⲱ
ϥⲥⲙⲁⲙⲁⲁⲧ ⲛ̄ϭⲓ ⲡⲕⲁⲣⲡⲟⲥ ⲛ̄ ϩⲏⲧⲉ ϫⲉ ⲁⲛⲅ̄ ⲛⲓⲙ
ⲁⲛⲟⲕ ϫⲉ ⲉⲣⲉ ⲧⲙⲁⲁⲩ ⲙ̄ ⲡⲁ ϫⲥ̄ ⲉⲓ ⲉ ⲣⲁⲧ· ⲉⲓⲥ ϩⲏⲏⲧⲉ
ⲛ̄ ⲧⲉⲣⲉ ⲧⲉⲥⲙⲏ ⲙ̄ ⲡⲟⲩⲁⲥⲡⲁⲥⲙⲟⲥ ⲧⲁϩ ⲉ ⲛⲁⲙⲁⲁϫⲉ
ⲁ ⲡϣⲏⲣⲉ ϣⲏⲙ ⲕⲓⲙ ϩⲛ̄ ⲟⲩⲧⲉⲗⲏⲗ ⲛ̄ϩⲏⲧ ⲁⲩⲱ ⲛⲁⲓⲁⲧⲥ̄
ⲛ̄ⲧ ⲛ̄ⲧⲁⲥⲡⲓⲥⲧⲉⲩⲉ· ϫⲉ ⲟⲩⲛ̄ ⲟⲩϫⲱⲕ ⲉ ⲃⲟⲗ ⲛⲁϣⲱⲡⲉ·
ⲛ̄ ⲛⲉ ⲛ̄ⲧⲁⲩϫⲟⲟⲩ ⲛⲁⲥ ϩⲓⲧⲙ̄ ⲡϫⲥ̄ ⁘—ⲱ̄ ⲉⲗⲩⲥⲁⲃⲉⲧ ⲣ̄
ⲥⲟⲟⲩⲛ̄ ⲧⲱⲛ· ϫⲉ ⲟⲩϣⲏⲣⲉ ⲡⲉⲧ ⲣ̄ⲉⲉⲧ ⲙ̄ⲙⲟϥ ⲉⲣ̄ ⲣ̄ⲙⲛ̄ⲧⲣⲉ
ⲙ̄ⲙⲟϥ· ϫⲉ ⲁϥⲕⲓⲙ ⲛ̄ϩⲏⲧ· ⲙ̄ⲛ ⲉⲥϣⲱⲡⲉ ⲛ̄ ϯϩⲉ·
ⲉⲛⲉϩ ⲉ ⲧⲣⲉ ⲟⲩⲥϩⲓⲙⲉ ⲉⲓⲙⲉ ⲉ ⲡⲉⲧ ⲛ̄ϩⲏⲧⲥ̄ ϩⲁⲑⲏ ⲙ̄-
ⲡⲁⲧⲉ ⲥⲙⲓⲥⲉ ⲙ̄ⲙⲟϥ ⲛⲉⲥⲛⲁⲩ ⲉ ⲡⲉⲧ ⲉⲥⲛⲁⲙⲁⲥⲧϥ ϫⲉ
ⲟⲩⲟⲩ ⲡⲉ· Ⲁⲗⲗⲁ ⲡⲁⲛⲧⲱⲥ ⲍⲁⲭⲁⲣⲓⲁⲥ ⲡⲉⲛⲧ ⲁϥⲧⲁ-
ⲙⲟⲥ ⲉ ⲛⲉⲛⲧⲁ ⲡⲁⲅⲅⲉⲗⲟⲥ ϫⲟⲟⲩ ⲛⲁϥ· ϫⲓⲛ ⲧⲉⲛⲟⲩ
Fol. 41 *a* ⲅⲁⲣ ⲛ̄ⲧⲁ ⲍⲁⲭⲁⲣⲓⲁⲥ ⲣ̄ ⲁⲧ ⲛⲁϩⲧⲉ ⲛ̄ϣⲁϫⲉ ⲙ̄ ⲡⲁⲅ-
ⲡ̄ⲅ̄ ⲅⲉⲗⲟⲥ· ⲁϥⲁⲡⲟⲫⲁⲛⲉ | ⲉ ϫⲱϥ ⲛ̄ ⲟⲩⲙⲛ̄ⲧⲙ̄ⲡⲟ̄· ϫⲓⲛ

ⲉϥ ϩⲙ̄ ⲡⲣ̄ⲡⲉ ⲙ̄ⲡⲉ ϥⲕⲧⲟϥ ⲉ ϣⲁϫⲉ ⲙⲛ̄ ⲉⲗⲩⲥⲁⲃⲉⲧ ⁘—
ⲱ ⲉⲗⲩⲥⲁⲃⲉⲧ ⲟⲛⲥ̄ ϫⲉ ⲁⲣϥⲓ ⲣⲟⲟⲩϣ ⲉ ⲡⲉⲧ ⲉⲣⲁϫⲡⲟϥ·
ⲣ̄ ⲥⲟⲟⲩⲛ̄ ⲧⲱⲛ ⲛ̄ ⲛⲉ ⲛⲧⲁ ⲡⲁⲅⲅⲉⲗⲟⲥ ϫⲟⲟⲩ ⲙ̄ ⲙⲁⲣⲓⲁ
ⲣ̄ ϫⲱ ⲙ̄ⲙⲟⲥ· ϫⲉ ⲁⲩⲱ ⲛⲁⲓⲁⲧⲥ̄ ⲛ̄ⲧ ⲛ̄ⲧⲁⲥⲡⲓⲥⲧⲉⲩⲉ ϫⲉ
ⲟⲩⲛ̄ ⲟⲩϫⲱⲕ ⲉ ⲃⲟⲗ ⲛⲁϣⲱⲡⲉ ⲛ̄ ⲛⲉ ⲛⲧⲁⲩϫⲟⲟⲩ ⲛⲁⲥ
ϩⲓⲧⲙ̄ ⲡϫⲥ̄ ⁘—Ⲁⲣⲁ ⲉⲥϩⲁϩⲧⲏⲥ ⲙ̄ ⲡⲛⲁⲩ ⲛ̄ⲧⲁ ⲅⲁⲃⲣⲓⲏⲗ
ϣⲁϫⲉ ⲛⲙ̄ⲙⲁⲥ· ⲙ̄ⲙⲟⲛ ⲁⲗⲗⲁ ⲡⲉⲡⲛⲁ̄ ⲉⲧ ⲟⲩⲁⲁⲃ ⲡⲉ
ⲛ̄ⲧⲁϥⲉⲓ ⲉ ϩⲣⲁⲓ ⲉ ϩⲣⲁⲓ (*sic*) ⲉ ϫⲱⲥ· ⲁⲥⲡⲣⲟⲫⲏⲧⲉⲩⲉ ϩⲁ
ⲡⲉⲧ ϩⲏⲡ· ⲁⲩⲱ ⲡϣⲏⲣⲉ ϣⲏⲙ ⲥⲛⲁⲩ ⲁⲩⲥⲟⲩⲛ̄ ⲛⲉⲩⲉⲣⲏⲩ
ϫⲓⲛ ⲉⲩϩⲛ̄ ⲧⲕⲁⲗⲁϩⲏ ⲛ̄ ⲛⲉⲩⲙⲁⲁⲩ· ⲁⲩⲛⲁⲩ ⲉ ⲛⲉⲩⲉⲣⲏⲩ
ⲁⲩⲣⲁϣⲉ ⲁⲩⲱ ⲁⲩⲧⲉⲗⲏⲗ ⲁⲩⲟⲩⲱϣ ⲉ ⲉⲓ ⲉ ⲃⲟⲗ ⲙ̄ⲡⲁⲧⲉ
ⲡⲟⲩⲟⲉⲓϣ ϣⲱⲡⲉ· ⲉ ⲧⲃⲉ ⲡⲁⲓ ⲁ ⲡⲉⲡⲛⲁ̄ ⲉⲧ ⲟⲩⲁⲁⲃ ⲉⲓ ⲉ
ⲡⲉⲥⲏⲧ ⲉ ϫⲱⲥ ⲁⲥⲡⲣⲟⲫⲏⲧⲉⲩⲉ ⁘ Ⲙⲁⲣⲓⲁ ⲇⲉ ⲛ̄ ⲧⲉⲣⲉ
ⲥⲧⲁϫⲣⲟⲥ ⲉϫⲛ̄ ⲛ̄ϣⲁϫⲉ ⲙ̄ ⲡⲁⲅⲅⲉⲗⲟⲥ· ⲡⲉϫⲁⲥ ϫⲉ
Ⲁ ⲧⲁ ⲯⲩⲭⲏ ϫⲓⲥⲉ ϩⲙ̄ ⲡϫⲥ̄· ⲁⲩⲱ ⲁ ⲡⲁ ⲡⲛⲁ̄ ⲧⲉⲗⲏⲗ
ⲉϫⲙ̄ ⲡⲛⲟⲩⲧⲉ ⲡⲁ ⲥⲏ̄ⲣ· ϫⲉ ⲁϥϭⲱϣⲧ̄ | ⲉ ϩⲣⲁⲓ ⲉϫⲙ̄ Fol. 41 *b*
ⲡⲉⲑⲃⲃⲓⲟ ⲛ̄ ⲧⲉϥϩⲙ̄ϩⲁⲗ· ⲉⲓⲥ ϩⲏⲏⲧⲉ ⲅⲁⲣ ϫⲓⲛ ⲧⲉⲛⲟⲩ· ⲡⲇ
ⲥⲉⲛⲁⲧⲙⲁⲉⲓⲟⲓ ⲛ̄ϭⲓ ⲅⲉⲛⲉⲁ ⲛⲓⲙ· ϫⲉ ⲁϥⲉⲓⲣⲉ ⲛⲙ̄ⲙⲁⲓ̈
ⲛ̄ ϩⲉⲛⲙⲛ̄ⲧⲛⲟϭ ⲛ̄ϭⲓ ⲡⲉⲧⲉ ⲟⲩⲛ̄ϭⲟⲙ ⲙ̄ⲙⲟϥ· ⲁⲩⲱ
ⲡⲉϥⲣⲁⲛ ⲟⲩⲁⲁⲃ· ⲡⲉϥⲛⲁ ϫⲓⲛ ⲟⲩϫⲱⲙ ϣⲁ ⲟⲩϫⲱⲙ·
ⲉϫⲛ̄ ⲛⲉⲧ ⲣ̄ ϩⲟⲧⲉ ϩⲏⲧϥ̄· ⲁϥⲉⲓⲣⲉ ⲛ̄ ⲟⲩϭⲟⲙ ϩⲙ̄ ⲡⲉϥ-
ϭⲃⲟⲓ· ⲁϥϫⲱⲱⲣⲉ ⲉ ⲃⲟⲗ ⲛ̄ ⲛ̄ϫⲁⲥⲓ ϩⲏⲧ ϩⲙ̄ ⲡⲙⲉⲉⲩⲉ
ⲛ̄ ⲛⲉⲩϩⲏⲧ· ⲁϥϣⲟⲣϣⲣ̄ ⲛ̄ ⲛ̄ⲇⲩⲛⲁⲥⲧⲏⲥ· ϩⲓ ⲛⲉⲩⲑⲣⲟ-
ⲛⲟⲥ ⲁⲩⲱ ⲁϥϫⲓⲥⲉ ⲛ̄ⲛⲉⲧ ⲑⲃⲃⲓⲏⲩ· ⲁϥⲧⲥⲓⲉ ⲛⲉⲧ ϩⲕⲟⲉⲓⲧ
ⲛ̄ⲁⲅⲁⲑⲟⲛ ⲁⲩⲱ ⲁϥϫⲉⲩ ⲛ̄ⲣⲙ̄ⲙⲁⲟ ⲉⲩϣⲟⲩⲉⲓⲧ· ⲁϥϯ
ⲧⲟⲟⲧϥ̄ ⲙ̄ ⲡⲓⲏ̄ⲗ ⲡⲉϥϩⲙ̄ϩⲁⲗ· ⲉⲣ̄ ⲡⲙⲉⲉⲩⲉ ⲙ̄ ⲡⲛⲁ
ⲕⲁⲧⲁ ⲑⲉ ⲛ̄ⲧⲁϥϣⲁϫⲉ ⲙⲛ̄ ⲛⲉⲛⲉⲓⲟⲧⲉ ⲁⲃⲣⲁϩⲁⲙ ⲙⲛ̄
ⲡⲉϥⲥⲡⲉⲣⲙⲁ ϣⲁ ⲉⲛⲉϩ ⁘—Ⲁ ⲙⲁⲣⲓⲁ ⲇⲉ ϭⲱ ϩⲁϩⲧⲏⲥ
ⲛ̄ ϣⲟⲙⲛ̄ⲧ ⲛ̄ ⲉⲃⲟⲧ· ⲁⲩⲱ ⲁⲥⲕⲟⲧⲥ̄ ⲉ ϩⲣⲁⲓ ⲉ ⲡⲉⲥⲏⲓ ⁘—
ⲡϩⲱⲃ ⲟⲩⲟⲛϩ̄ ⲉ ⲃⲟⲗ ϫⲉ ⲁⲥϭⲱ ϩⲁϩⲧⲏⲥ· ⲛ̄ ϣⲟⲙⲛ̄ⲧ ⲛ̄
ⲉⲃⲟⲧ· | ⲟⲩⲕ ⲟⲩⲛ ⲁⲥϭⲱ ϩⲁϩⲧⲏⲥ ϣⲁⲛⲧ ⲉⲥⲙⲓⲥⲉ· ⲁⲩⲱ Fol. 42 *a*
ⲕⲁⲛ ⲉϣϫⲉ ⲙ̄ⲡⲉ ⲡⲉⲩⲁⲅⲅⲉⲗⲓⲥⲧⲏⲥ ⲟⲩⲟⲛϩ̄ ⲡⲁⲓ ⲉ ⲃⲟⲗ ⲡⲉ
ϩⲣⲏⲧⲟⲥ· ⲁⲗⲗⲁ ⲉⲓⲥ ϩⲏⲏⲧⲉ ⲡⲉⲧ ⲛⲏⲩ ⲙⲛ̄ⲛ̄ⲥⲁ ⲛⲁⲓ ⲧⲁⲙⲟ
ⲙ̄ⲙⲟⲛ ⁘—ⲁ̀ ⲛⲉϩⲟⲟⲩ ⲇⲉ ⲛ̄ ⲉⲗⲩⲥⲁⲃⲉⲉⲧ ϫⲱⲕ ⲉ ⲃⲟⲗ

ⲉ ⲧⲣⲉ ⲥⲙⲓⲥⲉ ⲡⲉϫⲁϥ· ⲡϩⲱⲃ ⲟⲩⲟⲛ̄ϩ ⲉ ⲃⲟⲗ ϫⲉ ⲛ̄ⲥ-
ⲛⲁⲕⲁⲁⲥ ⲉ ⲃⲟⲗ ⲁⲛ ⲙ̄ⲡⲉ ⲥⲛⲁⲩ ⲉ ⲡⲣⲁϣⲉ ⲙ̄ ⲡϣⲏⲣⲉ
ⲕⲟⲩⲓ ⲉⲧ ⲉⲥⲛⲁϫⲡⲟϥ· ⲛ̄ⲧⲁⲥⲃⲱⲕ ⲣⲱ ⲉ ⲧⲃⲉ ⲡⲉⲓ ϩⲱⲃ ⁝—
ⲟⲩⲣⲱⲙⲉ ⲅⲁⲣ ⲉⲩⲧⲱϩⲙ̄ ⲙ̄ⲙⲟϥ· ⲉⲩⲕⲁⲗⲉⲓ ⲙ̄ⲙⲟϥ ⲉⲩⲁ-
ⲣⲓⲥⲧⲟⲛ· ⲛ̄ ⲟⲩϩⲟⲩ ⲙⲓⲥⲉ ⲛ̄ ⲕⲉ ϩⲟⲟⲩ ⲛ̄ ⲣⲁϣⲉ ϩⲁⲡⲗⲱⲥ
ⲛ̄ ⲁϣ ⲛ̄ ϩⲉ ⲉⲣⲉ ⲡⲣⲱⲙⲉ ⲛ̄ⲧⲁϥⲧⲁϩⲙⲉϥ ⲉ ⲡⲉϥⲁⲣⲓⲥⲧⲟⲛ
ⲛⲁⲕⲁⲁϥ ⲉ ⲃⲟⲗ ϣⲁⲛⲧ ⲉϥⲛⲁⲩ ⲉ ⲡϫⲱⲕ ⲉ ⲃⲟⲗ ⲙ̄
ⲡⲣⲁϣⲉ ⁝—ⲙⲛ̄ ⲧⲉⲩⲫⲣⲟⲥⲩⲛⲏ ⁝—Ⲉⲓⲉ ⲡⲟⲥⲟ ⲙⲁⲗⲗⲟⲛ
ⲧⲙⲁⲁⲩ ⲙ̄ ⲡⲉⲧ ⲟⲛ̄ϩ· ⲁⲩⲱ ⲉⲧ̀ ⲙⲟⲩϩ ⲛ̄ ⲧⲡⲉ ⲙⲛ̄ ⲡⲕⲁϩ·
ⲥⲉⲛⲁⲕⲁⲁⲥ ⲉ ⲃⲟⲗ ϣⲁⲛⲧ ⲉⲥⲙⲁⲧⲉ ⲙ̄ ⲡϩⲱⲃ ⲛ̄ⲧⲁⲥⲉⲓ
ⲉ ⲧⲃⲏⲏⲧϥ̄· ⲁⲥϭⲱ ϩⲁϩⲧⲏⲥ ⲡⲁⲛⲧⲱⲥ ϣⲁⲛⲧ ⲉⲥⲛⲁⲩ
Fol. 42 b ⲉ ⲡϣⲏⲣⲉ ⲕⲟⲩⲓ· ⲁⲩⲱ ⲛⲉⲥ|ϣⲁϫⲉ ⲙⲛ̄ ⲍⲁⲭⲁⲣⲓⲁⲥ·
ⲡ̄ⲥ̄ ⲙⲛ̄ⲛ̄ⲥⲁ ⲛⲁⲓ ⲇⲉ ⲡⲉϫⲁϥ ϫⲉ ⲁⲥⲕⲟⲧⲉ ⲉ ϩⲣⲁⲓ ⲉ ⲡⲉⲥⲏⲓ·
ⲛⲉⲥϩⲙⲟⲟⲥ ⲇⲉ ϩⲛ̄ ⲟⲩⲕⲁⲧⲁⲥⲧⲁⲥⲓⲥ· ⲛ̄ ⲧⲉⲓ ⲙⲓⲛⲉ ϣⲁⲛⲧ
ⲉⲥϫⲉⲕ ϣⲙⲟⲩⲛ ⲛ̄ⲉⲃⲟⲧ ⲉ ⲃⲟⲗ· ⲙⲛ̄ⲛ̄ⲥⲁ ⲛⲁї ⲟⲩ ⲡⲉⲛⲧ
ⲁϥϣⲱⲡⲉ· ⲁⲥϣⲱⲡⲉ· ⲡⲉϫⲁϥ ϩⲛ̄ ⲛⲉϩⲟⲟⲩ ⲉⲧ ⲙ̄ⲙⲁⲩ
ⲁⲩⲇⲟⲅⲙⲁ ⲉⲓ ⲉ ⲃⲟⲗ ϩⲓⲧⲙ̄ ⲡⲣ̄ⲣⲟ· ⲁⲩⲅⲟⲩⲥⲧⲟⲥ ⲉ ⲧⲣⲉ
ⲧⲟⲓⲕⲟⲩⲙⲉⲛⲏ ⲧⲏⲣⲥ̄ ⲥϩⲁⲓⲥ ⲛ̄ⲥⲁ ⲛⲉⲥⲧⲙⲉ· ⲧⲁⲓ ⲧⲉ
ⲧϣⲟⲣⲡ̄ ⲛ̄ ⲁⲡⲟⲕⲣⲁⲫⲏ ⲛ̄ⲧⲁⲥϣⲱⲡⲉ· ⲉⲣⲉ ⲕⲩⲣⲏⲛⲟⲥ
ⲟ̄ ⲛ̄ ϩⲏⲅⲉⲙⲱⲛ ⲉ ⲧⲥⲩⲣⲓⲁ· ⲁⲩⲱ ⲛⲉⲩⲃⲏⲕ ⲧⲏⲣⲟⲩ ⲡⲉ·
ⲡⲟⲩⲁ ⲡⲟⲩⲁ ⲉⲥϩⲁⲓϥ ⲛ̄ⲥⲁ ⲧⲉϥⲡⲟⲗⲓⲥ ⲁϥⲃⲱⲕ ⲉ ϩⲣⲁⲓ
ϩⲱⲱϥ ⲛ̄ϭⲓ ⲓⲱⲥⲏⲫ· ⲁϥϣⲁϫⲉ ⲇⲉ ⲙⲛ̄ ⲙⲁⲣⲓⲁ· ϫⲉ
ⲟⲩ ⲡⲉ ⲧⲛ̄ⲛⲁⲁϥ· ⲉⲓⲥ ϩⲏⲏⲧⲉ ⲥⲉⲁⲙⲁϩⲧⲉ ⲙ̄ⲙⲟⲛ ⲉ ⲧⲣ
ⲛ̄ⲃⲱⲕ ⲉ ϩⲣⲁⲓ ⲉ ⲃⲏⲑⲗⲉⲉⲙ ⲉ ⲧⲣⲉ ⲩⲥϩⲁⲓ ⲙ̄ ⲡⲉⲛⲣⲁⲛ
ϩⲱⲱⲛ ⁝—ⲉ ⲧⲁⲡⲟⲅⲣⲁⲫⲏ· ⲛ̄ⲧⲟⲥ ⲇⲉ ⲡⲉϫⲁⲥ ⲛⲁϥ ϫⲉ
Fol. 43 a ⲁⲩⲱ ⲛ̄ⲛⲁ|ⲃⲱⲕ ⲉ ϩⲣⲁⲓ ⲛ̄ ⲁϣ ⲛ̄ ϩⲉ· ⲉⲓⲥ ⲛⲉϩⲟⲟⲩ
ⲡ̄ⲍ̄ ⲅⲁⲣ ⲁⲩϫⲱⲕ ⲉ ⲃⲟⲗ ⲉ ⲧⲣⲁ ⲙⲓⲥⲉ· ⲡⲉϫⲁϥ ⲛⲁⲥ ⲛ̄ϭⲓ
ⲡϩⲗ̄ⲗⲟ ⲉⲧ ⲛⲁⲛⲟⲩϥ· ϫⲉ ϯⲡⲓⲥⲧⲉⲩⲉ ϫⲉ ⲡⲛⲟⲩⲧⲉ ⲛⲁϫⲓ
ⲙⲟⲉⲓⲧ ⲛⲁⲛ· ⲁⲩⲧⲱⲟⲩⲛ ⲇⲉ ⲉ ⲃⲟⲗ ϩⲛ̄ ⲛⲁⲍⲁⲣⲉⲑ
ⲁⲩⲧⲁⲁⲩ ⲉ ⲧⲉϩⲓⲏ ⲉ ⲧⲣⲉ ⲩⲃⲱⲕ ⲉ ϩⲣⲁⲓ ⲉ ⲃⲏⲑⲗⲉⲉⲙ·
ⲁⲩⲕⲁⲧⲁⲛⲧⲁ ⲉ ⲡⲙⲁ ⲉⲧ ⲙ̄ⲙⲁⲩ ϩⲙ̄ ⲡⲉϩⲟⲟⲩ ⲛ̄ ⲧⲡⲁ-
ⲣⲁⲥⲕⲉⲩⲏ· ⲉⲧⲉ ⲧⲁⲓ ⲧⲉ ⲧⲛⲟϭ ⲛ̄ ⲛⲏⲥϯⲁ ⲙ̄ⲡ ⲟⲩϣⲓⲛⲉ
ⲛ̄ⲥⲱⲟⲩ ⲙ̄ ⲡⲉϩⲟⲟⲩ ⲉⲧ ⲙ̄ⲙⲁⲩ· ⲟⲩⲇⲉ ⲟⲛ ⲙ̄ⲡ ⲟⲩϣⲓⲛⲉ
ⲛ̄ⲥⲁ ⲙⲁ· ⲙ̄ ⲡⲱⲧ ⲉ ⲣⲟϥ· ⲁⲩϩⲉ ⲇⲉ ⲉⲩⲙⲁ ⲛ̄ ϭⲟⲓⲗⲉ

ⲛ̅ ϩⲟⲩⲛ ⲉ ⲧⲡⲟⲗⲓⲥ ⲉϣⲁⲣⲉ ⲡ̅ϣ̅ⲙ̅ⲙⲟ ϭⲟⲓⲗⲉ ⲉ ⲣⲟϥ·
ⲛ̅ⲧⲟⲟⲩ ϩⲱⲟⲩ ⲟⲛ· ⲁⲩⲃⲱⲕ ⲉ ϩⲟⲩⲛ ⲁⲩϭⲟⲓⲗⲉ ⲉ ⲣⲟϥ·
ⲟⲩⲇⲉ ⲙ̅ⲛ̅ ⲟⲩϭⲛ̅ ⲙⲁ ⲛ̅ ⲙ̅ⲧⲟⲛ ϩⲙ̅ ⲡⲙⲁ ⲛ̅ ϭⲟⲓⲗⲉ
ⲉ ⲧⲃⲉ ⲡⲉϩⲟⲩⲟ ⲛ̅ ⲛ̅ⲣⲱⲙⲉ· Ϩⲧⲟⲟⲩⲉ ⲇⲉ ⲙ̅ ⲡⲉϥⲣⲁⲥⲧⲉ
ⲉⲛⲉ ⲡⲥⲁⲃⲃⲁⲧⲟⲛ ⲡⲉ ⲛ̅ ⲥⲟⲩⲁ ⲛ̅ ⲭⲟⲓⲁⲕ· ⲁⲩⲥⲟⲕⲟⲩ
ⲉⲩϭⲗ̅ϫⲉ ϩⲁϩⲧⲛ̅ ⲟⲩⲟⲙ̅ϥ ⲛ̅ ⲧⲃⲛⲏ ⁘— | ⲁ ⲡⲉϩⲟⲟⲩ Fol. 43 *b*
ⲧⲏⲣϥ̅ ⲉⲧ ⲙ̅ⲙⲁⲩ ⲟⲩⲉⲓⲛⲉ ⲙ̅ⲡⲁⲧⲉ ⲡⲉⲟⲣⲇⲓⲛⲟⲛ ⲧⲁϩⲟⲟⲩ ⲡ̅ⲏ̅
ⲛ̅ⲥⲉⲥϩⲁⲓ ⲙ̅ ⲡⲉⲩⲣⲁⲛ· ⲛ̅ⲧⲉⲣⲟⲩⲥϩⲁⲓ ⲇⲉ ⲛ̅ϭⲓ ⲛⲉⲧ ⲁⲡⲟ-
ⲅⲣⲁⲫⲉ ⲛ̅ⲧⲁⲩⲥϩⲁⲓ ⲛ̅ ⲧⲉⲓ ϩⲉ· ϫⲉ ⲓⲱⲥⲏⲫ ⲡ̅ϩⲁⲙϣⲉ
ⲡⲉⲃⲟⲗ ϩⲙ̅ ⲡⲅⲉⲛⲟⲥ ⲛ̅ ⲇⲁ̅ⲇ̅ ⲙⲛ̅ ⲙⲁⲣⲓⲁ ⲧⲉϥⲥϩⲓⲙⲉ
ⲙⲛ̅ ⲓ̅ⲥ̅ ⲡⲉⲩϣⲏⲣⲉ· ⲛⲁⲓⲁⲧⲕ̅ ⲛ̅ⲧⲟⲕ ⲱ̅ ⲓ̈ⲱⲥⲏⲫ ϫⲉ ⲡⲉⲧⲉ
ⲙ̅ⲡⲉ ⲣⲱⲙⲉ ⲙⲁⲧⲉ ⲙ̅ⲙⲟϥ ⲉⲛⲉϩ· ⲁⲕⲙⲁⲧⲉ ⲛ̅ⲧⲟⲕ
ⲙ̅ⲙⲟϥ ⲉ ⲧⲣⲉ ⲕⲥϩⲁⲓ ⲙ̅ ⲡⲗⲟⲅⲟⲥ ⲙ̅ ⲡⲉⲓⲱⲧ ⲛ̅ⲥⲱⲕ·
ϩⲱⲥ ϣⲏⲣⲉ· ϫⲓⲛ ⲧⲱⲛ ⲉ ⲧⲱⲛ· ϫⲓⲛ ⲉⲣⲉ ⲛⲉⲕⲥⲕⲉⲩⲉ
ⲧⲁⲗⲏⲩ ⲉ ⲣⲟⲕ ⲉⲕⲣ̅ ϩⲱⲃ ⲉ ⲧⲕ̅ⲧⲉⲭⲛⲏ· ⲙ̅ ⲙⲛ̅ⲧϩⲁⲙϣⲉ
ϣⲁⲛⲧ ⲉⲕⲣ̅ ⲉⲓⲱⲧ ⲙ̅ ⲡⲉ ⲛⲧⲁϥⲧⲁⲙⲓⲉ ⲧⲉⲕⲧⲏⲥⲓⲥ ⲧⲏⲣⲥ̅·
ⲣ̅ϣⲁⲛ ⲟⲩⲣⲱⲙⲉ ⲙⲁⲧⲉ ⲛ̅ ⲟⲩⲙⲛ̅ⲧⲣ̅ⲣⲟ· ⲏ ⲛϥ̅ⲫⲟⲣⲉⲓ ⲛ̅
ⲟⲩϭⲣⲏⲛⲡⲉ· ⲙⲛ̅ⲛ̅ⲥⲁ ⲟⲩⲟⲉⲓϣ ⲇⲉ ϣⲁϥⲡⲁⲣⲁⲅⲉ ⲛ̅ⲧⲉ
ⲧⲉϥ ⲕⲉ ⲧⲁⲝⲓⲥ ⲡⲁⲣⲁⲅⲉ ⲛ̅ⲙ̅ⲙⲁϥ ⁘—Ⲛ̅ⲧⲟⲕ ⲇⲉ ⲟⲩ
ⲙⲟⲛⲟⲛ ϫⲉ ⲧⲉⲕⲙⲛ̅ⲧⲉⲣⲟ ⲛⲁⲡⲁⲣⲁⲅⲉ ⲁⲛ· ⲙⲛ̅ⲛ̅ⲥⲁ ⲧⲣⲉ
ⲕⲙⲟⲩ· ⲁⲗⲗⲁ ⲥⲛⲁⲙⲟⲩⲛ ⲉ ⲃⲟⲗ ϣⲁ ⲉⲛⲉϩ· ⲁⲛⲟⲛ ⲇⲉ
ϩⲱⲱⲛ | ⲛⲉⲧ ϩⲙⲟⲟⲥ ϩⲓ ⲡⲉⲑⲣⲟⲛⲟⲥ ⲉⲧ ϫⲟⲥⲉ ⲣ̅ ϣⲁⲛ Fol. 44 *a*
ⲡⲉⲛϩⲟⲟⲩ ϫⲱⲕ ⲉ ⲃⲟⲗ ⲉ ⲧⲣ ⲛ̅ⲛ̅ⲕⲟⲧⲕ̅ ⲙⲛ̅ ⲛⲉⲛⲉⲓⲟⲧⲉ ⲡ̅ⲑ̅
ϣⲁⲣⲉ ⲡⲉⲛⲧⲁⲓⲟ ⲙⲛ̅ ⲡⲉⲛⲣⲁⲛ ϩⲱⲃⲥ̅ ϩⲓ ⲟⲩⲥⲟⲡ· ⲛ̅ⲧⲟⲕ
ⲇⲉ ⲱ̅ ⲡϩ̅ⲗ̅ⲗⲟ ⲛ̅ ⲇⲓⲕⲁⲓⲟⲥ ⲡⲉⲕⲣⲁⲛ ⲛⲁϭⲱ ⲉϥⲙⲏⲛ ⲉ
ⲃⲟⲗ ϣⲁ ⲉⲛⲉϩ· ⲉⲕⲛⲁϩⲱⲡ ⲛ̅ ⲁϣ ⲛ̅ ϩⲉ ⲉⲕⲟ ⲛ̅ ⲉⲓⲱⲧ·
ⲁⲩⲱ ⲛ̅ ⲇⲓⲁⲕⲱⲛⲓⲧⲏⲥ ⲙ̅ ⲡⲉ ⲛⲧⲁϥⲧⲁⲙⲓⲉ ⲧⲉⲕⲧⲏⲥⲓⲥ ⲧⲏⲣⲥ̅
ϩⲛ̅ ⲛⲉϥϭⲓϫ ⁘—ⲉⲓⲧⲁ ⲙⲛ̅ⲛ̅ⲥⲁ ⲛⲁⲓ ⲧⲏⲣⲟⲩ ⲁⲩⲥϩⲁⲓ ⲙ̅
ⲡⲉⲩⲣⲁⲛ ⲛ̅ ⲥⲟⲩ ϫⲟⲩⲧ ⲥⲁϣϥⲉ ⲙ̅ ⲡⲉϩⲟⲟⲩ ⲛ̅ ⲥⲓⲱⲥ·
ⲥⲟⲩ ϫⲟⲩⲧ ϣⲙⲏⲛ ⲇⲉ ⲧⲉ ⲧⲛⲟϭ ⲛ̅ ⲛⲏⲥ†ⲁ ⲙ̅ⲡ ⲟⲩⲉϣ-
ⲙⲟⲟϣⲉ ⲇⲉ ϣⲁⲛⲧⲉ ⲡⲥⲁⲃⲃⲁⲧⲟⲛ ⲟⲩⲉⲓⲛⲉ· ϩⲙ̅ ⲧⲡⲁϣⲉ
ⲇⲉ ⲙ̅ ⲡⲉϩⲟⲟⲩ ⲛ̅ ⲥⲟⲩ ϫⲟⲩⲧ ϣⲏⲙ (*sic*) ⲁϥϭⲱϣⲧ̅ ⲉ ϩⲟⲩⲛ
ⲉ ϩⲣⲁⲥ ⲛ̅ϭⲓ ⲓⲱⲥⲏⲫ ⲁϥⲛⲁⲩ ⲉ ⲣⲟⲥ ⲉ ⲁⲥⲣ̅ ⲟⲩⲟⲉⲓⲛ
ⲧⲏⲣⲥ̅ ⲛⲉⲥϣⲧⲣ̅ⲧⲱⲣ ⲅⲁⲣ ⲡⲉ ⲡⲉϫⲁϥ ⲛⲁⲥ· ϩⲛ̅ ⲟⲩⲙⲛ̅ⲧ-

ⲣ̄ⲙ̄ⲣⲁϣ · ϫⲉ ⲁϩⲣⲱ ⲣ̄ ϣⲧⲣ̄ⲧⲱⲣ ⲙ̄ⲙⲟⲟⲩ · ⲛ̄ⲧⲟⲥ ⲇⲉ
ⲡⲉϫⲁⲥ ⲛⲁϥ ϩⲛ̄ ⲟⲩϩⲟⲧⲉ ϫⲉ ⲃⲟⲏⲑⲉⲓ̄ ⲉ ⲣⲟⲓ · ϫⲉ ⲉⲓⲥ
Fol. 44 b ⲡⲕⲁⲣⲡⲟⲥ ⲛ̄ ϩⲏⲡ ⲟⲩⲱϣ ⲉ ⲉⲓ ⲉ ⲃⲟⲗ · ⲛ̄ⲧⲟϥ ⲇⲉ | ⲡⲉϫⲁϥ
ϥ̄ ⲛⲁⲥ ϫⲉ ⲙ̄ⲡⲣ̄ ⲣ̄ ϩⲟⲧⲉ ⲁⲗⲗⲁ ϭⲙ̄ϭⲟⲙ ϫⲉ ⲡⲉⲧ ⲛⲏⲩ ⲉ
ⲃⲟⲗ ⲛ̄ϩⲏⲧⲉ ⲛ̄ⲧⲟϥ ⲡⲉⲧ ⲛⲁⲃⲟⲏⲑⲉⲓ ⲉⲣⲟ · ⲙⲛ̄ⲛ̄ⲥⲁ ⲛⲁⲓ
ⲟⲛ ⲛⲉⲥϣⲧⲣ̄ⲧⲱⲣ ⲉ ⲡⲉϩⲟⲩⲟ · ⲉⲡⲉⲓ ⲇⲏ ⲟⲩϣⲁ ⲙⲛⲥⲉ
ⲧⲉ · ⲁⲩⲱ ⲟⲩϣ̄ⲙ̄ⲙⲟ ⲧⲉ · ⲛⲉ ⲙⲛ̄ ⲣ̄ⲙ̄ⲛ̄ⲥⲟⲟⲩⲛ̄ ⲇⲉ
ϩⲁϩⲧⲏⲥ · ⲟⲩⲇⲉ ⲥⲩⲅⲅⲉⲛⲏⲥ · ⲟⲩⲇⲉ ⲙ̄ⲛ̄ ⲉⲥⲛⲁⲩ ⲉ ⲥϩⲓⲙⲉ
ⲉⲥⲙⲓⲛⲉ ⲉⲛⲉϩ · ⲟⲩⲇⲉ ⲛⲉⲥⲧⲥⲁⲃⲏⲩ ⲁⲛ · ⲉ ϩⲱⲃ ⲛ̄ ⲧⲉⲓ
ⲙⲓⲛⲉ · Ⲛⲉⲩⲛ̄ ⲟⲩⲛⲟϭ ⲇⲉ ⲛ̄ ⲥⲓⲟⲩ ϩⲛ̄ ⲧⲙⲏⲏⲧⲉ ⲛ̄ ⲧⲡⲉ
ⲉϥⲣ̄ ⲟⲩⲟⲉⲓⲛ ⲉ ⲡⲕⲟⲥⲙⲟⲥ ⲧⲏⲣϥ̄ ⲁⲩⲱ ⲛⲉⲣⲉ ⲟⲩⲛⲟϭ ⲛ̄
ⲑⲉⲱⲣⲓⲁ ϣⲟⲟⲡ ⲛ̄ ⲛ̄ⲣⲱⲙⲉ ⲉⲧ ϩⲛ̄ ⲃⲏⲑⲗⲉⲉⲙ · ⲉⲩϣⲁϫⲉ
ⲙⲛ̄ ⲛⲉⲩⲉⲣⲏⲩ ⲉⲩϫⲱ ⲙ̄ⲙⲟⲥ ϫⲉ ⲟⲩⲥⲓⲟⲩ ⲛ̄ⲣⲣⲟ ⲡⲉ ⲡⲁⲓ
ⲉⲧⲟⲩⲛⲁϫⲡⲟϥ · ⲙⲁⲣⲓⲁ ⲇⲉ ⲙⲛ̄ ⲓⲱⲥⲏⲫ ⲛⲉⲩⲥⲱⲧⲙ̄ ⲉ
ⲣⲟⲟⲩ ⲉⲩϣⲁϫⲉ ⲧⲏⲣⲟⲩ ⲉ ⲧⲃⲉ ⲡⲉⲓ ϩⲱⲃ · ⲛ̄ⲧⲟⲥ ⲇⲉ ⲛⲉⲩ-
ⲣⲁϣⲉ ⲉⲩⲣ̄ ϣⲡⲏⲣⲉ · ⲛⲉⲣⲉ ⲡⲙⲁ ⲛ̄ ϭⲟⲓⲗⲉ ⲅⲁⲣ ϣⲟⲟⲡ
ⲙ̄ ⲡⲉ · ⲉⲣⲉ ⲡⲛⲟⲩⲧⲉ ⲙⲛ̄ ⲛⲉϥⲁⲅⲅⲉⲗⲟⲥ ⲟⲩⲏϩ ⲛ̄ϩⲏⲧϥ̄ ·
ⲁⲥⲣ̄ ⲧⲉⲩϣⲏ ⲧⲏⲣⲥ̄ ⲉⲧ ⲙ̄ⲙⲁⲩ · ⲉⲥϣⲧⲣ̄ⲧⲱⲣ · ⲁⲩⲱ ⲉⲥⲟ
Fol. 45 a ⲛ̄ ϩⲃⲁ · ⲙ̄ ⲡⲛⲁⲩ ⲇⲉ | ⲙ̄ ⲡⲟⲩⲟⲉⲓⲛ ⲛ̄ ⲥⲟⲩ ϫⲟⲩⲧⲯⲓⲥ ·
ϥ̄ⲁ̄ ⲛ̄ ⲭⲟⲓⲁϩⲕ̄ · ⲡⲉϫⲉ ⲧⲉⲕⲗⲟⲟⲗⲉ ⲛ̄ ⲟⲩⲟⲉⲓⲛ ⲉⲧ ⲁⲥⲱⲟⲩ ⲙ̄
ⲡϩⲩⲡⲉⲣⲉⲧⲏⲥ ⲉⲧ ⲛⲁⲛⲟⲩϥ · ϫⲉ ⲁⲣⲓ ⲧⲁⲅⲁⲡⲏ ⲛⲅ̄ ϣⲓⲛⲉ
ⲛⲁⲓ ⲛ̄ⲥⲁ ⲟⲩⲥϩⲓⲙⲉ ⲛⲉⲥⲥⲕⲉⲡⲁⲍⲉ ⲙ̄ ⲡⲉⲧ ⲛⲏⲩ ⲉ ⲃⲟⲗ ⲛ̄-
ϩⲏⲧ · ⲡⲉϫⲁϥ ⲛⲁⲥ ⲛ̄ϭⲓ ⲓⲱⲥⲏⲫ ϫⲉ ⲙ̄ⲡⲣ̄ ϩⲟⲧⲉ ⲡⲉⲛⲧ ⲁϥ-
ϣⲁϫⲉ ⲛ̄ⲙ̄ⲙⲉ ϫⲉ ⲧⲉⲣⲁϫⲡⲟ ⲛ̄ ⲟⲩϣⲏⲣⲉ ⲟⲩⲡⲓⲥⲧⲟⲥ ⲡⲉ ·
ⲛ̄ⲧⲟϥ ⲅⲁⲣ ⲁϥϣⲁϫⲉ ⲛ̄ⲙ̄ⲙⲁⲓ ϩⲱ ϫⲉ ⲡⲉⲧⲟⲩⲛⲁϫⲡⲟϥ
ⲉ ⲃⲟⲗ ⲛ̄ϩⲏⲧⲥ̄ ⲟⲩ ⲉ ⲃⲟⲗ ⲡⲉ ϩⲛ̄ ⲟⲩⲡ̄ⲛ̄ⲁ̄ ⲉϥⲟⲩⲁⲁⲃ ·
Ⲛⲁⲓ ⲇⲉ ⲛ̄ ⲧⲉⲣⲉ ϥϫⲟⲟⲩ ⲛⲁⲥ ⲁϥⲙⲟⲟϣⲉ ⲉ ⲃⲟⲗ ϩⲙ̄
ⲡⲙⲁ ⲛ ϭⲟⲓⲗⲉ · ⲛ̄ϥⲥⲟⲟⲩⲛ ⲁⲛ ϫⲉ ⲉϥⲙⲟⲟϣⲉ ⲉ ⲧⲱⲛ ·
ⲁϥϭⲱϣⲧ̄ ⲇⲉ ⲁϥⲛⲁⲩ ⲉⲩⲥⲕⲩⲛⲏ ⲛ̄ ⲥⲁ ⲃⲟⲗ ⲛ̄ ⲧⲡⲟⲗⲓⲥ ·
ⲉⲣⲉ ϩⲉⲛⲣⲱⲙⲉ ⲟⲩⲏϩ ⲛ̄ϩⲏⲧⲥ̄ · ⲁϥⲙⲟⲟϣⲉ ⲉ ⲣⲟⲥ ⲁϥ-
ϭⲱϣⲧ̄ ⲉ ϩⲣⲁⲓ ⲁϥⲛⲁⲩ ⲉⲩⲥϩⲓⲙⲉ ⲉⲥⲁⲁϩ ⲉ ⲣⲁⲧⲥ̄ ⲉϫⲛ̄
ⲧⲉⲥϫⲉⲛⲉⲡⲱⲣ ⲉⲥϭⲱϣⲧ̄ ⲉ ⲃⲟⲗ · ⲁϥⲙⲟⲩⲧⲉ ⲟⲩⲃⲏⲥ ⲛ̄ϭⲓ
ⲓⲱⲥⲏⲫ ⲉϥϫⲱ ⲙ̄ⲙⲟⲥ · ϫⲉ ϯⲱⲣⲕ ⲉⲣⲟ ⲱ̄ ⲧⲉ ⲥϩⲓⲙⲉ
ⲙⲁⲧⲁⲙⲟⲓ ⲉⲩⲥϩⲓⲙⲉ ϩⲙ̄ ⲡⲉⲓ ⲙⲁ ⲉⲥⲥⲟⲟⲩⲛ ⲙ̄ ⲙⲉⲥⲓⲱ · |

ⲛⲉⲥⲉⲓ ⲛⲉⲥϩⲙⲟⲟⲥ ⲙⲛ̄ ⲧⲉⲓ ϣⲉⲉⲣⲉ ϣⲏⲙ ϣⲁⲛⲧ ⲉⲥⲙⲓⲥⲉ · Fol. 45 *b*
ⲁⲩⲱ ϯⲛⲁϯ ⲛⲁⲥ ⲙ̄ ⲡⲉⲥⲃⲉⲉⲕⲉ ⁘ ⲛ̄ⲧⲉⲩⲛⲟⲩ ⲁ ⲡⲉⲡⲛ̄ⲁ̄ ϥ̄ⲃ̄
ⲉⲧ ⲟⲩⲁⲁⲃ ⲉⲓ ⲉ ϩⲣⲁⲓ ⲉ ϫⲱⲥ · ⲡⲉϫⲁⲥ ⲛⲁϥ ϫⲉ ⲛ̄ⲧⲟⲕ
ⲡⲉ ⲓⲱⲥⲏⲫ ⲡϩ̄ⲗ̄ⲗⲟ ⲛ̄ ⲇⲓⲕⲁⲓ̈ⲟⲥ ⲉⲧ ⲥⲙⲁⲙⲁⲁⲧ ⲡϩⲁⲓ
ⲙ̄ ⲙⲁⲣⲓⲁ ⲧⲉⲧ ⲉⲣⲉ ⲡⲗⲟⲅⲟⲥ ⲙ̄ ⲡⲉⲓⲱⲧ ⲛⲏⲩ ⲉ ⲃⲟⲗ
ⲛ̄ϩⲏⲧⲥ̄ · ⲛ̄ⲧⲟϥ ⲇⲉ ⲡⲉϫⲁϥ ⲛⲁⲥ ϫⲉ ⲁⲙⲏⲛ ⲉ ⲡⲉⲥⲏⲧ
ⲛ̄ⲧⲉⲩⲛⲟⲩ ϩⲓⲧⲛ̄ ⲡⲉⲡⲛ̄ⲁ̄ ⲉⲧ ⲟⲩⲁⲁⲃ ⲛ̄ⲧⲁϥⲉⲓ ⲉ ϩⲣⲁⲓ ⲉ
ϫⲱⲥ · ⲁⲥϭⲉⲡⲏ ⲁⲥⲉⲓ ⲉ ⲡⲉⲥⲏⲧ · ⲁⲥⲫⲟⲣⲉⲓ ⲛ̄ ⲛⲉⲥϩⲟⲓⲧⲉ
ⲉⲧ ⲛⲁⲛⲟⲩⲟⲩ ϩⲱⲥ ⲉⲥⲥⲟⲟⲩⲛ ϫⲉ ⲉⲥⲃⲏⲕ ⲉ ⲁⲡⲁⲛⲧⲁ ⲉ
ⲡⲛⲟⲩⲧⲉ · ⲁⲥⲉⲓ ⲇⲉ ⲉ ⲡⲥⲁ ⲛ ⲃⲟⲗ ⲙ̄ ⲡⲣⲟ · ⲁⲥⲡⲱⲣϣ̄
ⲉ ⲃⲟⲗ ⲛ̄ ⲛⲉⲥϭⲓϫ ⲉ ϩⲣⲁⲓ ⲉ ⲧⲡⲉ ⲉⲥϫⲱ ⲙ̄ⲙⲟⲥ ϫⲉ ⲓ̄ⲥ̄
ⲡⲗⲟⲅⲟⲥ ⲙ̄ ⲡⲉⲓⲱⲧ ⲛ̄ⲑⲉ ⲛ̄ⲧⲁⲓⲕⲁ ⲡⲁ ⲣⲟ · ⲉϥⲟⲩⲱⲛ ·
ⲁⲓⲟⲩⲁϩⲧ̄ ⲛ̄ⲥⲱⲕ · ⲉⲕⲉⲟⲩⲱⲛ · ⲛⲁⲓ ϩⲱ ⲛ̄ ⲟⲩⲙⲁ ⲛ̄ ϣⲱⲡⲉ
ϩⲙ̄ ⲧⲉⲕⲙⲛ̄ⲧⲉⲣⲟ · ⲉϯ ⲇⲉ ⲉϥ ⲛ̄ ⲃⲟⲗ ⲛ̄ϭⲓ ⲓⲱⲥⲏⲫ ⲁ
ⲧⲡⲁⲣⲑⲉⲛⲟⲥ ⲉⲧ ⲟⲩⲁⲁⲃ ⲙⲁⲣⲓⲁ ⲙⲓⲥⲉ · ⲙ̄ ⲡⲉⲥ|ϣⲏⲣⲉ Fol. 46 *a*
ⲡⲉⲥϣⲣ̄ⲡ ⲙ̄ ⲙⲓⲥⲉ · ⲁⲥϭⲟⲟⲗϥ̄ ⲛ̄ ϩⲉⲛⲧⲟⲉⲓⲥ · ⲁⲥϫⲧⲟϥ ϥ̄ⲅ̄
ϩⲛ̄ ⲟⲩⲟⲙϥ̄ ⲛ̄ ⲧⲃⲛⲏ · ϫⲉ ⲛⲉ ⲙⲛ̄ ⲙⲁ ϣⲟⲟⲡ ⲛⲁⲩ ϩⲙ̄
? ⲡⲙⲁ ⲛ̄ ϭⲟⲓⲗⲉ · ⲱ̄ ⲡⲉⲓ ⲙⲁ ⲛ̄ ϭⲟⲓⲗⲉ ⲉⲧ ϣⲟⲟⲡ ⲛ̄
ⲉⲕⲕⲗⲏⲥⲓⲁ ⲛⲧⲁ ⲡⲉⲭ̄ⲥ̄ ⲟⲩⲱϩ ⲛ̄ϩⲏⲧⲥ̄ ⁘—ⲱ̄ ⲡⲉⲓ [ⲟⲩ]-
ⲟⲙϥ̄ ⲡϣⲟⲣⲡ̄ ⲛ̄ ⲑⲩⲥⲓⲁⲥⲧⲏⲣⲓⲟⲛ ⲛ̄ⲧⲁ ⲡⲉⲭ̄ⲥ̄ ⲧⲁⲗⲟ ⲉ
ϩⲣⲁⲓ ⲛ̄ ⲧⲉϥⲑⲩⲥⲓⲁ ⲛ̄ϩⲏⲧϥ̄ · ⲱ̄ ⲛⲉⲓⲧⲟⲉⲓⲥ ⲑⲃ̄ⲥⲱ ⲛ̄
ⲧⲙⲛ̄ⲧ ⲁⲧ ⲧⲁⲕⲟ · ⲧⲁⲓ ⲛ̄ⲧⲁϥⲫⲟⲣⲉⲓ ⲙ̄ⲙⲟⲥ ⲛ̄ϭⲓ ⲡⲛⲟⲩⲧⲉ
ⲡⲗⲟⲅⲟⲥ ϣⲁⲛⲧϥ̄ ϩⲟⲧⲡⲛ̄ ⲉ ⲣⲟϥ ⲙⲛ̄ ⲡⲉϥⲉⲓⲱⲧ · ⲱ̄ ⲡⲉⲓ
ⲟⲩⲟⲙϥ̄ · ⲱ̄ ⲡⲉⲓ ⲙⲁ ⲛ̄ ϭⲟⲓⲗⲉ ⲛ̄ⲧⲁϥϣⲱⲡⲉ ϩⲓϫⲙ̄ ⲡⲕⲁϩ
ⲁⲩⲱ ⲛ̄ ⲟⲩⲣ̄ⲡⲉ · ⲉϥⲟⲩⲁⲁⲃ ⲙ̄ ⲡⲛⲟⲩⲧⲉ ⲡⲗⲟⲅⲟⲥ ⁘—
ⲱ̄ ⲡⲉⲓ ⲟⲩⲟⲙϥ̄ ⲛ̄ⲧⲁϥϣⲱⲡⲉ ⲙ̄ ⲙⲁ ⲛ̄ ⲙ̄ⲧⲟⲛ ⲙ̄ ⲡⲛⲟⲩⲧⲉ
ⲙⲛ̄ ⲛ̄ ⲣⲱⲙⲉ ϩⲓⲧⲛ̄ ⲧⲁⲡⲟⲇⲓⲙⲓⲁ ⲛ̄ⲧⲁϥⲁⲁⲥ ϣⲁ ⲣⲟⲛ ·
ⲱ̄ ⲛⲉⲓ ⲧⲟⲉⲓⲥ ⲛ̄ⲧⲁⲩⲥⲕⲉⲡⲁⲍⲉ ⲙ̄ⲙⲟⲛ ⲉ ⲡⲧⲁⲕⲟ ⲙ̄ ⲡⲇⲓⲁ-
ⲃⲟⲩⲗⲟⲥ · ϫⲉ ⲛ̄ⲛⲉ ϥϩⲱⲛ ⲉ ϩⲟⲩⲛ ⲉ ⲣⲟⲓ ⲛ̄ ⲕⲉ ⲥⲟⲡ ⁘—
ⲙⲛ̄ⲛ̄ⲥⲁ ⲛⲁⲓ ⲁϥⲉⲓ ⲛ̄ϭⲓ ⲓⲱⲥⲏⲫ ⲉϥⲙⲟⲟϣⲉ ⲙⲛ̄ ⲧⲉⲥϩⲓⲙⲉ
ⲉⲧ ⲙ̄ⲙⲁⲩ | ⲧⲁⲓ ⲉ ⲡⲉⲥⲣⲁⲛ ⲡⲉ ⲥⲁⲗⲱⲙⲏ · ⲁⲩϭⲱϣⲧ̄ Fol. 46 *b*
ⲁⲩⲛⲁⲩ ⲉ ⲡϣⲏⲣⲉ ⲕⲟⲩⲓ · ϩⲙ̄ ⲡⲟⲩⲟⲙϥ̄ · ⲁⲩⲣ̄ ϣⲡⲏⲣⲉ · ϥ̄ⲇ̄
ⲁⲩⲛⲁⲩ ⲟⲛ ⲉ ⲧⲡⲁⲣⲑⲉⲛⲟⲥ ⲉⲥϩⲙⲟⲟⲥ ϩⲛ̄ ⲟⲩⲙⲛ̄ⲧϩⲛⲕⲉ ·
ⲉⲣⲉ ⲡⲉⲥϩⲟ ⲛⲉϫ ⲁⲕϯⲛ ⲛ̄ⲟⲩⲟⲉⲓⲛ ⲉ ⲃⲟⲗ ⲁⲩⲛⲁⲩ ⲉⲩⲉϩⲉ

ⲙⲛ̄ ⲉⲓⲟ ⲉϥⲥⲕⲉⲡⲁⲍⲉ ⲙ̄ ⲡϣⲏⲣⲉ ⲕⲟⲩⲓ· ⲁⲩⲛⲁⲩ ⲉ ⲡⲙⲁ ⲛ̄ ϭⲟⲓⲗⲉ ⲧⲏⲣϥ̄ ⲉϥⲙⲉϩ ⲛ̄ ⲣⲁϣⲉ ⲉⲣⲉ ⲡϣⲏⲣⲉ ⲙ̄ ⲡⲛⲟⲩⲧⲉ ⲛ̄ϩⲏⲧϥ̄· Ⲥⲁⲗⲱⲙⲏ ⲇⲉ ⲁⲥⲙⲟⲟϣⲉ ⲉ ϩⲟⲩⲛ ⲉ ⲡⲟⲩⲟⲙϥ̄ ⲁⲥⲟⲩⲱϣⲧ̄ ⲙ̄ ⲡϫ̄ⲥ̄ ⲉⲥϫⲱ ⲙ̄ⲙⲟⲥ ϫⲉ ⲁ ⲛⲁ ⲃⲁⲗ ⲛⲁⲩ ⲉ ⲡⲉⲕⲟⲩϫⲁⲓ ⲡϫ̄ⲥ̄ ⲡⲁⲓ ⲛ̄ⲧⲁϥⲉⲓ ⲉ ⲛⲟⲩϩⲙ̄ ⲛ̄ ⲛ̄ⲣⲉϥⲣ̄ⲛⲟⲃⲉ ⲧⲏⲣⲟⲩ ⲙ̄ ⲡⲕⲁϩ· ⲉ ⲁⲛⲟⲕ ⲡⲉ ⲡⲉⲩϣⲟⲣⲡ̄· Ⲙⲛ̄ⲛ̄ⲥⲁ ⲛⲁⲓ ⲟⲛ ⲁⲥⲙⲟⲟϣⲉ ⲉ ϩⲟⲩⲛ ⲉ ⲧⲡⲁⲣⲑⲉⲛⲟⲥ ⲁⲥⲟⲩⲱϣⲧ̄ ⲉ ⲛⲉⲥϭⲓϫ ⲙⲛ̄ ⲛⲉⲥⲟⲩⲣⲏⲏⲧⲉ· ⲉⲥϫⲱ ⲙ̄ⲙⲟⲥ· ϫⲉ ⲛⲁⲓⲁⲧⲉ ⲛ̄ⲧⲟ ⲱ̄ ⲙⲁⲣⲓⲁ ⲧⲡⲁⲣⲑⲉⲛⲟⲥ ⲧⲛ̄ⲧ ⲁⲥⲣ̄ ⲡⲕⲟⲥⲙⲟⲥ ⲧⲏⲣϥ̄ ⲛ̄ ⲣⲙ̄ϩⲉ ⲉ ⲃⲟⲗ ϩⲙ̄ ⲡⲥⲁϩⲟⲩ ⲉⲧ ϩⲓϫⲱⲛ ϩⲓⲧⲛ̄ ⲧⲡⲁⲣⲁⲃⲁⲥⲓⲥ ⲛ̄ ⲉⲩϩⲁ ⁝— Ⲱ ⲙⲁⲣⲓⲁ
Fol. 47 a ⲧⲉⲧ ⲟⲩϭⲱϣⲧ̄ ⲉ ⲃⲟⲗ ϩⲏⲧⲥ̄ ϩⲁ ⲑⲏ ⲛ̄ⲛⲉ ⲭⲣⲟⲛⲟⲥ | ⲧⲏⲣⲟⲩ
ϥⲉ ⲛ̄ⲧ ⲁⲩⲟⲩⲉⲓⲛⲉ ⲁⲩⲱ ⲁⲛⲟⲕ ϩⲱ ⲛ̄ ϯⲛⲁⲟⲩⲱϩ ⲁ ⲛⲉⲧⲟⲟⲧ ⲉ ⲕⲧⲟⲓ ⲉ ⲡⲁ ⲏⲓ ϣⲁ ⲉⲛⲉϩ· ⲧⲁⲓ ⲅⲁⲣ ⲧⲉ ⲥⲁⲗⲱⲙⲏ ⲧⲉ ⲛ̄ⲧⲟⲥ ⲧⲉⲧ ϣⲟⲣⲡ̄ ⲛ̄ⲧⲁⲥⲥⲟⲩⲛ̄ ⲡⲉⲭ̄ⲥ̄ ⲁⲥⲟⲩⲱϣⲧ̄ ⲛⲁϥ· ⲁⲩⲱ ⲁⲥⲡⲓⲥⲧⲉⲩⲉ ⲉ ⲣⲟϥ· ⲛ̄ ⲧⲉⲣⲉ ϥⲉⲓ ⲉϫⲙ̄ ⲡⲕⲁϩ ⲁⲩⲱ ⲙⲡ ⲉⲥⲟⲩⲱϩ ⲉ ⲧⲟⲟⲧⲥ̄ ⲉ ⲕⲧⲟⲥ ⲉ ⲡⲉⲥⲏⲓ ϣⲁ ⲡⲉϩⲟⲟⲩ ⲙ̄ ⲡⲉⲥⲙⲟⲩ· ⲁⲗⲗⲁ ⲙⲁ ⲛⲓⲙ ⲉϣⲁⲣⲉ ⲡⲉⲭ̄ⲥ̄ ⲃⲱⲕ ⲉ ⲣⲟϥ ⲛϥ̄ⲧⲁϣⲉⲟⲉⲓϣ ⲙⲛ̄ ⲧⲉϥⲙⲁⲁⲩ ⲙ̄ ⲡⲁⲣⲑⲉⲛⲟⲥ· ⲛⲉⲥⲟⲩⲏϩ ⲛ̄ⲥⲱϥ ⲡⲉ ⲙⲛ̄ ⲛⲉϥⲙⲁⲑⲏⲧⲏⲥ ϣⲁ ⲡⲉϩⲟⲟⲩ ⲛ̄ⲧⲁⲩⲥϯⲟⲩ ⲙ̄ⲙⲟϥ ⲙⲛ̄ ⲧⲉϥⲁⲛⲁⲥⲧⲁⲥⲓⲥ ⲉⲧ ⲟⲩⲁⲁⲃ ⲉ ⲁⲥⲛⲁⲩ ⲉ ⲣⲟⲟⲩ ⲧⲏⲣⲟⲩ ⲙⲛ̄ ⲧⲉϥⲙⲁⲁⲩ ⲙ̄ ⲡⲁⲣⲑⲉⲛⲟⲥ⁝—ⲉⲛⲉⲓⲟⲩⲱϣ ⲙⲉⲛ· ⲉ ⲟⲩⲱⲛϩ̄ ⲛⲏⲧⲛ̄ ⲉ ⲃⲟⲗ ⲙ̄ ⲡⲃⲓⲟⲥ ⲛ̄ ⲧⲉⲥϩⲓⲙⲉ ⲉⲧ ⲙ̄ⲙⲁⲩ ⲙⲛ̄ ⲧⲉⲥⲡⲟⲗⲩϯⲁ· ⲁⲩⲱ ϫⲉ ⲟⲩ ⲉ ⲃⲟⲗ ⲧⲱⲛ ⲧⲉ ϩⲙ̄ ⲡⲉⲥⲅⲉⲛⲟⲥ· ⲁⲗⲗⲁ ϫⲉ ⲛ̄ⲛⲉ ⲛϫⲱⲱⲣⲉ [ⲉ ⲃⲟⲗ ⲙ̄ ⲡⲃⲓⲟⲥ ⲛ̄ ⲧⲉⲥϩⲓⲙⲉ ⲉⲧ ⲙ̄ⲙⲁⲩ· ⲙⲛ̄ ⲧⲉⲥⲡⲟⲗⲩϯⲁ· ⲁⲩⲱ ϫⲉ ⲟⲩ ⲉ ⲃⲟⲗ ⲧⲱⲛ ⲧⲉ ϩⲙ̄ ⲡⲉⲥⲅⲉⲛⲟⲥ ⲁⲗⲗⲁ ϫⲉ ⲛ̄ⲛⲉ
Fol. 47 b ⲛϫⲱⲱⲣⲉ ⲉ ⲃⲟⲗ ⲙ̄][1] ⲡϣⲁϫⲉ ⲉ ⲕⲉ ⲥⲁ ⲛ̄ⲧⲏⲣ ⲡⲱ|ⲃϣ̄·
ϥⲋ ⲙ̄ ⲡⲉⲧ ⲕⲏ ⲛⲁⲛ ⲉ ϩⲣⲁⲓ· ⲉ ⲧⲃⲉ ⲡⲁⲓ ⲧⲛ̄ⲛⲁⲕⲧⲟⲛ ⲉϫⲙ̄ ⲡϣⲁϫⲉ ⲙ̄ ⲡⲉⲓ ϣⲁ ⲙ̄ⲡⲟⲟⲩ ⲉⲧ ⲡⲟⲣϣ̄ ⲛⲁⲛ ⲉ ⲃⲟⲗ· ⲁⲙⲟⲩ ⲉ ⲧⲛ̄ⲙⲏⲏⲧⲉ ⲙ̄ⲡⲟⲟⲩ ⲧⲉⲛⲟⲩ ⲱ̄ ⲡⲁ ⲡⲉⲓ ⲛⲟϭ ⲛ̄ ϩⲣⲟⲟⲩ ϩⲛ̄ ⲛⲉⲡⲣⲟⲫⲏⲧⲏⲥ ⲏ̄ⲥⲁⲓⲁⲥ ⲛ̄ⲧ ⲧⲁⲙⲟⲛ ⲙ̄-

[1] The words within brackets are repeated inadvertently by the scribe.

ⲡⲟⲟⲩ ⲉ ⲡⲧⲱϣ ⲙ̄ ⲡⲉⲓ ⲟⲩⲟⲙϥ ⲙⲛ̄ ⲛⲉⲓ ⲧⲟⲉⲓⲥ·
ⲙⲛ̄ ⲛⲉⲓ ⲧⲃ̄ⲛⲟⲟⲩⲉ· Ⲁⲩⲉϩⲉ ⲡⲉϫⲁϥ ⲥⲟⲩⲛ̄ ⲡⲉⲥϫⲟⲉⲓⲥ
ⲁⲩⲉⲓⲟ ⲥⲟⲩⲛ̄ ⲡⲟⲩⲟⲙϥ ⲙ̄ ⲡϥ̄ϫ̄ⲥ̄· ⲡⲁ ⲗⲁⲟⲥ ⲇⲉ ⲙ̄-
ⲡⲉ ϥⲥⲟⲩⲱⲛⲧ̄ ⲁⲩⲱ ⲡⲓⲏ̄ⲗ̄ ⲙ̄ ⲡⲉϥϭⲛ̄ ⲁⲛⲅ̄ ⲛⲓⲙ· Ⲉⲓⲧⲁ
ⲡⲉϫⲁϥ ⲛ̄ϭⲓ ⲡⲉⲩⲁⲅⲅⲉⲗⲓⲥⲧⲏⲥ· ϫⲉ ⲛⲉⲟⲩⲛ̄ ϩⲉⲛ-
ϣⲟⲟⲥ ⲇⲉ ⲡⲉ ϩⲛ̄ ⲧⲉⲭⲱⲣⲁ ⲉⲧ ⲙ̄ⲙⲁⲩ ⲉⲩϣⲟⲟⲡ ϩⲛ̄
ⲧⲥⲱϣⲉ ⲉⲩϩⲁⲣⲉϩ ϩⲛ̄ ⲛ̄ⲟⲩⲉⲣϣⲉ ⲛ̄ ⲧⲉⲩϣⲏ ⲉ ⲡⲉⲩⲟ̄ϩⲉ
ⲛ̄ ⲉⲥⲟⲟⲩ: ⲛ̄ ⲧⲉⲣ ⲟⲩⲛⲁⲩ ⲇⲉ ⲉ ⲡⲓⲥⲓⲟⲩ ⲁⲩⲣ̄ ϩⲟⲧⲉ
ⲙⲉⲩⲛ̄ⲕⲟⲧⲕ̄ ⲅⲁⲣ ϩⲛ̄ ⲧⲉⲩϣⲏ ⲧⲏⲣⲥ̄· ⲁⲗⲗⲁ ⲛⲉⲩϣⲁϫⲉ
ⲙⲛ̄ ⲛⲉⲩⲉⲣⲏⲩ ⲉⲩϫⲱ ⲙ̄ⲙⲟⲥ· ϫⲉ ⲟⲩⲛⲟϭ ⲙ̄ ⲙⲩⲥⲧⲏ-
ⲣⲓⲟⲛ ⲡⲉ ⲡⲁⲓ· ⲛ̄ⲧⲁϥⲟⲩⲱⲛϩ̄ ⲉ ⲣⲟⲛ· ϩⲟⲥⲟⲛ ⲇⲉ ⲉⲩϫⲱ
ⲛ̄ ⲛⲁⲓ ⲉⲓⲥ ⲡⲁⲅⲅⲉⲗⲟⲥ ⲙ̄ ⲡϫ̄ⲥ̄ ⲁϥⲟⲩⲱⲛϩ̄ | ⲛⲁⲩ ⲉ Fol. 48 *a*
ⲃⲟⲗ· Ⲁⲩⲱ ⲁ ⲡⲉⲟⲟⲩ ⲙ̄ ⲡϫ̄ⲥ̄ ⲣ̄ ⲟⲩⲟⲉⲓⲛ ⲉ ⲣⲟⲟⲩ ⲁⲩⲣ̄ ϥ̄ⲍ̄
ϩⲟⲧⲉ ϩⲛ̄ ⲟⲩⲛⲟϭ ⲛ̄ ϩⲟⲧⲉ ⲉⲙⲁⲧⲉ· ⲁⲩⲱ ⲛⲓⲙ ⲡⲉⲧⲉ ⲛⲉϥ-
ⲛⲁⲣ̄ ϩⲟⲧⲉ ⲁⲛ· ⲉϥⲛⲁⲩ ⲉⲩⲁⲅⲅⲉⲗⲟⲥ ⲛ̄ⲧⲉ ⲡϫ̄ⲥ̄ ⲉϥⲁϩⲉ
ⲣⲁⲧϥ̄ ⲙ̄ ⲡⲉϥⲙ̄ⲧⲟ ⲉ ⲃⲟⲗ ⲙⲁⲗⲓⲥⲧⲁ ⲉϥⲫⲟⲣⲉⲓ ⲛ̄ ⲟⲩϩⲃ̄ⲥⲱ
ⲛ̄ ϣⲡⲏⲣⲉ· ⲉ ⲧⲃⲉ ⲧⲁⲡⲟⲇⲏⲙⲓⲁ ⲙ̄ ⲡⲛ̄ϫⲟⲉⲓⲥ ⲛ̄ⲧⲁϥⲁⲁⲥ
ϣⲁ ⲣⲟⲛ· ⲛ̄ⲧⲉⲩⲛⲟⲩ ⲁϥϥⲓ ⲛ̄ⲑⲟⲧⲉ ⲛ̄ⲥⲁ ⲃⲟⲗ ⲙ̄ⲙⲟⲟⲩ·
ⲁⲩⲱ ⲡⲉϫⲁϥ ⲛⲁⲩ ϫⲉ ⲙ̄ⲡⲣ̄ ⲣ̄ ϩⲟⲧⲉ ⲉⲓⲥ ϩⲏⲏⲧⲉ ⲅⲁⲣ
ϯⲧⲁϣⲉⲟⲉⲓϣ ⲛⲏⲧⲛ̄ ⲛ̄ ⲟⲩⲛⲟϭ ⲛ̄ ⲣⲁϣⲉ ⲡⲁⲓ ⲉⲧ ⲛⲁ-
ϣⲱⲡⲉ· ⲙ̄ ⲡⲗⲁⲟⲥ ⲧⲏⲣϥ̄ ϫⲉ ⲁⲩϫⲡⲟ ⲛⲏⲧⲛ̄ ⲙ̄ⲡⲟⲟⲩ
ⲙ̄ ⲡⲥ̄ⲏ̄ⲣ̄ ⲉⲧⲉ ⲡⲁⲓ ⲡⲉ ⲡⲉⲭ̄ⲥ̄ ⲡϫ̄ⲥ̄ ϩⲛ̄ ⲧⲡⲟⲗⲓⲥ ⲛ̄ ⲇ̄ⲁ̄ⲇ̄·
Ⲁⲩⲱ ⲟⲩⲙⲁⲉⲓⲛ ⲛⲏⲧⲛ̄ ⲡⲉ ⲡⲁⲓ ⲧⲉⲧⲛⲁϩⲉ ⲉⲩϣⲏⲣⲉ ϣⲏⲙ
ⲉϥϭⲟⲟⲗⲉ ⲛ̄ ϩⲉⲛⲧⲟⲉⲓⲥ· ⲉϥϭⲏ ϩⲛ̄ ⲟⲩⲟⲙϥ· Ⲛ̄ⲧⲉⲩⲛⲟⲩ
ⲁ ⲛⲉⲩⲃⲁⲗ ⲟⲩⲱⲛ ⲁⲩⲛⲁⲩ ⲉⲩⲙⲏⲏϣⲉ ⲛⲁⲅⲅⲉⲗⲟⲥ
ⲉⲩⲥⲙⲟⲩ ⲉ ⲡⲛⲟⲩⲧⲉ ⲉⲩϫⲱ ⲙ̄ⲙⲟⲥ:—Ϫⲉ ⲡⲉⲟⲟⲩ ⲙ̄
ⲡⲛⲟⲩⲧⲉ ϩⲛ̄ | ⲛⲉⲧϫⲟⲥⲉ ⲁⲩⲱ ⲧⲉϥⲉⲓⲣⲏⲛⲏ ϩⲓϫⲙ̄ ⲡⲕⲁϩ Fol. 48 *b*
ϩⲛ̄ ⲛ̄ⲣⲱⲙⲉ ⲙ̄ ⲡⲉϥⲟⲩⲱϣ·:—ⲛ̄ ⲧⲉⲣ ⲟⲩϯ ⲇⲉ ⲛ̄ ⲧⲉⲓ- ϥ̄ⲏ̄
ⲉⲝⲟⲙⲟⲗⲟⲅⲏⲥⲓⲥ ⲛ̄ϭⲓ ⲛ̄ⲁⲅⲅⲉⲗⲟⲥ· ⲛ̄ⲧⲉⲩⲛⲟⲩ ⲁⲩⲃⲱⲕ
ⲉ ϩⲣⲁⲓ ⲧⲡⲉ· Ⲛ̄ ϣⲟⲟⲥ ⲇⲉ ⲛ̄ ⲧⲉⲣⲉ ⲡⲉⲩϩⲏⲧ ⲉⲓ ⲉ ⲣⲟⲟⲩ·
ⲡⲉϫⲁⲩ ⲛ̄ ⲛⲉⲩⲉⲣⲏⲩ· ϫⲉ ϩⲉⲛⲁⲅⲅⲉⲗⲟⲥ ⲛⲉ ⲛⲁⲓ ⲉⲧ
ϣⲁϫⲉ ⲛ̄ⲙ̄ⲙⲁⲛ· ⲧⲉⲛⲟⲩ ϭⲉ ⲙⲁⲣⲛ̄ ⲧⲱⲟⲩⲛ ⲛ̄ⲧⲛ̄ⲃⲱⲕ
ϣⲁ ⲃⲏⲑⲗⲉⲉⲙ ⲛ̄ⲧⲛ̄ⲛⲁⲩ ⲉ ⲡⲉⲓ ⲛⲟϭ ⲙ̄ ⲙⲩⲥⲧⲏⲣⲓⲟⲛ
ⲛ̄ⲧⲁ ⲡϫ̄ⲥ̄ ⲟⲩⲟⲛϩϥ̄ ⲉ ⲣⲟⲛ· ⲁⲩⲱ ⲛ̄ ⲧⲉⲓ ϩⲉ ⲁⲩⲉⲓ ⲉ ϩⲣⲁⲓ

ⲉ ⲃⲏⲑⲗⲉⲉⲙ · ⲉⲣⲉ ⲡⲥⲓⲟⲩ ⲥⲱⲕ ϣⲁ ϫⲱⲟⲩ ϣⲁⲛⲧ ⲟⲩⲉⲓ
ⲉ ϩⲣⲁⲓ ⲉϫⲙ̄ ⲡⲙⲁ ⲉⲛ ⲉⲣⲉ ⲡϣⲏⲣⲉ ϣⲏⲙ ⲛ̄ϩⲏⲧϥ̄ ·
ⲁϥⲛⲁⲩ ⲉ ⲣⲟϥ ⲙⲛ̄ ⲙⲁⲣⲓⲁ ⲧⲉϥⲙⲁⲁⲩ · ⲙⲛ̄ ⲓⲱⲥⲏⲫ
ⲁⲩⲉⲓⲙⲉ ϫⲉ ϩⲉⲛⲙⲉ ⲛⲉ ⲛⲉ ⲛⲧⲁⲩϫⲟⲟⲩ ⲛⲁⲩ · ⲁⲩⲕⲟⲧⲟⲩ
Fol. 49 a ⲇⲉ ⲛ̄ϭⲓ ⲛ̄ϣⲱⲥ ⲉⲩⲥⲙⲟⲩ ⲁⲩⲱ ⲉⲩϯ ⲉⲟⲟⲩ ⲙ̄ | ⲡⲛⲟⲩⲧⲉ
ϥⲑ ⲉϫⲛ̄ ⲛⲉ ⲛⲧⲁⲩⲛⲁⲩ ⲉ ⲣⲟⲟⲩ ⲧⲏⲣⲟⲩ · ⲙⲁⲣⲓⲁ ⲇⲉ ⲛⲉⲥ-
ϩⲁⲣⲉϩ ⲉ ⲛⲉⲓ ϣⲁϫⲉ ⲧⲏⲣⲟⲩ · ⲉⲥⲕⲱ ⲙ̄ⲙⲟⲟⲩ ϩⲙ̄
ⲡⲉⲥϩⲏⲧ · Ⲛ̄ ⲧⲉⲣⲉ ϩⲏⲣⲱⲇⲏⲥ ⲇⲉ ⲛⲁⲩ ⲉ ⲡⲥⲓⲟⲩ · ⲁϥⲉⲓⲙⲉ
ϫⲉ ⲟⲩⲥⲓⲟⲩ ⲛ̄ ⲣ̄ⲣⲟ ⲡⲉ · ⲁϥϣⲧⲟⲣⲧⲣ̄ ⲉⲙⲁⲧⲉ ⲙⲛ̄
ⲑⲓⲉⲣⲟⲩⲥⲟⲗⲩⲙⲁ ⲧⲏⲣⲥ̄ ⲛ̄ⲙⲙⲁϥ · ⲉϥϫⲱ ⲙ̄ⲙⲟⲥ ϫⲉ ⲟⲩ
ⲡⲉ ⲡⲉⲓ ⲙⲩⲥⲧⲏⲣⲓⲟⲛ ⲛ̄ⲧⲁϥϣⲱⲡⲉ ⁘— ⲧⲟⲧⲉ ⲉⲓⲥ ϩⲉⲛ-
ⲙⲁⲅⲟⲥ ⲁⲩⲉⲓ ⲉ ⲃⲟⲗ ϩⲛ̄ ⲙ̄ ⲙⲁ ⲛ ϣⲁ ⲉⲩϣⲓⲛⲉ ϫⲉ
ⲉϥⲧⲱⲛ ⲡ̄ⲣ̄ⲣⲟ ⲛ̄ ⲛⲓⲟⲩⲇⲁⲓ ⲛ̄ⲧⲁⲩϫⲡⲟϥ · ⲁⲛⲛⲁⲩ ⲅⲁⲣ
ⲉ ⲡⲉϥⲥⲓⲟⲩ ϩⲙ̄ ⲙ̄ ⲙⲁ ⲛ ϣⲁ ⲁⲛⲉⲓ ⲉⲟⲩⲱϣⲧ̄ ⲛⲁϥ ⁘—
Ⲛ̄ ⲧⲉⲣⲉ ϩⲏⲣⲱⲇⲏⲥ ⲇⲉ ⲥⲱⲧⲙ̄ ⲉ ⲛⲁⲓ ⲁϥⲣ̄ ϣⲡⲏⲣⲉ ⲧⲟⲧⲉ
ⲁϥⲙⲟⲩⲧⲉ ⲙ̄ⲙⲁⲅⲟⲥ ⲛ̄ϫⲓⲟⲩⲉ ⲁϥϣⲓⲛⲉ ⲉ ⲃⲟⲗ ϩⲓ
ⲧⲟⲟⲧⲟⲩ ⲛ̄ⲥⲁ ⲡⲉⲟⲩⲟⲉⲓϣ ⲙ̄ ⲡⲥⲓⲟⲩ ⲛ̄ⲧⲁϥⲟⲩⲱⲛϩ̄ ⲉ ⲃⲟⲗ ·
ⲉϥϫⲱ ⲙ̄ⲙⲟⲥ ⲛⲁⲩ ϫⲉ ⲁⲙⲏⲓⲧⲛ̄ ⲛ̄ⲧⲉⲧⲛ̄ⲧⲁⲙⲟⲓ ϩⲛ̄
Fol. 49 b ⲧⲉⲧⲛ̄ | ⲧⲉⲭⲛⲏ ϫⲉ ⲛⲓⲙ ⲡⲉ ⲡ̄ⲣ̄ⲣⲟ ⲛ̄ⲧⲁⲩϫⲡⲟϥ · ⲁⲩ-
Ⲣ̄ ⲟⲩⲱϣⲃ̄ ⲛ̄ϭⲓ ⲙ̄ⲙⲁⲅⲟⲥ ϫⲉ ⲟⲩⲣ̄ⲣⲟ ⲁⲛ ⲡⲉ ⲛ̄ⲧⲉ ⲡⲉⲓ
ⲕⲟⲥⲙⲟⲥ · ⲁⲗⲗⲁ ⲡⲁⲓ ⲡⲉ ⲡ̄ⲣ̄ⲣⲟ ⲛ ⲁⲧ ⲃⲱⲗ ⲉ ⲃⲟⲗ
ϣⲁ ⲉⲛⲉϩ · ⲟⲩⲇⲉ ⲧⲉϥⲙⲛ̄ⲧⲉⲣⲟ · ⲛⲁⲟⲩⲉⲓⲛⲉ ⲁⲛ ⲉ
ⲡⲧⲏⲣϥ̄ · ⲡⲁⲓ ⲡⲉ ⲡ̄ⲣ̄ⲣⲟ ⲉⲧ ⲛⲁⲕⲁⲑⲓⲥⲧⲁ ⲛ̄ ⲛ̄ⲣ̄ⲣⲱⲟⲩ
ⲧⲏⲣⲟⲩ · ⲁⲩⲱ ⲟⲛ ⲉϥⲡⲱⲱⲛⲉ ⲙ̄ⲙⲟⲟⲩ · ⲡⲁⲓ ⲡⲉ ⲡ̄ⲣ̄ⲣⲟ
ⲉⲧ ⲉⲣⲉ ⲧⲡⲉ ⲙⲛ̄ ⲡⲕⲁϩ ⲛⲁⲡⲁⲣⲁⲅⲉ ϩⲙ̄ ⲡⲉϥⲟⲩⲉϩⲥⲁϩⲛⲉ ·
ⲡⲁⲓ ⲡⲉ ⲡ̄ⲣ̄ⲣⲟ ⲉⲧ ⲛⲁϯ ϩⲁⲡ ⲉ ⲧⲟⲓⲕⲟⲩⲙⲉⲛⲏ ⲧⲏⲣⲥ̄ ϩⲛ̄
ⲟⲩⲇⲓⲕⲁⲓⲟⲥⲩⲛⲏ · ⲡⲁⲓ ⲡⲉ ⲡ̄ⲣ̄ⲣⲟ ⲉⲧ ϫⲓⲥⲉ ⲛ̄ ⲟⲩⲁ ·
ⲉϥⲑⲃ̄ⲃⲓⲟ ⲛ̄ ⲟⲩⲁ · ⲉϣϫⲉ ⲉⲕⲟⲩⲱϣ ⲇⲉ ⲉ ⲉⲓⲙⲉ ⲉⲓ̈ⲉ ⲁⲛⲟⲛ
ⲡⲉⲧ ⲛⲁⲧⲁⲙⲟⲕ ⲡⲁⲓ ⲡⲉ ⲓ̄ⲥ̄ ⲡⲉⲭ̄ⲥ̄ · ⲡⲉ ⲛⲧⲁⲩⲥϩⲁⲓ ⲉ
ⲧⲃⲏⲏⲧϥ̄ ϫⲉ ⲉⲩⲛⲁϫⲡⲟϥ ϩⲛ̄ ⲃⲏⲑⲗⲉⲉⲙ ⲛ̄ⲧⲉ ϯⲟⲩⲇⲁⲓⲁ ·
Ⲛ̄ ⲧⲉⲣ ϥ̄ⲥⲱⲧⲙ̄ ⲉ ⲛⲁⲓ ⲛ̄ϭⲓ ϩⲏⲣⲱⲇⲏⲥ · ⲛ̄ ⲧⲟⲟⲧⲟⲩ ⲛ̄
ⲙ̄ⲙⲁⲅⲟⲥ · ⲁϥϣⲧⲟⲣⲧⲣ̄ ⲉⲙⲁⲧⲉ ⲁⲩⲱ ⲡⲉϫⲁϥ ⲛ̄ ⲙ̄-
Fol. 50 a ⲙⲁⲅⲟⲥ ϫⲉ ⲟⲩⲁⲧϭⲟⲙ ⲡⲉ ⲛ̄ⲧⲉⲧⲛ̄ⲣ̄ϩⲉ | ⲉⲙⲧⲟⲛ ϣⲁⲛ
ⲣⲁ ⲧⲉⲧⲛ̄ⲣ̄ϩⲉ ⲉ ⲣⲟϥ ϫⲓ ϭⲉ ⲛⲏⲧⲛ̄ ⲛ̄ ϩⲉⲛⲇⲱⲣⲟⲛ ϩⲛ̄ ⲟⲩ-

ϩⲱⲡ ⲛ̄ⲧⲉⲧⲛ̄ⲃⲱⲕ ⲛ̄ⲧⲉⲧⲛ̄ϣⲓⲛⲉ· ⲁⲩⲱ ⲛ̄ⲧⲉⲧⲛ̄ϩⲟⲧϩⲧ̄ ϩⲛ̄
ⲟⲩⲱⲣϫ̄· ⲛ̄ⲥⲁ ⲡⲙⲁ ⲉⲧ ⲉⲣⲉ ⲡⲛⲟϭ ⲛ̄ⲣ̄ⲣⲟ ⲛ̄ϩⲏⲧϥ̄
ⲛ̄ⲧⲁⲩϫⲡⲟϥ· ⲛ̄ⲧⲉⲧⲛ̄ϯ ⲛⲁϥ ⲛ̄ ⲛ̄ⲇⲱⲣⲟⲛ ⲁⲩⲱ ⲉⲧⲉⲧⲛ̄-
ϣⲁⲛϩⲉ ⲉ ⲣⲟϥ ⲙⲁⲧⲁⲙⲟⲓ ϩⲱ ϫⲉ ⲕⲁⲥ ⲉⲓⲉⲉⲓ ⲛ̄ⲧⲁⲟⲩⲱϣⲧ̄
ⲛⲁϥ· ⲛ̄ⲧⲁϥϫⲉ ⲛⲁⲓ ⲇⲉ ⲛⲁⲩ ϩⲛ̄ ⲟⲩⲕⲣⲟϥ ⲉϥⲟⲩⲱϣ
ⲉ ⲙⲟⲩⲟⲩⲧ ⲙ̄ⲙⲟϥ· Ⲛ̄ ⲧⲉⲣ ⲟⲩϫⲓ ⲇⲉ ⲛ̄ ϯⲁⲡⲟⲫⲁⲥⲓⲥ ⲉ
ⲃⲟⲗ ϩⲓⲧⲛ̄ ϩⲏⲣⲱⲇⲏⲥ· ⲡⲣ̄ⲣⲟ ⲁⲩⲃⲱⲕ ⲁⲩⲱ ⲛ̄ ⲧⲉⲣ ⲟⲩⲣ̄
ⲡⲃⲟⲗ ⲛ̄ ⲧⲡⲟⲗⲓⲥ ⲛ̄ ⲟⲩⲕⲟⲩⲓ ⲉⲓⲥ ⲡⲥⲓⲟⲩ ⲛ̄ⲧⲁⲩⲛⲁⲩ ⲉ ⲣⲟϥ
ϩⲛ̄ ⲙ̄ ⲙⲁ ⲛ̄ ϣⲁ· ⲁϥⲥⲱⲕ ϩⲁ ϫⲱⲟⲩ ϣⲁⲛⲧ ⲉϥⲉⲓ
ⲛϥ̄ⲁⲁϩⲉ ⲣⲁⲧϥ̄ ϩⲙ̄ ⲡⲙⲁ ⲉⲛ ⲉⲣⲉ ⲡϣⲏⲣⲉ ϣⲏⲙ ⲛ̄-
ϩⲏⲧϥ̄· ⲁⲩⲟⲩⲱϣⲧ̄ ⲙ̄ ⲡⲉ ⲛⲧⲁϥⲧⲁⲙⲓⲉ ⲧⲉⲕⲧⲏⲥⲓⲥ ⲧⲏⲣⲥ̄·
ⲉϥⲛ̄ⲕⲟⲧⲕ̄ ϩⲛ̄ ⲟⲩⲟⲙϥ̄ ⲛ̄ ⲧⲃ̄ⲛⲏ ⲉϥϭⲟⲟⲗⲉ ⲛ̄ ϩⲉⲛⲧⲟⲉⲓⲥ
ⲛ̄ⲑⲉ ⲛ̄ ⲟⲩϩⲏⲕⲉ ⲛ̄ ⲣⲱⲙⲉ | ⲕⲁⲓ ⲅⲁⲣ ⲛⲉ ⲙⲛ̄ ⲙⲁ ϣⲟⲟⲡ Fol. 50 *b*
ⲛⲁⲩ ⲡⲉ ϩⲙ̄ ⲡⲙⲁ ⲛ̄ ϭⲟⲓⲗⲉ ⲉ ⲧⲣⲉⲩ ⲙ̄ⲧⲟⲛ ⲙ̄ⲙⲟⲟⲩ ⲣ̄ⲃ
ⲛ̄ϩⲏⲧϥ̄· Ⲡⲁⲛⲧⲟⲥ ⲇⲉ ⲛⲉⲩϫⲱ ⲙ̄ⲙⲟⲥ ϫⲉ ⲁⲩⲛⲟϭ ⲛ̄
ⲕⲗⲏⲣⲟⲥ· ⲧⲁϩⲟⲛ ⲙⲛ̄ⲛ̄ⲥⲁ ⲛⲉⲛⲡⲣⲁⲝⲓⲥ ⲉⲑⲟⲟⲩ· ⲁⲛⲟⲕ
ϩⲱ ϯⲟ ⲛ̄ ϣⲡⲏⲣⲉ ⲙ̄ⲙⲱⲧⲛ̄ ⲱ ⲙ̄ⲙⲁⲅⲟⲥ ⲁⲩⲱ ϯⲛⲁ-
ϫⲟⲟⲥ ϫⲉ ϫⲓⲛ ⲧⲱⲛ ⲉ ⲧⲱⲛ· ϫⲓⲛ ⲉⲧⲉⲧⲛ̄ⲧⲱⲟⲩⲛ ϩⲁϩⲁ ϩⲛ̄-
ϫⲱⲱⲙⲉ ⲙ̄ ⲙⲛ̄ⲧⲙⲁⲅⲟⲥ ⲉⲧⲉⲧⲛ̄ϯ ⲧⲱⲛ ⲙⲛ̄ ⲡⲛⲟⲩⲧⲉ
ⲉⲧⲉⲧⲛ̄ϯ ⲛⲟⲩϭ̄ⲥ̄ ⲛⲁϥ ϣⲁⲛ ⲧⲉⲧⲛ̄ⲉⲓ ⲛ̄ ϣⲟⲣⲡ ⲛ̄ⲧⲉⲧⲛ̄-
ⲟⲩⲱϣⲧ̄ ⲛⲁϥ· ϫⲓⲛ ⲉⲧⲉⲧⲛ̄ⲧⲁⲕⲟ ⲛ̄ ⲧⲉⲯⲩⲭⲏ ⲛ̄ ⲛ̄ⲣ̄ⲣⲱⲟⲩ
ⲁⲩⲱ ⲉⲧⲉⲧⲛ̄ⲡⲗⲁⲛⲁ ⲙ̄ⲙⲟⲟⲩ ⲉⲧⲉⲧⲛ̄ⲥⲱⲣⲙ̄ ⲛ̄ ⲧⲉⲯⲩⲭⲏ
ⲛ̄ ϩⲉⲛⲙⲏⲏϣⲉ ϣⲁⲛ ⲧⲉⲧⲛ̄ⲣ̄ ϣⲟⲣⲡ ⲛ̄ⲧⲉⲧⲛ̄ⲟⲩⲱϣⲧ̄ ⲙ̄
ⲡⲣ̄ⲣⲟ ⲡⲉⲭ̄ⲥ̄· ⲉ ⲧⲃⲉ ⲡⲁⲓ ⲛ̄ⲧⲉⲣ ⲟⲩⲙⲁⲧⲉ· ⲛ̄ ⲛⲉⲓ ⲛⲟϭ
ⲛ̄ ϣⲡⲏⲣⲉ ⲁⲩⲉⲓⲛⲉ ⲛⲁϥ ⲛ̄ ϩⲉⲛⲇⲱⲣⲟⲛ· ⲟⲩⲛⲟⲩⲃ ⲙⲛ̄
ⲟⲩⲗⲓⲃⲁⲛⲟⲥ ⲙⲛ̄ ⲟⲩϣⲁⲗ· | ϩⲛ̄ ⲧⲉⲩϣⲏ ⲇⲉ ⲉⲧ ⲛⲏⲩ Fol. 51 *a*
ⲉⲩⲛⲁⲃⲱⲕ ⲉ ⲡⲉⲩⲏⲓ̈:—Ⲡⲉϥⲣⲁⲥⲧⲉ ⲉⲓⲥ ⲡⲁⲅⲅⲉⲗⲟⲥ ⲣ̄ⲅ
ⲙ̄ ⲡϫ̄ⲥ̄ ⲁϥⲟⲩⲱⲛϩ̄ ⲛⲁⲩ ⲉ ⲃⲟⲗ ϩⲛ̄ ⲟⲩⲣⲁⲥⲟⲩ ⲉϥϫⲱ
ⲙ̄ⲙⲟⲥ· ϫⲉ ⲉⲧⲉⲧⲛ̄ⲃⲏⲕ ⲉ ⲧⲱⲛ· ⲛ̄ⲧⲟⲟⲩ ⲇⲉ ⲡⲉϫⲁⲩ ϫⲉ
ⲛ̄ⲧⲟⲕ ⲡϫ̄ⲥ̄ ⲉⲧ ⲥⲟⲟⲩⲛ ϫⲉ ⲟⲩ ⲡⲉⲧ ⲛ̄ⲛⲁⲁϥ· ⲡⲉϫⲉ ⲡⲁⲅ-
ⲅⲉⲗⲟⲥ ⲇⲉ ⲛⲁⲩ ϫⲉ ⲙ̄ⲡⲣ̄ ⲕⲧⲉ ⲧⲏⲩⲧⲛ̄ ⲛ̄ ⲕⲉ ⲥⲟⲡ ϣⲁ
ϩⲏⲣⲱⲇⲏⲥ ⲁⲗⲗⲁ ⲁⲛⲁⲭⲱⲣⲉⲓ ⲛⲏⲧⲛ̄ ϩⲓⲧⲛ̄ ⲕⲉ ϩⲓⲏ ⲉ
ϩⲣⲁⲓ ⲉ ⲧⲉⲧⲛ̄ⲭⲱⲣⲁ· ⲛ̄ⲧⲟⲟⲩ ⲇⲉ ⲡⲉϫⲁⲩ ϫⲉ ⲛ̄ⲧⲛ̄ⲥⲟⲟⲩⲛ
ⲁⲛ ⲛ̄ ⲧⲉϩⲓⲏ ⲉⲧ ⲛ̄ⲛⲁⲃⲱⲕ ⲛ̄ϩⲏⲧⲥ̄· ⲛ̄ⲧⲟϥ ⲇⲉ ⲁϥϫⲓ

ⲙⲟⲉⲓⲧ ϩⲏⲧⲟⲩ ⲛ̄ⲥⲉⲥⲟⲟⲩⲛ̄ ⲁⲛ ϫⲉ ⲉⲩⲃⲏⲕ ⲉ ⲧⲱⲛ ϣⲁⲛⲧ
ϥ̄ϫⲓⲧⲟⲩ ⲉ ⲧⲉⲩⲡⲟⲗⲓⲥ ⲙⲛ̄ ⲧⲉⲭⲱⲣⲁ ⲧⲏⲣⲥ̄ ⲛ̄ ⲧⲡⲉⲣⲥⲓⲥ·
ⲟⲩⲛⲟϭ ⲇⲉ ⲛ̄ ϩⲟⲧⲉ ⲁⲥⲉⲓ ⲉϫⲛ̄ ϩⲏⲣⲱⲇⲏⲥ ⲙ̄ⲡ ⲉϥⲟⲩⲱϩ
ⲉ ⲧⲟⲟⲧϥ̄ ⲉ ϣⲓⲛⲉ ⲛ̄ⲥⲁ ⲡⲉⲭ̄ⲥ̄ ⲟⲩⲇⲉ ⲙ̄ⲙⲁⲅⲟⲥ· ⲛ̄ ⲧⲉⲣⲉ
ⲛⲟⲩⲁ ⲛⲟⲩⲁ ⲛ̄ ⲙ̄ⲙⲁⲅⲟⲥ ⲃⲱⲕ ⲉ ⲧⲉϥⲭⲱⲣⲁ ⲁⲩϭⲉⲡⲏ
Fol. 51 b ⲁⲩⲣⲱⲕϩ̄ ⲛ̄ ⲛ̄ϫⲱⲱⲙⲉ ⲛ̄ ⲧⲉⲩⲙⲛ̄ⲧ|ⲙⲁⲅⲟⲥ· ⲁⲩⲧⲁϣⲉ-
ⲣ̄ⲇ̄ ⲟⲉⲓϣ ⲙ̄ ⲡⲉⲭ̄ⲥ̄ ⲓ̄ⲥ̄ ϩⲙ̄ ⲧⲡⲟⲗⲓⲥ ⲧⲏⲣⲥ̄ ⲙⲛ̄ ⲧⲉⲭⲱⲣⲁ ⲧⲏⲣⲥ̄
ⲛ̄ⲧⲉ ⲡⲉⲣⲥⲓⲥ· ⲧⲟⲧⲉ ⲡⲁⲅⲅⲉⲗⲟⲥ ⲙ̄ ⲡϫ̄ⲥ̄ ⲁϥⲟⲩⲱⲛϩ̄ ⲉ
ⲃⲟⲗ ⲛ̄ ⲓⲱⲥⲏⲫ ⲙⲛ̄ⲛ̄ⲥⲁ ⲧⲣⲉ ⲙ̄ⲙⲁⲅⲟⲥ ⲁⲛⲁⲭⲱⲣⲉⲓ
ϫⲉ ⲧⲱⲟⲩⲛ ⲛⲅ̄ ⲃⲱⲕ ⲉ ϩⲣⲁⲓ ⲉ ⲕⲏⲙⲉ· ⲛ̄ⲧⲟⲕ ⲙⲛ̄
ⲡϣⲏⲣⲉ ϣⲏⲙ ⲙⲛ̄ ⲧⲉϥⲙⲁⲁⲩ ϣⲁⲛⲧ ⲉⲓϫⲟⲟⲥ ⲛⲁⲕ ⁘—
ϩⲏⲣⲱⲇⲏⲥ ⲅⲁⲣ ⲛⲁϣⲓⲛⲉ ⲛ̄ⲥⲁ ⲡϣⲏⲣⲉ ϣⲏⲙ ⲉ ⲧⲁⲕⲟϥ·
ⲁϥⲧⲱⲟⲩⲛ ⲇⲉ ⲛ̄ϭⲓ ⲓⲱⲥⲏⲫ ⲛ̄ ⲧⲉⲩϣⲏ ⲁϥϫⲓ ⲙ̄ ⲙⲁⲣⲓ̈ⲁ
ⲙⲛ̄ ⲓ̄ⲥ̄ ⲙⲛ̄ ⲥⲁⲗⲱⲙⲏ ⲁⲩⲙⲟⲟϣⲉ ⲉ ϩⲣⲁⲓ ⲁⲩⲃⲱⲕ ⲉ
ⲕⲏⲙⲉ· ⲉⲕⲃⲏⲕ ⲉ ⲧⲱⲛ ⲱ̄ ⲡⲉⲧ ⲉⲣⲉ ⲡⲛⲟⲩⲧⲉ ⲙⲟⲩⲧⲉ
ⲉ ⲣⲟϥ ⲛⲁϥ ⲛ̄ ⲉⲓⲱⲧ· ⲏ̄ ⲉⲕⲃⲏⲕ ⲉ ⲧⲱⲛ ⲱ̄ ⲡⲉⲧ ⲉⲣⲉ
ⲧⲡⲉ ⲙⲛ̄ ⲡⲕⲁϩ ⲥⲧⲱ̈ⲧ ϩⲁ ⲧⲉϥϩⲏ ⲙⲛ̄ ⲡⲥⲱⲛⲧ̄· ⲁϩⲣⲟⲕ
ⲉⲕⲡⲏⲧ ϩⲏⲧⲥ̄ ⲛ̄ ⲧⲉⲓ ⲃⲁϣⲟⲣ· ⲉⲓⲃⲏⲕ ⲡⲉϫⲁϥ ϫⲉ ⲕⲁⲥ
ⲉⲓⲉϫⲉⲕ ⲡⲥⲱⲛⲧ̄ ⲧⲏⲣϥ̄ ⲛ̄ ⲧⲙⲛ̄ⲧⲣⲱⲙⲉ ⲉ ⲃⲟⲗ ϣⲁⲧ
Fol. 52 a ⲛ̄ⲛⲟⲃⲉ ⲙ̄ⲙⲁⲧⲉ ⁘— | ⲡⲉⲧⲉ ϣⲁϥϭⲱϣⲧ̄ ⲉϫⲙ̄ ⲡⲕⲁϩ ⲉ
ⲣ̄ⲉ̄ ⲧⲣⲉϥⲥⲧⲱⲧ ϣⲁ ⲛⲉϥⲥⲛ̄ⲧⲉ· ⲡⲉⲧⲉ ϣⲁϥϫⲱϩ ⲛ̄ⲧⲟⲟⲩ
ⲛ̄ⲥⲉϯ ⲕⲁⲡⲛⲟⲥ· ⲉϥⲡⲏⲧ ϩⲏⲧϥ̄ ⲙ̄ ⲡⲉⲧ ⲉⲣⲉ ⲡⲉϥⲛⲓϥⲉ
ϩⲙ̄ ⲛⲉϥϭⲓϫ· ⲉⲓⲡⲏⲧ ⲁⲛ ⲡⲉϫⲁϥ ϩⲱⲥ ⲉⲓⲣ̄ ϩⲟⲧⲉ· ⲁⲗⲗⲁ
ϫⲉ ⲕⲁⲥ ⲉⲓⲛⲁⲃⲱⲕ ⲉ ⲧⲉⲭⲱⲣⲁ ⲛ̄ ⲕⲏⲙⲉ· ⲛ̄ⲧⲁⲡⲱⲣⲕ̄
ⲉ ⲃⲟⲗ ⲛ̄ϩⲏⲧⲥ̄ ⲛ̄ ⲧⲙⲛ̄ⲧⲣⲉϥϣⲙ̄ϣⲉ ⲉⲓⲇⲱⲗⲟⲛ ⲛ̄ⲧⲁⲥⲟⲃⲧⲉ
ⲛⲁⲓ ⲛ̄ϩⲏⲧⲥ̄ ⲛ̄ ⲟⲩⲗⲁⲟⲥ ⲉϥⲧⲃ̄ⲃⲏⲩ· ⲁⲙⲟⲩ ⲉ ⲧⲙ̄ⲙⲏⲏⲧⲉ
ⲙ̄ⲡⲟⲟⲩ ⲱ̄ ⲡⲛⲟϭ ⲙ̄ ⲡⲣⲟⲫⲏⲧⲏⲥ ⲏ̄ⲥⲁⲓⲁⲥ ϩⲙ̄ ⲧⲙⲏⲏⲧⲉ
ⲙ̄ ⲡⲉⲓ ϣⲁ ⲙ̄ⲡⲟⲟⲩ ⲛⲅ̄ ⲧⲁⲙⲟⲛ ⲉ ⲛⲉ ⲛⲧⲁⲕⲡⲣⲟ-
ⲫⲏⲧⲉⲩⲉ· ⲙ̄ⲙⲟⲟⲩ ϩⲁ ⲡⲉⲭ̄ⲥ̄ ⲙⲛ̄ ⲧⲉϥⲙⲁⲁⲩ ⲙ̄ ⲡⲁⲣ-
ⲑⲉⲛⲟⲥ ϫⲓⲛ ⲛ̄ ϣⲟⲣⲡ̄· ⲉⲓⲥ ⲡϫ̄ⲥ̄ ⲥⲁⲃⲁⲱⲑ ⲡⲉϫⲁϥ ⲛⲏⲩ
ⲉ ϩⲣⲁⲓ ⲉ ⲕⲏⲙⲉ ⲉϥϩⲙⲟⲟⲥ ϩⲓϫⲛ̄ ⲟⲩⲕⲗⲟⲟⲗⲉ ⲉⲥⲁⲥⲱⲟⲩ·
ⲁⲩⲱ ⲙ̄ ⲙⲟⲩⲛⲅ̄ ⲛ̄ ϭⲓϫ ⲧⲏⲣⲟⲩ ⲛ̄ ⲕⲏⲙⲉ ⲛⲁⲕⲓⲙ ⲙ̄
ⲡⲉϥⲙ̄ⲧⲟ ⲉ ⲃⲟⲗ· ⲉⲓⲧⲁ ⲡⲉϫⲁϥ ⲟⲛ ϫⲉ ⲁⲩⲱ ⲛ̄ⲣⲙ̄
ⲛ̄ⲕⲏⲙⲉ ⲛⲁⲣⲑⲉ ⲛ̄ ϩⲉⲛⲥϩⲓⲙⲉ ϩⲙ̄ ⲟⲩϩⲟⲧⲉ ⲙⲛ̄ ⲟⲩⲥⲧⲱⲧ

ⲉ ⲧⲃⲉ ⲧϭⲓϫ | ⲙ̄ ⲡϫⲥ̄ ⲥⲁⲃⲁⲱⲑ ⲛ̄ⲧⲁϥⲛ̄ⲧⲥ̄ ⲉ ϫⲱⲟⲩ· Fol. 52 *b*
ⲉⲡⲉⲓ ⲇⲏ ϩⲁⲑⲏ ⲙ̄ⲡⲁⲧⲉ ⲡⲉⲭ̄ⲥ̄ ⲉⲓ ⲉ ⲡⲕⲟⲥⲙⲟⲥ ⲛⲉⲣⲉ ⲛ̄ ⲣ̄ⲉ̄
ⲣⲙ̄ ⲛ̄ ⲕⲏⲙⲉ ⲛⲁϣⲧ ⲉⲣⲉ ⲡⲉⲩϭⲉⲣⲱⲃ ϩⲓϫⲙ̄ ⲡⲁϩⲁϩ
ⲛ̄ϩⲉⲑⲛⲟⲥ· ⲟⲩⲛ̄ ⲟⲩϩⲉⲑⲛⲟⲥ ⲅⲁⲣ ⲉϥⲛⲁϣⲧ ⲛⲁϩⲗ̄ⲡⲓⲍⲉ
ⲉ ⲁϥⲑⲃ̄ⲃⲓⲟ· ⲛⲉ ϩⲉⲛⲣⲉϥϣⲙ̄ϣⲉ ⲉⲓⲇⲱⲗⲟⲛ ⲅⲁⲣ ⲛⲉ ⲛ̄
ⲣⲙ̄ ⲛ̄ ⲕⲏⲙⲉ ⲁⲩⲱ ⲛⲉⲩⲣ̄ ϩⲟⲧⲉ ⲁⲛ ϩⲏⲧϥ̄ ⲙ̄ ⲡⲛⲟⲩⲧⲉ·
ⲟⲩⲇⲉ ⲗⲁⲁⲩ ⲛ̄ ϩⲉⲑⲛⲟⲥ·:—Ⲛ̄ ⲧⲉⲣⲉ ⲡⲉⲭ̄ⲥ̄ ⲇⲉ ⲉⲓ ⲉ
ⲡⲕⲟⲥⲙⲟⲥ ⲁϥⲉⲓ ⲉ ϩⲣⲁⲓ ⲉ ⲕⲏⲙⲉ ⲁ ⲧⲉϥϩⲟⲧⲉ ⲙⲛ̄
ⲡⲉϥⲥⲧⲱⲧ ⲉⲓ ⲉ ϫⲱⲟⲩ ⲁϥⲧⲃ̄ⲃⲟⲟⲩ ⲛ̄ ⲟⲩⲗⲁⲟⲥ ⲉϥⲟⲩⲁⲁⲃ·
ⲟⲩϩⲉⲑⲛⲟⲥ ⲉϥⲧⲃ̄ⲃⲏⲩ ⲁⲩⲱ ⲁϥⲧⲣⲉ ⲡϭⲉⲣⲱⲃ ⲛ̄ ⲛ̄ϩⲉⲑⲛⲟⲥ
ⲧⲏⲣⲟⲩ ⲉⲓ ⲉ ϩⲣⲁⲓ ⲉ ϫⲱⲟⲩ· ⲉ ⲧⲃⲉ ⲡⲁⲓ ϥϫⲱ ⲙ̄ⲙⲟⲥ
ϫⲉ ⲁ ⲕⲏⲙⲉ ϩⲓⲥⲉ ⲙⲛ̄ ⲧⲙ̄ⲡⲟⲣⲓⲁ ⲛ̄ ⲛⲉϭⲟⲟϣⲉ· ⲁⲩⲱ
ⲛ̄ⲥⲁⲃⲉⲛ ⲛ̄ⲣⲱⲙⲉ ⲉⲧ ϫⲟⲥⲉ ⲛⲉⲩ ⲉ ⲣⲁⲧⲕ̄ ⲁⲩⲱ ⲥⲉ-
ⲛⲁϣⲗⲏⲗ ⲉ ⲣⲟⲕ ⲛ̄ⲧⲟⲕ ⲅⲁⲣ ⲡⲉⲛⲛⲟⲩⲧⲉ ⲁⲩⲱ | ⲛⲉⲩ- Fol. 53 *a*
ⲥⲟⲟⲩⲛ̄ ⲁⲛ ⲡⲉ ⲡⲛⲟⲩⲧⲉ ⲙ̄ ⲡⲓⲏ̄ⲗ̄ ⲡⲉⲛⲥ̄ⲏ̄ⲣ̄· ⲁⲧⲉⲧⲛ̄ⲛⲁⲩ ⲣ̄ⲋ̄
ⲉ ⲛⲉⲡⲣⲟⲫⲏⲧⲓⲁ ⲉ ⲁϥⲟⲩⲱⲛϩ̄ ⲉ ⲃⲟⲗ· ⲉⲡⲉⲓ ⲇⲏ ⲛ̄
ⲧⲉⲣ ϥ̄ⲉⲓ ⲉ ϩⲣⲁⲓ ⲉϫⲙ̄ ⲡⲕⲁϩ ⲛ̄ϭⲓ ⲡⲗⲟⲅⲟⲥ ⲙ̄ ⲡⲉⲓⲱⲧ
ⲛ̄ⲧⲁϥⲉⲓ ϩⲛ̄ ⲟⲩⲑⲃ̄ⲃⲓⲟ· ⲙ̄ⲡⲉ ϥⲉⲓ ϩⲛ̄ ⲟⲩⲁⲝⲓⲱⲙⲁ ⲉϥϫⲟⲥⲉ
ⲟⲩⲇⲉ ⲙ̄ⲡ ϥⲫⲟⲣⲉⲓ ⲛ̄ ⲟⲩⲡⲟⲣⲫⲩⲣⲁ ⲛ̄ⲣⲣⲟ· ⲧⲉϥⲙⲛ̄ⲧⲉⲣⲟ
ⲅⲁⲣ ϣⲟⲟⲡ ϣⲁ ⲛⲓⲉⲛⲉϩ· ⲁⲩⲱ ⲧⲉϥⲙⲛ̄ⲧϫⲥ̄ ϣⲁ ⲟⲩϫⲱⲙ
ⲙⲛ̄ ⲟⲩϫⲱⲙ· ⲙ̄ⲡⲉ ϥⲉⲓ ⲉϥⲧⲁⲗⲏⲩ ⲉⲩⲕⲁⲣⲟⲩⲭⲓⲱⲛ
ⲁⲗⲗⲁ ⲉϥⲙⲟⲟϣⲉ ⲛ̄ ⲛⲉϥⲟⲩⲣⲏⲏⲧⲉ· ⲡϥⲕⲁⲣⲟⲩⲭⲓⲱⲛ
ⲅⲁⲣ ⲟⲩⲟⲙϥ̄ ⲛ̄ ⲧⲃⲛⲏ ⲡⲉ· ⲡⲁⲓ ⲛ̄ⲧⲁϥϯ ⲛⲁⲛ ⲛ̄ ⲧⲉϩⲓⲏ
ⲛ̄ ⲃⲱⲕ ⲉ ϩⲣⲁⲓ ⲉ ⲧⲡⲉ ⲉ ⲡⲙⲁ ⲛ ⲟⲩⲡⲟⲣⲫⲩⲣⲁ ϩⲉⲛⲧⲟⲉⲓⲥ
ⲛⲁⲓ ⲛ̄ⲧⲁⲩⲫⲟⲣⲉⲓ ⲙ̄ⲙⲟⲛ ϩⲛ̄ ⲑⲃⲥⲱ ⲛ̄ⲧⲙⲛ̄ⲧ ⲁⲧ ⲧⲁⲕⲟ·
ⲉ ⲧⲃⲉ ⲡⲁⲓ ⲟⲩⲟⲛ ⲛⲓⲙ ⲉⲧ ⲟ ⲛ̄ ϩⲙ̄ϩⲁⲗ ⲛⲁϥ ⲙⲛ̄ ϭⲟⲙ
ⲙ̄ⲙⲟⲟⲩ ⲉ ⲙⲟⲟϣⲉ ϩⲛ̄ ⲟⲩⲙⲛ̄ⲧ ϫⲁⲥⲓ ϩⲏⲧ· Ⲉⲓⲧⲁ ⲟⲛ
ⲡⲉϫⲁϥ ϫⲉ ⲟⲩⲛ ⲟⲩⲑⲩⲥⲓⲁⲥⲧⲏⲣⲓⲟⲛ ⲛⲁϣⲱ|ⲡⲉ ⲙ̄ ⲡϫⲥ̄ Fol. 53 *b*
ϩⲛ̄ ⲕⲏⲙⲉ ϩⲁϩⲧⲛ̄ ⲛⲉⲭⲱⲣⲁ ⲛ̄ ⲛⲉϭⲟⲟϣⲉ· ⲁⲩⲱ ⲥⲉⲛⲁ- ⲣ̄ⲏ̄
ⲧⲁⲗⲉ ⲇⲱⲣⲟⲛ ⲉ ϩⲣⲁⲓ ⲙ̄ ⲡϫⲥ̄ ϩⲓϫⲱϥ· ⲁ ⲡⲉϩⲗⲟϭ ⲛ̄
ⲛⲉⲕϣⲁϫⲉ ⲱ̄ ⲏ̄ⲥⲁⲓⲁⲥ ⲡⲉⲡⲣⲟⲫⲏⲧⲏⲥ ⲧⲣⲉⲛⲣ̄ ⲡⲱⲃϣ̄ ⲙ̄
ⲡ ⲕⲉⲥⲉⲡⲉ ⲛ̄ ⲛ̄ϣⲁϫⲉ ⲙ̄ ⲡⲉϩⲣⲏⲧⲟⲛ ⲛ̄ⲧⲁⲛⲁⲣⲭⲉⲓ ⲉ
ⲣⲟϥ ⲉ ⲧⲃⲉ ϩⲏⲣⲱⲇⲏⲥ ϫⲉ ⲁⲩⲥⲱⲃⲉ ⲙ̄ⲙⲟϥ ϩⲓⲧⲛ̄ ⲙ̄-
ⲙⲁⲅⲟⲥ· ⲟⲩⲇⲉ ⲙ̄ⲡⲉ ϥϭⲛ̄ ⲑⲉ ⲛ̄ ϣⲓⲛⲉ ⲛ̄ⲥⲁ ⲙ̄ⲙⲁⲅⲟⲥ

ⲁϥⲙⲟⲩϩ ⲉ ⲃⲟⲗ ϩⲙ̄ ⲡϭⲱⲛⲧ̄ ⲙ̄ ⲡⲉϥⲉⲓⲱⲧ ⲡⲇⲓⲁⲃⲟⲗⲟⲥ· ⲛϥⲣ̄ ϩⲟⲧⲉ ⲅⲁⲣ ϩⲏⲧⲟⲩ ⲡⲉ· ϫⲉ ϩⲉⲛⲥⲁϩ ⲛⲉ ϩⲛ̄ ⲧⲉⲩⲧⲉⲭⲛⲏ· ⲙⲏ ⲡⲟⲧⲉ ⲛ̄ⲥⲉⲉⲓⲣⲉ ⲛⲁϥ ⲛ̄ ϩⲉⲛⲡⲉⲑⲟⲟⲩ· Ⲟⲩⲇⲉ ⲟⲛ ⲙ̄ⲡⲉ ϥⲉⲓⲙⲉ ϫⲉ ⲉⲣⲉ ⲡⲉⲭ̄ⲥ̄ ⲧⲱⲛ ⲛϥϣⲓⲛⲉ ⲅⲁⲣ ⲛ̄ⲥⲱϥ ⲡⲉ ·:—ⲗⲟⲓⲡⲟⲛ ⲁϥϣⲱⲡⲉ ⲉϥⲙⲏⲛ ⲉ ⲃⲟⲗ ϩⲙ̄ ⲡⲉⲓ ⲥⲛⲁⲩ ⲙ̄ ⲡⲁⲑⲟⲥ ⲉⲑⲟⲟⲩ· ⲡϭⲱⲛⲧ̄ ⲛ̄ⲧ ⲛ̄ ⲙ̄ⲙⲁⲅⲟⲥ ⲛ̄ⲧⲁⲩⲥⲱⲃⲉ ⲙ̄ⲙⲟϥ· ⲁⲩⲱ ⲡⲉϥⲙⲟⲥⲧⲉ ⲉ ϩⲟⲩⲛ ⲉ ⲡⲉⲭ̄ⲥ̄ ⲉϥⲟⲩⲱϣ ⲉ ϩⲟⲧⲃⲉϥ· ⲛϥⲙⲏⲛ ⲉ ⲃⲟⲗ ⲉϥϭⲱϣⲧ̄ ϩⲏⲧⲟⲩ
Fol. 54 *a* ⲣ̄ⲑ̄ ⲉ ⲧⲣⲉⲩⲕⲧⲟⲟⲩ | ϣⲁ ⲣⲟϥ ϩⲱⲥⲧⲉ ⲛ̄ⲧⲉ ⲥⲛ̄ⲧⲉ ⲣⲟⲙⲡⲉ ϫⲱⲕ ⲉ ⲃⲟⲗ· ⲛ̄ⲧⲟϥ ⲁⲛ ⲡⲉⲛⲧ ⲁϥⲁⲛⲉⲭⲉ ⲙ̄ⲙⲟϥ· ⲁⲗⲗⲁ ⲡⲛⲟⲩⲧⲉ ⲡⲉⲛⲧ ⲁϥϯ ⲁⲛⲟⲭⲏ ⲉ ⲡϥϩⲏⲧ ⲉ ⲧⲙ̄ ⲇⲓⲱⲕⲉⲓ ⲛ̄ⲥⲁ ⲡⲉⲭ̄ⲥ̄ ϩⲛ̄ ⲟⲩϭⲉⲡⲏ ϣⲁⲛⲧⲉ ⲛⲉⲧ ⲥⲏϩ ⲧⲏⲣⲟⲩ ⲉ ⲧⲃⲏⲏⲧϥ̄ ϫⲱⲕ ⲉ ⲃⲟⲗ· Ⲕⲁⲓ ⲅⲁⲣ ⲁⲩⲥⲃ̄ⲃⲏⲧϥ̄ ϩⲙ̄ ⲡⲙⲉϩ ϣⲙⲟⲩⲛ ⲛ̄ ϩⲟⲟⲩ ⲁⲩⲉⲓⲣⲉ ⲙ̄ ⲡⲥⲱⲛ̄ⲧ ⲙ̄ ⲡⲛⲟⲙⲟⲥ ϩⲁ ⲣⲟϥ· ⲁⲩϫⲓⲧϥ̄ ⲉⲡⲣ̄ⲡⲉ ⲁ ⲥⲩⲙⲉⲱⲛ ⲡⲟⲩⲏⲏⲃ ϫⲓⲧϥ̄ ⲉ ⲡⲉϥϩⲁⲙⲏⲣ ⲁϥⲥⲙⲟⲩ ⲉ ⲣⲟϥ· ⲁϥⲉⲓ ⲉ ϩⲣⲁⲓ ϩⲛ̄ ⲑⲩⲗⲓⲕⲓⲁ ϩⲱⲥ ⲕⲟⲩⲓ ⲉϥⲥⲱⲧⲙ̄ ⲛ̄ⲥⲁ ⲛⲉϥⲉⲓⲟⲟⲧⲉ ⲙⲛ̄ ⲛ̄ⲕⲉ ϩⲃⲏⲩⲉ ⲧⲏⲣⲟⲩ ⲉⲧ ϣ̄ϣⲉ ⲉ ⲣⲟϥ ⲉ ⲁⲁⲩ· Ⲙⲛ̄ⲛ̄ⲥⲁ ⲛⲁⲓ ⲁϥⲃⲱⲕ ⲉ ϩⲣⲁⲓ ⲉ ⲕⲏⲙⲉ ⲛ̄ⲙ̄ⲙⲁϥ ⲛ̄ϭⲓ ⲓⲱⲥⲏⲫ ⲛ̄ ⲧⲉⲣⲉ ϥⲛⲁⲩ ϫⲉ ⲛ̄ϭⲓ ϩⲏⲣⲱⲇⲏⲥ ϫⲉ ⲙ̄ⲡ ⲟⲩⲕⲟⲧⲟⲩ ϣⲁ ⲣⲟϥ ⲛ̄ϭⲓ ⲙ̄ⲙⲁⲅⲟⲥ· ⲁϥϭⲱⲛⲧ̄ ⲉⲙⲁⲧⲉ ⲁϥϫⲟⲟⲩ ⲁϥⲙⲟⲩⲟⲩⲧ ⲛ̄ϣⲏⲣⲉ ϣⲏⲙ ⲛⲙ̄ ⲉⲧ ϩⲛ̄ ⲃⲏⲑⲗⲉⲉⲙ ⲙⲛ̄ ⲛⲉⲥⲧⲟϣ ϫⲓⲛ ⲣⲟⲙⲡⲉ ⲥⲛ̄ⲧⲉ
Fol. 54 *b* ⲣ̄ⲓ̄ ⲉ ⲡⲉⲥⲏⲧ· ⲡⲉϫⲁϥ ⲅⲁⲣ ⲛ̄ϭⲓ ⲡⲉⲩⲁⲅⲅⲉⲗⲓⲥⲧⲏⲥ | ϫⲉ ⲕⲁⲧⲁ ⲡⲉⲟⲩⲟⲉⲓϣ ⲛ̄ⲧⲁϥϩⲧ̄ϩⲱⲧϥ̄ ⲉ ⲃⲟⲗ ϩⲓ ⲧⲟⲟⲧⲟⲩ ⲛ̄ ⲙ̄ⲙⲁⲅⲟⲥ· ⲉϥⲟⲩⲱⲛϩ̄ ⲉ ⲃⲟⲗ ⲙ̄ ⲡϩⲱⲃ ϫⲉ ⲁϥϭⲱϣⲕ̄ ⲙ̄ⲡⲁⲧ ϥϩⲱⲧⲃ̄ ⲛ̄ ⲛ̄ϣⲏⲣⲉ ϣⲏⲙ ·:—Ⲛ̄ ⲧⲉⲣⲉ ⲧⲉⲑⲩⲥⲓⲁ ⲇⲉ ϣⲱⲡⲉ ⲁⲩⲣ̄ϩⲏⲃⲉ ⲛ̄ϭⲓ ⲛⲁ ⲃⲏⲑⲗⲉⲉⲙ ⲙⲛ̄ ⲛⲉⲥⲧⲟϣ ⲉϫⲛ̄ ⲛⲉⲩϣⲏⲣⲉ ⲕⲟⲩⲓ ⲛ̄ⲧⲁⲩϩⲟⲧⲃⲟⲩ ⁘ ⲛⲉⲧ ϩⲛ̄ ⲙ̄ⲡⲏⲩⲉ ⲇⲉ ⲧⲏⲣⲟⲩ ⲛⲉⲩⲣⲁϣⲉ ⲉϫⲛ̄ ⲧⲉⲑⲩⲥⲓⲁ ⲛ̄ϣⲏⲣⲉ ⲛ̄ⲧⲁⲥϣⲱⲡⲉ ⲙⲛ̄ⲛ̄ⲥⲁ ⲧⲁⲡⲟⲇⲏⲙⲓⲁ ⲙ̄ ⲡⲉⲭ̄ⲥ̄ ⲉϥϫⲱ ⲙ̄ⲙⲟⲥ ⲙ̄ ⲡⲉϥⲉⲓⲱⲧ ⲉϥⲣⲁϣⲉ ϫⲉ ⲉⲓⲥ ⲧⲁ ϣⲟⲣⲡ̄ ⲛ̄ ⲑⲩⲥⲓⲁ ⲁⲓⲧⲁⲗⲟⲥ ⲛⲁⲕ ⲉ ϩⲣⲁⲓ ⲛ̄ ⲧⲉⲣ ⲓ̄ⲉⲓ ⲉϫⲙ̄ ⲡⲕⲁϩ· ⲧⲉⲛⲟⲩ ϭⲉ ⲡⲁⲉⲓⲱⲧ ϫⲓ ⲛ̄ ⲧⲟⲟⲧ ⲛ̄ ⲧⲁ ⲑⲩⲥⲓⲁ ⲉ ⲡⲙⲁ ⲛ̄ ⲛ̄ⲧⲃ̄ⲛⲟⲟⲩⲉ ⲉⲧ ⲟⲩⲱⲧⲡ̄ ⲙ̄ⲙⲟⲟⲩ ⲉ ⲃⲟⲗ ⲛ̄ ⲛ̄ⲇⲁⲓⲙⲱⲛⲓⲟⲛ· ⲉⲓⲥ ϩⲏⲏⲧⲉ

ⲁⲓⲧⲛ̄ⲛⲟⲟⲩ ⲛⲁⲕ ⲉ ϩⲣⲁⲓ ⲛ̄ ⲟⲩⲙⲏⲏϣⲉ ⲛ̄ ⲥⲛⲟϥ ⲛ̄ ⲁⲧ
ⲛⲟⲃⲉ· ⲁⲓⲭⲁⲣⲓⲍⲉ ⲛⲁⲕ ⲛ̄ⲛⲉⲓ ⲧⲁⲓⲟ ⲱ̄ ⲡⲁ ⲉⲓⲱⲧ· ϫⲉ ⲕⲁⲥ
ⲉⲩⲛⲁⲥⲙⲟⲩ ⲉ ⲣⲟⲕ ⲙⲛ̄ ⲛⲉⲕⲁⲅ|ⲅⲉⲗⲟⲥ ⲉⲧ ⲟⲩⲁⲁⲃ ϣⲁⲛ Fol. 55 *a*
ϯⲉⲓ̈ ⲉ ϩⲣⲁⲓ ϣⲁ ⲣⲟⲕ· ⲙ̄ⲡⲣ̄ ⲕⲱ ⲛ̄ⲥⲱⲕ ⲙ̄ ⲡⲕⲟⲥⲙⲟⲥ ⲱ̄ ⲣ̄ⲓ̄ⲁ̄
ⲡⲁ ⲉⲓⲱⲧ ⲙⲛ̄ ⲛⲉⲧ ⲟⲩⲛ̄ϩ ⲛ̄ϩⲏⲧϥ̄· ⲁⲣⲓ ⲡⲙⲉⲉⲩⲉ ϫⲉ
ⲛⲉⲛϭⲓϫ ⲁⲩⲧⲁⲙⲓⲟⲟⲩ· ⲁⲩⲱ ⲛⲁⲓ̈ ⲧⲏⲣⲟⲩ ⲛ̄ϩⲱⲃ ⲛ̄ ⲛⲉⲛ-
ϭⲓϫ ⲡⲉ· Ⲛ̄ ⲧⲉⲣ ϥ̄ⲛⲁⲩ ⲇⲉ ⲛ̄ϭⲓ ϩⲏⲣⲱⲇⲏⲥ ⲛⲉⲩϣⲟⲟⲡ
ⲛⲁϥ ⲛ̄ϭⲓ ϣⲏⲣⲉ ⲥⲛⲁⲩ ⲉ ⲁϥⲙⲟⲩⲧⲉ ⲉ ⲣⲟⲟⲩ ⲙ̄ ⲡϥ̄ⲣⲁⲛ
ϫⲉ ϩⲏⲣⲱⲇⲏⲥ· ⲉϥⲛⲁⲧⲓ ⲇⲉ ⲙ̄ ⲡⲉϥⲡⲛ̄ⲁ̄· ⲁⲩϫⲛⲟⲩϥ
ⲛ̄ϭⲓ ⲛⲁ ⲧⲧⲁⲍⲓⲥ ϫⲉ ⲛⲓⲙ ϩⲛ̄ ⲛⲉⲕϣⲏⲣⲉ ⲡⲉⲧ ⲛⲁⲣ̄ ⲣ̄ⲣⲟ
ⲙⲛ̄ⲛ̄ⲥⲱⲕ· Ⲁϥϭⲱϣⲧ̄ ⲇⲉ ⲉ ⲡϥ̄ⲛⲟϭ ⲛ̄ ϣⲏⲣⲉ ⲡⲉϫⲁϥ
ⲛⲁϥ ϫⲉ ⲁⲣⲭⲉⲓ ⲉ ⲡⲉⲕⲗⲁⲟⲥ· ⲛ̄ⲧⲉⲩⲛⲟⲩ ⲁ ⲛⲁ ⲧⲇⲁⲍⲓⲥ
ϯ ⲉ ϫⲱϥ ⲛ̄ ⲧⲉϭⲣⲏⲏⲡⲉ ⲛ̄ ⲧⲙⲛ̄ⲧⲉⲣⲟ ⲁⲩϥⲓ ⲙ̄ⲙⲁⲩ ⲙ̄
ⲡⲉϥⲣⲁⲛ ⲛ̄ ϣⲟⲣⲡ̄ ϫⲉ ϩⲏⲣⲱⲇⲏⲥ ⲁⲩⲙⲟⲩⲧⲉ ⲉ ⲣⲟϥ ϫⲉ
ⲁⲣⲭⲉⲗⲁⲟⲥ ⲕⲁⲧⲁ ⲡⲉⲛⲧⲁ ⲡⲉϥⲉⲓⲱⲧ ⲧⲁⲁϥ ⲉ ⲣⲟϥ·
ⲡϫ̄ⲥ̄ ⲇⲉ ⲁϥⲡⲱⲛⲉ ⲙ̄ ⲡⲉϥϩⲏⲧ ⲉ ⲧⲙ̄|ⲧⲣⲉϥ̄ ϣⲓⲛⲉ ⲛ̄ⲥⲁ Fol. 55 *b*
ⲓ̄ⲥ̄· ⲟⲩⲁⲅⲅⲉⲗⲟⲥ ⲇⲉ ⲛ̄ⲧⲉ ⲡϫ̄ⲥ̄ ⲁϥⲟⲩⲱⲛ̄ϩ̄ ⲉ ⲃⲟⲗ ⲛ̄ ⲣ̄ⲓ̄ⲃ̄
ⲓⲱⲥⲏⲫ ϩⲛ̄ ⲕⲏⲙⲉ ⲉϥϫⲱ ⲙ̄ⲙⲟⲥ ϫⲉ ⲧⲱⲟⲩⲛ ⲛⲅ̄ ϫⲓ
ⲙ̄ ⲡϣⲏⲣⲉ ϣⲏⲙ ⲙⲛ̄ ⲧⲉϥⲙⲁⲁⲩ ⲛⲅ̄ ⲃⲱⲕ ⲉ ϩⲣⲁⲓ ⲉ
ⲡⲕⲁϩ ⲙ̄ ⲡⲓⲏ̄ⲗ̄· ⲁⲩⲙⲟⲩ ⲅⲁⲣ ⲛ̄ϭⲓ ⲛⲉⲧ ϣⲓⲛⲉ ⲛ̄ⲥⲁ
ⲧⲉϥⲯⲩⲭⲏ ⲙ̄ ⲡϣⲏⲣⲉ ϣⲏⲙ ⁘ Ⲛ̄ⲧⲉⲩⲛⲟⲩ ⲁϥⲧⲱⲟⲩⲛ
ⲛ̄ϭⲓ ⲡⲁ ⲧⲙⲛ̄ⲧϩⲗ̄ⲗⲟ ⲉⲧ ⲛⲁⲛⲟⲩⲥ· ⲁϥϫⲓ ⲙ̄ ⲡϣⲏⲣⲉ
ϣⲏⲙ· ⲙⲛ̄ ⲙⲁⲣⲓⲁ ⲧϥ̄ⲙⲁⲁⲩ ⲁϥⲃⲱⲕ ⲉ ϩⲣⲁⲓ ⲉ ⲡⲕⲁϩ
ⲙ̄ ⲡⲓⲏ̄ⲗ̄· ⲁⲩⲱ ⲛϥ̄ⲙⲟⲩⲧⲉ ⲉ ⲣⲟϥ ϫⲉ ⲡⲁ ⲉⲓⲱⲧ· Ⲁⲩⲱ
ⲛϥ̄ϯⲥⲃⲱ ⲛⲁϥ ϩⲱⲥ ϣⲏⲣⲉ· ⲛ̄ⲧⲟϥ ϩⲱⲱϥ ⲛϥ̄ⲥⲱⲧⲙ̄
ⲛ̄ⲥⲱϥ ϩⲱⲥ ϣⲏⲣⲉ ⲛ̄ ⲥⲱⲧⲡ̄· ⲛⲉⲩϣⲟⲟⲡ ⲇⲉ ⲡⲉ ⲛ̄ ⲁⲣⲭⲉ-
ⲗⲁⲟⲥ ⲛ̄ϭⲓ ϣⲏⲣⲉ ⲥⲛⲁⲩ ⲡⲛⲟϭ ⲙⲉⲛ ⲛⲉⲩⲙⲟⲩⲧⲉ ⲉ ⲣⲟϥ
ϫⲉ ⲫⲓⲗⲓⲡⲡⲟⲥ ⲡⲕⲟⲩⲓ ⲇⲉ ϫⲉ ϩⲏⲣⲱⲇⲏⲥ ⲕⲁⲧⲁ ⲡⲣⲁⲛ
ⲙ̄ ⲡϥ̄ⲉⲓⲱⲧ· ⲫⲓⲗⲓⲡⲡⲟⲥ ⲇⲉ | ⲛⲉ ⲧⲟⲩⲛ̄ⲧⲁϥ ⲙ̄ⲙⲁⲩ ⲛ̄ Fol. 56 *a*
ⲟⲩⲥϩⲓⲙⲉ ⲉ ⲡⲉⲥⲣⲁⲛ ⲡⲉ ϩⲏⲣⲱⲇⲓⲁⲥ :— ⲙⲛ̄ⲛ̄ⲥⲁ ϩⲉⲛⲕⲟⲩⲓ ⲣ̄ⲓ̄ⲅ̄
ⲇⲉ ⲛ̄ϩⲟⲟⲩ ⲁϥⲙⲟⲩ ⲛ̄ϭⲓ ⲁⲣⲭⲉⲗⲁⲟⲥ ⲁⲩⲕⲁⲑⲓⲥⲧⲁ ⲛ̄
ϩⲏⲣⲱⲇⲏⲥ ⲉ ⲡⲉϥⲙⲁ· ⲉϥϣⲏⲣⲉ ϣⲏⲙ ⲛ̄ⲥⲁⲉⲓ (*sic*) ⲡⲉ ⲉⲣⲉ
ⲧⲇⲁⲍⲓⲥ ⲧⲏⲣⲥ̄ ⲙⲉ ⲙ̄ⲙⲟϥ ⲡⲉ ⲙⲛ̄ⲧⲁϥ ⲥϩⲓⲙⲉ ⲇⲉ ⲙ̄-
ⲙⲁⲩ· ⲛϥ̄ⲉⲓⲣⲉ ⲇⲉ ⲛ̄ ⲟⲩⲛⲟϭ ⲙ̄ ⲡⲁⲣⲁⲛⲟⲙⲓⲁ ⲉϥⲡ̄-

ⲕⲟⲧⲕ̅ ⲙⲡ̅ ⲑⲓⲙⲉ ⲙ̅ ⲡⲉϥⲥⲟⲛ ⲉϯ ⲉϥⲟⲛϩ̅ ⲁⲩⲱ ⲛⲉ ⲙⲡ̅
ⲗⲁⲁⲩ ⲥⲟⲟⲩⲛ̅ ⲙ̅ ⲡⲉⲓ ⲙⲩⲥⲧⲏⲣⲓⲟⲛ ⲛ̅ⲥⲁ ⲓⲱϩⲁⲛⲛⲏⲥ
ⲡϣⲏⲣⲉ ⲛ̅ ⲍⲁⲭⲁⲣⲓⲁⲥ ⲡⲟⲩⲏⲏⲃ· Ⲉϥϣⲟⲟⲡ ⲇⲉ ϩⲙ̅
ⲡϫⲁⲓⲉ ⲛ̅ ⲧⲟⲣⲓⲛⲏ ϩⲛ̅ ⲛⲉϩⲟⲟⲩ ⲉⲧ ⲙ̅ⲙⲁⲩ ⲉ ⲃⲟⲗ ϫⲉ ⲙ̅
ⲡⲉⲟⲩⲟⲉⲓϣ ⲉⲧ ⲙ̅ⲙⲁⲩ ⲛ̅ⲧⲁ ϩⲏⲣⲱⲇⲏⲥ ⲙⲟⲩⲟⲩⲧ ⲛ̅
ⲛ̅ϣⲏⲣⲉ ϣⲏⲙ ⲉⲧ ϩⲛ̅ ⲃⲏⲑⲗⲉⲉⲙ· ⲉϥϣⲓⲛⲉ ⲛ̅ⲥⲁ ⲡⲉⲭ̅ⲥ̅
ⲁϥϣⲓⲛⲉ ⲟⲛ ⲛ̅ⲥⲁ ⲡⲕⲉ ⲓ̅ⲱ̅ⲥ̅ ⲉ ⲙⲟⲩⲟⲩⲧ ⲙ̅ⲙⲟϥ· ⲁⲥϥⲓⲧϥ̅ |
Fol. 56 b ⲛ̅ϭⲓ ⲧⲉϥⲙⲁⲁⲩ ⲁⲥⲡⲱⲧ ⲛ̅ⲙ̅ⲙⲁϥ ⲉ ⲡϫⲁⲓⲉ ⲛ̅ ⲧⲟⲣⲓⲛⲏ·
ⲣⲓⲇ Ⲁⲙⲉⲗⲉⲓ ⲁϥϫⲟⲟⲩ ϣⲁ ⲍⲁⲭⲁⲣⲓⲁⲥ ⲡⲉϥⲉⲓⲱⲧ ⲉ ⲡⲣ̅ⲡⲉ
ⲉϥϫⲱ ⲙ̅ⲙⲟⲥ· ϫⲉ ⲁϫⲓⲥ ⲉ ⲣⲟⲓ ϫⲉ ⲉⲣⲉ ⲡⲉⲕϣⲏⲣⲉ ⲧⲱⲛ
ϫⲉ ⲕⲁⲥ ⲉⲓⲉⲙⲟⲟⲩⲧϥ̅· ⲡⲉϫⲁϥ ⲛ̅ϭⲓ ⲍⲁⲭⲁⲣⲓⲁⲥ ϫⲉ
ϯⲥⲟⲟⲩⲛ ⲁⲛ ⲁ ⲧⲉϥⲙⲁⲁⲩ ϥⲓⲧϥ̅ ⲁⲥⲡⲱⲧ ⲛ̅ⲙ̅ⲙⲁϥ· ⲁϥ-
ϭⲱⲛⲧ̅ ⲇⲉ ⲛ̅ϭⲓ ϩⲏⲣⲱⲇⲏⲥ ⲁϥϫⲟⲟⲩ ⲁϥⲙⲟⲩⲟⲩⲧ ⲛ̅
ⲍⲁⲭⲁⲣⲓⲁⲥ ⲡⲟⲩⲏⲏⲃ ϩⲙ̅ ⲡⲧⲁⲃⲓⲣ ⲛ̅ ⲧⲕⲏⲡϩⲉ ⲙ̅ ⲡⲙⲁ
ⲉⲧ ⲟⲩⲁⲁⲃ ϩⲓϫⲛ̅ ⲛ̅ⲧⲱⲣⲧⲣ̅ ⲙ̅ ⲡⲉⲑⲩⲥⲓⲁⲥⲧⲏⲣⲓⲟⲛ ⳾—
Ⲙⲛ̅ⲛ̅ⲥⲁ ⲛⲁⲓ ⲁϥⲙⲟⲩ ⲛ̅ϭⲓ ⲫⲓⲗⲓⲡⲡⲟⲥ· ⲁϥⲕⲱ ⲛ̅ ⲟⲩ-
ϣⲉⲉⲣⲉ ϫⲉ ⲟⲣⲭⲏⲥⲧⲣⲓⲁⲛⲏ· ϩⲏⲣⲱⲇⲏⲥ ⲇⲉ ⲛⲉϥⲙⲏⲛ
ⲉ ⲃⲟⲗ ϩⲙ̅ ⲡⲛⲟⲃⲉ· ⲁⲩⲱ ⲛⲉⲣⲉ ⲓ̅ⲱ̅ⲥ̅ ϫⲡⲓⲟ ⲙ̅ⲙⲟϥ ⲉϥ-
ϫⲟⲟⲩ ϣⲁ ⲣⲟϥ ⲙ̅ ⲙⲏⲛⲉ ϩⲓⲧⲛ̅ ⲛ̅ ⲃⲁⲓ ϣⲓⲛⲉ· ⲉϥϫⲱ
ⲙ̅ⲙⲟⲥ ϫⲉ ⲟⲩⲕ ⲉⲝⲉⲥϯ ⲛⲁⲕ ⲉ ϫⲓ ⲛ̅ ⲑⲓⲙⲉ ⲙ̅ ⲡⲉⲕⲥⲟⲛ ⳾—
Fol. 57 a ⲱ̅ ⲓ̅ⲱ̅ⲥ̅ | ⲡⲉⲧⲉ ⲙ̅ⲡ ϥ̅ⲧⲱⲟⲩⲛ ϩⲙ̅ ⲡⲉϫⲡⲟ ⲛ̅ ⲛⲉϩⲓⲟⲙⲉ
ⲣⲓⲉ ⲛ̅ϭⲓ ⲡⲉⲧⲟ ⲛ̅ ⲛⲟϭ ⲉ ⲣⲟϥ· ϯⲟⲩⲱϣ ⲉ ⲧⲣⲉⲕⲧⲁⲙⲟⲓ ϫⲉ ⲛⲓⲙ
ⲡⲉ ⲡⲃⲁⲓ ϣⲓⲛⲉ ⲉⲧ ⲕ̅ϫⲟⲟⲩ ⲙ̅ⲙⲟϥ ⲙ̅ ⲙⲏⲛⲉ ϣⲁ ϩⲏⲣⲱ-
ⲇⲏⲥ· ⲟⲩⲇⲉ ⲅⲁⲣ ⲙ̅ⲡⲁⲧ ⲕⲟⲩⲱⲛϩ̅ ⲉ ⲣⲱⲙⲉ ⲟⲩⲇⲉ ⲙⲛ̅
ⲗⲁⲁⲩ ⲛ̅ ⲣⲱⲙⲉ ⲛⲁⲉϣⲧⲟⲗⲙⲁ ⲉⲧⲁⲩ ⲉ ⲗⲁⲁⲩ ⲛ̅ ϣⲁϫⲉ
ⲛ̅ ϯ ⲙⲉⲓⲛⲉ ⲉ ϩⲟⲩⲛ ϩⲙ̅ ⲡϩⲟ ⲙ̅ ⲡⲣ̅ⲣⲟ· ϯ ⲙⲉⲉⲩⲉ ⲇⲉ
ⲱ̅ ⲛⲁⲥⲛⲏⲩ ϫⲉ ⲟⲩⲁⲅⲅⲉⲗⲟⲥ ⲡⲉⲧ ϣⲟⲟⲡ ⲛⲁϥ ⲛ̅ ⲃⲁⲓϣⲓⲛⲉ
ⲉϥⲃⲏⲕ ϣⲁ ϩⲏⲣⲱⲇⲏⲥ ⲉϥϫⲱ ⲉ ⲣⲟϥ ⲛ̅ ⲙ̅ⲙⲩⲥⲧⲏⲣⲓⲟⲛ
ⲛ̅ ⲓⲱϩⲁⲛⲛⲏⲥ· ⲉ ⲧⲃⲉ ⲡⲁⲓ ⲙ̅ⲡ ⲉϥⲉⲓⲙⲉ ϫⲉ ⲉϥⲧⲱⲛ ⲟⲩⲇⲉ
ⲙ̅ⲡⲉ ϥⲉϣⲁⲙⲁϩⲧⲉ ⲙ̅ ⲡⲃⲁⲓ ϣⲓⲛⲉ ϫⲉ ⲛϥ̅ⲛⲁⲩ ⲉ ⲣⲟϥ
ⲁⲛ ⲁⲗⲗⲁ ⲧⲉϥⲥⲙⲏ ⲙ̅ⲙⲁⲧⲉ ⲧⲉⲧ ϥ̅ⲥⲱⲧⲙ̅ ⲉ ⲣⲟⲥ ⳾—
Ⲙⲛ̅ⲛ̅ⲥⲱⲥ ⲟⲛ ⲛ̅ ⲧⲉⲣⲉ ϥⲟⲩⲱⲛϩ̅ ⲉ ⲃⲟⲗ ⲛ̅ϭⲓ ⲡⲉⲡⲣⲟⲇⲣⲟ-
ⲙⲟⲥ ⲉⲧ ⲟⲩⲁⲁⲃ ⲓⲱϩⲁⲛⲛⲏⲥ ⲛⲉϥϫⲡⲓⲟ ⲙ̅ⲙⲟϥ ⲟⲛ ⲡⲉ·
ⲁⲩⲱ ⲙ̅ⲡⲉ ϥⲉϣϭⲙ̅ϭⲟⲙ ⲉ ϣⲁϫⲉ ⲛ̅ⲙ̅ⲙⲁϥ· ⲕⲁⲧⲁ

ⲗⲁⲁⲩ ⲙ̅ ⲡⲉⲑⲟⲟⲩ | ⲉ ⲧⲃⲉ ⲡⲙⲏⲏϣⲉ ϫⲉ ⲛϥⲛ̅ⲧⲟⲟⲧⲟⲩ ϩⲱⲥ Fol. 57 b
ⲡⲣⲟⲫⲏⲧⲏⲥ · Ⲛⲉⲓⲟⲩⲱϣ ⲙⲉⲛ ⲡⲉ ⲉ ϣⲁϫⲉ ⲛ̅ⲙ̅ⲙⲏⲧⲛ̅ ⲉ ⲣ̅ⲓ̅ⲋ̅
ⲧⲃⲉ ⲛⲉ ⲛⲧⲁⲩϣⲱⲡⲉ ⲛ̅ ϩⲏⲣⲱⲇⲏⲥ ⲙⲛ̅ ⲓ̅ⲱ̅ⲥ̅ ⲁⲗⲗⲁ ⲙⲏ
ⲡⲟⲧⲉ ⲛ̅ⲧⲛ̅ϣⲁϫⲉ ⲉ ⲧⲃⲉ ⲡⲁⲓ ⲛ̅ⲧⲛ̅ⲣ̅ ⲡⲱⲃϣ̅ ⲙ̅ ⲡⲙⲩⲥⲧⲏ-
ⲣⲓⲟⲛ ⲙ̅ ⲡⲉⲓ ⲛⲟϭ ⲛ̅ ϣⲁ ⲉⲧ ⲡⲟⲣϣ̅ ⲛⲁⲛ ⲉ ⲃⲟⲗ ⲙ̅ⲡⲟⲟⲩ ·
ⲉ ⲧⲃⲉ ⲧⲡⲁⲣⲑⲉⲛⲟⲥ ⲉⲧ ⲟⲩⲁⲁⲃ ⲙⲁⲣⲓⲁ ⲧⲛ̅ⲧ ⲁⲥⲙⲓⲥⲉ ⲙ̅
ⲡⲛⲟⲩⲧⲉ · ⲙⲏ ⲟⲩⲛ ⲕⲉ ⲛⲟϭ ⲛ̅ ϣⲡⲏⲣⲉ ⲛ̅ⲑⲉ ⲙ̅ ⲡⲁⲓ
ϩⲓϫⲙ̅ ⲡⲕⲁϩ ⲛ̅ⲧ̅ ϩⲉ ⲉⲩⲡⲁⲣⲑⲉⲛⲟⲥ ⲉⲥⲉⲉⲧ · ⲁⲩⲱ ⲟⲛ
ⲁⲥⲙⲓⲥⲉ ⲛ̅ ⲟⲩⲉϣ ⲛ̅ ϩⲟⲟⲩⲧ · ⲙⲁⲗⲗⲟⲛ ⲇⲉ ⲁⲩⲣ̅ ⲡⲉⲥⲧⲱϣ
ⲉ ⲧⲁⲁⲥ ⲛ̅ ⲟⲩⲣⲱⲙⲉ · ⲁⲩⲱ ⲛ̅ ⲧⲉⲣ ⲟⲩⲧⲁⲁⲥ ⲛⲁϥ ⲙ̅ⲡ
ϥ̅ⲥⲟⲩⲱⲛⲥ̅ · ⲟⲩⲇⲉ ⲙ̅ⲡⲉ ϥⲥⲕⲁⲛⲇⲁⲗⲓⲍⲉ ϫⲉ ⲉⲥⲥⲉⲧ ⲛ̅ ⲛⲓⲙ
ⲙⲁⲗⲗⲟⲛ ⲇⲉ ⲉϥϣⲟⲟⲡ ⲛ̅ ⲉⲓⲱⲧ ⲁⲩⲱ ⲛ̅ ⲇⲓⲁⲕⲱⲛⲓⲧⲏⲥ
ⲙ̅ⲡⲉ ⲛⲧⲁⲥϫⲡⲟϥ · ⲟⲛⲧⲱⲥ ⲉⲛⲉ ⲁⲛⲟⲕ ⲡⲉ ϯⲛⲁϫⲟⲟⲥ ⲛⲁⲥ
ϫⲉ ϯⲟⲩⲱϣ ⲉ ⲉⲓⲙⲉ ⲉ ⲡⲉⲓ ⲧⲱϣ ⲛ̅ⲧⲁϥϣⲱⲡⲉ ⲙ̅ⲙⲁⲩ ·
ⲁⲩϣⲛ̅ ⲧⲟⲟⲧⲉ ⲛ̅ⲙ̅ⲙⲁⲓ ϩⲱⲥ | ⲡⲁⲣⲑⲉⲛⲟⲥ ⲉ ⲣ̅ ⲧϣⲉⲗⲉⲉⲧ Fol. 58 a
ⲇⲉ ⲙ̅ⲡⲁⲧⲉ ⲡⲁⲓ ϣⲱⲡⲉ · ⲧⲉⲛⲟⲩ ϭⲉ ϯ ⲙⲟⲟϣⲉ ⲛ̅ⲙ̅ⲙⲉ ⲣ̅ⲓ̅ⲍ̅
ϯⲛⲁⲩ ⲉⲣⲱ ⲣ̅ⲉⲉⲧ ⲁⲩⲱ ⲉⲁⲣϩⲱⲛ̅ ⲉ ϩⲟⲩⲛ ⲉ ⲙⲓⲥⲉ ·
ⲁⲗⲗⲁ ⲙ̅ⲡⲉ ⲗⲁⲁⲩ ϩⲛ̅ ⲛⲁⲓ ⲁⲗⲉ ⲉ ϩⲣⲁⲓ ⲉϫⲙ̅ ⲡⲉϥϩⲏⲧ
Ϣ ⲏ̅ⲥⲁⲓⲁⲥ ⲡⲛⲟϭ ⲙ̅ ⲡⲣⲟⲫⲏⲧⲏⲥ ⲁⲩⲱ ⲡⲣⲉϥϣⲁϫⲉ
ⲙⲛ̅ ⲡⲛⲟⲩⲧⲉ ⲛ̅ ϩⲁϩ ⲛ̅ ⲥⲟⲡ · ⲁⲩⲱ ⲟⲛ ⲡⲉⲧⲉ ⲙ̅ⲡⲉ ϥⲕⲁ
ⲣⲱϥ ⲉ ϣⲁϫⲉ ⲛ̅ ϩⲁϩ ⲛ̅ ⲥⲟⲡ · ⲉ ⲛⲉϣⲡⲏⲣⲉ ⲛ̅ ϯⲡⲁⲣ-
ⲑⲉⲛⲟⲥ ⲱ̅ ⲡⲉⲧ ϥ̅ϫⲱ ⲙ̅ⲙⲟⲥ ⲡⲉϫⲁϥ ⲙ̅ⲡⲁⲧⲉ ⲧⲉⲉⲧ
ϯⲛⲁⲁⲕⲉ ⲙⲓⲥⲉ · ⲙ̅ⲡⲁⲧⲉ ⲡⲉ ⲧⲕⲁⲥ ⲛ̅ ⲛ̅ⲛⲁⲁⲕⲉ ⲉⲓ
ⲁⲥⲣ̅ ⲃⲟⲗ · ⲁⲥⲙⲓⲥⲉ ⲛ̅ ⲟⲩϣⲣ̅ ϩⲟⲟⲩⲧ · ⲛⲓⲙ ⲡⲉ ⲛ̅ⲧⲁϥ-
ⲥⲱⲧⲙ̅ ⲉ ϩⲱⲃ ⲛ̅ ϯⲙⲓⲛⲉ ⲏ̅ ⲛⲓⲙ ⲡⲉ ⲛⲧⲁϥⲛⲁⲩ ϫⲉ ⲛⲉ ⲁⲩ-
ⲥϩⲓⲙⲉ ⲙⲓⲥⲉ ⲁⲥϫⲡⲟ ⲛ̅ ⲟⲩϩⲉⲑⲛⲟⲥ ϩⲓ ⲟⲩⲥⲟⲡ · ⲕⲁⲓ ⲅⲁⲣ
ⲟⲩⲛⲟϭ ⲛ̅ ϣⲡⲏⲣⲉ ⲧⲉ ⲧⲁⲓ ϫⲉ ⲁⲥϯⲛⲁⲁⲕⲉ ϩⲱⲱⲥ ⲛ̅ⲑⲉ ⲛ̅
ⲛⲉϩⲓⲟⲟⲙⲉ ⲧⲏⲣⲟⲩ ⲕⲁⲓ ⲅⲁⲣ ⲁⲥⲙⲓⲥⲉ ⲉϫⲛ̅ ϩⲟⲟ[...][1] ϩⲓ
ϣⲧⲟⲣⲧⲣ̅ ⲡⲉϩⲃⲁ ⲉⲧⲉ ϣⲁϥϣⲱⲡⲉ ⲛ̅ ⲛ̅ϣⲁ ⲙⲓⲥⲉ ⲧⲏⲣⲟⲩ |
ⲙ̅ⲡⲉ ϥϣⲱⲡⲉ ⲙ̅ⲙⲟⲥ · Ϣ ⲙⲁⲣⲓⲁ ⲉⲣⲉ ⲟⲩ ϩⲙ̅ ⲡⲟⲩϩⲏⲧ Fol. 58 b
ⲙ̅ ⲡⲛⲁⲩ ⲉⲣ̅ ⲛ̅ ϩⲟⲩⲛ ⲙ̅ ⲡⲙⲁ ⲛ̅ ϭⲟⲓⲗⲉ ⲙⲁⲩⲁⲁⲧⲉ ϩⲛ̅ ⲣ̅ⲓ̅ⲏ̅
ⲟⲩⲙⲛ̅ⲧϣ̅ⲙ̅ⲙⲟ · ⲙⲛ̅ ⲗⲁⲁⲩ ⲛ̅ ⲣⲱⲙⲉ ϩⲁϩⲧⲉ ⲣ̅ ⲥⲟⲟⲩⲛ
ⲙ̅ⲙⲟϥ · ⲟⲩⲇⲉ ⲟⲛ ⲙ̅ⲡⲣ̅ ϭⲛ̅ ⲙⲁ ⲛ̅ ⲙ̅ⲧⲟⲛ ϩⲙ̅ ⲡⲙⲁ

[1] Correction here ; reading doubtful.

ⲛ̄ ϭⲟⲓⲗⲉ ⲁⲗⲗⲁ ⲣ̄ ϣⲟⲟⲡ ⲙⲁⲩⲁⲁⲧⲉ ⲁϫⲛ̄ ϣⲧⲟⲣⲧⲣ̄ ⲁⲩⲱ
ⲁϫⲛ̄ ϩⲃⲁ· ⲁⲣⲁ ⲙ̄ⲡⲣ̄ ϫⲟⲟⲥ ϩⲙ̄ ⲡⲟⲩϩⲏⲧ ϫⲉ ⲁⲛⲅ̄
ⲟⲩⲥϩⲓⲙⲉ ϩⲱ ⲛ̄ⲑⲉ ⲛ̄ ⲛⲉϩⲓⲟⲟⲙⲉ ⲧⲏⲣⲟⲩ ϯⲛⲁⲩ ϭⲉ ⲉ ⲣⲟⲓ
ⲉⲓⲉⲉⲧ ⲉⲓⲟ ⲙ̄ ⲡⲁⲣⲑⲉⲛⲟⲥ ⲟⲩⲙⲩⲥⲧⲏⲣⲓⲟⲛ ⲅⲁⲣ ⲛ̄ ϣⲡⲏⲣⲉ
ⲡⲉⲛⲧ ⲁϥϣⲱⲡⲉ ⲙ̄ⲙⲟⲓ· ϯⲛⲁⲩ ⲉ ⲡⲕⲁⲣⲡⲟⲥ ⲉϥⲕⲓⲙ·
ϯⲛⲁⲩ ⲉ ⲛ̄ⲛⲁⲁⲕⲉ ⲉⲩϣⲟⲩⲟ ⲉ ϫⲱⲓ ⲛ̄ⲑⲉ ⲛ̄ ⲛ̄ⲧⲗ̄ϯⲗⲉ
ⲙ̄ ⲡⲙⲟⲩ ⲛ̄ ϩⲱⲟⲩ· ϯⲛⲁⲩ ⲉ ⲣⲟⲓ ϩⲛ̄ ⲟⲩⲛⲟϭ ⲙ̄ ⲙⲛ̄ⲧ
ⲁⲧ ⲣⲱⲙⲉ ⲙⲛ̄ ⲟⲩⲙⲛ̄ⲧϣⲙ̄ⲙⲟ ⲛ̄ ϯⲥⲟⲟⲩⲛ ⲁⲛ ϫⲉ
ⲉⲓⲛⲁϫⲟⲟⲥ ϫⲉ ⲟⲩ ⲟⲩⲇⲉ ⲛ̄ ϯⲛⲁⲩ ⲁⲛ ⲉ ⲗⲁⲁⲩ ⲉⲛ ⲣⲱⲙⲉ
ⲉϥϥⲓ ⲣⲟⲟⲩϣ ϩⲁ ⲣⲟⲓ ϩⲛ̄ ⲟⲩⲛⲉϩ ⲙⲛ̄ ⲟⲩⲏⲣⲡ ⲙⲛ̄ ⲛ̄ⲕⲉ
Fol. 59 a ϩⲃⲏⲩⲉ | ⲉⲧⲉ ϣⲁⲩⲁⲁⲩ ⲛ̄ ⲛ̄ϣⲁ ⲙⲓⲥⲉ· ⲙⲁⲗⲓⲥⲧⲁ ϫⲉ
ⲣⲓⲑ ⲁⲛⲅ̄ ⲟⲩ ⲁⲧ ⲣⲱⲙⲉ ⲧⲉⲛⲟⲩ ⲁⲩⲱ ⲁⲛⲅ̄ ⲟⲩϣⲙ̄ⲙⲟ ⲉⲓϭⲁ-
ⲗⲱⲟⲩ ϩⲛ̄ ⲟⲩⲙⲁ ⲛ ϭⲟⲓⲗⲉ· ⲛⲉϩⲓⲟⲙⲉ ⲅⲁⲣ ⲧⲏⲣⲟⲩ
ⲉⲧⲟⲩⲛⲁⲙⲓⲥⲉ ⲙ̄ ⲡⲉⲩϣⲟⲣⲡ ⲛ̄ ⲥⲟⲡ· ϩⲟⲧⲁⲛ ⲉⲩϣⲁⲛⲉⲓ
ⲉ ⲡⲉⲩⲙⲉϩ ⲯⲓⲥ ⲛ̄ ⲉⲃⲟⲧ ϣⲁⲩϥⲓ̈ⲣⲟⲟⲩϣ ϩⲁ ⲣⲟⲟⲩ ⲛ̄ϭⲓ
ⲛⲉⲩⲉⲓⲟⲟⲧⲉ· Ⲁⲛⲟⲕ ϩⲱ ⲛ̄ ϯⲛⲁⲩ ⲁⲛ ⲉ ⲗⲁⲁⲩ ⲛ̄ ⲛⲁⲓ ⲙ̄
ⲡⲁⲕⲱⲧⲉ· ⲟⲩⲇⲉ ⲣⲱ ⲙⲛ̄ⲧⲁⲓ ⲡⲕⲉ ⲛⲓ ⲙ̄ⲙⲁⲩ ⲉ ⲧⲣⲁ
ⲟⲩⲱϩ ⲛ̄ϩⲏⲧϥ· ⲧⲉⲛⲟⲩ ⲉ ⲧⲃⲉ ⲟⲩ ϭⲉ ⲣ̄ ⲛⲁϣⲧⲟⲣⲧⲣ̄ ⲱ̄
ⲙⲁⲣⲓⲁ· ⲉⲓⲥ ⲧⲉⲥⲧⲣⲁϯⲁ ⲧⲏⲣⲥ̄ ⲛ̄ ⲧⲡⲉ ⲁϩⲉ ⲣⲁⲧⲥ̄ ⲙ̄
ⲡⲟⲩⲙ̄ⲧⲟ ⲉ ⲃⲟⲗ ⲉ ⲡⲙⲁ ⲛ̄ ⲛⲟⲩⲉⲓⲟⲟⲧⲉ ⲕⲁⲧⲁ ⲥⲁⲣⲝ̄·
ⲉⲓⲥ ⲡⲛⲟⲩⲧⲉ ⲁⲩⲱ ⲡϫⲥ̄ ⲙ̄ ⲡⲥⲱⲛ̄ⲧ ⲧⲏⲣϥ̄ ⲁϥϣⲱⲡⲉ ⲛⲏ ⲛ̄
ⲉⲓⲱⲧ ⲉ ⲡⲙⲁ ⲛ̄ ⲛⲟⲩⲥⲛⲏⲩ ⲙⲛ̄ ⲛⲟⲩⲥⲩⲅⲅⲉⲛⲏⲥ· ⲉⲓⲥ ⲡⲉⲛⲧ
ⲁϥⲧⲁⲙⲓⲉ ϯ[ⲟⲓ]ⲕⲟⲩⲙⲉⲛⲏ ⲧⲏⲣⲥ̄ ϩⲛ̄ ⲛⲉϥϭⲓϫ ⲙ̄ⲙⲓⲛ
ⲙ̄ⲙⲟϥ ⲉϥϩⲓ ϩⲟⲩⲛ ⲙ̄ⲙⲁⲩ ⲉϥⲥⲕⲉⲡⲁⲍⲉ ⲙ̄ⲙⲁⲩ ⲉ ⲡⲙⲁ
Fol. 59 b ⲛ̄ ⲟⲩⲏⲣⲡ ⲙⲛ̄ ⲟⲩⲛⲉϩ ⲙⲛ̄ ⲡⲕⲉ | ⲥⲉⲉⲡⲉ ⲛ̄ ⲭⲣⲓⲁ ⲛ̄ⲧⲉ
ⲣⲕ ⲡⲥⲱⲙⲁ ⲡⲉⲧ ϯ ⲧⲣⲟⲫⲏ ⲛ̄ ⲛⲉⲧ ϩⲙ̄ ⲫⲉⲃⲱⲱⲛ ϥⲛⲏⲩ ⲉ
ⲃⲟⲗ ⲛ̄ϩⲏⲧⲉ· ⲉ ⲡⲙⲁ ⲛ̄ ⲟⲩⲏⲓ ⲙⲛ̄ ⲟⲩⲉⲣⲥⲟⲓ· ⲧⲡⲉ ⲛ̄
ⲧⲡⲉ ⲧⲉⲧⲛⲁϣⲱⲡⲉ ⲛⲉ ⲛ̄ⲏⲓ ⲁⲩⲱ ⲙ̄ ⲙⲁ ⲛ̄ ⲟⲩⲱϩ· ⲉ ⲡⲙⲁ
ⲛ̄ ϩⲉⲛⲙⲁ ⲛ̄ ⲛ̄ⲕⲟⲧⲕ̄ ⲙⲛ̄ ϩⲉⲛⲡⲗⲟⲩⲙⲁⲕⲓⲟⲛ ⲙⲛ̄ ϩⲉⲛ
ⲡⲣⲏϣ· Ⲉⲓⲥ ⲧϩⲃ̄ⲥⲱ ⲛ̄ ⲉⲡⲟⲩⲣⲁⲛⲓⲟⲛ ⲛ̄ ⲁⲧ ⲧⲁⲕⲟ· ⲁⲩ-
ⲥⲃ̄ⲧⲱⲧⲥ̄ ⲛⲉ· ⲉ ⲡⲙⲁ ⲛ̄ ⲟⲩϩⲩⲡⲉⲣⲉⲧⲏⲥ ⲙⲛ̄ ⲟⲩⲇⲓⲁ-
ⲕⲱⲛⲓⲧⲏⲥ· ⲉⲓⲥ ⲓⲱⲥⲏⲫ ⲡϩⲗ̄ⲗⲟ ⲛ̄ ϩⲁⲙϣⲉ ⲉⲧ ⲥⲙⲁ-
ⲙⲁⲁⲧ ⲁⲩⲥⲃ̄ⲧⲱⲧϥ̄ ⲛⲏ ⲛ̄ ⲇⲓⲁⲕⲱⲛⲓⲧⲏⲥ ⲁⲩⲱ ⲛ̄
ϩⲩⲡⲉⲣⲉⲧⲏⲥ ⁝— ⲙ̄ⲡⲣ̄ ⲣ̄ ϩⲟⲧⲉ ⲱ̄ ⲙⲁⲣⲓⲁ ⲡϫⲥ̄ ⲛ̄ⲙ̄ⲙⲉ ϩⲱ

ⲅⲁⲣ ⲉ ⲡⲉⲟⲩⲟⲉⲓϣ ⲛ̄ⲧⲁϥⲟⲩⲉⲓⲛⲉ· ⲡϣⲁϫⲉ ⲅⲁⲣ ⲛ̄ⲧⲁ ⲅⲁⲃⲣⲓⲏⲗ ϫⲟⲟϥ ⲛⲉ ϫⲉ ⲭⲁⲓⲣⲉ ⲧⲛ̄ⲧ ⲁⲥ ϭⲛ̄ ϩⲙⲟⲧ ⲡϫⲥ̄ ⲛⲙ̄ⲙⲉ ⲁⲩⲱ ϥⲣⲱϣⲉ ⲉⲣⲟ ⲉⲧⲥⲓⲟ ⲛ̄ ⲁⲅⲁⲑⲟⲛ ⲛⲓⲙ ⲛ̄ⲧⲉ ⲙ̄ⲡⲏⲩⲉ· ⲁⲩⲱ ⲛⲓⲙ ϩⲛ̄ ⲧⲟⲓⲕⲟⲩⲙⲉⲛⲏ ⲧⲏⲣⲥ̄ ⲡⲉⲛ-
ⲧⲁϥϭⲛ̄ ϩⲙⲟⲧ ⲛ̄ⲧⲟⲩϩⲉ· ⲱ̄ ⲧⲡⲟⲗⲓⲥ ⲉⲧ ⲟⲩⲁⲁⲃ | ⲉⲧ ⲉⲣⲉ Fol. 60 a
ⲛ̄ ⲕⲉ ⲑⲣⲟⲛⲟⲥ· ⲙ̄ ⲡⲛⲟϭ ⲛ̄ ⲣ̄ⲣⲟ ϩⲛ̄ ⲧⲉⲥⲙⲏⲏⲧⲉ· ⲣ̄ⲕ̄ⲁ̄
ⲁⲗⲏⲑⲱⲥ ⲱ̄ ⲧⲡⲁⲣⲑⲉⲛⲟⲥ ⲉⲧ ⲟⲩⲁⲁⲃ ⲙⲁⲣⲓⲁ ⲁⲣ ϫⲓⲥⲉ ⲉⲙⲁⲧⲉ ⲉ ϩⲟⲩⲉ ⲛⲉ ⲛⲧⲁⲩϫⲓⲥⲉ· ⲧⲏⲣⲟⲩ ⲉⲙⲁⲧⲉ ϩⲛ̄ ⲧⲡⲉ ⲁⲩⲱ ϩⲓϫⲙ̄ ⲡⲕⲁϩ· ⲱⲛⲧⲱⲥ ⲉⲓϣⲁⲛⲙⲉⲉⲩⲉ ⲉ ⲃⲟⲗ ⲉ ⲡⲉⲛⲧ-ⲁϥϣⲱⲡⲉ ⲙ̄ⲙⲟ ϣⲁⲓⲣ̄ ϩⲃⲁ ϩⲱⲥ ϫⲉ ⲛ̄ⲧⲁⲓⲡⲱⲱⲛⲉ ⲉ ⲃⲟⲗ ϩⲓϫⲙ̄ ⲡⲕⲁϩ ⲉ ϩⲣⲁⲓ ⲉ ⲧⲡⲉ· Ⲕⲁⲓ ⲅⲁⲣ ⲁⲩⲙⲏⲏϣⲉ ⲛ̄ⲥⲁϩ ⲛ̄ⲉⲡⲓⲥⲕⲟⲡⲟⲥ ⲛ̄ⲑⲉⲟⲗⲟⲅⲟⲥ ⲁⲩⲱ ⲛ̄ⲑⲉⲟⲫⲟⲣⲟⲥ· ⲟⲩⲱϣ ⲉ ϣⲁϫⲉ ⲉ ⲡⲟⲩⲧⲁⲓⲟ ⲙⲛ̄ ⲛⲟⲩⲙⲁⲕⲁⲣⲓⲟⲥ ⲁⲩϩⲓⲥⲉ ⲁⲩⲕⲁ ⲧⲟⲟⲧⲟⲩ ⲉ ⲃⲟⲗ· ⲉ ⲧⲃⲉ ϫⲉ ⲙ̄ⲙⲛ ⲟⲩϭⲛ̄ ⲡϫⲱⲕ ⲛ̄ ⲛⲟⲩⲧⲁⲓⲟ ⲙⲛ̄ ⲟⲩⲁⲣⲉⲧⲏ ⲙ̄ⲙⲛ ⲟⲩϭⲛ̄ ⲉⲩⲛⲁⲣ̄ ⲟⲩ ϫⲉ ⲁⲩⲣ̄ ⲁⲧ ϭⲟⲙ ⲛ̄ ⲛⲁϩⲣⲛ̄ ⲡϫⲓⲥⲉ ⲛ̄ ⲛⲟⲩⲕⲁⲧⲱⲣⲑⲱⲙⲁ· Ⲉⲓⲥ ⲡⲁⲥⲉⲃⲏⲥ ⲛⲉⲥⲧⲱⲣⲓⲟⲥ ⲡⲁⲧⲉⲓ ⲧⲁⲡⲣⲟ ⲛ̄ ϣⲟⲩⲧⲟⲙⲥ̄ ⲁⲩⲟⲩⲱ ⲅⲁⲣ ⲉⲩⲧⲱⲙ ⲙ̄ⲙⲟⲥ ϩⲛ̄ ⲟⲩⲕⲱϩⲧ̄ ⲛ̄ ⲁⲧ ⲱϣⲙ̄ ϩⲣⲁⲓ ϩⲛ̄ ⲁⲙⲛ̄ⲧⲉ· ⲁϥϣⲱⲡⲉ ⲉϥⲙⲉⲉⲩⲉ ⲉ ⲃⲟⲗ ⲉ ⲡⲛⲟϭ
ⲙ̄ ⲙⲩⲥⲧⲏⲣⲓⲟⲛ ⲛ̄ⲧⲁϥϣⲱ|ⲡⲉ ⲙ̄ⲙⲁⲩ· ⲁϥⲡⲱϣⲥ̄ ⲁϥⲣ̄ Fol. 60 b
ϩⲃⲁ· ⲁϥϩⲉ ⲉ ϩⲣⲁⲓ ⲉ ⲡⲛⲟϭ ⲛ̄ ϣⲓⲕ ⲛ̄ ⲧⲙⲛ̄ⲧⲣⲉϥⲣ̄ ⲣ̄ⲕ̄ⲃ̄
ⲡⲉⲑⲟⲟⲩ· ⲁⲗⲗⲁ ⲁϥϫⲓ ⲧⲕⲁⲧⲁⲇⲓ̈ⲕⲏ ⲉ ⲡⲉϥⲙ̄ⲡϣⲁ ⲙ̄ⲙⲟⲥ· ⲁϥⲣ̄ ϣⲙ̄ⲙⲟ ⲉ ⲧⲙⲛ̄ⲧⲉⲡⲓⲥⲕⲟⲡⲟⲥ ⲙ̄ ⲡⲉⲓ ⲕⲟⲥⲙⲟⲥ· ⲁϥⲣ̄ ϣⲙ̄ⲙⲟ ⲉ ⲡⲉⲟⲟⲩ ⲛ̄ ⲧⲙⲛ̄ⲧⲉⲣⲟ ⲛ̄ ⲙ̄ⲡⲏⲩⲉ· ⲁ ⲡⲉϥⲣⲁⲛ ϩⲱⲃⲥ̄ ϩⲙ̄ ⲡⲕⲁⲕⲉ· ⲁ ⲕⲉ ⲟⲩⲁ ϫⲓ ⲛ̄ ⲧⲉϥⲙⲛ̄ⲧⲉⲡⲓⲥⲕⲟⲡⲟⲥ· ⲉⲧⲉⲓ ⲉϥⲟⲛϩ̄ ⲁϥϫⲓ ⲛ̄ ⲟⲩⲁⲛⲁⲑⲉⲙⲁϯⲥⲙⲟⲥ ⲉϥⲙ̄ⲡϣⲁ ⲙ̄ⲙⲟϥ ⲙⲛ̄ ⲟⲩⲉⲝⲟⲣⲓⲥϯⲁ ⲕⲁⲧⲁ ⲡⲉϥⲙ̄ⲡϣⲁ ϩⲛ̄ ⲟⲩ-ϣⲓⲡⲉ· Ⲉ ⲧⲃⲉ ⲡⲁⲓ ϭⲉ ⲱ̄ ⲛⲁⲙⲉⲣⲁⲧⲉ ⲙ̄ⲡⲣ̄ ⲧⲣⲛ̄ϩⲟⲧϩⲧ̄ ⲛ̄ⲥⲁ ⲧⲟⲓⲕⲟⲛⲟⲙⲓⲁ ⲙ̄ ⲡϣⲏⲣⲉ ⲙ̄ ⲡⲛⲟⲩⲧⲉ ϫⲉ ⲛ̄ⲧⲁⲥ-ϣⲱⲡⲉ ⲛ̄ ⲁϣ ⲛ̄ ϩⲉ ⁖—Ⲡⲉϫⲁϥ ⲅⲁⲣ ϩⲛ̄ ⲙ̄ ⲡⲁⲣϩⲏⲙⲓⲁ ϫⲉ ⲉⲕϣⲁⲛⲥⲱⲕ ⲛ̄ ϩⲉⲛϣⲁϫⲉ ϣⲁⲣⲉ ⲟⲩⲙⲓϣⲉ ϣⲱⲡⲉ ⁘ ⲉ ϫⲟⲟⲥ ⲙⲉⲛ ϫⲉ ⲁ ⲧⲡⲁⲣⲑⲉⲛⲟⲥ ⲙⲓⲥⲉ ⲙ̄ ⲡⲗⲟⲅⲟⲥ ⲙ̄ ⲡⲉⲓⲱⲧ ⲭⲱⲣⲓⲥ ⲥⲩⲛⲟⲩⲥⲓⲁ ⲛ̄ ϩⲟⲟⲩⲧ· ⲡϩⲱⲃ ⲟⲩⲟⲛϩ̄ ⲉ ⲃⲟⲗ· ⲉ ϩⲟⲧϩⲧ̄ ⲇⲉ ϫⲉ ⲛ̄ⲧⲁϥⲉⲓ ⲉ ⲡⲉⲥⲏⲧ ⲛ̄ ⲁϣ ⲛ̄ ϩⲉ

Fol. 61 *a* ⲣ̄ⲕ̄ⲅ̄ ⲁϥⲃⲱⲕ ⲉ ϩⲟⲩⲛ ⲉ ϩⲏⲧⲥ̄ ⲛ̄ ⲧⲡⲁⲣⲑⲉⲛⲟⲥ ⲡϩⲱⲃ | ⲙⲟⲕϩ̄
ⲛ̄ⲉⲓⲙⲉ ⲉ ⲣⲟϥ· ⲙⲛ̄ ⲕⲉ ⲙⲩⲥⲧⲏⲣⲓⲟⲛ ⲅⲁⲣ ⲛ̄ⲥⲁ ⲡⲉⲛⲧⲁ
ⲅⲁⲃⲣⲓⲏⲗ ϫⲟⲟϥ ⲛⲁⲥ ϫⲉ ⲟⲩⲡ̄ⲛ̄ⲁ̄ ⲉϥⲟⲩⲁⲁⲃ ⲡⲉⲧ ⲛⲏⲩ
ⲉ ϩⲣⲁⲓ ⲉ ϫⲱ· ⲁⲩⲱ ⲧϭⲟⲙ ⲙ̄ ⲡⲉⲧ ϫⲟⲥⲉ ⲧⲉⲧ ⲛⲁⲣ̄ ϩⲁⲓⲃⲥ̄
ⲉⲣⲟ· ⲉ ⲧⲃⲉ ⲡⲁⲓ ⲡⲉⲧ ⲉⲣⲁϫⲡⲟϥ ϥ̄ⲟⲩⲁⲁⲃ ⲁⲩⲱ ⲥⲉⲛⲁ-
ⲙⲟⲩⲧⲉ ⲉ ⲣⲟϥ ϫⲉ ⲡϣⲏⲣⲉ ⲙ̄ ⲡⲛⲟⲩⲧⲉ ·:—Ⲡⲁⲓ ⲅⲁⲣ
ⲡⲉⲛⲧ ⲁⲩⲧⲁⲛϩⲟⲩⲧϥ̄ ⲉ ⲣⲟϥ ⲉ ⲧⲣϥ̄ ϫⲟⲟϥ ⲛ̄ ⲧⲡⲁⲣ-
ⲑⲉⲛⲟⲥ· ⲁⲩⲱ ⲛ̄ϥ̄ⲥⲟⲟⲩⲛ ⲁⲛ ⲛ̄ ⲕⲉ ⲗⲁⲁⲩ ⲛ̄ⲥⲁ ⲡⲁⲓ
ⲙ̄ⲙⲁⲧⲉ· ⲕⲁⲓ ⲅⲁⲣ ⲛ̄ⲧⲟⲥ ϩⲱⲱⲥ ⲟⲛ ⲧⲡⲁⲣⲑⲉⲛⲟⲥ ⲛⲉⲥⲟ
ⲛ̄ ϣⲡⲏⲣⲉ· ⲉϫⲙ̄ ⲡⲁⲥ[ⲡⲁⲥ]ⲙⲟⲥ ⲁⲩⲱ ⲛⲉⲥⲙⲟⲕⲙⲕ̄ ⲙ̄ⲙⲟⲥ
ⲉⲥϫⲱ ⲙ̄ⲙⲟⲥ ϩⲙ̄ ⲡⲉⲥϩⲏⲧ ϫⲉ ⲉⲓⲥ ⲡϣⲙ̄ ⲛⲟⲩϥⲉ ⲙⲉⲛ
ⲁϥⲡⲱϩ ϣⲁ ⲣⲟⲓ ϩⲓⲧⲛ̄ ⲡⲁⲅⲅⲉⲗⲟⲥ ·:—ⲁⲩⲱ ⲟⲛ ⲉⲓⲥ ⲡⲉϥ-
ϣⲁϫⲉ ⲁϥϫⲱⲕ ⲉ ⲃⲟⲗ· ⲉⲓⲥ ϩⲏⲏⲧⲉ ⲅⲁⲣ ⲁⲓⲱⲱ̄ ⲁⲩⲱ ⲉⲓⲥ
ⲛⲁⲉⲕⲓⲃⲉ ⲙⲉϩ ⲛ̄ ⲉⲣⲱⲧⲉ· ⲉⲓⲥ ⲧⲁⲕⲁⲗⲁϩⲏ ⲁⲥⲃⲱⲱⲣⲉ
ⲉ ⲃⲟⲗ· ⲁⲗⲗⲁ ⲛ̄ ϯⲥⲟⲟⲩⲛ ⲁⲛ ϫⲉ ⲛ̄ⲧⲁ ⲡⲁⲓ ϣⲱⲡⲉ
ⲙ̄ⲙⲟⲓ̈ ⲉ ⲃⲟⲗ ⲧⲱⲛ· ⲧⲉⲛⲟⲩ ⲇⲉ ⲱ̄ ⲡϩⲁⲓⲣⲉϯⲕⲟⲥ ⲛ̄ ⲁⲧ
Fol. 61 *b* ⲣ̄ⲕ̄ⲇ̄ ⲛⲁϩⲧⲉ ⲉϣϫⲉ ⲛⲉⲕⲡⲓⲥⲧⲉⲩⲉ ⲁⲛ | ⲙⲛ̄ⲛ̄ⲥⲁ ⲛⲉⲓ ϣⲁϫⲉ
ⲧⲏⲣⲟⲩ ⲉⲧ ⲙⲉϩ ⲛ̄ ϣⲡⲏⲣⲉ· ⲉⲓⲉ ⲧⲱⲟⲩⲛ ⲁⲙⲟⲩ ⲛ̄ⲙ̄ⲙⲁⲓ
ⲛ̄ⲧⲛ̄ⲃⲱⲕ ⲉ ⲧⲡⲟⲗⲓ̈ⲥ ⲃⲏⲑⲗⲉⲉⲙ· ⲛ̄ⲧⲁⲧⲥⲁⲃⲟⲕ ⲉ ⲣⲟϥ ⲉϥⲛ̄-
ⲕⲟⲧⲕ̄ ϩⲛ̄ ⲟⲩⲟⲙϥ̄ ⲛ̄ ⲧⲃⲛⲏ· ⲁⲩⲱ ϯⲛⲁⲧⲣⲉ ⲕⲡⲓⲥⲧⲉⲩⲉ
ϩⲓⲧⲛ̄ ⲟⲩⲉϩⲉ ⲙⲛ̄ ⲟⲩⲉⲓⲱ̄ ⲉⲩⲣ̄ ϩⲁⲓⲃⲥ̄ ⲉ ⲣⲟϥ ϩⲙ̄ ⲡⲟⲩⲟⲙϥ̄·
Ⲉⲓⲥ ⲛ̄ϣⲟⲟⲥ ⲉⲩⲉⲗⲉⲩⲭⲉ ⲛ̄ ⲧⲉⲕⲙⲛ̄ⲧⲁⲥⲉⲃⲏⲥ ϩⲓⲧⲛ̄
ⲧⲉⲥⲧⲣⲁϯⲁ ⲛ̄ ⲧⲡⲉ· ⲛ̄ⲧⲁⲥⲟⲩⲱⲛ̄ϩ ⲛⲁⲩ ⲉ ⲃⲟⲗ ⲉⲩⲥⲙⲟⲩ
ⲉ ⲡⲛⲟⲩⲧⲉ· ⲁⲩⲱ ⲉⲣⲉ ⲛⲁ ⲙ̄ⲡⲏⲩⲉ ⲧⲏⲣⲟⲩ ⲣⲁϣⲉ ⲉϫⲙ̄
ⲡⲉϥϫⲡⲟ ⲉⲧ ⲟⲩⲁⲁⲃ· ⲉⲓⲥ ⲙ̄ⲙⲁⲅⲟⲥ ⲛ̄ⲧⲁⲩⲉⲓ ⲉ ⲃⲟⲗ
ϩⲛ̄ ⲙ̄ ⲙⲁ ⲛ̄ ϣⲁ ⲉⲣⲉ ⲡⲉϥⲥⲓⲟⲩ ⲥⲱⲕ ϩⲁ ϫⲱⲟⲩ ϫⲓⲛ
ⲧⲁⲛⲁⲧⲟⲗⲏ ⲧⲏⲣⲥ̄ ϣⲁⲛⲧ ⲟⲩⲉⲓ ⲉ ϩⲣⲁⲓ ⲉ ⲃⲏⲑⲗⲉⲉⲙ·
ⲛ̄ⲥⲉⲛⲁⲩ ⲉ ⲣⲟϥ ⲛ̄ⲥⲉⲟⲩⲱϣⲧ̄ ⲛⲁϥ ⲁⲩⲱ ⲛ̄ⲥⲉⲛⲁⲩ ⲉ ⲣⲟϥ
ⲛ̄ⲥⲉⲡⲣⲟⲥⲉⲛⲉⲅⲅⲉⲓ ⲛⲁϥ ⲛ̄ ⲛⲉⲩⲇⲱⲣⲟⲛ ⲛ̄ⲥⲉⲉⲝⲟⲙⲟⲗⲟⲅⲉⲓ
ⲛⲁϥ ⲛ̄ ⲛⲉⲩⲛⲟⲃⲉ· ⲉⲁ ⲡⲛⲟⲩⲧⲉ ⲛ̄ⲧⲁ ⲧⲡⲁⲣⲑⲉⲛⲟⲥ ϫⲡⲟϥ
ⲡⲱϩ ⲙ̄ⲡⲉ ⲭⲉⲓⲣⲟⲅⲣⲁⲫⲟⲛ ⲛ̄ ⲛⲉⲩⲛⲟⲃⲉ ϩⲓⲧⲛ̄ ⲛ̄ ϫⲱⲱⲙⲉ·
Fol. 62 *a* ⲣ̄ⲕ̄ⲉ̄ ⲛ̄ ⲧⲉⲩⲙⲛ̄ⲧⲙⲁⲅⲟⲥ ⲛ̄ⲧⲁⲩⲣⲟⲕϩⲟⲩ ⲉ ⲁⲩⲁⲧⲑⲉⲧⲉⲓ | ⲙ̄ ⲡⲣ̄ⲣⲟ
ⲙ̄ ⲡⲕⲁϩ· ⲁⲩϩⲟⲙⲟⲗⲟⲅⲉⲓ ⲙ̄ ⲡⲣ̄ⲣⲟ ⲛ̄ ⲧⲡⲉ ·:—Ⲉⲓⲥ ⲙⲁⲣⲓⲁ
ⲧⲡⲁⲣⲑⲉⲛⲟⲥ ϩⲙⲟⲟⲥ ϩⲙ̄ ⲡⲙⲁ ⲛ̄ ϭⲟⲓⲗⲉ ⲉⲥϯ ⲉⲕⲓⲃⲉ ⲙ̄

ⲡϣⲏⲣⲉ ⲙ̅ ⲡⲛⲟⲩⲧⲉ ⲛ̅ⲧⲁⲥϫⲡⲟϥ· ⲉⲓⲥ ⲥⲁⲗⲱⲙⲏ ⲛ̅ⲧⲁⲥ-
ⲁⲡⲟⲧⲁⲥⲥⲉ ⲙ̅ ⲡⲉⲥⲛⲓ ⲙⲛ̅ ⲛⲉⲥⲡⲟⲗⲩϯⲁ ⲛ̅ ϣⲟⲣⲡ·
ⲛⲁⲓⲁⲧⲉ ⲛ̅ⲧⲟ ⲱ̅ ⲙⲁⲣⲓⲁ· ⲧⲛ̅ⲧⲁ ⲟⲩⲥⲏϥⲉ ⲉⲓ ⲉ ⲃⲟⲗ ϩⲛ̅
ⲧⲟⲩⲯⲩⲭⲏ· ϫⲉ ⲕⲁⲥ ⲉⲩⲉϭⲱⲗⲡ̅ ⲉ ⲃⲟⲗ ⲛ̅ϭⲓ ⲙⲟⲕⲙⲉⲕ ⲛ̅
ϩⲁϩ ⲛ̅ϩⲏⲧ· ⲧⲥⲏϥⲉ ⲛ̅ⲧⲁⲥⲉⲓ ⲉ ⲃⲟⲗ ϩⲓⲧⲛ̅ ⲧⲟⲩⲯⲩⲭⲏ
ⲡⲉ ⲡ̅ⲗⲟⲅⲟⲥ ⲙ̅ ⲡⲉⲓⲱⲧ ϩⲉⲛⲙⲟⲕⲙⲉⲕ ⲛⲉ ⲛ̅ϩⲁⲓⲣⲉϯⲕⲟⲥ
ⲙ̅ⲙⲁⲓ ⲉⲟⲟⲩ ⲉⲧ ϣⲟⲩⲉⲓⲧ ⲛⲁⲓ ⲉⲧ ⲡⲱⲣϫ̅ ⲛ̅ ⲧⲙⲛ̅ⲧⲛⲟⲩⲧⲉ
ⲙ̅ ⲡⲙⲟⲛⲟⲅⲉⲛⲏⲥ ⲙ̅ ⲡⲉⲓⲱⲧ ⲉ ⲃⲟⲗ ⲙ̅ⲙⲟϥ· ⲙⲛ̅ ⲛⲓⲟⲩⲇⲁⲓ
ⲛ̅ ⲁⲥⲉⲃⲏⲥ ⲛⲁⲓ ⲉⲧ ϫⲓⲟⲩⲁ· ⲉ ⲧⲉϥⲁⲛⲁⲥⲧⲁⲥⲓⲥ ⲉⲧ ⲟⲩⲁⲁⲃ
ⲙⲛ̅ ⲛ̅ⲕⲉ ⲇⲟⲅⲙⲁ ⲧⲏⲣⲟⲩ ⲛ̅ⲁⲥⲉⲃⲏⲥ ⲛⲁⲓ ⲛ̅ⲧⲁ ⲧⲥⲏϥⲉ
ⲉⲧ ⲙ̅ⲙⲁⲩ ⲟⲩⲟⲛϩⲟⲩ ⲉ ⲃⲟⲗ ⁘—Ϯⲡⲁⲣⲁⲕⲁⲗⲉⲓ ⲙ̅ⲙⲟ ⲱ̅
ⲧⲡⲁⲣⲑⲉⲛⲟⲥ ⲉⲧ ⲟⲩⲁⲁⲃ ⲁⲙⲉ ⲛ̅ϯ ϯⲧⲟⲟⲧⲉ ⲛ̅ⲙ̅ⲙⲁⲓ ϩⲙ̅
ⲡⲉⲓ ⲛⲟϭ ⲛ̅ ϣⲁ ⲉⲧ ⲟⲩⲁⲁⲃ ⲙ̅ⲡⲟⲟⲩ· ⲁⲩⲱ ⲙ̅ⲡⲣ̅ ϩⲡ̅ⲧ
ⲟⲩϭⲟⲙ ⲉ ⲣⲟⲓ ϫⲉ ⲕⲁⲥ ⲉⲛⲉⲟⲩⲱⲙ ⲉ ⲃⲟⲗ ϩⲛ̅ ⲛ̅ⲟⲩⲁⲅⲁ-
ⲑⲟⲛ | ⲛ̅ⲧⲛ̅ⲥⲉⲓ ⲛ̅ⲧⲛ̅ⲉⲩⲫⲣⲁⲛⲉ ⲉⲧⲉ ⲛ̅ϭⲓⲛⲟⲩⲱⲙ ⲙ̅ ⲡⲛⲁⲓ- Fol. 62 *b*
ⲕⲟⲛ ⲛⲉ ⲛ̅ⲧⲁⲣⲕⲁⲁⲩ ϩⲁ ⲣⲟⲛ· ϩⲓϫⲛ̅ ⲧⲉⲧⲣⲁⲡⲉⲍⲁ ⲙ̅ ⲣ̅ⲕ̅ⲉ̅
ⲡⲟⲩϣⲏⲣⲉ ⲛ̅ ⲛⲟⲩⲧⲉ ⁘—Ϣ̅ ⲡⲣ̅ⲙ̅ⲣⲁϣ ⲇⲁⲇ̅ ⲁⲙⲟⲩ ⲛⲅ̅
ⲣⲁϣⲉ ⲛ̅ⲙ̅ⲙⲁⲛ ⲙ̅ⲡⲟⲟⲩ ϩⲙ̅ ⲡⲉⲓ ⲛⲟϭ ⲛ̅ ϣⲁ· ⲁⲓⲉⲓ
ⲡⲉϫⲁϥ ⲉⲓⲱϣ ⲉ ⲃⲟⲗ ϫⲉ ⲙⲁⲧⲁϩⲟ ⲉ ⲣⲁⲧϥ̅ ⲛ̅ ⲟⲩϣⲁ
ϩⲛ̅ ⲛⲉⲧ ⲟⲩⲁϩⲙ̅ ϣⲁ ϩⲣⲁⲓ ⲛ̅ⲧⲁⲡ ⲙ̅ ⲡⲉⲑⲩⲥⲓⲁⲥⲧⲏⲣⲓⲟⲛ·
ⲛ̅ⲧⲟⲕ ⲡⲉ ⲡⲁ ⲛⲟⲩⲧⲉ· ϯⲛⲁϯ ⲉⲟⲟⲩ ⲛⲁⲕ· ⲁⲩⲱ ϯⲛⲁ-
ⲟⲩⲱⲛϩ̅ ⲛⲁⲕ ⲉ ⲃⲟⲗ· ⲛ̅ⲧⲟⲕ ⲡⲉ ⲡⲁ ⲛⲟⲩⲧⲉ ϯⲛⲁϫⲁⲥⲧⲕ̅
Ⲏⲥⲁⲓⲁⲥ ⲟⲛ ⲡⲁ ⲡⲉⲓ ⲛⲟϭ ⲛ̅ ϩⲣⲟⲟⲩ ϩⲛ̅ ⲛⲉⲡⲣⲟⲫⲏⲧⲏⲥ
ⲁⲙⲟⲩ ⲛⲅ̅ ⲧⲁⲙⲟⲛ ⲉ ⲡⲉ ⲛⲧⲁⲕϣⲣⲡ̅ ⲧⲁⲩⲟⲟϥ ⲉ ⲧⲃⲉ
ⲧⲡⲁⲣⲑⲉⲛⲟⲥ ⲛ̅ ⲣⲉϥϫⲡⲉ ⲛⲟⲩⲧⲉ· ⲡⲉϫⲁϥ ⲅⲁⲣ ϫⲉ
ⲁⲛⲟⲩⲱⲛ ⲛ̅ ⲙ̅ⲡⲩⲗⲏ ⲙⲁⲣⲉ ⲡⲗⲁⲟⲥ ⲃⲱⲕ ⲉ ϩⲟⲩⲛ ⲛⲉⲧ
ϩⲁⲣⲉϩ ⲉ ⲧⲇⲓⲕⲁⲓⲟⲥⲩⲛⲏ ⲉⲧ ϩⲁⲣⲉϩ ⲉ ⲧⲙⲉ ⲙⲛ̅ ⲡϩⲁⲡ ϫⲉ
ⲁⲩϩⲉⲗⲡⲓⲍⲉ ⲉ ⲣⲟⲕ ⲡⲛⲟⲩⲧⲉ ϣⲁ ⲉⲛⲉϩ ⁘—ⲁⲗⲏⲑⲱⲥ
ⲟⲩⲛⲟϭ ⲡⲉ ⲡⲉⲓ ϣⲁ ⲙ̅ⲡⲟⲟⲩ· | ϫⲉ ⲁⲩⲥϩⲓⲙⲉ ⲙⲓⲥⲉ ⲙ̅ Fol. 63 *a*
ⲡⲛⲟⲩⲧⲉ· Ⲡⲉⲧⲉ ⲙⲉⲣⲉ ⲙⲁ ϣⲟⲡϥ̅· ⲡⲉⲧⲉ ⲙⲉⲣⲉ ⲡⲕⲁϩ ⲣ̅ⲕ̅ⲍ̅
ⲉϣϥⲓ ϩⲁ ⲣⲟϥ ⲁ ϩⲏⲧⲥ̅ ⲙ̅ ⲙⲁⲣⲓⲁ· ⲧⲡⲁⲣⲑⲉⲛⲟⲥ ϣⲟⲡϥ̅
ⲉ ⲣⲟⲥ· ⲡⲉ ⲛⲧⲁ ⲙ̅ⲡⲏⲩⲉ ⲧⲁϫⲣⲟ ϩⲓⲧⲙ̅ ⲡⲉϥϣⲁϫⲉ· Ⲁⲩⲱ
ⲛⲉⲩϭⲟⲙ ⲧⲏⲣⲟⲩ ϩⲙ̅ ⲡⲉ ⲡⲛⲁ̅ ⲛ̅ ⲣⲱϥ· ⲁⲙⲏⲓⲧⲛ̅
ⲛ̅ⲧⲉⲧⲛ̅ⲛⲁⲩ ⲉ ⲣⲟϥ· ⲧⲉⲛⲟⲩ ⲉϥⲧⲁⲗⲏⲩ ⲉϫⲛ̅ ⲙ̅ ⲡⲁⲧ

ⲙ̅ ⲙⲁⲣⲓⲁ · ⲧⲡⲁⲣⲑⲉⲛⲟⲥ ⲉⲥ† ⲉⲕⲓⲃⲉ ⲛⲁϥ · Ⲡⲉⲛⲧ ⲁϥⲛ̅ ⲡⲙⲟⲟⲩ ⲉ ⲃⲟⲗ ϩⲛ̅ ⲟⲩⲡⲉⲧⲣⲁ ⲉⲥⲛⲁϣⲧ̅ ⲁϥⲧⲥⲉ ⲛⲉⲧ ⲟⲟⲃⲉ ϩⲓ ⲡϫⲁⲓⲉ · ⲉⲓⲥ ϩⲏⲏⲧⲉ ⲧⲉⲛⲟⲩ ϥϫⲓ ⲉⲕⲓⲃⲉ ⲧⲉⲛⲟⲩ ϩⲱⲥ ϣⲏⲣⲉ ⲕⲟⲩⲓ ϩⲛ̅ ⲛ̅ⲉⲕⲓⲃⲉ ⲙ̅ ⲙⲁⲣⲓⲁ ⲧⲡⲁⲣⲑⲉⲛⲟⲥ ⲡⲉⲛⲧ ⲁϥⲧⲁⲙⲓⲉ ⲡⲕⲁϩ · ⲁⲩⲱ ⲁ ⲡⲣⲱⲙⲉ ϣⲱⲡⲉ ϩⲓ ϫⲱϥ ⁖—

Ⲉⲓⲥ ϩⲏⲏⲧⲉ ⲧⲉⲛⲟⲩ ϥϣⲟⲟⲡ ϩⲛ̅ ⲟⲩⲙⲁ ⲛ̅ ϭⲟⲓⲗⲉ ⲉⲙⲛ̅-ⲧⲁϥ ⲙⲁ ⲛ̅ ⲣⲁⲕⲧ̅ ⲧϥⲁⲡⲉ · ⲕⲁⲗⲱⲥ ⲁϥϫⲟⲟⲥ ϫⲉ ⲟⲩ ⲛ̅ⲧⲉⲛⲃⲁϣⲁⲣ ⲛⲉⲩⲃⲏⲃ · ⲁⲩⲱ ⲛ̅ϩⲁⲗⲁⲧⲉ ⲛ̅ ⲧⲡⲉ ⲟⲩ-ⲛ̅ⲧⲁⲩ ⲛⲉⲩⲙⲁϩ · ⲡϣⲏⲣⲉ ⲇⲉ ⲙ̅ ⲡⲣⲱⲙⲉ ⲙⲛ̅ⲧϥ̅ ⲙⲁ |
Fol. 63 *b* ⲣ̅ⲕ̅ⲏ̅ ⲛ̅ ⲣⲁⲕⲧ̅ ⲧϥⲁⲡⲉ · ⲡⲉⲭ̅ⲥ̅ ⲁⲩϫⲡⲟϥ ⲛⲁⲛ ⲙ̅ⲡⲟⲟⲩ ⲱ ⲛⲁⲙⲉⲣⲁⲧⲉ · ⲁⲛⲟⲛ ⲇⲉ ϩⲱⲱⲛ ⲙⲁⲣⲛ̅ϫⲡⲟⲛ ⲛ̅ ⲕⲉ ⲥⲟⲡ ϩⲓⲧⲛ̅ ⲧⲙⲉⲧⲁⲛⲟⲓⲁ · ⲁϥⲉⲓ ⲉ ⲡⲉⲥⲏⲧ ϣⲁ ⲣⲟⲛ ϩⲓⲧⲛ̅ ⲡⲉϥ-ⲟⲩⲱϣ ⲉ ϩⲟⲩⲛ ⲉ ⲣⲟⲛ · Ⲁⲛⲟⲛ ϩⲱⲱⲛ ⲙⲁⲣⲛ̅ ⲃⲱⲕ ϣⲁ ⲣⲟϥ ϩⲛ̅ ⲟⲩⲧⲃ̅ⲃⲟ · ⲁϥⲙ̅ⲧⲟⲛ ⲙ̅ⲙⲟϥ ϩⲛ̅ ⲟⲩⲟⲙϥ̅ ⲡⲁï ⲉⲧ ⲉⲣⲉ ⲛ̅ⲧⲃ̅ⲛⲟⲟⲩⲉ ⲟⲩⲱⲙ ⲉ ⲃⲟⲗ ⲛ̅ϩⲏⲧϥ̅ · ⲁⲛⲟⲛ ϩⲱⲱⲛ ⲙⲁⲣⲛ̅ ⲣ̅ ⲧⲉⲗⲓⲟⲥ ϩⲛ̅ ⲟⲩⲙⲛ̅ⲧ ⲁⲧ ⲧⲁⲕⲟ · Ⲁϥⲡⲣⲟⲕⲟⲡⲧⲉⲓ ϩⲛ̅ ⲧⲥⲟⲫⲓⲁ ⲙⲛ̅ ⲟⲩⲗⲏⲕⲓⲁ · ⲙⲛ̅ ⲧⲉⲭⲁⲣⲓⲥ ⲛ̅ ⲛⲁϩⲣⲙ̅ ⲡⲉϥⲉⲓⲱⲧ ϩⲛ̅ ⲙ̅ⲡⲏⲩⲉ · ⲙⲛ̅ ⲛ̅ⲣⲱⲙⲉ ϩⲓϫⲙ̅ ⲡⲕⲁϩ · ⲁⲛⲟⲛ ϩⲱⲱⲛ ⲙⲁⲣⲛ̅ ⲡⲣⲟⲕⲟⲡⲧⲉⲓ ϩⲛ̅ ⲟⲩⲗⲏⲕⲓⲁ ⲛ̅ ⲧⲙⲛ̅ⲧ-ⲧⲉⲗⲓⲟⲥ ⲙⲛ̅ ⲧⲁⲣⲉⲧⲏ ⲛ̅ ⲛⲁϩⲣⲙ̅ ⲡⲛⲟⲩⲧⲉ ⲙⲛ̅ ⲛⲉϥⲁⲅ-ⲅⲉⲗⲟⲥ · ⲁϥⲥⲱⲧⲙ̅ ⲛ̅ⲥⲁ ⲡϥ̅ⲉⲓⲱⲧ ⲙⲛ̅ ⲧⲉϥⲙⲁⲁⲩ ϩⲱⲥ ⲣⲱⲙⲉ · ⲁⲛⲟⲛ ϩⲱⲱⲛ ⲙⲁⲣⲛ̅ ⲥⲱⲧⲙ̅ ⲛ̅ⲥⲁ ⲛϥ̅ⲛ̅ⲧⲟⲗⲏ ⲙⲛ̅ ⲛϥ̅ⲡⲣⲟⲥⲧⲁⲅⲙⲁ ⲛ̅ⲧⲁϥⲧⲁⲁⲩ ⲉ ⲧⲟⲟⲧⲛ̅ · ⲁϥⲟⲩⲱⲙ
Fol. 64 *a* ⲁϥⲥⲱ ϩⲱⲥ ⲣⲱⲙⲉ ϫⲉ ⲕⲁⲥ ⲉϥⲉⲧⲣⲉ ⲡⲣⲱⲙⲉ | ⲟⲩⲱⲙ
ⲣ̅ⲕ̅ⲑ̅ ⲛϥ̅ⲥⲱ ϩⲓϫⲛ̅ ⲧⲉϥⲧⲣⲁⲡⲉⲍⲁ ϩⲛ̅ ⲧⲉϥⲙⲛ̅ⲧⲉⲣⲟ · ⲁϥϩⲓⲥⲉ ⲉϥⲙⲟⲟϣⲉ ϩⲓ ⲧⲉϩⲓⲏ ϫⲉ ⲉⲛⲉⲧⲥⲁⲃⲟ ⲉ ϣⲛ̅ ϩⲓⲥⲉ ⲛ̅ⲙ̅ⲙⲁϥ · ϣⲁⲛⲧ ⲛ̅ⲃⲱⲕ ⲉ ϩⲣⲁⲓ ⲉ ⲧⲡⲉ ⲛ̅ⲙ̅ⲙⲁϥ · Ⲁϥⲙ̅ⲧⲟⲛ ⲙ̅-ⲙⲟϥ ϩⲓϫⲛ̅ ⲧⲡⲩⲅⲏ ϫⲉ ⲕⲁⲥ ⲉⲛⲉⲙ̅ⲧⲟⲛ ⲙ̅ⲙⲟⲛ ϩⲱⲱⲛ ϩⲓϫⲛ̅ ⲛ̅ⲉⲓⲉⲣⲱⲟⲩ ⲙ̅ⲙⲟⲟⲩ ⲛ̅ ⲱⲛϩ̅ ⲉⲧ ϩⲁⲁⲧⲉ ⲉ ⲃⲟⲗ ⲛ̅-ϩⲏⲧϥ̅ · ⲁϥϣⲁϫⲉ ⲙⲛ̅ ⲟⲩⲥϩⲓⲙⲉ ⲛ̅ⲥⲁⲙⲁⲣⲓⲧⲏⲥ ϫⲉ ⲕⲁⲥ ⲁⲛⲟⲛ ϩⲱⲱⲛ ⲉⲛⲉϣⲱⲡⲉ ⲛ̅ϣⲏⲣⲉ ⲛ̅ ⲧⲉϥⲙⲁⲁⲩ ⲙ̅ ⲡⲁⲣ-ⲑⲉⲛⲟⲥ · ⲁϥⲟⲩⲏⲛ ⲛ̅ ⲛ̅ⲃⲁⲗ ⲛ̅ ⲛ̅ⲃⲉⲗⲗⲉ ⲙ̅ ⲙⲓⲥⲉ ϫⲉ ⲕⲁⲥ ⲉⲛⲉⲟⲩⲱⲛ ⲛ̅ ⲛ̅ⲃⲁⲗ ⲙ̅ ⲡⲉⲛϩⲏⲧ ⲙⲛ̅ ⲧⲛ̅ⲯⲩⲭⲏ ⲉ ⲧⲣ ⲛ̅ⲧⲱⲟⲩⲛ ⲉ ⲃⲟⲗ ϩⲙ̅ ⲡⲉϩⲧⲟⲡ ⲙ̅ ⲡⲇⲓⲁⲃⲟⲗⲟⲥ · ⲁϥⲧⲟⲩ-

ⲛⲉⲥ ⲛⲉⲧ ⲙⲟⲟⲩⲧ· ϫⲉ ⲕⲁⲥ ⲉϥⲉⲧⲟⲩⲛⲟⲥⲛ̄ ϩⲛ̄ ⲛⲉⲡⲡⲁ-
ⲣⲁⲡⲧⲱⲙⲁ· ⲁϥⲁⲛⲉⲭⲉ ⲉ ⲧⲣⲉ ⲩϯⲁⲁⲥ ⲉ ϩⲟⲩⲛ ϩⲙ̄
ⲡⲉϥϩⲟ ⲛ̄ϭⲓ ⲛ̄ⲣⲱⲙⲉ ⲛ̄ⲣⲉϥⲣ̄ⲛⲟⲃⲉ ϫⲉ ⲕⲁⲥ ⲉϥⲉⲧⲥⲁⲃⲟⲛ
ⲉ ⲧⲣⲉ ⲛⲕⲱ ⲉ ⲃⲟⲗ ⲛ̄ ⲛⲉⲧ ⲣ̄ ⲛⲟⲃⲉ ⲉ ⲣⲟⲛ· ⲁϥⲁⲛⲉⲭⲉ |
ⲉ ⲧⲣⲉ ⲩⲥⲟϣϥ ϩⲓⲧⲛ̄ ⲛ̄ⲣⲱⲙⲉ ⲛ̄ⲣⲉϥⲣ̄ⲛⲟⲃⲉ ϫⲉ ⲕⲁⲥ Fol. 64 *b*
ⲁⲛⲟⲛ ϩⲱⲱⲛ ⲉⲛⲉϫⲓ ⲧⲁⲓⲟ ⲙ̄ ⲡⲙ̄ⲧⲟ ⲉ ⲃⲟⲗ ⲙ̄ ⲡⲉϥⲉⲓⲱⲧ ⲣ̄ⲗ̄
ⲙⲛ̄ ⲛⲉϥⲁⲅⲅⲉⲗⲟⲥ ⲉⲧ ⲟⲩⲁⲁⲃ·:—ⲁⲩⲕⲁⲁϥ ⲕⲁ ϩⲏⲩ ⲛ̄
ⲛⲉϥϩⲟⲓⲧⲉ ⲁⲩⲡⲟϣⲟⲩ ⲉ ϫⲱⲟⲩ ϩⲓⲧⲛ̄ ⲙ̄ⲙⲁⲧⲟⲓ· ϫⲉ ⲕⲁⲥ
ⲉϥⲛⲁⲫⲟⲣⲉⲓ ⲙ̄ⲙⲟⲛ ϩⲛ̄ ⲑⲃⲥⲱ ⲛ̄ ⲧⲙⲛ̄ⲧ ⲁⲧ ⲧⲁⲕⲟ ϩⲛ̄
ⲙ̄ⲡⲏⲩⲉ·:—ⲁⲩϯ ⲛ̄ ⲟⲩⲕⲗⲟⲙ ⲛ̄ ϣⲟⲛⲧⲉ ⲉϫⲛ̄ ⲧⲉϥⲁⲡⲉ
ϫⲉ ⲕⲁⲥ ⲉϥⲛⲁϯ ⲉ ϫⲱⲛ ⲙ̄ ⲡⲉⲕⲗⲟⲙ ⲉⲧ ⲛⲁⲛⲟⲩϥ
ⲛ̄ⲧⲉ ⲧⲉϥⲙⲛ̄ⲧϣⲁⲛϩⲧⲏϥ ⲛ̄ ⲁⲧ ϩⲱϭⲃ̄ ⲙ̄ ⲡⲛⲁⲩ ⲉⲧ
ⲛ̄ⲛⲁⲃⲱⲕ ⲉ ⲁⲡⲁⲛⲧⲁ ⲉ ⲡⲉϥⲉⲓⲱⲧ ⲛ̄ ⲁⲅⲁⲑⲟⲥ ⲉⲧ ϩⲛ̄ ⲙ̄-
ⲡⲏⲩⲉ· ⲁⲩϯ ⲛ̄ ⲟⲩⲕⲁϣ ⲉ ⲧⲉϥϭⲓϫ· ⲉⲩⲥⲕⲟⲡⲧⲉⲓ ⲙ̄ⲙⲟϥ
ϩⲓⲧⲛ̄ ⲛⲓⲟⲩⲇⲁⲓ̈ ⲛ̄ⲁⲧ ⲛⲁϩⲧⲉ ϫⲉ ⲕⲁⲥ ⲉϥⲉϯ ⲉ ⲛⲉⲛϭⲓϫ
ⲙ̄ ⲡϭⲉⲣⲱⲃ ⲛ̄ ⲛ̄ ⲧⲙⲛ̄ⲧϫⲥ̄ ⲉϫⲙ̄ ⲡⲇⲓⲁⲃⲟⲗⲟⲥ ⲙⲛ̄
ⲛⲉϥⲇⲁⲓⲙⲱⲛ ⲙ̄ ⲡⲟⲛⲏⲣⲟⲛ· ⲁⲩϯ ϩⲓⲱⲱϥ ⲛ̄ ⲟⲩⲭⲗⲁⲙⲓⲥ
ⲛ̄ ϫⲏⲕⲉ ϫⲉ | ⲕⲁⲥ ⲉϥⲛⲁϯ ϩⲓⲱⲱⲛ ⲛ̄ ⲟⲩⲉⲟⲟⲩ ⲙⲛ̄ Fol. 65 *a*
ⲟⲩⲧⲁⲓⲟ· ⲁⲩⲱ ϫⲉ ϥⲛⲁⲧⲣⲉ ⲡⲇⲓⲁⲃⲟⲗⲟⲥ ⲕⲱ ⲕⲁ ϩⲏⲩ ⲣ̄ⲗ̄ⲁ̄
ⲛ̄ϥⲕⲁⲁϥ ⲉϥⲁⲥⲭⲏⲙⲱⲛⲉⲓ̈· ⲁϥⲁⲁϩ ⲉ ⲣⲁⲧϥ ⲉ ⲡⲉⲓⲗⲁⲧⲟⲥ
ϫⲉ ⲕⲁⲥ ⲁϥⲉⲛ ϩⲱⲱⲛ ⲉⲛⲉⲁⲁϩ ⲉ ⲣⲁⲧⲛ̄ ⲙ̄ ⲡⲉϥⲙ̄ⲧⲟ ⲉ
ⲃⲟⲗ ϩⲛ̄ ⲟⲩⲡⲁⲣϩⲩⲥⲓⲁ ϩⲙ̄ ⲡⲉϩⲟⲟⲩ ⲛ̄ ⲧⲉϥⲁⲛⲁⲥⲧⲁⲥⲓⲥ
ⲉⲧ ⲟⲩⲁⲁⲃ·:—ⲁⲩⲛⲟϫϥ ⲉ ⲡⲉϣⲧⲉⲕⲟ· ϫⲉ ⲕⲁⲥ ⲉϥⲛⲁⲉⲛ-
ⲧⲛ̄ ⲉ ϩⲣⲁⲓ ϩⲙ̄ ⲡⲉϣⲧⲉⲕⲟ ⲛ̄ ⲁⲙⲛ̄ⲧⲉ· ⲛϥⲧⲁⲁⲛ ⲛ̄
ⲇⲱⲣⲟⲛ ⲙ̄ ⲡⲉϥⲉⲓⲱⲧ ⲛ̄ ⲁⲅⲁⲑⲟⲥ· ⲁϥⲁⲗⲉ ⲉϫⲙ̄ ⲡϣⲉ
ⲙ̄ ⲡⲉⲥϯ︦ⲟ︦ⲥ︦ ϫⲉ ⲉⲩⲛⲁⲥϯ︦ⲟ︦ⲩ︦ ⲙ̄ⲙⲟϥ ϩⲁ ⲣⲟⲛ· ϫⲉ ⲕⲁⲥ
ⲉϥⲉⲧⲁⲕⲟ ⲛ̄ϩⲏⲧⲛ̄ ⲙ̄ ⲡⲛⲟⲃⲉ ⲁⲩⲱ ⲛϥⲧⲥⲁⲃⲟⲛ ⲉ ⲡⲉⲣϣ̄
ⲛⲉⲛϭⲓϫ ⲉ ⲃⲟⲗ ⲛ̄ⲧⲛ̄ϣⲗⲏⲗ ⲉ ϩⲣⲁⲓ̈ ⲉ ⲣⲟϥ ⲙⲛ̄ ⲡⲉϥⲉⲓⲱⲧ
ⲛ̄ ⲁⲅⲁⲑⲟⲥ· ⲁϥⲕⲁⲁϥ (*sic*) ϩⲛ̄ ⲟⲩⲧⲁⲫⲟⲥ ϫⲉ ⲕⲁⲥ ⲉϥⲉⲧⲟⲩ-
ⲛⲟⲥⲉⲛ ϩⲱⲱⲛ ⲛ̄ⲙ̄ⲙⲁϥ· ⲁⲩⲱ ⲛϥⲕⲱ ⲛⲁⲛ ⲉ ⲃⲟⲗ ⲛ̄
ⲛⲉⲛⲛⲟⲃⲉ ⲛ̄ⲧⲁⲛⲁⲁⲩ ϩⲛ̄ ⲟⲩⲙⲛ̄ⲧ ⲁⲧ ⲥⲟⲟⲩⲛ· ⲁϥⲧⲱⲟⲩⲛ |
ⲉ ⲃⲟⲗ ϩⲛ̄ ⲛⲉⲧⲙⲟⲟⲩⲧ· ϫⲉ ⲕⲁⲥ ⲉϥⲉⲧⲥⲁⲃⲟⲛ ⲉ ⲡⲧⲩⲡⲟⲥ Fol. 65 *b*
ⲛ̄ ⲧⲉϥⲁⲛⲁⲥⲧⲁⲥⲓⲥ ⲉⲧ ϩⲁ ⲉⲟⲟⲩ·:· ⲁϥⲃⲱⲕ ⲉ ϩⲣⲁⲓ ⲙ̄- ⲣ̄ⲗ̄ⲃ̄
ⲡⲏⲩⲉ ϫⲉ ⲕⲁⲥ ⲉϥⲉϫⲓⲧⲛ̄ ⲛ̄ⲙ̄ⲙⲁϥ ϩⲛ̄ ⲧⲉϥ ⲙⲉϩ ⲥⲛ̄ⲧⲉ

ⲙ̅ ⲡⲁⲣⲟⲩⲥⲓⲁ· ⲁϥϩⲙⲟⲟⲥ ϩⲓ ⲟⲩⲛⲁⲙ ⲙ̅ ⲡⲉϥⲉⲓⲱⲧ ϫⲉ
ⲕⲁⲥ ⲉϥⲉⲑⲙ̅ⲥⲟⲛ ⲛ̅ⲙ̅ⲙⲁϥ ϩⲓϫⲛ̅ ⲡⲉⲑⲣⲟⲛⲟⲥ ϩⲙ̅ ⲡⲉϩⲟⲟⲩ
ⲉⲧ ϥⲛⲁⲕⲣⲓⲛⲉ ⲛ̅ⲛⲉⲧ ⲟⲛϩ̅ ⲙⲛ̅ ⲛⲉⲧ ⲙⲟⲟⲩⲧ ⁘ Ϣ̅
ⲛⲁⲙⲉⲣⲁⲧⲉ ⲉⲓⲥ ϩⲏⲏⲧⲉ ⲁⲛⲉⲓⲙⲉ ⲉ ⲡⲉⲓ ⲛⲟϭ ⲙ̅ ⲡⲉⲗⲁⲅⲟⲥ
ⲙ̅ ⲡⲉⲧ ⲛⲁⲛⲟⲩϥ ⲛ̅ⲧ ⲁϥϣⲱⲡⲉ ⲛⲁⲛ ⲙ̅ⲙⲟⲟⲩ· ϩⲓⲧⲛ̅
ⲧⲉⲡⲁⲣⲑⲉⲛⲟⲥ ⲉⲧ ⲟⲩⲁⲁⲃ ⲙⲁⲣⲓⲁ ⲛ̅ⲧ ⲁⲥϫⲡⲉ ⲡⲛⲟⲩⲧⲉ ⁘—
ⲁⲙⲏⲓⲧⲛ̅ ⲱ ⲛⲉϩⲓⲟⲙⲉ ⲧⲏⲣⲟⲩ ⲛ̅ⲣϥϫⲡⲉ ϣⲏⲣⲉ ⲛ̅ⲧⲉⲧⲛ̅ϯ
ⲉⲟⲟⲩ ⲛ̅ ⲧⲉⲡⲁⲣⲑⲉⲛⲟⲥ ⲛ̅ⲧ ⲁⲥⲙⲓⲥⲉ ⲙ̅ ⲡⲛⲟⲩⲧⲉ· ⲁⲙⲏⲓⲧⲛ̅
ⲛⲉⲛⲧ ⲁⲩϫⲓϯⲡⲉ ⲙ̅ ⲡⲅⲁⲙⲟⲥ ⲛ̅ⲧⲉⲧⲛ̅ϯ ⲉⲟⲟⲩ ⲛ̅ ⲧⲛ̅ⲧ ⲁⲥ-
ⲙⲓⲥⲉ ⲙ̅ ⲡⲛⲟⲩⲧⲉ ⲁϫⲛ̅ ⲥⲩⲛⲟⲩⲥⲓⲁ ⲛ̅ ϩⲟⲟⲩⲧ· ⲁⲙⲏⲓⲧⲛ̅
ⲛⲉⲭⲏⲣⲁ ⲛ̅ⲧⲉⲧⲛ̅ⲣⲁϣⲉ ⲙ̅ⲙⲟⲟⲩ ϫⲉ ⲁϥⲉⲓ ⲛ̅ϭⲓ ⲡⲉⲕⲣⲓⲧⲏⲥ
ⲛ̅ ⲛⲉⲭⲏⲣⲁ ⲁⲩⲱ ⲡⲃⲟⲏⲑⲟⲥ ⲛ̅ ⲛ̅ⲉⲃⲓⲏⲛ· Ⲁⲙⲏⲓⲧⲛ̅ ⲙ̅
Fol. 66 *a* ⲡⲁⲣⲑⲉⲛⲟⲥ ⲛ̅ⲧⲉ|ⲧⲛ̅ⲑⲉⲱⲣⲉⲓ ⲙ̅ ⲡⲣ̅ⲣⲟ ⲙ̅ ⲡⲉⲟⲟⲩ· ⲁⲩⲱ
ⲣ̅ⲗ̅ⲅ̅ ⲡⲡⲁⲣⲑⲉⲛⲟⲥ ⲉⲧ ⲧⲁⲓⲏⲩ ⲡⲉⲭ̅ⲥ̅ ⲡⲉⲧ ϯ ⲉⲟⲟⲩ ⲛ̅ ⲙ̅ⲡⲁⲣ-
ⲑⲉⲛⲟⲥ ⲧⲏⲣⲟⲩ· ⲁⲩϫⲡⲟϥ ⲙ̅ⲙⲟⲟⲩ ⲉ ⲃⲟⲗ ϩⲛ̅ ⲧⲕⲁⲗⲁϩⲏ
ⲛ̅ ⲧⲡⲁⲣⲑⲉⲛⲟⲥ ⲉⲧ ⲟⲩⲁⲁⲃ ⲙⲁⲣⲓⲁ· ⲧⲣ̅ⲣⲱ ⲁⲩⲱ ⲧⲙⲁⲁⲩ
ⲛ̅ ⲙ̅ⲡⲁⲣⲑⲉⲛⲟⲥ ⲧⲏⲣⲟⲩ· ⲁⲩⲱ ⲧϫ̅ⲥ̅ ⲙ̅ ⲡⲥⲱⲛ̅ⲧ ⲧⲏⲣϥ̅ ⁘—
Ⲁⲙⲏⲓⲧⲛ̅ ⲛ̅ ϩⲗ̅ⲗⲟ ⲛ̅ⲧⲉⲧⲛ̅ⲛⲁⲩ ⲉ ⲡϭⲉⲣⲱⲃ ⲉⲧ ϫⲟⲟⲣ·
ⲡⲁⲓ ⲉⲧⲉⲧⲛ̅ⲧⲁϫⲣⲏⲩ ⲉ ϫⲱϥ ⲉϥⲛⲏⲩ ⲉ ⲃⲟⲗ ⲙ̅ⲙⲟⲟⲩ
ϩⲛ̅ ⲧⲕⲁⲗⲁϩⲏ ⲙ̅ ⲙⲁⲣⲓⲁ ⲧⲡⲁⲣⲑⲉⲛⲟⲥ ⲛ̅ ⲁⲧ ⲧⲱⲗⲙ̅ ⁘—
ⲁⲙⲏⲓⲧⲛ̅ ⲛ̅ ϩⲉⲣϣⲉⲉⲣⲉ ⲙⲛ̅ ⲛ̅ϣⲏⲣⲉ ϣⲏⲙ ⲛ̅ⲧⲉⲧⲛ̅ⲛⲁⲩ
ⲉ ⲧⲉⲓ ϣⲉⲉⲣⲉ ϣⲏⲙ ⲉ ⲁⲥⲙⲓⲥⲉ ⲙ̅ ⲡⲛⲟⲩⲧⲉ ⁘ ⲁⲙⲏⲓⲧⲛ̅
ⲛ̅ϣⲙ̅ⲙⲟ ⲛ̅ⲧⲉⲧⲛ̅ⲛⲁⲩ ⲉ ⲡⲉ ⲛⲧⲁϥⲣ̅ ϣⲙ̅ⲙⲟ ⲙⲛ̅
ⲧⲉϥⲙⲁⲁⲩ ⲙ̅ ⲡⲁⲣⲑⲉⲛⲟⲥ ⲉ ⲧⲃⲏⲏⲧⲛ̅ ⁘—Ⲁⲙⲏⲓⲧⲛ̅ ⲛⲉ
ⲫⲩⲗⲟⲟⲩⲉ ⲧⲏⲣⲟⲩ ⲙ̅ ⲡⲕⲁϩ· ⲙⲛ̅ ⲛ̅ϩⲉⲑⲛⲟⲥ ⲧⲏⲣⲟⲩ
ⲛ̅ⲧⲉⲧⲛ̅ⲛⲁⲩ ⲉ ⲡⲉ ⲛⲧⲁⲩϫⲡⲟϥ ⲛⲁⲛ ⲙ̅ⲙⲟⲟⲩ· ϩⲛ̅ ⲟⲩⲙⲁ
ⲛ ϭⲟⲓⲗⲉ· ⲉϥⲟ ⲛ̅ ϣⲏⲣⲉ ϣⲏⲙ· ⲁⲩⲱ ⲛ̅ ⲑⲉ ⲛ̅ ⲟⲩϩⲏⲕⲉ
ⲛ̅ ⲉⲃⲓⲏⲛ· ⲉ ⲁⲩϭⲟⲟⲗϥ ⲛ̅ ϩⲉⲛⲧⲟⲉⲓⲥ· ⲁⲩϫⲧⲟϥ ϩⲛ̅
ⲟⲩⲟⲙϥ̅ ⲛ̅ ⲧⲃⲛⲏ ⁘—Ⲛⲁⲥⲡⲉ ⲧⲏⲣⲟⲩ ⲙ̅ ⲡⲕⲟⲥⲙⲟⲥ ⲧⲏⲣϥ̅
Fol. 66 *b* ⲁⲙⲏⲓⲧⲛ̅ | ⲛ̅ⲧⲉⲧⲛ̅ⲛⲁⲩ ⲉ ⲡⲉⲛⲧ ⲁϥϫⲱⲱⲣⲉ ⲉ ⲃⲟⲗ ⲛ̅ ⲛ̅-
ⲣ̅ⲗ̅ⲇ̅ ⲁⲥⲡⲉ ⲧⲏⲣⲟⲩ· ϫⲉ ⲛ̅ⲛⲉ ⲡⲟⲩⲁ ⲡⲟⲩⲁ ⲥⲱⲧⲙ̅ ⲉ ⲧⲁⲥⲡⲉ
ⲙ̅ ⲡⲉⲧ ϩⲓⲧⲟⲩⲱϥ· ⲉϥⲛⲏⲩ ⲉ ⲃⲟⲗ ϩⲛ̅ ⲧⲕⲁⲗⲁϩⲏ ⲙ̅
ⲙⲁⲣⲓⲁ ⲧⲡⲁⲣⲑⲉⲛⲟⲥ· ⲡⲕⲁϩ ⲧⲏⲣϥ̅ ⲧⲉⲗⲏⲗ ⲙ̅ⲙⲟⲟⲩ·
ϫⲉ ⲡⲉⲛⲧ ⲁϥⲥⲟⲛⲧϥ̅ ⲁϥⲉⲓ̈ ⲉ ⲡⲉⲥⲏⲧ ⲉ ϫⲱϥ· Ⲛⲁ ⲙ̅-

ⲡⲏⲩⲉ ⲧⲏⲣⲟⲩ ⲣⲁϣⲉ ⲙ̅ⲙⲟⲟⲩ ϫⲉ ⲡⲉⲛⲧ ⲁϥⲧⲁⲙⲓⲉ ⲙ̅-
ⲡⲏⲩⲉ ϩⲛ̅ ⲧⲉϥⲥⲟⲫⲓⲁ ⲉⲓ ⲉ ⲃⲟⲗ ⲙ̅ⲙⲟⲟⲩ ϩⲛ̅ ⲧⲕⲁⲗⲁϩⲏ
ⲙ̅ ⲙⲁⲣⲓⲁ ⲧⲡⲁⲣⲑⲉⲛⲟⲥ· ⲛⲉⲡⲣⲟⲫⲏⲧⲏⲥ ⲣⲁϣⲉ ⲙ̅ⲙⲟⲟⲩ
ϫⲉ ⲁϥⲉⲓ ⲉ ⲃⲟⲗ ⲙ̅ⲙⲟⲟⲩ ϩⲛ̅ ⲙⲁⲣⲓⲁ ⲛ̅ϭⲓ ⲡⲉⲧ ⲛⲁϫⲱⲕ
ⲉ ⲃⲟⲗ ⲛ̅ ⲛⲉⲩⲡⲣⲟⲫⲏϯⲁ· Ⲁⲃⲉⲗ ⲣⲁϣⲉ ⲙ̅ⲙⲟⲟⲩ ϫⲉ
ⲁϥⲉⲓ ⲛ̅ϭⲓ ⲡⲉⲧ ⲛⲁⲣ̅ ⲡⲉⲕⲃⲁ ⲙ̅ ⲡⲉϥⲥⲛⲟϥ ⲙⲛ̅ ⲡⲉϥⲥⲟⲛ·
Ϩⲁⲡⲁⲝ ϩⲁⲡⲗⲱⲥ ⲧⲉⲕⲧⲏⲥⲓⲥ ⲧⲏⲣⲥ̅ ⲧⲉⲗⲏⲗ ⲙ̅ⲙⲟⲟⲩ
ϩⲙ̅ ⲡⲉⲓ ⲛⲟϭ ⲛ̅ ϣⲁ ⲉⲧ ⲡⲟⲣϣ̅ ⲉ ⲃⲟⲗ ϩⲛ̅ ⲧⲟⲓⲕⲟⲩⲙⲉⲛⲏ
ⲧⲏⲣⲥ̅ ϫⲉ ⲁ ⲡⲗⲟⲅⲟⲥ ⲙ̅ ⲡⲉⲓⲱⲧ ⲟⲩⲟⲛϩϥ̅ ⲉ ⲃⲟⲗ ϩⲛ̅
ⲧⲕⲟⲩⲓ ⲙ̅ ⲡⲟⲗⲓⲥ ⲃⲏⲑⲗⲉⲉⲙ ⲉ ⲁϥϣⲁ ⲛⲁⲛ ⲉ ⲃⲟⲗ ϩⲛ̅
ⲧⲡⲁⲣⲑⲉⲛⲟⲥ ⲉⲧ ⲟⲩⲁⲁⲃ ⲙⲁⲣⲓⲁ· ⲧⲉⲛⲟⲩ ϭⲉ ⲱ̅ ⲛⲁ-
ⲙⲉ|ⲣⲁⲧⲉ ⲛ̅ ϩⲟⲥⲟⲛ ⲁⲛⲙⲉⲧⲉⲭⲉ· ⲉ ⲡⲉⲓ ⲛⲟϭ ⲙ̅ ⲙⲩ- Fol. 67 *a*
ⲥⲧⲏⲣⲓⲟⲛ ⲙ̅ⲙⲟⲟⲩ ⲉⲧⲉ ⲡϩⲟⲩ ⲙⲓⲥⲉ ⲙ̅ ⲡⲉⲭ̅ⲥ̅ ⲡⲗⲟⲅⲟⲥ ⲣ̅ⲗ̅ⲉ̅
ⲙ̅ ⲡⲉⲓⲱⲧ· ⲁⲩⲱ ⲡⲣ̅ⲣⲟ ⲛ̅ ⲛⲣ̅ⲣⲱⲟⲩ· ⲙⲁⲣⲛ̅ ⲉⲓⲣⲉ ⲛ̅
ϩⲉⲛⲡⲣⲁⲝⲓⲥ ⲉ ⲛⲁⲛⲱⲟⲩ ⲉⲩⲧⲟⲟⲙⲉ ⲉ ⲡⲉⲓ ⲛⲟϭ ⲛ̅ ϣⲁ
ⲉⲧ ⲟⲩⲁⲁⲃ· ⲙⲁⲣⲉ ⲡⲉⲓ ϣⲁ ϣⲱⲡⲉ ⲛ̅ ⲧⲓⲡⲗⲱⲛ ⲛⲁⲛ
ⲁⲩⲱ ⲛ̅ ⲟⲩⲛⲟϥ· ϣⲟⲣⲡ̅ ⲙⲉⲛ ϫⲉ ⲁⲩⲙⲟⲩⲧⲉ ⲉ ⲣⲟⲛ
ϫⲉ ⲭⲣⲓⲥϯⲁⲛⲟⲥ· ⲙ̅ⲛ̅ⲛ̅ⲥⲱⲥ ϫⲉ ϩⲙ̅ϩⲁⲗ ⲙ̅ ⲡⲉⲭ̅ⲥ̅·
ⲙ̅ⲡⲣ̅ ⲧⲣⲉ ⲛⲉⲓ ⲉ ⲃⲟⲗ ϩⲛ̅ ⲧⲉⲕⲕⲗⲏⲥⲓⲁ ⲉⲛⲥⲱⲧⲙ̅ ⲉ ⲛⲉϥ-
ⲗⲟⲅⲟⲥ ⲉⲧ ⲟⲩⲁⲁⲃ ⲉⲧⲟⲩϯⲥⲃⲱ ⲛⲁⲛ ⲛ̅ϩⲏⲧⲟⲩ ⲁⲩⲱ
ⲛ̅ⲧⲛ̅ⲣ̅ ⲡⲉⲩⲱⲃϣ̅ ⲙ̅ⲡⲁⲧ ⲛ̅ⲛⲱϩ ⲉ ⲛ̅ⲣⲟ ⲙ̅ ⲡⲉⲛⲏⲓ· ⲙⲁⲣⲛ̅
ⲫⲟⲣⲉⲓ ⲛ̅ ⲟⲩϩⲃ̅ⲥⲱ ⲉⲥⲡⲣ̅ⲉⲓⲱⲟⲩ ⲡⲣⲟⲥ ⲡⲧⲁⲓⲟ ⲉⲧ ⲧⲟⲟⲙⲉ
ⲉ ⲡⲉⲓ ⲛⲟϭ ⲛ̅ ϣⲁ ⲙ̅ⲙⲟⲟⲩ· ⲉⲧⲉ ⲧⲁⲓ ⲧⲉ ⲧⲇⲓⲕⲁⲓⲟⲥⲩⲛⲏ
ⲙⲛ̅ ⲡⲛⲁ ⲙⲛ̅ ⲡϩⲁⲡ· ⲙⲛ̅ ϩⲱⲃ ⲛⲓⲙ ⲉ ⲛⲁⲛⲟⲩ· Ⲧⲁⲓ
ⲅⲁⲣ ⲧⲉ ⲧⲑⲃⲥⲱ ⲉⲧ ⲉⲣⲁⲛⲁϥ ⲙ̅ ⲡⲛⲟⲩⲧⲉ· ⲁⲩⲱ ⲛ̅ⲧⲟⲥ
ⲉⲧ ⲧⲟⲟⲙⲉ ⲉ ⲡⲉⲓ ϣⲁ ⲉⲁ ϥⲧⲁⲁⲥ ϩⲓⲱⲱⲛ· ⲙ̅ⲡⲣ̅ ⲧⲣ ⲛ̅ⲕⲁⲁⲛ
ⲕⲁ ϩⲏⲩ ⲙ̅ⲙⲟⲥ ϩⲓⲧⲛ̅ ⲧⲁⲙⲉ|ⲗⲓⲁ· ⲟⲩⲟⲓ ⲛ̅ⲛⲉⲧ ⲉⲣⲉ Fol. 67 *b*
ⲡⲓⲩⲙⲫⲓⲟⲥ ⲛⲁⲉⲓ ⲛϥ̅ⲛⲁⲩ ⲉ ⲣⲟⲟⲩ· ⲉⲙⲛ̅ ϩⲃ̅ⲥⲱ ⲙ̅ ⲣ̅ⲗ̅ⲋ̅
ⲙⲁ ⲛ̅ ϣⲉⲗⲉⲉⲧ ⲧⲟ ϩⲓⲱⲟⲩ· Ⲁⲩⲱ ⲉⲩϩⲛ̅ ⲧⲙⲏⲏⲧⲉ ⲛ
ⲛⲉⲛⲧⲁⲩⲧⲁϩⲙⲟⲩ ⲧⲏⲣⲟⲩ ⲡⲣⲟⲥ ⲡⲉⲩⲙ̅ⲡϣⲁ· ⲛϥ̅ⲁⲡⲉⲓⲗⲏ
ⲉ ⲣⲟⲟⲩ ϩⲛ̅ ⲟⲩⲛⲟϭ ⲛ̅ ⲁⲡⲉⲓⲗⲏ ϩⲛ̅ ⲧⲙⲏⲏⲧⲉ ⲛ̅ ⲛⲉⲧ
ⲛⲏϫ ⲧⲏⲣⲟⲩ ⲛϥ̅ϫⲟⲟⲥ ⲛⲁⲩ ϫⲉ ⲡⲉϣⲃⲏⲣ ⲛ̅ ⲁϣ ⲛ̅ ϩⲉ
ⲁⲕⲉⲓ ⲉ ϩⲟⲩⲛ ⲉ ⲡⲉⲓ ⲙⲁ· ⲉⲙⲛ̅ ϩⲃ̅ⲥⲱ ⲙ̅ ⲙⲁ ⲛ̅ ϣⲉⲗⲉⲉⲧ
ⲧⲟ ϩⲓⲱⲱⲕ· ⲁⲩⲱ ⲧⲉϥⲧⲁⲡⲣⲟ ⲛⲁⲧⲱⲙ ϩⲛ̅ ⲧⲙⲏⲏⲧⲉ

ⲛ̄ ⲛⲉⲧ ⲛⲏϫ· ϥⲛⲁⲟⲩⲉϩⲥⲁϩⲛⲉ ⲛ̄ϭⲓ ⲡⲣ̄ⲣⲟ ⲛ̄ⲛⲉⲧ ⲁⲁϩⲉ
ⲣⲁⲧⲟⲩ ⲉ ⲧⲁⲓⲁⲕⲱⲛⲉⲓ̄ ⲉ ⲧⲣⲉ ⲩⲙⲟⲩⲣ ⲛ̄ ⲛⲉϥⲟⲩⲣⲏⲏⲧⲉ
ⲛ̄ⲥⲉⲛⲟⲩϫⲉ ⲙ̄ⲙⲟϥ ⲉ ⲃⲟⲗ ⲉ ⲡⲕⲁⲕⲉ ⲉⲧ ϩⲓ ⲃⲟⲗ ⲉϥ-
ⲛⲁϣⲱⲡⲉ ⲙ̄ⲙⲁⲩ ⲛ̄ϭⲓ ⲡⲣⲓⲙⲉ ⲁⲩⲱ ⲡϭⲁϩϭⲉϩ ⲛ̄
ⲛ̄ⲟⲃϩⲉ· ⲟⲩⲟⲓ ⲛ̄ⲛⲉⲧ ⲛ̄ⲕⲟⲧⲕ̄ ϩⲓⲧⲛ̄ ⲧⲁⲙⲉⲗⲓ̈ⲁ ⲛ̄ⲧⲉ ⲧⲉ-
ⲥⲙⲏ ϣⲱⲡⲉ ϫⲉ ⲉⲓⲥ ⲡⲡⲁⲧϣⲉⲗⲉⲉⲧ ⲁⲙⲏⲓⲧⲛ̄ ⲉ ⲃⲟⲗ ⲉ
ⲧⲱⲙⲛ̄ⲧ ⲉ ⲣⲟϥ· ⲛ̄ⲧⲉ ⲛⲉⲧ ⲥⲃ̄ⲧⲱⲧ ⲃⲱⲕ ⲉ ϩⲟⲩⲛ ⲛ̄ⲙ̄ⲙⲁϥ
Fol. 68 a ⲉ ⲡⲙⲁ | ⲛ̄ ϣⲉⲗⲉⲉⲧ ⲛϥϣⲧⲁⲙ ⲙ̄ ⲡⲣⲟ· ⲛ̄ⲥⲉⲉⲓ ⲛ̄ϭⲓ ⲛⲉ
ⲣⲗⲍ ⲛⲧⲁ ⲛⲉⲩⲗⲁⲙⲡⲁⲥ ϫⲉⲛⲁ ⲛ̄ⲥⲉⲧⲱϩⲙ̄ ⲉ ϩⲟⲩⲛ ϫⲉ ⲡϫ̄ⲥ̄
ⲡϫ̄ⲥ̄· ⲁⲛⲟⲩⲱⲛ ⲛⲁⲛ ⲛ̄ⲥⲉⲥⲱⲧⲙ̄ ⲉ ⲧⲥⲙⲏ ⲉⲧ ⲙⲉϩ ⲛ̄
ⲁⲡⲩⲗⲏ ϩⲓ ϩⲟⲧⲉ ϫⲉ ϩⲁⲙⲏⲛ ϯϫⲱ ⲙ̄ⲙⲟⲥ ⲛⲏⲧⲛ̄ ϫⲉ
ⲛ̄ ϯⲥⲟⲟⲩⲛ ⲙ̄ⲙⲱⲧⲛ̄ ⲁⲛ·:—Ⲙⲁⲣⲟⲩⲥⲱⲧⲙ̄ ϭⲉ ⲧⲉⲛⲟⲩ
ⲛ̄ϭⲓ ⲛⲁⲓ ⲛ̄ⲧⲉⲓ ⲙⲓⲛⲉ ⲉ ⲡⲛⲟϭ ⲛ̄ ⲥⲁϩ ⲛ̄ ⲧⲕ̄ⲕⲗⲏⲥⲓⲁ
ⲡⲉⲧⲣⲟⲥ ⲡⲉⲥⲧⲩⲗⲗⲟⲥ ⲛ̄ ⲧⲙⲉ· ϫⲉ ⲛⲁⲓ ⲇⲉ ⲙ̄ⲡⲣ̄ ⲧⲣⲉϥ
ϣⲱⲡⲉ ⲛⲁⲩ ⲛ̄ϭⲓ ⲡⲕⲟⲥⲙⲟⲥ ⲉⲧ ϩⲓ ⲃⲟⲗ ⲛ̄ϩⲱⲗϭ̄ ϩⲓ ⲛⲟ̄ⲃ
ϩⲓ ϩⲟⲓⲧⲉ ϩⲓ ⲉⲓⲛⲉ ⲙ̄ ⲙⲉ· ⲁⲗⲗⲁ ⲙ̄ ⲡⲣⲱⲙⲉ ⲉⲧ ϩⲏⲡ
ⲛ̄ⲧⲉ ⲡϩⲏⲧ ϩⲛ̄ ⲧⲙⲛ̄ⲧ ⲁⲧ ⲧⲁⲕⲟ ⲙ̄ ⲡⲉⲡⲛ̄ⲁ̄ ⲛ̄ ⲣⲙ̄ⲣⲁϣ
ⲡⲁⲓ ⲉⲧ ⲙ̄ ⲡⲙ̄ⲧⲟ ⲉ ⲃⲟⲗ ⲙ̄ ⲡⲛⲟⲩⲧⲉ ⲉⲧ ⲧⲁⲓⲏⲩ· ϫⲉ ⲕⲁⲥ
ⲛ̄ⲛⲉⲩϭⲛ̄ ⲁⲫⲟⲣⲙⲏ ⲛ̄ϭⲓ ⲛⲁⲓ ⲛ̄ ϯⲙⲉⲓⲛⲉ· ⲁⲩϯ ⲙⲁⲉⲓⲛ
ⲛⲁⲩ ϩⲓⲧⲛ̄ ⲛⲉ ⲛⲧⲁⲩϣⲱⲡⲉ ϩⲁ ⲧⲉⲩϩⲏ· ⲉⲁⲩⲕⲗⲏⲣⲟⲩ
ⲉⲩⲛⲟϭ ⲙ̄ ⲙⲛ̄ⲧⲣⲙ̄ⲙⲁⲟ ⲉⲩϫⲱ ⲙ̄ⲙⲟⲥ ϫⲉ ⲧⲁⲓ ⲧⲉ ⲑⲉ
ⲉⲛⲉⲩⲕⲟⲥⲙⲉⲓ ⲙ̄ⲙⲟⲟⲩ ⲛ̄ϭⲓ ⲛⲉϩⲓⲟⲙⲉ ⲉⲧ ⲟⲩⲁⲁⲃ ⲉⲧ |
Fol. 68 b ϩⲗⲡⲓⲍⲉ ⲉ ⲡⲛⲟⲩⲧⲉ ⲛ̄ ⲑⲉ ⲛ̄ ⲥⲁⲣⲁ ⲧⲉⲥϩⲓⲙⲉ ⲉⲧ ⲟⲩⲁⲁⲃ
ⲣⲗⲏ ⲛ̄ ⲁⲃⲣⲁϩⲁⲙ· ⲧⲁⲓ ⲉⲧ ⲥⲱⲧⲙ̄ ⲛ̄ⲥⲁ ⲁⲃⲣⲁϩⲁⲙ ⲡⲉⲥϩⲁⲓ·
ⲉⲥⲙⲟⲩⲧⲉ ⲉ ⲣⲟϥ ϫⲉ ⲡⲁ ϫⲟⲉⲓⲥ ⲉⲁϥϯ ⲁⲡⲟⲇⲓⲝⲏⲥ ⲛⲁⲩ
ϩⲙ̄ ⲡⲉⲓ|ϣⲁϫⲉ ⲉϥϫⲱ ⲙ̄ⲙⲟⲥ ϫⲉ ⲧⲁⲓ ⲛ̄ⲧⲁ ⲧⲉⲧⲉⲛ̄ϣⲱⲡⲉ
ⲛⲁⲥ ⲛ̄ϣⲉⲉⲣⲉ ⲉⲧⲉⲧⲛ̄ⲉⲓⲣⲉ ⲙ̄ ⲡⲡⲉⲧ ⲛⲁⲛⲟⲩϥ· ⲛ̄ⲧⲉⲧⲛ̄ⲣ̄
ϩⲟⲧⲉ ⲁⲛ ϩⲏⲧⲥ̄ ⲛ̄ ⲗⲁⲁⲩ ⲛ̄ ϩⲟⲧⲉ· ϩⲱⲥ ⲧⲉ ⲥϩⲓⲙⲉ
ⲛⲓⲙ ⲉⲧ ⲛⲁⲙⲟⲟϣⲉ ⲕⲁⲧⲁ ⲛⲉⲡⲣⲁⲝⲓⲥ ⲉⲧ ⲛⲁⲛⲟⲩⲟⲩ ⲛ̄
ⲛⲉϩⲓⲟⲙⲉ ⲛ̄ⲥⲉⲙⲏⲛ· ⲛ̄ ⲑⲉ ⲛ ⲥⲁⲣⲣⲁ ϩⲙ̄ ⲡⲙⲁ ⲉⲛⲉⲥ
ⲛ̄ϩⲏⲧϥ ⲧⲉⲛⲟⲩ ϩⲛ̄ ⲧⲙⲛ̄ⲧⲉⲣⲟ ⲛ̄ ⲙ̄ⲡⲏⲩⲉ· ⲁⲩⲱ ⲥⲉⲛⲁ-
ⲁⲙⲁⲧⲉ ⲛ̄ ⲛⲉⲓ ⲁⲅⲁⲑⲟⲛ ⲛ̄ ⲟⲩⲱⲧ ⲛ̄ⲙ̄ⲙⲁⲥ ϩⲙ̄ ⲡⲙⲁ
ⲛ̄ ϣⲱⲡⲉ ⲛ̄ ⲛⲉⲧ ⲉⲩⲫⲣⲁⲛⲉ· ⲡⲙⲁ ⲛ̄ⲧ ⲁϥⲡⲱⲧ ⲉ ⲃⲟⲗ
ⲛ̄ϩⲏⲧϥ ⲛ̄ϭⲓ ⲡⲙ̄ⲕⲁϩ ⲛ̄ϩⲏⲧ ⲙⲛ̄ ⲧⲗⲩⲡⲏ ⲙⲛ̄ ⲡⲁ-

ϣⲁϩⲟⲙ· ⲁⲗⲗⲁ ⲡⲁⲛⲧⲱⲥ ⲛ̄ⲧⲉⲧⲛ̄ⲃⲱⲕ ⲉ ⲧⲕ̄ⲕⲗⲏⲥⲓⲁ
ⲛ̄ⲧⲉⲧⲛ̄ⲟⲩⲱⲛϩ̄ ⲉ ⲃⲟⲗ ⲛ̄ ϩⲉⲛϩⲃⲏⲩⲉ ⲉⲩϣⲟⲩⲉⲓⲧ ⲉⲧⲉⲧⲛ̄-
ϣⲟⲩϣⲟⲩ ⲙ̄ⲙⲱⲧⲛ̄ ϩⲛ̄ ⲧⲙⲛ̄ⲧⲣⲉϥⲣ̄ϣⲁ· ⲙⲛ̄ⲛ̄ⲥⲱⲥ ⲇⲉ
ⲛ̄ⲧⲉⲧⲛ̄ⲉⲓ ⲉ ⲃⲟⲗ ϩⲛ̄ ⲧⲉⲕ|ⲕⲗⲏⲥⲓⲁ ⲛ̄ⲧⲉⲧⲛ̄ⲃⲱⲕ ⲉ ⲛⲉⲧⲛ̄ⲏⲓ Fol. 69 *a* ⲣⲗⲑ
ⲛ̄ⲧⲉⲧⲛ̄ⲛⲁⲩ ⲉ ⲛⲉⲧⲣⲁⲡⲉⲍⲁ ⲉⲩⲟⲩⲟⲗⲉ ⲛ̄ⲁⲅⲁⲑⲟⲛ ⲛⲓⲙ
ⲉⲣⲉ ⲟⲩⲙⲏⲏϣⲉ ⲛ̄ ϩⲏⲕⲉ ⲛ̄ ⲥⲁ ⲃⲟⲗ ⲙ̄ ⲡⲉⲧⲛ̄ⲣⲟ ⲉⲩϣⲟⲟⲡ
ϩⲛ̄ ⲟⲩϭⲣⲱⲱϩ ⲁⲩⲱ ⲉⲩⲣ̄ ⲭⲣⲓⲁ ⲛ̄ ⲧⲉⲧⲣⲟⲫⲏ ⲙⲛ̄ ⲑⲃⲥⲱ
ⲉⲩϩⲕⲟⲉⲓⲧ ⲉⲩⲟⲃⲉ ⲛ̄ⲧⲉⲧⲛ̄ⲕⲧⲟ ⲁⲛ ⲙ̄ ⲡⲉⲧⲛ̄ϩⲟ ⲉ ϫⲱⲟⲩ·
ⲛ̄ⲧⲉⲧⲛ̄ϭⲱϣⲧ̄ ⲛ̄ⲥⲱⲟⲩ ⲁⲛ ⲉ ⲡⲧⲏⲣϥ̄· Ⲟⲩ ⲡⲉ ⲡϩⲏⲩ ⲛ̄
ⲧⲉⲓ ⲙⲛ̄ⲧⲣⲉϥⲣ̄ϣⲁ ⲛ̄ ⲧⲉⲓ ⲙⲓⲛⲉ· ⲡⲁⲛⲧⲱⲥ ⲅⲁⲣ ⲛ̄ⲧⲁ
ⲏⲥⲁⲓⲁⲥ ⲡⲁ ⲡⲉⲓ ⲛⲟϭ ⲛ̄ ϩⲣⲟⲟⲩ ϩⲛ̄ ⲛⲉⲡⲣⲟⲫⲏⲧⲏⲥ ⲣ̄
ⲡⲙⲉⲉⲩⲉ ⲛ̄ ⲛⲁⲓ ⲛ̄ ⲧⲉⲓ ⲙⲓ̈ⲛⲉ· ⲁϥϫⲟⲟⲥ ϩⲙ̄ ⲡⲉⲡⲣⲟⲥⲟ-
ⲡⲟⲛ ⲛ̄ ⲟⲩⲱⲧ ⲙ̄ ⲡⲛⲟⲩⲧⲉ ϫⲉ ⲛⲉⲧⲛ̄ⲥⲟⲩⲁ ⲙⲛ̄ ⲛⲉⲧⲛ̄-
ϣⲁ ⲧⲁ ⲯⲩⲭⲏ ⲙⲟⲥⲧⲉ ⲙ̄ⲙⲟⲟⲩ ⁘—ⲁⲧⲉⲧⲛ̄ϣⲱⲡⲉ ⲛⲁⲓ
ⲉⲩⲥⲉⲓ ⲛ̄ⲛⲁⲕⲱ ϭⲉ ⲉ ⲃⲟⲗ ⲛ̄ ⲛⲉⲧⲛ̄ⲛⲟⲃⲉ· ⲉⲓⲥ ϩⲏⲏⲧⲉ
ϭⲉ ⲧⲉⲛⲟⲩ ϯⲛⲁⲩ ⲉⲩⲙⲏⲏϣⲉ ⲛ̄ϩⲏⲧ ⲧⲏⲩⲧⲛ̄ ⲉⲩⲁϩⲉ
ⲣⲁⲧⲟⲩ ⲙ̄ ⲡⲉⲓ ⲙⲁ ⲉⲣⲉ ⲛⲉⲩϩⲟ ⲟⲕⲙ̄ ⲉ ⲧⲃⲉ ⲛⲉⲧ ⲟⲩⲥⲱⲧⲙ̄
ⲉ ⲣⲟⲟⲩ ⲉⲣⲉ ⲛⲉⲩⲃⲁⲗ ⲙⲉϩ|ⲛ̄ ⲣⲙ̄ⲉⲓⲏ ⲉⲩϣⲁⲛⲉⲓ ⲇⲉ Fol. 69 *b* ⲣⲙ
ⲉ ⲃⲟⲗ ϩⲛ̄ ⲧⲕ̄ⲕⲗⲏⲥⲓⲁ ϣⲁⲩⲣ̄ ⲡⲱⲃϣ̄ ⲛ̄ⲧⲉⲩⲛⲟⲩ ⲛ̄ ⲛⲉ
ⲛⲧⲁⲩⲥⲟⲧⲙⲟⲩ· ⲁⲩⲱ ϣⲁⲩⲕⲧⲟⲟⲩ ⲉ ⲛⲉⲩϩⲃⲏⲩⲉ ⲛ̄ ⲕⲉ
ⲥⲟⲡ· ⲙⲁⲗⲗⲟⲛ ⲇⲉ ϣⲁⲩⲟⲩⲱϩ ⲉ ϩⲣⲁⲓ ⲉ ϫⲱⲟⲩ· Ⲁⲩⲱ
ⲁϩⲣⲟⲓ ⲉⲓϫⲱ ⲙ̄ⲙⲟⲥ ϫⲉ ⲉⲩϣⲁⲛⲉⲓ ⲉ ⲃⲟⲗ ϩⲛ̄ ⲧⲕ̄ⲕⲗⲏⲥⲓⲁ·
ⲁⲗⲗⲁ ⲙ̄ⲡⲁⲧ ⲟⲩⲉⲓⲟ ⲉ ⲃⲟⲗ ⲛ̄ ⲛ̄ⲣⲙ̄ⲉⲓⲟⲟⲩⲉ ⲉⲧ ϩⲛ̄
ⲛⲉⲩⲃⲁⲗ· ϣⲁⲩϭⲛ̄ⲧⲟⲩ ⲉⲩⲙⲉⲉⲩⲉ ⲉ ⲃⲟⲗ ⲉ ⲛⲉⲧ ⲟⲩⲛⲁⲉⲓ
ⲉ ⲃⲟⲗ· ⲛ̄ⲥⲉⲁⲁⲩ ⲉⲩϭⲱϣⲧ̄ ⲉ ⲃⲟⲗ ϩⲛ̄ ⲧⲕ̄ⲕⲗⲏⲥⲓⲁ ϫⲉ
ⲡⲁⲛⲧⲱⲥ ⲥⲉⲛⲁϭⲛ̄ ⲟⲩⲁ̄ⲑⲏⲧ ⲛ̄ ⲧⲉⲩϩⲉ· ⲉⲩⲥⲟⲩⲧⲛ̄ ⲧⲏⲏⲃⲉ
ⲉ ⲛⲉⲩⲉⲣⲏⲩ ⲧⲁⲣⲟⲩⲑⲉⲱⲣⲉⲓ ⲛ̄ ⲛⲉⲍⲟⲩⲣ ⲛ̄ ⲛⲟⲩⲃ ⲉⲧ ϩⲛ̄
ⲛⲉⲩⲧⲏⲏⲃⲉ ⲉⲩϯ ⲛ̄ ⲛⲉⲩϭⲓϫ ⲛⲁⲩ ⲛ̄ ⲗⲟⲅⲟⲥ ⲉ ⲧⲙ̄
ⲡⲁⲣⲁⲃⲁ ⲙ̄ⲙⲟⲟⲩ· ⲉⲩⲉⲣⲏⲧ ⲛⲁⲩ ⲛ̄ ϩⲉⲛⲉⲣⲏⲧ ϩⲛ̄ⲣⲱⲟⲩ
ⲉⲣⲉ ⲡⲉⲩϩⲏⲧ ⲙⲉϩ ⲙ̄ ⲙⲛ̄ⲧⲛⲟⲉⲓⲕ· ⲉⲣⲉ ⲡⲉⲩϩⲏⲧ ϫⲓϥⲟⲕⲥ̄
ϩⲓⲧⲛ̄ ⲡⲉϩⲟⲩⲟ ⲛ̄ ⲛⲉⲩⲙⲛ̄ⲧⲛⲟⲉⲓⲕ ⲙⲛ̄ ⲧⲉⲩⲉⲡⲉⲓⲑⲩⲙⲓⲁ·
ⲉⲣⲉ ⲛⲉⲩⲥⲡⲟⲧⲟⲩ ϫⲱ ⲛ̄ ⲛⲉⲧ ϭⲟⲟⲙⲉ· ⲉϩⲛⲁⲩ ⲙⲉⲛ
ⲉ ⲉⲓ ⲉ ⲃⲟⲗ ϩⲛ̄ ⲧⲕ̄ⲕⲗⲏⲥⲓⲁ ϩⲓⲧⲙ̄ ⲡⲉϩⲟⲩⲟ ⲙ̄ ⲡⲉⲩⲥⲱⲣⲙ̄| Fol. 70 *a*
ⲙ̄ⲡⲁⲧ ⲟⲩϫⲓ ⲛ̄ ϯⲣⲏⲛⲏ ⲁⲩⲱ ⲛⲁⲓ̈ ϫⲱ ⲙ̄ⲙⲟⲥ ϫⲉ ⲁⲛⲟⲛ ⲣⲙⲁ

ϩⲉⲛⲭⲣⲓⲥϯⲁⲛⲟⲥ · ⲉⲛⲁϩⲉ ⲣⲁⲧⲛ̄ ϩⲛ̄ ⲧⲉⲕⲕⲗⲏⲥⲓⲁ ⲛ̄-
ϣⲗⲏⲗ ⲉⲛⲣ̄ ϣⲁ ⲙ̄ ⲡⲉⲭ︦ⲥ︦ ⁝—Ⲡⲁⲣⲟⲩⲉⲓ ⲧⲉⲛⲟⲩ ⲛ̄ϭⲓ
ⲛⲁⲓ ⲛ̄ ϯⲙⲉⲓⲛⲉ · ⲛ̄ⲥⲉⲥⲱⲧⲙ̄ ⲏⲥⲁⲓ̈ⲁⲥ ⲡⲉⲡⲣⲟⲫⲏⲧⲏⲥ
ⲉϥϫⲱ ⲙ̄ⲙⲟⲥ ϫⲉ ⲉⲧⲉⲧⲛ̄ϣⲁⲛⲡⲉⲣϣ̄ ⲛⲉⲧⲛ̄ϭⲓϫ ⲉ ⲃⲟⲗ
ⲉ ϩⲣⲁⲓ ⲉ ⲣⲟⲓ ϯⲛⲁⲕⲧⲉ ⲛⲁⲃⲁⲗ ⲉ ⲃⲟⲗ ⲙ̄ⲙⲱⲧⲛ̄ · ⲁⲩⲱ
ⲉⲧⲉⲧⲛ̄ϣⲁⲛⲧⲁϣⲟ ⲙ̄ ⲡⲉⲧⲛ̄ⲥⲟⲡⲥⲡ̄ ϯⲛⲁⲥⲱⲧⲙ̄ ⲉⲣⲱⲧⲛ̄
ⲁⲛ · ⲛⲉⲧⲛ̄ϭⲓϫ ⲅⲁⲣ ⲙⲉϩ ⲛ̄ ⲥⲛⲟϥ · ⲁⲩⲱ ⲛⲉⲧⲛ̄ⲥⲡⲟⲧⲟⲩ
ϩⲛ̄ ϩⲉⲛⲁⲛⲟⲙⲓⲁ ⲁⲩⲱ ⲛⲉⲧⲛ̄ⲗⲁⲥ ⲙⲉⲗⲏⲧⲁ ⲛ̄ ⲟⲩϫⲓⲛ-
ϭⲟⲛⲥ̄ · ⲙⲏ ⲛ̄ ⲛⲁⲓ ⲁⲛ ⲛⲉ ⲛⲉϫⲡⲓⲟ ⲉⲧ ⲉⲣⲉ ⲛⲁⲓ
ⲛⲁⲥⲱⲧⲙ̄ ⲉ ⲣⲟⲟⲩ · ⲉϣϫⲉ ⲉⲕⲟⲩⲱϣ ϫⲉ ⲉⲣϣⲁ ⲱ̄
ⲡⲙⲉⲣⲓⲧ ⲁⲩⲱ ⲛ̄ⲥⲉⲟ̄ⲡⲕ̄ ⲙⲛ̄ ⲛ̄ϩⲙ̄ϩⲁⲗ ⲙ̄ ⲡⲉⲭ︦ⲥ︦ · ⲕⲱ̄
ⲛ̄ ⲛⲉⲡⲣⲁⲝⲓⲥ ⲛ̄ ϣⲟⲣⲡ̄ ⲛ̄ ⲑⲉ ⲛ̄ ⲙ̄ⲙⲁⲅⲟⲥ · ⲥⲙⲟⲩ
ⲙⲛ̄ ⲛ̄ⲁⲅⲅⲉⲗⲟⲥ ⲛ̄ ⲑⲉ ⲛ̄ ⲛ̄ϣⲟⲟⲥ · ⲕⲱ ⲡⲉⲕⲣⲟ ⲉϥⲟⲩⲏⲛ ·
ⲛ̄ ⲑⲉ ⲛ̄ ⲥⲁⲗⲱⲙⲏ ⁝—Ⲟⲩⲟϩⲕ̄ ⲛ̄ⲥⲱϥ ⲛ̄ ⲑⲉ ⲛ̄ ⲓⲱⲥⲏⲫ
ⲁⲩⲱ ⲕⲛⲁⲙⲉⲧⲉ ⲙ̄ ⲡⲕⲱ ⲉ ⲃⲟⲗ ⲛ̄ ⲛⲉⲕⲛⲟⲃⲉ ⲛ ⲑⲉ ⲛ̄
Fol. 70 *b* ⲛⲉ|ⲧ ⲙ̄ⲙⲁⲩ · ⲥⲱⲧⲙ̄ ⲉ ⲥⲟⲗⲟⲙⲱⲛ ϫⲉ ⲉϥϫⲱ ⲙ̄ⲙⲟⲥ
ⲣ̅ⲙ̅ⲃ̅ ϫⲉ ⲟⲩ · ⲥⲃ̄ⲧⲉ ⲛⲉⲕϩⲃⲏⲩⲉ ⲉ ⲧⲉⲕϩⲓⲏ · ⲁⲩⲱ ⲛⲅ̄ ⲥⲃ̄ⲧⲱⲧⲕ̄
ⲉ ⲧⲕ̄ⲥⲱϣⲉ ⲁⲩⲱ ⲛⲅ̄ ⲕⲱⲧ ⲙ̄ ⲡⲉⲕⲏⲓ · ⲧϭⲓⲛⲁⲡⲟⲧⲁⲥⲥⲉ
ⲅⲁⲣ ⲛ̄ ⲛⲉϩⲃⲏⲩⲉ ⲛ̄ ϣⲟⲣⲡ̄ · ⲧⲉ ⲧϭⲓⲛⲁⲙⲁϩⲧⲉ ⲛ̄ ⲧⲡⲁⲛ-
ϩⲟⲡⲗⲓⲁ ⲙ̄ ⲡⲟⲩϫⲁⲓ · ⲛⲅ̄ ⲟⲩⲁϩⲕ̄ ⲛ̄ⲥⲁ ⲡⲉⲭ︦ⲥ︦ · ⲉⲧⲉ ⲡⲁⲓ ⲡⲉ
ⲟⲩⲕⲱⲧ ⲛ̄ ⲃⲣ̄ⲣⲉ · Ⲟⲩ ⲅⲁⲣ ⲡⲉⲧⲉ ⲧⲛ̄ⲧⲁⲁϥ ⲛ̄ ϣⲃ̄ⲃⲓ̈ⲱ ⲙ̄ ⲡⲉⲓ
ⲛⲟϭ ⲛ̄ ⲥⲕⲩⲗⲙⲟⲥ ⲛ̄ⲧⲁϥⲁⲁϥ ϣⲁ ⲣⲟⲛ ⲟⲛⲧⲱⲥ ⲉⲛϣⲁⲛⲕⲁ
ⲡⲕⲟⲥⲙⲟⲥ ⲛ̄ⲥⲱⲛ ⲛ̄ⲧⲛ̄ⲃⲱⲕ ⲉ ⲡϫⲁⲓⲉ ⲛ̄ⲧⲛ̄ⲛⲁϣϯ ⲛⲁϥ
ⲁⲛ ⲙ̄ ⲡⲧⲟⲩ[ⲉⲓ]ⲟ ⲙ̄ ⲡⲉⲓ ϩⲱⲃ ⲙ̄ⲙⲁⲧⲉ · ⲙⲁⲗⲓⲥⲧⲁ ⲛ̄ ⲕⲉ
ϩⲓⲥⲉ ⲧⲏⲣⲟⲩ ⲛ̄ⲧⲁϥϣⲟⲡⲟⲩ ϩⲁ ⲣⲟⲛ ⲉϩⲛⲁϥ · ⲉ ⲧⲃⲉ ⲡⲁⲓ
ⲉⲛ ϩⲟⲥⲟⲛ ⲉⲛⲥⲟⲟⲩⲛ ϫⲉ ⲙⲛ̄ ϭⲟⲙ ⲙ̄ⲙⲟⲛ ⲉ ϯ ⲁⲡⲟ-
ⲗⲟⲅⲓⲁ ⲛⲁϥ ⲟⲩⲇⲉ ⲗⲁⲁⲩ ⲛ̄ ⲧⲟⲩⲉⲓⲟ · ⲙⲁⲣⲛ̄ ϣⲡ̄ ϩⲙⲟⲧ
ⲛ̄ ⲧⲟⲟⲧϥ̄ ϩⲙ̄ ⲡ ⲧⲣ̄ ⲛ̄ϣⲡ̄ ϩⲓⲥⲉ ⲛ̄ⲙ̄ⲙⲁϥ ϫⲉ ⲕⲁⲥ ⲛ̄
ⲛⲁⲣ̄ ⲃⲟⲗ ⲛ̄ϭⲟⲣⲝ̄ ⲙ̄ ⲡⲇⲓⲁⲃⲟⲗⲟⲥ ⲙⲛ̄ ⲛⲉϥⲡⲁⲑⲟⲥ
Fol. 71 *a* ⲉⲑⲟⲟⲩ · Ⲁⲗⲗⲁ ⲡⲁⲛⲧⲱⲥ | ⲟⲩⲛ̄ ⲟⲩⲁ ⲛⲁϫⲟⲟⲥ ⲛⲁⲓ ϩⲛ̄
ⲣ̅ⲙ̅ⲅ̅ ⲛⲉⲧ ⲟ̄ ⲛ̄ⲁⲣⲅⲟⲥ ⲙⲛ̄ ⲙ̄ ⲙⲁⲓ ϩⲏⲇⲟⲛⲏ · ϫⲉ ⲉⲓⲛⲁⲟⲩϫⲁⲓ
ⲛ̄ ⲁϣ ⲛ̄ ϩⲉ · ⲁⲓⲧⲁⲕⲟ ⲅⲁⲣ ⲁⲩⲱ ⲙⲛ̄ ϭⲟⲙ ⲙ̄ⲙⲟⲓ̈
ⲉϣⲡ̄ ϩⲓⲥⲉ ⲙ̄ ⲡⲁ ⲥⲱⲙⲁ · ⲁⲛⲅ̄ ⲟⲩⲡⲟⲗⲩⲧⲏⲥ ⲅⲁⲣ · ⲁⲩⲱ

ϯⲟ ⲛ̄ ⲁⲥⲑⲉⲛⲏⲥ ϩⲙ̄ ⲡⲁ ⲥⲱⲙⲁ· ⲁⲩⲱ ⲁⲓⲣ̄ ⲁⲧ ϭⲟⲙ ϩⲛ̄ ⲧⲙⲛ̄ⲧϩⲗ̄ⲗⲟ· ⲟⲩ ⲅⲁⲣ ⲡⲉ ϯⲛⲁⲁⲁϥ· ⲁⲛⲟⲕ ⲅⲁⲣ ϯⲛⲁϫⲟⲟⲥ ⲛⲁϥ ϫⲉ ⲕϭⲙ̄ ⲗⲟⲓϭⲉ ⲙ̄ ⲡⲉⲕⲧⲱⲙ ⲛ̄ϩⲏⲧ ⲉⲕϫⲱ ⲛ̄ ⲛⲁⲓ· ⲛ̄ⲧⲟϥ ⲅⲁⲣ ⲡⲗⲟⲅⲟⲥ· ⲉϥⲙⲉⲉⲩⲉ ⲁ ⲡⲉ ⲗⲁⲁⲩ ⲛ̄ ⲛⲁⲓ· ⲟⲩϩⲱⲃ ⲅⲁⲣ ⲛ̄ ⲟⲩⲱⲧ ⲡⲉⲧ ϥ̄ϣⲓⲛⲉ ⲛ̄ⲥⲱϥ ⲛ̄ ⲧⲟⲟⲧⲛ̄· ⲉⲧⲉ ⲡⲁⲓ ⲡⲉ ⲉ ⲧⲣ ⲛ̄ⲕⲱ ⲛ̄ⲥⲱⲛ ⲛ̄ ⲛⲉϩⲃⲏⲩⲉ ⲉⲑⲟⲟⲩ ⲛ̄ⲧⲁⲛⲁⲁⲩ ⲛ̄ ϣⲟⲣⲡ· ⲁⲩⲱ ⲛ̄ⲧⲛ̄ⲧⲙ̄ ⲕⲧⲟⲛ ⲉ ⲣⲟⲟⲩ ⲛ̄ ⲕⲉ ⲥⲟⲡ· ⲡⲗⲟⲅⲟⲥ ⲅⲁⲣ ⲙ̄ ⲡⲛⲟⲩⲧⲉ ⲧⲱϩⲙ̄ ⲙ̄ⲙⲟⲛ ⲛ̄ ⲕⲁⲓⲣⲟⲥ ⲛⲓⲙ ⲉϥϫⲱ ⲙ̄ⲙⲟⲥ ϫⲉ ⲕⲧⲉ ⲧⲏⲩⲧⲛ̄ ϣⲁ ⲣⲟⲓ ⲛ̄ϣⲏⲣⲉ ⲛ̄ⲧⲁⲩⲟⲩⲉ ⲉ ⲃⲟⲗ· ⲁⲩⲱ ⲁⲛⲟⲕ ϯⲛⲁϣⲡ̄ ⲧⲏⲩⲧⲛ̄ ⲉ ⲣⲟⲓ ⲛ̄ ⲧⲁⲕⲱ ⲛⲏⲧⲛ̄ ⲉ ⲃⲟⲗ ⲡⲉϫⲉ ⲡϫⲥ̄ ⲡⲡⲁⲛⲧⲱⲕⲣⲁⲧⲱⲣ· ⲛ̄ⲣⲱⲙⲉ ⲅⲁⲣ ⲁⲛ ⲡⲉⲧ ϫⲱ ⲛ̄ ⲛⲁⲓ ⲁⲗⲗⲁ | ⲡⲛⲟⲩⲧⲉ ⲡⲡⲁⲛⲧⲱⲕⲣⲁⲧⲱⲣ ⲡⲉⲛⲧ ⲁϥϫⲟⲟⲩ ϩⲛ̄ Fol. 71 *b* ⲧⲧⲁⲡⲣⲟ ⲛ̄ ⲛⲉϥⲡⲣⲟⲫⲏⲧⲏⲥ ⲉⲧ ⲟⲩⲁⲁⲃ· ⲣ̄ⲙ̄ⲇ̄ Ⲉⲓⲥ ϩⲏⲏⲧⲉ ⲅⲁⲣ ϥⲣ̄ ⲙⲛ̄ⲧⲣⲉ ϩⲁ ⲡⲉ ⲛⲧⲁϥϫⲟⲟⲩ ⲛ̄ϭⲓ ⲡⲉⲡⲣⲟⲫⲏⲧⲏⲥ ⲏⲥⲁⲓⲁⲥ· ⲉϥϫⲱ ⲙ̄ⲙⲟⲥ ϫⲉ ⲧⲧⲁⲡⲣⲟ ⲅⲁⲣ ⲙ̄ ⲡϫⲥ̄ ⲥⲁⲃⲁⲱⲑ ⲧⲡ̄ⲧ ⲁⲥϫⲉ ⲛⲁⲓ· ϥϫⲱ ⲅⲁⲣ ⲙ̄ⲙⲟⲥ ⲟⲛ ϩⲛ̄ ⲕⲉ ⲙⲁ ⲛ̄ϭⲓ ⲡϫⲥ̄ ϩⲓⲧⲛ̄ ⲛⲉϥⲡⲣⲟⲫⲏⲧⲏⲥ ⲉⲧ ⲟⲩⲁⲁⲃ ϫⲉ ϯⲟⲛϩ̄ ⲁⲛⲟⲕ ⲡⲉϫⲉ ⲡϫⲥ̄ ϫⲉ ⲛ̄ ϯⲟⲩⲉϣ ⲡⲙⲟⲩ ⲁⲛ ⲙ̄ ⲡⲣⲉϥⲣ̄ⲛⲟⲃⲉ ⲛ̄ ⲑⲉ ⲉ|ⲧⲣ ϥ̄ⲕⲧⲟϥ ϫⲉ ⲉ ⲃⲟⲗ ϩⲛ̄ ⲛⲉϥⲛⲟⲃⲉ· ϥⲛⲁⲱⲛϩ̄ ⲁⲩⲱ ⲛϥ̄ ⲟⲩϫⲁⲓ ⲉ ϩⲟⲩⲛ ⲉ ⲧⲙⲛ̄ⲧⲉⲣⲟ ⲙ̄ ⲡⲛⲟⲩⲧⲉ⁝—ⲕⲁⲓ ⲅⲁⲣ ⲙⲛ̄ⲛ̄ⲥⲁ ⲧⲣⲉ ⲡⲣⲱⲙⲉ ⲕⲁ ⲡⲛⲟⲩⲧⲉ ⲛ̄ⲥⲱϥ ⲛϥⲣ̄ ϩⲁϩ ⲛ̄ⲛⲟⲃⲉ ϣⲁ ϩⲣⲁⲓ ⲉ ⲧⲕⲉ ⲙⲛ̄ⲧⲣⲉϥϣⲙ̄ϣⲉ ⲉⲓⲇⲱⲗⲟⲛ· ⲙ̄ ⲡϫⲥ̄ ⲕⲁⲁⲁϥ ⲁⲛ ⲛ̄ⲥⲱϥ ϣⲁ ⲃⲟⲗ ⲉϥϭⲱϣⲧ̄ ⲉ ⲃⲟⲗ ϩⲏⲧⲥ̄ ⲛ̄ ⲧⲉϥⲙⲉⲧⲁⲛⲟⲓⲁ· ⲕⲁⲓ̈ ⲅⲁⲣ ⲁⲩⲙⲏⲏϣⲉ ⲧⲁⲕⲟ ⲙⲁⲗⲓⲥⲧⲁ ϩⲙ̄ ⲡⲉⲓ ⲕⲁⲓⲣⲟⲥ ⲡⲁⲓ ⲧⲉⲛⲟⲩ· ⲉ ⲁⲩϣⲱⲡⲉ ⲛ̄ ϣⲟⲩⲙⲉⲥⲧⲱⲟⲩ ϩⲓⲧⲛ̄ ⲛⲉⲩⲡⲣⲁⲝⲓⲥ ⲉⲑⲟⲟⲩ ⲛ̄ⲧⲁⲩⲁⲁⲩ ϫⲓⲛ ⲛ̄ ϣⲟⲣⲡ· ϩⲱⲥ ⲧⲉ ⲛ̄ⲧⲉ ⲟⲩⲟⲛ ⲛⲓⲙ ⲛ̄ⲧⲁⲩⲥⲱⲧⲙ̄ | ⲉ ⲛⲉⲩϩⲃⲏⲩⲉ ⲉⲑⲟⲟⲩ ⲛ̄ⲧⲁⲩⲁⲁⲩ Fol. 72 *a* ϫⲓⲛ ⲛ̄ ϣⲟⲣⲡ· ϩⲱⲥ ⲧⲉ ⲛ̄ⲧⲉ ⲟⲩⲟⲛ ⲛⲓⲙ ϯ ⲧⲟⲟⲧⲟⲩ ⲉⲣⲡ̄ ⲣ̄ⲙ̄ⲉ̄ ⲛⲉⲩⲙⲁⲁϫⲉ· ⲁⲩⲱ ⲛ̄ ⲧⲉⲣⲉ ⲉϥⲣ̄ ϩⲛⲁⲁϥ ⲛ̄ϭⲓ ⲡⲛⲟⲩⲧⲉ ⲡⲙⲁⲓ ⲣⲱⲙⲉ ⲉ ⲧⲣⲉ ϥⲣⲓⲕⲉ ⲙ̄ ⲡⲉⲩϩⲏⲧ ⲉ ϩⲟⲩⲛ ⲉ ⲧⲙⲉⲧⲁⲛⲟⲓⲁ· ⲛ̄ⲥⲉⲕⲧⲟⲟⲩ ⲉ ⲃⲟⲗ ϩⲛ̄ ⲛⲉⲩⲁⲙⲉⲗⲓⲁ ⲛ̄ⲥⲉⲉⲓⲣⲉ ⲛ̄ ϩⲉⲛϩⲃⲏⲩⲉ ⲉ ⲛⲁⲛⲟⲩⲟⲩ· ⲙⲛ̄ⲛ̄ⲥⲱⲥ ⲁ ⲡⲣⲁⲛ ⲉⲧ ϩⲓ ϩⲟⲩⲛ ϩⲱⲃ̄ⲥ̄ ϩⲙ̄ ⲡⲕⲁϩ· ⲁⲩⲱ ⲁ ⲡⲣⲁⲛ ⲉⲧ ⲛⲁⲛⲟⲩϥ ⲟⲩⲱϩ ⲛ̄ⲥⲱⲟⲩ ϩⲱⲥ ⲧⲉ ⲛ̄ⲧⲉ ⲟⲩⲟⲛ ⲛⲓⲙ ⲉⲡⲉⲓⲑⲩⲙⲉⲓ ⲉ ⲣⲟⲟⲩ· ⲁⲩⲱ ⲉ ⲥⲱⲧⲙ̄ ⲉ ⲛⲉⲩⲡⲣⲁⲝⲓⲥ· ⲉⲧ ⲛⲁⲛⲟⲩⲟⲩ ⲛ̄ⲧⲁⲩϣⲱⲡⲉ ⲛⲁⲩ ⲉ ⲡϩⲁⲉ· ⲃⲱⲕ ⲛⲁⲕ ⲛ̄ ⲥⲁ ⲃⲟⲗ ⲛ̄ ⲧⲉⲓ ⲡⲟⲗⲓⲥ ⲛ̄ ⲟⲩⲕⲟⲩⲓ ⲉ ϩⲟⲩⲛ ⲉⲩ ⲙⲟⲛⲁⲥⲧⲏⲣⲓⲟⲛ· ⲁⲩⲱ ⲕⲛⲁⲛⲁⲩ ⲉⲩⲙⲏⲏϣⲉ ⲛ̄ⲣⲱⲙⲉ ⲉⲁⲩⲣ̄ ⲡⲉⲩⲃⲓⲟⲥ ⲛ̄ ϣⲟⲣⲡ̄ ϩⲛ̄ ⲛⲉⲑⲉⲁⲧⲣⲟⲛ· ⲙⲛ̄ ⲛ̄ϩⲩⲡⲡⲓⲕⲟⲥ ϩⲛ̄ ϩⲉⲛⲡⲟⲣⲛⲓⲁ· ⲙⲛ̄ⲛ̄ⲥⲱⲥ ⲁⲩⲕⲁ ⲡⲉⲩⲃⲓⲟⲥ ⲛ̄ⲥⲱⲟⲩ ⲛ̄ ϣⲟⲣⲡ̄ ⲉⲁⲩϣⲱⲡⲉ ⲛ̄ ϩⲓⲥ ⲁⲅⲅⲉⲗⲟⲥ· ⲉ ⲡϩⲁⲉ ⲁⲩⲱ ⲁⲩⲣ̄ ⲑⲁⲩⲙⲁⲥⲧⲟⲛ ϩⲛ̄ ⲛⲉⲩϩⲃⲏⲩⲉ ⲧⲏⲣⲟⲩ ⁘—ⲙⲁⲣⲟⲩ ⲧⲁϩⲟⲛ ⲉⲣⲁⲧⲛ̄ ϩⲱⲱⲛ ⲛ̄ ⲛⲁϩⲣⲁϥ ⲱ̄ ⲛⲁⲙⲉⲣⲁⲧⲉ ϫⲉ ⲕⲁⲥ

Fol. 72 b ⲣⲙⲉ ⲉⲛⲉϣⲱⲡⲉ ⲛ̄ⲧⲛ̄|ⲧⲱⲛ ⲉ ⲛⲉⲧ ⲥⲟⲧⲡ̄· ⲁⲩⲱ ⲉⲧ ϩⲏⲛ ⲉ ϩⲟⲩⲛ ⲉ ⲡⲟⲩϫⲁⲓ ⁘ ⲉⲛⲉⲓⲟⲩⲱϣ ⲙⲉⲛ ⲁⲛ ⲉ ϫⲱ ⲛ̄ ⲛⲉⲓ ϣⲁϫⲉ ⲛ̄ ⲙ̄ⲕⲁϩ ⲛ̄ϩⲏⲧ ϩⲛ̄ ⲧⲙⲏⲏⲧⲉ ⲙ̄ ⲡⲉⲓ ⲛⲟϭ ⲛ̄ ϣⲁ ⲉⲧ ⲡⲟⲣϣ̄ ⲛⲁⲛ ⲉ ⲃⲟⲗ ⲙ̄ⲡⲟⲟⲩ ϩⲛ̄ ⲧⲟⲓⲕⲟⲩⲙⲉⲛⲏ ⲧⲏⲣⲥ̄· ⲁⲗⲗⲁ ⲛ̄ⲧⲟϥ ⲟⲛ ϩⲱⲱϥ ⲡⲗⲟⲅⲟⲥ ⲙ̄ ⲡⲉⲓⲱⲧ ⲛ̄ⲧⲁϥⲕⲁⲧⲁⲝⲓⲟⲩ ⲁϥⲉⲓ ϣⲁ ⲣⲟⲛ ⲉ ⲧⲃⲉ ⲡⲟⲩϫⲁⲓ̈ ⲛ ⲛⲉⲛⲯⲩⲭⲏ· ϫⲉ ⲕⲁⲥ ⲉϥⲉⲧⲁϩⲟⲛ ⲉ ⲣⲁⲧⲛ̄ ⲛⲁϥ ⲉⲛⲟ̄ ⲛ̄ⲁⲧⲧⲱⲗⲙ̄· ⲡⲛⲟⲩⲧⲉ ⲙ̄ ⲙⲉ ⲓ̄ⲥ̄ ⲡⲉⲭ̄ⲥ̄ ⲡⲉⲛϫ̄ⲥ̄· ⲡⲉⲛⲧ ⲁϥⲉⲓ ⲉ ⲃⲟⲗ ϩⲛ̄ ⲧⲉⲓ ⲡⲁⲣⲑⲉⲛⲟⲥ ⲉⲧ ⲟⲩⲁⲁⲃ ⲙ̄ⲡⲟⲟⲩ ⲉϥⲉϯ ⲑⲉ ⲛⲁⲛ ⲧⲏⲣⲛ̄ ⲉ ⲧⲣ ⲛ̄ϣⲱⲡⲉ ⲛ̄ ⲥⲟⲧⲡ̄ ⲛ̄ ⲛⲁϩⲣⲁϥ ϩⲛ̄ ⲧⲛ̄ϭⲓⲛⲁⲡⲁⲛⲧⲁ ⲉ ⲣⲟϥ· ϫⲉ ⲁⲛⲟⲛ ⲙⲉⲛ ⲧⲏⲣⲛ̄ ⲧⲛ̄ⲣ ⲭⲣⲓⲁ ⲙ̄ ⲡⲉϥⲛⲁ· Ⲉⲓⲧⲉ ⲛⲉⲧ ϣⲁϫⲉ· ⲉⲓⲧⲉ ⲛⲉⲧ ⲥⲱⲧⲙ̄· ⲉⲓⲧⲉ ⲕⲟⲩⲓ ⲉⲓⲧⲉ ⲛⲟϭ ⲉⲓⲧⲉ ϩⲟⲟⲩⲧ· ⲉⲓⲧⲉ ⲥϩⲓⲙⲉ· ⲉⲓⲧⲉ ϩⲗ̄ⲗⲟ· ⲉⲓⲧⲉ ϣⲏⲣⲉ ⲕⲟⲩⲓ· ⲡⲉⲧ ⲛⲁϯ ⲙ̄ ⲡⲉϥϩⲏⲧ ⲉ ⲧⲉⲥⲃⲱ ϥⲛⲁⲥⲉⲓ ⲛ̄ⲁⲅⲁⲑⲟⲛ· ⲁⲙⲏⲓⲧⲛ̄ ⲛⲁ ϣⲏⲣⲉ· ⲡⲉϫⲁϥ

Fol. 73 a ⲣⲙⲍ ⲛ̄ⲧⲉⲧⲛ̄ⲥⲱⲧⲙ̄ | ⲉ ⲣⲟⲓ ⲛ̄ⲧⲁϯ ⲥⲃⲱ ⲛⲏⲧⲛ̄ ⲉ ϩⲣⲁⲓ ϩⲛ̄ ⲑⲟⲧⲉ ⲙ̄ ⲡⲛⲟⲩⲧⲉ· ⲉⲣⲉ ⲑⲟⲧⲉ ⲅⲁⲣ ⲙ̄ ⲡϫ̄ⲥ̄ ⲣ̄ ϩⲱⲃ ⲉ ⲡⲱⲛϩ̄ ⲁⲩⲱ ⲧⲙⲛ̄ⲧⲙⲁⲓⲛⲟⲩⲧⲉ· ⲟⲩⲱⲛϩ̄ ⲙ̄ ⲡⲣⲱⲙⲉ ⲧⲉ· ⲁⲛϫⲉ ϩⲁϩ ⲙⲉⲛ ⲉ ⲧⲉⲧⲛ̄ⲁⲅⲁⲡⲏ ⲉ ⲧⲃⲉ ⲧϭⲓⲛⲉⲓ ϣⲁ ⲣⲟⲛ ⲙ̄ ⲡⲛⲟⲩⲧⲉ ⲡⲗⲟⲅⲟⲥ ⲙⲛ̄ ⲧⲉϥⲙⲁⲁⲩ ⲙ̄ ⲡⲁⲣⲑⲉⲛⲟⲥ· ⲙⲁⲗⲗⲟⲛ ϫⲉ ⲁ ⲡⲉϩⲟⲩⲟ ⲛ̄ ⲛⲉⲛⲁⲙⲉⲗⲓⲁ ⲛ̄ⲧⲛ̄ ⲉϫⲛ̄ ⲡⲉⲓ ⲙⲏⲛϣⲉ ⲛ̄ ϣⲁϫⲉ ⲛ̄ ⲙ̄ ⲕⲁϩ ⲛ̄ϩⲏⲧ· Ⲉⲥⲉϣⲱⲡⲉ ⲇⲉ ⲙ̄ⲙⲟⲛ ⲧⲏⲣⲛ̄ ⲉ ⲧⲣ ⲛ̄ϭⲓⲛⲉ ⲛ̄ ⲟⲩⲡⲁⲣϩⲏⲥⲓⲁ ⲙ̄ ⲡⲉϥⲙ̄ⲧⲟ ⲉ ⲃⲟⲗ ϩⲛ̄ ⲧⲛ̄ϭⲓⲛⲁⲡⲁⲛⲧⲁ ⲉ ⲣⲟϥ· ⲙⲛ̄ⲛ̄ⲥⲁ ⲡⲱⲱⲛⲉ ⲉ ⲃⲟⲗ ⲙ̄ ⲡⲉⲓ ⲃⲓⲟⲥ ⲛϥ̄ϣⲟⲡⲛ̄ ⲉ ⲣⲟϥ ⲉ ϩⲟⲩⲛ ⲉ ⲛⲉϥ-ⲥⲕⲩⲛⲏ ϣⲁ ⲉⲛⲉϩ· Ⲡⲉⲟⲟⲩ ⲙ̄ ⲡⲉⲓⲱⲧ ⲙⲛ̄ ⲡϣⲏⲣⲉ ⲙⲛ̄ ⲡⲉⲡⲛ̄ⲁ̄ ⲉⲧ ⲟⲩⲁⲁⲃ ϣⲁ ⲉⲛⲉϩ ⲛ̄ ⲉⲛⲉϩ ϩⲁⲙⲏⲛ· ⲥⲙⲟⲩ ⲉ ⲣⲟⲛ·

THE DISCOURSE OF APA EPIPHANIUS, BISHOP OF CYPRUS, ON THE HOLY VIRGIN, MARY THEOTOKOS

(Brit. Mus. MS. Oriental, No. 6782)

Fol. 10 *a* 1 ⲁ̄ ⲞⲨⲖⲞⲄⲞⲤ· Ⲛ̄ⲦⲈ ⲠⲠⲈⲦ ⲞⲨⲀⲀⲂ· ⲀⲠⲀ
ⲈⲠⲒⲪⲀⲚⲒⲞⲤ· ⲠⲈⲠⲒⲤⲔⲞⲠⲞⲤ· Ⲛ̄ ⲔⲨⲠⲢⲞⲤ·
Ⲉ ⲀϤⲦⲀⲨⲞϤ Ⲉ ⲦⲂⲈ ⲦⲠⲀⲢⲐⲈⲚⲞⲤ ⲈⲦ
ⲞⲨⲀⲀⲂ ⲘⲀⲢⲒⲀ ⲦⲢⲈϤϪⲠⲈ ⲠⲚⲞⲨⲦⲈ·
ϨⲘ̄ ⲠⲈϨⲞⲞⲨ Ⲙ̄ ⲠⲈⲤⲢ̄ ⲠⲘⲈⲈⲨⲈ ⲈⲦ
ⲞⲨⲀⲀⲂ· ⲈⲦⲈ ⲤⲞⲨ ϪⲞⲨⲦ ⲞⲨⲈⲒ ⲠⲈ Ⲙ̄
ⲠⲈⲂⲞⲦ ⲦⲰⲂⲈ· ϨⲚ̄ ⲞⲨⲈⲒⲢⲎⲚⲎ Ⲛ̄ⲦⲈ
ⲠⲚⲞⲨⲦⲈ ϨⲀⲘⲎⲚ:—

ⲁⲗⲏⲑⲱⲥ ⲱ̄ ⲛⲁⲙⲉⲣⲁⲧⲉ ⲁ ⲡⲕⲟⲥⲙⲟⲥ ϯ ⲟ̄ⲥⲉ ⲛ̄
ⲟⲩⲛⲟϭ ⲛ̄ ⲇⲱⲣⲟⲛ ⲉϥⲟⲩⲁⲁⲃ ⲙ̄ⲙⲟⲟⲩ· ⲁⲩⲱ̄ ⲁⲙ-
Fol. 10 *a* 2 ⲡⲏⲩⲉ | ϩⲱⲟⲩ ϣⲱⲡ ⲉ ⲣⲟⲟⲩ ⲛ̄ ⲟⲩⲉⲛⲉϫⲉⲣⲟⲛ ⲉϥⲥⲟⲧⲡ̄·
ⲉϥⲧⲁⲉⲓⲏⲩ ⲉ ⲡⲉϩⲟⲩⲟ· ⲙⲁⲗⲗⲟⲛ ⲇⲉ ϣϣⲉ ⲉ ⲧⲁⲩⲉ
ⲡϣⲁϫⲉ ϩⲛ̄ ⲟⲩⲁⲩⲑⲉⲛⲧⲓⲁ ⲉ ⲧⲃⲉ ⲛ̄ ⲧⲁⲉⲓⲟ̄ ⲛ̄ ⲧⲉⲓ ⲡⲁⲣ-
ⲑⲉⲛⲟⲥ ⲉⲧ ⲟⲩⲁⲁⲃ ⲙⲁⲣⲓⲁ ⲉⲧ ⲡ̄ⲣ ϣⲁ ⲛⲁⲥ ⲙ̄ⲙⲟⲟⲩ
—ϫⲉ ⲡⲉⲧ ⲟⲩⲏϩ ϩⲛ̄ ⲙ̄ⲡⲏⲩⲉ· ⲁϥⲟⲩⲱϩ ϩⲛ̄ ⲧⲉⲥⲕⲁ-
ⲗⲁϩⲏ ⲉⲧ ⲟⲩⲁⲁⲃ· ⲁⲥϣⲱⲡⲉ ⲙ̄ ⲙⲁ ⲛ̄ ⲙ̄ⲧⲟⲛ ⲙ̄
ⲡⲛⲟⲩⲧⲉ ⲡⲗⲟⲅⲟⲥ· ⲁⲩⲱ̄ ⲙ̄ ⲙⲁ ⲛ̄ ⲙ̄ⲧⲟⲛ ⲙ̄ ⲡⲣ̄ⲣⲟ
ⲙ̄ ⲡⲉⲟⲟⲩ· ⲁⲗⲏⲑⲱⲥ ⲟⲩⲛⲟϭ ⲛ̄ ϩⲱⲃ ⲛ̄ ϣⲟⲩⲣ ϣⲡⲏⲣⲉ
ⲙ̄ⲙⲟϥ ⲡⲉ ⲡⲧⲩⲡⲟⲥ· ⲛ̄ ⲧⲉⲓ ⲡⲁⲣⲑⲉⲛⲟⲥ ⲉⲧ ⲟⲩⲁⲁⲃ·—

ⲁⲗⲗⲁ | ϯⲡⲁⲣⲁⲕⲁⲗⲉⲓ̀ ⲙ̅ⲙⲟ̀ ⲱ̅ ⲧⲡⲁⲣⲑⲉⲛⲟⲥ ⲉⲧ Fol. 10 *b* 1
ⲟⲩⲁⲁⲃ· ⲛ̅ ⲣⲉϥϫⲡⲉ̀ ⲡⲛⲟⲩⲧⲉ̀· ⲉ ⲧⲙ̅ ϥⲓⲱⲡ ⲙ̅ⲛ̅ ⲧⲁ ⲃ̅
ⲙⲛ̅ⲧϭⲱⲃ· ϫⲉ ⲙ̅ⲛ̅ ϭⲟⲙ ⲙ̅ⲙⲟⲓ̈ ⲉ ⲡⲱϩ ⲉ ϩⲣⲁⲓ̈· ⲉ
ⲑⲁϥⲯⲓⲥ ⲛ̅ ⲛⲟⲩⲁⲣⲉⲧⲏ ϩⲓⲧⲙ̅ ⲡⲁ ⲕⲟⲩⲓ̈ ⲛ̅ ⲗⲁⲥ̀ ⲛ̅ ϩⲏⲕⲉ·
Ⲙⲁⲗⲗⲟⲛ ⲇⲉ̀ ϩⲓⲧⲙ̅ ⲡϭⲱⲱⲧ ⲙ̅ ⲡⲁ ϩⲏⲧ̀ ⲛ̅ ⲁⲥⲑⲉⲛⲏⲥ·
Ⲁⲗⲗⲁ̀ ϯⲥⲟⲡⲥ̅ ⲙ̅ⲙⲟ̀· ⲱ̅ ⲡⲙⲁ̅ ⲛ̅ ⲟⲩⲱϩ ⲙ̅ ⲡⲙⲟⲛⲟ-
ⲅⲉⲛⲏⲥ ⲙ̅ ⲡⲉⲓⲱⲧ̀ ⲉ ⲧⲣⲉ ϯⲧⲟⲟⲧⲉ ⲛⲙ̅ⲙⲁⲓ̈ ϩⲙ̅ ⲡⲉⲛⲧ
ⲁⲓ̈ϩⲓ ⲧⲟⲟⲧ ⲉ ⲣⲟϥ· ⲛ̅ⲧⲁϯ ⲙ̅ ⲡⲁⲟⲩⲟⲓ̈ ⲉ ϩⲟⲩⲛ̀ ⲉ ⲡⲛⲟϭ
ⲛ̅ ⲑⲟⲩⲥⲁⲩⲣⲟⲥ ⲛ̅ ϣⲟⲩ ⲣ | ϣⲡⲏⲣⲉ ⲙ̅ⲙⲟ ⲛ̅ ⲛⲟⲩⲁⲣⲉⲧⲏ· Fol. 10 *b* 2
Ⲛ̅ⲧⲁϫⲟⲟⲥ ⲛ̅ ⲧⲉⲓ ϩⲉ̀ ϩⲙ̅ ⲡⲁ ⲗⲁⲥ ⲛ̅ ϩⲏⲕⲉ· ϫⲉ Ⲕⲱⲧⲉ̀
ⲉ ⲥⲓⲱⲛ ⲛ̅ⲧⲉⲧⲛ̅ϩⲱⲗϭ̅ ⲉ ⲣⲟⲥ· ⲁⲗⲏⲑⲱⲥ̀ ⲧⲁⲓ ⲧⲉ ⲥⲓⲱⲛ
ⲙ̅ ⲙⲉ· ⲙⲁⲗⲗⲟⲛ̀ ⲧⲉⲧⲟ̀ ⲛ̅ ϩⲟⲩⲟ ⲉ ⲥⲓⲱⲛ ⲁⲩⲱ̅ ⲧⲉⲧⲟ̀
ⲛ̅ ⲛⲟϭ ⲉ ⲑⲓⲗⲏⲙ ⲛ̅ ⲧⲡⲉ· ⲧⲡⲟⲗⲓⲥ̀ ⲛ̅ⲧⲁ ⲡϫⲟⲉⲓⲥ̀ ⲥⲟⲧⲡⲥ̅·
Ⲉⲡⲓ ⲇⲏ̀ ⲙ̅ⲡⲉ ⲥⲓⲱⲛ ⲉⲩⲫⲣⲁⲛⲉ̀ ⲛ̅ ⲛⲉⲣⲱⲙⲉ̀ ⲛ̅ ⲧⲉⲓ ϩⲉ·
ⲛ̅ⲑⲉ ⲛ̅ ⲧⲉⲓ ⲡⲁⲣⲑⲉⲛⲟⲥ ⲉⲧ ⲟⲩⲁⲁⲃ· Ⲥⲓⲱⲛ ⲙⲉⲛ ⲟⲩⲡⲓⲥⲧⲏ
ⲧⲉ ⲙ̅ ⲡⲟⲗⲓⲥ· ⲉⲥⲕⲏⲧ ⲛ̅ ⲧⲱⲃⲉ ϩⲓ ⲟ̅ⲙⲉ ϩⲓⲧⲛ̅ ⲛⲉϭⲓϫ ⲛ̅
ⲛⲉⲣⲱⲙⲉ· | [Ⲧ]ⲉⲓ ⲡⲁⲣⲑⲉⲛⲟⲥ ⲇⲉ̀ ϩⲱⲱⲥ̀ ⲙ̅ⲛ̅ ⲗⲁⲁⲩ· Fol. 11 *a* 1
ⲛⲁⲉⲓⲙⲉ ⲉ ⲡⲥⲁ̀ ⲛ̅ ⲧⲉⲥⲥⲛ̅ⲧⲉ· ⲙ̅ⲛ̅ ⲧⲟⲓⲕⲟⲇⲏ̀ (*sic*) ⲉⲧ ⲟⲩⲣ̅ ⲅ̅
ϩⲱⲃ ⲉ ⲣⲟⲥ ⲛ̅ϩⲏⲧⲥ̅· ϩⲓⲧⲛ̅ ⲛ̅ϭⲓϫ ⲙ̅ ⲡⲛⲟⲩⲧⲉ ⲡⲛⲟϭ ⲛ̅ ⲧⲉⲭ-
ⲛⲓⲧⲏⲥ ⲛ̅ ⲧⲡⲉ̀ ⲙ̅ⲛ̅ ⲡⲕⲁϩ· ⲙ̅ⲛ̅ ⲛⲉⲧ ⲛ̅ϩⲏⲧⲟⲩ ⲧⲏⲣⲟⲩ·
Ⲑⲓⲗⲏⲙ ⲟⲛ̀ ⲛ̅ⲧⲁ ⲡⲣⲉϥⲯⲁⲗⲗⲉⲓ̀ ϫⲟⲟⲥ̀ ⲉ ⲧⲃⲏⲏⲧⲥ̅·
ϫⲉ ⲛ̅ⲧⲁ ⲛⲉⲫⲩⲗⲏ̀ ⲃⲱⲕ ⲉ ϩⲣⲁⲓ ⲉⲙⲁⲩ ⲛⲉⲫⲩⲗⲏ ⲙ̅
ⲡϫⲟⲉⲓⲥ̀ ⲉⲩⲙⲛ̅ⲧⲣⲉ ⲙ̅ ⲡⲓⲏ̅ⲗ· Ⲟⲩ ϭⲉ̀ ⲡⲉ ⲡϩⲱⲃ· ϫⲉ ⲁ
ⲛⲉⲫⲩⲗⲏ ⲅⲁⲣ̀ ⲃⲱⲕ ⲉ ϩⲣⲁⲓ ⲉⲙⲁⲩ· ⲁⲗⲗⲁ̀ ⲁ ⲡⲓⲥⲣⲁⲏⲗ
ⲙ̅ ⲙⲉ | ⲟⲩⲱϩ̀ ϩⲛ̅ ⲧⲡⲁⲣⲑⲉⲛⲟⲥ· ⲁϥⲧⲟⲩϫⲉ̀ ⲛⲉⲫⲩⲗⲏ̀ Fol. 11 *a* 2
ⲧⲏⲣⲟⲩ ⲙ̅ ⲡⲕⲁϩ· Ⲕⲁⲛ̀ ⲉⲕϣⲁⲛϫⲟⲟⲥ ⲛⲁⲓ̈· ϫⲉ ϩⲉⲛ-
ⲛⲟϭ ⲛⲉ ⲙ̅ⲡⲁⲧⲣⲓⲁⲣⲭⲏⲥ· ⲁⲛⲟⲕ· ϩⲱⲱⲧ ⲟⲛ̀ ϯϫⲱ
ⲙ̅ⲙⲟⲥ ϫⲉ ϩⲉⲛⲛⲟϭ ⲛⲉ· Ⲁⲗⲗⲁ̀ ⲛ̅ ⲥⲉⲛⲁϣⲡⲱϩ̀ ⲁⲛ̀
ⲉ ϩⲣⲁⲓ̈ ⲉ ⲡϫⲓⲥⲉ̀ ⲛ̅ ⲧⲉⲓ ⲡⲁⲣⲑⲉⲛⲟⲥ· Ⲕⲁⲛ̀ ⲉⲕϣⲁⲛⲉⲓⲛⲉ̀
ⲉ ⲧⲙⲛ̅ⲧⲉ̀ ⲙ̅ ⲡⲉⲭⲟⲣⲟⲥ̀ ⲛ̅ ⲧⲙⲛ̅ⲧⲛⲟϭ ⲛ̅ ⲛⲉⲡⲣⲟⲫⲏⲧⲏⲥ·
ⲥⲉⲧⲁⲉⲓⲏⲩ ⲙⲉⲛ̀· ⲕⲁⲧⲁ ⲥⲙⲟⲧ ⲛⲓⲙ· Ⲁⲗⲗⲁ̀ ⲛ̅ⲥⲉ-
ⲛⲁϣⲡⲱϩ ⲁⲛ̀ ⲉ ϩⲣⲁⲓ̈ ⲉ ⲡⲧⲁⲉⲓⲟ̀ ⲛ̅ ⲧⲉⲓ ⲡⲁⲣⲑⲉⲛⲟⲥ·
Ⲕⲁⲛ̀ ⲉⲕϣⲁⲛϫⲱ̀ ⲉ ⲣⲟⲓ̀ ⲙ̅ ⲡⲧⲁⲉⲓⲟ̀ | ⲛ̅ ⲙ̅ⲙⲁⲣⲧⲩⲣⲟⲥ Fol. 11 *b* 1
ⲁⲗⲗⲁ̀ ⲡⲧⲁⲉⲓⲟ ⲛ̅ ⲧⲉⲓ ⲡⲁⲣⲑⲉⲛⲟⲥ̀ ϫⲟⲥⲉ· ⲉ ϩⲟⲩⲛ ⲉ ⲇ̅

ⲣⲟⲟⲩ· Ⲕⲁⲛ̀ ⲉⲕϣⲁⲛϫⲟⲟⲥ̀ ⲉ ⲛⲁⲡⲟⲥⲧⲟⲗⲟⲥ ϫⲉ ϩⲉⲛⲛⲟϭ
ⲛⲉ· ⲁⲛⲟⲕ ϩⲱ̄ ϯϫⲱ ⲙ̄ ⲡⲁⲓ· ⲁⲗⲗⲁ̀ ⲛ̄ⲥⲉϣⲏϣ ⲁⲛ̀·
ⲙⲛ̄ ⲡⲧⲁⲉⲓⲟ̀ ⲛ̄ ⲧⲉⲓ ⲡⲁⲣⲑⲉⲛⲟⲥ· Ⲟⲩ ⲙⲟⲛⲟⲛ ⲇⲉ ϫⲉ ⲛ̄-
ⲣⲱⲙⲉ· Ⲁⲗⲗⲁ̀ ⲛ̄ⲕⲉ ⲁⲅⲅⲉⲗⲟⲥ ⲧⲏⲣⲟⲩ ⲛ ⲙ̄ⲡⲏⲩⲉ·
ⲙⲛ̄ ⲗⲁⲁⲩ ⲙ̄ⲙⲟⲟⲩ ϣⲏϣ ⲙⲛ̄ ⲧⲉⲓ ⲡⲁⲣⲑⲉⲛⲟⲥ· ⲉⲓ ⲙⲏ
ⲧⲉⲓ̀ ⲉ ⲡⲉⲓⲱⲧ̀ ⲙⲛ̄ ⲡϣⲏⲣⲉ· ⲙⲛ̄ ⲡⲉ ⲡⲛ̄ⲁ̄ ⲉⲧ ⲟⲩⲁⲁⲃ·
Ⲁⲗⲗⲁ̀ ⲙ̄ⲡⲣ̄ ⲙⲉⲉⲩⲉ̀ ⲉ ⲣⲟⲓ̈· ϫⲉ ⲉⲓⲧϭⲁⲉⲓⲟ̄ ⲛ̄ ⲛⲉⲧ
Fol. 11 *b* 2 ⲟⲩⲁⲁⲃ· ⲉⲓϫⲱ ⲛ̄ | ⲛⲁⲓ̈ ⲙ̄ⲙⲟⲛ ⲙⲉ ⲅⲉⲛⲉⲧⲟ· Ⲁⲗⲗⲁ̀
ⲉⲓⲧⲁⲙⲟ ⲙ̄ⲙⲟⲕ̀ ⲉ ⲡⲧⲁⲉⲓⲟ̀ ⲛ̄ ⲧⲉⲓ ⲡⲁⲣⲑⲉⲛⲟⲥ̀ ⲉⲧ
ⲟⲩⲁⲁⲃ· ⲛ̄ ⲁⲧⲧⲱⲗⲙ̄· ⲉⲓⲟⲩⲏϩ· ⲛ̄ⲥⲁ ⲛⲉϣⲁϫⲉ̀ ⲛ̄
ⲛⲉⲅⲣⲁⲫⲏ̀ ⲉⲧ ⲟⲩⲁⲁⲃ· ϩⲛ̄ ⲁⲕⲟⲗⲟⲩⲑⲓⲁ̀ ⲛⲓⲙ ϫⲉ ⲕⲁⲥ
ⲇⲉ̀ ⲉⲕⲉⲉⲓⲙⲉ̀ ⲉ ⲧⲙⲉ· ⲉⲓⲧⲉ ⲡⲣⲟⲫⲏⲧⲏⲥ· ⲉⲓⲧⲉ̀ ⲡⲁⲧⲣⲓ-
ⲁⲣⲭⲏⲥ· ⲉⲓⲧⲉ̀ ⲕⲣⲓⲧⲏⲥ· ⲉⲓⲧⲉ ⲁⲡⲟⲥⲧⲟⲗⲟⲥ· ⲉⲓⲧⲉ ⲛ̄ⲣ̄-
ⲣⲱⲟⲩ ⲛ̄ ⲇⲓⲕⲁⲓⲟⲥ· Ϩⲁⲡⲁⲝ ⲁⲡⲗⲱⲥ· ϫⲓⲛ ⲁⲇⲁⲙ̀
ⲡϣⲟⲣⲡ̄ ⲛ̄ ⲣⲱⲙⲉ ⲁⲩⲱ̄ ⲡϣⲟⲣⲡ̄ ⲛ̄ ⲧⲁⲙⲓⲟ̄ ϩⲛ̄ ⲛⲉϭⲓϫ
Fol. 12 *a* 1 ⲙ̄ ⲡ|ⲛⲟⲩⲧⲉ̀ ⲡⲡⲁⲛⲧⲟⲕⲣⲁⲧⲱⲣ̀ ⲉⲩϩⲁⲅⲛⲉⲩⲉ̀ ⲙ̄ⲙⲟⲟⲩ
ⲉ̅ ⲧⲏⲣⲟⲩ· ϣⲁ ϩⲣⲁⲓ̈ ⲉ ⲧⲉⲛⲟⲩ· ⲁⲩⲱ̄ ϣⲁ ⲧⲥⲩⲛⲧⲉⲗⲓⲁ̀
ⲙ̄ ⲡⲁⲓ̈ⲱⲛ̀ ⲉ ⲧⲣⲉⲩϣⲱⲡⲉ̀ ⲉⲩⲣ̄ ⲁ̄ⲛⲁϥ ⲙ̄ ⲡⲉⲛⲧⲁ ⲧⲉⲓ
ⲡⲁⲣⲑⲉⲛⲟⲥ ⲙⲓⲥⲉ ⲙ̄ⲙⲟϥ· ⲉⲧⲉ ⲡⲁⲓ̈ ⲡⲉ ⲡⲉⲭ̄ⲥ̄ ⲓ̄ⲥ̄ ⲡⲉⲛ-
ϫⲟⲉⲓⲥ· ⲁⲩⲱ̄ ⲡⲉⲧ ⲉⲙⲉⲣⲉ ⲛ̄ⲥⲉⲣⲁⲫⲓⲛ ⲉϣϭⲱϣⲧ̄ ⲉ ϩⲟⲩⲛ
ⲉ ϩⲣⲁϥ· ⲁⲩⲱ̄ ⲉⲙⲉⲣⲉ ⲛⲁⲅⲅⲉⲗⲟⲥ̀ ⲉϣϭⲱϣⲧ̄ ⲉ ⲡⲉϥϩⲟ
ⲛ̄ⲟⲩⲟⲉⲓϣ ⲛⲓⲙ· ⲁ ⲧ̄ⲡⲁⲣⲑⲉⲛⲟⲥ· ⲉⲧ ⲟⲩⲁⲁⲃ ϩⲗⲟⲟⲗⲉ
ⲙ̄ⲙⲟϥ· ϩⲓϫⲛ̄ ⲛⲉⲥϭⲓϫ· ⲁⲩⲱ̄ ⲁⲥϯ ⲉⲕⲓⲃⲉ̀ ⲉ ϩⲟⲩⲛ̀ ⲉ
Fol. 12 *a* 2 ⲧⲉϥⲧⲁⲡⲣⲟ̀ ⲛ̄ ⲛⲟⲩⲧⲉ· ⲁϫⲛ̄ ⲇⲓⲥⲧⲁⲍⲉ· ⲉⲁⲥ|ⲧⲟⲗⲙⲁ̂·
ⲁϫⲛ̄ ϩⲟⲧⲉ̀· ⲁⲥⲙⲟⲩⲧⲉ ⲉ ⲣⲟϥ ϫⲉ ⲡⲁ ϣⲏⲣⲉ· Ⲁⲩⲱ̄
ⲁϥⲙⲟⲩⲧⲉ ⲉ ⲣⲟⲥ̀ ϩⲱⲱϥ· ϫⲉ ⲧⲁ ⲙⲁⲁⲩ· Ⲁⲗⲗⲁ̀
ⲙ̄ⲡⲣ̄ ⲧⲣⲉ ⲟⲩⲁ̀ ⲥⲱⲧⲙ̄ ⲉ ⲣⲟⲓ̈ ⲉⲓϫⲱ̀ ⲛ̄ ⲛⲁⲓ̈· ⲛϥϫⲟⲟⲥ·
ϩⲙ̄ ⲡⲉϥⲙⲉⲉⲩⲉ̀ ⲛ̄ ϩⲩⲇⲓⲱⲧⲏⲥ· ϫⲉ ⲉϣϫⲉ ⲧⲉⲓ ⲡⲁⲣⲑⲉ-
ⲛⲟⲥ̀ ϫⲟⲥⲉ̀ ⲛ̄ ⲧⲉⲓ ϩⲉ̀ ⲧⲏⲣⲥ̄· ⲟⲩⲕ ⲟⲩⲛ̀ ⲛ̄ ⲟⲩ ⲉ ⲃⲟⲗ
ⲁⲛ̀ ⲧⲉ̀ ϩⲙ̄ ⲡⲕⲁϩ· ⲟⲩⲇⲉ̀ ⲛ̄ ⲟⲩϫⲡⲟ̀ ⲛ̄ⲣⲱⲙⲉ̀ ⲁⲛ̀ ⲧⲉ·
ⲁⲗⲗⲁ̀ ⲛ̄ⲧⲁⲥⲉⲓ̈ ⲉ ⲃⲟⲗ ϩⲛ̄ ⲧⲡⲉ· ⲕⲁⲧⲁ ⲡ̄ϣⲁϫⲉ ⲛ̄ ϣⲃⲱ
ⲛ̄ ⲛⲉⲥⲭⲓⲥⲙⲁⲧⲓⲕⲟⲥ· ⲙ̄ⲡⲟⲗⲩⲧⲓⲕⲟⲥ· Ⲁⲗⲗⲁ̀ ⲧⲛ̄-
Fol. 12 *b* 1 ⲡⲓⲥⲧⲉⲩⲉ̀ ϩⲛ̄ ⲟⲩϩⲏⲧ̀ ⲉϥⲟ̄ⲣϫ̄· ϫⲉ ⲟⲩ ⲉ ⲃⲟⲗ ϩⲙ̄ ⲡⲕⲁϩ·
ⲋ̅ ⲧⲉ ⲧⲉⲓ ⲡⲁⲣⲑⲉⲛⲟⲥ | ⲁⲩⲱ̄ ⲟⲩϫⲡⲟ̄ ⲧⲉ̀· ⲛ̄ⲑⲉ ⲛ̄ⲣⲱⲙⲉ

ⲛⲓⲙ` · ⲉ ⲃⲟⲗ ϩⲛ̄ ⲟⲩⲉⲓⲱⲧ · ⲙⲛ̄ ⲟⲩⲙⲁⲁⲩ · ⲁⲩⲱ̄ ⲉ ⲃⲟⲗ
ϩⲓⲧⲛ̄ ⲧϭⲟⲙ ⲙ̄ ⲡⲉⲧ ⲭⲟⲣⲏⲅⲉⲓ ⲛⲁⲛ ⲙ̄ ⲡϣⲁϫⲉ · ⲡⲉⲡⲛ̄ⲁ̄
ⲉⲧ ⲟⲩⲁⲁⲃ · ⲧⲛ̄ⲛⲁϯ ⲁⲡⲟⲇⲏⲝⲓⲥ ⲙ̄ ⲡϣⲁϫⲉ ⲉ ⲧⲃⲉ ⲡ̄
ⲉⲓⲟ`ⲧⲉ` ⲛ̄ ⲧⲉⲓ ⲡⲁⲣⲑⲉⲛⲟⲥ · ⲙⲛ̄ ⲡ̄ⲉⲓⲟ`ⲧⲉ` ⲛ̄ ⲛⲉⲥ ⲉⲓⲟ`ⲧⲉ ·
Ⲙⲁⲗⲗⲟⲛ ⲇⲉ` ϩⲁⲑⲏ` ⲙ̄ ϩⲙⲉ` ⲥⲛⲟⲩⲥⲉ` ⲛ̄ⲅⲉⲛⲉⲁ · ⲉ
ⲡⲉϫⲡⲟ` ⲛ̄ ⲧⲉⲓ ⲡⲁⲣⲑⲉⲛⲟⲥ · Ⲥⲱⲧⲙ̄ ϭⲉ` ⲉ ⲣⲟⲓ̈ ⲧⲉⲛⲟⲩ`
ϩⲛ̄ ⲟⲩϯϩⲧⲏϥ · ⲱ̄ ⲡⲗⲁⲟⲥ ⲙ̄ⲙⲁⲓ̈ ⲛⲟⲩⲧⲉ · ⲁⲩⲱ̄ ⲛ̄ⲧⲉⲧⲛ̄ϯ`
ⲙ̄ ⲟⲩϫⲁⲙⲏ` ⲙ̄ ⲡϣⲁϫⲉ · ϫⲉ ⲕⲁⲥ` ⲉⲛⲛⲁⲟⲩⲱⲛ` ⲉ
ⲡⲛⲟϭ ⲛ̄ | ⲑⲩⲥⲁⲩⲣⲟⲥ · ⲉⲧ ⲙⲉϩ ⲙ̄ ⲙⲁⲣⲕⲁⲣⲓⲧⲏⲥ ⲙ̄ Fol. 12 *b* 2
ⲙⲉ · ⲛ̄ⲧⲛ̄ϩⲱⲗϭ ⲉ ϩⲣⲁⲓ̈ ⲉⲙ ⲙⲁⲁϫⲉ ⲙ̄ ⲡⲉⲧⲛ̄ϩⲏⲧ`
ⲛ̄ ⲛ̄ϣⲁϫⲉ` ⲉⲧ ⲙⲉϩ ⲛ̄ ϩⲏⲩ ⲛⲓⲙ ⲛ̄ⲧⲉ ⲡⲉⲡⲛ̄ⲁ̄ ⲉⲧ
ⲟⲩⲁⲁⲃ · Ⲭⲓ̈ ϭⲉ` ⲉ ϩⲣⲁⲓ̈ ⲉ ⲧⲟⲟⲧⲕ̄ ⲙ̄ ⲡϫⲱⲱⲙⲉ` ⲉⲧ
ⲧⲁⲉⲓⲏⲩ ⲙ̄ ⲡϩⲁⲅⲓⲟⲥ` ⲁⲡⲁ ⲙⲁⲑⲁⲓ̈ⲟⲥ ⲡⲁ ⲧⲉⲓ ⲛⲟϭ
ⲛ̄ⲥⲙⲏ` ⲉⲧ ϯ` ⲥⲟⲉⲓⲧ ϩⲛ̄ ⲛⲉⲩⲁⲅⲅⲉⲗⲓⲥⲧⲏⲥ · Ⲡⲉⲓ ⲁⲕⲣⲓ-
ⲃⲏⲥ` ⲉⲧ ϩⲟⲧϩⲧ̄ ⲙ̄ ⲙ̄ⲙⲩⲥⲧⲏⲣⲓⲟⲛ` ⲉⲑⲏⲡ · Ⲡⲉⲓ ⲛⲟϭ
ⲉⲧ ϭⲙ̄ϭⲟⲙ · ⲡⲁⲓ̈ ⲉⲛⲧ ⲁϥⲟⲩⲱ̄ⲛϩ̄ ⲛⲁⲛ` ⲉ ⲃⲟⲗ ⲛ̄
ⲧⲅⲉⲛⲉⲁⲗⲟⲅⲓⲁ ⲛ̄ ⲧⲉⲓ ⲡⲁⲣⲑⲉⲛⲟⲥ ⲉⲧ ⲟⲩⲁⲁⲃ | Ⲡⲁⲣⲛ̄- Fol. 13 *a* 1
ⲛⲟⲓ̈ ⲟⲛ` ⲙ̄ ⲡϣⲁϫⲉ` ⲉⲧ ⲙⲉϩ ⲙ̄ⲙⲩⲥⲧⲏⲣⲓⲟⲛ ⲉⲧ ⲟⲩⲁⲁⲃ · ⲍ̄
ⲛ̄ⲧⲉ ⲡⲥⲁϩ ⲛ̄ ⲛ̄ϩⲉⲑⲛⲟⲥ · ⲡⲕⲏⲣⲩⲝ ⲛ̄ ⲧⲙⲛ̄ⲧⲉⲩⲥⲉⲃⲏⲥ ·
ⲡⲥⲁϩ ⲡⲁⲩⲗⲟⲥ · ⲉϥⲱϣ` ⲉ ⲃⲟⲗ · ⲉϥϫⲱ ⲙ̄ⲙⲟⲥ · ϫⲉ
ϥⲟⲩⲟⲛϩ̄ ⲅⲁⲣ ⲉ ⲃⲟⲗ · ϫⲉ ⲛ̄ⲧⲁ ⲡⲉⲛ ϫⲟⲉⲓⲥ` ϣⲁ` ⲉ ⲃⲟⲗ
ϩⲛ̄ ⲓ̈ⲟⲩⲇⲁ ⲧⲉϥⲫⲩⲗⲏ` ⲉⲧⲉ ⲙ̄ⲡⲉ ⲙⲱⲩⲥⲏⲥ ϣⲁϫⲉ` ⲉ ⲧⲃⲉ
ⲟⲩⲏⲏⲃ` ⲉ ⲃⲟⲗ ⲛ̄ϩⲏⲧⲥ̄ · ⲉϥⲟⲩⲟⲛϩ̄ ⲉ ⲃⲟⲗ` ⲧⲱⲛ` ⲱ̄
ⲡⲥⲟⲫⲟⲥ` ⲡⲁⲩⲗⲟⲥ · ⲁϫⲓⲥ` ⲉ ⲣⲟⲓ̈ ϫⲉ ⲛ̄ⲧⲁ ⲡⲉⲛ ϫⲟⲉⲓⲥ`
ϣⲁ` ⲉ ⲃⲟⲗ ϩⲛ̄ ⲓ̈ⲟⲩⲇⲁ` · ⲛ̄ ⲁϣ ⲛ̄ ϩⲉ · ⲛⲓⲙ ⲡⲉ ⲛ̄ⲧⲁϥ-
ϩⲉⲣⲙⲏⲛ|ⲉⲩⲉ` ⲙ̄ ⲡⲁⲓ̈ · ⲱ̄ ⲡⲣⲉϥⲧⲁⲙⲓⲉ ⲥⲕⲏⲛⲏ · Ⲁϫⲓⲥ` Fol. 13 *a* 2
ⲉ ⲣⲟⲓ̈ ϫⲉ ⲛ̄ⲧⲁⲕϩⲉ · ⲉ ⲣⲟϥ ⲧⲱⲛ` ⲉϥⲟⲩⲟⲛϩ̄ ⲉ ⲃⲟⲗ ⲛ̄
ⲧⲉⲓ ϩⲉ · ⲉϣϫⲉ Ⲉⲕⲧⲁϫⲣⲏⲩ` ⲉϫⲛ̄ ⲡϣⲁϫⲉ` ⲙ̄ ⲡⲉϥⲉⲓⲱⲧ
ⲓ̈ⲁⲕⲱⲃ ⲉϥⲱϣ` ⲉ ⲃⲟⲗ ⲉϥϫⲱ ⲙ̄ⲙⲟⲥ · ϫⲉ ⲡⲁ ⲙⲁⲥ` ⲙ̄
ⲙⲟⲩⲓ̈ ⲓ̈ⲟⲩⲇⲁ · Ⲁⲩⲱ̄ ⲟⲛ ϫⲉ ⲙ̄ⲛⲉ ⲁⲣⲭⲱⲛ` ⲱϫⲛ̄ ⲉ ⲃⲟⲗ
ϩⲛ̄ ⲓ̈ⲟⲩⲇⲁ · ⲡⲁⲛⲧⲱⲥ ⲉϥϣⲁϫⲉ ⲉ ϩⲉⲛⲉⲣⲱⲟⲩ · ⲙⲛ̄ ϩⲉⲛ-
ⲥⲧⲣⲁⲧⲏⲅⲟⲥ · ⲛⲁⲓ̈ ⲛ̄ⲧⲁⲩϣⲱⲡⲉ` ⲉ ⲃⲟⲗ ϩⲙ̄ ⲡⲉⲥⲡⲉⲣⲙⲁ
ⲙ̄ ⲓ̈ⲟⲩⲇⲁ` ⲡϣⲏⲣⲉ` ⲛ̄ ⲓ̈ⲁⲕⲱⲃ · Ⲙ̄ⲙⲟⲛ · ⲙ̄ ⲡⲁⲓ̈ ⲁⲛ ⲡⲉ` Fol. 13 *b* 1
ⲱ̄ ⲡⲉⲧ ϯⲧⲱⲛ ⲛ̄ⲙⲙⲁⲓ̈ · | Ⲁⲗⲗⲁ` ⲟⲩⲉⲛⲧⲁⲓ̈ ϩⲁϩ ⲛ̄ⲁⲡⲟ- ⲏ̄

ⲇⲏⲍⲓⲥˋ ⲉ ⲃⲟⲗ ϩⲛ̄ ⲛⲉⲅⲣⲁⲫⲏˋ ⲉⲧ ⲟⲩⲁⲁⲃ· ⲉⲩⲥⲩⲛ-
ϩⲓⲥⲧⲁˋ ⲛ̄ ⲧⲙⲉˋ ⲧⲏⲣⲥ̄ ϩⲛ̄ ⲟⲩⲁⲕⲣⲓⲃⲓⲁ· Ⲁⲗⲗⲁˋ ⲉⲡⲓ ⲇⲏˋ
ⲙ̄ ⲡⲕⲁⲓⲣⲟⲥ ⲁⲛˋ ⲡⲉ ⲡⲁⲓ̄ ⲙ̄ ⲙⲟⲩⲧⲉˋ ⲉ ⲛⲉⲧ ⲟⲩⲁⲁⲃ
ⲧⲏⲣⲟⲩˋ ⲉ ⲧⲙⲏⲧⲉ· ⲉ ⲃⲟⲗ ϫⲉ ⲁ ⲡⲛⲁⲩˋ ⲡⲣⲟⲕⲟⲡⲧⲉ·
Ⲗⲟⲓⲡⲟⲛ ⲇⲉˋ ϯⲛⲁϫⲉ ⲡϣⲁϫⲉˋ ϩⲛ̄ ⲟⲩⲥⲩⲛⲧⲱⲙⲓⲁ·
ⲛ̄ⲧⲁⲉⲓˋ ⲉ ϩⲣⲁⲓ̄ ⲉϫⲙ̄ ⲡⲉⲓ ⲉⲩⲁⲅⲅⲉⲗⲓⲟⲛ ⲛ̄ ⲟⲩⲱⲧ· ⲧⲁ-
ⲇⲓⲟⲣⲑⲟⲩ ⲛ̄ ⲧⲙⲉˋ ⲧⲏⲣⲥ̄ ⲉ ⲃⲟⲗ ⲛ̄ϩⲏⲧϥ̄· Ⲙⲛ̄ⲛ̄ⲥⲱⲥ
Fol. 13 *b* 2 ⲛ̄ⲧⲁⲇⲓⲕⲛⲉⲩⲉˋ ⲛⲏ|ⲧⲛ̄ ⲙ̄ ⲡⲃⲓⲟⲥˋ ⲛ̄ ⲧⲉⲓ ⲡⲁⲣⲑⲉⲛⲟⲥ· ⲁⲩⲱ̄
ⲛ̄ⲧⲁϯ ⲛ̄ ⲟⲩϫⲱⲕ ⲙ̄ ⲡ̄ϣⲁϫⲉ· Ⲱϣ ⲛⲁⲕˋ ⲧⲉⲛⲟⲩ ϩⲙ̄
ⲡⲉⲩⲁⲅⲅⲉⲗⲓⲟⲛ ⲙ̄ ⲡϩⲁⲅⲓⲟⲥˋ ⲙⲁⲑⲉⲟⲥ· Ⲥⲱⲧⲙ̄ ⲡⲉϫⲁϥ
ⲡϫⲱⲱⲙⲉˋ ⲙ̄ ⲡⲉϫⲡⲟ ⲛ̄ ⲓ̄ⲥ̄ ⲡⲉⲭ̄ⲥ̄ ⲡϣⲏⲣⲉ ⲛ̄ ⲇⲁⲩⲉⲓⲇ·
ⲡϣⲏⲣⲉ ⲛ ⲁⲃⲣⲁϩⲁⲙ· Ϫⲓⲛ ⲧⲱⲛˋ ⲉ ⲧⲱⲛˋ ⲱ̄ ⲙⲁⲑⲁⲓⲟⲥ·
ϫⲓⲛ Ⲁⲃⲣⲁϩⲁⲙˋ ⲡⲉϫⲁⲕ· ϣⲁ ϩⲣⲁⲓ̄ ⲉ ⲇⲁⲩⲉⲓⲇ· ⲙⲛ̄-
ⲧⲁϥⲧⲉˋ ⲛ̄ⲅⲉⲛⲉⲁ· ⲁⲩⲱ̄ Ⲁⲕⲣ̄ ⲇⲁⲩⲉⲓⲇ ⲛ̄ ϣⲟⲣⲡ· ⲉ
Fol. 14 *a* 1 ⲁⲃⲣⲁϩⲁⲙ· Ⲥⲱⲧⲙ̄ ϭⲉˋ ⲧⲉⲛⲟⲩ | ϯⲛⲁⲧⲁⲙⲟⲕ· Ⲁⲃⲣⲁ-
ⲑ̄ ϩⲁⲙˋ ⲇⲉˋ ⲁϥϫⲡⲟ ⲛ̄ ⲓ̄ⲥⲁⲁⲕ· Ⲓ̄Ⲥⲁⲁⲕ ⲇⲉˋ· ⲁϥϫⲡⲟˋ ⲛ̄
ⲓ̄ⲁⲕⲱⲃ· Ⲓ̈ⲁⲕⲱⲃ ⲇⲉˋ ⲁϥϫⲡⲟ ⲛ̄ ⲓ̄ⲥⲁⲁⲕ (*sic*)· ⲙⲛ̄ ⲛⲉϥⲥⲛⲏⲩ·
Ⲓ̈ⲟⲩⲇⲁⲥ ⲇⲉ· ⲁϥϫⲡⲟˋ ⲙ̄ ⲫⲁⲣⲉⲥ· ⲙⲛ̄ ⲍⲁⲣⲁˋ· ⲉ ⲃⲟⲗ
ϩⲛ̄ ⲑⲁⲙⲁⲣ· ϯϩⲧⲏⲕ ⲙ̄ ⲡⲉⲓ ⲙⲁˋ ⲕⲁⲗⲱⲥˋ ϩⲛ̄ ⲟⲩⲱ̄ⲣϫ̄·
ⲁϫⲓⲥˋ ⲉ ⲣⲟⲓ̄· ϫⲉ ⲉ ⲧⲃⲉ ⲟⲩ· ⲁϥⲣ̄ ⲡⲙⲉⲉⲩⲉˋ ⲛ̄ ⲑⲁⲙⲁⲣ
ⲙ̄ ⲡⲉⲓ ⲙⲁ· ⲙ̄ⲡⲉ ϥⲣ̄ ⲡⲙⲉⲉⲩⲉˋ ⲛ̄ⲥⲁⲣⲣⲁˋ ⲑⲓⲙⲉˋ ⲛⲁⲃⲣⲁ-
ϩⲁⲙ· ⲟⲩⲇⲉ ⲙ̄ⲡⲉ ϥⲣ̄ ⲡⲙⲉⲉⲩⲉˋ ⲛ̄ ⲗⲓⲁˋ· ⲙⲛ̄ ϩⲣⲁⲭⲏⲗ·
Fol. 14 *a* 2 ⲙⲛ̄ ϩⲣⲉⲃⲉⲕⲕⲁ· ⲛⲉϩⲓⲟ̄ⲙⲉˋ ⲉⲧ ⲧⲁ|ⲉⲓⲏⲩ· ⲟⲩⲇⲉ
ⲙ̄ⲡⲉ ϥⲣ̄ ⲡⲙⲉⲉⲩⲉˋ ⲛ̄ ⲥⲁⲩⲁˋ ⲧϣⲟⲣⲡⲉˋ ⲛ̄ⲥϩⲓⲙⲉˋ ⲛ̄
ⲓ̄ⲟⲩⲇⲁⲥ· Ⲁⲗⲗⲁˋ ⲡⲉϫⲁϥˋ ϫⲉ ⲉ ⲃⲟⲗ ϩⲛ̄ ⲑⲁⲙⲁⲣ·
ⲟⲩⲁϣ ⲙ̄ⲙⲓⲛⲉˋ ⲧⲉ ⲑⲁⲙⲁⲣ· ⲥⲱⲧⲙ̄ ⲛ̄ⲧⲁⲧⲁⲙⲟⲕ· Ⲛⲟⲩ
ⲉ ⲃⲟⲗ ⲁⲛˋ ⲧⲉˋ ϩⲙ̄ ⲡⲓⲏ̄ⲗ̄· ⲁⲗⲗⲁˋ ⲟⲩ ⲉ ⲃⲟⲗ ⲧⲉˋ ϩⲛ̄
ⲛ̄ⲕⲉ ϩⲉⲑⲛⲟⲥ ⲉⲧⲉ ⲛ̄ ⲥⲉⲟⲟⲩⲛ ⲁⲛˋ ⲙ̄ ⲡⲛⲟⲩⲧⲉ· Ⲡⲉϫⲁϥ ϫⲉ
ⲁ ⲓ̄ⲟⲩⲇⲁⲥ· ϫⲓ̄ ⲛ̄ ⲟⲩⲥϩⲓⲙⲉˋ ⲛ̄ ⲏⲣˋ ⲡⲉϥϣⲣ̄ⲡ̄ ⲙⲓⲥⲉ ⲉ
ⲡⲉⲥⲣⲁⲛˋ ⲡⲉ ⲑⲁⲙⲁⲣ· Ⲙⲛ̄ⲛ̄ⲥⲱⲥ ⲁϥⲙⲟⲩ ⲛ̄ϭⲓ ⲏⲣ· ⲁⲩⲱ̄
Fol. 14 *b* 1 ⲁϥϫⲓⲧⲥ̄ ⲛ̄ϭⲓ ⲁⲩⲛⲁⲛˋ ⲡⲉϥⲥⲟⲛ· Ⲁⲩⲛⲁⲛ ⲇⲉ· ⲁϥ|ⲣ̄
ⲓ̄ ⲡⲡⲟⲛⲏⲣⲟⲛˋ ⲙ̄ ⲡⲙ̄ⲧⲟˋ ⲉ ⲃⲟⲗ ⲙ̄ ⲡϫⲟⲉⲓⲥ· ⲁ ⲡⲛⲟⲩⲧⲉ
ⲙⲟⲩⲟⲩⲧ ⲙ̄ⲙⲟϥ· Ⲓ̈ⲟⲩⲇⲁⲥ ⲇⲉˋ ⲡⲉϫⲁϥ ⲛ̄ ⲑⲁⲙⲁⲣ· ϫⲉ
ϩⲙⲟⲟⲥ ⲛⲉˋ ϩⲙ̄ ⲡⲏⲓ̄ ⲛ̄ ⲛⲟⲩⲉⲓⲟ̄ⲧⲉˋ ⲉⲣⲟ̄ ⲛ̄ ⲭⲏⲣⲁ·

ϣⲁⲛ ⲧⲉ ⲡⲁ ϣⲏⲣⲉ̀ ⲥⲏⲗⲱⲙ ⲣ̅ ⲛⲟϭ· ⲛ̅ⲧⲁϫⲓⲧⲉ̀ ⲛⲁϥ
ⲛ̅ ⲧⲉⲣⲉ ϩⲉⲛϩⲟⲟⲩ ϫⲉ̀ ⲉⲛⲁϣⲱⲟⲩ ⲟⲩⲉⲓⲛⲉ· ⲁⲥⲛⲁⲩ ⲛ̅ϭⲓ
ⲑⲁⲙⲁⲣ ϫⲉ· ⲁ ⲥⲏⲗⲱⲙ ⲡⲉϥϣⲏⲣⲉ̀ ⲣ̅ ⲛⲟϭ· ⲙ̅ⲡⲉ ϥϫⲓⲧⲥ̅
ⲛⲁϥ· ⲛ̅ ⲥϩⲓⲙⲉ· ⲁⲥϭⲱⲛⲧ̅ ⲉ ⲓ̅ⲟⲩⲇⲁⲥ· ⲉⲡⲓ ⲇⲏ̀ ⲙ̅ⲡⲉ
ⲕⲉ ⲟⲩⲁ̀ ϫⲓⲧⲥ̅ ⲉ ϩⲙⲟⲟⲥ ⲛ̅ⲙ̅ⲙⲁⲥ· ⲉ ⲃⲟⲗ ϫⲉ ⲉⲣϣⲁⲛ
ⲡϩⲁⲓ̈ ⲛ̅ ⲧⲉⲥϩⲓⲙⲉ ⲙⲟⲩ | ⲙ̅ⲡⲉ ⲟⲩⲟⲉⲓϣ̀ ⲉⲧ ⲙ̅ⲙⲁⲩ· Fol. 14 *b* 2
ⲟⲩⲕ ⲉⲧⲉⲓ̀ ⲙⲛ̅ϭⲟⲙ ⲉ ⲧⲣⲉ ⲕⲉ ⲟⲩⲁ̀ ϫⲓⲧⲥ̅· ϫⲓⲛ ⲙ̅ ⲡⲉⲓ
ⲛⲁⲩ· ⲉⲓ ⲙⲏ ⲧⲓ̀ ⲡⲥⲟⲛ ⲙ̅ ⲡⲉⲛⲧ ⲁϥⲙⲟⲩ· ⲗⲟⲓⲡⲟⲛ̀ ⲛ̅
ⲧⲉⲣⲉ ⲥⲛⲁⲩ· ϫⲉ ⲁ ⲓ̅ⲟⲩⲇⲁⲥ̀ ⲣ̅ ϩⲁⲗ ⲙ̅ⲙⲟⲥ· ⲁⲥⲥⲱⲧⲙ̅·
ϫⲉ ϥⲛⲏⲩ ⲉ ϩⲣⲁⲓ̈ ϩⲛ̅ ⲧⲉϩⲓⲏ̅ ⲉ ⲧⲣⲉ ϥⲃⲱⲕ ⲉ ϩⲱⲱⲕⲉ· ⲛ̅
ⲛⲉϥⲉⲥⲟⲟⲩ· ⲁⲥⲧⲱⲟⲩⲛ̀ ⲛ̅ϭⲓ ⲑⲁⲙⲁⲣ· ⲁⲥⲕⲱ ⲉ ⲡⲉⲥⲛⲧ
ⲙ̅ ⲡⲉⲥⲭⲏⲙⲁ̀ ⲛ̅ ⲧⲙⲛ̅ⲧⲭⲏⲣⲁ ⲉⲧⲧⲟ̅ ϩⲓⲱⲱⲥ ⲁⲥϫⲓ̀
ⲛⲁⲥ̀ ⲛ̅ ⲟⲩⲥⲭⲏⲙⲁ ⲙ̅ ⲡⲟⲣⲛⲏ· ⲁⲥϩⲱⲃⲥ̅ ⲙ̅ ⲡⲉⲥϩⲟ·
ⲁⲥϩⲙⲟⲥ ϩⲁϩⲧⲛ̅ ⲡϩⲟⲟⲩⲧⲛ̅ ⲙ̅ | ⲙⲟⲟϣⲉ· ⲛ̅ ⲧⲉⲣⲉ ⲓ̅ⲟⲩⲇⲁⲥ Fol. 15 *a* 1 ⲓ̅ⲁ̅
ⲇⲉ̀ ⲛⲁⲩ̀ ⲉ ⲣⲟⲥ· ⲉϥⲙⲉⲉⲩⲉ̀ ϫⲉ ⲟⲩⲡⲟⲣⲛⲏ ⲧⲉ· ⲙ̅ⲡⲉ
ϥⲥⲟⲟⲩⲱ̅ⲛⲥ̅ ⲅⲁⲣ· ϫⲉ ⲛⲉ ⲁⲥϩⲱⲃⲥ̅ ⲙ̅ ⲡⲉⲥϩⲟ· ⲗⲟⲓⲡⲟⲛ̀
ⲙⲛ̅ⲛ̅ⲥⲁ ⲡϫⲱⲕ ⲛ̅ ⲛ̅ϣⲁϫⲉ̀ ⲉⲛⲧⲁϥϫⲟⲟⲩ ⲛⲁⲥ ⲙⲛ̅ ⲛⲉ
ⲛⲧⲁⲥϫⲟⲟⲩ ϩⲱⲱⲥ· ⲁϥ† ⲛⲁⲥ ⲙ̅ ⲡⲁⲣⲏⲃ· ⲁϥⲃⲱⲕ ⲉ
ϩⲟⲩⲛ ϣⲁ ⲣⲟⲥ ⲙⲛ̅ⲛ̅ⲥⲱⲥ̀ ⲁϥⲙⲟⲟϣⲉ̀ ⲉ ⲧⲉϥϩⲓⲏ̅· ⲁⲩⲱ
ⲛ̅ ⲧⲉⲣⲉ ϥⲃⲱⲕ̀ ⲉⲛⲉⲥⲟⲟⲩ ⲁϥⲧⲛ̅ⲛⲟⲟⲩ ⲛⲁⲥ ⲙ̅ ⲡⲙⲁⲥ ⲛ̅
ⲃⲁⲁⲙⲡⲉ· ⲙ̅ⲡ ⲟⲩϩⲉ̀ ⲉ ⲣⲟⲥ̀ ⲉⲧⲁϥⲛⲁⲥ· ⲁ ⲡⲣⲱⲙⲉ·
ⲗⲟⲓⲡⲟⲛ̀ | ϣⲓⲛⲉ· ϫⲉ ⲉϥⲧⲱⲛ̀ ⲧⲉⲓ ⲡⲟⲣⲛⲏ̀· ⲉⲧ ϩⲙⲟⲟⲥ̀ Fol. 15 *a* 2
ⲙ̅ ⲡⲉⲓ ⲙⲁ· ⲡⲉϫⲁⲩ ⲛⲁϥ ϫⲉ ⲙⲛ̅ ⲡⲟⲣⲛⲏ ⲙ̅ ⲡⲉⲓ ⲙⲁ·
ⲁⲗⲏⲑⲱⲥ ⲛⲁⲛⲟⲩ ⲡⲁⲓ̈ⲛ̅ⲥ̅ⲏⲙⲁ· ⲁⲩⲱ̅ ⲡⲛⲟⲛ̅ⲙⲁ̀ ϩⲟⲗϭ̅
ⲉⲙⲁⲧⲉ· ⲁⲗⲗⲁ̀ ⲙ̅ ⲡⲛⲁⲩ ⲁⲛ̀ ⲡⲉ̀· ⲙ̅ ⲡⲉⲣⲓⲗⲁⲙⲃⲁⲛⲉ
ⲙ̅ⲙⲟϥ ⲧⲉⲛⲟⲩ· ⲉ ⲃⲟⲗ ϫⲉ ⲛ̅ⲛⲉ ⲛⲣⲁⲕⲧⲛ̅ ⲉ ⲕⲉ ⲥⲁ̀· ⲉⲣⲉ
ⲑⲁⲙⲁⲣ ϫⲓ̀ ⲙ̅ ⲡⲧⲩⲡⲟⲥ ⲛ̅ ⲧⲉⲕⲕⲗⲏⲥⲓⲁ̀ ⲛ̅ ⲛⲉⲭⲣⲏⲥⲧⲓⲁ-
ⲛⲟⲥ· ⲉⲣⲉ ⲓ̅ⲟⲩⲇⲁⲥ̀ ϩⲱⲱϥ· ϫⲓ ⲙ̅ ⲡⲧⲩⲡⲟⲥ· ⲙ̅ ⲡⲉⲓⲱⲧ
ⲡⲡⲁⲛⲧⲟⲕⲣⲁⲧⲱⲣ· ⲉⲣⲉ | ⲡϣⲟⲙⲧ̅ ⲙ̅ ⲙⲛ̅ⲧⲣⲉ̀ ⲛ̅ⲧⲁϥ- Fol. 15 *b* 1 ⲓ̅ⲃ̅
ⲧⲁⲁⲩ ⲛ̅ ⲑⲁⲙⲁⲣ ⲧⲛ̅ⲧⲱⲛ̀ ⲉ ⲡⲉⲓⲱⲧ· ⲙⲛ̅ ⲡϣⲏⲣⲉ· ⲙⲛ̅
ⲡⲉⲡⲛ̅ⲁ̅ ⲉⲧ ⲟⲩⲁⲁⲃ· ⲡⲣⲱⲙⲉ ⲛ̅ϣⲱⲥ ⲛ̅ⲧⲁ ⲓ̅ⲟⲩⲇⲁⲥ ⲧⲛ̅-
ⲛⲟⲟⲩϥ ϣⲁ ⲑⲁⲙⲁⲣ· ⲙⲛ̅ ⲡⲙⲁⲥ̀ ⲛ̅ ⲃⲁⲁⲙⲡⲉ· ⲡⲉ
ⲙⲱⲩ̅ⲥⲏⲥ· ⲡⲃⲁⲁⲙⲡⲉ̀ ⲡⲉ ⲡⲛⲟⲙⲟⲥ̀· ⲛ̅ⲧⲁϥⲧⲁⲁϥ· ⲙ̅ⲡⲉ
ⲥϫⲓⲧϥ̅ ⲛ̅ϭⲓ ⲑⲁⲙⲁⲣ· ⲁⲗⲗⲁ ⲁⲥⲁⲙⲁϩⲧⲉ ⲙ̅ ⲡⲉⲧ ⲛ̅

ⲧⲟⲟⲧⲥ̄ · Ⲉⲣⲉ ⲧⲉⲕⲕⲗⲏⲥⲓⲁ̀ ϫⲱ ⲙ̄ⲙⲟⲥ ϫⲉ ⲧⲡⲓⲥⲧⲓⲥ ⲛ̄ⲧⲉ
ⲧⲣⲓⲁⲥ̀ ⲉⲧ ⲟⲩⲁⲁⲃ ⲣⲱϣⲉ̀ ⲉⲧⲟⲩϫⲟⲓ̈ · ⲙⲛ̄ ⲛⲁϣⲏⲣⲉ ·
Fol. 15 b 2 Ⲙ̄ⲛ̄ⲛ̄ⲥⲁ ϩⲉⲛϩⲟⲟⲩ | ⲇⲉ̀ ⲁⲩϫⲓ̂ ⲙ̄ ⲡⲟⲩⲱ̄ ⲛ̄ ⲓ̈ⲟⲩⲇⲁⲥ ϫⲉ ·
ⲉⲓⲥ ⲑⲁⲙⲁⲣ ⲑⲓⲙⲉ ⲙ̄ ⲡⲉⲕϣⲏⲣⲉ̀ ⲉⲉⲧ̀ ⲉ ⲃⲟⲗ ϩⲛ̄
ⲟⲩⲡⲟⲣⲛⲓⲁ · Ⲁⲩⲱ̄ ⲛ̄ ⲧⲉⲣⲉ ϥⲥⲱⲧⲙ̄ ⲉ ⲡϣⲁϫⲉ · ϩⲛ̄
ⲟⲩϣⲱⲱⲧ̀ ⲉ ⲃⲟⲗ · ⲁϥⲟⲩⲉϩⲥⲁϩⲛⲉ̀ ϫⲉ ⲁⲛⲓⲧⲥ̄ ⲉ ⲃⲟⲗ
ⲛ̄ ⲧⲉⲧⲛ̄ⲣⲟⲕϩⲥ̄ ϩⲛ̄ ⲟⲩⲕⲱϩⲧ̄ · Ⲉⲩϫⲓ̀ ⲇⲉ ⲙ̄ⲙⲟⲥ ⲉ
ⲃⲟⲗ ⲉ ⲧⲁⲕⲟⲥ · ⲁⲥⲉⲓⲛⲉ ⲙ̄ ⲡϣⲟⲙⲧ ⲙ̄ ⲙⲛ̄ⲧⲣⲉ̀ ⲉ ⲃⲟⲗ·
ⲉⲧ ⲉⲙⲉⲩϣⲁϫⲉ · ⲙⲁⲗⲗⲟⲛ ⲇⲉ̀ ⲛⲉⲧ ⲱϣ ⲉ ⲃⲟⲗ
ⲛ̄ ϩⲟⲩⲟ̄ ⲉⲩⲙⲏⲛϣⲉ ⲙ̄ ⲙⲛ̄ⲧⲣⲉ ⲉⲩϣⲁϫⲉ · ⲉⲧⲉ ⲛⲁⲓ̈
ⲡⲉ ⲡϭⲉⲣⲱⲃ · ⲙⲛ̄ ⲡⲉⳅⲟⲩⲣ · ⲙⲛ̄ ⲡϩⲟⲣⲙⲓⲥⲕⲟⲥ ·
Fol. 16 a 1 ⲉⲧⲉ ⲛⲁⲓ ⲟⲛ̀ ⲡⲉ ⲡ|ⲣⲁⲛ ⲙ̄ ⲡⲉⲓⲱⲧ̀ ⲙⲛ̄ ⲡϣⲏⲣⲉ · ⲙⲛ̄
ⲓⲅ̅ ⲡⲉⲡⲛ̄ⲁ̄ ⲉⲧ ⲟⲩⲁⲁⲃ · Ⲁⲥϫⲟⲟⲩⲥⲟⲩ̀ ϣⲁ ⲣⲟϥ · ϫⲉ ⲥⲟⲩⲉⲛ̀
ⲛⲁⲓ̈ · ϫⲉ ⲛⲁ ⲛⲓⲙ̀ ⲛⲉ · ⲙ̄ⲡⲣ̄ ⲁⲣⲛⲁ̀ ⲙ̄ ⲡⲛⲟⲩⲧⲉ̀
ϩⲛ̄ ⲧⲁⲣⲛⲏⲥⲓⲥ ⲙ̄ ⲡⲉⲕⲗⲁⲥ · Ⲁⲩⲱ̄ ⲛ̄ ⲧⲉⲣⲉ ⲓ̈ⲟⲩⲇⲁⲥ̀
ⲛⲁⲩ ⲉ ⲣⲟⲟⲩ ⲁϥⲥⲟⲩⲱ̄ⲛⲟⲩ · ⲁⲩⲱ̄ ⲁϥϩⲟⲙⲟⲗⲟⲅⲉⲓ̀ ϫⲉ
ⲛⲟⲩⲓ̀ ⲛⲉ · ⲙ̄ⲡⲉ ϥⲁⲣⲛⲁ̀ ⲅⲁⲣ · ⲟⲩⲇⲉ ⲙ̄ⲡⲉ ϥⲙⲉⲣⲉ
ⲡⲉⲟⲟⲩ̀ ⲉⲧ ϣⲟⲩⲉⲓⲧ ⲛ̄ ⲛⲉⲣⲱⲙⲉ · ⲛϥⲙⲟⲩⲟⲩⲧ̀ ⲛ̄ ⲧⲉϥ-
ϣⲉⲗⲉⲉⲧ · Ⲉⲡⲉⲓ̀ ⲉⲛⲉ ⲛⲧⲁϥⲟⲩⲱϣ ⲛ̄ⲣ ⲡⲁⲓ ⲁϣ̀ ⲧⲉ
Fol. 16 a 2 ⲧⲙⲛ̄ⲧⲙⲛ̄ⲧⲣⲉ ⲙ̄ ⲡϭⲉⲣⲱⲃ · ⲙⲛ̄ ⲡⲉ | ⳅⲟⲩⲣ · ⲙⲛ̄
ⲡϩⲟⲣⲙⲓⲥⲕⲟⲥ · Ⲏⲛ̀ ⲙⲛ̄ ϭⲉ̀ ϭⲉⲣⲱⲃ ϩⲓϫⲙ̄ ⲡⲕⲁϩ · ⲏ
ⳅⲟⲩⲣ · ⲏ ϩⲟⲣⲙⲓⲥⲕⲟⲥ · ⲉⲓ ⲙⲏ ⲧⲉⲓ̀ ⲛⲁ ⲓ̈ⲟⲩⲇⲁⲥ ⲙⲁⲩⲁⲁⲩ ·
Ⲁⲗⲗⲁ̀ ⲙ̄ⲡⲉ ϥⲣ̄ⲡⲙⲉⲉⲩⲉ̀ ⲛ̄ϭⲓ ⲓ̈ⲟⲩⲇⲁⲥ · ⲁⲗⲗⲁ ⲛ̄ⲧⲁϥ-
ϫⲟⲟⲥ̀ ⲛ̄ ⲧⲉⲓ ϩⲉ · ϫⲉ ⲁⲥⲧⲙⲁⲉⲓⲟ̄ ⲛ̄ϭⲓ ⲑⲁⲙⲁⲣ · ⲛ̄
ϩⲟⲩⲟ̄ ⲉ ⲣⲟⲓ̈ · Ⲁⲩⲱ̄ ϫⲓⲛ ⲙ̄ⲙⲟⲥ ⲉ ϩⲣⲁⲓ̈ · ⲙ̄ⲡⲉ ⲓ̈ⲟⲩⲇⲁⲥ̀
ⲥⲟⲩⲉⲛ ⲑⲁⲙⲁⲣ̀ ⲉ ⲉⲛⲕⲟⲧⲕ̄ ⲛ̄ⲙ̄ⲙⲁⲥ : Ⲟⲩⲇⲉ̀ ⲛ̄ⲧⲟⲥ
ϩⲱⲱⲥ · ⲙ̄ⲡⲉ ϥϩⲱⲧⲣ̄ ⲙⲛ̄ ⲕⲉ ⲟⲩⲁ̀ ϣⲁ ⲉⲛⲉϩ · Ⲉ ⲧⲃⲉ
ⲧϭⲓⲛⲥⲁϩⲱⲱϥ ⲇⲉ̀ ⲉ ⲃⲟⲗ ⲙ̄ ⲡⲉⲓ ϩⲱⲃ · ⲙⲛ̄ ⲧⲉϩⲟⲙⲟ-
Fol. 16 b 1 ⲗⲟⲅⲏⲥⲓⲥ ⲛ̄ ⲧⲉϥⲙⲉⲧⲁⲛⲟⲓⲁ · ⲉϫⲙ̄ ⲡⲉⲛ|ⲧ ⲁϥⲁⲁϥ · ⲙⲛ̄
ⲓⲇ̅ ⲧⲙⲁⲓ̈ ⳁϩⲁⲡ ⲛ̄ ⲇⲓⲕⲁⲓⲟⲛ ⲉϫⲙ̄ ⲡⲉϥϫⲡⲓⲟ̄ · ⲁϥⲙⲁⲧⲉ
ⲙ̄ ⲡⲉⲓ ⲧⲁⲉⲓⲟ̄ ⲛ̄ ⲧⲉⲓ ⲙⲓⲛⲉ̀ ⲉ ⲧⲣⲉ ϩⲉⲛⲉⲣⲱⲟⲩ ϣⲱⲡⲉ̀
ϩⲙ̄ ⲡⲉϥⲥⲡⲉⲣⲙⲁ · ϣⲁ ϩⲣⲁⲓ̈ ⲉ ⲡⲣ̄ⲣⲟ ⲛ̄ ⲛⲉⲣⲱⲟⲩ̀ ⲡⲉⲭ̄ⲥ̄
ⲉⲛⲧⲁϥⲡⲓⲣⲉ̀ ⲛⲁⲛ̀ ⲉ ⲃⲟⲗ ⲛ̄ϩⲏⲧϥ̄ · ⲕⲁⲧⲁ ⲡϣⲁϫⲉ
ⲙ̄ ⲡⲥⲟⲫⲟⲥ · ⲡⲁⲩⲗⲟⲥ · Ⲙⲛ̄ⲛ̄ⲥⲱⲥ̀ ⲡⲉϫⲁϥ · ⲁⲥⲙⲓⲥⲉ

ⲛ̅ϭⲓ ⲑⲁⲙⲁⲣ ⲛ̅ϣⲏⲣⲉ ⲥⲛⲁⲩ ϩⲓ ⲟⲩⲥⲟⲡ· ⲁ ⲡϣⲟⲣⲡ̅
ⲥⲟⲟⲩⲧⲛ̅ ⲉ ⲃⲟⲗ ⲛ̅ ⲧⲉϥϭⲓϫ· ⲁ ⲧⲙⲉⲥⲓⲱ̅ ⲙⲟⲩⲣ` ⲉ ⲣⲟⲥ`
ⲛ̅ ⲟⲩϩⲱⲥ ⲛ̅ ⲕⲟⲕⲕⲟⲥ· ⲙⲛ̅ⲛ̅ⲥⲱⲥ` ⲁϥⲥⲱⲕ` | ⲛⲁϥ ⲛ̅ Fol. 16 *b* 2
ⲧⲉϥϭⲓϫ ⲁ ⲡⲉϥⲥⲟⲛ` ⲉⲓ ⲉ ⲃⲟⲗ· Ⲕⲁⲧⲁ ⲑⲉ ⲛ̅ⲧⲁϥϫⲟⲟⲥ
ⲛ̅ϭⲓ ⲡⲉⲩⲁⲅⲅⲉⲗⲓⲥⲧⲏⲥ ϫⲉ· Ⲓ̅ⲟⲩⲇⲁⲥ ⲇⲉ ⲁϥϫⲡⲟ ⲙ̅
ⲫⲁⲣⲉⲥ· ⲙⲛ̅ ⲍⲁⲣⲁ ⲉ ⲃⲟⲗ ϩⲛ̅ ⲑⲁⲙⲁⲣ· ⲙⲁⲣⲛ̅ Ϫⲱⲧⲉ`
ⲉ ϩⲟⲩⲛ` ⲉ ⲑⲓⲥⲧⲟⲣⲓⲁ` ⲛ̅ ⲕⲉ ⲕⲟⲩⲓ̈· ⲧⲁⲣⲉ ⲡϣⲁϫⲉ`
ⲙⲟⲟϣⲉ` ⲉ ⲑⲏ· ⲛ̅ⲧⲛ̅ϯ ⲛ̅ ⲟⲩϫⲱⲕ ⲛ̅ ⲑⲓⲥⲧⲱⲣⲓⲁ̅ ϩⲓⲧⲛ̅
ⲛ̅ϣⲁϫⲉ ⲛ̅ϣⲡⲏⲣⲉ` ⲙ̅ ⲡⲉⲩⲁⲅⲅⲉⲗⲓⲥⲧⲏⲥ· ⲙⲁⲑⲁⲓ̅ⲟⲥ· Ϫⲉ
ⲕⲁⲥ` ⲉⲛⲛⲁⲉⲓⲙⲉ· ϫⲉ ⲡϩⲱⲃ ⲉⲧⲟⲩⲙⲉⲉⲩⲉ ⲉ ⲣⲟϥ· ϫⲉ
ⲟⲩⲥⲱϣ ⲡⲉ· ⲉϥⲟⲩⲟⲛϩ̅ ⲉ ⲃⲟⲗ· ϫⲉ ⲟⲩⲉⲟⲟⲩ ⲛ̅ ϩⲟⲩⲟ̅ ⲡⲉ·
Ⲛ̅ⲧⲁϥⲣ̅ ⲡⲙⲉⲉⲩⲉ | ⲅⲁⲣ ⲁⲛ` ⲛ̅ ⲑⲁⲙⲁⲣ ⲙⲁⲩⲁⲁⲥ ⲙ̅- Fol. 17 *a* 1
ⲙⲁⲧⲉ· ⲁϥϩⲱ̅ ⲉ ⲣⲟϥ· Ⲁⲗⲗⲁ` ⲛ̅ ⲧⲉⲣⲉ ϥⲣ̅ ϩⲓⲑⲏ` ⲛ̅ ⲟⲩ- ⲓ̅ⲉ̅
ⲕⲟⲩⲓ̈ ⲙⲛ̅ⲛ̅ⲥⲁ ⲧⲁⲓ̈· Ⲡⲉϫⲁϥ· ϫⲉ ⲫⲁⲣⲉⲥ ⲇⲉ`· ⲁϥϫⲡⲟ`
ⲛ̅ⲉⲥⲣⲱⲙ· Ⲉⲥⲣⲱⲙ ⲇⲉ· ⲁϥϫⲡⲟ` ⲛ̅ⲁⲣⲁⲙ· Ⲁⲣⲁⲙ`
ⲇⲉ` ⲁϥϫⲡⲟ` ⲛ̅ⲁⲙⲓⲛⲁⲇⲁⲃ· Ⲁⲙⲓⲛⲁⲇⲁⲃ ⲇⲉ` ⲁϥϫⲡⲟ
ⲛ̅ⲛⲁⲁⲥⲥⲱⲛ· Ⲛⲁⲁⲥⲥⲱⲛ ⲇⲉ` ⲁϥϫⲡⲟ` ⲛ̅ ⲥⲁⲗⲙⲱⲛ·
Ⲥⲁⲗⲙⲱⲛ ⲇⲉ` ⲁϥϫⲡⲟ· ⲛ̅ ⲃⲟⲉⲥ` ⲉ ⲃⲟⲗ ϩⲛ̅ ϩⲣⲁⲭⲁⲃ:—
Ⲛⲁⲛⲟⲩⲥ ⲇⲉ` ⲛⲁⲛ ⲉ ⲧⲣⲉ ⲛⲕⲧⲟⲛ ⲉϫⲙ̅ ⲡϣⲁϫⲉ ⲙ̅ ⲡⲉⲓ
ⲙⲁ· ⲛ̅|ⲉⲓⲙⲉ`· ϫⲉ ⲛⲓⲙ ⲡⲉ ϩⲣⲁⲭⲁⲁⲃ· ⲏ ⲟⲩ ⲉ ⲃⲟⲗ Fol. 17 *a* 2
ⲧⲱⲛ ⲧⲉ· Ⲉⲛⲧⲟⲃⲧⲃ̅ ⲁⲛ` ⲛ̅ ϩⲉⲛϣⲁϫⲉ` ⲉ ⲛⲉⲩⲉⲣⲏⲩ·
ⲁⲗⲗⲁ` ⲉⲛⲟⲩⲏϩ` ⲛ̅ⲥⲁ ⲛⲉⲅⲣⲁⲫⲏ` ϩⲛ̅ ⲟⲩⲱ̅ⲣϫ̅· Ⲛⲓⲙ`
ⲧⲉ ϩⲣⲁⲭⲁⲁⲃ· ⲉⲓ ⲙⲏ ⲧⲓ` ϩⲣⲁⲁⲃ ⲧⲡⲟⲣⲛⲏ· ⲧⲁⲓ̈ ⲉⲛ-
ⲧⲁⲥϣⲱⲡ ⲉ ⲣⲟⲥ ⲛ̅ ⲛ̅ϥⲁⲓ̈ϣⲓⲛⲉ ⲛ̅ Ⲓ̅ⲏⲥⲟⲩ· ⲡϣⲏⲣⲉ ⲛ̅
ⲛⲁⲩⲏ· ⲛ̅ⲧⲁϥϫⲟⲟⲩ ⲥⲟⲩ ⲉ ⲙⲟⲩϣⲧ ⲛ̅ ϩⲓⲉⲣⲓⲭⲱ·
Ⲙⲛ̅ⲛ̅ⲥⲁ ⲛ̅ ⲕⲉ ϣⲁϫⲉ ⲧⲏⲣⲟⲩ· ⲉⲛⲧⲁⲩϣⲱⲡⲉ ϩⲛ̅ ⲧⲉⲥ-
ⲙⲛⲧⲉ` ⲙⲛ̅ ⲛⲉⲣⲱⲙⲉ` ⲉⲧ ⲙ̅ⲙⲁⲩ· ⲁⲥⲛⲁϩⲙⲟⲩ` ⲉ
ⲧϭⲓϫ | ⲛ̅ ϩⲓⲉⲣⲓⲭⲱ̅· Ⲁⲩⲱ ⲡⲉϫⲁⲥ ⲛⲁⲩ· ϫⲉ ⲛ̅ⲑⲉ Fol. 17 *b* 1
ⲛ̅ⲧ ⲁⲓ̈ⲉⲓⲣⲉ ⲛ̅ⲙ̅ⲙⲏⲧⲛ̅ ⲙ̅ ⲡⲉⲓ ⲁⲅⲁⲑⲟⲛ· ⲁⲓ̈ⲧⲟⲩϫⲉ` ⲓ̅ⲋ̅
ⲧⲏⲩⲧⲛ̅· ⲛ̅ⲧⲱⲧⲛ̅ ϩⲱⲧ ⲧⲏⲩⲧⲛ̅· ⲉⲧⲉⲧⲛ̅ⲛⲁⲱ̅ⲣⲕ̅ ⲛⲁⲓ̈· ⲉ
ⲧⲣⲉ ⲧⲉⲧⲛ̅ⲧⲁⲛϩⲟⲓ̈· ⲙⲛ̅ ⲡⲏⲓ̈ ⲙ̅ ⲡⲁ ⲉⲓⲱⲧ· Ⲛ̅ⲧⲟⲟⲩ ⲇⲉ
ⲁⲩⲱ̅ⲣⲕ· ⲉ ⲁⲩϯ ⲛ̅ ⲟⲩⲙⲁⲉⲓⲛ ⲛⲁⲥ ⲉ ⲧⲣⲉ ⲥⲙⲟⲩⲣ` ⲛ̅
ⲟⲩⲕⲟⲕⲕⲟⲥ` ⲉ ⲡⲉⲥϣⲟⲩϣⲧ̅ ⲛ̅ⲧⲁⲥⲟⲩⲟⲧⲃⲟⲩ ⲉ ⲃⲟⲗ ⲛ̅-
ϩⲏⲧϥ̅· ϫⲉ ⲛⲉⲣⲉ ⲡⲉⲥⲛⲓ̈ ϩⲓϫⲛ̅ ⲡⲥⲟⲃⲧ̅· Ⲁⲛⲁⲩ· ⲱ̅ ⲡⲉⲧ-

ⲥⲱⲧⲙ̄ · ϫⲉ ⲉⲣⲉ ⲛⲉⲓ ϣⲁϫⲉ` ⲥⲩⲙⲫⲱⲛⲉⲓ̈ ⲙⲛ̄ ⲛⲉⲩⲉⲣⲏⲩ
Fol. 17 *b* 2 ⲛ̄ ⲁϣ ⲛ̄ ϩⲉ :—Ϩⲣⲁⲁⲃ · ⲛⲉ ⲟⲩⲡⲟⲣ|ⲛⲏ̄ ⲧⲉ · ⲉⲥϣⲟⲡ ⲉ
ⲣⲟⲥ` ⲛ̄ ⲟⲩⲟⲛ ⲛⲓⲙ · Ⲑⲁⲙⲁⲣ ϩⲱⲱⲥ ⲛ̄ⲧⲁⲥϫⲓ ⲛⲁⲥ ⲛ̄
ⲟⲩⲥⲭⲏⲙⲁ̄ ⲙ̄ ⲡⲟⲣⲛⲏ̄ · Ϩⲣⲁⲁⲃ · ϩⲟⲙⲟⲓ̈ⲱⲥ · ⲛ̄ⲧⲁⲥ-
ⲙⲟⲩⲣ` ⲛ̄ ⲟⲩⲕⲟⲕⲕⲟⲥ` ⲉ ⲡⲉⲥϣⲟⲩϣⲧ̄ · ⲁϥϣⲱⲡⲉ ⲛⲁⲥ
ⲙ̄ ⲫⲩⲗⲁⲅⲙⲁⲧⲁ · ⲑⲁⲙⲁⲣ Ϩⲱⲱⲥ` ⲛ̄ⲧⲁⲥⲙⲟⲩⲣ ⲛ̄
ⲟⲩϩⲱⲥ ⲛ̄ ⲕⲟⲕⲕⲟⲥ` ⲉ ⲧϭⲓϫ ⲙ̄ ⲡⲉⲥϣⲏⲣⲉ · Ⲙⲛ̄ⲛ̄ⲥⲁ
ⲧⲣⲉⲩϫⲓ ⲛ̄ ⲧⲡⲟⲗⲓⲥ ⲇⲉ` · ⲁⲩⲧⲁⲕⲟⲥ · ⲁⲩϩⲁⲣⲉϩ ⲉ ⲡⲏⲓ̈
ⲛ̄ ϩⲣⲁⲁⲃ · ⲉϥⲟⲩⲟϫ · ⲁⲩⲱ̄ ⲛ̄ⲧⲟⲥ` ⲁⲥⲱⲡ` ⲉ ⲡⲓⲏ̄ⲗ ϣⲁ
Fol. 18 *a* 1 ϩⲣⲁⲓ̈ ⲉ|ⲡⲟⲟⲩ ⲛ̄ ϩⲟⲟⲩ · Ⲧⲁⲓ̈ ⲧⲉ ⲧⲡⲟⲣⲛⲏ ⲛ̄ⲧⲁ ⲥⲁⲗⲙⲱⲛ
ⲓ̄ⲍ̄ ϫⲓⲧⲥ̄ ⲛⲁϥ ⲛ̄ ⲥϩⲓⲙⲉ · ⲁϥϫⲡⲟ̄ ⲛ̄ ⲃⲟⲉⲥ` ⲉ ⲃⲟⲗ ⲛ̄ϩⲏⲧⲥ̄ ·
Ⲙⲛ̄ⲛ̄ⲥⲱⲥ` ⲡⲉϫⲁϥ · ϫⲉ ⲃⲟⲉⲥ ⲇⲉ` · ⲁϥϫⲡⲟ` ⲛ̄ ⲓⲱⲃⲏⲇ
ⲉ ⲃⲟⲗ ϩⲛ̄ ϩⲣⲟⲩⲑ · Ⲱ̄ ⲛⲉⲓ ϩⲃⲏⲩⲉ̂ ⲛ̄ϣⲡⲏⲣⲉ ⲁⲗⲏⲑⲱⲥ ·
ⲛ̄ⲣⲉϥⲣ̄ⲛⲟⲃⲉ ⲙ̄ ⲡⲕⲁϩ · ⲛ̄ⲧⲟⲟⲩ ⲛⲉⲛⲁⲛϫⲱϫ ⲛ̄ ⲧⲉ-
ⲅⲣⲁⲫⲏ · ⲙⲁⲣⲛ̄ⲉⲓⲙⲉ ⲇⲉ` ⲟⲛ ⲙ̄ ⲡⲉⲓ ⲙⲁ · ϫⲉ ⲛⲓⲙ`
ⲧⲉ ϩⲣⲟⲩⲑ · ϩⲣⲟⲩⲑ` ⲅⲁⲣ` ⲛ̄ⲟⲩ ⲉ ⲃⲟⲗ ⲁⲛ` ⲧⲉ` ϩⲙ̄
ⲡⲓⲏ̄ⲗ ⲁⲗⲗⲁ` ⲟⲩ ⲉ ⲃⲟⲗ ⲧⲉ` ϩⲛ̄ ⲛⲉϣⲏⲣⲉ ⲙ̄ ⲙⲱⲁⲃ :|
Fol. 18 *a* 2 Ⲙⲱⲁⲃ ⲇⲉ` ⲡⲉ ⲡϣⲟⲣⲡ̄ ⲛ̄ ϣⲏⲣⲉ ⲛ̄ ⲗⲱⲧ · ⲛ̄ⲧⲁϥϫⲡⲟϥ`
ⲉ ⲃⲟⲗ ϩⲛ̄ ⲧⲉϥϣⲉⲉⲣⲉ · ⲙ̄ⲙⲓⲛ ⲙ̄ⲙⲟϥ · ⲟⲩ ⲉ ⲃⲟⲗ ⲡⲉ`
ϩⲙ̄ ⲡⲉⲥⲡⲉⲣⲙⲁ̄ ⲛ̄ ⲥⲟⲇⲟⲙⲁ` ⲉ ⲧⲃⲉ ⲧⲉϥⲙⲁⲁⲩ · ⲉⲧⲉ
ⲧⲁⲓ̈ ⲧⲉ ⲧⲉⲥϩⲓⲙⲉ ⲛ̄ ⲗⲱⲧ · Ⲧⲥⲱⲧⲙ̄ ⲅⲁⲣ` ⲉ ⲧⲉⲅⲣⲁⲫⲏ`
ⲉⲥϫⲱ ⲙ̄ⲙⲟⲥ ϩⲛ̄ ⲟⲩϣⲱⲱⲧ` ⲉ ⲃⲟⲗ · ϫⲉ ⲙ̄ⲛⲉ ⲙⲱⲁⲃⲓⲧⲏⲥ
ⲉϣⲃⲱⲕ` ⲉ ϩⲟⲩⲛ` ⲉ ⲡⲏⲓ̈ ⲙ̄ ⲡⲛⲟⲩⲧⲉ · ⲟⲩⲇⲉ` ⲁⲙⲙⲁ-
ⲛⲓⲧⲏⲥ · Ⲁⲩⲱ̄ ϩⲣⲟⲩⲑ ϩⲱⲱⲥ` ⲟⲩⲙⲱⲁⲃⲓⲧⲏⲥ ⲧⲉ · ⲁⲥ-
ⲙⲁⲧⲉ` ⲙ̄ ⲡⲉⲓ ⲛⲟϭ ⲛ̄ ⲧⲁⲉⲓⲟ` ⲛ̄ ⲧⲉⲓ ⲙⲓ̈ⲛⲉ · ⲉ ⲧⲣⲉ
Fol. 18 *b* 1 ⲡⲉ|ⲭ̄ⲥ̄ ⲉⲓ ⲉ ⲃⲟⲗ ϩⲙ̄ ⲡⲉⲥⲥⲡⲉⲣⲙⲁ · Ⲁⲗⲏⲑⲱⲥ ·
ⲓ̄ⲏ̄ ϩⲉⲛⲑⲉⲱ̄ⲣⲓⲁ` ⲛⲉ ⲛⲁⲓ̈ ⲉⲩϫⲓ` ⲉ ϩⲟⲩⲛ` ⲉ ⲡⲉⲛⲱⲛϩ̄ ·
ⲙ̄ⲡⲉ ϥϩⲱ ⲇⲉ` ⲟⲛ` ⲉ ⲣⲟϥ ⲉ ⲡⲁⲓ̈ ⲛ̄ϭⲓ ⲡⲉⲩⲁⲅⲅⲉⲗⲓⲥⲧⲏⲥ
ⲙⲁⲑⲁⲓ̈ⲟⲥ · Ⲁⲗⲗⲁ` ⲁϥⲟⲩⲱϩ` ⲟⲛ` ⲉ ⲧⲟⲟⲧϥ̄ · ⲛ̄ⲥⲁ ⲑⲏ` ·
ⲉϥϫⲱ ⲙ̄ⲙⲟⲥ ϫⲉ ⲓⲱⲃⲏⲇ ⲇⲉ · ⲁϥϫⲡⲟ` ⲛ̄ ⲓ̈ⲉⲥⲥⲁⲓ̈ ·
Ⲓⲉⲥⲥⲁⲓ̈ ⲇⲉ ⲁϥϫⲡⲟ ⲛ̄ ⲇⲁⲩⲉⲓⲇ · Ⲇⲁⲩⲉⲓⲇ ⲇⲉ ⲁϥϫⲡⲟ
ⲛ̄ ⲥⲟⲗⲟⲙⲱⲛ` ⲉ ⲃⲟⲗ ϩⲛ̄ ⲑⲓⲙⲉ` ⲛ̄ ⲟⲩⲣⲓⲁⲥ · Ⲛⲓⲙ ϭⲉ`
ⲧⲉ ⲧⲁⲓ̈ · ⲉⲓ ⲙⲏ ⲧⲓ` ⲃⲉⲣⲥⲁⲃⲉⲉ` · ⲁⲗⲗⲁ` ⲉ ⲃⲟⲗ ϫⲉ ⲡⲣⲁⲛ`
Fol. 18 *b* 2 ⲛ̄ ⲃⲉⲣⲥⲁⲃⲉ` ⲟⲩⲟ̄ⲛϩ̄ ⲉ ⲃⲟⲗ ⲁⲛ` ⲛ̄ | ⲣⲱⲙⲉ ⲛⲓⲙ` · Ⲉ ⲧⲃⲉ

ⲡⲁⲓ̈ ⲁϥϫⲟⲟⲥ· ϫⲉ ⲑⲓⲙⲉ ⲛ̄ ⲟⲩⲣⲓⲁⲥ· ⲁⲩⲱ̄ ⲡⲉⲥ ⲕⲉ
ⲣⲁⲛ̀ ⲙ̄ ⲡⲉϥⲣ̄ ⲡⲉϥⲙⲉⲉⲩⲉ· ⲁⲗⲗⲁ ⲧⲁⲓ̈ⲧⲓⲁ̀ ⲙ̄ⲙⲁⲧⲉ·
ⲧⲉ ⲛⲧⲁϥⲟⲩⲟⲛϩⲥ̄ ⲉ ⲃⲟⲗ· Ⲇⲁⲩⲉⲓⲇ· ⲡⲉϫⲁϥ· ⲁϥϫⲡⲟ
ⲛ̄ ⲥⲟⲗⲟⲙⲱⲛ̀ ⲉ ⲃⲟⲗ ϩⲛ̄ ⲑⲓⲙⲉ̀ ⲛ̄ ⲟⲩⲣⲓⲁⲥ· Ⲥⲟⲗⲟⲙⲱⲛ
ⲇⲉ̀ ⲁϥϫⲡⲟ̀ ⲛ̄ ϩⲣⲟⲃⲟⲁⲙ· Ϩⲣⲟⲃⲟⲁⲙ̀ ⲇⲉ̀ ⲁϥϫⲡⲟ̀
ⲛ ⲁⲃⲓⲁⲥ· Ⲁⲃⲓⲁⲥ ⲇⲉ· ⲁϥϫⲡⲟ̀ ⲛ ⲁⲥⲁⲫ· Ⲁⲥⲁⲫ ⲇⲉ·
ⲁϥϫⲡⲟ̀ ⲛ̄ ⲓ̈ⲱⲥⲁⲫⲁⲧ· Ⲓ̈ⲱⲥⲁⲫⲁⲧ ⲇⲉ̀ ⲁϥϫⲡⲟ̀ ⲛ̄ ⲓ̈ⲱⲣⲁⲙ·
Ⲓ̈ⲱ|ⲣⲁⲙ ⲇⲉ· ⲁϥϫⲡⲟ̀ ⲛ̄ ⲟ̄ⲍⲓⲁⲥ· ⲟ̄ⲍⲓⲁⲥ ⲇⲉ̀· ⲁϥϫⲡⲟ ⲛ̄ Fol. 19 *a* 1 ⲓ̄ⲑ̄
ⲓ̈ⲱⲁⲑⲁⲙ· Ⲓ̈ⲱⲁⲑⲁⲙ ⲇⲉ̀ ⲁϥϫⲡⲟ̀ ⲛ̄ ⲁⲭⲁⲍ· Ⲁⲭⲁⲍ
ⲇⲉ· ⲁϥϫⲡⲟ ⲛ̄ ⲉⲍⲉⲕⲓⲁⲥ· Ⲉⲍⲉⲕⲓⲁⲥ ⲇⲉ· ⲁϥϫⲡⲟ ⲙ̄
ⲙⲁⲛⲁⲥⲥⲏ· Ⲙⲁⲛⲁⲥⲥⲏ ⲇⲉ̀ ⲁϥϫⲡⲟ̀ ⲛ̄ ϩⲁⲙⲱⲥ· Ϩⲁⲙⲱⲥ
ⲇⲉ̀ ⲁϥϫⲡⲟ̀ ⲛ̄ ⲓ̈ⲱⲥⲓⲁⲥ· ⲓ̈ⲱⲥⲓⲁⲥ ⲇⲉ̀ ⲁϥϫⲡⲟ̀ ⲛ̄ ⲓ̈ⲉⲭⲱ-
ⲛⲓⲁⲥ̀ ⲙⲛ̄ ⲛⲉϥⲥⲛⲏⲩ ϩⲓ ⲡⲡⲱⲱⲛⲉ̀ ⲉ ⲃⲟⲗ ⲛ̄ ⲧⲃⲁⲃⲩⲗⲱⲛ·
Ⲙⲛ̄ⲛ̄ⲥⲁ ⲡⲡⲱⲱ̄ⲛⲉ ⲇⲉ̀ ⲉ ⲃⲟⲗ ⲛ̄ ⲧⲃⲁⲃⲩⲗⲱⲛ· Ⲓ̈Ⲉⲭⲟⲛⲓⲁⲥ·
ⲁϥϫⲡⲟ̀ ⲛ̄ ⲍⲁⲗⲁ|ⲑⲓⲏⲗ· Ⲍⲁⲗⲁⲑⲓⲏⲗ ⲇⲉ̀ ⲁϥϫⲡⲟ̀ ⲛ̄ Fol. 19 *a* 2
ⲍⲟⲣⲟⲃⲁⲃⲉⲗ· Ⲥⲟⲣⲟⲃⲁⲃⲉⲗ ⲇⲉ̀ ⲁϥϫⲡⲟ̀ ⲛ̄ ⲁⲃⲓⲟⲩⲇ·
Ⲁⲃⲓⲟⲩⲇ ⲇⲉ̀ ⲁϥϫⲡⲟ̀ ⲛ ⲉⲗⲉⲁⲕⲓⲙ· Ⲉⲗⲉⲁⲕⲓⲙ̀ ⲇⲉ
ⲁϥϫⲡⲟ̀ ⲛ̄ ⲁⲍⲱⲣⲁ· Ⲁⲍⲱⲣⲁⲥ ⲇⲉ̀ ⲁϥϫⲡⲟ̀ ⲛ̄ ⲥⲁⲇⲱⲕ·
Ⲍⲁⲇⲱⲕ ⲇⲉ̀ ⲁϥϫⲡⲟ̀ ⲛ̄ ⲁⲭⲓⲙ· Ⲁⲭⲓⲙ ⲇⲉ̀ ⲁϥϫⲡⲟ
ⲛ̄ ⲉⲗⲓⲟⲩⲇ· Ⲉⲗⲓⲟⲩⲇ ⲇⲉ̀ ⲁϥϫⲡⲟ̀ ⲛ̄ ⲉⲗⲉⲁⲍⲁⲣ·
Ⲉⲗⲉⲁⲍⲁⲣ̀ ⲇⲉ̀ ⲁϥϫⲡⲟ ⲙ̄ ⲙⲁⲑⲁⲛ· Ⲙⲁⲑⲁⲛ ⲇⲉ
ⲁϥϫⲡⲟ̀ ⲛ̄ ⲓ̈ⲁⲕⲱⲃ· Ⲓ̈ⲁⲕⲱⲃ ⲇⲉ· ⲁϥϫⲡⲟ̀ ⲛ̄ ⲓⲱⲥⲏⲫ
ⲡϩⲁⲓ̈ ⲙ̄ ⲙⲁⲣⲓⲁ· ⲧⲁⲓ̈ ⲛ̄ⲧⲁⲩϫⲡⲉ ⲡⲉⲭ̄ⲥ̄ ⲓ̄ⲥ̄ ⲉ ⲃⲟⲗ ⲛ̄-
ϩⲏⲧⲥ̄ :— | Ⲅⲉⲛⲉⲁ̀ ϭⲉ̀ ⲛⲓⲙ ϫⲓⲛ ⲁⲃⲣⲁϩⲁⲙ̀ ϣⲁ ϩⲣⲁⲓ̈ Fol. 19 *b* 1 ⲕ̄
ⲇⲁⲩⲉⲓⲇ ⲙⲛ̄ⲧⲁϥⲧⲉ ⲛ̄ⲅⲉⲛⲉⲁ̀· Ⲁⲩⲱ̄ ϫⲓⲛ ⲇⲁⲩⲉⲓⲇ·
ϣⲁ ϩⲣⲁⲓ̈ ⲉ ⲡⲡⲱⲱⲛⲉ̀ ⲉ ⲃⲟⲗ ⲛ̄ ⲧⲃⲁⲃⲩⲗⲱⲛ· ⲙⲛ̄ⲧⲁϥⲧⲉ
ⲛ̄ⲅⲉⲛⲉⲁ· Ⲁⲕⲛⲁⲩ̀ ⲉ ⲡϣⲁϫⲉ· ϫⲉ ⲛ̄ⲧⲁϥⲕⲁⲧⲁⲛⲧⲁ̀
ⲉⲩϫⲱⲕ ⲉ ⲃⲟⲗ ⲛ̄ ⲁϣ ⲛ̄ ϩⲉ· Ϩⲙⲉ̀ ⲥⲛⲟⲟⲩⲥⲉ̀ ⲛ̄ⲅⲉⲛⲉⲁ̀
ⲛⲉ· ϫⲓⲛ ⲁⲃⲣⲁϩⲁⲙ ϣⲁ ϩⲣⲁⲓ̈ ⲉ ⲡⲉⲭ̄ⲥ̄· ⲁⲩⲱ̄ ϩⲛ̄ ⲛⲉⲓ
ⲅⲉⲛⲉⲁ ⲧⲏⲣⲟⲩ· ⲛ̄ⲧⲁⲩϣⲱⲡⲉ· ⲙ̄ⲡⲉ ⲡⲉⲩⲁⲅⲅⲉⲗⲓⲥⲧⲏⲥ
ⲣ̄ ⲡⲙⲉⲉⲩⲉ ⲛ̄ ⲗⲁⲁⲩ ⲛ̄ ⲥϩⲓⲙⲉ· ⲉⲓ ⲙⲏ ⲧⲓ̀ | ⲧⲉⲓ ϥⲧⲟ̀ ⲛ̄ Fol. 19 *b* 2
ⲥϩⲓⲙⲉ̀ ⲛ̄ⲧⲁⲛⲟⲩⲟⲛϩⲟⲩ ⲉ ⲃⲟⲗ· ⲉⲧⲉ ⲛⲁⲓ̈ ⲛⲉ ⲑⲁⲙⲁⲣ·
ⲙⲛ̄ ϩⲣⲁⲁⲃ· ⲙⲛ̄ ϩⲣⲟⲩⲑ· ⲙⲛ̄ ⲃⲉⲣⲥⲁⲃⲉⲉ· Ⲁⲩⲱ̄
ⲛ̄ⲧⲁϥⲣ̄ ⲡⲉⲩⲙⲉⲉⲩⲉ̀ ⲁⲛ̀ ⲉ ⲧⲃⲉ ⲟⲩϩⲱⲃ ⲙ̄ ⲙⲛ̄ⲧⲣⲉϥ-

ϣⲙ̄ϣⲉ ⲛⲟⲩⲧⲉ· ⲁⲗⲗⲁ` ⲉ ⲧⲃⲉ ⲛⲁⲓ̈ⲧⲓⲁ ⲛ̄ⲧ ⲁⲛϫⲟⲟⲩ ⲛ̄
ϣⲟⲣⲡ̄· Ⲑⲁⲙⲁⲣ ⲇⲉ` ⲟⲩ ⲉ ⲃⲟⲗ ⲧⲉ` ϩⲛ̄ ⲛⲉϥⲩⲗⲓⲥⲧⲓⲉⲓⲙ·
ⲛ̄ⲥⲥⲟⲟⲩⲛ ⲁⲛ ⲙ̄ ⲡⲛⲟⲩⲧⲉ· Ⲓⲟⲩⲇⲁⲥ` ϩⲱⲱⲥ` ⲡⲉⲛⲧ ⲁϥ-
ϣⲱⲡⲉ` ⲛ̄ⲙⲙⲁⲥ ϩⲱⲥ ⲡⲟⲣⲛⲏ` ⲁⲥⲱ̄ ⲉ ⲃⲟⲗ ⲛ̄ϩⲏⲧϥ̄·
Fol. 20 *a* 1 ⲟⲩ ⲉ ⲃⲟⲗ ⲡⲉ` ϩⲙ̄ ⲡⲉⲥⲡⲉⲣⲙⲁ` ⲛ̄ ⲁⲃⲣⲁϩⲁⲙ | ⲡⲉⲧ
ⲕⲁ̄ ⲥⲙⲁⲙⲁⲁⲧ· ϩⲣⲁⲁⲃ` ϩⲟⲙⲟⲓⲱⲥ` ⲟⲩ ⲉ ⲃⲟⲗ ⲧⲉ` ϩⲛ̄
ⲛⲁⲗⲗⲟⲫⲩⲗⲟⲥ· ⲡⲅⲉⲛⲟⲥ ⲛ̄ ϩⲓⲉⲣⲓⲭⲱ· ⲁⲩⲱ̄ ⲉⲥⲧⲥ̄ⲧⲏⲩ
ⲉ ⲃⲟⲗ ⲉ ⲧⲃⲉ ⲛⲉⲥⲛⲟⲃⲉ· Ⲥⲁⲗⲙⲱⲛ ⲇⲉ` ⲡⲉⲛⲧ ⲁϥϣⲱⲡϥ̄
ⲛ̄ⲙⲙⲁⲥ` ⲁϥϫⲡⲟ` ⲛ̄ ⲃⲟⲉⲥ` ⲉ ⲃⲟⲗ ⲛ̄ϩⲏⲧⲥ̄ ⲉⲩ ⲉ ⲃⲟⲗ
ⲡⲉ` ϩⲛ̄ ⲧⲉϥⲩⲗⲏ ⲛ̄ ⲓ̈ⲟⲩⲇⲁ:—Ϩⲣⲟⲩⲑ ⲇⲉ` ⲟⲩ ⲉ ⲃⲟⲗ
ⲧⲉ` ϩⲛ̄ ⲙ̄ⲙⲱⲁⲃⲓⲧⲏⲥ· ⲙⲛ̄ ⲛ̄ ⲥⲱⲇⲱⲙⲓⲧⲏⲥ` ⲉⲧ ⲥⲏϣ·
ⲂⲞⲉⲥ` ϩⲱⲱϥ· ⲟⲩ ⲉ ⲃⲟⲗ ⲡⲉ` ϩⲛ̄ ⲧⲉϥⲩⲗⲏ ⲙ̄ ⲡⲓⲛⲗ̄
ⲁⲩⲱ̄ ⲟⲩ ⲉ ⲃⲟⲗ ϩⲛ̄ ⲧⲉϥⲩⲗⲏ` ⲛ̄ ⲟⲩⲱⲧ ⲡⲉ` ⲛ̄ⲧⲉ
Fol. 20 *a* 2 ⲓ̈ⲟⲩⲇⲁ ⁝— | ⲂⲈⲣⲥⲁⲃⲉⲉ` ⲇⲉ` ⲟⲛ` ⲟⲩ ⲉ ⲃⲟⲗ ⲧⲉ`· ϩⲛ̄
ⲛ̄ϣⲏⲣⲉ ⲛ̄ ⲭⲉⲧ` ⲛⲁⲓ̈ ⲛ̄ⲧⲁⲩⲥⲧⲟⲟⲩ ⲉ ⲃⲟⲗ ϩⲓⲧⲙ̄
ⲡⲛⲟⲩⲧⲉ:—Ⲇⲁⲩⲉⲓⲇ ⲇⲉ` ϩⲱⲱϥ` ⲟⲩ ⲉ ⲃⲟⲗ ⲡⲉ` ϩⲙ̄
ⲡⲁⲍⲓⲱ̄ⲙⲁ` ⲛ̄ ⲧⲙⲛ̄ⲧⲉⲣⲟ· ⲁⲩⲱ̄ ⲉ ⲃⲟⲗ ϩⲛ̄ ⲧⲉϥⲩⲗⲏ`
ⲛ̄ ⲓ̈ⲟⲩⲇⲁ`· ⲕⲁⲧⲁ ⲧϭⲓⲛϣⲁϫⲉ` ⲙ̄ ⲡⲕⲁⲧⲁⲗⲟⲅⲟⲥ· ⲙ̄
ⲡϩⲁⲅⲓⲟⲥ` ⲛ̄ⲉⲩⲁⲅⲅⲉⲗⲓⲥⲧⲏⲥ· ⲙⲁⲑⲑⲁⲓ̈ⲟⲥ· Ⲛⲁⲓ̈ ⲙⲉⲛ`
ⲛ̄ⲧⲁⲩϣⲱⲡⲉ` ⲛ̄ ⲧⲉⲓ ϩⲉ· ϫⲉ ⲕⲁⲥ` ⲛ̄ⲛⲉⲩϫⲓ ⲃⲟⲧⲉ` ⲛ̄ϭⲓ
ⲛ̄ⲇⲓⲕⲁⲓ̈ⲟⲥ` ⲉⲛⲉⲣⲉϥⲣ̄ⲛⲟⲃⲉ· Ⲁⲩⲱ̄ ⲛⲉⲛⲧ ⲁⲩϫⲡⲟⲟⲩ ⲉ
ⲃⲟⲗ ϩⲛ̄ ⲛ̄ⲉⲓⲟⲧⲉ` ⲛ̄ ⲥⲩⲙⲙⲟⲛ` ⲁⲩⲱ̄ ⲛ̄ⲇⲓⲕⲁⲓ̈ⲟⲥ ⲙⲛ̄
Fol. 20 *b* 1 ⲡϣⲱⲛϥ̄ ⲉⲧ ⲥⲙⲟⲛⲧ̄· ⲛ̄|ⲛⲉⲩϫⲓ ⲃⲟⲧⲉ` ⲉⲛⲉ ⲛ̄ⲧⲁⲩϫⲡⲟⲟⲩ`
ⲕⲃ̄ ⲉ ⲃⲟⲗ ϩⲛ̄ ϩⲉⲛϩⲓⲟ̄ⲙⲉ ⲛ ⲁⲧ ϣⲁⲩ· ⲙⲛ̄ ϩⲉⲛⲅⲁⲙⲟⲥ`
ⲉⲩⲥⲙⲟⲛⲧ̄ ⲁⲛ`· ⲛⲁⲓ̈ ⲛ̄ⲧⲁⲩⲉⲓⲁ` ⲧⲟⲟⲧⲟⲩ` ⲛ̄ ⲥⲱⲟⲩ ⲙ̄ⲙⲓⲛ
ⲙ̄ⲙⲟⲟⲩ· Ⲁⲩⲱ̄ ϩⲁϩ ⲛ̄ ⲥⲟⲡ` ⲛⲉⲩⲡⲱⲣϫ̄ ⲙ̄ⲙⲟⲟⲩ ⲉ
ⲃⲟⲗ ⲛ̄ⲛⲉⲧ ϣⲟⲟⲡ ϩⲙ̄ ⲡⲥⲃ̄ⲃⲉ· ⲙⲛ̄ ⲛⲉⲧ ϣⲟⲟⲡ ⲉ ⲃⲟⲗ
ϩⲙ̄ ⲡⲉⲥⲡⲉⲣⲙⲁ` ⲛ̄ ⲁⲃⲣⲁϩⲁⲙ· Ⲁⲩⲱ̄ ϫⲉ ⲕⲁⲥ ⲉⲣⲉ
ⲡϩⲱⲃ ⲟⲩⲱ̄ⲛϩ̄ ⲉ ⲃⲟⲗ ⲛ̄ ⲟⲩⲟⲛ ⲛⲓⲙ· ϫⲉ ⲉ ⲧⲃⲉ ⲛⲁⲓ̈
ⲙⲛ̄ ⲕⲉ ⲙⲛ̄ⲛ̄ϣⲉ ⲛ̄ϩⲱⲃ ⲛ̄ⲁⲅⲁⲑⲟⲛ` ⲛ̄ⲧⲁⲩϫⲡⲉ` ⲡⲉⲭ̄ⲥ̄·
Fol. 20 *b* 2 ⲉ ⲃⲟⲗ ϩⲛ̄ ϩⲉⲛϩⲓⲟ̄ⲙⲉ` ⲛ̄ ⲧⲉⲓ ⲙⲓⲛⲉ· | Ⲁⲩⲱ ϫⲉ ⲕⲁⲥ`
ⲛⲉⲛⲧ ⲁⲩϫⲡⲟⲟⲩ` ⲉ ⲃⲟⲗ ϩⲙ̄ ⲡⲛⲟⲃⲉ· ⲙⲛ̄ ⲛⲉⲛⲧ ⲁⲩϫ-
ⲡⲟⲟⲩ` ⲉ ⲃⲟⲗ ϩⲛ̄ ⲧⲇⲓⲕⲁⲓⲟⲥⲩⲛⲏ` ⲉⲩⲉⲙⲟⲩⲣ` ⲉ ϩⲟⲩⲛ
ⲉ ⲛⲉⲩⲉⲣⲏⲩ ϩⲛ̄ ⲟⲩⲙⲛ̄ⲧⲟⲩⲁ`· ⲛ̄ ⲟⲩⲱⲧ· ⲛ̄ⲥⲉϣⲱⲡⲉ`

ⲧⲏⲣⲟⲩ· ⲉⲩⲉⲛⲧⲁⲩ ⲙ̅ⲙⲁⲩ ⲛ̅ ϩⲉⲛϩⲉⲗⲡⲓⲥˋ ⲉⲛⲁⲛⲟⲩⲟⲩ·
ⲉ ⲃⲟⲗ ϫⲉ ⲛ̅ⲧⲁϥⲉⲓ ⲉ ⲥⲱⲟⲩϩ ⲉ ϩⲟⲩⲛˋ ⲛ̅ ⲛⲉⲧ ϫⲟⲟⲣⲉ
ⲉ ⲃⲟⲗ· ⲙⲛ̅ ⲛⲉⲛⲧ ⲁⲩⲉⲓⲁˋ ⲧⲟⲟⲧⲟⲩˋ ⲛ̅ ⲥⲱⲟⲩ ⲙ̅ⲙⲓⲛ
ⲙ̅ⲙⲟⲟⲩ· Ⲁⲩⲱ̅ ⲛ̅ⲥⲉϫⲡⲟϥ ⲉ ⲃⲟⲗ ϩⲛ̅ ⲟⲩⲡⲁⲣⲑⲉⲛⲟⲥˋ
ⲙⲁⲩⲁⲁⲥ· ⲧⲁⲓ̈ ⲛ̅ⲧⲁⲥϫⲡⲟϥˋ ⲉ ⲃⲟⲗ ϩⲙ̅ ⲡⲉⲥ|ⲡⲉⲣⲙⲁˋ Fol. 21 *a* 1 ⲕ̅ⲅ̅
ⲛ̅ ⲅⲉⲛⲟⲥˋ ⲥⲛⲁⲩ· ⲉⲩⲙⲏⲣˋ ⲉ ϩⲟⲩⲛˋ ⲉ ⲛⲉⲩⲉⲣⲏⲩ· Ⲉⲧⲉ
ⲡⲅⲉⲛⲟⲥ ⲡⲉˋ ⲛ ⲉⲩⲥⲉⲃⲏⲥ· ⲁⲩⲱ̅ ⲡⲅⲉⲛⲟⲥ ⲛ̅ ⲁⲥⲉⲃⲏⲥ·
Ⲛⲁⲓ̈ ⲙⲉⲛˋ ⲛ̅ⲧⲁⲩⲉⲓˋⲁˋ ⲧⲟⲟ̅ⲧⲟⲩ ⲛ̅ⲥⲱⲟⲩ· ⲙ̅ ⲡⲉⲓ ⲟⲩⲟ̅ⲉⲓϣ·
ⲉ ⲁⲩⲟⲩϫⲁⲓ̈ ϩⲓⲧⲛ̅ ⲟⲩⲛⲁ· ⲛⲉ ⲉ ⲃⲟⲗ ⲇⲉ̅ ⲟⲛˋ ϩⲓⲧⲙ̅
ⲡⲉⲥⲡⲉⲣⲙⲁˋ ⲛ̅ ⲇⲓⲕⲁⲓⲟ̅ⲥⲩⲛⲏ· ⲛⲁⲓ̈ ⲉⲧ ⲟⲩⲧⲱⲕ ⲙ̅ⲙⲟⲟⲩˋ
ⲉ ϩⲟⲩⲛˋ ⲉ ⲧϫⲟˋ· ϩⲓⲧⲙ̅ ⲡⲕⲱⲧ ⲙ̅ ⲡ̅ⲛ̅ⲓ̅ⲕ̅ⲟ̅ⲛ̅· ⲙⲛ̅ ⲛ̅ⲕⲟⲟⲩⲉˋ
ⲧⲏⲣⲟⲩ ϩⲓⲧⲙ̅ ⲡⲱⲛⲉˋ ⲛ̅ ⲕⲟⲟϩ· ⲁⲩⲱ̅ ϫⲉ ⲕⲁⲥ ⲛ̅ ⲛⲉϥ-
ϣⲟⲩϣⲟⲩ ⲙ̅ⲙⲟϥ | ⲛ̅ϭⲓ ⲡⲥⲃ̅ⲃⲉ· ϫⲉ ⲉ ⲃⲟⲗ ϩⲓ ⲧⲟⲟⲧϥ̅ Fol. 21 *a* 2
ⲙ̅ⲙⲓⲛ ⲙ̅ⲙⲟϥ· ⲛ̅ⲧⲁϥϯ ⲟⲩⲱ̅ ⲛⲁⲛ ⲉ ϩⲣⲁⲓ̈ ⲛ̅ϭⲓ ⲡϣⲏⲛ
ⲙ̅ ⲡⲱⲛ̅ϩ ⲡⲉ̅ⲭ̅ⲥ̅· Ⲁⲗⲗⲁˋ ϫⲉ ⲕⲁⲥˋ ⲉⲩⲛⲁⲉⲓⲙⲉˋ ⲛ̅ϭⲓ
ⲛⲉⲛⲧ ⲁⲩⲡⲓⲥⲧⲉⲩⲉˋ ⲉ ⲡⲉ̅ⲭ̅ⲥ̅· ⲉ ⲃⲟⲗ ϩⲙ̅ ⲡⲉⲥⲡⲉⲣⲙⲁˋ
ⲙ̅ ⲡⲓ̅ⲏ̅ⲗ̅· ϫⲉ ⲡⲱⲛⲉ ⲙ̅ ⲙⲉˋ ⲡⲉ ⲡⲥⲱⲧⲡ̅ ⲛ̅ ⲕⲟⲟϩ ⲉⲧⲉ
ⲡⲉⲛϫⲟⲉⲓⲥ ⲓ̅ⲥ̅ ⲡⲉ̅ⲭ̅ⲥ̅ ⲡⲉ· ⲁϥⲉⲓˋ ϣⲁ ⲣⲟⲛˋ ⲉϥϩⲱⲕˋ ⲛ̅ⲧϫⲟˋ
ⲥⲛ̅ⲧⲉˋ ⲉ ⲛⲉⲩⲉⲣⲏⲩ· ⲉⲧⲉ ⲡⲥⲃ̅ⲃⲉ ⲡⲉ· ⲙⲛ̅ ⲧⲙⲛ̅ⲧ ⲁⲧ
ⲥⲃ̅ⲃⲉ· ⲧⲇⲓⲕⲁⲓⲟ̅ⲥⲩⲛⲏˋ ⲙⲛ̅ ⲧⲁⲛⲟⲙⲓⲁ· ⲁⲩϩⲟⲧⲣⲟⲩˋ ⲉ
ϩⲟⲩⲛˋ ⲉ ⲛⲉⲩⲉⲣⲏⲩ· ϩⲛ̅ ⲟⲩⲙⲛ̅ⲧⲟⲩⲁˋ· Ⲡⲉϫⲁϥ ⲇⲉˋ ⲟⲛˋ
ⲛ̅ϭⲓ ⲡⲉⲓ ⲉⲩⲁⲅ|ⲅⲉⲗⲓⲥⲧⲏⲥˋ ⲛ̅ ⲟⲩⲱⲧ ⲙⲁⲑⲑⲁⲓ̈ⲟⲥ· ϫⲉ Fol. 21 *b* 1 ⲕ̅ⲇ̅
ⲡⲉϫⲡⲟ ⲇⲉˋ ⲛ̅ ⲓ̅ⲥ̅ ⲡⲉ̅ⲭ̅ⲥ̅· ⲛⲉ ⲟⲩ ⲧⲉⲓ ϩⲉ ⲡⲉ:—Ⲱ̅
ⲙⲁⲑⲑⲁⲓ̈ⲟⲥˋ ⲡⲁ ⲧⲧⲁⲡⲣⲟˋ ⲉⲧ ⲧⲁⲩⲉ ϩⲗⲟ̅ϭ̅ ⲛⲓⲙ ⲉ ⲃⲟⲗ
ⲛ̅ⲧⲉ ⲡⲉⲛϫⲟⲉⲓⲥ· ⲁϫⲓⲥ ⲉ ⲣⲟⲓ̈· ϫⲉ ⲟⲩ ⲡⲉ ⲡⲉⲓ ϣⲁϫⲉ
ⲛ̅ⲧⲁⲕϫⲟⲟϥˋ ⲉ ⲑⲁⲏ̅· ϫⲉ ⲛⲉ ⲟⲩ ⲧⲉⲓ ϩⲉ ⲡⲉ· Ⲉⲓϫⲱ
ⲙ̅ⲙⲟⲥ ⲡⲉϫⲁϥ· ϫⲉ ⲟⲩ ⲉ ⲃⲟⲗ ϩⲙ̅ ⲡⲅⲉⲛⲟⲥˋ ⲥⲛⲁⲩ ⲡⲉ·
ⲛ̅ ⲣⲉϥⲣ̅ ⲛⲟⲃⲉ ⲙⲛ̅ ⲛ̅ ⲇⲓⲕⲁⲓⲟⲥ· Ⲛ̅ ⲣⲉϥϣⲙ̅ϣⲉˋ ⲛⲟⲩⲧⲉ·
ⲙⲛ̅ ⲛⲉⲧⲉ ⲛ̅ⲥⲉⲥⲟⲟⲩⲛ ⲁⲛ ⲙ̅ ⲡⲛⲟⲩⲧⲉ· Ⲉ ⲧⲃⲉ ⲡⲁⲓ̈ ⲟⲩⲙⲉˋ
ⲁⲗⲏⲑⲱⲥˋ ⲡⲉ ⲡϣⲁϫⲉ ⲙ̅ ⲡ|ϫⲟⲉⲓⲥ· ϫⲉ ⲛ̅ⲧⲁⲓ̈ⲉⲓˋ ⲁⲛˋ ⲉ ⲧⲉ- Fol. 21 *b* 2
ϩⲙ̅ ⲛ̅ⲇⲓⲕⲁⲓⲟⲥ· ⲁⲗⲗⲁˋ ⲛ̅ ⲣⲉϥⲣ̅ ⲛⲟⲃⲉˋ ⲉⲩⲙⲉⲧⲁⲛⲟⲓⲁˋ·
Ⲕⲁⲧⲁ ⲑⲉ· ϫⲉ ⲡⲉϥⲛⲁ̅ ⲉⲧ ⲛⲁϣⲱϥˋ ⲡⲟⲣϣ̅ ⲉ ⲃⲟⲗ ϩⲓϫⲛ̅
ⲟⲩⲟⲛ ⲛⲓⲙ· Ϥⲛⲁˋ ⲙ̅ ⲡⲇⲓⲕⲁⲓ̈ⲟⲥ· ϥⲕⲱ̅ ⲉ ⲃⲟⲗ ⲙ̅
ⲡⲣⲉϥⲣ̅ ⲛⲟⲃⲉ· Ϥⲙⲉ ⲙ̅ ⲡⲇⲓⲕⲁⲓ̈ⲟⲥ· ϥϣⲡ̅ϩⲧⲏϥ· ϩⲁ

ⲡⲣⲉϥⲣ̅ ⲛⲟⲃⲉ· Ϥⲕⲟⲗⲁⲕⲉⲩⲉ ⲙ̅ⲙ̅ ⲡⲣⲉϥⲣ̅ ⲛⲟⲃⲉ· ⲁⲩⲱ̅
ϥⲑⲉⲣⲁⲡⲉⲩⲉ̀ ⲛ̅ ⲛⲉϥⲡⲗⲏⲅⲏ̀· ⲉⲛⲧ ⲁⲩⲕⲛⲟⲥ· ⲁⲩⲱ̅
ⲁⲩⲗⲟϥⲗⲉϥ· Ⲉ ⲧⲃⲉ ⲡⲁⲓ̈· ⲙⲛ̅ ⲧⲕϣⲁϫⲉ ⲙ̅ⲙⲁⲩ ⲉϫⲱ̀
Fol. 22 a 1 ⲱ̅ ⲡⲣⲱⲙⲉ· ⲉⲓⲥ | Ⲡⲗⲟⲅⲟⲥ ⲁϥⲣ̅ⲥⲁⲣⲝ̅· ⲁϥⲟⲩⲱϩ ⲛ̅ⲙ̅-
ⲕ̅ⲉ̅ ⲙⲁⲛ· ϫⲉ ⲕⲁⲥ̀ ⲉϥⲉⲛⲁ̀ ⲛ̅ⲡⲣⲱⲙⲉ ⲛⲓⲙ ϩⲓ ⲟⲩⲥⲟⲡ·
ⲛ̅ ⲣⲉϥⲣ̅ ⲛⲟⲃⲉ· ⲙⲛ̅ ⲛ̅ⲇⲓⲕⲁⲓⲟⲥ̀· Ⲙⲉϥⲛⲉϫ ⲗⲁⲁⲩ ⲉ ⲃⲟⲗ
ⲙ̅ⲙⲟϥ· ⲉϥⲛⲁϯ ⲙ̅ⲡⲉϥⲟⲩⲟⲓ ⲉ ⲣⲟϥ ϩⲛ̅ ⲟⲩⲙⲉⲧⲁⲛⲟⲓⲁ·
Ϫⲉ ⲕⲁⲥ ⲇⲉ̀ ⲉⲕⲉⲉⲓⲙⲉ ⲁⲩⲡⲟⲣⲛⲏ̀ ⲧⲉϩⲥ̅ ⲛⲉϥⲟⲩⲉⲣⲏⲧⲉ
ⲛ̅ ⲥⲟϭⲛ̅· ⲁⲩⲱ̅ ⲁⲥϥⲟⲧⲟⲩ̀ ϩⲙ̅ ⲡⲉⲥϥⲱ· ⲁⲥϥⲱⲧⲉ̀ ⲉ
ⲃⲟⲗ ⲛ̅ ⲛⲉⲥⲛⲟⲃⲉ· ⲙⲛ̅ ⲛⲉⲥⲁⲛⲟⲙⲓⲁ· Ⲁⲙⲙⲁⲅⲟⲥ ⲉⲓ̈
ϣⲁ ⲣⲟϥ· ⲁⲩⲟⲩⲱ̅ϣⲧ̅ ⲛⲁϥ· ⲁϥⲁⲁⲩ ⲙ̅ ⲡⲟⲗⲓⲧⲏⲥ ⲛ̅
Fol. 22 a 2 ⲧⲙⲛ̅ⲧⲉⲣⲟ̀ ⲛ ⲙ̅ⲡⲏⲩⲉ | Ⲁⲩⲱ̅ ⲡⲉⲓ ϩⲁⲅⲓⲟⲥ̀ ⲛ̅ ⲉⲩⲁⲅⲅⲉ-
ⲗⲓⲥⲧⲏⲥ· ⲉⲧ ϣⲁϫⲉ ⲛ̅ⲙ̅ⲙⲁⲛ ϩⲙ̅ ⲡⲉⲓ ⲉⲩⲁⲅⲅⲉⲗⲓⲟⲛ̀ ⲉⲧ
ⲟⲩⲁⲁⲃ ϥⲣ̅ ⲙⲛ̅ⲧⲣⲉ̀ ϩⲁ ⲣⲟϥ ⲙ̅ⲙⲓⲛ ⲙ̅ⲙⲟϥ· ϫⲉ ⲟⲩ
ⲧⲉⲗⲱⲛⲏⲥ ⲡⲉ· Ⲁⲩⲱ̅ ⲛ̅ ⲧⲉⲣⲉ ϥⲕⲱ ⲛ̅ⲥⲱϥ· ⲛ̅ ⲧⲙⲛ̅ⲧ-
ⲧⲉⲗⲱⲛⲏⲥ ⲁϥⲭⲁⲣⲓⲍⲉ ⲛⲁϥ· ⲙ̅ ⲡⲉⲩⲁⲅⲅⲉⲗⲓⲟⲛ ⲉⲧ
ⲟⲩⲁⲁⲃ· Ⲁⲩⲱ̅ ϣⲁ ϩⲣⲁⲓ̈ ⲉⲩⲗⲩⲥⲧⲏⲥ· ⲛ̅ ⲣⲉϥⲡⲉϩⲧ̅
ⲥⲛⲟϥ ⲉ ⲃⲟⲗ· ⲛ̅ ⲧⲉⲣⲉ ϥⲥⲉⲡⲥⲱⲡϥ̅ ⲙ̅ ⲡⲛⲁⲩ ⲛ̅ ⲧⲉϥ-
ⲁⲛⲁⲅⲕⲏ ϫⲉ· ⲁⲣⲓ ⲡⲁ ⲙⲉⲉⲩⲉ̀ ⲡϫⲟⲉⲓⲥ· ⲛ̅ⲧⲉⲩⲛⲟⲩ· ⲁϥ-
Fol. 22 b 1 ϫⲓⲧϥ̅ ⲉ ⲡⲡⲁⲣⲁⲇⲓⲥⲟⲥ· Ⲉ ⲧⲃⲉ ⲡⲁⲓ̈ ⲱ̅ | ⲡⲣⲱⲙⲉ̀· ⲙ̅ⲡⲣ̅
ⲕ̅ⲋ̅ ⲉⲓⲁ ⲧⲟⲟⲧⲕ̅ ⲛ̅ⲥⲱⲕ̀ ⲙⲁⲩⲁⲁⲕ· Ⲕⲁⲛ̀ ⲛ̅ⲧⲕ̅ ⲟⲩⲡⲟⲣⲛⲟⲥ·
ⲕⲁⲛ ⲛ̅ⲧⲕ̅ ⲟⲩⲣⲉϥⲧⲱⲣⲡ̅· Ⲕⲁⲛ̀ ⲉⲕϣⲁⲛϩⲉ̀ ϩⲛ̅ ⲛⲟⲃⲉ
ⲛⲓⲙ· ⲕⲧⲟⲕ ϣⲁ ⲡϫⲟⲉⲓⲥ ⲙ̅ⲙⲁⲧⲉ· ⲁⲩⲱ̅ ϥⲛⲁⲕⲱ̀ ⲛⲁⲕ ⲉ
ⲃⲟⲗ· Ⲙⲛ̅ ⲗⲁⲁⲩ ⲅⲁⲣ ⲛ̅ⲛⲟⲃⲉ̀· ⲟ̅ ⲛ̅ ⲁⲧ ϭⲟⲙ̀ ⲛ̅ⲛⲁϩⲣⲙ̅
ⲡⲛⲟⲩⲧⲉ· Ⲛⲥⲁⲉⲓⲛ̀ ⲛ̅ ⲛⲉⲛⲯⲩⲭⲏ· ⲉⲛⲉ ⲓⲟⲩⲱϣ ⲙⲉⲛ
ⲡⲉ̀ ⲉ ϫⲓ̀ ⲙ̅ ⲡ̅ϫⲱⲕ ⲧⲏⲣϥ̅ ⲛ̅ ⲧⲁ ⲧⲣⲟⲫⲏ ϩⲛ̅ ⲧⲉⲕⲧⲣⲁ-
ⲡⲉⲍⲁ̀ ⲉⲧ ⲙⲉϩ ⲛ̅ⲁⲅⲁⲑⲟⲛ ⲛⲓⲙ ⲛ̅ⲧⲉ ⲡⲉⲡ̅ⲛ̅ⲁ̅ ⲉⲧ ⲟⲩⲁⲁⲃ·
Fol. 22 b 2 ⲱ̅ ⲡ̅ϩⲁⲅⲓⲟⲥ ⲙⲁ|ⲑⲁⲓⲟⲥ· Ⲁⲗⲗⲁ̀ ϯⲑⲉⲱ̅ⲣⲉⲓ̈̀ ⲛ̅ ⲕⲉ ⲧⲣⲁ-
ⲡⲉⲍⲁ̀ ⲉⲥⲟⲩⲟⲟⲗⲉ ⲉⲙⲁⲧⲉ̀ ϩⲙ̅ ⲡⲉⲓ ⲥⲁ ⲙ̅ⲙⲟⲓ̈ ⲉⲥⲡⲣⲟ-
ⲧⲣⲉⲡⲉ̀ ⲙ̅ⲙⲟⲓ̈· ⲉ ⲧⲣⲁϯ̀ ⲙ̅ ⲡⲁ ⲟⲩⲟⲓ̈ ⲉ ϫⲱⲥ· ⲛ̅ⲧⲁϫⲓ
ϯⲡⲉ̀ ⲙ̅ ⲡⲉϩⲗⲟϭ ⲛ̅ ⲛ̅ϭⲓⲛⲟⲩⲟⲟⲙ· Ⲕⲁⲛ̀ ⲉϣϫⲉ ⲁⲓ̈ⲥⲉⲓ̈̀
ϩⲓⲧⲙ̅ ⲡⲁϣⲁⲓ̈ ⲛ̅ ⲛⲉⲛⲧ ⲁⲓⲟⲩⲟ̅ⲙⲟⲩ· ⲁⲩⲱ̅ ⲁⲕⲧⲥⲓⲟⲓ̈ ⲙ̅
ⲡⲉϩⲗⲟϭ ⲛ̅ ⲛⲉⲕⲁⲅⲁⲑⲟⲛ ⲱ̅ ⲙⲁⲑⲁⲓⲟⲥ̀ ⲡⲉⲩⲁⲅⲅⲉⲗⲓⲥ-
ⲧⲏⲥ· ⲁⲗⲗⲁ̀ ϯⲑⲉⲱ̅ⲣⲉⲓ ⲙ̅ ⲡⲉⲕϣⲃⲏⲣ̀ ⲉⲩⲁⲅⲅⲉⲗⲓⲥⲧⲏⲥ̀·

ⲗⲟⲩⲕⲁⲥ` ⲡⲥⲁⲉⲓⲛ` ⲛ̄ ⲛ̄ⲣⲉϥⲧⲁⲗϭⲟ` ⲛ̄ ⲛ̄ϣⲱⲛⲉ ⲧⲏ|ⲣⲟⲩ` Fol. 23 a 1 ⲕ̄ⲍ̄
ϩⲛ̄ ⲙ̄ ⲡⲁϩⲣⲉ` ⲙ̄ ⲡⲛ̄ⲓⲕⲟⲛ· ⲉϥⲕⲁⲗⲉⲓ` ⲙ̄ⲙⲟⲓ̈· ⲁⲩⲱ
ⲉϥⲥⲱⲕ ⲙ̄ⲙⲟⲓ̈ ⲉϫⲙ̄ ⲡⲉⲕⲣⲁⲧⲏⲣ ⲛ̄ ⲧⲉϥⲥⲟⲫⲓⲁ· Ⲕⲁⲓ
ⲅⲁⲣ ⲛ̄ⲣⲙ̄ⲙⲁⲟ` ⲙ̄ ⲡⲉⲓ ⲁⲓ̈ⲱⲛ· ϩⲓⲧⲛ̄ ⲧⲉⲡⲓⲧⲁⲅⲏ· ⲙⲛ̄
ⲡⲉϩⲗⲟϭ ⲛ̄ ⲛ̄ϭⲓⲛⲟⲩⲟⲟⲙ` ⲉⲧ ⲟⲩⲧⲁⲙⲓⲟ` ⲙ̄ⲙⲟⲟⲩ· ϣⲁⲩ-
ⲟⲩⲱϩ` ⲉ ⲧⲟⲟⲧⲟⲩ` ⲉ ⲟⲩⲱⲙ ⲛ̄ ⲟⲩⲁϣⲏ ⲛ̄ ⲥⲟⲡ· ⲉⲩⲧⲉⲣⲡⲉⲓ
ⲙ̄ⲙⲟⲟⲩ· ⲁⲩⲱ̄ ⲉⲩⲧⲣⲩⲫⲁ` ⲛ̄ ⲑⲏ` ϩⲛ̄ ⲛⲉⲧ ⲛⲁⲧⲁⲕⲟ·
ϯⲡⲁⲣⲁⲕⲁⲗⲉⲓ ⲙ̄ⲙⲟⲕ` ⲱ̄ ⲡϩⲁⲅⲓⲟⲥ` ⲗⲟⲩⲕⲁⲥ` ⲡⲑⲉⲟ̄-
ⲗⲟⲅⲟⲥ· ⲉ ⲧⲣⲉ ⲕⲕⲱ̄ ⲛⲁⲓ̈ ⲉ ⲃⲟⲗ· ϩⲱⲥ` ⲉ ⲁⲓ̈ⲟⲃϣⲧ̄ ⲉ ⲣⲟⲕ
ϩⲙ̄ ⲡϣⲁ|ϫⲉ` ϣⲁ ⲧⲉⲛⲟⲩ· Ⲁⲗⲗⲁ` ⲙⲁⲧⲥⲁⲃⲟⲓ̈ ⲉ ⲡⲉⲕ- Fol. 23 a 2
ⲗⲟⲅⲟⲥ ⲙ̄ ⲡⲛ̄ⲓⲕⲟⲛ` ⲛ̄ⲧⲁⲕⲧⲩⲡⲟⲩ ⲙ̄ⲙⲟϥ· ϩⲁ ⲧⲡⲁⲣ-
ⲑⲉⲛⲟⲥ ⲛ̄ ϣⲟⲩⲡⲣⲟⲥⲕⲩⲛⲉⲓ ⲙ̄ⲙⲟⲥ` ⲛ̄ⲕⲁⲓ̈ⲣⲟⲥ ⲛⲓⲙ·
Ⲁⲓ̈ϫⲟⲟⲥ· ⲡⲉϫⲁϥ ⲛ̄ ⲧⲉⲓ ϩⲉ· ϫⲉ ϩⲙ̄ ⲡⲙⲉϩ ⲥⲟⲟⲩ ⲛ
ⲉⲃⲟⲧ· ⲁⲩϫⲟⲟⲩ` ⲛ̄ ⲅⲁⲃⲣⲓⲏⲗ ⲡⲁⲅⲅⲉⲗⲟⲥ` ⲉ ⲃⲟⲗ ϩⲓⲧⲙ̄
ⲡⲛⲟⲩⲧⲉ` ϣⲁ ⲟⲩⲡⲁⲣⲑⲉⲛⲟⲥ` ⲉ ⲡⲉⲥⲣⲁⲛ` ⲡⲉ ⲙⲁⲣⲓⲁ`·
Ⲁϣ` ⲡⲉ ⲡⲙⲉϩ ⲥⲟⲟⲩ` ⲛ̄ ⲉⲃⲟⲧ· ⲱ̄ ⲡⲛⲟϭ ⲛ̄ ⲇⲓⲇⲁⲥⲕⲁ-
ⲗⲱⲥ· ⲗⲟⲩⲕⲁⲥ` ⲡⲥⲁⲉⲓⲛ· Ⲙⲁ ⲕⲧⲟⲕ` ⲉ ⲡⲁϩⲟⲩ` ⲛ̄ⲟⲩ-
ⲕⲟⲩⲓ̈ ϩⲙ̄ ⲡϣⲁϫⲉ· ⲁⲩⲱ̄ ⲕⲛⲁⲉⲓⲙⲉ· ϫⲉ ⲁϣ` ⲡⲉ
ⲡ̄|ⲙⲉϩ` ⲥⲟⲟⲩ` ⲛ̄ ⲉⲃⲟⲧ· Ⲁⲥϣⲱⲡⲉ ⲇⲉ` ⲛ̄ ⲧⲉⲣⲉ ⲛⲉϩⲟⲟⲩ Fol. 23 b 1 ⲕ̄ⲏ̄
ⲙ̄ ⲡϣⲙ̄ϣⲉ` ⲛ̄ ⲍⲁⲭⲁⲣⲓⲁⲥ`· ϫⲱⲕ ⲉ ⲃⲟⲗ ϩⲙ̄ ⲡⲣ̄ⲡⲉ·
ⲁϥⲃⲱⲕ ⲉ ϩⲣⲁⲓ̈ ⲉ ⲡⲉϥⲏⲓ̈· Ⲙⲛ̄ⲛ̄ⲥⲁ ⲛⲉⲓ ϩⲟⲟⲩ ⲇⲉ· ⲁⲥⲱ̄ⲱ̄
ⲛ̄ϭⲓ ⲉⲗⲓⲥⲁⲃⲉⲧ` ⲧⲉϥⲥϩⲓⲙⲉ· ⲁⲩⲱ ⲁⲥϩⲟⲡⲥ̄ ⲛ̄ ϯⲟⲩ ⲛ
ⲉⲃⲟⲧ` ⲉⲥϫⲱ ⲙ̄ⲙⲟⲥ ϫⲉ· ⲧⲁⲓ̈ ⲧⲉ ⲑⲉ` ⲛ̄ⲧⲁ ⲡϫⲟⲉⲓⲥ` ⲁⲁⲥ`
ⲛⲁⲓ̈· ϩⲛ̄ ⲛⲉϩⲟⲟⲩ` ⲛ̄ⲧⲁϥϭⲱϣⲧ̄ ⲉϥⲓ ⲙ̄ ⲡⲁ ⲛⲟϭⲛⲉϭ ⲉ
ⲃⲟⲗ ϩⲛ̄ ⲛⲉⲣⲱⲙⲉ· ϩⲙ̄ ⲡⲙⲉϩ ⲥⲟⲟⲩ ⲇⲉ` ⲛ̄ ⲉⲃⲟⲧ` ⲟⲩⲛ`
ⲙⲛ̄ⲛ̄ⲥⲁ ⲧⲣⲉ ⲉⲗⲓⲥⲁⲃⲉⲧ` ⲱⲱ̄· ⲛ̄ⲧⲁ ⲅⲁⲃⲣⲓⲏⲗ· ⲟⲩⲱ̄ⲛϩ̄
ⲉ ⲃⲟⲗ ⲛ̄ ⲧⲡⲁⲣ|ⲑⲉⲛⲟⲥ· Ⲡⲉϩⲟⲟⲩ ⲇⲉ` ⲛ̄ⲧⲁ ⲉⲗⲓⲥⲁⲃⲉⲧ` Fol. 23 b 2
ⲱ̄ⲱ̄ ⲛ̄ ⲓ̈ⲱϩⲁⲛⲛⲏⲥ` ⲡϩⲏⲃⲥ̄ ⲛ̄ ⲧⲙⲉ` ⲛ̄ϩⲏⲧϥ̄ ⲡⲉ ⲥⲟⲩ
ⲥⲁϣϥ̄ ⲙ̄ ⲡⲉⲃⲟⲧ ⲁⲑⲱⲣ· Ϩⲛ̄ ⲛ̄ⲁⲛⲧⲓⲅⲣⲁⲫⲟⲛ` ⲉⲧ ⲟ̄ⲣϫ̄
ⲛ̄ϩⲉⲃⲣⲁⲓ̈ⲕⲟⲛ` ⲛ̄ⲧⲁⲩⲧⲁⲙⲟⲛ` ⲉ ⲛⲁⲓ̈· Ⲁⲩⲱ̄ ⲡⲉϩⲟⲟⲩ
ⲛ̄ⲧⲁⲥϫⲡⲟϥ ⲛ̄ϩⲏⲧϥ̄· ⲡⲉ ⲥⲟⲩ ϫⲟⲩⲧ ⲥⲁϣϥ̄ ⲙ̄ ⲡⲉⲃⲟⲧ`
ⲉⲡⲏⲡ· Ⲕⲁⲧⲁ ⲑⲉ` ϫⲉ ϥⲟ̄ ⲛ̄ ⲛⲟϭ ⲉ ⲡⲉⲛⲥⲱⲧⲏⲣ· ⲛ̄ϭⲓ
ⲓ̈ⲱϩⲁⲛⲛⲏⲥ ϩⲛ̄ ⲧⲁⲡⲟⲇⲏⲙⲓⲁ` ⲛ̄ ⲧⲥⲁⲣⲝ̄ ⲛ̄ ⲥⲟⲟⲩ` ⲛ̄ ⲉⲃⲟⲧ·
Ⲡⲉϩⲟⲟⲩ ϩⲱⲱϥ ⲛ̄ⲧⲁ ⲧⲡⲁⲣⲑⲉⲛⲟⲥ` ⲱ̄ⲱ̄ ⲙ̄ ⲡⲗⲟⲅⲟⲥ` ⲉⲧ

Fol. 24 a 1 ⲟⲛϩ̄ ⲡⲉ ⲥⲟⲩ ⲥⲁϣϥ̄ | ⲙ̄ ⲡⲉⲃⲟⲧˋ ⲡⲁⲣⲙⲟⲩⲧⲉ· ϩⲛ̄ ⲡ̄ⲁⲛ-
ⲕ̄ⲑ̄ ⲧⲓⲅⲣⲁⲫⲟⲛ· ⲕⲁⲧⲁ ⲧⲉⲩⲅⲣⲁⲫⲏ ⲙ̄ ⲡⲁⲡⲟⲥⲧⲟⲗⲓⲕⲟⲥˋ
ⲉⲧ ⲧⲁⲉⲓⲏⲩ· ⲡ̄ϩⲁⲅⲓⲟⲥ· ⲓ̈ⲟⲡⲡⲏⲗⲏⲧⲟⲥˋ ⲡⲉϩⲣⲱⲙⲁⲓ̈ⲟⲥ·
ⲁⲩⲱ ⲛ̄ ⲧⲉⲣⲉ ϥⲃⲱⲕ ⲛⲁⲥˋ ⲉ ϩⲟⲩⲛ ⲙ̄ ⲡⲙⲁⲩ ⲛ̄ ϣⲟⲣⲡ̄
ⲛ̄ϭⲓ ⲅⲁⲃⲣⲓⲏⲗ· ⲉϥⲣⲁϣⲉ· ⲁⲩⲱ ⲉϥⲣⲟⲟⲩⲧ· ⲡⲉϫⲁϥ ϫⲉ
ⲭⲁⲓⲣⲉˋ ⲧⲉⲛⲧ ⲁⲥϭⲛ̄ ϩⲙⲟⲧˋ ⲡϫⲟⲉⲓⲥ ϣⲟⲟⲡˋ ⲛⲙ̄ⲙⲉ·
ⲭⲁⲓⲣⲉˋ ⲧⲣ̄ⲣⲱ ⲁⲩⲱ ⲧⲙⲁⲁⲩ ⲙ̄ ⲡⲣ̄ⲣⲟ· ⲭⲁⲓⲣⲉˋ ⲧⲣⲉϥ-
Fol. 24 a 2 ϫⲡⲉˋ ⲡⲛⲟⲩⲧⲉ· ⲭⲁⲓⲣⲉˋ ⲧⲉϭⲣⲟⲟⲙ|ⲡⲉˋ ⲛ̄ ⲗⲟⲅⲓⲕⲏˋ·
ⲭⲁⲓⲣⲉˋ ⲧⲕⲓⲃⲱⲧⲟⲥˋ ⲉⲧ ⲧⲱⲟⲩⲛ ϩⲁ ⲡⲣⲉϥⲥⲱⲛⲧ̄ ⲛ̄ ⲛ̄ⲕⲁ
ⲛⲓⲙ· ⲭⲁⲓⲣⲉˋ ⲧⲃⲱˋ ⲛ ⲉⲗⲟⲟ̄ⲗⲉ ⲙ̄ ⲙⲉ ⲛ̄ⲧⲁⲥϯ ⲟⲩⲱ ⲙ̄
ⲡⲉⲥⲙⲁϩ ⲛ̄ⲉⲗⲟⲟ̄ⲗⲉ ⲙ̄ ⲡⲉⲓⲱⲧ ·:—ⲁⲥϣⲧⲟⲣⲧⲣ̄ ϫⲉ ⲛ̄ϭⲓ
ⲙⲁⲣⲓⲁˋ ⲉϫⲙ̄ ⲡϣⲁϫⲉ· ⲁⲩⲱ ⲉⲛⲉⲥⲙⲟⲕⲙⲉⲕ ⲙ̄ⲙⲟⲥ·
ϫⲉ ⲟⲩⲁϣ ⲙ̄ ⲙⲓⲛⲉˋ ⲡⲉ ⲡⲉⲓ ⲁⲥⲡⲁⲥⲙⲟⲥ· ⲡⲉϫⲉ ⲡⲁⲅⲅⲉ-
ⲗⲟⲥ ⲇⲉ ⲛⲁⲥ· ϫⲉ ⲙ̄ⲡⲣ̄ ⲣ̄ ϩⲟⲧⲉˋ ⲙⲁⲣⲓⲁˋ· ⲁⲣϭⲓⲛⲉˋ
ⲅⲁⲣˋ ⲛ̄ ⲟⲩϩⲙⲟⲧ ⲛ̄ ⲛⲁϩⲣⲙ̄ ⲡⲛⲟⲩⲧⲉ· ⲉⲓⲥ ϩⲏⲏⲧⲉˋ ⲅⲁⲣ
Fol. 24 b 1 ⲧⲉⲛⲁⲱ̄ⲱ ⲛ̄ⲧⲉϫⲡⲟˋ ⲛ̄ ⲟⲩϣⲏ|ⲣⲉˋ ⲛ̄ⲧⲉⲙⲟⲩⲧⲉ ⲉ ⲡⲉϥⲣⲁⲛˋ
ⲗ̄ ϫⲉ ⲓ̄ⲥ̄· ⲡⲁⲓ̈ ϥⲛⲁϣⲱⲡⲉˋ ⲛ̄ ⲟⲩⲛⲟϭ· ⲁⲩⲱ ⲥⲉⲛⲁⲙⲟⲩⲧⲉˋ
ⲉ ⲣⲟϥ· ϫⲉ ⲡϣⲏⲣⲉ ⲙ̄ ⲡ̄ⲡⲉⲧ ϫⲟⲥⲉ· ⲧⲟⲧⲉ ⲛ̄ ⲧⲉⲣⲉ
ⲥⲥⲱⲧⲙ̄ ⲉ ⲡϣⲁϫⲉ· ϫⲉ ⲧⲉⲛⲁⲱ̄ⲱ· ⲁⲥϣⲧⲟⲣⲧⲣ̄ ⲛ̄ϭⲓ
ⲧⲡⲁⲣⲑⲉⲛⲟⲥ· ⲁⲩⲱ ⲁⲥⲣ̄ϩⲟⲧⲉˋ ⲉⲥⲙⲉⲉⲩⲉ· ϫⲉ ⲉⲥⲛⲁⲩˋ
ⲉⲩⲫⲁⲛⲧⲁⲥⲓⲁˋ ⲛ̄ ϭⲟⲗ· ⲁⲩⲱ ⲛ̄ⲧⲉⲩⲛⲟⲩ ⲁⲥⲗⲟˋ· ϩⲁ ⲛⲉⲧ
ϩⲁ ⲛⲉⲥϭⲓϫ· ⲁⲩⲱ ⲁⲥⲥⲡⲟⲩⲇⲁⲍⲉˋ ϩⲁ ⲛⲉⲧ ϩⲁ ⲛⲉⲥⲃⲁⲗ·
ⲁⲩⲱ ⲟⲛˋ ⲁⲥⲥⲡⲟⲩⲇⲁⲍⲉˋ ⲉ ⲡⲉϣⲗⲏⲗ :—ⲗⲟⲓⲡⲟⲛˋ ⲛ̄
Fol. 24 b 2 ⲧⲉⲣⲉ ⲥ|ϯ ⲛ̄ ⲛⲉⲥⲡⲣⲟⲥⲉⲩⲭⲏ ⲙ̄ ⲡⲛⲟⲩⲧⲉˋ ϩⲛ̄ ⲟⲩⲛⲟϭ ⲛ̄
ϣⲧⲟⲣⲧⲣ̄ ⲉ ⲃⲟⲗ ϫⲉ ⲛ̄ ⲧⲉⲥⲥⲩⲛⲏⲑⲓⲁˋ ⲁⲛ ⲧⲉˋ ⲉ ⲧⲱⲙⲛ̄ⲧ
ⲉ ⲣⲱⲙⲉ· ⲉ ⲃⲟⲗ· ϫⲉ ⲛⲉⲩϣⲉⲉⲣⲉ ϣⲏⲙˋ ⲧⲉ ⲉⲥⲥⲟⲃⲕ̄·
ⲛⲉⲥ ϩⲛ̄ ⲁⲙⲛ̄ⲧⲏˋ ⲅⲁⲣˋ ⲛ̄ⲣⲟⲙⲡⲉˋ ⲙ̄ ⲡⲉⲟⲩⲟⲉⲓϣˋ ⲉⲧ
ⲙ̄ⲙⲁⲩ· ⲁϥϥⲓ ⲇⲉˋ ⲉ ⲃⲟⲗ ⲙ̄ⲙⲟⲥ ⲛ̄ⲑⲟⲧⲉ ⲁⲩⲱ ⲁϥ-
ϣⲁϫⲉ ⲛⲙ̄ⲙⲁⲥˋ ϩⲛ̄ ⲟⲩⲙⲛ̄ⲧⲣⲙ̄ⲣⲁϣ· ϫⲉ :—ⲁϩⲣⲟˋ ⲧⲉ-
ⲇⲓⲥⲧⲁⲍⲉˋ ⲉ ⲡϣⲁϫⲉ ⲱ ⲧⲡⲁⲣⲑⲉⲛⲟⲥˋ ⲛ̄ ⲧⲉⲥⲟⲟⲩⲛ ⲁⲛˋ
ϫⲉ ⲙⲛ̄ ⲗⲁⲁⲩ ⲛ̄ ϣⲁϫⲉˋ ⲟ̄ ⲛ ⲁⲧ ϭⲟⲙ ⲛ̄ ⲛⲁϩⲣⲙ̄
Fol. 25 a 1 ⲡⲛⲟⲩ|ⲧⲉ :—ⲡⲓⲥⲧⲉⲩⲉ ⲛⲁⲓ̈ ϫⲉ ⲁⲛⲟⲕˋ ⲟⲩⲁˋ ⲉ ⲃⲟⲗ ϩⲙ̄
ⲗ̄ⲁ̄ ⲡⲥⲁϣϥ̄ ⲛⲁⲣⲭⲏⲁⲅⲅⲉⲗⲟⲥ ⲉⲧ ⲁϩⲉ ⲣⲁⲧⲟⲩ ⲙ̄ ⲡⲙ̄ⲧⲟˋ ⲉ
ⲃⲟⲗ ⲙ̄ ⲡⲛⲟⲩⲧⲉˋ· ⲛ̄ ⲟⲩⲟ̄ⲉⲓϣ ⲛⲓⲙ· ⲁⲩⲱ ⲅⲁⲃⲣⲓⲏⲗ

ⲡⲉ ⲡⲁ ⲣⲁⲛ· ⲁⲟⲩⲱⲛ ⲛ̄ ⲣⲱ` ⲛ̄ⲧⲉϥϣⲱⲡ ⲉⲣⲟ` ⲛ̄ⲧⲉⲕⲗⲟⲟⲗⲉ`
ⲛ̄ ⲟⲩⲟⲉⲓⲛ· Ⲁⲩⲱ̄ ⲧⲉⲣⲛⲁⲱ̄ⲱ̄ ⲛ̄ⲧⲉϫⲡⲟ ⲛ̄ ⲟⲩϣⲏⲣⲉ·
ⲛ̄ⲧⲉⲙⲟⲩⲧⲉ` ⲉ ⲡⲉϥⲣⲁⲛ` ϫⲉ ⲓ̄ⲥ̄· ⲡϫⲟⲉⲓⲥ ⲡⲛⲟⲩⲧⲉ` ⲛⲁϯ
ⲛⲁϥ ⲙ̄ ⲡⲉⲑⲣⲟⲛⲟⲥ ⲛ̄ ⲇⲁⲩⲉⲓⲇ ⲡⲉϥⲉⲓⲱⲧ· ⲁⲩⲱ̄
ϥⲛⲁⲣ̄ⲣ̄ⲣⲟ` ⲉϫⲙ̄ ⲡⲏⲓ̈ ⲛ̄ ⲓⲁⲕⲱⲃ ϣⲁ ⲛⲓⲉⲛⲉϩ· ⲁⲩⲱ̄ ⲙⲛ̄
ϩⲁⲡ ⲛⲁϣⲱⲡⲉ` ϩⲛ̄ | ⲧⲉϥⲙⲛ̄ⲧⲉⲣⲟ`· Ϣⲱⲡ ⲇⲉ` ⲉⲣⲟ ⲛ̄ Fol. 25 *a* 2
ⲛⲁϣⲁϫⲉ` ⲱ̄ ⲧⲡⲁⲣⲑⲉⲛⲟⲥ ⲉⲧ ⲟⲩⲁⲁⲃ ⲙ̄ⲡⲣ̄ ⲁⲛⲇⲓⲗⲓⲅⲉ·
ⲛ̄ⲧⲉ ⲧⲁⲡⲟⲫⲁⲥⲓⲥ` ⲛ̄ⲧⲁⲥϣⲱⲡⲉ` ⲛ̄ ⲍⲁⲭⲁⲣⲓⲁⲥ ϣⲱⲡⲉ`
ⲙ̄ⲙⲟ` ϩⲱ̄ⲧⲉ· Ⲁⲗⲗⲁ` ⲉϣϫⲉ` ⲧⲉⲟⲩⲱϣ ⲉ ⲉⲓⲙⲉ` ⲉ
ⲡⲱⲣϫ̄ ⲙ̄ ⲡ̄ϣⲁϫⲉ· ⲧⲱⲟⲩⲛ` ⲛ̄ⲧⲉⲡⲱⲧ ϣⲁ ⲉⲗⲓⲥⲁⲃⲉⲧ·
ⲃⲱⲕ` ϣⲁ ⲧⲟⲩⲥⲩⲅⲅⲉⲛⲏⲥ· ⲃⲱⲕ` ϣⲁ ⲑⲗⲗⲱ` ⲛ̄ ⲁϭⲣⲏⲛ·
ⲃⲱⲕ` ϣⲁ ⲧⲉⲛⲧⲁ ⲛ̄ ⲥⲱⲛⲧ̄ ⲛ̄ ⲛⲉϩⲓⲟ̄ⲙⲉ` ⲱ̄ϫⲡ̄ ⲡ̄ϩⲏⲧⲥ̄·
ϩⲓⲧⲛ̄ ⲧⲙⲛ̄ⲧϩⲗ̄ⲗⲱ· ⲉⲣϣⲁⲛ ⲃⲱⲕ ⲇⲉ ϣⲁ ⲣⲟⲥ· ⲧⲉⲣⲛⲁ-
ⲛⲁⲩ ϩⲛ̄ ⲛⲟⲩ|ⲃⲁⲗ· ⲉ ⲡⲃⲱⲱⲣⲉ` ⲉ ⲃⲟⲗ ⲛ̄ ⲧⲉⲥⲕⲁⲗⲁϩⲏ· Fol. 25 *b* 1
Ⲁⲩⲱ̄ ⲡϣⲏⲣⲉ ϣⲏⲙ ⲛⲁⲥⲕⲓⲣⲧⲁ` ϩⲛ̄ ⲟⲩⲧⲉⲗⲏⲗ ϩⲣⲁⲓ̈ ⲗ̄ⲃ̄
ⲛ̄ϩⲏⲧⲥ̄· Ⲁⲩⲱ̄ ⲥⲛⲁⲙⲟⲩϩ ⲉ ⲃⲟⲗ ϩⲙ̄ ⲡⲉⲡⲛ̄ⲁ̄ ⲉⲧ
ⲟⲩⲁⲁⲃ· ⲛ̄ⲥϫⲉ` ⲧⲙⲉ` ⲧⲏⲣⲥ̄ ⲉⲣⲟ· Ⲕⲁⲓ ⲅⲁⲣ`
ⲛ̄ⲧⲟⲥ ϩⲱⲱⲥ ⲟⲛ` ⲁⲥⲱ̄ⲱ̄ ⲛ̄ ⲟⲩϣⲏⲣⲉ` ϩⲛ̄ ⲧⲉⲥⲙⲛ̄ⲧ-
ϩⲗ̄ⲗⲱ· ⲁⲩⲱ̄ ⲡⲉⲥⲙⲉϩ ⲥⲟⲟⲩ ⲛ ⲉⲃⲟⲧ` ⲡⲉ ⲡⲁⲓ̈·
Ⲁⲥⲟⲩⲱ̄ϣⲃ̄ ⲛ̄ϭⲓ ⲙⲁⲣⲓⲁ`· ⲡⲉϫⲁⲥ ⲙ̄ ⲡⲁⲅⲅⲉⲗⲟⲥ· ϫⲉ
ⲛ̄ ⲁϣ ⲛ̄ ϩⲉ` ⲡⲁⲓ̈ ⲛⲁϣⲱⲡⲉ ⲙ̄ⲙⲟⲓ̈ ⲙ̄ⲡⲉ ⲓⲥⲟⲩⲉⲛ
ϩⲟⲟⲩⲧ· Ⲉⲣϣⲁⲛ ⲧⲁϭⲣⲏⲛ | ⲱ̄ⲱ̄ ⲟⲛ· ⲥⲉϣⲟⲟⲡ ⲛⲁⲥ ⲛ̄ϭⲓ Fol. 25 *b* 2
ⲛ̄ⲥⲱⲛⲧ ⲛ̄ ⲧⲉⲫⲩⲥⲓⲥ· ϩⲓⲧⲙ̄ ⲡⲛⲟⲙⲟⲥ ⲙ̄ ⲡⲅⲁⲙⲟⲥ·
Ⲟⲩϣⲡⲏⲣⲉ ⲙⲉⲛ` ⲡⲉ ⲡϩⲱⲃ ⲉⲛⲧ ⲁϥϣⲱⲡⲉ` ⲛ ⲉⲗⲓⲥⲁⲃⲉⲧ·
Ⲁⲗⲗⲁ` ⲡⲉⲧ ⲉⲕⲧⲁϣⲉⲟⲉⲓϣ ⲙ̄ⲙⲟϥ ⲛⲁⲓ̈· ϥϩⲓⲧ ⲡⲉ ⲛ̄
ϣⲡⲏⲣⲉ ⲛⲓⲙ· ϩⲓ ⲙⲉⲉⲩⲉ ⲛⲓⲙ· Ⲁϥⲟⲩⲱϩ ⲟⲛ` ⲉ ⲧⲟⲟⲧϥ̄
ⲛ̄ϭⲓ ⲡⲁⲅⲅⲉⲗⲟⲥ· ⲡⲉϫⲁϥ ⲛⲁⲥ ϫⲉ ⲟⲩⲡⲛ̄ⲁ̄ ⲉϥⲟⲩⲁⲁⲃ`
ⲡⲉⲧ ⲛⲏⲩ ⲉ ϩⲣⲁⲓ̈ ⲉϫⲱ· ⲁⲩⲱ̄ ⲧϭⲟⲙ` ⲙ̄ ⲡⲉⲧ ϫⲟⲥⲉ·
ⲧⲉⲧ ⲛⲁⲣ̄ ϩⲁⲓ̈ⲃⲉⲥ` ⲉⲣⲟ· ⲁⲥⲧⲁⲭⲣⲟ ⲇⲉ` ⲛ̄ϭⲓ ⲧⲡⲁⲣ-
ⲑⲉⲛⲟⲥ· ϫⲉ ⲟⲩⲉⲛϣϭⲟⲙ ⲙ̄ | ⲡⲛⲟⲩⲧⲉ` ⲉ ϩⲱⲃ ⲛⲓⲙ· Fol. 26 *a* 1
Ⲗⲟⲓⲡⲟⲛ` ⲇⲉ ⲡⲉϫⲁⲥ ⲙ̄ ⲡⲁⲅⲅⲉⲗⲟⲥ· ϫⲉ ⲉⲓⲥ ϩⲏⲛⲧⲉ` ⲗ̄ⲅ̄
ⲁⲛⲅ̄ ⲑⲙ̄ϩⲁⲗ ⲙ̄ ⲡϫⲟⲉⲓⲥ· ⲙⲁⲣⲉⲥϣⲱⲡⲉ ⲛⲁⲓ̈ ⲕⲁⲧⲁ
ⲡⲉⲕϣⲁϫⲉ· Ϫⲉ ⲕⲁⲥ` ϭⲉ` ⲛ̄ⲛⲉ ⲛⲣ̄ ϩⲟⲩⲟ̄ ϩⲙ̄ ⲡϣⲁϫⲉ·
ⲉⲡⲓ Ⲇⲏ` ⲁ ⲡⲛⲁⲩ ϣⲱⲡⲉ`· ⲛ̄ⲧⲛ̄ϯ ⲙ̄ ⲡⲉⲛⲟⲩⲟⲓ̈· ⲉ

ϩⲟⲩⲛ` ⲛ̄ⲧⲡ̄ϫⲱⲕ ⲉ ⲃⲟⲗ ⲙ̄ⲙⲩⲥⲧⲏⲣⲓⲟⲛ` ⲉⲧ ⲟⲩⲁⲁⲃ·
Ⲡⲁⲣⲡ̄ϫⲟⲟⲥ` ⲛ̄ ⲧⲉⲓ ϩⲉ· ⲙⲛ̄ ⲧⲙⲁⲕⲁⲣⲓⲁ` ⲉⲗⲓⲥⲁⲃⲉⲧ`·
Fol. 26 a 2 ϫⲉ· Ⲧⲉ ⲥⲙⲁⲙⲁⲁⲧ ⲛ̄ⲧⲟ` ϩⲛ̄ ⲛⲉϩⲓⲟ̄|ⲙⲉ· ⲁⲩⲱ̄ ϥⲥⲙⲁ-
ⲙⲁⲁⲧ ⲛ̄ϭⲓ ⲡⲕⲁⲣⲡⲟⲥ` ⲛ̄ ϩⲏⲧⲉ· ϫⲉ ⲁⲛⲅ̄ ⲛⲓⲙ· ⲁⲛⲟⲕ
ϫⲉ· ⲉⲣⲉ ⲧⲙⲁⲁⲩ ⲙ̄ ⲡⲁ ϫⲟⲉⲓⲥ` ⲉⲓ ⲉ ⲣⲁⲧ· Ⲁⲗⲏⲑⲱⲥ`
ⲛ̄ ⲟⲩⲟ̄ⲉⲓϣ ⲛⲓⲙ`· ⲧⲉ ⲥⲙⲁⲙⲁⲁⲧ` ⲛ̄ⲧⲟ` ϩⲛ̄ ⲛⲉϩⲓⲟ̄ⲙⲉ·
ⲁⲩⲱ̄ ⲟⲛ ⲧⲉⲛⲧ ⲁⲥⲧⲱⲟⲩⲛ` ϩⲁ ⲡⲉⲧ ⲥⲙⲁⲙⲁⲁⲧ· ⲧⲉⲣⲥ-
ⲙⲁⲙⲁⲁⲧ` ϩⲛ̄ ⲧⲡⲉ· ⲁⲩⲱ̄ ϩⲓϫⲙ̄ ⲡⲕⲁϩ· Ⲧⲟⲩⲕⲁⲗⲁϩⲏ`
ⲥⲙⲁⲙⲁⲁⲧ ϫⲉ· ⲁⲥⲧⲱⲟⲩⲛ ϩⲁ ⲡⲉⲧ ⲙⲟⲩϩ ⲛ̄ ⲧⲡⲉ` ⲙⲛ̄
ⲡⲕⲁϩ· ⲙ̄ ⲯⲓⲥ ⲛ̄ ⲉⲃⲟⲧ· Ⲛⲟⲩⲉⲕⲓⲃⲉ` ⲥⲙⲁⲙⲁⲁⲧ· ⲛⲁⲓ̈
Fol. 26 b 1 ⲛ̄ⲧⲁⲣⲥⲁⲁⲛϣ̄ | ⲛ̄ϩⲏⲧⲟⲩ ⲙ̄ ⲡⲁⲩⲙⲓⲟⲩⲣⲅⲟⲥ ⲛ̄ ϣⲟⲙⲧⲉ`
ⲗⲇ ⲛ̄ⲣⲟⲙⲡⲉ:—Ⲧⲟⲩⲧⲁⲡⲣⲟ` ⲥⲙⲁⲙⲁⲁⲧ` ⲧⲁⲓ̈ ⲛ̄ⲧⲁⲥϣⲁϫⲉ
ⲙⲛ̄ ⲡϣⲏⲣⲉ ⲙ̄ ⲡⲛⲟⲩⲧⲉ ϩⲛ̄ ⲟⲩϩⲗⲟϭ· Ⲉⲓϣⲁⲛϩⲓ ⲧⲟⲟⲧ`
ⲉ ⲟⲛⲟⲙⲁⲍⲉ` ⲛ̄ⲛⲟⲩⲙⲉⲗⲟⲥ ⲧⲏⲣⲟⲩ· ⲛⲁ ⲡϩⲟⲩⲛ` ⲙⲛ̄
ⲛⲁ ⲡⲃⲟⲗ· ⲡⲉⲟⲩⲟ̄ⲉⲓϣ ⲧⲏⲣϥ̄ ⲙ̄ ⲡⲁ ⲱⲛϩ̄ ⲛⲁⲣⲱϣⲉ ⲉ
ⲣⲟⲓ̈ ⲁⲛ` ⲉⲓϫⲱ ⲛ̄ ⲛⲟⲩⲁⲣⲉⲧⲏ` ⲧⲏⲣⲟⲩ:—Ⲁⲗⲗⲁ` ϯⲡⲁⲣⲁ-
ⲕⲁⲗⲉⲓ ⲙ̄ⲙⲟ` ⲱ̄ ⲧⲡⲁⲣⲑⲉⲛⲟⲥ ⲛ̄ ⲣⲉϥϫⲡⲉ` ⲡⲛⲟⲩⲧⲉ· ⲉ
Fol. 26 b 2 ⲧⲣⲉ ⲡⲣⲉⲥⲃⲉⲩⲉ ϩⲁ ⲣⲟⲓ· ⲁⲛⲟⲕ | ⲉⲡⲓⲫⲁⲛⲓⲟⲥ` ⲡⲉⲓ ϩⲙ̄-
ϩⲁⲗ ⲛ̄ ⲁⲧ ϣⲁⲩ· ⲁⲩⲱ̄ ⲛ̄ⲧⲉⲥⲉⲡⲥ̄ ⲡⲉⲭ̄ⲥ̄· ⲉϫⲛ̄ ⲛⲁ ⲧⲁ-
ⲡⲟⲗⲓⲥ ⲧⲏⲣⲟⲩ· ⲙⲁⲗⲗⲟⲛ ⲇⲉ` ϩⲁ ⲧⲟⲓⲕⲟⲩⲙⲉⲛⲏ ⲧⲏⲣⲥ̄·
ⲧⲉⲣϩⲏⲛ` ⲅⲁⲣ` ⲉ ϩⲟⲩⲛ ⲉ ⲣⲟϥ ⲛ̄ ⲟⲩⲟ̄ⲉⲓϣ ⲛⲓⲙ· ⲁⲩⲱ̄
ⲧⲉⲝⲟⲩⲥⲓⲁ` ⲧⲟ` ⲛⲉ· ⲙ̄ ⲡⲁⲣⲁ ⲛⲉⲧ ⲟⲩⲁⲁⲃ ⲧⲏⲣⲟⲩ· ⲉ
ⲥⲟⲡⲥ̄ ⲙ̄ⲙⲟϥ· Ϫⲉ ⲕⲁⲥ· ⲛⲉⲧ ϩⲕⲁⲉⲓⲧ` ⲉϥⲉⲧⲥⲓⲟⲟⲩ ⲛ̄
ⲟ̄ⲉⲓⲕ Ⲛⲉⲧ ϣⲱⲛⲉ ⲉϥⲉⲧⲁⲗϭⲟⲟⲩ· Ⲛⲉⲧ ⲥⲟⲣⲙ̄ ⲉϥⲉⲥⲟⲟⲩ-
ϩⲟⲩ` ⲉ ϩⲟⲩⲛ ⲉ ⲡⲉϥⲟ̄ϩⲉ` ⲉⲧ ⲟⲩⲁⲁⲃ· Ⲁⲛⲟⲛ ⲇⲉ` ϩⲱⲱⲛ
Fol. 27 a 1 ϩⲓ ⲟⲩⲥⲟⲡ· ⲉϥⲉ|ϯⲟⲉ` ⲛⲁⲛ` ⲉ ⲧⲣⲉ ⲛ̄ⲙⲟⲟϣⲉ` ϩⲙ̄ ⲡⲉⲧⲣⲁ`-
ⲗⲉ ⲛⲁϥ· ⲛ̄ ⲟⲩⲟ̄ⲉⲓϣ ⲛⲓⲙ` ϩⲙ̄ ⲡⲧⲣⲉⲛⲕⲱ ⲛ̄ ⲥⲱⲛ· ⲙ̄
ⲡⲣⲙ̄ ⲛ̄ ⲁⲥ· ⲙⲛ̄ ⲧⲉϥⲕⲁⲕⲓⲁ· Ⲁϩⲣⲟⲕ` ⲉⲕⲡⲉⲣⲓⲥⲡⲁ` ⲛ̄
ⲧⲉⲓ ϩⲉ` ⲧⲏⲣⲥ̄· ⲁⲩⲱ̄ ⲉⲕϩⲟⲥⲉ` ⲙ̄ ⲡⲣⲱⲙⲉ· ϩⲱ` ⲉ
ⲡⲉϩⲟⲟⲩ· ⲡⲉϩⲟⲟⲩ` ⲉ ⲧⲉϥⲕⲁⲕⲓⲁ· Ϣⲟⲙⲛ̄ⲧ ⲙ̄ⲙⲁϩⲉ
ⲛ̄ ⲕⲁϩ· ⲛⲉⲧϭⲉⲉⲧ` ⲉ ⲣⲟⲕ· ⲁⲩⲱ̄ ⲛ̄ⲥⲉⲛⲉϫ` ϩⲉⲛⲕⲟⲩⲓ̈
ⲛ̄ⲱⲛⲉ` ⲉ ϫⲱⲕ· ⲛ̄ⲥⲉϩⲁⲣⲉϩ` ⲉ ⲧⲉⲕⲥⲁⲣⲝ̄ ⲛ̄ⲉⲃⲓⲏⲛ·
Fol. 27 a 2 Ⲉⲕⲡⲁⲣⲁⲛⲟⲙⲉⲓ` ⲛ̄ ⲛⲓⲙ· ⲁⲣⲓ ⲡⲙⲉⲉⲩⲉ` ⲙ̄ ⲡϩⲁⲡ | ⲙ̄
ⲡⲛⲟⲩⲧⲉ· ⲙ̄ ⲡⲛⲁⲩ` ⲉⲧⲟⲩⲛⲁⲕⲱⲧⲉ` ⲉ ⲣⲟⲕ ⲛ̄ϭⲓ ⲛⲉ-

ⲛⲧ ⲁⲕⲁⲁⲩ̀ ⲧⲏⲣⲟⲩ· Ⲁϣ̀ ⲛ̄ ⲃⲟⲏ̄ⲑⲓⲁ̀ ⲧⲉⲧ ⲛⲁϣⲱⲡⲉ
ⲛⲁⲕ· Ⲡⲇⲓⲕⲁⲥⲧⲏⲥ̀ ⲉⲧ ⲙ̄ⲙⲁⲩ· ⲙⲉϥϫⲓ̀ ⲗⲁⲁⲩ̀ ⲛ̄ⲉⲛⲕⲁ̀
ⲛ̄ ⲧⲟⲟⲧⲕ̄ ⲛϥ̄ⲕⲁⲁⲕ ⲉ ⲃⲟⲗ· Ⲁ ⲛⲉⲭⲣⲏⲙⲁ̀ ϣⲱⲡⲉ̀
ⲛⲁⲕ̀ ⲛ̄ ⲁⲡⲟⲗⲁⲩⲥⲓⲥ· ⲁⲩⲱ̄ ⲛ̄ ⲁⲫⲟⲣⲙⲏ ⲛ̄ ⲟⲩⲕⲟⲗⲁⲥⲓⲥ̀
ϣⲁ ⲉⲛⲉϩ· Ⲁ ⲡⲉⲕⲉⲟⲟⲩ· ⲙⲛ̄ ⲡⲉⲕⲧⲁⲉⲓⲟ̄ ϣⲱⲡⲉ ⲛⲁⲕ̀
ⲙ̄ ⲡⲣⲟⲇⲓⲇⲟⲩ· ⲛⲅ̄ ⲛⲁϩⲉ̀ ⲁⲛ̀ ⲉⲥⲩⲛⲏⲅⲱⲣⲟⲥ· ⲉϥ-
ⲥⲩⲛⲏⲅⲟⲣⲉⲓ̀ ϩⲁ ⲣⲟⲕ· ⲕⲟⲕⲙ̄ ⲁⲩⲱ̀ ⲕϣⲟⲗϩ̄· ⲕⲟⲟⲛϣ̄·
ⲉⲓⲥ ⲧⲣⲙ̄ⲉⲓⲛ̄ ⲙ̄ ⲡⲟⲣ|ⲫⲁⲛⲟⲥ· ⲛ̄ⲧⲁⲕ ⲑⲙ̄ⲕⲟϥ· Ⲉⲓⲥ Fol. 27 *b* 1
ⲡⲁϣⲁϩⲟⲙ ⲛ̄ ⲧⲉⲭⲏⲣⲁ̀ ⲛ̄ⲧⲁⲕⲧⲱⲣⲡ̄ ⲙ̄ ⲡⲉⲥⲛⲓ̄· Ⲉⲓⲥ ⲗ̄ⲉ̄
ⲛ̄ϩⲏⲕⲉ̀ ⲛ̄ⲧⲁⲕϥⲟϭⲟⲩ ⲙ̄ ⲡⲉⲩⲃⲉⲕⲉ· Ⲉⲓⲥ ⲛ̄ϩⲙ̄ϩⲁⲗ ⲛ̄-
ⲧⲁⲕⲑⲙ̄ⲕⲟⲟⲩ ϩⲛ̄ ⲟⲩⲙⲛ̄ⲧ ⲁⲧ ⲛⲁ· Ϩⲁⲡⲁⲝ ϩⲁⲡⲗⲱⲥ
ⲛ̄ⲛⲟⲃⲉ ⲧⲏⲣⲟⲩ ⲛ̄ⲧⲁⲕⲁⲁⲩ· ⲕⲛⲁϩⲉ̀ ⲉ ⲣⲟⲟⲩ· ⲉⲩⲟⲩⲏϩ
ⲛ̄ⲥⲁ ⲧⲉⲕⲯⲩⲭⲏ· ⲛ̄ⲑⲉ ⲛ̄ⲧⲁⲕⲁⲁⲩ ⲙ̄ⲙⲟⲥ· Ⲁⲣⲓ
ⲡⲙⲉⲉⲩⲉ̀ ⲙ̄ ⲡⲉϩⲟⲟⲩ· ⲉⲧ ⲉⲣⲉ ⲧⲟⲣⲅⲏ̀ ⲛⲁϭⲱⲗⲡ̄ ⲉ ⲃⲟⲗ
ϩⲛ̄ ⲧⲡⲉ· Ⲁⲣⲓ ⲡⲙⲉⲉⲩⲉ̀ ⲛ̄ ⲧⲡⲁⲣⲣⲟⲩⲥⲓⲁ ⲉⲧ ϩⲁⲉⲟⲟⲩ·
ⲙ̄ ⲡⲉⲭ̄ⲥ̄· ⲕⲁⲧⲁ ⲑⲉ | ⲉⲧ ⲉϥϫⲱ ⲙ̄ⲙⲟⲥ ⲛ̄ϭⲓ ⲡⲉⲛⲥⲱⲧⲏⲣ· Fol. 27 *b* 2
ϫⲉ ⲛⲉⲛⲧ ⲁⲩⲉⲓⲣⲉ ⲛⲙ̄ⲡⲉⲧ ⲛⲁⲛⲟⲩϥ· ⲉⲩⲁⲛⲁⲥⲧⲁⲥⲓⲥ
ⲛ̄ ⲱ̄ⲛϩ̄· Ⲁⲩⲱ̄ ⲛⲉⲛⲧ ⲁⲩⲉⲓⲣⲉ ⲛⲙ̄ ⲡⲉⲑⲟⲟⲩ ⲉⲩⲁⲛⲁⲥⲧⲁⲥⲓⲥ
ⲛ̄ ⲕⲣⲓⲥⲓⲥ· Ⲟⲩ̀ ⲡⲉ ϯⲛⲁϫⲟⲟϥ· ⲱ̄ ⲛⲁ ⲙⲉⲣⲁⲧⲉ· ⲉⲓⲥ
ⲧⲙⲛ̄ⲧⲉⲣⲟ̀ ⲛ ⲙ̄ⲡⲏⲩⲉ̀· ⲥⲃ̄ⲧⲱⲧ· ⲉⲓⲥ ⲧⲅⲉϩⲉⲛⲛⲁ ⲟⲛ·
Ⲙⲁⲣⲉ Ⲛ ⲁⲡⲟⲗⲁⲩⲥⲓⲥ̀ ⲛ̄ ⲧⲙⲛ̄ⲧⲉⲣⲟ ⲛ ⲙ̄ⲡⲏⲩⲉ̀ ⲡⲣⲟ-
ⲧⲣⲉⲡⲉ ⲙ̄ⲙⲟⲕ· Ⲛ̄ⲧⲉ ⲧⲁⲡⲓⲗⲏ ⲙ̄ ⲡⲕⲱϩⲧ̄ ⲛ̄ ⲧⲅⲉϩⲉⲛⲛⲁ̀
ϣⲧⲣ̄ⲧⲱⲣⲕ̄· ⲛⲅ̄ ⲕⲟⲧⲕ̄ ⲉ ⲃⲟⲗ ϩⲛ̄ ⲛⲉϩⲃⲏⲩⲉ̀ ⲙ̄ ⲡⲇⲓⲁ-
ⲃⲟⲗⲟⲥ· ⲛⲅ̄ ⲙⲟⲟϣⲉ ϩⲙ̄ | ⲡⲉⲧ ⲣ̄ⲁⲛⲁϥ ⲙ̄ ⲡϫⲟⲉⲓⲥ̀ Fol. 28 *a* 1
ⲛ̄ ⲟⲩⲟ̄ⲉⲓϣ ⲛⲓⲙ· Ⲛⲅ̄ ⲕⲗⲏⲣⲟⲛⲟⲙⲉⲓ̀ ⲛ̄ ⲛⲉⲧⲉ̀ ⲛ̄ⲥⲉ- ⲗ̄ⲍ̄
ⲛⲁⲡⲁⲣⲁⲅⲉ̀ ⲁⲛ̀ ϣⲁ ⲉⲛⲉϩ ⲛⲁⲓ̈ ⲉⲧⲉ ⲙ̄ ⲡⲉ ⲃⲁⲗ
ⲛⲁⲩ̀ ⲉ ⲣⲟⲟⲩ· ⲟⲩⲇⲉ ⲙ̄ ⲡⲉⲙⲁⲁϫⲉ̀ ⲥⲟⲧⲙⲟⲩ̀ ⲟⲩⲇⲉ̀
ⲙ̄ⲡ ⲟⲩⲁⲗⲉ̀ ⲉ ϩⲣⲁⲓ̈ ⲉϫⲙ̄ ⲡϩⲏⲧ ⲛ̄ⲣⲱⲙⲉ· ⲛⲁⲓ̈ ⲛ̄ⲧⲁ
ⲡⲛⲟⲩⲧⲉ̀ ⲥⲃ̄ⲧⲱⲧⲟⲩ̀ ⲛ̄ ⲛⲉⲧ ⲙⲉ ⲙ̄ⲙⲟϥ· Ϩⲓⲧⲛ̄ ⲧⲉ-
ⲭⲁⲣⲓⲥ· ⲙⲛ̄ ⲧⲙⲛ̄ⲧⲙⲁⲓ̈ⲣⲱⲙⲉ ⲙ̄ ⲡⲉⲛ ϫⲟⲉⲓⲥ ⲓ̄ⲥ̄ ⲡⲉⲭ̄ⲥ̄·
Ⲡⲁⲓ̈ ⲉ ⲃⲟⲗ ϩⲓ ⲧⲟⲟⲧϥ̄· ⲉⲣⲉ ⲉⲟⲟⲩ ⲛⲓⲙ̀ ⲡⲣⲉⲡⲉⲓ ⲛⲁϥ·
ⲙⲛ̄ ⲡⲉϥ|ⲉⲓⲱⲧ̀ ⲛ̄ ⲁⲅⲁⲑⲟⲥ· ⲙⲛ̄ ⲡⲉⲡⲛ̄ⲁ̄ ⲉⲧ ⲟⲩⲁⲁⲃ Fol. 28 *a* 2
ⲛ̄ ⲣⲉϥⲧⲁⲛϩⲟ· Ⲧⲉⲛⲟⲩ· ⲁⲩⲱ̄ ⲛ̄ⲟⲩⲟ̄ⲉⲓϣ ⲛⲓⲙ ϣⲁ
ⲉⲛⲉϩ· ⲛ̄ ⲉⲛⲉϩ ϩⲁⲙⲏⲛ ⁘—

COLOPHON

Fol. 28 *b* 1 Ⲁⲣⲓ ⲧⲁⲅⲁⲡⲏ̀ ⲛⲁ ⲉⲓⲟⲧⲉ̀ ⲙⲛ̄ ⲛⲁ ⲥⲛⲏⲩ· ⲟⲩⲟⲛ ⲛⲓⲙ
ⲗ̄ⲏ̄ ⲉⲧ ⲛⲁⲱϣ ϩⲙ̄ ⲡⲉⲓ ⲕⲉⲫⲁⲗⲁⲓ̈ⲟⲛ ⲛ̄ ϫⲱⲱⲙⲉ· ϣⲗⲏⲗ
ϩⲓϫⲛ̄ ⲧⲉⲛⲙⲁⲓ̈ ⲛⲟⲩⲧⲉ ⲛ̄ⲥⲱⲛⲉ ⲙ̄ ⲙⲁⲓ̈ ⲁⲅⲁⲡⲏ· ⲁⲩⲱ
ⲙ̄ ⲙⲁⲓ̈ ⲡⲣⲟⲥⲫⲟⲣⲁ [erasure of two and a half lines] ϫⲉ
ⲛ̄ⲧⲟⲥ· ⲁⲥϥⲓ ⲡⲉϥⲣⲟⲟⲩϣ̀ ϩⲛ̄ ⲛⲉⲥϩⲓⲥⲉ ⲙ̄ⲙⲓⲛ ⲙ̄ⲙⲟⲥ
ⲁⲥⲧⲁⲁϥ ⲉ ϩⲟⲩⲛ ⲉ ⲡⲧⲟⲡⲟⲥ [erasure of four lines] Ϫⲉ ⲕⲁⲥ̀
ⲉⲣⲉ ⲡⲁⲣⲭⲁⲅⲅⲉⲗⲟⲥ ⲙⲓⲭⲁⲏⲗ· ⲙⲛ̄ ⲡϩⲁⲅⲓⲟⲥ ⲓ̈ⲱ-
ϩⲁⲛⲛⲏⲥ ⲙⲛ̄ ⲧⲡⲁⲣ$^{\theta}$· ⲉⲧ ⲟⲩⲁⲁⲃ ⲙⲁⲣⲓⲁ· ⲛⲁⲡⲁⲣⲁ-
ⲕⲁⲗⲉⲓ ⲙ̄ ⲡⲉⲭⲥ̄ ⲉ ϩⲣⲁⲓ̈ ⲉ ϫⲱⲥ ⲛ̄ϥⲥⲙⲟⲩ ⲉ ⲣⲟⲥ· ⲙⲛ̄
[erasure of three and a half lines] ⲁⲩⲱ ⲟⲛ ⲉⲩϣⲁⲛⲉⲓ ⲉ ⲃⲟⲗ
Fol. 28 *b* 2 ϩⲛ̄ | ⲥⲱⲙⲁ· ⲡⲣⲟⲥ ⲡⲉⲧ ⲕⲏ ⲉ ϩⲣⲁⲓ ⲛ̄ⲣⲱⲙⲉ ⲛⲓⲙ· ⲛ̄ⲧⲉ
ⲡⲛⲟⲩⲧⲉ ⲡⲱϩ ⲙ̄ ⲡⲉⲭⲓⲗⲟⲅⲣⲁⲫⲟⲛ ⲛ̄ ⲛⲉⲩⲛⲟⲃⲉ· ⲛ̄ϥⲥϩⲁⲓ̈
ⲙ̄ ⲡⲉⲩⲣⲁⲛ ⲉ ⲡϫⲱⲱ̄ⲙⲉ ⲙ̄ ⲡⲱⲛϩ̄ ⲛ̄ⲥⲉ ϯⲛⲁⲩ ⲛ̄ ⲛⲁ ⲧⲡⲉ·
ⲛ̄ ϣⲃ̄ⲃⲓⲱ̄ ⲛ̄ ⲛⲁ ⲡⲕⲁϩ· ⲛⲉⲓ ϣⲁ ⲉⲛⲉϩ· ⲉ ⲡⲙⲁ ⲛ̄ ⲛⲉⲓ
ⲡⲣⲟⲥ ⲟⲩⲟ̄ⲉⲓϣ ⲛ̄ⲥⲉϯ ⲛⲁⲩ ⲟⲛ̀ ⲛ̄ ⲧϣⲃ̄ⲃⲓⲱ̄ ⲙ̄ ⲡⲉⲩⲉⲣⲏⲧ
ⲛ̄ ϣⲉ ⲛ̄ ⲕⲱⲃ ⲛ̄ ⲥⲟⲡ̀ ϩⲛ̄ ⲑⲓ̈ⲗⲏⲙ· ⲛ̄ⲧⲡⲉ ⲧⲡⲟⲗⲓⲥ· ⲛ̄
ⲛ̄ⲇⲓⲕⲁⲓ̈ⲟⲥ ⲧⲏⲣⲟⲩ ϩⲁⲙⲏⲛ· ⲉϥⲉϣⲱⲡⲉ

Ⲁⲣⲓ ⲡⲁ ⲙⲉⲉⲩⲉ ϩⲱ ⲛⲁⲅⲁⲡⲏ· ⲁⲛⲟⲕ ⲡⲓⲉⲗⲁⲭ ⲁⲩⲱ̄
ⲡⲓⲁⲧ ⲙ̄ⲡϣⲁ̀ ⲙ̄ ⲡⲣⲁⲛ ⲉⲧ ϩⲓ ϫⲱϥ [erasure of three lines]
ⲉⲓⲥ ϯⲙⲉⲧⲁⲛⲟⲓⲁ· ⲁⲁⲧ ⲛ̄ ⲣⲙ̄ϩⲉ· ⲁⲓ̈ⲧⲟⲗⲙⲁ ⲁⲓⲥϩⲁⲓ ⲡⲉⲓ
ϫⲱⲱⲙⲉ ⲉⲓϣⲟⲣⲡ ϩⲛ̄ ϩⲣⲓⲧⲉ ⲡⲓⲟⲙ — ϩⲛ̄ ⲧⲙⲉϩ ⲯⲩ
ⲛ̄ ⲣⲟⲙⲡⲉ· ⲛ̄ ⲇⲓⲟⲕ$^{\lambda}$ⲩ

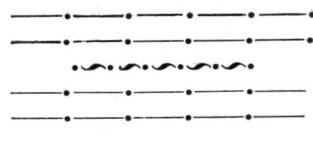

DISCOURSE OF SAINT CYRIL, ARCHBISHOP OF RAKOTE, ON THE VIRGIN MARY

(Brit. Mus. MS. Oriental, No. 6782)

ⲞⲨⲖⲞⲄⲞⲤ · Ⲉ ⲀϤⲦⲀⲨⲞϤ · Ⲛ̄ϬⲒ ⲠⲈⲚ ⲠⲈⲦ Fol. 29 *a* 1
ⲞⲨⲀⲀⲂ Ⲛ̄ ⲈⲒⲰⲦ ⲈⲦ ⲦⲀⲈⲒⲎⲨ ⲔⲀⲦⲀ ⲤⲘⲞⲦ ⲙ̄ⲉ̄
ⲚⲒⲘ · ⲀⲠⲀ ⲔⲨⲢⲒⲖⲖⲞⲤ · ⲠⲀⲢⲬⲎⲈⲠⲒⲤⲔⲞⲠⲞⲤ
Ⲛ̄ ⲢⲀⲔⲞⲦⲈ · Ⲉ ⲀϤⲦⲀⲨⲞϤ Ⲉ ⲠⲦⲀⲈⲒⲞ Ⲛ̄-
ⲦⲈⲦⲞ̄ Ⲙ̄ ⲠⲀⲢⲐⲈⲚⲞⲤ Ⲛ̄ ⲞⲨⲞⲈⲒϢ ⲚⲒⲘ ·
ⲐⲀⲄⲒⲀ ⲘⲀⲢⲒⲀ · ⲦⲢⲈϤϪⲠⲈ ⲠⲚⲞⲨⲦⲈ · Ϩ̄Ⲛ̄
ⲞⲨⲘⲈ · ⲈϤⲞⲨⲰ̄Ⲛ̄Ϩ̄ Ⲉ ⲂⲞⲖ Ⲙ̄ ⲠⲈⲤⲚⲞϬ Ⲛ̄
ⲈⲞⲞⲨ · ⲘⲚ̄ ⲠⲦⲀⲈⲒⲞ Ⲛ̄Ⲧ ⲀⲤϪⲒⲦϤ̄ Ⲉ ⲂⲞⲖ
ϨⲒⲦⲘ̄ ⲠⲚⲞⲨⲦⲈ :— Ϩ̄Ⲛ̄ ⲞⲨⲈⲒⲢⲎⲚⲎ Ⲛ̄ⲦⲈ
ⲠⲚⲞⲨⲦⲈ ϨⲀⲘⲎⲚ ⁘—

Ϣ̄ ⲛⲁ ⲙⲉⲣⲁⲧⲉ ⲡⲗⲁⲟⲥ ⲙ̄ ⲙⲁⲓ̈ⲛⲟⲩⲧⲉ · ⲁⲟⲩⲱⲛ ⲛ̄ⲙ- Fol. 29 *a* 2
ⲙⲁⲁϫⲉ ⲙ̄ ⲡⲉⲧⲛ̄ϩⲏⲧ ⲛ̄ⲧⲉⲧⲛ̄ⲥⲱⲧⲙ̄ ⲉ ⲡⲧⲁⲉⲓⲟ ⲛ̄ ⲧⲙⲁⲁⲩ
ⲙ̄ ⲡⲛⲟⲩⲧⲉ · ⲧⲣ̄ⲣⲱ̄ ⲛ̄ ⲛⲉϩⲓⲟ̄ⲙⲉ ⲧⲏⲣⲟⲩ ⲁⲩⲱ ⲧϣⲉⲗⲉⲉⲧ
ⲙ̄ⲙⲉ · Ⲧⲉⲛⲧⲁ ⲡϣⲏⲣⲉ ⲙ̄ ⲡⲛⲟⲩⲧⲉ ⲕⲁⲧⲁⲝⲓⲟⲩ ⲙ̄ⲙⲟϥ ·
ⲁϥⲉⲓ ⲁϥⲟⲩⲱϩ ϩⲙ̄ ⲧⲉⲥⲕⲁⲗⲁϩⲏ ⲙ̄ ⲯⲓⲥ ⲛ̄ⲉⲃⲟⲧ ⲁⲥϫ-
ⲡⲟϥ ⲛⲁⲛ ϩⲙ̄ ⲃⲏⲑⲗⲉⲉⲙ · ⲁⲥϭⲟⲟⲗⲉϥ ⲛ̄ ϩⲉⲛⲧⲟⲉⲓⲥ ·
ⲁⲥⲕⲱ ⲙ̄ⲙⲟϥ ϩⲙ̄ ⲟⲩⲟ̄ⲙϥ̄ ⲛ̄ ⲧⲃ̄|ⲛⲏ ⲁ ϩⲉⲛⲍⲱⲟⲛ ⲛⲁⲩ Fol. 29 *b* 1
ⲉ ⲣⲟϥ ⲁⲩⲥⲟⲩⲱⲛϥ̄ · ⲁⲩⲱ̄ ⲁⲩⲣ̄ ϩⲁⲓ̈ⲃⲉⲥ ⲉ ⲣⲟϥ · Ⲁⲣ- ⲙ̄ⲋ̄
ⲥⲟⲟⲩⲧⲛ̄ ⲉ ⲃⲟⲗ ⲙ̄ ⲡⲟⲩϭⲃⲟⲓ̈ ⲛ̄ ⲟⲩⲛⲁⲙ · ⲁⲣⲁⲙⲁϩⲧⲉ
ⲙ̄ⲙⲟϥ ⲁⲣϫⲧⲟϥ ϩⲙ̄ ⲡⲟⲩϭⲃⲟⲓ̈ ⲛ̄ϩⲃⲟⲩⲣ · Ⲁⲣⲣⲓⲕⲉ ⲙ̄
ⲡⲟⲩⲙⲁⲕϩ̄ ⲙⲛ̄ ⲡⲟⲩⲃⲱ ⲉ ⲧⲟⲗⲙ̄ ⲉ ⲡⲉⲥⲛⲧ ⲉ ϫⲱϥ ·
ⲁⲣϯⲡⲓ ⲉ ⲣⲱϥ ⲙ̄ ⲡⲉⲧ ⲉⲣⲉ ⲡⲉⲓⲱⲧ ϯⲡⲉⲓ ⲉ ⲣⲱϥ ϩⲛ̄
ⲙ̄ⲡⲏⲩⲉ · ⲁⲣⲕⲁⲁϥ ϩⲓϫⲛ̄ ⲛⲟⲩⲡⲁⲧ · ⲁϥϥⲓ ⲛ̄ ⲛⲉϥⲃⲁⲗ
ⲉ ϩⲣⲁⲓ̈ ϩⲁ ⲡⲟⲩϩⲟ · Ⲁϥⲥⲟⲟⲩⲧⲛ̄ ⲉ ⲃⲟⲗ ⲛ̄ ⲧⲉϥϭⲓϫ ·
ⲁϥ|ϭⲱⲡⲉ ⲛ̄ ⲧⲟⲩⲉⲕⲓⲃⲉ · ⲁϥⲱϥ ⲉ ϩⲟⲩⲛ ⲉ ⲣⲱϥ ⲙ̄ Fol. 29 *b* 2
ⲡⲉⲣⲱⲧⲉ ⲉⲧ ϩⲟⲗϭ̄ ⲉϩⲟⲩⲉ ⲟⲩⲙⲁⲛⲛⲁ · Ⲁ ⲡⲉⲥⲧⲟⲓ̈ ⲛ̄
ⲧⲟⲩⲑⲩⲥⲓⲁ ϩⲗⲟϭ ⲛⲁϥ · ⲉϩⲟⲩⲉ ⲡⲉⲥϯ ⲛⲟⲩϥⲉ ⲛ̄ ⲧⲉⲑⲩ-

ⲥⲓⲁ̀ ⲛ̄ ⲛⲱϩⲉ· Ⲛ̄ ⲧⲉⲣⲉ ϥⲥⲱ̀ ϩⲙ̄ ⲡ̄ ⲟⲩⲉⲕⲓⲃⲉ ⲛ ⲁⲧ ⲧⲱⲗⲙ̄
ⲁϥⲙⲟⲩⲧⲉ ⲉⲣⲟ· ϫⲉ ⲧⲁ ⲙⲁⲁⲩ· Ⲁⲙⲏⲓⲧⲛ̄· ⲛ̄ⲧⲉⲧⲛ̄-
ⲛⲁⲩ̀ ⲉ ⲡⲛⲟⲩⲧⲉ ⲉϥⲙⲟⲩⲧⲉ̀ ⲉ ⲙⲁⲣⲓⲁ̀ ϫⲉ ⲧⲁ ⲙⲁⲁⲩ
ⲉϥϯⲡⲓ̀ ⲉ ⲣⲱⲥ· Ⲁⲩⲱ ⲉⲛⲉⲥϯⲡⲓ̀ ⲉ ⲣⲱϥ ϩⲱⲱⲥ ⲉⲥ-
Fol. 30 *a* 1 ⲙⲟⲩⲧⲉ̀ ⲉ ⲣⲟϥ ⲛ̄ ⲛⲁⲩ ⲛⲓⲙ | ϫⲉ ⲡⲁ ϫⲟⲉⲓⲥ ⲁⲩⲱ̄
ⲙ̅ⲍ̅ ⲡⲁ ϣⲏⲣⲉ ⲉⲥⲟⲩⲱ̄ϣⲧ̄ ⲛⲁϥ: Ⲡ ⲡⲛⲁⲩ ⲅⲁⲣ̀ ⲉϣⲁⲥϯ ⲉⲕⲓⲃⲉ
ⲛⲁϥ· ⲛⲉϣⲁⲥⲣⲓⲕⲉ ⲙⲛ̄ ⲡⲉⲥⲙⲁⲕϩ̄ ⲉ ⲡⲉⲥⲏⲧ ⲛⲁϥ ⲉϥⲁϩⲉ
ⲣⲁⲧϥ̄· ⲛ̄ⲑⲉ ⲛ̄ ⲟⲩⲡⲩⲣⲅⲟⲥ· Ⲙⲛ̄ⲛ̄ⲥⲱⲥ ⲟⲛ ϣⲁⲥⲟⲩⲱϣⲧ̄
ⲛⲁϥ· ⲉⲥϫⲱ̄ ⲙ̄ⲙⲟⲥ· ϫⲉ ⲡⲁ ϫⲟⲉⲓⲥ· ⲁⲩⲱ̄ ⲡⲁ ϣⲏⲣⲉ·
Ⲉⲓⲧⲁ ⲙⲛ̄ⲛ̄ⲥⲁ ⲛⲁⲓ̈· ⲁⲥⲁⲙⲁϩⲧⲉ̀ ⲛ̄ ⲧⲉϥϭⲓϫ· ⲁⲥⲥⲱⲕ
ⲙ̄ⲙⲟϥ ϩⲛ̄ ⲛⲉϩⲓⲟⲟⲩⲉ· ⲉⲥϫⲱ ⲙ̄ⲙⲟⲥ ϫⲉ· ⲡⲁ ϣⲏⲣⲉ
Fol. 30 *a* 2 ⲉⲧ ϩⲟⲗϭ̄· ⲙⲟⲟ̄ϣⲉ̀ ⲕⲟⲩⲓ̈· ⲕⲟⲩⲓ̈ ⲛ̄ⲑⲉ ⲛ̄ ⲛ̄ϣⲏ|ⲣⲉ̀ ⲕⲟⲩⲓ
ⲧⲏⲣⲟⲩ ⲉⲩⲧⲥⲁⲃⲟ ⲙ̄ⲙⲟⲟⲩ̀ ⲉ ⲙⲟⲟϣⲉ· Ⲛ̄ⲧⲟϥ ⲇⲉ̀ ϩⲱⲱϥ
ⲡⲛⲟⲩⲧⲉ ⲙ̄ⲙⲉ ⲓ̄ⲥ̄· ⲁϥⲟⲩⲁϩϥ̄ ⲛ̄ⲥⲱⲥ· ⲛ̄ϥϣⲧⲣ̄ⲧⲱⲣ̀
ⲁⲛ̀· ⲉϥⲧⲟϭⲥ̄ ⲉ ⲛⲉϥⲕⲟⲩⲓ̈ ⲛ̄ϭⲟⲡ· ⲉϥϥⲓ̀ ⲟⲩⲱϩ· ⲟⲩⲱϩ·
Ⲉϥϣⲁϣⲉ̀ ϩⲛ̄ ⲛⲉϩⲟⲓⲧⲉ ⲙⲛ̄ ⲙⲁⲣⲓⲁ̀ ⲧⲉϥⲙⲁⲁⲩ ⲛ̄ϭⲓ ⲡⲉⲧ
ⲉⲣⲉ ⲡⲧⲏⲣϥ̄· ⲁϣⲉ ⲙ̄ⲙⲟϥ· Ⲉⲛⲉϣⲁϥϥⲓ̀ ⲛ̄ ⲛⲉϥⲃⲁⲗ
ⲉ ϩⲣⲁⲓ̈ ϩⲁ ⲡⲉⲥϩⲟ· ⲛ̄ϭⲓ ⲡⲉⲧ ⲉⲣⲉ ⲡⲧⲏⲣϥ̄ ⲁϣⲉ ⲙ̄ⲙⲟϥ·
ⲁⲩⲱ̄ ⲉϥⲥⲙⲟⲛⲧ̄ ⲉ ⲧⲃⲏⲏⲧϥ̄· Ⲉⲛⲉϣⲁⲥϫⲓⲧϥ̄ ⲟⲛ ⲛ̄ⲥⲧⲁⲗⲟϥ·
ⲛ̄ⲥ̄ⲙⲟⲟϣⲉ ⲛ̄ⲙ̄ⲙⲁϥ· Ⲁⲙⲏⲓⲧⲛ̄· ⲱ̄ ⲛⲉϩⲓⲟⲙⲉ ⲧⲏⲣⲟⲩ |
Fol. 30 *b* 1 ⲛ̄ⲧⲉⲧⲛ̄ⲛⲁⲩ ⲉ ⲙⲁⲣⲓⲁ· ⲉⲣⲉ ⲡⲛⲟⲩⲧⲉ̀ ⲡⲟⲣϫ̄ ⲉ ⲡⲉⲥⲥⲡⲓⲣ
ⲙ̅ⲏ̅ ⲉϥϥⲓ ⲙⲛ̄ ⲡⲉϥϩⲟ̀ ⲉ ϩⲣⲁⲓ̈· ⲉϥϯⲡⲓ̀ ⲉ ⲣⲱⲥ· Ⲙⲟⲟϣⲉ·
ⲙⲟⲟϣⲉ ⲧϣⲉⲉⲣⲉ ⲛ̄ ⲥⲓⲱⲛ· ⲉⲓϣⲁϫⲉ̀ ⲉⲣⲟ̀ ⲱ̄ ⲙⲁⲣⲓⲁ̀· ⲉⲓⲥ
ⲡ̄ⲣ̄ⲣⲟ ⲡⲉⲭ̄ⲥ̄ ϩⲓ ϫⲱ· Ⲁϥϣⲱⲡⲉ ⲅⲁⲣ ⲛⲉ̀ ⲛ̄ϭⲓ ⲡ̄ⲣ̄ⲣⲟ
ⲡⲉⲭ̄ⲥ̄· ⲁϥϩⲙⲟⲟⲥ̀ ϩⲓ ϫⲱ· Ⲁϥⲣ̄ ϣⲃⲏⲣ̀ ⲣ̄ ϩⲱⲃ ⲛⲙ̄ⲙⲉ̀
ⲛ̄ϭⲓ ⲡⲉⲓⲱⲧ· Ⲁϥⲣ̄ ⲥⲩⲅⲅⲉⲛⲏⲥ̀ ⲛⲙ̄ⲙⲉ ⲛ̄ϭⲓ ⲡϣⲏⲣⲉ·
Ⲁϥⲣ̄ ⲁⲧ ⲡⲱⲣϫ̄ ⲉⲣⲟ̀ ⲛ̄ϭⲓ ⲡⲉⲡⲛ̄ⲁ̄ ⲉⲧ ⲟⲩⲁⲁⲃ· Ⲛⲁⲅⲅⲉ-
Fol. 30 *b* 2 ⲗⲟⲥ ϩⲩⲡⲟⲧⲁⲥⲥⲉ ⲛⲉ̀ ϫⲉ ⲁϥⲙⲉⲣⲓ|ⲧⲉ· ⲁϥϭⲟⲓ̈ⲗⲉ̀ ⲉⲣⲟ̀
ⲉ ⲧⲃⲉ ⲡⲟⲩⲧⲃ̄ⲃⲟ· Ⲛ̄ⲧⲟ̀ ⲅⲁⲣ ⲙⲁⲩⲁⲁⲧⲉ̀ ⲡⲉⲛⲧ ⲁⲣϭⲛ̄
ϩⲙⲟⲧ̀ ⲛ̄ ⲛⲁϩⲣⲙ̄ ⲡⲛⲟⲩⲧⲉ· ϩⲛ̄ ⲛⲉϩⲓⲟ̄ⲙⲉ̀ ⲧⲏⲣⲟⲩ· ϫⲉ
ⲡϫⲟⲉⲓⲥ ϣⲟⲟⲡ ⲛⲙ̄ⲙⲉ· Ⲁⲣϥⲓ ⲛ̄ ⲛⲟⲩϭⲓϫ̀ ⲉ ϩⲣⲁⲓ̈·
ⲙⲛ̄ ⲛⲟⲩϭⲃⲟⲓ̈ ⲉ ⲧϫⲟⲥⲉ· ⲁⲣϫⲓ ⲛ̄ⲧ ⲙⲛ̄ ⲡⲛⲟⲩⲧⲉ ⲡⲉⲓⲱⲧ·
ⲛ̄ⲑⲓⲕⲱⲛ ⲙⲛ̄ ⲡⲉϥϣⲏⲣⲉ· ⲁⲣⲧⲁⲗⲟⲥ̀ ϩⲓϫⲛ̄ ⲧⲟⲩⲁⲡⲉ· ⲉⲣⲉ
ⲡⲉⲡⲛ̄ⲁ̄ ⲉⲧ ⲟⲩⲁⲁⲃ ϫⲓ ⲙⲟⲉⲓⲧ ϩⲏⲧⲉ· ⲉⲣⲙⲟⲟϣⲉ̀ ⲉ ⲃⲟⲗ

ϩⲛ̅ ⲧⲟⲓⲕⲟⲩⲙⲉⲛⲏ ⲧⲏⲣⲥ̅ · ⲉⲣⲧⲁϣⲉⲟⲉⲓϣ · ⲉⲣϫⲱ ⲙ̅ⲙⲟⲥ ·
ϫⲉ | Ⲥⲟⲩⲱ̅ⲛϥ̅ ⲛⲏⲧⲛ̅ · ϫⲉ ⲛ̅ⲧⲟϥ · ⲡⲉ ⲡϣⲏⲣⲉ · ⲛ̅ ⲟⲩⲱⲧ Fol. 31 *a* 1 ⲙ̅ⲑ̅
ⲛ̅ⲧⲉ ⲡⲛⲟⲩⲧⲉ · ⲛ̅ⲧ ⲁⲓϫⲡⲟϥ · Ⲱ̅ ⲙⲁⲣⲓⲁ̀ · ⲁⲓ̈ⲉⲓⲙⲉ · ϫⲉ
ⲉⲣⲧⲏⲕ ⲛ̅ ϩⲏⲧ̀ ⲉϫⲛ̅ ⲛⲟⲩⲥⲙⲟⲧ · Ϫⲉ ⲥϩⲓⲙⲉ ⲛⲓⲙ ⲛ̅ⲧ ⲁϥ-
ⲁⲓ̈ⲧⲉⲓ (*sic*) ⲙ̅ ⲡⲛⲟⲩⲧⲉ̀ ⲛ̅ⲧⲁϥϯ ⲛⲁϥ (*sic*) ⲙ̅ ⲡϣⲓ ⲛ̅ ⲧ̅ⲙⲛ̅ⲧ-
ⲣⲱⲙⲉ · Ⲛ̅ⲧⲟ̀ ⲇⲉ̀ ⲛ̅ⲧ ⲁⲣⲁⲓ̈ⲧⲉⲓ ⲙ̅ⲙⲟϥ ⲛ̅ ⲟⲩⲙⲛ̅ⲧⲥⲁⲃⲉ ·
ⲁϥϯ ⲛⲉ̀ ⲙ̅ ⲡⲉϥⲇⲱⲣⲟⲛ̀ ⲉⲧⲉ ⲡⲉϥϣⲏⲣⲉ ⲡⲉ · Ⲁⲣϩⲟ ·
ⲁϥϯ̀ ⲛⲉ̀ ⲙ̅ⲡⲉⲣⲱⲧⲉ̀ ⲛ̅ ⲛⲟⲩⲉⲕ|ⲓⲃⲉ̀ ϩⲛ̅ ⲙ̅ⲡⲛⲟⲩⲉ · Fol. 31 *a* 2
Ⲛⲧⲁⲩϫⲡⲟ̀ ϩⲓⲧⲛ̅ ⲉⲩϩⲁ · ⲛ̅ⲧⲟ ϩⲱⲱⲧⲉ̀ ⲁⲣϫⲡⲟ̀ ⲙ̅
ⲡⲛⲟⲩⲧⲉ ⲡⲣ̅ⲣⲟ ⲛ̅ ⲛⲁ ⲧⲡⲉ · ⲙⲛ̅ ⲛⲁ ⲡ̅ⲕⲁϩ · Ⲛ̅ⲧⲁⲣⲁⲡⲟ-
ⲧⲁⲥⲥⲉ ⲙ̅ ⲡⲕⲟⲥⲙⲟⲥ ⲙⲛ̅ ⲧⲉϥϩⲩⲗⲏ · ⲁ ⲡⲛⲟⲩⲧⲉ ϩⲱⲱϥ
ⲭⲁⲣⲓⲍⲉ ⲛⲉ̀ ⲛ̅ ⲧⲡⲉ · ⲙⲛ̅ ⲡⲕⲁϩ · Ⲉⲛⲉϣⲁⲣⲕⲱⲗⲍ̅ ⲛ̅
ⲛⲟⲩⲡⲁⲧ · ⲙ̅ ⲛⲟⲩϣⲏⲣⲉ · ⲛ̅ⲧⲉⲟⲩⲱϣⲧ̅ ⲛⲁϥ · Ⲁⲩⲱ
ⲛ̅ⲧⲉⲩⲛⲟⲩ ϣⲁⲣⲉ ⲛⲁⲅⲅⲉⲗⲟⲥ · ⲟⲩⲱϣⲧ̅ ⲛⲉ̀ ϩⲱⲟⲩ · Ⲱ̅
ⲙⲁⲣⲓⲁ · ⲙⲁⲁⲃⲉ · ⲙⲛ̅ ⲯⲓⲧⲉ̀ ⲛ̅ⲣⲟⲙⲡⲉ · ⲁⲣ|ϫⲟⲕⲟⲩ̀ Fol. 31 *b* 1 ⲛ̅
ⲉ ⲃⲟⲗ ⲉⲣⲉ ⲡⲛⲟⲩⲧⲉ̀ ϯ ⲉⲟⲟⲩ ⲛⲉ · ⲧⲁⲩⲉ̀ ⲛ̅ ⲟⲩⲙⲩⲥⲧⲏ-
ⲣⲓⲟⲛ̀ ⲉ ⲣⲟⲓ̈ ⲱ̅ ⲙⲁⲣⲓⲁ · Ⲥⲱⲧⲙ̅ ⲡⲉϫⲁⲥ̀ ⲁⲛⲟⲕ ϯⲛⲁ
ⲧⲁⲙⲟⲕ · Ⲁⲓ̈ⲉⲥⲩⲭⲁⲍⲉ ⲙ̅ⲙⲟⲓ̈ ϫⲓⲛ ⲧⲁ ⲙⲛ̅ⲧⲕⲟⲩⲓ̈ ·
Ⲁⲓ̈ⲁⲡⲟⲧⲁⲥⲥⲉ ⲙ̅ ⲡⲕⲟⲥⲙⲟⲥ ⲙⲛ̅ ⲧⲉϥϩⲩⲗⲏ · Ⲁ ⲧⲁⲕⲁ-
ⲗⲁϩⲏ̀ ⲙⲟⲟϣⲉ̀ ⲉ ⲃⲟⲗ ⲁϫⲛ̅ ϩⲟⲟⲩⲧ · Ⲁ ⲛⲁⲉⲕⲓⲃⲉ̀ ⲣ̅
ⲥⲁⲓ̈ⲣⲉ · Ⲙⲡ ⲉⲓϣⲁϫⲉ̀ ⲙⲛ̅ ϩⲣ̅ϣⲓⲣⲉ · Ⲙⲡ ⲉⲓϯⲧⲕⲁⲥ
ⲉⲓⲙⲓⲥⲉ · Ⲙⲡ ⲉⲓϣⲗⲁϩ · ⲉⲓⲛⲁⲩ ⲉ ⲡⲁ | ϣⲏⲣⲉ · Ⲙⲡ Fol. 31 *b* 2
ⲓ̈ⲉⲓⲙⲉ · ϫⲉ ⲛ̅ⲧⲁⲓ̈ϣⲱ ⲙ̅ⲙⲟϥ ⲉ ⲃⲟⲗ ⲧⲱⲛ · Ⲁⲓ̈ⲉⲓⲙⲉ
ⲇⲉ̀ ⲛ̅ⲧⲟϥ ϫⲉ ⲟⲩⲛⲟⲩⲧⲉ̀ ⲡⲉ ⲛ̅ⲧ ⲁⲓ̈ϫⲡⲟϥ · Ⲁ ⲅⲁⲃⲣⲓⲏⲗ
ⲡⲁⲣⲭⲁⲅⲅⲉⲗⲟⲥ̀ ⲣ̅ ϩⲟⲧⲉ · ⲉϥⲧⲁϣⲉⲟⲉⲓϣ ⲛⲁⲓ̈ ⲛ̅ⲛⲁⲓ̈ ·
ⲉϥⲥⲟⲟⲩⲛ ϫⲉ ⲟⲩϩⲱⲃ ⲛ̅ ⲃⲣ̅ⲣⲉ ⲡⲉ · Ⲁⲛⲟⲕ ⲇⲉ ⲙ̅ⲡ
ⲉⲓⲣ̅ϩⲟⲧⲉ · ⲁⲗⲗⲁ ⲁⲓ̈ⲧⲉⲗⲏⲗ · ⲉⲓⲥⲟⲟⲩⲛ ⲙ̅ ⲡⲣⲁϣⲉ · ⲛ̅ ⲧⲉⲣⲉ
ϥⲁⲥⲡⲁⲍⲉ ⲙ̅ⲙⲟⲓ̈ · ⲉϥⲥⲧⲱⲧ · ⲁⲩⲱ̅ ⲁⲓⲙⲟⲩϩ ⲛ̅ ⲟⲩⲛⲟϥ ·
Ⲁϥⲉⲓ̀ ⲡⲉϫⲁⲥ ⲛ̅ϭⲓ ⲙⲁⲣⲓⲁ · ⲁϥⲟⲩⲱⲛ ⲛ̅ ⲧⲁ | ⲧⲁⲡⲣⲟ · Fol. 32 *a* 1 ⲛ̅ⲁ
ⲁϥⲡⲱⲧ̀ ⲉ ⲡⲉⲥⲏⲧ̀ ⲉ ⲧⲁ ⲕⲁⲗⲁϩⲏ̀ · ⲁⲩⲱ̅ ⲡⲁⲣⲭⲁⲅⲅⲉⲗⲟⲥ̀
ⲉⲧ ⲟⲩⲁⲁⲃ · ⲅⲁⲃⲣⲓⲏⲗ · ⲉⲛ ⲉϥⲗⲟϫⲧ̅ ⲉ ⲣⲟⲓ̈ ⲡⲉ · ⲉϥⲣ̅
ϩⲙ̅ⲙⲉ ⲙ̅ⲙⲟⲓ̈ · ⲁⲩⲱ̅ ⲉϥϩⲩⲡⲉⲣⲏⲧⲉⲓ̈ · ⲙ̅ ⲡⲉⲧ ϩⲙ̅ ⲡⲁ
ⲥⲁ ⲛ ϩⲟⲩⲛ · Ⲉⲛⲉϣⲁⲓ̈ϩⲩⲙⲛⲉⲩⲉ̀ ⲉ ⲡⲛⲟⲩⲧⲉ · ⲛ̅
ⲧⲉⲩϣⲏ · ϣⲁⲣⲉ ⲛⲁⲅⲅⲉⲗⲟⲥ̀ ϩⲩⲙⲛⲉⲩⲉ̀ ⲛ̅ⲙⲙⲁⲓ̈ · Ⲙ̅

ⲡⲛⲁⲩ ⲟⲛ` ⲉϣⲁⲓ̈ⲕⲱⲗϫ̄ ⲛ̄ ⲛⲁ ⲡⲁⲧ ⲛ̄ ϣⲱⲣⲡ̄· ϣⲁⲣⲉ
ⲛ̄ϭⲟⲙ` ⲛ ⲙ̄ⲡⲏⲩⲉ· ⲟⲩⲱ̄ϣⲧ ⲙ̄ ⲡⲉⲧ ϩⲙ̄ ⲡⲁ ⲥⲁ ⲛ ϩⲟⲩⲛ·
Fol. 32 *a* 2 Ⲡ ⲡⲛⲁⲩ ⲛ̄ ϫⲡ̄ ϣⲟⲙⲧⲉ· ϣⲁ|ⲣⲉ ⲧⲉ ⲧⲣⲓⲁⲥ· ϯ ⲛⲁⲓ̈ ⲛ̄
ⲟⲩϭⲟⲙ· ϣⲁ ϫⲡ̄ⲥⲟ` ⲙ̄ ⲡⲉϩⲟⲟⲩ· ⲟⲩⲧⲉⲗⲏⲗ ⲙⲛ̄ ⲟⲩ-
ⲟⲩⲛⲟϥ· ⲛⲉⲧ ϣⲟⲟⲡ ⲛⲁⲓ̈· Ⲡ ⲡⲛⲁⲩ` ⲉⲓⲛⲁⲟⲩⲱⲙ·
ⲟⲩⲙⲁⲛⲛⲁ ⲙ̄ ⲙⲁⲣⲕⲁⲣⲓⲧⲏⲥ` ⲛⲉⲧ ⲛⲏⲩ ⲛⲁⲓ̈· Ϩⲙ̄
ⲡⲣⲏ` ⲟⲛ` ⲉϥⲛⲁϩⲱⲧⲡ̄· ⲟⲩⲙⲁⲛⲛⲁ` ⲛ̄ ⲥϯ ⲛⲟⲩϥⲉ ⲡⲉ·
Ⲙⲡ ⲓⲉⲓⲙⲉ· ϫⲉ ⲡⲉ ϯϩⲩⲙⲛⲉⲩⲉ` ⲉ ⲣⲟϥ· ⲡⲕⲟⲥⲙⲟⲥ`
ⲧⲏⲣϥ̄ ϯ ⲉⲟⲟⲩ ⲛⲁϥ· Ⲁⲩⲱ̄ ⲛⲁⲓ ⲧⲏⲣⲟⲩ ⲁⲓ̈ⲉⲓⲙⲉ` ⲉ
ⲣⲟⲟⲩ ⲁⲩⲱ̄ ⲁⲓ̈ⲙⲉⲧⲉⲭⲉ` ⲉ ⲣⲟⲟⲩ· Ⲁⲩⲱ̄ ⲁ ⲡⲕⲟⲥⲙⲟⲥ
Fol. 32 *b* 1 ⲧⲏⲣϥ̄ ϯ ⲉⲟⲟⲩ ⲛⲁⲓ· ⲁⲩⲱϣ ⲉ ⲃⲟⲗ· ϫⲉ ⲕⲁ|ⲗⲱⲥ·
ⲛ̄ⲃ̄ ⲧⲡⲁⲣⲑⲉⲛⲟⲥ` ⲁⲣϫⲱ ⲉ ⲣⲟⲛ ⲛ̄ ⲧϭⲓⲛⲉⲓ` ϣⲁ ⲣⲟⲛ ⲙ̄
ⲡⲉⲛ ⲥⲱⲧⲏⲣ ⲡⲉⲭ̄ⲥ̄· Ⲕⲁⲗⲱⲥ ⲧⲉⲛ̄ⲧ ⲁⲥⲙ̄ⲡϣⲁ ⲛ̄ ϣⲱⲡ
ⲉ ⲣⲟⲥ ⲙ̄ ⲡⲉⲑⲣⲟⲛⲟⲥ ⲙ̄ ⲡⲛⲟⲩⲧⲉ· Ⲕⲁⲗⲱⲥ ⲧⲉⲛ̄ⲧ
ⲁⲥⲧⲟⲩϫⲟ` ⲙ̄ ⲡⲕⲟⲥⲙⲟⲥ ⲧⲏⲣϥ̄· ϩⲓⲧⲛ̄ ⲧⲉⲥϭⲓⲛϫⲡⲟ·
Ⲕⲁⲗⲱⲥ ⲧϣⲉⲉⲣⲉ ϣⲏⲙ ⲙ̄ ⲡⲁⲣⲑⲉⲛⲟⲥ· ⲉⲣⲉ ⲡⲛⲟⲩⲧⲉ`
ⲟⲩⲏϩ ⲛ̄ⲙ̄ⲙⲁⲥ· Ⲕⲁⲗⲱⲥ ⲧⲙⲁⲁⲩ` ⲛ̄ⲙ̄ⲙⲟⲛⲁⲭⲟⲥ ⲧⲏ-
Fol. 32 *b* 2 ⲣⲟⲩ ⲙⲛ̄ ⲙ̄ⲙⲟⲛⲁⲭⲏ` ⲧⲏⲣⲟⲩ·| Ⲁⲣⲃⲉⲗ` ⲧⲙⲛ̄ⲧⲣⲱⲙⲉ
ⲧⲏⲣⲥ̄· ⲉⲥⲥⲟⲛϩ̄ ⲛ̄ ⲧⲟⲟⲧϥ̄ ⲙ̄ ⲡⲇⲓⲁⲃⲟⲗⲟⲥ· Ⲁⲣⲙⲉⲥⲧⲉ`
ⲡⲃⲓⲟⲥ` ⲙ̄ ⲡⲅⲁⲙⲟⲥ· Ⲁⲣⲉⲣⲙⲁⲁⲩ ⲙ̄ ⲡⲡⲁⲧϣⲉⲗⲉⲉⲧ
ⲙ̄ ⲙⲉ· Ⲡⲟⲩⲥⲱⲙⲁ` ⲁϥϭⲃ̄ⲃⲉ ϩⲛ̄ ⲛⲁⲥⲕⲏⲥⲓⲥ· Ⲡⲟⲩⲡⲛ̄ⲁ̄
ⲇⲉ` ⲁϥⲧⲉⲗⲏⲗ· ϫⲉ ⲡⲛⲟⲩⲧⲉ ϣⲟⲟⲡ ⲛ̄ⲙ̄ⲙⲉ· Ⲉϣϫⲉ
ⲁ ⲡⲉⲧ ⲥⲟⲩⲧⲱⲛ ⲙⲉⲣⲓⲧⲉ· ⲉⲓⲉ` ⲙⲛ̄ ⲗⲁⲁⲩ ⲛⲁϭⲱ ⲉⲓ
ⲙⲏ ⲧⲉⲓ ⲛ̄ⲥⲉϩⲩⲡⲟⲧⲁⲥⲥⲉ ⲛⲉ:—Ⲉϣϫⲉ ⲁⲛⲟⲩⲉⲣⲏⲧⲉ
Fol. 33 *a* 1 ⲧⲱⲟⲩⲛ ϩⲁ ⲡⲛⲟⲩⲧⲉ· ⲉϥϩⲛ̄ ⲧⲟⲩ|ⲕⲁⲗⲁϩⲏ` ⲉⲧ ⲧⲃ̄ⲃⲏⲩ·
ⲛ̄ⲅ̄ Ⲉⲓⲉ` ⲟⲛⲧⲱⲥ· ⲥⲉϣⲟⲟⲡ ⲛ̄ⲥⲧⲩⲗⲗⲟⲥ ϩⲛ̄ ⲧⲙⲏⲧⲉ` ⲛ̄
ⲑⲓⲗⲏ̄ⲙ̄ ⲛ̄ ⲧⲡⲉ· Ⲉϣϫⲉ ⲁⲛⲟⲩⲉⲣⲏⲧⲉ` ⲧⲱⲟⲩⲛ` ϩⲁ
ⲡⲛⲟⲩⲧⲉ` ⲉϥⲟ` ⲛ̄ ⲕⲟⲩⲓ̈· Ⲉⲓⲉ` ⲟⲛⲧⲱⲥ` ⲧⲉ ⲁϩⲉ ⲣⲁⲧⲉ`
ⲧⲉⲛⲟⲩ ϩⲁⲧⲙ̄ ⲡⲉⲑⲩⲥⲓⲁⲥⲧⲏⲣⲓⲟⲛ ⲙ̄ ⲡⲟⲩϣⲏⲣⲉ· Ⲉϣϫⲉ
ⲁⲣϩⲱⲃⲥ̄ ⲙ̄ ⲡⲉϥϩⲟ· ϩⲛ̄ ⲛⲟⲩϩⲟⲓ̈ⲧⲉ` ⲉ ⲧⲃⲉ ⲡⲁⲛⲣ· ⲛ̄
ⲡϫⲁϥ ⲉⲧ ⲛ̄ ⲃⲟⲗ· Ⲉⲓⲉ` ⲟⲛⲧⲱⲥ` ⲛⲉⲭⲉⲣⲟⲩⲃⲓⲛ· ⲙⲛ̄
Fol. 33 *a* 2 ⲛⲉⲍⲉⲣⲁⲫⲓⲛ` ⲁϩⲉ ⲣⲁⲧⲟⲩ ϩⲓϫⲙ̄ ⲡⲉⲑⲩⲥⲓⲁⲥ|ⲧⲏⲣⲓⲟⲛ`
ⲉⲩϩⲱⲃⲥ̄ ⲙ̄ ⲡⲟⲩϩⲟ` ϩⲙ̄ ⲡⲧⲁⲁⲧⲉ ⲛ̄ ⲛⲉⲩⲧⲛ̄ϩ· Ⲉϣϫⲉ
ⲁⲣⲧⲱⲟⲩⲛ` ϩⲁ ⲣⲟϥ ϩⲙ̄ ⲡⲟⲩϩⲁⲙⲏⲣ ⲙⲛ̄ ⲛⲟⲩⲡⲁⲧ·

Ⲉⲓⲉ ⲟⲛⲧⲱⲥ ⲧⲉϩⲙⲟⲟⲥ ⲧⲉⲛⲟⲩ ϩⲓϫⲛ̅ ⲟⲩⲑⲣⲟⲛⲟⲥ
ⲛ̅ ⲉⲟⲟⲩ· ⲉⲣⲉ ⲛⲉⲭⲉⲣⲟⲩⲃⲓⲛ ⲙⲛ̅ ⲛⲉⲍⲉⲣⲁⲫⲓⲛ ⲁϩⲉ
ⲣⲁⲧⲟⲩ ⲉⲣⲟ ⲉⲩϩⲩⲙⲛⲉⲩⲉ ⲉ ⲡⲉⲛⲧ ⲁⲣϫⲡⲟⲥ· Ⲉϣϫⲉ
ⲁⲣⲧⲙ̅ⲙⲟϥ ⲛⲉⲣⲱⲧⲉ ϩⲛ̅ ⲛⲟⲩⲉⲕⲓⲃⲉ ⲙ̅ ⲡⲁⲣⲑⲉⲛⲓⲕⲟⲛ·
Ⲉⲓⲉ ⲟⲛⲧⲱⲥ ⲡⲉϥⲥⲱⲙⲁ ⲛ̅ ⲛⲟⲩⲧⲉ· ⲙⲛ̅ ⲡⲉϥⲥⲛⲟϥ ⲉⲧ |
ⲧⲁⲉⲓⲏⲩ· ⲥⲉϯ ⲙ̅ⲙⲟϥ ⲉ ⲧⲟⲩⲧⲁⲡⲣⲟ· Ⲟⲩ ⲡⲉ ⲡⲧⲁⲉⲓⲟ Fol. 33 *b* 1 ⲛ̅ⲇ̅
ⲉⲧ ⲟⲩⲛⲁϣⲉⲛⲧϥ ⲛ̅ ⲛⲁϩⲣⲉ· Ⲱ ⲧⲉ ⲥϩⲓⲙⲉ ⲛ̅ ⲧⲁ ⲧⲡⲉ
ⲙⲛ̅ ⲡⲕⲁϩ· ⲙⲛ̅ ⲛⲉⲫⲱⲥⲧⲏⲣ ⲙⲛ̅ ⲛⲁⲅⲅⲉⲗⲟⲥ ⲉⲧ ϩⲙ̅
ⲡϫⲓⲥⲉ ϩⲩⲡⲟⲧⲁⲥⲥⲉ ⲛⲁⲥ· ⲉ ⲧⲃⲉ ⲡⲉⲧ ⲟⲩⲏϩ ⲛ̅ϩⲏⲧⲥ̅·
Ⲥⲱⲧⲙ̅ ⲉ ⲡⲉⲧ ϩⲓ ⲟⲩⲛⲁⲙ ⲙ̅ ⲡⲉϥⲉⲓⲱⲧ ϩⲛ̅ ⲙ̅ⲡⲏⲩⲉ
ⲉϥⲙⲟⲩⲧⲉ ⲉ ⲙⲁⲣⲓⲁ ϫⲉ ⲧⲁ ⲙⲁⲁⲩ· ⲉϥⲥⲱⲧⲙ̅ ⲛ̅ⲥⲁ
ⲓ̈ⲱⲥⲏⲫ ϩⲙ̅ ⲙⲛ̅ⲧⲥⲧⲙⲏⲧ ⲛⲓⲙ· ⲛ̅ⲑⲉ ⲛ̅ ⲟⲩⲉⲓ|ⲱⲧ· ⲛ̅ⲁⲅ- Fol. 33 *b* 2
ⲅⲉⲗⲟⲥ ϩⲩⲡⲉⲣⲏⲧⲉⲓ ⲙ̅ⲙⲟϥ· ⲛ̅ⲧⲟϥ ϩⲱⲱϥ ϥϩⲩⲡⲟⲧⲁⲥⲥⲉ
ⲛ̅ ⲧⲉϥⲙⲁⲁⲩ ⲕⲁⲧⲁ ⲥⲁⲣⲝ̅· Ⲛⲁⲓ ⲇⲉ ⲧⲏⲣⲟⲩ ⲁⲩϣⲱⲡⲉ
ⲙ̅ⲙⲟ ⲱ ⲙⲁⲣⲓⲁ ⲧⲡⲁⲣⲑⲉⲛⲟⲥ ⲉⲧ ϫⲏⲕ ⲉ ⲃⲟⲗ· Ⲁⲙⲏⲓ̈ⲧⲛ̅
ⲱ̅ ⲛⲉϩⲓⲟⲙⲉ ⲧⲏⲣⲟⲩ ⲉⲧ ⲉⲡⲓⲑⲩⲙⲉⲓ ⲉ ⲧⲙⲛ̅ⲧⲡⲁⲣⲑⲉⲛⲟⲥ·
ⲛ̅ⲧⲉⲧⲛ̅ⲕⲱϩ ⲉ ⲡⲉⲥⲙⲟⲧ ⲙ̅ ⲙⲁⲣⲓⲁ ⲧⲙⲁⲁⲩ ⲙ̅ ⲡⲁ ϫⲟⲉⲓⲥ·
ⲛ̅ⲧⲉⲧⲛ̅ⲑⲉⲱ̅ⲣⲉⲓ ⲛ̅ ⲧⲉⲥϭⲓⲛⲟⲩⲱⲙ ⲉⲧ ϫⲁϫⲱ· ⲙⲛ̅ ⲧⲉⲥ-
ϭⲓⲛⲉⲛⲕⲟⲧⲕ̅ ϩⲓ ⲡⲉⲥⲏⲧ· | Ⲙ̅ⲡⲉ ⲥⲉⲡⲓⲑⲩⲙⲉⲓ ⲉ ⲗⲁⲁⲩ ⲉ Fol. 34 *a* 1 ⲛ̅ⲉ̅
ⲡⲁ ⲡⲉⲓ ⲕⲟⲥⲙⲟⲥ ⲡⲉ· Ⲉⲛ ⲉⲣⲉ ⲡⲉⲥⲣ̅ ⲡⲙⲉⲉⲩⲉ ϣⲟⲟⲡ
ⲛ̅ ⲛⲁⲩ ⲛⲓⲙ ϩⲛ̅ ⲧⲧⲁⲡⲣⲟ· ⲛ̅ ⲛⲉⲟⲩⲏⲏⲃ· Ⲙ̅ⲡⲉ ⲥϫⲱⲕⲙ̅
ϩⲛ̅ ⲟⲩⲥⲓⲟ̈ⲟⲩⲛ̅ ⲉⲛⲉϩ: Ⲙ̅ⲡⲉ ⲥϯ ⲛ̅ ⲟⲩⲕⲟⲥⲙⲏⲥⲓⲥ ⲉ ⲣⲟⲥ
ⲉⲛⲉϩ· Ⲙ̅ⲡⲉ ⲥϣⲟⲩϣⲟⲩ ⲙ̅ⲙⲟⲥ ⲉⲛⲉϩ ϩⲛ̅ ⲟⲩϩⲃⲥⲱ ⲛ̅
ϩⲟⲓ̈ⲧⲉ ⲛ̅ⲑⲉ ⲛ̅ ⲛⲉϩⲓⲟ̈ⲙⲉ ⲧⲏⲣⲟⲩ· ⲙ̅ ⲙⲁⲓ̈ ϣⲟⲩϣⲟⲩ:
Ⲙ̅ⲡⲉ ⲥϫⲓ ϯⲡⲉ ⲛ̅ ⲏⲣⲡ ⲉⲛⲉϩ· |Ⲉⲛⲉⲥϩⲙⲟⲟⲥ ⲛ̅ ⲛⲁⲩ
ⲛⲓⲙ· ⲉⲣⲉ ⲡⲉⲥϩⲟ ⲕⲧⲏⲩ | ⲉ ⲡⲥⲁ ⲛ̅ⲧ ⲁⲛⲁⲧⲟⲗⲏ· ⲉⲥ- Fol. 34 *a* 2
ϭⲱϣⲧ̅ ⲉ ⲡⲉⲥⲇⲏⲙⲓⲟⲩⲣⲅⲟⲥ ⲛ̅ ⲛⲁⲩ ⲛⲓⲙ· Ⲙ̅ⲡⲉ ⲥⲁ-
ⲡⲁⲛⲧⲁ ⲉ ϩⲟⲟⲩⲧ ⲉⲛⲉϩ· ⲉⲓ ⲙⲏ ⲧⲉⲓ ⲡⲉⲥⲉⲓⲱⲧ· ⲙⲛ̅
ⲧⲉⲥⲙⲁⲁⲩ ⲙⲛ̅ ⲛⲉⲥⲥⲛⲏⲩ· Ⲉ ⲧⲃⲉ ⲡⲁⲓ̈ ⲛ̅ ⲧⲉⲣⲉ ⲅⲁⲃⲣⲓⲏⲗ
ϣⲁϫⲉ ⲛⲙ̅ⲙⲁⲥ ⲁⲥϣⲧⲟⲣⲧⲣ̅ ⲉϫⲙ̅ ⲡϣⲁϫⲉ ϫⲉ ⲛ ⲁϣ
ⲛ̅ ϩⲉ· ⲡⲁⲓ̈ ⲛⲁϣⲱⲡⲉ ⲙ̅ⲙⲟⲓ̈ ⲙ̅ⲡⲉ ⲓ̈ⲥⲟⲩⲉⲛ ϩⲟⲟⲩⲧ̅
ⲉⲛⲉϩ· Ⲡⲉϫⲁϥ ⲛⲁⲥ ⲛ̅ϭⲓ ⲅⲁⲃⲣⲓⲏⲗ· ϫⲉ ⲟⲩⲡⲛ̅ⲁ̅ ⲉϥ-
ⲟⲩⲁⲁⲃ ⲡⲉⲧ ⲛⲏⲩ ⲉ ϩⲣⲁⲓ̈ ⲉ ϫⲱ· ⲁⲩⲱ̅ ⲧϭⲟⲙ ⲙ̅ ⲡⲉⲧ Fol. 34 *b* 1
ϫⲟⲥⲉ ⲧⲉⲧ ⲛⲁⲣ̅ ϩⲁⲓⲃⲉⲥ ⲉⲣⲟ· | Ⲉ ⲧⲃⲉ ⲡⲁⲓ ⲡⲉⲧⲉ- ⲛ̅ⲥ̅

ⲛⲁϫⲡⲟϥ ⲱ̄ ⲙⲁⲣⲓⲁ ⲛ̄ⲧⲟϥ ⲡⲉⲧⲉ ϣⲁϥⲉⲗⲉⲩⲑⲉⲣⲟⲩ ⲙ̄
ⲡⲅⲉⲛⲟⲥ ⲛ̄ ⲁⲇⲁⲙ· ϩⲓⲧⲙ̄ ⲡⲉϥⲥⲱⲙⲁ ⲛ̄ ⲛⲟⲩⲧⲉ· ⲙⲛ̄
ⲡⲉϥⲥⲛⲟϥ ⲉⲧ ⲧⲁⲉⲓⲏⲩ· Ⲡⲉⲧ ⲉⲣⲛⲁϫⲡⲟϥ ⲱ̄ ⲙⲁⲣⲓ̈ⲁ̀
ⲧⲡⲁⲣⲑⲉⲛⲟⲥ· ⲛ̄ⲧⲟϥ ⲡⲉⲛⲧ ⲁϥⲡⲗⲁⲥⲥⲉ ⲛ ⲟⲩⲟⲛ ⲛⲓⲙ
ϩⲛ̄ ⲛⲉϥϭⲓϫ ⲛ̄ ⲛⲟⲩⲧⲉ· Ⲉⲣⲉ ⲡⲟⲩⲣ̄ ⲡⲙⲉⲉⲩⲉ ⲛⲁϣⲱⲡⲉ
ⲉϥϩⲏⲡ ⲛ̄ ⲁϣ ⲛ̄ ϩⲉ· ⲏ̄ ⲉⲩⲛⲁⲣ̄ ⲡⲟⲩⲱⲃϣ̄ ⲛ̄ ⲁϣ ⲛ̄ ϩⲉ
ⲱ̄ ⲧⲡⲁⲣⲑⲉⲛⲟⲥ ⲛ̄ ⲥⲁⲃⲉ· ⲉⲩⲧⲁⲩⲟ̀ ⲙ̄ ⲡⲟⲩⲣⲁⲛ ϩⲛ̄ ⲧⲟⲓ̈-
ⲕⲟⲩⲙⲉⲛⲏ ⲧⲏⲣⲥ̄· ϩⲓϫⲛ̄ ⲧⲉ ⲧⲣⲁⲡⲉⲍⲁ ⲉⲧ ⲟⲩⲁⲁⲃ· ϩⲓⲧⲛ̄
Fol. 34 b 2 ⲛⲉⲉⲡⲓⲥⲕⲟⲡⲟⲥ | ⲙⲛ̄ ⲛⲉⲡⲣⲉⲥⲃⲩⲧⲉⲣⲟⲥ· ⲉⲩϫⲱ ⲙ̄ⲙⲟⲥ·
ⲛ̄ ⲧⲉⲓ ϩⲉ Ⲭⲉ ⲉ̄ⲛⲉⲓ̈ⲣⲉ ⲙ̄ ⲡⲙⲉⲉⲩⲉ̀ ⲙ̄ ⲡⲉⲕϫⲡⲟ ⲉ̄ⲧ
ⲟⲩⲁ̄ⲁⲃ· ϩⲙ̄ ⲙⲁⲣⲓ̈ⲁ̄ ⲧⲡⲁⲣⲑⲉⲛⲟⲥ· Ⲛⲁⲓ̈ⲁ̄ⲧⲉ ⲛ̄ⲧⲟ ⲱ̄
ⲙⲁⲣⲓ̈ⲁ̄ ⲡϣⲟⲩϣⲟⲩ ⲛ̄ ⲛⲁⲅⲅⲉⲗⲟⲥ· ⲧⲗⲁⲗⲓ̈ⲁ̄ ⲛ̄ ⲛⲁⲣⲭ-
ⲁⲅⲅⲉⲗⲟⲥ· ⲡϩⲩⲙⲛⲟⲥ ⲛ̄ ⲛⲉⲭⲁⲓ̈ⲣⲟⲩⲃⲓ̈ⲛ· ⲙⲛ̄ ⲛⲉ-
ⲍⲉⲣⲁⲫⲓ̈ⲛ· ⲧϭⲓ̈ ⲛ ϩⲱⲥ ⲛ̄ ⲛⲉⲧ ⲟⲩⲁ̄ⲁⲃ ⲧⲏⲣⲟⲩ· Ϩⲙ̄
ⲡⲉϩⲟⲟⲩ ⲛ̄ⲧⲁⲣϫⲡⲟ ⲙ̄ ⲡϣⲏⲣⲉ ⲙ̄ ⲡⲛⲟⲩⲧⲉ ⲡⲉⲧ ϣⲟⲟⲡ
ϫⲓ̀ⲛ ⲉⲛⲉϩ· ⲡⲉⲧⲉ ⲙⲛ̄ ⲧϥⲁⲣⲭⲏ ⲟⲩⲇⲉ ϫⲱⲕ· Ⲁⲩⲱ
ⲁⲛⲥⲱⲧⲙ̄ ⲉ ϩⲉⲛϩⲩⲙⲛⲟⲥ ⲛ̄ ⲣⲁϣⲉ· ϩⲓ̀ ⲥⲙⲟⲩ· ϩⲛ̄
Fol. 35 a 1 ⲧⲉⲥⲧⲣⲁⲧⲓ̈ⲁ ⲛ̄ ⲧⲡⲉ ϫⲉ· ⲡⲉⲟ̄ⲟⲩ ⲙ̄ | ⲡⲛⲟⲩⲧⲉ ϩⲛ̄ ⲛⲉⲧ
[ⲛⲍ] ϫⲟⲥⲉ· ⲧⲉϥⲉⲓⲣⲏⲛⲏ ϩⲓϫⲙ̄ ⲡⲕⲁϩ· ϩⲛ̄ ⲛ̄ⲣⲱⲙⲉ ⲙ̄
ⲡⲉϥⲟⲩⲱϣ· Ⲁⲛⲗⲁⲟⲥ ⲧⲏⲣⲟⲩ ⲛⲁⲩ ⲉ ⲡⲉⲟⲟⲩ ⲙ̄ ⲡⲛⲟⲩⲧⲉ
ⲡⲉⲛⲧ ⲁⲣϫⲡⲟϥ· ⲉ ⲧⲃⲉ ⲡⲁⲓ ⲧⲉⲥⲙⲁⲙⲁⲁⲧ ⲛ̄ⲧⲟ ϩⲛ̄ ⲛⲉ
ϩⲓⲟⲙⲉ· ⲁⲩⲱ̄ ϥⲥⲙⲁⲙⲁⲁⲧ ⲛ̄ϭⲓ ⲡⲕⲁⲣⲡⲟⲥ ⲛ̄ ϩⲏⲧⲉ·
Ϣ ⲧⲛ̄ⲧⲁ ⲧⲉⲥⲕⲁⲗⲁϩⲏ ϣⲱⲡ ⲉ̄ ⲣⲟⲥ ⲙ̄ ⲡⲉⲓ̈ ⲁⲧ ϣⲟⲡϥ̄·
Ⲛⲁⲓ̈ⲁ̄ⲧⲉ ⲛ̄ⲧⲟ ⲱ̄ ⲧⲡⲁⲣⲑⲉⲛⲟⲥ· ϫⲉ ⲁ̄ ⲧⲟⲩⲙⲏⲧⲣⲁ ⲉϣ-
ⲧⲱⲟⲩⲛ ⲉ ϩⲣⲁⲓ̈· ϩⲁ ⲡⲉⲧ ⲉⲣⲉ ⲧⲡⲉ̀ ⲟ̄ ⲛⲁϥ ⲛ̄ ⲑⲣⲟⲛⲟⲥ·
Fol. 35 a 2 ⲉⲣⲉ ⲡⲕⲁϩ̀ ⲟ̄ ⲛⲁϥ ⲛ̄ ϩⲩⲡⲟⲡⲟⲇⲓⲟⲛ· ⲕⲁⲧⲁ | ⲑⲉ ⲛ̄ⲧⲁϥ-
ϫⲟⲟⲥ ϫⲉ ⲧⲡⲉ̀ ⲡⲉ ⲡⲁ ⲑⲣⲟⲛⲟⲥ· ⲁⲩⲱ̄ ⲡⲕⲁϩ̀ ⲡⲉ
ⲡϩⲩⲡⲟⲡⲟⲇⲓⲟⲛ̀ ⲛ̄ ⲛⲁ ⲟⲩⲉⲣⲏⲧⲉ· ⲛ̄ⲧⲟ̀ ⲇⲉ̀ ⲁⲧⲟⲩ-
ⲕⲁⲗⲁϩⲏ̀ ϣⲱⲡⲉ ⲙ̄ ⲡⲉ· ⲁⲩⲱ̄ ⲛ̄ ⲕⲁϩ· ϫⲉ ⲁⲧⲟⲩⲙⲏⲧⲣⲁ̀
ϣⲱⲡ ⲉ ⲣⲟⲥ ⲙ̄ ⲡⲉⲧ ⲙⲟⲩϩ ⲛ̄ ⲧⲡⲉ̀ ⲙⲛ̄ ⲡⲕⲁϩ· Ⲉⲣⲉ
ⲛⲓⲙ̀ ⲧⲛ̄ⲧⲱⲛ ⲉⲣⲟ̀· ⲱ̄ ⲧⲡⲁⲣⲑⲉⲛⲟⲥ ⲛ̄ ⲥⲁⲃⲏ· ⲱ̄ ⲧⲉⲓ
ⲛⲟϭ ⲛ̄ ϣⲡⲏⲣⲉ· ⲙⲛ̄ ⲡⲉⲓ ⲛⲟϭ ⲛ̄ ⲑⲁⲩⲙⲁ· Ϩⲛ̄ ⲧⲡⲉ
Fol. 35 b 1 ⲙⲉⲛ̀ ⲟⲩ ⲁⲧ ⲙⲁⲁⲩ ⲡⲉ ϩⲙ̄ ⲡⲕⲁϩ ⲇⲉ̀ ⲟⲩⲁⲧⲉⲓⲱⲧ | ⲡⲉ·
ⲛ̄ⲏ ⲟⲩϫⲟⲉⲓⲥ ⲡⲉ̄ ϩⲛ̄ ⲧⲡⲉ· ⲟⲩⲙⲟⲛⲟⲅⲉⲛⲏⲥ ⲡⲉ̀ ϩⲓϫⲙ̄ ⲡⲕⲁϩ·

Ⲏ ϯⲛⲁϩⲱ` ⲁⲛ` ⲉ ⲣⲟⲓ` ⲱ̄ ⲧⲡⲁⲣⲑⲉⲛⲟⲥ` ⲉⲧ ⲟⲩⲁⲁⲃ·
ⲉⲓⲙⲁⲕⲁⲣⲓⲍⲉ ⲙ̄ⲙⲟ· ⲙ̄ ⲡⲁ ϩⲏⲧ ⲛⲁⲉϣⲛⲟⲓ̈ ⲁⲛ` ⲙ̄
ⲡⲁ ⲛⲟϭ ⲛ̄ ϫⲓⲥⲉ· ⲱ ⲧⲉⲛⲧ ⲁⲥϩⲗⲟϭⲗⲉ` ⲙ̄ ⲡⲉⲧ ⲉⲣⲉ
ⲛ̄ⲍⲉⲣⲁⲫⲓⲛ ⲁϩⲉ ⲣⲁⲧⲟⲩ ⲉ ⲣⲟϥ· Ⲉⲣⲉ ⲁϣ` ⲛ̄ ⲗⲁⲥ`
ⲛ̄ ⲥⲁⲣⲝ ⲛⲁϣϣⲁϫⲉ· ⲉ ⲡⲟⲩⲛⲟϭ ⲛ̄ ϫⲓⲥⲉ· Ⲱ̄ ⲫⲩⲗⲁ-
ⲥⲧⲏⲣⲓⲟⲛ ⲉⲣⲉ ⲡⲕⲱϩⲧ̄ ⲙⲟⲩϩ· ϩⲓ ϫⲱϥ· ⲁⲩⲱ ⲉⲛϥⲣⲟⲕϩ̄
ⲁⲛ`· | Ⲱ̄ ⲡⲙⲁ` ⲛ̄ ⲟⲩⲱϩ ⲙ̄ ⲡⲛⲟⲩⲧⲉ· ⲁⲩⲱ ⲡⲉϥⲙⲁ` Fol. 35 *b* 2
ⲛ̄ ϣⲱⲡⲉ:—Ⲱ̄ ⲡⲉⲧ ⲉⲣⲉ ⲛⲉⲡⲣⲟⲫⲏⲧⲏⲥ` ⲱϣ` ⲉ ⲃⲟⲗ
ⲉ ⲧⲃⲏⲏⲧⲥ̄· ϫⲉ Ⲧⲁⲓ̈ ⲧⲉ ⲧⲡⲩⲗⲏ` ⲙ̄ ⲡϫⲟⲉⲓⲥ· ⲉⲣⲉ
ⲛ̄ⲇⲓⲕⲁⲓⲟⲥ` ⲛⲏⲩ` ⲉ ϩⲟⲩⲛ ⲛ̄ϩⲏⲧⲥ̄· Ⲁ ⲡϫⲟⲉⲓⲥ ϭⲱϣⲧ̄
ⲉ ⲃⲟⲗ ϩⲛ̄ ⲧⲡⲉ` ⲉϫⲛ̄ ⲧⲟⲓⲕⲟⲩⲙⲉⲛⲏ` ⲙ̄ ⲡⲉϥϩⲉ` ⲉ ⲡⲉⲧ
ⲧⲛ̄ⲧⲱⲛ ⲉⲣⲟ` ϩⲙ̄ ⲡⲅⲉⲛⲟⲥ ⲧⲏⲣϥ̄· ⲛ̄ ⲛⲉϩⲓⲟⲙⲉ· ⲉ ⲧⲃⲉ
ⲡⲁⲓ̈ ⲁϥϭⲟⲓⲗⲉ` ⲉⲣⲟ` ⲙ̄ ⲡⲉϥⲙⲟⲛⲟⲅⲉⲛⲏⲥ ⲛ̄ ϣⲏⲣⲉ:—
Ⲭⲁⲓⲣⲉ` ⲧⲙⲁⲁⲩ ⲙ̄ ⲡϫⲟⲉⲓⲥ· | ⲧⲉⲛⲧ ⲁⲥϭⲛ̄ ϩⲙⲟⲧ ⲛ̄ Fol. 36 *a* 1
ⲛⲁϩⲣⲙ̄ ⲡⲛⲟⲩⲧⲉ· Ⲭⲁⲓⲣⲉ` ⲡⲉⲥⲙⲟⲩ ⲙⲛ̄ ⲡⲣⲁϣⲉ· ⲙⲛ̄ ⲛ̄ⲑ̄
ⲡⲟⲩⲛⲟϥ· Ⲭⲁⲓⲣⲉ` ⲡⲡⲁⲗⲗⲁⲇⲓⲟⲛ` ⲙ̄ ⲡⲣ̄ⲣⲟ ⲙ̄ ⲙⲉ:—
Ⲭⲁⲓⲣⲉ` ⲡⲉⲣⲅⲁⲥⲧⲏⲣⲓⲟⲛ ⲙ̄ ⲡⲥⲁⲉⲓⲛ ⲙ̄ ⲙⲉ· Ⲭⲁⲓⲣⲉ`
ⲧⲉⲛⲧ ⲁⲥⲙⲓⲥⲉ ⲛⲁⲛ ⲙ̄ ⲡⲱⲛϩ` ⲉⲥⲟ̄ ⲙ̄ ⲡⲁⲣⲑⲉⲛⲟⲥ·
Ⲱ̄ ⲡⲉⲓ ⲙⲩⲥⲧⲏⲣⲓⲟⲛ` ⲉⲑⲏⲡ` ⲛⲁ ⲙⲉⲣⲁⲧⲉ` ⲉⲧⲟⲩⲟ̄ⲛϩ
ⲉ ⲃⲟⲗ ϩⲛ̄ ⲧⲡⲉ:—Ⲭⲓⲛ ⲧⲉϩⲟⲩⲉⲓⲧⲉ` ⲛ̄ⲧⲁ ⲡⲛⲟⲩⲧⲉ ⲧⲁⲙⲓⲟ`
ⲛ̄ ⲧⲡⲉ` ⲙⲛ̄ ⲡⲕⲁϩ ⲛ̄ⲥⲟⲟⲩ ⲛ̄ϩⲟⲟⲩ· Ⲁⲩⲱ ⲁϥⲙ̄ⲧⲟⲛ`
ⲙ̄ⲙⲟϥ ⲉ ⲃⲟⲗ | ϩⲛ̄ ⲛⲉϥϩⲃⲏⲩⲉ` ⲧⲏⲣⲟⲩ· ϩⲙ̄ ⲡⲙⲉϩ Fol. 36 *a* 2
ⲥⲁϣϥ̄ ⲛ̄ϩⲟⲟⲩ· Ϩⲣⲁⲓ̈ ⲇⲉ` ⲟⲛ` ϩⲛ̄ ⲥⲟⲩ ⲥⲁϣϥ̄ ⲙ̄ ⲡⲉⲃⲟⲧ`
ⲛ̄ ⲃⲣ̄ⲣⲉ· ⲕⲁⲧⲁ ⲡⲛⲟⲙⲟⲥ` ⲛ̄ ⲛⲉϩ`ⲣⲱⲙⲁⲓ̈ⲟⲥ· ⲉⲧⲉ ⲥⲟⲩ
ⲥⲁϣϥ̄ ⲡⲉ` ⲙ̄ ⲡⲉⲃⲟⲧ` ⲡⲁⲣⲙⲟⲩⲧⲉ ⲛ̄ⲧⲁ ⲡⲉⲛϫⲟⲉⲓⲥ` ⲉⲓ`
ⲉ ⲡⲉⲥⲏⲧ` ⲉ ⲃⲟⲗ ϩⲛ̄ ⲧⲡⲉ· ⲁϥϫⲓ ⲥⲁⲣⲝ ϩⲛ̄ ⲧⲉⲓ ⲡⲁⲣ-
ⲑⲉⲛⲟⲥ:—Ⲱ̄ ⲧⲡⲁⲣⲑⲉⲛⲟⲥ` ⲛ̄ ⲥⲁⲃⲏ`· ϯⲡⲁⲣⲁⲕⲁⲗⲉⲓ
ⲙ̄ⲙⲟ ϫⲓ` ⲡⲉϩⲙⲟⲧ` ⲙ̄ ⲡⲛⲟⲩⲧⲉ`· ⲉⲧⲉ ⲡⲟⲩϣⲏⲣⲉ ⲡⲉ
ⲉ ϩⲣⲁⲓ ⲉ ϫⲱⲛ· ⲛϥⲕⲁ` ⲛⲉⲛⲛⲟⲃⲉ ⲛⲁⲛ ⲉ ⲃⲟⲗ· Ⲁⲩⲱ
ⲛϥⲛⲁϩⲙⲉⲛ ⲉⲛⲉⲡⲓⲃⲟⲩ|ⲗⲏ` ⲧⲏⲣⲟⲩ ⲙ̄ ⲡⲁⲛⲧⲓⲕⲓⲙⲉⲛⲟⲥ· Fol. 36 *b* 1
ⲡⲇⲓⲁⲃⲟⲗⲟⲥ:—Ⲁⲓⲟ` *(sic)* ϣⲟⲡⲛ̄ ⲉ ⲣⲟⲕ` ⲧⲏⲣⲛ̄· ⲙⲏ ⲡⲟⲧⲉ` ⲟ̄
ⲛ̄ⲧⲉ ⲡⲇⲓⲁⲃⲟⲗⲟⲥ ⲣⲁϣⲉ ⲙ̄ⲙⲟⲛ· ⲛϥⲥⲟⲕⲛ̄ ⲛ̄ⲙⲙⲁϥ
ⲉ ⲡⲉⲥⲏⲧ` ⲉ ⲧⲅⲉϩⲉⲛⲛⲁ` ⲛ̄ ⲥⲁⲧⲉ:—Ⲱ̄ ⲙⲁⲣⲓⲁ` ⲧⲉⲣϩⲏⲛ`
ⲉ ϩⲟⲩⲛ` ⲉ ⲡⲣ̄ⲣⲟ` ⲡⲉⲭ̄ⲥ̄ ⲁⲩⲱ ϥⲛⲁϫⲓ` ⲛ̄ⲛⲟⲩⲥⲟⲡⲥ̄ ⲉ

ϫⲱⲛ · ϫⲉ ⲡⲟⲩϣⲏⲣⲉ ⲡⲉ · ⲁⲩⲱ̄ ⲡⲟⲩⲙⲉⲣⲓⲧ ⲡⲉ :—Ⲛ̄ⲧⲟ` ⲅⲁⲣ` ⲁⲣϫⲡⲟϥ ⲁϥⲙⲟⲩⲧⲉ` ⲉⲣⲟ` ϫⲉ ⲧⲁ ⲙⲁⲁⲩ · Ⲟⲩⲛⲟϭ ⲅⲁⲣ` ⲁⲗⲏⲑⲱⲥ ⲡⲉ ⲡⲟⲩⲧⲁⲉⲓⲟ` ⲱ̄ ⲙⲁⲣⲓⲁ` ⲧⲡⲁⲣⲑⲉⲛⲟⲥ ·
Fol. 36 *b* 2 ⲙ̄ ⲡⲁⲣⲁ | ⲛⲉϩⲓⲟ̄ⲙⲉ` ⲧⲏⲣⲟⲩ · ⲙ̄ ⲡⲕⲟⲥⲙⲟⲥ · ϫⲉ ⲁ ⲡⲉⲛⲧ ⲁϥϯ ⲛⲓϥⲉ` (*sic*) ⲉ ⲍⲱⲛⲧ ⲛⲓⲙ` · ⲙⲟⲩⲧⲉ` ⲉⲣⲟ` ϫⲉ ⲧⲁ ⲙⲁⲁⲩ :—Ⲧⲉϫⲟⲥⲉ ⲙ̄ ⲡⲁⲣⲁ ⲛⲉⲭⲉⲣⲟⲩⲃⲓⲛ ⲙⲛ̄ ⲛⲉⲍⲉⲣⲁⲫⲓⲛ · Ⲧⲉⲥⲙⲁⲙⲁⲁⲧ ⲙ̄ ⲡⲁⲣⲁ ⲛⲉⲑⲣⲟⲛⲟⲥ · ϫⲉ ⲁ ⲡⲉⲭ̄ⲥ̄ ⲙⲉⲣⲓⲧⲉ · ⲁϥϭⲟⲓ̄ⲗⲉ` ⲉⲣⲟ Ϩⲓⲧⲛ̄ ⲛⲉⲡⲣⲉⲥⲃⲓⲁ` ⲛ̄ ⲧⲉⲧⲟ̄ ⲙ̄ ⲡⲁⲣⲑⲉⲛⲟⲥ` ⲛ̄ ⲟⲩⲟⲉⲓϣ ⲛⲓⲙ` ⲑⲁⲅⲓⲁ` ⲙⲁⲣⲓⲁ` ⲉⲥⲉⲓⲣⲉ ⲙ̄ⲙⲟⲟⲩ ϩⲁ ⲣⲟⲛ · ⲛ̄ ⲛⲁϩⲣⲙ̄ ⲡⲉⲥϣⲏⲣⲉ ⲙ̄ ⲙⲉⲣⲓⲧ` ⲓ̄ⲥ̄ ⲡⲉⲭ̄ⲥ̄ ⲡⲉⲛϫⲟⲉⲓⲥ · ϫⲉ ⲕⲁⲥ

[The rest is wanting]

THE TEACHING OF APA PSOTE, THE GREAT BISHOP OF PSOI

(Brit. Mus. MS. Oriental, No. 7597)

ⲞⲨⲄⲀⲐⲞⲨⲄⲎⲤⲒⲤ Ⲛ̄ⲦⲈ ⲠⲚ̄ ⲠⲈⲦ ⲞⲨⲀⲀⲂ Fol. 2 *a*
Ⲛ Ⲓ̈ⲰⲦ ⲀⲠⲀ ⲮⲞⲦⲈ ⲠⲚⲞϬ Ⲛ̄ ⲈⲠⲒⲤⲔⲞⲠⲞⲤ ⲁ̄
Ⲛ̄ ⲦⲠⲞⲖⲒⲤ ⲠⲤⲞⲒ̈· Ⲛ̄ⲦⲀϤⲦⲀⲨⲞⲤ ⲆⲈ Ⲛ
ϢⲰⲢⲠ̄ Ⲛ̄ⲦⲔⲨⲢⲒⲀⲔⲎ· Ⲛ̄ ⲦⲈⲢⲈ ⲀⲢⲒⲀⲚⲞⲤ
Ⲡ̄ϨⲎⲄⲈⲘⲰⲚ Ⲛ ⲐⲨⲂⲀⲈⲒⲤ ⲦⲚ̄ⲚⲞⲞⲨ Ⲛ̄ⲤⲰϤ
ⲈⲂⲒ Ⲛ̄ ⲦⲈϤⲀⲠⲈ Ⲉ̄ ⲀϤⲠⲀⲢⲀⲔⲀⲖⲒ Ⲛ̄ ⲠⲂⲈ-
ⲖⲈⲦⲀⲢⲒⲞⲤ Ⲛ̄ ⲠⲢ̄ⲢⲞ ⲠⲚ̄ ⲘⲀⲦⲞⲒ̈ Ⲛ ⲠϨⲎ-
ⲄⲈⲘⲰⲚ Ⲉ̄ ⲦⲢⲈⲨⲔⲀⲦⲬⲈ Ⲡ̄ⲘⲞϤ Ⲉ ⲀϤⲢ̄
ⲦⲈⲨϢⲎ ⲦⲎⲢⲤ̄· ⲈϤϨⲞⲘⲈⲖⲒⲈ ⲠⲖⲀⲞⲤ·
ϨⲚ̄ ⲞⲨⲈⲒⲢⲎⲚⲎ ϨⲀⲘⲎⲚ·

ϯϣⲓⲛⲉ ⲉ ⲣⲱⲧⲛ̄ ⲱ̄ ⲛⲁϣⲏⲣⲉ ⲙ̄ⲙⲉⲣⲓⲧ· ⲁⲩⲱ ⲛⲁϣⲉⲉⲣⲉ·
ⲁⲩⲱ ϯⲁⲥⲡⲁⲍⲉ ⲙ̄ⲙⲱⲧⲛ̄ ϩⲓ̈ ⲟⲩⲥⲟⲡ· ϩⲛ̄ ⲟⲩⲁⲥⲡⲁⲥⲙⲟⲥ
ⲛ̄ⲧⲉ ⲡⲛⲟⲩⲧⲉ· ϯϩⲱⲛ ⲅⲁⲣ ⲉ ⲧⲟⲟⲧ ⲧⲏⲩⲧⲛ̄ ⲙ̄ⲡⲟⲟⲩ ⲛ̄
ϩⲛ̄ⲉⲛⲧⲟⲗⲏ ⲛ̄ⲧⲉ ⲡⲱⲛϩ̄: ⲉ ⲧⲣⲉ ⲧⲉⲧⲙ̄ⲙⲟⲟϣⲉ ⲛ̄ϩⲏⲧⲟⲩ
ⲛ̄ ⲟⲩⲟⲉⲓϣ ⲛⲓⲙ· ⲁⲩⲱ ⲛ̄ⲧⲉⲧⲛ̄ϭⲱ ⲉⲧⲉⲧⲛ̄ⲉⲓⲣⲉ ⲙ̄ ⲡⲁ
ⲙⲉⲉⲩⲉ: ⲉⲓ̈ⲥⲟⲟⲩⲛ ⲙ̄ ⲡⲁⲓ̈ ϫⲉ ⲛ ϯⲛⲁⲕⲧⲟⲓ̈ ⲁⲛ ϣⲁ
ⲣⲱⲧⲛ̄ ϩⲛ̄ ϯⲥⲁⲣⲝ̄ ϣⲁ ⲉⲛⲉϩ:—Ⲱ̄ ⲛⲁϣⲏⲣⲉ ⲙⲙⲉⲣⲓⲧ
ⲙⲓϣⲉ ⲉ ⲣⲱⲧⲛ̄ ϩⲛ̄ ⲟⲩϭⲓⲙⲙⲓϣⲉ ⲉⲛⲁⲛⲟⲩⲥ: ϫⲉ ⲟⲩⲁⲅⲱⲛ
ⲉϥϣⲟⲃⲉ ⲡⲉ ⲡⲁⲅⲱⲛ ⲙ̄ ⲡⲉⲓ̈ ⲕⲟⲥⲙⲟⲥ· Ⲟⲩⲟⲓ ⲙ̄ ⲡⲉⲧ
ⲛⲁⲟⲩⲁϩϥ̄ ⲛ̄ⲥⲱϥ ⲙⲛ̄ ⲛⲉϥϩⲃⲏⲩⲉ ⲉⲑⲟⲟⲩ· Ⲟⲩⲟⲓ ⲛ̄
ϩⲟⲩⲟ̄ ⲛ̄ ⲛⲉⲧ | ⲕⲱ ⲛ̄ϩ̄ⲧⲏⲩ ⲉ ⲛⲉⲧ ϣⲁⲩⲃⲱⲕ ⲛ̄ⲥⲉⲕⲁⲁⲩ· Fol. 2 *b*
ⲉⲓⲧⲉ ⲕⲱⲧ· ⲉⲓⲧⲉ ⲧⲱϭⲉ· ⲉⲓⲧⲉ ϩⲱⲃ ⲛⲓⲙ ⲛ̄ϭⲓⲛϭⲟⲛⲥ̄· ⲃ̄

Ⲉⲓⲥ ϩⲏⲏⲧⲉ ⲅⲁⲣ ⲧⲉⲧⲛ̄ⲛⲁⲩ ⲉ ⲣⲟⲓ̈ ⲙ̄ⲡⲟⲟⲩ· ⲕⲁⲛ ⲁⲓ̈ⲣ̄ ϩⲛ̄ ⲡⲉⲧⲛⲁⲛ̄ⲟⲩϥ· ⲕⲁⲛ ⲁⲓ̈ⲣ̄ ϩⲛ̄ⲡϫⲓ̈ⲛϭⲟⲛⲥ̄· ⲏ̄ ϩⲛ̄ ⲡⲉⲑⲟⲟⲩ ⲉⲓ̈ⲥ ϩⲏⲏⲧⲉ ⲁⲩⲧⲛ̄ⲛⲟⲟⲩ ⲛ̄ⲥⲱⲓ̈ ⲉ ⲃⲓⲧ ⲛ̄ⲧⲉ ⲧⲏⲩⲧⲛ̄ ϩⲓⲧⲛ̄ ⲡⲓⲉⲣⲟ ⲛ̄ⲁⲥⲉⲃⲏⲥ· Ϯⲣ̄ ⲙⲛ̄ⲧⲣⲉ ⲛⲏⲧⲛ̄ ϫⲉ ϫⲓⲛ ⲛ̄ⲧⲁ ⲙⲛ̄ⲧⲕⲟⲩⲓ̈ ϩⲁϩ ⲛ̄ⲥⲟⲡ ϣⲁⲣⲉ ⲡⲁⲅⲅⲉⲗⲟⲥ ⲙ̄ ⲡϫⲟⲉⲓⲥ ⲟⲩⲱⲛϩ̄ ⲉ ⲣⲟⲓ̈ ⲉⲓ̈ⲙⲟⲟⲛⲉ ⲛⲛⲉⲥⲟⲟⲩ ⲙ̄ ⲡⲁ ⲓⲱⲧ ⲁⲩⲱ ⲙⲉϥⲗⲟ ⲉϥⲧⲁⲩⲟ̄ ⲉ̄ ⲣⲟⲓ̈ ϩⲛ̄ ⲧⲁⲡⲩϩⲓⲟⲛ· ϣⲁⲛ Ϯⲁⲡⲟ-ⲥⲧⲏⲑⲓⲍⲉ ⲛ ⲛⲉⲥϩⲁⲓ ⲧⲏⲣⲟⲩ· Ⲉⲓⲥ ϩⲏⲏⲧⲉ ϭⲉ ⲧⲉⲛⲟⲩ ϩⲓⲧⲛ̄ ⲡⲟⲩⲉϩⲥⲁϩⲛⲉ ⲙ̄ ⲡⲛⲟⲩⲧⲉ ⲡⲁⲅⲁⲑⲟⲥ ⲁⲓ̈ⲟⲩⲱ̄ ⲉⲓⲉⲓ̈ⲙⲉ ⲧⲉⲛⲟⲩ· ϫⲉ ⲥⲉⲛⲁⲡⲱϩⲧ̄ ⲉ ⲃⲟⲗ ⲙ̄ ⲡⲁ ⲥⲛⲟϥ ⲉϫⲙ̄ ⲡⲣⲁⲛ ⲉⲧ ϩⲟⲗϭ̄ ⲛ̄ⲧⲉ ⲡⲁ ϫⲟⲉⲓⲥ ⲓ̅ⲥ̅ ⲡⲉⲭ̅ⲥ̅ Ⲕⲁⲑⲉ ⲛⲧⲁⲩϭⲗⲡ ⲛⲁⲓ ⲛⲁⲓ ⲉ ⲃⲟⲗ ⲁⲗⲗⲁ Ϯⲣ̄ ϩⲟⲧⲉ ⲉ̄ ⲧⲃⲉ ⲧⲉϩⲓⲏ̄ ⲉ Ϯⲛⲁⲃⲱⲕ

Fol. 3 a ϣⲁ ⲡⲛⲟⲩⲧⲉ ⲛ̄ϩⲏⲧⲥ̄· ⲙⲛ̄ ⲛ̄ⲇⲩⲛⲁⲙⲓⲥ | ⲉⲧ ⲁϩⲉ ⲣⲁⲧⲟⲩ

ⲉ̄ ⲛ̄ϩⲏⲧⲥ̄: ⲉ ⲃⲟⲗ ϫⲉ ⲁⲛⲅ̄ ⲟⲩⲥⲁⲣⲝ̄ ϩⲓ̈ ⲥⲛⲟϥ ϩⲱ ⲛ̄ⲑⲉ ⲛ ⲟⲩⲟⲛ ⲛⲓⲙ ⲁⲩⲱ ⲙⲛ̄ ⲁⲧ ⲛⲟⲃⲉ ⲛ̄ⲥⲁ ⲡⲛⲟⲩⲧⲉ ⲙⲁⲩⲁⲁϥ:—Ⲁⲩⲱ ⲛ̄ⲛⲟⲙⲟⲥ ⲛⲧⲁⲩⲕⲁⲁⲩ ⲛⲁⲛ ⲉ ϩⲣⲁⲓ̈ ϩⲛ̄ ⲛⲉⲑⲩⲥ . . . ⲛ̄ ⲧⲉⲕⲕⲗⲏⲥⲓⲁ· ⲉⲩⲥⲏϩ ⲛⲁⲛ Ⲥⲉϫⲱ ⲙ̄ⲙⲟⲥ ϫⲉ ϣϣⲉ ⲉ ⲡⲉⲡⲓⲥⲕⲟⲡⲟⲥ ⲙ̄ⲡ ⲟⲩⲧⲁϩⲟϥ ϩⲛ̄ ⲗⲁⲁⲩ ⲛ̄ϩⲱⲃ· Ⲉⲓⲉ ⲛⲓⲙ ⲧⲉⲛⲟⲩ ⲡⲉⲧ ⲉⲣⲉ ⲡⲛⲟⲩⲧⲉ ⲛⲁϫⲛⲟⲩϥ ⲁⲛ ⲉ ⲧⲃⲉ ⲛⲉϥⲛⲟⲃⲉ: Ϥϫⲱ ⲙ̄ⲙⲟⲥ ⲅⲁⲣ ϫⲉ ϣⲁ ϩⲣⲁⲓ̈ ⲉⲩϣⲁϫⲉ ⲛ ⲟⲩⲱⲧ ⲛ̄ ϫⲓϩⲣⲁϥ ⲉⲧ ⲉⲣⲉ ⲡⲣ̄ⲱⲙⲉ ⲛⲁϫⲟⲟϥ· ϥⲛⲁϯ ⲗⲟⲅⲟⲥ ϩⲁ ⲣⲟⲟⲩ ϩⲛ̄ ⲡⲃⲏⲙⲁ ⲛ̄ ⲁⲧ ϫⲓ̈ ϩⲟ ⲙ̄ ⲡⲛⲟⲩⲧⲉ ⲡⲡⲁⲛⲧⲱⲕⲣⲁⲧⲱⲣ· Ⲡⲙⲁ ⲉⲧⲉ ⲙⲛ̄ ⲣⲁⲛ ϩⲓ̈ ⲥⲭⲏⲙⲁ ⲛⲁϯ ϩⲏⲩ ⲙ̄ⲙⲟⲛ: ⲁⲗⲗⲁ ⲉⲣⲉ ⲡⲟⲩⲁ ⲡⲟⲩⲁ ⲛⲁϫⲓ ⲕⲁⲧⲁ ⲛⲉϥϩⲃⲏⲩⲉ:—Ⲱ ⲛⲁϣⲏⲣⲉ ⲥⲟⲩⲛ̄ ⲧⲙⲉⲧⲁⲛⲟⲓ̈ⲁ ⲛ̄ⲧⲉⲧⲛ̄ⲧⲉϭ ⲧⲏⲩⲧⲛ̄ ⲉ ⲣⲟⲥ ⲛ̄ⲧⲉⲧⲛ̄ⲙⲟⲟϣⲉ ⲕⲁⲧⲁ ⲛⲉⲥϩⲃⲏⲩⲉ: Ⲉ ⲃⲟⲗ ϫⲉ ⲛⲉϩⲓ̈ⲟⲟⲩⲉ ⲛ̄ⲃⲱⲕ ϣⲁ

Fol. 3 b ⲡⲛⲟⲩⲧⲉ ϩⲟⲥⲉ· ⲁⲩⲱ ⲥⲉϩⲉϫϩⲱϫ:—| ⲁⲩⲱ ⲥϭⲏⲩ ⲛ̄ϭⲓ

ⲋ̄ ⲧⲡⲩⲗⲏ ⲉⲣⲉ ⲡϫⲟⲉⲓⲥ ϫⲓ ⲛⲛⲉϥⲥⲱⲧⲡ̄ ⲉ̄ ⲣⲟⲥ· ⲕⲁⲧⲁ ⲡϣⲁϫⲉ ⲙ̄ ⲡⲱⲛⲉ ⲙ̄ ⲙⲉ ⲙⲁⲑⲁⲓⲟⲥ ⲡⲉⲩⲁⲅⲅⲉⲗⲓ̈ⲥⲧⲏⲥ: ⲕⲁⲓ ⲙⲁⲗⲓⲥⲧⲁ Ϯⲛⲟϭ ⲛ̄ ϩⲟⲧⲉ ⲛ̄ Ϯϭⲟⲧ ⲙⲛ̄ ⲧⲛⲟϭ ⲛ̄ ⲟⲣⲉⲃⲥ̄ ⲛ̄ ⲡⲓ̈ ⲉⲣⲟ ⲛ̄ ⲕⲱϩⲧ̄ ⲉⲧ ⲃⲓ̈ ϩⲟⲉⲓ̈ⲙ ϩⲟⲉⲓ̈ⲙ· Ⲡⲁⲓ ⲉⲧⲉ ⲙⲛ̄ ⲗⲁⲁⲩ ⲛⲁϣⲣ̄ ⲃⲟⲗ ⲉ ⲣⲟϥ ⲙⲛ̄ ⲡⲉϥϫⲟⲩϥ ⲛ̄ ⲡⲉϥⲣⲱⲕϩ̄· Ⲉ ⲃⲟⲗ ϫⲉ ⲉⲓⲧⲉ ⲇⲓⲕⲁⲓⲟⲥ ⲉⲓⲧⲉ ⲣϥⲣ̄ ⲛⲟⲃⲉ·

ⲥⲉⲛⲁϫⲱⲗ̄ⲕ ϩⲙ̄ ⲡⲓ̈ ⲉⲣⲟ ⲛ̄ ⲕⲱϩ̄ⲧ ⲙ̄ⲡⲁⲧ ⲟⲩⲡⲱϩ ⲉ̄ ⲡⲃⲏⲙⲁ
ⲉⲧ ϩⲁ ϩⲟⲧⲉ· Ⲱ̄ ⲡⲉⲓ̈ ⲃⲏⲙⲁ ⲉⲧ ⲙⲉϩ ⲛ̄ ⲥⲧⲱⲧ ϩⲓ ⲛⲉϩϣ̄ⲗϩϥ·
Ⲱ̄ ⲡⲓ̈ ⲃⲏⲙⲁ ⲛ ϩⲟⲧⲉ ϣⲁⲣⲉ ⲟⲩⲟⲛ ⲛⲓⲙ ⲁϩⲉ ⲣⲁⲧϥ̄ ⲉ ⲣⲟϥ
ϩⲛ̄ ⲟⲩϩⲟⲧⲉ ⲙⲛ̄ ⲟⲩⲥⲧⲱⲧ ⲙⲛ̄ ⲟⲩϩⲃⲁ ⲙⲛ̄ ⲟⲩϣⲧⲟⲣⲧⲣ̄ ⲙⲛ̄
ⲟⲩϩⲓⲟⲩⲉ ⲛ̄ⲛⲁⲧ ⲉ ϩⲟⲩⲛ ϩⲛ̄ ⲛⲉⲩⲉⲣⲏⲩ· Ⲟⲩⲟⲓ̈ ⲛ̄ⲁⲓ̈ ⲱ̄ ⲛⲁ-
ϣⲏⲣⲉ ⲙ̄ⲡⲁ†ⲁϩⲉ ⲣⲁⲧ ⲉ ⲣⲟϥ ϩⲱ ⲉⲓⲕⲏ ⲕⲁ ϩⲏⲩ ⲉⲣⲉ ⲛⲁ-
ⲡⲣⲁⲝⲓⲥ ⲉⲑⲟⲟⲩ ⲁϩⲉ ⲣⲁⲧⲟⲩ ⲉ ⲣⲟⲓ ⲛ ⲡⲉⲥⲙⲟⲧ ⲛ̄ⲧⲁⲓ-
ⲁⲁⲩ ⲙ̄ⲙⲟⲥ ⲉⲓϭⲱϣ̄ⲧ ⲛ̄ⲥⲱⲟⲩ· Ⲟⲩⲟⲓ ⲛⲁⲓ ⲙ̄ ⲡⲛⲁⲩ ⲉⲧ
ⲉⲣⲉ ⲡⲁ ϩⲟⲣⲁⲧⲟⲥ ⲙ̄ ⲙⲉ ⲡⲉⲡ|ⲡⲣⲟⲕⲛⲱⲥⲧⲏⲥ *(sic)* ⲙ̄ ⲡⲧⲏⲣϥ̄ Fol. 4 *a* ⲉ̄
ⲛⲁ† ϩⲁⲡ ⲉ ⲣⲟⲓ̈· Ⲟⲩⲟⲓ̈ ⲛⲁⲓ ⲛ̄ ⲡⲛⲁⲩ ⲉⲧ ⲉⲣⲉ ⲡⲓ̈ ⲁⲧ
ϭⲱⲛ̄ⲧ ⲛⲁϭⲱⲛ̄ⲧ ⲉ ⲣⲟⲓ̈· ⲛ̄ϥϫⲟⲟⲥ ⲛⲁⲓ ϫⲉ ⲱ̄ ⲡϩ̄ⲗⲗⲟ
ⲛ ⲟⲩⲁ ⲙⲛ̄ ⲛⲉϥⲥⲕⲓⲙ: Ⲱ̄ ⲡⲓ̈ ⲣⲁⲛ ⲙⲛ̄ ⲡⲓ̈ ⲥⲭⲏⲙⲁ: ϫⲉ
ⲭⲣⲏⲥ†ⲁⲛⲟⲥ· ⲛ̄ ϫⲉ ⲉⲡⲓⲥⲕⲟⲡⲟⲥ ⲛ̄ϥⲛⲁ† ϩⲏⲩ ⲙ̄ⲙⲟⲛ
ⲁⲛ· Ⲉⲓⲥ ⲛⲉⲛⲛⲟⲃⲉ ⲁϩⲉ ⲣⲁⲧⲟⲩ ⲉ ⲣⲟⲛ ⲟⲩⲁ ⲟⲩⲁ ⲛ̄ⲑⲉ
ⲛ̄ⲧⲁⲛⲁⲁⲩ ⲙ̄ⲙⲟⲥ: Ⲁⲣⲁ ⲉⲛⲛⲁϫⲟⲟⲥ ϫⲉ ⲟⲩ· Ⲏⲛ ⲣⲱ
ⲛⲛⲁⲧⲱⲙ ⲁⲛ ⲛ̄ⲧⲛ̄ ⲧⲙ̄ ϭⲛ̄ ⲟⲩϣⲁϫⲉ ⲉ ϫⲟⲟϥ: ⲙ̄ ⲡⲉϩⲟⲟⲩ
ⲉⲧ ⲙ̄ⲙⲁⲩ ⲉ ⲡⲧⲏⲣϥ̄· Ⲁ̄ⲣⲁ ⲟⲩⲛ̄ ⲗⲁⲁⲩ ⲛ̄ ⲁⲣⲛⲏⲥⲓⲥ
ⲛⲁϣⲱⲡⲉ ϩⲁϩⲧⲏϥ ⲙ̄ⲙⲟⲛ· Ⲏⲛⲁⲣ ⲟⲩ ⲛ̄ⲧⲛ̄ⲁⲣⲛⲁ ϩⲁ
ⲛⲉⲛⲁⲥⲉⲃⲓⲁ· ⲉⲣⲉ ⲛⲁⲅⲅⲉⲗⲟⲥ ⲁϩⲉ ⲣⲁⲧⲟⲩ ⲉ ⲡⲓ ⲃⲏⲙⲁ
ⲉⲧ ϩⲁ ϩⲟⲧⲉ ⲛ̄ⲙ̄ⲙⲁⲛ ⲉⲩⲉⲗⲉⲭⲉ ⲙ̄ⲙⲟⲛ ϩⲓⲧⲛ̄ ⲛⲉⲛ-
ⲁⲅⲅⲉⲗⲟⲥ ⲛ̄ⲑⲉ ⲛ ⲟⲩⲁⲛⲧⲓⲇⲓ̈ⲕⲟⲥ:—ϫⲉ ⲡⲓ̈ ⲛⲟⲃⲉ ⲡⲁⲓ̈
ⲛ̄ⲧⲁⲕⲁⲁϥ ⲛ̄ ⲁϣ ⲛ̄ ϩⲟⲟⲩ· ⲁⲩⲱ ⲛ̄ ⲁϣ ⲛ̄ ϩⲉ ⲁⲓⲁϩⲉ
ⲣⲁⲧ ⲉ ⲣⲟⲕ· Ⲱ̄ ⲟⲩⲟⲓ ⲛ̄ⲣⲱⲙⲉ ⲛⲓⲙ ⲉⲧ ⲉⲣⲉ ⲡⲉϥ-
ⲁⲅⲅⲉⲗⲟⲥ· ⲛⲁϭⲗ̄ⲡ ⲡⲉϥϣⲓⲡⲉ ⲉ ⲃⲟⲗ ϩⲓ ⲡⲃⲏⲙⲁ ⲙ̄
ⲡⲉⲭ̄ⲥ̄ | ⲙ̄ ⲡⲉⲙ̄ⲧⲟ ⲉ ⲃⲟⲗ ⲛ̄ ⲡⲛⲟⲩⲧⲉ ⲙⲛ̄ ⲛⲉϥⲁⲅⲅⲉ- Fol. 4 *b* ⲉ̄
ⲗⲟⲥ ⲙⲛ̄ ⲛ̄ⲧⲁⲝⲓⲥ ⲛ̄ ⲙ̄ⲡⲏⲩⲉ: Ⲟⲩⲟⲓ̈ ⲛ̄ ⲟⲩⲉ̄ⲡⲓⲥⲕⲟⲡⲟⲥ
ⲛ̄ϥ† ⲥⲃⲱ ⲁⲛ ⲙ̄ ⲡⲉϥⲗⲁⲟⲥ ⲕⲁⲗⲱⲥ ⲙⲛ̄ ⲧⲉϥⲡⲟⲗⲓⲥ
ⲙⲛ̄ ⲡⲉⲥⲧⲟϣ: ϫⲉ ⲥⲉⲛⲁϫⲛ̄ⲟⲩϥ ⲉ ⲣⲟⲟⲩ ⲡⲁⲛⲧⲱⲥ:
Ⲁⲩⲱ ⲟⲛ ⲉϥϩⲟⲃϣ̄ ⲙ̄ⲙⲟϥ ⲉ̄ ⲛⲉⲕⲕⲗⲏⲥⲓ̈ⲁ ⲙ̄ ⲡⲛⲟⲩⲧⲉ
ⲉⲩⲟ ⲛ̄ϫⲁⲓ̈ⲉ: ⲁⲩⲱ ⲛⲉⲭⲏⲣⲁ ⲙⲛ̄ ⲛ̄ⲟⲣⲫⲁⲛⲟⲥ: Ⲟⲩⲟⲓ̈
ⲛ ⲟⲩϩⲏⲅⲟⲩⲙⲉⲛⲟⲥ ⲉϥⲛⲁϣⲓ̈ⲡⲉ ϩⲏⲧϥ̄ ⲛ̄ ⲟⲩⲣ̄ⲙ̄ⲙⲁⲟ
ⲛ̄ϥⲧⲁⲕⲉ ⲧⲙⲉ· ⲁⲩⲱ ⲛ̄ϥϭⲉⲉⲙⲉ ⲡϩⲁⲡ: ⲛ̄ϥ†ⲥⲟ ⲉ ϣⲱⲱⲧ
ⲉ ⲃⲟⲗ ⲛ̄ ⲡϣⲁϫⲉ ⲛ̄ ⲧⲙⲉ: Ⲏ ⲛ̄ϥⲟⲃϣ̄ ⲉ ⲛⲉⲧ ϥ̄ⲛⲁⲩ
ⲉ ⲣⲟⲟⲩ ⲙⲛ̄ ⲛⲉⲧⲟⲩⲛⲁⲡ̄ⲧⲟⲩ ⲛ ⲛⲁϩⲣⲁϥ: Ⲟⲩⲟⲓ̈ ⲛ̄

ⲟⲩⲕⲣⲓⲧⲏⲥ ⲉϥⲛⲁϭⲉⲉⲙⲉ ⲛϩⲁⲡ ⲛ̅ ⲟⲩϩⲏⲕⲉ ⲉ ⲧⲃⲉ ⲇⲱⲣⲟⲛ·
ⲛϥ̅ϫⲓ̈ ⲙ̅ ⲡϩⲟ ⲛ ⲟⲩⲣⲙ̅ⲙⲁⲟ ⲛϥ̅ⲧϭⲁⲓⲉ ⲡϩⲏⲕⲉ ϫⲉ ⲙ̅ⲛ-
ⲧⲁϥ ⲉ ϯ: Ⲟⲩⲟⲓ̈ ϩⲛ̅ ⲟⲩⲟⲓ̈ ⲉϥⲕⲏϥ ⲛ̅ ⲟⲩⲗⲁⲓ̈ⲕⲟⲥ ⲉϥⲛⲁⲧⲁϩϥ̅
ⲛ̅ ⲗⲁⲁⲩ ⲛ̅ ϩⲱⲃ ⲉ ⲡⲁ ⲧⲉⲕⲕⲗⲏⲥⲓ̈ⲁ ϩⲱⲥ ⲉϥⲟⲩⲱϣ ⲉ̅ ⲣ̅
ⲕⲣⲓⲧⲏⲥ ⲉ ⲣⲟⲥ: ⲏ ⲉ ϫⲉ ⲉϥⲉⲕⲣⲓ̈ⲛⲉ ⲛⲉ ⲛ̅ ⲗⲁⲁⲩ ⲛ̅
ⲧⲁⲝⲓⲥ ⲉ ⲡⲁ ⲧⲉⲕⲕⲗⲏⲥⲓ̈ⲁ ⲡⲉ: Ⲙⲁⲣⲉ ⲡ̅ⲗⲁⲓ̈ⲕⲟⲥ ⲥⲁϩⲱⲟⲩ
Fol. 5*a* ⲉ ⲃⲟⲗ ⲙ̅ | ⲡⲓ̈ ϩⲱⲃ ⲡⲁⲓ̈ ⲙ̅ⲡⲣ̅ ⲧⲁⲗⲉ ⲗⲁⲁⲩ ⲛ̅ ⲕⲣⲓ̈ⲙⲁ ⲉ
ⲍ̅ ⲣⲱⲧⲛ̅ ϩⲁϩⲧⲙ̅ ⲡⲛⲟⲩⲧⲉ: Ⲟⲩⲟⲓ̈ ϩⲛ̅ ⲟⲩⲟⲓ̈ ⲉϥⲕⲏⲃ· ⲛ̅
ⲟⲩⲁⲡⲉ ⲛ ⲥⲟⲟⲩϩⲉ̅ ⲉⲧⲉ ⲡⲓ̈ⲱⲧ ⲡⲉ ⲛ̅ ⲟⲩⲙⲟⲛⲁⲥⲧⲏⲣⲓ̈ⲟⲛ·
ⲡⲁⲓ ⲉⲧ ϯ ⲛ̅ ⲛⲉϩⲃⲏⲩⲉ̅ ⲙ̅ ⲡⲛⲟⲩⲧⲉ ⲉ ⲃⲟⲗ ϩⲁ ⲭⲣⲏⲙⲁ·
ⲏ ϩⲛ̅ ⲕⲉ ⲛ̅ⲕⲁ· ⲏ ⲉϥⲥⲟⲟⲩⲛ̅ ⲉ ϩⲟⲓ̈ⲛⲉ ϩⲛ̅ ⲛⲉⲥⲛⲏⲩ ⲉⲩϯ
ⲛⲟⲩϭⲥ̅ ⲙ̅ ⲡⲛⲟⲩⲧⲉ ⲉϥϯⲥⲟ ⲉ̅ ⲧⲙ̅ ⲛⲟϫⲟⲩ ⲉ ⲃⲟⲗ ϩⲛ̅
ⲧⲉⲩⲛⲁⲅⲱⲅⲏ: Ⲟⲩⲟⲓ̈ ⲛ̅ ⲟⲩⲡⲣⲉⲥⲃⲩⲧⲉⲣⲟⲥ ⲉϥⲱⲃϣ̅ ⲙ̅-
ⲙⲟϥ ⲉ ⲡⲉϥⲗⲁⲟⲥ ⲛϥ̅ϫⲡⲓⲟ ⲙ̅ⲙⲟⲟⲩ ⲁⲛ· ⲟⲩⲇⲉ ⲛϥ̅ϯ
ⲥⲃⲱ ⲛⲁⲩ ⲁⲛ ⲉ ⲛⲉⲧ ⲣ̅ ⲛⲟⲃⲣⲉ ⲛ ⲛⲉⲩⲯⲩⲭⲏ: ⲥⲉⲛⲁϫ-
ⲛⲟⲩϥ ⲡⲁⲛⲧⲱⲥ ⲉ ⲛⲉⲯⲩⲭⲏ̅ ⲙ̅ ⲡⲉϥⲗⲁⲟⲥ ⲛϥ̅ϯ ⲗⲟⲅⲟⲥ
ϩⲁ ⲣⲟⲟⲩ: Ⲟⲩⲟⲓ̈ ⲛ̅ ⲟⲩⲇⲓⲁⲕⲟⲛⲟⲥ ⲉϥⲃⲏⲗ ⲉ ⲃⲟⲗ ϩⲓϫⲙ̅
ⲡⲉⲑⲩⲥⲓⲁⲥⲧⲏⲣⲓⲟⲛ: ⲁⲩⲱ ⲉϥⲟⲩⲱⲙ ⲛ̅ ⲛⲉⲛ̅ⲕⲁ ⲛ̅ ⲧⲉⲕ-
ⲕⲗⲏⲥⲓⲁ· ⲉϥⲉⲓⲣⲉ ⲛ ⲛⲉϩⲃⲏⲩⲉ ⲛ ⲡⲛⲟⲩⲧⲉ ϩⲛ̅ ⲟⲩⲁⲙⲉⲗⲓ̈ⲁ:
Ⲟⲩⲟⲓ̈ ⲛ̅ ⲟⲩⲗⲁⲓ̈ⲕⲟⲥ ⲉϥⲡⲟⲣⲛⲉⲩⲉ ⲏ ⲉϥⲉⲓⲣⲉ ⲛ̅ ϩⲛ̅ϩⲃⲏⲩⲉ
ⲙⲛ̅ ⲧⲡⲁⲣⲁⲃⲁⲧⲏⲥ· Ⲏ ⲉⲩϭⲱϣⲧ̅ ⲉϫⲛ̅ ⲛⲉⲩⲥⲙⲟⲧ ϩⲛ̅
ⲟⲩⲙⲛ̅ⲧ ⲁⲧ ϣⲓⲡⲉ: ⲙⲛ̅ ⲛⲉⲧ ⲛⲟⲩϫ ⲛ̅ ⲛⲉⲩⲉⲡⲓ̈ⲑⲩⲙⲓ̈ⲁ
Fol. 5*b* ⲉϫⲙ̅ ⲡⲕⲁϩ | ⲙⲛ̅ ⲛⲉⲧ ⲉⲣⲉ ⲛⲉⲩϭⲓϫ ⲟ ⲛⲁⲩ ⲛ̅ϣⲉⲗⲉⲉⲧ·
ⲏ̅ ⲙⲛ̅ ⲛⲉⲧ ϫⲱϩⲙ̅ ⲙ̅ⲙⲟⲟⲩ ⲙⲛ̅ ⲛ̅ⲧⲃ̅ⲛⲟⲟⲩⲉ ⲛ̅ ⲁⲗⲟⲅⲟⲛ:—
Ⲛⲁⲓ̈ ⲛ̅ ϯⲙⲓⲛⲉ ⲛⲉⲧ ⲥⲱⲱϥ ⲙ̅ ⲡⲣ̅ⲡⲉ ⲙ̅ ⲡⲛⲟⲩⲧⲉ: Ⲛⲁⲓ̈
ⲟⲛ ⲛⲉⲧ ⲉⲣⲉ ⲡⲛ̅ⲟⲩⲧⲉ ⲛⲁⲧⲁⲕⲟⲟⲩ ϩⲙ̅ ⲡⲉⲡⲛⲁ̅ ⲛ̅ ⲣⲱϥ·
ⲙⲛ̅ ⲡⲉⲗϩⲱⲃ ⲛ̅ ⲧⲉϥⲟⲣⲅⲏ· Ⲙ̅ⲡⲱⲣ ⲛⲁϣⲏⲣⲉ ⲙ̅ⲡⲣ̅
ⲕⲱϩ ⲉ ⲛⲁⲓ̈ ϫⲉ ⲛⲛⲉ ⲡⲛⲟⲩⲧⲉ ⲃⲉⲧ ⲧⲏⲩⲧⲛ̅ ⲉ ⲃⲟⲗ ϩⲛ̅
ⲟⲩϭⲉⲡⲏ̅: Ⲙ̅ⲡⲣ̅ ⲣ̅ ⲁⲙⲉⲗⲏⲥ ⲉ̅ ⲣⲱⲧⲛ̅ ⲟⲩⲁⲧ ⲧⲏⲩⲧⲛ̅· ϫⲉ
ⲛⲁⲙⲉⲗⲓ̈ⲁ ⲧⲏⲣⲟⲩ ⲙ̅ ⲡⲓ̈ ⲕⲟⲥⲙⲟⲥ ϩⲛ̅ⲕⲟⲗⲁⲥⲓⲥ ⲛⲉ ϩⲙ̅
ⲡⲉⲱⲛ ⲉⲧ ⲛⲏⲩ· ⲁⲩⲱ ⲧⲛ̅ⲥⲟⲟⲩⲛ ⲧⲏⲣⲛ̅ ϫⲉ ⲡⲥⲁⲣⲝ̅
ⲟⲩϭⲱⲃ ⲧⲉ· Ⲙ̅ⲡϭⲟⲙ ⲛ̅ⲧⲛ̅ⲯⲩⲭⲏ ⲛⲉⲃⲓⲏⲛ ⲉ ⲃⲓ̈ ϩⲁ ⲛⲥⲏϣⲉ
ⲙ̅ ⲡϫⲟⲉⲓ̈ⲥ ⲉⲧ ϥ̅ⲛⲁⲧⲟⲩ (*sic*) ⲉ ϫⲱⲛ ϩⲛ̅ ⲟⲩϩⲁⲡ ⲛ̅ⲇⲓⲕⲉⲟⲛ ⲉ
ⲧⲃⲉ ⲛⲉⲛ̅ⲛⲟⲃⲉ: Ⲉϣⲱⲡⲉ ⲛϣⲁⲛⲙⲟⲩⲛ ⲉ ⲃⲟⲗ ϩⲛ̅ ⲛⲉⲛ-

ⲛⲟⲃⲉ· ϣⲁⲣⲉ ⲡⲛⲟⲩⲧⲉ ϯϩⲓⲥⲉ ⲛⲁⲛ ⲛ̄ϩⲟⲩⲟ ϩⲛ̄ ⲛ̄ⲃⲁⲥⲁⲛⲟⲥ
ⲉⲧ ⲉϥⲛⲁⲛ̄ⲧⲟⲩ ⲉ ϫⲱⲛ· Ⲱ ⲛⲁϣⲏⲣⲉ ⲑⲁⲛ̄ ⲙ̄ ⲡⲟⲩⲁ
ⲡⲟⲩⲁ ⲛⲏⲩ ⲛⲁϥ ⲛ̄ⲧⲁϩⲉ ϩⲱⲱⲧ ⲟⲛ̄ ⲛⲡⲟⲟⲩ· ϯⲥⲟⲟⲩⲛ
ⲅⲁⲣ ϫⲉ ⲉⲩⲛⲁϫⲓⲧⲧ̄ ⲉ ⲣⲁⲧϥ̄ ⲛ̄ ⲡϩⲏⲅⲉⲙⲱⲛ ⲛϥ̄ⲕⲁⲧⲁ-
ⲕⲣⲓⲛⲉ | ⲙ̄ⲙⲟⲓ ϩⲁ ⲡⲣⲁⲛ ⲙ̄ ⲡⲁ ϫⲟⲉⲓⲥ ϫⲉ ⲉⲓⲉⲕⲁⲁϥ Fol. 6 *a*
ⲑ̄
ⲛ̄ⲥⲱⲓ̈· Ⲁⲗⲗⲁ ⲛⲛⲉ ϣⲱⲡⲉ ⲙ̄ⲙⲟⲓ ⲉ ⲧⲣⲁⲕⲁⲁϥ ⲛ̄ⲥⲱⲓ̈·
ϯⲥⲃ̄ⲧⲱⲧ ⲛ̄ⲧⲟϥ ⲛ̄ⲥⲉϣⲱⲱⲧ ⲉ ⲃⲟⲗ ⲙ̄ ⲡⲁ ⲙⲁⲕϩ̄ ϩⲁ
ⲡⲣⲁⲛ ⲙ̄ ⲡⲁ ⲣ̄ⲣⲟ ⲙ ⲙⲉ· ⲁⲩⲱ ⲡⲁ ⲥⲱⲣ̄ ⲓ̅ⲥ̅ ⲡⲉⲭ̅ⲥ̅:—
Ⲉ ⲧⲃⲉ ⲡⲁⲓ ϯⲱⲣⲕ̄ ⲉ ⲣⲱⲧⲛ̄ ⲱ̄ ⲛⲁϣⲏⲣⲉ ⲙ̄ⲙⲉⲣⲓⲧ ⲉ
ⲧⲣⲉ ⲧⲉⲧⲛ̄ϭⲱ ⲉⲧⲉⲧⲛ̄ⲉⲓⲣⲉ ⲙ̄ ⲡⲁ ⲙⲉⲉⲩⲉ ⲕⲁⲧⲁ ⲟⲩⲁⲅⲁⲡⲏ
ⲛⲧⲉ ⲡⲛⲟⲩⲧⲉ: ⲁⲩⲱ ⲛ̄ⲧⲉⲧⲛ̄ⲣ̄ ⲁⲡⲁ ⲧⲟⲟⲧ ⲧⲏⲩⲧⲛ̄ ⲉ̄ ⲣ̄
ϩⲱⲃ ⲉ ⲡⲉⲧⲛ̄ⲟⲩϫⲁⲓ̈ ⲙ̄ⲙⲓⲛ ⲙ̄ⲙⲱⲧⲛ̄· ϫⲉ ⲡⲟⲩϫⲁⲓ
ⲛ̄ⲣⲱⲙⲉ ⲛⲓⲙ ⲡⲉ ⲣ̄ ⲡⲛⲟⲙⲟⲥ ⲙ̄ ⲡⲛⲟⲩⲧⲉ· Ⲡⲉⲧ ⲛⲁⲣ̄
ⲡⲛⲟⲙⲟⲥ ⲅⲁⲣ ⲟⲩϣⲃ̄ⲣ̄ ϩⲱⲱϥ ⲉ ⲡⲛⲟⲩⲧⲉ ⲡⲉ ⲉⲓ̈ⲧⲉ ϩⲙ̄
ⲡⲓ̈ ⲉ̄ⲱⲛ ⲉⲓⲧⲉ ϩⲛ̄ ⲡⲕⲉ ⲟⲩⲁ: Ⲡⲉⲧ ⲛⲁⲡⲁⲣⲁⲃⲁ ϭⲉ ⲙ̄
ⲡⲛⲟⲙⲟⲥ ⲟⲩϫⲁϫⲉ ⲡⲉ ⲉ ⲡⲛⲟⲩⲧⲉ ϩⲙ̄ ⲡⲓ̈ ⲁⲓⲱⲛ ⲙⲛ̄ ⲡⲉⲧ
ⲛⲏⲩ· Ⲁⲧⲉⲧⲛ̄ⲥⲱⲧⲙ̄ ϩⲱⲧ ⲧⲏⲩⲧⲛ̄ ⲉ ⲧⲉⲫⲱⲛⲏ ⲙ̄ ⲡⲉⲩ-
ⲁⲅⲅⲉⲗⲓⲟⲛ ϩⲛ̄ ⲟⲩⲙⲁ ⲙⲉⲛ ⲉϥⲙⲁⲕⲁⲣⲓⲍⲉ ϩⲛ̄ ⲕⲉ ⲙⲁ
ⲇⲉ ⲉϥⲥⲁϩⲟⲩ· ⲁⲩⲱ ⲉϥϭⲟⲛⲧ̄ ⲉϥⲛⲟϭⲛⲉϭ· Ⲟⲩⲙⲁ ⲙⲉⲛ
ϫⲉ ⲛ̄ⲁⲓ̈ⲁⲧⲟⲩ ⲛ̄ ⲛ̄ϩⲏⲕⲉ· ⲉⲧⲉ ⲡⲁⲓ̈ ⲡⲉ ϫⲉ ⲙⲛ̄ ⲟⲩⲕⲁ
ⲡⲛⲟⲙⲟⲥ ⲙ̄ ⲡⲛⲟⲩⲧⲉ | ⲛⲥⲱⲟⲩ· Ⲟⲩⲟⲓ̈ ⲇⲉ ⲛ ⲛⲉ ⲛ̄ⲧⲁ Fol. 6 *b*
ⲓ̄
ⲡⲕⲟⲥⲙⲟⲥ ⲣ̄ ϩⲁⲗ ⲙ̄ⲙⲟⲟⲩ ϩⲙ̄ ⲡⲡⲉⲧ ϣⲟⲩⲉⲓⲧ: Ⲉⲧⲉ
ⲛ̄ⲣϥ̄ϫⲓ̈ⲟⲩⲉ ⲛⲉ ⲙⲛ̄ ⲛ̄ⲣϥ̄ϩⲱⲧⲃ̄ ⲙⲛ̄ ⲙ̄ⲡⲟⲣⲛⲟⲥ· ⲙⲛ̄
ⲛ̄ⲟⲉⲓⲕ· ⲙⲛ̄ ⲙ̄ⲙⲁⲅⲟⲥ· ⲙⲛ̄ ⲛⲉⲫⲁⲣⲙⲁⲅⲟⲥ· ⲙⲛ̄
ⲛ̄ⲃⲁⲗⲃⲗ̄ ⲕⲱⲱⲥ· ⲙⲛ̄ ⲛ̄ⲣϥ̄ ⲛ̄ⲣⲱⲙⲉ ⲉ ϩⲟⲩⲛ· ⲙⲛ̄ ⲛ̄
ⲣϥ̄ϭⲱⲣϭ̄ ϩⲙ̄ ⲡⲁⲡⲟⲧ· ⲛⲉⲧ ⲉⲣⲉ ⲧⲉⲩϩⲉⲗⲡⲓⲥ ϣⲟⲟⲡ
ϩⲛ̄ ⲡⲣⲱⲙⲉ ⲙ̄ⲙⲁⲅⲟⲥ· ⲉⲩⲕⲱ ⲛ̄ ϩⲧⲏⲩ ⲉ ⲣⲟⲟⲩ ⲏ̄ ϫⲉ
ⲛ̄ⲧⲟⲟⲩ ⲛⲉⲧ ⲕⲱ ⲛⲁⲩ ⲛ ⲟⲩⲧⲁϫⲣⲟ ϩⲛ̄ ⲧⲉⲩⲑⲗⲓ̈ⲯⲓⲥ:—
Ⲱ ⲡⲁⲑⲏⲧ ⲁⲩⲱ̄ ⲛⲁⲧ ⲥⲃⲱ· ⲁⲩⲱ ⲛⲁⲛⲟⲏ̄ⲧⲟⲥ: Ⲁϫⲓⲥ
ⲉ ⲣⲟⲓ̈ ϫⲉ ⲛ̄ ⲁϣ ⲛ̄ ϩⲉ· ⲉⲣϣⲁⲛ ⲡⲛⲟⲩⲧⲉ ⲟⲩⲱϣ ⲉ
ⲉⲓ̈ⲛⲉ ⲛ̄ ⲟⲩϣⲱⲛⲉ ⲉ̄ϫⲙ̄ ⲡⲣⲱⲙⲉ ⲉⲩⲇⲟⲕⲓⲙⲁⲥⲓ̈ⲁ· ⲙⲛ̄
ⲟⲩⲥⲃⲱ ⲛⲁϥ· ⲙⲏ ⲟⲩⲛ̄ ⲣⲱⲙⲉ ⲛ̄ ⲕⲁϩ ϩⲓ̈ ⲕⲣ̄ⲙⲉⲥ
ⲛⲁϣⲃⲓⲧⲥ̄ ⲙ̄ⲙⲁⲩ· ⲏ ⲛϥ̄ⲕⲧⲟ ⲛ ⲡⲟⲩⲉϩⲥⲁϩⲛⲉ ⲙ̄ ⲡⲛⲟⲩⲧⲉ
ⲉ ⲡⲁϩⲟⲩ· Ⲁⲗⲗⲁ ⲙ̄ ⲙⲛ̄ⲧⲣϥ̄ⲣ̄ϩⲁⲗⲁ· ⲙⲛ̄ ⲛ̄ⲕⲟⲧⲥ̄

ⲙ̅ ⲡⲇⲓ̈ⲁⲃⲟⲗⲟⲥ ⲛⲉⲧ ⲥⲱⲕ ⲙ̅ ⲡⲣⲱⲙⲉ ⲉ ⲡⲁϩⲟⲩ ⲁⲩⲱ
ⲉⲩⲥⲱⲃⲉ ⲛⲥⲁ ⲡⲟⲩⲁ ⲡⲟⲩⲁ ⲉϥⲟⲩⲱϣ ⲉ ϫⲓⲧⲟⲩ ⲉ ⲡⲉ-|
Fol. 7 *a* ⲥⲏⲧ ⲉ ⲡϩⲓ̈ⲧ ⲉⲧ ⲉϥⲛⲁⲃⲱⲕ ⲉ ⲡⲉⲥⲏⲧ ⲉ̅ ⲣⲟϥ:—ⲉ ⲧⲃⲉ
ⲓ̅ⲁ̅ ⲧⲉϥⲙⲛ̅ⲧ ⲁⲧ ⲥⲱⲧⲙ̅· Ⲉⲓⲥ ϩⲏⲧⲉ ϭⲉ ⲧⲉⲛⲟⲩ ⲧⲉⲧⲛ̅ⲛⲁⲩ
ⲉ ⲣⲟⲓ ⲉⲓϣⲟⲟⲡ ϩⲛ̅ ⲧⲉⲧⲛ̅ⲙⲏⲧⲉ ⲙ̅ⲡⲟⲟⲩ· ⲉⲓⲟⲩⲱϣ ⲉⲥⲓ̈
ⲙ̅ ⲡⲉⲧⲛ̅ⲡⲟⲩⲣⲟⲧ· ⲙⲛ̅ ⲡⲉⲧⲛ̅ϩⲟ ⲉⲧ ϩⲟⲗϭ̅· Ϣ̅ ⲛⲁϣⲏⲣⲉ
ⲕⲉ ⲕⲟⲩⲓ ⲛⲁⲡⲣⲏⲧⲉ ⲧⲉ· ⲛⲧⲉ ⲙ̅ⲙⲁⲧⲟⲓ̈ ⲙ̅ ⲡϩⲏⲕⲉⲙⲱⲛ
ϫⲓⲧⲧ ⲉ ⲣⲁⲧϥ̅ ⲡⲣⲟⲥ ⲧⲉϥⲕⲉⲗⲉⲩⲥⲓⲥ· Ⲁⲩⲱ ⲉⲓⲥ ⲡϩⲏ-
ⲅⲉⲙⲱⲛ ⲛⲏⲩ ⲉ ⲃⲟⲗ ϩⲛ̅ ⲥⲓ̈ⲟⲟⲩⲧ ⲛϥ̅ⲃⲱⲕ ⲉ ⲧⲕⲱⲟⲩ·
ⲥⲉⲛⲁϫⲓⲧ ⲉ ⲣⲁⲧϥ̅ ⲛ̅ⲥⲉϥⲓ ⲛ̅ ⲧⲁ ⲁⲡⲉ· ϩⲙ̅ ⲡⲙⲁ ⲉⲧ
ⲙ̅ⲙⲁⲩ· ⲉϫⲙ̅ ⲡⲣⲁⲛ ⲙ̅ⲙⲁⲛⲟⲩⲏⲗ· ⲉⲧⲉ ⲡⲁⲓ ⲡⲉ
ⲉϣⲁⲩⲟⲩⲁϩⲙⲉϥ̅ ϫⲉ ⲡⲛⲟⲩⲧⲉ ⲛ̅ⲙ̅ⲙⲁⲛ:—Ⲁⲅⲱⲛⲓ̈ⲍⲉ ⲱ̅
ⲛⲁϣⲏⲣⲉ ⲛⲧⲉⲧⲛ̅ⲙⲟⲟϣⲉ ϩⲛ̅ ⲛⲉϩⲓ̈ⲟⲟⲩⲉ ⲙ̅ ⲡϫⲟⲉⲓⲥ· ⲁⲩⲱ
ⲛⲉϥⲉⲛⲧⲟⲗⲏ ⲙ̅ⲡⲣ̅ ⲕⲁⲁⲩ ⲛ̅ⲥⲱⲧⲛ̅ ⲉ ⲡⲧⲏⲣϥ̅· ϫⲉ
ⲛⲛⲉⲧⲛ̅ⲉⲓⲛⲉ ⲉ ϫⲱⲓ̈ ⲛ̅ⲙ̅ⲙⲛⲧⲛ̅ ⲛ̅ ⲟⲩⲛⲟϭ ⲛ̅ ⲕⲣⲓ̈ⲙⲁ ⲛ ⲁⲧ
ⲕⲱ ⲉ ⲃⲟⲗ· Ϥⲥⲏϩ ⲅⲁⲣ ϫⲉ ⲡϣⲏⲣⲉ ⲛⲁⲧ ⲥⲱⲧⲙ̅ ϩⲙ̅
ⲡⲧⲁⲕⲟ: ⲁⲩⲱ ⲡⲧⲁⲕⲟ ⲡⲁ ⲡⲇⲓ̈ⲁⲃⲟⲗⲟⲥ ⲡⲉ ⲙⲛ̅ ⲛⲉϥ-
Fol. 7 *b* ⲇⲁⲓⲙⲱⲛ· | ⲧⲙⲛ̅ⲧⲣ̅ⲣⲟ ⲇⲉ ⲛ̅ⲧⲟⲥ ⲛ̅ ⲙ̅ⲡⲏⲩⲉ̅· ⲛ̅ⲧⲁ
ⲓ̅ⲃ̅ ⲡⲛⲟⲩⲧⲉ ⲥⲃ̅ⲧⲱⲧⲥ̅ ⲛ̅ ⲛⲉⲧ ⲛⲁⲣ̅ ⲡⲉϥⲟⲩⲱϣ· ⲕⲁⲧⲁ ⲑⲉ
ⲛ̅ⲧ ⲁϥϫⲟⲟⲥ ϩⲙ̅ ⲡⲉⲩⲁⲅⲅⲉⲗⲓ̈ⲟⲛ ⲛ̅ ⲕⲁⲧⲁ ⲙⲁⲑⲉⲟⲥ ϫⲉ
ⲉⲓⲥ ⲧⲉⲕⲙⲁⲁⲩ ⲙⲛ̅ ⲛⲉⲕⲥⲛⲏⲩ ⲁϩⲉ ⲣⲁⲧⲟⲩ ϩⲓ̈ ⲡⲥⲁ ⲃⲟⲗ
ⲉⲩⲟⲩⲉϣ ⲛⲁⲩ ⲉ ⲣⲟⲕ· ⲛ̅ⲧⲟϥ ⲇⲉ ⲡⲉϫⲁϥ ϫⲉ ⲡⲉⲧ ⲛⲁ
ⲉⲓⲣⲉ ⲛ̅ ⲡⲟⲩⲱϣ ⲙ̅ ⲡⲁ ⲓ̈ⲱⲧ ⲉⲧ ϩⲛ̅ ⲙ̅ⲡⲏⲩⲉ ⲡⲁⲓ ⲡⲉ
ⲡⲁ ⲥⲟⲛ ⲁⲩⲱ ⲧⲁ ⲥⲱⲛⲉ ⲁⲩⲱ ⲧⲁ ⲙⲁⲁⲩ Ⲏ̅ ⲧⲉⲓ ϩⲉ ⲟⲛ
ϥⲛⲁⲡⲉⲉⲛⲉ ⲡϣⲁϫⲉ ⲛϥ̅ϫⲟⲟⲥ ⲛ̅ ⲛⲉⲧ ⲛⲁⲕⲱ ⲛⲥⲱⲟⲩ ⲙ̅
ⲡⲛⲟⲙⲟⲥ ⲙⲛ̅ ⲛⲉⲡⲣⲟⲫⲏⲧⲏⲥ ϫⲉ ⲡⲉⲧ ⲛⲁⲉⲓⲣⲉ ⲁⲛ ⲙ̅
ⲡⲟⲩⲱϣ ⲙ̅ ⲡⲁ ⲓ̈ⲱⲧ ⲉⲧ ϩⲛ̅ ⲙ̅ⲡⲏⲩⲉ ⲡⲁⲓ̈ ⲡⲉ ⲡⲁ ϫⲁϫⲉ·
ⲁⲩⲱ ⲛ̅ⲑⲉ ⲛⲧⲁϥⲙⲉⲥⲧⲱⲓ ⲁⲛⲟⲕ ϩⲱⲱⲧ ⲟⲛ ϯⲛⲁ-
ⲙⲉⲥⲧⲱϥ:—Ⲛ̅ⲑⲉ ⲛ̅ⲧⲁϥⲁⲣⲛⲁ ⲙ̅ⲙⲟⲓ ϩⲙ̅ ⲡⲉⲓ̈ ⲕⲟⲥⲙⲟⲥ
ⲁⲛⲟⲕ ϩⲱ ϯⲛⲁⲁⲣⲛⲁ ⲙ̅ⲙⲟϥ ϩⲙ̅ ⲡⲁⲓⲱⲛ ⲛ̅ ⲁⲧ ⲟⲩⲱ̅
ⲙ̅ ⲡⲙ̅ⲧⲟ ⲉ ⲃⲟⲗ ⲛ̅ ⲛ̅ⲁⲅⲅⲉⲗⲟⲥ· Ⲁⲩⲱ ⲛⲑⲉ ⲛⲧⲁϥⲟⲃϣϥ̅
ⲉ ⲡⲁ ⲛⲟⲙⲟⲥ ⲉ ⲧⲙ̅ ϩⲁⲣⲉϩ ⲉ ⲣⲟϥ· ⲁⲛⲟⲕ ϩⲱ ϯⲛⲁⲟⲃϣⲧ̅
ⲉ ⲣⲟϥ ⲉϥϣⲟⲟⲡ ϩⲙ̅ ⲡⲕⲁⲕⲉ ⲉⲧⲉ ⲙⲛ̅ ⲗⲁⲁⲩ ⲛ ⲟⲩⲟⲉⲓⲛ
ⲛ̅ϩⲏⲧϥ̅:—Ϥϫⲱ ⲅⲁⲣ ⲙ̅ⲙⲟⲥ ϩⲛ̅ ⲧⲉϥⲧⲁⲡⲣⲟ ⲛ̅ ⲁⲧ ϫⲓ

ϭⲟⲗ· ϫⲉ ⲙ̅ⲡⲣ̅ ⲙⲉⲣⲉ ⲡⲕⲟⲥⲙⲟⲥ ⲟⲩⲇⲉ ⲛⲉⲧ | ϩⲙ̅ ⲡ- Fol. 8 a
ⲕⲟⲥⲙⲟⲥ· ϫⲉ ⲡⲕⲟⲥⲙⲟⲥ ⲛⲁⲡⲁⲣⲁⲅⲉ ⲙⲛ̅ ⲧⲉϥⲉⲡⲓⲑⲩⲙⲓⲁ· ⲓ̅ⲅ̅
ⲛ̅ⲑⲉ ⲅⲁⲣ ⲛ̅ ⲟⲩⲣⲱⲙⲉ ⲛⲧⲁⲩⲧⲉϣ ⲡⲉϥⲁϩⲉ ⲛⲁϥ· ⲙ̅ⲛ ⲟⲩ-
ⲧⲁⲙⲟϥ ϫⲉ ϣⲁ ⲁϣ ⲛ̅ ⲟⲩⲟⲉⲓϣ ⲕⲛⲁⲙⲟⲩ· ⲟⲩⲇⲉ ⲙ̅ⲛ ⲟⲩ-
ⲧⲁⲙⲟϥ ϫⲉ ϣⲁ ⲁϣ ⲛ̅ϩⲟⲟⲩ ⲡⲉⲧ ϩⲓⲧⲟⲩⲱⲕ ⲛⲁⲙⲟⲩ·
ⲧⲁⲓ ⲧⲉ ⲑⲉ ⲙ̅ ⲡⲕⲟⲥⲙⲟⲥ ⲙⲛ̅ ⲗⲁⲁⲩ ⲥⲟⲟⲩⲛ ⲙ̅ ⲡⲙⲉϩ
ⲛ̅ ⲟⲩϫⲱⲕ ⲛ̅ ⲧⲥⲩⲛⲧⲉⲗⲓⲁ· ⲉⲓ ⲙⲏ ⲧⲉⲓ· ⲡⲉⲧ ϩⲟⲣⲓⲍⲉ ⲛ
ⲡⲙⲉϩ ⲛ̅ ⲟⲩϫⲱⲕ ⲡⲛⲟⲩⲧⲉ ⲡⲡⲁⲛⲧⲱⲕⲣⲁⲧⲱⲣ: ⲙⲛ̅ ⲗⲁⲁⲩ
ⲛ̅ ⲕⲧⲏⲥⲓⲥ ⲛⲁϭⲱ ⲛ̅ ⲟⲩⲉϣ ⲙ̅ⲡⲁⲣⲁⲅⲉ ⲉⲓ ⲙⲏ ⲧⲉⲓ ⲡⲛⲟⲩⲧⲉ
ⲡⲇⲉⲥⲡⲟⲧⲏⲥ ⲙ̅ⲙ ⲡⲧⲏⲣϥ̅· ⲡϫⲟⲉⲓⲥ ⲙ̅ ⲡ̅ⲕⲁ ⲛⲓⲙ ⲛⲉⲧ
ϣⲟⲟⲡ ⲙⲛ̅ ⲧⲁⲩϣⲱⲡⲉ· Ⲁⲩⲱ ⲛⲁⲓⲁⲧⲟⲩ ⲙ̅ⲡⲉⲧ ⲛⲁⲙⲟⲩ ϩⲙ̅
ⲡϫⲟⲉⲓⲥ ϫⲓⲛ ⲧⲉⲛⲟⲩ ϣⲁ ⲉⲛⲉϩ ⲛ̅ ⲉⲛⲉϩ:—Ⲟⲩⲟⲓ̈ ⲇⲉ ⲛ
ⲛⲉⲧ ⲛⲁⲙⲟⲩ ϩⲙ̅ ϩⲉⲛⲡⲉⲑⲟⲟⲩ· ϫⲉ ⲙⲛ̅ ⲗⲁⲁⲩ ⲙ ⲙ̅ⲉ-
ⲧⲁⲛⲟⲓⲁ ⲕⲏ ⲛⲁⲩ ⲉ̅ ϩⲣⲁⲓ̈ ⲛ̅ ⲕⲉ ⲥⲟⲡ: ⲁⲗⲗⲁ ⲡⲛⲟⲃⲉ
ⲙⲛ̅ ⲧⲁⲛⲟⲙⲓⲁ ⲙⲛ̅ ⲡ̅ⲕⲉ ⲙⲓⲛⲉ ⲛ ⲁⲥⲉⲃⲓⲁ ⲛ̅ⲧⲁⲩⲁⲁⲩ
ⲛⲉⲧ ⲟⲩⲛⲁϫⲓ ⲙ̅ⲙ ⲡⲉⲩⲧϭⲁⲓⲟ ⲁⲩⲱ ⲡⲙⲟⲩ ⲡⲉⲧ ⲛⲁⲙⲟⲟϣⲉ
ϩⲁ ⲧⲉⲩϩⲏ: Ϥϫⲱ ⲅⲁⲣ ⲙ̅ⲙⲟⲥ ϩⲙ̅ ⲛⲉⲯⲁⲗⲙⲟⲥ· ϫⲉ
ⲡⲙⲟⲩ ⲡⲉⲧ ⲙⲟⲟⲛⲉ ⲙ̅ⲙⲟⲟⲩ:—Ⲁⲩⲱ ⲟⲛ ϫⲉ ⲛⲉⲧ ⲙⲟⲥⲧⲉ
ⲙ̅ⲙ ⲡⲇⲓ̈ⲕⲉⲟⲥ | ⲛⲁⲣ̅ ⲛⲟⲃⲉ:—Ϣⲁϥϫⲟⲟⲥ ⲟⲛ ϩⲙ̅ ⲡ̅ ⲕⲁⲑⲟ- Fol. 8 b
ⲗⲓⲕⲟⲛ· ϫⲉ ⲡⲉⲧ ⲙⲟⲥⲧⲉ ⲙ̅ⲙ ⲡⲉϥⲥⲟⲛ̅ ⲟⲩⲣϥ̅ϩⲉⲧⲃ̅ ⲣⲱⲙⲉ ⲓ̅ⲇ̅
ⲡⲉ:—Ⲉⲓ ⲟⲩⲏⲣ ϩⲱⲱϥ ⲡⲉ ⲡⲉⲕⲣⲓ̈ⲙⲁ ⲙ̅ⲙ ⲡⲉⲧ ⲙⲟⲥⲧⲉ
ⲙ ⲡⲛⲟⲩⲧⲉ ⲛⲧⲁϥⲧⲁⲙⲓ̈ⲟϥ· Ⲁⲩⲱ ⲣⲱⲙⲉ ⲛⲓⲙ ⲉ̅ⲧ ⲣ̅
ⲛⲟⲃⲉ· ϥⲙⲟⲥⲧⲉ ⲙ ⲡⲛⲟⲩⲧⲉ ⲛⲧⲁϥⲧⲁⲙⲓ̈ⲟϥ· ⲛⲉⲧⲉ̅ ⲥⲉ-
ⲙⲟⲥⲧⲉ ⲁⲛ ⲙ̅ⲙ ⲡⲉⲭ̅ⲥ̅ ⲓ̅ⲥ̅ ⲙⲉⲩⲣ̅ ⲛⲟⲃⲉ:—Ϯϫⲱ ⲛⲏⲧⲛ̅
ⲙ̅ⲙ ⲡϣⲁϫⲉ ⲙ̅ ⲧⲙⲉ ϫⲉ ⲉⲧⲉⲧⲛ̅ϣⲁⲛⲙⲉϣⲧ̅ ⲧⲉⲧⲛ̅ⲥⲩⲛⲏ-
ⲇⲩⲥⲓⲥ ⲙ̅ⲙⲓ̈ⲛ ⲙ̅ⲙⲱⲧⲛ̅ ⲣⲱⲙⲉ ⲛⲓⲙ ⲙ̅ⲣϥ̅ⲣ̅ ⲛⲟⲃⲉ·
ⲙⲟⲥⲧⲉ ⲛ ⲧⲉϥⲯⲩⲭⲏ ⲙ̅ⲙⲓⲛ ⲙ̅ⲙⲟϥ· Ⲏ ⲁϣ ⲇⲉ ⲙ̅ ϩⲉ
ⲉⲣⲉ ⲡⲣⲱⲙⲉ ⲛⲁⲙⲉⲥⲧⲉ ⲧⲉϥⲯⲩⲭⲏ ⲙ̅ⲙⲓⲛ ⲙ̅ⲙⲟϥ·
ⲁⲗⲗⲁ ⲡⲟⲗⲗⲁⲕⲓⲥ ⲛ̅ⲧⲉ ⲟⲩⲁ ϫⲟⲟⲥ ⲛⲁⲓ̈ ϫⲉ ⲙⲉⲛ ⲗⲁⲁⲩ
ⲙⲟⲥⲧⲉ ⲛ ⲧⲉϥⲯⲩⲭⲏ ⲉⲛⲉϩ: ϯⲥⲟⲟⲩⲛ̅ ⲙ̅ⲙ ⲡⲁⲓ̈ ϩⲱ ⲁⲗⲗⲁ
ⲥⲙⲛ̅ ⲡⲕⲛⲟⲩⲥ ⲛⲁⲓ̈ ⲱ̅ ⲡⲥⲟⲛ ⲙ̅ ϩⲁⲡⲗⲟⲩⲥ:—Ⲟⲩⲣⲱⲙⲉ
ⲙ̅ⲡⲟⲟⲩ ⲉϥϫⲱ ⲙ̅ⲙⲟⲥ ϫⲉ ⲉⲓ̈ⲑⲁⲗⲡⲓ̈ ⲛ̅ ⲧⲁ ⲯⲩⲭⲏ·
ⲉϥⲟⲩⲱⲙ· ⲁⲩⲱ ⲉϥⲥⲱ ⲙ̅ ⲛⲉϥϩⲟⲟⲩ ⲧⲏⲣⲟⲩ· ϩⲟⲧⲁⲛ ⲇⲉ
ⲉϥϣⲁⲛⲙⲟⲩ ϣⲁⲩϫⲓ ⲛ ⲧⲉϥⲯⲩⲭⲏ ⲙ̅ⲡⲥⲉⲁⲁⲥ ⲙ̅ ϩⲩⲗⲏ

Fol. 9 a ⲛ̅ ⲡⲕⲱϩⲧ̅· ⲁⲩⲱ ⲛ̅ϩⲣⲉ ⲙ̅ ⲡⲃⲛ̅ⲧ ⲉ ⲧⲃⲉ ⲛ̅ⲛⲟⲃⲉ ⲛⲧⲁϥ|ⲁⲁⲩ
ⲓ̅ⲉ̅ ⲙ̅ ⲡⲉⲩⲟⲉⲓϣ ⲉϥϩⲙ̅ ⲡⲕⲟⲥⲙⲟⲥ· Ϥϫⲱ ⲅⲁⲣ ⲙ̅ⲙⲟⲥ ⲛ̅ⲧⲟϥ
ϩⲛ̅ ⲧⲉϥⲙⲛ̅ⲧⲁⲑⲏⲧ ϫⲉ ϯⲙⲉ ⲛ ⲧⲁ ⲯⲩⲭⲏ· ⲉϥⲙⲉ
ⲛ ⲣ̅ ⲛⲟⲃⲉ ⲉ ⲣⲟϥ ⲙ̅ⲙⲏⲛⲉ :—Ⲁⲩⲱ ⲛϥ̅ⲥⲟⲟⲩⲛ̅ ⲁⲛ ϫⲉ ⲛⲉⲧ
ⲉϥⲉⲓⲣⲉ ⲙⲙⲟⲟⲩ ⲙⲙⲏⲛⲉ· ⲥⲉⲥϩⲁⲓ ⲙ̅ⲙⲟⲟⲩ ϩⲛ̅ ϩⲉⲛ̅ⲥϩⲁⲓ̈
ⲉ̅ⲙⲉⲩⲣ̅ ⲁⲥ: ⲟⲩⲇⲉ ⲉⲙⲉⲩϩⲣⲏⲥⲥⲉ ⲁⲗⲗⲁ ϩⲉⲛⲥϩⲁⲓ ⲙ̅
ⲡⲛ̅ⲓⲕⲟⲛ ⲛⲉ: ⲉⲩⲥϩⲁⲓ̈ ⲛ ⲛⲉⲛ̅ⲛⲟⲃⲉ ⲛϩⲏⲧⲟⲩ ⲟⲩⲁ ⲟⲩⲁ:
ⲉⲡⲓ̈ ⲇⲏ ⲟⲩⲉⲧ ⲡⲛⲟⲃⲉ ⲡⲛⲟⲃⲉ· ⲁⲩⲱ ⲕⲁⲧⲁ ⲑⲉ ⲉⲧ
ⲟⲩϣⲟⲃⲉ ⲉ ⲛⲉⲩⲉⲣⲏⲩ· ⲧⲁⲓ̈ ⲧⲉ ⲑⲉ ⲉⲧ ⲟⲩⲟϣ ⲛ̅ϭⲓ ⲛ̅-
ⲕⲟⲗⲁⲥⲓⲥ ⲁⲩⲱ ⲉⲩϣⲟⲃⲉ ⲉ̅ ⲛⲉⲩⲉⲣⲏⲩ· ⲭⲱⲣⲓⲥ ⲛ̅ϣⲁⲃⲉ
ϩⲟ ⲉ ⲧϩⲓ ⲛⲉϩⲓⲟⲟⲩⲉ ⲙⲛ̅ ⲇⲓ̈ⲙⲱⲣⲓⲥⲧⲏⲥ ⲛ̅ ⲁⲧ ⲛⲁ· ⲙⲛ̅
ⲛ̅ⲇⲉⲕⲁⲛⲟⲥ ⲉⲧⲉ ⲙⲛ̅ ⲙⲟⲣⲫⲏ ⲙ̅ⲙⲟⲟⲩ ⲉⲩϩⲓϫⲛ̅ ⲛ̅ⲕⲟ-
ⲗⲁⲥⲓⲥ· ⲉⲩⲧⲟ ⲉ ⲛⲟⲩⲁ ⲛⲟⲩⲁ ϩⲛ̅ ⲟⲩⲙⲛ̅ⲧ ⲁⲧ ⲛⲁ ⲙⲛ̅
ⲟⲩⲛⲟϭ ⲛ̅ ⲟⲣⲅⲏ· Ⲁⲣⲓ ⲡⲙⲉⲉⲩⲉ ϫⲉ ⲡⲓ̈ⲱⲧ ⲛ̅ⲣϥ̅ⲣ̅ ⲛⲟⲃⲉ
ⲛⲓⲙ· ⲙⲟⲟϣⲉ ⲉϥϯ ⲕⲟⲧⲥ̅· ⲁⲩⲱ ⲉϥⲗ̅ϩⲏⲙ ⲛ̅ⲑⲉ ⲛ
ⲛⲓⲙⲟⲩⲓ̈· Ⲉϥⲕⲱⲧⲉ ϩⲛ̅ ⲛⲉϥⲡⲁϣ· ⲁⲩⲱ ⲉϥⲛⲏⲩ ϩⲛ̅
ϩⲁϩ ⲛ̅ⲥⲙⲟⲧ· ⲉϥⲟⲩⲱϣ ⲉⲱⲙⲕ̅ ⲛ̅ ⲛⲉⲛⲯⲩⲭⲏ: Ⲁⲩⲱ
Fol. 9 b ⲉⲣⲉ ⲛϩⲁϭⲉ ⲙ̅ ⲡⲙⲟⲩ ⲛ̅ ⲧⲟⲟⲧϥ̅ ⲉϥⲛⲏⲩ ⲉ ϩⲟⲩⲛ|ⲉ ⲡϩⲏⲧ
ⲓ̅ϛ̅ ⲙ̅ ⲡⲣⲱⲙⲉ· ⲉϥϫⲟ ⲛ̅ϩⲏⲧϥ̅ ⲙ̅ ⲡⲡⲁⲑⲟⲥ ⲛ̅ ⲧⲕⲁⲕⲓ̈ⲁ·
ⲁⲩⲱ ⲉϥϭⲉⲡⲏ ⲉ̅ϫⲙ̅ ⲡⲣⲱⲙ̅ⲉ ϩⲛ̅ ⲧⲉϥⲙⲛ̅ⲧⲕⲟⲩⲓ ϩⲛ̅
ⲟⲩⲙⲛ̅ⲧⲁⲧϣⲓⲡⲉ· Ϥⲛⲏⲩ ϩⲛ̅ ⲟⲩⲙⲛ̅ⲧⲣϥ̅ⲟⲩⲱϩⲙ̅ ϩⲁ ⲡϩⲟ
ⲛ̅ ⲛ̅ⲛⲟϭ ⲉ ⲣⲟϥ: Ⲙⲛ̅ⲛ̅ⲥⲱⲥ ϥⲛⲏⲩ ϩⲛ̅ ⲟⲩⲉⲡⲓⲑⲩⲙⲓⲁ
ⲛ̅ⲃⲁⲗ· ⲙⲛ̅ ⲟⲩⲕⲱϩ ⲛ̅ ϩⲏⲧ· Ϥⲛⲏⲩ ⲟⲛ ϩⲛ ⲟⲩⲙⲛ̅ⲧ-
ϫⲁⲧⲟⲩⲁ ⲙⲛ̅ ⲟⲩⲙⲛ̅ⲧϫⲁⲥⲓ̈ϩⲏⲧ· ⲙⲛ̅ ⲟⲩⲉⲟⲟⲩ ⲉϥϣⲟⲩⲉⲓⲧ·
ⲙⲛ̅ ⲟⲩϫⲱϩⲙ̅ ⲙⲛ̅ ⲟⲩⲙⲛ̅ⲧⲗⲁⲙⲁϩⲧ̅· ⲙⲛ̅ ⲟⲩⲙⲛ̅ⲧⲣϥ̅-
ⲃⲗ̅ⲏⲛⲥⲧⲓ̈ⲁ ⲉ ⲃⲟⲗ: ⲙ[ⲛ̅] ⲙⲁⲓ (?) ⲧⲥⲩⲛⲁⲝⲓⲥ· ⲛⲟⲩⲁϩⲓⲛⲧ ϩⲛ̅
ⲟⲩⲡⲟⲣⲛⲓⲁ· ⲙⲛ̅ ⲟⲩⲙⲛ̅ⲧⲛⲟⲉⲓⲕ· ⲙⲛ̅ ⲟⲩⲙⲛ̅ⲧⲙⲁⲅⲟⲥ:
ⲛⲁⲓ ⲧⲏⲣⲟⲩ ϣⲁⲩϣⲱⲡⲉ ⲙ̅ ⲡⲣⲱⲙⲉ· ϩⲛ̅ ⲧⲉϥϣⲟⲣⲡ̅
ⲉⲛϩⲩⲗⲏⲕⲓⲁ: ⲙⲛ̅ ⲧⲉϥⲙⲉϩ ⲥⲛ̅ⲧⲉ: Ϩⲟⲧⲁⲛ ⲇⲉ ⲉϥϣⲁⲛⲉⲓ
ⲉ ⲧⲙⲉϩ ϣⲟⲙⲧⲉ ⲛϩⲩⲗⲏⲕⲓⲁ ⲉⲧⲉ ⲧⲙⲛ̅ⲧϩ̅ⲗ̅ⲗⲟ ⲧⲉ:
ϣⲁⲣⲉ ⲡⲇⲓⲁⲃⲟⲗⲟⲥ ⲟⲩⲱϩ ⲉ̅ ⲣⲟϥ ⲛ̅ ⲧⲕⲁⲧⲁⲗⲁⲗⲓⲁ· ⲙⲛ̅
ⲧⲙⲛ̅ⲧⲕⲟⲩⲓ̈ ⲛ̅ ϩⲏⲧ· ⲙⲛ̅ ⲧⲙⲛ̅ⲧⲣϥ̅ϣⲱⲣⲕ̅ ⲛ̅ ⲛⲟⲩϫ· ϩⲙ̅
ⲡⲧⲣⲉ ⲡⲉϥⲥⲱⲙⲁ ⲕⲁ ϭⲟⲙ ⲉ ⲃⲟⲗ ⲛϥ̅ⲉⲓⲙⲉ ϫⲉ ⲧⲙⲛ̅ⲧ-
ϩⲗ̅ⲗⲟ ⲧⲉ: Ⲁⲩⲱ ϣⲁϥⲧⲣϥ̅ϣⲱⲡⲉ ⲉϥϩⲟⲕⲣ̅ ϩⲁ ⲡⲉϩⲕⲟ

ⲙⲛ̅ ⲡⲓ̈ⲃⲉ ⲛ̅ⲑⲉ ⲛ ⲛⲓ̈ⲟⲩϩⲟⲟⲣ: Ⲛⲁⲓ̈ ⲙⲛ̅ ⲛⲓⲕⲟⲟⲩⲉ ϣⲁⲣⲉ
ⲡⲇⲓⲁⲃⲟ|ⲗⲟⲥ ⲗⲁⲁⲩ ⲙ̅ ⲡⲣⲱⲙⲉ ϩⲛ̅ ⲧⲉϥⲙⲉϩ ϣⲟⲙⲧⲉ ⲛⲟⲩ- Fol. 10 *a*
ⲗⲩⲕⲓⲁ: ⲁⲗⲗⲁ ⲛⲁⲓ̈ⲁⲧϥ̅ ⲙ̅ ⲡⲣⲱⲙⲉ ⲉⲧ ⲉⲣⲉ ⲡⲇⲓⲁⲃⲟⲗⲟⲥ ⲓ̅ⲍ̅
ⲛⲁⲡⲓ̈ⲣⲁⲍⲉ ⲙ̅ⲙⲟϥ· ⲛϥϫⲣⲟ ⲉ ⲣⲟϥ ϩⲓⲧⲛ̅ ⲧⲙⲉⲧⲁⲛⲟⲓ̈ⲁ:
ϫⲉ ⲟⲩⲛⲟϭ ⲡⲉ ⲡⲉϥⲃⲉⲕⲉ ϩⲁϩⲧⲙ̅ ⲡⲛⲟⲩⲧⲉ ⲙ̅ ⲡⲉϩⲟⲟⲩ
ⲙ̅ ⲡⲉϥⲉⲓ ⲉ ⲃⲟⲗ ϩⲛ̅ ⲥⲱⲙⲁ:—Ⲱ ⲛⲁϣⲏⲣⲉ ⲙⲙⲉⲣⲓⲧ·
ⲧⲉⲧⲛ̅ⲛⲁⲩ ϫⲉ ⲉⲓⲥ ⲡⲟⲩⲟⲉⲓⲛ ⲁϥⲥⲱⲣ· ⲁⲩⲱ ⲁ ⲡⲣⲏ ⲁⲣⲭⲓ̈
ⲛ̅ ϣⲁ· Ⲡⲁⲣⲛ̅ ⲧⲁⲗⲟ ⲉ ϩⲣⲁⲓ̈ ⲛ̅ ⲧⲉⲡⲣⲟⲥⲫⲟⲣⲁ ⲉⲧ ⲟⲩⲁⲁⲃ
ϫⲉ ⲁ ⲡ̅ⲛⲁⲩ ϣⲱⲡⲉ ⲛ̅ⲧⲛ̅ϫⲓ ⲉ ⲃⲟⲗ ϩⲛ̅ ⲙ̅ⲙⲩⲥⲧⲏⲣⲓⲟⲛ
ⲉⲧ ⲟⲩⲁⲁⲃ ⲡⲥⲱⲙⲁ ⲙⲛ̅ ⲡⲉⲥⲛⲟϥ ⲙ̅ ⲡⲉⲭ̅ⲥ̅ ⲙ̅ⲡⲁⲧ ⲟⲩⲃⲓ̈ⲧ
ⲛ̅ⲧⲟⲟⲧ ⲧⲏⲩⲧⲛ̅· ϫⲉ ⲉⲓⲥ ⲡⲃⲉⲗⲉⲧⲁⲣⲓⲟⲥ ⲛ̅ ⲡⲣ̅ⲣⲟ ϣⲁϫⲉ
ⲙⲛ̅ ⲙ̅ⲙⲁⲧⲟⲓ̈ ⲙ̅ ⲡϩⲏⲅⲉⲙⲱⲛ ϫⲉ ⲙⲁⲣⲉⲛ̅ⲃⲓⲧϥ̅ ⲛ̅ⲧⲛ̅ⲃⲱⲕ
ϫⲉ ⲁ ⲡⲟⲩⲟⲉⲓⲛ ϣⲁ· Ⲛ ⲧⲉⲣ ϥ̅ϫⲉ ⲛⲁⲓ̈ ⲇⲉ ⲛϭⲓ ⲡⲙⲁ-
ⲕⲁⲣⲓⲟⲥ ⲁⲡⲁ ⲯⲟⲧⲉ: ⲡⲉⲡⲓⲥⲕⲟⲡⲟⲥ ⲁϥⲥⲫⲣⲁⲅⲓⲍⲉ ⲙ-
ⲡⲗⲁⲟⲥ ⲛ̅ ϣⲟⲙⲧ̅ ⲛ̅ ⲥⲟⲡ ⲉ ⲡⲣⲁⲛ ⲙ̅ ⲡⲓⲱⲧ ⲙⲛ̅ ⲡϣⲏⲣⲉ
ⲙⲛ̅ ⲡⲉⲡⲛ̅ⲁ̅ ⲉⲧ ⲟⲩⲁⲁⲃ· Ⲁⲩⲱ ⲁϥⲥⲩⲛⲁⲅⲉ ⲙ̅ⲙⲟⲟⲩ·
ⲁϥϯ ϯⲣⲏⲛⲏ ⲛⲁⲩ· ⲁϥⲕⲁⲁⲩ ⲉ ⲃⲟⲗ ⲁⲩⲃⲱⲕ ⲉ ⲛⲉⲩⲏⲓ̈
ⲉⲩϯ ⲉⲟⲟⲩ ⲙ̅ ⲡⲉϥϫⲟⲉⲓ̈ⲥ ⲓ̅ⲥ̅ ⲡⲉⲭ̅ⲥ̅: Ⲡⲁⲓ ⲉ ⲃⲟⲗ ϩⲓ
ⲧⲟⲟⲧϥ̅ ⲡⲉⲟⲟⲩ ⲛⲁϥ ⲙⲛ̅ ⲡⲉϥⲓ̈ⲱⲧ ⲛ̅ ⲁⲅⲁⲑⲟⲥ ⲙⲛ̅ ⲡⲉⲡⲛ̅ⲁ̅
ⲉⲧ ⲟⲩⲁⲁⲃ ϣⲁ ⲉⲛⲉϩ ⲛ̅ ⲉⲛⲉϩ ϩⲁⲙⲏⲛ·

A DISCOURSE ON THE COMPASSION OF GOD AND ON THE FREEDOM OF SPEECH OF THE ARCHANGEL MICHAEL, BY SEVERUS, ARCHBISHOP OF ANTIOCH

(Brit. Mus. MS. Oriental, No. 7597)

Fol. 10*b* ⲒⲎ

ⲞⲨⲆⲒⲀⲖⲞⲄⲞⲤ Ⲛ̄ⲦⲈ ⲠⲢⲰⲘⲈ ⲈⲦ ⲪⲞⲢⲒⲚ ⲠⲈⲬⲤ̄ ϨⲘ̄ ⲞⲨⲘⲈ· ⲠⲠⲀⲦⲢⲒⲀⲢⲬⲎⲤ ⲈⲦ ⲞⲨⲀⲀⲂ· ⲀⲨⲰ ⲠⲀⲢⲬⲎⲈⲠⲒⲤⲔⲞⲠⲞⲤ Ⲛ̄ ⲀⲚⲦⲞⲬⲒⲀ ⲠϨⲀⲄⲒⲞⲤ ⲤⲈⲨⲎⲢⲞⲤ· ⲈⲀϤⲦⲀⲨⲞϤ Ⲉ ⲦⲂⲈ Ⲙ ⲘⲚ̄ⲦϢⲚ̄ϨⲦⲎϤ Ⲙ̄ ⲠⲚⲞⲨⲦⲈ ⲘⲚ̄ ⲦⲠⲀⲢⲢⲎⲤⲒⲀ Ⲙ ⲠⲀⲢⲬⲀⲄⲄⲈⲖⲞⲤ ⲈⲦ ⲞⲨⲀⲀⲂ ⲘⲒⲬⲀⲎⲖ ⲀϤϪⲈ ϨⲘ̄ ⲔⲞⲨⲒ ⲆⲈ ⲞⲚ Ⲉ ⲦⲂⲈ ⲐⲀⲄⲒⲀ Ⲛ ⲔⲨⲢⲒⲀⲔⲎ· Ⲉ ⲂⲞⲖ ϪⲈ ⲚⲦⲀ ⲠϢⲀ Ⲙ ⲠⲀⲢⲬⲀⲄⲄⲈⲖⲞⲤ ϪⲰⲚϤ̄ Ⲉ ⲢⲞⲤ Ⲛ̄ ⲦⲈⲢⲞⲘⲠⲈ ⲈⲦ Ⲙ̄ⲘⲀⲨ· ⲀϤϢⲀϪⲈ ⲆⲈ ⲞⲚ Ⲉ ⲦⲂⲈ ⲘⲀⲐⲀⲒⲞⲤ ⲠⲈⲠⲢⲀⲄⲘⲀⲦⲈⲨⲦⲎⲤ ⲘⲚ̄ ⲦⲈϤⲤϨⲒⲘⲈ ⲘⲚ̄ ⲚⲈϤϢⲎⲢⲈ ⲚⲦⲀϤⲦⲀⲨⲈ ⲠⲒ ⲖⲞⲄⲞⲤ ⲆⲈ Ⲛ ⲤⲞⲨ ⲘⲚ̄ⲦⲤⲚⲞⲞⲨⲤ Ⲙ̄ ⲠⲈⲂⲞⲦ ϨⲀⲐⲰⲢ· ⲈⲢⲈ ⲠⲘⲎⲎϢⲈ ⲦⲎⲢϤ̄ Ⲛ ⲦⲠⲞⲖⲒⲤ ⲤⲞⲞⲨϨ ⲈⲨⲢ̄ ϢⲀ Ⲙ ⲠⲀⲢⲬⲀⲄⲄⲈⲖⲞⲤ ⲈⲦ ⲞⲨⲀⲀⲂ ⲘⲒⲬⲀⲎⲖ ϨⲚ̄ ⲞⲨⲈⲒⲢⲎⲚⲎ·

Ⲥⲱⲧⲙ̄ ⲉ ⲡⲉⲯⲁⲗⲙⲱⲇⲟⲥ ⲇⲁⲇ̄ ⲉϥⲥⲟⲩⲙⲁⲛⲉ ⲛⲁⲛ ⲉ ⲧⲣⲉ ⲛⲥⲱⲟⲩϩ ⲧⲏⲣⲉⲛ ⲉ̄ ϩⲟⲩⲛ ⲉ ⲡⲉⲓ ϣⲁ ⲉ̄ⲧ ⲟⲩⲁⲁⲃ ⲙ̄ⲡⲟⲟⲩ· ⲁⲩⲱ ⲟⲛ ϯⲛⲁⲩ ⲉ ⲡⲉ̈ⲓ ϣⲁ ⲉϥⲟ ⲛ ⲥⲛⲁⲩ· ϯⲛⲁⲩ ⲟⲛ ⲉⲩϫⲁⲙⲏ ⲉⲥϣⲟⲟⲡ ⲉ̄ ⲙⲡ̄ ϩⲁⲧⲏⲩ ⲙ̄ ⲡⲣⲱϩⲧ̄ ϩⲓϫⲱⲛ ⲉ ⲧⲣⲉ

ⲥⲱⲧⲣ̄ⲧⲱⲣⲡ̄· ⲁⲗⲗⲁ ⲧⲛ̄ⲥⲃ̄ⲧⲱⲧ ⲉ̄ ϣⲱⲡ ⲉ ⲣⲟⲛ̄ ⲛ̄ⲛⲉⲧ
ⲣ̄ | ⲛⲟⲃⲣⲉ ⲛ̄ ⲧⲙ̄ⲯⲩⲭⲏ ϩⲓ ⲟⲩⲥⲟⲡ ⲉⲓⲧⲉ ⲁⲛⲟⲛ ⲛⲉⲧ Fol. 11 *a* ⲓ̄ⲑ̄
ϣⲁϫⲉ· ⲉⲓⲧⲉ ⲛ̄ⲧⲱⲧⲛ̄ ⲛⲉⲧ ⲥⲱⲧⲙ̄· Ⲁⲩⲱ ⲡⲁⲛⲧⲱⲥ ⲡⲉⲓ
ϣⲁϫⲉ ⲛⲁϫⲱⲕ ⲉ ⲃⲟⲗ ⲉ ϩⲣⲁï ⲉ ϫⲱⲛ· ϫⲉ ⲟⲩⲁ ⲙⲉⲛ
ⲁϥϯ ϣⲉ· ⲕⲉ ⲟⲩⲁ ⲇⲉ ⲛ̄ ⲥⲉ· ⲕⲉ ⲟⲩⲁ ⲇⲉ ⲙ̄ⲙⲁⲁⲃ·
Ⲉⲓⲥⲟⲟⲩⲛ ϫⲉ ⲛϥⲟⲩⲛⲩ ⲙ̄ⲙⲟⲛ ⲁⲛ ⲛ̄ϭⲓ ⲡⲣϥϯ ⲃⲉⲕⲉ
ⲙ ⲙⲉ· ⲡⲉⲛϫⲟⲉⲓⲥ ⲓ̄ⲥ̄ ⲡⲉⲭ̄ⲥ̄ ⲡϣⲏⲣⲉ ⲙ ⲡⲛⲟⲩⲧⲉ:
ⲉϥϫⲱ ⲙ̄ⲙⲟⲥ ϩⲙ̄ ⲧⲉϥⲧⲁⲡⲣⲟ ⲙ̄ ⲙⲉ· ϫⲉ ⲡⲙⲁ ⲉⲧ
ⲉⲣⲉ ⲥⲛⲁⲩ ⲛ̄ ϣⲟⲙⲧ̄ ⲥⲟⲟⲩϩ ⲛ̄ϩⲏⲧϥ̄ ϩⲙ̄ ⲡⲁ ⲣⲁⲛ·
ϯϣⲟⲟⲡ ⲛ̄ⲙ̄ⲙⲁⲩ ϩⲙ̄ ⲧⲉⲩⲙⲏⲧⲉ· ⲛ̄ ϩⲟⲥⲟⲛ ϥ̄ϣⲟⲟⲡ
ϩⲁϩⲧⲛ̄ ⲙ̄ⲙⲟⲟⲩ ⲛ̄ϭⲓ ⲡⲛⲟⲩⲧⲉ· ⲙⲁⲣⲛ̄ϣⲱⲡ ⲉ ⲣⲟⲛ
ⲙ̄ ⲡϣⲁϫⲉ ⲙ̄ ⲡⲛⲟⲩⲧⲉ ⲉϥϫⲱ ⲙ̄ⲙⲟⲥ ⲛⲁⲛ ϩⲙ̄ ⲧⲁⲡⲣⲟ
ⲙ̄ ⲡⲓ̈ⲉⲣⲟⲯⲁⲗⲧⲏⲥ ⲇ̄ⲁ̄ⲇ̄ Ⲡⲉϫⲁϥ ⲅⲁⲣ ϫⲉ ⲥⲣ̄ⲃⲉ ⲛ̄ⲧⲉⲧⲛ̄-
ⲉⲓⲙⲉ ϫⲉ ⲁⲛⲟⲕ ⲡⲉ ⲡⲛⲟⲩⲧⲉ· ϯⲛⲁϫⲓⲥⲉ ϩⲙ̄ ⲛ̄ϩⲉⲑⲛⲟⲥ
ϯⲛⲁϫⲓⲥⲉ ϩⲙ̄ ⲡⲕⲁϩ· Ⲧⲉⲧⲛ̄ⲥⲟⲟⲩⲛ ⲱ̄ ⲛⲁ ⲙⲉⲣⲁⲧⲉ·
ϫⲉ ⲡϣⲁ ⲙ̄ ⲡⲛ̄ⲟⲩϫⲁï ⲧⲏⲣⲛ̄ ⲡⲉ ⲡⲟⲟⲩ· ⲉⲧⲉ ⲧⲁï ⲧⲉ
ⲧⲕⲩⲣⲓⲁⲕⲏ ⲛⲧⲟⲩϫⲟ ⲛ ⲧⲟï | ⲕⲟⲩⲙⲉⲛⲏ ⲧⲏⲣⲥ̄· Ⲡⲁï- Fol. 11 *b* ⲕ̄
ⲕⲁïⲟⲥ ⲅⲁⲣ ⲡⲉ ⲉ ⲧⲣⲉⲛϫⲉ ϩⲙ̄ⲕⲟⲩï ⲛ̄ ⲉ̄ⲡⲉⲛⲟⲥ ⲉ ⲡⲉⲭ̄ⲥ̄·
ϫⲉ ⲛⲧⲟϥ ⲡⲉⲧ ϣⲟⲟⲡ ϩⲁ ⲑⲏ ⲛ̄ⲛⲉⲱⲛ ⲧⲏⲣⲟⲩ· Ⲧⲥⲱⲧⲙ̄
ⲉ ⲣⲟϥ ⲧⲉⲛⲟⲩ ϩⲙ̄ ⲡⲉⲩⲁⲅⲅⲉⲗⲓ̈ⲟⲛ· ϫⲉ ⲡⲁⲅⲅⲉⲗⲟⲥ
ⲇⲉ ⲛ ⲡϫⲟⲉⲓⲥ ⲁϥⲉⲓ ⲉ ⲡⲉⲥⲏⲧ ⲉ̄ ⲃⲟⲗ ϩⲙ̄ ⲧⲡⲉ· ⲁϥϯ
ⲡⲉϥⲟⲩⲟï ⲁϥⲥⲕⲟⲣⲕⲣ̄ ⲙ̄ ⲡⲱⲛⲉ ⲁϥϩⲙⲟⲟⲥ ⲉ ϩⲣⲁï ⲉ
ϫⲱϥ· ⲡⲉϥⲉⲓ̈ⲛⲉ ⲇⲉ ⲛⲉϥⲟ ⲛⲑⲉ ⲛ ⲟⲩⲉⲃⲣⲏϭⲉ ⲁⲩⲱ
ⲧⲉϥϩⲃ̄ⲥⲱ ⲛⲉⲥⲟⲩⲟⲃ̄ϣ ⲛ̄ⲑⲉ ⲛ̄ ⲟⲩⲭⲓ̈ⲱⲛ· Ⲉⲓⲧⲁ ⲡⲉϫⲁϥ
ⲛ̄ ⲛⲉϩⲓⲟⲙⲉ· ϫⲉ ⲛ̄ⲧⲱⲧⲛ̄ ⲙⲡⲣ̄ ⲣ̄ ϩⲟⲧⲉ· ϯⲥⲟⲟⲩⲛ ⲅⲁⲣ
ϫⲉ ⲉⲧⲉⲧⲛ̄ϣⲓⲛⲉ ⲛ̄ⲥⲁ ⲓ̄ⲥ̄ ⲡⲉⲧⲧ ⲁⲩⲥϯⲟⲩ ⲙ̄ⲙⲟϥ ⲛ̄ϥ ⲙ̄
ⲡⲓ̈ ⲙⲁ ⲁⲛ ⲁϥⲧⲱⲟⲩⲛ ⲅⲁⲣ ⲕⲁⲧⲁ ⲑⲉ ⲛⲧⲁϥϫⲟⲟⲥ·
Ⲗⲟⲓⲡⲟⲛ ⲙⲁⲣⲛⲣ̄ ϣⲁ ⲙ̄ⲡⲟⲟⲩ ϩⲙ̄ ⲡϣⲁ ⲛ̄ ⲧⲁⲛⲁⲥⲧⲁⲥⲓⲥ̄·
ⲙ̄ ⲡϫⲟⲉⲓⲥ· ⲙⲁⲗⲓⲥⲧⲁ ⲡⲟⲟⲩ ϫⲉ ϥϩⲁϩⲧⲏⲛ ⲛ̄ϭⲓ ⲡϫⲟⲉⲓⲥ
ⲙⲛ̄ ⲡⲉϥⲁⲣⲭⲁⲅⲅⲉⲗⲟⲥ ⲉⲧ ⲧⲁïⲏⲩ ⲙⲓⲭⲁⲏⲗ ⲉϥⲥⲟⲡⲥ̄
ⲙ̄ ⲡⲛⲟⲩⲧⲉ ⲉ ⲧⲣⲉϥⲕⲱ ⲛⲁⲛ ⲉ ⲃⲟⲗ ⲛ̄ ⲛⲉⲛⲛⲟⲃⲉ· Ⲛ̄ⲧⲟϥ
ⲅⲁⲣ ⲁⲗⲩⲑⲱⲥ· ⲡⲉ ⲡⲥⲟⲡⲥ̄ ⲙ̄ ⲡⲛⲟⲩⲧⲉ ⲉ ϫⲱⲛ ϣⲁⲛⲧ
ⲉϥⲧⲟⲩϫⲟⲛ ϩⲙ̄ ⲑⲗⲓⲯⲓⲥ | ⲛⲓⲙ· ⲉϣϫⲉ ⲧⲉⲧⲛ̄ⲛⲟⲩⲱϣ ⲇⲉ Fol. 12 *a* ⲕ̄ⲁ̄
ⲉ̄ ⲉⲓ̈ⲙⲉ· ϫⲉ ⲛ̄ⲧⲟϥ ⲉⲧ ⲥⲟⲡⲥ̄ ϩⲁ ⲡⲅⲉⲛⲟⲥ ⲧⲏⲣϥ̄ ⲛ̄ ⲁⲇⲁⲙ

ⲥⲱⲧⲙ̅ ⲧⲁⲧⲁⲙⲱⲧⲛ̅: Ⲛⲉⲩⲛ̅ ⲟⲩⲡⲣⲁⲅⲙⲁⲧⲉⲩⲧⲏⲥ ⲇⲉ ϩⲛ̅
ⲧⲉⲭⲱⲣⲁ ⲛ̅ ⲧⲉⲛϯⲕⲏ ⲉ ⲡⲉϥⲣⲁⲛ ⲡⲉ ⲅⲉⲇⲁⲥⲱⲛ· ⲛⲉⲩⲣ̅-
ⲙⲙⲁⲟ ⲙ̅ⲙⲁⲧⲉ ⲡⲉ ⲉⲣⲉ ⲟⲩⲛⲟϭ ⲙ̅ ⲡⲣⲁⲅⲙⲁⲧⲓ̈ⲁ ϣⲟⲟⲡ
ⲛⲁϥ· ⲉϥⲉⲓⲣⲉ ⲛ̅ ⲧⲉⲓ̈ ϩⲉ· ⲉϥϣⲱⲡ ⲛ̅ ⲛ̅ⲛⲉⲅⲕⲁ ϯ ⲭⲱⲣⲁ
ⲉϥϫⲓ̈ ⲙ̅ⲙⲟⲟⲩ ⲉ ⲕⲉ ⲭⲱⲣⲁ ⲉϥϯ ⲙⲙⲟⲟⲩ ⲉ̅ ⲃⲟⲗ ⲡⲣⲟⲥ
ⲧⲧⲉⲭⲛⲏ ⲛ̅ ⲧⲙⲛ̅ⲧⲉϣⲱⲱⲧ:—Ⲭⲱⲣⲓⲥ ⲛⲁⲓ̈ ⲧⲏⲣⲟⲩ ⲛⲉⲩ-
ϩⲉⲗⲗⲏⲛ ⲡⲉ· ⲛϥ̅ⲥⲟⲟⲩⲛ ⲁⲛ ⲙ̅ ⲡⲛⲟⲩⲧⲉ:—Ⲉⲧⲉⲓ̈ ⲟⲩⲛ
ⲉϥϣⲟⲟⲡ ϩⲛ̅ ⲧⲙⲛ̅ⲧϩⲉⲗⲗⲏⲛ· ⲛⲉⲣⲉ ⲡⲛⲟⲩⲧⲉ ⲡⲁⲛⲁϩⲱⲱⲣ
ⲉⲧ ⲙⲉϩ ⲙ̅ ⲙⲛ̅ⲧϣⲛ̅ϩⲧⲏϥ ⲛⲓ̈ⲙ· ⲡⲉⲧ ⲛⲟⲩϩⲙ̅ ⲛ̅ ⲟⲩⲟⲛ̅
ⲛⲓ̈ⲙ ⲉⲧ ϩⲉⲗⲡⲓ̈ⲍⲉ ⲉ ⲣⲟϥ ⲟⲩⲱϣ ⲉ ⲧⲟⲩϫⲟ ⲙ̅ ⲡⲉⲓ
ⲣⲱⲙⲉ: Ⲁⲥϣⲱⲡⲉ ⲇⲉ ⲙ̅ⲙⲟϥ ⲛ̅ ⲟⲩⲥⲟⲡ ⲁϥⲧⲁⲗⲟ ⲛ̅
ⲧⲉϥⲡⲣⲁⲅⲙⲁⲧⲓ̈ⲁ ⲧⲏⲣⲥ̅ ⲉ ⲡϫⲟⲓ̈· ⲁϥⲃⲱⲕ ⲉⲩⲡⲟⲗⲓⲥ ϩⲛ̅
Fol. 12 b ⲧⲉⲭⲱⲣⲁ | ⲛ̅ ⲛⲉⲫⲓ̈ⲗⲓⲡⲡⲟⲥ· ϩⲛ̅ ⲧⲁⲣⲭⲏ ⲙ̅ ⲡⲉⲃⲟⲧ
ⲕⲃ̅ ϩⲁⲑⲱⲣ ⲉ ⲡⲉⲥⲣⲁⲛ ⲡⲉ ⲅⲁⲗⲟⲛⲓⲁ· ⲉϥⲟⲩⲱϣ ⲉ ϯ ⲉ ⲃⲟⲗ
ⲛ̅ⲧⲉϥⲡⲣⲁⲅⲙⲁⲧⲓⲁ· Ⲉϥⲉⲓⲣⲉ ⲇⲉ ϩⲓ̈ ⲛⲁⲓ̈ ⲁϥ̅ⲡⲱϩ ⲉ̅ ⲡϣⲁ
ⲙ̅ ⲡⲁⲣⲭⲁⲅⲅⲉⲗⲟⲥ ⲉⲧ ⲟⲩⲁⲁⲃ: Ⲣ̅ⲟⲩϩⲉ ⲇⲉ ⲛ ⲥⲟⲩ
ⲙⲛ̅ⲧⲟⲩⲉ ⲛ ϩⲁⲑⲱⲣ ⲛⲉ ⲡⲗⲩⲭⲛⲓ̈ⲕⲟⲛ̅ ⲡⲉ ⲛ ⲡϣⲁ·
ⲁϥⲛⲁⲩ ⲉ ⲡⲧⲟⲡⲟⲥ ⲉϥⲕⲁⲑⲁⲣⲓⲍⲉ: ⲉϥⲥⲧⲟⲗⲓⲍⲉ ⲁⲩⲱ
ⲉϥⲗⲁⲙⲡⲉⲩⲉ ϩⲓⲧⲛ̅ ⲧⲁϣⲏ ⲛ̅ ⲛⲉⲫⲁⲛⲟⲥ· ⲙⲛ̅ ⲡⲛⲟϭ ⲙ̅
ⲙⲏⲏϣⲉ ⲛ̅ ⲧⲡⲟⲗⲓⲥ ⲉⲩⲥⲟⲟⲩϩ ϩⲛ̅ ϩⲉⲛϩⲩⲙⲛⲟⲥ ⲙⲛ̅ ϩⲉⲛ-
ⲯⲁⲗⲙⲟⲥ· ϫⲓⲛⲉ ⲣⲟⲩϩⲉ ϣⲁ ϩⲧⲟⲟⲩⲉ· Ϣⲱⲣⲡ̅ ⲇⲉ ⲛ̅ⲧⲉⲣ
ϥ̅ϣⲱⲡⲉ ⲁⲩⲁⲣ̅ⲭⲓ̈ ⲉ ⲧⲙⲉⲗⲉⲧⲏⲥⲉⲓ̈ⲥ· ⲁ ⲡⲉⲡⲓⲥⲕⲟⲡⲟⲥ ⲙⲛ̅
ⲛⲉⲕⲗⲏⲣⲓ̈ⲕⲟⲥ· ⲁⲩⲱ ⲛ̅ⲁⲣⲭⲱⲛ ⲧⲏⲣⲟⲩ ⲛ̅ ⲧⲡⲟⲗⲓⲥ
ⲥⲱⲟⲩϩ: Ϩⲁⲡⲗⲱⲥ ⲁⲩⲥⲧⲉⲫⲁⲛⲟⲩ ⲛ ⲧⲡⲟⲗⲓⲥ ⲧⲏⲣⲥ̅ ⲙⲛ̅
ⲛⲏⲓ̈ ⲙⲛ̅ ⲛ̅ϩⲓⲣ: Ⲛ̅ ⲧⲉⲣ ϥ̅ⲛⲁⲩ ⲟⲛ ⲛ̅ⲉ ⲛⲁⲓ̈· ⲁϥⲣ̅
ϣⲡⲏⲣⲉ· ϫⲉ ⲛⲉⲩϩⲉⲗⲗⲏⲛ ⲡⲉ ⲛϥ̅ⲧⲏⲡ ⲁⲛ̅ ⲉ ϩⲱ̅ⲃ ⲛ̅
ⲧⲉⲓ ⲙⲓ̈ⲛⲉ: Ⲁϥⲣ̅ ⲑⲉⲥⲭⲉⲇⲱⲛ ⲉϣϫⲉ ⲛ̅ⲧⲁϥⲡⲱⲱⲛⲉ ⲉ
ⲃⲟⲗ ϩⲙ̅ ⲡⲓⲁⲓⲱⲛ ⲉ ⲡⲕⲉ ⲟⲩⲁ ϩⲓⲧⲛ̅ ⲛⲉ ⲛⲧⲁϥⲛⲁⲩ
Fol. 13 a ⲉ ⲣⲟⲟⲩ ⲁⲩⲱ ⲛⲉ ⲛ|ⲧⲁϥⲥⲟⲧⲙⲟⲩ: ⲁⲩⲱ ⲁϥϣⲱⲡⲉ ⲉϥⲟ
ⲕⲅ̅ ⲛ̅ϩⲃⲁ: ⲁϥϯ ⲛⲉϥⲟⲩⲟⲓ̈ ⲇⲉ ⲉ ⲣⲱⲙⲉ ⲥⲛⲁⲩ· ⲁϥϫⲛⲟⲩⲟⲩ
ϫⲉ ⲛⲁ ⲥⲛⲏⲩ· ⲟⲩ ⲡⲉⲧ ϣⲟⲟⲡ ϩⲛ̅ ϯⲡⲟⲗⲓⲥ ⲛ̅ⲥⲁϥ ⲙⲛ̅
ϣⲙ̅ⲧⲉ ⲡⲟⲟⲩ· Ⲛⲣⲱⲙⲉ ⲇⲉ ⲛ̅ⲭⲣⲏⲥϯⲁⲛⲟⲥ ⲁⲩϣⲁϫⲉ
ⲛ̅ⲙⲙⲁϥ ⲉⲩϫⲱ ⲙ̅ⲙⲟⲥ· ϫⲉ ⲡϣⲁ ⲙ̅ ⲡⲁⲣⲭⲁⲅⲅⲉⲗⲟⲥ
ⲙⲓ̈ⲭⲁⲏⲗ ⲡⲉ ⲉⲛⲣ̅ϣⲁ ⲛⲁϥ ϫⲉ ⲛⲧⲟϥ ⲡⲉⲧ ⲥⲉⲡⲥ̅ ⲙ̅

ⲡⲛⲟⲩⲧⲉ ⲉ̄ ϩⲣⲁï ⲉ ϫⲱⲛ ϣⲁⲛⲧ ⲉϥⲧⲟⲩϫⲟ ⲛ̄ ⲧⲏⲣⲛ̄
Ⲡⲣⲱⲙⲉ ⲇⲉ ⲡⲉϫⲁϥ ⲛⲁϥ· ⲛ̄ ⲛⲉⲭⲣⲏⲥⲧⲓⲁⲛⲟⲥ ϫⲉ ⲉϥ-
ⲧⲱⲛ ⲡⲉⲧ ⲙ̄ⲙⲁⲩ ϩⲱⲱϥ ⲧⲁⲥⲡ̄ⲥⲱⲡϥ̄ ⲧⲁⲣϥ̄ⲛⲁϩⲙⲉⲧ ⲉ
ϩⲱⲃ ⲛⲓⲙ ⲉⲑⲟⲟⲩ· Ⲡⲉϫⲉ ⲡ̄ⲣⲱⲙⲉ ⲇⲉ ⲛⲁϥ· ϫⲉ
ⲛⲅ̄ ⲛⲁⲉϣⲛⲁⲩ ⲁⲛ ⲉ̄ ⲣⲟϥ ⲉⲓ ⲙⲏ ⲧⲉï ⲛⲅ̄ ϣⲱⲡⲉ
ⲛ̄ⲭⲣⲏⲥⲧïⲁⲛⲟⲥ· Ⲁⲗⲗⲁ ⲉⲕϣⲁⲛⲣ̄ ⲭⲣⲏⲥⲧⲓⲁⲛⲟⲥ: ⲛⲅ̄
ⲥⲟⲡⲥ̄ ⲙ̄ⲙⲟϥ ϥⲛⲁⲛ̄ⲁϩⲙⲉⲕ̄ ⲉ ϩⲱⲃ ⲛⲓⲙ ⲉⲑⲟⲟⲩ· Ⲡⲉ-
ⲡⲣⲁⲅⲙⲁⲧⲉⲩⲧⲏⲥ ⲇⲉ ⲡⲉϫⲁϥ ⲛⲁⲩ· ϫⲉ ϫⲓ ⲛ̄ⲧⲟⲟⲧⲛ̄
ⲛⲟⲙⲓⲥⲙⲁ ⲥⲛⲁⲩ· ⲟⲩⲁ ⲉ̄ ⲡⲟⲩⲁ· ⲛ̄ⲧⲉⲧⲛ̄ϫⲓⲧ ⲛ̄ⲙ̄ⲙⲏⲧⲛ̄
ⲉ ⲡⲧⲟⲡⲟⲥ ⲙ̄ ⲡⲁⲣ|ⲭⲁⲅⲅⲉⲗⲟⲥ ⲙⲓ̈ⲭⲁⲏⲗ· ⲧⲁϣⲱⲡⲉ Fol. 13 *b*
ⲛ̄ⲧⲉⲧⲛ̄ϩⲉ· Ⲛ̄ⲣⲱⲙⲉ ⲇⲉ ⲡⲉϫⲁⲩ ⲛⲁϥ· ϫⲉ ⲙⲉⲕϣⲣ̄ ⲕⲇ̄
ⲧⲛ̄ϩⲉ ⲉⲓ ⲙⲏ ⲧⲉï ⲛ̄ⲧⲉ ⲡⲛ̄ⲓⲱⲧ ⲡⲉⲡⲓⲥⲕⲟⲡⲟⲥ ⲃⲁⲡⲧⲓⲍⲉ
ⲙ̄ⲙⲟⲕ· Ⲛ̄ⲧⲟϥ ⲇⲉ ϩⲓ̈ⲧⲛ̄ ⲧⲉⲡⲣⲟⲛⲟⲓⲁ ⲙ̄ ⲡⲛⲟⲩⲧⲉ ⲉⲧ
ⲧⲱϩⲙ̄ ⲙ̄ⲙⲟϥ: Ⲁϥⲡⲁⲣⲁⲕⲁⲗⲓ̈ ⲙ̄ⲙⲟⲟⲩ ϫⲉ ⲁⲣⲓ̈ ⲧⲁⲅⲁⲡⲏ
ⲛ̄ⲧⲉⲧⲛ̄ϫⲓⲧ ϣⲁ ⲡⲉⲡⲓⲥⲕⲟⲡⲟⲥ: Ⲙ̄ ⲡⲉϥⲣⲁⲥⲧⲉ ⲇⲉ ⲁⲛⲣⲱⲙⲉ
ⲛ̄ ⲧⲡⲟⲗⲓⲥ ⲉⲓⲛⲉ ⲙ̄ⲙⲟϥ ϣⲁ ⲡⲉⲡⲓⲥⲕⲟⲡⲟⲥ· ⲁⲩϫⲱ ⲉ̄
ⲣⲟϥ ⲛ̄ⲑⲉ ⲧⲏⲣⲥ̄ ⲛ̄ⲧⲁⲥϣⲱⲡⲉ ⲙ̄ⲙⲟϥ: Ⲡⲉϫⲉ ⲡⲉⲡⲓⲥⲕⲟⲡⲟⲥ
ⲙ̄ ⲡⲉⲡⲣⲁⲅⲙⲁⲧⲉⲩⲧⲏⲥ· ϫⲉ ⲛ̄ⲧⲕ̄ ⲟⲩ ⲉ ⲃⲟⲗ ϩⲛ̄ ⲁϣ ⲙ̄
ⲡⲟⲗⲓⲥ ⲡⲁ ϣⲏⲣⲉ· ⲏ ⲁϣ ⲛ̄ ⲭⲱⲣⲁ: Ⲡⲉⲡⲣⲁⲅⲙⲁⲧⲉⲩⲧⲏⲥ
ⲇⲉ ⲡⲉϫⲁϥ ϫⲉ ⲁⲛⲅ̄ ⲟⲩ ⲉ ⲃⲟⲗ ϩⲛ̄ ⲧⲉⲭⲱⲣⲁ ⲛ ⲧⲉⲛϯⲕⲏ:
Ⲡⲉϫⲉ ⲡⲉⲡⲓ̈ⲥⲕⲟⲡⲟⲥ· ϫⲉ ⲛ̄ⲧⲁⲟⲩϣⲱⲡⲉ ⲙ̄ⲙⲟⲕ ⲡⲁ
ϣⲏⲣⲉ ⲉⲕⲟⲩⲱϣ ⲉ ⲡⲱⲱⲛⲉ̄ ⲉ̄ ⲃⲟⲗ ϩⲙ̄ ⲡⲉⲕϣⲙ̄ϣⲉ ⲛⲅ̄
ⲱⲡ ⲉ̄ ⲣⲟⲛ: Ⲡⲉϫⲁϥ ϫⲉ ϩⲓⲧⲛ̄ ⲛⲉⲛ̄ⲧ ⲁⲓ̈ⲛⲁⲩ ⲉ ⲣⲟⲟⲩ
ϩⲛ̄ ⲛⲁⲃⲁⲗ | ⲙⲛ̄ ⲛⲉⲛⲧ ⲁⲓ̈ⲥⲟⲧⲙⲟⲩ ϩⲛ̄ ⲛⲁⲙⲁⲁϫⲉ· Fol. 14 *a*
ⲁⲥⲣ̄ⲁⲛⲁⲓ ⲉ ⲡⲱⲱⲛⲉ ⲉ ϩⲟⲩⲛ ⲉ ⲡⲕ̄ϣⲙ̄ϣⲉ: Ⲡⲉϫⲉ ⲡⲉⲡⲓ- ⲕⲉ̄
ⲥⲕⲟⲡⲟⲥ ⲛⲁϥ ϫⲉ ⲕϣⲙ̄ϣⲉ ⲛ ⲛⲓⲙ ⲛ̄ ⲛⲟⲩⲧⲉ· Ⲡⲉϫⲉ
ⲡϩⲉⲗⲗⲏⲛ ϫⲉ ⲉⲓ̈ϣⲙ̄ϣⲉ ⲙ̄ ⲡⲣⲏ ⲡⲁ ⲡⲉⲓ̈ ⲛⲟϭ ⲛ̄ ⲉ̄ⲟⲟⲩ·
ϫⲉ ⲛ̄ⲧⲟϥ ⲉⲧ ⲣ̄ ⲟⲩⲟⲉⲓⲛ ⲉ ⲡⲕⲟⲥⲙ̄ⲟⲥ ϩⲛ̄ ⲧⲉϥϭⲟⲙ: Ⲡⲉϫⲉ
ⲡⲉⲡⲓⲥⲕⲟⲡⲟⲥ ⲛⲁϥ ϫⲉ ⲉⲣϣⲁⲛ ⲡⲣⲏ ϩⲱⲧⲡ̄ ⲛ̄ⲧⲉ ⲧⲉⲩ[ϣⲏ]
ϣⲱⲡⲉ· ⲛ̄ⲧⲉ ⲟⲩⲑⲗⲓⲯⲓⲥ ⲧⲁϩⲱⲧⲛ̄: ⲉⲕⲛⲁϩⲉ ⲉ ⲡⲣⲏ
ⲧⲱⲛ: ⲛϥ̄ⲛⲁϩⲙⲉⲕ̄ ϩⲛ̄ ⲛⲉⲕⲑⲗⲓⲯⲓⲥ: Ⲡⲉϫⲉ ⲡⲉⲡⲣⲁⲅⲙⲁ-
ⲧⲉⲩⲧⲏⲥ ⲛⲁϥ· ϫⲉ ϯⲥⲟⲡⲥ̄ ⲙ̄ⲙⲟⲕ· ⲙⲁⲣⲉ ⲧⲉⲕⲙⲛ̄ⲧⲛⲁⲏⲧ
ⲧⲁϩⲟⲓ̈· ⲛ̄ⲑⲉ ⲛ̄ ⲛ̄ⲣⲱⲙⲉ ⲧⲏⲣⲟⲩ ⲛ ϯⲡⲟⲗⲓⲥ: Ⲡⲉϫⲉ
ⲡⲓⲥⲕⲟⲡⲟⲥ (*sic*) ⲛⲁϥ ϫⲉ ⲟⲩⲛⲧⲁⲕ ⲥϩⲓ̈ⲙⲉ ⲙ̄ⲙⲁⲩ ⲛ̄ ϣⲏⲣⲉ:

Ⲡⲉϫⲁϥ ϫⲉ ⲡⲁ ⲓⲱⲧ ⲧⲁ ⲥϩⲓⲙⲉ ⲙⲛ̅ ⲛⲁϣⲏⲣⲉ ϩⲛ̅ ⲧⲁ
ⲡⲟⲗⲓⲥ· Ⲡⲉϫⲉ ⲡⲉⲡⲓⲥⲕⲟⲡⲟⲥ ⲛⲁϥ ϫⲉ ⲉϣϫⲉ ⲥⲉ ⲡⲁ
ϣⲏⲣⲉ: ⲛ ϯⲛⲁⲃⲁⲡϯⲍⲉ ⲙ̅ⲙⲟⲕ ⲁⲛ⁝ ⲧⲉⲛⲟⲩ· ⲙⲏ (*sic*) |
Fol. 14 *b* ⲙⲏⲡⲱⲥ ⲛ̅ⲥ̅ⲧⲙ̅ ⲡⲉⲑⲉ ⲛ̅ⲙ̅ⲙⲁⲕ ⲛ̅ϭⲓ ⲧⲉⲕⲥϩⲓ̈ⲙⲉ· ⲛⲧⲉ
ⲕ̅ⲋ̅ ⲟⲩⲥⲕⲁⲛⲧⲁⲗⲟⲛ ϣⲱⲡⲉ ϩⲛ̅ ⲧⲉⲧⲛ̅ⲙⲏⲧⲉ ⲛ̅ⲥ̅ⲡⲱⲣϫ̅ ⲉ ⲃⲟⲗ
ⲙ̅ⲙⲟⲕ· ⲛ̅ ⲛ̅ⲧⲟϥ ⲛ̅ⲥ̅ⲧⲣⲉ ⲕⲁⲣⲛⲁ ⲙ̅ ⲡⲃⲁⲡⲧⲓⲥⲙⲁ ⲛ̅-
ⲧⲁⲕϫⲓⲧϥ̅· ⲉ ⲃⲟⲗ ϫⲉ ⲛⲧⲁⲧϣⲟⲣⲡ̅ ⲙ̅ ⲡⲁⲣⲁⲃⲁⲥⲓⲥ ϣⲱⲡⲉ
ⲉ ⲃⲟⲗ ϩⲓⲧⲛ̅ ⲧⲉⲥϩⲓⲙⲉ ϫⲓⲛ ⲉ̅ ϣⲟⲣⲡ̅· Ⲡⲡⲣⲁⲅⲙⲁⲧⲉⲩⲧⲏⲥ
ⲇⲉ ⲛ ⲧⲉⲣ ϥ̅ⲥⲱⲧⲙ̅ ⲉ ⲛⲁⲓ ⲁϥⲗⲩⲡⲉⲓ ⲙ̅ⲙⲁⲧⲉ· ⲙⲛ̅ⲛ̅ⲥⲱⲥ
ⲁϥϫⲓ ⲥⲙⲟⲩ ⲛ ⲧⲟⲟⲧϥ̅ ⲙ̅ ⲡⲉⲡⲓⲥⲕⲟⲡⲟⲥ ⲁϥⲉⲓ ⲉ ⲃⲟⲗ ϩⲓ
ⲧⲟⲟⲧϥ̅· ⲁϥⲁⲗⲉ ⲉ ⲡⲉϥϫⲟⲓ̈ ⲉ ⲧⲣ ϥ̅ⲃⲱⲕ ⲉ ⲡⲉϥⲏⲓ̈· Ⲛ̅
ⲧⲉⲣ ϥ̅ⲉⲓ ⲇⲉ ⲉ ⲧⲙⲏⲧⲉ ⲙ ⲡⲡⲉⲗⲁⲅⲟⲥ ⲛ̅ ⲑⲁⲗⲁⲥⲥⲁ· ⲁ
ⲡⲙⲁⲥⲧ ⲡⲉⲧ ⲛⲁⲛⲟⲩϥ ⲛⲓ̈ⲙ ⲡⲇⲓⲁⲃⲟⲗⲟⲥ ⲕⲱϩ ⲉ ⲣⲟϥ
ϩⲛ̅ ⲟⲩⲛⲟϭ ⲛ̅ ⲕⲱϩ ⲙⲛ̅ ⲟⲩⲑⲩⲙⲱⲛ ϫⲉ ⲁϥⲥⲟⲟⲩⲧⲛ̅ ⲙ̅
ⲡⲉϥϩⲏⲧ ⲉ ϩⲟⲩⲛ ⲉ ⲡⲛⲟⲩⲧⲉ· ⲁϥⲕⲧⲟϥ ϣⲁ ⲣⲟϥ ⲉ ⲧⲣⲉ
ϥⲟⲩϫⲁⲓ ⲉ ⲡⲧⲁⲕⲟ· Ⲁⲩⲱ ϩⲓⲧⲙ̅ ⲡⲙⲟⲥⲧⲉ ⲙ ⲡⲉϥϩⲏⲧ
ⲉ ϩⲟⲩⲛ ⲉ ⲣⲟϥ· ⲁϥⲧⲟⲩⲛⲟⲥ ⲟⲩⲛⲟϭ ⲛ̅ ⲭⲓⲙⲱⲛ ⲉ ϩⲣⲁⲓ̈
ⲉ̅ ϫⲱϥ· ⲁⲩⲱ ⲛ̅ϩⲟⲉⲓⲙ ⲛ̅ ⲑⲁⲗⲁⲥⲥⲁ ⲁϥⲧⲣⲉⲩⲛϣⲟⲧ ⲉ
Fol. 15 *a* ϩⲣⲁⲓ̈ ⲉϫⲙ̅ ⲡϫⲟⲓ̈ | ϩⲱⲥ ⲧⲉ ⲛϥ̅ⲃⲱⲕ ⲛ̅ϩⲏⲧϥ̅· Ⲡⲉⲡⲣⲁⲅ-
ⲕ̅ⲍ̅ ⲙⲁⲧⲉⲩⲧⲏⲥ ϫⲉ ⲁϥⲣ̅ ϩⲟⲧⲉ ⲁⲩⲱ ⲙ̅ⲡⲉ ϥϭⲛ̅ ⲉϥⲛⲁⲉⲣ ⲟⲩ
ⲛⲉϥⲛⲁⲉ̅ⲡⲓⲕⲁⲗⲓⲛ ⲛⲓⲙ· ⲉⲩⲃⲱⲏⲑⲓⲁ ⲛⲁϥ· Ⲁϥⲟⲩⲱϣ
ⲉ ⲃⲟⲗ ⲉϥⲣⲓ̈ⲙⲉ ϫⲉ ⲡⲁ ϫⲟⲉⲓⲥ ⲡⲁⲣⲭⲁⲅⲅⲉⲗⲟⲥ ⲉⲧ
ⲟⲩⲁⲁⲃ ⲙⲓⲭⲁⲏⲗ· ⲃⲟⲏⲑⲓ̈ ⲉ ⲣⲟⲓ̈ ϩⲛ̅ ϯⲛⲟϭ ⲛ̅ ⲁⲛⲁⲅⲕⲏ
ⲉ̅ ϯ ⲛ̅ϩⲏⲧⲥ̅ ⲙⲛ̅ ϯⲛⲟϭ ⲛ̅ⲑⲗⲓⲯⲓⲥ ⲉⲧ ⲕⲱⲧⲉ ⲉ ⲣⲟⲓ̈·
Ⲱ̅ ⲡⲁ ϫⲟⲉⲓⲥ ⲙⲓⲭⲁⲏⲗ ϯϩⲟⲙⲟⲗⲟⲅⲓ ⲙ̅ⲡⲉⲟⲟⲩ ⲛ̅ⲧⲁⲓⲛⲁⲩ
ⲉ ⲣⲟϥ ϩⲙ̅ ⲡⲉⲕⲧⲟⲡⲟⲥ ϫⲉ· ⲉⲕϣⲁⲛⲛⲁϩⲙⲉⲧ ⲙ̅ ⲡⲉⲓ ⲥⲟⲡ
ϯⲛⲏⲩ ⲙⲛ̅ ⲧⲁ ⲥϩⲓⲙⲉ ⲙⲛ̅ ⲛⲁϣⲏⲣⲉ· ⲛⲧⲛ̅ϣⲱⲡⲉ ⲛ̅-
ⲭⲣⲏⲥⲧⲓⲁⲛⲟⲥ ϣⲁ ⲡⲉϩⲟⲟⲩ ⲙ̅ ⲡⲉⲛⲙⲟⲩ· Ⲁⲩⲱ ⲛ̅ⲧⲉⲩ-
ⲛⲟⲩ ⲁⲩⲥⲙⲏ ϣⲱⲡⲉ ϣⲁ ⲣⲟϥ ⲉ ⲃⲟⲗ ϩⲛ̅ ⲧⲡⲉ ⲉⲥϫⲱ
ⲙ̅ⲙⲟⲥ ϫⲉ ⲙⲡⲣ̅ ⲣ̅ ϩⲟⲧⲉ ⲙⲛ̅ ⲡⲉⲑⲟⲟⲩ ⲛⲁⲧⲁϩⲟⲕ· Ⲛ̅-
ⲧⲉⲩⲛⲟⲩ ⲛ̅ⲧⲁ ⲧⲉ ⲥⲙⲏ ϣⲱⲡⲉ ⲁⲩⲛⲟϭ ⲛ̅ ϫⲁⲙⲏ ϣⲱⲡⲉ·
ⲁⲛϩⲟⲉⲓⲙ ⲗⲟ ⲉⲩⲧⲱⲛⲟⲩ ⲛ̅ ⲉ ϩⲣⲁⲓ̈· ⲁ ⲡϫⲟⲓ ⲁ̅ϩⲉ ⲣⲁⲧϥ̅
Fol. 15 *b* ϩⲛ̅ ⲟⲩⲥⲙⲓⲛⲉ· ⲙ̅ⲡⲉ ⲗⲁⲁⲩ ⲛ̅ ⲧⲁⲣⲁⲭⲏ ϣⲱⲡⲉ· Ⲁⲩⲱ
ⲕ̅ⲏ̅ ⲛ̅ⲧⲉⲩⲛⲟⲩ | ϩⲓⲧⲛ̅ ⲧⲉⲭⲁⲣⲓⲥ ⲙ̅ ⲡⲛⲟⲩⲧⲉ ⲙⲛ̅ ⲛ̅ⲥⲟⲡⲥ̅ ⲛ̅

ⲡⲁⲣⲭⲁⲅⲅⲉⲗⲟⲥ ⲙⲓⲭⲁⲏⲗ· ⲁ ⲡϫⲟⲓ̈ ⲙⲟⲟϣⲉ ϩⲛ̄ ⲟⲩ-
ⲁⲥⲁⲓ̈ ϣⲁⲛⲧ ⲉϥⲃⲱⲕ ⲉ ⲧⲉϥⲡⲟⲗⲓⲥ ϩⲛ̄ ⲟⲩⲉⲓ̈ⲣⲏⲛⲏ:—
Ⲡⲉⲡⲣⲁⲅⲙⲁⲧⲉⲩⲧⲏⲥ ⲇⲉ ⲛ ⲧⲉⲣ ϥ̄ⲉⲓ ⲉ ⲡⲉϥⲏⲓ̈· ⲁϥϫⲱ
ⲉ̄ ⲧⲉϥⲥϩⲓ̈ⲙⲉ ⲙⲛ̄ ⲛⲉϥϣⲏⲣⲉ ⲛ̄ ⲛⲉⲛ̄ⲧ ⲁϥⲛⲁⲩ ⲉ ⲣⲟⲟⲩ
ⲙⲛ̄ ⲛⲉⲛⲧ ⲁϥⲥⲟⲧⲙⲟⲩ ⲙⲛ̄ ⲛⲉⲛⲧ ⲁⲩϣⲱⲡⲉ ⲙ̄ⲙⲟϥ ϩⲛ̄
ⲧⲡⲟⲗⲓⲥ ⲅⲁⲗⲟⲛⲓ̈ⲁ· ⲛⲧⲉ ⲛⲉϥⲓⲗⲓⲡⲡⲟⲥ· Ⲙⲛ̄ⲛ̄ⲥⲱⲥ ⲁϥϫⲉ
ⲡϣⲁϫⲉ ⲉ ⲣⲟⲟⲩ ⲕⲟⲩⲓ ⲕⲟⲩⲓ̈ ⲉϥϫⲱ ⲙ̄ⲙⲟⲥ ϫⲉ ⲁⲗⲏⲑⲱⲥ
ⲁⲓ̈ϩⲉ ⲉ ⲣⲟⲥ ⲡⲣⲏ ⲉ̄ⲧ ⲛ̄ϣⲙ̄ϣⲉ ⲛⲁϥ ⲛ̄ ⲟⲩⲛⲟⲩⲧⲉ ⲁⲛ ⲡⲉ·
ⲁⲗⲗⲁ ⲟⲩϩⲙ̄ϩⲁⲗ ⲡⲉ ⲛ̄ⲧⲉ ⲡⲛⲟⲩⲧⲉ ⲛ̄ ⲛ̄ⲅⲁⲗⲓ̈ⲗⲁⲓⲟⲥ·
Ⲡⲉϥⲛⲟϭ ⲇⲉ ⲛ ϣⲏⲣⲉ ⲛⲉ ⲟⲩⲥⲟⲫⲟⲥ ⲡⲉ· Ⲡⲉϫⲁϥ ⲙ̄
ⲡⲉϥⲓ̈ⲱⲧ ϫⲉ ⲁⲛⲟⲕ ϯⲛⲁⲉⲓ̈ⲙⲉ ϩⲛ̄ ϯⲟⲩⲛⲟⲩ ⲧⲁⲓ· Ⲡϣⲏⲣⲉ
ⲇⲉ ϣⲙ̄ (*sic*) ⲁϥⲃⲱⲕ ⲉ ϩⲣⲁⲓ̈ ⲉ ⲧϫⲉⲛⲉⲡⲱⲣ ⲙ̄ ⲡⲉϥⲏⲓ̈·
ⲁϥⲱϣ ⲉ ϩⲣⲁⲓ̈ ⲉ ⲡⲣⲏ ⲉϥϫⲱ ⲙ̄ⲙⲟⲥ· ϫⲉ ϯⲱⲣⲕ̄ ⲉ ⲣⲟⲕ
ⲙ̄ ⲡⲉⲕⲛⲟϭ ⲛ̄ ⲟⲩⲟⲉⲓⲛ̄ ⲙⲛ̄ ⲧⲉⲕϩⲙ̄ⲙⲉ ⲉⲧ ⲙⲟϩ ϩⲙ̄ ⲡⲉⲓ̈ |
ⲕⲟⲥⲙⲟⲥ ⲧⲏⲣϥ̄ ⲉϣⲱⲡⲉ ⲛⲧⲟⲕ ⲁⲛ ⲡⲉ ⲡⲛⲟⲩⲧⲉ ⲙ ⲙⲉ· Fol. 16 *a*
ⲉ ⲧⲣⲉ ⲕⲧⲁⲙⲟⲓ ϫⲉ ⲛⲧⲕ̄ ⲟⲩϩⲙ̄ϩⲁⲗ ⲛ̄ⲧⲁϥ ⲕⲁⲧⲁ ⲑⲉ ⲕ̄ⲑ̄
ⲛ̄ⲧⲁ ⲡⲁ ⲓⲱⲧ ⲧⲁⲙⲟⲓ· ⲁⲩⲱ ⲛ̄ⲧⲉⲩⲛⲟⲩ ⲁⲩⲥⲙⲏ ϣⲱⲡⲉ
ϣⲁ ⲣⲟϥ ⲉⲥϫⲱ ⲙ̄ⲙⲟⲥ· ϫⲉ ⲕⲁⲗⲱⲥ ⲡϣⲏⲣⲉ ϣⲏⲙ
ⲉⲧ ϣⲓ̈ⲛⲉ ⲛⲥⲁ ⲡⲛⲟⲩⲧⲉ ⲛ ⲁⲗⲏⲑⲓⲛⲟⲛ· Ⲁⲛⲟⲕ ⲁⲛ ⲡⲉ
ⲡⲛⲟⲩⲧⲉ ⲙⲉ ⲅⲉⲛⲉⲧⲟ ⲛⲑⲉ ⲉⲧ ⲉⲣⲉ ⲛϩⲉⲗⲗⲏⲛ ϫⲱ ⲙ̄ⲙⲟⲥ:
ⲁⲗⲗⲁ ⲁⲛⲅ̄ ⲟⲩϩⲙ̄ϩⲁⲗ ⲛ̄ⲧⲁϥ ⲉⲓⲥⲱⲧⲙ̄ ⲛ̄ⲥⲁ ⲧⲉϥⲕⲉⲗⲉⲩ-
ⲥⲓⲥ· Ⲡⲗⲏⲛ ⲉ̄ϣⲱⲡⲉ ⲕϣⲓⲛⲉ ⲛⲥⲁ ⲡⲛⲟⲩⲧⲉ ⲙ ⲙⲉ· ⲉⲓⲥ
ⲡⲉⲕⲓ̈ⲱⲧ ⲁϥⲥⲟⲩⲱ̄ⲛϥ̄ ϫⲓⲛ ⲉϥ ϩⲛ̄ ⲕⲁⲗⲟⲛⲓⲁ ⲧⲡⲟⲗⲓⲥ
ⲛ̄ ⲛⲉϥⲓⲗⲓⲡⲡⲟⲥ· Ⲁⲩⲱ ⲛ̄ⲧⲟⲕ ϩⲱⲱⲕ ⲟⲛ ϥⲕⲁⲗⲓ ⲙ̄ⲙⲟⲕ
ϣⲁ ⲣⲟϥ ϫⲉ ⲉⲕⲥⲃ̄ⲧⲱⲧ ⲉⲩⲛⲟϭ ⲛ̄ ⲇⲓ̈ⲁⲕⲟⲛⲓ̈ⲁ ⲛⲁϥ: Ⲛⲁⲓ̈
ⲇⲉ ⲛ ⲧⲉⲣⲉ ⲧⲉⲥⲙⲏ ϫⲟⲟⲩ ⲁⲥⲕⲁ ⲣⲱⲥ: Ⲡϣⲏⲣⲉ ⲇⲉ
ϣⲏⲙ ⲡⲉϫⲁϥ ⲙ̄ ⲡⲉϫⲁϥ (*sic*) ⲙ̄ ⲡⲉϥⲓ̈ⲱⲧ ϫⲉ ⲁⲗⲏⲑⲱⲥ
ⲁⲕⲥⲟⲩⲛ ⲡⲛⲟⲩⲧⲉ ϫⲓⲛ ⲧⲉⲭⲱⲣⲁ ⲛ̄ⲧⲁⲕⲉⲓ ⲛ̄ϩⲏⲧⲥ̄: Ⲁⲗⲗⲁ
ⲁⲛⲟⲕ ϩⲱⲱⲧ ⲛ̄ⲙ̄ⲙⲁⲕ ⲧⲛ̄ⲛⲁⲃⲱⲕ ϣⲁ ⲣⲟϥ ϩⲛ̄ ⲟⲩⲣⲁϣⲉ: |
Ⲡⲉϥⲓ̈ⲱⲧ ⲇⲉ ⲡⲉϫⲁϥ ⲛ̄ⲧⲟⲩⲗⲏ ⲧⲉϥⲥϩⲓⲙⲉ· ϫⲉ ⲉ̄ϣⲱⲡⲉ Fol. 16 *b*
ⲧⲉⲥⲕⲁⲛⲇⲁⲗⲓⲍⲉ· ⲉⲓⲥ ϣⲙⲟⲩⲛ̄ ⲛ̄ϣⲟ ⲛ̄ ⲛ̄ⲛⲟⲙⲓⲥⲙⲁ ϣⲟⲟⲡ ⲗ̄
ⲛⲁⲛ· ϫⲓⲧⲟⲩ ⲛⲏ ⲉϣⲱⲡⲉ ⲛⲧⲉ ⲧⲏⲧ ⲛ̄ϩⲏⲧ ⲛ̄ⲙ̄ⲙⲁⲓ̈ ⲁⲛ·
ϯⲛⲁϫⲓ ⲛ ⲟⲩϣⲟ ⲛ̄ ⲛ̄ⲛⲟⲙⲓⲥⲙⲁ ⲧⲁⲃⲱⲕ ⲧⲁϫⲓ ⲛ̄ ⲡⲕⲱ ⲉ
ⲃⲟⲗ ⲛ̄ ⲛⲁⲛⲟⲃⲉ· Ⲧⲉϥⲥϩⲓ̈ⲙⲉ ⲇⲉ ⲡⲉϫⲁⲥ ⲛⲁϥ· ϫⲉ

ⲱ̅ ⲡⲁ ⲥⲟⲛ· ⲙⲁ ⲛⲓⲙ ⲉⲧ ⲕ̅ⲛⲁⲃⲱⲕ ⲉ ⲣⲟϥ· ϯⲥⲃ̅ⲧⲱⲧ
ⲉ ⲉⲓ̈ ⲛ̅ⲙ̅ⲙⲁⲕ· Ⲁⲩⲱ ⲛ̅ ⲧⲉⲓ̈ ϩⲉ ⲁⲩⲣ̅ ⲡⲉⲩⲥⲟⲃⲧⲉ ⲧⲏⲣϥ̅
ⲁⲩⲁⲗⲉ ⲉ ⲡϫⲟⲓ̈ ⲁⲩⲉⲓ ⲉ ⲧⲡⲟⲗⲓⲥ ⲕⲁⲗⲱⲛⲓⲁ· Ⲁⲩⲱ ⲛ̅
ⲧⲉⲣ ⲁⲩⲁⲡⲁⲛⲧⲁ ⲉ ⲡⲣⲱⲙⲉ ⲥⲛⲁⲩ ⲛ̅ⲭⲣⲏⲥⲧⲓ̈ⲁⲛⲟⲥ: ⲛⲁⲓ̈
ⲉⲧⲟ ⲛⲁϥ ⲛ̅ϫⲁⲩⲙⲟⲉⲓⲧ· ⲛⲉⲛⲧ ⲁϥϭⲛ̅ⲧⲟⲩ ⲟⲛ ⲙ̅ ⲡϣⲟⲣⲡ̅
ⲛ̅ ⲥⲟⲡ· ⲁϥϣⲁϫⲉ ⲛ̅ⲙ̅ⲙⲁⲩ· ⲁⲩϫⲓⲧϥ̅ ⲙⲛ̅ ⲧⲉϥⲥϩⲓⲙⲉ
ⲙⲛ̅ ⲛⲉϥϣⲏⲣⲉ ϣⲁ ⲡⲉⲡⲓⲥⲕⲟⲡⲟⲥ· Ⲛ̅ ⲧⲉⲣⲉ ⲡⲉⲡⲓⲥⲕⲟⲡⲟⲥ
ⲇⲉ ⲛⲁⲩ ⲉ ⲣⲟⲟⲩ· ⲁϥⲣⲁϣⲉ ⲙ̅ⲙⲁⲧⲉ ⲉϫⲙ̅ ⲡⲉⲕⲧⲟ ⲛ̅
ⲛⲉⲩⲯⲩⲭⲏ: Ⲁϥϫⲛ̅ⲟⲩⲟⲩ ⲇⲉ ϫⲉ ⲛⲉ ⲁⲧⲉⲧⲛ̅ⲥⲃ̅ⲧⲉ ⲧⲏⲩⲧⲛ̅
ϩⲙ̅ ⲡⲉⲧⲛ̅ϩⲏⲧ ⲧⲏⲣϥ̅ ⲉ̅ ϣⲱⲡⲉ ⲛ̅ⲭⲣⲏⲥϯⲁⲛⲟⲥ· ⲁⲩ-
Fol. 17 *a* ⲟⲩ|ⲱϣⲃ̅ ⲛⲁϥ ϫⲉ ⲥⲉ ϩⲓⲧⲛ̅ ⲡⲟⲩⲱϣ ⲙ̅ ⲡⲛⲟⲩⲧⲉ ⲙⲛ̅
ⲗ̅ⲁ̅ ⲛⲉⲕϣⲗⲏⲗ ⲧⲛ̅ⲥⲃ̅ⲧⲱⲧ ϩⲓ̈ ⲟⲩⲥⲟⲡ ⲉ ϣⲱⲡⲉ ⲛ̅ⲭⲣⲏⲥϯⲁⲛⲟⲥ·
Ⲧⲟⲧⲉ ⲡⲉⲡⲓⲥⲕⲟⲡⲟⲥ ⲁϥⲧⲣⲉ ⲩⲣ̅ ⲡⲥⲟϥⲧⲉ ⲙ ⲡⲃⲁⲡⲧⲓ̈ⲥⲧⲏ-
ⲣⲓ̈ⲟⲛ ϩⲙ̅ ⲡⲧⲟⲡⲟⲥ ⲙ̅ ⲡⲁⲣⲭⲁⲅⲅⲉⲗⲟⲥ ⲙⲓⲭⲁⲏⲗ· ⲁϥ-
ⲃⲁⲡϯⲍⲉ ⲙ̅ⲙⲟⲟⲩ ⲉ̅ ⲡⲣⲁⲛ ⲙ̅ ⲡⲓⲱⲧ ⲙⲛ̅ ⲡϣⲏⲣⲉ ⲙⲛ̅
ⲡⲉⲡⲛ̅ⲁ̅ ⲉⲧ ⲟⲩⲁⲁⲃ ⲧⲉⲧⲣⲓ̈ⲁⲥ ⲛ̅ ϩⲟⲙⲟⲟⲩⲥⲓⲟⲛ· Ⲁⲩⲱ
ⲁϥⲡⲱⲱⲛⲉ ⲛ̅ ⲡⲉϥⲣⲁⲛ ϩⲓϫⲛ̅ ⲧⲕⲟⲗⲩⲙⲃⲏⲑⲣⲁ ⲉⲧ ⲟⲩⲁⲁⲃ
ⲛⲉ ⲡⲉϥⲣⲁⲛ ⲛ̅ϣⲟⲣⲡ̅ ⲡⲉ ⲅⲉⲇⲥⲱⲛ· ⲁϥⲙⲟⲩⲧⲉ ⲉ ⲣⲟϥ
ϫⲉ ⲙⲁⲑⲁⲓⲟⲥ· Ⲁⲩⲱ ⲡⲣⲁⲛ ⲛ̅ ⲧⲉϥⲥϩⲓ̈ⲙⲉ ⲡⲉ ⲧⲟⲩⲗⲏ
ⲁϥⲙⲟⲩⲧⲉ ⲉ ⲣⲟⲥ ϫⲉ ⲉⲓⲣⲏⲛⲏ: Ⲁⲩⲱ ⲡⲉϥϥⲧⲟⲟⲩ ⲛ̅ϣⲏⲣⲉ·
ⲁϥⲙⲟⲩⲧⲉ ⲉ ⲡⲣⲁⲛ ⲙ̅ ⲡⲛⲟϭ ϫⲉ ⲓⲱϩⲁⲛⲛⲏⲥ· ⲁⲩⲱ ⲡⲙⲉϩ
ⲥⲛⲁⲩ ϫⲉ ⲥⲧⲉⲫⲁⲛⲟⲥ· Ⲡⲙⲉϩ ϣⲟⲙⲧ̅ ϫⲉ ⲓⲱⲥⲏⲫ· Ⲁⲩⲱ
ⲡⲙⲉϩ ϥⲧⲟⲟⲩ ϫⲉ ⲇⲁⲛⲓⲏⲗ: Ⲁⲩⲱ ⲙⲛ̅ⲛ̅ⲥⲁ ⲧⲣⲉⲩϫⲓ
ⲃⲁⲡⲧⲓⲥⲙⲁ· ⲁⲩⲱ ⲁⲩⲣ̅ ϫⲟⲩⲱⲧ ⲛ̅ϩⲟⲟⲩ ϩⲛ̅ ⲧⲡⲟⲗⲓⲥ
ⲉⲣⲉ ⲉⲣⲉ (*sic*) ⲡⲉⲡⲓⲥⲕⲟⲡⲟⲥ ⲅⲁⲑⲟⲩⲅⲓ̈ ⲙ̅ⲙⲟⲟⲩ ϩⲛ̅ ⲛ̅ⲇⲟⲅⲙⲁ
Fol. 17 *b* ⲛ̅ ⲧⲡⲓⲥⲧⲓⲥ ⲉⲧ ⲥⲟⲩⲧⲱⲛ:—|Ⲛ̅ⲧⲟϥ ⲇⲉ ⲙⲁⲑⲉⲟⲥ ϩⲓⲧⲛ̅
ⲗ̅ⲃ̅ ⲡⲉϥⲛⲟϭ ⲛ̅ ⲣⲁϣⲉ ⲁϥϯ ⲥⲟⲟⲩ ⲛ̅ ϣⲟ ⲛⲛⲟⲙⲓ̈ⲥⲙⲁ ⲉ ϩⲟⲩⲛ̅
ⲉ ⲡⲧⲟⲡⲟⲥ ⲙ̅ ⲡⲁⲣⲭⲁⲅⲅⲉⲗⲟⲥ ⲙⲓ̈ⲭⲁⲏⲗ ⲉϥϫⲱ ⲙ̅ⲙⲟⲥ
ϫⲉ ⲉⲓ̈ϯ ⲛ̅ ⲛⲁⲓ ⲛ̅ⲥⲱⲧⲉ ϩⲁ ⲧⲁ ⲯⲩⲭⲏ ⲙⲛ̅ ⲧⲁ ⲛⲁϣⲏⲣⲉ:
ϫⲉ ⲕⲁⲥ ⲉⲩⲉϣⲱⲡⲉ ⲙ̅ ⲡⲣⲟⲥⲫⲟⲣⲁ ϩⲛ̅ ⲡⲧⲟⲡⲟⲥ ⲙ̅
ⲡⲁⲣⲭⲁⲅⲅⲉⲗⲟⲥ ϫⲉ ⲛ̅ⲧⲟϥ ⲁϥⲥⲉⲡⲉ̅ ⲡⲉⲭ̅ⲥ̅ ϩⲁ ⲣⲟⲓ̈·
ϣⲁⲛⲧ ⲉϥⲭⲁⲣⲓⲍⲉ ⲛⲁⲓ̈ ⲙ ⲡⲥⲟⲟⲩⲛ̅ ⲧⲁϯ ⲙ̅ ⲡⲁ ⲟⲩⲟⲓ̈
ⲉ ϩⲟⲩⲛ ⲉ ⲣⲟϥ ϩⲱⲥ ⲧⲉ ⲉ̅ ⲧⲣⲁ ⲙ̅ ⲡϣⲁ ⲛ ⲧⲉϥⲭⲁⲣⲓⲥ:
Ⲙⲛ̅ⲛ̅ⲥⲁ ⲛⲁⲓ̈ ⲁϥϫⲓ ⲥⲙⲟⲩ ⲛ̅ ⲧⲟⲟⲧϥ̅ ⲙ̅ ⲡⲉⲛ ⲓⲱⲧ ⲡⲉⲡⲓ-

ⲥⲕⲟⲡⲟⲥ ⲙⲛ̄ ⲧⲉϥⲥϩⲓ̈ⲙⲉ ⲙⲛ̄ ⲛⲉϥϣⲏⲣⲉ· ⲁⲩⲉⲓ ⲉ ⲃⲟⲗ
ϩⲛ̄ ⲧⲡⲟⲗⲓⲥ ⲉⲣⲉ ⲛ̄ ⲁⲣⲭⲱⲛ ⲑⲡⲟ ⲙ̄ⲙⲟⲟⲩ ⲉ ⲃⲟⲗ· ⲁⲩⲱ
ⲉⲩⲣⲁϣⲉ ⲛ̄ⲙ̄ⲙⲁⲩ ⲉϫⲙ̄ ⲡⲉⲕⲧⲟ ⲛ̄ ⲛⲉⲩⲯⲩⲭⲏ· Ⲁⲩⲱ
ϩⲓⲧⲛ̄ ⲡⲟⲩⲱϣ ⲙ̄ ⲡⲛⲟⲩⲧⲉ ⲙⲛ̄ ⲡⲉϥⲁⲣⲭⲁⲅⲅⲉⲗⲟⲥ ⲉⲧ
ⲟⲩⲁⲁⲃ ⲙⲓⲭⲁⲏⲗ· ⲁⲩⲉⲓ̈ ⲉ̄ ⲧⲉⲩⲡⲟⲗⲓⲥ ⲉⲩⲣⲁϣⲉ ⲙⲛ̄
ⲛⲉⲩⲣⲱⲙⲉ· ⲁⲩⲱ̄ ⲉⲣⲉ ⲛⲉⲩⲣⲱⲙⲉ ⲣⲁϣⲉ ⲛ̄ⲙ̄ⲙⲁⲩ·|
Ⲙⲛ̄ⲛ̄ⲥⲁ ⲧⲣⲉⲩⲉⲓ̈ ⲇⲉ ⲉ ⲡⲉⲩⲏⲓ̈ ⲁⲩϯ ⲛ̄ ϩⲛ̄ⲛⲟϭ ⲛ̄ⲁⲅⲁⲡⲏ Fol. 18*a*
ⲛ̄ ⲛ̄ϩⲏⲕⲉ ⲙⲛ̄ ⲛⲉⲧ ϣⲁⲁⲧ· Ⲁⲩⲱ ⲛⲉⲩⲙⲁⲕⲁⲣⲓⲍⲉ ⲗ̄ⲅ̄
ⲙ̄ⲙⲟⲟⲩ ⲛ̄ϭⲓ ⲛⲁ ⲧⲡⲟⲗⲓⲥ ⲧⲏⲣⲥ̄ ⲕⲁⲧⲁ ⲡⲉⲧ ⲥⲏϩ· ϫⲉ
ⲙⲛ̄ ⲗⲁⲁⲩ ⲉϥϩⲏⲡ ⲛ̄ϥⲛⲁⲟⲩⲱⲛϩ̄ ⲉ̄ ⲃⲟⲗ ⲁⲛ: Ⲧⲁⲓ ⲧⲉ
ⲑⲉ ⲛ̄ⲧⲁ ⲛⲓ̈ ⲡⲉⲧ ⲟⲩⲁⲁⲃ ⲣ̄ ⲟⲩⲉⲓ̈ⲛ̄ ϩⲛ̄ ⲛⲉⲩⲁⲣⲉⲧⲏ
ⲉⲧ ⲥⲟⲧⲡ̄· Ⲁⲩⲱ ⲙⲛ̄ⲛ̄ⲥⲁ ⲉⲃⲟⲧ ⲥⲛⲁⲩ ⲁϥⲛ̄ⲕⲟⲧⲕ̄ ⲛ̄ϭⲓ
ⲡⲣⲱ̄ⲙⲉ ⲛ̄ ⲥⲱⲧⲡ̄ ⲙⲁⲧⲑⲁⲓⲟⲥ ⲁϥⲉⲓ ⲛ ϫⲛ̄ ⲙⲛ̄ⲧⲟⲩⲉ
ⲁϥϫⲓ ⲛ̄ ⲡⲃⲉⲕⲉ ⲙ̄ ⲡⲉϩⲟⲟⲩ ⲧⲏⲣϥ̄· ϩⲓⲧⲛ̄ ⲛ̄ ⲥⲟⲡⲥ̄ ⲙ̄
ⲡⲁⲣⲭⲁⲅⲅⲉⲗⲟⲥ ⲉⲧ ⲟⲩⲁⲁⲃ ⲙⲓⲭⲁⲏⲗ:—Ⲙⲛ̄ⲛ̄ⲥⲁ ϩⲛ̄
ⲕⲟⲩⲓ̈ ⲇⲉ ⲛ̄ϩⲟⲟⲩ ϫⲓⲛⲧ ⲁϥⲙ̄ⲧⲟⲛ ⲙ̄ⲙⲟϥ ⲛ̄ϭⲓ ⲡⲣⲱⲙⲉ
ⲛ̄ ⲥⲱⲧⲡ̄ ⲙⲁⲑⲉⲟⲥ· Ⲁ ⲡϫⲁϫⲉ ⲛ̄ ⲡⲛⲟⲩⲧⲉ ⲙⲛ̄ ⲛ̄ⲣⲱⲙⲉ
ⲁⲩⲱ ⲡⲣϥ̄ϯⲧⲱⲛ ⲙⲛ̄ ⲛ̄ⲁⲅⲅⲉⲗⲟⲥ ⲉⲧⲉ ⲡⲁⲓ ⲡⲉ ⲡⲇⲓ̈ⲁ-
ⲃⲟⲗⲟⲥ· ⲧⲟⲩⲛⲉⲥ ⲟⲩⲛⲟϭ ⲛ̄ ⲁⲣⲭⲱⲛ ⲛ̄ⲧⲉ ⲧⲡⲟⲗⲓⲥ ⲉϫⲛ̄
ⲧⲉϥⲥϩⲓ̈ⲙⲉ· ⲙⲛ̄ ⲛⲉϥϣⲏⲣⲉ ϩⲛ̄ ⲟⲩⲛⲟϭ | ⲙ̄ ⲙⲛ̄ⲧⲁⲧⲛⲁ Fol. 18*b*
ⲁϥⲃⲓ ⲛ̄ ⲡⲉⲩϭⲓⲛ̄ⲟⲩⲏⲗ ⲛ̄ ⲧⲟⲟⲧⲟⲩ ϩⲛ̄ ⲟⲩϫⲓ ⲛ̄ ϭⲟⲛⲥ̄ ⲗ̄ⲃ̄ (*sic*)
ⲁⲩⲱ ⲁϥϩⲁⲣⲡⲁⲍⲉ ⲙ̄ ⲡⲉⲧ ⲛ̄ⲧⲁⲩ ⲧⲏⲣϥ̄· ϣⲁ ϩⲣⲁⲓ̈ ⲉ
ⲧⲉⲩⲕⲉ ⲁⲡⲟⲩⲑⲩⲕⲏ ⲁϥϥⲓ̈ⲧⲥ̄ ⲛ̄ ⲧⲟⲟⲧⲟⲩ: Ⲓ̈ⲱϩⲁⲛⲛⲏⲥ
ⲇⲉ ⲡⲛⲟϭ ⲛ̄ ⲥⲟⲛ̄ ⲉ̄ⲡⲓ̈ ⲇⲏ̄ ⲛⲉ ⲟⲩⲥⲟⲫⲟⲥ ⲡⲉ: ⲡⲉϫⲁϥ ⲛ̄
ⲧⲉϥⲙⲁⲁⲩ ⲙⲛ̄ ⲛⲉϥⲥⲛⲏⲩ· ϫⲉ ⲧⲱⲟⲩⲛ ⲛ̄ⲧⲛ̄ϫⲱⲕ ⲉ ⲃⲟⲗ
ⲙ̄ ⲡϣⲁϫⲉ ⲛⲧⲁ ⲡⲉⲛ ⲥⲱⲧⲏⲣ ϫⲟⲟϥ ϫⲉ ϩⲟⲧⲁⲛ ⲉⲩϣⲁⲛ-
ⲡⲱⲧ ⲛ̄ⲥⲱⲧⲛ̄ ϩⲛ̄ ϯⲡⲟⲗⲓⲥ ⲡⲱⲧ ⲉ ϩⲣⲁⲓ̈ ⲕⲉ ⲟⲩⲉⲓ̈· Ⲗⲟⲓⲡⲟⲛ
ⲉⲓⲥ ϩⲏⲏⲧⲉ ⲁⲩⲡⲱⲧ ⲛ̄ⲥⲱⲛ ⲁⲩⲑⲗⲓⲃⲉ ⲙ̄ⲙⲟⲛ ϩⲛ̄ ϯⲡⲟⲗⲓⲥ
ⲙⲁⲣⲛ̄ ⲡⲱⲧ ⲉ̄ ϩⲣⲁⲓ̈ ⲉ ⲕⲉ ⲟⲩⲉⲓ̈ ⲛ̄ⲧⲛ̄ⲛⲟⲩϫⲁⲓ̈· Ⲉⲓⲥ ϩⲏⲏⲧⲉ
ⲁⲩⲑⲗⲓ̈ⲃⲉ ⲙ̄ⲙⲟⲛ ⲙ̄ ⲡⲁⲓ̈ ⲙⲁ· ⲙⲁⲣⲛ̄ ⲃⲱⲕ ⲉ ⲧⲉⲛⲧⲓ̈ⲁ
ⲧⲡⲟⲗⲓⲥ ⲛ̄ⲧⲛ̄ⲟⲩⲱϩ ⲛ̄ϩⲏⲧⲥ̄ ⲧⲁⲣⲉⲛⲟⲩϫⲁⲓ̈· Ⲁⲩⲱ ⲛ̄ ⲧⲉⲓ
ϩⲉ ⲁⲩⲧⲱⲟⲩⲛ ⲁⲩⲃⲓ̈ ⲛ ⲛⲉⲭⲣⲏⲙⲁ ⲙ̄ ⲡⲉⲩⲓ̈ⲱⲧ ⲁⲩ-
ⲧⲱⲟⲩⲛ̄· ⲁⲩⲡⲱⲧ ⲉ ϩⲣⲁⲓ̈ ⲉ ⲧⲉⲛⲧⲓⲁ· ⲧⲙⲛ̄ⲧⲣⲟⲡⲟⲗⲓⲥ (*sic*)
ⲛ̄ ⲧⲉⲭⲱⲣⲁ: ⲁⲩⲟⲩⲱϩ ⲛ̄ϩⲏⲧⲥ̄: Ⲓ̈ⲱϩⲁⲛⲛⲏⲥ ⲇⲉ ⲙⲛ̄

ⲧⲉϥⲙⲁⲁⲩ ⲙⲛ̅ ⲛⲉϥⲥⲛⲏⲩ ⲛⲉⲩϯ ⲛ̅ ϩⲉⲛⲛⲟϭ ⲙ̅ ⲙⲛ̅ⲧⲛⲁ
Fol. 19 a ⲛ̅ ⲛ̅ϩⲏⲕⲉ ⲙⲛ̅ | ⲛⲉⲧ ⲣ̅ ϭⲣⲱϩ: ⲙⲛ̅ ⲟⲩⲟⲛ ⲛⲓⲙ ⲉⲧ
ⲗ̅ⲅ̅ (sic) ϣⲟⲟⲡ ϩⲛ̅ ϩⲉⲛϣⲱⲛⲉ: Ⲡⲇⲓⲁⲃⲟⲗⲟⲥ ⲇⲉ ⲡⲙⲁⲥⲧ̅ ⲡⲉⲧ
ⲛⲁⲛⲟⲩϥ· ⲙ̅ⲡⲉ ϥϣⲃ̅ⲓ̈ ⲉ ⲣⲟϥ ⲉϥⲛⲁⲩ ⲉ ⲧⲙ̅ⲙⲛ̅ⲧⲛⲁⲏⲧ
ⲉ̅ⲧ ⲟⲩⲉⲓⲣⲉ ⲙ̅ⲙⲟⲥ: ⲁϥϣⲱⲡⲉ ⲉϥⲗ̅ϩⲏⲙ ⲛ̅ⲑⲉ ⲛ̅ ⲛ̅ⲓⲙⲟⲩⲓ̈·
Ⲙⲛ̅ⲛ̅ⲥⲁ ϩⲛ̅ ⲕⲟⲩⲓ̈ ⲇⲉ ⲛ̅ϩⲟⲟⲩ· ⲁⲩⲥⲩⲗⲁ ⲙ̅ ⲡⲏⲓ̈ ⲛ̅
ⲟⲩⲁⲣⲭⲱⲛ ⲛ̅ⲧⲉ ⲧⲡⲟⲗⲓⲥ: ⲁⲩⲃⲓ ⲛ̅ ⲟⲩⲛⲟϭ ⲙ̅ ⲡⲣⲉⲧⲛ̅
ⲉⲧⲱϥ ⲧⲉ ⲛ̅ ⲧⲉⲩϣⲏ: Ⲡⲁⲣⲭⲱⲛ ⲇⲉ ⲁϥⲙ̅ (sic) ⲡϩⲱⲃ ⲛ̅ⲛⲁ-
ϩⲣⲙ̅ ⲡϩⲏⲅⲉⲙⲱⲛ: Ⲡϩⲏⲅⲉⲙⲱⲛ ⲇⲉ ⲁϥϣⲓ̈ⲛⲉ ⲛⲥⲁ ⲡϩⲱⲃ
ⲛ̅ⲧⲟⲟⲧⲟⲩ ⲛ̅ⲛⲉⲡⲣⲟⲍⲓⲙⲟⲥ ⲉⲧ ⲧⲏϣ ⲉ̅ ⲧⲡⲟⲗⲓⲥ ⲕⲁⲧⲁ
ϩⲣⲏⲙⲉ· ⲙⲛ̅ ⲡϩⲓⲣ ⲙⲛ̅ ⲡⲣⲁⲩⲏ̅ ⲉⲩⲣⲟⲉⲓⲥ ⲉ ⲣⲟⲟⲩ· Ϩⲟⲥⲟⲛ
ⲇⲉ ⲉⲩⲉⲓⲣⲉ ϩⲓ̈ ⲛⲁⲓ ⲉⲓⲥ ⲡϫⲁϫⲉ ⲛ̅ⲇⲓⲕⲁⲓⲟⲥⲩⲛⲏ ⲛⲓⲙ ⲉⲧⲉ
ⲡⲁⲓ̈ ⲡⲉ ⲡⲇⲓⲁⲃⲟⲗⲟⲥ· ⲁϥⲣ̅ ⲡⲉⲥⲙⲟⲧ ⲛ̅ ⲟⲩⲣϥ̅ⲧⲁϣⲉⲟⲉⲓϣ
ⲁϥⲱϣ ⲉ ⲃⲟⲗ ⲉ̅ϥϫⲱ ⲙ̅ⲙⲟⲥ· ϫⲉ ⲛⲉⲓ̈ ϣⲏⲣⲉ ϣⲏⲙ
ⲛ̅ϣⲙ̅ⲙⲟ· ⲛ̅ ⲡⲉϥⲧⲟⲟⲩ· ⲛ̅ⲧⲁⲩⲉⲓ ⲁⲩⲟⲩⲱϩ ϩⲛ̅ ϯⲡⲟⲗⲓⲥ·
ⲛⲉ ⲛⲧⲁⲩⲥⲩⲗⲁ ⲙ̅ ⲡⲏⲓ ⲙ̅ ⲡⲁⲣⲭⲱⲛ· ⲉⲓⲥ ϩⲏⲏⲧⲉ ⲥⲉⲟⲩⲏϩ
Fol. 19 b ϩⲛ̅ ⲡϩⲓⲣ ⲙ̅ ⲡⲍⲉⲩⲥ (?) | ⲗⲟⲓⲡⲟⲛ ϣⲓⲛⲉ ⲛ̅ⲥⲱⲟⲩ ⲛ̅ⲧⲉⲧⲛ̅-
ⲗ̅ⲇ̅ ⲉⲝⲉⲧⲁⲍⲉ ⲙ̅ⲙⲟⲟⲩ· ⲁⲩⲱ ⲧⲙⲉ ⲛⲁⲟⲩⲱⲛϩ̅ ⲉ̅ ⲃⲟⲗ·
Ⲛ̅ⲧⲉⲩⲛⲟⲩ ⲇⲉ ⲛⲧⲁ ⲡϣⲁϫⲉ ⲥⲱⲣ ⲉ ⲃⲟⲗ ⲁ ⲛⲉⲡⲣⲟⲍⲓⲙⲟⲥ
ⲁⲙⲁϩⲧⲉ ⲙ̅ⲙⲟⲟⲩ· ⲁⲩⲡⲁⲣⲁϯⲇⲟⲩ ⲙ̅ⲙⲟⲟⲩ ⲛ̅ ⲛⲉϩⲣⲏ-
ⲡⲁⲣⲓⲟⲥ· Ⲁ ⲛⲉϩⲣⲏⲡⲁⲣⲓ̈ⲟⲥ ϫⲓ̈ⲧⲟⲩ ⲉ ⲣⲁⲧϥ̅ ⲙ̅ ⲡϩⲏⲅⲉ-
ⲙⲱⲛ ⲉ ⲧⲃⲉ ⲟⲩϩⲱⲃ ⲛ̅ⲥⲉⲥⲟⲟⲩⲛ̅ ⲙ̅ⲙⲟϥ ⲁⲛ· Ⲉⲩⲥⲱⲕ
ⲇⲉ ⲙ̅ⲙⲟⲟⲩ ⲉ ⲃⲟⲗ ϩⲛ̅ ⲧⲁⲅⲟⲣⲁ ⲁⲩⲃⲓ ⲛ̅ⲛⲉⲩⲃⲁⲗ ⲉ ϩⲣⲁⲓ̈
ⲉ̅ ⲧⲡⲉ ⲉⲩϫⲱ ⲙ̅ⲙⲟⲥ· Ϫⲉ ⲡⲛⲟⲩⲧⲉ ⲙ̅ ⲡⲁⲣⲭⲁⲅⲅⲉⲗⲟⲥ
ⲙⲓ̈ⲭⲁⲏⲗ ⲁⲣⲓ ⲛⲁϣⲧⲉ ⲉ̅ ⲣⲟⲛ· ⲕⲥⲟⲟⲩⲛ̅ ⲡⲁ ϫⲟⲉⲓⲥ ⲉ
ϩⲱⲃ ⲛⲓⲙ ϫⲉ ⲛⲧⲛ̅ⲥⲟⲟⲩⲛ̅ ⲙ̅ⲙⲟⲕ ⲁⲛ ϫⲓⲛ ⲧⲉϩⲟⲩⲉⲓⲧⲉ·
ⲧⲉⲛⲟⲩ ⲇⲉ ⲧⲛ̅ϩⲟⲙⲟⲗⲟⲅⲓ ⲙ̅ⲙⲟⲕ ⲙⲛ̅ ⲡⲉⲕⲁⲣⲭⲁⲅⲅⲉ-
ⲗⲟⲥ ⲙⲓⲭⲁⲏⲗ ϫⲉ ⲛ̅ⲧⲟⲕ ⲡⲉ ⲡⲛⲟⲩⲧⲉ ⲉⲧ ⲟⲛϩ̅· ϫⲉ
ⲧⲛ̅ⲟⲩⲁⲁⲃ ⲉ ⲡϩⲓ̈ⲗⲁ ⲙ̅ⲛⲟⲩϫ ⲛ̅ⲧⲁⲩⲧⲟϭϥ̅ ⲉ ⲣⲟⲛ ⲙ̅ⲡⲟⲟⲩ·
Ⲡⲁⲣⲭⲁⲅⲅⲉⲗⲟⲥ ⲉⲧ ⲟⲩⲁⲁⲃ ⲙⲓⲭⲁⲏⲗ ⲛ̅ⲧⲁⲛⲡⲓⲥⲧⲉⲩⲉ
ⲉ ⲣⲟⲕ ⲙ̅ⲡⲣ̅ ⲕⲁⲁⲛ ⲛ̅ⲥⲱⲕ ϫⲉ ⲛⲧⲟⲕ ⲡⲉⲛⲧ ⲁⲛⲧⲟϭⲛ̅ ⲉ ⲣⲟⲕ
ϫⲓⲛ̅ ⲡⲛⲁⲩ ⲛ̅ⲧⲁⲛⲙ̅ⲡϣⲁ ⲛ̅ ⲧⲉⲥⲫⲣⲁⲅⲓⲥ ⲉⲧ ⲟⲩⲁⲁⲃ ⲉⲧ
Fol. 20 a ϩⲙ̅ ⲡⲉⲭ̅ⲥ̅ ⲉⲧⲉ ⲡⲁⲓ ⲡⲉ ⲡⲁⲣⲏⲃ ⲉⲧ ⲟⲩⲁⲁⲃ ⲛ̅ⲧⲉ ⲧⲙⲛ̅ⲧ-
ⲗ̅ⲉ̅ ⲭⲣⲏⲥϯⲁⲛⲟⲥ· Ⲡⲛⲟⲩⲧⲉ ⲛ̅ⲧⲁⲛ|ⲡⲓⲥⲧⲉⲩⲉ ⲉ ⲣⲟⲕ ⲃⲟⲏⲑⲓ̈

ⲉ ⲣⲟⲛ: Ⲛⲁⲓ ⲇⲉ ⲉⲩϫⲱ ⲙ̄ⲙⲟⲟⲩ· ⲁⲩⲥⲙⲏ ϣⲱⲡⲉ ϩⲓ ⲧⲡ̄ⲉ
ⲙⲙⲟⲟⲩ ⲉⲥϫⲱ ⲙ̄ⲙⲟⲥ· ϫⲉ ⲙ̄ⲡⲣ̄ ⲣ̄ ϩⲟⲧⲉ ⲱ̄ ⲓ̈ⲱϩⲁⲛⲛⲏⲥ
ⲙⲛ̄ ⲛⲉϥⲥⲛⲏⲩ ϫⲉ ⲙⲛ̄ ⲡⲉⲑⲟⲟⲩ ⲛⲁⲧⲁϩⲱⲧⲛ̄· ⲁⲛⲟⲕ ⲡⲉ
ⲙⲓ̈ⲭⲁⲏⲗ ⲛ̄ⲧⲁ ⲧⲉⲧⲛ̄ⲉⲡⲓⲕⲁⲗⲓ ⲙⲙⲟϥ: Ⲛ̄ⲧⲟⲟⲩ ⲇⲉ
ⲡⲉϫⲁⲩ ϫⲉ ⲙⲁⲣⲉ ⲡⲉⲕⲛⲁ ⲧⲁϩⲟⲛ· Ⲛ̄ⲧⲟϥ ⲇⲉ ⲡⲉϫⲁϥ
ⲛⲁⲩ ϫⲉ ⲙⲁⲣⲉ ⲡⲉⲧⲛ̄ϩⲏⲧ ⲧⲁϫⲣⲟ ⲛ̄ⲧⲉⲧⲛ̄ ⲧⲙ̄ ⲣ̄ ϩⲟⲧⲉ·
ϯϫⲱ ⲙ̄ⲙⲟⲥ ⲛⲏⲧⲛ̄ ϫⲉ ⲓ̄ⲥ̄ ⲡⲉⲭ̄ⲥ̄ ⲡⲉⲛⲧⲁ ⲧⲉⲧⲛ̄ϫⲓ
ⲃⲁⲡⲧⲓ̈ⲥⲙⲁ ⲉ ⲡⲉϥⲣⲁⲛ· ϩⲓ̈ ⲧⲟⲟⲧϥ̄ ⲙⲛ̄ ⲡⲉⲑⲟⲟⲩ ⲛⲁⲧⲁ-
ϩⲱⲧⲛ̄· ⲁⲗⲗⲁ ϯⲛⲁϭⲱ ⲉⲓⲣⲟⲉⲓⲥ ⲉ̄ ⲣⲱⲧⲛ̄ ⲉⲓⲛⲟⲩϩⲙ̄
ⲙ̄ⲙⲱⲧⲛ̄ ⲛⲁⲩ ⲛⲓⲙ· ⲟⲩ ⲙⲟⲛⲟⲛ ϫⲉ ⲛ̄ⲧⲱⲧⲛ̄· ⲁⲗⲗⲁ
ⲟⲩⲟⲛ ⲛⲓⲙ ⲉⲧ ⲛⲁⲉⲡⲓ̈ⲕⲁⲗⲓ̈ ⲛ̄ϥϫⲟⲟⲥ ϫⲉ ⲡⲛⲟⲩⲧⲉ ⲙ̄
ⲡⲁⲣⲭⲁⲅⲅⲉⲗⲟⲥ ⲙⲓ̈ⲭⲁⲏⲗ ⲛⲁ ⲛⲁⲛ· ϯⲛⲏⲩ ϣⲁ ⲣⲟϥ
ϩⲛ̄ ⲟⲩϭⲉⲡⲏ ϩⲓⲧⲛ̄ ⲡⲟⲩⲉϩⲥⲁϩⲛⲉ ⲙ̄ ⲡⲛⲟⲩⲧⲉ ⲧⲁϯ ⲛⲁϥ
ⲙ̄ ⲡⲉϥⲁⲓⲧⲏⲙⲁ: ⲁⲩⲱ ⲧⲁⲧⲙ̄ ⲕⲁ ⲗⲁⲁⲩ ⲙ̄ ⲡⲉⲑⲟⲟⲩ
ⲉ ⲧⲁϩⲟϥ: | Ⲡⲁⲣⲭⲁⲅⲅⲉⲗⲟⲥ ⲇⲉ ⲙⲓ̈ⲭⲁⲏⲗ ⲛ̄ ⲧⲉⲣ ⲉϥ̄ϫⲉ Fol. 20 *b*
ⲛⲁⲓ ⲛⲁⲩ ⲁϥϯ ⲛⲁⲩ ⲛ̄ ϯⲣⲏⲛⲏ ⲁϥϩⲟⲡϥ̄ ⲉ ⲣⲟⲟⲩ· Ⲧⲟⲧⲉ ⲗ̄ⲋ̄
ⲡⲉϩⲣⲏⲡⲁⲣⲓ̈ⲟⲥ ⲁϥⲛ̄ⲧⲟⲩ ⲙ̄ⲛⲁϩⲣⲙ̄ ⲡϩⲏⲅⲉⲙⲱⲛ ⲉ ⲧⲣⲉϥ-
ⲁⲛⲁⲕⲣⲓⲛⲉ ⲙⲙⲟⲟⲩ· ⲁⲩⲱ ⲛ̄ ⲧⲉⲣⲉ ϥⲧⲁϩⲟⲟⲩ ⲉ ⲣⲁⲧⲟⲩ
ϩⲙ̄ ⲡⲃⲏⲙⲁ ⲡⲉϫⲁⲩ ϩⲓ ⲟⲩⲥⲟⲡ ϫⲉ ⲡⲛⲟⲩⲧⲉ ⲙ̄ ⲡⲁⲣⲭ-
ⲁⲅⲅⲉⲗⲟⲥ ⲉⲧ ⲟⲩⲁⲁⲃ ⲙⲓⲭⲁⲏⲗ ⲃⲟⲏⲑⲓ ⲉ̄ ⲣⲟⲛ· ⲛ̄ⲧⲟⲕ
ⲉⲧ ⲥⲟⲟⲩⲛ̄ ⲱ̄ ⲡⲁ ϫⲟⲉⲓⲥ ϫⲉ ⲧⲛ̄ⲟⲩⲁⲁⲃ ⲉ ⲡⲉⲓ̈ ϩⲱⲃ
ⲛ̄ⲧⲁⲩϩⲓⲗⲁ ⲉ ⲣⲟⲛ ⲉ ⲧⲃⲏⲏⲧϥ̄· ⲁⲗⲗⲁ ⲡⲉⲕⲟⲩⲱϣ ⲡϫⲟⲉⲓⲥ
ⲙⲁⲣⲉϥϣⲱⲡⲉ· Ϩⲛ̄ ⲧⲉⲩⲛⲟⲩ ⲇⲉ ⲉ̄ⲧ ⲙ̄ⲙⲁⲩ ⲛ̄ⲡⲁⲧⲉ
ⲡϣⲁϫⲉ ⲥⲱⲗⲡ̄ ϩⲛ̄ ⲣⲱⲟⲩ· ⲉⲓⲥ ⲡⲁⲣⲭⲁⲅⲅⲉⲗⲟⲥ ⲉ̄ⲧ
ⲟⲩⲁⲁⲃ ⲙⲓ̈ⲭⲁⲏⲗ ⲁϥϫⲓ ⲙ̄ ⲡⲉⲥⲙⲟⲧ ⲛ̄ ⲟⲩⲡⲁⲧⲣⲓⲕⲓ̈ⲟⲥ
ⲛ̄ⲧⲉ ⲡⲣ̄ⲣⲟ ⲅⲉⲥⲁⲛⲑⲟⲥ ⲡⲣ̄ⲣⲟ ⲛ̄ⲧⲉⲛⲧⲓ̈ⲁⲧⲡⲟⲗⲓⲥ ⲛ̄ ⲧⲉⲭⲱⲣⲁ
ⲁϥⲉⲓ· Ⲡϩⲏⲅⲉⲙⲱⲛ̄ ⲇⲉ ⲛ̄ ⲧⲉⲣ ⲉϥⲛⲁⲩ ⲉ ⲡⲁⲣⲭⲁⲅⲅⲉⲗⲟⲥ
ⲙⲓⲭⲁⲏⲗ ⲁϥⲙⲟⲟϣⲉ ⲉ ϩⲟⲩⲛ ⲉ ⲣⲟϥ ⲙ̄ ⲡⲉⲥⲙⲟⲧ ⲛ̄ⲧⲉ
ⲅⲉⲥⲁⲛⲑⲟⲥ ⲡⲣ̄ⲣⲟ· Ⲁϥⲧⲱⲟⲩⲛ ⲇⲉ ⲛ̄ⲧⲉⲩⲛⲟⲩ ⲁϥⲁϩⲉ
ⲣⲁⲧϥ̄ ϩⲓⲑⲏ ⲙ̄ⲙⲟϥ· ⲉϥϯ ⲙⲁ ⲛ ⲧⲉϥⲧⲁⲝⲓⲥ ⲛ̄ ⲃⲁⲥⲓⲗⲓ-
ⲕⲟⲛ | ⲉϥϫⲱ ⲙ̄ⲙⲟⲥ ϫⲉ ϯⲡⲁⲣⲁⲕⲁⲗⲓ ⲙⲙⲟⲕ ⲕⲩⲣⲓⲉ Fol. 21 *a*
ⲡⲁⲧⲣⲓⲕⲓⲉ ⲧⲁⲣⲕⲉⲓ ⲛ̄ⲅ̄ ϩⲙⲟⲟⲥ ϩⲁϩⲧⲏⲓ ⲛ ⲟⲩⲕⲟⲩⲓ̈· ⲛ̄ⲅ̄ ⲗ̄ⲍ̄
ⲥⲱⲧⲙ̄ ⲉ ⲛⲉⲓ ⲁⲡⲟⲗⲟⲅⲓ̈ⲁ· Ⲛ̄ⲧⲟϥ ⲇⲉ ⲡⲁⲣⲭⲁⲅⲅⲉⲗⲟⲥ
ⲉⲧ ⲟⲩⲁⲁⲃ ⲙⲓⲭⲁⲏⲗ ⲉⲡⲓ ⲇⲏ ⲛ̄ⲧⲁϥⲉⲓ ⲣⲱ ⲉ ⲧⲃⲉ ⲡⲁⲓ̈·

ⲁϥϩⲙⲟⲟⲥ ϩⲁ ⲟⲩⲛⲁⲙ ⲛ̅ ⲡϩⲏⲅⲉⲙⲱⲛ ⲁⲩⲱ ⲁ ⲡϩⲏⲅⲉ-
ⲙⲱⲛ ⲕⲉⲗⲉⲩⲉ ⲉ ⲡⲁⲣϩⲓⲥⲧⲁ ⲛⲁϥ ⲙ̅ ⲡⲉϥⲧⲟⲟⲩ ⲛ̅ϣⲏⲣⲉ
ϣⲏⲙ ϩⲓ ⲟⲩⲥⲟⲡ ⲉ ⲡⲃⲏⲙⲁ· ⲁⲩⲱ ⲛ̅ⲧⲉⲩⲛⲟⲩ ⲛⲧⲁⲩⲧⲁ-
ϩⲟⲟⲩ ⲉ ⲣⲁⲧⲟⲩ ⲉ ⲡⲃⲏⲙⲁ ⲙ̅ ⲡⲉϥⲙ̅ⲧⲟ ⲉ̅ ⲃⲟⲗ· ⲁ
ⲡϩⲏⲅⲉⲙⲱⲛ ϣⲁϫⲉ ⲛ̅ⲙ̅ⲙⲁⲩ ϩⲛ̅ ⲟⲩϭⲱⲛⲧ̅ ⲙⲛ̅ ⲟⲩⲁⲡⲓ̈ⲗⲩ
ϫⲉ ⲧⲁⲭⲁ ⲟⲩ ⲉ ⲃⲟⲗ ϩⲓⲧⲙ̅ ⲡⲇⲓ̈ⲁⲃⲟⲗⲟⲥ ⲡⲉ ⲡⲉⲓ ϩⲱⲃ·
ϫⲉ ⲧⲁⲭⲏ ⲁⲛⲓⲛⲉ ⲛⲁⲓ̈ ⲉ ⲡⲉⲓ̈ ⲙⲁ ⲛ̅ ⲧⲉⲡⲣⲉⲧⲏ· ⲡ̅ⲥⲩⲗⲱⲙ
ⲡⲁⲣⲭⲱⲛ ⲛ̅ⲧⲁ ⲧⲉⲧⲛ̅ⲃⲓ̈ⲧⲥ̅ ⲙ̅ⲡⲣ̅ ⲙⲟⲩ ⲕⲁⲕⲱⲥ· ϫⲉ
ⲥⲉⲣ̅ ⲙⲛ̅ⲧⲣⲉ ⲉ ⲣⲱⲧⲛ̅ ϫⲉ ⲛ̅ⲧⲱⲧⲛ̅ ⲡⲉⲛⲧⲁ ⲧⲉⲧⲛ̅ϥⲓ ⲛ̅
ⲧⲉⲡⲣⲉⲧⲏ ⲛ ⲡⲁⲣⲭⲱⲛ· ⲉⲧⲉⲧⲛ̅ ⲧⲙ̅ ⲟⲩⲟⲛϩⲥ̅ ⲛⲁⲓ̈ ⲉ ⲃⲟⲗ·
ⲧⲉⲧⲛⲁⲙⲟⲩ ⲕⲁⲕⲱⲥ· ⲛ̅ⲧⲟⲟⲩ ⲇⲉ ⲡⲉϫⲁⲩ ϩⲓ ⲟⲩⲥⲟⲡ ⲙ̅
ⲡϩⲏⲅⲉⲙⲱⲛ· ϫⲉ ϥⲟⲛϩ̅ ⲛ̅ϭⲓ ⲡⲛⲟⲩⲧⲉ ⲙⲙⲉ ⲓ̅ⲥ̅ ⲡⲉⲭ̅ⲥ̅
Fol. 21 b ⲙⲛ̅ ⲡⲉϥⲁⲣⲭⲁⲅ|ⲅⲉⲗⲟⲥ ⲉ̅ⲧ ⲟⲩⲁⲁⲃ ⲙⲓⲭⲁⲏⲗ· ϫⲉ ⲡⲉⲓ
ⲗ̅ⲏ̅ ϩⲱⲃ ⲉⲧ ⲕ̅ϫⲛⲟⲩ ⲙⲙⲟⲛ ⲉ ⲣⲟϥ ⲙ̅ⲡⲉ ⲛⲕⲩⲛⲱⲛⲉⲓ̈ (sic) ⲉ ⲣⲟϥ
ⲉⲛⲉϩ· ⲟⲩⲇⲉ ⲛⲧⲛ̅ⲥⲱⲟⲩⲛ ⲙ̅ⲙⲟϥ ⲁⲛ· ϩⲙ̅ ⲟⲩⲙⲉ ⲅⲁⲣ
ⲱ̅ ⲡϩⲏⲅⲉⲙⲱⲛ ⲡⲉϩⲱⲃ ϫⲉ ϫⲓ̈ⲟⲩⲉ ϥ̅ⲟ ⲛⲃⲟⲧⲉ ⲛ ⲡⲁϩⲣⲁⲛ̅
ϩⲓⲧⲛ̅ ⲙ̅ ⲡⲁⲣⲁⲅⲅⲉⲗⲓ̈ⲁ ⲛ̅ ⲛⲉⲛⲓ̈ⲟⲧⲉ ⲙⲛ̅ ⲛⲉⲩⲥⲃⲱ:
ⲙⲓⲭⲁⲏⲗ ⲇⲉ ⲡⲁⲣⲭⲁⲅⲅⲉⲗⲟⲥ ⲁϥϣⲁϫⲉ ⲙⲛ̅ ⲡϩⲏⲅⲉ-
ⲙⲱⲛ ⲉϥⲟ ⲙ̅ ⲡⲉⲥⲙⲟⲧ ⲙ̅ ⲡⲡⲁⲧⲣⲓⲕⲓⲟⲥ ϫⲉ ⲉϣⲱⲡⲉ
ⲕⲟⲩⲉϣ ⲧⲙⲉ ⲙⲁⲣⲟⲩ ⲁⲙⲁϩⲧⲉ ⲙ̅ ⲡⲉⲓ̈ ⲕⲟⲩⲓ̈ ⲛ̅ⲥⲟⲛ
ⲛ̅ⲧⲉ ⲛⲉⲓ ⲣⲱⲙⲉ· ⲛⲥⲉϫⲓⲧϥ̅ ⲉ ϩⲟⲩⲛ ⲉ̅ ⲡⲏⲓ̈ ⲙ̅ ⲡⲉⲓ̈ ⲣⲱⲙⲉ
ⲙ ⲡⲣⲟⲥⲉⲑⲩⲣⲟⲥ· ⲡⲁⲓ ⲉ̅ⲧ ⲟ ⲛ̅ ⲁⲅⲣⲓ̈ⲟⲥ ⲉ̅ ϩⲟⲩⲛ ⲉ̅ ⲛⲉⲓ
ⲣⲱⲙⲉ ⲛ ⲁⲧ ⲛⲟⲃⲉ· ⲛϥⲱϣ ⲉ̅ ⲃⲟⲗ ⲉϥϫⲱ ⲙ̅ⲙⲟⲥ· ϫⲉ
ϩⲙ̅ ⲡⲣⲁⲛ ⲛ̅ ⲓ̅ⲥ̅ ⲡⲉⲭ̅ⲥ̅· ⲙⲛ̅ ⲛ̅ⲛⲟϭ ⲛ̅ ϭⲟⲙ ⲛ̅ ⲡⲁⲣⲭ-
ⲁⲅⲅⲉⲗⲟⲥ ⲙⲓⲭⲁⲏⲗ ⲙⲁⲣⲟⲩⲱⲛϩ̅ ⲉ̅ ⲃⲟⲗ ⲛ̅ϭⲓ ⲧⲉⲡⲣⲉⲧⲏ
ⲛ̅ ⲥⲩⲗⲱⲙ ⲡⲁⲣⲭⲱⲛ ⲛ̅ⲧⲁⲩⲃⲓⲧⲥ̅ ⲡⲁⲓ̈ ⲉⲧⲟⲩϩⲓⲗⲁ ⲉ ⲣⲟⲓ̈
ⲙⲛ̅ ⲛⲁ ⲥⲛⲏⲩ ⲉ ⲧⲃⲏⲏⲧⲥ̅· ⲁⲩⲱ ϯϫⲱ ⲙ̅ⲙⲟⲥ ⲛⲁⲕ ϫⲉ
ⲧⲙⲉ ⲛⲁⲟⲩⲱⲛϩ̅ ⲉ̅ ⲃⲟⲗ ⲛ̅ⲧⲉⲩⲛⲟⲩ· ⲁ ⲡϩⲏⲅⲉⲙⲱⲛ |
Fol. 22 a ⲧⲣⲉ ⲩⲁⲙⲁϩⲧⲉ ⲛ̅ ⲧϭⲓϫ ⲙ̅ ⲡϣⲏⲣⲉ ϣⲏⲙ ⲛ̅ϭⲓ ⲙⲁⲧⲟⲓ
ⲗ̅ⲑ̅ ⲥⲛⲁⲩ ⲙⲛ̅ ϩⲉⲛϩⲩⲡⲉⲣⲉⲧⲏⲥ· ⲁⲩⲃⲱⲕ ⲉ ϩⲟⲩⲛ ⲉ ⲡⲏⲓ̈
ⲙ̅ ⲡⲉⲡⲣⲟⲥⲉⲑⲩⲣⲟⲥ: ⲁⲩⲱ ⲛ̅ⲧⲉⲩⲛⲟⲩ ⲁϥⲱϣ ⲉ̅ ⲃⲟⲗ ⲛ̅ϭⲓ
ⲡϣⲏⲣⲉ ϣⲏⲙ ⲉϥϫⲱ ⲙ̅ⲙⲟⲥ ϫⲉ ϩⲙ̅ ⲡⲣⲁⲛ ⲛ̅ ⲓ̅ⲥ̅ ⲡⲉⲭ̅ⲥ̅
ⲡⲛⲟⲩⲧⲉ ⲛ̅ⲛⲁ ⲧⲡⲉ ⲙⲛ̅ ⲛⲁ ⲡⲕⲁϩ· ⲁⲩⲱ ϩⲙ̅ ⲡⲣⲁⲛ
ⲙ̅ ⲡⲁⲣⲭⲁⲅⲅⲉⲗⲟⲥ ⲙⲓ̈ⲭⲁⲏⲗ ⲙⲛ̅ ⲧⲉϥⲛⲟϭ ⲛ̅ ϭⲟⲙ·

ⲙⲁⲣⲉ ⲡⲉⲕⲛⲁ ⲧⲁϩⲟⲛ ⲙ̄ⲙⲟⲟⲩ ⲱ̄ ⲡⲛⲟⲩⲧⲉ ⲛ̄ⲅ̄ ⲧⲛ̄ⲛⲟⲟⲩ
ⲉ̄ ⲃⲟⲗ ϩⲛ̄ ⲧⲡⲉ ⲙ̄ ⲡⲉⲕⲁⲣⲭⲁⲅⲅⲉⲗⲟⲥ ⲉⲧ ⲟⲩⲁⲁⲃ
ⲙⲓⲭⲁⲏⲗ· ⲛϥⲟⲩⲱⲛϩ̄ ⲉ̄ ⲃⲟⲗ ⲛ̄ ⲧⲉⲡⲣⲉⲧⲏ ⲛ̄ ⲥⲩⲗⲱⲙ
ⲡⲁⲣⲭⲱⲛ· ϫⲉ ⲛ̄ ϩⲛ̄ⲕⲟⲩⲓ̈ ⲁⲛ ⲛⲉ ⲛ̄ⲥⲛⲏϣⲉ ⲛ̄ⲧⲁⲓ̈ϣⲟⲡⲟⲩ
ⲙⲛ̄ ⲛⲁ ⲥⲛⲏⲩ· ⲉ ⲃⲟⲗ ϩⲓ̈ⲧⲙ̄ ⲡⲉⲓ̈ ⲡⲣⲟⲥⲉⲩⲣⲟⲥ ⲛ̄ ⲁⲧ
ⲛⲁ· Ⲁⲩⲱ ⲛ̄ⲧⲉⲩⲛⲟⲩ ⲛ̄ⲧⲁϥϫⲉ ⲡⲁⲓ̈ ⲁⲩⲥⲙⲏ ϣⲱⲡⲉ ϣⲁ
ⲣⲟϥ ⲙⲛ̄ ⲛⲉⲧ ⲛ̄ⲙ̄ⲙⲁϥ· ⲁⲩⲱ ⲛ̄ⲕⲉ ⲙⲁⲧⲟⲓ̈ ⲉⲧ ⲧⲟ ⲉ ⲣⲟϥ
ⲙⲛ̄ ⲛⲁⲛⲟⲩⲣ̄ϣⲉ ⲉⲧ ⲁⲙⲁϩⲧⲉ ⲙ̄ⲙⲟϥ ⲉϥϫⲱ ⲙ̄ⲙⲟⲥ ⲛ̄
ⲧⲉⲓ ϩⲉ ϫⲉ ⲱ̄ ⲛ̄ⲣⲱⲙⲉ ⲛⲧⲁⲩⲉⲓ̈ ⲉⲩϣⲓ̈ⲛⲉ ⲛⲥⲁ ⲧⲉⲡⲣⲉⲧⲏ
ⲛⲧⲁⲩϥⲓⲧⲥ̄ | ϩⲙ̄ ⲡⲏⲓ̈ ⲛ ⲥⲩⲗⲱⲙ ⲡⲁⲣⲭⲱⲛ· ⲁⲙⲏⲓⲧⲛ̄ Fol. 22 *b* ⲙ̄
ⲉ ⲡⲉⲥⲏⲧ ⲉ ⲡⲉⲓ ⲕⲁⲧⲁⲕⲓⲟⲛ· ⲁⲩⲱ ⲧⲉⲧⲛ̄ⲡⲁϩⲉ ⲉ ⲡⲉⲧⲉ-
ⲧⲛ̄ϣⲓⲛⲉ ⲛⲥⲱϥ ⲛ̄ⲧⲉ ⲧⲙⲉ ⲟⲩⲱⲛϩ̄ ⲉ ⲃⲟⲗ ⲛ̄ ⲟⲩⲟⲛ ⲛⲓⲙ·
ϫⲉ ⲛⲉⲓ ⲣⲱⲙⲉ ⲟⲩⲁⲁⲃ ⲉ ⲡⲉⲧ ⲟⲩⲁⲡⲟⲧⲉⲓ̈ (*sic*) ⲙ̄ⲙⲟⲟⲩ ⲉ
ⲣⲟϥ· Ⲁⲩⲱ ⲛⲧⲁ ⲡⲁⲓ̈ ϣⲱⲡⲉ ⲧⲁⲣⲉ ⲧⲙⲉ ⲟⲩⲱⲛϩ̄ ⲉ ⲃⲟⲗ
ϩⲓⲧⲛ̄ ⲛ̄ ⲛⲟϭ ⲛ̄ ϭⲟⲙ ⲛ̄ ⲡⲁⲣⲭⲁⲅⲅⲉⲗⲟⲥ ⲙⲓⲭⲁⲏⲗ·
Ⲁⲩⲱ ⲛ̄ⲧⲉⲩⲛⲟⲩ ⲛⲧⲁ ⲡⲙⲏⲏϣⲉ ⲥⲱⲧⲙ̄ ⲉ ⲧⲉⲥⲙⲏ ⲁⲩⲃⲱⲕ
ⲉ̄ ⲡⲉⲥⲏⲧ ⲉ ⲡⲕⲁⲧⲁⲕⲓⲟⲛ: ⲁⲩϭⲓⲛⲉ ⲛ̄ ⲧⲉⲡⲣⲉⲧⲏ ⲙ̄ ⲡⲁⲣ-
ⲭⲱⲛ̄: ⲙ̄ ⲡⲉⲥⲏⲧ ⲉ ⲡⲉⲥⲡⲩⲗⲉⲟⲛ ϩⲙ̄ ⲡⲏⲓ̈ ⲛ̄ ⲡⲉⲡⲣⲟⲥ-
ⲑⲩⲣⲟⲥ ⲛ̄ ⲁⲧ ⲛⲁ ⲡⲁⲓ ⲛ̄ⲧⲁϥϣⲱⲡⲉ ⲛⲟⲩⲁϩⲓ̈ⲏⲧ ⲉ ϩⲟⲩⲛ
ⲉ̄ ⲛⲉⲓ ϣⲏⲣⲉ ϣⲏⲙ ⲛ̄ ⲁⲧ ⲛⲟⲃⲉ ⲉⲧⲉ ⲓⲱϩⲁⲛⲛⲏⲥ ⲡⲉ ⲙⲛ̄
ⲛⲉϥⲥⲛⲏⲩ· Ⲁⲩⲱ ⲛ̄ⲧⲉⲩⲛⲟⲩ ⲁ ⲡϩⲏⲅⲉⲙⲱⲛ ⲕⲁⲁⲩ
ⲉ ⲃⲟⲗ· ⲁⲩⲃⲱⲕ ⲉ ⲡⲉⲩⲏⲓ̈ ⲁⲩϯ ⲉⲟⲟⲩ ⲙ̄ ⲡⲛⲟⲩⲧⲉ ⲙⲛ̄
ⲡⲉϥⲛⲟϭ ⲛ̄ ⲁⲣⲭⲁⲅⲅⲉⲗⲟⲥ ⲙⲓ̈ⲭⲁⲏⲗ :—Ⲁⲩⲱ ⲛ̄ⲧⲉⲩⲛⲟⲩ
ⲁ ⲡⲁⲣⲭⲁⲅⲅⲉⲗⲟⲥ ϩⲟⲡϥ̄ ⲉ ⲡϩⲏⲅⲉⲙⲱⲛ ⲙⲛ̄ ⲛⲉⲧ ⲁϩⲉ
ⲣⲁⲧⲟⲩ ⲛ̄ⲙ̄ⲙⲁϥ ⲁϥⲟⲩⲟⲛϩϥ̄ ⲉ̄ ⲡⲉ|ϥⲧⲟⲟⲩ ⲛ̄ⲥⲟⲛ ⲉⲩⲛⲏⲩ Fol. 23 *a* ⲙ̄ⲁ̄
ⲉ̄ ⲡⲉⲩⲏⲓ̈ ⲁϥϣⲁϫⲉ ⲛ̄ⲙ̄ⲙⲁⲩ ⲛ̄ϭⲓ ⲡⲛⲟϭ ⲛ̄ ⲁⲣⲭⲁⲅⲅⲉⲗⲟⲥ
ⲉⲧ ⲟⲩⲁⲁⲃ· ⲁⲩⲱ ⲡⲁⲣⲭⲏⲥⲧⲣⲁϯⲕⲟⲥ ⲛ̄ ⲧϭⲟⲙ ⲛ̄ ⲡϫⲟⲉⲓⲥ
ⲙⲓⲭⲁⲏⲗ ⲉϥϫⲱ ⲙ̄ⲙⲟⲥ: ϫⲉ ⲱ̄ ⲓ̈ⲱϩⲁⲛⲛⲏⲥ ⲙⲛ̄ ⲛⲉϥⲥⲛⲏⲩ
ⲉⲓⲥ ϩⲏⲏⲧⲉ ⲁⲓ̈ⲧⲟⲩϫⲉ ⲧⲏⲩⲧⲛ̄· ⲁϫⲛ̄ ⲗⲁⲁⲩ ⲙ̄ ⲡⲉⲑⲟⲟⲩ·
Ⲁⲩⲱ ϯⲛⲁⲧⲟⲩϫⲉ ⲧⲏⲩⲧⲛ̄ ⲛ̄ⲕⲉ ⲥⲟⲡ ⲛ̄ⲧⲉⲧⲛ̄ϯ ϣⲓⲡⲉ ⲙ̄
ⲡⲇⲓ̈ⲁⲃⲟⲗⲟⲥ· Ⲁⲩⲱ ⲟⲛ ϯⲛⲁϯ ⲛⲏⲧⲛ̄ ⲛ̄ ⲟⲩⲡⲁⲣϩⲏⲥⲓⲁ
ⲙⲛ̄ ⲟⲩⲙⲛ̄ⲧⲓⲱⲧ ⲛ̄ⲧⲉⲧⲛ̄ϣⲱⲡⲉ ⲛⲁⲡⲉ ⲉϫⲛ̄ ⲛ̄ⲗⲁⲟⲥ
ⲧⲏⲣⲟⲩ· Ⲁⲩⲱ ⲟⲛ ⲛ̄ⲧⲉⲧⲛ̄ϣⲱⲡⲉ ⲛ̄ⲓⲱⲧ ⲙ̄ ⲡⲣ̄ⲣⲟ
ⲅⲉⲥⲁⲛⲑⲟⲥ· Ⲓ̈ⲱϩⲁⲛⲛⲏⲥ ⲇⲉ ⲙⲛ̄ ⲛⲉϥⲥⲛⲏⲩ ⲁⲩϫⲱ

ⲉ ⲧⲉⲩⲙⲁⲩ ⲛ̄ ϩⲱⲃ ⲛⲓⲙ ⲛ̄ⲧⲁⲩϣⲱⲡⲉ ⲙ̄ⲙⲟⲟⲩ · Ⲛ̄ⲧⲟⲥ ⲇⲉ ⲡⲉϫⲁⲥ ϫⲉ ⲙⲁⲣⲉ ⲡⲟⲩⲱϣ ⲙ̄ ⲡϫⲟⲉⲓⲥ ϣⲱⲡⲉ· ⲡⲗⲏⲛ ⲛⲁ ϣⲏⲣⲉ ⲙ̄ⲡⲣ̄ ⲧⲣⲉ ⲛⲕⲁ ⲧⲟⲟⲧⲛ̄ ⲉ ⲃⲟⲗ ⲉⲛ ⲡⲉⲧⲛⲁⲛⲟⲩϥ ⲛ̄ ⲟⲩⲟⲉⲓϣ ⲛⲓⲙ · ϫⲉ ⲕⲁⲥ ⲉⲣⲉ ⲡⲡⲉⲧⲛⲁⲛⲟⲩϥ ϣⲱⲡⲉ ⲙ̄-ⲙⲟⲛ ⲛ̄ⲧⲟⲩϫⲏⲩ ϩⲙ̄ ⲡⲓ̈ ⲁⲓⲱⲛ ⲙⲛ̄ ⲡⲉⲧ ⲛⲏⲩ · Ⲁⲥϣⲱⲡⲉ ⲟⲛ ⲙ̄ⲡⲁⲧⲉ ⲙⲛⲧ ⲛ̄ϩⲟⲟⲩ ⲟⲩⲉⲓⲛⲉ ϫⲓⲛⲧⲁ ⲛⲁⲓ̈ ϣⲱⲡⲉ ⲁ ⲓ̈ⲱ-
Fol. 23 *b* ⲙ̄ⲃ̄ ϩⲁⲛⲛⲏⲥ ⲉⲓ̈ ⲉϥⲡⲁⲣⲁⲅⲓ ϩⲛ̄ | ⲧⲉⲡⲗⲁⲧⲓ̈ⲁ ⲛ ⲧⲡⲟⲗⲓⲥ · ⲁⲩⲱ ⲁϥⲛⲁⲩ ⲉ̄ ⲣⲱⲙⲉ ⲥⲛⲁⲩ ⲉⲣⲉ ϩⲉⲛ̄ⲇⲩⲙⲓⲟⲥ ⲛ̄ⲧⲉ ⲅⲉⲥⲁⲛⲑⲟⲥ ⲡⲣ̄ⲣⲟ ⲧⲟ ⲉ ⲣⲟⲟⲩ · ϫⲉ ⲉⲩⲉⲁⲡⲉⲧⲉⲓ̈ ⲙ̄ⲙⲟⲟⲩ ⲛ̄ ϣⲉ ⲛ̄ϩⲟⲗⲟⲕⲟⲧⲧⲓⲛⲟⲥ ⲉ ⲡⲟⲩⲁ · ⲏ̄ ⲛ̄ⲥⲉϩⲟⲧⲃⲟⲩ · Ⲓ̈ⲱϩⲁⲛⲛⲏⲥ ⲇⲉ ⲡⲉϫⲁϥ ⲛ̄ ⲙ̄ⲙⲁⲧⲟⲓ̈ · ϫⲉ ⲥⲉϭⲏⲡ ⲟⲛ ⲉ ⲡⲙⲟⲩ ⲛ̄ ⲕⲓⲛⲇⲩⲛⲟⲥ ⲉⲩϣⲁⲛϯ ⲡϣⲏⲧ ⲛ̄ϩⲟⲗⲟⲕⲟⲧϯⲛⲟⲥ · Ⲡⲉϫⲉ ⲙ̄ⲙⲁⲧⲟⲓ ⲇⲉ ⲛⲁϥ ϫⲉ ⲙ̄ⲙⲟⲛ · Ⲡⲉϫⲉ ⲓⲱϩⲁⲛⲛⲏⲥ ϫⲉ ϭⲱ ⲉ ⲣⲟⲓ ⲛ̄ ⲟⲩⲕⲟⲩⲓ̈ ⲱ̄ ⲛⲉⲥⲛⲏⲩ · Ⲁⲩⲱ ⲛ̄ⲧⲉⲩⲛⲟⲩ ⲁϥⲃⲱⲕ ⲉ ϩⲟⲩⲛ ⲉ ⲡⲉϥⲏⲓ̈ · ⲁϥⲃⲓ̈ ⲛ̄ ⲡϣⲏⲧ ⲛ̄ ϩⲟⲗⲟⲕⲟⲧ-ϯⲛⲟⲥ ⲙⲛ̄ ⲕⲉ ϥⲧⲟⲟⲩ ⲁϥⲧⲁⲁⲩ ⲙ ⲡⲣⲱⲙⲉ ⲥⲛⲁⲩ · ⲁⲩⲧⲁⲁⲩ ⲛ̄ ⲙ̄ⲙⲁⲧⲟⲓ̈ ⲙ̄ ⲡⲣ̄ⲣⲟ · ⲁⲩⲱ ⲡⲕⲉ ϥⲧⲟⲟⲩ ⲛ̄ ϩⲟⲗⲟⲕⲟⲧϯⲛⲟⲥ ⲁϥⲧⲁⲁⲩ ⲛ̄ ⲙ̄ⲙⲁⲧⲟⲓ̈ · Ⲡⲇⲓⲁⲃⲟⲗⲟⲥ ⲇⲉ ⲛⲡⲉ (*sic*) ϥϭⲛ̄ ⲉϥⲛⲁⲣ ⲟⲩ · ⲉϥⲛ̄ⲁⲩ ⲙ ⲙⲛ̄ⲧⲛⲁⲏⲧ ⲉⲧⲟⲩ-ⲉⲓⲣⲉ ⲙ̄ⲙⲟⲟⲩ ⲛ̄ϭⲓ ⲡϥ̄ⲧⲟⲟⲩ ⲛ ϣⲏⲣⲉ ϣⲏⲙ · Ⲁⲥϣⲱⲡⲉ ⲇⲉ ⲙⲛ̄ⲛ̄ⲥⲁ ⲛⲁⲓ̈ ⲁⲩⲣⲱⲙⲉ ϩⲓⲧⲟⲩⲱϥ ⲙ ⲡⲏⲓ̈ ⲛ ⲛⲓ ⲡⲉⲧ ⲟⲩⲁⲁⲃ· ⲕⲁⲗⲓ ⲛ̄ ⲟⲩϣⲃⲏⲣ ⲛ̄ⲧⲁϥ ⲉ ⲡⲉϥⲏⲓ̈ ⲁϥⲟⲩⲱⲙ · ⲁϥⲥⲱ ⲛ̄ⲙ̄ⲙⲁϥ ϣⲁ ⲣⲟⲩϩⲉ · Ⲡⲣⲱⲙⲉ ⲇⲉ ⲁϥⲧⲱⲟⲩⲛ ⲁϥⲉⲓ ⲉ ⲃⲟⲗ ϩⲙ̄ ⲡⲏⲓ̈ ⲛ̄ ⲡⲉϥϣⲃⲏⲣ · ⲁϥⲉⲓ ⲉ ⲃⲟⲗ ϩⲛ̄ |
Fol. 24 *a* ⲙ̄ⲅ̄ ⲧⲡⲗⲁⲧⲓ̈ⲁ ⲛ̄ ⲧⲡⲟⲗⲓⲥ · ⲉ ⲧⲣ ϥ̄ⲃⲱⲕ ⲉ ⲡⲉϥⲏⲓ̈ · ⲉⲧⲉⲓ̈ ⲇⲉ ⲉϥⲙⲟⲟϣⲉ ϩⲛ̄ ⲧⲉϩⲓ̈ⲉ · ⲁⲩⲕⲉⲣⲁⲥⲧⲏⲥ ⲗⲟⲕⲥϥ̄ ⲁϥⲙⲟⲩ · Ⲛ̄ ⲧⲉⲣⲉ ⲡⲉϩⲣⲏⲡⲁⲣⲓⲟⲥ ⲇⲉ ⲉⲓ ⲉϥⲕⲱⲧⲉ ⲛ̄ ⲧⲉⲩϣⲏ ⲉ ⲧⲃⲉ ⲧⲕⲁⲧⲁⲥⲧⲁⲥⲓⲥ ⲛ̄ ⲧⲡⲟⲗⲓⲥ · ⲁϥϭⲛ̄ ⲡⲣⲱⲙⲉ ⲉϥⲛⲏϫ ⲉϥ-ⲙⲟⲟⲩⲧ · Ⲁϥϫⲉⲣⲉ ⲡϩⲃ̄ⲥ ⲇⲉ ⲁϥⲙⲟⲩϣⲧ ⲛ̄ ⲡⲉϥⲥⲱⲙⲁ ⲧⲏⲣϥ̄ ⲙ̄ⲡⲉ ϥϭⲛ̄ ⲗⲁⲁⲩ ⲙ̄ ⲡⲱⲗϩ̄ ⲛ̄ϩⲏⲧϥ̄ · ⲁϥϯ ⲛ̄ ⲟⲩⲕⲁⲓⲥ ⲉ ⲣⲟϥ ⲁϥⲧⲣⲉ ⲩⲧⲱⲙⲥ̄ ϩⲙ̄ ⲡⲧⲁⲫⲟⲥ · Ⲡⲇⲓⲁ-ⲃⲟⲗⲟⲥ ⲇⲉ ⲁϥⲙⲟⲟϣⲉ ϩⲛ̄ ⲧⲡⲟⲗⲓⲥ ⲧⲏⲣⲥ̄ ⲉϥⲧⲁϣⲉⲟⲉⲓϣ ⲉϥϫⲱ ⲙ̄ⲙⲟⲥ · ϫⲉ ⲡⲓ̈ ⲫⲑⲟⲛⲟⲥ ϣⲱⲡⲉ ⲉ ⲃⲟⲗ ϩⲓⲧⲙ̄ ⲡⲉⲓ ϥⲧⲟⲟⲩ ⲛ̄ⲥⲟⲛ ⲛ̄ⲧⲁⲩⲉⲓ ⲉ ϯⲡⲟⲗⲓⲥ ⲛ̄ ⲛⲓ ϩⲟⲟⲩ ·

Ⲛ̅ⲧⲉⲩⲛⲟⲩ ⲇⲉ ⲁ ⲡⲟⲩⲱ ⲃⲱⲕ ϣⲁ ⲡϩⲏⲅⲉⲙⲱⲛ· ⲡϩⲏⲅⲉ-
ⲙⲱⲛ ⲇⲉ ⲁϥⲙ̅ⲙ̅ (*sic*) ⲡϣⲁϫⲉ ⲛ̅ⲛⲁϩⲣⲙ̅ ⲡⲣ̅ⲣⲟ ⲅⲉⲥⲁⲛⲑⲟⲥ:
Ⲛ̅ⲧⲉⲩⲛⲟⲩ ⲇⲉ ⲛ̅ⲧⲁ ⲡⲣ̅ⲣⲟ ⲥⲱⲧⲙ̅ ⲉ ⲡϣⲁϫⲉ ⲁϥⲟⲩⲉϩ-
ⲥⲁϩⲛⲉ ⲉ ⲡⲁⲣϩⲓⲥⲧⲁ ⲛⲁϥ ⲙ̅ ⲡⲉϥⲧⲟⲟⲩ ⲛ̅ϣⲏⲣⲉ ϣⲏⲙ
ϩⲓ ⲟⲩⲥⲟⲡ· Ⲙ̅ⲙⲁⲧⲟⲓ ⲇⲉ ⲁⲩϭⲱ ⲡⲉ ⲛⲉⲓ̈ ϣⲏⲣⲉ ϣⲏⲙ·
ⲁⲩϯ ⲛ̅ⲟⲩⲕⲟⲗⲗⲁⲣⲓⲟⲛ | ⲉ ⲡⲉⲩⲙⲁⲕϩ̅ ⲁⲩⲛ̅ⲧⲟⲩ ⲉ ⲃⲟⲗ Fol. 24 *b*
ϩⲛ̅ ⲧⲉⲡⲗⲁⲧⲓ̈ⲁ ⲛ ⲧⲡⲟⲗⲓⲥ ⲧⲏⲣⲥ̅· ⲉ ⲧⲣⲉ ⲩϫⲓ̈ⲧⲟⲩ ⲉ ⲣⲁⲧϥ̅ ⲛ̅ ⲙ̅ⲇ̅
ⲡⲣ̅ⲣⲟ ⲅⲉⲥⲁⲛⲑⲟⲥ: Ⲁⲩⲱ ϩⲛ̅ ⲧⲉⲩⲛⲟⲩ ⲁⲩⲥⲙⲏ̅ ϣⲱⲡⲉ ϣⲁ
ⲣⲟⲟⲩ ⲉⲥϫⲱ ⲙ̅ⲙⲟⲥ ϫⲉ ⲓ̈ⲱϩⲁⲛⲛⲏⲥ ⲙⲛ̅ ⲛⲉϥⲥⲛⲏⲩ ⲙⲡⲣ̅
ⲣ̅ ϩⲟⲧⲉ ⲉⲧⲉⲧⲛ̅ⲃⲏⲕ ϣⲁ ⲡⲣ̅ⲣⲟ: ϫⲉ ⲙⲛ̅ ⲡⲉⲑⲟⲟⲩ ⲛⲁⲧⲁ-
ϩⲱⲧⲛ̅· Ⲁ ⲡⲕⲁⲓⲣⲟⲥ ⲙ̅ ⲡϩⲓ̈ⲥⲉ ⲟⲩⲉⲓ̈ⲛⲉ· ⲡⲕⲉⲣⲟⲥ ⲛ̅
ⲧⲙⲛ̅ⲧⲓⲱⲧ ⲁϥϩⲱⲛ ⲉ ⲣⲱⲧⲛ̅ ⲉ ⲃⲟⲗ ϩⲓ̈ⲧⲛ̅ ⲡϫⲟⲉⲓⲥ· Ⲛ̅-
ⲧⲉⲩⲛⲟⲩ ⲁⲩⲉⲓⲛⲉ̅ ⲙ̅ⲙⲟⲟⲩ ⲉ ⲣⲁⲧϥ̅ ⲙ̅ ⲡⲣ̅ⲣⲟ: Ⲁⲩⲱ
ⲛⲉⲩⲥⲟⲡⲥ̅ ⲙ̅ ⲡⲛ̅ⲟⲩⲧⲉ ⲙⲛ̅ ⲡⲁⲣⲭⲁⲅⲅⲉⲗⲟⲥ ⲉⲧ ⲟⲩⲁⲁⲃ
ⲙⲓ̈ⲭⲁⲏⲗ ⲉ ⲧⲣ ϥ̅ⲧⲟⲩϫⲟⲟⲩ· Ⲁⲩⲱ ⲛ̅ⲧⲉⲩⲛⲟⲩ ⲉⲓⲥ
ⲡⲛ̅ⲟϭ ⲛ̅ ⲁⲣⲭⲁⲅⲅⲉⲗⲟⲥ ⲉ̅ⲧ ⲟⲩⲁⲁⲃ ⲙⲓ̈ⲭⲁⲏⲗ ⲡⲁ ⲡⲣⲁⲛ
ⲉⲧ ϩⲟⲗϭ̅ ϩⲛ̅ ⲧⲧⲁⲡⲣⲟ ⲛ ⲟⲩⲟⲛ ⲛⲓⲙ· Ⲁϥϫⲓ ⲛ ⲡⲉⲥ-
ⲭⲏⲙⲁ ⲛ̅ ⲟⲩⲛⲟϭ ⲛ̅ ⲥⲇⲣⲁⲧⲏⲗⲁⲧⲏⲥ ⲛ̅ⲧⲉ ⲕⲱⲥⲧⲁⲛϯⲛⲟⲥ
ⲡⲣ̅ⲣⲟ ⲛ̅ ⲛⲉϩⲣⲱⲙⲁⲓⲟⲥ ⲁϥⲉⲓ ⲉ ϩⲟⲩⲛ ⲉⲣⲉ ⲟⲩⲛⲟϭ ⲛ̅
ⲁⲍⲓⲱ̅ⲙⲁ ⲕⲱⲧⲉ ⲉ ⲣⲟϥ:—Ⲡⲣ̅ⲣⲟ ⲇⲉ ⲅⲉⲥⲁⲛⲑⲟⲥ ⲛ̅ ⲧⲉⲣⲉ
ϥⲛⲁⲩ ⲉ ⲣⲟϥ ⲁϥⲧⲱⲟⲩⲛ ⲁϥⲁϩⲉ ⲣⲁⲧϥ̅ ϩⲓ̈ ϩⲏ ⲙ̅ⲙⲟϥ:
ⲉϥϯ ⲙⲁ ⲙ ⲡⲉϥⲉⲟⲟⲩ | ⲛ̅ ⲃⲁⲥⲓⲗⲓ̈ⲕⲟⲛ̅· ⲙⲛ̅ⲛ̅ⲥⲱⲥ ⲁⲩϩ- Fol. 25 *a*
ⲙⲟⲟⲥ ϩⲓ ⲟⲩⲥⲟⲡ· Ⲡⲣ̅ⲣⲟ ⲇⲉ ⲁϥⲕⲉⲗⲉⲩⲉ ⲉ ⲧⲣⲉ ⲩⲉⲓⲛⲉ ⲙ̅ⲉ̅
ⲉ ϩⲟⲩⲛ ⲙ̅ ⲡⲉϥⲧⲟⲟⲩ ⲛ̅ⲥⲟⲛ ϩⲓ̈ ⲑⲏ̅ ⲙ̅ⲙⲟϥ: Ⲡⲉϫⲉ
ⲡⲣ̅ⲣⲟ ⲇⲉ ⲛⲁⲩ ⲉ ⲧⲃⲉ ⲟⲩ ⲁⲧⲉⲧⲛ̅ⲧⲱⲟⲩⲛ ⲉϫⲙ̅ ⲡⲉⲓ̈
ⲣⲱⲙⲉ ⲁⲧⲉⲧⲛ̅ϩⲱⲧⲃ̅ ⲙ̅ⲙⲟϥ· Ⲁⲩⲟⲩⲱϣⲃ̅ ⲛ̅ϭⲓ ⲡⲉϥⲧⲟⲟⲩ
ⲛ̅ⲥⲟⲛ ϫⲉ ϥⲟⲛϩ̅ ⲛ̅ϭⲓ ⲡⲛ̅ⲟⲩⲧⲉ ⲙⲛ̅ ⲡⲉϥⲛⲟϭ ⲛ̅ ⲁⲣⲭ-
ⲁⲅⲅⲉⲗⲟⲥ ⲙⲓ̈ⲭⲁⲏⲗ· ϫⲉ ⲡⲓ̈ ⲫⲑⲟⲛⲟⲥ ⲉⲧ ⲕⲧⲱϭⲉ
ⲙ̅ⲙⲟϥ ⲉ ⲣⲟⲛ [erasure] ⲧⲛ̅ⲟⲩⲁⲁⲃ ⲉ ⲣⲟϥ: Ⲡⲣ̅ⲣⲟ ⲇⲉ
ⲁϥⲕⲉⲗⲉⲩⲉ ⲉ ⲧⲣⲉ ⲩⲉⲓⲛⲉ ⲛⲛⲉⲥⲕⲉⲩⲏ̅ ⲛ̅ ⲃⲁⲥⲁⲛⲓⲥⲧⲏⲣⲓⲟⲛ
ⲛ̅ⲥⲉⲃⲁⲥⲁⲛⲓ̈ⲍⲉ ⲙ̅ⲙⲟⲟⲩ: Ⲡⲁⲣⲭⲁⲅⲅⲉⲗⲟⲥ ⲇⲉ ⲙⲓ̈ⲭⲁⲏⲗ
ⲉ̅ⲡⲓ̈ ⲇⲏ ⲟⲩⲃⲁⲓ̈ⲣⲟⲟⲩϣ ⲡⲉ ϩⲁ ⲟⲩⲟⲛ ⲛⲓ̈ⲙ ⲉⲧ ⲟ ⲛϩⲙ̅ϩⲁⲗ
ⲛ̅ ⲡϫⲟⲉⲓⲥ ϩⲛ̅ ⲟⲩⲙⲉ: ⲁϥⲣ̅ ϩⲛⲁϥ ⲉⲟⲩⲱ̅ⲛϩ̅ ⲉ ⲃⲟⲗ ⲛ̅
ⲛⲉⲟⲟⲩ ⲛ ⲛⲓ̈ ⲡⲉⲧⲟⲩⲁⲁⲃ· ⲙⲁⲗⲗⲟⲛ ⲇⲉ ⲉ ⲧⲁⲛϩⲟ ⲛ̅

ⲧⲡⲟⲗⲓⲥ ⲙ̅ ⲡⲣ̅ⲣⲟ ⲙⲛ̅ ⲡⲙⲏⲏϣⲉ ⲧⲏⲣϥ̅: ⲙ̅ ⲡⲉⲥⲙⲟⲧ
ⲛ̅ⲧⲁϥⲧⲟⲩϫⲟ ⲛ̅ ⲛⲓⲙⲉⲩⲛ̅ ⲉⲣⲉ ⲡⲉⲥⲙⲏⲛ̅ϣⲉ ⲉⲓⲣⲉ ⲛ̅
ⲙⲛ̅ⲧⲥⲛⲟⲟⲩⲥ ⲛ̅ ⲧⲃⲁ: Ⲧⲁⲓ ⲟⲛ ⲧⲉ ⲑⲉ ⲛ̅ⲧⲁⲥⲣ̅ⲁⲛⲁϥ
Fol. 25 b ⲛ̅ ⲡⲛⲟⲩⲧⲉ ⲉ ⲧⲣⲉ ϯ ⲡⲟⲗⲓⲥ ⲟⲩϫⲁⲓ̈ ⲉ ⲡⲧⲁⲕⲟ· | Ⲧⲟⲧⲉ
ⲙ̅ⲉ̅ ⲁϥⲟⲩⲱϣⲃ̅ ⲛ̅ϭⲓ ⲡⲁⲣⲭⲁⲅⲅⲉⲗⲟⲥ ⲙⲓⲭⲁⲏⲗ ⲡⲉϫⲁϥ ⲛ̅
ⲅⲉⲥⲁⲛⲑⲟⲥ ϫⲉ ⲟⲩⲙⲁⲉⲓⲛ̅ ϩⲁϩⲧⲏⲛ̅ ϩⲛ̅ ϯⲡⲟⲗⲓⲥ· ⲉⲣϣⲁⲛ
ⲟⲩⲁⲛϯⲗⲟⲅⲓⲁ ⲛ̅ ⲧⲉⲓ ⲙⲓ̈ⲛⲉ ϣⲱⲡⲉ· ϣⲁⲛ ⲧⲣⲉ ⲩⲉⲓⲛⲉ
ⲛ̅ ⲡⲉⲛⲧ ⲁϥⲙⲟⲩ ⲛ̅ⲥⲉⲕⲁⲁϥ ⲙ̅ ⲡⲙ̅ⲧⲟ ⲉ ⲃⲟⲗ ⲛ̅ ⲡⲙⲏⲏϣⲉ
ⲧⲏⲣϥ̅ ⲛ̅ ⲧⲡⲟⲗⲓ̈ⲥ ⲛ̅ⲧⲛ̅ϫⲛⲟⲩϥ ϫⲉ ⲟⲩⲡⲉⲛⲧ̅ ⲁϥϣⲱⲡⲉ
ⲙ̅ⲙⲟⲕ· ⲁⲩⲱ ⲛ̅ⲧⲉⲩⲛⲟⲩ ϣⲁϥϫⲉ ⲧⲙⲉ ⲙ̅ ⲡⲙ̅ⲧⲟ ⲉ ⲃⲟⲗ
ⲙ̅ ⲡⲙⲏⲛ̅ϣⲉ ⲧⲏⲣϥ̅· Ⲗⲟⲓⲡⲟⲛ ⲙⲁⲣⲟⲩⲉⲓ̈ⲛⲉ ⲙ̅ ⲡⲛ̅ⲧⲁϥ-
ⲙⲟⲩ ⲛⲧⲛ̅ϫⲛⲟⲩϥ ⲁⲩⲱ ϯϫⲱ ⲙ̅ⲙⲟⲥ ϫⲉ ⲧⲙⲉ ⲛⲁⲟⲩⲱⲛ̅ϩ
ⲉ̅ ⲃⲟⲗ ⲛ̅ⲧⲉ ⲡⲣϥ̅ϫⲓ̈ ϭⲟⲗ ϫⲓ̈ ϣⲓ̈ⲡⲉ: Ⲧⲟⲧⲉ ⲡⲣ̅ⲣⲟ ⲛ̅ ⲧⲉⲣⲉ
ϥ̅ⲥⲱⲧⲙ̅ ⲉ ⲛⲁⲓ̈ ⲛ ⲧⲟⲟⲧϥ̅ ⲙ̅ ⲡⲁⲣⲭⲁⲅⲅⲉⲗⲟⲥ· ⲛⲉϥ-
ⲥⲟⲟⲩⲛ ⲇⲉ ⲁⲛ̅ ϫⲉ ⲙⲓ̈ⲭⲁⲏⲗ ⲡⲉ· ⲁⲗⲗⲁ ⲛⲉϥϫⲱ ⲙ̅ⲙⲟⲥ
ϫⲉ ⲟⲩⲛⲟϭ ⲛ̅ ⲁⲍⲓ̈ⲱⲙⲁϯⲕⲟⲥ ⲡⲉ ⲛ̅ⲧⲉ ⲡⲣ̅ⲣⲟ· ⲡⲣⲟⲥ ⲑⲉ
ⲛⲧ ⲁⲛ̅ϣⲣ̅ⲡ̅ ϫⲟⲟⲥ: Ⲁⲗⲗⲁ ϥ̅ϫⲟⲥⲉ ⲛ̅ϭⲓ ⲡⲁⲣⲭⲁⲅⲅⲉⲗⲟⲥ
ⲛ̅ϩⲟⲩⲉ̅ ⲧⲁⲍⲓⲥ ⲛⲓⲙ ⲛ̅ⲧⲉ ⲡⲉⲓ̈ ⲕⲟⲥⲙⲟⲥ: Ⲗⲟⲓⲡⲟⲛ̅ ⲁ ⲡⲣ̅ⲣⲟ
Fol. 26 a ⲕⲉⲗⲉⲩⲉ ⲛ̅ⲥⲉⲃⲱⲕ ⲉ ⲡⲧⲁ|ⲫⲟⲥ· ⲛ̅ⲥⲉⲉⲓⲛ̅ⲧϥ̅ ⲛ̅ⲥⲉⲕⲁⲁϥ ⲙ̅
ⲙ̅ⲋ̅ ⲡⲉϥⲙ̅ⲧⲟ ⲉ ⲃⲟⲗ: ⲙⲛ̅ ⲡⲙⲏⲏϣⲉ ⲧⲏⲣϥ̅ ⲉⲧ ⲥⲟⲟⲩϩ
ⲉ ⲣⲟϥ· Ⲙⲓⲭⲁⲏⲗ ⲇⲉ ⲡⲁⲣⲭⲁⲅⲅⲉⲗⲟⲥ· ⲁϥⲧⲱⲟⲩⲛ ⲙ̅
ⲡⲉⲙⲧⲟ ⲉ ⲃⲟⲗ ⲙ̅ ⲡⲣ̅ⲣⲟ ⲙⲛ̅ ⲡⲙⲏⲏϣⲉ ⲧⲏⲣϥ̅ ⲛ̅ ⲧⲡⲟⲗⲓⲥ·
ⲁϥⲙⲟⲩⲧⲉ ⲉ ⲡⲕⲟⲩⲓ ⲉⲧ ϩⲛ̅ ⲡⲉϥⲧⲟⲟⲩ ⲛ̅ϣⲏⲣⲉ ϣⲏⲙ
ⲉϥⲟ ⲛ ⲡⲉⲥⲙⲟⲧ ⲛ̅ ⲟⲩⲥⲧⲣⲁⲧⲏⲗⲁⲧⲏⲥ ϫⲉ ⲇⲁⲛⲓⲏⲗ ⲡⲥⲟⲛ
ⲛ̅ ⲓ̈ⲱϩⲁⲛ[ⲛⲏⲥ] ⲁⲙⲟⲩ ⲡⲁ ϣⲏⲣⲉ ⲁϫⲓⲥ ⲛ̅ ⲡⲉⲓ̈ ⲕⲱⲱⲥ
ϫⲉ ⲛⲓ̈ⲙ ⲡⲛ̅ⲧⲁϥϩⲱⲧⲃ̅ ⲙ̅ⲙⲟⲕ ⲁϫⲓ̈[ⲥ] ⲧⲙⲉ ⲙ̅ ⲡⲙ̅ⲧⲟ ⲉ
ⲃⲟⲗ ⲙ̅ ⲡⲣ̅ⲣⲟ ⲙⲛ̅ ⲡⲙⲏⲏϣⲉ ⲧⲏⲣϥ̅· Ⲡϣⲏⲣⲉ ⲇⲉ ϣⲏⲙ
ⲇⲁⲛⲓⲏⲗ ⲡⲟⲩⲁ ϩⲛ̅ ⲛⲉⲧ ⲟⲩⲃⲁⲥⲁⲛⲓ̈ⲍⲉ ⲙ̅ⲙⲟⲟⲩ· Ⲁϥ-
ⲧⲱⲟⲩⲛ ⲁϥⲃⲱⲕ ϣⲁ ⲡⲕⲱⲱⲥ· ⲁϥⲁⲙⲁϩⲧⲉ ⲛ̅ ⲧⲉϥϭⲓϫ
ⲉϥϫⲱ ⲙ̅ⲙⲟⲥ· ϫⲉ ⲡⲣⲱⲙⲉ ⲧⲁⲙⲟⲓ ϫⲉ ⲛⲓ̈ⲙ ⲡⲛ̅ⲧ
ⲁϥϩⲱⲧⲃ̅ ⲙ̅ⲙⲟⲕ· ⲁϫⲓ̈[ⲥ] ⲧⲙⲉ ⲙ̅ⲡⲣ̅ ⲕⲁⲁⲩ ⲉ ⲡⲱϩ ⲉ̅ ⲃⲟⲗ
ⲛ̅ ⲟⲩⲥⲛⲟϥ ⲛ̅ ⲁⲧ ⲛⲟⲃⲉ· ⲉ ⲡϫⲓⲛϫⲏ ⲛ̅ⲧⲉⲕⲁⲫⲟⲣⲙⲏ:
Ⲡⲛⲟⲩⲧⲉ ⲇⲉ ⲡⲁⲅⲁⲑⲟⲥ· ⲁϥⲕⲧⲟ ⲛ̅ ⲧⲉϥⲯⲩⲭⲏ ⲉ̅ ϩⲟⲩⲛ
ⲉ ⲡⲉϥⲥⲱⲙⲁ ⲛ̅ⲕⲉ ⲥⲟⲡ· ⲉ ⲧⲃⲉ ⲡⲟⲩϫⲁⲓ̈ ⲛ̅ ⲡⲟⲗⲓⲥ ⲧⲏⲣⲥ̅

ⲙⲛ̄ ⲡⲣ̄ⲣⲟ: Ⲁⲩⲱ ϩⲓⲧⲛ̄ ⲧⲛⲟϭ ⲛ̄ ϭⲟⲙ ⲛ̄ ⲡⲛⲟⲩⲧⲉ ⲙⲛ̄
ⲡⲁⲣⲭⲁⲅⲅⲉ|ⲗⲟⲥ ⲉ̄ⲧ ⲟⲩⲁⲁⲃ ⲙⲓⲭⲁⲏⲗ ⲁ ⲡⲣⲱⲙⲉ ⲱⲛϩ̄ Fol. 26 *b* ⲙ̄ⲏ
ⲛ̄ ⲕⲉ ⲥⲟⲡ ⲁϥⲱϣ ⲉ ⲃⲟⲗ ϩⲛ̄ ⲧⲙⲏⲧⲉ ⲙ̄ ⲡⲙⲏⲛ̄ϣⲉ ⲧⲏⲣϥ
ⲉϥϫⲱ ⲙ̄ⲙⲟⲥ ϩⲛ̄ ⲟⲩⲛⲟϭ ⲛ̄ ⲥⲙⲏ ϫⲉ ⲟⲩⲟⲓ̈ ⲛⲁⲕ ⲱ̄
ⲅⲉⲥⲁⲛⲑⲟⲥ· ϫⲉ ⲁⲕⲧⲟⲗⲙⲁ ϩⲟⲗⲱⲥ ⲁⲕϩⲙⲟⲟⲥ ϩⲁϩⲧⲏⲛ
ⲡⲛⲟϭ ⲛ̄ ⲥⲧⲣⲁⲧⲏⲗⲁⲧⲏⲥ ⲙ̄ ⲡⲣ̄ⲣⲟ ⲛ ⲛⲁ ⲧⲡⲉ ⲙⲛ̄
ⲛⲁ ⲡⲕⲁϩ ⲡⲁⲣⲭⲁⲅⲅⲉⲗⲟⲥ ⲉⲧ ⲟⲩⲁⲁⲃ ⲙⲓ̈ⲭⲁⲏⲗ· ⲡⲁⲓ̈
ⲉⲧ ⲥⲟⲡⲥ̄ ⲛ̄ ⲟⲩⲟⲉⲓ̈ϣ ⲛⲓⲙ· ϩⲁ ⲡⲅⲉⲛⲟⲥ ⲧⲏⲣϥ ⲛ̄ ⲛ̄ⲣⲱⲙⲉ
ⲙⲛ̄ ⲛ̄ⲧⲃ̄ⲛⲟⲟⲩⲉ: Ⲁⲩⲱ ⲛⲧⲟϥ ⲉⲧ ⲥⲟⲡⲥ̄ ⲉ ⲧⲃⲉ ⲛⲕⲁⲣⲡⲟⲥ
ⲛ̄ ⲡⲕⲁϩ ϣⲁⲛⲧⲉ ⲡⲛⲟⲩⲧⲉ ⲧⲛ̄ⲛⲟⲟⲩ ⲛ̄ ϯⲱⲧⲉ ⲉⲧ ⲛⲁⲛⲟⲩⲥ
ⲉ ϩⲣⲁⲓ̈ ⲉ ϫⲱⲟⲩ· ⲉ ⲧϭⲓⲛⲱⲛϩ̄ ⲛ̄ ⲛ̄ⲣⲱⲙⲉ ⲙⲛ̄ ⲛ̄ⲧⲃ̄ⲛⲟⲟⲩⲉ:
ⲁⲩⲱ ⲟⲛ ⲉ ⲧⲃⲉ ⲧϭⲓⲛⲱⲛϩ̄ ⲛ̄ⲛⲓⲃⲉ ⲛⲓⲙ ⲉⲧ ⲥⲙⲟⲩ ⲉ
ⲡⲛⲟⲩⲧⲉ: Ⲡⲉϫⲁϥ ⲟⲛ ⲛ̄ϭⲓ ⲡⲉⲛⲧ ⲁϥⲱⲛϩ̄· ϫⲉ ⲕⲱ ⲛ̄
ⲛⲣⲱⲙⲉ ⲉ ⲃⲟⲗ ⲙ̄ⲟ (*sic*) ⲛⲥⲉⲟⲩⲁⲁⲃ ⲉ ⲣⲟⲓ̈· ⲁⲩⲱ ⲡⲁⲣⲭ-
ⲁⲅⲅⲉⲗⲟⲥ ⲙⲓⲭⲁⲏⲗ ⲛⲁⲧⲁⲙⲟⲕ ⲉ ϩⲱⲃ ⲛⲓⲙ ⲛ̄ⲧⲁⲩϣⲱⲡⲉ
ⲙ̄ⲙⲟⲓ̈· Ⲛ̄ⲧⲉⲩⲛⲟⲩ ⲇⲉ ⲁ ⲡⲁⲣⲭⲁⲅⲅⲉⲗⲟⲥ ⲟⲩⲱⲛϩ̄ ⲉ
ⲃⲟⲗ ϩⲙ̄ ⲡⲉϥ|ⲉⲟⲟⲩ ⲛⲁⲅⲅⲉⲗⲓⲕⲟⲛ ⲁϥϩⲱⲗ ⲉ ⲡϫⲓⲥⲉ Fol. 27 *a* ⲙ̄ⲑ
ⲉⲣⲉ ⲟⲩⲟⲛ ⲛⲓⲙ ⲑⲉⲱⲣⲓ̈ ⲙ̄ⲙⲟϥ· ⲁⲩⲱ ⲧⲉψⲩⲭⲏ ⲙ̄-
ⲡⲣⲱⲙⲉ ⲁϥϫⲓ̈ⲧⲥ̄ ⲛ̄ⲙ̄ⲙⲁϥ· Ⲙⲛ̄ⲛ̄ⲥⲱⲥ ⲁ ⲡⲁⲣⲭⲁⲅⲅⲉⲗⲟⲥ
ⲙⲓ̈ⲭⲁⲏⲗ· ϣⲁϫⲉ ⲉ ⲡⲉⲥⲏⲧ ⲉϫⲙ̄ ⲡⲣ̄ⲣⲟ ⲙⲛ̄ ⲡⲙⲏⲛ̄ϣⲉ
ⲉϥϫⲱ ⲙ̄ⲙⲟⲥ· ϫⲉ ⲉⲓⲥ ϩⲏⲛ̄ⲧⲉ: ⲁⲓ̈ⲥⲉⲡⲥ̄ ⲡϫⲟⲉⲓⲥ ϩⲁ
ⲡⲟⲩϫⲁⲓ ⲛ̄ ⲧⲉⲕψⲩⲭⲏ ⲙⲛ̄ ⲡⲓ̈ ⲙⲏⲏϣⲉ ⲧⲏⲣϥ ⲛ̄ ⲧⲉⲓ
ⲡⲟⲗⲓⲥ: ⲉ ⲧⲃⲉ ⲡⲓ̈ ϣⲏⲣⲉ ϣⲏⲙ: Ⲗⲟⲓⲡⲟⲛ ⲙⲁⲣⲉ ⲓⲱ-
ϩⲁⲛⲛⲏⲥ ⲙⲛ̄ ⲛⲉϥⲥⲛⲏⲩ ϣ[ⲱ]ⲡⲉ ⲉⲩⲧⲁⲛⲩ (*sic*) ⲛ̄ⲧⲟⲟⲧⲕ̄
ϫⲉ ⲛⲧⲁⲕⲟⲩϫⲁⲓ̈ ⲙⲛ̄ ⲧⲉⲕⲡⲟⲗⲓⲥ ⲧⲏⲣⲥ̄ ⲉ ⲧⲃ̄ⲏⲏⲧⲟⲩ ⲁⲩⲱ
ⲡⲉⲓ̈ ⲕⲉ ⲣⲱⲙⲉ ⲛ̄ⲧⲁⲕϫⲟⲟⲥ ϫⲉ ⲛ̄ⲧⲁⲩϩⲟⲧⲃⲉϥ· ⲛ̄ⲧⲁⲩ-
ϩⲟⲧⲃⲉϥ ⲁⲛ· ⲁⲗⲗⲁ ⲛ̄ⲧⲁϥⲙⲟⲩ ⲛ̄ⲑⲉ ⲛ ⲟⲩⲟⲛ ⲛⲓⲙ
ϩⲓⲧⲛ̄ ⲟⲩⲕⲉⲣⲁⲥⲧⲏⲥ: Ⲡⲣ̄ⲣⲟ ⲇⲉ ⲛ̄ ⲧⲉⲣⲉ ⲡⲉϥϩⲏⲧ ϣⲱⲡⲉ
ⲙ̄ⲙⲟϥ· ⲁϥⲧⲱⲟⲩⲛ ⲁϥⲱⲗⲙ̄ (*sic*) ⲉ ϩⲟⲩⲛ ⲉⲓ̈ⲱϩⲁⲛⲛⲏⲥ ⲙⲛ̄
ⲛⲉϥⲥⲛⲏⲩ ⲁϥϯⲡⲓ̈ ⲉ ⲣⲱⲟⲩ ⲉϥϫⲱ ⲙ̄ⲙⲟⲥ· ϫⲉ ⲥⲙⲁⲙⲁⲁⲧ
ⲛ̄ϭⲓ ⲧⲟⲩⲛⲟⲩ ⲛ̄ⲧⲁ ⲧⲉⲧⲛ̄ⲉⲓ ⲉ ϩⲟⲩⲛ [ⲉ] ϯ ⲡⲟⲗⲓ̈ⲥ ⲱ̄
ⲓ̈ⲱϩⲁⲛⲛⲏⲥ ⲙⲛ̄ | ⲛⲉϥⲥⲛⲏⲩ ⲛⲁⲓ̈ ⲛ̄ⲧⲁⲛⲙⲉⲉⲩⲉ̄ ⲣⲟⲟⲩ ⲉ̄ Fol. 27 *b* ⲛ̄
ϩⲛ̄ⲡⲉⲑⲟⲟⲩ· ⲉ̄ⲓⲥ ϩⲏⲛ̄ⲧⲉ̄ ⲁ ϩⲛ̄ⲛⲟϭ ⲙ̄ ⲡⲉⲧ ⲛ̄ⲛⲁⲛⲟⲩϥ
ⲧⲁϩⲟⲛ ⲉ ⲧⲃ̄ⲏⲏⲧⲟⲩ· Ⲡⲣ̄ⲣⲟ ⲇⲉ ⲁϥⲧⲣⲉⲩⲥⲧⲉⲫⲁⲛⲟⲩ ⲙ̄

ⲡⲉϥⲡⲁⲗⲗⲁⲧⲓⲟⲛ̄ ⲙⲛ̄ ⲧⲡⲟⲗⲓⲥ ⲧⲏⲣⲥ̄ ⲉ ⲁⲩⲥⲧⲟⲗⲓⲍⲉ ⲙ-
ⲙⲟⲟⲩ· ⲁⲩϣⲱⲡⲉ ⲉⲩⲣⲁϣⲉ ϩⲛ̄ ⲟⲩⲛⲟϭ ⲛ̄ ⲣⲁϣⲉ: ϣⲁ
ⲡϫⲱⲕ ⲉ ⲃⲟⲗ ⲛ̄ ⲥⲁϣϥ̄ ⲛ̄ϩⲟⲟⲩ: Ⲡⲉϫⲉ ⲡⲣ̄ⲣⲟ ⲛ̄ ⲓ̈ⲱ-
ϩⲁⲛⲛⲏⲥ ϫⲉ ϣⲁϫⲉ ⲁⲩⲱ ⲛ̄ⲧⲛ̄ⲥⲱⲧⲙ̄ ⲛ̄ⲥⲱⲕ ⲧⲏⲣⲛ̄·
Ⲓ̈ⲱϩⲁⲛⲛⲏⲥ ⲇⲉ ⲡⲉϫⲁϥ ⲙ̄ ⲡⲣ̄ⲣⲟ· ϫⲉ ⲥϩⲁⲓ ⲛ̄ ⲟ[ⲩ]ⲉⲡⲓ-
ⲥⲧⲟⲗⲏ ⲉ ⲣⲁⲧϥ̄ ⲛ̄ ⲡⲣ̄ⲣⲟ ⲛ̄ ⲛⲉϩⲣⲱⲙⲁⲓⲟⲥ ⲕⲱⲥⲧⲁⲛ-
ϯⲛⲟⲥ· ⲛϥ̄ⲧⲛ̄ⲛⲟⲟⲩ ⲛⲁⲛ ⲛ̄ⲟⲩⲁⲣⲭⲏⲉⲡⲓⲥⲕⲟⲡⲟⲥ ⲛϥ̄-
ϩⲁⲅⲓⲁⲍⲉ ⲙ̄ⲙⲟⲛ ⲙⲛ̄ ⲧⲛ̄ⲡⲟⲗⲓⲥ ⲧⲏⲣⲥ̄: ⲁⲩⲱ ⲛϥ̄ϯ ⲛⲁⲛ
ⲛ̄ ⲛⲉⲧⲛ̄ⲡⲁϩⲣⲉⲛⲁⲩ ⲉ ⲡⲟⲩϫⲁⲓ̈ ⲛ ⲛⲉⲛⲯⲩⲭⲏ: Ⲅⲉⲥⲁⲛⲑⲟⲥ
ⲇⲉ ⲡⲣ̄ⲣⲟ· ⲁϥⲥϩⲁⲓ̈ ⲛⲟⲩⲉⲡⲓⲥⲧⲟⲗⲏ ⲉ̄ ⲣⲁⲧϥ̄ ⲛ̄ ⲕⲱⲥⲧⲁⲛ-
ⲧⲓ̈ⲛⲟⲥ ⲡⲣ̄ⲣⲟ ⲛ ⲛⲉϩⲣⲱⲙⲁⲓⲟⲥ ⲉⲥⲥⲏϩ ⲛ̄ ⲧⲉⲓ ϩⲉ· Ⲅⲉⲥⲁⲛ-
Fol. 28a ⲑⲟⲥ ⲡⲉⲧ ⲟⲩⲙⲟⲩⲧⲉ ⲉ ⲣⲟϥ ϫⲉ ⲣ̄ⲣⲟ ϩⲛ̄ | ⲧⲉⲛⲇⲓⲕⲏ
ⲡ̄ⲁ̄ ⲉϥⲧⲟⲗⲙⲁ ⲉϥⲥϩⲁⲓ̈ ⲉ ⲣⲁⲧϥ̄ ⲛ̄ ⲡⲛⲟϭ ⲛ̄ ⲣⲣⲟ ⲛ ⲛⲉϩⲣⲱ-
ⲙⲁⲓ̈ⲟⲥ ⲕⲱⲥⲧⲁⲛⲧⲓⲛⲟⲥ ⲡϩⲙ̄ϩⲁⲗ ⲛ̄ ⲓⲥ̄ ⲡⲉⲭⲥ̄ ⲭⲁⲓⲣⲉⲧⲉ:
Ⲟⲩⲛⲟϭ ⲅⲁⲣ ⲛ̄ ϩⲙⲟⲧ ⲁϥⲧⲁϩⲟⲛ ϩⲓⲧⲛ̄ ⲡⲛⲟⲩⲧⲉ ⲡⲁⲅⲁ-
ⲑⲟⲥ: ⲉ ⲁϥⲣ̄ ⲡⲉⲛ̄ⲙⲉⲉⲩⲉ ⲁϥⲛ̄ⲧⲛ̄ ⲉ̄ ⲃⲟⲗ ϩⲙ̄ ⲡⲕⲁⲕⲉ
ⲛ̄ ⲧⲙⲛ̄ⲧⲣϥ̄ϣⲙ̄ϣⲉ ⲉⲓ̈ⲇⲱⲗⲟⲛ· ⲁϥⲥⲟⲕⲛ̄ ϣⲁ ⲣⲟϥ· ϩⲓⲧⲛ̄
ⲛⲥⲟⲡⲥ̄ ⲙ̄ ⲡⲉϥⲛⲟϭ ⲛ̄ ⲁⲣⲭⲁⲅⲅⲉⲗⲟⲥ ⲙⲓ̈ⲭⲁⲏⲗ: ⲉ̄
ⲁϥⲁⲁⲛ ⲛ̄ⲙ̄ⲡϣⲁ ⲉ ⲧⲣⲉ ⲛⲛⲁⲩ ⲉ ⲣⲟϥ ⲛ̄ ϩⲟ ϩⲓ̈ ϩⲟ: ⲁⲩⲱ
ⲁϥⲧⲣⲉ ⲡⲉⲧ ⲙⲟⲟⲩⲧ ϣⲁϫⲉ ⲛ̄ⲙ̄ⲙⲁⲛ ⲛ̄ⲕⲉ ⲥⲟⲡ ⲙⲛ̄ⲛ̄ⲥⲁ
ⲧⲣⲉϥⲣ̄ ⲕⲱⲱⲥ: ⲁⲩⲱ ⲁϥϩⲱⲗ ⲉ ⲡϫⲓⲥⲉ ϩⲛ̄ ⲟⲩⲉⲟⲟⲩ ⲛ̄ⲛⲁⲩ
ⲉ ⲣⲟϥ ⲧⲏⲣⲉⲛ· ⲗⲟⲓⲡⲟⲛ ⲧⲛ̄ⲡⲁⲣⲁⲕⲁⲗⲓ ⲛ̄ⲧⲉⲕⲙⲛ̄ⲧϫⲟⲉⲓⲥ
ⲉ ⲧⲣⲉ ⲕⲧⲛ̄ⲛⲟⲟⲩ ⲛ̄ ⲟⲩⲁ̄ ⲛ̄ ⲛ̄ⲛⲟϭ ⲛ̄ ⲉ̄ⲡⲓⲥⲕⲟⲡⲟⲥ ⲛⲁⲛ
ϩⲁϩⲧⲏⲕ ⲛϥ̄ⲣ̄ ⲟⲩⲟⲉⲓⲛ ⲉ ⲣⲟⲛ ϩⲱⲱⲛ̄ ϩⲛ̄ ⲧⲡⲓ̈ⲥⲧⲓⲥ ⲉⲧ
ⲥⲟⲩⲧⲱⲛ· ⲁⲩⲱ ⲛϥ̄ⲧⲥⲁⲃⲟⲛ ⲉ ⲧⲉϩⲓ̈ⲏ̄ ⲉ ⲧⲣⲉ ⲛ̄ⲃⲱⲕ
Fol. 28b ϣⲁ ⲡⲛⲟⲩⲧⲉ ⲛ̄ϩⲏⲧⲥ̄· ⲁⲩⲱ ⲛϥ̄ϯ ⲛⲁⲛ | ⲛ̄ ⲧⲉⲥⲫⲣⲁⲅⲓⲥ
ⲡ̄ⲃ̄ ⲉⲧ ⲟⲩⲁⲁⲃ· ⲕⲁⲓ ⲅⲁⲣ ⲉⲕϣⲁⲛⲣ̄ ⲡⲓ̈ ⲡⲉⲧ ⲛⲁⲛⲟⲩϥ ⲛ̄ⲙ̄-
ⲙⲁⲛ· ⲕⲛⲁϫⲓ ⲛ̄ ϩⲛ̄ⲕⲗⲟⲙ ⲛ̄ ⲉ̄ⲟⲟⲩ ϩⲁϩⲧⲏⲛ̄ ⲡⲣ̄ⲣⲟ
ⲙ̄ ⲙⲉ ⲡⲉⲭⲥ̄ ⲉ ⲧⲃⲉ ⲡⲉⲓ ϩⲱⲃ ⲟⲩϫⲁⲓ̈ ⲡⲣ̄ⲣⲟ ⲙ̄ ⲙⲁⲓ
ⲛⲟⲩⲧⲉ ϩⲛ̄ ⲧϭⲟⲙ ⲛ̄ ⲡⲛⲟⲩⲧⲉ: Ⲁⲩⲱ ϩⲛ̄ ⲟⲩⲛⲟϭ ⲛ̄
ⲥⲡⲟⲩⲇⲏ ⲁϥϫⲟⲟⲩ ⲛ ⲛⲉⲥϩⲁⲓ̈ ϣⲁ ⲕⲱⲥⲧⲁⲛⲧⲓⲛⲟⲥ· ⲁϥ-
ϫⲓⲧⲟⲩ· ⲁⲩⲱ ⲛ̄ ⲧⲉⲣⲉ ϥϫⲓⲧⲟⲩ ⲁϥⲱϣ ⲛ̄ϩⲏⲧⲟⲩ ⲁϥⲣ̄
ϣⲡⲏⲣⲉ ⲛ̄ϩⲟⲩⲟ ⲛ ⲧⲛⲟϭ ⲙ̄ ⲙⲛ̄ⲧⲙⲁⲓ ⲣⲱⲙⲉ ⲙ̄ ⲡⲛⲟⲩⲧⲉ
ⲙⲛ̄ ⲧⲙⲛ̄ⲧⲁⲅⲁⲑⲟⲥ ⲙ̄ ⲡⲁⲣⲭⲁⲅⲅⲉⲗⲟⲥ ⲙⲓⲭⲁⲏⲗ·

ⲁⲩⲱ ϩⲛ̄ ⲟⲩⲛⲟϭ ⲙ̄ ⲙⲛ̄ⲧⲃⲁⲓ̈ⲣⲟⲟⲩϣ ⲁϥⲧⲁⲭⲏ· ⲁϥⲥϩⲁⲓ̈
ϣⲁ ⲡⲛⲟϭ ⲓ̈ⲱϩⲁⲛⲛⲏⲥ ⲡⲁⲣⲭⲏⲉ̄ⲡⲓⲥⲕⲟⲡⲟⲥ ⲛ̄ ⲉⲫⲉⲥⲟⲥ:
ⲛ̄ⲧⲁϥⲥϩⲁⲓ ⲇⲉ ⲙ̄ ⲡⲓ̈ ⲧⲩⲡⲟⲥ ϩⲁⲑⲏ ⲙⲉⲛ ⲛ̄ϩⲱⲃ ⲛⲓⲙ
ϯⲁⲥⲡⲁⲍⲉ ⲉ ϩⲣⲁⲓ ⲉϫⲛ̄ ⲛⲉⲕϭⲓϫ ⲉⲧ ⲟⲩⲁⲁⲃ· ⲛ̄ⲧⲁⲩⲁ-
ⲙⲁϩⲧⲉ ⲛ ⲧⲉⲥⲁⲣⲝ̄ ⲉⲧ ⲟⲩⲁⲁⲃ ⲙ̄ ⲡϣⲏⲣⲉ ⲙ̄ ⲡⲛⲟⲩⲧⲉ
ⲭⲁⲓⲣⲉⲧⲉ· Ⲟⲩⲛⲟϭ ⲅⲁⲣ ⲛ̄ ⲣⲁϣⲉ ⲁϥⲡⲱϩ ϣⲁ ⲣⲟⲛ ⲉ
ⲃⲟⲗ ϩⲓ ⲧⲟⲟⲧϥ ⲛ̄ ⲡⲛⲟⲩⲧⲉ | ⲙ̄ ⲙⲉ ⲡⲛ̄ϫⲟⲉⲓⲥ ⲓ̄ⲥ̄ ⲡⲉⲭ̄ⲥ̄· Fol. 29 *a* ⲛ̄ⲅ̄
ⲁⲩⲱ ⲁⲛⲟⲛ ϩⲱⲱⲛ̄ ⲉⲓⲥ ϩⲏⲏⲧⲉ ⲁⲛϫⲟⲟⲩ ⲛ ⲡⲣⲁϣⲉ ⲉⲧ
ⲙ̄ⲙⲁⲩ ϣⲁ ⲧⲉⲕⲙⲛ̄ⲧⲓⲱⲧ· ϫⲉ ⲕⲁⲥ ⲉⲕⲉⲣ̄ ϩⲟⲩⲉ ⲣⲁϣⲉ
ⲛ̄ⲙ̄ⲙⲁⲛ ϩⲱⲱⲕ· Ⲁⲣⲓⲥ ϭⲉ ⲟⲩⲛ ⲉ ⲧⲃⲉ ⲡⲛⲟⲩⲧⲉ ⲛ̄ⲅ̄ⲃⲓ
ϩⲁ ⲟⲩⲕⲟⲩⲓ̈ ⲛ̄ϩⲓⲥⲉ ⲛ̄ⲅ̄ ⲃⲱⲕ ⲉ ⲧⲡⲟⲗⲓⲥ ⲛ̄ ⲧⲉⲛⲇⲓ̈ⲕⲏ· ⲛ̄ⲅ̄
ⲣ̄ ⲡⲁϩⲣⲉ ⲉ ⲛⲉⲧ ⲟⲩⲛϩ ⲛ̄ϩⲏⲧⲥ̄ ϩⲛ̄ ⲧⲉⲥⲃⲱ ⲛ̄ ⲡⲉⲭ̄ⲥ̄·
ⲛ̄ⲅ̄ ⲛ̄ⲧⲟⲩ ⲉ ⲃⲟⲗ ϩⲙ̄ ⲡϣⲙ̄ϣⲉ ⲛ̄ ⲛⲓⲇⲱⲗⲟⲛ ⲉⲧ ϫⲁϩⲙ̄
ⲉⲕⲑⲁⲣⲓ̈ ϩⲙ̄ ⲡⲉⲕϩⲏⲧ ⲧⲏⲣϥ ϫⲉ ⲡⲉⲕϩⲓ̈ⲥⲉ ⲛⲁϩⲉ ⲉ ⲃⲟⲗ
ⲁⲛ ⲉ ⲡⲧⲏⲣϥ· ⲁⲗⲗⲁ ϥⲛⲁϣⲱⲡⲉ ⲛⲁⲕ ⲛ̄ ⲟⲩⲕⲗⲟⲙ
ⲛ̄ ⲉⲟⲟⲩ ϩⲁϩⲧⲏⲛ̄ ⲡⲛⲟϭ ⲛ̄ ⲣ̄ⲣⲟ ⲡⲉⲭ̄ⲥ̄· Ⲁⲣⲓⲥ ϭⲉ ⲟⲩⲛ
ⲉ ⲧⲃⲉ ⲡⲉⲭ̄ⲥ̄· ⲡⲁⲓ̈ ⲛⲧⲁϥϣⲡ̄ ϩⲓⲥⲉ ϩⲁ ⲡⲅ̄ⲉⲛⲟⲥ ⲧⲏⲣϥ
ⲛ̄ ⲁⲇⲁⲙ: ⲛ̄ⲅ̄ ⲥⲕⲩⲗⲗⲓ ⲙ̄ⲙⲟⲕ ⲛ̄ⲅ̄ ⲃⲱⲕ ⲛ̄ⲅ̄ ⲣ̄ ⲡⲁϩⲣⲉ
ⲉ ⲣⲟⲟⲩ ϩⲙ̄ ⲡⲉⲕⲛⲁⲣⲇⲓⲝ ⲙ̄ ⲡⲛ̄ⲓⲕⲟⲛ ⲁⲩⲱ ⲛ̄ⲅ̄ ⲕⲁⲑⲩⲅⲓ
ⲙ̄ⲙⲟⲟⲩ ϩⲛ̄ ⲛ̄ϣⲁϫⲉ ⲛ̄ ⲧⲉⲕⲑⲉⲟⲗⲟⲅⲓⲁ ⲉⲧ ⲟⲩⲁⲁⲃ ⲉⲧ
ⲙⲉϩ ⲉ ⲃⲟⲗ ϩⲙ̄ ⲡⲉⲡⲛ̄ⲁ | ⲉⲧ ⲟⲩⲁⲁⲃ· ⲛ̄ⲅ̄ ϯ ⲛⲁⲩ ⲛ̄ Fol. 29 *b* ⲛ̄ⲇ̄
ⲧⲉⲥⲫⲣⲁⲅⲓⲥ ⲉⲧ ⲟⲩⲁⲁⲃ ⲉⲧ ϩⲙ̄ ⲡⲉⲭ̄ⲥ̄: ⲛ̄ⲅ̄ ⲃⲁⲡⲧⲓⲍⲉ
ⲙ̄ⲙⲟⲟⲩ ⲉ ⲡⲣⲁⲛ̄ ⲙ̄ ⲡⲓ̈ⲱⲧ ⲙⲛ̄ ⲡϣⲏⲣⲉ ⲙⲛ̄ ⲡⲉⲡⲛ̄ⲁ
ⲉⲧ ⲟⲩⲁⲁⲃ ⲧⲉⲧⲣⲓⲁⲥ ⲉⲧ ϩⲛ̄ ⲟⲩⲙⲛ̄ⲧⲟⲩⲁ· ⲁⲩⲱ ⲧⲙⲛ̄ⲧⲟⲩⲁ
ⲉⲥϩⲛ̄ ⲧⲉⲧⲣⲓ̈ⲁⲥ ⲉ̄ⲧ ⲟⲩⲁⲁⲃ ⲛ̄ ϩⲟⲙⲟⲟⲩⲥⲓⲟⲛ· ⲁⲩⲱ ⲡⲁⲓ̈
ⲛⲁϣⲱⲡⲉ ⲛⲁⲕ ⲛ̄ϣⲟⲩϣⲟⲩ ⲛ̄ⲛⲁϩⲣⲙ̄ ⲡⲉⲭ̄ⲥ̄ ⲓ̄ⲥ̄ ⲙⲛ̄
ⲛⲉϥⲁⲅⲅⲉⲗⲟⲥ ⲉⲧ ⲟⲩⲁⲁⲃ: Ⲡⲣ̄ⲣⲟ ⲇⲉ ⲕⲱⲥⲧⲁⲛϯⲛⲟⲥ
ⲁϥϫⲟⲟⲩ ⲛ ⲧⲉⲡⲓ̈ⲥⲧⲟⲗⲏ ϩⲛ̄ ⲟⲩⲥⲡⲟⲩⲇⲏ ϣⲁ ⲡⲁⲣⲭⲏ-
ⲉⲡⲓⲥⲕⲟⲡⲟⲥ ⲛ̄ ⲉⲫⲉⲥⲟⲥ: Ⲁⲩⲱ ⲛ̄ ⲧⲉⲣ ϥ̄ϫⲓⲧⲟⲩ ⲁϥⲟϣⲟⲩ
ⲁϥⲣⲁϣⲉ ⲙ̄ⲙⲁⲧⲉ ϩⲙ̄ ⲡⲉⲡⲛ̄ⲁ ⲉⲧ ⲟⲩⲁⲁⲃ ⲉ̄ϫⲛ̄ ⲧⲇⲱⲣⲉⲁ
ⲙ̄ ⲡⲛⲟⲩⲧⲉ ⲡⲡⲁⲛⲧⲟⲕⲣⲁⲧⲱⲣ: ⲙⲛ̄ ⲡⲉⲕⲧⲟ ⲛ ⲧⲡⲟⲗⲓⲥ
ⲉ̄ ϩⲟⲩⲛ̄ ⲉ ⲡⲛⲟⲩⲧⲉ ϩⲓⲧⲛ̄ ⲛ̄ⲥⲟⲡⲥ̄ ⲙ̄ ⲡⲁⲣⲭⲁⲅⲅⲉⲗⲟⲥ
ⲉⲧ ⲟⲩⲁⲁⲃ ⲙⲓⲭⲁⲏⲗ: Ⲁⲩⲱ ⲛⲧⲉⲩⲛⲟⲩ ⲁ ⲡⲁⲣⲭⲏ-
ⲉⲡⲓ̈ⲥⲕⲟⲡⲟⲥ ϫⲓ̈ ⲛ̄ⲙ̄ⲙⲁϥ ⲛ̄ ⲟⲩⲇⲓ̈ⲁⲕⲟⲛⲟⲥ ⲙⲛ̄ ⲡⲣⲉⲥⲃⲩ-

Fol. 30 a ⲧⲉⲣⲟⲥ ⲥⲛⲁⲩ ⲙⲛ̄ ⲟⲩⲁⲛⲁⲅⲛ̄ⲱⲥⲧⲏⲥ· ⲙⲛ̄ | ϣⲟⲙⲧ̄ ⲛ̄-
ⲡ̅ⲉ̅ ⲯⲁⲗⲧⲏⲥ· ⲙⲛ̄ ⲙⲛⲧⲥⲛⲟⲟⲩⲥ (*sic*) ⲛ̄ⲫⲓⲗⲟⲡⲟⲛⲟⲥ· ⲁⲩⲱ
ϩⲛ̄ ⲕⲉ ϣⲙ̄ϣⲓⲧ· ⲁⲩⲱ ⲁϥϫⲓ ⲛ̄ⲙ̄ⲙⲁϥ ⲛ̄ ⲡⲥⲟϥⲧⲉ ⲧⲏⲣϥ̄
ⲙ̄ ⲡⲃⲁⲡⲧⲓⲥⲧⲏⲣⲓⲟⲛ ⲙⲛ̄ ⲡⲉⲑⲩⲥⲓⲁⲥⲧⲏⲣⲓⲟⲛ· Ⲁⲩⲱ ⲟⲩ-
ⲧⲣⲁⲡⲉⲍⲁ ⲛ̄ⲛⲟⲩⲃ ⲙⲛ̄ ϥⲧⲟⲟⲩ ⲛ̄ⲡⲟⲧⲏⲣⲓⲟⲛ ⲛ̄ ϩⲁⲧ ⲉⲩ-
ⲭⲣⲩⲥⲥⲟⲩ ⲉ̄ ⲡⲛⲟⲩⲃ· ⲙⲛ̄ ϩⲛ̄ⲑⲩⲙⲓⲁⲧⲏⲣⲓⲟⲛ ⲛ̄ ⲛⲟⲩⲃ·
ⲙⲛ̄ ⲟⲩⲙⲁⲡⲡⲁ ⲛⲓⲉ̄ⲛ ⲛⲟⲩⲃ ⲛ̄ⲥⲱⲧⲛ̄· ⲙⲛ̄ ϩⲉⲛⲥⲕⲉⲡⲁⲥⲙⲁ
ⲛ̄ ϩⲟⲗⲟⲥⲩⲣⲓⲕⲟⲛ ⲙⲛ̄ ⲛⲉϥⲧⲟⲟⲩ ⲛⲉⲩⲁⲅⲅⲉⲗⲓⲟⲛ ⲙⲛ̄
ⲛⲉⲡⲣⲁⲝⲓⲥ ⲙⲛ̄ ⲡⲁⲡⲟⲥⲧⲟⲗⲟⲥ: ϩⲁⲡⲗⲱⲥ ⲡⲥⲟϥⲧⲉ ⲧⲏⲣϥ̄
ⲙ̄ ⲡⲉⲑⲩⲥⲓⲁⲥⲧⲏⲣⲓ̈ⲟⲛ· ⲁⲩⲱ ⲁⲩϣⲗⲏⲗ ⲉ ⲡϫⲟⲉⲓⲥ ⲁⲩ-
ⲧⲁⲁⲩ ⲉ̄ ⲧⲉϩⲓⲏ ϩⲛ̄ ⲟⲩⲣⲁϣⲉ: Ⲛ̄ ⲧⲉⲣ ⲟⲩϩⲱⲛ̄ ⲇⲉ ⲉ ϩⲟⲩⲛ̄
ⲉ ⲧⲡⲟⲗⲓⲥ· ⲁⲩⲙⲏⲛⲉⲩⲉ ⲙ ⲡⲁⲣⲭⲏⲉⲡⲓⲥⲕⲟⲡⲟⲥ ⲙ̄
ⲡⲣⲣⲟ: Ⲁⲩⲱ ⲁ ⲡⲣ̄ⲣⲟ ⲙⲛ̄ ⲡⲙⲏⲏϣⲉ ⲧⲏⲣϥ̄ ⲛ̄ ⲧⲡⲟⲗⲓⲥ
ⲉⲓ ⲉ ⲃⲟⲗ ϩⲏⲧϥ̄: ⲁⲩⲟⲩⲱ̄ϣⲧ̄ ⲛⲁϥ ⲁⲩϫⲓ ⲥⲙⲟⲩ ⲛ̄ ⲧⲟⲟⲧϥ̄·
Ⲁⲩⲱ ⲡⲣ̄ⲣⲟ ϩⲱⲱϥ ⲁϥϫⲓ ⲥⲙⲟⲩ ⲛ̄ⲧ ⲙ̄ ⲡⲁⲣⲭⲏⲉⲡⲓ̈ⲥⲕⲟ-
Fol. 30 b ⲡⲟⲥ: | Ⲡⲁⲣⲭⲏⲉⲡⲓⲥⲕⲟⲡⲟⲥ ⲇⲉ ⲛ ⲧⲉⲣ ϥ̄ⲛⲁⲩ ⲉ̄ⲓ̈ⲱϩⲁⲛⲛⲏⲥ
ⲡ̅ⲋ̅ ⲛ̄ⲧⲉⲩⲛⲟⲩ ⲁϥⲁⲥⲡⲁⲍⲉ ⲙ̄ⲙⲟϥ ⲡⲉϫⲁϥ ⲛⲁϥ ϫⲉ ⲕⲁⲗⲱⲥ
ⲡϣⲏⲛ ⲉⲧ ⲛⲁⲛⲟⲩϥ ⲛ̄ ⲣϥ̄ϯ ⲕⲁⲣⲡⲟⲥ ϩⲛ̄ ⲡⲡⲁⲣⲁⲇⲓ̈ⲥⲟⲥ
ⲛ̄ ⲧⲉⲧⲣⲟⲫⲏ· Ⲡⲣ̄ⲣⲟ ⲇⲉ ⲁϥϫⲱ ⲉ ⲡⲁⲣⲭⲏⲉⲡⲓ̈ⲥⲕⲟⲡⲟⲥ
ⲛ̄ⲑⲉ ⲧⲏⲣⲥ̄ ⲛ̄ⲧⲁⲥϣⲱⲡⲉ ϩⲓⲧⲛ̄ ⲓ̈ⲱϩⲁⲛⲛⲏⲥ ⲙⲛ̄ ⲛⲉϥⲥⲛⲏⲩ
ⲉϥϫⲱ ⲙ̄ⲙⲟⲥ· ϫⲉ ⲉ ⲧⲃⲉ ⲡⲁⲓ̈ ⲙⲛ̄ ⲛⲉϥⲥⲛⲏⲩ ⲁ ⲡⲛⲟⲩⲧⲉ
ⲛⲁ ⲛⲁⲛ· Ⲁⲩⲱ ⲛ ⲧⲉⲓ̈ ϩⲉ ⲁϥⲃⲱⲕ ⲉ ϩⲟⲩⲛ ⲉ ⲧⲡⲟⲗⲓⲥ
ϩⲛ̄ ⲟⲩⲛⲟϭ ⲛ̄ ϯⲙⲏ:—Ⲡⲣ̄ⲣⲟ ⲇⲉ ⲁϥⲡⲁⲣⲁⲕⲁⲗⲓ̈ ⲙ̄ⲙⲟϥ
ⲁϥϫⲓⲧϥ̄ ⲉ ϩⲟⲩⲛ ⲉ ⲡⲡⲁⲗⲗⲁⲧⲓⲟⲛ ϫⲉ ⲛⲉ ⲙⲡⲁⲧ ⲟⲩⲕⲉⲧ
ⲉⲕⲕⲗⲏⲥⲓⲁ ϩⲛ̄ ⲧⲡⲟⲗⲓⲥ· Ⲙ̄ ⲡⲉϥⲣⲁⲥⲧⲉ ⲇⲉ ⲡⲉϫⲉ ⲡⲁⲣⲭⲏ-
ⲉⲡⲓⲥⲕⲟⲡⲟⲥ ⲙ̄ ⲡⲣ̄ⲣⲟ· ϫⲉ ⲙⲁⲣⲉⲛⲕⲱⲧ ⲛ̄ ⲟⲩⲉⲕⲕⲗⲏⲥⲓⲁ
ϩⲁⲑⲏ ⲛ̄ϩⲱⲃ ⲛⲓⲙ· Ⲡⲣ̄ⲣⲟ ⲇⲉ ⲡⲉϫⲁϥ ⲙ̄ ⲡⲁⲣⲭⲏⲉⲡⲓ-
ⲥⲕⲟⲡⲟⲥ· ϫⲉ ⲡⲁ ⲓⲱⲧ ⲟⲩⲛ̄ⲧⲁⲓ̈ ⲟⲩⲙⲁ ⲛ̄ ⲃⲣ̄ⲣⲉ ⲉⲩⲕⲱⲧ
ⲙ̄ⲙⲟϥ· ⲁⲙⲟⲩ ⲛⲅ̄ ⲛⲁⲩ ⲉ ⲣⲟϥ· ⲁⲣⲏⲩ ⲛⲅ̄ⲣ̄ ϣⲁⲩ ⲛⲅ̄
‖ Fol. 31 a ⲁⲁϥ ⲛⲉⲕⲕⲗⲏⲥⲓⲁ: Ⲡⲁⲣⲭⲏⲉⲡⲓⲥⲕⲟ|ⲡⲟⲥ ⲇⲉ ⲁϥⲃⲱⲕ
ⲡ̅ⲍ̅ ⲙⲛ̄ ⲡⲣ̄ⲣⲟ: ⲁϥⲣⲁⲛⲁϥ ⲇⲉ ⲛ ⲡⲁⲣⲭⲏⲉⲡⲓⲥⲕⲟⲡⲟⲥ ⲉⲓ
ⲙⲏ ⲧⲉⲓ̈ ϩⲛ̄ ⲕⲟⲩⲓ̈ ⲙ̄ⲙⲁ ⲛ̄ ϫⲟ ⲉⲩϩⲛ̄ ⲧⲙ̄ⲛⲧⲉ· ⲁϥⲟⲩⲉϩ-
ⲥⲁϩⲛⲉ ⲉϣⲣ̄ϣⲱⲟⲩ (*sic*)· Ⲡⲣ̄ⲣⲟ ⲇⲉ ⲁϥⲕⲩⲣⲓⲥⲥⲉ ϩⲛ̄ ⲧⲡⲟⲗⲓⲥ
ⲧⲏⲣⲥ̄ ϩⲓ̈ ⲟⲩⲥⲟⲡ ⲉ ⲧⲣⲉ ⲟⲩⲟⲛ ⲛⲓⲙ ⲥⲱⲟⲩϩ ϩⲓ̈ ⲟⲩⲥⲟⲡ

ⲛ̄ⲥⲉⲣ̄ ϩⲱⲃ· ⲉⲓⲧⲉ ⲁⲣⲭⲱⲛ ⲉⲓⲧⲉ ⲣⲙ̄ⲙⲁⲟ· ⲉⲓⲧⲉ ϩⲏⲕⲉ ϣⲁ ϩⲣⲁï ⲉ ⲡⲣ̄ⲣⲟ ⲛⲉϥⲣ̄ ϩⲱⲃ ϩⲙ̄ ⲛⲉϥϭⲓϫ ⲙ̄ⲙⲓⲛ ⲙ̄ⲙⲟϥ· ϩⲱⲥ ⲉⲩⲥⲟⲟⲩⲛ ϫⲉ ⲥⲉⲛⲁϫⲓ ⲛ ⲡⲉⲩⲃⲉⲕⲉ ϩⲓⲧⲙ̄ ⲡⲉⲭ̄ⲥ̄: Ⲁⲩⲱ ϩⲓⲧⲙ̄ ⲡⲟⲩⲱϣ ⲙ̄ ⲡⲛⲟⲩⲧⲉ ⲁⲩϫⲉⲕ ⲧⲉⲕⲕⲗⲏⲥⲓⲁ ⲉ ⲃⲟⲗ ⲛ̄ ϫⲟⲩⲧⲁⲥⲉ ⲛ̄ϩⲟⲟⲩ· Ⲡⲁⲣⲭⲏⲉⲡⲓⲥⲕⲟⲡⲟⲥ ⲇⲉ ⲁϥϩⲁⲅⲓⲁⲍⲉⲓⲛ ⲡⲧⲟⲡⲟⲥ ⲉ ⲡⲣⲁⲛ ⲛ̄ⲧⲉ ⲑⲉⲟⲇⲟⲕⲟⲥ ⲉⲧ ⲟⲩⲁⲁⲃ ⲙⲁⲣⲓⲁ· Ϩⲙ̄ ⲡⲧⲣⲉ ⲡⲁⲣⲭⲏⲉⲡⲓⲥⲕⲟⲡⲟⲥ ⲇⲉ ⲛⲁⲩ ⲉ ⲡⲉϩⲟⲩⲟ ⲛ̄ⲙⲏⲏϣⲉ ⲉⲧ ⲟⲩⲱϣ ⲉ ϫⲓ̈ ⲃⲁⲡⲧⲓⲥⲙⲁ: Ⲡⲉϫⲁϥ ⲛ̄ ⲡⲣ̄ⲣⲟ ϫⲉ ⲛⲛⲁⲃⲁⲡⲧⲓⲍⲉ ⲙ̄ ⲡⲉï ⲙⲏⲏϣⲉ ⲧⲱⲛ: ⲛⲉ ⲙⲡⲁⲧ ⲟⲩⲕⲉⲧ ⲉⲕⲕⲗⲏⲥⲓⲁ ⲅⲁⲣ ϩⲙ̄ ⲧⲡⲟⲗⲓⲥ ⲉⲣⲉ ⲕⲟⲗⲩⲙⲃⲩⲑⲣⲁ ⲛ̄ϩⲏⲧⲥ̄:—|Ⲁϥⲟⲩⲱ̄ϣⲃ̄ ⲛ̄ϭⲓ ⲡⲥⲟⲫⲟⲥ Fol. 31 *b*
ⲉ ⲡⲉϩⲟⲩⲟ̄ ï̈ⲱϩⲁⲛⲛⲏⲥ ⲉϥϫⲱ ⲙ̄ⲙⲟⲥ: ⲛ̄ ⲡⲁⲣⲭⲏⲉⲡⲓ- ⲡ̄ⲏ
ⲥⲕⲟⲡⲟⲥ ⲙⲛ̄ ⲡⲣ̄ⲣⲟ· ϫⲉ ϯⲗⲓⲙⲛⲏ ⲙ̄ⲙⲟⲟⲩ ⲉⲧ ⲥⲁ ⲡⲉïⲏⲃⲧ̄ ⲛ̄ ⲧⲡⲟⲗⲓⲥ· ϯϫⲱ ⲙ̄ⲙⲟⲥ ϫⲉ ⲛⲧⲟⲥ ⲧⲉⲧ ⲛⲁⲙⲁⲧⲉ ⲙ̄ ⲡⲉï ⲧⲁïⲟ:—Ⲁⲩⲱ ⲛ̄ⲧⲉⲩⲛⲟⲩ ⲁⲩⲥ̄ⲙⲏ ϣⲱⲡⲉ̄ ⲉ ⲃⲟⲗ ϩⲙ̄ ⲧⲡⲉ ⲉⲣⲉ ⲟⲩⲟⲛ ⲛⲓⲙ̄ ⲥⲱⲧⲙ̄ ⲉ ⲣⲟⲥ ⲉⲥϫⲱ ⲙ̄ⲙⲟⲥ ϫⲉ ⲡⲁï ⲡⲉ ⲛⲧⲁⲩⲧⲟϣϥ̄ ⲉ ⲃⲟⲗ ϩⲓ̈ⲧⲙ̄ ⲡⲛⲟⲩⲧⲉ: ⲱ̄ ⲡⲥⲟⲫⲟⲥ ï̈ⲱϩⲁⲛⲛⲏⲥ ⲡϣⲏⲣⲉ ⲛ̄ ⲛⲁⲡⲟⲥⲧⲟⲗⲟⲥ: Ⲡⲁⲣⲭⲏⲉ̄ⲡⲓⲥⲕⲟⲡⲟⲥ ⲇⲉ ⲙⲛ̄ ⲡⲣ̄ⲣⲟ· ⲁⲩⲣⲁϣⲉ ⲙ̄ⲙⲁⲧⲉ ⲉϫⲙ̄ ⲡⲉⲛⲧ ⲁⲩⲥⲟⲧⲙⲉϥ· Ⲁⲩⲱ ⲁⲩⲕⲩⲣⲓⲥⲥⲉ ⲉ ⲧⲣⲉ ⲧⲡⲟⲗⲓⲥ ⲧⲏⲣⲥ̄ ⲥⲱⲟⲩϩ ⲉϫⲙ̄ ⲧⲗⲓ̈ⲙⲛⲏ ⲙ̄ⲙⲟⲟⲩ ⲛ̄ⲥⲉϫⲓ̈ ⲙ̄ ⲡⲕⲱ ⲉ̄ ⲃⲟⲗ ⲛ̄ⲛⲉⲩⲛⲟⲃⲉ: Ⲁ ⲡⲁⲣⲭⲏⲉⲡⲓⲥⲕⲟⲡⲟⲥ ⲇⲉ ⲃⲱⲕ ⲉϫⲙ̄ ⲧⲁⲗⲓ̈ⲙⲛⲏ ⲙ̄ⲙⲟⲟⲩ· ⲁϥⲣ̄ ⲡⲥⲟⲃⲧⲉ ⲧⲏⲣϥ̄ ⲡⲣⲟⲥ ⲡⲕⲁⲛⲱⲛ ⲛ̄ⲧⲉⲕⲕⲗⲏⲥⲓⲁ: Ⲙⲛ̄ⲛ̄ⲥⲱⲥ ⲁϥϣⲗⲏⲗ ⲉϫⲙ̄ ⲧⲗⲓ̈ⲙⲛⲏ ⲉⲣⲉ ⲡⲇⲓ̈ⲁⲕⲟⲛⲟⲥ ⲡⲣⲟⲥⲧⲁ|ⲍⲉ ⲛ̄ⲥⲱϥ ⲕⲁⲧⲁ ⲛ̄ⲧⲱϣ Fol. 32 *a*
ⲧⲏⲣⲟⲩ ⲛ̄ ⲧⲕⲟⲗⲩⲙⲃⲏⲑⲣⲁ: Ⲟⲩⲛⲟϭ ⲇⲉ ⲛ̄ϣⲡⲏⲣⲉ ⲡ̄ⲑ
ⲁⲥϣⲱⲡⲉ ⲙ̄ ⲡⲛⲁⲩ ⲉ̄ⲧ ⲙ̄ⲙⲁⲩ· ⲛ̄ ⲧⲉⲣ ⲟⲩⲡⲱϩ ⲇⲉ ⲉ ⲡϩⲁⲅⲓⲁⲥⲙⲟⲥ· ⲁ ⲡⲙⲏⲏϣⲉ ⲧⲏⲣϥ̄ ⲥⲱⲧⲙ̄ ⲉⲩⲛⲟϭⲛⲟϭ (*sic*) ⲛ̄ⲭⲟⲣⲟⲥ ϩⲓⲧⲡⲉ ⲙ̄ⲙⲟⲟⲩ· ⲉⲩⲟⲩⲱϩⲙ̄ ⲛ̄ⲥⲁ ⲡϩⲁⲅⲓ̈ⲁⲥⲙⲟⲥ ⲙⲛ̄ ⲡⲁⲣⲭⲏⲉⲡⲓⲥⲕⲟⲡⲟⲥ: Ⲙⲛ̄ⲛ̄ⲥⲱⲥ ⲁ ⲧⲉⲥⲙⲏ ⲱϣ ⲉ ⲃⲟⲗ ⲉⲥϫⲱ ⲙ̄ⲙⲟⲥ: ϫⲉ ⲡⲉⲧ ⲛⲁϫⲓ̈ ⲃⲁⲡⲧⲓⲥⲙⲁ ϩⲙ̄ ⲡⲉï ⲙⲟⲟⲩ ϥⲛⲁϫⲓ̈ ⲙ̄ ⲡⲕⲱ ⲉ ⲃⲟⲗ ⲛ̄ ⲛⲉϥⲛⲟⲃⲉ ⲛ̄ϣⲟⲣⲡ̄:—

Ⲛ̄ ⲧⲉⲣⲉ ⲡⲁⲣⲭⲏⲉⲡⲓⲥⲕⲟⲡⲟⲥ ⲇⲉ ⲧⲉⲗⲓⲟⲩ ⲛ̄ⲛⲉⲩⲭⲏ ⲉⲧ ⲟⲩⲁⲁⲃ: Ⲁϥⲟⲩⲉϩⲥⲁϩⲛⲉ ⲉ ⲧⲣⲉ ⲡⲙⲏⲏϣⲉ ⲧⲏⲣϥ̄ ⲃⲱϭⲟⲩ

ⲉ ⲡⲉⲥⲏⲧ ⲉ ⲧⲗⲓⲙⲏ ⲛ̄ⲥⲉϫⲓ̈ ⲃⲁⲡⲧⲓⲥⲙⲁ ⲧⲏⲣⲟⲩ :—Ⲁⲩⲱ
ⲛⲉⲩⲱϣ ⲉ̄ ⲃⲟⲗ ⲉⲩϫⲱ ⲙ̄ⲙⲟⲥ ϫⲉ ⲛⲃⲁⲡϯⲍⲉ ⲉ ⲡⲣⲁⲛ
ⲙ̄ ⲡⲓ̈ⲱⲧ ⲙⲛ̄ ⲡϣⲏⲣⲉ · ⲙⲛ̄ ⲡⲉⲡⲛ̄ⲁ̄ ⲉⲧ ⲟⲩⲁⲁⲃ :—Ⲁⲩⲱ
ⲛ̄ ⲧⲉⲣⲉ ⲡⲣ̄ⲣⲟ ⲙⲛ̄ ⲡⲙⲏⲏϣⲉ ⲧⲏⲣϥ̄ ϫⲓ̈ ⲃⲁⲡⲧⲓⲥⲙⲁ : ⲁ
Fol. 32 b ⲡⲁⲣⲭⲏⲉⲡⲓ̈ⲥⲕⲟⲡⲟⲥ ϯ ⲛⲁⲩ | ⲛ ϯⲣⲏⲛⲏ · ⲁⲩⲥⲱⲟⲩϩ ⲉ̄
ⲝ̄ ⲧⲉⲕⲕⲗⲏⲥⲓⲁ · Ⲡⲁⲣⲭⲏⲉⲡⲓⲥⲕⲟⲡⲟⲥ ⲇⲉ ⲁϥϣⲱϥ ⲛ̄ ⲧⲁⲡⲉ
ⲛ ⲓ̈ⲱϩⲁⲛⲛⲏⲥ ⲁϥⲭⲓⲣⲟⲇⲟⲛⲉⲓ̈ ⲙ̄ⲙⲟϥ ⲛ̄ ⲉⲡⲓⲥⲕⲟⲡⲟⲥ
ⲁⲩⲱ̄ ⲡⲉϥⲕⲉ ϣⲟⲙⲛ̄[ⲧ] ⲛ̄ⲥⲟⲛ ⲁϥⲭⲓⲣⲟⲇⲟⲛⲓ̈ ⲙ̄ⲙⲟⲟⲩ ⲙ̄
ⲡⲣⲉⲥⲃⲩⲧⲉⲣⲟⲥ · Ⲁⲩⲱ ⲟⲛ ⲛⲉⲩⲛ̄ⲧⲉ ⲡⲣ̄ⲣⲟ ⲟⲩϣⲏⲣⲉ
ⲙⲙⲁⲩ ⲉ ⲡⲉϥⲣⲁⲛ ⲡⲉ ⲁⲭⲓⲗⲗⲁⲥ ⲁϥⲡⲟϣⲛϥ̄ ⲛ̄ ⲇⲓⲁ-
ⲕⲟⲛⲟⲥ · ⲡⲙⲏⲏϣⲉ ⲇⲉ ⲧⲏⲣϥ̄ ⲛⲉⲩⲧⲉⲗⲏ̄ ⲙ̄ⲙⲟⲟⲩ ϩⲙ̄
ⲡϫⲟⲉⲓⲥ · ⲁⲩⲱ ⲛⲉⲩϫⲱ̄ ⲙ̄ⲙⲟⲥ ϫⲉ ϭⲱϣⲧ̄ ⲛ̄ⲧⲉⲧⲛ̄ⲛⲁⲩ
ⲉ ⲡⲉⲓ ϣⲙ̄ⲙⲟ ⲛⲧⲁϥⲉⲓ ⲉ ϯ ⲡⲟⲗⲓⲥ ⲛ̄ⲥⲉⲱⲡ ⲙ̄ⲙⲟϥ ⲁ
ⲛⲉ ⲡⲧⲏⲣϥ̄ ⲧⲉⲛⲟⲩ ϩⲱⲱϥ ⲉⲓⲥ ϩⲏⲏⲧⲉ ϥϩⲙⲟⲟⲥ ϩⲁϩⲧⲙ̄
ⲡⲁⲣⲭⲏⲉⲡⲓⲥⲕⲟⲡⲟⲥ · ⲁⲩⲱ ϥⲟ ⲛ̄ ⲓ̈ⲱⲧ ⲙ̄ ⲡⲉⲓ̈ ⲙⲏⲏϣⲉ
ⲧⲏⲣϥ̄ : Ⲧⲟⲧⲉ ⲡⲁⲣⲭⲏ̄ⲉⲡⲓⲥⲕⲟⲡⲟⲥ ⲁϥϥⲓ ⲡⲣⲟⲟⲩϣ ⲛ̄ⲧⲉ-
ⲡⲣⲟⲥⲫⲟⲣⲁ ⲁϥⲧⲁⲗⲟⲥ ⲉ ϩⲣⲁⲓ ⲉϫⲛ̄ ⲡⲉⲑⲩⲥⲓⲁⲥⲧⲏⲣⲓⲟⲛ
Fol. 33 a ⲁϥⲡⲣⲟⲥⲫⲉⲣⲓ̈ ⲉ ϫⲱⲥ : | Ⲡⲣ̄ⲣⲟ ⲇⲉ ⲙⲛ̄ ⲡⲙⲏⲏϣⲉ ⲧⲏⲣϥ̄
ⲝⲁ ⲛⲉⲩⲣ̄ ϣⲡⲏⲣⲉ · ⲉ ⲧⲃⲉ ϫⲉ ⲛⲥⲉⲧⲏⲡ ⲁⲛ ⲉ ϩⲱⲃ ⲛ̄ ⲧⲉⲓ̈
ⲙⲓ̈ⲛⲉ · ⲟⲩⲇⲉ ⲙ̄ⲡ ⲟⲩⲛⲁⲩ ⲉ̄ ⲥⲡⲟⲩⲇⲏ ⲛ ⲧⲉⲓ̈ ⲙⲓ̈ⲛⲉ ⲉⲛⲉϩ :
Ⲛⲉ ⲡⲁⲓ̈ ⲅⲁⲣ ⲡⲉ ⲡϣⲟⲣⲡ̄ ⲛ̄ ⲥⲟⲡ ⲛ̄ⲧⲁⲩⲧⲁⲗⲉ ⲑⲩⲥⲓ̈ⲁ
ⲉ ϩⲣⲁⲓ ϩⲛ̄ ⲧⲉⲭⲱⲣⲁ ⲉⲧ ⲙ̄ⲙⲁⲩ :—Ⲁⲩⲱ ⲁ ⲡⲁⲣⲭⲏ̄-
ⲉⲡⲓⲥⲕⲟⲡⲟⲥ ⲥⲩⲛⲁⲅⲉ ⲙⲙⲟⲟⲩ ⲧⲏⲣⲟⲩ · ⲁϥϯ ⲛⲁⲩ ⲛ
ϯⲣⲏⲛⲏ ⲁ ⲡⲟⲩⲁ ⲡⲟⲩⲁ ⲃⲱⲕ ⲉ ⲛⲉⲩⲏⲓ̈ · Ⲙⲛ̄ⲛ̄ⲥⲱⲥ ⲁϥⲣ̄
ⲟⲩⲉⲃⲟⲧⲉ ⲛ̄ϩⲟⲟⲩ ϩⲛ̄ ⲧⲡⲟⲗⲓⲥ ⲉⲧ ⲙ̄ⲙⲁⲩ ⲉϥⲕⲁⲑⲏⲅⲓ̈
ⲙⲙⲟⲟⲩ ⲙ ⲙⲏⲛⲉ ⲁⲩⲱ ⲁϥⲧⲥⲁⲃⲟ ⲙ̄ⲙⲟⲟⲩ ⲉ ⲡⲧⲱϣ
ⲧⲏⲣϥ̄ ⲛ̄ ⲧⲉⲕⲕⲗⲏⲥⲓ̈ⲁ : Ⲙⲛ̄ⲛ̄ⲥⲁ ⲛⲁⲓ̈ ⲇⲉ ⲁϥⲕⲧⲟϥ ⲉ
ⲧⲉϥⲡⲟⲗⲓⲥ ϩⲛ̄ ⲟⲩⲉⲓ̈ⲣⲏⲛⲏ :—Ⲡⲣ̄ⲣⲟ ⲇⲉ ⲅⲉⲥⲁⲛⲑⲟⲥ ⲙⲛ̄
ⲡⲙⲏⲏ̄ϣⲉ ⲧⲏⲣϥ̄ ⲛ̄ ⲧⲡⲟⲗⲓⲥ ⲛⲉⲩϯ ⲉⲟⲟⲩ ⲛ̄ ⲓ̈ⲱϩⲁⲛⲛⲏⲥ
ⲙⲛ̄ ⲛⲉϥⲥⲛⲏⲩ · ⲁⲩⲱ ⲛⲉⲩⲡⲣⲟⲕⲟⲡⲧⲉ ϩⲛ̄ ⲧⲉⲥⲃⲱ ⲙ̄
ⲡϫⲟⲉⲓ̈ⲥ : Ⲛ̄ϩⲟⲩⲛ ⲇⲉ ⲛ̄ ϩⲛ̄ⲕⲟⲩⲓ̈ ⲛ̄ϩⲟⲟⲩ ⲡⲉϫⲉ ⲡⲉⲡⲓ-
Fol. 33 b ⲥⲕⲟⲡⲟⲥ ⲉⲧ ⲟⲩⲁⲁⲃ ⲓ̈ⲱϩⲁⲛⲛⲏⲥ ⲙ̄ ⲡⲣ̄ⲣⲟ · ϫⲉ ⲙⲁ|ⲣⲉⲛ
ⲝⲃ ⲕⲱⲧ ⲛ̄ⲟⲩⲉⲕⲕⲗⲏⲥⲓⲁ ⲉ ⲡⲣⲁⲛ̄ ⲙ̄ ⲡⲁⲣⲭⲁⲅⲅⲉⲗⲟⲥ ⲉⲧ
ⲟⲩⲁⲁⲃ ⲙⲓⲭⲁⲏⲗ · ϫⲉ ⲛⲧⲟϥ ⲡⲛ̄ⲧⲁⲛⲟⲩϫⲁⲓ̈ ⲧⲏⲣⲛ̄

ϩⲓⲧⲙ̅ ⲛⲉϥⲥⲟⲡⲥ̅· Ⲡⲉϫⲉ ⲡⲣ̅ⲣⲟ ⲇⲉ ⲛⲁϥ ϫⲉ ⲡⲉⲧ ⲕ̅ⲟⲩⲁϣϥ̅
ⲧⲏⲣϥ̅ ⲱ̅ ⲡⲡ̅ⲓⲱⲧ ⲁⲣⲓϥ· ⲁⲩⲱ ⲧⲛⲛⲁⲥⲱⲧⲙ̅ ⲛ̅ⲥⲱⲕ·
Ⲡⲉⲡⲓⲥⲕⲟⲡⲟⲥ ⲇⲉ ⲉⲧ ⲟⲩⲁⲁⲃ ⲓⲱϩⲁⲛⲛⲏⲥ ⲁϥⲟⲩⲉϩ ⲧⲥⲡ̅ⲧⲉ
ⲙ̅ⲧⲉⲕⲕⲗⲏⲥⲓⲁ ⲉⲧ ⲟⲩⲁⲁⲃ· ⲁⲩⲱ ⲛⲉⲣⲉ ⲛⲁ ⲧⲡⲟⲗⲓⲥ
ⲧⲏⲣⲟⲩ ⲣⲁϣⲉ ⲛ̅ⲙ̅ⲙⲁϥ· ⲉⲩϯ ⲧⲟⲟⲧϥ̅ ϩⲙ̅ ϩⲱⲃ ⲛⲓⲙ
ⲉⲧ ⲉϥⲛⲁⲟⲩⲉϩⲥⲁϩⲛⲉ ⲙ̅ⲙⲟⲟⲩ ⲛⲁⲩ· Ⲁⲩⲱ ϩⲛ̅ ⲟⲩⲛⲟϭ
ⲛ̅ ⲥⲡⲟⲩⲇⲏ ⲁϥϫⲱⲕ ⲉ ⲃⲟⲗ ⲛ̅ ⲧⲉⲕⲕⲗⲏⲥⲓⲁ ϩⲙ̅ ϩⲱⲃ ⲛⲓⲙ
ⲁϥϯ ⲡⲉⲥⲗⲱⲃϣ̅ ⲙ̅ ϣⲙⲟⲩⲛ ⲙ̅ⲡⲉⲃⲟⲧ· Ⲡⲉⲡⲓⲥⲕⲟⲡⲟⲥ ⲇⲉ
ⲉ̅ⲧ ⲟⲩⲁⲁⲃ ⲓ̈ⲱϩⲁⲛⲛⲏⲥ ⲁϥϩⲁⲅⲓⲁⲍⲉ ⲙ̅ⲙⲟⲥ ⲉ ⲡⲣⲁⲛ ⲙ̅
ⲡⲁⲣⲭⲁⲅⲅⲉⲗⲟⲥ ⲉⲧ ⲟⲩⲁⲁⲃ ⲙⲓⲭⲁⲏⲗ· ⲉⲁϥⲕⲁⲧⲁⲛⲧⲁ ⲉ
ⲡⲉϩⲟⲟⲩ ⲉ̅ⲧ ⲙ̅ⲙⲁⲩ· ⲙ̅ ⲡϩⲁⲅⲓⲁⲥⲙⲟⲥ ⲛ̅ϭⲓ ⲥⲟⲩ ⲙⲛ̅ⲧ-
ⲥⲛⲟⲟⲩⲥ ⲙ̅ ⲡⲉⲃⲟⲧ ϩⲁⲑⲱⲣ: ⲉⲣⲉ | ⲛⲁ ⲧⲡⲟⲗⲓⲥ ⲧⲏⲣⲥ̅ ⲥⲟⲟⲩϩ Fol. 34 *a*
ⲉ ⲣⲟⲥ· Ⲗⲟⲓⲡⲟⲛ ⲁ ⲡϣⲁ ϣⲱⲡⲉ ⲛⲁⲩ ⲛ̅ ⲇⲓⲡⲗⲟⲩⲛ· ⲡϣⲁ ⲝ̅ⲅ̅
ⲙ̅ ⲡⲉϥⲧⲁϩⲟ ⲉ ⲣⲁⲧϥ̅ ⲙⲛ̅ ⲡϩⲁⲅⲓⲁⲥⲙⲟⲥ ϩⲓ ⲟⲩⲥⲟⲡ ϩⲛ̅
ⲧⲉϥⲉⲕⲕⲗⲏⲥⲓⲁ ⲛ̅ ⲃⲣ̅ⲣⲉ: Ⲁⲩⲱ ⲙⲛ̅ⲛ̅ⲥⲁ ⲡϩⲁⲅⲓ̈ⲁⲥⲙⲟⲥ
ⲁ ⲡⲡⲉⲧ ⲟⲩⲁⲁⲃ ⲓ̈ⲱϩⲁⲛⲛⲏⲥ ⲡⲉⲡⲓⲥⲕⲟⲡⲟⲥ ⲃⲱⲕ ⲉ ⲡⲣ̅ⲡⲉ
ⲙⲛ̅ ⲡⲣ̅ⲣⲟ ⲙⲛ̅ ⲡⲙⲏⲏϣⲉ ⲧⲏⲣϥ̅ ⲛ̅ ⲧⲡⲟⲗⲓⲥ ⲁⲩϣⲣ̅ϣⲱⲣϥ̅
ⲁⲩⲱ ⲡⲁⲅⲁⲗⲙⲁ ⲙ ⲡⲍⲉⲩⲥ ⲁⲩⲣⲟⲕϩϥ̅· ⲁⲩⲱ ⲁ ⲡⲇⲁⲓ-
ⲙⲱⲛ ⲉⲧ ϭⲁⲗⲱⲟⲩ ⲉ ⲡⲓ̈ⲇⲱⲗⲟⲛ ⲱϣ ⲉ̅ ⲃⲟⲗ ⲉϥϫⲱ
ⲙ̅ⲙⲟⲥ ϫⲉ ⲁⲕⲑⲗⲓⲃⲉ ⲙ̅ⲙⲟⲓ̈ ⲉ ⲡⲉϩⲟⲩⲟ ⲱ̅ ⲓ̈ⲱϩⲁⲛⲛⲏⲥ
ⲁⲕⲛⲟϫⲧ̅ ⲉ̅ ⲃⲟⲗ ϩⲙ̅ ⲡⲁ ⲙⲁⲛⲟⲩⲱϩ· Ⲁⲩⲱ ⲁ ⲡⲣ̅ⲣⲟ
ⲧⲣⲉⲩⲕⲱⲧ ⲙ̅ ⲡⲙⲁ ⲙ̅ ⲡⲣ̅ⲡⲉ ⲛ ⲟⲩⲉⲕⲕⲗⲏⲥⲓⲁ ⲛ ⲗⲁⲙ-
ⲡⲣⲟⲥ ⲁϥⲧⲣⲉⲩϯ ⲙ̅ ⲡⲣⲁⲛ ⲙ̅ ⲡⲉⲓ̈ ⲙⲛ̅ⲧⲥⲛⲟⲟⲩⲥ ⲛ̅ⲁⲡⲟ-
ⲥⲧⲟⲗⲟⲥ· ⲉϫⲱⲥ: Ⲡϩⲁⲅⲓⲟⲥ ⲇⲉ ⲓ̈ⲱϩⲁⲛⲛⲏⲥ ⲛⲉϥⲕⲧⲟ ⲛ
ⲟⲩⲟⲛ ⲛⲓⲙ ⲉ̅ ϩⲟⲩⲛ ⲉ̅ ⲧⲡⲓⲥⲧⲓⲥ ⲉⲧ ⲥⲟⲩⲧⲱⲛ ⲁⲩⲱ ⲛⲉⲣⲉ
ⲟⲩⲟⲛ ⲛⲓⲙ ϯ ⲉⲟⲟⲩ ⲙ̅ | ⲙ̅ (*sic*) ⲡⲛⲟⲩⲧⲉ ⲉ̅ ⲃⲟⲗ ϩⲓ ⲧⲟⲟⲧϥ̅· Fol. 34 *b*
Ⲕⲱⲥⲧⲁⲛϯⲛⲟⲥ ⲇⲉ ⲡⲣ̅ⲣⲟ· ϩⲙ̅ ⲡⲧⲣ̅ ϥ̅ⲥⲱⲧⲙ̅ ⲉ ⲧⲃⲉ ⲝ̅ⲇ̅
ϩⲱⲃ ⲛⲓⲙ ⲉⲧ ⲉⲣⲉ ⲓ̈ⲱϩⲁⲛⲛⲏⲥ ⲉⲓ̈ⲣⲉ ⲙ̅ⲙⲟⲟⲩ· ⲁϥϯ
ⲉⲟⲟⲩ ⲙ̅ ⲡⲛⲟⲩⲧⲉ ⲛ̅ϩⲟⲩⲟ: ⲁϥⲥϩⲁⲓ̈ ⲛ ⲟⲩⲉⲡⲓ̈ⲥⲧⲟⲗⲏ ⲉ
ⲣⲁⲧϥ̅ ⲉϥⲡⲁⲣⲁⲕⲁⲗⲓ̈ ⲙ̅ⲙⲟϥ ⲛ̅ϩⲏⲧⲥ̅ ⲉ ⲧⲣ ϥ̅ⲥⲙⲟⲩ ⲉ
ⲣⲟϥ ⲙ̅ ⲧⲉϥⲙⲛ̅ⲧⲣ̅ⲣⲟ ⲧⲏⲣⲥ̅· Ⲁϥⲙⲟⲩⲧⲉ ⲟⲛ ⲉ ⲣⲟϥ ⲛ̅-
ϩⲏⲧⲥ̅· ϫⲉ ⲇⲁⲛⲓ̈ⲏⲗ ⲙ̅ ⲃⲣ̅ⲣⲉ ⲡⲣ̅ϥ̅ⲧⲁⲕⲟ ⲙ̅ ⲡⲛ̅ⲓ̈ⲇⲱⲗⲟⲛ:
Ⲧⲉⲭⲱⲣⲁ ⲇⲉ ⲛⲧⲉⲡⲁ̈ⲓⲕⲏ ⲛⲉⲥϯ ⲉⲡⲁⲛⲁⲓ ⲙ̅ⲡⲉϩⲟⲟⲩ
ⲧⲏⲣⲟⲩ ⲙ̅ ⲡϩⲁⲅⲓⲟⲥ ⲓ̈ⲱϩⲁⲛⲛⲏⲥ ⲡⲉⲡⲓⲥⲕⲟⲡⲟⲥ ϩⲓⲧⲙ̅ ⲧⲁϣⲏ

ⲛ̄ ⲛⲉϣⲡⲏⲣⲉ· ⲉⲧ ⲉⲣⲉ ⲡⲛⲟⲩⲧⲉ ⲉ̄ⲛⲉⲣⲅⲓ̈ ⲙ̄ⲙⲟⲟⲩ ⲉ ⲃⲟⲗ
ϩⲓ ⲧⲟⲟⲧϥ̄· Ⲁⲧⲉⲧⲛ̄ⲛⲁⲩ ϭⲉ ⲱ̄ ⲛⲁⲙⲉⲣⲁⲧⲉ ⲉ ⲧⲛⲟϭ ⲙ̄
ⲙⲛ̄ⲧⲁⲅⲁⲑⲟⲥ ⲙ̄ ⲡⲛⲟⲩⲧⲉ ⲙⲛ̄ ⲡⲛⲟϭ ⲙ̄ ⲡⲁⲣϩⲏⲥⲓⲁ ⲙ̄
ⲡⲁⲣⲭⲁⲅⲅⲉⲗⲟⲥ ⲉⲧ ⲟⲩⲁⲁⲃ ⲙⲓⲭⲁⲏⲗ ⲛ̄ⲑⲉ ⲉⲧ ⲉϥϣⲟⲟⲡ
ⲙⲛ̄ ⲟⲩⲟⲛ ⲛⲓⲙ̄ ⲉ̄ⲧ ⲣ̄ ϩⲟⲧⲉ ⲉ ϩⲏⲧϥ̄ ⲙ̄ ⲡϫⲟⲉⲓⲥ· ⲁⲩⲱ
Fol. 35 *a* ⲉⲧ ϩⲁⲣⲉϩ ⲉ ⲛⲉϥⲉⲛⲧⲟⲗⲏ: | Ϥϫⲱ ⲅⲁⲣ ⲙ̄ⲙⲟⲥ ⲛ̄ϭⲓ
ⲝ̄ⲉ̄ ⲡⲉⲛⲓ̈ⲱⲧ ⲇⲁⲛⲓⲏⲗ ϫⲉ ⲛ ⲡⲉ ⲗⲁⲁⲩ ⲁϩⲉ ⲣⲁⲧϥ̄ ⲛ̄ⲙ̄ⲙⲁⲓ̈
ⲛ̄ⲥⲁ ⲙⲓ̈ⲭⲁⲏⲗ ⲡⲉⲧⲛ̄ⲁⲣⲭⲱⲛ: Ⲁⲩⲱ ⲟⲛ ϫⲉ ⲡⲁⲅⲅⲉⲗⲟⲥ
ⲙ̄ ⲡϫⲟⲓ̈ⲥ ⲁϥⲁⲙⲁϩⲧⲉ ⲛ̄ ⲁⲙⲃⲁⲕⲟⲩⲙ· ⲁϥⲛ̄ⲧϥ̄ ⲉ ⲧⲃⲁ-
ⲃⲩⲗⲱⲛ ⲙⲛ̄ ⲡⲁⲣⲓⲥⲧⲟⲛ ⲉⲧ ⲛ̄ ⲧⲟⲟⲧϥ̄ ⲁϥϫⲓⲧϥ̄ ⲉ ⲡϣⲏⲓ
ⲛ̄ ⲙ̄ⲙⲟⲩⲓ̈ ⲁϥϯ ⲙ̄ ⲡⲁⲣⲓⲥⲧⲟⲛ ⲛ̄ ⲇⲁⲛⲓⲏⲗ:—Ⲡⲉϫⲁϥ
ⲟⲛ ϩⲛ̄ ⲛⲉⲡⲣⲁⲝⲓⲥ· ϫⲉ ⲡⲁⲅⲅⲉⲗⲟⲥ ⲇⲉ ⲙ̄ ⲡϫⲟⲉⲓⲥ ⲁϥ-
ⲟⲩⲱⲛ ⲛ̄ ⲛ̄ⲣⲟ ⲙ̄ ⲡⲉϣⲧⲉⲕⲟ ⲛⲧⲉⲩϣⲏ ⲁϥⲛ̄ ⲡⲉⲧⲣⲟⲥ ⲉ̄
ⲃⲟⲗ:—Ⲡⲁⲣⲭⲁⲅⲅⲉⲗⲟⲥ ⲉⲧ ⲟⲩⲁⲁⲃ ⲙⲓⲭⲁⲏⲗ ⲡⲉⲧ
ⲇⲓ̈ⲁⲕⲟⲛⲓ ⲉ ⲡⲟⲩⲁ ⲡⲟⲩⲁ ⲛ̄ ⲙ̄ⲙⲁⲣⲧⲩⲣⲟⲥ ϣⲁⲛⲧ ⲟⲩϫⲉⲕ
ⲡⲉⲩⲁⲅⲱⲛ ⲉ ⲃⲟⲗ ⲛ̄ⲥⲉⲃⲱⲕ ⲉ̄ⲙ̄ⲡⲏⲩⲉ ϩⲛ̄ ⲟⲩⲉⲟⲟⲩ· Ϩⲓⲧⲛ̄
ⲛ̄ⲥⲟⲡⲥ̄ ⲙ̄ ⲙⲓ̈ⲭⲁⲏⲗ· ⲉⲣⲉ ⲡⲣⲏ ϣⲁ ⲉϫⲙ̄ ⲡⲕⲟⲥ-
ⲙⲟⲥ ⲧⲏⲣϥ̄· Ϩⲓⲧⲛ̄ ⲛ̄ⲥⲟⲡⲥ̄ ⲙ̄ ⲙⲓⲭⲁⲏⲗ: ⲉ̄ⲣⲉ ⲧⲛⲟϭ
ⲙ̄ ⲡⲩⲅⲏ ⲛ ⲉⲇⲉⲙ· ⲧⲁⲩⲉ ⲙⲟⲟⲩ ⲉ ϩⲣⲁⲓ̈ ⲉ ⲡⲉϥⲧⲟⲟⲩ
ⲛ̄ⲓ̈ⲉⲣⲟ· Ϩⲓⲧⲛ̄ ⲛ̄ⲥⲟⲡⲥ̄ ⲙ̄ ⲙⲓ̈ⲭⲁⲏⲗ· ⲉⲣⲉ ⲡⲕⲁϩ ϯⲟⲩⲱ̄
ⲙ̄ ⲡⲉϥⲕⲁⲣⲡⲟⲥ Ϩⲓⲧⲙ̄ ⲡⲥⲟⲡⲥ̄ ⲙ̄ ⲙⲓ̈ⲭⲁⲏⲗ· ⲉⲣⲉ |
Fol. 35 *b* ⲡⲕⲟⲥⲙⲟⲥ ⲧⲏⲣϥ̄ ϩⲱⲧⲡ̄ ⲉ ⲡⲛⲟⲩⲧⲉ ⲛⲕⲉ ⲥⲟⲡ ⲁⲩⲱ ⲛⲧⲟϥ
ⲝ̄ⲋ̄ ⲉⲧ ⲛⲟⲩϩⲙ̄ ⲛ̄ ⲟⲩⲟⲛ ⲛⲓⲙ ⲛ̄ ϭⲟⲣϭⲥ̄ ⲙ̄ ⲡⲇⲓⲁⲃⲟⲗⲟⲥ·
Ⲧⲛ̄ϭⲓⲛⲉ ⲙ ⲡⲥⲟⲡⲥ̄ ⲙ̄ ⲙⲓ̈ⲭⲁⲏⲗ ϩⲙ̄ ⲡⲉⲥⲙⲓ̈ⲛⲉ ⲙ
ⲡⲛ̄ϩⲱⲃ ⲛ̄ϭⲓϫ· Ⲧⲛ̄ϭⲓⲛⲉ ⲛ ⲙ̄ⲙⲛ̄ⲧϣⲛ̄ϩⲧⲏϥ ⲙ̄ ⲡⲁⲣⲭ-
ⲁⲅⲅⲉⲗⲟⲥ ϩⲛ̄ ⲧⲙⲟⲧⲛⲉⲥ ⲙ̄ ⲡⲙⲁⲥⲉ ⲙⲛ̄ ⲡⲣⲱⲧ ⲛ̄ ⲛⲉϩⲓⲉⲓⲃ·
Ⲧⲛ̄ϭⲓⲛⲉ ⲙ ⲡⲥⲟⲡⲥ̄ ⲙ̄ ⲙⲓ̈ⲭⲁⲏⲗ ϩⲙ̄ ⲡⲣⲱⲧ ⲛ̄ ⲡⲥⲟⲣⲧ̄
ⲛ̄ⲛⲉⲥⲟⲟⲩ· ⲙⲛ̄ ⲡⲉⲣⲱⲧⲉ ⲛ̄ ⲛ̄ⲃⲁⲁⲙⲡⲉ Ⲧⲛ̄ϭⲓⲛⲉ ⲛ̄
ⲡⲥⲟⲡⲥ̄ ⲙ̄ ⲡⲁⲣⲭⲁⲅⲅⲉⲗⲟⲥ· ϩⲙ̄ ⲡⲣⲱⲧ ⲛ̄ ⲛ̄ⲕⲁⲣⲡⲟⲥ
ⲧⲏⲣⲟⲩ ⲛ ⲧⲥⲱϣⲉ· Ϩⲓⲧⲛ̄ ⲛ̄ⲥⲟⲡⲥ̄ ⲙ̄ ⲙⲓⲭⲁⲏⲗ· ⲉⲣⲉ
ⲛ̄ϣⲏⲛ ϯⲟⲩⲱ̄ ⲙ̄ ⲡⲉⲩⲕⲁⲣⲡⲟⲥ· Ⲧⲛ̄ϭⲓⲛⲉ ⲛ̄ ⲡⲥⲟⲡⲥ̄ ⲙ̄
ⲙⲓⲭⲁⲏⲗ ϩⲛ̄ ⲡⲉⲥⲙⲓⲛⲉ ⲙ̄ ⲡⲉⲗⲟⲟⲗⲉ· ⲙ̄ ⲧⲉⲩⲫⲣⲟⲥⲩⲛⲏ
ⲙ̄ ⲡⲏⲣⲡ̄· Ⲧⲛ̄ϭⲓⲛⲉ ⲛ̄ ⲡⲥⲟⲡⲥ̄ ⲙ̄ ⲙⲓ̈ⲭⲁⲏⲗ ϩⲙ̄ ⲡⲟⲩⲣⲟⲧ
ⲙ̄ ⲡⲕⲛ̄ⲛⲉ ⲙⲛ̄ ⲡⲉϩⲗⲟϭ ⲛ̄ ⲛ̄ϫⲟⲉⲓⲧ· Ⲧⲛ̄ϭⲓⲛⲉ ⲙ ⲡⲥⲟⲡⲥ̄

ⲙ̅ ⲙⲓ̈ⲭⲁⲏⲗ ϩⲙ̅ ⲡϩⲓⲛⲏⲃ ⲙ̅ ⲡⲣⲱⲙⲉ · ⲙⲛ̅ ⲧⲉϥⲁⲛⲁ-
ⲡⲁⲩⲥⲓⲥ ⲛ̅ⲧⲉⲩϣⲏ · Ⲧⲡ̅ϭⲓⲛⲉ ⲙ̅ ⲡⲥⲟⲡⲥ̅ ⲙ̅ ⲙⲓ̈ⲭⲁⲏⲗ |
ϩⲙ̅ ⲛⲉϫⲏⲩ ⲉⲧ ⲣ̅ ϩⲱⲧ ϩⲙ̅ⲑⲁⲗⲁⲥⲥⲁ ⲉϥⲛⲟⲩϩⲙ̅ ⲙ̅ⲙⲟⲟⲩ · Fol. 36 *a*
Ⲧⲡ̅ϭⲓⲛⲉ ⲛ ⲡⲥⲟⲡⲥ̅ ⲙ̅ ⲡⲁⲣⲭⲁⲅⲅⲉⲗⲟⲥ ϩⲙ̅ ⲡϩⲱⲗ ⲉ ⲍ̅ⲍ̅
ⲡϫⲓⲥⲉ ⲛ̅ ⲛ̅ϩⲁⲗⲁⲧⲉ ⲙⲛ̅ ⲛⲉⲧ ⲙⲟⲟϣⲉ ϩⲓ̈ϫⲙ̅ ⲡⲕⲁϩ ·
Ⲧⲡ̅ϭⲓⲛⲉ ⲛ̅ ⲡⲥⲟⲡⲥ̅ ⲙ̅ ⲙⲓ̈ⲭⲁⲏⲗ ϩⲙ̅ ⲡϩⲱⲧⲣ̅ ⲙ̅ ⲡⲅⲁⲙⲟⲥ
ⲛ̅ ⲥⲉⲙⲛⲟⲛ · ⲉⲩϫⲡⲟ ⲛ̅ ⲛⲉⲩϣⲏⲣⲉ̅ ⲉ̅ ⲡⲉⲥⲙⲟⲩ · Ⲧⲡ̅ϭⲓⲛⲉ
ⲙ̅ ⲡⲥⲟⲡⲥ̅ ⲙ̅ ⲙⲓ̈ⲭⲁⲏⲗ ϩⲙ̅ ⲡⲡⲟⲗⲉⲙⲟⲥ ⲉϥⲡⲁⲧⲁⲥⲥⲉ ⲛ̅
ⲛⲁⲥⲉⲃⲏⲥ · ⲉϥⲥⲙⲓⲛⲉ ⲛ̅ ϯⲣⲏⲛⲏ ⲉϥⲛⲟⲩϩⲙ̅ ⲛ̅ ⲛ̅ⲇⲓⲕⲁⲓⲟⲥ ·
Ⲧⲡ̅ϭⲓⲛⲉ ⲛ̅ ⲡⲥⲟⲡⲥ̅ ⲙ̅ ⲙⲓⲭⲁⲏⲗ · ϩⲙ̅ ⲧⲙⲛⲧⲉ ⲛ̅ ϩⲉⲛ-
ⲥⲛⲏⲩ ⲙⲛ̅ ⲛⲉⲩⲉⲣⲏⲩ ⲉϥϩⲙ̅ ⲧⲉⲩⲙⲏⲧⲉ ϩⲓ ⲟⲩⲥⲟⲡ : Ⲧⲡ̅ϭⲓⲛⲉ
ⲛ̅ ⲡⲥⲟⲡⲥ̅ ⲙ̅ ⲙⲓⲭⲁⲏⲗ ϩⲙ̅ ⲛ̅ⲁⲥⲕⲏⲧⲏⲥ ⲉⲧ ϩⲙ̅ ⲛ̅ⲧⲟⲟⲩ
ⲉϥϯ ϭⲟⲙ ⲛⲁⲩ · Ⲧⲡ̅ϭⲓⲛⲉ ⲙ̅ ⲡⲥⲟⲡⲥ̅ ⲙ̅ ⲙⲓ̈ⲭⲁⲏⲗ ϩⲙ̅
ⲧⲥⲟⲟⲩϩⲥ̅ ⲛ̅ ⲙ̅ⲙⲟⲛⲁⲭⲟⲥ ⲉϥ ⲉϥⲟ (*sic*) ⲛ ⲉⲓⲣⲏⲛⲓⲕⲟⲥ ϩⲙ̅
ⲧⲉⲩⲙⲏⲧⲉ ϩⲓ ⲟⲩⲥⲟⲡ · Ⲧⲡ̅ϭⲓⲛⲉ ⲛ̅ ⲡⲥⲟⲡⲥ̅ ⲙ̅ ⲡⲁⲣⲭ-
ⲁⲅⲅⲉⲗⲟⲥ ϩⲙ̅ ⲡϣⲗⲏⲗ ⲛ̅ ⲛⲉⲡⲓⲥⲕⲟⲡⲟⲥ ⲙⲛ̅ ⲛⲉⲡⲣⲉⲥ-
ⲃⲩⲧⲉⲣⲟⲥ | ⲙⲛ̅ ⲛ̅ ⲇⲓⲁⲕⲟⲛⲟⲥ ϩⲓϫⲛ̅ ⲧⲉⲧⲣⲁⲡⲉⲍⲁ ⲉ̅ⲧ Fol. 36 *b*
ⲟⲩⲁⲁⲃ · Ⲧⲡ̅ϭⲓⲛⲉ ⲙ̅ ⲡⲥⲟⲡⲥ̅ ⲙ̅ ⲙⲓ̈ⲭⲁⲏⲗ ϩⲙ̅ ⲧⲉⲥⲙⲏ ⲍ̅ⲏ
ⲛ̅ ⲛⲁⲛⲁⲅⲛⲱⲥⲧⲏⲥ ⲙⲛ̅ ⲛⲉⲯⲁⲗⲧⲏⲥ · ⲉⲩⲧⲁⲩⲟ̅ ⲛ ⲛⲉⲩ-
ϩⲩⲙⲛⲟⲥ ϩⲙ̅ ⲧⲉⲕⲕⲗⲏⲥⲓ̈ⲁ · Ⲧⲡ̅ϭⲓⲛⲉ ⲛ̅ ⲡⲥⲟⲡⲥ̅ ⲙ̅
ⲙⲓⲭⲁⲏⲗ ⲉϥⲟ ⲙ̅ⲙⲟⲧⲛⲉⲥ ⲛⲛⲉⲧ ϩⲟⲥⲉ ⲉϥϯ ϭⲟⲙ ⲛ̅ⲁⲩ :
Ⲧⲡ̅ϭⲓⲛⲉ ⲛ̅ ⲡⲥⲟⲡⲥ̅ ⲙ̅ ⲡⲁⲣⲭⲁⲅⲅⲉⲗⲟⲥ · ⲉϥⲟ ⲛ ⲃⲟⲏⲑⲓⲁ
ⲛ ⲛⲉⲧ ⲟⲩⲑⲗⲓⲃⲉ ⲙ̅ⲙⲟⲟⲩ ϩⲙ̅ ⲛ̅ⲇⲓ̈ⲕⲁⲥⲧⲏⲣⲓⲟⲛ : Ⲧⲡ̅ϭⲓⲛⲉ
ⲛ̅ ⲡⲥⲟⲡⲥ̅ ⲙ̅ ⲙⲓⲭⲁⲏⲗ ⲉϥⲟ ⲛⲁⲛⲁⲡⲁⲩⲥⲓⲥ ⲛ ⲛⲉⲧ ϩⲙ̅
ⲛ̅ⲕⲟⲗⲁⲥⲓⲥ · Ϩⲁⲡⲗⲱⲥ ⲛⲉⲧ ⲟⲛϩ̅ ϥϯ ϭⲟⲙ ⲛⲁⲩ ϩⲙ̅
ⲛⲉⲩⲁⲛⲁⲅⲕⲏ : Ⲁⲩⲱ ⲛⲉⲧ ⲙⲟⲟⲩⲧ ϥⲡⲁⲣⲁⲕⲁⲗⲓ ⲛ̅ ⲛⲁⲩ
ⲛ̅ⲓⲙ ϩⲁ ⲣⲟⲟⲩ ⲧⲁⲣⲉ ⲡⲛⲟⲩⲧⲉ ⲛⲁ ⲛⲁⲩ · Ⲛ̅ⲓⲙ ⲅⲁⲣ ϩⲙ̅
ⲛ̅ⲇⲓ̈ⲕⲁⲓⲟⲥ ⲧⲏⲣⲟⲩ ⲡⲉⲧ ⲙ̅ ⲡⲉ ⲡⲁⲣⲭⲁⲅⲅⲉⲗⲟⲥ ⲙⲓ̈ⲭⲁⲏⲗ
ⲃⲱⲕ ϣⲁ ⲣⲟⲟⲩ ⲛϥ̅ⲃⲟⲏⲑⲓ ⲉ ⲣⲟⲟⲩ ϩⲙ̅ ⲛⲉⲩⲁⲛⲁⲅⲕⲏ ·
Ⲁⲩⲱ ⲛ̅ⲓⲙ ϩⲙ̅ ⲙⲁⲣⲧⲩⲣⲟⲥ ⲧⲏⲣⲟⲩ ⲡⲉⲧ ⲙ̅ ⲡⲉ ⲙⲓ̈ⲭⲁⲏⲗ
ⲃⲱⲕ ϣⲁ ⲣⲟⲟⲩ ⲛϥ̅ϯ ϭⲟⲙ ⲛⲁⲩ · ⲁⲩⲱ ⲛϥ̅ⲡⲁϩⲙⲟⲩ
ϩⲙ̅ ⲛⲉⲩⲑⲗⲓⲯⲓⲥ ⲧⲏⲣⲟⲩ · | Ⲟⲩⲟⲛ ⲅⲁⲣ ⲛ̅ⲓⲙ ⲉⲧ ⲛⲁⲱϣ Fol. 37 *a*
ⲉ ϩⲣⲁï ⲉ ⲡⲛⲟⲩⲧⲉ ϩⲙ̅ ⲡⲉⲩϩⲏⲧ ⲧⲏⲣϥ̅ ϣⲁⲣⲉ ⲡⲁⲣⲭ- ⲍ̅ⲑ
ⲁⲅⲅⲉⲗⲟⲥ ⲁϩⲉ ⲣⲁⲧϥ̅ ⲙ̅ⲙⲁⲩ ⲛϥ̅ⲃⲟⲏⲑⲓ ⲉ ⲣⲟⲟⲩ · Ⲉⲓⲥ

ϩⲏⲛⲧⲉ ϭⲉ ⲱ̄ ⲛⲁⲙⲉⲣⲁⲧⲉ ⲁⲛⲉⲓ̈ⲙⲉ ⲉ ⲧⲙⲛ̄ⲧⲙⲁⲓⲣⲱⲙⲉ
ⲙ̄ ⲡⲛⲟⲩⲧⲉ ⲙⲛ̄ ⲧⲙⲛ̄ⲧϣⲛ̄ϩⲧⲏϥ ⲙ̄ ⲡⲁⲣⲭⲁⲅⲅⲉⲗⲟⲥ
ⲙⲓⲭⲁⲏⲗ· ϩⲁ ⲧⲙⲛ̄ⲧⲣⲱⲙⲉ ⲧⲏⲣⲥ̄· ϫⲉ ϥϣⲟⲟⲡ ⲛⲁⲩ
ⲙ̄ ⲡⲣⲉⲥⲃⲩⲧⲏⲥ ⲛ̄ ⲛⲁϩⲣⲙ̄ ⲡⲓ̈ⲱⲧ ⲉⲧⲣ ϥ̄ⲛⲁ ⲛ ⲟⲩⲟⲛ
ⲛⲓⲙ ⲁⲩⲱ ⲛϥ̄ⲥⲟⲟⲩⲧⲛ̄ ⲛ̄ ⲛⲉⲩϩⲓⲟⲟⲩⲉ: Ⲁⲛⲟⲛ ⲇⲉ ϩⲱⲱⲛ
ⲱ̄ ⲛ̄ⲁⲙⲉⲣⲁⲧⲉ ⲙⲁⲣⲛ̄ϯ ⲛⲁϥ ⲛ̄ ⲛ̄ⲡⲉⲧ ⲉϥⲟⲩⲁϣⲟⲩ· ⲁⲩⲱ
ⲛ̄ⲧⲛ̄ⲥⲡⲥⲱⲡϥ ⲛ̄ϩⲏⲧⲟⲩ: ϫⲉ ⲕⲁⲥ ⲉϥⲉⲙⲉⲣⲓⲧⲛ̄ ⲛ̄ϩⲟⲩⲟ
ⲛϥ̄ⲥⲟⲡⲥ̄ ⲉ ϫⲱⲛ ⲛ̄ ⲛⲁϩⲣⲙ̄ ⲡⲛⲟⲩⲧⲉ· ⲁⲩⲱ ⲛⲧⲛ̄ϣⲱⲡⲉ
ϩⲛ̄ ⲟⲩⲙⲛ̄ⲧⲥⲟⲛ ⲛⲟⲩⲱⲧ· Ⲙⲁⲣⲛ̄ϩⲁⲣⲉϩ ⲉ ⲡⲉⲛⲅⲁⲙⲟⲥ
ⲉϥⲟⲩⲁⲁⲃ ⲁϫⲛ̄ ϫⲱϩⲙ̄: Ⲙⲡⲣ̄ ⲧⲣⲉ ⲗⲁⲁⲩ ⲙ̄ ⲡⲟⲣⲛⲓⲁ
ϣⲱⲡⲉ ⲛ̄ϩⲏⲧⲛ̄ ⲉ ⲡⲧⲏⲣϥ̄: Ⲙⲡⲣ̄ ⲧⲣⲉ ⲕⲁⲧⲁⲗⲁⲗⲓⲁ
Fol. 37 b ϣⲱⲡⲉ | ϩⲛ̄ ⲛⲉⲧⲛ̄ⲥⲡⲟⲧⲟⲩ· ϫⲉ ⲟⲩⲗⲟⲅⲭⲏ ⲉⲥⲕⲱⲛⲥ̄ ⲧⲉ
ⲟ̅ ⲧⲕⲁⲧⲁⲗⲁⲗⲓⲁ ⲟⲩⲙⲟⲥⲧⲉ ⲧⲉ ⲛ̄ ⲛ̄ⲛⲁϩⲣⲙ̄ ⲡⲛⲟⲩⲧⲉ· Ⲟⲩ-
ⲙⲟⲩ ϩⲛ̄ ⲟⲩⲙⲛ̄ⲧϩⲏⲕⲉ ⲧⲉ ⲧⲡⲟⲣⲛⲓ̈ⲁ· ⲟⲩϣⲃⲉⲉⲣ ⲧⲉ ⲙ̄
ⲡⲇⲓⲁⲃⲟⲗⲟⲥ· Ⲟⲩⲙⲟⲥⲧⲉ ⲧⲉ ⲛⲧⲉ ⲛⲉⲭⲣⲏⲥⲧⲓ̈ⲁⲛⲟⲥ ⲡⲉ
ⲧⲡⲟⲣⲛⲓ̈ⲁ: Ⲟⲩϫⲁϫⲉ ⲧⲉ ⲛ ⲛⲁϩⲣⲙ̄ ⲡⲛⲟⲩⲧⲉ ⲙⲛ̄ ⲛⲉϥ-
ⲁⲅⲅⲉⲗⲟⲥ: Ⲟⲩϣⲃⲉⲉⲣ ⲧⲉ ⲙ̄ ⲡⲧⲁⲕⲟ: Ⲁⲛⲁⲩ ⲛⲁⲕ ⲛ̄-
ϣⲏⲣⲉ ⲛ̄ ϩⲩⲗⲓ̈ ⲡⲟⲩⲏⲏⲃ ϫⲉ ⲛ ⲧⲉⲣ ⲟⲩⲙⲉⲣⲉ ⲧⲡⲟⲣⲛⲓ̈ⲁ·
ⲁ ⲡⲧⲁⲕⲟ ⲉⲓ̈ ⲉ ϫⲱⲟⲩ· Ⲁⲛⲁⲩ ⲛⲁⲕ ⲟⲛ ⲛ̄ϣⲏⲣⲉ ⲛ ⲡⲣ̄ⲣⲟ
ⲇⲁ̅ⲇ̅· ϫⲉ ⲛ ⲧⲉⲣ ⲟⲩⲙⲉⲣⲉ ⲧⲡⲟⲣⲛⲓ̈ⲁ ⲉ ϩⲟⲩⲉ ⲡⲅⲁⲙⲟⲥ
ⲛ̄ⲥⲉⲙ̄ⲛⲟⲛ: ⲁ ⲡⲛⲟⲩⲧⲉ ϣⲁⲁⲣ ⲉ ⲣⲟⲟⲩ ⲁⲩⲙⲟⲩϩ ϩⲛ̄
ⲟⲩⲙⲛ̄ⲧϣⲁⲣⲁϩⲉ ⲙ̄ⲡⲉ ⲗⲁⲁⲩ ⲛ̄ϩⲏⲧⲟⲩ ⲛⲁⲩ ⲉ̄ ⲛⲉⲩϣⲏⲣⲉ
ϩⲛ̄ ⲡⲓⲏ̅ⲗ̅· Ⲁⲙⲛⲱⲛ ⲁϥⲛ̄ⲕⲟⲧⲕ̄ ⲙⲛ̄ ⲧⲉϥⲥⲱⲛⲉ ⲛ̄ ϣⲛ̄ⲓ̈ⲱⲧ·
ⲁⲁⲃⲉⲥⲁⲗⲱⲙ ϩⲱⲧⲃ̄ ⲙ̄ⲙⲟϥ· Ϩⲟⲙⲟⲓⲱⲥ ⲁⲃⲉⲥⲁⲗⲱⲙ
Fol. 38 a ⲁϥⲛ̄ⲕⲟⲧⲕ̄ ⲙⲛ̄ ⲙ̄|ⲡⲁⲗⲗⲁⲕⲏ ⲙ̄ ⲡⲉϥⲓ̈ⲱⲧ· ⲁ ⲡⲛⲟⲩⲧⲉ
ⲟ̅ⲁ̅ ⲉⲓⲛⲉ ⲉ ϫⲱϥ ⲛ̄ ⲟⲩϣⲧⲟⲣⲧⲣ̄ ⲁϥⲙⲟⲩ ϩⲙ̄ ⲡⲡⲟⲗⲉⲙⲟⲥ·
Ⲁⲇⲱⲛⲓ̈ⲁⲥ ⲟⲛ ⲁϥⲉⲉⲧ ⲛ̄ ⲁⲃⲓ̈ⲥⲁⲧⲥ̄ ⲱⲙⲁⲛⲓⲧⲏⲥ· ⲑⲓ̈ⲙⲉ
ⲙ̄ ⲡⲉϥⲓ̈ⲱⲧ· ⲁϥⲙⲟⲩ ⲉ ⲧⲃⲏⲏⲧⲥ̄: Ⲧⲉⲛⲟⲩ ϭⲉ ⲱ̄ ⲛⲁ-
ϣⲏⲣⲉ ⲙ̄ⲙⲉⲣⲓⲧ ⲙⲁⲣⲛ̄ⲛⲟⲩϫ ⲛ̄ⲥⲁ ⲃⲟⲗ ⲙ̄ⲙⲟⲛ ⲛ̄
ⲛ̄ϩⲓⲟⲟⲩⲉ ⲉⲧ ϭⲟⲟⲙⲉ: ⲛⲧⲛ̄ϣⲱⲡⲉ ⲁ̄ϫⲛ̄ ϫⲱϩⲙ̄ ϩⲓ ⲛⲟⲃⲉ
ϩⲓ ⲕⲁⲧⲁⲗⲁⲗⲓⲁ· Ⲙⲡⲉ ⲡⲅⲁⲙⲟⲥ ⲉϥⲟⲩⲁⲁⲃ ϫⲉϩⲙ̄
ⲣⲱⲙⲉ ⲉⲛⲉϩ: Ⲁⲛⲁⲩ ϫⲉ ⲁ ⲙⲱⲩⲥⲏⲥ ϣⲁϫⲉ ⲙⲛ̄
ⲡⲛⲟⲩⲧⲉ ⲛ ⲟⲩⲏⲣ ⲛ̄ⲥⲟⲡ ⲁⲩⲱ ⲟⲩⲛ̄ⲧⲁϥ ⲙ̄ⲙⲁⲩ ⲛ̄ ⲧⲉϥ-
ⲥϩⲓ̈ⲙⲉ ⲙⲛ̄ ⲛⲉϥϣⲏⲣⲉ: Ⲁⲩⲱ ⲙ̄ⲡⲉ ⲡⲁⲓ̈ ϯϫⲣⲟⲡ ⲛⲁϥ

ⲉ̄ ⲃⲱⲕ ⲉ̄ ϩⲟⲩⲛ ⲉ ⲡϭⲟⲥⲙ̅ ⲉ ϣⲁϫⲉ ⲙⲛ̄ ⲡⲛⲟⲩⲧⲉ : ⲁⲗⲗⲁ
ⲙ̄ⲡⲣ̄ ⲧⲣⲉ ⲛⲧⲁϣⲉ ⲡϣⲁϫⲉ ⲉ̄ ⲡⲉϩⲟⲩⲟ̄ ϩⲙ̄ ⲛⲁϊ ⲥⲉⲣⲱϣⲉ
ⲉ ⲣⲟⲛ ⲛ̄ϭⲓ ⲙ̄ ⲙⲛ̄ⲧⲙⲛ̄ⲧⲣⲉ ⲛ̄ ⲧⲡⲁⲗⲁⲓ̈ⲁ ⲙⲛ̄ ⲧⲅⲉⲛⲏ :
ⲗⲟⲓⲡⲟⲛ ⲙⲁⲣⲉⲛϫⲉⲕ ⲡϣⲁϫⲉ | ⲉ ⲃⲟⲗ ⲉϫⲙ̅ ⲡⲉⲧ ⲛ̄ⲣ̄ϣⲁ Fol. 38 *b*
ⲛⲁϥ ⲛ̄ⲡⲟⲟⲩ ⲡⲁⲣⲭⲁⲅⲅⲉⲗⲟⲥ ⲙⲓⲭⲁⲏⲗ : ⲉⲣⲉ ⲡⲉϊ ϣⲁ̄ ⲟ̅ⲃ̅
ⲙ̄ⲡⲟⲟⲩ ⲣ̄ ⲭⲣⲓ̈ⲁ ⲁⲛ ⲛ̄ ⲟⲩⲣ̄ⲙ̄ⲙⲁⲟ ⲉϥⲫⲟⲣⲓ̈ⲛ ⲛ̄ ϩⲉⲛ-
ϩⲟⲓ̈ⲧⲉ ⲉⲩⲧⲁⲏⲩ · ⲉⲣⲉ ⲡϩⲏⲕⲉ ϩⲱⲱϥ ⲟϭϥ̄ ϩⲁ ⲡϫⲁⲥϥ
ⲛ̄ⲧⲉ ⲡⲣⲱ · ⲉⲣⲉ ⲡⲓ̈ ϣⲁ ⲣ̄ ⲭⲣⲓ̈ⲁ ⲁⲛ ⲛ̄ ⲟⲩⲣ̄ⲙ̄ⲙⲁⲟ̄
ⲉϥⲟⲩⲟⲟⲗⲉ ϩⲙ̄ ⲡⲏⲣⲡ̄ · ⲉⲣⲉ ⲡϩⲏⲕⲉ ϩⲱⲱϥ ⲣ̄ ϭⲣⲱϩ ⲙ̄
ⲡⲟⲉⲓⲕ ϩⲙ̄ ⲡϩⲓ̈ⲣ ⲉϥⲛ̄ⲕⲟⲧⲕ̄ · ⲉⲣⲉ ⲡⲉϊ ϣⲁ ⲛ̄ⲡⲟⲟⲩ (*sic*) ⲣ̄
ⲭⲣⲓ̈ⲁ ⲁⲛ ⲛ̄ ⲟⲩⲁ ⲉϥⲟⲩⲱⲙ ⲙⲁⲩⲁⲁϥ ϩⲙ̄ ⲟⲩⲣⲁϣⲉ
ⲉⲣⲉ ⲡϩⲏⲕⲉ ϩⲱⲱϥ ⲣ̄ ϭⲣⲱϩ ϩⲙ̄ ⲡⲉϣⲧⲉⲕⲟ : ⲉⲣⲉ ⲡⲉϊ
ϣⲁ ⲙ̄ⲡⲟⲟⲩ ⲣ̄ ⲭⲣⲓ̈ⲁ ⲁⲛ ⲛ̄ ⲟⲩⲁ ⲉϥⲣ̄ⲟⲟⲩⲧ ⲉϥⲟⲩⲛ̄ⲟϥ
ⲙⲁⲩⲁⲁϥ ϩⲙ̄ ⲡⲉϥⲏⲓ̈ ⲉⲣⲉ ⲡϩⲏⲕⲉ ϩⲱⲱϥ ϩⲙ̄ ⲡⲉϥⲏⲓ̈
ⲉ̄ⲙⲛ̄ ⲡⲉⲧ ϭⲓⲛⲉ ⲛ̄ ⲡⲉϥϣⲓⲛⲉ : Ⲛ̄ⲁ ⲣⲱⲙⲉ ⲅⲁⲣ ⲁⲛ ⲛⲉ
ⲛⲓ̈ ⲉⲛ̄ⲧⲟⲗⲏ · ⲁⲗⲗⲁ ⲛ̄ⲁ ⲡⲛⲟⲩⲧⲉ ⲛⲉ : ⲡⲛⲟⲩⲧⲉ ⲅⲁⲣ
ⲛⲁⲕⲣⲓ̈ⲛⲉ ⲙ̄ ⲡⲅⲉⲛⲟⲥ ⲧⲏⲣϥ̄ ⲛ̄ⲣⲱⲙⲉ | ϩⲁ ⲧⲥⲟ ⲛⲉⲛⲧⲟⲗⲏ Fol. 39 *a*
ⲉⲧ ϩⲙ̄ ⲡⲉⲩⲁⲅⲅⲉⲗⲓⲟⲛ ⲉⲧ ⲟⲩⲁⲁⲃ : ⲗⲟⲓⲡⲟⲛ ⲱ̄ ⲛⲁⲙⲉ- ⲟ̅ⲅ̅
ⲣⲁⲧⲉ ⲙⲁⲣⲉⲛⲥⲟⲡⲥ̄ ⲙ̄ ⲡⲁⲣⲭⲁⲅⲅⲉⲗⲟⲥ ⲉⲧ ⲟⲩⲁⲁⲃ
ⲙⲓ̈ⲭⲁⲏⲗ ϩⲙ̄ ⲟⲩϩⲏⲧ ⲉϥⲥⲟⲩⲧⲱⲛ · ⲛϥ̄ϫⲓ ⲛ̄ ⲡⲉϩⲙⲟⲧ
ⲛ̄ ⲡⲛⲟⲩⲧⲉ ⲉ ϩⲣⲁϊ ⲉ ϫⲱⲛ ⲛϥ̄ⲕⲱ ⲛⲁⲛ ⲉ ⲃⲟⲗ ⲛ̄ ⲛⲉⲛ̄-
ⲛⲟⲃⲉ ⲉⲛ̄ⲧⲁⲛⲁⲁⲩ ϩⲓ̈ ⲡⲁϩⲟⲩ ⲛϥ̄ϯ ⲛⲁⲛ ⲛ̄ ⲟⲩⲇⲓⲟⲣⲑⲱⲥⲓⲥ
ⲛ̄ⲥⲁ ⲑⲏ : ϯⲛⲁⲩ ⲅⲁⲣ ϫⲉ ⲁ ⲡⲛⲁⲩ ϣⲱⲡⲉ ⲉ ⲧⲣⲉ ⲛϯ
ⲙ̄ ⲡⲛⲟⲩⲟⲓ̈ ⲧⲛ̄ϫⲱⲕ ⲉ ⲃⲟⲗ ⲡⲉⲧ ⲉ ⲣⲟⲛ · ⲉⲧⲉ ⲧⲉ ⲧⲉⲡⲣⲟⲥ-
ⲫⲟⲣⲁ ⲉⲧ ⲟⲩⲁⲁⲃ ⲧⲉ : ⲉ ⲧⲣⲉ ⲛⲧⲉⲗⲓⲟⲩ ⲙⲙⲟⲥ ⲧⲛ̄ϫⲓ̈
ⲉ ⲃⲟⲗ ϩⲙ̄ ⲙ̄ⲙⲩⲥⲧⲏⲣⲓⲟⲛ ⲉ̄ⲧ ⲟⲩⲁⲁⲃ · ⲡⲥⲱⲙⲁ ⲙⲛ̄
ⲡⲉⲥⲛⲟϥ ⲙ̄ ⲡⲉⲛϫⲟⲉⲓⲥ ⲓ̅ⲥ̅ ⲡⲉⲭ̅ⲥ̅ · ⲡⲁϊ ⲉ ⲃⲟⲗ ϩⲓ ⲧⲟⲟⲧϥ̄
ⲉⲣⲉ ⲉⲟⲟⲩ ⲛⲓⲙ ⲡⲣⲉⲡⲓ̈ ⲛ̄ ⲡⲓⲱⲧ ⲛ̄ⲙ̄ⲙⲁϥ ⲙⲛ̄ ⲡⲉⲡⲛ̄ⲁ̄
ⲉⲧ ⲟⲩⲁⲁⲃ · ⲛ̄ ⲣϥ̄ⲧⲁⲛϩⲟ ⲁⲩⲱ ⲛ̄ ϩⲟⲙⲟⲟⲩⲥⲓⲟⲛ ⲧⲉⲛⲟⲩ
ⲁⲩⲱ ⲛ̄ ⲟⲩⲟⲉⲓϣ ⲛⲓⲙ ϣⲁ ⲉⲛⲉϩ ⲛ̄ ⲉⲛⲉϩ ϩⲁⲙⲏⲛ ·

On Fol. 1 *b* is written :

ⲡϫⲟⲉⲓⲥ ⲓ̅ⲥ̅ ⲡⲉⲭ̅ⲥ̅ ⲉⲃⲉⲥⲙⲟⲩ ⲉ ⲡⲛ̄ϣⲁϥϫⲟⲟⲥ ϫⲉⲣⲉ
ⲡⲛⲟⲩⲧⲉ ⲉⲣⲟⲩⲛⲁⲙⲉⲓ (?) ⲛⲧⲁϥⲥϩⲁϊ ⲛⲓ ⲥϩⲁⲓ ⲉⲧⲉϥϭⲓϫ
ϩⲁⲙⲏⲛ ⲉⲃⲉϣⲱⲡⲉ

On Fol. 39 *b* are written:

1. ⲧⲁⲓ ⲧⲉⲧⲡⲓⲥⲧⲓⲥ ⲛⲧⲁⲥϣⲱⲡⲉ ϩⲛ ⲛⲓⲕⲁⲓⲁ ⲉ ⲃⲟⲗ ϩⲓⲧⲟⲟⲧⲥ ⲛ ⲧⲥⲩⲛϩⲟⲇⲟⲥ ⲛ ⲛⲉⲡⲓⲥⲕⲟⲡⲟⲥ ⲉⲧ ⲟⲩⲁⲁⲃ· ⲉⲩⲉⲓⲣⲉ ⲛ̅ ϣⲙⲛⲧ ϣⲉ ⲙⲛⲧ ϣⲙⲏⲛ ⲛ̅ ⲉ̅ⲡⲓⲥⲕⲟⲡⲟⲥ· ϩⲛ ⲟⲩⲉⲓⲣ[ⲏⲛⲏ]

2. ⲗϩⲣⲟⲟⲩ ⲛϩⲉⲑⲛⲟⲥ ⲁⲩϫⲓⲥⲉ ⲛϩⲏⲧ ⲁⲛⲗⲁⲟⲥ ⲙⲉⲗⲉⲧⲁ ϩⲛ̅ ⲛⲉⲩⲡⲉⲧϣⲟⲩⲉⲓⲧ· ⲁⲩⲁϩⲉ ⲣⲁⲧⲟⲩ ⲧⲏⲣⲟⲩ ⲛ̅ϭⲓ ⲛⲉⲣⲱⲟⲩ ⲙ ⲡⲕⲁϩ ⲁⲛⲁⲣⲭⲱⲛ ⲥⲱⲟⲩϩ ⲁⲩⲉⲓ ⲉⲩⲙⲁ ⲛ ⲟⲩⲱⲧ ⲉⲩϯ ⲟⲩⲃⲉ ⲙ̅ ⲡϫⲟⲉⲓⲥ ⲙⲛ ⲡⲉϥⲭⲣⲥ̅· ⲇⲓⲁⲯⲁⲗⲙⲁ

On Fol. 40 *a* is written:

ⲙⲁⲣⲉⲛⲥⲱⲗⲡ ⲛⲛⲙⲏⲣⲉ ⲧⲛⲟⲩϫⲉ ⲙ ⲡⲉⲩⲕⲉⲛⲁϩⲏϥ ⲉ ⲃⲟⲗ ϩⲓ ϫⲱ̅ ϫⲉ ⲡⲉⲧⲟⲩⲏϩ ϩⲛ ⲛⲙ̅ⲡⲉⲧ ⲛⲁⲥⲱⲃⲉ ⲛⲥⲱⲟⲩ ⲁⲩⲱ ⲡϫⲟⲉⲓⲥ ⲡⲉⲧ ⲛⲁⲕⲟⲙϣⲟⲩ

THE DISCOURSE OF CYRIL, ARCHBISHOP OF JERUSALEM, ON THE CROSS

(Brit. Mus. MS. Oriental, No. 6799)

ⲞⲨⲖⲞⲄⲞⲤ Ⲛ̄ⲦⲈ ⲠϨⲀⲄⲒⲞⲤ ⲔⲨⲢⲒⲖⲖⲞⲤ · Fol. 2 *a* 1
ⲠⲀⲢⲬⲎⲈⲠⲒⲤⲔⲞⲠⲞⲤ Ⲛ̄ ⲐⲒⲈⲖⲎⲘ̄ · Ⲉ ⲀϤ- [ⲁ]
ⲦⲀⲞⲨⲞϤ Ⲉ ⲦⲂⲈ ⲠⲈⲤ⳨ⲞⲤ · Ⲙ̄ ⲠⲈⲚϪⲞⲈⲒⲤ
Ⲓ̄Ⲥ̄ ⲠⲈⲬ̄Ⲥ̄ · Ⲙ̄ ⲠⲈϨⲞⲞⲨ Ⲙ̄ ⲠϤⲞⲨⲰⲚϨ̄ Ⲉ
ⲂⲞⲖ · ⲈⲦⲈ ⲤⲞⲨ ⲘⲚ̄ⲦⲤⲀϢϤ ⲠⲈ Ⲙ̄ ⲠⲈⲂⲰⲦ
ⲐⲰⲞⲨⲦ · ⲀϤϢⲀϪⲈ ⲆⲈ ⲞⲚ Ⲉ ⲦⲂⲈ ⲠϢⲀϪⲈ
Ⲛ̄ⲦⲀ ⲠⲬ̄Ⲥ̄ ϪⲞⲞϤ ϨⲘ̄ ⲠⲚⲞⲘⲞⲤ Ⲙ̄ ⲘⲰⲨⲤⲎⲤ :
ϪⲈ ⲀⲢⲒ ϢⲀ ⲚⲀⲒ : Ⲛ̄ϢⲞⲘⲚ̄Ⲧ Ⲛ̄ⲔⲈⲢⲞⲤ Ⲛ̄
ⲦⲈ ⲢⲞⲘⲠⲈ : ⲀϤϢⲀϪⲈ ⲆⲈ ⲞⲚ Ⲉ ⲦⲂⲈ
ⲠⲦⲀⲒⲞ Ⲙ̄ ⲠⲤ⳨ⲞⲤ : Ⲛ̄ⲦⲀϤⲞⲨⲰⲚϨ̄ Ⲉ ⲂⲞⲖ
ϨⲘ̄ ⲠⲈⲦⲠⲈ Ⲙ̄ ⲠⲦⲀⲪⲞⲤ Ⲙ̄ ⲠⲤⲰⲦⲎⲢ · ⲀϤ-
ϢⲀϪⲈ ⲆⲈ ⲞⲚ Ⲉ ⲦⲂⲈ ⲒⲤⲀⲔ ⲠⲤⲀⲘⲀⲢⲒ-
ⲦⲎⲤ · Ⲛ̄ⲦⲀϤⲂⲀⲠⲦⲒⲌⲈ Ⲙ̄ⲘⲞϤ · Ⲛ̄ⲦⲀϤⲦⲀ-
ⲞⲨⲈ Ⲛ̄ⲖⲞⲄⲞⲤ ⲆⲈ ϨⲘ̄ ⲠⲦⲞⲠⲞⲤ Ⲛ̄ ⲦⲀⲚⲀ-
ⲤⲦⲀⲤⲒⲤ | ⲈⲦⲈ ⲦⲀⲒ ⲦⲈ ⲦϨⲀⲄⲒⲀ ⲈⲒⲢⲎⲚⲎ Fol. 2 *a* 2
ⲈϤⲢ̄ ϢⲀ Ⲙ̄ ⲠⲤ⳨ⲞⲤ · ⲘⲚ̄ ⲠⲖⲀⲞⲤ ⲦⲎⲢϤ̄ ·
Ⲛ̄ⲞⲢⲐⲞⲆⲞⲜⲞⲤ · ⲈⲨⲤⲰⲞⲨϨ Ⲉ ϨⲞⲨⲚ Ⲉ
ⲦⲈⲔⲔⲖⲎⲤⲒⲀ ⲈⲦ ⲞⲨⲀⲀⲂ · ϨⲚ̄ ⲞⲨⲒ̄Ⲛ̄Ⲏ Ⲛ̄ⲦⲈ
ⲠⲚⲞⲨⲦⲈ ϨⲀⲘⲎⲚ :

ⲁ ⲡϫⲟⲉⲓⲥ ⲉⲣⲣⲟ ⲙⲁⲣⲉ ⲡⲕⲁϩ ⲧⲉⲗⲏⲗ · ⲙⲁⲣⲟⲩⲉⲩ-
ⲫⲣⲁⲛⲉ : ⲛ̄ϭⲓ ⲙ̄ⲙⲏⲥⲟⲥ ⲉⲧ ⲛⲁϣⲱⲟⲩ :—ⲁ ⲡϫⲟⲉⲓⲥ

ⲉⲣ̅ⲣ̅ⲟ· ⲁϥϯ ϩⲓⲱⲱϥ ⲛ̅ ⲟⲩⲥⲁ· ⲁ ⲡϫⲟⲉⲓⲥ Ⲉⲣⲉⲣ̅ⲣ̅ⲟ· ⲁϥϯ ϩⲓⲱⲱϥ ⲛ̅ ⲟⲩϭⲟⲙ· ⲁϥⲙⲟⲣϥ̅ ⲙ̅ⲙⲟⲥ:—Ⲱ̅ ⲡⲁⲕⲣⲱⲁⲧⲏⲥ ⲙ̅ⲙⲁⲓ ⲥⲃⲱ· ⲁⲩⲱ ⲙ̅ⲙⲁⲓ ⲗⲟⲅⲟⲥ ⲁⲩⲱ ⲙ̅ⲙⲁⲓ ⲛⲟⲩⲧⲉ:—Ϯⲛⲁⲩ ⲅⲁⲣ ⲉ ϩⲙ̅ⲡⲟⲛⲏⲙⲁ· ⲉⲩϣⲟⲃ[ⲉ]
Fol. 2 b 1 ⲛⲉⲩⲉⲣⲏⲩ· ⲉⲛⲁ▒ | ⲡⲣⲟⲫⲏⲧⲏⲥ ⲉⲧ ⲟⲩⲁⲁⲃ ⲛⲉ· ⲇ̅ⲁ̅ⲇ̅
[ⲃ̅] ⲡⲉⲓⲱⲧ ⲙ̅ ⲡⲉⲭ̅ⲥ̅ ⲕⲁⲧⲁ ⲥⲁⲣⲝ̅· Ⲡⲉϫⲁϥ ϫⲉ ⲁ ⲡϫⲟⲉⲓⲥ· ⲉⲣ̅ⲣ̅ⲟ ⲙⲁⲣⲉ ⲡⲕⲁϩ ⲧⲉⲗⲏⲗ· ⲙⲁⲣⲟⲩⲉⲩⲫⲣⲁⲛⲉ ⲛ̅ϭⲓ ⲛ̅ⲛⲏⲥⲟⲥ ⲉⲧ ⲛⲁϣⲱⲟⲩ· Ⲡⲉϫⲁϥ ⲟⲛ ϩⲙ̅ ⲡⲉⲡⲛ̅ⲁ̅ ⲛ̅ ⲟⲩⲱⲧ ϫⲉ ⲁ ⲡϫⲟⲉⲓⲥ ⲉⲣ̅ⲣ̅ⲟ ⲉ ⲃⲟⲗ ϩⲙ̅ ⲡϣⲉ:—Ⲡⲉⲡⲛ̅ⲁ̅ ⲅⲁⲣ ⲉⲧ ⲟⲩⲁⲁⲃ· ⲛ̅ⲧⲁϥϣⲁϫⲉ ϩⲛ̅ ⲧⲧⲁⲡⲣⲟ ⲛ̅ ⲛⲉϥⲡⲣⲟⲫⲏⲧⲏⲥ ⲧⲏⲣⲟⲩ:—Ⲛⲧⲟϥ ⲡⲉ ⲛ̅ⲧⲁϥⲟⲩⲱⲛϩ̅ ⲉ ⲃⲟⲗ· ⲛ̅ⲑⲉ ⲛ̅ϩⲛ̅ⲗⲁⲥ ⲛ̅ⲕⲱϩⲧ̅ ⲙ̅ ⲡⲉϩⲟⲟⲩ ⲛ̅ ⲧⲡⲛ̅ⲧⲏⲕⲟⲥⲧⲏ ⲉⲧ ⲟⲩ[ⲁⲁ]ⲃ· [Ϥϫⲱ]
Fol. 2 b 2 ⲙ̅ⲙⲟⲥ ⲟⲛ ⲛ̅ϭⲓ | ⲇ̅ⲁ̅ⲇ̅ ⲡⲣ̅ⲣⲟ ⲛ̅ⲇⲓⲕⲁⲓⲟⲥ· ϫⲉ ⲁ ⲡϫⲟⲉⲓⲥ ⲉⲣ̅ⲣ̅ⲟ ⲙⲁⲣⲉ ⲛ̅ⲗⲁⲟⲥ ⲛⲟⲩϭⲥ̅· Ⲱ̅ ⲡϩⲩⲙⲛⲱⲇⲟⲥ ⲇ̅ⲁ̅ⲇ̅ ϩⲁ ⲑⲏ ⲛ̅ ⲟⲩⲕⲟⲩⲓ ⲉⲕϫⲱ ⲙ̅ⲙⲟⲥ· Ϫⲉ ⲁ ⲡϫⲟⲉⲓⲥ ⲉⲣ̅ⲣ̅ⲟ· ⲙⲁⲣⲉ ⲡⲕⲁϩ ⲧⲉⲗⲏⲗ· ⲉⲛⲉⲕϫⲱ ⲛ̅ ⲟⲩⲧⲉⲗⲏⲗ ⲙ̅ ⲡⲕⲁϩ ⲧⲏⲣϥ̅:—Ⲁⲩⲱ ⲟⲛ ⲕϫⲱ ⲛ̅ ⲟⲩⲡⲱⲣϫ ⲉ ⲃⲟⲗ ⲛ̅ ⲛ̅ⲛⲏⲥⲟⲥ· ⲙⲛ̅ ⲟⲩⲉⲩⲫⲣⲟⲥⲩⲛⲏ:—Ⲁⲩⲱ ⲟⲩⲙ̅ⲕⲁϩ ⲛ̅ϩⲏⲧ ⲛ̅ⲛⲣⲱⲙⲉ ⲉⲧⲉⲣ ⲡⲉⲑⲟⲟⲩ· ⲡϭⲱⲛⲧ̅ ⲅⲁⲣ ⲙ̅ ⲡⲣⲱⲙⲉ· ϣⲁϥⲉⲓⲛⲉ ⲛ ⲟⲩⲙ̅ⲕⲁϩ ⲛ̅ϩⲏⲧ· ⲁⲩⲱ ⲙⲉⲣⲉ ⲛⲗⲉⲝⲓⲥ ⲛ̅ϩⲁⲡⲗⲟⲩⲛ·
Fol. 3 a 1 ⲧⲉⲣⲡⲓ ⲙ̅ ⲡϩⲏⲧ ⲛ̅ⲛⲉⲧⲥⲱⲧⲙ̅· ⲉϣ|ⲱⲡⲉ ⲙ̅ⲙⲛ̅ ⲟ̅ⲩ̅ϭⲛ̅ ⲧⲉⲩ-
[ⲅ̅] ϩⲏⲣⲙⲉⲛⲓⲁ· ⲛ̅ ⲡⲉⲧ ⲛⲁϫⲱ ⲛⲁⲩ ⲙ̅ ⲡⲉⲩⲃⲟⲗ:—Ⲁⲩⲱ ⲉⲓⲥ ⲗⲟⲓⲡⲟⲛ ⲛ̅ⲧⲉⲛⲡⲁⲣⲁⲕⲁⲗⲉⲓ̈ ⲙ̅ ⲡⲉⲡⲛ̅ⲁ̅ ⲉⲧ ⲟⲩⲁⲁⲃ· ⲡⲉⲧⲟ ⲛ̅ ⲟⲩⲁ ⲛ̅ ⲟⲩⲱⲧ· ⲙⲛ̅ ⲡⲓⲱⲧ ⲙⲛ̅ ⲡϣⲏⲣⲉ· ϫⲉ ⲕⲁⲥ ⲉϥⲉⲟⲩⲟⲛ ⲛ̅ ⲛ̅ⲃⲁⲗ ⲙ̅ ⲡⲛ̅ϩⲏⲧ· ⲛ̅ⲧⲛ̅ⲛⲟⲓ ⲉ ϩⲛ̅ⲕⲟⲩⲓ̈ ϩⲙ̅ ⲡⲉϥⲥⲱⲟⲩⲛ ⲙ̅ⲙⲉ· Ⲛⲁⲓ ⲛ̅ⲧⲁϥϫⲟⲟⲩ ϩⲛ̅ ⲧⲧⲁⲡⲣⲟ ⲛ̅ ⲛⲉϥⲡⲣⲟⲫⲏⲧⲏⲥ ⲉⲧ ⲟⲩⲁⲁⲃ:—Ⲉⲡⲓ ⲇⲏ ⲁⲛⲟⲛ ϩⲛ̅ϩⲓⲕⲁⲛⲟⲥ ⲁⲛ ⲉⲣ ⲡⲁⲓ̈· ⲁⲗⲗⲁ ⲉⲛⲉⲣϣⲁ ϩⲙ̅ ⲡⲣⲁϣⲉ ⲙ̅
Fol. 3 a 2 ⲡⲉⲥ̅ⲧ̅ⲟⲥ· ⲙⲛ̅ ⲡⲇⲏⲙⲟⲥ ⲧⲏⲣϥ̅ ⲛ̅ⲟⲣⲑⲟⲇⲟⲝⲟⲥ· ⲛ|ⲁⲓ ⲛ̅ⲧⲁⲩⲥⲱⲟⲩϩ ⲉ ϩⲟⲩⲛ ⲉ ⲡⲓ ⲙⲁ ⲉⲧ ⲟⲩⲁⲁⲃ ⲙ̅ⲡⲟⲟⲩ· ⲉ ⲃⲟⲗ ϩⲛ̅ ⲭⲱⲣⲁ ⲛⲓⲙ· ⲉⲩϯ ⲉⲟⲟⲩ ⲙ̅ ⲡⲉⲥ̅ⲧ̅ⲟⲥ· ⲉⲩⲟⲩⲱϣⲧ̅ ⲁⲩⲱ ⲉⲩⲡⲣⲟⲥⲕⲩⲛⲏ· ⲙ̅ ⲡⲛ̅ⲧⲁϥⲁⲗⲉ ⲉ ⲡⲉⲥ̅ⲧ̅ⲟⲥ ⲛ̅ⲛⲥⲱⲣ ⲓ̅ⲥ̅ ⲡⲉⲭ̅ⲥ̅· ϫⲉ ⲕⲁⲥ ⲉϥⲉϯⲑⲉ ⲛⲁⲛ ⲧⲏⲣⲛ̅· ⲛ̅ⲧⲛ̅ⲙⲟⲩϣⲧ̅ ⲙ̅ ⲡⲉϥⲛⲟⲙⲟⲥ ⲛ̅ⲧⲛ̅ⲛⲟⲓ ⲛ ⲛⲉϥⲉⲛⲧⲟⲗⲏ:—Ⲛⲧⲁ

ⲡϫⲟⲉⲓⲥ ⲉⲣ̄ⲣ̄ⲟ ⲧⲛⲁⲩ· ⲧⲁⲣⲡ̄ⲉⲓ̈ⲙⲉ· ⲛ̄ⲧⲁϥϯ ϩⲧⲏϥ
ⲉⲩⲟⲩⲟⲉⲓϣ· ϫⲉ ⲕⲁⲥ ⲉϥⲉⲣ̄ⲣ̄ⲣⲟ ⲛ̄ϩⲏⲧϥ̄ ϩⲛ̄ ⲟⲩⲱⲛϩ̄ ⲉ
ⲃⲟⲗ· Ⲙⲏ ⲛ̄ⲧⲟϥ ⲁⲛ ⲧⲉ ⲧⲙⲛ̄ⲧⲉⲣ̄ⲣⲟ· ⲙⲛ̄ ⲧⲙⲛ̄ⲧϫⲟⲉⲓⲥ
ϫⲓⲛ ⲉⲛⲉϩ:—Ⲙⲏ ⲛⲧⲁϥϫⲟⲟⲥ [ⲁⲛ?] ϫⲓⲛⲉ ϣⲟⲣⲡ· ϩ[illegible] |
ⲇⲁⲛⲓⲏⲗ· ⲡⲉⲡⲣⲟⲫⲏⲧⲏⲥ· ⲡⲣⲱⲙⲉ ⲛ̄ ϣⲟⲩⲁϣϥ̄· ϫⲉ Fol. 3 *b* 1 ⲇ̄
ⲧⲉϥⲙⲛ̄ⲧⲉⲣ̄ⲣⲟ ⲟⲩⲙⲛ̄ⲧⲉⲣⲣⲟ ϣⲁ ⲛⲓ̈ⲉⲛⲉϩ· ⲁⲩⲱ ⲧⲉϥ-
ⲙⲛ̄ⲧϫⲟⲉⲓⲥ· ϫⲓⲛ ⲟⲩϫⲱⲙ ϣⲁ ⲟⲩϫⲱⲙ· ⲁⲩⲱ ⲡϥ̄-
ⲁⲙⲁϩⲧⲉ ϫⲓⲛ ⲉ ⲑⲁⲗⲁⲥⲥⲁ ϣⲁ ⲑⲁⲗⲁⲥⲥⲁ· ⲁⲩⲱ ϫⲓⲛⲉ ⲉ
ⲡⲓⲉⲣⲟ ϣⲁ ⲁⲣⲏⲛ̄ϫⲥ̄ (*sic*) ⲛ̄ ⲧⲟⲓⲕⲟⲩⲙⲉⲛⲏ: Ⲁⲩⲱ ⲟⲛ ϫⲉ
ⲡⲣ̄ⲣⲟ ⲙ̄ ⲡⲕⲁϩ ⲧⲏⲣϥ̄ ⲡⲉ ⲡϫⲟⲉⲓⲥ· Ⲁⲩⲱ ⲟⲛ ϫⲉ ⲡⲛⲟⲩⲧⲉ
ⲡⲉ ⲡⲛ̄ⲉⲣ̄ⲣⲟ· ϫⲓⲛ ⲉⲛϩ̄· ⲕⲟⲩⲱϣ ⲉ ⲉⲓⲙⲉ ⲱ̄ ⲡϩⲁⲓⲣⲉ-
ϯⲕⲟⲥ· ⲙ̄ⲙⲁⲥⲧⲉ ⲛⲟⲩⲧⲉ· ϫⲉ ⲡⲣ̄ⲣⲟ ⲛ̄ ⲛⲉⲣ̄ⲣⲱⲟⲩ ⲡⲉ
ⲡⲉⲭ̄ⲥ̄· [ⲥ]ⲱⲧⲙ̄ ⲉ ⲙⲁⲑⲁⲓⲟⲥ [ⲙ]ⲛ̄ ⲗⲟⲩⲕⲁⲥ ⲛⲉⲩⲁ[ⲅⲅ]ⲉ-
ⲗⲓⲥⲧⲏⲥ· ⲉⲩϫⲱ ⲙ̄ⲙⲟⲥ:—| ϫⲉ ⲛ̄ ⲧⲉⲣ ⲟⲩϫⲡⲟ ⲙ̄ ⲡⲉⲭ̄ⲥ̄· Fol. 3 *b* 2
ⲉⲓⲥ ϩⲙ̄ⲙⲁⲅⲟⲥ ⲁⲩⲉⲓ ⲉ ⲃⲟⲗ ϩⲛ̄ ⲙ̄ ⲙⲁ ⲛ̄ ϣⲁ ⲉ ϩⲣⲁⲓ
ⲉ ⲑⲓⲉⲗⲏⲙ̄· ⲉⲩϫⲱ ⲙ̄ⲙⲟⲥ· ϫϥⲧⲟⲛ (*sic*) ⲡⲉⲣ̄ⲣⲟ· ⲛ̄
ⲛⲓⲟⲩⲇⲁⲓ ⲛ̄ⲧⲁⲩϫⲡⲟϥ· ⲁⲛⲛⲁⲩ ⲅⲁⲣ ⲉ ⲡϥ̄ⲥⲓⲟⲩ ϩⲛ̄ ⲛⲉⲙⲁ
ⲛ ϣⲁ· ⲁⲛⲓ ⲉ ⲟⲩⲱϣⲧ̄ ⲛⲁϥ· ⲁⲩϯ ⲅⲁⲣ ⲛⲁϥ ⲛ̄ ϩⲛ̄ⲛⲟϭ
ⲛ̄ ⲧⲁⲉⲓⲟ· ϩⲱⲥ ⲉⲣ̄ⲣⲟ:—Ⲕⲟⲩⲱϣ ⲉ ⲉⲓⲙⲉ ⲥⲱⲧⲙ̄ ⲁⲛⲟⲕ
ϯⲛⲁⲧⲁⲙⲟⲕ· Ⲛ̄ⲑⲉ ⲅⲁⲣ ⲛ̄ ⲟⲩⲉⲣ̄ⲣⲟ· ⲛ̄ϣⲁⲣⲉ ⲟⲩⲇⲏⲣⲁⲛⲟⲥ
ⲧⲱⲟⲩⲛ ⲉ ϫⲱϥ· ⲉϥⲟⲩⲱϣ ⲉⲣ ϫⲟⲉⲓⲥ ⲉ ϫⲱϥ· ⲙⲛ̄ ⲧϥ̄-
ⲭⲱⲣⲁ· | ⲛϥ̄ⲁⲓⲭⲙⲁⲗⲟϯⲍⲉ ⲛ̄ⲛⲉϥⲙⲁⲧⲟⲓ· ⲛϥ̄ϩⲱⲧⲃ̄ Fol. 4 *a* 1 ⲉ̄
ⲙ̄ⲙⲟⲟⲩ· ⲛϥ̄ϫⲓ ⲛ̄ⲛⲉϥⲡⲟⲗⲓⲥ· ⲛϥ̄ⲕⲁⲁⲩ ϩⲁ ⲣⲟϥ· ⲛ̄
ⲥⲉϯ ⲫⲟⲣⲟⲥ ⲛⲁϥ:—Ⲡⲣ̄ⲣⲟⲟⲩ ⲛⲉⲧ ⲙ̄ⲙⲁⲩ· ⲛϥ̄ⲙⲕⲁϩ
ⲛ̄ϩⲏⲧ· ⲉϫⲛ̄ ⲛϥ̄ⲙⲛⲏϣⲉ ⲧⲏⲣⲟⲩ ϫⲉ ⲁ ⲕⲉ ⲉⲣ̄ⲣⲟ ⲃⲓⲧⲟⲩ
ⲛ̄ⲧⲟⲟⲧϥ̄· Ⲁϥϣⲟϫⲛ̄ ⲉ ϩⲣⲁⲓ̈ ⲛ̄ϩⲏⲧϥ̄· ⲉϥϫⲱ ⲙ̄ⲙⲟⲥ·
ϫⲉ ⲉⲓⲛⲁⲙⲉⲓϣⲉ ⲙⲛ̄ ⲡⲓ ⲇⲩⲣⲁⲛⲛⲟⲥ· ⲛ̄ ⲁϣ ⲛ̄ ϩⲉ· ⲕⲁⲓ
ⲅⲁⲣ ⲛⲉⲧ ϣⲟⲟⲡ ϩⲙ̄ ⲧⲉϥⲉⲝⲟⲩⲥⲓⲁ· ⲥⲉⲱ ⲛⲁϥ ⲛ̄ϩⲙ̄ϩⲁⲗ·
ⲁⲩⲱ ⲛ̄ⲥⲉⲥⲱⲧⲙ̄ ⲛⲁϥ:—Ⲗⲟⲓⲡⲟⲛ ⲉϥϣⲁⲛⲉⲓ ⲉ ⲃⲟⲗ ⲉ
ⲡⲡⲟⲗⲩⲙⲟⲥ ⲛϥ̄ⲙⲓϣⲉ ⲛ̄ⲙ̄ⲙⲁϥ ⲛϥ̄ϫⲣⲟ ⲉ ⲣⲟϥ· ⲛϥ̄ⲃⲓ
ⲛ̄ⲧⲟⲟⲧϥ̄ ⲙ̄ ⲡϥ̄|ⲙⲏⲛϣⲉ· ⲛϥ̄ⲉⲗⲉⲩⲑⲉⲣⲟⲩ ⲙ̄ⲙⲟⲟⲩ Fol. 4 *a* 2
ⲧⲏⲣⲟⲩ: ⲛ̄ⲧⲟⲟⲧϥ̄ ⲙ̄ ⲡⲇⲩⲣⲁⲛⲛⲟⲥ· ⲡⲁⲓ ⲛ̄ⲧⲁϥⲁⲓⲭ-
ⲙⲁⲗⲱϯⲍⲉ ⲙ̄ⲙⲟⲟⲩ· Ϣⲁⲩⲥⲁⲗⲡⲓⲍⲉ ϩⲟⲟⲩ ϩⲛ̄ ϩⲛ̄ⲥⲁⲗ-
ⲡⲓⲅⲝ̄· ⲉⲩϫⲱ ⲛ ⲟⲩⲧⲉⲗⲏⲗ· ϫⲉ ⲁ ⲡⲉⲩⲉⲣ̄ⲣⲟ ⲙ̄ⲙⲓⲛ

ⲉⲙⲙⲟⲟⲩ· ⲥⲱⲧⲟⲩ ⲁⲩⲱ ⲁϥⲉⲣ̄ⲣⲟ ⲉ ϫⲱⲟⲩ ⲛ̄ⲕⲉ ⲥⲟⲡ :—
Ⲡ̄ ⲡⲉⲩⲟⲉⲓϣ ϩⲱⲱϥ ⲉⲣⲉ ⲡⲛⲟⲃⲉ ⲡⲟⲗⲓⲧⲉⲩⲉ· ϩⲙ̄ ⲡⲕⲟⲥ-
ⲙⲟⲥ· ⲁⲩⲱ ⲉⲣⲉ ⲧⲁⲛⲟⲙⲉⲓⲁ ⲭⲣⲏⲙⲁϯⲍⲉ :—Ⲉⲣⲉ ⲧⲕⲁ-
ⲕⲓⲁ ⲱϭⲧ̄ ⲙ̄ ⲡϩⲩⲅⲉⲙⲱⲛⲓⲕⲟⲛ· ⲉⲧⲉ ⲡⲛⲟⲩⲥ ⲡⲉ· ⲉⲣⲉ
ⲡⲧⲩⲣⲁⲛⲛⲟⲥ ⲁⲓⲭⲙⲁⲗⲱϯ[ⲍⲉ] ⲙ̄ⲙⲟⲟⲩ· ⲧⲏⲣⲟⲩ [ⲁⲩ]ⲱ
Fol. 4 b 1 ⲉϥϩⲱⲧⲃ̄ ⲙ̄[ⲙⲟ]ⲟⲩ· ⲉⲣⲉ ⲡⲟⲩ[ⲁ] | ⲡⲟⲩⲁ ⲉⲓⲣⲉ ⲙ̄ ⲡⲉⲧⲉ
ⲉ̅ ⲣⲁⲛⲁϥ· ⲙ̄ ⲡⲉϥⲙ̄ⲧⲟ ⲉ ⲃⲟⲗ· ϩⲁⲡⲗⲟⲥ ⲉⲣⲉ ⲡ̄ⲣⲟⲟⲩϣ
ⲙ̄ ⲡ̄ⲇⲓⲁⲃⲟⲗⲟⲥ· ⲡⲟⲣϣ̄ ⲉ ⲃⲟⲗ ⲉϫⲛ̄ ⲧⲟⲓⲕⲟⲩⲙⲉⲛⲏ
ⲧⲏⲣⲉⲥ· ⲁⲩⲱ ⲙⲛ̄ ⲟⲩⲉⲛ ⲧⲟⲟⲧϥ̄· ⲙ̄ ⲡⲧⲩⲣⲁⲛⲟⲥ ⲉⲧ
ⲉⲓⲣⲉ ⲛ̄ ⲛⲁⲓ̈ ⲛⲁⲩ· Ⲛ̄ⲧⲁⲩⲡⲱⲧ ⲅⲁⲣ ⲉ ⲡⲟⲩⲉ· ⲁⲩⲗⲟ
ϩⲁ ⲡⲛⲁϩⲃ̄ ⲙ̄ ⲡⲉⲧ ⲙ̄ⲙⲁⲩ ⲛⲉⲩⲛⲁⲟⲩϫⲁⲓ ⲡⲉ· ⲁⲗⲗⲁ
ⲙ̄ⲡ ⲟⲩⲣ̄ ⲡⲁⲓ· ⲉⲁ ⲡⲉⲧ ⲥⲏϩ· ϫⲱⲕ ⲉ ⲃⲟⲗ ⲉ ϫⲱⲟⲩ· ϫⲉ
ⲁⲩⲕⲁⲁⲧ ⲛ̄ⲥⲟⲟⲩⲧ ⲡⲏⲅⲏ ⲙ̄ⲙⲟⲩ ⲛ̄ ⲱⲛϩ̄· ⲁⲩⲱ ⲟⲛ ϫⲉ
ⲡⲙⲟⲩ ⲡⲉⲧ ⲙⲟⲟⲛⲉ ⲙ̄ⲙⲟⲟⲩ· [ⲉ] ⲧⲃⲉ ⲡⲁⲓ· ⲁϥⲱϣ ⲉ
Fol. 4 b 2 ⲃⲟⲗ ⲛ̄ϭⲓ ⲡⲉⲡⲣⲟⲫ[ⲏ]ⲧⲏⲥ ⲉϥϫⲱ ⲙ̄ⲙ|ⲟⲥ· ϫⲉ ⲙⲛ̄ ⲡⲉⲧ
ⲥⲱⲧⲉ ⲁⲩⲱ ⲙⲛ̄ ⲡⲉⲧ ⲛⲟⲩϩⲙ̄· ⲉⲙⲛ̄ϭⲟⲙ ⲛ̄ⲣⲱⲙⲉ ⲉ
ⲥⲱⲧⲉ ⲙ̄ⲙⲟⲟⲩ· Ⲉⲡⲓ ⲇⲏ ⲣⲱⲙⲉ ⲛⲓⲙ· ⲛ̄ϩⲩⲡⲟⲕⲓⲥⲑⲉ
ⲉⲩϭⲟϫⲃ̄· ⲁⲩⲱ ⲥⲉⲙⲏⲣ ⲛ̄ ⲟⲩϣⲟⲛⲉ· ⲁⲩⲱ ⲥⲉⲭⲣⲁⲓⲟⲥⲧⲉⲓ:
ⲛ̄ⲟⲩⲙⲁ ⲛ̄ ϯϩⲁⲡ· ⲙⲛ̄ ⲟⲩⲙⲟⲩ ⲛ̄ⲥⲉϯ ⲗⲟⲅⲟⲥ ϩⲁ ⲛⲛ̄-
ⲧⲁⲩⲁⲁⲩ ⲧⲏⲣⲟⲩ· Ⲟⲩⲇⲉ ⲙⲛ̄ ⲁⲅⲅⲉⲗⲟⲥ ⲛⲁϣ̄ⲥⲱⲧⲟⲩ·
ϩⲛ̄ ⲁⲥⲱⲙⲁⲧⲟⲥ ⲅⲁⲣ ⲛⲉ· ⲟⲩⲇⲉ ⲙⲛ̄ ⲕⲁⲥ ⲙ̄ⲙⲟⲟⲩ ϩⲓ
ⲥⲁⲣⲝ̄· ⲁⲩⲱ ϩⲛ̄ ⲁⲧⲙⲟⲩ ⲛⲉ· ϩⲛ̄ ⲗⲓⲧⲟⲩⲣⲅⲟⲥ ⲅⲁⲣ ⲛ̄ϣⲁϩ
ⲛ̄ ⲥⲁⲧⲉ ⲛⲉ· ⲉⲩⲟ ⲛϩⲙ̄ϩⲁⲗ ⲉ ⲧϩⲩⲡⲉⲣⲉⲥⲓⲁ ⲙ̄ ⲡⲛ̄ⲧⲁϥ-
ⲧⲁⲙⲓⲟⲟⲩ· ⲁⲩⲱ ⲙⲛ̄ ϭⲟⲙ ⲙ̄ⲙⲟⲟⲩ ⲉⲗⲉⲩⲑⲉⲣⲟⲩ ⲛ̄
Fol. 5 a 1 ⲧⲁⲓⲭⲙⲁ|ⲗⲱⲥⲓⲁ· ⲁⲗⲗⲁ ⲉⲣ ⲡϫⲟⲉⲓⲥ ⲛ̄ ⲛ̄ϩⲙ̄ϩⲁⲗ
ⲋ ⲟⲩⲱϣ ⲉ ⲁⲁⲩ ⲛ̄ⲉⲗⲉⲩⲑⲉⲣⲟⲥ· ϩⲙ̄ ⲡⲣⲓⲕⲉ ⲛ̄ ⲛⲉϥⲃⲁⲗ
ⲙ̄ⲙⲁⲧⲉ· ϣⲁϥⲁⲁⲩ· Ⲗⲟⲓⲡⲟⲛ ⲁ ⲡⲣ̄ⲣⲟ ⲛ̄ ⲛⲁ ⲧⲡⲉ ⲙⲛ̄
ⲛⲁ ⲡⲕⲁϩ· ϣⲉⲡ̄ϩⲧⲏϥ ϩⲁ ⲛⲛ̄ⲧⲁⲩⲁⲓ̈ⲭⲙⲁⲗⲱϯⲍⲉ ⲙ̄-
ⲙⲟⲟⲩ: ⲉ ⲃⲟⲗ ϩⲓ ⲧⲟⲟⲧϥ̄ ⲙ̄ ⲡⲧⲩⲣⲁⲛⲛⲟⲥ ⲉⲑⲟⲟⲩ·
ⲡⲇⲓⲁⲃⲟⲗⲟⲥ ⲉⲑⲟⲟⲩ· ⲡⲁⲓ ⲛ̄ⲧⲁϥϫⲣⲟ ⲉⲛⲉⲣⲱⲙⲉ ⲛ̄ⲧⲁⲩⲣ̄
ⲛ̄ϥⲟⲩⲱϣ· Ⲁϥⲉⲓ ⲟⲩⲛ ⲉ ⲃⲟⲗ ϩⲛ̄ ⲧⲡⲉ· ⲛ̄ϭⲓ ⲡⲣ̄ⲣⲟ
ⲙ̄ ⲡⲉⲟⲟⲩ· ⲁⲩⲱ ⲙ̄ⲡ ϥ̄ⲉⲓⲛⲉ ⲛ̄ ⲟⲩⲛⲟϭ ⲙ̄ⲙⲏⲏϣⲉ·
ⲉϥⲛⲏⲩ ⲛⲉⲙⲙⲁϥ· ⲉ ⲧⲣⲉϥⲃⲓ̈ ⲛ̄ ⲧⲉⲭⲙⲁⲗⲟⲥⲓⲁ ⲛ̄ⲧⲟⲟⲧϥ̄
Fol. 5 a 2 ⲙ̄ ⲡⲧⲩⲣⲁⲛⲛⲟⲥ ⲉⲑⲟⲟⲩ ϩⲛ̄ ⲁⲙ|ⲉⲛⲧⲉ· ⲙ̄ⲡⲉ ϥⲉⲓ ⲅⲁⲣ

ϩⲙ̅ ⲟⲩⲱⲛϩ̅ ⲉ ⲃⲟⲗ· ⲉⲓ ϩⲙ̅ ⲟⲩⲛⲟϭ ⲙ̅ ⲉⲟⲟⲩ· ⲉïⲉ ⲙⲏ
ϯ ⲡⲉⲟⲟⲩ ⲙ̅ ⲡⲉϥⲉⲓⲱⲧ ⲉⲧ ⲙ̅ⲡ ϥ̅ⲕⲁⲁϥ ⲛ̅ⲥⲱϥ· ⲟⲩⲇⲉ
ⲙ̅ⲡ ⲟⲩⲉϣ ⲃⲓⲧϥ̅ ⲛ̅ⲧⲟⲟⲧϥ̅· ⲁⲗⲗⲁ ⲁϥⲫⲟⲣⲓ ⲙ̅ ⲡⲉⲑⲃ̅ⲃ̅ⲓⲟ
ⲡⲁⲓ ⲉⲧ ϥ̅ⲙ̅ⲙⲓϣⲉ ⲙ̅ⲡ ⲡⲇⲓⲁⲃⲟⲗⲟⲥ ⲉⲑⲟⲟⲩ ⲛ̅ϩⲏⲧϥ̅·
Ⲉⲓϣⲁϫⲉ ⲉ ⲧⲥⲁⲣⲝ̅ ⲉⲧ ⲟⲩⲁⲁⲃ ⲛ̅ⲧⲁϥϭⲟⲟⲗⲉϥ̅ ⲙ̅ⲙⲟⲥ·
ⲧⲥⲁⲣⲝ̅ ⲛ̅ⲧⲁϥⲧⲁⲁⲥ ϩⲓⲱⲱϥ ⲙ̅ⲙⲓⲛ ⲙ̅ⲙⲟϥ· ⲛ̅ⲑⲉ ⲛ̅ⲧⲁϥ-
ⲟⲩⲁϣⲥ̅· Ⲧⲥⲁⲣⲝ̅ ⲛ̅ ⲁⲧ ⲛⲟⲩϫ ⲉ ⲣⲟⲥ ⲛ̅ ⲟⲩϭⲣⲟϭ· ⲟⲩⲇⲉ
ⲛ̅ ⲁⲧ ⲉⲣⲉⲓ ⲉ ⲡⲟⲩⲟⲉⲓⲉ ⲉ ⲣⲟⲥ· ⲟⲩⲥⲁⲣⲝ̅ ⲛ̅ⲧⲁϥϫⲓ ⲡⲓⲣⲁ
ⲛ̅ϩⲏⲧⲥ̅ ⲛ̅ϩⲱⲃ ⲛⲓⲙ· ϣⲁⲧ [ⲛ̅]ⲛⲟⲃⲉ ϩⲓ ⲕⲣⲟϥ· ⲙ̅ⲡⲉ ϥⲉⲣ-
ⲛⲟⲃⲉ ⲅⲁⲣ ⲟ[ⲩ]|ⲇⲉ ⲙ̅ⲡ ⲟⲩϩⲉ ⲕⲣⲟϥ ϩⲙ̅ ⲧⲁⲡⲣⲟ· ⲟⲩⲥⲁⲣⲝ̅ Fol. 5 *b* 1
ⲉⲣⲉ ⲡⲛⲟⲩⲧⲉ· ϩⲓ ϩⲟ̅ⲛ ⲙ̅ⲙⲟⲥ ⲁⲩⲱ ϩⲓ ⲃⲟⲗ· ϩⲓ ϩⲟⲩⲛ ⲏ̅
ⲙ̅ⲡ ⲙ̅ⲙⲟⲥ ⲡⲛⲟⲩⲧⲉ ⲡⲉ· ϫⲉ ⲙⲉⲣⲉ ⲣⲱⲙⲉ ⲉϣⲛⲁⲩ ⲉ
ⲣⲟϥ· ϩⲓ ⲃⲟⲗ ⲟⲛ ⲉϥⲉⲓⲣⲉ ⲙ̅ⲡⲓⲛⲟϭ ⲛ̅ϣⲡⲏⲣⲉ· ⲙ̅ⲡ
ⲛⲧⲁⲗϭⲟ ⲧⲏⲣⲟⲩ:—Ⲧϥϭⲓϫ ⲧⲉ ⲛ̅ⲧⲁⲥⲥⲟⲟⲩⲧⲛ̅ ⲉ ⲃⲟⲗ·
ⲁⲥⲧⲟⲩⲛⲟⲥ ⲛⲉⲧ ⲙⲟⲟⲩⲧ· ⲉⲧⲉ ⲡϣⲏⲣⲉ ⲡⲉ ⲛ ⲧⲉⲭⲏⲣⲁ
ⲉⲥϩⲙ̅ ⲛⲁⲉⲓⲛ· Ⲕⲁⲓ ⲅⲁⲣ ⲁϥⲱⲛϩ̅ ⲙ̅ⲕⲉ ⲥⲟⲡ· ⲙ̅ⲛ̅ⲛ̅ⲥⲁ
ⲧⲣϥ̅ⲣⲟⲩⲟⲩϣⲏ ϥⲙⲟⲟⲩⲧ· ⲙ̅ ⲡⲉϥⲣⲁⲥⲧⲉ ⲉⲩⲃⲓ ⲙ̅ⲙⲟϥ ⲉ
ⲃⲟⲗ ⲉ ⲡⲧⲁⲫⲟⲥ· ⲉ ⲧⲱⲙⲉⲥ ⲙ̅ⲙⲟϥ· Ⲁϥⲥⲟⲟⲩⲧⲛ̅ ⲉ ⲃⲟⲗ
ⲛ̅ ⲧϥ[ϭⲓ]ϫ ⲛ̅ ⲥⲁⲣⲝ̅· ⲛ̅ⲣⲱ[ⲙ]ⲉ ϩⲓ ⲛⲟⲩⲧⲉ· ⲁϥ|ϫⲱ ϩⲉ Fol. 5 *b* 2
ⲡⲙⲁ ⲛ̅ ⲛ̅ⲕⲟⲧⲕ̅ ⲉϥϩⲓ ϫⲱϥ· ⲛⲉⲧ ⲧⲱⲟⲩⲛ ⲇⲉ ⲙ̅ⲙⲟϥ
ⲁⲩⲁϩⲉ ⲣⲁⲧⲟⲩ· Ⲁⲩⲱ ϩⲓⲧⲛ̅ ⲟⲩϣⲁϫⲉ ⲉⲛⲟⲩⲱⲧ· ⲁϥ-
ⲧⲟⲩⲛⲟⲥϥ̅· ⲁϥⲧⲁⲁϥ ⲛ̅ⲧⲉϥⲙⲁⲁⲩ· ⲁⲩⲱ ⲁⲥⲃⲓⲧϥ̅ ⲁⲥⲃⲱⲕ
ⲉ ⲡⲉⲥⲏⲓ· ⲉⲥϫⲓ ⲃⲟϭⲥ̅ ⲉⲥⲥⲙⲟⲩ ⲉ ⲡⲛⲟⲩⲧⲉ· ⲁⲩⲱ ⲛⲉⲥ-
ⲥⲁϩⲱ ⲙ̅ ⲡⲉϥϩⲟ ⲉ ϩⲣⲁï: ⲉⲥϭⲱϣⲧ̅ ⲉ ⲣⲟϥ ⲉⲥⲣ̅ ϣⲡⲏⲣⲉ:—
Ⲁⲩⲱ ⲛⲉⲣⲉ ⲙ̅ ⲙⲏⲏϣⲉ· ⲡⲏⲧ ⲉ ϩⲣⲁⲓ ⲉ ϫⲱϥ· ⲉⲩⲱϣ
ⲉ ⲃⲟⲗ· ⲉⲩⲟⲩⲱϣ ⲉⲥⲟⲩⲱⲛϥ̅ ⲁⲩⲱ ⲛ̅ϩⲟⲟⲩⲧ ⲙ̅ⲛ̅ ⲛ̅ϩⲓⲟⲙⲉ
ⲛ̅ⲧⲁⲩⲉⲓ ⲉ ⲃⲟⲗ ⲛ̅ⲙ̅ⲙⲁϥ ⲉⲩⲑⲡⲟ ⲙ̅ⲙⲟϥ ⲉ ⲃⲟⲗ ⲕⲁⲧⲁ
ⲡⲉ̅ⲑ̅ⲛⲟⲥ· ⲁⲩⲕⲟⲧⲟⲩ· ⲉ ⲡⲁϩⲟⲩ ⲙ̅ⲡⲁⲧ ⲟⲩⲧⲁϩⲟ ⲙ̅ⲃⲱⲕ |
ⲉ ϩⲟⲩⲛ ⲉ ⲛⲉⲩⲏⲓ̈ ϣⲁⲛⲧ ⲟⲩⲕⲟⲧⲟⲩ ⲉⲡⲁϩⲟⲩ· ⲛ̅ⲥⲉⲛⲁⲩ ⲉ Fol. 6 *a* 1
ⲧϣⲡⲏⲣⲉ ⲛⲧⲁⲥ ϣⲱⲡⲉ:—Ⲉⲩⲛⲁⲩ ⲉⲛϩ̅ⲃⲟⲟⲥ ⲉⲩϭⲗⲉⲙ- ⲑ̅
ⲗⲱⲙ ⲉ ⲣⲟϥ· ⲉϥⲙⲟⲟⲩⲧ· ⲉⲩⲧⲁⲗⲏⲩ ⲉ ⲧⲛⲁϩⲃ̅ ⲛ̅ⲣⲱⲙⲉ·
ⲉⲩⲃⲏⲕ ⲉ ϩⲟⲩⲛ ⲉ ⲧⲡⲟⲗⲓⲥ: ⲉⲩⲟ ⲙ̅ⲙⲛ̅ⲧⲣⲉ ⲛ ⲛ̅ⲉⲁⲧ
ⲛⲁϩⲧⲉ:—Ⲁⲩⲱ ⲛ̅ ⲧⲉⲣⲉ ⲟⲩⲟⲛ ⲛⲓⲙ· ⲛⲁⲩ ⲉ ⲧ̅ϣⲡⲏⲣⲉ·
ⲁⲩⲡⲓⲥⲧⲉⲩⲉ ⲉ ⲓ̅ⲥ̅ ⲡⲉⲭ̅ⲥ̅· ⲛⲉⲫⲁⲣⲓⲥⲥⲁⲓⲟⲥ ⲇⲉ ⲙⲉⲛ

ⲛ̄ⲅⲣⲁⲙⲙⲁⲧⲉⲩⲥ· ⲁⲩⲱ ⲛ̄ⲥⲁϩ ⲙ̄ ⲡⲗⲁⲟⲥ· ⲛ̄ ⲧⲉⲣ
ⲟⲩⲥⲱⲧⲙ̄ ⲉ ⲛⲁⲓ· ⲁⲩϭⲱⲛⲧ̄ ⲉ ⲓ̄ⲥ̄· ϫⲉ ⲁϥⲧⲟⲩⲛ[ⲟⲥ ⲛ]
Fol. 6a 2 ⲙⲱⲟⲩⲧ· Ⲡⲁⲓ ⲛ̄ⲧⲁϥϯ ⲛⲁⲩ ⲙ̄ ⲡⲱⲛϩ̄· ⲁⲩ|ϣⲁϫⲉ ⲉ
ⲣⲟϥ ⲛ̄ ϩⲛ̄ⲡⲉⲑⲟⲟⲩ· ⲉ ⲧⲃⲉ ⲡⲁï ⲁ ⲡⲉⲧ ⲥⲏϩ ϫⲱⲕ ⲉ ⲃⲟⲗ
ⲉ ϫⲱϥ· ϫⲉ ⲁ ⲡϫⲟⲉⲓⲥ ⲉⲣ̄ⲣ̄ⲣⲟ· ⲙⲁⲣⲉ ⲡ̄ⲗⲁⲟⲥ ⲛⲟⲩϭⲥ̄·
Ⲁ ⲡϫⲟⲉⲓⲥ ⲉⲣ̄ⲣ̄ⲣⲟ· ⲁϥⲧⲟⲩⲛⲉⲥ ⲛⲉⲧ ⲙⲟⲟⲩⲧ· ⲁⲛⲓ̈ⲟⲩⲇⲁⲓ
ⲛ̄ⲁⲛⲟⲙⲟⲛ· ϭⲱⲛⲧ ⲉ ⲣⲟϥ· ⲉⲩⲟⲩⲱϣ ⲉ ⲙⲟⲩⲟⲩⲧ
ⲙ̄ⲙⲟϥ· Ⲁ ⲡϫⲟⲉⲓⲥ ⲉⲣ̄ⲣ̄ⲣⲟ· ⲁϥⲛ̄ⲟⲩϫ ⲉ ⲃⲟⲗ ⲛ̄ ⲛ̄ⲇⲁⲓ-
ⲙⲟⲛⲓ̈ⲟⲛ· ⲁⲩⲥⲟϣϥ̄ ϫⲉ ⲃⲣ̄ⲍⲉⲃⲟⲩⲗ· ⲉϥⲛⲉϫ ⲇⲁⲓⲙⲱ-
ⲛⲓⲟⲛ ⲉ ⲃⲟⲗ :—Ⲁ ⲡϫⲟⲉⲓⲥ ⲉⲣ̄ⲣ̄ⲣⲟ ⲁϥⲧⲃ̄ⲃⲟ ⲛ̄ ⲛⲉⲧ ⲥⲟⲃϩ̄·
ⲁⲩϭⲱⲛⲧ̄ ⲉ ⲣⲟϥ· ϫⲉ ⲩⲛⲁⲙⲟⲟⲩⲧϥ̄· ⲉ ⲧⲃⲉ ⲗⲁⲍⲁⲣⲟⲥ·
Fol. 6b 1 ϫⲉ ⲛ[ⲉⲩ]ⲃⲏⲕ ⲧⲏⲣⲟⲩ ⲉ ⲧⲣ [ⲉⲩ]ⲛⲁⲩ ⲉ ⲣⲟϥ· ⲁⲩⲱ | ⲉⲩ-
ī ⲡⲓⲥⲧⲉⲩⲉ ⲉ ⲣⲟϥ ⲧⲏⲣⲟⲩ· ⲁ ⲡϫⲟⲉⲓⲥ ⲉⲣ̄ⲣ̄ⲣⲟ· ⲁϥⲧⲁⲗϭⲉ
ⲛⲉⲧ ⲥⲏϭ· ⲁⲩϭⲱⲛⲧ̄ ⲉ ⲣⲟϥ· ⲛ̄ϭⲓ ⲛ̄ⲁⲧ ϣⲉⲡ ϩⲙⲟⲧ·
ⲁⲩⲱ ⲛⲉⲩⲙⲟⲩⲧⲉ ⲉ ⲣⲟϥ· ϫⲉ ⲡϣⲏⲣⲉ ⲛ̄ ⲓⲱⲥⲏⲫ
ⲡϩⲁⲙϣⲉ· Ⲛ̄ϯϩⲉ ⲟⲛ ⲁϥϭⲱⲛⲧ̄ ⲛ̄ϭⲓ ⲡⲇⲓⲁⲃⲟⲗⲟⲥ ⲙⲛ̄
ⲛⲉϥⲇⲁⲓⲙⲱⲛⲓⲟⲛ· ⲉϫⲛ̄ ⲟⲩⲣⲉϥⲉⲣ ⲛⲟⲃⲉ ⲉϥϣⲁⲛⲙⲉⲧⲁⲛⲟⲓ·
ⲛ̄ⲑⲉ ϩⲱⲱϥ ⲧⲉⲛⲟⲩ· ⲙ̄ ⲡⲉⲓ ⲥⲁⲙⲁⲣⲓⲧⲏⲥ ϫⲉ ⲓⲥⲁⲕ ⲡⲁⲓ
ⲉⲧ ⲛⲡⲉ· ⲉ ⲡϯⲙⲉ ⲉⲧ ⲟⲩⲙⲟⲩⲧⲉ ⲉ ⲣⲟϥ ϫⲉ ⲓⲱⲡⲡⲏ·
ⲁϥⲥⲱⲧⲙ̄ ⲉⲩⲙⲏⲛϣⲉ ⲛ̄ⲣⲱⲙⲉ· ϩⲙ̄ ⲡⲙⲁ ⲉⲧ ⲙ̄ⲙⲁⲩ·
ⲉⲩϫⲱ ⲙ̄ⲙⲟⲥ ϫⲉ ⲙⲁⲣ[ⲉ]ⲛⲃⲱⲕ ⲉ ⲑⲓ̈ⲗⲏⲙ̄ ⲧⲛ̄ⲟⲩⲱϣⲧ
Fol. 6b 2 ⲙ̄ ⲡⲉ|ⲥ̄⳨ⲟⲥ ⲛ̄ ⲓ̄ⲥ̄· ϫⲉ ⲁ ⲡϣⲁ ϩⲱⲛ ⲉ ϩⲟⲩⲛ· ⲡϩⲉⲑ̄ⲛⲟⲥ
ⲅⲁⲣ ⲛ̄ ⲛ̄ⲥⲁⲙ̄ⲁⲣⲓⲧⲏⲥ ⲡⲉ· ⲉⲩϫⲓ ⲛ̄ⲛⲉⲩⲥⲕⲉⲩⲏ ⲧⲏⲣⲟⲩ
ⲛ̄ⲙ̄ⲙⲁⲩ· Ⲡⲉϫⲁϥ ϩⲱⲱϥ ⲛ̄ϭⲓ ⲓⲥⲁⲕ ⲡⲥⲁⲙⲁⲣⲓⲧⲏⲥ·
ⲛ̄ ⲛⲁ ⲡⲉϥⲏⲓ̈· ϫⲉ ϩⲱⲕ ⲛⲛ̄ⲧⲃ̄ⲛⲟⲟⲩⲉ· ⲧⲁⲗⲟ ⲙ̄ ⲡⲛ̄ⲛⲟⲩⲃ·
ⲙⲛ̄ ⲡⲛ̄ϩⲁⲧ ⲛ̄ⲧⲛ̄ϫⲓⲧⲟⲩ ⲉ ⲑⲓ̈ⲉ̈ⲗⲏⲙ̄· ⲙⲛ̄ ⲡⲓⲙⲏⲛϣⲉ
ⲉⲧ ⲃⲏⲕ· ⲛ̄ⲧⲛ̄ⲃⲱⲕ ⲉ ⲧⲡⲏⲅⲏ ⲛ̄ ⲅⲁⲃⲁⲱⲛ· ⲛ̄ⲧⲛ̄ⲧⲃ̄ⲃⲟ
ⲙⲛ̄ ⲛⲉⲛⲥⲕⲉⲩⲏ ⲧⲏⲣⲟⲩ :—Ⲙⲁⲣⲛ̄ⲃⲱⲕ ⲙⲛ̄ ⲙ̄ⲡⲓⲥⲧⲟⲥ
ⲧⲏⲣⲟⲩ ⲉⲧ ⲃⲏⲕ ⲉ ⲡϣⲁ· ϫⲉ ⲛ̄ⲛⲉⲩϩⲉ ⲉ ⲣⲟⲛ· ⲛ̄ϭⲓ
Fol. 7a 1 ⲛ̄ⲗⲉⲃⲁⲣⲓⲧⲏⲥ· ⲛ̄ⲥⲉϩⲁⲣⲡⲁⲍⲉ ⲙ̄ ⲡⲉⲧ ⲛ̄|ⲧⲟⲟⲧⲛ̄· ⲡϩⲉⲑ̄ⲛⲟⲥ
ⲓⲁ ⲅⲁⲣ ⲛ̄ ⲛ̄ⲥⲁⲙⲁⲣⲓⲧⲏⲥ ⲡⲉ ⲡⲁï· ⲉⲩϫⲓ̈ ⲛ̄ⲛⲉⲩⲥⲕⲉⲩⲏ ⲧⲏⲣⲟⲩ
ϫⲓⲛⲉ ⲟⲩⲕⲁⲓⲫⲁⲗⲁⲓⲟⲛ· ϣⲁ ⲟⲩⲉⲗⲁⲭⲓⲥⲧⲟⲛ· ⲛ̄ⲥⲉϭϣ-
ϭⲱϣⲟⲩ ϩⲛ̄ ⲟⲩⲙⲟⲟⲩ· ⲕⲁⲧⲁ ⲡⲉⲩⲟⲩⲱϣ ⲛ̄ϩⲏⲧ ⲉⲑⲟⲟⲩ·
Ⲉϥϣⲁⲛⲙⲟⲩⲟⲩ ⲛ̄ϭⲓ ⲟⲩⲁ ⲉ ⲃⲟⲗ ⲛ̄ϩⲏⲧⲟⲩ· ⲛ̄ ⲛ̄ⲧⲉ

ⲟⲩⲥϩⲓⲙⲉ ⲉⲧ ⲟⲟⲩ ⲧⲉ ⲉⲣϣⲣⲱ· ⲉⲩϣⲁⲛϫⲱϩ ⲉ ⲣⲟⲟⲩ
ϣⲁⲩϫⲱⲕⲙ̅ ϩⲛ̅ ⲟⲩⲙⲟⲩ· ⲉ ⲧⲃⲉ ⲛⲉⲩⲟⲩⲱϣ ⲛ̅ϩⲏⲧ ⲉⲧ
ⲥⲟⲩⲱⲣⲧ̅ (*sic*)· Ⲗⲟⲓⲡⲟⲛ ϩⲓ ⲛⲁï· ⲁϥⲙⲟⲟϣⲉ ⲛ̅ϭⲓ ⲡⲥⲁⲙⲁ-
ⲣⲓⲧⲏⲥ· ⲙⲛ̅ ⲙ̅ⲡⲓ̅ⲥⲧⲟⲥ ⲉϥⲟⲩⲱϣ ⲉ ϫⲱⲕⲙ̅ ϩⲛ̅ ⲧⲡⲏⲅⲏ
ⲉⲧ ϩⲛ̅ ⲅⲁⲃⲁⲱⲛ· ⲙⲛ̅ | ⲛⲉϥⲥⲕⲉⲩⲏ ⲧⲏⲣⲟⲩ· Ⲉⲧⲉ ⲧⲁⲓ Fol. 7 *a* 2
ⲧⲉ ⲧⲡⲏⲅ̅ⲏ̅ ⲛ̅ⲧⲁ ⲓ̅ⲏ̅ⲥ̅ ⲡϣⲏⲣⲉ ⲛ̅ ⲛⲁⲩⲏ· ⲕⲱⲧ ϩⲓ̈ ϫⲱⲥ
ⲛ ⲟⲩⲑⲩⲥⲓⲁⲥⲧⲏⲣⲓⲟⲛ· ⲛ̅ ⲧⲉⲣ ϥⲡⲱϣ ⲉϫⲛ̅ ⲛ̅ ⲛ̅ϣⲏⲣⲉ·
ⲙ̅ ⲡⲓ̅ⲏ̅ⲗ̅· ⲙ̅ ⲡⲕⲁϩ ⲙ̅ ⲡⲉⲣⲏⲧ· ⲉ ⲁϥⲥⲃ̅ⲃ̅ⲉ ⲙ̅ⲙⲟⲟⲩ ϩⲙ̅
ⲡⲙⲁ ⲉⲧ ⲙ̅ⲙⲁⲩ ⲉⲧ ⲙ̅ⲙⲁⲩ (*sic*) ϩⲓϫⲛ̅ ⲧⲡⲏⲅⲏ· Ⲉⲛⲓ ⲇⲏ
ⲉⲩϫⲱ ⲙ̅ⲙⲟⲥ ⲛ̅ϭⲓ ⲛ̅ⲥⲁⲙⲁⲣⲓⲧⲏⲥ· ϫⲉ ⲡⲉⲧ ⲛⲁϫⲱⲕⲙ̅·
ϩⲛ̅ ⲧⲡⲅⲏ ⲉⲧ ⲙ̅ⲙⲁⲩ· ⲛ̅ ⲛϥϩⲱⲣⲡ̅ ⲛ̅ⲛⲉϥⲟⲩⲉⲣⲏⲧⲉ· ⲛ̅
ⲛϥ̅ⲥⲕⲉⲩⲏ ⲛ̅ϩⲏⲧⲥ̅· ⲙⲉⲩⲉⲣ ⲭⲣⲓⲁ ⲛ̅ ϩⲟⲣⲡⲟⲩ ⲛ̅ ⲕ[ⲉ] ⲥⲟⲡ·
ⲁⲩⲱ ⲁⲥϯ▨ ⲙⲟⲟϣⲉ· ⲁ ⲡⲣⲏ▨ | ϩⲱⲥ ⲇⲉ ⲛ̅ⲧ̅ ϫⲟⲟⲥ Fol. 7 *b* 1
ϫⲉ ⲁ ⲡⲣⲏ ϩⲱⲧⲡ̅· ⲁⲩⲱ ⲁ ⲡⲕⲁⲕⲉ ϣⲱⲡⲉ ⲛⲁⲩ ϩⲓ ⲓ̅ⲃ̅
ⲟⲩⲥⲟⲡ· Ⲙ̅ⲡⲓⲥⲧⲟⲥ ⲇⲉ ⲙⲛ̅ ⲡⲥⲁⲙⲁⲣⲓⲧⲏⲥ· ⲁⲩⲉⲓ ⲉ
ϩⲣⲁⲓ ⲉϫⲛ̅ ⲟⲩⲗⲁⲕⲕⲟⲥ ⲙ̅ⲙⲟⲟⲩ· ⲁⲩⲃⲱⲕ ⲉ ⲡⲉⲥⲏⲧ
ⲉ ⲣⲟϥ ϫⲉⲩⲛⲁⲥⲱ ⲛ̅ϭⲓ ⲙ̅ⲡⲓⲥⲧⲟⲥ· ⲙⲛ̅ ⲛⲉⲩϣⲏⲣⲉ ⲙⲛ̅
ⲛⲉⲩⲧⲃ̅ⲛⲟⲟⲩⲉ:—Ⲁ ⲡⲥⲁⲙⲁⲣⲓⲧⲏⲥ ϭⲛ̅ ⲙⲟⲟⲩ ⲛ̅ⲧⲟⲟⲧϥ̅
ⲁϥⲥⲱ̅· ⲙⲛ̅ⲧⲣ̅ ⲭⲣⲓⲁ ⲛ̅ⲛⲉϥⲣⲱⲙⲉ· ⲙⲛ̅ ⲛⲉϥⲧⲃ̅ⲛⲟⲟⲩⲉ·
Ⲡⲉϫⲁϥ ⲛ̅ⲟⲩⲁ ⲛ̅ ⲛⲉⲛⲉⲭⲣⲓⲥϯⲁⲛⲟⲥ (*sic*)· ⲛ̅ϭⲓ ⲡⲥⲁⲙⲁ-
ⲣⲓⲧⲏⲥ· ϫⲉ ⲟⲩⲣⲱ ⲡⲉ ⲡⲓⲥⲕⲩⲗ▨ⲟⲥ· ⲉⲧⲉⲧⲛ̅ⲃⲏⲕ [ⲉ]
ⲑⲓⲉⲗⲏⲙ̅· ⲉ ⲟⲩⲱϣⲧ | ⲛ̅ ⲟⲩϣⲉ ⲉϥϣⲟⲩⲱⲟⲩ· Ⲉ ⲁⲩϩⲱⲧⲃ̅ Fol. 7 *b* 2
ⲛ̅ ⲟⲩⲣⲱⲙⲉ ⲙ̅ ⲡⲣⲟ̅ⲫⲏⲧⲏⲥ ϩⲓ ϫⲱϥ· ⲛϣϣⲉ ⲁⲛ ⲉ
ⲟⲩⲱϣⲧ̅ ⲛⲁϥ· Ⲉ ⲧⲃⲉ ⲡⲁⲓ ⲁⲧⲉⲧⲛ̅ⲙⲟⲩ ϩⲁ ⲡⲓⲃⲉ· ⲙⲛ̅
ⲛⲉⲧⲛ̅ϣⲏⲣⲉ· ⲙⲛ̅ ⲛⲉⲧⲉϥⲛⲟⲟⲩⲉ· ϫⲉ ⲁ ⲡⲛⲟⲩⲧⲉ ϭⲱⲛⲧ̅
ⲉ ⲣⲱⲧⲛ̅ ⲁϥⲧⲣⲉ ⲡⲙⲟⲟⲩ ⲕⲛⲟⲥ· Ⲉⲛⲉϥⲥⲱⲧⲙ̅ ⲉ ⲛⲁⲓ
ⲛ̅ϭⲓ ⲟⲩⲡⲣⲉⲥⲃⲩⲧⲉⲣⲟⲥ· ⲙ̅ ⲙⲁⲓ ⲛⲟⲩⲧⲉ· ⲉ ⲡⲉϥⲣⲁⲛ ⲡⲉ
ⲁⲡⲁ ⲃⲁⲭⲟⲥ· ⲉⲩⲟⲣⲑⲟⲇⲟⲝⲟⲥ ⲡⲉ· ⲉϥϫⲓⲥⲙⲏ ⲉ ⲛⲉⲧ
ⲉⲣⲉ ⲡⲥⲁⲙⲁⲣⲓⲧⲏⲥ· ϫⲱ ⲙ̅ⲙⲟⲟⲩ· ⲉⲛϥϫⲱ ⲅⲁⲣ ⲛ̅
ϩⲛ̅ⲛⲟϭ ⲛ̅ϥⲃⲗⲁⲥⲫⲏⲙⲓⲁ· ⲉ ϩⲟⲩⲛ ⲉ ⲡϣⲉ ⲉⲧ ⲟⲩⲁⲁⲃ
ⲙ̅ ⲡⲉⲥ̅ϯ̅ⲟⲥ· ⲙ̅ ⲡⲛ̅ϫⲟⲉⲓⲥ ⲓ̅ⲥ̅ ⲡⲉⲭ̅ⲥ̅· ⲁϥ|ⲟⲩⲱϣⲃ̅ ⲛ̅ϭⲓ Fol. 8 *a* 1
ⲁⲡⲁ ⲃⲁⲭⲟⲥ· ⲡⲉϫⲁϥ ⲙ̅ ⲡⲥⲁⲙⲁⲣⲓⲧⲏⲥ ϫⲉ ⲛⲓⲙ ⲡⲉ ⲓ̅ⲅ̅
ⲡⲉⲕⲣⲁⲛ ⲛ̅ ⲉⲕⲛⲏⲡⲉ ⲉⲧⲟⲛ· Ⲁϥⲟⲩⲱϣⲃ̅ ⲛ̅ϭⲓ ⲡⲥⲁⲙⲁ-
ⲣⲓⲧⲏⲥ· ϫⲉ ⲓⲥⲁⲕ ⲁⲛⲟⲕ ⲡⲉ ⲡⲁ ⲣⲁⲛ· ⲁⲩⲱ ⲙⲱⲩⲥⲏⲥ

ⲙⲛ̄ ⲓ̄ⲏ̄ⲥ̄ · ⲛ̄ⲛⲧⲁⲩϯ ⲡⲛⲟⲙⲟⲥ ⲛⲁⲓ· ⲁⲗⲗⲁ ⲁ ⲛⲉⲧ ⲙ̄ⲙⲁⲩ
ϣⲁϫⲉ ⲙⲛ̄ ⲡⲛⲟⲩⲧⲉ· Ⲡϣⲏⲣⲉ ϩⲱⲱϥ ⲙ̄ ⲙⲁⲣⲓⲁ: ⲟⲩ-
ⲡⲣⲟⲫⲏⲧⲏⲥ ⲡⲉ· ⲛ̄ⲧⲉ ⲡⲛⲟⲩⲧⲉ· ⲉⲁ ⲛⲓⲟⲩⲇⲁⲓ ⲉⲥϫⲉⲩ-
ⲛⲁⲥ̄ϯⲟⲩ ⲙ̄ⲙⲟϥ· ϫⲉ ⲁϥⲃⲱⲗ ⲉ ⲃⲟⲗ ⲙ̄ ⲡ̄ⲛⲟⲙⲟⲥ ⲙ̄
ⲡⲥⲁⲃⲃⲁⲧⲟⲛ· ⲁ ⲡⲛⲟⲩⲧⲉ ⲛⲁϩⲙⲉϥ ⲉ ⲛⲉⲩϭⲓϫ· ⲁϥⲃⲱⲕ
Fol. 8 *a* 2 ⲉϫⲛ̄ ⲟⲩⲁ ⲙ̄ ⲡ̄ⲧⲟⲟⲩ· ⲙ̄ⲡ ⲟⲩⲉⲓⲙⲉ ⲉ ⲡⲛ̄ⲧⲁϥϣ|ⲱⲡⲉ
ⲙ̄ⲙⲟϥ· ⲁⲩϭⲱⲡⲉ ⲙ̄ ϩⲛ̄ⲕⲉ ⲥⲟⲟⲛⲉ· ⲙⲛ̄ ⲕⲉ ⲟⲩⲁ ϫⲉ
ⲓ̄ⲥ̄· ⲉⲩⲡⲣⲟⲫⲏⲧⲏⲥ ⲟⲛ ⲡⲉ· ⲁⲩⲙⲟⲩⲟⲩⲧ ⲙ̄ⲙⲟϥ ϩⲓϫⲛ̄
ⲟⲩϣⲉ ⲙ̄ ⲥ̄ϯⲟⲥ· ⲡⲁⲓ ⲧⲉⲛⲟⲩ ⲉⲧⲉⲧⲛ̄ϣⲱⲡ ⲛ̄ⲛⲓϩⲉ ⲉ ⲣⲟϥ
ⲉ ⲡϫⲓⲛϫⲏ· ⲉⲧⲛ̄ⲃⲏⲕ ⲉ ⲟⲩⲱϣⲧ̄ ⲛⲁϥ: Ⲁⲩⲱ ⲙ̄ ⲛ̄ϣϣⲉ ⲁⲛ
ⲉⲟⲩⲱϣⲧ̄ ⲙ̄ ⲙⲟⲩⲛ̄ⲅ̄ ϭⲓϫ ⲛ̄ⲣⲱⲙⲉ· ⲁⲗⲗⲁ ⲛ̄ⲛⲁⲟⲩⲱϣⲧ̄
ⲙ̄ ⲡⲛⲟⲩⲧⲉ ⲙ̄ⲙⲁⲩⲁⲁϥ:—Ⲛ̄ⲑⲉ ⲛ̄ⲧⲁϥϣⲁϫⲉ ⲙⲛ̄ ⲡⲉⲓⲱⲧ·
ⲙⲱⲩⲥⲏⲥ· ⲉϥϯ ⲛⲟⲙⲟⲥ ⲛⲁϥ· ϫⲉ ⲙ̄ ⲛ̄ⲛⲟⲩⲱϣⲧ̄ ⲉ ⲛⲟⲩⲧⲉ
ⲙ̄ ϣⲙ̄ⲙⲟ· ⲙ̄ ⲧⲉⲣⲉ ⲥⲱⲧⲙ̄ ⲉ ⲛⲁⲓ ⲛ̄ϭⲓ ⲁⲡⲁ ⲃⲁⲭⲟⲥ·
Fol. 8 *b* 1 ⲡⲉⲡⲣⲉⲥⲃⲩⲧⲉⲣⲟⲥ· ⲁϥ[ϭ]|ⲱⲛⲧ̄ ϩⲙ̄ ⲟⲩϭⲱⲛⲧ̄ ⲛ̄ⲧⲉ ⲡⲛⲟⲩⲧⲉ·
ⲓ̄ⲇ̄ ⲁⲩⲱ ⲡⲉϫⲁϥ ⲙ̄ ⲡⲥⲁⲙⲁⲣⲓⲧⲏⲥ· ϫⲉ ⲟⲛⲧⲟⲥ ⲡⲣⲁⲛ ⲙ̄
ⲡⲡⲁⲧⲣⲓⲁⲣⲭⲏⲥ· ⲛ̄ⲧⲁⲩⲧⲁⲁϥ ⲉ ⲣⲟⲕ ⲛⲁⲛⲟⲩϥ· ⲁⲗⲗⲁ
ⲧⲉⲕⲡⲓⲥ̄ϯⲥ ϣⲟⲩⲉⲓⲧ· ⲁⲩⲱ ⲕ̄ϣⲱⲛⲉ ϩⲙ̄ ⲛⲉⲕⲛⲟⲃⲉ· Ⲡⲗⲏⲛ
ⲙⲛ̄ ⲣⲁⲛ ϩⲓ ⲥⲭⲏⲙⲁ· ⲛⲁⲛⲉϩⲙ̄ ⲡⲣⲱⲙⲉ· ⲉϣⲱⲡⲉ
ⲉⲙⲛ̄ⲧⲁϥ ⲙ̄ⲙⲁⲩ ⲙ̄ ⲡⲇⲉⲗⲓⲟⲛ· ⲉⲧⲉ ⲧⲡⲓⲥ̄ϯⲥ ⲙ̄ ⲟⲣⲑⲟ-
ⲇⲟⲝⲟⲥ ⲡⲉ:—Ⲁⲗⲏⲑⲱⲥ ϯⲙⲁⲕⲁⲣⲓⲍⲉ ⲙ̄ ⲡ̄ϩⲉ̄ⲑⲛⲟⲥ· ⲛ̄ϩⲟⲩⲉ
ⲉ ⲣⲟⲕ· ϫⲉ ⲛⲉⲧ ⲙ̄ⲙⲁⲩ ⲙ̄ⲡ ⲟⲩⲥⲟⲩⲉⲛ ⲡⲥⲟⲩⲛ· ⲁⲩⲱ
Fol. 8 *b* 2 ⲛ̄ⲥⲉⲱϣ ⲁⲛ ⲙ̄ ⲡⲧⲁⲙⲓⲟ ⲙ̄ | ⲡⲛⲟⲩⲧⲉ ⲙ̄ ⲧⲕ̄ϩⲉ· ⲉⲕϫⲱ
ⲙ̄ⲙⲟⲥ· ϫⲉ ⲛⲉϩⲃⲏⲩⲉ ⲧⲏⲣⲟⲩ ⲥⲟⲟϥ ⲛⲁⲓ ⲛ̄ⲧⲁ ⲡⲛⲟⲩⲧⲉ·
ⲥⲟⲛⲧⲟⲩ ⲉⲧⲣ ⲙ̄ⲡⲓⲥⲧⲟⲥ ϫⲓⲧⲟⲩ· ϩⲙ̄ ⲟⲩϣⲉⲡ ϩ̄ⲙⲟⲧ:—
Ⲙⲡⲉ ⲕⲙⲟⲩϣⲧ̄ ⲱ̄ ⲡⲥⲁⲙⲁⲣⲓⲧⲏⲥ· ⲛ̄ⲅ̄ ⲉⲓ̈ⲙⲉ ⲉ ⲡⲉⲧ ⲥⲏϩ·
ϫⲉ ϩⲱⲃ ⲛⲓⲙ· ⲛ̄ⲧⲁ ⲡⲛⲟⲩⲧⲉ ⲧⲁⲙⲓⲟⲟⲩ· ⲛⲁⲛⲟⲩⲟⲩ·
ⲁⲩⲱ ⲙⲛ̄ ⲗⲁⲁⲩ ⲥⲧⲏⲩ ⲉ ⲃⲟⲗ· ⲉⲩϫⲓ̈ ⲙ̄ⲙⲟⲟⲩ ϩⲙ̄
ⲟⲩϣⲉⲡ ϩⲙⲟⲧ:—Ϣ ⲡⲁⲑⲏⲧ ⲙ̄ⲥⲁⲙⲁⲣⲓⲧⲏⲥ ⲉⲛ ⲛ̄ⲡⲣⲟⲥ-
ⲕⲩⲛⲉⲓ ⲁⲛ ⲙ̄ ⲡⲉⲥ̄ϯⲟⲥ· ϩⲱⲥ ⲛⲟⲩⲧⲉ· ⲁⲗⲗⲁ ⲙ̄
ⲡⲣⲟⲥⲕⲩⲛⲉⲓ ⲛⲁϥ· ⲁⲩⲱ ⲛ̄ϯⲉⲟⲟⲩ ⲛⲁϥ· ϫⲉ ⲁ ⲡϣⲏⲣⲉ
Fol. 9 *a* 1 ⲙ̄ ⲡⲛⲟⲩⲧⲉ ϯ ⲉⲟⲟⲩ ⲛⲁϥ· ϫⲉ ⲁϥ|ϫⲱⲕ ⲉ ⲃⲟⲗ ⲛⲉϥⲟⲓ-
ⲓ̄ⲉ̄ ⲕⲟⲛⲟⲙⲓⲁ ϩⲓ ϫⲱϥ· Ⲥⲱⲧⲙ̄ ⲉ ⲣⲟⲓ ⲱ̄ ⲡⲥⲁⲙⲁⲣⲓⲧⲏⲥ·
ⲧⲁϣⲁϫⲉ ⲛ̄ⲙ̄ⲙⲁⲕ· ⲁ ⲡϩⲱⲃ ⲙ̄ ϩⲟⲙⲛ̄ⲧ ⲟⲩⲱⲛϩ̄ ⲉ ⲃⲟⲗ·

ⲉϥⲟ ⲛ̄ϣⲡⲏⲣⲉ· ⲡⲁⲓ ⲛ̄ⲧⲁ ⲙⲱⲩⲥⲏⲥ ⲧⲁⲙⲓⲟϥ ϩⲛ̄ ⲧⲉⲣⲩ-
ⲙⲟⲥ· ⲙ̄ ⲡⲓⲟⲩⲟⲉⲓϣ· ϩⲱⲥ ⲉⲣϣⲁⲛ ⲡϩⲱⲃ ⲉⲧ ⲟⲛϩ̄·
ⲗⲝ̄ ⲟⲩⲁ· ϩⲛ̄ ⲛ̄ ⲛ̄ϣⲏⲣⲉ ⲙ̄ ⲡⲓⲏ̄ⲗ̄· ⲛϥⲉⲓ ϩⲛ̄ ⲟⲩϭⲉⲡⲏ·
ⲛⲁϩⲣⲉⲙ ⲡϩⲱϥ ⲛ̄ ϩⲟⲙⲛ̄ⲧ· ⲛϥϭⲱϣⲧ̄ ⲉ ⲣⲟϥ ϣⲁϥⲙ̄-
ⲧⲟⲛ:—Ⲗⲩϫⲟⲟⲥ ⲅⲁⲣ ⲛ̄ϭⲓ ⲛ̄ⲁⲣⲭⲁⲓⲟⲛ· ϫⲉ ⲛ̄ϩⲱⲃ ⲉⲧ
ⲙ̄ⲙⲁⲩ· ⲛ̄ⲧⲁ ⲡⲛⲟⲩⲧⲉ ϫⲟⲟⲥⲟⲩ ⲉ ϩⲟⲩⲛ ⲛ̄ϣⲏⲣⲉ ⲙ̄
ⲡⲓⲏ̄ⲗ̄· ⲥⲉϩⲟⲟⲩ ⲙ̄ⲙⲁⲧⲉ· ϩⲱⲥ | ⲇⲉ ⲉϥϣⲁⲛⲗⲝ̄ ⲟⲩⲁ Fol. 9 *a* 2
ⲛ̄ϩⲏⲧⲟⲩ· ϣⲁⲣⲉ ⲡⲉⲩⲙⲉⲗⲟⲥ ⲗⲟϥⲗⲉϥ ⲉ ⲃⲟⲗ ⲛ̄ⲥⲉϩⲉ
ⲉ ⲡⲉⲥⲏⲧ ⲕⲟⲩⲓ ⲕⲟⲩⲓ· ϣⲁⲛⲧ ⲟⲩⲱϫⲛ̄ ⲉ ⲡⲧⲏⲣϥ̄:—Ⲉϣϫⲉ
ⲁ ⲡϩⲱⲃ ⲛ̄ ϩⲟⲙⲛ̄ⲧ ⲕⲁⲧⲁⲣⲅⲉⲓ ⲙ̄ ⲡϩⲱⲃ ⲛ̄ ⲥⲓⲧ· ⲉⲧⲉ ⲧⲁⲓ
ⲧⲉ ⲧϩ̄ⲃⲱ· ⲧⲁⲓ ⲛ̄ⲧⲁ ⲡⲛⲟⲩⲧⲉ ϣⲁϫⲉ ⲙⲛ̄ ⲙⲱⲩⲥⲏⲥ ⲉ
ⲧⲃⲏⲏⲧⲥ̄· Ⲉⲓⲉ ⲡϣⲉ ϩⲱⲱϥ ⲙ̄ ⲡⲉⲥ̄ϯⲟⲥ ⲕⲁⲧⲁⲣⲅⲉⲓ ⲁⲛ·
ⲛ̄ ⲧⲙⲁⲧⲟⲩ ⲙ̄ ⲡϩⲱⲃ ⲛ̄ⲡⲟⲛⲧⲟⲛ· ⲡⲁⲓ ⲛ̄ⲧⲁⲕⲁⲙⲁ ⲛⲁⲕ
ⲛ̄ϩⲏⲧϥⲕ (*sic*)· ⲉⲧⲉ ⲡⲁⲓ ⲡⲉ ⲡⲇⲓⲁⲃⲟⲗⲟⲥ:—Ⲡϣⲉ ⲙ̄ ⲡⲉⲥ̄-
ϯⲟⲥ· ⲁϥⲣ̄ ⲙⲁ ⲛ̄ ⲟⲩⲱϩ ⲙ̄ ⲡⲁ ϫⲟⲉⲓⲥ ⲓ̄ⲥ̄ ⲡⲉⲭ̄ⲥ̄: Ⲡϣⲉ
ⲙ̄ ⲡⲉⲥ̄ϯⲟⲥ· ⲛ̄ⲛ̄ⲧⲁϥϣⲱⲡⲉ ⲉ ⲣⲟϥ ⲙ̄ ⲡⲛⲟⲩ[ⲧ]ⲉ ⲁϥⲁⲗⲉ
ⲉ ϩⲣⲁⲓ ⲉ ϫⲱ[ϥ] | ⲙ̄ⲙⲓⲛ ⲙ̄ⲙⲟϥ· ϩⲙ̄ ⲡⲉϥⲟⲩⲱϣ· Fol. 9 *b* 1 ⲓ̄ⲉ̄
ⲁϥⲙⲟⲩ ⲉ ⲧⲃⲏⲏⲧⲛ̄· ⲁⲛⲟⲛ ⲛⲓⲣⲱⲙⲉ ⲛ̄ⲣϥ̄ⲉⲣⲛⲟⲃⲉ· ϩⲙ̄
ⲡⲧⲣⲉ ⲡϫⲟⲉⲓⲥ· ⲣⲓⲕⲉ ⲉ̄ⲛ ⲧⲉϥⲁⲡⲉ ϩⲓ ϫⲱϥ· ⲁϥⲕⲁ ⲡⲧⲏⲩ·
ⲕⲁⲧⲁ ⲡⲟⲩⲱϣ ⲙ̄ ⲡⲉϥⲉⲓⲱⲧ ⲛ̄ ⲁⲅⲁⲑⲟⲥ· ⲡϣⲉ ϩⲱⲱϥ
ⲙ̄ ⲡⲉⲥ̄ϯⲟⲥ· ⲛ̄ⲧⲟϥ ⲡⲉ ⲛ̄ⲧⲁϥⲃⲓ ⲙ̄ⲙⲁⲩ· ⲛ̄ⲧϫⲉⲛ ⲉⲛ
ⲧⲙⲏⲧⲉ ⲙ ⲡϫⲟⲗϫⲉⲗ· ⲉⲧ ⲟⲩⲧⲱⲛ ⲙⲛ̄ ⲡⲛⲟⲩⲧⲉ ⲡⲉⲓⲱⲧ·
ϩⲓⲧⲛ̄ ⲡⲉϥⲙⲟⲛⲟⲅⲉⲛⲏⲥ ⲛ̄ϣⲏⲣⲉ· ⲓ̄ⲥ̄ ⲡⲉⲭ̄ⲥ̄ ⲛ̄ⲛ̄ⲧⲁϥⲁⲗⲉ
ⲉ ⲣⲟϥ ϩⲁ ⲣⲟⲛ:—Ⲧⲕⲟⲓⲃⲟⲩⲧⲟⲥ ⲛ̄ⲧⲁ ⲛⲟϩⲉ ⲧⲁⲙⲓⲟⲥ·
ⲙ̄ ⲡⲓ̈ⲟⲩⲟⲉⲓϣ ⲕⲁⲧⲁ ⲡⲟⲩⲉϩⲥⲁϩⲛⲉ ⲙ̄ ⲡϫⲟⲉⲓⲥ· ⲛ̄ⲧⲁ-
ⲥ̀ⲧⲱⲟⲩⲛ ϩⲁ ⲛ̄ⲣⲱⲙⲉ ⲙⲛ̄ ⲛ̄ⲧⲃ̄ⲛⲟⲟⲩⲉ· ⲉ ⲁⲩⲟⲩϫⲁⲓ ⲉ
ⲡⲙⲟⲟⲩ ⲉ ⲡⲕⲁⲧⲁⲕⲗⲩⲥⲙⲟⲥ· [ⲛ̄ⲧ]ⲟⲕ ⲇⲉ ⲱ̄ ⲡⲉⲥ̄ϯⲟⲥ·
ⲉⲧ ϩⲁ [ⲣⲟ]ⲟⲩ· ⲁⲕⲧⲱⲟⲩⲛ ϩⲁ | ⲡⲛ̄ⲧ̄ ⲁϥⲟⲩⲉϩⲥⲁϩⲛⲉ ⲛ̄ Fol. 9 *b* 2
ⲛⲟϩⲉ· ⲉ ⲧⲁⲙⲓⲟ ⲛ̄ ⲧⲕⲟⲓⲃⲟⲩⲧⲟⲥ· ⲁⲩⲱ ⲁϥⲥⲱⲟⲩϩ ϣⲁ
ⲣⲟϥ ⲛ̄ⲅⲉⲛⲟⲥ ⲛⲓⲙ· ⲉ ⲁϥⲉⲓⲛⲉ ⲉ ϩⲟⲩⲛ ⲛ̄ⲡⲉⲩⲧⲣⲟⲫⲏ·
ϩⲟⲥ ⲟⲓⲕⲟⲛ(ⲟ)ⲙⲟⲥ ⲉⲛⲁⲛⲟⲩϥ· ⲉ ⲁϥϯ ⲛ̄ ⲟⲩϣⲟϫⲡ̄ ⲉ ⲡⲕⲟⲥ-
ⲙⲟⲥ· Ⲛ̄ⲧⲟⲕ ⲟⲛ ⲱ̄ ⲡⲉⲥ̄ϯⲟⲥ ⲡⲉⲛⲧⲁⲕⲉⲣ ⲡⲕⲟⲥⲙⲟⲥ ⲛ̄
ⲃ̄ⲣ̄ⲣⲉ· ϩⲙ̄ ⲡⲧⲣⲉⲩ ⲡⲱⲣϩ̄ ⲉ ⲃⲟⲗ ϩⲓ ϫⲱⲕ· ⲙ̄ ⲡⲉⲥⲛⲟϥ
ⲙ̄ ⲡⲉϩⲓⲃ ⲛ̄ ⲁⲧ ⲧⲱⲗⲙ̄ ⲡⲉⲭ̄ⲥ̄ ⲓ̄ⲥ̄ ⲡϣⲏⲣⲉ ⲙ̄ ⲡⲛⲟⲩⲧⲉ

ⲉⲧ ⲱⲛϩ̅ :—Ⲓⲥⲁⲕ ⲇⲉ ⲡⲥⲁⲙⲁⲣⲓⲧⲏⲥ ⲛ̅ ⲧⲉⲣ ϥ̅ⲥⲱⲧⲙ̅ ⲉ
ⲛⲁⲓ̈ ⲉⲣⲉ ⲁⲡⲁ ⲃⲁⲭⲟⲥ · ϫⲱ ⲙ̅ⲙⲟⲟⲩ · ⲁϥⲣ̅ϣⲡⲏⲣⲉ
ⲁⲩⲱ ⲁϥϣⲁϫⲉ ⲛ̅ⲙ̅ⲙⲁϥ ⲉϥϫⲱ ⲙ̅ⲙⲟⲥ ϫⲉ ⲉⲓ̈ⲥ ϩⲏⲛⲧⲉ ·
Fol. 10 a 1 ⲁⲕϫⲟⲟⲥ · ϫⲉ ⲙⲱⲩⲥⲏⲥ | ⲁϥⲉⲓⲣⲉ ⲛ̅ ⲛⲓⲛⲟϭ ⲛ̅ϣⲡⲏⲣⲉ
ⲓ̅ⲍ̅ ⲁϥⲕⲁⲧⲁⲣⲅⲉⲓ̈ ⲙ̅ ⲡϩⲟϥ ⲛ̅ ⲥⲓⲧ ⲉⲧ ⲙⲟⲩⲟⲩⲧ ⲛ̅ ⲛⲉⲧ ⲉϥ-
ⲛⲁⲗⲟⲕⲥⲟⲩ · Ⲁϣ ⲧⲉ ⲧⲉϣⲡⲏⲣⲉ ϩⲱⲱⲥ ⲛ̅ⲧⲁ ⲡⲉⲥ̅⳨ⲟⲥ̅
ⲁⲁⲥ · ϫⲉ ⲕⲁⲥ ⲉⲓⲉⲡⲓⲥⲧⲉⲩⲉ ⲉ ⲣⲟϥ ϩⲱ · Ⲁϥⲟⲩⲱϣⲃ̅
ⲛ̅ϭⲓ ⲁⲡⲁ ⲡⲁⲭⲟⲥ ⲡⲉϫⲁϥ ⲛⲁϥ · ϫⲉ ⲱ̅ ⲓ̈ⲥⲁⲁⲕ ⲡⲥⲁⲙⲁ-
ⲣⲓ̈ⲧⲏⲥ · ⲙⲱⲩⲥⲏⲥ ⲙ̅ⲡⲉ ⲕⲛⲁⲩ ⲉ ⲣⲟϥ ⲉ̅ⲛⲉϩ ⲟⲩⲇⲉ
ⲛⲉϥϣⲡⲏⲣⲉ · ⲁⲗⲗⲁ ⲁⲕⲥⲱⲧⲙ̅ ⲡⲁⲛⲧⲟⲥ ϩⲁ ⲣⲟϥ · Ⲉϣⲱⲡⲉ
Fol. 10 a 2 ϩⲱⲱϥ ⲉⲕϣⲁⲛⲛⲁⲩ ⲉ ⲧϭⲟⲙ ⲙ̅|ⲡⲉⲭ̅ⲥ̅ ⲕⲛⲁⲡⲓⲥⲧⲉⲩⲉ ⲉ
ⲣⲟϥ ⲙⲛ̅ ⲡⲉϥⲥ̅⳨ⲟⲥ̅ ⲉⲧ ⲟⲩⲁⲁⲃ · Ⲡⲉϫⲉ ⲡⲥⲁⲙⲁⲣⲓ̈ⲧⲏⲥ
ⲛⲁϥ ϫⲉ ⲉⲣϣⲁⲛ ⲙⲱⲩⲥⲏⲥ ⲙⲛ̅ ⲓⲏⲥⲟⲩ ϣⲁϫⲉ ⲛⲙ̅ ⲙⲁⲓ̈ ·
ⲛ̅ ϯⲛⲁⲡⲓⲥⲧⲉⲩⲉ ⲁⲛ ⲉ ⲡⲉⲓ̈ ϣⲉ ⲉⲧ ⲉⲕϣⲁϫⲉ ⲉ ⲣⲟϥ ·
ⲉⲓ̈ ⲙ̅ⲡⲉ ⲓ̈ⲛⲁⲩ ⲉⲩϭⲟⲙ ⲉ ⲁⲥⲉⲓ ⲉ ⲃⲟⲗ ⲛ̅ϩⲏⲧϥ̅ · Ⲁϥⲟⲩⲱϣⲃ̅
ⲛ̅ϭⲓ ⲁⲡⲁ ⲡⲁⲭⲟⲥ ⲡⲉⲡⲣⲉⲥⲃⲩⲧⲉⲣⲟⲥ · ϫⲉ ⲉ ⲧⲃⲏⲏⲧⲕ̅
ⲁⲛ ⲙ̅ⲙⲁⲧⲉ ⲉⲓⲛⲁⲉⲓⲣⲉ ⲙ̅ ⲡⲉⲓ ⲙⲁⲉⲓⲛ ⲛ̅ϣⲡⲏⲣⲉ · ⲁⲗⲗⲁ
ⲉ ⲧⲃⲉ ⲡⲉⲓ ⲙⲏⲏ̅ϣⲉ ⲛ̅ⲧⲁⲩⲉⲓ ⲉ ⲟⲩⲱϣⲧ̅ ⲙ̅ ⲡ̅ϣⲉ ⲙ
Fol. 10 b 1 ⲡⲉⲥ̅⳨ⲟⲥ̅ ⲉⲧ ⲟⲩⲁⲁ̅ⲃ̅ ⲙ̅ ⲡⲉⲛ|ϫⲟⲉⲓⲥ ⲓ̅ⲥ̅ ⲡⲉⲭ̅ⲥ̅ · ϫⲉ
ⲓ̅ⲏ̅ ⲛ̅ⲛⲉⲩⲥⲕⲁⲛⲇⲁⲗⲓⲍⲉ ⲛ̅ ⲧⲕ̅ϩⲉ · ϯⲛⲁϣⲗⲏⲗ ⲉ ⲡⲛ̅ⲧⲁϥϩⲁⲗⲉ
ⲉ ⲡⲉⲥ̅⳨ⲟⲥ̅ · ⲁϥⲙⲟⲩ ϩⲁ ⲣⲟⲛ · ϩⲙ̅ ⲡⲉϥⲟⲩⲱϣ ⲙ̅ⲙⲓⲛ
ⲉⲙⲙⲟϥ · ϩⲁ ⲡⲛ̅ⲟⲩϫⲁⲓ :—Ⲁⲩⲱ ⲁϥϣⲗⲏⲗ ⲉϫⲙ̅ ⲡⲗⲁⲕ-
ⲕⲟⲥ ⲉϥϫⲱ ⲙ̅ⲙⲟⲥ ϫⲉ ⲡⲛ̅ⲧⲁϥⲧⲣⲉ ⲛⲓ̈ⲉⲣⲟⲟⲩ · ϩⲁⲧⲉ ϩⲛ̅
ⲟⲩϩⲗⲟϭ · ⲉ ⲧⲣⲉ ⲩⲥⲱ ⲉ ⲃⲟⲗ ⲛ̅ϩⲏⲧⲟⲩ ⲛ̅ϭⲓ ⲅⲉⲛⲟⲥ ⲛⲓⲙ
ⲛ̅ⲣⲱⲙⲉ ⲁⲩⲱ ⲑⲁⲗⲁⲥⲥⲁ · ⲁⲕⲕⲱ ⲙ̅ⲙⲟⲥ ⲉⲩⲥⲓϣⲉ ⲉⲣⲉ
ⲛⲓⲉⲣⲟⲟⲩ ϩⲁⲧⲉ ⲉ ⲡⲉⲥⲏⲧ ⲉ ⲣⲟⲥ · ⲁⲩⲱ ⲙⲉⲥⲗⲟ ⲉⲥⲥⲁϣⲉ
ⲉⲥⲙⲟⲗⲉϩ · ⲛⲓⲙ ⲡⲉⲛ[ⲧ]ⲁϥϭⲛ̅ ⲣⲁⲧⲥ̅ ⲛ̅ⲧⲉⲕⲥⲟⲫⲓⲁ · ⲱ̅
Fol. 10 b 2 ⲡⲛ|ⲟⲩⲧⲉ ⲡⲙ̅ⲙⲁⲓⲣⲱⲙⲉ · ϫⲓⲛⲉ ϣⲟⲣⲡ̅ ⲅⲁⲣ · ⲁⲕⲥⲟⲟⲩϩ
ⲉ ϩⲟⲩⲛ ⲛⲓⲙⲟⲩⲛⲙⲟⲟⲩⲉ · ⲉⲩⲥⲟⲟⲩϩⲥ̅ ⲛ̅ⲟⲩⲱⲧ · ⲁⲕⲧⲁϫⲣⲉ
ⲡⲕⲁϩ ⲉⲧ ⲙ̅ ⲃⲟⲗ · ϩⲙ̅ ⲡϩⲏⲧ ⲙ̅ ⲡⲙⲟⲟⲩ · ⲁⲩⲱ ⲁⲕⲡⲱϣ
ⲙ̅ ⲡⲙⲟⲟⲩ · ⲁⲕⲁⲁϥ ⲛ̅ϣⲟⲙⲛ̅ⲧ ⲛ̅ⲟⲩⲟⲛ · ⲁⲕⲕⲱ ⲛ̅ ⲟⲩ-
ⲙⲉⲣⲟⲥ ϩⲁ ⲡⲉⲥⲧⲉⲣⲉⲱⲙⲁ · ⲁⲩⲱ ⲕⲉ ⲙⲉⲣⲟⲥ ϩⲛ̅ ⲑⲁⲗⲁⲥⲥⲁ
ⲙⲛ̅ ⲛⲓⲉⲣⲟⲟⲩ · ⲁⲩⲱ ⲕⲉ ⲙⲉⲣⲟⲥ ϩⲁ ⲡⲉⲥⲏⲧ ⲉ ⲡⲕⲁϩ :
Ⲁ ⲧⲉⲕⲙⲛ̅ⲧⲡⲣⲟⲅⲛⲟⲥⲧⲏⲥ ⲧⲟϭⲟⲩ · ϩⲛ̅ ⲟⲩⲧⲱϣ ⲉⲛⲁⲛⲟⲩϥ ·

ϩⲱⲥ ⲧⲉ ⲛ̄ⲕⲉ ⲭⲱⲣⲁ ⲉⲧⲉ ⲙⲛ̄ ⲛⲓⲉⲣⲟ ⲛ̄ϩⲏⲧⲟⲩ· ⲛ̄ⲧ^{ⲧⲉ} ⲕⲙⲛ̄ⲧ-
ⲁⲅⲁⲑⲟⲥ· ⲧⲥⲟⲟⲩϩ ⲙ̄ ⲡϩⲟⲩ ⲙ̄ⲡⲉ· ⲡⲉⲧ ⲛⲁⲣ̄ ⲭⲣⲓ̈ⲁ ⲟⲛ ⲙ̄
ⲡⲙⲟⲟⲩ· ⲉⲧ ⲥⲁ | ⲡⲉⲥⲏⲧ ⲙ̄ ⲡⲕⲁϩ ϥ̄ⲛⲁϩⲉ ⲉ ⲣⲟϥ· ⲛⲛ̄ⲧⲁϥ- Fol. 11 *a* 1
ⲥⲱⲧⲙ̄ ⲉ ⲙⲱⲩⲥⲏⲥ ⲡⲉⲡⲣⲟⲫⲏⲧⲏⲥ ⲁϥⲧⲣⲉ ⲛⲉⲙⲟⲟⲩ ⲉⲧ ϩⲛ̄ ⲓ̄ⲑ̄
ⲉⲗⲉⲓⲙ ϩⲗⲟϭ· ⲉⲩⲣ̄ ⲙⲛ̄ⲧⲥⲛⲟⲟⲩⲥ ⲙ̄ ⲡⲏⲅⲏ· ⲁⲕϯ ⲙⲁⲉⲓⲛ
ⲛⲁϥ ⲉⲩϣⲉ· ⲉⲧⲉ ⲡⲁⲓ ⲡⲉ ⲡϣⲉ ⲙ̄ ⲡⲉⲥ̄ϯⲟ̄ⲥ̄ ⲉⲧ ⲟⲩⲁⲁⲃ·
ⲟⲩⲛ̄ϭⲟⲙ ⲙ̄ⲙⲟⲕ ⲉ ⲧⲣⲉ ⲡⲉⲓ ⲙⲟⲟⲩ ϩⲗⲟϭ· ϫⲉ ⲧⲟⲕ ⲧⲉ
ⲧⲉⲝⲟⲩⲥⲓⲁ ⲙⲁⲩⲁⲁⲕ· ⲉϫⲛ̄ ⲛ̄ⲕⲁⲁ ⲛⲓⲙ· Ⲧⲉⲛⲟⲩ ϭⲉ
ⲡϫⲟⲉⲓⲥ ⲡⲁ ⲛⲟⲩⲧⲉ· ⲛ̄ⲑⲉ ⲛ̄ⲧⲁⲕⲱⲛϩ̄ ⲉ ⲃⲟⲗ ⲙ̄ ⲡⲓ ϣⲉ
ⲉ ⲙⲱⲩⲥⲏⲥ ϫⲉ ⲉⲩⲉⲡⲓⲥⲧⲉⲩⲉ ⲛ̄ϭⲓ ⲛⲁ ⲡⲗⲁⲟⲥ ⲧⲏⲣϥ̄ ⲙ̄
ⲡⲓⲏ̄ⲗ̄ :—Ⲧⲉⲛⲟⲩ ⲇⲉ ⲟⲛ ⲙⲁⲣⲉ ⲡⲕ̄ⲣⲁⲛ ϫⲓ ⲉⲟⲟⲩ ⲛ̄ⲑⲉ ⲟⲛ
ⲧⲉⲛⲟⲩ ⲧⲕ̄ | ϫⲓ ⲉⲟⲟⲩ ϩⲛ̄ ⲛⲕ̄ϩⲃⲏⲩⲉ ⲧⲏⲣⲟⲩ· ⲁⲩⲱ ⲙ̄ⲡⲉⲣ Fol. 11 *a* 2
ⲕⲁ ⲛⲓϩⲑ̄ⲛⲟⲥ ⲉ ϫⲟⲟⲥ· ϫⲉ ϥⲧⲱⲛ ⲡⲉⲩⲛⲟⲩⲧⲉ· Ⲉϥϣⲗⲏⲗ
ⲇⲉ ⲉ ϩⲣⲁⲓ̈ ⲉ ⲡⲛⲟⲩⲧⲉ· ⲛ̄ϭⲓ ⲁⲡⲁ ⲃⲁⲭⲟⲥ· ⲁⲩⲥⲙⲏ
ϣⲱⲡⲉ ϣⲁ ⲣⲟϥ ⲉⲥϫⲱ ⲙ̄ⲙⲟⲥ· ϫⲉ ⲡⲉⲧ ⲡⲓⲥⲧⲉⲩⲉ ⲉ ⲣⲟⲓ·
ϥⲛⲁϫⲟⲟ ⲙ ⲡⲓ ⲧⲟⲟⲩ· ϫⲉ ⲡⲱⲱⲛⲉ ⲉ ⲡⲓ ⲙⲁ ⲡⲁⲓ ⲛϥ̄-
ⲡⲱⲱⲛⲉ· ⲁⲩⲱ ⲙⲛ̄ ⲗⲁⲁⲩ ⲛⲁⲣ̄ ⲁⲧ ϭⲟⲙ ⲙ̄ ⲡⲓⲥⲧⲉⲩⲉ·
Ⲡⲉⲧ ⲡⲓⲥⲧⲉⲩⲉ ⲅⲁⲣ ⲉ ⲡⲉⲥ̄ϯⲟ̄ⲥ̄· ϫⲉ ⲟⲩⲛ̄ϭⲟ[ⲙ̄] ⲙ̄ⲙⲟϥ
ⲉ ⲉⲓⲣⲉ ⲛⲓ̈ϣⲡⲏⲣⲉ· ϥ̄ⲛⲁⲙⲙⲁⲧⲉ ⲙ̄ ⲡⲉⲧ ϥ̄ϣⲓⲛⲉ ⲛ̄ⲥⲱϥ·
ⲁⲩⲱ ⲡⲧ̄ ϫⲓ ⲙ̄ⲙⲟⲓ· ⲉϥϫⲓ ⲙ̄ ⲛⲛ̄ⲧⲁϥⲧⲛ̄ⲛⲟⲟⲩⲧ· | ⲧⲉⲛⲟⲩ Fol. 11 *b* 1
ϭⲉ ⲛⲛ̄ⲧⲁⲕ ⲁⲓϯ ⲙ̄ⲙⲟϥ· ϥⲛⲁϣⲱⲡⲉ ⲛⲁⲕ· ⲉ ⲧⲃⲉ ⲡⲓⲥϯⲥ ⲕ̄
ⲉⲧ ϩⲙ̄ ⲡⲕ̄ϩⲏⲧ· Ⲡⲉⲧ ⲁⲙⲁϩⲧⲉ ⲛ̄ ⲧⲡⲓⲥϯⲥ ⲉⲧ ⲟⲩⲟϫ·
ⲡⲟϥ ⲡⲉ ⲡⲧⲏⲣϥ̄· Ⲁⲩⲱ ⲛ̄ϯϩⲉ· ⲁϥϫⲓ ⲛ̄ϭⲓ ⲡⲡⲉⲧ
ⲟⲩⲁⲁⲃ· ⲁⲡⲁ ⲃⲁⲭⲟⲥ· ⲛ̄ⲥⲛ̄ⲧⲉ ⲛ̄ⲕⲟⲩⲓ ⲛ̄ⲕⲟⲟϩ ⲛ̄ϣⲉ·
ⲁϥⲙⲱⲣⲟⲩ ⲉⲛⲉⲩⲉⲣⲏⲩ· ⲙ̄ ⲡⲧⲏⲡⲟⲥ ⲙ̄ ⲡⲉⲥ̄ϯⲟ̄ⲥ̄ ⲉⲧ
ⲟⲩⲁⲁⲃ· ⲁϥⲛⲟϫⲟⲩ ⲉ ⲡⲗⲁⲕⲕⲟⲥ ⲙ̄ⲙⲟⲟⲩ· Ⲁϥⲱϣ ⲉ
ⲃⲟⲗ ⲉϥϫⲱ ⲙ̄ⲙⲟⲥ· ϫⲉ ⲡⲙⲟⲟⲩ ⲁ ⲡⲉⲭ̄ⲥ̄ ⲧⲁⲗϭⲟϥ
ϩⲓⲧⲛ̄ ⲡⲉϥ̄ⲥ̄ϯⲟ̄ⲥ̄· ⲉϥⲉϣⲱⲡⲉ ⲛ̄ ⲟⲩⲙⲟⲟⲩ ⲛ̄ ϩⲗⲏϭⲉ ϫⲓⲛ
ⲧⲉⲛⲟⲩ· ⲁⲩⲱ ⲟⲛ ϣⲁ ⲉⲛϩ̄ ⲛ̄ ⲉⲛϩ̄· ⲛ̄ⲥⲉⲉⲥⲱ ⲉ ⲃⲟⲗ
ⲛ̄ϩⲏⲧϥ̄ ϩⲛ̄ ⲟⲩⲡⲓⲥϯⲥ· ⲛ̄ϭⲓ ⲟⲩⲟⲛ ⲛⲓⲙ ⲉⲧ ⲡⲓⲥⲧⲉ|ⲩⲉ Fol. 11 *b* 2
ⲉ ⲡⲉⲥ̄ϯⲟ̄ⲥ̄ ⲙ̄ ⲡⲉⲭ̄ⲥ̄· Ⲛ̄ϫⲁϫⲉ ϩⲟⲟⲩ ⲙ̄ ⲡⲉⲭ̄ⲥ̄ ⲛⲁⲓ
ⲛ̄ⲥⲉⲉⲡⲓⲥⲧⲉⲩⲉ ⲁⲛ ⲉ ⲣⲟϥ ⲙⲛ̄ ⲡⲉϥ̄ⲥ̄ϯⲟ̄ⲥ̄· ⲛⲛⲉⲩϣ̄ⲥⲱ ⲉ
ⲃⲟⲗ ϩⲙ̄ ⲡⲓⲗⲁⲕⲕⲟⲥ ⲡⲁⲓ· ⲁⲗⲗⲁ ⲉϥⲉϣⲱⲡⲉ ⲛⲁⲩ
ⲉⲩϩⲙ̄ϫ· ⲉϥϫⲏϥ ⲉϥⲥⲁϣⲉ· Ⲛ̄ ⲧⲉⲣ ϥ̄ⲟⲩⲱ ⲇⲉ· ⲉϥ-

ⲧⲁⲟⲩⲟ ⲛⲁⲓ· ⲛ̄ϭⲓ ⲁⲡⲁ ⲃⲁⲭⲟⲥ· ⲁϥⲱϣ ⲉ ⲡⲙⲏⲛϣⲉ
ϩⲛ̄ ⲧⲉⲥⲙⲏ ⲙ̄ ⲡⲉⲩⲁⲅⲅⲉⲗⲓⲟⲛ· ϫⲉ ⲡⲉⲧ ⲟⲃⲉ ⲙⲁⲣϥ̄ⲉⲓ
ϣⲁ ⲣⲟⲓ ⲛϥ̄ⲥⲱ· ⲡⲉⲧ ⲡⲓⲥⲧⲉⲩⲉ ⲉ ⲡⲉⲥ̄⳨ⲟ̄ⲥ̄ ⲙ̄ ⲡⲉⲭ̄ⲥ̄· ⲁⲩⲱ
ⲁ ⲡⲙⲏⲛϣⲉ ⲛ ⲙ̄ⲡⲓⲥⲧⲟⲥ ⲃⲱⲕ ⲉϫⲙ̄ ⲡⲗⲁⲕⲕⲟⲥ· ⲁⲩϫⲓ
ⲉ ⲃⲟⲗ ⲛ̄ϩⲏⲧϥ̄· ⲁⲩϭⲛ̄ⲧϥ̄ ⲉϥϩⲟⲗϭ̄ ⲉ ⲡϥ̄ⲉⲓⲱ· ⲁⲩⲱ
ⲉⲛⲁⲛⲟⲩϥ ⲙ̄ⲙⲁⲧⲉ :—ⲁⲩⲱ ⲛ̄ ⲧⲉⲣ ⲟⲩϭⲱϣⲧ̄ ⲉ ⲡⲉⲥⲏⲧ ⲉ
ⲡⲗⲁⲕⲕⲟⲥ· ⲛ̄ϭⲓ ⲛⲉⲧ ⲡⲛ̄ⲅ̄ ⲙ̄ⲙⲟⲟⲩ· ⲁⲩϭⲓⲛⲉ ⲁⲩⲱ ⲁⲩⲛⲁⲩ|
Fol. 12 *a* 1 ⲛⲁⲩ (*sic*) ⲉⲩⲕⲟⲩⲓ ⲛ ⲥ̄⳨ⲟ̄ⲥ̄ ⲙ̄ ⲡⲉⲥⲙⲟⲧ ⲛ̄ ⲟⲩⲗⲁⲙⲡⲁⲥ
ⲕ̄ⲁ̄ ⲛ̄ ⲟⲩⲟⲉⲓⲛ· ⲁⲩⲱ ⲁⲩⲱϣ ⲉ ⲃⲟⲗ ⲧⲏⲣⲟⲩ· ϫⲉ ⲟⲩⲁ ⲡⲉ
ⲡⲉⲭ̄ⲥ̄ ⲓ̄ⲥ̄· ⲙⲛ̄ ⲡⲉϥⲥ̄⳨ⲟ̄ⲥ̄ ⲉⲧ ϩⲁ ⲉⲟⲟⲩ· ⲛ̄ ⲧⲉⲣ ⲉϥⲥⲱⲧⲙ̄
ⲉ ⲛⲁⲓ ⲛ̄ϭⲓ ⲡⲥⲁⲙⲁⲣⲓⲧⲏⲥ· ⲁϥⲣ̄ ϩⲟⲧⲉ· ⲙ̄ⲡ ϥ̄ⲟⲩⲱϣ ⲉ
ϣⲁϫⲉ ⲛ̄ⲥⲁ ⲡⲉⲥⲧⲁⲩⲣⲟⲥ ⲛ̄ⲕⲉ ⲥⲟⲡ : ⲁⲩⲱ ⲛ̄ ⲧⲉⲣⲉ ϥ̄ⲉⲓⲃⲉ
ⲛ̄ϭⲓ ⲡⲥⲁⲙⲁⲣⲓⲧⲏⲥ ⲁϥⲃⲱⲕ ϫⲉ ϥⲛⲁⲥⲉ ⲙⲟⲟⲩ ϩⲛ̄ ⲛⲉϥ-
ⲁⲅⲅⲉⲓⲟⲛ· ⲁⲩⲱ ⲛ̄ ⲧⲉⲣ ϥ̄ⲧⲙ̄ϩⲉ ⲟⲩⲟⲛ· ⲁϥⲣ̄ϩⲃⲁ ⲙⲡ
ϥ̄ϭⲛ̄ ⲉϥⲛⲁⲣ ⲟⲩ· ⲁⲩⲱ ⲛϥ̄ⲙⲟⲕϩ̄ ⲛ̄ⲧⲉ ⲡⲓⲃⲉ ⲙⲛ̄ ⲛⲉϥ-
ⲣⲱⲙⲉ: ⲁⲩⲱ ⲛ̄ ⲧⲉⲣⲉ ϥⲁⲛⲁⲅⲅⲏ ϩⲁ ⲡϊⲃⲉ· ⲁϥⲧⲱⲟⲩⲛ
ⲁϥⲃⲱⲕ ⲉϫⲙ̄ ⲡⲗⲁⲕⲕⲟⲥ· ⲛ̄ⲧⲟϥ ⲙⲛ̄ ⲛϥ̄ⲣⲱⲙⲉ· ϫⲉ
Fol. 12 *a* 2 ⲩⲛⲁ|ⲃⲓ ϩⲙ̄ ⲡⲙⲟⲟⲩ ⲛ̄ⲥⲉⲥⲱ ⲁϥϭⲱϣⲧ̄ ⲉ ⲡⲉⲥⲏⲧ ⲉ ⲡⲗⲁⲕ-
ⲕⲟⲥ· ⲛ̄ϭⲓ ⲡⲥⲁⲙⲁⲣⲓⲧⲏⲥ· ⲁϥⲛⲁⲩ ⲉⲩ ⲧⲩⲡⲟⲥ ⲛ̄ ⲥ̄⳨ⲟ̄ⲥ̄·
ⲉϥⲟ ⲛ̄ⲑⲉ ⲛ̄ ⲟⲩⲗⲁⲙⲡⲁⲥ ⲛ̄ ⲟⲩⲟⲉⲓⲛ· ⲡⲗⲏⲛ ⲁϥϫⲓ ⲛⲁϥ
ⲛ̄ ⲟⲩⲙⲛ̄ⲧϫⲁⲣ ϩⲏⲧ· ⲁϥⲛⲉϫ ⲑⲟⲧⲉ ⲥⲁ ⲃⲟⲗ ⲙ̄ⲙⲟϥ·
ⲁⲩⲱ ⲁϥⲙⲟϩ̄ ⲙⲟⲟⲩ ϩⲙ̄ ⲡⲗⲁⲕⲕⲟⲥ ⲁϥⲥⲱ· ⲁϥϩⲉ ⲉ ⲣⲟϥ
ⲉ ⲁϥⲣ̄ ϩⲙ̄ⲝ· ⲉϥⲥⲁϣⲉ ⲁⲩⲱ ⲉϥⲗⲟⲙⲉⲥ· ⲁϥⲱϣ ⲉ ⲃⲟⲗ
ⲛ̄ϭⲓ ⲡⲥⲁⲙⲁⲣⲓⲧⲏⲥ· ϫⲉ ⲁⲗⲏⲑⲟⲥ ⲁ ⲡⲉⲭ̄ⲥ̄· ⲙⲛ̄ ⲡⲉϥ-
ⲥⲧⲁⲩⲣⲟⲥ ⲉⲓⲣⲉ ⲛ̄ ϩⲛ̄ϣⲡⲏⲣⲉ· ϩⲣⲁⲓ ⲛ̄ϩⲏⲧⲛ̄ ⲙ̄ⲡⲟⲟⲩ·
ⲁⲩⲱ ⲛ̄ⲧⲉⲩⲛⲟⲩ ⲁϥⲃⲱⲕ ϣⲁ ⲡⲡⲉⲧ ⲟⲩⲁⲁⲃ· ⲁⲡⲁ
ⲃⲁⲭⲟⲥ ⲡⲉϫⲁϥ ⲛⲁϥ· ϫⲉ ϫⲓ ⲛⲁⲕ ⲛ̄ⲛⲁⲭⲣⲏⲙⲁ ⲛ̄-
Fol. 12 *b* 1 ⲧⲁⲉⲛⲧⲟⲩ ⲉ ⲧϩⲓⲏ ⲛ̄ⲙ̄ⲙⲁⲓ· ⲛ̄ⲅ̄ ⲧⲁⲁⲩ ⲉⲛ[ⲛ̄] | ϩⲏⲕⲉ·
ⲕ̄ⲃ̄ ⲛ̄ⲅ̄ ⲧⲁⲙⲟⲓ ⲉ ⲡⲙⲁ ⲙ̄ ⲛ̄ϣⲉ ⲙ̄ ⲡⲉⲥ̄⳨ⲟ̄ⲥ̄ ⲉⲧ ⲟⲩⲁⲁⲃ
ⲧⲁⲡⲣⲟⲥⲕⲩⲛⲏ ⲛⲁϥ· ⲡⲉϫⲉ ⲡⲉⲡⲣⲉⲥⲃⲩⲧⲉⲣⲟⲥ ⲛⲁϥ· ϫⲉ
ⲡⲁ ϣⲏⲣⲉ· ⲙⲉⲩϫⲓ ⲭⲣⲏⲙⲁ ϩⲁ ⲧϫⲱⲣⲁⲓ ⲙ̄ ⲡⲉⲡⲛ̄ⲁ̄
ⲉⲧ ⲟⲩⲁⲁⲃ· ⲡⲗⲏⲛ ⲉϣⲱⲡⲉ ⲉⲕⲟⲩⲉⲉⲣ ⲧⲉⲗⲓⲟⲥ· ⲧⲱⲟⲩⲛ
ⲛ̄ⲅ̄ ⲃⲱⲕ ⲉ ⲑⲓⲉⲗⲏ̄ⲙ̄· ⲛ̄ⲅ̄ ϣⲓⲛⲉ ⲛ̄ⲥⲁ ⲡⲧⲟⲡⲟⲥ ⲉⲧ ⲟⲩⲁⲁⲃ·
ⲛ̄ⲧⲁⲛⲁⲥⲧⲁⲥⲓⲥ· ⲛ̄ⲅ̄ ⲃⲱⲕ ⲉ ⲧⲕ̄ⲕⲗⲏⲥⲓⲁ ⲉⲧ ⲙ̄ⲙⲁⲩ·

ⲛ̄ⲛⲁϩⲉ ⲡⲡⲉⲓⲱⲧ ⲡⲉⲡⲓⲥⲕⲟⲡⲟⲥ· ⲉϥⲥⲟⲟⲩϩ ⲙⲛ̄ ⲛ̄ⲟⲣⲑⲟ-
ⲇⲟⲝⲟⲥ Ⲉⲩⲣ̄ϣⲁ ϩⲙ̄ ⲡϣⲁ ⲙ̄ ⲡⲉⲥ̄ϯⲟⲥ̄ ⲉⲧ ⲟⲩⲁⲁⲃ· ϫⲉ
ⲡⲉϩⲟⲟⲩ ⲡⲉ ⲙ̄ ⲡⲉϥⲟⲩⲱⲛϩ̄ ⲉ ⲃⲟⲗ· ⲁⲩⲱ ⲉⲕϣⲁⲛⲃⲱⲕ·
ϥⲛⲁⲧⲥⲁⲃⲱⲕ ⲉ ⲧϩⲓⲏ ⲙ̄ ⲡⲟⲩϫⲁⲓ· ⲁⲩⲱ ⲛ̄ⲛⲁⲛⲁⲩ | ⲉ Fol. 12 *b* 2
ⲧϭⲟⲙ ⲙ̄ ⲡⲉⲭ̄ⲥ̄· ⲙⲛ̄ ⲡⲉϥⲥ̄ϯⲟⲥ̄ ⲉⲧ ⲟⲩⲁⲁⲃ· Ⲧⲟⲧⲉ
ⲡⲉⲡⲣⲉⲥⲃⲩⲧⲉⲣⲟ[ⲥ] ⲉⲧ ⲟⲩⲁⲁⲃ· ⲉϥⲟⲩⲱϣ ⲉⲧⲉⲧ ⲡϩⲏⲧ ⲙ̄
ⲡⲥⲁⲙⲁⲣⲓⲧⲏⲥ· ⲛϥⲧⲁϫⲣⲟϥ ϩⲛ̄ ⲧⲡⲓⲥ̄ϯⲥ̄· ⲁϥⲥⲫⲣⲁⲅⲓⲍⲉ
ⲙ̄ⲙⲟⲟⲩ· ⲛ̄ⲧⲁⲩⲙⲁϩⲟⲩ ⲙ̄ ⲡⲗⲁⲕⲕⲟⲥ· ⲉϥⲟ ⲛ̄ ϩⲙ̄ϫ
ⲉϥϫⲏϥ· ⲛ̄ⲧⲉⲩⲛⲟⲩ ⲁⲩϩⲗⲟϭ ⲁⲩⲥⲱ ⲉ ⲃⲟⲗ ⲛ̄ϩⲏⲧⲟⲩ
ϩⲛ̄ ⲟⲩⲡⲓⲥ̄ϯⲥ̄· Ⲁⲩⲱ ⲛⲉⲣⲉ ⲟⲩⲛⲟϭ ⲙ̄ ⲙⲏⲛϣⲉ· ⲛⲏⲩ
ϣⲁ ⲡⲡⲉⲧ ⲟⲩⲁⲁⲃ· ⲁⲡⲁ ⲃⲁⲭⲟⲥ ⲡⲉⲡⲣⲉⲥⲃⲩⲧⲉⲣⲟⲥ·
ⲉⲩϫⲓ ⲥⲙⲟⲩ ⲉ ⲃⲟⲗ ϩⲓ ⲧⲟⲟⲧϥ̄· Ⲁⲩⲱ ⲛ̄ ⲧⲉⲣ ϥⲛⲁⲩ ϫⲉ
ⲙ̄ⲙⲏⲛϣⲉ· ϩⲟϫϩⲉϫ ⲙ̄ⲙⲟϥ· ⲙ̄ⲙⲁⲧⲉ· ⲁϥⲃⲱⲕ ⲁϥ-
ϩⲟⲡϥ̄· ⲁϥⲉⲓ ⲉ ⲑⲓⲗⲏⲙ̄· ⲁⲩⲧⲱⲟⲩⲛ ϩⲟⲟⲩ ⲛ̄ϭⲓ ⲙ̄ⲙⲏⲛϣⲉ
ⲉⲧ ϩⲓϫⲛ̄ ⲡⲗⲁⲕⲕⲟⲥ ⲁⲩⲉⲓ ⲉ ⲑⲓⲉⲗⲏⲙ̄· ⲁⲩⲱ | ⲛ̄ⲧⲟϥ Fol. 13 *a* ⲕ̄ⲅ̄
ϩⲱⲱϥ ⲟⲛ ⲓⲥⲁⲕ ⲡⲥⲁⲙⲁⲣⲓⲧⲏⲥ· ⲁϥⲉⲓ ⲛ̄ⲙ̄ⲙⲁⲩ ⲉϥⲟⲩⲏϩ
ⲛ̄ⲥⲟⲟⲩ· ⲙⲛ̄ ⲛⲉⲧ ⲛ̄ⲙ̄ⲙⲁϥ· Ⲧⲛ̄ⲛⲁϫⲱ ⲛⲏⲧⲛ̄ ⲛ̄ⲟⲩⲛⲟϭ
ⲛ̄ϣⲡⲏⲣⲉ ⲉ ⲁⲥϣⲱⲡⲉ· ⲁⲩⲱ ⲛⲟⲩϣⲟⲩⲥⲁⲁⲛⲧⲥ̄ ⲁⲛ ⲧⲉ·
Ⲗⲩϫⲟⲟⲥ ⲅⲁⲣ ⲛⲁⲛ ⲛ̄ϭⲓ ⲛ̄ⲣⲱⲙⲉ· ⲉⲧ ϩⲙ̄ ⲡⲕⲱⲧⲉ ⲙ̄
ⲡⲗⲁⲕⲕⲟⲥ ⲛ̄ⲧⲁⲛϣⲁϫⲉ ⲉ ⲣⲟϥ· Ϫⲉ ⲁ ⲡⲡⲉⲧ ⲟⲩⲁⲁⲃ
ⲁⲡⲁ ⲃⲁⲭⲟⲥ ⲡⲉⲡⲣⲉⲥⲃⲩⲧⲉⲣⲟⲥ· ϣⲗⲏⲗ ⲉ ϫⲱⲛ ⲁϥⲗⲟ
ⲉϥⲗⲟⲙⲉⲥ· ⲁⲩⲱ ⲉϥⲟ ⲛ̄ ⲃⲛ̄ⲧ ⲛ̄ϭⲓ ⲡⲙⲟⲟⲩ ⲁϥϣⲱⲡⲉ
ⲛ̄ ⲟⲩⲙⲟⲟⲩ ⲉϥϩⲟⲗϭ:—Ⲗⲩϫⲟⲟⲥ· ϫⲉ ⲛ̄ ⲧⲉⲣϥ̄ⲃⲱⲕ ⲉ
ⲡⲉⲥⲏⲧ ⲉ ⲡⲗⲁⲕⲕⲟⲥ ⲉⲧ ⲙ̄ⲙⲁⲩ· ⲁⲛⲛⲁⲩ ϩⲛ̄ ⲛⲛ̄ⲃⲁⲗ·
ⲉ ⲡⲧⲏⲡⲟⲥ ⲙ̄ ⲡⲉⲥ̄ϯⲟⲥ̄ ⲉϥⲟ ⲛ̄ⲑⲉ ⲛ̄ⲟⲩⲗⲁⲙⲡⲁⲥ ⲛ̄ ⲕⲱϩⲧ·
ⲉϥⲟ ⲛ̄ | ⲟⲩⲟⲉⲓⲛ ⲙ̄ⲙⲁⲧⲉ· ⲁⲩⲱ ⲛ̄ ⲧⲉⲣ ⲟⲩⲥⲱ· ⲁⲩϭⲛ̄ⲧϥ̄ Fol. 13 *a* 2
ⲉϥϩⲟⲗϭ ⲙ̄ⲙⲁⲧⲉ· ⲁⲩⲱ ⲁⲩⲣ̄ ϣⲡⲏⲣⲉ ⲙ̄ ⲡⲛ̄ⲧⲁϥϣⲱⲡⲉ·
Ⲉⲛⲉⲩⲥⲟⲟⲩⲛ ⲛ̄ϣⲟⲣⲡ̄ ϫⲉ ⲡⲉϥⲙⲟⲟⲩ ⲗⲟⲙⲉⲥ· ⲛ̄ⲥⲁⲃⲏⲗ
ϫⲉ ⲁ ⲟⲩⲁ ⲛ̄ϩⲏⲧⲟⲩ ⲛⲉϥⲥⲟⲟⲩⲛ ⲥ̄ϩⲁⲓ· ⲁϥⲛⲁⲩ ⲉ ϩⲛ̄ⲥϩⲁⲓ·
ⲉⲩⲥⲏϩ ϩⲛ̄ ⲟⲩϫⲟ· ⲉⲥϫⲏϩ ⲛ̄ ⲕⲟⲛⲓⲁ· ⲉⲩⲥⲏϩ ⲛ̄ϯϩⲉ· ⲉⲁ
ⲡⲉⲧ ⲟⲩⲁⲁⲃ ⲁⲡⲁ ⲃⲁⲭⲟⲥ· ⲥϩⲁïⲥⲟⲩ· Ϫⲉ ⲧⲃⲉ ⲡϩⲱⲃ
ⲙ̄ ⲡⲥ̄ⲙⲟⲟⲩ· ⲁ ⲡⲉⲭ̄ⲥ̄ ⲙⲛ̄ ⲡⲉϥⲥ̄ϯⲟⲥ̄ ⲉⲧ ⲟⲩⲁⲁⲃ ⲧⲣⲉϥ-
ϩⲗⲟϭ· ϫⲉ ⲕⲁⲥ ⲉⲣⲉ ⲙ̄ⲡⲓⲥⲧⲟⲥ ⲥⲱ ⲉ ⲃⲟⲗ ⲛ̄ϩⲏⲧϥ̄
ϩⲛ̄ ⲟⲩⲱⲛϩ̄ ⲉ ⲃⲟⲗ ⲙⲛ̄ ⲟⲩϣⲡ̄ ϩⲙⲟⲧ· ⲁⲩⲱ ⲛϥϣⲱⲡⲉ

ⲛⲁⲩ ⲛ̄ⲑⲉⲣⲁⲡⲓⲁ· Ⲛ̄ϫⲓ ⲛ̄ϫⲉⲧⲉ ϩⲱⲟⲩ ⲙ̄ ⲡⲉⲭ̄ⲥ̄· ⲉⲧ ⲛ̄ⲥ-
Fol. 13 b 1 ⲉⲡⲓⲥⲧⲉⲩⲉ ⲉ ⲣⲟϥ ⲁⲛ ⲙ̄ⲛ̄ ⲡ[ϥ]|ⲥ⳨ⲟⲥ ⲛ̄ⲣϥ̄ϯ ⲱⲛ̄ϩ̄ ⲁⲩⲱ
ⲕⲇ ⲛ̄ ⲣϥ̄ⲛⲟⲩϩⲙ̄· ⲉⲩϣⲁⲛⲥⲱ ⲉ ⲃⲟⲗ ⲛ̄ϩⲏⲧϥ̄ ⲉϥⲉϣⲱⲡⲉ ⲛⲁⲩ
ⲛ̄ ⲟⲩϩⲙ̄ϫ ⲉϥϫⲏϥ ⲕⲁⲗⲟⲥ· ⲁⲩⲱ ⲉϥⲥⲁϣⲉ· Ⲡⲡⲓⲥⲧⲟⲥ
ⲇⲉ ⲛ̄ ⲧⲉⲣ ⲟⲩⲥⲱⲧⲙ̄ ⲉ ⲛⲁⲓ· ⲉ ⲃⲟⲗ ϩⲓ ⲧⲟⲟⲧϥ̄ ⲙ̄
ⲡⲛ̄ⲧⲁϥϣⲱϣ ⲛ̄ⲛⲉⲥϩⲁⲓ· ⲁⲩϫⲓ ⲉ ⲃⲟⲗ ϩⲙ̄ ⲡⲙⲟⲟⲩ ⲁⲩⲥⲱ·
ⲁⲩⲱ ⲁⲩϭⲛ̄ⲧϥ̄ ⲉϥϩⲟⲗϭ̄ ⲙ̄ⲙⲁⲧⲉ· ⲉⲛⲉⲩⲉⲣϣⲡⲏⲣⲉ ⲅⲁⲣ
ⲡⲉ Ⲉⲛⲉⲩⲑⲉⲱⲣⲉⲓ ⲙ̄ ⲡⲧⲟⲡⲟⲥ ⲙ̄ ⲡⲉⲥ⳨ⲟⲥ ⲛ̄ ⲟⲩⲟⲉⲓⲛ·
ϩⲙ̄ ⲡⲉⲥⲏⲧ ⲉ ⲡⲗⲁⲕⲕⲟⲥ· ⲉϥⲟ ⲛ̄ⲑⲉ ⲛ̄ ⲟⲩⲗⲁⲙⲡⲁⲥ ⲛ̄
ⲕⲱϩⲧ̄· ⲁⲩⲱ ⲉⲩϣⲁⲛϫⲱⲕⲙ̄ ϩⲙ̄ ⲡⲙⲟⲟⲩ ⲛ̄ϭⲓ ⲛⲉⲧ
ϣⲟⲛⲉ ϣⲁⲩⲗⲟ· Ⲁⲩⲱ ⲡⲗⲁⲕⲕⲟⲥ ⲉϥϩⲛ̄ ⲧⲉⲥⲱϣⲉ ⲙ̄
Fol. 13 b 2 ⲡⲓⲁ[ ]ⲱⲛ· ϩⲛ̄ ⲇⲓⲁⲥⲡⲟ|ⲗⲓⲥ (*sic*)· ⲉⲩϣⲁⲛⲡⲁⲣⲁⲅⲉ ⲛ̄ϭⲓ ⲛ̄-
ϫⲁϫⲉ ⲙ̄ ⲡⲉⲭ̄ⲥ̄· ⲉⲩⲛⲁϫⲥⲱ ϩⲙ̄ ⲡⲓⲗⲁⲕⲕⲟⲥ· ϣⲁⲣⲉ
ⲡϥ̄ⲙⲟⲟⲩ ϣⲱⲡⲉ ⲛ̄ⲑⲉ ⲛ ⲟⲩϩⲙ̄ϫ ⲉϥϫⲏϥ ⲕⲁⲗⲟⲥ· ⲁⲩⲱ
ϥⲗⲟⲙⲉⲥ ⲛⲁϩⲣⲁⲩ· Ⲉⲩϣⲁⲛϩⲟⲙⲟⲗⲟⲅⲉⲓ̈ ⲙ̄ ⲡⲉⲭ̄ⲥ̄·
ⲁⲩⲱ ⲛ̄ⲥⲉⲡⲓⲥⲧⲉⲩⲉ ⲉ ⲡⲉϥⲥ⳨ⲟⲥ ⲉⲧ ⲟⲩⲁⲁⲃ· ϩⲙ̄ ⲡⲉⲩϩⲏⲧ
ⲧⲏⲣϥ̄· ϣⲁϥϣⲱⲡⲉ ⲛⲁⲩ ⲉϥϩⲟⲗϭ̄ ⲁⲩⲱ ⲉϥⲕⲏⲛϥ· Ⲉ ⲧⲃⲉ
ⲡⲓϩⲱⲃ ⲛⲁⲓ· ϣⲁⲣⲉ ϩⲁϩ ⲛ̄ϩⲉⲑⲛⲟⲥ ⲡⲟⲟⲛⲟⲩ ⲉ ϩⲟⲩⲛ ⲉ
ⲡⲥⲟⲟⲩⲛ ⲙ̄ ⲡⲉⲭ̄ⲥ̄· ϩⲓⲧⲛ̄ ⲡⲙⲁⲉⲓⲛ ⲙ̄ ⲡⲉⲥ⳨ⲟⲥ ⲉϥⲟⲩⲱⲛϩ̄
ⲉ ⲃⲟⲗ ⲛ̄ ⲟⲩⲟⲛ ⲛⲓⲙ· ⲙ̄ ⲡⲉⲥⲏⲧ ⲉ ⲡⲗⲁⲕⲕⲟⲥ ⲉⲧ ⲙ̄ⲙⲁⲩ·
Fol. 14 a 1 ⲉϥⲣ̄ⲟⲩⲟⲉⲓⲛ ⲛ̄ⲑⲉ ⲛ̄ ⲟⲩϣⲁϩ ⲛ̄ ⲕⲱϩⲧ̄· | ⲁⲩⲱ ⲁⲩⲙⲏⲏϣⲉ
ⲕⲉ ⲙ̄ⲡⲓⲥⲧⲟⲥ ⲉ ⲃⲟⲗ ϩⲛ̄ ⲧⲉⲥⲱϣⲉ ⲉⲧ ⲙ̄ⲙⲁⲩ· ⲁⲩⲥⲟⲟⲩϩ ⲉ-
ⲛⲉⲩⲉⲣⲏⲩ ⲉⲩⲟ ⲛ̄ ⲟⲩϩⲏⲧ ⲛ̄ ⲟⲩⲱⲧ· ⲁⲩⲕⲱⲧ ⲛ̄ ⲟⲩⲉⲕ-
ⲕⲗⲏⲥⲓⲁ ⲙ̄ ⲡⲕⲱⲧⲉ ⲙ̄ ⲡⲗⲁⲕⲕⲟⲥ ⲉⲧ ⲙ̄ⲙⲁⲩ· ⲁⲩⲙⲟⲩⲧⲉ
ⲉ ⲣⲟⲥ ϫⲉ ⲡⲧⲏⲡⲟⲥ ⲙ̄ ⲡⲉⲥ⳨ⲟⲥ· Ⲁⲩⲱ ⲧⲁ ⲙⲛ̄ⲧⲉⲗⲁ-
ⲭⲓⲥⲧⲟⲥ ⲁⲛⲟⲕ ⲕⲩⲣⲓⲗⲗⲟⲥ· ⲁⲓϩⲁⲅⲓⲁⲍⲉ ⲙ̄ⲙⲟⲥ· ⲁⲩⲱ
ⲧϣⲡⲏⲣⲉ ⲛ̄ⲧⲁⲥϣⲱⲡⲉ ⲁⲓⲛⲁⲩ ⲉ ⲣⲟⲥ ϩⲛ̄ ⲛⲁⲃⲁⲗ· ⲉⲓⲥ
ϩⲏⲛⲧⲉ ⲟⲩⲛ ⲁⲓⲧⲁⲙⲱⲧⲛ̄ ⲉ ⲣⲟⲥ ϩⲛ̄ ⲟⲩⲁⲅⲁⲡⲏ ⲛ̄ⲧⲉ
ⲡⲛⲟⲩⲧⲉ· Ⲉⲁⲛⲣ̄ⲑⲉ ϩⲱⲥ ⲁⲛⲣ̄ ⲡⲱⲃϣ̄ ⲙ̄ ⲡⲕⲉⲫⲁⲗⲁⲓⲟⲛ
Fol. 14 a 2 ⲙ̄ ⲡⲉⲥ⳨ⲟⲥ ⲙ̄ ⲡⲛ̄ϫⲟⲉⲓⲥ ⲡⲉ|ⲭ̄ⲥ̄· ⲁⲩⲱ ⲉ ⲧⲃⲉ ⲡϩⲣⲏⲧⲟⲛ
ⲉⲧ ⲥⲏϩ ϩⲛ̄ ⲛⲉⲯⲁⲗⲙⲟⲥ· ϫⲉ ⲁ ⲡϫⲟⲉⲓⲥ ⲉⲣ̄ⲣ̄ⲣⲟ ⲙⲁⲣⲉ
ⲡⲕⲁϩ ⲧⲉⲗⲏⲗ· ⲁⲩⲱ ⲟⲛ ⲉ ⲧⲃⲉ ⲡϣⲁϫⲉ ⲛ̄ⲧⲁ ⲡϫⲟⲉⲓⲥ
ϫⲟⲟϥ ⲙ̄ ⲙⲱⲩⲥⲏⲥ· Ϫⲉ ⲁⲣⲓ ϣⲁ ⲛⲁⲓ ⲛ̄ϣⲟⲙⲛ̄ⲧ ⲛ̄ⲕⲉⲣⲟⲥ
ⲧⲉ ⲣⲟⲙⲡⲉ· ⲁⲩⲱ ⲟⲛ ⲉ ⲧⲃⲉ ⲓⲥⲁⲕ ⲡⲥⲁⲙⲁⲣⲓⲧⲏⲥ ⲛ̄ⲧ

ⲁⲓⲃⲁⲡϯⲍⲉ ⲙ̅ⲙⲟϥ· Ⲛⲁⲓ ⲟⲩⲛ ⲧⲛ̅ⲛⲁⲧⲉⲗⲓⲟⲩ ⲙ̅ⲙⲟⲟⲩ
ⲛⲏⲧⲛ̅· ⲛ̅ⲧⲛ̅ϯ ⲛ̅ ⲟⲩϫⲱⲕ ⲙ̅ ⲡϣⲁϫⲉ ϩⲙ̅ ⲡⲟⲩⲱϣ ⲙ̅
ⲡⲛⲟⲩⲧⲉ· ⲙⲛ̅ ⲡⲉⲟⲟⲩ ⲙ̅ ⲡⲉⲥ̅ϯⲫⲟ̅ⲥ· ⲡⲁⲓ ⲉⲧ ⲉⲛⲣ̅ ϣⲁ
ⲛⲁϥ ⲙ̅ⲡⲟⲟⲩ· ⲙⲛ̅ ⲡⲛ̅ⲧⲁϥⲁⲗⲉ ⲉ ϫⲱϥ ⲡⲛ̅ϫⲟⲉⲓⲥ ⲓ̅ⲥ̅
ⲡⲉⲭ̅ⲥ̅· ⲁⲥϣⲱⲡⲉ ⲟⲛ ⲛ̅ ⲧⲉⲣⲉ ⲓ̈ⲥⲁⲕ ⲡⲥⲁⲙⲁⲣⲓⲧⲏⲥ ⲉⲓ
ⲉ ϩⲟⲩ[ⲛ] | ⲉ ⲑⲓⲗⲏⲙ̅· ⲁϥϣⲓⲛⲉ ⲛ̅ⲧⲉⲩⲛⲟⲩ ⲛ̅ⲥⲁ ⲧⲁ Fol. 14 *b* 1
ⲙⲛ̅ⲧⲉⲗⲁⲭⲓⲥⲧⲟⲥ ⲁⲛⲟⲕ ⲕⲩⲣⲓⲗⲗⲟⲥ· ⲁⲩⲧⲁⲙⲟϥ ϩⲓⲧⲛ̅ ⲕ̅ⲉ̅
ⲟⲩⲇⲓ̈ⲁⲕⲟⲛⲟⲥ· ϫⲉ ϥⲉⲣϣⲁ ϩⲙ̅ ⲡⲧⲟⲡⲟⲥ ⲛ̅ ⲧⲁⲛⲁⲥⲧⲁⲥⲓⲥ·
ϩⲙ̅ ⲡϣⲁ ⲙ̅ ⲡⲉⲥ̅ϯⲫⲟ̅ⲥ ⲉⲧ ⲟⲩⲁⲁⲃ· ⲡⲉϫⲁϥ ϫⲉ ⲕⲛⲁϣϫⲓⲧ
ϣⲁ ⲣⲟϥ· ⲁⲛⲅ̅ ⲟⲩⲭⲣⲓⲥϯⲁⲛⲟⲥ ⲁⲛ· ⲁⲗⲗⲁ ⲁⲛⲟⲕ
ⲟⲩⲥⲁⲙⲁⲣⲓⲧⲏⲥ :—Ⲉⲡⲓ ⲇⲏ ⲁⲓⲛⲁⲩ ⲉⲩⲛⲟϭ ⲛ̅ϣⲡⲏⲣⲉ·
ϩⲛ̅ ⲧϭⲟⲙ ⲙ̅ ⲡⲉⲥ̅ϯⲫⲟ̅ⲥ :—Ⲁⲩⲱ ⲁϥⲉⲓ ⲁϥⲧⲁⲙⲟⲓ ⲛ̅ϭⲓ
ⲡⲇⲓⲁⲕⲟⲛⲟⲥ ⲁⲩⲱ ⲁⲓⲉⲡⲉⲓⲅⲁⲣⲉⲡⲉ ⲛⲁϥ· ⲉ ⲧⲣⲉϥⲛ̅ⲧϥ̅ ϣⲁ
ⲣⲟⲓ̈· ⲉⲓϫⲱ ⲙ̅ⲙⲟⲥ ϫⲉ ⲃⲱⲕ ⲛⲅ̅ ⲉⲓⲛⲉ ⲙ̅ ⲡⲉⲥⲟⲟⲩ ⲉⲧ
ⲥⲱ|ⲣⲙ̅ ⲛ̅ⲧⲁⲕϩⲉ ⲉ ⲧⲟⲟⲧ (*sic*) ⲉ ϩⲟⲩⲛ ⲉ ⲧⲉⲕⲕⲗⲏⲥⲓⲁ ⲙ̅ Fol. 14 *b* 2
ⲡⲉⲭ̅ⲥ̅· ⲛϥⲥⲱⲧⲙ̅ ⲉ ⲡϣⲁϫⲉ ⲛ̅ ⲧⲕⲁⲑⲩⲅⲏⲥⲓⲥ· ⲁⲩⲱ ⲣ̅ϣⲁⲛ
ⲧϥⲙⲉⲧⲁⲛⲟⲓ ⲟⲩⲱⲛϩ̅ ⲉ ⲃⲟⲗ· ⲛ̅ ⲟⲩⲟⲛ ⲛⲓⲙ· ⲧⲛ̅ⲛⲁⲃⲁⲡϯⲍⲉ
ⲙ̅ⲙⲟϥ :—Ⲡⲇⲓⲁⲕⲟⲛⲟⲥ ⲇⲉ ⲁϥⲃⲱⲕ ϣⲁ ⲣⲟϥ· ⲡⲉϫⲁϥ
ⲛⲁϥ· ϫⲉ ⲁⲙⲟⲩ ⲉ ϩⲟⲩⲛ ⲉ ⲧⲉⲕⲕⲗⲏⲥⲓⲁ ⲛⲅ̅ ⲛⲁⲩ ⲉ ⲧϭⲟⲙ
ⲙ̅ ⲡⲉⲥ̅ϯⲫⲟ̅ⲥ ⲉⲧ ⲟⲩⲁⲁⲃ: Ⲁⲩⲱ ⲁϥⲕⲱ ⲛ̅ ⲛⲉϥⲣⲱⲙⲉ· ϩⲛ̅
ⲟⲩⲙⲁ ϩⲛ̅ ⲧⲉⲕⲕⲗⲏⲥⲓⲁ· Ⲁϥⲛⲁⲩ ⲉⲩⲛⲟϭ ⲙ̅ ⲫⲟⲃⲟⲥ·
ⲙⲛ̅ ⲟⲩⲙⲏⲏϣⲉ ⲉⲩⲗⲉⲕⲟⲫⲟⲣⲉⲓ̈· ⲁϥⲣ̅ϩⲟⲧⲉ ⲁⲩⲱ ⲁϥϣ-
ⲧⲟⲣⲧⲣ̅· ⲁϥⲉⲓ ϫⲉ ϥⲛⲁⲡⲱⲧ ⲉ ⲃⲟⲗ ϩⲛ̅ ⲧⲉⲕⲕⲗⲏⲥⲓ̈ⲁ·
ⲛⲥⲁⲃⲏⲗ ϫⲉ ⲁ ⲡⲇⲓⲁ|ⲕⲟⲛⲟⲥ· ϯ ⲙⲛ̅ⲧϫⲁⲣ ϩⲏⲧ ⲛⲁϥ· Fol. 15 *a* 1
ⲉϥϫⲱ ⲙ̅ⲙⲟⲥ· ϫⲉ ⲙ̅ⲡⲣ ⲉⲣ ϩⲟⲧⲉ· ϫⲉ ⲡⲉⲭ̅ⲥ̅ ⲛⲁϣⲟⲡⲕ ⲕ̅ⲍ̅
ⲉ ⲣⲟϥ· Ⲁⲩⲱ ⲁϥϭⲱ ⲉϥⲥⲱⲧⲙ̅ ⲉ ⲛⲉϯϫⲱ ⲙ̅ⲙⲟⲟⲩ·
ⲡⲉⲁ ⲡⲣ̅ⲣⲏⲧⲟⲛ ⲛ̅ⲧⲁⲛϣⲁϫⲉ ⲉ ⲣⲟϥ· ϩⲛ̅ ⲓⲉⲍⲉⲕⲓⲏⲗ· ⲡⲉ-
ⲡⲣⲟⲫⲏⲧⲏⲥ ϫⲱⲕ ⲉ ⲃⲟⲗ ⲉ ϫⲱϥ· ϫⲉ ⲛ̅ ϯⲟⲩⲉϣ ⲡⲙⲟⲩ
ⲁⲛ ⲙ̅ ⲡⲣⲉϥⲣⲛⲟⲃⲉ ⲛ̅ⲑⲉ ⲉ ⲧⲣⲉϥⲕⲧⲟϥ· ⲛϥⲙⲉⲧⲁⲛⲟⲓ·
ⲉ ⲃⲟⲗ ϩⲛ̅ ⲧⲉϥϩⲓⲏ ⲉⲑⲟⲟⲩ ⲛϥⲱⲛϩ̅· Ⲁⲩⲱ ⲟⲛ ϫⲉ ϣⲁⲣⲉ
ⲟⲩⲣⲁϣⲉ ϣⲱⲡⲉ ϩⲛ̅ ⲧⲡⲉ· ⲉϫⲛ̅ ⲟⲩⲣⲉϥⲣ̅ⲛⲟⲃⲉ ⲉϥⲛⲁ-
ⲙⲉⲧⲁⲛⲟⲓ :—ⲛ̅ ⲧⲉⲣ ⲉϥⲥⲱⲧⲙ̅ ⲉ ⲛⲁⲓ· ⲁ ⲑⲟⲧⲉ ⲥⲁϩⲱⲱϥ
ⲉ ⲃⲟⲗ ⲙ̅ⲙⲟϥ· ⲁ ⲡⲉϥⲡⲛ̅ⲁ̅ ϫⲓ̈ ⲃⲟⲥ̅ ⲉ ⲣⲟϥ· ⲉϥⲥⲱⲧⲙ̅
ⲛ̅ϣⲁϫⲉ ⲙ̅ ⲡⲛⲟⲩⲧⲉ· | ⲁⲩⲱ ⲛϥϯ ϩⲧⲏϥ ⲕⲁⲗⲱⲥ· ⲛ̅ϣⲁϫⲉ Fol. 15 *a* 2

ⲉⲧ ϥ̄ⲥⲱⲧⲙ̄ ⲉ ⲣⲟⲟⲩ· ⲁⲩⲱ ⲡⲉⲩϫⲏϥ ⲛⲁϩⲣⲁϥ ⲛ̄ⲑⲉ ⲛ
ⲟⲩⲕⲱϩⲧ̄· ⲉⲩϫⲏⲣ ⲛ̄ⲑⲉ ⲛ̄ ⲟⲩⲥⲏϥⲉ· ⲕⲁⲧⲁ ⲑⲉ ⲛ̄ⲧⲁϥ-
ϫⲟⲟⲥ ⲛ̄ϭⲓ ⲡⲉⲡⲣⲟⲫⲏⲧⲏⲥ:—Ϫⲉ ⲡⲉϫⲉ ⲡϫⲟⲉⲓⲥ ⲛⲁϊ·
ϫⲉ ⲉⲓⲥ ϩⲏⲏⲧⲉ· ⲁⲓϯ ⲛ̄ⲛⲁ ϣⲁϫⲉ ⲉ ⲧⲉⲕⲧⲁⲡⲣⲟ· ⲛ̄ⲑⲉ
ⲛ̄ ⲟⲩⲕⲱϩⲧ̄ ⲁⲩⲱ ⲡⲓ ⲗⲁⲟⲥ· ⲛ̄ⲑⲉ ⲛ̄ ϩⲛ̄ϣⲉ ⲉ ⲡⲣⲟⲕϩⲟⲩ:—
Ⲁⲩⲉⲓⲥ ⲟⲩⲛ ⲛ̄ⲧⲛ̄ϫⲱⲕ ⲉ ⲃⲟⲗ· ⲛ̄ ⲑⲩⲡⲟⲑⲉⲥⲓⲥ ⲙ̄ ⲡⲗⲟⲅⲟⲥ
ⲉ ⲧⲃⲉ ⲡϣⲁϫⲉ ⲉⲧ ⲥⲏϩ ϩⲛ̄ ⲡⲉⲯⲁⲗⲙⲟⲥ· ϫⲉ ⲁ ϫⲉ ⲁ (*sic*)
ⲡϫⲟⲉⲓⲥ ⲉⲣ̄ⲣⲟ ⲙⲁⲣⲉ ⲡⲕⲁϩ ⲧⲉⲗⲏⲗ· ⲧⲙⲛ̄ⲧⲉⲣⲣⲟ ⲙ̄
ⲡⲙⲟⲛⲟⲅⲉⲛⲏⲥ ⲛ̄ϣⲏⲣⲉ ⲛ̄ⲧⲉ ⲡⲛⲟⲩⲧⲉ· ⲡⲉⲓⲱⲧ ⲙⲛ̄ ⲡⲉϥⲛⲟϭ
Fol. 15 *b* 1 ⲛ̄[.]ϫⲓⲥⲉ· ⲁϥϭⲟⲟⲗϥ̄ ⲙ̄ ⲡⲉⲑⲃ̄ⲃⲓⲟ ⲁϥⲉⲓ ϣⲁⲣ[ⲟⲛ]|ⲁϥⲑⲃ̄ⲃⲓⲟ
ⲕ̄ⲏ̄ ⲙ̄ ⲡϫⲁⲥⲓϩⲏⲧ ⲛ̄ⲑⲉ ⲛ̄ ⲟⲩϩⲱⲧⲉⲃ ⲛ̄ⲧⲁϥϩⲟⲧⲃⲉϥ ⲁⲛ ⲛ̄ⲧⲉⲩ-
ⲛⲟⲩ· ⲁⲗⲗⲁ ⲛ̄ⲧⲁϥⲕⲁⲁϥ ⲉϥⲙⲏⲣ ϣⲁ ⲡⲉⲡⲣⲟⲑⲉⲥⲙⲉⲓⲁ̄
ⲙ̄ ⲡⲉⲓⲱⲧ· Ⲛ̄ ⲧⲉⲣ ϥ̄ϫⲱⲕ ⲉ ⲃⲟⲗ ⲛ̄ ⲧⲉⲡⲣⲟⲑⲉⲥⲙⲓⲁ ⲛ̄ⲧⲁϥⲉⲓ
ⲉ ⲧⲃⲏⲏⲧⲥ̄· ⲕⲁⲧⲁ ⲡⲉϥⲟⲩⲱϣ· ⲛ̄ϭⲓ ⲡⲛ̄ⲥⲱⲣ̄· ⲕⲁⲧⲁ ⲧⲟⲓⲕⲟ-
ⲛⲟⲙⲓⲁ ⲙ̄ ⲡⲟⲩⲱϣ ⲙ̄ ⲡⲉϥⲉⲓⲱⲧ· ⲛ̄ⲥⲉⲥ̄ϯⲟⲩ ⲙ̄ⲙⲟϥ ϩⲁ ⲣⲟⲛ
ⲛ̄ϥ̄ⲙⲟⲩ ⲁⲩⲱ ⲛ̄ϥ̄ⲧⲱⲟⲩⲛ ⲉ ⲃⲟⲗ ϩⲛ̄ ⲛⲉⲧ ⲙⲟⲟⲩⲧ· ⲁⲩⲱ
ⲛ̄ϥ̄ϣⲱⲗ· ⲛ̄ ⲁⲙⲛ̄ⲧⲉ· ⲛ̄ϥⲉⲓⲛⲉ ⲉ ϩⲣⲁⲓ ⲛ̄ ⲧⲁⲓⲭⲙⲁ-
ⲗⲟⲥⲓⲁ̄· ⲛ̄ϥ̄ⲃⲱⲕ ⲛ̄ⲙ̄ⲙⲁⲥ ⲉ ϩⲣⲁϊ ϣⲁ ⲡⲉϥⲉϊⲱⲧ ⲛ̄ⲁⲅⲁⲑⲟⲥ·
ⲛ̄ϥ̄ϩⲙⲟⲟⲥ ϩⲓϫⲙ̄ ⲡⲉⲑⲣⲟⲛⲟⲥ ⲙ̄ ⲡⲉϥⲉⲟⲟⲩ· ϩⲓ ⲟⲩⲛⲁⲙ
ⲙ̄ ⲡⲉϥⲉⲓⲱⲧ:—Ⲁⲩⲱϣ ⲉ ⲃⲟⲗ ⲛ̄ϭⲓ ⲧⲉⲥⲧⲣⲁϯⲁ ⲛ̄ ⲛⲁ
ⲙ̄ⲡⲏⲩⲉ ⲉⲩϫⲱ ⲙ̄ⲙⲟⲥ· ϫⲉ ⲁ ⲡϫⲟⲉⲓⲥ ⲉⲣ̄ ⲉⲣ̄ⲣⲟ ⲉ ⲃⲟⲗ
Fol. 15 *b* 2 ϩⲙ̄ ⲡ|ϣⲉ . . . . ⲙⲁⲣ ⲙ̄ⲡⲏⲩⲉ ⲟⲩⲛⲟϥ· ⲛ̄ⲧⲉ ⲡⲕⲁϩ
ⲧⲉⲗⲏⲗ· ϫⲉ ⲁϥⲛⲁ̄ ⲙ̄ ⲡⲉϥⲗⲁⲟⲥ· ⲁϥⲥⲱⲧⲉ ⲛ̄ ⲧⲉⲩⲁⲓⲭ-
ⲙⲁⲗⲟⲥⲓⲁ:—Ⲁ ⲡϫⲟⲉⲓⲥ ⲉⲣ̄ⲣ̄ⲣⲟ· ⲁϥϯ ϩⲓⲟⲟϥ ⲛ̄ ⲟⲩ-
ϭⲟⲙ· ⲁϥⲙⲟⲣϥ̄ ⲙ̄ⲙⲟⲥ· ⲉⲧⲉ ⲧⲁⲓ ⲧⲉ ⲧⲥⲁⲣⲝ̄ ⲛ̄ⲧⲁϥϫⲓⲧⲥ̄
ⲉ ⲃⲟⲗ ϩⲛ̄ ⲧⲡⲁⲣⲑⲉⲛⲟⲥ ⲉⲧ ⲟⲩⲁⲁⲃ ⲙⲁⲣⲓⲁ· Ⲉ ⲁϥⲧⲁⲁⲥ
ϩⲓⲱⲱϥ· ⲁϥⲁⲥ ⲛ̄ ⲟⲩⲉϊ ⲛ̄ ⲟⲩⲱⲧ ⲛ̄ⲙ̄ⲙⲁϥ· ϩⲛ̄ ⲧⲉϥⲙⲛ̄ⲧ-
ⲛⲟⲩⲧⲉ· ⲁϥⲃⲱⲕ ⲉ ϩⲣⲁⲓ ⲉⲛ ⲙ̄ⲡⲏⲩⲉ ⲁϥϩ̄ⲙⲟⲟⲥ ⲛ̄ⲥⲁ
ⲟⲩⲛⲁⲙ̄ ⲙ̄ ⲡⲉϥⲉⲓⲱⲧ· ϩⲓϫⲙ̄ ⲡⲉⲑⲣⲟⲛⲟⲥ ⲙ̄ ⲡⲉϥⲉⲟⲟⲩ:—
Ⲁϥⲧⲁⲙⲓⲟ ⲛ̄ ⲟⲩϭⲟⲙ ⲁϥⲙⲟⲣϥ ⲙ̄ⲙⲟⲥ· ⲉⲧⲉ ⲡⲁϊ ⲡⲉ
ⲡϣⲉ ⲙ̄ ⲡⲉⲥ̄ϯⲟⲥ ⲉⲧ ⲟⲩⲁⲁⲃ· ⲁⲩⲱ ⲁϥⲟⲧϥ̄ ⲉ ϩⲟⲩⲛ ⲉ
ⲣⲟϥ· ⲁϥϫⲓⲧϥ̄ ⲉ ⲡϫⲓⲥⲉ ⲛ̄ⲙ̄ⲙⲁϥ:—ⲁⲩⲱ ϥⲛⲁⲉⲛⲧϥ̄
Fol. 16 *a* 1 ⲟⲛ ⲛ̄ⲙ̄ⲙⲁϥ ϩⲛ̄ ⲧⲉϥ ⲙⲉϩ ⲥⲛ̄ⲧⲉ ⲙ̄ ⲡⲁⲣ|ⲟⲩⲥⲓ̈ⲁ ϩⲟⲧⲁⲛ
ⲕ̄ⲑ̄ ⲉϥϣⲁⲛⲉⲓ ⲉ ⲕⲣⲓⲛⲉ ⲛ̄ ⲛⲉⲧ ⲟⲛϩ ⲙⲛ̄ ⲛⲉⲧ ⲙⲟⲟⲩⲧ·

ⲛ̅ⲇⲓ̈ⲕ[ⲁⲓ]ⲟⲥ · ⲙⲛ̅ ⲛ̅ⲡⲣϥ̅ⲣ̅ⲛⲟⲃⲉ · ⲥⲉⲛⲁⲑⲉⲱⲣⲉⲓ̈ ⲛ̅ⲛ̅ ⲛ̅ⲧⲁⲩ-
ⲡⲓⲥⲧⲉⲩⲉ ⲉ ⲡⲉⲥ̅⳨̅ⲟ̅ⲥ̅ · ⲉⲩⲙⲟⲟϣⲉ ϩⲓ ϩⲏ ⲙ̅ⲙⲟϥ · ⲉⲩⲧⲱⲟⲩⲛ
ϩⲁ ⲡⲉⲥ̅⳨̅ⲟ̅ⲥ̅ ⲛ̅ϭⲓ ⲛⲁⲅⲅⲉⲗⲟⲥ · ⲛ̅ⲑⲉ ⲛ̅ϩⲛ̅ⲥⲓⲅⲛⲟⲫⲟⲣⲟⲥ ·
Ⲁⲗⲗⲁ ⲟⲩⲛ̅ ⲟⲩⲁ ⲛⲁϫⲟⲟⲥ ⲛⲁⲓ · ϫⲉ ⲉ ⲧⲃⲉ ⲟⲩ ⲁⲩⲥ̅⳨̅ⲟ̅ⲩ̅
ⲙ̅ⲙⲟϥ · ⲁⲩⲱ ⲉⲩⲛⲁⲉⲓⲛⲉ ⲙ̅ ⲡⲉⲥ̅⳨̅ⲟ̅ⲥ̅ ⲉ ⲡⲙⲁ ⲛ ϯ ϩⲁⲡ
ⲉ ⲧⲃⲉ ⲟⲩ ⲉⲩⲉⲓⲛⲉ ⲙ̅ⲙⲟϥ · ⲉ ⲧⲃⲉ ⲛⲓⲟⲩⲇⲁⲓ ⲛ̅ⲁⲅⲛⲟⲙⲟⲥ
ⲙⲛ̅ ⲟⲩⲟⲛ ⲛⲓⲙ ⲉⲧ ⲛ̅ⲥⲉⲡⲓⲥⲧⲉⲩⲉ ⲁⲛ ⲉ ⲡⲉⲥ̅⳨̅ⲟ̅ⲥ̅ ⲛ̅ ⲓ̅ⲥ̅ ·
ϫⲉ ⲕⲁⲥ ⲛ̅ⲛⲉⲩⲙⲉⲉⲩⲉ ϫⲉ ⲟⲩⲉⲧ ⲡⲉⲧ ⲛⲏⲩ ⲛ̅ ⲕⲣⲓⲧⲏⲥ ·
ⲛϥ̅ⲕⲣⲓⲛⲉ ⲛ̅ ⲛⲉⲧ ⲟⲛϩ̅ [ⲙⲛ̅ ⲛⲉⲧ] ⲙⲱⲟⲩⲧ :—Ⲉϥⲛⲏⲩ ⲅⲁⲣ
ϩⲙ̅ ⲡⲉⲟⲟⲩ ⲙ̅ ⲡⲉϥⲉⲓⲱⲧ · ⲙⲛ̅ ⲛⲉϥⲁⲅⲅⲉⲗⲟⲥ ⲛϥ̅ⲟⲩⲱⲛϩ̅ ⲉ
ⲃⲟⲗ ⲙ̅ ⲡⲙⲁ|ⲉⲓⲛ ⲙ̅ ⲡⲉⲥ̅⳨̅ⲟ̅ⲥ̅ ⲛ̅ⲧⲡⲉ ⲙ̅ⲙⲟⲟⲩ ⲛ̅ⲧⲟϥ ⲡⲉⲥ̅⳨̅ⲟ̅ⲥ̅ · Fol. 16 *a* 2
ⲑⲉⲗⲡⲓ̈ⲥ ⲛ̅ ⲟⲩⲟⲛ ⲛⲓⲙ ⲉⲧ ϯ ⲛ̅ ⲧⲉⲥⲫⲣⲁⲅⲓⲥ ϩⲓⲟⲟⲩ · ϩⲛ̅
ⲟⲩϫⲱⲕ · ⲙⲉⲩϫⲱⲕ ⲉ ⲃⲟⲗ ⲙ̅ ⲡⲃⲁⲡϯⲥⲙⲁ ⲁϫⲛ̅ ⲡⲉⲥ̅⳨̅ⲟ̅ⲥ̅ ·
ⲉⲓⲉ ⲙⲏ ⲛ̅ⲧⲉ ⲡⲟⲩⲏⲏⲃ ⲫⲣⲁⲅⲓⲍⲉ (*sic*) ⲛ̅ ⲧⲕⲟⲗⲟⲃⲏⲑⲣⲁ (*sic*)
ϩⲙ̅ ⲙⲁⲉⲓⲛ ⲙ̅ ⲡⲉⲥ̅⳨̅ⲟ̅ⲥ̅ : ϩⲙ̅ ⲡϥ̅ⲧⲏⲏⲃⲉ · ⲙⲉϥϫⲱⲕ ⲉ
ⲃⲟⲗ ⲙ̅ ⲡⲛ̅ⲁ̅ ⲉϥⲟⲩⲁⲁⲃ :—Ⲡⲉⲥ̅⳨̅ⲟ̅ⲥ̅ ⲡⲉ ⲛ̅ϣⲁϥⲇⲓⲟⲕⲉⲓ
ⲛ̅ⲥⲁ ⲛ̅ⲇⲁⲓⲙⲱⲛⲓ̈ⲟⲛ · ⲙⲛ̅ ⲛⲉⲡⲛ̅ⲁ̅ ⲛ̅ⲁⲅⲁⲑⲁⲣⲧⲟⲛ ϩⲟⲧⲁⲛ
ⲉⲩϣⲁⲛⲫⲣⲁⲅⲓⲍⲉ (*sic*) ⲙ̅ⲙⲟⲟⲩ ϩⲙ̅ ⲡⲱⲛϩ̅ ⲉⲧ ⲟⲩⲁⲁⲃ ·
ⲡⲁⲣⲏⲃ ⲛ̅ ⲧⲙⲛ̅ⲧⲉⲣ̅ⲣ̅ⲟ ⲛⲛ̅ ⲙ̅ⲡⲏⲩⲉ · ϯⲛⲁⲩ ⲅⲁⲣ ⲱ̅
ⲛⲁϣⲏⲣⲉ ⲙⲛ̅ ⲛⲁϣⲉⲉⲣⲉ · ϫⲉ ⲁ ⲡⲛⲁⲩ ⲡⲣⲟⲕⲟⲡⲧⲉⲓ̈ ·
ϯⲛⲁⲩ ⲇⲉ ⲟⲛ ⲉ ⲡⲙⲏⲏϣⲉ ⲛ̅ⲧⲁⲩⲉⲓ ⲉ ⲡϣⲁ · ⲉⲩⲟⲩⲱϣ
ⲉ ⲥⲱⲧⲙ̅ ⲉ ⲡϣⲁ[ϫⲉ] ⲙ̅ ⲡⲛⲟⲩⲧⲉ · ϩⲛ̅ ⲟⲩⲧⲃ̅ⲃⲟ · ⲉⲩϫⲱⲕ
ⲉ ⲃⲟⲗ ⲙ̅ [ⲡ]ⲛ̅ⲧⲁ ⲡϫⲟⲉⲓ[ⲥ] | ⲅⲁⲣ ϫⲟⲟⲥ · ϫⲉ ⲁⲣⲓ ϣⲁ Fol. 16 *b* 1
ⲗ̅
ⲛⲁⲓ ⲛ̅ϣⲟⲙⲛ̅ⲧ ⲛ̅ⲕⲉⲣⲟⲥ : ⲉϥϫⲱ ⲙ̅ⲙⲟⲥ · ϫⲉ ⲁⲣⲓ ϣⲁ
ⲛⲁⲓ ⲛ̅ϣⲟⲙⲛ̅ⲧ ⲛ̅ⲥⲟⲡ · Ⲡⲃⲟⲧ ⲛ̅ ⲃⲉⲣ̅ⲣ̅ⲉ ⲙ̅ ⲡⲙⲛ̅ⲧⲁϥⲧⲉ
ⲙ̅ ⲡⲟⲟϩ · ⲉⲧⲉ ⲡⲁⲣⲙⲟⲩⲧⲉ ⲡⲉ · ⲉ ⲁϥϩⲱⲛ̅ ⲉ ⲧⲟⲟⲧϥ̅ ⲙ̅
ⲙⲱⲩⲥⲏⲥ · Ⲉ ⲧⲣϥ̅ϣⲱⲱⲧ · ⲛ̅ ⲟⲩⲉⲥⲟⲟⲩ ⲛ̅ ⲧⲉⲗⲓⲟⲛ · ⲉϥ-
ϫⲏⲕ ⲉ ⲃⲟⲗ ⲛ̅ ⲟⲩⲣⲟⲙⲡⲉ ⲛ̅ⲥⲉϫⲱ ϩⲛ̅ ⲛⲉⲟⲩⲉϭⲣⲟ ⲛ̅
ⲛⲉⲩⲏⲓ · ϫⲉ ⲛ̅ⲛⲉ ⲡⲉⲧ ⲧⲁⲕⲟ · ⲧⲁⲕⲟ ⲛ̅ⲛⲉⲩϣⲉⲣⲡ̅ ⲙⲓⲥⲉ :—
Ⲁⲛⲟⲛ ϩⲱⲱⲛ ⲡⲗⲁⲟⲥ ⲛ̅ ⲛⲉⲭⲣⲓⲥϯⲁⲛⲟⲥ · ⲁⲩϣⲱⲱⲧ
ⲙ̅ ⲡⲉϩⲉⲓⲃ ⲛ̅ ⲁⲧ ⲧⲱⲗⲙ̅ · ⲡⲉⲭ̅ⲥ̅ ⲓ̅ⲥ̅ ⲡⲛ̅ϫⲟⲉⲓⲥ ϩⲁ ⲣⲟⲛ :—
Ⲡⲁⲓ ⲛ̅ⲧⲁⲥⲙⲁⲥⲧϥ̅ ⲛ̅ϭⲓ ⲧϩⲓⲁⲓⲃⲉ ⲙ̅ⲙⲉ · ⲙⲁⲣⲓⲁ ⲧⲡⲁⲣ-
ⲑⲉⲛⲟⲥ ⲛ̅ ⲁⲧ ⲧⲱⲗⲙ̅ · ⲛ̅ⲧⲁⲩϣⲁⲁⲧϥ̅ ⲅⲁⲣ · ϩⲓϫⲙ̅
ⲡⲉⲥ̅⳨̅ⲟ̅ⲥ̅ · ⲙ̅ ⲡⲉⲃⲟⲧ ⲛ̅ ⲃⲣ̅ⲣ̅ⲉ · ⲛ̅ⲥⲟⲩ ⲙ̅ⲛ̅ⲧⲁϥ|ⲧⲉ ⲙ̅ Fol. 16 *b* 2

ⲡⲟⲟⲩ· ⲛⲧⲁⲩϣⲁⲁⲧϥ ⲟⲛ· ϩⲓϫⲛ ⲧⲡⲉⲧⲣⲁ ⲛⲟⲛⲉ ⲙ
ⲡⲅⲟⲗⲅⲟⲑⲁ· ⲉⲧⲉ ⲡⲙⲁ ⲙ ⲡⲕⲣⲁⲛⲓⲟⲛ:—Ⲁⲩⲕⲟⲟⲛⲉϥ·
ⲉ ⲡⲉϥⲥⲡⲓⲣ ⲛⲟⲩⲛⲁⲙ· ⲁⲩⲥⲛⲟϥ ⲁⲩⲉⲓ ⲉ ⲃⲟⲗ ⲙⲛ ⲟⲩ-
ⲙⲟⲟⲩ· Ⲛⲧⲁⲩϫⲉϩ ⲡⲉϥⲥⲛⲟϥ ⲉ ⲟⲩ:—ⲉⲓⲥ ϩⲏⲏⲧⲉ ϥϫⲏϩ
ⲉ ⲧⲡⲉⲧⲣⲁ ⲛ ⲱⲛⲉ· ⲙ ⲡⲅⲟⲗⲅⲟⲑⲁ ⲁⲩⲱ ϥⲛⲁⲃⲱⲧⲉ ⲉ
ⲃⲟⲗ ⲁⲛ ⲛϭⲓ ⲡⲉⲥⲛⲟϥ ⲉⲧ ⲙⲙⲁⲩ· ϣⲁ ⲧⲉⲩⲛⲧⲉⲗⲉⲁ
ⲙ ⲡⲓ ⲁⲓⲱⲛ: ⲉⲩϫⲡⲓⲟ ⲛ ⲛⲓⲟⲩⲇⲁⲓ ⲙⲛ ⲟⲩⲛⲟϭⲛϭ ⲛⲁⲩ·
Ⲁⲛⲟⲛ ϩⲱⲱⲛ ⲛⲉⲭⲣⲓⲥⲧⲁⲛⲟⲥ· ⲁⲛϫⲓⲧϥ ⲁⲛϫⲁϩϥ ⲛ
ⲟⲩⲉϭⲣⲟ ⲛⲛⲏⲓ· ⲉⲧⲉ ⲧⲛⲧⲁⲡⲣⲟ ⲧⲉ ⲙⲛ ⲛⲛⲉⲥⲡⲟⲧⲟⲩ·
Ⲛ ⲧⲉⲣ ⲛϫⲉⲓ ⲟⲩⲛ ⲉ ⲃⲟⲗ ϩⲙ ⲡⲉⲥⲛⲟϥ ⲛ ⲧⲉⲗⲓⲟⲛ· ⲁⲩⲱ
Fol. 17 *a* 1 ⲛⲧⲛⲥⲱ ⲉ ⲃⲟⲗ ⲛϩⲏⲧϥ: | ⲛⲧⲛⲟⲩⲱⲙ ⲛⲉϥⲥⲁⲣⲝ· ⲁⲛⲟⲩ-
ⲗⲁ ϫⲁⲓ ⲉ ⲡⲧⲁⲕⲟ· ⲁⲛϩⲱⲙ ⲉϫⲛ ⲡⲇⲓⲁⲃⲟⲗⲟⲥ· ⲙⲛ ⲛⲉϥ-
ⲙⲉⲉⲩⲉ ⲧⲏⲣⲟⲩ ⲙ ⲡⲟⲛⲏⲣⲟⲛ:—Ⲛⲧⲁⲩⲕⲁ ⲡⲥⲱⲙⲁ ⲙ
ⲡϫⲟⲉⲓⲥ ⲧⲱⲛ· ⲛⲧⲁⲩⲕⲁⲁϥ ϩⲛ ⲟⲩⲧⲁⲫⲟⲥ· ⲁⲩⲱ ⲡⲓ ⲧⲟⲡⲟⲥ
ⲡⲁⲓ· ⲉⲧ ⲛⲣϣⲁ ⲛϩⲏⲧϥ ⲙⲡⲟⲟⲩ· ⲁⲩⲱ ⲛⲓⲙ ⲡⲉ ⲛⲧⲁϥ-
ⲧⲟⲩⲛⲟⲥϥ ⲉ ⲃⲟⲗ ϩⲛ ⲛⲉⲧ ⲙⲟⲟⲩⲧ· ⲙⲛ ⲗⲁⲁⲩ ⲛⲁϣ-
ϩⲟⲧϩⲉⲧ ⲛⲥⲁ ⲡⲓ ϣⲁϫⲉ:—Ⲟⲩⲁⲉ ⲉ ⲉⲓⲙⲉ ⲡϩⲱⲃ ⲛⲥⲁ
ⲡⲉⲓⲱⲧ ⲙⲁⲩⲁⲁϥ· ⲛⲧⲁϥⲧⲟⲩⲛⲟⲥϥ ⲉ ⲃⲟⲗ ϩⲛ ⲛⲉⲧ
ⲙⲟⲟⲩⲧ:—Ϥϫⲱ ⲙⲙⲟⲥ ⲅⲁⲣ ϩⲙ ⲡϫⲱⲱⲙⲉ· ⲙⲡⲉ-
ⲯⲁⲗⲙⲟⲥ· ϫⲉ ⲁ ⲡϫⲟⲉⲓⲥ ⲧⲱⲟⲩⲛ ⲛⲑⲉ ⲙ ⲡⲉⲧ ⲟⲃϣ·
Fol. 17 *a* 2 ⲛⲑⲉ ⲛ ⲟⲩϫⲱⲱⲣⲉ ⲉ ⲁϥ|ϯϩⲉ ϩⲁ ⲡⲏⲣⲡ· ⲛⲓⲙ ⲡⲛⲧⲁϥ-
ⲧⲱⲙⲛⲧ ⲉ ⲣⲟϥ ⲛϣⲟⲣⲡ· ⲏ ⲛⲧⲁϥⲟⲩⲱⲛϩ ⲉ ⲛⲓⲙ· ⲉⲓⲉ
ⲙⲏ ⲧⲉⲓ· ⲙⲁⲣⲓⲁ ⲧⲙⲁⲅⲇⲁⲗⲓⲛⲏ· ⲙ ⲙⲁⲣⲓⲁ ⲧϥⲙⲁⲁⲩ
ⲉⲧⲉ ⲧⲉⲥⲥⲱⲛⲉ ⲧⲉ· Ⲉ ⲁⲥϫⲡⲟϥ ⲁϫⲛ ϩⲟⲟⲩⲧ ⲁⲥϯⲛⲁⲁⲕⲉ
ⲙⲙⲟϥ ⲁϫⲛ ⲧⲓⲧⲕⲁⲥ· ⲁⲥⲥⲁⲛⲟⲩϣϥ· ⲁϫⲛ ⲣⲟⲟⲩϣ ϩⲓ
ϩⲓⲥⲉ· ⲁϥⲣ ϩⲙⲉ ⲛϩⲟⲟⲩ ⲉϥⲟⲩⲱⲛϩ ⲉ ⲃⲟⲗ ⲛ ⲛⲁⲡⲟⲥⲧⲟ-
ⲗⲟⲥ ⲉϥⲟⲩⲱⲙ ⲉϥⲥⲱ ⲛⲙⲙⲁⲩ:—Ⲓⲡⲡⲥⲟⲥ (*sic*) ⲟⲛ ⲁϥ-
ⲡⲁⲣⲁⲅⲅⲓⲗⲉ ⲛⲁⲩ ⲉϥϫⲱ ⲙⲙⲟⲥ ⲛⲁⲩ· ϫⲉ ⲙⲟⲟϣⲉ ⲉ
ⲃⲟⲗ ⲉ ⲡⲕⲟⲥⲙⲟⲥ ⲧⲏⲣϥ· ⲛⲧⲉⲧⲛϯⲥⲃⲱ ⲛ ⲟⲩϩⲉⲑⲛⲟⲥ
ⲧⲏⲣⲟⲩ ⲛⲧⲉⲧⲛⲃⲁⲡϯⲍⲉ ⲙⲙⲟⲟⲩ· ϩⲙ ⲡⲣⲁⲛ ⲙ ⲡⲉⲓⲱⲧ
Fol. 17 *b* 1 ⲙⲛ ⲡϣⲏⲣⲉ ⲙⲛ ⲡⲉⲡⲛⲁ ⲉⲧ ⲟⲩⲁⲁⲃ: | ⲁⲩⲱ ⲁϥⲉⲣⲏⲧ
ⲗⲃ ⲛⲁⲩ ⲛⲧⲉⲩⲛⲟⲩ· ⲙ ⲡⲉⲡⲛⲁ ⲙ ⲡⲁⲣⲁⲕⲗⲏⲧⲟⲛ ⲙⲛⲛⲥⲁ
ⲧⲡⲛⲧⲏⲕⲟⲥⲧⲏ· ⲉⲧ ⲟⲩⲁⲁⲃ· Ⲛⲧⲉ ⲡⲕⲉⲣⲟⲥ ⲡⲉ ⲛⲧⲁ
ⲡϫⲟⲉⲓⲥ ϫⲟⲟⲥ ⲙ ⲙⲱⲩⲥⲏⲥ ⲡⲉ· ϫⲉ ⲉⲕⲉⲟⲩⲛⲟϥ ⲙⲙⲟⲕ

ⲛ̄ϩⲏⲧϥ̄ ⲙⲛ̄ ⲧⲉⲕⲥϩⲓⲙⲉ· ⲙⲛ̄ ⲛⲉⲕϣⲏⲣⲉ· ⲙⲛ̄ ⲛⲉⲕϩⲙ̄ϩⲁⲗ·
ⲙⲛ̄ ⲛⲕⲧⲃ̄ⲛⲟⲟⲩⲉ· ⲙⲛ̄ ⲛ̄ⲕϣⲱⲡ ϩⲁ ϩⲟⲙⲛ̄ⲧ· ⲙⲛ̄ ⲉⲛⲕⲁⲁ
ⲛⲓⲙ ⲛ̄ⲧⲁⲕ:—Ⲡϣⲁ ⲅⲁⲣ ⲛⲁⲓ ⲛ̄ⲥⲁϣϥ̄ ⲡⲉ ⲡϣⲁ ⲛ̄
ⲧⲡⲛ̄ⲧⲏⲕⲟⲥⲧⲏ· ⲡⲓϩⲟⲟⲩ ⲛ̄ ⲟⲩⲱⲧ ⲡⲉ ⲛ̄ⲧⲁ ⲡⲉⲡⲛ̄ⲁ ⲉⲓ
ⲉϫⲛ̄ ⲛ̄ⲁⲡⲟⲥⲧⲟⲗⲟⲥ· Ⲛ̄ⲑⲉ ⲅⲁⲣ ⲛ̄ ⲟⲩⲟⲉⲓⲉ ⲛ̄ ⲥⲡⲟⲩⲇⲁⲓ̈ⲟⲥ
ⲛ̄ ϣⲁϥⲃⲱⲕ ⲉ ⲧϥ̄ⲥⲱ̄ϣⲉ· ⲛϥ̄ⲕⲁⲑⲁⲣⲓⲍⲉ ⲙ̄ⲙⲟⲥ· ⲛϥ̄-
ⲡⲟⲣⲕ̄ ⲛ̄ⲛ̄ϣⲟⲛⲧⲉ ⲙⲛ̄ ⲛⲁⲣⲱⲟⲩ· ⲙⲛ̄ ⲛ̄ⲥ[ⲟ]ⲩⲣⲉ ⲛ̄ⲧⲁⲩⲣⲱⲧ
ⲛ̄|ϩⲏⲧⲥ̄· ⲙⲛ̄ⲛ̄ⲥⲱⲥ ⲛϥ̄ϫⲱ ⲙ̄ ⲡⲉϭⲣⲟϭ ϩⲛ̄ ⲟⲩϭⲓϫ Fol. 17 *b* 2
ⲉⲥⲟ̄ⲟⲟⲗⲉ· ⲛϥ̄ⲥⲕⲁⲓ ⲙ̄ⲙⲟⲥ· ϩⲙ̄ ⲡϩⲃ̄ⲃⲉ· ⲗⲟⲓⲡⲟⲛ ⲉϥ-
ϭⲱϣⲧ̄ ⲛ̄ⲥⲁ ⲡⲕⲉⲣⲟⲥ ⲙ̄ ⲡⲉⲁⲣ· ⲉ ⲧⲣⲉ ⲡϩⲟⲟⲩ ⲙ̄ⲡⲉ ⲉⲓ
ⲉ ϫⲱⲟⲩ· ⲛ̄ⲥⲉϯⲟⲩⲱ̄ ⲧⲏⲣⲟⲩ ⲛ̄ⲥⲉⲉⲓ̈ⲣⲉ ⲛ̄ ⲟⲩϭⲣⲟϭ ⲉ
ⲛⲁⲛⲟⲩⲃ̄· ⲉ ⲧⲃⲉ ⲡⲛⲓϥ ⲙⲛ̄ ⲧⲉⲓⲟⲧⲉ ⲛ̄ⲧⲁⲥⲉⲓ̈ ⲉ ϫⲱⲟⲩ·
ⲉ ⲃⲟⲗ ϩⲛ̄ ⲧⲡⲉ ϩⲓⲧⲛ̄ ⲡⲛⲟⲩⲧⲉ· Ⲧⲁⲓ ϩⲱⲱϥ ⲧⲉ ⲑⲉ ⲙ̄
ⲡⲉⲛϫⲟⲉⲓⲥ ⲓ̄ⲥ̄ ⲡⲉⲭ̄ⲥ̄· ⲙⲛ̄ ⲛ̄ⲣⲱⲙⲉ ⲉⲧ ⲟⲩⲁⲁⲃ̄· ⲉⲧⲉ
ⲛ̄ⲛⲉⲓⲟⲧⲉ ⲛ̄ⲁⲡⲟⲥⲧⲟⲗⲟⲥ ⲛⲉ· ⲉⲁϥⲕⲁⲑⲁⲣⲓⲍⲉ ⲙ̄ⲙⲟⲟⲩ ⲉ
ⲃⲟⲗ ϩⲛ̄ ⲧⲱⲗⲙ̄ ⲛⲓⲙ· ⲙⲛ̄ ⲕ̄ⲣⲟϥ ⲛⲓⲙ· ϣⲁⲛⲧ ⲡⲛ̄ⲧⲏ-
ⲕⲟⲥⲧⲏ ⲉⲧ ⲟⲩⲁⲁⲃ̄· Ⲉⲁϥⲧⲛ̄ⲛⲟⲟⲩ ⲉ ϫⲱⲟⲩ· ⲙ̄ ⲡⲁⲣⲁ-
ⲕⲗⲏⲧⲟⲥ ⲡⲉⲡⲛ̄ⲁ ⲉⲧ ⲟⲩⲁⲁⲃ̄· ⲡⲉⲡⲛ̄ⲁ ⲛ̄ ⲧⲙⲉ· ⲁϥⲙⲁϩⲟⲩ
ⲛ̄ⲥⲟⲟⲩ ⲛⲓⲙ· ⲁⲩϣⲁ|ϫⲉ ϩⲛ̄ ϩⲛ̄ⲕⲉⲁⲥⲡⲉ ⲛ̄ⲥⲉⲥⲟⲟⲩⲛ Fol. 18 *a* 1
ⲙ̄ⲙⲟⲟⲩ ⲁⲛ· ⲁⲩⲉⲓⲣⲉ ⲛ̄ ϩⲛ̄ⲛⲟϭ ⲛ̄ϭⲟⲙ· ⲙⲛ̄ ϩⲛ̄ϣⲡⲏⲣⲉ· ⲗ̄ⲅ̄
ⲉⲩⲉⲓⲛⲉ ⲛ̄ ⲛⲁ ⲡϫⲟⲉⲓⲥ· ⲟⲩⲁ ⲁϥⲉⲓ̈ⲣⲉ ⲛ̄ϣⲉ· ⲟⲩⲁ ⲁϥⲉⲓⲣⲉ
ⲛ̄ⲥⲉ· ⲟⲩⲁ ⲁϥⲉⲓⲣⲉ ⲙ̄ⲙⲁⲁϥ· Ⲡⲁⲓ ⲧⲉⲛⲟⲩ ⲡⲉ ⲡⲕⲉⲣⲟⲥ
ⲛ̄ ⲛ̄ⲧⲉⲣ(ⲡⲉ) ϣⲁ ⲛ̄ϩⲏⲧϥ̄· ⲕⲁⲧⲁ ⲡⲟⲩⲉϩⲥⲁϩⲛⲉ ⲙ̄ ⲡϫⲟⲉⲓⲥ
ϩⲛ̄ ϩⲛ̄ⲁϣⲏ ⲁⲛ ⲛ̄ϭⲓⲛⲟⲩⲱⲙ· ⲙⲛ̄ ⲟⲩⲁϣⲏ [ⲁⲛ] ⲛ̄ ⲏⲣⲡ̄
ⲙⲛ̄ ϩⲛ̄ϫⲏⲣ· ⲁⲗⲗⲁ ϩⲛ̄ ϩⲛ̄ⲥⲩⲛⲁⲝⲓⲥ· ⲙⲛ̄ ϩⲛ̄ⲯⲁⲗⲙⲟⲥ
ⲙⲛ̄ ϩⲛ̄ⲯⲁⲗⲗⲉⲓ· ⲛ̄ϫⲱ ⲙ̄ⲙⲟ(ⲟ)ⲥ ϫⲉ ⲙⲁⲣⲛ̄ⲉⲓ ⲉ ⲃⲟⲗ ϩⲛ̄
ⲟⲩⲱⲛϩ̄ ⲉ ⲃⲟⲗ· ⲛ̄ⲧⲛ̄ϯ ⲗⲟⲩⲗⲁⲓ ⲛⲁϥ ϩⲛ̄ ϩⲛ̄ⲯⲁⲗⲙⲟⲥ·
ϫⲉ ⲛ̄ⲧⲟϥ ⲡⲉ ⲡⲛ̄ⲛⲟⲩⲧⲉ· ⲁⲛⲟⲛ ⲡϥ̄ⲗⲁⲟⲥ· Ⲛ̄ ⲧⲉⲣ
ϥ̄ⲃⲱⲕ ⲟⲩⲛ̄ ⲉ ϩⲣⲁⲓ ϣⲁ ⲡϥ̄ⲉⲓⲱⲧ ⲛϥ̄ϩⲙⲟⲟⲥ ϩⲓ ⲟⲩⲛⲁ[ⲙ]
ⲙ̄ⲙⲟϥ· ⲁⲩⲱϣ ⲉ ⲃⲟⲗ ⲉⲩϫⲱ ⲙ̄|ⲙⲟⲥ· Ϫⲉ ⲁ ⲡϫⲟⲉⲓⲥ Fol. 18 *a* 2
ⲉⲣ̄ⲣⲟ̄ ⲉϫⲛ̄ ⲛ̄ϩⲉ̄ⲑⲛⲟⲥ ⲧⲏⲣⲟⲩ· ⲡⲛⲟⲩⲧⲉ ⲉⲧ ⲟⲩⲁⲁⲃ̄ ϩⲙⲟⲟⲥ·
ϩⲓ ⲡϥ̄ⲑⲣⲟⲛⲟⲥ ⲉⲧ ⲟⲩⲁⲁⲃ̄:—Ⲁⲩⲱ ⲡⲉϫⲉ ⲡϫⲟⲉⲓⲥ ⲙ̄
ⲙⲱⲩⲥⲏⲥ· ϫⲉ ⲁⲣⲓ ϣⲁ ⲛⲁⲓ· ⲛ̄ϣⲟⲙⲛ̄ⲧ ⲛ̄ⲥⲟⲡ ⲧⲉ
ⲣⲟⲙⲡⲉ:—Ⲁϣ ϭⲉ ⲡⲉ ⲡⲕϣⲁ ⲉⲧⲟ ⲛ̄ⲛⲟϭ ⲙ̄ⲡⲟⲟⲩ· Ϣ̄

ⲛⲁⲙⲉⲣⲁⲧⲉ· ⲡⲁⲓ ⲉⲧ ϣⲟⲟⲡ ϩⲙ̅ ⲡϣⲟⲣⲡ̅ ⲛ̅ ⲉⲃⲟⲧ ⲧⲉ
ⲣⲟⲙⲡⲉ· ⲉⲧⲉ ⲡϣⲁ ⲡⲉ ⲙ̅ ⲡⲟⲩⲱⲛϩ̅ ⲉ ⲃⲟⲗ ⲙ̅ ⲡⲉⲥ̅⳨ⲟ̅ⲥ̅·
Ⲁⲩⲱ ⲧⲉⲛⲛⲁⲟⲩⲱⲛϩ̅ ⲛⲏⲧⲛ̅ ⲉ ⲃⲟⲗ ⲙ̅ ⲡϩⲱⲃ· ϫⲉ ⲉ
ⲧⲃⲉ ⲟⲩ ⲧⲡⲉⲣϣⲁ ⲙ̅ ⲡϩⲁⲅⲓⲟⲛ ⲛ̅ⲥ̅⳨ⲟ̅ⲥ̅ ⲙ̅ⲡⲟⲟⲩ· Ⲉⲡⲓ
ⲇⲏ ⲁ ⲛ̅ⲓ̈ⲟⲩⲇⲁⲓ̈ ϫⲓϭⲟⲗ ⲉ ⲧⲁⲛⲁⲥⲧⲁⲥⲓⲥ ⲙ̅ ⲡϫⲟⲉⲓⲥ·
ⲉⲩϫⲱ ⲙ̅ⲙⲟⲥ ϫⲉ ⲙ̅ⲡ ⲉϥⲧⲱⲟⲩⲛ ⲉ ⲃⲟⲗ ϩⲛ̅ ⲛⲉⲧ ⲙⲟⲟⲩⲧ·
ⲁⲗⲗⲁ ⲛⲉϥⲙⲁⲑⲏⲧⲏⲥ ⲛ̅ⲛⲧⲁⲩⲉⲓ ⲛ̅ ⲧⲉⲩϣⲏ ⲁⲩⲃⲓⲧϥ̅ ⲛ̅-
Fol. 18 *b* 1 ϫⲓⲟⲩⲉ· ⲉⲛⲉⲛⲕⲱⲧⲕ̅· ⲁⲩⲱ | ⲡⲉ ⲛⲉⲩⲙⲉⲉⲩⲉ ⲉϣϩⲟⲡ ⲙ̅
ⲗ̅ⲇ̅ ⲡⲉⲟⲟⲩ ⲙ̅ ⲡⲉⲥ̅⳨ⲟ̅ⲥ̅· ⲕⲁⲧⲁ ⲧⲁⲓⲁⲧⲏⲡⲟⲥ ⲛ̅ ⲓ̅ⲉⲣⲓⲛⲛⲁⲓ̈ⲟⲥ·
ⲙⲛ̅ ⲉⲓ̈ⲱⲥⲏⲡⲡⲟⲥ· ⲙⲛ̅ ⲫⲓⲗⲩⲙⲱⲛ ⲛ̅ⲁⲡⲟ ϩⲃ̅ⲣⲁⲓⲟⲥ·
ⲉ ⲧⲃⲉ ⲡϭⲱⲛⲧ̅ ⲛ̅ⲛⲓⲟⲩⲇⲁⲓ ⲉ ϩⲟⲩⲛ ⲉⲙⲙⲁⲑⲩⲧⲏⲥ ⲙ̅
ⲡⲡ̅ϫⲟⲉⲓⲥ· ⲙⲛ̅ ⲡⲉⲥ̅⳨ⲟ̅ⲥ̅ ⲙ̅ ⲡⲡ̅ϫⲟⲉⲓⲥ· Ⲉⲛⲉⲣⲉ ⲟⲩⲛⲟϭ
ⲙ̅ ⲡⲟⲛⲏⲣⲓⲁ· ϩⲙ̅ ⲡϩⲏⲧ ⲛ̅ⲛⲓⲟⲩⲇⲁⲓ· ⲛ̅ⲧⲁⲩⲥ̅⳨ⲟⲩ ⲙ̅
ⲡϫⲟⲉⲓⲥ· ⲉ ϩⲟⲩⲛ ⲉ ⲡϣⲉ ⲙ̅ ⲡⲉⲥ̅⳨ⲟ̅ⲥ̅ ⲉⲧ ⲟⲩⲁⲁⲃ·
ⲉⲩⲟⲩⲱϣ ⲉ ⲣⲟⲕϩ̅ ⲙ̅ⲙⲟϥ· ⲙ̅ⲛ̅ⲛ̅ⲥⲁ ⲧⲣⲉ ⲡϫⲟⲉⲓⲥ
ⲧⲱⲟⲩⲛ· ⲉ ⲃⲟⲗ ϩⲛ̅ ⲛⲉⲧ ⲙⲟⲟⲩⲧ· Ⲉⲛⲉⲣⲉ ⲡϣⲉ ⲙ̅
ⲡⲉⲥ̅⳨ⲥ̅ ⲧⲟϫ̅ ⲉ ⲡⲕⲁϩ ϩⲙ̅ ⲡⲙⲁ ⲛ̅ⲧⲁⲩⲥ̅⳨ⲟⲩ ⲙ̅ ⲡϫⲟⲉⲓⲥ
ⲛ̅ϩⲏⲧϥ̅· Ⲛ̅ ⲧⲉⲣⲉ ⲡϣⲧⲟⲣⲧⲣ̅ ⲕⲟⲩⲓ ⲕⲟⲩⲓ· ⲉ ⲃⲟⲗ ϫⲉ
Fol. 18 *b* 2 ⲛⲉⲣⲉ ⲙ̅ⲙⲁⲑⲩⲧⲏⲥ | ϩⲏⲡ ⲉ ⲧⲃⲉ ⲑⲟⲧⲉ ⲛ̅ⲛⲓ̈ⲓ̈ⲟⲩⲇⲁⲓ̈·
ⲁϥⲧⲱⲟⲩⲛ ⲛ̅ϭⲓ ⲓⲱⲥⲏⲫ ⲡⲁⲣⲓⲙⲁⲑⲁⲓⲁ· ⲁϥⲉⲓ̈ ϣⲁ ⲛⲓ-
ⲕⲱⲇⲏⲙⲟⲥ ⲡⲉϫⲁϥ ⲛⲁϥ· ϫⲉ ⲉⲓⲥ ϩⲏⲏⲧⲉ ⲁⲩⲥⲩⲛⲃⲟⲩ-
ⲗⲉⲩⲉ· ⲛ̅ϭⲓ ⲛ̅ⲓ̈ⲟⲩⲇⲁⲓ· ⲙⲛ̅ ⲛ̅ⲁⲣⲭⲓⲉⲣⲉⲩⲥ· ⲙⲛ̅ ⲡⲥⲉⲉⲡⲉ
ⲙ̅ ⲡⲥⲩⲛϩ̅ⲇ̅ⲣⲓⲟⲛ· ϫⲉ ⲙⲁⲣⲛ̅ⲣⲟⲕϩ̅ ⲙ̅ ⲡⲉⲥ̅⳨ⲟ̅ⲥ̅· ⲧⲉⲛⲟⲩ
ϭⲉ ⲙⲁⲣⲛ̅ⲃⲓⲧϥ̅ ⲛ̅ ⲧⲛ̅ϩⲟⲡϥ̅· ϫⲉ ⲛ̅ⲛⲉⲩⲉⲓⲣⲉ ⲙ̅ ⲡⲛ̅ⲧⲁⲩ-
ⲙⲉⲉⲩⲉ ⲉ ⲣⲟϥ· Ⲁⲩⲧⲱⲟⲩⲛ ⲙ̅ ⲡⲉⲥⲛⲁⲩ ⲁⲩⲉⲓ ⲉϫⲙ̅
ⲡⲕ̅ⲣⲁⲛⲓⲟⲛ ⲛ̅ⲧⲉⲩϣⲏ· ⲁⲩϭⲓⲛⲉ ⲙ̅ ⲡϣⲉ ⲉⲧ ⲟⲩⲁⲁⲃ ⲉ
ⲡⲉⲥ̅⳨ⲟ̅ⲥ̅ ⲛ̅ ⲓ̅ⲥ̅· ⲙⲛ̅ ⲡⲧⲓⲧⲗⲟⲥ ⲛ̅ⲧⲁ ⲡⲓ̈ⲗⲁⲧⲟⲥ· ⲟϫϥ ⲉ
ϩⲟⲩⲛ ⲉ ⲣⲟϥ· ⲙⲛ̅ ⲛ̅ⲕⲉ ⲉⲓⲃⲧ ⲉⲩⲧⲟⲕⲥ̅ ⲉ ⲣⲟϥ· ⲛⲁⲓ̈
Fol. 19 *a* 1 ⲛ̅ⲧⲁⲩⲟⲃⲧⲟⲩ ⲉ ⲡⲥⲱⲙⲁ ⲙ̅ ⲡϫⲟⲉⲓⲥ· ⲉⲛϥ|ϭⲓϫ ⲙⲛ̅ ⲛⲉϥ-
ⲗ̅ⲉ̅ ⲟⲣⲧⲉ (*sic*) ⲁⲩϩⲟϥⲧⲟⲩ ⲙⲛ̅ ⲛⲁ ⲛⲥⲟⲟⲛⲉ· ⲙ̅ⲡ ⲟⲩϣⲃⲱⲕ ⲉ
ϩⲟⲩⲛ ⲉ ⲧⲃⲉ ⲑⲟⲧⲉ ⲛ̅ⲓ̈ⲟⲩⲇⲁⲓ̈· Ⲁⲩⲱ ⲡⲉϫⲉ ⲓ̈ⲱⲥⲏⲫ ⲛ̅
ⲛⲓⲕⲱⲇⲏⲙⲟⲥ ϫⲉ ⲙⲁⲣⲛ̅ ⲥⲱⲗⲡ̅ ⲙ̅ ⲡϣⲉ· ϩⲁ ⲡⲉⲥⲏⲧ ⲉ
ⲡⲉⲥ̅⳨ⲟ̅ⲥ̅· ⲛ̅ⲧⲛ̅ⲃⲓⲧϥ̅ ⲙⲛ̅ ⲛⲉⲥ̅⳨ⲟ̅ⲥ̅ ⲛ̅ⲧⲛ̅ⲕⲁⲁⲩ ⲛ̅ ϩⲟⲩⲛ
ⲉ ⲡⲧⲁⲫⲟⲥ· ⲉ ⲡⲙⲁ ⲛ̅ⲧⲁⲩⲕⲁ ⲡⲥⲱⲙⲁ ⲙ̅ ⲡϫⲟⲉⲓⲥ ⲛ̅-

ϩⲏⲧϥ̅ · ⲕⲁⲓ ⲅⲁⲣ ⲡⲱⲓ ⲡⲉ · ⲁⲩⲱ ⲙ̅ⲛ̅ ⲓⲕⲁ ⲥⲱⲙⲁ ⲛ̅ϩⲏⲧϥ̅
ⲉⲛⲉϩ̅ · ⲏ ⲙⲏ ⲧⲉⲓ ⲡⲥⲱⲙⲁ ⲛ̅ ⲓ̅ⲥ̅ · Ⲁⲩⲱ ⲉⲓⲥ ϩⲏⲏⲧⲉ
ⲁϥⲧⲱⲟⲩⲛ ⲉ ⲃⲟⲗ ϩⲛ̅ ⲛⲉⲧ ⲙⲟⲟⲩⲧ · ⲁⲩⲉⲓⲣⲉ ϩⲓ ⲛⲁⲓ
ⲁⲩϫⲓⲧⲟⲩ ⲉ ϩⲟⲩⲛ ⲉ ⲡⲧⲁⲫⲟⲥ · ⲉⲛϥ̅ϩⲏⲛ ⲅⲁⲣ ⲉ ϩⲟⲩⲛ
ⲉ ⲡⲙⲁ ⲛ̅ⲧⲁⲩⲥ̅ϯ̅ⲟ̅ⲩ̅ ⲙ̅ⲙⲟϥ ⲛ̅ϩⲏⲧϥ̅ · ⲁⲩⲥⲕⲟⲣⲕⲣ̅ ⲙ̅
ⲡⲱⲛⲉ | ⲉⲣⲛ̅ ⲧⲧⲁⲡⲣⲟ ⲙ̅ ⲡⲧⲁⲫⲟⲥ ⲁⲩⲃⲱⲕ · ⲁⲩⲱ ⲙ̅ⲡⲉ Fol. 19 a 2
ⲗⲁⲁⲩ ⲉⲓⲙⲉ ⲉ ⲛ̅ⲧⲁⲩⲁⲁϥ ⲛ̅ⲟⲩⲛⲟϭ ⲛ̅ⲟⲩⲟⲉⲓϣ · ⲉⲣⲉ
ⲙ̅ⲙⲁⲑⲏⲧⲏⲥ ⲃⲏⲕ ⲉ ⲡⲧⲁⲫⲟⲥ ⲙ̅ⲙⲏⲛⲉ · ⲉⲩϣⲗⲏⲗ ⲛ̅-
ⲧⲉⲩϣⲏ ⲛ̅ϫⲓ̈ⲟⲩⲉ :—Ⲁⲩⲱ ⲟⲛ ⲉⲩⲃⲓ ⲛ̅ ⲛⲉⲧ ϣⲱⲛⲉ ⲉⲩϫⲓ
ⲙ̅ ⲧⲁⲗϭⲟ ϩⲓⲧⲛ̅ ⲓ̅ⲥ̅ ⲙⲛ̅ ⲡⲉϥⲥ̅ϯ̅ⲟ̅ⲥ̅ ⲉⲧ ⲟⲩⲁⲁⲃ · ϩⲱⲥ
ⲧⲉ ⲛ̅ⲇⲁⲓ̈ⲙⲱⲛⲓⲟⲛ ⲛ̅ ⲉⲩϭⲁⲗⲟⲟⲩ ⲛ̅ⲣⲱⲙⲉ · ⲉⲩϣⲁⲛϫⲱϩ
ⲉ ⲡⲧⲁⲫⲟⲥ ϣⲁⲩⲱϣ ⲉ ⲃⲟⲗ · ϫⲉ ⲓ̅ⲥ̅ ⲁϥⲉⲡⲓⲇⲏⲙⲁ ⲛⲁⲛ
ϩⲛ̅ ⲧⲥⲁⲣⲝ̅ :—Ⲁⲩⲱ ⲛ̅ ⲧⲉⲣ ⲟⲩⲥ̅ϯ̅ⲟ̅ⲩ̅ ⲙ̅ⲙⲟϥ · ⲉⲓⲥ ⲡϣⲉ
ⲙ̅ ⲡⲉⲥ̅ϯ̅ⲟ̅ⲥ̅ ⲁϥⲇⲓⲱⲕⲓ ⲛ̅ⲥⲱϥ ϩⲙ̅ ⲡⲧⲁⲫⲟⲥ · ⲉϥϯ ϩⲓⲥⲉ
ⲛⲁⲛ ⲉϥⲛⲟⲩϫ ⲙ̅ⲙⲟⲛ ⲉ ⲃⲟⲗ · ϩⲛ̅ ⲛ̅ⲥⲱⲙⲁ ⲛ̅ⲧⲁⲛϭⲟⲓⲗⲉ
ⲉ ⲣⲟⲟⲩ · Ⲥⲱⲧⲙ̅ ⲟⲛ ⲉ ϯⲕⲉ ⲛⲟϭ ⲛ̅ϣⲡⲏⲣⲉ · ⲛ̅ⲧⲁ
ⲛ̅|ϫⲓⲥⲟⲟⲩⲉ ⲛ̅ⲛⲉⲓⲟⲧⲉ ⲛ̅ⲁⲣⲭⲁⲓⲟⲛ ϫⲟⲟⲥ ⲉ ⲣⲟⲛ · ⲛⲉⲩⲛ Fol. 19 b 1
ⲟⲩⲣⲱⲙⲉ ⲛ̅ ⲓⲟⲩⲇⲁⲓ · ⲙ̅ⲡⲉⲩⲟⲉⲓϣ ⲉⲧ ⲙ̅ⲙⲁⲩ · ϩⲙ̅ ⲗ̅ⲥ̅
ⲑⲓⲉⲗⲏⲙ̅ ⲉⲩⲣ̅ⲙ̅ⲙⲁⲟ ⲙ̅ⲙⲁⲧⲉ ⲡⲉ · ⲉ ⲡⲉϥⲣⲁⲛ ⲡⲉ
ⲕⲗⲉⲟⲡⲁ · ⲉϥⲟ ⲛ̅ ⲡⲟⲧⲁⲕⲣⲟⲥ · ⲙ̅ⲡ ϥ̅ⲙⲟⲟϣⲉ ⲉⲛⲉϩ
ⲉϫⲉⲛ ⲛⲉϥⲟⲩⲉⲣⲏⲧⲉ · ⲟⲩⲇⲉ ⲟⲛ ⲙ̅ⲡ ϥ̅ϣϭⲙ̅ ϭⲟⲙ ⲉ ⲁⲗⲉ
ⲉϫⲛ̅ ⲛ̅ⲧⲃⲛⲏ ⲉⲛⲉϩ̅ · ⲁⲗⲗⲁ ϣⲁⲩⲧⲁⲗⲟϥ ⲉⲩϩⲟⲩⲣⲓⲟⲛ
ⲛ̅ⲥⲉϫⲱⲕⲙⲉϥ · ⲁⲩⲱ ⲛ̅ⲥⲉϫⲓⲧϥ̅ ⲉ ⲡⲙⲁ ⲉⲧ ϥⲟⲩⲱϣ̅ ⲃⲱⲕ
ⲉ ⲣ̅ⲟϥ :—ⲁⲩⲱ ⲡⲉⲧ ⲙ̅ⲙⲁⲩ ⲙ̅ⲡ ϥ̅ⲃⲱⲕ ϩⲙ̅ ⲡϣⲟϫⲛⲉ ·
ⲛ̅ⲛ̅ⲡⲁⲣⲁⲛⲟⲙⲟⲥ · ⲛ̅ⲓ̈ⲟⲩⲇⲁⲓ̈ · ⲛⲁⲓ ⲛ̅ⲧⲁⲩⲥ̅ϯ̅ⲟ̅ⲩ̅ ⲙ̅ ⲡϫⲟⲉⲓⲥ
ⲙ̅ ⲡⲉⲟⲟⲩ ϩⲁ ⲣⲟⲛ · Ⲁϥϩⲱⲛ ⲉ ⲧⲟⲟⲧⲟⲩ ⲛ̅ ⲛⲉϥϩ̅ⲙ̅ϩⲁⲗ ·
ϫⲉ ⲙ̅ⲡⲣ̅ ⲕⲟⲓⲛⲟⲛⲉⲓ · ⲙⲛ̅ ⲛ̅ⲓ̈ⲟⲩⲇⲁⲓ̈ · ⲛⲁⲛⲟⲙⲟⲥ ⲛⲁⲓ
ⲉⲧⲟⲩⲱϣ ⲉ ⲙⲟⲩ|ⲟⲩⲧ ⲛ̅ ⲓ̅ⲥ̅ ⲡⲛⲁⲥⲱⲣⲉⲟⲥ · ⲉ ⲧⲃⲉ ⲟⲩⲕⲱϩ Fol. 19 b 2
ⲙⲛ̅ ⲟⲩⲫⲑⲟⲛⲟⲥ · Ⲁⲛⲟⲕ ϩⲱ ϯⲥⲟⲟⲩⲛ ϫⲉ ⲡϣⲏⲣⲉ ⲙ̅
ⲡⲛⲟⲩⲧⲉ ⲡⲉ · ⲕⲁⲧⲁ ⲛⲉⲡⲣⲟⲫⲏϯⲁ ⲛ̅ⲛ̅ ⲛ̅ⲉⲓⲟⲧⲉ ⲙ̅ⲡⲣⲟ-
ⲫⲏⲧⲏⲥ · Ⲁⲩⲱ ⲁ ⲙⲁⲣⲉⲓⲁ ⲧⲛ̅ⲥⲱⲛⲉ ϫⲡⲟϥ ϩⲛ̅ ⲟⲩⲡⲛⲁ̅
ⲉⲧ ⲟⲩⲁⲁⲃ ⲉⲧⲉ ⲧⲉ ⲧϣⲉⲉⲣⲉ ⲛ̅ ⲕ̅ⲗⲉⲟⲡⲁ · ⲡⲉⲧ ⲛ̅ϣⲁⲩ-
ⲙⲟⲩⲧⲉ ⲉ ⲣⲟϥ ϫⲉ ⲓⲱⲁⲕⲓⲙ · ⲡⲥⲱⲛ ⲙ̅ ⲡⲁ ⲉⲓⲱⲧ · ⲁⲩⲱ
ϯⲡⲓⲥⲧⲉⲩⲉ ϫⲉ ⲙ̅ⲡⲉ ⲥⲟⲩⲉⲛ̅ ϩⲟⲟⲩⲧ ⲉⲛⲉϩ̅ :—Ⲟⲩⲡⲛⲁ̅

ⲉϥⲟⲩⲁⲁⲃ ⲡⲉ ⲛ̅ⲧⲁϥⲉⲓ ⲉ ϩⲣⲁⲓ ⲉ ϫⲱⲥ · ⲕⲁⲧⲁ ⲧⲉϥⲫⲱⲛⲏ
ⲙ̅ ⲡⲁⲣⲭⲁⲅⲅⲉⲗⲟⲥ · Ⲡⲉⲓ ⲣⲱⲙⲉ ⲇⲉ ⲛ̅ ⲇⲓⲕⲁⲓⲟⲥ ϫⲉ
ⲕⲗⲉⲱⲡⲁ · ⲉⲟⲩⲛ̅ⲧⲁϥ ⲙ̅ⲙⲁⲩ ⲛ̅ ⲟⲩϣⲏⲣⲉ ⲙ̅ⲙⲟⲛⲟ-
ⲅⲉⲛⲏⲥ ⲉ ⲡⲉϥⲣⲁⲛ ⲡⲉ ϩⲣⲟⲩⲫⲟⲥ · Ⲡⲁⲓ ⲇⲉ ⲁϥϣⲱⲛⲉ
Fol. 20 *a* 1 ϩⲙ̅ ⲡⲉϥϣⲱⲛⲉ ⲙ̅ⲙⲟⲩ · ⲛ̅ ⲧⲉⲣ ϥⲣ̅ ϩⲛ̅ⲕⲟⲩⲓ ⲇⲉ | ⲛ̅ϩⲟⲟⲩ
ⲗ̅ⲍ̅ ⲁϥⲙ̅ⲧⲟⲛ ⲙ̅ⲙⲟϥ · ⲁϥⲙⲟⲩⲧⲉ ⲛⲉϥϩⲙ̅ϩⲁⲗ · ⲛ̅ϭⲓ ⲕⲗⲉⲱⲡⲁ
ⲡⲉϫⲁϥ ⲛⲁⲩ ϫⲉ ϫⲓ ⲛⲏⲧⲛ̅ ⲛ̅ ⲟⲩⲣⲱⲙⲉ ⲛ ⲗⲁⲧⲟⲙⲟⲥ
ⲛ̅ ⲣϥⲕ̅ϩⲕ̅ϩ ⲱⲛ[ⲉ] ⲙⲁⲣϥ ⲕⲁϩⲕ̅ϩ ⲙ̅ ⲡⲧⲁⲫⲟⲥ ⲙ̅ ⲡⲁ
ϣⲏⲣⲉ · ϩⲓ̈ⲧⲟⲟⲧϥ ⲛ̅ ⲓ̅ⲥ̅ ⲡⲛⲁⲍⲱⲣⲁⲓⲟⲥ · ⲧⲁⲧⲟⲙⲉⲥ ⲙ̅
ⲡⲁ ϣⲏⲣⲉ ⲛ̅ϩⲏⲧϥ̅ · Ⲁⲩⲱ ⲉⲓϣⲁⲛⲙⲟⲩ ϩⲱ ⲧⲟⲙⲉⲥ ⲙ̅ⲙⲟⲓ
ⲛ̅ϩⲏⲧϥ̅ · ⲁⲩⲉⲓⲣⲉ ⲕⲁⲧⲁ ⲡⲉϥϣⲁϫⲉ · ⲁⲩⲥⲙⲓⲛⲉ ⲙ̅ ⲡⲧⲁ-
ⲫⲟⲥ · ⲁⲓϯ ⲉϥⲟⲛ̅ϩ ⲛ̅ϭⲓ ϩⲣⲟⲩⲫⲟⲥ ⲡϣⲏⲣⲉ ⲛ̅ ⲕⲗⲉⲟⲡⲁ ·
ⲁⲩⲱ ⲙ̅ⲛ̅ⲛ̅ⲥⲁ ϩⲟⲟⲩ ⲥⲛⲁⲩ ⲁϥⲙ̅ⲧⲟⲛ ⲙ̅ⲙⲟϥ · ⲉⲛⲉ ⲡⲥⲁⲃ-
ⲃⲁⲧⲟⲛ ⲡⲉ ⲡⲉϩⲟⲟⲩ ⲉⲧ ⲙ̅ⲙⲁⲩ · ⲁⲩⲱ ⲙ̅ⲡ ⲟⲩⲱϣ ⲉϫⲓ ⲙ̅
ⲡⲉϥⲥⲱⲙⲁ ⲉ ⲃⲟⲗ ⲉ ⲡⲧⲁⲫⲟⲥ · ϫⲉ ⲛ̅ⲛⲉⲩⲃ̅ⲗ̅ ⲡⲥⲁⲃⲃⲁⲧⲟⲛ
ⲉ ⲃⲟⲗ · ⲙ̅ ⲡⲉϥⲣⲁⲥⲧⲉ ⲇⲉ ⲉⲧⲉ ⲛⲟⲩⲁ ⲛ̅ⲛ̅ⲥⲁⲃⲃⲁⲧⲟⲛ ⲡⲉ · |
Fol. 20 *a* 2 ⲁⲩϫⲓⲧϥ̅ ⲉ ⲃⲟⲗ ⲉ ⲡⲧⲁⲫⲟⲥ ϩⲓϫⲛ̅ ⲟⲩⲙⲁ ⲛ̅ⲛⲕⲟⲧⲕ̅ ·
ⲡⲉϥⲉⲓⲱⲧ ⲇⲉ ϩⲱⲱϥ ⲁϥⲧⲁⲗⲟϥ ⲉ ⲛ̅ϩⲟⲩⲣⲓⲟⲛ · ⲁⲩⲧⲱⲟⲩⲛ
ⲙ̅ⲙⲟϥ ⲁⲩⲃⲓⲧϥ̅ ⲉ ⲃⲟⲗ ⲛ̅ⲙ̅ⲙⲁϥ · ⲉϥⲟⲩⲏϩ ⲛ̅ⲥⲱϥ ⲁⲩⲱ
ⲛⲉϥⲣⲓⲙⲉ ⲉ ⲡⲉϥϣⲏⲣⲉ · ϩⲛ̅ ⲟⲩⲛⲟϭ ⲛ̅ ⲛ̅ϩⲡⲉ :—Ⲛ̅ ⲧⲉⲣ
ⲟⲩⲡⲱϩ ⲇⲉ ⲉ ⲡⲧⲁⲫⲟⲥ ⲛ̅ ⲓ̅ⲥ̅ · ⲁⲩⲟⲩⲱϩ ⲙ̅ ⲡⲉϥⲥⲱⲙⲁ
ⲉ ⲡⲉⲥⲏⲧ ⲉϫⲙ̅ ⲡⲕⲁϩ · ⲁⲩⲱ ⲁⲩⲑⲙ̅ⲥⲉ ⲡⲉϥⲉⲓⲱⲧ ϩⲁⲧⲙ̅
ⲡⲧⲁⲫⲟⲥ ⲛ̅ ⲓ̅ⲥ̅ · ⲁⲩⲱ ⲉⲛϥⲛ̅ϩⲡⲉ ⲉ ⲡⲉϥϣⲏⲣⲉ ⲛ̅ϭⲓ ⲕⲗⲉⲱⲡⲁ ·
ⲉϥⲣⲓ̈ⲙⲉ ⲉϥⲱϣ ⲉ ⲃⲟⲗ :—Ϫⲉ ⲱ̅ ⲡⲁ ϣⲏⲣⲉ ⲙ̅ⲙⲉⲣⲓⲧ ·
ϩⲁⲙⲟⲓ ⲉ ⲛⲉⲛⲉϩⲟⲟⲩ ⲛⲉ ⲛⲁⲓ · ⲉⲣⲉ ⲓ̅ⲥ̅ ⲡⲛⲁⲍⲱⲣⲁⲓ̈ⲟⲥ
ϩⲓϫⲙ̅ ⲡⲕⲁϩ · ⲉϥⲧⲟⲩⲛⲟⲥ ⲛ̅ ⲛⲉⲧ ⲙⲟⲟⲩⲧ · ⲁⲩⲱ ⲁⲛⲟⲕ
ϩⲱ ⲛⲛⲁⲃⲱⲕ (*sic*) ϣⲁ ⲣⲟϥ ⲡⲉ · ⲧⲁⲡⲁⲣⲁⲕⲁⲗⲓ̈ ⲙ̅ⲙⲟϥ :
Fol. 20 *b* 1 ⲛϥⲧⲟⲩⲛⲟⲥⲕ̅ ⲛⲁⲓ · ⲕⲁⲓ ⲅⲁⲣ ⲁϥⲧⲟⲩⲛⲉⲥ ϩⲛ̅ⲕⲟ[ⲟⲩⲉ] | ⲁⲩⲱ
ⲗ̅ⲏ̅ ⲥⲉϩⲙ̅ ⲡⲥⲱⲙⲁ ⲛⲉⲙⲙⲁⲛ ⲙ̅ⲡⲟⲟⲩ · Ⲁϥⲧⲟⲩⲛⲉⲥ ⲁⲛⲛⲁ
ⲧϣⲉⲉⲣⲉ ⲛ̅ ⲓⲁⲉⲓⲣⲟⲥ · ⲡⲁⲣⲭⲏⲥⲩⲛⲁⲅⲱⲅⲟⲥ ⲡⲥⲟⲛ ⲛ̅ⲧⲕ-
ⲙⲁⲁⲩ · ⲉⲓⲥ ϯⲕⲉ ⲟⲩⲉⲓ ϩⲙ̅ ⲡⲥⲱⲙⲁ ⲙ̅ⲡⲟⲟⲩ :—Ⲁϥⲧⲟⲩ-
ⲛⲉⲥ ⲗⲁⲍⲁⲣⲟⲥ ⲛ̅ⲛ̅ⲥⲟⲛ ⲉ ⲃⲟⲗ ϩⲛ̅ ⲛⲉⲧ ⲙⲟⲟⲩⲧ · ⲡⲗⲏⲛ
ⲱ̅ ⲡⲁ ⲙⲉⲣⲓⲧ ⲛ̅ ϣⲏⲣⲉ · ⲉϣϫⲉ ⲡⲉϥⲟⲩⲱϣ ⲡⲉ ⲡⲁⲓ · ⲉⲣⲉ
ⲡϫⲟⲉⲓⲥ ⲓ̅ⲥ̅ ϣⲉⲡ ϩⲣⲁⲕ ⲉ ϩⲟⲩⲛ ⲉ ⲧⲉϥⲙⲛ̅ⲧⲉⲣⲣⲟ ϣⲁ

ⲉⲛⲉϩ· Ⲉϥⲧⲁⲟⲩⲟ ⲛⲁⲓ ⲛ̅ϭⲓ ⲕⲗⲉⲱⲡⲁ ϩⲛ̅ ⲟⲩⲛⲟϭ ⲙ̅
ⲡⲓⲥϯⲥ ⲉ ϩⲟⲩⲛ ⲉ ⲡⲉⲭ︦ⲥ︦ ⲓ︦ⲥ︦:—Ⲛ̅ⲧⲉⲩⲛⲟⲩ ⲁⲩⲛⲟϭ ⲛ̅ⲥϯ
ⲛⲟⲩⲃⲉ ⲉⲓ ⲉ ⲃⲟⲗ ϩⲙ̅ ⲡⲧⲁⲫⲟⲥ ⲛ̅ ⲓ︦ⲥ︦· ⲁϥⲛⲁⲩ ⲛ̅ϭⲓ
ⲕⲗⲉⲟⲡⲁ ϩⲛ̅ ⲛⲉϥⲃⲁⲗ ⲉⲩⲧⲏⲛⲟⲥ· ⲛ̅ⲥ⳨ⲟⲥ ⲛ̅ ⲟⲩⲟⲉⲓⲛ
ⲉ ⲁϥⲉⲓ ⲉ ⲃⲟⲗ ϩⲙ̅ ⲡⲧⲁⲫⲟⲥ· ⲁϥⲟⲩⲱϩ ⲉϫⲙ̅ ⲡⲉϭⲗⲟϭ
ⲙ̅ ⲡⲉⲧ ⲙⲟⲟⲩⲧ:—Ⲁⲩⲱ ⲛ̅ⲧⲉⲩⲛⲟⲩ ⲁϥⲧ|ⲱⲟⲩⲛ ⲛ̅ⲧⲉⲩ- Fol. 20 *b* 2
ⲛⲟⲩ ⲛ̅ϭⲓ ⲡⲉⲧ ⲙⲟⲟⲩⲧ ⲁϥϩⲙⲟⲟⲥ· Ⲛ̅ ⲧⲉⲣ ϥⲛⲁⲩ ⲇⲉ
ⲛ̅ϭⲓ ⲡⲉϥⲉⲓⲱⲧ· ϫⲉ ⲁϥⲧⲱⲟⲩⲛ ⲁϥϩⲙⲟⲟⲥ ⲛ̅ϭⲓ ⲡⲉϥϣⲏⲣⲉ·
ⲁϥⲟⲛⲧ̅ϥ ⲉ ϩⲣⲁⲓ ϩⲙ̅ ⲡⲣⲁϣⲉ ⲙ̅ ⲡⲉϥϩⲏⲧ:—Ⲁϥⲁϩⲉ
ⲣⲁⲧϥ̅ ⲉϫⲛ̅ ⲛⲉϥⲟⲩⲉⲣⲏⲧⲉ· ⲁϥⲣ̅ⲑⲉ ⲉϣϫⲉ ⲙ̅ⲡ ⲟⲩⲙ̅ⲕⲁϩ
ⲉⲛⲉϩ· Ⲛⲓⲟⲩⲇⲁⲓ ⲇⲉ ⲉⲧ ⲙⲟⲟϣⲉ ⲛ̅ⲙ̅ⲙⲁϥ· ⲁⲩⲛⲟϭ ⲛ̅
ϩⲟⲧⲉ ⲧⲁϩⲟⲟⲩ· ϫⲉ ⲁⲩⲛⲁⲩ ⲉ ⲡⲉⲧ ⲙⲟⲟⲩⲧ ⲉϥϩⲙⲟⲟⲥ·
ⲁⲩⲱ ⲡⲉϥⲉⲓⲱⲧ ⲉϥⲟ ⲛ̅ ⲡⲟⲧⲁⲕⲣ︤ⲟ︥ⲥ ⲉϥⲡⲏⲧ ⲉ ⲡⲁⲓ ⲥⲁ ⲙ̅ⲛ̅
ⲡⲁⲓ· Ⲁⲩⲱ ⲁⲩⲃⲓ ⲙ̅ⲙⲁⲩ ⲛ̅ⲛ̅ϩⲃⲟⲟⲥ· ⲉⲩϭⲗⲙ̅ⲗⲱⲙ ⲉ
ⲣⲟϥ· ⲁϥⲧⲱⲟⲩⲛ ⲁϥⲁϩⲉ ⲣⲁⲧϥ̅· ϩⲛ̅ ⲧⲉⲩⲙⲏⲧⲉ:—Ⲁⲩⲱ
ⲛⲉⲣⲉ ⲛ̅ⲓ̈ⲟⲩⲇⲁⲓ̈ ϫⲱ ⲙ̅ⲙⲟⲥ ⲛⲁϥ· ϫⲉ ⲛⲓⲙ ⲡⲉ ⲛ̅ⲧⲁϥ-
ⲧⲟⲩⲛⲟⲥⲕ̅· ⲡⲉϫⲁϥ ⲛⲁⲩ ϫⲉ ⲟⲩⲣⲱⲙⲉ ⲛ̅ ⲟⲩⲟⲉⲓⲛ ⲡⲉ
ⲛ̅ⲧⲁϥⲉⲓ ⲉ ⲃⲟⲗ | ϩⲙ̅ ⲡⲧⲁⲫⲟⲥ· ⲉϥⲧⲱⲟⲩⲛ ϩⲁ ⲟⲩⲥ⳨ⲟⲥ Fol. 21 *a* 1
ⲛ̅ ⲟⲩⲟⲉⲓⲛ· ⲁϥⲁϩⲉ ⲣⲁⲧϥ̅ ϩⲓ ϫⲱⲓ ⲁϥⲧⲟⲩⲛⲟⲥⲧ̅ ⲁⲩⲱ ⲗⲑ
ⲁⲓ̈ⲱⲛϩ̅ ⲛ̅ⲕⲉ ⲥⲟⲡ· ⲉⲓⲥ ϩⲏⲏⲧⲉ ⲧⲉⲧⲛⲁⲩ ⲉ ⲣⲟⲓ· ⲁⲩⲱ
ⲛⲉⲩϫⲱ ⲙ̅ⲙⲟⲥ ⲛ̅ ⲕⲗⲉⲟⲡⲁ· ϫⲉ ⲛ̅ ⲁϣ ⲛ̅ ϩⲉ ⲁⲕⲙⲟⲟϣⲉ·
ⲏ̅ ⲛⲓⲙ ⲡⲉ ⲛ̅ⲧⲁϥⲧⲁⲗϭⲟⲕ:—Ⲁϥⲟⲩⲱϣⲃ̅ ϩⲛ̅ ⲟⲩⲛ̅ⲟϭ ⲛ̅
ⲣⲁϣⲉ ⲉϥϫⲱ ⲙ̅ⲙⲟⲥ· ϫⲉ ⲛ̅ⲛ̅ⲧⲁϥⲧⲟⲩⲛⲉⲥ ⲡⲁ ϣⲏⲣⲉ·
ⲉ ⲡⲉϥⲥⲛⲁⲩ ⲡⲉ· ϫⲓⲛⲧⲁϥⲙⲟⲩ· ⲛ̅ⲧⲟϥ ⲡⲉ ⲛ̅ⲧⲁϥ-
ⲧⲁⲗϭⲟⲓ ⲛ̅ϯϩⲉ:—Ⲁϥⲁⲙⲁϩⲧⲉ ⲛ̅ ⲧϭⲓϫ ⲙ̅ ⲡⲉϥϣⲏⲣⲉ·
ⲁϥⲃⲱⲕ ⲛ̅ⲙ̅ⲙⲁϥ ⲉ ϩⲟⲩⲛ ⲉ ⲧⲡⲟⲗⲓⲥ· ϩⲛ̅ ⲟⲩⲛⲟϭ ⲛ̅
ⲣⲁϣⲉ ⲉⲩⲥⲙⲟⲩ ⲉ ⲡⲛⲟⲩⲧⲉ: ⲙⲛ̅ ⲡⲉϥⲙⲟⲛⲟⲅⲉⲛⲏⲥ ⲛ̅
ϣⲏⲣⲉ ⲓ︦ⲥ︦ ⲡⲉⲭ︦ⲥ︦ ⲡⲛ̅ϫⲟⲉⲓⲥ Ⲉⲩⲱϣ ⲉ ⲃⲟⲗ ⲉⲩϫⲱ ⲙ̅ⲙⲟⲥ·
ϫⲉ ⲟⲩⲛⲟϭ ⲧⲉ ⲧⲕ̅ϭⲟⲙ ⲓ︦ⲥ︦ ⲡⲛⲁⲍⲱⲣⲁⲓⲟⲥ· ⲁⲩⲱ ⲟⲛ
ⲁⲕ|ⲕⲱ ⲛ̅ⲧⲕ̅ϭⲟⲙ ϩⲙ̅ ⲡⲕ̅ⲥ⳨ⲟⲥ ⲉⲧ ⲟⲩⲁⲁⲃ· ⲛ̅ⲣϥ̅ϯ Fol. 21 *a* 2
ⲱⲛϩ̅ ⲛ̅ ⲛⲉⲧ ⲡⲓⲥⲧⲉⲩⲉ ⲉ ⲣⲟϥ:—Ⲉ ⲡⲙⲁ ⲛ̅ ⲟⲩⲗⲩⲡⲉⲓ·
ⲁⲕϯ ⲛⲁⲓ ⲛ̅ ⲟⲩⲣⲁϣⲉ ⲉϥⲟ ⲛⲥⲛⲁⲩ· ⲙⲛ̅ ⲟⲩⲧⲉⲗⲏⲗ
ⲡⲧⲱⲟⲩⲛ ⲙ̅ ⲡⲁ ϣⲏⲣⲉ· ⲁⲩⲱ ⲡⲧⲁⲗϭⲟ ⲛ̅ⲧⲁϥϣⲱⲡⲉ
ⲛⲁⲓ:—Ⲉⲛⲉⲣⲉ ⲡⲗⲁⲟⲥ ⲧⲏⲣϥ̅ ⲥⲱⲧⲙ̅ ⲉ ⲛ̅ⲛ̅ⲧⲁϥϣⲱⲡⲉ

ⲙ̅ⲙⲟⲟⲩ· ⲉⲩⲣ̅ϣⲡⲏⲣⲉ ⲕⲗⲉⲱⲡⲁ ⲙⲛ̅ ϫⲉ ⲁϥⲗⲟ ⲉ ⲃⲟⲗ
ϩⲙ̅ ⲡⲉϥϣⲱⲛⲉ ⲉⲧ ⲛ̅ⲙ̅ⲙⲁϥ· ⲡⲉϥϣⲏⲣⲉ ϫⲉ ⲁϥⲧⲱⲟⲩⲛ
ⲉ ⲃⲟⲗ ϩⲛ̅ ⲛⲉⲧ ⲙⲟⲟⲩⲧ:—Ⲁⲩⲱ ⲁϥⲧⲣⲉⲩⲉⲓⲛⲉ ⲛⲁϥ ⲛ̅-
ⲛⲉⲭⲏⲣⲁ ⲙⲛ̅ ⲛ̅ⲟⲣⲫⲁⲛⲟⲥ· ⲁϥⲉⲓⲣⲉ ⲉ ⲣⲟⲟⲩ ⲛⲟϭ
ⲛ̅ϣⲟⲡⲥ̅· ⲁⲩⲱ ⲁϥⲥⲱⲣ ⲉ ϫⲱⲟⲩ ⲛ̅ ⲟⲩⲛⲟϭ ⲛ̅ⲭⲣⲏⲙⲁ
ⲙ̅ ⲡⲉϥⲣⲁⲥⲧⲉ· Ⲁⲩⲱ ⲛⲉϥϩⲙ̅ϩⲁⲗ ⲁϥⲁⲁⲩ ⲛ̅ⲣⲙ̅ϩⲉ· Ⲁϥ-
Fol. 21 *b* 1 ⲃⲱⲕ ϣⲁ ⲛⲁⲡⲟⲥⲧⲟⲗ^{ⲟ} ⲙⲛ̅ ⲛⲉϥϣⲏⲣⲉ· ⲁϥϫ[ⲓ] | ⲃⲁⲡϯⲥⲙⲁ
ⲙ̅ ⲛ̅ⲧⲟϥ ⲙⲛ̅ ⲛⲁ ⲡⲉϥⲏⲓ ⲧⲏⲣⲟⲩ ϩⲙ̅ ⲡⲣⲁⲛ ⲉ ⲡⲉⲓⲱⲧ ⲙⲛ̅
ⲡϣⲏⲣⲉ· ⲙⲛ̅ ⲡⲉⲡⲛ̅ⲁ̅ ⲉⲧ ⲟⲩⲁⲁⲃ:—Ⲉ ⲁⲩϣⲱⲡⲉ ⲛ̅
ϩⲙ̅ ⲙⲁⲑⲏⲧⲏⲥ ⲛ̅ ⲥⲱⲧⲡ̅ ⲉⲩⲧⲁϣⲉⲟⲉⲓϣ ⲙ̅ ⲡⲉⲭ̅ⲥ̅ ⲙⲛ̅
ⲡⲉϥⲥ̅ϯ̅ⲟⲥ:—Ⲛⲓⲟⲩⲇⲁⲓ ⲇⲉ ⲛ̅ ⲧⲉⲣ ⲟⲩⲛⲁⲩ ⲉ ϯϣⲡⲏⲣⲉ
ⲛ̅ⲧ ⲁⲥϣⲱⲡⲉ· ⲁⲩⲡⲓⲥⲧⲉⲩⲉ ⲉ ⲡⲉⲭ̅ⲥ̅ ⲓ̅ⲥ̅:—Ⲛⲉⲅⲣⲁⲙ-
ⲙⲁⲧⲉⲩⲥ ⲇⲉ ⲙⲛ̅ ⲛⲉϥⲁⲣⲓⲥⲥⲁⲓⲟⲥ ⲛ̅ ⲧⲉⲣ ⲟⲩⲥⲱⲧⲙ̅ ⲇⲉ
ϫⲉ ⲁ ϯⲛⲟϭ ⲛ̅ ϣⲡⲏⲣⲉ ϣⲱⲡⲉ ϩⲙ̅ ⲡⲧⲁⲫⲟⲥ ⲛ̅ ⲓ̅ⲥ̅·
ⲁⲩϫⲟⲟⲥ ϫⲉ ⲙⲁⲣⲛ̅ ⲣⲟⲕϩϥ̅ ϩⲛ̅ ⲟⲩⲕⲱϩⲧ̅· ⲁⲩⲟⲩⲱϣⲃ
ⲛ̅ϭⲓ ⲛ̅ⲛⲟϭ ⲛ̅ⲧⲥⲩⲛⲁⲅⲱⲅⲏ· ⲙⲛ̅ ⲛ̅ⲓ̈ⲟⲩⲇⲁⲓ ⲉⲩϫⲱ ⲙ̅ⲙⲟⲥ·
ⲛ̅ⲛⲁⲣⲭⲏⲉⲣⲉⲩⲥ· ϫⲉ ⲟⲩⲱⲛϩ̅ ⲉ ⲁⲩϣⲉⲧϣⲱⲧϥ̅ ϩⲛ̅ ⲟⲩ-
ⲡⲉⲧⲣⲁ· ⲙⲉⲣⲉ ⲡⲕⲱϩⲧ̅ ϫⲓ ⲙ̅ⲙⲟϥ:—Ⲁⲗⲗⲁ ⲉϣⲱⲡⲉ
Fol. 21 *b* 2 ⲡϩⲱⲃ [ⲉ] ⲣⲁ[ⲛ] ⲛⲛ̅ⲧⲛ̅· ⲙⲁⲣⲟⲩ|ϩⲟⲥϥ̅ ⲛ̅ⲙⲉⲓ̈ⲧⲛ̅ ⲛ̅ϭⲓ
ⲛ̅ⲓ̈ⲟⲩⲇⲁⲓ̈· ⲛ̅ⲧⲉ ⲧⲙ̅ ⲡⲉϥⲣ̅ ⲡⲙⲉⲉⲩⲉ ⲟⲩⲱⲛⲉϩ ⲉ ⲃⲟⲗ ⲉ
ⲡⲧⲏⲣϥ̅:—Ⲁⲩⲱ ⲁ ⲧⲓ ⲥⲩⲙⲃⲟⲩⲗⲓⲁ ⲉ ⲣⲁⲛⲁϥ ⲧⲏⲣⲟⲩ·
ⲁⲩⲧⲁϣⲉⲟⲉⲓϣ ⲛ̅ ⲧⲡⲟⲗⲓⲥ ⲧⲏⲣⲥ̅ ⲑⲓ̈ⲉⲗⲏ̅ⲙ̅ ⲉⲩϫⲱ̅ ⲙ̅ⲙⲟⲥ
ϫⲉ ⲛ̅ϩⲟⲟⲩⲧ· ⲙⲛ̅ ⲛ̅ϩⲓⲟⲙⲉ· ⲉⲩϣⲁⲛⲥⲉϩⲉⲣ ⲉⲓ̈ⲧⲛ̅ ⲉ ⲃⲟⲗ
ϩⲛ̅ ⲛⲉⲩⲏⲓ̈· ⲙⲛ̅ ⲛⲉⲩⲣ̅ⲅⲁⲥⲧⲏⲣⲓⲟⲛ ϣⲁ ϩⲣⲁⲓ̈ ⲉⲛⲉⲩ-
ⲥⲧⲁⲃⲗⲟⲛ· ⲙⲁⲣⲟⲩⲃⲓⲧⲟⲩ ⲙ̅ⲙⲏⲛⲉ· ⲛ̅ⲥⲉ ⲛⲁϩⲧⲟⲩ ⲉϫⲙ̅
ⲡⲧⲁⲫⲟⲥ ⲙ̅ ⲡⲓ̈ ⲡⲗⲁⲛⲟⲥ ϫⲉ ⲓ̅ⲥ̅:—Ⲡⲉⲧ ⲟⲩⲛⲁϩⲉ ⲉ ⲣⲟϥ
ⲁⲛ̅ ⲉϥⲉⲓⲣⲉ ⲛ̅ϯϩⲉ· ϣⲁⲩⲁⲁϥ ⲛ̅ⲁⲡⲟ ⲥⲩⲛⲁⲥⲩⲛⲁⲅⲱⲅⲟⲥ (*sic*)
ⲛ̅ⲥⲉϣⲁⲧϥ̅ ⲛ̅ ⲟⲩⲧⲣⲁⲭⲙⲏ ⲛ̅ϩⲟⲙⲛ̅ⲧ:—Ⲁⲩⲱ ⲁ ⲧⲓⲥⲩⲙ-
ⲃⲟⲩⲗⲓ̈ⲁ ϣⲱⲡⲉ ϩⲛ̅ ⲑⲓ̈ⲉⲗⲏ̅ⲙ̅ ⲧⲏⲣⲉⲥ· ⲉⲛ ⲟⲩⲥⲩⲛⲏⲑⲓⲁ
ⲉⲩⲉⲓⲣⲉ ⲙ̅ⲙⲟⲥ ⲙ̅ⲙⲏⲛⲉ· ϣⲁ ϩⲣⲁⲓ ⲉ ⲡⲉⲟⲩⲟⲉⲓϣ ⲛ̅
Fol. 22 *a* 1 ⲟⲩⲁⲥⲡⲁⲥⲓⲁ|ⲛⲟⲥ ⲡⲉⲣⲣⲟ· ⲡⲁⲓ ⲛ̅ⲧⲁϥϣⲱϣϥ ⲛ̅ ⲑⲓ̈ⲉⲗⲏ̅ⲙ̅·
ⲙ̅ⲁ̅ ⲁⲩⲱ ϣⲁⲛⲧ ⲉϥⲉⲓ ⲉϫⲛ̅ ⲛ̅ⲓ̈ⲟⲩⲇⲁⲓ ⲧⲏⲣⲟⲩ ⲙ̅ⲙⲛ̅ ⲟⲩⲕⲁ
ⲧⲟⲟⲧⲟⲩ ⲉ ⲃⲟⲗ ⲉⲩⲉⲓⲣⲉ ⲙ̅ ⲡⲁⲓ̈:—Ⲕⲁⲧⲁ ⲛ̅ϯⲁⲇⲏⲡⲟⲥ
ⲛ̅ ⲓ̈ⲱⲥⲏⲡⲡⲟⲥ· ⲙⲛ̅ ⲉⲓⲉⲣⲓⲛⲛⲁⲓⲟⲥ· ⲁⲩⲱ ⲡϩⲓ̈ⲥⲧⲟⲣⲓⲟ-

ⲧⲁⲫⲟⲥ :—Ⲉ ⲁϣⲉϥⲃⲉ ⲛ̄ⲣⲟ ⲙ̄ ⲡⲉⲑⲉⲓⲛⲉ· ϫⲓⲛ ⲉ ⲡⲉⲩ-
ⲟⲉⲓϣ ⲉⲧ ⲙ̄ⲙⲁⲩ· ϣⲁ ⲟⲩⲁⲥⲡⲁⲥⲓⲁⲛⲟⲥ· ϩⲟⲥ ⲧⲉ ⲛ̄ⲧⲉ
ϩⲛ̄ⲛⲟϭ ⲛ̄ⲕⲟⲡⲣⲓⲁ ϣⲱⲡⲉ· ϩⲓϫⲛ̄ ⲡⲧⲁⲫⲟⲥ ⲛ̄ ⲓ̅ⲥ̅· ⲉⲩϫⲟⲟⲥⲉ
ⲉ ⲧⲡⲟⲗⲓⲥ ⲧⲏⲣⲥ :—Ⲟⲩⲛⲟϭ ⲅⲁⲣ ⲛ̄ⲧⲁⲕⲟ ⲁϥⲛ̄ⲧϥ ⲉϫⲛ̄
ⲛ̄ⲓⲟⲩⲇⲁⲓ̈ ⲛ̄ϭⲓ ⲟⲩⲁⲥⲡⲁⲥⲓⲁⲛⲟⲥ· Ⲉ ⲁϥϩⲱⲧⲃ̄ ⲛ̄ϩⲏⲧⲟⲩ ⲛ̄
ϣⲟⲙⲛ̄ⲧⲃⲁ (*sic*)· Ⲁⲩⲱ ⲁϥⲉϩⲟⲣⲓⲍⲉ ⲛ̄ϣⲟⲙⲛ̄ⲧ ⲛ̄ϣⲟ ⲉ
ⲕⲏⲙⲉ Ⲉ ⲁϥⲥϩⲁⲓ ⲙ̄ⲡⲧⲟⲗⲟⲙⲁⲓⲟⲥ ⲡⲁⲣⲭⲱⲛ ⲛ̄ ⲧⲉⲕⲉⲡϯⲁ·
ⲉϥϫⲱ̄ ⲙ̄ⲙⲟⲥ | Ϫⲉ ⲙ̄ⲡⲣ̄ⲕⲁ ⲛ̄ⲓⲟⲩⲇⲁⲓ̈ ⲉ ϭⲙ̄ ⲡⲁⲣϩⲏⲥⲓⲁ Fol. 22 *a* 2
ϩⲟⲗⲟⲥ ϩⲛ̄ ⲧⲉⲭⲱⲣⲁ ⲛ̄ ⲕⲏⲙⲉ· ⲟⲩⲇⲉ ⲙ̄ⲡⲣ̄ ⲕⲁⲁⲩ ⲛⲉⲣⲉⲓ̈ ⲉ
ⲡϣⲱⲱⲧ· ⲟⲩⲇⲉ ⲙⲡⲣ̄ ⲕⲁⲁⲩ ⲉϫⲛ̄ ⲛⲓⲟ ⲙⲛ̄ ⲏⲣⲡ· ⲟⲩⲇⲉ
ⲉϫⲛ̄ ⲛⲓϩⲣⲱⲧ ϩⲟⲗⲟⲥ· ⲟⲩⲇⲉ ⲛⲉⲧ ⲛ̄ϫⲛⲟⲟⲩ ⲙⲛ̄ ⲛⲉⲧ
ⲛ̄ⲅⲉⲛⲏⲙⲁ· ⲁⲩⲱ ⲙⲁⲣⲟⲩⲣ̄ ⲕⲃⲁ ϩⲓ ⲁⲗⲱⲧ ⲧⲏⲣⲟⲩ·
ϩⲛ̄ ⲧⲉⲭⲱⲣⲁ ⲛ̄ ⲕⲏⲙⲉ· ϣⲁⲛⲧ ⲟⲩϣⲓⲛⲉ̄ ⲛⲥⲟⲟⲩ ⲉ ⲃⲟⲗ
ϩⲓ ⲧⲟⲟⲧ ⲧⲏⲩⲧⲛ̄· Ⲁⲩⲱ ⲛ̄ⲓⲟⲩⲇⲁⲓ̈ ⲛⲉⲩϯ ϩⲓⲥⲉ ⲛⲁⲩ ⲉ
ⲛ̄ϩⲟⲩⲟ· ⲉⲩⲑⲙ̄ⲕⲟ ⲙ̄ⲙⲟⲟⲩ· ⲛ̄ϩⲟⲩⲉ ⲛⲉⲩⲓⲟⲧⲉ· ⲙ̄ ⲡⲉⲩ-
ⲟⲉⲓϣ ⲙ̄ ⲫⲁⲣⲁⲱ ⲉⲩⲟ ⲛ̄ϩⲙ̄ϩⲁⲗ ⲛ̄ ⲛ̄ⲣⲙ̄ ⲛ̄ ⲕⲏⲙⲉ·
Ⲉⲛⲉⲣⲉ ϣⲁⲣⲉ ⲟⲩϣⲏⲣⲉ ϣⲏⲙ ϩⲓⲟⲩⲉ ⲉ ⲙⲛⲧ ⲛ̄ⲣⲱⲙⲉ
ϫⲱⲱⲣⲉ· ⲛⲧ [ϩⲃ̄ⲣ]ⲁⲓⲟⲥ :—Ⲁⲩⲱ ⲛⲉ ⲙⲉⲩϣⲣ̄ ⲗⲁⲁⲩ
ⲙ̄ ⲡⲉⲑⲟⲟⲩ ⲛⲁϥ· ⲁⲗⲗ[ⲁ] ⲛⲉⲩⲡⲁⲣⲁⲕⲁⲗⲓ ⲙ̄[ⲙⲟϥ] | ⲉ Fol. 22 *b* 1
ⲧⲣⲉϥⲥⲟ ⲉ ⲣⲟⲟⲩ· ⲡϫⲟⲉⲓⲥ ⲅⲁⲣ ⲁϥⲑⲃ̄ⲃⲓⲟⲟⲩ· ⲉ ⲧⲃⲉ ⲧⲧⲟⲗ- ⲙ̅ⲃ̅
ⲙⲏⲣⲓⲁ ⲛ̄ⲧⲁⲁⲥ (*sic*) ⲉ ϩⲟⲩⲛ ⲉ ⲣⲟϥ· Ⲗⲟⲓⲡⲟⲛ ⲧⲅⲉⲛⲉⲁ
ⲧⲏⲣⲥ ⲉⲧ ⲙ̄ⲙⲁⲩ· ⲛⲁⲓ ⲛ̄ⲧ ⲁⲩⲥ̄ϯⲟⲩ ⲙ̄ ⲡϫⲟⲉⲓⲥ ⲙ̄
ⲡⲉⲟⲟⲩ· Ⲁϥϩⲱⲛ ⲉ ⲱϫⲛ̄ ⲉⲩϩⲱⲧⲃ̄ ⲛ̄ⲥⲱⲟⲩ· ϩⲓⲧⲛ̄ ⲛⲉⲣⲱⲟⲩ·
ⲁⲩⲱ ⲟⲛ ϩⲉⲛ ϩⲛ̄ⲗⲓⲙⲟⲥ· ⲙⲛ̄ ϩⲛ̄ ϩⲛ̄ϩⲏⲃⲱⲱⲛ :—Ⲉⲣⲉ
ⲡⲛⲟⲩⲧⲉ ⲉⲓⲛⲉ ⲙ̄ⲙⲟⲟⲩ ⲉ ϫⲱⲟⲩ· ⲉ ⲧⲃⲉ ⲛⲉⲩⲛⲟⲃⲉ·
ⲛⲥⲉⲉⲓⲙⲉ ϫⲉ ⲛ̄ⲧⲁⲩϣⲟϫⲛ̄ ϩⲛ̄ ⲑⲓ̄ⲉⲗⲏ̄ⲙ̄· ⲁⲩⲣ̄ ⲡⲟⲃϣ̄ ⲉ
ⲧⲉⲩⲛⲏⲑⲓⲁ ⲛ̄ ⲛⲉⲩⲉⲓⲟⲧⲉ· ⲙ̄ⲛ ⲟⲩϩⲱⲥ ⲉⲓⲧⲛ̄ ⲉ ϫⲱϥ ⲛ̄ⲕⲉ
ⲥⲟⲡ· Ⲗⲟⲓⲡⲟⲛ ⲁ ϩⲛ̄ⲛⲟϭ ⲛ̄ ⲕⲟⲡⲣⲓⲁ ϣⲱⲡⲉ ϩⲓϫⲛ̄ [ⲡⲧⲁ]-
ⲫⲟⲥ ⲛ̄ ⲓ̅ⲥ̅· ⲙⲛ̄ [ⲉⲡⲕ̄ⲣ]ⲁⲛⲓⲟⲛ· ϩⲱⲥ ⲧⲉ ⲛ̄ⲧⲉ ⲧⲙ̄ ⲗⲁⲁⲩ
ⲉⲣ ⲡⲉϥⲙⲉⲉⲩⲉ ⲛ̄ⲕⲉ ⲥⲟⲡ· ⲡⲗⲏⲛ ⲛⲉⲩⲙⲟⲩⲧⲉ ⲉ ⲧⲕ|ⲟⲡⲣⲓⲁ Fol. 22 *b* 2
ⲙ̄ ⲡⲕⲣⲁⲛⲓⲟⲛ ⲛ̄ ⲓ̅ⲥ̅· ϫⲉ ⲡⲕⲟⲗⲕⲟⲑⲁ· Ⲉⲛⲉϥⲉⲡⲉⲛⲟⲩ
ⲙ̄ ⲡⲁⲓ̈ ⲛ̄ϭⲓ ⲡⲇⲓⲁⲃⲟⲗⲟⲥ· ⲉϥϫⲱ ⲙ̄ⲙⲟⲥ· ⲛ̄ⲛ ⲛ̄ⲧⲁⲩ-
ϣⲱⲡⲉ ⲛⲁϥ ⲛ̄ϩⲉⲡⲉⲣⲉⲧⲏⲥ· ϫⲉ ϯⲛⲁⲃⲓ̄ ⲙ̄ ⲡⲣ̄ ⲡ̄ⲙⲉⲉⲩⲉ
ⲙ̄ ⲡⲉⲥ̄ϯⲟⲥ ⲛ̄ ⲧⲙⲏⲧⲉ· Ⲛⲉϥⲥⲟⲟⲩⲛ ⲣⲱ ⲁⲛ ϫⲉ ϩⲁⲡⲥ̄ ⲡⲉ·

ⲛ̅ⲧⲉ ⲡⲉⲥ̅ϯ̅ⲟ̅ⲥ̅ ϫⲓ ⲉⲟⲟⲩ· ϩⲁⲧⲛ̅ ⲛⲉⲣⲱⲟⲩ ⲙⲛ̅ ⲟⲩⲟⲛ ⲛⲓⲙ
ⲛ̅ⲧⲁⲩⲡⲓⲥⲧⲉⲩⲉ ⲉ ⲣⲟϥ :—ⲛ̅ⲥⲉϣⲧⲁⲙ ⲉ ⲣⲱ ⲛ̅ⲛ̅ⲣⲡⲏⲩⲉ :—
Ⲁⲩⲱ ⲉϣϫⲉ ⲁ ⲛⲉⲧⲟ ⲛ̅ⲟⲣⲅⲁⲛⲟⲛ ⲙ̅ⲡⲇⲓⲁⲃⲟⲗⲟⲥ ⲟⲩⲱϣ
ⲉ ϩⲱⲡ ⲙ̅ ⲡⲉⲥ̅ϯ̅ⲟ̅ⲥ̅ :—Ⲁⲗⲗⲁ ⲙⲡ ⲟⲩϣϭⲙ̅ϭⲟⲙ ϩⲟⲡϥ̅
ϣⲁ ⲃⲟⲗ· ⲟⲩⲇⲉ ϩⲟⲗⲟⲥ· ⲉⲛϥ̅ⲍⲱⲅⲣⲁⲫⲓ ϩⲙ̅ ⲡϩⲏⲧ ⲛ̅
ⲉⲙ̅ⲡⲓⲥⲧⲟⲥ· ⲛ̅ϭⲓ ⲡⲉⲥ̅ϯ̅ⲟ̅ⲥ̅· ⲉⲩⲉⲓⲣⲉ ⲙ̅ ⲡϥ̅ⲙⲉⲉⲩⲉ ⲧⲏⲣⲟⲩ·
Fol. 23 *a* 1 ⲛ̅ⲑⲉ ⲛ̅ ⲟⲩϩⲓⲕⲱⲛ ⲉⲩϭⲱ|ϣⲧ ⲉ ⲣⲟϥ ⲛ̅ⲑⲉ ⲛ̅ ⲟⲩϩⲓⲕⲱⲛ·
ⲙ̅ⲅ̅ ⲉⲩϭⲱϣⲧ ⲉ ⲣⲟⲥ· ⲉϣϫⲉ ⲁⲩϩⲟⲡϥ̅ ⲛ̅ ⲟⲩⲕⲟⲩⲓ· ⲁⲗⲗⲁ
ⲉⲛϥ̅ⲧⲛ̅ⲧⲱⲛ ⲉ ⲡⲣⲏ ϩⲉⲛ̅ ⲧϥ̅ϭⲟⲙ· ⲉϣⲁϥϩⲟⲧⲡ̅ ⲛ̅ⲧⲉⲩϣⲏ
ⲛϥ̅ⲟⲩⲱⲛϩ̅ ⲉ ⲃⲟⲗ ⲙ̅ ⲡⲉϩⲟⲟⲩ· Ⲉϥⲟ ⲛ̅ⲑⲉ ⲛ̅ ⲟⲩⲛⲩⲙⲫⲓⲟⲥ
ⲉϥⲛⲏⲩ ⲉ ⲃⲟⲗ ϩⲙ̅ ⲡϥ̅ⲙⲁ ⲛ̅ ϣⲉⲗⲉⲉⲧ· ⲛ̅ϯϩⲉ ϩⲱⲱϥ
ⲡⲉⲥ̅ϯ̅ⲟ̅ⲥ̅· ⲁⲩϩⲟⲡϥ̅ ⲛ̅ϭⲓ ⲛ̅ⲓⲟⲩⲇⲁⲓ̈· ⲉ ⲧⲃⲉ ⲡⲉⲩⲕⲱϩ
ⲉⲑⲟⲟⲩ ⲉ ϩⲟⲩⲛ ⲉ ⲡϫⲟⲉⲓⲥ ⲓ̅ⲥ̅ ⲡⲉⲭ̅ⲥ̅· Ⲁⲗⲗⲁ ⲁϥⲟⲩⲱⲛϩ̅
ⲉ ⲃⲟⲗ ⲉϥⲟ ⲛ ⲗⲁⲙ̅ⲡⲣⲟⲛ ⲉ ⲛ̅ϩⲟⲩⲟ· Ⲉϥϯ ⲥⲁ ⲉ ⲡⲉⲑⲩ-
ⲥⲓⲁⲥⲧⲏⲣⲓⲟⲛ ⲙⲛ̅ ⲧⲉⲑⲩⲥⲓⲁ· Ⲡⲉⲥ̅ϯ̅ⲟ̅ⲥ̅ ⲡⲉⲧ ⲛⲁϣⲧⲉ ⲛ̅
ⲛⲉⲣⲱⲟⲩ ⲙ̅ⲙⲁⲓ ⲛⲟⲩⲧⲉ :—Ⲉⲩⲕⲱ ⲙ̅ⲙⲟϥ ⲛ̅ϭⲣⲏⲡⲉ
Fol. 23 *a* 2 ⲛⲁⲩ· ⲁⲩⲱ ⲉⲩⲕⲱ ⲙ̅ⲙⲟϥ ϩⲓϫ|ⲉⲛ ⲛⲉⲩϩⲣⲁⲃⲧⲟⲥ ⲛ̅ⲛⲟⲩⲃ
ϩⲛ̅ ⲛⲉⲩϭⲓϫ· Ϥⲍⲱⲅⲣⲁⲫⲓ ⲟⲛ ϩⲙ̅ ⲛⲏⲓ ⲛ̅ⲛⲉⲣⲱⲟⲩ ⲛ̅ϭⲓ
ⲡⲉⲥ̅ϯ̅ⲟ̅ⲥ̅ :—Ⲥⲉⲡⲏⲥⲥⲉ ⲙ̅ⲙⲟϥ ϩⲛ̅ ⲛⲉϩⲓⲟⲟⲩⲉ· Ϥ ϩⲓϫⲛ̅
ⲛⲉⲥⲧⲏⲗⲗⲟⲥ ⲙⲛ̅ ⲛ̅ⲕⲟⲟϩ ⲛ̅ⲏⲓ :—Ϫⲉ ⲉϥⲉϣⲱⲡⲉ ⲛⲁⲩ
ⲛ̅ⲛⲁϣⲧⲉ· ⲙⲛ̅ ⲟⲩⲟⲛ [ⲛ]ⲓⲙ ⲉⲧ ⲛⲁⲡⲁⲣⲁⲅⲉ· Ϥ ϩⲓϫⲛ̅
ⲛⲉϫⲏⲩ ⲟⲛ ⲛ̅ϭⲓ ⲡⲉⲥ̅ϯ̅ⲟ̅ⲥ̅· ⲉϥⲛⲟⲩϩⲙ̅ ⲙ̅ⲙⲟⲟⲩ ⲉ ⲛⲉⲭⲓ-
ⲙⲱⲛ ⲙⲛ̅ ⲛ̅ⲧⲏⲩ ⲉⲧ ⲛⲁϣⲧ· Ϥ ϩⲓϫⲛ̅ ⲡⲕⲟⲓⲛⲟⲃⲓⲟⲛ ⲛ̅
ⲛⲉⲣⲣⲱⲟⲩ· ⲉϥϯ ⲭⲁⲣⲓⲥ ⲛⲁⲩ· Ϥ ϩⲓⲑⲏ ⲟⲛ ⲛ̅ⲥϩⲁⲓ
ⲛⲓⲙ ⲛ̅ϭⲓ ⲡⲉⲥ̅ϯ̅ⲟ̅ⲥ̅ ⲉⲧ ⲟⲩⲁⲁⲃ· ⲛ̅ⲧⲉ ⲛⲉⲧ ⲛⲁϩⲩⲡⲟⲅⲣⲁⲫⲉ
ϩⲁ ⲣⲟⲟⲩ· Ⲱ ⲧϭⲟⲙ ⲁⲩⲱ ⲡϣⲟⲩϣⲟⲩ· ⲛ̅ ⲛⲉⲭⲣⲓⲥϯⲁ-
Fol. 23 *b* 1 ⲛⲟⲥ· ⲙⲛ̅ ⲙ̅ⲡⲓⲥⲧ[ⲟⲥ] | Ⲡⲉⲩⲣ̅ ⲗⲁⲁⲩ ⲛ̅ϩⲱⲃ ⲛ̅ⲧⲉ ⲡⲓ-
ⲙ̅ⲇ̅ ⲕⲟⲥⲙⲟⲥ ⲁϫⲛ̅ ⲡⲉⲥ̅ϯ̅ⲟ̅ⲥ̅· Ⲡⲉⲩⲕⲉⲧ ⲉⲕⲕⲗⲏⲥⲓⲁ ⲁϫⲛ̅
ⲡⲉⲥ̅ϯ̅ⲟ̅ⲥ̅ :—Ⲡⲉⲩⲥⲙⲉⲛ ⲡⲉ ⲑⲩⲥⲓ̈ⲁⲥⲧⲏⲣⲓⲟⲛ ⲁϫⲛ̅ ⲡⲉⲥ̅ϯ̅ⲟ̅ⲥ̅:
Ⲡⲉⲩⲧⲁⲗⲉ ⲑⲩⲥⲓⲁ ⲉ ϩⲣⲁⲓ ⲁϫⲛ̅ ⲡⲉⲥ̅ϯ̅ⲟ̅ⲥ̅ :—Ⲡⲉⲩⲭⲓⲣⲟ-
ⲇⲱⲛⲓⲛ ⲉⲡⲓⲥⲕⲟⲡⲟⲥ· ⲏ ⲕⲗⲏⲣⲓⲕⲟⲥ ⲁϫⲛ̅ ⲡⲉⲥ̅ϯ̅ⲟ̅ⲥ̅·
Ⲡⲉⲩⲃⲁⲡⲧⲓⲍⲉ ⲁϫⲛ̅ ⲡⲉⲥ̅ϯ̅ⲟ̅ⲥ̅· ⲉⲩⲥⲫⲣⲁⲅⲓⲍⲉ ⲙ̅ⲙⲟⲟⲩ
ϩⲛ̅ ⲧⲕⲟⲗⲩⲙⲃⲏⲑⲣⲁ ϩⲓ̈ⲧⲛ̅ ⲡⲉⲥ̅ϯ̅ⲟ̅ⲥ̅ :—Ⲡⲉⲧⲉ ⲟⲩⲛ̅ⲧⲁϥ ⲙ̅-
ⲙⲁⲩ ⲙ̅ ⲡⲉⲥ̅ϯ̅ⲟ̅ⲩ̅ ⲟⲩⲛ̅ⲧϥ̅ ⲟⲩⲛⲟϭ ⲛ̅ ⲃⲟⲏⲑⲉⲓⲁ ⲙ̅ⲙⲁⲩ :—

Ⲡⲉⲥ̅⳨̅ⲟ̅ⲥ̅ ⲅⲁⲣ ϣⲁϥⲭⲁⲗⲓⲛⲟⲩ · ⲛ̄ ⲧⲙⲛ̄ⲧⲕⲟⲩⲓ ⲛ̄ϩⲏⲧ :—
Ⲧⲉⲥⲫⲣⲁⲅⲓⲥ ⲟⲛ ϣⲁⲥⲕⲁⲧⲁⲣⲅⲉⲓ ⲛ̄ ⲧⲟⲣⲅⲏ ⲛⲥ̄ϯ ϩⲣⲱⲕ
ⲉ ⲡϭⲱⲛⲧ̄ ϩⲓϫⲛ̄ ⲧⲉⲧⲣⲁⲡⲏⲍⲁ Ⲁ ⲙⲛ̄ ⲙ̄ⲡⲓⲥⲧⲟⲥ · ϥ̄ⲥ-|
ⲙⲟⲩ ⲉ ⲧⲉⲩⲧⲣⲟⲫⲏ ϩⲓⲧⲛ̄ ⲛⲉⲧ ⲥⲫⲣⲁⲅⲓⲍⲉ ⲙ̄ⲙⲟⲟⲩ · Ϥ Fol. 23 *b* 2
ϩⲛ̄ ⲛ̄ⲇⲓⲡⲛⲟⲛ ⲙⲛ̄ ⲛⲉⲧ ⲥⲱ ⲙ̄ ⲡⲏⲣⲡ̄ ϩⲛ̄ ⲟⲩⲛⲟϥ :—
Ϥ̄ⲧⲁⲕⲟ ⲛ̄ ⲛ̄ⲁⲡⲓⲥⲧⲟⲥ ⲛ̄ϫⲁϫⲉ ⲙ̄ ⲡⲉⲥ̅⳨̅ⲟ̅ⲥ̅ ⲛ̄ⲑⲉ ⲛ̄ⲧⲁϥ-
ⲧⲁⲕⲟ ⲛ̄ ⲇⲓⲟⲕⲗⲏϯⲁⲛⲟⲥ · ⲁϥⲁⲁϥ ⲛ̄ⲃ̄ⲗ̄ⲗⲉ ⲉ ⲡϥ̄ⲃⲁⲗ
ⲥⲛⲁⲩ · Ϫⲉ ⲙⲡ ϥ̄ⲕⲁⲁϥ ⲛⲁϥ ⲛ̄ⲛⲁϣⲧⲉ · ⲁⲗⲗⲁ ⲁϥⲣ̄-
ϫⲁϫⲉ ⲉ ⲣⲟϥ ⲉ ⲡϩ̄ⲟⲩⲟ : Ⲁⲩⲱ ⲟⲛ ⲑⲉ ⲙ̄ⲙⲁⲝⲓⲙⲓⲛⲓⲁⲛⲟⲥ ·
ⲛ̄ⲧⲁϥⲧⲣϥ̄ⲕⲛⲟⲥ ⲉϥⲟⲛϩ̄ · ⲁⲩⲱ ⲁ ⲡϥ̄ⲗⲁⲥ ⲟⲩⲉⲓⲧⲉ ⲛ̄
ϩⲟⲩⲛ ⲉ ⲧϥ̄ⲧⲁⲡⲣⲟ · ϫⲉ ⲁϥϫⲓⲟⲩⲁ ⲉ ⲡⲉⲥ̅⳨̅ⲟ̅ⲥ̅ :—Ⲁⲩⲱ
ⲟⲛ ⲁϥⲧⲁⲕⲟ ⲛ̄ ⲓⲟⲩⲗⲓⲁⲛⲟⲥ · ⲡⲁⲡⲟⲥⲧⲁⲧⲏⲥ · ⲛ̄ϭⲓ ⲡⲉⲥ̅-
⳨̅ⲟ̅ⲥ̅ · ϫⲉ ⲁϥⲕⲁⲁϥ ⲛ̄ⲥⲱϥ : Ⲁ ⲡⲁⲡⲟⲥⲧⲁⲧⲏⲥ ⲉⲧ ⲙ̄ⲙⲁⲩ
ϣⲱⲡⲉ · ⲛ̄ ⲟⲩⲧⲁⲡ ⲛ̄ⲧⲉ ⲡⲇⲓⲁⲃⲟⲗⲟⲥ | ϩⲁ ⲑⲉ ⲙ̄ ⲡⲁⲛϯⲭⲣ̅ⲥ̅ Fol. 24 *a* 1 ⲙ̅ⲉ̅
ⲉϥⲧϭⲉⲓⲟ ⲛ̄ ⲛⲉⲅⲣⲁⲫⲏ ⲉⲧ ⲟⲩⲁⲁⲃ · ⲉ ⲁϥⲙⲉⲗⲉⲧⲁ ⲙ̄-
ⲙⲟⲟⲩ ⲛ̄ ⲟⲩⲙⲏⲏϣⲉ ⲛ̄ ⲥⲟⲡ · Ⲉ ⲁϥϩⲟⲙⲟⲗⲟⲅⲓ̈ ϩⲛ̄ ⲧϥ̄-
ⲧⲁⲡⲣⲟ ⲛ̄ ϣⲟⲩⲧⲟⲙ̄ⲉⲥ · ⲙⲛ̄ ⲡϥ̄ⲗⲁⲥ ⲛ̄ϣⲟⲩϣⲁⲁⲧϥ̄ · ϫⲉ
ⲁⲓⲟϣⲟⲩ (*sic*) ⲁⲓⲧϭⲁⲉⲓⲟⲟⲩ (*sic*) : Ⲁⲗⲏⲑⲱⲥ ⲙ̄ⲡ ϥ̄ⲟϣⲟⲩⲟⲩⲇⲉ
ⲙ̄ⲡ ϥ̄ⲛⲟⲓ ⲙ̄ⲙⲟⲟⲩ : ⲉⲛ ⲛ̄ⲧⲁϥⲉⲓⲙⲉ ⲅⲁⲣ ⲉ ⲡⲉⲩⲛⲟⲏⲙⲁ ·
ⲁⲩⲱ ⲁϥϯ ⲉⲟⲟⲩ ⲉ ⲡϣⲟⲩϣⲟⲩ ⲛ̄ ⲛⲉⲭⲣⲓⲥϯⲁⲛⲟⲥ · ⲉⲧⲉ
ⲡⲉⲥ̅⳨̅ⲟ̅ⲥ̅ ⲡⲉ · ⲉⲛϥ̄ⲛⲁⲙⲟⲩ ⲁⲛ ⲕⲁⲕⲟⲥ ⲡⲉ · Ⲁϥⲣ̄ ϫⲁϫⲉ
ⲅⲁⲣ ⲉ ⲡⲉⲥ̅⳨̅ⲟ̅ⲥ̅ ⲙ̄ ⲡϥ̄ⲱⲛϩ̄ · ⲉ ⲧⲃⲉ ⲡⲁⲓ ⲡⲕⲉ ⲙⲟⲟⲩ
ⲛ̄ϣⲁⲣⲉ ⲛ̄ϣⲁⲣⲉ (*sic*) ⲛ̄ϣⲁⲩⲥⲓ ⲉ ⲃⲟⲗ ⲙ̄ⲙⲟⲥ · ⲁϥⲙⲟⲩ
ⲉϥⲟⲃⲉ ⲙ̄ⲙⲟϥ · ⲛ̄ϭⲓ ⲡⲁⲛⲟⲙⲟⲥ ⲉⲧ ⲙ̄ⲙⲁⲩ : ⲉ ⲁϥⲥⲱ
ϩⲛ̄ ⲧⲙⲏ ⲙ̄ⲙⲟⲟⲩ ⲛ̄|ⲉϩⲧⲟⲟⲣ · ⲁⲩⲱϩ (*sic*) ⲛ̄ⲧⲟϥ ⲙ̄ⲙⲓⲛ Fol. 24 *a* 2
ⲙ̄ⲙⲟϥ · Ⲁⲩⲱ ⲙ̄ⲡⲉ ⲡϥ̄ⲥⲱⲙⲁ ⲙ̄ϣⲁ ⲛ ⲟⲩⲧⲁⲫⲟⲥ ·
ⲛ̄ⲑⲉ ⲛ̄ ⲟⲩⲣⲱⲙⲉ ⲛ̄ ϩⲏⲕⲉ · ⲟⲩⲇⲉ ⲟⲩⲕⲁⲓ̈ⲥⲉ ⲉ ⲡϥ̄ⲥⲱⲙⲁ :
ⲉⲡⲓ ⲇⲏ ⲁϥⲣ̄ ϫⲁϫⲉ ⲉ ⲡⲉⲥ̅⳨̅ⲟ̅ⲥ̅ ⲉⲧ ⲟⲩⲁⲁⲃ :—Ⲉ ⲧⲃⲉ
ⲡⲁⲓ̈ ⲙ̄ⲡⲣ̄ ⲧⲣⲛ̄ⲙⲉⲣⲉ ⲧϭⲓⲛⲣ̄ ϩⲱⲃ ⲛ̄ ⲛⲉⲧ ⲙ̄ⲙⲁⲩ · ϫⲉ
ⲛⲛ̄ ⲛ̄ϩⲉ ⲡⲉⲩⲧⲁⲕⲟ · ⲙ̄ⲡⲣ̄ ⲧⲣⲛ̄ ⲉⲣ ϫⲁϫⲉ ⲉ ⲡⲉⲥ̅⳨̅ⲟ̅ⲥ̅ ·
ϫⲉ ⲛ̄ⲛⲉ ⲡⲛ̄ⲧⲁϥϣⲱⲡⲉ ⲛ̄ⲛ̄ⲓ̈ⲟⲩⲇⲁⲓ̈ · ϣⲱⲡⲉ ⲙ̄ⲙⲟⲛ :—
Ⲛⲉ ⲛⲧⲁⲩϩⲱⲥ ⲅⲁⲣ ⲉϫ̄ⲙ̄ ⲡϣⲉ ⲙ̄ ⲡⲉⲥ̅⳨̅ⲟ̅ⲥ̅ ⲉⲧ ⲟⲩⲁⲁⲃ :
ⲉⲩⲟⲩⲱϣ ⲉ ϩⲱⲡ ⲙ̄ⲙⲟϥ :—Ⲁⲩϣⲱⲱⲧ ⲅⲁⲣ ⲛ̄ⲛⲉⲩϣⲏⲣⲉ ·
ϩⲛ̄ ⲛⲉⲩϭⲓϫ ⲙ̄ⲙⲓⲛ ⲙ̄ⲙⲟⲟⲩ :—Ⲁⲩⲟⲩⲱⲙ ⲉ ⲃⲟⲗ ϩⲛ̄

ⲡⲉⲩⲁⲃ ⲙ̅ⲙⲓⲛ ⲙ̅ⲙⲟⲟⲩ· ⲉ ⲧⲃⲉ ⲡⲛⲟϭ ⲛ̅ϩⲕⲟ· ⲉ ⲃⲟⲗ
Fol. 24 b 1 ϩⲓⲧⲛ̅ ⲡⲛⲟⲩⲧⲉ ⲙ̅ ⲙⲉ ⲓ̅ⲥ̅ ⲡⲉⲭ̅ⲥ̅:— | ⲡⲛ̅ϫⲟⲉⲓⲥ· ⲉ ⲧⲃⲉ
ⲙ̅ⲉ̅ ⲧⲧⲟⲗⲙⲏⲣⲓⲁ ⲛ̅ⲧⲁⲩⲁⲥ ⲉ ϩⲟⲩⲛ ⲉ ⲣⲟϥ ⲉ ⲁⲩⲥ̅ϯⲟⲩ ⲙ̅-
ⲙⲟϥ:—Ⲁⲩⲱ ⲡⲁⲗⲓⲛ ⲟⲛ ⲁⲩⲟⲩⲱϣ ⲉ ϩⲱⲡ ⲙ̅ ⲡⲉϥⲥ̅ϯⲟⲥ
ⲉⲧ ⲟⲩⲁⲁⲃ· ⲕⲁⲧⲁ ⲛⲉ ⲛ̅ⲧⲁϥϫⲟⲟⲩ ⲛ̅ϭⲓ ⲓⲱⲥⲏⲡⲡⲟⲥ:
ⲙⲛ̅ ⲉⲓⲉⲣⲓⲛⲛⲁⲓⲟⲥ ⲛ̅ⲁⲡⲟ ϩⲃ̅ⲣⲉⲟⲥ: Ϩⲛ̅ ⲛⲉⲩⲁⲣⲭⲓⲟⲗⲟⲅⲓⲁ
ⲉ ⲧⲃⲉ ⲛⲛ̅ⲧⲁⲩϣⲱⲡⲉ ⲛ̅ⲛ̅ⲓ̈ⲟⲩⲇⲁⲓ̈· ⲛ̅ⲛⲉⲥϣⲱⲡⲉ ⲇⲉ ⲱ̅
ⲛⲉⲥⲛⲏⲩ ⲉ ⲧⲣⲛ̅ⲣ̅ ⲁⲧ ⲛⲁϩⲧⲉ ⲉ ⲡⲉⲭ̅ⲥ̅ ⲙⲛ̅ ⲡⲉϥⲥ̅ϯⲟⲥ ⲉⲧ
ⲟⲩⲁⲁⲃ· ϫⲉ ⲛ̅ⲛⲉⲩⲉⲓ ⲉ ϩⲣⲁⲓ ⲉ ϫⲱⲛ ⲛ̅ϭⲓ ⲛⲓⲡⲉⲑⲟⲟⲩ
ⲧⲏⲣⲟⲩ· ϫⲉ ⲟⲩⲛⲟϭ ⲧⲉ ⲧϭⲟⲙ ⲙ̅ ⲡⲉⲥ̅ϯⲟⲥ: ϯⲛⲁⲧⲟ-
ⲗⲙⲁ ⲧⲁϫⲟⲟⲥ ϫⲉ ⲡⲉⲓⲱⲧ ⲛ̅ ⲧⲙⲛ̅ⲧⲣⲱⲙⲉ ⲧⲏⲣⲥ̅ ⲁⲇⲁⲙ
ⲙⲛ̅ ⲛⲉϥϣⲏⲣⲉ ⲧⲏⲣⲟⲩ ⲉⲧⲉ ⲁⲛⲟⲛ ⲡⲉ· ⲁⲩⲱ ⲡⲁⲓ ⲁ
Fol. 24 b 2 ⲡⲛⲟⲩⲧⲉ | ⲧⲁⲙⲓⲟϥ· ⲕⲁⲧⲁ ⲡⲉϥⲉⲓⲛⲉ ⲙⲛ̅ ⲧⲉϥϩⲓⲕⲱⲛ·
Ⲉϣϫⲉ ⲉⲣⲉ ⲁⲇⲁⲙ ⲉⲓⲛⲉ ⲙ̅ ⲡⲓⲛⲉ ⲙ̅ ⲡⲛⲟⲩⲧⲉ ⲕⲁⲧⲁ
ⲛⲉⲅⲣⲁⲫⲏ· ⲉⲓ ⲙⲏ ⲧ[ⲉⲓ] ⲛ̅ϫⲉ ⲟⲩⲥ̅ϯⲟⲥ ⲧⲏⲣϥ̅ ⲡⲉ ⲡⲛⲟⲩⲧⲉ
ⲡⲗⲟⲅⲟⲥ· ϩⲙ̅ ⲡⲧⲣⲉϥⲡⲉⲣϣ̅ ⲛ̅ϥϭⲓϫ ⲉ ⲃⲟⲗ ⲉ ⲡⲉⲥ̅ϯⲟⲥ
ⲉⲧ ⲟⲩⲁⲁⲃ:—Ⲉ ⲁϥϣⲱⲡⲉ ⲛ̅ ⲇⲩⲡⲟⲥ ⲛ̅ ⲟⲩⲱⲧ ⲛ̅ⲙ̅ⲙⲁϥ:
ϣⲁⲛⲧ ϥ̅ⲧⲟⲩϫⲟⲛ ϩⲛ̅ ⲛ̅ ⲛ̅ⲛⲟⲃⲉ· ⲁⲛⲟⲛ ⲛⲛ̅ⲧⲁⲩⲡⲓⲥⲧⲉⲩⲉ
ⲉ ⲣⲟϥ· ⲉⲛⲱ ϩⲱⲱⲛ ⲙ̅ ⲡⲉϥⲧⲩⲡⲟⲥ· ϩⲙ̅ ⲡ[ⲧ]ⲣⲛ̅ⲡⲱⲣϣ̅ ⲛ̅
ⲛⲛ̅ϭⲓϫ ⲉ ⲃⲟⲗ ⲛ̅ ϣⲗⲏⲗ:—Ⲗⲟⲓⲡⲟⲛ ⲙⲁⲣⲛ̅ⲧⲛ̅ⲧⲱⲛ ⲉ ⲛⲉⲛ
ⲛ̅ⲉⲓⲟⲧⲉ ⲛ̅ⲟⲣⲑⲟⲇⲟⲝⲟⲥ· ⲛⲁⲓ ⲛ̅ⲧⲁⲩⲙ̅ⲧⲟⲛ ⲙ̅ⲙⲟⲟⲩ· ⲉⲩϯ
Fol. 25 a 1 ⲉⲟⲟⲩ ⲙ ⲡⲥ̅ϯⲟⲥ ⲛ̅ ⲣϥ̅ⲧⲟⲩϫⲟ· ϯⲛⲁⲧⲁⲙⲱⲧⲛ̅ ⲇⲉ· | ⲉ
ⲙ̅ⲍ̅ ⲡⲓ ⲛⲟϭ ⲛ̅ ⲕⲉⲫⲁⲗⲁⲓⲟⲛ· ⲉ ⲡ̅ϩⲟⲩⲟ ⲛ̅ⲧⲁ ⲡⲛⲟⲩⲧⲉ
ⲭⲁⲣⲓⲍⲉ ⲙ̅ⲙⲟϥ ⲛⲁⲛ· ϩⲓⲧⲛ̅ ⲕⲱⲛⲥ̅ⲧⲁⲛϯⲛⲟⲥ ⲡⲙⲁⲓ
ⲛⲟⲩⲧⲉ ⲛ̅ⲣ̅ⲣⲟ: Ⲡⲁⲓ ⲛ̅ⲧⲁϥϣⲁ ⲛ̅ⲑⲉ ⲛ ⲟⲩⲥⲓⲟⲩ ⲉϥⲣ̅
ⲟⲩⲟⲉⲓⲛ· ⲉ ⲁϥϣⲁ ⲛⲁⲛ ⲉ ⲃⲟⲗ ϩⲛ̅ ⲧⲡⲉ:—ⲡⲁⲓ̈ ⲟⲩⲛ
ⲕⲱⲛⲥ̅ⲧⲁⲛϯⲛⲟⲥ· ⲟⲩ ⲉ ⲃⲟⲗ ⲡⲉ ϩⲉⲛⲟⲩⲛⲟⲩⲛⲉ ⲉⲧ
ⲛⲁⲛⲟⲩⲥ· ⲙ̅ⲙⲁⲓ ⲛⲟⲩⲧⲉ ⲉ ⲡ̅ϩⲟⲩⲟ:—Ⲉ ⲧⲃⲉ ⲡⲁⲓ ⲁ
ⲡⲉⲭ̅ⲥ̅ ϯⲉⲟⲟⲩ ⲛⲁϥ ϩⲓⲧⲛ̅ ⲡⲉϥⲥ̅ϯⲟⲥ ⲉⲧ ⲟⲩⲁⲁⲃ· ⲉϥⲉⲣ-
ϩⲙ̅ⲙⲉ ⲙ̅ⲙⲟϥ· ϩⲙ̅ ⲙⲁ ⲛⲓⲙ· ⲙⲛ̅ ⲡⲟⲗⲉⲙⲟⲥ ⲛⲓⲙ·
ϣⲁ ⲡⲉϩⲟⲟⲩ ⲙ̅ ⲡⲉϥⲙⲟⲩ· ⲡⲁⲓ ⲛ̅ⲧⲁϥⲕⲟⲥⲙⲉⲓ ⲛ̅ⲛⲉⲕ-
ⲕⲗⲏⲥⲓⲁ· ϩⲛ̅ ⲕⲟⲥⲙⲏⲥⲓⲥ ⲛⲓⲙ ⲙ̅ ⲃⲁⲥⲓⲗⲓⲕⲟⲛ· ⲉϥⲕⲱ
Fol. 25 a 2 ⲛ̅ ⲧⲉϥϩ̅ⲗⲡⲓⲥ ϩⲙ̅ ⲡⲛⲟⲩⲧⲉ· ⲡⲉⲭ̅ⲥ̅ ⲓ̅ⲥ̅ ⲙⲉⲛ | ⲡⲉϥⲥ̅ϯⲟⲥ
ⲉⲧ ⲟⲩⲁⲁⲃ· ⲉ ⲁϥϭⲱ ⲉϥⲧⲏϭ ⲉ ϩⲟⲩⲛ ⲉ ⲣⲟϥ· ϩⲛ̅ ⲟⲩ-

ⲡⲉⲥϯⲥ ⲉⲥⲧⲁⲩⲣⲏⲩ · ⲉ ⲁϥⲧⲣ̄ϣⲧⲁⲙ̄ ⲉ ⲡⲣⲟ ⲛ̄ ⲛ̄ⲣⲡⲏⲩⲉ ·
ⲛⲓⲙ ⲛ̄ⲣϥϣⲙ̄ϣⲉ ⲓ̈ⲇⲱⲗⲟⲛ :—Ⲁϥⲭⲁⲣⲓⲍⲉ ⲛ̄ ϩⲛ̄ⲛⲟϭ ⲛ̄
ⲧⲁⲉⲓ̈ⲟ ⲛⲓⲙ ⲛ̄ⲛⲉⲓⲟⲧⲉ ⲛ̄ⲟⲣⲑⲟⲇⲟⲝⲟⲥ · ⲛ̄ⲉⲡⲉⲓⲥⲕⲟⲡⲟⲥ · ⲙⲛ̄
ⲛ̄ⲕⲕⲗⲏⲥⲓⲁ ⲉⲧ ⲟⲩⲁⲁⲃ · ϩⲙ̄ ⲙⲁ ⲛⲓⲙ ⲉⲧ ϩⲩⲡⲟⲧⲁⲥⲥⲉ
ⲛⲁϥ ⲉ ⲁϥϩⲱⲡ ⲙ̄ⲡⲉⲩϫⲁϫⲉ ⲁϥϩⲱⲙ ⲉ ϩⲣⲁⲓ ⲉ ϫⲱⲟⲩ ·
ⲛ̄ϭⲓ ⲕⲱⲛⲥⲧⲁⲛϯⲛⲟⲥ · ⲡⲁⲓ ⲛ̄ⲧⲁϥϯ ⲉⲟⲟⲩ ⲙ̄ ⲡⲉⲥ̄ϯⲟⲥ̄ ⲉⲧ
ⲟⲩⲁⲁⲃ · Ⲁⲩⲱ ⲡⲁⲓ ⲛϥ̄ⲥⲟⲟⲩⲛ ⲁⲛ ⲉ ⲡⲉⲥ̄ϯⲟⲥ̄ ⲛ̄ ϣⲟⲣⲡ · ϩⲓⲧⲛ̄
ⲡⲁϣⲁⲓ ⲛ ⲧⲙⲛ̄ⲧⲣϥ̄ϣⲙ̄ϣⲉ ⲉⲓ̈ⲇⲱⲗⲟⲛ : ⲉⲧ ⲡⲟⲣϣ̄ ⲉ ⲃⲟⲗ
ϩⲙ̄ ⲙⲁ ⲛⲓⲙ · ϩⲓⲧⲛ̄ ⲛⲉⲣⲱⲟⲩ ⲛ̄ⲁⲡⲟⲥⲧⲁⲧⲏⲥ ⲇⲓⲟⲕⲗⲏϯⲁ-
ⲛⲟⲥ · ⲙⲛ̄ ⲙⲁⲝⲓⲙⲓⲛⲓⲁⲛⲟⲥ · ⲛ̄ⲧⲟϥ ⲇⲉ ⲕⲱⲛⲥⲧⲁⲛϯ[ⲛⲟⲥ] |
ⲛⲉ ⲟⲩ ⲉ ⲃⲟⲗ ⲡⲉ ⲛ̄ ϩⲛ̄ⲉⲓⲟⲧⲉ ⲛ̄ⲇⲓⲕⲁⲓⲟⲥ · ⲁⲩⲱ ⲛ̄ⲭⲣⲓⲥϯⲁ- Fol. 25 *b* 1
ⲛⲟⲥ · ⲁϥϣⲱⲡⲉ ϩⲱⲱϥ ⲡⲣⲟⲥ ⲧⲉⲩϭⲓⲛⲣ̄ϩⲱⲃ · Ⲉⲛϥ̄ⲟ ⲅⲁⲣ ⲙ̄ⲏ
ⲛ̄ⲑⲉ ⲛ̄ ⲟⲩϩⲏⲃⲥ ⲉϥⲣ̄ ⲟⲩⲟⲉⲓⲛ̄ · ⲛ̄ ⲛⲉⲧ ϣⲟⲟⲡ ϩⲙ̄ ⲡⲕⲁϩ
ⲧⲏⲣϥ̄ :—Ⲉ ⲧⲃⲉ ⲡⲁⲓ̈ ⲉⲣⲉ ⲟⲩⲟⲛ̄ ⲛⲓⲙ ⲉⲛⲑⲩⲙⲉⲓ ⲛ̄ ⲛⲁⲩ
ⲉ ⲣⲟϥ · ⲉ ⲧⲃⲉ ⲧϥ̄ⲙⲛ̄ⲧⲥⲁⲉⲓⲛ ⲙⲛ̄ ⲧϥ̄ⲙⲛ̄ⲧⲥⲁⲃⲉ · ⲙⲛ̄
ⲧϥ̄ⲙⲛ̄ⲧϫⲱⲱⲣⲉ :—Ⲉϥⲥⲁϩⲏⲩ ⲉ ⲃⲟⲗ ⲛ̄ ⲙⲛ̄ⲧⲣϥ̄ϣⲙ̄ϣⲉ
ⲉⲓⲇⲱⲗⲟⲛ ⲛⲓⲙ · ⲉ ⲧⲃⲉ ⲡⲁⲓ̈ ⲁ ⲇⲓⲟⲕⲗⲏϯⲁⲛⲟⲥ ⲙⲉⲣⲓⲧϥ̄ ·
ⲁϥϯ ⲙ̄ ⲡⲉⲍⲉⲣⲭⲏⲧⲟⲛ ⲧⲏⲣϥ̄ ⲉ ϩⲣⲁⲓ ⲉ ⲧⲟⲟⲧϥ̄ :—Ⲉ ⲃⲟⲗ
ϫⲉ ⲟⲩϩⲓⲥⲟⲛ ⲛ̄ⲣⲣⲟ ⲡⲉ · ϩⲙ̄ ⲡⲅⲉⲛⲟⲥ ⲛ̄ⲛ̄ⲣⲣⲱⲟⲩ ⲛ̄ⲛ̄-
ϩⲣⲱⲙⲁⲓⲟⲥ ⲛ̄ⲁⲣⲭⲁⲓⲟⲛ :—Ⲁⲩⲱ ⲛⲉ ⲟⲩⲡⲟⲗⲩⲙⲓ̈ⲥⲧⲏⲥ
ⲙ̄ⲙⲁⲧⲉ ⲡⲉ · ϩⲱⲥ ⲇⲉ ⲡⲟⲗⲩⲙⲟⲥ ⲛⲓⲙ ⲛ̄ϣⲁϥⲃⲱⲕ ⲉ
ⲣⲟϥ ϣⲁ[ⲣ]ⲉ ⲡϫⲟⲉⲓⲥ ⲑⲃ̄ⲃⲓⲟⲟⲩ ϩⲓ | ϩⲏ ⲙ̄ⲙⲟϥ · ϫⲉ Fol. 25 *b* 2
ⲛϥ̄ⲙⲉ ⲙ̄ⲙⲟϥ · ⲁⲥϣⲱⲡⲉ ⲇⲉ ⲛ̄ ⲟⲩϩⲟⲟⲩ ⲉϥϩⲙ̄ ⲡⲟⲗⲟⲓ-
ⲙⲟⲥ · ⲛ̄ϭⲓ ⲡⲙⲁⲓ ⲛⲟⲩⲧⲉ ⲛ̄ⲣⲣⲟ ⲕⲱⲛⲥⲧⲁⲛϯⲛⲟⲥ · ⲉϥ-
ⲙⲓϣⲉ ⲙⲛ̄ ⲙ̄ⲡⲣ̄ⲥⲟⲥ ϩⲛ̄ ⲧϥ̄ⲙⲛ̄ⲧϣⲏⲣⲉ ϣⲏⲙ :—ϩⲛ̄
ⲟⲩⲙⲁ ⲛ̄ ϣⲁⲩⲙⲟⲩⲧⲉ ⲉ ⲣⲟϥ · ϫⲉ ⲭⲁⲗⲗⲁⲙⲁⲭ ⲁⲩⲱ
ⲡⲙⲏⲛϣⲉ ⲛⲉ ⲙ̄ⲡⲣ̄ⲥⲟⲥ · ⲛⲉⲩⲟϣ ⲛ̄ϩⲟⲩⲉ ⲛⲏ :—Ⲁⲩϯ
ⲃⲉⲕⲉ ⲛ̄ⲕⲉ ⲥⲁϣϥ̄ ⲛ̄ϩⲉ̄ⲑ̄ⲛⲟⲥ · ϫⲉ ⲕⲁⲥ ⲉⲩⲉϯ ⲧⲟⲟⲧⲟⲩ
ⲛ̄ⲙ̄ⲙⲁⲩ ⲉⲩⲃⲟⲏⲑⲓⲁ ⲛⲁⲩ · Ⲁⲩⲱ ⲛⲉⲩϫⲱ ⲙ̄ⲙⲟⲥ ϫⲉ
ⲧⲛ̄ⲛⲁϥⲓ ⲛ̄ⲛⲉⲭⲱⲣⲁ ⲧⲏⲣⲟⲩ · ⲛ̄ ⲧϩ̄ⲣⲱⲙⲁⲛⲓⲁ · ⲛ̄ⲧⲛ̄-
ⲕⲁⲁⲩ ϩⲁ ⲣⲟⲛ ⲛ̄ⲙ̄ⲙⲁⲩ : Ⲁⲩⲧⲁⲙⲓⲟ ⲛ̄ ϩⲛ̄ⲇⲓⲁⲃⲁ^ⲑ^ⲣⲁ ϩⲛ̄
ⲡⲉϫⲏⲩ · ϫⲉ ⲕⲁⲥ ⲉⲩⲉϫⲓⲟⲟⲣ ⲙ̄ ⲡⲉϥⲣⲁⲥⲧⲉ · Ⲁⲩⲱ
ⲛⲉⲩϫⲱ ⲙ̄ⲙⲟⲥ ϫⲉ ⲧⲛ̄ⲛⲁⲙⲟⲩⲟⲩⲧ ⲛ̄ ⲕⲱⲛⲥⲧⲁⲛϯⲛⲟⲥ · Fol. 26 *a* 1
ⲡⲡⲟⲗⲩ|ⲙⲁⲣⲭⲟⲥ · ⲡⲁⲓ ⲛ̄ⲧⲁϥϣⲱϥ ⲛ̄ ⲧⲛ̄ⲭⲱⲣⲁ ⲧⲏⲣⲥ̄ · ⲙ̄ⲑ

ⲛ̄ⲧⲛ̄ⲃⲱⲕ ϣⲁ ϯⲁⲛϯⲟⲭⲓⲁ ⲛ̄ⲧⲉⲛϭⲱⲡⲉ ⲙ̄ ⲡⲣ̄ⲣⲟ ⲙⲛ̄
ⲛⲉϥ̄ⲭⲣⲏⲙⲁ ⲧⲏⲣⲟⲩ ⲙⲛ̄ ⲧⲉⲩⲁⲓⲭⲙⲁⲗⲟⲥⲓⲁ :—Ⲕⲱⲛ-
ⲥⲧⲁⲛϯⲛⲟⲥ ⲇⲉ ⲁϥϩⲟϫϩⲉϫ ⲙ̄ ⲡⲉϥ̄ⲡⲛⲁ̄· ⲉϥϫⲱ ⲙ̄ⲙⲟⲥ
ϫⲉ ⲛⲓⲙ ⲡⲉⲧ ⲟⲩⲛ ⲧⲉϥ̄ϭⲟⲙ ⲙ̄ⲙⲁⲩ· ⲉ ⲙⲓϣⲉ ⲙⲛ̄
ⲡⲓ ⲙⲏⲏϣⲉ ⲛ̄ϩⲉ̄ⲑ̄ⲛⲟⲥ :—Ⲛ̄ ⲧⲉⲣ ⲉϥ̄ⲧⲱⲟⲩⲛ ⲇⲉ ⲁϥϫⲟⲟⲩ
ϣⲁ ⲙ̄ⲡⲣ̄ⲥⲟⲥ· ⲉϥϫⲱ ⲙ̄ⲙⲟⲥ ⲛⲁⲩ ϫⲉ ⲙ̄ⲡⲣ̄ ⲧⲣ ⲛ̄ⲙⲓϣⲉ
ⲙⲛ̄ ⲛⲛ̄ⲉⲣⲏⲩ ϣⲁⲛⲧ ⲛ̄ⲥⲕⲉⲡϯ ⲙ̄ⲙⲟⲛ ϩⲱⲱⲛ· ⲙⲛ̄
ⲡⲛ̄ⲙⲏⲏϣⲉ· ⲉϣⲱⲡⲉ ⲛ̄ⲧ ⲛ̄ϭⲟⲙ ⲁⲛ ⲧⲉ ⲙⲉϣⲉ ⲛⲙ̄-
ⲙⲏⲧⲛ̄ :—Ⲉⲓⲉ ⲧⲛ̄ⲛⲁⲕⲱ ⲛⲏⲧⲛ̄ ⲛ̄ ⲧⲛ̄ⲭⲱⲣⲁ· ⲛ̄ⲧⲛ̄ⲁⲛⲁ-
ⲭⲱⲣⲓ ⲛⲁⲛ :—Ⲁⲩⲱ ⲛ̄ϯϩⲉ ⲁⲩⲣⲁϣⲉ ⲛ̄ϭⲓ ⲡⲣ̄ⲥⲟⲥ· ⲉⲩ-
Fol. 26 *a* 2 ⲙⲉⲉⲩⲉ ϫⲉ ⲛ̄ⲧⲁ ⲕⲱⲛⲥⲧⲁⲛϯⲛⲟⲥ ϭⲱⲧⲡ̄ ϩⲏⲧⲟⲩ : | ⲉϥ-
ⲛ̄ⲕⲱⲧⲕ̄ ⲟⲩⲛ̄ ⲛ̄ⲧⲉⲩϣⲏ· ⲛ̄ϭⲓ ⲕⲱⲛⲥⲧⲁⲛϯⲛⲟⲥ· ⲉⲣⲉ
ⲡⲉϥ̄ϩⲏⲧ ⲙⲟⲕϩ̄ ⲉ ⲣⲟϥ :—Ⲁ ⲡϩⲓⲛⲏⲃ ⲥⲁϩⲱⲱϥ ⲉ ⲃⲟⲗ
ⲙ̄ⲙⲟϥ· ⲁⲩⲱ ⲉⲣⲉ ⲛⲉϥ̄ⲃⲁⲗ ϭⲱϣⲧ̄ ⲉ ϩⲣⲁⲓ ⲉ ⲧⲡⲉ·
ⲉϥⲙⲉⲉⲩⲉ ⲉ ⲃⲟⲗ· ϩⲓⲧⲛ̄ ⲡϩ̄ⲟⲩ ⲛ̄ⲧⲗⲩⲡⲉⲓ ⲉⲧ ⲛ̄ⲙ̄ⲙⲁϥ :—
Ⲁϥⲛⲁⲩ ϩⲛ̄ ⲧⲙⲏⲧⲉ ⲛ̄ⲛⲉⲥⲓⲟⲩ· ⲉⲩⲥ̄ϯⲟ̄ⲥ̄ ⲛ̄ⲟⲩⲟⲉⲓⲛ :—
ⲁⲩⲱ ⲛⲉⲣⲉ ⲛ̄ⲥϩⲁⲓ ⲥⲏϩ ⲉ ⲣⲟϥ ⲛ̄ϩⲣⲱⲙⲁⲉⲓⲕⲱⲛ· ⲁⲩⲱ
ⲁϥⲱϣ ⲛ̄ ⲛⲉⲥϩⲁï ⲉⲩⲥⲏϩ ⲙ̄ ⲡⲓⲧⲏⲡⲟⲥ :—Ϫⲉ ⲕⲱⲛⲥⲧⲁⲛ-
ϯⲛⲟⲥ ϩⲓⲧⲛ̄ ⲡⲓⲙⲁⲉⲓⲛ ⲡⲁⲓ ⲕ̄ⲛⲁϫⲣⲟ ⲉ ⲛⲉⲧ ϯ ⲛ̄ⲙ̄ⲙⲁⲕ :—
Ⲁⲩⲱ ϣⲓⲛⲉ ⲛ̄ⲥⲁ ⲡⲛⲟⲩⲧⲉ ⲛ ⲛⲕ̄ⲉⲓⲟⲧⲉ ⲁⲩⲱ ⲕⲛⲁϩⲉ ⲉ
ⲣⲟϥ :—Ⲁⲩⲱ ⲛ̄ ⲧⲉⲣ ⲉϥ̄ⲧⲱⲟⲩⲛ ϩⲧⲟⲟⲩⲉ· ⲉⲛⲉϥ̄ⲟ ⲛ̄ ϣⲡⲏⲣⲉ
ⲁⲩⲱ ⲛⲉϥ̄ϫⲱ ⲙ̄ⲙⲟⲥ· ϫⲉ ⲡⲁ ⲛⲓⲙ ⲛ̄ⲛⲟⲩⲧⲉ ⲡⲉ ⲡⲓ
Fol. 26 *b* 1 [ⲙ]ⲁⲉⲓⲛ· ⲁⲩⲱ ⲁϥ[ⲧ]ⲣⲉ ⲩⲙⲟⲩⲧⲉ ⲛ̄ⲟⲩⲏ[ⲏⲃ] | ⲙⲛ̄ ⲛⲟϭ
[ⲛ̄] ⲙ̄ ⲡⲉⲍⲉⲣⲭ̄ⲉⲇⲱⲛ ⲧⲏⲣϥ̄· ⲁϥϫⲛⲟⲩⲟⲩ ⲉ ⲧⲃⲉ ⲡⲙⲁⲉⲓⲛ
ⲛ̄ⲧⲁϥⲛⲁⲩ ⲉ ⲣⲟϥ· ϫⲉ ⲡⲁ ⲛⲓⲙ ϩⲛ̄ ⲛ̄ⲛⲟⲩⲧⲉ ⲡⲉ ⲡⲓ-
ⲙⲁⲉⲓⲛ :—Ⲡⲉϫⲉ ϩⲟⲓⲛⲉ ⲛⲁϥ ⲉ ⲃⲟⲗ ⲛ̄ϩⲏⲧⲟⲩ· ϫⲉ ⲟⲩ
ⲡⲁⲛⲧⲟⲥ ⲡⲁ ⲫⲓⲃⲗⲁⲣⲓⲟⲛ ⲡⲉ· ⲡⲣⲉϥ̄ϫⲣⲟ· ⲁⲩⲱ ⲡⲣⲉϥ̄ϫⲓ
ⲡⲟⲗⲟⲓⲙⲟⲥ· ⲉ ⲁϥⲟⲩⲱⲛϩ̄ ⲉ ⲣⲟⲕ ⲉ ϯ ⲛⲁⲕ ⲙ̄ ⲡⲉϫⲣⲟ·
ⲁⲩⲱ ⲛ̄ϯϩⲉ ⲙⲁⲣⲛ̄ⲟⲩⲱⲧⲛ̄ ⲛⲁϥ ⲉ ⲃⲟⲗ :—Ϩⲛ̄ⲕⲟⲟⲩⲉ
ⲇⲉ ⲟⲛ ϫⲉ ⲡⲁ ⲡϩⲩⲣⲁⲕⲗⲏⲥ ⲡⲉ· ⲡⲉⲧ ϣⲱⲡⲉ ⲛ̄ⲧⲛ̄ⲟⲩⲱⲧⲛ̄
ⲛⲁϥ ⲉ ⲃⲟⲗ· Ⲛ̄ⲧⲟⲟⲩ ⲅⲁⲣ ⲛⲉⲧ ⲟⲩⲱϣ ⲉ ϯ ⲛⲁⲕ ⲙ̄
ⲡⲉϫⲣⲟ ϩⲙ̄ ⲡⲡⲟⲗⲩⲙⲟⲥ :—Ⲕⲱⲛⲥⲧⲁⲛϯⲛⲟⲥ ⲇⲉ ⲟⲩⲛ·
ⲙ̄ⲡ ⲉϥ̄ⲉⲓⲙⲉ ϫⲉ ⲟⲩ ⲡⲉⲧ ⲉϥ̄ⲛⲁⲁϥ· ⲉⲛⲉ ⲟⲩⲭⲣⲓⲥϯⲁⲛⲟⲥ
ⲡⲉ ⲛ̄ ϣⲏⲣⲉ ⲛ̄ ⲭⲣⲓⲥϯⲁⲛⲟⲥ· ⲁⲩⲱ ⲛⲉϥ̄ⲥⲟⲟⲩⲛ ⲁⲛ ⲉ

ⲡⲙⲁⲉⲓⲛ | ⲙ̅ ⲡⲉⲥ̅ϯ̅ⲟⲥ · ⲉ ⲃⲟⲗ ϫⲉ ⲙⲛ̅ ⲉⲕⲕⲗⲏⲥⲓⲁ ⲕⲏⲧ Fol. 26 *b* 2
ⲙ̅ ⲡⲉⲩⲟⲉⲓϣ ⲉⲧ ⲙ̅ⲙⲁⲩ · ⲟⲩⲇⲉ ⲙⲛ̅ ⲥ̅ϯ̅ⲟⲥ ⲟⲩⲱⲛϩ̅ ⲉ
ⲃⲟⲗ ϫⲉ ⲡⲉⲩⲟⲉⲓϣ ⲡⲉ ⲛ̅ⲧⲁⲩϣⲟⲣϣⲣ̅ ⲛ̅ ⲛⲉⲕⲕⲗⲏⲥⲓⲁ ⲛ̅-
ϩⲏⲧϥ̅ :—Ⲛ̅ⲧⲁⲩϫⲡⲟϥ ⲅⲁⲣ ⲙ̅ ⲡⲉⲩⲟⲉⲓϣ ⲙ̅ ⲡⲇⲓⲟⲅⲙⲟⲥ ·
ⲡⲁⲓ ⲇⲉ ⲁϥϯ ⲙ̅ ⲡϥⲟⲩⲟⲓ ⲉ ϩⲟⲩⲛ ⲉ ⲡⲉⲭ̅ⲥ̅ ⲙⲛ̅ ⲡ̅ϥⲉⲓⲟⲧⲉ ·
ϩⲛ̅ ⲟⲩϩⲱⲡ :—Ⲉⲧⲓ ⲟⲩⲛ̅ ⲉϥⲙⲉⲉⲩⲉ ⲉ ⲛⲁⲓ ⲛ̅ϭⲓ ⲕⲱⲛⲥⲧⲁⲛ-
ϯⲛⲟⲥ · ⲡⲡⲁⲧⲣⲓⲕⲓⲟⲥ :—ⲁϥϯ ⲡϥⲟⲩⲟϊ ⲛ̅ϭⲓ ⲟⲩⲙⲁⲧⲟⲓ ·
ⲛ̅ ϫⲱⲱⲣⲉ · ⲁⲩⲱ ⲛ̅ ⲣⲙ̅ⲛ̅ⲛⲟⲩⲧⲉ · ⲉ ⲡϥⲣⲁⲛ ⲡⲉ ⲉⲩ-
ⲥⲓⲅⲛⲓⲟⲥ :—ⲉⲩⲥⲁⲓⲉ ⲧⲟⲛⲟⲩ ⲡⲉ ⲛϥⲟⲩⲱⲛϩ̅ ⲙ̅ⲙⲟϥ ⲉ
ⲃⲟⲗ ⲁⲛ · ϫⲉ ⲡⲉⲩⲟⲉⲓϣ ⲡⲉ ⲙ̅ ⲡⲇⲓⲟⲅⲙⲟⲥ ⲡⲉ :—Ⲡⲁⲓ ⲇⲉ
ⲁϥϯ ⲙ̅ ⲡϥⲟⲩⲟⲓ ⲉ ⲕⲱⲛⲥⲧⲁⲛϯⲛⲟⲥ ⲡⲉϫⲁϥ ⲛⲁϥ · ϩⲛ̅
ⲟⲩ|ϩⲱⲡ ϫⲉ ⲡⲁ ϫⲟⲉⲓⲥ ⲥⲱⲧⲙ̅ ⲉ ⲡϣⲁϫⲉ ⲙ̅ ⲡⲕ̅ϩⲙ̅ϩⲁⲗ · Fol. 27 *a* 1
ⲡⲙⲁⲉⲓⲛ ⲛ̅ⲧⲁⲕⲛⲁⲩ ⲉ ⲣⲟϥ ϩⲛ̅ ⲧⲡⲉ · ⲙ̅ ⲡⲁ ⲟⲩⲟⲩⲟⲛ ⲡ̅ⲁ̅
ⲁⲛ ⲡⲉ · ϩⲛ̅ ⲛ̅ⲛⲟⲩⲧⲉ · ⲛ̅ ⲇⲓⲟⲕⲗⲏϯⲁⲛⲟⲥ ⲡⲣ̅ⲣⲟ :—Ⲁⲗⲗⲁ
ⲡⲁ ⲓ̅ⲥ̅ ⲡⲉⲭ̅ⲥ̅ ⲡⲉ ⲡϣⲏⲣⲉ ⲙ̅ ⲡⲛⲟⲩⲧⲉ ⲉⲧ ⲟⲛϩ̅ · ⲁⲩⲱ ⲁϥⲉⲓ
ⲉ ⲡⲉⲥⲏⲧ ⲉ ⲡⲓ̈ ⲕⲟⲥⲙⲟⲥ · ⲁϥϫⲓ ⲥⲁⲣⲝ̅ ϩⲛ̅ ⲧⲡⲁⲣⲑⲉⲛⲟⲥ
ⲉⲧ ⲟⲩⲁⲁⲃ ⲙⲁⲣⲓⲁ :—Ⲁϥⲣ̅ ⲧⲥⲁⲣⲝ̅ ⲛ̅ ⲟⲩⲉⲓ ⲛ̅ ⲟⲩⲱⲧ ·
ⲙⲛ̅ ⲧⲙⲛ̅ⲧⲛⲟⲩⲧⲉ :—Ⲁϥⲣ̅ ⲙⲁⲁⲃ ϣⲟⲙⲧⲉ ⲛ̅ⲣⲟⲙⲡⲉ ·
ⲁϥⲉⲣϩⲱⲃ ⲛⲓⲙ ⲛ̅ⲧⲉ ⲧⲙⲛ̅ⲧⲣⲱⲙⲉ · ⲛ̅ⲧⲛ̅ϩⲉ · ϣⲁⲧⲛ̅
ⲡⲛⲟⲃⲉ ⲙ̅ⲙⲁⲧⲉ · Ⲁϥⲉⲓⲣⲉ ⲛ̅ ϩⲛ̅ⲛⲟϭ ⲛ̅ ⲧⲁⲗϭⲟ · ⲛⲉⲧ
ⲙⲟⲟⲩⲧ ⲁϥⲧⲟⲩⲛⲟⲥⲟⲩ · ⲛ̅ⲃⲗ̅ⲗⲉ ⲁϥϯ ⲛⲁⲩ ⲙ̅ ⲡ|ⲟⲩⲟⲉⲓⲛ · Fol. 27 *a* 2
ⲛ̅[ⲇ]ⲁⲓⲙⲟⲛⲓⲟⲛ ⲁϥⲛⲟϫⲟⲩ ⲉ ⲃⲟⲗ :—ⲛⲉⲧ ⲥⲱⲃϩ̅ ⲁϥⲧⲉⲃ-
ⲃⲟⲟⲩ · ⲛⲉⲧ ⲥⲏϭ ⲁϥⲧⲁⲗϭⲟⲟⲩ · ϩⲁⲡⲗⲱⲥ · ⲙⲛ̅ ϣⲓ̈
ϣⲟⲟⲡ ⲛ̅ ⲛⲉϥϣⲡⲏⲣⲉ · ⲙⲛ̅ ⲛ̅ϭⲟⲙ ⲛ̅ⲧⲁⲁϥⲁⲁⲩ · ϩⲓϫⲙ̅
ⲡⲕⲁϩ: ⲁⲩⲕⲱϩ ⲉ ⲣⲟϥ ⲛ̅ϭⲓ ⲛ̅ⲓ̈ⲟⲩⲇⲁⲓ̈ ⲛ̅ ⲁⲧ ⲛⲟⲩⲧⲉ ·
ⲁⲩⲧⲱⲟⲩⲛ ⲉ ϫⲱϥ ⲁⲩⲥⲟⲛⲉϩϥ̅ :—ⲁⲩⲧⲁⲁϥ ⲉ ⲧⲟⲟ[ⲧ]ϥ
ⲙ̅ ⲡⲓⲗⲁⲧⲟⲥ ⲡϩⲏⲅⲉⲙⲱⲛ · ⲡⲁⲓ̈ ⲛ̅ⲧⲁϥⲁⲣⲭⲉⲓ ⲉ ⲧⲡⲁⲗⲉ-
ⲥϯⲛⲏ · ⲉ ⲃⲟⲗ ϩⲓ ⲧⲟⲟⲧϥ ⲛ̅ ϯⲃⲉⲣⲓ̈ⲁⲥ · Ⲁⲩⲱ ⲛ̅ ⲧⲉⲣ
ϥⲧⲙ̅ϩⲉ ⲉ ϩⲁⲡ ⲙ̅ ⲙⲟⲩ · ⲉ ϩⲟⲩⲛ ⲉ ⲣⲟϥ ⲁϥⲟⲩⲱϣ ⲉ
ⲕⲁⲁϥ ⲉ ⲃⲟⲗ :—Ⲛ̅ⲓ̈ⲟⲩⲇⲁⲓ̈ ⲇⲉ ⲁⲩϭⲱⲛⲧ · ⲁⲩⲥⲧⲁⲥⲓⲁⲍⲉ ·
ⲁⲩⲱ ⲡⲁⲣⲁ ⲡϥⲟⲩⲱϣ ⲁϥⲡⲁⲣⲁⲇⲓⲇⲟⲩ ⲙ̅ⲙⲟϥ ⲉ ⲧⲟⲟ-
ⲧⲟⲩ · ⲁⲩⲉⲓⲣ[ⲉ] | ⲛⲁϥ ⲕⲁⲧⲁ ⲡⲉⲩⲟⲩⲱϣ · ⲁⲩϫⲓ ⲇⲉ Fol. 27 *b* 1
ⲛ̅ ⲓ̅ⲥ̅ · ⲛ̅ϭⲓ ⲛ̅ⲓ̈ⲟⲩⲇⲁⲓ̈ · ⲁⲩⲧⲁⲗⲟϥ ⲉϫⲛ̅ ⲟⲩϣⲉ ⲛ̅ ⲥ̅ϯ̅ⲟⲥ · ⲡ̅ⲃ̅
Ⲁⲩⲥ̅ϯ̅ⲟⲩ ⲙ̅ⲙⲟϥ ⲙⲛ̅ ⲕⲉ ⲥⲟⲟⲛⲉ ⲥⲛⲁⲩ · ⲁϥⲙⲟⲩ ϩⲓϫⲛ̅

ⲡⲉⲥ̅ϯⲟⲥ̅ · ⲁⲩⲱ ⲉⲩⲉⲓ̈ⲛⲉ ⲙ̅ⲙⲟϥ ⲉ ⲡⲉⲥⲏⲧ · ⲁⲩⲕⲁⲁϥ
ϩⲛ̅ ⲟⲩⲧⲁⲫⲟⲥ · ⲁϥⲧⲱⲟⲩⲛ ϩⲙ̅ ⲡϥ̅ ⲙⲉϩ̅ ϣⲟⲙⲛ̅ⲧ ⲛ̅ϩⲟⲟⲩ ·
ⲕⲁⲧⲁ ⲛⲉⲅ̅ⲣⲁⲫⲏ · Ⲁϥⲃⲱⲕ ⲉ ϩⲣⲁⲓ̈ ⲉⲛ̅ ⲙ̅ⲡⲏⲩⲉ ·
ⲁϥϩⲙⲟⲟⲥ ϩⲓ ⲟⲩⲛⲁⲙ ⲙ̅ ⲡⲛⲟⲩⲧⲉ · ⲁⲩⲱ ϥⲛⲏⲩ ⲉ ⲕⲣⲓⲛⲉ
ⲛ̅ ⲛⲉⲧ ⲟⲛϩ̅ ⲙⲛ̅ ⲛⲧ̅ ⲙⲟⲟⲩⲧ · ⲉϥⲥⲱⲕ ϩⲏⲧϥ̅ ⲛ̅ϭⲓ ⲡⲉⲓ
ⲙⲁⲉⲓⲛ · ⲛ̅ⲧⲁⲕⲛⲁⲩ ⲉ ⲣⲟϥ ϩⲛ̅ ⲧⲡⲉ :—Ⲕⲱⲛⲥⲧⲁⲛϯⲛⲟⲥ
ⲇⲉ ⲛ̅ ⲧⲉⲣ ϥ̅ⲥⲱⲧⲙ̅ ⲉ ⲛⲁⲓ̈ ⲛ̅ ⲧⲟⲟⲧϥ̅ · ⲛ̅ ⲉⲩⲥⲓⲅ̅ⲛⲓⲟⲥ ·
ⲡⲉϫⲁϥ ϫⲉ ⲟⲩⲛ̅ⲕ (*sic*) ⲟⲩⲛ · ⲡⲓ ⲙⲁⲉⲓⲛ ⲛ̅ⲧⲁⲓⲛⲁⲩ ⲉ ⲣⲟϥ
Fol. 27 *b* 2 ϯ ⲛⲁⲓ ⲙ̅ ⲡⲉϫⲣⲟ · ϯⲛⲁ | ⲡⲓⲥⲧⲉⲩⲉ ⲉ ⲣⲟϥ ϫⲉ ⲛⲧⲟϥ ⲡⲉ
ⲡⲛⲟⲩⲧⲉ ⲛ̅ ⲛ̅ⲡⲁⲉⲓⲟⲧⲉ :—ⲁⲩⲱ ⲛⲧⲉⲩⲛⲟⲩ ⲁ ⲕⲱⲛⲥⲧⲁⲛ-
ϯⲛⲟⲥ · ϫⲓ̈ ⲙ̅ ⲡⲉϥⲙⲉⲣⲉϩ ⲉⲧ ⲛⲁⲛⲟⲩϥ · ⲁϥⲕⲱ ϩⲓ̈ ϫⲱϥ
ⲛ̅ ⲟⲩⲥ̅ϯⲟⲥ̅ ⲛ̅ ⲛⲟⲩⲃ · ⲁϥⲕⲱ ⲙ̅ⲙⲟϥ ϩⲓⲑⲏ ⲙ̅ⲙⲟϥ : Ⲁⲩⲱ
ⲛ̅ ⲧⲉⲣⲉ ⲧⲉⲡⲣⲟⲑⲉⲥⲙⲉⲓⲁ̅ · ⲛ̅ⲧⲁ ⲕⲱⲛⲥⲧⲁⲛϯⲛⲟⲥ · ⲥⲙⲛⲧⲥ̅
ⲙⲛ̅ ⲙ̅ⲡⲣ̅ⲥⲟⲥ · ϫⲱⲕ ⲉ ⲃⲟⲗ :—ⲁⲩϫⲓⲟⲟⲣ ⲉ ⲧⲣ ϥ̅ⲡⲟⲗⲩ-
ⲙⲉⲓ ⲛ̅ⲙ̅ⲙⲁⲩ · ⲛ̅ϭⲓ ⲕⲱⲛⲥⲧⲁⲛϯⲛⲟⲥ · ⲉϥⲑⲁⲣⲣⲉⲓ ⲙ̅
ⲡⲙⲁⲉⲓⲛ · ⲛ̅ⲧⲁϥⲛⲁⲩ ⲉ ⲣⲟϥ ⲉ ⲃⲟⲗ ϩⲛ̅ ⲧⲡⲉ · Ⲁ ⲡϫⲟⲉⲓⲥ
ⲇⲉ ϯ ⲛⲁϥ ⲙ̅ ⲡⲉϫⲣⲟ · ⲉ ⲃⲟⲗ ϩⲛ̅ ⲧⲡⲉ ⲙ̅ ⲡⲉϩⲟⲟⲩ ⲉⲧ
ⲙ̅ⲙⲁⲩ : Ⲁⲩⲡⲱⲧ ϩⲁ ⲧⲉϥϩⲏ ⲛ̅ϭⲓ ⲡⲙⲏⲏϣⲉ ⲧⲏⲣϥ̅
ⲛ̅ ⲙ̅ⲡⲣ̅ⲥⲟⲥ · ⲙⲛ̅ ⲛⲉⲧ ⲛ̅ⲙ̅ⲙⲁⲩ ⲧⲏⲣⲟⲩ · ⲙ̅ ⲡⲉⲥⲛⲁⲩ ·
ⲛ̅ϩⲏⲧⲟⲩ ⲃⲱⲕ ⲉⲩϩⲓⲏ ⲛ̅ ⲟⲩⲱⲧ ⲁⲩⲱ ⲁⲩϩⲱⲧⲃ̅ ⲛ̅ϩⲏⲧⲟⲩ
ϣⲁ ϩⲣⲁⲓ ⲉ ⲛⲉⲩⲧⲟϣ :—Ⲉ ⲁϥⲛⲁⲩ ϩⲛ̅ ⲛⲉϥ̅ⲃⲁⲗ · |
Fol. 28 *a* 1 [...] ⲛⲟⲩ ⲕⲱ[ⲛⲥ]ⲧⲁⲛϯⲛⲟⲥ · ⲉ ϩⲙ̅ ⲙⲏⲏϣⲉ
[ⲡ̅ⲅ̅] ⲙ̅ⲙⲁⲧⲟⲓ · ⲉⲣⲉ ⲛ̅ⲡⲉⲩⲥⲏⲃⲉ ⲧⲟⲕⲙ̅ ϩⲛ̅ ⲛⲉⲩϭⲓϫ · ⲉⲩϭⲱϣⲧ̅
ⲛ̅ⲥⲱⲟⲩ · ⲁⲩⲱ ⲛ̅ ⲧⲉⲣⲉ ⲡⲉϫⲣⲟ ϣⲱⲡⲉ ⲛⲁϥ ϩⲓⲧⲙ̅
ⲡⲉⲥ̅ϯⲟⲥ̅ · Ⲁϥⲕⲧⲟϥ ⲉ ϩⲟⲩⲛ ⲉ ⲧⲡⲟⲗⲓⲥ ⲙⲛ̅ ⲡⲉϥ̅ⲁⲣⲓⲑⲙⲟⲥ
ⲙ̅ⲙⲁⲧⲟⲓ̈ · ⲙ̅ⲡⲉ ⲟⲩⲁ ⲛ̅ϩⲏⲧⲟⲩ ⲡⲗⲏⲥⲥⲉ · Ⲁⲩⲱ ⲛⲁⲓ
ⲛ̅ⲧⲁⲩϣⲱⲡⲉ · ⲕⲁⲧⲁ ⲛ̅ ⲛ̅ⲧⲁ ⲛⲥⲩⲛ̅ⲅ̅ⲣⲁⲫⲉⲩⲥ ⲛ̅ⲁⲡⲟ
ϩⲃ̅ⲣⲁⲓⲟⲥ · ⲥϩⲁⲓ̈ⲥⲟⲩ ϫⲓⲛⲉ ϣⲟⲣⲡ̅ · Ⲡⲛⲟⲩⲧⲉ ⲇⲉ ⲉⲧ
ⲕⲁⲑⲓ̈ⲥⲧⲁ ⲛ̅ ⲛⲉⲣ̅ⲣ̅ⲱⲟⲩ · ⲁⲩⲱ ⲉⲧ ⲡⲱⲛⲉ ⲙ̅ⲙⲟⲟⲩ ·
ⲁϥⲡⲁⲧⲁⲥⲥⲉ ⲛ̅ ⲇⲓⲟⲅ̅ⲗⲏϯⲁⲛⲟⲥ ⲉ ⲡⲉϥⲃⲁⲗ ⲥⲛⲁⲩ :—Ⲉ
ⲧⲃⲉ ⲛ̅ ⲛ̅ⲧⲁϥⲁⲁⲩ ϩⲛ̅ ⲛ̅ ⲟⲩⲙⲛ̅ⲧⲣϥ̅ϣⲙ̅ϣⲉ ⲉⲓⲇⲱⲗⲟⲛ ·
ⲁⲩⲱ ⲛ̅ϯϩⲉ ⲁⲩⲛⲟϫϥ̅ ⲉ ⲃⲟⲗ ϩⲓ̈ϫⲙ̅ ⲡⲉϥ̅ⲑⲣⲟⲛⲟⲥ · Ⲁⲩⲱ
ϩⲓⲧⲛ̅ ⲡⲣⲟⲛⲟⲓ̈ⲁ ⲙ̅ ⲡⲛⲟⲩⲧⲉ · ⲁ ⲛⲁⲧⲥⲩⲛⲕⲗⲏⲧⲟⲥ · ⲙⲛ̅
Fol. 28 *a* 2 ⲡⲃⲟⲩⲗⲉⲩⲧⲏⲣⲓⲟⲛ ⲛ̅ ⲧⲡⲟⲗⲓⲥ ⲥⲛ̅ⲧⲉ · ϩⲣⲱⲙⲏ | ⲙⲛ̅

ⲧⲁⲛϯⲟⲭⲓⲁ ⲁϥϣⲱⲡⲉ ⲛ̄ ⲕⲱⲛⲥⲧⲁⲛϯⲛⲟⲥ· ⲁⲩⲑⲙ̄ⲥⲟⲟϥ
ⲉϫⲙ̄ ⲡⲉⲑⲣⲟⲛⲟⲥ ⲛ̄ ϩⲣⲱⲙⲏ· ⲁⲩϯ ⲉ ϫⲱϥ ⲙ̄ ⲡⲉⲥⲧⲉ-
ⲫⲁⲛⲟⲥ ⲛ̄ ⲧⲙ̄ⲛ̄ⲧⲉⲣⲣⲟ· ⲙⲛ̄ ⲧⲉϭⲣⲏⲡⲉ:—Ⲁⲩⲱ ⲁⲩⲛ̄
ⲇⲱⲣⲟⲛ ⲛⲁϥ· ⲛ̄ϭⲓ ⲛ̄ⲛⲟϭ ⲛ̄ ⲧⲡⲟⲗⲓⲥ ⲥⲛ̄ⲧⲉ· ⲁⲩⲱ
ⲛⲉⲩϯ ⲉⲟⲟⲩ ⲙ̄ ⲡⲛⲟⲩⲧⲉ ⲉ ⲧⲃⲉ ⲧⲉϥⲙⲛ̄ⲧⲁⲅⲁⲑⲱⲥ· ⲙⲛ̄
ⲧⲉϥⲙⲛ̄ⲧⲙⲁⲓ ⲣⲱⲙⲉ· ⲛ̄ⲧⲁϥⲟⲩⲱⲛϩⲥ̄ ⲉ ⲃⲟⲗ· ⲉ ϩⲟⲩⲛ
ⲉ ⲟⲩⲟⲛ ⲛⲓⲙ:—ⲛ̄ⲧⲉⲩⲛⲟⲩ ⲁϥⲕⲱ ⲉ ⲃⲟⲗ ⲛ̄ⲛ̄ⲙ̄ⲙⲁⲛⲱⲧ
ⲉ ϩⲟⲩⲛ ⲧⲏⲣⲟⲩ· ⲕⲁⲧⲁ ⲙⲁ· ⲉ ⲁϥⲭⲁⲣⲓⲍⲉ ⲛ̄ ⲟⲩⲉⲓⲣⲏⲛⲏ
ⲛⲁϣⲱⲥ· ⲛ̄ ⲛⲉⲕⲗⲏⲥⲓⲁ· ⲉ ⲁϥⲥϩⲁⲓ ⲛ̄ ⲟⲩⲉⲡⲓⲥⲧⲱⲗⲏ·
ϣⲁ ⲛⲉⲡⲓⲥⲕⲟⲡⲟⲥ ⲟⲣⲑⲟⲇⲟⲍⲟⲥ· ϩⲙ̄ ⲙⲁ ⲛⲓⲙ· ⲉ ⲧⲣⲉ
ⲩϣⲗⲏⲗ ϩⲁ ⲣⲟϥ· ⲙⲛ̄ ⲧⲉϥⲙⲛ̄ⲧⲉⲣⲣⲟ ⲧⲏⲣⲉⲥ· ⲉ ⲧⲣⲉ
ⲡⲛⲟⲩⲧⲉ ⲥⲕⲉⲡⲁⲍⲉ ⲙ̄ⲙⲟϥ· ⲁⲩⲱ ⲛⲉⲣⲉ ⲟ[ⲩⲛ]‖ⲟϭ ⲛ̄- Fol. 28 *b* 1
ⲓⲣⲏⲛⲏ· ⲕⲱⲧⲉ ⲉ ⲣⲟϥ· ⲛ̄ ⲥⲁ ⲥⲁ ⲛⲓⲙ· ϩⲛ̄ⲛⲟϭ ⲛ̄ ⲡⲉⲧ ⲛ̄ⲇ̄
ⲛⲁⲛⲟⲩⲃ· ⲁ ⲡⲛⲟⲩⲧⲉ ⲭⲁⲣⲓⲍⲉ ⲙ̄ⲙⲟⲟⲩ ⲛ̄ ⲛⲉⲕⲕⲗⲏⲥⲓⲁ
ⲉ ⲃⲟⲗ ϩⲓ ⲧⲟⲟⲧϥ̄· ⲙⲛ̄ ⲛⲉⲡⲣⲟⲉⲥⲧⲟⲥ ⲛ̄ ⲛⲉⲕⲕⲗⲏⲥⲓⲁ:—
Ⲉϥⲉⲡⲓⲧⲣⲉⲡⲉ ⲛⲁⲩ ⲉ ⲧⲣⲉ ⲩⲕⲱⲧ ⲛ̄ ϩⲛ̄ⲉⲕⲕⲗⲏⲥⲓⲁ ⲕⲁⲧⲁ
ⲙⲁ· ⲡⲣⲟⲥ ⲡⲉⲟⲟⲩ ⲛ̄ ⲧⲉϥⲙⲛ̄ⲧⲉⲣ̄ⲣⲟ:—Ⲁⲩϫⲡⲟ ⲇⲉ ⲛⲁϥ
ⲛ̄ ⲟⲩϣⲏⲣⲉ· ⲁϥⲙⲟⲩⲧⲉ ⲉ ⲡⲉϥⲣⲁⲛ ϫⲉ ⲕⲟⲛ̄ⲥⲧⲁⲛⲧⲟⲥ·
ⲕⲁⲧⲁ ⲡⲉϥⲣⲁⲛ ⲙ̄ⲙⲓⲛ ⲙ̄ⲙⲟϥ:—Ⲙⲛ̄ⲛ̄ⲥⲁ ⲛⲁⲓ ⲟⲛ ⲁⲩϫⲡⲟ
ⲛⲁϥ ⲛ̄ⲕⲉ ⲟⲩⲁ· ⲁϥⲙⲟⲩⲧⲉ [ⲉ] ⲡⲉϥⲣⲁⲛ ϫⲉ ⲕⲟⲥ‖[ⲧⲁⲛⲧⲟⲥ Fol. 28 *b* 2
ⲕⲁ]ⲧⲁ ⲡⲉϥⲣⲁⲛ ⲟⲛ· ⲛ̄ ⲧⲉⲣ ⲟⲩⲣ̄ ⲛⲟϭ ⲛ̄ ⲟⲩⲕⲟⲩⲓ· ⲁⲩϯ ⲉ
ϫⲱⲟⲩ· ⲙ̄ ⲡⲉⲥⲧⲉⲫⲁⲛⲟⲥ ⲛ̄ ⲧⲙⲛ̄ⲧⲉⲣⲣⲟ ⲙⲛ̄ ⲧⲉϭⲣⲏⲡⲉ·
Ⲁⲩⲱ ⲁⲩⲧⲁⲙⲉ ⲉ ⲡⲣ̄ⲣⲟ ⲕⲱⲛⲥⲧⲁⲛϯⲛⲟⲥ ϫⲉ ⲥⲉϣⲙ̄ϣⲉ
ⲉⲓⲇⲱⲗⲟⲛ· ϩⲛ̄ ϩⲁϩ ⲙ̄ⲙⲁ:—Ⲁⲩⲱ ⲛ̄ⲧⲉⲩⲛⲟⲩ ⲁϥⲧⲛ̄ⲛⲟⲟⲩ
ⲛ̄ⲟⲩⲕⲉⲗⲉⲩⲥⲓⲥ ⲕⲁⲧⲁ ⲡⲟⲗⲓⲥ· ⲉ ⲧⲣⲉ ⲩϣⲧⲁⲙ ⲛ̄ ⲛⲣ̄ⲡⲏⲩⲉ·
ⲛ̄ⲥⲉⲃⲓ ⲛ̄ⲛⲉⲩϣⲟϣⲧ̄ ⲛ̄ⲥⲉⲧⲁⲁⲩ ⲉ ⲛⲉⲡⲣⲟⲉⲥⲧⲟⲥ· ⲛ̄ ⲛⲕ-
ⲕⲗⲏⲥⲓⲁ· Ⲁⲩⲱ ⲁⲩϭⲓⲛⲉ ⲛ̄ ϩⲛ̄ⲛⲟϭ ⲛ̄ ⲭⲣⲏⲙⲁ· ⲉ ⲃⲟⲗ
ⲛ̄ϩⲏⲧⲟⲩ· ⲁⲩϫⲱⲱⲣⲟⲩ ⲉ ⲃⲟⲗ· ⲉ ⲡⲕⲱⲧ ⲛ̄ ⲛ̄ⲕⲗⲏⲥⲓⲁ
ⲕⲁⲧⲁ ⲙⲁ· ⲕⲁⲧⲁ ⲧⲕⲉⲗⲉⲩⲥⲓⲥ ⲙ̄ ⲡⲣ̄ⲣⲟ:—Ⲁϥⲧⲱⲟⲩⲛ
ⲛ̄ ϩⲛ̄ ⲟⲩϭⲉⲡⲏ ⲛ̄ϭⲓ ⲕⲱⲛⲥⲧⲁⲛ‖ϯⲛⲟⲥ· ⲁϥϫⲓ ⲛ̄ⲙ̄ⲙⲁϥ· Fol. 29 *a* 1
ⲛ̄ⲧⲉϥⲙⲁⲁⲩ ⲙⲛ̄ ⲧⲉϥⲥⲱⲛⲉ ⲙ̄ ⲡⲁⲣⲑⲉⲛⲟⲥ· ⲙⲛ̄ ⲟⲩ- ⲛ̄ⲉ̄
ⲁⲡⲟⲥⲕⲉⲩⲏ ⲉⲛⲁϣⲱⲥ· ⲙⲛ̄ ⲟⲩⲙⲏⲛϣⲉ ⲙ̄ⲙⲁⲧⲟⲓ· ϩⲓ
ϩⲙ̄ϩⲁⲗ· ⲁⲩⲱ ϩⲛ̄ⲛⲟϭ ⲛ̄ⲉⲡⲓⲥⲕⲟⲡⲟⲥ ⲉⲧⲟⲩⲁⲁⲃ ⲁϥⲃⲱⲕ
ⲛ̄ⲙ̄ⲙⲁⲩ ⲉ ϩⲟⲩⲛ ⲉ ⲑⲓⲉⲗⲏⲙ̄:—Ⲁⲩⲱ ⲁϥⲧⲣⲉⲩⲉⲓⲛⲉ

ⲛⲁϥ · ⲛ̄ⲛⲟϭ ⲛ̄ⲓ̈ⲟⲩⲇⲁⲓ̈ · ⲁⲩⲱ ⲁϥϣⲓⲛⲉ ⲉ ⲃⲟⲗ ϩⲓ ⲧⲟⲟ-
ⲧⲟⲩ · ϫⲉ ⲉⲓⲟⲩⲱϣ ⲉ ⲧⲣⲉ ⲧⲉⲧⲛ̄ⲧⲁⲙⲟⲓ · ⲉ ⲡⲙⲁ ⲙ̄
ⲡϣⲉ ⲙ̄ ⲡⲉⲥ̄ϯⲟ̄ⲥ̄ · ⲛ̄ⲧⲁⲩⲉⲓϣⲉ ⲉⲛ̄ ⲓ̄ⲥ̄ ⲉ ⲣⲟϥ :—ⲙⲛ̄ ⲡ-
ⲧⲁⲫⲟⲥ ⲛ̄ⲧⲁⲩⲕⲱ ⲙ̄ ⲡⲉϥⲥⲱⲙⲁ ⲛ̄ ⲛⲟⲩⲧⲉ ⲛ̄ϩⲏⲧϥ̄ · ⲡⲣⲟⲥ
ⲡⲁⲍⲓⲱⲙⲁ ⲛ̄ ⲧⲁ ⲙⲛ̄ⲧⲉⲣ̄ⲣⲟ :—Ⲛ̄ⲓ̈ⲟⲩⲇⲁⲓ̈ ⲇⲉ ⲡⲉϫⲁⲩ ·
Fol. 29 *a* 2 ϫⲉ ⲡⲛ̄ϫⲟⲉⲓⲥ ⲡⲣ̄ⲣⲟ · | ⲉⲓⲥ ⲟⲩⲛⲟϭ ⲛ̄ ⲭⲣⲟⲛⲟⲥ ϫⲓⲛ
ⲛ̄ⲧⲁⲩⲥ̄ϯⲟ̄ⲩ̄ ⲛ̄ ⲓ̄ⲥ̄ · ⲉⲓⲥ ϩⲟⲩⲟ ⲥⲟ ⲛ̄ⲅⲉⲛⲁⲓⲁ ⲉ ⲡⲓϩⲱⲃ ·
Ⲁⲩϣⲱϥ ⲅⲁⲣ ⲛ̄ ϯⲡⲟⲗⲓⲥ · ⲁⲩⲱ ⲁⲩⲣⲟⲕϩ̄ ⲙ̄ⲙⲟⲥ ·
ϩⲓⲧⲛ̄ ⲟⲩⲁⲥⲡⲁⲥⲓⲁⲛⲟⲥ ⲡⲣ̄ⲣⲟ :—Ⲁⲩϩⲱⲧⲃ̄ ⲛ̄ⲛⲉⲓⲟⲧⲉ ⲛ̄
ϣⲟⲣⲡ̄ · ⲁⲩⲱ ⲁⲓⲭⲙⲁⲗⲱϯⲍⲉ ⲙ̄ⲙⲟⲟⲩ · ⲁⲩⲉⲍⲟⲣⲓ̈ⲍⲉ
ⲙ̄ⲙⲟⲟⲩ ⲉ ⲕⲏⲙⲉ · ⲉϣⲱⲡⲉ ⲁ ϩⲛ̄ⲕⲟⲩⲓ̈ ϣⲟϫⲡ̄ ⲉ ⲡⲧⲁⲕⲟ
ⲛ̄ ⲟⲩⲁⲥⲡⲁⲥⲓⲁⲛⲟⲥ · ⲉⲓⲥ ϩⲏⲏⲧⲉ ⲧⲛ̄ⲟ ⲛ̄ϩⲙ̄ϩⲁⲗ ⲙ̄ ⲡⲛ̄-
ϫⲟⲉⲓⲥ ⲡⲣ̄ⲣⲟ · ⲛ̄ⲛⲉϩⲣⲱⲙⲉⲟⲥ ϣⲁ ϩⲣⲁⲓ̈ ⲉ ⲧⲉⲛⲟⲩ :—
Ⲡⲉϫⲉ ⲡⲣ̄ⲣⲟ ⲛⲁⲩ ϫⲉ ⲟⲩⲛ̄ⲟϭ ⲛ̄ ⲇⲩⲙⲟⲣⲉⲓⲁ ϭⲉⲉⲧ
Fol. 29 *b* 1 ⲉⲣⲱⲧⲛ̄ ⲉ ⲃⲟⲗ ϩⲓ ⲧⲟⲟⲧ ⲉⲧⲉⲧⲛ̄ⲟⲩⲱϣ ⲉ ⲧⲙ̄ [ⲧⲁ]|ⲙⲟⲓ
ⲡ̄ⲥ̄ ⲉ ⲡⲙⲁ ⲛ̄ⲧⲁⲩⲥ̄ϯⲟ̄ⲩ̄ ⲙ̄ ⲡϫⲟⲉⲓⲥ ⲛ̄ϩⲏⲧϥ̄ · ⲙⲛ̄ ⲡϣⲉ ⲙ̄
ⲡⲉⲥ̄ϯⲟ̄ⲥ̄ ⲉⲧ ⲟⲩⲁⲁⲃ · ⲙⲛ̄ ⲡⲧⲁⲫⲟⲥ ⲛ̄ⲧⲁⲩⲕⲁ ⲡⲉϥⲥⲱⲙⲁ
ⲛ̄ϩⲏⲧϥ̄ · Ⲁⲩⲟⲩⲱϣⲃ̄ ⲛ̄ϭⲓ ⲛ̄ⲓ̈ⲟⲩⲇⲁⲓ̈ ⲉⲩϫⲱ ⲙ̄ⲙⲟⲥ · ϫⲉ
ⲡⲛ̄ϫⲟⲉⲓⲥ ⲡⲣ̄ⲣⲟ · ϣⲓⲛⲉ ⲛ̄ⲥⲁ ⲛⲉⲧ ⲛⲟⲓ · ⲉ ⲡⲛⲟⲙⲟⲥ ϩⲛ̄
ⲛ̄ⲓ̈ⲟⲩⲇⲁⲓ̈ ⲕⲁⲗⲱⲥ · ⲙⲛ̄ ⲛⲁⲣⲭⲏⲉⲣⲉⲩⲥ ⲉⲧ ⲛ̄ϩⲏⲧⲟⲩ :—
Ⲁⲩⲱ ⲥⲉⲛⲁⲧⲁⲙⲉ ⲡⲉⲣ̄ⲣⲟ · ⲉ ⲡⲉⲧ ϥ̄ϣⲓⲛⲉ ⲛ̄ⲥⲱϥ :—Ⲟⲩⲛ̄
ⲟⲩⲟⲛ ⲛ̄ϩⲏⲧⲛ̄ ⲛⲉϥⲛⲟⲓ ⲉ ϯ ⲡⲟⲗⲓⲥ ⲁⲛ : ϫⲉ ⲉⲩⲉⲓⲙⲉ ⲉ ⲡⲉⲧ
ⲉⲣⲉ ⲡⲣ̄ⲣⲟ ϣⲓⲛⲉ ⲛ̄ⲥⲱϥ :—Ⲁⲩⲱ ⲡⲉϫⲉ ⲡⲣ̄ⲣⲟ ⲛⲁⲩ · ϫⲉ
ⲧⲁⲙⲟⲓ̈ ⲉ ⲛⲉⲧ ⲥⲟⲟⲩⲛ ⲉ ⲡⲛⲟⲙⲟⲥ · ⲕⲁⲗⲱⲥ ⲛ̄ϩⲏⲧ ⲧⲏⲩⲧⲛ̄ ·
Fol. 29 *b* 2 ⲧⲛ̄ | [one line wanting] ⲕⲁ ⲧⲏⲩⲧⲛ̄ ⲉ ⲃⲟⲗ ϩⲛ̄ ⲟⲩⲉⲓⲣⲏⲛⲏ ·
ⲛ̄ⲧⲉⲧⲛ̄ⲃⲱⲕ ⲉ ⲛⲉⲧⲛ̄ⲏⲓ̈ · Ⲁⲩⲱ ⲁⲩϯ ⲛⲁϥ ⲛ̄ⲥⲁϣϥ̄ ⲛ̄ⲣⲱⲙⲉ ·
ⲉⲩϫⲱ ⲙ̄ⲙⲟⲥ · ϫⲉ ⲛⲁⲓ ⲛⲉⲧ ⲥⲟⲟⲩⲛ ⲉ ⲡⲛⲟⲙⲟⲥ ⲕⲁⲗⲱⲥ ·
ⲛ̄ⲧⲟⲟⲩ ⲅⲁⲣ ⲛⲉ ⲛⲁⲣⲭⲏⲉⲣⲉⲩⲥ · ⲁⲩⲱ ⲛⲁⲓ ⲛⲉ ⲛⲉⲩⲣⲁⲛ
ⲓ̅ⲟ̅ⲩ̅ⲇ̅ⲁ̅ⲥ̅ · ⲓ̅ⲁ̅ⲙ̅ⲉ̅ⲓ̅ⲛ̅ · ⲁ̅ⲃ̅ⲓ̅ⲁ̅ⲱ̅ⲛ̅ · ⲁ̅ⲇ̅ⲱ̅ⲑ̅ⲓ̅ⲏ̅ⲥ̅ⲟ̅ⲩ̅ · ⲓ̅ⲏ̅ⲥ̅ⲟ̅ⲩ̅ ·
ⲥ̅ⲩ̅ⲗ̅ⲱ̅ⲙ̅ · ⲓ̅ⲁ̅ⲥ̅ⲥ̅ⲱ̅ⲛ̅ :—Ⲁⲩⲱ ⲡⲉϫⲉ ⲡⲣ̄ⲣⲟ ⲛⲁⲩ ϫⲉ ⲉϣⲱⲡⲉ ·
ⲧⲉⲧⲛ̄ⲟⲩⲱϣ ⲉ ⲱⲛϩ̄ ϩⲙ̄ ⲡⲱⲛϩ̄ ⲙ̄ ⲡⲕⲟⲥⲙⲟⲥ ⲙⲛ̄ ⲡⲁ
ⲡⲕⲉ ⲁⲓⲱⲛ · ⲉⲓⲉ ⲧⲁⲭⲏ · ⲧⲁⲙⲟⲓ ⲉ ⲡⲙⲁ ⲙ̄ ⲡϣⲉ ⲙ̄
ⲡⲉⲥ̄ϯⲟ̄ⲥ̄ · ⲙ̄ ⲡⲁ ϫⲟⲉⲓⲥ ⲓ̄ⲥ̄ ⲡⲉⲭ̄ⲥ̄ · ⲙⲛ̄ ⲡⲧⲁⲫⲟⲥ ⲛ̄-
ⲧⲁⲩⲕⲁ ⲡⲉϥⲥⲱⲙⲁ ⲛ̄ϩⲏⲧϥ̄ :—Ⲉϣⲱⲡⲉ ⲧⲉⲧⲛ̄ⲟⲩⲱϣ ⲁⲛ

ⲉ ⲧⲁⲙⲟⲓ ⲉ ⲣⲟϥ· ⲉⲓⲉ ϯⲛⲁⲧⲁⲕⲟ | ⲛ̄ ⲛⲉⲧⲛ̄ⲥⲱⲙⲁ ϩⲛ̄ Fol. 30 *a* 1
ϩⲛ̄ⲧⲓⲙⲱⲣⲓⲁ ⲉⲩⲛⲁϣⲧ̄· Ⲁⲩⲱ ⲛⲉⲧⲛ̄ⲯⲩⲭⲏ ⲟⲛ· ⲡϫⲟⲉⲓⲥ ⲛ̄ⲍ
ⲛⲁⲣⲟⲕϩⲟⲩ ϩⲛ̄ ⲟⲩⲕⲱϩⲧ̄ ⲛ̄ ⲁⲧ ⲱϣⲙ̄:—Ⲁϥⲟⲩⲱϣⲃ̄ ⲛ̄ϭⲓ
ⲟⲩⲁ ⲉ ⲡϥ̄ⲣⲁⲛ ⲡⲉ· ⲓ̈ⲁⲙⲓ̈ⲛ ϫⲉ ⲙⲁⲣⲉ ⲡⲁ ϫⲟⲉⲓⲥ ⲡⲣ̄ⲣⲟ·
ⲱⲛ̄ϩ ϣⲁ ⲉⲛ̄ϩ:—ⲕⲉⲗⲉⲩⲉ ⲛⲁⲓ̈ ⲧⲁϫⲱ ⲙ̄ ⲡⲉ ϯⲥⲟⲟⲩⲛ
ⲙ̄ⲙⲟϥ· ϯⲡⲟⲗⲓⲥ ⲅⲁⲣ ⲧⲁⲓ ⲁⲩϣⲱϥⲥ̄ ⲛ̄ϣⲟⲙⲛ̄ⲧ ⲛ̄ⲥⲟⲡ·
ϩⲓ̈ⲧⲛ̄ ⲛⲉⲣⲣⲱⲟⲩ ⲛ̄ ⲛ̄ϩⲣⲱⲙⲁⲓⲟⲥ:—Ⲁⲩⲱ ⲛ̄ⲛⲉⲓⲟⲧⲉ ⲁⲩ-
ⲙⲟⲟⲩⲧⲟⲩ· ϩⲛ̄ⲕⲟⲟⲩⲉ ⲇⲉ ⲟⲛ ⲁⲩⲉⲍⲟⲣⲓⲍⲉ ⲙ̄ⲙⲟⲟⲩ
ⲉ ⲕⲏⲙⲉ· ⲁⲩⲱ ϣⲁ ⲧⲉⲛⲟⲩ ⲥⲉ ϩⲙ̄ ⲡⲙⲁ ⲉⲧ ⲙ̄ⲙⲁⲩ·
ⲙⲛ̄ ⲟⲩⲕⲱⲧⲟⲩ ⲉ ⲛⲉⲩⲏⲓ ⲛ̄ⲕⲉ ⲥⲟⲡ· Ⲉϣⲱⲡⲉ ⲁ ϩⲛ̄ⲕⲟⲩⲓ
ⲥⲉⲡⲉ ⲉ ⲡⲛ̄ⲅⲉⲛⲟⲥ· ⲉⲓⲥ ϩⲏⲏⲧⲉ ⲥⲉ ϩⲛ̄ ϯ ⲡ|ⲟⲗⲓⲥ· ⲛ̄ϣⲟⲟⲡ Fol. 30 *a* 2
ϩⲁ ⲛⲁϩⲃ̄ ⲛ̄ ⲛⲉⲣⲣⲱⲟⲩ ⲛ̄ ⲛ̄ϩⲣⲱⲙⲁⲓⲟⲥ· ⲛ̄ϯ ⲫⲟⲣⲟⲥ
ⲛⲁⲩ· ⲁⲩⲱ ⲙⲛ̄ ⲛ̄ⲥⲃ̄ⲃⲉ ⲉ ⲛⲓⲙ ⲉⲛⲧ ⲡⲉⲣⲓⲟⲩⲣⲅⲟⲥ ⲧⲏ-
ⲣⲟⲩ:—Ⲡⲗⲏⲛ ⲉ ⲱⲛ̄ϩ ⲕⲁⲧⲁ ⲡⲛⲟⲙⲟⲥ· ⲛ̄ ⲛ̄ⲛⲉⲓ̈ⲟⲧⲉ·
ⲡϩⲱⲃ ϭⲉ ⲉⲧ ⲕ̄ϣⲓⲛⲉ ⲛ̄ⲥⲱϥ ⲉ ⲃⲟⲗ ϩⲓ ⲧⲟⲟⲧⲛ̄· ⲛ̄ⲧⲛ̄-
ⲥⲟⲟⲩⲛ ⲙ̄ⲙⲟϥ ⲁⲛ· Ⲡⲣ̄ⲣⲟ ⲇⲉ ⲕⲱⲛⲥⲧⲁⲛϯⲛⲟⲥ ⲁϥⲧⲣⲉ
ⲩⲛⲟϫⲟⲩ ⲉⲩⲗⲁⲕⲕⲟⲥ ⲉⲙⲛ̄ ⲙⲟⲟⲩ ⲛ̄ϩⲏⲧϥ̄ ⲛ̄ⲥⲉ ⲧⲙ̄ ϯ
ⲟⲉⲓⲕ ⲛⲁⲩ ⲟⲩⲇⲉ ⲙⲟⲟⲩ· ϣⲁⲛⲧ ⲟⲩⲙⲟⲩ· Ⲙⲛ̄ⲛ̄ⲥⲁ ⲥⲁϣϥ̄
ⲛ̄ϩⲟⲟⲩ· ⲉⲩⲉⲙ ⲡⲉⲥⲏⲧ ⲉ ⲡⲗⲁⲕⲕⲟⲥ· ⲁⲩⲱϣ ⲉ ⲃⲟⲗ
ϫⲉ ⲙⲁⲣⲉ ⲡⲛ̄ϫⲟⲉⲓⲥ ⲡⲣ̄ⲣⲟ ⲕⲉⲗⲉⲩⲉ· ⲛ̄ⲥⲉⲉⲓⲛⲧⲛ̄ ⲉ ϩⲣⲁⲓ·
ⲁⲩⲱ ⲧⲛ̄ⲛⲁⲙⲉ ⲡⲛ̄ϫ[ⲟⲉⲓⲥ] | ⲡⲣ̄ⲣⲟ ⲉ ⲡⲉⲧ ϥ̄ϣⲓⲛⲉ ⲛ̄ⲥⲱϥ· Fol. 30 *b* 1
ⲁϥⲕⲉⲗⲉⲩⲉ ⲉ ⲧⲣⲉ ⲩⲛ̄ⲧⲟⲩ ⲉ ϩⲣⲁⲓ· ⲉⲛⲉ ⲁ ⲡⲉⲩⲥⲱⲙⲁ ⲛ̄ⲏ
ⲅⲁⲣ ϣⲓⲃⲉ ϩⲓⲧⲛ̄ ⲡⲱϭⲃ̄ ⲙ̄ ⲡⲗⲁⲕⲕⲟⲥ· ϫⲉ ⲛϥ̄ⲟⲩⲏⲩ ⲉ
ⲡⲉⲥⲏⲧ ϩⲙ̄ ⲡⲕⲁϩ:—ⲟⲩⲁ ⲉ ⲃⲟⲗ ⲛ̄ϩⲏⲧⲟⲩ ⲉ ⲡϥ̄ⲣⲁⲛ ⲡⲉ
ⲓ̈ⲟⲩⲇⲁⲥ· ⲡⲉϫⲁϥ· ϫⲉ ⲙⲁⲣⲉ ⲡⲁ ϫⲟⲉⲓⲥ ⲡⲣ̄ⲣⲟ· ⲕⲉⲗⲉⲩⲉ·
ⲛ̄ⲥⲉⲧⲥⲟⲓ ⲛ̄ ⲟⲩⲕⲟⲩⲓ ⲙ̄ⲙⲟⲟⲩ· ⲁⲩⲱ ϯⲛⲁⲧⲁⲙⲟⲕ ⲉ ϩⲱⲃ
ⲛⲓⲙ· ⲉⲧ ⲕ̄ϣⲓⲛⲉ ⲛ̄ⲥⲱⲟⲩ: Ⲁϥϫⲟⲟⲥ ⲛ̄ϭⲓ ⲡⲣ̄ⲣⲟ ⲉ ⲧⲣⲉ
ⲩⲉⲓⲛⲉ· ⲛ̄ ϩⲛ̄ⲟⲉⲓⲕ ⲉⲩⲧⲃ̄ⲃⲏⲩ· ⲙⲛ̄ ⲟⲩⲙⲟⲟⲩ ⲁϥⲧⲣⲉ
ⲩⲟⲩⲱⲙ ⲁⲩⲥⲱ· Ⲛ̄ ⲧⲉⲣ ϥ̄ⲧⲁϫⲣⲉ ⲡⲉϥϩⲏⲧ· ⲛ̄ϭⲓ ⲓ̈ⲟⲩⲇⲁⲥ
ϩⲓ ⲛⲁⲓ· ⲁϥⲱϣ ⲉ ⲃⲟⲗ ⲉϥϫⲱ ⲙ̄ⲙⲟⲥ· ϫⲉ ⲡⲁ ϫⲟ|ⲉⲓⲥ Fol. 30 *b* 2
ⲡⲣ̄ⲣⲟ ⲙ̄ ⲙⲁⲓ ⲛⲟⲩⲧⲉ· ⲁⲩⲱ ⲙ̄ ⲙⲁⲓ ⲣⲱⲙⲉ· Ϥϫⲱ
ⲙ̄ⲙⲟⲥ ⲛ̄ϭⲓ ⲡⲉⲓⲱⲧ ⲇ̄ⲁ̄ⲇ̄· ϩⲙ̄ ⲡⲉⲡⲛ̄ⲁ̄· ϫⲉ ⲛ̄ ⲛ̄ⲧⲁⲛ-
ⲥⲟⲧⲙⲟⲩ· ⲁⲛⲉⲓⲙⲉ ⲉ ⲣⲟⲟⲩ· ⲛ̄ ⲛ̄ⲧⲁ ⲛⲉⲛⲉⲓⲟⲧⲉ ϫⲟⲟⲩ·
ⲙⲛ̄ ⲟⲩϩⲱⲡ ⲉ ⲛⲉⲩϣⲏⲣⲉ ⲉ ⲕⲉ ϫⲱⲙ:—Ⲁϥϫⲟⲟⲥ ⲟⲛ

ⲛⲁⲓ ⲛ̄ϭⲓ ⲡⲁ ⲉⲓⲱⲧ ⲥⲩⲙⲉⲱⲛ ϫⲉ ⲁ ⲡⲁ ⲉⲓⲱⲧ ⲓ̈ⲟⲩⲇⲁⲥ
ϫⲛⲟⲩⲓ· ϫⲉ ϩⲙ̄ ⲡⲕⲉⲣⲟⲥ ⲛ̄ⲧⲁⲩⲥ̄⳨ⲟⲩ ⲛ̄ ⲓ̄ⲥ̄ ⲛ̄ϩⲏⲧϥ̄· Ⲁ
ⲛ̄ⲓ̈ⲟⲩⲇⲁⲓ̈ ⲥⲱⲟⲩϩ ⲉ ⲛⲉⲩⲉⲣⲏⲩ· ⲁⲩⲉⲓⲣⲉ ⲛ̄ ⲟⲩϣⲟϫⲛⲉ
ⲛ̄ ⲟⲩⲱⲧ· Ⲛ̄ ⲧⲉⲣ ⲟⲩⲉⲓⲙⲉ ϫⲉ ⲁϥⲧⲱⲟⲩⲛ ⲉ ⲃⲟⲗ ϩⲛ̄ ⲛⲉⲧ
ⲙⲟⲟⲩⲧ· ⲁⲩϯ ⲛ̄ ϩⲛ̄ⲛⲟϭ ⲛ̄ ϩⲟⲙⲛ̄ⲧ ⲛ̄ ⲙ̄ⲙⲁⲧⲟⲓ· ⲉⲧ
ⲣⲟⲉⲓⲥ ⲡⲧⲁⲫⲟⲥ· ⲉⲩϫⲱ ⲙ̄ⲙⲟⲥ· ϫⲉ ⲛϥ̄ⲙⲁⲑⲟⲩⲧⲏⲥ ⲛ̄ⲛ̄-
Fol. 31 *a* 1 ⲧⲁⲩ | ⲉⲓ ⲁⲩ░░░ⲉⲛⲧⲉⲩϣⲏ· ⲉⲛⲛ̄ⲕⲟⲧⲕ̄ ⲙ̄ⲡ ⲛ̄ⲉⲓⲙⲉ·
ⲡ̄ⲑ̄ ⲁ ⲛ̄ⲉⲛⲉⲓⲟⲧⲉ· ϫⲓ ϭⲟⲗ ⲉ ⲧⲁⲛⲁⲥⲧⲁⲥⲓⲥ ⲙ̄ ⲡϫⲟⲉ̈ⲓⲥ· ⲉ ⲧⲃⲉ
ⲡⲉⲩⲧⲱⲙ̄ ⲛ̄ϩⲏⲧ· Ⲙⲛ̄ⲛ̄ⲥⲱⲥ ⲁ ϩⲛ̄ϭⲟⲙ ϣⲱⲡⲉ· ⲉ ⲃⲟⲗ
ϩⲙ̄ ⲡⲧⲁⲫⲟⲥ ⲛ̄ ⲓ̄ⲥ̄· ϩⲱⲥ ⲧⲉ· ⲛϥ̄ⲧⲟⲩⲛ̄ⲉⲥ ⲛⲉⲧ ⲙⲟⲟⲩⲧ
Ⲁϥⲛⲟⲩϫ ⲉ ⲃⲟⲗ ⲛ̄ ⲛ̄ⲇⲁⲓⲙⲱⲛⲓⲟⲛ ϩⲛ̄ ⲛ̄ⲣⲱⲙⲉ:—
Ⲁⲩⲕⲱϩ ⲉ ⲣⲟϥ ⲛ̄ϭⲓ ⲛ̄ⲓ̈ⲟⲩⲇⲁⲓ̈ ⲉ ⲧⲃⲉ ⲡⲓ ϩⲱⲃ· Ⲁⲩⲕⲩⲣⲓⲍⲉ
ⲙ̄ ⲡⲓϣⲁϫⲉ ⲡⲁⲓ ⲛⲧⲁⲩⲙⲉⲉⲩⲉ ⲉ ⲣⲟϥ ⲛ̄ϭⲓ ⲛ̄ⲓ̈ⲟⲩⲇⲁⲓ̈:—
ϫⲉ ⲙⲁⲣ ⲛ̄ⲓ̈ⲟⲩⲇⲁⲓ̈ ⲧⲏⲣⲟⲩ ⲉⲧ ϩⲛ̄ ⲑⲓⲉ̄ⲗⲏⲙ̄ ⲙⲛ̄ ⲙⲁⲁ
ⲛⲓⲙ ⲉⲧ ϩⲏⲛ ⲉ ⲣⲟⲟⲩ· ϩⲉⲥ ⲉⲓⲧⲛ̄ ⲉϫⲙ̄ ⲡⲧⲁⲫⲟⲥ ⲛ̄ ⲓ̄ⲥ̄·
Ⲁⲩⲕⲩⲣⲓⲍⲉ ⲙ̄ ⲡⲓϩⲱⲃ ⲛ̄ ⲃⲟⲧⲉ· ϫⲉ ⲉⲓⲧⲛ̄ ⲛⲓⲙ ⲉϣⲁⲩ-
Fol. 31 *a* 2 ⲡⲟⲛⲅⲟⲩ | ⲉ ⲃⲟⲗ ϩⲛ̄ ⲛⲉⲩⲏⲓ ⲙⲁⲣⲟⲩϩⲟⲥⲟⲩ ⲉϫⲙ̄ ⲡⲧⲁⲫⲟⲥ
ⲛ̄ ⲓ̄ⲥ̄:—Ⲉⲛⲉⲩⲉⲓⲣⲉ ⲇⲉ ⲙ̄ ⲡⲁⲓ̈ ⲛⲟⲩⲛⲟϭ ⲛ̄ ⲟⲩⲟⲉⲓϣ
ϣⲁⲛⲧ ϥ̄ⲉⲓ ⲛ̄ϭⲓ ⲟⲩⲁⲥⲡⲁⲥⲓⲁⲛⲟⲥ ⲡⲣ̄ⲣⲟ ⲛ̄ ⲛ̄ϩⲣⲱⲙⲁⲓⲟⲥ:
ⲛϥ̄ⲙⲟⲩⲟⲩⲧ ⲙ̄ ⲡⲛ̄ⲅⲉⲛⲟⲥ· ⲙ̄ⲡ ⲟⲩⲗⲟ ⲉⲩⲉⲓⲣⲉ ⲛ̄ϯϩⲉ·
ϣⲁⲛⲧⲉ ϩⲛ̄ⲛⲟϭ ⲛ̄ⲕⲟⲡⲣⲉⲓⲁ ϣⲱⲡⲉ:—Ⲟⲩⲛ̄ⲧⲁⲕ ⲟⲩⲛ ⲙ̄-
ⲙⲁⲩ ⲱ̄ ⲡⲣ̄ⲣⲟ· ⲛ̄ ϩⲛ̄ⲁⲡⲟⲧⲉⲍⲓⲥ ⲉ ⲃⲟⲗ ϩⲛ̄ ⲛⲉⲩⲁⲅⲅⲉⲗⲓⲟⲛ
ⲛ̄ ⲓ̄ⲥ̄ ⲡⲉⲭ̄ⲥ̄· ϫⲉ ⲁϣ ⲡⲉ ⲡⲙⲁ ⲛ̄ⲧⲁⲩⲕⲁⲁϥ ⲛ̄ϩⲏⲧϥ̄:—
Ⲁⲩⲱ ⲁ ⲡⲣ̄ⲣⲟ ⲕⲉⲗⲉⲩⲉ ⲉ ⲉⲓⲛⲉ ⲛⲁϥ ⲛ̄ ⲛⲉⲩⲁⲅⲅⲉⲗⲓⲟⲛ·
ⲁϥⲱϣ ϩⲓⲱⲟⲩ ⲁϥϭⲛ̄ⲧⲟⲩ ⲉⲙⲛ̄ ⲗⲁⲁⲩ ⲛ̄ ϯⲁⲫⲟⲣⲁ·
Fol. 31 *b* 1 ⲛ̄ϩⲏⲧⲟ[ⲩ] ⲙ̄ ⲡϥ̄ⲧⲟⲟⲩ ⲁⲗⲗ[ⲁ] | ϫⲉ ⲛ̄ⲧⲁⲩϫⲓⲧϥ̄ ⲉ ⲡⲙⲁ ⲙ̄
ϥ̄ ⲡⲕⲟⲗⲅⲟⲑⲁ· ⲉⲧⲉ ⲡⲙⲁ ⲡⲉ ⲙ̄ ⲡⲕ̄ⲣⲁⲛⲓⲟⲛ· ⲛ̄ⲧⲁⲩⲥ̄⳨ⲟⲩ
ⲙ̄ⲙⲟϥ ϩⲙ̄ ⲡⲙⲁ ⲉⲧ ⲙ̄ⲙⲁⲩ· ⲁⲩⲱ ⲉⲣⲉ ⲡⲧⲁⲫⲟⲥ ϩⲙ̄
ⲡⲙⲁ ⲉⲧ ⲙ̄ⲙⲁⲩ· ⲛ̄ⲧⲁⲩⲕⲁ ⲡϥ̄ⲥⲱⲙⲁ ⲛ̄ϩⲏⲧϥ̄· ⲉϥϩⲏⲛ
ⲉ ϩⲟⲩⲛ ⲉ ⲣⲟϥ: Ⲁϥⲟⲩⲱϣⲃ̄ ⲛ̄ϭⲓ ⲡⲣ̄ⲣⲟ· ⲕⲱⲛⲥⲧⲁⲛ-
ϯⲛⲟⲥ· ⲡⲉϫⲁϥ ⲛ̄ ⲓ̈ⲟⲩⲇⲁⲥ· ϫⲉ ⲙⲁⲧⲁⲙⲟⲓ ⲉ ⲡⲙⲁ ⲙ̄
ⲡⲅⲟⲗⲅⲟⲑⲁ· ⲁⲩⲱ ⲕⲛⲁϣⲱⲡⲉ ⲉⲕⲟ ⲛ̄ ⲣⲙ̄ϩⲉ Ⲁⲩⲱ
ⲡⲉϫⲉ ⲓ̈ⲟⲩⲇⲁⲥ ϫⲉ ⲙⲁⲣⲉ ⲧⲕ̄ⲙⲛ̄ⲧϫⲟⲉⲓⲥ ⲥⲕⲩⲗⲗⲓ ⲙ̄ⲙⲟⲕ·
ⲛ̄ⲅ ⲉⲓ ⲛ̄ⲙ̄ⲙⲁⲓ̈ ⲧⲁⲧⲥⲁⲃⲟⲕ ⲉ ⲡⲅⲟⲗⲅⲟⲑⲁ· ⲉⲧⲉ ⲡⲙⲁ̄

ⲙ ⲡⲕⲣ[ⲁⲛ]ⲓⲟⲛ ⲡⲉ· Ⲁⲩⲱ ⲁϥⲧⲱⲟⲩⲛ̅ ⲛ̅ϭⲓ ⲡⲣ̅ⲣⲟ· ⲙⲛ̅
ⲧⲉϥⲙⲁⲓ ⲛⲟⲩⲧⲉ ⲙ̅ ⲙⲁⲁⲩ | ϩⲏⲗⲏⲛⲏ· ⲙⲛ̅ ⲛ̅ⲛⲟϭ ⲉⲧ Fol. 31 *b* 2
ⲛ̅ⲙ̅ⲙⲁϥ· ⲁϥϫⲓⲧⲟⲩ ⲉϫⲙ̅ ⲡⲅⲟⲗⲅⲟⲑⲁ· ⲁϥϫⲓⲧⲟⲩ ⲉϫⲛ̅
ⲟⲩⲛⲟϭ ⲛ̅ⲕⲟⲡⲣⲓ̈ⲁ· ⲉⲥϫⲟⲟⲥⲉ ⲉϫⲛ̅ ⲧⲡⲟⲗⲓⲥ ⲧⲏⲣⲥ̅· ⲛⲁ ϣⲉ
ⲙ̅ ⲙⲁⲁϩⲉ:—Ⲉⲥⲉⲓⲣⲉ ⲛ̅ ϫⲟⲩⲱⲧⲉ ⲛ̅ⲥⲓϯ ⲱϩⲉ· ⲉⲥⲕⲱⲧⲉ
Ⲉⲥⲙⲏϩ ⲛ̅ⲉⲓⲉⲓⲧⲛ̅· ϩⲙ̅ ⲡⲙⲁ ⲙ̅ ⲡⲧⲁⲫⲟⲥ ⲙⲛ̅ ⲡⲕⲣⲁ-
ⲛⲓⲟⲛ:—Ⲡⲉϫⲉ ⲓ̈ⲟⲩⲇⲁⲥ ⲙ̅ ⲡⲣ̅ⲣⲟ ϫⲉ ⲉⲓⲥ ⲡⲅⲟⲗⲅⲟⲑⲁ
ⲕⲁⲧⲁ ⲧⲕⲁⲥⲡⲉ:—ⲕⲁⲧ ⲁⲥⲡⲉ ϩⲱⲱⲛ ⲛ̅ⲉϩⲃ̅ⲣⲁⲓⲟⲥ· ⲅⲁⲃ-
ⲃⲁⲑⲁ: Ⲡⲣ̅ⲣⲟ ⲇⲉ ⲛ̅ ⲧⲉⲣ ϥⲛⲁⲩ ⲛ̅ⲛⲟϭ ⲛ̅ⲕⲟⲡⲣⲓ̈ⲁ· ⲙⲛ̅
ⲡⲙⲁ ⲛ̅ ϫⲁⲓⲉ· ⲁϥϩⲟϫϩⲉϫ ⲙ̅ⲙⲁⲧⲉ:—Ⲓ̈ⲟⲩⲇⲁⲥ ⲇⲉ ⲛ̅
ⲧⲉⲣ ϥⲛⲁⲩ ⲉ ⲡⲣ̅ⲣⲟ· ϫⲉ ⲁϥⲟⲩⲟⲗⲉⲥ ⲛ̅ϩⲏⲧ· ⲡⲉϫⲁϥ
ⲛⲁϥ ϫⲉ ⲙ̅ⲡⲣ̅ ⲧⲣⲉ ⲡⲁ ϫⲟⲉⲓⲥ ⲡⲣ̅ⲣⲟ· ⲱⲕⲙ̅· ⲟⲩ|ⲛ Fol. 32 *a* 1
[...]ⲕⲕ[.]ⲁⲧⲟⲥ· ⲉ ⲉⲓⲣⲉ ⲙ̅ ⲡⲕⲟⲩⲱϣ ⲧⲏⲣϥ̅· Ⲉⲡⲓ ⲇⲏ ⲝ̅[ⲁ̅]
ⲛⲁ ⲛ̅ⲅⲉⲛⲟⲥ· ⲁⲩⲉⲓ̈ⲣⲉ ⲛ̅ ⲛⲉⲓ̈ ⲛⲟϭ ⲙ̅ ⲡⲉⲑⲟⲟⲩ· Ⲧⲉⲛⲟⲩ
ϭⲉ ⲧⲛ̅ⲛⲟⲟⲩ ⲉ ⲃⲟⲗ ϩⲛ̅ ⲧⲙⲛ̅ⲧⲉⲣⲣⲟ ⲧⲏⲣⲥ̅· ⲙⲁⲣⲟⲩ
ϭⲱⲡⲉ ϩⲛ̅ ⲧⲙⲛ̅ⲧⲉⲣ̅ⲣⲟ· ⲛ̅ ⲛ̅ⲓ̈ⲟⲩⲇⲁⲓ̈ ⲧⲏⲣⲟⲩ· ⲛ̅ⲥⲉⲉⲓⲛⲉ
ⲙ̅ⲙⲟⲟⲩ ⲕⲁⲧⲁ ⲙⲁ· ⲙⲛ̅ ⲛⲉⲩⲧⲃ̅ⲛⲟⲟⲩⲉ ⲙⲛ̅ ⲛⲉⲩⲥⲕⲉⲩⲉ
ⲛ̅ ϣⲓⲕⲉ· ⲙⲛ̅ ⲛⲉⲩⲁⲛϩⲟⲗⲟⲙⲁ· Ⲉ ⲃⲟⲗ ϫⲉ ⲛ̅ ⲛⲉⲓⲟⲧⲉ
ⲉⲧ ϩⲟⲥⲟⲩ· ⲛ̅ⲧⲟⲟⲩ ϩⲱⲟⲩ ⲛ̅ϣⲏⲣⲉ ⲛⲉⲧ ⲛⲁⲟⲗⲟⲩ ⲉ ⲃⲟⲗ·
Ⲁ ⲛ̅ⲉⲛ̅ⲉⲓⲟⲧⲉ· ⲟⲩⲉⲙ̅ ⲉⲗⲉⲗ ϩⲙ̅ϫ· ⲙⲁⲣⲛ̅ⲛⲁϫⲉ ⲛ̅ⲛⲉⲩ-
ϣⲏⲣⲉ ⲛ̅ ⲟⲩϣⲥ̅:—Ⲁⲩⲱ ⲛ̅ϯϩⲉ ⲁ ϯ ⲥⲩⲙⲃⲟⲩⲗⲓⲁ· ⲉⲣⲁ-
ⲛⲁϥ ⲙ̅ ⲡⲣ̅ⲣⲟ· ⲙⲛ̅ ⲛⲉϥⲛⲟϭ· | Ⲁⲩⲱ ⲛ̅ϯϩⲉ ⲁ ⲡⲣ̅ⲣⲟ Fol. 32 *a* 2
ⲥϩⲁⲓ̈ ⲛ̅ⲧⲉⲩⲛⲟⲩ· ⲉ ⲃⲟⲗ ϩⲛ̅ ⲧⲉϥⲙⲛ̅ⲧⲣ̅ⲣⲟ ⲧⲏⲣⲥ̅· ⲉϥϫⲱ
ⲙ̅ⲙⲟⲥ ⲛ̅ϯϩⲉ· ϫⲉ Ⲁⲛⲟⲕ ⲡⲉ ⲕⲱⲛⲥⲧⲁⲛϯⲛⲟⲥ ⲡⲣ̅ⲣⲟ·
ⲡⲁⲓ̈ ⲉⲧ ϩⲛⲕ ϩⲁ ⲣⲁⲧϥ̅ ⲛ̅ ⲓ̅ⲥ̅ ⲡⲉⲭ̅ⲥ̅· ⲡⲛⲟϭ ⲛ̅ ⲣ̅ⲣⲟ ⲙ̅
ⲙⲉ· ⲉⲓⲥϩⲁⲓ ⲛ̅ ⲛ̅ⲛⲟϭ ⲛ̅ ⲙ̅ ⲡⲟⲗⲓⲥ ⲕⲁⲧⲁ ⲙⲁ· ⲙⲛ̅
ⲛⲉⲩⲧⲟϣ· ϣⲁ ϩⲣⲁⲓ ⲉⲩϯⲙⲉ· ⲛ̅ ⲟⲩⲭⲱⲣⲓⲟⲛ ⲉⲣⲉ ⲙⲛⲧ
ⲛ̅ⲣⲱⲙⲉ ⲛ̅ϩⲏⲧϥ̅· ⲛⲁⲓ ⲉⲧ ϣⲟⲟⲡ ϩⲁ ⲡⲁⲙⲁϩⲧⲉ ⲛ̅ ⲧⲁ
ⲙⲛ̅ⲧⲉⲣⲣⲟ· ϫⲉ ⲕⲁⲥ ⲉⲩⲉϭⲱⲡⲉ ⲛ̅ⲉⲛ̅ⲓ̈ⲟⲩⲇⲁⲓ̈ ⲧⲏⲣⲟⲩ
ⲉⲧ ⲟⲩⲏϩ· ϩⲁⲧⲛ̅ ⲧⲏⲩⲧⲛ̅· ⲛ̅ⲧⲉⲧⲛ̅ ⲧⲛ̅ⲛⲟⲟⲩⲥⲟⲩ· ⲉ
ⲑⲓ̈ⲉⲗⲏⲙ̅ ⲙⲛ̅ ⲛⲉⲧⲃ̅ⲛⲟⲟⲩⲉ ⲙⲛ̅ ⲛⲉⲥⲕⲉⲩⲏ ⲛ̅ϣⲓⲕⲉ· ⲙⲛ̅
ⲛⲉⲩⲁⲛϩⲟⲗⲟⲙⲁ· ⲁⲩⲱ ⲡⲉⲧ|ⲟⲩⲛⲁϩⲉ ⲉ ⲣⲟϥ· ⲉ ⲁϥϩⲱⲡ Fol. 32 *b* 1
ⲉϫⲛ̅ ⲟⲩⲁ ⲛ̅ϩⲏⲧⲟⲩ· ⲉϥⲉϣⲱⲡⲉ ⲉϥϭⲏⲡ ⲉ ⲡⲙⲟⲩ· ⲁⲩⲱ ⲝ̅ⲃ̅
ⲛ̅ⲥⲉⲧⲉⲙⲉⲩⲉ ⲙ̅ⲙⲟϥ ⲙⲛ̅ ⲡⲉϥⲏⲓ:—Ⲛ̅ ⲧⲉⲣ ⲟⲩϫⲓ ⲇⲉ ⲛ̅

ⲛⲉⲥϩⲁⲓ ⲙ̄ ⲡⲣ̄ⲣⲟ· ⲁⲩϭⲱⲡⲉ ⲛ̄ⲓ̈ⲟⲩⲇⲁⲓ̈ ⲧⲏⲣⲟⲩ ⲕⲁⲧⲁ ⲙⲁ· ⲁⲩⲧⲛ̄ⲛⲟⲟⲩⲥⲟⲩ ⲉ ⲑⲓⲉⲗⲏⲙ̄ ⲙⲛ̄ ⲛⲉⲩⲥⲕⲉⲩⲉ ⲛ̄-ϣⲓⲕⲉ· ⲙⲛ̄ ⲛⲉⲩⲧⲃ̄ⲛⲟⲟⲩⲉ· ⲙⲛ̄ ⲛⲉⲩⲁⲛϩⲟⲗⲟⲙⲁ· ⲁⲩⲱ ⲁⲩⲉⲓ ⲉ ⲃⲟⲗ ϩⲛ̄ ⲭⲱⲣⲁ ⲛⲓⲙ ⲉ ⲑⲓⲉⲗⲏⲙ̄ ⲉⲩⲟϣ ⲛ̄ⲑⲉ ⲛ̄ ⲛⲉⲥⲓⲟⲩ ⲛ̄ ⲧⲡⲉ:—ⲁⲩⲱ ⲁ ⲡⲣ̄ⲣⲟ ⲧⲱϣ ⲉ ϫⲟⲟⲩ· ⲛ̄ ϩⲛ̄ⲉⲣⲅⲟⲇⲓⲟⲕⲧⲏⲥ· ϫⲉ ⲕⲁⲥ ⲉⲩⲉϫⲱⲣⲙ̄ ⲉ ϫⲟⲟⲩ ⲉ ϩⲟⲩⲛ ⲉ ⲧⲣ̄ⲅⲁⲥⲓ̈ⲁ· ⲁϥⲕⲟ ⲛϣⲟ ⲥⲛⲁⲩ ⲙ̄ⲙⲁⲧⲟⲓ· ϩⲛ̄ ⲑⲓⲉⲗⲏⲙ̄
Fol. 32 b 2 ⲙⲛ̄ ϩⲛ̄ⲭⲓⲗⲓⲁⲣⲭⲟⲥ· | ⲙⲛ̄ ϩⲛ̄ϩⲩⲕⲁⲧⲟⲛⲧⲁⲣⲭⲟⲥ· ⲙⲛ̄ ϩⲛ̄ϩⲏⲅⲉⲙⲱⲛ· ⲛ̄ⲥⲉⲁⲛⲁⲅⲕⲁⲍⲉ ⲛ̄ ⲛ̄ⲓ̈ⲟⲩⲇⲁⲓ̈ ⲧⲏⲣⲟⲩ· ⲉ ⲉⲣϩⲱⲃ ⲙ̄ ⲡⲉϩⲟⲟⲩ ⲙⲛ̄ ⲧⲉⲩϣⲏ ϣⲁⲛⲧ ⲟⲩϫⲱⲕ ⲉ ⲃⲟⲗ ⲙ̄ ⲡⲟⲩⲉϩⲥⲁϩⲛⲉ ⲙ̄ ⲡⲣ̄ⲣⲟ· ⲕⲱⲛ̄ⲥⲧⲁⲛ†ⲛⲟⲥ:—ⲁⲩⲱ ⲁϥⲕⲱ ϩⲁⲧⲛ̄ ⲧϥⲙⲁⲁⲩ· ⲛ̄ ϩⲛ̄ⲉⲡⲓⲥⲕⲟⲡⲟⲥ ⲉⲩⲟⲩⲁⲁⲃ· ⲉⲧⲉ ⲁⲡⲁ ⲁⲑⲁⲛⲁⲥⲓⲟⲥ ⲡⲉ· ⲡⲁⲣⲭⲏⲉⲡⲓⲥⲕⲟⲡⲟⲥ ⲛ̄ ⲁⲛ-†ⲟⲭⲓⲁ· ⲙⲛ̄ ⲁⲡⲁ ⲉⲓⲱⲥⲏⲫ ⲡⲁⲣⲭⲏⲉⲡⲓⲥⲕⲟⲡⲟⲥ ⲛ̄ ⲑⲓ̈ⲉⲗⲏⲙ̄ ⲉⲧⲉ ⲡⲉ ⲡⲙⲉϩ̄ ⲙⲛ̄ⲧⲁϥⲧⲉ ⲛ̄ ⲉⲡⲓⲥⲕⲟⲡⲟⲥ ⲛ̄ⲧⲁϥϩ-ⲙⲟⲟⲥ ϩⲛ̄ ⲑⲓ̈ⲉⲗⲏⲙ̄· ⲙⲛ̄ⲛ̄ⲥⲁ ⲛ̄ⲁⲡⲟⲥⲧⲟⲗⲟⲥ ⲉⲧ ⲟⲩⲁⲁⲃ ⲉ ⲃⲟⲗ ϩⲙ̄ ⲡⲥⲃ̄ⲃⲉ:—ⲁⲛⲟⲕ ⲇⲉ ϩⲱ ⲕⲩⲣⲓⲗⲗⲟⲥ· ⲁⲛⲅ
Fol. 33 a 1 ⲟⲩ ⲉ ⲃⲟⲗ ⲙ̄ⲙⲟⲓ | [one line wanting] ⲁⲛⲁⲓ· ⲁϥⲛ̄ⲧⲉ ⲉ
[ⲝⲅ] ϩⲟⲩⲛ ⲉ ⲧⲉⲕⲕⲗⲏⲥⲓⲁ· ⲁⲓ̈ⲧⲁϣⲉⲟⲉⲓϣ ⲙ̄ ⲡⲉϥⲣⲁⲛ ⲉⲧ ⲟⲩⲁⲁⲃ:—ⲁϥⲧⲱⲟⲩⲛ ⲛ̄ϭⲓ ⲡⲙⲁⲓ ⲛⲟⲩⲧⲉ ⲛ̄ ⲣ̄ⲣⲟ· ⲁⲩⲱ ⲙ̄ⲙⲁⲓ ⲁⲅⲁⲡⲏ ϩⲛ̄ ⲟⲩⲙⲉ· ⲕⲱⲛⲥⲧⲁⲛ†ⲛⲟⲥ· ⲁϥⲃⲱⲕ ⲉ ϩⲣⲱⲙⲏ· ⲉ ⲧⲃⲉ ⲛ̄ⲣⲱⲟⲩϣ ⲛ̄ ⲧⲙⲛ̄ⲧⲣ̄ⲣⲟ:—ⲧⲟⲧⲉ ⲧⲣ̄ⲣⲱ ϩⲩⲗⲏⲛⲏ· ⲁⲥⲙⲟⲩⲧⲉ ⲛ̄ⲛⲟϭ ⲛ̄ⲓ̈ⲟⲩⲇⲁⲓ̈· ⲡⲉϫⲁⲥ ⲛⲁⲩ ϫⲉ ⲁⲙⲏⲓⲧⲛ̄ ϫⲱⲕ ⲉ ⲃⲟⲗ· ⲙ̄ ⲡⲛ̄ⲧⲁ ⲡⲣ̄ⲣⲟ ⲟⲩ-ⲉϩⲥⲁϩⲛⲉ ⲙ̄ⲙⲟϥ· ϫⲉ ⲕⲁⲥ ⲛ̄ ⲛⲉⲧⲛ̄ϣⲱⲡⲉ ⲛⲟⲛⲟⲭⲟ ⲉ ⲡⲙⲟⲩ:—ⲁⲩⲱ ⲛⲉⲣ ⲙ̄ⲙⲁⲧⲟⲓ ⲁⲛⲁⲅⲕⲁⲍⲉ ⲙ̄ⲙⲟⲟⲩ ⲙ̄ ⲡⲉϩⲟⲟⲩ ⲙⲛ̄ ⲧⲉⲩϣⲏ· ⲛⲉⲣⲉ ⲡϣⲁϫⲉ ⲙ̄ ⲡⲣ̄ⲣⲟ ϭⲙ̄ϭⲟⲙ
Fol. 33 a 2 ⲙ̄ⲙⲁⲧⲉ· ⲁⲩⲱ ⲛⲉⲩⲟⲩⲱϣ ⲉ ϫⲱⲕ ⲉ ⲃⲟⲗ | ⲛ̄ ⲧⲕⲉⲗⲉⲩⲥⲓⲥ ⲙ̄ ⲡⲣ̄ⲣⲟ· ⲡϣⲟⲣⲡ ⲛ̄ϩⲟⲟⲩ ⲛ̄ⲧⲁⲩⲉⲣϩⲱⲃ ⲛ̄ϩⲏⲧϥ· ⲡⲣⲟⲥ ⲑⲉ ⲛ̄ⲧⲁⲛⲉⲓⲙⲉ ⲉ ⲣⲟⲥ ⲡⲉ ⲥⲟⲩ ⲙⲛ̄ⲧⲥⲛⲟⲟⲩⲥ ⲙ̄ ⲡⲉⲃⲟⲧ· ⲙⲁⲣⲧⲓⲟⲥ· ⲉⲧⲉ ⲡⲁⲣⲙ̄ϩⲟⲧ ⲡⲉ· ⲁⲩⲱ ϣⲁ ⲥⲟⲩ ⲙⲛ̄ⲧⲁⲥⲉ ⲛ̄ ⲑⲟⲟⲩⲧ· ⲛ̄ⲧⲁⲥⲟⲩⲱⲛϩ̄ ⲉ ⲃⲟⲗ ⲛ̄ϭⲓ ⲧⲁⲡⲉ ⲙ̄ ⲡⲧⲁⲫⲟⲥ ⲙ̄ⲙⲁⲧⲉ⁖—ⲁⲩⲧⲁⲙⲉ ⲧⲣ̄ⲣⲱ ϩⲏⲗⲏⲛⲏ· ϫⲉ ⲉⲓⲥ ϩⲏⲏⲧⲉ ⲁⲩϭⲓⲛⲉ ⲙ̄ ⲡⲧⲁⲫⲟⲥ ⲙ̄ ⲡⲥⲱⲣ⁖—ⲁⲩⲱ ⲛ̄ⲧⲉ[ⲩ]ⲛⲟⲩ

ⲁⲥⲧⲱⲟⲩⲛ· ⲙⲛ̅ ⲛⲉⲡⲓⲥⲕⲟⲡⲟⲥ ⲧⲏⲣⲟⲩ· ⲙⲛ̅ ⲛ̅ ⲛⲟϭ
ⲧⲏⲣⲟⲩ· ⲁⲩⲉⲓ ⲉ ⲛⲁⲩ ⲉ ⲡⲧⲁⲫⲟⲥ· ⲁⲩⲱ ⲁⲩⲡⲁϩⲧⲟⲩ
ⲁⲩⲟⲩⲱϣⲧ̅ ϩⲓ ϫⲱϥ· Ⲁⲩⲱ ⲉⲓⲥ ⲟⲩⲛⲟϭ ⲛ̅ ⲟⲩⲟⲉⲓⲛ·
ⲁϥⲃⲱϭⲉ ϩⲓ ϫⲱϥ ⲛ̅ⲑⲉ ⲛ̅ ⲟⲩⲉⲃⲣⲏϭⲉ· ⲁϥϫⲓ ⲛⲁϥ ⲛ̅ |
ⲟⲩⲥⲕⲉⲟⲥ ⲛ̅ϭⲓ̅ ⲓ̈ⲟⲩⲇⲁⲥ· ⲁϥϣⲓⲕⲉ ϩⲙ̅ ⲡⲕⲁϩ ϩⲓⲧⲟⲩⲱⲥ Fol. 33 *b* 1
ⲛ̅ ⲧϫⲟ ⲛ̅ⲥⲁ ⲡⲉⲓ̈ⲛ̅ⲃⲧ· ⲙ̅ ⲡⲧⲁⲫⲟⲥ· ⲙⲛ̅ ⲕⲉ ⲙⲏⲏϣⲉ ⲝ̅ⲇ̅
ⲛ̅ⲉⲡⲓⲥⲕⲟⲡⲟⲥ ⲛ̅ⲙ̅ⲙⲁϥ· ⲉ ⲁⲩϣⲓⲕⲉ ⲁⲩϭⲓⲛⲉ ⲛ̅ ⲟⲩⲛⲟϭ
ⲛ̅ ⲱⲛⲉ· ⲉ ⲁⲩⲥⲕⲉⲣⲕⲱⲣϥ̅· ⲁⲩⲱ ⲁⲥⲟⲩⲱⲛ̅ϩ ⲉ ⲃⲟⲗ ⲛ̅ϭⲓ
ⲧⲧⲁⲡⲣⲟ ⲙ̅ ⲡⲧⲁⲫⲟⲥ:—Ⲉⲛⲉ ⲁ ⲣⲟⲩϩⲉ ⲅⲁⲣ ϣⲱⲡⲉ ⲙ̅
ⲡⲉϩⲟⲟⲩ ⲙ̅ ⲡⲉϩⲟⲟⲩ (*sic*) ⲉⲧ ⲙ̅ⲙⲁⲩ· ⲁⲩⲁⲛⲁⲭⲱⲣⲓ ϣⲁ
ⲡ̅ϥⲣⲁⲥⲧⲉ ⲉ ⲧⲙ̅ ⲃⲱⲕ ⲉ ϩⲟⲩⲛ ⲉ ⲡⲧⲁⲫⲟⲥ· Ⲁⲩⲱ ⲛⲉⲩⲛ̅-
ⲕⲱⲧⲕ̅ ϩⲙ̅ ⲡⲙⲁ ⲉⲧ ⲙ̅ⲙⲁⲩ ⲛ̅ϭⲓ ⲙ̅ ⲡⲓⲥⲧⲟⲥ ⲙ̅ ⲡⲗⲁⲟⲥ:—
Ⲁⲩⲱ ⲛⲉⲩⲑⲉⲟⲣⲓ ⲙ̅ ⲡⲟⲩⲟⲉⲓⲛ ⲉϥϯ ϣⲁϩ ⲛ̅ⲑⲉ ⲛ̅ ⲟⲩⲕⲱϩⲧ̅
ϣⲁⲛⲧⲉ ⲡⲟⲩⲟⲉⲓⲛ ⲉⲓ ⲉ ϩⲣⲁⲓ̈· Ⲛ̅ ⲧⲉⲣⲉ ϩ | [ⲧⲟⲟⲩⲉ ⲇⲉ Fol. 33 *b* 2
ϣⲱⲡⲉ ⲁⲥⲧⲱⲟⲩⲛ] ⲛ̅ϭⲓ ⲧⲣ̅ⲣⲱ[1] ϣⲟⲣⲡ̅ⲥ ⲙⲛ̅ ⲛ̅ⲉⲡⲓⲥⲕⲟⲡⲟⲥ·
ⲙⲛ̅ ⲙ̅ ⲡⲓⲥⲧⲟⲥ ⲁⲩⲃⲱⲕ ⲉ ⲃⲟⲗ ⲉ ⲡⲧⲁⲫⲟⲥ ⲛ̅ ⲓ̅ⲥ̅ ⁖ Ⲁⲩϫⲓ
ⲛ̅ⲙ̅ⲙⲁⲩ ⲛ̅ ϩⲛ̅ϣⲟⲩϩⲏⲛⲉ· ⲙⲛ̅ ϩⲛ̅ⲕⲁⲛⲧⲏⲗⲁ ⲉⲩⲙⲟⲩϩ
ⲁⲩϭⲱϣⲧ̅ ⲉ ϩⲟⲩⲛ ⲉ ⲡⲧⲁⲫⲟⲥ ⲛ̅ ⲓ̅ⲥ̅· ⲁⲩⲛⲁⲩ ⲉ ϣⲟⲙⲛ̅ⲧ
ⲥ̅ϯⲟ̅ⲥ̅ ⲉⲩⲕⲏ ⲉ ϩⲣⲁⲓ ⲙⲛ̅ ⲛⲉⲩⲉⲣⲏⲩ· (ⲙⲛ̅ ⲟⲩⲧⲟⲙⲟⲥ
ⲛ̅ ϣⲁⲁⲣ ⲉϥ[ⲕⲏ] ⲉ ϩⲣⲁⲓ ϩⲁⲧⲏⲩ)[2]· Ⲁⲩⲱ ⲛ̅ ⲧⲉⲣ ⲟⲩ-
ⲕⲁⲑⲁⲣⲓⲍⲉ ⲙ̅ ⲡⲧⲁⲫⲟⲥ· ⲁⲩⲃⲱⲕ ⲉ ϩⲟⲩⲛ ⲛ̅ϭⲓ ⲛ̅ⲉⲡⲓ-
ⲥⲕⲟⲡⲟⲥ· ⲁⲩϫⲓ ⲙ̅ ⲡⲧⲟⲙⲟⲥ ⲛ̅ ϣⲁⲁⲣ· ⲁⲩϩⲉ ⲉ ⲣⲟϥ·
ⲉϥⲥⲏϩ ⲛ̅ϩⲉⲃⲣⲁⲓ̈ⲕⲟⲛ: ⲁⲩⲧⲁⲁϥ ⲛ̅ ⲓ̈ⲟⲩⲇⲁⲥ ⲁϥⲟϣϥ̅ ⲉ
ⲣⲟⲟⲩ· ⲉⲣⲉ ⲧⲣ̅ⲣⲱ ⲥⲱⲧⲙ̅ ⲙⲛ̅ ⲡⲙⲏⲏϣⲉ ⲧⲏⲣϥ̅:—Ⲁⲩⲱ
ⲛⲁⲓ ⲛⲉ ⲉⲧ ⲥⲏϩ ⲉ ⲣⲟϥ ϫⲉ ⲁⲛⲟⲕ ⲡⲉ ⲓⲱⲥⲏⲫ ⲡⲁⲣⲓ-
ⲙⲁⲑⲁⲓⲁ· ⲙⲛ̅ ⲛ̅ⲓ̈|ⲕⲱⲇⲏⲙⲟⲥ· ⲁⲛⲃⲉⲓ ⲙ̅ ⲡⲉⲥ̅ϯⲟ̅ⲥ̅ ⲛ̅ Fol. 34 *a* 1
ⲓ̅ⲥ̅ ⲙⲛ̅ ⲛⲁ ⲛ̅ⲗⲏⲥⲧⲏⲥ· ⲉ ⲃⲟⲗ ϩⲙ̅ ⲡⲕⲣⲁⲛⲓⲟⲛ:—Ⲁⲩⲱ ⲝ̅ⲉ̅
ⲁⲛⲕⲁⲁⲩ ⲉ ϩⲟⲩⲛ ⲉ ⲡⲧⲁⲫⲟⲥ· ⲉⲧⲉ ⲡⲙⲁ ⲡⲉ ⲛ̅ⲧⲁⲩⲕⲁ
ⲡⲥⲱⲙⲁ ⲛ̅ ⲓ̅ⲥ̅ ⲛ̅ϩⲏⲧϥ̅· ⲁϥⲧⲱⲟⲩⲛ ⲉ ⲃⲟⲗ ϩⲙ̅ ⲛⲉⲧ
ⲙⲟⲟⲩⲧ· ⲁⲩⲱ ⲛ̅ⲧⲁⲛⲉⲣ ⲡⲁⲓ ⲛ̅ⲧⲉⲩϣⲏ· ⲉ ⲧⲃⲉ ⲑⲟⲧⲉ
ⲛ̅ ⲛ̅ⲓ̈ⲟⲩⲇⲁⲓ̈:—Ⲙ̅ⲡ ⲛ̅ⲕⲁ ⲣⲱⲙⲉ ⲉ ⲉⲓ̈ⲙⲉ ⲉ ⲡⲛ̅ⲧⲁⲛⲁⲁϥ·
ⲉ ⲃⲟⲗ ϫⲉ ⲛⲉⲣⲉ ⲛ̅ⲓ̈ⲟⲩⲇⲁⲓ̈· ϫⲓ ⲛ̅ ⲟⲩϣⲟϫⲛⲉ ⲉ ⲣⲟⲕϩ̅

[1] ⲛ̅ϭⲓ ⲧⲣ̅ⲣⲱ added in smaller letters.

[2] The words within parentheses are added in smaller letters.

ⲙ̅ ⲡⲉⲥ̅ϯ̅ⲟ̅ⲥ̅· ⲛ̅ ⲓ̅ⲥ̅ ⲡⲉⲭ̅ⲥ̅:—Ⲉ ⲧⲃⲉ ϯ ⲁⲓϯⲁ ⲟⲩⲛ
ⲁⲛⲡⲟⲟⲛⲟⲩ ⲉ ⲃⲟⲗ ϩⲙ̅ ⲡⲙⲁ ⲙ̅ ⲡⲕ̅ⲣⲁⲛⲓⲟⲛ· ⲁⲛⲕⲁⲁⲩ
ϩⲙ̅ ⲡⲙⲁ ⲛ̅ⲧⲁⲩⲕⲁ ⲡⲥⲱⲙⲁ ⲙ̅ ⲡϫⲟⲉⲓⲥ ⲛ̅ϩⲏⲧϥ̅: ⲁⲩⲱ
Fol. 34 a 2 ⲡⲓ ⲥ̅ϯ̅ⲟ̅ⲥ̅· ⲉⲧ ⲉⲣⲉ ⲡⲓⲧⲓⲧⲗⲟⲥ ⲥⲏϩ ⲉ ϫⲱϥ· ⲡⲁ ⲓ̅ⲥ̅ ⲡⲉ|ⲭ̅ⲥ̅
ⲡⲉ· Ⲁⲩⲱ ⲁⲩⲁⲙⲁϩⲧⲉ ⲙ̅ⲙⲟϥ· ⲛ̅ϭⲓ ⲛ̅ⲉⲡⲓⲥⲕⲟⲡⲟⲥ·
ⲁⲩϫⲓⲧϥ̅ ⲉ ⲡⲉⲩϩⲁⲙⲏⲣ ⲁⲩⲁⲥⲡⲁⲍⲉ ⲙ̅ⲙⲟϥ· ⲁⲩⲛ̅ⲧϥ̅
ⲉⲩⲧⲱⲟⲩⲛ ⲙ̅ⲙⲟϥ ⲁⲩⲧⲁⲁϥ ⲛ̅ ⲧⲣ̅ⲣⲱ:—Ⲁⲩⲱ ⲁⲥⲕⲁ
ⲡⲉⲥϩⲁⲙⲏⲣ ϩⲁ ⲣⲟϥ· ⲛ̅ ⲛ̅ ⲟⲩⲛ̅ⲟϭ ⲛ̅ ⲛⲁⲩ· ⲁⲥϩⲟⲗϭ̅
ⲉ ϩⲟⲩⲛ ⲉ ⲣⲟϥ· ⲙⲛ̅ ⲛ̅ⲛⲟϭ ⲛ̅ⲁⲍⲓⲱⲙⲁϯⲕⲟⲥ· ⲁⲩⲱ
ⲛ̅ⲁⲍⲓⲱⲡⲓⲥⲧⲟⲥ:—Ⲁⲩⲱ ⲁⲥⲧⲣⲉ ⲩϭⲟⲟⲗϥ̅ ⲛ̅ ⲟⲩⲡⲟⲣⲫⲏⲣⲁ·
ⲉ ⲧⲁ ⲕⲱⲛⲥⲧⲁⲛϯⲛⲟⲥ ⲡ̅ⲣ̅ⲣⲟ ⲧⲉ· ⲁⲥⲧⲣⲉ ⲩϭⲟⲟⲗϥ̅ ⲉ
ϩⲛ̅ⲉⲡ̅ⲧⲏⲙⲁ ⲉⲛⲁⲛⲟⲩⲟⲩ:—Ⲁⲩⲱ ⲁⲥⲧⲣⲉ ⲩⲥⲕⲉⲡⲁⲍⲉ ⲙ̅-
ⲙⲟϥ· ⲉ ⲃⲟⲗ ϩⲓ ⲧⲟⲟⲧⲥ̅· ϣⲁⲛⲧ ⲉⲥⲥϩⲁⲓ ⲙ̅ ⲡ̅ⲣ̅ⲣⲟ ⲉ
ⲧⲃⲉ ⲛ̅ⲧⲁⲥϣⲱⲡⲉ:—Ⲁⲥⲧⲣⲉ ⲙ̅ⲙⲁⲧⲟⲓ ⲁⲛⲁⲅⲕⲁⲍⲉ ⲛ̅ ⲛ̈ⲓⲟⲩ-
Fol. 34 b 1 ⲇⲁⲓ· ⲉ ⲧⲣⲉⲩⲕⲁⲑⲁⲣⲓⲍⲉ ⲙ̅ ⲡⲙⲁ ⲕⲁⲗⲱⲥ· ⲁⲩⲱ [ⲁⲥⲧ]|ⲣⲉ
ⲝ̅ⲋ̅ ⲩϫⲓ ⲏⲡⲉ ⲛ̅ ⲛⲉⲣⲱⲙⲉ ⲧⲏⲣⲟⲩ· ⲁⲥϩⲉ ⲉ ⲣⲟⲟⲩ ⲉⲩⲉⲓⲣⲉ
ⲛ̅ϣⲉ ⲙⲛ̅ ⲧϣⲟⲙⲛ̅ⲧ ⲛ̅ϣⲟ· ⲉ ⲃⲟⲗ ϩⲙ̅ ⲡⲅⲉⲛⲟⲥ ⲛ̅ ⲛⲉ-
ϩ̅ⲃ̅ⲣⲁⲓⲟⲥ:—Ⲁⲩⲱ ⲧⲣ̅ⲣⲱ ϩⲏⲗⲏⲛⲏ· ⲁⲥⲥϩⲁⲓ ⲛ̅ ⲟⲩⲥϩⲁⲓ
ⲙ̅ ⲡⲉⲥϣⲏⲣⲉ ⲉⲥϫⲱ ⲙ̅ⲙⲟⲥ· ϫⲉ ⲛⲁⲓⲁⲧⲕ̅ ⲁⲩⲱ ⲡⲡⲉⲧⲛⲁ-
ⲛⲟⲩⲃ· ⲛⲁϣⲱⲡⲉ ⲙ̅ⲙⲟⲕ· ϫⲉ ⲛ̅ⲧⲁⲕ ⲁⲓϯ ⲙ̅ⲙⲟϥ
ⲉⲧⲙ̅ ⲡϫⲟⲉⲓⲥ· ⲁϥⲭⲁⲣⲓⲍⲉ ⲙ̅ⲙⲟϥ ⲛⲁⲕ· ⲁⲕϣⲓⲛⲉ ⲱ̅
ⲡⲁ ⲙⲉⲣⲓⲧ ⲛ̅ϣⲏⲣⲉ· ⲁⲕϭⲓⲛⲉ· ⲁⲕⲧⲟϩⲙ̅ ⲁⲩⲟⲩⲟⲛ̅ ⲛⲁⲕ
ⲙ̅ ⲡⲣⲟ ⲛ̅ ⲧⲁⲛⲁⲥⲧⲁⲥⲓⲥ ⲙ̅ ⲡϫⲟⲉⲓⲥ· ⲁⲕϭⲓⲛⲉ ⲙ̅ ⲡⲉⲧ ⲙ̅
ⲡⲕⲟⲥⲙⲟⲥ ⲧⲏⲣϥ̅ ⲙ̅ⲡϣⲁ ⲙ̅ⲙⲟϥ ⲁⲛ· ⲉⲧⲉ ⲡⲉⲥ̅ϯ̅ⲟ̅ⲥ̅ ⲉⲧ
ⲟⲩⲁⲁⲃ ⲡⲉ ⲙ̅ ⲡⲛ̅ϫⲟⲉⲓⲥ ⲓ̅ⲥ̅ ⲡⲉⲭ̅ⲥ̅: ⲛⲁⲓⲁⲧⲕ̅ ⲛ̅ⲧⲟⲕ ⲱ̅|
Fol. 34 b 2 ⲡⲁ ϣⲏⲣⲉ ⲙ̅ ⲙⲉⲣⲓⲧ ϫⲉ ⲁⲕⲕⲱ ⲛ̅ⲥⲱⲕ ⲙ̅ ⲡⲣⲟⲟⲩϣ ⲙ̅
ⲡⲉⲕⲟⲥⲙⲟⲥ· ⲙⲛ̅ ⲛⲉϥⲭⲣⲏⲙⲁ ⲉⲧ ϣⲟⲩⲉⲓⲧ ϣⲁⲛⲧ ⲕ̅ϭⲓⲛⲉ
ⲙ̅ ⲡⲉⲧ ⲥⲟⲧⲡ̅ ⲉ ⲭⲣⲏⲙⲁ ⲛⲓⲙ ⲉⲧ ⲥⲟⲧⲡ̅ .:—ⲙⲛ̅ ⲱⲛⲉ
ⲙ̅ ⲙⲉ ⲛ̈ⲓⲙ ⲉⲛⲁⲛⲟⲩⲃ· ⲥⲕⲩⲗⲗⲉⲓ ⲙ̅ⲙⲟⲕ ⲁⲙⲟⲩ ⲛ̅ⲅ̅
ⲛⲁⲩ ⲉ ⲡⲛ̅ⲧⲁϥⲫⲟⲣⲉⲓ ⲙ̅ ⲡⲛⲟⲩⲧⲉ:—Ⲙⲁⲗⲗⲟⲛ ⲇⲉ
ⲡⲛ̅ⲧⲁ ⲡⲛⲟⲩⲧⲉ· ⲫⲟⲣⲓ ⲙ̅ⲙⲟϥ· ⲉⲕϣⲁⲛⲛⲁⲩ ⲉ ⲣⲟϥ
ϩⲙ̅ ⲡⲉϥⲥⲁ ⲙⲛ̅ ⲡⲉϥⲁⲛⲁⲓ· ⲧⲕ̅ⲙⲛ̅ⲧⲕⲟⲩⲓ ⲛⲁⲣ̅ ⲃ̅ⲣ̅ⲣⲉ ⲛ̅ⲑⲉ
ⲛ̅ⲧⲁ ⲟⲩⲁⲉⲧⲟⲥ· ⲥⲕⲩⲗⲗⲓ ⲙ̅ⲙⲟⲕ ⲱ̅ ⲡⲁ ⲙⲉⲣⲓⲧ ⲛ̅ ϣⲏⲣⲉ·
ⲛ̅ⲅ̅ ⲉⲓ ⲛ̅ⲅ̅ ⲡⲣⲟⲥⲕⲩⲛⲉⲓ· ⲁⲩⲱ ⲛ̅ⲅ̅ ⲟⲩⲱϣⲧ̅· ⲁⲩⲱ ⲛ̅ⲅ̅

ⲁⲥⲡⲁⲍⲉ ⲙ̅ ⲡⲉⲥ⳨ⲟⲥ ⲡⲁⲓ ⲛ̅ⲧⲁⲕⲛⲁⲩ ⲉ ⲣⲟϥ | ϩⲛ̅ ⲡⲱⲛϩ̅ Fol. 35 *a* 1 ⲍ̅ⲍ̅
ⲉ ⲃⲟⲗ ⲉϥϯ ⲛⲁⲕ ⲙ̅ ⲡⲉϫⲣⲟ ϩⲙ̅ ⲡⲡⲟⲗⲉⲙⲟⲥ· Ⲕⲱⲛ-
ⲥⲧⲁⲛϯⲛⲟⲥ ⲇⲉ ⲛ̅ ⲧⲉⲣⲉ ϥϫⲓ ⲛ̅ ⲛⲉⲥϩⲁⲓ ⲛ̅ ⲧⲉϥⲙⲁⲁⲩ·
ⲁϥⲟϣⲟⲩ· ⲁⲩⲱ ⲛ̅ ⲧⲉⲣ ϥⲉⲓⲙⲉ ϫⲉ ⲁⲩϭⲓⲛⲉ· ⲙ̅ ⲡⲉⲧ
ϥϣⲓⲛⲉ ⲛ̅ⲥⲱϥ: ⲉⲧⲉ ⲡⲁⲓ ⲡⲉ ⲡⲉⲥ⳨ⲟⲥ ⲉⲧ ⲟⲩⲁⲁⲃ ⲙ̅
ⲡⲛ̅ϫⲟⲉⲓⲥ· ⲁⲩⲛⲟϭ ⲛ̅ ⲣⲁϣⲉ ϣⲱⲡⲉ ⲛⲁϥ· ⲙⲛ̅ ⲟⲩⲉⲩ-
ⲫⲣⲟⲥⲩⲛⲏ· ⲁϥⲧⲱⲟⲩⲛ ϩⲛ̅ ⲟⲩϭⲉⲡⲏ ⲁϥⲉï· ⲉ ⲑⲓ̈ⲗⲏⲙ̅·
ⲧⲉϥⲙⲁⲁⲩ ⲇⲉ ⲙⲛ̅ ⲛ̅ⲉⲡⲓⲥⲕⲟⲡⲟⲥ ⲧⲏⲣⲟⲩ ⲛ̅ ⲧⲉⲣ ⲟⲩⲧⲁ-
ⲙⲟⲟⲩ ϫⲉ ⲁ ⲡⲣ̅ⲣⲟ ⲉï· ⲁϥϩⲱⲛ ⲉ ϩⲟⲩⲛ ⲉ ⲣⲟⲟⲩ ⲁⲩϫⲓ
ⲙ̅ ⲡⲉⲥ⳨ⲟⲥ ⲉⲧ ⲧⲁⲓⲏⲩ· ⲁⲩϭⲟⲟⲗϥ ⲛ̅ ⲧⲡⲟⲣⲫⲏⲣⲁ ⲙ̅
ⲡⲣ̅ⲣⲟ· ⲙⲛ̅ ϩⲛ̅ⲙⲁⲡⲡⲁ ⲉⲩⲧⲁⲓⲏⲩ· | ⲁⲩⲧⲁⲗⲟϥ ⲉⲩ- Fol. 35 *a* 2
ⲙⲟⲩⲗⲗⲁ ⲛ̅ ⲗⲉⲩⲕⲟⲛ· ⲁⲩⲃⲱⲕ ⲛ̅ⲙ̅ⲙⲁϥ ϩⲏⲧϥ ⲙ̅ ⲡⲣ̅ⲣⲟ·
ⲛⲁⲥⲟⲟⲩ ⲙ̅ ⲙⲏⲗⲗⲓ̈ⲟⲛ:—Ⲁⲩⲱ ⲛ̅ ⲧⲉⲣ ϥⲛⲁⲩ ⲉ ⲡⲉⲥ⳨ⲟⲥ·
ⲛ̅ϭⲓ ⲡⲣ̅ⲣⲟ ⲙ̅ ⲙⲁⲓ ⲛⲟⲩⲧⲉ ⲛ̅ ⲣ̅ⲣⲟ ⲕⲱⲛⲥⲧⲁⲛϯⲛⲟⲥ ⁘—
Ⲁϥⲟⲩⲁϩϥ̅ ⲉ ⲡⲉⲥⲏⲧ ϩⲓ̈ ⲡⲉϥϩⲁⲣⲙⲁ· ⲁϥⲁⲙⲁϩⲧⲉ ⲙ̅
ⲡⲉⲥ⳨ⲟⲥ: ⲁϥⲃⲓⲧϥ̅ ⲉ ⲡⲉϥϩⲁⲙⲏⲣ ⲁⲩⲱ ⲁϥⲣⲓⲙⲉ ⲉ ϩⲣⲁⲓ
ⲉ ϫⲱϥ ⁘—Ⲁϥϥⲉⲓ ⲛ̅ ⲛⲉϥⲃⲁⲗ ⲉ ϩⲣⲁï ⲉ ⲧⲡⲉ· ⲡⲉϫⲁϥ
ϫⲉ ⲁⲓⲛⲁⲩ ⲉ ⲡⲁ ϫⲟⲉⲓⲥ ⲓ̅ⲥ̅ ⲡⲉⲭ̅ⲥ̅· ⲡⲛⲟⲩⲧⲉ ⲛ̅ ⲛⲁⲉⲓⲟⲧⲉ
ⲛ̅ⲇⲓⲕⲁⲓⲟⲥ· ϩⲛ̅ ⲧⲁⲡⲟⲇⲩⲙⲉⲓⲁ ⲛ̅ ⲧⲥⲁⲣⲝ̅ ⁘—Ⲉϥⲉⲓⲣⲉ ⲛ̅
ϩⲛ̅ⲛⲟϭ ⲛ̅ϣⲡⲏⲣⲉ· ϩⲓⲧⲛ̅ ⲡⲉⲛⲧⲁϥⲉⲙⲧⲟⲛ ⲙ̅ⲙⲟϥ ϩⲓ
ϫⲱϥ | ⲡⲉⲥ⳨ⲟⲥ ⲛ̅ ⲣϥϯ ⲱⲛϩ̅· ⲁⲩⲱ ⲟⲛ ⲁⲓⲛⲁⲩ ⲉ ⲡⲥⲱⲣ Fol. 35 *b* 1 ⲍ̅ⲏ
ⲙ̅ ⲡⲕⲟⲥⲙⲟⲥ ⲧⲏⲣϥ· ⲉϥϯ ϭⲟⲙ ⲛ̅ ⲛⲉⲧ ϣⲓⲛⲉ ⲛ̅ⲥⲱϥ·
ⲛⲁⲓ ⲉⲧ ⲡⲓⲥⲧⲉⲩⲉ ⲉ ⲣⲟϥ ϩⲓⲧⲛ̅ ⲡⲉⲥ⳨ⲟⲥ ⲉⲧ ⲟⲩⲁⲁⲃ: Ⲁⲩⲱ
ⲛⲉⲩϩⲓⲑⲏⲛ ⲙ̅ ⲡⲣ̅ⲣⲟ· ⲛ̅ϭⲓ ⲛ̅ⲉⲡⲓⲥⲕⲟⲡⲟⲥ· ⲙⲛ̅ ⲛⲉϥⲫⲓⲗⲟ-
ⲡⲟⲛⲟⲥ· ⲉⲩⲯⲁⲗⲗⲓ̈ ϩⲛ̅ ϩⲛ̅ⲱⲇⲏ ⲙ̅ ⲡⲛ̅ⲓⲕⲟⲛ· Ⲉⲩⲥⲱⲕ
ϩⲓⲑⲏ ⲙ̅ ⲡⲣ̅ⲣⲟ· ⲙⲛ̅ ⲡⲉⲥ⳨ⲟⲥ ϣⲁ ϩⲟⲩⲛ̅ ⲉ ⲧⲡⲟⲗⲓⲥ:
Ⲁⲩⲱ ⲛ̅ ⲧⲉⲣ ⲟⲩⲡⲱϩ ⲉ ϩⲟⲩⲛ ⲉ ⲧⲡⲟⲗⲓⲥ· ⲁⲩⲃⲱⲕ ⲉ ϩⲟⲩⲛ
ϩⲛ̅ ⲙ̅ⲡⲏⲗⲏ· ⲁⲩϫⲱ ⲙ̅ ⲙ̅ (*sic*) ⲡⲓ̈ ϩⲩⲙⲛⲟⲥ: Ϫⲉ ⲣⲁϣⲉ
ⲛⲏ ⲥⲓⲱⲛ ⲧⲡⲟⲗⲓⲥ ⲙ̅ ⲡⲛⲟϭ ⲛ̅ⲣ̅ⲣⲟ ⲡⲉⲭ̅ⲥ̅· ϫⲉ ⲉⲓⲥ ⲡⲟⲩ-
ⲉⲣ̅ⲣⲟ· ⲁϥⲉⲓ ϣⲁⲣⲟ ϩⲛ̅ ⲟⲩⲣⲁϣⲉ· ⲙⲛ̅ ⲛ̅ ⲛⲓⲛⲟϭ ⲉⲧ
ⲛ̅ⲙ̅ⲙⲁϥ | ⲉⲩϯ ⲉⲟⲟⲩ ⲙ̅ ⲡⲣ̅ⲣⲟ ⲡϫⲟⲉⲓⲥ· ⲡⲁï ⲛ̅ⲧⲁϥⲉⲣ̅ⲣⲟ Fol. 35 *b* 2
ⲉ ⲃⲟⲗ ϩⲙ̅ ⲡϣⲉ ⲙ̅ ⲡⲉⲥ⳨ⲟⲥ: Ⲁⲩⲱ ⲡⲣ̅ⲣⲟ ⲁϥⲃⲱⲕ ⲉ
ϩⲟⲩⲛ ⲉ ⲡⲙⲁ ⲉⲧ ⲟⲩⲣ̅ ϩⲱⲃ ⲛ̅ϩⲏⲧϥ· Ⲁϥⲃⲱⲕ ⲉ ⲡⲧⲁⲫⲟⲥ
ⲛ̅ ⲓ̅ⲥ̅· ⲁϥⲟⲩⲱϣⲧ̅ ⲉϫⲙ̅ ⲡⲕⲁϩ ⲉϥϫⲱ ⲙ̅ⲙⲟⲥ· ϫⲉ ϯϣⲡ̅

ϩⲙⲟⲧ ⲛ̄ ⲧⲟⲟⲧⲕ̄ ⲡⲙⲟⲛⲟⲅⲉⲛⲏⲥ ⲛ̄ ϣⲏⲣⲉ ⲛ̄ⲧⲉ ⲡⲓ̈ⲱⲧ
ϫⲉ ⲡⲙⲁ ⲛ̄ⲧⲁⲩⲕⲱ ⲙ̄ ⲡⲕⲥⲱⲙⲁ ⲉⲧ ⲟⲩⲁⲁⲃ ⲛ̄ϩⲏⲧϥ̄·
ⲁⲓ̈ⲙ̄ϣⲁ ⲙ̄ ⲡⲣⲟⲥⲕⲩⲛⲉⲓ̈ ⲙ̄ⲙⲟϥ: Ⲁⲩⲱ ⲁϥⲛⲁⲩ ⲙ̄ⲙⲁ
ⲧⲏⲣⲟⲩ· ⲛ̄ⲧⲁ ⲛⲓ̈ⲟⲩⲇⲁⲓ̈ ⲕⲁⲑⲁⲣⲓⲍⲉ ⲙ̄ⲙⲟⲟⲩ· ⲁⲩⲱ
ⲁϥⲃⲱⲕ ⲉϫⲛ̄ ⲧⲡⲉⲧⲣⲁ ⲙ̄ ⲡⲕⲣⲁⲛⲓⲟⲛ· ⲡⲙⲁ ⲛ̄ⲧⲁⲩⲥ̄⳨ⲟⲩ
ⲙ̄ ⲡϫⲟⲉⲓⲥ ⲛ̄ϩⲏⲧϥ̄· ⲁϥⲟⲩⲱϣⲧ̄ ϩⲓ ϫⲟⲥ· ⲁⲩⲱ ⲛ̄ϯϩⲉ ϩⲓ
Fol. 36 a 1 ⲛⲁⲓ ⲁϥϥⲓ ⲙ̄| [ⲡⲉⲥ̄⳨ⲟⲥ ⲁϥ]ⲕⲁⲁϥ ⲉ ϩⲟⲩⲛ ⲉ ⲡⲧⲁⲫⲟⲥ ϣⲁⲛⲧ
ⲝ̄ⲑ̄ ϥⲕⲱⲧ ⲉ ⲣⲟϥ ⲛ̄ ⲟⲩⲧⲟⲡⲟⲥ· ⲕⲁⲧⲁ ⲡⲉϥⲉⲟⲟⲩ ϩⲛ̄ ⲟⲩⲙ̄[ⲡ]-
ϣⲁ:—Ⲁⲩⲱ ⲡⲣ̄ⲣⲟ ⲁϥϣⲁ[ϫⲉ] ⲙⲛ̄ ⲡⲉⲡⲓⲥⲕⲟⲡⲟⲥ· ϫⲉ
ⲓ̈ⲟⲩⲱϣ ⲉ ⲕⲱⲧ ⲛ̄ ⲟⲩⲡⲟⲗⲓⲥ ⲛ̄ ⲃⲣ̄ⲣⲉ· ϩⲙ̄ ⲡⲙⲁ ⲛ̄ⲧⲁ
ⲡϫⲟⲉⲓⲥ ⲟⲩⲁϩⲧ̄ ⲛ̄ϩⲏⲧϥ̄ ϩⲓⲧⲛ̄ ⲟⲩⲕⲗⲟⲟⲗⲉ:—Ϩⲙ̄ ⲡⲣ̄ϥ-
ⲟⲩⲱϣ ⲉ ⲛⲟⲩϩⲙ̄ ⲙ̄ⲙⲟⲓ̈· ⲛ̄ ⲧⲟⲟⲧⲟⲩ· ⲛ̄ ⲛⲉⲛⲧⲁⲩϣⲓⲛⲉ
ⲙⲟⲩⲟⲩⲧ ⲙ̄ⲙⲟⲓ̈ ⲉⲧⲉ ⲙ̄ⲡⲣ̄ⲥⲟⲥ ⲛⲉ:—Ⲁⲩⲱ ⲧⲁⲕⲱⲧ ⲛ̄
ϩⲉⲛⲉⲕⲕⲗⲏⲥⲓⲁ ⲉⲩⲡⲣⲉⲡⲓ ⲙ̄ ⲡⲉⲭ︦ⲥ︦ ⲙ̄ ⲡⲉⲓ ⲙⲁ· ⲉⲩⲉⲟⲟⲩ
ⲙ̄ ⲡⲉϥⲥ̄⳨ⲟⲥ ⲉⲧ ⲟⲩⲁⲁⲃ· Ⲁⲩⲟⲩⲱϣⲃ̄ ⲛ̄ϭⲓ ⲛ̄ⲉⲡⲓⲥⲕⲟⲡⲟⲥ
ⲉⲩϫⲱ ⲙ̄ⲙⲟⲥ ⲛⲁϥ· ϫⲉ ⲉⲣⲉ ⲡⲛⲟⲩⲧⲉ ⲡⲡⲁⲛⲧⲱⲕⲣⲁⲧⲱⲣ|
Fol. 36 a 2 ⲡⲉⲧⲉ ⲡⲱϥ ⲡⲉ ⲡⲧⲏⲣϥ̄· ⲙⲛ̄ ⲡⲉϥⲙⲟⲛⲟⲅⲉⲛⲏⲥ ⲛ̄ ϣⲏⲣⲉ
ⲓ︦ⲥ︦ ⲡⲉⲭ︦ⲥ︦ ⲡⲛ̄ϫⲟⲉⲓⲥ· ⲙⲛ̄ ⲡⲉⲡⲛ︦ⲁ︦· ⲉⲧ ⲟⲩⲁⲁⲃ· ⲛ̄ⲁ-
ϩⲁⲣⲉϩ ⲉ ⲣⲟⲕ ⲙⲛ̄ ⲡⲉⲕⲛⲟϭ ⲛ̄ ⲁⲙⲁϩⲧⲉ· ⲛ̄ ⲟⲩⲛⲟϭ ⲛ̄
ⲟⲩⲟⲉⲓϣ ⲛ̄ ⲉⲓⲣⲏⲛⲓⲕⲟⲛ: ϣⲁⲛⲧ ⲕ̄ϫⲱⲕ ⲉ ⲃⲟⲗ ⲙ̄ ⲡⲛ̄-
ⲧⲁⲕⲙⲉⲉⲩⲉ ⲉ ⲣⲟϥ ⲧⲏⲣϥ̄:—Ⲁⲩⲱ ⲛ̄ϯϩⲉ ⲁϥϯ ⲡⲗⲟⲃϣ̄
ⲛ̄ ⲧⲉⲕⲕⲗⲏⲥⲓⲁ· ⲁϥⲕⲱ ⲛ̄ ⲛ̄ⲧⲉⲭⲛⲓⲧⲏⲥ ⲧⲏⲣⲟⲩ· ⲡⲟⲩⲁ
ⲡⲟⲩⲁ ϩⲛ̄ ⲧⲉϥⲉⲓⲟⲡⲉ· Ⲉ ⲁϥⲧⲣⲉ ϩⲛ̄ⲉⲡⲓⲧⲣⲟⲡⲟⲥ· ϭⲱ ϩⲓϫⲛ̄
ⲛ̄ϩⲃⲏⲩⲉ· ⲛ̄ ⲛ̄ⲣ̄ⲅⲁⲥⲧⲏⲣⲓⲟⲛ ⲧⲏⲣⲟⲩ:—Ⲉ ⲁϥϯ ⲟⲛ ⲛ̄
ⲧⲉϥⲙⲁⲁⲩ ⲛ̄ ϩⲛ̄ⲭⲣⲏⲙⲁ ⲉⲛⲁϣⲟⲟⲩⲉ· ⲉ ⲃⲟⲗ ϩⲛ̄ ⲛⲉⲧⲉ
ⲛⲟⲩϥ ⲛⲉ· ⲉ ⲧⲣⲉϥϫⲱ ⲉ ⲃⲟⲗ ⲛ̄ϩⲏⲧⲟⲩ ⲉ ⲛⲉⲕⲟⲇⲟⲙⲏ
Fol. 36 b 1 ⲛ̄ ⲛ̄ⲕⲕⲗⲏⲥ[ⲓⲁ]· | ⲁⲩⲱ ⲁϥⲕⲉⲗⲉⲩⲉ ⲉ ⲧⲣⲉ ⲩⲉⲓ ⲛⲁϥ· ⲛ̄
ⲟ̄ ⲟⲩⲙⲏϣⲉ ⲛ̄ ⲱⲛⲉ ⲛ̄ ⲁⲗⲁⲃⲁⲥⲧⲣⲟⲛ· ϩⲓ ⲯⲩⲫⲟⲧⲟⲛ·
ⲙⲛ̄ ⲟⲩⲙⲁⲣⲙⲁⲣⲟⲛ· ⲙⲛ̄ ϩⲛ̄ϣⲉ ⲙ̄ ⲡⲉⲩⲑⲓⲛⲟⲛ· ⲙⲛ̄
ⲟⲩϩⲁⲧ· ⲙⲛ̄ ⲟⲩϩⲟⲙⲛ̄ⲧ· ⲙⲛ̄ ⲟⲩⲧⲁϩⲧ̄ ⲉϥⲟϣ ⲙ̄ⲙⲁⲧⲉ·
Ϩⲁⲡⲗⲱⲥ ⲁϥⲧⲣⲉⲩⲉⲛ ⲡⲥⲟϥⲧⲉ ⲧⲏⲣϥ̄ ⲙ̄ ⲡⲕⲱⲧ· ⲁϥϯ
ⲡⲧⲟϣ ⲧⲏⲣϥ̄ ⲉ ⲧⲟⲟⲧⲥ̄ ⲛ̄ ⲧⲉϥⲙⲁⲁⲩ· ⲁϥⲕⲱ ⲙ̄ⲙⲟⲥ ϩⲛ̄
ⲑⲓ̈ⲉ︦ⲗ︦ⲏ︦ⲙ︦ ⲉ ⲧⲣⲉ ⲥⲕⲱⲧ ⲛ̄ ⲟⲩⲉⲕⲕⲗⲏⲥⲓⲁ· ϩⲙ̄ ⲡⲙⲁ ⲙ̄
ⲡⲧⲁⲫⲟⲥ· ⲛ̄ⲥⲉⲙⲟⲩⲧⲉ ⲉ ⲣⲟⲥ ϫⲉ ⲁⲅⲓⲁ ⲁⲛⲁⲥⲧⲁⲥⲓⲥ·

ⲁⲅⲓⲁ ⲁⲅⲁⲡⲏ · ⲁⲅⲓⲁ ⲉⲓⲣⲏⲛⲏ · Ⲁⲩⲱ ⲡ̅ⲥⲉⲕⲱⲧ ⲛ̅ ⲕⲉ ⲟⲩⲉⲓ
ⲡ̅ⲥⲉⲙⲟⲩⲧⲉ ⲉ ⲣⲟⲥ ϫⲉ ⲁⲅⲓⲟⲩ ⲇⲓⲙⲓⲟⲩ| [ ] ⲥⲧⲟ [ ] Fol. 36 *b* 2
[ ] ⲙ̅ ⲡⲕⲣⲁⲛⲓⲟⲛ · ⲁⲩⲱ ⲁⲥⲕⲱⲧ ⲛ̅ ⲛⲉⲡⲗⲁϯⲁ · ⲙⲛ̅ ⲙ̅ⲙⲁ
ⲉⲧ ⲧⲁⲓⲏⲩ :—Ⲁϥⲕⲟⲧϥ ⲟⲛ ⲛ̅ϭⲓ ⲡⲣ̅ⲣⲟ · ⲕⲱⲛⲥⲧⲁⲛϯⲛⲟⲥ ·
ϩⲛ̅ ⲟⲩϫⲁⲓ̈ ⲉϥϯ ⲉⲟⲟⲩ ⲙ̅ ⲡⲉⲭ̅ⲥ̅ ⲙⲛ̅ ⲡⲉϥⲥ̅ϯⲟⲥ ⲉⲧ
ⲟⲩⲁⲁⲃ :—Ⲉⲁϥϫⲟⲟⲩ ⲉ ⲑⲓⲉⲗⲏⲙ̅ ⲛ̅ ⲧⲉϥⲙⲁⲁⲩ · ⲛ̅ ⲣ̅ⲭⲣⲓⲁ
ⲛⲓⲙ ⲉⲧ ⲉⲥⲁϩⲉ ⲛⲁⲩ · Ⲁⲩⲱ ⲛⲉⲩⲟϣ ⲛ̅ϭⲓ ⲛ̅ⲉⲧ ⲣ̅ ϩⲱⲃ
ⲉ ⲑⲓⲉⲗⲏⲙ̅ ⲛ̅ ⲃⲣ̅ⲣⲉ · ⲥⲭⲉⲇⲟⲛ ⲉ ϫⲟⲟⲥ ϫⲉ ⲥⲉⲟϣ ·
ⲛ̅ϩⲟⲩⲉ ⲛⲉⲧ ⲣ̅ ϩⲱⲃ ⲉ ⲡⲉⲣⲡⲉ ⲛ̅ ⲥⲟⲗⲟⲙⲱⲛ ⲙ̅ ⲡⲓⲟⲩ-
ⲟⲉⲓϣ :—Ⲁⲩⲱ ⲁⲩⲣ̅ ϩⲱⲃ ϣⲁⲛⲧ ⲟⲩϫⲱⲕ ⲉ ⲃⲟⲗ ⲛⲉⲧⲟⲡⲟⲥ
ⲉⲧ ⲟⲩⲁⲁⲃ · Ⲁⲩⲕⲟⲥⲙⲉⲓ ⲙ̅ⲙⲟⲟⲩ ⲛ̅ⲑⲉ ⲙ̅ ⲡⲉⲥⲧⲉⲣⲉⲱ |
[ⲙⲁ] [ ] ⲙ̅ ⲡⲉϥⲥⲁ · Ⲁϥϩⲁⲅⲓⲁⲍⲉ ⲙ̅ⲙⲟⲟⲩ ⲛ̅ϭⲓ ⲡⲡⲉⲧ Fol. 37 *a* 1
ⲟⲩⲁⲁⲃ ⲁⲡⲁ ⲓⲱⲥⲏⲫ ⲡⲁϩⲁⲅⲓⲁ (*sic*) ⲙ̅ ⲡⲟⲗⲓⲥ · ⲁⲩⲱ ϩⲁϩ ⲟ̅ⲁ̅
ⲛ̅ⲉⲡⲓⲥⲕⲟⲡⲟⲥ ⲛ̅ ⲟⲣⲑⲟⲇⲱⲍⲟⲥ ⲛⲉⲩ ⲛ̅ⲙ̅ⲙⲁϥ ⲡⲉ · ⲉ ⲁⲩⲉⲓ
ⲉ ⲡϫⲓⲛⲉⲓⲛ ⲙ̅ ⲡⲉⲥ̅ϯⲟⲥ ⲉⲧ ⲟⲩⲁⲁⲃ · Ⲁⲩⲱ ⲡⲉϩⲟⲟⲩ
ⲛ̅ⲧⲁⲩϩⲁⲅⲓⲁⲍⲉ · ⲛ̅ ϯϩⲁⲅⲓⲁ ⲛ̅ⲕⲕⲗⲏⲥⲓⲁ ⲛ̅ϩⲏⲧϥ · ⲡⲉ
ⲥⲟⲩ ⲙⲛ̅ⲧⲥⲁϣϥ ⲛ̅ ⲑⲟⲟⲩⲧ · ⲉⲧⲉ ⲡⲁⲓ ⲡⲉ ⲡⲉϩⲟⲟⲩ ⲙ̅
ⲡⲟⲩⲱⲛϩ̅ ⲉ ⲃⲟⲗ ⲙ̅ ⲡϩⲁⲅⲓⲟⲛ ⲛ̅ ⲥ̅ϯⲟⲥ ⲙⲛ̅ ⲡⲧⲁⲫⲟⲥ
ⲉⲧ ⲟⲩⲁⲁⲃ · Ⲁⲩⲱ ⲁⲩⲃⲁⲡϯⲍⲉ ⲛ̅ ⲓⲟⲩⲇⲁⲥ · ϩⲓⲧⲛ̅ ⲁⲡⲁ
ⲓⲱⲥⲏⲫ ⲡⲉⲡⲓⲥⲕⲟⲡⲟⲥ · ⲙⲛ̅ ⲛ̅ⲕⲉ ⲉⲡⲓⲥⲕⲟⲡⲟⲥ ⲛ̅ⲟⲣⲑⲟ-
ⲇⲱⲍⲟⲥ · ⲁⲩⲱ ⲛ̅ⲧⲟϥ ⲓⲟⲩⲇⲁⲥ · ⲁϥϣ|ⲱⲡⲉ ⲛ̅ ⲟⲩⲣⲱⲙⲉ Fol. 37 *a* 2
ⲛ̅ ⲟⲣⲑⲟⲇⲟⲍⲟⲥ ⲛ̅ ⲭⲣⲓⲥϯⲁⲛⲟⲥ ⲛ̅ ⲥⲱⲧⲡ̅ : Ⲁⲩⲱ ⲟⲩ-
ⲙⲏⲏϣⲉ ⲛ̅ⲓⲟⲩⲇⲁⲓ · ⲙⲛ̅ ⲟⲩⲙⲏⲏϣⲉ ⲛ̅ϩⲉⲑⲛⲟⲥ ⲁⲩⲃⲁⲡϯⲍⲉ
ⲙ̅ⲙⲟⲟⲩ : Ⲁⲩⲉⲓ ⲉⲩⲛⲁⲡⲉⲓⲧⲉⲗⲓ ⲛ̅ ⲧⲉⲡⲣⲟⲥⲫⲟⲣⲁ ⲉⲧ
ⲟⲩⲁⲁⲃ · ⲁⲩⲱ ⲁⲓϯ ⲉϥⲧⲁⲟⲩⲟ ⲛ̅ ⲧⲉⲩϣⲏ ⲉⲧ ⲟⲩⲁⲁⲃ ·
ⲛ̅ϭⲓ ⲁⲡⲁ ⲓⲱⲥⲏⲫ · Ⲉⲓⲥ ⲟⲩⲥ̅ϯⲟⲥ ⲛ̅ ⲟⲩⲟⲉⲓⲛ ⲁϥⲟⲩⲱⲛϩ̅
ⲉ ⲃⲟⲗ · ⲛ̅ ⲧⲡⲉ ⲧⲡⲉ (*sic*) ⲙ̅ ⲡⲧⲁⲫⲟⲥ ⲙ̅ ⲡⲥⲱⲣ̅ · ϫⲓⲛ ⲉ
ϣⲟⲣⲡ̅ ϣⲁⲧ ϫⲡ̅ ⲯⲓⲧⲉ ⲙ̅ ⲡⲉϩⲟⲟⲩ · Ⲁⲩⲱ ⲛⲉⲩⲑⲉⲱⲣⲓ
ⲙ̅ⲙⲟϥ ⲧⲏⲣⲟⲩ · ⲛ̅ϭⲓ ϩⲉⲑⲛⲟⲥ ⲛⲓⲙ · ⲉⲧ ⲟⲩⲏϩ ϩⲛ̅
ⲑⲓ̈ⲉ̈ⲗⲏⲙ̅ · ⲙⲛ̅ ⲟⲩⲟⲛ ⲛⲓⲙ ⲉⲧ ⲕⲱⲧⲉ ⲉ ⲣⲟⲥ · Ⲁⲩⲱ
ϩⲙ̅ ⲡⲛⲁⲩ ⲛ̅ ϫⲡ̅ ⲯⲓⲧⲉ · ⲁϥⲃⲱⲕ ⲉ ϩⲣⲁⲓ ⲉ ⲧⲡⲉ · ⲉⲩ-
ϭⲱϣⲧ ⲛ̅ⲥⲱϥ ⲧⲏⲣⲟⲩ · ⲛ̅|ⲇⲓⲕⲁⲓⲟⲥ ⲙⲛ̅ ⲛ̅ ⲣⲉϥⲣ̅ ⲛⲟⲃⲉ · Fol. 37 *b* 1
ⲁⲩⲱ ⲛⲉⲩⲙⲟⲕϩ̅ ⲛ̅ϩⲏⲧ · ϫⲉ ⲙⲉⲩⲑⲉⲱⲣⲓ ⲙ̅ⲙⲟϥ · ⲛ̅ ⲟ̅ⲃ̅
ⲕⲉ ⲥⲟⲡ · Ϩⲧⲟⲟⲩⲉ ⲇⲉ ⲟⲛ ⲛ̅ ⲧⲉⲣⲉ ϥϣⲱⲡⲉ · ⲁⲩⲉⲓ ⲉ

ⲡⲧⲁⲫⲟⲥ ϫⲉⲩⲡⲁϣⲗⲏⲗ (*sic*) · ⲁⲩⲛⲁⲩ ⲉ ⲡⲉⲥ̅ⳁ̅ⲟⲥ ⲛ̄ ⲟⲩ-
ⲟⲉⲓⲛ ⲛ̄ ϩⲟⲩⲛ ⲉ ⲡⲧⲁⲫⲟⲥ · ⲉϥⲛⲉϫ ⲁⲕⲧⲓⲛ ⲛ̄ ⲟⲩⲟⲉⲓⲛ
ⲉ ⲃⲟⲗ · ⲛ̄ⲑⲉ ⲛ̄ ⲟⲩⲉϥⲣⲏϭⲉ · ⲛ̄ ⲧⲉⲣⲉ ⲛⲁї ⲇⲉ ϣⲱⲡⲉ
ⲛ̄ϯϩⲉ : ⲁϥⲥϩⲁⲓ ⲛ̄ ϩⲛ̄ⲥϩⲁⲓ ⲛ̄ϭⲓ ⲡⲡⲉⲧ ⲟⲩⲁⲁⲃ · ⲁⲡⲁ
ⲉⲓⲱⲥⲏⲫ · ⲙⲛ̄ ⲧⲙⲁⲓⲛⲟⲩⲧⲉ ⲛ̄ ⲉⲩⲥⲉⲃⲏⲥ · ⲁⲩⲧⲁⲙⲉ
ⲡⲣ̄ⲣⲟ ⲕⲱⲛⲥⲧⲁⲛϯⲛⲟⲥ · ⲉ ϩⲱⲃ ⲛⲓⲙ ⲛ̄ⲧⲁⲩϣⲱⲡⲉ · ⲁⲩⲱ
ⲁϥⲣ̄ϣⲡⲏⲣⲉ ⲁϥϯ ⲉⲟⲟⲩ ⲙ̄ ⲡⲛⲟⲩⲧⲉ · ⲙⲛ̄ ⲡⲉϥⲥ̅ⳁ̅ⲟⲥ ⲉⲧ
ⲟⲩⲁⲁⲃ :—ⲁⲩⲱ ⲙⲛ̄ⲛ̄ⲥⲁ ⲛⲁⲓ ⲁϥⲙ̄ⲧⲟⲛ ⲙ̄ⲙⲟϥ ⲛ̄ϭⲓ
ⲁⲡⲁ ⲓⲱⲥⲏⲫ · ⲁⲩⲕⲁⲑⲓⲥⲧⲁ ⲛ̄ ⲓⲟⲩⲇⲁⲥ ⲉ ⲡⲉϥ[ⲙⲁ] · ⲁϥⲣ̄
Fol. 37 *b* 2 ⲙⲉϩ̄ ⲙⲛ̄ⲧⲏ | ⲛⲉ [nearly a line wanting] ⲉ ⲙ̄ ⲡⲉⲃ̄ⲃⲉ ϫⲓⲛ
ⲉ ⲛⲉⲛⲉⲓⲟⲧⲉ · ⲛ̄ⲁⲡⲟⲥⲧⲟⲗⲟⲥ :—ⲁⲩⲱ ⲁϥϣⲱⲡⲉ ⲛ̄ ⲥⲟⲉⲓⲧ
ϩⲛ̄ ⲧⲉϥⲙⲛ̄ⲧⲉⲡⲓⲥⲕⲟⲡⲟⲥ · ⲉ ⲧⲃⲉ ⲧϩⲟⲙⲟⲗⲟⲅⲉⲓⲁ ⲛ̄ ⲧⲉϥⲙⲛ̄ⲧ-
ⲟⲣⲑⲟⲇⲟⲝⲟⲥ · ⲛ̄ ⲧⲉⲣ ⲉϥⲛ̄ⲕⲟⲧⲕ̄ ⲇⲉ ⲛ̄ϭⲓ ⲓ̈ⲟⲩⲇⲁⲥ · ⲁϥϫⲓ
ⲛ̄ ⲧⲉϥⲙⲛ̄ⲧⲉⲡⲓⲥⲕⲟⲡⲟⲥ · ⲛ̄ϭⲓ ⲟⲩⲁ ϫⲉ ⲙⲁⲣⲕⲟⲥ · ⲉⲧⲉ
ⲡⲁⲓ ⲡⲉ ⲡϣⲟⲣⲡ̄ ⲛ̄ⲧⲁϥⲣ̄ ⲉⲡⲓⲥⲕⲟⲡⲟⲥ ⲉ ⲃⲟⲗ ϩⲛ̄ ⲑⲓⲉⲗⲏⲙ̄ ·
ⲛ̄ⲧⲁⲓⲧⲁⲩ ⲉ ⲛⲁⲓ ⲧⲏⲣⲟⲩ ⲉ ⲧⲉⲧⲛ̄ⲁⲅⲁⲡⲏ · ⲉⲓⲟⲩⲱⲛϩ̄ ⲛⲏⲧⲛ̄
ⲉ ⲃⲟⲗ · ϫⲉ ⲡⲉⲧ ϣ̄ϣⲉ ⲡⲉ · ⲉ ⲧⲣⲛ̄ⲣ̄ϣⲁ ϩⲙ̄ ⲡⲟⲩⲱⲛϩ̄
ⲉ ⲃⲟⲗ ⲙ̄ ⲡⲉⲥ̅ⳁ̅ⲟⲥ · ⲙ̄ ⲡⲉⲟⲟⲩ · ⲉⲧⲉ ⲥⲟⲩ ⲙⲛ̄ⲧⲥⲁϣϥ̄
ⲡⲉ ⲙ̄ ⲡⲉⲃⲟⲧ ⲑⲟⲟⲩⲧ · ⲉⲓⲥ ϩⲏⲏⲧⲉ ϭⲉ ⲧⲉⲛⲟⲩ ⲁ ⲡϩⲱⲃ
Fol. 38 *a* 1 ⲟⲩⲱⲛϩ̄ ⲛⲁⲛ ⲉ ⲃⲟⲗ · ϩⲓⲧⲛ̄ ⲛⲓⲁⲡⲟⲧⲉⲝⲓⲥ ⲧⲏⲣⲟⲩ | [nearly
ⲟⲅ̅ a line wanting] ⲟⲩⲱⲛϩ̄ ⲉ ⲃⲟⲗ ⲙ̄ ⲡⲉⲥ̅ⳁ̅ⲟⲥ · ⲙⲛ̄ ⲡϫⲓⲁⲉⲓⲕ
ⲛ̄ ϩⲁⲅⲓⲁ ⲛ̄ⲕ̄ⲕⲗⲏⲥⲓⲁ ⲛ̄ ⲧⲁⲛⲁⲥⲧⲁⲥⲓⲥ :—ⲉⲧⲉ ⲥⲟⲩ ⲙⲛ̄ⲧ-
ⲥⲁϣϥ̄ ⲡⲉⲃⲟⲧ ⲧⲉ ⲑⲱⲟⲩⲧ ⲡⲉ · ⲕⲁⲧⲁ ⲛ̄ ⲣⲙ̄ ⲛ̄ ⲕⲏⲙⲉ :—
ⲉⲓⲥ ⲛⲁⲓ ⲙⲛ̄ ⲁⲓϫⲟⲟⲩ ϣⲁ ⲡⲓ ⲙⲁ · ⲉ ⲡⲉⲟⲟⲩ ⲙⲛ̄ ⲡⲧⲁⲉⲓⲟ
ⲙ̄ ⲡⲉⲥ̅ⳁ̅ⲟⲥ ⲉⲧ ⲟⲩⲁⲁⲃ :—ⲙⲁⲣⲛ̄ ϩⲱ ⲉ ⲣⲟⲛ ϣⲁ ⲡⲓ ⲙⲁ ·
ⲛ̄ⲧⲛ̄ϯ ⲙ̄ ⲡⲛⲟⲩⲟⲓ ⲉ ⲡⲃⲁⲡⲧⲓⲥⲧⲏⲣⲓⲟⲛ · ⲙⲛ̄ ⲧⲉⲑⲩⲥⲓⲁ
ⲉⲧ ⲟⲩⲁⲁ̄ⲃ ϫⲉ ⲁ ⲡⲛⲁⲩ ⲡⲣⲟⲕⲟⲡⲧⲉ · ⲙⲁⲗⲗⲟⲛ ⲉ ⲧⲃⲉ
ⲡϩⲓⲥⲉ · ⲛ̄ⲛ̄ ⲛ̄ⲧⲁⲩⲉї ϣⲁ ⲣⲟⲛ · ⲉ ⲡⲉⲓ ⲧⲟⲡⲟⲥ · ⲉⲧ
ⲟⲩⲁⲁⲃ ⲙ̄ⲡⲟⲟⲩ · ⲉⲩϯ ⲉⲟⲟⲩ ⲙ̄ ⲡϫⲟⲉⲓⲥ ⲓ̅ⲥ̅ ⲡⲉⲭ̅ⲥ̅ · ⲙⲛ̄
ⲡⲉϥⲥ̅ⳁ̅ⲟⲥ ⲉⲧ ⲟⲩⲁⲁⲃ · ⲛ̄ ⲣⲉϥⲧⲟⲩϫⲟ ⲛ̄ ⲟⲩⲟⲛ ⲛⲓⲙ ⲉⲧ
Fol. 38 *a* 2 ⲡ|ⲓⲥⲧⲉⲩⲉ ⲉ ⲣⲟϥ · ⲕⲁⲓ ⲅⲁ[ⲣ] ⲛ̄ϣⲁϫⲉ ⲙ̄ ⲡⲛⲟⲩⲧⲉ ⲥⲉ-
ⲥⲟⲧⲡ̄ ⲉ ⲡⲛⲟⲩⲃ ⲙⲉⲛ ⲡⲱⲛⲉ ⲙ̄ ⲙⲉ · ⲥⲉϩⲟⲗϭ̄ ⲉ ⲡⲉϥⲉⲓⲱ
ⲙⲛ̄ ⲡⲉⲙⲟⲩⲗϩ̄ · ⲛ̄ϩⲙ̄ϩⲁⲗ ⲙ̄ ⲡⲛⲟⲩⲧⲉ ϩⲁⲣⲉϩⲉⲣⲟⲟⲩ ·
ⲙⲛ̄ⲣ̄ ⲧⲣⲉ ⲛϩⲉ ⲉ ⲣⲟⲛ ⲉⲛⲣ̄ ϣⲁ ⲙ̄ ⲡϩⲁⲅⲓⲟⲛ ⲛ̄ ⲥ̅ⳁ̅ⲟⲥ

ϩⲙ̄ ⲟⲩⲱⲛϩ̄ ⲉ ⲃⲟⲗ· ⲛ̄ⲧⲉⲛⲧⲱϩ ϩⲱⲱⲛ ⲙⲉⲛ ⲛ̄ϩⲃⲏⲩⲉ·
ⲛ̄ⲛ ⲛ̄ϩⲉⲑⲛⲟⲥ· Ⲙ̄ⲡⲣ̄ ⲧⲣ ⲛ̄ ϩⲉ ⲉ ⲣⲟⲛ ⲛ̄ ϯⲉⲟⲟⲩ ⲙ̄ ⲡⲉⲭ̄ⲥ̄·
ⲛ̄ⲥⲙⲟⲩ ⲉ ⲣⲟϥ· ϩⲙ̄ ⲡ̄ ⲛ̄ⲥⲡⲟⲧⲟⲩ ⲙ̄ⲙⲁⲧⲉ· Ⲉⲛⲙⲉⲉⲩⲉ
ⲉ ⲃⲟⲗ ϩⲙ̄ ⲛⲉⲛϩⲏⲧ· ⲉ ⲧⲃⲉ ⲧⲙⲛ̄ⲧϩⲁϩ ⲛ̄ⲛⲟⲩⲧⲉ ⲛ̄ ⲛ̄-
ϩⲉⲗⲗⲏⲛ· ⲟⲩⲉⲧ ⲡϣⲁϫⲉ ⲟⲩⲉⲧ ⲡⲙⲱⲕⲙⲉⲕ· ⲟⲩⲉⲧ
ⲧϩⲟⲙⲟⲗⲟⲅⲓⲁ ⲙ̄ ⲡⲗⲁⲥ· ⲟⲩⲉⲧ ⲧⲡⲓⲥϯⲥ ⲉⲧ ϫⲏ[ⲕ ⲉ] ⲃⲟⲗ
ϩⲙ̄ ⲡϩⲏⲧ· Ⲁ ⲡⲉⲫⲩⲥⲓⲁ ⲇⲉ [...] | ⲙⲟⲛ ⲉ ⲧⲃⲉ ⲟⲩⲧⲃ̄ⲛⲏ Fol. 38 b 1
ⲛ̄ⲁⲗⲟⲅⲟⲛ· ⲉϥϩⲛ̄ ⲛ̄ⲧⲟⲩⲓⲏ· ⲛ̄ϣⲁⲩⲙⲟⲩⲧⲉ ⲉ ⲣⲟϥ· ϫⲉ ⲟⲇ̄
ⲕⲁⲙⲉⲗⲉⲟⲡⲁⲣⲇⲁⲗⲓⲥ· ⲉϥⲟ ⲛ̄ⲛⲟϭ ⲉ ⲡ̄ϩⲟⲩⲟ· Ⲉϥⲉⲓⲛⲉ
ⲛ̄ ⲟⲩϭⲁⲙⲟⲩⲗ ϩⲓⲑⲏ ⲙ̄ⲙⲟϥ· ⲁⲩⲱ ⲟⲩϩⲟ ⲙ̄ⲙⲁⲥⲉ ⲡⲉ
ϩⲓ ⲡⲁϩⲟⲩ ⲙ̄ⲙⲟϥ· Ⲉϥⲟ ⲛ̄ ⲧϭⲟⲧ ⲛ̄ ⲟⲩϭⲁⲙⲟⲩⲗ· ⲁⲩⲱ
ⲟⲛ ⲉⲣⲉ ⲡϥ̄ⲥⲙⲟⲧ ⲉⲓⲛⲉ ⲛ̄ ⲟⲩϭⲁⲙⲟⲩⲗ· ϩⲱⲥ ⲧⲉ ⲛϥ̄ⲡⲱϩ
ⲉ ⲡϩⲏⲧ ⲛ̄ϣⲏⲛ ⲉⲧ ϫⲟⲟⲥⲉ· ⲛϥ̄ⲟⲩⲱⲙ ⲉ ⲃⲟⲗ ⲛ̄ϩⲏⲧⲟⲩ
ⲉϥⲟ ⲛ̄ ⲙⲓ̈ⲛⲉ ⲙⲓ̈ⲛⲉ· ⲉϥⲟ ⲛ̄ⲁⲩⲉⲓⲁⲛ· Ⲡⲁⲓ ⲇⲉ ϥⲥⲟⲟϥ
ϩⲙ̄ ⲡϥ̄ϩⲏⲧ· ⲙⲛ̄ ⲡϥ̄ⲥⲱⲙⲁ· Ⲧⲁⲓ ϩⲱⲱϥ ⲧⲉ ⲑⲉ ⲛ̄
ⲛⲉϩⲉⲣⲉϯⲕⲟⲥ· ⲛ̄ ⲁⲧ ⲛⲟⲩⲧⲉ· ⲛ̄ⲥⲉϭⲉⲉⲧ ⲁ[...]ⲟⲩⲙⲉⲉⲩⲉ
ⲛ̄ ⲟⲩⲱⲧ· | Ⲉ [one line wanting] ϩⲁ ⲡⲣⲁⲛ ⲙ̄ ⲡⲉ[ⲥ̄⳨ⲟⲥ]· Fol. 38 b 2
ⲥⲉⲉⲓⲣⲉ ⲙ̄ⲙⲟϥ[...][ⲣⲱ]ⲙⲉ ⲙ̄ⲙⲁⲧⲉ· Ⲉϣϫⲉ ⲟⲩⲣ[ⲱⲙⲉ]
ⲙ̄ⲙⲁⲧⲉ ⲡⲉ ⲡⲉ[ⲭ̄ⲥ̄] ⲁⲩⲱ ⲛ ⲟⲩⲛⲟⲩⲧⲉ ⲁⲙ ⲡⲉ· Ⲱ̄
ⲛ̄ϩⲉⲣⲉϯⲕⲟⲥ· ⲉⲓ̈ ⲉⲕϣⲙ̄ϣⲉ ⲛ̄ⲧⲟⲕ ⲛ̄ ⲟⲩⲣⲱⲙⲉ· Ⲡⲉⲕϩⲏⲧ
ⲅⲁⲣ ⲟⲛ ⲙⲉⲓⲛⲉ ⲙⲉⲓⲛⲉ· ⲁⲩⲱ ⲙ̄ⲡ ⲕ̄ϭⲱ ϩⲙ̄ ⲟⲩⲙⲉⲉⲩⲉ
ⲛ̄ ⲟⲩⲱⲧ ⲱ̄ ⲛ̄ϩⲉⲣⲉϯⲕⲟⲥ· Ⲡⲁⲣⲁ ⲟⲩⲕⲟⲩⲓ ⲛ̄ⲅ̄ ϫⲟⲟⲥ
ⲛ̄ϯϩⲉ· ϫⲉ ⲛ̄ ⲟⲩⲛⲟⲩⲧⲉ ⲁⲛ ⲡⲉ ⲙ̄ⲙⲁⲛⲟⲩⲏⲗ· Ⲡⲉⲕ-
ⲙⲟⲥⲧⲉ ⲅⲁⲣ ⲱ̄ ⲛ̄ϩⲉⲣⲉϯⲕⲟⲥ· ⲡⲉ ⲡⲙⲁⲉⲓⲛ ⲛ̄ ⲧⲟⲣⲑⲟ-
ⲇⲟⲝⲓⲁ· Ⲉⲕⲡⲏⲧ ⲉ ⲃⲟⲗ ⲙ̄ⲙⲟⲥ ⲛ̄ⲕⲙⲟⲥⲧⲉ ⲙⲛ̄ ⲡⲕ-
ⲙⲉⲉⲩⲉ ϫⲟⲟⲥ ⲉ ⲉⲓⲕⲏ· ⲕⲟⲩⲱⲙ | [...]ⲟⲩ· Fol. 39 a 1
ⲙⲛ̄ [...] ϫⲉⲕⲱϣ[...] ⲧⲉⲗⲓⲟⲛ [ⲉⲧ [ⲟⲉ̄]
ⲟⲩⲁ]ⲁⲃ· ⲁⲩⲱ ⲕⲱⲡ ⲛ̄ ⲛⲉⲩϣⲁϫⲉ· ⲉ ϩⲛ̄ϣⲃⲱ ⲛ̄ϩⲗⲗⲟ·
Ⲙ̄ⲡⲱⲣ ⲱ̄ ⲡⲉⲭⲣⲓ̈ⲥϯⲁⲛⲟⲥ ⲉⲧ ⲛⲡⲉ ⲉ ⲡⲉⲭ̄ⲥ̄· ⲙ̄ⲡⲣ̄
ⲧⲣⲛ̄ⲙⲉⲉⲩⲉ ⲉ ⲛⲁ ⲛ̄ϩⲉⲣⲉϯⲕⲟⲥ· ⲟⲩⲇⲉ ⲙ̄ⲡⲣ̄ ⲧⲣ ⲛ̄ⲃⲱⲕ
ⲉ ϩⲟⲩⲛ· ⲉ ⲛⲉⲩⲉⲕⲕⲗⲏⲥⲓⲁ ⲛ̄ⲧⲉⲧⲛ̄ϣⲗⲏⲗ ϫⲉ ⲛ̄ ϩⲛⲉⲕ-
ⲕⲗⲏⲥⲓⲁ ⲁⲛ ⲛⲉ· Ⲁⲗⲗⲁ ϫⲡⲟ ⲛⲏⲧⲛ̄ ⲛ̄ ⲟⲩⲙⲉⲉⲩⲉ· ⲉⲧ
ⲛⲁⲛⲟⲩϥ· ⲙⲛ̄ ⲟⲩⲡⲓⲥϯⲥ ⲉⲥϫⲏⲕ ⲉ ⲃⲟⲗ· ⲉ ϩⲟⲩⲛ ⲉ
ⲡⲛⲟⲩⲧⲉ ⲙⲛ̄ ⲡϥ̄ⲥ⳨ⲟⲥ ⲉⲧ ⲟⲩⲁⲁⲃ· Ⲁⲩⲱ ⲛ̄ⲧⲉⲧⲛ̄ϫⲟⲟⲥ

Fol. 39 *a* 2 ϩⲙ̄ ⲡⲉⲧⲛ̄ϩⲏⲧ ⲧⲏⲣϥ̄· ϫⲉ ⲟⲩⲛⲟⲩ|ⲧⲉ ⲁⲛ ⲡⲉ ⲙ̄ⲙ[ⲁⲛⲟⲩ]ⲏⲗ·
ⲉ ⲁϥⲣ̄ ⲣⲱ[ⲙⲉ]· Ⲁⲩⲱ ⲙ̄ⲡⲉ ⲧϥ[ⲙⲛ̄ⲧ]ⲛⲟⲩⲧⲉ ⲡⲱⲱⲛⲉ ⲉ
ⲧ[ϥ]ⲙⲛ̄ⲧⲣⲱⲙⲉ· ⲛ̄ ⲟⲩⲥⲟⲩ ⲛ̄ ⲟⲩⲱⲧ· ⲏ ⲟⲩⲣⲓⲕⲉ ⲛ̄ⲃⲁⲗ·
ⲁⲗⲗⲁ ⲛ̄ϩⲟⲩⲟ ⲁϥϯ ⲉⲟⲟⲩ ⲛⲁⲛ· ϫⲉ ⲁϥⲫⲟⲣⲓ ⲛ̄ ⲧⲥⲁⲣⲝ̄·
ⲡⲛⲟⲩⲧⲉ ⲡⲉ ϩⲛ̄ ⲟⲩⲙⲉ: Ⲉ ⲃⲟⲗ ϩⲛ̄ ⲧⲟⲩⲥⲓⲁ ⲙ̄ ⲡⲓⲱⲧ
ⲙⲛ̄ ⲡⲉⲡⲛ̄ⲁ̄ ⲉⲧ ⲟⲩⲁⲁⲃ· Ⲡⲉⲛⲧⲁϥⲉⲓⲣⲉ ⲙ̄ ⲡⲉϥⲥ̄ⲧ̄ⲟ̄ⲥ· ⲛ̄
ⲟⲩⲑⲩⲥⲓⲁⲥⲧⲏⲣⲓⲟⲛ· Ⲁⲩⲱ ⲛ̄ⲧⲟϥ ⲡⲉⲧ ϣⲟⲡ ⲉ ⲣⲟϥ
ⲛ̄ⲧⲉϥⲑⲩⲥⲓⲁ ⲙ̄ⲙⲓⲛ ⲙ̄ⲙⲟϥ· Ⲛ̄ⲧⲟⲕ ϩⲱⲱⲕ ⲱ̄ ⲉⲓⲥⲁⲕ
ⲡⲥⲁⲙⲁⲣⲓⲧⲏⲥ· ⲡⲁⲓ ⲉⲧ ⲟⲩⲱϣ ⲉ ⲟⲡ▨ ⲡⲱϩ ⲉⲙ̄ ⲡⲉⲭ̄ⲥ̄·
ϩⲓⲧⲛ̄ ⲡⲃⲁⲡⲧⲓⲥ[ⲙⲁ ⲛ̄]ⲧⲉⲕⲛⲁϫⲓⲧ▨ ϫⲉ ⲁⲛϣ▨|
Fol. 39 *b* 1 ▨ⲉ ⲉ ⲣⲁⲛⲁⲕ ⲙⲛ̄[ⲛ̄]ϣⲁϫⲉ ⲛ̄ ⲁⲡⲁ ⲃⲁ[ⲭⲟⲥ]· ⲡⲡⲣⲉⲥⲃⲩ-
[ⲟⲉ] ⲧⲉⲣⲟⲥ· ⲁⲩⲱ ⲕⲡⲓⲥⲧⲉⲩⲉ ⲉ ⲡⲛⲟⲩⲧⲉ ϩⲙ̄ ⲡⲕϩⲏⲧ ⲧⲏⲣⲉϥ:
Ⲉⲓⲉϯ *(sic)* ⲙ̄ ⲡⲕⲟⲩⲟⲓ ⲉ ⲡⲃⲁⲡⲧⲓⲥⲙⲁ· ⲛ̄ⲅ̄ ϫⲓⲧϥ ϩⲛ̄ ⲟⲩ-
ⲧⲃ̄ⲃⲟ· ⲙⲛ̄ ⲟⲩⲡⲓⲥⲧⲓⲥ· ⲡⲉⲧⲣⲟⲡⲟⲥ ⲅⲁⲣ· ⲡⲉⲧ ⲥⲩⲛϩⲓⲥⲧⲁ ⲛ̄
ⲧⲕⲡⲓⲥⲧⲓⲥ· ⲙⲛ̄ ⲧⲕⲡⲣⲟϩⲁⲓⲣⲉⲥⲓⲥ: Ⲉϣϫⲉ ⲉⲕⲟ ⲛ̄ϩⲩⲁⲩ-
ⲙⲟⲥ· ϩⲙ̄ ⲡⲕϩⲏⲧ ⲧⲏⲣϥ̄· ⲉⲓⲉ ⲧⲛ̄ⲥⲃ̄ⲧⲱⲧ ϩⲱⲱⲛ ⲉ ϫⲱⲕ
ⲉ ⲃⲟⲗ· ⲙ̄ ⲡⲕⲟⲩⲱϣ· Ⲁϥⲱϣ ⲉ ⲃⲟⲗ ϩⲛ̄ ⲟⲩⲛⲟϭ ⲛ̄
ⲥⲙⲏ· ⲛ̄ϭⲓ ⲓⲥⲁⲕ ⲡⲥⲁⲙⲁⲣⲓⲧⲏⲥ [ⲉ]ϥϫⲱ ⲙ̄ⲙⲟⲥ· [ϯ]ⲡⲓ-
Fol. 39 *b* 2 ⲥⲧⲉⲩⲉ ⲁⲩⲱ [ϯⲛⲁϩⲟⲙⲟⲗⲟ]ⲅⲉⲓ· ⲙ̄ ⲡ[ⲛ̄ϫⲟ]ⲉⲓⲥ· | ▨
[one line wanting] ⲉⲧ ⲟ ⲛ▨ⲥⲁ▨ⲛ ⲡⲁⲣⲑⲉⲛⲟⲥ
ⲉⲧ ⲟⲩⲁ[ⲁⲃ]· Ⲁⲩⲱ ⲁ▨ⲟⲥⲙⲟⲥ· ⲁⲩⲥ̄ⲧ̄ⲟ̄ⲩ [ⲙ̄]ⲙⲟϥ
ϩⲁ ⲣⲟⲛ▨Ⲁϥⲧⲱⲟⲩⲛ ⲉ ⲃⲟⲗ ϩⲛ̄ ⲛⲉⲧ ⲙⲟⲟⲩⲧ· ⲙ̄ ⲡⲙⲉϩ
ϣⲟⲙⲛ̄ⲧ ⲛ̄ϩⲟⲟⲩ· Ⲁϥⲃⲱⲕ ⲉ ϩⲣⲁⲓ ⲉⲛ ⲙ̄ⲡⲏⲩⲉ· ⲁϥ-
ϩⲙⲟⲟⲥ ⲛ̄ⲥⲁ ⲟⲩⲛⲁⲙ ⲙ̄ ⲡⲛⲟⲩⲧⲉ· Ⲁⲩⲱ ϥⲛⲏⲩ ⲉ ⲕⲣⲓⲛⲉ
ⲛ̄ ⲛⲉⲧ ⲟⲛϩ̄· ⲙⲛ̄ ⲛⲉⲧ ⲙⲟⲩⲧ· ⲛϥϯ ⲙ̄ ⲡⲟⲩⲁ ⲡⲟⲩⲁ
ⲕⲁⲧⲁ ⲛ̄ϩⲃⲏⲩⲉ· Ⲁⲩⲱ ϩⲙ̄ ⲡⲣϥϩⲟⲙⲟⲗⲟⲅⲓ ϩⲓ ⲛⲁⲓ·
ϩⲛ̄ ⲟⲩϩⲏⲧ ⲉϥⲥⲟⲩⲧⲱⲛ ⲙⲛ̄ ⲛ̄ⲧ ⲛ̄ⲙ̄ⲙⲁϥ ⲧⲏⲣⲟⲩ·
Ⲁⲩϫⲓ ⲃⲁⲡⲧⲓⲥⲙⲁ ⲉ ⲡⲣⲁⲛ ⲉ ⲡⲉⲓⲱⲧ ⲙⲛ̄ ⲡϣⲏⲣⲉ ⲙⲛ̄
Fol. 40 *a* 1 ⲡⲉⲡ|[ⲛ̄ⲁ̄ ⲉⲧ ⲟⲩⲁⲁⲃ]▨ [about five lines wanting] ⲙⲁ▨
[ⲟⲍ] ϯ ⲉⲟⲟⲩ ⲙ̄ ⲡⲛⲟⲩⲧⲉ· ⲙⲛ̄ ⲡⲉϥⲥ̄ⲧ̄ⲟ̄ⲥ ⲉⲧ ⲟⲩⲁⲁⲃ· Ⲟⲩ-
ⲛⲟϭ ⲅⲁⲣ ⲁⲗⲏⲑⲱⲥ· ⲡⲉ ⲡⲉⲟⲟⲩ ⲙ̄ ⲡⲛ̄ⲛⲟⲩⲧⲉ· ⲙⲛ̄
ⲡⲉⲟⲟⲩ ⲛⲧⲁϥⲭⲁⲣⲓⲍⲉ ⲙ̄ⲙⲟϥ ⲛⲁⲛ· ⲙⲛ̄ ⲡⲛ̄ⲅⲉⲛⲟⲥ
ⲁ̄ⲛⲟⲛ ⲛⲉⲭ̄ⲣⲓⲥ̄ⲧ̄ⲁ̄ⲛⲟⲥ· Ⲉ ⲧⲣ ⲛ̄ϣⲱⲡⲉ ⲉⲛⲧⲛ̄ⲧⲱⲛ ⲉ ⲣⲟϥ
ϩⲛ̄ ⲛ̄ ⲛ̄ϩⲃⲏⲩⲉ ⲧⲏⲣⲟⲩ· ⲉ ⲁⲛⲁⲁⲩ ⲉⲩⲉⲣⲁⲛⲁϥ ⲙ̄

ⲡⲛⲟⲩⲧⲉ · ⲛ̄ ⲟⲩⲟⲉⲓϣ ⲛⲓⲙ · Ⲁⲩⲱ ⲛ̄ ⲟⲩ[ⲱϣ]ⲧ̄ ⲙ̄ ⲡⲉⲥ̄-
ϯⲟⲥ ⲛ̄[ⲟⲩⲟⲉⲓ]ϣ ⲛⲓⲙ · ⲉ ⲧⲃ̄[ⲉ] ⲛⲧⲁϥⲁⲗⲉ ⲉ ϫⲱ[ϥ] |
[one or two lines wanting] Ⲡⲁⲓ ⲡⲉⲟⲟⲩ [ⲛⲁϥ ⲙⲛ̄] ⲡⲉϥⲉⲓⲱⲧ Fol. 40 *a* 2
ⲛ̄[ⲁⲅⲁⲑ]ⲟⲥ · ⲙⲛ̄ ⲡⲉⲡⲛ̄ⲁ̄ [ⲉⲧ] ⲟⲩⲁⲁⲃ · ⲛ̄ ⲣϥ̄ⲧ[ⲁⲛ]ϩⲟ
ⲁⲩⲱ ⲛ̄ ϩⲟⲙⲱⲟⲩⲥⲓⲱⲛ · ⲧⲉⲛⲟⲩ ⲁⲩⲱ ⲛ̄ ⲟⲩⲟⲉⲓϣ ⲛⲓⲙ ·
ϣⲁ ⲉⲛϩ̄ ⲡⲉⲛϩ̄ ϩⲁⲙⲏⲛ ·

ⲡⲟⲟⲩ ⲡⲁⲓ ⲓ̄ⲉ̄ ⲙ̄ ⲡⲁⲱⲛⲉ ϯⲣⲟⲙⲡⲉ ⲧⲁⲓ ⳩ ⲙⲁⲣ ⲯⲝⲑ
ⲥⲁⲣⲁⲅⲉⲛͦ ⲩ̄ⲙ̄ⲏ̄ ⲉⲣⲉ ⲡⲉⲭ̄ⲥ̄ ⲟ ⲛ ⲉⲣ̄ⲣⲟ ϩⲓ ϫⲱⲛ ϩⲁⲙⲏⲛ ·

Ⲁⲣⲓ ⲡⲁ ⲙⲉⲉⲩⲉ ⲛ ⲁⲅⲁⲡⲏ · ⲁⲛⲟⲕ ⲡⲓⲣϥ̄ⲣ̄ ⲛⲟⲃⲉ ⲙ̄ ⲡⲁⲣⲁ
ⲡⲕⲁϩ · ⲧⲏⲣϥ̄ · ⲡⲓ̈ ⲁⲧ ⲙ̄ⲡϣⲁ ⲙ̄ ⲡⲓ ⲣⲁⲛ ϫⲉ ⲁ[...]ⲙⲣ̄ⲕⲟⲩⲣⲉ ·
ⲡⲩ̄ⲥ̄ ⲙ̄ ⲡⲁⲡⲁⲙⲉⲟⲥ · ⲁⲣⲓ ⲡⲁ ⲙⲉⲩⲉ ⲛ̄ ⲁⲅⲁⲡⲏ · ϫⲉ ⲁⲛⲅ̈ ⲟⲩⲕⲟⲩⲓ
ⲙ̄ⲡⲁ ϯⲛⲟⲓ ⲕⲁⲗͦ[...]ⲗⲁⲉⲓⲥ ϫ[ⲓ]ⲥⲃⲱ ⲛ̄[...]
[one or two lines wanting] | [...]ϫⲓⲛⲛ[...]ⲗ[...] Fol. 40 *b* [ⲟ̄ⲏ̄]
[...]ⲙ̄ ⲡⲉⲓⲱⲧ[...]
ⲛⲧⲉ ⲭⲏⲣⲁ · ⲛⲓⲣⲏⲛ[...]
ⲁⲗⲙⲟⲥ ⲙ̄ ⲡⲉⲓⲱⲧ[...]
ⲙ̄ ⲡⲛ̄ ⲙⲁⲓ ⲛⲟⲩⲧⲉ ⲛ[...]
ⲡⲩ̄ⲥ̄ ⲙ̄ⲙⲁϣⲡⲕⲁ · ⲙ̄[...]
ⲡⲁ ⲡⲧⲟϣ ⲡⲁⲭⲱⲣⲁ ⲛ̄ⲧⲉ ⲛ[...]
ⲛ̄ⲧⲁϥϫⲱ ⲉ ⲃⲟⲗ ϩⲛ̄ ⲛⲉϥϩⲓⲥⲉ ⲙ̄ⲙⲓⲛ ⲙ̄ⲙⲟϥ ⲁϥⲥ-
ⲙⲛ̄ · ⲡⲓⲕⲁⲓⲫⲁⲗⲁⲓⲟⲛ ⲛ̄ ϫⲱⲱⲙⲉ · ⲁϥⲕⲁⲁϥ ϩⲛ̄ ⲧⲕ-
ⲕⲗⲏⲥⲓⲁ · ⲙ̄ ⲡⲉⲥ̄ϯⲟⲥ ⲙ̄ ⲡ̄ϯⲉ ⲥⲉⲣⲣⲁϩ ϩⲁ ⲡⲟⲩϫⲁⲓ ⲛ̄
ⲧⲉϥⲯⲩⲭⲏ · ⲉⲣⲉ ⲡⲛⲟⲩⲧⲉ ⲥⲙⲟⲩ ⲉ ⲣⲟϥ ϩⲛ̄ ⲥ (*sic*)
ⲥⲙⲟⲩ ⲛⲓⲙ ⲙ̄ ⲡⲛ̄ⲕⲱⲛ · ⲁⲩⲱ ⲛ̄ ⲉⲡⲟⲩⲣⲁⲛⲓⲟⲛ ·
ⲛ̄ⲧⲟϥ ⲙⲛ̄ ⲧⲉϥⲥϩⲓⲙⲉ · ⲙⲛ̄ ⲛⲉϥϣⲏⲣⲉ · ⲙⲛ̄ ⲉⲛⲕⲁ
ⲛⲓⲙ ⲉⲧ ⲛ̄ⲧⲁϥ · ⲛⲉϥⲥϩⲁⲓ ⲉ ⲡⲉϥⲣⲁⲛ ⲉ ⲡϫⲱⲱⲙⲉ ⲙ̄

ⲡⲱⲛϩ̄· ⲛϥ̄ⲁⲁϥ ⲛⲙ̄ϣⲁ· ⲙ̄ ⲡⲣⲁϣⲉ ⲡ̄ ⲧϥ̄ⲁⲛ-
ⲁⲥⲧⲁⲥⲓⲥ· ⲙⲛ̄ ⲛϥ̄ⲡⲉⲧ ⲟⲩⲁⲁⲃ ⲧⲏⲣⲟⲩ ϩⲁⲙⲏⲛ·

———··———··———··——··———··
———··———··———··——··——··

ⲟⲩⲛⲁ ⲙ̄ ⲡⲉⲧ ⲥϩⲁⲓ· ⲟⲩⲥⲟⲟⲩⲛ ⲙ̄ ⲡⲉⲧ ⲱϣ· ⲟⲩⲙⲉ-
ⲧⲁⲛⲟⲓⲁ ⲙ̄ ⲡ̄ⲧ ⲥⲱⲧⲙ̄· ϩⲁⲙⲏⲛ ⲉⲥⲉϣⲱⲡⲉ·

———··——··——— ··——··———··
———··———··——— ··———··——··

ⲓ̄ⲥ̄ ⲭ̄ⲥ̄ ⲟ̄ⲩ̄ ⲭⲁⲣⲙ (sic)

THE MARTYRDOM OF SAINT MERCURIUS THE GENERAL

(Brit. Mus. MS. Oriental, No. 6801)

ⲦⲘⲀⲢⲦⲨⲢⲒⲀ Ⲛ ⲪⲀⲄⲒⲞⲤ ⲘⲈⲢⲔⲞⲨⲢⲒⲞⲤ ⲠⲈⲤⲦⲢⲀⲦⲎⲖⲀⲦⲎⲤ ⲀⲨⲰ ⲠⲘⲀⲢⲦⲨⲢⲞⲤ ⲈⲦ ⲞⲨⲀⲀⲂ Ⲙ̅ ⲠⲈⲬ̅Ⲥ̅ Ⲛ̅ⲦⲀϤϪⲞⲔⲤ̅ Ⲉ ⲂⲞⲖ ϨⲢⲀⲒ ϨⲘ̅ ⲠⲞⲞⲨ Ⲛ̅ϨⲞⲞⲨ ⲈⲦⲈ ⲠⲈⲒ ⲠⲈ ⲤⲞⲨ ϪⲞⲦⲈ Ⲙ̅ ⲠⲈⲂⲞⲦ ⲀⲐⲰⲢ ϨⲚ̅ ⲞⲨⲈⲒⲢⲎⲚⲎ Ϥ̅Ⲑ̅ · Fol. 2 *a* ⲁ̅

ϩⲙ̅ ⲡⲉⲟⲩⲟⲉⲓϣ ⲛ̅ ⲇⲉⲕⲓⲟⲥ ⲙⲛ̅ ⲟⲩⲁⲗⲉⲣⲓⲁⲛⲟⲥ ⲉⲩⲟ ⲛ̅ⲣ̅ⲣⲟ ϩⲛ̅ ⲧⲛⲟϭ ⲙ̅ ⲡⲟⲗⲓⲥ ϩⲣⲱⲙⲏ· ⲁⲩⲕⲱ ⲉ ϩⲣⲁⲓ ⲛ̅ ⲟⲩⲇⲓⲁⲧⲁⲅⲙⲁ ⲙⲛ̅ ⲟⲩϣⲟϫⲛⲉ ⲛ̅ ⲟⲩⲱⲧ ϩⲱⲥ ⲧⲉ ⲉ ⲧⲣⲉ ⲟⲩⲟⲛ ⲛⲓⲙ ϩⲙ̅ ⲙⲁ ⲛⲓⲙ· ⲑⲩⲥⲓⲁⲍⲉ ⲛ̅ ⲛ̅ⲛⲟⲩⲧⲉ ⲛ̅ⲥⲉⲟⲩⲱⲧⲛ̅ ⲛⲁⲩ ⲉ ⲃⲟⲗ· ⲁⲩⲱ ⲁⲩⲙⲟⲩⲧⲉ ⲉ ⲛ̅ⲥⲩⲅⲕⲗⲏϯⲕⲟⲥ ⲧⲏⲣⲟⲩ· ⲁⲩⲕⲱ ⲛⲁⲩ ⲉ ϩⲣⲁⲓ ⲛ̅ ⲛⲉ ⲛ̅ⲧⲁⲩⲙⲉⲉⲩⲉ ⲉ ⲣⲟⲟⲩ ϩⲙ̅ ⲡⲉⲓ ϣⲟϫⲛⲉ ⲛ̅ ⲟⲩⲱⲧ· ⲁⲩⲱ ⲁⲩϩⲉ ⲉ ⲣⲟⲟⲩ ⲉⲩⲟ ⲛ̅ ⲟⲩϩⲏⲧ ⲛ̅ ⲟⲩⲱⲧ ⲛ̅ⲙ̅ⲙⲁⲩ ⲁⲩⲣⲁϣⲉ ⲉⲙⲁⲧⲉ ⲉⲩϫⲱ ⲙ̅ⲙⲟⲥ ϫⲉ ⲧⲛ̅ϣⲡ̅ ϩⲙⲟⲧ ⲛ̅ⲧⲛ̅ ⲛ̅ⲛⲟⲩⲧⲉ ⲛ̅ ⲁⲧ ⲙⲟⲩ ⲛⲁⲓ ⲛ̅ⲧⲁⲩϭⲱⲗⲡ̅ ⲉ ⲃⲟⲗ· ⲛ̅ ⲧⲉⲓ ⲅⲛⲱⲙⲏ ⲛ̅ ⲟⲩⲱⲧ· ⲁⲩⲱ ϩⲛ̅ ⲧⲉⲓ ⲟⲩⲛⲟⲩ ⲉⲧ ⲙ̅ⲙⲁⲩ· ⲁⲩⲟⲩⲉϩⲥⲁϩⲛⲉ ⲉ ⲕⲱ ⲉ ϩⲣⲁⲓ ⲛ̅ ⲟⲩⲇⲟⲅⲙⲁ ⲉϥⲥⲏϩ ⲛ̅ ⲧⲉⲓ ϩⲉ ϩⲛ̅ ⲟⲩⲥϩⲁⲓ ⲛ̅ⲧⲉ | ⲡ̅ⲣ̅ⲣⲟ Fol. 2 *b*
ⲉϥⲥⲏϩ ⲙ̅ ⲡⲉⲓ ⲧⲩⲡⲟⲥ ⁘—Ⲇⲉⲕⲓⲟⲥ ⲙⲛ̅ ⲟⲩⲁⲗⲉⲣⲓⲁⲛⲟⲥ ⲃ̅
ⲛ̅ⲣ̅ⲣⲱⲟⲩ ⲛ̅ⲡⲁⲛⲧⲱⲕⲣⲁⲧⲱⲣ ⲁⲩⲱ ⲛ̅ⲉⲩⲥⲉⲃⲏⲥ· ⲙⲛ̅ ⲛ̅ⲥⲩⲅⲕⲗⲏϯⲅⲟⲥ ⲧⲏⲣⲟⲩ ⲛ̅ ϩⲣⲱⲙⲏ· ⲉⲩⲥϩⲁï ⲛ̅ ⲛⲉⲧ ⲟⲩⲏϩ ϩⲙ̅ ⲙⲁ ⲛⲓⲙ· ⲁⲛⲟⲡⲅ̅ϥ̅ ϫⲉ ⲟⲩⲁⲛⲁⲅⲕⲁⲓⲟⲛ ⲡⲉ ⲉ ⲧⲣⲛ̅ⲧⲁⲙⲱⲧⲛ̅· ⲉ ⲛⲉⲧ ⲉⲣⲁⲛⲁⲛ ⲙ̅ ⲡⲛ̅ ⲙ̅ⲧⲟ ⲉ ⲃⲟⲗ· Ⲉⲡⲉⲓ ⲇⲏ ϩⲁ ⲑⲏ Ⲛ̅ ⲟⲩⲛⲟϭ ⲛ̅ ⲟⲩⲟⲉⲓⲉⲓϣ (*sic*) ⲁⲛϩⲉ ⲉ ⲣⲟⲥ· ϫⲉ ⲛ̅ⲛⲟⲩⲧⲉ ⲛ̅ ⲛⲉⲛⲉⲓⲟⲟⲧⲉ ⲉⲧ ⲧⲁϩⲟ ⲉ ⲣⲁⲧⲥ̅· ⲛ̅ⲧⲙ̅ⲙⲛ̅ⲧⲉⲣⲟ· ⲁⲩⲱ ⲉⲧ ⲭⲁⲣⲓⲍⲉ ⲙ̅ ⲡⲉⲧ ⲛⲁⲛⲟⲩϥ ⲛ̅ ⲟⲩⲟⲛ ⲛⲓⲙ· ⲉⲧ ϩⲁ ⲡⲉⲛⲁ-

ⲙⲁϩⲧⲉ· ⲉⲛⲥⲟⲟⲩⲛ ⲛ̄ ⲛⲉⲩⲙⲛ̄ⲧⲣⲉϥⲣ̄ⲡⲉⲛⲛⲁⲛⲟⲩϥ (*sic*)·
ⲙⲛ̄ ⲛⲉⲩⲇⲱⲣⲉⲁ· ⲕⲁⲧⲁ ⲑⲉ ⲛ̄ⲧⲁⲩϫⲟⲟⲥ ⲙⲁⲗⲗⲟⲛ ⲇⲉ
ⲁⲛⲁⲡⲟⲗⲁⲩⲉ ⲙ̄ ⲡⲉϫⲣⲟ ⲉ ⲃⲟⲗ ϩⲓ ⲧⲟⲟⲧⲟⲩ ⲉϫⲛ̄ ⲛ̄-
ϩⲉⲑⲛⲟⲥ ⲧⲏⲣⲟⲩ ⁘— ⲟⲩ ⲙⲟⲛⲟⲛ ⲇⲉ ⲁⲗⲗⲁ ⲁⲩⲭⲱⲣⲏⲅⲉⲓ
ⲛⲁⲛ ⲛ̄ ϩⲉⲛⲕⲁⲣⲡⲟⲥ ⲉⲩⲟϣ ϩⲓ̈ⲧⲛ̄ ⲧⲉⲕⲣⲁⲥⲓⲥ ⲙ̄ ⲡⲁⲏⲣ·
ⲉ ⲧⲃⲉ Ⲡⲁⲓ ⲁⲛⲕⲱ ⲉ ϩⲣⲁⲓ ⲙ̄ ⲡⲓ ⲇⲟⲅⲙⲁ ⲛ̄ ⲟⲩϣⲟϫⲛⲉ
ⲛ̄ ⲟⲩⲱⲧ ⲁⲛⲟⲛ ⲙⲛ̄ ⲛ̄ⲥⲩⲅⲕⲗⲏϯⲕⲟⲥ ⲧⲏⲣⲟⲩ ϩⲛ̄ ⲟⲩⲛⲟϭ
Fol. 3 *a* ⲛ̄ ⲥⲡⲟⲩⲇⲏ | ϩⲱⲥ ⲧⲉ ⲉ ⲧⲣⲉ ⲟⲩⲟⲛ ⲛⲓⲙ ϩⲙ̄ ⲙⲁ ⲛⲓⲙ·
ⲅ̄ ⲛ̄ⲣⲙ̄ϩⲉ ⲙⲛ̄ ⲛ̄ϩⲙ̄ϩⲁⲗ· ⲙ̄ⲙⲁⲧⲟⲓ ⲙⲛ̄ ⲙ̄ⲡⲁⲅⲁⲛⲟⲥ
ⲉ ⲧⲣⲉⲩⲉⲓⲛⲉ ⲉ ϩⲟⲩⲛ· ⲛ̄ ϩⲉⲛⲑⲩⲥⲓⲁ· ⲛ̄ ⲛ̄ⲛⲟⲩⲧⲉ ⲛ̄ⲥⲉ-
ⲟⲩⲱⲧⲛ̄ ⲛⲁⲩ ⲉ ⲃⲟⲗ· ϩⲉⲛⲧⲱⲃϩ̄· ⲙⲛ̄ ϩⲉⲛⲥⲟⲡⲥⲛ̄· ⲣ̄ϣⲁⲛ
ⲟⲩⲁ ⲇⲉ ϩⲓ ⲧⲟⲟⲧϥ̄ ⲉⲧⲥ̄ⲧⲟ ⲉ ⲃⲟⲗ ⲙ̄ ⲡⲛ̄ⲧⲟⲅⲙⲁ ⲉⲧ
ⲟⲩⲁⲁⲃ ⲛ̄ⲧⲁⲛⲕⲉⲗⲉⲩⲉ ⲙ̄ⲙⲟϥ ϩⲛ̄ ⲟⲩϣⲟϫⲛⲉ ⲛ̄ ⲟⲩⲱⲧ·
ⲡⲉⲛⲕⲣⲁⲧⲟⲥ ⲕⲉⲗⲉⲩⲉ ⲉ ⲉⲧⲛ̄ ⲛⲁⲓ̈ ⲛ̄ ⲧⲉⲓ ⲙⲉⲓ̈ⲛⲉ ⲉ ϩⲟⲩⲛ·
ⲉⲩⲉϣⲧⲉⲕⲟ ⲛ̄ ⲕⲁⲕⲉ ⲛ̄ⲥⲉⲡⲁⲣⲁⲇⲓⲇⲟⲩ ⲙ̄ⲙⲟϥ ⲛ̄ ϩⲉⲛ-
ⲃⲁⲥⲁⲛⲟⲥ ⲉⲩⲛⲁϣⲧ̄· ⲡⲉⲧ ⲛⲁⲥⲱⲧⲙ̄ ⲇⲉ ⲛⲥⲁ ⲡⲉⲛⲡⲣⲟⲥ-
ⲧⲁⲅⲙⲁ ϥⲛⲁϫⲓ ⲉ ⲃⲟⲗ ϩⲓ ⲧⲟⲟⲧⲛ̄ ⲛ̄ ⲟⲩⲛⲟϭ ⲛ̄ ⲧⲁⲓⲟ·
ⲉϥϣⲁⲛ ⲣ̄ ⲁⲧ ⲥⲱⲧⲙ̄ ⲇⲉ ⲛ̄ⲥⲱⲛ ⲙⲛ̄ ⲡⲉⲛⲧⲟⲅⲙⲁ ⲉⲩⲉ-
ⲡⲁⲣⲁⲇⲓⲇⲟⲩ ⲙ̄ⲙⲟϥ ⲛ̄ ϯϯⲙⲟⲣⲓⲁ ⲛ̄ ⲧⲉⲛϥⲉ· ⲏ ⲙ̄ⲙⲟⲩ
ⲡⲉⲓⲟⲟⲩⲉ· Ⲏ ⲛ̄ⲥⲉⲧⲁⲁϥ ⲛ̄ ϩⲣⲉ ⲛ̄ ⲛⲉⲑⲏⲣⲓⲟⲛ ⲙⲛ̄ ⲛ̄ϩⲁ-
ⲗⲁⲧⲉ· ⲛ̄ϩⲟⲩⲟ ⲇⲉ ⲛⲉⲭⲣⲓⲥϯⲁⲛⲟⲥ ⲉⲩⲉϣⲱⲡⲉ ϩⲁ ϯⲁⲡⲟ-
ⲫⲁⲥⲓⲥ ⲛ̄ ⲧⲉⲓ ⲙⲓ̈ⲛⲉ· Ⲛⲉⲧ ⲛⲁ ⲥⲱⲧⲙ̄ ⲇⲉ ϩⲱⲟⲩ ⲛ̄ⲥⲁ |
Fol. 3 *b* ⲡⲉⲛⲇⲟⲅⲙⲁ ⲉϥⲉϣⲱⲡⲉ ⲉϥⲟⲛϩ̄ ϩⲛ̄ ⲟⲩⲙⲛ̄ⲧⲙⲁⲕⲁⲣⲓⲟⲥ·
ⲇ̄ Ⲛ̄ ⲧⲉⲣ ⲟⲩⲦⲱϭⲉ ⲇⲉ ⲉ ⲃⲟⲗ ⲙ̄ ⲡⲉⲡⲣⲟⲥⲧⲁⲅⲙⲁ ⲙ̄
ⲡⲣ̄ⲣⲟ· ⲁ ⲧⲡⲟⲗⲓⲥ ⲧⲏⲣⲥ̄ ϩⲣⲱⲙⲏ ⲙⲟⲩϩ ⲛ̄ ϣⲧⲟⲣⲧⲣ̄
ϩⲓ ϩⲟⲧⲉ ⲟⲩ ⲙⲟⲛⲟⲛ ⲇⲉ ⲁⲗⲗⲁ ⲛ̄ ⲕⲉ ⲡⲟⲗⲓ̈ⲥ ⲧⲏⲣⲟⲩ ⲁⲩ-
ϣⲧⲟⲣⲧⲣ̄· ⲉ ⲃⲟⲗ ϫⲉ ⲁⲩⲧⲛ̄ⲛⲟⲟⲩ ϣⲁ ⲣⲟⲟⲩ ⲙ̄ ⲡⲉⲓ
ⲇⲓⲁⲧⲁⲅⲙⲁ ⲛ̄ ⲟⲩⲱⲧ· ⲛ̄ⲁⲣⲭⲱⲛ ⲇⲉ ⲕⲁⲧⲁ ⲡⲟⲗⲓⲥ
ⲁⲩⲟⲩⲉϩⲥⲁϩⲛⲉ ⲛ̄ⲙ̄ⲙⲏⲏϣⲉ· ⲉ ⲧⲣⲉⲩϫⲱⲕ ⲉ ⲃⲟⲗ ⲛ̄ ⲛⲉ
ⲛⲧⲁⲩⲟⲩⲉϩⲥⲁϩⲛⲉ ⲙ̄ⲙⲟⲟⲩ ⲛⲁⲩ ϩⲛ̄ ⲟⲩϭⲉⲡⲏ ⁘— ⲁⲥ-
ϣⲱⲡⲉ Ⲇⲉ ϩⲙ̄ ⲡⲉⲟⲩⲟⲉⲓϣ ⲉⲧ ⲙ̄ⲙⲁⲩ ⲁⲩⲡⲟⲗⲩⲙⲟⲥ
ⲧⲱⲟⲩⲛ ⲉϫⲛ̄ ⲛⲉϩⲣⲱⲙⲁⲓⲟⲥ· ⲉ ⲃⲟⲗ ϩⲓⲧⲛ̄ ⲛ̄ⲃⲁⲣⲃⲁⲣⲟⲥ·
ⲉⲩⲧⲣⲉ ⲡⲉⲩⲁⲅⲉⲓⲛ ϣⲟⲃⲉ· ⲁⲩⲥⲟⲃⲧⲉ ϩⲱⲟⲩ ⲙ̄ ⲡⲉⲩⲥⲧⲣⲁ-
ⲧⲓⲩⲙⲁ· ⲉ ⲧⲣⲉⲩⲡⲟⲗⲉⲙⲉⲓ ⲛ̄ⲙ̄ⲙⲁⲩ· ⲁⲩⲱ ⲁⲩⲟⲩⲉϩ-

ⲥⲁϩⲛⲉ ⲉ ⲧⲣⲉ ⲛⲁⲣⲩⲑⲙⲟⲥ ⲕⲁⲧⲁ ⲙⲁ ⲁⲩⲱ ⲕⲁⲧⲁ ⲡⲟⲗⲓⲥ· ⲉⲓ ⲛ̄ⲥⲉϯ ⲧⲟⲟⲧⲟⲩ ⲛ̄ⲙ̄ⲙⲁⲩ· ⲛ̄ ⲧⲉⲣ ⲟⲩⲉⲓ̈ ⲇⲉ ϩⲛ̄ ⲧⲟⲩⲉⲓ ⲧⲟⲩⲉⲓ ⲛ̄ ⲙ̄ⲡⲟⲗⲓⲥ· ⲉⲩⲥⲃ̄ⲧⲱⲧ ϩⲛ̄ ⲟⲩⲥⲡⲟⲩⲇⲏ· | ⲁϥⲉⲓ Fol. 4 *a* ⲉ̅ ϩⲱⲱϥ ⲛ̄ϭⲓ ⲛⲁⲣⲩⲑⲙⲟⲥ ⲛ̄ ⲛⲉⲧ ⲟⲩⲙⲟⲩⲧⲉ ⲉ ⲣⲟⲟⲩ ϫⲉ ⲙⲁⲣⲧⲩⲥⲓⲟⲛ· ⲛⲉⲧ ϣⲟⲟⲡ ϩⲛ̄ ⲧϣⲟⲣⲡ̄ ⲛ̄ ϩⲁⲣⲙⲉⲛⲓⲁ· ⲉⲩϩⲁ ⲣⲁⲧϥ̄ ⲛ̄ ⲟⲩⲧⲣⲓⲃⲟⲩⲛⲟⲥ· ⲉ ⲡⲉϥⲣⲁⲛ ⲡⲉ ⲥⲁⲣⲇⲟⲛⲓⲕⲟⲥ ⁘—Ⲇⲉⲕⲓⲟⲥ ⲇⲉ ⲁϥⲉⲓ ⲉ ⲃⲟⲗ ⲉ ⲡⲡⲟⲗⲩⲙⲟⲥ· ⲟⲩⲁⲗⲉⲣⲓⲁⲛⲟⲥ ⲇⲉ ⲁϥϭⲱ ϩⲛ̄ ϩⲣⲱⲙⲏ· ⲉϥⲇⲓⲟⲓⲕⲉⲓ ⲛ̄ ⲛⲉϩⲃⲏⲩⲉ ⲛ̄ ⲧⲙⲛ̄ⲧⲉⲣⲟ· ⲡⲡⲟⲗⲩⲙⲟⲥ ⲇⲉ ⲁϥⲧⲁϫⲣⲟ ϩⲛ̄ ⲧⲙⲏⲏⲧⲉ ⲛ̄ ⲛ̄ⲃⲁⲣⲃⲁⲣⲟⲥ· ⲙⲛ̄ ⲛⲉϩⲣⲱⲙⲁⲓⲟⲥ· ⲁⲩⲁϩⲉ ⲣⲁⲧⲟⲩ ⲟⲩⲃⲉ ⲛⲉⲩⲉⲣⲏⲩ· ⲛ̄ ⲧⲉⲣ ⲟⲩⲙⲟⲩⲛ ⲇⲉ ⲉ ⲃⲟⲗ ⲛ̄ ⲧⲉⲓ ϩⲉ· ⲛ̄ ⲟⲩⲙⲏⲏϣⲉ ⲛ̄ϩⲟⲟⲩ ⁘—ⲟⲩⲁ ⲇⲉ ϩⲙ̄ ⲛⲁⲣⲩⲑⲙⲟⲥ ⲛ̄ ⲛⲉ ⲉⲧⲟⲩⲙⲟⲩⲧⲉ ⲉ ⲣⲟⲟⲩ ⲙⲁⲣⲧⲩⲥⲓⲟⲛ ⲉ ⲡⲉϥⲣⲁⲛ ⲡⲉ ⲙⲉⲣⲕⲟⲩⲣⲓⲟⲥ ⲁϥⲛⲁⲩ ⲉⲩⲣⲱⲙⲉ ⲛ̄ ⲟⲩⲟⲉⲓⲛ ⲉϥϫⲟⲥⲉ· ⲉⲩ ⲛ̄ϩⲉⲛϩⲃⲥⲱ ⲉⲩⲡⲣⲉⲓⲱⲟⲩ ϩⲓ ϫⲱϥ· ⲁϥⲁⲙⲁϩⲧⲉ ⲛ̄ ⲟⲩⲥⲏϥⲉ ⲉⲥⲧⲟⲕⲙ̄ ϩⲛ̄ ⲧⲉϥϭⲓϫ ⲛ̄ ⲟⲩⲛⲁⲙ· ⲁⲩⲱ ⲛⲉϥϫⲱ ⲙ̄ⲙⲟⲥ ⲛⲁϥ· ϫⲉ ⲙⲉⲣⲕⲟⲩⲣⲓⲉ· ⲙ̄ⲡⲣ̄ ⲣ̄ ϩⲟⲧⲉ· ⲟⲩⲇⲉ ⲙ̄ⲡⲣ̄ ϣⲗⲁϩ· ⲛ̄ⲧⲁⲩⲧⲛ̄ⲛⲟⲟⲩ ⲅⲁⲣ ⲉ ⲃⲟⲏⲑⲉⲓ ⲉ ⲣⲟⲕ ⲁⲩⲱ ⲉ ⲟⲩⲟⲛϩⲕ̄ ⲉ ⲃⲟⲗ ⲛ̄ ⲣϥϫⲣⲟ· | ϫⲓ Fol. 4 *b* ⲋ̅ ⲛⲁⲕ ⲛ̄ ⲧⲉⲓ ⲥⲏϥⲉ ⲉ ⲃⲟⲗ ϩⲓ ⲧⲟⲟⲧ ⲛ̄ⲅ̄ ⲃⲱⲕ ⲉ ⲃⲟⲗ· ⲉ ⲛ̄ⲃⲁⲣⲃⲁⲣⲟⲥ· ⲁⲩⲱ ⲉⲕϣⲁⲛϫⲣⲟ ⲉ ⲣⲟⲟⲩ· ⲙ̄ⲡⲣ̄ ⲣ̄ ⲡⲱⲃϣ̄ ⲙ̄ ⲡϫⲥ̄ ⲡⲉⲕⲛⲟⲩⲧⲉ ⁘—ⲡⲁⲓ ⲇⲉ Ⲛ̄ ⲧⲉⲣ ϥ̄ϣⲱⲡⲉ ϩⲛ̄ ⲟⲩⲉⲕⲥⲧⲁⲥⲓⲥ ⲁϥⲙⲉⲉⲩⲉ ϫⲉ ⲟⲩⲁ ⲡⲉ ϩⲛ̄ ⲛ̄ⲛⲟϭ ⲛ̄ ⲁⲣⲭⲱⲛ ⲛ̄ⲧⲉ ⲡ̄ⲣ̄ⲣⲟ ⲡⲉⲧ ϣⲁϫⲉ ⲛ̄ⲙ̄ⲙⲁϥ: Ⲛ̄ ⲧⲉⲣ ⲉϥ ϫⲓ ⲇⲉ ⲛ̄ ⲧⲥⲏϥⲉ· ⲁⲩⲱ ⲁϥⲙⲟⲩϩ ⲉ ⲃⲟⲗ· ϩⲙ̄ ⲡⲉⲡⲛ̄ⲁ̄ ⲉⲧ ⲟⲩⲁⲁⲃ· ⲁϥⲃⲱⲕ ⲉ ϩⲟⲩⲛ ϩⲛ̄ ⲧⲉⲩⲙⲏⲏⲧⲉ· ⲁϥⲙⲟⲩⲟⲩⲧ ⲙ̄ ⲡⲛⲟϭ ⲉⲧ ϩⲓ̈ ϫⲱⲟⲩ ⲁⲩⲱ ϩⲉⲛ ⲕⲉ ⲙⲏⲏϣⲉ ⲛ̄ⲙ̄ⲙⲁϥ· ϩⲱⲥ ⲧⲉ ⲛ̄ⲧⲉ ⲛⲉϥϭⲃⲟⲓ ϩⲓⲥⲉ ⲉϥϩⲓⲟⲩⲉ ⲁⲩⲱ ϩⲓⲧⲙ̄ ⲡⲉⲥⲛⲟϥ ⲉⲧ ⲛⲁϣⲱϥ· ⲛ̄ⲧⲉ ⲧⲉϥϭⲓϫ ⲧⲱⲣϭ̄ ⲉ ϩⲟⲩⲛ ⲉ ⲧⲧⲱⲣⲉ ⲛ̄ ⲧⲥⲏϥⲉ· ⲧⲁⲓ ⲧⲉ ⲑⲉ ⲛ̄ⲧⲁⲩⲡⲱⲧ ⲛ̄ϭⲓ ⲛ̄ⲃⲁⲣⲃⲁⲣⲟⲥ· ⲁⲩⲱ ⲁⲩϭⲱⲧⲡ̄ ϩⲓ ϩⲏ ⲛ̄ ⲛⲉϩⲣⲱⲙⲁⲓⲟⲥ· Ⲧⲟⲧⲉ ⲡ̄ⲣ̄ⲣⲟ ⲇⲉⲕⲓⲟⲥ· ⲛ̄ ⲧⲉⲣ ϥⲉⲓⲙⲉ ⲉ ⲧⲙⲛ̄ⲧϫⲁⲣ ϩⲏⲧ ⲙ̄ ⲡⲉⲓ̈ ⲣⲱⲙⲉ ⲛ̄ ϫⲱⲱⲣⲉ· ⲁϥⲙⲟⲩⲧⲉ ⲉ ⲣⲟϥ ⲁϥϯ ⲛⲁϥ ⲛ̄ ⲟⲩⲁⲝⲓⲱⲙⲁ· ⲁϥⲁⲁϥ ⲛ̄ ⲥⲧⲣⲁϯⲗⲁⲧⲏⲥ ⲁⲩⲱ ⲛ̄ ⲁⲣⲭⲱⲛ ⲉϫⲙ̄ ⲡⲉϥ-

Fol. 5 *a* ⲍ ⲥⲧⲣⲁⲧⲉⲩ|ⲙⲁ ⲧⲏⲣϥ̄ · Ⲇⲉⲕⲓⲟⲥ ⲇⲉ ⲉϥⲙⲉⲉⲩⲉ ϫⲉ ⲛ̄ⲧⲁϥ-
ϫⲣⲟ ⲉ ⲡⲡⲟⲗⲩⲙⲟⲥ ϩⲓⲧⲛ̄ ⲧⲉ ⲡⲣⲟⲛⲓⲁ ⲛ̄ ⲛ̄ⲛⲟⲩⲧⲉ · ⲁϥ-
ⲣⲁϣⲉ ⲉⲙⲁⲧⲉ · ⲁⲩⲱ ϩⲉⲛⲭⲣⲏⲙⲁ ⲉⲛⲁϣⲱⲟⲩ ⲁϥⲥⲁ-
ⲣⲟⲩ ⲉϫⲛ̄ ⲙ̄ⲙⲁⲧⲟⲓ · ⲙ̄ ⲡⲉϩⲟⲟⲩ ⲉⲧ ⲙ̄ⲙⲁⲩ · ⲁⲩϫⲟⲟⲩ
ⲛ̄ ⲛ̄ⲁⲣⲓⲑⲙⲟⲥ ⲉ ⲛⲉⲩⲧⲟⲡⲟⲥ ⲙ̄ⲙⲓⲛ ⲙ̄ⲙⲟⲟⲩ ⁘—ⲛ̄ⲧⲟϥ
Ϩⲱⲱϥ ⲛⲉϥⲣ̄ϣⲁ ⲕⲁⲧⲁ ⲡⲟⲗⲓⲥ ⲛⲓⲙ · ⲛ̄ⲧⲁϥⲡⲁⲣⲁⲅⲉ
ⲙ̄ⲙⲟⲟⲩ ⲉϥⲃⲏⲕ ⲉ ϩⲣⲱⲙⲏ ⁘—ϩⲣⲁⲓ ⲇⲉ ϩⲛ̄ ⲟⲩⲟⲩϣⲏ
ⲉⲣⲉ ⲡⲉⲥⲧⲣⲁⲧⲉⲩⲙⲁ ⲟⲃϣ̄ ⲁϥⲁϩⲉ ⲣⲁⲧϥ̄ ϩⲓϫⲛ̄ ⲙⲉⲣⲕⲟⲩ-
ⲣⲓⲟⲥ ⲛ̄ϭⲓ ⲟⲩⲁⲅⲅⲉⲗⲟⲥ ϩⲙ̄ ⲡⲉⲥⲭⲏⲙⲁ ⲙ̄ ⲡⲣⲱⲙⲉ
ⲛ̄ⲧⲁϥⲛⲁⲩ ⲉ ⲣⲟϥ ϩⲙ̄ ⲡⲡⲟⲗⲩⲙⲟⲥ · ⲁⲩⲱ ⲁϥⲧⲉⲃⲥ̄
ⲡⲉϥⲥⲡⲓⲣ · ⲁϥⲧⲟⲩⲛⲟⲥϥ̄ · ⲛ̄ ⲧⲉⲣ ⲉϥⲛⲁⲩ ⲇⲉ ⲉ ⲣⲟϥ ·
ⲁϥϣⲱⲡⲉ ϩⲛ̄ ⲟⲩϩⲟⲧⲉ ⲡⲉϫⲉ ⲡⲁⲅⲅⲉⲗⲟⲥ ⲇⲉ ⲛⲁϥ ·
ϫⲉ ⲉⲛⲉⲕⲉⲓⲣⲉ ⲙ̄ ⲡⲙⲉⲉⲩⲉ ⲙ̄ ⲡϣⲁϫⲉ ⲛ̄ⲧⲁⲓϫⲟⲟϥ
ⲛⲁⲕ ϩⲙ̄ ⲡⲡⲟⲗⲩⲙⲟⲥ ⲱ̄ ⲙⲉⲣⲕⲟⲩⲣⲓⲟⲥ · ϭⲱϣⲧ̄ ⲙ̄ⲡⲣ̄
ⲣ̄ ⲡⲱⲃϣ̄ ⲙ̄ ⲡϫⲥ̄ ⲡⲉⲕⲛⲟⲩⲧⲉ ϩⲁⲡⲥ̄ ⲅⲁⲣ ⲉ ⲣⲟⲕ
Fol. 5 *b* ⲏ ⲡⲉ ⲉ ⲧⲣⲉ ⲕⲁⲅⲱⲛⲓⲍⲉ | ⲉϫⲙ̄ ⲡⲉϥⲣⲁⲛ ⲕⲁⲗⲱⲥ ·
ⲁⲩⲱ ⲛ̄ⲅ̄ ϫⲓ ⲙ̄ ⲡⲉⲕⲗⲟⲙ ⲙ̄ ⲡⲉϫⲣⲟ ⲛ̄ ⲧⲙⲛ̄ⲧⲉⲣⲟ
ⲛ ⲙ̄ⲡⲏⲩⲉ · ⲡⲁⲓ ⲛ̄ⲧⲁϥⲥⲃ̄ⲧⲱⲧϥ̄ ⲛ̄ ⲛⲉⲧ ⲙⲉ ⲙ̄ⲙⲟϥ
ⲧⲏⲣⲟⲩ ⁘—Ⲁⲩⲱ ⲛ̄ ⲧⲉⲣ ⲉϥϫⲉ ⲛⲁⲓ ⲁϥⲥⲁϩⲱϥ ⲉ ⲃⲟⲗ
ⲙ̄ⲙⲟϥ ϩⲛ̄ ⲧⲉⲩⲛⲟⲩ ⲉⲧ ⲙ̄ⲙⲁⲩ ⁘—ⲛ̄ ⲧⲉⲣⲉ ⲡϩⲏⲧ ⲙ̄
ⲡⲙⲁⲕⲁⲣⲓⲟⲥ ϣⲱⲡⲉ ⲙ̄ⲙⲟϥ · ⲁϥⲣ̄ ⲡⲙⲉⲉⲩⲉ ⲙ̄ ⲡϣⲁϫⲉ ·
ⲁⲩⲱ ⲛϥⲣ̄ ϣⲡⲏⲣⲉ ⲛ̄ ⲧϭⲟⲙ ⲛ̄ ⲧⲙⲛ̄ⲧⲙⲁⲓ ⲣⲱⲙⲉ ⲙ̄
ⲡⲛⲟⲩⲧⲉ · ⲛⲉ ⲁϥⲥⲱⲧⲙ̄ ⲅⲁⲣ ⲉ ⲧⲃⲉ ⲧⲡⲓⲥ⳨ⲥ ⲛ̄ ⲛⲉⲭⲣⲓ-
ⲥ⳨ⲁⲛⲟⲥ · ϩⲓⲧⲛ̄ ⲛⲉϥⲉⲓⲟ̈ⲧⲉ · ⲡⲉϥⲉⲓⲱⲧ ⲇⲉ ⲡⲉ ⲕⲟⲣⲇⲓⲁ-
ⲛⲟⲥ · ⲁⲩⲱ ⲛⲉϥⲟ ⲙ̄ ⲡⲣⲓⲙⲏⲛ ⲕⲩⲣⲓⲟⲥ ⲉ ⲡⲉⲓ ⲁⲣⲓⲑⲙⲟⲥ ⲛ̄
ⲟⲩⲱⲧ · ⲡϣⲏⲣⲉ ⲇⲉ ϣⲏⲙ · Ⲛⲉϥⲛⲁⲣ̄ ϫⲟⲩⲧⲏ ⲛ̄ ⲣⲟⲙⲡⲉ ·
ⲛⲉ ⲁϥⲥⲱⲧⲙ̄ ⲅⲁⲣ ⲉ ⲃⲟⲗ ϩⲓⲧⲙ̄ ⲡⲉϥⲉⲓⲱⲧ ⲛ̄ ϩⲁϩ ⲛ̄ ⲥⲟⲡ
ⲉϥϫⲱ ⲙ̄ⲙⲟⲥ ϫⲉ ⲛⲁⲓⲁⲧϥ̄ ⲙ̄ ⲡⲉⲧ ⲛⲁⲣ̄ ⲙⲁⲧⲟⲓ ϩⲁ
ⲣⲁⲧϥ̄ ⲙ̄ ⲡⲣ̄ⲣⲟ ⲛ̄ ⲧⲡⲉ · Ϥⲛⲁⲭⲁⲣⲓⲍⲉ ⲛⲁϥ ⲛ̄ ϩⲉⲛⲛⲟϭ
ⲛ̄ ⲧⲁⲓⲟ ⲛ̄ ⲁⲧ ⲟⲩⲉⲓⲛⲉ · ⲁⲩⲱ ϥⲛⲁⲙⲓϣⲉ ⲉ ϩⲣⲁⲓ ⲉ ϫⲱϥ
Fol. 6 *a* ⲑ ⲛ̄ ⲛⲁϩⲣⲛ̄ ⲛⲉϥϫⲁϫⲉ ⁘—ⲡⲣ̄ⲣⲟ ⲅⲁⲣ ⲉⲧ ⲙ̄ⲙⲁⲩ | ⲛ̄ⲧⲟϥ
ⲡⲉ ⲛ̄ⲧⲁϥⲧⲁⲙⲓⲉ ⲡⲧⲏⲣϥ̄ ϩⲙ̄ ⲡⲉϥϣⲁϫⲉ · ⲧⲡⲉ ⲙⲉⲛ
ⲁϥⲧⲁϩⲟⲥ ⲉ ⲣⲁⲧⲥ̄ ⲛ̄ⲑⲉ ⲛ̄ ⲟⲩϭⲉⲡⲏ · ⲉ ⲁϥⲕⲟⲥⲙⲉⲓ ⲙ̄ⲙⲟⲥ
ϩⲛ̄ ϩⲉⲛⲥⲓⲟⲩ ⲉⲩⲣ̄ ⲟⲩⲟⲉⲓⲛ · ⲡⲕⲁϩ ⲇⲉ ϩⲛ̄ ϩⲉⲛϩⲣⲏⲣⲉ

ⲉⲛⲉⲥⲱⲟⲩ· ⲉⲩⲟ ⲛ̄ ⲥϯ ⲛⲟⲩϥⲉ ⲉ ⲧⲣⲉ ⲩϣⲱⲡⲉ ⲛ̄ⲥⲟⲗⲥⲗ̄
ⲙ̄ⲛ ⲟⲩⲧⲁⲗϭⲟ ⲛ̄ ⲛ̄ⲣⲱⲙⲉ· ⲑⲁⲗⲗⲁⲥⲁ ϩⲱⲱⲥ ⲉ ⲧⲣⲉ
ⲛⲉϫⲏⲩ ϭⲏⲣ ⲛ̄ϩⲏⲧⲥ̄ ⲁⲩⲱ ⲁϥⲕⲁⲁⲥ ⲙ̄ ⲙⲁ ⲛ̄ ⲥⲁⲛϣ̄
ⲛ̄ ⲛⲧⲃ̄ⲧ· ⲁⲩⲱ ϫⲉ ⲛ̄ⲧⲟϥ ⲡⲉⲧ ⲛⲏⲩ ⲉ ⲕⲣⲓⲛⲉ ⲛ̄ ⲛⲉⲧ ⲟⲛϩ̄
ⲙ̄ⲛ ⲛⲉⲧ ⲙⲟⲟⲩⲧ ⲛϥϯ ⲙ̄ ⲡⲟⲩⲁ· ⲡⲟⲩⲁ ⲕⲁⲧⲁ ⲛⲉϥ-
ϩⲃⲏⲩⲉ .:—ⲛ̄ ⲧⲉⲣ ⲉϥⲣ̄ ⲡⲙⲉⲉⲩⲉ ⲇⲉ ⲛ̄ϭⲓ ⲫⲁⲅⲓⲟⲥ ⲙⲉⲣ-
ⲕⲟⲩⲣⲓⲟⲥ ⲛ̄ ⲛ̄ϣⲁϫⲉ ⲙ̄ ⲡⲉϥⲉⲓⲱⲧ ϩⲣⲁï ⲛ̄ϩⲏⲧϥ̄ ⲁⲩⲱ
ⲡϭⲱⲗⲡ̄ ⲉ ⲃⲟⲗ ⲛ̄ⲧⲁϥⲛⲁⲩ ⲉ ⲣⲟϥ· ⲁϥϣⲱⲡⲉ ϩⲛ̄ ⲟⲩⲛⲟϭ
ⲛ̄ ⲧⲱⲃϩ̄ ⲁϥⲁⲣⲭⲉⲓ ⲛ̄ ⲣⲓⲙⲉ ⲁⲩⲱ ⲛ̄ ⲁϣⲁϩⲟⲙ· ϫⲉ ⲟⲩⲟⲓ
ⲛⲁϥ ⲁⲛⲟⲕ ⲡⲓⲣⲉϥⲣ̄ ⲛⲟⲃⲉ· ⲉⲓⲟ ⲛ̄ⲑⲉ ⲛ̄ ⲟⲩⲕⲗⲁⲇⲟⲥ ⲛ̄
ⲁⲧ ⲕⲁⲣⲡⲟⲥ ⲉ ⲁϥϯⲟⲩⲱ ⲉ ⲙ̄ⲛⲧⲁϥ ⲛⲟⲩⲛⲉ ⲙ̄ⲙⲁⲩ ⲛ̄ⲧⲉ
ⲡⲥⲟⲟⲩⲛ ⲙ̄ ⲡⲉⲟⲟⲩ ⲙ̄ ⲡⲛⲟⲩⲧⲉ· ⲉϯ ⲇⲉ ⲉϥϣⲁϫⲉ |
ⲛ̄ⲧⲉⲩⲛⲟⲩ ⲁ ⲡⲣ̄ⲣⲟ ϫⲟⲟⲩ ⲛ̄ ⲥⲛⲁⲩ ⲛ̄ ⲛⲉⲧ ⲟⲩⲙⲟⲩⲧⲉ Fol. 6 *b*
ⲉ ⲣⲟⲟⲩ ϫⲉ ⲥⲉⲗⲉⲛϯⲁⲣⲓⲟⲥ· ⲙ̄ⲛ ϩⲉⲛⲕⲟⲟⲩⲉ ⲛ̄ⲙ̄ⲙⲁⲩ ⲓ̄
ⲉ ⲧⲣ ⲉⲩⲙⲟⲩⲧⲉ ⲉ ⲣⲟϥ ⲛⲁϥ· ⲉ ⲃⲟⲗ ϫⲉ ⲛ̄ⲧⲟϥ ⲡⲉⲧ ⲟ
ⲛ̄ ⲣⲉϥϫⲓ ϣⲟϫⲛⲉ ⲛⲁϥ ⲁϥⲡⲁⲣⲁⲓⲧⲉ ⲉ ⲧⲙ̄ ⲃⲱⲕ ⲉϥϫⲱ
ⲙ̄ⲙⲟⲥ· ϫⲉ ⲡⲁ ⲥⲱⲙⲁ ⲟ̄ ⲛ̄ ⲁⲧ ϭⲟⲙ ⲁ ⲡⲣ̄ⲣⲟ ⲕⲁ ⲣⲱϥ·
ⲙ̄ ⲡⲉϩⲟⲟⲩ ⲉⲧ ⲙ̄ⲙⲁⲩ· ⲙ̄ ⲡⲉϥⲣⲁⲥⲧⲉ ⲇⲉ ⲟⲛ ⲁϥϫⲟⲟⲩ
ⲛ̄ⲥⲱϥ ϩⲟⲙⲟⲓⲟⲥ ⲛ̄ϭⲓ ⲇⲉⲕⲓⲟⲥ· ⲛ̄ ⲧⲉⲣ ⲉϥⲉⲓ ⲇⲉ ϣⲁ ⲣⲟϥ
ⲁⲩϫⲓ ϣⲟϫⲛⲉ ⲙ̄ⲛ ⲛⲉⲩⲉⲣⲏⲩ ⲉ ⲡϩⲱⲃ ⲉⲧ ⲛ̄ ⲧⲙⲏⲏⲧⲉ·
Ⲡⲉϫⲉ ⲡⲣ̄ⲣⲟ ⲛⲁϥ ϫⲉ ⲙⲁⲣⲟⲛ[ⲃⲱⲕ] ⲱ̄ ⲙⲉⲣⲕⲟⲩⲣⲓⲟⲥ ⲉ
ⲡⲛⲟϭ ⲛ̄ ⲉⲣⲡⲉ ⲛ ⲧⲁⲣⲧⲉⲙⲏⲥ· ⲛ̄ⲧⲛ̄ⲧⲁⲗⲟ ⲛⲁⲥ· ⲉ ϩⲣⲁⲓ ⲛ̄
ϩⲉⲛⲑⲩⲥⲓⲁ· ⲛ̄ ⲧⲉⲣ ⲉϥⲙⲟⲟϣⲉ ⲇⲉ ⲛ̄ϭⲓ ⲡⲣ̄ⲣⲟ· ⲁⲩⲛⲟϭ
ⲙ̄ ⲙⲏⲏϣⲉ ⲟⲩⲁϩⲟⲩ ⲛ̄ⲥⲱϥ :—ⲡⲙⲁⲕⲁⲣⲓⲟⲥ ⲇⲉ ⲙⲉⲣ-
ⲕⲟⲩⲣⲓⲟⲥ ⲁϥⲕⲟⲧϥ̄ ⲉ ⲡⲁϩⲟⲩ ⲁϥϩⲟⲡϥ̄ ϩⲙ̄ ⲡⲉ ⲡⲣⲁï-
ⲧⲟⲣⲓⲟⲛ ·ⲟ ⲩⲁ ⲇⲉ ⲁϥⲇⲓⲁⲃⲁⲗⲉ ⲙ̄ⲙⲟϥ ⲛ̄ ⲛⲁϩⲣⲙ̄ ⲡⲣ̄ⲣⲟ·
ⲉϥϫⲱ ⲙ̄ⲙⲟⲥ· ϫⲉ ⲡⲛⲟϭ ⲛ̄ⲣ̄ⲣⲟ ⲉⲧ ⲁⲙⲁϩⲧⲉ ⲁⲩⲱ ⲛ̄
ⲣⲉϥϫⲣⲟ ⲛ̄ ⲉⲩⲥⲉⲃⲏⲥ· ⲡⲉ ⲛⲧⲁⲩⲥⲟⲧⲡϥ̄ | ⲉ ⲃⲟⲗ ϩⲓⲧⲛ̄ Fol. 7 *a*
ⲛ̄ⲛⲟⲩⲧⲉ ⲛ̄ ⲣⲉϥⲇⲓⲟⲓⲕⲉⲓ ⲛ̄ ⲧⲙⲛ̄ⲧⲉⲣⲟ ⲧⲏⲣⲥ̄ ⲛ̄ ⲛⲉϩⲣⲱ- ⲓ̄ⲁ̄
ⲙⲁⲓⲟⲥ· ⲙⲁ ϯⲑⲉ ⲛⲁï ⲛ̄ⲧⲁϣⲁϫⲉ ⲛ̄ⲙ̄ ⲥⲱⲧⲙ̄ ⲉ ⲣⲟⲓ ϩⲛ̄
ⲟⲩⲙⲛ̄ⲧⲣⲙ̄ⲣⲁϣ :—ⲙⲉⲣⲕⲟⲩⲣⲓⲟⲥ ⲡⲉ ⲛⲧⲁ ⲧⲉⲕⲟⲩⲛⲁⲙ
ⲉⲧ ⲁⲙⲁϩⲧⲉ ϫⲁⲥⲧϥ̄ ⲁⲩⲱ ⲁⲕϯ ⲉⲟⲟⲩ ⲛⲁϥ· ϩⲛ̄
ⲧⲙⲛ̄ⲧⲉⲣⲟ ⲛ̄ ⲛⲉϩⲣⲱⲙⲁïⲟⲥ ⲙ̄ⲛ ⲉϥⲉⲓ ⲛ̄ⲙ̄ⲙⲁⲛ ⲕⲁⲧⲁ
ⲡⲉⲕⲟⲩⲉϩⲥⲁϩⲛⲉ ⲛϥⲣ̄ ⲑⲩⲥⲓⲁ ϩⲙ̄ ⲡⲉⲣⲡⲉ ⲛ̄ ⲧⲛⲟϭ ⲛ̄

ⲁⲣⲧⲉⲙⲏⲥ ⲛ̅ϥⲧⲁⲗⲟ ⲛⲁⲥ ⲉ ϩⲣⲁⲓ ⲕⲁⲧⲁ ⲡⲟⲩⲉϩⲥⲁϩⲛⲉ
ⲉⲧ ⲁⲙⲁϩⲧⲉ ⁝—ⲁϥⲟⲩⲱϣⲃ̅ ⲛ̅ϫⲓ ⲡ̅ⲣ̅ⲣⲟ ϫⲉ ⲛⲓⲙ ⲡⲉ ⲡⲁⲓ
ⲡⲉϫⲁϥ ϫⲉ ⲙⲉⲣⲕⲟⲩⲣⲓⲟⲥ ⲡⲁⲓ ⲛ̅ⲧⲁⲕϯ ⲛⲁϥ ⲙ̅ ⲡⲉϫⲣⲟ
ⲙⲛ̅ ⲧⲙⲛ̅ⲧⲛⲟϭ ⲛ̅ⲥⲁϥ ⲙⲛ̅ ϣⲙⲛ̅ⲧ ⲉⲡⲟⲟⲩ ⲛ̅ϩⲟⲟⲩ· Ⲁⲩⲱ
ⲁⲕϫⲓⲥⲧϥ̅ ϩⲙ̅ ⲡⲁⲍⲓⲱⲙⲁ ⲛ̅ϩⲟⲩⲟ ⲛ̅ ⲧⲙⲛ̅ⲧⲛⲟϭ ⲡⲁⲓ ⲇⲉ
Ⲟⲩ ⲙⲟⲛⲟⲛ· ϫⲉ ⲁϥⲣ̅ ⲁⲧ ⲥⲱⲧⲙ̅ ⲛ̅ⲥⲁ ⲧⲉⲕⲙⲛ̅ⲧⲛⲟϭ
ⲁⲗⲗⲁ ⲁϥⲣ̅ ▒▒ⲛⲕ ⲉⲡⲓ̈ⲑⲉ ⲛ̅ ϩⲁϩ ⲉⲩϣⲙ̅ϣⲉ ⲛ̅ ⲛ̅ⲛⲟⲩⲧⲉ·
ⲉⲕϣⲁⲛϫⲛⲟⲟⲩ ⲇⲉ ⲉⲕⲛⲁⲉⲓⲙⲉ ⲉ ⲡϫⲱⲕ ⲛ̅ ⲛⲉⲛⲧⲁⲓϫⲟⲟⲩ
Fol. 7 b ⲛⲁⲕ :—ⲇⲉⲕⲓⲟⲥ ⲇⲉ | Ⲡⲉϫⲁϥ ⲇⲉ ϩⲁⲣⲏⲩ ⲛ̅ⲧⲁ ⲟⲩ-
ⲓⲃ̅ ⲫⲑⲟⲛⲟⲥ ϣⲱⲡⲉ ϩⲛ̅ ⲡⲉⲕϩⲏⲧ ⲉ ϩⲟⲩⲛ ⲉ ⲡⲣⲱⲙⲉ ⲁⲕϣⲁϫⲉ
ϩⲓ ⲛⲁⲓ ⲁⲗⲗⲁ ⲛ̅ ϯⲛⲁⲡⲓⲥⲧⲉⲩⲉ ⲛⲁⲕ ⲁⲛ ⲉⲓ ⲙⲏ ⲧⲉⲓ
ⲛ̅ⲧⲁⲉⲓⲙⲉ ϩⲛ̅ ⲟⲩⲟⲩⲱⲣϫ̅ ⲉ ⲧⲙⲉ ⲁⲩⲱ ⲛ̅ⲧⲁⲛⲁⲩ ⲉ ⲡϩⲱⲃ̅
ϩⲛ̅ ⲟⲩⲱⲣϫ̅ ⲛ̅ ϩⲟ ϩⲓ ϩⲟ· ⲡⲛⲁⲩ ⲅⲁⲣ ϩⲛ̅ ⲛ̅ⲃⲁⲗ ϣⲁⲩⲧⲁ-
ⲛϩⲟⲩⲧϥ̅ ⲉϩⲟⲩⲉ ⲡⲥⲱⲧⲙ̅ ϩⲛ̅ ⲙ̅ⲙⲁⲁϫⲉ ⁝—ⲕⲁ ⲣⲱⲕ ϭⲉ
ⲧⲉⲛⲟⲩ ⲛⲅ̅ ⲧⲙ̅ ⲧⲁⲩⲉ ⲕⲉ ⲗⲁⲁⲩ ⲛ̅ ϣⲁϫⲉ ⲉ ⲡⲣⲱⲙⲉ·
ⲁⲩⲱ ⲉϣⲱⲡⲉ ⲛ̅ⲧⲁⲕⲕⲁⲧⲏⲅⲟⲣⲉⲓ ⲙ̅ⲙⲟϥ ϩⲛ̅ ⲟⲩⲫⲑⲟⲛⲟⲥ
ⲕⲁⲧⲁ ⲑⲉ ⲛ̅ⲧ ⲁⲓϫⲟⲟⲥ ⲛⲁⲕ ⲉⲓⲙⲉ ⲛⲁⲕ ϫⲉ ⲉⲕⲛⲁϣⲱⲡⲉ
ⲉⲕϭⲏⲡ ⲉⲩⲛⲟϭ ⲛ̅ϯⲙⲟⲣⲓⲁ ⁝—ⲣ̅ϣⲁⲛ ⲛⲉ ⲛⲧ ⲁⲕϫⲟⲟⲩ
ⲇⲉ ϣⲱⲡⲉ ⲉⲩⲟ ⲙ̅ⲙⲉ ⲕⲛⲁϫⲓ ⲛ ϩⲉⲛⲛⲟϭ ⲛ̅ ⲇⲱⲣⲉⲁ ⲉ ⲃⲟⲗ
ϩⲓ ⲧⲟⲟⲧⲛ̅· ϩⲱⲥ ⲉⲕⲟ ⲛ̅ⲟⲩϩⲏⲧ ⲛ̅ⲟⲩⲱⲧ ⲛ̅ⲙ̅ⲙⲁⲛ ⲉ ϩⲟⲩⲛ
ⲉ ⲛⲛⲟⲩⲧⲉ· ⲁⲩⲱ ⲉ ϩⲟⲩⲛ ⲉⲛⲣ̅ⲣⲱⲟⲩ ⁝—Ⲁϥⲕⲉⲗⲉⲩⲉ ⲉ
ⲧⲣ ⲉⲩⲉⲓⲛⲉ ⲙ̅ ⲫⲁⲅⲓ̈ⲟⲥ ⲙⲉⲣⲕⲟⲩⲣⲓⲟⲥ ϩⲛ̅ ⲧϯⲙⲏ ⲉⲧ
ⲉϣϣⲉ ⲛ̅ ϣⲟⲣⲡ ⁝—ⲡⲁⲓ ⲇⲉ Ⲛ̅ ⲧⲉⲣ ϥ̅ⲉⲓ ϣⲁ ⲣⲟϥ ⲡⲉϫⲁϥ
Fol. 8 a ⲛⲁϥ ⲛ̅ϭⲓ ⲡ̅ⲣ̅ⲣⲟ· ϫⲉ ⲙⲉⲣⲕⲟⲩⲣⲓⲟⲥ ⲙⲏ | ⲁⲛⲟⲕ ⲁⲛ ⲡⲉ
ⲓⲅ̅ ⲛⲧ ⲁⲓ̈ϯ ⲛⲁⲕ ⲙ̅ ⲡⲉⲓ ⲛⲟϭ ⲛ̅ ⲧⲁⲓⲟ· ⲙⲛ̅ ⲡⲓⲁⲍⲓⲱⲙⲁ· ⲉ
ⲁⲓⲁⲁⲕ ⲛ̅ ⲥⲧⲣⲁⲧⲏⲗⲁⲧⲏⲥ ϩⲛ̅ ⲧⲙⲏⲏⲧⲉ ⲛ̅ ⲛⲁⲣⲭⲱⲛ
ⲧⲏⲣⲟⲩ· ⲉ ⲧⲃⲉ ⲧⲉⲕⲙⲛ̅ⲧⲣ̅ⲙ̅ϩⲏⲧ ⲙⲛ̅ ⲡⲉϫⲣⲟ ⲛ̅ⲧⲁ
ⲡⲛⲟⲩⲧⲉ ⲭⲁⲣⲓⲍⲉ ⲙ̅ⲙⲟϥ ⲛⲁⲛ ϩⲙ̅ ⲡⲡⲟⲗⲉⲙⲟⲥ· Ⲁⲩⲱ
ⲛ̅ ⲁϣ ⲛ̅ ϩⲉ ⲡⲛⲟϭ ⲛ̅ ⲟⲩⲱϣ ⲉⲧ ⲟⲩⲛ̅ⲧⲁⲓϥ ⲉ ϩⲟⲩⲛ ⲉ ⲣⲟⲕ
ⲁⲕⲡⲟⲟⲛⲉ ⲉ ϩⲉⲛⲙⲟⲥⲧⲉ ⲉⲩϩⲟⲟⲩ ⁝—ⲁⲩⲱ ⲛⲓⲛⲟϭ ⲛ̅ ⲧⲁⲓⲟ
ⲁⲕⲡⲟⲟⲛⲟⲩ ⲉⲩⲗⲁⲁⲩ· ⲉ ⲁⲕⲕⲁⲧⲁⲫⲣⲟⲛⲉⲓ ⲛ̅ ⲛ̅ⲛⲟⲩⲧⲉ
ⲛ̅ ⲧⲉⲓ ϩⲉ ⲧⲏⲣⲥ̅· ⲕⲁⲧⲁ ⲑⲉ ⲛ̅ⲧ ⲁⲩⲧⲥⲁⲃⲉⲉⲓⲁⲧⲛ̅ ⲉ ⲃⲟⲗ
ϩⲛ̅ ⲧⲙⲛ̅ⲧⲉⲩⲥⲉⲃⲏⲥ ⁝—ⲧⲟⲧⲉ Ⲡ̅ⲙⲁⲧⲟⲓ ⲛ̅ ⲅⲉⲛⲛⲁⲓⲟⲥ ⲛ̅ⲧⲉ
ⲡⲉⲭ̅ⲣ̅ⲥ̅ ϩⲛ̅ ⲟⲩⲙⲉ· ⲁϥⲕⲁⲁϥ ⲕⲁ ϩⲏⲩ ⲙ̅ ⲡⲣⲙ̅ ⲛ̅ ⲁⲥ

ⲙⲛ̄ ⲛⲉϥϩⲃⲏⲩⲉ [ⲕⲁⲧⲁ] ⲡϣⲁϫⲉ ⲙ̄ ⲡⲁⲩⲗⲟⲥ ⲡⲁⲡⲟⲥⲧⲟⲗⲟⲥ
ⲉ ⲁϥ ϯϩⲓⲱⲱϥ ⲙ̄ ⲡⲣⲙ̄ ⲛ̄ ⲃⲣ̄ⲣⲉ ⲡⲁⲓ ⲛ̄ⲧⲁⲩⲥⲟⲛⲧϥ̄ ⲛ̄ϩⲏⲧϥ̄
ⲕⲁⲧⲁ ⲡⲛⲟⲩⲧⲉ ϩⲓⲧⲙ̄ ⲡⲃⲁⲡϯⲥⲙⲁ· ⲁϥⲟⲩⲱϣⲃ̄ ⲛ̄ϭⲓ
ⲫⲁⲅⲓⲟⲥ ϩⲛ̄ ⲟⲩⲥⲙⲏ ⲙ̄ ⲙⲛ̄ⲧⲣⲙ̄ⲣⲁϣ ⲙⲛ̄ ⲟⲩⲙⲛ̄ⲧϫⲁⲣ
ϩⲏⲧ· ϫⲉ ⲡⲉⲓ ⲧⲁⲓⲟ ⲛ̄ ⲧⲉⲓ ⲙⲓⲛⲉ ⲙⲁⲣⲉϥϣⲱⲡⲉ ⲛⲁⲕ·
ⲁⲛⲟⲕ ⲅⲁⲣ ⲉϣϫⲉ ⲁⲓⲃⲱⲕ ⲉ ⲃⲟⲗ ⲉ ⲡⲡⲟⲗⲩⲙⲟⲥ ⲁⲓⲙⲓϣⲉ |
ⲁⲛⲟⲕ ⲇⲉ ⲁⲛ ⲡⲉ ⲛⲧ ⲁⲓϫⲣⲟ ⲁⲗⲗⲁ ⲡϫⲥ̄· ⲡⲉⲛⲧ ⲁϥ- Fol. 8 *b*
ⲭⲁⲣⲓⲍⲉ ⲛⲁⲓ ⲙ̄ ⲡϫⲥ̄· Ⲡⲗⲏⲛ ϫⲓ ⲛⲁⲕ ⲛ̄ ⲛⲉⲕⲧⲁⲓⲟ ⲛ̄ⲑⲉ ⲓ̄ⲇ̄
ⲛⲧ ⲁⲕϫⲟⲟⲥ· ⲁⲛⲟⲕ ⲅⲁⲣ ⲛ̄ⲧⲁⲉⲓⲉⲓ ⲉ ⲃⲟⲗ ϩⲛ̄ ϩⲏⲧⲥ̄ ⲛ̄
ⲧⲁ ⲙⲁⲁⲩ ⲉⲓⲕⲏ ⲕⲁ ϩⲏⲩ ⲉⲓⲛⲁⲃⲱⲕ ⲟⲛ ⲉⲓⲕⲏ ⲕⲁ ϩⲏⲩ·
Ⲛ ⲧⲉⲣⲉ ϥϫⲉ ⲛⲁⲓ ⲇⲉ ⲁϥⲕⲁⲁϥ ⲕⲁ ϩⲏⲩ ⲛ̄ ⲧϥⲭⲗⲁⲙⲩⲥ·
ⲁϥⲃⲟⲗϥ̄ ⲉ ⲃⲟⲗ· ⲛ̄ ⲧⲉϥⲍⲱⲛⲏ ⲁϥⲛⲟϫⲟⲩ ⲉ ⲃⲟⲗ ϩⲁ
ⲣⲁⲧϥ̄ ⲙ̄ ⲡⲣ̄ⲣⲟ ⲁϥϫⲓϣⲕⲁⲕ ⲉ ⲃⲟⲗ ⲉϥϫⲱ ⲙ̄ⲙⲟⲥ· ϫⲉ
ⲁⲛⲅ̄ ⲟⲩⲭⲣⲓⲥϯⲁⲛⲟⲥ· ⲁⲩⲱ ⲥⲱⲧⲙ̄ ⲧⲏⲣⲧⲛ̄ ϫⲉ ⲁⲛⲅ̄
ⲟⲩⲭⲣⲓⲥϯⲁⲛⲟⲥ ⁘—ⲧⲟⲧⲉ ⲇⲉⲕⲓⲟⲥ ⲁϥⲣ̄ ⲑⲉ ⲛ̄ ⲛⲉ ⲛⲧ
ⲁⲩⲡⲱⲥϣ̄ (*sic*) ⲁϥⲉⲓⲱⲣⲙ̄ ⲉ ϩⲟⲩⲛ ⲉ ϩⲣⲁϥ· ⲛ̄ ⲟⲩⲛⲟϭ ⲛ̄
ⲛⲁⲩ· ⲁϥⲣ̄ ϣⲡⲏⲣⲉ ⲙ̄ ⲡⲉⲓⲛⲉ ⲙ̄ ⲡⲥⲁ ⲛ ⲧϥⲙⲛ̄ⲧⲃⲣ̄ⲣⲉ⁘—
ⲡⲙⲁⲕⲁⲣⲓⲟⲥ ⲇⲉ ⲛ ⲉⲛⲉⲥⲱϥ ⲉⲙⲁⲧⲉ ϩⲙ̄ ⲡⲉϥⲉⲓⲛⲉ ⲉϥ-
ⲧⲣⲉϣⲣⲱϣ ⲉⲙⲁⲧⲉ ϩⲙ̄ ⲡⲉϥⲁⲩⲉïⲛ· ⲉϥⲟ ⲙ̄ ⲙⲉⲣϣ̄ ϩⲙ̄
ⲡⲉϥϥⲱ ⲉϥⲕⲟⲥⲙⲉⲓ ϩⲙ̄ ⲙⲛ̄ⲧⲥⲁⲉⲓ ⲛⲓⲙ· ϩⲓ ⲙⲛ̄ⲧϫⲱⲱⲣⲉ
ⲉⲣⲉ ϩⲁϩ ϭⲱϣⲧ̄ ⲛ̄ⲥⲱϥ ⲉⲩⲣ̄ ϣⲡⲏⲣⲉ ⲙ̄ⲙⲟϥ ⁘—ⲙⲛ̄ⲛ̄ⲥⲁ
ⲛⲁⲓ ⲇⲉ ⲇⲉⲕⲓⲟⲥ ⲡⲣ̄ⲣⲟ ⲁϥⲕⲓⲙ ⲛ̄ ⲧⲉϥⲁⲡⲉ ⲟⲩⲉϩ|ⲥⲁϩⲛⲉ Fol. 9 *a*
ⲉ ⲛⲟϫϥ̄ ⲉ ⲡⲉϣⲧⲉⲕⲟ ⲉϥϫⲱ ⲙ̄ⲙⲟⲥ· ϫⲉ ⲡⲣⲱⲙⲉ ⲉⲧⲉ ⲓ̄ⲉ̄
ⲙ̄ⲡ ⲉϥⲥⲟⲩⲛ ⲡⲧⲁⲓⲟ ⲙⲁⲣⲉϥϫⲓ ⲡⲏⲣⲁ ⲧⲉⲛⲟⲩ ⲙ̄ ⲡⲉⲧ-
ϭⲁïⲟ· ⲛ̄ⲧⲁϥϫⲉ ⲛⲁⲓ ⲇⲉ ⲉϥⲙⲉⲉⲩⲉ ϫⲉ ⲉϥⲛⲁⲉϣⲡⲉⲛⲉ
ⲡⲉϥⲗⲟⲅⲓⲥⲙⲟⲥ ⲛ̄ ⲉⲩⲥⲉⲃⲏⲥ· ⲡⲙⲁⲣⲧⲩⲣⲟⲥ ⲇⲉ ⲙ̄ ⲡⲉⲭⲥ̄
ⲉⲩϫⲓ ⲙ̄ⲙⲟϥ ⲉ ⲡⲉϣⲧⲉⲕⲟ· ⲛϥⲣⲁϣⲉ ⲁⲩⲱ ⲛϥⲧⲉⲗⲏⲗ
ϩⲙ̄ ⲡⲉⲡⲛ̄ⲁ· ⲉϥϯ ⲉⲟⲟⲩ ⲙ̄ ⲡⲛⲟⲩⲧⲉ ⁘—Ϩⲛ̄ ⲧⲉⲩϣⲏ ⲇⲉ
ⲉⲧ ⲙ̄ⲙⲁⲩ ⲁⲩⲁⲅⲅⲉⲗⲟⲥ ⲁϩⲉ ⲣⲁⲧϥ̄ ϩⲓ ϫⲱϥ ⲡⲉϫⲁϥ ⲛⲁϥ·
ϫⲉ ⲙⲉⲣⲕⲟⲩⲣⲓⲉ· ⲧⲱⲕ ⲛ̄ ϩⲏⲧ ⲁⲩⲱ ⲙ̄ⲡⲣ̄ ⲣ̄ ϩⲟⲧⲉ
ϩⲏⲧⲟⲩ· ⲛ̄ ⲛ̄ⲁⲛⲩⲗⲏ ⲙ̄ ⲡⲧⲩⲣⲁⲛⲛⲟⲥ· ⲡⲓⲥⲧⲉⲩⲉ ⲉ ⲡⲉⲭⲥ̄
ⲡⲛⲟⲩⲧⲉ ⲛⲅ̄ ϩⲟⲙⲟⲗⲟⲅⲉⲓ ⲙ̄ⲙⲟϥ ϫⲉ ⲛ̄ⲧⲟϥ ⲡⲉ ⲡⲉⲭⲥ̄
ⲡⲛⲟⲩⲧⲉ ϫⲉ ⲟⲩⲛ̄ϣϭⲟⲙ ⲙ̄ⲙⲟϥ ⲉ ⲧⲟⲩϫⲟⲕ ⲉ ⲃⲟⲗ ϩⲛ̄
ⲑⲗⲓⲯⲓⲥ ⲛⲓⲙ· Ⲡⲙⲁⲣⲧⲩⲣⲟⲥ ⲇⲉ ϩⲱⲱϥ ⲛⲉ ⲁϥϭⲙ̄ϭⲟⲙ·

ⲛ̄ϩⲟⲩⲟ · ⲛⲁⲓ ⲡⲉ ⲛⲧⲁ ⲛⲁⲅⲅⲉⲗⲟⲥ ϫⲟⲟⲩ ⲉ ⲣⲟϥ ϩⲙ̄ ⲡ
ⲧⲣ ⲉϥⲟⲩⲱⲛϩ̄ ⲉ ⲣⲟϥ ⁘—ⲙ̄ ⲡⲉϥⲣⲁⲥⲧⲉ ⲇⲉ ⲁϥϩⲙⲟⲥ
ⲉ ⲡⲃⲏⲙⲁ ⲛ̄ϭⲓ ⲇⲉⲕⲓⲟⲥ · ⲁϥⲟⲩⲉϩⲥⲁϩⲛⲉ ⲉ ⲧⲣ ⲉⲩⲡⲁⲣ-
Fol. 9 b ϩⲓⲥⲧⲁ ⲛⲁϥ | ⲙ̄ ⲡⲙⲁⲕⲁⲣⲓⲟⲥ · ⲁⲩⲱ ⲡⲉϫⲁϥ ⲛⲁϥ · ϫⲉ
ⲓ̅ⲋ̅ ⲁⲣⲁ ⲡⲉⲓ ⲧⲁⲓⲟ ⲛ ⲧⲉⲓ ⲙⲓⲛⲉ ⲡⲣⲉⲡⲉⲓ ⲛⲁⲕ ⲛ̄ⲧ ⲁⲕϫⲓⲧϥ̄ ⲉ
ⲃⲟⲗ ϩⲓ ⲧⲟⲟⲧ ⲉⲧⲉ ⲡⲉⲧϭⲁⲓⲟ ⲡⲉ ⲛ̄ⲧ ⲁⲕⲥⲟⲧⲡϥ̄ ⲛⲁⲕ
ⲙⲁⲩⲁⲁⲕ ⁘—ⲁϥⲟⲩⲱϣⲃ̄ ⲛ̄ϭⲓ ⲡⲙⲁⲕⲁⲣⲓⲟⲥ ⲡⲉϫⲁϥ ϫⲉ
ϥⲡⲣⲉⲡⲉⲓ ⲛⲁⲓ ⲛ̄ϩⲟⲩⲟ · ⲁⲓϫⲓ ⲅⲁⲣ ⲛ̄ ⲟⲩⲁⲝⲓⲱⲙⲁ · ⲛ̄
ⲁⲧ ⲧⲁⲕⲟ · ⲡⲉϫⲉ Ⲡⲣ̄ⲣⲟ ⲛⲁϥ ϫⲉ ϫⲱ ⲉ ⲣⲟⲓ ⲙ̄ ⲡⲉⲕ-
ⲅⲉⲛⲟⲥ ⲙⲛ̄ ⲧⲉⲕⲡⲟⲗⲓⲥ ⲛ̄ⲧⲟⲕ ⲅⲁⲣ ϯⲥⲟⲟⲩⲛ ⲙ̄ⲙⲟⲕ ϫⲉ
ⲉⲕⲛⲏⲡ ⲉ ⲁϣ ⲛ̄ ⲧⲁⲝⲓⲥ · ⲡⲉϫⲁϥ ⲛⲁϥ Ⲛ̄ϭⲓ ⲫⲁⲅⲓⲟⲥ ⲙⲉⲣ-
ⲕⲟⲩⲣⲓⲟⲥ · ϫⲉ ⲉϣϫⲉ ⲕⲟⲩⲱϣ ⲉ ⲥⲟⲩⲛ̄ ⲡⲁ ⲅⲉⲛⲟⲥ ⲙⲛ̄
ⲧⲁ ⲡⲟⲗⲓⲥ · ⲁⲛⲟⲕ ⲅⲁⲣ ϯⲛⲁⲧⲁⲙⲟⲕ ⲉ ⲣⲟⲟⲩ · ⲡⲁ ⲉⲓⲱⲧ
ⲙⲉⲛ ⲕⲁⲧⲁ ⲥⲁⲣⲝ̄ ⲟⲩ ⲉ ⲃⲟⲗ ⲡⲉ ϩⲛ̄ ⲧⲉⲥⲕⲓⲑⲓⲁ · ⲉ ⲡⲉϥ-
ⲣⲁⲛ ⲡⲉ ⲕⲟⲣⲇⲓⲁⲛⲟⲥ · ⲉ ⲁϥⲣ̄ ⲙⲁⲧⲟⲓ ϩⲙ̄ ⲡⲁⲣⲓⲑⲙⲟⲥ ·
ⲛ̄ⲙ̄ⲙⲁⲣⲧⲩⲥⲓⲟⲛ · ϩⲙ̄ ⲡⲉⲟⲩⲟⲉⲓϣ Ⲇⲉ ⲡⲁⲓ ⲁϥⲣ̄ ⲡⲣⲱⲧⲟⲥ
ⲉ ⲡⲓⲁⲣⲓⲑⲙⲟⲥ ⲛ̄ ⲟⲩⲱⲧ · ⲡⲁ ⲉⲓⲱⲧ ⲇⲉ ϩⲱⲱϥ ⲛ̄ ⲁⲗⲩ-
ⲑⲉⲓⲛⲟⲥ ⲡⲉ ⲡⲛⲟⲩⲧⲉ ⲁⲩⲱ ⲧⲁ ⲡⲟⲗⲓⲥ ⲧⲉ ⲑⲓⲉⲗⲏⲙ̄ ⲛ̄ |
Fol. 10 a ⲧⲡⲉ · ⲧⲡⲟⲗⲓⲥ ⲙ̄ ⲡⲛⲟϭ ⲛ̄ ⲣ̄ⲣⲟ ⁘—Ⲡⲉϫⲉ ⲡⲣ̄ⲣⲟ ⲛⲁϥ ⲟⲛ
ⲓ̅ⲍ̅ ϫⲉ ⲛ̄ⲧⲁⲩⲙⲟⲩⲧⲉ ⲉ ⲣⲟⲕ ⲙ̄ ⲡⲉⲓ ⲣⲁⲛ ϫⲉ ⲙⲉⲣⲕⲟⲩⲣⲓ̄ⲟⲥ
ϩⲓⲧⲛ̄ ⲛⲉⲕⲉⲓⲟⲧⲉ ϫⲓⲛ ⲙ̄ⲙⲟⲛ ⲙ̄ ⲙⲁⲧⲟⲓ ⲛⲉⲛⲧ ⲁⲩⲧⲁⲁϥ
ⲉ ⲣⲟⲕ ⁘—Ⲡⲉϫⲁϥ ⲛ̄ϭⲓ ⲫⲁⲅⲓⲟⲥ ⲙⲉⲣⲕⲟⲩⲣⲓⲟⲥ · ϫⲉ ⲡⲁ
ⲉⲓⲱⲧ ⲛ̄ⲧⲁϥⲙⲟⲩⲧⲉ ⲉ ⲣⲟⲓ ϫⲉ ⲫⲓⲗⲟⲡⲁⲧⲱⲣ · ⲉⲧⲉ
ⲡⲉϥⲟⲩⲱϩⲙ̄ ⲡⲉ ⲡⲙⲁⲓ̈ ⲛⲉϥⲉⲓⲟⲧⲉ ⲛ̄ ⲧⲉⲣ ⲉⲓⲣ̄ ⲙⲁⲧⲟⲓ
ⲇⲉ ⲁⲩⲙⲟⲩⲧⲉ ⲉ ⲣⲟⲓ ϩⲓⲧⲛ̄ ⲡⲧⲣⲓ̈ⲃⲟⲩⲛⲟⲥ ϫⲉ ⲙⲉⲣⲕⲟⲩ-
ⲣⲓⲟⲥ · Ⲡⲣ̄ⲣⲟ ⲇⲉ ⲡⲉϫⲁϥ ⲛⲁϥ ϫⲉ ⲙⲉⲣⲕⲟⲩⲣⲓⲟⲥ ⲱⲛ ⲉⲧ
ⲕ̄ϫⲱ ⲙ̄ⲙⲟϥ ⲕⲛⲁⲉⲓⲣⲉ ⲕⲁⲧⲁ ⲡⲉⲛⲡⲣⲟⲥⲧⲁⲅⲙⲁ ⲛ̄ⲧ
ⲁⲛⲧⲟϭϥ̄ ⲉ ⲃⲟⲗ ⲛ̄ ⲟⲩⲟⲛ ⲛⲓⲙ ⲛ̄ⲅ ⲡⲣⲟⲥⲕⲩⲛⲏ ⲛ̄ ⲛ̄ⲛⲟⲩⲧⲉ
ⲛ̄ⲅϫⲓ ⲙ̄ ⲡⲉⲕⲧⲁⲓⲟ · ⲛ̄ ϣⲟⲣⲡ̄ ⲙⲛ̄ ⲡⲕⲉⲟⲟⲩ ϫⲓⲛ ⲙ̄ⲙⲟⲛ ·
ⲱⲛ ⲉⲧ ⲉⲕϫⲱ ⲙ̄ⲙⲟϥ · ⲁϫⲓⲥ ⲛⲁⲛ ϩⲛ̄ ⲟⲩϭⲉⲡⲏ ϩⲱⲥ
ⲉⲕⲥⲟⲟⲩⲛ̄ ϫⲉ ⲛ̄ⲧⲁⲩⲛ̄ⲧⲕ̄ ⲉ ⲡⲉⲓ ⲙⲁ · ⲉ ⲧⲃⲉ ⲡⲓ̈ ϩⲱⲃ ⁘—
ⲁϥⲟⲩⲱϣⲃ̄ ⲛ̄ϭⲓ ⲡⲙⲁⲣⲧⲩⲣⲟⲥ ⲡⲉϫⲁϥ ϫⲉ ⲁⲛⲟⲕ ⲕⲁⲧⲁ
Fol. 10 b ⲑⲉ ⲛ̄ⲧ ⲁⲓⲉⲓ ⲉ ⲡⲉⲓ ⲙⲁ ϩⲱⲥ ϫⲉ ⲉⲓⲉϫⲣⲟ ⲉ ⲣⲟⲕ ⲙⲛ̄
ⲓ̅ⲏ̅ ⲡⲉⲕⲉⲓⲱⲧ ⲡⲥⲁⲧⲁⲛⲁⲥ · ⲡⲉ ⲛ̄ⲧⲁ | ⲡⲉⲑⲟⲟⲩ ⲛⲓⲙ · ϣⲱⲡⲉ

ⲉ ⲃⲟⲗ ϩⲓ ⲧⲟⲟⲧϥ̅· Ⲉⲓϣⲁⲛϫⲣⲟ ⲇⲉ ϣⲁⲩϯ ⲕⲗⲟⲙ· ⲉ
ϫⲱⲓ ϩⲓⲧⲙ̅ ⲡⲁⲅⲱⲛⲟⲑⲉⲧⲏⲥ· ⲙ̅ⲙⲉ ⲡⲁ ϫ︦ⲥ︦ ⲓ︦ⲥ︦ ⲡⲉⲭ︦ⲥ︦· ⲡⲉⲧ
ⲉϩⲛⲁⲕ ϭⲉ ⲟⲩⲛ ⲁⲣⲓϥ ϩⲛ̅ ⲟⲩϭⲉⲡⲏ ⲛ̅ⲅ︦ ⲧⲙ̅ ⲱⲥⲕ̅· ⲟⲩⲛ̅-
ⲧⲁⲓ ⲅⲁⲣ ⲙ̅ⲙⲁⲩ ⲛ̅ ⲧⲡⲁⲛϩⲟⲡⲗⲓⲁ ⲙ̅ ⲡⲛⲟⲩⲧⲉ ⲙⲛ̅
ⲡⲉⲑⲩⲣⲱⲛ ⲛ̅ ⲧⲡⲓⲥϯⲥ· ⲛⲁⲓ ⲉ ⲃⲟⲗ ϩⲓ ⲧⲟⲟⲧⲟⲩ· ϯⲛⲁ-
ϫⲣⲟ ⲉ ⲛⲉⲕⲙⲉⲉⲩⲉ ⲙⲛ̅ ⲛⲉⲕⲧⲉⲭⲛⲏ ⲧⲏⲣⲟⲩ· ⲛ̅ ⲕⲣⲟϥ
ⲉ ϩⲟⲩⲛ ⲉ ⲣⲟⲓ· ⲧⲟⲧⲉ ⲡ̅ⲣ̅ⲣⲟ ⲁϥⲙⲟⲩϩ ⲛ̅ ϫⲱⲛⲧ̅ ⲡⲉϫⲁϥ
ϫⲉ ⲉⲡⲉⲓ ⲇⲏ ⲡⲁⲓ ϫⲱ ⲙ̅ⲙⲟⲥ· ϫⲉ ⲟⲩⲛ̅ⲧⲁⲓ ⲙ̅ⲙⲁⲩ ⲛ̅
ⲟⲩⲡⲁⲛϩⲟⲡⲗⲓⲁ· ⲛ̅ ϩⲱⲃ Ⲕⲁⲓ ⲡⲉⲣ ⲉϥⲕⲏ ⲕⲁ ϩⲏⲩ ⲉϥⲁϩⲉ
ⲣⲁⲧϥ̅· ϯⲕⲉⲗⲉⲩⲉ ⲉ ⲧⲣ ⲉⲩⲧⲟⲥϥ̅ ⲉ ⲃⲟⲗ· ⲉ ϥⲧⲟ ⲉⲛ̅
ϣⲙⲟⲩⲓ· ⲛ̅ⲥⲉ ϫⲟⲗⲕϥ̅· ⲉ ⲃⲟⲗ ⲟⲩⲧⲉ ⲧⲡⲉ ⲙⲛ̅ ⲡⲕⲁϩ
ⲛ̅ⲥⲟⲩⲙⲁϩⲉ· ⲛ̅ ⲧⲉⲣ ⲟⲩⲣ̅ ⲡⲁⲓ Ⲇⲉ ⲛⲁϥ· ⲡⲉϫⲁϥ ⲛ̅ϭⲓ
ⲡ̅ⲣ̅ⲣⲟ ϫⲉ ⲉⲩⲧⲱⲛ ⲧⲉⲛⲟⲩ ⲛⲉⲕϩⲟⲡⲗⲟⲛ ⲉⲧ ⲉⲕⲑⲁⲣⲉⲓ
ⲉ ⲣⲟⲟⲩ· ϣⲉ ⲡⲛⲟϭ ⲛ̅ ⲛⲟⲩⲧⲉ ⲛ̅ⲍⲉⲩⲥ· ⲁⲩⲧⲟⲥⲕ̅ ⲉ ⲃⲟⲗ
ⲉⲙⲁⲧⲉ· ⲁϥϭⲱϣⲧ̅ | ⲇⲉ ⲉ ϩⲣⲁⲓ ⲉ ⲧⲡⲉ ⲛ̅ϭⲓ ⲡⲡⲉⲧ Fol. 11 *a*
ⲟⲩⲁⲁⲃ ⲡⲉϫⲁϥ ϫⲉ ⲡⲁ ϫ︦ⲥ︦ ⲃⲟⲏⲑⲉⲓ ⲉ ⲣⲟⲓ̈ ⲁⲛⲟⲕ ⲡⲉⲕ- ⲓ︦ⲑ︦
ϩⲙ̅ϩⲁⲗ· ⲡⲁⲗⲓⲛ ⲟⲛ Ⲁϥⲕⲉⲗⲉⲉⲩⲉ (*sic*) ⲛ̅ϭⲓ ⲡ̅ⲣ̅ⲣⲟ ⲉ ⲧⲣ
ⲉⲩϣⲱⲗϭ̅ ⲙ̅ ⲡⲉϥⲥⲱⲙⲁ ϩⲛ̅ ϩⲉⲛϭⲟⲣⲧⲉ ⲉⲩϫⲏⲣ ⲉ ⲡⲙⲁ·
ⲛ̅ ϩⲉⲛⲙⲁⲥϯⲅⲝ̅· Ⲁⲩⲱ ⲙⲛ̅ⲛ̅ⲥⲱⲥ ⲛ̅ⲥⲉⲡⲉⲣϣ̅ ϩⲉⲛ ϫⲃⲃⲉ̅
ⲛ̅ ⲕⲱϩⲧ̅ ϩⲁ ⲣⲟϥ ϫⲉ ⲕⲁⲥ ⲉϥⲉⲣⲱⲕϩ̅· ⲕⲁⲧⲁ ⲕⲟⲩⲓ ⲕⲟⲩⲓ̈
ⲁϥⲱϣⲙ̅ ⲛ̅ϭⲓ ⲡϣⲁϩ ⲙ̅ ⲡⲕⲱϩⲧ̅ ϩⲙ̅ ⲡⲉⲥⲛⲟϥ ⲙ̅ ⲡⲁⲓ-
ⲕⲁⲓⲟⲥ ⲉⲧ ϩⲁⲧⲉ ⲉ ⲡⲉⲥⲏⲧ· ⲡϩⲁⲅⲓⲟⲥ ⲇⲉ ⲁϥϥⲓ ⲉ ⲣⲟϥ
ϩⲛ̅ ⲟⲩⲛⲟϭ ⲙ̅ ⲙⲛ̅ⲧϫⲱⲱⲣⲉ ϩⲛ̅ ⲧⲉⲓ ⲛⲟϭ ⲛ̅ ⲃⲁⲥⲁⲛⲟⲥ ⁘—
ⲇⲉⲕⲓⲟⲥ ⲇⲉ ⲁϥⲕⲉⲗⲉⲩⲉ ⲉ ⲧⲣ ⲉⲩⲃⲟⲗϥ̅ ⲉ ⲃⲟⲗ ϫⲉ ⲕⲁⲥ
ⲛ̅ⲛⲉϥⲙⲟⲩ ϩⲛ̅ ⲟⲩϭⲉⲡⲏ ⲛ̅ⲥⲉⲟⲧⲡϥ̅ ⲉ ϩⲟⲩⲛ ⲉⲩⲙⲁ ⲛ̅
ⲕⲁⲕⲉ ⲛ̅ⲥⲉⲱⲣϫ̅ ⲉ ⲣⲱϥ ϩⲛ̅ ⲟⲩϭⲉⲡⲏ ⁘—ⲙ̅ⲙⲁⲧⲟⲓ ⲇⲉ
ⲁⲩϥⲓ ⲉ ϩⲣⲁⲓ ϩⲁ ⲣⲟϥ· ⲉϥⲟ ⲙ̅ ⲡⲁϣ ⲙⲟⲩ ⲉⲩⲛ̅ ⲟⲩⲕⲟⲩⲓ̈
ⲛ̅ ⲛⲓϥⲉ· ϣⲟϫⲡ̅ ⲛ̅ϩⲏⲧϥ̅ ⲉⲩⲙⲉⲉⲩⲉ ϫⲉ ⲉϥⲛⲁⲙⲟⲩ ⁘—
ⲙⲛ̅ⲛ̅ⲥⲁ Ⲟⲩⲕⲟⲩⲓ ⲇⲉ ϩⲛ̅ ⲧⲉⲩⲛⲟⲩ ⲉⲧ ⲙ̅ⲙⲁⲩ | ⲁ ⲡⲁⲅ- Fol. 11 *b*
ⲅⲉⲗⲟⲥ ⲙ̅ ⲡϫ︦ⲥ︦ ⲟⲩⲱⲛϩ̅ ⲛⲁϥ ⲉ ⲃⲟⲗ ⲡⲉϫⲁϥ ⲛⲁϥ ϫⲉ ⲕ︦
ϯⲣⲏⲛⲏ ⲛⲁⲕ ⲡϣⲟⲉⲓϫ ⲛ̅ ⲣⲉϥϫⲣⲟ· ⲛ̅ ⲧⲉⲣ ϥ̅ϫⲉ ⲡⲁⲓ ⲇⲉ
ⲁϥⲧⲁⲗϭⲉ ⲛ̅ϥ̅ⲥⲁϣ ⲉⲧ ϩⲙ̅ ⲡⲉϥⲥⲱⲙⲁ· ⲁⲩⲱ ⲁϥⲧⲁϩⲟϥ
ⲉ ⲣⲁⲧϥ̅ ⲉϥⲟⲩⲟϫ ϩⲱⲥ ⲧⲉ ⲛ̅ϥ̅ⲧⲱⲟⲩⲛ· ⲛ̅ϥⲁϩⲉ ⲣⲁⲧϥ̅
ⲛ̅ϥ̅ϯ ⲉⲟⲟⲩ ⲙ̅ ⲡⲛⲟⲩⲧⲉ ⲛ̅ⲧ ⲁϥⲃⲟⲏⲑⲉⲓ ⲉ ⲣⲟϥ ⁘—ⲙⲛ̅ⲛ̅-

ⲥⲁ ⲛⲁⲓ ⲁϥⲕⲉⲗⲉⲩⲉ ⲉ ⲧⲣ ⲉⲩⲧⲁϩⲟϥ ⲉ ⲣⲁⲧϥ̄ ⲉ ⲡⲃⲏⲙⲁ·
ⲁⲩⲱ ⲛ̄ ⲧⲉⲣ ⲉϥⲛⲁⲩ ⲉ ⲣⲟϥ ⲛ̄ϭⲓ ⲡⲣ̄ⲣⲟ ⲡⲉϫⲁϥ ⲛⲁϥ ϫⲉ
ⲁⲩϥⲓⲧⲕ̄ ⲉ ⲃⲟⲗ ϩⲓ ⲧⲟⲟⲧ ⲉⲕⲟ ⲙ̄ ⲡⲁϣ ⲙⲟⲩ ⲛ̄ ⲁϣ ⲛ̄ ϩⲉ
ⲧⲉⲛⲟⲩ ⲉⲕⲙⲟⲟϣⲉ ⲙⲉϣⲁⲕ ⲣⲱ ⲙⲛ̄ ⲗⲁⲁⲩ ⲙ̄ ⲡⲱⲗϩ̄ ϩⲓ
ⲡⲉⲕⲥⲱⲙⲁ· ⲧⲟⲧⲉ ⲁϥⲕⲉⲗⲉⲩⲉ ⲛ̄ ⲡ̄ⲃⲁⲓ ⲙⲉⲣⲉϩ ⲉ ⲧⲁϩⲉ
ⲣⲁⲧⲟⲩ ⲉ ⲧⲣ ⲉⲩⲙⲟⲩϣⲧ̄ ⲙ̄ ⲡⲉϥⲥⲱⲙⲁ· ⲛⲁⲓ ⲇⲉ ⲡⲉϫⲁⲩ
ⲙ̄ ⲡⲣ̄ⲣⲟ ϫⲉ ϣⲉ ⲡⲉⲕⲣⲁⲧⲟⲥ· ⲱ̄ ⲡⲣ̄ⲣⲟ ⲛ̄ ⲉⲩⲥⲉⲃⲏⲥ·
ⲡⲉϥⲥⲱⲙⲁ ⲧⲏⲣϥ̄· ⲟⲩⲟϫ ⲉ ⲙⲛ̄ ⲗⲁⲁⲩ ⲛ̄ ⲧⲁⲕⲟ ϩⲓⲱⲱϥ
ⲛ̄ⲑⲉ ⲛ̄ ⲟⲩⲁ ⲙ̄ⲡ ⲟⲩϫⲱϩ ⲉ ⲣⲟϥ ⲉ ⲡⲧⲏⲣϥ̄ ⲙ̄ ⲡⲉⲩ-
Fol. 12 *a* ⲧⲏⲃⲉ ⁖—ⲇⲉⲕⲓⲟⲥ ⲇⲉ | ϩⲱⲱϥ ⲡⲉϫⲁϥ ϫⲉ ⲡⲁⲛⲧⲱⲥ ϥⲛⲁ-
ⲕ̄ⲁ̄ ϫⲟⲟⲥ ϫⲉ ⲡⲉⲭ̄ⲥ̄ ⲡⲉⲛⲧ ⲁϥⲧⲟⲩϫⲟⲓ̈ ⲁϥⲧⲁⲗϭⲟⲓ· ⲙⲏ
ⲁⲧⲉⲧⲛ̄ϫⲓ ⲥⲁⲉⲓⲛ ⲉϩⲟⲩⲛ ⲉ ⲡⲉϣⲧⲉⲕⲟ ⲉ ⲧⲣ ⲉϥⲑⲉⲣⲁⲡⲉⲩⲉ
ⲙ̄ⲙⲟϥ· ⲛ̄ⲧⲟⲟⲩ ⲇⲉ ⲡⲉϫⲁⲩ ϫⲉ ϣⲉ ⲧⲉⲕⲙⲛ̄ⲧⲛⲟϭ ⲉⲧ
ⲧⲁⲓⲏⲩ ⲉⲧ ⲁⲙⲁϩⲧⲉ ⲉϫⲛ̄ ⲧⲟⲓⲕⲟⲩⲙⲉⲛⲏ ⲧⲏⲣⲥ̄· ⲙ̄ⲡⲉ
ⲗⲁⲁⲩ ⲑⲉⲣⲁⲡⲉⲩⲉ ⲙ̄ⲙⲟϥ· ⲁⲗⲗⲁ ⲛⲛ̄ⲙⲉⲉⲩⲉ ϫⲉ ϥⲛⲁ-
ⲙⲟⲩ ⲡⲉ· ⲛ̄ ⲁϣ ⲛ̄ ϩⲉ ⲧⲉⲛⲟⲩ ϥⲟⲛϩ̄ ⲛ̄ ⲛⲧⲁϥⲗⲟ ⲛ̄ ⲁϣ ⲛ̄
ϩⲉ· ⲛ̄ⲧⲛ̄ ⲥⲟⲟⲩⲛ ⲁⲛ· ⲡⲉϫⲁϥ ⲇⲉ ⲛⲁⲩ ϫⲉ ⲧⲉⲧⲛ̄ⲥⲟⲟⲩⲛ
ϫⲉ ⲟⲩⲁϣ ⲛ̄ ϭⲟⲧ· ⲧⲉ ⲧⲙⲁⲅⲓⲁ· ⲛ̄ ⲛⲉⲭⲣⲓⲥϯⲁⲛⲟⲥ· ⲁⲩⲱ
ⲛ̄ ⲁϣ ⲛ̄ ϩⲉ ⲥⲁϥ ⲙⲉⲛ ⲁϥⲣ̄ⲕⲱⲱⲥ· ⲙ̄ⲡⲟⲟⲩ ϩⲱⲱϥ ϥⲁϩⲉ
ⲣⲁⲧϥ̄ ⲉϥⲟⲩⲟϫ· ⲁϥⲙⲟⲩϩ ⲇⲉ ⲛ̄ ϭⲱⲛⲧ̄ ⲡⲉϫⲁϥ ⲛⲁϥ ϫⲉ
ⲁϫⲓⲥ ⲉ ⲣⲟⲓ ϩⲛ̄ ⲟⲩⲙⲉ· ϫⲉ ⲛⲓⲙ ⲡⲉⲛⲧ ⲁϥⲧⲁⲗϭⲟⲕ ⲭⲱ-
ⲣⲓⲥ ⲙⲁⲅⲓⲁ· ⲁϥⲟⲩⲱϣⲃ̄ ⲛ̄ϭⲓ ⲫⲁⲅⲓⲟⲥ ⲙⲉⲣⲕⲟⲩⲣⲓⲟⲥ ϫⲉ
Fol. 12 *b* ⲡⲁ ϫⲥ̄ ⲓⲥ̄ ⲡⲉⲭ̄ⲥ̄ ⲡⲥⲁⲉⲓⲛ ⲙ̄ ⲙⲉ ⲛ̄ ⲛⲉⲛⲯⲩ|ⲭⲏ ⲙⲛ̄ ⲛⲉⲛ-
ⲕ̄ⲃ̄ ⲥⲱⲙⲁ· ⲛ̄ⲧⲟϥ ⲡⲉⲧ ⲟⲩⲱϣ ⲉ ⲭⲁⲣⲓⲍⲉ ⲛⲁⲓ ⲙ̄ ⲡⲧⲁⲗϭⲟ·
ⲕⲁⲧⲁ ⲑⲉ ⲛ̄ⲧ ⲁⲓϫⲟⲟⲥ· ⲙ̄ ⲫⲁⲣⲙⲁⲅⲟⲥ ⲇⲉ ⲙⲛ̄ ⲛ̄ⲣⲉϥ-
ⲙⲟⲩⲧⲉ ⲙⲛ̄ ⲛ̄ ⲣⲉϥϣⲙ̄ϣⲉ ⲉⲓⲇⲱⲗⲟⲛ ⲥⲉⲟ ⲛ̄ ϣⲉⲙⲙⲟ ⲉ
ⲣⲟϥ· ⲁⲩⲱ ϥⲛⲁⲙⲁⲣⲟⲩ ⲛ̄ ϩⲉⲛⲙⲣ̄ⲣⲉ ⲛ̄ ⲁⲧ ⲃⲱⲗ ⲉ ⲃⲟⲗ·
ⲛϥⲡⲁⲣⲁⲇⲓⲇⲟⲩ ⲙ̄ⲙⲟⲟⲩ ⲉ ⲡⲕⲱϩⲧ̄ ⲛ̄ ⲧⲅⲉϩⲉⲛⲛⲁ· ⲉ ⲧⲃⲉ
ϫⲉ ⲙ̄ⲡ ⲟⲩⲥⲟⲩⲛ ⲡⲛⲟⲩⲧⲉ ⲙ̄ ⲙⲉ ⲛ̄ⲧⲁϥⲧⲁⲙⲓⲟⲟⲩ· ⲡⲉϫⲉ
ⲡⲣ̄ⲣⲟ ϫⲉ ϯⲛⲁⲁⲛϩⲁⲗⲓⲥϭⲉ ⲙ̄ ⲡⲉⲕⲥⲱⲙⲁ ϩⲛ̄ ϩⲉⲛ-
ⲃⲁⲥⲁⲛⲟⲥ ⲉⲩⲛⲁϣⲧ̄ ⲙⲁⲣⲉⲓⲛⲁⲩ ϫⲉ ⲡⲉⲭ̄ⲥ̄ ⲉⲧ ⲉⲕⲛⲁϩⲧⲉ
ⲉ ⲣⲟϥ· ⲛⲁⲧⲁⲗϭⲟⲕ ⁖—ⲡⲉϫⲁϥ ⲛ̄ϭⲓ ⲫⲁⲅⲓⲟⲥ ϫⲉ ϯⲡⲓ-
ⲥⲧⲉⲩⲉ ⲉ ⲡⲁ ϫⲥ̄ ⲓⲥ̄ ⲡⲉⲭ̄ⲥ̄· ϫⲉ ⲉⲕϣⲁⲛⲉⲛ ⲟⲩⲙⲏⲛϣⲉ ⲛ̄
ϯⲙⲱⲣⲓⲁ· ⲉ ϫⲱⲓ· ⲛⲅ̄ ⲛⲁϣⲧⲣ̄ⲧⲱⲣⲧ̄ ⲁⲛ· ⲁϥϫⲟⲟⲥ

ⲅⲁⲣ ϫⲉ ⲙ̅ⲡⲣ̅ ⲣ̅ ϩⲟⲧⲉ ϩⲏⲧⲟⲩ· ⲛ̅ ⲛⲉⲧ ⲛⲁⲙⲟⲩⲟⲩⲧ ⲙ̅
ⲡⲉⲧⲛ̅ⲥⲱⲙⲁ· ⲉⲙⲛ̅ϭⲟⲙ ⲇⲉ ⲙ̅ⲙⲟⲟⲩ ⲉ | ⲙⲟⲩⲟⲩⲧ ⲛ̅ Fol. 13 *a*
ⲛⲉⲧⲙ̅ⲯⲩⲭⲏ· ⲁⲗⲗⲁ ⲁⲣⲓ ϩⲟⲧⲉ ϩⲏⲧϥ̅ ⲙ̅ ϩⲟⲩⲟ ⲙ̅ ⲕ̅ⲅ̅
ⲡⲉⲧⲉ ⲟⲩⲛ̅ ϭⲟⲙ ⲙ̅ⲙⲟϥ ⲉ ⲧⲁⲕⲟ ⲛ̅ ⲛⲉⲧⲙ̅ⲯⲩⲭⲏ
ⲙⲛ̅ ⲡⲉⲧⲛ̅ⲥⲱⲙⲁ ϩⲣⲁⲓ ϩⲛ̅ ⲧⲅⲉϩⲉⲛⲛⲁ ⲛ̅ ⲥⲁⲧⲉ ⁘ ⁘
Ⲧⲟⲧⲉ ⲁϥⲕⲉⲗⲉⲩⲉ ⲛ̅ϭⲓ ⲡⲣ̅ⲣⲟ ⲉ ⲧⲣ ⲉⲩⲉⲓⲛⲉ ⲛ̅ ⲟⲩⲛⲉⲛⲓⲡⲉ
ⲉϥⲗⲟⲃϣ̅ ⲛ̅ⲥⲉⲕⲁⲁϥ ϩⲁ ⲛⲉϥⲁⲛⲁⲅⲕⲁⲓⲟⲛ· Ⲁⲩⲱ ⲙⲛ̅ⲛ̅ⲥⲁ
ⲛⲁⲓ ϩⲉⲛⲗⲁⲙⲡⲁⲥ ⲛ̅ ⲕⲱϩⲧ̅ ϩⲁ ⲛⲉϥⲥⲡⲓ̅ⲣⲟⲟⲩⲉ ⁘—Ⲛ̅ ⲧⲉⲣ
ⲟⲩⲣ̅ ⲡⲁⲓ ⲇⲉ ⲉ ⲡⲙⲁ ⲛ̅ ⲟⲩⲕⲁⲡⲛⲟⲥ ⲁⲩⲛⲟϭ ⲛ̅ ⲥϯ ⲛⲟⲩϥⲉ
ϣⲱϣ ⲉ ⲃⲟⲗ· ⲉ ⲟⲩⲟⲛ ⲛⲓⲙ ⲉⲧ ϩⲙ̅ ⲡⲙⲁ ⲉⲧ ⲙ̅ⲙⲁⲩ·
ⲉⲩⲃⲁⲥⲁⲛⲓⲍⲉ ⲇⲉ ⲙ̅ⲙⲟϥ ⲉ ⲡⲉϩⲟⲩⲟ ⲙ̅ⲡ ϥⲁϣⲁϩⲟⲙ
ⲟⲩⲇⲉ ⲙ̅ⲡ ⲉϥⲣⲓⲙⲉ· ⲡⲉϫⲁϥ ⲇⲉ ⲛⲁϥ ⲛ̅ϭⲓ ⲇⲉⲕⲓⲟⲥ·
ϫⲉ ⲉϥⲧⲱⲛ ⲡⲉⲕⲥⲁⲉⲓⲛ ⲧⲉⲛⲟⲩ· ⲙⲁⲣⲉϥⲉⲓ ⲛϥ̅ⲑⲉⲣⲁⲡⲉⲩⲉ
ⲙ̅ⲙⲟⲕ· ⲕⲁⲓ ⲅⲁⲣ ⲁⲕϫⲟⲟⲥ ⲛⲉ ⲟⲩⲛ̅ ϣϭⲟⲙ ⲙ̅ⲙⲟϥ
ⲉⲧⲟⲩⲛⲟⲥⲧ̅ ⲉⲓϣⲁⲛⲙⲟⲩ· ⲫⲁⲅⲓⲟⲥ ⲇⲉ ⲙⲉⲣⲕⲟⲩⲣⲓⲟⲥ·
ⲡⲉϫⲁϥ ⲛⲁϥ ϫⲉ ⲁⲣⲓ̈ ⲡⲉⲧ | ⲉϩⲛⲁⲕ ⲟⲩⲛ̅ⲧⲁⲕ ⲉⲝⲟⲩⲥⲓⲁ ⲉ Fol. 13 *b*
ϩⲟⲩⲛ ⲉ ⲡⲁ ⲥⲱⲙⲁ· ⲧⲁ ⲯⲩⲭⲏ ⲇⲉ ⲡⲛⲟⲩⲧⲉ ⲡⲉⲧⲟ ⲙ̅ ⲕ̅ⲇ̅
ⲡⲉⲥϫⲥ̅· ⲡⲁ ⲥⲱⲙⲁ ⲙⲉⲛ Ⲕⲁⲛ ⲉⲕϣⲁⲛⲧⲁⲕⲟϥ· ⲧⲁ ⲯⲩⲭⲏ
ⲛⲁⲙⲁⲟⲩⲛ ⲉ ⲃⲟⲗ ⲉⲥⲟ ⲛ̅ ⲁⲧ ⲧⲁⲕⲟ ⁘ Ⲡⲁⲗⲓⲛ ⲟⲛ ⲁϥ-
ⲕⲉⲗⲉⲩⲉ ⲛ̅ϭⲓ ⲡⲣ̅ⲣⲟ ⲉ ⲧⲣ ⲉⲩⲁϣⲧϥ̅ ⲛ̅ⲥⲁ ϫⲱϥ· ⲁⲩⲱ ⲛ̅ⲥⲉ
ⲉⲓϣⲉ ⲛ̅ ⲟⲩⲛⲟϭ ⲛ̅ ⲱⲛⲉ ⲉ ⲡⲉϥⲙⲁⲕϩ̅ ϫⲉ ⲕⲁⲥ ϩⲙ̅ ⲡ
ⲧⲣⲉ ϥⲱⲧϭ̅ (*sic*) ⲉϥⲉⲙⲟⲩ ϩⲛ̅ ⲟⲩϭⲉⲡⲏ· ⲡⲙⲁⲣⲧⲩⲣⲟⲥ ⲇⲉ
ⲁ ⲧϭⲟⲙ ⲙ̅ ⲡⲛⲟⲩⲧⲉ ⲟⲩⲱϩ ⲛ̅ϩⲏⲧϥ̅ ⲙⲛ̅ ⲧⲉϥⲭⲁⲣⲓⲥ·
ⲁϥⲙⲟⲩⲛ ⲉ ⲃⲟⲗ ⲛ̅ ⲟⲩⲛⲟϭ ⲛ̅ ⲛⲁⲩ ϩⲛ̅ ϯⲃⲁⲥⲁⲛⲟⲥ ⲧⲁⲓ̈·
Ⲇⲉⲕⲓⲟⲥ ⲇⲉ ⲛ̅ ⲧⲉⲣ ⲉϥⲛⲁⲩ ⲉ ⲡⲙⲁⲣⲧⲩⲣⲟⲥ· ϫⲉ ϥϥⲓ ϩⲁ
ⲛ̅ ϯⲙⲱⲣⲓⲁ· ϩⲛ̅ ⲟⲩⲙⲛ̅ⲧϫⲱⲱⲣⲉ· ⲁⲩⲱ ⲙ̅ⲡⲉ ⲗⲁⲁⲩ
ⲛ̅ⲃⲁⲥⲁⲛⲟⲥ ϫⲱϩ ⲉ ⲣⲟϥ ⲁϥⲕⲉⲗⲉⲩⲉ ⲉ ⲧⲣ ⲉⲩϥⲓ ⲡⲱⲛⲉ
ⲙ̅ⲙⲁⲩ ⲉ ⲃⲟⲗ ϩⲓ̈ ⲡⲉϥⲙⲁⲕϩ̅ ⲛ̅ⲥⲉ ⲉⲓⲛⲉ ⲛ̅ ⲟⲩⲙⲁⲥϯⲅⲝ̅
ⲛ̅ ⲕⲱⲃϩ̅ ⲉⲥⲟ ⲛ̅ϥⲧⲟⲟⲩ ⲛ̅ϣⲗⲟⲡ· ⲛ̅ⲥⲉϩⲓⲟⲩⲉ ⲉ ⲣⲟϥ
ϣⲁⲧⲉ ⲡⲕⲁϩ· ϩⲱⲣⲡ̅ ϩⲙ̅ ⲡⲉϥⲥⲛⲟϥ· ⲡⲓ ⲅⲉⲛⲛⲁⲓⲟⲥ ⲇⲉ
Ⲛⲉϥⲟ ⲛ̅ⲑⲉ ⲛ̅ ⲟⲩⲱⲛⲉ ⲛ̅ ⲁⲇⲁⲙⲁⲥ· ⲁϥⲧⲱⲟⲩⲛ ϩⲛ̅ ⲟⲩ-
ⲙⲛ̅ⲧϫⲱⲱ|ⲣⲉ ϩⲁ ⲧⲉⲓ ⲃⲁⲥⲁⲛⲟⲥ· ⲁⲩⲱ ⲡⲉϫⲁϥ ϫⲉ Fol. 14 *a*
Ϯⲉⲩⲭⲁⲣⲓⲥⲧⲟⲩ ⲛⲁⲕ ⲡ[ⲁ]ϫⲥ̅ ϫⲉ ⲁⲕⲁⲁⲧ ⲛ̅ ⲙ̅ⲡϣⲁ· ⲛ̅ ⲕ̅ⲉ̅
ϣⲛ̅ ϩⲓⲥⲉ ⲉϫⲙ̅ ⲡⲉⲕⲣⲁⲛ ⲉⲧ ⲟⲩⲁⲁⲃ· ⲡⲣ̅ⲣⲟ ⲇⲉ ⲛ̅ ⲧⲉⲣ

ⲉϥⲛⲁⲩ ϫⲉ ⲟⲩⲁⲧⲡⲱⲱⲛⲉ ⲡⲉ ⲡⲉϥⲗⲟⲅⲓⲥⲙⲟⲥ ⲁⲩⲱ ϫⲉ ⲉϥⲛⲁⲉϣⲡⲓⲑⲉ ⲁⲛ ⲙ̄ⲙⲟϥ ⲉ ⲧⲣ ⲉϥⲑⲩⲥⲓⲁⲍⲉ· ⲁϥϫⲓϣⲟϫⲛⲉ ⲛⲉϥϭⲉⲡⲏ ⲅⲁⲣ ⲉ ⲃⲱⲕ ⲡⲉ ⲉ ϩⲟⲩⲛ ⲉ ϩⲣⲱⲙⲏ: ⲁϥϯ ⲁⲡⲟⲫⲁⲥⲓⲥ ⲉ ⲣⲟϥ ⲉ ⲧⲣ ⲉⲩϯⲙⲱⲣⲉⲓ ⲙ̄ⲙⲟϥ ϩⲙ̄ ⲧⲉⲛⲉϥⲉ ⲉϥϫⲱ ⲙ̄ⲙⲟⲥ· ϫⲉ Ⲙⲉⲣⲕⲟⲩⲣⲓⲟⲥ ⲡⲁⲓ ⲛ̄ⲧ ⲁϥⲥⲱϣ ⲙ̄ ⲡ̄ⲛⲟⲩⲧⲉ ⲁⲩⲱ ⲁϥⲕⲁⲧⲁⲫⲣⲟⲛⲉⲓ ⲙ̄ ⲡⲇⲟⲅⲙⲁ ⲉⲧ ⲟⲩⲁⲁⲃ· ⲛ̄ⲧⲉ ⲧⲙⲛ̄ⲧⲣⲙ̄ⲣⲁϣ· ⲉ ⲁϥⲟⲡϥ̄ ⲉⲩⲗⲁⲁⲩ ⲡⲉⲛⲕⲣⲁⲧⲟⲥ ⲕⲉⲗⲉⲩⲉ ⲉ ⲧⲣ ⲉⲩϥⲓ ⲛ̄ ⲧⲉϥⲁⲡⲉ ϩⲙ̄ ⲧⲉⲭⲱⲣⲁ· ⲛ̄ ⲧⲕⲁⲡⲡⲁⲇⲟⲕⲓⲁ· ϩⲙ̄ ⲡⲙⲁ ⲉⲧ ⲙ̄ⲙⲁⲩ· ⲉⲣⲉ ⲟⲩⲟⲛ ⲛⲓⲙ ⲛⲁⲩ ⲉ ⲣⲟϥ· Ⲟⲩⲟⲛ ⲅⲁⲣ ⲛⲓⲙ ⲛ̄ⲧ ⲁⲩϫⲓ ⲉⲟⲟⲩ ⲉ ⲃⲟⲗ ϩⲓⲧⲙ̄ ⲡⲣ̄ⲣⲟ ⲉⲩϣⲁⲛⲁⲛϯⲗⲉⲩⲉ ⲉ ⲧⲃⲉ ⲡⲉϥⲟⲩⲉϩⲥⲁϩⲛⲉ· ⲥⲉⲛⲁϯ ⲛⲁϥ ⲛ̄ ϩⲉⲛⲥⲛⲏϣⲉ· ⲉ ⲡϩⲁⲛ ⲛ̄ⲥⲉⲡⲁⲣⲁⲇⲓⲇⲟⲩ ⲙ̄ⲙⲟϥ· ⲉ ⲧⲟⲟⲧⲥ̄ ⲛ̄ ⲧⲉⲛⲉϥⲉ:—ⲛⲉ ⲛⲧ ⲁⲩⲧⲟϣⲟⲩ ⲇⲉ ⲉ ⲧⲣ ⲉⲩϥⲓⲧϥ̄· ⲁⲩϥⲓ ϩⲁ ⲣⲟϥ· ⲁⲩⲱ
Fol. 14 b ⲁⲩⲧⲁⲗⲟϥ ⲉⲩⲧⲃ̄ⲛⲏ | ⲁⲩⲙⲟⲣϥ̄ ⲉ ϩⲣⲁⲓ ⲉ ϫⲱϥ· ⲉ ⲃⲟⲗ
ⲕ̄ⲉ̄ ϫⲉ ⲁ ⲡⲥⲱⲙⲁ ⲙ̄ ⲡⲙⲁⲣⲧⲩⲣⲟⲥ ⲃⲱⲗ ⲉ ⲃⲟⲗ ⲛ̄ ⲥⲁ ⲥⲁ ⲛⲓⲙ· ⲁϥⲣ̄ ⲑⲉ ⲛ̄ⲛⲉⲓⲕⲱⲱⲥ· Ⲁⲩⲙⲟⲟϣⲉ ⲇⲉ ϩⲛ̄ ⲟⲩϩⲓⲏ ⲉⲥⲟⲩⲏⲏⲩ· ⲁⲩⲱ ϩⲓⲧⲛ̄ ϩⲉⲛⲕⲟⲩⲓ ⲛ̄ ϩⲟⲟⲩ ⲁⲩⲧⲁϩⲉ ⲧⲡⲟⲗⲓⲥ ⲧⲕⲁⲓⲥⲁⲣⲓⲁ· ⲁⲩⲱ ⲛ̄ ⲧⲉⲓ ϩⲉ ⲁⲩⲟⲩⲁϩϥ̄ ⲉ ⲡⲉⲥⲏⲧ ⲕⲟⲩⲓ ⲕⲟⲩⲓ· Ⲡϫⲥ̄ ⲇⲉ ⲁϥⲁϩⲉ ⲣⲁⲧϥ̄ ϩⲓ ϫⲱϥ ⲡⲉϫⲁϥ ⲛⲁϥ· ϫⲉ ⲙⲉⲣⲕⲟⲩⲣⲓⲉ· ⲁⲙⲟⲩ ⲛⲅ̄ ⲙ̄ⲧⲟⲛ ⲙ̄ⲙⲟⲕ ϩⲁ ϩⲧⲏⲓ· ⲉⲡⲉⲓ ⲇⲏ ⲁⲕϫⲉⲕ ⲡⲉⲕⲇⲣⲟⲙⲟⲥ ⲉ ⲃⲟⲗ· ⲁⲕϩⲁⲣⲉϩ ⲉ ⲧⲡⲓⲥϯⲥ· ϫⲓ ⲛⲁⲕ ⲙ̄ ⲡⲉⲕⲗⲟⲙ· ⲛ̄ ⲧⲙⲛ̄ⲧϣⲟⲉⲓϫ ⲡⲉ ⲛ̄ⲧ ⲁⲩⲧⲟϣϥ̄ ⲛⲁⲕ ⲉ ⲕⲗⲏⲣⲟⲛⲟⲙⲉⲓ̈ ⲙ̄ⲙⲟϥ· ⲡⲙⲁⲣⲧⲩⲣⲟⲥ ⲇⲉ ϩⲙ̄ ⲡⲧⲣⲉ ⲡϫⲥ̄ ⲟⲩⲱⲛϩ̄ ⲉ ⲣⲟϥ ⲁϥϭⲙ̄ϭⲟⲙ· ⲡⲉϫⲁϥ ⲛ̄ ⲡⲉⲧ ϩⲁ ϩⲧⲏϥ· ϫⲉ ⲁⲣⲓ ⲡⲉⲛ̄ⲧ ⲁⲩⲟⲩⲉϩⲥⲁϩⲛⲉ ⲙ̄ⲙⲟϥ· ⲛⲏⲧⲛ̄ ϩⲛ̄ ⲟⲩϭⲉⲡⲏ· ⲉⲣⲉ ⲡϫⲥ̄ ⲇⲉ ⲡⲁⲓ ⲉⲧ ⲧⲱϩⲙ̄ ⲛ̄ ⲟⲩⲟⲛ ⲛⲓⲙ ⲉ ϩⲟⲩⲛ ⲉ ⲧⲙⲉⲧⲁⲛⲟⲓⲁ· ⲉϥⲉⲧⲣⲉ ⲧⲉⲧⲛ̄ⲙ̄ⲡϣⲁ ⲛ̄ ⲧⲉϥⲭⲁⲣⲓⲥ· ⲟⲩⲣⲙ̄ⲙⲁⲟ ⲅⲁⲣ ⲡⲉ ⲁⲩⲱ ϣⲁϥⲭⲁ-
Fol. 15 a ⲣⲓⲍⲉ ⲛ̄ ⲛⲉⲧ ⲛⲁϯ ⲡⲉⲩⲟⲩⲟⲓ ⲉ ⲣⲟϥ | ϩⲛ̄ ⲟⲩⲇⲱ-
ⲕ̄ⲍ̄ ⲣⲉⲁ ⲁϫⲛ̄ ⲫⲑⲟⲛⲟⲥ:—ⲁⲩⲱ ⲛ̄ ⲧⲉⲣ ⲉϥϫⲉ ⲛⲁⲓ ⲁⲩϥⲓ ⲛ̄ ⲧⲉϥⲁⲡⲉ ⲁϥϫⲱⲕ ⲉ ⲃⲟⲗ· ⲛ̄ ⲑⲟⲙⲟⲗⲟⲅⲓⲁ ⲉⲧ ⲛⲁⲛⲟⲩⲥ ⲙ̄ ⲡⲉⲛⲥⲏ̄ⲣ ⲛ̄ ⲥⲟⲩ· ϫⲟⲩⲧⲏ ⲙ ⲡⲉⲃⲟⲧ ⲛⲟⲉⲃⲣⲓⲟⲥ ⲉⲧⲉ

ⲁⲑⲱⲣ̅ ⲡⲉ· ⲁⲩⲛⲟϭ ⲇⲉ ⲛ̅ ϣⲡⲏⲣⲉ ϣⲱⲡⲉ ⲉⲥⲙ̅ⲡϣⲁ ⲛ̅
ⲣ̅ ⲡⲉⲥⲙⲉⲉⲩⲉ· ⲙⲛ̅ⲛ̅ⲥⲁ ⲧⲣⲉ ⲡⲙⲁⲣⲧⲩⲣⲟⲥ ϫⲱⲕ ⲉ ⲃⲟⲗ
ⲁ ⲡⲉϥⲥⲱⲙⲁ ⲟⲩⲃⲁϣ ⲛ̅ⲑⲉ ⲛ̅ ⲟⲩⲭⲓⲱⲛ ⲉϥϣⲉϣ ⲥϯ
ⲛⲟⲩϥⲉ ⲉ ⲃⲟⲗ ⲛ̅ⲑⲉ ⲛ̅ ϩⲉⲛϣⲟⲩϩⲏⲛⲉ· ⲉⲩⲥⲟⲧⲡ̅ ⲙⲛ̅
ⲟⲩϭⲛ̅ⲛⲉ ⲉ ⲧⲃⲉ ⲡⲓ ⲙⲁⲉⲓⲛ ϭⲉ ⲡⲁⲓ̈· ⲁ ϩⲁϩ ⲛ̅ⲣⲱⲙⲉ ⲣ̅
ⲭⲣⲓⲥϯⲁⲛⲟⲥ ⲡⲡⲉⲧ ⲟⲩⲁⲁⲃ ⲇⲉ ⲁⲩⲟⲩⲁϩϥ̅ ϩⲛ̅ ⲟⲩⲧⲟⲡⲟⲥ
ⲉϥⲟⲩⲟⲛϩ̅ ⲉ ⲃⲟⲗ ⲡⲙⲁ ⲉⲧ ⲉⲣⲉ ⲟⲩⲙⲏⲏϣⲉ ⲛ̅ ϭⲟⲙ·
ϩⲓ ⲧⲁⲗϭⲟ ϣⲱⲡⲉ ⲙ̅ⲙⲁⲩ ⲉⲩⲉⲟⲟⲩ ⲙ̅ ⲡⲛⲟⲩⲧⲉ ⲡⲉⲓⲱⲧ
ⲙⲛ̅ ⲡⲉϥⲙⲟⲛⲟⲅⲉⲛⲏⲥ ⲛ̅ ϣⲏⲣⲉ ⲓ̅ⲥ̅ ⲡⲉⲭ̅ⲥ̅ ⲡⲉⲛϫ̅ⲥ̅ ⲙⲛ̅
ⲡⲉⲡⲛ̅ⲁ̅ ⲉⲧ ⲟⲩⲁⲁⲃ ϣⲁ ⲉⲛⲉϩ· ϩⲁⲙⲏⲛ· Ⲧⲉϣⲡⲏⲣⲉ
ⲛ̅ⲧ ⲁⲥⲟⲩⲱⲛϩ̅ ⲉ ⲃⲟⲗ ϩⲓⲧⲙ̅ ⲫⲁⲅⲓⲟⲥ ⲙⲉⲣⲕⲟⲩⲣⲓⲟⲥ ⲛ̅ⲑⲉ
ⲛ̅ⲧ ⲁϥⲡⲁⲧⲁⲥⲥⲉ ⲛ̅ ⲓⲟⲩⲗⲓⲁⲛⲟⲥ· ⲡⲁⲛⲟⲙⲟⲥ· ⲛ̅ⲣ̅ⲣⲟ
ϩⲓ̈ϫⲙ̅ ⲡⲉϥⲙⲉⲣⲉϩ | ⲁⲩⲱ ⲧⲉϣⲡⲏⲣⲉ ⲛⲉⲥⲥⲏϩ ϩⲛ̅ ⲧⲙⲉϩ Fol. 15 *b*
ⲯⲓⲧⲉ ⲛ̅ϩⲓⲥⲧⲟⲣⲓⲁ· ⲛ̅ⲧⲉⲕⲕⲗⲏⲥⲓⲁ ϩⲁⲙⲏⲛ· ϩⲙ̅ ⲡⲉⲟⲩ- ⲕⲏ
ⲟⲉⲓϣ ⲉⲧ ⲙ̅ⲙⲁⲩ Ⲉⲣⲉ ⲕⲩⲣⲓⲗⲗⲟⲥ ⲟⲛ ⲉⲡⲓⲥⲕⲟⲡⲟⲥ ⲉ
ⲓⲉⲗⲏⲙ̅· ⲁⲩⲛⲟϭ ⲙ̅ⲙⲁⲉⲓⲛ ⲟⲩⲱⲛϩ̅ ⲉ ⲃⲟⲗ ⲛ̅ⲧⲉ ⲡⲉⲭ̅ⲥ̅·
ϫⲓⲛ ϫⲡ̅ ϣⲟⲙⲧⲉ ⲙ̅ ⲡⲉϩⲟⲟⲩ ϣⲁ ϫⲡ̅ ⲯⲓⲧⲉ· ⲁⲩⲛⲟϭ
ⲛ̅ ⲥⲧⲁⲩⲣⲟⲥ· ⲛ̅ ⲟⲩⲟⲉⲓⲛ· ⲟⲩⲱⲛϩ̅ ⲉ ⲃⲟⲗ· ⲉϥⲁϩⲉ ⲣⲁⲧϥ̅
ϩⲓϫⲙ̅ ⲡⲙ̅ϩⲁⲁⲩ ⲙ̅ ⲡⲥⲏⲣ ⲙ̅ ⲡϩⲱⲧ ⲉ ⲃⲟⲗ ⲛ̅ ⲥⲁⲣⲝ̅
ⲛⲓⲙ· ⲙ̅ⲡⲓⲥⲧⲟⲥ ⲙⲛ̅ ⲛ̅ⲁⲡⲓⲥⲧⲟⲥ· ⲃⲁⲣⲃⲁⲣⲟⲥ ϩⲣⲱ-
ⲙⲁⲓⲟⲥ· ϩⲱⲥ ⲧⲉ ⲛ̅ⲧⲉ ⲙ̅ⲙⲏⲏϣⲉ ⲛⲣⲟⲩ ⲉⲧ ϣⲟⲟⲡ ϩⲛ̅
ⲙ̅ ⲡⲟⲗⲓⲥ· ⲥⲱⲟⲩϩ ⲙⲛ̅ ⲛⲉⲩϭⲓⲛⲟⲩⲱⲙ ⲙⲛ̅ ⲛⲉⲩϭⲓⲛⲥⲱ
ⲙⲛ̅ ⲛⲉⲩⲏⲣⲡ̅ ⲛ̅ⲥⲉⲱⲙ[...]ⲙ̅ ⲡⲉⲥⲧⲁⲩⲣⲟⲥ
ϣⲁⲛⲧ ⲉϥⲃⲱⲕ ⲉ ϩⲣⲁⲓ ⲉ ⲧⲡⲉ(?)[...]ⲛ̅ϫⲡ̅ ⲯⲓⲧⲉ·
ⲉⲣⲉ ⲛ̅ⲃⲁⲗ ⲛ̅ ⲟⲩⲟⲛ ⲛⲓⲙ ϭⲱϣⲧ̅ ⲛ̅ⲥⲱϥ· Ⲕⲩⲣⲓⲗⲗⲟⲥ
Ⲇⲉ ⲡⲉⲡⲓⲥⲕⲟⲡⲟⲥ ⲛ̅ ⲑⲓⲉⲗⲏⲙ̅ ⲁϥⲥϩⲁⲓ ⲛ̅ ⲧⲉϣⲡⲏⲣⲉ ⲛ̅ⲧ
ⲁⲥϣⲱⲡⲉ· ⲁϥⲥϩⲁⲓ ⲛ̅ ⲟⲩⲉⲡⲓⲥⲧⲟⲗⲏ· ⲁϥϫⲟⲟⲩⲥ ⲛ̅
ⲕⲱⲥⲧⲟⲥ ⲡⲣ̅ⲣⲟ | ⲉ ⲡⲕⲱⲙⲛⲧⲁⲧⲟⲛ· ⲡⲁⲓ ⲉⲧⲙⲉ ⲛ̅ Fol. 16 *a*
ⲁⲑⲁⲛⲁⲥⲓⲟⲥ· ⲁⲑⲁⲛⲁⲥⲓⲟⲥ ⲇⲉ ⲁϥⲁⲙⲁϩⲧⲉ ⲉϫⲛ̅ ⲧⲉⲕ- ⲕⲑ
ⲕⲗⲏⲥⲓⲁ ⲛ̅ ⲣⲁⲕⲟⲧⲉ ⲛ̅ ⲕⲉ ϫⲟⲩⲧⲏ ⲛ̅ⲣⲟⲙⲡⲉ· ⲛ̅ⲥⲁ-
ⲡⲉⲩⲉⲣⲏⲩ ⲙ̅ⲡⲉ ⲗⲁⲁⲩ ⲙ̅ ⲡⲟⲗⲩⲙⲟⲥ ⲧⲱⲟⲩⲛ ⲉ ϫⲱϥ·
ⲁϥⲣ̅ ϫⲟⲩ ⲥⲛⲟⲟⲩⲥ ⲅⲁⲣ ⲛ̅ⲣⲟⲙⲡⲉ ϩⲛ̅ ⲧⲉⲡⲓⲥⲕⲟⲡⲏ ⲙⲛ̅
ⲧⲉⲝⲟⲣⲓⲥϯⲁ· ⲛ̅ ⲧⲉⲣ ϥ̅ⲙⲟⲩ ⲇⲉ ⲛ̅ϭⲓ ⲕⲱⲥⲧⲟⲥ ⲁϥⲣ̅ⲣ̅ⲣⲟ
ⲉ ⲡⲉϥⲙⲁ ⲛ̅ϭⲓ ⲓⲟⲩⲗⲓⲁⲛⲟⲥ· ⲉⲩⲁⲛⲟⲙⲟⲥ ⲡⲉ ⲛ̅ ϩⲉⲗⲗⲏⲛ

ⲉⲩ ⲉ ⲃⲟⲗ ⲡⲉ ϩⲙ̄ ⲧⲥⲱⲛⲉ ⲛ̄ ⲕⲱⲥⲧⲁⲛϯⲛⲟⲥ ⲡⲛⲟϭ ⲧⲉⲥϩⲁⲓ
ⲅⲁⲣ ⲛⲉ ⲟⲩϩⲉⲗⲗⲏⲛ ⲡⲉ ⲡ̄ϣⲏⲣⲉ ⲇⲉ ⲛ̄ ⲕⲱⲛⲥⲧⲁⲛϯⲛⲟⲥ
ⲁⲩⲛⲁⲩ ⲉ ⲡϣⲏⲣⲉ ϣⲏⲙ ϫⲉ ⲟⲩⲛⲁϣⲧ̄ ϩⲣⲁϥ ⲡⲉ ⲁⲩⲣ̄-
ϩⲟⲧⲉ ϫⲉ ⲛ̄ ⲛϥ̄ϥⲓ ⲛ̄ⲧ[...]ⲧ ⲙⲛ̄ⲧⲉⲣⲟ ⲙ̄ ⲡⲉⲩ[...]
ⲛ̄ⲕⲟⲩⲓ ⲁⲩⲧⲁⲁϥ ⲉ ⲧⲉⲕⲕⲗⲏⲥⲓⲁ· ⲁⲩⲁⲁϥ ⲛ̄ ⲁⲛⲁⲅⲛⲱ-
ⲥⲧⲏⲥ· ⲛ̄ⲣⲱⲙⲉ ⲇⲉ ⲙ̄ ⲡⲉϥⲉⲓⲱⲧ ⲁⲩⲉⲓⲛⲉ ⲙ̄ⲙⲟϥ ⲉ
ϩⲣⲁⲓ ϩⲙ̄ ⲧⲙⲛ̄ⲧϩⲉⲗⲗⲏⲛ· ⲛ̄ ⲧⲉⲣ ⲉϥⲙⲟⲩ ⲇⲉ ⲛ̄ϭⲓ
Fol. 16 *b* ⲕⲱⲥⲧⲟⲥ ⲁϥⲣ̄ⲣ̄ⲣⲟ ⲉ ⲡⲉϥⲙⲁ | ⲛ̄ϭⲓ ⲓⲟⲩⲗⲓⲁⲛⲟⲥ· ⲁⲩⲱ
ⲗ̄ ⲁϥⲧⲁⲁϥ ⲉ ⲧⲙⲛ̄ⲧϩⲗ̄ⲗⲏⲛ ⲛ̄ⲧⲉⲩⲛⲟⲩ· Ⲁϥϣⲓⲛⲉ ⲛ̄ⲥⲁ
ⲟⲩⲱⲛ ⲛ̄ ⲛ̄ⲣⲡⲏⲩⲉ ⲇⲏⲙⲟⲥⲓⲁ· ⲡⲁⲓ ϭⲉ ⲁϥϭⲱ ϩⲙ̄
ⲡⲡⲁⲗⲗⲁϯⲟⲛ ⲛ̄ ⲧⲁⲛⲇⲓⲟⲭⲓⲁ ⲛ̄ϥⲙ̄ⲡϣⲁ ⲅⲁⲣ ⲁⲛ ⲛ̄
ⲙ̄ⲙⲁ ⲛ̄ ⲕⲱ[ⲥ]ⲧⲁⲛϯⲛⲟⲥ ⲉ ⲧⲣⲉϥⲟⲩⲱϩ ⲛ̄ϩⲏⲧⲟⲩ· ⲁϥ-
ⲃⲱⲕ ⲉ ⲡⲙⲁ ⲛ̄ ⲛ̄ϩⲉⲗⲗⲏⲛ ⲙⲛ̄ ⲛⲉⲩⲉⲓⲇⲱⲗⲟⲛ· ⲁϥϫⲓ ⲛ̄
ⲟⲩⲃⲏϭ ⲁϥⲧⲁⲁϥ ⲙ̄ ⲡϩⲩⲉⲣⲉⲩⲥ ⲁϥⲧⲁⲗⲟϥ ⲉ ϩⲣⲁⲓ ⲛ̄
ⲑⲩⲥⲓⲁ ⲙ̄ ⲡⲇⲁⲓⲙⲱⲛ· ⲁϥϥⲓ ⲙ̄ ⲡϩⲩⲡⲁⲣ ⲁϥⲧⲁⲁϥ ⲛⲁϥ
ⲁϥⲟⲩⲟⲙϥ̄· Ⲓⲟⲩⲗⲓⲁⲛⲟⲥ ⲇⲉ ⲡϣⲏⲣⲉ ⲛ ⲧϥ̄ⲥⲱⲛⲉ ⲡⲉ
ⲁϥⲧⲁⲛϩⲟⲩⲧϥ̄ ⲉ ⲧⲙⲛ̄ⲧⲉⲣⲟ· ⲛ̄ ⲧⲉⲣⲉ ϥⲛⲁⲩ ⲇⲉ ⲉ ⲧⲉ-
ⲡⲣⲟⲑⲉⲥⲙⲓⲁ ⲙ̄ ⲡⲥⲟⲛ ⲛ̄ ⲧⲉϥⲙⲁⲁⲩ· ⲁϥϭⲱⲡⲉ ⲙ̄
ⲫⲁⲅⲓⲟⲥ ⲑⲉⲟⲇⲟⲣⲓⲭⲟⲥ ⲡⲉⲡⲣⲉⲥⲃⲩⲧⲉⲣⲟⲥ· ⲁⲩⲱ ⲡⲟⲓⲕⲟ-
ⲛⲟⲙⲟⲥ ⲛ̄ ⲧⲉⲕⲕⲗⲏⲥⲓⲁ ⲁϥⲙⲟⲟⲩⲧϥ̄· ⲁϥⲉⲓ ⲇⲉ ⲁϥϫⲓ
ⲡⲟⲩⲱ ⲛ̄ ⲓⲟⲩⲗⲓⲁⲛⲟⲥ· ⲛ̄ⲧⲟϥ ⲇⲉ ⲁϥⲛⲟⲩϭⲥ̄ ⲉϥϫⲱ ⲙ̄-
Fol. 17 *a* ⲙⲟⲥ ϫⲉ ⲁⲕϣⲧⲣ̄ⲧⲱⲣⲧ̄ ⲛ̄ϯⲟⲩ|ⲱϣ ⲁⲛ ⲉⲙⲟⲟⲩⲧⲟⲩ· ϫⲉ
ⲗ̄ⲁ̄ ⲛ̄ⲛⲉⲩϣⲟⲩϣⲟⲩ ⲙ̄ⲙⲟⲟⲩ ϫⲉ ⲁⲛⲣ̄ ⲙⲁⲣⲧⲩⲣⲟⲥ ϩⲓⲱⲱⲕ
ⲁⲗⲗⲁ ⲉⲓϣⲁⲛⲉⲓ ϩⲙ̄ ⲧⲡⲉⲣⲥⲓⲥ ϯⲛⲁⲕⲁ ⲟⲩⲛⲟⲙⲟⲥ ⲉ ϩⲣⲁⲓ
ⲛⲁⲩ· ϫⲉ ϣⲟⲙⲛ̄ⲧ ⲛ̄ϩⲟⲗⲟⲕⲟⲧϯⲛⲟⲥ ⲉ ⲧⲁⲡⲉ ⲙ̄ ⲡⲡⲁ-
ⲅⲁⲛⲟⲥ ⲧⲉ ⲣⲟⲙⲡⲉ ⲛ̄ ⲛⲉⲭⲣⲓⲥϯⲁⲛⲟⲥ· ⲡⲃⲟⲩⲗⲉⲩⲧⲏⲥ
ⲇⲉ ϣⲟⲙⲛ̄ⲧ ⲛ̄ⲟⲩⲕⲅⲓⲁ· ⲛⲁï ⲇⲉ ⲉϥⲉⲓⲣⲉ ⲙ̄ⲙⲟⲟⲩ ⲛⲉϥ-
ϩⲟϫϩϫ̄ ⲛ̄ ⲛⲉⲭⲣⲓⲥϯⲁⲛⲟⲥ ϩⲙ̄ ⲥⲙⲟⲧ ⲛⲓⲙ· ϩⲙ̄ ⲡⲉⲟⲩⲟⲉⲓϣ
ⲇⲉ ⲉⲧ ⲙ̄ⲙⲁⲩ ⲛⲉⲣⲉ ⲧⲉⲕⲕⲗⲏⲥⲓⲁ ⲟ ⲛ̄ ⲣⲙ̄ⲙⲁⲟ ϩⲙ̄
ⲧⲙⲛ̄ⲧϫⲱⲱⲣⲉ ⲛ̄ⲛⲉⲡⲛ̄ⲁⲧⲟⲫⲟⲣⲟⲥ· ⲉⲣⲉ ϥⲧⲟⲟⲩ ⲛ̄ⲥⲧⲩⲗⲟⲥ
ⲧⲱⲟⲩⲛ ϩⲁ ⲣⲟⲥ· ⲉⲧⲉ ⲛⲁⲓ ⲛⲉ· ⲁⲑⲁⲛⲁⲥⲓⲟⲥ ⲛ̄ ⲣⲁⲕⲟⲧⲉ·
ⲁⲩⲱ ⲁⲛⲧⲱⲛⲓⲟⲥ ⲙⲛ̄ ⲡⲁϩⲱⲙ ϩⲙ̄ ⲡⲙⲁⲣⲓ̈ⲥ· ⲁⲩⲱ
ⲃⲁⲥⲓⲗⲉⲓⲟⲥ ϩⲙ̄ ⲧⲕⲁⲡⲡⲁⲇⲟⲕⲓⲁ· Ⲃⲁⲥⲓⲗⲉⲓⲟⲥ ⲇⲉ ⲛⲉϥⲟ
ⲛ̄ ϣⲃⲏⲣ ⲉ ⲓⲟⲩⲗⲓⲁⲛⲟⲥ ⲉ ⲧⲃⲉ ⲧⲙⲛ̄ⲧⲕⲟⲩⲓ ⲛ̄ⲧⲁⲩⲁⲁⲥ ⲙⲛ̄

ⲛⲉⲩⲉⲣⲏⲩ ϩⲛ̅ ⲧⲁⲛ|ϩⲏⲃⲉ· ⲛ̅ ⲧⲉⲣⲉ ϥⲥⲱⲧⲙ̅ ⲇⲉ ⲉ ⲧⲃⲉ Fol. 17 b ⲗⲃ̅
ⲛⲉϥⲡⲣⲁⲝⲓⲥ ⲉⲑⲟⲟⲩ· ⲁϥⲉⲓ ϣⲁ ⲣⲟϥ ⲙⲛ̅ ϩⲉⲛⲕⲉⲣⲉϥ-
ϣⲙ̅ϣⲉ ⲛⲟⲩⲧⲉ ⲛ̅ϣⲃⲏⲣ ⲉ ⲡⲉⲡⲓⲥⲕⲟⲡⲟⲥ ⲛ̅ⲧⲁϥ· Ⲛ̅ ⲧⲉⲣ
ⲟⲩⲃⲱⲕ ⲇⲉ ⲉ ϩⲟⲩⲛ ϣⲁ ⲣⲟϥ ⲁϥⲛⲁⲩ ⲉ ⲛⲉⲩⲥⲭⲏⲙⲁ
ⲉⲩⲑⲃⲃⲓⲏⲩ· ⲁⲩⲱ ⲛⲉⲣⲉ ⲛⲉⲩⲙⲟⲣⲧ̅ ⲣⲏⲧ ⲡⲉ· ⲡⲉϫⲁϥ
ⲛⲁⲩ ϫⲉ ⲉⲣⲉ ⲛⲁⲓ ϣⲓⲛⲉ ⲛ̅ⲥⲁ ⲟⲩ· ⲁϥⲟⲩⲱϣⲃ̅ ⲛ̅ϭⲓ
ⲃⲁⲥⲓ̈ⲗⲉⲓⲟⲥ ϫⲉ ⲉⲛϣⲓⲛⲉ ⲛ̅ⲥⲁ ⲟⲩϣⲱⲥ ⲉⲛⲁⲛⲟⲩϥ ⲛ̅ⲣⲉϥ-
ⲙⲟⲟⲛⲉ· ⲡⲉϫⲁϥ ⲛ̅ ⲃⲁⲥⲓⲗⲉⲓⲟⲥ ϫⲉ ⲛ̅ⲧⲁⲕⲕⲁ ⲡϣⲏⲣⲉ
ⲙ̅ ⲡϩⲁⲙϣⲉ ⲧⲱⲛ ⲁⲕⲉⲓ ⲉ ⲡⲉⲓ̅ ⲙⲁ· ⲡⲉϫⲁϥ ⲛⲁϥ
ϫⲉ ⲛ̅ⲧⲁⲓⲕⲁⲁϥ ⲉⲧⲁⲙⲓⲟ[...]ⲁⲓ̈ⲃⲉ ⲉⲧⲟⲩⲛⲁⲛⲟⲩϫⲕ̅ ⲉ ⲣⲟⲥ·
ⲡⲉϫⲉ ⲡⲣ̅ⲣⲟ ⲛⲁϥ ϫⲉ Ⲉⲛⲉⲓⲫⲓⲗⲟⲥⲟⲫⲉⲓ ⲁⲛ ϫⲉ ⲛⲧⲕ̅
ⲡⲁ ϣⲃⲏⲣ· ⲛⲉⲓⲛⲁⲧⲣⲉⲩϥⲓ ⲡⲉ ⲛ̅ⲧⲉⲕⲁⲡⲉ· Ⲡⲉϫⲉ ⲃⲁⲥⲓ-
ⲗⲉⲓⲟⲥ ⲛⲁϥ ⲙ̅ⲛ ⲉⲕⲫⲓⲗⲟⲥⲟⲫⲉⲓ· ⲉⲛⲉⲛⲧⲁⲕⲫⲓⲗⲟⲥⲟⲫⲉⲓ
ⲅⲁⲣ ⲛⲉⲕⲛⲁⲕⲁ ⲛ̅ⲥⲱⲕ ⲁⲛ ⲡⲉ ⲛ̅ ⲧⲥⲟⲫⲓⲁ· ⲛ̅ⲧ ⲁⲩⲧⲥⲁⲃⲟⲕ
ⲉ ⲣⲟⲥ· ⲉⲕⲱ ⲛ̅ ⲣⲉϥⲱϣ ϩⲛ̅ ⲛ̅|ϫⲱⲱⲙⲉ ⲛ̅ ⲧⲥⲟⲫⲓⲁ ⲙ̅ Fol. 18 a ⲗⲅ̅
ⲙⲉ· Ⲡⲉϫⲉ ⲡⲣ̅ⲣⲟ ⲛⲁϥ ϫⲉ ⲁⲓⲟϣⲟⲩ ⲁⲩⲱ ⲁⲓⲛⲟⲓ ⲙ̅-
ⲙⲟⲟⲩ· ⲡⲉϫⲉ ⲃⲁⲥⲓⲗⲉⲓⲟⲥ ϫⲉ ⲙ̅ⲡⲉ ⲕⲟϣⲟⲩ ⲕⲁⲗⲱⲥ·
ⲟⲩⲇⲉ ⲙ̅ⲡⲉ ⲕⲛⲟⲓ ⲙ̅ⲙⲟⲟⲩ· ⲉⲛⲉϩ ⲉⲛⲉⲛⲧⲁⲕⲛⲟⲓ ⲅⲁⲣ
ⲙ̅ⲙⲟⲟⲩ· ⲛⲅ̅ ⲛⲁⲧϭⲁⲓⲟⲟⲩ ⲁⲛ ⲡⲉ· ⲡⲉϫⲉ ⲡⲣ̅ⲣⲟ ⲛⲁⲩ
ϫⲉ ϯⲛⲁⲉⲧⲡ̅ ⲧⲏⲩⲧⲛ̅ ⲉ ϩⲟⲩⲛ ϣⲁⲛ ⲧⲁⲉⲓ ϩⲛ̅ ⲧⲡⲉⲣⲥⲓⲥ·
ⲧⲁⲣⲉ ⲧⲉⲧⲛ̅ⲉⲓⲙⲉ ϫⲉ ⲟⲩ ⲡⲉⲧ ϯⲟⲩⲃⲉ ⲡⲣ̅ⲣⲟ ⲛ̅ⲧⲉⲧⲛ̅ⲙⲟⲩϩ
ⲙ̅ ⲡϩⲟϫϩϫ̅ ⲙ̅ ⲡⲙⲁ ⲛ̅ ⲱⲧⲡ̅ ⲉ ϩⲟⲩⲛ:—Ⲡⲉϫⲉ ⲃⲁⲥⲓⲗⲉⲓ̈ⲟⲥ
ϫⲉ ⲉⲕϣⲁⲛⲃⲱⲕ ⲉ ⲧⲡⲉⲣⲥⲓⲥ ⲛ[ⲛⲉ]ⲕⲟⲧⲕ̅ ⲉⲓⲉ ⲙ̅ⲡⲉ ⲡⲛⲟⲩⲧⲉ
ϣⲁϫⲉ ϩⲛ̅ ⲃⲁⲥⲓⲗⲉⲓⲟⲥ· Ⲡⲣ̅ⲣⲟ ⲇⲉ ⲓⲟⲩⲗⲓ̈ⲁⲛⲟⲥ ⲡⲉϫⲁϥ
ϫⲉ ⲟⲩ ⲡⲉ ϯⲛⲁⲁϥ ⲙ̅ ⲡⲓⲅⲁⲗⲓⲗⲁⲓⲟⲥ ⲡⲓⲣⲉϥϫⲓ ϭⲟⲗ
ⲁϥϫⲟⲟⲥ ⲅⲁⲣ ϩⲙ̅ ⲡⲉϥϩⲏⲧ ϫⲉ ⲛ̅ⲥⲉⲛⲁⲕⲁ ⲟⲩⲱⲛⲉ ⲁⲛ
ϩⲓϫⲛ̅ ⲟⲩⲱⲛⲉ ϩⲙ̅ ⲡⲣⲡⲉ ⲛ̣ ⲛ̅ⲓⲟⲩⲇⲁⲓ̈· Ⲁⲛⲟⲕ ϩⲱ ϯⲛⲁ-
ⲕⲟⲧϥ̅ ⲛ̅ϩⲱⲃ ⲛ̅ⲡⲣ̅ⲣⲟ· ⲛ̅ⲧⲁⲣ ⲛⲉϥϣⲁϫⲉ ⲛ̅ϭⲟⲗ ⲧⲁⲣⲟⲩ-
ⲉⲓⲙⲉ ϫⲉ ⲟⲩⲣⲉϥϫⲓϭⲟⲗ ⲡⲉ· | Ⲁⲩⲱ ⲁϥⲟⲩⲉϩⲥⲁϩⲛⲉ ⲉ Fol. 18 b ⲗⲇ̅
ⲧⲣⲉ ⲩⲱⲧⲡ̅ ⲉ ϩⲟⲩⲛ ⲛ̅ ⲃⲁⲥⲓⲗⲉⲓⲟⲥ ⲉ ⲡⲉϣⲧⲉⲕⲟ ⲙⲛ̅ ⲡⲕⲉ
ⲥⲛⲁⲩ ⲉⲧ ⲛ̅ⲙ̅ⲙⲁϥ· Ⲁⲩⲱ ⲁϥⲧⲁⲁϥ ⲉ ⲃⲱⲕ ⲉ ⲧⲡⲉⲣⲥⲓⲥ·
ⲁϥⲉⲓ ⲇⲉ ⲉϫⲛ̅ ⲑⲓ̈ⲉⲗⲏⲙ· ⲁϥⲛⲁⲩ ⲉⲛϣⲟⲣϣⲣ̅ ⲙ̅ ⲡⲣⲡⲉ·
ⲉⲙⲛ̅ ⲟⲩϫⲟⲉ ⲛ̅ ⲟⲩⲱⲧ ⲕⲱⲧⲉ ⲉ ⲣⲟϥ· ⲕⲁⲧⲁ ⲑⲉ ⲛⲧⲁ
ⲟⲩⲁⲥⲡⲁⲥⲓⲁⲛⲟⲥ ⲧⲁⲕⲟϥ ϩⲙ̅ ⲡⲧⲁⲕⲟ ⲛ̅ⲧⲁϥⲁⲁϥ· ⲛ̅ ⲛⲓⲟⲩ-

ⲇⲁⲓ̈· ⲁϥⲕⲉⲗⲉⲩⲉ ⲉ ⲧⲣⲉ ⲩⲕⲁⲑⲁⲣⲓⲍⲉ ⲙ̅ⲙⲟϥ ϫⲉ ⲕⲁⲥ
ⲉⲩⲉⲕⲟⲧϥ̅ ⲉϥⲧⲁⲓⲏⲩ ⲉ ⲡⲉϩⲟⲩⲟ· Ⲓⲟⲩⲗⲓⲁⲛⲟⲥ ⲇⲉ ⲁϥ-
ⲕⲁⲑⲓⲥⲧⲁ ⲛ̅ ⲟⲩⲕⲟⲙⲉⲥ ⲉϫⲙ̅ ⲡⲣ̅ⲡⲉ· ϫⲉ ⲉϥⲉⲕⲁⲑⲁⲣⲓⲍⲉ
ⲙ̅ⲙⲟϥ ϣⲁⲛⲧ ⲉϥⲥⲙⲛ̅ ⲥⲉⲛⲧⲉ ⲙ̅ⲙⲟϥ· ⲛϥⲕⲟⲧϥ̅· ⲛ̅ⲧⲟϥ
ⲇⲉ ⲁϥⲧⲁⲁϥ ⲉ ⲧⲡⲉⲣⲥⲓⲥ· ⲁϥⲡⲟⲗⲉⲙⲉⲓ ⲁϥⲕⲁ ⲛⲉⲧ
ⲟⲩⲁⲁⲃ ⲉⲩⲟⲧⲡ̅ ⲉ ϩⲟⲩⲛ ⲉ ⲡⲉϣⲧⲉⲕⲟ· ⲛⲉⲧ ϣⲟⲣϣⲣ̅ ⲇⲉ
ⲉ ⲡⲉⲣⲡⲉ ⲁⲩⲕⲁⲑⲁⲣⲓⲍⲉ ⲙ̅ⲙⲟϥ ⲙ̅ⲛ ⲟⲩⲕⲁ ⲟⲩⲱⲛⲉ ϩⲓϫⲛ̅
ⲟⲩⲱⲛⲉ· ⲙ̅ⲡⲟⲩⲃⲟⲗϥ̅ ⲉ ⲃⲟⲗ ⲕⲁⲧⲁ ⲡϣⲁϫⲉ ⲙ̅ ⲡⲉⲛⲥⲏⲣ·
Fol. 19 *a* ⲁⲩⲁⲣⲭⲉⲓ ⲇⲉ ⲛ̅ⲕⲱⲧ | ϣⲁⲩⲕⲱⲧ ϫⲓⲛ ϩⲧⲟⲟⲩⲉ ϣⲁ ⲣⲟⲩϩⲉ
ⲗ̅ⲉ̅ ⲛ̅ⲥⲉⲡⲱϩ ⲉ ϩⲧⲟⲟⲩⲉ· ⲛ̅ⲥⲉϭⲛ̅ ⲛ̅ ⲕⲱⲧ ⲛ̅ⲧⲁⲩⲕⲟⲩ ⲉⲩϣⲣ̅-
ϣⲱⲣ ϩⲛ̅ ⲟⲩϭⲓϫ ⲁⲛ ⲛ̅ⲣⲱⲙⲉ· ⲁⲩⲣ̅ ⲉⲃⲟⲧ ⲇⲉ ⲥⲛⲁⲩ
ⲛ̅ϩⲟⲟⲩ ⲉⲩⲙⲏⲛ ⲉ ⲃⲟⲗ ⲛ̅ ⲧⲉⲓ ϩⲉ ⲉⲩⲧⲁⲗⲁⲓⲡⲟⲣⲉⲓ ⲉⲙⲛ̅
ⲟⲩϩⲱⲃ ⲟⲩⲛⲏϩ ⲛ̅ⲥⲱⲟⲩ ⲕⲁⲧⲁ ⲑⲉ ϫⲉ ⲧⲉⲡⲣⲟⲛⲟⲓⲁ ⲧⲉⲧ
ⲕⲱⲗⲉⲓ ⲙ̅ⲙⲟⲟⲩ· Ⲁⲩⲧⲁⲙⲟⲟⲩ ⲇⲉ ⲛ̅ϭⲓ ⲛ̅ⲓⲟⲩⲇⲁⲓ̈ ⲉⲧ
ⲙ̅ⲙⲁⲩ ϫⲉ ⲣⲱⲕϩ̅ ⲛ̅ⲛⲉⲙϩⲁⲁⲩ ⲉⲧ ⲉⲣⲉ ⲛⲉⲭⲣⲓⲥϯⲁⲛⲟⲥ·
ⲧⲟⲙⲥ̅ ⲛ̅ϩⲏⲧⲟⲩ· ⲁⲩⲱ ⲧⲉⲧⲛ̅ϭⲙ̅ϭⲟⲙ ⲉ ⲕⲱⲧ ⲁⲩⲥⲱⲧⲙ̅
ⲇⲉ ⲛ̅ⲥⲱⲟⲩ ⲁⲩⲱ ⲁⲩⲣⲱⲕϩ̅ ⲛ̅ ⲛⲉⲙϩⲁⲁⲩ:—Ⲏ ⲧⲉⲣ
ⲟⲩⲡⲱϩ ⲇⲉ ⲉϫⲙ̅ ⲡⲙ̅ϩⲁⲁⲩ· ⲉⲧ ⲉⲣⲉ ⲓ̈ⲱϩⲁⲛⲛⲏⲥ ⲡⲃⲁⲡ-
ϯⲥⲧⲏⲥ ⲛ̅ϩⲏⲧϥ̅ ⲙⲛ̅ ⲉⲗⲉⲥⲁⲓⲟⲥ· ⲡⲉⲡⲣⲟⲫⲏⲧⲏⲥ· ⲙ̅ⲡⲉ
ⲡⲕⲱϩⲧ̅ ϫⲱϩ ⲉ ⲣⲟⲟⲩ· ⲉ ⲁⲩⲣ̅ ⲟⲩⲙⲏⲛϣⲉ ⲛ̅ϩⲟⲟⲩ· ⲉⲣⲉ
ⲡⲕⲱϩⲧ̅ ⲙⲟⲩϩ· ⲙ̅ ⲡⲉⲩⲕⲱⲧⲉ· ⲛ̅ⲧⲟⲟⲩ ⲇⲉ ⲙ̅ⲡⲉ ⲡⲕⲱϩⲧ̅
ϫⲱϩ ⲙ̅ⲙⲟⲟⲩ·: ϩⲟⲓⲛⲉ ⲇⲉ ⲛ̅ ⲛⲉⲥⲛⲏⲩ ⲁⲩϯ ⲛⲁϥ ⲛ̅ |
Fol. 19 *b* ϩⲉⲛⲭⲣⲏⲙⲁ ⲁⲩⲥⲡ̅ⲥⲱⲡϥ̅ ⲉ ⲧⲣ̅ ϥ̅ϯⲟⲉ ⲛⲁⲩ ⲉ ⲧⲣⲉ
ⲗ̅ⲋ̅ ⲩϥⲓ ⲛ̅ ⲛ̅ⲕⲉⲉⲥ ⲛ̅ ⲛⲉⲧ ⲟⲩⲁⲁⲃ· ⲛ̅ⲧⲟϥ ⲇⲉ ⲁϥϫⲓ ⲛ̅
ⲛ̅ϩⲟⲙⲛⲧ· ⲁϥⲉⲓⲣⲉ ⲕⲁⲧⲁ ⲑⲉ ⲛ̅ⲧⲁⲩϫⲟⲟⲥ ⲛⲁϥ· ⲁϥⲕⲁ
ⲟⲩⲱϣ ⲛⲁⲩ ⲉ ϩⲣⲁⲓ̈ ⲉ ⲧⲣⲉⲩⲉⲓ ⲛ̅ ⲧⲉⲩϣⲏ ⲛ̅ⲥⲉϥⲓ ⲛ̅ⲛ̅ⲕⲉⲉⲥ
ⲛ̅ ⲛⲉⲧ ⲟⲩⲁⲁⲃ· Ⲓⲱ̅ⲥ̅ ⲡⲃⲁⲡⲧⲓⲥⲧⲏⲥ ⲙⲛ̅ ⲉⲗⲩⲥⲁⲓⲟⲥ ⲡⲉ-
ⲡⲣⲟⲫⲏⲧⲏⲥ· ⲛ̅ⲧⲟⲟⲩ ⲇⲉ ⲉⲣⲉ ⲧϭⲓϫ ⲙ̅ ⲡϫⲥ̅ ϣⲟⲟⲡ
ⲛ̅ⲙ̅ⲙⲁⲩ· ⲁⲩⲧⲟⲃⲥⲟⲩ ⲇⲉ ⲉ ϫⲓⲧⲟⲩ ⲉ ⲕⲏⲙⲉ ⲛ̅ ⲁⲑⲁⲛⲁⲥⲓⲟⲥ·
ⲉ ⲃⲟⲗ ϫⲉ ⲛⲉϥⲉⲡⲓⲑⲩⲙⲉⲓ ⲣⲱ ⲉ ⲛⲁⲩ ⲉ ⲣⲟⲟⲩ· Ⲁⲩⲉⲓ
ⲇⲉ ⲉ ⲃⲟⲗ ⲉϫⲛ̅ ⲑⲁⲗⲗⲁⲥⲁ ⲁⲩϩⲉ ⲉ ⲡϫⲟⲓ̈ ϩⲛ̅ ⲟⲩϣⲛ̅
ⲛ̅ ϣⲱⲡ· ⲁⲩⲁⲗⲉ ⲁⲩⲉⲓ ⲉ ⲣⲁⲕⲟⲧⲉ ϩⲛ̅ ⲟⲩⲁⲥⲁⲓ ⲁⲩⲧⲁⲁⲩ
ⲛ̅ ⲁⲑⲁⲛⲁⲥⲓⲟⲥ· ⲁϥⲣⲁϣⲉ ⲉ ϩⲣⲁⲓ ⲉ ϫⲱⲟⲩ· ⲛ̅ⲑⲉ ⲛⲧⲁϥ-
ⲛⲁⲩ ⲉ ⲣⲟⲟⲩ ϩⲱⲥ ϫⲉ ⲛ̅ⲧⲁϥⲛⲁⲩ ⲉ ⲣⲟⲟⲩ ϩⲙ̅ ⲡⲥⲱⲙⲁ

ⲁϥϩⲟⲡⲟⲩ ϩⲙ̄ ⲡⲃⲁⲡϯⲥⲧⲏⲣⲓⲟⲛ· ⲉϥϣⲓⲛⲉ ⲛ̄ⲥⲁ ⲟⲩⲟⲉⲓϣ·
ⲛ̄ ⲕⲱⲧ ⲉ ⲣⲟⲟⲩ ⲛ̄ ⲟⲩⲙⲁⲣⲧⲩⲣⲓⲟⲛ:—ⲉϥⲟⲩⲱϣ ⲇⲉ ⲛ̄
ⲟⲩ|ϩⲟⲟⲩ ϩⲙ̄ ⲡⲕⲏⲛⲟⲥ ⲛ̄ ⲛⲉⲛⲉⲓⲟⲧⲉ ⲙⲛ̄ ⲛⲉⲥⲛⲏⲩ· Fol. 20 *a*
ⲛϥⲙⲟⲩⲧⲉ ⲅⲁⲣ ⲙ̄ⲙⲏⲏϣⲉ ⲉⲛⲛⲟϭ ⲙ̄ ⲡⲉⲕⲗⲏⲣⲟⲥ· ⲗ̄ⲍ̄
ⲉϥⲟⲩⲱϣ ⲛ̄ⲙ̄ⲙⲁⲩ· ⲛⲁⲓ ⲉⲛⲉⲩⲛⲏⲩ ϣⲁ ⲣⲟϥ ⲉϩⲛⲁⲩ·
Ⲟⲩ ⲙⲟⲛⲟⲛ ⲇⲉ ϫⲉ ⲉⲩⲟⲩⲱϣ· ⲁⲗⲗⲁ ⲉⲩⲥⲱⲧⲙ̄ ⲟⲛ
ⲉⲡϣⲁϫⲉ ⲛ ⲧⲥⲟⲫⲓⲁ· ⲛⲧⲁ ⲡⲛⲟⲩⲧⲉ ⲧⲁⲁⲥ ⲛⲁϥ· ⲕⲁⲧⲁ
ⲑⲉ ⲉⲧ ⲥⲏϩ· ϩⲱⲃ ⲛⲓⲙ ⲉ ⲡⲉⲟⲟⲩ ⲙ̄ ⲡⲛⲟⲩⲧⲉ· ⲉⲓⲧⲉ ⲙ̄
ⲡⲛⲁⲩ ⲛ̄ ⲛⲏⲥⲧⲉⲩⲉ· ⲉⲓⲧⲉ ⲙ̄ ⲡⲛⲁⲩ ⲛ̄ ⲟⲩⲱⲙ· ⲁⲩⲱ
ⲛ̄ⲥⲱ· ⲉϥⲟⲩⲱⲙ ⲉϥⲥⲱ ϩⲙ̄ ⲡϣⲁϫⲉ ⲙ̄ ⲡⲛⲟⲩⲧⲉ ⲛ̄
ⲟⲩⲟⲉⲓϣ ⲛⲓⲙ· Ⲉϥⲟⲩⲱϣ ϭⲉ ⲙⲛ̄ ⲛⲉⲥⲛⲏⲩ ⲙⲛ̄ ⲛⲉ-
ⲕⲗⲏⲣⲓⲕⲟⲥ ⲙⲛ̄ ⲡⲛⲟϭ ⲙ̄ ⲫⲓⲗⲟⲡⲟⲛⲟⲥ ⲛ̄ ⲧⲉⲕⲕⲗⲏⲥⲓⲁ·
ϩⲙ̄ ⲡⲕⲏⲛⲟⲥ ⲉⲧ ϣⲟⲟⲡ ⲛⲁϥ ϩⲙ̄ ⲡϩⲓⲣ· ⲉⲧⲟⲩⲙⲟⲩⲧⲉ
ⲉ ⲣⲟϥ ϫⲉ ⲡϩⲉⲣⲙⲏⲥ ⲙ̄ ⲡⲣⲏⲥ ⲛ̄ ⲧⲡⲟⲗⲓⲥ· ⲉϥⲟⲩⲏⲛ
ⲉϫⲛ̄ ϩⲉⲛⲕⲟⲡⲣⲓⲁ· ⲙⲛ̄ ϩⲉⲛⲡⲗⲁϯⲁ ⲛ̄ ϫⲁⲓⲉ· ⲡⲉϫⲁϥ
ϫⲉ Ⲉⲓϣⲁⲛϭⲛ̄ ⲡⲉⲟⲩⲟⲉⲓϣ ϯⲛⲁⲕⲁⲑⲁⲣⲓⲍⲉ ⲛ̄ ⲛⲉⲕⲟ-
ⲡⲣⲓⲁ· ⲛ̄|ⲧⲁⲕⲱⲧ ⲛ̄ϩⲏⲧⲟⲩ· ⲙ̄ ⲡⲙⲁⲣⲧⲩⲣⲓⲟⲛ ⲛ̄ ⲓⲱ- Fol. 20 *b*
ϩⲁⲛⲛⲏⲥ ⲡⲃⲁⲡϯⲥⲧⲏⲥ· Ⲑⲉⲟⲫⲩⲗⲟⲥ ⲇⲉ ⲙ̄ ⲡⲉⲟⲩⲟⲉⲓϣ ⲗ̄ⲏ̄
ⲉⲧ ⲙ̄ⲙⲁⲩ ⲛϥⲁϩⲉ ⲣⲁⲧϥ̄ ⲉ ⲧⲉⲧⲣⲁⲡⲉⲍⲁ ⲉϥⲟⲩⲱϣ·
ⲉ ⲃⲟⲗ ϫⲉ ⲛⲉϥⲟ ⲛ̄ⲛⲟⲧⲁⲣⲓⲟⲥ ⲛⲁϥ· Ⲁϥⲥⲱⲧⲙ̄ ⲉ
ⲡϣⲁϫⲉ ⲛ̄ⲧⲁϥϫⲟⲟϥ ⲛ̄ϭⲓ ⲁⲑⲁⲛⲁⲥⲓⲟⲥ· ⲁϥⲕⲁⲁϥ ϩⲙ̄
ⲡⲉϥϩⲏⲧ· Ⲓⲟⲩⲗⲓⲁⲛⲟⲥ ⲇⲉ ⲕⲁⲧⲁ ⲡⲉⲧ ⲥⲱⲕ ⲙ̄ⲙⲟϥ·
ⲉ ⲧⲣⲉ ϥⲃⲱⲕ ϩⲛ̄ ⲟⲩϭⲱⲛⲧ̄ ⲉ ⲧⲡⲉⲣⲥⲓⲥ· ⲁ ⲡⲉⲭ̄ⲣ̄ⲥ̄ ⲓ̄ⲥ̄
ⲡⲛⲟⲩⲧⲉ ⲧⲁⲁϥ ⲉ ϩⲣⲁⲓ ⲉ ⲧⲟⲟⲧⲟⲩ ⲛ̄ ⲙ̄ⲡⲉⲣⲥⲟⲥ· ⲉ ⲃⲟⲗ
ϫⲉ ⲁϥⲕⲁ ⲛⲉⲧ ⲟⲩⲁⲁⲃ· ⲉⲧⲟⲧⲡ ⲉ ϩⲟⲩⲛ ⲁϥⲃⲱⲕ ⲉ
ⲧⲡⲉⲣⲥⲓⲥ· Ⲡⲙⲟⲩ ⲇⲉ ⲛ̄ⲧⲁϥⲙⲟⲩ ⲙ̄ⲙⲟϥ ⲡⲉ ⲟⲩϯϩⲉ ⲡⲉ·
ⲁϥⲛⲁⲩ ϩⲛ̄ ⲧⲉⲩϣⲏ ⲉⲩⲙⲏⲏϣⲉ ⲙ̄ ⲙⲁⲧⲟⲓ ⲉⲩⲛⲏⲩ ⲉ
ϫⲱϥ ⲉ ⲃⲟⲗ ϩⲙ̄ ⲡⲁⲏⲣ· ⲉⲓⲥ ⲟⲩⲗⲟⲅⲭⲏ ⲇⲉ ⲁⲥⲣⲁϩⲧϥ̄
ⲉϫⲛ̄ ⲛⲉϥϭⲗⲟⲟⲧⲉ ⲁϥⲥⲟⲩⲱⲛⲟⲩ ϫⲉ ⲛⲉⲧ ⲟⲩⲁⲁⲃ ⲛⲉ·
ⲁϥϫⲓ ϭⲉ ⲙ̄ ⲡⲉϥⲥⲛⲟϥ ⲁϥⲛⲟϫϥ̄ ⲉ ϩⲣⲁⲓ ⲉ ⲧⲡⲉ ⲉϥϫⲱ
ⲙ̄ⲙⲟⲥ ϫⲉ ϫⲓⲧϥ̄ ⲛⲁⲕ ⲓ̄ⲥ̄ ⲁⲕϥⲓ ⲡⲙⲁ ⲧⲏⲣϥ̄· ⲛ̄ ⲧⲉⲣ
ϥ|ϫⲓ ⲟⲩⲁ· ⲅⲁⲣ ⲛ̄ⲧⲉⲩⲛⲟⲩ ⲁϥϩⲉ ⲁⲩⲱ ⲁ ⲡⲛⲟⲩⲧⲉ ⲣ̄ Fol. 21 *a*
ϩⲙ̄ⲙⲉ ⲙ̄ ⲡⲉϥⲗⲁⲟⲥ· ⲁⲩⲱ ⲁϥⲧⲟⲩϫⲟⲛ· ⲓⲉ ϩⲣⲱⲙⲁⲓⲟⲥ ⲗ̄ⲑ̄
ⲉ ϩⲣⲁⲓ ⲉ ⲡⲉⲩⲙⲁ· ⲃⲁⲥⲓⲗⲉⲓⲟⲥ ϭⲉ ϩⲁⲑⲏ ⲛ̄ϣⲟⲙⲛ̄ⲧ

ⲛ̄ϩⲟⲟⲩ ⲉ ⲡⲙⲟⲩ ⲛ̄ ⲓⲟⲩⲗⲓⲁⲛⲟⲥ· ⲁϥⲛ̄ⲁⲩ ⲉⲩⲣⲁⲥⲟⲩ ϩⲙ̄ ⲡⲉϣⲧⲉⲕⲟ· ⲁϥⲛⲉϩⲥⲉ ⲇⲉ ⲁϥϫⲟⲥ ⲉ ⲡⲉϥⲥⲟⲛ ⲥⲛⲁⲩ ⲉϥϫⲱ ⲙ̄ⲙⲟⲥ· ϫⲉ ⲁⲓⲛⲁⲩ ϩⲛ̄ ⲧⲉⲓ ⲟⲩϣⲏ ⲉ ⲡⲙⲁⲣⲧⲩⲣⲟⲥ ⲉⲧ ⲟⲩⲁⲁⲃ ⲫⲁⲅ̄ⲓͦ[ⲥ] ⲙⲉⲣⲕⲟⲩⲣⲓⲟⲥ· ⲉ ⲁϥⲃⲱⲕ ⲉ ϩⲟⲩⲛ ⲉ ⲡⲉϥⲙⲁⲣⲧⲩⲣⲓⲟⲛ· ⲁϥⲧⲱⲕⲙ̄ ⲙ̄ ⲡⲉϥⲙⲉⲣⲉϩ ⲉϥϫⲱ ⲙ̄-ⲙⲟⲥ ϫⲉ ⲉⲓⲛⲁⲕⲁ ⲡⲉⲓ ⲁⲛⲟⲙⲟⲥ ⲛ̄ ⲧⲉⲓ ϩⲉ· ⲉϥϫⲓⲟⲩⲁ· ⲉ ⲡⲛⲟⲩⲧⲉ ⲛ̄ ⲧⲡⲉ· Ⲁⲩⲱ ⲛ̄ ⲧⲉⲣⲉ ϥϫⲉ ⲛⲁⲓ ⲁϥⲃⲱⲕ ⲁⲓⲗⲟ ⲉ ⲛⲁⲩ ⲉ ⲣⲟϥ· Ⲁⲩⲟⲩⲱϣⲃ̄ ⲇⲉ ⲛ̄ϭⲓ ⲡⲕⲉ ⲥⲛⲁⲩ ϫⲉ ⲛⲁⲙⲉ ⲁⲛⲟⲛ ϩⲱⲱⲛ· ⲁⲛⲛⲁⲩ ⲉ ⲡⲉï ϩⲟⲣⲟⲙⲁ ⲛ̄ ϯⲙⲉⲓⲛⲉ:—Ⲛ̄ ⲧⲉⲣ ⲟⲩⲛⲁⲩ ⲇⲉ ⲛ ⲧⲉⲓ ⲅⲛⲱⲙⲏ ⲛ̄ⲧⲁ ⲡⲛⲟⲩⲧⲉ ⲧⲥⲁⲃⲟⲟⲩ· ⲉ ⲣⲟⲥ· ⲁⲩⲡⲓⲥⲧⲉⲩⲉ· ⲡⲉϫⲁⲩ ⲛ̄
Fol. 21 b ⲙ̄ ⲛⲉⲩⲉⲣⲏⲩ ϫⲉ ⲙⲁⲣⲉⲛ|ϫⲟⲟⲩ ⲉ ⲡⲙⲁⲣⲧⲩⲣ[ⲓ]ⲟⲛ ⲙ̄ ⲫⲁⲅⲓⲟⲥ ⲙⲉⲣⲕⲟⲩⲣⲓⲟⲥ· ⲛ̄ⲧⲛ̄ⲛⲁⲩ ϫⲉ ⲉⲣⲉ ⲡⲉϥⲙⲉⲣⲉϩ ⲧⲟⲕⲥ̄ ⲉ ⲡⲉϥⲙⲁ ϫⲉ ⲛ ⲙ̄ⲙⲟⲛ· Ⲁⲩⲧⲛ̄ⲛⲟⲟⲩ ϭⲉ ⲁⲩⲱ ⲙⲛ̄ ⲟⲩϭⲛ̄ⲧϥ ⲁⲩⲡⲓⲥⲧⲉⲩⲉ ⲉ ⲡϩⲟⲣⲟⲙⲁ· ⲙⲛ̄ⲛ̄ⲥⲁ ϣⲟⲙⲛ̄ⲧ ⲇⲉ ⲛ̄ϩⲟⲟⲩ ⲁⲩⲧⲛ̄ⲛⲟⲟⲩ ⲛ̄ⲛⲉⲥϩⲁⲓ ⲉ ⲧⲁⲛϯⲟⲭⲓⲁ ϫⲉ ⲁ ⲡ̄ⲣ̄ⲣⲟ ⲙⲟⲩ ϩⲙ̄ ⲡⲡⲟⲗⲩⲙⲟⲥ· Ⲧⲥⲩⲅⲕⲗⲏⲧⲟⲥ ⲇⲉ ⲧⲏⲣⲥ̄ ϩⲛ̄ ⲟⲩⲯⲩⲫⲟⲥ ⲛ̄ⲧⲉ ⲡⲛⲟⲩⲧⲉ ⲁⲩⲁⲙⲁϩⲧⲉ ⲛ̄ ⲓⲟⲩⲃⲓ̈ⲁⲛⲟⲥ· ⲁⲩⲁⲁϥ ⲛ̄ ⲡ̄ⲣ̄ⲣⲟ· ⲉ ⲡⲙⲁ ⲛ̄ ⲓⲟⲩⲗⲓ̈ⲁⲛⲟⲥ· Ⲉⲩⲣⲱⲙⲉ ⲡⲉ ⲙ̄ ⲡⲓⲥⲧⲟⲥ· ⲛ̄ ⲣⲙ̄ ⲛ̄ ⲛⲟⲩⲧⲉ ϫⲓⲛ ⲧⲉϥⲙⲛ̄ⲧⲕⲟⲩⲓ̈· ⲛ̄ⲧⲟϥ ⲇⲉ ⲛ̄ⲧⲉⲩⲛⲟⲩ ⲁϥⲕⲱ ⲉ ⲃⲟⲗ ⲛ̄ ⲡⲉⲧ ⲟⲩⲁⲁⲃ ⲃⲁⲥⲩⲗⲉⲓⲟⲥ· ⲡⲉⲥⲧⲩⲗⲗⲟⲥ ⲛ̄ ⲧⲙⲉ· ⲡⲕⲁⲡⲡⲁⲇⲟⲝ· ⲙⲛ̄ ⲛⲉⲥⲛⲏⲩ· ⲁⲩⲱ ϭⲉ ⲙ̄ⲡⲉ ϥⲕⲟⲧϥ ⲛ̄ϭⲓ [ⲓ]ⲟⲩⲗⲓⲁⲛⲟⲥ ⲕⲁⲧⲁ ⲡϣⲁϫⲉ ⲛ̄ ⲃⲁⲥⲓⲗⲉⲓⲟⲥ· ϩⲛ̄ ⲟⲩⲉⲓⲣⲏⲛⲏ ⲛ̄ⲧⲉ ⲡⲛⲟⲩⲧⲉ· ⲉⲣⲉ ⲛⲉϣ-ⲗⲏⲗ ⲙⲛ̄ ⲛ̄ⲧⲱⲃϩ̄ ⲙ̄ ⲡⲓⲛⲟϭ ⲛ̄ ⲥⲧⲣⲁⲧⲏⲗⲁⲧⲏⲥ ⲫⲁⲅⲓⲟⲥ ⲙⲉⲣⲕⲟⲩⲣⲓⲟⲥ ⲛⲁⲉⲓ ⲉ ϩⲣⲁï ⲉ ϫⲱⲛ ⲛ̄ⲧⲛ̄ⲟⲩϫⲁⲓ ϩⲓ̈ ⲟⲩ-ⲥⲟⲡ· ϥ̄ⲑ̄·

ⲈⲞⲢⲦⲎⲚ ⲦⲞⲨ ⲀⲄⲒⲞⲨ ⲘⲈⲢⲔⲞⲨⲢⲒⲞⲨ · ⲤⲦⲢⲀⲦⲎⲖⲀⲦⲀ ⲈⲠⲀⲔⲞⲎ ·

Fol. 22 *a* [ⲙⲁ]

ⲇⲟⲍⲏ ⲕⲁⲓ ⲧⲏⲙⲏ (*sic*) ⲉⲥⲧⲉⲫⲁⲛⲟ (*sic*)
ⲥⲁⲥ ⲁⲩⲧⲱⲛ · ⲕⲁⲓ ⲕⲁⲧⲉⲥⲧⲏⲥⲁⲥ
ⲁⲩⲧⲟⲛ · ⲉⲡⲓ ⲡⲁⲛⲧⲁ ⲧⲁ ⲉⲣⲅⲁ
ⲗⲟ̄ · ⲧⲟⲛ (*sic*) ⲭⲉⲓⲣⲱⲛ ⲥⲟⲩ ⁘ [1]
Ⲉⲑⲏⲕⲁⲥ ⲉⲡⲓ ⲧⲏⲛ ⲕⲉⲫⲁⲗⲏⲛ
ⲁⲩⲧⲟⲩ ⲥⲧⲉⲫⲁⲛⲟⲛ · ⲉⲕ ⲗⲓⲑⲟⲩ
ϯⲙⲓ̈ⲟⲩ · ⲍⲱⲏⲛ ⲁⲓⲧⲏⲥⲁⲧⲱ (*sic*)
ⲥⲁⲓ̈ (*sic*) · ⲕⲁⲓ ⲉⲇⲱⲕⲉⲛ (*sic*) ⲁⲩⲧⲱⲛ (*sic*)
ⲙⲁⲕⲣⲟⲧⲏⲧⲁ ⲏⲙⲉⲣⲟⲛ (*sic*) · ⲉⲓⲥ ⲁⲓⲱⲛⲁ ⲧⲟⲩ
ⲁⲛⲁⲧ ⲁⲓⲱⲛⲟⲥ ⁘ ⁘ ⁘ [2]
Ⲏⲗⲁⲧⲧⲱⲥⲁⲥ ⲁⲩⲧⲱⲛ (*sic*) · ⲃⲣⲁⲭⲩ
ⲧⲓ ⲡⲁⲣⲁ ⲡ̄ⲁⲅⲅⲉⲗⲟⲥ (*sic*) · ⲇⲟⲍⲁ ϗ (*sic*) ·
ϯⲙⲏ ⲉⲥⲧⲉⲫⲁⲛⲱⲥⲁⲥ
ⲁⲩⲧⲱⲛ (*sic*) · ⲕⲁⲓ ⲕⲁⲧⲉⲥⲧⲏ-
ⲥⲁⲥ ⲁⲩⲧⲱⲛ (*sic*) · ⲉⲡⲓ ⲡⲁⲛ(ⲧⲁ (*sic*)
ⲧⲁ ⲉⲣⲅⲁ · ⲧⲱⲛ ⲭⲉⲓⲣⲟⲛ (*sic*) ⲥⲟⲩ · [3]

22 *b* ⲃ̄

ⲈⲔ ⲦⲞⲨ ⲔⲀⲦⲀ ⲖⲞⲨⲔⲀⲚ ⁘

[Chapter xiv. 25–35]

Ⲥⲩⲛⲉⲡⲟⲣⲉⲩⲟⲛⲧⲟ ⲇⲉ ⲁⲩⲧⲱ ⲟⲭⲗⲟⲓ ⲡⲟⲗⲗⲟⲓ · ⲕⲁⲓ ⲥⲧⲣⲁⲫⲉⲓⲥ ⲉⲓ̈ⲡⲉⲛ ⲡⲣⲟⲥ ⲁⲩⲧⲟⲩⲥ · ⲉⲓ ⲧⲏⲥ ⲉⲣⲭⲉⲧⲁⲓ ⲡⲣⲟⲥ ⲙⲉ · ⲕⲁⲓ̈ ⲟⲩ ⲙⲏⲥⲉⲓ ⲧⲟⲛ ⲡⲁⲧⲉⲣⲁ · ⲁⲩⲧⲟⲩ · ⲕⲁⲓ ⲙⲏⲧⲉⲣⲁ · ⲕⲁⲓ ⲧⲏⲛ ⲅⲩⲛⲁⲓⲕⲁ · ⲕⲁⲓ ⲧⲁ ⲧⲉⲕⲛⲁ ⲕⲁⲓ ⲧⲟⲩⲥ ⲁⲧⲉⲗⲫⲟⲩⲥ · ⲕⲁⲓ̈ ⲧⲁⲥ ⲁⲧⲉⲗⲫⲁⲥ · ⲉⲧⲓ ⲇⲉ ϗ ⲧⲏⲛ ⲉⲁⲩⲧⲟⲩ ⲯⲩⲭⲏⲛ ·

ⲠⲔⲀⲦⲀ ⲖⲞⲨⲔⲀⲤ ⁘

Fol. 23 *a* ⲙⲅ

[Chapter xiv. 25–35]

Ⲛⲉⲩⲙⲟⲟϣⲉ ⲇⲉ ⲛ̄ⲙ̄ⲙⲁϥ ⲛ̄ϭⲓ ϩⲉⲛⲙⲏⲏϣⲉ ⲉⲛⲁϣⲱⲟⲩ ⲁϥⲕⲟⲧϥ̄ ⲇⲉ ⲡⲉϫⲁϥ ⲛⲁⲩ ϫⲉ ⲡⲉⲧ ⲛⲏⲩ ϣⲁ ⲣⲟⲓ ⲛϥ̄ⲙⲟⲥⲧⲉ ⲁⲛ ⲙ̄ ⲡⲉϥⲉⲓⲱⲧ · ⲙⲛ̄ ⲧϥ̄ⲙⲁⲁⲩ · ⲙⲛ̄ ⲧⲉϥⲥϩⲓⲙⲉ · ⲙⲛ̄ ⲛϥ̄ϣⲏⲣⲉ · ⲙⲛ̄ ⲛⲉϥⲥⲛⲏⲩ · ⲙⲛ̄ ⲛⲉϥⲥⲱⲛⲉ · ⲉϯ ⲇⲉ ⲧⲉϥⲕⲉⲯⲩⲭⲏ · ⲙⲛ̄ϣϭⲟⲙ ⲉ ⲧⲣϥ̄ ⲣ̄ ⲙⲁⲑⲏⲧⲏⲥ · ⲛⲁⲓ · ⲁⲩⲱ ⲡⲉⲧ ⲉⲛϥ̄

[1] Ps. viii. 6, 7. [2] Ps. xxi. 4, 5. [3] Ps viii. 6, 7.

ⲟⲩ ⲇⲩⲛⲁⲧⲁⲓ̈ ⲙⲟⲩ ⲉⲓⲛⲁⲓ̈ ⲙⲁⲑⲏ-
ⲧⲏⲥ· ⲕⲁⲓ ⲟⲥ ⲟⲩ ⲃⲁⲥⲧⲁⲍⲉⲓ ⲧⲟⲛ
ⲥ̄ⲣ̄ⲟ̄ⲛ̄ ⲁⲩⲧⲟⲩ· ⲕⲁⲓ ⲉⲣⲭⲉⲧⲁⲓ
ⲱ̄ⲡⲓ̈ⲥⲱ̄ ⲙⲟⲩ· ⲟⲩ ⲇⲩⲛⲁⲧⲁⲓ ⲙⲟⲩ
ⲉⲓⲛⲁⲓ̈ ⲙⲁⲑⲏⲧⲏⲥ· ⲧⲏⲥ ⲅⲁⲣ ⲉⲝ
ⲩⲙⲱⲛ· ⲟ ⲑⲉⲗⲟⲛ ⲡⲩⲣⲅⲟⲛ ⲟⲓ-
ⲕⲟⲇⲟⲙⲏⲥⲁⲓ· ⲟⲩⲭⲓ ⲡⲣⲱⲧⲟⲛ
ⲕⲁⲑⲓⲥⲁⲥ· ⲯⲩⲫⲩⲥⲉⲓ ⲧⲏⲛ ⲇⲁ-
ⲡⲁⲛⲏⲛ· ⲉⲓ ⲉ̄ⲭⲉⲓ ⲧⲁ· ⲉⲓⲥ ⲁⲡⲁⲣ-
Fol. 23 *b* ⲙ̄ⲇ̄ ⲧⲏⲥⲙⲱⲛ· ⲓⲛⲁ ⲙⲏⲡⲟⲧⲉ | ⲧⲓ-
ⲑⲉⲛⲧⲟⲥ ⲁⲩⲧⲟⲩ ⲑⲉⲙⲉⲗⲓⲟⲛ·
ⲕⲁⲓ ⲙⲏ ⲓⲥⲭⲩⲟⲛⲧⲟⲥ ⲉⲕⲧⲉⲗⲉ-
ⲥⲁⲓ̈· ⲕⲁⲓ ⲡⲁⲛⲧⲉⲥ ⲟⲓ ⲑⲉⲱⲣⲟⲩⲛ-
ⲧⲉⲥ· ⲁⲣⲝⲱⲛⲧⲁⲓ̈ ⲉⲙⲡⲉⲍⲉⲓⲛ
ⲁⲩⲧⲟⲩ· ⲗⲉⲅⲱⲛⲧⲉⲥ· ⲟⲧⲓ̈ ⲟⲩ-
ⲧⲱⲥ ⲟ ⲁ̄ⲛ̄ⲟ̄ⲥ̄ ⲏⲣⲝⲁⲧⲟ ⲟⲓⲕⲟⲇⲟ-
ⲙⲉⲓⲛ· ⲕⲁⲓ̈ ⲟⲩⲕ ⲓⲥⲭⲩⲥⲉⲛ ⲉⲕⲧⲉ-
ⲗⲉⲥⲁⲓ̈· ⲏ ⲧⲓⲥ ⲃⲁⲥⲓⲗⲉⲩⲟⲥ ⲡⲟⲣ-
ⲉⲩⲟⲙⲉⲛⲟⲥ ⲥⲩⲙⲃⲁⲗⲉⲓⲛ ⲉⲧⲉⲣⲱ
ⲃⲁⲥⲓⲗⲉⲓⲟⲓⲥ (*sic*) ⲡⲟⲗⲉ̄ⲙⲟⲛ· ⲟⲩⲭⲓ
ⲕⲁⲑⲓⲥⲁⲥ ⲡⲣⲱⲧⲟⲛ ⲃⲟⲩⲗⲉⲩ[ⲥ]ⲉ-
ⲧⲁⲓ ⲉⲓ ⲇⲩⲛⲁⲧⲟⲥ ⲉⲥⲧⲓⲛ ⲉⲛ ⲇⲉⲕⲁ
ⲭⲉⲓⲗⲓ̈ⲁ̄ⲥⲓⲛ ⲁⲡⲁⲛⲧⲏⲥⲁⲓ̈ ⲧⲱ ⲙⲉ-
(?)
ⲧⲁ ⲉⲓⲕⲟⲩⲥⲏ ⲭⲉⲓⲗⲓⲁⲧⲟⲛ· ⲉⲣ-
ⲭⲱⲙⲉⲛⲱ ⲉⲡ ⲁⲩⲧⲱⲛ· ⲁⲓ̈ ⲇⲉ
ⲙⲓ ⲅⲉ ⲉϯ ⲡⲟⲣⲣⲱ ⲁⲩⲧⲟⲩ ⲟⲛⲧⲟⲥ·
ⲡⲣⲉⲥⲃⲉⲓⲁⲛ· ⲁⲡⲟⲥⲧⲉⲓⲗⲁⲥ· ⲉ̄ⲣⲱ-
ⲧⲁ ⲧⲁ ⲡⲣⲟⲥ ⲟⲓⲣⲏⲛⲏ· ⲟⲩⲧⲱⲥ
ⲟⲩⲛ ⲡⲁⲥ ⲉⲝ ⲩⲙⲱⲛ ⲟⲥ ⲟⲩⲕ
ⲁⲡⲟⲧⲁⲥⲥⲉⲧⲁⲓ ⲡⲁⲥⲏ ⲧⲟⲓⲥ ⲉⲁⲩ-|
Fol. 24 *b* ⲙ̄ⲉ̄ ⲧⲟⲩ ⲩⲡⲁⲣⲭⲟⲩⲥⲓⲛ· ⲟⲩ ⲇⲩⲛⲁ-
ⲧⲁⲓ ⲙⲟⲩ ⲉⲓⲛⲁⲓ ⲙⲁⲑⲏⲧⲏⲥ· ⲕⲁ-
ⲗⲱⲛ ⲧⲟ́ ⲁ́ⲗⲁⲥ· ⲉ̄ⲁⲛ ⲇⲉ ⲧⲱ
ⲁ́ⲗⲁⲥ ⲙⲱⲣⲁ̄ⲛⲑⲏ ⲉⲛ ϯⲛⲏ ⲁⲣ-
ϯⲥⲑⲏⲥⲉⲧⲁⲓ· ⲟⲩⲇⲉ ⲉⲓⲥ ⲅⲏⲛ·
ⲟⲩⲇⲉ ⲉⲓⲥ ⲕⲟⲡⲣⲓⲁⲛ· ⲉⲩⲑⲉⲧⲱⲛ
ⲉⲥⲧⲓⲛ ⲉ́ⲝⲱ· ⲃⲁⲗⲗⲟⲩⲥⲓⲛ· ⲁⲩ-
ⲧⲱ· ⲟ ⲉ́ⲭⲱⲛ· ⲱ́ⲧⲁ ⲁⲕⲟⲩⲉⲓⲛ
ⲁⲕⲟⲩⲉⲧⲱ ⁘ ⁘ ⁘ ⁘

ⲛⲁϥⲓ ⲁⲛ ⲙ̄ ⲡⲉϥⲥ̄ϯ̄ⲟ̄ⲥ̄ ⲛ̄ϥⲟⲩⲁϩϥ
ⲛ̄ⲥⲱⲓ· ⲙ̄ⲛ̄ϣϭⲟⲙ· ⲉ ⲧⲣⲉ
ϥϣⲱⲡⲉ ⲛⲁⲓ· ⲙ̄ ⲙⲁⲑⲏⲧⲏⲥ·
ⲛⲓⲙ ⲅⲁⲣ ⲙ̄ⲙⲱⲧⲛ̄ ⲉϥⲟⲩⲉϣ ⲕⲉⲧ
ⲟⲩⲡⲩⲣⲅⲟⲥ· ⲙⲏ ⲛ̄ϥⲛⲁϩⲙⲟⲟⲥ
ⲁⲛ ⲛ̄ ϣⲟⲣⲡ̄ ⲛ̄ϥϥⲓ ⲡⲱⲛ ⲛ̄ ⲧⲉϥ-
ⲇⲁⲡⲁⲛⲏ· ϫⲉ ⲕⲁⲥ ⲛ̄ⲛⲉϥⲥⲙ̄ⲛ̄
ⲥⲉⲛⲧⲉ ⲛ̄ϥⲧⲙ̄ ⲉϣϭⲙ̄ϭⲟⲙ | ⲉ Fol.
ϫⲟⲕϥ ⲉ ⲃⲟⲗ· ⲛ̄ⲧⲉ ⲟⲩⲟⲛ ⲛⲓⲙ
ⲉⲧ ⲛⲁⲩ ⲉ ⲣⲟϥ ⲥⲱⲃⲉ ⲛ̄ⲥⲱϥ
ⲉⲩϫⲱ ⲙ̄ⲙⲟⲥ ϫⲉ ⲁ ⲡⲉⲓ ⲣⲱⲙⲉ
ⲁⲣⲭⲏ ⲛ̄ ⲕⲱⲧ· ⲁⲩⲱ ⲙ̄ⲡⲉ ϥⲉϣ-
ϭⲙ̄ϭⲟⲙ ⲉ ϫⲟⲕϥ ⲉ ⲃⲟⲗ· ⲏ
ⲛⲓⲙ ⲛ̄ ⲉⲣ̄ⲣⲟ ⲉϥⲛⲁⲃⲱⲕ ⲉ ⲙⲓϣⲉ
ⲙⲛ̄ ⲕⲉ ⲣ̄ⲣⲟ· ⲙⲏ ⲛ̄ϥⲛⲁϩⲙⲟⲟⲥ
ⲁⲛ ⲉⲛ ϣⲟⲣⲡ̄ ⲛ̄ϥϫⲓ ϣⲟϫⲛⲉ ϫⲉ
ⲉⲛⲉ ⲟⲩⲛ̄ϭⲟⲙ ⲙ̄ⲙⲟϥ ⲉ ⲧⲱⲙⲛ̄ⲧ
ϩⲛ̄ ⲟⲩⲧⲃⲁ ⲉ ⲡⲉⲧ ⲛⲏⲩ ⲉ ϫⲱϥ
ϩⲛ̄ⲧⲃⲁ ⲥⲛⲁⲩ· ⲉϣⲱⲡⲉ ϫⲉ ⲙ̄-
ⲙⲟⲛ· ⲉⲧⲓ̈ ⲉϥⲙ̄ⲡⲟⲩⲉ ϥⲛⲁϫⲟⲟⲩ
ⲛ̄ ϩⲉⲛⲃⲁⲓϣⲓⲛⲉ ⲉϥⲥⲟⲡⲥⲛ̄ ϫⲉ ⲁⲣⲓ
ⲟⲓⲣⲏⲛⲏ· ⲧⲁⲓ ϭⲉ ⲧⲉ ⲑⲉ ⲛ̄ ⲟⲩⲟⲛ
ⲛⲓⲙ ⲉ ⲃⲟⲗ ⲛ̄ϩⲏⲧ ⲧⲏⲩⲧⲛ̄· ⲉⲛⲉ-
ϥⲛⲁⲁⲡⲟⲧⲁⲥⲥⲉ ⲁⲛ· ⲛ̄ ⲛⲉϥϩⲩ-
ⲡⲁⲣⲭⲱⲛⲧⲁ ⲧⲏⲣⲟⲩ· ⲙ̄ⲛ̄ϣϭⲟⲙ
ⲙ̄ⲙⲟϥ | ⲉ ⲧⲣⲉ ϥϣⲱⲡⲉ ⲛⲁⲓ ⲙ̄ Fol.
ⲙⲁⲑⲏⲧⲏⲥ· ⲛⲁⲛⲟⲩ ⲡⲉϩⲙⲟⲩ
ⲉⲣϣⲁⲛ ⲡⲉϩⲙⲟⲩ ϫⲉ ⲃⲁⲃⲉ·
ⲉⲩⲛⲁⲙⲟⲗϩϥ ϩⲛ̄ ⲟⲩ· ⲙⲉϥⲣ̄
ϣⲁⲩ ⲉ ⲡⲕⲁϩ ⲟⲩⲇⲉ ⲉ ⲧⲕⲟⲡⲣⲓⲁ
ⲉϣⲁⲩⲛⲟϫϥ ⲉ ⲃⲟⲗ· ⲡⲉⲧⲉ ⲟⲩⲛ̄-
ⲧϥ ⲙⲁⲁϫⲉ ⲉ ⲥⲱⲧⲙ̄ ⲙⲁⲣϥⲥⲱⲧⲙ̄

ΧΟΙΑΚ Κ̅Θ̅ ΕΟΡΤΗϹ ΓΕΝΝΗϹΕΩϹ ΤΟΥ ϹΗΡΟ̅Ϲ̅ ΗΜΩΝ Ι̅Υ̅ ΧΡΙϹΤΟΥ ⁘ ΕΚ ΤΟΥ ΚΑΤΑ ΜΑΘΘΑΙΟΥ ⁘

[Chapter ii. 1–12]

Του δε ι̅υ̅· γεννηθεντος εν
βηθλεεμ· της ιουδαιας· εν
ημεραις ηρωδου του βασι-
λεως· ιδου μαγοϊ απο ανα-
τολων παρεγενοντο εις ιερου-
σολημα λεγωντες· που ες-
τιν ο τεχθης βασιλευς των
ιουδαιων· ιδωμεν γαρ αυ-
του τον αστερα εν τη ανατολη·
καϊ ηλθαμεν προσκυνησαϊ
αυτω· ακουσας δε ο βασϊ- |
25 b λευος ηρωδου εταραχθη
Ī λιᾱν· και πασα ιερουσολημα
μετ αυτου· και συναγαγων
παντας· τους αρχιερεις και
γραμματεις του λαου· επυν-
θανετο παρ αυτων· που· ο χ̅ς̅
γενναται· οι δε ειπαν αυτω
εν βηθλεεμ της ιουδαιας·
ουτως γαρ γεγραπταϊ δια του
προφητου· και συ βηθλεεμ
γη ιουδα· ουδαμως ελα-
χιστη οι εν της ηγεμωσιν
ιουδα· εκ σου γαρ· εξε-
λευται· ηγουμενον· οστις
ποιμανει τον λαον μου των
ι̅η̅λ̅· τοτε ηρωδους λαθρα·
καλεσας τους μαγους· ηκρι-
βωσεν· παρ αυτον τον χρο-
νον· τον φαινομενου αστε-
ρος· και πεμψαι· αυτους
εις βηθλεεμ· ειπεν πορευ-
θεντες εξετασατε ακριβως

ΧΟΙΑΚ Κ̅Θ̅ ΠϢΑ Π̅ ΠΕΝ ϹΩΤΗΡ Ι̅Ϲ̅ ΠΕΧ̅Ρ̅Ϲ̅ ΠΚΑΤΑ ΜΑΘΘΑΙΟϹ ⁘—

[Chapter ii. 1–12]

Πεν χ̅ς̅ δε ι̅ς̅ ν̅ τερ ουχποϥ
ϩραι ϩν̅ βηθλεεμ ντε ϯουδαια·
ϩν̅ νεϩοου ν̅ ϩηρωδης π̅ρ̅ρο·
εις ϩενμαγος αυει ε βολ ϩν̅
ν̅ μα ν̅ ϣα ε ϩραϊ ε θιερου-
σαλημ ευχω ν̅μος· χε εϥ-
των π̅ρ̅ρο ν̅ταυχποϥ· ανναυ
γαρ ε πεϥσιου ϩν̅ ν̅ μα ν̅
ϣα· ανεϊ ε ουωϣτ̅ ναϥ· αϥ-
σωτ̅ν̅ δε ν̅ϭι ϩηρωδης π̅ρ̅ρο
αϥ|ϣτορτρ̅ εματε μν̅ θιερου- Fol. 26 a ⲙ̅ⲑ̅
σολυμα τηρϥ̅ ν̅μμαϥ· αϥ-
σωουϩ ε ϩουν· ν̅ ναρχιερευς
μν̅ νε γραμματευς· τηρου
ν̅ πλαος· αϥϣινε ε βολ ϩι
τοοτου· χε ευναχπο ν̅ πε
χ̅ρ̅ς̅ των· ν̅τοου δε πεχαυ
ναϥ χε ϩραι ϩν̅ βηθλεεμ ντε
διουδαια (*sic*) ϥσηϩ γαρ ν̅ τει
ϩε ϩιτν̅ πεπροφητης εϥχω ν̅-
μος χε ν̅το ϩωωτε βηθλεεμ
πκαϩ· ν̅ ιουδα· ν̅τε χολϩ
αν ϩν̅ ν̅ηγεμων ν̅ ιουδα·
ϥνηυ γαρ ε βολ ν̅ ϩητε ν̅ϭι
ουϩηγουμενος παι ετ να-
μοονε ν̅ πα λαος πισραηλ ⁘
Τοτε ϩηρωδης· αϥμουτε ν̅-
μαγος ν̅χιουε· αϥϣινε ε βολ
ϩι τοοτου ν̅σα πεουοειϣ ν̅
πσιου ν̅ταϥουωνϩ̅ ε βολ· αυω
αϥχοου σου ε ϩραι ε βηθλεεμ
εϥχω ν̅μος· χε βωκ ν̅τετν̅-
ϣινε ϩν̅ ουωρχ̅ ε τβε πϣηρε

Fol. 26 *b* ⲡ̅

ⲡⲉⲣⲓ ⲧⲟⲩ ⲡⲁⲓⲇⲓⲟⲩ · | ⲉⲡⲁⲛ ⲇⲉ ⲉⲩⲣⲏⲧⲉ · ⲁⲡⲁⲅⲅⲉⲓⲗⲁⲧⲉ̄ ⲙⲟⲓ ⲟ̄ⲡⲱⲥ ⲕⲁⲅⲱ ⲉⲗⲑⲱⲛ ⲡⲣⲟⲥⲕⲩⲛⲏⲥⲱ · ⲁⲩⲧⲱ · ⲟⲓ ⲇⲉ ⲁⲕⲟⲩⲥⲁⲛⲧⲉⲥ · ⲡⲁⲣⲁ ⲧⲟⲩ ⲃⲁⲥⲓⲗⲉⲩⲥ · ⲉⲡⲟⲣⲉⲩⲑⲏⲥⲁⲛ · ⲕⲁⲓ ⲓⲇⲟⲩ ⲁⲥⲧⲏⲣ · ⲟⲛ ⲓⲇⲟⲛ ⲉⲛ[1] ⲧⲏ ⲁⲛⲁⲧⲟⲗⲏ ⲡⲣⲟⲏⲅⲉⲛ ⲁⲩⲧⲟⲩⲥ · ⲉⲱⲥ ⲟⲩ (*sic*) ⲉⲗⲑⲱⲛ ⲉⲥⲧⲁⲑⲏ ⲉⲡⲁ̄ⲛⲱ · ⲟⲡⲟⲩ ⲏⲛ · ⲧⲟ ⲡⲁⲓⲇⲓⲟⲛ · ⲓⲇⲟⲛⲧⲉⲥ ⲇⲉ ⲧⲟⲛ ⲁⲥⲧⲉⲣⲁ · ⲉⲭⲁⲣⲏⲥⲁⲛ ⲭⲁⲣⲁⲛ ⲙⲉⲅⲁⲗⲩⲛ · ⲥⲫⲟⲇⲣⲁ · ⲕⲁⲓ ⲉⲗⲑⲱⲛⲧⲉⲥ ⲇⲉ ⲉⲓⲥ ⲧⲏⲛ ⲟⲓ̈ⲕⲓⲁⲛ · ⲓⲇⲟⲛ ⲧⲟ ⲡⲁⲓⲇⲓⲟⲛ ⲙⲉⲧⲁ ⲙⲁⲣⲓⲁⲥ · ⲧⲏⲥ ⲙⲏⲧⲣⲟⲥ ⲁⲩⲧⲟ́ⲩ · ⲕⲁⲓ ⲡⲉⲥⲟⲛⲧⲉⲥ ⲡⲣⲟⲥⲉⲕⲩⲛⲏⲥⲁⲛ ⲁⲩⲧⲱ ⲕⲁⲓ ⲁⲛⲟⲓⲍⲁⲛⲧⲉⲥ · ⲧⲟⲩⲥ ⲑⲏⲥⲁⲩⲣⲟⲩⲥ ⲁⲩⲧⲱⲛ ⲡⲣⲟⲥⲏⲛⲉⲅⲕⲁⲛ ⲁⲩⲧⲱ ⲇⲱⲣⲁ ⲭⲣⲩⲥⲟⲛ ⲕⲁⲓ ⲗⲓⲃⲁⲛⲟⲛ ⲕⲁⲓ ⲥⲙⲩⲣⲛⲁⲛ · ⲕⲁⲓ ⲭⲣⲏⲙⲁⲧⲓⲥⲑⲉⲛⲧⲉⲥ ⲕⲁⲧ ⲟⲛⲁⲣ · ⲙⲏ ⲁⲛⲁⲕⲁⲓⲯⲁⲓ (*sic*) ⲡⲣⲟⲥ ⲏⲣⲱⲇⲏⲛ · ⲇⲓ ⲁⲗⲗⲏⲥ ⲟⲇⲟⲩ ⲁⲛⲉⲭⲱⲣⲏⲥⲁⲛ ⲉⲓⲥ ⲧⲏⲛ ⲭⲱⲣⲁⲛ ⲁⲩⲧⲱⲛ ⁘—

ϣⲏⲙ · | ⲉϥϣⲱⲡⲉ ⲇⲉ ⲉⲧⲉⲧⲛ̄ϣⲁⲛϩⲉ ⲉ ⲣⲟϥ · ⲙⲁⲧⲁⲙⲟⲓ ϩⲱ ϫⲉ ⲕⲁⲥ · ⲉⲓⲉⲉⲓ ⲛ̄ⲧⲁⲟⲩⲱϣⲧ̄ ⲛⲁϥ · ⲛ̄ⲧⲟⲟⲩ ⲇⲉ ⲛ̄ ⲧⲉⲣ ⲟⲩⲥⲱⲧⲙ̄ ⲉ ⲃⲟⲗ ⲁⲩⲃⲱⲕ · ⲁⲩⲱ ⲉⲓⲥ ⲡⲥⲓⲟⲩ ⲛ̄ⲧⲁⲩⲛⲁⲩ ⲉ ⲣⲟϥ ϩⲙ̄ ⲙ̄ ⲙⲁ ⲛ̄ ϣⲁ · ⲁϥⲙⲟⲟϣⲉ ϩⲏⲧⲟⲩ ϣⲁⲛⲧ ⲉϥⲉⲓ ⲛ̄ϥⲁϩⲉ ⲣⲁⲧϥ̄ ϩⲙ̄ ⲡⲙⲁ ⲉⲛ ⲉⲣⲉ ⲡϣⲏⲣⲉ ϣⲏⲙ ⲛ̄ϩⲏⲧϥ̄ · ⲛ̄ ⲧⲉⲣ ⲟⲩⲛⲁⲩ ⲇⲉ ⲉ ⲡⲥⲓⲟⲩ ⲁⲩⲣⲁϣⲉ ϩⲛ̄ ⲟⲩⲛⲟϭ ⲛ̄ ⲣⲁϣⲉ ⲉⲙⲁⲧⲉ · ⲁⲩⲱ ⲛ̄ ⲧⲉⲣ ⲟⲩⲉⲓ ⲉ ϩⲣⲁⲓ ⲉ ⲡⲏⲓ ⲁⲩⲛⲁⲩ ⲉ ⲡϣⲏⲣⲉ ϣⲏⲙ ⲙⲛ̄ ⲙⲁⲣⲓⲁ ⲧⲉϥⲙⲁⲁⲩ ⲁⲩⲡⲁϩⲧⲟⲩ ⲁⲩⲟⲩⲱϣⲧ̄ ⲛⲁϥ · ⲁⲩⲟⲩⲱⲛ ⲛ̄ ⲛⲉⲩⲁϩⲱⲱⲣ · ⲁⲩⲉⲓ̈ⲛⲉ ⲛⲁϥ ⲛ̄ ϩⲉⲛⲇⲱⲣⲟⲛ · ⲟⲩⲛⲟⲩⲃ ⲙⲛ̄ ⲟⲩⲗⲓⲃⲁⲛⲟⲥ · ⲙⲛ̄ ⲟⲩϣⲁⲗ · ⲁⲩⲧⲟⲩⲛⲟⲉⲓⲁⲧⲟⲩ ⲇⲉ ⲉ ⲃⲟⲗ ϩⲛ̄ ⲟⲩⲣⲁⲥⲟⲩ · ⲉ ⲧⲙ̄ ⲕⲁⲧⲟⲩ ϣⲁ ϩⲏⲣⲱⲇⲏⲥ · ⲉ ⲃⲟⲗ ⲇⲉ ϩⲓⲧⲛ̄ ⲛ̄ ⲕⲉ ϩⲓⲏ · ⲁⲩⲁⲛⲁⲭⲱⲣⲉⲓ ⲉ ⲛⲉⲩⲭⲱⲣⲁ ⁘ ⁘

Fol.

Fol. 27 *b* ⲛ̅ⲃ̅

ⲞⲒⲀⲚⲞⲨⲀⲢⲒⲞⲤ Ⲓ̅Ⲁ̅ ⲀⲢ̅ⲭ ⲔⲀⲦⲀ ⲘⲀⲢⲔⲞⲚ ·

[Chapter i. 1–11]

ⲁⲣⲭⲏ ⲧⲟⲩ ⲉⲩⲁⲅⲅⲉⲗⲓⲟⲩ ⲓ̅ⲩ̅ ⲭ̅ⲩ̅ ⲩ̆ⲓⲟⲓ ⲧⲟⲩ ⲑ̅ⲩ̅ ⲱ̅ⲥ ⲅⲉⲅⲣⲁ́ⲡⲧⲁⲓ̈ ⲉⲛ ⲏⲥⲁⲓⲁⲩ ⲧⲟⲩ ⲡⲣⲟⲫⲏⲧⲏ · ⲓⲇⲟⲩ ⲉⲅⲱ ⲁⲡⲟⲥⲧⲉⲗⲗⲱ ⲧⲟⲛ ⲁⲅⲅⲉ́ⲗⲟⲛ ⲙⲟⲩ ⲡⲣⲟ̄ ⲡⲣⲟⲥⲟ̄ⲡⲟⲩ ⲥⲟⲩ · ⲟ̄ⲥ ⲕⲁⲧⲁⲥⲕⲉⲩⲁⲥⲉⲓ ⲧⲏⲛ ⲟⲇⲟⲛ ⲥⲟⲩ · ⲫⲱⲛⲏ ⲃⲟⲟ̄ⲛⲧⲉⲥ ⲉⲛ ⲧⲏ ⲉⲣⲏⲙⲱ ·

ⲦⲨⲂⲒ · Ⲓ̅Ⲁ̅ ⲦⲀⲢ̅ⲭ Ⲛ ⲠⲔⲀ̅ⲧ ⲘⲀⲢⲔⲞⲤ ·

Fol. ⲅ

[Chapter i. 1–11]

ⲧⲁⲣⲭⲏ ⲙ̄ ⲡⲉⲩⲁⲅⲅⲉⲗⲓⲟⲛ ⲛ̄ ⲓ̅ⲥ̅ ⲡⲉⲭ̅ⲥ̅ ⲡϣⲏⲣⲉ ⲙ̄ ⲡⲛⲟⲩⲧⲉ ⲕⲁⲧⲁ ⲑⲉ ⲉⲧ ⲥⲏϩ ϩⲙ̄ ⲏⲥⲁⲓⲁⲥ · ⲡⲉⲡⲣⲟⲫⲏⲧⲏⲥ · ϫⲉ ⲉⲓⲥ ϩⲏⲏⲧⲉ ⲁⲛⲟⲕ ϯⲛⲁϫⲁⲩ ⲡⲁ ⲁⲅⲅⲉⲗⲟⲥ ϩⲓ ϩⲏ ⲙ̄ⲙⲟⲕ ⲛ̄ϥⲥⲟⲃⲧⲉ ⲛ̄ⲧⲉⲕϩⲓⲏ ⲙ̄ ⲡⲁ ⲙ̄ⲧⲟ ⲉ ⲃⲟⲗ · ⲧⲉⲥⲙⲏ ⲙ̄ ⲡⲉⲧⲱϣ

[1] MS. ⲓⲇⲟⲛⲧⲟⲥ altered into ⲓⲇⲟⲛ ⲉⲛ.

ⲉⲧⲟⲓⲙⲁ̄ⲥⲁⲧⲉ ⲧⲏⲛ ⲟⲇⲟⲛ ⲕ̄ⲩ̄·
ⲉⲓⲑⲓⲁⲥ ⲡⲟⲓ̈ⲉⲓⲧⲉ ⲧⲁⲥ ⲧⲣⲓⲟⲩⲥ *(sic)*
ⲁⲩⲧⲟⲩ: — ⲉⲅⲉⲛⲉⲧⲟ Ⲓⲱⲁⲛⲛⲏⲛ
ⲃⲁⲛϯⲍⲱⲛ ⲉⲛ ⲧⲏ ⲉⲣⲏⲙⲱ· ⲕⲁⲓ
ⲕⲩⲣⲓⲥⲥⲱⲛ· ⲃ̄ⲁⲡⲧⲓⲥⲙⲁ ⲙⲉⲧⲁ-
ⲛⲟⲓⲁⲥ ⲉⲓⲥ ⲁⲫⲉⲥⲓⲛ ⲁⲙⲁⲣϯⲱⲛ·
ⲕⲁⲓ ⲉⲝⲉⲡⲟⲣⲉⲩⲉ̄ⲧⲟ ⲡⲣⲟⲥ ⲁⲩⲧⲟ́ⲛ
ⲡⲁⲥⲁ́ ⲏ ⲓ̈ⲟⲩⲇⲁⲓ́ⲁ ⲭⲱⲣⲁ· ⲕⲁⲓ
ⲟⲓ ⲉⲣⲟⲥⲟⲗⲩⲙⲉⲓⲧⲁⲓ̈ ⲕⲁⲓ ⲉⲃⲁⲡ-
ⲧⲓⲥⲟⲛⲧⲟ ⲡⲁⲛⲧⲉⲥ ⲉⲛ ⲧⲟ ⲓⲟⲣ-
ⲇⲁⲛⲏ· ⲡⲟⲧⲁⲙⲱ ⲩ́ⲡ ⲁⲩⲧⲟⲩ
ⲉⲝⲟⲙⲟⲗⲟⲅⲟⲩ́ⲙⲉⲛⲟⲓ ⲧⲁⲥ ⲁⲙⲁⲣ-
ⲧⲓⲁⲥ· ⲁⲩ̄ⲧⲱⲛ· ⲏ́ⲛ ⲇⲉ ⲟ ⲓⲱ-
ⲁⲛⲛⲏⲥ· ⲉⲛⲇⲉⲇⲩⲙⲏⲙⲉ̄ⲛⲟⲥ *(sic)*
28 *a* ⲧⲣⲩⲭⲁⲥ ⲕⲁⲙⲏⲗⲟⲩ | ⲕⲁⲓ ⲍⲱ-
ⲛⲏⲛ ⲇⲉⲣⲙⲁⲧⲓⲛⲏⲛ ⲡⲉⲣⲓ ⲧⲏⲛ
ⲟⲥⲫⲓⲛ ⲁⲩⲧⲟⲩ· ⲕⲁⲓ ⲉⲥⲑⲓⲱⲛ
ⲁⲕⲣⲓⲇⲁⲥ ⲕⲁⲓ ⲙⲉ́ⲗⲓ ⲁⲅⲣⲓⲱⲛ·
ⲕⲁⲓ ⲉⲕⲏ́ⲣⲩ́ⲥⲥⲉⲛ ⲗⲉⲅⲱⲛ ⲉⲣⲭⲉ́-
ⲧⲁⲓ ⲉⲓⲥⲭⲩⲣⲟ́ⲧⲉ̄ⲣⲟⲥ ⲙⲟⲩ· ⲟⲩ
ⲟⲩⲕ ⲉⲙⲏ ⲓⲕⲁⲛⲟⲥ ⲕⲩ̄ⲯⲁⲥ ⲗⲩⲥⲁⲓ̈
ⲧⲟⲛ ⲓⲙⲁⲛⲧⲁ ⲧⲟⲛ ⲩ́ⲡⲟⲇⲏⲙⲁⲧⲱⲛ
ⲁⲩⲧⲟⲩ· ⲉⲅⲱ ⲙⲉⲛ ⲉⲃⲁⲡⲧⲓⲥⲁ́
ⲩ́ⲙⲁⲥ ⲉⲛ ⲩ́ⲇⲁⲧⲏ· ⲁⲩⲧⲟⲥ ⲇⲉ
ⲉⲃⲁⲡⲧⲓⲍⲉ ⲩ̄ⲙⲁⲥ ⲉⲛ ⲡ̄ⲛ̄ⲓ̄ ⲁⲅⲓⲱ
ⲕⲁⲓ ⲡⲩⲣⲓ́· ⲕⲁⲓ ⲉⲅⲉⲛⲉⲧⲟ ⲉⲛ
ⲉⲕⲟⲓⲛⲁⲓⲥ ⲧⲁⲓⲥ ⲏⲙⲉⲣⲁⲓⲥ· ⲏ́ⲗ-
ⲑⲉⲛ ⲓ̄ⲥ̄ ⲁⲡⲟ ⲛⲁⲍⲁⲣⲉⲑ ⲧⲏⲥ ⲅⲁⲗⲓ-
ⲗⲁⲓⲁⲥ· ⲕⲁⲓ ⲉⲃⲁⲡⲧⲓⲥⲑⲏ· ⲩ́ⲡⲟ
ⲓⲱⲁⲛⲛⲟⲩ ⲉⲓⲥ ⲧⲟⲛ ⲓⲟⲣⲇⲁ́ⲛⲏⲛ·
ⲕⲁⲓ ⲉⲩⲑⲉ̄ⲱⲥ ⲁⲛⲁⲃⲁ̄ⲓⲛⲱⲛ· ⲁⲡⲟ
ⲧⲟⲩ ⲩⲇⲁ̄ⲧⲟⲥ· ⲓⲇⲉⲛ ⲥⲭⲓⲍⲟⲙⲉ-
ⲛⲟⲩⲥ· ⲧⲟⲩⲥ ⲟⲩⲛⲟ̄ⲩ̄ⲥ̄ ⲕⲁⲓ ⲧⲟ
ⲡ̄ⲛ̄ⲁ̄ ⲱⲥ ⲡⲉⲣⲓⲥⲧⲉⲣⲁⲛ ⲕⲁⲧⲁⲃⲁⲓ-
ⲛⲟⲛ ⲉⲡ ⲁⲩⲧⲟⲛ· ⲕⲁⲓ ⲫⲱⲛⲏ
ⲉⲅⲉⲛⲉⲧⲟ ⲉⲕ ⲧⲟ́ⲛ ⲟⲩⲛⲱ̄ⲛ̄ ⲥⲟⲓ
ⲟ ⲓ̄ⲟ̄ⲩ̄ⲥ̄ ⲙⲟⲩ ⲟ ⲁⲅⲁⲡⲏⲧⲟⲥ ⲉⲛ
ⲥⲟⲓ ⲉⲩⲇⲟ̄ⲕⲏⲥⲁ ⁘

ⲉ ⲃⲟⲗ ϩⲓ ⲡϫⲁⲓⲉ ϫⲉ ⲥⲃ̄ⲧⲉ ⲧⲉϩⲓⲏ·
ⲙ̄ ⲡϫⲟⲉⲓⲥ· ⲁⲩⲱ ⲛ̄ⲧⲉⲧⲛ̄ⲥⲟⲃⲧⲉ
ⲛ̄ ⲛⲉϥⲙⲁ ⲙ̄ ⲙⲟⲟϣⲉ· ⲁϥϣⲱⲡⲉ
ⲛ̄ϭⲓ ⲓⲱϩⲁⲛⲛⲏⲥ ⲉϥϯ ⲃⲁⲡϯⲥⲙⲁ
ϩⲙ̄ ⲡϫⲁⲓⲉ· ⲉϥⲧⲁϣⲉⲟⲉⲓϣ· ⲛ̄
ⲟⲩⲃⲁⲡϯⲥⲙⲁ ⲙ̄ ⲙⲉⲧⲁⲛⲟⲓⲁ· ⲉ
ⲡⲕⲱ ⲉ ⲃⲟⲗ ⲛ̄ ⲛ̄ⲛⲟⲃⲉ· ⲁⲩⲱ ⲁⲥ-
ⲃⲱⲕ ⲉ ⲃⲟⲗ ⲉ ⲣⲁⲧϥ ⲛ̄ϭⲓ ⲧⲡⲉⲣⲓ-
ⲭⲱⲣⲟⲥ ⲧⲏⲣⲥ̄ ⲙ̄ ⲡⲓⲟⲣⲇⲁⲛⲏⲥ·
ⲛ̄ⲧⲉ ϯⲟⲩⲇⲁⲓⲁ ⲙⲛ̄ ⲑⲓⲉⲣⲟⲩⲥⲟ-
ⲗⲩⲙⲁ· ⲁⲩϫⲓ ⲃⲁⲡϯⲥⲙⲁ ⲧⲏⲣⲟⲩ·
ϩⲙ̄ ⲡⲉⲓⲟⲣⲇⲁⲛⲏⲥ ⲡⲉⲓⲉⲣⲟ· ⲉⲩ-
ⲉⲝⲟⲙⲟⲗⲟⲅⲉⲓ ⲛ̄ ⲛⲉⲩⲛⲟⲃⲉ· Ⲓⲱ-
ⲁⲛⲛⲏⲥ | ⲇⲉ ⲛⲉⲣⲉ ϩⲉⲛϥⲱ ⲛ̄ Fol. 29 *a*
ϭⲁⲙⲟⲩⲗ ⲧⲟ ϩⲓⲱⲱϥ· ⲉⲣⲉ ⲟⲩ- ⲡ̄ⲉ̄
ⲙⲟϫϩϥ ⲛ̄ ϣⲁⲣ· ⲙⲏⲣ ⲉ ⲧⲉϥϯⲡⲉ·
ⲉϥⲟⲩⲉⲙ ϣϫⲉ ϩⲓ ⲉⲃⲓⲱ ϩⲟⲟⲩⲧ·
ⲁⲩⲱ ⲉϥⲧⲁϣⲉⲟⲉⲓϣ ⲉϥϫⲱ ⲙ̄-
ⲙⲟⲥ ϫⲉ ϥⲛⲏⲩ ⲙⲛ̄ⲛ̄ⲥⲱⲓ ⲛ̄ϭⲓ
ⲡⲉⲧ ϫⲟⲟⲣ ⲉ ⲣⲟⲓ ⲛⲁⲓ ⲉ ⲁⲛⲅ̄ ⲟⲩ-
ϩⲓⲕⲁⲛⲟⲥ ⲁⲛ ⲉ ⲧⲣⲁ ⲛⲁϩⲧ̄ ⲉ ⲃⲱⲗ
ⲉ ⲃⲟⲗ ⲙ̄ ⲡⲙⲟⲩⲥ ⲙ̄ ⲡⲉϥⲧⲱⲃⲉ·
ⲁⲛⲟⲕ ⲙⲉⲛ ⲉⲓϯ ⲃⲁⲡϯⲥⲙⲁ
ⲛⲏⲧⲛ̄ ϩⲛ̄ ⲟⲩⲙⲟⲟⲩ· ⲛ̄ⲧⲟϥ ⲇⲉ
ϥⲛⲁⲃⲁⲡϯⲍⲉ ⲙ̄ⲙⲱⲧⲛ̄ ϩⲛ̄ ⲟⲩⲡ̄ⲛ̄ⲁ̄
ⲉϥⲟⲩⲁⲁⲃ ⲙⲛ̄ ⲟⲩⲕⲱϩⲧ̄· ⲁⲥϣⲱⲡⲉ
ⲇⲉ ⲉ ϩⲣⲁⲓ ϩⲛ̄ ⲛⲉϩⲟⲟⲩ· ⲉⲧ ⲙ̄-
ⲙⲁⲩ· ⲁϥⲉⲓ ⲛ̄ϭⲓ ⲓ̄ⲥ̄ ⲉ ⲃⲟⲗ ϩⲛ̄
ⲛⲁⲍⲁⲣⲉⲑ ⲛ̄ⲧⲉ ⲧⲅⲁⲗⲓⲗⲁⲓⲁ· ⲁϥ-
ϫⲓ ⲃⲁⲡϯⲥⲙⲁ ⲛ̄ⲧ ⲛ̄ ⲓⲱ̄ⲥ̄ ⲉ ⲃⲟⲗ
ϩⲙ̄ ⲡⲓⲟⲣⲇⲁⲛⲏⲥ· ⲛ̄ⲧⲉⲩⲛⲟⲩ ⲉϥ-
ⲛⲏⲩ ⲉ ϩⲣⲁⲓ ϩⲙ̄ ⲡⲙⲟⲟⲩ ⲁϥⲛⲁⲩ
ⲙ̄ⲡⲏⲩⲉ ⲁⲩⲟⲩⲱⲛ· ⲁⲩⲱ ⲡⲉⲡ̄ⲛ̄ⲁ̄
ⲉϥⲛⲏⲩ ⲉ ⲡⲉⲥⲏⲧ ⲉ ϫⲱϥ ⲛ̄ⲑⲉ ⲛ̄
ⲟⲩϭⲣⲟⲙⲡⲉ· ⲁⲩⲱ ⲉⲓⲥ ⲟⲩⲥⲙⲏ
ⲁⲥϣⲱⲡⲉ ⲉ ⲃⲟⲗ ϩⲛ̄ ⲙ̄ⲡⲏⲩⲉ· ϫⲉ
ⲛ̄ⲧⲟⲕ ⲡⲉ ⲡⲁ ϣⲏⲣⲉ ⲡⲁ ⲙⲉⲣⲓⲧ ⲛ̄ⲧⲁ
ⲡⲁ ⲱϣ ϣⲱⲡⲉ ⲛ̄ϩⲏⲧϥ ⁘ ⁘ ⁘

Fol. 29 b Π̅Ε̅

ΟΨΕ ΤΟΥ ΑΓΙΟΥ Π̅ΕΡ ΚΑ[ΤΑ] ΠΑΘΑΙΟΥ·

[Chapter viii. 5–13]

Εισελθοντες δε αυτου εις καφαρναουμ· προσηλθεν αυτω εκατονταρχος παρακαλων αυτων· και λεγων κ̅ε̅ ο παίς μου βέβληται εν τη οικια παραλυτίκους· δεινως βασανιζωμένος· και λεγει αυτω ο ι̅ς̅ εγω ηλθων θεραπευσον αυτων· και αποκριθεις ο εκατονταρχος· εφη κ̅ε̅ ουκ ειμη ικανος ινα μου υπο την σκεπην (*sic*) εισελθης· αλλο (*sic*) μονον ειπε λογω και ιαθησεται· κάι γαρ ανω̅ς̅· ειμη υπο εξουσιαν εχων υφ εμαυτον στρατιωτας· και λεγω τουτω πορευθητι και πορευεται· καΐ αλλω έρχου καΐ ερχεται· και τω δουλω μου ποιησον ταυτο και ποιει· ακουσας δε ο ι̅ς̅ εθαυμασεν και ειπεν τοις ακολουθουσιν

Fol. 30 b Π̅Η̅

αυτω· αμην λεγω | υμειν· παρ ουδενι τοσαυτην πιστιν· εν τω ι̅η̅λ̅ ευρων· λεγω ται υ̅μιν οτι πολλον απο ανατολον· και δυσμων ηξουσιν· και ανακληθησονται μετα αβρααμ και ισακ καΐ ιακωβ· εν τη βασιλειαν τον ουνων· οι δε υιοι της βασιλειας εκβληθησονταΐ εις το σκοτος· τω εξωτερον· εκεΐ εσται ο κλαυθμος και ο βρυγμος των οδοντων· και ειπεν δε ο ι̅ς̅ τω εκατωνταρχος·

Fol[...]

ϨΙ ⲢⲞⲨϨⲈ Ⲙ̅ ⲪⲀⲄⲒ̊ Ⲡ̅ⲈⲢ ⲠⲔⲀ[ⲦⲀ] ⲠⲀⲐⲀⲒⲞⲤ·

[Chapter viii. 5–13]

Ⲛ̅ⲧⲉⲣⲉ ϥⲃⲱⲕ ⲇⲉ ⲉ ϩⲟⲩⲛ ⲉ ⲕⲁⲫⲁⲣⲛⲁⲟⲩⲙ ⲁϥϯ ⲡⲉϥⲟⲩⲟⲓ· ⲉ ⲣⲟϥ ⲛ̅ϭⲓ ⲟⲩϩⲉⲕⲁⲧⲟⲛⲧⲁⲣⲭⲟⲥ· ⲉϥⲡⲁⲣⲁⲕⲁⲗⲉⲓ ⲙ̅ⲙⲟϥ ⲉϥϫⲱ ⲙ̅ⲙⲟⲥ ϫⲉ ⲡϫ̅ⲥ̅ ⲡⲁ ϣⲏⲣⲉ ⲛⲏϫ ⲉ ϩⲣⲁⲓ ϩⲙ̅ ⲡⲁ ⲏⲓ ⲉϥⲉⲛϭ ⲁⲩⲱ ⲉϥⲃⲁⲥⲁⲛⲓⲍⲉ ⲙ̅ⲙⲁⲧⲉ· ⲡⲉϫⲁϥ ⲛⲁϥ ⲛ̅ϭⲓ ⲓ̅ⲥ̅ ϫⲉ ⲁⲛⲟⲕ ϯⲛⲏⲩ ⲛ̅ⲧⲁⲣ̅ ⲡⲁϩⲣⲉ ⲉ ⲣⲟϥ· ⲁϥⲟⲩⲱϣⲃ̅ ⲛ̅ϭⲓ ⲡϩⲉⲕⲁⲧⲟⲛⲧⲁⲣⲭⲟⲥ· ⲉϥϫⲱ ⲙ̅ⲙⲟⲥ ϫⲉ ⲡϫ̅ⲥ̅ ⲛ̅ ϯⲙ̅ⲡϣⲁ ⲁⲛ ⲉ ⲧⲣⲉⲕⲉⲓ ⲉ ϩⲟⲩⲛ ϩⲁ ⲧⲁ ⲟⲩⲉϩⲥⲟⲓ ⲁⲗⲗⲁ ϫⲓ ⲙ̅ⲙⲁⲧⲉ ⲙ̅ ⲡϣⲁϫⲉ ⲁⲩⲱ ⲉϥⲛⲁⲗⲟ· ⲕⲁⲓ ⲅⲁⲣ ⲁⲛⲟⲕ ⲁⲛ̅ⲅ̅ ⲟⲩⲣⲱⲙⲉ ⲉⲓϣⲟⲟⲡ ϩⲁ ⲟⲩ ⲉⲝⲟⲩⲥⲓⲁ· ⲉⲣⲉ ϩⲉⲛⲙⲁⲧⲟⲓ ϣⲟⲟⲡ ϩⲁ ⲣⲁⲧ· ϣⲁⲓϫⲟⲟⲥ ⲙ̅ ⲡⲁⲓ ϫⲉ ⲃⲱⲕ ⲁⲩⲱ ϣⲁϥⲃⲱⲕ· ⲁⲩⲱ ⲕⲉ ⲟⲩⲁ ϫⲉ ⲁⲙⲟⲩ ⲁⲩⲱ ⲛϥ̅ⲉⲓ· ⲁⲩⲱ ⲡⲁ ϩⲙ̅ϩⲁⲗ ϫⲉ ⲁⲣⲉⲕ ⲡⲁⲓ· ⲁⲩⲱ ⲛϥ̅ⲁⲁϥ· ⲁϥⲥⲱⲧⲙ̅ ⲇⲉ ⲉ ⲛⲁⲓ ⲛ̅ϭⲓ ⲓⲥ ⲁϥⲣ̅ ϣⲡⲏⲣⲉ· ⲁϥⲕⲟⲧϥ̅ ⲉ ⲛⲉⲧ ⲟⲩⲏϩ ⲛ̅ⲥⲱϥ· ⲡⲉϫⲁϥ ⲛⲁⲩ ϫⲉ ϩⲁⲙⲏⲛ

Fol. Ⲡ[...]

ϯϫⲱ | ⲙ̅ⲙⲟⲥ ⲛⲏⲧⲛ̅ ϫⲉ ⲙ̅ⲡ ⲉⲓϩⲉ ⲉ ⲛ[ⲓⲥ]ϯⲥ ⲛ̅ ⲧⲉⲓ ϭⲟⲧ ⲛ̅ⲧⲛ̅ ⲗⲁⲁⲩ ϩⲙ̅ [ⲡⲓⲥ]ⲣⲁⲏⲗ· ϯϫⲱ ⲅⲁⲣ ⲙ̅ⲙⲟⲥ ⲛⲉⲧⲛ̅ ϫⲉ ⲟⲩⲛ̅ ϩⲁϩ ⲛⲏⲩ ⲉ ⲃⲟⲗ ϩⲛ̅ ⲙⲁ ⲛ̅ ϣⲁ ⲙⲛ̅ ⲙ̅ ⲙⲁ ⲛ̅ ϩⲱⲧⲡ̅ ⲛ̅ⲥⲉ ⲛⲟϫⲟⲩ ⲙⲛ̅ ⲁⲃⲣⲁϩⲁⲙ ⲙⲛ̅ ⲓⲥⲁⲕ ⲙⲛ̅ ⲓⲁⲕⲱⲃ· ϩⲣⲁⲓ ϩⲛ̅ ⲧⲙⲛ̅ⲧⲉⲣⲟ ⲛ̅ ⲙ̅ⲡⲏⲩⲉ· ⲛ̅ϣⲏⲣⲉ ⲇⲉ ⲛ̅ ⲧⲙⲛ̅ⲧⲉⲣⲟ ⲥⲉⲛⲁⲛⲟϫⲟⲩ ⲉ ⲃⲟⲗ ⲉ ⲡⲕⲁⲕⲉ ⲉⲧ ϩⲓ ⲃⲟⲗ ⲉϥⲛⲁϣⲱⲡⲉ ⲙ̅ⲙⲁⲩ ⲛ̅ϭⲓ ⲡⲣⲓⲙⲉ ⲁⲩⲱ ⲡϭⲁϩϭⲉϩ ⲛ̅ [ⲛ̅]ⲟⲃϩⲉ· Ⲡⲉϫ[ⲁϥ ⲇⲉ] ⲛ̅ϭⲓ ⲓ̅ⲥ̅ ⲩⲡⲁⲅⲉ ⲕⲁⲓ ⲱⲥ ⲉⲡⲓⲥⲧⲉⲩⲥⲁⲥ· ⲅⲉⲛⲏⲑⲏⲧⲱ̅ ⲥⲟⲓ· ⲕⲁⲓ ⲓ̅ⲁⲑⲏ ⲟ ⲡⲁⲓⲥ ⲉⲛ ⲧⲏ ⲱ̅ⲣⲁ ⲉⲕⲉⲓⲛⲏ ⁘

ⲙ̅ ⲡ[ϩⲉ]ⲕⲁⲧⲟⲛⲧⲁⲣⲭⲟⲥ· ϫⲉ ⲃⲱⲕ ⲛ[ⲑⲉ] ⲛ̅ⲧⲁⲕⲡⲓⲥⲧⲉⲩⲉ ⲙⲁⲣⲉⲥ-ϣⲱ[ⲡⲉ] ⲛⲁⲕ· ⲁⲩⲱ ⲁϥⲗⲟ ⲛ̅ϭⲓ ⲡϣⲏⲣⲉ [ϣⲏⲙ] ϫⲓⲛ ⲧⲉⲩⲛⲟⲩ ⲉⲧ ⲙ̅ⲙⲁⲩ·

⁘ ⲉⲩⲝⲁⲥⲑⲁⲓ ⲩ̅ⲡⲉⲣ ⲉⲙⲟⲩ ⲉⲅⲱ ⲧⲁⲗⲁⲥ ⲁⲙⲁⲣⲧⲱⲗⲟⲩⲥ· ⲁⲩⲣⲓⲗⲗⲓⲟⲥ· ⲃⲓⲕⲧⲱⲣ ⲉⲗⲁⲭⲓⲥⲧⲟⲩ ϗ ⲁⲛⲁⲝⲓⲟⲩ ⲇⲓⲁϗⲟ ⲡⲁⲓⲥ ⲧⲟⲩ ⲙⲁⲕⲁⲣⲓⲟ ⲙⲉⲣⲕⲟⲩⲣⲓⲟ ⲇⲓⲁϗⲟ ⲧⲟⲩ ⲁⲅⲓⲟⲩ ⲙ̅ⲉ̅ⲣ̅ ⲙⲉⲅⲁⲥⲧⲣⲁⲧⲏⲗⲁⲧ ⲁⲡⲟⲧ ⲡⲟⲗ ⲗⲁⲧ ⲉⲅⲣⲁⲯⲁⲥ ⲃⲩⲃⲗⲟⲥ ⲡⲁⲛⲧⲱⲛ ⲁⲛⲁⲅⲛⲱⲑⲏ ⲧⲏⲛ ⲃⲩⲃⲗⲓⲟⲩ ⲉⲡⲉⲩⲝⲉⲧⲁⲓ ⲙⲉ ⲟⲡⲱⲥ ⲇⲓⲉⲝⲁⲅⲟⲓ ⲕ̅ⲥ̅ ⲧⲏⲛ ⲉⲗⲉⲟⲓⲛⲟ ⲙⲟⲩ ⲃⲓⲟⲛ ⲉⲩⲁⲣⲉⲥⲧⲱⲛ ⲁⲙⲏ̅ⲛ̅

THE MARTYRDOM AND MIRACLES OF MERCURIUS THE GENERAL

(Brit. Mus. MS. Oriental, No. 6802)

Fol. 1 *a* ⲦⲘⲀⲢⲦⲨⲢⲒⲀ Ⲙ̄ ⲠϨⲀⲄⲒⲞⲤ ⲘⲈⲢⲔⲞⲨⲢⲒⲞⲤ· ⲠⲈⲤⲦⲢⲀⲦⲎⲖⲀⲦⲎⲤ· Ⲛ̄ⲦⲞϤϪⲰⲔ Ⲉ ⲂⲞⲖ Ⲙ̄ ⲠⲈϤⲀⲄⲰⲚ· ⲈⲦⲀⲒⲎⲨ (*sic*) Ⲛ̄ ⲤⲞⲨ ϪⲞⲨⲦⲎ Ⲙ̄ ⲠⲈⲒⲈⲂⲞⲦ ⲀⲐⲰⲢ· ϨⲚ̄ ⲞⲨⲈⲒⲢⲎⲚⲎ Ⲛ̄ⲦⲈ ⲠⲚⲞⲨⲦⲈ· ⲈⲢⲈ ⲚⲈϤⲤⲘⲞⲨ ⲈⲦ ⲞⲨⲀⲀⲂ· ⲈⲨⲈϢⲰⲠⲈ ⲚⲘ̄ⲘⲀⲚ ϨⲀⲘⲎⲚ·

[Ⲁ]ϥϣⲱⲡⲉ ⲇⲉ· [ϩⲙ̄] ⲧⲙⲉϩ ⲙⲛ̄ⲧⲥⲛⲟⲟⲩⲥ ⲛ̄ⲣⲟⲙⲡⲉ ⲛ̄ ⲇⲉⲕⲓⲟⲥ ⲡⲣ̄ⲣⲟ· ⲟⲩⲁⲗⲗⲏⲣⲓⲁⲛⲟⲥ· ⲙⲛ̄ ⲙⲁⲝⲓⲙⲓⲁⲛⲟⲥ· ⲉϥⲟ ⲛ̄ⲕⲁⲓ̈ⲥⲁⲣ· ⲁⲩⲱ ⲛ̄ⲡⲁⲛⲧⲱⲕⲣⲁⲧⲱⲣ· [ⲁ]ϥⲛⲉϩⲥⲉ ⲛ̄ ⲟⲩ-[ⲇⲓⲱ]ⲅⲙⲟⲥ ⲉ [one line wanting] ⲧⲏⲣⲟⲩ· ⲙⲛ̄ ⲟⲩⲟⲛ ⲛⲓⲙ ⲉⲧ ϩⲟⲙⲟⲗⲟⲅⲉⲓ ⲙ̄ ⲡⲉⲭ̄ⲥ̄· ⲁϥⲧⲱϭⲉ ⲉ ⲃⲟⲗ ⲛ̄ ⲟⲩⲇⲓⲁ-ⲧⲁⲅⲙⲁ ⲕⲁⲧⲁ ⲡⲟⲗⲓⲥ· ⲁⲩⲱ ⲕⲁⲧⲁ ⲭⲱⲣⲁ· ⲁⲩⲱ ⲕⲁⲧⲁ ⲉⲡⲁⲣⲭⲓⲁ· ⲉ ⲧⲣⲉ ⲅⲉⲛⲟⲥ ⲛⲓⲙ ⲛ̄ [ⲣⲱ]ⲙⲉ ϩⲓ ⲗⲁⲩ... ⲉϥⲉⲑⲩⲥⲓ[ⲁⲍⲉ]... ⲙ̄ⲡⲛⲟⲩⲧⲉ... [one or two lines wanting] |

Fol. 1 *b* ... ⲛ ⲁⲩϣⲱⲡⲉ ϩⲙ̄ ⲧⲟⲓⲕⲟⲩⲙⲉⲛⲏ ⲧⲏⲣⲥ̄· ⲙ̄ ⲡⲉⲓ ⲟⲩⲟⲉⲓϣ ⲉⲧ ⲙ̄ⲙⲁⲩ· ⲛⲁⲓ ⲛⲉ ⲉⲧ ⲥⲏϩ ⲉ ⲡⲉⲓ ⲡⲣⲟⲥⲧⲁⲅⲙⲁ· ⲇⲉⲕⲓⲟⲥ ⲟⲩⲁⲗⲉⲣⲓⲁⲛⲟⲥ ⲙⲁⲝⲉⲛⲧⲓⲟⲥ ⲡⲛⲟϭ ⲛ̄ⲣ̄ⲣⲟ ⲙ̄ⲡⲁⲛ-ⲧⲱⲕⲣⲁⲧⲱⲣ· ⲉⲧⲁⲙⲁϩⲧⲉ ⲉϫⲛ̄ ⲧⲟⲓⲕⲟⲩⲙⲉⲛⲏ ⲧⲏⲣⲥ̄· ⲛ̄ⲥϩⲁⲓ ⲉ ⲃⲟⲗ ϩⲛ̄ ⲧⲟⲓⲕⲟⲩⲙⲉⲛⲏ· ⲙⲛ̄ ⲛⲉⲭⲱⲣⲁ· ⲙⲛ̄ ⲛⲉⲡⲁⲣⲭⲓⲁ· ⲉⲧ [ϣⲱ]ⲡⲉ ⲛ̄ⲁⲙⲁϩⲧⲉ... ⲇⲉ ⲁⲛⲟⲛϥ ...ⲛⲁⲅⲕⲁⲓ...ⲟⲛ ✝...ⲃⲓⲕⲧⲱⲣⲓⲁ...ⲧⲁ... ⲡⲛⲟⲩⲧⲉ ⲉⲧ ⲧⲁⲓⲏⲟⲩ ⲟⲩⲟⲛϩⲟⲩ ⲉ ⲣⲟⲛ· ⲛ̄ⲑⲉ ⲉⲧⲟⲩⲣⲟⲟⲩϣ ϩⲁ ⲣⲟⲛ ϩⲓⲧⲛ̄ ⲧⲉⲩⲡⲣⲟϩⲉⲣⲉⲥⲓⲥ ⲉⲧⲛⲁⲛⲟⲩⲥ· ⲙⲁⲗⲓⲥⲧⲁ ⲧⲛⲟϭ ⲛ̄ ⲃⲓⲕⲧⲱⲣⲓⲁ ⲙ̄ ⲡⲉⲓ ⲭ̄ⲣ̄ⲟ̄· ⲉⲧⲟⲩ✝ ⲙ̄ⲙⲟⲥ ⲛⲁⲛ ϩⲙ̄ ⲡⲡⲟⲗⲉⲙⲟ[ⲥ]· ⲉⲩⲛⲟⲩϩⲙ̄ ⲙ̄ⲙⲟ[ⲛ] ⲛ̄ ⲧⲟⲟⲧⲟⲩ ⲛⲉⲛϫⲁϫⲉ·

ⲉⲧ ⲧⲱⲟⲩⲛ ⲉ ϫⲱⲛ ⲕⲁⲧⲁ ⲕⲁⲓⲣⲟⲥ ⲉ ⲧⲣⲉ ⲛⲁⲙⲁϩⲧⲉ ⲛ̄ⲛⲉϩⲣⲱⲙⲁⲓⲟⲥ ϫⲓ ⲉⲉⲟⲟⲩ · ϩⲙ̄ ⲙⲁ ⲛⲓⲙ · ⲉⲣⲉ ⲛ̄ⲃⲁⲣ-ⲃⲁⲣⲟ[ⲥ] ϩⲩⲡⲟⲧⲁⲥⲥⲉ ⲛⲁⲛ (?) ⲁⲛⲟ[…]

[Eighteen pages wanting]

ⲛⲁⲡⲁϊⲁⲉⲧⲉ ⲙ̄ⲙⲟⲕ · ⲛ̄ⲧⲉⲩⲛⲟⲩ ⲁϥⲉⲓ · ϫⲉ ⲉϥⲛⲁϥⲟϭϥ Fol. 2 *a*
ⲉ ⲃⲟⲗ · ϩⲓϫⲛ̄ ⲛⲧⲃ̄ⲛⲏ · ϫⲉ ⲉϥⲛⲁϩⲓⲟⲩⲉ ⲉ ⲡⲣⲱⲙⲉ · ⲛ̄ ⲕ̄
ⲁⲣⲕⲁⲧⲏⲥ ⲛ̄ ϩⲏⲕⲉ · ⲁⲩⲱ ⲛ̄ⲧⲉⲩⲛⲟⲩ ⲁ ⲡϩⲁⲅⲓⲟⲥ ⲙⲉⲣ-ⲕⲟⲩⲣⲓⲟⲥ ⲕⲓⲙ ⲙ̄ⲙⲟϥ · ⲛ̄ ϩⲟⲩⲛ ⲛ̄ ⲧⲕⲁⲓⲥⲉ · ⲁ ⲧⲙⲟⲩⲗⲉⲥ · ⲉⲧ ⲉϥⲧⲁⲗⲏⲩ ⲉ ⲣⲟⲥ · ⲃⲱⲕ ⲥⲁ ⲡⲁϩⲟⲩ : ⲁ ⲧⲉϥⲟⲩⲉⲣⲏⲧⲉ ⲛ̄ ⲟⲩⲱⲧ ⲉϣⲉ ⲉ ϩⲣⲁⲓ ϩⲛ̄ ⲧⲥⲗ̄ⲗⲉ ⲙ̄ⲡⲉ ⲧⲙⲟⲩⲗⲓⲥ ⲗⲟ ⲉⲥⲡⲏⲧ : ⲛ̄ⲙ̄ⲙⲁϥ ⲉϥⲁϣⲉ ⲛ̄ⲥⲁ . . . . . . ⲉⲧ . . . . . . [four or five lines wanting] ⲛ̄ⲃ̄ⲗ̄ⲗⲉ ⲁ ⲧⲙⲟⲩⲗⲉⲥ · ϫⲓ ⲛ ⲟⲩⲥⲙⲏ ⲛ̄ⲣⲱⲙⲉ · ⲁⲥⲱϣ ⲉ ⲃⲟⲗ ⲉⲥϫⲱ ⲙ̄ⲙⲟⲥ · ϫⲉ ⲱ̄ ⲣⲱⲙⲉ ⲉⲧ ⲥⲱⲣⲙ̄ · ⲁⲩⲱ ⲛ̄ ϩⲗ̄ⲗⲏⲛ · ⲛⲁⲓ ⲛ̄ⲧⲁ ⲡⲉ[…] ⲟⲩⲱϭⲛ̄ ⲙ̄ ⲡⲉⲩⲛⲟⲩⲧⲉ ⲛ̄ⲧⲉⲩϣ[…] · ⲁⲙⲏⲓⲧⲉⲛ ⲉ ⲃ[ⲟⲗ] · [ⲛ̄ⲧⲉ]ⲧⲛ̄ⲛⲁⲩ ⲉ ⲡⲙⲁ[ⲣⲧⲩ]ⲣⲟⲥ ⲡϩⲁⲅⲓⲟⲥ ⲙⲉⲣⲕⲟⲩⲣⲓⲟⲥ ⲙⲛ̄ ⲁⲛⲙ[…]ⲣⲓⲁ ⲙ̄ ⲡⲉⲧⲛ̄ϣⲏⲣⲉ · ⲛ̄ⲧⲉⲧⲛ̄ⲡⲓⲥⲧⲉⲩⲉ ⲉ ⲓ̄ⲥ̄ ⲡⲉⲭ̄ⲥ̄ · ⲡⲛⲟⲩⲧⲉ ⲛ̄ ⲧⲡⲉ ⲙⲛ̄ ⲡⲕⲁϩ · ⲁⲩⲱ ⲟⲛ ⲁ ⲧⲙⲟⲩⲗⲉⲥ ⲡⲱⲧ ⲛ̄ⲙ̄ⲙⲁϥ
[ⲁⲩⲱ ⲙⲛ̄][…]ⲉⲥⲕⲱⲧ . . . . . [five or six lines wanting] | ⲱ̄ Fol. 2 *b*
ⲟⲩⲏⲣ ⲱ̄ ⲧⲉϣϣⲡⲏⲣⲉ (*sic*) ⲙⲛ̄ ⲧⲉⲑⲉⲱⲣⲓⲁ ⲛ̄ⲧⲁⲥϣⲱⲡⲉ ⲙ̄ ⲕ̄ⲁ̄
ⲡⲉϩⲟⲟⲩ ⲉⲧ ⲙ̄ⲙⲁⲩ · ⲙ̄ⲡⲉ ⲟⲩⲣⲱⲙⲉ [ⲛ̄] ⲟⲩⲱⲧ ϭⲱϩ ⲛ̄ ⲧⲡⲟⲗⲓⲥ ⲧⲏⲣⲥ̄ · ⲉⲓⲧⲉ […]ⲛ · ⲉⲓⲧⲉ ⲛⲟϭ · […]ⲛ̄ⲧⲟⲩⲉⲓ ⲉ ⲣⲁⲧϥ̄ · ⲙ̄ ⲡⲙⲁⲣⲧⲩⲣⲟⲥ ⲉⲧ ⲟⲩⲁⲁⲃ : ϩⲱⲥ ⲧⲉ ⲉⲩϩⲣⲁ : ⲛⲥⲱⲟⲩ ϩⲓⲧⲛ̄ ⲟⲩⲉⲝⲟⲩⲥⲓ̈ⲁ · ⲡⲣⲱⲙⲉ ⲇⲉ ϩⲱⲱϥ · ⲙⲛ̄ ⲧⲉϥⲥϩⲓⲙⲉ · ⲙⲛ ⲛⲉϥϣⲏⲣⲉ ⲛⲉⲩⲡⲏⲧ : ⲛ̄ⲥⲁ ⲡⲙⲟⲩⲗ[ⲉⲥ · ⲁ]ⲩϣⲧⲟⲣⲧⲣ̄ [seven or eight lines wanting] ⲛ̄ⲙ̄ⲙⲁϥ · ⲁⲥϫⲓ̈ ⲙ̄ ⲡⲁⲧⲟⲩⲱⲧ ⲛ̄ ⲛⲟⲩⲃ ⲉⲧ ⲉⲥϣⲙ̄ϣⲉ ⲛⲁϥ · ⲉϥⲟ ⲛ̄ ⲡⲏϣⲉ ⲡⲏϣⲉ ⲉⲓ ⲉ ⲃⲟⲗ · ϩⲛ̄ ⲧⲙⲏⲧⲉ ⲛ̄ ⲧⲡⲟⲗⲓⲥ · ⲉⲣⲉ ⲟⲩⲟⲛ ⲛⲓⲙ ⲑⲉⲱⲣⲉ ⲙ̄ⲙⲟⲥ · ⲙ̄ ⲡⲉⲥⲉⲁⲱⲗⲟⲛ · ⲉⲣⲉ ⲧⲉⲥϣⲉⲉⲣⲉ ϫⲓ ⲙⲟⲉⲓⲧ ⲛⲁⲥ · ⲛ̄ⲑⲉ ⲛ̄ ⲛⲉⲧ ϣⲓⲧ ⲉⲥⲱϣ ⲉ ⲃⲟⲗ · ϫⲉ ⲡϩⲁⲅⲓⲟⲥ ⲙⲉⲣⲕⲟⲩⲣⲓⲟⲥ · ⲁⲛⲁⲩ ⲉ ⲡⲁ ⲑⲃ̄ⲃⲓⲟ · ⲙⲛ̄ ⲡⲁ ⲛⲟϭ ϣⲓ̈ⲡⲉ · ⲙⲛ̄ ⲡϣⲓ̈ⲡⲉ ⲙ̄ ⲡⲁ ⲧⲟⲩⲱⲧ · ⲛⲧ̄ ⲛ̄ⲧⲁ ⲛⲁⲓ · ⲛ̄ ⲧⲉⲣ ⲉⲥⲉⲓ̈
[ⲁ]ⲉ ⲉ ⲃⲟⲗ · ⲁ ⲧⲉⲥϣⲉ[ⲉⲣ]ⲉ ⲧⲁⲙⲟⲥ · ϫⲉ[…]ⲁⲅⲓⲟ Fol. 3 *a*
[…] [five or six lines wanting] | ⲛ̄ ⲧⲕⲁⲓⲥⲉ · ⲁⲥ[ⲱ]ϣ ⲉ ⲕ̄ⲃ̄

ⲃⲟⲗ · ϫⲉ ⲡⲙⲁⲣⲧⲩⲣⲟⲥ ⲛ̄ⲧⲁϥϫⲓ ⲙ̄ ⲡⲉϭⲗⲟ · ⲙ̄ ⲡⲣ̄ⲣⲟ ⲡⲉⲭ̅ⲥ̅ · ⲕⲱ ⲛⲁⲓ ⲉ ⲃⲟⲗ ⲛ̄ⲧⲁⲡⲓⲥⲧⲉⲩⲉ ⲣⲟⲕ · ⲙⲛ̄ ⲡⲉⲕⲛⲟⲩⲧⲉ · ⲡⲁⲓ ⲉⲧⲉ ⲙ̄ⲙⲛ̄ϣⲁ ⲁⲛ · ⲛ̄ⲧⲁⲩⲟ ⲡⲉϥⲣⲁⲛ ⲉ ⲃⲟⲗ ϩⲛ̄ ⲣⲟ ⲉⲧ ϫⲁϩⲙ̄ · ⲛ̄ⲧⲉⲩⲛⲟⲩ ⲁⲩⲗⲉⲩⲕⲟ ⲙ̄ⲙⲙⲟⲟⲩ · ϣⲟⲩⲟ ⲉ ⲡⲉⲥⲏⲧ ϩⲛ̄ ⲛⲉⲥⲃⲁⲗ · ϩⲱⲥ ⲉⲥⲣⲓⲙⲉ · ⲁⲥⲛⲁⲩ ⲉ ⲃⲟⲗ · ⲛ̄ⲧⲉⲩⲛⲟⲩ ⲁⲩⲱ ⲁ ⲧⲉⲥϩⲟⲣⲁⲥⲓⲥ ⲥⲙⲓⲛⲉ · ⲛ̄ⲑⲉ ⲛ̄ϣⲟⲣⲡ̄ · ⲙⲛ̄ⲛ̄ⲥⲱⲥ ⲁⲥϭⲱⲡ ⲛ̄ ⲙ̄ⲡⲏϣⲉ ⲡⲏϣⲉ ⲙ̄ ⲡⲉⲧⲟⲩⲱⲧ · ⲁⲥⲟⲩⲟϭⲡⲟϥ ⲉϫⲛ̄ ⲛⲉⲩⲉⲣⲏⲩ · ⲁⲥⲱϣ ⲉ ⲃⲟⲗ · ϫⲉ ⲁ ⲡⲁⲡⲟⲗⲗⲱⲛ · ϫⲓ ϣⲓⲡⲉ · ⲁ ⲡⲉⲭ̅ⲥ̅ ϫⲓ ⲧⲁⲓⲟ ⲙⲛ̄ ⲡⲉϥⲙⲁⲣⲧⲩⲣⲟⲥ · ⲛⲉⲥⲉⲓⲟⲧⲉ ⲇⲉ ⲛ̄ ⲧⲉⲣ ⲟⲩⲛⲁⲩ ⲉ ⲡⲧⲁⲗϭⲟ ⲛ̄ⲧⲁϥϣⲱⲡⲉ · ⲛ̄ⲧⲉⲩϣⲉ · ⲉⲣⲉ ⲁⲩⲱϣ ⲉ ⲃⲟⲗ · ϫⲉ ⲁⲛⲟⲛ ϩⲉⲛⲭⲣⲓⲥ†ⲁⲛⲟⲥ ⲉⲓⲛⲏ ⲡⲉ ⲡⲛⲟⲩⲧⲉ ⲛ̄ ⲧⲡⲉ · ⲙⲛ̄ ⲡⲉϥⲙⲁⲣⲧⲩⲣⲟⲥ ⲉⲧ ⲟⲩⲁⲁⲃ · ⲡϩⲁ̅ⲅⲓⲟⲥ ⲙⲉⲣⲕⲟⲩⲣⲓⲟⲥ ⲡⲉⲟⲟⲩ ⲛⲁϥ · ϣⲁ ⲛⲉϩ ⲉⲛⲉϩ ϩⲁⲙⲏⲛ ·

ⲦⲘⲈϨ ϢⲞⲘⲚ̄Ⲧ Ⲛ̄ϬⲞⲘ Ⲛ̄ ⲠϨⲀⲄⲒⲞⲤ ⲘⲈⲢⲔⲞⲨⲢⲒⲞⲤ

Ⲁⲥϣⲱⲡⲉ ⲇⲉ · ⲙⲛ̄ⲛ̄ⲥⲁ [ⲛⲁ]ⲓ ⲁ ⲡⲗⲁⲟⲥ ⲛ̄ⲛⲉⲭⲣⲓⲥⲧⲓⲁⲛⲟⲥ · ϣⲁϫⲉ ⲙⲛ̄ ⲛⲉⲩⲉⲣⲏⲩ · ϫⲉ ⲙⲁⲣⲉⲛϫ[ⲓ] ⲙ̄ ⲡⲥⲱⲙⲁ ⲙ̄ ⲡⲙⲁⲣⲧⲩⲣⲟⲥ · ⲉ ϩⲟⲩⲛ ⲉ ⲧⲉⲡⲟⲗⲓⲥ · ⲁ ϩⲉⲛⲕⲟⲟⲩⲉ
Fol. 3b ⲟⲩⲱϣⲃ̄ · ϫⲉ ⲁⲣⲏⲩ ⲉ ⲡϩⲏ[ⲧ] · | ⲙ̄ ⲡⲇⲓⲕⲁⲓⲟⲥ ⲛ̄ⲑⲉ ⲁⲛ ·
ⲕⲅ̅ ⲙⲛ̄ⲛ̄ⲥⲁ ⲛⲁⲓ · ⲁⲩⲁⲣⲭⲉⲓ ⲙ̄ ⲙⲓϣⲉ ⲙⲛ̄ ⲛⲉⲩⲉⲣⲏⲩ · ⲁⲩⲱ ⲛ̄ⲧⲉⲩⲛⲟⲩ · ⲁ ⲇⲓⲕⲁⲓⲟⲥ ⲕⲓⲙ ⲙ̄ⲙⲟϥ ⲙⲁⲩⲁⲁϥ · ⲁϥⲃⲱⲕ ⲉ ϩⲟⲩⲛ ⲉ ⲧⲡⲟⲗⲓ̈ⲥ · ⲁⲩⲱ ⲁ ⲧⲙⲟⲩⲗⲗⲉⲥ ⲱϣ ⲉ ⲃⲟⲗ · ϫⲉ ⲯⲁⲗⲗⲉ ⲉ ⲡⲙⲁⲣⲧⲩⲣⲟⲥ · ⲁⲩⲱ ⲁ ⲡⲉⲓⲱⲧ ⲙ̄ ⲡϣⲏⲣⲉ ϣⲏⲙ · ⲉⲧ ⲁϣⲉ ⲉ ⲧⲥⲗⲗⲉ ⲛ̄ ⲧⲙⲟⲩⲗⲗⲉⲥ · ⲱϣ ⲉ ⲃⲟⲗ · ⲉϥϫⲱ ⲙ̄ⲙⲟⲥ · ϫⲉ † ⲥⲟⲡⲥ̄ ⲙ̄ⲙⲟⲕ ⲡⲁ ϫⲟⲉⲓⲥ ⲡⲙⲁⲣⲧⲩⲣⲟⲥ · ⲛ̄ⲑⲉ ⲛ̄ⲧⲁⲕ† · ⲙ̄ ⲡⲟⲩⲟⲉⲓⲛ ⲛ̄ ⲧⲁ ϣⲉⲉⲣⲉ · ⲙⲁⲣⲉ ⲡⲉⲕⲛⲁ̄ ⲟⲛ̄ ⲧⲁϩⲉ ⲡⲁ ⲕⲉ ϣⲏⲣⲉ ⲙ̄ⲙⲟⲛ · ⲁϥϩⲓⲥⲉ ⲉϥⲁϣⲉ ⲉ ϩⲣⲁⲓ · ⲁⲩⲱ ⲛ̄ⲧⲉⲩⲛⲟⲩ ⲁ ⲡⲙⲁⲣⲧⲩⲣⲟⲥ ⲕⲁⲁϥ ⲉ ϩⲣⲁⲓ · ⲉϫⲙ̄ ⲡⲕⲁϩ · ⲁⲩⲱ ⲁϥⲧⲱⲟⲩⲛ ⲁϥⲁϩⲉ

ⲣⲁⲧϥ· ⲛ̄ ⲁⲧ ⲗⲁⲁⲩ ⲛ̄ ⲧⲁⲕⲟ ϩⲙ̄ ⲡⲉϥⲥⲱⲙⲁ· ⲟⲩⲇⲉ ⲡⲟⲗϩ̄· ⲟⲩⲇⲉ ⲙ̄ⲡ ϥⲁⲓⲥⲑⲁⲛⲉ ϩⲱⲗⲟⲥ· ⲛⲉⲕⲕⲗⲏⲣⲓⲕⲟⲥ ⲇⲉ· ⲙⲛ̄ ⲛⲉⲑⲗⲟⲡⲟⲛⲟⲥ (*sic*)· ⲛⲉⲩⲯⲁⲗⲗⲉ ϩⲁ ⲧⲉϥϩⲏ ⲙⲛ̄ ϩⲉⲛⲕⲁⲛⲧⲩⲗⲏ· ⲉⲩⲙⲟⲩϩ ⲙⲛ̄ ϩⲉⲛⲥϯ ⲛⲟⲩϥⲉ ⲉⲩⲥⲟⲧⲡ̄: ⲙⲛ̄ ϩⲉⲛⲕⲗⲁⲇⲟⲥ ⲛ̄ⲥⲧⲟⲓ· ϣⲁⲛⲧ ⲟⲩϫⲓⲧϥ· ⲉ ϩⲟⲩⲛ ⲉ ⲧⲡⲟⲗⲓ̈ⲥ· ⲡⲣⲱⲙⲉ ⲇⲉ· ⲛⲉϥⲟⲩⲱϣ ⲉ ϫⲓⲧϥ· ⲉ ϩⲟⲩⲛ ⲉ ⲡⲉϥⲏⲓ̈· ⲁⲩⲱ ⲙ̄ⲡⲉ ⲡⲇⲓⲕⲁⲓⲟⲥ ⲡⲓ̈ⲑⲉ· ⲉ ⲃⲟⲗ ϫⲉ· ⲁ ⲡⲉϥⲥⲱⲙⲁ ϩⲣⲟϣ· ⲛ̄ⲑⲉ ⲛ̄ ⲟⲩⲧⲁϩⲧϩ̄ (*sic*)· ⲙ̄ⲡ ⲟⲩⲉϣⲕⲓⲙ ⲙ̄ⲙⲟϥ ϩⲟⲗⲟⲥ· ⲁ ⲡⲙⲏⲏϣⲉ ⲱϣ ⲉ ⲃⲟⲗ· ϫⲉ ⲛϥ̄ⲡⲓ̈ⲑⲉ ⲁⲛ· ⲁⲗⲗⲁ ⲙⲁⲣⲛ̄ϫⲓⲧϥ ⲉ | ⲧⲉⲕⲕⲗⲏⲥⲓⲁ· ⲁⲩⲱ ⲁϥ- Fol. 4 *a* ⲕ̄ⲇ̄
ⲟⲩⲟϩϥ̄ ⲛ̄ⲥⲱⲟⲩ· ⲁⲩϫⲓⲧϥ ⲉ ⲧⲉⲕⲕⲗⲏⲥⲓⲁ· ⲁⲩⲕⲁⲁϥ ⲙ̄ⲙⲁⲩ ϣⲁⲛⲧ ⲟⲩⲕⲱⲧ ⲉ ⲣⲟϥ ⲛ̄ ⲟⲩⲙⲁⲣⲧⲩⲣⲓⲟⲛ· ⲕⲁⲧⲁ ⲡⲉϥⲙ̄ⲡϥ̄ⲙ̄ⲡϣⲁ (*sic*)· ⲁ ⲡⲉⲟⲟⲩ ⲛⲁϥ· ϣⲁ ⲛⲉϩ ⲉⲛⲉϩ ϩⲁⲙⲏⲛ·

ⲦⲘⲈϨ ϤⲦⲞ ⲈⲚϬⲞⲘ Ⲙ̄ ⲠϨⲀⲄⲒⲞⲤ ⲘⲈⲢⲔⲞⲨⲢⲒⲞⲤ

ⲀⲤϣⲱⲡⲉ ⲇⲉ ⲙⲛ̄ⲛ̄ⲥⲁ ⲥⲁϣϥ̄ ⲛ̄ϩⲟⲟⲩ· ⲉⲩⲟⲩⲱⲙ ⲉⲩⲥⲱ ⲙ̄ⲡⲙⲏⲏϣⲉ ⲧⲏⲣⲟⲩ ⲛ̄ ⲧⲡⲟⲗⲓⲥ· ⲉⲩⲣ ϣⲁ ϩⲛ̄ ⲟⲩⲛⲟϭ ⲛ̄ ⲣⲁϣⲉ· ⲉ ⲧⲃⲉ ⲡⲟⲩⲱⲛϩ̄ ⲉ ⲃⲟⲗ· ⲙ̄ ⲡⲥⲱⲙⲁ ⲙ̄ ⲡⲉⲧ ⲟⲩⲁⲁⲃ· ⲁ ⲡⲉⲓⲱⲧ ⲛ̄ ⲡϣⲉⲉⲣⲉ ϣⲏⲙ· ⲛ̄ⲧⲁ ⲡⲉⲧ ⲟⲩⲁⲁⲃ ϯ ⲡⲟⲩⲟⲉⲓⲛ ⲛⲁⲥ· ⲁϥϯ ⲡⲉϥⲟⲩⲟⲓ ⲉ ⲡⲉⲡⲓⲥⲕⲟⲡⲟⲥ· ⲁϥⲁⲓ̈ⲧⲉⲓ ⲙ̄ ⲡⲃⲁⲡⲧⲓⲥⲙⲁ ⲉⲧ ⲟⲩⲁⲁⲃ· ⲁⲩⲱ ⲁϥⲕⲩⲣⲓⲥⲍⲉ ⲛⲁϥ ⲛ̄ ϩⲉⲛϩⲟⲟⲩ ⲛⲏⲥⲧⲉⲩⲉ· ⲙⲛ̄ⲛ̄ⲥⲱⲥ ⲁϥⲃⲁⲡⲧⲓⲍⲉ ⲙ̄ⲙⲟϥ· ⲙⲛ̄ ⲡⲉϥⲏⲓ̈ ⲧⲏⲣϥ̄· ⲉ ⲡⲣⲁⲛ ⲙ̄ ⲡⲓ̈ⲱⲧ· ⲙⲛ̄ ⲡϣⲏⲣⲉ· ⲙⲛ̄ ⲡⲉⲡⲛ̄ⲁ· ⲉⲧ ⲟⲩⲁⲁⲃ· ⲁⲩⲱ ⲁⲩϫⲓ ⲛⲏⲡⲉ· ⲙ̄ ⲡⲉϥⲅⲉⲛⲟⲥ ⲛ̄ⲧⲁⲩϫⲓ ⲛ̄ⲙ̄ⲙⲁϥ· ⲉ ⲃⲟⲗ ϩⲙ̄ ⲡⲟⲩⲟⲉⲓⲛ· ⲙ̄ ⲡⲟⲩⲃⲁⲡⲧⲓⲥⲙⲁ· ⲁⲩϩⲉ ⲉ ⲣⲟⲟⲩ ⲉⲩⲉⲓⲣⲉ ⲛ̄ⲧⲁⲓⲟⲩ ϣⲟⲙⲛ̄ⲧ ⲉⲙⲯⲩⲭⲏ· ⲁⲩϫⲓ ⲃⲁⲡⲧⲓ̈ⲥⲙⲁ· ⲙⲛⲛⲥⲁ ⲛⲁⲓ ⲧⲏⲣⲟⲩ· ⲉⲥ ⲡϩⲁⲅⲓ̈ⲟⲥ ⲙⲉⲣⲕⲟⲩⲣⲓⲟⲥ· ⲁϥⲟⲩⲱⲛϩ̄ ⲉ ⲃⲟⲗ· Fol. 4 *b*
ⲙ̄ ⲡⲣⲱⲙⲉ ⲛ̄ϩⲏⲕⲉ ⲛ̄ⲑⲉ ⲛ̄ϣⲟⲣⲡ̄· ⲡⲉϫⲁϥ ⲛⲁϥ· | ϫⲉ ⲕ̄ⲉ̄

ⲉ ⲧⲃⲉ ⲟⲩ ⲉⲕⲛ̄ⲕⲟⲧⲕ̄· ⲉⲕⲟ ⲛ̄ ⲁⲣⲅⲟⲥ· ⲙ̄ⲛ̄ ⲉⲕⲧⲱⲟⲩⲛ
ⲛ̄ⲅ̄ ⲡⲁⲡⲉ ⲧⲱⲃⲉ ⲉ ⲡⲁ ⲧⲟⲡⲟⲥ· ⲡⲉϫⲉ ⲡⲣⲱⲙⲉ ⲛⲁϥ·
ϫⲉ ⲡⲁ ϫⲟⲉⲓ̈ⲥ· ⲁⲅ̄ ⲟⲩϩⲏⲕⲉ· ⲙ̄ⲛ̄ ⲧⲁⲓ ⲣⲱⲙⲉ ⲙ̄ⲛ̄ ⲧⲁⲓ
ⲧ̄ⲃⲛⲏ· ⲟⲩⲇⲉ ⲧⲁⲡⲁⲛⲏ· ⲡⲉϫⲉ ⲡⲡⲉⲧ ⲟⲩⲁⲁⲃ ⲛⲁϥ· ϫⲉ
ϯⲛⲁϯ ⲛⲁⲕ· ⲛ̄ⲧⲉⲕⲣ̄ ⲭⲣⲓⲁⲁ ⲧⲏⲣⲥ̄· ⲙⲟⲛⲟⲛ ϣⲱⲡⲉ
ⲛ̄ⲧⲕ̄ ⲟⲩϩⲏⲕⲉ· ⲉⲕϩⲏⲕ ⲉ ϩⲟⲩⲛ ⲉ ⲡⲁ ⲛⲓ̈· ⲛ̄ⲅ̄ ⲟ ⲁⲛ·
ⲛ̄ϩⲏⲧ ⲥⲛⲁⲩ· ⲁⲩⲱ ⲕⲛⲁⲛⲁⲩ ⲉ ⲛⲁϭⲟⲙ· ⲁⲩⲱ ⲉⲕ-
ϣⲁⲛⲧⲱⲟⲩⲛ ⲛ̄ⲡϣⲟⲣⲡ̄· ⲁⲙⲟⲩ ⲉ ⲡⲉⲛⲃ̄ⲧ ϩⲙ̄ ⲡϣⲟⲣⲡ̄·
ⲛ̄ ϩⲓⲣ ⲛ̄ ⲧⲡⲟⲗⲓⲥ· ⲉ ⲕⲛⲁϩⲉ ⲉ ⲡⲉϣⲏⲣⲉ ϣⲏⲙ ⲛ̄ⲧⲁ
ⲧⲙⲟⲩⲗⲗⲉⲥ ⲡⲁⲣⲁ ⲉⲓⲕⲉ ⲙ̄ⲙⲟϥ· ⲉ ⲃⲟⲗ ϫⲉ ⲁϥⲟⲩⲱϣ
ϩⲓⲟⲩⲉ ⲉ ⲣⲟⲕ· ⲉ ⲧⲃⲉ ⲡⲁ ⲥⲱⲙⲁ· ⲁϫⲓⲥ ⲛⲁϥ· ϫⲉ
ⲡⲉⲧ ⲛ̄ⲧⲟⲟⲧⲕ̄ ⲧⲁⲁϥ ⲛⲁⲓ· ϫⲉ ϯⲣ̄ ⲭⲣⲓⲁ ⲙ̄ⲙⲟϥ· ⲁⲩⲱ
ⲁϥⲛⲁϯ ⲛⲁⲕ ⲛ̄ ϣⲟⲙⲛ̄ⲧ ⲛ̄ ϩⲟⲗⲟⲕⲟϯⲛⲟⲥ· ⲉϥⲟⲩⲉϣ
ⲧⲁⲁⲩ ⲛ̄ ⲁⲅⲁⲡⲏ· ⲙⲟⲛⲟⲛ ϯⲛⲁⲕⲁⲁⲕ ⲁⲛ ⲉⲣ ⲭⲣⲓ̈ⲁ
ⲛ̄ ⲗⲁⲁⲩ· ⲁⲩⲱ ⲥⲉⲛⲁⲉⲓⲛⲉ ⲛⲁⲕ· ⲛ̄ⲅ̄ ⲧⲙ̄ ⲉⲓⲙⲉ ϫⲉ
ⲉⲕⲛⲁⲣ ⲟⲩ ⲛⲁϥ· ⲁⲩⲱ ⲉϥϣⲁⲛϫⲛⲟⲩⲕ· ϫⲉ ⲧⲁⲕⲉⲓⲙⲉ
ⲉ ⲧⲱⲛ· ϫⲉ ⲟⲩⲛ̄ ⲗⲁ̄ⲁ̄ⲩ ⲛ̄ⲧⲟⲟⲧ· ⲁϫⲓⲥ ⲛⲁϥ ϫⲉ ⲙⲉⲣ-
ⲕⲟⲩⲣⲓⲟⲥ ⲡⲉ ⲛ̄ⲧⲁϥⲧⲁⲗϭⲟⲕ· ⲛ̄ⲧⲟϥ ⲡⲉ ⲛ̄ⲧⲁϥϫⲟⲟⲥ ⲛⲁⲓ·
Fol. 5 *a* ϫⲉ ⲁϫⲓⲥ ⲛⲁⲕ· ⲁⲩⲱ ⲟⲛ ⲛϥ̄|ϫⲟⲟⲥ ⲙ̄ ⲡⲉϥⲉⲓⲱⲧ· ϫⲉ
ⲕ̄ⲥ̄ ⲉⲕⲥⲟⲟⲩⲛ̄· ⲙ̄ ⲡⲛⲁⲩ ⲛ̄ⲧⲁⲕⲁⲓⲧⲉⲓ ⲙ̄ⲙⲟⲓ· ⲁⲓϭⲉⲡⲏ ⲁⲓ-
ⲥⲱⲧⲙ̄ ⲉ ⲣⲟⲕ· ⲁⲓϯ ⲡⲟⲩⲟⲉⲓⲛ ⲛ̄ ⲧⲉⲕϣⲉⲉⲣⲉ· ⲁⲩⲱ ⲟⲛ
ⲁⲓⲭⲁⲣⲓⲍⲉ ⲛⲁⲕ ⲙ̄ ⲡⲉⲕϣⲏⲣⲉ ϥϭ̄ⲟ̄ϫ̄· ⲉϣⲱⲡⲉ ⲟⲩⲛ̄
ⲗⲁⲁⲩ· ⲙⲛ̄ⲧⲥ̄ ⲟⲛ ϣⲟⲟⲡ ⲁⲣⲓ ϣⲁⲩ ⲉϫⲙ̄ ⲡⲉⲕϣⲃⲏⲣ·
ⲙ̄ ⲙⲁⲣⲧⲩⲣⲟⲥ· ϫⲉ ⲡⲧⲁⲓⲟ ⲛ̄ ⲟⲩϣⲃⲏⲣ ⲉϫⲛ̄ ⲟⲩϣⲃⲏⲣ·
ⲉϥϣⲁⲛⲣ̄ ϩⲟⲩⲟ—· ϣⲁ ϩⲧⲟⲟⲩⲉ ⲡⲉϩⲟⲩⲟ ⲉ ⲡⲁⲓ· ⲟⲩ-
ϩⲣⲟϣ ⲡⲉ ⲙⲛ̄ ⲛ̄ⲥⲁ ⲥⲁ ⲛⲓⲙ· ⲉϥϣⲁⲛϯ ⲣ̄ ϩⲱⲃ ⲛⲁⲕ·
ⲁⲣⲓⲣⲉ· ⲉϥⲧⲙ̄ ⲥⲱⲧⲙ̄ ⲛ̄ⲥⲱⲕ ⲟⲩⲱⲙ: ⲛⲁⲕ ϩⲙ̄ ⲡⲉⲓ
ϣⲟⲙⲛ̄ⲧ ϩⲟⲗⲟⲕⲟⲧⲓⲛⲟⲥ· ϣⲁ ⲛⲉⲓ ⲛⲁⲕ ϩⲙ̄ ⲡⲟⲩⲱϣ
ⲡⲛⲟⲩⲧⲉ· ⲁⲩⲱ ϯⲛⲏⲩ ⲛⲁⲕ· ⲙ̄ⲡⲁ ϯⲱⲥⲕ̄ ϣⲱⲡⲉ· ⲛⲁⲓ
ⲇⲉ ⲛ̄ ⲧⲉⲣⲉ ϥϫⲟⲟⲩ ⲛⲁϥ· ⲁϥⲉⲓ ⲉ ⲃⲟⲗ ϩⲓ ⲧⲟⲟⲧϥ̄ ϩⲛ̄
ⲟⲩⲉⲣⲏⲛⲏ—· ϣⲟⲣⲡ̄ ⲇⲉ· ⲉⲛ ⲧⲉⲣⲉ ϥϣⲱⲡⲉ· ⲁ ⲡⲣⲱⲙⲉ
ⲧⲱⲟⲩⲛ· ⲁϥⲙⲟⲟϣⲉ ϩⲙ̄ ⲡϣⲟⲣⲡ̄ ⲛ̄ ϩⲓⲣ· ⲁϥⲉⲓ ⲉϫⲙ̄
ⲡϣⲏⲣⲉ ϣⲏⲙ· ⲁϥϫⲓ ⲙ̄ ⲡϣⲟⲙ̄ⲧ ⲛ̄ϩⲟⲗⲟⲕϯⲛⲟⲥ *(sic)*·
ⲁⲩⲱ ϣⲁϫⲉ ⲛⲓⲙ ⲛ̄ⲧⲁ ⲡϩⲁⲅⲓⲟⲥ ⲙⲉⲣⲕⲟⲩⲣⲓⲟⲥ· ϫⲟⲟⲩ

ⲛⲁϥ ϩⲙ̅ ⲡϩⲟⲣⲟⲙⲁ· ⲁϥϫⲟⲟⲩ ⲛⲁϥ· ⲁϥⲃⲱⲕ ⲛ̅ϭⲓ
ⲡϣⲏⲣⲉ ϣⲏⲙ· ⲁϥϫⲟⲟⲩ ⲙ̅ | ⲡⲉϥ ⲉⲓⲱⲧ· ϩⲛ̅ ⲟⲩϩⲟⲧⲉ· Fol. 5 *b*
ⲡⲉϥⲉⲓⲱⲧ ⲇⲉ ⲛ̅ ⲧⲉⲣⲉ ϥⲥⲱⲧⲙ̅ ⲉ ⲛⲁⲓ· ⲁϥ[ϯ] ⲉⲟⲟⲩ ⲙ̅ ⲕ̅ⲍ̅
ⲡⲛⲟⲩⲧⲉ ⲙⲛ̅ ⲡⲉϥⲙⲁⲣⲧⲩⲣⲟⲥ ⲉⲧ ⲟⲩⲁⲁⲃ· ⲡϩⲁⲅⲓⲟⲥ
ⲙⲉⲣⲕⲟⲩⲣⲓⲟⲥ· ⲛ̅ⲧⲟϥ ⲇⲉ· ⲙ̅ⲡ ⲉϥⲁⲙⲉⲗⲉⲓ ⲉ ⲡⲧⲏⲣϥ·
ⲁⲗⲗⲁ ⲁϥϩⲱⲕ ⲛ̅ ⲛⲉϥϭⲁⲙⲟⲩⲗ· ⲙⲛ̅ ⲟⲩⲙⲏⲏϣⲉ ⲛ̅-
ϫⲁⲓ ⲃⲉⲕⲉ· ⲙⲛ̅ ⲟⲩⲛⲟϭ ⲛ̅ⲁⲛϩⲟⲗⲟⲙⲁ· ⲁϥⲥⲱⲟⲩϩ ⲉ
ϩⲟⲩⲛ· ⲛ̅ⲟⲩⲁ ϣⲏ ⲛ̅ϩⲩⲗⲏ· ⲁϥⲧⲁⲁⲩ ⲉ ⲧⲟⲟⲧϥ ⲙ̅
ⲡⲣⲱⲙⲉ ⲛ̅ϩⲏⲕⲉ· ⲉⲩⲧⲣⲉ ϥⲡⲁⲡⲉ ⲧⲱⲃⲉ· ⲁⲩⲱ ⲁϥϯ
ⲛⲁϥ ⲙ̅ ⲡϩⲏⲩⲃⲉ· ⲉ ⲧⲣⲉ ϥⲥⲕⲁⲓ ⲙ̅ ⲡⲕⲁϩ· ⲁⲩⲱ ⲧⲉϥⲉⲣ
ⲭⲣⲓⲁⲁ ⲧⲏⲣⲥ̅· ⲁⲥϣⲱⲡⲉ ⲇⲉ· ⲛ̅ ⲟⲩϩⲟⲟⲩ ⲁⲛⲧⲃ̅ⲛⲟⲟⲩⲉ·
ⲉⲩⲥⲕⲁⲓ· ⲁ ⲡⲟⲩⲁ ϫⲱϩ ⲛ̅ⲟⲩⲥϣⲛⲉ ⲛ̅ⲥⲁ ⲡⲟⲩⲁ ⲙ̅ⲙⲁⲥⲉ·
ⲁϥⲡⲉϩⲛⲧϥ̅ ϩⲛ̅ ⲛⲉϥⲧⲁⲡ· ⲡⲣⲱⲙⲉ ⲇⲉ ⲛ̅ϩⲏⲕⲉ ⲛ̅ ⲧⲉⲣⲉ
ϥⲛⲁⲩ ⲉ ⲡⲉⲛⲧ ⲁϥϣⲱⲡⲉ· ⲁϥⲗⲩⲡⲉ ⲉⲙⲁⲧⲉ· ⲡⲉϫⲁϥ·
ϫⲉ ⲟⲩⲟⲓ ⲛⲁⲓ ⲙ̅ ⲡⲉⲓ ⲥⲁϫⲉ· ⲡⲣⲱⲙⲉ ⲉⲛⲁⲣⲭⲱⲛ ⲁϥ-
ϩⲱⲧⲃ̅ ⲙ̅ ⲡⲉϥⲧⲃ̅ⲛⲏ· ϩⲁⲙⲟⲓ ⲙ̅ⲡ ⲉⲓϫⲱ ⲉ ⲡⲉⲓ ϣⲏⲣⲉ
ϣⲏⲙ ⲙ̅ ⲡⲉⲓ ϩⲟⲣⲟⲙⲁ· ϫⲉ ⲉϥⲉϫⲟⲟⲥ ⲙ̅ ⲡⲉϥⲉⲓⲱⲧ· ϫⲉ
ϥⲉⲧⲁⲛϩⲟⲩⲧ ⲉ ⲡⲓϩⲱⲃ· ⲛ̅ⲧⲉ ⲡⲉⲓ ⲛⲟϭ ⲉⲛⲟⲥⲉ ⲧⲁϩⲟⲓ·
ⲛⲁⲓ ϫⲉ ⲉϥϫⲱ ⲙ̅ⲙⲟⲟⲩ· ⲉⲓⲥ ⲡϩⲁⲅⲓⲟⲥ ⲙⲉⲣ|ⲕⲟⲩⲣⲓⲟⲥ· Fol. 6 *a*
ⲁϥϫⲓ ⲡⲓⲛⲉ ⲛ̅ ⲟⲩⲁⲣⲭⲱⲛ ⲛ̅ⲧⲉ ⲧⲡⲟⲗⲓⲥ· ⲁϥⲉⲓ ⲉ ⲡⲁⲣⲁⲅⲉ· ⲕ̅ⲏ̅
ⲁϥⲛⲁⲩ ⲉ ⲡⲣⲱⲙⲉ· ⲁϥⲙⲟⲟϣⲉ ⲉ ⲣⲟϥ· ⲁϥⲣ̅ ⲡⲉⲥⲙⲟⲧ
ⲛ̅ ⲛⲉⲧⲟ ⲛ̅ ϣⲡⲏⲣⲉ· ⲡⲉϫⲁϥ ⲛⲁϥ· ϫⲉ ⲱ̅ ⲡⲣⲱⲙⲉ ⲉ
ⲧⲃⲉ ⲟⲩ· ⲁⲕⲕⲱ ⲛⲉⲧⲃ̅ⲛⲟⲟⲩⲉ ⲉⲛⲉⲩⲉⲣⲏⲩ· ϣⲁⲛⲧⲉ ⲟⲩⲁ
ⲡⲗⲩⲅⲏ ⲛ̅ⲟⲩⲁ· ⲡⲉϥϫⲟⲉⲓⲥ ⲅⲁⲣ ⲛⲁϣϊⲧⲕ̅ ⲙ̅ⲙⲟϥ· ⲁⲩⲱ
ⲁϥⲗⲩⲡⲉⲓ ⲛ̅ϭⲓ ⲡⲣⲱⲙⲉ ⲛ̅ ⲁⲣⲅⲁⲧⲏⲥ ⲉⲙⲁⲧⲉ· ⲁⲩⲱ ⲟⲛ
ⲉϥϯ ⲉⲟⲟⲩ· ⲙ̅ ⲡⲛⲟⲩⲧⲉ ⲙ̅ ⲡϩⲁⲅϊⲟⲥ ⲙⲉⲣⲕⲟⲩⲣⲓⲟⲥ· ⲁⲩ-
ⲥⲱⲧⲙ̅ ⲇⲉ ⲛ̅ϭⲓ ⲣⲱⲙⲉ ⲉⲧⲉ ⲛⲱⲟⲩ ⲡⲉ ⲡⲧⲃ̅ⲛⲏ· ⲁⲩⲉⲓ ⲛⲁⲩ
ⲉ ⲡⲉ ⲛ̅ⲧⲟϥϣⲱⲡⲉ (*sic*)· ⲁⲩⲱ ⲁⲩⲙ̅ ⲡⲕⲁϩ ⲛ̅ ϩⲏⲧ ⲉⲙⲁⲧⲉ·
ϫⲉ ⲛⲉⲓⲥⲱϥ ϩⲙ̅ ⲡⲉϥⲥⲁ ⲙⲛ̅ ⲧⲉϥⲙⲛ̅ⲧϫⲱⲱⲣⲉ· ⲁⲩⲱ
ⲛⲉⲣⲉ ⲡϩⲁⲅⲓⲟⲥ ⲙⲉⲣⲕⲟⲩⲣⲓⲟⲥ ⲙ̅ⲡⲟⲩⲉ· ⲉϥϩⲙⲟⲟⲥ ⲙⲛ̅
ⲗⲁⲁⲩ ⲛⲁⲩ ⲉ ⲣⲟϥ· ⲉ ⲙⲏ ⲧⲉϊ ⲡⲣⲱⲙⲉ ⲛ̅ ϩⲏⲕⲉ·
ⲁⲩⲥⲱⲟⲩϩ ⲇⲉ ⲛ̅ ⲟⲩⲙⲏⲏϣⲉ ⲛ̅ⲣⲱⲙⲉ· ⲉ ⲡⲧⲃ̅ⲛⲏ· ⲁⲩϫⲓ
ⲉ ϩⲟⲩⲛ ⲉ ⲧⲡⲟⲗⲓⲥ ⲉⲩⲙⲁ ⲙⲁⲩⲁⲁϥ· ⲁⲩϯ ⲧⲣⲟⲫⲏ
ⲛⲁϥ· ⲉ ⲧⲣⲉ ϥⲟⲩⲱⲙ· ⲛ̅ⲧⲟϥ ⲇⲉ ⲙ̅ⲡ ϥϫⲓ ϯⲡⲓ ⲛ̅ⲧⲣⲟⲫⲏ

Fol. 6 *b* ⲉ ⲡⲧⲏⲣϥ̄· ⲁⲩⲱ ⲛⲉⲣⲉ ⲡⲉϥϫⲟⲉⲓⲥ ⲗⲩⲡⲉⲓ̈ ⲙ̄|ⲙⲟϥ
ⲕ̄ⲑ̄ ⲉⲙⲁⲧⲉ· ϫⲉ ⲟⲩϫⲱⲱⲣⲉ ⲡⲉ ⲕⲁⲗⲟⲥ· ϩⲙ̄ ⲡⲉϥⲥⲱⲙⲁ·
ⲛ̄ ⲧⲉⲣ ⲛ̄ⲣⲱⲙⲉ ⲇⲉ ⲃⲱⲕ ⲉ ⲛⲉⲩⲏⲓ· ⲁ ⲡϩⲏⲕⲉ ⲛ̄ ⲣⲱⲙⲉ
ϭⲱϩ ⲡⲁϩⲟⲩ ⲙ̄ ⲡⲧⲃ̄ⲛⲏ· ⲙⲁⲩⲁⲁϥ· ⲉϥⲗⲩⲡⲉⲓ ⲉⲙⲁⲧⲉ·
ⲁⲩⲱ ⲛⲉϥⲙⲉⲉⲩⲉ ⲉ ⲃⲟⲗ· ⲉ ⲧⲉϥⲙⲛ̄ⲧϩⲏⲕⲉ· ϩⲛ̄ ⲟⲩⲥϣ̄ⲛⲉ
ⲇⲉ ⲉⲥ ⲡϩⲁⲅ̄ⲓⲟⲥ ⲙⲉⲣⲕⲟⲩⲣⲓⲟⲥ· ⲁϥⲉⲓ ⲉ ϩⲟⲩⲛ· ⲉϥⲥⲱⲃⲉ
ϩⲛ̄ ⲟⲩⲥⲱⲃⲉ ⲉϥⲟⲩⲁⲁⲃ· ⲁϥⲁϩⲉ ⲣⲁⲧϥ̄· ϩⲁϩⲧⲛ̄ ⲙ̄
ⲡⲧⲃ̄ⲛⲏ· ⲙ̄ ⲡⲣⲱⲙⲉ ⲛ̄ ϩⲏⲕⲉ· ⲉ ⲃⲟⲗ ϫⲉ· ϣⲁϥⲟⲩⲱⲛϩ̄
ⲉ ⲣⲟϥ ⲛ̄ ϩⲟ ϩⲓ ϩⲟ· ⲡⲉϫⲁϥ ⲛⲁϥ ⲉϥⲥⲱⲃⲉ ϫⲉ ⲙ̄ⲡⲉ
ⲕⲱⲥⲕ ⲉ ϯⲟⲩⲱ: ⲱ̄ ⲡⲥⲟⲛ· ⲡⲉϫⲉ ⲡⲣⲱⲙⲉ ⲛⲁϥ· ϫⲉ
ⲁⲙⲟⲩ ⲛ̄ⲅ̄ ⲛⲁⲩ ⲉ ⲡⲉ ⲛⲧⲟϥϣⲱⲡⲉ (*sic*)· ⲙⲛ̄ⲛ̄ⲥⲁ ⲛⲁⲓ ⲁ
ⲡϩⲁⲅ̄ⲓⲟⲥ ⲙⲉⲣⲕⲟⲩⲣⲓⲟⲥ· ⲕⲓⲙ ⲉ ⲡⲙⲁⲥⲉ· ⲛ̄ ⲧⲉϥⲟⲩⲉⲣⲏⲧⲉ·
ⲡⲉϫⲁϥ ⲛⲁϥ ϫⲉ ϩⲙ̄ ⲡⲣⲁⲛ ⲛ̄ ⲓ̄ⲥ̄ ⲡⲉⲭ̄ⲥ̄· ⲡⲁ ϫⲟⲉⲓⲥ·
ⲧⲱⲟⲩⲛ ⲛ̄ⲅ̄ ⲣ̄ ⲡⲕ̄ϩⲱⲃ ⲁϫⲛ̄ ϣⲱⲛⲉ· ⲁⲩⲱ ⲁϥⲟⲛⲕϥ̄ ⲉ
ϩⲣⲁⲓ· ϩⲛ̄ ⲟⲩⲛⲟϭ ⲛⲟⲙⲧⲉ· ϩⲱⲥ ⲉϣϫⲉ ⲙ̄ⲡ ⲟⲩⲡⲗⲩⲅⲏ
ⲙ̄ⲙⲟϥ ⲉ ⲡⲧⲏⲣϥ̄· ⲁⲩⲱ ⲁϥⲟⲩⲱⲙ ϩⲙ̄ ⲡⲉⲓ ⲭⲟⲣⲧⲟⲥ·
ⲛ̄ⲧⲉⲩⲛⲟⲩ ⲡϩⲁⲅ̄ⲓⲟⲥ ⲇⲉ· ⲙⲉⲣⲕⲟⲩⲣⲓⲟⲥ· ⲁϥⲉⲡⲓ̈ⲧⲓⲙⲁ
ⲙ̄ⲙⲁⲥⲥⲉ ⲉⲧ ϯ ⲟⲩⲃⲉ: ⲉϥϫⲱ ⲙ̄ⲙⲟⲥ ⲛⲁϥ· ϫⲉ ⲉⲣⲉ
Fol. 7 *a* ⲛⲉⲕⲧⲁⲡ ⲛⲁⲧⲟⲧ ⲉ ⲃⲟⲗ· ⲙ̄ ⲛ̄ⲧⲕⲁⲡⲉ·|ⲛ̄ ⲛⲕϭⲙ̄ϭⲟⲙ
ⲗ̄ ⲉ ϫⲱ ⲙ̄ⲙⲟⲥ· ⲛ̄ⲕⲉ ⲥⲟⲡ· ⲛ̄ ⲗⲁⲁⲩ ⲛ̄ⲣⲱⲙⲉ· ⲟⲩⲇⲉ
ⲧⲃ̄ⲛⲏ ϣⲁ ⲉⲛⲉϩ· ⲛ̄ ⲟⲩⲟⲉⲓϣ ⲁⲗⲗⲁ ⲉⲕⲉϣⲱⲡⲉ ⲉⲕⲟ ⲛ̄
ϩⲩⲙⲉⲣⲟⲥ ϣⲁ ⲉⲛⲉϩ· ⲁⲩⲱ ⲛ̄ⲧⲉⲩ[ⲛⲟⲩ] ⲁ ⲛⲉϥⲧⲁⲡ
ⲛⲟⲩϩⲉ ⲉ ⲃⲟⲗ· ⲁⲩϩⲉ ⲁⲩⲧⲱⲧ ⲉ ⲃⲟⲗ ⲙ̄ ⲛ̣ⲧⲉϥⲁⲡⲉ·
ⲁⲩⲱ ⲁϥϣⲱⲡⲉ ϩⲛ̄ ⲟⲩⲙⲛ̄ⲧϩⲩⲙ[ⲉ]ⲣⲟⲥ· ⲡⲣⲱⲙⲉ ⲇⲉ
ⲛ̄ ϩⲏⲕⲉ ⲁϥⲡⲁϩⲧϥ̄· ⲙ̄ ⲡϩⲁⲅ̄ⲓⲟⲥ ⲙⲉⲣⲕⲟⲩⲣⲓⲟⲥ· ⲉϥϫⲱ
ⲙ̄ⲙⲟⲥ ⲛⲁϥ· ϫⲉ ⲡⲉⲕϩⲙⲟⲧ ϣⲏⲙ ⲡⲁ ϫⲟⲉⲓⲥ· ⲡⲙⲁⲣ-
ⲧⲩⲣⲟⲥ ⲙ̄ ⲡⲉⲭ̄ⲥ̄ ⲉⲓ̄ⲥ̄· ⲡⲉ ⲛⲧⲟⲕⲣ̄ ⲙⲁⲣⲧⲩⲣⲟⲥ ⲉϫⲙ̄
ⲡⲉϥⲣⲁⲛ ⲉⲧ ⲟⲩⲁⲁⲃ· ⲁⲩⲱ ⲛ̄ⲧⲉⲩⲛⲟⲩ ⲁ ⲡϩⲁⲅ̄ⲓⲟⲥ ⲙⲉⲣ-
ⲕⲟⲩⲣⲓⲟⲥ ϩⲟⲡϥ̄ ⲉ ⲣⲟϥ ⲡⲣⲱⲙⲉ ⲇⲉ ⲁϥⲉⲓ ⲉ ⲃⲟⲗ·
ⲉϥⲣⲁϣⲉ ⲉϥⲱϣ ⲉ ⲃⲟⲗ· ⲉϥϫⲱ ⲙ̄ⲙⲟⲥ· ϫⲉ ⲁ ⲡϩⲁⲅ̄ⲓⲟⲥ
ⲙⲉⲣⲕⲟⲩⲣⲓⲟⲥ ⲟⲩⲱⲛϩ̄ ⲉ ⲣⲟⲓ· ⲁϥⲧⲁⲗϭⲟ ⲡⲙⲁⲥⲉ·
ⲁϥⲉⲡⲓ̈ⲧⲓ (*sic*) ⲙ̄ⲙⲁⲥⲉ ⲉⲧ ϯ ⲟⲩⲃⲉ· ⲁϥⲣ̄ ⲥⲁⲃⲉ· ⲁⲩⲉⲓ
ⲛ̄ϭⲓ ⲟⲩⲙⲏⲏϣⲉ· ⲉ ⲛⲁⲩ ⲉ ⲡⲉ ⲛⲧⲟϥϣⲱⲡⲉ· ⲁⲩⲱϣ ⲉ
ⲃⲟⲗ ⲧⲏⲣⲟⲩ· ϫⲉ ⲟⲩⲁ ⲡⲉ ⲡⲛⲟⲩⲧⲉ ⲙ̄ ⲡϩⲁⲅ̄ⲓⲟⲥ ⲙⲉⲣ-

ⲕⲟⲩⲣⲓⲟⲥ· ⲡⲉⲟⲟⲩ ⲛⲁϥ ϣⲁ ⲉⲛⲉϩ ⲉⲛⲉϩ ϩⲁⲙⲏⲛ —::—

ⲦⲘⲈϨ Ϯ ⲈⲚϬⲞⲘ Ⲛ̄ ⲠⲒ ϨⲀⲄⲒⲞⲤ ⲘⲈⲢⲔⲞⲨⲢⲒⲞⲤ

ⲁⲥϣⲱⲡⲉ ⲇⲉ ⲙⲛ̄ⲛ̄ⲥⲁ ⲛⲁⲓ· ⲁⲩⲁⲣⲭⲉⲓ ⲛ̄ ⲣ̄ ϩⲱⲃ ⲉ ⲡⲁⲡⲉ
ⲧⲱⲃⲉ· ⲉ ⲡⲧⲟⲡⲟⲥ | ⲙ̄ ⲡϩⲁⲅⲓⲟⲥ ⲙⲉⲣⲕⲟⲩⲣⲓⲟⲥ· ⲉⲥ ⲟⲩ- Fol. 7*b*
ⲁⲣⲭⲱⲛ ⲛ̄ ϩⲉⲗⲗⲏⲛ ⲁϥⲉⲓ ϩⲱϥ ϩⲓⲧⲟⲩⲱϥ· ⲛ̄ ⲛ̄ⲁⲣⲕⲁⲧⲏⲥ ⲗ̅ⲁ̅
ⲉⲧⲡⲁⲡⲉ ⲉⲧⲱⲃⲉ· ⲉ ⲡⲧⲟⲡⲟⲥ ⲙ̄ ⲡϩⲁⲅⲓⲟⲥ ⲙⲉⲣⲓⲟⲥ (*sic*)·
ⲁϥⲥⲙⲓ̈ⲛⲉ ϩⲱϥ· ⲙ̄ ⲡⲉϥⲙⲁ ⲙ̄ ⲡⲁⲡⲉ ⲧⲱⲃⲉ ϩⲁϩⲧⲏⲩ
ⲧⲁⲭⲉ· ⲉϥⲟⲩⲱϣ ϩⲱϥ ⲉ ⲕⲱⲧ ⲛ̄ ⲟⲩⲁⲩⲗⲏ ϩⲙ̄ ⲡϥ̄ⲏⲓ·
ⲁϥⲉⲓ ⲇⲉ ⲛ̄ ⲟⲩϩⲟⲟⲩ ⲁϥϩⲙⲟⲟⲥ ϩⲁϩⲧⲏ ⲛ̄ ⲛ̄ⲁⲣⲅⲁⲧⲏⲥ· ⲉⲧ
ⲣ̄ ϩⲱⲃ· ⲁϥⲧⲱⲟⲩⲛ ⲁϥⲙⲟⲩϣⲧ̄ ⲛ̄ ⲛ̄ⲧⲱⲃⲉ· ϣⲁⲛⲧ ⲉϥⲉⲓ
ⲉϫⲛ̄ ⲛ̄ⲧⲱⲃⲉ ⲙ̄ ⲡⲉⲧ ⲟⲩⲁⲁⲃ· ⲁⲩⲱ ⲁϥⲉⲡⲓ̈ⲑⲉⲙⲉⲓ ⲛ̄ⲧⲱⲃⲉ
ⲙ̄ ⲡⲉⲧ ⲟⲩⲁⲁⲃ ⲛ̄ϩⲟⲩⲟ ⲉⲛⲟⲩϥ ⲧⲏⲣⲟⲩ· ⲡⲉϫⲁϥ ϫⲉ ⲟⲛ-
ⲧⲱⲥ· ϯⲛⲁϥⲓ ϣⲉ ⲛⲥⲟⲧⲉ ⲛ̄ⲧⲱⲃⲉ· ϩⲛ̄ ⲛⲓ ⲧⲱⲃⲉ ⲛ̄ⲛⲉⲭⲣⲓ-
ⲥϯⲁⲛⲟⲥ ⲛ̄ⲧⲁϫⲟⲟⲥ ⲛ̄ ⲛ̄ⲁⲣⲅⲁⲧⲏⲥ ϫⲉ ⲛ̄ⲧⲁⲩⲥⲙⲛ̄ⲧⲟⲩ
[ⲛⲁⲓ?] ⲁⲩⲱ ⲉⲩϣⲁⲛϫⲟⲟⲥ ϫⲉ ⲧⲛ̄ⲛⲁⲕⲁⲁⲕ ⲁⲛ· ⲉϥⲉⲧⲟⲩ·
ϯⲛⲁϩⲓ̈ⲟⲩⲉ ⲉ ⲣⲟⲟⲩ· ⲛ̄ⲧⲁϥⲓⲧⲟⲩ ⲉ ϩⲛ̄ⲁⲩⲁⲛ· ⲛ̄ⲧⲁⲛⲁⲩ ϫⲉ
ⲉⲣⲉ ⲡⲉⲓ ⲟⲩⲁ· ϫⲉ ⲙⲉⲣⲕⲟⲩⲣⲓⲟⲥ· ⲛⲁⲣ ⲟⲩ ⲛⲁⲓ· ⲁⲩⲱ
ⲁϥⲃⲱⲕ ⲉ ⲡϥ̄ⲏⲓ ⲙ̄ ⲡⲉϩⲟⲟⲩ ⲉⲧ ⲙ̄ⲙⲁⲩ· ⲙⲛ̄ⲛ̄ⲥⲁ ϩⲉⲛ-
ⲕⲟⲩⲓ· ⲇⲉ ⲟⲛ ⲛ̄ϩⲟⲟⲩ· ⲁϥⲃⲱⲕ ⲁϥⲛⲁⲩ ⲛ̄ⲧⲱⲃⲉ· ⲙ̄ ⲡⲉⲧ
ⲟⲩⲁⲁⲃ· ⲁϥⲱϣⲁϩⲟⲙ (*sic*) ⲉⲙⲁⲧⲉ· ⲉ ⲃⲟⲗ ϫⲉ ⲛ̄ⲕⲟⲩⲓ̈ ⲙⲛ̄
ⲛ̄ⲛⲟϭ ⲛ̄ ⲧⲡⲟⲗⲓⲥ· ⲉⲩⲧⲛ̄ⲛⲟⲟⲩ ⲛ̄ⲟⲩⲁⲣⲅⲁⲧⲏⲥ· ⲉ ⲡⲟⲩⲁ
ⲙ̄ⲙⲏⲏⲛⲉ· ⲉⲩⲉⲣϩⲱⲃ ϫⲉ ⲉⲩⲉⲡⲉⲓⲑⲉⲙⲉⲓ[1] | ⲛ̄ⲕⲱⲧ ϫⲉ Fol. 8*a*
ⲉ ⲣⲟϥ ⲛ̄ ⲟⲩⲙⲁⲣⲧⲏⲣⲓⲟⲛ· ⲗⲟⲓ̈ⲡⲟⲛ ⲟⲛ ⲁ ⲡⲣⲱⲙⲉ ⲛ̄ ⲗ̅ⲃ̅
ϩⲉⲑⲛⲓⲕⲟⲥ· ⲕⲱϩ ϩⲛ̄ ⲟⲩⲛⲟϭ ⲛ̄ⲕⲱϩ· ⲛ̄ⲧⲉ ⲡⲇⲓⲁⲃⲟⲗⲟⲥ·
ⲉⲛ̄ⲧⲱⲃⲉ ⲙ̄ ⲡⲉⲧ ⲟⲩⲁⲁⲃ· ⲙⲛ̄ⲛ̄ⲥⲁ ⲛⲁⲓ· ⲁϥⲙⲟⲩⲧⲉ ⲉ
ⲡⲣⲱⲙⲉ ⲛ̄ ϩⲏⲕⲉ· ⲡⲉⲓ ⲉⲧ ⲉⲣⲉ ⲡϩⲁⲅⲓⲟⲥ ⲙⲉⲣⲕⲟⲩⲣⲓⲟⲥ·
ⲟⲩⲱⲛϩ̄ ⲉ ⲣⲟϥ· ⲡⲉϫⲁϥ ⲛⲁϥ· ϫⲉ ⲁⲙⲟⲩ ⲛⲅ̄ ⲧⲁⲙⲟⲓ̈ ⲉ
ⲡⲧⲟϣ· ⲛ̄ ⲛⲁⲧⲱⲃⲉ ⲙⲛ̄ ⲛⲟⲩⲕ· ⲉⲡⲓ̈ ⲇⲏ· ϯⲟⲩⲱϣ
ⲕⲱⲧ ⲙ̄ ⲡⲁ ⲏⲓ̈· ⲡⲉϫⲉ ⲡⲣⲱⲙⲉ ⲛⲁϥ· ϫⲉ ⲡⲉⲕⲣⲱⲙⲉ

[1] Exactly under ⲉⲓⲑⲉⲙⲉⲓ is written ⲓ̅ⲥ̅ ≡ ⲭ̅ⲥ̅.

ⲥⲟⲟⲩⲛ: ⲛ̅ ⲧⲏⲛⲡⲉ ⲛ̅ ⲛⲉⲕⲧⲱⲃⲉ· ⲡⲉϫⲁϥ ϫⲉ ⲙⲉⲓϫⲓ
ⲗⲁⲁⲩ ⲛ̅ⲣⲱⲙⲉ· ⲛ̅ⲥⲁⲃ̅ⲗ̅ⲗⲁⲕ· ⲛ̅ⲙ̅ⲙⲁⲓ· ⲁⲗⲗⲁ ⲕⲁⲧⲁ
ⲡⲁ ⲙⲉⲉⲩⲉ ⲛ̅ ϩⲏⲧ· ⲛⲟⲩⲓ̈ ⲧⲉ ⲛⲁⲓ ϣⲁ ⲙⲁ· ⲡⲣⲱⲙⲉ ⲇⲉ
ⲁϥⲣ̅ ϩⲃⲁ· ⲡⲉϫⲁϥ ⲛⲁϥ· ϫⲉ ⲱ̅ ⲡⲣⲱⲙⲉ· ⲙ̅ⲡⲣ̅ ϯ ⲟⲥⲉ:
ⲛ̅ⲧⲉⲕⲯⲩⲭⲏ ⲙ̅ⲡⲣ̅ ϫⲱϩ ⲉⲛⲧⲱⲃⲉ· ⲙ̅ ⲡⲉⲓ ⲡⲉⲧ ⲟⲩⲁⲁⲃ·
ⲛ̅ⲧⲉ ⲟⲩϫⲣⲟⲡ ⲧⲁϩⲟⲕ· ⲡⲗⲏⲛ ⲉⲕϣⲁⲛϥⲓⲧⲟⲩ· ϯⲛⲁⲉⲓⲙⲉ
ⲉ ⲧⲕϭⲟⲙ ⲙⲛ̅ ⲧⲉⲕⲙⲛ̅ⲧϫⲱⲱⲣⲉ· ⲁⲩⲱ ⲁ ⲡϩ̅ⲗ̅ⲗⲏⲛ·
ϯ ⲛ̅ ⲟⲩϣⲥⲛ̅ⲛⲁⲥ· ⲙ̅ ⲡⲣⲱⲙⲉ ⲛ̅ ϩⲏⲕⲉ· ⲡⲉϫⲁϥ ⲛⲁϥ·
ϫⲉ ⲙ̅ⲡ ϩⲟⲥⲟⲛ ⲁⲕϫⲟⲟⲥ· ϫⲉ ⲡⲉⲧ ⲙ̅ⲙⲁⲩ ⲛⲁⲡⲗⲩⲅⲏ
ⲙ̅ⲙⲟⲕ· ϯⲛⲁϥⲓ̈ ϩⲟⲩⲟ· ⲉ ⲛⲁⲓ ⲛ̅ⲧⲁⲓ̈ⲉⲓⲙⲉ· ⲉ ⲧⲉⲕϭⲟⲙ·
ⲙⲛ̅ ⲡⲉⲧ ⲙ̅ⲙⲁⲩ· ϫⲉ ⲉϥⲛⲁⲣ̅ ⲟⲩ ⲛⲁⲓ̈ ⲡⲉϫⲉ ⲡⲣⲱⲙⲉ |
Fol. 8 *b* ⲛⲁϥ· ϫⲉ ⲛ̅ⲑⲉ ⲉⲧ ⲉϩⲛⲁⲕ ⲁⲣⲓⲥ· ⲉⲥ ⲡⲛⲟⲩⲧⲉ ⲙ̅ ⲡϩⲁⲅⲓⲟⲥ
ⲗ̅ⲅ̅ ⲙⲉⲣⲕⲟⲩⲣⲓⲟⲥ· ⲛⲁⲩ ⲉ ⲣⲟⲕ ⲙⲟⲛⲟⲛ ⲛ̅ⲅ̅ ⲛⲁϫⲣⲟ ⲉ ⲣⲟϥ
ⲁⲛ· ⲡⲣⲱⲙⲉ ⲇⲉ ⲁϥⲧⲛ̅ⲛⲟⲟⲩ ⲛ̅ⲧⲉⲩⲛⲟⲩ· ϩⲛ̅ ⲛⲟϭ ⲙ̅
ⲙⲛ̅ⲧϫⲁⲥⲓϩⲏⲧ· ⲟⲩϩⲙ̅ϩⲁⲗ ⲡⲱϥ· ⲁϥⲃⲱⲕ ⲁϥⲉⲓⲛⲉ· ⲛ̅
ϩⲉⲛϭⲁⲙⲟⲩⲗ· ⲁϥⲙⲟⲟϣⲉ ϩⲓⲑⲏ ⲙ̅ⲙⲟⲟⲩ· ϩⲛ̅ ⲟⲩⲛⲟϭ
ⲙⲛ̅ⲧϫⲁⲥⲓϩⲏⲧ· ⲁϥⲁⲣⲛⲧⲁⲗⲟ ⲛ̅ϭⲁⲙⲟⲩⲗ ϩⲛ̅ ⲛ̅ⲛⲧⲱⲃⲉ
ⲙ̅ ⲡⲉⲧ ⲟⲩⲁⲁⲃ· ⲁⲩⲱ ⲁϥⲁϩⲉ ⲣⲁⲧϥ̅· ϩⲓⲑⲏ ⲛ̅ ⲟⲩⲛⲟϭ
ⲛ̅ ϭⲁⲙⲟⲩⲗ ϩⲟⲟⲩⲧ· ⲡⲱϥ ⲡⲉ· ⲁϥⲟⲩⲉϩⲥⲁϩⲛⲉ ⲛⲉϥϩⲙ̅-
ϩⲁⲗ· ϩⲛ̅ ⲟⲩⲛⲟϭ ⲙⲛ̅ⲧϫⲁⲥⲓϩⲏⲧ· ⲉ ⲧⲣⲉⲩⲧⲁⲗⲟ ⲧⲱⲃⲉ
ⲛ̅ϭⲁⲙⲟⲩⲗ· ⲡⲉϫⲁϥ ϫⲉ ⲙⲁⲣⲉⲓⲛⲁⲩ ⲧⲉⲛⲟⲩ· ⲉ ⲧϭⲟⲙ
ⲙ̅ ⲡⲁⲓ· ϫⲉ ⲙⲉⲣⲕⲟⲩⲣⲓⲟⲥ· ⲁⲩⲱ ⲛ̅ⲧⲉⲩⲛⲟⲩ ⲙ̅ⲡⲁϯ
ⲡϣⲁϫⲉ ⲗⲟ ϩⲛ̅ ⲧϥ̅ⲧⲁⲡⲣⲟ· ⲁ ϭⲁⲙⲟⲩⲗ ⲉⲧ ⲉϥⲁϩⲉ
ⲣⲁⲧϥ̅· ϩⲓⲑⲏ ⲙ̅ⲙⲟϥ· ⲟⲩⲱⲛ ⲛ̅ ⲧⲉϥⲧⲁⲡⲣⲟ· ⲁϥⲁ-
ⲙⲁϩⲧⲉ ⲙ̅ ⲡⲁⲣⲭⲱⲛ ⲛ̅ ϩⲗⲗⲏⲛ· ⲁϥⲛⲟϫϥ̅ ⲉ ϩⲟⲩⲛ ϩⲁϩ-
ⲧⲏϥ· ⲁϥⲛ̅ⲕⲟⲧⲕ̅ ⲉ ϫⲟϥ· ⲁⲩⲱ ⲛ̅ⲧⲉⲩⲛⲟⲩ ⲉⲥ ⲡϩⲁⲅⲓⲟⲥ
ⲙⲉⲣⲕⲟⲩⲣⲓⲟⲥ· ⲁϥⲉⲓ ⲉϥⲧⲁⲗⲏⲩ· ⲉ ⲡⲉϥϩⲧⲟ ⲙ̅ ⲡⲛ̅ⲁ̅·
ⲁϥⲁϩⲉ ⲣⲁⲧϥ̅ ϩⲁϩⲧⲙ̅ ⲙ̅ ⲡϭⲁⲙⲟⲩⲗ· ⲉⲧ ⲁⲙⲁϩⲧⲉ ⲉϫⲙ̅
ⲡⲣⲱⲙⲉ· ⲁϥⲣⲁⲧϥ̅ ⲙ̅ ⲡⲉϥⲕⲟⲩⲛⲧⲁⲣⲓⲟⲛ· ⲉ ⲧⲉϥⲟⲩⲉ-
ⲣⲏⲧⲉ ⲛ̅ ϩⲃⲟⲩⲣ ⲁⲩⲱ ⲛ̅ |

[One leaf wanting—pages ⲗ̅ⲇ̅ and ⲗ̅ⲉ̅]

Fol. 9 *a* ⲧⲉⲛⲟⲩ ⲉϥⲁⲡⲓ̈ⲗⲏ ⲉ ⲣⲟⲓ· ϫⲉ ⲛ̅ⲧⲟⲕ ⲡⲉⲧ ⲛⲁϯ ⲡϣⲱⲗ̅ϭ̅·
ⲗ̅ⲋ̅ ⲉ ⲡⲁ ⲙⲁⲣⲧⲏⲣⲓⲟⲛ· ⲉⲕⲁϣⲉ ⲛ̅ⲥⲁ ⲧⲉⲕ ⲟⲩⲉⲣⲏⲧⲉ ⲛ̅
ⲟⲩⲱⲧ· ⲁⲩⲱ ⲁ ⲡⲙⲏⲏϣⲉ· ⲟⲩⲁϩϥ̅ ⲛ̅ⲥⲱϥ ϩⲛ̅ ⲟⲩϩⲟⲧⲉ·

ⲙⲛ̅ ⲟⲩⲥⲧⲱⲧ· ϣⲁⲛⲧⲉϥϣⲱⲃⲣⲉⲓ ⲉ ϩⲟⲩⲛ· ⲛ̅ ⲧⲉⲛ̅ⲧⲉ ⲙ̅
ⲡⲧⲟⲡⲟⲥ· ⲉϥⲁϣⲉ ⲉ ϩⲣⲁⲓ ⲛ̅ⲥⲁ ϫⲱϥ· ⲁⲩⲱ ⲁϥⲱϣ
ⲉ ⲃⲟⲗ· ⲛ̅ϭⲓ ⲡⲣⲱⲙⲉ· ⲉ[ϥ]ϫⲱ ⲙ̅ⲙⲟⲥ· ϫⲉ ⲡⲁ ϫⲟⲉⲓⲥ
ⲡϩⲁⲅⲓⲟⲥ ⲙⲉⲣⲕⲟⲩⲣⲓⲟⲥ· ⲕⲟ ⲛⲁⲓ ⲉ ⲃⲟⲗ· ⲉ ⲧⲃⲉ ⲧⲁ
ⲙⲛ̅ⲧⲁⲧⲥⲟⲟⲩⲛ· ⲁⲩⲱ ⲛⲁⲧⲱⲃⲏ ⲧⲏⲣⲟⲩ ϯⲛⲁⲧⲁⲁⲩ ⲛⲁⲕ·
ⲉ ⲧⲕⲟⲇⲟⲙⲏ ⲙ̅ ⲡⲉⲕⲧⲟⲡⲟⲥ· ⲁⲩⲱ: ϣⲉ ⲛⲓⲙ ⲉⲛⲁⲛⲟⲩϥ
ϯⲛⲁⲧⲁⲁⲩ ⲛⲁⲕ ⲙⲛ̅ ⲑⲩⲗⲏ ⲧⲏⲣⲥ̅ ⲛ̅ⲧ ⲁⲓⲥⲟⲟⲩϩ ⲉ ⲡⲁ ⲏⲓ̈·
ⲁⲩⲱ ϯⲛⲁϣⲱⲡⲉ ⲛ̅ ⲭⲣⲓⲥϯⲁⲛⲟⲥ· ⲙⲛ̅ ⲡⲁ ⲏⲓ ⲧⲏⲣϥ̅·
ⲛ̅ⲧⲁⲕⲟ ⲉ ⲃⲟⲗ ⲛ̅ⲛⲁϩⲙ̅ϩⲁⲗ· ⲉⲩⲟ ⲛ̅ⲣⲙ̅ϩⲉ· ⲛ̅ⲧⲁϣⲱⲡⲉ
ⲛⲙ̅ⲛⲟⲩⲧ ⲉ ⲡⲉⲕⲧⲟⲡⲟⲥ· ϣⲁ ⲡⲉⲓ ϩⲟⲟⲩ ⲙ̅ ⲡⲁ ⲙⲟⲩ· ⲛⲁⲓ
ⲇⲉ ⲛ̅ ⲧⲉⲣⲉ ϥϫⲟⲟⲩ: ⲁ ϭⲁⲙⲟⲩⲗ ⲕⲁⲁϥ ⲉ ⲡⲉⲥⲏⲧ· ⲉϫⲙ̅
ⲡⲕⲁϩ· ⲁⲩⲱ ⲁ ⲡϩⲁⲅⲓⲟⲥ ⲙⲉⲣⲕⲟⲩⲣⲓⲟⲥ· ϫⲱϩ ⲉ ⲛⲉϥ-
ⲥⲁϣ· ⲁϥⲧⲁⲗϭⲟϥ· ⲁϥⲕⲁⲁϥ ⲉ ⲃⲟⲗ· ⲙⲛ̅ ⲗⲁⲁⲩ ⲙ̅
ⲡⲱⲗϩ̅· ϩⲙ̅ ⲡⲉϥⲥⲱⲙⲁ ⲉ ⲡⲧⲏⲣϥ̅· ⲁⲩⲱ ⲁⲩ (*sic*) ⲟⲩⲛⲟϭ
ⲛ̅ϩⲟⲧⲉ· ⲧⲁϩⲉ ⲟⲩⲟⲛ ⲛⲓⲙ· ⲉⲧ ⲁϩⲉ ⲣⲁⲧⲟⲩ· ⲉⲩⲛⲁⲩ ⲉ
ⲑⲉ ⲛ|ⲧⲁ ϭⲁⲙⲟⲩⲗ ⲡⲗⲩⲅⲏ ⲙ̅ⲙⲟϥ· ⲁⲩⲱ ⲁ ⲡⲣⲱⲙⲉ Fol. 9 *b*
ϩⲟⲙⲟⲗⲟⲅⲉ ⲛⲁⲩ· ϫⲉ ⲁ̈ⲓⲛⲁⲩ ⲉ ⲡϩⲁⲅⲓⲟⲥ ⲙⲉⲣⲕⲟⲩⲣⲓⲟⲥ· ⲗ̅ⲍ̅
ⲉϥⲗⲟⲅⲭⲓⲍⲉ ⲙ̅ⲙⲟⲓ· ⲗⲟⲓⲡⲟⲛ ⲁϥⲙⲟⲩϣⲧ̅ ⲙ̅ ⲡⲥⲱⲙⲁ·
ⲙ̅ ⲡⲣⲱⲙⲉ ⲙ̅ⲡ̅ ⲟⲩϩⲉ ⲉ ⲗⲁⲁⲩ· ⲙ̅ ⲡⲱⲗϩ̅ ⲛ̅ϩⲏⲧϥ̅ ⲉ
ⲡⲧⲏⲣϥ̅· ⲁⲩϫⲓⲛⲟⲩϥ· ϫⲉ ⲉϥⲧⲱⲛ ⲙ̅ ⲡⲱⲗϩ̅ ⲉⲧ ϩⲙ̅
ⲡⲉⲕⲥⲱⲙⲁ· ⲕⲉ ⲙⲁⲗⲓⲥⲧⲁ ⲉⲕⲱϣ· ⲉ ⲃⲟⲗ ϫⲉ· ⲉⲓⲥ
ⲡⲇⲓⲕⲁⲓⲟⲥ ⲗⲟⲅⲓⲍⲉ ⲙ̅ⲙⲟⲓ· ⲉ ⲧⲁⲟⲩⲣⲏⲧⲉ ϩⲙ̅ ⲡⲉϥⲕⲟⲩⲛ-
ⲧⲁⲣⲓⲟⲛ· ⲡⲉϫⲉ ⲡⲣⲱⲙⲉ ⲛⲁⲩ· ϫⲉ ϫⲓⲛ ⲛ̅ⲧⲉⲩⲛⲟⲩ· ⲛ̅ⲧⲁ
ϭⲁⲙⲟⲩⲗ ⲕⲁⲁⲧ ⲉ ⲃⲟⲗ· ⲉⲁϥϫⲱϩ ⲉ ⲉ (*sic*) ⲡⲁ ⲥⲱⲙⲁ ⲧⲏⲣϥ̅·
ⲁⲓⲟⲩϫⲁⲓ̈· ⲁⲩⲱ ⲛ̅ⲧⲉⲩⲛⲟⲩ ⲁ ⲡⲣⲱⲙⲉ ⲃⲱⲕ ⲉ ⲣⲁⲧϥ̅·
ⲙ̅ ⲡⲉⲡⲓ̈ⲥⲕⲟⲡⲟⲥ· ⲁϥⲃⲁⲡⲧⲓⲍⲉ ⲙ̅ⲙⲟϥ ⲙⲛ̅ ⲡⲉϥⲓⲏ (*sic*)
ⲧⲏⲣϥ̅· ⲁⲩⲱ ⲛⲉϥϩⲙ̅ϩⲁⲗ ⲧⲏ[ⲣ]ⲟⲩ· ⲁϥⲕⲁⲁⲩ ⲉ ⲃⲟⲗ
ⲉⲩⲱⲣϥ̅· ⲁⲩⲱ ⲁϥϯ ⲑⲩⲗⲏ ⲧⲏⲣⲥ̅· ⲛ̅ⲧⲁϥⲥⲟⲟⲩϩⲥ̅ ⲉ
ϩⲟⲩⲛ· ⲉ ⲡⲕⲱⲧ ⲙ̅ ⲡⲉϥⲏⲓ̈· ⲙⲛ̅ ⲛ̅ϣⲉ· ⲙⲛ̅ ⲛ̅ ⲛ̅ⲱⲛⲉ·
ⲁⲩⲱ ⲛⲉϥⲧⲱⲃⲉ ⲧⲏⲣⲟⲩ· ⲁⲩⲱ ⲁϥⲧⲁⲩ ⲉ ϩⲟⲩⲛ· ⲉ ⲡⲧⲟ-
ⲡⲟⲥ· ⲙⲛ̅ ⲟⲩⲛⲟⲩⲃ ⲉϥⲥⲱⲧⲡ̅· ⲙⲛ̅ ⲟⲩⲛⲟϭ ⲛ̅ⲁⲛϩⲟⲗⲱ-
ⲙⲁ· ⲁⲩⲱ ⲛⲉϥⲣ̅· ϩⲛ̅ ⲛⲉϥϭⲓϫ· ⲙⲛ̅ ⲛⲉϥⲣⲱⲙⲉ
ⲧⲏⲣⲟⲩ· ⲁⲩⲱ ⲛⲉϥⲧⲃ̅ⲛⲟⲟⲩⲉ· ⲉⲩⲣ ϩⲱⲃ ⲧⲏⲣⲟⲩ·
ⲛ̅ϫⲓϫⲏ (*sic*) ⲁⲩⲱ ⲛ̅ϥϫⲱ ⲙ̅ⲙⲟⲥ· ⲛ̅ⲛⲉⲧ ⲣ̅ ϩⲱⲃ· ϫⲉ

ⲙⲟⲟϣⲉ ⲛ̅ⲧⲉⲧⲛ̅ⲕⲱⲧ· ⲙ̅ ⲡⲏⲓ̈ ⲙ̅ ⲡⲉⲓ ⲁⲩⲛⲁⲇⲟⲥ· ⲁⲩⲱ ⲁϥⲙⲟⲩ ⲕⲁⲧⲁ ⲡⲧⲟϣ ⲛ̅ⲣⲱⲙⲉ ⲛⲓⲙ· ⲙ̅ⲡⲁⲧ ⲟⲩϫⲉⲕ |
Fol. 10 *a* ⲡⲙⲁⲣⲧⲏⲣⲓⲟⲛ ⲉ ⲃⲟⲗ· ⲟⲩⲉⲟⲟⲩ ⲙ̅ ⲡⲛⲟⲩⲧⲉ· ⲙⲛ̅
ⲗ̅ⲏ̅ ⲡϥ̅ⲙⲁⲣⲧⲩⲣⲟⲥ ⲉⲧ ⲟⲩⲁⲁⲃ· ⲡϩⲁⲅⲓⲟⲥ ⲙⲉⲣⲕⲟⲩⲣⲓⲟⲥ·

ⲦⲘⲈϨ ⲤⲞ ⲈⲚϬⲞⲘ Ⲛ̅ ⲠϨⲀⲄⲒⲞⲤ ⲘⲈⲢⲔⲞⲨⲢⲒⲞⲤ

ⲁⲥϣⲱⲡⲉ ⲇⲉ ⲛ [ⲧⲉ]ⲣ ⲟⲩⲁⲣⲭⲉⲓ ⲙ̅ ⲕⲱⲧ ⲙ̅ ⲡⲙⲁⲣⲧⲏⲣⲓⲟⲛ· ⲙ̅ ⲡϩⲁⲅⲓⲟⲥ ⲙⲉⲣⲕⲟⲩⲣⲓⲟⲥ· ϩⲛ̅ ⲟⲩⲛⲟϭ ⲉⲛⲉⲡⲓⲕⲏⲥ· ϫⲉ ⲛⲁϣⲉ· ⲛ̅ϩⲩⲗⲏ ⲙⲛ̅ ⲛ̅ⲣⲱⲙⲉ· ⲉⲧ ⲣ̅ ϩⲱⲃ· ⲉ ⲡⲧⲟⲡⲟⲥ ⲙ̅ ⲡⲉⲧ ⲟⲩⲁⲁⲃ· ⲙⲛ̅ⲛ̅ⲥⲁ ⲛⲁⲓ· ⲁⲩ ⲟⲩⲣⲱⲙⲉ ⲛ̅ⲧⲉ ⲧⲡⲟⲗⲓⲥ· ⲉⲓ ⲉϥⲡⲁⲣⲁⲅⲉ· ⲁϥⲛⲁⲩ ⲉ ⲑⲩⲗⲏ ⲙ̅ ⲡⲧⲟⲡⲟⲥ ⲙ̅ ⲡⲙⲁⲣⲧⲏⲣⲓⲟⲛ· ⲁϥⲣ̅ ϣⲡⲏⲣⲉ· ⲁϥⲉⲡⲓⲑⲩⲙⲉⲓ ⲉⲩϣⲉ· ⲉϥⲛⲏϫ ⲉ ⲃⲟⲗ· ⲡⲉϫⲁϥ· ϫⲉ ϯⲣ̅ ⲭⲣⲓⲁ ⲙ̅ ⲡⲉⲓ ⲥⲁⲛ ⲛ̅ϣⲉ· ⲁⲩⲱ ϯⲛⲁⲥⲓⲧϥ· ⲁϥϯ ⲡϥ̅ϩⲟⲩⲟⲓ ⲉ ⲡϣⲉ· ⲁϥⲧⲁⲗⲟϥ ⲉ ϫⲱϥ· ⲁϥⲙⲟⲟϣⲉ ⲛ̅ⲙ̅ⲙⲁϥ· ϣⲁⲛⲧ ⲉϥⲉⲓ ⲉ ⲧⲡⲟⲗⲓⲥ· ⲛ̅ ⲟⲩⲕⲟⲩⲓ· ⲗⲟⲓ̈ⲡⲟⲛ ⲁϥⲥⲱⲣⲙ̅· ⲙⲛ̅ ϥⲉⲓ̈ⲙⲉ· ϫⲉ ⲉϥⲙⲟⲟϣⲉ ⲉ ⲧⲱⲛ· ⲉ ⲃⲟⲗ ϫⲉ ⲁ ⲡⲉⲧ ⲟⲩⲁⲁⲃ ⲥⲱⲣⲙ̅ ⲡϥ̅ⲛⲟⲩⲥ· ϣⲁⲛⲧ ⲉϥⲉⲓ̈ ⲛϥ̅ⲁϩⲉ ⲣⲁ[ⲧϥ]· ϩⲓⲣⲙ̅ ⲡⲣⲟ· ⲙ̅ ⲡⲣⲱⲙⲉ ⲛ̅ ϩⲏⲕⲉ· ⲡⲉⲡⲓⲧⲣⲟⲡⲟⲥ· ⲙ̅ ⲡϩⲁⲅⲓⲟⲥ ⲙⲉⲣⲕⲟⲩⲣⲓⲟⲥ· ⲡⲁⲓ ⲉⲧ ⲉϥⲟⲩⲱⲛϩ̅ ⲉ ⲣⲟϥ· ⲛⲉϥⲥⲟⲟⲩⲛ̅ ⲁⲛ· ϫⲉ ⲉϥⲃⲏⲕ ⲧⲱⲛ· ⲁⲩⲱ ⲉⲥ ⲡⲉⲧ ⲟⲩⲁⲁⲃ· ⲁϥϣⲁϫⲉ ⲙⲛ̅ ⲡⲉⲡⲓⲧⲣⲟⲡⲟⲥ· ⲉϥϫⲱ ⲙ̅ⲙⲟⲥ ⲛⲁϥ· ϫⲉ
Fol. 10 *b* ⲉⲕ | ϩⲙⲟⲟⲥ ⲉⲕⲣ̅ ⲟⲩ· ⲉⲥ ϩⲏⲏⲧⲉ ⲁⲩϫⲓⲟⲩ ⲉⲛϣⲉ ⲙ̅ ⲡⲁ
ⲗ̅ⲑ̅ ⲧⲟⲡⲟⲥ· ⲁⲗⲗⲁ ⲧⲱⲟⲩⲛ ⲛ̅ⲅ̅ ⲃⲱⲕ ⲉⲣⲙ̅ ⲡⲣⲟ ⲙ̅ ⲡⲉⲕⲏⲓ̈· ⲉⲕⲛⲁϭⲓⲛⲉ ⲙ̅ ⲡⲉⲣⲱⲙⲉ· ⲉⲣⲉ ⲡⲉⲓ ϣⲉ ⲧⲁⲗⲏⲩ ⲉ ⲣⲟϥ· ⲉϥⲥⲱⲣⲙ̅ ⲉϥⲥⲟⲟⲩⲛ̅ ⲁⲛ· ϫⲉ ⲉϥⲃⲏⲕ ⲉ ⲧⲱⲛ· ϫⲉ ⲁⲛⲟⲕ ⲡⲉ ⲛ̅ⲧⲁⲓⲥⲱⲣⲙ̅ [ⲙ̅]ⲙⲟϥ· ⲙⲛ̅ ⲉⲓⲕⲁⲁϥ ⲉⲓⲙⲉ· ϫⲉ ⲉϥⲃⲏⲕ ⲧⲱⲛ ϣⲁⲛ[ⲧ] ⲉϥⲉⲓ ⲉ ⲡⲉⲓ ⲙⲁ· ⲛ̅ⲅ̅ ⲛⲁⲩ ⲉ ⲣⲟϥ· ⲉⲣⲉ ⲡϣⲉ ⲛ̅ⲧⲁϥⲥⲓⲧϥ· ⲛ̅ϫⲓⲟⲩⲉ· ⲧⲁⲗⲏⲩ ⲉ ⲣⲟϥ· ⲛ̅ ⲧⲉⲣ ϥⲛⲁⲩ ⲇⲉ· ⲉ ⲡⲏⲓ ⲁϥⲟⲩⲱⲛ ⲛⲁϥ· ⲁϥⲥⲟⲩⲱⲛϥ· ϫⲉ

ⲡⲟⲓⲕⲟⲛⲟⲙⲟⲥ ⲡⲉ · ⲙ̅ ⲡⲙⲁⲣⲧⲏⲣⲓⲟⲛ ⲡⲉ · ⲁ ⲡϥ̅ⲛⲟⲩⲥ
ⲉⲓ ⲉ ⲣⲟϥ · ⲛ̅ⲧⲉⲩⲛⲟⲩ ⲁϥⲱϣ ⲉ ⲃⲟⲗ · ϫⲉ ⲟⲩⲁ ⲡⲉ
ⲡⲛⲟⲩⲧⲉ · ⲙ̅ ⲡϩⲁⲅ̅ⲓⲟⲥ ⲙⲉⲣⲕⲟⲩⲣⲓⲟⲥ · ⲡⲁ̅ ⲛⲁⲓ ⲙ̅ⲡⲉⲣ
ϭⲱⲛⲧ̅ ⲉ ⲣⲟⲓ · ⲛ̅ⲅ̅ ⲉⲓ̈ ⲛ̅ ⲟⲩⲡⲉⲑⲟⲟⲩ ⲉ ϫⲟⲓ̈ · ϫⲉ ⲁⲓⲣ̅-
ⲛⲟⲃⲉ ⲉ ⲣⲟⲕ · ⲁⲓ̈ϫⲓⲟⲩⲉ ⲉ ⲛⲉⲕϣⲉ · ⲉⲓⲥ ⲡⲉⲧ ⲟⲩⲁⲃ̅ ⲟⲛ
ⲁϥϫⲟⲟⲥ ⲙ̅ ⲡⲉϥ[ⲉ]ⲡⲓⲧⲣⲟ[ⲡⲟ]ⲥ · ϫⲉ ϫⲟⲟⲥ ⲙ̅ ⲡⲣⲱⲙⲉ ⲙ̅
ⲧⲉⲓ ϩⲉ · ϫⲉ ⲉ ⲧⲃⲉ ⲟⲩ · ⲙⲉⲕⲉⲓ ⲛ̅ⲅ̅ ⲣ̅ ⲟⲩϩⲟⲟⲩ ⲛ̅ⲣ̅ϩⲟⲟⲩ
ⲉ ⲡⲁ ⲧⲟⲡⲟⲥ · ⲧⲕⲉ ϣⲉ ⲛ̅ⲧⲁϥⲧⲁⲁϥ ⲉ ϩⲟⲩⲛ · ⲉ ⲡⲁ ⲧⲟⲡⲟⲥ
ⲛ̅ ⲥⲱⲧⲉ · ϩⲁ ⲡⲟⲩϫⲁⲓ · ⲛ̅ ⲛⲉⲩⲯⲩⲭⲏ · ⲁⲕⲃⲱⲕ ⲁⲕϥⲓⲧϥ̅
ⲛ̅ϫⲓⲟⲩⲉ · ⲁⲗⲗⲁ ⲉ ⲧⲃⲉ ⲙⲛ̅ⲧϣⲁⲛϩⲧⲏϥ ⲙ̅ ⲡⲛⲟⲩⲧⲉ :
ⲉⲥ ϩⲏⲏⲧⲉ ⲁⲓⲕⲁⲁⲕ ⲉ ⲃⲟⲗ · ϥⲓ̈ ⲙ̅ ⲡϣⲉ ⲛ̅ⲅ̅ ⲕⲁⲁϥ ϩⲙ̅
ⲡϥ̅ⲙⲁ ⲛ̅ⲧⲉϥϩⲉ · ⲛ̅ⲅ̅ ⲃⲱⲕ ⲉ ⲡⲕⲏⲓ · ⲉϥϣⲁⲛⲧⲱⲛ ϩⲧⲟⲟⲩⲉ
ⲙⲁⲣϥ̅ ⲧⲁϣⲉⲟⲉⲓϣ ⲙ̅ ⲡⲛ̅‖ⲧⲟϥⲁⲁϥ ϫⲉ ⲕⲁⲥ ⲉⲣⲉ ⲡⲕ̅ Fol. 11 *a*
ⲟⲩⲥⲉⲉⲡⲉ ⲉ ⲣ̅ ϩⲟⲧⲉ ⲛ̅ⲥⲉ ⲧⲙ̅ ϫⲓⲟⲩⲉ · ⲉ ⲧⲟⲩⲗⲏ ⲙ̅ ⲡⲁ ⲙ̅
ⲧⲟⲡⲟⲥ · ⲛ̅ⲕⲉ ⲥⲟⲡ · ⲛ̅ⲧⲁⲉⲓⲛⲉ ⲉ ϫⲱⲟⲩ ⲛ̅ ⲟⲩⲡⲉⲑⲟⲟⲩ ·
ⲛⲁⲓ ⲇⲉ ⲛ̅ ⲧⲉⲣⲉ ϥϫⲟⲟⲩ · ⲁϥϩⲟⲡϥ̅ ⲉ ⲣⲟϥ · ⲡⲣⲱⲙⲉ ⲇⲉ
ⲛ̅ ϩⲏⲕⲉ · ⲁϥⲧⲱⲟⲩⲛ ⲁϥⲉⲓ ⲉ ⲃⲟⲗ · ⲁϥϩⲉ ⲉ ⲡⲣⲱⲙⲉ ·
ⲉⲣⲉ ⲡϣⲉ ⲧⲁⲗⲏⲩ ⲉ ⲣⲟϥ · ⲉϥⲁϩⲉ ⲣⲁⲧϥ̅ · ϩⲓⲣⲙ̅ ⲡⲣⲟ ⲙ̅
ⲡϥ̅ⲏⲓ · ⲉϥⲥⲟⲟⲩ[ⲛ] ⲁⲛ · ϫⲉ ⲉϥⲛⲁⲉⲓ ⲧⲱⲛ · ⲁⲩⲱ ⲡⲉϥϫⲱ
ⲙ̅ⲙⲟⲥ · ϫⲉ ⲡϩⲁⲅ̅ⲓⲟⲥ ⲙⲉⲣⲕⲟⲩⲣⲓⲟⲥ · ϣⲡ̅ ϩⲧⲏⲕ ϩⲁ ⲣⲟⲓ ·
ⲛ̅ⲅ̅ ⲛⲁ̅ ⲛⲁⲓ · ϫⲉ ⲁⲓⲣ̅ ⲛⲟⲃⲉ · ⲱ̅ ⲡⲁ ϫⲥ̅ · ⲡⲣⲱⲙⲉ ⲇⲉ ⲛ̅
ϩⲏⲕⲉ · ⲁϥϣⲁϫⲉ ⲛ̅ⲙ̅ⲙⲁϥ · ϫⲉ ⲱ̅ ⲡⲁ ⲙⲉⲣⲓⲧ ⲛ̅ ⲥⲟⲛ ·
ⲉⲕⲛⲏⲩ ⲧⲱⲛ · ⲉⲣⲉ ⲡⲉϣⲉ ⲧⲁⲗⲏⲩ ⲉ ⲣⲟⲕ ϯϫⲱ ⲙ̅ⲙⲟⲥ
ⲛⲁⲕ · ϫⲉ ⲡⲁ ⲡϩⲁⲅ̅ⲓⲟⲥ ⲙⲉⲣⲕⲟⲩⲣⲓⲟⲥ ⲡⲉ · ⲡⲉⲓ ϣⲉ ·
ⲗⲟⲓⲡⲟⲛ · ϫⲓ ⲡⲉⲛⲧⲟϥϣⲱⲡⲉ ⲙ̅ⲙⲟⲕ · ⲧⲏⲣϥ̅ ⲉ ⲣⲟⲓ ·
ⲡⲣⲱⲙⲉ ⲇⲉ ⲁϥⲧⲁⲙⲟϥ · ⲉ ⲧⲃⲉ ⲑⲉ ⲛ̅ⲧⲁϥϥⲓ ⲡϣⲉ ·
ⲙ̅ⲙⲟⲥ ⲙⲛ̅ ⲑⲉ ⲛ̅ⲧⲁ ⲡϩⲁⲅ̅ⲓⲟⲥ ⲙⲉⲣⲕⲟⲩⲣⲓⲟⲥ · ⲥⲱⲣⲙ̅
ⲙ̅ ⲡⲉϥⲛⲟⲩⲥ · ϣⲁⲛⲧ ϥ̅ⲉⲓ · ⲉⲣⲙ̅ ⲡⲣⲟ ⲙ̅ ⲡⲏⲓ̈ · ⲙ̅
ⲡⲣⲱⲙⲉ ⲛ̅ ϩⲏⲕⲉ · ⲉϥⲟ ⲛ̅ ⲁⲧ ⲥⲟⲟⲩⲛ̅ · ⲡⲣⲱⲙⲉ ⲇⲉ · ⲉⲧ
ⲉⲣⲉ ⲡϩⲁⲅ̅ⲓⲟⲥ ⲙⲉⲣⲕⲟⲩⲣⲓⲟⲥ · ⲁϥⲡⲁⲣⲁⲅ̅ⲓ̈ⲗⲉ · ⲉ ⲡⲣⲱⲙⲉ
ⲛ̅ⲧⲁϥϥⲓ̈ ⲡϣⲉ · ⲛ̅ ϣⲁ ϫⲉ ⲛⲓⲙ · ⲛ̅ⲧⲁ ⲡϩⲁⲅ̅ⲓⲟⲥ ⲙⲉⲣ-
ⲕⲟⲩⲣⲓⲟⲥ ϫⲟⲟⲩ ⲛⲁϥ · ⲁⲩⲱ ⲛ̅ ⲧⲉⲣⲉ ⲡⲣⲱⲙⲉ · ⲥⲱⲧⲙ̅
ⲉ ⲛⲁⲓ · ⲁϥⲣ̅ ϣⲡⲏⲣⲉ ⲁⲩⲱ ⲡⲉϫⲁϥ · ϫⲉ ‖ ⲟⲩ ⲙⲟⲛⲟⲛ Fol. 11 *b*
ϫⲉ ⲟⲩ[. .]ϩⲟⲟⲩ ⲛ̅ ⲟⲩⲱⲧ ⲙ̅ⲙⲁⲧⲉ · ⲁⲗⲗⲁ ⲉⲣϣⲁⲛ ⲙ̅ⲙⲁ

ⲡⲛⲟⲩⲧⲉ· ⲙ̅ ⲡϩⲁⲅⲓⲟⲥ ⲙⲉⲣⲕⲟⲩⲣⲓⲟⲥ· ⲭⲁⲣⲓⲍⲉ ⲛⲁⲓ· ⲙ̅ ⲡⲟⲩϫⲁⲓ· ϯⲛⲁⲗⲟ ⲁⲛ· ⲉⲓⲣ̅ ϩⲱⲃ ⲉ ⲡϥ̅ⲧⲟⲡⲟⲥ· ϣⲁⲛⲧ ⲟⲩϫⲟⲕϥ̅ ⲉ ⲃⲟⲗ· ⲁⲩⲱ ϯⲛⲁⲧⲁϣⲉⲟⲉⲓϣ· ⲛ̅ ⲧⲉ[ϥ]ϭⲟⲙ ϩⲙ̅ ⲙⲁ ⲛⲓⲙ· ⲉ ϯ ⲃⲱⲕ ⲉ ⲣⲟϥ· ⲁⲩⲱ ⲛ̅ⲧⲉⲩⲛⲟⲩ· ⲁ ⲡⲉϥϩⲏⲧ ϣⲱⲡⲉ ⲙ̅ⲙⲟϥ· ⲁϥⲃⲱⲕ ⲉ ⲡϥ̅ⲏⲓ· ⲉϥϯ ⲉⲟⲟⲩ ⲙ̅ ⲡⲛⲟⲩⲧⲉ· ⲙⲛ̅ ⲡⲉϥⲙⲁⲣⲧⲩⲣⲟⲥ ⲉⲧ ⲟⲩⲁⲁⲃ· ⲁϥⲛ̅-ⲕⲟⲧⲕ̅ ϣⲁ ϩⲧⲟⲟⲩⲉ· ⲁⲩⲱ ⲛ̅ ⲧⲉⲣⲉ ⲡⲟⲩⲟⲉⲓⲛ ⲉⲓ ⲉ ⲃⲟⲗ· ⲁϥⲧⲁϣⲉⲟⲉⲓϣ ⲉⲛ ⲧⲡⲟⲗⲓⲥ ⲧⲏⲣⲥ̅· ⲙ̅ ⲡⲉⲛⲧⲁϥϣⲱⲡⲉ· ⲁⲩⲱ ⲁϥⲃⲱⲕ ⲉ ⲡⲙⲁ· ⲉⲧ ⲉⲣⲉ ⲡϣⲉ ⲛⲏⲩ ⲉ ⲃⲟⲗ ⲛ̅ϩⲏⲧϥ̅· ⲁϥⲁⲗⲟϥ ⲉϫⲙ̅ ⲧⲉϥⲛⲁϩⲃ̅· ⲉⲣⲉ ⲟⲩⲟⲛ ⲛⲓⲙ ⲑⲉⲱⲣⲉⲓ ⲙ̅ⲙⲟϥ· ⲁϥϥⲓⲧϥ̅ ⲉ ⲡⲧⲟⲡⲟⲥ· ⲙ̅ ⲡⲉⲧ ⲟⲩⲁⲁⲃ· ⲁϥⲕⲁⲁϥ ϩⲙ̅ ⲡⲙⲁ· ⲛ̅ⲧ ⲁϥϥⲓⲧϥ̅ ⲛ̅ϩⲏⲧϥ̅· ⲁⲩⲱ ⲁⲩⲛⲟϭ ⲛ̅ ϩⲟⲧⲉ· ϩⲉ ⲉ ϩⲣⲁⲓ ⲉϫⲛ̅ ⲟⲩⲟⲛ ⲛⲓⲙ· ⲉⲧ ⲛⲁⲩ ⲉ ⲣⲟϥ· ⲁⲩⲱ ⲙⲛ̅ ⲟⲩϫⲱϩ ⲉ ⲉⲕⲉ ⲉⲓⲇⲟⲥ· ⲙ̅ ⲡⲧⲟⲡⲟⲥ ⲛ̅ⲕⲉ ⲥⲟⲛ· ϣⲁⲛⲧ ⲟⲩϫⲟⲕϥ̅ ⲉ ⲃⲟⲗ· ⲁⲩⲱ ⲙ̅ⲡⲉ ⲡⲣⲱⲙⲉ· ⲗⲟ ⲉϥⲣ̅ ϩⲱⲃ· ⲉϥⲛⲟⲩⲅ (*sic*) ⲟ̅ⲙⲉ ϩⲓ ⲧⲱⲃⲉ· ⲉ ⲡⲧⲟⲡⲟⲥ ⲙ̅ ⲡⲉⲧ ⲟⲩⲁⲁⲃ·
Fol. 12 *a* ϣⲁⲛⲧ ⲟⲩϫⲟⲕϥ̅ ⲉ ⲃⲟⲗ· ⲁⲩⲱ ⲉϥϯ ⲉⲟⲟⲩ ⲙ̅ ⲡⲛⲟⲩⲧⲉ
ⲗⲃ̅ ⲙ̅ ⲡϩⲁⲅⲓⲟⲥ | ⲙⲉⲣⲕⲟⲩⲣⲓⲟⲥ·

ⲦⲘⲈϨ ⲤⲀϢϤ ⲈⲚϬⲞⲘ· Ⲛ̅ ⲠϨⲀⲄⲒⲞⲤ ⲘⲈⲢⲔⲞⲨⲢⲒⲞⲤ

ⲥⲱⲧⲙ̅ ⲟⲛ· ⲉ ⲧⲉⲕⲉ ⲛⲟϭ ⲛ̅ϣⲡⲏⲣⲉ· ⲱ̅ ⲛⲁⲙⲉⲣⲁⲧⲉ· ⲟⲩⲉⲟⲟⲩ ⲙ̅ ⲡⲛⲟⲩⲧⲉ· ⲙ̅ ⲡϩⲁⲅⲓⲟⲥ ⲙⲉⲣⲕⲟⲩⲣⲓⲟⲥ· ⲁⲥ-ϣⲱⲡⲉ ⲇⲉ ⲛ̅ ⲧⲉⲣ ⲟⲩⲥⲙⲓⲛⲉ· ⲙ̅ ⲡⲧⲟⲡⲟⲥ ⲕⲁⲗⲟⲥ· ϩⲙ̅ ⲙⲛ̅ⲧⲥⲁⲛ ⲛ̈ⲓⲙ· ⲁⲩⲥⲙⲓ̈ⲛⲉ ⲉ ⲣⲟϥ· ⲛ̅ ⲟⲩⲁⲅⲅⲉⲗⲟⲥ ⲛ̅ ϣⲉ: ⲛ̅ϣⲟⲩⲉⲃⲉ· ⲉ ⲃⲟⲗ ϫⲉ ⲉⲣⲉ ϣⲟⲙⲧ ⲛ̅ⲛⲟϭ ⲛ̅ϣⲟⲩⲉⲃⲉ ⲛ̅ ⲧⲉⲥⲥϩⲓⲙⲉ ⲛ̅ⲧⲁ ⲡϩⲁⲅⲓⲟⲥ ⲙⲉⲣⲕⲟⲩⲣⲓ̈ⲟⲥ ϯ ⲡⲟⲩⲟⲉⲓⲛ ⲛⲁⲥ· ⲛ̅ⲧⲁ ⲡⲉⲥⲙⲁ[ⲕⲁ]ⲣⲓⲟⲥ ⲛ̅ ϩⲁⲓ ϯ ⲡⲟⲩⲧⲟϣ· ⲙ̅ⲡⲁⲧ ϥ̅ⲙⲟⲩ· ⲉ ⲥⲙⲛ̅ⲧⲟⲩ ⲛ̅ ⲟⲩⲛⲟϭ ⲛ̅ ⲕⲓⲛⲃⲏⲗ· ⲗⲟⲓⲡⲟⲛ ⲁ

ⲡⲛⲟⲩⲧⲉ· ⲁ ⲛⲟⲩⲧⲉ ϭⲓ ⲙ̅ ⲡⲉϥϣⲓⲛⲉ· ⲕⲁⲧⲁ ⲡⲧⲟϣ ⲛ̅-
ⲣⲱⲙⲉ ⲛⲓⲙ· ⲁϥⲙⲟⲩ· ⲁϥⲕⲁ ⲟⲩⲙⲏⲏϣⲉ· ⲛ̅ⲕⲧⲏⲥⲓⲥ
ⲛⲁⲥ· ⲧⲟⲧⲉ ⲁⲩⲥⲙⲓⲛⲉ ⲛ̅ ⲑⲁⲯⲓⲥ ⲛ̅ϣⲟⲩⲉⲃⲉ ⲉ ⲛⲁⲛⲁ-
ⲛⲟⲩϥ (*sic*) ⲉⲙⲁⲧⲉ· ⲁⲩⲱ ⲛ̅ ⲧⲏⲣ ⲟⲩⲥⲱⲟⲩϩ· ⲛ̅ ⲙ̅ⲙⲏⲏϣⲉ
ⲧⲁⲗⲟⲥ ⲉ ϩⲣⲁⲓ· ⲛ̅ ⲕⲟⲩ̈ⲓ ⲇⲉ ⲛ̅ⲡⲁⲣⲅⲁⲧⲏⲥ· ⲡⲉϫⲁⲩ
ⲛ̅ⲛⲉⲩⲉⲣⲏⲩ ⲛ̅ⲑⲉ ⲛⲉⲧⲥⲱⲃⲉ· ϩⲁⲙⲟⲓ ⲉϣⲱⲡⲉ ⲉ ⲡϩⲏⲧ·
ⲙ̅ ⲡϩⲁⲅⲓⲟⲥ ⲙⲉⲣⲕⲟⲩⲣⲓⲟⲥ· ⲧⲏⲧ ⲛ̅ⲙⲙⲁⲛ· ⲉ ⲕⲱⲧ ⲉ
ⲣⲟϥ ⲛ̅ ⲟⲩⲙⲁⲣⲧⲩⲣⲓⲟⲛ· ⲛϥⲧⲣⲉ ⲧⲉϩⲁⲯⲓⲥ ⲛ̅ϣⲟⲩⲉⲃⲉ
ⲧⲁⲩⲟ· | ⲅⲁⲣⲡⲟⲥ ⲉϥⲱⲧⲡ̅· ⲉϣϫⲉ ⲉϥⲣⲏⲧ ⲛ̅ⲧⲡⲟⲩⲱⲙ Fol. 12 *b*
ⲙ̅ⲡϩⲏⲧϥ· ϩⲛ̅ ⲟⲩϣⲥ̅ⲛⲉ ⲇⲉ· ϩⲟⲥⲟⲛ ⲉⲣⲉ ⲡϣⲁϫⲉ ⲛⲏⲩ ⲙ̅ⲅ̅
ⲉ ⲃⲟⲗ ϩⲛ̅ ⲣⲱⲟⲩ· ⲁ ⲡϣⲉ ⲧⲁⲩⲟ ⲉ ⲃⲟⲗ ⲛ̅ ϩⲉⲛⲕⲗⲁⲇⲟⲥ
ⲉϥⲱⲧⲡ̅: ⲛ̅ⲇⲏⲅⲉⲓ ⲉⲛⲁⲛⲟⲩϥ ⲉϥⲗⲏⲕ· ⲁⲩⲱ ⲛ̅ⲧⲉⲣ
ⲟⲩⲛⲁⲩ ⲛ̅ϭⲓ ⲙⲏⲏϣⲉ· ⲉ ⲡⲉ ⲛ̅ⲧⲟϥϣⲱⲡⲉ· ⲁⲩⲱϣ ⲉ ⲃⲟⲗ
ϩⲛ̅ ⲟⲩⲛⲟϭ ⲛ̅ⲥⲙⲏ· ⲉⲩϯ ⲉⲟⲟⲩ ⲙ̅ ⲡⲛⲟⲩⲧⲉ ⲙⲛ̅ ⲡⲉϥ-
ⲙⲁⲣⲧⲩⲣⲟⲥ ⲉⲧ ⲟⲩⲁⲁⲃ· ⲡⲁⲓ ⲉⲓⲧⲉ (*sic*) ⲉⲓⲣⲉ ⲛ̅ⲛⲉϭⲟⲙ· ⲙⲛ̅
ⲛⲉⲓ ϣⲡⲏⲣⲉ· ⲉⲛⲁϣⲱⲟⲩ· ⲁⲩⲱ ⲁⲩⲉⲓ[ⲛⲉ] ⲉ ⲃⲟⲗ ϩⲛ̅ ⲛ̅-
ⲅⲁⲣⲡⲟⲥ· ⲛ̅ϩⲟⲓⲛⲉ ⲛ̅ⲥⲡⲟⲩⲇⲁⲟⲥ· ⲁⲩⲕⲁⲁⲩ ⲛ̅ⲧⲟⲟⲧⲟⲩ
ϩⲛ̅ ⲛⲉⲩⲏⲓ: ϩⲱⲥ ⲫⲩⲗⲁⲕⲧⲏⲣⲓⲟⲛ· ⲱ̅ ϫⲉ ⲟⲩⲏⲣ ⲛ̅
ⲛ̅ⲧⲁⲗϭⲟ ⲛ̅ⲧⲁⲩϣⲱⲡⲉ ϩⲛ̅ ⲛ̅ⲅⲁ[ⲣ]ⲡⲟⲥ ⲉⲧ ⲙ̅ⲙⲁⲩ· ⲁⲙ-
ⲙⲏⲏϣⲉ ⲟⲩⲱⲙ· ⲁⲩⲥⲉⲓ ⲁⲩⲉⲩⲭⲁⲣⲓⲥⲧⲟⲩ ⲙ̅ ⲡⲛⲟⲩⲧⲉ·
ⲙⲛ̅ ⲡⲉϥⲙⲁⲣⲧⲩⲣⲟⲥ ⲉⲧ ⲟⲩⲁⲁⲃ· ⲡϩⲁⲅⲓⲟⲥ ⲙⲉⲣⲕⲟⲩⲣⲓⲟⲥ·
ⲁⲩⲥⲱⲧⲙ̅ ⲇⲉ ⲛ̅ϭⲓ ⲟⲩⲟⲛ ⲛⲓⲙ· ⲉⲧ ϩⲛ̅ ⲧⲡⲟⲗⲓⲥ ⲙⲛ̅
ⲡⲉⲥⲕⲱⲧⲉ· ⲉⲓⲧⲉ ⲕⲟⲩ̈ⲓ· ⲉⲓⲧⲉ ⲛⲟϭ· ⲁⲩⲉⲓ ⲧⲏⲣⲟⲩ ϩⲓ
ⲟⲩⲥⲟⲡ· ⲉⲛⲁⲩ ⲉ ⲧⲉⲛⲟϭ ⲛ̅ ϣⲡⲏⲣⲉ· ⲛ̅ϩⲟⲟⲩⲧ ⲙⲛ̅
ⲛⲉϩⲓⲟⲙⲉ· ⲉⲩⲛⲏⲩ ⲉⲩⲑⲉⲱⲣⲉⲓ· ⲙⲛ̅ ⲙ̅ ⲡⲉⲛⲧⲟϥϣⲱⲡⲉ·
ⲛ̅ⲧⲁ ⲡⲁ̈ⲓⲕⲁⲓⲟⲥ ⲁⲁϥ· ⲛⲉⲩⲛ ⲟⲩⲇⲁⲓ· ⲇⲉ ⲟⲛ ϩⲛ̅ ⲧⲡⲟⲗⲓⲥ·
ⲉⲩⲙⲟⲩⲧⲉ ⲉ ⲣⲟϥ· ϫⲉ ⲅⲁⲓⲡⲓⲟⲥ· ⲉⲩ|ⲁⲅⲣⲓⲟⲥ ▨▨▨ ⲡⲉ· Fol. 13 *a*
ⲉ ϩⲟⲩⲛ ⲉ ⲣⲱⲙⲉ ⲛⲓⲙ· ⲛ̅ϩⲟⲩⲟ ⲇⲉ ⲉ ⲛⲉⲭⲣⲓⲥϯⲁⲛⲟⲥ· ⲙ̅ⲇ̅
ⲁϥⲥⲱⲧⲙ̅ ϩⲱϥ· ⲉ ⲧⲛⲟϭ ⲛ̅ ϣⲡⲏⲣⲉ ⲛ̅ⲧⲁⲥϣⲱⲡⲉ· ϩⲛ̅
ⲡⲧⲟⲡⲟⲥ ⲙ̅ ⲡⲉⲧ ⲟⲩⲁⲁⲃ· ⲡⲉϫⲁϥ ϫⲉ· ϯⲛⲁⲃⲱⲕ ⲧⲁⲛⲁⲩ·
ϫⲉ ϩⲉⲛⲙⲉ ⲛⲉ ⲛⲓ ϣⲁϫⲉ· ⲉⲧⲉ ⲛⲉⲓ ⲭⲣ[ⲏⲥⲧ]ⲓⲁⲛⲟⲥ ϫⲱ
ⲙ̅ⲙⲟⲟⲩ· ϫⲉⲛ ⲉⲙⲟⲛ· ϩⲁⲣⲏⲩ ⲉⲩϫⲓ ϭⲟⲗ· ⲁϥⲟⲩⲉϩ-
ⲥⲁϩⲛⲉ ⲛⲉ ⲛⲧⲉ ⲛ ⲟⲩⲛ̅ ⲟⲩϩⲙ̅ϩⲁ[ⲗ] ⲙ̅ ⲡⲟϥ ⲡⲉ· ⲉ ⲧⲣⲉϥ-
ϩⲱⲕ ⲛⲁϥ· ⲛ̅ ⲟⲩⲙⲟⲩⲗⲗⲥ ⲛ̅ ⲥϩⲓⲙⲉ· ⲛ̅ ⲗⲏⲩⲕⲟⲛ·

ⲁϥⲁⲗⲉ ⲉ ⲣⲟⲥ· ⲡⲉϫⲁϥ ⲙ̅ ⲡⲉϥϩⲙ̅ϩⲁⲗ· ϫⲉ ⲁⲙⲟⲩ
ⲛ̅ⲧⲛ̅ⲛⲁⲩ ⲉ ⲡⲥⲱⲃⲉ· ⲉⲧⲉ ⲛⲉⲭⲣⲓⲥ⳨ⲁⲛⲟⲥ ⲉⲓⲣⲉ ⲙ̅ⲙⲟϥ·
ⲗⲟⲓⲡⲟⲛ ⲁⲩⲙⲟⲟϣⲉ· ⲙⲛ̅ ⲛⲉⲩⲉⲣⲏⲩ· ϣⲁⲛⲧ ⲟⲩⲉⲓ ⲉ
ⲡⲧⲟⲡⲟⲥ· ⲙ̅ ⲡϩⲁⲅⲓⲟⲥ ⲙⲉⲣⲕⲟⲩⲣⲓⲟⲥ· ⲁϥⲃⲟⲕ ⲉ ϩⲟⲩⲛ
ⲛ̅ϭⲓ ⲡⲣⲱⲙⲉ ⲛ̅ ⲟⲩⲇⲁⲓ· ⲉϥⲧⲁⲗⲏⲩ ⲉ ⲡⲉϥⲧⲃ̅ⲛⲏ· ⲡⲉϫⲉ
ⲟⲩⲁ ⲛⲁϥ· ϩⲛ̅ ⲛ̅ϣⲏⲣⲉ ⲕⲟⲩⲓ̈ ⲛ̅ⲭⲣⲓⲥ⳨ⲁⲛⲟⲥ· ⲉⲧ ⲡⲟⲛⲅ̅
ⲟⲙⲉ ⲉ ⲡⲧⲟⲡⲟⲥ· ϫⲉ ⲉⲕⲃⲏⲕ ⲉ ⲧⲟⲛ· ⲱ̅ ⲡⲁⲧⲛⲟⲩⲧⲉ·
ⲙⲛ̅ ⲡⲉⲓ ⲧⲃ̅ⲛⲏ· ⲉ ϩⲟⲩⲛ ⲉ ⲧⲉⲕⲕⲗⲏⲥⲓⲁ ⲙ̅ ⲡⲛⲟⲩⲧⲉ·
ⲁⲩⲱ ⲙ̅ⲡⲉ ⲡⲣⲱⲙⲉ ⲛ̅ ⲓⲟⲩⲇⲁⲓ· ϭⲱϣⲧ̅ ⲛ̅ⲥⲟϥ ϩⲱⲗⲟⲥ·
Fol. 13 *b* ⲁⲗⲗⲁ ⲁϥⲃⲱⲕ· ⲁϥⲁϩⲉ ⲣⲁⲧϥ̅· ⲁϥϭⲱϣⲧ̅ | ⲉ ϩⲣⲁⲓ ⲉ
ⲙ̅ⲉ̅ ⲧⲑⲁⲯⲓⲥ· ⲉⲥⲟⲧⲡ̅ ⲛ̅ⲕⲁⲣⲡⲟⲥ ϩⲓ ϭⲱⲃⲉ· ⲉϣϫⲉ ⲉϥⲣⲏⲧ
ϩⲓ̈ϫⲙ̅ ⲡⲕⲁϩ· ⲁⲩⲱ ⲡⲉϫⲁϥ ⲛ̅ϭⲓ ⲡⲣⲱⲙⲉ ⲛ̅ ⲓⲟⲩⲇⲁⲓ·
ϫⲉ ⲛⲓⲙ ⲡⲉ ⲛ̅ⲧⲟϥ⳨· ⲛ̅ⲛⲓϭⲱⲃⲉ ⲉⲛⲁⲗⲗⲟⲧⲣⲓⲟⲛ ⲉⲛⲉⲕ-
ⲗⲟⲙ· ⲉⲩϫⲓ ϭⲟⲗ· ⲉ ⲡⲉⲧ ⲟⲩⲁⲁⲃ· ϫⲉ ⲛ̅ⲧⲟϥ ⲡⲉ
ⲛ̅ⲧⲁϥⲣ̅ ⲡⲉⲓ· ⲁϥⲟⲩⲱϣⲃ̅ ⲛ̅ϭⲓ ⲡϣⲏⲣⲉ ϣⲏⲙ· ⲛ̅ⲁⲡ-
ⲑⲁⲣⲧⲟⲥ· ⲡⲉ ⲛ̅ⲧⲟϥϣⲁϫⲉ· ϫⲓⲛ ⲛ̅ϣⲟⲣⲡ̅ ⲉ ⲧⲃⲉ ⲡⲧⲃ̅ⲛⲏ
ⲉⲧ ⲉϥⲧⲁⲗⲏⲩ· ⲡⲉϫⲁϥ ⲛⲁϥ· ϫⲉ ⲡⲉⲧ ⲛⲁⲡⲁⲧⲁⲥⲥⲉ
ⲙ̅ⲙⲟⲕ· ϩⲓ ⳨ⲟⲩⲛⲟⲩ· ⲛ̅ⲧⲟϥ ⲡⲉⲧ ⲟⲩⲱⲛϩ̅ ⲉ ⲃⲟⲗ· ⲛ̅-
ⲛⲉϣⲏⲣⲉ ⲧⲏⲣⲟⲩ· ⲛ̅ⲧⲉⲩⲛⲟⲩ ⲇⲉ ⲁϥⲙⲟⲩϩ ⲛ̅ ϭⲱⲛⲧ̅
ϩⲛ̅ ⲛ̅ⲛⲟϭ· ⲛ̅ ⲑⲩⲙⲟⲥ· ⲁϥⲕⲁ ⲡⲧⲃ̅ⲛⲏ ⲉϫⲙ̅ ⲡϣⲏⲣⲉ
ϣⲏⲙ· ϫⲉ ⲉϥⲛⲁϩⲓⲟⲩⲉ ⲉ ⲣⲟϥ· ⲁⲩⲱ ⲛ̅ⲧⲉⲩⲛⲟⲩ·
ⲁ ⲧⲟⲩⲣⲏⲧ ⲉⲛ ⲧⲙⲟⲩⲗⲗⲥ· ⲃⲱⲕ ⲉ ⲡⲉⲥⲏⲧ ϩⲙ̅ ⲡⲕⲁϩ·
ⲛ̅ⲑⲉ ⲛ̅ ⲟⲩⲟⲙⲉ· ⲁϥϩⲉ ⲉϫⲙ̅ ⲡⲉϥϩⲟ· ⲁϥⲡⲗⲏⲅⲏ ⲙ̅-
ⲙⲟϥ· ϩⲛ̅ ⲛⲉⲛⲛⲱⲛⲉ ⲙⲛ̅ ⲛ̅ⲧⲱⲃⲉ· ⲉⲧ ⲛⲏϫ ⲉ ⲃⲟⲗ·
ϩⲙ̅ ⲡⲙⲁ ⲛ̅ ⲕⲱⲧ· ⲁⲩⲱ ⲛ̅ⲧⲉⲩⲛⲟⲩ· ⲉⲓⲥ ⲡϩⲁⲅⲓⲟⲥ
ⲙⲉⲣⲕⲟⲩⲣⲓⲟⲥ· ⲁϥⲉⲓ ϩⲛ̅ ⲡⲣⲟ· ⲉⲣⲉ ⲟⲩⲁⲅⲅⲉⲗⲟⲥ ⲙⲟⲟϣⲉ
Fol. 14 *a* ⲛ̅ⲙ̅ⲙⲁϥ· ⲉⲣⲉ ⲡⲉϥⲕⲟⲩⲛⲧⲁⲣⲓⲟⲛ ⲛ̅ ⲧⲟⲟ|ⲧϥ̅ ⲡⲉϫⲁϥ
ⲙ̅ⲋ̅ ⲛⲁϥ· ϫⲉ ⲉⲕⲣ̅ ⲟⲩ ⲙ̅ ⲡⲉⲓ ⲙⲁ· ⲱ̅ ⲡⲓⲣⲱⲙⲉ ⲉⲧⲏⲩ *(sic)*
ⲉ ⲃⲟⲗ· ⲡⲙⲁ ⲛ̅ ⲭⲗⲓ̈ⲃⲁⲍⲉ ⲁⲛ ⲡⲉ ⲡⲉⲓ ⲙⲁ· ⲁⲕⲕⲟ ⲙ̅
ⲡⲉⲕϩⲟ ⲉⲓ ⲉ ϩⲟⲩⲛ· ϩⲉⲛⲛ̅ⲁⲗⲗⲟⲧⲣⲓⲟⲥ ⲛⲉ ⲛⲓϭⲱⲃⲉ·
ⲙⲛ̅ ⲛ̅ⲓ ⲕⲁⲣⲡⲟⲥ· ⲁⲩⲱ ⲛ̅ⲧⲁⲕⲉⲓ ⲉ ⲡⲉⲓ ⲙⲁ· ϫⲉ ⲉⲕⲉϩⲓⲟⲩⲉ
ⲉ ⲛⲉⲧ ⲣ̅ ϩⲱⲃ· ⲉ ⲡⲁ ⲧⲟⲡⲟⲥ· ⲙ̅ⲡⲉ ⲕⲣ̅ ϩⲱⲃ· ⲟⲩⲇⲉ
ⲙ̅ⲡⲉ ⲕⲕⲱ ⲛⲉⲧ ⲣ̅ ϩⲱⲃ· ⲁⲩⲱ ⲛ̅ⲧⲉⲩⲛⲟⲩ ⲁϥϩⲟⲕϥ̅ ⲙ̅
ⲡⲉϥⲕⲟⲩⲛⲧⲁⲣⲓⲟⲛ· ⲉ ⲧⲙⲏⲏⲧⲉ ⲙ̅ⲡϩⲏⲧϥ̅· ⲁ ⲛⲉϥⲙⲁⲁϫ̅

ⲉⲓ ⲉ ⲃⲟⲗ ⲙ̅ⲙⲟϥ· ⲉⲛⲉ ⲙⲡ̅ ⲗⲁⲁⲩ ⲛⲁⲩ ⲉ ⲡⲡⲉⲧ ⲟⲩⲁⲁⲃ·
ⲉⲓ ⲙⲛ ⲧⲉï ⲡⲣⲱⲙⲉ ⲛ̅ ⲟⲩⲁⲓ· ⲛ̅ⲧⲁ ⲡⲉⲧ ⲟⲩⲁⲁⲃ ⲡⲁ-
ⲧⲁⲥⲥⲉ· ⲁⲗⲗⲁ ⲛⲉⲩⲛⲁⲩ ⲉ ⲡⲣⲱⲙⲉ· ⲉϥⲛⲉϫ ⲉ ⲃⲟⲗ·
ⲉϥⲟ ⲛ̅ ⲁⲧ ⲉⲓⲙⲉ· ⲥⲉⲥⲟⲟⲩⲛ̅ ⲁⲛ· ⲙ̅ ⲡⲉ ⲛ̅ⲧⲟϥϣⲱⲡⲉ
ⲙ̅ⲙⲟϥ· ⲙⲛ̅ⲛ̅ⲥⲱⲥ ⲁϥⲱϣ ⲉ ⲃⲟⲗ· ⲛ̅ϭⲓ ⲡⲣⲱⲙⲉ· ϩⲛ̅
ⲟⲩⲛⲟϭ ⲛ̅ ⲥⲙⲏ· ⲉϥϫⲱ ⲙ̅ⲙⲟⲥ· ϫⲉ ⲡϩⲁⲅⲓⲟⲥ ⲙⲉⲣ-
ⲕⲟⲩⲣⲓⲟⲥ· ⲃⲟⲏⲑⲉⲓ ⲉ ⲣⲟⲓ· ϩⲛ̅ ⲧⲉⲟⲩⲛⲟⲩ ⲛ̅ ⲁⲛⲁⲅⲅⲉⲕⲏ·
ϯⲛⲁⲟⲩⲱϩ ⲁⲛ ⲉ ⲧⲟⲟⲧ ϣⲁ ⲉⲛⲉϩ· ⲛ̅ⲟⲩⲟⲉⲓϣ ⲉⲓⲥⲕⲟⲧⲉⲓ
ⲛ̅ⲥⲁ ⲗⲁⲁⲩ· ⲙ̅ ⲡⲉⲧ ⲟⲩⲁⲁⲃ· ⲁⲩⲱ [ⲉ]ϣⲱⲡⲉ ⲉⲕϣⲁⲛⲉⲣ̅
ⲡⲛⲁ̅ ⲛ̅ⲙ̅ⲙⲁⲓ· ⲛ̅ⲅ̅ ⲕⲟ ⲛⲁⲓ ⲉ ⲃⲟⲗ ϩⲙ̅ ⲡⲉⲓ ϣⲱⲛⲉ· ϯⲛⲁ
ϣⲱⲡⲉ ϩⲱⲱⲧ ⲛ̅ ⲭⲣⲓⲥϯⲁⲛⲟⲥ· ⲁⲩⲱ ϯ | ⲥⲙⲓⲛⲉ ⲛ̅ Fol. 14 *b*
ⲧⲉⲕⲥⲧⲏⲗⲏ· ϯ[...]ⲕ ⲧⲉⲛⲟⲩ ϩⲙ̅ ⲡⲉⲕⲉⲟⲟⲩ· ⲙ̅ⲍ̅
ⲉⲣⲉ ⲡⲉⲕⲕⲟⲩⲛⲧⲁⲣⲓⲟⲛ ⲧⲟⲕⲥ̅ ⲉ ⲣⲟⲓ· ⲁⲩⲱ ϯⲛⲁⲥⲙⲓⲛⲉ
ⲙ̅ ⲡⲁ ⲗⲓ̈ⲙⲛ̅ ϩⲱⲱⲧ· ⲉϥⲛⲏϫ ⲉ ⲃⲟⲗ ϩⲁ ⲛⲉⲕⲟⲩⲉⲣⲏⲧⲉ·
ϩⲛ̅ ⲟⲩⲛⲟϭ ⲛ̅ ϣⲓ̈ⲡⲉ· ⲙⲛ̅ ⲟⲩⲙⲛ̅ⲧⲁⲧϭⲟⲙ· ⲛ̅ⲧⲁⲭⲣⲩⲥ-
ⲥⲟⲩ ⲛ̅ ⲧⲉⲕϩⲓⲕⲱⲛ ϩⲛ̅ ⲟⲩⲛⲟⲩⲃ· ⲉϥⲥⲟⲧⲡ̅· ⲙⲛ̅ ϩⲉⲛⲱⲛⲉ
ⲛ̅ⲁⲩⲉⲓⲛ ⲛ̅ⲕⲱϩⲧ̅· ⲉⲧⲉ ⲡⲉⲭⲣⲩⲥⲟⲗⲓ̈ⲑⲟⲥ ⲡⲉ· ⲁⲩⲱ
ⲡⲗⲓ̈ⲙⲛ̅ ⲙ̅ ⲡⲉⲕⲕⲟⲩⲛⲧⲁⲣⲓⲟⲛ· ϯⲛⲁ ⲧⲣⲉⲩⲧⲟⲕⲥϥ̅ ⲉⲛⲱⲛⲉ
ⲙ̅ ⲙⲉ· ⲛ̅ ⲁⲧⲁⲙⲁⲥ· ⲃⲟⲏⲑⲉⲓ ⲉ ⲣⲟⲓ ⲱ̅ ⲡⲁ ϫⲟⲉⲓⲥ·
ⲙⲉⲣⲕⲟⲩⲣⲓⲟⲥ· ⲛⲁⲓ ϫⲉ ⲛ̅ ⲧⲉⲣⲉ ϥϫⲟⲟⲩ· ⲉϥⲛⲏϫ ⲉ
ⲃⲟⲗ· ⲉϥⲟ ⲙ̅ ⲡⲛϣ ⲙⲟⲩ: ⲙⲛ̅ⲛ̅ⲥⲁ ⲛⲁⲓ· ⲁ ⲡⲁⲅⲅⲉⲗⲟⲥ
ⲙ̅ ⲡϫⲟⲉⲓⲥ· ϣⲁϫⲉ ⲙⲛ̅ ⲡϩⲁⲅⲓⲟⲥ ⲙⲉⲣⲕⲟⲩⲣⲓⲟⲥ· ϫⲉ
ⲛⲉϩ ⲡ̅ⲕ̅ⲕⲟⲩⲛⲧⲁⲣⲓⲟⲛ ϩⲓⲱⲱϥ· ⲉϣϫⲉ ⲉϥⲛⲁⲡⲓ̈ⲥⲧⲉⲩⲉ ⲉ
ⲡⲉⲛⲣ̅ⲣⲟ ⲙ̅ ⲙⲉ· ⲡⲉⲭ̅ⲥ̅· ⲛⲁⲛⲟⲩ ⲟⲩⲣⲉϥⲣ̅ ⲛⲟⲃⲉ· ⲛ̅ϩⲟⲩⲟ
ⲉⲩⲇⲓⲕⲁⲓ̈ⲟⲥ· ⲉϥⲛⲁⲣ̅ ⲛⲟⲃⲉ· ϣⲁⲣⲉ ⲟⲩⲣⲁϣⲉ ϣⲱⲡⲉ·
ϩⲛ̅ ⲧⲙⲏⲏⲧⲉ ⲛ̅ ⲛ̅ⲁⲅⲅⲉⲗⲟⲥ· ⲉϫⲛ̅ ⲟⲩⲣⲉϥⲣ̅ ⲛⲟⲃⲉ· ⲉϥϣⲁⲛ-
ⲙⲉⲧⲁⲛⲟⲓⲁ ⲉϫⲛ̅ | ⲛⲉϥⲛⲟⲃⲉ· ⲕⲁⲧⲁ ⲑⲉ ⲛ̅ⲧⲁ· ⲡⲥⲱⲧⲏⲣ Fol. 15 *a*
ⲧⲁⲙⲉ ⲛⲉϥⲙⲁⲑⲏⲧⲏⲥ· ϫⲉ ⲛϥ̅ ⲙ̅ⲙⲁⲩ· ⲙⲁⲣⲉ ⲡⲕⲛⲁ̅ ⲙ̅ⲏ̅
ⲧⲁϩⲟϥ· ϫⲉ ⲟⲩⲁⲧ ⲥⲟⲟⲩⲛ̅ ⲡⲉ· ⲁⲩⲱ ⲁ ⲡⲡⲉⲧ ⲟⲩⲁⲁⲃ
ⲕⲁⲁϥ ⲉ ⲃⲟⲗ· ⲛ̅ ⲧⲉⲣⲉ ⲡⲉϥϩⲏⲧ ϣⲱⲡⲉ ⲙ̅ⲙⲟϥ· ⲁϥϫⲓ
ϩⲱⲃ ⲛⲓⲙ· ⲛ̅ⲧⲁⲩϣⲱⲡⲉ ⲙⲟϥ̅ (*sic*) · ⲉ ⲡⲙⲏⲏϣⲉ ⲉⲧ ⲥⲟⲟⲩϩ
ⲉ ϩⲟⲩⲛ· ⲛ̅ⲧⲟⲟⲩ ⲇⲉ ⲁⲩϯ ⲉⲟⲟⲩ ⲙ̅ ⲡⲛⲟⲩⲧⲉ· ⲡⲁⲓ ⲉⲧ
ⲓⲣⲉ ⲛ̅ ⲛⲓ ϭⲟⲙ· ⲉ ⲃⲟⲗ ϩⲓ ⲧⲟⲟⲧ ⲙ̅ ⲡⲉϥⲙⲁⲣⲧⲩⲣⲟⲥ ⲉⲧ
ⲟⲩⲁⲁⲃ· ⲙⲛ̅ⲛ̅ⲥⲁ ⲛⲁⲓ· ⲇⲉ ⲁ ⲡⲣⲱⲙⲉ ⲧⲱⲟⲩⲛ· ⲁϥⲃⲱⲕ

ⲉ ⲡⲉϥⲏⲓ̈ · ⲉϥϣⲁϫⲉ ⲉ ⲧⲉϥⲥϩⲓⲙⲉ · ⲙⲛ̄ ⲛⲉϥϩⲙ̄ϩⲁⲗ ·
ⲛ̄ϩⲱⲃ ⲛⲓⲙ ⲛ̄ⲧⲁⲩϣⲱⲡⲉ ⲙ̄ⲙⲟϥ · ⲁⲩⲱ ϫⲉ ⲛⲉ ⲙⲡⲧⲁⲁϥ
ϣⲏⲣⲉ ⲙ̄ⲙⲁⲩ · ϫⲉ ⲟⲩⲁϭⲣⲏⲛ ⲧⲉ · ⲧⲉϥⲥϩⲓⲙⲉ · ⲙ̄ ⲡⲉϥ-
ⲣⲁⲥⲧⲉ ⲇⲉ · ⲡⲉϫⲁϥ ⲛ̄ ⲧⲉϥⲥϩⲓⲙⲉ · ϫⲉ ⲡⲉⲧ ⲟⲩⲉϣ
ⲡⲛⲟⲩⲧⲉ · ⲙⲁⲣⲉϥⲟⲩⲁϩⲥ̄ϥ ⲛ̄ⲥⲱⲓ · ⲁⲩⲱ ⲁϥϫⲓ ⲛ̄ ⲧⲉϥⲥϩⲓⲙⲉ ·
ⲙⲛ̄ ⲛⲉϥϩⲙ̄ϩⲁⲗ · ⲁϥⲃⲱⲕ ⲉ ⲣⲁⲧϥ̄ ⲙ̄ ⲡⲓ̈ⲥⲕⲟⲡⲟⲥ *(sic)* ·
ⲁϥⲃⲁⲡⲧⲓⲍⲉ ⲙ̄ⲙⲟⲟⲩ · ⲉ ⲡⲣⲁⲛ ⲙ̄ ⲡⲣⲁⲛ *(sic)* ⲙ̄ ⲡⲓⲱⲧ ·
ⲙⲛ̄ ⲡϣⲏⲣⲉ · ⲙⲛ̄ ⲡⲉⲡⲛ̄ⲁ̄ [ⲉ]ⲧ ⲟⲩⲁ̄ⲃ̄ · ⲁⲩⲱ ⲁϥⲙⲟⲩⲧⲉ |
Fol. 15 *b* ⲉ ⲡⲉϥⲣⲁⲛ ϫⲉ ⲍⲁⲭⲁⲣⲓⲁⲥ · ⲁⲩⲱ ⲧⲉϥⲥϩⲓⲙⲉ ϫⲉ ⲗⲉⲥⲁ-
ⲡ *(sic)* ⲃⲉⲧ · ⲁⲩⲱ ⲛ̄ ⲧⲉⲣⲉ ϥⲃⲱⲕ ⲉ ⲡⲉϥⲏ̈ⲓ · ⲁϥⲥⲟⲩⲱⲛ ⲧⲉϥ-
ⲥϩⲓ̈ⲙⲉ · ⲁⲥⲱⲱ ⲛ̄ϣⲏⲣⲉ ⲥⲛⲁⲩ · ⲛ̄ϩⲟⲟⲩⲧ ⲛ̄ ⲟⲩⲥⲟⲡ ⲛ̄
ⲟⲩⲱⲧ · ⲁⲩⲱ ⲛ̄ ⲧⲉⲣⲉ ⲯⲓⲥ ⲛ̄ⲉⲃⲟⲧ ϫⲱⲕ ⲉ ⲃⲟⲗ · ⲁⲥϫⲡⲟ
ϣⲏⲣⲉ ⲥⲛⲁⲩ ⲛ̄ϩⲁⲧⲣⲉ · ⲁⲥⲙⲟⲩⲧⲉ ⲉ ⲡϣⲟⲣⲡ ⲙ̄ ⲙⲓ̈ⲥⲉ ·
ϫⲉ ⲙⲉⲣⲕⲟⲩⲣⲓⲟⲥ · ⲕⲁⲧⲁ ⲡⲣⲁⲛ ⲙ̄ ⲡⲉⲧ ⲟⲩⲁⲁⲃ · ⲉ ⲃⲟⲗ
ϫⲉ ⲧⲁⲩⲁⲙⲁⲧⲉ ⲙ̄ ⲡⲟⲩϫⲁⲓ ⲉ ⲃⲟⲗ ϩⲓ ⲧⲟⲟⲧϥ̄ · ⲡⲙⲉϩ
ⲥⲛⲁⲩ ⲁⲩⲙⲟⲩⲧⲉ ⲉ ⲣⲟϥ · ϫⲉ ⲓⲱϩⲁⲛⲛⲏⲥ · ⲉ ⲡⲣⲁⲛ ⲙ̄
ⲡⲃⲁⲡⲧⲓⲥⲧⲏⲥ · ⲙⲛ̄ⲛ̄ⲥⲁ ⲛⲁⲓ ⲧⲏⲣⲟⲩ · ⲁϥⲙⲟⲩⲧⲉ ⲉⲩⲣⲱⲙⲉ
ⲛ̄ ⲧⲩⲭⲛⲉⲓⲧⲏⲥ ⲁϥϯ ⲛⲁϥ ⲙ̄ ⲙⲛⲧ ⲛ̄ⲗⲓⲧⲣⲁ ⲛⲟⲩⲃ ·
ⲉϥⲥⲟⲧⲡ · ⲙⲛ̄ ϩⲉⲛⲛⲱⲛⲉ ⲙ̄ ⲙⲉ ⲉⲩⲧⲁⲓⲏⲩ · ⲁϥⲥⲙⲛ̄
ⲡⲗⲓ̈ⲙⲛ̄ ⲙ̄ ⲡϩⲁⲅⲓⲟⲥ ⲙⲉⲣⲕⲟⲩⲣⲓⲟⲥ · ⲉⲣⲉ ⲡⲉϥⲕⲟⲩⲛⲧⲁⲣⲓ̈ⲟⲛ
ⲛ̄ ⲧⲟⲟⲧϥ̄ · ⲁϥⲧⲣⲉⲩⲧⲟⲕⲥϥ̄ ⲉⲛⲱⲛⲉ · ⲛ̄ ⲁⲇⲁⲙⲁⲥ ⲁⲩⲱ
ⲁϥⲧⲣⲉⲩⲥⲙⲓⲛⲉ ⲙ̄ ⲡⲉϥⲗⲓⲙⲏⲛ · ϩⲱϥ ⲛ̄ ⲛⲟⲩⲃ · ϩⲓ̈ ⲱⲛⲉ
ⲙ̄ ⲙⲉ · ⲉϥϩⲁ ⲡⲉⲥⲛⲧ ⲙ̄ ⲡϩⲁⲅⲓⲟⲥ ⲙⲉⲣⲕⲟⲩⲣⲓⲟⲥ · ⲉϥ-
ⲡⲁⲧⲁⲥⲥⲉ ⲙ̄ⲙⲟϥ ϩⲙ̄ ⲡⲉϥⲙⲉⲣⲉϩ · ⲉϫⲛ̄ ϩⲏⲧϥ̄ · ⲁⲩⲱ
Fol. 16 *a* ϥⲓ | ⲛ̄ ⲧⲉϥϩⲓⲕⲱⲛ · ⲉ ϩⲟⲩⲛ ⲉ ⲧⲉⲕⲕⲗⲏⲥⲓⲁ · ⲙⲛ̄ⲛ̄ⲥⲁ
ⲡⲁ ⲡϩⲁⲅⲓⲁⲥⲙⲟⲥ · ⲙ̄ ⲡⲧⲟⲡⲟⲥ ⲁϥⲕⲁⲁⲥ ϩⲓⲑⲏ ⲙ̄ ⲡϩⲓⲣⲁ-
ⲧⲓⲟⲛ · ϣⲁ ϩⲣⲁⲓ ⲉ ⲡⲟⲟⲩ ⲛ̄ϩⲟⲟⲩ · ⲁⲩⲱ ⲥⲉϣⲟⲟⲡ ⲧⲉⲛⲟⲩ
ⲉⲩⲙⲛ̄ⲧⲙⲛ̄ⲧⲣⲉ ⲛ̄ ⲛ̄ϭⲟⲙ ⲙ̄ ⲡⲙⲁⲣⲧⲩⲣⲟⲥ ⲉⲧ ⲟⲩⲁⲁⲃ ·
ⲡϩⲁⲅⲓⲟⲥ ⲙⲉⲣⲕⲟⲩⲣⲓ̈ⲟⲥ · ϩⲛ̄ ⲟⲩⲉⲓⲣⲏⲛⲏ ⲛ̄ⲧⲉ ⲡⲛⲟⲩⲧⲉ
ϩⲁⲙⲏⲛ —:·:·:

ⲦⲘⲈϨ ϢⲘⲞⲨⲚ Ⲛ̄ϬⲞⲘ Ⲙ̄Ⲡ ϨⲀⲄⲒⲞⲤ ⲘⲈⲢⲔⲞⲨⲢⲒⲞⲤ

ⲁⲥϣⲱⲡⲉ ⲇⲉ· ⲙⲛ̄ⲛ̄ⲥⲁ ⲧⲣⲉⲩϩⲁⲅⲓⲁⲍⲉ· ⲙ̄ ⲡⲧⲟⲡⲟⲥ ⲙ̄ ⲡⲉⲧ ⲟⲩⲁⲁⲃ· ⲁⲩⲱ ⲁ ⲡⲥⲟⲉⲓⲧ ⲛ̄ ⲛⲓϭⲟⲙ (?) [ⲡ]ⲱϩ· ϣⲁ ⲙⲁ ⲛⲓⲙ· ⲁⲩⲱ ⲟⲩⲛⲟϭ ⲙ̄ⲙⲏⲏϣⲉ· ⲉⲩⲛⲏⲩ ⲉ ⲡⲉϥⲗⲓⲯⲁⲛⲟⲛ ⲉⲧ ⲟⲩⲁⲁⲃ· ⲉⲩ[ⲟⲩ]ⲱϣⲧ̄ ⲉ ϫⲱϥ· ⲁⲩⲱ ⲛⲉⲧ ϣⲱⲛⲉ ⲉⲩⲁⲙⲁⲧⲉ ⲙ̄ ⲡⲧⲁⲗϭⲟ· ⲉⲩⲃⲏⲕ ⲉ ⲛⲉⲩⲏⲓ̈· ⲛ̄ⲇⲁⲓⲙⲱⲛⲓⲟⲛ ⲉϥⲛⲟⲩϫ ⲙ̄ⲙⲟⲟⲩ ⲉ ⲃⲟⲗ· ⲁⲩⲱ ⲛⲉⲩϯ ϩⲁϩ ⲛ̄ⲉⲓⲣⲏⲛⲧ ϩⲓ ⲡⲣⲟⲥⲫⲟⲣⲁ· ⲉ ϩⲟⲩⲛ ⲉ ⲡⲉϥⲧⲟⲡⲟⲥ· ⲛⲉⲩⲛ̄ ⲟⲩⲁⲣⲭⲱⲛ ⲇⲉ· ϩⲙ̄ ⲟⲩⲭⲱⲣⲓⲟⲛ ϩⲓⲧⲟⲩⲱϥ· ⲙ̄ ⲡⲙⲁⲓ̈ (*sic*) ⲟⲩⲙⲁ ⲉⲩⲙⲟⲩⲧⲉ· ⲉ ⲡⲣⲁⲛ ⲙ̄ ⲡⲁⲣⲭⲱⲛ ⲉⲧ ⲙ̄ⲙⲁⲩ· ϫⲉ ⲕⲩⲣⲓⲥ ϩⲉⲣⲙⲁⲡⲟⲗⲗⲱⲛ· ⲉ ⲟⲩⲛ̄ⲧⲁϥ ⲙ̄ⲙⲁⲩ | ⲛ̄ Fol. 16 *b*
ⲟⲩϣⲉⲉⲣⲉ [ϣⲏⲙ]· ⲙ̄ ⲙⲟⲛⲟⲅⲉⲛⲏⲥ· ⲙ̄ⲡ ϥϫⲟ ϣⲏⲣⲉ [ⲛⲃ̄]
ⲉⲛⲉϩ· ⲛ̄ⲥⲁⲃⲗ̄ⲗⲁⲥ· ⲛ̄ⲧⲁϥⲕⲁⲁⲥ ⲉ ϩⲣⲁⲓ· ⲉⲥⲟ ⲛ̄ ⲕⲟⲩⲓ ⲛ̄ ⲟⲣⲫⲁⲛⲟⲥ· ⲉϥϭⲱϣⲧ̄ ⲛ̄ⲥⲱⲥ· ϩⲱⲥ ⲉϥⲛⲁⲩ ⲉ ⲡⲛⲟⲩⲧⲉ· ⲁϥⲥⲱⲧⲙ̄ ⲉ ⲧⲃⲉ ⲛ̄ϭⲟⲙ ⲙ̄ ⲡϩⲁⲅⲓⲟⲥ ⲙⲉⲣⲕⲟⲩⲣⲓⲟⲥ· ⲁϥⲧⲱⲟⲩⲛ· ⲁϥϥⲓ ⲟⲩⲕⲟⲩⲓ ⲛ̄ⲉⲩⲗⲟⲅⲓ̈ⲁ· ϣⲁ ⲙⲁⲁⲃ ⲛ̄ϩⲟⲗⲟⲕⲟϯⲛⲟⲥ· ⲁϥⲃⲱⲕ ⲉ ⲡⲧⲟⲡⲟⲥ ⲙ̄ ⲡⲉⲧ ⲟⲩⲁⲁⲃ· ⲁϥϣⲗⲏⲗ ⲁϥϯ ⲙ̄ ⲡⲙⲁⲁⲃ· ⲛ̄ϩⲟⲗⲟⲕⲟϯⲛⲟⲥ· ⲙ̄ ⲡⲟⲓⲕⲟⲛⲟⲙⲟⲥ ⲙ̄ ⲡⲧⲟⲡⲟⲥ· ⲁⲩⲱ ⲁ ⲛⲉⲕⲗⲏⲣⲓⲕⲟⲥ· ⲉⲓⲣⲉ ⲛ̄ ⲟⲩⲛⲟϭ ⲛ̄ ϣⲟⲡⲥ̄ ⲉ ⲣⲟϥ· ϫⲉ ⲛⲉ ϩⲉⲛⲙⲁⲓⲣⲱⲙⲉ ⲛⲉ· ⲛⲉⲕⲗⲏⲣⲓⲕⲟⲥ ⲉⲧ ⲙ̄ⲙⲁⲩ· ⲗⲟⲓⲡⲟⲛ ⲁⲩⲥⲱ ⲛ̄ ⲟⲩⲙⲏⲏϣⲉ ⲛ̄ ⲏⲣⲡ̄· ⲁⲩⲱ ⲁⲩⲱⲙ: ⲛ̄ ⲟⲩⲙⲏⲏϣⲉ ⲛ̄ ϭⲓⲛⲟⲩⲱⲙ· ⲉⲩϯ ⲙⲁ ⲙ̄ ⲡⲁⲣⲭⲱⲛ· ⲗⲟⲓⲡⲟⲛ ⲁⲩⲥⲩⲛϯⲭⲓⲁ· ⲉⲓ̈ ⲉ ⲧⲙⲏⲏⲧⲉⲓ̈· ⲡⲉϫⲉ ⲡⲁⲣⲭⲱⲛ· ϫⲉ ⲧⲉⲧⲛ̄ⲣ̄ ⲭⲣⲓⲁ ⲉⲛ ⲟⲩ ⲙⲁⲧⲁⲙⲟⲓ· ⲛ̄ⲧⲁⲥⲙⲛ̄ⲧϥ̄ ⲉ ⲡⲉⲓ ⲧⲟⲡⲟⲥ· ⲛⲉⲕⲗⲏⲣⲓⲕⲟⲥ ⲇⲉ ⲁⲩⲱ ⲡⲟⲓⲕⲟⲛⲟⲙⲟⲥ· ⲡⲉϫⲁⲩ ⲛⲁϥ· ϫⲉ ⲡ̄ⲟⲩⲉϣ ⲟⲩⲙⲁ ⲛ̄ ⲙ̄ⲕⲟⲧⲕ̄ ⲉⲛⲁⲛⲟⲩϥ· ⲛ̄ⲧⲛ̄ⲧⲁⲗⲟ ⲡⲥⲱⲙⲁ ⲙ̄ ⲡⲙⲁⲣⲧⲩⲣⲟⲥ ⲉ ϫⲱϥ· ⲁ ⲡⲁⲣ|ⲭⲱⲛ ⲟⲩⲱϣⲃ̄· ⲉϥϫⲱ Fol. 17 *a*
ⲙ̄ⲙⲟⲥ· ϫⲉ ⲉⲣϣⲁⲛ ⲡⲛⲟⲩⲧⲉ· ⲙ̄ ⲡϩⲁⲅⲓⲟⲥ ⲙⲉⲣⲕⲟⲩ- [ⲛⲅ̄]
ⲣⲓⲟⲥ· ⲛ̄ⲧⲉ ⲡⲁⲓ̈ ⲁⲓ̈ⲧⲉⲓ̈ⲙⲁ ϫⲱⲕ ⲉ ⲃⲟⲗ· ϯⲛⲁⲥⲙⲓⲛⲉ ⲛ̄

ⲟⲩ[ⲙⲁ] ⲛ̄ ⲙ̄ⲕⲟⲧⲕ̄ · ⲙ̄ ⲡⲙⲁⲣⲧⲩⲣⲟⲥ · ⲛ̄ⲧⲁϣⲉⲧϣⲱⲧϥ̄ ⲛ̄ ⲛⲓⲗⲓⲫⲁⲛϯⲛⲟⲛ ⲉϥⲧⲁⲓⲏⲩ · ⲛ̄ⲑⲉ ⲙ̄ ⲡⲁ ⲛⲉⲣⲣⲱⲟⲩ · ⲛ̄ ⲛⲉϩⲣⲱⲙⲁⲓⲟⲥ · ⲙⲛ̄ⲛ̄ⲥⲁ ⲛⲁⲓ ⲁϥⲛ̄ⲕⲟⲧⲕ̄ ⲛ̄ϭⲓ ⲡⲁⲣⲭⲱⲛ ⲛ̄ⲧⲉⲩϣⲏ · ⲁⲩⲱ ⲉⲥ ⲡϩⲁⲅⲓⲟⲥ ⲙⲉⲣⲕⲟⲩⲣⲓⲟⲥ · ⲁϥⲟⲩⲱⲛϩ̄ ⲉ ⲣⲟϥ · ⲙ̄ ⲡⲉⲥⲙⲟⲧ ⲛ̄ ⲟⲩⲥⲧⲣⲁⲧⲩⲗⲁⲧⲏⲥ · ⲡⲉϫⲁϥ ⲛⲁϥ · ϫⲉ ⲉⲕϣⲁⲛⲧⲱⲟⲩⲛ · ▨ⲣ[ⲧ]ⲁⲗⲉ ⲉ ⲡⲕ̄ⲧⲃ̄ⲛⲏ · ⲛⲅ̄ ⲃⲱⲕ ⲉ ⲡⲕⲏⲓ · ⲁⲩⲱ ⲙ̄ⲡⲣ̄ ⲕⲁⲧⲉⲭⲉⲓ · ⲉ ⲥⲙⲓⲛⲉ ⲙ̄ ⲡⲉⲓ ϭⲗⲟϭ · ⲛ̄ⲑⲉ ⲛ̄ⲧⲁⲕϫⲟⲟⲥ · ϯⲥⲟⲟⲩⲛ ⲅⲁⲣ ϫⲉ ⲟⲩⲛ̄ · ⲟⲩⲕⲟⲩⲓ ⲛ̄ ⲁⲙⲉⲗⲓⲁ ⲛⲁϣⲱⲡⲉ ⲙ̄ⲙⲟⲕ · ⲉ ⲧⲃⲉ ⲡⲧⲱϣ ⲙ̄ ⲡⲙⲁ ⲛ̄ ⲙ̄ⲕⲟⲧⲕ̄ · ⲛ̄ⲧⲁ ⲛⲉⲕⲗⲏⲣⲓⲕⲟⲥ ⲧⲁⲙⲟⲕ · ⲉ ⲧⲃⲏⲏⲧϥ̄ · ϩⲓ ⲣⲟⲩϩⲉ · ⲁⲗⲗⲁ ϯϥⲓ ⲱⲡ ⲛ̄ⲙ̄ⲙⲁⲕ ⲁⲛ · ϯⲥⲟⲟⲩⲛ̄ ϫⲉ ⲙⲛ̄ⲛ̄ⲥⲁ ⲛⲁⲩ ⲛ̄ⲓⲙ · ⲉⲕⲛⲁϫⲡⲉ ⲉⲓ ⲉ ⲡⲁ ⲧⲟ-ⲡⲟⲥ · ⲛ̄ⲧⲁⲛⲁ̄ ⲛⲁⲕ · ⲡⲁⲣⲭⲱⲛ ⲇⲉ ⲁϥⲛⲉϩⲥⲉ · ⲉϩⲙ̄

Fol. 17 b ⲡϩⲟⲣⲟⲙⲁ ⲉ ϩⲣⲁⲓ · ⲁϥⲣ̄ ϣⲡⲏⲣⲉ ⲉⲙⲁⲧⲉ · | ϣⲟⲣⲡ̄ ⲇⲉ

ⲡⲇ ⲛ̄ ⲧⲉⲣ ⲉϥϣⲱⲡⲉ · ⲁϥⲃⲱⲕ ⲉ ⲧⲉⲕⲗⲏⲥⲓⲁ (*sic*) · ⲁϥⲟⲩⲱϣⲧ̄ ⲉϫⲙ̄ ⲡⲥⲱⲙⲁ ⲙ̄ ⲡⲙⲁⲣⲧⲩⲣⲟⲥ · ⲁϥ[ⲉⲓ] ⲉ ⲃⲟⲗ · ⲁϥⲁⲗⲉ ⲉ ⲛⲉϥⲧⲃ̄ⲛⲟⲟⲩⲉ · ⲁϥⲃⲱⲕ ⲉ ⲡⲉϥⲏⲓ̈ · ⲛ̄ ⲧⲉⲣⲉ ⲟⲩϩⲟⲟⲩ ⲇⲉ ⲟⲩⲉⲓⲛⲉ · ϫⲉ ⲛ̄ⲧⲁ ⲡⲁⲣⲭⲱⲛ · ⲉⲓ ϩⲙ̄ ⲡⲙⲁⲣⲧⲏⲣⲓⲟⲛ ⲙ̄ ⲡⲉⲧ ⲟⲩⲁⲁⲃ · ⲁⲩⲁⲣⲭⲱⲛ ⲛ̄ⲧⲉ ⲧⲡⲟⲗⲓⲥ · ⲥⲱⲧⲙ̄ ⲉ ⲧⲃⲉ ⲧⲉϥϣⲉⲉⲣⲉ ⲙ̄ ⲡⲁⲣⲑⲉⲛⲟⲥ · ϫⲉ ⲛⲉⲥⲟⲥ ⲉⲙⲁⲧⲉ · ⲁϥⲧⲛ̄ⲛⲟⲟⲩ ⲛ̄ ϩⲉⲛⲣⲱⲙⲉ ⲛ̄ⲧⲉ ⲧⲡⲟⲗⲓⲥ ϣⲁ ⲣⲟϥ · ⲉϥϫⲱ ⲙ̄ⲙⲟⲥ · ϫⲉ ⲉⲓⲟⲩⲱϣ ϫⲓ ϩⲱⲓ · ⲛ̄ ⲧⲉⲕϣⲉⲉⲣⲉ ⲙ̄ ⲡⲁ ϣⲏⲣⲉ · ⲁⲩⲱ ϯⲛⲁⲧⲁϣⲟ ⲧⲉⲥϭⲣⲏⲡⲉ · ϩⲙ̄ ⲡⲛⲟⲩⲃ ⲙⲛ̄ ⲡϩⲁⲧ · ⲁⲩⲱ ϩⲉⲛϩⲙ̄ϩⲁⲗ ⲛ̄ϩⲟⲟⲩⲧ · ⲙⲛ̄ ϩⲉⲛϩⲙ̄ϩⲁⲗ ⲛ̄ⲥϩⲓⲙⲉ · ⲁⲩⲱ ϩⲉⲛϭⲁⲙⲟⲩⲗ · ϩⲉⲛⲡⲣⲉϥⲡⲗⲉⲓⲁ ϩⲛ̄ ⲑⲁⲗ-ⲗⲁⲥⲥⲁ · ⲕⲁⲧⲁ ⲡⲧⲁⲓⲟ ⲛ̄ⲧⲉⲕⲙⲛ̄ⲧⲛⲟϭ ϩⲓ ⲟⲩⲥⲟⲡ · ⲧⲟⲧⲉ ⲧⲙⲁⲁⲩ ⲛ̄ ⲧϣⲉⲉⲣⲉ ϣⲏⲙ ⲧⲉⲥϩⲓⲙⲉ ⲙ̄ ⲡⲁⲣⲭⲱⲛ · ⲁⲥⲙⲟⲩⲧⲉ ⲉ ⲣⲟϥ · ⲁⲥⲧⲁⲙⲟϥ ⲁ ⲡϣⲁϫⲉ · ⲡⲉϫⲉ ⲡⲁⲣ-ⲭⲱⲛ · ϫⲉ ⲉϣⲱⲡⲉ ⲙⲓϩⲉ ⲉ ϣⲏⲣⲉ ϣⲏⲙ · ⲛ̄ⲧⲁⲓⲛ̄ⲧϥ̄ ⲉ ϩⲟⲩⲛ ⲉ ⲡⲁ ⲏⲓ · ⲛ̄ⲧ ⲁⲓⲥϩⲁⲓ ⲛⲁϥ · ⲛ̄ ⲧⲁ ⲡⲣⲟⲥϩⲟⲇⲟⲥ

Fol. 18 a ⲧⲏⲣⲥ̄ · ⲙⲛ̄ ϭⲟⲙⲙⲟⲓ ⲉ ⲡⲟⲣϫⲥ̄ ⲉ ⲣⲟⲓ ⲉⲛⲉϩ · | ⲁⲩⲱ

ⲡⲉ ⲡϣⲏⲣⲉ [ϣⲏⲙ] ϫⲉ ⲙⲛ̄ⲧⲁⲓ ⲛ̄ⲥⲁⲃⲗⲗⲁⲥ · ⲉⲓϭⲱϣⲧ̄ ⲛ̄ⲥⲟⲥ ⲉⲓϭⲱϣⲧ̄ ⲛ̄ⲥⲁ ⲡⲛⲟⲩⲧⲉ · ⲧⲟⲧⲉ ⲁ ⲧⲉⲥϩⲓ̈ⲙⲉ ⲙ̄ ⲡⲁⲣⲭⲱⲛ · ϫⲱ ⲛ̄ϩⲱⲃ ⲛⲓⲙ · ⲉ ⲛⲉⲥϩⲓ̈ⲙⲉ ⲛ̄ⲧⲁⲩⲉⲓ · ⲁⲩⲱ ⲁⲩⲃⲱⲕ

ⲉⲩⲗⲩⲡⲉⲓ̈· ⲁⲩϫⲱ ⲛ̄ ϩⲱⲃ ⲉ ⲡϣⲏⲣⲉ ϣⲏⲙ: ⲙ̄ⲛ ⲛⲉϥ-
ⲉⲓⲟⲧⲉ· ⲁⲩⲱ ⲁⲩⲉⲙ ⲡⲕⲁϩ ⲙ̄ⲡϩⲏⲧ· ⲁⲩⲱ ⲙ̄ⲡ ⲟⲩϣⲁϫⲉ·
ⲣⲟⲩϩⲉ ⲇⲉ ⲛ̄ ⲧⲉⲣⲉ ϥϣⲱⲡⲉ· ⲁⲩⲙⲟⲩⲧⲉ ⲉ ⲡⲉⲩϣⲏⲣⲉ·
ⲁⲩϣⲁϫⲉ ⲛ̄ⲙ̄ⲙⲁϥ· ⲉ ⲧⲃⲉ ϩⲁϩ ⲙ̄ⲡϣⲏⲣⲉ ϣⲏⲙ· ϩⲙ̄
ⲧⲡⲟⲗⲓ̈ⲥ· ⲁⲩⲱ [ⲙ̄]ⲛ ⲟⲩⲣⲁⲛⲁϥ ⲡϣⲏⲣⲉ ϣⲏⲙ· ⲁⲗⲗⲁ
ⲛⲉϥⲙⲟⲕϩ̄ ⲛ̄ ϩⲏⲧ· ⲉ ⲃⲟⲗ ϫⲉ ⲉϥⲥⲟⲟⲩⲛ̄ ⲛ̄ ⲧϣⲉⲉⲣⲉ
ϣⲏⲙ· ϫⲉ ⲛⲉⲥⲟⲥ ⲉⲙⲁⲧⲉ· ϫⲉ ⲛ̄ϥⲟ ⲛⲕⲟⲩⲓ· ⲉϥϩⲛ̄
ⲧⲁⲛⲍⲉⲃⲉ· ϩⲁϩⲧⲛ̄ ⲙ̄ ⲡⲉϥⲥⲁϩ· ϣⲁⲣⲉ ⲡⲥⲁϩ ⲧⲛ̄ⲛⲟⲟⲩ
ⲙ̄ ⲡϣⲏⲣⲉ ϣⲏⲙ· ⲙ̄ⲙⲏⲛⲉ· ⲛⲉϥⲁⲡⲁⲅⲅⲉⲗⲉ ⲉ ⲧϣⲉⲉⲣⲉ
ϣⲏⲙ· ⲛ̄ ⲛⲉⲧ ⲉⲣⲉ ⲡⲉϥⲥⲁϩ ⲛⲁⲥϩⲁⲓⲥⲟⲩ ⲛⲁϥ· ⲉ ⲧϥ-
ⲡⲁⲛⲁⲅⲓⲥ· ⲗⲟⲓⲡⲟⲛ ⲁϥⲣ̄ ⲧⲉⲩϣⲏ ⲧⲏⲣⲥ̄· ⲉϥⲛ̄ⲕⲟⲧⲕ̄·
ⲉϥⲙⲉⲉⲩⲉ ⲉ ⲃⲟⲗ· ϫⲉ ⲟⲩ ⲁⲣⲁ ⲡⲉⲧ ⲉϥⲛⲁⲁⲁϥ· ϣⲁⲛⲧ
ⲉϥⲁⲡⲁⲛⲧⲁ· ⲉⲧ | ⲉ ⲧϣⲉⲉⲣⲉ ϣⲏⲙ· ⲛ̄ ϩⲙ̄ ⲟⲩϣϣⲏⲃ Fol. 18 *b* ⲛ̄ⲅ
ⲛ̄ ⲅⲁⲙⲟⲥ· ⲏ̄ ϩⲙ̄ ⲟⲩⲡⲟⲣⲛⲓⲁ· ⲉ ⲧⲃⲉ ⲡⲉϥⲛⲟϭ ⲛ̄ ⲕⲱϩ·
ⲉ ϩⲟⲩⲛ ⲉ ⲣⲟⲥ· ϩⲁⲡⲗⲟⲥ ⲁϥϭⲱ ⲉϥⲗⲩⲡⲉⲓ̈· ⲁⲩⲱ ⲙ̄ⲡ
ϥⲧⲁⲙⲉ ⲗⲁⲁⲩ ⲛ̄ⲣⲱⲙⲉ ⲉ ⲡⲉϥⲗⲩⲡⲉⲓ̈· ⲁⲩⲱ ⲙ̄ ⲡϩⲟⲩⲛ
ⲛ̄ ⲟⲩⲉⲃⲟⲧ ⲛ̄ϩⲟⲟⲩ· ϫⲓⲛ ⲛ̄ⲧⲁ ⲛⲁⲓ ϣⲱⲡⲉ· ⲁ ⲧⲙⲁⲁⲩ
ⲙ̄ ⲡϣⲏⲣⲉ ϣⲏⲙ ⲙⲟⲩ· ⲁⲩⲱ ⲉ ⲃⲟⲗ ⲛ̄ ⲧⲗⲩⲡⲉⲓ ⲛ̄
ⲧⲉϥⲙⲁⲁⲩ· ⲙ̄ⲡⲉ ⲡⲉϥⲉⲓⲱⲧ· ϣⲓⲛⲉ ⲛ̄ⲥⲁ ⲗⲁⲁⲩ ⲛ̄ ⲥϩⲓⲙⲉ
ⲛⲁϥ ⲛ̄ ⲕⲉ ⲥⲟⲡ· ⲡϣⲏⲣⲉ ⲇⲉ ϣⲏⲙ· ⲙ̄ⲡⲉ ⲡⲙⲉⲉⲩⲉ
ⲗⲟ ⲉϥⲉⲛⲱⲭⲗⲉ ⲛⲁϥ· ⲉ ⲧⲃⲉ ⲧϣⲉⲉⲣⲉ ϣⲏⲙ· ⲁϥϯ ⲉ
ⲡⲁϩⲟⲩ ⲙ̄ⲙⲏⲛⲉ· ϣⲁⲛⲧ ⲉϥϩⲱⲛ ⲉ ϩⲟⲩⲛ ⲉ ⲡⲙⲟⲩ·
ⲁⲩⲱ ϩⲁϩ ⲙ̄ⲙⲁⲅⲟⲥ ⲁϥⲃⲱⲕ ⲉ ⲣⲁⲧⲟⲩ· ⲉϥⲟⲩⲱϣ ⲥⲱⲕ
ⲙ̄ ⲡⲛⲟⲩⲥ ⲛ̄ ⲛⲉⲥⲉⲓⲟⲧⲉ· ⲛ̄ⲥⲉ ϯ ⲛ̄ ⲧϣⲉⲉⲣⲉ ϣⲏⲙ ⲛⲁϥ
ⲙⲁⲁⲩ· ⲁⲩⲱ ⲙ̄ⲡ ⲉϥⲁⲙⲁⲧⲉ ⲙ̄ ⲡⲁⲓ· ⲁⲗⲗⲁ ⲁϥϩⲉ
ⲉⲩⲛⲟϭ ⲙ̄ⲙⲁⲅⲟⲥ· ⲡϩⲁⲛ ⲡⲉϫⲁϥ· ϫⲉ ϯⲛⲁⲧⲣⲉⲕⲛⲁⲩ
ⲉ ⲣⲟⲥ· ⲛⲅ̄ ϣⲁϫⲉ ⲛ̄ⲙ̄ⲙⲁⲥ· ⲛ̄ ⲟⲩⲙⲏⲛϣⲉ ⲛ̄ⲥⲟⲡ·
ⲛ̄ⲧⲁⲡⲣⲟ ϩⲓ ⲧⲁⲡⲣⲟ· ⲡϣⲏⲣⲉ ⲇⲉ ϣⲏⲙ ϩⲓⲧⲛ̄ ⲡⲉϥⲛⲟϭ
ⲛ̄ϫⲱϥ ⲛ̄ ϩⲏⲧ ⲉ ϩⲟⲩⲛ ⲉ

[One leaf, or more, wanting]

| ϫⲱϫ· ⲁⲩⲱ ⲟⲛ ϩⲉⲛⲡⲉⲩⲕⲓⲟⲛ ⲁⲩⲥⲙ̄ⲛ̄ⲧⲟⲩ ⲙ̄ ⲡⲟϭⲉ· Fol. 19 *a* [?]
ⲁⲩϣⲉⲧϣⲱⲧⲟⲩ ⲙ̄ ⲡⲉⲧⲁⲗⲟⲛ ϩⲓⲗⲉⲫⲁ[ⲛ]ϯⲛⲟⲛ· ⲁⲩⲱ
ⲧⲁⲙⲓⲟ ⲙ̄ ⲡⲙⲁ ⲛ̄ ⲙ̄ⲕⲁⲧⲕ̄ (*sic*) ⲁⲩⲱϥⲧ̄ ⲉ ϩⲟⲩⲛ ⲉ ⲣⲟϥ ⲛ̄
ⲑⲓⲕⲱⲛ ⲙ̄ ⲡⲙⲁⲣⲧⲩⲣⲟⲥ ϩⲙ̄ ϩⲉⲛⲱⲛⲉ ⲛⲁⲩⲁⲛ ⲉⲛⲓϭⲉ·

ⲙⲛ̅ ϣⲟⲙⲧ̅ ⲛ̅ⲥϯⲟⲥ ⲛ̅ⲛⲟⲩⲃ· ⲙⲛ̅ ϣⲟⲙⲧ̅ ⲛ̅ⲥⲫⲣⲁⲅⲓⲥ ⲛ̅
ϩⲁⲧ· ⲗⲟⲓ̈ⲡⲟⲛ ⲁⲩϫⲟⲕϥ̅ ⲉ ⲃⲟⲗ ⲕⲁⲗⲟⲥ· ϩⲛ̅ ⲟⲩⲛⲟϭ
ⲛ̄ⲓ̈ⲡⲓ̈ⲕⲏⲥ· ⲁϥⲧⲁⲗⲟ ⲡⲉⲕϭⲗⲟϭ· ⲉϫⲛ̅ ⲛⲉϥⲧⲃ̅ⲛⲟⲟⲩⲉ ⲛ̅-
ⲧⲉⲩϣⲏ· ⲙⲛ̅ ⲧⲉϥⲥϩⲓⲙⲉ ⲙⲛ̅ ⲧⲉϥϣⲉⲉⲣⲉ ⲉⲧ ϣⲱⲛⲉ·
ⲙⲛ̅ ⲛⲉϥϩⲙ̅ϩⲁⲗ ϣⲁⲛⲧⲟⲩⲉⲓ ⲉ ⲡⲧⲟⲡⲟⲥ ⲙ̅ ⲡⲉⲧ ⲟⲩⲁⲁⲃ·
[...] ⲛ̅ϣⲟⲙⲧ (sic) ⲉⲛϩⲟⲟⲩ· ⲉ ⲡϣⲁ ⲙ̅ ⲡϩⲁⲅⲓⲟⲥ ⲙⲉⲣⲕⲟⲩ-
ⲣⲓⲟⲥ· ⲉⲧⲉ ⲥⲟⲩ ϫⲟⲩⲧⲏ ⲛ̅ ⲁⲑⲱⲣ ⲡⲉ· ⲛ̅ ⲧⲉⲣ ⲟⲩⲛⲁⲩ
ⲇⲉ· ⲉ ⲡⲉⲕϭⲗⲟϭ· ⲛ̅ϭⲓ ⲛⲉⲕⲗⲏⲣⲓⲕⲟⲥ· ⲁⲩⲑⲁⲃⲙⲁⲍⲉ (sic)
ⲉⲙⲁⲧⲉ· ⲁⲩⲯⲁⲗⲗⲉ ϩⲓ̈ⲑⲏ ⲙ̅ⲙⲟϥ· ⲁⲩϫⲓⲧϥ̅ ⲉ ϩⲟⲩⲛ
ⲉ ⲧⲕ̅ⲕⲗⲏⲥⲓⲁ· ⲁⲩⲱ ⲁ ⲡⲁⲣⲭⲱⲛ· ⲙⲛ̅ ⲧⲉϥⲥϩⲓⲙⲉ· ⲙⲛ̅
ⲧⲉϥϣⲉⲉⲣⲉ· ⲁⲩⲃⲱⲕ ⲉ ϩⲟⲩⲛ ⲉ ⲡⲙⲁⲣⲧⲩⲣⲓⲟⲛ· ⲁⲩ-
ⲟⲩⲱϣⲧ̅ ⲉϫⲙ̅ ⲡⲥⲱⲙⲁ· ⲙ̅ ⲡⲉⲧ ⲟⲩⲁⲁⲃ· ϩⲛ̅ ⲟⲩⲛⲟϭ
ⲛ̅ ⲣⲁϣⲉ· ⲁⲩⲱ ⲡⲟⲓⲕⲟⲛⲟⲙⲟⲥ ⲁϥϫⲓⲧⲟⲩ ⲉⲩⲙⲁ ⲙⲁⲩ-
Fol. 19 b [?] ⲁⲁⲩ· ⲁⲩⲁⲛⲁⲡⲉⲩ|ⲉ [...] ⲡϩⲓⲥⲉ ⲛⲛⲉϩⲟⲟⲩⲉ· ⲁⲩⲱ
ⲉⲣⲉ ⲧⲉϥϣⲉⲉⲣⲉ ϣⲟⲟⲡ ϩⲁ ⲃⲁⲥⲁⲛⲟⲥ· ⲉ ⲃⲟⲗ ϫⲉ ϥ̅ⲙⲟⲥⲧⲉ
ⲛ̅ ⲧⲉⲕⲕⲗⲏⲥⲓⲁ ⲡⲉ ⲡϣⲱⲛⲉ ⲉⲧ ⲙ̅ⲙⲁⲩ· ϫⲉ ⲟⲩϩⲓⲥⲱⲛ
ⲛ̅ⲇⲁⲓⲙⲱⲛⲓⲟⲛ ⲡⲉ· ϩⲛ̅ ⲧⲡⲏϣⲉ ⲛ̅ ⲧⲉⲩϣⲏ ⲇⲉ· ⲉⲥ
ⲡϩⲁⲅⲓⲟⲥ ⲙⲉⲣⲕⲟⲩⲣⲓⲟⲥ· ⲁϥϩⲟⲕϥ̅ ⲛ̅ⲑⲉ ⲛ̅ ⲟⲩⲥⲧⲣⲁⲧⲏ-
ⲗⲁⲧⲏⲥ· ⲁϥⲃⲱⲕ ⲉ ⲧⲡⲟⲗⲓⲥ ⲙ̅ ⲡⲁⲣⲭⲱⲛ· ⲁϥⲃⲱⲕ ⲉ ϩⲟⲩⲛ
ⲉ ⲡⲏⲓ ⲙ̅ ⲡϩⲉⲣϣⲓⲣⲉ· ⲛ̅ⲧⲟϥⲉⲓⲛⲉ ⲙ̅ ⲡϣⲱⲛⲉ ⲉⲧ ϩⲟⲥⲉ·
ⲉϫⲛ̅ ⲧϣⲉⲉⲣⲉ ϣⲏⲙ· ⲁϥⲟⲩⲱⲛϩ̅ ⲉ ⲣⲟϥ ϩⲛ̅ ⲟⲩⲛⲟϭ
ⲙ̅ ⲫⲟⲃⲟⲥ· ⲉⲣⲉ ⲧⲉϥⲥⲏϥⲉ ⲧⲱⲕⲙ̅ ⲛ̅ⲧⲟⲟⲧϥ̅· ⲁϥϩⲓⲟⲩⲉ
ⲉ ϫⲱϥ· [...] ⲛ̅ ⲧⲥⲏϥⲉ· ⲛ̅ϣⲟⲙⲛ̅ⲧ ⲛ̅ⲥⲟⲡ· ⲉϥϭⲱⲛⲧ̅·
ⲁⲩⲱ ⲁϥⲟⲛⲕϥ̅ ⲉ ϩⲣⲁⲓ ϩⲁ ⲡϩⲓⲛⲏⲃ· ⲁϥⲛⲁⲩ ⲉ ⲡⲉⲧ
ⲟⲩⲁⲁⲃ· ⲉϥⲁϩⲉ ⲣⲁⲧϥ̅ ϩⲓ ϫⲟϥ· ⲛ̅ϩⲟ ϩⲓ ϩⲟ· ⲁϥⲟⲛⲕϥ̅
ϩⲓϫⲙ̅ ⲡϥ̅ⲙⲁ ⲛ̅ ⲙ̅ⲕⲟⲧⲕ̅· ϫⲉ ⲉϥⲛⲁⲧⲱⲟⲩⲛ ⲛϥ̅ⲡⲱⲧ·
ⲁϥϩⲉ ⲛ̅ⲧⲉⲩⲛⲟⲩ ⲉϫⲙ̅ ⲡⲉϥϩⲟ ϩⲁ ⲛ̅ⲟⲩⲣⲏⲧⲉ ⲙ̅ ⲡⲉⲧ ⲟⲩⲁ̅ⲃ·
ⲁⲩⲱ ⲁϥϭⲱ ⲉϥⲙⲁⲥⲧⲓⲅⲟⲩ ⲙ̅ⲙⲟϥ ⲛ̅ ⲟⲩⲛⲟϭ ⲛ̅ ⲛⲁⲩ ϩⲛ̅
ⲟⲩⲁⲡⲓⲗⲏ· ⲁⲩⲱ ⲉϥϯⲡⲓ: ⲉⲛⲟⲩⲣⲏⲧⲉ ⲙ̅ ⲡⲉⲧ ⲟⲩⲁⲁⲃ·
ⲉϥϫⲱ ⲙ̅ⲙⲟⲥ· ϫⲉ ⲟⲩⲟⲓ ⲛⲁⲓ ⲁⲛⲟⲕ ⲡⲉ ⲣⲉϥⲣ̅ ⲛⲟⲃⲉ·
ⲁⲩⲱ ⲉϥⲣⲓⲙⲉ· ϫⲉ ⲟⲩ ⲡⲉⲡⲛⲟⲃⲉ ⲛ̅ⲧⲟϥ ⲛ̅ⲧⲁⲓⲁⲁϥ ⲱ̅ ⲡⲁ
Fol. 20 a [?] ϫ︦ⲥ︦· ⲡⲉϫⲉ ⲡⲉⲧ ⲟⲩⲁ̅ⲃ | ⲛⲁϥ· ϫⲉ ⲙⲉⲕⲥⲱⲧⲙ̅ ⲉ ⲡⲉⲧ
ⲥⲏϩ· ϫⲉ ⲛⲉ ⲕⲥⲁϩⲟⲩ ⲙ̅ ⲡⲁⲣⲭⲱⲛ ⲙ̅ ⲡⲉⲕⲗⲁⲟⲥ ⲟⲩⲇⲉ
ⲛⲛⲉ ⲕⲛ̅ⲧⲟⲟⲧⲕ̅ ⲉϫⲙ̅ ⲡⲉⲭⲣⲓⲥⲧⲟⲥ ⲙ̅ ⲡϫ︦ⲥ︦· ⲡⲉϫⲁϥ ϫⲉ

ⲉϥⲥⲏϩ ⲡⲁ ϫⲟⲉⲓⲥ · ⲁⲗⲗⲁ ⲙⲁⲧⲁⲙⲟⲓ ⲉ ⲡⲉⲕⲣⲁⲛ · ⲁⲩⲱ
ⲛⲅ̅ ⲧⲁⲙⲟⲓ ⲉ ⲡⲁⲛⲟⲃⲉ · ϫⲉ ⲉⲓⲙⲉⲧⲁⲛⲟⲓⲁ ϩⲁ ⲡⲁ ⲛⲟⲃⲉ ·
ϯⲥⲟⲟⲩⲛ ⲅⲁⲣ · ϫⲉ ⲟⲩⲛ ⲙⲉⲧⲁⲛⲟⲓⲁ ϣⲟⲟⲡ · ⲡⲉϫⲉ ⲡⲉⲧ
ⲟⲩⲁⲁⲃ ⲛⲁϥ · ϫⲉ ⲁⲛⲟⲕ ⲡⲉ ⲙⲉⲣⲕⲟⲩⲣⲓⲟⲥ ⲡⲉⲧ ⲉⲓⲣⲉ
ⲛⲓ ϭⲟⲙ ϩⲙ̅ ⲧⲉⲓ ⲡⲟⲗⲓⲥ ⲕⲁⲓⲥⲁⲣⲓⲁ · ⲛ̅ⲧⲁⲓⲉⲓ ⲉ ⲡⲁⲧⲁⲥⲥⲉ
ⲙ̅ⲙⲟⲕ ⲙⲛ̅ ⲡⲉⲕⲉⲙⲁⲅⲟⲥ · ⲡⲁⲓ ⲛ̅ⲧⲟϥ ϯ ⲙ̅ ⲡⲉⲓ ⲛⲟϭ
ⲛ̅ⲧⲕⲁⲥ ⲉ ϩⲟⲩⲛ ⲉ ⲡⲟⲩⲁ ϣⲉⲉⲣⲉ ⲛ̅ ϩⲣ̅ⲙⲁⲡⲟⲗⲗⲱⲛ ⲛ̅
ϯⲡⲟⲗⲓⲥ ϩⲙ̅ ⲟⲩϫⲓⲛϭⲟⲛⲥ̅ · ⲁⲗⲗⲁ ⲛ̅ ϩⲟⲥⲟⲛ ⲁⲓϭⲓⲛⲉ
ⲛ̅ ⲧⲙⲉⲧⲁⲛⲟⲓⲁ ⲛ̅ϩⲏⲧⲕ̅ · ϯⲛⲁⲡⲁⲧⲁⲥⲥⲉ ⲙⲟⲕ ⲁⲛ · ⲙ̅ ⲡⲓ̈
ⲥⲟⲡ · ⲁⲗⲗⲁ ⲉⲕϣⲁⲛⲧⲱⲟⲩⲛ ⲛ̅ϣⲟⲣⲡ ⲙ̅ⲡⲣ̅ ⲁⲙⲉⲗⲉ ·
ⲁⲗⲗⲁ ⲃⲱⲕ ⲉ ⲣⲁⲧϥ̅ ⲙ̅ ⲡⲣⲱⲙⲉ ⲙ̅ ⲙⲁⲅⲟⲥ · ⲡⲉⲓ ⲛ̅ⲧⲟϥ
ⲉⲓⲣⲉ ⲙ̅ ⲡⲛⲟⲃⲉ · ⲛ̅ⲧⲉⲧⲛ̅ⲉⲓ ⲉ ⲡⲁ ⲧⲟⲡⲟⲥ · ⲁⲩⲱ ⲛ̅ⲕ̅ⲣⲁϣⲉ
ⲛⲁϫⲱⲕ ⲉ ⲃⲟⲗ ϩⲙ̅ ϩⲱⲃ ⲛⲓⲙ · ⲡⲉϫⲉ ⲡⲣⲱⲙⲉ ⲛⲁϥ · ϫⲉ
ϯⲛⲏⲩ ⲁⲛⲟⲕ ⲉⲓⲣⲁϣⲉ · ⲁⲗⲗⲁ ⲡⲁⲛⲧⲟⲥ ⲉⲧⲙ̅ ⲡⲣⲱⲙⲉ ⲉⲧ
ⲙ̅ⲙⲁⲩ ⲉⲓ · ⲁ ⲡϩⲁⲅⲓⲟⲥ ⲙⲉⲣⲕⲟⲩⲣⲓⲟⲥ ⲟⲩⲱϣⲃ̅ ⲡⲉϫⲁϥ
ⲛⲁϥ · ϫⲉ ⲧⲟⲩϫⲟⲕ | ⲛ̅ⲧⲉⲕ[…]ⲧⲣⲉ ⲡⲉⲧ ⲙ̅ⲙⲁⲩ ⲉⲓ Fol. 20 b [?]
ⲉϥⲥⲕⲉⲙⲁϯⲍⲉ · ⲧⲟⲧⲉ ⲁ ⲡⲉⲧ ⲟⲩⲁⲁⲃ ϩⲟⲡϥ̅ ⲉ ⲣⲟϥ · ϣⲟⲣⲡ
ⲇⲉ ⲛ̅ ⲧⲉⲣ ϥ̅ϣⲱⲡⲉ · ⲁϥϯ ⲡⲉϥⲟⲩⲟⲓ ⲉ ⲡⲁ (sic) ⲉⲓⲱⲧ · ⲡⲉϫⲁϥ
ⲛⲁϥ · ϫⲉ ⲡⲁ ⲉⲓⲱⲧ · ⲃⲟⲏⲑⲉⲓ ⲉ ⲣⲟⲓ · ϫⲉ ϯⲉⲡⲓⲑⲩⲙⲉⲓ ⲛ̅
ⲃⲱⲕ ⲉ ⲡⲧⲟⲡⲟⲥ ⲙ̅ ⲡϩⲁⲅⲓⲟⲥ ⲙⲉⲣⲕⲟⲩⲣⲓⲟⲥ · ⲛ̅ⲧⲁϣⲗⲏⲗ ·
ⲁⲩⲱ ⲛⲓⲣⲉ (sic) ⲡⲉϥⲉⲓⲱⲧ ⲑⲁⲗⲡⲉⲓ ⲙ̅ⲙⲟϥ ⲉⲙⲁⲧⲉ · ϫⲉ ⲙⲡ̅-
ⲧⲁⲁϥ ⲛ̅ⲥⲁⲃⲗ̅ⲗⲁϥ · ⲡⲉϫⲁϥ ϫⲉ ⲃⲱⲕ ⲡⲁ ϣⲏⲣⲉ ⲁⲗⲗⲁ
ⲙⲡⲉ ⲕⲱⲥⲕ ⲉⲓ : ⲛⲅ̅ ⲕⲱ ⲛⲁⲥⲡⲗⲁⲅⲭ̅ⲛⲟⲛ ⲉⲩϫⲏϥ ⲙ̅-
ⲙⲟⲕ · ⲱ̅ ⲡⲟⲩⲟⲉⲓⲛ ⲛ̅ ⲛⲁⲃⲁⲗ · ⲁⲩⲱ ⲁϥϯ ⲛ̅ ⲟⲩⲙⲏⲛϣⲉ
ⲛ̅ⲁⲛϩⲟⲗⲟⲙⲁ · ⲁⲩⲱ ϣⲟⲙⲛⲧ ⲛ̅ϩⲙ̅ϩⲁⲗ ⲛ̅ϩⲟⲟⲩⲧ · ⲉ ⲧⲣⲉ
ⲩⲙⲟⲟϣⲉ ⲛ̅ⲙ̅ⲙⲁϥ · ⲗⲟⲓ[ⲡⲟⲛ] ⲁϥϫⲱⲣⲙ̅ ϩⲓ ϯϩⲓⲏ ϩⲙ̅
ⲟⲩⲛⲟϭ ⲛ̅ ϫⲱⲗⲕ̅ ⲉ ⲃⲟⲗ · ⲉⲓ ⲉ ⲧⲡⲟⲗⲓⲥ ⲉⲧ ⲉⲣⲉ ⲡⲣⲱⲙⲉ
ⲙ̅ ⲙⲁⲅⲟⲥ ⲛ̅ϩⲏⲧⲥ̅ · ⲡⲉϫⲁϥ ⲛⲁϥ · ϫⲉ ⲧⲱⲟⲩⲛ ⲙⲁⲣⲟⲛ
ⲉ ⲡⲧⲟⲡⲟⲥ ⲙ̅ ⲡϩⲁⲅⲓⲟⲥ ⲙⲉⲣⲕⲟⲩⲣⲓⲟⲥ · ⲛ̅ⲧⲛ̅ϣⲗⲏⲗ ⲁⲩⲱ
ϩⲱⲃ ⲛⲓⲙ ⲛ̅ⲧⲁⲩϣⲱⲡⲉ ⲙ̅ⲙⲟϥ ⲁϥϫⲟⲟⲩ ⲙ̅ ⲙⲁⲅⲟⲥ ·
ⲁⲩⲱ ⲛ̅ ⲧⲉⲣⲉ ⲡⲙⲁⲅⲟⲥ ⲥⲱⲧⲙ̅ ⲉⲥ ⲡⲣⲱⲙⲉ ⲙⲛ̅ ⲧⲉϥ-
ϣⲉⲉⲣⲉ ϩⲓ ⲡⲙⲁⲣⲧⲩⲣⲓⲟⲛ ⲙ̅ ⲡⲉⲧ ⲟⲩⲁⲁⲃ · ⲁϥⲣ̅ ϩⲟⲧⲉ ·
ⲡⲉϫⲉ ⲙⲁⲅⲟⲥ ϫⲉ ⲉϣⲁⲛϣⲱⲡⲉ ⲉ ⲧⲣⲁ ⲙⲟⲩⲧⲉ ⲧⲉⲛⲟⲩ
ϯⲛⲏⲩ ⲁⲛ ⲉ ⲡⲧⲟⲡⲟⲥ ⲙ̅ ⲡϩⲁⲅⲓⲟⲥ ⲙⲉⲣⲕⲟⲩⲣⲓⲟⲥ · ϫⲉ

Fol. 21 a [?] ⲛⲉϥⲟⲩⲟⲛϩⲧ̅ ⲉ ⲃⲟⲗ ⲛ̅ⲧⲉ ⲡⲉⲓⲱⲧ ⲛ̅ | ⲧϣⲉⲉⲣⲉ ϣⲏⲙ
ϩⲱⲧⲃ̅ ⲙ̅ⲙⲟⲓ· ⲉ ⲧⲃⲉ ⲧⲉϥϣⲉⲉⲣⲉ· ⲛ̅ⲧⲉⲩⲛⲟⲩ ⲁ ⲡϣⲏⲣⲉ
ϣⲏⲙ ϫⲱⲣⲙ̅ ϩⲛ̅ ⲟⲩⲛⲟϭ ⲛ̅ϭⲟⲙ ϣⲁⲛⲧ ϥⲉⲓ ⲉ ⲡⲙⲁⲣ-
ⲧⲩⲣⲓ̈ⲟⲛ ⲙ̅ ⲡⲉⲧ ⲟⲩⲁⲁⲃ· ϩⲛ̅ ⲟⲩⲛⲟϭ ⲛ̅ϩⲟⲧⲉ· ⲁϥⲟⲩⲱϣⲧ̅
ⲉϫⲙ̅ ⲡⲥⲱⲙⲁ ⲙ̅ ⲡⲉⲧ ⲟⲩⲁⲁⲃ· ⲁϥⲛⲁⲩ ⲉ ⲧϣⲉⲉⲣⲉ
ϣⲏⲙ ⲉⲥⲡⲁϩⲧ̅ ϩⲱⲥ ⲉϫⲙ̅ ⲡⲥⲱⲙⲁ ⲙ̅ ⲡⲉⲧ ⲟⲩⲁⲁⲃ· ⲙⲛ̅
ⲡⲉⲥⲉⲓⲱⲧ ⲙⲛ̅ ⲧⲉⲥⲙⲁⲁⲩ ⲉⲩⲡⲁⲣⲁⲕⲁⲗⲉⲓ ⲙ̅ⲙⲟϥ ⲉⲩⲃⲟⲏ-
ⲑⲉⲓ ⲛⲁⲥ· ⲁⲩⲱ ⲛⲉⲣⲉ ⲡⲉⲧ ⲟⲩⲁⲁⲃ ⲕⲱ ⲙ̅ⲙⲟⲥ ⲉⲩⲅⲓⲣⲟⲥ
ⲉⲛⲁⲛⲟⲩϥ· ⲁ ⲡϣⲏⲣⲉ ϣⲏⲙ ⲙⲟⲩⲧⲉ ⲉ ⲡⲟⲓⲕⲟⲛⲟⲙⲟⲥ·
ⲁϥϯ ⲛⲁϥ ⲙ̅ⲙⲛⲧ ⲛ̅ϩⲟⲗⲟⲕⲟϯⲛⲟⲥ· ⲁⲩⲱ ⲁ ⲡⲁⲣⲭⲱⲛ
ⲉⲧⲉ ⲡⲉⲓⲱⲧ ⲛ̅ ⲧϣⲉⲉⲣⲉ ϣⲏⲙ ⲡⲉ· ⲁϥϭⲱϣⲧ̅
ⲁϥⲛⲁⲩ ⲉ ⲡϣⲏⲣⲉ ϣⲏⲙ· ⲁϥⲥⲟⲩⲱⲛϥ̅· ⲁϥⲙⲟⲟϣⲉ ⲉ
ϩⲟⲩⲛ ⲉ ⲣⲟϥ· ⲛ̅ϥⲥⲟⲟⲩⲛ ⲁⲛ ⲗⲁⲩ ⲛ̅ϩⲱⲃ· ⲁϥⲁⲥⲡⲁⲍⲉ
ⲙ̅ⲙⲟϥ· ⲁⲩⲱ ⲁϥϣⲓⲛⲉ ⲛ̅ⲥⲁ ⲡⲟⲩϫⲁⲓ ⲙ̅ ⲡⲉϥⲏⲓ ⲉ ⲃⲟⲗ
ϩⲓ ⲧⲟⲟⲧϥ̅· ⲛ̅ ⲧⲉⲣ ⲟⲩϣⲗⲏⲗ ⲇⲉ ⲙ̅ ⲡⲉⲥⲛⲁⲩ· ⲁϥⲡⲣⲟ-
ⲧⲣⲉⲡⲉ ⲙ̅ ⲡϣⲏⲣⲉ ϣⲏⲙ· ⲁϥϫⲓⲧϥ̅ ⲉ ⲡⲙⲁ ⲉⲧ ϥ̅ⲟⲩⲏϩ
ⲛ̅ϩⲏⲧϥ̅ ⲛ̅ ⲧⲡⲉ· ⲁⲩⲟⲩⲱⲙ ⲁⲩⲥⲱ ⲙⲛ̅ ⲛⲉⲩⲉⲣⲏⲩ·
ⲁϥⲛⲁⲩ ⲉ ⲧϣⲉⲉⲣⲉ ϣⲏⲙ ⲁϥⲣⲁϣⲉ ⲉⲙⲁⲧⲉ· ⲁⲩⲱ ⲛⲉϥ-
ⲗⲩⲡⲉⲓ ⲉ ⲧⲃⲏⲏⲧⲥ̅· ϫⲉ ⲛⲉⲥⲃⲁⲥⲁⲛⲓⲍⲉ ⲁⲩⲱ ⲛⲉϥϣⲓⲡⲉ
Fol. 21 b [?] ϩⲏⲧⲥ̅ ⲛ̅ ⲛⲉⲥⲉⲓⲟⲧⲉ ϫⲉ | ⲛ̅ⲧ ⲙ̅ ⲡⲉⲥϣⲱⲛⲉ· ⲁⲩⲱ
ⲟⲛ ⲉϥⲣ̅ ϩⲟⲧⲉ ϫⲉ ⲛⲉ ⲡⲙⲁⲣⲧⲩⲣⲟⲥ ⲟⲩⲟⲛϩϥ̅ ⲉ ⲃⲟⲗ·
ϩⲁⲡⲗⲟⲥ ⲛⲓⲣⲉ ϩⲁϩ ⲛ̅ⲣⲟⲟⲩϣ ϩⲙ̅ ⲡⲓϩⲏⲧ ⲙ̅ ⲡϣⲏⲣⲉ
ϣⲏⲙ· ⲡϩⲁⲅⲓⲟⲥ ⲇⲉ ⲙⲉⲣⲕⲟⲩⲣⲓⲟⲥ· ⲁϥⲟⲩⲟⲛϩϥ̅ ⲉ ⲃⲟⲗ
ⲉ ⲡⲉⲓⲱⲧ ⲛ̅ ⲧϣⲉⲉⲣⲉ ϣⲏⲙ· ⲁϥⲧⲱⲟⲩⲛ ⲙ̅ⲙⲟϥ ⲉϥⲛ̅-
ⲕⲟⲧⲕ̅· ⲁϥϫⲓⲧϥ̅ ⲙ̅ ⲡⲃⲟⲗ ⲙ̅ ⲡⲙⲁ ⲛ̅ϥⲛ̅ⲕⲟⲧⲕ̅ ⲛ̅ϩⲏⲧϥ̅·
ⲁϥϫⲛⲟⲩϥ ϫⲉ ϯ ⲧⲉⲕϣⲉⲉⲣⲉ ⲙ̅ ⲡⲉϩⲣ̅ϣⲓⲣⲉ ⲉⲧ ϩⲁ ϩⲧⲏⲕ·
ⲉϣⲱⲡⲉ ⲉⲕⲟⲩⲱϣ ⲧⲣⲁ ⲧⲁⲗϭⲟⲥ ⲛⲁⲕ· ⲁⲩⲱ ⲙⲉⲣϣⲓⲛⲉ
ⲛ̅ⲥⲁ ⲡⲉⲑⲟⲟⲩ ⲉ ϩⲟⲩⲛ ⲉ ⲣⲟϥ ϫⲉ ⲛⲉ ⲕⲉ ϫⲣⲟⲡ ⲧⲁϩⲟⲥ
ⲛ̅ϩⲟⲩⲟ ⲉ ⲡⲁⲓ· ⲁⲩⲱ ⲁϥⲧⲁⲙⲟϥ ϫⲉ ⲕⲉ ϣⲟⲙⲛ̅ⲧ ⲛⲉ·
ϣⲁⲛⲧⲉ ⲡⲉϥⲉⲓⲱⲧ ⲙ̅ⲧⲟⲛ ⲙ̅ⲙⲟϥ· ϫⲉ ⲁϥϫⲱⲕ ⲉ ⲃⲟⲗ
ⲛ̅ϭⲓ ⲡⲉϥⲁϩⲉ· ⲁⲩⲱ ⲙ̅ⲡⲉ ⲕⲁⲙⲉⲗⲉⲓ ⲉϫⲓ ⲛⲁϥ ⲛ̅ⲧⲉⲕ-
ϣⲉⲉⲣⲉ· ⲙⲛ̅ⲛ̅ⲥⲁ ⲡⲙⲟⲩ ⲙ̅ ⲡⲉϥⲉⲓⲱⲧ· ⲁⲩⲱ ⲁϥⲧⲁⲙⲟϥ
ⲉ ⲑⲉ ⲛ̅ⲧⲟϥⲙⲁⲅⲉⲩⲉ ⲛ̅ⲧⲉϥϣⲉⲉⲣⲉ· ϣⲁⲛⲧ ⲉⲥϣⲱⲛⲉ ⲉ
ⲧⲃⲉ ⲛ̅ϥⲟⲩⲱϣ ⲉ ⲃⲟⲗ ⲉ ϩⲟⲩⲛ ⲉ ⲣⲟⲥ· ⲁⲩⲱ ⲁϥⲧⲁⲙⲟϥ

ⲟⲛ ⲉⲧ ⲑⲉ ⲛ̅ⲧⲟϥⲟⲩⲟⲛϩϥ̅ ⲉ ⲃⲟⲗ ⲉ ⲡϩⲣ̅ϣⲓⲣⲉ ⲛ̅ⲑⲉ ⲛ̅ⲧⲟϥ-
ⲁⲡⲓ̈ⲗⲉ ⲉ ⲣⲟϥ ⲉⲧ ⲛ̅ⲧⲟⲟⲧϥ̅· ⲁⲩⲱ ⲉ ⲧⲃⲉ ϩⲱⲃ ⲛⲓⲙ
ⲛ̅ⲧⲁⲩϣⲱⲡⲉ ⲙ̅ ⲡϣⲏⲣⲉ ϣⲏⲙ· ϣⲁⲛⲧ ⲉϥⲉⲓ ⲉ ⲡⲙⲁⲣ-
ⲧⲩⲣⲓⲟⲛ· ⲛⲁⲓ ⲇⲉ ⲛ̅ ⲧⲉⲣⲉ ϥ|ϫⲟⲟⲩ ⲛ̅ϭⲓ ⲡϩⲁⲅⲓⲟⲥ ⲙⲉⲣ- Fol. 22 *a* [?]
ⲕⲟⲩⲣⲓⲟⲥ· ⲁϥϩⲟⲡϥ̅ ⲉ ⲣⲟϥ· ⲡⲁⲣⲭⲱⲛ ⲇⲉ ⲁϥⲛⲉϩⲥⲉ
ⲉ ϩⲣⲁⲓ ϩⲙ̅ ⲡϩⲟⲣⲟⲙⲁ· ⲁϥϣⲱⲗⲙ̅ ⲉⲩⲛⲟϭ ⲛ̅ⲥϯ ⲛⲟⲩϥⲉ·
ⲉϥⲥⲟⲧⲡ̅· ⲡⲉϫⲁϥ ϫⲉ ⲁⲗⲏⲑⲟⲥ ⲡϩⲁⲅⲓⲟⲥ ⲙⲉⲣⲕⲟⲩⲣⲓⲟⲥ
ⲡⲉ ⲛ̅ⲧⲟϥⲉⲓ· ⲁϥⲟⲩⲟⲛϩ̅ ⲛϥ̅ ⲉ ⲣⲟⲓ̈· ⲁⲩⲱ ⲁϥϭⲱ ⲉϥ-
ⲙⲉⲉⲩⲉ ⲉ ⲃⲟⲗ· ⲉ ⲡⲉⲛⲧⲁ ⲡϩⲣ̅ϣⲓⲣⲉ ⲉⲁⲁϥ ⲛ̅ⲧⲉϥϣⲉⲉⲣⲉ·
ⲉ ⲧⲃⲉ ⲡⲉϥⲟⲩⲱϣ ⲉ ϩⲟⲩⲛ ⲉ ⲣⲟⲥ· ⲁϥϭⲱ ⲉϥⲙⲟⲕⲙⲉⲕ
ⲙ̅ⲙⲟϥ ϫⲉ ⲁⲣⲁ ⲡⲟⲩⲱϣ ⲙ̅ ⲡⲉⲧ ⲟⲩⲁⲁⲃ ⲡⲉ ⲉ ⲧⲣⲁϭⲟⲗⲡ̅
ⲡⲙⲩⲥⲧⲏⲣⲓⲟⲛ ⲉ ⲃⲟⲗ ϫⲓⲛ ⲙ̅ⲙⲟⲛ ⲉⲓⲛⲁⲕⲁⲁϥ ⲉϥϩⲏⲡ·
ϩⲟⲥⲟⲛ ⲉϥⲙⲉⲉⲩⲉ ⲉ ⲛⲁⲓ ⲁⲩⲥⲁⲗⲡⲓ̈ⲍⲉ· ⲉ ⲧⲣⲉ ⲟⲩⲟⲛ ⲛⲓⲙ
ⲉⲧ ⲛ̅ⲕⲟⲧⲕ̅ ⲧⲱⲟⲩⲛ· ⲛ̅ⲥⲉⲉⲓ ⲉ ⲧⲉⲕⲕⲗⲏⲥⲓⲁ· ⲛ̅ⲥⲉϩⲩⲙ-
ⲛⲉⲩⲉ ⲙⲛ̅ ⲛⲉⲛⲑⲗⲟⲡⲟⲛⲟⲥ ϫⲉ ⲛⲉ ⲡⲛⲟϭ ⲛ̅ ϣⲁ ⲙ̅ⲡⲉ ⲙ̅
ⲡⲉⲧ ⲟⲩⲁⲁⲃ· ⲉⲧⲉ ⲥⲟⲩ ϫⲟⲩⲧⲏ ⲛ̅ ⲁⲑⲱⲣ ⲡⲉ· ⲁⲩⲧⲱⲟⲩⲛ
[ⲛ̅]ϭⲓ ⲙ̅ⲙⲏⲏϣⲉ· ⲉⲩⲗⲉⲕⲟⲩⲫⲟⲣⲉⲓ ϩⲛ̅ ⲟⲩⲣⲁϣⲉ· ⲁⲩⲉⲓ̈
ⲉ ⲧⲕ̅ⲕⲗⲏⲥⲓⲁ· ⲁⲩϭⲱ ⲉⲩϩⲩⲙⲛⲉⲩⲉ ϣⲁⲛⲧⲉ ⲡⲟⲩⲟⲉⲓⲛ
ⲥⲟⲣ· ⲁϥⲧⲱⲟⲩⲛ ϩⲱⲱϥ ⲛ̅ϭⲓ ⲡⲣⲱⲙⲉ· ⲁϥⲙⲟⲩⲧⲉ ⲉ
ⲧⲉϥⲥϩⲓⲙⲉ ⲙⲛ̅ ⲧⲉϥϣⲉⲉⲣⲉ· ⲁⲩⲉⲓ̈ ⲉ ⲡⲧⲟⲡⲟⲥ· ⲉⲣⲉ
ⲛⲉⲩϩⲩⲙϩⲁⲗ (*sic*) ⲟⲩⲛϩ ⲛ̅ⲥⲱⲟⲩ· ⲁⲩⲱ ⲡϩⲣ̅ϣⲓⲣⲉ ϩⲱⲱϥ
ⲟⲛ ⲙⲛ̅ ⲛⲉϥϩⲙ̅ϩⲁⲗ· ⲁⲩⲃⲱⲕ ⲁⲩ|ⲟⲩⲱϣⲧ̅ ⲉϫⲙ̅ ⲡⲥⲱⲙⲁ Fol. 22 *b* [?]
ⲙ̅ ⲡⲉⲧ ⲟⲩⲁⲁⲃ· ⲉⲩⲣⲁϣⲉ ⲁⲩⲱ ⲁ ⲡϩⲣ̅ϣⲓⲣⲉ ⲙⲟⲩϣⲧ̅
ⲙ̅ ⲡⲙⲁ ⲛ̅ ⲙ̅ⲕⲟⲧⲕ̅· ⲉϥⲣ̅ ϣⲡⲏⲣⲉ ⲙ̅ⲡⲉϥⲥⲁ· ⲁⲩⲱ ⲁϥ-
ϭⲓⲛⲉ ⲙ̅ ⲡⲣⲱⲙⲉ ⲙ̅ ⲙⲁⲅⲟⲥ· ⲉϥⲥⲟⲛϩ̅ ⲉ ϩⲟⲩⲛ ⲉ ⲡⲉⲕ-
ϭⲗⲟϭ ⲙ̅ ⲡⲙⲁⲣⲧⲩⲣⲟⲥ· ⲛ̅ⲑⲉ ⲛ̅ ⲟⲩϩⲟⲣ ⲉϥⲕⲟ: ⲛ̅ⲣⲟϥ·
ⲁⲩⲱ ⲛ ⲧⲉⲣⲉ ϥ[ⲛⲁⲩ]ⲉ ⲡϩⲣ̅ϣⲓⲣⲉ· ⲁϥⲱϣ ⲉ ⲃⲟⲗ ϫⲉ
ⲟⲩⲟⲓ ⲛⲁⲓ ⲱ̅ ⲡⲁ ϫⲥ̅ ⲛ̅ⲥⲟⲛ· ⲁⲙⲟⲩ ⲛⲅ̅ ⲛⲁⲩ ⲉ ⲡⲁ ⲛⲟϭ
ⲛ̅ⲑⲃⲃⲓ̈ⲟ· ⲡⲉϫⲉ ⲡϩⲣ̅ϣⲓⲣⲉ ⲛⲁϥ ϫⲉ ⲛ̅ⲧⲟⲕ ⲉⲓ ⲉ ⲧⲱⲛ ⲙ̅
ⲡⲉⲓ ⲙⲁ· ⲡⲉϫⲉ ⲡⲙⲁⲅⲟⲥ ⲛⲁϥ· ϫⲉ ⲱ̅ ⲡⲁ ⲥⲟⲛ· ⲁⲥ-
ϣⲱⲡⲉ ⲛ̅ ⲧⲉⲣⲉ ⲕⲃⲱⲕ ⲉ ⲃⲟⲗ ϩⲓ ⲧⲟⲟⲧ· ⲁ ⲡϩⲁⲅⲓⲟⲥ
ⲙⲉⲣⲕⲟⲩⲣⲓⲟⲥ ⲉⲓ ϣⲁ ⲣⲟⲓ· ⲁϥϯ ⲛ̅ ⲟⲩⲭⲁⲙⲟⲥ ⲉ ⲣⲟⲓ·
ⲁϥⲉⲓⲛⲉ ⲙ̅ⲙⲟⲓ ⲁϥⲥⲟⲛϩ̅ ⲙ̅ⲙⲟⲓ ⲉ ϩⲟⲩⲛ· ⲉ ⲡⲉⲓ ⲙⲁ ⲛ̅
ⲙ̅ⲕⲟⲧⲕ̅· ⲉⲩϣⲓ̈ⲡⲉ ⲛⲁⲓ· ⲛ̅ⲧⲉⲩⲛⲟⲩ ⲁϥⲱϣ ⲉ ⲃⲟⲗ· ϫⲉ

ⲃⲟⲏⲑⲉⲓ ⲉ ⲣⲟⲓ· ⲡⲁ ⲥⲟⲛ ⲙ̅ ⲙⲉⲣⲓⲧ· ϫⲉ ⲡ̅ ϩⲟⲥⲟⲛ
ⲉⲓϣⲁϫⲉ ⲛ̅ⲙ̅ⲙⲁⲕ· ⲁ ⲡⲉⲧ ⲟⲩⲁⲁⲃ ϯ ⲡ̅ ⲟⲩϣⲥ̅ⲛⲁⲁⲥ ⲉ
ϩⲟⲩⲛ ϩⲙ̅ ⲡⲁϩⲟ· ⲁⲓⲁⲥⲭⲩⲙⲟⲛⲉⲓ ⲉⲙⲁⲧⲉ· ⲡⲉϫⲁϥ ⲛⲁϥ
ϫⲉ ⲟⲩⲙⲩⲥⲧⲏⲣⲓⲟⲛ ⲙ̅ⲡ ⲟⲩⲧⲁⲙⲟⲕ ⲉ ⲧⲃⲏⲏⲧϥ̅· ϫⲉ
ⲟⲩⲟⲛϩϥ̅ ⲉ ⲃⲟⲗ· ⲉ ⲧⲃⲉ ⲟⲩ ⲉⲕⲛⲁϣⲓⲛⲉ ⲛ̅ⲥⲱϥ ⲉ ⲟⲩⲟⲛϩϥ̅
ⲉ ⲃⲟⲗ· ⲁⲩⲱ ⲛ̅ⲧⲉⲩⲛⲟⲩ· ⲉⲓⲥ ⲟⲩⲇⲁⲓⲙⲱⲛⲓⲟⲛ ⲁϥϥⲟϭⲉ
Fol. 23 a [?] ⲉϫⲙ̅ ⲡⲣⲱⲙⲉ ⲙ̅ ⲙⲁⲅⲟⲥ· | ⲁϥⲃⲱ[ⲗϥ] ⲉ ⲃⲟⲗ· ⲁϥϩⲓⲧⲉ
ⲙ̅ⲙⲟϥ ϩⲓϫⲙ̅ ⲡⲕⲁϩ· ⲉϥⲱϣ ⲉ ⲃⲟⲗ· ϫⲉ ⲕⲁⲁⲧ ⲧⲁⲡⲁⲓ-
ⲇⲉⲩⲉ ⲙ̅ⲙⲟϥ· ⲡϩⲁⲅⲓⲟⲥ ⲙⲉⲣⲕⲟⲩⲣⲓⲟⲥ ⲡⲉⲧ ⲟⲩⲉϩⲥⲁϩⲛⲉ
ⲛⲁⲓ· ϫⲉ ϩⲉⲛⲛⲟϭ ⲛⲉ ⲛⲉⲃⲗⲁⲥⲫⲩⲙⲓⲁ ⲛ̅ⲧⲟϥⲁⲁⲩ ⲉ
ⲡⲛⲟⲩⲧⲉ ⲛ̅ⲧⲁϥⲧⲁⲙⲓⲟϥ· ⲁⲩⲱ ⲉⲥ ⲟⲩⲥϩⲓⲙⲉ ⲟⲛ ⲁⲩⲇⲁⲓ̈-
ⲙⲱⲛⲓⲟⲛ ϩⲓⲧⲉ ϩⲁⲧⲙ̅ ⲡⲥⲱⲙⲁ ⲙ̅ⲙ̅ ⲡⲉⲧ ⲟⲩⲁ̅ⲃ· ⲁⲩⲱ ⲛ̅
ⲧⲉⲣ ⲟⲩⲕⲁ ⲧⲉⲩⲛⲁⲍⲓⲥ ⲉ ⲃⲟⲗ· ⲁ ⲡⲙⲏⲏϣⲉ ⲧⲏⲣϥ̅ ⲥⲱⲟⲩϩ
ⲉ ⲛⲁⲩ ⲉ ⲑⲉ ⲛⲧⲁ ⲡⲉⲧ ⲟⲩⲁⲁⲃ ϩⲉⲃⲣⲓⲍⲉ ⲛ̅ⲛ̅ⲇⲁⲓⲙⲱⲛⲓⲟⲛ·
ⲁⲩⲱ ⲁ ⲡⲁⲣⲭⲱⲛ ⲉⲓ ϩⲱⲱϥ ⲟⲛ ⲁϥϩⲙⲟⲟⲥ· ⲁ ⲧⲉⲥϩⲓⲙⲉ
ⲉⲧⲟ ⲛ̅ⲇⲁⲓⲙⲱⲛⲓⲟⲛ ⲱϣ ⲉ ⲃⲟⲗ· ϫⲉ ⲱ̅ ϩⲉⲣⲙⲁⲡⲟⲗⲗⲟⲛ·
ⲙⲡ ⲕⲁⲁⲩ ⲙ̅ ⲡⲉⲑⲟⲟⲩ ⲙ̅ ⲡⲉⲓ ⲣⲱⲙⲉ ⲙ̅
ⲙⲁⲅⲟⲥ· ϫⲉ ⲛ̅ⲧⲟϥ ⲣ̅ ϩⲓⲕⲉ ⲧⲉⲕϣⲉⲉⲣⲉ· ⲁⲩⲱ ⲟⲛ ϯ
ⲧⲉⲕϣⲉⲉⲣⲉ ⲙ̅ ⲡϩⲉⲣϣⲓⲣⲉ· ⲕⲁⲧⲁ ⲑⲉ ⲛ̅ⲧ ⲁⲩⲧⲁⲙⲟⲕ ϩⲙ̅
ⲡϩⲟⲣⲟⲙⲁ· ϫⲉ ⲛⲛⲧⲉⲛⲟⲩⲉⲓⲥⲧⲉⲕ *(sic)* ⲁⲥⲁⲙⲁⲧⲉ ⲙ̅ ⲡⲧⲁⲗ-
ϭⲟ· ⲁⲩⲱ ⲙ̅ⲡⲣ̅ ⲁⲙⲉⲗⲉⲓ ⲉϫⲓ ϩⲟ ⲛ̅ ⲛ̅ⲧⲉⲕϣⲉⲉⲣⲉ ⲙ̅ ⲡϣⲏⲣⲉ
ϣⲏⲙ· ϫⲉⲕ ⲟⲩϣⲟⲙⲛ̅ⲧ ⲛ̅ⲉⲃⲟⲧ ⲉⲧⲉ ⲟⲩⲛ̅ⲧⲁϥⲥⲟⲩ ⲙ̅
ⲡⲉⲓⲱⲧ ⲙ̅ ⲡϣⲏⲣⲉ ϣⲏⲙ· ⲁⲩⲱ ⲙⲛ̅ⲛ̅ⲥⲁ ⲛⲁⲓ ⲡⲉⲕϩⲏⲧ
ⲛⲁⲉⲙⲧⲟⲛ· ⲧⲉϥⲥϩⲓⲙⲉ ⲇⲉ ⲁ ⲡⲉⲥϩⲏⲧ ⲥⲱⲣⲙ̅ ⲉ ⲃⲟⲗ·
Fol. 23 b [?] ⲉ ⲧⲃⲉ ⲛⲉⲧ ⲉⲥⲥⲱⲧⲙ̅ ⲉ ⲣⲟⲟⲩ | ⲁⲩⲱ ⲉⲓⲥ ⲛ̅ⲧⲉⲩⲛⲟⲩ
ⲙⲁⲩ ⲁ ⲧⲉⲥϣⲉⲉⲣⲉ ⲗⲟ ⲉ ⲃⲟⲗ ϩⲙ̅ ⲧⲃⲁⲥⲁⲛⲟⲥ ϩⲱⲥ ⲙ̅ⲡⲉ
ⲥϣⲱⲛⲉ ⲉ ⲡⲧⲏⲣϥ̅· ⲁⲩⲱ ⲡⲉϫⲁⲥ ⲙ̅ ⲡⲙⲁⲅⲟⲥ ⲛ̅ϭⲓ ⲧⲉ-
ⲥϩⲓⲙⲉ· ⲉ ⲧⲣⲉ ⲡϩⲁⲅⲓⲟⲥ ⲙⲉⲣⲕⲟⲩⲣⲓⲟⲥ ϣⲁϫⲉ ⲛ̅ϩⲏⲧⲥ̅·
ϫⲉ ϫⲓⲛ ⲛ̅ⲧⲉⲩⲛⲟⲩ ⲛ̅ⲛⲉ ⲕⲟⲩⲱϩ: ⲙⲛ̅ ⲡ̅ⲣⲱⲙⲉ· ⲁⲗⲗⲁ
ⲉⲕⲉⲡⲱⲧ: ⲛ̅ⲧⲟⲩⲉⲓⲏ ⲉⲕⲉϣⲱⲡⲉ ⲉⲕⲁⲁⲥⲕⲉⲓ ⲙⲁⲩⲁⲁⲕ·
ϩⲙ̅ ⲧⲩⲣⲏⲙⲟⲥ ϣⲁ ⲡⲉϩⲟⲟⲩ ⲙ̅ ⲡⲉⲕⲙⲟⲩ· ⲁⲩⲱ ⲁϥⲉⲡⲓ̈-
ⲧⲓⲙⲁ ⲙ̅ ⲡⲉⲡⲛ̅ⲁ ⲉⲧ ⲛ̅ϩⲏⲧϥ̅ ⲁϥⲛⲟϫϥ̅ ⲉ ⲃⲟⲗ· ⲁ ⲧⲉϥ-
ϩⲟⲣⲁⲥⲓⲥ ⲥⲙⲓⲛⲉ ⲕⲁⲗⲱⲥ· ⲁⲩⲱ ⲁϥⲃⲱⲕ ⲉ ⲧⲉⲣⲏⲙⲟⲥ·
ⲁϥⲁⲛⲁⲭⲱⲣⲉⲓ ϣⲁ ⲡⲉϩⲟⲟⲩ ⲙ̅ ⲡⲉϥⲙⲟⲩ· ⲛ̅ ⲧⲉⲣⲉ ⲡⲉ-

ϩⲟⲟⲩ ⲙ̅ ⲡϣⲁ ⲟⲩⲉⲓⲛⲉ ⲁ ϩⲉⲣⲙⲁⲡⲟⲗ[ⲗⲟⲛ ⲁϥⲁⲗⲉ] ⲛⲉϥ-
[ⲧⲃ̅]ⲛⲟⲟⲩⲉ · ⲙⲛ̅ ⲧⲉϥⲥϩⲓⲙⲉ · ⲙⲛ̅ ⲧⲉϥϣⲉⲉⲣⲉ · ⲙⲛ̅ ⲛⲉϥ-
ϩⲙ̅ϩⲁⲗ · ⲁⲩⲱ ⲡϩⲣ̅ϣⲓⲣⲉ ⲙⲛ̅ ⲛⲉϥϩⲙ̅ϩⲁⲗ · ⲁⲩⲉⲓ ⲉ
ⲧⲉⲩⲡⲟⲗⲓⲥ · ⲁⲩⲱ ⲁ ⲡⲁⲣⲭⲱⲛ ⲡⲁⲣⲁⲅⲅⲉⲗⲉⲓ ⲛ̅ⲧⲉϥ-
ⲥϩⲓⲙⲉ · ⲛ̅ϩⲱⲃ ⲛⲓⲙ ⲛ̅ⲧⲁ ⲡⲉⲧ ⲟⲩⲁⲁⲃ ϫⲟⲟⲩ ⲛⲁϥ · ϩⲙ̅
ⲡϩⲟⲣⲟⲙⲁ · ⲛ̅ ⲧⲉⲣⲉ ⲧⲉϥⲥϩⲓⲙⲉ ⲉⲓⲙⲉ ϫⲉ ⲕⲁⲧⲁ ⲑⲉ ⲛ̅ⲧⲁ
ⲡⲁⲣⲭⲱⲛ ϫⲱ ⲉ ⲣⲟⲥ ⲙ̅ ⲡϩⲟⲣⲟⲙⲁ · ϯ ⲟⲛ ⲧⲉ ⲑⲉ ⲛ̅ⲧⲁ
ⲡⲡⲉⲧ ⲟⲩⲁⲁⲃ ϫⲟⲟⲥ · ϩⲙ̅ ⲧⲁⲡⲣⲟ ⲛ̅ ⲧⲉⲥϩⲓⲙⲉ · ⲉⲧⲟ
ⲛ̅ⲇⲁⲓⲙⲟⲛⲓ̈ⲟⲛ · ⲛ̅ ⲧⲉⲣⲉ ⲡⲗⲁⲟⲥ ⲇⲉ ⲥⲱⲧⲙ̅ ⲁⲩ ⲟⲩⲛⲟϭ
ⲛ̅ⲧⲱⲧ ⲛ̅ϩⲏⲧ ϣⲱⲡⲉ ϩⲙ̅ ⲧⲉⲩⲙⲏⲏⲧⲉ ⲁⲩⲧⲛ̅|ⲛⲟⲟⲩ Fol. 24 *a* [?]
ⲁⲩ [...] ⲁⲩⲱⲙ ⲁⲩⲥⲱ ⲛ̅ⲙ̅ⲙⲁϥ (*sic*) ⲁⲩⲧⲁⲙⲟϥ ϫⲉ ϥⲓ
ⲛ̅ⲕⲣⲟⲟⲩϣ ⲛ̅ⲧⲛ̅ⲉⲓⲣⲉ ⲛ̅ⲧϣⲉⲗⲉⲉⲧ ⲕⲁⲧⲁ ⲑⲉ ⲛ̅ⲧⲁ ⲡϩⲁⲅⲓⲟⲥ
ⲙⲉⲣⲕⲟⲩⲣⲓⲟⲥ ϫⲟⲟⲥ ⲛⲁⲛ · ⲁⲩⲱ ⲛ̅ⲧⲉⲣⲉ ϥ̅ⲥⲱⲧⲙ̅ ⲉ ⲛⲁⲓ ·
ⲛ̅ϭⲓ ⲡϩⲉⲣϣⲓⲣⲉ ⲁϥⲣⲁϣⲉ ⲉⲙⲁⲧⲉ · ⲁⲩⲱ ⲛ̅ ⲧⲉⲣⲉ ⲡⲇⲓⲡ-
ⲛⲟⲛ ϫⲱⲕ ⲉ ⲃⲟⲗ ⲁ ⲡϩⲣ̅ϣⲓ̈ⲣⲉ ⲃⲱⲕ ⲉ ⲡⲉϥⲏⲓ · ⲁϥϫⲱ
ⲛ̅ϩⲟⲃ ⲛⲓⲙ ⲉ ⲡⲉϥⲓ̈ⲱⲧ · ⲁⲩⲱ ⲁ ⲡⲉϥⲉⲓⲱⲧ ⲣⲁϣⲉ ⲉ
ⲡⲉϩⲟⲩⲟ · ϣⲟⲣⲡ̅ ⲇⲉ ⲛ̅ ⲧⲉⲣⲉ ϥϣⲱⲡⲉ · ⲁ ⲡⲉⲓⲱⲧ ⲙ̅
ⲡϩⲣ̅ϣⲓⲣⲉ ⲥⲱⲟⲩϩ · ⲛ̅ⲛⲟϭ ⲧⲏⲣⲟⲩ ⲛ̅ ⲧⲡⲟⲗⲓⲥ ⲙ̅ ⲡ̅ⲗⲟⲩ-
ⲥⲓ̈ⲟⲥ · ⲁⲩⲉⲓ ⲉⲣⲙ ⲡⲏⲓ ⲛ̅ ⲡⲕⲩⲣⲓⲥ ϩⲉⲣⲙⲁⲡⲟⲗⲗⲟⲛ ·
ⲁⲩⲱ ⲁⲩϣⲁϫⲉ ⲛ̅ⲙ̅ⲙⲁϥ ⲉ ⲧⲃⲉ ⲧⲉϥϣⲉⲉⲣⲉ · ⲁⲩⲱ ⲁⲩ-
ⲧⲱⲧⲉ ⲛⲉⲩⲉⲣⲏⲩ ⲁⲩⲱ ⲁⲩϯ ⲛⲁⲥ ⲛ̅ ⲟⲩⲙⲏⲛϣⲉ ⲛ̅ⲛⲟⲩⲃ ϩⲓ
ϩⲁⲧ · ⲁⲩⲱ ⲟⲩⲁϣⲓ ⲛ̅ⲕⲟⲥⲙⲏⲥⲓⲥ · ⲁⲩⲱ ϩⲉⲛϩⲙ̅ϩⲁⲗ
ⲛ̅ϩⲟⲟⲩⲧ · ⲙⲛ̅ ϩⲉⲛϩⲙ̅ϩⲁⲗ ⲛ̅ⲥϩⲓⲙⲉ · ⲙⲛ̅ ϩⲉⲛ : ⲟⲩⲁ̅ⲗ
ⲛ̅ⲣⲉϥⲡⲗⲉⲁ : ϩⲙ̅ ⲑⲁⲗⲗⲁⲥⲥⲁ ⲁⲩⲱ ⲁⲩⲉⲓⲛⲉ ⲛ̅ϩⲉⲛⲇⲁⲩ-
ⲙⲱⲧⲏⲥ · ⲙⲛ̅ ϩⲉⲛⲃⲟⲩⲛⲁⲧⲱⲣ · ⲙⲛ̅ ϩⲉⲛⲡⲟⲣⲕⲟⲛⲓⲥⲧⲏⲥ ·
ⲁⲩⲱ ⲛ̅ϩⲉⲛⲙⲓ̈ⲙⲁⲣⲓ̈ⲟⲛ · ⲙⲛ̅ ϩⲉⲛϣⲟⲉⲓϫ · ⲙⲛ̅ ϩⲉⲛ-
ⲕⲓⲛⲏⲕⲟⲛ · ⲁⲩⲉⲓⲣⲉ ⲛ̅ⲧϣⲉⲗⲉ̅ⲧ ϩⲙ̅ ⲟⲩⲛⲟϭ ⲙ̅ ⲙⲛ̅ⲧⲗⲁⲙ-
ⲡⲣⲟⲥ · ⲁⲩⲱ ⲙⲛ̅ⲛ̅ⲥⲁ ⲕⲉ ϩⲉⲃⲇⲟⲙⲁⲥ · ⲁⲩⲧⲱϩⲙ̅ ⲛ̅
ⲟⲩⲙⲏⲛϣⲉ : ⲙ̅ ⲡⲗⲟⲩⲥⲓⲟⲥ · ⲙⲛ̅ ⲟⲩⲙⲏⲛϣⲉ ⲛ̅ⲁⲣⲭⲱⲛ ·
ⲁⲩⲉⲓⲣⲉ ⲛ̅ | ⲧϣⲉⲗⲉⲉⲧ ϩⲙ̅ ⲟⲩⲛⲟϭ ⲙ̅ ⲙⲛ̅ⲧⲉⲡⲓⲥⲏⲥ · ⲁⲩⲱ Fol. 24 *b* [?]
ⲁⲩⲣⲁϣⲉ ⲉⲙⲁⲧⲉ · ⲁⲩⲱ ⲙ̅ ⲡϩⲟⲩⲛ ⲛ̅ ϣⲟⲙⲧ ⲛ̅ⲉⲃⲟⲧ ·
ⲙⲛ̅ⲛ̅ⲥⲁ ⲧϣⲉⲗⲉⲉⲧ · ⲁϥⲙⲟⲩ ⲛ̅ϭⲓ ⲡⲉⲓⲱⲧ ⲙ̅ ⲡϣⲏⲣⲉ
ϣⲏⲙ · ϩⲙ̅ ⲟⲩⲙⲛ̅ⲧϩⲗ̅ⲗⲟ ⲉⲥⲕⲟⲩⲱ · ⲁⲩⲱ ⲛ̅ ⲧⲉⲣⲉ ⲛⲉⲓ-
ϩⲟⲟⲩ ⲙ̅ ⲡⲉϥϩⲏⲃⲉ ϫⲱⲕ ⲉ ⲃⲟⲗ · ⲁ ⲡϩⲣ̅ϣⲓⲣⲉ ϫⲓ ⲙ̅

ⲡⲉϥⲛⲟⲩⲃ · ⲙⲛ̅ ⲡⲉϥϩⲏⲧ (*sic*) · ⲙⲛ̅ ⲡⲉϥⲁⲡⲟⲥⲕⲉⲩⲉ ⲧⲏⲣⲥ̅ · ⲁⲩⲱ ⲛⲉϥϩⲙ̅ϩⲁⲗ · ⲁϥⲛ̅ⲧⲟⲩ ⲉ ⲡⲏⲓ̈ ⲙ̅ ⲡⲉϥϣⲟⲙ · ⲁⲩϭⲱ ⲙⲛ̅ ⲛⲉⲩⲉⲣⲏⲩ ϣⲁ ⲡⲉϩⲟⲟⲩ ⲙ̅ ⲡⲉⲩⲙⲟⲩ · ⲁⲩⲱ ⲉⲩⲛⲏⲩ ⲕⲁⲧⲁ ⲣⲟⲙⲡⲉ ⲉ ⲡⲧⲟⲡⲟⲥ ⲙ̅ ⲡϩⲁⲅⲓⲟⲥ ⲙⲉⲣⲕⲟⲩⲣⲓⲟⲥ · ϩⲙ̅ ⲡⲉϥϣⲁ ⲉⲧ ⲟⲩⲁⲁⲃ · ⲉⲩϣⲗⲏⲗ ⲉⲩⲉⲩⲭⲁⲣⲓⲥⲧⲟⲩ (*sic*) ⲙ̅ ⲡⲛⲟⲩⲧⲉ ⲡⲁ ⲛⲉⲛⲟϭ ⲛ̅ϭⲟⲙ · ⲁⲧⲉⲧⲛ̅ⲛⲁⲩ ⲁⲩⲱ ⲛⲁⲙⲉⲣⲁⲧⲉ · ⲉ ⲛⲉⲓ ⲛⲟϭ ⲛ̅ϩⲙⲟⲧ ⲉⲧ ⲉⲣⲉ ⲡⲛⲟⲩⲧⲉ ⲉⲓⲣⲉ ⲙ̅ⲙⲟⲟⲩ · ⲙⲛ̅ ⲛⲉϥⲥⲟⲧⲡ̅ ⲕⲁⲧⲁ ⲅⲉⲣⲟⲥ · ϯⲟⲩⲱϣ ⲙⲛ̅ ⲱ̅ ⲡⲗⲁⲟⲥ ⲙ̅ⲙⲁⲓ ⲛⲟⲩⲧⲉ ⲉ ϫⲓ ϩⲉⲛⲕⲟⲩⲓ ⲉ ⲣⲱⲧⲛ̅ · ⲁⲗⲗⲁ ϯⲥⲟⲟⲩⲛ ϫⲉ ⲙⲛ̅ϭⲟⲙ : ⲛ̅ⲗⲁⲁⲩ ⲉ ϭⲙ̅ ⲡϫⲱⲕ ⲛ̅ⲛ̅ϭⲟⲙ ⲛ̅ ⲛⲉⲧ ⲟⲩⲁⲁⲃ : ⲙⲁⲗⲓⲥⲧⲁ ⲡⲙⲁⲣⲧⲩⲣⲟⲥ ⲡϩⲁⲅⲓⲟⲥ ⲙⲉⲣⲕⲟⲩⲣⲓⲟⲥ · ⲁⲩⲱ ⲟⲛ ϫⲉ ⲛⲁⲛⲟⲩ ⲡϣⲓ ϩⲛ̅ ϩⲱⲃ ⲛⲓⲙ · ⲱ̅ ⲛⲁⲓⲧⲟⲩ ⲛ̅ ⲛ̅ⲟⲩⲟⲛ ⲛⲓⲙ ⲉⲧ ⲱϣ |

[The concluding lines are wanting.]

THE ENCOMIUM OF ACACIUS, BISHOP OF CAESAREA, ON MERCURIUS THE MARTYR

(Brit. Mus. MS. Oriental, No. 6802)

ⲞⲨⲈ[ⲚⲔ]ⲰⲘⲒⲞⲚ Ⲉ ⲀϤⲦⲀⲨⲞϤ · Ⲛ̄ϬⲒ ⲠϨⲀ- Fol. 25 *a*
ⲄⲒⲞⲤ ⲀⲠⲀ ⲀⲔⲀⲔⲒⲞⲤ · ⲠⲈⲠⲒⲤⲔⲞⲠⲞⲤ Ⲛ̄ [ⲁ̄]
ⲦⲔⲀⲒⲤⲀⲢⲒⲀ · ϨⲘ̄ ⲠⲘⲀⲢⲦⲎⲢⲒⲞⲚ · Ⲛ̄ ⲦⲀⲨ-
ⲔⲞⲦϤ Ⲉ ⲠⲢⲀⲚ Ⲙ̄ ⲠϨⲀⲄⲒⲞⲤ ⲘⲈⲢⲔⲞⲨ-
ⲢⲒⲞⲤ · ϨⲘ̄ ⲠⲈϨⲞⲞⲨ Ⲙ̄ ⲠϤⲢ̄ ⲠⲘⲈⲈⲨⲈ ⲈⲦ
ⲞⲨⲀⲀⲂ · ⲈⲦⲈ ⲤⲞⲨ ϪⲞⲨⲦⲈ ⲠⲈ Ⲙ̄ ⲠⲈⲂⲞⲦ
ⲀⲐⲰⲢ · Ⲉ ⲀϤⲈⲄⲰⲘⲒⲀⲌⲈ Ⲛ̄ϨⲀϨ Ⲛ̄ϬⲞⲘ ·
ϨⲒ ϢⲠⲎⲢⲈ · ⲀⲨϢⲰⲠⲈ Ⲉ ⲂⲞⲖ ϨⲒ ⲦⲞⲞⲦϤ̄
Ⲙ̄ ⲠⲘⲀⲢⲦⲎⲢⲞⲤ ⲈⲦ ⲞⲨⲀⲀⲂ · ⲠϨⲀⲄⲒⲞⲤ
ⲘⲈⲢⲔⲞⲨⲢⲒⲞⲤ ϨⲚ ⲞⲨⲈⲢⲎⲚⲎ Ⲛ̄ⲦⲈ ⲠⲚⲞⲨ-
ⲦⲈ · ⲈⲢⲈ ⲚⲈϤⲤⲘⲞⲨ ⲈⲦ ⲞⲨⲀⲀⲂ ⲈⲨⲈ-
ϢⲰⲠⲈ Ⲛ̄ⲘⲘⲀⲚ ⲦⲎⲢⲚ̄ ϨⲒ ⲞⲨⲤⲞⲠ · ϨⲀⲘⲎⲚ ·

ⲁⲗⲏⲑⲱⲥ ⲁ ⲡⲟⲩⲟⲉⲓⲛ ϣⲁ ⲛ̄ ⲉⲛⲇⲓⲕⲁⲓⲟⲥ · ⲙ̄ ⲡⲉⲓ
ϩⲁⲅⲓⲟⲥ ⲙⲉⲣⲕⲟⲩⲣⲓⲟⲥ · ⲕⲁⲧ[ⲁ] ▨▨▨▨ ⲁ[ϥϫⲱ
ⲡⲉϩⲓⲉⲣⲟⲩⲯⲁⲗⲧⲏⲥ · ⲁⲩⲱ ⲡⲉⲓⲱⲧ ⲙ̄ ⲡⲉⲭ̄ⲥ̄ · ⲕⲁⲧⲁ
ⲥⲁⲣⲝ̄ · ⲡⲣ̄ⲣⲟ ⲛ̄ ⲇⲓⲕⲁⲓⲟⲥ · ⲡϩⲩⲙⲛⲟⲇⲟⲥ ⲇⲁⲩⲉⲓⲇ ·
ⲉϥⲱϣ ⲉ ⲃⲟⲗ · ⲉ[ϥ]|ⲱϣ ⲉ ⲃⲟⲗ · ϩⲛ̄ ⲧⲉϥⲥⲙⲏ ⲉⲧ ⲛⲟⲧⲙ̄ · Fol. 25 *b*
ⲉϥϫⲱ ϩⲛ̄ ⲧⲉϥⲕⲓⲑⲁⲣⲁ ϩⲙ̄ ⲡⲗⲁⲕⲧⲣⲟⲛ · [ⲉ]ⲧ ⲛ̄ⲧⲟⲟⲧϥ̄ · [ⲃ̄]
ⲉϥϫⲱ ⲙⲙⲟⲥ · ϫⲉ ⲁ ⲡⲟⲩⲟⲉⲓⲛ ϣⲁ ⲛ̄ ⲛ̄ⲇⲓⲕⲁⲓⲟⲥ · ⲁⲩⲱ
ⲟⲛ · ϫⲉ ⲁ ⲡⲟⲩⲟⲉⲓⲛ ϣⲁ ϩⲙ̄ ⲡⲕⲁⲕⲉ · ⲉⲛ ⲛⲉⲧ ⲥⲟⲩⲧⲱⲛ
ϩⲙ̄ ⲡⲉⲩϩⲏⲧ · ⲡⲉϫⲉ ⲡⲉⲭ̄ⲥ̄ ϩⲱϥ ϩⲙ̄ ⲡⲉⲩⲁⲅⲅⲉⲗⲓⲟⲛ ·
ϫⲉ ⲧⲟⲧⲉ ⲛ̄ⲇⲓⲕⲁⲓⲟⲥ ⲛⲁⲣ̄ ⲟⲩⲟⲉⲓⲛ · ⲛ̄ⲑⲉ ⲙ̄ ⲡⲣⲏ ϩⲛ̄
ⲧⲙⲛ̄ⲧⲉⲣⲟ ⲙ̄ ⲡⲉⲩ[ⲉ]ⲓⲱⲧ · ⲁ ⲡϩⲁⲅⲓⲟⲥ [ⲙ]ⲉⲣⲕⲟⲩⲣⲓⲟⲥ

[...]ⲕⲛⲁⲩ ⲉ[...]ⲛ̅ ⲁⲡⲉⲣⲁⲛⲧⲟⲛ ϫⲉ ⲛⲉⲕⲱ: ⲛ̅ϩⲩ̅ⲗ̅-
ⲗⲏⲛ ⲙ̅ⲡⲁⲧ ⲉⲕⲥⲟⲩⲛ ⲡⲉⲭ̅ⲥ̅ ⲕⲁⲗⲟⲥ· ⲁⲩⲱ ⲛ̅ ⲧⲉⲣⲉ
ϥϩⲟⲕϥ̅· ⲛⲉϥⲃⲱⲕ ⲉ ⲃⲟⲗ ⲉ ⲡⲡⲟⲗⲩⲙⲟⲥ ⲛ̅ⲃⲁⲣⲃⲁⲣⲟⲥ·
ⲉϥϩⲓⲑⲏ ⲇⲉ ⲛⲇⲓⲕⲁ[ⲓ]ⲟⲥ ⲡ̅ⲣ̅ⲣⲟ ⲛ̅ ⲁⲛⲟⲙⲟⲥ ϩⲱⲥ ⲡⲟⲗⲩ-
ⲙⲁⲣⲭⲏⲥ· ⲉϥⲁⲙⲁϩⲧⲉ ⲛⲉⲛⲥⲟⲧⲉ ⲛⲕ̅ⲗⲟ ⲉϥⲛⲁϣⲱϭⲉ
ⲛ̅ ⲛ̅ⲃⲁⲣⲃⲁⲣⲟⲥ ⲛ̅ϩⲏⲧⲟⲩ· ⲡⲁⲅⲅⲉⲗⲟⲥ ⲇⲉ ⲙ̅ ⲡϫⲟⲉⲓⲥ·
ⲁϥⲉⲓ ⲉ ⲡⲉⲥⲏⲧ ⲉ ⲃⲟⲗ ϩⲛ̅ ⲧⲡⲉ· ⲁϥⲧⲁⲁⲧ (*sic*) ⲉⲛ ⲧⲥⲏϥⲉ
ⲛⲁϥ· ϫⲉ ⲟϫⲛⲉ ⲛ̅ ⲛ̅ⲃⲁⲣⲃⲁⲣⲟⲥ[...]ⲧⲁ (?)

Fol. 26 *a* ⲅ̅ [...]ⲧ ⲉϣϣⲉ ⲡⲉ ⲉ ⲧⲣⲛ̅ⲡⲟⲩⲟⲛϩ̅ ⲉ ⲃⲟⲗ· ⲛ̅ ⲟⲩⲛⲟϭ
ⲛ̅ ⲇⲓⲁⲑⲉⲥⲓⲥ ⲉ ϩⲟⲩⲛ ⲉ ⲣⲟⲟⲩ· ⲛ̅ⲧⲛ̅ϯ ⲛ̅ ⲟⲩⲧⲁⲓⲟ ⲛⲁⲩ·
ⲙⲛ̅ ⲟⲩⲉⲟⲟⲩ ⲕⲁⲧⲁ ⲡⲉⲩⲙⲡϣⲁ· ϩⲛ̅ ϩⲉⲛⲥⲡⲟⲇⲏ ⲙⲛ̅
ϩⲉⲛⲑⲩⲥⲓⲁ· ⲕⲁⲧⲁ ⲙ̅ ⲡⲉⲧ ⲛⲁⲛⲟⲩϥ· ⲛ̅ⲧⲁⲩⲁⲁⲩ ⲛⲁⲛ
ⲛ̅ϣⲟⲣⲡ̅· ⲧⲡⲟⲩⲉϩⲥⲁϩⲛⲉ ⲉ ⲧⲣⲉⲩⲟⲩⲱⲛ ⲛ̅ ⲛ̅ⲣⲟ ⲛ̅
ⲛ̅ⲣⲡⲏⲩⲉ ⲧⲏⲣⲟⲩ· ⲕⲁⲧⲁ ⲡⲟⲗⲓⲥ· ⲁⲩⲱ ⲕⲁⲧⲁ ϯⲙⲉ·
ϫⲓ ϯϩⲣⲱⲙⲁⲛⲓⲁ ϣⲁ ⲣⲏⲥ ⲉ ⲡⲓⲗⲁⲕ· ⲙⲛ̅ ⲛⲓϭⲟⲟϣ·
ⲉ ⲛⲥⲉⲧⲁⲗⲉ ⲗⲓⲃⲁⲛⲟⲥ ⲉ ϩⲣⲁⲓ ⲛ̅ ⲛ̅ⲛⲟⲩⲧⲉ ⲉⲧⲁⲓⲏⲩ· ⲛⲥⲉ-
ⲉⲓⲣⲉ ⲛⲉⲩϣⲙ̅ϣⲉ ϩⲛ̅ ⲟⲩⲛⲟϭ ⲛ̅ ⲥⲡⲟⲩⲇⲏ· ⲉ ⲧⲙ̅ ⲧⲣⲉ
ⲗⲁⲁⲩ ⲛ̅ⲭⲣⲓⲥⲧⲓⲁⲛⲟⲥ· ⲁⲩⲱⲛϩ̅ ⲉ ⲃⲟⲗ ϩⲛ̅ ⲗⲁⲁⲩ ⲙ̅ⲙⲁ·
ⲁⲩⲱ ⲛ̅ⲧⲉ ⲛ̅ⲁⲣⲭⲱⲛ ⲛ̅ ⲧⲉⲡⲁⲣⲭⲓⲁ· ⲇⲓⲱⲕⲉⲓ ⲛ̅ⲥⲁ ⲛⲉⲓ
ⲭⲣⲓⲥϯⲁⲛⲟⲥ ⲕⲁⲧⲁ ⲙⲁ· ⲉⲓⲧⲉ ⲉⲡⲓⲥⲕⲟⲡⲟⲥ· ⲉⲓⲧⲉ ⲡⲣⲉⲥ-
ⲃⲩⲧⲉⲣⲟⲥ· ⲉⲓⲧⲉ ⲁⲛⲁⲅⲛⲱⲥⲧⲏⲥ· ⲉⲓⲧⲉ ⲙⲟⲛⲁⲭⲟⲥ· ⲉⲓⲧⲉ
ⲕⲟⲥⲙⲓⲕⲟⲛ· ⲉⲓⲧⲉ ϩⲟⲟⲩⲧ· ⲉⲓⲧⲉ ⲥϩⲓⲙⲉ· ⲉⲓⲧⲉ ⲙⲁⲧⲟⲓ·
ⲉⲓⲧⲉ ⲡⲁⲅⲁⲛⲟⲥ· ⲉⲓⲧⲉ ⲧⲁⲍⲓⲱⲧⲏⲥ· ϩⲁⲡⲗⲟⲥ ⲅⲉⲛⲟⲥ ⲛⲓⲙ

Fol. 26 *b* ⲇ̅ ⲛ̅ⲣⲱⲙⲉ· ⲉ ⲧ[ⲃⲉ] | ⲡⲁⲙⲁϩⲧⲉ ⲛ̅ⲧⲁⲙⲛ̅ⲧⲉⲣⲟ· ⲉ ⲧⲣⲉⲩ
ⲑⲩⲥⲓⲁⲍⲉ ⲛ̅ ⲛ̅ⲛⲟⲩⲧⲉ ⲉⲧⲁⲓⲏⲩ· ⲁⲩⲱ ⲡⲉⲧ ⲛⲁⲁⲛϯⲗⲉⲅⲉⲓ
ⲙ̅ ⲡⲁ ⲟⲩⲉϩⲥⲁϩⲛⲉ· ⲉⲩⲉⲡⲁⲣⲁⲇⲓⲇⲟⲩ ⲙ̅ⲙⲟϥ· ⲉ ϩⲉⲛ-
ⲛⲟϭ ⲛ̅ⲃⲁⲥⲁⲛⲟⲥ ⲉⲩϣⲟⲃⲉ· ϣⲁⲛⲧ ⲟⲩⲙⲟⲩ· ⲧⲟⲧⲉ ⲁϥ-
ⲟⲩⲉϩⲥⲁϩⲛⲉ ⲛ̅ϭⲓ ⲇⲉⲕⲓⲟⲥ ⲡ̅ⲣ̅ⲣⲟ ⲛ̅ ⲁⲛⲟⲙⲟⲥ· ⲉ ⲧⲣⲉ
ⲡⲕⲩⲣ[ⲓ]ⲝ ⲱϣ ⲉ ⲃⲟⲗ· ϩⲛ̅ ⲧⲡⲟⲗⲓⲥ ⲧⲏⲣⲥ̅· ϫⲉ ⲉⲩϫⲓ
ⲉ ⲣⲱⲧⲛ̅ ⲧⲏⲣⲧⲛ̅ ⲙ̅ ⲡⲗⲁⲟⲥ· ϫⲉ ⲉⲓⲧⲉ ⲙⲁⲧⲟⲓ· ⲉⲓⲧⲉ
ⲡⲁⲅⲁⲛⲟⲥ· ⲉⲓⲧⲉ ⲅⲉⲛⲟⲥ ⲛⲓⲙ ⲛ̅ⲣⲱⲙⲉ· ⲙⲛ̅ ϩⲩⲗⲓⲕⲓⲁ
ⲛⲓⲙ· [ϫ]ⲉ ⲁⲙⲏⲓⲧⲛ̅ ⲧⲏⲣⲧⲛ̅ [...]ⲣⲡⲉ ⲛ̅ ⲛ̅ⲛⲟⲩⲧⲉ·
[ⲛ̅ⲧⲉ]ⲧⲛ̅ⲧⲁⲗⲉ ⲑⲩⲥⲓⲁ ⲛⲁⲩ ⲉ ϩⲣⲁⲓ· ⲁⲩϫⲣⲟ ⲛ̅ⲧϣⲏⲩⲉ ϩⲓⲣⲙ̅
ⲡⲣⲟ ⲙ̅ ⲡⲣ̅ⲡⲉ· ⲁⲩⲧⲁⲗⲉ ⲑⲩⲥⲓⲁ ⲛⲁⲩ ⲉ ϩⲣⲁⲓ ϩⲓ ⲗⲓⲃⲁⲛⲟⲥ·

ⲙⲛ̄ ϩⲉⲛⲙⲁⲥⲉ · ⲙⲛ̄ ϩⲉⲛϭⲓⲉⲓ̈ · ⲙⲛ̄ ϩⲉⲛϩⲁⲗⲁⲁⲧⲉ · ⲁ
ⲡⲉⲥⲧⲉⲣⲉⲩⲱⲙⲁ ⲙⲟⲩϩ · ϩⲙ̄ ⲡⲕⲁⲡⲛⲟⲥ ⲙ̄ ⲡⲉⲥϯ ⲃⲱⲱⲛ ·
ⲛ̄ ⲛⲉⲩⲑⲩⲥⲓⲁ · ⲁⲩⲱ ⲛⲉⲣⲉ ⲟⲩⲛⲟϭ ϣⲟⲟⲡ ϩⲛ̄ ⲛⲉ-
ⲭⲣⲓ[ⲥⲧ]ⲓⲁⲛⲟⲥ · ⲛ̄ϣⲧⲟⲣⲧⲣ̄ ⲉⲩⲇⲓⲱⲕⲉⲓ ⲛ̄ⲥⲱⲟⲩ · ⲉⲩ-
ϩⲓⲟⲩⲉ ⲉ ⲣⲟⲟⲩ · ⲉⲩⲥⲱⲕ ⲙ̄ⲙⲟⲟⲩ ⲉ ⲛⲉⲥⲡⲩⲗⲱⲛ · ⲙⲛ̄
ⲙ̄ⲙⲁ ⲉⲧ ϩⲉⲡ · ⲉⲩⲁⲛⲁⲅⲁⲍⲉ | ⲙ̄ⲙⲟⲟⲩ ⲉⲣ ⲑⲩⲥⲓⲁ · ⲉⲣⲉ Fol. 27 *a*
ϩⲉⲛⲛⲟϭ ⲛ̄ ⲧⲁⲣⲁⲭⲏ ϣⲟⲟⲡ ⲕⲁⲧⲁ ⲙⲁ · ⲁϥⲟⲩⲉϩⲥⲁϩⲛⲉ ⲉ̄
ⲅⲁⲣ ⲛ̄ ⲡⲧⲩⲣⲁⲛⲛⲟⲥ · ⲉ ⲕⲱ ⲉ ϩⲣⲁⲓ ϩⲓⲑⲏ ⲙ̄ⲙⲟϥ ·
ⲉⲛⲉⲓⲇⲟⲥ ⲛⲓⲙ ⲛ̄ⲕⲟⲗⲁⲥⲧⲓⲣⲓⲟⲛ ⲉⲩϯ ϩⲟⲧⲉ · ϫⲉ ⲕⲁⲥ
ⲉⲩⲉⲛⲁⲩ ⲉ ⲣⲟⲟⲩ ⲛ̄ϭⲓ ⲛⲉⲭⲣⲓⲥϯⲁⲛⲟⲥ · ⲛ̄ⲥⲉⲣ ϩⲟⲧⲉ
ϩⲉⲛⲥⲛϥⲉ ⲉⲩⲧⲁⲁⲧⲉ · ⲙⲛ̄ ϩⲉⲛ ⲙ̄ⲙⲁ ⲛ̄ ⲙ̄ⲕⲟⲧⲕ ⲙ̄
ⲡⲉⲛⲓⲡⲉ · ⲙⲛ̄ ⲛⲉϣⲁⲩⲥⲉⲕ ⲛⲉⲩⲣⲟⲛ ⲛ̄ϩⲛⲧⲟⲩ · ⲙⲛ̄ ϩⲉⲛ-
ⲧⲟⲕ ⲛ̄ϣⲉⲧ ⲗⲁⲥ · ⲙⲛ̄ ϩⲉⲛⲕⲟⲩⲡⲓⲥ ⲙⲛ̄ ϩⲉⲛϭⲟⲣⲧⲉ
ⲉⲩϫⲏⲣ · ⲙⲛ̄ ϩⲉⲛⲭⲁⲗⲕⲓⲟⲛ ⲉⲩⲙⲉϩ ⲛ̄ ⲗⲁⲙϫⲁⲧⲡ̄ ⲉⲩ-
ⲃⲏⲣⲃⲣ̄ · ⲁⲩⲱ ⲟⲛ ϩⲉⲛⲭⲁⲗⲕⲓⲟⲛ ⲉⲩⲙⲉϩ ϩⲛ̄ⲥⲏⲙⲁ · ⲁⲩⲱ
ϩⲉⲛⲧⲣⲟⲭⲟⲥ ⲛ̄ⲃⲁϣⲟⲩⲣ · ⲙⲛ̄ ⲡⲕⲉ ⲥⲉⲉⲡⲉ ⲛ̄ⲕⲟⲗⲁⲥϯⲏ-
ⲣⲓⲟⲛ ⲉⲩϯ ϩⲟⲧⲉ · ⲛⲉϥϫⲱ ⲅⲁⲣ ⲙ̄ⲙⲟⲥ · ⲛ̄ϭⲓ ⲡⲣ̄ⲣⲟ
ⲛ̄ ⲁⲥⲉⲃⲏⲥ ⲉⲧ ⲙ̄ⲙⲁⲩ · ϫⲉ ⲡⲉⲧ ⲛⲁϯ ⲁⲛϯⲗⲉⲅⲉⲓ ⲙ̄ ⲡⲁ
ⲟⲩⲉϩⲥⲁϩⲛⲉ · ϯⲛⲁⲡⲱⲣⲕ̄ ⲛ̄ⲛⲉϥⲃⲁⲗ · ⲛ̄ⲧⲁϣⲱⲧ ⲙ̄ ⲡⲉϥ-
ⲗⲁⲥ · ⲛ̄ⲧⲁⲉⲓⲛⲉ ⲉ ⲃⲟⲗ ⲙ̄ ⲡϥ̄ⲛϩⲱⲛ : ⲛ̄ⲧⲁⲓⲟⲩⲉⲓⲥⲉ ⲥⲏⲃⲉ
ⲛ̄ⲣⲁⲧϥ̄ · ⲛ̄ⲧⲁⲓⲉⲓⲛⲉ ⲉ ⲃⲟⲗ ⲙ̄ ⲡⲉϥⲁⲛⲕⲉⲫⲁⲗⲟⲥ · ⲡⲕⲉ
ⲥⲉⲉⲡ[ⲉ] | ⲇⲉ ⲙ̄ ⲡⲉϥⲥⲱⲙⲁ · ϯⲛⲁⲧⲁⲁϥ ⲉ ⲡⲕⲱϩⲧ̄ ⲛϥ̄ⲁⲛ- Fol. 27 *b*
ϩⲁⲗⲓⲥⲕⲉⲓ ⲙ̄ⲙⲟϥ · ⲛ̄ ⲧⲉⲣ ⲟⲩⲛⲁⲩ ⲇⲉ ⲉ ⲛⲁⲓ ⲛ̄ϭⲓ ⲋ̄
ⲛ̄ⲣⲱⲙⲉ ⲛ̄ ⲉⲩⲥⲉⲃⲏⲥ · ⲁⲩ ⲟⲩⲛⲟϭ ⲙⲛ̄ⲧϭⲁⲃ ϩⲏⲧ ⲧⲁ-
ϩⲟⲟⲩ · ⲁⲩⲣ̄ϩⲟⲧⲉ · ⲁⲩⲕⲁ ⲧⲟⲟⲧⲟⲩ ⲉ ⲃⲟⲗ · ⲉⲣⲉ ⲡⲟⲩⲁ
ⲡⲟⲩⲁ ⲡⲁⲣⲁⲇⲓⲇⲟⲩ · ⲙ̄ ⲡⲉⲧ ϩⲓⲧⲟⲩⲱϥ ⲉ ⲡⲙⲟⲩ · ϩⲉⲛ-
ⲉⲓ̈ⲟⲧⲉ ⲉⲩⲡⲁⲣⲁⲇⲓⲇⲟⲩ ⲛ̄ⲛⲉⲩϣⲏⲣⲉ ⲉ ⲡⲙⲟⲩ · ⲁⲩⲣ̄
ⲡⲱⲃϣ̄ ⲛ̄ ⲧⲙⲉ ⲛ̄ ⲧⲉⲫⲩⲥⲓⲥ ⲁⲩⲱ [ϩ]ⲉⲛⲥⲛⲏⲩ ⲉⲩⲥⲱⲕ ⲙ̄-
ⲙⲟⲟⲩ · ⲉⲩϩⲱⲣⲃⲣ̄ ⲙ̄ⲙⲟⲟⲩ · ⲉⲩⲡⲁⲣⲁⲇⲓⲇⲟⲩ ⲙ̄ⲙⲟⲟⲩ ·
ⲉⲣⲉ ⲟⲩⲛⲟϭ ⲛ̄ϣⲧⲱⲣⲧⲣ̄ ϣⲟⲟⲡ : ⲛ̄ ⲟⲩⲟⲛ ⲛⲓⲙ ⲉⲧ ϩⲟⲙⲟ-
ⲗⲟⲅⲉ ⲙ̄ ⲡⲣⲁⲛ ⲙ̄ ⲡⲣⲁⲛ (*sic*) ⲛ̄ ⲓ̄ⲥ̄ · ⲛⲉⲩⲛ̄ ⲟⲩϣⲏⲣⲉ ⲇⲉ
ϣⲏⲙ ⲛ̄ϫⲱⲱⲣⲉ · ϩⲙ̄ ⲡⲉⲥⲧⲣⲁⲧⲉⲩⲙⲁ · ⲉ ⲡⲉϥⲣⲁⲛ ⲡⲉ
ⲙⲉⲣⲕⲟⲩⲣⲓⲟⲥ · ⲉϥϩⲏⲕ ϩⲙ̄ ⲡⲁⲣⲓⲑⲙⲟⲥ ⲛ̄ ⲛ̄ⲙⲙⲁⲣⲧⲩ-
ⲥⲓⲟⲥ · ⲉϥⲣ̄ ϩⲟⲧⲉ ϩⲏⲧϥ̄ ⲙ̄ ⲡⲛⲟⲩⲧⲉ ⲉⲛⲉⲓⲥⲱϥ ⲉⲙⲁⲧⲉ ·

ϩⲙ̄ ⲡⲉϥϣⲓⲛⲉ · ⲉⲣⲉ ⲡⲉⲥⲧⲣⲁⲧⲉⲩⲙⲁ ⲧⲏⲣϥ̄ ⲙⲉ ⲙ̄ⲙⲟϥ ·
Fol. 28 a ⲉ ⲧⲃⲉ ⲧⲉϥⲉⲡⲓⲥⲧⲏⲙⲉⲓ̈ | ⲛⲉϥⲉⲑⲟⲥ ⲟⲩ ⲉ ⲃⲟⲗ ⲡⲉ ϩⲛ̄
ⲍ̅ ⲧⲉⲭⲱⲣⲁ ⲛ̄ ⲧⲕⲁⲡⲡⲁⲇⲟⲕⲓⲁ ϩⲙ̄ ⲡⲉϥ̄ⲅⲉⲛⲟⲥ · ⲉⲩⲭⲣⲓⲥϯⲁ-
ⲛⲟⲥ ⲡⲉ ϫⲓ[ⲛ] ⲧⲉϥⲙⲛ̄ⲧⲕⲟⲩⲓ̈ · ⲙⲛ̄ ⲛⲉϥⲉⲓⲟⲧⲉ ⲛ̄ ⲟⲩ-
ϫⲱⲱⲣⲉ ⲡⲉ ϩⲙ̄ ⲡⲡⲟⲗⲩⲙⲟⲥ · ⲉⲣⲉ ⲡⲛⲟⲩⲧⲉ ϣⲟⲟⲡ ⲛⲙ̄-
ⲙⲁϥ ϩⲛ̄ ⲛⲉϥ̄ϩⲃⲏⲩⲉ ⲧⲏⲣⲟⲩ · ⲛ̄ ⲧⲉⲣ ϥ̄ⲛⲁⲩ ⲉ ⲣⲟϥ ⲛ̄ϭⲓ
ⲡⲉⲧⲣⲓⲃⲟⲩⲛⲟⲥ · ϫⲉ ⲉϥⲡⲣⲟⲕⲟⲡⲧⲉⲓ ϩⲛ̄ ⲧⲉϥⲧⲁⲝⲓⲥ · ⲙⲛ̄
ⲧϩⲉⲝⲓⲥ ⲛ̄ ⲧⲙⲛ̄ⲧⲙⲁⲧⲟⲓ · ⲁϥⲁⲁϥ ⲛ̄ ⲧⲣⲓⲙⲏⲕⲓⲣⲓⲟⲥ *(sic)*
ⲉϫⲙ̄ ⲡⲉϥⲁⲣⲓⲑⲙⲟⲥ · ⲡⲣ̄ⲣⲟ ⲇⲉ ⲛ̄ ⲧⲉⲣⲉ ϥⲛⲁⲩ ⲉ ⲧⲙⲛ̄ⲧ-
ϫⲱⲱⲣⲉ ⲙ̄ ⲡϣⲏⲣⲉ ϣⲏⲙ · ⲁϥⲙⲉⲣⲓⲧ[ϥ] · ⲁϥⲕⲁⲁϥ
ⲉϥⲧⲏϭ ⲉ ⲣⲟϥ · ⲉϥϣⲟϫⲛⲉ ⲛⲙ̄ⲙⲁϥ ⲉ ⲛⲉϩⲃⲏⲩⲉ ⲙ̄
ⲡⲁⲗⲗⲁϯⲟⲛ · ⲁⲥϣⲱⲡⲉ ⲇⲉ ⲙⲛ̄ⲛ̄ⲥⲁ ⲛⲁⲓ · ⲇⲉ ⲉⲣⲉ
ⲡⲇⲓⲱⲕⲙⲟⲥ ⲥⲏⲣ ⲉ ⲃⲟⲗ · ⲁ ⲡϩⲉⲑⲛⲟⲥ ⲛ̄ⲃⲁⲣⲃⲁⲣⲟⲥ ·
ⲧⲱⲟⲩⲛ ⲉ ϩⲣⲁⲓ ⲉϫⲛ̄ ϩⲣⲱⲙⲁⲓⲟⲥ · ⲡⲣ̄ⲣⲟ ⲇⲉ ⲇⲉⲕⲓⲟⲥ ·
ⲙⲛ̄ ⲧⲥⲩⲛⲕⲗⲏⲧⲟⲥ ⲧⲏⲣⲥ̄ · ⲁⲩⲁⲡⲟⲣⲉⲓ ⲉ ⲧⲃⲉ ⲧⲛⲟϭ ⲛ̄
ⲁⲡⲟⲣⲓⲁ · ⲙⲛ̄ ⲧⲙⲛ̄ⲧⲁⲃⲟⲗⲏ ⲛ̄ⲧⲁⲥϣⲱⲡⲉ · ϩⲛ̄ ⲟⲩϣⲛ̄ ⲛ̄
ϣⲱⲡ · ⲁⲩⲡ[ⲟ]ⲗⲉⲙⲉⲓ ⲛⲙ̄ⲙⲁⲩ ⲛ̄ϭⲓ ⲛ̄ⲃⲁⲣⲃ[ⲁⲣⲟⲥ] · |
Fol. 28 b ϩⲱⲥ ⲧⲉ ⲛ̄ⲥⲉϥⲓ̈ ⲛ̄ ⲧⲟⲟⲩⲟⲩ · ⲛ̄ ⲧⲛⲟϭ ⲛ̄ ϩⲁⲣⲙⲉⲛⲓⲁ · ⲉⲧ
ⲏ̅ ϣⲟⲟⲡ ϩⲛ̄ ⲛⲉⲩⲧⲟϣ · ⲛ̄ ⲧⲉⲩⲙⲏⲏⲧⲉ · ⲙⲛ̄ ⲛⲉϩⲣⲱ-
ⲙⲁⲓⲟⲥ · ⲡⲣ̄ⲣⲟ ⲇⲉ ⲇⲉⲕⲓⲟⲥ · ⲁϥⲟⲩⲉϩⲥⲁϩⲛⲉ ⲥⲟⲟⲩϩ ⲉ
ϩⲟⲩⲛ · ⲛ̄ⲛⲟⲩⲙⲉⲣⲟⲛ · ⲙⲛ̄ ⲡ̄ⲁⲣⲓⲑⲙⲟⲥ ⲧⲏⲣⲟⲩ ⲛ̄ⲛⲉ-
ϩⲣⲱⲙⲁⲓⲟⲥ · ϫⲉ ⲕⲁⲥ ⲉⲩⲉⲃⲱⲕ ⲉ ⲃⲟⲗ · ⲉ ⲡⲡⲟⲗⲉⲙⲟⲥ ⲉ
ⲙⲓϣⲉ ⲙⲛ̄ ⲛ̄ⲃⲁⲣⲃⲁⲣⲟⲥ · ⲧⲟⲧⲉ ⲡⲣ̄ⲣⲟ ⲁϥⲧⲱϣ [ⲛ̄]ⲛⲟⲩⲙⲉ-
ⲣⲟⲛ · ⲙⲛ̄ ⲛ̄ ⲡ̄ⲁⲣⲓⲑⲙⲟⲥ ⲁϥⲙⲟⲟϣⲉ ⲉ ⲃⲟⲗ · ⲉ ⲡⲡⲟⲗⲉⲙⲟⲥ
ⲛ̄ⲃⲁⲣⲃⲁⲣⲟⲥ · ⲁϥϫⲓⲟⲣ ⲙ̄ ⲡⲉⲩⲫⲣⲁⲧⲏⲥ ⲡⲛⲟϭ ⲛ̄ ⲉⲓⲉⲣⲟ ·
ⲡⲁⲓ ⲉⲧ ϣⲟⲟⲡ ϩⲛ̄ ⲛ̄ ⲛ̄ⲧⲟϣ ⲛ̄ ⲑⲉⲣⲙⲉⲛⲓⲁ · ⲁϥⲧⲁϫⲣⲟ
ⲙ̄ ⲡϩⲟⲧ [ⲛ̄]ⲃⲁⲗ ⲛ̄ ⲛ̄ⲃⲁⲣⲃⲁⲣⲟⲥ · [ⲁϥ]ϭⲱ ϩⲓⲣⲛ̄ ⲣⲱⲟⲩ ·
ⲙⲛ̄ ⲡⲉϥⲥⲧⲣⲁⲧⲉⲩⲙⲁ · ϩⲙ̄ ⲡⲉⲟⲩⲟⲉⲓϣ ⲉⲧ ⲙ̄ⲙⲁⲩ · ⲛ̄ⲧⲁ-
ⲥⲟⲩⲱⲛϩ̄ ⲉ ⲃⲟⲗ ⲛ̄ϭⲓ ⲧⲙⲛ̄ⲧϫⲱⲱⲣⲉ · ⲙ̄ ⲡⲉⲓ ⲅⲉⲛⲛⲁⲓⲟⲥ
ⲡϩⲁⲅⲓⲟⲥ ⲙⲉⲣⲕⲟⲩⲣⲓⲟⲥ ⲡⲉⲡⲓⲥⲧⲟⲥ ⲛⲁⲙⲉ: ⲁⲩⲱ ⲡⲉⲓ ⲡⲣⲩ-
ⲙⲏⲕⲓⲣⲓⲟⲥ *(sic)* ⲙ̄ ⲡⲁⲣⲓⲑⲙⲟⲥ ⲛ̄ ⲙ̄ⲙⲁⲣⲧⲩⲣⲟⲥ *(sic)* · ⲉⲛⲉⲩ
ⲟⲩⲣⲱⲙⲉ ⲅⲁⲣ ⲡⲉ · ⲉϥϫⲏⲕ ⲉ ⲃⲟⲗ ⲙ̄ ⲙⲛ̄ⲧⲣⲉϥϣⲙ̄ϣⲉ
Fol. 29 a ⲛⲟⲩⲧⲉ · ⲁⲩⲱ ⲉϥⲡⲟⲗⲓⲧⲉⲩⲉ ϩⲛ̄ ⲙⲛ̄ⲧⲉⲩⲥⲉⲃⲏⲥ ⲛⲓⲙ · ⲉⲣⲉ
ⲑ̅ ⲡϣⲁϫⲉ ⲙ̄ ⲡⲛⲟⲩⲧⲉ ϩⲟⲗϭ̄ ϩⲛ̄ ⲧⲉϥ|ⲧⲁⲡⲣⲟ ⲛⲁⲩ ⲛⲓⲙ ·

ⲡ̄ϩⲟⲩⲟ ⲟⲩⲉⲃⲃⲓⲱ (*sic*)· ⲁⲥϣⲱⲡⲉ ⲇⲉ ⲛ̄ⲛⲟⲩϣⲏ· ⲉϥⲛ̄ⲕⲟⲧⲕ̄ ⲛ̄
ⲧⲙⲏⲏⲧⲉ ⲙ̄ ⲡⲉⲥⲧⲣⲁⲧⲉⲩⲙⲁ· ⲙⲛ̄ⲛ̄ⲥⲁ ⲧⲣⲉϥⲟⲩⲱ ⲉⲛϥ-
ⲉⲓⲣⲉ ⲛ̄ϥϣⲗⲏⲗ· ⲁϥⲱⲃϣ̄ ⲛ̄ ⲟⲩⲕⲟⲩⲓ· ⲁⲩⲱ ⲉⲓⲥ ⲟⲩⲁⲅⲅⲉ-
ⲗⲟⲥ ⲛ̄ⲧⲉ ⲡϫⲟⲉⲓⲥ ⲁϥⲁϩⲉ ⲣⲁⲧϥ̄ ϩⲓ ϫⲱϥ· ⲁϥⲧⲃ̄ⲥ̄ ⲡⲉϥⲥⲡⲓ̈ⲣ·
ⲁϥⲧⲟⲩⲛⲟⲥϥ̄ ⲉⲣⲉ ⲟⲩⲥⲏϥⲉ ϩⲛ̄ ⲧⲉϥϭⲓϫ· ⲛ̄ ⲟⲩⲛⲁⲙ· ⲉϥϯ
ϩⲟⲧⲉ ϩⲙ̄ ⲡⲉϥⲉⲓⲛⲉ· ⲉⲣⲉ ⲟⲩϩⲱⲕ ϩⲓⲱⲱϥ· ⲉϥⲟ ⲛ̄ ⲛ̄ϣ-
ⲡⲏⲣⲉ· ⲛ̄ⲧⲉⲣⲉ ϥⲛⲁⲩ ⲇⲉ ⲉ ⲣⲟϥ· ⲡϩⲁⲅⲓⲟⲥ ⲙⲉⲣⲕⲟⲩⲣⲓⲟⲥ·
ⲁϥⲣ̄ ϩⲟⲧⲉ ⲉⲙⲁⲧⲉ· ⲁϥⲟⲩⲱϣⲃ̄ ⲛⲁϥ ⲛ̄ϭⲓ ⲡⲁⲅⲅⲉⲗⲟⲥ·
ⲡⲉϫⲁϥ ⲛⲁϥ· ϫⲉ ⲙⲉⲣⲕⲟⲩⲣⲓⲟⲥ· ⲛ̄ⲧⲟϥ ⲇⲉ ⲡⲉϫⲁϥ· ϫⲉ
ⲉⲓⲥ ϩⲏⲏⲧⲉ ⲁⲛⲟⲕ ⲡϫⲟ̄ⲉⲓⲥ· ⲁϥⲟⲩⲱⲛ ⲇⲉ ⲛⲉϥⲃⲁⲗ ⲛ̄ϭⲓ
ⲙⲉⲣⲕⲟⲩⲣⲓⲟⲥ· ⲁⲩⲱ ⲛ̄ⲧⲉⲣ ϥⲛⲁⲩ ⲉ ⲡⲁⲅⲅⲉⲗⲟⲥ ⲁϥⲣ̄-
ϩⲟⲧⲉ· ⲉϥⲙⲉⲉⲩⲉ ϫⲉ ⲟⲩⲁ ⲡⲉ ϩⲛ̄ ⲛ̄ ⲙ̄ⲙⲁⲅⲓⲥⲧⲣⲓⲁⲛⲟⲥ
ⲙ̄ ⲡⲣ̄ⲣⲟ· ⲏ̄ ⲟⲩⲥⲧⲣⲁⲧⲩⲗⲁⲧⲏⲥ ⲡⲉ· ⲛ̄ⲧⲟϥ ⲇⲉ ⲁϥ-
ⲥⲟⲟⲩⲧⲛ̄ ⲉ ⲣⲟϥ· ⲛ̄ ⲧⲥⲏϥⲉ ⲉⲧ ⲛ̄ⲧⲟⲟⲧϥ̄· ⲉⲥⲧⲟⲕⲙ̄
ϩⲛ̄ | [ⲧⲉϥ]ϭⲓϫ ⲉϥϫⲱ ⲙ̄ⲙⲟⲥ ⲛⲁϥ· ϫⲉ ϫⲓ ⲛⲁⲕ ⲛ̄ Fol. 29 *b* ⲓ̄
ⲧⲉⲓ ⲥⲏϥⲉ ⲉⲧ ⲧⲱⲕⲙ̄· ⲉⲧ ϩⲛ̄ ⲧⲁϭⲓϫ· ϩⲓⲧⲛ̄ ⲧⲁⲓ̈ ⲅⲁⲣ
ⲉⲕⲛⲁⲡⲁⲧⲁⲥⲥⲉ ⲛ̄ ⲧϭⲟⲙ ⲧⲏⲣⲥ̄ ⲛ̄ ⲛ̄ⲃⲁⲣⲃⲁⲣⲟⲥ· ⲁⲛⲟⲕ
ⲅⲁⲣ ⲡⲉ ⲡⲁⲣⲭⲏⲥⲧⲣⲁⲧⲏⲅⲟⲥ ⲛ̄ ⲧϭⲟⲙ ⲙ̄ ⲡϫⲟⲉⲓⲥ·
ⲛ̄ⲧⲁⲉⲓⲉⲓ ⲅⲁⲣ ⲉ ⲃⲟⲏⲑⲉⲓ ⲉ ⲣⲟⲕ· ⲙⲛ̄ ⲛⲉⲕϣⲃⲏⲣ ⲙ̄ⲙⲁ-
ⲧⲟⲓ· ⲛⲁⲓ ⲉⲧ ⲡⲓ̈ⲥⲧⲉⲩⲉ ⲉ ⲡϫⲟⲉⲓⲥ ⲓ̄ⲥ̄ ⲡⲉⲭ̄ⲥ̄· ⲧⲉⲛⲟⲩ ϭⲉ
ϫⲣⲟ ⲛ̄ⲅ̄ ϭⲙ̄ϭⲟⲙ· ⲁⲛⲟⲕ ⲅⲁⲣ ϯϣⲟⲟⲡ ⲛ̄ⲙ̄ⲙⲁⲕ ϣⲁ
ⲡϫⲱⲕ ⲉ ⲃⲟⲗ ⲙ̄ ⲡⲉⲕⲁⲅⲱⲛ ϩⲛ̄ ⲟⲩⲉⲣⲏⲛⲏ· ⲉⲥ (*sic*) ϩⲏⲏⲧⲉ
ⲉⲓ (*sic*) ⲡⲉⲟⲩⲟⲉⲓϣ ⲁ̀ϥⲉⲓ· ⲁⲩⲱ ⲉⲓⲥ ⲡⲁⲅⲱⲛ ⲡⲟⲣϣ̄ ⲉ ⲃⲟⲗ·
ⲙⲏϣⲉ ⲛ̄ⲧⲁⲣⲉⲕϫⲓ ⲙ̄ ⲡⲉⲕϭⲟⲙ· ⲙⲉⲣⲉ ϣⲟⲉ[ⲓ]ϫ ϫⲓ ⲕⲗⲟⲙ·
ⲉⲓ ⲙⲏ ⲧⲉⲓ ⲛ̄ϥⲙⲓϣⲉ ⲕⲁⲗⲱⲥ· ⲁⲩⲱ ⲡⲟⲩⲟⲓⲉ ⲉⲧ ϩⲟⲥⲉ·
ⲛ̄ⲧⲟϥ ⲡⲉ ϣⲁϥϫⲓ ⲉ ⲃⲟⲗ ϩⲛ̄ ⲛ̄ⲕⲁⲣⲡⲟⲥ ⲛ̄ϣⲟⲣⲡ· ⲧⲉ-
ⲛⲟⲩ ϭⲉ ⲥⲱⲧⲙ̄ ⲛ̄ϣⲁϫⲉ ϯϫⲱ ⲙ̄ⲙⲟⲟⲩ ⲛⲁⲕ· ⲁⲩⲱ ⲙ̄ⲡⲣ̄
ⲱϭⲕ̄ ⲉⲕⲧⲟⲕ ⲉ ⲡϫⲟ̄ⲉ̄ⲓ̄ⲥ̄ ⲉ ⲡⲉⲕⲛⲟⲩⲧⲉ· ⲟⲩⲛⲟϭ ⲅⲁⲣ ⲛ̄
ⲁⲅⲱⲛ ϭⲉⲉⲧ ⲉ ⲣⲟⲕ· ⲁⲩⲱ ⲕⲛⲁϣⲱⲡⲉ ⲛ̄ ⲟⲩⲙⲁⲣⲧⲩ|ⲣⲟⲥ Fol. 30 *a* ⲓ̄ⲁ̄
ⲛ̄ ϫⲱⲱⲣⲉ· ⲧⲉⲕⲙⲁⲣⲧⲩⲣⲓⲁ ⲅⲁⲣ· ⲛⲁⲣ ⲥⲟⲉⲓⲧ ϩⲛ̄ ⲧⲟⲓ-
ⲕⲟⲩⲙⲉⲛⲏ ⲧⲏⲣⲥ̄· ⲁⲩⲱ ⲟⲩⲟⲛ ⲛⲓⲙ ⲉⲧ ⲥⲱⲧⲙ̄ ⲉ ⲣⲟⲥ·
ⲛⲁⲣ̄ ϣⲡⲏⲣⲉ ⲛ̄ ⲧⲉⲕⲙⲛ̄ⲧϫⲱⲱⲣⲉ· ⲛ̄ⲥⲉϯⲉⲟⲟⲩ ⲙ̄ ⲡⲛⲟⲩⲧⲉ·
ⲉⲧⲃⲉ ⲛ̄ϭⲟⲙ ⲙⲛ̄ [ⲛ]ⲉϣⲡⲏⲣⲉ· ⲙⲛ̄ ⲙⲛ̄ⲧϫⲱⲱⲣⲉ ⲛ̄ⲧⲟϥⲁⲁⲩ
ⲛⲁⲕ ⲛ̄ϭⲓ ⲡϫⲟⲉⲓⲥ ⲡⲉⲕⲛⲟⲩⲧⲉ· ⲟⲩⲛ̄ ϩⲉⲛⲛⲟϭ ⲛ̄ⲃⲁⲥⲁⲛⲟⲥ

ⲛⲁϣⲱⲡⲉ ⲉⲩϭⲉⲧ ⲉ ⲣⲟⲕ · ϩⲓ̈ⲧⲙ̅ ⲡⲣ̅ⲣⲟ ⲛ̅ ⲁⲛⲟⲙⲟⲥ · ⲙⲛ̅
ⲛ̅ ϩⲉⲛⲛⲟϭ ⲙ̅ⲡⲟⲗⲓⲯⲓⲥ · ⲁⲗⲗⲁ ϩⲩⲡⲟⲙⲟⲛⲏ · ⲁⲩⲱ ⲕⲛⲁϫⲓ
ⲙ̅ ⲡⲕⲗⲟⲙ ⲛ̅ ⲁⲧⲁⲕⲟ · ⲁⲩⲣⲱⲙⲉ ⲛⲓⲙ ⲉⲧ ⲣ̅ ⲡⲙ̅ϣⲁ ⲛ̅
ϫⲱϩ ⲉ ⲡⲉⲕⲥⲱⲙⲁ · ⲉⲛⲁⲧⲟⲩϫⲟϥ · ⲕⲁⲛ ϣⲱⲡⲉ ⲉⲩϩⲛ̅
ⲛ̅ⲁⲛⲁⲅⲕⲏ ⲛⲓⲙ ⲉⲩϩⲛ̅ ⲟⲩ[ⲇⲓ]ⲕⲁⲥⲧⲏⲣⲓⲟⲛ · ⲉⲩϩⲛ̅ ⲟⲩⲙⲁ
ⲛ̅ ϫⲁⲉ · ⲏ ⲟⲩⲕⲓⲛⲇⲏⲛⲟⲥ ⲛ̅ ⲑⲁⲗⲗⲁⲥⲥⲁ · ⲏ ϩⲙ̅ ⲡⲉⲓⲉⲣⲟ ·
ⲏ ϩⲛ̅ ⲟⲩϩⲱϫϩ̅ϫ̅ · ⲉⲩϣⲧⲉⲕⲱⲟⲩ · ⲛϥⲣ̅ ⲡⲙⲉⲉⲩⲉ ⲙ̅
ⲡⲉⲕⲣⲁⲛ · ϩⲛ̅ ⲟⲩⲡⲓⲥⲧⲓⲥ · ⲛϥⲉⲡⲓⲕⲁⲗⲉⲓ ⲙ̅ⲙⲟⲕ · ϥⲛⲁ-
Fol. 30 *b* ⲓⲃ̅ ⲟⲩϫⲁⲓ · ⲡⲉⲧ ⲛⲁⲕⲱⲧ ⲛ̅ ⲟⲩⲧ[ⲟ]|ⲡⲟⲥ ϩⲙ̅ ⲡⲉⲕⲣⲁⲛ · ⲛϥϯ
ⲛ̅ ⲟⲩⲡⲣⲟ[ⲥ]ⲫⲟⲣⲁ ϩⲙ̅ ⲡⲉⲕⲣⲁⲛ · ϩⲙ̅ ⲡⲉϩⲟⲟⲩ ⲙ̅ ⲡⲕⲣ̅
ⲡⲙⲉⲉⲩⲉ · ϯⲛⲁ ⲕⲱ ⲙ̅ ⲡⲁ ⲥⲙⲟⲩ · ⲙⲛ̅ ⲟⲩϩⲩ ⲛⲟⲩϥⲉ
ⲉϥⲙⲏⲛ ⲉ ϩⲙ̅ ⲡⲉⲩⲙⲁ ⲛ̅ ϣⲱⲡⲉ · ⲁⲩⲱ ϯⲛⲁⲕⲁⲁⲩ ⲁⲛ ⲉ
ϣⲱⲧ ⲛ̅ ⲗⲁⲁⲩ ϣⲁ ⲉⲛⲉϩ · ⲡⲉⲧ ⲛⲁⲥϩⲁⲓ ⲙ̅ ⲡϫⲱⲱⲙⲉ ⲛ̅
ⲧⲉⲕⲙⲁⲣⲧⲏⲣⲓⲁ · ϯⲛⲁⲡⲱϩ̅ ⲙ̅ ⲡⲉⲭⲉⲓⲣⲟⲅⲣⲁⲫⲟⲛ ⲛ̅
ⲛⲉϥⲛⲟⲃⲉ · ⲁⲩⲱ ⲛ̅ ⲛ̅ⲧⲁϥⲁⲁⲩ ⲧⲏⲣⲟⲩ · ϯⲛⲁⲣ ⲡⲉⲩ-
ⲙⲉⲉⲩⲉ ⲁⲛ ϣⲁ ⲉⲛⲉϩ · ⲁⲩⲱ ϯⲛⲁⲭⲁⲣⲓⲍⲉ ⲙ̅ⲙⲟϥ ⲛⲁⲕ
ⲛ̅ ϣⲏⲣⲉ · ϩⲛ̅ ⲧⲁ ⲙⲛ̅ⲧⲉⲣⲟ · ⲉⲥ (*sic*) ϩⲏⲏⲧⲉ ⲁⲓⲭⲁⲣⲓⲍⲉ ⲛⲁⲕ
ⲙ̅ϣⲟⲙⲛ̅ⲧ ⲛ̅ⲕⲗⲟⲙ · ⲟⲩⲁ ϩⲁ ⲧⲙⲛ̅ⲧⲣⲙ̅ⲙⲁⲟ (*sic*) · ⲟⲩⲁ
ϩⲁ ⲡ̅ϩⲓⲥⲉ ⲉ ⲧⲉⲕⲛⲁϣⲟⲡⲟⲩ ϩⲁ ⲡⲁ ⲣⲁⲛ · ⲁⲩⲱ ⲕⲉ ⲟⲩⲁ
ϩⲁ ⲧⲉⲕⲙⲛ̅ⲧⲡⲁⲣⲑⲉⲛⲟⲥ · ϫⲣⲟ ⲁⲩⲱ ⲛⲅ̅ ϭⲙ̅ϭⲟⲙ · ϫⲉ
ⲁⲛⲟⲕ ϯϣⲟⲟⲡ ⲛⲙ̅ⲙⲁⲕ · ⲛⲁⲓ ⲇⲉ ⲛ̅ ⲧⲉⲣⲉ ϥϫⲟⲟⲩ ⲛⲁϥ ·
ⲛ̅ϭⲓ ⲡⲁⲣⲭⲁⲅⲅⲉⲗⲟⲥ ⲙⲓⲭⲁⲏⲗ · ⲁϥⲃⲱⲕ ⲉ ϩⲣⲁⲓ ⲉⲙ-
ⲡⲏⲩⲉ : ϩⲛ̅ ⲟⲩⲉⲟⲟⲩ · ⲛⲉⲧ ⲙ̅ ⲡⲉϥⲕⲱⲧⲉ ⲇⲉ ⲛ̅ ⲧⲉⲣ
Fol. 31 *a* ⲓⲅ̅ ⲟⲩⲛⲁⲩ ⲉ ⲧ|ⲛⲟϭ ⲉⲛⲟⲡⲧⲁⲥⲓⲁ ⲛ̅ⲧⲁⲥϣⲱⲡⲉ · ⲁⲩⲣ̅ ⲑⲉ
ⲛ̅ ⲛⲉⲧ ⲙⲟⲟⲩⲧ · ⲙ̅ ⲡⲉϥⲣⲁⲥⲧⲉ ⲇⲉ ⲁϥⲟⲩⲉϩⲥⲁϩⲛⲉ · ⲛ̅ϭⲓ
ⲇⲉⲕⲓⲟⲥ ⲡⲣ̅ⲣⲟ ⲙ̅ ⲡⲉϥⲥⲧⲣⲁⲧⲉⲩⲙⲁ · ⲉ ⲧⲣⲉ ⲩⲧⲟϣ
ⲛ̅ⲛⲟⲩⲙⲉⲣⲟⲛ ⲙⲛ̅ ⲛⲁⲣⲓⲑⲙⲟⲥ · ⲛ̅ ⲧⲉⲣ ⲟⲩϩⲟⲕⲟⲩ ϩⲛ̅
ⲛⲉⲩⲡⲁⲛϩⲟⲡⲗⲓⲁ ⲙ̅ ⲡⲟⲗⲉⲙⲓⲕⲟⲛ · ⲛ̅ⲥⲉ ⲁϩⲉ ⲣⲁⲧⲟⲩ ⲉ
ⲡⲡⲟⲗⲉⲙⲟⲥ ⲛ̅ ⲛ̅ⲃⲁⲣⲃⲁⲣⲟⲥ · ⲧⲟⲧⲉ ⲡⲉϫⲱⲱⲣⲉ ⲛⲁ ⲙⲉ
ⲡϩⲁⲅⲓⲟⲥ ⲙⲉⲣⲕⲟⲩⲣⲓⲟⲥ · ⲁϥϯ ⲡⲉϥⲟⲩⲟⲓ ⲉ ϩⲙ̅ ⲡⲙⲏⲏϣⲉ
ⲛ̅ ⲛ̅ⲃⲁⲣⲃⲁⲣⲟⲥ · ⲁϥⲃⲱⲕ ⲉ ϩⲟⲩⲛ ⲉ ⲧⲉⲩⲙⲏⲏⲧⲉ · ϩⲓ
ⲧϭⲟⲙ ⲙ̅ ⲡⲛⲟⲩⲧⲉ ⲉⲧ ϣⲟⲟⲡ ⲛⲙ̅ⲙⲁϥ · ⲁϥϥⲓ ⲛ̅ ⲛⲉϥ-
ⲃⲁⲗ ⲉ ϩⲣⲁⲓ ⲉ ⲧⲡⲉ · ⲁϥⲛⲁⲩ ⲉ ⲡⲁⲣⲭⲁⲅⲅⲉⲗⲟⲥ
ⲙⲓ̈ⲭⲁⲏⲗ · ⲉϥⲟ ⲙ̅ ⲡⲉⲥⲙⲟⲧ ⲛ̅ ⲟⲩⲥⲧⲣⲁⲧⲟⲡⲉⲧⲁⲣⲭⲟⲥ ·

ⲉⲣⲉ ⲟⲩⲥⲏϥ[ⲉ] ⲧⲱⲕⲙ̅ : ϩⲛ̅ ⲧⲉϥϭⲓϫ ⲛ̅ ⲟⲩⲛⲁⲙ· ⲉϥⲥⲟⲟⲩⲧⲛ̅
ⲙⲟⲥ (*sic*) ⲉ ϩⲟⲩⲛ ⲉ ⲣⲟϥ· ⲉϥϫⲱ ⲙ̅ⲙⲟⲥ ⲛⲁϥ· ϫⲉ ⲧⲱⲕ
ⲛ̅ ϩⲏⲧ· ⲛⲅ̅ ⲁⲙⲁϩⲧⲉ ⲛ̅ ϯ ⲥⲏϥⲉ· ⲛⲅ̅ ϯ ⲡⲉⲕⲟⲩⲟⲓ ⲉ ϩⲟⲩⲛ:
ⲛ̅ⲃⲁⲣⲃⲁⲣⲟⲥ ⲛⲅ̅ ϭⲉϫϭⲱϫⲟⲩ ϩⲙ̅ ⲡⲣⲁⲛ ⲙ̅ ⲡ[ⲉ]|ⲭ̅ⲥ ⲡⲁⲓ Fol. 31 *b* ⲓ̅ⲇ̅
ⲉⲧ ϯ ϭⲟⲙ ⲛⲁⲕ· ⲡϩⲁⲅⲓⲟⲥ ⲇⲉ ⲙⲉⲣⲕⲟⲩⲣⲓⲟⲥ· ⲁϥⲥⲟⲟⲩⲧⲛ̅
ⲉ ⲃⲟⲗ ⲛ̅ⲧⲉϥ[ϭⲓ]ϫ· ⲁϥϫⲓ ⲧⲥⲏϥⲉ ⲛ̅ ⲧⲟⲟⲧϥ̅ ⲙ̅ ⲡⲁⲅⲅⲉ-
ⲗⲟⲥ ⲙⲓⲭⲁⲏⲗ· ⲁϥϯ ⲡⲉϥⲟⲩⲟⲓ ⲉϫⲛ̅ ⲛ̅ ⲙ̅ⲙⲏⲏϣⲉ· ⲛ̅
ⲛ̅ⲃⲁⲣⲃⲁⲣⲟⲥ· ⲁϥϭⲉϫϭⲱϫⲟⲩ ϩⲙ̅ ⲡⲣⲁⲛ ⲙ̅ ⲡⲉⲭ̅ⲥ· ϩⲛ̅
ⲟⲩⲙⲛ̅ⲧ ⲁⲧ ϯ ⲥⲟ· ϣⲁⲛϯ ⲧⲉϥϭⲓϫ ⲧⲱϭⲉ ⲉ ϩⲟⲩⲛ ⲉ
ⲧⲥⲏϥⲉ· ϩⲓⲧⲛ̅ ⲧⲁϣⲏ ⲙ̅ ⲡⲉⲓ ⲥⲛⲟϥ ⲉϥⲡⲁⲧⲁⲥⲥⲉ ⲛ̅ ⲛ̅ⲃⲁⲣ-
ⲃⲁⲣⲟⲥ· ϩⲛ̅ ⲟⲩⲛⲟϭ ⲙ̅ ⲡⲗⲩⲡⲉⲓ(?) ⲉⲙⲁⲧⲉ· ⲉⲥⲛⲁϣⲧ ⲙ̅
ⲡⲉϩⲟⲟⲩ [ⲉ]ⲧ ⲙ̅ⲙⲁⲩ· ⲁⲩⲱ ⲁ ⲡⲥⲉⲉⲡⲉ ⲡⲱⲧ ⲁⲩⲣⲁⲧⲟⲩ-
ⲱⲛϩ̅ ⲉ ⲃⲟⲗ· ϩⲱⲥ ⲧⲉ ⲛ̅ⲧⲁ ⲟⲩⲕⲱϩⲧ ⲉ ⲃⲟⲗ ϩⲛ̅ ⲧⲡⲉ·
ⲁⲥⲟⲩⲁⲙⲟⲩ· ⲡⲣ̅ⲣⲟ ⲛ̅ ⲧⲉⲣⲉ ϥⲛⲁⲩ ⲉ ⲧⲙⲛ̅ⲧϫⲱⲱⲣⲉ·
ⲉⲛⲧⲁ ⲡϩⲁⲅⲓⲟⲥ ⲙⲉⲣⲕⲟⲩⲣⲓⲟⲥ ⲁⲁⲥ· ϩⲓⲧⲛ̅ ⲧϭⲟⲙ ⲙ̅
ⲡⲛⲟⲩⲧⲉ· ⲉⲧ ϣⲟⲟⲡ ⲛ̅ⲙ̅ⲙⲁϥ· ⲁϥⲣⲁϣⲉ ⲉⲙⲁⲧⲉ ⲉ ⲧⲃⲉ
ⲧⲃⲓⲕⲧⲱⲣⲓⲁ· ⲙⲛ̅ ⲡⲉⲓ̈ ϫⲣⲟ ⲛ̅ⲧⲟϥϣⲱⲡⲉ ⲛ̅ⲛⲉϩⲣⲱ-
ⲙⲁⲓⲟⲥ· ⲡⲣ̅ⲣⲟ ⲇⲉ ⲁϥⲭⲁⲣⲓⲍⲉ ⲙ̅ ⲡϩⲁⲅⲓⲟⲥ ⲙⲉⲣⲕⲟⲩ-
ⲣⲓⲟⲥ· ⲛ̅ ϩⲉⲛⲛⲟϭ ⲛ̅|ⲧⲁⲓⲟ ⲙⲛ̅ ϩⲉⲛⲭⲣⲏⲙⲁ ⲛⲁϣⲱⲟⲩ· Fol. 32 *a* ⲓ̅ⲉ̅
ⲁϥⲁⲛⲓⲛⲟⲩ: ⲁϥⲁⲁϥ ⲛ̅ ⲛⲟϭ ⲉϫⲛ̅ ⲡⲁⲣⲓⲑⲙⲟⲥ ⲛ̅ ⲙ̅-
ⲙⲁⲣⲧⲩⲥⲓⲟⲛ· ⲁⲥϣⲱⲡⲉ ⲇⲉ ⲙⲛ̅ⲛ̅ⲥⲁ ⲛⲁⲓ· ⲁϥⲟⲩⲉϩ-
ⲥⲁϩⲛⲉ ⲛ̅ϭⲓ ⲡⲣ̅ⲣⲟ ⲇⲉⲕⲓⲟⲥ· ⲛ̅ ⲛⲉⲥⲧⲣⲁⲧⲉⲩⲙⲁ ⲧⲏⲣⲟⲩ·
ⲙⲛ̅ [ⲛ̅]ⲛⲟⲩⲙⲉⲣⲟⲛ ⲙⲛ̅ ⲛ̅ⲁⲣⲓⲑⲙⲟⲥ· ⲙⲛ̅ ⲛⲉⲝⲁⲣⲭⲟⲥ·
ⲙⲛ̅ ⲛⲉⲥⲧⲣⲁⲧⲩⲗⲁⲧⲏⲥ· ⲙⲛ̅ ⲙ̅ ⲡⲁⲧⲣⲓⲕⲓⲟⲥ ⲙⲛ̅ ⲧⲥⲩⲛ-
ⲕⲗⲏⲧⲟⲥ ⲧⲏⲣⲥ̅ ⲛ̅ ⲛⲉϩⲣⲱⲙⲁⲓⲟⲥ· ⲉ ⲧⲣⲉ ⲩⲥⲱⲟⲩϩ ⲧⲏⲣⲟⲩ·
ⲉ ⲡⲣ̅ⲡⲉ ⲙ̅ ⲡⲁⲡⲟⲗⲗⲱⲛ· ⲛ̅ⲥⲉⲑⲩⲥⲓⲁⲍⲉ· ⲧⲟⲧⲉ ⲡⲙⲁⲕⲁ-
ⲣⲓⲟⲥ ⲙⲉⲣⲕⲟⲩⲣⲓⲟⲥ ⲛ̅ ⲧⲉⲣ ⲉϥⲛⲁⲩ· ⲉ ⲧⲛⲟϭ ⲙ̅ ⲡⲗⲁⲛⲏ
ⲛ̅ⲧⲁⲥⲁⲙⲁϩⲧⲉ· ⲉϫⲙ̅ ⲡⲣ̅ⲣⲟ· ⲙⲛ̅ ⲡⲉⲥⲧⲣⲁⲧⲉⲩⲙⲁ ⲉ ⲃⲟⲗ
ϩⲓⲧⲙ̅ ⲡⲇⲓⲁⲃⲟⲗⲟⲥ· ⲁϥⲥⲁϩⲱⲱϥ ⲉ ⲃⲟⲗ ⲙ̅ⲙⲟⲟⲩ· ⲁϥ-
ⲃⲱⲕ ⲉ ϩⲟⲩⲛ: ⲉ ⲡⲉϥⲏⲓ· ⲁϥⲥⲟⲡⲥ̅ ⲙ̅ ⲡϫⲥ̅ ⲉϥϫⲱ
ⲙ̅ⲙⲟⲥ· ϫⲉ ⲡϫⲟⲉⲓⲥ ⲡⲁⲛⲧⲱⲕⲣⲁⲧⲱⲣ· ⲡⲉⲓⲱⲧ ⲙ̅ ⲡⲉⲛ-
ϫⲟⲉⲓⲥ ⲓ̅ⲥ̅ ⲡⲉⲭ̅ⲥ̅· ϣⲡ̅ ϩⲧⲏⲕ ⲉϫⲙ̅ ⲡⲉⲕⲡⲗⲁⲥⲙⲁ ⲛ̅ⲧⲟⲕ-
ⲧⲁⲙⲓⲟϥ· ⲛⲅ̅ ϫⲱⲱⲣⲉ ⲉ ⲃⲟⲗ ⲙ̅ ⲡⲉ[ⲥ]|ⲕⲁⲛⲧⲁⲗⲟⲛ· ⲛ̅ⲧⲁ Fol. 32 *b* ⲓ̅ⲋ̅
ⲡⲇⲓⲁⲃⲟⲗⲟⲥ ⲛⲟϫϥ̅ ⲉ ⲡϩⲏⲧ ⲛ̅ ⲧⲉⲙⲛ̅ⲧⲣⲱⲙⲉ ⲧⲏⲣⲥ̅· ⲛⲅ̅

ϯ ⲛ̄ ⲟⲩⲥⲙⲓⲛⲉ ⲉ ⲡϩⲏⲧ ⲙ̄ ⲡⲗⲁⲟⲥ · ⲙⲛ̄ ⲟⲩⲟⲛ ⲉⲧ ⲣ̄ ϩⲟⲧⲉ ϩⲏⲧϥ̄ · ⲙ̄ ⲡⲉⲕⲣⲁⲛ ⲉⲧ ⲟⲩⲁⲁⲃ · ⲡϫⲟⲉⲓⲥ ⲛⲅ̄ ϯ ⲛ̄ ⲟⲩⲧⲁϫⲣⲟ ⲛ̄ ⲛⲉⲕⲉⲕⲕⲗⲏⲥⲓⲁ · ϫⲉ ⲕⲁⲥ ⲉⲣⲉ ⲟⲩⲟⲛ ⲛⲓⲙ ⲉ ⲡⲓⲥⲧⲉⲩⲉ ⲉ ⲡⲉⲕⲣⲁⲛ ⲉⲧ ⲟⲩⲁⲁⲃ · ⲡⲉⲟⲟⲩ ⲛⲁⲕ ⲙⲛ̄ ⲡⲉⲕⲉⲓⲱⲧ ⲛ̄ ⲁⲅⲁⲑⲱⲥ · ⲙⲛ̄ ⲡⲉⲡⲛ̄ⲁ ⲉⲧ ⲟⲩⲁⲁⲃ · ϣⲁ ⲉⲛⲉϩ ⲉⲛⲉϩ ϩⲁⲙⲏⲛ · ⲁⲥϣⲱⲡⲉ ⲛ̄ ⲧⲉⲣⲉ ⲡⲣ̄ⲣⲟ ⲉⲓ ⲉⲣⲙ̄ [ⲡ]ⲣⲟ ⲙ̄ ⲡⲣ̄ⲡⲉ · ⲁ ⲡⲉⲥⲧⲣⲁⲧⲉⲩⲙⲁ ⲧⲏⲣϥ̄ ⲥⲱⲟⲩϩ ⲉ ϩⲟⲩⲛ · ⲉ ⲧⲣⲉ ⲩⲑⲩⲥⲓⲁⲍⲉ ⲧⲏⲣⲟⲩ · ⲡⲟⲩⲁ ⲡⲟⲩⲁ ⲕⲁⲧⲁ ⲡⲉϥⲧⲁⲅⲙⲁ · ⲁ ⲡⲟⲣⲇⲓⲛⲟⲛ ⲙ̄ ⲡϩⲁⲅⲓⲟⲥ ⲙⲉⲣⲕⲟⲩⲣⲓⲟⲥ ⲧⲁϩⲟϥ ϩⲱⲱϥ · ⲉ ⲧⲣⲉ ϥⲑⲩⲥⲓⲁⲍⲉ · ⲁⲩⲱ ⲙ̄ⲡ ⲟⲩϩⲉ ⲉ ⲣⲟϥ ϩⲛ̄ ⲧⲙⲏⲏⲧⲉ ⲙ̄ ⲡⲉⲥⲧⲣⲁⲧⲉⲩⲙⲁ · ⲁⲩⲱ ⲛ̄ ⲧⲉⲣⲉ ⲡⲣ̄ⲣⲟ ϣⲓⲛⲉ ⲛ̄ⲥⲱϥ · ⲁϥϩⲉ ⲉ ⲣⲟϥ ⲉϥϩⲙⲟⲟⲥ ϩⲙ̄ ⲡⲉϥⲏⲓ · ϩⲛ̄ ⲟⲩϭⲟⲟⲩⲛⲉ ⲙⲛ̄ ⲟⲩⲕⲣ̄ⲙⲉⲥ · ⲉϥⲣ̄ ϩⲏⲃⲉ ⲉⲙⲁⲧⲉ · ⲉϫⲙ̄
Fol. 33 *a* ⲓⲍ ⲡⲛⲟϭ ⲛ̄ ⲥⲭⲓⲥⲙⲁ ⲛ̄ⲧⲁϥϣⲱ|ⲡⲉ ⲉ ϩⲣⲁⲓ · ⲉϫⲛ̄ ⲧⲟⲓⲕⲟⲩⲙⲉⲛⲏ ⲧⲏⲣⲥ̄ · ϩⲓⲧⲙ̄ ⲡⲇⲓⲁⲃⲟⲗⲟⲥ · ⲧⲟⲧⲉ ⲁⲩϯ ⲡⲉⲩⲟⲩⲟⲓ ⲉ ⲡⲣ̄ⲣⲟ · ⲛ̄ϭⲓ ϩⲟⲓⲛⲉ ϩⲙ̄ ⲡⲉϥⲁⲣⲓⲑⲙⲟⲥ · ⲁⲩⲧⲉϣ ⲧⲟⲩⲏⲧ ⲙ̄ ⲡⲙⲁⲕⲁⲣⲓⲟⲥ ⲙⲉⲣⲕⲟⲩⲣⲓⲟⲥ · ⲉⲩϫⲱ ⲙ̄ⲙⲟⲥ ϫⲉ ⲡⲉⲛϫⲟⲉⲓⲥ ⲡⲣ̄ⲣⲟ · ⲱⲛϩ̄ ϣⲁ ⲉⲛⲉϩ · ⲉ ⲡⲉⲕⲁⲙⲁϩⲧⲉ ⲉⲧ ⲧⲁⲓⲏⲩ · ⲟⲩⲉϩⲥⲁϩⲛⲉ ⲛ̄ⲅⲉⲛⲟⲥ ⲛⲓⲙ ⲛ̄ⲣⲱⲙⲉ · ⲉ ⲑⲩⲥⲓⲁⲍⲉ ⲛ̄ ⲛ̄ⲛⲟⲩⲧⲉ ⲉⲧ ⲧⲁⲉⲓⲏⲩ · ⲧⲉⲛⲟⲩ ϭⲉ ⲉⲥ (*sic*) ϩⲏⲏⲧⲉ · ⲉⲥ ⲛⲉⲧ ϩⲏⲛ ⲉ ⲣⲟⲕ · ⲁⲩⲱ ⲛⲉⲧ ⲧⲏϭ ⲉ ⲣⲟⲕ · ⲥⲉⲕⲁⲧⲁⲫⲣⲟⲛⲏ ⲙ̄ ⲡⲉⲧⲛ̄ⲡⲣⲟⲥⲧⲁⲅⲙⲁ ⲉⲧⲁⲓⲏⲩ · ⲙⲉⲣⲕⲟⲩⲣⲓⲟⲥ ϭⲉ ⲧⲉⲛⲟⲩ · ⲡⲉⲧⲁⲙⲁϩⲧⲉ ⲛ̄ⲧⲉⲕⲙⲛ̄ⲧⲉⲣⲟ · ⲁⲕϫⲁⲥⲧϥ̄ ⲁⲕⲭⲁⲣⲓⲍⲉ ⲛⲁϥ · ⲙ̄ ⲡⲁⲍⲓⲱⲙⲁ ⲛ̄ ⲧⲙⲛ̄ⲧⲕⲟⲙⲉⲥ · ⲉϫⲙ̄ ⲡⲁⲣⲓⲑⲙⲟⲥ · ϩⲱⲥ ⲇⲉ ⲛ̄ ⲧⲉⲣⲉ ⲡⲉⲥⲧⲣⲁⲧⲉⲩⲙⲁ ⲧⲏⲣϥ̄ ⲛ̄ ⲛⲉϩⲣⲱⲙⲁⲓⲟⲥ · ⲥⲱⲧⲙ̄ ⲛ̄ⲥⲱϥ · ⲁⲩⲱ ⲛ̄ⲥⲉϯ ⲉⲟⲟⲩ ⲛⲁϥ · ⲁⲩⲱ ⲛ̄ⲥⲉϩⲩ-
Fol. 33 *b* ⲓⲏ ⲡⲟⲧⲁⲥⲉ ⲛⲁϥ · ⲉ ⲧⲃⲉ ⲧⲛⲟϭ ⲛ̄ | ϯⲙⲏ ⲛ̄ⲧⲟⲕ ⲧⲁⲁⲁⲥ ⲛⲁϥ · ⲉⲥ (*sic*) ϩⲏⲏⲧⲉ ⲉϥⲕⲁⲧⲁⲫⲣⲟⲛⲉⲓ ⲙ̄ ⲡⲉⲕⲁⲙⲁϩⲧⲉ · ⲁⲩⲱ ⲙ̄ⲡ ⲉϥⲥⲱⲟⲩϩ ⲛ̄ⲙⲙⲁⲛ ⲉ ⲡⲣ̄ⲡⲉ · ⲉ ⲧⲁⲗⲉ ⲑⲩⲥⲓⲁ ⲉ ϩⲣⲁⲓ · ⲛ̄ ⲛ̄ⲛⲟⲩⲧⲉ · ⲁⲗⲗⲁ ⲁϥⲃⲱⲕ ⲉ ⲡⲉϥⲏⲓ (*sic*) ⲁϥⲕⲁϥ ⲕⲁ ϩⲏⲩ ⲙ̄ ⲡⲉϥⲁⲍⲓⲱⲙⲁ · ⲁϥϯ ϣⲓⲡⲉ ⲙ̄ ⲡⲉⲟⲟⲩ ⲛ̄ ⲛⲉϩⲣⲱⲙⲁⲓⲟⲥ · ⲁⲩⲱ ⲁϥϯ ⲛ̄ ⲟⲩⲧⲱⲗⲙ̄ ⲛ̄ ⲛⲟⲙⲟⲥ ⲉⲧ ⲟⲩⲁⲁⲃ · ⲁⲛϩⲉ ⲉ ⲣⲟϥ ⲛ̄ ϩⲟⲩⲛ ⲙ̄ ⲡⲉϥⲏⲓ · ⲉϥϩⲙⲟⲟⲥ ϩⲛ̄ ⲟⲩϭⲟⲟⲛⲉ ⲙⲛ̄ ⲟⲩⲕⲣ̄ⲙⲉⲥ · ⲉϥϣⲗⲏⲗ ⲉ ϩⲣⲁⲓ ⲉ ⲡϫⲟⲉⲓⲥ

ⲡⲉϥⲛⲟⲩⲧⲉ· ϩⲛ̅ ϩⲉⲛⲣⲙ̅ⲉⲓⲟⲟⲩⲉ· ⲁⲩⲱ ⲉϥⲡⲓⲑⲉ ⲛ̅ ⲟⲩⲟⲛ
ⲛⲓⲙ· ⲉ ⲕⲧⲟⲟⲩ ⲉ ⲃⲟⲗ ⲛ̅ ⲡϣⲙ̅ϣⲉ ⲛ̅ ⲛ̅ⲛⲟⲩⲧⲉ· ⲁϥ-
ⲧⲣⲩ̅ⲟⲩⲁϩⲟⲩ ⲛ̅ⲥⲁ ⲓ̅ⲥ̅ ⲡⲛⲁⲍⲱⲣⲁⲓⲟⲥ· ⲡⲉⲛⲧⲁⲩⲥ̅ϯⲟⲩ ⲙ̅-
ⲙⲟϥ· ⲉϥϫⲱ ⲙ̅ⲥ· ϫⲉ ⲡⲁⲓ ⲡⲉ ⲡⲛⲟⲩⲧⲉ ⲛ̅ⲧⲟϥ ⲧⲁⲙⲓⲟ
ⲛ̅ ⲧⲡⲉ· ⲙⲛ̅ ⲡⲕⲁϩ· ⲁⲩⲱ ⲛ̅ ⲧⲉⲓ ϩⲉ· ⲁϥⲧⲣⲉ ⲟⲩⲟⲛ ⲛⲓⲙ
ⲥⲁϩⲱⲟⲩ ⲉ ⲃⲟⲗ ⲛ̅ ⲛ̅ⲛⲟⲩⲧⲉ· ⲡⲣ̅ⲣⲟ ⲇⲉ ⲡⲉϫⲁϥ ⲛ̅ ⲛⲉⲧ-
ⲧⲁⲩⲟ ⲛⲓ ϣⲁϫⲉ· ⲉϥϫⲱ ⲙⲟⲥ ⲛⲁⲩ· ϫⲉ ϩⲉⲛⲙⲉ ⲛⲉ ⲛⲓ
ϣⲁ|ϫⲉ ⲉⲧⲉⲧⲛ̅ϫⲱ ⲙⲟⲟⲩ ⲛⲁⲓ· ⲉ ⲧⲃⲉ ⲙⲉⲣⲕⲟⲩⲣⲓⲟⲥ ⲡⲉ- Fol. 34 *a*
ⲧⲏϭ (*sic*) ⲉ ⲣⲟⲓ· ϫⲉ ⲉϥⲕⲁⲧⲁⲫⲣⲟⲛⲉⲓ ⲛ̅ⲛⲁⲛⲟⲩⲧⲉ—ⲡⲗⲏⲛ ⲓ̅ⲑ̅
ⲙⲁⲣⲉ ⲥⲛⲁⲩ ⲛ̅ⲛⲟϭ ⲉⲧ ⲙ̅ ⲡⲉⲓ ⲙⲁ· ⲃⲱⲕ ⲛ̅ⲥⲉⲙⲟⲩⲧⲉ ⲉ
ⲣⲟϥ· ⲛ̅ⲧⲁⲓⲉⲓⲙⲉ ϫⲉ ϩⲉⲛⲙⲉ ⲛⲉ ⲛⲓ ϣⲁϫⲉ· ⲉⲧⲉⲧⲛ̅ϫⲱ
ⲙ̅ⲙⲟⲟⲩ ⲛⲁⲓ· ⲉ ⲧⲃⲏⲏⲧϥ̅ ϫⲓ̈ⲛ ⲙ̅ⲙⲟⲛ· ⲧⲟⲧⲉ ⲡⲙⲁⲕⲁ-
ⲣⲓⲟⲥ ⲙⲉⲣⲕⲟⲩⲣⲓⲟⲥ ⲁⲩⲉⲓⲛⲉ ⲙ̅ⲙⲟϥ ⲉ ⲣⲁⲧϥ̅ ⲙ̅ ⲡⲣ̅ⲣⲟ
ⲇⲉⲕⲓⲟⲥ· ⲉⲣⲉ ⲛⲉϥⲃⲁⲗ ⲙⲉϩ ⲙⲉⲣⲉⲓⲏ (*sic*): ⲉⲣⲉ ⲟⲩϩⲃ̅ⲥⲱ
ⲛⲑⲃ̅ⲃⲓⲟ ⲧⲱ ϩⲓⲱⲱϥ· ⲁⲩⲧⲁϩⲟϥ ⲉ ⲣⲁⲧϥ̅· ϩⲓⲑⲏ ⲙ̅
ⲡⲣ̅ⲣⲟ· ⲛ̅ ⲧⲉⲣⲉ ϥⲛⲁⲩ ⲇⲉ ⲉ ⲣⲟϥ ϩⲙ̅ ⲡⲉⲥⲭⲏⲙⲁ· ⲉⲧ
ⲑⲃ̅ⲃⲓⲏⲩ· ⲁϥⲕⲓⲙ ⲛ̅ⲧⲉϥⲁⲡⲉ· ⲉϥⲁⲡⲟⲣⲉⲓ ⲉϫⲙ̅ ⲡⲉ ⲛⲧⲟϥ-
ϣⲱⲡⲉ· ⲉⲓⲧⲁ ⲁϥϣⲁϫⲉ ⲛ̅ⲙ̅ⲙⲁϥ ⲉϥϫⲱ ⲙ̅ⲙⲟⲥ· ϫⲉ
ⲙⲉⲣⲕⲟⲩⲣⲓⲟⲥ ⲁϫⲓⲥ ⲉ ⲣⲟⲓ· ϫⲉ ⲟⲩ ⲡⲉⲛⲧⲟϥϣⲱⲡⲉ
ⲙ̅ⲙⲟⲕ· ⲁⲩⲱ ⲉ ⲧⲃⲉ ⲛ̅ ⲗⲟⲓϭⲉ· ⲁⲕⲕⲁⲧⲁⲫⲣⲟⲛⲉⲓ ⲙ̅
ⲡⲉⲓ ⲛⲟϭ ⲛ̅ ⲧⲁⲓⲟ· ⲙⲛ̅ ⲡⲁⲍⲓⲱⲙⲁ· ⲛ̅ⲧⲁⲓⲧⲁⲁϥ ⲛⲁⲕ·
ⲁⲓⲁⲁⲕ ⲛ̅ ⲙ̅ⲡϣⲁ· ⲉ ϯ ⲡⲣⲟⲛⲓⲁ ⲛ̅ ⲛ̅ⲛⲟⲩⲧⲉ· ⲁⲩⲱ
ⲡⲁⲍⲓⲱⲙⲁ ⲛ̅ⲧⲁⲓⲧⲁⲁϥ ⲛⲁⲕ· ⲡⲁⲣⲁ ⲡⲕⲉ ⲥⲉⲉⲡⲉ | ⲙ̅ Fol. 34 *b*
ⲡⲉⲥⲧⲣⲁⲧⲉⲩⲙⲁ ⲧⲏⲣϥ̅· ⲁⲕⲟⲡϥ̅ ⲉⲩⲗⲁⲁⲩ· ⲗⲟⲓⲡⲟⲛ· ⲕ̅
ⲙⲁⲧⲁⲙⲟⲓ ⲧⲉⲛⲟⲩ ϫⲉ ⲧⲁ ⲧⲉⲓ ⲡⲗⲁⲛⲏ ϣⲱⲡⲉ ⲙ̅ⲙⲟⲕ·
ⲉ ⲃⲟⲗ ϩⲓ ⲧⲱⲛ· ⲁ ⲡⲉⲥⲧⲣⲁⲧⲉⲩⲙⲁ ⲛ̅ ⲛⲉϩⲣⲱⲙⲁⲓⲟⲥ·
ⲥⲱⲟⲩϩ ⲉ ϩⲟⲩⲛ ⲉ ⲡⲣ̅ⲡⲉ· ⲉ ⲧⲣⲉ ⲩⲑⲩⲥⲓⲁ ⲛ̅ ⲛ̅ⲛⲟⲩⲧⲉ
ⲛⲇⲓⲕⲁⲓⲟⲛ· ⲛ̅ⲧⲟⲕ ⲇⲉ ⲙⲁⲩⲁⲁⲕ· ⲡⲉⲛⲧ ⲁⲕⲡⲟⲣϫⲕ̅
ⲉ ⲃⲟⲗ ⲙ̅ ⲡⲁⲣⲓⲑⲙⲟⲥ· ⲡⲗⲏⲛ ⲁϫⲓⲥ ⲉ ⲣⲟⲓ· ϫⲉ ⲛ̅ⲧⲕ̅ ⲟⲩ
ⲉ ⲃⲟⲗ ϩⲛ̅ ⲛ̅ ⲁϣ ⲛ̅ ⲭⲱⲣⲁ· ⲏ̅ ϫⲉ ⲛ̅ⲧⲁ ⲛⲉⲕⲉⲓⲟⲧⲉ
ⲙⲟⲩⲧⲉ ⲉ ⲣⲟⲕ· ⲙ̅ ⲡⲉⲓ ⲣⲁⲛ· ⲁϥⲟⲩⲱϣⲃ̅ ⲛ̅ϭⲓ ⲡⲙⲁ-
ⲕⲁⲣⲓⲟⲥ ⲙⲉⲣⲕⲟⲩⲣⲓⲟⲥ· ⲡⲉϫⲁϥ ⲙ̅ ⲡⲣ̅ⲣⲟ· ϫⲉ ⲉⲕⲟⲩⲱϣ
ⲉ ⲉⲓⲙⲉ ϫⲉ ⲁⲛⲅ̅ ⲟⲩ ⲉ ⲃⲟⲗ ϩⲛ̅· ⲛ̅ ⲁϣ ⲛ̅ ⲑⲣⲏⲥⲕⲓⲁ·
ⲥⲱⲧⲙ̅ ϩⲙ̅ ⲡⲁ ⲅⲉⲛⲟⲥ· ⲁⲛⲅ̅ ⲟⲩ ⲉ ⲃⲟⲗ ϩⲛ̅ ⲧⲕⲁⲡⲡⲁ-

ⲇⲟⲕⲓⲁ · ϩⲙ̄ ⲡⲉⲓ ⲕⲟⲥⲙⲟⲥ · ⲕⲁⲧⲁ ⲧⲙⲉ ⲇⲉ ⲁⲛⲅ̄ ⲟⲩ
ⲉ ⲃⲟⲗ ϩⲛ̄ ⲑⲓⲉⲗⲏⲙ̄ ⲛ̄ ⲧⲡⲉ · ⲧⲙⲏⲧⲣⲟⲡⲟⲗⲓⲥ ⲛ̄ ⲛⲉⲧ
ⲟⲩⲁⲁⲃ · ⲁⲩⲱ ⲡⲁ ⲣⲁⲛ ⲛ̄ⲧⲁ ⲛⲉⲓⲟⲧⲉ ⲧⲁϥ ⲉ ⲣⲟⲓ ⲛ̄-
Fol. 35 *a* ϣⲟⲣⲡ̄ ⲡⲉ · ⲫⲓⲗⲟⲡⲁⲧⲱⲣ · ⲉⲧⲉ ⲡⲉϥ|ⲟⲩⲱϩⲙ̄ ⲡⲉ ⲡⲙⲁⲓ
ⲕ̄ⲁ̄ ⲡⲉϥⲉⲓⲱⲧ · ⲛ̄ ⲧⲉⲣⲉ ⲣ̄ ⲙⲁⲧⲟⲓ ⲇⲉ · ⲁⲩⲙⲟⲩⲧⲉ ⲉ ⲣⲟⲓ
ⲙⲉⲣⲕⲟⲩⲣⲓⲟⲥ · ϩⲓⲧⲙ̄ ⲡⲉ ⲡⲣⲏⲙⲓⲕⲓⲣⲓⲟⲥ ⲙ̄ ⲡⲁⲣⲓⲑⲙⲟⲥ ·
ⲁⲛⲅ̄ ⲟⲩ ⲡϩⲙ̄ϩⲁⲗ ⲛ̄ ⲡ̄ⲥ̄ ⲡⲉⲭ̄ⲥ̄ ⲡⲁ ϫⲟⲉⲓⲥ · ⲡϣⲏⲣⲉ ⲙ̄
ⲡⲛⲟⲩⲧⲉ ⲉⲧ ⲟⲛϩ̄ · ⲡⲣ̄ⲣⲟ ⲇⲉ ⲛ̄ ⲧⲉⲣⲉ ϥⲥⲱⲧⲙ̄ ⲉ ⲛⲁⲓ ·
ⲁϥⲱⲛϣ̄ ⲉ ⲃⲟⲗ ⲛ̄ ⲟⲩⲛⲟϭ ⲛ̄ ⲁⲡⲣⲏⲧⲉ · ⲁϥⲕⲓⲙ ⲛ̄
ⲧⲉϥⲁⲡⲉ · ⲉϥϫⲱ ⲙ̄ⲙⲟⲥ ϫⲉ ⲙⲉⲣⲕⲟⲩⲣⲓⲟⲥ · ⲕⲱ ⲛ̄ⲥⲱⲕ
ⲛ̄ ⲧⲉⲓ ⲁⲡⲉⲓⲗⲏ · ⲙⲛ̄ ⲧⲉⲓ ⲙⲁⲛⲓⲁ · ⲛⲅ̄ϯ ⲡⲉⲕⲟⲩⲟⲓ ⲉ
ϩⲟⲩⲛ ⲉ ⲡⲣ̄ⲡⲉ · ⲛⲅ̄ ⲑⲩⲥⲓⲁⲍⲉ ⲙ̄ ⲡⲛⲟϭ ⲛ̄ⲛⲟⲩⲧⲉ ⲡⲁⲡⲱⲗ-
ⲗⲱⲛ · ⲛⲅ̄ ⲃⲱⲕ ⲉ ⲡⲉⲕⲁⲣⲓⲑⲙⲟⲥ · ⲉ ⲡⲙⲁ ⲛ̄ⲛⲉϣⲃⲏⲣ
ⲉⲙⲙⲁⲧⲟⲓ · ⲛⲅ̄ ϫⲓ ⲙ̄ ⲡⲉⲕⲁⲝⲓⲱⲙⲁ ⲛ̄ⲑⲉ ⲛ̄ϣⲟⲣⲡ̄ ·
ⲡⲉϫⲁϥ ⲛ̄ϭⲓ ⲡⲡⲉⲧ ⲟⲩⲁⲁⲃ ⲙⲉⲣⲕⲟⲩⲣⲓⲟⲥ · ⲛⲁϩⲣⲙ̄ ⲙ̄
ⲡⲣ̄ⲣⲟ ⲛ̄ ⲁⲛⲟⲙⲟⲥ · ϫⲉ ⲙⲁⲣⲉ ⲡⲁϊ ϣⲱⲡⲉ ⲉϥⲟⲩⲱⲛϩ̄
ⲛⲁⲕ ⲉ ⲃⲟⲗ · ⲱ̄ ⲡⲣ̄ⲣⲟ ⲛ̄ ⲁⲛⲟⲙⲟⲥ · ϫⲉ ⲛ̄ ϯⲛⲁⲑⲩⲥⲓⲁⲍⲉ
ⲁⲛ ⲙ̄ ⲡⲉⲕⲁⲡⲱⲗⲗⲱⲛ · ⲉⲓⲧϣⲟⲩⲉⲓⲧ (*sic*) ⲛ̄ⲧⲁⲕⲱ ⲛ̄ⲥⲱⲓ · ⲙ̄
Fol. 35 *b* ⲡⲁ ⲛⲟⲩⲧⲉ · ⲛ̄ⲧⲟϥ ⲧⲁ|ⲧⲁⲙⲓⲟ (*sic*) ⲛ̄ ⲧⲡⲉ · ⲙⲛ̄ ⲡⲕⲁϩ ·
ⲕ̄ⲃ̄ ⲙⲛ̄ ⲕ̄ⲁ (*sic*) ⲛⲓⲙ · ⲁⲛⲟⲕ ⲅⲁⲣ ⲁⲛⲅ̄ ⲟⲩⲭⲣⲓⲥϯⲁⲛⲟⲥ · ⲡⲁⲣ-
ⲣⲏⲥⲓⲁ ⲁⲩⲱ ⲧⲙⲛ̄ⲧⲙⲁⲧⲟⲓ ⲙ̄ ⲡⲉⲓ ⲕⲟⲥⲙⲟⲥ · ϯⲛⲁⲡⲟ-
ⲧⲁⲥⲥⲉ ⲙ̄ⲙⲟⲥ · ⲁⲩⲱ ⲡⲉⲕⲁⲝⲓⲱⲙⲁ · ϯⲣ ⲭⲣⲓⲁ ⲙ̄ⲙⲟϥ
ⲁⲛ · ⲁⲛⲅ̄ ⲡϩⲙ̄ⲡϩⲁⲗ (*sic*) ⲙ̄ ⲡⲉⲭ̄ⲥ̄ ⲓ̄ⲥ̄ · ⲡϣⲏⲣⲉ ⲉ
ⲡⲛⲟⲩⲧⲉ ⲉⲧ ⲟⲛϩ̄ · ⲁϥⲟⲩⲱϣⲃ̄ ⲛ̄ϭⲓ ⲡⲣ̄ⲣⲟ ⲇⲉⲕⲓⲟⲥ ⲡⲉϫⲁϥ
ⲛⲁϥ · ϫⲉ ⲙⲉⲣⲕⲟⲩⲣⲓⲟⲥ · ϣⲁ ⲧⲉⲛⲟⲩ ⲙ̄ⲡ ⲉⲓⲡⲓⲥⲧⲉⲩⲉ ⲉ
ⲛⲉ ⲛ̄ⲧⲁⲩϫⲟⲟⲩ · ⲛⲁⲓ ⲉ ⲧⲃⲏⲏⲧⲕ̄ · ⲛ̄ϭⲓ ⲛⲉⲕⲕⲁⲧⲏⲅⲟⲣⲟⲥ ·
ϯⲥⲟⲟⲩⲛ ⲅⲁⲣ · ϫⲉ ⲉⲓⲧⲉⲃⲉ (*sic*) ⲟⲩⲫⲑⲟⲛⲟⲥ ⲛ̄ⲧⲁⲩⲕⲁⲧⲏ-
ⲅⲟⲣⲓⲁ ⲙ̄ⲙⲟⲕ · ⲛⲁⲓ ⲛ̄ ⲧⲉⲣ ⲟⲩⲛⲁⲩ ⲉ ⲧⲛⲟϭ ⲛ̄ ϯⲙⲏ ⲛ̄ⲧⲁⲓ-
ⲧⲁⲁⲥ ⲛⲁⲕ · ϩⲛ̄ ⲧⲙⲏⲏⲧⲉ ⲙ̄ ⲡⲁⲣⲓⲑⲙⲟⲥ ⲧⲏⲣϥ̄ · ⲙⲛ̄ ⲡⲉⲥ-
ⲧⲣⲁⲧⲉⲩⲙⲁ · ⲧⲉⲛⲟⲩ ϭⲉ ⲥⲱⲧⲙ̄ ⲛ̄ⲥⲱⲓ̈ : ⲛⲅ̄ ⲑⲩⲥⲓⲁⲍⲉ ⲛ̄
ⲛ̄ⲛⲟⲩⲧⲉ · ⲙ̄ⲡⲉⲣ ⲧⲣⲉ ⲡϩⲟⲃ ⲁⲛⲁⲅⲁⲍⲉ ⲙ̄ⲙⲟⲓ̈ · ⲛ̄ⲧⲁⲓⲣ̄
ⲡⲱⲃϣ̄ ⲛ̄ ⲧⲇⲓⲁⲑⲉⲥⲓⲥ ⲉⲛⲉⲟⲩⲛ̄ⲧⲁⲓⲥ ⲉ ϩⲟⲩⲛ ⲉ ⲣⲟⲕ · ⲛ̄-
Fol. 36 *a* ⲧⲁⲓϥⲓ ⲛ̄ ⲧⲟ|ⲟⲧⲕ̄ ⲙ̄ ⲡⲉⲕⲁⲝⲓⲱⲙⲁ · ⲁⲩⲱ ⲛ̄ⲧⲁϯ ⲛⲁⲕ
ⲕ̄ⲅ̄ ⲛ̄ ϩⲉⲛⲛⲟϭ ⲛ̄ⲇⲓⲙⲟⲣⲓⲁ · ⲁϥⲟⲩⲱϣⲃ̄ ⲛ̄ϭⲓ ⲡⲙⲁⲕⲁⲣⲓⲟⲥ ·

ⲡ[ⲉ]ϫⲁϥ ⲙ̅ ⲡⲣ̅ⲣⲟ · ϫⲉ ⲧⲙⲛ̅ⲧϣⲃⲏⲣ ⲙ̅ ⲡⲉⲓ ⲕⲟⲥⲙⲟⲥ ·
ⲟⲩ ⲗⲁⲁⲩ ⲁⲛ ⲧⲉ · ⲟⲩⲙⲛ̅ⲧϫⲁϫⲉ ⲧⲉ ⲛⲁϩⲣⲙ̅ ⲡⲛⲟⲩⲧⲉ ·
ⲁⲩⲱ ⲛⲓ ⲧⲁⲓⲟ ⲛ̅ ⲧⲉⲓ̈ ⲙⲓ̈ⲛⲉ · ϩⲉⲛ ⲡⲣⲟⲥ ⲟⲩⲟⲉⲓϣ ⲛⲉ ·
ⲡⲉⲟⲟⲩ ⲇⲉ ⲛ̅ⲧⲟϥ ⲙ̅ ⲡⲛⲟⲩⲧⲉ · ⲙⲏⲛⲉ ⲉ ⲃⲟⲗ ϣⲁ ⲉⲛⲉϩ ·
ⲧⲉⲛⲟⲩ ϭⲉ ⲙ̅ⲡⲣ̅ ϯϩⲓⲥⲉ ⲛⲁⲕ ⲉ ⲡϫⲓⲛϫⲏ · ⲁⲛⲟⲕ ⲅⲁⲣ
ⲁⲛⲅ̅ ⲟⲩⲭⲣⲓⲥϯⲁⲛⲟⲥ · ϯⲛⲁⲑⲩⲥⲓⲁⲍⲉ ⲁⲛ ⲛ̅ ⲛⲉⲕⲛⲟⲩⲧⲉ
ⲛ̅ⲃⲟⲧⲉ · ⲗⲓⲟⲡⲟⲛ (*sic*) ⲡⲉⲧ ⲉϩⲛⲁⲕ ⲁⲣⲓϥ ⲛⲁⲓ · ⲇⲉⲕⲓⲟⲥ ⲇⲉ
ⲡⲉϫⲁϥ ⲛⲁϥ · ϫⲉ ⲱ̅ ⲙⲉⲣⲕⲟⲩⲣⲓⲟⲥ · ⲑⲩⲥⲓⲁⲍⲉ · ⲙ̅ⲡⲉⲣ
ⲙⲟⲩ ϩⲛ̅ ⲟⲩⲙⲟⲩ ⲉϥϩⲟⲟⲩ · ⲡⲙⲁⲕⲁⲣⲓⲟⲥ ⲙⲉⲣⲕⲟⲩⲣⲓⲟⲥ
ⲡⲉϫⲁϥ ⲛⲁϥ · ϫⲉ ⲙⲁⲣⲉ ⲟⲩϣⲁϫⲉ ⲛ̅ ⲟⲩⲱⲧ ⲣⲁϣⲕ̅ · ⲱ̅
ⲡⲣ̅ⲣⲟ · ϯⲛⲁⲥⲱⲧⲙ̅ ⲛ̅ ⲥⲱⲧⲙ̅ (*sic*) ⲅⲁⲣ ⲁⲛ ⲛ̅ⲥⲱⲕ · ⲛ̅ⲧⲁϣⲙ̅-
ϣⲉ ⲛ̅ ϩⲉⲛⲛⲟⲩⲧⲉ ⲛ̅ϣ̅ⲙ̅ⲙⲟ · ⲛ̅ⲧⲁⲕⲱ ⲛ̅ⲥⲱⲛ ⲡⲁ ⲛⲟⲩⲧⲉ
ⲓ̅ⲥ̅ | ⲡⲉⲭ̅ⲥ̅ · ⲇⲉⲕⲓⲟⲥ ⲇⲉ ⲛ̅ ⲧⲉⲣⲉ ϥⲥⲱⲧⲙ̅ ⲇⲉ ⲉ ⲛⲁⲓ · Fol. 36 *b*
ⲁϥϭⲱⲛⲧ̅ ⲉⲙⲁⲧⲉ · ⲁϥⲕⲉⲗⲉⲩⲉ ⲉ ⲧⲣⲉ ⲩⲕⲁⲁϥ ⲕⲁ ϩⲏⲩ ⲕ̅ⲇ̅
ⲛ̅ⲛⲉϥϩⲟⲓⲧⲉ · ⲉⲛⲥⲉϫⲟⲗⲕϥ̅ ⲉ ⲃⲟⲗ · ⲛ̅ϭⲓ ⲙⲛⲧ ⲙ̅ⲙⲁⲧⲟⲓ ·
ⲛ̅ⲥⲉϩⲓⲟⲩⲉ ⲉ ⲣⲟϥ ⲛ̅ ϩⲉⲛⲃⲟⲩ ⲛⲉⲩⲣⲟⲛ ⲉⲩⲟⲩⲱⲧ · ϣⲁⲛⲧⲉ
ⲡⲕⲁϩ ⲉⲧ ϩⲁ ⲣⲁⲧϥ̅ ϩⲙ̅ ⲡⲉϥⲥⲛⲟϥ · ⲡⲉϫⲁϥ ⲛⲁϥ ⲛ̅ϭⲓ
ⲇⲉⲕⲓⲟⲥ ⲡⲣ̅ⲣⲟ · ϫⲉ ⲙⲉⲣⲕⲟⲩⲣⲓⲟⲥ ⲁⲕϫⲉ ⲛⲧⲧⲁⲣⲭⲏ (*sic*) ·
ⲛ̅ ⲛ̅ⲃⲁⲥⲁⲛⲟⲥ · ϫⲉ ⲥⲉϩⲟⲟⲩⲉ ⲉⲕⲑⲩⲥⲓⲁⲍⲉ ϫⲉ ⲛ̅ ⲙ̅ⲙⲟⲛ ·
ⲁϥⲟⲩⲱϣⲃ̅ ⲛ̅ϭⲓ ⲡⲙⲁⲕⲁⲣⲓⲟⲥ ⲙⲉⲣⲕⲟⲩⲣⲓⲟⲥ · ϫⲉ ⲛ̅
ϩⲟⲥⲟⲛ ⲟⲩⲛ̅ⲧⲁⲓ ⲙ̅ⲙⲁⲩ · ⲙ̅ ⲡⲁ ϫ̅ⲥ̅ ⲓ̅ⲥ̅ ⲡⲉⲭ̅ⲥ̅ · ⲉϥ-
ⲃⲟⲏⲑⲉⲓ ⲉ ⲣⲟϥ · ϯϩⲛϣ ϭⲉ ⲁⲛ ϩⲁ ⲛⲉⲕⲃⲁⲥⲁⲛⲟⲥ · ⲁⲛⲟⲕ
ⲅⲁⲣ ⲁⲛⲅ̅ ⲡϩⲙ̅ϩⲁⲗ · ⲙ̅ ⲡⲁ ϫⲟⲉⲓⲥ ⲉ̅ⲓ̅ⲥ̅ ⲡⲉⲭ̅ⲥ̅ (*sic*) · ⲉϥ-
ⲃⲟⲏⲑⲉⲓ ⲉ ⲣⲟⲓ · ⲡⲁⲓ̈ ⲡⲉ ⲡⲣ̅ⲣⲟ ⲛⲁ ⲧⲡⲉ · ⲙⲛ̅ ⲛⲁ ⲡⲕⲁϩ ·
ⲛⲁⲓ ⲇⲉ ⲛ̅ ⲧⲉⲣⲉ ϥⲥⲟⲧⲙⲟⲩ ⲛ̅ϭⲓ ⲡⲣ̅ⲣⲟ ⲇⲉⲕⲓⲟⲥ · ⲡⲉϫⲁϥ
ϫⲉ ⲙⲉⲣⲕⲟⲩⲣⲓⲟⲥ · ⲥⲱⲧⲙ̅ ⲛ̅ ⲥⲱⲓ · ⲛⲅ̅ ⲑⲩⲥⲓⲁⲍⲉ ⲛ̅
ⲛ̅ⲛⲟⲩⲧⲉ · ⲛⲅ̅ ϯ ϩⲏⲩ | ⲛ̅ ϩⲉⲛⲟϭ ⲛ̅ⲃⲁⲥⲁⲛⲟⲥ · ϫⲉ ⲕⲁⲥ Fol. 37 *a* ⲕ̅ⲉ̅
ⲛⲅ̅ ⲙⲟⲩ [ⲁⲛ] ⲕⲁⲕⲟⲥ · ϣⲁⲧⲉ ϯⲛⲟⲩ (*sic*) ϯⲥⲟ ⲉ ⲣⲟⲕ · ⲁⲩⲱ
ϯⲟ ⲛ̅ϩⲁⲣϣ̅ ⲛ̅ ϩⲏⲧ ⲉ ϩⲣⲁⲓ ⲉ ϫⲱⲕ · ϯⲟⲩⲱϣ ⲅⲁⲣ ⲁⲛ ⲉⲣ
ⲡⲉⲑⲟⲟⲩ ⲛⲁⲕ · ⲙⲁⲗⲓⲥⲧⲁ ϫⲉ ⲁⲕϣⲱⲡⲉ ⲛⲁⲓ · ⲛ̅ ϣⲃⲏⲣ
ⲉ ⲧⲃⲉ ⲧϭⲓⲛⲙⲓϣⲉ ⲉ ϫⲱⲓ · ϩⲙ̅ ⲡⲡⲟⲗⲉⲙⲟⲥ · ⲥⲱⲧⲙ̅
ⲛ̅ⲥⲱⲓ ⲛⲅ̅ ⲑⲩⲥⲓⲁⲍⲉ ⲛ̅ ⲛ̅ⲛⲟⲩⲧⲉ · ⲙ̅ⲡⲉⲣ ⲧⲁⲕⲟ ⲛ̅ⲧⲉⲕⲙⲛ̅ⲧ-
ϣⲏⲣⲉ ϣⲏⲙ · ϩⲛ̅ ϩⲉⲛⲃⲁⲥⲁⲛⲟⲥ ⲉⲩϣⲟⲃⲉ · ⲁⲛⲟⲕ ϯϣⲡ̅
ϩⲧⲏⲓ ϩⲁ ⲧⲉⲕⲙⲛ̅ⲧϣⲏⲣⲉ ϣⲏⲙ · ⲙⲛ̅ ⲧⲉⲕⲙⲛ̅ⲧϣⲃⲏⲣ ·

ⲁϥⲟⲩⲱϣⲃ̄ ⲛ̄ϭⲓ ⲡⲙⲁⲕⲁⲣⲓⲟⲥ ⲙⲉⲣⲕⲟⲩⲣⲓⲟⲥ· ϫⲉ ϩⲓⲥⲉ
ⲛⲓⲙ ⲉⲧ ⲛⲁϣⲱⲡⲉ ⲙ̄ⲙⲟⲓ· ⲉ ⲧⲃⲉ ⲑⲟⲙⲟⲗⲟⲅⲉⲓ ⲉ ϩⲟⲩⲛ
ⲉ ⲡⲛⲟⲩⲧⲉ· ⲉⲥⲱ̄ ⲛⲁⲓ ⲛ̄ϩⲟⲩⲟ ⲉⲩⲃⲓⲕⲉ ⲉⲩⲟⲩⲁⲁⲃ· ⲛ̄ϩⲓⲥⲉ
ⲅⲁⲣ ⲧⲉⲛⲟⲩ ⲛ̄ⲥⲉⲙⲡϣⲁ ⲁⲛ ⲙ̄ ⲡⲉⲟⲟⲩ ⲉⲧ ⲛⲁϭⲱⲗⲡ̄ ⲉ
ⲣⲟⲛ· ⲛⲁⲓ ⲛ̄ ⲧⲉⲣⲉ ϥⲥⲱⲧⲙ̄ ⲉ ⲣⲟⲟⲩ· ⲛ̄ϭⲓ ⲡ̄ⲣ̄ⲣⲟ ⲇⲉⲕⲓⲟⲥ·
ⲡⲉϫⲁϥ ⲉϣϫⲉ ⲁⲕⲥⲙⲛ̄ⲧ ⲡⲉⲕϩⲏⲧ ⲉ ϩⲟⲩⲛ ⲉ ϩⲉⲛϣⲁϫⲉ
ⲙ̄ ⲙⲛ̄ⲧ ⲁⲧ ϩⲏⲧ· ⲁⲩⲱ ⲛ̄ⲧⲁⲓⲟ ⲛ̄ ⲛ̄ϩⲣⲱⲙⲁⲓⲟⲥ· ⲁⲕⲟ-
Fol. 37*b* ⲡⲟⲩ ϫⲉ ϩⲉⲛⲗⲁⲁⲩ ⲛⲉ· | ⲙ̄ⲡⲉ ⲕⲁⲛⲉⲭⲉ ⲉⲑⲩⲥⲓⲁⲍⲉ ⲛ̄
ⲕ̄ⲋ̄ ϩⲉⲛⲛⲟⲩⲧⲉ ⲛ̄ⲇⲓ̈ⲕⲁⲓⲟⲛ· ⲕⲁⲧⲁ ⲡ̄ⲇⲟⲅⲙⲁ ⲛ̄ ⲧⲥⲩⲛⲕⲗⲏ-
ⲧⲟⲥ· ⲟⲩⲇⲉ ⲙ̄ⲡⲉ ⲕⲥⲱⲧⲙ̄ ⲛ̄ⲥⲁ ⲛⲟⲙⲟⲥ ⲛ̄ⲣ̄ⲣⲱⲟⲩ· ⲁⲛⲟⲕ
ϩⲱ ϯⲛⲁⲕⲟⲗⲁⲍⲉ ⲙ̄ⲙⲟⲕ· ⲕⲁⲧⲁ ⲧⲉⲕⲙⲛ̄ⲧ ⲁⲧ ⲑⲏⲧ·
ⲛ̄ⲧⲁⲛⲁⲩ ϫⲉ ⲡⲛⲟⲩⲧⲉ ⲛ̄ⲧⲁⲕⲛⲁϩⲧⲉ ⲉ ⲣⲟϥ· ⲛⲁϣⲛⲁϩ-
ⲙⲉⲕ ⲉ ⲃⲟⲗ ϩⲛ̄ ⲛⲁϭⲓϫ· ⲁϥⲟⲩⲱϣⲃ̄ ⲛ̄ϭⲓ ⲡϩⲁⲅⲓⲟⲥ
ⲙⲉⲣⲕⲟⲩⲣⲓⲟⲥ· ⲡⲉϫⲁϥ ⲙ̄ ⲡ̄ⲣ̄ⲣⲟ· ϫⲉ ⲉϥⲥⲏϩ ϩⲙ̄
ⲡⲁⲡⲟⲥⲧⲟⲗⲟⲥ ⲉⲧ ⲟⲩⲁⲁⲃ· ϫⲉ ⲛⲓⲙ ⲡⲉⲧ ⲛⲁϣⲡⲟⲣϫⲛ̄·
ⲉ ⲧⲁⲅⲁⲡⲏ ⲙ̄ ⲡⲛⲟⲩⲧⲉ· ⲟⲩⲑⲗⲓⲯⲓⲥ ⲧⲉ ⲏ ⲟⲩⲗⲱϫϩ̄· ⲏ
ⲟⲩⲇⲓⲟⲅⲙⲟⲥ· ⲏ ⲟⲩϩⲕⲟ· ⲏ ⲟⲩⲕⲱ ⲕⲁ ϩⲏⲩ· ⲏ ⲟⲩⲕⲩⲛ-
ⲇⲓⲛⲟⲥ· ⲏ ⲟⲩⲥⲏϥⲉ· ⲕⲁⲧⲁ ⲑⲉ ⲉⲧ ⲥⲏϩ ϫⲉ ⲉ ⲧⲃⲏⲏⲧⲕ̄·
ⲥⲉⲙⲟⲩⲟⲩⲧ ⲙ̄ⲙⲟⲛ ⲙ̄ ⲡⲉϩⲟⲟⲩ ⲧⲏⲣϥ̄· ϯⲡⲓⲑⲉ ⲅⲁⲣ ϫⲉ
ⲟⲩⲇⲉ ⲙⲛ̄ ⲙⲟⲩ· ⲟⲩⲇⲉ ⲙⲛ̄ ⲱⲛϩ̄· ⲟⲩⲇⲉ ⲁⲅⲅⲉⲗⲟⲥ· ⲟⲩ-
ⲇⲉ ⲁⲣⲭⲏ· ⲟⲩⲇⲉ ⲉⲍⲟⲩⲥⲓⲁ· ⲟⲩⲇⲉ ⲛⲉⲧ ϣⲟⲟⲡⲉ· ⲟⲩⲇⲉ
Fol. 38*a* ⲛⲉⲧ ⲛⲁϣⲱⲡⲉ· ⲛⲁⲉϣϭⲙ̄ϭⲟⲙ ⲉ ⲡⲱⲣϫⲛ̄· ⲉ ⲃⲟⲗ | ϩⲛ̄
ⲕ̄ⲍ̄ ⲧⲁⲅⲁⲡⲏ ⲙ̄ ⲡⲉⲭ̄ⲥ̄· ⲛⲁⲓ ⲇⲉ ⲛ̄ ⲧⲉⲣ ⲉϥϫⲟⲟⲩ ⲛ̄ϭⲓ ⲡⲙⲁ-
ⲕⲁⲣⲓⲟⲥ ⲙⲉⲣⲕⲟⲩⲣⲓⲟⲥ· ⲁϥϭⲱⲛⲧ̄ ⲛ̄ϭⲓ ⲡ̄ⲣ̄ⲣⲟ ⲇⲉⲕⲓⲟⲥ·
ⲁϥⲕⲉⲗⲉⲩⲉ ⲧⲣⲉ ⲩⲧⲁⲗⲟϥ ⲉ ⲡϩⲉⲣⲙⲉⲧⲁⲣⲓⲟⲛ· ⲛ̄ⲥⲉϩⲱⲕ
ⲙ̄ⲙⲟϥ· ⲛ̄ϭⲓ ⲕⲉⲥⲧⲱⲛⲁⲣⲓⲟⲥ ⲇⲉ ⲛⲉⲩϩⲱⲕ ⲙ̄ⲙⲟϥ ⲡⲉ·
ϣⲁⲛⲧⲉ ⲧⲕⲁⲥ ⲛ̄ ⲧⲉϥϫⲓⲥⲉ ⲕⲱⲗⲡ̄ ⲉ ⲃⲟⲗ· ⲡⲙⲁⲕⲁⲣⲓⲟⲥ
ⲇⲉ ⲙ̄ⲡⲉ ϥⲕⲁ ⲧⲟⲟⲧϥ̄ ⲉ ⲃⲟⲗ· ⲉϥⲥⲙⲟⲩ ⲉ ⲡⲛⲟⲩⲧⲉ·
ⲉϥϫⲱ ⲙ̄ⲙⲟⲥ· ϫⲉ ⲡϫⲟⲉⲓⲥ ⲓ̄ⲥ̄ ⲡⲉⲭ̄ⲥ̄ ⲡⲙⲟⲛⲟⲅⲉⲛⲏⲥ ⲙ̄
ⲡⲓⲱⲧ· ⲡⲉϫⲡⲟ ⲉ ⲃⲟⲗ ϩⲛ̄ ⲧⲡⲁⲣⲑⲉⲛⲟⲥ ⲉⲧ ⲟⲩⲁⲁⲃ
ⲙⲁⲣⲓⲁ· ⲡⲉⲛⲧⲁϥϫⲓ ⲥⲁⲣⲝ̄ ⲉ ⲃⲟⲗ ϩⲛ̄ ⲧⲉϩⲓⲉⲓⲃ ⲙ̄ ⲙⲉ·
ϣⲁⲛⲧⲉ ϥⲥⲱⲧⲉ ⲙ̄ ⲡⲅⲉⲛⲟⲥ ⲧⲏⲣϥ̄ ⲛ̄ ⲁⲇⲁⲙ· ⲛ̄ϥⲉⲗⲉⲩ-
ⲑⲉⲣⲟⲩ ⲙ̄ⲙⲟⲛ· ⲉ ⲃⲟⲗ ϩⲛ̄ ⲧⲙⲛ̄ⲧϩⲙ̄ϩⲁⲗ ⲙ̄ ⲡⲛⲟⲃⲉ·
ϯϣⲡ̄ ϩⲙⲟⲧ ⲛ̄ ⲧⲟⲟⲧⲕ̄· ϫⲉ ⲁⲕⲁⲁⲛ ⲙ̄ⲡⲙ̄ⲡϣⲁ ⲛ̄ ⲧⲉⲕⲙⲛ̄ⲧ-

ⲁⲅⲁⲑⲱⲥ· ⲉⲧ ⲛⲁϣⲱⲥ ⲥⲱⲧⲙ̅ ⲉ ⲣⲟⲓ ⲙ̅ⲡⲟⲟⲩ· ⲁⲛⲟⲕ
ⲡⲉⲕϩⲙ̅ϩⲁⲗ ⲙⲉⲣⲕⲟⲩⲣⲓⲟⲥ· ⲛ̅ⲧ ⲁⲁⲧ ⲛ̅ⲙ̅ⲡϣⲁ ⲙ̅ ⲡⲉⲕ-
ⲧⲱϩⲙ̅ ⲉⲧ ⲟⲩⲁⲁⲃ· ⲁⲩⲱ ⲛ̅ ⲕⲟⲓⲛⲟⲛⲟⲥ ⲉ ⲛⲉⲕϩⲓⲥⲉ ⲉⲧ
ⲟⲩⲁⲁⲃ· ⲁⲩⲱ ⲙ̅ⲙⲛ̅ⲧⲣⲉ ⲙ̅ ⲡⲓⲥⲧⲟⲥ· ⲛ̅ⲧⲉⲕⲙⲛ̅ⲧⲛⲟⲩⲧⲉ·
[ⲧⲉ]ⲛⲟⲩ | ϭⲉ ⲡⲁ ϫⲟⲉⲓⲥ· ⲙ̅ⲡⲣ̅ ⲕⲁⲁⲧ ⲛ̅ⲥⲱⲕ· ⲁⲩⲱ ⲙ̅- Fol. 38 *b*
ⲡⲉⲣ ⲟⲩⲉ ⲙ̅ⲙⲟⲓ̈ ϫⲉ ⲟⲩⲛ̅ ϩⲉⲛⲑⲗⲓⲯⲓⲥ ϭⲉⲧ ⲉ ⲣⲟⲓ· ⲁⲩⲱ ⲕ̅ⲏ̅
ⲁ ϩⲉⲛⲥⲛⲁⲩ ϩⲓϩⲉ ⲉ ϩⲣⲁⲓ ⲉ ϫⲱⲓ· ⲁⲗⲗⲁ ϯ ϭⲟⲙ ⲛⲁⲓ
ⲡⲁ ϫⲟⲉⲓⲥ· ϣⲁⲛⲧ ⲓ̈ϫⲱⲕ ⲉ ⲃⲟⲗ· ⲙ̅ ⲡⲁ ⲁⲅⲱⲛ ϩⲛ̅ ⲟⲩⲉ-
ⲣⲏⲛⲏ· ⲙ̅ⲡⲣ̅ ⲧⲣⲉ ⲛⲁϫⲁϫⲉ ⲣⲁϣⲉ ⲙ̅ⲙⲟⲓ· ⲁⲩⲱ ⲙ̅ⲡⲣ̅
ⲧ[ⲣ]ⲉ ⲩϫⲟⲟⲥ· ϩⲛ̅ ⲛ̅ ⲛ̅ϩⲉⲑⲛⲟⲥ· ϫⲉ ⲉϥⲧⲱⲛ ⲡⲉⲩⲛⲟⲩⲧⲉ·
ⲛⲁⲓ ⲇⲉ ⲉϥϫⲱ ⲙ̅ⲙⲟⲟⲩ· ⲉⲥ (*sic*) ⲟⲩⲥⲙⲏ ⲁⲥϣⲱⲡⲉ ϣⲁ
ⲣⲟϥ· ⲉⲥϫⲱ ⲙ̅ⲙⲟⲥ ϫⲉ ⲧⲱⲕ ⲛ̅ϩⲏⲧ· ⲡⲁ ϣⲟⲉⲓϫ ⲙⲉⲣ-
ⲕⲟⲩⲣⲓⲟⲥ· ϩⲩⲡⲟⲙⲓⲛⲏ ⲱ̅ ⲡⲁ ⲥⲟⲧⲡ̅ ⲛ̅ ϫⲱⲱⲣⲉ· ⲁⲛⲟⲕ
ⲅⲁⲣ ϯϣⲟⲟⲡ ⲛ̅ⲙ̅ⲙⲁⲕ· ⲉⲓϯ ϭⲟⲙ ⲛⲁⲕ· ⲁⲩⲱ ϯⲛⲁ-
ϣⲱⲡⲉ ⲛ̅ⲙ̅ⲙⲁⲕ ⲛ̅ ⲥⲕⲉⲡⲁⲥⲧⲏⲥ· ⲉⲓⲃⲟⲏⲑⲉⲓ ⲉ ⲣⲟⲕ ϩⲛ̅
ϩⲓⲥⲉ ⲛⲓⲙ· ⲉⲧ ⲉⲕⲛⲁϣⲟⲡⲟⲩ ϩⲙ̅ ⲡⲁ ⲣⲁⲛ· ⲙ̅ⲡⲉⲣ ϭⲱⲃ·
ⲟⲩⲇⲉ ⲙ̅ⲡⲣ̅ ⲣ̅ ϭⲱⲧⲡ̅ ϩⲏⲧⲟⲩ ⲛ̅ ⲛ̅ⲃⲁⲥⲁⲛⲟⲥ· ⲁⲛⲟⲕ
ϯϣⲟⲟⲡ ⲛ̅ⲙ̅ⲙⲁⲕ· ⲉⲓϯ ϭⲟⲙ ⲛⲁⲕ· ϣⲁⲛⲧⲉ ⲕϫⲱⲕ ⲉ
ⲃⲟⲗ ⲙ̅ ⲡⲉⲕⲁⲅⲱⲛ· ⲟⲩⲙⲛ̅ⲧϫⲱⲱⲣⲉ· ⲁⲩⲱ ⲛ̅ⲧⲉⲩⲛⲟⲩ
ⲁϥⲁⲥⲡⲁⲍⲉ ⲙ̅ⲙⲟϥ ⲛ̅ϭⲓ ⲡⲁⲣⲭⲁⲅ|ⲅⲉⲗⲟⲥ ⲙⲓⲭⲁⲏⲗ· Fol. 39 *a*
ⲁⲩⲱ ⲁϥⲥⲫⲣⲁⲅⲓⲍⲉ ⲙ̅ ⲡⲉϥⲥⲱⲙⲁ ⲧⲏⲣϥ̅· ⲁⲩⲱ ⲛ̅ⲧⲉⲩ- ⲕ̅ⲑ̅
ⲛⲟⲩ ⲁ ⲡϩⲉⲣⲙⲉⲧⲁⲣⲓⲟⲛ ⲟⲩⲱϭⲡ̅· ⲁϥⲣ̅ ⲥⲛⲁⲩ· ⲁⲩⲱ ⲁⲙ-
ⲙⲉⲣⲉ ⲉⲧ ⲉϥⲙⲉⲣ ⲙ̅ⲙⲟⲟⲩ· ⲁⲩⲃⲱⲗ ⲉ ⲃⲟⲗ· ⲁϥϥⲟϭϥ̅
ⲁϥⲁϩⲉ ⲣⲁⲧϥ̅· ⲙⲛ̅ ⲗⲁⲁⲩ ⲛ̅ ⲧⲁⲕⲟ ϣⲟⲟⲡ ⲛ̅ϩⲏⲧϥ̅·
ⲁⲗⲗⲁ ⲛⲉϥϯ ⲉⲟⲟⲩ ⲙ̅ ⲡⲛⲟⲩⲧⲉ· ⲡⲣ̅ⲣⲟ ⲇⲉ ⲛ̅ ⲧⲉⲣ
ϥⲛⲁⲩ· ⲉ ⲡⲉⲛ̅ⲧ ⲟϥϣⲱⲡⲉ· ⲁϥⲙⲟⲩϩ ⲛ̅ ϭⲱⲛⲧ̅· ⲡⲉϫⲁϥ
ϫⲉ ⲉⲡⲓ ⲇⲏ ⲁⲡⲁⲓ ϫⲱ ⲙⲟⲥ (*sic*)· ϫⲉ ⲟⲩⲛ̅ⲧⲁⲛ ⲙ̅ⲙⲁⲩ ⲛ̅
ⲟⲩⲡⲁⲛϩⲟⲡⲗⲓⲁ ⲛ̅ϩⲱⲃ· ϯⲕⲉⲗⲉⲩⲉ ⲉ ⲧⲣⲉ ⲩⲧⲟⲥϥ̅ ⲉ ⲃⲟⲗ ⲉ
ϥⲧⲟ ⲉⲛϣⲙⲟⲩⲓ̈· ⲛ̅ⲥⲉϫⲟⲗⲕϥ̅ ⲉ ⲃⲟⲗ· ⲟⲩⲇⲉ ⲧⲡⲉ ⲟⲩⲇⲉ
ⲡⲕⲁϩ· ⲛ̅ ⲟⲩⲙⲁϩⲉ· ⲛ̅ ⲧⲉⲣ ⲟⲩⲣ̅ ⲡⲁⲓ ⲇⲉ ⲛⲁϥ· ⲡⲉϫⲁϥ
ⲛ̅ϭⲓ ⲡⲣ̅ⲣⲟ· ϫⲉ ⲉⲩⲧⲱⲛ ⲧⲉⲛⲟⲩ ⲛⲉⲕϩⲟⲡⲗⲟⲛ· ⲉⲧ ⲉⲕ
ⲑⲁⲣⲉⲓ ⲉ ⲣⲟⲟⲩ· ϣⲁ ⲡⲛⲟϭ ⲛ̅ ⲛⲟϭ ⲛⲟⲩⲧⲉ ⲡ̅ⲍⲉⲩⲥ ⲁⲩ-
ⲧⲟⲥⲕ̅ ⲉ ⲃⲟⲗ ⲉⲙⲁⲧⲉ· ⲡⲡⲉⲧ ⲟⲩⲁⲁⲃ ⲁϥϭⲱϣⲧ̅ ⲉ ϩⲣⲁⲓ Fol. 39 *b*
ⲉ ⲧⲡⲉ ⲡⲉϫⲁϥ· ϫⲉ ⲡϫⲟⲉⲓⲥ ⲃⲟⲏⲑⲉⲓ (*sic*) ⲉ ⲣⲟⲓ· | ⲁⲛⲟⲕ ⲗ̅

ⲡⲉⲕϩⲙ̄ϩⲁⲗ · ⲡⲁⲗⲓⲛ ⲟⲛ ⲁϥⲕⲉⲗⲉⲩⲉ ⲛ̄ϭⲓ ⲡⲣ̄ⲣⲟ · ⲉ ⲧⲣⲉ ⲩϣⲱⲗ̄ϭ ⲙ̄ ⲡⲉϥⲥⲱⲙⲁ · ⲛ̄ ϩⲉⲛϭⲟⲣⲧⲉ ⲉⲩϫⲏⲣ · ⲙⲛ̄ ϩⲉⲛⲙⲁⲥⲧⲓⲅ̄ⲝ̄ · ⲙⲛ̄ⲛ̄ⲥⲱⲥ ⲛ̄ⲥⲉⲡⲉⲣϣ̄ ⲛ̄ ϩⲉⲛϫⲃ̄ⲃ̄ⲥ̄ ⲛ̄ ⲕⲱϩ̄ⲧ̄ ϩⲁ ⲣⲟϥ · ϫⲉ ⲕⲁⲥ ⲉϥⲉⲣⲱⲕϩ̄ ⲕⲟⲩⲓ ⲕⲟⲩⲓ · ⲁⲩⲱ ⲁϥⲱϣⲙ̄ ⲛ̄ϭⲓ ⲡⲕⲱϩ̄ⲧ̄ ϩⲙ̄ ⲡⲉⲥⲛⲟϥ · ⲙ̄ ⲡⲇⲓⲕⲁⲓⲟⲥ ⲉⲧ ϩⲁⲁⲧⲉ ⲉ ⲡⲉⲥⲏⲧ · ⲡⲡⲉⲧ ⲟⲩⲁⲁⲃ ⲇⲉ ⲁϥⲓ ⲉ ⲣⲟϥ · ϩⲛ̄ ⲟⲩⲛⲟϭ ⲙ̄ ⲙⲛ̄ⲧϫⲱⲱⲣⲉ · ϩⲛ̄ ϯ ⲕⲉ ⲃⲁⲥⲁⲛⲟⲥ · ⲡⲣ̄ⲣⲟ ⲇⲉ ⲇⲉⲕⲓⲟⲥ ⲁϥⲧⲣⲉ ⲩⲟⲗϥ̄ ⲉ ⲃⲟⲗ ϫⲉ ⲛⲉϥⲙⲟⲩ ϩⲛ̄ ⲟⲩϭⲉⲡⲏ · ⲁⲩⲱ ⲁⲩⲟⲧⲡϥ̄ ⲉ ϩⲟⲩⲛ ⲉⲩⲙⲁⲛⲕⲁⲕⲉ · ϩⲛ̄ ⲟⲩϭⲉⲡⲏ · ⲙ̄ⲙⲁⲧⲟⲓ ⲇⲉ ⲁⲩϥⲓ ⲉ ϩⲁ ⲣⲟϥ · ⲉϥⲟ ⲙ̄ ⲡⲁϣ ⲙⲟⲩ · ⲟⲩⲛ̄ ⲟⲩⲕⲟⲩⲓ ⲛ̄ ⲛⲓϥⲉ ϣⲟϫⲛ̄ ⲛ̄ϩⲏⲧϥ̄ · ⲉⲩⲙⲉⲉⲩⲉ ϫⲉ ⲁϥⲙⲟⲩ · ⲙⲛ̄ⲛ̄ⲥⲁ ⲟⲩⲕⲟⲩⲓ ⲇⲉ ϩⲛ̄ ⲧⲉⲩⲛⲟⲩ ⲉⲧ ⲙ̄ⲙⲁⲩ · ⲉⲥ *(sic)* ⲁⲅⲅⲉⲗⲟⲥ ⲙ̄ ⲡϫⲟⲉⲓⲥ ⲁϥⲟⲩⲱⲛϩ̄ ⲛⲁϥ ⲉ ⲃⲟⲗ · ⲡⲉϫⲁϥ ⲛⲁϥ · ϫⲉ
Fol. 40 *a* ϯⲣⲏⲛⲏ ⲛⲁⲕ · ⲡϣⲟⲉⲓϫ ⲛ̄ⲣⲉϥ | ϫⲣⲟ · ⲛ̄ ⲧⲉⲣⲉ ϥϫⲓ ⲡⲁⲓ
ⲗ̄ⲁ̄ ⲇⲉ ⲁϥⲧⲁⲗϭⲉ ⲛⲉϥⲥⲁϣ · ⲉⲧ ϩⲙ̄ ⲡⲉϥⲥⲱⲙⲁ · ⲁⲩⲱ ⲁϥⲧⲁϩⲟϥ ⲉ ⲣⲁⲧϥ̄ · ⲉϥⲟϫ ϩⲱⲥ ⲇⲉ ⲛⲉϥⲧⲱⲟⲩⲛ · ⲛⲉϥⲁϩⲉ ⲣⲁⲧϥ̄ ⲉϥϯ ⲉⲟⲟⲩ · ⲙ̄ ⲡⲛⲟⲩⲧⲉ · ⲛⲧⲟϥⲃⲟⲏⲑⲉⲓ ⲉ ⲣⲟϥ · ⲙⲛ̄ⲛ̄ⲥⲁ ⲛⲁⲓ ⲁϥⲕⲉⲗⲉⲩⲉ ⲛ̄ϭⲓ ⲡⲣ̄ⲣⲟ · ⲉ ⲧⲣⲉ ⲩⲧⲁϩⲟϥ ⲉ ⲣⲁⲧϥ̄ ⲉ ⲡⲃⲏⲙⲁ · ⲛ̄ ⲧⲉⲣⲉ ϥ ⲇⲉ[1] ⲉ ⲣⲟϥ ⲛ̄ϭⲓ ⲡⲣ̄ⲣⲟ · ⲡⲉϫⲁϥ ⲛⲁϥ ϫⲉ ⲁⲩϥⲓⲧⲕ̄ ⲛ̄ ⲧⲟⲟⲧ · ⲉⲕⲟ ⲙ̄ ⲡⲁϣ ⲙⲟⲩ · ⲛⲛ̄ ⲁϣ ⲛ̄ ϩⲉ ⲧⲉⲛⲟⲩ ⲕⲙⲟⲟϣⲉ · ⲙⲉϣⲁⲕⲣⲱ ⲙⲛ̄ ⲗⲁⲁⲩ ⲙ̄ ⲡⲱⲗϩ̄ ϩⲓ ⲡⲉⲕⲥⲱⲙⲁ · ⲧⲟⲧⲉ ⲁϥⲕⲉⲗⲉⲩⲉ ⲛ̄ ⲛ̄ϥⲁⲓ ⲙⲉⲣⲉϩ · ⲉ ⲧⲁϩⲉ ⲣⲁⲧⲟⲩ ⲉ ⲧⲣⲉ ⲩⲙⲟⲩϣⲧ̄ ⲙ̄ ⲡⲉϥⲥⲱⲙⲁ · ⲛ̄ⲧⲟⲟⲩ ⲇⲉ ⲡⲉϫⲁⲩ ⲙ̄ ⲡⲣ̄ⲣⲟ · ϫⲉ ϣⲉ ⲡⲕ̄ⲣⲁⲧⲟⲥ · ⲱ̄ ⲡⲣ̄ⲣⲟ · ⲛ̄ ⲉⲩⲥⲉⲃⲏⲥ · ⲡⲉϥⲥⲱⲙⲁ ⲧⲏⲣϥ̄ ⲟⲩⲟϫ · ⲙⲛ̄ ⲗⲁⲩ *(sic)* ⲛ̄ ⲧⲁⲕⲟ ϣⲟⲟⲡ ⲛ̄ϩⲏⲧϥ̄ · ⲛ̄ⲑⲉ ⲙ̄ⲙⲛ̄ ⲟⲩϫⲱϩⲉ ⲉ ⲣⲟϥ ⲉ ⲡⲧⲏⲣϥ̄ · ⲇⲉⲕⲓⲟⲥ ⲇⲉ ϩⲱⲱϥ ⲡⲉϫⲁϥ ·
Fol. 40 *b* ϫⲉ ⲡⲁⲛⲧⲱⲥ ϥ̄ⲛⲁϫⲟⲟⲥ · ϫⲉ | ⲡⲉⲭ̄ⲥ̄ ⲡⲉⲛⲧⲟϥⲧⲁⲗϭⲟⲓ ·
ⲗ̄ⲃ̄ ⲙⲏ ⲁⲧⲉⲧⲛ̄ϫⲓ ⲥⲁⲉⲓⲛ ⲉ ϩⲟⲩⲛ ⲉ ⲡⲉϣⲧⲉⲕⲟ · ⲉ ⲧⲣⲉ ϥⲑⲉⲣⲁⲡⲉⲩⲉ ⲙ̄ⲙⲟϥ · ⲛ̄ⲧⲟⲟⲩ ⲇⲉ ⲡⲉϫⲁⲩ · ϫⲉ ϣⲁ ⲧⲉⲕⲙⲛ̄ⲧⲛⲟϭ ⲉⲧⲁⲓⲏⲩ · ⲉⲧ ⲁⲙⲁϩⲧⲉ ⲉϫⲛ̄ ⲧⲟⲓⲕⲟⲩⲙⲉⲛⲉ ⲧⲏⲣⲥ̄ · ⲙⲛ̄ ⲡⲉ ⲗⲁⲁⲩ ⲛ̄ ⲑⲉⲣⲁⲡⲉⲩⲉ ⲛ̄ⲣⲱⲙⲉ ⲧⲁⲗϭⲟϥ · ⲁⲗⲗⲁ

[1] Here a correction has been made, but the reading is doubtful. Read ⲛ̄ ⲧⲉⲣⲉ ϥⲛⲁⲩ (?).

ⲙ̅ ⲙⲉⲉⲩⲉⲩⲉ (*sic*) ϫⲉ ϥⲛⲁⲙⲟⲩ ⲛ̅ ⲁϣ ⲛ̅ ϩⲉ ⲉϥⲟⲛϩ̅· ⲏ
ⲛ̅ⲧⲟϥⲗⲟ ⲛ̅ ⲁϣ ⲛ̅ ϩⲉ· ⲛ̅ⲧⲛ̅ⲥⲟⲟⲩⲛ ⲁⲛ· ϫⲉ ⲟⲩⲁϣⲉ ⲛ̅
ϭⲟⲧ ⲧⲉ ⲧⲙⲁⲕⲓⲁ ⲛ̅ ⲭⲣⲓⲥϯⲁⲛⲟⲥ ⲛ̅ⲥⲁϥ: ⲙⲛ̅ ⲁϥⲣ̅ⲕⲱⲥ·
ⲙ̅ⲡⲟⲟⲩ ⲇⲉ ϩⲱϥ ⲉϥⲁϩⲉ ⲣⲁⲧϥ̅ ⲉϥⲟⲩⲟϫ· ⲡⲣ̅ⲣⲟ ⲇⲉ
ⲁϥⲙⲟⲩϩ ⲛ̅ ϭⲱⲛⲧ̅· ⲡⲉϫⲁϥ ⲛⲁϥ· ϫⲉ ⲁϫⲓⲥ ⲉ ⲣⲟⲓ·
ϩⲛ̅ ⲟⲩⲙⲉ ϫⲉ ⲛⲓⲙ ⲡⲉⲛ̅[ⲧ ⲟϥ]ⲧⲁⲗϭⲟⲕ ⲭⲟⲣⲓ̈ⲥ ⲙⲁⲅⲓⲁ·
ⲁϥⲟⲩⲱϣⲃ̅ ⲛ̅ϭⲓ ⲡϩⲁⲅⲓⲟⲥ ⲙⲉⲣⲕⲟⲩⲣⲓⲟⲥ· ϫⲉ ⲡⲁ ϫⲥ̅ ⲓⲥ̅
ⲡⲉⲭⲥ̅· ⲡⲥⲁⲉⲓⲛ ⲛ̅ ⲛ̅ⲯⲩⲭⲏ ⲙⲛ̅ ⲛ̅ⲥⲱⲙⲁ· ⲛ̅ⲧⲟϥ ⲡⲉ
ⲛ̅ⲧⲟϥⲭⲁⲣⲓⲍⲉ ⲛⲁⲓ ⲙ̅ ⲡⲧⲁⲗϭⲟ· ⲛ̅ⲑⲉ ⲛ̅ⲧⲟϥϫⲟⲟⲥ ⲫⲁⲣ-
ⲙⲁⲅⲟⲥ· ⲙⲛ̅ ⲛ̅ⲣⲉϥⲙⲟⲩⲧⲉ: ⲙⲛ̅ ⲣⲉϥϣⲙ̅ϣⲉ ⲉⲇⲱ-
ⲗⲟⲛ (*sic*)· ⲛ̅ⲥⲉⲟ ⲛ̅|ϣⲙ̅ⲙⲟ ⲉ ⲣⲟϥ· ⲁⲩⲱ ϥⲛⲁⲙⲟⲣⲟⲩ· Fol. 41 *a*
ⲛ̅ ϩⲉⲛⲙⲣ̅ⲣⲉ ⲛ̅ ⲁⲧ ⲃⲱⲗ ⲉ ⲃⲟⲗ· ⲛϥⲡⲁⲣⲁⲇⲓⲇⲟⲩ ⲙ̅- ⲗⲅ̅
ⲙⲟⲟⲩ· ⲉ ⲡⲕⲱϩⲧ̅ ⲛ̅ ⲧⲉⲅⲉϩⲉⲛⲛⲁ· ⲉ ⲧⲃⲉ ϫⲉ ⲙ̅ⲡ ⲟⲩ-
ⲥⲟⲩⲛ̅ⲡ ⲡⲛⲟⲩⲧⲉ ⲛ̅ⲧⲁϥⲧⲁⲙⲓ̈ⲟⲟⲩ· ⲡⲉϫⲉ ϯⲛⲁⲁⲛϩⲁⲗⲓⲥⲕⲉ
ⲙ̅ ⲡⲕ̅ⲥⲱⲙⲁ ϩⲛ̅ ϩⲉⲛⲃⲁⲥⲁⲛⲟⲥ ⲉⲩⲛⲁϣⲧ̅· ⲙⲁⲣⲉⲓⲛⲁⲩ
ϫⲉ ⲡⲉⲭⲥ̅ ⲉⲧ ⲉⲕⲛⲁϩⲧⲉ ⲉ ⲣⲟϥ ⲛⲁⲧⲁⲗϭⲟⲕ· ⲡⲉϫⲉ
ⲡϩⲁⲅⲓⲟⲥ ⲙⲉⲣⲕⲟⲩⲣⲓⲟⲥ· ϫⲉ ϯⲡⲓⲥⲧⲉⲩⲉ ϫⲉ ⲡⲁ ϫⲟⲉⲓⲥ ⲓⲥ̅
ⲡⲉⲭⲥ̅· ϫⲉ ⲉⲕϣⲁⲛⲉⲓⲛⲉ ⲛ̅ ⲟⲩⲙⲏⲛϣⲉ ⲛ̅ϯⲙⲱⲣⲓⲁ ⲉ
ϫⲱⲓ· ⲛⲅ̅ ⲛⲁϣⲧⲣ̅ⲧⲱⲣⲧ̅ ⲁⲛ· ⲁϥϫⲟⲟⲥ ⲅⲁⲣ ϫⲉ ⲙ̅ⲡⲣ̅ ⲣ̅
ϩⲟⲧⲟⲩ· ⲛ̅ ⲛⲉⲧ ⲛⲁⲙⲟⲩⲟⲩⲧ ⲙ̅ ⲡⲉⲧⲛ̅ⲥⲱⲙⲁ· ⲉⲙⲛ̅ ϭⲟⲙ
ⲙⲟⲟⲩ (*sic*)· ⲉ ⲙⲟⲩⲟⲩⲧ ⲛ̅ ⲛⲉⲧⲛ̅ⲯⲩⲭⲏ· ⲁⲣⲓ ϩⲟⲧⲉ ⲇⲉ
ϩⲏⲧϥ̅· ⲛ̅ⲧⲟϥ ⲙ̅ ⲡⲉⲧ ⲛ̅ ⲟⲩⲛ̅ϭⲟⲙ ⲙ̅ⲙⲟϥ (*sic*)· ⲉⲧⲁⲕⲟ ⲛ̅
ⲧⲉⲧⲛ̅ⲯⲩⲭⲏ· ⲙⲛ̅ ⲡⲉⲧⲛ̅ⲥⲱⲙⲁ· ϩⲣⲁⲓ ⲧⲅⲉϩⲉⲛⲁ· ⲧⲟⲧⲉ
ⲁϥⲕⲉⲗⲉⲩⲉ ⲛ̅ϭⲓ ⲡⲣ̅ⲣⲟ· ⲉ ⲧⲣⲉ ⲩⲉⲓⲛⲉ ⲛ̅ ⲟⲩⲡⲉⲛⲓ̈ⲡⲉ
ⲉϥⲗⲟⲃϣ̅· ⲛ̅ⲥⲉⲕⲁⲁⲁϥ ϩⲁ ⲛⲉϥⲁⲅⲕⲁⲗⲟⲛ· ⲁⲩⲱ ϩⲉⲛ-
ⲗⲁⲙⲡⲁⲥ ⲛ̅ ⲕⲱϩⲧ̅ ϩⲁ ⲛⲉϥ|ⲥⲡⲓ̈ⲣⲟⲟⲩⲉ· ⲛ̅ ⲧⲉ[ⲣ ⲟⲩ]ⲣ̅ Fol. 41 *b*
ⲡⲁⲓ ⲇⲉ· ⲉ ⲡⲙⲁ ⲛ̅ ⲟⲩⲕⲁⲡⲛⲟⲥ· ⲁⲩⲥϯ ⲛⲟⲩϥⲉ ϣⲱⲡⲉ· ⲗⲇ̅
ⲉϥϣⲱϣ ⲉ ⲃⲟⲗ· ⲉ ⲟⲩⲟⲛ ⲛⲓⲙ ⲉⲧ ϩⲙ̅ ⲡⲙⲁ ⲉⲧ ⲙ̅ⲙⲁⲩ·
ⲉⲩⲃⲁⲥⲁⲛⲓⲍⲉ ⲙ̅ⲙⲟϥ ⲉ ⲡⲉⲓϩⲟⲩⲟ· ⲙ̅ⲡⲉ ϥⲁϣⲁϩⲟⲙ· ⲟⲩⲇⲉ
ⲙ̅ⲡⲉ ϥⲣⲓⲙⲉ· ⲡⲉϫⲉ ⲡⲣ̅ⲣⲟ ⲛⲁϥ· ϫⲉ ⲉϥⲧⲱⲛ ⲙ̅ ⲡⲉⲕ-
ⲥⲁⲉⲓⲛ ⲧⲉⲛⲟⲩ· ⲙⲁⲣⲉϥⲉⲓ ⲛϥⲑⲉⲣⲁⲡⲉⲩⲉ ⲙ̅ⲙⲟⲕ· ⲕⲁⲓ
ⲅⲁⲣ ⲁⲕϫⲟⲟⲥ· ϫⲉ ⲟⲩⲛ̅ϭⲟⲙ ⲙⲟϥ (*sic*) ⲉⲧⲟⲩⲛⲟⲥⲧ̅ ⲉⲓ-
ϣⲁⲛⲙⲟⲩ· ⲡϩⲁⲅⲓⲟⲥ ⲇⲉ ⲙⲉⲣⲕⲟⲩⲣⲓⲟⲥ ⲡⲉϫⲁϥ ⲛⲁϥ·
ϫⲉ ⲁⲣⲓ ⲡⲉⲧ ⲉϩⲛⲁⲕ· ⲟⲩⲛ̅ⲧⲁⲕ ⲉⲝⲟⲩⲥⲓⲁ ⲅⲁⲣ ⲉ ϩⲟⲩⲛ

ⲉ ⲡⲁ ⲥⲱⲙⲁ · ⲧⲁ ⲯⲩⲭⲏ ⲇⲉ ⲡⲛⲟⲩⲧⲉ ⲡⲉⲧⲟ ⲛ̄ ϫⲟⲉⲓⲥ ⲉ
ⲣⲟⲥ · ⲡⲁ ⲥⲱⲙⲁ ⲙⲛ̄ ⲉⲕϣⲁⲛⲧⲁⲕⲟϥ · ⲧⲁ ⲯⲩⲭⲏ ⲛⲁ-
ⲙⲟⲩⲛⲉ ⲉ ⲃⲟⲗ ⲉⲥⲟ ⲛ̄ ⲁⲧⲁⲕⲟ (*sic*) · ⲡⲁⲗⲓⲛ ⲟⲛ ⲁϥⲕⲉⲗⲉⲩⲉ
ⲛ̄ϭⲓ ⲡⲣ̄ⲣⲟ ⲉ ⲧⲣⲉ ⲩⲥⲁϣⲧϥ̄ ⲛ̄ⲥⲁ ϫⲱϥ · ⲁⲩⲱ ⲛ̄ⲥⲉⲉⲓⲛⲉ ⲛ̄
ⲟⲩⲛⲟϭ ⲉⲛ ⲱⲛⲉ · ⲛ̄ⲥⲉⲁϣⲧϥ̄ ⲉ ⲡⲉϥⲙ̄ⲙⲁⲕϩ̄ · ϫⲉ ⲕⲁⲥ ϩⲙ̄
ⲡⲧⲣⲉ ϥϣⲱϭⲧ̄ : ⲛϥⲙⲟⲩ ϩⲙ̄ ⲟⲩϭⲉⲡⲏ · ⲡⲙⲁⲣⲧⲩⲣⲟⲥ ⲇⲉ ·
ⲁ ⲧϭⲟⲙ ⲙ̄ ⲡⲛⲟⲩⲧⲉ ⲱϩ (*sic*) ⲛ̄ϩⲏⲧϥ̄ · ⲙⲛ̄ ⲧⲭⲁⲣⲓⲥ
Fol. 42 *a* ⲁϥ|ⲙⲟⲩⲛⲉ ⲉ ⲃⲟⲗ ⲛ̄ⲛ ⲟⲩⲛⲟϭ ⲛⲁⲩ · ϩⲙ̄ ϯⲃⲁⲥⲁⲛⲟⲥ
ⲗⲉ ⲧⲁⲓ · ⲇⲉⲕⲓⲟⲥ ⲇⲉ ⲡⲣ̄ⲣⲟ · ⲛ̄ ⲧⲉⲣⲉ ϥⲛⲁⲩ ⲉ ⲡⲙⲁⲣⲧⲩⲣⲟⲥ ·
ϫⲉ ⲉϥϥⲓ ϩⲁⲛϯⲙⲱⲣⲓ̈ⲁ · ϩⲙ̄ ⲟⲩⲙⲛ̄ⲧϫⲱⲱⲣⲉ · ⲁⲩⲱ ⲙ̄ⲡⲉ
ⲗⲁⲁⲩ ⲛ̄ⲃⲁⲥⲁⲛⲟⲥ ⲧⲁϩⲟϥ · ⲁϥⲕⲉⲗⲉⲩⲉ ⲉ ⲧⲣⲉ ⲩϥⲓ
ⲡⲱⲛⲉ ⲙ̄ⲙⲁⲩ · ϩⲓ ⲡⲉϥⲙⲁⲕϩ̄ · ⲛ̄ⲥⲉⲉⲓⲛⲉ ⲛ̄ ⲟⲩⲙⲁⲥⲧⲓⲅⲝ̄
ⲛ̄ⲕⲱⲃϩ̄ · ⲉⲥⲟ ⲛ̄ϥⲧⲟⲟⲩ ⲛ̄ϣⲗⲟⲡ · ⲛ̄ⲥⲉϩⲓⲟⲩⲉ ⲉ ⲣⲟϥ ·
ϣⲁⲛⲧⲉ ⲡⲕⲁϩ ϩⲱⲣⲡ̄ ϩⲁ ⲡⲉϥⲥⲛⲟϥ · ⲡⲉⲅⲉⲛⲛⲁⲓⲟⲥ ⲇⲉ
ⲁϥⲧⲱⲟⲩⲛ ϩⲁ ϯⲕⲉ ⲃⲁⲥⲁⲛⲟⲥ · ⲛ̄ⲑⲉ ⲛ̄ ⲟⲩⲱⲛⲉ ⲛ̄ ⲁⲇⲁ-
ⲙⲁⲥ · ϩⲙ̄ ⲧⲉϥⲙⲛ̄ⲧϫⲱⲱⲣⲉ · ⲁⲩⲱ ⲡⲉϫⲁϥ · ϫⲉ ϯⲉⲩⲭⲁ-
ⲣⲓⲥⲧⲟⲩ ⲛⲁⲕ · ⲡⲁ ϫⲟⲉⲓⲥ · ϫⲉ ⲁⲕⲁⲁⲧ ⲛ̄ⲙ̄ⲡϣⲁ ⲛ̄ ϣⲡ̄
ϩⲓ̈ⲥⲉ ⲉϫⲙ̄ ⲡⲉⲕⲣⲁⲛ ⲉⲧ ⲟⲩⲁⲁⲃ · ⲡⲣ̄ⲣⲟ ⲇⲉ ⲛ̄ ⲧⲉⲣⲉ ϥⲛⲁⲩ
ⲇⲉ · ϫⲉ ⲟⲩⲁⲧ ⲡⲱⲛⲉ ⲡⲉ ⲡⲉϥⲗⲟⲅⲓⲥⲙⲟⲥ · ⲁⲩⲱ ϫⲉ
ⲛⲉϥϥⲁϣⲡⲓⲑⲉ ⲙ̄ⲙⲟϥ ⲁⲛ · ⲉ ⲧⲣⲉ ϥⲑⲩⲥⲓⲁⲍⲉ · ⲁϥϫⲓ
ϣⲟϫⲛⲉ · ⲛⲉϥϭⲉⲡⲏ ⲅⲁⲣ ⲉ ⲃⲱⲕ ⲉ ϩⲣⲱⲙⲏ · ⲁϥϯ
ⲁⲡⲟⲫⲁⲥⲓⲥ ⲉ ⲣⲟϥ · ⲉ ⲧⲣⲉ ⲩϯⲙⲱⲣⲓⲁ ⲙ̄ⲙⲟϥ · ϩⲙ̄
Fol. 42 *b* ⲧⲥⲏϥⲉ ⲉϥ|ϫⲱ ⲙ̄ⲙⲟⲥ · ϫⲉ ⲙⲉⲣⲕⲟⲩⲣⲓⲟⲥ ⲡⲉⲛ̄ⲧ ⲟϥ-
ⲗⲋ ϣⲱⲡⲉ ⲉϥⲥⲱϣ ⲛ̄ ⲛ̄ⲛⲟⲩⲧⲉ · ⲁⲩⲱ ⲁϥⲕⲁⲧⲁⲫⲣⲟⲛⲉⲓ ⲛ̄
ⲛ̄ⲇⲟⲅⲙⲁ ⲉⲧ ⲟⲩⲁⲁⲃ · ⲛ̄ⲧⲉ ⲧⲙⲛ̄ⲧⲣⲙ̄ⲙⲣⲁϣ · ⲁϥⲟⲡϥ̄ ⲉⲩ-
ⲗⲁⲁⲩ ⲡⲉⲛⲅⲣⲁⲧⲟⲥ · [ϯ]ⲕⲉⲗⲉⲩⲉ ⲉ ⲧⲣⲉ ⲩϫⲓⲧϥ̄ ⲉ ⲧⲡⲟⲗⲓⲥ
ⲛ̄ ⲧⲕⲁⲡⲡⲁⲇⲟⲕⲓⲁ · ⲛ̄ⲥⲉϥⲓ ⲛ̄ ⲧⲉϥⲁⲡⲉ ϩⲙ̄ ⲡⲙⲁ ⲉⲧ
ⲙ̄ⲙⲁⲩ · ⲉⲣⲉ ⲟⲩⲟⲛ ⲛⲓⲙ ⲛⲁⲩ ⲉ ⲣⲟϥ · ⲟⲩⲟⲛ ⲅⲁⲣ ⲛⲓⲙ ·
ⲛ̄ⲧⲁⲩϫⲓ ⲉⲟⲟⲩ ⲉ ⲃⲟⲗ ϩⲓⲧⲙ̄ ⲡⲣ̄ⲣⲟ · ⲉⲩϣⲁⲛⲁⲛϯⲗⲉⲅⲉ
ⲙ̄ ⲡⲉϥⲟⲩⲉϩⲥⲁϩⲛⲉ ⲥⲉⲛⲁϯ ⲛⲁϥ · ⲛ̄ ϩⲉⲛⲥⲏϣⲉ · ⲡϩⲁⲉ
ⲇⲉ ⲛ̄ⲥⲉⲛⲁⲡⲁⲣⲁⲇⲓⲇⲟⲩ ⲙ̄ⲙⲟϥ · ⲉ ⲧⲟⲟⲧϥ̄ ⲛ̄ ⲧⲥⲏϥⲉ ·
ⲛ̄ ⲛ̄ⲧⲁⲩⲧⲁϣⲟⲩ ⲇⲉ ⲉ ⲧⲣⲉ ⲩϥⲓ̈ⲧϥ̄ · ⲁⲩϥⲓ ϩⲁ ⲣⲟϥ ⲁⲩⲧⲁ-
ⲗⲟϥ ⲉⲩⲧⲃ̄ⲛⲏ · ⲁⲩⲙⲟⲣϥ̄ ⲉ ϩⲣⲁⲓ ⲉ ϫⲱϥ · ϫⲉ ⲛⲉⲓ̈ ⲁ
ⲡⲥⲱⲙⲁ ⲙ̄ ⲡⲙⲁⲣⲧⲩⲣⲟⲥ · ⲃⲱⲗ ⲉ ⲃⲟⲗ ⲛ̄ ⲥⲁ ⲥⲁ ⲛⲓⲙ ·

ⲁϥⲣ̄ ⲕⲱⲱⲥ· ⲁⲩⲙⲟⲟϣⲉ ⲇⲉ ϩⲛ̄ ⲧⲉϩⲓⲏ ⲉⲥⲟⲩⲏⲩ· ⲁⲩⲱ
ϩⲓⲧⲛ̄ ⲕⲟⲩⲓ ⲛ̄ϩⲟⲟⲩ· ⲁⲩⲡⲱϩ ⲉ ⲧⲡⲟⲗⲓⲥ ⲕⲁⲓⲥⲁⲣⲓⲁ· ⲁⲩⲱ
ⲛ̄ ⲧⲉⲓ ϩⲉ ⲁⲩⲟⲩⲁϩϥ̄ ⲉ ⲡⲉⲥⲏⲧ | ⲕⲟⲩⲓ ⲕⲟⲩⲓ̈· ⲡϫⲟⲉⲓⲥ ⲇⲉ Fol. 43 *a*
ⲁϥⲁϩⲉ ⲣⲁⲧϥ̄ ϩⲓ ϫⲱϥ· ⲡⲉϫⲁϥ ⲛⲁϥ· ϫⲉ ⲙⲉⲣⲕⲟⲩⲣⲓⲟⲥ· ⲗ̄ⲍ̄
ⲁⲙⲟⲩ ⲛ̄ⲅ̄ ⲙ̄ⲧⲟⲛ ⲙ̄ⲙⲟⲕ ϩⲁϩⲧⲏⲓ· ⲉⲡⲓ̈ ⲇⲏ ⲁⲕϫⲉⲕ ⲡⲉⲕ-
ⲇⲣⲟⲙⲟⲥ ⲉ ⲃⲟⲗ· ⲁⲕϩⲁⲣⲉϩ ⲉ ⲧⲡⲓⲥⲧⲓⲥ· ϫⲓ ⲛⲁⲕ ⲙ̄
ⲡⲉⲕⲗⲟⲙ ⲛ̄ ⲧⲙⲛ̄ⲧϣⲟⲉⲓ̈ϫ· ⲡⲉⲛⲧⲁⲩⲧⲟϣϥ̄ ⲛⲁⲕ· ⲉ[ⲕ]ⲗⲏ-
ⲣⲟⲛⲟⲙⲉⲓ ⲙ̄ⲙⲟϥ· ⲡⲙⲁⲣⲧⲩⲣⲟⲥ ⲇⲉ ⲛ̄ ⲧⲉⲣⲉ ⲡϫⲟⲉⲓⲥ
ⲟⲩⲱⲛϩ̄ ⲉ ⲣⲟϥ ⲁϥϭⲙ̄ϭⲟⲙ· ⲡⲉϫⲁϥ ⲛⲉⲧ ⲧⲟ ⲉ ⲣⲟϥ·
ϫⲉ ⲁⲣⲓ ⲡⲉⲛⲧ ⲁⲩⲟⲩⲉϩⲥⲁϩⲛⲉ ⲙ̄ⲙⲟϥ ⲛⲏⲧⲛ̄· ϩⲛ̄ ⲟⲩ-
ϭⲉⲡⲏ· ⲉⲣⲉ ⲡϫ̄ⲥ̄ ⲇⲉ ⲧⲱϩⲙ̄ ⲛ̄ ⲟⲩⲟⲛ ⲛⲓⲙ ⲉ ϩⲟⲩⲛ·
ⲉ ⲧⲙⲉⲧⲁⲛⲟⲓⲁ· ⲉϥⲉⲣ ⲧⲏⲩⲧⲛ̄ ⲛ̄ⲙ̄ⲡϣⲁ ⲛ̄ ⲧϥ̄ⲭⲁⲣⲓⲥ·
ⲟⲩⲣⲙ̄ⲙⲁⲟ ⲅⲁⲣ ⲡⲉ ϣⲁϥⲭⲁⲣⲓⲍⲉ· ⲛ̄ ⲛⲉⲧ ⲛⲁϯ ⲡⲉⲩ-
ⲟⲩⲟⲓ ⲉ ⲣⲟϥ ϩⲛ̄ ⲟⲩⲇⲱⲣⲓⲁ· ⲁϫⲛ̄ ⲫⲑⲟⲛⲟⲥ· ⲛ̄ ⲧⲉⲣⲉ
ϥϫⲓ ⲛⲁⲓ· ⲇⲉ ⲁⲩϥⲓ̈ ⲛ̄ ⲧⲉϥⲁⲡⲉ· ⲁϥϫⲱⲕ ⲉ ⲃⲟⲗ ⲛ̄ ⲧϩⲟ-
ⲙⲟⲗⲟⲅⲓ̈ⲁ ⲉⲧ ⲛⲁⲛⲟⲩⲥ· ⲙ̄ ⲡⲉⲛⲥⲱⲧⲏⲣ ⲛ̄ⲥⲟⲩ ϫⲟⲩⲧⲏ
ⲙ̄ⲡⲛⲟⲉⲃⲣⲓⲟⲥ· ⲉⲧⲉ ⲁⲑⲱⲣ ⲡⲉ· | ⲁⲩⲛⲟϭ ⲛ̄ ϣⲡⲏⲣⲉ ϣⲱⲡⲉ· Fol. 43 *b*
ⲉⲥⲙ̄ⲡϣⲁ ⲛ̄ⲣ̄ ⲡⲉⲥⲙⲉⲉⲩⲉ· ⲙⲛ̄ⲛ̄ⲥⲁ ⲧⲣⲉ ⲡⲙⲁⲣⲧⲩⲣⲟⲥ ⲗ̄ⲏ̄
ϫⲱⲕ ⲉ ⲃⲟⲗ· ⲁ ⲡϥ̄ⲥⲱⲙⲁ ⲟⲩⲃⲁϣ ⲛ̄ⲑⲉ ⲛ̄ ⲟⲩⲭⲓⲱⲛ·
ⲉϥϣⲉϣ ⲥϯ ⲛⲟⲩϥⲉ ⲉ ⲃⲟⲗ· ⲛ̄ⲑⲉ ⲛ̄ ⲟⲩϣⲟⲩϩⲏⲛⲉ ⲉϥⲥⲟⲧⲡ̄·
ⲉ ⲧⲃⲉ ⲡⲉⲓ ⲙⲁⲉⲓⲛ ϭⲉ· ⲁ ϩⲁϩ ⲛ̄ⲣⲱⲙⲉ ϣⲱⲡⲉ ⲛ̄ⲭⲣⲓ-
ⲥϯⲁⲛⲟⲥ· ⲡⲡⲉⲧ ⲟⲩⲁⲁⲃ ⲇⲉ· ⲁⲩⲟⲩⲁϩϥ̄ ϩⲛ̄ ⲧⲟⲡⲟⲥ·
ⲉϥⲟⲩⲱⲛϩ̄ ⲉ ⲃⲟⲗ ⲡⲙⲁ ⲉⲧ ⲉⲣⲉ ⲟⲩⲙⲏⲏϣⲉ ⲛ̄ϭⲟⲙ ϩⲓ
ⲧⲁⲗϭⲟ ϣⲱⲡⲉ ⲙ̄ⲙⲁⲩ· ⲟⲩⲉⲟⲟⲩ ⲙ̄ ⲡⲛⲟⲩⲧⲉ ⲡⲉⲓⲱⲧ·
ⲙⲛ̄ ⲡⲉϥⲙⲟⲛⲟⲅⲉⲛⲏⲥ ⲛ̄ ϣⲏⲣⲉ· ⲉ ⲓ̄ⲥ̄ ⲡⲉⲭ̄ⲥ̄ ⲡⲉⲛϫⲟⲉⲓⲥ·
ⲙⲛ̄ ⲡⲉⲡⲛ̄ⲁ̄ ⲉⲧ ⲟⲩⲁⲁⲃ· ⲧⲉⲛⲟⲩ ⲁⲩⲱ ⲛ̄ⲟⲩⲟⲉⲓϣ ⲛⲓⲙ·
ϣⲁ ⲛ̄ⲁⲓⲱⲛ ⲧⲏⲣⲟⲩ ⲛ̄ⲁⲓⲱⲛ ϩⲁⲙⲏⲛ ——:::——:::

A DISCOURSE ON THE ARCHANGEL GABRIEL BY CELESTINUS, ARCHBISHOP OF ROME

(Brit. Mus. MS. Oriental, No. 7028)

Fol. 2 *a* Ⲁ̅

✠ Ⲁ̅ Ⲱ̅ Ⲓ̅Ⲥ̅ ⲠⲈⲬ̅Ⲥ̅ Ⲏ: ⲒⲀⲂⲞ[Ⲑ] Ϥ̅Ⲑ̅

ⲞⲨⲖⲞⲄⲞⲤ Ⲛ̅ⲦⲈ ⲠⲠⲀⲦⲢⲒ̈ⲀⲢⲬⲎⲤ· ⲈⲦ ⲦⲀⲒⲎⲨ· ⲀⲨⲰ ⲠⲈⲚⲦⲀϤⲢ̅ ⲠⲀ Ⲛ̅ ⲞⲨⲰϨ Ⲙ̅ ⲠⲈⲠⲚ̅Ⲁ̅ ⲈⲦ ⲞⲨⲀⲀⲂ· ⲀⲠⲀ ⲔⲈⲖⲈⲤϮⲚⲞⲤ· ⲠⲀⲢⲬⲎⲈⲠⲒⲤⲔⲞⲠⲞⲤ Ⲛ̅ ⲦⲚⲞϬ Ⲙ̅ ⲠⲞⲖⲒⲤ ϨⲢⲰⲘⲎ· Ⲉ ⲀϤⲦⲀⲨⲞϤ· Ⲉ ⲠⲚⲞϬ Ⲛ̅ ⲦⲀⲒ̈Ⲟ· Ⲙ̅ ⲠϤⲀⲒ ϢⲘ̅ ⲚⲞⲨϤⲈ· Ⲛ̅ ⲚⲒⲀⲒ̈ϢⲎ· Ⲙ̅ ⲠⲞⲨⲞⲈⲒⲚ· ⲠⲀⲢⲬⲀⲄⲄⲈⲖⲞⲤ ⲄⲀⲂⲢⲒ̈ⲎⲖ· Ϩ̅Ⲙ̅ ⲠⲈϨⲞⲞⲨ Ⲙ̅ ⲠⲈϤϢⲀ ⲈⲦ ⲞⲨⲀⲀⲂ· ⲈⲦⲈ ⲤⲞⲨ ϪⲞⲨⲦⲞⲨⲈ Ⲙ̅ ⲠⲈⲂⲞⲦ ⲬⲞⲒⲀⲔϤ̅ (*sic*)· ⲀϤϢⲀϪⲈ ⲆⲈ ⲞⲚ Ⲉ ⲦⲂⲈ Ⲛ̅ϬⲞⲘ Ⲙ̅Ⲛ̅ ⲚⲈϢⲠⲎⲢⲈ Ⲛ̅ⲦⲀⲨϢⲰⲠⲈ Ϩ̅Ⲙ̅ ⲠϤ̅ⲦⲞⲠⲞⲤ ⲈⲦ ⲞⲨⲀⲀⲂ· ⲚⲀⲒ̈ Ⲛ̅ⲦⲀⲨⲔⲞⲦϤ̅ ⲚⲀϤ Ϩ̅Ⲛ̅ ⲦⲠⲞⲖⲒⲤ ϨⲢⲰⲘⲎ· ⲀⲨⲰ· ⲞⲚ· Ⲉ ⲦⲂⲈ ⲠϢⲀϪⲈ ⲈⲦ ⲤⲎϨ Ϩ̅Ⲙ̅ ⲠⲚⲞⲘⲞⲤ· ϪⲈ ⲠⲈⲦⲈ Ⲛ̅Ⲅ̅ ⲞⲨⲀϢϤ̅ ⲀⲚ Ⲉ ⲦⲢϤ̅ ϢⲰⲠⲈ Ⲙ̅ⲘⲞⲔ· Ⲙ̅ⲠⲢ̅ ⲀⲀϤ Ⲛ̅ ⲞⲨⲀ· ⲀⲨⲰ ⲞⲚ· ϪⲈ ⲞⲨⲚⲞϬ Ⲛ̅ ⲚⲞⲂⲈ ⲠⲈ ⲦⲘ̅Ⲛ̅ⲦⲢϤ̅ϪⲒ̈ϬⲞⲖ· ⲘⲀⲖⲒⲤⲦⲀ ⲚⲈⲦ ⲦⲀϪⲢⲞ Ⲙ̅ ⲠϬⲞⲖ ϨⲒ̈ⲦⲘ̅ ⲠⲀⲚⲀϢ Ⲛ̅ⲚⲞⲨϪ· ⲀⲨⲰ ⲞⲚ· ϪⲈ ϢⲀⲢⲈ ⲠⲈϢⲖⲎⲖ ⲂⲞⲎⲐⲈⲒ̈ Ⲉ ⲠⲢⲰⲘⲈ ⲚϤⲚⲀϨⲘϤ Ⲛ̅ϬⲞⲢϬⲤ Ⲙ̅ ⲠⲤⲀ-

ⲦⲀⲚⲀⲤ· ϨⲚ̅ ⲞⲨⲈⲒⲢⲎⲚⲎ ⲚⲦⲈ ⲠⲚⲞⲨⲦⲈ· ⲤⲘⲞⲨ Ⲉ ⲢⲞⲚ· ϨⲀⲘⲎⲚ ϤⲐ̅·

Ⲡⲉϩⲙⲟⲧ ⲙ̅ ⲡⲛⲟⲩⲧⲉ ϣⲏⲡ· [ⲁⲩ]ⲱ ⲧⲉϥⲭⲁⲣⲓ̈ⲥ ⲣ̅ [...]
[...]ⲥⲕⲉ|ⲡⲁⲍⲉ ⲙ̅ⲙⲟⲛ· ⲁⲩⲱ ⲁϥⲣ̅ ⲥⲟⲃⲧⲛ̅ ⲉ ⲣⲟⲛ ϩⲛ̅ Fol. 2 *b* ⲃ̅
ⲧⲉϥϭⲓϫ· ⲛ̅ ⲁϩⲟⲣⲁⲧⲟⲛ· ⲁϥⲛ̅ⲧⲛ̅ ⲉ ϩⲣⲁⲓ̈ ϩⲙ̅ ⲡⲕⲩⲕⲗⲟⲥ ⲛ̅
ⲧⲉ ⲣⲟⲙⲡⲉ ⲙ̅ⲡⲟⲛϩ̅· Ⲁϥⲥⲟⲃϩⲉⲛ (*sic*)· ⲉ ϩⲟⲩⲛ ⲉ ⲡⲧⲟⲡⲟⲥ·
ⲙ̅ ⲡⲉϥⲁⲓ̈ ϣⲙ̅ ⲛⲟⲩϥⲉ ⲛ̅ ⲛⲁⲓ̈ⲱⲛ· ⲙ̅ ⲡⲟⲩⲟⲉⲓ̈ⲛ· ⲡⲁⲣⲭ-
ⲁⲅⲅⲉⲗⲟⲥ ⲉⲧ ⲟⲩⲁⲁⲃ ⲅⲁⲃⲣⲓ̈ⲏⲗ· Ⲉ ⲧⲃⲉ ⲡⲁⲓ̈ ⲧⲓ̈ⲛⲁϫⲓ̈
ⲡⲁⲓ̈ ϩⲱ ⲛ̅ⲧⲉⲥⲙⲏ· ⲙ̅ ⲡⲉⲩⲙⲛⲟⲧⲟⲥ ⲉⲧ ⲟⲩⲁⲁⲃ ⲇⲁ̅ⲇ̅
Ⲁⲩⲱ ⲡⲣ̅ϥⲥⲉⲩϩ ⲟⲩⲃⲗ̅ⲗⲉ ⲉⲧ ⲛⲟⲧⲙ̅· ⲁⲩⲱ ⲡⲣ̅ⲣⲟ ⲛ̅ⲇⲓ̈-
ⲕⲁⲓ̈ⲟⲥ· ⲛ̅ⲧⲁϥϫⲟⲟⲥ ϩⲙ̅ ⲡⲁ ⲗⲁⲥ ⲛ̅ ϩⲏⲕⲉ· ϫⲉ ⲡⲁⲓ̈ ⲡⲉ
ⲡⲉϩⲟⲟⲩ· ⲛ̅ⲧⲁ ⲡϫ︦ⲥ︦ ⲧⲁⲙⲓ̈ⲟϥ· ⲙⲁⲣⲛ̅ⲥⲱⲟⲩϩ ⲛ̅ⲧⲛ̅ⲧⲉ-
ⲗⲏⲗ· ⲛ̅ⲧⲛ̅ⲟⲩⲛⲟϥ· ⲙ̅ⲙⲟⲛ ⲛ̅ϩⲏⲧϥ̅ ϣⲁϥϫⲟⲟⲥ ⲟⲛ ϫⲉ
ⲓ̈ⲟⲩⲇⲁ· ⲁⲣⲓ̈ ⲛⲉⲕϣⲁ· ⲁⲩⲱ ⲛⲉⲕϯ ⲛ̅ ⲛⲉⲕⲉⲣⲏⲧ· Ⲉ
ⲧⲃⲉ ⲡⲁⲓ̈· ⲉϥⲥⲙⲁⲙⲁⲁⲧ ⲛ̅ϭⲓ ⲡⲛⲟⲩⲧⲉ· ϫⲉ ⲁϥⲁⲛ ⲛ̅
ⲁⲍⲓⲟⲥ· ⲁϥⲥⲟⲃϩⲉⲛ ⲉ ϩⲟⲩⲛ· ⲉ ⲡⲧⲟⲡⲟⲥ ⲙ̅ ⲡⲉϥⲟⲓ̈ⲕⲟ-
ⲛⲟⲙⲟⲥ ⲉⲧ ⲟⲩⲁⲁⲃ· ⲁⲩⲱ ⲡⲉϥⲁⲓ̈ ϣⲙ̅ ⲛⲟⲩϥⲉ· ⲛ̅ ⲛⲓⲁⲓ̈ⲟⲛ·
ⲙ̅ ⲡⲟⲩⲟⲉⲓⲛ· ⲡⲁⲣⲭⲁⲅⲅⲉ|ⲗⲟⲥ ⲉⲧ ⲟⲩⲁⲁⲃ ⲅⲁⲃⲣⲓ̈ⲏⲗ· Fol. 3 *a* ⲅ̅
ⲙⲁⲣⲛ̅ⲥⲱⲟⲩϩ ϭⲓ̈ ϩⲛ̅ ⲟⲩⲧⲃ̅ⲃⲟ· ⲛ̅ϩⲏⲧ· ⲙⲛ̅ ⲟⲩⲧⲃ̅ⲃⲟ· ⲛ̅
ⲥⲱⲙⲁ· ⲛ̅ⲧⲛ̅ⲣ̅ ϣⲁ ⲙ̅ ⲡⲉⲧ ⲉⲣⲉ ⲡⲛⲟⲩⲧⲉ ⲙⲛ̅ ⲛⲉϥⲁⲅⲅⲉⲗⲟⲥ
ⲣ̅ ϣⲁ· ⲛⲁϥ· Ⲙⲁⲣⲛ̅ⲛⲟⲩϫⲉ ⲛ̅ ⲥⲁ ⲃⲟⲗ· ⲙ̅ⲙⲟⲛ· ⲛ̅
ⲧⲟⲗⲙ̅ ⲛⲓⲙ ⲙⲛ̅ ϩⲩⲡⲟⲕⲣⲓⲥⲓⲥ ⲛⲓⲙ· Ⲛ̅ⲧⲛ̅ⲣ̅ ϣⲁ· ⲙ̅
ⲡⲁⲣⲭⲁⲅⲅⲉⲗⲟⲥ ⲅⲁⲃⲣⲓ̈ⲏⲗ· ⲛ̅ⲱϣ ⲉ ⲃⲟⲗ· ⲛ̅ϫⲱ ⲙ̅ⲙⲟⲥ·
ⲙⲛ̅ ⲡⲉⲩⲉⲣⲟⲯⲁⲗⲧⲏⲥ ⲇⲁ̅ⲇ̅· ϫⲉ ⲥⲙⲟⲩ ⲉ ⲡϫ︦ⲥ︦· ⲛⲉϥ-
ⲁⲅⲅⲉⲗⲟⲥ ⲧⲏⲣⲟⲩ· ⲛ̅ϫⲱⲱⲣⲉ ϩⲛ̅ ⲧⲉⲩϭⲟⲙ· ⲉⲧ ⲉⲓⲣⲉ
ⲙ̅ ⲡⲉⲩϣⲁϫⲉ· Ⲁⲗⲏⲑⲱⲥ· Ⲱ̅ ⲡⲁⲣⲭⲁⲅⲅⲉⲗⲟⲥ ⲉⲧ
ⲟⲩⲁⲁⲃ· ⲅⲁⲃⲣⲓ̈ⲏⲗ· ⲟⲩⲛⲟϭ ⲡⲉ ⲡⲉⲟⲟⲩ ⲛⲧⲁ ⲡⲛⲟⲩⲧⲉ
ⲧⲁⲁϥ ⲛⲁⲕ· ⲡⲁⲣⲁ ⲧⲁⲅⲅⲉⲗⲓⲕⲏ· ⲧⲏⲣⲥ̅· ⲛ̅ⲁⲥⲱⲙⲁⲧⲟⲥ·
ⲉⲧ ϩⲙ̅ ⲡϫⲓⲥⲉ· ⲛ̅ ⲙ̅ⲡⲏⲩⲉ· Ⲱ̅ ⲡⲁⲣⲭⲁⲅⲅⲉⲗⲟⲥ· ⲛ̅ⲧⲁⲩ-
ⲙⲟⲩⲧⲉ ⲉ ⲣⲟⲕ ϫⲓⲛ ⲛ̅ϣⲟⲣⲡ· ⲉ ⲡⲉⲓ ⲣⲁⲛ ϩⲓⲧⲙ̅ ⲡⲛⲟⲩⲧⲉ·
ϫⲉ ⲅⲁⲃⲣⲓ̈ⲏⲗ· ⲧⲁⲣⲕ̅ϭⲱ· ⲉⲕⲇⲓⲁⲕⲟⲛⲉⲓ̈ ⲉ ⲡⲉϫⲡⲟ· ⲙ̅
ⲡⲛⲟⲩⲧⲉ· ⲡⲗⲟ|ⲅⲟⲥ· ⲉⲡⲉⲓ̈ ⲇⲏ ⲉⲓⲣⲙⲓ̈ⲛⲓ̈ⲁ ⲛ̅ ⲅⲁⲃⲣⲓ̈ⲏⲗ· Fol. 3 *b*
ⲡⲉ ⲛⲟⲩⲧⲉ ϩⲓ ⲣⲱⲙⲉ· ⲕⲁⲧⲁ ⲡⲧⲩⲡⲟⲥ ⲙ̅ ⲡⲉⲛϫ︦ⲥ︦· ⲇ̅

ⲛ̄ⲧⲁϥⲉⲓ̈ ϩⲛ̄ ⲟⲩⲑⲃ̄ⲃⲓⲟ· ⲁϥϥⲟⲣⲉⲓ̈· ⲛ̄ ⲟⲩⲥⲁⲣⲝ̄ ⲉ ⲧⲃⲏⲛⲏⲧⲛ̄·
ⲉⲩⲛⲟⲩⲧⲉ ⲡⲉ ϩⲓ ⲣⲱⲙⲉ· ⲙ̄ⲡⲉ ⲧⲉϥⲙⲛ̄ⲧⲛⲟⲩⲧⲉ ⲡⲱⲣϫ̄ ⲉ
ⲧⲉϥⲙⲛ̄ⲧⲣⲱⲙⲉ· ⲛ̄ ⲟⲩⲣⲓⲕⲉ ⲛ̄ⲃⲁⲗ· ⲙⲉ ⲅⲉⲛⲟⲓ̈ⲧⲟ· ⲁⲗⲗⲁ
ⲉϥⲟ ⲛ̄ ⲛⲟⲩⲧⲉ ϩⲓ ⲣⲱⲙⲉ· ϩⲛ̄ ⲟⲩϫⲱⲕ· ϩⲓ ⲟⲩⲥⲟⲡ· ϩⲛ̄
ⲧⲕⲁⲗⲁϩⲏ ⲛ̄ ⲧⲉϥⲙⲁⲁⲩ· ⲁⲥϫⲡⲟϥ· ⲉϥⲟ ⲛ̄ ⲛⲟⲩⲧⲉ· ϩⲓ
ⲣⲱⲙⲉ· ⲁⲩⲥⲣⲟⲩ ⲙ̄ⲙⲟϥ· ⲉϥⲟ ⲛ̄ ⲛⲟⲩⲧⲉ ϩⲓ ⲣⲱⲙⲉ· ⲁϥⲣ̄
ⲥⲁⲣⲝ̄ ⲛ̄ ⲟⲩⲁ ⲛ̄ ⲟⲩⲱⲧ· ϩⲛ̄ ⲧⲙⲛ̄ⲧⲛⲟⲩⲧⲉ· ϩⲛ̄ ⲟⲩⲫⲩⲥⲓⲥ
ⲛ̄ ⲟⲩⲱⲧ· ⲛ̄ ⲁⲧ ⲡⲱⲣϫ̄ ⲛ̄ ⲁⲧ ϣⲓⲃⲉ· ⲛ̄ ⲁⲧ ⲟⲩⲉ ⲉ ⲃⲟⲗ·
ⲛ̄ ⲛⲉⲩⲉⲣⲏⲩ· ⲁⲙⲟⲩ ⲧⲉⲛⲟⲩ ⲱ̄ ⲛⲉⲥⲧⲱⲣⲓ̈ⲟⲥ· ⲡⲁⲧ ⲛⲟⲩⲧⲉ
ⲛⲁⲙⲉ· ⲁⲩⲱ ⲡⲁⲧ ⲧⲁⲡⲣⲟ· ⲛ̄ ϣⲟⲩⲧⲟⲙⲥ̄· ⲛⲅ̄ ⲥⲓ̈ ⲛ̄
ϣⲓⲡⲉ· ⲁⲩⲱ ⲛⲅ̄ ⲁⲥⲭⲩⲙⲟⲛⲏ· ⲁⲙⲟⲩ ⲧⲉⲛⲟⲩ· ⲛⲅ̄
ⲛⲁⲩ· ⲉ ⲡⲣ̄ⲣⲟ ⲡⲉⲭ̄ⲥ̄· ⲡⲓ̈ⲟⲩⲁ ⲡⲓ̈ⲟⲩⲁ ⲡⲉ· ⲉϥⲟ ⲛ̄
ⲛⲟⲩⲧⲉ ϩⲓ ⲣⲱⲙⲉ· ⲉⲣⲉ ⲛⲣ̄ⲣⲱⲟⲩ· ⲙⲛ̄ ⲛⲉⲥⲧⲣⲁⲧⲉⲩⲙⲁ·
ⲛⲏⲩ· ⲉⲩⲡⲣⲟⲥⲕⲩⲛⲏ· ⲛⲁϥ· ⲁⲩⲱ ⲉⲣⲉ ⲧⲟⲓ̈ⲕⲟⲩⲙⲉⲛⲏ
Fol. 4 *a* ⲧⲏⲣⲥ̄ ϫⲓ̈ ⲉ ⲃⲟⲗ ϩⲙ̄ | ⲡⲉϥⲥⲱⲙⲁ· ⲙⲛ̄ ⲡⲉϥⲥⲛⲟϥ· ⲉⲩⲱϣ
ⲉ̄ ⲉ ⲃⲟⲗ ϩⲛ̄ ⲧⲉⲫⲱⲛⲏ· ⲙ̄ ⲡⲙⲁⲕⲁⲣⲓ̈ⲟⲥ ⲉⲧ ⲙ̄ⲙⲁⲩ· ϫⲉ
ⲁⲣⲓ̈ ⲡⲁ ⲙⲉⲉⲩⲉ ⲉ ⲡϫ̄ⲥ̄· ⲉⲕϣⲁⲛⲉⲓ̈ ϩⲛ̄ ⲧⲕ̄ⲙⲛ̄ⲧⲉⲣⲟ· ⲛ̄ⲧⲟⲕ
ⲇⲉ ⲱ̄ ⲡⲁⲛϩⲟⲥⲓⲟⲥ· ⲁⲕϣⲱⲱⲡⲉ· ⲙ̄ ⲡⲉⲕⲉⲟⲟⲩ· ⲁⲩⲱ
ⲉⲕⲛⲁⲙⲟⲩ ϩⲛ̄ ⲧⲕ̄ⲍⲟⲣⲓⲥϯⲁ· ⲉ ⲧⲃⲉ ⲧⲕ̄ⲙⲛ̄ⲧⲣⲉϥϫⲓⲟⲩⲁ·
ⲙⲛ̄ ⲡⲉⲕⲗⲁⲥ· ⲉⲧ ⲙⲉϩ ⲙ̄ ⲙⲁⲧⲟⲩ· ⲁⲗⲗⲁ ⲡⲁⲣⲁ ⲕⲉ
ⲕⲟⲩⲓ̈· ⲁⲛⲃⲱⲕ ⲁⲛⲣ̄ ⲡⲱⲃϣ̄ ⲙ̄ ⲡⲉⲕⲧⲁⲓ̈ⲟ· ⲙⲛ̄ ⲡⲉⲕⲉⲟⲟⲩ·
ⲱ̄ ⲡⲛⲟϭ· ⲛ̄ ⲁⲣⲭⲁⲅⲅⲉⲗⲟⲥ· ⲅⲁⲃⲣⲓ̈ⲏⲗ· ⲁⲗⲗⲁ
ⲙⲁ ⲛⲁⲛ ⲛ̄ ⲟⲩⲥⲩⲅⲅⲛⲱⲙⲏ· ϫⲉ ⲧⲓ̈ϭⲟϫⲃ̄ ⲉⲙⲁⲧⲉ
ϩⲛ̄ ⲛⲁⲡⲣⲁⲝⲓⲥ· ⲁⲩⲱ ⲙⲛ̄ϣϭⲟⲙ ⲛ̄ ⲧⲁ ⲧⲁⲡⲣⲟ· ⲛ̄
ⲁⲥ[ⲑⲉ]ⲛⲏⲥ· ⲉ ϫⲱ ⲙ̄ ⲡⲉⲕ[ⲉ]ⲟⲟⲩ· ⲡⲁⲓ̈ ⲛ̄ⲧⲁ ⲡⲛ[ⲟⲩ]ⲧⲉ
ⲧⲁⲁϥ ⲛⲁⲕ ⲱ̄ Ⲅⲁⲃⲣⲓ̈ⲏⲗ· ⲡⲁⲣⲭⲁⲅⲅⲉⲗⲟⲥ ⲙ̄ ⲡⲣⲁϣⲉ·
ⲁϣ ⲛ̄ ⲗⲁⲥ· ⲛ̄ ⲥⲁⲣⲝ̄· ⲛ̄ ⲧⲁⲡⲣⲟ ⲛ̄ⲣⲱⲙⲉ· ⲡⲉⲧ ⲛⲁϣϫⲱ
ⲙ̄ ⲡⲉⲕⲧⲁⲓ̈ⲟ· Ⲱ̄ ⲡⲗⲓⲧⲟⲩⲣⲅⲟⲥ ⲉⲧ ⲟⲩⲁⲁⲃ· Ⲛ̄ⲧⲉ ⲡⲛⲟϭ
ⲛ̄ⲣ̄ⲣⲟ ⲙ̄(?) ⲡⲁ ϩⲟ· ⲉⲧ ϣⲟⲩⲓ(?) ⲣⲁϣⲉ ⲉ ⲃⲟⲗ· Ⲱ̄
Ⲅⲁⲃⲣⲓ̈ⲏⲗ ⲡⲉϥⲁⲓ̈ ϣ[ⲙ̄ ⲛⲟⲩ]ϥⲉ ⲛ̄ ⲧⲁⲅⲅⲉⲗⲓⲕ[ⲏ]· |
Fol. 4 *b* Ⲱ̄ ⲡⲇⲓ̈ⲁⲕⲟⲛⲓⲧⲏⲥ ⲛ̄ⲙⲉ· ⲉⲧ ⲇⲓ̈ⲁⲕⲟⲛⲉⲓ̈ ⲉ ⲡⲉϫⲡⲟ·
ⲋ̄ ⲙ̄ ⲡⲉϥϫ̄ⲥ̄· Ⲱ̄ ⲡⲉϩⲣⲏⲧⲱⲣ ⲛ̄ ⲧⲁⲗⲓⲑⲓⲁ· ⲡⲕⲩⲣⲓ̈ⲝ ⲛ̄
ⲧⲙⲛ̄ⲧⲉⲣⲟ· ⲛ̄ ⲙ̄ⲡⲏⲩⲉ· [ϯ]ⲟⲩⲱϣ ⲉ ⲛⲁⲩ ⲉ ⲣⲟⲕ· Ⲱ̄
ⲡⲁⲣⲭⲁⲅⲅⲉⲗⲟⲥ ⲉⲧ ⲟⲩⲁⲁⲃ ⲅⲁⲃⲣⲓ̈ⲏⲗ· ⲉⲕϣⲁϫⲉ ⲙⲛ̄

ⲧⲡⲁⲣⲑⲉⲛⲟⲥ · Ϣ ⲡⲁⲡⲟⲇⲩⲙⲟⲥ ⲛ̄ ⲧⲁⲡⲟⲇⲩⲙⲓ̈ⲁ ⲙ̄
ⲡⲛⲟⲩⲧⲉ · ⲡⲡⲁⲛⲧⲱⲕⲣⲁⲧⲱⲣ ⲛ̄ ⲧⲙⲛ̄ⲧⲣⲱⲙⲉ · ⲧⲓ̈ⲟⲩⲱϣ
ⲉ ⲑⲉⲱⲣⲉⲓ̈ ⲙ̄ⲙⲟⲕ · Ⲉⲕϣⲁϫⲉ ⲙⲛ̄ ⲧⲣ̄ⲣⲟ ⲛ̄ ⲛⲉ-
ϩⲓⲟⲟⲙⲉ · ϯⲟⲩⲱϣ ⲉ ⲛⲁⲩ ⲉ ⲡⲉⲕϩⲟ · ⲉⲧ ϣⲟⲩⲉ ⲣⲁϣⲉ
ⲉ ⲃⲟⲗ · ⲉⲕϣⲁϫⲉ ⲙⲛ̄ ⲧⲉⲧ ⲥⲟⲧⲡ̄ · ⲡⲁⲣⲁ ⲧⲡⲉ ⲙⲛ̄ ⲡⲕⲁϩ ·
ⲉⲕⲱϣ ⲉ ⲃⲟⲗ ⲉ ⲣⲟⲥ · ϫⲉ ⲭⲁⲓ̈ⲣⲉ · ⲧⲛ̄ⲧ ⲁⲥϭⲛ̄ ϩⲙⲟⲧ ·
ⲡϫ︦ⲥ︦ ⲛⲙ̄ⲙⲉ · Ϣ ⲡⲉⲥⲧⲣⲁⲧⲟⲡⲉⲧⲁⲣⲭⲟⲥ ⲙ̄ ⲡⲣ̄ⲣⲟ ⲛ̄
ⲛ̄ⲣ̄ⲣⲱⲟⲩ · ⲙⲛ̄ϣϭⲟⲙ ⲙ̄ ⲡⲁ ⲗⲁⲥ · ⲛ̄ϩⲏⲕⲉ · ⲉϫⲱ ⲙ̄
ⲡⲉⲕⲉⲟⲟⲩ · ⲁⲗⲗⲁ ϯⲛⲁϫⲟⲟⲥ ⲉⲙⲁⲧⲉ · ϫⲉ ϥⲥⲙⲁⲙⲁⲁⲧ
ⲛ̄ϭⲓ ⲡⲛⲟⲩⲧⲉ · ⲡⲛⲁⲛⲧ · ⲡⲛ̄ⲧⲁϥϫⲟⲟⲥ ϩⲛ̄ ⲧⲉϥⲧⲁⲡⲣⲟ · ⲛ̄
ⲛⲟⲩⲧⲉ · ϫⲉ ⲡⲙⲁ ⲉⲧ ⲉⲣⲉ ⲥⲛⲁⲩ | ϩⲓ ϣⲟⲙⲛ̄ⲧ ⲛ̄ϩⲏⲧϥ · Fol. 5 *a*
ϩⲙ̄ ⲡⲁ ⲣⲁⲛ · ϯϣⲟⲟⲡ ⲛⲙ̄ⲙⲁⲩ · ϩⲛ̄ ⲧⲉⲩⲙⲏⲏⲧⲉ · ⲉϣϫⲉ ⲍ̄
ⲡⲛⲟⲩⲧⲉ ϣⲟⲟⲡ ⲙⲛ̄ ⲥⲛⲁⲩ ⲛ̄ ϣⲟⲙⲛ̄ⲧ · ⲏ̄ ⲛⲓⲙ ⲡⲉⲧ-
ⲛⲁϣϫⲓ ⲏⲡⲉ · ⲙ̄ ⲡⲉϥⲣⲁϣⲉ ⲙ̄ⲡⲟⲟⲩ · ⲙⲛ̄ ⲡⲉϥⲉⲓⲱⲧ ⲛ̄
ⲁⲅⲁⲑⲟⲥ · ⲙⲛ̄ ⲡⲉⲡⲛ̄ⲁ̄ ⲉⲧ ⲟⲩⲁⲁⲃ · ⲉⲩⲛⲁⲩ ⲉ ⲡⲉⲓ ⲛⲟϭ ·
ⲙ̄ⲙⲏⲏϣⲉ · ⲛ̄ⲁⲕⲣⲟⲁⲧⲏⲥ · ⲉⲩⲥⲱⲟⲩϩ ⲉ ϩⲟⲩⲛ ⲉⲩϯ ⲉⲟⲟⲩ ·
ⲙ̄ ⲡⲉϥⲛⲟϭ ⲛ̄ ⲁⲣⲭⲁⲅⲅⲉⲗⲟⲥ ⲉⲧ ⲟⲩⲁⲁⲃ ⲅⲁⲃⲣⲓ̈ⲏⲗ ·
ⲡⲁⲣⲭⲁⲅⲅⲉⲗⲟⲥ ⲙ̄ ⲡⲣⲁϣⲉ · Ⲁⲛⲟⲛ ϩⲱⲱⲛ ⲙⲁⲣⲛ̄ⲥⲁ-
ϩⲱⲱⲛ ⲉ ⲃⲟⲗ · ⲛ̄ ϫⲓⲛϭⲟⲛⲥ̄ ⲛⲓⲙ · ⲙⲛ̄ ⲕⲁⲧⲁⲗⲁⲗⲓ̈ⲁ
ⲛⲓⲙ · ⲙⲛ̄ ϫⲓⲟⲩⲁ ⲛⲓⲙ · ⲙⲛ̄ ⲙⲟⲥⲧⲉ ⲛⲓⲙ · ⲙⲛ̄ ϭⲟⲗ
ⲛⲓⲙ · ⲙⲛ̄ ϩⲱⲃ ⲛⲓⲙ · ⲙ̄ ⲡⲟⲛⲩⲣⲟⲛ · ⲛⲁⲓ̈ ⲉⲧⲉ ⲛⲉⲧ ⲉⲓ̈ⲣⲉ
ⲙ̄ⲙⲟⲟⲩ · ϣⲟⲟⲡ ϩⲁ ⲡⲥⲁϩⲟⲩ · ⲕⲁⲓ̈ ⲅⲁⲣ ⲣⲱⲙⲉ ⲛⲓⲙ ⲉⲧ
ϫⲓ ϭⲟⲗ · ⲉϥⲧⲛ̄ⲧⲱⲛ ⲉ ⲡⲇⲓⲁⲃⲟⲗⲟⲥ · ⲡⲁⲓ̈ ⲉⲧⲉ ⲙ̄ⲡ ϥⲁϩⲉ
ⲣⲁⲧϥ ϩⲛ̄ ⲧⲙⲉ ⲉⲛⲉϩ · ⲛⲧ̄ ⲥⲱⲧⲙ̄ ⲁⲛ · ⲉ ⲡⲉⲧ ⲥⲛϩ · ϫⲉ
ⲡϫ︦ⲥ︦ ⲛⲁⲧⲁⲕⲟ | ⲛ̄ ⲟⲩⲟⲛ ⲛⲓⲙ ⲉⲧ ϫⲱ ⲙ̄ ⲡϭⲟⲗ · ⲁⲩⲱ ⲟⲛ Fol. 5 *b*
ϫⲉ ⲣϥ̄ϫⲓ ϭⲟⲗ ⲛⲓⲙ · ϩⲉⲛ ⲉ ⲃⲟⲗ ⲁⲛ ⲛⲉ ϩⲛ̄ ⲧⲙⲉ · ⲏ̄
Ⲁⲗⲗⲁ ϩⲉⲛ ⲉ ⲃⲟⲗ ⲛⲉ ϩⲙ̄ ⲡⲥⲁⲧⲁⲛⲁⲥ · ⲉ ⲧⲃⲉ ⲡⲁⲓ̈ ⲡⲉⲧ
ⲛⲁϫⲓ ϭⲟⲗ · ⲏ̄ ⲛⲉϥⲱⲣⲕ̄ ⲛ̄ ⲛⲟⲩϫ · ⲉϫⲛ̄ ϩⲉⲛⲥⲕⲉⲩⲉ ⲛ̄ⲧⲉ
ⲡⲓ ⲕⲟⲥⲙⲟⲥ · ϣⲁϥⲃⲱⲕ ⲛ̄ϥⲕⲁⲁⲩ · ⲉϥⲧⲛ̄ⲧⲱⲛ ⲉ ⲓ̈ⲟⲩⲇⲁⲥ ·
ⲡⲉⲥⲕⲁⲣⲓ̈ⲱⲧⲏⲥ · ⲡⲉⲛⲧ ⲁϥⲡⲁⲣⲁⲇⲓⲇⲟⲩ · ⲙ̄ ⲡⲉϥϫ︦ⲥ︦ · ⲉ ⲧⲃⲉ
ⲭⲣⲏⲙⲁ · ⲙ̄ⲡⲉ ⲥⲱⲧⲙ̄ ⲉ ⲡⲉⲧ ⲥⲛϩ · ϫⲉ ϥⲥ[ϩ]ⲟⲩⲟⲣⲧ̄
ⲛ̄ϭⲓ ⲡⲉⲧ ⲛⲁϫⲉ ⲡⲣⲁⲛ ⲙ̄ ⲡϫ︦ⲥ︦ ⲉϫⲛ̄ ⲟⲩϩⲱⲃ · ⲉϥϣⲟⲩⲉⲓⲧ ·
ϯⲟⲩⲱϣ ⲙⲉⲛ ⲉ ϣⲁϫⲉ ⲛⲙ̄ⲙⲏⲧⲛ̄ ⲉ ⲡϩⲏⲩ ⲛ̄ ⲛⲉⲧⲛ̄-
ⲯⲩⲭⲏ · ⲁⲗⲗⲁ ⲁϥⲧⲓϩⲧⲟⲣ ⲉ ⲣⲟⲓ̈ ⲛ̄ϭⲓ ⲡⲉⲛⲟⲥ ⲙ̄ ⲡⲁⲣⲭ-

ⲁⲅⲅⲉⲗⲟⲥ ⲅⲁⲃⲣⲓ̈ⲏⲗ· ⲡⲁⲓ̈ ⲉⲧ ⲡ̅ⲣ̅ ϣⲁ ⲛⲁϥ ⲙ̅ⲙⲟⲟⲩ·
ⲛ̅ⲛⲁⲅⲅⲉⲗⲟⲥ ⲅⲁⲣ ⲧⲏⲣⲟⲩ ⲛ̅ⲧⲁ ⲡⲛⲟⲩⲧⲉ ϫⲟⲟⲩⲥⲟⲩ· ϩⲛ̅
ⲧⲡⲁⲗⲁⲓ̈ⲁ· ⲇⲓⲁⲕⲟⲛⲉⲓ ⲉ ϩⲉⲛⲣⲱⲙⲉ ⲉ ϣⲁⲩⲙⲟⲩ· ⲛ̅ⲧⲟⲕ
ⲇⲉ ϩⲱⲱⲕ ⲱ̅ ⲡⲁⲣⲭⲁⲅⲅⲉⲗⲟⲥ ⲉⲧ ⲟⲩⲁⲁⲃ· ⲛ̅ⲧⲁ ⲡⲉⲓⲱⲧ
ⲧⲛ̅ⲛⲟⲟⲩⲕ· ϩⲛ̅ ⲧⲅⲉⲛⲏ ⲇⲓⲁⲑⲩⲕⲏ· ϣⲁ ⲧⲡⲁⲣⲑⲉⲛⲟⲥ·
ⲉⲧ ⲟⲩⲁⲁⲃ ⲙⲁⲣⲓⲁ· ⲉⲕⲩⲣⲓⲍⲉ *(sic)* ⲛⲁⲥ· ⲙ̅ ⲡⲉϫⲡⲟ· ⲕⲁⲧⲁ
ⲥⲁⲣⲝ̅· ⲙ̅ ⲡⲉϥⲙⲟⲛⲟⲅⲉⲛⲏⲥ ⲛ̅ ϣⲏⲣⲉ· ⲱ̅ ⲡⲁⲣⲭⲁⲅ-
ⲅⲉⲗⲟⲥ ⲛ̅ ϣⲟⲩⲧⲁⲓⲟϥ· ⲅⲁⲃⲣⲓ̈ⲏⲗ· ⲱ̅ ⲡⲕⲩⲣⲓⲝ̅ ⲛ̅ ⲣⲙ̅ⲛ̅-
Fol. 6 *a* ϩⲏⲧ· ⲱ̅ ⲡⲃⲁⲗϩⲏⲧ ⲉⲧ ⲟⲩⲁⲁⲃ· ⲉⲧ ⲉⲣⲉ | ⲛⲉϥ̅ⲧⲛ̅ϩ̅· ⲟⲧⲧⲡ̅
ⲑ̅ ⲛ̅ ⲥⲧⲓ ⲛⲟⲩϥⲉ· ⲱ̅ ⲡⲉ[ⲟⲓ]ⲕⲟⲧⲏⲥⲡⲟⲧⲏⲥ· ⲉⲧ ⲥⲟⲃⲧⲉ· ⲁⲩⲱ·
ⲉⲧ ϩⲩⲇⲩⲙⲁⲍⲉ ⲙ̅ ⲡⲏⲓ̈· ⲙ̅ ⲡⲉⲛⲧⲁϥⲥⲙ̅ⲛ̅ ⲥⲉⲛⲧⲉ· ⲛ̅
ⲧⲟⲓⲕⲟⲩⲙⲉⲛⲏ ⲧⲏⲣⲥ̅· Ⲁ ⲡⲛⲟⲩⲧⲉ· ϭⲱϣⲧ̅ ⲉ ⲃⲟⲗ· ϩⲙ̅
ⲡⲥⲱⲙⲛ̅ⲧ *(sic)* ⲧⲏⲣϥ̅· ⲙ̅ⲡ ϥ̅ϩⲉ ⲉ ⲡⲉⲧ ⲧⲛ̅ⲧⲱⲛ· ⲉ ⲙⲁⲣⲓⲁ·
ϩⲙ̅ ⲡⲅⲉⲛⲟⲥ ⲧⲏⲣⲥ̅ ⲛ̅ ⲛⲉϩⲓⲟⲟⲙⲉ· ⲁϥⲣ̅ ϩⲛⲁϥ ⲉ ⲟⲩⲱϩ
ⲛ̅ϩⲏⲧⲥ̅· ϩⲛ̅ ⲟⲩⲟⲓⲕⲟⲛⲟⲙⲓ̈ⲁ· ϣⲁⲛⲧ ϥ̅ⲥⲱⲧⲉ ⲙ̅ ⲡⲉⲛ-
ⲅⲉⲛⲟⲥ· Ⲁϥϭⲱϣⲧ̅ ⲉ ⲃⲟⲗ ϩⲛ̅ ⲧⲁⲅⲅⲉⲗⲓ̈ⲕⲏ· ⲧⲏⲣⲥ̅ ⲛ̅
ⲛ̅ⲁⲅⲅⲉⲗⲟⲥ· ⲙ̅ⲡ ϥ̅ϩⲉ ⲉ ⲡⲉⲧ ⲧⲛ̅ⲧⲱⲛ ⲉ ⲣⲟⲕ ϩⲛ̅ ⲧⲟⲓ̈-
ⲕⲟⲛⲟⲙⲓ̈ⲁ· ⲙ̅ ⲡⲉⲕⲣⲁⲛ ⲉⲧ ⲟⲩⲁⲁⲃ· ⲉ ⲧⲃⲉ ⲡⲁⲓ̈· Ⲁϥ-
ⲧⲛ̅ⲛⲟⲟⲩⲕ· ϣⲁ ⲧϥ̅ⲙⲁⲩ· ⲙ̅ ⲡⲁⲣⲑⲉⲛⲟⲥ· ⲉ ⲧⲣⲉⲕⲧⲓ
ϣⲙ̅ ⲛⲟⲩϥⲉ ⲛⲁⲥ· ⲁⲩϫⲟⲟⲩ ⲙ̅ ⲡⲁⲥⲱⲙⲁⲧⲟⲥ· ϣⲁ
ⲑⲁⲅ̅ⲓ̈ⲁ ⲙ̅ ⲡⲓⲥⲧⲏ· ⲁϥϫⲟⲟⲩ· ⲙ̅ ⲡϥⲁⲓ̈ ϣⲙ̅ ⲛⲟⲩϥⲉ·
ⲙ̅ ⲡⲱⲛ̅ϩ̅· ϣⲁ ⲧⲣ̅ⲣⲱ ⲙ̅ ⲡⲅⲉⲛⲟⲥ ⲛ̅ ⲛⲉϩⲓⲟⲟⲙⲉ· ⲁⲩ-
ϫⲟⲟⲩ ⲛ̅ ⲅⲁⲃⲣⲓ̈ⲏⲗ· ⲉⲣⲉ ⲧⲉⲕⲗⲟⲟⲗⲉ ⲙ̅ ⲡⲱⲛ̅ϩ̅ ⲁⲗⲏⲩ
ⲉ ⲣⲟϥ· ⲉⲣⲉ ⲡⲱⲛ̅ϩ̅· ⲛ̅ ⲟⲩⲟⲛ ⲛⲓⲙ· Ⲛ̅ϩⲏⲧⲥ̅· ⲉ ⲧⲣϥ̅-
ⲟⲩⲱⲱϩ ϩⲛ̅ ⲧⲥ̅ⲕⲁⲗⲁϩⲏ· ⲙ̅ ⲯ̅ⲓⲥ ⲛ̅ⲉⲃⲟⲧ ⲧⲉ· ⲧⲥⲟⲧⲡ̅
ⲡⲁⲣⲁ ⲧⲡⲉ ⲙⲛ̅ ⲡⲕⲁϩ· Ⲁⲩⲱ ⲛ̅ ⲧⲉⲣⲉ ⲡⲁⲅⲅⲉⲗⲟⲥ
ⲟⲩⲱⲛ̅ϩ̅ ⲛⲁⲥ ⲉ ⲃⲟⲗ· ⲡⲉϫⲁϥ ⲛⲁⲥ ϫⲉ· ⲭⲁⲓⲣⲉ ⲧⲛ̅ⲧ
ⲁⲥϭⲛ̅ ϩⲙⲟⲧ· ⲡϫ̅ⲥ̅ ⲛⲙ̅ⲙⲉ· ⲉⲓⲥ ϩⲏⲏⲧⲉ ⲧⲣ̅ⲁⲱ̅ⲱ̅
Fol. 6 *b* ⲛ̅ⲧⲉϫⲡⲟ· | ⲛ̅ ⲟⲩϣⲏⲣⲉ· ⲛ̅ⲧⲉⲙⲟⲩⲧⲉ ⲉ ⲡϥ̅ⲣⲁⲛ ϫⲉ ⲓ̅ⲥ̅·
ⲓ̅ ⲁⲩⲱ ⲛ̅ⲧⲉⲩⲛⲟⲩ ⲛ̅ⲧⲁϥϫⲉ ⲛⲁⲓ̈ ⲛⲁⲥ· ⲁⲥⲱ̅ⲱ̅· ϩⲓ̈ⲧⲙ̅
ⲡⲥⲱⲧⲙ̅ ⲛ̅ ⲛⲥ̅ⲙⲁⲁϫⲉ· ⲙⲛ̅ ⲡⲁⲥⲡⲁⲥⲙⲟⲥ *(sic)* ⲙ̅ ⲡⲁⲣⲭ-
ⲁⲅⲅⲉⲗⲟⲥ ⲅⲁⲃⲣⲓ̈ⲏⲗ· ⲡϣⲏⲣⲉ ⲙ̅ ⲡⲛⲟⲩⲧⲉ· ⲃⲱⲕ ⲉ
ⲡⲉⲥⲏⲧ ⲉ ⲧⲥ̅ⲕⲁⲗⲁϩⲏ· ϩⲛ̅ ⲟⲩⲙⲛ̅ⲧⲁⲧⲓ̈ⲙⲉ ⲉ ⲣⲟⲥ· ⲧⲓ̈ⲡⲁ-
ⲣⲁⲅⲁⲗⲉⲓ̈ ⲙ̅ⲙⲟⲕ· ⲱ̅ ⲡⲁⲣⲭⲁⲅⲅⲉⲗⲟⲥ ⲉⲧ ⲟⲩⲁⲁⲃ·

ⲅⲁⲃⲣⲓ̈ⲏⲗ· ⲡϥⲁⲓ̈ ϣⲙ̅ ⲛⲟⲩϥⲉ· ⲙ̅ ⲡⲱⲛϩ̅· ⲛ̅ ⲧⲉⲣ ⲛ̅ⲉⲓ̈
ⲉ ⲧⲙ̅ⲙⲏⲛⲧⲉ (*sic*) ⲙ̅ⲙⲟⲟⲩ· ϩⲙ̅ ⲡⲉⲓ̈ ⲛⲟϭ ⲛ̅ ϣⲁ· ⲉⲧ ⲡⲟⲣϣ̅
ⲉ ⲃⲟⲗ ⲙ̅ⲙⲟⲟⲩ· ⲛ̅ⲅ̅ ⲥⲙⲟⲩ· ⲉ ⲡⲉⲓ̈ ⲛⲟϭ ⲙ̅ ⲙⲏⲛϣⲉ·
ⲉⲧ ⲥⲱⲟⲩϩ ⲉ ϩⲟⲩⲛ· ϩⲙ̅ ⲡⲉⲕⲣⲁⲛ ⲉⲧ ⲟⲩⲁⲁⲃ· Ⲕⲁⲓ̈ ⲅⲁⲣ·
ⲉⲓⲥ ⲡⲉⲕϫ̅ⲥ̅ ϩⲁϩⲧⲏⲛ· ⲙ̅ⲙⲟⲟⲩ· ⲁⲩⲱ ⲡⲉⲛϫⲟⲉⲓⲥ ⲧⲏⲣⲛ̅·
ⲙⲛ̅ ⲛⲉϥⲁⲅⲅⲉⲗⲟⲥ· ⲧⲏⲣⲟⲩ· ⲉⲧ ⲟⲩⲁⲁⲃ· ⲙⲛ̅ ⲧⲉϥⲙⲁⲁⲩ·
ⲙ̅ ⲡⲁⲣⲑⲉⲛⲟⲥ· ⲉⲩⲣ̅ ϣⲁ ⲛⲁⲕ· Ⲁⲩⲱ ⲧⲁⲅⲅⲉⲗⲓⲕⲏ ⲧⲏⲣⲥ̅
ⲛ̅ⲁⲥⲱⲙⲁⲧⲟⲥ· ⲉⲩⲣⲁϣⲉ ⲛ̅ⲙ̅ⲙⲁⲕ· ϩⲙ̅ ⲡⲉϩⲟⲟⲩ ⲙ̅
ⲡⲟⲩⲱⲛϩ̅ ⲉ ⲃⲟⲗ· ⲙ̅ ⲡⲉⲕⲣⲁⲛ ⲉⲧ ⲟⲩⲁⲁⲃ· Ⲱ ⲅⲁⲃⲣⲓ̈ⲏⲗ·
ⲡⲥⲟⲗⲥⲗ̅· ⲛ̅ⲧⲁⲅⲅⲉⲗⲓ̈ⲕⲏ· ⲁⲩⲱ ⲡϣⲟⲩϣⲟⲩ ⲛ̅ ⲛ̅ⲧⲁⲅⲙⲁ
ⲛ̅ ⲙ̅ⲡⲏⲩⲉ· ⲟⲩⲛⲟϭ ⲧⲉ ⲧⲓ̈ⲙⲏ· ⲛ̅ⲧⲁ ⲡⲛⲟⲩⲧⲉ ⲧⲁⲁⲥ ⲛⲁⲕ |
ϩⲛ̅ ⲧⲡⲉ· ⲙⲛ̅ ⲡⲕⲁϩ· ϩⲛ̅ ⲧⲡⲉ ⲙⲛ̅· ⲁⲩⲙⲟⲩⲧⲉ ⲉ ⲣⲟⲕ· Fol. 7 *a*
ϫⲉ ϥⲁⲓ̈ ϣⲙ̅ ⲛⲟⲩϥⲉ ⲛ̅ ⲛⲓⲁⲓ̈ⲱⲛ· ⲙ̅ ⲡⲟⲩⲟⲉⲓⲛ· ϩⲓϫⲙ̅ ⲓ̅ⲁ̅
ⲡⲕⲁϩ ⲇⲉ ⲁⲩⲙⲟⲩⲧⲉ ⲉ ⲣⲟⲕ· ϫⲉ ⲡⲁⲅⲅⲉⲗⲟⲥ ⲙ̅ ⲡⲣⲁϣⲉ·
ⲉ ⲧⲃⲉ ⲧⲛⲟϭ· ⲛ̅ ⲟⲓ̈ⲕⲟⲛⲟⲙⲓ̈ⲁ· ⲛ̅ϣⲡⲏⲣⲉ ⲛ̅ⲧⲁⲩⲧⲁⲛ-
ϩⲟⲩⲧⲕ̅ ⲙ̅ⲙⲟⲥ· Ⲱ ⲅⲁⲃⲣⲓ̈ⲏⲗ· ⲡⲇⲓ̈ⲁⲕⲟⲛⲓ̈ⲧⲏⲥ ⲉⲧⲟ ⲛ̅-
ϩⲟⲧ ⲛ̅ⲙⲙⲉ· ⲕⲁⲓ̈ ⲅⲁⲣ ⲛ̅ ⲧⲉⲣⲉ ⲧⲁⲅⲇⲓⲕⲟⲥ ⲧⲱⲟⲩⲛ· ⲉϫⲙ̅
ⲇⲁⲛⲓ̈ⲏⲗ· ⲡⲉⲡⲣⲟⲫⲏⲧⲏⲥ· ⲁⲩⲛⲟⲩϫⲉ ⲙ̅ⲙⲟϥ ⲉ ⲡⲉⲥⲏⲧ
ⲉ ⲡϣⲏⲓ̈ ⲛ̅ ⲛ̅ⲙⲟⲩⲓ̈· ⲁϥⲑⲗⲓ̈ⲃⲉ ⲉⲙⲁⲧⲉ· ⲉ ⲧⲃⲉ ⲡⲉϩⲕⲟ
ⲙⲛ̅ ⲡⲓ̈ⲃⲉ· ⲡⲁⲣⲭⲁⲅⲅⲉⲗⲟⲥ ⲇⲉ ⲉⲧ ⲟⲩⲁⲁⲃ ⲅⲁⲃⲣⲓ̈ⲏⲗ·
ⲁϥϣⲡ̅ϩⲧⲏϥ ϩⲁ ⲣⲟϥ· ϩⲓⲧⲛ̅ ⲧⲕⲉⲗⲉⲩⲥⲓⲥ ⲙ̅ ⲡⲉϥϫ̅ⲥ̅·
Ⲁϥⲁⲙⲁϩⲧⲉ ⲙ̅ ⲡϥⲱ· ⲛ̅ ⲧⲁⲡⲉ ⲛ̅ ⲁⲩⲁⲕⲟⲩⲙ· ⲙⲛ̅
ⲡⲁⲣⲓ̈ⲥⲧⲱⲛ ⲉⲧ ⲛ̅ ⲧⲟⲟⲧϥ̅· ⲁϥⲁϣⲧϥ̅ ϩⲛ̅ ⲑⲟⲣⲙⲏ ⲙ̅
ⲡⲉⲡⲛ̅ⲁ̅· ϫⲓⲛ ⲁⲓⲟⲩⲇⲁⲓⲁ ϣⲁ ⲧⲃⲁⲃⲩⲗⲱⲛ· ⲛ̅ ϩⲙⲉ ⲧⲟⲥⲉ
ⲙ̅ⲙⲟⲛⲏ· ⲁϥϫⲓⲧϥ̅ ⲛ̅ⲧⲉⲩⲛⲟⲩ· ⲉ ⲡϣⲏⲓ̈ ⲛ̅ ⲛⲓⲙⲟⲩⲓ̈·
Ⲁϥϯ ⲙ̅ ⲡⲁⲣⲓ̈ⲥⲧⲟⲛ ⲛ̅ ⲇⲁⲛⲓⲏⲗ· ⲁϥⲟⲩⲱⲙ ⲁϥⲥⲙⲟⲩ ⲉ
ⲡⲛⲟⲩⲧⲉ ⲉϥϫⲱ ⲙ̅ⲙⲟⲥ· ϫⲉ ⲁⲕⲣ̅ | ⲡⲁ ⲙⲉⲉⲩⲉ ⲡϫ̅ⲥ̅ ⲙ̅ⲡⲉ Fol. 7 *b*
ⲕⲕⲱ ⲛ̅ⲥⲱⲕ ⲛ̅ ⲛⲉⲧ ⲙⲉ ⲙ̅ⲙⲟⲕ· ⲛ̅ⲧⲟϥ ⲟⲛ· ⲡⲉⲛⲧⲁϥ ⲓ̅ⲃ̅
ϣⲧⲁⲙ· ⲛ̅ⲧⲁⲡⲣⲟ ⲛ̅ ⲙ̅ⲙⲟⲩⲓ̈· ϫⲉ ⲛ̅ⲛⲉⲩⲉⲛⲱⲭⲗⲉⲓ ⲛⲁϥ
ⲛ̅ⲥⲁϣϥ̅ ⲛ̅ϩⲟⲟⲩ· ⲉϥϩⲛ̅ ⲡⲉⲥⲏⲧ ⲙ̅ ⲡϣⲏⲓ̈ ⲛ̅ ⲙ̅ⲙⲟⲩⲓ̈·
ⲅⲁⲃⲣⲓ̈ⲏⲗ ⲡⲁⲣⲭⲁⲅⲅⲉⲗⲟⲥ ⲡⲉⲛⲧ ⲁϥⲟⲩⲱⲛϩ̅ ⲉ ⲃⲟⲗ· ⲉ
ⲇⲁⲛⲓⲏⲗ· ⲁϥⲧⲥⲁⲃⲟϥ ⲉ ⲑⲟⲣⲁⲥⲓⲥ ⲕⲁⲧⲁ ⲑⲉ· ⲉⲧ ⲥⲏϩ·
ϫⲉ ⲅⲁⲃⲣⲓ̈ⲏⲗ· ⲙⲁⲧⲥⲁⲃⲉ ⲛⲁⲓ̈ ⲉ ⲑⲟⲣⲁⲥⲓⲥ· Ⲁⲩⲱ· ϫⲉ
ⲉⲓⲥ ⲡⲣⲱⲙⲉ ⲅⲁⲃⲣⲓ̈ⲏⲗ· ⲁϥⲉⲓ̈ ϣⲁ ⲣⲟⲓ̈· ⲁϥϯ ϭⲟⲙ ⲛⲁⲓ̈·

ⲛ̅ⲑⲉ ⲛ̅ϣⲟⲣⲡ̅· Ⲅⲁⲃⲣⲓ̈ⲏⲗ ⲡⲁⲣⲭⲁⲅⲅⲉⲗⲟⲥ· ⲡⲉⲛⲧ ⲁϥ-
ⲱⲛϩ̅ ⲉ ⲃⲟⲗ ⲛ̅ ⲍⲁⲭⲁⲣⲓⲁⲥ· ϩⲙ̅ ⲡⲣ̅ⲡⲉ· ⲁϥⲕⲓⲣⲩⲍⲉ
ⲛⲁϥ ⲙ̅ ⲡⲉϫⲡⲟ ⲛ̅ ⲓ̈ⲱϩⲁⲛⲛⲏⲥ· ⲁⲩⲱ ⲛ̅ ⲧⲉⲣ ϥⲣ̅ ⲁⲡⲓⲥⲧⲟⲥ·
ⲁϥⲁⲡⲟⲫⲁⲛⲉ ⲉ ϫⲱϥ· ⲛ̅ ⲟⲩⲙⲛ̅ⲧⲙ̅ⲡⲟ· Ⲅⲁⲃⲣⲓ̈ⲏⲗ ⲟⲛ
ⲡⲉⲛⲧ ⲁϥⲟⲩⲱⲛϩ̅ ⲉ ⲃⲟⲗ ⲛ̅ ⲛ̅ϣⲟⲟⲥ· ⲉϥⲧⲁϣⲉⲟⲉⲓϣ ⲛⲁⲩ
ⲙ̅ ⲡⲛⲟϭ· ⲛ̅ ϣⲙ̅ ⲛⲟⲩϥⲉ· ⲉⲧⲉ ⲡⲉϫⲡⲟ ⲡⲉ· ⲙ̅ ⲡⲛⲟⲩⲧⲉ
ⲡⲗⲟⲅⲟⲥ ⲉ ⲃⲟⲗ· ϩⲛ̅ ⲧⲉϩⲓ̈ⲃⲉ ⲙ̅ⲙⲉ· Ⲛ̅ ⲁⲧ ϫⲃⲓ̈ⲛ· ⲧⲉ
ⲑⲉⲟⲧⲟⲕⲟⲥ ⲙⲁⲣⲓ̈ⲁ· Ⲅⲁⲃⲣⲓ̈ⲏⲗ ⲡⲁⲣⲭⲁⲅⲅⲉⲗⲟⲥ ⲡⲉⲛⲧ
ⲁϥⲉⲓ̈ⲛⲉ ⲉ ⲃⲟⲗ ⲛ̅ ⲛ̅ϩⲉⲃⲣⲁⲓ̈ⲟⲥ· ⲛ̅ ⲧⲕ̅ⲭⲙⲁⲗⲟⲥⲓⲁ *(sic)*· ⲁϥ-
Fol. 8 *a* ⲛⲟϩⲙ̅ ⲙ̅ ⲡⲗⲁⲟⲥ· ϩⲙ̅ ⲡⲕⲁϩ· ⲛ̅ ⲧⲉⲩⲙⲛ̅ⲧⲣ̅ⲙ̅ϩⲁⲗ·| ⲁϥⲧⲟⲩ-
ⲓ̅ⲅ̅ ϫⲟⲟϥ· ϩⲛ̅ ⲧⲉⲣⲓⲙⲟⲥ ⲁϥⲉⲓ̈ⲣⲉ ⲛ̅ ⲛⲉⲓ̈ ⲙⲁⲉⲓⲛ ϩⲛ̅ ⲧϭⲓϫ ⲙ̅
ⲙⲱⲩⲥⲏⲥ· ⲡⲁⲣⲭⲏⲡⲣⲟⲫⲏⲧⲏⲥ· Ⲅⲁⲃⲣⲓ̈ⲏⲗ· ⲟⲛ ⲡⲉ ⲡⲓ-
ⲥⲧⲟⲗⲟⲫⲟⲣⲟⲥ ⲉⲧⲟ ⲛ̅ϩⲟⲧ ϩⲛ̅ ⲧⲙⲏⲏⲧⲉ ⲛ̅ⲧⲁⲅⲅⲉⲗⲓⲕⲏ·
ⲛ̅ⲧⲟϥ ⲟⲛ ⲡⲉⲛⲧ ⲁϥϣⲙ̅ ⲛⲟⲩϥⲉ· ϩⲛ̅ ⲧⲙⲏⲏⲧⲉ ⲛ̅ ⲛ̅ⲁⲅⲅⲉ-
ⲗⲟⲥ· Ⲅⲁⲃⲣⲓ̈ⲏⲗ· ⲟⲛ ⲡⲉ ⲡⲙ̅ⲓⲧⲁⲧⲱⲣ· ⲙ̅ ⲡⲡⲁⲛⲧⲱ-
ⲕⲣⲁⲧⲱⲣ· ⲁⲩⲱ ⲡⲟⲓ̈ⲕⲟⲛⲟⲙⲟⲥ· ⲛ̅ ⲧⲙⲛ̅ⲧⲉⲣⲟ ⲛ̅ ⲙ̅ⲡⲏⲩⲉ·
Ⲱ̅ ⲅⲁⲃⲣⲓ̈ⲏⲗ· ⲡϥⲁⲓ̈ ϣⲙ̅ ⲛⲟⲩϥⲉ· ⲉⲧⲟ ⲛ̅ϩⲟⲧ· ⲉⲣⲉ ⲛⲓⲙ
ⲛⲁϣϫⲱ ⲙ̅ ⲡⲉⲕⲛⲟϭ ⲛ̅ ⲉⲟⲟⲩ· Ⲁϣ ⲛ̅ ⲗⲁⲥ ⲛ̅ ⲥⲁⲣⲝ̅· ⲛ̅
ⲣⲱⲙⲉ· ⲛ̅ⲧⲁϥϣⲱⲡⲉ ϩⲓϫⲙ̅ ⲡⲕⲁϩ· ⲡⲉⲧ ⲛⲁϣϫⲱ ⲙ̅
ⲡⲉⲕⲛⲟϭ ⲛ̅ ⲉⲟⲟⲩ· Ⲱ̅ ⲡⲁⲣⲭⲁⲅⲅⲉⲗⲟⲥ ⲅⲁⲃⲣⲓ̈ⲏⲗ· ⲡⲉⲧ
ⲁϩⲉ ⲣⲁⲧϥ̅· ⲙ̅ⲡⲙ̅ⲧⲟ ⲉ ⲃⲟⲗ ⲙ̅ ⲡⲛⲟⲩⲧⲉ· ⲛ̅ ⲟⲩⲟⲉⲓϣ
ⲛⲓⲙ· ⲕⲁⲧⲁ ⲑⲉ ⲛ̅ⲧⲁⲕⲣ̅ⲙⲛ̅ⲧⲣⲉ ⲛ̅ ⲍⲁⲭⲁⲣⲓⲁⲥ· ϩⲙ̅
ⲡⲣ̅ⲡⲉ· ϫⲉ ⲁⲛⲟⲕ ⲡⲉ ⲅⲁⲃⲣⲓ̈ⲏⲗ· ⲡⲉⲧ ⲁϩⲉ ⲣⲁⲧϥ̅ ⲙ̅ⲡⲙ̅ⲧⲟ
ⲉ ⲃⲟⲗ ⲙ̅ ⲡⲛⲟⲩⲧⲉ· Ⲁϣ ⲛ̅ ϩⲏⲧ ⲛ̅ ⲣⲱⲙⲉ· ⲕⲁⲛ ⲟⲩⲥⲟ-
ⲫⲟⲥ ⲡⲉ· ⲡⲁⲣⲁ ⲟⲩⲟⲛ ⲛⲓⲙ· ⲛ̅ⲧⲁϥϣⲱⲡⲉ· ϩⲓϫⲙ̅
ⲡⲕⲁϩ· ⲡⲉⲧ ⲛⲁϣⲙ̅ⲫⲁⲛⲏⲥⲑⲁⲓ̈ ⲛⲁⲛ ⲙ̅ ⲡⲉⲕⲧⲁⲓ̈ⲟ· Ⲱ̅
ⲡⲁⲣⲭⲁⲅⲅⲉⲗⲟⲥ ⲅⲁⲃⲣⲓ̈ⲏⲗ· ⲡⲁ ⲡϩⲟ ⲉⲧ ϣⲟⲩⲉ ⲣⲁϣⲉ
Fol. 8 *b* ⲉ ⲃⲟⲗ· ϩⲓ ⲟⲩ|ⲛⲟϥ· ⲕⲁⲓ̈ ⲅⲁⲣ ⲙⲛ̅ ⲧⲁⲓⲟ· ⲉϥϣⲏϣ ⲙⲛ̅
ⲓ̅ⲇ̅ ⲡⲉⲕⲧⲁⲓ̈ⲟ· ⲉ ⲃⲟⲗ· ϫⲉ ⲉⲕⲁϩⲉ ⲣⲁⲧⲕ̅ ⲙ̅ⲡⲙ̅ⲧⲟ ⲉ ⲃⲟⲗ· ⲙ̅
ⲡⲛⲟⲩⲧⲉ ⲛ̅ ⲟⲩⲟⲉⲓϣ ⲛⲓⲙ· ⲉⲕⲥⲟⲡⲥ̅ ⲙ̅ⲙⲟϥ· ⲉϫⲙ̅
ⲡⲅⲉⲛⲟⲥ ⲧⲏⲣϥ̅ ⲛ̅ ⲁⲇⲁⲙ· Ⲁⲩⲱ· ⲙ̅ ⲡⲛⲁⲩ· ⲉ ϣⲁⲣⲉ
ⲛ̅ⲧⲁⲅⲙⲁ ⲧⲏⲣⲟⲩ· ⲛ̅ ⲛ̅ⲁⲅⲅⲉⲗⲟⲥ ⲙⲛ̅ ⲛⲉⲓ̈ ⲭⲉⲓ̈ⲣⲟⲩⲃⲉⲓⲛ
ⲙⲛ̅ ⲛ̅ⲥⲉⲣⲁⲫⲉⲓⲛ· ⲡⲁϩⲧⲟⲩ ⲙ̅ⲡⲙ̅ⲧⲟ ⲉ ⲃⲟⲗ ⲙ̅ ⲡⲛⲟⲩⲧⲉ·
Ⲉⲩϯ ⲛ̅ⲧⲉⲝⲟⲙⲟⲗⲟⲅⲏⲥⲓⲥ· ⲙⲛ̅ ⲡⲉⲟⲟⲩ· ⲙⲛ̅ ⲡⲧⲁⲓ̈ⲟ·

ⲙⲛ̄ ⲧϭⲟⲙ · ⲙ̄ ⲡⲛⲟⲩⲧⲉ ⲡ̄ⲣ̄ⲣⲟ ⲛ̄ ⲧⲡⲉ ⲙⲛ̄ ⲡⲕⲁϩ · ⲉⲩⲱϣ
ⲉ ⲃⲟⲗ · ⲉⲩϫⲱ ⲙ̄ⲙⲟⲥ ⲛ̄ ⲟⲩ[ⲟ]ⲉⲓϣ ⲛⲓⲙ · ϫⲉ ⲕⲟⲩⲁⲁⲃ ·
ⲕⲟⲩⲁⲁⲃ · ⲕⲟⲩⲁⲁⲃ · ⲡϫ︦ⲥ︦ ⲥⲁⲃⲁⲱⲑ · ⲙ̄ⲡⲏⲩⲉ ⲙⲛ̄ ⲡⲕⲁϩ
ⲙⲉϩ ⲉ ⲃⲟⲗ ϩⲙ̄ ⲡⲉⲕ[ⲉ]ⲟⲟⲩ · ϣⲁⲣⲉ ⲡⲛⲟϭ ⲛ̄ ⲁⲣⲭⲏ-
ⲥⲧⲣⲁⲧⲓ̈ⲅⲟⲥ · ⲡⲉϥⲁⲓ̈ ϣⲙ̄ ⲛⲟⲩϥⲉ · ⲙ̄ ⲡⲱⲛϩ̄ Ⲅⲁⲃⲣⲓ̈ⲏⲗ ·
ⲙⲛ̄ ⲡⲛⲟϭ ⲛ̄ ⲁⲣⲭⲏⲥⲧⲣⲁϯⲅⲟⲥ ⲙⲓⲭⲁⲏⲗ · ⲡⲁⲣⲭⲱⲛ
ⲛ̄ ⲙ̄ⲡⲏⲩⲉ · ϣⲁϥⲡⲁϩⲧⲟⲩ ⲙ̄ⲡⲙ̄ⲧⲟ ⲉ ⲃⲟⲗ ⲙ̄ ⲡⲛⲟⲩⲧⲉ
ⲉⲧ ϩⲙⲟⲟⲥ ϩⲓ̈ ⲡⲉϥⲑⲣⲟⲛⲟⲥ ⲉⲩϫⲱ ⲙ̄ⲙⲟⲥ · | ϫⲉ ⲡϫ︦ⲥ︦ · Fol. 9 *a*
ⲡⲛⲟⲩⲧⲉ ⲡⲡⲁⲛⲧⲱⲕⲣⲁⲧⲱⲣ ⲛⲁ ⲙ̄ ⲡⲉⲕⲗⲁⲟⲥ · ϣⲡ̄ϩⲧⲏⲕ ⲓ︦ⲉ︦
ⲉϫⲙ̄ ⲡⲉⲕⲉⲓ̈ⲛⲉ ⲙⲛ̄ ⲧⲉⲕϩⲓ̈ⲕⲱⲛ · ⲥⲱⲧⲉ ⲙ̄ ⲡϩⲱⲃ ⲛ̄
ⲛ̄ⲛ̄ϭⲓϫ · ⲙ̄ⲡⲣ̄ ϫⲓ̈ ⲕⲁⲧⲟⲓⲅⲟⲣⲓⲁ ⲛ̄ⲧⲉ ⲡϫⲁϫⲉ · ⲉ ϩⲟⲩⲛ
ⲉⲣⲟⲟⲩ · ϫⲉ ϥⲙⲟⲥⲧⲉ ⲡ̄ⲛⲉⲕϩⲙ̄ϩⲁⲗ · Ϯ ϭⲟⲙ ⲛ̄ ⲛⲉⲓ-
ⲣⲱⲙⲉ · ⲛ̄ⲧⲁⲕⲧⲁⲙⲓ̈ⲟⲟⲩ · ⲕⲁⲧⲁ ⲡⲉⲕⲉⲓ̈ⲛⲉ · ⲙⲛ̄ ⲧⲉⲕϩⲓ̈-
ⲕⲱⲛ · Ⲥⲙⲟⲩ ⲉ ⲡϩⲱⲃ · ⲛ̄ ⲛⲉⲩϭⲓϫ · ⲁⲩⲝⲁⲛⲉ ⲙ̄ ⲡⲕⲁⲣ-
ⲡⲟⲥ ⲙ̄ ⲡⲉⲩⲕⲁϩ · ϫⲟⲟⲩ ⲛⲁⲩ ⲛ̄ ϯⲱⲧⲉ · ⲙⲛ̄ ⲡⲙⲟⲩ ⲛ̄
ϩⲱⲟⲩ ⲙ̄ ⲡⲉⲩⲟⲉⲓϣ ⲧⲏⲣϥ · ⲁⲛⲓ̈ⲛⲉ ⲛⲁⲩ ⲉ ϩⲣⲁⲓ̈ · ⲙ̄
ⲡⲙⲟⲟⲩ ⲙ̄ ⲡⲓ̈ⲉⲣⲟ · ⲕⲁⲧⲁ ⲡⲉⲕⲟⲩⲱϣ · ⲕⲱ ⲛⲁⲩ ⲛ̄
ⲛⲉⲩⲙⲛ̄ⲧϣⲁϥⲧⲉ · Ⲙ̄ⲡⲣ̄ ϥⲓ̈ ⲱⲡ ⲛ̄ⲙ̄ⲙⲁⲩ · ⲉ ⲧⲃⲉ ⲛⲉⲩ-
ⲁⲛⲟⲙⲓ̈ⲁ · ϫⲉ ⲕⲥⲟⲟⲩⲛ · ϫⲉ ⲡⲓⲃⲁ[ⲗ]ϩⲏⲧ ⲛ̄ ⲇⲓⲁⲃⲟⲗⲟⲥ ·
ⲉⲧ ⲥⲱⲣⲙ̄ ⲙ̄ ⲡⲉⲩϩⲏⲧ · ⲛ̄ⲥⲁⲃⲟⲗ ⲙ̄ⲙⲟⲕ · Ⲁⲩⲱ ⲙ̄
ⲡⲉⲩⲗⲟ ⲉⲩⲡⲟϩⲧ̄ ⲉϫⲙ̄ ⲡⲉⲩϩⲟ · ⲉⲩⲡⲁⲣⲁⲕⲁⲗⲉⲓ̈ ⲙ̄-
ⲙⲟϥ ⲙ̄ ⲡⲉϩⲟⲟⲩ ⲙⲛ̄ ⲧⲉⲩϣⲏ · ϣⲁⲛ|ⲧ ϥⲕⲱ ⲉ ⲃⲟⲗ Fol. 9 *b*
ⲙ̄ ⲡⲉϥⲉⲓ̈ⲛⲉ ⲙⲛ̄ ⲧⲉϥϩⲓⲕⲱⲛ · ⲛ̄ⲧⲉ ⲛⲉϥⲙⲛ̄ⲧϣⲁⲛⲉϩⲧⲏϥ ⲓ︦ⲋ︦
ⲧⲁϩⲟⲟⲩ ⲧⲏⲣⲟⲩ · ϩⲓⲧⲛ̄ ⲛⲉⲩⲥⲟⲡⲥⲡ̄ · ⲁⲗⲗⲁ ϯⲡⲁⲣⲁ-
ⲕⲁⲗⲉⲓ ⲙ̄ⲙⲟⲕ · Ⲱ ⲡⲁⲣⲭⲁⲅⲅⲉⲗⲟⲥ ⲉⲧ ⲟⲩⲁⲁⲃ · ⲕⲱ
ⲛⲏⲩ (*sic*) ⲉ ⲃⲟⲗ · Ϫⲉ ⲁⲓ̈ⲧⲟⲗⲙⲁ ⲉⲩϩⲱⲃ · ⲡⲁⲣⲁ ⲡⲁⲙ̄ⲡϣⲁ ·
ⲁⲩⲱ ⲡⲁⲣⲁ ⲡⲁⲙⲉⲧⲣⲟⲛ · ⲉ ⲧⲣⲁ ϣⲁϫⲉ ⲉ ⲡⲉⲕⲧⲁⲓ̈ⲟ ·
ⲁⲩⲱ ⲙ̄ⲡⲉ ⲧⲁⲡⲟⲗⲟⲅⲓ̈ⲁ ⲙ̄ ⲡⲁ ⲗⲁⲥ ⲉⲧ ϭⲟϫⲃ̄ · Ⲉϣⲕⲁⲧⲁ-
ⲗⲁⲃⲁⲛⲉ ⲛ̄ ⲟⲩⲕⲟⲩⲓ̈ ⲙ̄ ⲙⲉⲗⲟⲥ ϩⲙ̄ ⲡⲉⲕⲧⲁⲓⲟ · Ϥⲣⲟϣⲉ ·
ⲛ̄ϭⲓ ⲡⲛⲟϭ ⲛ̄ⲣ̄ⲣⲟ ⲙ̄ⲙⲉ ⲓ︦ⲥ︦ ⲡⲉⲭ︦ⲥ︦ · ⲉ ⲧⲁⲓ̈ⲟ ⲕⲁⲧⲁ
ⲡⲉⲕⲙ̄ⲡϣⲁ · ϯⲛⲁⲕⲧⲟⲓ · ⲛ̄ⲧⲁϫⲱ ⲉ ⲣⲱⲧⲛ̄ · ⲛ̄ ϩⲉⲛⲕⲟⲩⲓ̈
ϩⲛ̄ ⲛ̄ϭⲟⲙ · ⲙⲛ̄ ⲛⲉϣⲡⲏⲣⲉ ⲙ̄ ⲡⲛⲟϭ ⲛ̄ ⲁⲣⲭⲁⲅⲅⲉⲗⲟⲥ
ⲅⲁⲃⲣⲓ̈ⲏⲗ · ⲛⲁⲓ̈ ⲛ̄ⲧⲁϥϣⲱⲡⲉ · ϩⲙ̄ ⲡⲙⲁⲣⲧⲓ̈ⲣⲓⲟⲛ · ⲉⲧ
ⲟⲩⲁⲁⲃ · ⲡⲁⲓ̈ ⲉⲧ ⲛ̄ⲥⲱⲟⲩϩ ⲉ ⲣⲟϥ · ⲉⲩⲉⲟⲟⲩ ⲙ̄ ⲡⲛⲟⲩⲧⲉ ·

ⲙⲛ̄ ⲡⲉϥⲛⲟϭ ⲛ̄ ⲁⲣⲭⲁⲅⲅⲉⲗⲟⲥ ⲉⲧ ⲟⲩⲁⲁⲃ ⲅⲁⲃⲣⲓⲏⲗ·
ⲡⲁ̈ⲓ ⲉⲧ ⲛ̄ⲣϣⲁ ⲛⲁϥ ⲙ̄ⲡⲟⲟⲩ· Ⲛⲉⲩⲛ̄ ⲟⲩⲣⲱⲙⲉ ⲇⲉ ⲛ̄
ⲣⲙ̄ⲙⲁⲟ· ϩⲛ̄ ϯⲡⲟⲗⲓ̈ⲥ· ⲉ ⲡⲉϥⲣⲁⲛ ⲡⲉ ⲫⲓⲗⲓⲡⲡⲟⲥ· ⲡⲁ̈ⲓ
Fol. 10 a ⲇⲉ ⲛⲉ | ⲟⲩⲣⲙ̄ⲙⲁⲟ ⲉⲙⲁⲧⲉ ⲡⲉ ϩⲙ̄ ⲡⲛⲟⲩⲃ ⲙⲛ̄ ⲡϩⲁⲧ·
ⲓ̄ⲍ̄ ⲙⲛ̄ ⲛ̄ⲧⲃ̄ⲛⲟⲟⲩⲉ· ⲁⲩⲱ ⲕⲁⲧⲁ ⲑⲉ ⲉⲧⲟⲩϫⲱ ⲙ̄ⲙⲟⲥ· ⲉ
ⲧⲃⲛⲏⲧⲉϥ ⲟⲩⲛ̄ⲧⲁⲁϥ ϩⲟⲩⲟ· ⲉ ⲧⲁ̈ⲓⲟⲩ ⲛ̄ϭⲓ ⲧⲓ̈ⲛⲁⲣⲓ̈ⲟⲛ ⲛ̄
ⲛⲟⲩⲃ· ⲉⲛⲉ ⲟⲩⲛⲟϭ ⲅⲁⲣ ⲡⲉ· ⲙ̄ ⲡⲣⲁⲅⲙⲁⲧⲉⲩⲧⲏⲥ·
ⲉϥϫⲓ̈ⲧⲓ̈ ϩⲛ̄ ϩⲁϩ ⲛ̄ⲭⲱⲣⲁ· ⲁⲩⲱ ⲉⲣⲉ ϩⲁϩ ⲛ̄ⲣⲱⲙⲉ·
ⲣ̄ ϩⲱⲃ ϩⲁ ⲣⲟϥ ϩⲛ̄ ⲛⲉⲭⲱⲣⲁ ⲙ̄ ⲃⲟⲗ ⲉⲩⲉⲓⲛⲉ ⲛⲁϥ ⲛ̄
ⲟⲩⲛⲟϭ ⲙ̄ ⲡⲣⲁⲅⲙⲁⲧⲓ̈ⲁ· ϩⲛ̄ ⲡⲉ̈ⲭⲱⲣⲁ ⲧⲏⲣⲟⲩ· ⲁⲩⲱ
ⲛⲉⲩⲥⲙⲟⲩ ⲉ ⲣⲟϥ ⲉⲙⲁⲧⲉ ⲉ ⲧⲃⲉ ⲧⲉϥϭⲓⲛⲣ̄ ϩⲱⲃ· ⲉⲧ
ⲛⲁⲛⲟⲩⲥ· ⲡⲁ̈ⲓ ⲇⲉ ⲛⲉ ⲟⲩⲁⲅⲁⲡⲏⲧⲟⲥ ⲡⲉ ⲙ̄ ⲙⲁ̈ⲓ ϩⲏⲕⲉ·
ⲛ̄ⲁⲅⲁⲑⲟⲥ· Ⲁⲩⲱ ⲛⲉϥϯ ⲛ̄ ϩⲉⲛⲛⲟϭ ⲛ̄ⲁⲅⲁⲡⲏ ⲛ̄ⲁϣⲟⲟⲩ
ⲛ ⲛ̄ϩⲏⲕⲉ· ⲙⲛ̄ ⲛ̄ⲟⲣⲫⲁⲛⲟⲥ· Ⲁⲩⲱ ⲟⲛ· ⲛⲉϥϯ ⲛ̄ ϩⲉⲛ-
ⲛⲟϭ ⲛ̄ⲁⲅⲁⲡⲉ· ⲉ ϩⲟⲩⲛ ⲉ ⲡⲧⲟⲡⲟⲥ ⲙ̄ ⲡⲁⲣⲭⲁⲅⲅⲉⲗⲟⲥ
ⲉⲧ ⲟⲩⲁⲁⲃ· ⲅⲁⲃⲣⲓ̈ⲏⲗ· Ⲉⲡⲉⲓ ⲇⲏ· ⲛⲉϥⲟⲩⲏⲛϩ ϩⲓⲧⲟⲩⲱϥ·
ⲙ̄ ⲡⲧⲟⲡⲟⲥ ⲙ̄ ⲡⲁⲣⲭⲁⲅⲅⲉⲗⲟⲥ ⲉⲧ ⲟⲩⲁⲁⲃ ⲅⲁⲃⲣⲓ̈ⲏⲗ·
Ⲛⲉⲩⲛ̄ ⲟⲩⲣⲱⲙⲉ ⲇⲉ ⲛ̄ϩⲏⲕⲉ· ⲟⲩⲏⲛϩ· ϩⲓⲧⲟⲩⲱϥ |
Fol. 10 b ⲉ ⲡⲉϥⲣⲁⲛ ⲡⲉ ⲥⲧⲉⲫⲁⲛⲟⲥ· ⲡⲁ̈ⲓ ⲇⲉ ⲛⲉϥϣⲁⲁⲧ·
ⲓ̄ⲏ̄ ⲛ̄ⲧⲉϩⲣⲉ ⲙ̄ ⲡⲉϩⲟⲟⲩ ⲡⲉϩⲟⲟⲩ· Ⲫⲓ̈ⲗⲓⲡⲡⲟⲥ ⲇⲉ ⲡⲣⲱⲙⲉ
ⲛ̄ ⲣⲙ̄ⲙⲁⲟ· ⲛⲉϥⲭⲱⲣⲏⲅⲉⲓ̈ ⲙ̄ ⲡⲣⲱⲙⲉ ⲛ̄ϩⲏⲕⲉ· ⲛ̄
ⲧⲉϥⲭⲣⲓ̈ⲁ· ⲧⲏⲣⲥ̄ ⲕⲁⲧⲁ ⲟⲩⲁⲅⲁⲡⲉ ⲛ̄ⲧⲉ ⲡⲛⲟⲩⲧⲉ ϩⲓ̈ⲧⲛ̄
ⲧⲉϥⲙⲛ̄ⲧⲁⲅⲁⲑⲟⲥ· ⲉⲡⲉⲓ̈ ⲇⲏ· ⲛⲉϥⲟⲩⲏⲛϩ ϩⲓ̈ⲧⲟⲩⲱϥ·
ⲕⲁⲧⲁ ⲑⲉ ⲛ̄ⲧⲁⲓϣⲣ̄ⲡ ϫⲟⲟⲥ· Ⲥⲧⲉⲫⲁⲛⲟⲥ ⲇⲉ ⲡⲣⲱⲙⲉ
ⲛ̄ ϩⲏⲕⲉ ⲛⲉϥⲛⲟⲓ̈ ⲛ̄ⲥϩⲁ̈ⲓ ⲕⲁⲗⲱⲥ· ⲡⲣⲙ̄ⲙⲁⲟ ⲇⲉ· ⲛⲉ
ⲟⲩⲁⲫⲉⲗⲗⲓⲥ ⲡⲉ· ⲛⲉϥⲛⲟⲓ̈ ⲁⲛ ⲛ̄ⲥϩⲁ̈ⲓ· ⲁⲩⲱ ϩⲁϩ ⲛ̄ⲥⲟⲡ·
ⲛⲉϣⲁϥⲧⲣⲉ ⲥⲧⲉⲫⲁⲛⲟⲥ ⲡⲣⲱⲙⲉ ⲛ̄ϩⲏⲕⲉ· ⲥⲙⲛ̄ ⲛⲉϥⲗⲟ-
ⲅⲟⲥ ⲛⲁϥ· ⲙⲛ̄ ⲛⲉϥⲉⲡⲓⲧⲣⲟⲡⲟⲥ· ⲙⲛ̄ ⲛ̄ⲣⲱⲙⲉ· ⲉⲧ
ⲡⲣⲁⲅⲙⲁⲧⲉⲩⲉ ϩⲁ ⲣⲟϥ· Ⲁⲩⲱ ⲛⲉ ⲁϥⲧⲁⲛϩⲟⲩⲧⲉϥ ⲉ
ⲛⲉϥⲗⲟⲅⲟⲥ· ⲧⲏⲣⲟⲩ· ⲉϥⲥϩⲁ̈ⲓ ⲛ̄ⲥⲁ ϩⲱⲃ ⲛⲓⲙ· ⲉ ⲡⲱϥ
ⲡⲉ· Ⲁⲩⲱ ϩⲁϩ ⲛ̄ⲥⲟⲡ· ⲁⲛⲣⲱⲙⲉ ⲉⲧ ϫⲓⲧⲓ̈ ⲙⲛ̄ ⲡⲣⲙ̄-
Fol. 11 a ⲙⲁⲟ· ⲧⲓ̈ ⲛ̄ ϩⲉⲛⲛⲟϭ ⲛ̄ⲭⲣⲏⲙⲁ ⲙ̄ ⲡⲣⲱⲙⲉ ⲛ̄ ϩⲏ|ⲕⲉ·
ⲓ̄ⲑ̄ ϩⲛ̄ ⲟⲩϩⲱⲡ ⲧⲁⲣⲉϥⲗⲁⲛⲑⲁⲛⲉ· ⲙ̄ ⲡⲣⲙ̄ⲙⲁⲟ ϩⲛ̄ ⲛⲉϥ-
ⲗⲟⲅⲟⲥ· ⲧⲁⲣⲟⲩϥⲓ̈ ⲙ̄ ⲡⲉⲧ ϩⲁⲣⲧⲏⲩ ϫⲉ ⲛ̄ ⲛⲉϥⲉⲓⲙⲉ

ⲟⲩϩⲟⲟⲩ ⲇⲉ ⲉ ⲃⲟⲗ ϩⲙ̄ ⲟⲩϩⲟⲟⲩ· Ⲁ ⲡⲣⲱⲙⲉ ⲛ̄ ϩⲏⲕⲉ
ⲣ̄ ⲣ̄ⲙ̄ⲙⲁⲟ ⲕⲟⲩⲓ̈ ⲕⲟⲩⲓ̈· ⲁⲗⲗⲁ ⲧⲙⲛ̄ⲧⲣ̄ⲙ̄ⲙⲁⲟ· ⲉⲧ
ⲟⲩⲛⲁⲥⲱⲟⲩϩ ⲙ̄ⲙⲟⲥ ⲉ ϩⲟⲩⲛ ϩⲙ̄ ⲟⲩϫⲓⲛϭⲟⲛⲥ̄· ⲥⲛⲁ-
ϫⲱⲱⲣⲉ ⲉ ⲃⲟⲗ ϩⲙ̄ ⲟⲩϭⲉⲡⲏ· ⲕⲁⲧⲁ ⲑⲉ ⲉⲧ ⲙ̄ⲡⲁⲟⲩⲉⲛϩ̄
ⲡϩⲱⲃ ⲛⲏⲧⲛ̄ ⲉ ⲃⲟⲗ· ⲕⲁⲧⲁ ⲡϣⲁϫⲉ ⲙ̄ ⲡⲙⲉⲗⲓ̈ⲟⲅⲣⲁⲫⲟⲥ
ⲇⲁ̄ⲇ̄· ϫⲉ ⲙ̄ⲡⲣ̄ ⲛⲁϩⲧⲉ ⲉ ϫⲓⲛϭⲟⲛⲥ̄· ⲟⲩⲇⲉ ⲙ̄ⲡⲣ̄
ⲕⲁϩⲧⲏⲕ ⲉ ⲧⲱⲣⲡ̄· ⲟⲩⲙⲛ̄ⲧⲣ̄ⲙ̄ⲙⲁⲟ· ⲉⲥϣⲁⲛⲉⲓ̈ ⲙ̄ⲡⲣ̄
ⲕⲁϩⲧⲏⲕ ⲉ ⲣⲟⲥ· ⲛ̄ ⲧⲉⲣⲉ ⲡϩⲏⲕⲉ ⲇⲉ ϯ ⲉⲑⲏ ⲕⲟⲩⲓ̈ ⲕⲟⲩⲓ̈·
ⲁϥϩⲉ ⲉ ⲡⲟⲉⲓⲕ· ⲁϥⲟⲩⲟⲙϥ̄· ⲁϥϯ ⲡⲉϥⲟⲩⲟⲓ̈ ⲉ ⲡⲣⲱⲙⲉ
ⲛ̄ ⲣ̄ⲙ̄ⲙⲁⲟ· ⲛ̄ ⲟⲩϩⲟⲟⲩ· ⲡⲉϫⲁϥ ⲛⲁϥ· ϫⲉ ⲉⲓ̈ⲟⲩⲱϣ
ⲉ ⲧⲣⲕⲣ̄ ⲡⲛⲁ ⲛ̄ⲙ̄ⲙⲁⲓ̈· ⲛ̄ⲅ̄ ϯ ⲛⲁⲓ̈ ϩⲱ ⲛ̄ ϩⲉⲛⲕⲟⲩⲓ̈ ⲛ̄
ⲛⲟⲩⲃ· ⲛ̄ⲧⲁⲡⲣⲁⲅⲙⲁϯⲉⲩⲉ ⲛ̄ϩⲏⲧⲟⲩ· ⲛ̄ⲧⲁⲟⲩⲱⲛϩ̄ ⲉ
ⲣⲟⲟⲩ· ⲙⲛ̄ ⲛⲁϣⲏⲣⲉ· ⲁⲩ|[ⲱ] ⲡⲛⲁⲩ ⲉⲧ ⲕ̄ⲛⲁϣⲓⲛⲉ ⲛ̄ⲥⲁ Fol. 11 *b*
ⲡⲉⲕⲛⲟⲩⲃ· ϯⲛⲁⲧⲁⲁⲩ ⲛⲁⲕ ⲙⲛ̄ ⲡⲕⲙⲉⲣⲟⲥ· ϩⲙ̄ ⲡⲉⲧⲓ̈- ⲕ
ⲛⲁϫⲡⲟϥ· ⲛ̄ϩⲏⲧⲟⲩ· ⲉⲓⲉⲩⲭⲁⲣⲓⲥⲧⲟⲩ ⲛⲁⲕ· ⲡⲉϫⲉ
ⲡⲣⲱⲙⲉ ⲛ̄ ⲣ̄ⲙ̄ⲙⲁⲟ ⲛⲁϥ· ϫⲉ ⲃⲱⲕ ⲛ̄ⲅ̄ ⲥⲙⲛ̄ ⲡⲉⲕⲣⲁⲙ-
ⲙⲁϯⲟⲛ ⲛⲁⲓ̈· ⲉ ⲡⲉⲧ ⲕ̄ⲣ̄ ⲭⲣⲓ̈ⲁ ⲙ̄ⲙⲟϥ· Ⲁⲩⲱ ϯⲛⲁ-
ⲧⲁⲁϥ ⲛⲁⲕ ⲛⲁⲕ *(sic)*· ⲡϩⲏⲕⲉ ⲇⲉ ⲁϥϩⲙⲟⲟⲥ· ⲁϥⲥⲙⲛ̄
ⲡⲉⲅⲣⲁⲙⲙⲁⲧⲓ̈ⲟⲛ· ⲙ̄ ⲡⲣⲱⲙⲉ ⲛ̄ ⲣ̄ⲙ̄ⲙⲁⲟ· ⲉ ⲥⲁϣϥ̄
ⲙ̄ϣⲉ ⲛ̄ϩⲟⲗⲟⲕⲟⲧⲧⲓⲛⲟⲥ· Ⲉϥⲱⲣⲕ̄ ⲙ̄ ⲡⲛⲟⲩⲧⲉ ⲡⲡⲁⲛⲧⲱ-
ⲕⲣⲁⲧⲱⲣ· ⲧⲁⲣⲉϥⲧⲁⲁⲩ ⲛⲁϥ ⲙ̄ ⲡϫⲱⲕ ⲛ̄ ⲟⲩⲣⲱⲙⲉ·
ⲙⲛ̄ ⲧⲡⲁϣⲉ ⲙ̄ ⲡⲉⲧ ϥ̄ⲛⲁϫⲡⲟϥ· ⲛ̄ϩⲏⲧⲟⲩ· ⲡⲣ̄ⲙ̄ⲙⲁⲟ·
ⲇⲉ ⲁϥϫⲓ̈ ⲙ̄ ⲡⲉⲅⲣⲁⲙⲙⲁϯⲟⲛ· ⲁϥⲧⲓ̈ ⲙ̄ ⲡⲥⲁϣϥ̄ ⲙ̄ϣⲉ
ⲛ̄ϩⲟⲗⲟⲕⲟⲧϯⲛⲟⲥ· ⲙ̄ ⲡⲣⲱⲙⲉ ⲛ̄ ϩⲏⲕⲉ· ⲁϥⲃⲱⲕ ⲁϥ-
ⲡⲣⲁⲅⲙⲁⲧⲉⲩⲉ ⲛ̄ϩⲏⲧⲟⲩ· ⲛ̄ϣⲟⲙⲧⲉ ⲛ̄ⲣⲟⲙⲡⲉ· ⲁϥⲧⲓ̈
ϩⲏⲩ· ⲛ̄ ϩⲉⲛⲁϣⲏ ⲛ̄ ⲭⲣⲏⲙⲁ· Ⲁⲩⲱ ⲙ̄ⲡ ϥ̄ϣⲓⲛⲉ ⲛ̄ⲥⲁ·
ϯ ⲗⲁⲁⲩ· ⲙ̄ ⲡⲣ̄ⲙ̄ⲙⲁⲟ· ⲟⲩⲇⲉ ⲕⲁⲓⲫⲁⲗⲓⲟⲛ· ⲟⲩⲇⲉ
ⲡⲁⲣⲁⲙⲓ̈ⲑⲓ̈ⲁ· Ⲉ̈ⲓⲧⲁ ⲙⲛ̄ⲛ̄ⲥⲁ ϩⲉⲛϩⲟⲟⲩ ⲉⲛⲁ|ϣⲱⲟⲩ· ⲁ Fol. 12 *a*
ⲡⲣ̄ⲙ̄ⲙⲁⲟ ϫⲓ̈ ⲙ̄ ⲡϩⲏⲕⲉ ⲉ ϩⲟⲩⲛ· ⲉ ⲡⲉϥⲏⲓ̈ ⲉ ⲧⲣⲉϥⲥⲙⲛ̄ ⲕⲁ
ⲡⲉϥⲗⲟⲅⲟⲥ ⲛⲁϥ· ⲁⲩⲱ ⲛ̄ ⲧⲉⲣⲉ ⲟⲩⲱⲛ ⲛ̄ ⲧⲕⲁⲡⲥⲁ ⲉⲧ
ⲉⲣⲉ ⲡⲉⲕⲣⲁⲙⲙⲁⲧⲓⲟⲛ ⲙⲛ̄ ⲡ̄ϫⲱⲱⲙⲉ ⲛ̄ϩⲏⲧⲥ̄· ⲉϥⲟⲩⲱϣ
ⲉ ϩⲉ ⲉ ⲡⲉⲭⲁⲣⲧⲏⲥ· ⲉⲧ ϥ̄ⲕⲱⲧⲉ ⲛ̄ⲥⲱⲟⲩ· ⲛ̄ ⲧⲉⲣⲉ ⲥⲧⲉ-
ⲫⲁⲛⲟⲥ· ϫⲉ ⲡⲣⲱⲙⲉ· ⲉⲧ ⲙ̄ϣⲁϫⲉ ⲉ ⲣⲟϥ· ϩⲉ ⲉ ⲡⲉϥ-
ⲅⲣⲁⲙⲙⲁⲧⲓ̈ⲟⲛ· ⲁϥⲧⲁⲁⲥ ⲉ ϩⲟⲩⲛ ϩⲁ ⲧⲉϥⲕⲁⲙⲓⲥⲓⲟⲛ· ⲙ̄ⲡⲉ

ⲡⲣ̅ⲙ̅ⲙⲁⲟ · ⲉⲓⲙⲉ ⲉ ⲧⲃⲉ ⲧϥ̅ⲙⲛ̅ⲧⲃⲁⲗϩⲏⲧ · ⲙⲛ̅ ⲧϥ̅ⲙⲛ̅ⲧ-
ϩⲁⲡⲗⲟⲩⲥ · ⲁϥⲉⲓ ⲉ ⲃⲟⲗ ⲙ̅ⲡⲉ ⲡⲣⲱⲙⲉ · ⲉⲓⲙⲉ · ⲟⲩϩⲟⲟⲩ ⲇⲉ
ⲉ ⲃⲟⲗ ϩⲛ̅ ⲟⲩϩⲟⲟⲩ · ⲁ ⲡⲣⲱⲙⲉ ⲛ̅ ϩⲏⲕⲉ ⲣ̅ ⲣ̅ⲙ̅ⲙⲁⲟ ⲕⲟⲩⲓ̈
ⲕⲟⲩⲓ̈ · ⲁⲗⲗⲁ ⲉⲡⲉⲓ ⲇⲏ · ⲧⲙⲛ̅ⲧⲣ̅ⲙ̅ⲙⲁⲟ · ⲉⲧⲟⲩⲥⲱⲟⲩϩ ⲙ̅-
ⲙⲟⲥ ⲉ ϩⲟⲩⲛ ϩⲛ̅ ⲟⲩϫⲓⲛϭⲟⲛⲥ̅ · ⲥⲛⲁⲧⲁⲕⲟ ⲛⲉⲥϫⲱⲱⲣⲉ · ⲉ
ⲃⲟⲗ ϩⲛ̅ ⲟⲩϭⲉⲡⲏ · ⲕⲁⲧⲁ ⲑⲉ ⲛ̅ⲧⲁⲓ̈ ϣⲣ̅ⲡ ϫⲟⲟⲥ · ⲛ̅ ⲧⲉⲣⲉ
ⲥⲧⲉⲫⲁⲛⲟⲥ ⲇⲉ ⲃⲱⲕ ⲉ ⲡⲉϥⲏⲓ̈ · ⲁϥⲡⲉϣ ⲡⲉⲕⲣⲁⲙⲙⲁϯⲟⲛ ·
ⲁϥⲁϥ ⲛ̅ⲗⲁⲕⲙ̅ⲗⲁⲕⲙ̅ *(sic)* · ⲁⲩⲱ ⲡⲉϫⲁϥ ϩⲙ̅ ⲡⲉϥϩⲏⲧ
ϩⲓⲧⲛ̅ ⲛⲉϥⲙⲉⲉⲩⲉ ⲉⲧ ⲑⲟⲟⲩ · ⲛ̅ⲧⲁ ⲡⲥⲁⲧⲁⲛⲁⲥ · ⲛⲟϫⲟⲩ
Fol. 12 *b* ⲉ ⲡⲉϥϩⲏⲧ · ϫⲉ ⲁⲗⲏⲑⲱⲥ | ⲙⲉⲓ̈ϯ ⲗⲁⲁⲩ · ⲙ̅ ⲡⲁⲓ̈ ϣⲁ
ⲕⲃ̅ ⲉⲛⲉϩ · ϩⲙ̅ ⲡⲓ̈ ⲥⲁϣϥ̅ ⲛ̅ϣⲉ ⲛ̅ϩⲟⲗⲟⲕⲟⲧⲧⲓ̈ⲛⲟⲥ ⲉⲧ ⲉⲓ-
ⲭⲣⲉⲱⲥϯ ⲙ̅ⲙⲟϥ ⲛⲁϥ · Ⲁⲩⲱ ⲉϥϣⲁⲛϫⲟⲟⲥ ⲛⲁⲓ̈ · ϫⲉ
ⲧⲁⲁⲩ ⲛⲁⲓ̈ · ⲧⲓ̈ⲛⲁϫⲟⲟⲥ ⲛⲁϥ · ϫⲉ ⲙⲛ̅ⲧⲁⲕ ⲗⲁⲁⲩ ⲉ ⲣⲟⲓ̈ ·
ⲁⲩⲉⲓⲥ ⲡⲉⲕⲣⲁⲙⲙⲁⲧⲓ̈ⲟⲛ · ⲛ̅ⲧⲁⲙⲁϩⲕ̅ ⲙ̅ⲙⲟϥ · ⲉϣⲱⲡⲉ
ϩⲟⲗⲟⲥ · ⲧⲓ̈ⲭⲣⲉⲱⲥⲧⲓ̈ ⲛⲁⲕ · ⲟⲩⲇⲉ ⲣⲱ · ⲙⲛ̅ ⲁⲓ̈ⲣ̅
ⲭⲣⲓ̈ⲁ ⲁⲛ ⲛ̅ⲛⲟⲩⲃ̅ · ⲁⲗⲗⲁ ⲧⲓ̈ⲛⲁⲥⲓ̈ⲧⲟⲩ ⲛ̅ⲧⲁⲣ̅ ⲣ̅ⲙ̅ⲙⲟ *(sic)*
ⲛ̅ϩⲏⲧⲟⲩ · ⲁⲩⲱ ⲛⲁⲓ̈ · ⲛⲁⲣⲱϣⲉ ⲉ ⲣⲟⲓ̈ ⲛ̅ ⲟⲩⲛⲟϭ ⲛ̅
ⲟⲩⲟⲉⲓϣ · ⲉⲓⲟⲩⲱⲙ ⲉⲓⲥⲱ · ⲛ̅ϩⲏⲧⲟⲩ ⲉⲓ̈ⲑⲉⲣⲁⲡⲉⲩⲉ · ⲛⲧⲁ-
ⲯⲩⲭⲏ · ⲙⲛ̅ ϥⲣ̅ ⲡⲙⲉⲉⲩⲉ ⲣⲱ · ⲙ̅ ⲡⲉⲧ ⲥⲏϩ · ϫⲉ ⲡⲁⲧ
ⲑⲏⲧ ⲥⲉⲛⲁϥⲓ̅ ⲛ̅ ⲧⲉⲕⲯⲩⲭⲏ ⲛ̅ ⲧⲟⲟⲧⲕ̅ · ⲛⲉⲛⲧⲁⲕⲥⲃ̅ⲧⲱⲧⲟⲩ ·
ⲉⲩⲛⲁϣⲱⲡⲉ ⲛ̅ ⲛⲓⲙ · Ⲉⲓ̈ⲧⲁ ϫⲉ ⲛⲉⲛⲱⲥⲕ̅ ϩⲙ̅ ⲡϣⲁϫⲉ ·
ⲙⲛ̅ⲛⲥⲁ ϥⲧⲟⲉ ⲇⲉ ⲛ̅ⲣⲟⲙⲡⲉ · ⲁ ⲡⲣ̅ⲙ̅ⲙⲁⲟ ⲛⲁⲩ ϫⲉ ⲙ̅ⲡⲉ
Fol. 13 *a* ⲡϩⲏⲕⲉ ⲧⲓ̈ ⲗⲁⲁⲩ ⲛⲁϥ · | ⲟⲩⲇⲉ ⲕⲁⲓ̈ⲫⲁⲗⲓ̈ⲟⲛ · ⲟⲩⲇⲉ
ⲕⲅ̅ ⲡⲁⲣⲁⲙⲓ̈ⲑⲓ̈ⲁ · ⲁϥϭⲉⲡⲏ · ⲁϥⲧⲛ̅ⲛⲟⲟⲩ ⲛ̅ⲥⲱϥ · ⲛ̅ ⲛⲉϥϩⲙ̅-
ϩⲁⲗ · ⲁⲩⲱ ⲡⲉϫⲁϥ ⲛⲁϥ · Ⲛ̅ ⲧⲉⲣ ϥⲉⲓ̈ ϣⲁ ⲣⲟϥ · ϫⲉ ⲙⲁ
ⲛⲁⲓ · ⲙ̅ ⲡⲥⲁϣϥ̅ ⲛ̅ϣⲉ ⲛ̅ϩⲟⲗⲟⲕⲟⲧϯⲛⲟⲥ · ⲉⲧ ϩⲁϩⲧⲏⲕ ·
ϫⲉ ϯⲣ̅ ⲭⲣⲓ̈ⲁ ⲙ̅ⲙⲟⲟⲩ · ⲡⲁⲧ ⲛⲟⲩⲧⲉ ⲇⲉ ⲉⲧ ⲙ̅ⲙⲁⲩ ·
ⲁϥϩⲓ ⲧⲟⲟⲧϥ̅ ⲛ̅ ⲁⲣⲛⲁ ⲙ̅ ⲡⲣ̅ⲙ̅ⲙⲁⲟ · ⲛ̅ ⲉⲩⲥⲉⲃⲏⲥ ⲉⲧ ⲙ̅-
ⲙⲁⲩ · ϫⲉ ⲙⲛ̅ⲧⲕ̅ ⲗⲁⲁⲩ · ϩⲁϩⲧⲏⲓ̈ · ⲟⲩⲇⲉ ⲙ̅ⲡⲉ ⲕϯ
ⲗⲁⲁⲩ · ⲛⲁⲓ̈ ⲉⲛⲉϩ · ⲡⲉϫⲉ ⲡⲣ̅ⲙ̅ⲙⲁⲟ · ⲛⲁϥ ϩⲛ̅ ⲟⲩ-
ϭⲱⲛⲧ̅ · ϫⲉ Ⲱ ⲡⲁⲛⲟⲙⲟⲥ ⲛⲁⲙⲉ · ⲙⲏ ⲉⲓⲥ ⲡⲉⲅⲣⲁⲙ-
ⲙⲁⲧⲓ̈ⲟⲛ ⲛ̅ ⲧⲟⲟⲧ ⲁⲛ ⲛ̅ⲧⲁⲕⲥⲙⲛ̅ⲧϥ̅ ⲛ̅ⲙ̅ⲙⲁⲓ̈ · ⲉ ⲥⲁϣϥ̅
ⲛ̅ϣⲉ ⲛ̅ϩⲟⲗⲟⲕⲟⲧⲧⲓⲛⲟⲥ · ⲉⲓⲥ ϯⲉ ⲛ̅ⲣⲟⲙⲡⲉ · ϫⲓ̈ⲛ ⲛ̅ⲧⲁⲓ̈-
ⲧⲁⲁⲩ ⲛⲁⲕ · ⲟⲩ ⲙⲟⲛⲟⲛ · ϫⲉ ⲙ̅ⲡⲉ ⲕϯ ⲡⲁ ⲡⲁⲣⲁ-
ⲙⲩⲑⲩⲁ · ⲛⲁⲓ̈ ϩⲁ ⲣⲟⲟⲩ · ⲁⲗⲗⲁ ⲉⲓⲥ ϩⲏⲏⲧⲉ · ⲉⲕⲟⲩⲱϣ

ⲉϥⲓ̈ ⲙ̅ ⲡⲁⲗⲗⲟⲧⲣⲓⲟⲛ · Ⲁϥⲱϣϣ̅ⲃ̅ (sic) ⲛ̅ϭⲓ | ⲡϩⲏⲕⲉ · ϫⲉ Fol. 13 b
ⲉϣϫⲉ ⲡⲉⲕⲅⲣⲁⲙⲙⲁϯⲟⲛ · ϩⲁϩⲧⲏⲕ · Ⲁⲩⲉⲓⲥϥ̅ ⲛⲁⲓ̈ · ⲕ̅ⲇ̅
ⲛ̅ⲧⲁⲛⲁⲩ ⲉ ⲣⲟϥ · ⲁⲩⲱ ⲛ̅ⲧⲁⲃⲱⲕ · ⲛ̅ⲧⲁⲧⲓ̈ ⲡⲁ ⲛⲓ̈ ⲙⲛ̅
ⲛⲁϣⲏⲣⲉ · Ⲛ̅ⲧⲁⲙⲁϩⲕ̅ ⲛ̅ⲥⲁϣϥ̅ ⲛ̅ϣⲉ ⲛ̅ϩⲟⲗⲟⲕⲟⲧⲧⲓ̈ⲛⲟⲥ ·
ⲡⲣ̅ⲙ̅ⲙⲁⲟ ⲇⲉ · Ⲁϥⲙⲉϣⲧ̅ ⲛⲉⲕⲣⲁⲙⲙⲁⲧⲓⲟⲛ ⲧⲏⲣⲟⲩ
ⲙⲛ̅ ⲛ̅ⲭⲁⲣⲧⲏⲥ ⲙ̅ⲡ ϥ̅ϩⲉ ⲉ ⲣⲟϥ · ⲁϥⲉⲓⲙⲉ ⲛ̅ⲧⲉⲩⲛⲟⲩ ·
ϫⲉ ⲛ̅ⲧⲁϥϩⲟϥⲧ̅ ⲛ̅ϫⲓⲟⲩⲉ · ⲁⲩⲱ ⲡⲉϫⲁϥ ⲛⲁϥ · ϫⲉ
ⲛ̅ⲥⲟⲟⲩⲛ ⲁⲓ̈ⲉⲓ̈ⲙⲉ · ϫⲉ ⲛ̅ⲧⲟⲕ ⲡⲉⲛⲧ ⲁⲕϥⲓⲧϥ̅ · ⲛ̅ϫⲓⲟⲩⲉ ·
ⲡⲗⲏⲛ · ⲉϣϫⲉ ⲉⲕⲑⲁⲣⲉⲓ̈ · ϩⲙ̅ ⲡⲉⲕϩⲏⲧ · ϫⲉ ⲙ̅ⲡ ⲉⲓ̈ⲧⲓ̈
ⲛⲁⲕ ⲙ̅ ⲡⲥⲁϣϥ̅ ⲛ̅ϣⲉ ⲛ̅ϩⲟⲗⲟⲕⲟⲧⲧⲓ̈ⲛⲟⲥ · ⲁⲙⲟⲩ ⲙⲁⲣⲟⲛ ·
ⲉ ⲡⲧⲟⲡⲟⲥ ⲙ̅ ⲡⲁⲣⲭⲁⲅⲅⲉⲗⲟⲥ ⲉⲧ ⲟⲩⲁⲁⲃ ⲅⲁⲃⲣⲓ̈ⲏⲗ ·
ⲉⲧ ϩⲛ̅ ⲡⲉⲛϩⲓⲣ · ⲛ̅ⲅ̅ ⲱⲣⲕ̅ ⲛⲁⲓ̈ ⲛ̅ⲅ̅ ⲡⲗⲏⲣⲟⲫⲟⲣⲉⲓ̈ ⲙ̅ⲙⲟⲓ̈ ·
ⲁⲩⲱ ⲧⲓ̈ⲛⲁⲃⲱⲗ · ⲛ̅ⲙ̅ⲙⲁⲕ · ⲡⲁⲧ ϩⲏⲧ ⲉⲧ ⲙ̅ⲙⲁⲩ ⲁϥⲛⲉϫ
ⲑⲟⲧⲉ ⲙ̅ ⲡϫ̅ⲥ̅ ⲛ̅ⲥⲁ ⲃⲟⲗ ⲙ̅ⲙⲟϥ · ⲙⲛ̅ ⲧⲁϣⲏ ⲛⲙ̅ ⲡⲉⲧ-
ⲛⲁⲛⲟⲩϥ · ⲛ̅ⲧⲁϥⲡⲁⲑⲉ ⲙ̅ⲙⲟⲟⲩ ⲉ ⲃⲟⲗ ϩⲓ ⲧⲟⲟⲧϥ̅ | ⲙ̅ Fol. 14 a
ⲡⲣ̅ⲙ̅ⲙⲁⲟ · ⲛ̅ ⲉⲩⲥⲉⲃⲏⲥ ⲉⲧ ⲙ̅ⲙⲁⲩ · ⲉ ⲁϥⲣ̅ ⲡⲱⲃϣ̅ ⲙ̅ ⲕ̅ⲉ̅
ⲡⲉⲧ ⲥⲏϩ · ϫⲉ ⲡϫ̅ⲥ̅ ⲛⲁⲧⲁⲕⲟ ⲛ̅ ⲟⲩⲟⲛ ⲛⲓⲙ · ⲉⲧ ϫⲱ ·
ⲙ̅ ⲡϭⲟⲗ · Ⲁⲩⲱ ⲡⲉϫⲁϥ ⲙ̅ ⲡⲣ̅ⲙ̅ⲙⲁⲟ · ϫⲉ ⲙⲁⲣⲟⲛ
ⲛ̅ⲧⲁⲱⲣⲕ̅ ⲛⲁⲕ · ⲁⲩⲱ ⲛ̅ⲧⲉⲩⲛⲟⲩ ⲁⲩⲙⲟⲟϣⲉ ⲙⲛ̅ ⲛⲉⲩⲉ-
ⲣⲏⲩ · ϣⲁⲛⲧ ⲟⲩⲃⲱⲕ ⲉ ϩⲟⲩⲛ ⲉ ⲡⲧⲟⲡⲟⲥ · ⲙ̅ ⲡⲁⲣⲭⲁⲅ-
ⲅⲉⲗⲟⲥ Ⲅⲁⲃⲣⲓⲏⲗ · ⲁⲩⲱ ⲁⲩⲛⲟϭ · ⲙ̅ⲙⲏⲏϣⲉ ⲥⲱⲟⲩϩ ⲉ
ⲣⲟⲟⲩ · ⲁⲩⲣ̅ ϣⲡⲏⲣⲉ ⲙ̅ ⲡⲉⲛⲧⲁϥϣⲱⲡⲉ · ⲡⲣ̅ⲙ̅ⲙⲁⲟ ·
ⲇⲉ ⲛⲉϥϫⲱ ⲙ̅ⲙⲟⲥ ⲙ̅ ⲡϩⲏⲕⲉ · ϫⲉ ⲙⲁ ⲛⲁⲓ̈ ⲙ̅ ⲡⲥⲁϣϥ̅
ⲛ̅ϣⲉ ⲛ̅ϩⲟⲗⲟⲕⲟⲧϯⲛⲟⲥ · ⲛ̅ⲧⲁⲓⲧⲁⲁⲩ ⲛⲁⲕ · ⲙ̅ⲡⲣ̅ ⲱⲣⲕ̅ ⲛ̅
ⲛⲟⲩϫ · ⲛ̅ⲧⲉ ⲟⲩⲡⲉⲧⲑⲟⲟⲩ ⲧⲁϩⲟⲕ · ⲡⲁⲧ ⲑⲏⲧ ⲇⲉ ⲉⲧ ⲙ̅ⲙⲁⲩ ·
ⲡⲉϫⲁϥ · ϫⲉ ⲙⲛ̅ⲧⲁⲕ ⲗⲁⲁⲩ ϩⲁϩⲧⲏⲓ̈ ⲡⲉϫⲉ ⲡⲣ̅ⲙ̅ⲙⲁⲟ ·
ⲛⲁϥ ϫⲉ ⲉϣϫⲉ ⲙⲛ̅ⲧⲁⲓ̈ ⲗⲁⲁⲩ ϩⲁϩⲧⲏⲕ · ⲱⲣⲕ̅ ⲛⲁⲓ̈ ⲛ̅ⲧⲁ-
ⲃⲱⲕ ⲛⲁⲓ̈ · ⲡⲁⲧ ⲛⲟⲩⲧⲉ ⲇⲉ ⲉⲧ ⲙ̅ⲙⲁⲩ · ⲁϥⲕⲁⲧⲁⲫⲣⲟⲛⲏ
ⲛ̅ ⲛ̅ϭⲟⲙ ⲙ̅ ⲡⲁⲣⲭⲁⲅⲅⲉⲗⲟⲥ ⲉⲧ ⲟⲩⲁⲁⲃ ⲅⲁⲃⲣⲓ̈|ⲏⲗ ⲉ Fol. 14 b
ⲧⲃⲉ ⲭⲣⲏⲙⲁ ⲉϣⲁⲩⲧⲁⲕⲟ · ⲁⲩⲱ ⲁϥⲧⲟⲗⲙⲁ ϩⲛ̅ ⲧϥ̅ ⲕ̅ⲋ̅
ⲙⲛ̅ⲧⲁⲧⲑⲏⲧ · Ⲁϥⲟⲩⲉϩ ⲧϥ̅ϭⲓϫ ⲉϫⲛ̅ ⲛ̅ ⲣⲟ ⲙ̅ ⲡⲉⲑⲟⲓ̈ⲥⲓ̈ⲁ-
ⲥⲧⲏⲣⲓ̈ⲟⲛ · Ⲁϥⲱⲣⲕ̅ ⲛⲁϥ · ϫⲉ ϣⲉ ⲛ̅ⲛⲟϭ ⲛ̅ϭⲟⲙ ⲙ̅
ⲡⲁⲣⲭⲁⲅⲅⲉⲗⲟⲥ Ⲅⲁⲃⲣⲓ̈ⲏⲗ · ⲙⲛ̅ⲧⲕ̅ ⲗⲁⲁⲩ ⲉ ⲣⲟⲓ̈ · ⲟⲩⲇⲉ
ⲙ̅ⲡⲉ ⲕⲧⲓ̈ ⲗⲁⲁⲩ ⲛⲁⲓ̈ ⲉⲛⲉϩ · ϩⲙ̅ ⲡⲓⲥⲁϣϥ̅ ⲛ̅ϣⲉ · ⲛ̅ϩⲟⲗⲟ-
ⲕⲧⲓ̈ⲛⲟⲥ · ⲉⲧ ⲉⲕⲉⲛⲉⲣⲅⲉⲓ̈ ⲙ̅ⲙⲟⲓ̈ ϩⲁ ⲣⲟⲟⲩ · Ⲁⲩⲱ ⲛ̅-

ⲧⲉⲩⲛⲟⲩ · ⲉⲧⲉⲓ̈ · ⲉⲣⲉ ⲡϣⲁϫⲉ ϩⲛ̄ ⲧⲉϥⲧⲁⲡⲣⲟ · ⲁⲩⲁⲓ̈ⲛⲁ-
ⲙⲓⲥ ⲣⲁϩⲧϥ̄ · ⲁϥϩⲉ ⲉ ϩⲣⲁⲓ̈ · ⲉϫⲙ̄ ⲡⲉϥϩⲟ · ⲁⲩⲱ ⲁϥⲣ̄
ⲃⲗ̄ⲗⲉ · ⲉ ⲡⲉϥⲃⲁⲗ ⲥⲛⲁⲩ · ⲁ ⲡⲉϥϩⲟ ϭⲟⲟⲩϫ ⲛ̄ⲥⲁ ⲡⲁ
ϩⲟⲩ ⲙ̄ⲙⲟϥ · ⲁ ⲡⲉϥⲗⲁⲥ ⲙⲉϩ ⲣⲱϥ · ⲁϥϩⲉ ⲉϫⲛ̄ ⲛⲉ-
ⲡⲗⲁⲍ ⲙ̄ ⲡⲧⲟⲡⲟⲥ · ⲁⲩⲱ ⲛⲉϥⲟⲩϭⲃ̄ϭ̄ ⲛ̄ⲥⲁ ⲡⲉϥⲗⲁⲥ · ⲙⲛ̄
ⲛⲉϥⲥⲡⲟⲧⲟⲩ · ⲙ̄ⲙⲓⲛ ⲙ̄ⲙⲟϥ ϩⲛ̄ ⲟⲩⲛⲟϭ ⲛ̄ ⲁⲅⲱⲛⲓ̈ⲁ ·
ⲁⲩⲱ ⲛⲉϥⲧⲁⲃⲉ ϩⲃⲉⲧⲉ ⲉ ⲃⲟⲗ ϩⲛ̄ ⲣⲱϥ · ⲛ̄ⲑⲉ ⲛ̄ ⲛ̄ⲇⲁⲓ̈-
ⲙⲱⲛⲓⲟⲛ · Ⲛ̄ⲧⲉⲣⲉ ⲡⲙⲏⲏϣⲉ ⲇⲉ ⲛⲁⲩ ⲉ ⲡⲉⲛⲧⲁϥϣⲱⲡⲉ · |
Fol. 15 a ⲙⲛ̄ ⲁⲩⲣ̄ϣⲡⲏⲣⲉ ⲁⲩⲱ ⲁⲩⲣ̄ ϩⲃⲁ · ⲁⲩⲱϣ ⲉ ⲃⲟⲗ ϩⲛ̄
ⲕ̄ⲍ̄ ⲟⲩⲛⲟϭ ⲛ̄ ⲥⲙⲏ · ⲉⲩϫⲱ ⲙ̄ⲙⲟⲥ · ϫⲉ ⲟⲩⲁ ⲡⲉ ⲡⲛⲟⲩⲧⲉ
ⲙ̄ ⲡⲁⲣⲭⲁⲅⲅⲉⲗⲟⲥ ⲅⲁⲃⲣⲓ̈ⲏⲗ · ⲙⲛ̄ⲛ̄ⲥⲁ ⲟⲩⲛⲟϭ ϫⲉ
ⲛⲁⲡⲣⲏⲧⲉ · ⲉϥⲃⲁⲥⲁⲛⲓⲍⲉ · ⲉϥⲁϣⲕⲁⲕ ⲉ ⲃⲟⲗ ϩⲛ̄ [ⲟⲩ]ⲛⲟϭ
ⲛ̄ ⲥⲙⲏ · ϫⲉ ⲕⲱ ⲛⲁⲓ̈ ⲉ ⲃⲟⲗ ⲡⲁ ϫ̄ⲥ̄ ⲡⲁⲣⲭⲁⲅⲅⲉⲗⲟⲥ
ⲅⲁⲃⲣⲓ̈ⲏⲗ · ϫⲉ ⲁⲓ̈ⲧⲟⲗⲙⲁ · Ⲁⲓ̈ⲱⲣⲕ̄ ⲙ̄ ⲡⲉⲕⲣⲁⲛ ⲛ̄
ⲛⲟⲩϫ · ⲁ ⲡⲉⲓ ⲣⲱⲙⲉ ⲛ̄ ⲣ̄ⲙ̄ⲙⲁⲟ · ϯ ⲥⲁϣϥ̄ ⲛ̄ϣⲉ
ⲛ̄ϩⲟⲗⲟⲕⲟⲧϯⲛⲟⲥ ⲛⲁⲓ̈ ⲉⲓ̈ⲥ ϯⲉ ⲛ̄ⲣⲟⲙⲡⲉ · ⲧⲓ̈ⲣ̄ ϩⲱⲃ ⲛ̄ϩⲏ-
ⲧⲟⲩ · ⲁⲩⲱ ⲙ̄ⲡ ⲉⲓ̈ⲧⲓ̈ ⲗⲁⲁⲩ ⲛⲁϥ ϩⲁⲣⲟⲟⲩ · ⲛ̄ ⲧⲉⲣ
ⲓ̈ϩⲉ · ⲉ ⲧⲉⲩⲕⲩⲣⲓⲁ · ⲁⲓ̈ϥⲓ̈ ⲙ̄ⲡⲉⲕⲣⲁⲙⲙⲁⲧⲓⲟⲛ ⲛ̄ ϫⲓⲟⲩⲉ ·
ⲉ ⲁⲓ̈ϩⲓ̈ⲗⲁ ⲉ ⲣⲟϥ · ⲉⲓ̈ⲟⲩⲱϣ ⲉϥⲓⲧⲟⲩ · ⲛ̄ⲧⲁⲣ̄ ⲣ̄ⲙ̄-
ⲙⲁⲟ · ⲛ̄ϩⲏⲧⲟⲩ · Ⲟⲩⲟⲓ̈ ⲛⲁⲓ̈ · ⲉⲓⲛⲁⲣ̄ ⲟⲩ · ϫⲉ ⲁⲓ̈ⲱⲣⲕ̄
ⲛ̄ ⲛⲟⲩϫ · Ⲁⲩⲱ ⲛ̄ⲧⲉⲩⲛⲟⲩ ⲁϥⲧⲛ̄ⲛⲟⲟⲩ ⲉ ⲡⲉϥⲏⲓ̈ ϩⲛ̄
ⲟⲩϭⲉⲡⲏ · ⲁ ⲧⲉϥϩⲓⲙⲉ · ⲉⲓⲛⲉ ⲙ̄ ⲡⲥⲁϣϥ̄ ⲛ̄ϣⲉ ⲛ̄ϩⲟⲗⲟ-
ⲕⲟⲧϯⲛⲟⲥ · Ⲁⲥⲧⲁⲁⲩ ⲙ̄ ⲡⲣ̄ⲙ̄ⲙⲁⲟ · ⲡⲣⲱⲙⲉ ⲇⲉ ⲉⲧ
Fol. 15 b ⲙ̄ⲙⲁⲩ · | ⲁϥϭⲱ ⲉϥⲃⲁⲥⲁⲛⲓⲍⲉ ⲙ̄ ⲡⲉϩⲟⲟⲩ ⲧⲏⲣϥ̄ · ϩⲱⲥ
ⲕ̄ⲏ̄ ϫⲉ ⲉⲩⲕⲟⲛⲥ̄ ⲙ̄ⲙⲟϥ · ⲛ̄ ⲟⲩⲗⲟⲅⲭⲏ · ⲁⲩⲱ ⲁϥϯ ⲙ̄
ⲡⲉϥⲡⲛ̄ⲁ̄ · ϩⲛ̄ ⲟⲩⲙⲛ̄ⲧⲉⲃⲃⲓⲏⲛ · ⲡⲁⲣⲁ ⲣⲱⲙⲉ ⲛⲓⲙ ·
ⲁϥⲱⲣⲕ̄ ⲛ̄ ⲛⲟⲩϫ ⲙ̄ⲡ ϥⲧⲓ̈ϩⲏⲩ ⲛ̄ ⲗⲁⲁⲩ · ⲉⲓ ⲙⲏ ⲧⲉ
ⲛⲧⲁⲕⲟ ⲛ̄ ⲧⲉϥⲯⲩⲭⲏ ⲙⲛ̄ ⲡⲉϥⲥⲱⲙⲁ · ⲁⲧⲉⲧⲛ̄ⲛⲁⲩ Ⲱ̄
ⲛⲁⲙⲉⲣⲁⲧⲉ · ϫⲉ ⲟⲩⲛ̄ϭⲟⲙ ⲛ̄ ⲁϣ ⲛ̄ ϩⲉ ⲛ̄ϭⲓ ⲛ̄ϭⲟⲙ ·
ⲙ̄ ⲡⲁⲣⲭⲁⲅⲅⲉⲗⲟⲥ Ⲅⲁⲃⲣⲓ̈ⲏⲗ · ⲡⲁⲓ̈ ⲉⲧ ⲛ̄ⲣ̄ ϣⲁ ⲛⲁϥ
ⲙ̄ⲡⲟⲟⲩ · ⲁⲩⲱ ϫⲉ ⲡⲉⲧ ⲛⲁⲱⲣⲕ̄ ⲙ̄ ⲡⲉϥⲣⲁⲛ ⲛ̄ ⲛⲟⲩϫ · ϩⲛ̄
ⲟⲩⲙⲟⲩ · ϥⲛⲁⲙⲟⲩ · ϩⲛ̄ ⲟⲩⲙⲛ̄ⲧⲉⲃⲃⲓⲏⲛ · ⲙⲁⲣⲛ̄ⲣ̄ ⲛ̄ⲥⲁ
ϩⲱⲛ · ⲉ ⲃⲟⲗ ⲙ̄ ⲡϭⲟⲗ · ⲡⲉϫⲃⲓⲛ ⲉⲧ ϩⲟⲟⲩ · ⲙⲁⲗⲓⲥⲧⲁ
ⲡⲉⲧ ⲧⲁϫⲣⲟ ⲙ̄ ⲡϭⲟⲗ · ϩⲓⲧⲛ̄ ⲡⲁⲛⲁϣ ⲛ̄ⲛⲟⲩϫ · ⲛ̄ⲅ̄ ⲥⲱⲧⲙ̄

ⲁⲛ ⲉ ⲡⲭ︦ⲥ︦ ⲉϥⲱϣ ⲉ ⲃⲟⲗ ⲉ ⲟⲩⲟⲛ ⲛⲓⲙ · ϫⲉ ⲙⲁⲣⲉ ⲛⲉⲧⲛ̅-
ϣⲁϫⲉ ϣⲱⲡⲉ ⲛ̅ⲥⲉ ⲛ̅ ⲛ̅ⲥⲉ · ⲁⲩⲱ ⲡⲉⲧ ⲙ̅ⲙⲟⲛ · ⲛ̅ⲙ̅ⲙⲟⲛ ·
ϫⲉ ⲛ̅ⲛⲉⲩⲕⲣⲓⲛⲉ ⲙ̅ⲙⲱⲧⲛ̅ · ⲁⲛⲟⲛ ⲇⲉ ϩⲱⲱⲛ · ⲙⲁⲣⲛ̅
ϩⲁⲣⲉϩ · ⲉ ⲧⲛ̅ⲧⲁⲡⲣⲟ · ⲉ ⲃⲟⲗ ϩⲛ̅ ⲛⲉⲓ̈ | ⲛⲁϣ ⲛ̅ ϩⲟⲧⲉ · ⲉⲧ Fol. 16 *a* ⲕ︦ⲑ︦
ⲛ̅ⲡⲱⲣⲕ̅ ⲙ̅ⲙⲟⲟⲩ · ⲙⲁⲗⲓⲥⲧⲁ ⲉϫⲛ̅ ⲟⲩϩⲱⲃ ⲉϫⲛ̅ ⲟⲩϩⲱⲃ (*sic*) ·
ⲉϥϣⲟⲩⲉⲓⲧ · ϫⲉ ⲛ̅ⲛⲉ ⲛ̅ϫⲓ ⲛ̅ ⲟⲩⲛⲟϭ ⲛ̅ ⲕⲣⲓⲙⲁ · ⲙⲛ̅ ⲟⲩ-
ⲕⲟⲗⲁⲥⲓ̈ⲥ · ⲛ̅ ⲁⲧ ⲱ̅ϫⲛ̅ ϩⲙ̅ ⲡⲙⲁ · ⲉⲧⲉ ⲙ̅ⲡϣⲁ ⲉⲛϩ̅ ϭⲓⲛⲉ
ⲁⲛ ⲙ̅ ⲡⲉϥϣⲓⲛⲉ · ⲧⲉⲓ ⲉⲓ̈ⲣⲉ ⲅⲁⲣ ⲙ̅ ⲡⲙⲉⲉⲩⲉ · ϫⲉ ⲁⲓ̈ⲉⲣⲏⲧ
ⲉ ϫⲱ ⲉ ⲣⲱⲧⲛ̅ ⲛ̅ ϩⲉⲛⲕⲟⲩⲓ̈ · ⲉ ⲃⲟⲗ ϩⲛ̅ ⲛ̅ϭⲟⲙ ⲙⲛ̅ ⲛⲉϣ-
ⲡⲏⲣⲉ · ⲙ̅ ⲡⲛⲟϭ ⲛ̅ ⲁⲣⲭⲁⲅⲅⲉⲗⲟⲥ ⲅⲁⲃⲣⲓ̈ⲏⲗ · ⲡⲁⲓ̈ ⲉⲧ
ⲛ̅ⲣϣⲁ ⲛⲁϥ ⲙ̅ⲡⲟⲟⲩ ⲉⲩⲉⲟⲟⲩ ⲙ̅ ⲡⲛⲟⲩⲧⲉ · ⲙⲛ̅ ⲡⲉϥⲛⲟϭ
ⲛ̅ ⲁⲣⲭⲁⲅⲅⲉⲗⲟⲥ ⲅⲁⲃⲣⲓ̈ⲏⲗ · ϥⲁⲓ̈ ϣⲙ̅ ⲛⲟⲩϥⲉ · ⲛⲉⲩⲛ̅
ⲟⲩⲣⲱⲙⲉ ⲇⲉ ⲟⲛ ϩⲛ̅ ⲧⲓ̈ ⲡⲟⲗⲓ̈ⲥ · ⲉϥⲟ ⲛ̅ ⲃ̅ⲗ̅ⲗⲉ · ⲉ ⲡⲉϥ-
ⲃⲁⲗ ⲥⲛⲁⲩ ϫⲓⲛ ⲧⲉϥⲙⲛ̅ⲧⲕⲟⲩⲓ̈ · ⲛ̅ ⲧⲉⲣ ϥⲥⲱⲧⲙ̅ ϫⲉ ⲉ ⲧⲃⲉ
ⲛ̅ϭⲟⲙ · ⲙⲛ̅ ⲛⲉϣⲡⲏⲣⲉ · ⲙ̅ ⲡⲁⲣⲭⲁⲅⲅⲉⲗⲟⲥ ⲅⲁⲃⲣⲓ̈ⲏⲗ ·
ⲁϥⲡⲁⲣⲁⲕⲁⲗⲉⲓ̈ ⲛ̅ ⲛⲉϥⲣⲱⲙⲉ · ⲉⲧⲣⲉⲩϫⲓ̈ⲧϥ̅ ⲉ ϩⲟⲩⲛ ⲉ
ⲡⲧⲟⲡⲟⲥ · ⲙ̅ ⲡⲁⲣⲭⲁⲅⲅⲉⲗⲟⲥ ⲅⲁⲃⲣⲓ̈ⲏⲗ · ⲉϥϫⲱ ⲙ̅ⲙⲟⲥ ·
ϫⲉ ⲡⲁⲛⲧⲟⲥ ⲛ̅ⲧⲉ ⲡⲉϥⲛⲁ ⲧⲁϩⲟⲓ̈ · ϩⲱ ⲛ̅ϥⲭⲁⲣⲓⲍⲉ ⲛⲁⲓ̈ ⲙ̅
ⲡⲟⲩⲟⲉⲓⲛ ⲛ̅ ⲛⲁⲃⲁⲗ · ⲛ̅ⲧⲟⲟⲩ ⲇⲉ ⲁⲩϫⲓ̈ⲧϥ̅ ⲉ ⲡⲧⲟⲡⲟⲥ · ⲙ̅ |
ⲡⲁⲣⲭⲁⲅⲅⲉⲗⲟⲥ ⲅⲁⲃⲣⲓ̈ⲏⲗ · ⲉϥϫⲱ ⲙ̅ⲙⲟⲥ · ϫⲉ ⲡⲁⲛ- Fol. 16 *b* ⲗ︦
ⲧⲟⲥ · ⲛ̅ⲧⲉ ⲡⲉϥⲛⲁ ⲧⲁϩⲟⲓ̈ · Ⲁⲩⲱ ⲛ̅ ⲧⲉⲣ ϥⲃⲱⲕ ⲉ ϩⲟⲩⲛ ·
Ⲁϥⲡⲁϩⲧϥ̅ ⲉϫⲙ̅ ⲡⲉϥϩⲟ · ϩⲓⲑⲏ ⲙ̅ ⲡⲉⲑⲩⲥⲓⲁⲥϯⲣⲓ̈ⲟⲛ ⲉⲧ
ⲟⲩⲁⲁⲃ · Ⲁϥⲣⲓ̈ⲙⲉ ⲉϥϫⲱ ⲙ̅ⲙⲟⲥ · ϫⲉ ⲡⲁ ϫ︦ⲥ︦ ⲡⲁⲣⲭ-
ⲁⲅⲅⲉⲗⲟⲥ · ⲉⲧ ⲟⲩⲁⲁⲃ ⲅⲁⲃⲣⲓ̈ⲏⲗ · ϣⲡ̅ϩⲧⲏϥ · ⲉϫⲛ̅ ⲧⲁ
ⲙⲛ̅ⲧⲉⲃⲃⲓⲏⲛ · ⲛ̅ⲅ̅ ⲭⲁⲣⲓⲍⲉ ⲛⲁⲓ̈ ⲙ̅ ⲡⲟⲩⲟⲉⲓⲛ ⲛ̅ ⲛⲁⲃⲁⲗ ·
ϫⲉ ϯϩⲏϣ ⲉⲙⲁⲧⲉ · ⲉⲧⲉⲓ ⲇⲉ ⲉϥⲣⲓ̈ⲙⲉ · ⲉϥϫⲱ ⲛ̅ ⲛⲁⲓ̈ ·
ⲁϥⲁⲥⲑⲁⲛⲉ · ⲉⲩϭⲓϫ ⲛ̅ ⲣⲱⲙⲉ · ⲉⲥϫⲱϩ ⲉ ⲛⲉϥⲃⲁⲗ · ⲡⲗⲁⲟⲥ
ⲇⲉ ⲧⲏⲣϥ̅ ⲉⲧ ⲥⲟⲟⲩϩ · ⲉ ⲡⲧⲟⲡⲟⲥ ⲙ̅ ⲡⲁⲣⲭⲁⲅⲅⲉⲗⲟⲥ
ⲅⲁⲃⲣⲓ̈ⲏⲗ · Ⲛ̅ ⲧⲉⲣ ⲟⲩⲛⲁⲩ ⲇⲉ ⲉ ⲡⲃ̅ⲗ̅ⲗⲉ · ⲉϥⲛⲁⲩ ⲉ ⲃⲟⲗ ·
ⲉϥⲉϣⲗⲟⲩⲗⲁⲓ ⲉ ⲃⲟⲗ · ϩⲁ ⲡⲣⲁϣⲉ · ⲉϥⲱϣ ⲉ ⲃⲟⲗ · ϫⲉ
ⲟⲩⲁ ⲡⲉ ⲡⲛⲟⲩⲧⲉ · ⲙ̅ ⲡⲁⲣⲭⲁⲅⲅⲉⲗⲟⲥ ⲉⲧ ⲟⲩⲁⲁⲃ
ⲅⲁⲃⲣⲓ̈ⲏⲗ · ϫⲉ ⲁ ⲡⲉϥⲛⲁ ⲧⲁϩⲟⲓ̈ · | ⲁϥⲭⲁⲣⲓⲍⲉ ⲛⲁⲓ̈ ⲙ̅ Fol. 17 *a* ⲗ︦ⲁ︦
ⲡⲟⲩⲟⲉⲓⲛ ⲛ̅ ⲛⲁⲃⲁⲗ · ⲁⲩⲱ ⲁⲩⲡⲱⲧ ⲉ ϫⲱϥ · ⲛ̅ϭⲓ ⲛ̅
ⲙⲏⲏϣⲉ ⲧⲏⲣϥ̅ · ⲁⲩϫⲛⲟⲩϥ · ⲉⲩϫⲱ · ⲙ̅ⲙⲟⲥ · ϫⲉ ϫⲱ

ⲉ ⲣⲟⲛ· ⲙ̅ ⲡⲉⲛⲧⲁϥϣⲱⲡⲉ ⲙ̅ⲙⲟⲕ· ϫⲉ ⲛ̅ⲧⲁⲕⲛⲁⲩ· ⲉ
ⲃⲟⲗ· ⲛ̅ ⲁϣ ⲛ̅ ϩⲉ· Ⲁϥⲡⲁⲣⲁⲅⲅⲉⲗⲉⲓ̈ ⲉ ⲣⲟⲟⲩ· ⲛ̅ϩⲱⲃ
ⲛⲓⲙ· ⲛ̅ⲧⲁⲩϣⲱⲡⲉ ⲙ̅ⲙⲟϥ· ϫⲉ ⲁⲥϣⲱⲡⲉ ⲙ̅ⲙⲟⲓ̈ ⲙⲛ̅-
ⲛ̅ⲥⲁ ⲧⲣⲁⲉⲓ̈ ⲉ ϩⲟⲩⲛ ⲉ ⲡⲉⲓ̈ ⲧⲟⲡⲟⲥ· ⲉⲧ ⲟⲩⲁⲁⲃ· ⲁⲓ̈ⲡⲁϩⲧ̅
ϩⲓ̈ⲑⲏ ⲙ̅ ⲡⲉⲑⲩⲥⲓ̈ⲁⲥⲧⲓ̈ⲣⲓ̈ⲟⲛ· ⲉⲧ ⲟⲩⲁⲁⲃ· Ⲁⲓ̈ⲡⲁⲣⲁⲕⲁⲗⲉⲓ̈
ⲙ̅ ⲡⲁⲣⲭⲁⲅⲅⲉⲗⲟⲥ ⲉⲧ ⲟⲩⲁⲁⲃ· ⲅⲁⲃⲣⲓ̈ⲏⲗ· ϩⲛ̅ ⲧⲉⲩⲛⲟⲩ
ⲁⲓ̈ⲉⲥⲑⲁⲛⲉ· ⲉⲩϭⲓϫ ⲛ̅ ⲣⲱⲙⲉ· ⲁⲥⲉⲓ̈ ⲡⲉⲥⲏⲧ ⲉϫⲙ̅ ⲡⲁ
ϩⲟ· ⲁⲥⲥⲫⲣⲁⲅⲓⲍⲉ ⲛ̅ ⲛⲁⲃⲁⲗ· ⲁⲩⲱ ⲛ̅ⲧⲉⲩⲛⲟⲩ ⲁⲓ̈ⲛⲁⲩ ⲉ
ⲃⲟⲗ· ⲁⲩⲱ ⲁⲓ̈ⲥⲱⲧⲙ̅ ⲉⲩⲥⲙⲏ ⲉⲥϫⲱ ⲙ̅ⲙⲟⲥ· ⲛⲁⲓ̈· ϫⲉ
ⲉⲓⲥ ϩⲏⲏⲧⲉ ⲁⲓ̈ⲭⲁⲣⲓⲍⲉ ⲛⲁⲕ ⲙ̅ ⲡⲟⲩⲟⲉⲓⲛ ⲛ̅ ⲛⲅ̅ⲃⲁⲗ·
ⲡⲣⲟⲥ ⲑⲉ ⲛ̅ⲧⲁⲕⲥⲡⲥⲱⲡⲧ̅· Ⲁⲛⲟⲕ ⲇⲉ ⲡⲉϫⲁⲓ̈· ϫⲉ ⲛ̅ⲧⲕ̅
Fol. 17 *b* ⲛⲓⲙ ⲡⲁ ϫ̅ⲥ̅· ⲛ̅ⲧⲟϥ ⲇⲉ ⲡⲉϫⲁϥ ⲛⲁⲓ̈ | ϫⲉ ⲁⲛⲟⲕ ⲡⲉ
ⲗ̅ⲅ̅ (*sic*) ⲅⲁⲃⲣⲓ̈ⲏⲗ· ⲡⲁⲣⲭⲁⲅⲅⲉⲗⲟⲥ· ⲁⲩⲱ ⲧⲁⲓ̈ ⲧⲉ ⲑⲉ ⲛ̅ⲧⲁⲓ̈-
ⲥⲱⲧⲙ̅· ⲁⲗⲗⲁ ⲙⲛ̅ ⲉⲓⲛⲁⲩ· ⲉ ⲡⲉⲧ ϣⲁϫⲉ ⲛ̅ⲙ̅ⲙⲁⲓ̈·
ⲡⲗⲁⲟⲥ ⲇⲉ ⲛ̅ ⲧⲏⲣϥ̅ ⲥⲱⲧⲙ̅ ⲉ ⲛⲁⲓ̈· ⲁⲩϥⲓ ϩⲣⲁⲩ ⲉ ⲃⲟⲗ·
ϩⲛ̅ ⲟⲩⲛⲟϭ ⲛ̅ ⲥⲙⲏ· ⲉⲩϫⲱ· ⲙ̅ⲙⲟⲥ· ϫⲉ ⲟⲩⲁ ⲡⲉ
ⲡⲛⲟⲩⲧⲉ ⲙ̅ ⲡⲁⲣⲭⲁⲅⲅⲉⲗⲟⲥ ⲅⲁⲃⲣⲓ̈ⲏⲗ· ⲡⲣⲱⲙⲉ ⲇⲉ·
ⲛ̅ⲧⲁϥⲛⲁⲩ ⲉ ⲃⲟⲗ· Ⲁϥϭⲱ· ϩⲙ̅ ⲡⲧⲟⲡⲟⲥ ⲙ̅ ⲡⲁⲣⲭ-
ⲁⲅⲅⲉⲗⲟⲥ ⲅⲁⲃⲣⲓ̈ⲏⲗ· ⲉϥⲇⲓ̈ⲁⲕⲟⲛⲉⲓ̈ ϣⲁ ⲡⲉϩⲟⲟⲩ ⲙ̅
ⲡⲉϥ̅ⲙⲟⲩ· ⲟⲩⲣⲱⲙⲉ ⲇⲉ ⲟⲛ· ⲛ̅ ⲣ̅ⲙ̅ⲙⲁⲟ· ϩⲛ̅ ⲡⲛⲟⲩⲃ
ⲙⲛ̅ ⲡϩⲁⲧ· ⲉϥⲟ ⲛ̅ ⲙ̅ⲡⲟ· ⲙⲛ̅ⲛ̅ⲥⲱⲥ ⲁϥϩⲉ ⲉⲩϣⲱⲛⲉ ⲡⲁⲓ̈
ⲉⲧ ⲟⲩⲙⲟⲩⲧⲉ ⲉ ⲣⲟϥ· ϫⲉ [lacuna] ⲡⲟⲧⲁⲕⲣⲓ̈ⲁ· ⲉⲣⲉ ⲟⲩⲛⲟϭ
ⲛ̅ ⲧⲕⲁⲥ· ⲟⲩⲱⲙ ⲛ̅ⲥⲁ ⲛⲉϥⲟⲩⲣⲏⲏⲧⲉ ⲙ̅ ⲡⲉϩⲟⲟⲩ· ⲙⲛ̅
ⲧⲉⲩϣⲏ· ⲉ ⲁϥϫⲉ ⲡⲣⲱϣⲉ ⲛ̅ ⲁⲛϩⲟⲗⲟⲙⲁ ⲉ ⲃⲟⲗ·
ⲛ̅ ⲛ̅ⲥⲉⲉⲓⲛ ⲙⲛ̅ ϥⲱⲫⲉⲗⲓ̈ ⲛ̅ ⲗⲁⲁⲩ· ⲁⲗⲗⲁ ⲛ̅ⲧⲁϥⲣ̅ ϩⲟⲩⲟ
ⲉⲑⲟ· Ⲛ̅ ⲧⲉⲣ ϥ̅ⲥⲱⲧⲙ̅ ⲇⲉ ⲛ̅ϭⲟⲙ· ⲙⲛ̅ ⲛⲉϣⲡⲏⲣⲉ· ⲉⲧ
Fol. 18 *a* ϣⲟⲟⲡ· ϩⲙ̅ ⲡⲧⲟⲡⲟⲥ· ⲙ̅ ⲡⲁⲣⲭⲁⲅ|ⲅⲉⲗⲟⲥ ⲉⲧ ⲟⲩⲁⲁⲃ·
ⲗ̅ⲇ̅ ⲅⲁⲃⲣⲓ̈ⲏⲗ· ⲁϥⲧⲣⲉ ⲛⲉϥϩⲙ̅ϩⲁⲗ ⲧⲁⲗⲟϥ· ⲛ̅ⲥⲉϫⲓ̈ⲧϥ̅ ⲉ
ⲡⲉϥⲧⲟⲡⲟⲥ ⲉⲧ ⲟⲩⲁⲁⲃ ⲁϥⲛ̅ⲕⲟⲧⲕ̅ ϩⲙ̅ ⲡⲧⲟⲡⲟⲥ· ⲉⲧ ⲙ̅-
ⲙⲁⲩ· ⲉϥϣⲟⲟⲡ ϩⲛ̅ ⲟⲩⲛⲟϭ ⲛ̅ ϩⲓⲥⲉ· ⲁⲩⲱ ⲛⲉϥⲱϣ ⲉ
ⲃⲟⲗ· ⲉϥϫⲱ ⲙ̅ⲙⲟⲥ· ϫⲉ ⲡⲁ ϫ̅ⲥ̅· ⲡⲁⲣⲭⲁⲅⲅⲉⲗⲟⲥ ⲉⲧ
ⲟⲩⲁⲁⲃ· ⲅⲁⲃⲣⲓ̈ⲏⲗ· ϣⲡ̅ϩⲧⲏⲕ ϩⲓ ϫⲱⲓ (?) ⲛⲅ̅ ⲭⲁⲣⲓ̈ⲍⲉ
ⲛⲁⲓ̈ ⲙ̅ ⲡⲧⲁⲗϭⲟ ⲉ ⲃⲟⲗ· ϫⲉ ⲁⲓ̈ϩⲓⲥⲉ ⲉⲙⲁⲧⲉ· Ⲁ ⲡⲣⲱⲙⲉ
ⲇⲉ ⲟⲛ· ϩⲟⲙⲁⲓ̈ⲟⲥ· ⲉϥⲥⲏϭ· ⲉ ⲛⲉϥⲟⲩⲣⲏⲏⲧⲉ· ⲉϥⲥⲩⲣⲁ

ϩⲙ̅ ⲡⲕⲁϩ ⲛ̅ ⲛⲁⲩ ⲛⲓⲙ · ⲛ̅ⲑⲉ ⲛ̅ ⲛ̅ϣⲏⲣⲉ ϣⲏⲙ · ⲛⲉϥ ϩⲙ̅
ⲡⲧⲟⲡⲟⲥ · ϩⲱⲱϥ · ⲉϥⲛ̅ⲕⲟⲧⲕ̅ · ⲉϥⲡⲁⲣⲁⲕⲁⲗⲉⲓ̈ ⲙ̅ ⲡⲁⲣⲭ-
ⲁⲅⲅⲉⲗⲟⲥ ⲉ ⲧⲣⲉϥ̅ⲭⲁⲣⲓⲍⲉ ⲛⲁϥ ⲙ̅ ⲡⲧⲁⲗϭⲟ · Ⲡⲣⲱⲙⲉ
ⲇⲉ ⲉⲧ ⲥⲏϭ · ⲛⲉϥⲛ̅ⲕⲟⲧⲕ̅ ϩⲓⲧⲟⲩⲱϥ · ⲙ̅ ⲡⲧⲟⲡⲟⲥ · ⲉϥⲧ̅ⲓ̈
ⲧⲕⲁⲥ ⲉ ⲛⲉϥ̅ⲟⲩⲣⲏⲏⲧⲉ · Ⲁⲩⲱ ⲛ̅ⲧⲟⲟⲩ ⲙ̅ ⲡⲉⲥⲛⲁⲩ ⲛⲉⲩ-
ϣⲓ̈ⲛⲉ ⲙ̅ ⲡⲉ̅ⲥⲛⲁⲩ · ⲛ̅ⲥⲁ ⲡⲧⲁⲗϭⲟ ⲉ ⲃⲟⲗ · ϩⲓ ⲧⲟⲟⲧϥ̅ ·
ⲙ̅ ⲡⲁⲣⲭⲁⲅⲅⲉⲗⲟⲥ · ⲉⲧ ⲟⲩⲁⲁⲃ · ⲅⲁⲃⲣⲓ̈ⲏⲗ ϩⲛ̅ ⲧⲉⲩⲛⲟⲩ
ⲉⲧ ⲙ̅ⲙⲁⲩ ⲁ ⲡⲁⲣⲭⲁⲅⲅⲉⲗⲟⲥ ϣⲛ̅ ϩⲧⲏϥ ϩⲁ ⲣⲟⲟⲩ ·
ⲁϥⲣ̅ϩⲛⲁϥ ϩⲛ̅ ⲧϥ̅‖ⲙⲛ̅ⲧⲁⲅⲁⲑⲟⲥ · ⲉ ⲭⲁⲣⲓⲍⲉ ⲛⲁⲩ ⲙ̅ Fol. 18 b
ⲡⲧⲁⲗϭⲟ · ⲙ̅ ⲡⲉⲥⲛⲁⲩ · ⲛ̅ ⲟⲩⲥⲟⲡ ⲛ̅ ⲟⲩⲱⲧ · ⲁⲩⲱ ⲛ̅ ⲧⲉⲓ̈ ⲗⲉ
ϩⲉ · ⲁϥⲱⲛϩ̅ ⲉ ⲃⲟⲗ ⲉ ⲡⲉⲧ ⲥⲏϫ ϩⲛ̅ ⲟⲩϩⲟⲣⲟⲙⲁ · ⲙ̅
ⲡⲉⲥⲙⲟⲧ ⲛ̅ ⲟⲩⲣⲱⲙⲉ ⲛ̅ ⲟⲩⲟⲉⲓⲛ · ⲉⲣⲉ ⲡⲉϥϩⲟ ⲛⲏϫ ·
ⲁⲕⲧⲓⲛ ⲛ̅ ⲟⲩⲟⲉⲓⲛ ⲉ ⲃⲟⲗ · ⲡⲉϫⲁϥ ⲙ̅ ⲡⲣⲱⲙⲉ ⲉⲧ ⲥⲏϭ ·
ϫⲉ ⲉϣⲱⲡⲉ · ⲉⲕⲟⲩⲱϣ ⲉⲙⲁⲧⲉ ⲙ̅ ⲡⲧⲁⲗϭⲟ · ⲁⲩⲱ ⲛ̅ⲧⲉ
ⲡⲟⲩϫⲁⲓ̈ · ϣⲱⲡⲉ ⲛⲁⲕ · ⲛ̅ⲅ̅ ⲙⲟⲟϣⲉ ⲛ̅ ⲛⲉⲕⲟⲩⲣⲏⲏⲧⲉ ·
ⲛ̅ⲑⲉ ⲛⲣⲱⲙⲉ ⲛⲓⲙ · ⲡⲣⲟⲥⲉⲭⲉⲓ ⲉ ⲣⲟⲕ · ϣⲁⲛⲧⲉ ⲛ̅ⲣⲱⲙⲉ
ⲧⲏⲣⲟⲩ · ⲉⲧ ϩⲙ̅ ⲡⲧⲟⲡⲟⲥ · ⲛ̅ⲕⲟⲧⲕ̅ ⲛ̅ⲥⲉⲃⲱⲕ · ⲉⲕϣⲁⲛ-
ⲉⲓⲙⲉ · ϫⲉ ⲁⲩⲱⲃϣ̅ ⲧⲏⲣⲟⲩ · ⲧⲱⲟⲩⲛ ϩⲱⲱⲕ · ⲛ̅ⲅ̅ ⲥⲓⲗⲁ ·
ⲛ̅ ⲛⲉⲕϭⲓϫ · ⲙⲛ̅ ⲛⲉⲕⲟⲩⲣⲏⲏⲧⲉ ⲛ̅ⲅ̅ ⲃⲱⲕ ϩⲁϩⲧⲏ ⲙⲁ ⲛ̅
ⲛ̅ⲕⲟⲧⲕ̅ ⲙ̅ ⲡⲣⲙ̅ⲙⲁⲟ · ⲉⲧ ⲧⲓ ⲧⲕⲁⲥ ⲉ ⲛⲉϥ̅ⲟⲩⲣⲏⲏⲧⲉ · ⲛ̅ⲅ̅
ⲁⲣⲭⲉⲓ̈ ⲛ̅ ϥⲓ̅ ⲙ̅ ⲡⲉⲡⲣⲏϣ ⲉⲧ ϩⲓ ϫⲱϥ · ⲁⲩⲱ ⲉⲕⲛⲁ-
ⲙⲁⲁⲧⲉ ⲙ̅ ⲡⲧⲁⲗϭⲟ · ⲛ̅ⲅ̅ ⲙⲟⲟϣⲉ ⲛ̅ ⲛⲉⲕⲟⲩⲣⲏⲏⲧⲉ ·
ⲛ̅ⲧⲉⲩⲛⲟⲩ ⲛ̅ⲅ̅ ⲟⲩϫⲁⲓ̈ · ⲛ̅ⲅ̅ ⲃⲱⲕ ⲉ ⲡⲉⲕⲏⲓ̈ ⲛ̅ⲑⲉ ⲛ̅ ⲟⲩⲁ
ⲉⲧⲉ ⲛⲉϥ‖ϣⲱⲛⲉ ⲉⲛⲉϩ · ⲡⲣⲱⲙⲉ ⲇⲉ ⲛ̅ ⲧⲉⲣ ϥ̅ⲛⲉϩⲥⲉ · Fol. 19 a
ⲉ ϩⲣⲁⲓ̈ ϩⲙ̅ ⲡϩⲟⲣⲟⲙⲁ · ⲁϥⲣ̅ ϣⲡⲏⲣⲉ · ⲁⲩⲱ ⲡⲉϫⲁϥ ⲗⲋ
ϩⲣⲁⲓ̈ ⲛ̅ϩⲏⲧϥ̅ · ϫⲉ ⲁⲗⲏⲑⲱⲥ · ⲛ̅ⲧⲁⲩⲣ̅ ϩⲁⲗ ⲙ̅ⲙⲟⲓ̈ ϩⲛ̅
ⲧⲓⲣⲁⲥⲟⲩ · ⲉⲓ̈ϣⲁⲛⲣ̅ ⲡⲁⲓ̈ · ⲛ̅ⲧⲁⲃⲱⲕ ϫⲉ ⲉⲓ̈ⲛⲁⲥϥⲓ̈ · ⲙ̅
ⲡϩⲟⲓ̈ⲧⲉ · ⲙ̅ ⲡⲣⲙ̅ⲙⲁⲟ · ⲥⲛⲁϣⲱⲡⲉ ⲛⲉϥ̅ⲛⲉϩⲥⲉ · ⲉ ϩⲣⲁⲓ̈
ⲛ̅ⲧⲉ ⲛⲉϥϩⲙ̅ϩⲁⲗ · ϭⲟⲡⲧ̅ · Ⲉⲡⲉⲓ̈ ⲇⲏ · ⲙ̅ⲡϣϭⲟⲙ ⲙ̅-
ⲙⲟⲓ̈ · ⲉⲓⲥⲛⲏϭ ⲛ̅ⲥⲉⲡⲁⲣⲁⲇⲓⲇⲟⲩ ⲙ̅ⲙⲟⲓ̈ ⲉ ⲧⲟⲟⲧⲥ̅ ⲙ̅ ⲡⲉ-
ⲡⲁⲣⲭⲟⲥ · ⲛ̅ ⲧⲡⲟⲗⲓⲥ · ⲛ̅ϥϩⲟⲧⲃ̅ ⲙ̅ⲙⲟⲓ̈ · ⲛ̅ⲧⲁⲃⲱⲕ
ⲉⲓϣⲓⲛⲉ ⲛ̅ⲥⲁ ⲉⲩⲧⲁⲗϭⲟ · ⲙ̅ ⲡⲁⲥⲱⲙⲁ · ⲛ̅ⲧⲁⲧⲓ ⲟⲥⲉ ⲛ̅
ⲧⲁ ⲯⲩⲭⲏ · ϩⲓⲧⲛ̅ ⲛ̅ⲃⲁⲥⲁⲛⲟⲥ ⲉⲧⲟⲩⲛⲁⲧⲁⲁⲩ ⲛⲁⲓ̈ · ⲛ̅ⲧⲓ̈-
ⲛⲁⲣ̅ ⲡⲁⲓ̈ ⲁⲛ ϣⲁ ⲉⲛⲉϩ · Ⲛ̅ⲧⲉⲩϣⲏ ⲇⲉ ⲟⲛ ⲉⲧ ⲛⲏⲩ ·

ⲁ ⲡⲁⲣⲭⲁⲅⲅⲉⲗⲟⲥ ⲅⲁⲃⲣⲓ̈ⲏⲗ ⲉⲓ̈ ϣⲁ ⲣⲟϥ · ⲉϥⲫⲟⲣⲉⲓ̈ ⲛ̄
ⲟⲩⲛⲟϭ ⲛ̄ ⲁⲝⲓⲱⲙⲁ ⲛ̄ ⲃⲁⲥⲓⲗⲓⲕⲟⲛ · ⲉϥⲣ̄ ⲟⲩⲟⲉⲓⲛ ⲛ̄ ϩⲟⲩⲟ
ⲉ ⲡⲣⲏ · Ⲁϥϣⲁϫⲉ ⲙⲛ̄ ⲡⲉⲧ ⲥⲏϭ · ⲉⲣⲉ ⲟⲩⲛⲟϭ ⲛ̄ ⲥⲧⲓ
Fol. 19 *b* ⲛⲟⲩϥⲉ | ⲛⲏⲩ ⲉ ⲃⲟⲗ ϩⲛ̄ ⲧϥ̄ⲧⲁⲡⲣⲟ · ⲁⲩⲱ ⲡⲉϫⲁϥ ⲛⲁϥ
ⲗ̅ⲍ̅ ϫⲉ ⲉ ⲧⲃⲉ ⲟⲩ ⲁⲕⲁⲙⲉⲗⲉⲓ̈ ⲙ̄ⲡⲉ ⲕⲉⲓ̈ⲣⲉ · ⲙ̄ ⲡⲉⲛⲧ ⲁⲓ̈ⲟⲩⲉⲉϩ-
ⲥⲁϩⲛⲉ (*sic*) ⲙ̄ⲙⲟϥ ⲛⲁⲕ · Ⲉⲓ̈ⲙⲉ ⲛⲁⲕ ⲉ ⲡⲁⲓ̈ · ϫⲉ ⲉϣⲱⲡⲉ
ⲛ̄ⲅ̄ ⲛⲁⲥⲱⲧⲙ̄ · ⲛ̄ⲥⲱⲓ̈ ⲁⲛ · ⲛ̄ⲅ̄ ⲛⲁⲗⲟ ⲁⲛ · ϩⲙ̄ ⲡⲉⲕϣⲱⲛⲉ
ϣⲁⲛⲧ ⲉⲕⲙⲟⲩ · ⲉⲕϣⲁⲛⲣ̄ ⲡⲉⲛⲧ ⲁⲓ̈ⲟⲩⲉϩⲥⲁϩⲛⲉ ⲙ̄ⲙⲟϥ
ⲛⲁⲕ · ⲕⲛⲁⲟⲩϫⲁⲓ̈ ϩⲛ̄ ⲟⲩϭⲉⲡⲏ · ⲁⲩⲱ ⲛ̄ ⲧⲉⲣⲉ ⲡⲁⲣⲭ-
ⲁⲅⲅⲉⲗⲟⲥ ϫⲉ ⲛⲁⲓ̈ ⲛⲁϥ · ⲁϥⲃⲱⲕ ⲉ ⲃⲟⲗ ϩⲓ̈ ⲧⲟⲟⲧϥ̄ ⲛ̄-
ⲧⲉⲩⲛⲟⲩ · ⲁϥⲛⲉϩⲥⲉ ϩⲛ̄ ⲟⲩϣⲧⲟⲣⲧⲣ̄ · ⲙⲛ̄ ⲟⲩϩⲟⲧⲉ · Ⲁⲩⲱ
ⲁϥⲧⲁϫⲣⲉ ⲡϥ̄ϩⲏⲧ ⲕⲁⲗⲱⲥ · ϫⲉ ⲁⲗⲏⲑⲱⲥ · ⲡⲁⲣⲭⲁⲅⲅⲉ-
ⲗⲟⲥ ⲅⲁⲃⲣⲓ̈ⲏⲗ · ⲡⲉ ⲡⲁⲓ̈ ⲉⲧ ϣⲁϫⲉ ⲛ̄ⲙ̄ⲙⲁⲓ̈ · ⲧⲉⲛⲟⲩ ϭⲉ ·
ⲉⲥϣⲁⲛϣⲱⲡⲉ · ⲛ̄ⲥⲉϭⲟⲡⲧ̄ ⲛ̄ⲥⲉⲙⲟⲩⲟⲩⲧ ⲙ̄ⲙⲟⲓ̈ ⲛ̄ ϯⲛⲁⲣ̄
ⲁⲧ ⲥⲱⲧⲙ̄ ⲁⲛ · ⲙ̄ ⲡⲉⲓ̈ ⲥⲟⲡ · ⲡⲟⲩⲱϣ ⲙ̄ ⲡϫ̄ⲥ̄ ⲙⲁⲣϥ̄-
ϣⲱⲡⲉ · ⲛ̄ϯϩⲉ · ⲁ ⲡⲣⲱⲙⲉ ⲕⲁ ⲡϣⲁϫⲉ ϩⲙ̄ ⲡⲉϥϩⲏⲧ ·
ⲙ̄ⲡⲉ ϥⲧⲁⲙⲉ ⲗⲁⲁⲩ · ⲛ̄ⲣⲱⲙⲉ · ⲉ ⲡⲉⲛⲧ ⲁϥϣⲱⲡⲉ ·
Fol. 20 *a* ⲣⲟⲩϩⲉ ⲇⲉ ⲛ̄ ⲧⲉⲣ ϥ̄ϣⲱⲡⲉ · ⲁ | ⲡⲉⲧ ϭⲏϫ ⲡⲣⲟⲥⲩⲭⲉⲓ ·
ⲗ̅ⲏ̅ ϣⲁⲛⲧⲉ ⲛ̄ⲣⲱⲙⲉ ⲧⲏⲣⲟⲩ · ⲉⲧⲛ̄ⲕⲟⲧⲕ̄ ϩⲙ̄ ⲡⲧⲟⲡⲟⲥ ϩⲓⲛⲏⲃ ·
Ⲁϥⲧⲱⲟⲩⲛ · ⲁϥⲥⲩⲣⲁ ⲛ̄ ⲛⲉϥϭⲓϫ · ⲙⲛ̄ ⲛⲉϥⲟⲩⲣⲏⲏⲧⲉ ·
Ⲁϥⲃⲱⲕ ϩⲁϩⲧⲏⲛ ⲡⲣⲱⲙⲉ ⲉⲧⲟ ⲛ̄ ⲙ̄ⲡⲟ · Ⲁⲩⲱ ⲉϥϯ
ⲧⲕⲁⲥ ⲉ ⲛϥ̄ⲟⲩⲣⲏⲏⲧⲉ · Ⲁϥⲙⲁϩⲧⲉ ⲙ̄ ⲡϩⲟⲓ̈ⲧⲉ ⲉⲧ ϩⲟⲃⲥ̄
ⲉ ϫⲱϥ · Ⲁϥⲁⲣⲭⲉⲓ̈ ⲛ̄ⲥⲱⲕ ⲙ̄ⲙⲟϥ · ⲡⲣⲱⲙⲉ ⲇⲉ ⲉⲧ
ϯ ⲧⲕⲁⲥ ⲁⲩⲱ ⲉⲧⲟ ⲛ̄ ⲙ̄ⲡⲟ · ⲁϥⲛⲉϩⲥⲉ ⲉ ϩⲣⲁⲓ̈ ⲙ̄ ⲡϩⲓⲛⲏⲃ ·
ϩⲛ̄ ⲟⲩϣⲧⲟⲣⲧⲣ̄ · Ⲁⲩⲱ ⲁ ⲡⲛⲟⲩⲧⲉ ⲙⲛ̄ ⲡⲁⲣⲭⲁⲅⲅⲉⲗⲟⲥ
ⲅⲁⲃⲣⲓ̈ⲏⲗ · ϣⲛ̄ϩⲧⲏϥ · ⲉ ϩⲣⲁⲓ̈ ⲉ ϫⲱϥ · ⲁⲥⲃⲱⲗ ⲉ ⲃⲟⲗ
ⲛ̄ⲧⲉⲩⲛⲟⲩ · ⲛ̄ϫⲓ ⲧⲙ̄ⲣ̄ⲣⲉ ⲙ̄ ⲡϥ̄ⲗⲁⲥ · ⲁϥϣⲁϫⲉ · Ⲕⲁⲓ̈
ⲡⲉⲣ ⲙ̄ⲡⲉ ϥϣⲁϫⲉ ⲉⲛⲉϩ · ⲁϥⲁϣⲕⲁⲕ ⲉ ⲃⲟⲗ · ϩⲛ̄ ⲟⲩⲛⲟϭ
ⲛ̄ ⲥⲙⲏ ⲉ ⲛϥ̄ϩⲙ̄ϩⲁⲗ · ϫⲉ ⲧⲱⲟⲩⲛ · ϩⲛ̄ ⲟⲩϭⲉⲡⲏ · Ⲛ̄ⲧⲉ-
ⲧⲛ̄ϭⲱⲡⲉ · ⲙ̄ ⲡⲓ̈ⲗⲓ̈ⲥⲧⲏⲥ ⲛ̄ⲧⲁϥⲉⲓ̈ · ⲁϥϥⲓ̈ ⲙ̄ ⲡⲁϩⲟⲓ̈ⲧⲉ ·
ⲉⲧ ϩⲟⲃⲥ̄ ⲉ ϫⲱⲓ · ⲡⲉⲧ ⲥⲏϭ ⲇⲉ ⲁϥϣⲧⲟⲣⲧⲣ̄ ϫⲉ ⲛ̄ⲛⲉ ⲛ̄-
Fol. 20 *b* ϩⲙ̄ϩⲁⲗ ⲙ̄ ⲡⲣ̄ⲙ̄ⲙⲁⲟ · ϭⲟⲡϥ̄ · ⲁⲩⲱ ⲛ̄ⲧⲉⲩ|ⲛⲟⲩ ⲁ
ⲗ̅ⲑ̅ ⲡⲥⲟⲟⲩⲧⲛ̄ ϣⲱⲡⲉ ⲛ̄ ⲛⲉϥϭⲓϫ · ⲙⲛ̄ ⲟⲩⲣⲏⲏⲧⲉ · ⲁϥⲃⲟϭϥ̄
ⲉ ϩⲣⲁⲓ̈ · ⲁϥⲡⲱⲧ ϩⲛ̄ ⲛⲉϥⲟⲩⲣⲏⲏⲧⲉ · ⲛ̄ⲑⲉ ⲛ̄ ⲟⲩⲧⲣⲟ-

ⲙⲉⲩⲥ · ϣⲁⲛⲧ ϥ̄ⲃⲱⲕ · ⲉ ⲡⲉϥⲙⲁ ⲛ̄ ⲛ̄ⲕⲟⲧⲕ̄ · ϩⲟⲙⲁⲓ̈ⲟⲥ
ⲡⲉⲛⲧⲁ ⲛ̄ϥⲟⲩⲣⲏⲏⲧⲉ · ⲱϭⲣ̄ ϩⲓⲧⲙ̄ ⲡⲉⲧⲕⲁⲥ · ⲁ ⲡⲥⲟⲟⲩⲧⲛ̄
ϣⲱⲡⲉ ⲛⲁϥ · Ⲁϥϥⲟϭϥ̄ ⲉ ⲡⲉⲥⲏⲧ ϩⲓ̈ϫⲙ̄ ⲡϥⲙⲁ ⲛ̄
ⲛ̄ⲕⲟⲧⲕ̄ · ⲛ̄ⲑⲉ ⲛ̄ ⲟⲩⲁ ⲙ̄ⲛ̄ ϥ̄ϣⲱⲛⲉ ⲉⲛⲉϩ · ⲁϥⲡⲱⲧ ⲛ̄ⲥⲁ
ⲡⲉⲧ ⲥⲏϭ · ⲙ̄ⲛ̄ ⲡⲉϥϩ̄ⲙ̄ϩⲁⲗ · ⲉϥⲱϣ ⲉ ϭⲟⲡϥ̄ · ⲙ̄ⲛ̄ⲛ̄ⲥⲁ
ⲟⲩⲁⲡⲣⲏⲧⲉ ⲇⲉ · ⲛ̄ ⲧⲉⲣ ⲟⲩⲁⲥⲑⲁⲓⲉ ⲇⲉ ⲉ ⲡⲉϩⲙⲟⲧ
ⲛ̄ⲧⲁϥⲧⲁϩⲟⲟⲩ · ⲙ̄ ⲡⲉⲥⲛⲁⲩ · ⲉⲧⲉ ⲡⲣ̄ⲙ̄ⲙⲁⲟ · ⲡⲉⲛⲧ-
ⲁϥⲗⲟ · ⲉϥⲧⲓ ⲧⲕⲁⲥ · Ⲁⲩⲱ ⲁϥⲗⲟ ⲉϥⲟ ⲛ̄ ⲙ̄ⲡⲟ · ⲁⲩⲱ
ⲡⲉⲧ ⲥⲏϭ · ⲛ̄ⲧⲁ ⲡⲥⲟⲟⲩⲧⲛ̄ ϣⲱⲡⲉ · Ⲁⲩⲉⲓ̈ ⲉ ⲧⲙⲏⲏⲧⲉ
ⲙ̄ ⲡⲉⲥⲛⲁⲩ · ⲁⲩϩⲟⲙⲟⲗⲟⲅⲉⲓ · ⲙ̄ ⲡⲧⲁⲗϭⲟ ⲛ̄ⲧⲁϥϣⲱⲡⲉ
ⲙ̄ⲙⲟⲟⲩ · ⲙ̄ ⲡⲉⲥⲛⲁⲩ · ⲁⲩϫⲓϣⲕⲁⲕ ⲉ ⲃⲟⲗ ϩⲓ̈ ⲟⲩⲥⲟⲡ ·
ϫⲉ | ⲟⲩⲁ ⲡⲉ ⲡⲛⲟⲩⲧⲉ ⲙ̄ ⲡⲁⲣⲭⲁⲅⲅⲉⲗⲟⲥ ⲉⲧ ⲟⲩⲁⲁⲃ Fol. 21 *a*
ⲅⲁⲃⲣⲓ̈ⲏⲗ · ⲛ̄ ⲧⲉⲣⲉ ⲡⲙⲏⲏϣⲉ ⲇⲉ ⲧⲏⲣϥ̄ ⲉⲧ ⲥⲟⲟⲩϩ ⲉ ⲙ̄
ϩⲟⲩⲛ · ⲉ ⲡⲧⲟⲡⲟⲥ ⲙ̄ ⲡⲁⲣⲭⲁⲅⲅⲉⲗⲟⲥ ⲉⲧ ⲟⲩⲁⲁⲃ ·
ⲅⲁⲃⲣⲓ̈ⲏⲗ · ⲁⲩⲛⲁⲩ ⲉ ⲧⲉⲓ̈ ⲛⲟϭ ⲛ̄ ϣⲡⲏⲣⲉ · ⲁⲩⲙⲟⲩϩ ⲛ̄
ϩⲟⲧⲉ · ⲉⲙⲁⲧⲉ · Ⲁⲩⲱ ⲁⲩⲥⲧⲱⲧ ⲧⲁϩⲟⲟⲩ · ⲉⲓ̈ⲧⲁ ⲁⲩϫⲛⲉ
ⲡⲣⲱⲙⲉ ⲉⲧ ϭⲏϭ · ϫⲉ ⲟⲩ ⲡⲛ̄ⲧⲁϥϣⲱⲡⲉ ⲙ̄ⲙⲟⲕ ·
ϣⲁⲛⲧ ⲕ̄ⲣ̄ ⲡⲁⲓ̈ · ⲛ̄ⲧⲟϥ ⲇⲉ ⲁϥⲡⲁⲣⲁⲅⲅⲉⲗⲓ̈ ⲉ ⲣⲟⲟⲩ ·
ⲛ̄ϩⲱⲃ ⲛⲓⲙ · ⲛ̄ⲧⲁ ϣⲱⲡⲉ ⲙ̄ⲙⲟϥ · ⲉϥϫⲱ ⲙ̄ⲙⲟⲥ · ϫⲉ
ⲉⲓ̈ⲥ ⲑⲉ ⲙ̄ ⲛ̄ⲑⲉ ⲛ̄ⲧⲁⲥϣⲱⲡⲉ ⲙ̄ⲙⲟⲓ̈ · ⲁⲩⲱ ϫⲉ ⲡⲁⲣⲭⲁⲅ-
ⲅⲉⲗⲟⲥ ⲅⲁⲃⲣⲓ̈ⲏⲗ · ⲡⲉⲛⲧ ⲁϥⲟⲩⲱⲛϩ̄ · ⲉ ⲣⲟⲓ̈ ⲛ̄ ⲥⲡ̄ ⲥⲛⲁⲩ ·
Ⲉϥⲫⲟⲣⲉⲓ̈ ⲛ̄ ⲟⲩⲥⲭⲏⲙⲁ ⲛ̄ ⲟⲩⲟⲉⲓⲛ ϣⲁⲛⲧ ⲁⲣ̄ ⲡⲁⲓ̈ ·
Ⲁ ⲡⲗⲁⲟⲥ ⲇⲉ ⲧⲏⲣϥ̄ ⲉⲧ ⲥⲟⲟⲩϩ · ⲉ ϩⲟⲩⲛ · ⲉ ⲡⲧⲟⲡⲟⲥ
ⲙ̄ ⲡⲁⲣⲭⲁⲅⲅⲉⲗⲟⲥ ⲉⲧ ⲟⲩⲁⲁⲃ ⲅⲁⲃⲣⲓ̈ⲏⲗ · ⲁⲩϥⲓ ϩⲣⲁⲩ
ⲉ ⲃⲟⲗ ϩⲛ̄ ⲟⲩⲛⲟϭ ⲛ̄ ⲥⲙⲏ · ⲉⲩϫⲱ ⲙ̄ⲙⲟⲥ · ϫⲉ ⲟⲩⲁ ⲡⲉ
ⲡⲛⲟⲩⲧⲉ ⲙ̄ ⲡⲁⲣ|ⲭⲁⲅⲅⲉⲗⲟⲥ · ⲛ̄ ϫⲱⲱⲣⲉ · ϩⲉⲛⲛⲟϭ ⲛⲉ Fol. 21 *b*
ⲛ̄ϭⲟⲙ · ⲙ̄ ⲡϥⲁⲓ̈ ϣⲙ̄ ⲛⲟⲩϥⲉ ⲙ̄ ⲡⲱⲛϩ̄ ⲅⲁⲃⲣⲓ̈ⲏⲗ · ⲡⲁ ⲙ̄ⲁ
ⲡⲣⲁⲛ ⲛ̄ ϣⲟⲩⲧⲁⲓ̈ⲟϥ · ⲡⲣⲱⲙⲉ (*sic*) ⲇⲉ ⲛ̄ⲧⲁⲩⲙⲁⲁⲧⲉ ⲙ̄
ⲡⲧⲁⲗϭⲟ · Ⲁⲩϭⲱ ϩⲙ̄ ⲡⲧⲟⲡⲟⲥ ⲙ̄ ⲡⲁⲣⲭⲁⲅⲅⲉⲗⲟⲥ
ⲅⲁⲃⲣⲓ̈ⲏⲗ · ⲉⲩϣⲗⲏⲗ ⲛ̄ϩⲏⲧϥ̄ · ⲁⲩⲱ ⲉⲩⲛⲏⲥⲧⲉⲩⲉ · ϣⲁ
ⲡⲉϩⲟⲟⲩ ⲙ̄ ⲡⲉⲩⲙⲟⲩ · ⲉⲓⲛⲁϫⲉ ⲟⲩ · ⲛ̄ⲧⲉⲕⲁⲟⲩ (*sic*) · ϩⲛ̄
ⲛⲉϣⲡⲏⲣⲉ ⲛ̄ⲧⲁⲕⲁⲁⲩ · Ϣ ⲡⲛⲟϭ ⲛ̄ ϩⲣⲏⲧⲱⲣ · ⲛ̄ⲧⲉ
ⲡⲛⲟⲩⲧⲉ · ⲡⲗⲟⲅⲟⲥ ⲡⲁⲣⲭⲁⲅⲅⲉⲗⲟⲥ ⲉⲧ ⲟⲩⲁⲁⲃ ⲅⲁ-
ⲃⲣⲓ̈ⲏⲗ · ⲁⲗⲏⲑⲱⲥ ⲉⲓϣⲁⲛⲣ̄ ⲡⲁ ⲟⲩⲟⲉⲓϣ ⲧⲏⲣϥ̄ ⲉⲓ̈ⲡⲉⲣⲓ̈ⲣ̄-

ⲅⲁⲍⲉ ⲛ̅ⲥⲁ ⲡϫⲱⲕ · ⲛ̅ⲛⲉⲕϣⲡⲏⲣⲉ · ⲛ̅ ⲧⲓⲛⲁϣϫⲱ ⲁⲛ ⲛ̅
ⲟⲩⲙⲉⲣⲟⲥ ⲉ ⲃⲟⲗ ⲛ̅ϩⲏⲧⲟⲩ · ⲡⲗⲏⲛ ⲧⲓⲛⲁϫⲱ ⲛ̅ ϩⲉⲛⲕⲟⲩⲓ̈ ·
ⲛ̅ ⲁⲡⲟⲩⲙⲉⲣⲟⲥ · ϩⲛ̅ ⲙ̅ⲙⲛ̅ⲧϫⲱⲱⲣⲉ · ⲛ̅ⲧⲁⲕⲁⲁⲩ · ⲉⲩ-
ⲉⲟⲟⲩ ⲙ̅ ⲡⲉⲭ̅ⲥ̅ ⲡⲛ̅ⲥⲱⲧⲏⲣ · ⲙⲛ̅ ⲡϥ̅ⲛⲟϭ ⲛ̅ ⲁⲣⲭⲁⲅⲅⲉ-
ⲗⲟⲥ ⲉⲧ ⲟⲩⲁⲁⲃ Ⲅⲁⲃⲣⲓ̈ⲏⲗ · ⲡⲁⲓ̈ ⲉⲧ ⲛⲣ̅ϣⲁ ⲛⲁϥ ⲙ̅-
ⲡⲟⲟⲩ · Ⲛⲉⲩⲛ̅ ⲟⲩⲣⲱⲙⲉ ⲇⲉ ⲟⲛ ⲟⲩⲏⲏϩ ϩⲛ̅ ⲟⲩⲧⲓ̈ⲙⲉ
ⲉϥⲟⲩⲏⲏⲃ *(sic)* · ⲉ ⲃⲟⲗ · ⲉ ⲧⲡⲟⲗⲓ̈ⲥ ⲛ̅ⲁⲥⲟⲟⲩ ϩⲓ̈ ϣⲙⲟⲩⲛ
ⲙ̅ⲙⲓ̈ⲗⲓ̈ⲟⲛ · ⲡⲁⲓ̈ ⲇⲉ ⲛⲉⲟⲩⲛ̅ⲧⲁϥ ⲙ̅ⲙⲁⲩ · ⲛ̅ ⲟⲩϣⲏⲣⲉ
Fol. 22 *a* ⲙ̅ ⲙⲟⲛⲟⲅⲉⲛⲏⲥ · ⲁϥ|ⲉⲓ̈ ⲉ ⲡⲧⲁⲅⲙⲁ ⲛ̅ ⲑⲩⲗⲓ̈ⲅⲓ̈ⲁ · ⲙⲛ̅-
ⲙ̅ⲃ̅ ⲛ̅ⲥⲟⲥ · ⲁϥϩⲉ ⲉ ϩⲣⲁⲓ̈ ⲉⲩϣⲱⲛⲉ · ⲉϥⲧⲓ ⲧⲕⲁⲥ · ⲉ ⲛⲉϥϭⲓϫ
ⲙⲛ̅ ⲛϥ̅ⲟⲩⲣⲏⲏⲧⲉ · ⲙ̅ ⲡⲉϩⲟⲟⲩ ⲙⲛ̅ ⲧⲉⲩϣⲏ · ⲙⲛ̅ ϣϭⲟⲙ
ⲙ̅ⲙⲟϥ · ⲉϥⲓ̈ ϫⲱϥ ⲉ ϩⲣⲁⲓ̈ ⲉ ⲡⲧⲏⲣϥ̅ · ⲉⲛⲉ ⲁϥⲣ̅ⲥⲟⲉ
ⲛ̅ⲣⲟⲙⲡⲉ · ⲉϥⲛⲏϫ ⲉϫⲛ̅ ⲟⲩⲙⲁ ⲛ̅ ⲛ̅ⲕⲟⲧⲕ̅ · ⲉⲙⲉϥⲉϣⲧⲱ-
ⲟⲩⲛ · ⲉ ϩⲣⲁⲓ̈ ϩⲙ̅ ⲡⲙⲁ · ⲉⲧ ϥⲛ̅ⲕⲟⲧⲕ̅ ⲛ̅ϩⲏⲧϥ̅ · ⲁⲩⲱ ϩⲁϩ
ⲛ̅ⲥⲟⲡ · ⲁ ⲛⲉϥⲉⲓⲟⲟⲧⲉ ⲙⲛ̅ ⲛⲉϥⲥⲩⲅⲅⲉⲛⲏⲥ ⲉⲓⲁ ⲧⲟⲟⲧⲟⲩ
ⲛ̅ⲥⲱϥ · ⲉϥϫⲱ ⲙ̅ⲙⲟⲥ · ϫⲉ ⲁⲗⲏⲑⲱⲥ ⲟⲩⲙ̅ⲧⲟⲛ ⲛⲁϥ ⲡⲉ
ⲡⲙⲟⲩ · ⲛ̅ϩⲟⲩⲟ · ⲉ ⲡϩⲓⲥⲉ ⲉⲧ ϩⲓ ϫⲱϥ · ⲛⲉϥⲉⲓⲟⲟⲧⲉ ⲇⲉ ·
ⲁⲩϫⲉϩ ⲛ̅ⲛⲟϭ ⲛ̅ⲭⲣⲏⲙⲁ ⲉ ⲃⲟⲗ ⲛ̅ ⲛ̅ⲥⲉⲉⲓⲛ ⲙ̅ⲡϥ̅ⲙ̅ⲧⲟⲛ
ⲛ̅ⲗⲁⲁⲩ · Ⲁⲗⲗⲁ ⲛ̅ⲧⲁϥⲣ̅ ϩⲟⲩⲟ ⲉⲑⲟ · ⲛ̅ ⲧⲉⲣⲉ ⲡϥ̅-
ⲉⲓⲱⲧ ⲇⲉ ⲥⲱⲧⲙ̅ ⲉ ⲧⲃⲉ ⲛ̅ϭⲟⲙ · ⲙⲛ̅ ⲛⲉϣⲡⲏⲏⲣⲉ ⲉⲧ
ϣⲟⲟⲡ ϩⲙ̅ ⲡⲧⲟⲡⲟⲥ ⲙ̅ ⲡⲁⲣⲭⲁⲅⲅⲉⲗⲟⲥ ⲉⲧ ⲟⲩⲁⲁⲃ
ⲅⲁⲃⲣⲓ̈ⲏⲗ · ⲉⲧ ϩⲛ̅ ⲧⲡⲟⲗⲓⲥ ϩⲣⲱⲙⲏ · ⲁϥⲉⲣⲏⲧ · ⲉϥϫⲱ
ⲙ̅ⲙⲟⲥ · ϫⲉ ⲣ̅ϣⲁⲛ ⲡⲛⲟⲩⲧⲉ ⲙ̅ ⲡⲁⲣⲭⲁⲅⲅⲉⲗⲟⲥ
ⲅⲁⲃⲣⲓ̈ⲏⲗ ⲥⲱⲧⲙ̅ ⲉ ⲡⲁ ⲥⲟⲡⲥⲛ̅ · ⲛϥ̅ⲭⲁⲣⲓⲍⲉ ⲙ̅ ⲡⲧⲁⲗϭⲟ ·
Fol. 22 *b* ⲙ̅ ⲡⲁ ϣⲏⲣⲉ · ϯⲛⲁⲧⲓ ⲥⲟⲟⲩ ⲛ̅|ϩⲟⲗⲟⲕϯⲛⲟⲥ · ⲉ ϩⲟⲩⲛ
ⲙ̅ⲅ̅ ⲉ ⲡⲕ̅ⲧⲟⲡⲟⲥ ⲕⲁⲧⲁ ⲣⲟⲙⲡⲉ · ϣⲁ ⲡⲉϩⲟⲟⲩ ⲙ̅ ⲡⲁ ⲙⲟⲩ ·
ϯⲥⲟⲟⲩⲛ ⲅⲁⲣ Ⲱ̅ ⲡⲁ ϫ̅ⲥ̅ ⲡⲁⲣⲭⲁⲅⲅⲉⲗⲟⲥ · ϫⲉ ⲟⲩⲛ̅ϭⲟⲙ
ⲙ̅ⲙⲟⲕ ⲉ ϩⲱⲃ ⲛⲓⲙ · ⲁⲩⲱ ϫⲉ ⲙⲛ̅ϣϭⲟⲙ ⲙ̅ⲙⲟⲓ̈ ⲉϫⲓ̈
ⲙ̅ ⲡⲁ ϣⲏⲣⲉ ⲉ ⲣⲁⲧϥ̅ ⲙ̅ ⲡⲉⲕⲧⲟⲡⲟⲥ · ϫⲉ ⲙⲛ̅ϣϭⲟⲙ
ⲙ̅ⲙⲟϥ · ⲉ ⲙⲟⲟϣⲉ ⲟⲩⲇⲉ ⲉ ⲁⲗⲉ ⲉ ⲧⲃ̅ⲛⲏ · ⲉ ⲧⲃⲉ ⲡⲛⲟϭ
ⲛ̅ϩⲓⲥⲉ ⲉⲧ ϩⲓ̈ ϫⲱϥ · ⲁⲗⲗⲁ ⲧⲓⲡⲓⲥⲧⲉⲩⲉ · ϫⲉ ⲧⲉⲕϭⲟⲙ ⲉⲧ
ⲟⲩⲁⲁⲃ · ⲙⲟⲩϩ ⲙ̅ⲙⲁ ⲛⲓⲙ · ⲙⲁⲣⲉ ⲡⲉⲕⲛⲁ ⲧⲁϩⲟⲓ̈ ·
ⲛ̅ⲅ̅ ⲭⲁⲣⲓ̈ⲍⲉ ⲙ̅ ⲡⲧⲁⲗϭⲟ ⲙ̅ ⲡⲁ ⲕⲟⲩⲓ̈ ⲛ̅ ϣⲏⲣⲉ · ϯⲛⲁ-
ϣⲱⲡⲉ · ⲉⲓⲉⲍⲟⲙⲟⲗⲟⲅⲉⲓ ⲛ̅ ⲛⲉⲕϭⲟⲙ · ϣⲁ ⲡⲉϩⲟⲟⲩ ⲙ̅

ⲡⲁ ⲙⲟⲩ· ⲛ̅ⲧⲉⲩⲛⲟⲩ ⲇⲉ ⲡⲁⲣⲭⲁⲅⲅⲉⲗⲟⲥ Ⲅⲁⲃⲣⲓ̈ⲏⲗ·
ⲥⲱⲧⲙ̅ ⲉ ⲡⲥⲟⲡⲥ̅ ⲙ̅ ⲡⲣⲱⲙⲉ· ⲁϥⲟⲩⲱϣ ⲉ ⲭⲁⲣⲓⲍⲉ ⲙ̅
ⲡⲧⲁⲗϭⲟ ⲙ̅ ⲡⲉϥϣⲏⲣⲉ· ϫⲉ ⲟⲩϣⲁⲛⲉϩⲧⲏϥ ⲡⲉ· Ⲁⲩⲱ
ⲁϥⲉⲓⲛⲉ ⲛ̅ ⲟⲩⲕⲟⲩⲓ̈ ⲛ̅ ϩⲓⲛⲏⲃ· ⲉϫⲙ̅ ⲡϣⲏⲣⲉ ϣⲏⲙ·
Ⲁϥϣⲱⲃⲧ̅ ⲡⲁⲣⲁⲧϥ̅ⲥⲩ[ⲛⲏ]ⲑⲓ̈ⲁ· ⲉⲛⲉ ⲙⲉϥϣⲱⲃⲧ̅ ⲙ̅ ⲡⲉϩⲟⲟⲩ·
ⲙⲛ̅ ⲧⲉⲩϣⲏ· ⲉϥϫⲓϣ | ⲕⲁⲕ ⲉ ⲃⲟⲗ· ⲉ ⲧⲃⲉ ⲡⲛⲟϭ ⲛ̅ Fol. 23 *a* ⲙ̅ⲁ̅
ϯ ⲧⲕⲁⲥ· ⲉⲧ ⲟⲩⲱⲙ ⲙ̅ⲙⲟϥ· Ⲁⲩⲱ ⲛ̅ ⲧⲉⲣ ϥ̅ϣⲱⲃⲧ̅
ⲡⲁⲣⲭⲁⲅⲅⲉⲗⲟⲥ ⲉⲧ ⲟⲩⲁⲁⲃ ⲅⲁⲃⲣⲓ̈ⲏⲗ· ⲉⲓ̈ ϣⲁ ⲡϣⲏⲣⲉ
ϣⲏⲙ· ϩⲛ̅ ⲟⲩϩⲟⲣⲟⲙⲁ· ⲉϥⲫⲟⲣⲉⲓ̈ ⲛ̅ ⲟⲩⲛⲟϭ ⲛ̅ ⲉⲟⲟⲩ·
ⲛ̅ ⲁⲧ ϣⲁϫⲉ· ⲉ ⲣⲟϥ· ⲉⲣⲉ ⲟⲩⲥⲧⲟⲗⲏ· ⲛⲏϫ ⲁⲕⲧⲓⲛ ⲛ̅
ⲟⲩⲟⲉⲓⲛ ⲉ ⲃⲟⲗ· ϭⲟⲗⲉ ⲉ ⲣⲟϥ· ⲡⲉϫⲁϥ ⲛⲁϥ· ϫⲉ ⲉⲓⲥ
ϩⲏⲛⲧⲉ· Ⲁⲓ̈ϥⲓ̈ ⲛ̅ϩⲏⲧⲕ̅ ⲙ̅ ⲡⲉⲧⲕⲁⲥ· ⲁⲩⲱ ⲙⲛ̅ ⲗⲁⲁⲩ
ⲛ̅ϩⲓⲥⲉ· ⲛⲁⲧⲁϩⲟⲕ· ϫⲓⲛ ⲙ̅ ⲡⲓ ⲛⲁⲩ· ⲡϩ̅ⲣϣⲉⲣⲉ· ⲡⲉϫⲁϥ·
ϫⲉ ⲡⲁ ϫ̅ⲥ̅ ⲛ̅ⲧⲕ̅ ⲛⲓⲙ· ⲛ̅ ⲧⲉⲓ ϩⲉ· ⲉⲣⲉ ⲡⲉⲓ̈ ⲛⲟϭ ⲛ̅ ⲉⲟⲟⲩ·
ⲕⲱⲧⲉ ⲉ ⲣⲟⲕ· ⲡⲉϫⲁϥ ⲛⲁϥ· ϫⲉ ⲁⲛⲟⲕ ⲡⲉ ⲅⲁⲃⲣⲓ̈ⲏⲗ·
ⲡⲁⲣⲭⲁⲅⲅⲉⲗⲟⲥ· ⲁⲩⲱ ⲛ̅ⲧⲉⲩⲛⲟⲩ ⲁϥϩⲟⲡϥ̅ ⲙ̅ ⲡⲉϥⲙ̅ⲧⲟ
ⲉ ⲃⲟⲗ· ⲛ̅ ⲧⲉⲣ ϥ̅ⲛⲉϩⲥⲉ ⲇⲉ ⲉ ϩⲧⲟⲟⲩⲉ· ⲁϥϩⲉ ⲉ ⲡⲉϥ-
ⲥⲱⲙⲁ· ⲉϥⲙⲉϩ ⲛ̅ⲃⲱⲧⲉ· ⲁⲩⲱ ⲛ̅ ⲧⲉⲣ ϥ̅ⲁⲓⲥⲑⲁⲛⲉ· ⲉ
ⲡⲧⲁⲗϭⲟ· ⲛ̅ⲧⲁϥϣⲱⲡⲉ ⲙ̅ⲙⲟϥ· Ⲁⲩⲱ ϫⲉ ⲙⲛ̅ ⲗⲁⲁⲩ
ⲛ̅ ⲧⲕⲁⲥ ϩⲓ̈ ⲡⲉϥⲥⲱⲙⲁ· ⲁⲩⲱ ⲁϥϥⲟϭϥ̅ ϩⲓ̈ϫⲙ̅ ⲡⲉϥⲙⲁ | ⲛ̅ Fol. 23 *b* ⲙ̅ⲉ̅
ⲛ̅ⲕⲟⲧⲕ̅· ⲁϥⲁϩⲉ ⲣⲁⲧϥ̅· ⲁϥⲙⲟⲟϣⲉ· ⲉϥϫⲓ̈ ⲃⲟϭⲉ· ⲉϥ-
ⲥⲙⲟⲩ ⲉ ⲡⲛⲟⲩⲧⲉ· ⲁⲩⲱ ⲁϥⲣ̅ ⲑⲉ ⲛ̅ ⲟⲩⲁ ⲙ̅ⲡ ϥ̅ϣⲱⲡⲉ
ⲉⲛⲉϩ· ⲛ̅ⲧⲉⲩⲛⲟⲩ ⲁϥⲟⲩⲱϣ ⲉ ⲃⲟⲗ· ϫⲉ ⲧⲓϯ ⲉⲟⲟⲩ ⲛⲁⲕ·
ⲡⲛⲟϭ ⲛ̅ ⲁⲣⲭⲁⲅⲅⲉⲗⲟⲥ· ⲉⲧ ⲟⲩⲁⲁⲃ ⲅⲁⲃⲣⲓ̈ⲏⲗ· ϫⲉ
ⲁⲕⲣ̅ ⲡⲁ ⲙⲉⲉⲩⲉ· Ⲁⲕⲭⲁⲣⲓⲍⲉ ⲛⲁⲓ̈ ⲙ̅ ⲡⲧⲁⲗϭⲟ·
ⲡⲉϥⲉⲓⲱⲧ ⲇⲉ ⲙⲛ̅ ⲧⲉϥⲙⲁⲁⲩ· ⲛ̅ ⲧⲉⲣ ϥ̅ⲛⲁⲩ· ⲉ ⲡⲧⲁⲗϭⲟ·
ⲛ̅ⲧⲁϥϣⲱⲡⲉ· ⲙ̅ ⲡⲉⲩϣⲏⲣⲉ· ϩⲛ̅ ⲟⲩϣⲡ̅ ⲛ̅ ϣⲱⲡ· ⲁⲩ-
ⲣⲓ̈ⲙⲉ ⲉⲙⲁⲧⲉ· ⲉⲓ̈ⲧⲁ ⲁⲩϫⲛⲉ ⲡⲉⲩϣⲏⲣⲉ· ϫⲉ ⲟⲩ ⲡⲉⲛ-
[ⲧⲁϥ]ϣⲱⲡⲉ ⲙ̅ⲙⲟⲕ· ⲡⲉⲛⲙⲉⲣⲓⲧ ⲛ̅ϣⲏⲣⲉ· ⲛ̅ⲧⲟϥ ⲇⲉ·
ⲁϥϫⲱ ⲉ ⲣⲟⲟⲩ· ⲙ̅ ⲡϩⲟⲣⲟⲙⲁ· ⲛ̅ⲧⲁϥⲛⲁⲩ ⲉ ⲣⲟϥ·
ⲛ̅ⲧⲉⲩⲛⲟⲩ ⲇⲉ ⲁⲩⲱϣ ⲉ ⲃⲟⲗ· ϫⲉ ⲟⲩⲁ· ⲡⲉ ⲡⲛⲟⲩⲧⲉ ⲙ̅
ⲡⲁⲣⲭⲁⲅⲅⲉⲗⲟⲥ ⲉⲧ ⲟⲩⲁⲁⲃ ⲅⲁⲃⲣⲓ̈ⲏⲗ· ⲟⲩⲛⲟϭ ⲧⲉ ⲇⲱ-
ⲣⲉⲁ ⲛ̅ⲧⲁⲕⲁⲁⲥ ⲛ̅ⲙ̅ⲙⲁⲛ ϣ̅ ⲡϥⲁⲓ̈ ϣⲙ̅ ⲛⲟⲩϥⲉ· ⲛ̅
ⲁⲅⲁⲑⲟⲥ· ⲁⲩⲱ ⲁⲩⲛⲟϭ ⲛ̅ ⲣⲁϣⲉ ϣⲱⲡⲉ ϩⲙ̅ ⲡⲉⲩⲏⲓ̈

ⲧⲏⲣϥ̄ · ⲉ ⲧⲃⲉ ⲡⲧⲁⲗϭⲟ · ⲛ̄ⲧⲁϥϣⲱⲡⲉ ⲙ̄ ⲡϣⲏⲣⲉ ϣⲏⲙ ·
ⲉⲡⲉⲓ ⲇⲏ ⲛⲉ ⲟⲩⲙⲟⲛⲟⲅⲉⲛⲏⲥ ⲡⲉ · ⲛ̄ⲧⲉ ⲛϥ̄ⲉⲓⲟⲟⲧⲉ · ⲁⲩⲱ
Fol. 24 *a* ⲟⲩⲟⲛ | ⲛⲓⲙ · ⲛ̄ⲧⲁⲩⲥⲱⲧⲙ̄ · ⲁⲩⲣ̄ ϣⲡⲏⲣⲉ ⲉⲙⲁⲧⲉ · ⲁⲩϯ
ⲙ̅ⲉ̅ ⲉⲟⲟⲩ · ⲙ̄ ⲡⲛⲟⲩⲧⲉ ⲙ̄ ⲡⲁⲣⲭⲁⲅⲅⲉⲗⲟⲥ · ⲉⲧ ⲟⲩⲁⲁⲃ
ⲅⲁⲃⲣⲓ̈ⲏⲗ · ⲁⲩⲱ ⲁ ⲡⲥⲟⲉⲓⲧ ⲡⲱϩ ϣⲁ ⲟⲩⲟⲛ ⲛⲓⲙ · Ⲡ̄ ⲡϥ̄-
ⲣⲁⲥⲧⲉ ⲇⲉ ⲉⲛⲉ ⲧⲕⲩⲣⲓⲁⲕⲏ ⲧⲉ · ⲁ ⲡⲣⲱⲙⲉ ⲙⲟⲩⲧⲉ ⲉ
ⲡⲉϥϣⲏⲣⲉ · ⲁϥϯ̈ ⲛⲁϥ ⲙ̄ ⲡⲥⲟⲟⲩ ⲛ̄ϩⲟⲗⲟⲕⲟⲧⲓ̈ⲛⲟⲥ ⲙⲛ̄
ϩⲉⲛ ⲕⲉ ⲇⲱⲣⲟⲛ · ⲉⲧ ⲧⲁⲛⲩ (*sic*) Ⲁϥⲧⲛ̄ⲛⲟⲟⲩϥ ⲉ ⲧⲡⲟⲗⲓⲥ
ϩⲣⲱⲙⲏ · ⲉ ⲧⲣⲉϥⲧⲁⲁⲩ · ⲉ ⲡⲧⲟⲡⲟⲥ · ⲙ̄ ⲡⲁⲣⲭⲁⲅⲅⲉⲗⲟⲥ
ⲉⲧ ⲟⲩⲁⲁⲃ ⲅⲁⲃⲣⲓ̈ⲏⲗ · ⲡⲣⲟⲥ ⲑⲉ ⲛ̄ⲧⲁϥⲉⲣⲏ[ⲏⲧ ⲙ̄]ⲙⲟⲥ ·
ⲡϩⲣ̄[ϣⲉⲣⲉ] ⲇⲉ · ⲁϥϫⲓ̈ⲧ[ⲟⲩ] ϩⲛ̄ ⲟⲩⲣⲁϣⲉ · ⲁϥⲧⲁⲁϥ ⲉ
ⲧϥ̄ϩⲓ̈ ⲉ ⲧⲣⲉϥⲃⲱⲕ ⲉ ⲡⲧⲟⲡⲟⲥ ⲙ̄ ⲡⲁⲣⲭⲁⲅⲅⲉⲗⲟⲥ ⲉⲧ
ⲟⲩⲁⲁⲃ Ⲅⲁⲃⲣⲓ̈ⲏⲗ · ⲁⲩⲱ ⲡ ⲧⲉⲣ ϥ̄ⲙⲟⲟϣⲉ · ⲙⲁⲩⲁⲁϥ
ϣⲁⲛⲧ ϥ̄ϩⲱⲛ ⲉ ϩⲟⲩⲛ · ⲉ ⲧⲡⲟⲗⲓⲥ · ϣⲁⲛⲧⲉ ϣⲟⲙⲛ̄ⲧ
ⲙ̄ⲙⲓⲗⲓ̈ⲟⲛ · ⲁϥⲉⲓ̈ ⲉϫⲛ̄ ϩⲉⲛⲛⲟϭ ⲛ̄ϩⲩⲗⲏ ⲭⲉⲣⲥⲟⲥ ·
ⲉⲩⲙⲟⲕϩ̄ ⲙ̄ ⲙⲟⲟϣⲉ ⲛ̄ϩⲏⲧⲟⲩ · Ⲁⲩⲱ ⲛ̄ⲧⲉⲩⲛⲟⲩ ⲉⲓ̈ⲥ
ⲟⲩⲙⲟⲩⲓ̈ · ⲛ̄ ⲁⲅⲣⲓⲟⲛ · ⲁϥⲉⲓ̈ ⲉ ⲃⲟⲗ ϩⲛ̄ ⲛ̄ϩⲩⲗⲏ ⲉⲧ
ϫⲁϫⲱ · ⲉⲧ ⲙ̄ⲙⲁⲩ · ⲉϥⲉⲗϩⲙ̄ ⲉ ϩⲟⲩⲛ ⲉ ⲡϣⲏⲣⲉ |
Fol. 24 *b* ϣⲏⲙ · ⲁϥⲡⲱⲧ [ⲉ ϩⲟ]ⲩⲛ ⲉ ⲣⲟϥ · ⲁϥⲙⲉϩ ⲣⲱϥ ⲉ ⲡⲉⲥⲡⲓⲣ
ⲙ̅ⲍ̅ ⲙ̄ ⲡϣⲏⲣⲉ ϣⲏⲙ · ⲁϥⲥⲱⲕ ⲙ̄ⲙⲟϥ · ⲉ ϩⲟⲩⲛ ϩⲛ̄ ⲑⲩⲗⲏ ·
ⲉϥⲱϣ ⲉ ⲟⲩⲟⲙϥ̄ · ⲡϣⲏⲣⲉ ϣⲏⲙ ⲁϥⲟⲩⲱϣ ⲉ ⲃⲟⲗ ·
ϩⲛ̄ ⲟⲩⲛⲟϭ ⲛ̄ ⲁⲛⲁⲅⲕⲏ ⲉϥϫⲱ ⲙ̄ⲙⲟⲥ · ϫⲉ ⲡⲁ ⲭ̅ⲥ̅ ·
ⲡⲁⲣⲭⲁⲅⲅⲉⲗⲟⲥ ⲅⲁⲃⲣⲓ̈ⲏⲗ · ⲃⲟⲏⲑⲓⲁ ⲉ ⲣⲟⲓ̈ · ϩⲛ̄ ⲧⲓ ⲛⲟϭ
ⲛ̄ ⲁⲛⲁⲅⲕⲏ · ⲕⲥⲟⲟⲩⲛ ⲅⲁⲣ ⲡⲁ ⲭ̅ⲥ̅ · ϫⲉ ⲛ̄ⲧⲁ ⲡⲁ ⲉⲓ̈ⲱⲧ
ⲧⲛ̄ⲛⲟⲟⲩⲧ · ⲉ ⲡⲉⲕⲧⲟⲡⲟⲥ · ⲉ ⲧⲣⲁϯ ⲛⲓ ⲕⲟⲩⲓ̈ ⲛ̄ⲇⲱⲣⲟⲛ ·
ⲉ ϩⲟⲩⲛ ⲉ ⲡⲉⲕⲙⲁⲣⲧⲩⲣⲓⲟⲛ ⲉⲧ ⲟⲩⲁⲁⲃ · ⲛ̄ⲧⲁⲕⲧⲟⲓ̈ ⲉ ⲡⲁ
ⲏⲓ̈ · ⲁⲩⲱ ⲉⲓ̈ⲥ ϩⲏⲏⲧⲉ · ⲧⲓⲛⲁⲙⲟⲩ ⲛ̄ ⲧⲟⲟⲧϥ̄ ⲙ̄ ⲡⲉⲑⲩ-
ⲣⲓⲟⲛ · Ⲛ̄ⲧⲉⲩⲛⲟⲩ ⲇⲉ ⲉⲧ ⲙ̄ⲙⲁⲩ · ⲉⲓ̈ⲥ ⲡⲁⲣⲭⲁⲅⲅⲉⲗⲟⲥ
ⲉⲧ ⲟⲩⲁⲁⲃ · ⲅⲁⲃⲣⲓ̈ⲏⲗ · ⲁϥⲉⲓ̈ ⲉ ⲃⲟⲗ ϩⲛ̄ ⲧⲡⲉ · ⲉϥⲫⲟⲣⲉⲓ̈
ⲛ̄ ⲟⲩⲥⲭⲏⲙⲁ ⲛ̄ ⲟⲩⲟⲉⲓⲛ · Ⲁϥϥⲓ̈ ⲙ̄ ⲡϣⲏⲣⲉ ϣⲏⲙ ·
ⲉ ⲃⲟⲗ ϩⲛ̄ ⲣⲱϥ ⲙ̄ ⲡⲙⲟⲩⲓ̈ · ⲁϥⲥⲫⲣⲁⲅⲓⲍⲉ ⲙ̄ ⲡϥ̄ⲥⲡⲓⲣ ·
ⲁϥⲧⲁⲗϭⲟϥ · ⲉ ⲃⲟⲗ ϩⲛ̄ ⲛⲉϥⲡⲗⲏⲅⲏ · ⲛ̄ⲧⲁⲡⲙⲟⲩⲓ
Fol. 25 *a* ⲧⲁⲁⲩ ⲛⲁϥ ϩⲛ̄ ⲛ̄ϥ | [The remainder of the Encomium is
ⲙ̅ⲏ̅ wanting.]

ENCOMIUM OF THEODOSIUS, ARCHBISHOP OF ALEXANDRIA, ON SAINT MICHAEL THE ARCHANGEL

(Brit. Mus. MS. Oriental, No. 7021)

ⲞⲨⲈⲄⲔⲰⲘⲒⲞⲚ Ⲉ ⲀϤⲦⲀⲨⲞϤ Ⲛ̄ϬⲒ ⲠⲈⲚ Fol. 2 *a*
ⲠⲈⲦ ⲞⲨⲀⲀⲂ Ⲛ̄ ⲈⲒⲰⲦ· ⲈⲦ ⲦⲀⲒⲎⲨ ⲔⲀⲦⲀ ⲁ̄
ⲤⲘⲞⲦ ⲚⲒⲘ ⲀⲠⲀ ⲐⲈⲞⲆⲰⲤⲒⲞⲤ ⲠⲀⲢⲬⲎ-
ⲈⲠⲒⲤⲔⲞⲠⲞⲤ Ⲛ̄ ⲢⲀⲔⲞⲦⲈ· Ⲉ ⲀϤⲦⲀⲨⲞϤ
Ⲉ ⲠϢⲀ Ⲙ̄ ⲠⲀⲢⲬⲀⲄⲄⲈⲖⲞⲤ ⲈⲦ ⲞⲨⲀⲀⲂ
ⲘⲒⲬⲀⲎⲖ· ⲈⲦⲈ ⲤⲞⲨ ⲘⲚ̄ⲦⲤⲚⲞⲞⲨⲤ ⲠⲈ Ⲙ̄
ⲠⲈⲂⲞⲦ ⲀⲐ̄Ⲱ̄Ⲣ̄· Ⲉ ⲀϤⲦⲀⲨⲞⲞⲨ [Ⲙ̄]ⲘⲎⲎϢⲈ
ⲚⲤⲨⲚⲦⲀⲄⲘⲀ· Ⲉ ⲦⲂⲈ ⲠⲘⲀ ⲘⲚ ⲦⲀⲄⲀⲠⲎ·
ⲀⲨⲰ ϪⲈ ⲢⲰⲘⲈ ⲚⲒⲘ ⲈⲦ Ϯ ⲀⲄⲀⲠⲎ· ⲠⲀⲢⲬ-
ⲀⲄⲄⲈⲖⲞⲤ ⲘⲒ̈ⲬⲀⲎⲖ· ⲠⲈⲦ ⲆⲒⲀⲔⲞⲚⲈⲒ̈ Ⲙ̄-
ⲘⲞⲞⲨ ⲚⲀⲨ ⲈϤϪⲒ Ⲙ̄ⲘⲞⲞⲨ· ⲘⲚ̄ ⲠⲈⲨⲢ̄
ⲠⲘⲈⲈⲨⲈ Ⲉ ϨⲞⲨⲚ ϢⲀ ⲠⲚⲞⲨⲦⲈ· ⲈϤϪⲰⲔ
Ⲉ ⲂⲞⲖ Ⲛ̄ ⲚⲈⲨⲀⲒ̈ⲦⲎⲘⲀ ⲦⲎⲢⲞⲨ ⲀⲨⲰ ϪⲈ
ⲞⲨⲢⲈϤϮ ⲄⲀⲢ ⲈϤⲢⲞⲞⲨⲦ ⲠⲈⲦ ⲈⲢⲈ
ⲠⲚⲞⲨⲦⲈ ⲘⲈ Ⲙ̄ⲘⲞϤ· ⲀϤϢⲀϪⲈ ϪⲈ ⲞⲚ
Ⲉ ⲦⲂⲈ ⲚⲈⲦ ⲞⲨⲀⲀⲂ ⲦⲎⲢⲞⲨ ⲈⲦ ϨⲚ̄
ⲚⲈⲄⲢⲀⲪⲎ· ⲚⲀⲒ Ⲛ̄ⲦⲀ ⲠⲀⲢⲬⲀⲄⲄⲈⲖⲞⲤ
ⲘⲒⲬⲀⲎⲖ Ϯ ⲦⲞⲞⲦⲞⲨ ϨⲚ̄ ⲚⲈⲨⲐⲖⲒⲮⲒⲤ
ⲦⲎⲢⲞⲨ ⲀⲨⲰ ⲀϤⲚⲀϨⲘⲞⲨ ϨⲚ̄ ⲚⲈⲨ
ⲀⲚⲀⲄⲔⲎ ⲦⲎⲢⲞⲨ· ϨⲚ̄ ⲞⲨⲈⲒⲢⲎⲚⲎ Ⲛ̄ⲦⲈ
ⲠⲚⲞⲨⲦⲈ· ⲤⲘⲞⲨ Ⲉ ⲢⲞⲚ ϨⲀⲘⲎⲚ· Ϥ̄Ⲑ̄·

ϯⲛⲁϫⲓ ⲛ̅ ⲧⲁⲡⲁⲣⲭⲏ ⲙ̅ ⲡϣⲁϫⲉ ⲛ ⲣⲱⲓ ⲛ̅ ⲧⲟⲟⲧϥ ⲙ̅
Fol. 2 b ⲡⲉⲧ ⲛⲁϯ ⲛⲁⲓ ⲛ̅ ⲟⲩⲥⲟⲗⲥⲗ̅ ⲁⲩⲱ ⲙ̅ ⲡⲁⲣⲁⲙⲩ|ⲑⲓⲁ ϩⲛ̅
ⲃ̅ ϩⲱⲃ ⲛⲓⲙ· ⲡⲉⲧ ⲥⲟⲟⲩⲛ ⲛ̅ ⲛ̅ϩⲱⲃ ⲛⲓⲙ· ⲡⲉⲧ ⲟⲩⲱⲛ
ⲙ̅ ⲣⲟ ⲙ̅ ⲡϣⲁϫⲉ ⲛ̅ ⲛⲉⲧϣⲓⲛⲉ ⲛ̅ⲥⲱϥ· ⲡⲉⲧ ϯ ⲛ̅
ⲧⲥⲟⲫⲓⲁ ⲛ̅ ⲛ̅ⲥⲟⲫⲟⲥ· ⲡⲉⲧ ⲙⲟⲧⲛ̅ ⲛ̅ ⲛⲁⲩ ⲉ ⲣⲟϥ ϩⲓⲧⲛ̅
ⲟⲩⲟⲛ ⲛⲓⲙ ⲉⲧ ϣⲓⲛⲉ ⲛ̅ⲥⲱϥ· ϩⲓⲧⲛ̅ ⲟⲩⲥⲡⲟⲩⲇⲏ ⲉⲛⲁ-
ⲛⲟⲩⲥ ⁘ ⲛⲓⲙ ⲡⲉ ⲡⲁⲓ ⲉⲓ ⲙⲏ ⲧⲉⲓ ⲡⲗⲟⲅⲟⲥ ⲡⲉ ⲙ̅ ⲡⲓ̈ⲱⲧ
ⲛ̅ ⲁⲅⲁⲑⲟⲥ ⲡⲉⲧ ⲉϥⲡⲱϣ ⲙ̅ ⲡⲉϥⲥⲱⲙⲁ· ⲉⲧ ⲟⲩⲁⲁⲃ·
ϩⲛ̅ ⲛⲁϭⲓϫ ⲛ̅ ⲣⲉϥⲣ̅ ⲛⲟⲃⲉ· ⲉⲓⲥⲱⲧϥ ⲙ̅ ⲡⲉϥⲥⲛⲟϥ ⲉⲧ ⲧⲁⲓⲏⲩ
ⲉ ⲡⲡⲟⲧⲏⲣⲓⲟⲛ· ⲉⲓϯ ⲙ̅ⲙⲟϥ ⲛ̅ ⲛⲉⲧ ⲉϩⲛⲁϥ· ⲡⲁ ϫⲥ̅·
ⲁⲩⲱ ⲡⲁ ⲛⲟⲩⲧⲉ ⲓ̅ⲥ̅ ⲡⲉⲭ̅ⲥ̅ ⲡⲉⲛⲛⲟⲩⲧⲉ ⲧⲏⲣⲛ̅ ⲡⲉⲛⲥ̅ⲏ̅ⲣ̅
ⲉϥⲱϣ ⲉ ⲃⲟⲗ· ⲉϥϫⲱ ⲙ̅ⲙⲟⲥ· ϫⲉ ⲟⲩⲟⲛ ⲛⲓⲙ ⲉⲧ ⲁⲓⲧⲉⲓ
ⲉϥⲛⲁϫⲓ ⲁⲩⲱ ⲡⲉⲧ ϣⲓⲛⲉ ⲉϥⲛⲁϭⲓⲛⲉ· ⲁⲩⲱ ⲡⲉⲧ ⲧⲱϩⲙ̅
ⲥⲉⲛⲁⲟⲩⲱⲛ ⲛⲁϥ· ⲁⲛⲟⲕ ⲇⲉ ⲧⲉⲛⲟⲩ ⲉⲓⲛⲁⲩ ⲉ ⲧⲙⲛ̅-
ⲧⲣⲉϥϯ ⲙ̅ ⲡⲁ ϫⲥ̅ ϩⲛ̅ ⲟⲩⲟⲩⲣⲟⲧ· ⲁⲓϯ ⲙ̅ ⲡⲁ ⲟⲩⲟⲓ ⲉ ⲣⲟϥ
ⲙ̅ⲡⲟⲟⲩ ⲉⲓⲁⲓⲧⲉⲓ ⲉ ϫⲓ ⲛ̅ ⲟⲩϩⲟⲩⲟ· ⲁⲩⲱ ⲉⲓⲧⲱϩⲙ̅ ϫⲉ ⲕⲁⲥ
ⲉϥⲉⲟⲩⲱⲛ ⲛⲁⲓ̈· ⲁⲗⲗⲁ ⲡⲉϫⲁⲕ ⲱ̅ ⲡⲁⲕⲣⲟⲁⲧⲏⲥ ⲙ̅ⲙⲁⲓ
ⲥⲃⲱ· ϫⲉ ⲁⲣⲁ ⲟⲩ ⲡⲉ ⲡⲓ̈ ⲁⲓⲧⲏⲙⲁ· ⲛ̅ⲧ[ⲁⲕ]ⲁⲓⲧⲉⲓ̈ ⲙ̅ⲙⲟϥ |
Fol. 3 a ⲙ̅ⲡⲟⲟⲩ· ⲙⲛ̅ⲛ̅ⲥⲁ ⲛⲉⲛ̅ⲧ ⲁⲕⲟⲩⲱ ⲉϫⲓⲧⲟⲩ· ⲁⲕⲧⲁⲩⲉ
ⲅ̅ ⲡϣⲟⲣⲡ̅ ⲛ̅ ⲗⲟⲅⲟⲥ ⲉ ⲧⲃⲉ ⲥⲟⲩⲁ ⲛ̅ ⲃⲣ̅ⲣⲉ· ⲧⲁⲣⲭⲏ ⲛ̅ⲛ̅ϣⲁ
ⲧⲏⲣⲟⲩ ⲛ̅ ⲧⲉ ⲣⲟⲙⲡⲉ ⲙ̅ ⲡϫⲥ̅ ⁘ ϩⲟⲙⲟⲓⲱⲥ ⲟⲛ ⲁⲕⲧⲁⲩⲉ
ⲡⲉⲕⲱⲙⲓ̈ⲟⲛ *(sic)*· ⲙⲛ̅ ⲡⲃⲓⲟⲥ ⲙ̅ ⲡⲉⲧⲉ ⲙ̅ⲡ ⲉϥⲧⲱⲟⲩⲛ ϩⲙ̅
ⲡⲉⲧ ϫⲡⲟ ⲛ̅ ⲛⲉϩⲓⲟⲙⲉ ⲛ̅ϭⲓ ⲡⲉⲧ ⲟ ⲛ̅ⲛⲟϭ ⲉ ⲣⲟϥ· ⲡⲉⲡⲣⲟ-
ⲇⲣⲟⲙⲟⲥ ⲉⲧ ⲟⲩⲁⲁⲃ ⲙ̅ ⲡⲉⲛ ϫⲥ̅ ⲓ̅ⲥ̅ ⲡⲉⲭ̅ⲥ̅· ⲁⲩⲱ ⲡⲉϥ-
ⲥⲩⲅⲅⲉⲛⲏⲥ ⲓⲱϩⲁⲛⲛⲏⲥ ⲡⲃⲁⲡϯⲥⲧⲏⲥ· ⲁⲩⲱ ⲡⲉϫⲁⲕ ⲟⲛ
ⲧⲉⲛⲟⲩ ϫⲉ ⲉⲓⲛⲁⲁⲓ̈ⲧⲉⲓ· ⲛ̅ⲅ̅ ⲥⲟⲟⲩⲛ ⲁⲛ ⲱ̅ ⲡⲁ ⲉⲓⲱⲧ ⲉⲧ
ⲟⲩⲁⲁⲃ· ϫⲉ ⲛⲁⲛⲟⲩ ⲡϣⲓ ϩⲛ̅ ϩⲱⲃ ⲛⲓⲙ· ⲕⲁⲛ ⲉⲕⲟⲩⲱⲙ·
ⲕⲁⲛ ⲉⲕⲥⲱ ⲕⲁⲛ ⲉⲕϣⲗⲏⲗ· ⲟⲩϣⲓ ⲡⲉⲧ ϣⲟⲟⲡ ϩⲛ̅ ϩⲱⲃ
ⲛⲓⲙ· ⲕⲁⲧⲁ ⲑⲉ ⲛ̅ⲧⲁϥϫⲟⲟⲥ ⲛ̅ϭⲓ ⲡⲥⲁϩ ⲡⲁⲩⲗⲟⲥ ϫⲉ
ⲟⲩⲛⲟϭ ⲛ̅ ϩⲏⲩ ⲡⲉ ⲧⲙⲛ̅ⲧⲣⲉϥϣⲙ̅ϣⲉ ⲛⲟⲩⲧⲉ ϩⲛ̅ ⲟⲩ-
ⲣⲱϣⲉ· ⲁⲛⲟⲕ ϩⲱⲱⲧ ⲟⲛ ϯⲛⲁⲟⲩⲱϣⲃ̅ ⲛⲁⲕ ϩⲛ̅
ⲟⲩⲥⲟⲟⲩⲧⲛ̅ ⲱ̅ ⲡⲉϣⲃⲏⲣ ⲙ̅ ⲙⲉⲣⲓ̈ⲧ· ϫⲉ ⲕⲁⲗⲟⲥ ⲙⲉⲛ
ⲁⲕϣⲁϫⲉ· ⲟⲩⲙⲛ̅ⲧⲃⲁⲓ̈ⲣⲟⲟⲩϣ ⲅⲁⲣ ⲁⲕⲟⲩⲟⲛϩⲥ̅ ⲉ ⲃⲟⲗ·
ⲁⲗⲗⲁ ϯⲛⲁⲧⲟⲗⲙⲁ ⲛⲧⲁϫⲟⲟⲥ ⲛ̅ⲑⲉ ⲙ̅ ⲡⲉϣⲃⲏⲣ· ⲙ̅

ⲡⲛⲟⲩⲧⲉ ⲡⲉ ⲛⲧⲁϥⲣ̄ⲣ̄ ⲉⲓⲱⲧ ⲛ̄ ⲟⲩⲙⲏⲏϣⲉ ⲛ̄ ⲛ̄ϩⲉⲑⲛⲟⲥ
ⲡⲉⲛⲉⲓⲱⲧ ⲁⲃⲣⲁⲃⲁⲙ (*sic*) ⲡⲡⲁⲧⲣⲓ̈|ⲁⲣⲭⲏⲥ · ϫⲉ ⲉϣϫⲉ Fol. 3 *b*
ⲟⲩⲛ̄ⲧⲁⲓⲥ ⲙ̄ⲙⲁⲩ ⲉ ϣⲁϫⲉ ⲙⲛ̄ ⲡⲁ ⲭ̄ⲥ̄ · ϯⲛⲁϣⲁϫⲉ ⲙ̄ ⲇ̄
ⲡⲉⲓ ⲕⲉ ⲥⲟⲡ · ⲁⲩⲱ ⲕⲁⲛ ⲉϣϫⲉ ⲟⲩϩⲟⲩⲟ ⲉ ⲣⲟⲓ ⲡⲉ ⲉⲧⲣⲁ-
ϣⲟϣⲧ̄ ⲙⲛ̄ ⲡⲉⲛⲧⲁ ⲡⲛⲟⲩⲧⲉ ϭⲟⲓⲗⲉ ⲉ ⲣⲟϥ · ⲙⲛ̄ ⲛⲉϥ-
ⲁⲅⲅⲉⲗⲟⲥ · ⲁⲩⲱ ϯⲛⲁⲁⲓⲧⲉⲓ ⲙ̄ⲙⲟϥ ϣⲁ ϣⲟⲙⲛ̄ⲧ ⲛ̄ⲥⲟⲡ
ⲛϥ̄ⲛⲁⲥⲧⲟⲓ ⲉ ⲃⲟⲗ ⲁⲛ · ⲡⲉⲓ ⲛⲟⲩⲧⲉ ⲅⲁⲣ ⲛ̄ ⲟⲩⲱⲧ ⲡⲉ ·
ⲁⲩⲱ ⲡⲉⲓ ⲭ̄ⲥ̄ ⲛ̄ ⲟⲩⲱⲧ ⲡⲉ · ⲧⲉⲓ ⲙⲛ̄ⲧϣⲁⲛϩⲧⲏϥ ⲛ̄ ⲟⲩⲱⲧ
ⲧⲉ · ⲉⲥⲙⲏⲛ ⲉ ⲃⲟⲗ ϣⲁ ⲉⲛⲉϩ :—Ⲗⲟⲓⲡⲟⲛ ⲉⲓⲥ ϩⲏⲛⲧⲉ
ⲁⲓⲧⲉⲧ ⲡⲉⲕϩⲏⲧ · ϫⲉ ⲡⲛⲟⲩⲧⲉ ⲡⲉⲧ ⲟⲩⲉϩⲥⲁϩⲛⲉ ⲛⲁⲛ ⲉ
ⲧⲣⲛ̄ϫⲓ̈ ⲛ̄ ⲧⲟⲟⲧϥ̄ · ⲉϣϫⲉ ⲙ̄ⲙⲟⲛ ⲉ ⲧⲃⲉ ⲟⲩ ⲧⲉⲧⲛ̄ⲁⲓⲧⲉⲓ̈
ⲙ̄ⲙⲟⲓ ⲉ ⲧⲣⲁⲉⲓⲛⲉ · ⲉ ⲧⲉⲧⲛ̄ⲙⲏⲛⲏⲧⲉ ⲙ̄ ⲡⲉⲓ ⲛⲟϭ ⲛ̄ ϣⲁ
ⲙ̄ⲡⲟⲟⲩ · ⲛ̄ ⲧⲟⲓⲕⲟⲩⲙⲉⲛⲏ ⲧⲏⲣⲥ̄ ⲙ̄ⲙⲁⲧⲉ ⲁⲗⲗⲁ ϩⲛ̄ ⲙ̄-
ⲡⲏⲩⲉ ⲟⲛ :—ⲧⲉⲧⲛ̄ⲡⲱϣ ⲉ ⲃⲟⲗ ⲉ ⲣⲟⲓ ⲧⲏⲣⲧⲛ̄ ⲉⲓⲧⲉ ⲕⲟⲩⲓ
ⲉⲓⲧⲉ ⲛⲟϭ · ⲛ̄ϩⲟⲟⲩⲧ ⲙⲛ̄ ⲛⲉϩⲓⲟⲟⲙⲉ · ⲧⲛ̄ⲡⲁⲣⲁⲕⲁⲗⲉⲓ̈
ⲙ̄ⲙⲟⲕ ⲙ̄ⲡⲣ̄ ϩⲟⲩⲣⲱⲛ ⲙ̄ ⲡⲉⲓ ⲛⲟϭ ⲛ̄ ⲁⲅⲁⲑⲟⲛ · ⲛⲅ̄
ⲥⲁⲁⲧⲛ̄ ϩⲙ̄ ⲡⲉⲓ ⲛⲟϭ ⲛ̄ ϣⲁ ⲙ̄ⲡⲟⲟⲩ · ⲛ̄ⲧⲉⲩⲉϣ ⲛ̄ϣⲁϫⲉ ⲉ
ⲣⲟϥ ⲙⲛ̄ ⲡⲧⲁⲓ̈ⲟ ⲙ̄ ⲡⲉⲧⲉⲛⲣ̄ ϣⲁ ⲛⲁϥ ⲙ̄ⲡⲟⲟⲩ · ⲡⲉⲧ
ⲡⲣⲉⲥⲃⲉⲩⲉ ϩⲁ ⲣⲟⲛ ⲧⲏⲣⲛ̄ ⲛ̄ ⲛⲁϩⲣⲙ̄ ⲡⲛⲟⲩⲧⲉ ⲡⲃⲁⲓⲣⲟⲟⲩϣ
ⲛ̄ ⲧⲙⲛ̄ⲧⲣⲱⲙⲉ ⲧⲏⲣⲥ̄ · ⲡⲉⲧ ⲙⲉϩ ⲛ̄ⲛⲁ ϩⲓ̈ ⲙⲛ̄ⲧϣⲁⲛϩⲧⲏϥ
ⲉ ϩⲟⲩⲛ | ⲉⲧ ⲑⲉⲓⲕⲱⲛ ⲧⲏⲣⲥ̄ ⲙ̄ ⲡⲛⲟⲩⲧⲉ · Ⲛⲓⲙ ⲡⲉ ⲡⲁⲓ Fol. 4 *a*
ϣⲁ ⲡⲛⲟϭ ⲛ̄ⲁⲣⲭⲁⲅⲅⲉⲗⲟⲥ ⲙⲓ̈ⲭⲁⲏⲗ ⲡⲁⲣⲭⲏⲥⲧⲣⲁⲧⲏ- ⲉ̄
ⲅⲟⲥ ⲛ̄ ⲧϭⲟⲙ ⲛ̄ ⲙ̄ⲡⲏⲩⲉ · ϯⲡⲁⲣⲁⲕⲁⲗⲉⲓ ⲙ̄ⲙⲱⲧⲛ̄ ⲱ̄
ⲛⲁⲙⲉⲣⲁⲧⲉ ⲁⲩⲱ ⲛⲁϣⲏⲣⲉ ⲙ̄ ⲙⲁⲓ̈ ⲛⲟⲩⲧⲉ · ϯ ⲧⲟⲟⲧ
ⲧⲏⲩⲧⲛ̄ ⲛ̄ⲙⲙⲁⲓ̈ ⲙ̄ⲡⲟⲟⲩ ϩⲙ̄ ⲡⲉⲓ ⲛⲟϭ ⲛ̄ ⲕⲉⲫⲁⲗⲓⲟⲛ ·
ⲙⲏ ⲡⲟⲧⲉ ⲛ̄ⲧⲁϯ ⲡⲁ ⲟⲩⲟⲓ ⲉ ⲃⲟⲗ ϩⲙ̄ ⲡⲉⲓ ⲡⲉⲗⲁⲅⲟⲥ · ⲛ̄
ⲁⲧ ⲣⲏϫϥ̄ · ⲛ̄ⲧⲁ ⲧⲙ̄ ⲥⲱⲕ ⲙ̄ ⲡⲁ ⲕⲟⲩⲓ ⲛ̄ ⲥⲕⲁⲫⲟⲥ ⲉ
ⲡⲉⲕⲣⲟⲧⲉ · ⲧⲛ̄ⲥⲟⲟⲩⲛ ⲅⲁⲣ ⲧⲏⲣⲧⲛ̄ · ⲛ̄ ⲧⲁ ⲙⲛ̄ⲧϩⲏⲕⲉ ϫⲉ
ϯⲉⲩⲡⲟⲣⲉⲓ ⲁⲛ ⲉⲙⲁⲧⲉ ϩⲛ̄ ⲛⲁⲡⲟⲑⲩⲕⲏ ϫⲉ ⲕⲁⲥ ⲉⲓⲧⲁⲗⲉ
ⲉⲩⲛⲟϭ ⲛ̄ ϫⲟⲓ ⲉⲩⲟⲩⲛ̄ϭⲟⲙ · ⲙ̄ⲙⲟϥ ⲉ ⲡⲗⲉⲁ ϩⲙ̄ ⲡⲉⲗⲁ-
ⲅⲟⲥ · ⲁⲩⲱ ⲛϥ̄ⲧⲱⲟⲩⲛ ϩⲁ ⲡⲉⲛϣⲟⲧ ⲛ̄ ⲛ̄ⲧⲏⲩ · ⲁⲗⲗⲁ
ⲟⲩⲕⲟⲩⲓ ⲛ̄ ⲁⲩⲉⲓⲛ ⲙⲛ̄ ⲟⲩⲕⲟⲩⲓ ⲛ̄ ⲥⲕⲁⲫⲟⲥ · ⲛⲉⲧⲉ ⲟⲩⲛ̄-
ⲧⲁⲓ ⲥⲟⲩ · ⲙⲏ ⲡⲟⲧⲉ ⲛ̄ⲧⲁϩⲓ ⲧⲟⲟⲧ ⲉ ⲡⲗⲉⲁ · ⲙ̄ⲙⲟⲟⲩ ⲉ
ⲃⲟⲗ ϩⲙ̄ ⲡⲉⲓ ⲗⲩⲙⲩⲙⲉⲓⲛ (*sic*) ⲉ ⲕⲉ ⲗⲩⲙⲉⲓⲛ · ⲉϥϩⲏⲛ

ⲉ ϩⲟⲩⲛ · ⲉ ⲛⲉⲥⲧⲟⲙⲓⲟⲛ ⲙ̅ⲙⲁⲧⲉ · ⲛ̅ⲧⲉ ⲡⲧⲏⲩ ϩⲣⲁ ⲙ̅-
ⲙⲟⲟⲩ ⲙ̅ⲡⲙⲁⲓ ⲉ ⲃⲟⲗ ⲉ ⲡⲡⲉⲗⲁⲅⲟⲥ · ⲁⲩⲱ ϩⲁⲙⲟⲓ ⲉⲛ
ⲉⲓⲛⲟⲉⲓ · ⲛ̅ ⲛⲏⲃⲉ · ⲧⲁⲧⲟⲩϫⲟ ⲛ̅ ⲧⲁ ⲯⲩⲭⲏ ⲉ ⲡⲉⲕⲣⲟ̅
ⲙ̅ⲙⲁⲧⲉ · ⲁⲩⲱ ⲡⲁⲛⲧⲟⲥ · ⲛ̅ⲧⲉ ⲟⲩⲟⲛ ⲛⲓⲙ ϫⲟⲟⲥ · ϫⲉ
ⲉⲓϩⲉ ⲉⲩϩⲙⲟⲧ · ⲛⲁⲛⲟⲩ ⲧⲉ ⲯⲩⲭⲏ ⲅⲁⲣ ⲙ̅ ⲡⲣⲱⲙⲉ
ⲡⲁⲣⲁ ⲡⲕⲟⲥⲙⲟⲥ ⲧⲏⲣϥ̅ · ⲉϥⲙⲉϩ ⲛ̅ⲭⲣⲏⲙⲁ · ⲉ ⲧⲃⲉ ⲡⲁⲓ
ⲣⲱ ϯⲣ̅ ϩⲟⲧⲉ ⲉ ϯ ⲡⲁ ϫⲟⲓ ⲉ ⲃⲟⲗ ⲉ ⲡⲡⲉⲗⲁⲅⲟⲥ · ⲉⲓⲥⲟⲟⲩⲛ
Fol. 4 b [ⲅⲁⲣ ⲡⲁ] ϫⲟⲓ ⲥⲟⲃⲕ̅ · | ⲁⲩⲱ ⲛ̅ ϯⲛⲟⲓ ⲛ̅ ⲛⲏⲛⲃⲉ ⲁⲛ · ⲙⲉϣⲁⲕ
ⲉ̅ ⲧⲁⲃⲱⲕ ⲉ ⲃⲟⲗ ⲛ̅ⲧⲁ ⲧⲙ̅ ⲉϣϭⲙ̅ϭⲟⲙ ⲉ ⲕⲧⲟⲓ ⲉ ⲡⲉⲕⲣⲟ
ϩⲛ̅ ⲟⲩⲙⲟⲧⲛ̅ⲥ̅ · ⲁⲩⲱ ⲕⲁⲛ ⲟⲛ · ⲉⲓϣⲁⲛⲧⲱⲟⲩⲛ · ϩⲁ
ⲡⲕⲩⲛⲇⲩⲛⲟⲥ ⲧⲏⲣⲟⲩ ⲙⲛ̅ ⲛ̅ϩⲓⲥⲉ ⲛ̅ⲑⲁⲗⲗⲁⲥⲁ · ⲛ̅ ϯⲛⲁϣϥⲓ
ⲁⲛ ϩⲁ ⲡⲛⲟϭⲛⲉϭ · ⲁⲩⲱ ⲡⲁⲛⲧⲱⲥ ⲛⲁⲓ ⲛⲉ ⲛ̅ϣⲁϫⲉ ⲉⲧ
ⲟⲩⲛⲁϫⲟⲟⲩ ⲛⲁⲓ · ϫⲉ ⲡⲣⲱⲙⲉ ⲛⲓⲙ ⲡⲉ ⲛⲧⲁϥⲁⲛⲁⲅⲕⲁⲍⲉ
ⲙ̅ⲙⲟⲕ ⲉⲣ̅ ϩⲱⲃ ⲡⲁⲣⲁ ⲧⲉⲕϭⲟⲙ · ⲉϣϫⲉ ⲉⲕⲥⲟⲟⲩⲛ ϫⲉ
ⲛ̅ⲧⲕ̅ ⲟⲩⲛ̅ϩⲏⲕⲉ · ⲙ̅ⲡⲣ̅ ϩⲓ ⲧⲟⲟⲧⲕ̅ ⲉⲣ̅ ⲟⲩϩⲱⲃ · ⲉϥⲛ̅ ⲧⲡⲉ
ⲡⲁⲣⲁ ⲡⲉⲕⲙⲉⲧⲣⲟⲛ :—ⲉ̈ⲓⲥ ⲟⲩⲙⲏⲏϣⲉ ⲙ̅ ⲡⲣⲁⲅⲙⲁⲧⲉⲩ-
ⲧⲏⲥ ⲛ̅ⲛⲁⲩⲕⲗⲏⲣⲟⲥ ϣⲟⲟⲡ ⲉⲩⲥⲟⲟⲩⲛ ⲙ̅ ⲡⲗⲉⲁ · ⲉⲛⲉ
ⲕⲛⲁϯ ⲛⲁⲩ ⲁⲛ ⲙ̅ ⲡⲕ̅ⲕⲟⲩⲓ ⲛ̅ⲁⲩⲉⲓⲛ · ⲛⲉⲩⲛⲁⲧⲁⲁϥ ⲉ ⲃⲟⲗ
ⲛⲁⲕ ⲡⲉ · ⲛⲅ̅ ϯ ϩⲏⲩ ⲛ̅ ⲧⲉϥⲁⲥⲟⲩ · Ⲁⲩⲱ ⲛⲅ̅ ϩⲉ ⲉ ⲡⲉⲕ-
ⲥⲕⲁⲫⲟⲥ ⲉϥⲟⲩⲟϫ ϫⲉ · ⲛⲉⲕⲛⲟⲓ ⲛ̅ ⲛⲏⲛⲃⲉ ⲁⲛ · ϯⲛⲁⲧⲁ-
ⲙⲱⲧⲛ̅ ⲇⲉ ⲱ̅ ⲛⲉⲥⲛⲏⲩ · ϫⲉ ⲁϣ ⲡⲉ ⲡⲉⲥⲕⲁⲫⲟⲥ · ⲁⲩⲱ
ⲁϣ ⲡⲉ ⲡⲉⲁⲩⲉⲓⲛ · ⲁⲩⲱ ϫⲉ ⲟⲩⲉⲧⲧ ϭⲓⲛⲛⲏⲛⲃⲉ · ⲡⲁ
ⲥⲕⲁⲫⲟⲥ ⲡⲉ ⲡⲁ ⲥⲱⲙⲁ ⲛ̅ ⲣϥⲣ̅ ⲛⲟⲃⲉ · ⲡⲁⲓ ⲉⲧⲉ ⲙ̅ⲡⲉ
ⲓⲣ̅ ϩⲙ̅ⲙⲉ ⲙ̅ⲙⲟϥ ϩⲱⲗⲟⲥ ⲉⲛⲉϩ · ⲡⲁⲩⲉⲓⲛ ⲇⲉ ⲉⲧ ⲥⲟⲃⲕ̅
ⲡⲉ ⲧⲧⲱⲙ ⲙ̅ ⲡⲁ ϩⲏⲧ · Ⲧϭⲓⲛⲛⲏⲛⲃⲉ [...] ⲱⲱⲥ · ⲉⲓⲛⲟⲓ
Fol. 5 a ⲙ̅ [...] ⲛ · [ⲡⲥⲟⲟⲩ]ⲛ̅ ⲛ̅ ⲛⲉⲅⲣⲁ|ⲫⲏ ⲉⲧ ⲟⲩⲁⲁⲃ · ⲉⲧⲉ
ⲋ̅ ⲙⲛ̅ ⲉⲓⲉϣⲛⲟⲓ̈ ⲙ̅ⲙⲟⲟϥ · ⲁⲩⲱ ⲧⲉⲧⲛ̅ⲁⲛⲁⲅⲕⲁⲍⲉ ⲙ̅ⲙⲟⲓ
ⲙ̅ⲡⲟⲟⲩ ⲉ ⲧⲣⲁ ϩⲓ ⲧⲟⲟⲧ ⲡⲁⲣⲁ ⲧⲁ ϭⲟⲙ · Ⲕⲁⲓ ⲙⲁⲗⲓⲥⲧⲁ
ⲉⲧⲉⲧⲛ̅ⲁⲓⲧⲉⲓ ⲙ̅ⲙⲟⲓ ⲉ ⲧⲣⲁ ϣⲁϫⲉ ⲉ ⲡⲧⲁⲓⲟ ⲙ̅ ⲡⲓⲛⲟϭ
ⲛ̅ ⲁⲣⲭⲁⲅⲅⲉⲗⲟⲥ ⲉⲧ ⲟⲩⲁⲁⲃ · ⲙⲓⲭⲁⲏⲗ ⲕⲁⲓ ⲙⲁⲗⲓⲥⲧⲁ
ⲛ̅ ⲟⲩ ⲉ ⲃⲟⲗ ⲁⲛ ⲡⲉ ϩⲙ̅ ⲡⲕⲁϩ ⲛ̅ⲙ̅ⲙⲁⲛ · ⲁⲗⲗⲁ ⲟⲩⲛ̅ ⲉ
ⲃⲟⲗ ϩⲛ̅ ⲧⲡⲉ ⲡⲉ · ⲛ̅ ⲟⲩⲣⲙ̅ ⲛ̅ ⲥⲁⲣⲝ̅ ⲁⲛ ⲡⲉ ⲛ̅ⲧⲡ̅ϩⲉ ·:—
Ⲁⲗⲗⲁ ⲟⲩⲁⲅⲅⲉⲗⲟⲥ ⲡⲉ ⲛ̅ⲧⲉ ⲡⲟⲩⲟⲉⲓⲛ ⲛ̅ ⲟⲩⲧⲁⲙⲓⲟ ⲁⲛ
ⲡⲉ ⲛ̅ⲧⲉ ⲡⲕⲁϩ ⲁⲗⲗⲁ ⲟⲩⲧⲁⲙⲓⲟ ⲡⲉ ⲉ ⲃⲟⲗ ϩⲛ̅ ⲟⲩⲡⲛ̅ⲁ̅ ·

ⲉϥⲟⲩⲁⲁⲃ · ⲛ̅ ⲟⲩϩⲩⲡⲟⲩⲣⲅⲟⲥ ⲁⲛ ⲡⲉ ⲛ̅ⲧⲉ ⲡⲕⲁϩ ⲉϥⲛⲁ-
ⲟⲩⲱⲥϥ̅ · ⲁⲗⲗⲁ ⲟⲩⲗⲓⲧⲟⲩⲣⲅⲟⲥ ⲛ̅ ϣⲁϩ ⲛ̅ ⲥⲁⲧⲉ ⲡⲉ · ⲛ̅
ⲟⲩⲁⲣⲭⲱⲛ ⲁⲛ ⲛ̅ⲧⲉ ⲡⲕⲁϩ ⲉϥⲛⲁⲃⲱⲗ ⲉ ⲃⲟⲗ ⲁⲗⲗⲁ
ⲟⲩⲁⲣⲭⲏⲁⲅⲅⲉⲗⲟⲥ · ⲡⲉ ϩⲛ̅ ⲙ̅ⲡⲏⲩⲉ :—ⲛ̅ ⲟⲩⲁⲣⲭⲏⲥⲧⲣⲁ-
ⲧⲏⲅⲟⲥ ⲁⲛ ⲡⲉ ⲛ̅ⲧⲉ ⲡⲕⲁϩ ⲉϥⲛⲁⲟⲩⲱⲥϥ̅ ⲡⲁⲓ ⲉ ϣⲁⲣⲉ
ⲡⲣ̅ⲣⲟ ⲇⲓⲁⲧⲉⲭⲑ (*sic*) ⲙ̅ⲙⲟϥ ⲙ̅ ⲡⲛⲁⲩ ⲉⲧ ⲉϩⲛⲁϥ · ⲁⲗⲗⲁ
ⲡⲁⲣⲭⲏⲥⲧⲣⲁⲧⲏⲅⲟⲥ ⲡⲉ ⲛ̅ ⲧϭⲟⲙ ⲛ̅ ⲙ̅ⲡⲏⲩⲉ · ⲉϥⲙⲏⲛ
ⲉ ⲃⲟⲗ ⲙⲛ̅ ⲡⲣ̅ⲣⲟ ϣⲁ ⲉⲛⲉϩ · ⲛ̅ ⲟⲩⲣⲉϥϫⲓ ϣⲟϫⲛⲉ ⲁⲛ ⲡⲉ
ϩⲉⲛⲯⲩⲭⲏ ⲉ ⲧⲁⲕⲟⲟⲩ · ⲁⲗⲗⲁ ⲟⲩⲡⲣⲉⲥⲃⲉⲩⲧⲏⲥ ⲡⲉ ϩⲁ
ⲛⲉⲯⲩⲭⲏ ⲙⲛ̅ ⲛⲉⲥⲱⲙⲁ ⲛ̅ⲛⲁⲩ ⲛⲓⲙ ⲛ̅ ⲛⲁϩⲣⲙ̅ ⲡⲛⲟⲩⲧⲉ
ⲡⲇⲩⲙⲓⲟⲩⲣⲅⲟⲥ · Ⲛ̅ ⲟⲩⲕⲁⲇⲏⲅⲟⲣⲟⲥ ⲁⲛ ⲡⲉ ⲁⲗⲗⲁ
ⲟⲩⲣϥⲣ|ϣⲙ̅ ⲛⲟⲩϥⲉ ⲡⲉ ϩⲁ ⲟⲩⲟⲛ ⲛⲓⲙ · ⲛ̅ ⲟⲩⲙⲉⲥⲧⲉ ⲁⲛ Fol. 5 *b*
ⲡⲉ ⲁⲗⲗⲁ ⲟⲩ ⲙⲁⲓ ⲣⲱⲙⲉ ⲡⲉ ⲉϥⲙⲉ ⲛ̅ ⲑⲓⲕⲱⲛ ⲙ̅ Ⲏ̅
ⲡⲛⲟⲩⲧⲉ · Ⲛ̅ ⲟⲩϫⲁϫⲉ ⲁⲛ ⲡⲉ ⲉ ϩⲟⲩⲛ ⲉ ⲣⲟⲛ · ⲁⲗⲗⲁ
ⲟⲩⲉⲓⲣⲏⲛⲓⲕⲟⲥ ⲉ ϩⲟⲩⲛ ⲉ ⲟⲩⲟⲛ ⲛⲓⲙ ⲡⲉ · ⲛ̅ ⲟⲩϫⲁⲥⲓϩⲏⲧ
ⲁⲛ ⲡⲉ ⲟⲩⲛⲁⲏⲧ ⲡⲉ ⲉⲣⲉ ⲙ̅ ⲙⲛ̅ⲧϣⲁⲛϩⲧⲏϥ ⲧⲏⲣⲟⲩ ⲙ̅
ⲡⲉⲓⲱⲧ ⲟⲩⲏϩ ϩⲣⲁⲓ ⲛ̅ϩⲏⲧϥ̅ · ⲉϣⲁⲩⲙⲏⲛⲉⲩⲉ ⲙ̅ⲙⲟϥ
ⲁⲛ ⲙ̅ ⲡⲣ̅ⲣⲟ ⲁⲗⲗⲁ ⲛ̅ⲧⲟϥ ⲡⲉⲧ ⲉϥϣⲁϥⲃⲱⲕ ⲉ ϩⲟⲩⲛ ⲉ
ⲡⲉⲑⲣⲟⲛⲟⲥ · ⲙ̅ ⲡⲉϥϫⲥ̅ ϩⲛ̅ ⲟⲩⲡⲁⲣⲣⲏⲥⲓⲁ · ⲉϫⲛ̅ ⲙⲏⲛⲉⲩⲉ
ⲙ̅ⲙⲟϥ · Ⲛ̅ ⲟⲩⲧⲁⲝⲓⲥ ⲛ̅ ⲟⲩⲱⲧ ⲁⲛ ⲧⲉ ⲧⲉϥⲁⲣⲭⲉⲓ ⲉ ϫⲱⲥ ·
ⲁⲗⲗⲁ ⲛ̅ⲧⲁⲝⲓⲥ ⲛ̅ ⲙ̅ⲡⲏⲩⲉ ϩⲩⲡⲟⲧⲁⲥⲥⲉ ⲛⲁϥ ⲕⲁⲧⲁ
ⲡⲟⲩⲉϩⲥⲁϩⲛⲉ ⲙ̅ ⲡⲇⲏⲙⲓⲟⲩⲣⲅⲟⲥ · ϩⲁⲡⲁⲝ ϩⲁⲡⲗⲱⲥ
ⲛⲉϥⲁϩⲉ ⲣⲁⲧϥ̅ ⲁⲛ ϩⲓ ⲡⲥⲁ ϩⲃⲟⲩⲣ ⲁⲗⲗⲁ ⲛ̅ⲧⲟϥ ⲡⲉⲧ
ⲁϩⲉ ⲣⲁⲧϥ̅ ⲛ̅ⲥⲁ ⲟⲩⲛⲁⲙ ⲙ̅ ⲡⲛⲟⲩⲧⲉ · ⲛ̅ ⲛⲁⲩ ⲛⲓ̈ⲙ ·
ⲉϥϫⲓ ϣⲟϫⲛⲉ ⲉ ⲡⲟⲩϫⲁⲓ ⲛ̅ ⲛ̅ⲣⲱⲙⲉ · ⲡⲉⲓⲛⲉ ⲁⲩⲱ
ⲑⲓⲕⲱⲛ ⲙ̅ ⲡⲛⲟⲩⲧⲉ ⲉⲧ ⲟⲛϩ̅ ⁘—ⲛⲓⲙ ⲇⲉ ⲡⲉ ⲡⲁⲓ ⲉⲧ
ⲫⲟⲣⲉⲓ ⲛ̅ⲛⲉⲓ ⲛⲟϭ ⲛ̅ⲧⲁⲓⲟ(?) ⲧⲏⲣⲟⲩ ⲙⲛ̅ ⲛⲉⲓ ⲉⲟⲟⲩ ⲛ̅
ⲁⲧ ⲱϫⲉⲛ(?) ⲉ ⲣⲟⲟⲩ · ⲥⲱⲧⲙ̅ ⲁⲛⲟⲕ ϯⲛⲁⲧⲁⲙⲱⲧⲛ̅
ⲉ ⲣⲟⲟⲩ · ⲙⲓⲭⲁ[ⲏⲗ ⲡⲉ] ⲡⲛⲟϭ ⲛ̅ ⲁⲣⲭⲁⲅⲅⲉⲗⲟⲥ ⲙ̅
ⲡⲣ̅ⲣⲟ ⲛ̅ ⲛⲁ ⲧⲡⲉ | ⲙⲛ̅ ⲛⲁ ⲡⲕⲁϩ · ⲉⲣⲉ ⲛⲓⲁⲣⲉⲧⲏ Fol. 6 *a*
ⲧⲏⲣⲟⲩ ⲡⲣⲉⲡⲉⲓ ⲛⲁϥ ⁘—ⲙⲓⲭⲁⲏⲗ ⲡⲁⲣⲭⲁⲅⲅⲉⲗⲟⲥ Ⲑ̅
ⲡⲉⲧϭⲟⲙ ⲛ̅ ⲙ̅ⲡⲏⲩⲉ · Ⲛⲓⲙ ⲇⲉ ⲡⲉ ⲡⲁⲓ · ⲛ̅ⲧⲁ ⲡⲣ̅ⲣⲟ ⲛ̅
ⲛ̅ⲣ̅ⲣⲱⲟⲩ · ⲭⲁⲣⲓⲍⲉ ⲛⲁϥ ⲛ̅ ⲛⲓ ⲛⲟϭ ⲛ̅ⲁⲝⲓⲱⲙⲁ ⲛ̅
ⲃⲁⲥⲓⲗⲉⲓⲕⲟⲛ · ⲙⲓⲭⲁⲏⲗ ⲡⲉ ⲡⲁⲣⲭⲱⲛ ⲛ̅ ⲧⲙⲛ̅ⲧⲉⲣⲟ ·

ⲛⲓⲙ ⲡⲉ ⲡⲁï ⲉⲧ ⲉⲣⲉ ⲡⲉï ⲛⲟϭ ⲛ̄ ⲣ̄ⲣⲟ ϯ ⲉ ϫⲱϥ ⲙ̄
ⲡⲉⲓ ⲛⲟϭ ⲛ̄ ⲉⲟⲟⲩ· ⲙⲛ̄ ⲛⲉⲓ ⲥⲟⲗⲥⲗ̄ ⲉⲧ ⲛⲉⲥⲱⲟⲩ·
ⲉϥⲙⲟⲩⲣ ⲙ̄ⲙⲟϥ ⲛ̄ ⲟⲩⲙⲟϫⲕϥ̄· ⲉϥⲧⲟϭⲥ̄ ⲛ̄ ⲱⲛⲉ ⲙ̄
ⲙⲉ· ⲙⲛ̄ ⲟⲩⲥⲧⲟⲗⲏ ⲛ̄ ⲉⲟⲟⲩ· ⲉⲙⲛ̄ ⲣⲱⲙⲉ ⲛⲁϣⲧⲁⲩⲉ
ⲉ ⲡϣⲓ ⲛ̄ ⲧⲉⲥⲙⲛ̄ⲧⲛⲟϭ· ⲧⲁⲓ ⲉⲧ ⲥⲟⲧⲡ̄ ⲡⲁⲣⲁ ⲡϣⲓ ⲉⲧ
ⲉⲣⲉ ⲛ̄ⲣⲱⲙⲉ ⲛⲁϣⲧⲟⲛⲧⲛ̄ ⲙ̄ⲙⲟⲥ ·:—Ⲙⲓⲭⲁⲏⲗ ⲡⲉ
ⲛⲧⲁϥⲙⲓϣⲉ ⲁϥϭⲱⲧⲡ̄ ⲙ̄ ⲡϫⲁϫⲉ ⲉⲧ ϯ ⲟⲩⲃⲉ ⲡⲉϥϫⲥ̄
ⲁϥϯⲱⲕⲉⲓ ⲙ̄ⲙⲟϥ· ⲛⲓⲙ ⲇⲉ ⲡⲉ ⲡⲁⲓ ⲉⲧ ⲉⲣⲉ ⲧⲁⲅⲙⲁ
ⲧⲏⲣⲟⲩ ⲛ̄ ⲙ̄ⲡⲏⲩⲉ ⲥⲧⲉⲫⲁⲛⲟⲩ ⲙ̄ⲙⲟⲟⲩ ⲉⲩⲣⲁϣⲉ
ⲛ̄ⲙ̄ⲙⲁϥ ⲧⲏⲣⲟⲩ· Ⲙⲓⲭⲁⲏⲗ ⲡⲁⲣⲭⲁⲅⲅⲉⲗⲟⲥ ⲡⲉ ⲛ̄ⲧⲁ
ⲡⲛⲟⲩⲧⲉ ⲕⲁⲑⲓⲥⲧⲁ ⲙ̄ⲙⲟϥ ⲙ̄ⲡⲟⲟⲩ ⲛ̄ ⲁⲣⲭⲱⲛ ⲉϫⲛ̄
ⲧⲉϥⲙⲛ̄ⲧⲉⲣⲟ ⲧⲏⲣⲟⲩ· ⲛⲓⲙ ⲇⲉ ⲡⲉ ⲡⲁⲓ ⲉϥⲟⲩⲉϩⲥⲁϩⲛⲉ
ⲛ̄ ⲙ̄ⲡⲏⲩⲉ ⲉⲩⲥⲱⲧⲙ̄ ⲛ̄ⲥⲱϥ· Ⲙⲓⲭⲁⲏⲗ ⲡⲁⲣⲭⲁⲅⲅⲉⲗⲟⲥ
Fol. 6 *b* ⲡⲉ ⲛ|ⲧⲁϥⲥⲱⲧⲙ̄ ⲛ̄ⲥⲁ ⲡⲟⲩⲉϩⲥⲁϩⲛⲉ ⲙ̄ ⲡⲉϥⲣ̄ⲣⲟ·
ⲓ̅ ⲁϥⲛⲟⲩϫⲉ ⲉ ⲃⲟⲗ ⲙ̄ ⲡⲕⲁⲧⲏⲅⲟⲣⲟⲥ ⲡⲉⲧ ⲣ̄ ⲡⲉⲑⲟⲟⲩ ⲛ̄ⲥⲁ
ⲃⲟⲗ ⲙ̄ⲙⲟϥ ·:—ⲛⲓⲙ ⲡⲉ ⲡⲁⲓ ⲉⲧ ⲉⲣⲉ ⲡⲕⲟⲥⲙⲟⲥ ⲧⲏⲣϥ̄
ⲁⲩⲱ ⲧⲉⲭⲛⲏ (*sic*) ⲛⲓⲙ ⲟⲩⲟⲥϥ̄ ⲉⲩⲣ̄ ϣⲁ ⲛⲁϥ ϩⲛ̄ ⲟⲩⲛⲟϭ
ⲛ̄ ϯⲙⲏ ·:—Ⲙⲓ̈ⲭⲁⲏⲗ ⲡⲁⲣⲭⲁⲅⲅⲉⲗⲟⲥ ⲡⲉ ⲡⲥⲟⲗⲥⲗ̄ ⲛ̄
ⲛⲁ ⲙ̄ⲡⲏⲩⲉ ⲁⲩⲱ ϥⲛⲟⲩϩⲙ̄ ⲛ̄ ⲛⲉⲧ ϩⲓϫⲙ̄ ⲡⲕⲁϩ·
ⲉϥⲡⲣⲟⲥⲉⲛⲉⲅⲕⲉⲓ ⲙ̄ⲙⲟⲟⲩ ⲙ̄ ⲡⲉⲛⲛⲟⲩⲧⲉ ⲛ ⲇⲏⲙⲓⲟⲩⲣ-
ⲅⲟⲥ ϩⲛ̄ ⲧⲉϥⲁⲅⲁⲡⲏ· ⲉⲧ ⲟϣ ⲉ ϩⲟⲩⲛ ⲉ ⲣⲟⲛ· ⲁⲗⲗⲁ·
ⲡⲁⲛⲧⲱⲥ ⲧⲉⲧⲛ̄ⲛⲁϫⲟⲟⲥ ⲛⲁⲓ · ϫⲉ ⲛⲁ ⲙ̄ⲡⲏⲩⲉ ⲣ̄ ϣⲁ ⲟⲛ
ⲙ̄ⲡⲟⲟⲩ· ⲁⲩⲱ ⲥⲉⲣⲁϣⲉ ϫⲉ ⲛⲧⲁ ⲡⲛⲟⲩⲧⲉ ⲧⲁϩⲟ ⲛⲁⲩ ⲉ
ⲣⲁⲧⲟⲩ ⲙ̄ ⲡⲉⲩⲁⲣⲭⲏⲥⲧⲣⲁⲧⲏⲅⲟⲥ ·:—Ⲉⲓⲉ ⲁϩⲣⲟⲟⲩ ϩⲱⲟⲩ
ⲛⲁ ⲡⲕⲁϩ ⲉⲩⲣⲁϣⲉ ⲛ̄ ⲧⲉⲓ ϩⲉ ⲧⲏⲣⲥ̄· ⲁⲩⲱ ⲉⲩⲣ̄ ϣⲁ ⲙ̄
ⲡⲁⲣⲭⲁⲅⲅⲉⲗⲟⲥ ⲉⲧ ⲟⲩⲁⲁⲃ ⲙⲓⲭⲁⲏⲗ· ⲙⲏ ⲛⲧⲁⲩⲧⲁϩⲟϥ
ⲉ ⲣⲁⲧϥ̄ ϩⲟⲗⲱⲥ ⲣⲱ ⲛ̄ ⲛⲉⲧ ϩⲓϫⲙ̄ ⲡⲕⲁϩ ϩⲙ̄ ⲡⲉϥⲉⲟⲟⲩ
ⲛϥⲉϣϭⲙ̄ϭⲟⲙ ⲛ̄ⲁϩⲉ ⲣⲁⲧϥ̄ ϩⲓϫⲙ̄ ⲡⲕ[ⲁϩ]· ⲕ[ⲁ]ⲧⲁ ⲡⲉⲧ
ⲥⲏϩ ϩⲛ̄ ⲕⲉ ⲙⲁ·:—Ⲟⲩⲡⲛⲁ̄ ⲅⲁⲣ ⲡⲉ· [...] ⲟⲩⲥⲁⲣⲍ̄ [ⲁⲛ] ⲡⲉ·
Fol. 7 *a* ⲟⲩⲁⲥⲱⲙⲁⲧⲟⲥ ⲅⲁⲣ ⲡⲉ [ⲙⲓⲭ]ⲁⲏⲗ ·| ⲙⲛ̄ ϣϭⲟⲙ ⲅⲁⲣ
ⲓ̅ⲁ̅ ⲛ̄ⲥⲱⲙⲁϯⲕⲟⲛ ⲉ ⲛⲁⲩ ⲉ ⲣⲟϥ· ⲛϥ̄ⲧⲱⲟⲩⲛ ϩⲁ ⲡⲉϥⲉⲟⲟⲩ·
ⲛ̄ⲧⲟⲕ ⲇⲉ ϩⲱⲱⲕ ϯⲛⲁⲟⲩⲱϣⲃ̄ ⲛⲁⲕ ⲉⲓⲡⲗⲏⲣⲟⲫⲟⲣⲉⲓ
ⲙ̄ⲙⲟⲕ ϫⲉ ⲕⲁⲗⲱⲥ ⲛ̄ϩⲟⲩⲟ ϫⲉ ⲛⲁ ⲡⲕⲁϩ ⲣⲁϣⲉ· ⲡⲗⲏⲛ
ⲛⲁ ⲙ̄ⲡⲏⲩⲉ ⲙⲉⲛ ⲟ ⲉⲣ̄ ⲛⲟⲃⲉ ⲁⲛ· ⲟⲩⲇⲉ ⲙⲛ̄ ⲙⲛ̄ⲧϫⲁϫⲉ

ϩⲁϩⲧⲏⲩ ⲛ̄ⲕⲉ ⲥⲟⲛ· ⲟⲩⲇⲉ ⲕⲱϩ· ⲟⲩⲇⲉ ⲙⲟⲥⲧⲉ· ⲟⲩⲇⲉ
ϯⲧⲱⲛ· ⲟⲩⲇⲉ ⲕⲁⲧⲁⲗⲁⲗⲓⲁ· ⲟⲩⲇⲉ ϩⲱⲧⲃ̄· ⲟⲩⲇⲉ ϫⲓⲟⲩⲉ·
ⲟⲩⲇⲉ ϫⲱϩⲙ̄· ⲟⲩⲇⲉ ⲡⲟⲣⲛⲓⲁ· ⲟⲩⲇⲉ ⲗⲁⲁⲩ ⲛ̄ ϩⲱⲃ· ⲙ̄
ⲡⲟⲛⲏⲣⲟⲛ· ⲁⲗⲗⲁ ⲉⲩⲟⲩⲁⲁⲃ· ⲉⲩⲟⲩⲏⲏϩ ϩⲛ̄ ⲛⲉⲧ ⲟⲩⲁⲁⲃ·
ⲉⲩⲙ̄ⲧⲟⲛ ⲙ̄ⲙⲟⲟⲩ ϩⲛ̄ ⲛⲉⲧ ⲟⲩⲁⲁⲃ· ϩⲓⲧⲙ̄ ⲡⲉⲧ ϫⲟⲥⲉ ϣⲁ
ⲉⲛⲉϩ· ⲉⲩⲣ̄ ϣⲁ ⲛ̄ⲙ̄ⲙⲁϥ ⲛ̄ ⲛⲁⲩ ⲛⲓⲙ ϩⲛ̄ ⲟⲩϣⲁ ⲛ̄ ⲁⲧ
ⲟⲩⲱϫⲛ̄ ⁝—ⲉ ⲃⲟⲗ ϫⲉ ⲁⲩⲟⲩⲟ ⲉⲩⲛⲟⲩϫⲉ ⲉ ⲃⲟⲗ ⲙ̄ⲙⲟⲟⲩ
ⲙ̄ ⲡⲉⲧ ⲕⲁⲧⲏⲅⲟⲣⲉⲓ ⲙ̄ⲙⲟⲟⲩ ⁝—Ⲡⲉⲧ ⲟ ⲛ̄ ϫⲁϫⲉ ⲉ ⲡⲉ
ⲛⲧⲁϥⲧⲁⲙⲓⲟⲟⲩ· ⲡϫⲁϫⲉ ⲛ̄ ⲇⲓⲕⲁⲓⲟⲥⲩⲛⲏ ⲛⲓⲙ· ⲡⲙⲉⲥⲧⲉ
ⲁⲩⲱ ⲡⲥⲁ[ⲧ]ⲁⲛⲁⲥ ⲉⲧⲉ ⲡⲁⲓ ⲡⲉ ⲡⲇⲓⲁⲃⲟⲗⲟⲥ· Ⲉ ⲧⲃⲉ ⲡⲁⲓ
ⲁⲩⲣ̄ ϣⲁ ϩⲱⲱϥ ⲙ̄ⲡⲟⲟⲩ ⲙ̄ ⲡⲁⲣⲭⲁⲅⲅⲉⲗⲟⲥ· ϫⲉ ⲛ̄ⲧⲟϥ
ⲁϥⲙⲓϣⲉ· ⲁϥϫⲣⲟ ⲁϥⲟⲃ|ⲃⲓⲟ· ⲙ̄ ⲡϫⲁⲥⲓϩⲏⲧ ϩⲛ̄ Fol. 7 *b*
ⲟⲩϭⲉⲡⲏ· Ⲁⲗⲗⲁ ϩⲙ̄ ⲡⲧⲣⲉϥⲁⲁϥ ⲛ̄ϭⲱⲃ ⲁϥⲛⲟϫϥ̄ ⲉ ⲓ̄ⲃ̄
ⲃⲟⲗ· ϩⲙ̄ ⲡⲙⲁ ⲛ̄ ϣⲱⲡⲉ ⲛ̄ ⲁⲡⲉⲣⲁⲛⲧⲟⲛ· ⲉ ϩⲣⲁⲓ ⲉϫⲙ̄
ⲡⲕⲁϩ ⲙ̄ⲡⲉ ϥϩⲟ· ⲟⲛ (*sic*) ⲉ ⲣⲟϥ ⲉ ⲡⲁⲓ ⲛ̄ϭⲓ ⲡⲁⲣⲭⲁⲅ-
ⲅⲉⲗⲟⲥ ⲙⲓⲭⲁⲏⲗ· ⲛ̄ϥⲕⲁⲁϥ ϩⲓϫⲙ̄ ⲡⲕⲁϩ· ⲛ̄ ⲧⲉⲓ ϩⲉ
ϩⲁⲡⲗⲱⲥ· Ⲁⲗⲗⲁ ⲁϥϫⲓ ⲉⲝⲟⲩⲥⲓⲁ· ⲟⲛ ⲛ̄ ⲧⲉⲓ ϩⲉ· ⲉ
ⲃⲟⲗ ϩⲓⲧⲙ̄ ⲡϫⲥ̄· ⲁϥⲉⲓ ⲉ ⲡⲉⲥⲏⲧ ⲁϥⲁⲙⲁϩⲧⲉ ⲙ̄ⲙⲟϥ
ⲁϥⲥⲟⲛϩϥ̄[1] ϩⲛ̄ ϩⲉⲛⲥⲛⲟⲟⲩϩ ⲛ̄ ⲁⲧ ⲃⲱⲗ ⲉ ⲃⲟⲗ· Ⲟⲩⲇⲉ
ⲣⲱ ⲙ̄ⲡⲉ ϥⲕⲁⲁϥ ⲉϥⲥⲟⲛϩ̄ ϩⲓϫⲙ̄ ⲡⲕⲁϩ ⲙ̄ⲙⲁⲧⲉ· ⲁⲗⲗⲁ
ⲉϥⲥⲏϩ ϫⲉ ⲁϥⲛⲟϫϥ̄ ⲉ ϩⲣⲁⲓ ⲉ ⲧⲗⲓⲙⲛⲏ ⲛ̄ ⲥⲁⲧⲉ ⲉⲧ ϫⲉⲣⲟ
ϩⲛ̄ ⲟⲩⲕⲱϩⲧ ⲙⲛ̄ ⲟⲩⲑⲏⲛ· ⲁⲩⲱ ⲉⲩϩⲁⲣⲉϩ ⲉ ⲣⲟϥ ϣⲁ
ⲡⲉϩⲟⲟⲩ ⲙ̄ ⲡⲛⲟϭ ⲛ̄ ϩⲁⲡ· ⲉⲛⲉ ⲛⲧⲁϥⲕⲁⲁϥ ⲅⲁⲣ ϩⲓϫⲙ̄
ⲡⲕⲁϩ ⲉⲛⲉ ⲙⲛ̄ ⲗⲁⲁⲩ ⲛ̄ ⲥⲁⲣⲝ̄ ⲛⲁⲉϣϭⲙ̄ϭⲟⲙ ⲛ̄ ⲣ̄ ⲃⲟⲗ
ⲉ ⲛⲉϥⲡⲁϣ· ⲁⲗⲗⲁ ϯⲙⲉⲉⲩⲉ ϫⲉ ϩⲙ̄ ⲡⲧⲣⲉϥϫⲟⲟⲥ ϫⲉ
ⲁⲩⲛⲟϫϥ̄ ⲉ ⲡⲉⲥⲏⲧ ⲉ ⲧⲗⲩⲙⲛⲏ ⲛ̄ ⲥⲁⲧⲉ· ⲙⲛ̄ ⲡⲛⲟⲩⲛ·
ⲙⲛ̄ ⲡⲕⲁⲕⲉ· ϫⲉ ⲕⲁⲥ ⲉⲕⲉⲉⲓⲙⲉ ⲉ ⲧⲙⲉ· ϥⲥⲏϩ ⲅⲁⲣ
ϫⲉ ⲛⲉⲧ ϩⲛ̄ ⲛ̄ ⲙ̄ⲡⲏⲩⲉ· [ⲙ]ⲛ̄ ⲛⲉⲧ ϩⲓϫⲙ̄ ⲡⲕⲁϩ· ⲙⲛ̄
ⲛ[ⲉⲧ] ⲉ ⲡⲉ|ⲥⲏⲧ ⲙ̄ ⲡⲕⲁϩ· ⲁⲩⲱ ϯϫⲱ ⲙ̄ⲙⲟⲥ ⲛⲏⲧⲛ̄ ϫⲉ Fol. 8 *a*
ϫⲓⲛ ⲡⲉⲟⲩⲟⲉⲓϣ ⲉⲧ ⲙ̄ⲙⲁⲩ ϣⲁ ϩⲟⲩⲛ ⲉ ⲧⲉⲛⲟⲩ· ⲥⲉⲕⲟⲗⲁⲍⲉ ⲓ̄ⲅ̄
ⲙ̄ⲙⲟϥ· ϩⲛ̄ ⲧⲗⲩⲙⲛⲏ ⲛ̄ ⲥⲁⲧⲉ ⲉⲧ ⲙ̄ⲙⲁⲩ· ⲁⲗⲗⲁ
ⲁⲕⲛⲁϫⲟⲟⲥ ⲛⲁⲓ ϩⲱⲱⲧ ⲱ̄ ⲡⲉϣⲃⲏⲣ· ϫⲉ ⲉϣϫⲉ ⲡⲇⲓⲁ-

[1] Fol. 1 *a* of Oriental, No. 6781, begins with the word ⲁϥⲥⲟⲛϩϥ̄.

ⲃⲟⲗⲟⲥ ⲥⲟⲛϩ̄ Ⲉ ⲧⲃⲉ ⲟⲩ ⲙ̄ ⲡⲛⲁⲩ ⲛ̄ⲧⲁ ⲡ̄ⲁⲅⲅⲉⲗⲟⲥ ⲙ̄
ⲡⲛⲟⲩⲧⲉ· ϩⲙ̄ ⲡϫⲱⲱⲙⲉ ⲛ̄ ⲓⲱⲃ· ⲁϩⲉ ⲣⲁⲧⲟⲩ ⲁϥⲉⲓⲣⲉ
ⲛ̄ ⲛⲉï ⲡⲉⲑⲟⲟⲩ ⲧⲏⲣⲟⲩ ⲛ̄ ⲓⲱⲃ ⲉϥⲥⲟⲛϩ̄· Ⲥⲱⲧⲙ̄ ϩⲛ̄ ⲟⲩϯ
ϩⲧⲏϥ· ⲁⲩⲱ ⲁⲛⲟⲕ ⲡⲉⲧ ⲛⲁⲧⲉⲧ ⲡⲉⲕϩⲏⲧ ϩⲙ̄ ⲡⲁ ϣⲁϫⲉ
ⲙ̄ⲙⲁⲧⲉ ⲁⲛ· ⲁⲗⲗⲁ ⲕⲁⲧⲁ ⲡⲉⲛⲧⲁϥⲉⲓ ⲉ ⲧⲟⲟⲧ ϩⲛ̄ ⲕⲉ
ⲙⲁ· ϣⲁϥϫⲟⲟⲥ ⲅⲁⲣ ϩⲱⲱϥ ⲡⲇⲓⲁⲃⲟⲩⲗⲟⲥ ϫⲉ ϣⲁϥϫⲓ̈
ϩⲛ̄ⲣ̄ⲃ̄ ϩⲱϥ ϩⲱⲥ ⲁⲅⲅⲉⲗⲟⲥ· ⲛ̄ⲧⲉ ⲡⲟⲩⲟⲉⲓⲛ· ⲁⲗⲗⲁ ⲉⲛⲉ
ⲟⲩⲁ ⲁⲛ ⲡⲉ· ϫⲉ ϣⲁⲣⲉ ⲡⲥⲁϩ ⲟⲛ· ⲡⲁⲩⲗⲟⲥ ϫⲟⲟⲥ ϫⲉ
ⲡⲁⲅⲅⲉⲗⲟⲥ ⲙ̄ ⲡⲥⲁⲧⲁⲛⲁⲥ ϫⲉ ⲉϥⲉϯ ⲕⲗ̄ⲯ̄ ⲉ ϫⲱⲓ ϫⲉ
ⲉⲛⲛⲁϫⲓⲥⲉ ⲙ̄ⲙⲟï· ϣⲁⲣⲉ ⲡⲉⲛⲥ̄ⲏ̄ⲣ̄ ϫⲟⲟⲥ ⲉ ⲣⲟϥ ⲉϥⲥⲧⲟ
ⲙ̄ⲙⲟϥ ⲉ ⲃⲟⲗ· ϫⲉ ⲃ[ⲱ]ⲕ ϩⲓ ⲡⲁϩⲟⲩ ⲙ̄ⲙⲟⲓ ⲡⲥⲁⲧⲁⲛⲁⲥ·
Fol. 8 *b* ϣⲁϥϫⲟⲟⲥ ⲟⲛ ϫⲉ ⲡⲇⲓⲁⲃⲟⲗⲟⲥ ⲡ̈ⲓⲣⲁⲍⲉ ⲙ̄|ⲙⲟϥ· Ⲇⲁ̄ⲇ̄
ⲓ̄ⲇ̄ ⲟⲛ ϫⲱ ⲙ̄ⲙⲟⲥ ϫⲉ ⲙⲁⲣⲉ ⲡⲇⲓⲁⲃⲟⲗⲟⲥ ⲁϩⲉ ⲣⲁⲧϥ̄ ⲛ̄ⲥⲁ
ⲟⲩⲛⲁⲙ ⲙ̄ⲙⲟϥ ⁘—ⲉⲣⲉ ⲡⲁⲡⲟⲥⲧⲟⲗⲟⲥ ⲟⲛ ϫⲱ ⲙ̄ⲙⲟⲥ·
ϩⲛ̄ ⲡ̄ ⲕⲁⲑⲟⲗⲓⲕⲟⲛ ϫⲉ ϫⲓⲛ ⲧⲉϩⲟⲩⲉⲓⲧⲉ ⲡⲇⲓⲁⲃⲟⲗⲟⲥ ϫⲓ
ϣⲓⲡⲉ ⲁⲩⲱ ϥⲣ̄ ⲛⲟⲃⲉ ⁘ ⲗⲟⲓⲡⲟⲛ ϫⲉ ⲛ̄ⲛⲉ ⲓⲱⲥⲕ̄ ϩⲙ̄
ⲡϣⲁϫⲉ ⲉ ⲧⲃⲉ ⲡⲉⲧ ⲙⲟⲥⲧⲉ ⲙ̄ ⲡⲉⲛⲅⲉⲛⲟⲥ· ⲁⲗⲗⲁ
ⲥⲱⲧⲙ̄ ⲛ̄ⲧⲁⲧⲁⲙⲟⲕ· ⲣ̄ϣⲁⲛ ⲟⲩⲣ̄ⲣⲟ ⲏ̄ ⲟⲩⲁⲣⲭⲱⲛ· ⲏ̄
ⲕⲉ ⲟⲩⲁ ϩⲱⲗⲟⲥ ⲉϥϩⲁ ⲉⲝⲟⲩⲥⲓⲁ· ⲧⲛ̄ⲛⲟⲟⲩ ⲛ̄ ⲟⲩⲡⲟⲩⲣ-
ⲅⲟⲥ ⲉ ⲡⲟⲩϥ ⲡⲉ· ⲉⲩⲁⲡⲟⲕⲣⲓⲥⲓⲥ· ϣⲁⲣⲉ ⲡⲉⲧ ⲛⲁⲃⲱⲕ
ϣⲁ ⲣⲟⲟⲩ ⲥⲡⲟⲩⲇⲁⲍⲉ ⲉ ϫⲱⲕ ⲉ ⲃⲟⲗ· ⲙ̄ ⲡⲟⲩⲉϩⲥⲁϩⲛⲉ
ϫⲉ ⲟⲩϩⲱⲃ ⲛ̄ⲧⲉ ⲡⲣ̄ⲣⲟ ⲡⲉ· ⲛ̄ⲧⲁϥⲃⲱⲕ ⲉ ⲧⲃⲏⲏⲧϥ̄· ⲁⲩⲱ
ϣⲁⲩϫⲟⲟⲥ ϫⲉ ⲙⲁⲣⲛ̄ ⲣ̄ ⲧⲁⲡⲟⲕⲣⲓⲥⲓⲥ ⲙ̄ ⲡⲇⲉⲥⲡⲟⲧⲏⲥ· ϫⲉ
ⲙ̄ⲛⲉϥⲁⲡⲩⲗⲏ ⲉ ⲣⲟⲛ· ⲧⲉⲓ ϩⲉ ⲟⲛ ⲛ̄ⲟⲩⲱⲧ ⲧⲉ ⲧϣⲟⲟⲡ ⲛ̄
ⲛⲉⲑⲟⲟⲩ ⲙⲛ̄ ⲛⲉⲧ ⲛⲁⲛ̄ⲱⲟⲩ· Ⲉⲡⲉⲓ ⲇⲏ ⲙ̄ ⲡⲛⲁⲩ
ⲛ̄ⲧⲁⲩⲛⲉϫ ⲡⲇⲓⲁⲃⲟⲗⲟⲥ ⲉ ⲃⲟⲗ ϩⲛ̄ ⲧⲡⲉ· ⲁⲩⲙⲏⲏϣⲉ
ⲛ̄ⲁⲅⲅⲉⲗⲟⲥ ⲟⲩⲁϩⲟⲩ ⲛ̄ⲥⲱϥ· ⲛⲁⲓ ⲛ̄ⲧⲁⲩⲙⲉⲣⲉ ⲡⲥⲁϩⲟⲩ·
ⲁ[...]ⲛⲁⲩ ⲁⲩⲣ̄ ϩⲁⲏ ⲉ ⲡⲉⲟⲟⲩ· ⲁⲩⲱ ⲁⲩϣⲟⲟⲡ ⲉ[...]
ⲁⲁϥ ϩⲛ̄ ⲧⲉⲓ ⲙⲛ̄ⲧ[...]ⲧ[...]ⲧ⁘—ⲗⲟⲓⲡⲟⲛ ⲁϥ[ⲙⲉ]ⲉⲩⲉ
Fol. 9 *a* [...]ⲟϭ[...]ϣⲁ | ϩⲙ̄ ⲡⲉϥϩⲏⲧ ϩⲱⲥ ⲧⲉ ⲛϥ̄ⲧⲟⲗⲙⲁ
ⲓ̄ⲉ̄ ⲛϥ̄ϫⲟⲟⲥ ⲉ ⲡⲉ ⲛ̄ⲧⲁϥⲧⲁⲙⲓⲟϥ ϫⲉ ϯⲛⲁϣⲱⲡⲉ ⲛ̄ⲧⲉϥϩⲉ·
ⲁϥϩⲓ ⲧⲟⲟⲧϥ̄ ⲉ ⲧⲱϣ ⲛⲁϥ ⲛ̄ ϩⲉⲛⲧⲁⲝⲓⲥ ϩⲁ ⲧⲉϥϩⲏ ϩⲛ̄
ⲟⲩⲙⲛ̄ⲧϫⲁⲥⲓϩⲏⲧ ⲉϥⲧⲟⲛⲧⲛ̄ ⲙ̄ⲙⲟϥ ⲉ ⲡⲉϥϫⲥ̄· Ⲛ̄ⲧⲉⲩⲛⲟⲩ
ⲇⲉ ⲁ ⲡⲛⲟⲩⲧⲉ ⲧⲛ̄ⲛⲟⲟⲩ ⲙ̄ ⲡⲉϥⲛⲟϭ ⲛ̄ ⲁⲣⲭⲁⲅⲅⲉⲗⲟⲥ·

ⲙⲓⲭⲁⲏⲗ· ⲁϥⲙⲟⲣϥ ⲁϥⲕⲁⲁϥ ϩⲙ̄ ⲟⲩⲧⲟⲡⲟⲥ ⲛ̄ ⲕⲁⲕⲉ
ⲉϥⲥⲁ ⲡⲉⲥⲏⲧ ⲙ̄ ⲡⲕⲁϩ· ⲁⲩⲱ ⲛⲉⲛⲧⲁⲩⲟⲩⲁϩⲟⲩ ⲛ̄ⲥⲱϥ·
ⲁⲩϣⲱⲡⲉ ⲛ̄ⲇⲓⲁⲃⲟⲗⲟⲥ ⲛ̄ⲙ̄ⲙⲁϥ· ⲉ ⲧⲃⲉ ⲡⲁⲓ ⲣⲱ
ⲛⲧⲁⲩⲙⲟⲩⲧⲉ ⲉ ⲣⲟⲟⲩ ⲛ̄ ⲧⲡⲁϣⲉ ⲙ̄ ⲡⲉϥⲣⲁⲛ· ϫⲉ
ⲇⲁⲓⲙⲱⲛ ⲉⲧⲉ ⲡⲇⲓⲁⲃⲟⲗⲟⲥ ⲡⲉ· ⲁⲩⲱ ϣⲁ ⲧⲉⲛⲟⲩ ⲥⲉϩⲩ-
ⲡⲟⲩⲣⲅⲉⲓ ⲙ̄ⲙⲟϥ· ϩⲙ̄ ⲛⲉϥⲡⲉⲑⲟⲟⲩ ⲧⲏⲣⲟⲩ· ⲉ ⲃⲟⲗ ϫⲉ
ⲁⲩϣⲱⲡⲉ ⲛⲁϥ ϩⲱⲱϥ· ⲛ̄ⲧⲁⲝⲓⲥ ϩⲁ ⲣⲁⲧϥ ϩⲙ̄ ⲧⲉϥⲙⲛ̄ⲧ-
ϫⲁⲥⲓϩⲏⲧ ⲉϥⲧⲟⲛⲧⲛ̄ ⲙ̄ⲙⲟϥ ⲉ ⲡⲉϥϫⲥ̄· ⲛ̄ⲧⲉⲩⲛⲟⲩ ⲁ
ⲡⲛⲟⲩⲧⲉ ⲧⲛ̄ⲛⲟⲟⲩ ⲙ̄ ⲡⲉϥⲛⲟϭ ⲛ̄ ⲁⲣⲭⲱⲛ ⲡⲉϥⲛⲟϭ ⲛ̄
ⲁⲣⲭⲁⲅⲅⲉⲗⲟⲥ ⲙⲓⲭⲁⲏⲗ· ⲁϥⲟⲩⲱϣϥ ⲛ̄ ⲧⲉϥϭⲟⲙ
ⲁϥⲕⲁⲁϥ· ϩⲙ̄ ⲟⲩⲧⲟⲡⲟⲥ ⲛ̄ ⲕⲁⲕⲉ· ⲉⲧ ⲥⲁ ⲡⲉⲥⲏⲧ ⲙ̄
ⲡⲕⲁϩ ⲙⲛ̄ ⲛⲉⲛⲧⲁⲩⲟⲩⲁϩⲟⲩ ⲛ̄ⲥⲱϥ· ⲕⲁⲧⲁ ⲡⲉⲧ ⲥⲏϩ· ϫⲉ
ⲕ[...]ⲱⲧ[...]ⲙⲛ̄ ⲟⲩⲥⲱⲧ[...]ⲁⲩ[ⲱ][...]ϭⲱ[ⲱⲙⲉ] |
ⲙⲛ̄ ⲡⲉⲧ ϭⲟⲟⲙⲉ· ⲉⲓⲥ ϩⲏⲏⲧⲉ ⲁⲓⲧⲁⲙⲟⲕ ⲱ̄ ⲡⲉϣⲃⲏⲣ· Fol. 9 *b*
ϫⲉ ⲡⲇⲓⲁⲃⲟⲗⲟⲥ ⲥⲟⲛϩ̄· ⲁⲗⲗⲁ ⲛ̄ⲇⲁⲓⲙⲱⲛ ϫⲱⲕ ⲉ ⲃⲟⲗ ⲓ̄ⲉ̄
ⲛ̄ ⲛⲉϥⲟⲩⲱϣ· ⲕⲁⲧⲁ ⲡⲉϥⲕⲱϩ ⲙⲛ̄ ⲡⲉϥⲙⲟⲥⲧⲉ ⲉ ϩⲟⲩⲛ ⲉ
ⲣⲟⲛ ⁖—ⲁⲗⲗⲁ ⲙⲁⲣⲛ̄ϩⲱ ⲉ ⲣⲟⲛ ⲛ̄ϣⲁϫⲉ ⲉⲛ ⲙⲛ̄ⲧⲥⲁⲛ-
ⲕⲟⲧⲥ̄ ⲙ̄ ⲡⲉⲧ ⲙ̄ⲙⲁⲩ ⲛ̄ⲧⲛ̄ⲕⲧⲟⲛ ⲉ ϩⲣⲁⲓ ⲉϫⲙ̄ ⲡⲛⲓⲕⲏ-
ⲧⲏⲥ· ⲁⲩⲱ ⲡⲉⲥⲧⲉⲫⲁⲛⲓⲧⲏⲥ· ⲡⲛⲟϭ ⲁⲩⲱ ⲡⲁⲣⲭⲏⲡⲟⲗⲩ-
ⲙⲁⲣⲭⲏⲥ [ⲥ]ⲧⲣⲁⲧⲏⲅⲟⲥ ⲛ̄ ⲧϭⲟⲙ ⲛ̄ ⲙ̄ⲡⲏⲩⲉ· ⲡⲁⲓ
ⲛ̄ⲧⲁϥⲕⲱ ϩⲁ ⲣⲱⲛ ⲙ̄ⲡⲏⲩⲉ ⲛ̄ⲧⲉ ⲧⲣⲁⲡⲉⲍⲁ ⲙ̄ ⲡⲉϥⲛⲟϭ ⲛ̄
ϣⲁ· ⲡⲁⲓ ⲉⲧ ⲡⲟⲣϣ̄ ⲛⲁⲛ ⲉ ⲃⲟⲗ ⲙ̄ⲡⲟⲟⲩ ϩⲙ̄ ⲙ̄ⲡⲏⲩⲉ·
ⲙⲛ̄ ⲡⲕⲁϩ· ⲕⲁⲧⲁ ⲡⲟⲩϩⲉⲥⲁϩⲛⲉ ⲙ̄ ⲡⲛ̄ϫⲥ̄ ⲓ̄ⲥ̄ ⲡⲉⲭ̄ⲥ̄·
ⲟⲩⲛⲟⲩⲧⲉ ⲅⲁⲣ ⲛ̄ ⲟⲩⲱⲧ ⲡⲉ· ⲟⲩϫⲥ̄ ⲛ̄ ⲟⲩⲱⲧ ⲡⲉ· ⲟⲩ-
ⲙⲛ̄ⲧⲉⲣⲟ ⲛ̄ ⲟⲩⲱⲧ ⲧⲉ ⲉⲥⲙⲏⲛ ⲉ ⲃⲟⲗ· ⲉⲥϣⲟⲟⲡ ⲛ̄ ⲧⲩⲡⲟⲥ
ⲛ̄ ⲧⲉⲧⲣⲓⲁⲥ ⲉⲧ ⲟⲩⲁⲁⲃ· ⲟⲩⲟⲩⲥⲓⲁ ⲛ̄ ⲟⲩⲱⲧ ⲧⲉ· ⲙⲛ̄
ⲡⲉⲓⲱⲧ· ⲙⲛ̄ ⲡϣⲏⲣⲉ· ⲙⲛ̄ ⲡⲉⲡⲛ̄ⲁ̄ ⲉⲧ ⲟⲩⲁⲁⲃ· ⲛ̄ ⲁⲧ
ⲡⲱⲣϫ̄· ⲛ̄ ⲁⲧ ϣⲓⲃⲉ· ⲛ̄ ⲁⲧ ⲡⲱϣ· ⲛ̄ ⲁⲧ ϭⲛ̄ⲡⲁⲧⲥ̄· ⲛ̄
ⲁⲧ ϩⲉϩϩⲱⲧⲥ̄ (*sic*)· ⲛ̄ ⲁⲧ ⲟⲣⲃⲥ̄ ⲉ ϩⲟⲩⲛ· ⲁⲗⲗⲁ ⲛ̄[...]ⲉ
ϩⲟⲩⲛ ϩⲁ ⲧⲉϥⲉⲝⲟⲩⲥⲓⲁ[...]ⲛ̄ ⲛ[ⲉⲧ] ⲛ̄ⲙ̄|ⲡⲏⲩⲉ ⲙⲛ̄ Fol. 10 *a*
ⲛⲉⲧ ϩⲓϫⲙ̄ ⲡⲕⲁϩ ⁖— ⲓ̄ⲋ̄

Oriental 7021. ⲁⲛⲟⲛ ⲇⲉ ⲱ̅ ⲛⲁⲙⲉⲣⲁⲁⲧⲉ· ⲛ̅ ϩⲟⲥⲟⲛ ⲱ̅ ⲛⲁⲙⲉⲣⲁⲧⲉ ⲁⲛⲉⲓⲙⲉ ϫⲉ ⲟⲩⲛⲟϭ ⲡⲉ ⲡⲣⲁϣⲉ· ⲙ̅ ⲡⲉⲓ ⲛⲟϭ ⲛ̅ ϣⲁ· ⲉⲧ ⲡⲱⲣϣ̅ ⲛⲁⲛ ⲉ ⲃⲟⲗ ⲙ̅ⲡⲟⲟⲩ· ⲙⲁⲣⲛ̅ ⲣ̅ ϣⲁ ϩⲱⲱⲛ ⲙ̅ ⲡⲉⲧ ⲉⲣⲉ ⲡⲛⲟⲩⲧⲉ ⲙⲛ̅ ⲛⲉϥⲁⲅⲅⲉⲗⲟⲥ· ⲣ̅ ϣⲁ ⲛⲁϥ· ⲙⲁⲣⲛ̅ ⲥⲧⲟⲗⲓⲍⲉ ⲙ̅ⲙⲟⲓ̈ (*sic*) ϩⲓ ϩⲟⲩⲛ· ⲁⲩⲱ ϩⲓ̈ ⲃⲟⲗ· ⲉⲛⲛⲁⲃⲱⲕ ⲉ ⲡⲉⲓ ⲛⲟϭ ⲛ̅ ⲁⲣⲓⲥⲧⲟⲛ ⲙ̅ⲡⲟⲟⲩ· ⲛ̅ϭⲓ ⲡⲛⲟϭ ⲙ̅ ⲡⲟⲗⲩⲙⲓⲥⲧⲏⲥ· ⲙ̅ ⲡⲣ̅ⲣⲟ ⲛ̅ ⲣ̅ⲣⲱⲟⲩ ⲙⲓ̈ⲭⲁⲏⲗ· ⲡⲁⲣⲭⲁⲅⲅⲉⲗⲟⲥ ⲉⲧ ⲟⲩⲁⲁⲃ· ⲁⲗⲗⲁ ⲡⲉϫⲉⲧⲛ̅· ϫⲉ ⲉϣϫⲉ ⲟⲩⲁⲣⲓⲥⲧⲟⲛ ⲡⲉ ⲛ̅ ⲃⲁⲥⲓⲗⲉⲓⲕⲟⲛ· ⲡⲉⲧ ⲉϣϣⲉ ⲡⲉ ⲉ ⲣⲟⲛ ⲉ ⲕⲁⲧⲉⲭⲉⲓ ϣⲁⲛⲧ ⲟⲩⲧⲱϩⲙ̅ ⲛ̅ ϣⲟⲣⲡ̅ ⲛ̅ ⲛⲉⲧ ⲟ ⲛ̅ⲛⲟϭ ϩⲛ̅ ⲧⲁⲩⲗⲏ· ⲙ̅ ⲡⲣ̅ⲣⲟ ⲙⲛ̅ ⲡⲉϥⲁⲣⲭⲏⲥⲧⲣⲁⲧⲏⲅⲟⲥ ⲙⲓⲭⲁⲏⲗ· ⲙⲛ̅ⲛ̅ⲥⲱⲥ ϩⲱⲱⲛ ⲛ̅ⲧⲛ̅ⲟⲩⲁϩⲛ̅ ⲛ̅ⲥⲱⲟⲩ· Ⲕⲁⲗⲱⲥ ⲁⲧⲉⲧⲛ̅ϣⲓⲛⲉ ⲱ̅ ⲛⲁⲙⲉⲣⲁⲧⲉ· ϣⲁⲣⲉ ⲡⲉⲑⲃ̅ⲃ̅ⲓ̈ⲟ ⲅⲁⲣ ϫⲓⲥⲉ· ⲁⲩⲱ ϣⲁϥⲥⲟⲟⲩⲧⲛ̅·:—ⲁⲗⲗⲁ ⲁⲙⲏⲓⲧⲛ̅ ⲟⲩⲉϩ

Oriental 6781. Fol. 1 *a* ⲓ̅ⲅ̅

ⲁϥⲥⲟⲛϩϥ̅ ϩⲛ̅ ϩⲉⲛϩⲁⲗⲁⲥⲓⲥ ⲙ̅ ⲡⲉⲛⲓ̈ⲡⲉ ⲛⲁⲧ ⲃⲱⲗ ⲉ ⲃⲟⲗ· ⲟⲩⲇⲉ ⲙ̅ⲡ ⲟⲩ ⲕⲁⲁϥ ⲉϥⲥⲟⲛ̅ϩ ϩⲓϫⲙ̅ ⲡⲕⲁϩ ⲙ̅ⲙⲁⲧⲉ· ⲁⲗⲗⲁ Ⲉϥⲥⲏϩ ϫⲉ ⲁϥⲛⲟϫϥ̅ ⲉ ⲧⲗⲓⲙⲛⲏ ⲛ̅ ⲥⲁⲧⲉ ⲉⲧ ϫⲉⲣⲟ̅ ⲉⲓϫⲱ ⲙ̅ⲙⲟⲥ ϫⲉ ϥ̅ⲙ̅ ⲡⲉⲥⲏⲧ ⲙ̅ ⲡⲛⲟⲩⲛ ⲙⲛ̅ ⲡⲕⲁⲕⲉ· ⲁⲩⲱ ϫⲉ ⲕⲁⲥ ⲉⲕⲉⲉⲓⲙⲉ ⲉ̅ ⲧⲙⲉ· ⲁⲛⲟⲛ ⲇⲉ ϩⲱⲱⲛ ⲱ̅ ⲛⲁⲙⲉⲣⲁⲧⲉ ϩⲱⲥ ϫⲉ ⲁⲛⲉⲓⲙⲉ ϫⲉ ⲟⲩⲛⲟϭ ⲡⲉ ⲡⲣⲁϣⲉ ⲙ̅ ⲡⲉⲓ ϣⲁ̅ ⲉ̅ⲧ ⲡⲟⲣϣ̅ ⲛⲁⲛ ⲉ̅ ⲃⲟⲗ ⲙ̅ⲡⲟⲟⲩ· Ⲙⲁⲣⲛ̅ ⲥⲧⲟⲗⲓⲍⲉ ⲙ̅ⲙⲟⲛ ⲛⲟⲩⲁ̅ ⲛⲟⲩⲁ̅ ϩⲓ ϩⲟⲩⲛ ⲁⲩⲱ ϩⲓ ⲃⲟⲗ· ⲛ̅ⲛⲁⲃⲱⲕ ⲉ ⲡⲉⲓ ⲛⲟϭ ⲛ̅ ⲁⲣⲓⲥⲧⲱⲛ ⲙ̅ⲡⲟⲟⲩ· ϫⲉ ⲕⲁⲥ ⲛ̅ⲛⲁⲟⲩⲱⲙ ⲉ̅ ⲃⲟⲗ ϩⲛ̅ ⲛ̅ⲁⲅⲁⲑⲱⲛ ⲛ̅ⲧⲁϥ ⲥⲃ̅ⲧⲱⲧⲟⲩ ⲛⲁⲛ: ⲛ̅ϭⲓ ⲡⲛⲟϭ ⲙ̅ ⲡⲟⲗⲉⲙⲏⲥⲧⲏⲥ ⲙ̅ ⲡⲣ̅ⲣⲟ ⲛ̅ ⲛⲉⲣⲣⲱⲟⲩ· ⲙⲓⲭⲁⲏ̅ⲗ̅· ⲁⲗⲗⲁ ϫⲉ ⲉϣϫⲉ ⲟⲩⲁ̅ⲣⲓⲥⲧⲱⲛ ⲛ̅ ⲃⲁⲥⲓⲗⲓⲕⲟⲛ ⲡⲉ· ⲡⲉⲧ ⲉϣϣⲉ ⲉ ⲣⲟⲛ ⲡⲉ ⲉ̅ ⲕⲁⲧⲉⲭⲉ ϣⲁⲛⲧ ⲟⲩⲧⲱϩⲙ̅· ⲛ̅ ϣⲟⲣⲡ̅ ⲛⲉⲧ ⲟ ⲛ̅ⲛⲟϭ ϩⲛ̅ ⲧⲁⲩⲗⲏ ⲙ̅ ⲡⲣ̅ⲣⲟ̅· ⲙⲛ̅ ⲡⲉϥⲛⲟϭ ⲛ̅ ⲁⲣⲭⲁⲅⲅⲉⲗⲟⲥ ⲙⲓⲭⲁⲏ̅ⲗ̅· Ⲙⲛ̅ⲛ̅ⲥⲱⲥ ⲛ̅ⲧⲛ̅ⲟⲩⲁϩⲛ̅ ϩⲱⲱⲛ ⲛ̅ⲥⲱⲟⲩ· ⲕⲁⲗⲱⲥ ⲁⲧⲉⲧⲛ̅ϣⲓⲛⲉ Ⲱ̅ ⲛⲁⲙⲉⲣⲁⲧⲉ· ϣⲁⲣⲉ ⲡⲉⲑⲃ̅ⲃ̅ⲓⲱ̅ ⲅⲁⲣ ϫⲓⲥⲉ· ⲁⲩⲱ ϣⲁϥⲥⲟⲟⲩⲧⲛ̅· ⲁⲗⲗⲁ ⲁⲙⲏⲓⲧⲛ̅ ⲟⲩⲉϩ

ⲧⲏⲩⲧⲛ̄ ⲛ̄ⲥⲱⲓ ϫⲉ ⲉⲓⲥ ⲛ̄ⲛⲟϭ ⲁⲩⲟⲩⲱ ⲉⲩⲃⲏⲕ ⲉ ⲡⲁⲣⲓⲥⲧⲟⲛ Oriental 7021.
ⲙⲛ̄ ⲙⲓⲭⲁⲏⲗ· ⲁⲩⲱ ⲛⲁⲓ ⲁⲩⲛⲟϫⲟⲩ· ⲛⲁⲓ ⲛⲉ ⲛ̄ⲛⲟϭ
ⲛ̄ⲧⲁⲩⲣ̄ ϣⲟⲣⲡ̄· ⲥⲱⲧⲙ̄ ϩⲛ̄ ⲟⲩϯ ϩⲧⲏϥ· ⲁⲇⲁⲙ ⲡⲉ ⲙⲛ̄ |
ⲁⲃⲉⲗ ⲙⲛ̄ ⲥⲏⲑ ⲡⲉϥϣⲏⲣⲉ· ⲉⲛⲱⲭ ⲙⲛ̄ ⲙⲁⲑⲟⲩⲥⲁⲗⲁ· Fol. 10 b
ⲙⲛ̄ ⲛⲱϩⲉ· ⲁⲃⲣⲁϩⲁⲙ· ⲙⲛ̄ ⲓⲥⲁⲕ· ⲙⲛ̄ ⲓⲁⲕⲱⲃ· ⲙⲛ̄ ⲒⲎ
ⲓⲱⲥⲏⲫ ⲡⲉϥϣⲏⲣⲉ ⁘ ⲙⲱⲩⲥⲏⲥ ⲡⲉ ⲙⲛ̄ ⲁⲁⲣⲱⲛ ⲙⲛ̄
ⲓⲥⲟⲩ ⲡ̄ ⲛⲁⲩⲏ ⁘—Ⲅⲉⲇⲉⲱⲛ ⲡⲉ ⲙⲛ̄ ⲃⲁⲣⲁⲕ· ⲙⲛ̄
ⲥⲁⲙⲯⲱⲛ· ⲙⲛ̄ ⲓⲉⲫⲑⲁⲉ ⁘—ⲇⲁ̅ⲇ̅ ⲡⲉ ⲙⲛ̄ ⲥⲟⲗⲟ-
ⲙⲱⲛ· ⲙⲛ̄ ⲓⲉⲍⲉⲕⲓⲁⲥ ⲡⲣ̄ⲣⲟ ⲡ̄ ⲇⲓ̈ⲕⲁⲓⲟⲥ· ⲏ̄ⲥⲁⲓⲁⲥ ⲡⲉ
ⲙⲛ̄ ⲓⲉⲣⲉⲙⲓⲁⲥ ⲙⲛ̄ ⲓⲉⲍⲉⲕⲓⲏⲗ· ⲙⲛ̄ ⲡϣⲟⲙⲛ̄ⲧ ⲛ̄ϩⲁⲅⲓⲟⲥ
ⲙⲛ̄ ϩⲏⲗⲓ̈ⲁⲥ· ⲙⲛ̄ ⲇⲁⲛⲓⲏⲗ· ⲛⲉⲓ ⲛⲟϭ ⲙ̄ ⲡⲣⲟⲫⲏ-
ⲧⲏⲥ ⁘—ⲍⲁⲭⲁⲣⲓⲁⲥ ⲡⲟⲩⲏⲏⲃ ⲡⲉ ⲙⲛ̄ ⲓ̅ⲱ̅ⲥ̅ ⲡⲉϥϣⲏⲣⲉ
ⲙⲛ̄ ⲡⲙⲛ̄ⲧⲥⲛⲟⲟⲩⲥ ⲛ̄ⲁⲡⲟⲥⲧⲟⲗⲟⲥ· ⲙⲛ̄ ⲥⲧⲉⲫⲁⲛⲟⲥ
ⲡⲁⲣⲭⲏⲇⲓⲁⲕⲱⲛⲟⲥ· ⲙⲛ̄ ⲡϩⲗ̄ⲗⲟ ⲡ̄ ϩⲁⲅⲓⲟⲥ ⲁⲩⲱ
ⲡⲟⲩⲏⲏⲃ ⲥⲩⲙⲉⲱⲛ· ⲙⲛ̄ ⲙ̄ⲙⲁⲣⲧⲩⲣⲟⲥ ⲁⲩⲱ ⲛ̄ⲇⲓⲕⲁⲓⲟⲥ
ⲧⲏⲣⲟⲩ ⁘—ⲁϩⲣⲟⲓ̈ ⲉⲓϣⲁϫⲉ ⲉ ⲛⲁ ⲡⲕⲁϩ ⲁⲗⲗⲁ· ϥⲙ̄ⲙⲁⲩ
ⲛ̄ϭⲓ ⲡϫ̅ⲥ̅ ⲙ̄ ⲡⲉⲟⲟⲩ ⲙⲛ̄ ⲡⲧⲁⲅⲙⲁ ⲧⲏⲣⲟⲩ ⲙ̄ⲙⲡⲏⲩⲉ

ⲧⲏⲩⲧⲛ̄ ⲛ̄ⲥⲱⲓ· ϫⲉ ⲉⲓⲥ ⲛ̄ⲛⲟϭ· ⲁⲩⲟⲩⲱ̅ ⲉⲩⲃⲏⲕ· ⲉ ⲡⲁⲣⲓ̈ⲥ- Oriental 6781.
ⲧⲟⲛ ⲙ̄ ⲙⲓⲭⲁⲏⲗ· ⲁⲩⲛⲟϫⲟⲩ· ⲁϣ ⲛⲉ ⲛ̄ⲛⲟϭ ⲛ̄ⲧⲁⲩⲣ̄
ϣⲟⲣⲡ̄ ⲛ̄ⲛⲟϫⲟⲩ· ⲥⲱⲧⲙ̄ ⲇⲉ ϩⲛ̄ ⲟⲩϯ ϩⲧⲏϥ· ⲁⲇⲁⲙ ⲇⲉ
ⲙⲛ̄ ⲁⲃⲉⲗ· ⲙⲛ̄ ⲥⲉⲑ ⲡⲉϥϣⲏⲣⲉ· ⲙⲱⲩⲥⲏⲥ ⲙⲛ̄ ⲁⲁⲣⲱⲛ
ⲙⲛ̄ ⲓⲉⲥⲟⲩ ⲡ̄ ⲛⲁⲩⲏ | ⲅⲉⲇⲉⲱⲛ· ⲃⲁⲣⲁⲕ· ⲥⲁⲙⲯⲱⲛ· Fol. 1 b
ⲇⲁⲩⲉⲓⲇ ⲡⲉ ⲙⲛ̄ ⲥⲱⲗⲟⲙⲱⲛ· ⲙⲛ̄ ⲓⲉⲍⲉⲕⲓⲁⲥ ⲛⲉⲣⲣⲱⲟⲩ· ⲒⲆ
ⲏ̄ⲥⲁⲓⲁⲥ ⲡⲉ· ⲙⲛ̄ ⲓⲉⲣⲏⲙⲓⲁⲥ· ⲙⲛ̄ ⲉⲍⲉⲕⲓⲏⲗ· ⲙⲛ̄
ⲇⲁⲛⲓⲏⲗ· ⲙⲛ̄ ⲡϣⲟⲙⲛ̄ⲧ· ⲛ̄ϩⲁⲅⲓⲟⲥ· ⲙⲛ̄ ϩⲩⲗⲓⲁⲥ ⲡ̄
ϩⲉⲗⲉⲥⲁⲓⲟⲥ· ⲛⲉⲓ ⲛⲟϭ ⲙ̄ ⲡⲣⲟⲫⲏⲧⲏⲥ· ⲍⲁⲭⲁⲣⲓⲁⲥ ⲡⲉ·
ⲙⲛ̄ ⲓⲱϩⲁⲛⲛⲏⲥ ⲡⲉϥϣⲏⲣⲉ· ⲙⲛ̄ ⲡⲙⲛ̄ⲧⲥⲛⲟⲟⲩⲥ ⲛ̄ⲁⲡⲟ-
ⲥⲧⲟⲗⲟⲥ· ⲙⲛ̄ ⲥⲧⲉⲫⲁⲛⲟⲥ ⲡⲁⲣⲭⲏⲇⲓⲁⲕⲟⲛⲟⲥ· ⲙⲛ̄
ⲡϩⲗ̄ⲗⲟ ⲡ̄ ϩⲁⲅⲓⲟⲥ ⲁⲩⲱ ⲛ̄ⲛⲟⲩⲏⲏⲃ· ⲁ̅ⲡ̅ⲁ̅ ⲥⲩⲙⲉⲱⲛ ⲙⲛ̄
ⲙ̄ⲙⲁⲣⲧⲩⲣⲟⲥ· ⲙⲛ̄ ⲛ̄ⲇⲓⲕⲁⲓⲟⲥ ⲧⲏⲣⲟⲩ :—ⲁϩⲣⲟⲓ ⲉⲓϣⲁϫⲉ
ⲉ ⲛⲁ ⲡⲕⲁϩ ⲙ̄ⲙⲁⲧⲉ· ⲁⲗⲗⲁ ϥⲙ̄ⲙⲁⲩ ⲛ̄ϭⲓ ⲡϫⲟⲉⲓⲥ
ⲙ̄ⲡⲉⲟⲟⲩ· ⲙⲛ̄ ⲡⲧⲁⲅⲙⲁ ⲧⲏⲣⲟⲩ ⲙ̄ⲙⲡⲏⲩⲉ· ⲛ̄ⲁⲅⲅⲉ-

Oriental 7021.

ⲛ̅ⲁⲅⲅⲉⲗⲟⲥ ⲙⲛ̅ ⲛ̅ⲁⲣⲭⲁⲅⲅⲉⲗⲟⲥ ⲛⲉ ⲭⲉⲓⲣⲟⲩⲃⲉⲓⲛ ⲙⲛ̅
ⲛ̅ⲥⲉⲣⲁⲫⲉⲓⲛ· ⲛ̅ⲁⲣⲭⲏ ⲙⲛ̅ ⲛ̅ⲉⲝⲟⲩⲥⲓⲁ· ⲛⲉⲑⲣⲟⲛⲟⲥ
Fol. 11 *a* ⲙⲛ̅ ⲙ̅ⲙⲛ̅ⲧϫⲥ̅· ⲙⲛ̅ ⲛ̅ϭⲟⲙ | ⲥⲉ ⲙ̅ⲙⲁⲩ ⲛ̅ϭⲓ ⲛⲁⲓ ⲧⲏⲣⲟⲩ
ⲓ̅ⲑ̅ ⲉⲩϯ ⲉⲟⲟⲩ ⲙ̅ ⲡⲛⲟⲩⲧⲉ ⲙⲛ̅ ⲡⲉϥⲛⲟϭ ⲛ̅ ⲁⲣⲭⲁⲅⲅⲉⲗⲟⲥ
ⲉⲧ ⲟⲩⲁⲁⲃ ⲙⲓⲭⲁⲏⲗ· ϣⲁ ⲡⲛⲟϭ ⲛ̅ⲣⲱⲙⲉ ⲉⲧ ⲟⲩⲁⲁⲃ ⲛ̅
ⲣⲙ̅ ⲛ̅ ⲕⲁϩ ⲛ̅ⲙ̅ⲙⲁⲛ ⲛ̅ⲧⲁϫⲛⲟⲟⲩ ⲉ ⲧⲃⲉ ⲡⲉⲓ ⲛⲟϭ ⲛ̅ ϣⲁ
ⲉⲧ ⲡⲟⲣϣ̅ ⲛⲁⲛ ⲉ ⲃⲟⲗ ⲙ̅ⲡⲟⲟⲩ ⲉϫⲛ̅ ⲧⲟⲓⲕⲟⲩⲙⲉⲛⲏ ⲧⲏⲣⲥ̅·
ⲧⲁⲉⲓⲙⲉ ϫⲉ ⲕⲁⲥ ⲉⲓⲛⲁⲣⲁϣⲉ ϩⲱ ⲙⲛ̅ ⲛⲉⲧ ⲣⲁϣⲉ ⲕⲁⲧⲁ
ⲡϣⲁϫⲉ ⲙ̅ ⲡⲁⲩⲗⲟⲥ ⲡⲁⲡⲟⲥⲧⲟⲗⲟⲥ :—ⲡⲗⲏⲛ ϯⲛⲁⲁⲣ-
ⲭⲉⲥⲑⲁⲓ ⲛ̅ ϣⲟⲣⲡ̅ ⲉϫⲙ̅ ⲡⲉⲓⲱⲧ ⲛ̅ ⲧⲙⲛ̅ⲧⲣⲱⲙⲉ ⲧⲏⲣⲥ̅·
ⲡⲉⲛⲧⲁ ⲡⲛⲟⲩⲧⲉ ⲧⲁⲙⲓ̈ⲟϥ ⲕⲁⲧⲁ ⲡⲉϥⲉⲓⲛⲉ ⲙⲛ̅ ⲧⲉϥϩⲓ-
ⲕⲱⲛ· ⲡⲉⲛⲉⲓⲱⲧ ⲁⲇⲁⲙ· ⲛ̅ⲧⲟϥ ⲅⲁⲣ ⲡⲉ ϯⲛⲁⲩ ⲉ ⲣⲟϥ·
ⲉϥⲟ ⲙ̅ ⲡⲣⲱⲧⲟⲥ ϩⲙ̅ ⲡⲉⲓ̈ ϣⲁ ⲙ̅ⲡⲟⲟⲩ ϩⲙ̅ ⲡⲙⲁ ⲛ̅
ⲛⲟϫϥ̅ ϩⲛ̅ ⲛ̅ⲣⲙ̅ ⲛ̅ ⲕⲁϩ· ⲁⲣⲁ ⲉⲓⲛⲁⲧⲟⲗⲙⲁ ⲛ̅ⲧⲁϫⲟⲟⲥ
ⲟⲩ ⲛⲁϥ· ϯⲣ̅ ϩⲟⲧⲉ ⲁⲩⲱ ϯⲥⲧⲱⲧ· ⲉⲓⲥ ϩⲏⲏⲧⲉ ⲟⲛ ⲧⲉⲛⲟⲩ
ϯⲛⲁⲩ ⲉ ⲛⲉⲧ ϩⲙ̅ ⲡⲉⲓ ⲁⲣⲓⲥⲧⲟⲛ ⲙ̅ⲡⲟⲟⲩ ⲛ̅ⲙ̅ⲙⲁϥ ⲧⲏⲣⲟⲩ

Oriental 6781.

ⲗⲟⲥ ⲙⲛ̅ ⲛ̅ⲁⲣⲭⲁⲅⲅⲉⲗⲟⲥ· ⲛ̅ⲁⲣⲭⲏ ⲛ̅ ⲛⲉⲝⲟⲩⲥⲓⲁ̅·
ⲛⲉⲭⲉⲣⲟⲩⲃⲓⲛ ⲙⲛ̅ ⲛ̅ⲥⲉⲣⲁⲫⲓⲛ· ⲛⲉⲑⲣⲟⲛⲟⲥ ⲙⲛ̅ ⲙ̅ⲙⲛ̅ⲧ-
ϫⲟⲉⲓⲥ· ⲙⲛ̅ ⲛ̅ϭⲟⲙ Ⲥⲉ ⲙ̅ⲙⲁⲩ· ⲛ̅ϭⲓ ⲛⲁⲓ ⲧⲏⲣⲟⲩ ⲉⲩϯ
ⲉⲟⲟⲩ ⲙ̅ ⲡⲛⲟⲩⲧⲉ ⲙⲛ̅ ⲡⲉϥⲛⲟϭ ⲛ̅ ⲁⲣⲭⲁⲅⲅⲉⲗⲟⲥ ⲉⲧ
ⲟⲩⲁⲁⲃ ⲙⲓⲭⲁⲏⲗ· ⲁⲗⲗⲁ ϯⲟⲩⲱϣ ⲉⲉⲕⲧⲟⲓ ⲛ̅ ⲕⲉ ⲥⲟⲡ
ⲉ ⲧⲁⲩⲗⲏ ⲙ̅ ⲡⲁⲣⲭⲁⲅⲅⲉⲗⲟⲥ ⲙⲓⲭⲁⲏⲗ· ϣⲁ ⲛⲉⲓ ⲛⲟϭ
ⲛ̅ⲣⲱⲙⲉ ⲛ̅ⲣⲙ̅ⲛ̅ⲕⲁϩ· ⲛ̅ⲧⲁϫⲛⲟⲩ· ⲉ̅ ⲧⲃⲉ ⲡⲉⲓ ⲛⲟϭ ⲛ̅
ϣⲁ ⲉⲧ ⲡⲟⲣϣ̅ ⲉ ⲃⲟⲗ ⲙ̅ⲡⲟⲟⲩ· ϫⲉ ⲕⲁⲥ ⲉⲓⲉⲣⲁϣⲉ ϩⲱⲱⲧ
ⲙⲛ̅ ⲛⲉⲧ ⲣⲁϣⲉ· ⲕⲁⲧⲁ ⲡϣⲁϫⲉ ⲙ̅ ⲡⲥⲁϩ ⲡⲁⲩⲗⲟⲥ ⲡ-
ⲁⲡⲟⲥⲧⲟⲗⲟⲥ :—Ⲡⲗⲏⲛ ϯⲛⲁⲁⲣⲭⲉⲓ ⲛ̅ ϣⲟⲣⲡ̅· ϫⲓⲛ ⲙ̅
ⲡⲉⲓⲱⲧ ⲛ̅ ⲧⲙⲛ̅ⲧⲣⲱⲙⲉ ⲧⲏⲣⲥ̅· ⲡⲉⲛⲧⲁ ⲡⲛⲟⲩⲧⲉ ⲡⲗⲁⲥⲥⲉ
ⲙ̅ⲙⲟϥ ⲕⲁⲧⲁ ⲡⲉϥⲉⲓⲛⲉ ⲙⲛ̅ ⲧⲉϥϩⲓⲕⲱⲛ· ⲛ̅ⲧⲟϥ ⲅⲁⲣ
Fol. 2 *a* ⲡⲉⲧ ⲉⲓⲛⲁⲩ ⲉ ⲣⲟϥ ⲉϥⲟ̅ | ⲙ̅ ⲡⲣⲱⲧⲱⲥ· ϩⲙ̅ ⲡⲙⲁ ⲛ̅ ⲛⲟϫϥ̅
ⲓ̅ⲉ̅ ϩⲙ̅ ⲡⲉⲓ ϣⲁ̅ ⲙ̅ⲡⲟⲟⲩ ⲛ̅ⲧⲁϫⲛⲟⲩϥ· Ⲁⲣⲁ ϯⲛⲁⲧⲟⲗⲙⲁ
ⲛ̅ⲧⲁϫⲟⲟⲥ ⲛⲁϥ ϫⲉ ϯⲣ̅ ϩⲟⲧⲉ· ⲁⲩⲱ ϯⲥⲧⲱⲧ· Ⲉⲓⲥ
ϩⲏⲏⲧⲉ ⲟⲛ ⲧⲉⲛⲟⲩ ϯⲛⲁⲩ ⲉⲛⲉⲧ ϩⲙ̅ ⲡⲉⲁ̅ⲣⲓⲥⲧⲟⲛ ⲧⲏⲣⲟⲩ

ⲉⲩϯⲙⲁ ⲙ̅ⲙⲟϥ· ⲁⲛⲟⲕ ϯⲛⲁⲟⲡⲧ̅ ⲛ̅ⲙ̅ⲙⲁⲩ ϩⲱ· ⲕⲁⲛ Oriental 7021.
ⲉϣϫⲉ ⲁⲛⲅ̅ ⲟⲩⲣϥⲣ̅ ⲛⲟⲃⲉ ⲟⲛ ϯⲛⲁϯ ⲛⲁϥ ⲙ̅ ⲡⲣⲁϣⲉ
ⲙ̅ ⲡⲁ ⲗⲁⲥ ⲛ̅ [ⲧⲉⲓ ϩⲉ] ϫⲉ ⲭⲁⲓⲣⲉ ⲡⲁ ⲉⲓⲱⲧ ⲉⲧ ⲟⲩⲁⲁⲃ
ⲕⲩⲣⲓ ⳼—ⲭⲁⲓⲣⲉ ⲡⲉⲓⲱⲧ ⲛ̅ ⲛⲁⲉⲓⲟⲟⲧⲉ ⲙⲛ̅ | ⲧⲙⲛ̅ⲧⲣⲱⲙⲉ Fol. 11 *b*
ⲧⲏⲣⲥ̅ ⲛⲉ ⲛⲧⲁⲩϣⲱⲡⲉ ⲙⲛ̅ ⲛⲉⲧ ⲛⲁϣⲱⲡⲉ ⲟⲛ· Ⲉⲓϣⲁⲛϯ ⲕ̅
ⲛⲁϥ ⲙ̅ ⲡⲉⲓ ϣⲟⲙⲛ̅ⲧ ⲛ̅ⲣⲁϣⲉ ⲉⲧ ⲧⲟⲟⲙⲉ ⲉ ⲡⲉϥⲉⲟⲟⲩ·
ⲡⲁⲛⲧⲱⲥ ϥⲛⲁⲱϣ ⲉ ⲃⲟⲗ ϩⲱⲱϥ ⲛ̅ⲑⲉ ⲛ̅ ⲟⲩⲉⲓⲱⲧ ⲙ̅
ⲡⲉϥϣⲏⲣⲉ· ⲛϥ̅ϫⲟⲟⲥ ϫⲉ ⲡⲁ ϣⲏⲣⲉ ⲁⲙⲟⲩ ϩⲱⲱⲕ ⲟⲛ
ⲛⲅ̅ ⲣⲁϣⲉ ⲛ̅ⲙ̅ⲙⲁⲓ ϩⲙ̅ ⲡⲉⲓ ⲛⲟϭ ⲛ̅ ϣⲁ ⲙ̅ⲡⲟⲟⲩ· ϩⲙ̅
ⲡⲧⲣⲁϭⲛ̅ ⲡⲁⲣϩⲏⲥⲓⲁ· ⲛ̅ⲛⲁϩⲣⲁϥ· ϯⲛⲁϫⲛⲟⲩϥ· ϫⲉ
ⲡⲁ ϫⲥ̅ ⲛ̅ ⲉⲓⲱⲧ ⲛ̅ⲧⲟⲕ ⲁⲛ ⲡⲉⲛⲧⲁ ⲡⲛⲟⲩⲧⲉ ⲡⲗⲁⲥⲥⲉ
ⲙ̅ⲙⲟⲕ ϩⲛ̅ ⲛⲉϥϭⲓϫ ⲙ̅ⲙⲓ̈ⲛ ⲙ̅ⲙⲟϥ ⲁϥⲙⲁϩⲕ̅ ⲙ̅ ⲡⲉⲟⲟⲩ
ⲙ̅ ⲡⲉϥⲉⲓⲛⲉ ⲙⲛ̅ ⲧⲉϥϩⲓ̈ⲕⲱⲛ· ⲙⲏ ⲛ̅ⲧⲟⲕ ⲁⲛ ⲡⲉⲛⲧⲁ
ⲡⲛⲟⲩⲧⲉ ⲛ̅ ⲛϥ̅ⲧⲁⲅⲙⲁ ⲧⲏⲣⲟⲩ ⲉⲧ ϩⲛ̅ ⲙ̅ⲡⲏⲩⲉ· ϫⲉ
ⲁⲙⲏⲓⲧⲛ̅ ⲛ̅ⲧⲉⲧⲛ̅ⲟⲩⲱϣⲧ ⲙ̅ ⲡϩⲱⲃ ⲛ̅ ⲛⲁϭⲓϫ ⲡⲁ ⲉⲓⲛⲉ
ⲙⲛ̅ ⲧⲁ ϩⲓⲕⲱⲛ ⳼—Ⲁϥⲟⲩⲱϣⲃ̅ ⲛ̅ϭⲓ ⲁⲇⲁⲙ· ϫⲉ ⲁϩⲉ·

ⲙ̅ⲡⲟⲟⲩ· ⲉⲩϯⲉⲟⲟⲩ ⲛⲁϥ· ⲁⲩⲱ ⲉⲩϯⲙⲁ ⲙ̅ⲙⲟϥ Ⲁⲛⲟⲕ Oriental 6781.
ϩⲱⲧ ⲉⲓⲛⲁⲟⲡⲧ̅ ⲙⲛ̅ ⲟⲩⲁ̅ ⲙ̅ⲙⲟⲟⲩ· ⲕⲁⲛ ⲉϣϫⲉ ⲁⲛⲅ̅
ⲟⲩⲣⲉϥⲣ̅ ⲛⲟⲃⲉ ⲟⲛ· ϯⲛⲁϯ ⲛⲁϥ ⲙ̅ ⲡⲣⲁϣⲉ ⲙ̅ ⲡⲁ ⲗⲁⲥ·
ⲛ̅ ⲧⲉⲓ̈ ϩⲉ ϫⲉ ⲭⲁⲓⲣⲉ ⲡⲁ ⲉⲓ̈ⲱⲧ ⲉⲧ ⲟⲩⲁⲁⲃ· ⲕⲩⲣⲓ ⲭⲁⲓⲣⲉ̅
ⲡⲉⲓ̈ⲱⲧ ⲛ̅ ⲛⲁⲉⲓ̈ⲟⲧⲉ ⲧⲏⲣⲟⲩ· ⲙⲛ̅ⲧⲙⲛ̅ⲧⲣⲱⲙⲉ ⲧⲏⲣⲥ̅ ⲉ̅ⲧ
ⲛⲁϣⲱⲡⲉ· Ⲉⲓϣⲁⲛϯ ⲙ̅ ⲡⲉⲓ ϣⲟⲙⲛⲧ ⲛ̅ⲣⲁϣⲉ ⲛⲁϥ
ⲉⲧ ⲧⲟⲙⲉ ⲉ ⲡⲉϥⲉⲟⲟⲩ· ⲡⲁⲛⲧⲱⲥ ϥⲛⲁⲱϣⲉ ⲉ ⲃⲟⲗ ϩⲱⲱϥ
ⲛ̅ⲑⲉ ⲛ̅ ⲟⲩⲉⲓ̈ⲱⲧ ⲙ̅ ⲡⲉϥϣⲏⲣⲉ· ⲁ̅ⲙⲟⲩ ϩⲱⲱⲕ Ⲛⲅ̅
ⲣⲁϣⲉ ⲛ̅ⲙ̅ⲙⲁⲛ· ϩⲙ̅ ⲡⲉⲛⲟϭ ⲛ̅ ϣⲁ̅ ⲉⲧ ⲡⲟⲣϣ̅ ⲛⲁⲛ ⲉ
ⲃⲟⲗ ⲙ̅ⲡⲟⲟⲩ ϩⲙ̅ ⲡⲧⲣⲁϭⲛ̅ ⲡⲁⲣⲣⲏⲥⲓⲁ ϩⲁϩⲧⲏϥ· ϯⲛⲁ-
ϫⲛⲟⲩϥ ϫⲉ ⲡⲁ ϫⲟⲉⲓⲥ ⲛ̅ ⲉⲓⲱⲧ ⲙⲏ ⲛ̅ⲧⲟⲕ ⲁⲛ ⲡⲉⲛⲧⲁ
ⲡⲛⲟⲩⲧⲉ ⲡⲗⲁⲥⲥⲉ ⲙ̅ⲙⲟⲕ· ϩⲛ̅ ⲛⲉϥϭⲓϫ ⲙ̅ⲙⲓⲛ ⲉ̅ⲙ̅ⲙⲟϥ·
ⲁϥⲙⲟϩⲕ̅ ϩⲙ̅ ⲡⲉⲟⲟⲩ ⲙ̅ ⲡⲉϥⲉⲓⲛⲉ· ⲙⲛ̅ ⲧⲉϥϩⲓⲕⲱⲛ·
ⲙⲏ ⲛ̅ⲧⲟⲕ ⲁⲛ ⲡⲉⲛⲧⲁ ⲡⲛⲟⲩⲧⲉ ⲟⲩⲉϩⲥⲁϩⲛⲉ ⲛ̅ ⲛ̅ⲧⲁⲅⲙⲁ
ⲧⲏⲣⲟⲩ ⲛ̅ⲙ̅ⲡⲏⲩⲉ̅· ϫⲉ ⲁⲙⲏⲓⲧⲛ̅ ⲛ̅ⲧⲉⲧⲛ̅ⲟⲩⲱϣⲧ ⲙ̅
ⲡϩⲱⲃ ⲛ̅ ⲛⲁϭⲓϫ· ⲡⲁ ⲉⲓⲛⲉ ⲙⲛ̅ ⲧⲁ ϩⲓⲕⲱⲛ· Ⲁϥⲟⲩⲱϣⲃ̅

Oriental
7021.

ⲁⲛⲟⲕ ⲡⲁ ϣⲏⲣⲉ· ⲡⲉⲛⲧⲁ ⲛⲁⲓ̈ ⲧⲏⲣⲟⲩ ϣⲱⲡⲉ ⲙⲙⲟϥ
ϯⲛⲁⲟⲩⲱϣⲃ ⲛⲁϥ ⲟⲛ· Ⲧⲁϫⲟⲟⲥ ⲛⲁϥ ϫⲉ ⲡⲁ ϫ̅ⲥ̅ ⲛ̄ ⲉⲓⲱⲧ
ⲙⲛ ⲙ̄ⲡⲉ ⲛⲁⲓ [ⲧⲏⲣⲟⲩ ϣⲱ]ⲡⲉ· ⲛⲧ[ⲉ] ⲛⲁⲅⲅⲉⲗⲟⲥ
ⲧ[ⲏⲣⲟⲩ ⲡⲣⲟⲥ]ⲕⲩⲛⲏ ⲛⲁⲕ· [ϣⲁⲧ ⲙ̄ ⲡⲉⲟⲩⲁ ⲛ̄]ⲟⲩⲱⲧ

Fol. 12 a
ⲕ̅ⲁ̅

ⲙⲛ ⲧⲉϥⲧⲁⲝⲓⲥ· ⲁϥ[ⲟⲩ]ⲟⲩⲱϣⲃ ϫⲉ ⲁⲣⲉ | ⲁ ⲡⲁ ϫ̅ⲥ̅ ⲧⲣⲉ
ⲡ̄ⲕⲁ ⲛⲓⲙ ⲟⲩⲡⲟⲧ[ⲁⲥ]ⲥⲉ ⲛⲁⲓ ϩⲁ ⲑⲏ ⲣⲱ ⲉ ⲧⲣⲉϥⲕⲁⲁⲧ
ϩⲙ ⲡⲧⲣⲉ ϥⲕⲁⲁⲧ ϩⲙ̄ ⲡⲡⲁⲣⲁⲇⲓⲥⲟⲥ :—ϯⲛⲁⲧⲟⲗⲙⲁ ⲛ̄-
ⲧⲁϫⲟⲟⲥ ⲛⲁϥ ϫⲉ ⲁⲩⲱ ⲁϩⲣⲟⲕ ⲙⲛ̄ ⲡⲉⲓ ϣⲁ ⲙ̄ⲡⲟⲟⲩ· ⲉⲙ
ⲛⲁⲅⲅⲉⲗⲟⲥ ϫⲟⲥⲉ ⲛ̄ϩⲟⲩⲟ ⲉ ⲣⲟⲕ· Ⲛ̄ⲧⲟⲕ ⲡⲉ ⲡⲉⲓⲛⲉ ⲁⲩⲱ
ⲑⲉⲓⲕⲱⲛ ⲧⲏⲣⲥ̄ ⲙ̄ ⲡⲛⲟⲩⲧⲉ ⲁⲗⲗⲁ ⲡⲉϫⲁϥ· ⲛ̄ϭⲓ ⲁⲇⲁⲙ·
ϫⲉ ⲥⲱⲧⲙ̄ ⲉ ⲣⲟⲓ ⲱ̄ ⲡⲁ ϣⲏⲣⲉ ⲁⲩⲱ ⲁⲛⲟⲕ ϯⲛⲁⲧⲁⲙⲟⲕ
ⲉ ⲡⲧⲁⲓⲟ ⲙ̄ ⲡⲉⲓ ⲛⲟϭ ⲛ̄ ϣⲁ ⲙ̄ⲡⲟⲟⲩ· Ⲉⲡⲓ ⲇⲏ ϯⲛⲟⲉⲓ
ⲛ̄ϩⲟⲩⲟ ⲉ ⲣⲟⲕ ⲁⲩⲱ ϯ ⲙ̄ⲙⲁⲩ ⲉⲣⲉ ⲛⲁⲓ ⲛⲁϣⲱⲡⲉ :—Ⲡ
ⲡⲉⲟⲩⲟⲉⲓϣ ⲟⲩⲛ ⲛ̄ⲧⲁ ⲡ[ⲁ] ϫ̅ⲥ̅ ⲁⲩⲱ ⲡⲁ ⲛⲟⲩⲧⲉ· ⲁⲩⲱ ⲡⲁ
ⲇⲏⲙⲓⲟⲩⲣⲅⲟⲥ ⲧⲁⲙⲓⲟⲓ· ⲕⲁⲧⲁ ⲡⲉϥⲉⲓⲛⲉ ⲙⲛ̄ ⲧⲉϥϩⲓⲕⲱⲛ·
ⲁϥⲕⲟⲥⲙⲉⲓ ⲙ̄ⲙⲟⲓ ⲕⲁⲗⲱⲥ· ⲁϥⲛⲓϥⲉ ⲉ ϩⲟⲩⲛ ϩⲙ̄ ⲡⲁ

Oriental
6781.

ⲛ̄ϭⲓ ⲁ̅ⲇⲁⲙ ϫⲉ ⲁ̅ϩⲉ· ⲁⲛⲟⲕ ⲡⲉ ⲡⲁ ϣⲏⲣⲉ· ⲡⲉⲛⲧⲁ ⲛⲁⲓ̈
ⲧⲏⲣⲟⲩ ϣⲱⲡⲉ ⲙ̄ⲙⲟϥ Ϯⲛⲁⲟⲩⲱϣⲃ ⲛⲁϥ ⲟⲛ ϫⲉ ⲡⲁ
ϫⲟⲉⲓⲥ ⲛ̄ ⲉⲓⲱⲧ ⲙⲛ ⲙ̄ⲡⲉ ⲛⲁⲓ ⲧⲏⲣⲟⲩ ϣⲱⲡⲉ· ⲛ̄ⲧⲉ ⲛ̄-
ⲁⲅⲅⲉⲗⲟⲥ ⲧⲏⲣⲟⲩ ⲡⲣⲟⲥⲕⲩⲛⲉⲓ ⲛⲁⲕ· ϣⲁⲧ ⲙ̄ ⲡⲉⲟⲩⲁ̅ ⲛ

Fol. 2 b
ⲓ̅ⲅ̅

ⲟⲩⲱⲧ ⲙⲛ̄ ⲧⲉϥⲧⲁⲝⲓⲥ· ⲁϥⲟⲩⲱϣⲃ | ϫⲉ ⲉⲣⲉ ⲁ ⲡⲁ ϫⲟⲉⲓⲥ
ⲧⲣⲉ ⲡ̄ⲕⲁ ⲛⲓⲙ ⲟⲩⲡⲟⲧⲁⲥⲉ (sic) ⲛⲁⲓ ϩⲁ ⲑⲏ ⲉ ⲧⲣⲉϥⲕⲁⲁⲧ
ϩⲙ̄ ⲡⲡⲁⲣⲁⲇⲓⲥⲟⲥ :—ϯⲛⲁⲧⲟⲗⲙⲁ ⲛ̄ⲧⲁϫⲟⲟⲥ· ⲛⲁϥ ϫⲉ
ⲁϩⲣⲟⲕ ⲙⲛ̄ ⲡⲉⲓ ϣⲁ̅ ⲙ̄ⲡⲟⲟⲩ ⲉⲙ ⲛⲁⲅⲅⲉⲗⲟⲥ ϫⲟⲥⲉ ⲉ
ⲣⲟⲕ ⲛ̄ⲧⲟⲕ ⲡⲉ ⲡⲉⲓⲛⲉ ⲁⲩⲱ ⲑⲓⲕⲱⲛ ⲙ̄ ⲡⲛⲟⲩⲧⲉ· ⲁⲗⲗⲁ
ⲡⲉϫⲁϥ ⲛ̄ϭⲓ ⲁ̅ⲇⲁⲙ ϫⲉ ⲥⲱⲧⲙ̄ ⲉ ⲣⲟⲓ ⲡⲁ ϣⲏⲣⲉ· ⲁⲛⲟⲕ
ⲡⲉⲧ ⲛⲁⲧⲁⲙⲟⲕ ⲉ ⲡⲧⲁⲉⲓⲟ̄ ⲙ̄ ⲡⲉⲓ ϣⲁ̅ ⲙ̄ⲡⲟⲟⲩ ⲉⲡⲉⲓ ⲇⲏ
ϯⲛⲟⲓ ⲛ̄ϩⲟⲩⲟ̄ ⲉ ⲣⲟⲕ· ⲁⲩⲱ ϯ ⲙ̄ⲙⲁⲩ ⲉⲣⲉ ⲛⲁⲓ ⲧⲏⲣⲟⲩ
ⲛⲁϣⲱⲡⲉ· ⲙ̄ ⲡⲉⲟⲩⲟⲉⲓϣ ⲛ̄ⲧⲁ ⲡⲁ ϫⲟⲉⲓⲥ· ⲁⲩⲱ ⲡⲁ ⲛⲟⲩⲧⲉ·
ⲁⲩⲱ ⲡⲁ ⲇⲩⲙⲓⲟⲩⲣⲅⲟⲥ ⲧⲁⲙⲓⲟⲓ ⲕⲁⲧⲁ ⲡⲉϥⲉⲓⲛⲉ ⲙⲛ̄
ⲧⲉϥϩⲓⲕⲱⲛ· ⲁϥⲕⲟⲥⲙⲉⲓ ⲙ̄ⲙⲟⲓ ⲕⲁⲗⲱⲥ· ⲁϥⲛⲓϥⲉ ⲉ
ϩⲟⲩⲛ ⲛ̄ ϩⲣⲁⲓ ⲛ̄ ⲟⲩⲡⲛⲟⲏ̄· ⲛ̄ ⲱⲛϩ̄· ⲁϥⲑⲙ̄ⲥⲟⲓ ϩⲓϫⲛ̄

ϩⲟ ⲛ̄ ⲟⲩⲡⲛⲟⲛ ⲛ̄ ⲱⲛϩ̄ · ⲁϥⲑⲙ̄ⲙ̄ⲥⲟⲓ ⲉϫⲛ̄ ⲟⲩⲑⲣⲟⲛⲟⲥ Oriental 7021.
ⲉϥϩⲁⲉⲟⲟⲩ ⲙ̄ ⲡⲉϥⲙ̄ⲧⲟ ⲉ ⲃⲟⲗ · ⲁϥⲟⲩⲉϩⲥⲁϩⲛⲉ ⲛ̄ⲛ̄-
ⲧⲁⲝⲓⲥ ⲧⲏⲣⲟⲩ ⲛ̄ⲙ̄ⲡⲏⲩⲉ ϩⲛ̄ ⲧⲉϥⲉⲝⲟⲩⲥⲓⲁ ⲙ̄ ⲙⲉ ⲉϥϫⲱ
ⲙ̄ⲙⲟⲥ ϫⲉ ⲁⲙⲏⲓⲧⲛ̄ ⲛ̄ⲧⲉⲧⲛ̄ⲟⲩⲱϣⲧ̄ ⲙ̄ ⲡϩⲱⲃ ⲛ̄ ⲛⲁϭⲓϫ
ⲡⲁ ⲉⲓⲛⲉ ⲙⲛ̄ ⲧⲁ ϩⲓⲕⲱⲛ · ⲛⲉϥⲙ̄ⲙⲁⲩ ⲇⲉ [...] ⲉⲧ ⲙ̄ⲙⲁⲩ ·
ⲉϥⲟ ⲙ̄ ⲡⲣⲟⲧⲟⲡⲗⲁⲥⲙⲁ · ⲉⲧⲉ ⲥⲁⲧⲁⲛⲁⲏⲗ ⲡⲉ ⲡⲁⲓ |
[ⲉ]ⲧⲟⲩⲙⲟⲩⲧⲉ ⲉ ⲣⲟϥ ϫⲉ ⲡⲇⲓⲁⲃⲟⲩⲗⲟⲥ · [ⲉ]ϥⲟ ⲛ̄ ⲁⲣⲭ- Fol. 12 *b*
ⲁⲅⲅⲉⲗⲟⲥ ϩⲱⲱϥ ⁘ ⲗⲟⲓⲡⲟⲛ [ⲛ̄] ⲧⲉⲣⲉ ⲡⲟⲩⲉϩⲥⲁϩⲛⲉ [ⲕ̄]ⲃ̄
ⲉⲓ ⲉ ⲃⲟⲗ ϩⲛ̄ ⲣⲱϥ ⲙ̄ ⲡⲛⲟⲩⲧⲉ ⲁϥⲉⲓ ⲛ̄ϭⲓ ⲙⲓⲭⲁⲏⲗ
ⲡⲁⲣⲭⲁⲅⲅⲉⲗⲟⲥ ⲟⲩⲁ ⲉ ⲃⲟⲗ ϩⲙ̄ ⲡⲥⲁϣϥ ⲛ̄ⲁⲣⲭⲁⲅ-
ⲅⲉⲗⲟⲥ ⲙⲛ̄ ⲧⲉϥⲧⲁⲝⲓⲥ ⲁϥⲉⲓ ⲁϥⲟⲩⲱϣⲧ̄ ⲙ̄ ⲡⲛⲟⲩⲧⲉ ⲛ
ϣⲟⲣⲡ̄ ⲡⲉⲣ̄ⲣⲟ ⲓ̄ⲥ̄ ⲡⲉⲭ̄ⲣ̄ⲥ̄ · ⲙⲛ̄ⲛ̄ⲥⲱⲥ ⲁϥⲟⲩⲱϣⲧ̄ ⲛⲁⲓ
ⲁⲩⲟⲩⲱϣⲃ̄ ⲉⲩϫⲱ ⲙ̄ⲙⲟⲥ ϫⲉ ⲧⲛ̄ⲟⲩⲱ̄ϣⲧ̄ ⲛⲁⲕ ⲡⲛⲟⲩⲧⲉ
ⲡⲇⲏⲙⲓⲟⲩⲣⲅⲟⲥ ⲙ̄ ⲡⲧⲏⲣϥ̄ ⲁⲩⲱ ⲧⲛ̄ⲟⲩⲱϣⲧ̄ ⲙ̄ ⲡϩⲱⲃ ⲛ̄
ⲛⲉⲕϭⲓϫ · ⲡⲉⲕⲉⲓⲛⲉ ⲙⲛ̄ ⲧⲉⲕϩⲓⲕⲱⲛ ⲧⲏⲣⲥ̄ ⁘—ⲙⲛ̄ⲛ̄ⲥⲱϥ[ⲥ]
ⲁϥⲉⲓ ϩⲱⲱϥ ⲛ̄ϭⲓ ⲅⲁⲃⲣⲓⲏⲗ · ⲡⲁⲣⲭⲁⲅⲅⲉⲗⲟⲥ ⲙⲛ̄
ⲧⲉϥⲧⲁⲝⲓⲥ · ⲁⲩⲡⲣⲟⲥⲕⲩⲛⲏ ϩⲱⲟⲩ ⲛ̄ⲑⲉ ⲙ̄ ⲙⲓⲭⲁⲏⲗ ·

ⲟⲩⲑⲣⲟⲛⲟⲥ ⲛ̄ ⲉⲟⲟⲩ ⲙ̄ ⲡⲉϥⲙ̄ⲧⲟ ⲉ ⲃⲟⲗ · ⲁϥⲟⲩⲉϩⲥⲁϩⲛ̄ⲉ Oriental 6781.
ⲛⲉⲛⲧⲁⲝⲓⲥ ⲧⲏⲣⲟⲩ ⲛ̄ⲙ̄ⲡⲏⲩⲉ̄ ϩⲛ̄ ⲧⲉϥⲉⲝⲟⲩⲥⲓⲁ ⲙ̄ ⲙⲉ Ⲉϥ-
ϫⲱ ⲙ̄ⲙⲟⲥ ϫⲉ ⲁ̄ⲙⲏⲓⲧⲛ̄ ⲛ̄ⲧⲉⲧⲛ̄ⲟⲩⲱϣⲧ̄ ⲙ̄ ⲡϩⲱⲃ ⲛ̄
ⲛⲁϭⲓϫ ⲡⲁ ⲉⲓⲛⲉ ⲙⲛ̄ ⲧⲁ ϩⲓⲕⲱⲛ ⲛⲉϥⲙ̄ⲙⲁⲩ ϩⲱⲱϥ
ⲛ̄ϭⲓ ⲙⲁⲥⲧⲏⲙⲁ ⲉϥⲟ̄ ⲙ̄ ⲡⲣⲟⲧⲱⲡⲗⲁⲥⲙⲁ · ⲡⲁⲓ ⲧⲉⲛⲟⲩ
ⲉⲧⲟⲩⲙⲟⲩⲧⲉ ⲉ ⲣⲟϥ ϫⲉ ⲡⲇⲓⲁⲃⲟⲗⲟⲥ · ⲉϥⲟ̄ ϩⲱⲱϥ
ⲛ̄ ⲁⲣⲭⲁⲅⲅⲉⲗⲟⲥ :—ⲗⲟⲓⲡⲟⲛ ⲛ̄ ⲧⲉⲣⲉ ⲡⲟⲩⲉϩⲥⲁϩⲛⲉ ⲉⲓ ⲉ
ⲃⲟⲗ ϩⲛ̄ ⲣⲱϥ ⲙ̄ ⲡⲉⲓⲱⲧ · ⲁϥⲉⲓ ⲛ̄ϭⲓ ⲙⲓⲭⲁⲏⲗ ⲡⲟⲩ̄ⲁ̄
ⲉ ⲃⲟⲗ ϩⲙ̄ ⲡⲥⲁϣϥⲉ ⲉⲛⲁⲅⲅⲉⲗⲟⲥ · ⲙⲛ̄ ⲧⲉϥⲧⲁⲝⲓⲥ ⲧⲏⲣⲥ̄
ⲁⲩⲟⲩⲱϣⲧ̄ ⲙ̄ ⲡⲛⲟⲩⲧⲉ ⲡⲉⲣ̄ⲣⲟ · ⲙⲛ̄ⲛ̄Ⲥⲱⲥ ⲁⲩⲟⲩⲱϣⲧ̄
ⲛⲁϊ ϩⲱⲧ · ⲉⲩϫⲱ ⲙ̄ⲙⲟⲥ ϫⲉ ⲧⲛ̄ⲟⲩⲱ̄ϣⲧ̄ ⲛⲁⲕ ⲡⲛⲟⲩⲧⲉ
ⲡⲇⲏⲙⲓⲟⲩⲣⲅⲟⲥ · ⲁⲩⲱ ⲧⲛ̄ⲟⲩⲱ̄|ϣⲧ̄ ⲙ̄ ⲡⲉⲛⲧ ⲁⲕⲧⲁⲙⲓⲟϥ Fol. 3 *a*
ⲕⲁⲧⲁ ⲡⲉⲕⲉⲓⲛⲉ ⲙⲛ̄ ⲧⲉⲕϩⲓⲕⲱⲛ :—Ⲙⲛ̄ⲛ̄ⲥⲱⲥ ⲁϥⲉⲓ ⲛ̄ϭⲓ
ⲅⲁⲃⲣⲓⲏⲗ ⲙⲛ̄ ⲧⲉϥⲧⲁⲝⲓⲥ ⲧⲏⲣⲥ̄ ⲁⲩⲟⲩⲱ̄ϣⲧ̄ ⲛⲁⲓ ϩⲱ ⲛ̄ⲑⲉ
ⲙ̄ ⲙⲓⲭⲁⲏⲗ̄ · ϩⲟⲙⲟⲓⲱⲥ ⲛ̄ⲧⲁⲅⲙⲁ ⲧⲏⲣⲟⲩ ⲛ̄ⲙ̄ⲡⲏⲩⲉ̄

Oriental 7021. ϩⲱⲙⲟⲓⲟⲥ ⲛ̄ⲧⲁⲕⲙⲁ ⲧⲏⲣⲟⲩ ⲛ̄ ⲙ̄ⲡⲏⲩⲉ· ⲙⲛ̄ ⲛⲉⲩⲧⲁⲝⲓⲥ
ⲛⲉⲩⲟⲣⲇⲓⲛⲟⲛ· ⲉ ⲡϩⲁⲉ ⲇⲉ ⲡⲉϫⲁϥ· ⲛ̄ϭⲓ ⲡⲇⲉⲥⲡⲟⲧⲏⲥ·
ⲙ̄ ⲙⲁⲥⲧⲏⲙⲁ ⲉⲧⲉ ⲡⲉϥⲃⲱⲗ· ⲡⲉ ⲡⲙⲟⲥⲧⲉ· ϫⲉ ⲁⲙⲟⲩ
ϩⲱⲱⲕ ⲛⲅ̄ ⲟⲩⲱϣⲧ̄ ⲙ̄ ⲡϩⲱⲃ ⲛ̄ ⲛⲁϭⲓϫ· ⲛ̄ⲧⲁⲓⲧⲁⲙⲓⲟϥ
ⲕⲁⲧⲁ ⲡⲁ ⲉⲓⲛⲉ [ⲙⲛ̄ ⲧ]ⲁ ϩⲉⲓⲕⲱⲛ ⲛ̄ⲑⲉ ⲛ̄ ⲛⲉⲕϣⲃⲏⲣ·
Fol. 13 a ⲗⲓⲧⲟⲩⲣⲅⲟⲥ ⲧⲏⲣⲟⲩ· ⲁϥⲟⲩⲱϣⲃ̄ ϩⲛ̄ ⲟⲩⲛ̄ | ϣⲟⲧ· ⲛ̄ϭⲓ
[ⲕⲅ] ⲥⲁⲧⲁⲛⲁⲏⲗ· ϫⲉ ⲉ[...] ⲙⲛ̄ ⲗⲁⲁⲩ· ⲛ̄ⲧⲁⲝⲓⲥ· ϩⲁ
ⲣⲁⲧⲕ̄ [ⲉϥ]ϫⲟⲥⲉ ⲉ ⲣⲟï ⲛ̄ⲥⲁⲃⲗ̄ⲗⲁⲕ ⲙ̄ⲙⲁ[ⲧⲉ]· ⲁⲩⲱ
ⲙⲛ̄ⲛ̄ⲥⲱⲥ· ⲁⲛⲟⲕ ⲡⲉ ϩⲁ̄ ⲡⲉⲟⲟⲩ· ⲁⲩⲱ ⲁⲛⲟⲕ ⲟⲩⲡⲣⲟ-
ⲧⲟⲡⲗⲁⲥⲙⲁ· ⲉⲓⲉ, ⲉⲓⲛⲁⲉⲓ ⲛ̄ⲧⲁⲟⲩⲱϣⲧ̄ ⲛ̄ ⲟⲩⲕⲁϩ·
ⲛ̄ⲛⲉ ϥϣⲱⲡⲉ ⲉ [ⲧⲣ]ⲁⲟⲩⲱϣⲧ̄· ⲙ̄ ⲡⲁï· ⲁⲗⲗⲁ ⲛ̄ⲧⲟϥ
ⲡⲉⲧ ⲛⲁⲟⲩⲱϣⲧ̄ ⲛⲁⲓ ϫⲉ ⲧⲓⲟ ⲛ̄ ϣⲟⲣⲡ̄ ⲉ ⲣⲟϥ· ⲡⲉϫⲁϥ
ⲛⲁϥ ⲟⲛ ⲛ̄ϭⲓ ⲡⲛⲁⲏⲧ ⲛ̄ ⲛⲟⲩⲧⲉ· ϫⲉ ⲥⲁⲧⲁⲛⲁⲏⲗ ⲥⲱⲧⲙ̄
ⲛ̄ⲥⲱⲓ ⲁⲛⲟⲕ ⲡⲉ ⲡⲉⲕϫⲟⲉⲓⲥ· ⲁⲛⲟⲕ ⲡⲉ ⲡⲉⲕⲇⲏⲙ[ⲓ]ⲟⲩⲣ-
ⲅⲟⲥ· ⲁⲙⲟⲩ ⲧⲉⲛⲟⲩ· ⲛⲅ̄ ⲟⲩⲱϣⲧ̄ ⲙ̄ ⲡϩⲱⲃ ⲛ̄ ⲛⲁϭⲓϫ·
ⲡⲉϫⲁϥ· ⲛ̄ϭⲓ ⲙⲁⲥⲧⲏⲙⲁ· ϫⲉ ⲛ̄ⲛⲉ ϥϣⲱⲡⲉ ⲙ̄ⲙⲟⲓ
ⲟⲩⲇⲉ ⲁⲛⲟⲕ ⲟⲩⲇⲉ ⲧⲁ ⲗⲉⲅⲉⲱⲛ ⲧⲏⲣⲥ̄· ⲛ̄ⲛⲉ ϥϣⲱⲡⲉ ⲉ

Oriental 6781. ⲕⲁⲧⲁ ⲧⲁⲝⲓⲥ ⲙⲛ̄ ⲛⲉⲩⲟⲣⲇⲓⲛⲟⲛ· Ⲉ ⲡϩⲁⲛ̄ ⲛ̄ ⲛⲁⲓ ⲧⲏⲣⲟⲩ
ⲡⲉϫⲁϥ ⲛ̄ϭⲓ ⲡⲇⲉⲥⲡⲟⲧⲏⲥ ⲙ̄ ⲙⲁⲥⲧⲏⲙⲁ ⲉ̄ⲧⲉ ⲡⲁï ⲡⲉ
ⲡⲙⲉⲥⲧⲉ· ϫⲉ ⲁ̄ⲙⲟⲩ ϩⲱⲱⲕ ⲛⲅ̄ ⲟⲩⲱ̄ϣⲧ̄ ⲙ̄ ⲡϩⲱⲃ ⲛ̄
ⲛⲁϭⲓϫ· ⲡⲁ ⲉⲓⲛⲉ ⲙⲛ̄ ⲧⲁ ϩⲓⲕⲱⲛ· ⲛ̄ⲑⲉ ⲛ̄ ⲛⲉⲕϣⲃ̄ⲏⲣ
ⲧⲏⲣⲟⲩ· ⲁϥⲟⲩⲱϣⲃ̄ ϩⲛ̄ ⲟⲩⲛ̄ϩⲟⲧ· ⲛ̄ϭⲓ ⲥⲁⲧⲁⲛⲁⲏⲗ
ⲡⲉϫⲁϥ ⲙ̄ ⲡϫⲟⲉⲓⲥ· ϫⲉ ⲉϣϫⲉ ⲙⲛ̄ ⲗⲁⲁⲩ ⲛ̄ⲧⲁⲝⲓⲥ
ϩⲁ ⲣⲁⲧⲕ̄· ⲉϥϫⲟⲥⲉ ⲉ ⲣⲟⲓ ⲛ̄ⲥⲁⲃⲗ̄ⲗⲁⲓ ⲙ̄ⲙⲁⲧⲉ ⲁⲩⲱ
ⲙⲛ̄ⲛ̄ⲥⲱⲕ ⲁ̄ⲛⲟⲕ ⲡⲉ ϩⲁ̄ ⲡⲉⲟⲟⲩ· ϫⲉ ⲁ̄ⲛⲅ̄ ⲟⲩⲡⲣⲟⲧⲟ-
ⲡⲗⲁⲥⲙⲁ· ⲉⲓⲛⲁⲉⲓ ⲧⲉⲛⲟⲩ ⲛ̄ⲧⲁⲟⲩⲱ̄ϣⲧ̄ ⲛ̄ ⲟⲩⲕⲁϩ· ⲛ̄-
ⲛⲉ ϥϣⲱⲡⲉ ⲙ̄ⲙⲟⲓ ⲉ ⲧⲣⲁⲟⲩⲱ̄ϣⲧ̄ ⲙ̄ ⲡⲁⲓ· ⲁⲗⲗⲁ ⲛ̄ⲧⲟϥ
ⲡⲉⲧ ⲛⲁⲟⲩⲱϣⲧ̄ ⲛⲁⲓ· ϫⲉ ϯⲟ̄ ⲛ̄ ϣⲟⲣⲡ̄ ⲉ̄ ⲣⲟϥ· ⲡⲉϫⲁϥ
ⲛ̄ϭⲓ ⲡⲛⲁⲏⲧ ϫⲉ ⲥⲁⲧⲁⲛⲁⲏⲗ ⲥⲱⲧⲙ̄ ⲛ̄ⲥⲱⲓ· ⲁⲛⲟⲕ ⲡⲉ
ⲡⲉⲕⲛⲟⲩⲧⲉ· ⲁⲛⲟⲕ ⲡⲉ ⲡⲉⲕⲇⲏⲙⲓⲟⲩⲣⲅⲟⲥ· ⲁⲙⲟⲩ ⲧⲉ-
ⲛⲟⲩ ⲛⲅ̄ ⲟⲩⲱϣⲧ̄ ⲙ̄ ⲡϩⲱⲃ ⲛ̄ ⲛⲁϭⲓϫ:—Ⲡⲉϫⲁϥ ⲛ̄ϭⲓ
ⲙⲁⲥⲧⲏⲙⲁ ϫⲉ ⲛ̄ⲛⲉ ϥϣⲱⲡⲉ ⲙ̄ⲙⲟⲓ· ⲟⲩⲇⲉ ⲁ̄ⲛⲟⲕ· ⲟⲩⲇⲉ
ⲧⲁ ⲗⲉⲅⲉⲱⲛ ⲧⲏⲣⲥ̄ ⲉ ⲧⲣⲉⲛⲟⲩⲱϣⲧ̄ ⲙ̄ ⲡⲉⲧ ⲥⲟⲃⲕ̄ ⲉ ⲣⲟⲛ·

ⲧⲣⲉⲛⲟⲩⲱϣⲧ ⲙ̅ⲙ̅ ⲡⲉⲧ ⲥⲟⲃⲕ̅ ⲉ ⲣⲟⲛ· ⲕⲁⲓ ⲅⲁⲣ· ⲁⲛⲟⲛ Oriental 7021.
ϩⲉⲛⲡⲛⲉⲩⲙⲁ· ⲡⲁï ⲇⲉ ⲟⲩⲕⲁϩ ⲡⲉ· ⲛ̅ⲧⲛ̅ⲛⲁⲟⲩⲱϣⲧ ⲁⲛ
ⲛⲁϥ· ⲡⲉϫⲁϥ ⲛⲁϥ ⲟⲛ· ⲛ̅ϭⲓ ⲡⲛⲟⲩⲧⲉ· ⲙ̅ⲙ̅ ⲡⲙⲉϩ
ϣⲟⲙⲛ̅ⲧ ⲛ̅ⲥⲟⲡ ϫⲉ ⲡⲁ ⲡⲣⲟⲧⲟⲡⲗⲁⲥⲙⲁ· ⲙⲏ ⲛ̅ ⲁⲛⲟⲕ
ⲁⲛ· ⲡⲉⲛⲧ ⲁⲓⲕⲁⲑⲓⲥⲧⲁ ⲙ̅ⲙⲟⲕ ⲛⲁï ⲛ̅ ⲁⲣⲭⲏⲥⲧⲣⲁⲧⲏ-
ⲅⲟⲥ ϩⲁ ⲣⲁⲧ ⲁⲓⲧⲣⲉ ⲛⲁⲅⲅⲉⲗⲟⲥ | [ϩⲩ]ⲡⲟⲧⲁⲥⲥⲉ ⲛⲁⲕ ⲉ Fol. 13 *b*
ⲡⲁ[ⲓ] ⲙⲁ· ⲧⲉⲛⲟⲩ [ϫⲉ] ⲕⲛⲁⲥⲧⲁⲥⲓⲁⲍⲉ ⲛ̅ ⲧⲁ ⲙⲛ̅ⲧⲉⲣⲟ· [ⲕⲇ]
[ⲧ]ⲉⲛⲟⲩ ⲕⲛⲁⲟⲩⲱⲛϩ̅ ⲉ ⲃⲟⲗ ϩⲛ̅ ⲟⲩ[ⲙ]ⲛ̅ⲧⲁⲧⲥⲱⲧⲙ̅ ⲉ
ⲧⲣⲉⲥϣⲱⲡⲉ [ⲉ]ⲥⲙⲏⲛ ⲉ ⲃⲟⲗ ϣⲁ ⲉⲛⲉϩ ⁘ ⲧⲉⲛⲟⲩ ⲛ̅ⲁⲧ
ⲥⲁⲃⲉ ⲛ̅ϩⲙ̅ϩⲁⲗ ⲉ ⲧⲣⲉ ⲩⲧⲱⲟⲩⲛ ⲉϫⲛ̅ ⲛⲉⲩϫⲓⲥⲟⲟⲩⲉ :—
ⲧⲉⲛⲟⲩ ⲕⲥⲩⲙⲁⲛⲉ ⲛ̅ ⲟⲩⲙⲛ̅ⲧⲁⲧⲥⲱⲧⲙ̅ ⲱ ⲙⲁⲥⲧⲏⲙⲁ·
ⲙⲏ ⲛ̅ⲧⲕ̅ ⲡⲁ ϩⲙ̅ϩⲁⲗ ⲁⲛ· ⲙⲏ ⲁⲛⲟⲕ ⲁⲛ ⲡⲉ ⲡⲉⲕϫ̅ⲥ̅·
ⲙⲏ ⲙⲛ̅ⲧⲁⲓ ⲉⲝⲟⲩⲥⲓⲁ ⲙ̅ⲙⲁⲩ ⲉ ⲛⲟϫⲕ̅ ⲉ ⲃⲟⲗ ϩⲁ ⲡⲁ
ϩⲟ· ⲁⲩⲱ ⲉϥⲓ ⲛ̅ ⲧⲟⲟⲧⲕ̅ ⲙ̅ⲙ̅ ⲡⲉⲕⲛⲟϭ ⲛ̅ ⲉⲟⲟⲩ :—ⲡⲁⲓ
ⲉⲧⲉ ⲙⲛ̅ ⲟⲩⲟⲛ ϩⲛ̅ ⲧⲁ ⲙⲛ̅ⲧⲉⲣⲟ ⲧⲏⲣⲥ̅ ϣⲛⲏϣ ⲛ̅ⲙ̅ⲙⲁϥ
ⲉⲓ ⲙⲏ ⲧⲉⲓ ⲁⲛⲟⲕ ⲙⲛ̅ ⲡⲁ ⲉⲓⲱⲧ ⲙⲛ̅ ⲡⲉⲡⲛ̅ⲁ ⲉⲧ ⲟⲩⲁⲁⲃ·
ⲥⲱⲧⲙ̅ ⲧⲉⲛⲟⲩ ⲛ̅ⲥⲱⲓ· ⲁⲙⲟⲩ ⲛⲅ̅ ⲟⲩⲱϣⲧ ⲙ̅ⲙ̅ ⲡⲁ ⲡⲗⲁⲥ-

ⲕⲁï ⲅⲁⲣ ⲁⲛⲟⲛ ϩⲉⲛⲡⲛ̅ⲁ ⲡⲁⲓ ⲇⲉ ⲟⲩⲕⲁϩ ⲡⲉ ⲛ̅ ϯⲛⲁ- Oriental 6781.
ⲟⲩⲱϣⲧ ⲛⲁϥ ⲁⲛ· ⲡⲉϫⲁϥ ⲟⲛ ⲛⲁϥ ⲙ̅ⲙ̅ ⲡⲙⲉϩ ⲥⲛ̅ ⲥⲛⲁⲩ
ⲙⲛ̅ ⲡⲙⲉϩ ϣⲟⲙⲛ̅ⲧ ⲛ̅ⲥⲟⲡ ϫⲉ ⲡⲁ ⲡⲣⲟⲧⲟⲡⲗⲁⲥⲙⲁ ⲙⲏ ⲛ
ⲁⲛⲟⲕ ⲁⲛ ⲡⲉⲛⲧ ⲁⲓⲕⲁⲑⲓⲥⲧⲁ ⲙ̅ⲙⲟⲕ ⲛ̅ ⲁⲣⲭⲏⲥⲧⲣⲁ-
ⲧⲏⲅⲟⲥ | ϩⲁ ⲣⲁⲧ ⲁⲓⲧⲣⲉ ⲛⲁⲅⲅⲉⲗⲟⲥ ϩⲩⲡⲟⲧⲁⲥⲉ ϩⲁ ⲣⲁⲧⲕ̅· Fol. 3 *b*
Ⲧⲉⲛⲟⲩ ϭⲉ ⲉⲕⲛⲁⲥⲧⲁⲥⲓⲁⲍⲉ ⲛ̅ ⲧⲁ ⲙⲛ̅ⲧⲉⲣⲟ̅· ⲧⲉⲛⲟⲩ ⲉⲕ- ⲓ̅ⲏ̅
ⲛⲁⲟⲩⲱⲛϩ̅ ⲉ ⲃⲟⲗ ⲛ̅ ⲟⲩⲙⲛ̅ⲧⲁⲧⲥⲱⲧⲙ̅· ⲉ ⲧⲣⲉⲥϣⲱⲡⲉ
ⲉⲥⲙⲏⲛ ⲉ ⲃⲟⲗ ϣⲁ ⲉ̅ⲛⲉϩ· Ⲧⲉⲛⲟⲩ ⲉⲕⲛⲁⲧⲥⲁⲃⲉ ⲛ̅ϩⲙ̅ϩⲁⲗ
ⲉ ⲧⲱⲟⲩⲛ ⲉϫⲛ̅ ⲛⲉⲩϫⲓⲥⲟⲟⲩⲉ̅· ⲧⲉⲛⲟⲩ ⲉⲕⲛⲁⲥⲩⲙⲁⲛⲉ
ⲛ̅ ⲟⲩⲙⲛ̅ⲧⲁⲧⲥⲱⲧⲙ̅ ⲱ ⲙⲁⲥⲧⲏⲙⲁ· ⲙⲏ ⲛ̅ⲧⲟⲕ ⲡⲁ ϩⲙ̅-
ϩⲁⲗ ⲁⲛ· ⲙⲛ̅ ⲁⲛⲟⲕ ⲁⲛ ⲡⲉ ⲡⲉⲕϫⲟⲉⲓⲥ· ⲙⲏ ⲙⲛ̅ⲧⲁⲓ
ⲉ̅ⲝⲟⲩⲥⲓⲁ̅ ⲙ̅ⲙⲁⲩ ⲉ ⲛⲟϫⲕ̅ ⲉ ⲃⲟⲗ ϩⲁ ⲡⲁ ϩⲟ ⲁⲩⲱ ⲉϥⲓ
ⲛ̅ ⲧⲟⲟⲧⲕ̅ ⲙ̅ⲙ̅ ⲡⲁ ⲛⲟϭ ⲉⲛⲉⲟⲟⲩ· ⲡⲁⲓ ⲧⲉⲛⲟⲩ ⲉⲧⲉ ⲙⲛ̅
ⲟⲩⲟⲛ ϩⲛ̅ ⲧⲁ ⲙⲛ̅ⲧⲉⲣⲟ̅ ⲧⲏⲣⲥ̅ ϣⲛⲏϣ ⲛ̅ⲙ̅ⲙⲁϥ· ⲉⲓ ⲙⲏ
ⲧⲉⲓ ⲁⲛⲟⲕ ⲙⲛ̅ ⲡⲁ ⲉⲓⲱⲧ ⲙⲛ̅ ⲡⲉⲡⲛ̅ⲁ ⲉ̅ⲧ ⲟⲩⲁⲁⲃ ⲥⲱⲧⲙ̅
ⲛ̅ⲥⲱⲓ ⲛⲅ̅ ⲟⲩⲱϣⲧ ⲙ̅ⲙ̅ ⲡⲁ ⲡⲗⲁⲥⲙⲁ· Ⲡⲉϫⲁϥ ⲛ̅ϭⲓ

Oriental 7021. ⲙⲁ · ⲡⲉϫⲁϥ ⲛ̄ϭⲓ ⲡⲣⲉϥϣⲟⲩϣⲟⲩ ⲛ̄ ⲣϥ̄ⲫⲟⲟⲛⲉⲓ ⲛ̄
ⲛⲁϩⲣⲛ̄ ⲡⲉⲧ ⲉⲣⲉ ⲡⲧⲏⲣϥ̄ ϩⲩⲡⲟⲧⲁⲥⲥⲉ ⲛⲁϥ · ϫⲉ ⲙ̄ⲡⲉ
ⲥϣⲱⲡⲉ ⲙ̄ⲙⲟⲓ ⲉⲛⲉϩ · ⲉ ⲧⲣⲁ ⲟⲩⲱϣⲧ̄ ⲛ̄ ϫ̄ⲥ̄ ⲥⲛⲁⲩ ·
ⲁⲛⲟⲕ ⲙⲛ̄ ⲧⲁ ⲧⲁⲝⲓⲥ ⲧⲏⲣⲥ̄ ⁘ ⲧⲏⲣⲥ̄ (*sic*) ⲙⲁⲗⲓⲥⲧⲁ · ⲙⲛ̄
ⲡⲉⲧ ⲟ ⲛ̄ ⲛⲟϭ ⲉ ⲣⲟⲓ · ⲉⲓ ⲙⲏ ⲧⲉⲓ ⲛ̄ⲧⲟⲕ · ϩⲛ̄ ⲧⲙⲛ̄ⲧⲉⲣⲟ
Fol. 14 *a* ⲧⲏⲣⲥ̄ ⲛ̄ ⲧⲡⲉ · ⲁⲩⲱ ⲉⲓϣⲁⲛⲣ̄ ϩⲛⲁⲓ ϯⲛⲁⲣⲱϣⲉ | ϩⲱ ·
ⲕ̄ⲉ̄ ⲙⲛ̄ ⲧⲁ ⲧⲁⲝⲓⲥ ⲉ ⲧⲁ ⲙⲛ̄ⲧⲉⲣⲟ ⲙⲁⲩⲁⲁⲧ · ⲙ̄ⲡⲉⲉ ⲥϣⲱⲡⲉ
ⲙ̄ⲙⲟⲓ ⲉ ⲟⲩⲱϣⲧ̄ ⲙ̄ ⲡⲉⲧ ⲥⲟⲃⲕ̄ ⲉ ⲣⲟⲓ · ⲁⲩⲱ ⲛ̄ⲧⲉⲩⲛⲟⲩ
ⲁϥϭⲱⲛⲧ̄ ⲛ̄ϭⲓ ⲡⲛⲟⲩⲧⲉ ⲁϥⲟⲩⲉϩⲥⲁϩⲛⲉ ⲛ̄ ⲟⲩⲛⲟϭ ⲛ̄
ⲭⲉⲓⲣⲟⲩⲃⲉⲓⲛ ⲁϥⲣⲁϩⲧϥ̄ ⲁϥⲁⲁϥ ⲛ̄ϭⲱⲃ ⁘ ⲁϥⲕⲉⲗⲉⲩⲉ
ⲛ̄ϭⲓ ⲙⲓⲭⲁⲏⲗ ⲉ ⲃⲟϣϥ̄ ⲙ̄ ⲡⲉϥϩⲱⲕ ⲙⲛ̄ ⲧⲉϥϭⲣⲏⲡⲉ ⲙⲛ̄
ⲡⲉϥϩⲣⲁⲃⲇⲟⲥ ⲉⲧ ⲟ ⲛ̄ ⲟⲩⲟⲉⲓⲛ ⲙⲛ̄ ⲡⲉϥⲙⲟϫⲕϥ̄ ⲛ̄
ⲥⲁⲡⲡⲓⲣⲟⲛ · ⲁϥϥⲓ ⲙ̄ⲙⲁⲩ ϩⲓϫⲱϥ ⲙ̄ ⲡⲉϥ[ⲉ]ⲟⲟⲩ ⲧⲏⲣϥ̄ ·
ⲁϥϯ ⲛⲁϥ ⲛ̄ ⲟⲩϩⲣⲁⲃⲇⲟⲥ ⲛ̄ ⲕⲁⲕⲉ ⲙⲛ̄ ⲡⲉⲧ ⲛ̄ⲙ̄ⲙⲁϥ
ⲧⲏⲣⲟⲩ ⲁϥⲛⲟϫⲟⲩ ⲉ ⲃⲟⲗ ϩⲛ̄ ⲧⲉϥⲙⲛ̄ⲧⲉⲣⲟ · ⲁⲩⲱ ⲁ
ⲙⲓⲭⲁⲏⲗ · ⲉⲓⲣⲉ ⲙ̄ ⲡϩⲱⲃ ⲛⲓⲙ · ⲛ̄ⲧⲁⲩⲟⲩⲉϩⲥⲁϩⲛⲉ
ⲙ̄ⲙⲟⲟⲩ ⲛⲁϥ ⲁϥⲁⲙⲁϩⲧⲉ ⲙ̄ⲙⲟϥ ⲁϥⲟⲩⲱϣϥ̄ ⲛ̄

Oriental 6781. ⲡϣⲟⲩϣⲟ ⲛ̄ ⲣⲉϥⲫⲟⲟⲛⲉⲓ ⲛ̄ ⲛⲁϩⲣⲛ̄ ⲡⲉⲧ ⲉⲣⲉ ⲡⲧⲏⲣϥ̄
ϩⲩⲡⲟⲧⲁⲥⲉ ⲛⲁϥ ϫⲉ ⲙ̄ⲡⲉ ⲥϣⲱⲡⲉ ⲙ̄ⲙⲟⲓ ⲉⲛⲉϩ ⲉ ⲧⲣⲁ ⲟⲩ-
ⲱϣⲧ̄ ⲛ̄ ϫⲟⲉⲓⲥ ⲥⲛⲁⲩ · ⲁⲛⲟⲕ ⲙⲛ̄ ⲧⲁ ⲧⲁⲝⲓⲥ ⲧⲏⲣⲥ̄ ·
Ⲕⲁⲓ ⲙⲁⲗⲓⲥⲧⲁ ⲙⲛ̄ ⲡⲉ ⲡⲉⲧ ⲟ ⲛ̄ ⲛⲟϭ ⲉ ⲣⲟⲓ ⲉⲓ ⲙⲏ ⲧⲉⲓ
ⲛ̄ⲧⲟⲕ ϩⲛ̄ ⲧⲙⲛ̄ⲧⲉⲣⲟ ⲧⲏⲣⲥ̄ ⲛ̄ ⲧⲡⲉ ⲁⲩⲱ ⲉⲓϣⲁⲛⲣ̄ ϩⲛⲁⲓ
ϯⲛⲁⲣⲱϣⲉ ϩⲱ · ⲙⲛ̄ ⲧⲁ ⲧⲁⲝⲓⲥ ⲉ ⲧⲁ ⲙⲛ̄ⲧⲉⲣⲟ ⲧⲏⲣⲥ̄
ⲙⲁⲩⲁⲁⲧ :—ⲙ̄ⲡⲉ ⲥϣⲱⲡⲉ ⲙ̄ⲙⲟⲓ ⲉ ⲟⲩⲱϣⲧ̄ ⲙ̄ ⲡⲉⲧ ⲥⲟⲃⲕ̄
ⲉ ⲣⲟⲓ · ⲁⲩⲱ ⲛ̄ⲧⲉⲩⲛⲟⲩ ⲁϥϭⲱⲛⲧ̄ ⲛ̄ϭⲓ ⲡⲛⲟⲩⲧⲉ ⲡⲁⲧ-
ϭⲱⲛⲧ̄ · ⲁϥⲟⲩⲉϩⲥⲁϩⲛⲉ ⲛ̄ ⲟⲩⲛⲟϭ ⲛ̄ ⲭⲉⲣⲟⲩⲃⲓⲛ ⲁϥⲣⲁϩⲧϥ̄
ⲁϥⲁⲁϥ ⲛ̄ϭⲱⲃ · ⲁϥⲕⲉⲗⲉⲉⲩⲉ ⲙ̄ ⲙⲓⲭⲁⲏⲗ ⲁϥⲟⲩⲟ̄ϣϥ̄
ⲙ̄ ⲡϩⲱⲕ ⲙⲛ̄ ⲧⲉϭⲣⲏⲡⲉ · ⲙⲛ̄ ⲡⲉϩⲣⲁⲃⲇⲟⲥ ⲛ̄ ⲟⲩⲟⲉⲓⲛ
ⲙⲛ̄ ⲡⲙⲟϫϩϥ̄ ⲛ̄ ⲥⲁⲡⲡⲓⲣⲟⲛ · ⲁϥϥⲓ ϩⲓϫⲱϥ ⲙ̄ ⲡⲉⲟⲟⲩ
Fol. 4 *a* ⲧⲏⲣϥ̄ | ⲁϥϯ ⲛⲁϥ ⲛ̄ ⲟⲩϩⲃ̄ⲣ ⲛ̄ ⲕⲁⲕⲉ ⲙⲛ̄ ⲡⲉⲧ ⲛ̄ⲙ̄ⲙⲁϥ
ⲓ̄ⲑ̄ ⲧⲏⲣⲟⲩ ⲁϥⲛⲟϫϥ̄ ⲉ ⲃⲟⲗ ⲛ̄ ⲧⲉϥⲙⲛ̄ⲧⲉⲣⲟ · ⲁⲩⲱ ⲁ̄
ⲙⲓⲭⲁⲏⲗ ⲉⲓⲣⲉ ⲛ̄ⲡϩⲱⲃ ⲛⲓⲙ ⲛ̄ⲧⲁⲩⲉϩⲥⲁϩⲛⲉ ⲙ̄ⲙⲟⲟⲩ

ⲧϥϭⲟⲙ · ⲁϥⲛⲟϫϥ ⲉ ⲃⲟⲗ ϩⲛ̅ ⲧⲡⲉ ⲙⲛ̅ ⲛⲉⲧ ⲛ̅ⲙ̅ⲙⲁϥ Oriental 7021.
ⲧⲏⲣⲟⲩ · ⲁ ⲡⲛⲟⲩⲧⲉ ⲡⲁⲅⲁⲑⲟⲥ · ⲙⲟⲩⲧⲉ ⲉ ⲙⲓⲭⲁⲏⲗ
ϩⲙ̅ ⲡⲧⲣϥ̅ⲛⲁⲩ ⲉ ⲡⲉϥⲟⲩⲣⲟⲧ ⲉ ϩⲟⲩⲛ ⲉ ⲡⲉϥⲡⲗⲁⲥⲙⲁ ·
ⲁⲩⲱ ⲧϥⲙⲛ̅ⲧⲣⲙ̅ⲣⲁϣ · ⲡⲉϫⲉ ⲡϫ︦ⲥ︦ ⲛⲁϥ · ϩⲛ̅ ⲧⲙⲏⲏⲧⲉ
ⲛ̅ ⲛ̅ⲧⲁⲝⲓⲥ ⲧⲏⲣⲟⲩ ⲛ̅ ⲙ̅ⲡⲏⲩⲉ ϫⲉ ⲙⲓⲭⲁ[ⲏⲗ] ⲡⲉ ⲧϭⲟⲙ
ⲏⲗ · ϩⲱⲱϥ ⲡⲉ ⲡⲛⲟⲩⲧⲉ ⁖ ⲁⲙⲟⲩ · Ⲡⲉϫⲁϥ ⲡⲁ ⲉⲡⲓⲉ-
ⲥⲧⲣⲁϯⲅⲟⲥ ⲉⲧ ⲟⲩⲁⲁⲃ ⲙⲓⲭⲁⲏⲗ · ⲁⲙⲟⲩ ⲡⲉⲛ|ⲧ ⲁϥ- Fol. 14 *b*
ⲙⲓϣⲉ ⲁϥϫⲣⲟ :—ⲁⲙⲟⲩ ϣⲁ ⲣⲟⲓ̈ ⲱ̅ ⲙⲓⲭⲁⲏⲗ ⲡⲣⲉϥ- ⲕ̅ⲉ̅
ⲇⲓⲁⲕⲱⲛⲉⲓ ⲉ ⲡⲟⲩⲉϩⲥⲁϩⲛⲉ ⲙ̅ ⲡⲉϥⲣ̅ⲣⲟ · ⲉⲓⲥ ϩⲏⲏⲧⲉ
ⲅⲁⲣ ⲁⲉⲓⲙⲉ ⲉ ⲡⲉⲕⲟⲩⲱϣ ⲉ ϩⲟⲩⲛ ⲉ ⲣⲟⲓ̄ · ⲙⲛ̅ ⲡⲁ
ⲡⲗⲁⲥⲙⲁ ⲧⲏⲣϥ̅ · ⲁⲛⲟⲕ ϩⲱⲱⲧ ⲟⲛ ϯⲛⲁⲥⲟⲟⲩⲧⲛ̅ ⲙ̅ ⲡⲁ
ⲟⲩⲱϣ ⲉ ϩⲟⲩⲛ ⲉ ⲣⲟⲕ · ⲁⲩⲱ ⲁⲩⲟⲩⲱⲛ ⲛ̅ ⲧⲉⲕⲧⲁⲡⲣⲟ
ⲱ̅ ⲙⲓⲭⲁⲏⲗ · ⲛⲅ̅ ϫⲓ ⲛⲁⲕ ⲛ̅ ⲛⲁⲙⲛ̅ⲧϣⲁⲛϩⲧⲏϥ ·
ⲧⲏⲣⲟⲩ ϩⲣⲁⲓ ⲛ̅ ϩⲏⲧⲕ̅ · ϫⲉ ⲕⲁⲥ ⲉⲕⲛⲁϭⲱ ⲉⲕⲥⲟⲡⲥⲡ̅
ⲙ̅ⲙⲟⲓ ⲛ̅ ⲛⲁⲩ ⲛ̅ ⲛⲓⲙ · ⲉϫⲙ̅ ⲡⲁ ⲉⲓⲛⲉ ⲙⲛ̅ ⲧⲁ ϩⲓ̈ⲕⲱⲛ ·

ⲛⲁϥ · ⲁϥⲁⲙⲁϩⲧⲉ ⲙ̅ ⲡⲥⲁⲧⲁⲛⲁⲥ ⲁϥⲃⲟϣϥ̅ ⲛ̅ ⲧⲉϥϭⲟⲙ Oriental 6781.
ⲁϥⲛⲟϫϥ̅ ⲉ ⲃⲟⲗ ϩⲛ̅ ⲧⲡⲉ ⲙⲛ̅ ⲛⲉⲧ ⲛ̅ⲙ̅ⲙⲁϥ ⲧⲏⲣⲟⲩ
ⲁϥⲛⲟϫϥ̅ ⲉ ⲃⲟⲗ ⲛ̅ ⲧⲉϥⲙⲛ̅ⲧⲉⲣⲟ̅ · ⲁ̅ ⲡⲛⲟⲩⲧⲉ ⲡⲁⲅⲁⲑⲟⲥ
ⲙⲟⲩⲧⲉ ⲉ ⲙⲓⲭⲁⲏⲗ̅ ϩⲙ̅ ⲡⲧⲣⲉϥⲛⲁⲩ ⲉ ⲡⲉϥⲟⲩⲣⲟⲧ ⲉ̅
ϩⲟⲩⲛ ⲉ̅ ⲡⲉϥⲡⲗⲁⲥⲙⲁ · ⲁⲩⲱ ⲧⲉϥⲙⲛ̅ⲧⲣⲉϥⲙⲓϣⲉ ⲉ̅ϫⲙ̅
ⲡⲉϥϫⲟⲉⲓⲥ · ⲡⲉϫⲁϥ Ⲛⲁϥ ϩⲛ̅ ⲧⲙⲏⲏⲧⲉ ⲛ̅ ⲛⲉϥⲧⲁⲝⲓⲥ
ⲧⲏⲣⲟⲩ ⲛ̅ ⲙ̅ⲡⲏⲩⲉ̅ ϫⲉ ⲙⲓⲭⲁⲏⲗ̅ ⲉⲧⲉ ⲡⲉϥⲟⲩⲱϩⲙ̅ ⲡⲉ[1]
ⲧϭⲟⲙ ⲏ̅ⲗ ϩⲱⲱϥ ⲡⲉ ⲡⲛⲟⲩⲧⲉ ⲁⲙⲟⲩ ⲡⲉϫⲁϥ ⲡⲁ ⲉ̅ⲡⲓ̈-
ⲧⲣⲟⲡⲟⲥ ⲉⲧ ⲟⲩⲁⲁⲃ ⲙⲓⲭⲁⲏⲗ̅ · ⲁⲙⲟⲩ ⲡⲉⲛⲧ ⲁϥⲙⲓϣⲉ
ⲁϥϫⲣⲟ :—Ⲁⲙⲟⲩ ϣⲁ ⲣⲟⲓ ⲱ̅ ⲙⲓⲭⲁⲏⲗ̅ ⲡⲣⲉϥⲇⲓⲁⲕⲟⲛⲉⲓ
ⲉ ⲡⲟⲩⲉϩⲥⲁϩⲛⲉ ⲙ̅ ⲡⲉϥⲣ̅ⲣⲟ̅ · Ⲉⲓⲥ ϩⲏⲏⲧⲉ ⲁⲉⲓⲙⲉ ⲉ ⲡⲉⲕ-
ⲟⲩⲱϣ ⲉ ϩⲟⲩⲛ ⲉ ⲣⲟⲓ ⲙⲛ̅ ⲡⲁ ⲡⲗⲁⲥⲙⲁ ⲧⲏⲣϥ̅ · ⲁⲛⲟⲕ
ϩⲱⲧ ϯⲛⲁⲥⲟⲟⲩⲧⲛ̅ ⲙ̅ ⲡⲁ ⲟⲩⲱϣ ⲉ ϩⲟⲩⲛ ⲉ ⲣⲟⲕ ·
ⲁⲩⲟⲩⲱⲛ Ⲛ̅ ⲧⲉⲕⲧⲁⲡⲣⲟ̅ ⲱ̅ ⲙⲓⲭⲁⲏⲗ̅ ϫⲓ ⲛⲁⲕ ⲛ̅ ⲛⲁⲙⲛ̅-
ⲧϣⲡ̅ϩⲧⲏϥ ⲧⲏⲣⲟⲩ ⲉ ϩⲣⲁⲓ ⲉ ϩⲏⲧⲕ̅ · ϫⲉ ⲕⲁⲥ ⲉⲕⲛⲁϭⲱ
ⲉⲕⲥⲟⲡⲥⲡ̅ ⲙ̅ⲙⲟⲓ ⲛ̅ⲛⲁⲩ ⲛⲓⲙ ⲉϫⲙ̅ ⲡⲁ ⲉⲓⲛⲉ ⲙⲛ̅ ⲧⲁ

[1] On the margin is written ⲙⲓⲭⲁⲏⲗ ⲡⲉ ⲧϭⲟⲙ ⲙ̅ ⲡⲛⲟⲩⲧⲉ.

Oriental 7021. ⲁⲛⲟⲕ ϩⲱ ⲛ̅ⲧⲁⲛⲁ ⲛⲁⲩ· ϯⲥⲟⲟⲩⲛ ⲅⲁⲣ ϫⲉ ⲙⲁⲥⲧⲏⲙⲁ·
ⲛⲁϯ ⲧⲱⲛ ⲙⲛ̅ ⲡⲁ ⲡⲗⲁⲥⲙⲁ· ⲉϥⲟⲩⲱϣ ⲉⲛⲟϫⲟⲩ ⲛ̅ⲥⲁ
ⲃⲟⲗ ⲙ̅ⲙⲟï ⲛ̅ⲑⲉ ⲛ̅ⲧⲁⲓⲛⲟϫϥ ⲛ̅ⲥⲁ ⲃⲟⲗ ⲛ̅ ⲧⲁ ⲙⲛ̅ⲧⲉⲣⲟ·
ⲁⲗⲗⲁ ⲉⲓⲥ ϩⲏⲏⲧⲉ ⲁⲓⲧⲁⲛϩⲟⲩⲧⲕ̅ ⲉ ⲡⲁ ⲡⲗⲁⲥⲙⲁ ϫⲉ ⲕⲁⲥ
ⲉⲕⲉⲧⲟⲩϫⲟⲟⲩ ⲉ ⲛⲉϥⲡⲁϣ· ⲁⲩⲱ ⲛ̅ⲅ̅ ⲡⲁⲣⲁⲕⲁⲗⲉⲓ ⲙ̅ⲙⲟⲓ
ϩⲁ ⲣⲟⲟⲩ· ⲉⲩϣⲁⲛϣⲱϥⲧ̅ ϫⲉ ⲁⲛⲅ̅ ⲟⲩϣⲁⲛϩⲧⲏϥ ⲁⲛⲟⲕ·
ⲉⲓⲥ ϩⲏⲏⲧⲉ ⲱ̅ ⲙⲓⲭⲁⲏⲗ· ϯⲧⲁϩⲟ ⲙ̅ⲙⲟⲕ ⲉ ⲣⲁⲧⲕ̅ ⲙ̅-
ⲡⲟⲟⲩ ⲛ̅ ⲁⲣⲭⲏⲥⲧⲣⲁϯⲅⲟⲥ ⲛ̅ ⲛ̅ⲧⲁⲅⲙⲁ ⲧⲏⲣⲟⲩ ⲛ̅
Fol. 15 *a* ⲙ̅ⲡⲏⲩⲉ· ⲁⲩⲱ ⲛ̅ⲥⲁⲃⲃⲁⲗⲁⲓ· | ⲙⲛ̅ ⲡⲁ ⲉⲓⲱⲧ ⲙⲛ̅ ⲡⲉⲡⲛ̅ⲁ̅
ⲕ̅ⲍ̅ ⲉⲧ ⲟⲩⲁⲁⲃ· ⲙⲛ̅ ⲡⲉⲧ ⲟ ⲛ̅ⲛⲟϭ ϩⲛ̅ ⲛ̅ⲧⲁⲍⲓⲥ ⲧⲏⲣⲟⲩ ⲛ̅
ⲙ̅ⲡⲏⲩⲉ ⲛ̅ⲧⲕ̅ϩⲉ ⲱ̅ ⲡⲁⲣⲭⲏⲥⲧⲣⲁⲧⲏⲅⲟⲥ ⲙⲓⲭⲁⲏⲗ·
ⲁⲙⲟⲩ ⲛ̅ⲅ̅ ⲁϩⲉ ⲣⲁⲧⲕ̅ ⲛ̅ⲥⲁ ⲟⲩⲛⲁⲙ ⲙ̅ⲙⲟⲓ ⲛ̅ⲅ̅ ϣⲱⲡⲉ
ⲉⲕⲧⲏⲕ ⲉ ⲡⲁ ⲑⲣⲟⲛⲟⲥ· ⲛ̅ ⲟⲩⲟⲉⲓϣ ⲛⲓⲙ ⲉⲕⲟⲩⲉϩⲥⲁϩⲛⲉ
ⲛ̅ ⲛ̅ϭⲟⲙ ⲧⲏⲣⲟⲩ ⲛ̅ ⲙ̅ⲡⲏⲩⲉ ⲉⲩⲥⲱⲧⲙ̅ ⲛ̅ⲥⲱⲕ ϩⲛ̅ ϩⲱⲃ
ⲛⲓⲙ· ⲱ̅ ⲙⲓⲭⲁⲏⲗ ⲛ̅ⲧⲟⲕ ⲡⲉⲧ ⲛⲁⲧⲥⲁⲃⲟ ⲛ̅ ⲛ̅ⲧⲁⲍⲓⲥ
ⲧⲏⲣⲟⲩ ⲛ̅ ⲙ̅ⲡⲏⲩⲉ· ⲉ ϣⲙ̅ϣⲉ ⲛⲁⲕ ϩⲛ̅ ⲟⲩⲥⲟⲟⲩⲧⲛ̅ ·:·

Oriental 6781. ϩⲓⲕⲱⲛ· ⲁⲛⲟⲕ ϩⲱ ⲛ̅ⲧⲁⲕⲱ ⲛⲁⲩ ⲉ ⲃⲟⲗ· ϯⲥⲟⲟⲩⲛ ⲅⲁⲣ
ϫⲉ ⲙⲁⲥⲧⲏⲙⲁ ⲛⲁϯ ⲧⲱⲛ ⲙⲛ̅ ⲡⲁ ⲡⲗⲁⲥⲙⲁ ⲉϥⲟⲩⲱ̅ϣ ⲉ
ⲉ̅ ⲧⲣⲁⲛⲟϫⲟⲩ ⲛ̅ⲥⲁ ⲃⲟⲗ ⲙ̅ⲙⲟⲓ ⲛ̅ⲑⲉ ⲛⲧⲁⲓⲛⲟϫϥ ⲉ ⲃⲟⲗ
ϩⲛ̅ ⲧⲁ ⲙⲛ̅ⲧⲉⲣⲟ̅· ⲁⲗⲗⲁ ⲉⲓⲥ ϩⲏⲏⲧⲉ ⲁⲓⲧⲛ̅ϩⲟⲩⲧⲕ̅ ⲉ ⲡⲁ
ⲡⲗⲁⲥⲙⲁ ϫⲉ ⲕⲁⲥ ⲉⲕⲉⲧⲟⲩϫⲟⲟⲩ ⲉ ⲛⲉϥⲡⲁϣ· ⲁⲩⲱ ⲛ̅ⲅ̅
ⲡⲁⲣⲁⲕⲁⲗⲉⲓ ⲙ̅ⲙⲟⲓ ϩⲁ ⲣⲟⲟⲩ· ⲉⲩϣⲁⲛϣⲱϥⲧ̅ ⲛ̅ⲧⲁⲕⲱ
Fol. 4 *b* ⲛⲁⲩ ⲉ ⲃⲟⲗ | ϫⲉ ⲁⲛⲅ̅ ⲟⲩⲛⲟⲩⲧⲉ ⲛ̅ ϣⲛ̅ϩⲧⲏϥ· ⲉⲓⲥ ϩⲏⲏⲧ[ⲉ]
ⲕ̅ ⲱ̅ ⲙⲓⲭⲁⲏ̅ⲗ̅ ϯⲧⲁϩⲟ̅ ⲙ̅ⲙⲟⲕ ⲉ ⲣⲁⲧⲕ̅ ⲙ̅ⲡⲟⲟⲩ ⲉϫⲛ̅ ⲛ̅-
ⲧⲁⲅⲙⲁ ⲧⲏⲣⲟⲩ ⲛ̅ ⲧⲁ ⲙⲛ̅ⲧⲉⲣⲟ̅· ⲁⲩⲱ ⲛ̅ⲥⲁⲃⲃⲁⲗⲁⲓ ⲙⲛ̅
ⲡⲁ ⲉⲓⲱ̅ⲧ ⲙⲛ̅ ⲡⲉⲡⲛ̅ⲁ̅ ⲉⲧ ⲟⲩⲁⲁⲃ ⲙⲛ̅ ⲡⲉⲧⲟ ⲛ̅ ⲛⲟϭ ⲉ
ⲣⲟⲕ ϩⲛ̅ ⲛ̅ⲧⲁⲍⲓⲥ ⲧⲏⲣⲟⲩ ⲛ̅ⲙ̅ⲡⲏⲩ̅ⲉ̅· ⲱ̅ ⲡⲁⲣⲭⲁⲅⲅⲉⲗⲟⲥ
ⲙⲓⲭⲁⲏⲗ ⲁⲙⲟⲩ ⲛ̅ⲅ̅ ⲁϩⲉ ⲣⲁⲧⲕ̅ ⲛ̅ⲥⲁ ⲟⲩⲛⲁⲙ ⲙ̅ⲙⲟⲓ
ⲛ̅ⲅ̅ ϣⲱⲡⲉ ⲉⲕⲧⲏⲕ ⲉ ⲡⲁ ⲑⲣⲟⲛⲟⲥ ⲛ ⲟⲩⲟ̅ⲉⲓϣ ⲛⲓⲙ ⲉⲕ-
ⲟⲩⲉϩⲥⲁϩⲛⲉ ⲛ̅ ⲛ̅ϭⲟⲙ ⲧⲏⲣⲟⲩ ⲛ̅ⲙ̅ⲡⲏⲩⲏ· ⲉⲩⲥⲱⲧⲙ̅
ⲛ̅ⲥⲱⲕ ϩⲛ̅ ϩⲱⲃ ⲛⲓⲙ· ⲱ̅ ⲙⲓⲭⲁⲏ̅ⲗ̅ ⲛ̅ⲧⲟⲕ ⲡⲉⲧ ⲛⲁⲧⲥⲁⲃⲉ
ⲛ̅ⲧⲁⲍⲓⲥ ⲧⲏⲣⲟⲩ ⲉ ϣⲙ̅ϣⲉ ⲛⲁⲓ ϩⲛ̅ ⲟⲩⲥⲟⲟⲩⲧⲛ̅ Ⲙⲓⲭⲁⲏ̅ⲗ̅

Ⲙⲓⲭⲁⲏⲗ ⲡϣⲟⲩϣⲟⲩ ⲁⲩⲱ ⲡⲥⲟⲟⲩⲧⲛ̄ ⲛ̄ ⲧⲁ ⲙⲛ̄ⲧⲉⲣⲟ· Oriental 7021.
ⲁⲙⲟⲩ ⲥⲟⲟⲩⲧⲛ̄ ⲛ̄ⲧⲕ̄ⲁⲡⲉ ⲧⲁⲓ ⲛ̄ⲧⲁⲕⲁⲁⲥ ⲉ ⲡⲉⲥⲏⲧ
ⲁⲕⲟⲩⲱϣⲧ̄ ⲙ̄ ⲡⲁ ⲡⲗⲁⲥⲙⲁ· ⲛ̄ϩⲏⲧⲥ̄ ⲧⲁϯ ⲉ ϫⲱⲥ ⲙ̄
ⲡⲓ̈ ⲛⲟϭ ⲛ̄ ⲕⲗⲟⲙ· ⲡⲁⲓ ⲛ̄ⲧⲁⲓϥⲓⲧϥ̄ ϩⲓϫⲛ̄ ⲧⲁⲡⲉ ⲙ̄
ⲡϫⲁϫⲉ⁘ Ⲥⲟⲟⲩⲧⲛ̄ ⲉ ⲃⲟⲗ ⲛ̄ ⲧⲕ̄ϭⲓϫ ⲛ̄ⲅ̄ ϫⲓ ⲛⲁⲕ ⲙ̄
ⲡⲉϩⲣⲁⲃⲇⲟⲥ ⲛ̄ⲅ̄ ϣⲱⲡⲉ ⲛ̄ⲅ̄ ϣⲱⲡⲉ (*sic*) ⲛ̄ ⲁⲣⲭⲏⲥⲧⲣⲁ-
ⲧⲏⲅⲟⲥ ⲉ ⲡⲙⲁ ⲙ̄ ⲡⲕⲁⲧⲏⲅⲟⲣⲟⲥ ⲙ̄ ⲡϣⲓⲡⲉ· Ⲙ̄
ⲙⲓⲭⲁⲏⲗ ⲥⲟⲟⲩⲧⲛ̄ ⲉ ⲃⲟⲗ ⲛ̄ ⲧⲉⲕϭⲓϫ ⲛ̄ ϩⲃⲟⲩⲣ ⲛ̄ⲅ̄
ϫⲓ ⲛⲁⲕ ⲙ̄ ⲡⲉⲓ̈ ⲛⲟϭ ⲛ̄ϩⲟⲡⲗⲟⲛ· ⲛ̄ⲅ̄ ⲥⲃ̄ⲧⲱⲧⲕ̄ ⲉ ⲙⲓϣⲉ |
ⲙⲛ̄ ⲡ̄ϫⲁϫⲉ ⲡⲉⲕⲣ̄ⲣⲟ⁘ ⲱ̄ ⲙⲓ̈ⲭⲁⲏⲗ ϫⲓ̈ ⲛⲁⲕ ⲙ̄ ⲡⲙⲟϫⲕϥ Fol. 15 *b*
ⲛ̄ⲥⲁⲡⲡⲓⲣⲟⲛ ⲉϫⲛ̄ ⲧⲉⲕϯⲡⲉ· ϫⲉ ⲕⲁⲥ ⲉⲣⲉ ⲛⲉⲧ ϯ ⲟⲩⲃⲉ ⲕ̄ⲏ̄
ⲡⲉⲕϫⲥ̄ ⲛⲁⲛⲁⲩ ⲉ ⲣⲟⲕ ⲛ̄ⲥⲉϭⲱⲧⲡ̄ ϩⲛ̄ ⲟⲩϭⲉⲡⲏ· ⲁⲩ-
ⲟⲩⲱⲛ ⲛ̄ ⲧⲉⲕⲧⲁⲡⲣⲟ· ⲱ̄ ⲡⲁ ⲗⲩⲧⲟⲩⲣⲅⲟⲥ ϫⲓ ⲛⲁⲕ
ⲛ̄ ⲟⲩϭⲟⲙ ϫⲉ ⲕⲁⲥ ⲉⲣⲉ ⲡⲕ̄ϣⲁϫⲉ ⲛⲁⲣ̄ ⲑⲉ ⲙ̄ ⲡⲉϩⲣⲟⲟⲩ
ⲛ̄ ⲟⲩⲙⲏⲏϣⲉ ⲉϥϣⲁϫⲉ· ⲁⲙⲟⲩ ⲫⲟⲣⲉⲓ̈ ⲙ̄ ⲡⲁ ⲉⲟⲟⲩ ⲱ̄

ⲛ̄ⲧⲟⲕ ⲡⲉ ⲡϣⲟⲩϣⲟⲩ· ⲁⲩⲱ ⲡⲥⲟⲟⲩⲛ ⲛ̄ ⲧⲁ ⲙⲛ̄ⲧⲉⲣⲟ̄· Oriental 6781.
ⲥⲟⲟⲩⲧⲛ̄ ⲉ ⲃⲟⲗ ⲛ̄ⲧⲉⲕⲁⲡⲏ ⲧⲁⲓ̈ ⲛ̄ⲧⲁⲕⲕⲁⲁⲥ ⲉ ⲡⲉⲥⲏⲧ
ⲁⲕⲟⲩⲱϣⲧ̄ ⲙ̄ ⲡⲁ ⲡⲗⲁⲥⲙⲁ ⲛ̄ϩⲏⲧⲥ̄ ⲛ̄ⲧⲁϯ ⲉ ϫⲱⲥ ⲙ̄ ⲡⲉⲓ
ⲛⲟϭ ⲛ̄ ⲉⲟⲟⲩ ⲛⲧⲁⲓ̈ϥⲓ̈ⲧϥ̄ ⲛ̄ ⲧⲟⲟⲧϥ̄ ⲙ̄ ⲡϫⲁⲥⲓϩⲏⲧ· ⲥⲟⲟⲩⲧⲛ̄
ⲉ ⲃⲟⲗ ⲛ̄ ⲧⲉⲕϭⲓϫ ⲛ̄ⲅ̄ ϫⲓ ⲛⲁⲕ ⲙ̄ ⲡⲉϩⲣⲁⲃⲇⲟⲥ ⲛ̄
ⲟⲩⲟⲉⲓⲛ· ⲛ̄ⲅ̄ ϣⲱⲡⲉ ⲛ ⲁⲣⲭⲏⲥⲧⲣⲁⲧⲏⲕⲟⲥ ⲉ ⲡⲙⲁ ⲙ̄
ⲡⲁⲣⲭⲏⲥⲧⲣⲁⲧⲏⲕⲟⲥ ⲙ̄ ⲡϣⲓⲡⲉ Ⲙ̄ ⲙⲓⲭⲁⲏⲗ ⲥⲟⲟⲩⲧⲛ̄
ⲉ ⲃⲟⲗ ⲛ̄ ⲧⲉⲕϭⲓϫ ⲛ̄ⲅ̄ ϫⲓ ⲛⲁⲕ ⲙ̄ ⲡⲉϩⲣⲁⲃⲇⲟⲥ ⲛ̄ⲅ̄
ϣⲱⲡⲉ ⲛ̄ ⲁⲣⲭⲏⲥⲧⲣⲁⲧⲏⲕⲟⲥ ⲉ ⲡⲙⲁ ⲙ̄ ⲡⲕⲁⲧⲏⲕⲟⲣⲟⲥ·
ⲙ̄ ⲡϣⲓⲡⲉ· ⲱ̄ ⲙⲓ̈ⲭⲁⲏⲗ Ⲥⲟⲟⲩⲧⲛ̄ ⲉ ⲃⲟⲗ ⲛ̄ ⲧⲉⲕϭⲓϫ
ⲛ̄ϩⲃⲟⲩⲣ· ⲛ̄ⲅ̄ ϫⲓ ⲛⲁⲕ ⲙ̄ ⲡⲉⲓ ⲛⲟϭ ⲛ̄ϩⲟⲡⲗⲟⲛ· ⲛ̄ⲅ̄
ⲥⲃ̄ⲧⲱⲧⲕ̄ ⲉ ⲙⲓϣⲉ ⲙⲛ̄ ⲡ̄ϫⲁϫⲉ ⲙ̄ ⲡⲉⲕⲣ̄ⲣⲟ· Ⲙ̄ ⲙⲓⲭⲁⲏⲗ
ϫⲓ ⲛⲁⲕ ⲙ̄ ⲡⲙⲟϫϩϥ ⲛ̄ ⲥⲁⲡⲡⲓ̈ⲣⲟⲛ ⲛ̄ⲅ̄ ⲙⲟⲣϥ· ⲉ̄ϫⲛ̄
ⲧⲉⲕϯⲡⲉ· ϫⲉ ⲕⲁⲥ ⲉⲣⲉ ⲛⲉⲧⲛⲁϯ ⲟⲩⲃⲉ ⲉ ⲡⲉⲕϫⲟⲉⲓⲥ
ⲛⲁⲛⲁⲩ ⲉ ⲣⲟⲕ ⲛ̄ⲥⲉϭⲱ|ⲧⲡ̄ ϩⲛ̄ ⲟⲩϭⲉⲡⲏ: Ⲁⲩⲟⲩⲱⲛ Fol. 5 *a*
ⲛ̄ ⲧⲉⲕⲧⲁⲡⲣⲟ̄ ⲱ̄ ⲡⲁ ⲗⲓⲧⲟⲩⲣⲅⲟⲥ· ϫⲓ ⲛⲁⲕ ⲛ̄ ⲟⲩϭⲟⲙ· ⲕ̄ⲁ̄
ϫⲉ ⲕⲁⲥ ⲉⲣⲉ ⲡⲉⲕϣⲁϫⲉ ⲛⲁⲣ̄ⲑⲉ ⲙ̄ ⲡⲉϩⲣⲟⲟⲩ ⲛ̄ ⲟⲩ-
ⲙⲏⲏϣⲉ· ⲉϥϣⲁϫⲉ· Ⲁⲙⲟⲩ ⲫⲱⲣⲉⲓ ⲙ̄ ⲡⲁ ⲉⲟⲟⲩ ⲱ̄

Oriental 7021. ⲙⲓⲭⲁⲏⲗ · ϫⲉ ⲕⲁⲥ ⲉⲕⲉⲧⲁⲙⲉ ⲟⲩⲟⲛ ⲛⲓⲙ ⲉ ϯ ⲉⲟⲟⲩ ⲛⲁⲓ̈ · Ⲉⲓⲥ ϩⲏⲏⲧⲉ ⲁⲓⲉⲓⲙⲉ ⲉ ⲡⲉⲕⲟⲩⲱϣ ⲧⲏⲣϥ̅ ⲱ̅ ⲙⲓⲭⲁⲏⲗ ⲉ ϩⲟⲩⲛ ⲉ ⲡⲁ ⲡⲗⲁⲥⲙⲁ · ⲁⲙⲟⲩ ⲧⲉⲛⲟⲩ ⲛⲅ̅ ⲇⲓⲁⲕⲱⲛⲉⲓ ⲛⲁⲓ ⲉ ⲡⲃⲓⲟⲥ ⲧⲏⲣϥ̅ ⲛ̅ ⲧⲁ ϩⲓⲕⲱⲛ :—Ⲉⲓⲥ ⲁⲇⲁⲙ ⲧⲉⲛⲟⲩ ⲕⲛⲁⲛⲁⲩ ⲉ ⲣⲟϥ ⲙ̅ⲙⲁⲩ · ⲙⲁⲩⲁⲁϥ · ⲉⲙⲡ̅ ⲕⲉ ⲟⲩⲁ ⲕⲁⲧⲁ ⲣⲟϥ · ⲁⲗⲗⲁ ⲉⲓⲥ ⲟⲩⲙⲁⲉⲓⲛ · ⲁⲓⲕⲁⲁ̈ϥ ϩⲙ̅ ⲡⲉϥⲥⲡⲓ̈ⲣ ⲉϥⲛⲁϣⲱⲡⲉ ⲉϥⲉⲓⲛⲉ ⲙ̅ⲙⲟϥ :—Ⲉⲡⲉⲓ ⲇⲏ ⲁⲓ̈ϫⲟⲟⲥ ⲱ̅ · ⲙⲓⲭⲁⲏⲗ ϫⲉ ⲛⲁⲛⲟⲩ ⲡⲣⲱⲙⲉ ⲁⲛ ⲉ ⲧⲣϥ̅ϭⲱ ⲙⲁⲩⲁⲁϥ · ⲁⲗⲗⲁ ⲙⲁⲣⲛ̅ⲧⲁⲙⲓⲟ ⲛⲁϥ ⲛ̅ ⲟⲩⲃⲟⲏⲑⲟⲥ ⲕⲁⲧⲁ ⲣⲟϥ ⁖ ⲱ̅ ⲙⲓ̈ⲭⲁⲏⲗ ⲡⲃⲟⲏⲑⲟⲥ ⲉⲥⲟ ⲛ̅ ⲟⲩⲁ ⲛ̅ ⲟⲩⲱⲧ ⲛ̅ⲙ̅ⲙⲁϥ · ϫⲓⲛ ⲡⲛⲁⲩ ⲛ̅ⲧⲁⲓⲡⲗⲁⲥⲥⲉ ⲙ̅ⲙⲟϥ ·
Fol. 16 *a* ⲕ̅ⲑ̅ ⲁⲗⲗⲁ ⲙ̅ⲡⲁⲧ ⲉϥⲉⲓ̈ | ⲛⲉ ⲙ̅ⲙⲟⲥ ⲉ ⲣⲁⲧϥ̅ :—Ⲱ ⲙⲓⲭⲁⲏⲗ ⲉⲛⲉ ⲛⲧⲁⲓⲧⲁⲙⲓⲟ ⲛ̅ ⲁⲇⲁⲙ ⲉ ⲧⲣⲉϥϭⲱ ⲙⲁⲩⲁⲁϥ ⲉⲓⲉ ⲟⲩⲧⲉ ⲧⲉⲭⲣⲓⲁ ⲉ ⲧⲣⲁⲧⲱϭⲉ ⲙ̅ ⲡⲡⲁⲣⲁⲇⲓⲥⲟⲥ ⁖—Ⲱ ⲙⲓⲭⲁⲏⲗ ⲡⲁⲣⲭⲁⲅⲅⲉⲗⲟⲥ ⲡⲁ ⲡⲉⲓ ⲕⲟⲥⲙⲟⲥ ⲧⲏⲣϥ̅ ⲛ̅ ⲥⲁ ⲡⲉⲥⲏⲧ ⲙ̅ ⲡⲁ ⲑⲣⲟⲛⲟⲥ · ϯⲛⲁⲧⲣⲉϥϭⲱⲣϭ̅ ⲉ ⲃⲟⲗ

Oriental 6781. ⲙⲓⲭⲁⲏ̅ⲗ · ϫⲉ ⲕⲁⲥ ⲉⲕⲛⲁⲧⲥⲁⲃⲉ ⲟⲩⲟⲛ ⲛⲓⲙ ⲉ ϯ ⲉⲟⲟⲩ ⲛⲁⲓ · ⲉⲓⲥ ϩⲏⲏⲧⲉ ⲁⲓⲉⲓⲙⲉ ⲉ ⲡⲉⲕⲟⲩⲱϣⲉ (*sic*) ⲧⲏⲣϥ̅ ⲉ ϩⲟⲩⲛ ⲉ ⲡⲁ ⲡⲗⲁⲥⲙⲁ · ⲁⲙⲟⲩ ⲧⲉⲛⲟⲩ ⲛⲅ̅ ⲇⲓⲁⲕⲟⲛⲉⲓ ⲛⲁⲓ ⲉ ⲡⲃⲓⲟⲥ ⲧⲏⲣϥ̅ ⲛ̅ ⲧⲁ ϩⲓⲕⲱⲛ · ⲉⲓⲥ ⲁⲇⲁⲙ ⲧⲉⲛⲟⲩ ⲉⲕⲛⲁⲩ ⲉ ⲣⲟϥ ⲙ̅ⲙⲁⲩ ⲙⲁⲩⲁⲁ̅ϥ · ⲉⲙⲡ̅ ⲕⲉ ⲟⲩⲁ̅ ⲕⲁⲧⲁ ⲣⲟϥ · ⲁⲗⲗⲁ ⲉⲓⲥ ⲟⲩⲙⲁⲉⲓⲛ ⲁⲓⲕⲁⲁϥ ϩⲙ̅ ⲡⲉϥⲥⲡⲓ̅ⲣ · ⲉϥⲛⲁϣⲱⲡⲉ ⲙ̅ⲙⲟϥ · ⲉⲡⲉⲓ ⲇⲏ ⲁⲓⲟⲩⲱ Ⲉⲓϫⲱ ⲙ̅ⲙⲟⲥ ⲱ̅ ⲙⲓⲭⲁⲏⲗ ϫⲉ ⲛⲁⲛⲟⲩ ⲡⲣⲱⲙⲉ ⲁⲛ ⲉ ⲧⲣⲉϥϭⲱ ⲙⲁⲩⲁⲁϥ · ⲁⲗⲗⲁ ⲙⲁⲣⲛ̅ⲧⲁⲙⲓⲟ ⲛⲁϥ ⲛ̅ ⲟⲩⲃⲟⲏⲑⲟⲥ ⲕⲁⲧⲁ ⲣⲟϥ · ⲱ̅ ⲙⲓⲭⲁⲏⲗ ⲧⲃⲟⲏⲑⲟⲥ ⲛ̅ ⲁⲇⲁⲙ · ⲱ̅ ⲡ̅ ⲟⲩⲁ̅ ⲛ̅ ⲟⲩⲱⲧ ⲛ̅ⲙ̅ⲙⲁϥ · ϫⲓⲛ ⲙ̅ ⲡⲛⲁⲩ ⲛ̅ⲧⲁⲓ̈ⲡⲗⲁⲥⲥⲉ ⲙ̅ⲙⲟϥ · Ⲁⲗⲗⲁ ⲙ̅ⲡⲁⲧⲉ ⲉⲓⲛⲉ ⲙ̅ⲙⲟⲥ ϣⲁ ⲣⲟϥ · ⲱ̅ ⲙⲓⲭⲁⲏⲗ · Ⲉⲛⲉ ⲛⲧⲁⲓⲧⲁⲙⲓⲟ ⲛ̅ ⲁⲇⲁⲙ ⲉ ⲧⲣⲉϥϭⲱ ⲙⲁⲩⲁⲁϥ ·· ⲟⲩⲧⲉ ⲧⲉⲭⲣⲓⲁ ⲉ ⲧⲣⲁⲧⲱⲱϭⲉ ⲛ̅ ⲟⲩⲡⲁⲣⲁⲇⲓⲥⲟⲥ · ⲱ̅ ⲙⲓⲭⲁⲏ̅ⲗ · Ⲡⲁⲣⲭⲁⲅⲅⲉⲗⲟⲥ ⲡⲉⲓ ⲕⲟⲥⲙⲟⲥ ⲧⲏⲣϥ̅ ⲉⲧ ⲥⲁ ⲡⲉⲥⲏⲧ ⲙ̅ ⲡⲁ ⲑⲣⲟⲛⲟⲥ · ϯⲛⲁⲧⲣⲉϥϭⲱⲣϭ̅ ⲉ ⲃⲟⲗ ϩⲙ̅ ⲡⲉⲓⲛⲉ ⲛ̅

ϩⲙ̄ ⲡⲉⲓⲛⲉ ⲛ̄ ⲁⲇⲁⲙ· ⲉⲧⲉ ⲧⲁⲓ ⲧⲉ ⲧⲁ ϩⲓⲕⲱⲛ ⁘—Ⲧⲉⲛⲟⲩ Oriental 7021.
ⲇⲉ ⲱ̄ ⲙⲓⲭⲁⲏⲗ ⲉⲓⲥ ϩⲏⲏⲧⲉ ⲁⲓⲧⲟϣⲕ̄ ⲛ̄ ⲟⲓⲕⲟⲛⲟⲙⲟⲥ ⲉ
ⲧⲁ ⲙⲛ̄ⲧⲉⲣⲟ· ϫⲉ ⲕⲁⲥ ⲉⲕⲛⲁϣⲱⲡⲉ ⲉⲕϯⲁⲕⲱⲛⲉⲓ ϩⲛ̄
ⲟⲩⲙⲛ̄ⲧϣⲁⲛϩⲧⲏϥ· ⲉ ϩⲟⲩⲛ ⲉ ⲡⲁ ⲡⲗⲁⲥⲙⲁ:—ⲱ̄
ⲙⲓ̈ⲭⲁⲏⲗ ⲉⲣⲉ ⲡⲅⲉⲛⲟⲥ ⲧⲏⲣϥ̄ ⲛ̄ ⲁⲇⲁⲙ· ⲛⲁⲥⲟⲩⲛ̄
ⲡⲛⲟⲩⲧⲉ ⲉ ⲃⲟⲗ ϩⲓ ⲧⲟⲟⲧⲕ̄ ⁘ ⲱ̄ ⲙⲓⲭⲁⲏⲗ ⲡⲁⲣⲭⲏ-
ⲥⲧⲣⲁⲧⲏⲅⲟⲥ ⲛ̄ ⲧⲁ ⲙⲛ̄ⲧⲉⲣⲟ· ⲙⲓ̈ⲭⲁⲏⲗ ⲛ̄ⲧⲟⲕ ⲡⲉ
ⲡⲁⲣⲭⲱⲛ· ⲛ̄ ⲛⲁ ⲧⲡⲉ ⲙⲛ̄ ⲛⲁ ⲡⲕⲁϩ· Ⲙⲓⲭⲁⲏⲗ ⲡⲉ
ⲡⲉⲥϯ ⲛⲟⲩϥⲉ ⲙ̄ ⲡⲛⲁⲩ ⲛ̄ ⲧⲉⲑⲩⲥⲓⲁ ⲉⲧ ⲟⲩⲁⲁⲃ ⁘—
ⲙⲓⲭⲁⲏⲗ ⲛ̄ⲧⲟⲕ ⲡⲉⲧ ⲛⲁⲡⲣⲟⲥⲉⲛⲉⲕⲉⲓ̈ ⲛ̄ ⲧⲉⲡⲣⲟⲥⲫⲟⲣⲁ·
ϩⲁ ⲡⲅⲉⲛⲟⲥ ⲧⲏⲣϥ̄ ⲛ̄ ⲛ̄ϣⲏⲣⲉ ⲛ̄ ⲁⲇⲁⲙ· ⲟⲩⲛ̄ ϩⲉⲛⲛⲟϭ
ⲛ̄ϩⲱⲃ ⲛⲁϣⲱⲡⲉ ⲉ ⲃⲟⲗ ϩⲛ̄ ⲛ̄ϣⲏⲣⲉ ⲛ̄ ⲁⲇⲁⲙ· ⲛ̄ⲧⲟⲕ ⲱ̄
ⲙⲓⲭⲁⲏⲗ ⲡⲉⲧ ⲛⲁⲥⲟⲡⲥⲡ̄ ⲉ ϫⲱⲟⲩ ⲛ̄ⲧⲁⲕⲱ ⲛⲁⲩ ⲉ ⲃⲟⲗ·
ⲛ̄ϣⲏⲣⲉ ⲙ̄ ⲡⲅⲉⲛⲟⲥ ⲛ̄ ⲁⲇⲁⲙ· | ⲛⲁϫⲓ̈ ⲟⲩⲁ ⲉ ⲣⲟⲓ ϩⲓⲧⲛ̄ Fol. 16 *b* ⲗ̄
ⲡⲉⲧ ⲡⲗⲁⲛⲁ ⲙ̄ⲙⲟⲟⲩ· ⲁⲗⲗⲁ ϯⲛⲁⲕⲱ ⲛⲁⲩ ⲉ ⲃⲟⲗ
ϩⲓⲧⲙ̄ ⲡⲉⲕⲥⲟⲡⲥⲡ̄ ⲱ̄ ⲙⲓ̈ⲭⲁⲏⲗ:—Ⲛⲁⲓ ⲇⲉ ⲧⲏⲣⲟⲩ ⲛ̄ ⲧⲉⲣⲉ
ⲡϫ︦ⲥ︦ ϫⲟⲟⲩ· ⲙ̄ ⲙⲓ̈ⲭⲁⲏⲗ· ⲁϥⲥⲟⲟⲩⲧⲛ̄ ⲉ ⲃⲟⲗ ⲛ̄

ⲁⲇⲁⲙ· ⲉⲧⲉ ⲧⲁⲓ ⲧⲉ ⲧⲁ ϩⲓⲕⲱⲛ· Ⲧⲉⲛⲟⲩ ⲇⲉ ⲱ̄ ⲙⲓ- Oriental 6781.
ⲭⲁⲏ̄ⲗ̄· ⲉⲓⲥ ϩⲏⲏⲧⲉ ⲁⲓⲧⲟϣⲕ̄ ⲛ̄ ⲟⲓⲕⲟⲛⲟⲙⲟⲥ ⲉ ⲧⲁ ⲙⲛ̄-
ⲧⲉⲣⲟ̄· ⲉ ⲧⲣⲉⲕϣⲱⲡⲉ ⲉⲕⲇⲓⲁ̄ⲕⲟⲛⲉⲓ· ϩⲛ̄ ⲟⲩⲙⲛ̄ⲧϣⲛ̄ϩⲧⲏϥ·
ⲉ ϩⲟⲩⲛ ⲉ ⲡⲁ ⲡⲗⲁⲥⲙⲁ· ⲱ̄ ⲙⲓⲭⲁⲏ̄ⲗ̄ ⲉⲣⲉ ⲡⲅⲉⲛⲟⲥ ⲛ̄
ⲁⲇⲁⲙ ⲛⲁⲥⲟⲩⲛ ⲡⲁ ⲣⲁⲛ· ⲉ ⲃⲟⲗ ϩⲓ ⲧⲟⲟⲧⲕ̄·| ⲱ̄ ⲙⲓⲭⲁⲏ̄ⲗ̄ Fol. 5 *b* ⲕ̄ⲃ̄
ⲛ̄ⲧⲟⲕ ⲡⲉ ⲡⲁⲣⲭⲏⲥⲧⲣⲁⲧⲏⲕⲟⲥ· ⲛ̄ ⲧϭⲟⲙ ⲛ̄ⲙ̄ⲡⲏⲩⲉ·
ⲱ̄ ⲙⲓⲭⲁⲏ̄ⲗ̄ ⲡⲁⲣⲭⲱⲛ· ⲛ̄ ⲛⲁ ⲙ̄ⲡⲏⲩⲉ ⲙⲛ̄ ⲛⲁ ⲡⲕⲁϩ·
ⲱ̄ ⲙⲓⲭⲁⲏⲗ ⲛ̄ⲧⲟⲕ ⲡⲉ ⲡⲉⲥϯ ⲛⲟⲩϥⲉ· ⲙ̄ ⲡⲛⲁⲩ ⲛ̄ ⲧⲁ
ⲑⲩⲥⲓⲁ ⲉⲧ ⲟⲩⲁⲁⲃ· ⲱ̄ ⲙⲓⲭⲁⲏⲗ ⲛ̄ⲧⲟⲕ ⲡⲉⲧⲛⲁⲡⲣⲟⲥ-
ⲉⲛⲉⲅⲕⲏ ⲛⲁⲓ ⲛ̄ ⲧⲁ ⲡⲣⲟⲥⲫⲟⲣⲁ ϩⲁ ⲡⲅⲉⲛⲟⲥ ⲛ̄ ⲁⲇⲁⲙ·
ⲟⲩⲛ ϩⲉⲛⲛⲟϭ ⲛ̄ϩⲃⲏⲩⲉ ⲛⲁϣⲱⲡⲉ ⲉ ⲃⲟⲗ ϩⲛ̄ ⲛ̄ϣⲏⲣⲉ ⲛ̄
ⲁⲇⲁⲙ· ⲛ̄ⲧⲟⲕ ⲱ̄ ⲙⲓⲭⲁⲏ̄ⲗ̄ ⲡⲉⲧ ⲛⲁⲥⲟⲡⲥⲡ̄ ⲉ̄ ϫⲱⲟⲩ
ⲛ̄ⲧⲁⲕⲱ ⲛⲁⲩ ⲉ ⲃⲟⲗ· ⲛ̄ϣⲏⲣⲉ ⲙ̄ ⲡⲅⲉⲛⲟⲥ ⲛ̄ ⲁⲇⲁⲙ
ⲛⲁϫⲓⲟⲩⲁ̄ ⲉ ⲣⲟⲓ ⲉ ⲃⲟⲗ ϩⲓⲧⲛ̄ ⲡⲉⲧ ⲡⲗⲁⲛⲁ ⲙ̄ⲙⲟⲟⲩ·
ⲁⲗⲗⲁ ϯⲛⲁⲕⲱ ⲛⲁⲩ ⲉ ⲃⲟⲗ ϩⲓⲧⲛ̄ ⲡⲉⲕⲥⲟⲡⲥⲡ̄ ⲱ̄ ⲙⲓⲭⲁⲏ̄ⲗ̄·
Ⲛⲁⲓ ⲇⲉ ⲧⲏⲣⲟⲩ ⲛ̄ ⲧⲉⲣⲉ ⲡϫⲟⲉⲓⲥ ϫⲟⲟⲩ ⲙ̄ ⲙⲓⲭⲁⲏ̄ⲗ̄·

Oriental 7021. ⲧⲉϥϭⲓϫ· ⲁϥϯ ⲉ ϫⲱϥ ⲙ̄ ⲡⲉⲥⲧⲉⲫⲁⲛⲟⲥ ⲁϥⲁⲁϥ ⲛ̄
ⲁⲣⲭⲁⲅⲅⲉⲗⲟⲥ ⲁϥⲕⲱ ϩⲓ ϫⲱϥ ⲛ̄ϣⲟⲙⲧⲉ ⲛ̄ⲥⲫⲣⲁⲅⲓⲥ ⲙ̄
ⲡⲧⲩⲡⲟⲥ ⲛ̄ ⲧⲉⲧⲣⲓⲁⲥ ⲉⲧ ⲟⲩⲁⲁⲃ· ⲉⲣⲉ ⲡⲉⲓⲛⲉ ⲛ̄ ⲧⲉϥϩⲓ-
ⲕⲱⲛ ϩⲓϫⲛ̄ ⲛⲉⲥⲫⲣⲁⲅⲓⲥ ϫⲉ ⲕⲁⲥ ⲉⲣⲉ ⲡⲁⲣⲭⲁⲅⲅⲉⲗⲟⲥ
ⲙⲓⲭⲁⲏⲗ ⲛⲁϭⲱ ⲉϥⲡⲁⲣⲁⲕⲁⲗⲉⲓ ⲙ̄ ⲡⲛⲟⲩⲧⲉ ⲛ̄ ⲟⲩⲟⲉⲓϣ
ⲛⲓⲙ ⲉϫⲛ̄ ⲧⲉϥϩⲓⲕⲱⲛ ⲉⲧⲉ ⲁⲛⲟⲕ ⲡⲉ· ⲉ ⲧⲃⲉ ⲡⲁⲓ ⲣⲱ
ⲛ̄ⲧⲁⲓⲉⲓ ⲉ ⲡⲁⲣⲓⲥⲧⲟⲛ· ⲙ̄ ⲙⲓⲭⲁⲏⲗ ⲁⲛⲟⲕ ⲡⲉⲧⲛ̄ⲉⲓⲱⲧ
ⲁⲇⲁⲙ· ⲁⲃⲉⲗ ⲡⲇⲓⲕⲁⲓⲟⲥ ⲡϣⲏⲣⲉ ⲕⲟⲩⲓ ⲛ̄ ⲁⲧ ⲛⲟⲃⲉ ·:—
ϯⲥⲟⲡⲥⲡ̄ ⲙ̄ⲙⲟⲕ ϩⲱⲱⲕ ϩⲙ̄ ⲡⲉⲓ ⲛⲟϭ ⲛ̄ ϣⲁ ⲙ̄ⲡⲟⲟⲩ ⲉⲧⲉ
ⲡϣⲁ ⲡⲉ ⲙ̄ ⲡⲁⲣⲭⲁⲅⲅⲉⲗⲟⲥ ⲉⲧ ⲟⲩⲁⲁⲃ· ⲙⲓⲭⲁⲏⲗ ·:—
ⲉⲓⲣⲁϣⲉ ⲡⲉϫⲁϥ ⲛ̄ϭⲓ ⲁⲃⲉⲗ· ϫⲉ ⲡⲉⲧ ⲛ̄ⲣ̄ ϣⲁ ⲛⲁϥ
ⲙ̄ⲡⲟⲟⲩ ⲛ̄ⲧⲟϥ ⲡⲉⲧ ⲥⲟⲡⲥⲡ̄ ϩⲁ ⲡⲁ ⲉⲓⲱⲧ ⲙⲛ̄ ⲧⲁ ⲙⲁⲁⲩ
ⲁϥⲕⲱ ⲛⲁⲩ ⲉ ⲃⲟⲗ ⲛ̄ ⲧⲉⲩⲡⲁⲣⲁⲃⲁⲥⲓⲥ· ⲁⲩⲱ ⲛ̄ⲧⲟϥ ⲡⲉⲛ̄ⲧ
ⲁϥϫⲓ ⲛ̄ ⲛⲁⲇⲱⲣⲟⲛ ⲉ ϩⲣⲁⲓ ϣⲁ ⲡⲛⲟⲩⲧⲉ ϣⲁⲛⲧ ϥ̄ϫⲓ
Fol. 17 a ⲛ̄ ⲧⲁⲑⲩⲥⲓⲁ ⲛ̄ ⲧⲟⲟⲧ· ⲙ̄ⲡⲉ ϥϯ ϩⲧⲏϥ ⲉ[...]ⲉ ⲛⲧ[...]
ⲗ̅ⲁ̅ ϩⲛ̄ ⲟⲩⲥⲟⲟⲩⲧⲛ̄· ⲉ ⲧⲃⲉ ⲡ[ⲁⲓ] ⲁⲓⲣⲁϣⲉ | ⲙ̄ⲡⲟⲟⲩ ·:—ⲥⲉⲑ

Oriental 6781. ⲁϥⲥⲟⲟⲩⲧⲛ̄ ⲉ ⲃⲟⲗ ⲛ̄ ⲧⲉϥϭⲓϫ· ⲁϥϯ ⲉ ϫⲱϥ ⲙ̄ ⲡⲉⲥⲧⲉ-
ⲫⲁⲛⲟⲥ ⲁϥⲁⲁϥ ⲛ̄ ⲁⲣⲭⲁⲅⲅⲉⲗⲟⲥ· ⲁϥⲕⲱ ϩⲓ ϫⲱϥ
ⲛ̄ ϣⲟⲙⲛ̄ⲧ ⲛ̄ⲥⲫⲣⲁⲅⲓ̈ⲥ ⲙ̄ ⲡⲧⲩⲡⲟⲥ ⲛ̄ ⲧⲉⲧⲣⲓⲁⲥ ⲉⲧ
ⲟⲩⲁⲁⲃ· ⲉⲣⲉ ⲡⲉⲓⲛⲉ ⲛ̄ ⲧⲉϥϩⲓⲕⲱⲛ· ϩⲓϫⲛ̄ ⲛⲉⲥⲫⲣⲁⲅⲓⲥ·
ϫⲉ ⲕⲁⲥ ⲉⲣⲉ ⲡⲁⲣⲭⲁⲅⲅⲉⲗⲟⲥ ⲛⲁϭⲱ ⲉϥⲥⲟⲡⲥⲡ̄ ⲙ̄
ⲡⲛⲟⲩⲧⲉ ⲛ̄ ⲟⲩⲟ̄ⲉⲓϣ ⲛⲓⲙ ⲉϫⲛ̄ ⲧⲉϥϩⲓⲕⲱⲛ Ⲉ ⲧⲃⲉ ⲡⲁⲓ
ⲣⲱ ⲛ̄ⲧⲁⲉⲓ ⲉ ⲡⲉⲓ ϣⲁ̄· ⲉⲧⲉ ⲡⲁⲣⲓⲥⲧⲟⲛ ⲙ̄ ⲙⲓⲭⲁⲏⲗ
ⲙ̄ⲡⲟⲟⲩ· ⲁ̄ⲛⲟⲕ ⲡⲉ ⲁⲇⲁⲙ ⲡⲉⲕ ⲉⲓⲱⲧ· Ⲁⲃⲉⲗ ⲡϣⲏⲣⲉ
ⲕⲟⲩⲓ ⲛ̄ ⲁⲧ ⲛⲟⲃⲉ ϯⲥⲟⲡⲥⲡ̄ ⲙ̄ⲙⲟⲕ ⲉⲕⲉⲧⲁⲙⲟⲓ ϩⲱⲱⲕ ⲉ
ⲡⲉⲕⲣⲁϣⲉ ⲙ̄ⲡⲟⲟⲩ ϩⲙ̄ ⲡϣⲁ ⲙ̄ ⲙⲓⲭⲁⲏⲗ· ⲉⲓⲣⲁϣⲉ
ⲡⲉϫⲁϥ ϫⲉ ⲡⲉⲧⲛ̄ⲣ ϣⲁ ⲛⲁϥ ⲙ̄ⲡⲟⲟⲩ ⲛ̄ⲧⲟϥ ⲡⲉⲛ̄ⲧ ⲁϥ-
ⲥⲟⲡⲥⲡ̄ ⲙ̄ ⲡⲛⲟⲩⲧⲉ ϩⲁ ⲡⲁ ⲉⲓⲱⲧ ⲙⲛ̄ ⲧⲁ ⲙⲁⲁⲩ ϣⲁⲛⲧ
ⲟⲩⲕⲱ ⲛⲁⲩ ⲉ ⲃⲟⲗ ⲛ̄ ⲧⲉⲩⲡⲁⲣⲁⲃⲁⲥⲓⲥ ⲛ̄ⲧⲁⲩⲁⲁⲥ· ⲁⲩⲱ
Fol. 6 a ⲛ̄ⲧⲟϥ ⲡⲉⲛⲧ ⲁϥ|ϫⲓ ⲛ̄ ⲛⲁⲇⲱⲣⲟⲛ ⲉ ϩⲣⲁⲓ ϣⲁ ⲡⲛⲟⲩⲧⲉ·
ⲕ̅ⲅ̅ ϣⲁⲛⲧ ⲉϥϫⲓ ⲛ̄ ⲛⲁⲑⲩⲥⲓⲁ̄ ⲛ̄ ⲧⲟⲟⲧ· ⲙ̄ⲡⲉ ϥϯ ϩⲧⲏϥ ⲉⲛⲁ
ⲡⲁ ⲥⲟⲛ ϫⲉ ⲙ̄ⲡ ⲉϥⲛ̄ⲧⲟⲩ ϩⲛ̄ ⲟⲩⲥⲟⲟⲩⲧⲛ̄ ⲉ ⲧⲃⲉ ⲡⲁⲓ

ϯⲛⲁⲩ ⲉ ⲣⲟⲕ ϩⲱⲱⲕ ⲙ̄ⲡⲟⲟⲩ ⲉⲕⲧⲉⲗⲏⲗ ϩⲙ̄ ⲡϣⲁ ⲙ̄ ⲡⲁⲣⲭⲁⲅⲅⲉⲗⲟⲥ ⲉⲧ ⲟⲩⲁⲁⲃ ⲙⲓⲭⲁⲏⲗ· ⲉⲓⲧⲉⲗⲏⲗ ⲡⲉϫⲁϥ ⲛ̄ϭⲓ ⲥⲏⲑ ⲉⲡⲉⲓ ⲇⲏ ⲛ̄ ⲧⲉⲣⲉ ⲕⲁⲉⲓⲛ ⲙⲟⲩⲟⲩⲧ ⲛ̄ ⲁⲃⲉⲗ ⲡⲁ ⲥⲟⲛ· ⲁ ⲡⲛⲟⲩⲧⲉ ⲭⲁⲣⲓⲍⲉ ⲙ̄ⲙⲟⲓ ⲛ̄ ⲛⲁⲉⲓⲟⲟⲧⲉ· ⲁⲩⲱ ⲙ̄ⲡⲉ ⲧⲁ ⲙⲁⲁⲩ ϭⲛ̄ ⲉⲣⲱⲧⲉ ⲉ ⲧⲥⲙ̄ⲕⲟ ⲙ̄ⲙⲟⲓ̈· ⲉ ⲃⲟⲗ ϫⲉ ⲁⲥⲟⲩⲱϫⲛ̄ ϩⲓ̈ⲧⲛ̄ ⲧⲗⲩⲡⲏ ⲛ̄ ⲁⲃⲉⲗ ⲡⲁ ⲥⲟⲛ· ⲁⲗⲗⲁ ⲁ ⲡⲁⲣⲭⲁⲅⲅⲉⲗⲟⲥ ⲉⲧ ⲟⲩⲁⲁⲃ ⲙⲓⲭⲁⲏⲗ ϯ ϩⲣⲉ ⲛⲓⲙ ⲛⲁⲓ̈ ⲙ̄ ⲡⲛⲓⲕⲟⲛ̄ ⲉ ⲃⲟⲗ ϩⲛ̄ ⲙ̄ⲡⲏⲩⲉ· ⲉ ⲧⲃⲉ ⲡⲁⲓ ϯⲣⲁϣⲉ ⲙ̄ⲡⲟⲟⲩ ⁖—Ⲉⲛⲱⲭ ⲡⲇⲓⲕⲁⲓⲟⲥ· ⲡⲉⲛⲧⲁ ⲡⲛⲟⲩⲧⲉ ⲡⲟⲟⲛϥ̄ ⲉ ⲃⲟⲗ· ⲁϩⲣⲟⲕ ϩⲱⲱⲕ ϩⲙ̄ ⲡⲉⲓ ⲛⲟϭ ⲛ̄ ϣⲁ ⲛ̄ ⲣⲁϣⲉ ⲙ̄ⲡⲟⲟⲩ ⲉⲧⲉ ⲡϣⲁ ⲡⲉ ⲙ̄ ⲡⲁⲣⲭⲁⲅⲅⲉⲗⲟⲥ ⲉⲧ ⲟⲩⲁⲁⲃ· ⲙⲓⲭⲁⲏⲗ· ⲉⲓⲣⲁϣⲉ ⲡⲉϫⲁϥ ⲛ̄ϭⲓ ⲡⲇⲓⲕⲁⲓⲟⲥ· ⲉⲡⲉⲓ ⲇⲏ ⲁⲛⲟⲕ ⲉⲧ ⲥϩⲁⲓ ⲛ̄ ⲛ̄ⲛⲟⲃⲉ ⲙⲛ̄ ⲛⲁⲛⲟⲙⲓⲁ· ⲙⲛ̄ ⲛ̄ⲁⲅⲁⲑⲟⲛ· ⲙ̄ ⲡⲕⲟⲥⲙⲟⲥ ⲧⲏⲣϥ̄ ϩⲛ̄ ⲛⲁϭⲓϫ· ⲙ̄ⲙⲓⲛ ⲙ̄ⲙⲟⲓ̈ ⲙⲓⲭⲁⲏⲗ ⲡⲁⲣⲭⲁⲅⲅⲉⲗⲟⲥ ⲉⲧ ⲟⲩⲁⲁⲃ ⲡⲉⲧ ϫⲓ̈ ⲙ̄ⲙⲟⲟⲩ ⲉ ϩⲟⲩⲛ ϣⲁ ⲡⲛⲟⲩⲧⲉ· ⲉϥϯ ⲛⲁⲩ ⲛ̄ ⲛ̄ⲁⲅⲁⲑⲟⲛ ⲛ̄ⲛⲟⲃⲉ ϩⲱⲱϥ· ⲉϥⲥⲟⲡⲥⲡ̄ ⲙ̄ⲙⲟϥ ⲉ Oriental 7021.

ϯⲣⲁϣⲉ ⲙ̄ⲡⲟⲟⲩ· Ⲥⲏⲑ ϯⲛⲁⲩ ⲉ ⲣⲟⲕ ⲙ̄ⲡⲟⲟⲩ ⲉⲕⲧⲉⲗⲏⲗ ϩⲙ̄ ⲡϣⲁ̄ ⲙ̄ ⲡⲁⲣⲭⲁⲅⲅⲉⲗⲟⲥ ⲉⲧ ⲟⲩⲁⲁⲃ ⲙⲓⲭⲁⲏⲗ· ⲉⲓⲧⲉⲗⲏⲗ ⲡⲉϫⲁϥ ⲉⲡⲉⲓ ⲇⲏ ⲛ̄ ⲧⲉⲣⲉ ⲕⲁⲉⲓⲛ ⲙⲟⲩⲟⲩⲧ ⲛ̄ ⲁⲃⲉⲗ ⲡⲁ ⲥⲟⲛ· ⲁ̄ ⲡⲛⲟⲩⲧⲉ ⲭⲁⲣⲓⲍⲉ ⲙ̄ⲙⲟⲓ ⲛ̄ ⲛⲁⲉⲓⲟⲧⲉ· ⲁⲩⲱ ⲙ̄ⲡⲉ ⲧⲁ ⲙⲁⲁⲩ ϭⲛ̄ ⲉⲓⲣⲱⲧⲉ ⲉ ⲧⲥⲙ̄ⲕⲟ ⲙ̄ⲙⲟⲓ· ⲉ ⲃⲟⲗ ϫⲉ ⲁⲥⲱ̄ϫⲛ̄ ϩⲓⲧⲛ̄ ⲧⲗⲩⲡⲉ ⲛ̄ ⲁⲃⲉⲗ ⲡⲁ ⲥⲟⲛ· ⲁⲗⲗⲁ ⲡⲁⲣⲭⲁⲅⲅⲉⲗⲟⲥ ⲙⲓⲭⲁⲏ̄ⲗ ⲛ̄ⲧⲟϥ ⲉⲧ ⲇⲓⲁⲕⲟⲛⲉⲓ ⲛⲁⲓ ⲉ ⲧⲁ ϩⲣⲉ· ⲙ̄ ⲡⲛⲓ̄ⲕⲟⲛ ⲉ ⲃⲟⲗ ϩⲛ̄ ⲙ̄ⲡⲏⲩⲉ· ⲉ ⲧⲃⲉ ⲡⲁⲓ ϯⲣⲁϣⲉ ⲙ̄ⲡⲟⲟⲩ ⁝ ⲱ̄ ⲉⲛⲱⲭ ⲡⲇⲓⲕⲁⲓⲟⲥ ⲡⲉⲛⲧⲁ ⲡⲛⲟⲩⲧⲉ ⲡⲟⲟ̄ⲛⲉϥ ⲉ ⲃⲟⲗ· ⲁϩⲣⲟⲕ ϩⲱⲱⲕ ϩⲙ̄ ⲡⲉⲓ ϣⲁ̄ ⲉⲙ̄ⲡⲟⲟⲩ ⲉⲕⲣⲁϣⲉ· ⲉⲓⲣⲁϣⲉ ⲡⲉϫⲁϥ· ⲉⲡⲉⲓ ⲇⲏ ⲁⲛⲟⲕ ⲉⲧ ⲥϩⲁⲓ· ⲛ̄ ⲛ̄ⲛⲟⲃⲉ· ⲙⲛ̄ ⲛ̄ⲁⲅⲁⲑⲟⲛ ⲙ̄ ⲡⲕⲟⲥⲙⲟⲥ ⲧⲏⲣϥ̄ ϩⲛ̄ ⲛⲁϭⲓϫ ⲙ̄ⲙⲓⲛ ⲉⲙ̄ⲙⲟⲓ· ⲙⲓⲭⲁⲏ̄ⲗ Ⲡⲁⲣⲭⲁⲅⲅⲉⲗⲟⲥ ⲉⲧ ⲟⲩⲁⲁⲃ ⲡⲉⲧ ϫⲓ ⲙ̄ⲙⲟⲟⲩ ⲉ ϩⲟⲩⲛ ϣⲁ ⲡⲛⲟⲩⲧⲉ ⲉϥϯ ⲛⲁϥ ⲛ̄ ⲛ̄ⲁⲅⲁⲑⲱⲛ ⲛ̄ⲛⲟⲃⲉ Ϩⲟⲟⲩ ⲉϥⲥⲟⲡⲥⲡ̄ ⲙ̄ ⲡⲛⲟⲩⲧⲉ Oriental 6781.

Oriental 7021. ⲧⲃⲛⲏⲧⲟⲩ ⲛϥⲕⲱ ⲉ ⲃⲟⲗ ⲛ̄ ⲛⲁ ⲡⲁ ⲅⲉⲛⲟⲥ· ⲉ ⲧⲃⲉ ⲡⲁⲓ ϯⲣⲁϣⲉ ⲙ̄ⲡⲟⲟⲩ :—ⲙⲁⲑⲟⲩⲥⲁⲗⲁ ⲡϩⲗⲗⲟ ⲛ̄ⲇⲓⲕⲁⲓⲟⲥ· ⲡⲉⲛⲧ ⲁϥⲁⲓⲁⲓ ⲕⲁⲗⲱⲥ ϩⲛ̄ ⲛⲉϥϩⲟⲟⲩ· ⲁⲣⲁ ⲟⲩϩⲱⲱϥ ⲡⲉ ⲡⲉⲕⲣⲁϣⲉ ⲙ̄ⲡⲟⲟⲩ· ϫⲉ ϯⲛⲁⲩ ⲉ ⲣⲟⲕ ⲁⲕⲟⲩⲃⲁϣ·|
Fol. 17 b ⲧⲱⲛⲟⲩ ϩⲛ̄ ⲧⲙⲏⲏⲧⲉ ⲙ̄ ⲡⲉⲓ ⲁⲣⲓⲥⲧⲟⲛ ⲙ̄ⲡⲟⲟⲩ :—ⲡⲉϫⲁϥ
ⲗⲃ ⲛ̄ϭⲓ ⲙⲁⲑⲟⲩⲥⲁⲗⲁ· ϫⲉ ⲁⲩⲱ ⲉ ⲧⲃⲉ ⲟⲩ ϯⲛⲁⲣⲁϣⲉ ⲁⲛ· ⲁⲛⲟⲕ ⲡⲉ ⲡⲙⲉϩ ϣⲙⲟⲩⲛ ϫⲓⲛ ⲁⲇⲁⲙ· ⲁ ⲡⲁⲣⲭⲁⲅⲅⲉⲗⲟⲥ ⲙⲓⲭⲁⲏⲗ ϫⲓ ⲙ̄ ⲡⲁ ⲧⲱⲃϩ̄ ⲉ ϩⲣⲁⲓ ϣⲁ ⲡⲛⲟⲩⲧⲉ· ⲁϥⲭⲁⲣⲓⲍⲉ ⲛⲁⲓ ⲙ̄ ⲡⲉⲓ ⲛⲟϭ ⲛ̄ ⲁϩⲉ· ϩⲱⲥ ⲧⲉ ⲛ̄ⲧⲉ ⲡⲁ ⲁϩⲉ ⲙⲛ̄ ⲛⲁⲣⲙ̄ⲡⲟⲟⲩⲉ· ⲟⲩⲱⲧⲃ̄ ⲉ ⲡⲉⲛⲉⲓⲱⲧ ⲁⲇⲁⲙ· ⲙ̄ ⲙⲁⲁⲃ ⲯⲓⲧⲉ ⲛ̄ⲣⲟⲙⲡⲉ· ⲉ ⲧⲃⲉ ⲡⲁⲓ ϯⲣⲁϣⲉ ⲙ̄ⲡⲟⲟⲩ· ⲛⲱϩⲉ ⲛ̄ⲇⲓⲕⲁⲓⲟⲥ· ϯⲛⲁⲩ ⲉ ⲣⲟⲕ ⲉⲕⲣⲁϣⲉ ⲙ̄ⲡⲟⲟⲩ· ⲥⲱⲧⲙ̄ ⲡⲉϫⲁϥ ⲛ̄ϭⲓ ⲛⲱϩⲉ· ⲛ̄ ⲁϣ ⲛ̄ ϩⲉ ⲛ̄ ϯⲛⲁⲣⲁϣⲉ ⲁⲛ· ⲁⲩⲱ ⲛ̄ⲧⲁⲧⲉⲗⲏⲗ· ⲉⲡⲉⲓ ⲇⲏ ⲁ ⲡⲛⲟⲩⲧⲉ ϭⲱⲛⲧ̄ ⲉϥⲉⲧ ⲡⲕⲟⲥⲙⲟⲥ ⲉ ⲃⲟⲗ· ⲁϥⲧⲁⲁⲧ ⲉ ϩⲟⲩⲛ ⲉ ⲧⲕⲓⲃⲱⲇⲟⲥ· ⲙⲛ̄ ⲧⲁ ⲥϩⲓ̈ⲙⲉ ⲙⲛ̄ ⲛⲁϣⲏⲣⲉ· ⲙⲛ̄ ⲛⲉⲧ ⲕⲓⲙ ⲧⲏⲣⲟⲩ ϩⲓϫⲙ̄ ⲡⲕⲁϩ· ⲁϥϣⲧⲁⲙ ⲉ ⲣⲱⲛ ⲙ̄ ⲡⲣⲟ ⲛ̄ ⲧⲕⲟⲓⲃⲱⲇⲟⲥ·

Oriental 6781. ⲉ ⲧⲃⲛⲏⲧⲟⲩ ϣⲁⲛⲧ ⲉϥϣⲛ̄ϩⲧⲏϥ ⲛϥⲕⲱ ⲛⲁⲩ ⲉ ⲃⲟⲗ· ⲉ ⲧⲃⲉ ⲡⲁⲓ ϯⲣⲁϣⲉ ⲙ̄ⲡⲟⲟⲩ· ⲙⲁⲑⲟⲩⲥⲁⲗⲁ ⲡϩⲗⲗⲟ ⲛ̄ⲇⲓⲕⲁⲓⲟⲥ· ⲡⲉⲛⲧ ⲁϥⲁⲓⲁⲓ ⲕⲁⲗⲱⲥ ϩⲛ̄ ⲛⲉϥϩⲟⲟⲩ· ⲁⲣⲁ ⲟⲩⲱ̄ϩⲱⲱϥ ⲡⲉ ⲡⲉⲕⲣⲁϣⲉ ⲙ̄ⲡⲟⲟⲩ ϫⲉ ϯⲛⲁⲩ ⲉ ⲣⲟⲕ ⲁⲕⲟⲩⲃⲁϣ ⲧⲱⲛⲟⲩ ϩⲛ̄ ⲧⲙⲏⲏⲧⲉ ⲙ̄ ⲡⲉⲓ ⲁⲣⲓⲥⲧⲟⲛ ⲙ̄ⲡⲟⲟⲩ· ⲡⲉϫⲁϥ ϫⲉ ⲉ ⲧⲃⲉ ⲟⲩ ⲛ̄ ϯⲛⲁⲣⲁϣⲉ̄ ⲁⲛ ⲁⲛⲟⲕ ⲡⲉ ⲡⲙⲉϩ ϣⲙⲟⲩⲛ
Fol. 6 b ϫⲓⲛ ⲁⲇⲁⲙ· ⲁ̄ ⲡⲁⲣⲭⲁⲅ|ⲅⲉⲗⲟⲥ ⲙⲓⲭⲁⲏⲗ ϫⲓ ⲙ̄ ⲡⲁ
ⲕⲇ ⲧⲱⲃϩ̄ ⲉ ϩⲣⲁⲓ ϣⲁ ⲡⲛⲟⲩⲧⲉ· ⲁϥⲭⲁⲣⲓⲍⲉ ⲛⲁⲓ ⲛ̄ ⲟⲩⲛⲟϭ ⲉ̄ⲛⲁϩⲉ· ϩⲱⲥ ⲇⲉ ⲛⲧⲉ ⲡⲁ ⲱⲛϩ̄ ⲙⲛ̄ ⲛⲁⲣⲙ̄ⲡⲟⲟⲩⲉ̄ ⲟⲩⲱⲧⲃⲉ· ⲉ ⲛⲁ ⲡⲁ ⲉⲓⲱⲧ ⲁ̄ⲇⲁⲙ· ⲯⲓⲥ ⲛ̄ϣⲉ̄ ⲙⲁⲁⲃ ⲯⲓⲧⲉ ⲛ̄ⲣⲟⲙⲡⲉ· ⲉ ⲧⲃⲉ ⲡⲁⲓ ϯⲣⲁϣⲉ ⲙ̄ⲡⲟⲟⲩ :—ⲱ̄ ⲛⲱϩⲉ ⲛ̄ⲇⲓⲕⲁⲓⲟⲥ ⲁⲣⲁ ⲕⲣⲁϣⲉ ⲙ̄ⲡⲟⲟⲩ ϩⲙ̄ ⲡϣⲁ ⲙ̄ ⲡⲁⲣⲭⲁⲅⲅⲉⲗⲟⲥ ⲙⲓⲭⲁⲏⲗ· ⲛ̄ⲛⲁϣ ⲛ̄ϩⲉ ⲛ̄ ϯⲛⲁⲣⲁϣⲉ ⲁⲛ· ⲉⲡⲉⲓ ⲇⲏ ⲛ̄ⲧⲁ ⲡⲛⲟⲩⲧⲉ ϭⲱⲛⲧ̄ ⲉϥⲉⲧ ⲡⲕⲟⲥⲙⲟⲥ ⲉ ⲃⲟⲗ ⲁϥⲧⲁⲁⲧ ⲉ ϩⲟⲩⲛ ⲉⲩⲕⲓⲃⲱⲧⲟⲥ ⲙⲛ̄ ⲧⲁ ⲥϩⲓⲙⲉ ⲙⲛ̄ ⲛⲁϣⲏⲣⲉ ⲙⲛ̄ ⲛⲉⲧ ⲕⲓⲙ ⲧⲏⲣⲟⲩ ϩⲓϫⲙ̄ ⲡⲕⲁϩ· ⲁϥϣⲧⲁ̄ⲙ ⲉ ⲣⲱⲛ ⲙ̄

ⲁⲛⲕⲁⲧⲁϩⲣⲁⲕⲧⲏⲥ ⲛ̄ ⲧⲡⲉ ⲟⲩⲱⲛ ⲙⲛ̄ ⲛⲁ ⲡⲕⲁϩ· Oriental 7021.
ⲁⲩⲕⲱⲧⲉ ⲉ ⲣⲟⲛ ⲛ̄ϩⲙⲙⲉ ⲛ̄ϩⲟⲟⲩ· ⲙⲛ̄ ϩⲙⲙⲉ ⲛ̄ ⲟⲩϣⲏ·
ⲙ̄ⲡⲉ ⲛⲛⲁⲩ ⲉ ⲣⲏ ⲟⲩⲇⲉ ⲟⲟϩ· ⲟⲩⲇⲉ ⲥⲓⲟⲩ· ⲁⲗⲗⲁ
ⲙⲓⲭⲁⲏⲗ ⲡⲁⲣⲭⲁⲅⲅⲉⲗⲟⲥ ⲉⲧ ⲟⲩⲁⲁⲃ ⲣ̄ ϩⲙ̄ⲙⲉ ⲙ̄ⲙⲟⲛ·
ⲙⲛ̄ ⲧⲕⲟⲓⲃⲱⲇⲟⲥ· ⲁϥϭⲱ ⲉϥⲥⲟⲡⲥⲡ̄ ⲙ̄ ⲡⲛⲟⲩⲧⲉ ϣⲁⲛⲧⲉ
ⲡⲙⲟⲟⲩ ⲥⲃⲟⲕ ⲛ̄ϥϭⲱϣⲧ̄ ⲉ ⲃⲟⲗ ⲛ̄ϭⲓ ⲡⲡⲉⲧ ϣⲟⲩⲟⲟⲩ
ⲛ̄ⲧⲁⲟⲩϫⲁⲓ ⲙⲛ̄ ⲛⲉⲧ | ⲛ̄ⲙ̄ⲙⲁⲓ̈ ⲉ ⲧⲃⲉ ⲡⲁⲓ̈ ϯⲣⲁϣⲉ Fol. 18 *a*
ⲙ̄ⲡⲟⲟⲩ ⳾— ⲁⲃⲣⲁϩⲁⲙ ⲡⲡⲁⲧⲣⲓⲁⲣⲭⲏⲥ· ⲁⲣⲁ ⲁⲕⲣⲁϣⲉ ⲗ̄ⲅ̄
ϩⲱⲱⲕ ⲙ̄ⲡⲟⲟⲩ· ϩⲙ̄ ⲡϣⲁ ⲙ̄ ⲡⲁⲣⲭⲁⲅⲅⲉⲗⲟⲥ ⲉⲧ
ⲟⲩⲁⲁⲃ ⲙⲓⲭⲁⲏⲗ· ⲥⲉ ⲡⲉϫⲁϥ ϯⲣⲁϣⲉ ⲙ̄ⲡⲟⲟⲩ ⲉⲡⲉⲓ
ⲇⲏ· ⲁⲛⲟⲕ ⲡⲉ ⲡϣⲟⲣⲡ̄ ⲛ̄ ⲣⲱⲙⲉ· ⲛ̄ⲧⲁ ⲙⲓⲭⲁⲏⲗ
ϭⲟⲓⲗⲉ ⲉ ⲣⲟϥ· ⲙⲛ̄ ⲡⲁ ϫ̄ⲥ̄· ⲙⲛ̄ ⲛ̄ϥⲕⲉ ϣⲃⲏⲣ ⲁⲣⲭ-
ⲁⲅⲅⲉⲗⲟⲥ ⲅⲁⲃⲣⲓⲏⲗ· ⲁⲩⲱ ⲁ ⲙⲓⲭⲁⲏⲗ· ⲥⲟⲡⲥⲡ̄ ⲙ̄
ⲡⲛⲟⲩⲧⲉ ⲉ ϫⲱⲓ ⲁϥϯ ⲛⲁⲓ ⲛ̄ ⲓⲥⲁⲁⲕ ⲡⲁ ϣⲏⲣⲉ· ⲁⲩⲱ
ⲉϣⲱⲡⲉ ⲣⲱ ϯⲙ̄ⲡϣⲁ· ⲁⲓⲟⲩⲱⲙ ⲛ̄ⲙ̄ⲙⲁϥ ⲛ̄ϩⲟⲩⲛ ϩⲁ
ⲡϣⲏⲛ ⲙ̄ ⲙⲁⲩⲣⲏ· ⲉ ⲧⲃⲉ ⲡⲁⲓ ϯⲣⲁϣⲉ ⲙ̄ⲡⲟⲟⲩ ⳾—

ⲡⲣⲟ̄ ⲛ̄ ⲧⲕⲓⲃⲱⲇⲟⲥ ⲁⲛⲕⲁⲧⲁϩⲣⲁⲕⲧⲏⲥ ⲛ̄ ⲧⲡⲉ ⲙⲛ̄ ⲡⲕⲁϩ Oriental 6781.
ⲟⲩⲱⲛ ⲁⲩⲕⲱⲧⲉ ⲉ ⲣⲟⲛ· ⲛ̄ ϩⲙ̄ⲙⲉ ⲛ̄ϩⲟⲟⲩ ⲙⲛ̄ ϩⲙ̄ⲙⲉ ⲛ̄ⲟⲩϣⲏ
ⲙ̄ⲡⲉ ⲛⲛⲁⲩ ⲉ ⲣⲏ· ⲟⲩⲇⲉ ⲟⲟϩ ⲟⲩⲇⲉ ⲥⲓⲟⲩ· ⲁⲗⲗⲁ
ⲙⲓⲭⲁⲏⲗ ⲡⲁⲣⲭⲁⲅⲅⲉⲗⲟⲥ ⲉⲧ ⲟⲩⲁⲁⲃ ⲁϥⲣ̄ ϩⲙ̄ⲙⲉ ⲙ̄-
ⲙⲟⲛ ⲙⲛ̄ ⲧⲕⲓⲃⲱⲇⲟⲥ· ⲁϥϭⲱ ⲉϥⲥⲟⲡⲥⲡ̄ ⲙ̄ ⲡⲛⲟⲩⲧⲉ
ϣⲁⲛⲧⲉ ⲡⲙⲟⲟⲩ ⲥⲃⲟⲕ· ⲛ̄ϥϭⲱⲗⲡ̄ ⲉ ⲃⲟⲗ ⲛ̄ϭⲓ ⲡⲉⲧ
ϣⲟⲩⲱⲟⲩ ⲛ̄ⲧⲁⲟⲩϫⲁⲓ ⲙⲛ̄ ⲛⲉⲧ ⲛ̄ⲙ̄ⲙⲁⲓ· ⲉ ⲧⲃⲉ ⲡⲁⲓ
ϯⲣⲁϣⲉ ⲙ̄ⲡⲟⲟⲩ· ⲁⲃⲣⲁϩⲁⲙ ⲡⲡⲁⲧⲣⲓⲁⲣⲭⲏⲥ ⲁⲣⲁ
ⲕ̄ⲣⲁϣⲉ ϩⲱⲱⲕ ⲙ̄ⲡⲟⲟⲩ ϩⲙ̄ ⲡϣⲁ̄ ⲙ̄ ⲡⲁⲣⲭⲁⲅⲅⲉⲗⲟⲥ·
ⲉⲧ ⲟⲩⲁⲁⲃ ⲙⲓⲭⲁⲏⲗ ⲥⲉ ⲡⲉϫⲁϥ ϯⲣⲁϣⲉ ⲙ̄ⲡⲟⲟⲩ·
ⲉⲡⲉⲓ ⲇⲏ ⲁⲛⲟⲕ ⲡⲉ ⲡϣⲟⲣⲡ̄ ⲛ̄ⲣⲱⲙⲉ ⲛ̄ⲧⲁ ⲙⲓⲭⲁⲏⲗ
ϭⲟⲓⲗⲉ ⲉ ⲣⲟϥ· ⲙⲛ̄ ⲡⲁ ϫⲟⲉⲓⲥ ⲙⲛ̄ ⲡⲉϥⲕⲉϣⲃⲏⲣ ⲁⲣⲭ-
ⲁⲅⲅⲉⲗⲟⲥ ⲅⲁⲃⲣⲓⲏⲗ· ⲁⲩⲱ ⲁ ⲙⲓⲭⲁⲏⲗ ⲥⲟⲡⲥⲡ̄ ⲙ̄ ⲡⲛⲟⲩⲧⲉ
ⲉ ϫⲱⲓ ⲁϥϯ ⲛⲁⲓ ⲛ̄ ⲓⲥⲁⲁⲕ ⲡⲁ ϣⲏⲣⲉ· ⲁⲩⲱ ⲉϣⲱⲡⲉ
ⲣⲱ· ϯⲙ̄ⲡϣⲁ· ⲁⲓⲟⲩⲱⲙ ⲛ̄ⲙ̄ⲙⲁϥ ⲛ̄ ϩⲟⲩⲛ | ϩⲁ ⲡϣⲏⲛ Fol. 7 *a*
ⲙ̄ ⲙⲁⲩⲣⲏ ⲉ ⲧⲃⲉ ⲡⲁⲓ ϯⲣⲁϣⲉ ⲙ̄ⲡⲟⲟⲩ ⲱ̄ ⲡⲇⲓⲕⲁⲓⲟⲥ ⲕ̄ⲉ̄

Oriental 7021. ⲓ̈ⲥⲁⲁⲕ ⲡⲇⲓⲕⲁⲓⲟⲥ ⲡϣⲏⲣⲉ ⲙ̅ ⲡⲉⲣⲏⲧ ⲉⲧ ⲟⲩⲁⲁⲃ· ⲁⲩⲱ
ⲧⲉⲑⲩⲥⲓⲁ ⲉⲧ ⲟⲩⲁⲁⲃ ⲉⲧ ϣⲏⲡ ⲙ̅ ⲡⲛⲟⲩⲧⲉ ⲉⲧ ⲟⲛϩ̅·
ⲁϩⲣⲟⲕ ϩⲱⲱⲕ ⲉⲕⲥⲧⲟⲗⲓⲍⲉ· ⲛ̅ϯϩⲉ ⲧⲏⲣⲥ̅· ϩⲙ̅ ⲡϣⲁ ⲙ̅
ⲡⲁⲣⲭⲁⲅⲅⲉⲗⲟⲥ ⲉⲧ ⲟⲩⲁⲁⲃ ⲙⲓⲭⲁⲏⲗ· ⲉⲓⲥⲧⲟⲗⲓⲍⲉ·
ⲡⲉϫⲁϥ ϫⲉ ⲁⲛⲅ̅ ⲟⲩϣⲏⲣⲉ ⲛ̅ ⲟⲩⲱⲧ ⲙ̅ ⲡⲁ ⲉⲓⲱⲧ ⲙⲛ̅ ⲧⲁ
ⲙⲁⲁⲩ ⲁⲩⲱ ⲟⲩⲁϭⲣⲏⲛ ⲧⲉ ⲧⲁ ⲙⲁⲁⲩ· ⲉⲙⲛ̅ⲧⲁⲩ ϣⲏⲣⲉ
ⲛ̅ⲥⲁⲃ̅ⲗ̅ⲗⲁⲓ̈ ⲟⲩⲇⲉ ⲛ̅ⲥⲉⲛⲁϫⲡⲟ ⲁⲛ· ⲙ̅ⲛ̅ⲛ̅ⲥⲱⲓ· ⲁ ⲡⲁ
ⲉⲓⲱⲧ ⲙⲟⲣⲧ̅ ⲉ ⲛⲁϭⲓϫ· ⲙⲛ̅ ⲛⲁⲟⲩⲣⲏⲏⲧⲉ· ⲁϥⲧⲁⲗⲟⲓ
ⲉϫⲛ̅ ⲟⲩⲱⲛⲉ ϩⲓϫⲛ̅ ⲟⲩⲧⲟⲟⲩ ⲛ̅ ϫⲁⲓⲉ· ⲁⲓⲛⲁⲩ ϩⲛ̅ ⲛⲁⲃⲁⲗ
ⲉ ⲧϭⲟⲣⲧⲉ ϩⲛ̅ ⲧϭⲓϫ ⲙ̅ ⲡⲁ ⲉⲓⲱⲧ· ϫⲉ ⲉϥⲛⲁⲕⲱ-
ⲛ̅ⲥ̅ ⲙ̅ⲙⲟⲓ· ⲁϥⲉⲓ ⲛ̅ⲧⲉⲩⲛⲟⲩ ⲛ̅ϭⲓ ⲡⲁⲣⲭⲁⲅⲅⲉⲗⲟⲥ
ⲙⲓⲭⲁⲏⲗ· ⲁϥⲁⲙⲁϩⲧⲉ ⲛ̅ ⲧϭⲟⲣⲧⲉ ϩⲛ̅ ⲧϭⲓϫ ⲙ̅ ⲡⲁ
Fol. 18*b* ⲉⲓⲱⲧ ⲁϥϯ ⲛ ⲟⲩⲉⲥⲟⲟⲩ ⲉ ⲡⲁ ⲙⲁ· ⲉ ⲡⲧⲁⲗⲟ | ⲉ ϩⲣⲁⲓ·
ⲗ̅ⲇ̅ ⲁ ⲧⲁ ⲑⲩⲥⲓⲁ ϣⲱⲡⲉ ⲉⲥϫⲏⲕ ⲉ ⲃⲟⲗ· ⲉ ⲧⲃⲉ ⲡⲁⲓ ϯⲣⲁϣⲉ
ⲙ̅ⲡⲟⲟⲩ :—Ⲡⲡⲁⲧⲣⲓⲁⲣⲭⲏⲥ ⲓⲁⲕⲱⲃ· ⲡⲉⲛⲧ ⲁϥϭⲙ̅ϭⲟⲙ
ⲙⲛ̅ ⲡⲛⲟⲩⲧⲉ· ⲁⲩⲱ ⲛ̅ ⲇⲩⲛⲁⲧⲟⲥ· ⲙⲛ̅ ⲛ̅ⲣⲱⲙⲉ· ⲁⲣⲁ
ⲕⲣⲁϣⲉ ⲙ̅ⲡⲟⲟⲩ ϩⲱⲱⲕ ϩⲙ̅ ⲡϣⲁ ⲙ̅ ⲡⲁⲣⲭⲁⲅⲅⲉⲗⲟⲥ
ⲙⲓⲭⲁⲏⲗ· ⲥⲉ ⲡⲉϫⲁϥ ϯⲣⲁϣⲉ ⲙ̅ⲡⲟⲟⲩ ⲉ ⲡⲉϩⲟⲩⲟ

Oriental 6781. ⲓⲉⲥⲁⲁⲕ ⲡⲉⲣⲏⲧ ⲉⲧ ⲟⲩⲁⲁⲃ· ⲁⲩⲱ ⲧⲉⲑⲩⲥⲓⲁ̅ ⲉⲧ ⲟⲩⲁⲁⲃ
ⲉⲧϣⲏⲡ· ⲙ̅ ⲡⲛⲟⲩⲧⲉ ⲉⲧ ⲟⲛϩ̅· ⲁϩⲣⲟⲕ ϩⲱⲱⲕ ⲉⲕⲥⲧⲟ-
ⲗⲓⲍⲉ ⲛ̅ ⲧⲉⲓ ϩⲉ ⲧⲏⲣⲥ̅ ϩⲙ̅ ⲡϣⲁ ⲙ̅ ⲡⲁⲣⲭⲁⲅⲅⲉⲗⲟⲥ ⲉⲧ
ⲟⲩⲁⲁⲃ ⲙⲓⲭⲁⲏⲗ̅ ⲉⲓⲥⲧⲟⲗⲓⲍⲉ ⲡⲉϫⲁϥ ϫⲉ ⲁⲛⲅ̅ ⲟⲩϣⲏⲣⲉ
ⲛ̅ ⲟⲩⲱⲧ ⲛ̅ⲧⲉ ⲡⲁ ⲉⲓⲱⲧ ⲙⲛ̅ ⲧⲁ ⲙⲁⲁⲩ: ⲉⲙⲛ̅ⲧⲁⲩ ϣⲏⲣⲉ
ⲙ̅ⲙⲁⲩ ⲛ̅ⲥⲁⲃ̅ⲗ̅ⲗⲁⲓ ⲟⲩⲇⲉ ⲛ̅ⲥⲉⲛⲁϫⲡⲟ ⲁⲛ ⲙ̅ⲛ̅ⲛ̅ⲥⲱⲓ·
ⲁ ⲡⲁ ⲉⲓⲱⲧ ⲙⲟⲣⲧ̅ ⲉ ⲛⲁϭⲓϫ ⲙⲛ̅ ⲛⲁⲟⲩⲣⲏⲏⲧⲉ· ⲁϥⲧⲁ-
ⲗⲟⲓ ⲉϫⲛ̅ ϩⲉⲛⲱ̅ⲛⲉ ϩⲛ̅ ⲟⲩⲧⲟⲟⲩ ⲛ̅ ϫⲁⲓ̅ⲉ· ⲁⲓⲛⲁⲩ ϩⲛ̅
ⲛⲁⲃⲁⲗ· ⲉ ⲧϭⲟⲣⲧⲉ ϩⲛ̅ ⲧϭⲓϫ ⲙ̅ ⲡⲁ ⲉⲓⲱⲧ ϫⲉ ϥⲛⲁ-
ⲕⲱⲛ̅ⲥ̅ ⲙ̅ⲙⲟⲓ· ⲁϥϯ ⲉⲛ ⲟⲩⲉⲥⲟⲟⲩ ⲉ ⲡⲁ ⲙⲁ ⲛ̅ϭⲓ̈ ⲡⲁⲣⲭ-
ⲁⲅⲅⲉⲗⲟⲥ ⲙⲓⲭⲁⲏⲗ̅· ⲁϥⲁ̅ⲙⲁϩⲧⲉ ⲛ̅ ⲧϭⲟⲣⲧⲉ ⲉⲧ ϩⲛ̅
ⲧϭⲓϫ ⲙ̅ ⲡⲁ ⲉⲓⲱⲧ ϫⲉ ϥⲛⲁⲕⲱⲛ̅ⲥ̅ ⲙ̅ⲙⲟⲓ· ⲗ̅ ⲧⲁⲑⲩ-
ⲥⲓⲁ ϣⲱⲡⲉ ⲉⲥϫⲏⲕ ⲉ ⲃⲟⲗ ⲉ ⲧⲃⲉ ⲡⲁⲓ ϯⲣⲁϣⲉ ⲙ̅ⲡⲟⲟⲩ·
Ⲡⲡⲁⲧⲣⲓⲁⲣⲭⲏⲥ ⲓⲁⲕⲱⲃ ⲡⲉⲛⲧ ⲁϥϭⲙ̅ϭⲟⲙ ⲙⲛ̅ ⲡⲛⲟⲩⲧⲉ·
ⲁⲩⲱ ⲛ̅ ⲇⲩⲛⲁⲧⲟⲥ ϩⲛ̅ ⲛ̅ⲣⲱⲙⲉ ⲁⲣⲁ ϩⲱⲱⲕ ⲕⲣⲁϣⲉ ⲙ̅-

ⲉⲡⲉⲓ ⲇⲏ · ⲛ̄ ⲧⲉⲣⲉ ⲛ̄ⲥⲁⲩ ⲡⲁ ⲥⲟⲛ · ⲇⲓⲱⲕⲉⲓ̈ ⲛ̄ⲥⲱⲓ̈ ⲉ Oriental 7021.
ⲙⲟⲟⲩⲧ · ⲁⲓⲃⲱⲕ ⲉ ⲧⲙⲉⲥⲟⲡⲟⲇⲁⲙⲓⲁ ⲛ̄ ⲧⲥⲩⲣⲓⲁ ⲉ ⲣⲁⲧϥ̄
ⲛ̄ ⲗⲁⲃⲁⲛ · ⲙⲓⲭⲁⲏⲗ ⲡⲉⲛⲧ ⲁϥⲉⲓ ϣⲁ ⲣⲟⲓ̈ · ⲁϥⲡⲱⲣϫ̄
ⲛⲁⲓ ⲉ ⲃⲟⲗ ⲁϥⲥⲙⲟⲩ ⲉ ⲣⲟⲓ ⲙⲛ̄ ⲛⲁϣⲏⲣⲉ · ⲙⲛ̄
ⲛⲁϩⲓ̈ⲟⲟⲙⲉ ⲉ ⲧⲃⲉ ⲡⲁⲓ ⲛ̄ⲧⲁ ⲡⲓⲏⲗ ϫⲓ ⲣⲁⲛ ⲉ ⲃⲟⲗ ⲛ̄-
ϩⲏⲧ · ⲉ ⲧⲃⲉ ⲡⲁⲓ ϯⲣⲁϣⲉ ⲙ̄ⲡⲟⲟⲩ · ⲱ̄ ⲓⲱⲥⲏⲫ ⲡⲇⲓⲕⲁⲓⲟⲥ ·
ⲛ̄ ⲥⲁⲃⲉ ⲡⲉⲛⲧ ⲁⲩⲕⲱϩ ⲉ ⲣⲟϥ ⲉⲕⲣ̄ ⲟⲩ · ϩⲱⲱⲕ ⲙ̄ ⲡⲉⲓ
ⲙⲁ ⲙ̄ⲡⲟⲟⲩ · ⲉⲕⲣⲁϣⲉ ϩⲙ̄ ⲡϣⲁ ⲙ̄ ⲡⲁⲣⲭⲁⲅⲅⲉⲗⲟⲥ
ⲙⲓⲭⲁⲏⲗ · ⲁⲗⲗⲁ ⲡⲉϫⲁϥ ⲛ̄ϭⲓ ⲓ̈ⲱⲥⲏⲫ ⲡⲇⲓⲕⲁⲓⲟⲥ · ϫⲉ
ⲁⲗⲏⲑⲱⲥ ϯⲙ̄ⲡϣⲁ ⲛ̄ ⲣⲁϣⲉ ⲙ̄ⲡⲟⲟⲩ · ϫⲉ ⲛ̄ ⲧⲉⲣⲉ
ⲛⲁⲥⲛⲏⲩ ⲕⲱϩ ⲉ ⲣⲟⲓ ⲁⲩⲧⲁⲁⲧ ⲉ ⲃⲟⲗ · ⲉⲩⲕⲁϩ ⲛ̄ ϣⲙ̄ⲙⲟ ·
ⲁⲓϣⲱⲡⲉ ⲛ̄ ⲉⲃⲓⲏⲛ · ⲛ̄ ⲧⲁⲗⲁⲓⲡⲟⲣⲟⲥ · ⲛ̄ ⲁⲧ ⲣⲱⲙⲉ ϩⲛ̄
ⲟⲩⲛⲟϭ ⲛ̄ ⲑⲗⲓⲯⲓⲥ · ⲁ ⲡⲁⲣⲭⲁⲅⲅⲉⲗⲟⲥ ⲙⲓ̈ⲭⲁⲏⲗ ⲉⲓ
ϣⲁ ⲣⲟⲓ ⲁϥⲛⲁϩⲙⲉⲧ̄ ⲁϥⲁⲁⲧ ⲛ̄ ⲣ̄ⲣⲟ · ⲉ ⲧⲃⲉ ⲡⲁⲓ ϯⲣⲁϣⲉ
ⲙ̄ⲡⲟⲟⲩ ⁝—Ⲙⲱⲩⲥⲏⲥ ⲙⲛ̄ ⲁⲁⲣⲱⲛ · ⲙⲛ̄ ⲓⲏⲥⲟⲩ | ⲛ̄ Fol. 19*a*
ⲛⲁⲩⲏ · ⲁϩⲣⲱⲧⲛ̄ ⲛ̄ϩⲱⲧ ⲧⲏⲩⲧⲛ̄ ϩⲙ̄ ⲡⲉⲓ ⲛⲟϭ ⲛ̄ ⲣⲁϣⲉ ⲗⲉ
ϩⲙ̄ ⲡϣⲁ ⲙ̄ ⲡⲁⲣⲭⲁⲅⲅⲉⲗⲟⲥ ⲙⲓⲭⲁⲏⲗ · ⲡⲉϫⲁⲩ ⲛ̄ϭⲓ

ⲡⲟⲟⲩ · ⲥⲉ ⲡⲉϫⲁϥ ϯⲣⲁϣⲉ ⲙ̄ⲡⲟⲟⲩ · ⲉⲡⲉⲓ ⲇⲏ ⲛ̄ ⲧⲉⲣⲉ Oriental 6781.
ⲓⲉⲥⲁⲩ ⲡⲁ ⲥⲟⲛ ⲇⲓⲱ̈ⲕⲉⲓ ⲛ̄ⲥⲱⲓ ⲉ̄ ⲙⲟⲟⲩⲧ ⲁⲓⲃⲱⲕ ⲉ ϩⲣⲁⲓ
ⲉ ⲧⲙⲉⲥⲟⲡⲟⲧⲁⲙⲓⲁ ⲛ̄ ⲧⲥⲩⲣⲓⲁ̄ · ⲉ ⲣⲁⲧϥ̄ ⲛ̄ ⲗⲁⲃⲁⲛ ·
ⲙⲓⲭⲁⲏⲗ ⲡⲉⲛⲧ ⲁϥⲉⲓ ϣⲁ ⲣⲟⲓ ⲁϥⲡⲱⲣϫ̄ ⲛⲁⲓ ⲉ ⲃⲟⲗ ⲙ̄
ⲡⲁ ⲃⲉⲕⲉ · ϩⲛ̄ ⲛ̄ⲧⲃⲛⲟⲟⲩⲉ ⲁϥⲥⲙⲟⲩ ⲉ ⲣⲟⲓ · ⲙⲛ̄ ⲛⲁϣⲏⲣⲉ
ⲙⲛ̄ ⲛⲁϩⲓⲟⲟⲙⲉ ⲉ ⲧⲃⲉ ⲡⲁⲓ ⲛ̄ⲧⲁ ⲡⲓ̈ⲏⲗ · ϫⲓ ⲣⲁⲛ ⲉ ⲃⲟⲗ
ⲛ̄ϩⲏⲧ · ⲉ ⲧⲃⲉ ⲡⲁⲓ ϯⲣⲁϣⲉ ⲙ̄ⲡⲟⲟⲩ · ⲱ̄ ⲓⲱⲥⲏⲫ ⲡⲇⲓ-
ⲕⲁⲓⲟⲥ ⲛ̄ ⲥⲁⲃⲉ ⲡⲉⲛⲧ ⲁⲩⲕⲱϩ ⲉ ⲣⲟϥ ⲉ̄ ⲧⲃⲉ ⲟⲩϩⲱⲱⲕ · ⲙ̄-
ⲡⲟⲟⲩ ⲉⲕⲣⲁϣⲉ · ⲡⲉϫⲁϥ ⲛ̄ϭⲓ ⲓⲱⲥⲏⲫ | ϫⲉ ⲁ̄ⲗⲏⲑⲱⲥ Fol. 7*b*
ϯⲙ̄ⲡϣⲁ̄ ⲛ̄ ⲣⲁϣⲉ ⲙ̄ⲡⲟⲟⲩ · ϫⲉ ⲛ ⲧⲉⲣⲉ ⲛⲁⲥⲛⲏⲩ ⲕⲱϩ ⲕⲅ̄
ⲉ ⲣⲟⲓ ⲁⲩⲧⲁⲁⲧ ⲉ ⲃⲟⲗ ⲉⲩⲕⲁϩ ⲛ̄ ϣⲙ̄ⲙⲟ · ⲁⲓϣⲱⲡⲉ ⲛ̄ ⲉ-
ⲃⲓⲏⲛ ⲛ̄ ⲧⲁⲗⲁⲓⲡⲱⲣⲟⲥ ⲛ̄ ⲁⲧ ⲣⲱⲙⲉ · ϩⲛ̄ ⲟⲩⲛⲟϭ ⲛ̄ ⲑⲗⲓⲯⲓⲥ ·
ⲁ ⲡⲁⲣⲭⲁⲅⲅⲉⲗⲟⲥ ⲉⲓ ϣⲁ ⲣⲟⲓ ⲁϥⲛⲁϩⲙⲉⲧ ⲁϥⲁⲁⲧ ⲛ̄ ⲣ̄ⲣⲟ ·
ⲉ ⲧⲃⲉ ⲡⲁⲓ̈ ϯⲣⲁϣⲉ ⲙ̄ⲡⲟⲟⲩ : Ⲙⲱⲩⲥⲏⲥ ⲙⲛ̄ ⲁⲁⲣⲱⲛ
ⲙⲛ̄ ⲓ̄ⲏ̄ⲩ̄ ⲛ̄ ⲛⲁⲩⲏ · ⲁϩⲣⲱⲧⲛ̄ ϩⲱⲧ ⲧⲏⲩⲧⲛ̄ ϩⲙ̄ ⲡⲉⲓ ⲛⲟϭ
ⲛ̄ ϣⲁ̄ ⲙ̄ⲡⲟⲟⲩ ϩⲙ̄ ⲡϣⲁ ⲙ̄ ⲡⲁⲣⲭⲁⲅⲅⲉⲗⲟⲥ ⲙⲓⲭⲁⲏⲗ̄ ·

Oriental 7021.

ⲛⲉⲧ ⲟⲩⲁⲁⲃ· ϫⲉ ⲡⲱⲛ ⲣⲱ ⲡⲉ ⲡϣⲁ ⲁⲩⲱ ⲧⲛ̅ⲣⲁϣⲉ· ϫⲉ ⲙⲓⲭⲁⲏⲗ ⲡⲉⲛⲧ ⲁϥⲙⲟⲟϣⲉ ⲛ̅ⲙ̅ⲙⲁⲛ· ⲙⲛ̅ ⲡϥⲗⲁⲟⲥ· ⲁⲩⲱ ⲁϥϭⲱⲧⲡ̅ ⲛ̅ ⲛⲉⲛϫⲁϫⲉ ⲁϥϫⲓ̈ ⲙⲟⲉⲓⲧ ϩⲏⲧⲛ̅ ⲉ ϩⲟⲩⲛ ⲉ ⲡⲕⲁϩ ⲙ̅ ⲡⲉⲣⲏⲧ ⲉ ⲧⲃⲉ ⲡⲁⲓ ⲧⲛ̅ⲣⲁϣⲉ ⲙ̅ⲙⲟⲟⲩ· Ⲅⲉⲇⲉⲱⲛ ϯⲛⲁⲩ ⲉ ⲣⲟⲕ ⲉⲕⲣⲁϣⲉ ⲙ̅ⲙⲟⲟⲩ ϩⲱⲱⲕ ϩⲙ̅ ⲡⲁⲣⲓⲥⲧⲟⲛ· ⲙ̅ ⲙⲓ̈ⲭⲁⲏⲗ· ϯⲣⲁϣⲉ ϩⲱⲱⲧ ⲡⲉϫⲁϥ ⲙ̅ⲙⲟⲟⲩ· ⲉⲡⲉⲓ ⲇⲏ ⲙⲓ̈ⲭⲁⲏⲗ· ⲡⲉⲛⲧ ⲁϥⲉⲓ ϣⲁ ⲣⲟⲓ· ⲁϥⲙⲁϩⲧ̅ ϩⲛ̅ ⲧⲉϥϭⲟⲙ· ⲁϥⲃⲱⲕ ⲁϥⲡⲁⲧⲁⲥⲥⲉ ⲙ̅ⲙⲁϯϩⲁⲙ· ⲁϥⲟⲩϫⲁⲓ ⲛ̅ϭⲓ ⲡⲁ ⲗⲁⲟⲥ· ⲉ ⲧⲃⲉ ⲡⲁⲓ ϯⲣⲁϣⲉ ⲙ̅ⲙⲟⲟⲩ:—Ϣ̅ ⲙⲁⲛⲱⲉ ⲙⲛ̅ ⲁⲛⲛⲁ ⲧⲉϥⲥϩⲓⲙⲉ· ⲟⲩⲏⲣ ⲡⲉ ⲡⲉⲧⲛ̅ⲣⲁϣⲉ ⲙ̅ⲙⲟⲟⲩ· ⲡⲉϫⲁⲩ ⲛ̅ϭⲓ ⲛⲉⲕⲣⲓⲧⲏⲥ ϫⲉ Ⲉⲡⲉⲓ ⲇⲏ· ⲁⲛⲟⲛ ϩⲉⲛⲁϭⲣⲏⲛ ϫⲓⲛ ⲧⲙ̅ⲙⲛ̅ⲧⲕⲟⲩⲓ̈ ⲙ̅ ⲡⲉϣⲏⲣⲉ ϣⲱⲡⲉ ⲛⲁⲛ· ⲁⲛϭⲱ ⲛ̅ϣⲗⲏⲗ ⲉⲛⲧⲁⲗⲉ ⲡⲣⲟⲥⲫⲟⲣⲁ ⲉ ϩⲣⲁⲓ̈· ⲙ̅ ⲡⲛⲟⲩⲧⲉ· ⲉⲩⲣ̅ ⲡⲙⲉⲉⲩⲉ ⲛⲁⲛ· ⲁ ⲡⲛⲟⲩⲧⲉ ϯ ⲛⲁⲛ ⲛ̅ ⲥⲁⲙⲯⲱⲛ ⲡⲇⲩⲛⲁⲧⲟⲥ ⲁⲩⲱ ⲡⲉⲛ ⲕⲉ ϣⲏⲣⲉ ϩⲱⲱϥ ⲣⲁϣⲉ ⲛ̅ⲙ̅ⲙⲁⲛ ⲙ̅ⲙⲟⲟⲩ· Ⲇⲁⲩⲉⲓⲇ ⲡⲉⲓⲱⲧ

Oriental 6781.

ⲡⲉϫⲁⲩ ⲛ̅ϭⲓ ⲛⲉⲧ ⲟⲩⲁⲁⲃ ϫⲉ ⲡⲱⲛ ⲣⲱ ⲡⲉ ⲡⲣⲁϣⲉ· ϫⲉ ⲙⲓⲭⲁⲏⲗ ⲡⲉⲛⲧ ⲁϥⲙⲟⲟϣⲉ ⲛ̅ⲙ̅ⲙⲁⲛ ⲙⲛ̅ ⲡⲉϥⲗⲁⲟⲥ· ⲁⲩⲱ ⲁϥϭⲱⲧⲡ̅ ⲛ̅ⲛⲉⲛϫⲁϫⲉ ⲁϥϫⲓ ⲙⲟⲉⲓⲧ· ϩⲏⲧⲛ̅ ⲉ ϩⲟⲩⲛ ⲉ ⲡⲕⲁϩ ⲙ̅ ⲡⲉⲣⲏⲧ· ⲉ ⲧⲃⲉ ⲡⲁⲓ ⲣⲱ ⲧⲛ̅ⲣⲁϣⲉ ⲙ̅ⲙⲟⲟⲩ· ⲅⲉⲇⲉⲱⲛ ϯⲛⲁⲩ ⲉ ⲣⲟⲕ ϩⲱⲱⲕ ⲙ̅ⲙⲟⲟⲩ ⲉⲕⲣⲁϣⲉ ϩⲙ̅ ⲡⲁⲣⲓⲥⲧⲟⲛ ⲙ̅ ⲙⲓ̈ⲭⲁⲏⲗ· ϯⲣⲁϣⲉ ⲧⲱⲛⲟⲩ ⲡⲉϫⲁϥ ⲉⲡⲉⲓ ⲇⲏ ⲙⲓⲭⲁⲏⲗ ⲡⲉⲛⲧ ⲁϥⲉⲓ ϣⲁ ⲣⲟⲓ· ⲁϥⲙⲁϩⲧ̅ ϩⲛ̅ ⲧⲉϥϭⲟⲙ ⲁⲓⲃⲱⲕ ⲁⲓⲡⲁⲧⲁⲥⲥⲉ ⲙ̅ ⲙⲁϯϩⲁⲙ· ⲁϥⲟⲩϫⲁⲓ ⲛ̅ϭⲓ̈ ⲡⲗⲁⲟⲥ ⲉ ⲧⲃⲉ ⲡⲁⲓ ϯⲣⲁϣⲉ ⲙ̅ⲙⲟⲟⲩ Ϣ̅ ⲙⲁⲛⲱⲉ· ⲙⲛ̅ ⲁⲛⲛⲁ ⲧⲉϥⲥϩⲓⲙⲉ· ⲟⲩⲏⲣ ⲡⲉ ⲡⲉⲧⲛ̅ⲣⲁϣⲉ ⲙ̅ⲙⲟⲟⲩ ⲡⲉϫⲁⲩ ⲛ̅ϭⲓ ⲛⲉⲕⲣⲓⲧⲏⲥ ϫⲉ ⲁⲗⲏⲑⲱⲥ ⲧⲛ̅ⲣⲁϣⲉ ⲙ̅ⲙⲟⲟⲩ· ⲉⲡⲉⲓ ⲇⲏ· ⲁⲛⲟⲛ ϩⲉⲛⲁϭⲣⲏⲛ ϫⲓⲛ̅ ⲧⲉⲛⲙⲛ̅ⲧⲕⲟⲩⲓ ⲙ̅ ⲡⲉϣⲏⲣⲉ· ϣⲱⲡⲉ ⲛⲁⲛ· ⲁⲛϭⲱ ⲉⲛϣⲗⲏⲗ ⲉⲛⲧⲁⲗⲟ ⲑⲩⲥⲓⲁ ⲉ ϩⲣⲁⲓ ⲙ̅ ⲡⲛⲟⲩⲧⲉ ⲉⲩⲣ̅ ⲡⲙⲉⲉⲩⲉ ⲛⲁⲛ ⲁ ⲡⲛⲟⲩⲧⲉ ϯ ⲛⲁⲛ ⲛ̅ ⲥⲁⲙⲯⲱⲛ ⲡⲇⲩⲛⲁⲧⲟⲥ ⲁⲩⲱ ⲡⲉⲛ ⲕⲉ ϣⲏⲣⲉ ϩⲱⲱϥ ⲣⲁϣⲉ ⲛ̅ⲙ̅ⲙⲁⲛ ⲙ̅ⲙⲟⲟⲩ ⲇⲁⲩⲇ̅ ⲡⲉⲓⲱⲧ ⲙ̅

ⲙ̅ ⲡⲉⲭ̅ⲥ̅ · ⲕⲁⲧⲁ ⲥⲁⲣⲝ̅ ⲁⲩⲱ ⲡ̅ⲣ̅ⲣⲟ ⲛ̅ ⲇⲓⲕⲁⲓⲟⲥ · ϯⲛⲁⲩ Oriental 7021.
ⲉ ⲣⲟⲕ ⲙ̅ⲡⲟⲟⲩ ⲉⲕϭⲛ̅ϭⲛ̅ ϩⲛ̅ ⲧⲕⲓⲑⲁⲣⲁ · ⲙ̅ ⲡⲛ̅ⲕⲟⲛ
ⲙ̅ⲙⲏⲧ ⲛ̅ⲕⲁⲡ ϩⲙ̅ ⲡⲁⲣⲓⲥⲧⲟⲛ ⲛ̅ⲧⲁ ⲙⲓ̈ⲭⲁⲏⲗ | ⲕⲁⲗⲉⲓ Fol. 19 *b*
ⲙ̅ⲙⲟⲓ̈ ⲉ ⲣⲟϥ ⲙ̅ⲡⲟⲟⲩ · ⲥⲉ ⲡⲉϫⲁϥ ϯⲣⲁϣⲉ ⲁⲩⲱ ϯⲥⲧⲟ- ⲗ̅ⲉ̅
ⲗⲓⲍⲉ ⁘ ⲉⲡⲉⲓ ⲇⲏ ⲉⲣⲉ ⲛⲉϩⲣⲏⲧⲟⲛ · ⲛ̅ ⲛ̅ϣⲁϫⲉ ⲧⲏⲣⲟⲩ ·
ⲙ̅ ⲡϫ̅ⲥ̅ ⲙⲛ̅ ⲛⲉϥⲗⲟⲅⲟⲥ ϩⲓϫⲛ̅ ⲛⲉⲡⲗⲁⲝ ⲙ̅ ⲡⲁ ϩⲏⲧ ·
ⲁⲩⲱ ⲡⲉⲧ ⲧⲟⲙⲉ ϩⲱⲱϥ ⲉ ⲡⲉⲓ ϣⲁ ⲡⲉ ⲡⲁⲓ · ϫⲉ ϣⲁⲣⲉ
ⲡⲁⲅⲅⲉⲗⲟⲥ ⲙ̅ ⲡϫ̅ⲥ̅ ⲕⲱⲧⲉ ⲉ ⲛⲉⲧ ⲣ̅ ϩⲟⲧⲉ ϩⲏⲧϥ̅ · ⲁⲩⲱ
ϣⲁϥⲛⲁϩⲙⲟⲩ · ⲉ ⲧⲃⲉ ⲡⲁⲓ̈ ϯⲣⲁϣⲉ ⲙ̅ⲡⲟⲟⲩ ⁘—Ⲥⲟⲗⲟ-
ⲙⲱⲛ ⲡⲥⲟⲫⲟⲥ · ⲉⲓⲉ ⲛ̅ⲅ̅ ⲣⲁϣⲉ ⲁⲛ ⲛ̅ⲧⲟⲕ ⲙ̅ⲡⲟⲟⲩ ϩⲙ̅
ⲡⲣⲁϣⲉ ⲙ̅ ⲡⲁⲣⲭⲁⲅⲅⲉⲗⲟⲥ ⲉⲧ ⲟⲩⲁⲁⲃ ⲙⲓⲭⲁⲏⲗ · ⲥⲉ
ⲡⲉϫⲁϥ ⲛ̅ϭⲓ ⲥⲟⲗⲟⲙⲱⲛ ·[1] ϯⲣⲁϣⲉ ⲙ̅ⲡⲟⲟⲩ · ⲉⲡⲉⲓ ⲇⲏ
ⲙⲓⲭⲁⲏⲗ · ⲡⲁⲣⲭⲁⲅⲅⲉⲗⲟⲥ · ⲡⲉⲛⲧ ⲁϥⲁⲁϩⲉ ⲣⲁⲧϥ̅
ⲛ̅ⲙ̅ⲙⲁⲓ ϫⲓⲛ ⲧⲁ ⲙⲛ̅ⲧⲕⲟⲩⲓ̈ · ⲁϥⲧⲣⲉ ⲟⲩⲉⲓⲣⲏⲛⲏ ϣⲱⲡⲉ
ϩⲛ̅ ⲛⲁϩⲟⲟⲩ · ⲁϥϥⲓ ⲙ̅ ⲡⲁ ⲧⲱⲃϩ̅ ⲉ ϩⲣⲁⲓ ϣⲁ ⲡⲛⲟⲩⲧⲉ ·
ⲁⲓⲕⲱⲧ ⲙ̅ ⲡⲉϥⲏⲓ :—Ⲉⲍⲉⲕⲓⲁⲥ ⲡ̅ⲣ̅ⲣⲟ ⲛ̅ ⲇⲓⲕⲁⲓⲟⲥ ·
ⲕⲣⲁϣⲉ ϩⲱⲱⲕ ⲙ̅ⲡⲟⲟⲩ ϩⲙ̅ ⲡϣⲁ ⲙ̅ ⲡⲁⲣⲭⲏⲥⲧⲣⲁϯⲅⲟⲥ

ⲡⲉⲭ̅ⲥ̅ ⲕⲁⲧⲁ ⲥⲁⲣⲝ̅ ⲁⲩⲱ ⲡⲣ̅ⲣ̅ⲟ ⲛ̅ⲡⲣ̅ⲙ̅ⲣⲁϣ ϯⲛⲁⲩ ⲉ ⲣⲟⲕ Oriental 6781.
ⲙ̅ⲡⲟⲟⲩ ⲉⲕϭⲛ̅ϭⲛ̅ | ⲛ̅ ⲧⲉⲕϭⲓⲑⲁⲣⲁ ⲙ̅ⲙⲏⲧ ⲛ̅ⲕⲁⲡ ϩⲙ̅ Fol. 8 *a*
ⲡⲁⲣⲓⲥⲧⲱⲛ ⲙ̅ ⲙⲓⲭⲁⲏⲗ · ⲡⲉϫⲁϥ ⲛ̅ϭⲓ ⲇⲁⲩ̅ⲇ̅ ϫⲉ ⲥⲉ ⲕ̅ⲍ̅
ϯⲣⲁϣⲉ ⲙ̅ⲡⲟⲟⲩ · ⲁⲩⲱ ϯⲥⲧⲟⲗⲓⲍⲉ · ⲉⲡⲉⲓ ⲇⲏ ⲉⲣⲉ ⲛⲉ-
ϩⲣⲏⲧⲱⲛ ⲛ̅ ⲛ̅ϣⲁ̅ ⲧⲏⲣⲟⲩ ⲙ̅ ⲡϫⲟⲉⲓⲥ · ⲙⲛ̅ ⲛⲉϥⲗⲓⲧⲟⲩⲣ-
ⲅⲟⲥ ⲥⲏϩ ϩⲛ̅ ⲛⲉⲡⲗⲁⲝ ⲙ̅ ⲡⲁ ϩⲏⲧ · Ⲁⲩⲱ ⲡⲉⲧ ⲧⲟⲙⲉ
ϩⲱⲱϥ ⲉ ⲡⲉⲓ ϣⲁ ⲙ̅ⲡⲟⲟⲩ ⲡⲉ ⲡⲁⲓ · ϫⲉ ϣⲁⲣⲉ ⲡⲁⲅⲅⲉⲗⲟⲥ
ⲙ̅ ⲡϫⲟⲉⲓⲥ ⲕⲱⲧⲉ ⲉ ⲛⲉⲧ ⲣ̅ ϩⲟⲧⲉ ϩⲏⲧϥ̅ · ⲁⲩⲱ ϣⲁϥⲛⲁϩ-
ⲙⲟⲩ ⲉ ⲧⲃⲉ ⲡⲁⲓ ϯⲣⲁϣⲉ ⲙ̅ⲡⲟⲟⲩ · Ⲡⲥⲟⲫⲟⲥ ⲥⲱⲗⲟⲙⲱⲛ
ⲁⲣⲁ ϩⲱⲱⲕ ⲛ̅ⲕⲣⲁϣⲉ ⲙ̅ⲡⲟⲟⲩ ⲥⲉ ⲡⲉϫⲁϥ ϯⲣⲁϣⲉ ·
ⲉⲡⲉⲓ ⲇⲏ ⲙⲓⲭⲁⲏⲗ ⲡⲉⲛⲧ ⲁϥⲁϩⲉ ⲉⲣⲁⲧϥ̅ ⲛ̅ⲙ̅ⲙⲁⲓ ϫⲓⲛ
ⲧⲁ ⲙⲛ̅ⲧⲕⲟⲩⲓ ⲁϥⲧⲣⲉ ⲟⲩⲉⲓⲣⲏⲛⲏ ϣⲱⲡⲉ ϩⲛ̅ ⲛⲁϩⲟⲟⲩ ·
ⲁⲩⲱ ⲁϥϥⲓ ⲙ̅ ⲡⲁ ⲧⲱⲃϩ̅ ⲉ ϩⲣⲁⲓ · ϣⲁ ⲡⲛⲟⲩⲧⲉ ⲁⲓⲕⲱⲧ
ⲙ̅ ⲡⲉϥⲏⲓ ⲉ ⲧⲃⲉ ⲡⲁⲓ ϯⲣⲁϣⲉ ⲙ̅ⲡⲟⲟⲩ · Ⲉⲍⲉⲕⲓⲁⲥ ⲡ̅ⲣ̅ⲣ̅ⲟ
ⲛ̅ⲇⲓⲕⲁⲓⲟⲥ · ⲁⲣⲁ ⲛ̅ⲅ̅ⲣⲁϣⲉ ⲁⲛ ⲙ̅ⲡⲟⲟⲩ · ϩⲙ̅ ⲡϣⲁ ⲙ̅

[1] This member is repeated in the MS.

Oriental 7021. ⲙⲓ̈ⲭⲁⲏⲗ · ⲥⲉ ⲡⲉϫⲁϥ ϯⲣⲁϣⲉ · ⲉⲡⲉⲓ ⲇⲏ ⲙ̅ ⲡⲛⲁⲩ
ⲛ̅ⲧⲁ ⲛ̅ⲁⲥⲥⲩⲣⲓⲟⲥ ⲕⲱⲧⲉ ⲉ ⲣⲟⲓ̈ · ⲙⲛ̅ ⲡⲁ ⲗⲁⲟⲥ · ⲙⲓ̈ⲭⲁⲏⲗ
ⲡⲁⲣⲭⲁⲅⲅⲉⲗⲟⲥ ⲡⲉⲛⲧ ⲁϥⲃⲱⲕ ⲁϥⲡⲁⲧⲁⲥⲥⲉ ⲙ̅ⲙⲟⲟⲩ ·
ⲛ̅ⲧⲉⲩϣⲉ ⲉⲩⲉⲓⲣⲉ ⲙ̅ ⲙⲛ̅ⲧϣⲙⲏⲛ ⲛ̅ⲧⲃⲁ ⲟⲩϭⲁⲥ ⲛ̅ⲣⲱⲙⲉ ·
ⲁⲓ̈ⲟⲩϫⲁⲓ̈ ⲙⲛ̅ ⲡⲁ ⲗⲁⲟⲥ · ⲉ ⲧⲃⲉ ⲡⲁⲓ ϯⲣⲁϣⲉ ⲙ̅ⲡⲟⲟⲩ ⁘—
Ϣ ⲏⲥⲁⲓ̈ⲁⲥ ⲡⲛⲟϭ ⲙ̅ ⲡⲣⲟⲫⲏⲧⲏⲥ · ⲟⲩ[ϩⲱⲱⲕ ⲡⲉ]
Fol. 20 *a* ⲡⲉⲕⲣⲁϣⲉ ϩⲙ̅ ⲡϣⲁ ⲙ̅ ⲡⲁⲣⲭⲁⲅⲅⲉⲗⲟⲥ | ⲙⲓⲭⲁⲏⲗ ·
ⲗ̅ⲍ̅ ⲡⲁⲓ̈ ⲡⲉ ⲡⲣⲁϣⲉ · ⲡⲉϫⲁϥ ϫⲉ ⲛ̅ ⲛⲟϭⲛⲉϭ ⲧⲏⲣⲟⲩ ⲙⲛ̅
ⲛⲉⲓ̈ⲥⲱϣ ⲛ̅ⲧⲁⲩⲧⲁⲁⲩ ⲛⲁⲓ ϩⲓⲧⲛ̅ ⲙⲁⲛⲁⲥⲥⲏ · ⲙⲛ̅ ⲛⲉⲧ
ⲛ̅ⲙ̅ⲙⲁϥ ⲙⲓⲭⲁⲏⲗ ⲡⲉⲛⲧ ⲁϥⲁⲁϩⲉ ⲣⲁⲧϥ̅ ⲛ̅ⲙ̅ⲙⲁⲓ ·
ⲁⲩⲱ ⲛ̅ⲧⲟϥ ⲡⲉⲛⲧ ⲁϥϯ ϭⲟⲙ ⲛⲁⲓ̈ ϣⲁⲛⲧ ⲟⲩⲁⲥⲧ̅ ϩⲛ̅
ⲧⲁ ⲙⲏⲏⲧⲉ ϩⲛ̅ ⲟⲩⲗⲉⲛⲑⲏⲛ ⲛ̅ ϣⲉ · ⲉ ⲧⲃⲉ ⲡⲁⲓ ϯⲣⲁϣⲉ
ⲙ̅ⲡⲟⲟⲩ ⲡⲁ ⲉⲓⲱⲧ ⲉⲧ ⲟⲩⲁⲁⲃ ⁘—Ⲡⲡⲉⲧ ⲟⲩⲁⲁⲃ ⲓⲉⲣⲉⲙⲓ̈ⲁⲥ
ϯⲛⲁⲩ ⲉ ⲣⲟⲕ ⲙ̅ⲡⲟⲟⲩ ⲙⲛ̅ ⲡⲉⲕⲛⲟϭ ⲛ̅ ϩⲏⲃⲥ̅ ⲛ̅ ⲟⲩⲟⲉⲓⲛ
ⲉⲕⲣⲁϣⲉ ϩⲙ̅ ⲡϣⲁ ⲙ̅ ⲡⲁⲣⲭⲁⲅⲅⲉⲗⲟⲥ ⲙⲓⲭⲁⲏⲗ · ⲥⲉ
ϯⲣⲁϣⲉ ⲧⲱⲛⲟⲩ · ⲡⲉϫⲁϥ ⲉⲡⲉⲓ ⲇⲏ ⲁⲓ̈ⲣ̅ ⲥϣϥⲉ ⲛ̅ⲣⲟⲙⲡⲉ

Oriental 6781. ⲡⲁⲣⲭⲁⲅⲅⲉⲗⲟⲥ ⲙⲓ̈ⲭⲁⲏ̅ⲗ · ⲥⲉ ⲡⲉϫⲁϥ ϯⲣⲁϣⲉ ⲙ̅-
ⲡⲟⲟⲩ · ⲉⲡⲉⲓ ⲇⲏ ⲙ̅ ⲡⲛⲁⲩ ⲛ̅ⲧⲁ ⲛⲁⲥⲥⲩⲣⲓⲟⲥ ⲕⲱⲧⲉ ⲉ
ⲣⲟⲓ ⲁⲛⲟⲕ ⲙⲛ̅ ⲡⲁ ⲗⲁⲟⲥ ⲙⲓⲭⲁⲏⲗ ⲡⲁⲣⲭⲁⲅⲅⲉⲗⲟⲥ
ⲡⲉⲛⲧ ⲁϥⲃⲱⲕ ⲁϥⲡⲁⲧⲁⲥⲥⲉ ⲙ̅ⲙⲟⲟⲩ ⲛ̅ⲧⲉⲩϣⲏ · ⲉⲩⲉⲓⲣⲉ
ⲙ̅ ⲙⲛ̅ⲧϣⲙⲏⲛ ⲛ̅ⲧⲃⲁ̅ ⲟⲩϭⲁⲥ ⲛ̅ⲣⲱⲙⲉ ⲁⲓⲟⲩϫⲁⲓ ϩⲱ ⲙⲛ̅
ⲡⲁ ⲗⲁⲟⲥ ⲉ ⲧⲃⲉ ⲡⲁⲓ ϯⲣⲁϣⲉ ⲙ̅ⲡⲟⲟⲩ ⲱ ⲏ̅ⲥⲁⲓⲁⲥ ⲡⲛⲟϭ
ⲙ̅ ⲡⲣⲟⲫⲏⲧⲏⲥ · ⲁⲣⲁ ⲟⲩϩⲱⲱⲕ ⲡⲉ ⲡⲉⲕⲣⲁϣⲉ ⲙ̅ⲡⲟⲟⲩ ·
ϩⲙ̅ ⲡϣⲁ̅ ⲙⲓⲭⲁⲏ̅ⲗ ⲡⲁⲓ ⲡⲉ ⲡⲁ ⲣⲁϣⲉ ⲡⲉϫⲁϥ ϫⲉ ⲛⲉⲓ
ⲛⲟϭⲛⲉϭ ⲧⲏⲣⲟⲩ ⲛ̅ⲧⲁⲩⲧⲁⲁⲩ ⲛⲁⲓ ⲙⲛ̅ ⲛⲉⲓ ⲥⲱϣ · ϩⲓⲧⲛ̅
ⲙⲁⲛⲁⲥⲥⲉ ⲡⲣ̅ⲣⲟ ⲙⲛ̅ ⲛⲉⲧ ⲛ̅ⲙ̅ⲙⲁϥ · ⲙⲓⲭⲁⲏ̅ⲗ ⲡⲁⲣⲭ-
Fol. 8 *b* ⲁⲅⲅⲉⲗⲟⲥ | ⲡⲉⲛⲧ ⲁϥⲁ̅ϩⲉ ⲣⲁⲧϥ̅ ⲛ̅ⲙ̅ⲙⲁⲓ · ⲁϥϯ ϭⲟⲙ
ⲕ̅ⲏ̅ ⲛⲁⲓ ϣⲁⲛⲧ ⲟⲩⲁⲥⲧ̅ ⲉ ⲧⲁ ⲙⲏⲏⲧⲉ · ⲛ̅ ⲟⲩⲗⲁⲛⲑⲏⲛ ⲛ̅
ϣⲉ̅ ⲉ ⲧⲃⲉ ⲡⲁⲓ ϯⲣⲁϣⲉ ⲙ̅ⲡⲟⲟⲩ · Ⲡⲁ ⲉⲓⲱⲧ · ⲉⲧ ⲟⲩⲁⲁⲃ
ⲓ̅ⲉⲣⲏⲙⲓⲁⲥ · ϯⲛⲁⲩ ⲉ ⲣⲟⲕ ⲙ̅ⲡⲟⲟⲩ ⲙⲛ̅ ⲡⲉⲕⲛⲟϭ ⲛ̅
ϩⲏⲃⲥ ⲛ̅ ⲟⲩⲟ̅ⲉⲓⲛ ⲉⲕⲣⲁϣⲉ ϩⲙ̅ ⲡϣⲁ̅ ⲙ̅ ⲡⲁⲣⲭⲁⲅⲅⲉⲗⲟⲥ
ⲙⲓⲭⲁⲏ̅ⲗ · ⲧⲓⲣⲁϣⲉ ⲧⲱⲛⲟⲩ ⲡⲉϫⲁϥ ⲉⲡⲉⲓ ⲇⲏ ⲁⲓⲣ̅ ⲥϣϥⲉ

ειϣοοπ ϩν̄ ταιχμαλωcια · μν̄ πα λαοc · α παρχ- Oriental 7021.
αγγελοc ετ ουααβ · μιχαηλ · coπcν̄ μ̄μ̄ πετ
ονϩ ϣα νιενεϩ · αϥϯ ν̄ ουνα · ε πϩητ ν̄ ν̄ρωμε ·
ν̄βαβυλωνιοc · αυκααν ε βολ · αικτοι ν̄ κε coπ
ε θιελημ · μν̄ πα λαοc · ε τβε παϊ ϯραϣε
μ̄μοου ⁘—Ιεζεκιηλ πιπροφητηc αμου ντ̄ ταμον
ϫε ε τβε ου κϫι ϥοϭc̄ μ̄μοου ϩα πραϣε μ̄μ̄ πϣα
μ̄μ̄ παρχαγγελοc ετ ουααβ μιχαηλ · ϩν̄ ου-
παρϩηcια · Εϊcκυρτα πεϫαϥ αυω ειτεληλ ϫε
μιχαηλ · πνοϭ ν̄ αρχαγγελοc · αϥειне ν̄
ουκεφαλϊc ναϊ ν̄ϫωωμε · αϥουεϩcαϩνε ναϊ
αιουομc̄ · α νεπροφιϯα ϭωλπ̄ ναι ε βολ · | ε Fol. 20 b
τβε παι ϯραϣε μ̄μοου ⁘—Ανανιαc · Αζαριαc · λη
Μιcαηλ · αρηυ τετν̄ραϣε μ̄μοου ϩμ̄μ̄ πϣα μ̄μ̄
παρχαγγελοc ετ ουααβ μιχαηλ · cε πεϫαυ
ν̄ϭι πϣομν̄τ ν̄ϩαγιοc · ετ ουααβ τν̄ραϣε αυω
τν̄τεληλ · ϫε πετ ν̄ρ ϣα ναϥ μ̄μοου · ν̄τοϥ πεντ

ν̄ρωμε ειϣοοπ ϩν̄ ταιχμαλωcια · μν̄ πα λαοc Oriental 6781.
α παρχαγγελοc ετ ουααβ μιχαηλ · coπcν̄ μ̄μ̄ πετ
ονϩ ϣα νιενεϩ αϥϯ ν ουνα ε πϩητ ν̄ νερρωου ν̄
βαβυλωνιοc · αυκααν ε βολ ανκτον ε θιελημ ·
ε τβε παι ϯραϣε μ̄μοου · εζεκιηλ πεπροφητηc ·
αμου ντ̄ ταμον ϫε ε τβε ου εκϫι ϥοϭc̄ μ̄μοου
ϩα πραϣε · ϩμ̄μ̄ πϣα μ̄μ̄ παρχαγγελοc ετ ουααβ
μιχαηλ · ϩν̄ ουπαρρηcια ειcκιρτα πεϫαϥ · αυω
ειτεληλ ϫε μιχαηλ παρχαγγελοc · αϥειне ναι
ν̄ ουκεφαληc ν̄ ϫωωμε αϥουεϩcαϩνε ναι αιου-
ομc̄ · α νεπροφητια ϭωλπ̄ ναι ε βολ · ε τβε παι
ϯραϣε μ̄μοου · Ανανιαc αζαριαc μιcαηλ · αρηυ
τετν̄ραϣε μ̄μοου · ϩμ̄μ̄ πϣα μ̄μ̄ παρχαγγελοc ε̄τ
ουααβ μιχαηλ · cε πεϫαυ ν̄ϭι πϣομν̄τ ν̄ϩαγιοc
ετ ουααβ · τν̄ραϣε αυω τν̄τεληλ · ϫε πετ ν̄ρ ϣα

Oriental 7021. ⲁϥⲉⲓ · ⲉ ⲧⲙⲏⲏⲧⲉ ⲛ̅ ⲧⲉϩⲣⲱ ⲛ̅ ⲥⲁⲧⲉ · ⲉⲧ ⲙⲟⲩϩ
ⲁϥⲟϣⲙⲉⲥ̅ ϩⲁⲣⲟⲛ · ⲁϥⲧⲣⲉ ⲡⲣ̅ⲣⲟ ⲡⲓⲥⲧⲉⲩⲉ ⲉ ⲡⲛⲟⲩⲧⲉ ·
ⲁ ⲧⲡⲙⲛ̅ⲧⲙⲁⲣⲧⲩⲣⲟⲥ ϫⲱⲕ ⲉ ⲃⲟⲗ · ⲉⲡⲉⲓ ⲇⲏ ⲧⲛ̅ⲣⲁϣⲉ
ⲙ̅ⲡⲟⲟⲩ · ϩⲙ̅ ⲡⲉⲓ ⲛⲟϭ ⲛ̅ ϣⲁ · ϯⲙⲉⲉⲩⲉ ϫⲉ ⲉⲕⲣⲁϣⲉ
ⲛ̅ϩⲟⲩⲟ · ⲡⲉϫⲁϥ ⲛ̅ϭⲓ ⲇⲁⲛⲓⲏⲗ · ϫⲉ ⲁⲩⲱ ⲁϣ ⲡⲉ
ⲡⲉⲕⲣⲁϣⲉ · Ⲉⲡⲉⲓ ⲇⲏ · ⲛ̅ ⲟⲩⲥⲟⲡ ⲛ̅ ⲟⲩⲱⲧ ⲁⲛ ⲡⲉ · ⲟⲩⲇⲉ
ⲛ̅ ⲥⲛⲁⲩ ⲁⲛ ⲛⲉ · ⲛ̅ⲧⲁⲓⲛⲁⲩ ⲉ ⲙⲓⲭⲁⲏⲗ · ⲡⲁⲣⲭⲱⲛ ⲙ̅
ⲙⲉ · ⲁⲩⲱ ⲙ̅ ⲡⲛⲁⲩ ⲛⲧⲁⲩⲛⲟϫⲧ̅ ⲉ ⲡϣⲏⲓ ⲙ̅ⲙⲙⲟⲩⲓ ·
ⲡⲁⲣⲭⲏⲥⲧⲣⲁⲧⲏⲅⲟⲥ ⲙⲓⲭⲁⲏⲗ · ⲡⲉⲛⲧ ⲁϥⲉⲓ ϣⲁ ⲣⲟⲛ ·
ⲁϥϣⲧⲁⲙ ⲛ̅ ⲧⲧⲁⲡⲣⲟ · ⲙ̅ⲙⲙⲟⲩⲓ · ⲉ ⲧⲃⲉ ⲡⲁⲓ ϯⲣⲁϣⲉ
ⲙ̅ⲡⲟⲟⲩ · ⲡⲙⲛ̅ⲧⲥⲛⲟⲟⲩⲥ ⲛ̅ⲁⲡⲟⲥⲧⲟⲗⲟⲥ · ⲁⲣⲁ ⲧⲉⲧⲛ̅ⲣⲁϣⲉ
ⲙ̅ⲡⲟⲟⲩ ϩⲙ̅ ⲡⲉⲓ ⲛⲟϭ ⲛ̅ ϣⲁ · ⲁⲩⲱ ⲧⲉⲧⲛ̅ⲣⲁϣⲉ ⲉⲙⲁⲧⲉ ·
ⲉⲛⲣⲁϣⲉ ⲡⲉϫⲁⲩ ϫⲉ ⲙⲛ̅ⲛ̅ⲥⲁ ⲡⲉⲓ ⲛⲟϭ ⲛ̅ ϩⲛ̅ⲃⲉ ⲛ̅ⲧⲁϥ-
ϣⲱⲡⲉ ⲛⲁⲛ · ⲙ̅ ⲡⲛⲁⲩ ⲛ̅ⲧⲁⲩⲥ̅ϯⲟⲩ̅ ⲙ̅ ⲡⲉⲛϫ̅ⲥ̅ ⲓ̅ⲥ̅ ⲡⲉⲭ̅ⲥ̅ ·
Fol. 21 *a* ⲁⲩⲱ ⲉⲛϩⲏⲛ ⲉ ⲧⲃⲉ ⲑⲟⲧⲉ ⲛ̅ ⲛ̅ⲓⲟⲩⲇⲁⲓ̈ · ⲁ ⲙⲁⲣⲓ̈ⲁ | ⲧⲡⲁⲣ-
ⲗⲑ ⲑⲉⲛⲟⲥ ⲉⲓ ⲁⲥⲧⲁⲙⲟⲛ ϫⲉ ⲁⲓⲃⲱⲕ ⲙⲛ̅ ⲛⲉⲧ ⲛ̅ⲙ̅ⲙⲁⲓ ⲉ ⲛⲁⲩ

Oriental 6781. ⲛⲁϥ ⲙ̅ⲡⲟⲟⲩ ⲛ̅ⲧⲟϥ ⲡⲉⲛⲧ ⲁϥⲉⲓ ⲉ ⲧⲙⲏⲏⲧⲉ · ⲛ̅ ⲧⲉϩⲣⲱ ⲛ̅
ⲥⲁⲧⲉ ⲉⲧ ⲙⲟⲩϩ · ⲁϥϭ̅ⲟ̅ⲙⲉⲥ̅ ϩⲁⲣⲟⲛ · ⲁϥⲧⲣⲉ ⲡⲣ̅ⲣⲟ ⲡⲓ̈ⲥ-
ⲧⲉⲩⲉ̅ · ⲉ ⲡⲛⲟⲩⲧⲉ · ⲁ̅ ⲧⲡⲙⲛ̅ⲧⲙⲁⲣⲧⲩⲣⲟⲥ ϫⲱⲕ ⲉ ⲃⲟⲗ ·
ⲉ ⲧⲃⲉ ⲡⲁⲓ ⲧⲛ̅ⲣⲁϣⲉ ⲙ̅ⲡⲟⲟⲩ :—ⲇⲁⲛⲓⲏⲗ ⲡⲣⲱⲙⲉ · ⲛ̅ |
Fol. 9 *a* ϣⲟⲩⲁϣϥ̅ · ⲁ̅ⲣⲁ ⲕ̅ⲣⲁϣⲉ ϩⲱⲱⲕ ⲙ̅ⲡⲟⲟⲩ · ϩⲙ̅ ⲡⲉⲓ ⲛⲟϭ
ⲗⲑ (*sic*) ⲛ̅ ϣⲁ̅ · ϯⲙⲉⲉⲩⲉ̅ ϫⲉ ⲕ̅ⲣⲁϣⲉ ⲛ̅ϩⲟⲩⲟ̅ ⲡⲉϫⲁϥ ⲛ̅ϭⲓ
ⲇⲁⲛⲓⲏⲗ ϫⲉ ⲁⲩⲱ ⲁϣ ⲡⲉ ⲡⲕⲉⲣⲁϣⲉ (*sic*) · ⲉⲧ ϣⲏϣ ⲙⲛ̅
ⲡⲁ ⲣⲁϣⲉ · ⲉⲡⲉⲓ ⲇⲏ ⲛ̅ ⲟⲩⲥⲟⲡ ⲛ̅ ⲟⲩⲱⲧ ⲁⲛ ⲡⲉ · ⲟⲩⲇⲉ
ⲛ̅ ⲥⲛⲁⲩ ⲁⲛ ⲛⲉ ⲛ̅ⲧⲁⲓⲛⲁⲩ ⲉ ⲙⲓⲭⲁⲏⲗ̅ ⲡⲁⲣⲭⲱⲛ ⲙ̅
ⲙ̅ⲉ · ⲁⲩⲱ ⲙ̅ ⲡⲛⲁⲩ ⲛⲧⲁⲩⲛⲟϫⲧ̅ ⲉ ⲡϣⲏⲓ ⲙ̅ⲙⲙⲟⲩⲓ ·
ⲡⲁⲣⲭⲏⲥⲧⲣⲁⲧⲏⲕⲟⲥ ⲙⲓⲭⲁⲏⲗ̅ ⲡⲉⲛⲧ ⲁϥⲉⲓ ϣⲁ ⲣⲟⲓ ⲁϥϣ-
ⲧⲁⲙ ⲛ̅ ⲧⲧⲁⲡⲣⲟ ⲙ̅ⲙⲙⲟⲩⲓ · ⲉ ⲧⲃⲉ ⲡⲁⲓ ϯⲣⲁϣⲉ ⲙ̅-
ⲡⲟⲟⲩ · Ⲡⲙⲛ̅ⲧⲥⲛⲟⲟⲩⲥ ⲛ̅ⲁⲡⲟⲥⲧⲟⲗⲟⲥ · ⲁⲣⲁ ⲧⲉⲧⲛ̅ⲣⲁϣⲉ ·
ϩⲙ̅ ⲡⲉⲓ ⲛⲟϭ ⲛ̅ ϣⲁ̅ ⲙ̅ⲡⲟⲟⲩ · ⲉⲛⲣⲁϣⲉ ⲡⲉϫⲁⲩ ϫⲉ
ⲙⲛ̅ⲛ̅ⲥⲁ ⲡⲉⲓ ⲛⲟϭ ⲛ̅ ϩⲛ̅ⲃⲉ ⲛ̅ⲧⲁϥϣⲱⲡⲉ ⲛⲁⲛ · ⲙ̅ ⲡⲛⲁⲩ
ⲛ̅ⲧⲁⲩⲥ̅ϯⲟⲩ̅ ⲙ̅ ⲡⲉⲛϫ̅ⲥ̅ ⲓ̅ⲥ̅ ⲡⲉⲭ̅ⲥ̅ · ⲁⲩⲱ ⲉⲛϩⲏⲛ ⲉ ⲧⲃⲉ
ⲑⲟⲧⲉ ⲛ̅ ⲛⲓⲟⲩⲇⲁⲓ ⲁ ⲙⲁⲣⲓⲁ̅ ⲧⲡⲁⲣⲑⲉⲛⲟⲥ ⲉⲓ ⲁⲥⲧⲁⲙⲟⲛ

Oriental 7021.

ⲉ ⲡⲧⲁⲫⲟⲥ · ⲡ̄ϣⲟⲣⲡ̄ ⲛ̄ ⲧⲕⲩⲣⲓⲁⲕⲏ ⲁⲛϩⲉ ⲉ ⲡⲁⲣⲭⲁⲅ-
ⲅⲉⲗⲟⲥ · ⲉⲧ ⲟⲩⲁⲁⲃ ⲙⲓⲭⲁⲏⲗ · ⲁϥⲥⲕⲟⲣⲕⲣ̄ ⲙ̄ ⲡⲱⲱⲛⲉ (*sic*)
ⲁϥϩⲙⲟⲟⲥ ⲉ ϩⲣⲁⲓ ⲉ ϫⲱϥ · ⲁⲩⲱ ⲁϥϯ ⲛⲁⲛ ⲙ̄ ⲡϣⲙ̄-
ⲡⲟⲩϣⲉ ϫⲉ ⲁ ⲡϫ̄ⲥ̄ ⲧⲱⲟⲩⲛ ⲉ ⲧⲃⲉ ⲡⲁⲓ ϯⲣⲁϣⲉ ⲙ̄ⲡⲟⲟⲩ ·
Ⲡⲡⲉⲧ ⲟⲩⲁⲁⲃ ⲍⲁⲭⲁⲣⲓⲁⲥ ⲡⲟⲩⲏⲏⲃ ⲙⲛ̄ ⲓⲱϩⲁⲛⲛⲏⲥ ·
ⲡⲉϥϣⲏⲣⲉ ⲣⲁϣⲉ ϩⲱⲟⲩ ϩⲙ̄ ⲡϣⲁ ⲙ̄ ⲡⲁⲣⲭⲁⲅⲅⲉⲗⲟⲥ ⲉⲧ
ⲟⲩⲁⲁⲃ ⲙⲓⲭⲁⲏⲗ · ⲥⲉ ⲧⲡ̄ⲣⲁϣⲉ ⲡⲉϫⲁⲩ ⲛ̄ϭⲓ ⲡⲉⲧ
ⲟⲩⲁⲁⲃ · ⲉⲡⲉⲓ ⲇⲏ ⲛ̄ⲧⲁϥⲧⲱϣ ⲙ̄ ⲡⲁⲣⲭⲁⲅⲅⲉⲗⲟⲥ ⲛⲁϥ
ⲛ̄ ⲁⲣⲭⲏⲥⲧⲣⲁⲧⲏⲅⲟⲥ · ⲁⲛⲟⲕ ϩⲱ ⲉⲓϣⲟⲟⲡ ⲛⲁϥ ⲛ̄ ⲟⲩⲏⲏⲃ ·
ⲁⲩⲱ ⲡⲁ ϣⲏⲣⲉ ⲓⲱϩⲁⲛⲛⲏⲥ ⲡϣⲏⲣⲉ ⲡⲉ ⲛ̄ ⲉⲗⲩⲥⲁⲃⲉⲧ ·
ⲧⲥⲩⲛⲅⲉⲛⲏⲥ ⲙ̄ ⲙⲁⲣⲓⲁ · ⲧⲙⲁⲁⲩ ⲛ̄ ⲓ̄ⲥ̄ ⲡⲁ ⲥⲩⲛⲅⲉⲛⲏⲥ
ⲕⲁⲧⲁ ⲥⲁⲣⲝ ⲉ ⲧⲃⲉ ⲡⲁⲓ ⲧⲡ̄ⲣⲁϣⲉ ⲙ̄ⲡⲟⲟⲩ :—Ⲥⲧⲉⲫⲁⲛⲟⲥ
ⲡⲁⲣⲭⲏⲇⲓ̈ⲁⲕⲟⲛⲟⲥ · ⲁⲩⲱ ⲡⲉⲡⲣⲟⲧⲟⲙⲁⲣⲧⲩⲣⲟⲥ ⲁⲣⲁ
ⲕⲣⲁϣⲉ ϩⲱⲱⲕ · ⲙ̄ⲡⲟⲟⲩ ϩⲙ̄ ⲡϣⲁ ⲙ̄ ⲙⲓ̈ⲭⲁⲏⲗ ⲡⲁⲣⲭ-
ⲁⲅⲅⲉⲗⲟⲥ · ⲥⲉ ⲡⲉϫⲁϥ ⲟⲩⲛⲟϭ ⲡⲉ ⲡⲁ ⲣⲁϣⲉ · ⲉⲡⲉⲓ
ⲇⲏ ⲙ̄ ⲡⲛⲁⲩ ⲛ̄ⲧⲁⲩϩⲓ ⲱⲱⲛⲉ (*sic*) ⲉ ⲣⲟⲓ ⲁⲓϥⲓ̈ ⲉⲓⲁⲧ ⲉ ϩⲣⲁⲓ

Oriental 6781.

ϫⲉ ⲁⲓⲃⲱⲕ ⲙⲛ̄ ⲛⲉⲧ ⲛ̄ⲙ̄ⲙⲁⲓ ⲉ ⲛⲁⲩ ⲉ ⲡⲧⲁⲫⲟⲥ ⲡ̄ϣⲱⲣⲡ̄ ·
ⲛ̄ ⲧⲕⲩⲣⲓⲁⲕⲏ · ⲁⲛϩⲉ ⲉ ⲡⲁⲣⲭⲁⲅⲅⲉⲗⲟⲥ ⲉ̄ⲧ ⲟⲩⲁⲁⲃ ⲙⲓ-
ⲭⲁⲏⲗ · ⲁϥⲥⲕⲟⲣⲕⲣ ⲙ̄ ⲡⲱⲛⲉ ⲁϥϩⲙⲟⲟⲥ ⲉ̄ ϩⲣⲁⲓ ⲉ ϫⲱϥ ·
ⲁⲩⲱ ⲁϥϯ ⲛⲁⲛ ⲙ̄ ⲡϣⲙ̄ⲡⲟⲩϣⲉ ϫⲉ ⲁ̄ ⲡϫⲟⲉⲓⲥ ⲧⲱⲟⲩⲛ ·
ⲉ ⲧⲃⲉ ⲡⲁⲓ ϯⲣⲁϣⲉ ⲙ̄ⲡⲟⲟⲩ · Ⲡⲡⲉⲧ ⲟⲩⲁⲁⲃ ⲍⲁⲭⲁⲣⲓⲁⲥ
ⲡⲟⲩⲏⲏⲃ · ⲙⲛ̄ ⲓⲱϩⲁⲛⲛⲏⲥ ⲡⲉϥϣⲏⲣⲉ · ⲥⲉⲣⲁϣⲉ ϩⲱⲟⲩ
ϩⲙ̄ ⲡϣⲁ ⲙ̄ ⲡⲁⲣⲭⲁⲅⲅⲉⲗⲟⲥ ⲉⲧ ⲟⲩⲁⲁⲃ ⲙⲓⲭⲁⲏⲗ · ⲥⲉ
ⲡⲉϫⲁⲩ ⲧⲡ̄ⲣⲁϣⲉ ⲛ̄ϭⲓ ⲛⲉⲧⲟⲩⲁⲁⲃ · ⲉⲡⲉⲓ ⲇⲏ ⲛ̄ⲧⲁϥⲧⲱϣ ⲙ̄
ⲡⲁⲣⲭⲁⲅⲅⲉⲗⲟⲥ ⲛⲁϥ ⲛ̄ ⲁⲣⲭⲏⲥⲧⲣⲁⲧⲏⲅⲟⲥ · ⲁⲛⲟⲕ ϩⲱ
ⲉⲓϣⲟⲟⲡ ⲛⲁϥ ⲛ̄ ⲟⲩⲏⲏⲃ Ⲁⲩⲱ ⲡⲁ ϣⲏⲣⲉ ⲓⲱϩⲁⲛⲛⲏⲥ
ⲡϣⲏⲣⲉ ⲡⲉ ⲛ̄ ⲉⲗⲉⲥⲁⲃⲉⲧ | ⲧⲉⲩⲅⲅⲉⲛⲏⲥ ⲧⲉ ⲙ̄ ⲙⲁⲣⲓⲁ Fol. 9 *b*
ⲧⲙⲁⲁⲩ ⲛ ⲓ̄ⲥ̄ ⲡⲁ ⲥⲩⲅⲅⲉⲛⲏⲥ · ⲕⲁⲧⲁ ⲥⲁⲣⲝ · ⲉ ⲧⲃⲉ ⲡⲁⲓ ⲗ̄
ⲧⲡ̄ⲣⲁϣⲉ ⲙ̄ⲡⲟⲟⲩ · Ⲥⲧⲉⲫⲁⲛⲟⲥ ⲡⲁⲣⲭⲏⲇⲓⲁⲕⲟⲛⲟⲥ · ⲁⲩⲱ
ⲡⲁⲣⲭⲏⲙⲁⲣⲧⲩⲣⲟⲥ · ⲁⲣⲁ ⲕ̄ⲣⲁϣⲉ ϩⲱⲱⲕ ⲙ̄ⲡⲟⲟⲩ ·
ϩⲙ̄ ⲡϣⲁ ⲙ̄ ⲙⲓⲭⲁⲏⲗ ⲡⲁⲣⲭⲁⲅⲅⲉⲗⲟⲥ · ⲥⲉ ⲡⲉϫⲁϥ
ⲟⲩⲛⲟϭ ⲡⲉ ⲡⲁ ⲣⲁϣⲉ · ⲉⲡⲉⲓ ⲇⲏ ⲙ̄ ⲡⲛⲁⲩ ⲛⲧⲁⲩϩⲓ ⲱⲛⲉ

Oriental 7021.
ⲁⲓⲛⲁⲩ ⲉ ⲙ̅ⲙⲡⲏⲩⲉ ⲉⲩⲟⲩⲱⲛ ⲁⲓⲛⲁⲩ ⲉ ⲡⲁⲣⲭⲁⲅⲅⲉⲗⲟⲥ
ⲙⲓ̈ⲭⲁⲏⲗ · ⲙⲛ̅ ⲛⲉϥⲁⲅⲅⲉⲗⲟⲥ ⲧⲏⲣⲟⲩ ⲉⲩⲥⲟⲡⲥⲡ̅ ⲉ ϫⲱⲓ̈
ⲁⲩⲱ ⲁⲓⲛⲁⲩ ⲉ ⲓ̅ⲥ̅ ⲉϥⲁϩⲉ ⲣⲁⲧϥ̅ ⲛ̅ⲥⲁ ⲟⲩⲛⲁⲙ ⲙ̅ ⲡⲛⲟⲩⲧⲉ
ⲡⲉⲓⲱⲧ · ⲉ ⲧⲃⲉ ⲡⲁⲓ ϯⲣⲁϣⲉ ⲙ̅ⲙⲟⲟⲩ · Ⲙ̅ⲙⲁⲣⲧⲩⲣⲟⲥ
Fol. 21 b ⲧⲏⲣⲟⲩ ⲙⲛ̅ ⲛ̅ⲇⲓⲕⲁⲓⲟⲥ ⲁⲣⲁ ⲧⲉⲧⲛ̅ⲣⲁϣⲉ ϩⲙ̅ ⲡϣⲁ | ⲙ̅
ⲙ̅ ⲙⲓⲭⲁⲏⲗ ⲙ̅ⲙⲟⲟⲩ · ⲥⲉ ⲡⲉϫⲁⲩ ⲛ̅ϭⲓ ⲛⲉⲧ ⲟⲩⲁⲁⲃ · ϫⲉ
ⲁⲗⲏⲑⲱⲥ ⲧⲛ̅ⲣⲁϣⲉ ⲙ̅ⲙⲟⲟⲩ · ⲉⲡⲉⲓ ⲇⲏ ⲑⲗⲓⲯⲓⲥ ⲛⲓⲙ
ⲛ̅ⲧⲁⲩⲧⲁϩⲟⲛ · ϩⲓ ⲃⲁⲥⲁⲛⲟⲥ · ⲛⲓⲙ · ⲛ̅ⲧⲁⲩⲁⲁⲩ ⲛⲁⲛ ·
ⲡⲁⲣⲭⲁⲅⲅⲉⲗⲟⲥ ⲙⲓⲭⲁⲏⲗ ⲡⲉⲛⲧ ⲁϥϯ ϭⲟⲙ ⲛⲁⲛ · ⲁⲛϥⲓ
ϩⲁ ⲣⲟⲟⲩ ϣⲁⲛⲧ ⲛ̅ϫⲱⲕ ⲉ ⲃⲟⲗ · ⲙ̅ ⲡⲉⲛⲁⲅⲱⲛ · ⲁⲩⲱ
ⲁⲛϫⲓ ⲛ̅ ϩⲉⲛⲛⲟϭ ⲛ̅ⲧⲁⲓ̈ⲟ ⲉ ⲧⲃⲏⲏⲧϥ̅ · ⲉ ⲧⲃⲉ ⲡⲁⲓ
ⲧⲛ̅ⲣⲁϣⲉ ⲙ̅ⲙⲟⲟⲩ ⳼ Ⲛ̅ⲧⲁⲝⲓ̈ⲥ ⲧⲏⲣⲟⲩ ⲛ̅ ⲙ̅ⲡⲏⲩⲉ ⲣⲁϣⲉ
ϩⲱⲟⲩ ⲙ̅ⲙⲟⲟⲩ ⲛ̅ⲙ̅ⲙⲁⲛ ϩⲙ̅ ⲡϣⲁ ⲙ̅ ⲡⲁⲣⲭⲁⲅⲅⲉⲗⲟⲥ ⲉⲧ
ⲟⲩⲁⲁⲃ ⲙⲓⲭⲁⲏⲗ · ⲥⲉ ⲡⲉϫⲁⲩ ⲡⲱⲛ ⲣⲱ ⲡⲉ ⲡⲣⲁϣⲉ
ⲧⲏⲣϥ̅ · ⲉⲡⲉⲓ ⲇⲏ ⲙ̅ⲙⲟⲟⲩ ⲛ̅ⲧⲁ ⲡⲉⲛⲇⲏⲙⲓⲟⲩⲣⲅⲟⲥ
ⲕⲁⲧⲁⲣⲅⲉⲓ ⲙ̅ ⲡϫⲁⲥⲓϩⲏⲧ ⲁϥⲧⲁϩⲟ ⲛⲁⲛ ⲉ ⲣⲁⲧϥ̅ ⲙ̅
ⲡⲉⲧ ⲑⲃⲃⲓⲏⲩ ⲡⲛⲟϭ ⲛ̅ ⲁⲣⲭⲁⲅⲅⲉⲗⲟⲥ ⲉⲧ ⲟⲩⲁⲁⲃ

Oriental 6781.
ⲉ ⲣⲟⲓ · ⲁⲓϥⲓⲁⲁⲧ ⲉ ϩⲣⲁⲓ ⲁⲓⲛⲁⲩ ⲙ̅ⲡⲏⲩ̅ⲉ ⲁⲩⲟⲩⲱⲛ ⲁⲓⲛⲁⲩ
ⲉ ⲡⲁⲣⲭⲁⲅⲅⲉⲗⲟⲥ ⲙⲓⲭⲁⲏⲗ ⲙⲛ̅ ⲛⲉϥⲁⲅⲅⲉⲗⲟⲥ ⲧⲏⲣⲟⲩ
ⲉⲩⲥⲟⲡⲥⲡ̅ ⲉ ϫⲱⲓ · ⲁⲩⲱ ⲁⲓⲛⲁⲩ ⲉ ⲓ̅ⲥ̅ ⲉϥⲁϩⲉ ⲣⲁⲧϥ̅ ⲛ̅ⲥⲁ
ⲟⲩⲛⲁⲙ ⲙ̅ ⲡⲉⲓ̈ⲱ̅ⲧ · ⲉ ⲧⲃⲉ ⲡⲁⲓ ϯⲣⲁϣⲉ ⲙ̅ⲙⲟⲟⲩ ⲙ̅ⲙⲁⲣ-
ⲧⲩⲣⲟⲥ ⲧⲏⲣⲟⲩ ⲙⲛ̅ ⲛ̅ⲇⲓⲕⲁⲓⲟⲥ · ⲁⲣⲁ ⲉ ⲧⲉⲧⲛ̅ⲣⲁϣⲉ ϩⲙ̅
ⲡϣⲁ ⲙ̅ ⲙⲓⲭⲁⲏⲗ ⲙ̅ⲙⲟⲟⲩ · ⲥⲉ ⲡⲉϫⲁⲩ ⲛ̅ϭⲓ ⲛⲉⲧ
ⲟⲩⲁⲁⲃ ϫⲉ ⲁⲗⲏⲑⲱⲥ ⲧⲛ̅ⲣⲁϣⲉ ⲙ̅ⲙⲟⲟⲩ · ⲉⲡⲉⲓ̈ ⲇⲏ
ⲑⲗⲓⲯⲓⲥ ⲛⲓⲙ ⲛ̅ⲧⲁⲩⲧⲁϩⲟⲛ · ϩⲓ ⲃⲁⲥⲁⲛⲟⲥ ⲛⲓⲙ ⲛ̅ⲧⲁⲩ-
ⲧⲁⲁⲩ ⲛⲁⲛ · ⲡⲁⲣⲭⲁⲅⲅⲉⲗⲟⲥ ⲙⲓⲭⲁⲏⲗ ⲡⲉⲛⲧ ⲁϥϯ ϭⲟⲙ
ⲛⲁⲛ ⲁⲛϥⲓ ϩⲁ ⲣⲟⲟⲩ · ϣⲁⲛⲧ ⲛ̅ϫⲱⲕ ⲉ ⲃⲟⲗ ⲙ̅ ⲡⲉⲛⲁ̅ⲅⲱⲛ
ⲁⲩⲱ ⲁⲛϫⲓ ⲛ̅ ϩⲉⲛⲧⲁⲉⲓⲟ · ⲉ ⲧⲃⲉ ⲡⲁⲓ ⲧⲛ̅ⲣⲁϣⲉ ⲙ̅ⲙⲟⲟⲩ ·
Ⲛ̅ⲧⲁⲝⲓⲥ ⲧⲏⲣⲟⲩ ⲛ̅ⲙ̅ⲡⲏⲩⲉ ⲣⲁϣⲉ ϩⲱⲟⲩ ⲙ̅ⲙⲟⲟⲩ ⲛ̅ⲙ̅-
ⲙⲁⲛ ϩⲙ̅ ⲡϣⲁ̅ ⲙ̅ ⲡⲁⲣⲭⲁⲅⲅⲉⲗⲟⲥ ⲉⲧ ⲟⲩⲁⲁⲃ ⲙⲓⲭⲁⲏⲗ
ⲥⲉ ⲡⲉϫⲁⲩ ⲡⲱⲛ ⲣⲱ ⲡⲉ ⲡⲣⲁϣⲉ ⲧⲏⲣϥ̅ ⲙ̅ ⲡⲛⲁⲩ ⲛ̅ⲧⲁ
ⲡⲉⲛⲇⲓⲙⲓⲟⲩⲣⲅⲟⲥ ⲕⲁⲧⲁⲣⲅⲉⲓ ⲙ̅ ⲡϫⲁⲥⲓϩⲏⲧ ⲁϥⲧⲁϩⲟ ⲛⲁⲛ
ⲉ ⲣⲁⲧϥ̅ ⲙ̅ ⲡⲉⲧ ⲑⲃⲃⲓⲏⲩ ⲡⲛⲟϭ ⲛ̅ ⲁⲣⲭⲁⲅⲅⲉⲗⲟⲥ ⲉⲧ

ⲙⲓⲭⲁⲏⲗ · ⲉ ⲧⲃⲉ ⲡⲁⲓ ⲧⲛ̄ⲣⲁϣⲉ ⲙ̄ⲡⲟⲟⲩ :—ⲁⲗⲏⲑⲱⲥ Oriental 7021.
ⲱ̄ ⲛⲁⲙⲉⲣⲁⲧⲉ ⲟⲩⲛⲟϭ ⲡⲉ ⲡⲧⲁⲓⲟ ⲙ̄ ⲡⲉⲓ ⲛⲟϭ ⲛ̄ ϣⲁ
ⲙⲡⲟⲟⲩ ⲉⲧ ⲡⲟⲣϣ̄ ⲛⲁⲛ ⲉ ⲃⲟⲗ · ϩⲙ̄ ⲡⲕⲁϩ ⲙ̄ⲙⲁⲧⲉ
ⲁⲛ · ⲁⲗⲗⲁ ϩⲛ̄ ⲧⲕⲉ ⲡⲉ ⲟⲛ · Ⲧⲉⲛⲟⲩ ϭⲉ ⲱ̄ ⲛ̄ⲁⲕⲣⲟⲁ-
ⲧⲏⲥ ⲙ̄ⲙⲁⲓ ⲥⲃⲱ · ⲙⲁⲣⲉⲛⲥⲡⲟⲩⲇⲁⲍⲉ ϩⲱⲱⲛ ⲉ ⲧⲣⲉ ⲩϩⲉ
ⲉ ⲣⲟⲛ ϩⲙ̄ ⲡϣⲁ ⲙ̄ ⲡⲁⲣⲭⲁⲅⲅⲉⲗⲟⲥ ⲙⲓⲭⲁⲏⲗ · ϫⲉ
ⲕⲁⲥ ⲉⲛⲛⲁⲟⲩⲱⲙ · ϩⲱⲱⲛ · ϩⲛ̄ ⲧⲁϣⲏ ⲛ̄ ⲛ̄ⲁⲅⲁⲑⲟⲛ ⲉⲧ
ⲕⲏ ⲛⲁⲛ ⲉ ϩⲣⲁï ϩⲁ ⲣⲱⲛ · ⲙⲛ̄ ⲛⲉⲧ ⲟⲩⲁⲁⲃ ⲧⲏⲣⲟⲩ ·
ⲛ̄ⲧ ⲁⲛⲧⲁⲩⲉ ⲛⲉⲩⲣⲁⲛ · ⲙⲉϣ[ⲁⲕ] ⲛⲁⲙⲉⲣⲁⲧⲉ · ⲛ̄ⲧⲛ̄-
ⲧⲟⲗⲙⲁ · ⲛ̄ⲧⲛ̄ⲃⲱⲕ ⲉ ⲡⲁⲣⲓⲥⲧⲱⲛ ⲙ̄ ⲡⲁⲣⲭⲏⲥⲧⲣⲁⲧⲏ-
[ⲅⲟⲥ] · ⲛ̄ⲧⲛ̄ⲫⲟⲣⲉⲓ ⲁ[ⲛ] | ⲕⲁⲗⲱⲥ · ⲁⲗⲗⲁ ⲛ̄ⲧⲛ̄ⲃⲱⲕ Fol. 22 *a*
ϩⲛ̄ ϩⲉⲛϩⲃ̄ⲥⲱ ⲉⲩⲗⲁⲁⲙ · ⲉⲣⲉ ⲡⲉⲛ ⲕⲉ ⲥⲱⲙⲁ ⲙⲉϩ ⲛ̄ ⲙⲁ
ϭⲟϫⲃ̄ · ⲛⲧ̄ ϩⲉ ⲉ ⲣⲟⲛ ϩⲛ̄ ⲟⲩϣⲓⲡⲉ ϩⲛ̄ ⲧⲙⲏⲏⲧⲉ ⲛ̄ⲛⲉⲧ
ⲫⲟⲣⲉⲓ ⲉⲩⲥⲱⲕ ⲉ ⲣⲟⲟⲩ · ⲛ̄ ⲛⲉⲩⲥⲧⲟⲗⲏ · ⲁⲩⲱ ⲉⲩⲃⲱⲱⲣⲉï
ⲙ̄ⲙⲟⲛ ⲉ ⲃⲟⲗ ϫⲉ ⲛ̄ⲛⲉⲛϩⲱⲛ ⲉ ϩⲟⲩⲛ ⲉ ⲣⲟⲟⲩ · ⲛ̄ⲥⲉ-
ⲧⲱⲗⲙ̄ ⲉ ⲃⲟⲗ ⲙ̄ⲙⲟⲛ · ⲁⲩⲱ ⲙⲛ̄ⲛ̄ⲥⲁ ⲧⲉⲓ ϩⲩⲡⲟⲯⲓⲁ · ⲛ̄
ⲧⲉⲓ ⲙⲓⲛⲉ ⲛ̄ⲥⲉϩⲓ ⲧⲟⲟⲧⲟⲩ ⲛ̄ⲥⲉⲛⲟϫⲛ̄ ⲉ ⲃⲟⲗ · Ⲡⲁⲛⲧⲱⲥ

ⲟⲩⲁⲁⲃ ⲙⲓⲭⲁⲏ̄ⲗ ⲉ ⲧⲃⲉ ⲡⲁⲓ ⲧⲛ̄ⲣⲁϣⲉ ⲙ̄ⲡⲟⲟⲩ ⲁⲗⲏⲑⲱⲥ Oriental 6781.
ⲱ̄ ⲛⲁⲙⲉⲣⲁⲧⲉ ⲟⲩⲛⲟϭ ⲡⲉ ⲡⲧⲁⲉⲓ̄ⲟ ⲙ̄ ⲡⲉⲓ ϣⲁ ⲙ̄ⲡⲟⲟⲩ |
ⲉ̄ⲧ ⲡⲟⲣϣ ⲛⲁⲛ ⲉ ⲃⲟⲗ ϩⲙ̄ ⲡⲕⲁϩ ⲙ̄ⲙⲁⲧⲉ ⲁⲛ ⲁⲗⲗⲁ ϩⲛ̄ Fol. 10 *a*
ⲧⲕⲉ ⲡⲉ ⲟⲛ · Ⲧⲉⲛⲟⲩ ϭⲉ ⲱ̄ ⲛ̄ⲁⲕⲣⲟⲁ̄ⲧⲏⲥ ⲙ̄ⲙⲁⲓ ⲥⲃⲱ · ⲗⲁ
ⲙⲁⲣⲛ̄ⲥⲡⲟⲩⲇⲁⲥⲉ ϩⲱⲱⲛ ⲉ ⲧⲣⲉⲩϩⲉ ⲉ ⲣⲟⲛ ϩⲙ̄ ⲡϣⲁ
ⲙ̄ ⲙⲓⲭⲁⲏ̄ⲗ ϫⲉ ⲕⲁⲥ ⲛ̄ⲛⲁⲟⲩⲱⲙ ϩⲱⲱⲛ · ϩⲛ̄ ⲧⲁϣⲏ ⲛ̄
ⲛ̄ⲁⲅⲁⲑⲱⲛ ⲉⲧ ⲕⲏ ⲛⲁⲛ ⲉ ϩⲣⲁⲓ · ϩⲁ ⲣⲱⲛ · ⲙⲛ̄ ⲛⲉⲧ
ⲟⲩⲁⲁⲃ ⲧⲏⲣⲟⲩ · ⲛ̄ⲧ ⲁⲛⲧⲁⲩⲉ̄ ⲛⲉⲩⲣⲁⲛ · ⲙⲉϣⲁⲕ Ⲛⲁⲙⲉ-
ⲣⲁⲧⲉ ⲛⲧⲛ̄ⲧⲟⲗⲙⲁ ⲛ̄ⲧⲛ̄ⲃⲱⲕ ⲉ ⲡⲁⲣⲓⲥⲧⲱⲛ ⲙ̄ ⲡⲁⲣⲭⲏ-
ⲥⲧⲣⲁⲧ[ⲏ]ⲕⲟⲥ ⲛ̄ⲧⲛ̄ⲫⲱⲣⲉⲓ ⲁⲛ ⲕⲁⲗⲱⲥ · ⲁⲗⲗⲁ ⲛ̄ⲧⲛ̄ⲃⲱⲕ
ϩⲛ̄ ϩⲉⲛϩⲃ̄ⲥⲱ ⲉⲩⲗⲁⲁ̄ⲙ · ⲉⲣⲉ ⲡⲉⲛ ⲕⲉ ⲥⲱⲙⲁ ⲙⲉϩ ⲛ̄
ϭⲱϫⲃ̄ ⲛⲧ̄ ϩⲉ ⲉ ⲣⲟⲛ ϩⲛ̄ ⲟⲩϣï̈ⲡⲉ ⲛ̄ ⲧⲙⲏⲏⲧⲉ ⲛ̄ⲛⲉⲧ
ⲫⲱⲣⲉⲓ · ⲉⲩⲥⲱⲕ ⲉⲣⲟⲟⲩ · ⲛ̄ ⲛⲉⲩⲥⲧⲟⲗⲏ · ⲁⲩⲱ ⲉⲩⲃⲱⲱⲣⲉ
ⲙ̄ⲙⲟⲛ · ϫⲉ ⲛⲛⲉ ⲛϩⲱⲱⲛ ⲉ ϩⲟⲩⲛ ⲉ ⲣⲟⲟⲩ ⲛ̄ⲥⲉⲧⲱⲗⲙ̄
ⲉ ⲃⲟⲗ ⲙ̄ⲙⲟⲛ · ⲁⲩⲱ ⲙⲛ̄ⲛ̄ⲥⲁ Ⲧⲉⲓ ϩⲩⲡⲟⲯⲓⲁ ⲛ̄ ⲧⲉⲓ
ⲙⲓⲛⲉ ⲛ̄ⲥⲉⲛⲟϫⲛ̄ ⲉ ⲃⲟⲗ ⲡⲁⲛⲧⲱⲥ ⲅⲁⲣ ⲡⲁⲓ ⲡⲉ ⲛ̄ϣⲁϫⲉ

Oriental 7021. ⲛⲁⲓ ⲛⲉ ⲛ̄ϣⲁϫⲉ ⲛ̄ϫⲡⲓⲟ ⲉⲧ ⲟⲩⲛⲁⲧⲁⲁⲩ ⲛⲁⲛ· ⲛ̄ϭⲓ ⲛⲉⲧ
ⲫⲟⲣⲉⲓ̈ ⲕⲁⲗⲱⲥ· ϫⲉ ⲱ̄ ⲛ̄ⲣⲱⲙⲉ ⲛ̄ ⲁⲧ ϩⲏⲧ ⲉⲓⲉ ⲛ̄ⲧⲉⲧⲛ̄-
ϣⲡⲉ ⲁⲛ ⲛ̄ ⲧⲉⲓ ϩⲉ· Ⲁⲩⲱ ⲕⲁⲛ ⲛ̄ⲧⲉⲧⲛ̄ϣⲡⲉ ⲁⲛ· ⲉⲓⲉ
ⲛ̄ⲧⲉⲧⲛ̄ⲣ ϩⲟⲧⲉ ⲁⲛ· ϩⲏⲧϥ̄ ⲙ̄ ⲡⲣ̄ⲣⲟ ⲙ̄ ⲙⲉ ⲡⲉⲭ̄ⲥ̄ ⲙⲛ̄
ⲡⲉϥⲁⲣⲭⲁⲅⲅⲉⲗⲟⲥ ⲉⲧ ⲟⲩⲁⲁⲃ ⲙⲓⲭⲁⲏⲗ· ⲛ̄ⲧⲉⲧⲛ̄ⲥⲟⲟⲩⲛ̄
ⲁⲛ· ϫⲉ ⲧⲁ ⲛⲓⲙ ⲧⲉ ϯ ⲁⲩⲗⲏ· ⲁⲩⲱ ϫⲉ ⲡⲁ ⲛⲓⲙ ⲡⲉ
ⲡⲉⲓ ⲁⲣⲓⲥⲧⲟⲛ· ⲉϣϫⲉ ⲙ̄ⲙⲟⲛ ⲛⲁ ⲡⲣ̄ⲣⲟ ⲛⲉ· ⲙⲛ̄
ⲡⲉϥⲁⲣⲭⲁⲅⲅⲉⲗⲟⲥ ⲉⲧ ⲟⲩⲁⲁⲃ ⲙⲓ̈ⲭⲁⲏⲗ· ⲡⲉⲥⲧⲣⲁⲧⲏ-
ⲅⲟⲥ ⲉⲧ ϭⲱⲧⲡ̄ ⲛ̄ ⲙ̄ⲡⲟⲗⲩⲙⲟⲥ ϩⲓⲑⲏ ⲙ̄ ⲡⲉϥϫ̄ⲥ̄ ⲉϥϯ
ⲛ̄ⲛⲉⲓ ⲧⲁⲓⲟ ⲧⲏⲣⲟⲩ ⲛⲁϥ· ⲉ ⲧⲃⲉ ⲧⲉϥⲙⲛ̄ⲧϫⲱⲱⲣⲉ ⁝—
Ⲁⲗⲏⲑⲱⲥ ϯⲑⲁⲩⲙⲁⲍⲉ ⲙ̄ⲙⲱⲧⲛ̄ ϫⲉ ⲉⲧⲉⲧⲛ̄ⲑⲁⲣⲉⲓ ⲛ̄ ⲟⲩ·
ⲁⲧⲉⲧⲛ̄ⲉⲓ ⲉ ϩⲟⲩⲛ ϣⲁ ⲧⲁⲩⲗⲏ· ⲉⲧ ϩⲓ̈ ϩⲟⲩⲛ ⲕⲁⲓ
ⲙⲁⲗⲓⲥⲧⲁ ⲉⲣⲉ ⲛⲉⲧⲛ̄ ⲕⲉ ⲙⲉⲗⲟⲥ ϭⲟⲗⲡ̄ ⲉ ⲃⲟⲗ· ⲙⲏ
ⲙ̄ⲡⲉ ⲧⲉⲧⲛ̄ⲥⲱⲧⲙ̄ ⲉ ⲣⲟϥ ⲉϥϫⲱ ⲙ̄ⲙⲟⲥ ϫⲉ ⲙ̄ⲡⲣ ⲉⲓ ⲉ
Fol. 22 b ϩⲟⲩⲛ· ⲉ ⲡⲁ ⲙⲁ | ⲛ̄ ϣⲉⲗⲉⲉⲧ ⲉⲙⲛ̄ ϩⲃ̄ⲥⲱ ⲙ̄ ⲙⲁ ⲛ̄
ⲙ̄ⲃ̄ ϣⲉⲗⲉⲉⲧ ⲧⲱ ϩⲓ̈ⲱⲱⲕ· Ⲏ ⲙ̄ⲡⲉ ⲧⲉⲧⲛ̄ⲥⲱⲧⲙ̄ ⲉ ⲣⲟϥ ⲉ ⲧⲃⲉ
ⲡⲣⲱⲙⲉ ⲛ̄ⲧⲁϥⲧⲟⲗⲙⲁ ⲁϥⲃⲱⲕ ⲉ ϩⲟⲩⲛ ϩⲛ̄ ⲟⲩϩⲃ̄ⲥⲱ

Oriental 6781. ⲉⲧ ⲟⲩⲛⲁϫⲟⲟⲩ ⲛⲁⲛ ⲛ̄ϭⲓ ⲛⲉⲧ ⲫⲱⲣⲉⲓ ⲕⲁⲗⲱⲥ· ϫⲉ ⲱ̄
ⲛ̄ⲣⲱⲙⲉ ⲛ̄ ⲁⲧ ⲑⲏⲧ· ⲉⲓⲉ̄ ⲛ̄ⲧⲉⲧⲛ̄ϣⲡⲉ ⲁⲛ ⲛ̄ ⲧⲉⲓ ϩⲉ·
ⲁⲩⲱ ⲕⲁⲛ ⲛ̄ⲧⲉⲧⲛ̄ϣⲡⲉ ⲁⲛ ⲉⲓⲉ ⲛ̄ⲧⲉⲧⲛ̄ⲣ ϩⲟⲧⲉ ⲁⲛ ϩⲏⲧϥ̄
ⲙ̄ ⲡⲣ̄ⲣⲟ ⲙ̄ ⲙⲉ ⲓ̄ⲥ̄ ⲡⲉⲭ̄ⲥ̄· ⲙⲛ̄ ⲡⲉϥⲁⲣⲭⲁⲅⲅⲉⲗⲟⲥ ⲉ̄ⲧ
ⲟⲩⲁⲁⲃ ⲙⲓⲭⲁⲏⲗ· Ⲛ̄ⲧⲉⲧⲛ̄ⲥⲟⲟⲩⲛ̄ ⲁⲛ ϫⲉ ⲧⲁ ⲛⲓⲙ ⲧⲉ
ⲧⲉⲓ ⲁⲩⲗⲏ· ⲁⲩⲱ ϫⲉ ⲡⲁ ⲛⲓⲙ ⲡⲉ ⲡⲉⲓ ⲁⲣⲓⲥⲧⲟⲛ· ⲉϣϫⲉ
ⲙ̄ⲙⲟⲛ ⲛⲁ ⲡⲣ̄ⲣⲟ ⲙⲛ̄ ⲡⲉϥⲁⲣⲭⲁⲅⲅⲉⲗⲟⲥ ⲉⲧ ⲟⲩⲁⲁⲃ
ⲙⲓⲭⲁⲏⲗ ⲡⲁⲣⲭⲏⲥⲧⲣⲁⲧⲏⲅⲟⲥ ⲉⲧ ϭⲱⲧⲡ ⲛ ⲙ̄ⲡⲟⲗⲩⲙⲟⲥ
ϩⲓⲑⲏ̄ ⲙ̄ ⲡⲉϥϫⲟⲉⲓⲥ ⲉϥϯ ⲛ̄ⲛⲉⲓ ⲧⲁⲓⲟ ⲧⲏⲣⲟⲩ ⲛⲁϥ· ⲉ
ⲧⲃⲉ ⲧⲉϥⲙⲛ̄ⲧϫⲱⲱⲣⲉ· ⲁⲗⲏⲑⲱⲥ ϯⲑⲁⲩⲙⲁⲍⲉ ⲙ̄ⲙⲱⲧⲛ̄
Fol. 10 b ϫⲉ ⲉ̄ⲧⲉⲧⲛ̄ⲑⲁⲣⲉ ⲉ ⲟⲩ | ⲁⲧⲉⲧⲛ̄ⲉⲓ ⲉ̄ ϩⲟⲩⲛ ϣⲁ ⲧⲁⲩⲗⲏ ⲉⲧ
ⲗ̄ⲃ̄ ϩⲓ ϩⲟⲩⲛ· ⲕⲁⲓ ⲙⲁⲗⲓⲥⲧⲁ ⲉⲣⲉ ⲛⲉⲧⲛ̄ ⲕⲉ ⲙⲉⲗⲟⲥ ϭⲟⲗⲡ̄
ⲉ ⲃⲟⲗ· ⲙⲏ ⲙ̄ⲡⲉ ⲧⲉⲧⲛ̄ⲥⲱⲧⲙ̄ ⲉ ⲣⲟϥ ⲉϥϫⲱ ⲙ̄ⲙⲟⲥ ϫⲉ
ⲙ̄ⲡⲉⲣ ⲉⲓ ⲉ ϩⲟⲩⲛ· ⲉ ⲡⲁ ⲙⲁ ⲛ̄ ϣⲉⲗⲉⲉⲧ ⲉⲙⲛ̄ ϩⲃ̄ⲥⲱ ⲙ̄
ⲙⲁ ⲛ̄ ϣⲉⲗⲉⲉⲧ ⲧⲟ ϩⲓⲱⲱⲕ· ⲏ ⲙ̄ⲡⲉ ⲧⲉⲧⲛ̄ⲥⲱⲧⲙ̄ ⲉ ⲣⲟϥ
ⲉ ⲧⲃⲉ ⲡⲣⲱⲙⲉ ⲛ̄ⲧⲁϥⲧⲟⲗⲙⲁ· ⲁϥⲃⲱⲕ ⲉ ϩⲟⲩⲛ ϩⲛ̄

Oriental 7021.

ⲉⲥⲗⲁⲁⲙ· ⲛ̅ⲑⲉ ⲛ̅ⲧⲱⲧⲛ̅· ⲁⲧⲉⲧⲛ̅ⲡⲉⲓ̈ⲙⲉ ϫⲉ ⲛ̅ⲧⲁ ⲟⲩϣⲱⲡⲉ
ⲙ̅ⲙⲟϥ· ⲉϥⲥⲏϩ ϫⲉ ⲁϥⲧⲣⲉⲩⲙⲟⲣϥ̅ ⲉ ⲛⲉϥϭⲓϫ· ⲙⲛ̅
ⲛⲉϥⲟⲩⲣⲏⲏⲧⲉ· ⲁϥⲛⲟϫϥ̅ ⲉ ⲡⲕⲁⲕⲉ ⲉⲧ ϩⲓ ⲃⲟⲗ ⲉϥⲛⲁ-
ϣⲱⲡⲉ ⲙ̅ⲙⲁⲩ ⲛ̅ϭⲓ ⲡⲣⲓⲙⲉ ⲁⲩⲱ ⲡϭⲁϩϭⲉϩ ⲛ̅ⲛⲟⲃϩⲉ·
ⲧⲉⲛⲟⲩ ϭⲉ ⲱ̅ ⲛⲉⲥⲛⲏⲩ ⲧⲱⲟⲩⲛ ⲁⲛⲁⲭⲱⲣⲉⲓ ⲛⲏⲧⲛ̅ ⲉ
ⲧⲁⲩⲗⲏ ⲉⲧ ϩⲓ ⲃⲟⲗ· ⲉ ⲡⲟⲩⲉ· ⲙ̅ ⲡⲣⲟ ⲛ̅ ⲟⲩⲕⲟⲩⲓ̈ ϫⲉ
ⲕⲁⲥ· ⲉⲣϣⲁⲛ ⲡⲉⲛϫⲥ̅ ⲡ̅ⲣ̅ⲣⲟ ⲉⲓ ⲉ ϩⲟⲩⲛ· ⲙⲛ̅ ⲡⲉϥⲛⲟϭ
ⲛ̅ ⲁⲣⲭⲁⲅⲅⲉⲗⲟⲥ ⲉⲧ ⲟⲩⲁⲁⲃ· ⲛ̅ⲧⲛ̅ⲥⲡ̅ⲥⲱⲡϥ̅ ⲁⲣⲏⲩ ⲛϥ̅ⲣ̅
ⲡⲛⲁ ⲛ̅ⲙ̅ⲙⲁⲛ ⲛ̅ ⲟⲩⲕⲟⲩⲓ̈ ⲡⲣⲟⲥ ⲑⲉ ⲙ̅ ⲡⲕⲉⲥⲉⲡⲉ ⲉⲧ ϣⲉⲧ
ⲙⲛ̅ⲧⲛⲁ· ⲉⲣⲙ̅ ⲡⲣⲟ ⲛ̅ ⲧⲁⲩⲗⲏ· ⲟⲩⲛⲁⲛⲧ ⲅⲁⲣ ⲡⲉ
ⲡⲁⲣⲭⲁⲅⲅⲉⲗⲟⲥ ⲉⲧⲉⲧⲛ̅ϣⲁⲛⲣ̅ ϣⲁ ⲛⲁϥ ⲛϥ̅ⲛⲁⲕⲁ ⲧⲏⲩⲧⲛ̅
ⲁⲛ· ⲉϫⲛ̅ ⲗⲁⲁⲩ· ⲁⲗⲗⲁ ⲧⲟⲩϫⲉ ⲧⲏⲩⲧⲛ̅ ⲛ̅ⲥⲁ ⲃⲟⲗ·
ⲙ̅ⲡⲣ̅ ⲕⲁⲁⲩ ⲉϩⲉ ⲉ ⲣⲟⲛ· ϩⲙ̅ ⲡⲉⲓ ⲕⲟⲩϫⲃ̅(?) ϩⲛ̅ ⲧⲙⲏⲏⲧⲉ·
ⲙ̅ ⲡⲉⲓ̈ ϣⲁ ⲙ̅ⲡⲟⲟⲩ· ϫⲉ ⲛ̅ⲛⲉ ⲛⲃⲱⲕ ϩⲙ̅ ⲡϩⲓⲥⲉ ⲛ̅ ⲛ̅ⲕⲟⲟⲩⲉ·
Ⲉⲓⲥ ϩⲏⲏⲧⲉ ⲁⲓⲧⲁⲙⲱⲧⲛ̅ ⲁⲧⲉⲧⲛ̅ⲥⲱⲧⲙ̅ ⲱ̅ ⲛⲁⲙⲉⲣⲁⲧⲉ ⲉ
ⲡⲉϫⲡⲓⲟ ⲛ̅ⲧⲁ ⲛⲁⲓ̈ ϥⲓ̈ ϩⲁ ⲣⲟⲟⲩ· ⲕⲁⲓ̈ ⲙⲁⲗⲓⲥⲧⲁ ⲛ̅ⲣⲱⲙⲉ
[. .]ⲧ[. . . .]ⲏ· [ⲛ]ⲁⲓ ⲉⲧ ϣⲁϫⲉ ⲛ̅ⲙ̅ⲙⲁⲩ ⲁⲩⲱ ⲡⲛⲟⲩⲧⲉ

Oriental 6781.

ⲟⲩϩⲃ̅ⲥⲱ ⲉⲥⲗⲁⲁⲙ ⲛ̅ⲑⲉ ⲛ̅ⲧⲱⲧⲛ̅· ⲁ̅ⲧⲉⲧⲛ̅ⲡⲉⲓⲙⲉ ϫⲉ ⲛ̅ⲧⲁ ⲱ̅-
ϣⲱⲡⲉ (*sic*) ⲙ̅ⲙⲟϥ· ϥ̅ⲥⲏϩ ϫⲉ ⲁϥⲧⲣⲉⲩⲙⲟⲣϥ̅ ⲉ ⲛⲉϥϭⲓϫ ⲙⲛ̅
ⲛⲉϥⲟⲩⲣⲏⲏⲧⲉ ⲁϥⲛⲟϫϥ̅ ⲉ ⲡⲕⲁⲕⲉ ⲉⲧ ϩⲓ ⲃⲟⲗ ϥⲛⲁϣⲱⲡⲉ
ⲙ̅ⲙⲁⲩ ⲛ̅ϭⲓ ⲡⲣⲓⲙⲉ ⲁⲩⲱ ⲡϭⲁϩϭϩ̅ ϩⲛ̅ⲛⲟⲃϩⲉ· ⲧⲉⲛⲟⲩ ϭⲉ
ⲱ̅ ⲛⲉⲥⲛⲏⲩ ⲁⲛⲁⲭⲱⲣⲉⲓ ⲛⲏⲧⲛ̅ ⲉ ⲧⲁⲩⲗⲏ ⲉⲧ ϩⲓ ⲃⲟⲗ·
ⲉ ⲡⲟⲩⲉ̅ ⲙ̅ ⲡⲣⲟ̅ ⲛ̅ ⲟⲩⲕⲟⲩⲓ̈· ϫⲉ ⲕⲁⲥ ⲉⲣⲉ ⲡⲉⲛϫⲟⲉⲓⲥ
ⲡ̅ⲣ̅ⲣⲟ ⲉⲓ ⲉ ϩⲟⲩⲛ ⲙⲛ̅ ⲡⲉϥⲛⲟϭ ⲛ̅ ⲁⲣⲭⲁⲅⲅⲉⲗⲟⲥ ⲉⲧ
ⲟⲩⲁⲁⲃ ⲛ̅ⲧⲉⲧⲛ̅ⲥⲡ̅ⲥⲱⲡϥ̅ ⲁⲣⲏⲩ ⲛϥ̅ⲣ̅ ⲡⲛⲁ ⲛ̅ⲙ̅ⲙⲏⲧⲛ̅ ⲛ̅
ⲟⲩⲕⲟⲩⲓ· ⲡⲣⲟⲥ ⲡⲕⲉⲥⲉⲡⲉ ⲛ̅ⲛⲉⲧ ϣⲉⲧ ⲙⲛ̅ⲧⲛⲁ· ϩⲓⲣⲙ̅
ⲡⲣⲟ ⲛ̅ ⲧⲁⲩⲗⲏ· ⲟⲩⲛⲁⲛⲧ ⲅⲁⲣ ⲡⲉ ⲡⲁⲣⲭⲁⲅⲅⲉⲗⲟⲥ
ⲉⲧⲉⲧⲛ̅ⲣ̅ ϣⲁ ⲛⲁϥ· ⲛϥ̅ⲛⲁⲕⲁ ⲧⲏⲩⲧⲛ̅ ⲁⲛ ⲉϫⲛ̅ ⲗⲁⲁⲩ·
ⲁⲗⲗⲁ ⲧⲟⲩϫⲉ ⲧⲏⲩⲧⲛ̅· ⲙ̅ⲡⲣ̅ ⲕⲁⲁⲩ ⲉϩⲉ ⲉ ⲣⲱⲧⲛ̅ ϩⲙ̅ ⲡⲉⲓ
ϭⲱϫⲃ̅· ϩⲛ̅ ⲧⲙⲏⲏⲧⲉ· ⲙ̅ ⲡⲉⲓ ϣⲁ ⲙ̅ⲡⲟⲟⲩ· ϫⲉ ⲛ̅ⲛⲉ ⲛ-
ⲃⲱⲕ ϩⲙ̅ ⲡϩⲓⲥⲉ ⲛ̅ ⲛ̅ⲕⲟⲟⲩⲉ· ⲉⲓⲥ ϩⲏⲏⲧⲉ ⲁⲓⲧⲁⲙⲱⲧⲛ̅
ⲁⲧⲉⲧⲛ̅ⲥⲱⲧⲙ̅ ⲱ̅ ⲛⲁⲙⲉⲣⲁⲧⲉ ⲉ ⲡⲉϫⲡⲓⲟ̅ ⲛⲧⲁⲛⲁⲓϣⲱⲡⲉ
ⲉⲩϥⲓ ϩⲁ ⲣⲟⲟⲩ· ⲕⲁⲓ ⲙⲁⲗⲓⲥⲧⲁ ϩⲉⲛⲣⲱⲙⲉ ⲛⲉ ⲛⲁⲓ

Oriental 7021. ⲁⲛ ⲡⲉ·| ⲁⲗⲗⲁ ⲙⲉϣⲁⲕ ⲛ̄ⲧⲉ ⲟⲩⲁ ϫⲟⲟⲥ ⲛⲁⲓ ϫⲉ ⲁϣ
ⲛⲉ ⲛⲉⲓ ϩⲟⲓⲧⲉ ⲉⲧ ⲗⲁⲁⲙ· ⲏ̄ ⲛⲉⲓ ⲕⲟⲩϫⲃ̄ ⲛ̄ⲧⲉ ⲡⲥⲱⲙⲁ·
Fol. 23 *a* ⲙ̄ⲅ̄ ⲙⲏ ⲟⲩⲛ̄ ϫⲓ ϩⲟ ϩⲁϩⲧⲙ̄ ⲡⲛⲟⲩⲧⲉ· ⲏ ⲉⲣⲉ ⲡⲛⲟⲩⲧⲉ
ⲟⲩⲉϣ ⲛ̄ ⲣ̄ⲙ̄ⲙⲁⲟ· ⲡⲁⲣⲁ ⲡ̄ϩⲏⲕⲉ· Ⲙⲏϯ ⲟⲩⲉϣ ⲫⲟⲣⲉⲓ̈
ⲁⲛ ⲁⲛⲟⲕ· ⲙⲏ ⲟⲩⲛ̄ ⲣⲱⲙⲉ ⲟⲩⲉϣ ϫⲉⲓ ⲥⲱϣ· ⲙ̄ⲙⲟⲛ ⲛ̄
ⲧⲉⲓ̈ ϩⲉ ⲁⲛ ⲧⲉ ⲱ̄ ⲛⲁⲙⲉⲣⲁⲧⲉ· ⲙ̄ⲡⲉ ⲉϣⲱⲡⲉ ⲉ ⲧⲣⲉ
ⲛϫⲟⲟⲥ ϫⲉ ϣⲁⲣⲉ ⲡⲛⲟⲩⲧⲉ ϫⲓ ϩⲟ· ⲏ̄ ϫⲉ ⲉϥⲟⲩⲉϣ
ⲡⲣ̄ⲙ̄ⲙⲁⲟ ⲡⲁⲣⲁ ⲡ̄ϩⲏⲕⲉ· ⲁⲗⲗⲁ ⲥⲱⲧⲙ̄ ⲛ̄ⲧⲁⲧⲁⲙⲱⲧⲛ̄
ⲉ ⲡⲉϥⲟⲣⲓⲥⲙⲁ· ⲉⲧ ⲛⲁⲛⲟⲩϥ· ⲙⲛ̄ ⲡⲉⲧ ⲗⲁⲁⲙ·
ⲉⲕϣⲁⲛⲉⲓ ⲉ ⲃⲱⲕ ⲉ ⲡⲁⲣⲓⲥⲧⲟⲛ ⲙ̄ ⲙⲓⲭⲁⲏⲗ· ⲧⲱϩⲥ̄ ⲛ̄
ⲧⲕⲁⲡⲉ ⲛⲅ̄ ⲉⲓⲱ ⲙ̄ ⲡⲉⲕϩⲟ· ⲛⲅ̄ ⲛⲟⲩϫⲉ ⲛ̄ⲥⲁ ⲃⲟⲗ ⲙ̄ⲙⲟⲕ
ⲛ̄ ⲑⲩⲡⲟⲕⲣⲓⲥⲓⲥ ⲕⲛⲁⲣ̄ ϣⲁⲩ ⲕⲁⲗⲱⲥ· Ⲉⲩϣⲁⲛⲕⲁⲗⲉⲓ̈
ⲙ̄ⲙⲟⲕ ⲉ ⲡⲁⲣⲓⲥⲧⲟⲛ ⲙ̄ ⲙⲓⲭⲁⲏⲗ· ⲕⲁⲑⲁⲣⲓⲍⲉ ⲙ̄
ⲡⲉⲕϩⲏⲧ ⲛ̄ⲥⲁ ⲃⲟⲗ ⲙ̄ⲙⲟⲕ ⲛ̄ⲕⲁⲕⲓⲁ ⲛⲓⲙ· ⲛⲅ̄ ⲛⲟⲩϫⲉ
ⲛ̄ⲥⲁ ⲃⲟⲗ ⲙ̄ⲙⲟⲕ ⲛ̄ ⲧⲕⲁⲧⲁⲗⲁⲗⲓⲁ· ⲁⲩⲱ ⲧⲉⲕϩⲃ̄ⲥⲱ
ⲛⲁϣⲱⲡⲉ ⲉⲥⲡⲣⲓⲱⲟⲩ ⲁⲩⲱ ⲛⲅ̄ ⲣⲁϣⲉ ⲁⲩⲱ ⲛⲅ̄ⲣ̄ ϣⲁⲩ
ⲕⲁⲗⲱⲥ· ⲉⲕϣⲁⲛⲃⲱⲕ ⲉ ⲧⲉⲕⲕⲗⲏⲥⲓⲁ ⲙ̄ ⲡⲛⲟⲩⲧⲉ ⲉⲧⲉ

Oriental 6781. ⲛ̄ⲧⲉⲩϩⲉ ⲉⲧ ϣⲁϫⲉ ⲛ̄ⲙ̄ⲙⲁⲩ· ⲁⲩⲱ ⲙ̄ ⲡⲛⲟⲩⲧⲉ ⲁⲛ ⲡⲉ:—
ⲁⲗⲗⲁ ⲙⲉϣⲁⲕ ⲛ̄ⲧⲉ ⲟⲩ̄ⲁ̄ ϫⲟⲟⲥ ⲛⲁⲓ· ϫⲉ ⲟⲩ ⲛⲉ ⲛⲉⲓ
ϩⲟⲓⲧⲉ ⲉⲧ ⲗⲁⲁⲙ ⲏ̄ ⲟⲩ ⲛⲉ ⲛⲉⲓ ϭⲟⲣϫⲉ ⲛ̄ⲧⲉ ⲡⲥⲱⲙⲁ·
Fol. 11 *a* ⲗ̄ⲅ̄ ⲙⲏ̄ ⲟⲩⲛ̄ ϫⲓ | ϩⲟ ϩⲁϩⲧⲏⲛ ⲡⲛⲟⲩⲧⲉ ⲏ̄ ⲉⲣⲉ ⲡⲛⲟⲩⲧⲉ
ⲟⲩⲉϣ ⲡⲣ̄ⲙ̄ⲙⲁⲟ̄ ⲡⲁⲣⲁ ⲡ̄ϩⲏⲕⲉ ⲙⲛ̄ⲧⲉⲓ ⲟⲩⲉϣ ⲫⲱⲣⲉⲓ
ⲁⲛ ⲁⲛⲟⲕ· ⲙⲏ ⲟⲩⲛ̄ ⲣⲱⲙⲉ ⲟⲩⲉϣ ϫⲓ ⲥⲱϣ· ⲙ̄ⲙⲟⲛ
ⲛ̄ ⲧⲉⲓ ϩⲉ ⲁⲛ ⲧⲉ ⲱ̄ ⲡⲁ ⲙⲉⲣⲓⲧ· ⲙ̄ⲡⲉ ⲉϣⲱⲡⲉ ⲉ ⲧⲣⲉ
ⲛϫⲟⲟⲥ· ϫⲉ ϣⲁⲣⲉ ⲡⲛⲟⲩⲧⲉ ϫⲓ ϩⲟ· ⲛ̄ ⲟⲩⲉϣ ⲡⲣ̄ⲙ̄ⲙⲁⲟ̄
ⲡⲁⲣⲁ ⲡ̄ϩⲏⲕⲉ· ⲁⲗⲗⲁ ⲥⲱⲧⲙ̄ ⲛ̄ⲧⲁⲧⲁⲙⲱⲧⲛ̄ ⲉ ⲡⲉϥⲟ-
ⲣⲓⲥⲙⲁ ⲉ̄ⲧ ⲛⲁⲛⲟⲩϥ ⲙⲛ̄ ⲡⲉⲧ ⲗⲁⲁⲙ ⲉⲕϣⲁⲛⲉⲓ ⲉ
ⲡⲁⲣⲓⲥⲧⲱⲛ ⲙ̄ ⲙⲓⲭⲁⲏⲗ ⲧⲱϩⲥ̄ ⲛ̄ ⲧⲉⲕⲁ̄ⲡⲉ ⲛⲅ̄ ⲉⲓⲱ̄ ⲙ̄
ⲡⲉⲕϩⲟ̄ ⲛⲅ̄ ⲛⲟⲩϫ ⲛ̄ⲥⲁ ⲃⲟⲗ ⲙ̄ⲙⲟⲕ ⲛ̄ ⲑⲩⲡⲟⲕⲣⲏⲥⲓⲥ·
ⲁⲩⲱ ⲕⲛⲁⲣ̄ ϣⲁⲩ ⲕⲁⲗⲱⲥ· ⲉⲩϣⲁⲛⲛⲕⲁⲗⲉ ⲙ̄ⲙⲟⲕ ⲉ
ⲡⲁⲣⲓⲥⲧⲟⲛ ⲙ̄ ⲙⲓⲭⲁⲏⲗ ⲕⲁⲑⲁⲣⲓⲍⲉ ⲙ̄ ⲡⲉⲕϩⲏⲧ ⲉ ⲃⲟⲗ
ϩⲛ̄ ⲕⲁⲕⲓⲁ ⲛⲓⲙ ⲙⲛ̄ ⲕⲁⲧⲁⲗⲁⲗⲁⲅⲁ ⲛⲓⲙ Ⲁⲩⲱ ⲧⲉⲕϩⲃ̄ⲥⲱ
ⲛⲁϣⲱ[ⲡ]ⲉ ⲉⲥⲡⲣⲓⲱⲟⲩ· ⲁⲩⲱ ⲛⲅ̄ⲣ̄ ϣⲁ ⲕⲁⲗⲱⲥ· ⲉⲕϣⲁⲛ-

ⲡⲁⲓ ⲡⲉ ⲡⲏⲓ ⲙ̄ ⲙⲓ̈ⲭⲁⲏⲗ · ⲕⲁⲁⲕ ⲕⲁ ϩⲏⲩ ⲛ̄ ⲧⲡⲟⲣⲛⲓⲁ Oriental 7021.
ⲙⲛ̄ ⲡⲁⲑⲟⲥ ⲛⲓⲙ ⲛ̄ ϫⲱϩⲙ̄ · ϯ ϩⲓⲱⲱⲕ ⲛ̄ ϯⲣⲏⲛⲏ · ⲙⲛ̄
ⲡⲧⲃ̄ⲃⲟ · ⲙⲛ̄ ⲧⲇⲓⲕ[ⲁⲓⲟ]ⲥⲩⲛⲏ · ⲁⲩⲱ ⲕⲛⲁⲃⲱⲕ ⲉ ϩⲟⲩⲛ ⲉ
ⲧⲁⲩⲗⲏ ϩⲛ̄ ⲟⲩⲣⲁϣⲉ · ⲛⲅ̄ ⲣ̄ ϣⲁ ⲙⲛ̄ ⲡⲁⲣⲭⲁⲅⲅⲉⲗⲟⲥ ⲉⲧ
ⲟⲩⲁⲁⲃ ⲙⲓⲭⲁⲏⲗ · ⲉⲩϣⲁⲛⲕⲁⲗⲉⲓ̈ | ⲙ̄ⲙⲟⲕ ⲉ ⲧϣⲉⲗⲉⲉⲧ Fol. 23 *b* ⲙ̄ⲁ̄
ⲙ̄ ⲡⲣ̄ⲣⲟ · ⲙⲛ̄ ⲡⲉϥⲛⲟϭ ⲛ̄ ⲥⲧⲣⲁⲧⲏⲗⲁⲧⲏⲥ · ⲙⲁⲣⲉ
ⲛⲉⲕⲙⲛ̄ⲧⲛⲁ · ⲙⲛ̄ ⲛⲉⲕⲁⲅⲁⲡⲏ · ⲟⲩⲱⲛ ⲛⲁⲕ ⲙ̄ ⲡⲣⲟ ⲙ̄
ⲡⲛⲩⲙⲫⲱⲛ · ⲁⲩⲱ ⲛⲉⲧ ⲉⲕⲛⲁⲧⲁⲁⲩ ⲕⲛⲁϩⲉ ⲉ ⲣⲟⲟⲩ ⲙ̄
ⲙⲛⲧ ⲛ̄ ⲕⲱⲃ · ϩⲓϫⲛ̄ ⲧⲉⲕⲧⲣⲁⲡⲉⲍⲁ ϩⲁ ⲣⲱⲕ · ⲉⲕϣⲁⲛⲟⲩⲱϣ
ⲉ ϯ ⲉⲟⲟⲩ ⲙ̄ ⲡⲁⲣⲭⲏⲥⲧⲣⲁⲧⲏⲅⲟⲥ ⲙ̄ ⲡⲣ̄ⲣⲟ ⲙⲓⲭⲁⲏⲗ ·
ⲙⲁⲣⲉ ⲛⲉⲭⲏⲣⲁ ⲉⲓ ⲉ ⲃⲟⲗ ϩⲏⲧⲕ̄ ⲙⲛ̄ ⲛ̄ⲟⲣⲫⲁⲛⲟⲥ · ⲉⲣⲉ
ⲛⲉⲩϩⲟ ⲣⲟⲟⲩⲧ ⲉⲣⲉ ⲛⲉⲩⲥⲱⲙⲁ · ⲣⲟⲟⲩⲧ · ⲉⲩϩⲟⲃⲥ̄ ⲛ̄
ⲟⲩϩⲃ̄ⲥⲱ ⲕⲁⲧⲁ ⲧⲉⲕϭⲟⲙ · ⲁⲩⲱ ϯϫⲱ ⲙ̄ⲙⲟⲥ · ⲛⲁⲕ ϫⲉ
ⲡⲉⲕⲇⲱⲣⲟⲛ ⲛⲁϣⲱⲡⲉ ⲛ̄ ⲟⲩⲛⲟϭ ⲙ̄ ⲡⲙ̄ⲧⲟ ⲉ ⲃⲟⲗ ⲙ̄
ⲡⲛⲟⲩⲧⲉ ⲙⲛ̄ ⲡⲁⲣⲭⲁⲅⲅⲉⲗⲟⲥ ⲉⲧ ⲟⲩⲁⲁⲃ ⲙⲓ̈ⲭⲁⲏⲗ · Ⲉⲕ-
ϣⲁⲛⲟⲩⲱϣ ⲉ ⲃⲱⲕ ⲉ ⲡⲁⲣⲓ̈ⲥⲧⲟⲛ · ⲙ̄ ⲙⲓⲭⲁⲏⲗ · ⲉⲕⲣⲟⲟⲩⲧ ·

ⲃⲱⲕ ⲉ ϩⲟⲩⲛ ⲉ ⲧⲉⲕⲕⲗⲏⲥⲓⲁ ⲙ̄ ⲡⲛⲟⲩⲧⲉ ⲉⲧⲉ ⲡⲏⲓ ⲡⲉ Oriental 6781.
ⲙ̄ ⲙⲓⲭⲁⲏⲗ · ⲕⲁⲁⲕ ⲕⲁ ϩⲏⲩ ⲛ̄ ⲧⲡⲟⲣⲛⲓⲁ · ⲙⲛ̄ ⲡⲁⲑⲟⲥ
ⲛⲓⲙ · ⲙⲛ̄ ϫⲱϩⲙ̄ ⲛⲓⲙ · ϯ ϩⲓⲱⲱⲕ ⲛ̄ ϯⲣⲏⲛⲏ ⲙⲛ̄ ⲡⲧⲃ̄ⲃⲟ
ⲙⲛ̄ ⲧⲇⲓⲕⲁⲓⲟⲥⲩⲛⲏ · ⲁⲩⲱ ⲕⲛⲁⲃⲱⲕ ⲉ ϩⲟⲩⲛ ⲉ ⲧⲁⲩⲗⲏ
ϩⲛ̄ ⲟⲩⲣⲁϣⲉ · ⲛⲅ̄ ⲣ̄ ϣⲁ̄ ⲙⲛ̄ ⲡⲁⲣⲭⲁⲅⲅⲉⲗⲟⲥ · ⲉⲧ ⲟⲩⲁⲁⲃ
ⲙⲓⲭⲁⲏⲗ ⲉⲩϣⲁⲛⲛ̄ⲕⲁⲗⲉⲓ ⲙ̄ⲙⲟⲕ ⲉ ⲧϣⲉⲗⲉⲉⲧ ⲙ̄ ⲡⲣ̄ⲣⲟ
ⲙⲛ̄ ⲡⲉϥⲛⲟϭ ⲛ̄ ⲥⲧⲣⲁⲧⲏⲗⲁⲧⲏⲥ · ⲙⲁⲣⲉ ⲛⲉⲕⲙⲛ̄ⲧⲛⲁ
ⲙⲛ̄ ⲛⲉⲕⲁⲅⲁⲡⲏ ⲟⲩⲱⲛ ⲛⲁⲕ ⲙ̄ ⲡⲣⲟ̄ ⲙ̄ ⲡⲛⲩⲙ̄ⲫⲱⲛ ·
ⲁⲩⲱ ⲛⲉⲧ ⲉⲕⲛⲁⲧⲁⲁⲩ ⲕⲛⲁϩⲉ ⲉ ⲣⲟⲟⲩ ⲙ̄ ⲙⲛⲧ ⲛ̄ⲕⲱⲃ ϩⲓϫⲛ̄
ⲧⲉⲕⲧⲣⲁⲡⲓⲍⲁ̄ (*sic*) ϩⲁ ⲣⲱⲕ · ⲉⲕϣⲁⲛⲟⲩⲱ̄ϣⲉ ⲉ ⲧⲓ ⲉⲟⲟⲩ
ⲙ̄ ⲡⲁⲣⲭⲏⲥⲧⲣⲁⲧⲏⲕⲟⲥ ⲙ̄ ⲡⲣ̄ⲣⲟ ⲙⲓⲭⲁⲏⲗ · ⲙⲁⲣⲉ ⲛⲉ-
ⲭⲏⲣⲁ ⲉⲓ ⲉ ⲃⲟⲗ ϩⲏⲧⲕ̄ ⲙⲛ̄ ⲛ̄ⲟⲣⲫⲁⲛⲟⲥ · ⲉⲣⲉ ⲛⲉⲩϩⲟⲣⲟⲟⲩⲧ ·
ⲉⲣⲉ ⲛⲉⲩⲥⲱⲙⲁ ϩⲟⲃⲥ̄ · | ⲛ̄ ⲟⲩϩⲃ̄ⲥⲱ ⲕⲁⲧⲁ ⲧⲉⲕϭⲟⲙ · Fol. 11 *b* ⲗ̄ⲁ̄
ⲁⲩⲱ ϯϫⲱ ⲙ̄ⲙⲟⲥ ⲛⲁⲕ ϫⲉ ⲡⲉⲕⲇⲱⲣⲟⲛ ⲛⲁϣⲱⲡⲉ ⲛ̄
ⲟⲩⲛⲟϭ ⲙ̄ⲡⲙ̄[ⲧⲟ] ⲉ ⲃⲟⲗ ⲙ̄ ⲡⲛⲟⲩⲧⲉ ⲙⲛ̄ ⲡⲁⲣⲭⲁⲅⲅⲉ-
ⲗⲟⲥ ⲙⲓⲭⲁⲏⲗ Ⲉⲕϣⲁⲛⲟⲩⲱ̄ϣⲉ ⲉ ⲃⲱⲕ ⲉ ⲡⲁⲣⲓ̈ⲥⲧⲟⲛ ⲙ̄
ⲙⲓⲭⲁⲏⲗ ⲉⲕⲣⲟⲟⲩⲧ · ⲉⲧⲉ̄ ϣⲡ̄ ϩⲉⲛϣⲙ̄ⲙⲟ̄ ⲉ ⲣⲟⲕ · ϩⲙ̄

Oriental 7021. ⲉⲓⲉ ϣⲡ̅ ϩⲉⲛϣⲙ̅ⲙⲟ ⲉ ⲣⲟⲕ· ϩⲙ̅ ⲡϣⲁ ⲙ̅ ⲡⲁⲣⲭⲁⲅ-
ⲅⲉⲗⲟⲥ ⲙⲓⲭⲁⲏⲗ· ⲛ̅ⲅⲣ̅ ⲛⲁ ⲛ̅ⲙ̅ⲙⲁⲩ· ⲁⲩⲱ ⲙⲓⲭⲁⲏⲗ
ⲛⲁⲉⲓ ⲉ ⲃⲟⲗ ϩⲡ̅ ⲟⲩⲣⲁϣⲉ ⲛ̅ϥϫⲓⲧⲕ̅ ⲉ ϩⲟⲩⲛ ⲉ ⲧⲁⲩⲗⲏ·
ⲙ̅ ⲡⲉϥⲣ̅ⲣⲟ· ϩⲡ̅ ⲟⲩⲉⲓⲣⲏⲛⲏ ⁘ Ⲉⲣϣⲁⲛ ⲟⲩⲣⲱⲙⲉ
ⲥⲡ̅ⲥⲱⲡⲕ̅ ⲉϥⲁⲓⲧⲉⲓ̈ ⲙ̅ⲙⲟⲕ ϩⲙ̅ ⲡⲣⲁⲛ ⲙ̅ ⲙⲓⲭⲁⲏⲗ· ⲡ̅
ⲟⲩⲗⲁⲁⲩ· ⲙ̅ⲡⲣ̅ ϫⲛⲁⲁⲩ ⲉ ϯⲛⲁϥ· ϯϫⲱ ⲙ̅ⲙⲟⲥ·
ⲛⲁⲕ ⲡⲁ ⲙⲉⲣⲓⲧ ϫⲉ ⲡⲉⲧ ⲕ̅ⲛⲁⲧⲁⲁϥ· ⲙ̅ ⲡⲣⲱⲙⲉ·
ⲙⲓⲭⲁⲏⲗ ⲡⲉⲧ ⲛⲁϫⲓⲧⲉϥ ϩⲡ̅ ⲛⲉϥϭⲓϫ ⲛⲉϥⲡⲣⲟⲥⲉⲛⲉⲅⲕⲏ
ⲙ̅ⲙⲟⲟⲩ· ⲙ̅ ⲡⲛⲟⲩⲧⲉ ϩⲁ ⲣⲟⲕ· ⲁⲩⲱ ⲉϥⲛⲁⲧⲟⲟⲃⲟⲩ
Fol. 24 *a* ⲛⲁⲕ ⲙⲡ̅ ⲡⲉⲩⲕⲱⲃ | ϩⲓϫⲙ̅ ⲡⲕⲁϩ ϩⲡ̅ ϩⲱⲃ ⲛⲓⲙ· ⲁⲩⲱ
ⲙ̅ⲉ ⲡⲛⲟⲩⲧⲉ ⲛⲁⲛⲁ ⲛⲁⲕ ϩⲡ̅ ⲧⲉϥⲙⲡ̅ⲧⲉⲣⲟ· ϫⲉ ϥⲥⲏϩ ϫⲉ
ⲡⲛⲁ ϣⲁϥϣⲟⲩϣⲟⲩ ⲙ̅ⲙⲟϥ ϩⲓϫⲡ̅ ⲧⲉⲕⲣⲓⲥⲓⲥ· ⲁⲩⲱ ⲟⲛ
ϫⲉ ⲛⲁ ⲧⲁⲣⲟⲩ ⲛⲁ ⲛⲏⲧⲡ̅· Ⲉⲕϣⲁⲛⲙⲟⲩⲛ ⲉ ⲃⲟⲗ ⲉⲕⲣ̅
ϣⲁ ⲙ̅ ⲡⲁⲣⲭⲁⲅⲅⲉⲗⲟⲥ ⲉⲧ ⲟⲩⲁⲁⲃ ⲙⲓⲭⲁⲏⲗ· ⲡ̅ ⲟⲩⲥⲟⲡ
ⲕⲁⲧⲁ ⲉⲃⲟⲧ ⲉⲧⲉ ⲥⲟⲩ ⲙⲡ̅ⲧⲥⲛⲟⲟⲩⲥ ⲡⲉ ⲡⲉϩⲟⲟⲩ ⲙ̅
ⲡⲉϥⲧⲁϩⲟ ⲉ ⲣⲁⲧϥ̅· ⲁⲩⲱ ⲉⲕⲉⲓⲣⲉ ⲙ̅ ⲡⲙⲉⲉⲩⲉ· ⲡ̅ ⲧϥ̅-
ⲡⲣⲟⲥⲫⲟⲣⲁ· ⲙⲡ̅ ⲟⲩⲁⲅⲁⲡⲏ· ⲙⲡ̅ ⲟⲩⲇⲓ̈ⲁⲕⲟⲛⲓⲁ· ⲡⲣⲟⲥ

Oriental 6781. ⲡϣⲁ ⲙ̅ ⲙⲓⲭⲁⲏ̅ⲗ̅ ⲛ̅ⲅⲣ̅ ⲡⲛⲁ ⲛ̅ⲙ̅ⲙⲁⲩ· ⲁⲩⲱ ⲙⲓⲭⲁⲏ̅ⲗ̅
ⲛⲁⲉⲓ ⲉ ⲃⲟⲗ ϩⲡ̅ ⲟⲩⲣⲁϣⲉ· ⲛ̅ϥϫⲓⲧⲕ̅ ⲉ ϩⲟⲩⲛ ⲉ ⲧⲁⲩⲗⲏ
ⲙ̅ ⲡⲉϥⲣ̅ⲣⲟ ϩⲡ̅ ⲟⲩⲉⲓⲣⲏⲛⲏ· ⲉⲣϣⲁⲛ ⲟⲩⲣⲱⲙⲉ ⲥⲡ̅ⲥⲱⲡⲕ̅
ⲉϥⲁⲓⲧⲉ ⲙ̅ⲙⲟⲕ ⲡ̅ ⲟⲩⲗⲁⲁⲩ ϩⲙ̅ ⲡⲣⲁⲛ ⲙ̅ ⲙⲓⲭⲁⲏ̅ⲗ̅ ⲙ̅ⲡⲣ̅
ϫⲛⲁⲩ ⲉ ⲧⲓ ⲛⲁϥ· ϯϫⲱ ⲙ̅ⲙⲟⲥ ⲛⲁⲕ ⲡⲁ ⲙⲉⲣⲓⲧ ϫⲉ ⲡⲉⲧ
ⲉⲕⲛⲁⲧⲁⲁϥ ⲙ̅ ⲡⲣⲱⲙⲉ· ⲙⲓⲭⲁⲏ̅ⲗ̅ ⲡⲉⲧ ⲛⲁϫⲓⲧϥ̅ ϩⲡ̅-
ⲛⲉϥϭⲓϫ ⲛ̅ϥⲡⲣⲟⲥⲉⲛⲉⲅⲕⲉ ⲙ̅ⲡⲟⲟⲩ ⲙ̅ ⲡⲛⲟⲩⲧⲉ ϩⲁ ⲣⲟⲕ
ⲁⲩⲱ ϥ̅ⲛⲁⲧⲟⲟⲃⲟⲩ ⲛⲁⲕ ⲙⲡ̅ ⲡⲉⲩⲕⲱⲃ ϩⲓϫⲙ̅ ⲡⲕⲁϩ ⲁⲩⲱ
ⲡⲛⲟⲩⲧⲉ ⲛⲁⲛⲁ̅ ⲛⲁⲕ ϩⲡ̅ ⲧⲉϥⲙⲡ̅ⲧⲉⲣⲟ̅· ϫⲉ ϥ̅ⲥⲏϩ ϫⲉ
ⲡⲛⲁ ϣⲁϥϣⲟⲩ ⲙ̅ⲙⲟϥ ϩⲓϫⲡ̅ ⲧⲉⲕⲣⲓⲥⲓⲥ· ⲁⲩⲱ ϫⲉ ⲛⲁ
ⲧⲁⲣⲟⲩ ⲛⲁ ⲛⲏⲧⲡ̅:—ⲉⲕϣⲁⲛⲙⲟⲩⲛ ⲉ ⲃⲟⲗ ⲉⲕⲣ̅ ϣⲁ
ⲙ̅ ⲡⲁⲣⲭⲁⲅⲅⲉⲗⲟⲥ ⲙⲓⲭⲁⲏ̅ⲗ̅ ⲡ̅ ⲟⲩⲥⲟⲡ ⲕⲁⲧⲁ ⲉⲃⲟⲧ
ⲉⲧⲉ ⲥⲟⲩ ⲙⲡ̅ⲧⲥⲛⲟⲟⲩⲥ ⲡⲉ· ⲡⲉϩⲟⲟⲩ ⲙ̅ ⲡⲉϥⲧⲁϩⲟ
ⲉ ⲣⲁⲧϥ̅ ⲛ̅ⲅ̅ ⲕⲱ ⲉⲕⲉⲓⲣⲉ ⲙ̅ ⲡⲣⲟⲟⲩϣ ⲡ̅ ⲧⲉϥⲡⲣⲟⲥⲫⲟⲣⲁ
ⲙⲡ̅ ⲟⲩⲇⲓⲁ̅ⲕⲟⲛⲉⲓⲁ ⲡⲣⲟⲥ ⲧⲉⲕϭⲟⲙ:—ϥⲛⲁϭⲱ· ϩⲱⲱϥ

ⲧⲉⲕϭⲟⲙ :—ϥⲛⲁϭⲱ ϩⲱⲱϥ ⲛ̄ϭⲓ ⲡⲁⲣⲭⲁⲅⲅⲉⲗⲟⲥ ⲉϥ- Oriental 7021.
ⲥⲟⲡⲥ̄ⲡ̄ ⲙ̄ⲙ̄ ⲡⲛⲟⲩⲧⲉ ⲛ̄ ⲟⲩⲟⲉⲓϣ ⲛⲓⲙ· ⲛϥ̄ⲭⲁⲣⲓⲍⲉ ⲛⲁⲕ
ⲛ̄ ⲧⲉⲭⲣⲓⲁ ⲧⲏⲣⲥ̄ ⲡⲣⲟⲥ ⲑⲉ ⲉⲧ ⲉⲕⲙⲉⲉⲩⲉ ⲉ ⲣⲟⲥ·
ⲁⲗⲗⲁ ⲁⲣⲏⲩ ⲟⲩⲛ̄ ⲟⲩⲁ ⲛⲁϫⲟⲟⲥ· ⲛⲁ̈ⲓ ϫⲉ ⲉϣⲱⲡⲉ
ϩⲱⲗⲟⲥ ϣⲁⲓϯ ⲁⲅⲁⲡⲏ· ϩⲓ ⲡⲣⲟⲥⲫⲟⲣⲁ· ⲉⲓⲉ ϯⲛⲁⲧⲁⲁⲩ·
ⲙ̄ⲙ̄ ⲡⲛⲟⲩⲧⲉ· ⲙⲏ ⲟⲩⲛⲟⲩⲧⲉ ⲡⲉ ⲙⲓⲭⲁⲏⲗ ϫⲉ ⲉⲓⲉⲧⲁⲗⲉ
ⲑⲩⲥⲓⲁ ⲛⲁϥ ⲉ ϩⲣⲁⲓ· ⲙⲛ̄ ⲛⲟⲩⲧⲉ ϣⲟⲟⲡ ⲛ̄ⲥⲁ ⲡⲛⲟⲩⲧⲉ
ⲛ̄ ⲧⲡⲉ ⲡⲉⲓⲱⲧ ⁘ ⲙⲛ̄ ⲡ̄ϣⲏⲣⲉ· ⲙⲛ̄ ⲡⲉⲡⲛ̄ⲁ̄ ⲉⲧ ⲟⲩⲁⲁⲃ·
ⲁⲛⲟⲕ ⲇⲉ ϩⲱⲱⲧ ϯⲛⲁⲟⲩⲱϣⲃ̄ ⲛⲁⲕ ϫⲉ ⲕⲁⲗⲱⲥ· ⲡⲓⲥⲧⲟⲥ
ⲛⲁⲙⲉ· ⲡⲉⲧ ⲉⲣⲉ ⲧⲉϥⲡⲓ̈ⲥⲧⲓⲥ ⲥⲟⲩⲧⲱⲛ ⲉ ϩⲟⲩⲛ ⲉ ⲡⲉϥϫⲥ̄·
ⲁⲗⲗⲁ ⲥⲱⲧⲙ̄ⲙ̄ ⲛ̄ⲧⲁⲧⲁⲙⲟⲕ· ⲙⲏ ⲟⲩⲣ̄ⲣⲟ ⲛ̄ ⲟⲩⲱⲧ ⲡⲉⲧ
ⲁⲙⲁϩⲧⲉ ⲉϫⲛ̄ ⲧⲉ(?)ⲭⲱⲣⲁ· ⲉⲣⲉ ⲟⲩⲁϣⲏ ⲛ̄ⲧⲁⲍⲓⲥ ϩⲁ
ⲣⲁⲧϥ̄· ⲁⲩⲱ ⲉ ⲃⲟⲗ ϩⲛ̄ ⲛⲉⲓ ⲧⲁⲍⲓⲥ ⲕⲛⲁϩⲉ ⲉ ⲟⲩⲉⲓ ⲉⲥ-|
ϫⲟⲥⲉ ⲡⲁⲣⲁ ⲕⲉ ⲟⲩ[ⲁ] ⲉ̈ⲓⲉ· ⲉⲣⲉ ⲡⲣ̄ⲣⲟ ϫⲟⲥⲉ ⲉ ⲣⲟⲟⲩ Fol. 24 *b* ⲙ̄ⲥ̄
ⲧⲏⲣⲟⲩ· ⲉⲥϣⲁⲛϣⲱⲡⲉ ⲇⲉ ⲛ̄ⲧⲉ ⲟⲩⲣⲱⲙⲉ ⲕⲱ ⲛⲁϥ ⲛ̄
ⲟⲩⲙⲛ̄ⲧϣⲃⲏⲣ· ⲙⲛ̄ ⲟⲩⲁ ϩⲛ̄ ⲛⲉⲓ ⲧⲁⲍⲓⲥ· ⲛ̄ ⲃⲁⲥⲓ̈ⲗⲉⲓⲕⲟⲛ·
ⲛϥ̄ϯ ⲛⲁϥ ⲛ̄ ϩⲉⲛⲧⲁⲓⲟ· ⲙⲛ̄ ϩⲉⲛⲭⲣⲏⲙⲁ· ⲙⲏ ⲉⲩϯ

ⲛ̄ϭⲓ ⲡⲁⲣⲭⲁⲅⲅⲉⲗⲟⲥ ⲙⲓⲭⲁⲏ̄ⲗ̄ ⲉϥⲥⲟⲡⲥ̄ⲡ̄ ⲙ̄ⲙ̄ ⲡⲛⲟⲩⲧⲉ Oriental 6781.
ϩⲁ ⲣⲟⲕ ⲛ̄ ⲟⲩⲟⲉⲓϣ ⲛⲓⲙ ⲛϥ̄ⲭⲁⲣⲓⲍⲉ ⲛⲁⲕ ⲛ̄ ⲧⲉⲕⲭⲣⲓⲁ
ⲧⲏⲣⲥ̄ ⲡⲁⲣⲁ ⲑⲉ ⲉⲧ ⲉⲕⲙⲉⲉⲩⲉ ⲉ ⲣⲟⲥ ⲁⲗⲗⲁ ϩⲁⲣⲏⲩ ⲱ̄
ⲡⲁ ⲙⲉⲣⲓⲧ ⲕⲛⲁϫⲟⲟⲥ ⲛⲁⲓ ϫⲉ ⲉϣⲱⲡⲉ ϣⲁⲓϯ ⲁ̄ⲅⲁⲡⲏ
ϩⲓ ⲡⲣⲟⲥⲫⲟⲣⲁ ⲉⲓⲛⲁⲧⲁⲁⲩ ⲙ̄ⲙ̄ ⲡⲛⲟⲩⲧⲉ· ⲙⲏ ⲟⲩⲛⲟⲩⲧⲉ
ⲡⲉ ⲙⲓⲭⲁⲏ̄ⲗ̄ ϫⲉ ⲉⲓⲉⲧⲁⲗⲉ|ⲧⲁ ⲑⲩⲥⲓⲁ ⲉ ϩⲣⲁⲓ ⲛⲁϥ ⲙⲛ̄ Fol. 12 *a* ⲗ̄ⲉ̄
ⲛⲟⲩⲧⲉ ϣⲟⲟⲡ ⲛ̄ⲥⲁ ⲡⲛⲟⲩⲧⲉ ⲛ̄ ⲧⲡⲉ ⲡⲉⲓⲱⲧ ⲙⲛ̄ ⲡϣⲏⲣⲉ
ⲙⲛ̄ ⲡⲡⲛ̄ⲁ̄ ⲉⲧ ⲟⲩⲁⲁⲃ· ⲁⲛⲟⲕ ⲇⲉ ϩⲱⲱⲧ ϯⲛⲁⲟⲩⲱϣⲃ̄
ⲛⲁⲕ ϫⲉ ⲕⲁⲗⲱⲥ ⲡⲡⲓⲥⲧⲟⲥ ϩⲛ̄ ⲟⲩⲙⲉ ⲡⲉⲧ ⲉⲣⲉ ⲧⲉϥ-
ⲡⲓⲥϯⲥ ⲥⲟⲩⲧⲱⲛ ⲉ ϩⲟⲩⲛ ⲉ ⲡⲉϥϫⲟⲉⲓⲥ :—ⲁⲗⲗⲁ ⲥⲱⲧⲙ̄ⲙ̄
ⲛ̄ⲧⲁⲧⲁⲙⲟⲕ ⲣⲱⲙⲉ ⲛⲓⲙ· ⲙ̄ⲏ̄ ⲟⲩⲣ̄ⲣⲟ ⲁⲛ ⲛ̄ ⲟⲩⲱⲧ ⲡⲉⲧ
ⲁⲙⲁϩⲧⲉ ⲉϫⲛ̄ ⲛⲉⲭⲱⲣⲁ ⲉⲣⲉ ⲟⲩⲁϣⲏ ⲛ̄ⲧⲁⲍⲓⲥ ϩⲁ ⲣⲁⲧϥ̄·
ⲁⲩⲱ ⲉ ⲃⲟⲗ ϩⲛ̄ ⲛⲉⲓ ⲧⲁⲍⲓⲥ ⲕⲛⲁϩⲉ ⲉ ⲟⲩⲉⲓ ⲉⲥϫⲟⲥⲉ ⲉ ⲕⲉ
ⲟⲩⲉⲓ ⲉⲣⲉ ⲡⲣ̄ⲣⲟ ϫⲟⲥⲉ ⲉ ⲣⲟⲟⲩ ⲧⲏⲣⲟⲩ· ⲉⲥϣⲁⲛϣⲱⲡⲉ
ⲇⲉ ⲛⲧⲉ ⲟⲩⲣⲱⲙⲉ ⲕⲱ ⲛⲁϥ ⲛ̄ ⲟⲩⲙⲛ̄ⲧϣⲃⲏⲣ· ⲙⲛ̄ ⲟⲩⲁ̄
ϩⲛ̄ ⲛⲉⲓ ⲧⲁⲍⲓⲥ ⲛ̄ ⲃⲁⲥⲓⲗⲓⲕⲟⲛ· ⲛϥ̄ϯ ⲛⲁϥ ⲛ̄ ϩⲉⲛⲧⲁⲉⲓⲟ̄

Oriental 7021. ⲙ̄ⲙⲟⲟⲩ ⲛⲁϥ ϩⲁ ⲧⲉϥⲧⲁⲝⲓⲥ· ⲉⲧϥ̄ ⲛ̄ϩⲏⲧⲥ̄ ⲙ̄ⲙⲟⲛ ⲁⲗⲗⲁ ⲛ̄ⲧⲁⲩⲧⲁⲁⲩ· ⲛⲁϥ ⲉⲩⲥⲟⲟⲩⲛ· ϫⲉ ⲟⲩⲛⲟϭ ⲧⲉ ⲧⲉϥⲧⲁⲝⲓⲥ· ⲁⲩⲱ ϥϩⲏⲛ ⲉ ϩⲟⲩⲛ ⲉ ⲡⲣ̄ⲣⲟ ⲛ̄ⲛⲁⲩ ⲛⲓ̈ⲙ· ⲁⲩⲱ ⲟⲩⲛ̄ϭⲟⲙ ⲙ̄ⲙⲟϥ ⲉ ⲧⲟⲩϫⲟϥ ⲛ̄ϩⲱⲃ ⲛⲓ̈ⲙ ⲙⲛ̄ ⲕⲓ̈ⲛ-ⲇⲩⲛⲟⲥ ⲛⲓ̈ⲙ ⲉϥⲣ̄ ⲡⲕⲉ ⲥⲩⲛϩⲓ̈ⲥⲧⲁ ⲙ̄ⲙⲟϥ· ⲙ̄ ⲡⲣ̄ⲣⲟ ϩⲱⲥ ⲣⲱⲙⲉ ⲛ̄ ϣⲁⲩ· ϩⲱⲥ ⲧⲉ ⲛ̄ⲧⲉ ϩⲉⲛⲕⲟⲟⲩⲉ ϫⲓ̈ ϩⲙⲟⲧ ⲉ ⲃⲟⲗ· Ⲧⲁⲓ̈ ⲧⲉ ⲑⲉ ϩⲱⲱϥ ⲛ̄ⲣⲱⲙⲉ ⲛⲓ̈ⲙ ⲉⲧ ϯ ⲁⲅⲁⲡⲏ· ϩⲓ̈ ⲡⲣⲟⲥⲫⲟⲣⲁ ⲙ̄ ⲡⲛⲟⲩⲧⲉ ⲙ̄ ⲡⲉϩⲟⲟⲩ ⲙ̄ ⲙⲓ̈ⲭⲁⲏⲗ ϣⲁⲣⲉ ⲡⲁⲣⲭⲁⲅⲅⲉⲗⲟⲥ· ϫⲓ ⲛ̄ ⲧⲟⲟⲧⲟⲩ· ⲛ̄ ⲛⲉⲩⲑⲩⲥⲓⲁ· ⲙⲛ̄ ⲛⲉⲩ-ⲁⲅⲁⲡⲏ ⲛϥⲧⲁⲁⲩ ⲙ̄ ⲡⲛⲟⲩⲧⲉ ⲛ̄ⲑⲉ ⲛ̄ ⲟⲩⲛⲟϭ ⲛ̄ ⲥϯ[ⲛⲟⲩ]ϥⲉ ⲛϥϫⲓ ⲕⲉⲗⲉⲩⲥⲓⲥ ⲛ̄ ⲧⲟⲟⲧϥ̄ ⲙ̄ ⲡⲛⲟⲩⲧⲉ ϩⲁ ⲣⲟⲟⲩ· ⲛϥ-ⲥⲟⲃⲧⲉ ⲛⲁⲩ ⲛ̄ ⲟⲩⲁϣⲏ ⲛ̄ⲁⲅⲁⲑⲟⲛ· ⲁⲩⲱ ⲛϥϫⲓⲧⲟⲩ ⲛ̄ϩⲙⲟⲧ ⲛ̄ⲛⲁϩⲣⲛ̄ ⲡⲛⲟⲩⲧⲉ ⲛ̄ⲥⲉⲣ̄ ⲃⲟⲗ ⲛ̄ ⲕⲟⲗⲁⲥⲓⲥ ϣⲁ ⲉⲛⲉϩ· Ⲡⲗⲏⲛ ⲉϣϫⲉ ⲧⲉⲧⲛ̄ⲟⲩⲱϣ ⲉ ⲉⲓⲙⲉ ϫⲉ ⲛ̄ⲧⲉ ϣⲁⲣⲉ ⲛ̄ⲣⲱⲙⲉ ⲧⲁⲁⲩ ⲛ̄ⲁⲅⲁⲡⲏ ϩⲓ ⲡⲣⲟⲥⲫⲟⲣⲁ ⲙ̄ ⲡⲛⲟⲩⲧⲉ ⲙ̄ ⲡⲉϩⲟⲟⲩ ⲙ̄ ⲡⲁⲣⲭⲁⲅⲅⲉⲗⲟⲥ ⲉⲧ ⲟⲩⲁⲁⲃ

Oriental 6781. ⲙⲛ̄ ϩⲉⲛⲭⲣⲏⲙⲁ· ⲙⲛ̄ ⲉⲧϯ ⲙ̄ⲙⲟⲟⲩ ⲛⲁϥ ϩⲛ̄ ⲧⲉϥ-ⲧⲁⲝⲓⲥ ⲉⲧⲉϥ ⲛ̄ϩⲏⲧⲥ̄· ⲙ̄ⲙⲟⲛ ⲁⲗⲗⲁ ⲛ̄ⲧⲁⲩⲧⲁⲁⲩ ⲛⲁϥ ⲉⲩⲥⲟⲟⲩⲛ ϫⲉ ⲟⲩⲛⲟϭ ⲧⲉ ⲧⲉϥⲧⲁⲝⲓⲥ· ⲁⲩⲱ ϥ̄ϩⲏⲛ ⲉ ϩⲟⲩⲛ ⲉ ⲡⲣ̄ⲣⲟ ⲛ̄ ⲛⲁⲩ ⲛⲓⲙ· ⲁⲩⲱ ⲟⲩⲛ̄ϭⲟⲙ ⲙ̄ⲙⲟϥ ⲉ ⲧⲟⲩϫⲟϥ ϩⲛ̄ ϩⲱⲃ ⲛⲓⲙ ⲛ̄ⲕⲩⲛⲇⲩⲛⲟⲥ ⲉϥⲣ̄ ⲡⲕⲉ ⲥⲩⲛ̄ϩⲓⲥⲧⲁ ⲙ̄ⲙⲟϥ ⲙ̄ ⲡⲣ̄ⲣⲟ· ϩⲱⲥ ⲣⲱⲙⲉ ⲛ̄ϣⲁⲩ· ϩⲱⲥ ⲇⲉ ⲛ̄ⲧⲉ ϩⲉⲛⲕⲟⲟⲩⲉ ϫⲓ ϩⲙⲟⲧ ⲉ ⲃⲟⲗ ϩⲓ ⲧⲟⲟⲧϥ̄:—Ⲧⲁⲓ ϩⲱⲱϥ ⲧⲉ ⲑⲉ ⲛ̄ⲣⲱⲙⲉ ⲛⲓⲙ ⲉⲧ ϯ ⲁⲅⲁⲡⲏ ϩⲓ ⲡⲣⲟⲥⲫⲟⲣⲁ ⲙ̄ ⲡⲛⲟⲩⲧⲉ ⲙ̄ ⲡⲉϩⲟⲟⲩ ⲙ̄ ⲙⲓⲭⲁⲏⲗ ϣⲁⲣⲉ ⲡⲁⲣⲭⲁⲅⲅⲉ-ⲗⲟⲥ ϫⲓ ⲛ̄ ⲧⲟⲟⲧⲟⲩ ⲛ̄ ⲛⲉⲩⲑⲩⲥⲓⲁ· ⲙⲛ̄ ⲛⲉⲩⲁⲅⲁⲡⲏ ⲛϥ-ⲧⲁⲁⲩ ⲙ̄ ⲡⲛⲟⲩⲧⲉ ⲛ̄ⲑⲉ ⲛ̄ ⲟⲩⲛⲟϭ ⲛ̄ⲥⲧⲉ ⲛⲟⲩϥⲉ ⲛϥϫⲓ ⲕⲉⲗⲉⲩⲥⲓⲥ ⲛ̄ ⲧⲟⲟⲧϥ̄ ⲙ̄ ⲡⲛⲟⲩⲧⲉ ϩⲁ ⲣⲟⲟⲩ· ⲛϥⲥⲟⲃⲧⲉ ⲛⲁⲩ ⲛ̄ ⲟⲩⲁϣⲏ ⲛ̄ⲁⲅⲁⲑⲟⲛ ⲁⲩⲱ ⲛϥϫⲓⲧⲟⲩ ⲛ̄ϩⲙⲟⲧ ⲛ̄ ⲛⲁϩⲣⲙ̄ ⲡⲛⲟⲩⲧⲉ ⲛ̄ⲥⲉⲣ̄ ⲃⲟⲗ ⲛ̄ ⲕⲟⲗⲁⲥⲓⲥ ϣⲁ ⲉⲛⲉϩ· |
Fol. 12 b ⲡⲗⲏⲛ ⲉϣϫⲉ ⲧⲉⲧⲛ̄ⲟⲩⲱϣⲉ ⲉ̄ ⲉⲓⲙⲉ ϫⲉ ⲛⲉⲧⲉ ϣⲁⲣⲉ ⲛ̄-
ⲗ̄ⲉ̄ ⲣⲱⲙⲉ ⲛⲁⲧⲁⲁⲩ ⲛ̄ⲁⲅⲁⲡⲏ· ϩⲓ ⲡⲣⲟⲥⲫⲟⲣⲁ ⲙ̄ ⲡⲛⲟⲩⲧⲉ ⲙ̄ ⲡⲉϩⲟⲟⲩ· ⲙ̄ ⲡⲁⲣⲭⲁⲅⲅⲉⲗⲟⲥ ⲉⲧ ⲟⲩⲁⲁⲃ ⲙⲓⲭⲁⲏⲗ̄

Oriental 7021.

ⲙⲓⲭⲁⲏⲗ [ⲉϣ]ⲁϥⲇⲓⲁⲕⲱⲛⲉⲓ̈ | ⲙ̅ⲙⲟⲟⲩ ⲛⲁⲩ ϫⲓⲛ ⲉⲩϩⲛ̅ ⲡⲕⲟⲥⲙⲟⲥ · Ⲥⲱⲧⲙ̅ ϭⲉ ⲉ ⲡⲉⲓ ⲛⲟϭ ⲛ̅ ⲕⲉⲫⲁⲗⲓⲟⲛ ⲛ̅ ϣⲟⲩ ⲣ̅ ϣⲡⲏⲣⲉ ⲙ̅ⲙⲟϥ ⲉⲩⲉⲟⲟⲩ ⲙ̅ ⲡⲛⲟⲩⲧⲉ ⲙⲛ̅ ⲡⲉϥⲁⲣⲭ- (Fol. 25 *a*) ⲁⲅⲅⲉⲗⲟⲥ ⲉⲧ ⲟⲩⲁⲁⲃ ⲙⲓⲭⲁⲏⲗ · Ⲛⲉⲩⲟⲩⲛ̅ ⲟⲩⲣⲱⲙⲉ ⲇⲉ (ⲙ̅ⲍ) ⲛ̅ ⲇⲓⲕⲁⲓⲟⲥ · ⲙ̅ⲙⲁⲓ̈ ⲛⲟⲩⲧⲉ · ⲁⲩⲱ ⲙ̅ⲙⲁⲓ̈ ⲁⲅⲁⲡⲏ · ϣⲟⲟⲡ ϩⲛ̅ ϩⲉⲛⲥⲩⲛⲫⲟⲣⲓⲁ ⲉⲟⲩⲛ̅ⲧⲁⲁϥ ⲙ̅ⲙⲁⲩ ⲛ̅ ⲟⲩⲥϩⲓⲙⲉ ⲛ̅ ϩⲁⲕ ⲁⲩⲱ ⲛ̅ ⲥⲉⲙⲛⲏ ⁘—ⲁⲩⲱ ⲧⲁⲓ ϩⲱⲱⲥ ⲟⲛ ⲉⲛⲉⲥϫⲏⲕ ⲉ ⲃⲟⲗ ϩⲙ̅ ⲡⲙⲁ ⲙⲛ̅ ⲧⲁⲅⲁⲡⲏ ⲕⲁⲧⲁ ⲑⲉ ⲙ̅ ⲡⲉⲥ ⲕⲉ ϩⲁⲓ̈ · ⲛⲁⲓ ⲇⲉ ⲛⲉⲟⲩⲛ̅ⲧⲁⲩ ⲙ̅ⲙⲁⲩ ⲛ̅ ⲟⲩⲛⲟϭ ⲙ̅ ⲡⲣⲟⲥⲧⲁⲥⲓⲁ · ⲉ ϩⲟⲩⲛ ⲉ ⲡⲁⲣⲭⲁⲅⲅⲉⲗⲟⲥ ⲉⲧ ⲟⲩⲁⲁⲃ ⲙⲓⲭⲁⲏⲗ · ⲡⲣⲁⲛ ⲇⲉ ⲙ̅ ⲡⲣⲱⲙⲉ ⲉⲧ ⲙ̅ⲙⲁⲩ ⲡⲉ ⲇⲱⲣⲟⲑⲉⲟⲥ · ⲁⲩⲱ ⲡⲣⲁⲛ ⲛ̅ ⲧⲉϥⲥϩⲓⲙⲉ ⲡⲉ ⲑⲉⲟⲡⲓⲥⲧⲏ · ϫⲓⲛ ⲡⲉⲟⲩⲟⲉⲓϣ ⲛ̅ⲧⲁⲩϩⲟⲧⲣⲟⲩ ⲙⲛ̅ ⲛⲉⲩⲉⲣⲏⲩ · ⲉⲩⲟ ⲛ̅ⲕⲟⲩⲓ̈ ⲙ̅ ⲡⲉⲥⲛⲁⲩ · ⲛⲉⲩⲛ̅ⲧⲏⲩ ⲙ̅ⲙⲁⲩ ⲛ̅ ⲟⲩⲟⲩⲥⲓⲁ · ⲉⲥⲧⲏϣ ⲕⲁⲗⲱⲥ · ⲛ̅ⲧⲁⲥϣⲱϫⲡ ⲛⲁⲩ ϩⲁ ⲛⲉⲩⲉⲓⲟⲟⲧⲉ · ⲙⲛ̅ ϩⲉⲛⲉⲥⲟⲟⲩ · ⲙⲛ̅ ϩⲉⲛⲉϩⲁⲟⲩ · ⲙⲛ̅ ⲡⲕⲉ ⲥⲉⲡⲉ ⲛ̅ ⲭⲣⲓⲁ · ⲛ̅ⲧⲉ ⲡⲉⲓ ⲕⲟⲥⲙⲟⲥ · ⲛⲉⲓ ⲣⲱⲙⲉ ⲇⲉ ⲛ̅ ⲇⲓⲕⲁⲓⲟⲥ · ⲛⲉⲩⲟⲩⲛ̅ⲧⲁⲩ

Oriental 6781.

ϣⲁϥⲇⲓⲁ̅ⲕⲟⲛⲉⲓ ⲙ̅ⲙⲟⲟ (*sic*) ⲛⲁⲩ ϫⲓⲛ ⲉⲩϩⲙ̅ ⲡⲕⲟⲥⲙⲟⲥ · ⲥⲱⲧⲙ̅ ⲉ ⲡⲉⲓ ⲛⲟϭ ⲛ̅ⲕⲉⲫⲁⲗⲓⲟⲛ ⲛ̅ ϣⲟⲩ ⲣ̅ ϣⲡⲏⲣⲉ ⲙ̅ⲙⲟϥ ⲉⲩⲉⲟⲟⲩ ⲙ̅ ⲡⲛⲟⲩⲧⲉ ⲙⲛ̅ ⲡⲉϥⲁⲣⲭⲁⲅⲅⲉⲗⲟⲥ ⲉ̅ⲧ ⲟⲩⲁⲁⲃ ⲙⲓⲭⲁⲏⲗ · Ⲛⲉⲩⲛ ⲟⲩⲣⲱⲙⲉ ⲇⲉ ⲛ̅ ⲇⲓⲕⲁⲓⲟⲥ · ⲙ̅ⲙⲁⲓ ⲛⲟⲩⲧⲉ ⲁⲩⲱ ⲙ̅ⲙⲁⲓ ⲁ̅ⲅⲁⲡⲏ ⲉϥϣⲟⲟⲡ ϩⲛ̅ ⲛⲉⲛⲥⲩ̅ⲛϩⲟⲣⲓ̅ⲁ ⲉⲟⲩⲛ̅ⲧⲁϥ ⲙ̅ⲙⲁⲩ ⲛ̅ ⲟⲩⲥϩⲓⲙⲉ ⲛ̅ ϩⲁⲕ · ⲁⲩⲱ ⲛ̅ ⲥⲙ̅ⲛⲏ · ⲁⲩⲱ ⲧⲁⲓ ϩⲱⲱⲥ ⲉⲛⲉⲥϫⲏⲕ ⲉ ⲃⲟⲗ · ϩⲙ̅ ⲡⲙⲁ ⲙⲛ̅ ⲧⲁⲅⲁⲡⲏ · ⲕⲁⲧⲁ ⲑⲉ ⲟⲛ ⲙ̅ ⲡⲉⲥϩⲁⲓ · ⲛⲁⲓ ⲇⲉ ⲛⲉⲩⲛ̅ⲧⲁⲩ ⲙ̅ⲙⲁⲩ ⲛ̅ ⲟⲩⲛⲟϭ ⲙ̅ ⲡⲣⲟⲥⲧⲁⲥⲓⲁ ⲉ ϩⲟⲩⲛ ⲉ ⲡⲁⲣⲭⲁⲅⲅⲉⲗⲟⲥ ⲙⲓⲭⲁⲏ̅ⲗ · ⲡⲣⲁⲛ ⲇⲉ ⲙ̅ ⲡⲣⲱⲙⲉ ⲉⲧ ⲙ̅ⲙⲁⲩ ⲡⲉ ⲇⲱⲣⲱⲑⲉⲟⲥ ⲁⲩⲱ ⲡⲣⲁⲛ ⲛ̅ ⲧⲉϥⲥϩⲓⲙⲉ ⲡⲉ ⲑⲉⲱⲡⲓⲥⲧⲏ · ϫⲓⲛ ⲙ̅ ⲡⲉⲟⲩⲟⲉⲓϣ ⲛ̅ⲧⲁⲩϩⲟⲧⲣⲟⲩ ⲙⲛ̅ ⲛⲉⲩⲉⲣⲏⲩ ⲉⲩⲟ̅ ⲛ̅ ⲕⲟⲩⲓ ⲙ̅ ⲡⲉⲥⲛⲁⲩ · Ⲛⲉⲩⲛ̅ⲧⲁⲩ ⲙ̅ⲙⲁⲩ ⲛ̅ ⲟⲩⲟⲩⲥⲓⲁ ⲉⲥⲧⲏϣ ⲕⲁⲗⲱⲥ ⲛ̅ⲧⲁⲥϣⲱϫⲡ ⲛⲁⲩ ϩⲁ ⲛⲉⲩⲉⲓⲟⲧⲉ · ⲛⲉⲩϣⲱⲡ ⲛⲁⲩ ⲛ̅ϭⲓ ϩⲉⲛⲧⲃ̅ⲛⲟⲟⲩⲉ ⲉⲛⲁϣⲱⲟⲩ ⲙⲛ̅ ⲟⲩⲁϣⲏ ⲛ̅ⲭⲣⲏⲙⲁ · ⲕⲁⲧⲁ ⲧⲉ ⲭⲣⲓⲁ ⲙ̅ ⲡⲉⲓ ⲕⲟⲥⲙⲟⲥ · Ⲛⲉⲓ

Oriental 7021. ⲙ̄ⲙⲁⲩ ⲛ̄ ⲟⲩⲥⲩⲛⲏⲑⲓⲁ · ⲉⲛⲁⲛⲟⲩⲥ ⲉ ϩⲟⲩⲛ ⲉ ⲡⲁⲣⲭ-
ⲁⲅⲅⲉⲗⲟⲥ ⲉⲧ ⲟⲩⲁⲁⲃ ⲙⲓⲭⲁⲏⲗ · ⲕⲁⲧⲁ ⲥⲟⲩ ⲙⲛ̄ⲧ-
ⲥⲛⲟⲟⲩⲥ · ⲉⲩϣⲁⲛⲡⲟⲟϩ ⲇⲉ ⲉ ⲥⲟⲩ ⲙⲛ̄ⲧⲥⲛⲟⲟⲩⲥ · ⲕⲁⲧⲁ
ⲉⲃⲟⲧ · ϣⲟⲩⲧⲁⲥⲥⲉ ⲛ̄ ⲧⲉⲡⲣⲟⲥⲫⲟⲣⲁ · ϩⲉⲛ ⲥⲟⲩ ⲙⲛ̄ⲧⲟⲩⲉ
Fol. 25 *b* ⲉ ϩⲧⲟⲟⲩⲉ ⲛ̄ ⲥⲟⲩ | ⲙⲛ̄ⲧⲥⲛⲟⲟⲩⲥ · ⲛ̄ϣⲱⲣⲡ̄ ⲙⲉⲛ ϣⲁⲩⲧⲛ̄-
ⲙ̄ⲏ ⲛⲟⲟⲩ ⲛ̄ ⲧⲁⲡⲁⲣⲭⲏ · ⲙⲛ̄ ⲧⲉⲡⲣⲟⲥⲫⲟⲣⲁ · ⲉ ⲡⲧⲟⲡⲟⲥ ⲙ̄
ⲡⲁⲣⲭⲁⲅⲅⲉⲗⲟⲥ ⲉⲧ ⲟⲩⲁⲁⲃ ⲙⲓⲭⲁⲏⲗ · ϩⲙ̄ ⲟⲩⲟⲩⲣⲟⲧ ⁘—
Ⲙⲛ̄ⲛ̄ⲥⲱⲥ ϣⲁⲩⲕⲱⲛⲥ̄ ⲛ̄ ⲟⲩⲉⲥⲟⲟⲩ ⲛ̄ⲥⲉⲥⲙⲓⲛⲉ ⲛ̄ ⲭⲁⲗⲕⲓⲟⲛ
ⲛ̄ⲁϥ ϩⲓ̈ ⲗⲁⲭⲁⲛⲟⲛ · ⲛ̄ⲥⲉⲧⲱⲕ ⲛ̄ ϩⲉⲛⲟⲉⲓⲕ ⲉ ⲡϩⲱⲃ · ⲛ̄
ⲧⲉⲭⲣⲓⲁ · ⲉⲩϣⲁⲛⲟⲩⲱ ⲇⲉ ⲉⲩϫⲓ̈ ϩⲙ̄ ⲙ̄ⲙⲩⲥⲧⲏⲣⲓⲟⲛ ⲉⲧ
ⲟⲩⲁⲁⲃ · ϣⲁⲩⲧⲉϩⲙ̄ ⲟⲩⲟⲛ ⲛⲓⲙ · ⲉⲧ ϣⲁⲁⲧ ⲉⲧⲟⲩⲛⲁϩⲉ
ⲉ ⲣⲟⲟⲩ ⲛ̄ⲥⲉⲛ̄ⲧⲟⲩ ⲉ ϩⲟⲩⲛ ⲉ ⲡⲉⲩⲏⲓ̈ · ⲙⲛ̄ ⲛ̄ⲃⲗⲗⲉ ⲙⲛ̄
ⲛ̄ϭⲁⲗⲉ ⲙⲛ̄ ⲛⲉⲭⲏⲣⲁ · ⲙⲛ̄ ⲛ̄ⲟⲣⲫⲁⲛⲟⲥ · ⲙⲛ̄ ⲛ̄ϣⲙ̄ⲙⲟ ·
ⲙⲛ̄ ⲛⲉⲧ ⲟⲩⲛⲁϩⲉ ⲉ ⲣⲟⲟⲩ ⲛ̄ⲥⲉⲛ̄ⲧⲟⲩ ⲉ ϩⲟⲩⲛ ⲉ ⲡⲉⲩⲏⲓ ·
ⲛ̄ⲥⲉⲁϩⲉ ⲣⲁⲧⲟⲩ ⲉ ⲣⲟⲟⲩ ⲙ̄ ⲡⲉⲥⲛⲁⲩ ⲛ̄ⲥⲉⲇⲓⲁⲕⲱⲛⲉⲓ̈ ⲛⲁⲩ
ϣⲁⲛⲧ ⲟⲩⲱ ⲉⲩⲟⲩⲱⲙ · ⲁⲩⲱ ⲛ̄ⲥⲉ† ⲛⲁⲩ ⲛ̄ ⲟⲩⲏⲣⲡ̄ ⲉⲛⲁ-
ϣⲱϥ · ⲉⲩϣⲁⲛⲛⲁⲩ ⲇⲉ ⲉ ⲉⲓ ⲉ ⲃⲟⲗ · ϣⲁⲩⲧⲱϩⲥ̄ ⲛ̄

Oriental 6781. ⲣⲱⲙⲉ ⲇⲉ ⲉⲧ ⲟⲩⲁⲁⲃ ⲉⲧⲉ ⲇⲱⲣⲟⲑⲉⲟⲥ ⲡⲉ ⲙⲛ̄ ⲑⲉⲱ̄ⲡⲓⲥⲧⲏ
ⲧⲉϥⲥϩⲓⲙⲉ ⲛⲉⲩⲛ̄ⲧⲁⲁⲩ ⲙ̄ⲙⲁⲩ ⲛ̄ ⲟⲩⲥⲩⲛⲏⲑⲓⲁ ⲉ ϩⲟⲩⲛ
ⲉ ⲡⲁⲣⲭⲁⲅⲅⲉⲗⲟⲥ ⲉⲧ ⲟⲩⲁⲁⲃ ⲙⲓⲭⲁⲏⲗ ⲉⲩϣⲁⲛⲡⲱϩ
ⲉ ⲥⲟⲩ ⲙⲛ̄ⲧⲥⲛⲟⲟⲩⲥ ⲕⲁⲧⲁ ⲉⲃⲟⲧ · ϣⲁⲩⲧⲁⲥⲥⲉ ⲛ̄ ⲧⲉⲡⲣⲟⲥ-
ⲫⲟⲣⲁ · ϩⲙ̄ ⲥⲟⲩ ⲙⲛ̄ⲧⲟⲩⲉ · ⲉ ϩⲧⲟⲟⲩⲉ ⲛ̄ ⲥⲟⲩ ⲙⲛ̄ⲧ-
Fol. 13 *a* ⲥⲛⲟⲟⲩⲥ · ⲛ̄ ϣⲱⲣⲡ̄ ⲙⲛ̄ ϣⲁⲩⲧⲛ̄ⲛⲟⲟⲩ ⲛ̄ ⲧⲁⲡⲁⲣⲭⲏ ⲙⲛ̄
ⲗ̄ⲍ̄ ⲧⲉⲡⲣⲟⲥⲫⲟⲣⲁ · ⲉ ⲡⲧⲟⲡⲟⲥ | ⲙ̄ ⲡⲁⲣⲭⲁⲅⲅⲉⲗⲟⲥ · ϩⲙ̄ ⲟⲩ-
ⲟⲩⲣⲟⲧ · ⲙⲛ̄ⲛ̄ⲥⲱⲥ ϣⲁⲩⲕⲱⲛⲥ̄ ⲛ̄ ⲟⲩⲉⲥⲟⲟⲩ · ⲛ̄ⲥⲉⲥⲙⲓⲛⲉ
ⲛ̄ ϩⲉⲛⲭⲁⲗⲕⲓⲟⲛ ⲛⲁⲁϥ · ϩⲓ ⲗⲁⲭⲁⲛⲟⲛ ⲛ̄ⲥⲉⲧⲱⲕ ⲛ̄ ϩⲉⲛ-
ⲟⲉⲓⲕ ⲉ̄ ⲡϩⲱⲃ ⲛ̄ ⲧⲉⲭⲣⲓⲁ · ⲉⲩϣⲁⲛϫⲓ ⲇⲉ ϩⲙ̄ ⲙ̄ⲙⲩⲥⲧⲏ-
ⲣⲓⲟⲛ ⲉⲧ ⲟⲩⲁⲁⲃ · ϣⲁⲩⲧⲉϩⲙ̄ ⲟⲩⲟⲛ ⲛⲓⲙ ⲉⲧ ϣⲁⲁⲧ
ⲉⲧⲟⲩⲛⲁϩⲉ ⲉ ⲣⲟⲟⲩ · ⲙⲛ̄ ⲛ̄ⲃⲗⲗⲉ · ⲙⲛ̄ ⲛ̄ϭⲁⲗⲉ · ⲙⲛ̄
ⲛⲉⲭⲏⲣⲁ ⲙⲛ̄ ⲛ̄ⲟⲣⲫⲁⲛⲟⲥ ⲙⲛ̄ ⲛ̄ϣⲙ̄ⲙⲟ · ⲙⲛ̄ ⲛⲉⲧ
ⲟⲩⲛⲁϩⲉ ⲉ ⲣⲟⲟⲩ ⲛ̄ⲥⲉⲛ̄ⲧⲟⲩ ⲉ ϩⲟⲩⲛ ⲉ ⲛⲉⲩⲏⲓ ⲛ̄ⲥⲉⲁ̄ϩⲉ
ⲣⲁⲧⲟⲩ ⲉ ⲣⲟⲟⲩ ⲙ̄ ⲡⲉⲥⲛⲁⲩ ⲛ̄ⲥⲉⲇⲓⲁ̄ⲕⲟⲛⲉⲓ ⲛⲁⲩ ϣⲁⲛⲧ
ⲟⲩⲱ̄ ⲉⲩⲟⲩⲱⲙ · ⲁⲩⲱ ⲛ̄ⲥⲉ† ⲛⲁⲩ ⲛ̄ⲟⲩⲏⲣⲡ̄ ⲉ̄ⲛⲁϣⲱϥ

ⲧⲉⲩⲁⲡⲉ · ⲛ̄ ⲟⲩⲛⲉϩ ⲛ̄ⲥⲉⲑⲡⲟⲟⲩ ⲉ ⲃⲟⲗ · ϩⲛ̄ ⲟⲩⲣⲁϣⲉ Oriental 7021.
ⲉⲩϫⲱ ⲙ̄ⲙⲟⲥ ϫⲉ ⲃⲱⲕ ϩⲛ̄ ⲟⲩⲉⲓⲣⲏⲛⲏ ⲛⲉⲥⲛⲏⲩ ⲙ̄ⲙ̄
ⲙⲉⲣⲓⲧ · ⲁⲛ̄ⲙ̄ⲡϣⲁ ⲅⲁⲣ ⲛ̄ ⲟⲩⲛⲟϭ ⲛ̄ ϩⲙⲟⲧ · ⲁⲧⲉⲧⲛ̄ⲉⲓ
ϣⲁ ⲣⲱⲛ̄ ⲙ̄ⲡⲟⲟⲩ · Ⲛⲁⲓ ⲇⲉ ⲛⲉⲩⲉⲓⲣⲉ ⲙ̄ⲙⲟⲟⲩ ⲕⲁⲧⲁ
ⲥⲟⲩ ⲙⲛ̄ⲧⲥⲛⲟⲟⲩⲥ · ϩⲱⲥ ⲧⲉ ⲛ̄ⲧⲉ ⲧⲉⲩⲥϯ ⲛⲟⲩϥⲉ ⲙⲛ̄
ⲧⲉⲩⲁⲅⲁⲡⲏ ⲃⲱⲕ ϣⲁ ⲡⲛⲟⲩⲧⲉ · | ϩⲣⲁⲓ ϩⲛ̄ ⲙ̄ⲡⲏⲩⲉ ⲉⲣⲉ Fol. 26 *a*
ⲣⲱⲙⲉ ⲛⲓⲙ ϯ ⲉⲟⲟⲩ ⲙ̄ⲙ̄ ⲡⲉⲩⲟⲉⲓϣ ⲧⲏⲣϥ̄ ⲉ ⲧⲃⲉ ⲧⲉⲩⲙⲛ̄ⲧ- ⲙ̄ⲑ̄
ⲥⲱⲧⲡ̄ · ⲁⲩⲱ ⲛⲉⲩϩⲱⲡ ⲛ̄ ⲛⲉⲩⲁⲣⲉⲧⲏ · ϩⲓ ⲟⲩⲥⲟⲡ · ⲛ̄ⲥⲉ-
ϣⲓⲛⲉ ⲁⲛ ⲛ̄ⲥⲁ ⲗⲁⲁⲩ ⲛ̄ ⲉⲟⲟⲩ ⲉ ⲡⲁ ⲣⲱⲙⲉ ⲡⲉ ⲁⲗⲗⲁ
ⲉⲣⲉ ⲧⲉⲩϩⲉⲗⲡⲓⲥ ⲧⲏⲣⲥ̄ ϣⲟⲟⲡ ϩⲙ̄ ⲡⲛⲟⲩⲧⲉ · ⲙⲛ̄ ⲡⲁⲣⲭ-
ⲁⲅⲅⲉⲗⲟⲥ ⲙⲓⲭⲁⲏⲗ · ⲁⲥϣⲱⲡⲉ ⲇⲉ ⲙⲛ̄ⲛ̄ⲥⲁ ⲟⲩⲛⲟϭ
ⲛ̄ ⲟⲩⲟⲉⲓϣ ⲉⲩⲙⲏⲛ ⲉ ⲃⲟⲗ · ⲛ̄ ⲧⲉⲓ ϩⲉ · ⲁ ⲡⲛⲟⲩⲧⲉ
ⲕⲉⲗⲉⲩⲉ · ⲁ ⲧⲁⲛⲁⲃⲁⲥⲓ̈ⲥ ϣⲱⲡⲉ · ⲉ ⲧⲙ̄ ⲧⲣⲉ ⲡⲙⲟⲟⲩ ⲉⲓ
ⲉϫⲙ̄ ⲡⲕⲁϩ ⲉⲩⲡⲁⲓⲇⲉⲩⲥⲓⲥ ⲛ̄ ⲛ̄ϣⲏⲣⲉ ⲛ̄ ⲛ̄ⲣⲱⲙⲉ ⲉ ⲧⲃⲉ
ⲛⲉⲩⲛⲟⲃⲉ · ⲗⲟⲓⲡⲟⲛ ⲁϥⲁⲙⲁϩⲧⲉ ⲙ̄ⲙⲟϥ · ⲛ̄ϣⲟⲙⲧⲉ ⲛ̄-
ⲣⲟⲙⲡⲉ ⲛ̄ⲥⲁ ⲛⲉⲩⲉⲣⲏⲩ · ϩⲱⲥ ⲧⲉ ⲛ̄ⲧⲉ ⲡⲕⲁϩ ⲛ̄ ⲕⲏⲙⲉ

Ⲉⲩϣⲁⲛⲛⲁⲩ ⲇⲉ ⲉ ⲉⲓ ⲉ ⲃⲟⲗ ϣⲁⲩⲧⲱϩⲥ̄ ⲛ̄ ⲧⲉⲩⲁ̄ⲡⲉ ⲛ̄ ⲟⲩ- Oriental 6781.
ⲛⲉϩ ⲛ̄ⲥⲉⲑⲡⲟⲟⲩ ⲉ ⲃⲟⲗ ϩⲛ̄ ⲟⲩⲣⲁϣⲉ ⲉⲩϫⲱ ⲙ̄ⲙⲟⲥ ϫⲉ
ⲃⲱⲕ ϩⲛ̄ ⲟⲩⲉⲓⲣⲏⲛⲏ ⲛⲉⲥⲛⲏⲩ ⲙ̄ⲙⲉⲣⲓⲧ · ⲁⲛⲣ̄ ⲡⲙ̄ⲡϣⲁ
ⲅⲁⲣ ⲛ̄ ⲟⲩⲛⲟϭ ⲛ̄ ϩⲙⲟⲧ · ⲁⲧⲉⲧⲛ̄ⲉⲓ ϣⲁ ⲣⲟⲛ ⲙ̄ⲡⲟⲟⲩ ·
Ⲛⲁⲓ ⲇⲉ ⲛⲉⲩⲉⲓⲣⲉ ⲙ̄ⲙⲟⲟⲩ ⲕⲁⲧⲁ ⲥⲟⲩ ⲙⲛ̄ⲧⲥⲛⲟⲟⲩⲥ ϩⲱⲥ
ⲇⲉ ⲛ̄ⲧⲉ ⲡⲉⲩⲥⲧⲉ ⲛⲟⲩϥⲉ ⲙⲛ̄ ⲧⲉⲩⲁⲅⲁⲡⲏ ⲃⲱⲕ ϣⲁ
ⲡⲛⲟⲩⲧⲉ ⲉ ϩⲣⲁⲓ ⲙ̄ⲡⲏⲩⲉ̄ · ⲉⲣⲉ ⲟⲩⲟⲛ ⲛⲓⲙ ϯ ⲉⲟⲟⲩ
ⲛⲁⲩ ⲙ̄ⲙ̄ ⲡⲉⲩⲟⲩⲟ̄ⲉⲓϣ ⲧⲏⲣϥ̄ ⲉ ⲧⲃⲉ ⲧⲉⲩⲙⲛ̄ⲧⲥⲱⲧⲡ̄ ·
ⲁⲩⲱ ⲛⲉⲩϩⲱⲡ ⲛ̄ ⲧⲉⲩⲁⲣⲉⲧⲏ̄ · ϩⲓ ⲟⲩⲥⲟⲡ ⲛⲉⲩϣⲓⲛⲉ ⲁⲛ
ⲛ̄ⲥⲁ ⲗⲁⲁⲩ ⲛ̄ ⲉⲟⲟⲩ · ⲉ ⲡⲁ ⲣⲱⲙⲉ ⲡⲉ · ⲁⲗⲗⲁ ⲛⲉⲣⲉ
ⲧⲉⲩϩⲉⲗⲡⲓⲥ ⲧⲏⲣⲥ̄ ϣⲟⲟⲡ ϩⲙ̄ ⲡⲛⲟⲩⲧⲉ · ⲙⲛ̄ ⲡⲁⲣⲭ-
ⲁⲅⲅⲉⲗⲟⲥ ⲙⲓⲭⲁⲏⲗ Ⲁⲥϣⲱⲡⲉ ⲇⲉ ⲙⲛ̄ⲛ̄ⲥⲁ ⲟⲩⲛⲟϭ ⲛ̄
ⲟⲩⲟⲉⲓϣ ⲉⲩⲙⲏⲛ ⲉ ⲃⲟⲗ · ⲛ̄ ⲧⲉⲓ ϩⲉ ⲁ ⲡⲛⲟⲩⲧⲉ ⲕⲉⲗⲉⲩ̄ⲉ ·
ⲁ ⲧⲁⲛⲁⲃⲁⲥⲓⲥ ϣⲱⲡⲉ · ⲉ ⲧⲙ̄ ⲧⲣⲉ ⲡⲙⲟⲟⲩ ⲉⲓ ⲉ̄ϫⲙ̄
ⲡⲕⲁϩ ⲉⲩⲡⲁⲓⲇⲉⲩⲥⲓⲥ ⲛ̄ ⲛ̄ϣⲏⲣⲉ ⲛ̄ ⲛ̄ⲣⲱⲙⲉ ⲉ ⲧⲃⲉ ⲛⲉⲩ-
ⲛⲟⲃⲉ · ⲗⲟⲓⲡⲟⲛ ⲁϥⲁⲙⲁϩⲧⲉ ⲙ̄ⲙⲟϥ ⲛϣⲟ̄ⲙ̄ⲧⲉ ⲛ̄ⲣⲟⲙⲡⲉ | Fol. 13 *b*
ⲛⲥⲁ ⲛⲉⲩⲉⲣⲏⲩ · ϩⲱⲥ ⲇⲉ ⲛ̄ⲧⲉ ⲡⲕⲁϩ ⲛ̄ⲕⲏⲙⲉ ϣⲱⲡⲉ ϩⲛ̄ ⲗ̄ⲏ̄

Oriental 7021. ϣⲱⲡⲉ ϩⲛ̄ ⲟⲩⲛⲟϭ ⲛ̄ ϣⲧⲟⲣⲧⲣ̄ · ⲙⲛ̄ ⲛⲉⲧ ϩⲓ ϫⲱϥ · ⲛ̄ⲥⲉⲣ̄
ⲡⲱⲃϣ̄ ⲙ̄ⲙ̄ ⲡⲉⲓ ϩⲛ̄ ⲕⲏⲙⲉ · ⲕⲁⲧⲁ ⲡⲉⲧ ⲥⲏϩ· ⲗⲟⲓⲡⲟⲛ
ⲁⲩⲙⲟⲩ ⲛ̄ϭⲓ ϩⲁϩ ⲛ̄ⲣⲱⲙⲉ ϩⲓ̈ ⲧⲃ̄ⲛⲏ · ⲉ ⲃⲟⲗ ϫⲉ ⲙ̄ⲡⲉ
ⲙⲟⲟⲩ ⲉⲓ ⲛⲁⲩ ⲉϫⲙ̄ ⲡⲕⲁϩ ⲛ̄ϣⲟⲙⲧⲉ ⲛ̄ⲣⲟⲙⲡⲉ ⲛ̄ⲥⲁ
ⲛⲉⲩⲉⲣⲏⲩ · ⲡⲉⲓ ⲣⲱⲙⲉ ⲇⲉ ⲉⲧ ⲟⲩⲁⲁⲃ · ⲙⲛ̄ ⲧⲉϥⲥϩⲓⲙⲉ
ⲙ̄ⲡ ⲟⲩⲕⲁ ⲧⲟⲟⲧⲟⲩ ⲉ ⲃⲟⲗ ϩⲙ̄ ⲡⲉⲧ ⲟⲩⲉⲓⲣⲉ ⲙ̄ⲙⲟϥ
ⲕⲁⲧⲁ ⲉⲃⲟⲧ · ⲉⲩⲥⲟⲡⲥⲡ̄ ⲙ̄ⲙ̄ ⲡⲛⲟⲩⲧⲉ ⲙⲛ̄ ⲡⲁⲣⲭⲁⲅⲅⲉ-
ⲗⲟⲥ ⲉⲧ ⲟⲩⲁⲁⲃ ⲙⲓⲭⲁⲏⲗ · ϫⲉ ⲙ̄ⲡⲣ̄ ⲱϫⲛ̄ ⲛ̄ ⲧⲉⲕ-
ⲁⲅⲁⲡⲏ · ⲙⲛ̄ ⲧⲕ̄ⲡⲣⲟⲥⲫⲟⲣⲁ · ϩⲛ̄ ⲛⲉⲛϭⲓϫ ⲛ̄ ⲛⲉⲕϩⲙ̄-
ϩⲁⲗ · ⲉⲩϣⲟⲟⲡ ⲇⲉ ⲛ̄ ⲧⲉⲓ ϩⲉ ⲁⲩⲁⲣⲭⲉⲓ̈ ⲛ̄ϣⲱⲱⲧ ϩⲱⲟⲩ
Fol. 26 b ⲁⲩⲱ ⲁⲩⲙⲟⲩ | ⲛ̄ϭⲓ ϩⲁϩ ϩⲛ̄ ⲛⲉⲩⲧⲃ̄ⲛⲟⲟⲩⲉ · ϩⲁⲡⲗⲱⲥ
ⲡ̄ ⲁⲩϫⲉⲕ ⲣⲟⲙⲡⲉ ⲥⲉⲛⲧⲉ ⲉ ⲃⲟⲗ · ⲁⲩⲁⲣⲭⲉⲓ̈ ⲉ ⲧⲙⲉϩ
ϣⲟⲙⲧⲉ · ⲁⲛⲕⲁ ⲛⲓⲙ · ⲉⲧ ⲛ̄ⲧⲁⲩ · ⲱϫⲛ̄ ⲛ̄ ⲧⲟⲟⲧⲟⲩ ·
ⲁⲩⲱ ⲁ ⲛⲉⲩⲉⲥⲟⲟⲩ ⲧⲏⲣⲟⲩ ⲙⲟⲩ · ⲡⲁⲣⲁ ⲟⲩⲁ ⲛ̄ ⲟⲩⲱⲧ ·
ⲡⲣⲱⲙⲉ ⲇⲉ ⲛ̄ ⲥⲩⲙⲛⲟⲥ · ⲁⲩⲱ ⲙ̄ⲙ̄ ⲡⲓⲥⲧⲟⲥ · ⲡⲉϫⲁϥ
ⲛ̄ ⲧⲉϥⲥϩⲓⲙⲉ ϫⲉ ⲧⲁ ⲥⲱⲛⲉ · ⲧⲱⲟⲩⲛ ⲉⲓⲥ ϩⲏⲏⲧⲉ ⲥⲟⲩ ⲙⲛ̄ⲧ-
ⲥⲛⲟⲟⲩⲥ ⲙ̄ⲙ̄ ⲡⲁⲟⲡⲉ ⲣⲁⲥⲧⲉ · ⲙⲁⲣⲛ̄ ϥⲓ ⲡⲣⲟⲟⲩϣ ⲛ̄ ⲧⲉ-

Oriental 6781. ⲟⲩⲛⲟϭ ⲛ̄ ϣⲧⲟⲣⲧⲣ̄ · ⲙⲛ̄ ⲛⲉⲧ ϩⲓ ϫⲱϥ ⲛ̄ⲥⲉⲣ̄ ⲡⲱⲃϣ̄ ⲙ̄ⲙ̄
ⲡⲥⲉⲓ ϩⲛ̄ ⲕⲏⲙⲉ · ⲕⲁⲧⲁ ⲡⲉⲧ ⲥⲏϩ· ⲗⲟⲓⲡⲟⲛ ⲁⲩⲙⲟⲩ ⲛ̄ϭⲓ
ϩⲁϩ ⲛ̄ⲣⲱⲙⲉ ϩⲓ ⲧⲃ̄ⲛⲏ · ⲉ ⲃⲟⲗ ϫⲉ ⲙ̄ⲡⲉ ⲙⲟⲟⲩ ⲉⲓ ⲛⲁⲩ
ⲉϫⲙ̄ ⲡⲕⲁϩ ⲛ̄ϣⲟⲙⲧⲉ ⲛ̄ⲣⲟⲙⲡⲉ ⲛ̄ⲥⲁ ⲛⲉⲩⲉⲣⲏⲩ · ⲡⲉⲣⲱⲙⲉ
ⲇⲉ ⲉⲧ ⲟⲩⲁⲁⲃ · ⲙⲛ̄ ⲧⲉϥⲥϩⲓⲙⲉ ⲙ̄ⲡ ⲟⲩⲕⲁ ⲧⲟⲟⲧⲟⲩ ⲉ ⲃⲟⲗ
ϩⲙ̄ ⲡⲉⲧ ⲟⲩⲉⲓⲣⲉ ⲙ̄ⲙⲟϥ ⲕⲁⲧⲁ ⲉⲃⲟⲧ· ⲉⲩⲥⲟⲡⲥⲡ̄ ⲙ̄ⲙ̄ ⲡⲛⲟⲩⲧⲉ
ⲙⲛ̄ ⲡⲁⲣⲭⲁⲅⲅⲉⲗⲟⲥ ⲉⲧ ⲟⲩⲁⲁⲃ ⲙⲓⲭⲁⲏⲗ · ϫⲉ ⲙ̄ⲡⲣ̄
ⲱϫⲛ̄ ⲛ̄ ⲧⲉⲕⲁⲅⲁⲡⲏ ⲙⲛ̄ ⲧⲉⲕⲡⲣⲟⲥⲫⲟⲣⲁ ϩⲛ̄ ⲛⲉⲛϭⲓϫ
ⲁⲛⲟⲛ ⲛⲉⲕϩⲙ̄ϩⲁⲗ · ⲉⲩϣⲟⲟⲡ ⲛ̄ ⲧⲉⲓ ϩⲉ · ⲁⲩⲁⲣⲭⲉⲓ ⲛ̄-
ϣⲱⲱⲧ ϩⲱⲟⲩ ⲁⲩⲱ ⲁⲩⲙⲟⲩ ⲛ̄ϭⲓ ϩⲁϩ ϩⲛ̄ ⲛⲉⲩⲧⲃ̄ⲛⲟⲟⲩⲉ ·
ϩⲁⲡⲗⲱⲥ · ⲁⲩϫⲉⲕ ⲣⲟⲙⲡⲉ ⲥⲛ̄ⲧⲉ ⲉ ⲃⲟⲗ · ⲁⲩⲁⲣⲭⲉⲓ
ⲉ ⲧⲙⲉϩ ϣⲟⲙⲛⲧⲉ · ⲁⲛⲕⲁ ⲛⲓⲙ ⲉⲧ ⲛ̄ⲧⲁⲩⲱ̄ϫⲛ̄ ⲛ̄ ⲧⲟⲟⲧⲟⲩ ·
ⲁⲩⲱ ⲁ̄ ⲛⲉⲩⲉⲥⲟⲟⲩ ⲧⲏⲣⲟⲩ ⲙⲟⲩ ⲡⲁⲣⲁ ⲟⲩⲁ̄ ⲛ̄ ⲟⲩⲱⲧ ·
Ⲡⲣⲱⲙⲉ ⲇⲉ ⲛ̄ ⲥⲙ̄ⲛⲟⲥ ⲁⲩⲱ ⲙ̄ⲙ̄ ⲡⲓⲥⲧⲟⲥ · ⲡⲉϫⲁϥ ⲛ̄
ⲧⲉϥⲥϩⲓⲙⲉ ϫⲉ ⲧⲁ ⲥⲱⲛⲉ ⲧⲱⲟⲩⲛ ⲉⲓⲥ ϩⲏⲏⲧⲉ ⲥⲟⲩ
ⲙⲛ̄ⲧⲥⲛⲟⲟⲩⲥ ⲙ̄ⲙ̄ ⲡⲁⲟ̄ⲡⲉ ⲣⲁⲥⲧⲉ · ⲙⲁⲣⲛ̄ ϥⲓ ⲡⲣⲟⲟⲩϣ

ⲡⲣⲟⲥⲫⲟⲣⲁ · ⲛ̄ⲧⲛ̄ⲕⲱⲛⲥ̄ ⲙ̄ ⲡⲓ ⲉⲥⲟⲟⲩ ⲛ̄ⲧⲏⲣ ⲡϣⲁ · ⲙ̄ Oriental 7021.
ⲡⲁⲣⲭⲁⲅⲅⲉⲗⲟⲥ ⲉⲧ ⲟⲩⲁⲁⲃ ⲙⲓ̈ⲭⲁⲏⲗ · ⲁⲩⲱ ⲛ̄ϣⲁⲛⲙⲟⲩ ⲁⲛⲟⲛ ⲛⲁ ⲡⲛⲟⲩⲧⲉ · ⲉⲛϣⲁⲛⲱⲛϩ̄ ⲁⲛⲟⲛ ⲛⲁ ⲡⲛⲟⲩⲧⲉ · Ⲛ̄ⲧⲟⲥ ⲇⲉ ⲡⲉϫⲁⲥ ⲛⲁϥ · ϫⲉ ϥⲟⲛϩ̄ ⲛ̄ϭⲓ ⲡϫⲥ̄ ⲡⲁ ⲥⲟⲛ · ϫⲉ ⲡⲉⲓ ⲣⲟⲟⲩϣ ⲛⲁⲓ̈ ⲉⲛⲱⲭⲗⲉⲓ ⲛⲁⲓ̈ ⲉⲓⲥ ⲕⲉ ϩⲟⲟⲩ ⲥⲛⲁⲩ · ⲁⲗⲗⲁ ⲙ̄ⲡ ⲓϭⲛ̄ ⲑⲉ ⲛ̄ ϫⲛⲟⲩⲕ · ⲁⲛⲁⲩ ⲉ ⲡⲉⲛⲧ ⲁϥϣⲱⲡⲉ ⲙ̄ⲙⲟⲛ · ⲁⲓⲣⲁϣⲉ ⲧⲱⲛⲟⲩ ⲙ̄ⲡⲟⲟⲩ · ϫⲉ ⲙ̄-ⲡⲉ ⲕⲣ̄ⲡⲱⲃϣ ⲛ̄ ⲧⲉⲑⲩⲥⲓⲁ ⲙ̄ ⲡⲛⲟⲩⲧⲉ · ⲁⲣⲓⲣⲉ ⲡⲁ ⲥⲟⲛ ⲕⲁⲧⲁ ⲑⲉ ⲛ̄ⲧⲁⲕϫⲟⲟⲥ · ⲁϥⲧⲱⲟⲩⲛ ⲇⲉ ⲛ̄ ϣⲱⲣⲡ̄ ⲛ̄ ⲥⲟⲩ ⲙⲛ̄ⲧⲥⲛⲟⲟⲩⲥ · ⲙ̄ ⲡⲁⲟⲡⲉ · ⲁⲩϫⲱⲕ ⲉ ⲃⲟⲗ · ⲙ̄ ⲡⲉⲩ-ϣⲙ̄ϣⲉ ⲧⲏⲣϥ ⲙ̄ⲡ ⲟⲩⲉⲓ ⲉ ⲡⲁϩⲟⲩ ⲛ̄ ⲗⲁⲁⲩ ⲡⲁⲣⲁ ⲡⲉ-ⲟⲩⲟⲉⲓϣ ⲙ̄ ⲡϩⲉⲛⲟⲩϥⲉ · ⲁⲩⲱ ⲙ̄ⲡⲉ ⲗⲁⲁⲩ [ϣⲱϫ]ⲡ̄ ⲛⲁⲩ ⲉ ⲡⲁϩⲟⲩ · ⲛ̄ⲥⲁ ⲛ̄ⲕⲟ[ⲩⲓ̈ ⲛ̄]ⲟⲉⲓⲕ · ⲙⲛ̄ ⲟⲩⲕⲟⲩⲓ | ⲛ̄ ⲏⲣⲡ̄ Fol. 27 *a* ⲡⲁ
ⲙ̄ⲙⲁⲧⲉ · ϣⲁ ϩⲣⲁⲓ̈ ⲉ ⲛⲉⲩ ⲕⲉ ϩⲃ̄ⲥⲱ ⲧⲏⲣⲟⲩ ϣⲁ ⲛⲉⲧ ⲟⲩⲥⲩⲛⲁⲅⲉ ⲛ̄ϩⲏⲧⲟⲩ · Ⲁⲩⲱ ϩⲛ̄ ⲛⲁⲓ̈ ⲛⲉⲩϣⲡ̄ ϩⲙⲟⲧ ⲛ̄ ⲧⲟⲟⲧϥ ⲙ̄ ⲡϫⲥ̄ ⲙⲛ̄ ⲡⲁⲣⲭⲁⲅⲅⲉⲗⲟⲥ ⲉⲧ ⲟⲩⲁⲁⲃ ⲙⲓⲭⲁⲏⲗ · ⲁⲩⲱ ⲉⲩϣⲗⲏⲗ ⲉⲩⲥⲙⲟⲩ ⲉ ⲡⲛⲟⲩⲧⲉ · ⲙ̄

ⲛ̄ ⲧⲉⲡⲣⲟⲥⲫⲟⲣⲁ ⲛ̄ⲧⲛ̄ⲕⲱⲛⲥ̄ ⲙ̄ ⲡⲉⲓ ⲉⲥⲟⲟⲩ ⲛ̄ⲧⲏⲣ ⲡϣⲁ Oriental 6781.
ⲙ̄ ⲡⲁⲣⲭⲁⲅⲅⲉⲗⲟⲥ ⲉⲧ ⲟⲩⲁⲁⲃ ⲙⲓⲭⲁⲏⲗ̄ · ⲁⲩⲱ ⲉⲛϣⲁⲛ-ⲙⲟⲩ ⲁⲛⲟⲛ ⲛⲁ ⲡⲛⲟⲩⲧⲉ · ⲉⲛϣⲁⲛⲱⲛϩ̄ ⲁ̄ⲛⲟⲛ ⲛⲁ ⲡⲛⲟⲩⲧⲉ · ⲛ̄ⲧⲟⲥ ⲇⲉ ⲡⲉϫⲁⲥ ⲛⲁϥ ϫⲉ ϥⲟⲛϩ̄ ⲛ̄ϭⲓ ⲡϫⲥ̄ ⲡⲁ ⲥⲟⲛ · ϫⲉ ⲡⲉⲓ ⲣⲟⲟⲩϣ ⲛⲁⲓ ⲉⲛⲱⲭⲗⲉⲓ ⲛⲁⲓ ⲉⲓⲥ ⲕⲉ ϩⲱⲃ ⲥⲛⲁⲩ · ⲁⲗⲗⲁ ⲙ̄ⲡⲉ ⲓϭⲛ̄ ⲑⲉ ⲛ̄ ϫⲛⲟⲩⲕ ⲁⲛⲁⲩ ⲉ ⲡⲉⲛⲧ ⲁϥϣⲱⲡⲉ ⲙ̄ⲙⲟⲛ · ⲁⲓⲣⲁϣⲉ ⲧⲱⲛⲟⲩ ⲙ̄ⲡⲟⲟⲩ ϫⲉ ⲙ̄ⲡⲉ ⲕⲣ̄ ⲡⲱⲃϣ ⲛ̄ ⲧⲉ|ⲑⲩⲥⲓⲁ ⲙ̄ ⲡⲛⲟⲩⲧⲉ · ⲁⲣⲓⲣⲉ ⲡⲁ ⲥⲟⲛ Fol. 14 *a* ⲗⲑ
ⲕⲁⲧⲁ ⲑⲉ ⲛⲧⲁⲕϫⲟⲟⲥ · ⲁϥⲧⲱⲟⲩⲛ ⲇⲉ ⲛ̄ ϣⲱⲣⲡ̄ ⲛ̄ ⲥⲟⲩ ⲙⲛ̄ⲧⲥⲛⲟⲟⲩⲥ ⲙ̄ ⲡⲁⲟⲡⲉ · ⲁⲩϫⲱⲕ ⲉ ⲃⲟⲗ ⲙ̄ ⲡⲉⲩϣⲙ̄ϣⲉ ⲧⲏⲣϥ ⲙ̄ⲡ ⲟⲩⲉⲓ ⲉ ⲡⲁϩⲟⲩ ⲛ̄ ⲗⲁⲁⲩ ⲡⲁⲣⲁ ⲡⲉⲟⲩⲟⲉⲓϣ ⲙ̄ ⲡϩⲉⲛⲟⲩϥⲉ · ⲁⲩⲱ ⲙ̄ⲡⲉ ⲗⲁⲁⲩ ϣⲱϫⲡ̄ ⲛⲁⲩ ⲉ ⲡⲁϩⲟⲩ ⲛ̄ⲥⲁ ϩⲉⲛⲕⲟⲩⲓ ⲉⲛⲟⲉⲓⲕ · ⲙⲛ̄ ⲟⲩⲕⲟⲩⲓ ⲛ̄ ⲏⲣⲡ̄ ⲙ̄ⲙⲁⲧⲉ ϣⲁ ϩⲣⲁⲓ ⲉ̄ ⲛⲉⲩ ⲕⲉ ϩⲃ̄ⲥⲱ ⲧⲏⲣⲟⲩ · ϣⲁ ⲛⲉⲧ ⲟⲩⲥⲩⲛⲁⲅⲉ ⲛ̄ϩⲏⲧⲟⲩ · ⲁⲩⲱ ϩⲛ̄ ⲛⲁⲓ ⲛⲉⲩϣⲡ̄ ϩⲙⲟⲧ ⲛ̄ⲧⲙ̄ⲡⲛⲟⲩⲧⲉ ⲙⲛ̄ ⲡⲁⲣⲭⲁⲅⲅⲉⲗⲟⲥ ⲉⲧ ⲟⲩⲁⲁⲃ ⲙⲓⲭⲁⲏ̄ⲗ ⲁⲩⲱ ⲉⲩ-

Oriental 7021. ⲡⲉϩⲟⲟⲩ ⲙⲛ̅ ⲧⲉⲩϣⲏ · ϩⲛ̅ ϩⲉⲛⲣⲙ̅ⲙⲉⲓⲟⲟⲩⲉ · ⲉⲩϫⲱ ⲙ̅ⲙⲟⲥ · ϫⲉ ⲡⲁⲣⲭⲁⲅⲅⲉⲗⲟⲥ ⲉⲧ ⲟⲩⲁⲁⲃ ⲙⲓⲭⲁⲏⲗ ⲡⲁⲣⲁⲕⲁⲗⲉⲓ ⲙ̅ ⲡⲛⲟⲩⲧⲉ ⲉ ϫⲱⲛ · ⲛϥⲟⲩⲱⲛ ⲛⲁⲛ ⲛ̅ ⲧⲉϥϭⲓϫ ⲛ̅ ⲥⲙⲟⲩ ϫⲉ ⲕⲁⲥ ⲛ̅ⲛⲉ ⲥⲱϫⲡ ⲛ̅ⲧⲟⲟⲧⲛ̅ ⲛ̅ϭⲓ ⲑⲉⲗⲡⲓⲥ ⲛ̅ ⲧⲉϥⲁⲅⲁⲡⲏ ⲙⲛ̅ ⲧⲉϥⲑⲩⲥⲓⲁ · ⲧⲁⲓ ⲉⲧ ⲛ̅ϯ ⲙ̅ⲙⲟⲥ ϩⲙ̅ ⲡⲉϥⲣⲁⲛ · ⲱ̅ ⲙⲓⲭⲁⲏⲗ ⲡⲛⲟϭ ⲛ̅ ⲁⲣⲭⲁⲅⲅⲉⲗⲟⲥ ⲉⲧ ⲟⲩⲁⲁⲃ · ⲛ̅ⲧⲟⲕ ⲡⲉⲧ ⲥⲟⲟⲩⲛ ⲙ̅ ⲡⲉⲛϩⲏⲧ ⲙⲛ̅ ⲧⲛ̅ⲡⲣⲟϩⲁⲓⲣⲉⲥⲓⲥ ⲉ ϩⲟⲩⲛ ⲉ ⲣⲟⲕ · ⲁⲩⲱ ϫⲉ ⲙⲛ̅ⲧⲁⲛ ⲗⲁⲁⲩ ⲙ̅ ⲡⲣⲟⲥⲧⲁⲥⲓⲁ · ⲙ̅ⲙⲁⲕ (*sic*) ⲛ̅ⲥⲁⲃⲗ̅ⲗⲁⲕ · ⲉⲕⲟ ⲛⲁⲛ ⲙ̅ ⲡⲣⲟⲥⲧⲁⲧⲏⲥ ϫⲓⲛ ⲧⲙ̅ⲙⲛ̅ⲧⲕⲟⲩⲓ̈ ϣⲁ ⲧⲉⲛⲟⲩ · ⲉⲕⲡⲣⲉⲥⲃⲉⲩⲉ ϩⲁ ⲣⲟⲛ ⲛ̅ ⲛⲁϩⲣⲙ̅ ⲡⲛⲟⲩⲧⲉ ⲡⲉⲛⲣ̅ⲣⲟ · Ⲧⲉⲛⲟⲩ ⲇⲉ ⲧⲛ̅ⲡⲁⲣⲁⲕⲁⲗⲉⲓ ⲙ̅ⲙⲟⲕ ⲡⲉⲛϥⲁⲓ ⲣⲟⲟⲩϣ ⲉⲧ ⲛⲁⲛⲟⲩϥ ⲙⲓ̈ⲭⲁⲏⲗ · ⲉϣⲱⲡⲉ ϩⲱⲗⲟⲥ · ⲡⲉⲓ ⲛⲟϭ ⲛ̅ ⲙ̅ⲕⲁϩ ⲛ̅ ϩⲏⲧ · ϭⲉⲉⲧ ⲉ ⲣⲟⲛ · ϩⲛ̅ ⲧⲛ̅ϩⲁⲏ ⲙⲛ̅ ⲛⲉⲓ ⲥⲩⲛⲑⲩⲕⲏ · ⲛ̅ⲧⲁⲛⲥⲙⲛ̅ⲧⲟⲩ ⲛ̅ⲙ̅ⲙⲁⲕ · ⲙⲛ̅ ⲡⲛⲟⲩⲧⲉ ⲉ ⲧⲙ̅ ⲟⲩⲱⲥϥ · ⲛ̅ ⲧⲉⲕⲑⲩⲥⲓⲁ · ⲙⲛ̅ ⲧⲉⲕⲁⲅⲁⲡⲏ · Ⲉⲓⲉ ⲙⲁⲣⲉ ⲧⲉⲕⲙⲛ̅ⲧⲁⲅⲁⲑⲟⲥ

Oriental 6781. ϣⲗⲏⲗ ⲉⲩⲥⲙⲟⲩ ⲉ ⲡⲛⲟⲩⲧⲉ · ⲙ̅ ⲡⲉϩⲟⲟⲩ ⲙⲛ̅ ⲧⲉⲩϣⲏ ϩⲛ̅ ϩⲉⲛⲣⲙ̅ⲙⲉⲓⲟⲟⲩ · ⲉⲩϫⲱ ⲙ̅ⲙⲟⲥ ϫⲉ ⲡⲁⲣⲭⲁⲅⲅⲉⲗⲟⲥ ⲉⲧ ⲟⲩⲁⲁⲃ ⲙⲓⲭⲁⲏⲗ ⲡⲁⲣⲁⲕⲁⲗⲉⲓ ⲙ̅ ⲡⲛⲟⲩⲧⲉ ⲉ ϩⲣⲁⲓ ⲉ ϫⲱⲛ · ⲛϥⲟⲩⲱⲛ ⲛⲁⲛ ⲛ̅ⲧⲉϥϭⲓϫ ⲛ̅ ⲥⲙⲟⲩ ϫⲉ ⲕⲁⲥ ⲛ̅ⲛⲉⲥⲱ̅ϫⲡ ⲛ̅ⲧⲱⲧⲛ̅ ⲛ̅ϭⲓ ⲑⲉⲗⲡⲓⲥ ⲛ̅ ⲧⲉϥⲁⲅⲁⲡⲏ · ⲙⲛ̅ ⲧⲉϥⲑⲩⲥⲓⲁ ⲧⲁⲓ ⲉ̅ⲧ ⲛ̅ϯ ⲙ̅ⲙⲟⲥ ϩⲙ̅ ⲡⲉϥⲣⲁⲛ · ⲱ̅ ⲙⲓⲭⲁⲏⲗ ⲡⲛⲟϭ ⲛ̅ ⲁⲣⲭⲁⲅⲅⲉⲗⲟⲥ ⲉⲧ ⲟⲩⲁⲁⲃ · ⲛ̅ⲧⲟⲕ ⲡⲉⲧ ⲥⲟⲟⲩⲛ ⲙ̅ ⲡⲉⲛϩⲏⲧ ⲙⲛ̅ ⲧⲛ̅ⲡⲣⲟϩⲩⲣⲉⲥⲓⲥ ⲉ ϩⲟⲩⲛ ⲉ ⲣⲟⲕ · ⲁⲩⲱ ϫⲉ ⲙⲛ̅ⲧ ⲛ̅ ⲗⲁⲁⲩ ⲙ̅ ⲡⲣⲟⲥⲧⲁⲥⲓⲁ ⲙ̅ⲙⲁⲩ ⲛ̅ⲥⲁⲃⲗ̅ⲗⲁⲕ · ⲉⲕⲟ̅ ⲛⲁⲛ ⲙ̅ ⲡⲣⲟⲥⲧⲁⲧⲏⲥ ϫⲓⲛ̅ ⲧⲙ̅ⲙⲛ̅ⲧⲕⲟⲩⲓ ϣⲁ ⲧⲉⲛⲟⲩ · ⲉⲕⲡⲣⲉⲥⲃⲉⲩⲉ̅ ϩⲁ ⲣⲟⲛ ⲛ̅ ⲛⲁϩⲣⲙ̅ ⲡⲛⲟⲩⲧⲉ ⲡⲉⲛⲣ̅ⲣⲟ Ⲧⲉⲛⲟⲩ ⲇⲉ ⲧⲛ̅ⲡⲁⲣⲁⲕⲁⲗⲉⲓ ⲙ̅ⲙⲟⲕ ⲡⲉⲛϥⲁⲓ ⲣⲟⲟⲩϣ ⲉⲧ ⲛⲁⲛⲟⲩϥ ⲙⲓⲭⲁⲏⲗ · ⲉϣⲱⲡⲉ ϩⲟⲗⲱⲥ ⲡⲉⲓ ⲛⲟϭ ⲛ̅ ⲙ̅ⲕⲁϩ ⲛ̅ ϩⲏⲧ ϭⲉⲉⲧ ⲉ ⲣⲟⲛ ϩⲛ̅ ⲧⲉⲛϩⲁⲏ̅ · ⲙⲛ̅ⲛ̅ⲥⲁ ⲛⲉⲥⲩ̅ⲛⲑⲩⲕⲏ · ⲛ̅ⲧⲁⲛⲥⲙⲛ̅ⲧⲟⲩ ⲛ̅ⲙ̅ⲙⲁⲕ ⲙⲛ̅ ⲡⲛⲟⲩⲧⲉ · ⲉ̅ ⲧⲙ̅ ⲟⲩⲱ̅ⲥϥ ⲛ̅ ⲧⲉⲕⲑⲩⲥⲓⲁ̅ ⲙⲛ̅ ⲧⲉⲕⲁⲅⲁⲡⲏ ⲉⲓⲉ ⲙⲁⲣⲉ ⲧⲉⲕⲙⲛ̅ⲧⲁⲅⲁⲑⲟⲥ

ⲉⲓ̈ ⲉ ϩⲟⲩⲛ· ⲉ ⲧϩⲓⲕ[ⲱⲛ ⲧ]ⲏⲣⲥ̅ ⲙ̅ ⲡⲛⲟⲩⲧⲉ· ⲉⲓⲣⲉ Oriental 7021.
ⲛ̅ⲙ̅ⲙⲁⲛ ⲙ̅ ⲡⲉⲓ ⲛⲟϭ ⲛ̅ ⲁⲅⲁ|ⲑⲟⲛ· ⲛⲅ̅ ⲡⲁⲣⲁⲕⲁⲗⲉⲓ̈
ⲙ̅ ⲡⲛⲟⲩⲧⲉ ⲡ̅ⲣ̅ⲣⲟ ⲛ̅ ⲛ̅ⲣ̅ⲣⲱⲟⲩ· ⲉ ⲧⲃⲏⲏⲧⲛ̅· ⲛϥ̅ⲣ̅ ⲡⲛⲁ· Fol. 27 b ⲛ̅ⲃ̅
ⲛ̅ⲙ̅ⲙⲁⲛ· ⲛϥ̅ⲡⲟⲟⲛⲉⲛ ⲉ ⲃⲟⲗ ϩⲙ̅ ⲡⲉⲓ ⲃⲓⲟⲥ ⲕⲁⲧⲁ ⲑⲉ
ϩⲱⲟⲩ ⲛ̅ ⲛⲉⲛⲉⲓⲟⲟⲧⲉ ⲧⲏⲣⲟⲩ· ⲉⲓⲥ ϩⲏⲏⲧⲉ ⲅⲁⲣ ⲱ̅ ⲡⲉⲛ-
ⲡⲣⲟⲥⲧⲁⲧⲏⲥ· ⲕⲛⲁⲩ ⲉ ⲡⲉⲛⲑⲃ̅ⲃⲓⲟ ⲛ̅ⲧⲁϥϣⲱⲡⲉ ⲙ̅ⲙⲟⲛ·
ⲁⲗⲗⲁ ⲛ̅ⲧⲁ ⲛⲁⲓ̈ ⲧⲏⲣⲟⲩ ϣⲱⲡⲉ ⲙ̅ⲙⲟⲛ· ⲛ̅ ⲧϣⲃ̅ⲃⲓⲱ ⲛ̅
ⲛⲉⲛⲛⲟⲃⲉ· ⲁⲩⲱ ⲛⲁⲛⲟⲩⲥ ⲛ̅ⲧⲛ̅ⲙⲟⲩ ⲛ̅ϩⲟⲩⲟ ⲉ ⲣⲟⲥ ⲛ̅ⲧⲛ̅ⲣ̅-
ⲡⲱⲃϣ̅ ⲛ̅ⲧⲉⲕⲑⲩⲥⲓⲁ· ⲙⲛ̅ ⲧⲉⲕⲡⲣⲟⲥⲫⲟⲣⲁ· ϫⲉ ϣⲁⲣⲉ
ⲧⲙⲛ̅ⲧϩⲛⲕⲉ ⲅⲁⲣ ⲣ̅ ϩⲁϩ ⲛ̅ϩⲱⲃ ⲉϥϩⲟⲟⲩ· ⲁⲩⲱ ϣⲁⲥⲧⲣⲉ
ⲛⲉⲧ ⲛ̅ϩⲏⲧⲥ̅· ⲁⲣⲛⲁ ⲙ̅ ⲡⲣⲁⲛ ⲙ̅ ⲡⲉⲛⲧ ⲁϥⲧⲁⲙⲓⲟⲟⲩ ⲉϫⲛ̅
ϩⲟⲧⲉ·:—Ⲧⲉⲛⲟⲩ ⲟⲛ ⲧⲛ̅ⲡⲁϩⲧ̅ ⲙ̅ ⲡⲉⲕⲙ̅ⲧⲟ ⲉ ⲃⲟⲗ· ⲱ̅
ⲡⲁⲣⲭⲏⲥⲧⲣⲁⲧⲏⲅⲟⲥ· ⲉⲧ ⲟⲩⲁⲁⲃ ⲙⲓ̈ⲭⲁⲏⲗ· ⲙ̅ⲡⲣ̅
ⲟⲃϣⲕ̅ ⲉ ⲣⲟⲛ· ⲁⲛⲟⲛ ⲛⲉⲕϩⲙ̅ϩⲁⲗ· ⲧⲛ̅ⲥⲟⲟⲩⲛ ⲅⲁⲣ
ϫⲉ ⲕϩⲏⲛ ⲉ ϩⲟⲩⲛ ⲉ ⲡ̅ⲣ̅ⲣⲟ ⲛ̅ ⲛⲁⲩ ⲛⲓⲙ· ⲁⲩⲱ ⲕⲟⲩⲏⲏⲩ
ⲉ ⲃⲟⲗ· ⲁⲛ· ⲛ̅ ⲛⲉⲧ ⲉⲡⲓⲕⲁⲗⲉⲓ ⲙ̅ⲙⲟⲕ· ⲁⲗⲗⲁ ⲕϩⲏⲛ

ⲉ̅ ϩⲟⲩⲛ ⲉ ⲧϩⲓⲕⲱⲛ ⲧⲏⲣⲥ̅ ⲙ̅ ⲡⲛⲟⲩⲧⲉ· ⲉ̅ ⲉⲓⲣⲉ | ⲛ̅ⲙ̅ⲙⲁⲛ Oriental 6781.
ⲙ̅ ⲡⲉⲓ ⲛⲟϭ ⲛ̅ ⲁⲅⲁⲑⲟⲛ· ⲛⲅ̅ ⲡⲁⲣⲁⲕⲁⲗⲉⲓ ⲙ̅ ⲡⲛⲟⲩⲧⲉ
ⲡ̅ⲣ̅ⲣⲟ ⲛ̅ ⲛⲉⲣ̅ⲣ̅ⲱⲟⲩ ⲉ̅ ⲧⲃⲏⲏⲧⲛ̅ ⲛϥ̅ⲣ̅ ⲡⲛⲁ ⲛ̅ⲙ̅ⲙⲁⲛ ⲛϥ̅- Fol. 14 b ⲙ̅
ⲡⲟⲟ̅ⲛⲉ̅ⲛ ⲉ ⲃⲟⲗ ϩⲙ̅ ⲡⲉⲓ ⲃⲓⲟⲥ· ⲕⲁⲧⲁ ⲑⲉ ϩⲱⲱⲛ ⲛ̅
ⲛⲉⲛⲉⲓⲟⲧⲉ ⲧⲏⲣⲟⲩ· Ⲉⲓⲥ ϩⲏⲏⲧⲉ ⲅⲁⲣ ⲱ̅ ⲡⲉⲛⲡⲣⲟⲥⲧⲁⲧⲏⲥ
ⲕ̅ⲛⲁⲩ ⲉ ⲡⲉⲛⲑⲃ̅ⲃⲓⲱ̅ ⲛ̅ⲧⲁϥϣⲱⲡⲉ ⲙ̅ⲙⲟⲛ ⲛ̅ ⲧϣⲃ̅ⲃⲓⲱ ⲛ̅
ⲛⲉⲛⲛⲟⲃⲉ· ⲁⲩⲱ ⲛⲁⲛⲟⲩⲥ ⲛⲁⲛ ⲉ ⲧⲣⲉⲛⲙⲟⲩ ⲛ̅ϩⲟⲩⲟ̅ ⲉ ⲣⲟⲥ
ⲉ ⲧⲣⲉⲛⲱⲛ̅ϩ̅ ϩⲛ̅ ⲟⲩϭⲣⲱⲱϩ ⲛ̅ⲧⲛ̅ⲣ̅ ⲡⲱⲃϣ̅ ⲛ̅ⲧⲉⲕⲑⲩⲥⲓⲁ ⲙⲛ̅
ⲧⲉⲕⲡⲣⲟⲥⲫⲟⲣⲁ· ϫⲉ ϣⲁⲣⲉ ⲧⲙⲛ̅ⲧϩⲛⲕⲉ ⲅⲁⲣ ⲣ̅ ϩⲁϩ
ⲛ̅ϩⲟⲟⲩⲉ ϥϩⲟⲟⲩ ⲁⲩⲱ ϣⲁⲥⲧⲣⲉ ⲛⲉⲧ ⲛ̅ϩⲏⲧⲥ̅ ⲁⲣⲛⲁ ⲙ̅
ⲡⲣⲁⲛ ⲙ̅ ⲡⲉⲛⲧ ⲁϥⲧⲁⲙⲓⲟⲟⲩ· ⲁ̅ϫⲛ̅ ϩⲟⲧⲉ· Ⲧⲉⲛⲟⲩ ⲟⲛ ⲧⲛ̅-
ⲡⲁϩⲧ̅ ⲙ̅ ⲡⲉⲕⲙ̅ⲧⲟ ⲉ ⲃⲟⲗ· ⲱ̅ ⲡⲁⲣⲭⲏⲥⲧⲣⲁⲧⲏⲅⲟⲥ ⲉⲧ
ⲟⲩⲁⲁⲃ ⲙⲓ̈ⲭⲁⲏ̅ⲗ̅ ⲙ̅ⲡⲣ̅ ⲟⲃϣⲕ̅ ⲉ ⲣⲟⲛ ⲁⲛⲟⲛ ⲛⲉⲕϩⲙ̅ϩⲁⲗ·
ⲧⲛ̅ⲥⲟⲟⲩⲛ ⲅⲁⲣ· ϫⲉ ⲕ̅ϩⲏⲛ ⲉ̅ ϩⲟⲩⲛ ⲉ ⲡ̅ⲣ̅ⲣⲟ ⲛ̅ⲛⲁⲩ ⲛⲓⲙ·
ⲁⲩⲱ ⲕ̅ⲟⲩⲏⲏⲩ· ⲁⲛ ⲉ ⲃⲟⲗ ⲛ̅ ⲛⲉⲧ ⲉⲡⲓⲕⲁⲗⲉⲓ ⲙ̅ⲙⲟⲕ·
ⲁⲗⲗⲁ ⲕ̅ϩⲏⲛ ⲉ ϩⲟⲩⲛ ⲉ̅ ⲣⲟⲟⲩ ⲕⲁⲧⲁ ⲛⲉⲧ ⲥⲏϩ· ϫⲉ ϣⲁⲣⲉ

Oriental 7021. ⲉ ϩⲟⲩⲛ ⲉ ⲣⲟⲟⲩ ⲕⲁⲧⲁ ⲡⲉⲧ ⲥⲏϩ· ϫⲉ ϣⲁⲣⲉ ⲡⲁⲅⲅⲉⲗⲟⲥ· ⲙ̄ ⲡϫ̄ⲥ̄ ⲕⲱⲧⲉ ⲉ ⲛⲉⲧ ⲣ̄ ϩⲟⲧⲉ ϩⲏⲧϥ̄· ⲁⲩⲱ ϣⲁϥⲛⲁϩⲙⲟⲩ· ϣⲁϥϫⲟⲟⲥ ⲟⲛ ϩⲙ̄ ⲕⲉⲙⲁ· ϫⲉ ϣⲁϥⲛⲁ· ⲁⲩⲱ ⲛϥ̄ϯ ⲙ̄ ⲡⲉϩⲟⲟⲩ ⲧⲏⲣϥ̄· ⲉⲓⲥ ϩⲏⲏⲧⲉ ⲟⲩⲛ ⲱ̄ ⲡⲉⲡⲣⲉⲥⲃⲉⲩⲧⲏⲥ ⲙⲓⲭⲁⲏⲗ· ⲕⲛⲁⲩ ⲉ ⲡⲉⲛϣⲱⲱⲧ ⲧⲏⲣϥ̄ ϩⲓ ϫⲱⲛ·|

Fol. 28*a* ⲡ̄ⲅ̄ ⲁⲩⲱ ⲙ̄ⲡⲁⲛ ⲗⲁⲁⲩ ⲛ̄ϣⲁϫⲉ· ⲙ̄ⲙⲁⲩ ⲉ ⲧⲣⲛ̄ϫⲟⲟϥ ⲉⲓ ⲙⲏ ⲧⲉⲓ̈ ⲉ ⲡⲁⲓ̈ ⲙ̄ⲙⲁⲧⲉ· ϫⲉ ⲁⲛⲣ̄ ϩⲏⲕⲉ ⲉⲙⲁⲧⲉ· ⲃⲟⲏⲑⲉⲓ ⲉ ⲣⲟⲛ· ⲡⲛⲟⲩⲧⲉ ⲡⲉⲛⲥ̄ⲏ̄ⲣ̄ ⲛⲅ̄ ⲥⲁⲁⲧⲛ̄ ⲉ ⲧⲃⲉ ⲡⲉⲟⲟⲩ ⲙ̄ ⲡⲉⲕⲣⲁⲛ· ⲁⲩⲱ ⲟⲛ ⲧⲛ̄ϫⲱ ⲙ̄ ⲡⲉⲓ ⲕⲉ ⲟⲩⲁ· ϩⲛ̄ ⲟⲩϣⲡ̄ ϩⲙⲟⲧ ϫⲉ ⲡϫ̄ⲥ̄ ⲡⲉⲛⲧ ⲁϥⲧⲁⲁⲩ ⲡϫ̄ⲥ̄ ⲡⲉⲛⲧ ⲁϥϥⲓⲧⲟⲩ· ⲑⲉ ⲉⲧⲉ ⲣⲁ ⲛⲁϥ ⲙ̄ ⲡϫ̄ⲥ̄ ⲧⲛ̄ⲧ ⲁⲥϣⲱⲡⲉ· ⲉⲣⲉ ⲡⲣⲁⲛ ⲙ̄ ⲡϫ̄ⲥ̄ ϣⲱⲡⲉ ⲉϥⲥⲙⲁⲙⲁⲁⲧ ϣⲁ ⲉⲛⲉϩ ϩⲁⲙⲏⲛ· Ⲛⲁⲓ̈ ⲇⲉ ⲉⲣⲉ ⲛⲉⲧ ⲟⲩⲁⲁⲃ· ϫⲱ ⲙ̄ⲙⲟⲟⲩ ⲉⲩⲙⲏⲛ ⲉ ⲃⲟⲗ· ϩⲛ̄ ⲟⲩⲥⲟⲡⲥⲡ̄ ⲙ̄ ⲡⲛⲟⲩⲧⲉ· ⲙⲛ̄ ⲡⲉϥⲁⲣⲭⲁⲅⲅⲉⲗⲟⲥ ⲉⲧ ⲟⲩⲁⲁⲃ ⲙⲓ̈ⲭⲁⲏⲗ ϫⲓⲛ ⲥⲟⲩ ⲙⲛ̄ⲧⲥⲛⲟⲟⲩⲥ ⲙ̄ ⲡⲁⲟⲡⲉ ϣⲁ ⲡⲛⲁⲩ ⲛ̄ ϫⲡ̄ ⲯⲓⲧⲉ ⲛ̄ ⲥⲟⲩ ⲙⲛ̄ⲧⲥⲛⲟⲟⲩⲥ ⲛ̄ ⲁⲑⲱⲣ· ⲉⲧⲉ ⲡⲁⲓ̈ ⲡⲉ ⲡⲛⲟϭ ⲛ̄ ϣⲁ ⲙ̄ ⲡⲁⲣⲭⲁⲅⲅⲉⲗⲟⲥ ⲉⲧ ⲟⲩⲁⲁⲃ ⲙⲓⲭⲁⲏⲗ·

Oriental 6781. ⲡⲁⲅⲅⲉⲗⲟⲥ ⲙ̄ ⲡϫⲟⲉⲓⲥ ⲕⲱⲧⲉ ⲉ ⲛⲉⲧ ⲣ̄ ϩⲟⲧⲉ ϩⲏⲧϥ̄ ⲁⲩⲱ ϣⲁϥⲛⲁϩⲙⲟⲩ· ϣⲁϥϫⲟⲟⲥ ⲟⲛ ϩⲙ̄ ⲕⲉ ⲙⲁ ϫⲉ ϣⲁϥⲛ̄ⲁⲉ ⲁⲩⲱ ϣⲁϥⲧⲓ ⲙ̄ ⲡⲉϩⲟⲟⲩ ⲧⲏⲣϥ̄· ⲉⲓⲥ ϩⲏⲏⲧⲉ ⲟⲛ ⲱ̄ ⲡⲉⲛⲡⲣⲉⲥⲃⲉⲩⲧⲏⲥ ⲙⲓⲭⲁⲏ̄ⲗ̄· ⲕ̄ⲛⲁⲩ ⲉ ⲡⲉⲛϣⲱⲱⲧ ⲧⲏⲣϥ̄ ⲉⲧ ϩⲓ ϫⲱⲛ· ⲁⲩⲱ ⲙⲛ̄ⲧⲁⲛ ⲗⲁⲁⲩ ⲛ̄ ϣⲁϫⲉ ⲉ ϫⲱ ⲉⲓ ⲙⲏ ⲧⲉⲓ ⲉ ⲡⲁⲓ ⲙ̄ⲙⲁⲧⲉ ϫⲉ ⲁⲛⲣ̄ ϩⲏⲕⲉ ⲉⲙⲁⲧⲉ ⲃⲟⲏⲑⲉⲓ ⲉ ⲣⲟⲛ ⲡⲛⲟⲩⲧⲉ ⲡⲉⲛⲥⲱⲧⲏⲣ· ⲛⲅ̄ ⲥⲁⲁⲧⲛ̄ ⲉ ⲧⲃⲉ ⲡⲉⲟⲟⲩ ⲙ̄ ⲡⲉⲕⲣⲁⲛ ⲁⲩⲱ ⲧⲛ̄ⲛⲁϫⲱ ⲟⲛ ⲙ̄ ⲡⲉⲓ ⲕⲉ ⲟⲩⲁ̄· ϩⲛ̄ ⲟⲩϣⲡ̄ ϩⲙⲟⲧ· ϫⲉ ⲡϫⲟⲉⲓⲥ ⲡⲉⲛⲧ ⲁϥⲧⲁⲁⲩ ⲛ̄ⲧⲟϥ ⲟⲛ ⲡⲉⲛⲧ ⲁϥϥⲓⲧⲟⲩ· ⲑⲉ ⲉⲧ ⲣ̄ⲁ̄ ⲛⲁϥ ⲧⲉⲛⲧ ⲁⲥϣⲱⲡⲉ· ⲉⲣⲉ ⲡⲣⲁⲛ ⲙ̄ ⲡϫ̄ⲥ̄ ϣⲱⲡⲉ ϥ̄ⲥⲙⲁⲙⲁⲁⲧ ϣⲁ ⲉⲛⲉϩ ϩⲁⲙⲏⲛ· Ⲛⲁⲓ ⲇⲉ

Fol. 15*a* ⲙ̄ⲁ̄ ⲉⲣⲉ ⲛⲉⲧ ⲟⲩⲁⲁⲃ ϫⲱ | ⲙⲙⲟⲟⲩ· ⲉⲩⲙⲏⲛ ⲉ ⲃⲟⲗ ϩⲛ̄ ⲟⲩⲥⲟⲡⲥⲡ̄· ⲙ̄ ⲡⲛⲟⲩⲧⲉ ⲙⲛ̄ ⲡⲉϥⲁⲣⲭⲁⲅⲅⲉⲗⲟⲥ ⲉⲧ ⲟⲩⲁⲁⲃ ⲙⲓⲭⲁⲏ̄ⲗ̄· ϫⲓⲛ̄ ⲥⲟⲩ ⲙⲛ̄ⲧⲥⲛⲟⲟⲩⲥ ⲙ̄ ⲡⲁⲟ̄ⲡⲉ· ϣⲁ ⲡⲛⲁⲩ ⲛ̄ ϫⲡ̄ ⲯⲓⲧⲉ· ⲛ̄ ⲥⲟⲩ ⲙⲛ̄ⲧⲥⲛⲟⲟⲩⲥ ⲛ̄ ⲁⲑⲱ̄ⲣ· ⲉⲧⲉ ⲡⲁⲓ ⲡⲉ ⲡⲛⲟϭ ⲛ̄ ϣⲁ̄ ⲉⲙ̄ ⲡⲁⲣⲭⲁⲅⲅⲉⲗⲟⲥ ⲉⲧ ⲟⲩⲁⲁⲃ ⲙⲓⲭⲁⲏ̄ⲗ̄

ϩⲧⲟⲟⲩⲉ ⲇⲉ ⲛ̅ ⲧⲉⲣⲉ ϥϣⲱⲡⲉ ⲛⲉ ⲁ ⲡⲛⲁⲩ ⲅⲁⲣ ϣⲱⲡⲉ ⲉ Oriental 7021.
ⲧⲣⲉ ⲩⲧⲁⲥⲥⲉ ⲛ̅ ⲧⲉⲡⲣⲟⲥⲫⲟⲣⲁ· ϫⲓⲛ ⲣⲟⲩϩⲉ ⲛ̅ ⲥⲟⲩ
ⲙⲛ̅ⲧⲟⲩⲉ· ⲧⲁⲣⲟⲩⲥⲙⲛ̅ⲧⲥ̅ ⲛⲁⲩ ⲛ̅ ϣⲱⲣⲡ ⲙ̅ ⲡϣⲁ
ⲕⲁⲧⲁ ⲡⲉⲩⲉⲑⲟⲥ· ⲁϥϯ ⲡⲉϥⲟⲩⲟⲓ ⲛ̅ϭⲓ ⲡⲣⲱⲙⲉ ⲉⲧ
ⲟⲩⲁⲁⲃ· ⲁⲩⲱ ⲙ̅ ⲡⲓⲥⲧⲟⲥ· ⲛⲁⲙⲉ· ⲉ ⲧⲉϥⲥϩⲓⲙⲉ· ⲡⲉϫⲁϥ
ⲛⲁⲥ ϩⲛ̅ ⲟⲩⲑⲃ̅ⲃⲓⲟ· ⲙⲛ̅ ⲟⲩⲱⲗⲥ̅ ⲛ̅ ϩⲏⲧ· ϫⲉ ⲧⲁ ⲥⲱⲛⲉ·
ⲉⲣ̅ϩⲙⲟⲟⲥ ⲉⲣⲣ̅ ⲟⲩ ⲙⲏ ϯⲥⲟⲟⲩⲛ ϫⲉ ⲁϣ ⲛ̅ ϣⲁ ⲡⲉ
ⲣⲁⲥⲧⲉ· ⲙⲏ ⲧⲁ ⲥⲱⲛⲉ ⲁⲣⲣ̅ ⲡⲱⲃϣ̅ ⲛ̅ ⲧⲛ̅ⲥⲩⲛⲏⲑⲉⲓⲁ
ⲉⲛⲁⲛⲟⲩⲥ· ⲁ ⲡⲣ̅ ⲡⲙⲉⲉⲩⲉ ⲙ̅ ⲡⲁⲣⲭⲁⲅⲅⲉⲗⲟⲥ ⲉⲧ
ⲟⲩⲁⲁⲃ ⲙⲓⲭⲁⲏⲗ | ⲗⲟ ϩⲙ̅ ⲡⲟⲩϩⲏⲧ ⲙ̅ⲡⲟⲟⲩ· ⲙ̅ⲡⲱⲣ Fol. 28 b
ⲧⲁ ⲥⲱⲛⲉ ⲙ̅ⲡⲣ̅ ⲉⲓⲁ ⲧⲟⲟⲧⲉ· ⲛ̅ⲥⲁ ⲧⲉⲛϩⲉⲗⲡⲓⲥ· ⲟⲩⲛ̅ϣ- ⲡ̅ⲇ̅
ϭⲟⲙ ⲙ̅ ⲡⲛⲟⲩⲧⲉ ⲉ ϩⲱⲃ ⲛⲓⲙ· ⲥⲱⲧⲙ̅ ϩⲱⲱϥ ⲛ̅ϣⲁϫⲉ
ⲛ̅ⲥⲟⲗⲥⲗ̅ ⲛ̅ ⲧⲉⲓ ⲙⲁⲕⲁⲣⲓⲁ ⲛ̅ ⲥϩⲓⲙⲉ ⲉⲧ ⲥ̅ⲧⲁⲩⲟ ⲙ̅ⲙⲟⲟⲩ
ⲉ ⲡⲉⲥϩⲁⲓ̈ ϩⲛ̅ ⲟⲩⲉⲡⲓⲥⲧⲏⲙⲏⲓ̈ *(sic)* ⲡⲉϫⲁⲥ ⲛⲁϥ ϫⲉ ⲕⲁⲗⲱⲥ
ⲉⲗⲑⲏⲥ ⲡⲁ ϫⲥ̅ ⲛ̅ ⲥⲟⲛ· ⲕⲁⲗⲱⲥ ⲁⲕⲉⲓ̈ ⲛⲁⲓ̈ ⲉ ϩⲟⲩⲛ· ⲧⲉⲛⲟⲩ·
ⲙⲛ̅ ⲡⲥⲟⲗⲥⲗ̅ ⲛ̅ ⲧⲡ̅ⲙⲛ̅ⲧⲣ̅ⲙ̅ⲙⲁⲟ· ⲉⲧⲉ ⲡⲣⲁϣⲉ ⲡⲉ ⲛ̅

ϩⲧⲟⲟⲩⲉ ⲇⲉ ⲛ̅ ⲧⲉⲣⲉ ϥϣⲱⲡⲉ ⲛⲉ ⲁ̅ ⲡⲛⲁⲩ ⲅⲁⲣ ϣⲱⲡⲉ ⲉ Oriental 6781.
ⲧⲣⲉ ⲩⲧⲁⲥⲥⲉ ⲛ̅ ⲧⲉⲡⲣⲟⲥⲫⲟⲣⲁ ϫⲓⲛ̅ ⲣⲟⲩϩⲉ ⲛ̅ ⲥⲟⲩ ⲙⲛ̅-
ⲧⲟⲩ̅ⲉ· ⲧⲁⲣⲟⲩⲥⲙⲛ̅ⲧⲥ̅ ⲛⲁⲩ ⲛ̅ ϣⲱⲣⲡ ⲙ̅ ⲡϣⲁ̅ ⲕⲁⲧⲁ
ⲡⲉⲩⲉⲑⲟⲥ· ⲁϥϯ ⲡⲉϥⲟⲩⲟⲓ ⲛ̅ϭⲓ ⲡⲣⲱⲙⲉ ⲉⲧ ⲟⲩⲁⲁⲃ
ⲁⲩⲱ ⲙ̅ ⲡⲓⲥⲧⲟⲥ ⲛⲁⲙⲉ ⲉ ⲧⲉϥⲥϩⲓⲙⲉ: ⲡⲉϫⲁϥ ⲛⲁⲥ ϩⲛ̅
ⲟⲩⲑⲃ̅ⲃⲓⲱ̅ ⲙⲛ̅ ⲟⲩⲱⲗⲥ ⲛ̅ ϩⲏⲧ ϫⲉ ⲧⲁ ⲥⲱⲛⲉ· ⲉⲣϩⲙⲟⲟⲥ
ⲉⲣⲣ̅ ⲟⲩ ⲙⲏ ⲧⲓⲥⲟⲟⲩⲛ ⲁⲛ ϫⲉ ⲁϣ ⲛ̅ ϣⲁ ⲣⲁⲥⲧⲉ· ⲙⲏ ⲧⲁ
ⲥⲱⲛⲉ ⲁⲣⲣ̅ ⲡⲱⲃϣ̅ ⲛ̅ ⲧⲟⲩⲥⲩⲛⲏⲑⲓⲁ ⲉⲧ ⲛⲁⲛⲟⲩⲥ· ⲙⲏ ⲁ
ⲡⲉⲣ ⲡⲙⲉⲉⲩⲉ ⲙ̅ ⲡⲁⲣⲭⲁⲅⲅⲉⲗⲟⲥ ⲗⲟ ϩⲙ̅ ⲡⲟⲩϩⲏⲧ ⲙ̅-
ⲡⲟⲟⲩ· ⲙ̅ⲡⲱⲣ ⲧⲁ ⲥⲱⲛⲉ ⲙ̅ⲡⲣ̅ ⲉⲓⲁ ⲧⲟⲟⲧⲉ ⲛ̅ⲥⲁ ⲧⲉⲛϩⲉⲗ-
ⲡⲓⲥ· ⲟⲩⲛ̅ϣϭⲟⲙ ⲙ̅ ⲡⲛⲟⲩⲧⲉ ⲉ ϩⲱⲃ ⲛⲓⲙ· ⲥⲱⲧⲙ̅ ϩⲱⲱϥ
ⲛ̅ϣⲁϫⲉ ⲛ̅ⲥⲟⲗⲥⲗ̅ ⲛ̅ ⲧⲉⲙⲁⲕⲁⲣⲓⲁ̅ ⲛ̅ ⲥϩⲓⲙⲉ ⲉⲧ ⲥⲧⲁⲩⲟ̅
ⲙ̅ⲙⲟⲟⲩ ⲉ ⲡⲉⲥϩⲁⲓ ϩⲛ̅ ⲟⲩⲉⲡⲓⲥⲧⲏⲙⲓⲁ· Ⲡⲉϫⲁⲥ ⲛⲁϥ ϫⲉ
ⲕⲁⲗⲱⲥ ⲏⲗⲑⲉⲥ ⲡⲁ ϫⲟⲉⲓⲥ ⲛ̅ ⲥⲟⲛ· ⲕⲁⲗⲱⲥ ⲁⲕⲉⲓ ⲛⲁⲓ ⲉ
ϩⲟⲩⲛ ⲡⲁ ϫⲥ̅ ⲛ̅ ⲥⲟⲛ· ⲕⲁⲗⲱⲥ ⲁⲕⲉⲓ ⲛⲁⲓ ⲉ̅ ϩⲟⲩⲛ ⲧⲉⲛⲟⲩ
ⲙⲛ̅ ⲡⲥⲟⲗⲥⲗ̅ ⲛ̅ ⲧⲡ̅ⲙⲛ̅ⲧⲣ̅ⲙ̅ⲙⲁⲟ̅· ⲉⲧⲉ ⲡⲣⲁϣⲉ ⲡⲉ ⲛ̅

Oriental 7021. ⲧⲯⲩⲭⲏ ϩⲓ̈ ⲟⲩⲥⲟⲡ· ⲁⲗⲏⲑⲱⲥ ⲱ̄ ⲡⲁ ⲥⲟⲛ· ϫⲓⲛ ⲙ̄
ⲡⲛⲁⲩ ⲛ̄ ϫⲡ̄ ⲟⲩⲉⲓⲉ ⲙ̄ⲡⲟⲟⲩ ϣⲁⲛⲧ ⲉⲕⲉⲓ ⲛⲁⲓ̈ ⲉ ϩⲟⲩⲛ
ⲧⲉⲛⲟⲩ· ⲙ̄ⲡⲉ ⲟⲩⲡⲩⲅⲏ ⲛ̄ ⲣ̄ⲙⲉⲓⲏ· ⲗⲟ ϩⲓ̈ϫⲛ̄ ⲛⲁⲃⲁⲗ·
ⲉⲩⲥⲱⲕ ⲉⲣⲉ ⲟⲩⲕⲱϩⲧ ⲟⲩⲱⲙ· ⲛ̄ⲥⲁ ⲡⲁ ⲥⲁ ⲛ̄ ϩⲟⲩⲛ ⲉ
ⲧⲃⲉ ⲡⲣ̄ ⲙⲉⲉⲩⲉ (sic) ⲙ̄ ⲡϣⲁ ⲙ̄ ⲡⲉⲛⲡⲣⲟⲥⲧⲁⲧⲏⲥ· ⲁⲩⲱ
ⲡⲉⲛⲡⲣⲉⲥⲃⲉⲩⲧⲏⲥ ⲡⲁⲣⲭⲁⲅⲅⲉⲗⲟⲥ ⲉⲧ ⲟⲩⲁⲁⲃ ⲙⲓⲭⲁⲏⲗ·
Ⲧⲉⲛⲟⲩ ϭⲉ ⲱ̄ ⲡⲁ ⲥⲟⲛ· ⲁⲛⲁⲩ ϫⲉ ⲟⲩ ⲡⲉⲧ ⲛ̄ⲛⲁⲁⲁϥ·
ϫⲉ ⲛ̄ⲛⲉ ⲧⲛ̄ⲑⲩⲥⲓⲁ· ϫⲉⲛⲁ· ⲛ̄ ⲧⲟⲟⲧⲛ̄· ⲛ̄ⲧⲛ̄ϯ ⲟⲥⲉ ⲙ̄
ⲡⲕⲉⲧ ⲉⲧⲉ ⲟⲩⲛ̄ⲧⲁⲧϥ̄ (sic)· ⲉⲡⲉⲓ ⲁⲛ ⲁⲓ̈ⲥⲱⲧⲙ̄ ⲉ ⲡⲉⲛⲥⲁϩ·
ⲡⲁⲩⲗⲟⲥ ⲡⲁⲡⲟⲥⲧⲟⲗⲟⲥ ⲉϥϫⲱ ⲙ̄ⲙⲟⲥ· ϫⲉ ⲡⲉⲛⲧ ⲁϥ-
ⲁⲣⲭⲉⲓ̈ ⲉⲩϩⲱⲃ ⲉⲛⲁⲛⲟⲩϥ ⲙⲁⲣⲉϥϫⲟⲕϥ̄ ⲉ ⲃⲟⲗ ϣⲁ
ⲡⲉϩⲟⲟⲩ ⲛ̄ ⲧⲡⲁⲣⲟⲩⲥⲓⲁ ⲙ̄ ⲡⲉⲛϫⲥ̄ ⲓ̄ⲥ̄ ⲡⲉⲭ̄ⲥ̄· ⲉⲓⲥ ϩⲏⲏⲧⲉ
ⲅⲁⲣ ⲙⲁⲣⲛ̄ ϫⲱⲕ ⲉ ⲃⲟⲗ ⲙ̄ ⲡⲉⲛⲁⲓ̈ⲧⲏⲙⲁ· ⲡⲉ[ϫⲁϥ
Fol. 29 *a* ⲡ̄ⲉ̄ ⲛⲁⲥ] ⲛ̄ϭⲓ ⲡⲉⲥϩⲁⲓ̈· ϫⲉ ⲟⲩ ⲡⲉⲧ ϣⲟⲟⲡ ⲛⲁⲛ ⲧⲁ ⲥⲱ|ⲛⲉ·
ϫⲉ ⲕⲁⲥ ⲉⲛⲛⲁⲉⲓⲙⲉ ϫⲉ ϥⲛⲁⲣⲱϣⲉ ⲉ ⲧⲛ̄ⲭⲣⲓⲁ· ϫⲓⲛ
ⲙ̄ⲙⲟⲛ· ⲡⲉϫⲁⲥ ⲛⲁϥ ϫⲉ ⲡⲁ ⲥⲟⲛ· ⲟⲩⲛ̄ ϩⲉⲛⲕⲟⲩⲓ ⲛ̄-
ⲕⲗⲁⲥⲙⲁ ϣⲟⲟϫⲡ̄ ⲛⲁⲛ· ⲛ̄ⲁⲡϣⲓ ⲛ̄ⲕⲱ ϩⲁ ⲣⲱⲟⲩ· ⲛ̄ ⲛⲉⲥ-

Oriental 6781. ⲧⲯⲩⲭⲏ ϩⲓ ⲟⲩⲥⲟⲡ· ⲁⲗⲏⲑⲱⲥ ⲱ̄ ⲡⲁ ⲥⲟⲛ ϫⲓⲛ ⲙ̄ ⲡⲛⲁⲩ
ⲛ̄ ϫⲡ̄ ⲟⲩⲉⲓ ⲙ̄ⲡⲟⲟⲩ ϣⲁⲛⲧ ⲉⲕⲉⲓ ⲛⲁⲓ ⲉ ϩⲟⲩⲛ ⲧⲉⲛⲟⲩ·
ⲙ̄ⲡⲉ ⲟⲩⲡⲩⲅⲉ ⲛ ⲣ̄ⲙⲉⲓⲏ̄ ⲗⲟ ϩⲓϫⲛ̄ ⲛⲁⲃⲁⲗ· ⲉⲩⲥⲱⲕ· ⲉⲣⲉ
ⲟⲩⲕⲱϩⲧ ⲟⲩⲱⲙ ⲛ̄ⲥⲁ ⲡⲁ ⲥⲁ ⲛ̄ ϩⲟⲩⲛ ⲉ ⲧⲃⲉ ⲡⲉⲣ ⲡ-
ⲙⲉⲉⲩⲉ ⲙ̄ ⲡϣⲁ ⲙ̄ ⲡⲁⲣⲭⲁⲅⲅⲉⲗⲟⲥ ⲉⲧ ⲟⲩⲁⲁⲃ ⲡⲉⲛⲡⲣⲟⲥ-|
Fol. 15 *b* ⲙ̄ⲃ̄ ⲧⲁⲧⲏⲥ ⲁⲩⲱ ⲡⲉⲛⲡⲣⲉⲥⲃⲉⲩⲧⲏⲥ ⲙⲓⲭⲁⲏⲗ· ⲧⲉⲛⲟⲩ ϭⲉ
ⲱ̄ ⲡⲁ ⲥⲟⲛ ⲁ̄ⲙⲟⲩ ⲁⲛⲁⲩ ϫⲉ ⲟⲩ ⲡⲉⲧ ⲛ̄ⲛⲁⲁⲁϥ ϫⲉ ⲛ̄ⲛⲉ ⲧⲛ̄-
ⲑⲩⲥⲓⲁ̄ ϫⲉⲛⲁ̄ ⲛ̄ ⲧⲟⲟⲧⲛ̄ ⲛ̄ⲧⲛ̄ϯ ⲟ̄ⲥⲉ ⲙ̄ ⲡⲕⲉⲧ· ⲉⲧⲉ ⲟⲩⲛ̄-
ⲧⲁⲛϥ· ⲉⲡⲉⲓ ⲁⲛ ⲁⲓⲥⲱⲧⲙ̄ ⲉ ⲡⲥⲁϩ ⲡⲁⲩⲗⲟⲥ ⲡⲁⲡⲟⲥⲧⲟ-
ⲗⲟⲥ ⲉϥϫⲱ ⲙ̄ⲙⲟⲥ ϫⲉ ⲡⲉⲛⲧ ⲁϥⲁⲣⲭⲉⲓ ⲉⲩϩⲱⲃ ⲉⲛⲁⲛⲟⲩϥ·
ⲙⲁⲣⲉϥϫⲟⲕϥ̄ ⲉ ⲃⲟⲗ ϣⲁ ⲡⲉϩⲟⲟⲩ ⲛ̄ ⲧⲡⲁⲣⲣⲟⲩⲥⲓⲁ̄ ⲙ̄
ⲡⲉⲛϫⲥ̄ ⲓ̄ⲥ̄· ⲡⲉⲭ̄ⲥ̄· ⲉⲓⲥ ϩⲏⲏⲧⲉ ⲁⲛⲁⲣⲭⲉⲓ ⲙⲁⲣⲛ̄ ϫⲱⲕ
ⲉ ⲃⲟⲗ ⲙ̄ ⲡⲉⲛⲁⲓⲧⲏⲙⲁ· ⲡⲉϫⲁϥ ⲛⲁⲥ ⲛ̄ϭⲓ ⲡⲉⲥϩⲁⲓ ϫⲉ ⲟⲩ
ⲡⲉⲧ ϣⲱϫⲡ̄ ⲛⲁⲛ ⲧⲁ ⲥⲱⲛⲉ· ϫⲉ ⲕⲁⲥ ⲛ̄ⲛⲁⲉⲓⲙⲉ ϫⲉ
ϥⲛ̄ⲁⲣⲱϣⲉ ⲉ ⲧⲉⲛⲭⲣⲓⲁ̄ ϫⲓⲛ ⲙ̄ⲙⲟⲛ· ⲡⲉϫⲁⲥ ⲛⲁϥ
ϫⲉ ⲡⲁ ⲥⲟⲛ· ⲟⲩⲛ̄ ϩⲉⲛⲕⲟⲩⲓ ⲛ̄ⲕⲗⲁⲥⲙⲁ ⲛ̄ⲟⲉⲓⲕ ϣⲱϫⲡ̄

ⲛⲏⲩ ⲛ̄ⲥⲉⲱⲙ· ⲁⲩⲱ ⲟⲩⲕⲟⲩⲓ̈ ⲛ̄ ⲛⲉϩ· ϩⲙ̄ ⲡⲗⲁⲕⲱⲛ Oriental 7021.
ϣⲁϥⲣⲱϣⲉ ⲉ ⲣⲟⲛ ⲟⲛ· ⲉ ⲧⲉⲩⲛⲁϩⲓⲥ ⲙⲛ̄ ⲧⲁⲡⲉ ⲛ̄
ⲡ̄ⲣⲱⲙⲉ· ⲁⲗⲗⲁ ⲙⲛ̄ ⲟⲉⲓⲕ ϣⲟⲟⲡ ⲟⲩⲇⲉ ⲥⲟⲩⲟ· Ⲡⲉϫⲁϥ
ϩⲱⲱϥ ⲛ̄ϭⲓ ⲡⲉⲥϩⲁⲓ̈ ϫⲉ ϩⲛ̄ ⲟⲩⲙⲉ ⲧⲁ ⲥⲱⲛⲉ· ⲉϣϫⲉ ⲛⲁⲓ
ϣⲟⲟⲡ ⲁⲛ ⲉⲓⲉ ⲙⲛ̄ ⲟⲩⲉⲥⲟⲟⲩ ⲉⲛⲧⲁⲛ ⲉ ⲕⲟⲛⲥϥ̄· ⲁⲗⲗⲁ
ⲡⲟⲩⲱϣ ⲙ̄ ⲡϫⲥ̄ ⲙⲁⲣⲉϥϣⲱⲡⲉ· ⲙⲉⲣⲉ ⲡⲛⲟⲩⲧⲉ ⲅⲁⲣ
ϫⲛⲟⲛ ⲉ ⲗⲁⲁⲩ ⲡⲁⲣⲁ ⲧⲛ̄ϭⲟⲙ· ⲁⲩⲱ ⲛⲁⲛⲟⲩⲥ ⲉ ⲧⲣⲛ̄ϯ
ⲛ̄ ⲟⲩⲕⲟⲩⲓ ⲛ̄ϩⲟⲩⲟ ⲉ ⲣⲟⲥ· ⲉⲛⲧⲛ̄ ⲧⲙ̄ ϯ ϩⲱⲗⲟⲥ ⲉ ⲡⲧⲏⲣϥ̄·
ⲡⲗⲏⲛ ⲡⲉⲛⲧ ⲁϥⲉⲓ̈ ⲉ ⲡⲁ ϩⲏⲧ ϯⲛⲁⲁⲁϥ· ⲁⲩⲱ ϯⲛⲁϫⲟⲟϥ
ⲉⲣⲟ· Ⲉⲓⲥ ⲟⲩϣⲧⲏⲛ· ⲛ̄ ⲥⲩⲛⲁⲅⲉ ⲁⲥϣⲱϫⲡ̄ ⲛⲁⲛ ⲉ
ⲡⲟⲩⲟⲩⲁ· ϯⲛⲁⲧⲱⲟⲩⲛ ⲛ̄ⲧⲁϥⲓ ⲧⲱⲓ ⲛ̄ ϣⲟⲣⲡ̄· ⲛ̄ⲧⲁⲧⲁⲁⲥ
ϩⲁ ⲡⲉⲛⲥⲟⲩⲟ ⲛ̄ ⲧⲉⲡⲣⲟⲥⲫⲟⲣⲁ· ⲁⲩⲱ ⲙⲟⲩⲓⲥ ⲛ̄ ⲧⲉⲥ-
ϯⲙⲏ ⲣⲱϣⲉ ⲉ ⲡⲗⲁⲟⲥ· ⲉ ⲃⲟⲗ ϫⲉ ⲡⲉⲥⲟⲩⲟϫⲁϥ
ⲧⲱⲛⲟⲩ· ⲉⲛϣⲁⲛⲡⲱϩ ϩⲱⲱϥ· ⲉⲧⲱ· ϯⲛⲁⲃⲱⲕ ⲛ̄ⲧⲁⲛⲁⲩ
ϫⲉ ⲡⲛⲟⲩⲧⲉ ⲛⲁⲧⲱϣ ⲛⲁⲛ ⲛ̄ ⲟⲩⲉⲥⲟⲟⲩ· ⲛ̄ⲧⲁⲧⲁⲁⲥ ϩⲁ
ⲣⲟϥ· ⲛ̄ⲧⲛ̄ⲕⲟⲛⲥϥ̄ ⲉ ⲡϣⲁ· ⲁⲩⲱ ⲉⲛϣⲁⲛⲣ̄ ⲡϣⲁ ⲙ̄

ⲛⲁⲛ ⲛⲁⲡϣⲓ ⲛ̄ⲕⲱ ϩⲁ ⲣⲱⲟⲩ ⲛ̄ ⲛⲉⲥⲛⲏⲩ ⲛ̄ⲥⲉⲟⲩⲱⲙ· Oriental 6781.
ⲁⲩⲱ ⲟⲩⲕⲟⲩⲓ ⲛ̄ ⲛⲉϩ ϩⲙ̄ ⲡⲗⲁⲕⲱⲛ ϣⲁϥⲣⲱϣⲉ ⲉ ⲣⲟⲛ·
ϩⲛ̄ ⲧⲉⲩⲛⲁϩⲓⲥ ⲙⲛ̄ ⲧⲁⲡⲉ ⲛ̄ ⲡ̄ⲣⲱⲙⲉ· ⲁⲗⲗⲁ ⲙⲛ̄ ⲟ̄ⲉⲓⲕ
ϣⲟⲟⲡ· ⲟⲩⲇⲉ ⲥⲟⲩⲟ̄· ⲡⲉϫⲁϥ ϩⲱⲱϥ ⲛ̄ϭⲓ ⲡⲉⲥϩⲁⲓ ϫⲉ
ϩⲛ̄ ⲟⲩⲙⲉ ⲧⲁ ⲥⲱⲛⲉ· ⲉϣϫⲉ ⲛⲁⲓϣⲟⲟⲡ· ⲉⲓⲉ ⲙⲛ̄ ⲟⲩⲉ̄-
ⲥⲟⲟⲩ ϣⲟⲟⲡ ⲛⲁⲛ· ⲛ̄ⲧⲛ̄ⲕⲟⲛⲥϥ̄· ⲁⲗⲗⲁ ⲡⲟⲩⲱ̄ϣ ⲉⲙ̄
ⲡϫⲟⲉⲓⲥ ⲙⲁⲣⲉϥϣⲱⲡⲉ· ⲙⲉⲣⲉ ⲡⲛⲟⲩⲧⲉ ⲅⲁⲣ ϫⲛⲟⲛ
ⲉ ⲗⲁⲁⲩ· ⲡⲁⲣⲁ ⲧⲉⲛϭⲟⲙ· ⲁⲩⲱ ⲛⲁⲛⲟⲩⲥ ⲉ ⲧⲣⲉⲛϯ
ⲛ̄ ⲟⲩⲕⲟⲩⲓ ⲛ̄ϩⲟⲩⲟ ⲉ ⲣⲟⲥ· ⲉ̄ ⲧⲙ̄ ⲧⲣⲉⲛϯ ⲛ̄ ⲟⲩⲕⲟⲩⲓ
ⲛ̄ϩⲟⲩⲟ ⲉ̄ ⲣⲟⲥ ⲉ ⲧⲙ̄ ⲧⲣⲉⲛϯ ⲉ̄ ⲡⲧⲏⲣϥ̄· Ⲡⲗⲏⲛ ⲡⲉⲛⲧ
ⲁϥⲉⲓ ⲉ ⲡⲁ ϩⲏⲧ ϯⲛⲁⲁⲁϥ· ⲁⲩⲱ ϯⲛⲁϫⲟⲟϥ ⲉⲣⲟ̄·
ⲉⲓⲥ ⲟⲩϣⲧⲏⲛ ⲛ̄ ⲥⲩⲛⲁⲅⲉ· ⲁⲥϣⲱϫⲡ̄ ⲛⲁⲛ ⲉ ⲡⲟⲩⲁ̄·
ϯⲛⲁⲧⲱⲟⲩⲛ ⲧⲁϥⲓ ⲧⲱⲓ ⲛ̄ ϣⲟⲣⲡ̄ ⲧⲁⲧⲁⲁⲥ ϩⲁ ⲡⲉⲥⲟⲩⲟ̄ ⲛ̄
ⲧⲉⲡⲣⲟⲥⲫⲟⲣⲁ· ⲁⲩⲱ ⲙⲟⲩⲓⲥ ⲛ̄ⲧⲉ ⲧⲉⲥϯⲙⲏ ⲣⲱϣⲉ ⲉ
ⲡⲗⲁⲟⲥ· ⲉ ⲃⲟⲗ ϫⲉ ⲡⲉⲥⲟⲩⲟϫⲁϥ ⲧⲱⲛⲟⲩ· ⲉⲛϣⲁⲛⲡⲱϩ |
ⲉⲧⲱ· ⲛ̄ⲧⲁⲃⲱⲕ ⲧⲁⲛⲁⲩ ϫⲉ ⲡⲛⲟⲩⲧⲉ ⲛⲁⲧⲱϣ ⲛⲁⲛ· Fol. 16 *a*
ⲛ̄ ⲟⲩⲉⲥⲟⲟⲩ ⲧⲁⲧⲁⲁⲥ ϩⲁ ⲣⲟϥ· ⲛ̄ⲧⲛ̄ⲕⲟⲛⲥϥ̄ ⲉ ⲡϣⲁ̄· ⲁⲩⲱ ⲙ̄ⲙⲉ

Oriental 7021. ⲡⲁⲣⲭⲁⲅⲅⲉⲗⲟⲥ ⲛ̄ ⲣⲁⲥⲧⲉ ⲕⲁⲗⲱⲥ· ϫⲉ ⲡⲁⲓ ⲡⲉ ⲡⲉϥ-
ⲛⲟϭ | ⲛ̄ϣⲁ· ⲉⲛϣⲁⲛϭⲓⲛⲉ ⲟⲛ ⲧⲛ̄ⲛⲁⲟⲩⲙ· ⲛ̄ⲧⲛ̄ ⲧⲙ̄
Fol. 29 b ⲛ̄ⲉ̄ ϭⲓⲛⲉ ⲛ̄ⲧⲱϣ ⲙ̄ ⲡϫ̄ⲥ̄ ⲡⲉ· ⲡⲉϫⲁⲥ ⲛ̄ϭⲓ ⲧⲉⲥϩⲓ̈ⲙⲉ· ⲛ̄
ⲥⲁⲃⲏ· ⲁⲩⲱ ⲛ̄ ⲣⲉϥϯⲥⲃⲱ· ϫⲉ ⲡⲁ ϫ̄ⲥ̄ ⲛ̄ ⲥⲟⲛ· ⲟⲩ
ⲙⲟⲛⲟⲛ ϫⲉ ⲧⲁ ϣⲧⲏⲛ· ⲙⲛ̄ ⲧⲱⲕ ⲙ̄ⲙⲁⲧⲉ· ⲁⲗⲗⲁ ϯⲛⲁϯ
ⲛ̄ ⲧⲁ ⲯⲩⲭⲏ ϩⲁ ⲧⲉⲑⲩⲥⲓⲁ· ⲙ̄ ⲡⲁ ϫ̄ⲥ̄ ⲡⲁⲣⲭⲁⲅⲅⲉⲗⲟⲥ·
ⲡⲉϫⲁϥ ⲛⲁⲥ ⲛ̄ϭⲓ ⲡⲉⲥϩⲁⲓ̈· ϫⲉ ⲕⲁⲗⲱⲥ ⲧⲁ ⲥⲱⲛⲉ· ⲟⲩ-
ⲡⲣⲟϩⲁⲓ̈ⲣⲉⲥⲓⲥ· ⲉⲛⲁⲛⲟⲩⲥ· ⲧⲛ̄ⲧ ⲁⲣⲟⲩⲟⲛϩ̄ⲥ̄ ⲉ ⲃⲟⲗ ⲉ ϩⲟⲩⲛ
ⲉ ⲡⲁⲣⲭⲁⲅⲅⲉⲗⲟⲥ ⲉⲧ ⲟⲩⲁⲁⲃ ⲙⲓⲭⲁⲏⲗ· ⲗⲟⲓⲡⲟⲛ ⲁ
ⲡⲣⲱⲙⲉ ϫⲓ ⲛ̄ ⲧⲉϥϣⲧⲏⲛ· ⲁϥⲧⲁⲁⲥ ⲁϥϫⲓ ⲙ̄ ⲡⲉⲥⲟⲩⲟ·
ⲁϥⲧⲁⲁϥ ⲙ̄ ⲡⲁⲙⲣⲏ· ⲁϥⲕⲧⲟϥ ⲉ ⲡⲉϥⲏⲓ ⲉϥⲣⲁϣⲉ ⲉ
ⲣⲁⲧ̄ⲥ̄ ⲛ̄ ⲧⲉϥⲥϩⲓⲙⲉ· ⲉϥϫⲱ ⲙ̄ⲙⲟⲥ· ϫⲉ ⲉⲓⲥ ⲡⲛⲟⲩⲧⲉ
ⲁϥⲥⲟⲟⲩⲧⲛ̄ ⲛⲁⲛ ⲛ̄ ⲧⲉⲡⲣⲟⲥⲫⲟⲣⲁ· ⲗⲟⲓⲡⲟⲛ· ⲛ̄ ⲧⲉⲣ ⲟⲩ-
ⲡⲱϩ ⲉ ϩⲧⲟⲟⲩⲉ ⲛ̄ ϣⲱⲣⲡ ⲛ̄ ⲥⲟⲩ ⲙⲛ̄ⲧⲥⲛⲟⲟⲩⲥ· ⲛ̄ ⲁⲑⲱⲣ·
ⲁⲥϯ· ⲡⲉⲥⲟⲩⲟⲓ̈ ⲉ ⲣⲟϥ· ⲛ̄ϭⲓ ⲧⲉⲥϩⲓ̈ⲙⲉ· ⲛ̄ ϣⲁⲩ ⲉⲥϫⲱ
ⲙ̄ⲙⲟⲥ· ϫⲉ ⲡⲁ ⲥⲟⲛ· ⲙⲁ ⲧⲁ ϣⲧⲏⲛ· ⲛⲅ̄ ⲃⲱⲕ· ⲛⲅ̄
ⲧⲁⲁⲥ ⲁⲛⲁⲩ ϫⲉ ⲕⲛⲁϩⲉ ⲉ ⲡⲉⲥⲟⲟⲩ· ϫⲉ ⲕⲁⲥ ⲉⲛⲛⲁⲥⲙⲛ̄

Oriental 6781. ⲉⲛϣⲁⲛⲣ̄ ⲡϣⲁ ⲙ̄ ⲡⲁⲣⲭⲁⲅⲅⲉⲗⲟⲥ ⲛ̄ ⲣⲁⲥⲧⲉ ⲕⲁⲗⲱⲥ· ϫⲉ
ⲡⲁⲓ ⲡⲉ ⲡⲉϥⲛⲟϭ ⲛ̄ϣⲁ̄· ⲉⲛϣⲁⲛϭⲓⲛⲉ ⲟⲛ ⲧⲛ̄ⲛⲁⲟⲩⲱⲙ· ⲛ̄
ⲧⲙ̄ ϭⲓⲛⲉ ⲟⲛ ⲛ̄ⲧⲱϣ ⲙ̄ ⲡϫⲟⲉⲓⲥ ⲡⲉ· ⲡⲉϫⲁⲥ ⲛ̄ϭⲓ ⲧⲉⲥϩⲓⲙⲉ
ⲛ̄ⲥⲁⲃⲏ· ⲁⲩⲱ ⲛ̄ⲣⲉϥϯⲥⲃⲱ· ϫⲉ ⲡⲁ ϫⲟⲉⲓⲥ ⲛ̄ⲥⲟⲛ ⲟⲩ ⲙⲟⲛⲟⲛ
ϫⲉ ⲧⲁ ϣⲧⲏⲛ ⲙⲛ̄ ⲧⲱⲕ ⲙ̄ⲙⲁⲧⲉ· ⲁⲗⲗⲁ ⲧⲓⲛⲁϯ ⲛ̄ ⲧⲁ ⲯⲩ-
ⲭⲏ ϩⲁ ⲧⲉⲑⲩⲥⲓⲁ ⲙ̄ ⲡⲁ ϫⲟⲉⲓⲥ ⲡⲁⲣⲭⲁⲅⲅⲉⲗⲟⲥ· ⲡⲉϫⲁϥ
ⲛⲁⲥ ⲛ̄ϭⲓ ⲡⲉⲥϩⲁⲓ ϫⲉ ⲕⲁⲗⲱⲥ ⲧⲁ ⲥⲱⲛⲉ ⲟⲩⲡⲣⲟϩⲩⲣⲉⲥⲓⲥ
ⲉⲛⲁⲛⲟⲩⲥ ⲧⲛ̄ⲧ ⲁⲣⲟⲩⲟⲛϩ̄ⲥ̄ ⲉ ⲃⲟⲗ· ⲉ ϩⲟⲩⲛ ⲉ ⲡⲁⲣⲭ-
ⲁⲅⲅⲉⲗⲟⲥ ⲉⲧ ⲟⲩⲁⲁⲃ ⲙⲓⲭⲁⲏ̄ⲗ· ⲗⲟⲓⲡⲟⲛ ⲁ̄ ⲡⲣⲱⲙⲉ
[ϫⲓ] ⲛ̄ ⲧⲉϥϣⲧⲏⲛ· ⲁϥⲧⲁⲁⲥ ⲁϥϫⲓ ⲙ̄ ⲡⲉⲥⲟⲩⲟ̄· ⲁϥⲧⲁⲁϥ
ⲙ̄ ⲡⲁⲙⲣⲏ̄· ⲁϥⲕⲧⲟϥ ⲉ ⲡⲉϥⲏⲓ ⲉϥⲣⲁϣⲉ· ⲉ ⲣⲁⲧ̄ⲥ̄ ⲛ̄ ⲧⲉϥ-
ⲥϩⲓⲙⲉ· ⲉϥϫⲱ ⲙ̄ⲙⲟⲥ ϫⲉ ⲉⲓⲥ ⲡⲛⲟⲩⲧⲉ ⲁϥⲥⲟⲟⲩⲧⲛ ⲛ̄
ⲧⲉⲡⲣⲟⲥⲫⲟⲣⲁ· ⲗⲟⲓⲡⲟⲛ ⲛ̄ ⲧⲉⲣ ⲟⲩⲡⲱϩ ⲉ ϩⲧⲟⲟⲩ̄ⲉ ⲛ̄
ϣⲱⲣⲡ̄ ⲛ̄ ⲥⲟⲩ ⲙⲛ̄ⲧⲥⲛⲟⲟⲩⲥ ⲛ̄ ⲁⲑⲱ̄ⲣ· ⲁⲥϯ ⲡⲉⲥⲟⲩⲟⲓ
ⲉ ⲣⲟϥ ⲛ̄ϭⲓ ⲧⲉⲥϩⲓⲙⲉ ⲛ̄ ϣⲁⲩ ⲉⲥϫⲱ ⲙ̄ⲙⲟⲥ ϫⲉ ⲡⲁ ⲥⲟⲛ
ϫⲓ ⲛⲁⲕ ⲛ̄ ⲧⲁ ϣⲧⲏⲛ ⲛⲅ̄ ⲃⲱⲕ· ⲁ̄ⲛⲁⲩ ϫⲉ ⲕⲛⲁϩⲉ ⲉ ⲡⲉ-

ⲛⲉϩⲃⲏⲩⲉ ⲛ̄ ⲧⲉⲩⲛⲁⲍⲓⲥ ⲙⲛ̄ ⲛⲉⲥⲛⲏⲩ· ⲉⲧ ⲛⲏⲩ ⲉ ϫⲱⲛ· Oriental 7021.
ⲛ̄ⲧⲟϥ ⲇⲉ ⲉϥⲟⲩⲱϣ ⲉ ⲉⲓⲙⲉ ⲉ ⲧⲉⲥⲡⲣⲟϩⲁⲓⲣⲉⲥⲓⲥ· ⲧⲏⲣⲥ̄·
ⲡⲉϫⲁϥ ⲛⲁⲥ· ϫⲉ ⲧⲁ ⲥⲱⲛⲉ· ⲉⲓϣⲁⲛϥⲓ ⲛ̄ ⲧⲟⲩϣⲧⲏⲛ·
ⲉⲣⲛⲁⲥⲩⲛⲁⲅⲉ ⲛ̄ ⲁϣ ⲛ̄ ϩⲉ ϩⲙ̄ ⲡⲉⲓ | ⲛⲟϭ ⲛ̄ ϣⲁ ⲙ̄- Fol. 30 *a*
ⲡⲟⲟⲩ· ⲁⲛⲟⲕ ⲡⲉ ⲅⲁⲣ ⲁⲛⲅ̄ ⲟⲩϩⲟⲟⲩⲧ ϣⲁⲓⲃⲱⲕ ⲉ ⲙⲁ ⲡ̄ⲍ̄
ⲛⲓⲙ ⲛ̄ ⲧⲉⲓ ϩⲉ ⲧⲉⲥϩⲓⲙⲉ ⲇⲉ ⲛ̄ⲧⲟⲥ ϣϣⲉ ⲉ ⲣⲟⲥ ⲉⲥⲕⲉⲡⲁⲍⲉ
ⲙ̄ⲙⲟⲥ· ϩⲙ̄ ⲡⲉⲥⲥⲱⲙⲁ· ⲙⲁⲗⲓⲥⲧⲁ ⲛ̄ϩⲟⲩⲟ ϩⲛ̄ ⲧⲉⲕ-
ⲕⲗⲏⲥⲓⲁ· ⲛ̄ⲧⲟⲥ ⲇⲉ ⲁⲥϥⲓ ϩⲣⲁⲥ ⲉ ⲃⲟⲗ· ⲁⲥⲣⲓⲙⲉ ⲉⲥϫⲱ
ⲙ̄ⲙⲟⲥ ϫⲉ ⲟⲩⲟⲓ̈ ⲛⲁⲓ̈ ⲡⲁ ⲥⲟⲛ· ⲟⲩ ⲡⲉ ⲡⲁⲓ̈ ⲉⲧ ⲉⲕϫⲱ
ⲙ̄ⲙⲟϥ ⲛⲁⲓ ⲙ̄ⲡⲟⲟⲩ· ⲙⲏ ⲛ̄ⲧⲁⲣ̄ ϣⲙ̄ⲙⲟ ⲉ ⲣⲟⲕ ⲙ̄-
ⲡⲟⲟⲩ· ⲙⲏ ⲛ̄ⲧⲁⲛⲡⲱϣ ⲙ̄ⲡⲟⲟⲩ ⲁⲛⲣ̄ ⲥⲛⲁⲩ ⲁⲛⲣ̄-
ⲥⲛⲁⲩ (*sic*)· ⲙⲏ ⲛ̄ ⲁⲛⲟⲕ ⲟⲩⲥⲁⲣⲍ̄ ⲛ̄ ⲟⲩⲱⲧ ⲁⲛ ⲛ̄ⲙ̄ⲙⲁⲕ·
ⲙⲏ ⲙⲛ̄ⲧⲁⲓ ⲙⲉⲣⲓⲥ ⲛ̄ⲙ̄ⲙⲁⲕ· ⲁⲛⲟⲕ ϩⲛ̄ ⲛⲉⲑⲩⲥⲓⲁ·
ⲙⲏ ⲉⲕⲛⲁϩⲟⲩⲣⲱⲧ ⲙ̄ⲡⲟⲟⲩ ⲙ̄ ⲡⲁ ⲙⲉ ⲉ ϩⲟⲩⲛ ⲉ ⲡⲁⲣⲭ-
ⲁⲅⲅⲉⲗⲟⲥ ⲉⲧ ⲟⲩⲁⲁⲃ ⲙⲓ̈ⲭⲁⲏⲗ· ⲙ̄ⲡⲱⲣ ⲡⲁ ⲥⲟⲛ·
ⲙ̄ⲡⲣ̄ ⲙⲉⲉⲩⲉ ϩⲙ̄ ⲡⲉⲕϩⲏⲧ ⲉ ⲡⲁⲓ̈ ϫⲉ ⲁⲓⲕⲱ ⲧⲁ ⲡⲣⲟϩⲁⲓ-
ⲣⲉⲥⲓⲥ· ⲛ̄ⲥⲱⲓ̈ ⲉ ϩⲟⲩⲛ ⲉ ⲡⲁⲣⲭⲁⲅⲅⲉⲗⲟⲥ· ⲙⲓⲭⲁⲏⲗ·

ⲥⲟⲟⲩ· ϫⲉ ⲕⲁⲥ ⲛ̄ⲛⲁⲥⲙⲛ̄ ⲛⲉϩⲃⲏⲩⲉ ⲛ̄ ⲧⲉⲩⲛⲁⲍⲓⲥ· ⲙⲛ̄ Oriental 6781.
ⲛⲉⲥⲛⲏⲩ· ⲉⲧ ⲛⲏⲩ ⲉ ϫⲱⲛ· ⲛ̄ⲧⲟϥ ⲇⲉ ⲉϥⲟⲩⲱ̄ϣⲉ ⲉ̄ ⲉⲓⲙⲉ
ⲉ ⲧⲉⲥⲡⲣⲟϩⲩⲣⲉⲥⲓⲥ ⲧⲏⲣⲥ̄· ⲡⲉϫⲁϥ ⲛⲁⲥ ϫⲉ ⲧⲁ ⲥⲱⲛⲉ·
ⲉⲓϣⲁⲛϥⲓ ⲛ̄ ⲧⲟⲩϣⲧⲏⲛ· ⲉ̄ⲣⲁⲥⲩⲛⲁⲅⲉ ⲛ̄ ⲛ̄ ⲁϣ ⲛ̄ ϩⲉ·
ϩⲙ̄ ⲡⲉⲓ ⲛⲟϭ ⲛ̄ ϣⲁ ⲙ̄ⲡⲟⲟⲩ· ⲁⲛⲟⲕ ⲅⲁⲣ ⲁⲛⲅ̄ ⲟⲩϩⲟⲟⲩⲧ·
ϣⲁⲓ̈ⲃⲱⲕ ⲉ̄ ⲙⲁ ⲛⲓⲙ ⲛ̄ ⲧⲉⲓ ϩⲉ· ⲧⲉⲥϩⲓⲙⲉ ⲇⲉ ⲛ̄ⲧⲟⲥ ϣ̄ϣⲉ
ⲉ ⲣⲟⲥ ⲉⲥⲕⲉⲡⲁⲍⲉ | ⲙ̄ⲙⲟⲥ ϩⲙ̄ ⲡⲉⲥⲥⲱⲙⲁ ⲙⲁⲗⲓⲥⲧⲁ Fol. 16 *b* ⲙ̄ⲁ̄
ⲛ̄ϩⲟⲩⲟ̄ ϩⲛ̄ ⲧⲉⲕⲕⲗⲏⲥⲓⲁ̄· ⲛ̄ⲧⲟⲥ ⲇⲉ ⲁⲥϥⲓ ϩⲣⲁⲥ ⲉ ⲃⲟⲗ
ϩⲛ̄ ⲟⲩⲛⲟϭ ⲛ̄ ⲥⲙⲏ ⲉⲥϫⲱ ⲙ̄ⲙⲟⲥ ϫⲉ ⲟⲩⲟⲓ ⲛⲁⲓ ⲡⲁ ⲥⲟⲛ·
ⲟⲩ ⲡⲉ ⲡⲁⲓ ⲉ̄ⲧ ⲉⲕϫⲱ ⲙ̄ⲙⲟϥ ⲙ̄ⲡⲟⲟⲩ· ⲙⲏ ⲛ̄ⲧⲁⲣ̄
ϣⲙ̄ⲙⲟ ⲉ ⲣⲟⲕ ⲙ̄ⲡⲟⲟ^ⲩ· ⲙⲏ̄ ⲛ̄ⲧⲁⲛⲡⲱϣ ⲁⲛⲣ̄ ⲥⲛⲁⲩ·
ⲙⲏ ⲁⲛⲟⲕ ⲟⲩⲥⲁⲣⲍ̄ ⲛ̄ ⲟⲩⲱⲧ ⲁⲛ ⲛ̄ⲙ̄ⲙⲁⲕ· ⲙⲏ̄ ⲙⲛ̄ⲧⲁⲓ
ⲙⲉⲣⲓⲥ ⲛ̄ⲙ̄ⲙⲁⲕ ⲁⲛⲟⲕ ϩⲛ̄ ⲛⲉⲕⲑⲩⲥⲓⲁ̄· ⲙⲏ ⲉⲕⲛⲁϩⲟⲩⲣⲱⲧ
ⲙ̄ ⲡⲁ ⲙⲉⲉⲩⲉ ⲉ ϩⲟⲩⲛ ⲉ̄ ⲡⲁⲣⲭⲁⲅⲅⲉⲗⲟⲥ ⲉⲧ ⲟⲩⲁⲁⲃ
ⲙⲓⲭⲁⲏⲗ· ⲙ̄ⲡⲱⲣ ⲡⲁ ⲥⲟⲛ ⲙ̄ⲡⲣ̄ ⲙⲉⲉⲩⲉ ⲉ ⲡⲁⲓ ϩⲙ̄
ⲡⲉⲕϩⲏⲧ· ϫⲉ ⲁⲓⲕⲱ ⲧⲁ ⲡⲣⲟϩⲩⲣⲉⲥⲓⲥ ⲛ̄ⲥⲱⲓ ⲉ̄ ϩⲟⲩⲛ ⲉ

Oriental 7021. ϩⲱⲗⲟⲥ ⲣⲱ ⲁ ⲡⲁⲡⲟⲥⲧⲟⲗⲟⲥ · ⲟⲩⲱ ⲉϥⲧⲁⲙⲟ ⲙ̄ⲙⲟⲛ ϫⲉ ⲙⲛ̄ ϩⲟⲟⲩⲧ ⲙⲛ̄ ⲥϩⲓⲙⲉ ϩⲙ̄ ⲡⲉⲭ̄ⲥ̄ · Ⲛⲁⲓ ⲇⲉ ⲉⲥϫⲱ ⲙ̄ⲙⲟⲟⲩ ⲉⲥⲣⲓⲙⲉ · ⲁ ⲧⲉϥⲯⲩⲭⲏ ϣⲧⲟⲣⲧⲣ̄ ⲉ ϫⲱⲥ · ⲙⲁⲗⲗⲟⲛ ⲇⲉ ⲁϥⲣⲁϣⲉ ⲛ̄ϩⲟⲩⲟ ⲉ ϩⲣⲁⲓ ⲉϫⲛ̄ ⲧⲉⲥⲛⲟϭ ⲙ̄ ⲡⲓⲥ⳨ⲥ ⲁϥϫⲓ ⲛ̄ ⲧⲟⲟⲧⲥ̄ · ⲛ̄ ⲧⲉϣⲧⲏⲛ ⲉϥϫⲱ ⲙ̄ⲙⲟⲥ ϫⲉ ϥⲓ ⲡⲣⲟⲟⲩϣ ⲛ̄ ⲧⲉⲡⲣⲟⲥⲫⲟⲣⲁ · ⲙⲛ̄ ⲧⲁⲡⲁⲣⲭⲏ · ⲙⲛ̄ ⲡⲛⲉϩ ⲧⲛ̄ⲛⲟⲟⲩⲥⲟⲩ ⲉ ⲧⲉⲕⲕⲗⲏⲥⲓⲁ · ⲁⲩⲱ ⲕⲱ ⲉ ϩⲣⲁⲓ ⲛ̄ ⲧⲉⲧⲣⲁⲡⲉⲍⲁ · ⲙⲛ̄ ⲛ̄ⲟⲉⲓ̈ⲕ · ϥⲓ ⲡⲣⲟⲟⲩϣ ⲙ̄ ⲡⲗⲁⲭⲁⲛⲟⲛ
Fol. 30 *b* ϣⲁⲛⲧ ⲁⲕⲧⲟⲓ̈ ϩⲙ̄ ⲡⲟⲩⲱϣ ⲙ̄ ⲡⲛⲟⲩⲧⲉ · | ⲙ̄ ⲡⲛⲟⲩⲧⲉ (*sic*)
ⲡ̄ⲏ̄ ⲙⲛ̄ ⲡⲉⲥⲟⲟⲩ · ⲁϥⲉⲓ̈ ⲇⲉ ⲉ ⲃⲟⲗ · ⲉϥⲙⲟⲟϣⲉ ⲉϥⲥⲟⲡⲥⲛ̄ ⲙ̄ ⲡⲁⲣⲭⲁⲅⲅⲉⲗⲟⲥ ⲉⲧ ⲟⲩⲁⲁⲃ · ⲉ ⲧⲣⲉϥⲥⲟⲟⲩⲧⲛ̄ ⲛⲁϥ ⲛ̄ ⲛⲉϥϩⲓⲟⲟⲩⲉ · Ⲉϥⲙⲟⲟϣⲉ ⲇⲉ ⲁϥⲉⲓ ⲉϫⲛ̄ ⲟⲩⲙⲟⲟⲛⲉⲥⲟⲟⲩ ⲡⲉϫⲁϥ ⲛⲁϥ · ϫⲉ ⲭⲁⲓⲣⲉ ⲡⲉϣⲃⲏⲣ · ⲡⲉϫⲉ ⲡⲣⲱⲙⲉ ⲛⲁϥ · ϫⲉ ⳨ⲣⲏⲛⲏ ⲛⲁⲕ ⲡⲣⲱⲙⲉ ⲉⲧ ⲧⲁⲓⲏⲩ · ⲡⲉϫⲁϥ ⲛⲁϥ ⲛ̄ϭⲓ ⲡⲣⲱⲙⲉ ⲙ̄ ⲡⲓⲥⲧⲟⲥ · ϫⲉ ⲁⲣⲁ ϣⲁⲓϭⲛ̄ ⲟⲩⲉⲥⲟⲟⲩ · ⲛ̄ ⲧⲟⲟⲧⲕ̄ ⲙ̄ⲡⲟⲟⲩ · ⲉ ⲡⲉⲓ ⲛⲟϭ ⲛ̄ⲣⲱⲙⲉ ⲛ̄ⲧⲁϥⲉⲓ ϣⲁ ⲣⲟⲛ · ⲡⲉϫⲁϥ ⲛ̄ϭⲓ ⲡϣⲱⲥ ϫⲉ ⲕⲟⲩⲱϣ ϩⲁ ⲟⲩⲏⲣ ⲛ̄

Oriental 6781. ⲡⲁⲣⲭⲁⲅⲅⲉⲗⲟⲥ ⲉⲧ ⲟⲩⲁⲁⲃ ⲙⲓⲭⲁⲏⲗ Ϩⲟⲗⲱⲥ ⲣⲱ ⲁ ⲡⲁⲡⲟⲥⲧⲟⲗⲟⲥ ϫⲟⲟⲥ ⲉϥⲧⲁⲙⲱ ⲙ̄ⲙⲟⲛ ϫⲉ ⲙⲛ̄ ϩⲟⲟⲩⲧ ϩⲓ ⲥϩⲓⲙⲉ ϩⲙ̄ ⲡⲉⲭ̄ⲥ̄ · ⲛⲁⲓ ⲇⲉ ⲉⲥϫⲱ ⲙ̄ⲙⲟⲟⲩ ⲉⲥⲣⲓⲙⲉ · ⲁ ⲧⲉϥⲯⲩⲭⲏ ϣⲧⲟⲣⲧⲣ̄ ⲉ ϫⲱⲥ · ⲙⲁⲗⲗⲟⲛ ⲇⲉ ⲁϥⲣⲁϣⲉ ⲛ̄ϩⲟⲩⲟ ⲉ ϩⲣⲁⲓ ⲉϫⲛ̄ ⲧⲉⲥⲛⲟϭ ⲙ̄ ⲡⲓⲥⲧⲓⲥ · ⲁϥϫⲓ ⲛ̄ ⲧⲟⲟⲧⲥ̄ ⲛ̄ ⲧⲉϣⲧⲏⲛ ⲉϥϫⲱ ⲙ̄ⲙⲟⲥ ϫⲉ ϥⲓ̈ ⲡⲣⲟⲟⲩϣ · ⲛ̄ ⲧⲉⲡⲣⲟⲥⲫⲟⲣⲁ ⲙⲛ̄ ⲧⲁⲡⲁⲣⲭⲏ ⲙⲛ̄ ⲡⲛⲉϩ ⲧⲛ̄ⲛⲟⲟⲩⲥⲟⲩ ⲉ ⲧⲉⲕⲕⲗⲏⲥⲓ̄ⲁ̄ · ⲁⲩⲱ ⲕⲱ ⲉ̄ ϩⲣⲁⲓ ⲛ̄ ⲧⲉⲧⲣⲁⲡⲓⲍⲁ ⲙⲛ̄ ⲛⲟⲉⲓⲕ · ϥⲓ ⲡⲣⲟⲟⲩϣ ⲙ̄ ⲡⲗⲁⲭⲁⲛⲟⲛ ϣⲁⲛⲧ ⲉⲓⲕⲧⲟⲓ ϩⲙ̄ ⲡⲟⲩⲱϣ ⲉⲙ̄ ⲡⲛⲟⲩⲧⲉ ⲙⲛ̄ ⲡⲉⲥⲟⲟⲩ · ⲁϥⲉⲓ ⲇⲉ ⲉ ⲃⲟⲗ ⲉϥⲙⲟⲟϣⲉ ⲉϥⲥⲟⲡⲥⲛ̄ ⲙ̄ ⲡⲁⲣⲭⲁⲅⲅⲉⲗⲟⲥ ⲉⲧ ⲟⲩⲁⲁⲃ ⲉ ⲧⲣⲉϥⲥⲟⲟⲩⲧⲛ̄ ⲛ̄ ⲛⲉϥϩⲓⲟⲟⲩⲉ · ⲉϥⲙⲟⲟϣⲉ ⲇⲉ ⲁϥⲉⲓ ⲉϫⲛ̄ ⲟⲩⲙⲁⲛ̄ⲉⲥⲟⲟⲩ · ⲡⲉϫⲁϥ ⲛⲁϥ ϫⲉ ⲭⲁⲓⲣⲉ ⲡⲉϣⲃⲏⲣ · Ⲡⲉϫⲉ ⲡⲣⲱⲙⲉ ⲛⲁϥ ϫⲉ ⳨ⲣⲏⲛⲏ ⲛⲁⲕ ⲡⲣⲱⲙⲉ ⲉⲧⲁⲉⲓⲏⲩ · ⲡⲉϫⲁϥ ⲛⲁϥ ⲛ̄ϭⲓ
Fol. 17 *a* ⲡⲣⲱⲙⲉ ⲙ̄ ⲡⲓⲥⲧⲟⲥ ϫⲉ ⲁⲣⲁ ϣⲁⲓϭⲛ̄ ⲟⲩⲉⲥⲟⲟⲩ ⲛ̄ ⲧⲟⲟⲧⲕ̄
ⲙ̄ⲉ̄ ⲙ̄ⲡⲟⲟⲩ ⲉ ⲡⲓ ⲛⲟϭ ⲛ̄ⲣⲱⲙⲉ ⲛ̄ⲧⲁϥⲉⲓ ϣⲁ ⲣⲟⲛ | ⲡⲉϫⲁϥ

ϯⲙⲏⲛ · ⲡⲉϫⲉ ⲡⲣⲱⲙⲉ ⲛⲁϥ ϫⲉ ⲉⲓⲟⲩⲱϣ ϩⲁ ⲟⲩⲧⲉⲣⲙⲏⲛ- Oriental 7021.
ⲥⲓⲟⲛ · ⲡⲉϫⲉ ⲡⲣⲱⲙⲉ ⲛ̅ ϣⲱⲥ ⲛⲁϥ · ϫⲉ ⲁⲩⲉⲓⲥ ⲧϯⲙⲏⲛ
ⲛ̅ⲧⲁⲧⲁⲁϥ ⲛⲁⲕ · ⲡⲣⲱⲙⲉ ⲇⲉ ⲁϥⲥⲟⲟⲩⲧⲛ̅ ⲉ ⲣⲟϥ · ⲛ̅ ⲧⲉϣ-
ⲧⲏⲛ · ⲛ̅ ⲧⲉϥⲥϩⲓⲙⲉ ⲉϥϫⲱ ⲙ̅ⲙⲟⲥ · ϫⲉ ⲙⲱ ⲧⲉϣⲧⲏⲛ ·
ⲉⲧⲁ ⲧⲁ ⲥϩⲓⲙⲉ ⲧⲉ ⲕⲁⲁⲥ ⲛⲁⲕ ⲛ̅ ⲧⲟⲟⲧⲕ̅ ⲛ̅ϣⲟⲙⲛ̅ⲧ ⲛ̅ϩⲟⲟⲩ ·
ⲉⲓϣⲁⲛⲧⲙ̅ⲧⲁⲁϥ ⲛⲁⲕ · ϯⲛⲁⲁⲡⲟⲧⲁⲥⲥⲉ ⲙ̅ⲙⲟⲥ ⲛⲁⲕ ·
Ⲁϥⲟⲩⲱϣⲃ̅ ⲛ̅ϭⲓ ⲡϣⲱⲥ ϫⲉ ⲁⲩⲱ ⲉⲓⲣ̅ ⲟⲩ ⲛ̅ ⲧⲁⲓ̈ · ⲙⲛ̅
ⲗⲁⲁⲩ ϩⲙ̅ ⲡⲁ ⲏⲓ̈ ⲉⲓ ⲙⲏ ⲧⲉⲓ̈ ⲥⲟⲣⲧ̅ · ϩⲓ̈ ϩⲃ̅ⲥⲱ ⲛ̅ ϯⲛⲁϫⲓⲧⲥ̅
ⲁⲛ ⁘ Ⲡⲣⲱⲙⲉ ⲙ̅ ⲡⲓ̈ⲥⲧⲟⲥ ⲛ̅ ⲧⲉⲣⲉ ⲡϣⲱⲥ ⲧⲉⲥⲧⲟϥ ⲉ ⲃⲟⲗ ·
ⲙⲛ̅ ⲧⲉϣⲧⲏⲛ · ⲁϥⲕⲟⲧϥ̅ ⲉ ⲧϥϩⲓⲏ ϩⲛ̅ ⲟⲩⲛⲟϭ ⲛ̅ ⲙ̅ⲕⲁϩ ⲛ̅
ϩⲏⲧ ⲙⲛ̅ ϩⲉⲛⲣ̅ⲙ̅ⲉⲓⲟⲟⲩⲉ · ⲉⲩⲟϣ · ⲉϯ ⲇⲉ ⲉϥⲙⲟⲟϣⲉ
ⲉϥⲟⲕⲙ̅ · ⲁⲩⲱ ⲉϥⲙⲉⲉⲩⲉ ⲉ ⲃⲟⲗ · ϫⲉ ⲟⲩ ⲡⲉⲧ ϥ̅ⲛⲁⲁⲁϥ ·
ⲏ ⲉϥⲛⲁ|ϫⲟⲟⲥ ϫⲉ ⲟⲩ · ⲛ̅ ⲧϥⲥϩⲓⲙⲉ · ⲛ̅ⲧⲉⲩⲛⲟⲩ ⲁϥϭⲱϣⲧ Fol. 31 *a*
ϩⲓ ϩⲏ ⲙ̅ⲙⲟϥ ⲁϥⲛⲁⲩ ⲉ ⲡⲁⲣⲭⲁⲅⲅⲉⲗⲟⲥ ⲙⲓⲭⲁⲏⲗ · ⲡ̅ⲑ̅
ⲉϥⲧⲁⲗⲏⲩ ⲉϫⲛ̅ ⲟⲩϩⲧⲟ · ⲛ̅ ⲟⲩⲱⲃϣ̅ ⲉϥⲟ ⲙ̅ ⲡⲉⲥⲙⲟⲧ ⲛ̅
ⲟⲩⲛⲟϭ ⲛ̅ ⲁⲣⲭⲱⲛ ⲛ̅ⲧⲉ ⲡⲣ̅ⲣⲟ · ⲁϥⲣ̅ ϩⲟⲧⲉ ⲉⲙⲁⲧⲉ ⲛ̅ϭⲓ

ⲛ̅ϭⲓ̈ ⲡϣⲱⲥ ϫⲉ̅ ⲕ̅ⲟⲩⲱ̅ϣ ⲉ ϩⲁ ⲟⲩⲏⲣ ⲛ̅ⲧⲓⲙⲏ · ⲡⲉϫⲉ Oriental 6781.
ⲡⲣⲱⲙⲉ ⲛⲁϥ ϫⲉ ⲉⲓⲟⲩⲱ̅ϣ ⲉ ϩⲁ ⲟⲩⲧⲉⲣⲙⲏⲛⲥⲓⲟⲛ · ⲡⲉϫⲉ
ⲡϣⲱⲥ ⲛⲁϥ ϫⲉ ⲁⲩⲉⲓⲥ ⲧⲓⲙⲏ ⲧⲁⲧⲁⲁϥ ⲛⲁⲕ · ⲡⲣⲱⲙⲉ
ⲇⲉ ⲁϥⲥⲟⲟⲩⲧⲛ̅ ⲉ ⲣⲟϥ ⲛ̅ ⲧⲉϣⲧⲏⲛ ⲛ̅ ⲧⲉϥⲥϩⲓⲙⲉ ⲉϥϫⲱ ⲙ̅-
ⲙⲟⲥ ϫⲉ ϫⲓ ⲧⲉϣⲧⲏⲛ ⲛⲁⲕ ⲉⲧⲁ ⲧⲁ ⲥϩⲓⲙⲉ ⲧⲉ · ⲕⲁⲁⲥ
ⲛⲁⲕ ϩⲁ ϩⲧⲏⲕ ⲛ̅ϣⲟⲙⲛ̅ⲧ ⲛ̅ϩⲟⲟⲩ · ⲁⲩⲱ ⲙ̅ ⲡϩⲟⲩⲛ
ⲛ̅ϣⲟⲙⲛ̅ⲧ ⲛ̅ϩⲟⲟⲩ · ⲉⲓϣⲁⲛⲧⲙ ⲛ̅ⲧϥ̅ ⲛⲁⲕ ⲧⲓⲁⲡⲟⲧⲁⲥⲥⲉ
ⲙ̅ⲙⲟⲥ ⲛⲁⲕ · ⲁϥⲟⲩⲱϣⲃ̅ ⲛ̅ϭⲓ̈ ⲡϣⲱⲥ ϫⲉ ⲁⲩⲱ ⲉⲓⲣ̅ ⲟⲩ
ⲛ̅ ⲧⲁⲓ · ⲙⲛ̅ ⲗⲁⲁⲩ ϩⲙ̅ ⲡⲁ ⲏⲓ ⲉⲓ ⲙⲏ ⲧⲉⲓ ⲉⲥⲟⲣⲧ̅ · ϩⲓ
ϩⲃ̅ⲥⲱ ⲛ̅ ϯⲛⲁϫⲓⲧⲥ̅ ⲁⲛ · ⲡⲣⲱⲙⲉ ⲇⲉ ⲙ̅ ⲡⲓⲥⲧⲟⲥ ⲛ̅ ⲧⲉⲣⲉ
ⲡϣⲱⲥ ⲧ̅ⲥⲧⲟϥ ⲉ ⲃⲟⲗ ⲙⲛ̅ ⲧϣⲧⲏⲛ ⲁϥⲕⲟⲧϥ̅ ⲉ ⲃⲟⲗ ⲉ ⲧⲉϥ-
ϩⲓⲏ̅ ϩⲛ̅ ⲟⲩⲛⲟϭ ⲛ̅ ⲙ̅ⲕⲁϩ ⲛ̅ ϩⲏⲧ ⲙⲛ̅ ϩⲉⲛⲣ̅ⲙⲉⲓⲟⲟⲩⲉ ⲉⲩⲟϣ
ⲉⲧⲓ ⲇⲉ ⲉϥⲙⲟⲟϣⲉ ⲉϥⲟⲕⲙ̅ · ⲁⲩⲱ ⲉϥⲙⲉⲉⲩⲉ ⲉ ⲃⲟⲗ ϫⲉ
ⲟⲩ ⲡⲉⲧ ⲉϥⲛⲁⲁⲁϥ · ⲏ̅ ⲉϥⲛⲁϫⲟⲟⲥ ⲛ̅ ⲧⲉϥⲥϩⲓⲙⲉ ϫⲉ ⲟⲩ :—
Ⲛ̅ⲧⲉⲩⲛⲟⲩ ⲁϥϭⲱϣⲧ̅ ϩⲓ ϩⲏ ⲙ̅ⲙⲟϥ · ⲁϥⲛⲁⲩ ⲉ ⲡⲁⲣⲭ-
ⲁⲅⲅⲉⲗⲟⲥ ⲙⲓⲭⲁⲏⲗ ⲉϥⲧⲁⲗⲏⲩ ⲉϫⲛ̅ ⲟⲩϩⲧⲟ ⲛ̅ ⲟⲩⲱⲃϣ̅ ·
ⲉϥⲱ̅ ⲙ̅ ⲡⲉⲥⲙⲟⲧ ⲛ̅ ⲟⲩⲛⲟϭ ⲉⲛ ⲁⲣⲭⲱⲛ ⲛ̅ⲧⲉ ⲡⲣ̅ⲣⲟ · ⲁϥⲣ̅

Oriental 7021. ⲡⲣⲱⲙⲉ· ⲁϥⲥⲟⲕϥ̅ ⲛ̅ⲥⲁ ⲟⲩⲥⲁ ⲙ̅ ⲡⲃⲟⲗ· ⲛ̅ ⲧⲉϩⲓⲏ· ϣⲁⲛⲧ
ϥ̅ⲡⲁⲣⲁⲅⲉ· ⲁⲩⲱ ⲛ̅ ⲧⲉ[ⲣⲉ] ⲡⲁⲣⲭⲁⲅⲅⲉⲗⲟⲥ ⲡⲱϩ ⲉ ⲣⲟϥ ⲙ̅
ⲡⲉⲥⲙⲟⲧ ⲛ̅ ⲟⲩⲁⲣⲭⲱⲛ· ⲁϥⲥⲉⲕ ⲡⲉⲭⲁⲗⲓⲛⲟⲥ ⲙ̅ ⲡⲉϥϩⲧⲟ
ⲁϥⲁϩⲉ ⲣⲁⲧϥ̅ ⲡⲉϫⲁϥ ⲙ̅ ⲡⲣⲱⲙⲉ· ϫⲉ ⲭⲁⲓⲣⲉ· ⲇⲱⲣⲟ-
ⲑⲉⲟⲥ· ⲉⲕⲛⲁ ⲉ ⲧⲱⲛ· ⲉⲕⲙⲟⲟϣⲉ ⲙⲁⲩⲁⲁⲕ· ⲡⲉϫⲁϥ ⲛⲁϥ
ⲛ̅ϭⲓ ⲇⲟⲣⲟⲑⲉⲟⲥ ϩⲛ̅ ⲟⲩⲥⲧⲱⲧ ϫⲉ ⲕⲩⲣⲓ ⲭⲁⲓⲣⲉ· ⲡⲁ ϫⲥ̅
ⲡⲁⲣⲭⲱⲛ· ⲕⲁⲗⲱⲥ ⲁⲕⲉⲓ ϣⲁ ⲣⲟⲛ ⲙ̅ⲡⲟⲟⲩ· Ⲡⲉϫⲉ ⲡⲁⲣ-
ⲭⲱⲛ ⲛⲁϥ ⲉⲧⲉ ⲙⲓⲭⲁⲏⲗ ⲡⲉ· ϫⲉ ⲁⲣⲁ ⲉⲥⲟⲛϩ̅ ⲛ̅ϭⲓ ⲑⲉⲟ-
ⲡⲓⲥⲧⲏ ⲧⲉⲕⲥϩⲓⲙⲉ· ⲡⲉϫⲉ ⲇⲱⲣⲟⲑⲉⲟⲥ ⲛⲁϥ ⲉⲣⲉ ⲡⲉϥϩⲟ
ⲡⲁϩⲧ̅ ⲉ ⲡⲉⲥⲏⲧ ϩⲁ ⲡϣⲓⲡⲉ· ϫⲉ ⲥⲉ ⲥⲟⲛϩ̅ ⲛ̅ϭⲓ ⲧⲉⲕϩⲙ̅ϩⲁⲗ·
ⲡⲉϫⲉ ⲡⲁⲣⲭⲱⲛ ⲉⲧⲉ ⲙⲓ̈ⲭⲁⲏⲗ ⲡⲉ ⲛⲁϥ· ϫⲉ ⲟⲩ ⲡⲉ ⲡⲁⲓ
ⲉⲧ ⲧⲁⲗⲏⲩ ⲉ ⲣⲟⲕ· ⲡⲉϫⲉ ⲇⲱⲣⲟⲑⲉⲟⲥ ⲛⲁϥ· ⲉϥⲇⲓⲁⲧⲣⲉⲡⲉⲓ̈
ϫⲉ ⲟⲩϣⲧⲏⲛ· ⲉⲧⲁ ⲧⲁ ⲥϩⲓⲙⲉ ⲧⲉ· ⲡⲉϫⲉ ⲡⲁⲣⲭⲱⲛ ⲛⲁϥ·
ⲉⲧⲉ ⲙⲓⲭⲁⲏⲗ ⲡⲉ· ϫⲉ ⲁⲩⲱ ⲉⲕⲣ̅ ⲟⲩ ⲛ̅ ⲧⲁⲓ ⲙ̅ ⲡⲉⲓ ⲙⲁ·
Fol. 31 b ⲡⲉϫⲉ ⲇⲱⲣⲟⲑⲉⲟⲥ ⲛⲁϥ· ϫⲉ ⲉⲣⲉ ⲟⲩⲛⲟϭ ⲛ̅ ⲣⲱⲙⲉ ⲛⲏⲩ
ⲝ̅ ⲉ ϫⲱⲓ̈ ⲙ̅ⲡⲟⲟⲩ ⲙ̅ⲡⲉ ⲓϩⲉ | ⲉ ⲧⲁ ⲭⲣⲓⲁ ⲧⲏⲣⲥ̅· ⲟⲩⲇⲉ ⲙⲛ̅

Oriental 6781. ϩⲟⲧⲉ ⲉⲙⲁⲧⲉ ⲛ̅ϭⲓ̈ ⲡⲣⲱⲙⲉ ⲁϥⲥⲟⲕϥ̅ ⲛ̅ⲥⲁ ⲟⲩⲥⲁ ⲙ̅ ⲡⲃⲟⲗ
ⲛ̅ ⲧⲉϩⲓⲏ̅· ϣⲁⲛⲧ ⲉϥⲡⲁⲣⲁⲅⲉ· ⲁⲩⲱ ⲛ̅ ⲧⲉⲣⲉ ⲡⲁⲣⲭ-
ⲁⲅⲅⲉⲗⲟⲥ ⲡⲱϩ ϣⲁ ⲣⲟϥ ⲙ̅ ⲡⲉⲥⲙⲟⲧ ⲛ̅ ⲟⲩⲁⲣⲭⲱⲛ· ⲁϥ-
ⲥⲉⲕ ⲡⲉⲭⲁⲗⲓⲛⲟⲥ ⲙ̅ ⲡⲉϩⲧⲟ̅· ⲁϥⲁϩⲉ ⲣⲁⲧϥ̅· ⲡⲉϫⲁϥ
ⲙ̅ ⲡⲣⲱⲙⲉ ϫⲉ ⲭⲁⲓⲣⲉ ⲇⲟⲣⲟⲑⲉⲟⲥ ⲉⲕⲛⲁ ⲉ ⲧⲱⲛ ⲉⲕ-
ⲙⲟⲟϣⲉ ⲙⲁⲩⲁⲁⲕ· ⲡⲉϫⲁϥ ⲛⲁϥ ⲛ̅ϭⲓ ⲧⲟⲩⲣⲟⲩⲑⲉⲟⲥ· ϩⲛ̅
ⲟⲩⲥⲧⲱⲧ ϫⲉ ⲕⲩ̅ⲣⲓ ⲭⲁⲓⲣⲉ ⲡⲁ ϫⲟⲉⲓⲥ ⲡⲁⲣⲭⲱⲛ· ⲕⲁⲗⲱⲥ
ⲁⲕⲉⲓ ϣⲁ ⲣⲟⲛ ⲙ̅ⲡⲟⲟⲩ· ⲡⲉϫⲉ ⲡⲁⲣⲭⲱⲛ ⲛⲁϥ ⲉⲧⲉ
Fol. 17 b ⲙⲓⲭⲁⲏⲗ ⲡⲉ|ϫⲉ ⲁⲣⲁ ⲉⲥⲟ̅ⲛϩ̅ ⲛ̅ϭⲓ ⲑⲉⲱ̅ⲡⲓⲥⲧⲏ ⲧⲉⲕⲥϩⲓⲙⲉ
ⲙ̅ⲥ̅ ⲡⲉϫⲉ ⲇⲱⲣⲟⲑⲉⲟⲥ ⲛⲁϥ ⲉⲣⲉ ⲡⲉϥϩⲟ ⲡⲁϩⲧ̅ ⲉ ⲡⲉⲥⲏⲧ ϩⲁ
ⲡϣⲓ̈ⲡⲉ ϫⲉ ⲥⲉ· ⲥ̅ⲟ̅ⲛ̅ϩ̅ ⲛ̅ϭⲓ ⲧⲉⲕϩⲙ̅ϩⲁⲗ· ⲡⲉϫⲉ ⲡⲁⲣⲭⲱⲛ
ⲉ̅ⲧⲉ ⲙⲓⲭⲁⲏ̅ⲗ̅ ⲡⲉ ⲛⲁϥ· ϫⲉ ⲟⲩ ⲡⲉ ⲡⲁⲓ ⲉⲧ ⲧⲁⲗⲏⲩ ⲉ
ⲣⲟⲕ· ⲡⲉϫⲉ ⲇⲱⲣⲟⲑⲉⲟⲥ ⲛⲁϥ· ⲉϥⲇⲓⲁⲧⲣⲉⲡⲉ ϫⲉ ⲟⲩϣⲧ-
ϣⲏⲛ ⲉ̅ⲧⲁ ⲧⲁ ⲥϩⲓⲙⲉ ⲧⲉ· ⲡⲉϫⲉ ⲡⲁⲣⲭⲱⲛ ⲛⲁϥ ⲉ̅ⲧⲉ
ⲙⲓⲭⲁⲏ̅ⲗ̅ ⲡⲉ· ϫⲉ ⲁⲩⲱ ⲉⲕⲣ̅ ⲟⲩ ⲛ̅ ⲧⲁⲓ ⲙ̅ ⲡⲉⲓ ⲙⲁ·
ⲡⲉϫⲉ ⲇⲱⲣⲟⲑⲉⲟⲥ ⲛⲁϥ ϫⲉ ⲉⲣⲉ ⲟⲩⲛⲟϭ ⲛ̅ ⲣⲱⲙⲉ ⲛⲏⲩ
ⲉ ϫⲱⲓ ⲙ̅ⲡⲟⲟⲩ· ⲙ̅ⲛ ⲓϩⲉ ⲉ ⲧⲁ ⲭⲣⲓⲁ ⲧⲏⲣⲥ̅· ⲟⲩⲇⲉ ⲙⲛ̅

ⲛⲟⲩⲃ ⲛ̄ ⲧⲟⲟⲧ· ⲉ ⲧⲃⲉ ⲡⲉⲓ ⲕⲁⲓⲣⲟⲥ ⲛ̄ϩⲓⲥⲉ ⲛ̄ⲧⲁⲛⲁⲓ ⲉ Oriental 7021.
ⲣⲟϥ· ⲁⲓⲡ̄ⲧⲥ̄ ⲉ ⲧⲣⲁ ⲧⲁⲁⲥ ϩⲁ ⲟⲩⲉⲥⲟⲟⲩ· ⲙ̄ⲡ ⲟⲩϫⲓⲧⲥ̄
ⲛ̄ ⲧⲟⲟⲧ· ⲛ̄ ϯⲥⲟⲟⲩⲛ ⲁⲛ ϫⲉ ⲉⲓⲛⲁⲣ̄ ⲟⲩ· ⲡⲉϫⲉ ⲡⲁⲣ-
ⲭⲱⲛ· ⲉⲧⲉ ⲙⲓ̈ⲭⲁⲏⲗ ⲡⲉ· ϫⲉ ⲉⲓ̈ϣⲡ̄ ⲧⲱⲣⲉ ⲙ̄ ⲡⲉⲥⲟⲟⲩ
ⲛ̄ⲧⲁϫⲓⲧϥ̄ ⲛⲁⲕ ⲕⲛⲁⲣ̄ ⲡⲟⲟⲩ ⲉ ⲣⲟⲓ ⲙⲛ̄ ⲛⲉⲧ ⲛ̄ⲙ̄ⲙⲁⲓ·
Ⲁϥⲟⲩⲱϣⲃ̄ ⲛ̄ϭⲓ ⲇⲱⲣⲟⲑⲉⲟⲥ· ϫⲉ ⲥⲉ ⲧⲱⲛⲟⲩ ⲡⲁ ϫ̄ⲥ̄·
ⲙⲁⲣⲉⲓⲣ̄ ⲡⲙ̄ⲡϣⲁ· ⲛ̄ⲧ̄ ⲉⲓ ⲉ ϩⲟⲩⲛ ϩⲁ ⲧⲁ ⲟⲩⲉϩⲥⲟⲓ̈·
ⲡⲉϫⲉ ⲙⲓ̈ⲭⲁⲏⲗ· ⲛ̄ ⲟⲩⲁ ⲛ̄ ⲛ̄ⲁⲅⲅⲉⲗⲟⲥ· ⲉⲧ ⲙⲟⲟϣⲉ
ⲛ̄ⲙ̄ⲙⲁϥ· ⲙ̄ ⲡⲉⲥⲙⲟⲧ ⲛ̄ ⲙ̄ⲙⲁⲧⲟⲓ̈ ϫⲉ ⲙⲟⲟϣⲉ ⲙⲛ̄
ⲇⲱⲣⲟⲑⲉⲟⲥ· ⲛ̄ⲧ̄ ⲃⲱⲕ ϩⲁϩⲧⲙ̄ ⲡⲓ ϣⲱⲥ· ⲁϫⲓⲥ ⲛⲁϥ ϫⲉ
ⲡⲉϫⲉ ⲡⲁⲣⲭⲱⲛ ⲛ̄ⲧⲁϥⲡⲁⲣⲁⲅⲉ ⲙ̄ⲙⲟⲕ ⲛ̄ⲥⲟⲟⲩⲧⲛ̄ ϫⲉ
ⲧⲛ̄ⲛⲟⲟⲩ ⲉⲥⲟⲟⲩ ⲛⲁⲓ ϩⲁ ⲟⲩⲧⲉⲣⲙⲏⲥⲓ̈ⲟⲛ· ⲁⲛⲟⲕ ⲡⲉⲧ
ϣⲡ̄ ⲧⲱⲱⲣⲉ ⲙ̄ⲙⲟϥ· ⲛ̄ⲧⲁⲧⲛ̄ⲛⲟⲟⲩ ⲧⲉϥⲁⲥⲟⲩ ⲛⲁⲕ· ϣⲁ
ⲡⲛⲁⲩ ⲙ̄ ⲙⲉⲉⲣⲉ ⲙ̄ⲡⲟⲟⲩ· ⲁϥⲃⲱⲕ ⲇⲉ ⲛ̄ϭⲓ ⲡⲙⲁⲧⲟⲓ̈
ϣⲁ ⲡϣⲱⲥ· ⲉϥⲙⲟⲟϣⲉ ⲙⲛ̄ ⲇⲱⲣⲟⲑⲉⲟⲥ· ϩⲙ̄ ⲡⲣⲁⲛ ⲙ̄
ⲡⲁⲣⲭⲱⲛ· ⲁⲩⲉⲓⲛⲉ ⲙ̄ ⲡⲉⲥⲟⲟⲩ· ⲡⲉϫⲉ ⲡⲁⲣⲭⲱⲛ ⲛⲁϥ·

ⲛⲟⲩⲃ ⲛ̄ ⲧⲟⲟⲧ ⲉ ⲧⲃⲉ ⲡⲉⲓ ⲕⲉⲣⲟⲥ ⲛ̄ ϩⲓⲥⲉ ⲛ̄ⲧⲁⲛⲉⲓ ⲉ ⲣⲟϥ· Oriental 6781.
ⲁⲓⲡ̄ⲧⲥ̄ ⲉ̄ ⲧⲣⲁ ⲧⲁⲁⲥ ϩⲁ ⲟⲩⲉ̄ⲥⲟⲟⲩ ⲙ̄ⲡ ⲟⲩϫⲓⲧⲥ̄ ⲛ̄ ⲧⲟⲟⲧ
ⲛ̄ ⲧⲓⲥⲟⲟⲩⲛ ⲁⲛ ϫⲉ ⲉⲓⲛⲁⲣ̄ ⲟⲩ Ⲡⲉϫⲉ ⲡⲁⲣⲭⲱⲛ ⲉⲧⲉ
ⲙⲓⲭⲁⲏ̄ⲗ [ⲡⲉ]· ϫⲉ ⲉⲓϣⲁⲛϣⲡ̄ ⲧⲱⲱⲣⲉ ⲙ̄ ⲡⲉⲥⲟⲟⲩ ⲛ̄ⲧⲁ-
ϫⲓⲧϥ̄ ⲛⲁⲕ· ⲕⲛⲁⲣ̄ ⲡⲟⲟⲩ ⲉ ⲣⲟⲓ ⲙⲛ̄ ⲛⲉⲧ ⲛ̄ⲙ̄ⲙⲁⲓ·
ⲁϥⲟⲩⲱϣⲃ̄ ⲛ̄ϭⲓ ⲇⲟⲣⲟⲑⲉⲟⲥ ϫⲉ ⲥⲉ ⲧⲱⲛⲟⲩ ⲡⲁ ϫ̄ⲥ̄·
ⲙⲁⲣⲉⲓⲣ̄ ⲡⲙ̄ⲡϣⲁ̄ ⲛ̄ⲧ̄ ⲉⲓ ⲉ ϩⲟⲩⲛ ϩⲁ ⲧⲁ ⲟⲩⲉϩⲥⲟ̄ⲓ· Ⲡⲉϫⲉ
ⲙⲓⲭⲁⲏ̄ⲗ ⲛ̄ ⲟⲩⲁ̄ ⲛ̄ ⲛ̄ⲁⲅⲅⲉⲗⲟⲥ ⲉⲧ ⲙⲟⲟϣⲉ ⲛ̄ⲙ̄ⲙⲁϥ·
ⲙ̄ ⲡⲉⲥⲙⲟⲧ ⲛ̄ ⲙ̄ⲙⲁⲧⲟⲓ ϫⲉ ⲙⲟⲟϣⲉ ⲙⲛ̄ ⲇⲱⲣⲟⲑⲉⲟⲥ·
ⲛ̄ⲧ̄ ⲃⲱⲕ ϩⲁϩⲧⲏⲛ ⲡⲉⲓ ϣⲱⲥ ⲁ̄ϫⲓⲥ ⲛⲁϥ· ϫⲉ ⲡⲉϫⲉ
ⲡⲁⲣⲭⲱⲛ ⲛ̄ⲧⲁϥⲡⲁⲣⲁⲅⲉ ⲙ̄ⲙⲟⲕ ⲛ̄ⲥⲟⲟⲩⲧⲛ̄· ϫⲉ ⲧⲛ̄-
ⲛⲟⲟⲩ ⲛⲁⲓ ⲛ̄ ⲟⲩⲉⲥⲟⲟⲩ ϩⲁ ⲟⲩⲧⲏⲣⲙⲏⲥⲓⲟⲛ· ⲁⲛⲟⲕ ⲡⲉⲧ
ϣⲡ̄ⲧⲱⲣⲉ ⲙ̄ⲙⲟϥ ⲛ̄ⲧⲁⲧⲛ̄ⲛⲟⲟⲩ ⲛ̄ ⲧⲉϥⲁ̄ⲥⲟⲩ ⲛⲁⲕ ϣⲁ
ⲡⲛⲁⲩ· ⲙ̄ ⲙⲉⲉⲣⲉ ⲙ̄ⲡⲟⲟⲩ· ⲁϥⲃⲱⲕ ⲇⲉ ⲛ̄ϭⲓ ⲡⲙⲁⲧⲟⲓ·
ϣⲁ ⲡϣⲱⲥ ⲉϥⲙⲟⲟϣⲉ ⲙⲛ̄ ⲇⲱⲣⲟⲑⲉⲟⲥ· ϩⲙ̄ ⲡⲣⲁⲛ ⲙ̄
ⲡⲁⲣⲭⲱⲛ ⲁⲩⲉⲓⲛⲉ ⲙ̄ ⲡⲉⲥⲟⲟⲩ· ⲡⲉϫⲉ ⲡⲁⲣⲭⲱⲛ ⲛⲁϥ

Oriental 7021. Fol. 32 *a* ⲍ̅ⲁ̅

ϫⲉ ⲇⲱⲣⲟⲑⲉⲟⲥ ⲉⲓⲥ ⲡⲉⲥⲟⲟⲩ ⲁϥⲥⲟⲃⲧⲉ ⲧⲉϥⲭⲣⲓⲁ ⲙ̅ ⲡⲛⲟϭ ⲛ̅ ⲣⲱⲙⲉ ⲛ̅ⲧⲁⲕⲕⲁⲗⲉⲓ̈ ⲙ̅ⲙⲟϥ· ⲁⲛⲁⲩ ϩⲱⲱϥ ϫⲉ ⲕⲛⲁϩⲉ ⲉⲩϣⲏ ⲙⲛ̅ ⲧⲃ̅ⲧ ⲛⲁⲓ̈ ⲉ ⲧⲁ ⲭⲣⲓⲁ· ⲉⲡⲓ̈ ⲛ̅ϯⲟⲩⲉⲙ ⲉⲥⲟⲟⲩ ⲁⲛ· ⲡⲉϫⲉ ⲇⲱⲣⲟⲑⲉⲟⲥ ⲛⲁϥ | ϫⲉ ϩⲁⲙⲟⲓ̈ ⲉⲓ̈ⲛⲁϩⲉ· ⲉ ⲣⲟϥ ⲡⲁ ⲉⲓ̈ⲱⲧ ⲁⲩⲱ ϯⲛⲁϫⲓⲧϥ̅ ⲉⲓⲣⲁϣⲉ· ⲡⲉϫⲉ ⲡⲁⲣⲭⲱⲛ ϫⲉ ⲁⲩⲱ ⲉⲕⲛⲁϯ ⲟⲩ ϩⲁ ⲣⲟϥ· ⲡⲉϫⲉ ⲇⲱⲣⲟⲑⲉⲟⲥ ϫⲉ ϯⲛⲁⲕⲱ ϩⲁϩⲧⲏϥ ⲛ̅ ⲧⲉϣⲧⲏⲛ· ⲛ̅ ⲧⲁ ⲥϩⲓⲙⲉ ϣⲁⲛ ϯⲧⲛ̅ⲛⲟⲟⲩ ⲧⲉϥⲁⲥⲟⲩ ⲛⲁϥ· Ⲡⲉϫⲉ ⲡⲁⲣⲭⲱⲛ ⲛⲁϥ· ⲉⲧⲉ ⲙⲓ̈ⲭⲁⲏⲗ ⲡⲉ· ϫⲉ ⲉϣ[ϫⲉ] ⲧⲁⲓ ⲧⲉ ⲑⲉ ⲕⲁ ⲧⲉⲭⲧⲏⲛ (*sic*) ⲛⲁⲕ ⲁⲛⲟⲕ ⲡⲉⲧ ⲛⲁⲧⲛ̅ⲛⲟⲟⲩ ϩⲁ ⲡⲁ ⲣⲁⲛ· ⲛ̅ⲧⲁϫⲓ̈ ⲙ̅ ⲡⲧⲃ̅ⲧ ϣⲁⲛⲧ ⲉⲕⲧⲛ̅ⲛⲟⲟⲩ ⲧⲉϥⲁⲥⲟⲩ· ⲡⲁⲣⲭⲱⲛ ⲇⲉ ⲁϥⲙⲟⲩⲧⲉ ⲉ ⲟⲩⲁ ϩⲛ̅ ⲙ̅ⲙⲁⲧⲟⲓ̈ ⲉⲧ ⲙⲟⲟϣⲉ ⲛ̅ⲙ̅ⲙⲁϥ· ϫⲉ ⲙⲟⲟϣⲉ ⲛ̅ⲅ̅ ⲃⲱⲕ ⲉⲡϫⲙ̅ (*sic*) ⲡⲓⲉⲣⲟ· ⲙⲟⲩⲧⲉ ⲉ ⲃⲟⲗ ⲉ ⲛⲉⲓ ⲟⲩⲱϩⲉ· ⲁϫⲓⲥ ⲛⲁⲩ ϫⲉ ⲡⲉϫⲉ ⲡⲁⲣⲭⲱⲛ ⲛ̅ⲧⲁϥⲉⲓ ⲉϥⲡⲁⲣⲁⲅⲉ ⲙ̅ⲙⲱⲧⲛ̅ ⲁϥϣⲁϫⲉ ⲛ̅ⲙ̅ⲙⲏⲧⲛ̅ ⲙ̅ⲡⲟⲟⲩ· ϫⲉ ⲧⲛ̅ⲛⲟⲟⲩ ⲟⲩⲧⲃ̅ⲧ ⲛⲁⲓ̈ ⲉⲛⲁⲛⲟⲩϥ· ϩⲁ ⲟⲩⲧⲉⲣⲙⲓⲥⲓⲟⲛ· ⲁⲩⲱ ϯⲛⲁ-

---

Oriental 6781. Fol. 18 *a* ⲙ̅ⲍ̅

ϫⲉ ⲇⲱⲣⲟⲑⲉⲟⲥ ⲉⲓⲥ ⲡⲉⲥⲟⲟⲩ ⲁϥⲥⲟⲟⲩⲧⲛ̅· ⲉ ⲧⲉϥⲭⲣⲓⲁ̅ ⲙ̅ ⲡⲛⲟϭ ⲛ̅ ⲣⲱⲙⲉ ⲛ̅ⲧⲁⲕⲕⲁⲗⲉⲓ ⲙ̅ⲙⲟϥ· ⲁ̅ⲛⲁⲩ ϩⲱⲱϥ ϫⲉ | ⲕⲛⲁϩⲉ ⲉⲩϣⲏ ⲙⲛ̅ ⲧⲃ̅ⲧ ⲛⲁⲓ ⲉ ⲧⲁ ⲭⲣⲓⲁ̅· ⲉⲡⲉⲓ ⲛ ⲧⲓⲟⲩⲉⲙ ⲁϥ ⲁⲛ· ⲡⲉϫⲉ ⲇⲟⲣⲟⲑⲉⲟⲥ ⲛⲁϥ ϫⲉ ϩⲁⲙⲟⲓ ⲉⲓⲛⲁϩⲉ ⲉ ⲣⲟϥ ⲡⲁ ⲉⲓⲱ̅ⲧ· ⲁⲩⲱ ⲧⲓⲛⲁϫⲓⲧϥ̅ ⲉⲓⲣⲁϣⲉ· ⲡⲉϫⲉ ⲡⲁⲣⲭⲱⲛ ⲛⲁϥ ϫⲉ ⲁⲩⲱ ⲕⲛⲁⲧⲓ ⲟ̅ⲩ̅ ϩⲁ ⲣⲟϥ· ⲡⲉϫⲉ ⲇⲱⲣⲱⲑⲉⲟⲥ ⲛⲁϥ ϫⲉ ϯⲛⲁⲕⲱ ϩⲁϩⲧⲏϥ ⲛ̅ ⲧⲉϣⲧⲏⲛ ⲛ̅ ⲧⲁ ⲥϩⲓⲙⲉ· ϣⲁⲛⲧ ⲉⲓⲧⲛ̅ⲛⲟⲟⲩ ⲛ̅ ⲧⲉϥⲁⲥⲟⲩ ⲛⲁϥ· ⲡⲉϫⲉ ⲡⲁⲣⲭⲱⲛ ⲛⲁϥ ⲉⲧⲉ ⲙⲓⲭⲁⲏ̅ⲗ̅ ⲡⲉ· ϫⲉ ⲉϣϫⲉ ⲧⲁⲓ ⲧⲉ ⲑⲉ ⲕⲁ ⲧⲉϣⲧⲏⲛ ⲛⲁⲕ ⲁⲛⲟⲕ ⲡⲉⲧ ⲛⲁⲧⲛ̅ⲛⲟⲟⲩ ϩⲙ̅ ⲡⲁ ⲣⲁⲛ· ⲛ̅ⲧⲁϫⲓ· ⲙ̅ ⲡⲧⲃ̅ⲧ· ϣⲁⲛⲧ ⲉⲕⲧⲛ̅ⲛⲟⲟⲩ· ⲧⲉϥⲁ̅ⲥⲟⲩ· ⲡⲁⲣⲭⲱⲛ ⲇⲉ ⲁϥⲙⲟⲩⲧⲉ ⲉ ⲟ̅ⲩ̅ⲁ̅ ϩⲛ̅ ⲙ̅ⲙⲁⲧⲟⲓ ⲉⲧ ⲙⲟⲟϣⲉ ⲛ̅ⲙ̅ⲙⲁϥ· ϫⲉ ⲙⲟⲟϣⲉ ⲛ̅ⲅ̅ ⲃⲱⲕ ⲉϫⲙ̅ ⲡⲉⲓⲉⲣⲟ̅ ⲙⲟⲩⲧⲉ ⲉ ⲃⲟⲗ ⲉ̅ ⲛⲉⲓ ⲟⲩⲱ̅ϩⲉ· ⲁ̅ϫⲓⲥ ⲛⲁⲩ ϫⲉ ⲡⲉϫⲉ ⲡⲁⲣⲭⲱⲛ· ⲛ̅ⲧⲁϥⲉⲓ ⲉϥⲡⲁⲣⲁⲅⲉ ⲙ̅ⲙⲱⲧⲛ̅· ⲁϥϣⲁϫⲉ ⲛ̅ⲙ̅ⲙⲏⲧⲛ̅ ⲙ̅ⲡⲟⲟⲩ· ϫⲉ ⲧⲛ̅ⲛⲟⲟⲩ ⲟⲩⲧⲃ̅ⲧ ⲛⲁⲓ ⲉⲛⲁⲛⲟⲩϥ ϩⲁ ⲟⲩⲧⲏⲣⲙⲏⲥⲓⲟⲛ· Ⲁⲩⲱ ⲧⲓⲛⲁⲧⲛ̅ⲛⲟⲟⲩ ⲛ̅ ⲧⲉϥⲧⲓⲙⲏ

ⲧⲡ̄ⲛⲟⲟⲩ ⲧⲉϥϯⲙⲏ· ⲛ̄ⲧⲛ̄· ⲛ̄ ⲧⲟⲟⲧϥ̄ ⲛ̄ ⲇⲱⲣⲟⲑⲉⲟⲥ Oriental 7021.
ⲡⲟⲩⲟⲉⲓ̈ ϣⲁ ⲡⲛⲁⲩ ⲙ̄ ⲙⲉⲉⲣⲉ ⲙ̄ⲡⲟⲟⲩ· ⲁϥⲃⲱⲕ ⲛ̄ϭⲓ
ⲡⲙⲁⲧⲟⲓ̈· ϣⲁ ⲡ̄ⲟⲩⲱϩⲉ· ⲁϥϣⲁϫⲉ ⲛ̄ⲙ̄ⲙⲁⲩ ϩⲙ̄ ⲡⲣⲁⲛ
ⲙ̄ ⲡⲁⲣⲭⲱⲛ ⲕⲁⲧⲁ ⲑⲉ ⲛ̄ⲧⲁϥϫⲟⲟⲥ ⲛⲁⲩ· ⲁⲩⲱ ⲁⲛⲟⲩ-
ⲱϩⲉ ϯ ⲛⲁϥ ⲛ̄ ⲟⲩⲛⲟϭ ⲛ̄ ⲧⲃ̄ⲧ ⲉϥⲟⲛϩ̄· ⲉϥϩⲟⲟⲩⲧ·
ⲁϥⲉⲓⲛⲉ ⲙ̄ⲙⲟϥ ϣⲁ ⲡⲁⲣⲭⲱⲛ· ⲉⲧⲉ ⲙⲓⲭⲁⲏⲗ ⲡⲉ ϩⲛ̄
ⲟⲩϭⲉⲡⲏ· ⲡⲉϫⲉ ⲡⲁⲣⲭⲱⲛ ⲛⲁϥ· ⲉⲧⲉ ⲙⲓ̈ⲭⲁⲏⲗ ⲡⲉ·
ϫⲉ ⲇⲱⲣⲟⲑⲉⲟⲥ ⲉⲕⲟⲩⲉϣ ⲟⲩ ⲟⲛ· ⲙⲏ ⲙ̄ⲡⲉ ⲡϩⲱⲃ ⲣ̄ϣⲁⲩ·
ⲙⲏ ⲙ̄ⲡⲉ ⲧⲉⲭⲣⲓⲁ ⲣ̄ϣⲁⲩ | ⲁⲣⲁ ⲁ ⲡϩⲱⲃ ⲙ̄ ⲡⲁⲣⲓⲥⲧⲟⲛ Fol. 32 *b*
ⲥⲟⲃⲧⲉ⁘ Ⲁϥⲟⲩⲱϣⲃ̄ ⲛ̄ϭⲓ ⲇⲱⲣⲟⲑⲉⲟⲥ· ϫⲉ ⲁϩⲉ ⲡⲁ ϫ̄ⲥ̄ ⲍ̄ⲃ̄
ⲁⲕⲉⲓ̈ⲣⲉ ⲛ̄ⲙ̄ⲙⲁⲓ ⲛ̄ ⲟⲩⲛⲟϭ ⲙ̄ ⲡⲉⲧ ⲛⲁⲛⲟⲩϥ· ⲁⲩⲱ ⲁ
ⲡⲉϩⲟⲟⲩ ϩⲱⲱⲛ ⲉ ϩⲟⲩⲛ· ⲁⲩⲱ ⲁ ⲡⲉⲛϩⲱⲃ ⲣ̄ϣⲁⲩ
ⲕⲁⲗⲱⲥ· ⲟⲩⲛⲟϭ ⲅⲁⲣ ⲛ̄ ϩⲙⲟⲧ ⲁⲕⲁⲁϥ ⲙⲛ̄ ⲡⲉⲕϩⲙ̄-
ϩⲁⲗ· ⲡⲉϫⲉ ⲡⲁⲣⲭⲱⲛ ϫⲉ ⲙⲁⲣⲟⲛ ϩⲛ̄ ⲟⲩϭⲉⲡⲏ· ⲁⲩϥⲓ
ⲇⲉ ⲙ̄ ⲡⲉⲥⲟⲟⲩ· ⲙⲛ̄ ⲡⲧⲉⲃⲧ̄· ⲁⲩⲃⲱⲕ· ⲛⲉϥⲙⲟⲟϣⲉ ⲇⲉ
ⲉϥⲙⲟⲕⲙⲕ̄ ⲙ̄ⲙⲟϥ ⲛ̄ϭⲓ ⲇⲱⲣⲟⲑⲉⲟⲥ ⲉ ⲧⲃⲉ ⲧⲁⲥⲟⲩ ⲙ̄
ⲡⲉⲥⲟⲟⲩ· ⲙⲛ̄ ⲡⲧⲉⲃⲧ̄· ⲁⲩⲱ ϫⲉ ⲉϥⲛⲁϩⲉ ⲧⲱⲛ ⲉ

ⲛⲁⲕ ⲛ̄ ⲧⲟⲟⲧϥ̄ ⲛ̄ ⲇⲟⲣⲟⲑⲉⲟⲥ ⲡⲟⲩⲟⲉⲓ· ϣⲁ ⲡⲛⲁⲩ ⲙ̄ ⲙⲉⲉⲣⲉ Oriental 6781.
ⲙ̄ⲡⲟⲟⲩ· ⲁϥⲃⲱⲕ ⲛ̄ϭⲓ ⲡⲙⲁⲧⲟⲓ ϣⲁ ⲡ̄ⲟⲩⲱ̄ϩⲉ ⲁϥϣⲁϫⲉ
ⲛ̄ⲙ̄ⲙⲁⲩ ϩⲙ̄ ⲡⲣⲁⲛ ⲙ̄ ⲡⲁⲣⲭⲱⲛ ⲕⲁⲧⲁ ⲑⲉ ⲛ̄ⲧⲁϥϫⲟⲟⲥ
ⲛⲁⲩ· ⲁⲩⲱ ⲁⲛⲟⲩⲱ̄ϩⲉ ϯ ⲛⲁϥ ⲛ̄ ⲟⲩⲛⲟϭ ⲛ̄ ⲧⲃ̄ⲧ ⲉϥⲟⲛϩ̄·
ⲉϥϩⲟⲟⲩⲧ ⲁϥⲉⲓⲛⲉ ⲙ̄ⲙⲟϥ ϣⲁ ⲡⲁⲣⲭⲱⲛ ⲉⲧⲉ ⲙⲓⲭⲁⲏⲗ
ⲡⲉ ϩⲛ̄ ⲟⲩϭⲉⲡⲏ· ⲡⲉϫⲉ ⲡⲁⲣⲭⲱⲛ ⲛⲁϥ ⲉⲧⲉ ⲙⲓⲭⲁⲏⲗ
ⲡⲉ· ϫⲉ ⲇⲱⲣⲟⲑⲉⲟⲥ ⲉⲕⲟⲩⲉϣ ⲟⲩ ⲟⲛ· ⲙ̄ⲡⲉ ⲡϩⲱⲃ ⲣ̄ϣⲁⲩ·
ⲙⲏ ⲙ̄ⲡⲉ ⲧⲉⲭⲣⲓⲁ ⲣ̄ϣⲁⲩ· ⲁ̄ⲣⲁ ⲁ̄ ⲡϩⲱⲃ ⲙ̄ ⲡⲁⲣⲓⲥⲧⲱⲛ
ⲥⲟⲟⲩⲧⲛ̄· ⲁϥⲟⲩⲱϣⲃ̄ ⲛ̄ϭⲓ ⲇⲱⲣⲟⲑⲉⲟⲥ ϫⲉ ⲁϩⲉ ⲡⲁ ϫ̄ⲥ̄·
ⲁⲕⲉⲓⲣⲉ ⲛ̄ⲙ̄ⲙⲁⲓ ⲛ̄ ⲟⲩⲛⲟϭ ⲙ̄ ⲡⲉⲧ ⲛⲁⲛⲟⲩϥ· ⲁⲩⲱ ⲁ̄
ⲡⲉϩⲟⲟⲩ ϩⲱⲱⲛ ⲉ̄ ϩⲟⲩⲛ ⲁⲩⲱ ⲁ ⲡⲉⲛϩⲱⲃ ⲣ̄ϣⲁⲩ ⲕⲁⲗⲱⲥ·
ⲟⲩⲛⲟϭ ⲅⲁⲣ ⲛ̄ ϩⲙⲟⲧ ⲁⲕⲁⲁϥ ⲙⲛ̄ ⲡⲉⲕϩⲙ̄ϩⲁⲗ· ⲡⲉϫⲉ |
ⲡⲁⲣⲭⲱⲛ ϫⲉ ⲙⲁⲣⲟⲛ ϩⲛ̄ ⲟⲩϭⲉⲡⲏ· ⲁⲩϥⲓ ⲇⲉ ⲙ̄ ⲡⲉ- Fol. 18 *b*
ⲥⲟⲟⲩ ⲙⲛ̄ ⲡⲧⲃ̄ⲧ· ⲁⲩⲃⲱⲕ ⲉϥⲙⲟⲟϣⲉ ⲇⲉ ⲛⲉϥⲙⲟⲕ- ⲙ̄ⲏ̄
ⲙⲉⲕ ⲙ̄ⲙⲟϥ ⲛ̄ϭⲓ ⲇⲱⲣⲟⲑⲉⲟⲥ· ⲉ ⲧⲃⲉ ⲧⲁⲥⲟⲩ ⲙ̄ ⲡⲉ-
ⲥⲟⲟⲩ ⲙⲛ̄ ⲡⲧⲃ̄ⲧ· ⲁⲩⲱ ϫⲉ ϥⲛⲁϩⲉ ⲉ ⲧⲉⲭⲣⲓⲁ̄ ⲙ ⲡⲁⲣ-

Oriental 7021. ⲧⲉⲭⲣⲓⲁ · ⲙ̅ ⲡⲁⲣⲭⲱⲛ · ⲛ̅ϩⲃ̅ⲥⲱ ϩⲓ ⲏⲣⲡ̅ · ⲏ ⲉϥⲛⲁϭⲛ̅
ⲟⲉⲓⲕ ⲧⲱⲛ ⲕⲁⲧⲁ ⲣⲟϥ · ϩⲁⲡⲗⲱⲥ ⲛⲉⲣⲉ ϩⲁϩ ⲙ̅ⲙⲉⲉⲩⲉ
ⲕⲱⲧⲉ ⲉ ⲣⲟϥ · ⲉϥⲥⲟⲡⲥ̅ⲡ̅ ⲙ̅ ⲡⲛⲟⲩⲧⲉ · ϩⲙ̅ ⲡⲉϥϩⲏⲧ
ⲧⲏⲣϥ̅ ⲉϥϫⲱ ⲙ̅ⲙⲟⲥ · ϫⲉ ⲡⲁⲣⲭⲁⲅⲅⲉⲗⲟⲥ ⲙⲓⲭⲁⲏⲗ
ⲡⲁ ⲡⲣⲟⲥⲧⲁⲧⲏⲥ · ⲁϩⲉ ⲣⲁⲧⲕ̅ ⲙⲛ̅ ⲡⲉⲕϩⲙ̅ϩⲁⲗ ⲙ̅ⲡⲟⲟⲩ ·
ϫⲉ ⲉⲓⲣⲉ ⲛ̅ ⲛⲁⲓ ⲧⲏⲣⲟⲩ ϩⲙ̅ ⲡⲉⲕⲣⲁⲛ ⲙ̅ⲡⲟⲟⲩ ⲙⲛ̅ ⲡⲁ ϫ︦ⲥ︦ ·
ⲉϥⲙⲉⲉⲩⲉ ⲇⲉ ⲉ ⲛⲁⲓ̈ ⲛⲉⲣⲉ ⲡⲁⲣⲭⲁⲅⲅⲉⲗⲟⲥ · ⲥⲟⲟⲩⲛ ⲛ̅
ⲛ̅ϥⲙⲟⲕⲙⲕ̅ · ⲉϥϩⲟⲣϣ̅ ⲛ̅ ϩⲏⲧ · Ⲙⲛ̅ⲛ̅ⲥⲁ ⲛⲁⲓ ⲁⲩⲧⲱϩⲙ̅
ⲉ ⲡⲣⲟ ⲙ̅ ⲡⲏⲓ̈ ⲛ̅ ⲇⲱⲣⲟⲑⲉⲟⲥ · ⲁ ⲙⲓ̈ⲭⲁⲏⲗ ⲧⲱϩⲙ̅ ⲉ
ⲑⲏ ⲛ̅ ϣⲟⲣⲡ̅ · ⲁϥⲛⲁⲩ ⲉ ⲣⲟϥ ⲉϥⲥⲧⲉⲫⲁⲛⲟⲩ · ⲁϥ-
ⲙⲟⲟϣⲉ ⲇⲉ ⲉ ϩⲟⲩⲛ · ⲁⲥⲉⲓ ⲇⲉ ⲛⲁⲥ ⲉ ⲃⲟⲗ ⲛ̅ϭⲓ ⲧⲉⲥϩⲓⲙⲉ
ⲙ̅ ⲙⲁⲓ̈ ⲛⲟⲩⲧⲉ · ⲡⲉϫⲁⲥ ϫⲉ ⲕⲁⲗⲱⲥ ⲉⲗⲑⲏⲥ · ⲡⲁ ϫ︦ⲥ︦
ⲡⲁⲣⲭⲱⲛ · ⲡⲉϫⲉ ⲡⲁⲣⲭⲱⲛ ⲛⲁⲥ ϫⲉ ⲭⲁⲓⲣⲉ ⲑⲉⲟ-
Fol. 33 *a* ⲡⲓⲥⲧⲏ | ⲉⲧⲉ ⲡⲉⲥⲃⲱⲗ · ⲡⲉ ⲧⲉⲧ ⲡⲓⲥⲧⲉⲩⲉ ⲉ ⲡⲛⲟⲩⲧⲉ · ⲉⲣ̅ⲣ̅
ⲝ︦ⲅ︦ ⲟ[ⲩ] ⲛ̅ ⲛⲉⲓ ϩⲟⲟⲩ · ⲁⲥⲟⲩⲱϣⲃ̅ ⲉⲥϫⲱ ⲙ̅ⲙⲟⲥ · ϫⲉ ⲕⲁⲗⲱⲥ
ⲁⲕⲉⲓ̈ ⲡⲁ ϫ︦ⲥ︦ · ⲧⲛ̅ϯ ⲉⲟⲟⲩ ⲙ̅ ⲡⲛⲟⲩⲧⲉ ⲙⲛ̅ ⲡⲉⲕⲛⲁ·
ⲗⲙⲟⲩ ⲉ ϩⲟⲩⲛ ⲡⲁⲣⲭⲱⲛ · ⲙ̅ⲡⲣ̅ ⲁϩⲉ ⲣⲁⲧⲕ̅ ϩⲓ̈ ⲡⲥⲁ

Oriental 6781. ⲭⲱⲛ ⲧⲱⲛ · ϩⲃ̅ⲥⲱ ϩⲓ ⲏⲣⲡ̅ · ϩⲓ ⲟ̅ⲉⲓⲕ ⲕⲁⲧⲁ ⲣⲟϥ ·
ϩⲁⲡⲗⲱⲥ ⲛⲉϥⲙⲉⲉⲩⲉ ⲉ ⲃⲟⲗ ⲉ ⲛⲁⲓ · ⲛⲉϥⲥⲟⲡⲥ̅ⲡ̅ ⲙ̅
ⲡⲛⲟⲩⲧⲉ ϩⲙ̅ ⲡⲉϥϩⲏⲧ ⲧⲏⲣϥ̅ ⲉϥϫⲱ ⲙ̅ⲙⲟⲥ ϫⲉ ⲡⲁⲣⲭ-
ⲁⲅⲅⲉⲗⲟⲥ ⲉⲧ ⲟⲩⲁⲁⲃ ⲙⲓⲭⲁⲏ̅ⲗ̅ · ⲡⲁ ⲡⲣⲟⲥⲧⲁⲧⲏⲥ ⲁϩⲉ
ⲣⲁⲧⲕ̅ ⲙⲛ̅ ⲡⲉⲕϩⲙ̅ϩⲁⲗ ⲙ̅ⲡⲟⲟⲩ ⲉⲕⲥⲟⲟⲩⲛ̅ ⲅⲁⲣ ⲡⲁ ϫⲟⲉⲓⲥ
ϫⲉ ⲉⲉⲓⲣⲉ ⲛ̅ ⲛⲁⲓ ⲧⲏⲣⲟⲩ ϩⲙ̅ ⲡⲉⲕⲣⲁⲛ ⲙⲛ̅ ⲡⲁ ⲡⲉⲕϫⲟⲉⲓⲥ ·
ⲉϥⲙⲉⲉⲩⲉ ⲇⲉ ⲉ ⲛⲁⲓ ⲛⲉⲣⲉ ⲡⲁⲣⲭⲁⲅⲅⲉⲗⲟⲥ ⲥⲟⲟⲩⲛ̅ ⲛ̅
ⲛⲉϥⲙⲉⲉⲩⲉ ⲉϥϩⲟⲣϣ̅ ⲛ̅ ϩⲏⲧ · ⲙⲛ̅ⲛ̅ⲥⲁ ⲛⲁⲓ ⲁϥⲧⲱϩⲙ̅
ⲉ ϩⲟⲩⲛ ϩⲙ̅ ⲡⲣⲟ ⲙ̅ ⲡⲏⲓ ⲛ̅ ⲇⲱⲣⲟⲑⲉⲟⲥ · ⲁ̅ ⲙⲓⲭⲁⲏⲗ
ⲧⲱϩⲙ̅ ⲉⲑⲏ ⲛ̅ϣⲟⲣⲡ̅ · ⲁⲥⲉⲓ ⲛⲁⲥ ⲉ ⲃⲟⲗ ⲛ̅ϭⲓ ⲧⲉⲥϩⲓⲙⲉ ⲙ̅
ⲙⲁⲓ ⲛⲟⲩⲧⲉ · ⲡⲉϫⲉ ⲙⲓⲭⲁⲏⲗ ⲛⲁⲥ ϫⲉ ⲭⲁⲓⲣⲉ ⲑⲉⲱ-
ⲡⲓⲥⲧⲏ · ⲉⲧⲉ ⲡⲉⲥⲟⲩⲱϩⲙ̅ ⲡⲉ ⲧⲉⲧ ⲡⲓⲥⲧⲉⲩⲉ ⲉ ⲡⲛⲟⲩⲧⲉ ·
ⲉⲣⲉ̅ⲣ̅ ⲟⲩ ⲛ̅ ⲛⲉϩⲟⲟⲩ · ⲁⲥⲟⲩⲱϣⲃ̅ ⲉⲥϫⲱ ⲙ̅ⲙⲟⲥ ϫⲉ
ⲕⲩⲣⲓ̅ ⲭⲁⲓⲣⲉ ⲡⲁ ϫⲟⲉⲓⲥ ⲡⲁⲣⲭⲱⲛ ⲕⲁⲗⲱⲥ ⲁⲕⲉⲓ ϣⲁ
ⲣⲟⲛ ⲙ̅ⲡⲟⲟⲩ · ⲁⲙⲟⲩ ⲉ ϩⲟⲩⲛ ⲡⲁ ϫⲟⲉⲓⲥ ⲙ̅ⲡⲣ̅ ⲁϩⲉ
ⲉⲣⲁⲧⲕ̅ ϩⲓ ⲡⲥⲁ ⲛ̅ ⲃⲟⲗ · ⲉⲥϫⲱ ⲇⲉ ⲛ̅ⲛⲁⲓ ⲉⲓⲥ ⲇⲱⲣⲟⲑⲉⲟⲥ

ⲛ̄ ⲃⲟⲗ· ⲉⲥϫⲱ ⲇⲉ ⲛ̄ ⲛⲁⲓ ⲉⲓⲥ ⲇⲱⲣⲟⲑⲉⲟⲥ ⲁϥⲉⲓ̈ⲛⲉ ⲙ̄ Oriental 7021.
ⲡⲉⲥⲟⲟⲩ· ⲙⲛ̄ ⲡⲛⲟϭ ⲛ̄ ⲧⲉⲃⲧ̄· ⲙⲛ̄ ⲧⲉϥϣⲧⲏⲛ· ⲁϥⲕⲁⲁⲩ
ϩⲓⲑⲏ ⲙ̄ⲙⲟⲥ· ⲡⲉϫⲁⲥ ⲛⲁϥ· ϫⲉ ⲛ̄ⲧⲁⲕϫⲓ ⲛ̄ ⲛⲁⲓ̈ ⲧⲱⲛ
ⲡⲁ ⲥⲟⲛ· ϫⲉ ϯⲛⲁⲩ ⲉ ⲧⲉϣⲧⲏⲛ ⲛ̄ⲧ ⲁⲕⲕⲧⲟⲥ ⲛ̄ ⲧⲉⲥϩⲉ·
ⲡⲉϫⲉ ⲇⲱⲣⲟⲑⲉⲟⲥ ⲛⲁⲥ· ϫⲉ ⲡⲁⲣⲭⲱⲛ ⲁϥϣⲡ̄ ⲧⲱⲱⲣⲉⲓ
ⲁⲩⲧⲁⲁⲩ ⲛⲁⲓ· ⲡⲉϫⲉ ⲑⲉⲟⲡⲓⲥⲧⲏ· ϫⲉ ⲕⲁⲗⲱⲥ· ⲡⲁ ⲥⲟⲛ·
ⲁ ⲡⲛⲟⲩⲧⲉ ⲙⲛ̄ ⲡⲁⲣⲭⲁⲅⲅⲉⲗⲟⲥ ⲉⲛ̄ ⲡⲁⲣⲭⲱⲛ ⲛⲁⲛ
ⲙ̄ⲡⲟⲟⲩ· ⲙⲛ̄ ⲛⲉⲧ ⲛ̄ⲙ̄ⲙⲁϥ ⲧⲏⲣⲟⲩ· Ⲡⲁⲣⲭⲱⲛ ⲇⲉ
ⲉⲧⲉ ⲙⲓⲭⲁⲏⲗ ⲡⲉ· ⲡⲉϫⲁϥ ⲛⲁⲩ ϫⲉ ⲛ̄ⲛⲁⲃⲱⲕ ⲉ ⲧⲉⲩ-
ⲛⲁⲍⲓⲥ· ϫⲉ ⲡϣⲁ ⲡⲉ· ⲁⲩⲱ ⲁ ⲡⲛⲁⲩ ϣⲱⲡⲉ· ϭⲱ ⲛⲏⲧⲛ̄
ϩⲱⲱⲧⲏⲩⲧⲛ̄· ⲛ̄ⲧⲟⲕ ⲙⲛ̄ ⲧⲉⲕⲥϩⲓⲙⲉ· ⲉ ⲕⲉⲛⲥ̄ ⲡⲉⲥⲟⲟⲩ·
ⲁⲣⲓ ⲡⲥⲟⲃⲧⲉ ⲙ̄ ⲡⲙⲁ ⲕⲁⲗⲱⲥ· ⲁⲩⲱ ⲁⲛⲁⲩ ⲉ ⲡⲉⲓ ⲧⲉⲃⲧ̄·
ⲙ̄ⲡⲣ̄ ϫⲱϩ ⲉ ⲣⲟϥ ϣⲁⲛⲧ ⲉⲓⲉⲓ· ⲛ̄ⲧⲁⲉⲡⲓ̈ⲧⲁⲥⲥⲉ ⲙ̄ⲙⲟϥ
ⲕⲁⲧⲁ ⲡⲁ ϩⲏⲧ· ⲛ̄ⲧⲟⲟⲩ ⲇⲉ ⲡⲉϫⲁⲩ ϫⲉ ⲛ̄ⲑⲉ ⲛⲧⲁ ⲡⲉⲛ-
ϫⲥ̄ ⲡⲁⲣⲭⲱⲛ ⲕⲉⲗⲉⲩⲉ ⲙⲁⲣⲉⲥϣⲱⲡⲉ· ⲁϥⲉⲓ̈ | ⲇⲉ ⲉ ⲃⲟⲗ Fol. 33 *b*
ϩⲓ̈ ⲧⲟⲟⲧⲟⲩ· ⲛ̄ⲥⲉⲥⲟⲟⲩⲛ ⲁⲛ ϫⲉ ⲛⲓⲙ ⲡⲉ· ⲁⲗⲗⲁ ⲛⲉⲩ- ⲝ̄ⲇ̄

ⲁϥⲉⲓⲛⲉ ⲙ̄ ⲡⲉⲥⲟⲟⲩ· ⲙⲛ̄ ⲡⲛⲟϭ ⲛ̄ ⲧⲃ̄ⲧ ⲁϥⲕⲁⲁⲩ ϩⲓⲑⲏ Oriental 6781.
ⲙ̄ⲙⲟⲥ· ⲡⲉϫⲁⲥ ⲛⲁϥ ϫⲉ ⲛ̄ⲧⲁⲕϩⲉ ⲉ ⲛⲁⲓ ⲧⲱⲛ ⲡⲁ ϫⲥ̄
ⲛ̄ⲥⲟⲛ· ϫⲉ ϯⲛⲁⲩ ⲉ̄ ⲧⲁ ϣⲧⲏⲛ ⲛ̄ⲧ ⲁⲕⲕⲧⲟⲥ ⲛ̄ ⲕⲉ ⲥⲟⲡ·
ⲡⲉϫⲉ ⲇⲱⲣⲟⲑⲉⲟⲥ ϫⲉ ⲡⲁⲣⲭⲱⲛ ⲡⲉⲛⲧ ⲁϥϣⲡ̄ ⲇⲱⲣⲉ·
ⲁϥⲧⲁⲁⲩ ⲛⲁⲓ· Ⲡⲉϫⲉ ⲑⲉⲱⲡⲓⲥⲧⲏ ϫⲉ ⲕⲁⲗⲱⲥ ⲁ ⲡⲛⲟⲩⲧⲉ
ⲙⲛ̄ ⲡⲁⲣⲭⲁⲅⲅⲉⲗⲟⲥ ⲙⲓⲭⲁⲏⲗ· ⲉⲓⲛⲉ ⲛⲁⲛ ⲙ̄ ⲡⲉⲛ-
ϫⲟⲉⲓⲥ ⲡⲁⲣⲭⲱⲛ ⲁⲩⲱ ⲧⲛ̄ⲣⲁϣⲉ ⲛ̄ⲙ̄ⲙⲁϥ ⲁⲩⲱ ⲧⲛ̄ⲛⲁϯ
ⲧⲁⲥⲟⲩ ⲛ̄ ⲡⲉⲛⲧ ⲁϥϫⲓⲧⲟⲩ ⲛⲁⲛ· | Ⲡⲁⲣⲭⲱⲛ ⲇⲉ ⲉⲧⲉ ⲙⲓ- Fol. 19 *a*
ⲭⲁⲏⲗ [ⲡⲉ]· ⲡⲉϫⲁϥ ⲛⲁⲩ ϫⲉ ⲉⲓⲛⲁⲃⲱⲕ ⲉ ⲧⲉⲩⲛⲁⲍⲓⲥ ϫⲉ ⲙ̄ⲑ
ⲡϣⲁ̄ ⲡⲉ· Ⲉⲡⲉⲓ ⲇⲏ ⲁ ⲡⲛⲁⲩ ϣⲱⲡⲉ ϭⲱ ⲛⲁⲕ ⲛ̄ⲧⲟⲕ ⲙⲛ̄
ⲧⲉⲕⲥϩⲓⲙⲉ· ⲕⲱⲛⲥ̄ ⲙ̄ ⲡⲉⲥⲟⲟⲩ ⲁⲣⲓ ⲡⲥⲟⲃⲧⲉ ⲙ̄ ⲡⲙⲁ
ⲡⲱⲣϣ̄ ⲕⲁⲗⲱⲥ· ⲁⲛⲁⲩ ⲉ ⲡⲧⲃ̄ⲧ ⲙ̄ⲡⲣ̄ ϫⲱϩ ⲉ ⲣⲟϥ ⲟⲩⲇⲉ
ⲙ̄ⲡⲣ̄ ⲗ̄ⲟⲩⲱⲛ ⲛ̄ ϩⲏⲧϥ̄ ϣⲁⲛⲧ ⲁⲉⲓ ⲉ̄ ϩⲟⲩⲛ ⲛ̄ⲧⲁⲉⲡⲓⲧⲁⲥⲥⲉ
ⲙ̄ⲙⲟϥ ⲕⲁⲧⲁ ⲣⲟⲓ· ⲛ̄ⲧⲟⲟⲩ ⲇⲉ Ⲡⲉϫⲁⲩ ϫⲉ ⲛⲉⲛⲧⲁ
ⲡⲉⲛϫⲟⲉⲓⲥ ⲡⲁⲣⲭⲱⲛ ⲕⲉⲗⲉⲩⲉ ⲙ̄ⲙⲟⲟⲩ ⲛⲁⲛ ⲧⲛ̄ⲛⲁⲁⲁⲩ·
ⲁϥⲉⲓ ⲇⲉ ⲉ ⲃⲟⲗ ϩⲓ ⲧⲟⲟⲧⲟⲩ ⲛ̄ⲥⲉⲥⲟⲟⲩⲛ ⲁⲛ ⲡⲉ (*sic*) ϫⲉ

Oriental 7021.

ⲙⲉⲉⲩⲉ ϫⲉ ⲟⲩⲁⲣⲭⲱⲛ ⲛ̅ⲧⲉ ⲡⲕⲁϩ ⲡⲉ· ⲗⲟⲓⲡⲟⲛ· ⲡⲉϫⲉ ⲇⲱⲣⲟⲑⲉⲟⲥ ⲛ̅ ⲑⲉⲟⲡⲓⲥⲧⲏ ϫⲉ ⲧⲁ ⲥⲱⲛⲉ· ⲉⲛⲛⲁⲣ̅ ⲟⲩ· ⲛ̅ ⲛⲁⲡⲱⲣϣ̅· ϩⲁ ⲡⲁⲣⲭⲱⲛ ⲛ̅ ⲁϣ ⲛ̅ ϩⲉ· ⲛ̅ ⲉⲛⲛⲁϭⲛ̅ ⲟⲉⲓⲕ ⲛ̅ ⲧⲱⲛ· ⲛ̅ ⲏⲣⲡ̅ ⲕⲁⲧⲁ ⲣⲟϥ· ϩⲁⲙⲟⲓ ⲉⲛⲟⲩ ⲛ̅ⲑⲉ ⲙ̅ ⲡⲁϩⲟⲩ· ⲉⲣⲉ ⲧⲛ̅ϩⲏ̅ ⲧⲏϣ· ⲡⲉϫⲉ ⲑⲉⲟⲡⲓⲥⲧⲏ· ϫⲉ ⲡⲁ ⲥⲟⲛ· ⲙ̅ ⲡⲛⲟⲩⲧⲉ ⲛⲁⲕⲁⲁⲛ ⲁⲛ ⲛ̅ⲥⲱϥ· ⲧⲱⲟⲩⲛ ⲧⲉⲱⲥ ⲙⲁⲣⲉ ⲟⲩⲣⲱⲙⲉ ⲕⲉⲛⲥ̅ ⲡⲉⲥⲟⲟⲩ· ⲁⲩⲱ ⲧⲛ̅ⲛⲁⲣ̅ ⲡϩⲱⲃ· ⲙ̅ ⲡⲁⲓ ϩⲱⲱⲛ· ⲙ̅ ⲡ̅ⲥⲛⲁⲩ· ⲁⲩⲉⲓⲣⲉ ⲇⲉ ϩⲓ̈ ⲛⲁⲓ̈ ⲡⲉϫⲁⲥ ⲛⲁϥ· ϫⲉ ⲙⲁⲣⲛ̅ⲃⲱⲕ ⲛ̅ⲧⲛ̅ⲛ̅ ⲡⲕⲟⲩⲓ ⲛ̅ ⲏⲣⲡ̅ ⲉ ⲃⲟⲗ· ⲛ̅ⲧⲛ̅ⲛⲁⲩ ϫⲉ ϥⲛⲁⲣ̅ ϣⲁⲩ· ⲙ̅ ⲡⲁⲣⲭⲱⲛ ϫⲓⲛ ⲙ̅ⲙⲟⲛ· ⲛ̅ ⲧⲉⲣ ⲟⲩⲃⲱⲕ ⲇⲉ ⲁⲩⲟⲩⲱⲛ ⲙ̅ ⲡⲣⲟ· ⲁⲩϩⲉ ⲉ ⲡⲉϩⲟ· ⲉϥⲙⲉϩ ⲛ̅ ⲏⲣⲡ̅ ϣⲁⲛⲧ ⲉϥⲡⲱϩ ⲉ ⲡⲣⲟ· ⲁⲩⲱ ⲁϥϣⲧⲟⲣⲧⲣ̅ ⲛ̅ϭⲓ ⲇⲱⲣⲟⲑⲉⲟⲥ· ⲡⲉϫⲁϥ ⲛ̅ ⲧⲉϥⲥϩⲓⲙⲉ· ϫⲉ ⲁ ⲗⲁⲁⲩ ⲛ̅ⲣⲱⲙⲉ ⲉⲛ ⲏⲣⲡ̅ ⲉ ϩⲟⲩⲛ· ϫⲓⲛⲧ ⲁⲓⲃⲱⲕ ⲉ ⲃⲟⲗ ⲙ̅ⲡⲟⲟⲩ· ⲡⲉϫⲁⲥ ⲛⲁϥ ⲛ̅ϭⲓ ⲧⲉϥⲥϩⲓ̈ⲙⲉ· ϫⲉ ϥⲟⲛϩ̅ ⲛ̅ϭⲓ ⲡϫ︦ⲥ︦· ϫⲉ ⲙ̅ ⲡⲛⲁⲩ ⲛ̅ⲧⲁⲉⲓⲛⲉ ⲉ ⲃⲟⲗ· ⲛ̅ ⲧⲁⲡⲁⲣⲭⲏ ⲙ̅ⲡⲟⲟⲩ·

Oriental 6781.

ⲙⲓⲭⲁⲏ̅ⲗ̅ ⲡⲉ ⲡⲉⲩⲙⲉⲉⲩⲉ̅ ⲡⲉ ϫⲉ ⲟⲩⲁⲣⲭⲱⲛ ⲡⲉ ⲛ̅ⲧⲉ ⲡⲕⲁϩ:—ⲗⲟⲓⲡⲟⲛ ⲡⲉϫⲉ ⲇⲱⲣⲟⲑⲉⲟⲥ ⲛ̅ ⲑⲉⲱ̅ⲡⲓⲥⲧⲏ ϫⲉ ⲛ̅ⲛⲁⲣ̅ ⲟⲩ ⲛ̅ ⲛ̅ⲛⲁⲡⲱⲣϣ̅ ⲛ̅ⲛ ⲁϣ ⲛ̅ ϩⲉ ϩⲁ ⲡⲁⲣⲭⲱⲛ· ⲛ̅ ⲛ̅ⲛⲁϭⲛ̅ ⲟⲉⲓⲕ ⲧⲱⲛ ⲛ̅ⲧⲛ̅ⲕⲱ ϩⲁ ⲣⲱϥ ⲕⲁⲧⲁ ⲣⲟϥ· ϩⲁⲙⲟⲓ· ⲛⲉ ⲛⲉϩⲟⲟⲩ· ⲙ̅ ⲡⲁϩⲟⲩ ⲛⲉⲉⲣⲉ ⲧⲉϩⲓⲏ̅ ⲧⲏϣ ⲡⲉ· ⲡⲉϫⲉ ⲑⲉⲱ̅ⲡⲓⲥⲧⲏ ϫⲉ ⲡⲁ ⲥⲟⲛ ⲡⲛⲟⲩⲧⲉ ⲛⲁⲕⲁⲁⲛ ⲛ̅ⲥⲱϥ ⲁⲛ· ⲧⲱⲟⲩⲛ ⲧⲉⲱⲥ ⲙⲁⲣⲉ ⲟⲩⲣⲱⲙⲉ ⲕⲉⲛⲥ̅ ⲡⲉⲥⲟⲟⲩ· ⲁⲩⲱ ⲧⲛ̅ⲛⲁⲣ ⲡϩⲱⲃ ⲙ̅ ⲡⲏⲓ ⲙ̅ ⲡⲉⲥⲛⲁⲩ· ⲁⲩⲉⲓⲣⲉ ⲇⲉ ϩⲓ ⲛⲁⲓ ⲡⲉϫⲁⲥ ⲛⲁϥ ϫⲉ ⲙⲁⲣⲛ̅ⲃⲱⲕ ⲛ̅ⲧⲛ̅ⲉⲓⲛⲉ ⲉ ⲃⲟⲗ ⲙ̅ ⲡⲕⲟⲩⲓ ⲛ̅ ⲏⲣⲡ̅ ⲛ̅ⲧⲛ̅ⲛⲁⲩ ϫⲉ ⲉϥⲣ̅ ϣⲁⲩ ⲙ̅ ⲡⲁⲣⲭⲱⲛ· ⲛ̅ ⲧⲉⲣ ⲟⲩⲃⲱⲕ ⲇⲉ ⲁⲩⲟⲩⲱⲛ ⲙ̅ ⲡⲣⲟ̅· ⲁⲩϩⲉ ⲉ ⲡⲁϩⲟ ⲉϥⲙⲉϩ ⲛ̅ ⲏⲣⲡ̅· ϣⲁⲛⲧ ⲉϥⲡⲱϩ ⲉ ⲡⲣⲟ̅· ⲁϥϣⲧⲟⲣⲧⲣ̅ ⲛ̅ϭⲓ ⲇⲱⲣⲟⲑⲉⲟⲥ· ⲡⲉϫⲁϥ ⲛ̅ ⲑⲉⲱ̅ⲡⲓⲥⲧⲏ ϫⲉ ⲧⲁ ⲥⲱⲛⲉ ⲙⲏ ⲁ ⲗⲁⲁⲩ ⲛ̅ⲣⲱⲙⲉ ⲛ̅ ⲏⲣⲡ̅ ⲉ ϩⲟⲩⲛ ϫⲓⲛ̅ⲧ ⲁⲉⲓ ⲉ ⲃⲟⲗ ϩⲓ ⲧⲟⲟⲧ ⲙ̅ⲡⲟⲟⲩ· ⲡⲉϫⲁⲥ ⲛⲁϥ ϫⲉ ϥ̅ⲟⲛϩ̅ ⲛ̅ϭⲓ ⲡϫⲟⲉⲓⲥ ⲡⲁ ⲥⲟⲛ ϫⲉ ϫⲓⲛ ⲙ̅ ⲡⲛⲁⲩ ⲛ̅ⲧⲁⲛⲉⲛ ⲧⲁⲡⲁⲣⲭⲏ ⲉ ⲃⲟⲗ ⲙ̅ⲡⲟⲟⲩ· ⲙⲛ̅ ⲗⲁⲁⲩ ⲛ̅ ⲏⲣⲡ̅· ⲛ̅

ⲙⲛ̄ ⲗⲁⲁⲩ ⲛ̄ ϩⲟⲩⲛ ⲛ̄ⲥⲁ ⲟⲩϣⲁϣⲟⲩ ⲛ̄ ⲏⲣⲡ ⲛ̄ ⲟⲩⲱⲧ · Oriental 7021.
ⲉϥⲟⲩⲟⲗ̄ⲥ̄ ⲉ ϩⲟⲩⲛ · ⲡⲉϫⲁϥ ⲛⲁⲥ · ϫⲉ ϩⲣⲟϣ ⲛ̄ ϩⲏⲧ ·
ⲧⲁ ⲥⲱⲛⲉ ϣⲁⲛ|ⲧ ⲛ̄ⲛⲁⲩ ⲉ ⲧϩⲁⲏ ⲙ̄ ⲡϩⲱⲃ · ⲙⲛ̄ⲛ̄ⲥⲱⲥ · Fol. 34 *a*
ⲡⲉϫⲁϥ ⲛⲁⲥ · ϫⲉ ⲙⲁⲣⲛ̄ⲃⲱⲕ ⲛ̄ⲧⲛ̄ⲉⲓⲛⲉ · ⲙ̄ ⲡⲕⲟⲩⲓ̈ ⲛ̄ ⲍ̄ⲉ̄
ⲛⲉϩ ⲉ ⲃⲟⲗ ⲉ ⲧⲃⲉ ⲛ̄ϭⲓ ⲛ̄ ⲟⲩⲱⲙ ⲙⲛ̄ ⲧⲉⲭⲣⲓⲁ ⲛ̄
ⲛⲉⲥⲛⲏⲩ · ⲁⲩⲱ ⲁⲩⲃⲱⲕ ⲉ ϩⲟⲩⲛ ⲙ̄ ⲡⲉⲥⲛⲁⲩ ⲉ ⲡⲕⲩⲗ-
ⲗⲁⲣⲓⲕⲟⲛ · ⲁⲩϩⲉ ⲉ ⲥⲁϣϥ ⲛ̄ⲁⲛⲅⲏⲛ ⲉⲩⲙⲉϩ ⲛ̄ ⲛⲉϩ ⲉⲩ-
ⲙⲉϩ ⲉ ϩⲣⲁⲓ̈ ⲉ ⲣⲱⲟⲩ · ⲁⲩⲱ ϩⲉⲛⲗⲁⲕⲱⲛ ⲉⲩⲙⲉϩ · ⲛ̄ⲧⲁ-
ⲡⲁⲛⲏ ⲙⲛ̄ ϩⲉⲛⲁϣⲏ ⲛ̄ ⲕⲟⲩⲗⲁⲑ ⲉⲩⲙⲉϩ ⲟⲛ ⲙ̄ⲙⲓⲛⲉ
ⲛ̄ ⲧⲁⲡⲁⲛⲏ · ϩⲓ̈ ⲁⲅⲁⲑⲟⲛ ⲛⲓⲙ · ⲡⲣⲟⲥ ⲧⲉⲭⲣⲓⲁ ⲙ̄ ⲡⲏⲓ ·
ⲛ̄ⲧⲟⲟⲩ ⲇⲉ ⲁⲩⲛⲟϭ ⲛ̄ ϩⲟⲧⲉ ϩⲉ ⲉ ϩⲣⲁⲓ ⲉ ϫⲱⲟⲩ · ⲙⲛ̄-
ⲛ̄ⲥⲱⲥ ⲟⲛ ⲁⲩⲃⲱⲕ ⲉ ϩⲟⲩⲛ ⲉ ⲡⲏⲓ ⲙⲛ̄ ⲡⲉⲩⲕⲟⲓⲧⲟⲛ ·
ⲁⲩϩⲉ ⲉ ⲛⲉⲩⲧⲏⲏⲃⲉ ⲉⲩⲙⲉϩ ⲛ̄ϩⲟⲓⲧⲉ ⲙ̄ⲙⲓⲛⲉ ⲛⲓⲙ · ⲉⲧ
ⲧⲁⲓⲏⲩ ⲉⲩⲉⲓⲛⲉ ⲛ̄ ⲛⲁ ⲧⲉⲩⲙⲛ̄ⲧⲣⲙ̄ⲙⲁⲟ · ⲛ̄ϣⲟⲣⲡ ⁘ ⲥⲭⲉ-
ⲇⲟⲛ ⲛ̄ⲥⲉϫⲟⲟⲥ · ϫⲉ ⲛ̄ⲧⲟⲟⲩ ⲛⲉ ϩⲛ̄ ⲟⲩⲙⲉ · ⲙⲛ̄ⲛ̄ⲥⲁ ⲛⲁⲓ
ⲁⲩⲃⲱⲕ ⲉ ⲡⲉⲩⲙⲁ · ⲉⲛ ϯ ⲟⲉⲓⲕ · ⲁⲩϩⲉ ⲉ ⲣⲟϥ ⲉϥⲙⲉϩ
ⲛ̄ⲟⲉⲓⲕ ⲉϥⲥⲟⲧⲡ̄ · ⲉϥⲟⲩⲟⲃϣ̄ ⲛ̄ⲑⲉ ⲛ̄ ⲟⲩⲭⲓⲟⲛ · ⲁⲩⲱ
ⲛ̄ⲧⲉⲩⲛⲟⲩ ⲁⲩⲁⲓⲥⲑⲁⲛⲉ ⲙ̄ ⲡⲉϩⲙⲟⲧ ⲙ̄ ⲡⲛⲟⲩⲧⲉ ⲛ̄ⲧⲁϥ-

ϩⲟⲩⲛ ⲛ̄ⲥⲁ ⲟⲩϣⲁϣⲟⲩ ⲛ̄ ⲟⲩⲱⲧ ⲉϥⲟⲩⲟⲗ̄ⲥ̄ · | ⲡⲉϫⲁϥ ⲛⲁⲥ Oriental 6781.
ϫⲉ ϩⲣⲟϣ ⲛ̄ ϩⲏⲧ ⲧⲁ ⲥⲱⲛⲉ · ϣⲁⲛⲧ ⲛ̄ⲛⲁⲩ ⲉ ⲑⲁⲏ ⲙ̄ Fol. 19 *b*
ⲡϩⲱⲃ ⲙⲛ̄ⲛ̄ⲥⲱⲥ ⲡⲉϫⲁϥ ⲛⲁⲥ ϫⲉ ⲙⲁⲣⲛ̄ⲃⲱⲕ ⲛ̄ⲧⲛ̄ⲉⲓⲛⲉ ⲛ̄
ⲙ̄ ⲡⲕⲟⲩⲓ ⲛ̄ ⲛⲉϩ ⲉ ⲃⲟⲗ · ⲉ̄ ⲧⲃⲉ ⲧϭⲓⲛⲟⲩⲱⲙ ⲙⲛ̄ ⲧⲉ-
ⲭⲣⲓⲁ ⲛ̄ ⲛ̄ϩⲏⲕⲉ · ⲁⲩⲃⲱⲕ ⲇⲉ ⲟⲛ ⲉ ϩⲟⲩⲛ ⲙ̄ ⲡⲉⲥⲛⲁⲩ
ⲉ̄ ⲡⲕⲉⲗⲗⲁⲣⲓⲕⲟⲛ · ⲁⲩϩⲉ ⲉ ⲥⲁϣϥ̄ⲉ̄ ⲛ̄ⲁⲅⲅⲉⲛ · ⲉⲩⲙⲉϩ
ⲛ̄ ⲛⲉϩ ⲉ ϩⲣⲁⲓ ⲉ ⲣⲱⲟⲩ · ⲁⲩⲱ ϩⲉⲛ ⲕⲉ̄ ⲁ̄ϣⲏ ⲛ̄ⲕⲟⲗⲟⲑⲟⲛ
ⲉⲩⲙⲉϩ ⲙ̄ⲙⲓ̈ⲛⲉ ⲛⲓⲙ ⲛ̄ⲁⲅⲁⲑⲟⲛ ⲡⲣⲟⲥ ⲧⲉⲭⲣⲓⲁ̄ ⲙ̄ ⲡⲏⲓ̈ ·
ⲛ̄ⲧⲟⲟⲩ ⲇⲉ ⲁⲩⲛⲟϭ ⲛ̄ ϩⲟⲧⲉ ϩⲉ ⲉ ϩⲣⲁⲓ ⲉ ϫⲱⲟⲩ · ⲙⲛ̄-
ⲛ̄ⲥⲱⲥ ⲁⲩⲃⲱⲕ ⲉ ⲡⲉⲩⲕⲟⲓⲧⲱⲛ · ⲁⲩϩⲉ ⲉ ⲛⲉⲩⲧⲏⲏⲃⲉ ⲉⲩ-
ⲙⲉϩ ⲛ̄ϩⲟⲓⲧⲉ · ⲉⲩⲉⲓⲛⲉ ⲛ̄ ⲛⲁ ⲧⲉⲩⲙⲛ̄ⲧⲣⲙ̄ⲙⲁⲟ ⲛ̄ ϣⲟⲣⲡ
ⲥⲭⲉⲇⲱⲛ ⲉ ϫⲟⲟⲥ · ϫⲉ ⲛ̄ⲧⲟⲟⲩ ⲛⲉ ϩⲛ̄ ⲟⲩⲙⲉ · ⲙⲛ̄ⲛ̄ⲥⲁ
ⲛⲁⲓ · ⲁⲩⲃⲱⲕ ⲉ ⲡⲉⲩⲙⲁ ⲛ ⲕⲁ ⲟⲉⲓⲕ ⲁⲩϩⲉ ⲉ̄ ⲣⲟϥ ⲉϥⲙⲉϩ
ⲛ̄ⲟⲉⲓⲕ ⲉϥⲥⲟⲧⲡ̄ ⲉϥⲟⲩⲟⲃϣ̄ ⲛ̄ⲑⲉ ⲛ̄ ⲟⲩⲭⲓⲱⲛ · ⲁⲩⲱ ⲛ̄ⲧⲉⲩ-
ⲛⲟⲩ ⲁⲩⲁⲓⲥⲑⲁⲛⲉ ⲉ̄ ⲡⲉϩⲙⲟⲧ ⲛ̄ⲧⲁϥⲧⲁϩⲟⲟⲩ · ⲁⲩϯ ⲉⲟⲟⲩ

Oriental 7021. ϣⲱⲡⲉ ⲙ̄ⲙⲟⲟⲩ· ⲁⲩϯ ⲉⲟⲟⲩ ⲙ̄ ⲡⲛⲟⲩⲧⲉ ⲙⲛ̄ ⲡⲁⲣⲭ-
ⲁⲅⲅⲉⲗⲟⲥ· ⲉⲧ ⲟⲩⲁⲁⲃ ⲙⲓⲭⲁⲏⲗ· Ⲉⲓⲧⲁ ⲡⲉϫⲉ ⲇⲱⲣⲟ-
ⲑⲉⲟⲥ· ⲛ̄ ⲑⲉⲟⲡⲓⲥⲧⲏ· ϫⲉ ⲉⲓⲥ ⲡⲛⲟⲩⲧⲉ· ⲁϥⲥⲃ̄ⲧⲱⲧ ⲛ̄
ϩⲛ̄ϩⲱⲃ ⲛⲓⲙ· ⲙⲁⲣⲛ̄ ⲡⲱⲣϣ̄ ϩⲁ ⲡⲁⲣⲭⲱⲛ ϫⲉ ⲁ ⲡⲛⲁⲩ
Fol. 34 b ϣⲱⲡⲉ ⲉ ⲧⲣ ⲛ̄ⲃⲱⲕ | ⲉ ⲧⲉⲩⲛⲁⲝⲓⲥ· ⲁⲩⲉⲓⲣⲉ ⲇⲉ ⲛ̄ϩⲱⲃ
ⲝ̄ⲥ̄ ⲛⲓⲙ· ⲁⲩⲡⲱⲣϣ̄ ⲙ̄ ⲡⲉⲩⲛⲟϭ ⲛ̄ⲁⲕⲟⲩⲃⲓⲧⲱⲛ ϩⲛ̄ ⲟⲩⲧⲓ̈ⲙⲏ·
ⲡⲣⲟⲥ ⲡⲧⲁⲓⲟ ⲙ̄ ⲡⲁⲣⲭⲱⲛ· ⲁⲩⲱ ⲁⲩⲕⲱ ⲉ ϩⲣⲁⲓ ⲛ̄
ⲛⲉⲧⲣⲁⲡⲉⲍⲁ ⲛ̄ ⲛⲉⲥⲛⲏⲩ ⲕⲁⲧⲁ ⲡⲉⲩⲉⲑⲟⲥ· ⲁⲩⲗⲉⲩⲕⲟ-
ⲫⲟⲣⲉⲓ ⲙ̄ⲙⲟⲟⲩ ϩⲱⲟⲩ ⲕⲁⲗⲱⲥ· ⲁⲩⲃⲱⲕ ⲉ ⲧⲉⲩⲛⲁⲝⲓ̈ⲥ
ϩⲙ̄ ⲡⲧⲟⲡⲟⲥ ⲙ̄ ⲡⲁⲣⲭⲁⲅⲅⲉⲗⲟⲥ ⲉⲧ ⲟⲩⲁⲁⲃ ⲙⲓ̈ⲭⲁⲏⲗ·
ϩⲛ̄ ⲟⲩⲛⲟϭ ⲛ̄ ⲥⲡⲟⲩⲇⲏ ⲙⲛ̄ ⲟⲩⲣⲁϣⲉ· ⲁⲩⲱ ⲛ̄ ⲧⲉⲣ ⲟⲩ-
ⲃⲱⲕ ⲉ ϩⲟⲩⲛ ⲉ ⲧⲉⲕⲕⲗⲏⲥⲓⲁ· ⲁⲩⲡⲁϩⲧⲟⲩ ϩⲓ ⲟⲩⲥⲟⲡ
ϩⲓ̈ⲑⲏ ⲙ̄ ⲡϩⲓ̈ⲉⲣⲁϯⲟⲛ· ⲉϫⲙ̄ ⲡⲉⲩϩⲟ· ⲉⲩⲥⲟⲡⲥⲛ̄ ⲙ̄
ⲡⲛⲟⲩⲧⲉ ϩⲛ̄ ϩⲉⲛⲛⲟϭ ⲛ̄ ϣⲡ̄ ϩⲙⲟⲧ· Ⲁⲩⲱ ⲉⲩⲉⲩⲭⲁ-
ⲣⲓⲥⲧⲉⲓ ⲙ̄ ⲡⲁⲣⲭⲁⲅⲅⲉⲗⲟⲥ ⲉⲧ ⲟⲩⲁⲁⲃ ⲙⲓ̈ⲭⲁⲏⲗ· ϩⲛ̄
ⲟⲩⲛⲟϭ ⲛ̄ ⲥⲡⲟⲩⲇⲏ· ⲉⲩϫⲱ ⲙ̄ⲙⲟⲥ ϫⲉ ⲧⲛ̄ⲉⲩⲭⲁⲣⲓⲥⲧⲉⲓ̈
ⲛⲁⲕ ⲡⲁ ϫ̄ⲥ̄ ⲓ̄ⲥ̄ ⲡⲉⲭ̄ⲥ̄· ⲁⲩⲱ ⲧⲛ̄ϯ ⲉⲟⲟⲩ ⲙ̄ ⲡⲉⲕⲉⲓⲱⲧ
ⲛ̄ ⲁⲅⲁⲑⲟⲥ· ⲁⲩⲱ ⲧⲛ̄ϣⲡ̄ ϩⲙⲟⲧ ⲛ̄ ⲧⲟⲟⲧϥ̄ ⲙ̄ ⲡⲉⲕⲛⲟϭ

Oriental 6781. ⲙ̄ ⲡⲛⲟⲩⲧⲉ ⲙⲛ̄ ⲡⲁⲣⲭⲁⲅⲅⲉⲗⲟⲥ ⲉⲧ ⲟⲩⲁⲁⲃ ⲙⲓⲭⲁⲏⲗ·
ⲉⲓⲧⲁ ⲡⲉϫⲉ ⲇⲱⲣⲟⲑⲉⲟⲥ ⲛ̄ ⲑⲉⲱ̄ⲡⲓⲥⲧⲏ̄ ⲧⲉϥⲥϩⲓⲙⲉ ϫⲉ ⲧⲁ
ⲥⲱⲛⲉ· ⲉⲓⲥ ⲡⲛⲟⲩⲧⲉ ⲁϥⲥⲃ̄ⲧⲱⲧ ⲛ̄ ϩⲛ̄ϩⲱⲃ ⲛⲓⲙ· ⲙⲁⲣⲛ̄
ⲡⲱⲣϣ̄ ϩⲁ ⲡⲁⲣⲭⲱⲛ· ⲉⲡⲉⲓ ⲇⲏ ⲁ ⲡⲛⲁⲩ ϣⲱⲡⲉ ⲛ̄ⲧⲛ̄-
ⲃⲱⲕ ⲉ ⲧⲉⲩⲛⲁⲝⲓⲥ· ⲁⲩⲉⲓⲣⲉ ⲇⲉ ϩⲓ ⲛⲁⲓ· ⲁⲩⲡⲱⲣϣ̄ ⲙ̄
ⲡⲁⲕⲟⲩⲃⲁⲧⲱⲛ ϩⲛ̄ ⲟⲩⲧⲓⲙⲏ ⲡⲣⲟⲥ ⲡⲧⲁⲉⲓⲟ̄ ⲙ̄ ⲡⲁⲣⲭⲱⲛ·
ⲁⲩⲕⲱ ⲉ ϩⲣⲁⲓ ⲛ̄ ⲛⲉⲧⲣⲁⲡⲓ̈ⲍⲁ ⲛ̄ ⲛⲉⲥⲛⲏⲩ ⲕⲁⲧⲁ ⲡⲉⲩⲉ-
ⲑⲟⲥ· ⲁⲩⲗⲉⲩⲕⲱⲫⲱⲣⲉⲓ ⲙ̄ⲙⲟⲟⲩ ⲕⲁⲗⲱⲥ· ϩⲛ̄ ϩⲉⲛ-
ϩⲃ̄ⲥⲱ ⲉⲩⲡⲣⲓⲱⲟⲩ· ⲁⲩⲃⲱⲕ ⲉ ⲡⲧⲟⲡⲟⲥ ⲙ̄ ⲡⲁⲣⲭⲁⲅⲅⲉ-
ⲗⲟⲥ ⲙⲓⲭⲁⲏⲗ̄ ϩⲛ̄ ⲟⲩⲛⲟϭ ⲛ̄ ⲣⲁϣⲉ· ⲁⲩⲱ ⲛ̄ ⲧⲉⲣ ⲟⲩ-
ⲃⲱⲕ ⲉ ϩⲟⲩⲛ ⲉ ⲧⲉⲕⲕⲗⲏⲥⲓ̈ⲁ ⲁⲩⲡⲁϩⲧⲟⲩ ⲙ̄ ⲡⲉⲥⲛⲁⲩ |
Fol. 20 a ⲉϫⲙ̄ ⲡⲉⲩϩⲟ̄· ϩⲓⲑⲏ ⲙ̄ ⲡϩⲓⲉⲣⲁⲧⲓⲟⲛ· ⲁⲩⲱ ⲛⲉⲩⲥⲟⲡⲥⲛ̄
ⲡ̄ⲁ̄ ⲙ̄ ⲡⲛⲟⲩⲧⲉ ϩⲛ̄ ⲟⲩⲛⲟϭ ⲛ̄ ϣⲡ̄ ϩⲙⲟⲧ· ϫⲉ ⲧⲛ̄ⲉⲩⲭⲁ-
ⲣⲓⲥⲧⲉⲓ ⲛⲁⲕ ⲡϫⲟⲉⲓⲥ ⲓ̄ⲥ̄ ⲡⲉⲭ̄ⲥ̄· ⲁⲩⲱ ⲧⲛ̄ϯ ⲉⲟⲟⲩ ⲙ̄
ⲡⲉⲕⲉⲓⲱ̄ⲧ ⲛ̄ ⲁⲅⲁⲑⲟⲥ ⲙⲛ̄ ⲡⲉⲡⲛ̄ⲁ̄ ⲉⲧ ⲟⲩⲁⲁⲃ· Ⲁⲩⲱ

ⲛ̄ ⲁⲣⲭⲁⲅⲅⲉⲗⲟⲥ ⲉⲧ ⲟⲩⲁⲁⲃ ⲙⲓⲭⲁⲏⲗ· ϫⲉ ⲙ̄ⲡⲉ ⲕϩⲟⲩ- Oriental 7021.
ⲣⲱⲛ· ⲙ̄ ⲡⲉⲕⲛⲁ· ⲟⲩⲇⲉ ⲙ̄ⲡⲉ ⲕⲟⲃϣⲕ̄ ⲉ ⲡⲉⲛⲥⲟⲡⲥ̄·
ⲁⲗⲗⲁ ⲁⲕⲧⲛ̄ⲛⲟⲟⲩ ⲛⲁⲛ· ⲛ̄ ⲛⲉⲕⲙ̄ⲛ̄ⲧϣⲁⲛϩⲧⲏⲧ ϩⲛ̄
ⲟⲩϭⲉⲡⲏ· ⲉⲓⲧⲁ ⲙⲛ̄ⲛ̄ⲥⲁ ⲛⲁⲓ̈ ⲁⲩⲥⲩⲛⲁⲅⲉ· ⲁⲩϫⲓ ⲛ̄
ϯⲣⲏⲛⲏ· ⲁⲩϭⲉⲡⲏ· ⲁⲩⲃⲱⲕ ⲁⲩⲟⲩⲱⲛ· ⲙ̄ ⲡⲉⲩⲏⲓ ϩⲁ
ϫⲱⲟⲩ ⲛ̄ ⲛⲉⲥⲛⲏⲩ ⲉⲩⲡⲣⲟⲥ|ⲕⲁⲣⲧⲏⲣⲉⲓ̈ ϩⲁ ϫⲱϥ· ⲙ̄ Fol. 35 *a*
ⲡⲁⲣⲭⲱⲛ ϩⲛ̄ ⲟⲩⲛⲟϭ ⲛ̄ ⲥⲡⲟⲩⲇⲏ· ⲗⲟⲓⲡⲟⲛ ⲁⲩⲥⲉⲕ ⲝ̄ⲍ̄
ⲣⲱⲙⲉ ⲛⲓⲙ ⲉ ϩⲟⲩⲛ· ⲛ̄ϩⲟⲟⲩⲧ ϩⲓ ⲥϩⲓ̈ⲙⲉ· ϩⲓ ϣⲏⲣⲉ
ϣⲏⲙ· ϩⲱⲥ ⲧⲉ ⲛ̄ⲧⲉ ⲧⲁⲩⲗⲏ ⲧⲏⲣⲥ̄ ⲙⲟⲩϩ· ⲛ̄ⲧⲟϥ ⲇⲉ
ⲇⲱⲣⲟⲑⲉⲟⲥ· ⲙⲛ̄ ⲑⲉⲟⲡⲓⲥⲧⲏ ⲧⲉϥⲥϩⲓ̈ⲙⲉ· ⲛⲉⲩⲙⲏⲣ ⲡⲉ
ⲉⲩⲁϩⲉ ⲣⲁⲧⲟⲩ ⲉⲩⲇⲓ̈ⲁⲕⲟⲛⲉⲓ ⲉ ⲛⲉⲥⲛⲏⲩ ϩⲛ̄ ⲭⲣⲓ̈ⲁ ⲛⲓⲙ·
ⲉⲩⲇⲓⲁⲕⲱⲛⲉⲓ ⲛⲁⲩ ⲛ̄ⲡⲟⲩⲏⲣⲡ̄ ⲉⲛⲁϣⲱϥ· ⲉⲣⲉ ⲛⲁⲓ ⲇⲉ
ϣⲟⲟⲡ ⲛ̄ ⲧⲉⲓ ϩⲉ· ⲉⲓⲥ ⲡⲁⲣⲭⲁⲅⲅⲉⲗⲟⲥ ⲙⲓ̈ⲭⲁⲏⲗ· ⲉⲧⲉ
ⲡⲁⲣⲭⲱⲛ ⲡⲉ· ⲙⲛ̄ ⲧⲉϥⲧⲁⲝⲓⲥ ⲧⲏⲣⲥ̄· ⲁⲩⲧⲱϩⲙ̄ ⲉ ⲡⲣⲟ
ⲙ̄ ⲡⲏⲓ̈· ⲁ ⲇⲱⲣⲟⲑⲉⲟⲥ ⲙⲛ̄ ⲧⲉϥⲥϩⲓⲙⲉ ⲁⲩϭⲉⲡⲏ· ⲁⲩⲉⲓ̈
ⲉ ⲃⲟⲗ ϩⲏⲧϥ̄ ⲉⲩⲣⲁϣⲉ· ⲁⲩⲡⲣⲟⲥⲕⲩⲛⲏ ⲛⲁϥ ⲉⲩϫⲱ
ⲙ̄ⲙⲟⲥ· ϫⲉ ⲕⲁⲗⲱⲥ ⲁⲕⲉⲓ ϣⲁ ⲣⲟⲛ ⲙ̄ⲙⲟⲟⲩ· ⲙⲛ̄ ⲧⲉⲕ-

ⲧⲛ̄ϣⲡ̄ ϩⲙⲟⲧ ⲛ̄ ⲧⲟⲟⲧϥ̄ ⲙ̄ ⲡⲉϥⲛⲟϭ ⲛ̄ ⲁⲣⲭⲁⲅⲅⲉⲗⲟⲥ Oriental 6781.
ⲙⲓⲭⲁⲏⲗ ϫⲉ ⲙ̄ⲡⲉ ⲕϩⲟⲩⲣⲱⲛ ⲙ̄ ⲡⲉⲕⲛⲁ̄· ⲟⲩⲇⲉ ⲙ̄ⲡⲉ
ⲕⲟⲃϣⲕ̄ ⲉ ⲛⲉⲛϭⲗⲓⲗ· ⲁⲗⲗⲁ ⲁⲕⲧⲛ̄ⲛⲟⲟⲩ ⲛⲁⲛ ⲛ̄ ⲛⲉⲕ-
ⲙⲛ̄ⲧϣⲛ̄ϩⲧⲏϥ ϩⲛ̄ ⲟⲩϭⲉⲡⲏ· ⲉⲓⲧⲁ ⲙⲛ̄ⲛ̄ⲥⲁ ⲛⲁⲓ ⲁⲩⲥⲩ-
ⲛⲁⲅⲉ ⲁⲩϫⲓ ⲛ̄ ϯⲣⲏⲛⲏ· ⲁⲩⲃⲱⲕ ⲁⲩⲟⲩⲱⲛ ⲙ̄ ⲡⲣⲟ ⲙ̄
ⲡⲉⲩⲏⲓ ϩⲓⲑⲏ ⲛ̄ ⲛⲉⲧ ⲛⲏⲩ· ⲁⲩⲱ ⲁⲩⲡⲣⲟⲥⲇⲱⲕⲉⲓ ϩⲁⲑⲏ
ⲙ̄ ⲡⲗⲁⲟⲥ ⲙⲛ̄ ⲡⲁⲣⲭⲱⲛ ϩⲛ̄ ⲟⲩⲛⲟϭ ⲛ̄ ⲥⲡⲟⲩⲇⲏ·
ⲗⲟⲓⲡⲟⲛ ⲁⲩⲥⲱⲕ ⲣⲱⲙⲉ ⲉ ϩⲟⲩⲛ ϩⲓ ⲥϩⲓⲙⲉ ϩⲓ ϣⲏⲣⲉ
ϣⲏⲙ· ϩⲱⲥ ⲇⲉ ⲛ̄ⲧⲉ ⲧⲁⲩⲗⲏ ⲙ̄ ⲡⲏⲓ ⲙⲟⲩϩ· ⲛ̄ⲧⲟϥ ⲇⲉ
ϩⲱⲱϥ ⲇⲱⲣⲟⲑⲉⲟⲥ· ⲙⲛ̄ ⲑⲉⲱ̄ⲡⲓⲥⲧⲏ ⲛⲉⲩⲙⲏⲣ ⲡⲉ ⲉⲩⲁ̄ϩⲉ
ⲣⲁⲧⲟⲩ· ⲉⲩⲇⲓⲁ̄ⲕⲟⲛⲉⲓ ⲛⲁⲩ ϩⲛ̄ ⲭⲣⲓⲁ ⲛⲓⲙ· ⲉⲩϯ ⲛⲁⲩ
ⲉⲛⲟⲩⲏⲣⲡ̄ ⲉⲛⲁϣⲱϥ· ⲉⲣⲉ ⲛⲁⲓ ⲇⲉ ϣⲱⲡⲉ ⲛ̄ ⲧⲉⲓ ϩⲉ· ⲉⲓⲥ
ⲡⲁⲣⲭⲱⲛ ⲁϥⲉⲓ ⲙⲛ̄ ⲧⲉϥⲧⲁⲝⲓⲥ ⲧⲏⲣⲥ̄ ⲁⲩⲧⲱϩⲙ̄ ⲉ ϩⲟⲩⲛ
ⲉ ⲡⲣⲟ ⲙ̄ ⲡⲏⲓ· ⲇⲱⲣⲟⲑⲉⲟⲥ ⲇⲉ ⲙⲛ̄ ⲧⲉϥⲥϩⲓⲙⲉ ⲁⲩϭⲉⲡⲏ
ⲁⲩⲟⲩⲱⲛ ⲙ̄ ⲡⲣⲟ· ⲁⲩⲉⲓ ⲉ̄ ⲃⲟⲗ ϩⲏⲧϥ̄ ϩⲛ̄ ⲟⲩⲣⲁϣⲉ·
ⲁⲩⲡⲣⲟⲥⲕⲩⲛⲉⲓ ⲛⲁϥ ⲉⲩϫⲱ ⲙ̄ⲙⲟⲥ ϫⲉ ⲕⲁⲗⲱⲥ ⲁⲕⲉⲓ

Oriental 7021. ⲧⲁⲝⲓ̈ⲥ ⲧⲏⲣⲥ̅ ⲡⲉⲛϫ︦ⲥ︦ ⲡⲁⲣⲭⲱⲛ · ⲁⲗⲏⲑⲱⲥ ⲧⲛ̅ⲣⲁϣⲉ ⲧⲱⲛⲟⲩ · ϫⲉ ⲁⲛⲙ̅ⲡϣⲁ · ⲁⲕⲉⲓ ⲛⲁⲛ ϩⲛ̅ ⲟⲩϩⲟⲟⲩ ⲉϥⲧⲁⲓⲏⲩ · ⲛ̅ϩⲟⲩⲟ · ⲁⲩⲱ ⲡⲁⲣⲭⲁⲅⲅⲉⲗⲟⲥ ⲙⲓ̈ⲭⲁⲏⲗ · ⲣⲁϣⲉ ⲛⲙ̅ⲙⲁⲕ · ⲁⲙⲟⲩ ⲉ ϩⲟⲩⲛ ⲡⲣⲱⲙⲉ ⲉⲧ ⲥⲙⲁⲙⲁⲁⲧ · ⲡϫ︦ⲥ︦ ⲛⲙ̅ⲙⲁⲕ :—Ⲡⲁⲣⲭⲁⲅⲅⲉⲗⲟⲥ ⲇⲉ ⲉⲧⲉ ⲡⲁⲣⲭⲱⲛ ⲡⲉ · ⲁϥⲃⲱⲕ ⲉ ϩⲟⲩⲛ ⲉ ⲧⲁⲩⲗⲏ ⲙ̅ ⲡⲏⲓ̈ · ⲁϥϩⲉ ⲉ ⲣⲟⲥ ⲉⲥⲙⲉϩ ⲛ̅ ϩⲟⲟⲩⲧ ϩⲓ̈ ⲥϩⲓ̈ⲙⲉ · ϩⲓ ϣⲏⲣⲉ ⲕⲟⲩⲓ̈ ⲙⲛ̅ ⲛ̅ⲛⲟϭ · ⲁϥⲣ̅ ⲑⲉ ⲛ̅ ⲛⲉϥ ⲟ ⲛ̅ ϣⲡⲏⲣⲉ · ⲡⲉϫⲁϥ ⲛ̅ ⲇⲱⲣⲟⲑⲉⲟⲥ · |
Fol. 35 b ⲙⲛ̅ ⲑⲉⲟⲡⲓⲥⲧⲏ · ⲧⲉϥⲥϩⲓ̈ⲙⲉ · ϫⲉ ⲛⲉⲛⲛⲏⲩ · ⲟⲩ ⲉ ⲣⲱⲧⲛ̅ ⲛⲉ
ⲍⲏ ⲛⲉⲓ ⲁϣⲏ ⲛ̅ⲣⲱⲙⲉ · ⲉ ϯⲛⲁⲩ ⲉ ⲣⲟⲟⲩ ⲛ̅ ⲧⲉⲓ ϩⲉ ⲧⲏⲣⲥ̅ · ⲁⲣⲏⲩ ⲛ̅ⲧⲁ ⲧⲛ̅ⲟⲩⲉϩ ϩⲓ̈ⲥⲉ ⲉ ⲣⲱⲧⲛ̅ ⲉ ⲧⲃⲏⲏⲧ · ϫⲉ ⲁⲓⲉⲓ ϣⲁ ⲣⲱⲧⲛ̅ ⲙ̅ⲡⲟⲟⲩ · Ⲙⲏ ⲉⲧⲉⲧⲛ̅ⲛⲁⲩ ⲁⲛ ⲉ ⲡϩⲟϫϩϫ̅ ⲉⲧ ϣⲟⲟⲡ · ⲧⲉⲛⲟⲩ ⲙⲟⲅⲓⲥ ⲛ̅ⲧⲉⲧⲛ̅ⲣ̅ ⲡⲁⲓ̈ ϩⲛ̅ ⲛⲉⲓ ϩⲟⲟⲩ ⲉⲧ ⲉⲣⲉ ⲡϩⲉⲛⲟⲩϥⲉ ϣⲟⲟⲡ · ⲁⲩⲟⲩⲱϣⲃ̅ ⲡⲉϫⲁⲩ ϫⲉ ⲡⲉⲛϫ︦ⲥ︦ · ⲡⲁⲣⲭⲱⲛ · ⲕⲱ ⲛⲁⲛ ⲉ ⲃⲟⲗ · ⲙ̅ⲡⲉ ⲛⲟⲩⲉϩ ⲗⲁⲁⲩ ⲛ̅ ⲃⲁⲣⲟⲥ ⲉ ⲣⲟⲛ · ⲉ ⲧⲃⲏⲏⲧⲕ̅ · ⲁⲗⲗⲁ ⲡⲉϩⲙⲟⲧ ⲙ̅ ⲡⲛⲟⲩⲧⲉ ϣⲏⲡ ⲙⲛ̅ ⲡⲁⲣⲭⲁⲅⲅⲉⲗⲟⲥ ⲉⲧ ⲟⲩⲁⲁⲃ ⲙⲓⲭⲁⲏⲗ · ϫⲉ ⲙⲛ̅ ⲗⲁⲁⲩ

Oriental 6781. ϣⲁ ⲣⲟⲛ ⲙ̅ⲡⲟⲟⲩ · ⲙⲛ̅ ⲧⲉⲕⲧⲁⲝⲓⲥ ⲧⲏⲣⲥ̅ ⲡⲉⲛϫⲟⲉⲓⲥ ⲡⲁⲣⲭⲱⲛ · ⲁⲗⲏⲑⲱⲥ ⲧⲛ̅ⲣⲁϣⲉ ⲛⲙ̅ⲙⲁⲕ ⲧⲏⲣⲛ̅ ϫⲉ ⲁⲛⲙ̅ⲡϣⲁ · ⲉ ⲧⲣⲉⲕⲉⲓ ⲛⲁⲛ ϩⲛ̅ ⲟⲩϩⲟⲟⲩ ⲉϥⲧⲁⲉⲓⲏⲩ · ⲁⲩⲱ ⲡⲁⲣⲭⲁⲅⲅⲉⲗⲟⲥ ⲙⲓ̈ⲭⲁⲏⲗ ⲣⲁϣⲉ ⲛⲙ̅ⲙⲁⲕ · ⲁⲙⲟⲩ ⲉ ϩⲟⲩⲛ ⲡⲣⲱⲙⲉ ⲉⲧ ⲥⲙⲁⲙⲁⲁⲧ ⲡϫⲟⲉⲓⲥ ⲛⲙ̅ⲙⲁⲕ · ⲡⲁⲣ-
Fol. 20 b ⲭⲱⲛ | ϫⲉ ⲉⲧⲉ ⲙⲓⲭⲁⲏⲗ ⲡⲉ ⲛ̅ ⲧⲉⲣⲉ ϥⲃⲱⲕ ⲉ ϩⲟⲩⲛ ⲉ
ⲛⲃ ⲧⲁⲩⲗⲏ · ⲁϥϩⲉ ⲉ ⲣⲟⲥ ⲉⲥⲙⲉϩ ⲛ̅ⲣⲱⲙⲉ ⲛ̅ⲕⲟⲩⲓ ϩⲓ ⲛⲟϭ · ⲁϥⲣ̅ ⲑⲉ ⲛ̅ⲛⲉⲧ ⲱ ⲛ̅ ϣⲡⲏⲣⲉ · ⲡⲉϫⲁϥ ⲛ̅ ⲇⲱⲣⲟⲑⲉⲟⲥ ⲙⲛ̅ ⲧⲉϥⲥϩⲓⲙⲉ · ϫⲉ ⲟⲩ ⲉ ⲣⲱⲧⲛ̅ ⲧⲉ ϯⲁϣⲏ ⲛ̅ⲣⲱⲙⲉ ⲉ̅ ϯⲛⲁⲩ ⲉ ⲣⲟⲟⲩ ⲛ̅ ⲧⲉⲓ ϩⲉ · ⲁⲣⲏⲩ ⲉⲧⲉⲧⲛ̅ⲟⲩⲉϣ ϩⲓⲥⲉ ⲉ̅ ⲣⲱⲧⲛ̅ ⲉ̅ ⲧⲃⲏⲏⲧ · ϫⲉ ⲛ̅ⲧⲁⲉⲓ ϣⲁ ⲣⲱⲧⲛ̅ ⲙ̅ⲡⲟⲟⲩ · ⲙⲏ ⲛ̅ⲧⲉⲧⲛ̅ⲛⲁⲩ ⲁⲛ ⲉ̅ ⲡϩⲟϫϩⲉϫ · ⲉⲧ ϣⲟⲟⲡ ⲧⲉⲛⲟⲩ ⲙⲟⲅⲓⲥ ⲛ̅ⲧⲉⲧⲛ̅ⲣ̅ ⲛⲁⲓ ⲛ̅ ⲛⲉϩⲟⲟⲩ ⲙ̅ ⲡϩⲉⲛⲟⲩϥⲉ · ⲁⲩⲟⲩⲱ̅ϣⲃ̅ ⲡⲉϫⲁⲩ ϫⲉ ⲕⲱ ⲛⲁⲛ ⲉ ⲃⲟⲗ ⲡⲉⲛϫⲟⲉⲓⲥ ⲡⲁⲣⲭⲱⲛ ⲙ̅ⲡⲉ ⲛⲟⲩⲉϩ ⲗⲁⲁⲩ ⲛ̅ϩⲓⲥⲉ ⲉ ⲣⲟⲛ ⲉ ⲧⲃⲏⲏⲧⲕ̅ · ⲁⲗⲗⲁ ⲡⲉϩⲙⲟⲧ ⲙ̅ ⲡⲛⲟⲩⲧⲉ ϣⲏⲡ · ⲙⲛ̅ ⲡⲁⲣⲭⲁⲅⲅⲉⲗⲟⲥ ⲉⲧ ⲟⲩⲁⲁⲃ

ⲛ̅ⲡϣⲙ̅ⲙⲟ ϩⲛ̅ ⲛⲁⲓ ⲧⲏⲣⲟⲩ ⲉⲧ ⲉⲕⲛⲁⲩ ⲉ ⲣⲟⲟⲩ ⲙ̅ⲡⲟⲟⲩ· Oriental 7021.
ⲁⲗⲗⲁ ⲛⲁ ⲡⲉⲛⲅⲉⲛⲟⲥ ⲛⲉ· ⲁⲩⲱ ⲥⲉⲏⲡ ⲉ ⲣⲟⲛ ⲧⲏⲣⲟⲩ ϩⲁ
ⲛⲉⲛⲉⲓⲟⲟⲧⲉ· ⲛⲁⲓ ⲇⲉ ⲉⲩϫⲱ ⲙ̅ⲙⲟⲟⲩ ⲛⲉⲣⲉ ⲡⲁⲣⲭⲁⲅⲅⲉ-
ⲗⲟⲥ· ⲙⲓⲭⲁⲏⲗ ⲣⲁϣⲉ ⲉ ϩⲣⲁï ⲉϫⲛ̅ ⲧⲉⲩⲡⲣⲟϩⲁïⲣⲉⲥⲓⲥ
ⲧⲉ ϫⲏⲕ ⲉ ⲃⲟⲗ· ⲡⲉϫⲁϥ ⲛⲁⲩ ϫⲉ ⲙⲁⲣⲟⲛ· ϫⲉ ⲁ ⲡⲛⲁⲩ
ϣⲱⲡⲉ ⲛ̅ⲧⲁϫⲓ̅ ⲛ̅ ⲧⲁ ⲭⲣⲓⲁ· ⲙⲛ̅ ⲛⲉⲧ ⲛ̅ⲙ̅ⲙⲁï· ⲁⲩⲃⲱⲕ
ⲇⲉ ⲉ ⲡⲙⲁ ⲛ̅ⲧⲁⲩⲥⲃ̅ⲧⲱⲧϥ̅ ⲛⲁϥ· ⲛ̅ ⲧⲉⲣ ⲟⲩⲃⲱⲕ ⲇⲉ ⲉ
ⲡⲙⲁ ⲛ̅ ⲥⲱ· ⲁϥϩⲙⲟⲟⲥ ⲉϫⲛ̅ ⲟⲩⲑⲣⲟⲛⲟⲥ· ⲛ̅ϭⲓ ⲡⲁⲣ-
ⲭⲱⲛ· ⲁϥⲕⲉⲗⲉⲩⲉ ϫⲉ ⲁⲛⲓⲛⲉ ⲙ̅ ⲡⲧⲉⲃⲧ̅ ⲛⲁï ⲛ̅ⲧⲁ-
ⲉⲡⲓ̈ⲧⲁⲥⲥⲉ ⲙ̅ⲙⲟϥ ⲕⲁⲧⲁ ⲣⲟï· ⲁⲩϭⲉⲡⲏ ⲁⲩⲉⲓⲛⲉ ⲙ̅ⲙⲟϥ
ⲛⲁϥ· ⲡⲉϫⲁϥ | ⲛⲁϥ ϫⲉ ⲇⲱⲣⲟⲑⲉⲟⲥ· ⲁⲩⲟⲩⲱⲛ ⲛ̅ ϩⲏⲧϥ̅· Fol. 36 *a* ⲍ̅ⲑ̅
ⲁⲩⲉⲓⲣⲉ ⲇⲉ ϩⲓ̈ ⲛⲁⲓ· ⲡⲉϫⲉ ⲡⲁⲣⲭⲱⲛ ⲛⲁϥ· ϫⲉ ⲁⲛⲓⲛⲉ
ⲉ ⲃⲟⲗ ⲛ̅ ⲧⲉϥⲕⲟⲓⲗⲓ̈ⲁ· ⲛ̅ ⲧⲉⲣ ϥⲛ̅ⲧⲥ̅ ⲇⲉ ⲉ ⲃⲟⲗ· ⲛⲉ
ⲟⲩⲛⲟϭ ⲇⲉ ⲉⲙⲁⲧⲉ ⲧⲉ· ⲡⲉϫⲉ ⲡⲁⲣⲭⲱⲛ ⲛⲁϥ· ϫⲉ
ⲁⲩⲟⲩⲱⲛ ⲙ̅ⲙⲟⲥ· ⲁϥⲟⲩⲱⲛ ⲇⲉ ⲙ̅ⲙⲟⲥ ⲛ̅ϭⲓ ⲇⲱⲣⲟⲑⲉⲟⲥ
ⲁϥϩⲉ· ⲉⲩⲛⲟϭ ⲙ̅ ⲡⲁⲛⲛⲓⲛ· ⲛ̅ ϩⲏⲧⲥ̅ ⲛ̅ ϩⲟⲩⲛ ⲙ̅ⲙⲟⲥ·
ⲉⲥⲧⲟⲟⲃⲉ ⲛ̅ ⲟⲩⲥⲫⲣⲁⲅⲓⲥ· Ⲇⲱⲣⲟⲑⲉⲟⲥ· ⲇⲉ ⲁϥⲑⲁⲩⲙⲁⲍⲉ

ⲙⲓⲭⲁⲏ̅ⲗ̅ ϫⲉ ⲙⲛ̅ ⲗⲁⲁⲩ ⲛ̅ⲡϣⲙ̅ⲙⲟ ϩⲛ̅ ⲛⲁⲓ ⲧⲏⲣⲟⲩ Oriental 6781.
ⲉⲧ ⲉⲕⲛⲁⲩ ⲉ ⲣⲟⲟⲩ ⲙ̅ⲡⲟⲟⲩ· ⲁⲗⲗⲁ ⲛⲁ ⲡⲉⲛⲅⲉⲛⲟⲥ ⲛⲉ·
ⲁⲩⲱ ⲥⲉⲏⲡ ⲉ ⲣⲟⲛ ϩⲁ ⲛⲉⲛⲉⲓⲟⲧⲉ· ⲛⲁⲓ ⲇⲉ ⲉϥϫⲱ ⲙ̅-
ⲙⲟⲟⲩ· ⲛⲉⲣⲉ ⲡⲁⲣⲭⲁⲅⲅⲉⲗⲟⲥ ⲙⲓⲭⲁⲏⲗ ⲣⲁϣⲉ ⲉϫⲛ̅
ⲧⲉⲩⲡⲣⲟϩⲁⲓⲣⲉⲥⲓⲥ ⲉⲧ ϫⲏⲕ ⲉ ⲃⲟⲗ· ⲡⲉϫⲁϥ ⲛⲁⲩ ϫⲉ
ⲙⲁⲣⲟⲛ ϫⲉ ⲁ ⲡⲛⲁⲩ ϣⲱⲡⲉ ⲉ ⲧⲣⲁϫⲓ ⲛ̅ ⲧⲁ ⲭⲣⲓⲁ̅ ⲙⲛ̅
ⲛⲉⲧ ⲛ̅ⲙ̅ⲙⲁⲓ· ⲁⲩⲃⲱⲕ ⲇⲉ ⲉ ⲡⲙⲁ ⲛ̅ⲧⲁⲩⲥⲃ̅ⲧⲱⲧϥ̅ ⲛⲁϥ·
ⲛ̅ ⲧⲉⲣ ⲟⲩⲃⲱⲕ ⲇⲉ ⲉ ϩⲟⲩⲛ ⲉ̅ ⲡⲙⲁ ⲛ̅ ⲥⲱ· ⲁϥϩⲙⲟⲟⲥ
ϩⲓϫⲛ̅ ⲟⲩⲑⲣⲟⲛⲟⲥ· ⲁϥⲕⲉⲗⲉⲩⲉ ϫⲉ ⲁ̅ⲛⲓⲛⲉ ⲛⲁⲓ ⲙ̅ ⲡⲧⲃ̅ⲧ·
ⲛ̅ⲧⲁⲉⲡⲉⲓⲧⲁⲥⲥⲉ ⲙ̅ⲙⲟϥ ⲕⲁⲧⲁ ⲣⲟⲓ· ⲁⲩϭⲉⲡⲉ ⲁⲩⲉⲓⲛⲉ
ⲙ̅ⲙⲟϥ ⲛⲁϥ· Ⲡⲉϫⲁϥ ⲛⲁϥ ϫⲉ ⲇⲱⲣⲟⲑⲉⲟⲥ ⲡⲁ ⲥⲱⲧⲡ̅
ⲁⲩⲟⲩⲱⲛ ⲛ̅ ϩⲏⲧϥ̅· ⲁϥⲉⲓⲣⲉ ϩⲓ ⲛⲁⲓ· ⲡⲉϫⲉ ⲡⲁⲣⲭⲱⲛ ⲛⲁϥ
ϫⲉ ⲁⲛⲓⲛⲉ ⲉ ⲃⲟⲗ ⲛ̅ ⲧⲉϥⲕⲟⲓⲗⲓⲁ̅· ⲛ̅ ⲧⲉⲣⲉ ϥⲛ̅ⲧⲥ̅ ⲇⲉ ⲉ ⲃⲟⲗ
ⲛⲉ ⲟⲩⲛⲟϭ ⲉⲙⲁⲧⲉ· ⲡⲉϫⲉ ⲡⲁⲣⲭⲱⲛ ⲛⲁϥ ϫⲉ ⲁⲩⲟⲩⲱⲛ
ⲙ̅ⲙⲟⲥ· ⲛ̅ ⲧⲉⲣ ⲟⲩⲁⲛⲟⲩⲱⲛ ⲇⲉ ⲙ̅ⲙⲟⲥ· ⲁⲩϩⲉ ⲉⲩⲛⲟϭ
ⲙ̅ ⲡⲁⲛⲛⲓⲛ ⲛ̅ ϩⲟⲩⲛ ⲛ̅ ϩⲏⲧϥ̅ ⲉⲥⲧⲟⲟⲃⲉ ⲛ̅ ⲟⲩⲥⲫⲣⲁⲅⲓⲥ·

Oriental 7021. ⲉϫⲙ̄ ⲡϩⲱⲃ · ⲉϥϫⲱ ⲙ̄ⲙⲟⲥ · ϫⲉ ⲟⲩ ⲡⲉ ⲡⲉï ⲡⲁⲣⲭⲱⲛ · ⲛ̄ⲧ ⲁⲓϩⲉ ⲉ ⲣⲟϥ ⲛ̄ ϩⲟⲩⲛ ⲛ̄ ⲧⲉⲓ ⲕⲟⲓⲗⲓ̈ⲁ · ⲡⲉϫⲉ ⲡⲁⲣⲭⲱⲛ ⲛⲁϥ · ϫⲉ ϣⲁⲥϣⲱⲡⲉ ⲛ̄ⲧⲉ ⲛ̄ⲛⲟϭ ⲛ̄ⲧⲉⲃ̄ⲧ̄ ⲱⲙ̄ⲕ̄ ⲛ̄ϩⲱⲃ ⲛⲓⲙ · ⲉⲧⲟⲩⲛⲁϩⲉ ⲉ ⲣⲟⲟⲩ · ⲁⲟⲩⲱⲛ ⲙ̄ⲙⲟⲥ ⲧⲉⲱⲱⲥ (*sic*) ⲛ̄ⲧⲛ̄ⲛⲁⲩ ϫⲉ ⲉⲣⲉ ⲟⲩ ⲛ̄ ϩⲟⲩⲛ ⲙ̄ⲙⲟⲥ · Ⲇⲱⲣⲟⲑⲉⲟⲥ ⲇⲉ ⲡⲉϫⲁϥ ⲛⲁϥ ϫⲉ ⲡⲁ ϫ̄ⲥ̄ · ⲉⲓⲛⲁⲟⲩⲱⲛ ⲙ̄ⲙⲟⲥ ⲛ̄ ⲁϣ ⲛ̄ ϩⲉ · ⲉⲓⲥ ϩⲏⲏⲧⲉ ⲉⲥⲧⲟⲟⲃⲉ · ⲁϥⲥⲟⲟⲩⲧⲛ̄ ⲉ ⲃⲟⲗ ⲛ̄ ⲧⲉϥϭⲓϫ ⲛ̄ϭⲓ ⲙⲓⲭⲁⲏⲗ · ⲉⲧⲉ ⲡⲁⲣⲭⲱⲛ ⲡⲉ · ⲁϥϫⲓ̈ ⲛ̄ ⲧⲡⲁⲛⲛⲓⲛ · ⲁϥⲟⲩⲱⲛ ⲙ̄ⲙⲟⲥ · ⲁϥϩⲉ ⲉ ⲣⲟⲥ ⲉⲥⲙⲉϩ ⲛ̄ ⲛⲟⲩⲃ · ⲉϥⲥⲟⲧⲡ̄ ⲁⲩⲟⲩⲱⲡ ⲇⲉ ⲛ̄ ⲛ̄ⲛⲟⲩⲃ · ⲁⲩϩⲉ ⲉ ⲣⲟⲟⲩ ⲉⲩⲉⲓⲣⲉ ⲛ̄ϣⲟⲙⲛ̄ⲧ ⲛ̄ϣⲉ ⲛ̄ϩⲟⲗⲟⲕⲟⲧϯⲛⲟⲥ ⲛ̄ⲁⲡⲉ · ⲙⲛ̄ⲛ̄ⲥⲱⲥ ⲛ̄ⲥⲁ ⲡⲉⲥⲛⲧ ⲙ̄ⲙⲟⲟⲩ · ⲧⲏⲣⲟⲩ ⲁϥϩⲉ ⲉ ⲕⲉ ϣⲟⲙⲛ̄ⲧ ⲛ̄-ⲧⲉⲣⲙⲏⲥⲓⲟⲛ ⲟⲩⲁ ⲟⲩⲁ · ⲁϥϥⲓ ⲛ̄ ⲛⲉϥⲃⲁⲗ ⲉ ϩⲣⲁï ⲉ

Fol. 36 *b* ⲟ̄ ⲧⲡⲉ | ⲉϥϫⲱ ⲙ̄ⲙⲟⲥ · ϫⲉ ⲛ̄ⲧⲟⲕ ⲟⲩⲇⲓⲕⲁⲓⲟⲥ ⲡ̄ϫ̄ⲥ̄ · ⲁⲩⲱ ⲛⲉⲕϩⲁⲡ ⲥⲟⲩⲧⲱⲛ · ϫⲉ ⲙⲛ̄ ϣⲓ̈ ϣⲟⲟⲡ ⲛ̄ ⲛⲉⲧ ⲙⲉ ⲙ̄ⲙⲟⲕ · Ⲡⲁⲣⲭⲱⲛ ⲇⲉ ⲉⲧⲉ ⲙⲓⲭⲁⲏⲗ ⲡⲉ · ⲁϥⲙⲟⲩⲧⲉ ⲇⲉ ⲇⲱⲣⲟⲑⲉⲟⲥ ⲙⲛ̄ ⲑⲉⲟⲡⲓⲥⲧⲏ ⲧⲉϥⲥϩⲓ̈ⲙⲉ · ⲡⲉϫⲁϥ

Oriental 6781. ⲇⲱⲣⲟⲑⲉⲟⲥ ⲇⲉ | ⲁϥⲑⲁⲩⲙⲁⲍⲉ ⲡⲉϫⲁϥ ϫⲉ ⲟⲩ ⲡⲉ ⲡⲁⲓ ⲡⲁ ϫⲟⲉⲓⲥ ⲡⲁⲣⲭⲱⲛ ⲛ̄ⲧ ⲁⲓϩⲉ ⲉ ⲣⲟϥ ⲛ̄ ⲧⲉϩⲉ · ⲡⲉϫⲉ

Fol. 21 *a* ⲛ̄ⲅ̄ ⲡⲁⲣⲭⲱⲛ ϫⲉ ϣⲁⲥϣⲱⲡⲉ ⲛ̄ⲧⲉ ⲛ̄ⲛⲟϭ ⲛ̄ ⲧⲃ̄ⲧ̄ ⲱⲙ̄ⲕ̄ ⲛ̄ⲛⲉⲧ ⲟⲩⲛⲁϩⲉ ⲉ ⲣⲟⲟⲩ · ⲁⲛⲟⲩⲱⲛ ⲙ̄ⲙⲟⲥ ⲛ̄ⲧⲛ̄ⲛⲁⲩ ϫⲉ ⲉⲣⲉ ⲟⲩ ⲛ̄ϩⲏⲧⲥ̄ · ⲇⲱⲣⲟⲑⲉⲟⲥ ⲇⲉ ⲡⲉϫⲁϥ ϫⲉ ⲉⲓⲛⲁⲟⲩⲱⲛ ⲙ̄ⲙⲟⲥ ⲛⲛ ⲁϣ ⲛ̄ ϩⲉ · ⲉⲓⲥ ϩⲏⲏⲧⲉ ⲉⲥⲧⲟⲟⲃⲉ · ⲁϥⲥⲟⲟⲩⲧⲛ̄ ⲉ ⲃⲟⲗ ⲛ̄ ⲧⲉϥϭⲓϫ ⲛ̄ϭⲓ ⲡⲁⲣⲭⲱⲛ ⲉⲧⲉ ⲙⲓⲭⲁⲏⲗ ⲡⲉ · ⲁϥⲟⲩⲱⲛ ⲙ̄ⲙⲟⲥ ⲁϥϩⲉ ⲉ ⲣⲟⲥ ⲉⲥⲙⲉϩ ⲛ̄ ⲛⲟⲩⲃ ⲉϥⲥⲟⲧⲡ̄ · ⲁϥⲱⲡ ⲇⲉ ⲛ̄ ⲛ̄ⲛⲟⲩⲃ ⲁϥϩⲉ ⲉ̄ ⲣⲟⲟⲩ ⲉⲩⲉⲓⲣⲉ ⲛ̄ϣⲟⲙⲛ̄ⲧ ⲛ̄ϣⲉ ⲛ̄ϩⲟ-ⲗⲟⲕⲟⲧⲓⲛⲟⲥ ⲛ̄ⲁⲡⲉ · Ⲁⲩⲱ ⲛ̄ⲥⲁ ⲡⲉⲥⲛⲧ ⲙ̄ⲙⲟⲟⲩ ⲧⲏⲣⲟⲩ · ⲁϥϩⲉ ⲉ ⲕⲉ ϣⲟⲙⲛ̄ⲧ ⲛ̄ⲧⲏⲣⲙⲏⲥⲓⲟⲛ ⲛ̄ ⲛⲟⲩⲃ · ⲟⲩⲁ ⲟⲩⲁ · ⲁϥϥⲓ ⲛ̄ ⲛⲉϥⲃⲁⲗ ⲉ ϩⲣⲁⲓ ⲉ ⲧⲡⲉ · ⲉϥϫⲱ ⲙ̄ⲙⲟⲥ ϫⲉ ⲛ̄ⲧⲕ̄ ⲟⲩⲇⲓⲕⲁⲓⲟⲥ ⲡϫⲟⲉⲓⲥ ⲁⲩⲱ ⲉⲣⲉ ⲛⲉⲕϩⲁⲡ ⲥⲟⲩⲧⲱⲛ ⲁⲩⲱ ⲙⲛ̄ ϣⲓ ϣⲟⲟⲡ ⲛ̄ ⲛⲉⲧ ⲙⲉ ⲙ̄ⲙⲟⲕ · ⲡⲁⲣⲭⲱⲛ ⲇⲉ ⲉⲧⲉ ⲙⲓⲭⲁⲏⲗ ⲡⲉ · ⲁϥⲙⲟⲩⲧⲉ ⲉ ⲇⲱⲣⲟⲑⲉⲟⲥ ⲙⲛ̄ ⲑⲉⲱⲡⲓⲥⲧⲏ ⲧⲉϥⲥϩⲓⲙⲉ · ⲡⲉϫⲁϥ ⲛⲁⲩ ϫⲉ ⲛⲁⲥⲛⲏⲩ ϩⲱⲱⲛ ⲉ ϩⲟⲩⲛ

ⲡⲁⲩ ϫⲉ ϩⲱⲛ ⲉ ϩⲟⲩⲛ ⲉ ⲣⲟⲓ ⲛⲉⲥⲛⲏⲩ· Ⲟⲛⲧⲱⲥ ⲉϥϫⲉ Oriental 7021.
ⲛ̄ⲧⲱⲧⲛ̄ ϩⲉⲛⲣⲙ̄ⲙ̄ⲣⲁϣ ⲟⲛ· ⲁⲩⲱ ⲁⲧⲛ̄ϫⲟ (*sic*) ⲛ̄ ϩⲉⲛⲁϣⲏ
ⲛ̄ⲁⲛϩⲟⲗⲟⲙⲁ ⲉ ⲃⲟⲗ ⲉ ⲧⲃⲏⲏⲧ· ⲛ̄ⲧⲁⲓⲉⲓ ϣⲁ ⲣⲱⲧⲛ̄·
ⲁⲗⲗⲁ ⲉⲓⲥ ⲡⲛⲟⲩⲧⲉ ⲁϥⲥⲉⲃⲧⲉ ⲧⲏⲩⲧⲛ̄ ⲁⲩⲱ ⲁⲓⲥⲟⲩⲛ̄
ⲛⲉⲓ ⲛⲟⲩⲃ· ⲙⲛ̄ ⲧⲉⲥⲫⲣⲁⲅⲓⲥ· ⲁⲓϩⲉ ⲉ ⲣⲟⲟⲩ ⲉ ⲛⲁ ⲡⲁ
ϫⲥ ⲡⲣ̄ⲣⲟ ⲛⲉ· Ⲧⲉⲛⲟⲩ ϭⲉ ⲉ ⲡⲙⲁ ⲛ̄ ⲧⲙⲛ̄ⲧⲙⲁⲓ ⲣⲱⲙⲉ
ⲛ̄ⲧⲁ ⲧⲉⲧⲛ̄ⲁⲁⲥ ⲛ̄ⲙ̄ⲙⲁⲓ ⲙ̄ⲡⲟⲟⲩ· ⲙⲛ̄ ⲛⲁⲣⲱⲙⲉ· ⲉⲓⲥ
ϩⲏⲏⲧⲉ ϯⲛⲁⲭⲁⲣⲓⲍⲉ ⲛⲏⲧⲛ̄ ⲛ̄ϣⲟⲙⲛ̄ⲧ ⲛ̄ϣⲉ ⲛ̄ϩⲟⲗⲟⲕⲟⲧ-
ϯⲛⲟⲥ· ⲁⲩⲱ ⲡⲕⲉ ϣⲟⲙⲛ̄ⲧ ⲛ̄ⲧⲉⲣⲙⲏⲥⲓⲟⲛ· ϥⲓⲧⲟⲩ ⲛⲏⲧⲛ̄·
ⲛ̄ⲧⲉⲧⲛ̄ϯ ⲟⲩⲁ ⲙ̄ ⲡϣⲱⲥ· ⲟⲩⲁ ⲛ̄ ⲛ̄ⲟⲩⲱϩⲉ· ⲉ ⲡⲙⲁ ⲛ̄
ⲛ̄ⲧⲉⲃⲧ· ϫⲉ ⲁⲛⲟⲕ ⲁⲓϣⲛ̄ ⲧⲱⲣⲉ ⲙ̄ⲙⲟⲟⲩ ⲛⲏⲧⲛ̄· ⲁⲩⲱ
ⲉⲓⲥ ⲡⲛⲁⲩ ⲙ̄ ⲙⲉⲉⲣⲉ ⲁϥϣⲱⲡⲉ· ⲕⲁⲧⲁ ⲧⲉⲡⲣⲟⲑⲉⲥⲙⲓⲁ·
ⲡⲕⲉ ⲟⲩⲁ ⲇⲉ ϩⲱⲱϥ· ⲛ̄ⲧ ϥⲓⲧϥ ⲛ̄ⲧ ⲧⲁⲁϥ ⲙ̄ ⲡⲣⲱⲙⲉ
▨▨ⲕⲧⲁ ⲧⲉⲕϣⲧⲏⲛ [ⲛ̄ⲧ ⲁⲕⲧⲁⲁⲥ] ⲁⲕϫⲓ ⲙ̄ | ⲡⲉⲥⲟⲩⲟ· ⲛ̄ Fol. 37 *a*
ⲧⲉⲡⲣⲟⲥⲫⲟⲣⲁ· Ⲇⲱⲣⲟⲑⲉⲟⲥ ⲇⲉ ⲙⲛ̄ ⲑⲉⲟⲡⲓⲥⲧⲏ· ⲁⲩ- ⲟ̄ⲁ̄
ⲡⲁϩⲧⲟⲩ ⲙ̄ ⲡⲁⲣⲭⲱⲛ· ⲉⲩϫⲱ ⲙ̄ⲙⲟⲥ· ϫⲉ ⲟⲩ ⲡⲉ ⲡⲁⲓ
ⲡⲉⲛϫⲥ· ⲡⲁⲣⲭⲱⲛ ⲉⲕϫⲱ ⲙ̄ⲙⲟⲥ ⲛⲁⲛ· ⲁⲛⲟⲛ ⲛⲉⲕ-

ⲉ ⲣⲟⲓ· ⲟⲛⲧⲱⲥ ϫⲉ ⲛ̄ⲧⲱⲧⲛ̄ ϩⲉⲛⲣⲙ̄ⲙ̄ⲣⲁϣ ⲁⲩⲱ ⲁ̄ⲧⲉⲧⲛ̄ϫⲉ Oriental 6781.
ⲟⲩⲙⲏⲏϣⲉ ⲛ̄ⲁⲛϩⲟⲗⲟⲙⲁ ⲉ ⲃⲟⲗ ⲉ ⲧⲃⲏⲏⲧ· ϫⲉ ⲛ̄ⲧⲁⲉⲓ
ϣⲁ ⲣⲱⲧⲛ̄ ⲙ̄ⲡⲟⲟⲩ· ⲁⲗⲗⲁ ⲉⲓⲥ ⲡⲛⲟⲩⲧⲉ ⲁϥⲥⲃ̄ⲧⲉ ⲧⲏⲩⲧⲛ̄·
ⲁⲩⲱ ⲁⲓⲥⲟⲩⲛ ⲛⲉⲓ ⲛⲟⲩⲃ ⲙⲛ̄ ⲧⲉⲥⲫⲣⲁⲅⲓⲥ· ⲁⲓϩⲉ ⲉ ⲣⲟⲟⲩ
ⲛⲁ ⲡⲁ ϫⲟⲉⲓⲥ ⲡⲣ̄ⲣⲟ ⲛⲉ· ⲧⲉⲛⲟⲩ ⲇⲉ ⲉ ⲡⲙⲁ ⲛ̄ ⲧⲙⲛ̄-
ⲧ̄ⲙⲁⲓ ⲣⲱⲙⲉ· ⲛ̄ⲧⲁ ⲧⲉⲧⲛ̄ⲁⲁⲥ ⲛ̄ⲙ̄ⲙⲁⲓ ⲙ̄ⲡⲟⲟⲩ ⲙⲛ̄
ⲛⲁⲣⲱⲙⲉ· ⲉⲓⲥ ϩⲏⲏⲧⲉ ⲁⲓⲭⲁⲣⲓⲍⲉ ⲛⲏⲧⲛ̄ ⲙ̄ ⲡϣⲟⲙⲛ̄ⲧ
ⲛ̄ϣⲉ ⲛ̄ϩⲟⲗⲟⲕⲟⲧⲧⲓⲛⲟⲥ· ⲁⲩⲱ ⲡⲕⲉ ϣⲟⲙⲛ̄ⲧ ⲛ̄ⲧⲏⲣⲙⲏ-
ⲥⲓⲟⲛ· ϥⲓⲧⲟⲩ ⲛⲏⲧⲛ̄ ⲛ̄ⲧⲉⲧⲛ̄ϯ ⲟⲩⲁ̄ ⲙ̄ ⲡϣⲱⲥ ⲉ ⲡⲙⲁ ⲙ̄
ⲡⲉⲥⲟⲟⲩ· ⲁⲩⲱ ⲟⲩⲁ̄ ⲙ̄ ⲡⲟⲩⲱ̄ϩⲉ ⲉ ⲡⲙⲁ ⲙ̄ ⲡⲧⲃ̄ⲧ·
ϫⲉ ⲁⲛⲟⲕ ⲁⲓϣⲛ̄ ⲧⲱⲱⲣⲉ ⲙ̄ⲙⲟⲟⲩ· ⲁⲩⲱ ⲉⲓⲥ ⲡⲛⲁⲩ
ⲙ̄ ⲙⲉⲉⲣⲉ ⲁϥϣⲱⲡⲉ | ⲕⲁⲧⲁ ⲧⲉⲡⲣⲟⲑⲉⲥⲙⲓⲁ̄ ⲁⲩⲱ ⲡⲕⲉ Fol. 21 *b*
ⲟⲩⲁ̄ ⲛ̄ⲧⲉⲧⲛ̄ⲥⲉⲧ ⲧⲉϣⲧⲏⲛ· ⲛ̄ⲧ ⲁⲕⲕⲁⲁⲥ ⲁⲕϫⲓ ⲙ̄ ⲡⲉⲥⲟⲩⲟ ⲛ̄ⲁ̄
ⲛ̄ ⲧⲉⲡⲣⲟⲥⲫⲟⲣⲁ· ⲇⲱⲣⲟⲑⲉⲟⲥ ⲇⲉ ⲙⲛ̄ ⲑⲉⲱ̄ⲡⲓⲥⲧⲏ ⲧⲉϥ-
ⲥϩⲓⲙⲉ· ⲁⲩⲡⲁϩⲧⲟⲩ ⲙ̄ ⲡⲁⲣⲭⲱⲛ ⲉⲩϫⲱ ⲙ̄ⲙⲟⲥ ϫⲉ ⲟⲩ
ⲡⲉ ⲡⲁϊ ⲡⲉⲛϫⲟⲉⲓⲥ ⲡⲁⲣⲭⲱⲛ ⲉⲧ ⲉⲕϫⲱ ⲙ̄ⲙⲟϥ ⲛⲁⲛ·

Oriental 7021. ϩⲙ̄ϩⲁⲗ · ⲙⲏ ⲛ̄ⲧⲁⲕⲉⲓ ϣⲁ ⲣⲟⲛ · ϫⲉ ⲉⲛⲉϫⲓ ⲗⲁⲁⲩ ⲛ̄
ⲧⲟⲟⲧⲕ̄ · ⲙⲏ ⲛ̄ ⲟⲩⲭⲣⲉⲱⲥ · ⲉ ⲣⲟⲛ ⲁⲛ ⲡⲉ · ⲉ ϣⲱⲡ ⲉ
ⲣⲟⲛ ⲛ̄ⲛⲟϭ ⲛⲓⲙ · ⲛ̄ⲧⲉ ⲧⲧⲁⲝⲓⲥ ⲙ̄ ⲡⲉⲛⲣ̄ⲣⲟ · ⲙⲏ ⲛⲧ̄ ⲟ
ⲁⲛ ⲛ̄ ϫ̄ⲥ̄ ⲉ ⲡⲉⲛⲥⲱⲙⲁ · ⲉⲓⲣⲉ ⲛⲁⲕ ⲛ̄ⲑⲉ ⲉⲧ ⲕ̄ⲟⲩⲁϣⲥ̄ ·
ⲁⲩⲱ ⲭⲱⲣⲓⲥ ⲛⲁⲓ ⲟⲛ ⲉⲛⲛⲁϫⲓ ⲗⲁⲁⲩ ϩⲁ ⲧⲁⲱⲣⲉⲁ · ⲙ̄
ⲡⲛⲟⲩⲧⲉ · ⲕⲥⲟⲟⲩⲛ̄ ϩⲱⲱⲕ ⲱ̄ ⲡⲉⲛϫ̄ⲥ̄ · ϫⲉ ⲁϣ ⲛ̄ ϩⲟⲟⲩ
ⲡⲉ ⲡⲟⲟⲩ · ⲁⲩⲱ ⲛ̄ⲓ̈ ⲕⲟⲩⲓ̈ ⲛ̄ⲟⲉⲓⲕ ⲉⲛⲟⲩⲱⲙ ⲙ̄ⲙⲟϥ ·
ⲙ̄ⲡⲟⲟⲩ ⲙⲛ̄ ⲛⲉⲛⲥⲩⲅⲅⲉⲛⲏⲥ (*sic*) · ⲙ̄ ⲡⲱⲛ ⲁⲛ ⲡⲉ · ⲁⲗⲗⲁ
ⲡⲁ ⲡⲛⲟⲩⲧⲉ ⲡⲉ · ⲙⲛ̄ ⲡⲉϥⲛⲟϭ ⲛ̄ ⲁⲣⲭⲁⲅⲅⲉⲗⲟⲥ ⲉⲧ
ⲟⲩⲁⲁⲃ · ⲙⲓⲭⲁⲏⲗ · ⲡⲁⲓ ⲉⲧ ⲛ̄ⲣ̄ ϣⲁ ⲛⲁϥ ⲙ̄ⲡⲟⲟⲩ ·
ⲁⲗⲗⲁ ⲉϣϫⲉ ⲡⲉⲕⲟⲩⲱϣ ⲡⲉ · ⲱ̄ ⲡⲉⲛϫ̄ⲥ̄ · ⲧⲛ̄ⲛⲁϫⲓ ⲛ̄
ⲧⲉⲣⲙⲏⲛⲥⲓⲟⲛ ⲙ̄ⲙⲁⲧⲉ · ⲛ̄ⲧⲛ̄ⲧⲁⲁⲩ ⲉ ⲡⲙⲁ ⲙ̄ ⲡⲉⲥⲟⲟⲩ ·
ⲙⲛ̄ ⲡⲧⲉⲃ̄ⲧ · ⲁⲩⲱ ⲛ̄ⲧⲛ̄ⲥⲱⲧⲉ ⲛ̄ ⲧⲉϣⲧⲏⲛ · ⲛ̄ ⲧⲉⲡⲣⲟⲥ-
ⲫⲟⲣⲁ · ⲡⲣⲟⲥ ⲧⲉⲕⲕⲉⲗⲉⲩⲥⲓⲥ · ⲡⲉϫⲉ ⲡⲁⲣⲭⲱⲛ ⲛⲁⲩ ·
ϫⲉ ϩⲛ̄ ⲟⲩⲙⲉ · ⲛ̄ⲧⲉ ⲡⲛⲟⲩⲧⲉ ⲙⲛ̄ ⲡⲟⲩϫⲁⲓ̈ ⲙ̄ ⲡⲁ ϫ̄ⲥ̄
Fol. 37 *b* ⲡⲣ̄ⲣⲟ · ϫⲉ ⲧⲉⲧⲛⲁϫⲓⲧⲟⲩ ⲧⲏⲣⲟⲩ ⲁϫⲛ̄ (?) ⲕⲱ (?) | ⲉ
ⲟ̄ⲃ̄ ⲡⲁϩⲟⲩ · ⲁⲩⲱ ⲙⲏⲡⲱⲥ · ⲛ̄ⲧⲁ ⲧⲛ̄ⲣ̄ ϩⲟⲧⲉ · ϫⲉ ⲛ̄ⲛⲉ

Oriental 6781. ⲙⲏ ⲛ̄ⲧⲁⲕⲉⲓ ϣⲁ ⲡⲉⲕϩⲙ̄ϩⲁⲗ · ϫⲉ ⲛⲉϫⲓ ⲟⲩⲗⲁⲁⲩ ⲛ̄ ⲧⲟⲟⲧⲕ̄ ·
ⲙⲏ ⲟⲩⲭⲣⲉⲱⲥ ⲁⲛ ⲡⲉ ⲉ ⲣⲱⲙⲉ ⲛⲓⲙ ⲉ ϣⲟⲟⲡ ⲉ ⲣⲟⲟⲩ
ⲛ̄ ⲛ̄ⲧⲁⲝⲓⲥ ⲙ̄ ⲡⲣ̄ⲣⲟ · ⲙⲏ ⲛⲉⲕ ⲱ ⲁⲛ ⲛ̄ ϫⲟⲉⲓⲥ ⲉ̄ⲛⲉⲛ ⲕⲉ
ⲥⲱⲙⲁ · ⲉ ⲧⲣⲉⲕⲉⲓⲣⲉ ⲛⲁⲛ ⲛ̄ⲑⲉ ⲉⲧ ⲉⲕⲟⲩⲁ̄ϣⲥ̄ · ⲁⲩⲱ
ⲭⲱⲣⲓⲥ ⲛⲁⲓ ⲟⲛ ⲛ̄ⲛⲁϫⲓ ⲟⲩⲗⲁⲁⲩ ϩⲁ ⲧⲱⲣⲉⲁ ⲙ̄
ⲡⲛⲟⲩⲧⲉ · ⲁⲩⲱ ⲕ̄ⲥⲟⲟⲩⲛ ϩⲱⲱⲕ ϫⲉ ⲁϣ ⲛ̄ ϩⲟⲟⲩ ⲡⲉ
ⲡⲟⲟⲩ · ⲁⲩⲱ ⲡⲉ ⲕⲟⲩⲓ ⲛ̄ⲟⲉⲓⲕ ⲉ̄ⲧ ⲛ̄ⲟⲩⲱⲙ ⲙ̄ⲙⲟϥ ⲙ̄-
ⲡⲟⲟⲩ ⲙⲛ̄ ⲛⲉⲥⲛⲏⲩ ⲙ̄ ⲡⲱⲛ ⲁⲛ ⲡⲉ · ⲁⲗⲗⲁ ⲡⲁ ⲡⲛⲟⲩⲧⲉ
ⲡⲉ ⲙⲛ̄ ⲡⲉϥⲛⲟϭ ⲛ̄ ⲁⲣⲭⲁⲅⲅⲉⲗⲟⲥ ⲙⲓⲭⲁⲏⲗ · ⲡⲁⲓ ⲉ̄ⲧ
ⲛ̄ⲣ̄ ϣⲁ ⲛⲁϥ ⲙ̄ⲡⲟⲟⲩ · ⲁⲗⲗⲁ ⲉϣϫⲉ ⲡⲉⲕⲟⲩⲱ̄ϣⲉ ⲡⲉ
ⲡⲁⲓ ⲱ̄ ⲡⲉⲛϫⲟⲉⲓⲥ · ⲉⲓⲉ̄ ⲧⲛ̄ⲛⲁϫⲓ ⲡⲉⲓ ϣⲟⲙⲛ̄ⲧ ⲛ̄ⲧⲏⲣ-
ⲙⲏⲛⲥⲓⲟⲛ · ⲙ̄ⲙⲁⲧⲉ ⲛ̄ⲧⲛ̄ⲧⲁⲁⲩ ⲉ ⲡⲙⲁ ⲉⲧⲁⲣⲟⲛ · ⲡⲣⲟⲥ
ⲧⲉⲕⲕⲉⲗⲉⲩⲥⲓⲥ · ⲡⲉϫⲉ ⲡⲁⲣⲭⲱⲛ ⲛⲁⲩ ϫⲉ ϩⲛ̄ ⲟⲩⲙⲉ
ⲛⲧⲉ ⲡⲛⲟⲩⲧⲉ · ⲙⲛ̄ ⲡⲟⲩϫⲁⲓ ⲙ̄ ⲡⲁ ϫⲟⲉⲓⲥ ⲡⲣ̄ⲣⲟ · ϫⲉ
ⲧⲉⲧⲛⲁϫⲓⲧⲟⲩ ⲧⲏⲣⲟⲩ ⲙⲛ̄ ⲡⲉⲩⲕⲱⲃ · ⲙⲏⲡⲱⲥ ⲛ̄ⲧⲁ
ⲧⲉⲧⲛ̄ⲣ̄ ϩⲟⲧⲉ ϫⲉ ⲛ̄ⲛⲉ ⲡⲣ̄ⲣⲟ ⲥⲱⲧⲙ̄ ⲛϥⲁⲡⲉⲗⲉ ⲉ ⲣⲱⲧⲛ̄

ⲡⲣ̄ⲣⲟ · ⲥⲱⲧⲙ̄ · ⲛ̄ϥⲁⲡⲩⲗⲏ ⲉ ⲣⲱⲧⲛ̄ · ⲁⲛⲟⲕ ⲡⲉⲧ ⲛⲁⲡⲟ- Oriental 7021.
ⲗⲟⲅⲓⲍⲉ ϩⲁ ⲣⲱⲧⲛ̄ ⲙ̄ ⲡⲁ ⲭ̄ⲥ̄ ⲡⲣ̄ⲣⲟ · ⲧⲁⲣⲉϥϯ ⲛⲏⲧⲛ̄ ⲛ̄ϩⲉⲛ
ⲕⲉ ⲛⲟϭ ⲛ̄ⲧⲁⲓⲟ · ⲁⲩⲱ ⲉϣϫⲉ ⲧⲉⲧⲛ̄ⲛⲟⲩⲱϣ · ⲉ ⲧⲉⲧ
ⲡⲉⲧⲛ̄ϩⲏⲧ · ⲛⲁï ⲙ̄ⲙⲁⲧⲉ ⲁⲛ ⲛⲉⲧⲛ̄ⲧⲁϩⲟ ⲙ̄ⲙⲟⲟⲩ ⲉ
ϫⲓⲧⲟⲩ ⲛ̄ ⲧⲟⲟⲧ · ⲁⲗⲗⲁ ⲧⲙⲏⲛⲥⲉ ⲧⲉ ⲧⲁï · Ⲁⲗⲗⲁ
ϩⲟⲧⲁⲛ ⲉⲓϣⲁⲛⲕⲧⲟⲓ ⲉ ⲧⲁ ⲡⲟⲗⲓⲥ · ϩⲙ̄ ⲡⲟⲩⲱϣ ⲙ̄
ⲡⲛⲟⲩⲧⲉ · ϯⲛⲁⲧⲛ̄ⲛⲟⲟⲩ · ⲛ̄ⲥⲁ ⲧⲏⲩⲧⲛ̄ · ⲛ̄ⲧⲁⲡⲗⲩⲣⲟⲩ ⲙ̄-
ⲙⲱⲧⲛ̄ · ⲙ̄ ⲡⲕⲉⲫⲁⲗⲓⲟⲛ · ⲙⲛ̄ ⲡⲛⲟϭ ⲛ̄ⲧⲁⲓⲟ ⲉ ⲧïⲟⲩⲱϣ
ⲉ ⲧⲁⲁϥ ⲛⲏⲧⲛ̄ ⳾ Ⲇⲱⲣⲟⲑⲉⲟⲥ · ⲇⲉ ⲙⲛ̄ ⲧⲉϥⲥϩⲓⲙⲉ · ⲑⲉⲟ-
ⲡⲓⲥⲧⲏ · ⲁⲩⲁⲇⲟⲛⲉï ⲉⲩⲥⲱⲧⲙ̄ ⲉ ⲛⲉï ϣⲁϫⲉ · ⲁⲩⲱ · ⲡⲉ-
ϫⲁⲩ ⲙ̄ ⲡⲁⲣⲭⲱⲛ · ϫⲉ ⲧⲛ̄ⲥⲟⲡⲥⲛ̄ ⲙ̄ⲙⲟⲕ ⲡⲉⲛϫ̄ⲥ̄ ⲙⲛ̄ⲣ̄
ⲣ̄ ϩⲁⲗ ⲙ̄ⲙⲟⲛ · ⲁⲛⲟⲛ ⲛⲉϩⲙ̄ϩⲁⲗ · ϩⲛ̄ ⲛⲉⲓ ϣⲁϫⲉ · ⲁⲛⲟⲛ
ⲅⲁⲣ ⲡⲉⲛϫ̄ⲥ̄ · ⲁⲛⲟⲛ ⲛⲉⲕϩⲙ̄ϩⲁⲗ · ⲁⲩⲱ ⲕⲧⲟ ⲉ ⲣⲟⲛ · ⲛ̄
ϩⲉⲛϣⲁϫⲉ ⲉⲩⲛ̄ ⲧⲡⲉ ⲛ̄ ⲛⲉⲛⲙⲉⲧⲣⲟⲛ · ⲁⲩⲱ ⲉⲣⲉ ⲛⲉⲕϩⲙ̄-
ϩⲁⲗ ⲛⲁϭⲛ̄ ⲭⲣⲏⲙⲁ ⲧⲱⲛ · ⲉϯ ⲟⲛ ϫⲉ ⲛ̄ⲛⲁϫⲓ ⲙⲏⲥⲉ · ⲏ̄
ⲁϣ ⲡⲉ ⲡⲉϩⲟⲟⲩ ⲛ̄ⲧⲁ ⲛⲉⲛϫⲓⲥⲟⲟⲩⲉ ⲉⲓ ⲉⲣⲁⲧⲟⲩ · ⲁⲛⲇⲓⲁ- Fol. 38 *a*
ⲕⲱⲛⲉⲓ ⲛⲁⲩ · ϩⲛ̄ ⲟⲩⲙⲉ ⲛⲧⲉ ⲡⲛⲟⲩⲧⲉ ⲙ̄|ⲡⲉ ⲛⲛⲁⲩ ⲅⲁⲣ ⲉ ⲟ̄ⲩ̄

ⲁⲛⲟⲕ ⲡⲉⲧ ⲛⲁⲁ̄ⲡⲟⲗⲟⲅⲓⲍⲉ ϩⲁ ⲣⲱⲧⲛ̄ ⲙ̄ ⲡⲁ ϫⲟⲉⲓⲥ ⲡⲣ̄ⲣⲟ · Oriental 6781.
ϫⲉ ⲧⲉⲧ ⲛⲁϫⲓⲧⲟⲩ ⲧⲏⲣⲟⲩ · ⲛ̄ⲧⲁⲧⲣⲉϥϯ ⲛⲏⲧⲛ̄ ⲛ̄ ⲕⲉ ⲛⲟϭ
ⲛ̄ⲧⲁⲉⲓⲟ̄ · ⲁⲩⲱ ⲉϣϫⲉ ⲧⲉⲧⲛ̄ⲟⲩⲉϣ ⲡⲉⲧⲛ̄ϩⲏⲧ ⲙⲟⲧⲛⲉ ·
ⲛ̄ⲛⲁⲓ ⲁⲛ ⲙ̄ⲙⲁⲧⲉ ⲛⲉⲧⲉⲧⲛ̄ⲧⲁϩⲟ · ⲙ̄ⲙⲟⲟⲩ ⲛ̄ ⲧⲟⲟⲧ · ⲁⲗⲗⲁ
ⲧⲙⲏⲛⲥⲉ ⲧⲉ ⲧⲁⲓ · ϩⲟⲧⲁⲛ ⲇⲉ ⲉⲓϣⲁⲛⲕⲧⲟⲓ ⲉ ⲧⲁ ⲡⲟⲗⲓⲥ
ϩⲙ̄ ⲡⲟⲩⲱϣⲉ ⲙ̄ ⲡⲛⲟⲩⲧⲉ ϯⲛⲁⲧⲛ̄ⲛⲟⲟⲩ ⲛⲏⲧⲛ̄ · | ⲙ̄ Fol. 22 *a*
ⲡⲕⲉⲫⲁⲗⲓⲟⲛ · ⲛ̄ⲧⲁⲧⲛ̄ⲛⲟⲟⲩ ⲛ̄ⲥⲱⲧⲛ̄ ⲛ̄ⲧⲁⲡⲗⲏⲣⲟⲩ ⲙ̄- ⲡ̄ⲉ̄
ⲙⲱⲧⲛ̄ ⲛ̄ⲧⲁⲧⲓ ⲛⲏⲧⲛ̄ ⲛ̄ ϩⲉⲛⲕⲉⲧⲁⲓⲟ̄ · ⲇⲱⲣⲟⲑⲉⲟⲥ ⲇⲉ
ⲙⲛ̄ ⲑⲉⲱ̄ⲡⲓⲥⲧⲏ ⲧⲉϥⲥϩⲓⲙⲉ · ⲁⲩⲁ̄ⲇⲱⲛⲉⲓ · ⲉⲩⲥⲱⲧⲙ̄ ⲉ̄
ⲛⲁⲓ · Ⲡⲉϫⲁⲩ ⲙ̄ ⲡⲁⲣⲭⲱⲛ ϫⲉ ⲧⲛ̄ⲥⲟⲡⲥⲛ̄ ⲙ̄ⲙⲟⲕ ⲙⲛ̄ⲣ̄
ⲣ̄ ϩⲁⲗ ⲙ̄ⲙⲟⲛ ⲟⲩⲇⲉ ⲙⲛ̄ⲣ̄ ϩⲓⲗⲁ ⲉ ⲣⲟⲛ ϩⲛ̄ ⲛⲉⲕϣⲁϫⲉ ·
ⲁⲛⲟⲛ ⲛⲉⲕϩⲙ̄ϩⲁⲗ · ⲉⲡⲉⲓ ⲇⲏ Ⲉⲩⲛ̄ ⲧⲡⲉ̄ ⲙ̄ ⲡⲉⲛⲙⲏⲧⲣⲟⲛ
ⲁⲩⲱ ⲉⲣⲉ ⲛⲉⲕϩⲙ̄ϩⲁⲗ ⲛⲁϭⲛ̄ ⲭⲣⲏⲙⲁ ⲧⲱⲛ ϩⲁϩⲧⲏⲕ ·
ϫⲉ ⲛⲁϫⲓ ⲙⲏⲥⲉ · ⲏ̄ ⲁϣ ⲡⲉ ⲡⲉϩⲟⲟⲩ ⲛ̄ⲧⲁⲕⲉⲓ ϣⲁ ⲣⲟⲛ ·
ⲉⲓ ⲙⲏ ⲧⲉⲓ ⲉ̄ ⲡⲟⲟⲩ ⲙ̄ⲙⲁⲧⲉ · ϫⲉ ⲛ̄ⲛⲁϯ ⲟⲩⲗⲁⲁⲩ ⲛⲁⲕ ·
ϩⲛ̄ ⲟⲩⲙⲉ ⲅⲁⲣ ⲛ̄ⲧⲉ ⲡϫ̄ⲥ̄ ⲙ̄ⲡⲉ ⲛⲛⲁⲩ ⲅⲁⲣ ⲉ̄ ⲣⲟⲕ ⲉⲛⲉϩ ·

Oriental 7021.
ⲣⲟⲕ ⲉⲛⲉϩ· ⲉ ⲁⲕⲉï ⲉ ϩⲟⲩⲛ ⲉ ⲡⲉⲛⲏⲓ· ⲛ̅ⲧⲛ̅ⲥⲟⲟⲩⲛ ⲁⲛ· ⲙ̅ⲙⲟⲕ ϩⲙ̅ ⲡϩⲟ· ⲉⲓ ⲙⲏ ⲧⲉï ⲡⲟⲟⲩ ⲙ̅ⲙⲁⲧⲉ· ⲁⲩⲱ ⲛ̅ ⲁϣ ⲛ̅ ϩⲉ ⲱ̅ ⲡⲉⲛϫ̅ⲥ̅ ⲕ̅ϫⲱ ⲙ̅ⲙⲟⲥ ⲛⲁⲛ· ϫⲉ ⲁⲕϫⲓ ⲗⲁⲁⲩ ⲛ̅ ⲧⲟⲟⲧⲛ̅· ⲁϥⲟⲩⲱϣⲃ̅ ⲛ̅ϭⲓ ⲡⲁⲣⲭⲱⲛ· ⲁⲛⲟⲕ ⲡⲉⲧ ⲛⲁ ⲧⲁⲙⲱⲧⲛ̅· ϫⲉ ⲛ̅ⲧⲁⲉⲓ ⲉ ϩⲟⲩⲛ ⲉ ⲡⲉⲧⲛ̅ⲏⲓ· ⲛ̅ ⲁϣ ⲛ̅ ⲟⲩⲟⲉⲓϣ· ϫⲓⲛ ⲡⲉϩⲟⲟⲩ ⲅⲁⲣ ⲛ̅ⲧⲁ ⲛⲉⲧⲛ̅ⲉⲓⲟⲟⲧⲉ· ⲙⲟⲩ· ⲁⲧⲉⲧⲛ̅ⲣ̅ ⲁⲧ ⲧⲉⲧⲛ̅ⲟⲩⲥⲓ̈ⲁ· ϯⲛⲏⲩ ⲉ ϩⲟⲩⲛ ⲉ ⲡⲉⲧⲛ̅ⲏⲓ̈ ⲛ̅ ⲟⲩⲥⲟⲡ· ⲕⲁⲧⲁ ⲉⲃⲟⲧ· ⲁⲩⲱ ⲙⲛ̅ⲛ̅ⲥⲁ ⲧⲣⲁⲉï ⲟⲛ ⲧⲉⲧⲛ̅ⲧⲛ̅ⲛⲟⲟⲩ ⲛ̅ ϩⲉⲛ ⲕⲉ ⲛⲟϭ ⲛ̅ⲧⲁⲓⲟ· ⲉ ⲧⲁ ⲡⲟⲗⲓⲥ· ⲉ ⲣⲁⲧϥ̅ ⲙ̅ ⲡⲁ ϫ̅ⲥ̅ ⲡⲣ̅ⲣⲟ· ⲁⲩⲱ ϥⲥϩⲁï ⲛ̅ ⲛⲉⲧⲛ̅ⲣⲁⲛ ⲉ ϫⲱⲟⲩ ⲧⲏⲣⲟⲩ· ϫⲉ ⲕⲁⲥ ⲉⲧⲉⲧⲛ̅ϣⲁⲛⲉⲓ ⲉ ⲧⲡⲟⲗⲓⲥ· ⲙ̅ ⲡⲣ̅ⲣⲟ· ⲛϥ̅ⲧⲟⲟⲃⲟⲩ ⲛⲏⲧⲛ̅ ⲙⲛ̅ ⲡⲉⲩϭⲱⲃ· Ⲁϥⲟⲩⲱϣⲃ̅ ⲛ̅ϭⲓ ⲇⲱⲣⲟⲑⲉⲟⲥ ⲙⲛ̅ ⲑⲉⲟⲡⲓⲥⲧⲏ· ⲉⲩϫⲱ ⲙ̅ⲙⲟⲥ· ϫⲉ ⲧⲛ̅ⲡⲁⲣⲁⲕⲁⲗⲉⲓ ⲙ̅ⲙⲟⲕ· ⲡⲉⲛϫ̅ⲥ̅· ⲁⲣⲓⲣⲉ ⲛ̅ⲙ̅ⲙⲁⲛ ⲙ̅ ⲡⲉⲓ ⲛⲟϭ ⲛ̅ ⲁⲅⲁⲑⲟⲛ· ⲛⲅ̅ ϫⲱ ⲉ ⲣⲟⲛ· ⲙ̅ ⲡⲉⲕⲣⲁⲛ· ⲙⲉϣⲁⲕ ⲧⲛ̅ⲛⲁⲁⲓⲥⲑⲁⲛⲉ ⲉ ⲡϩⲱⲃ· Ⲉⲡⲉⲓ ⲇⲏ ⲁⲛⲃⲱⲗ ⲉ ⲃⲟⲗ·

Oriental 6781.
ⲁⲕⲉⲓ ⲉ ϩⲟⲩⲛ ⲉ ⲡⲉⲛⲏⲓ· ⲟⲩⲇⲉ ⲛ̅ⲧⲛ̅ⲥⲟⲟⲩⲛ ⲙ̅ⲙⲟⲕ ⲁⲛ ϩⲙ̅ ⲡϩⲟ· ⲉⲓ ⲙⲏ ⲧⲉⲓ ⲉ ⲡⲟⲟⲩ ⲙ̅ⲙⲁⲧⲉ· ⲁⲩⲱ ⲛ̅ⲛ̅ ⲁϣ ⲛ̅ ϩⲉ ⲱ̅ ⲡⲉⲛϫⲟⲉⲓⲥ· ⲉⲕϫⲱ ⲙ̅ⲙⲟⲥ ϫⲉ ⲁⲕϫⲓ ⲟⲩⲗⲁⲁⲩ ⲛ̅ ⲧⲟⲟⲧⲛ̅· Ⲁϥⲟⲩⲱ̅ϣⲃ̅ ⲛ̅ϭⲓ ⲡⲁⲣⲭⲱⲛ ⲉϥϫⲱ ⲙ̅ⲙⲟⲥ ϫⲉ ⲥⲱⲧⲙ̅ ⲛ̅ⲧⲁⲧⲁⲙⲱⲧⲛ̅· ϫⲉ ⲛ̅ⲧⲁⲓⲉⲓ ⲉ ϩⲟⲩⲛ ⲉ ⲡⲉⲧⲛ̅ⲏⲓ ⲛ̅ⲛ̅ ⲁϣ ⲛ̅ ⲟⲩⲟ̅ⲉⲓϣ· ϫⲓⲛ ⲙ̅ ⲡⲉⲟⲩⲟⲉⲓϣ ⲅⲁⲣ ⲛ̅ⲧⲁ ⲛⲉⲧⲛ̅ⲉⲓⲟ̅ⲧⲉ ⲙ̅ⲧⲟⲛ ⲙ̅ⲙⲟⲟⲩ· ⲉ̅ ⲁⲧⲉⲧⲛ̅ⲣ̅ ⲁ̅ⲡⲉ ⲉ ⲧⲉⲩⲟⲩⲥⲓⲁ̅ ϣⲁ ϩⲣⲁⲓ ⲉ ⲡⲟⲟⲩ ⲛ̅ϩⲟⲟⲩ· ϯⲛⲏⲩ ⲉ ϩⲟⲩⲛ ⲉ ⲡⲉⲧⲛ̅ⲏⲓ ⲛ̅ ⲟⲩⲥⲟⲡ ⲕⲁⲧⲁ ⲉⲃⲟ̅ⲧ· ⲁⲩⲱ ⲙⲛ̅ⲛ̅ⲥⲁ ⲧⲣⲁⲉⲓ ⲟⲛ ⲧⲉⲧⲛ̅ⲛⲟⲟⲩ ⲛ̅ ϩⲉⲛ ⲕⲉ ⲛⲟϭ ⲛ̅ⲧⲁⲉⲓⲟ̅ ⲉ ⲧⲁ ⲡⲟⲗⲓⲥ ⲉ ⲣⲁⲧϥ̅ ⲙ̅ ⲡⲁ ϫⲟⲉⲓⲥ ⲡⲣ̅ⲣⲟ ⲁⲩⲱ ϥ̅ⲥϩⲁⲓ ⲙ̅ⲙⲟⲟⲩ ⲛ̅ⲥⲱⲧⲛ̅ ⲧⲏⲣⲟⲩ· ⲉⲧⲉⲧⲛ̅ϣⲁⲛⲉⲓ ⲉ ⲧⲡⲟⲗⲓⲥ· ⲛ̅ ⲧⲙⲛ̅ⲧⲉⲣⲟ̅· ⲛϥ̅ⲧⲟⲟⲃⲟⲩ ⲛⲏⲧⲛ̅ ⲙⲛ̅ ⲡⲉⲩⲕⲱ̅ⲃ· ⲁϥⲟⲩⲱ̅ϣⲃ̅ ⲛ̅ϭⲓ ⲇⲱⲣⲟⲑⲉⲟⲥ ⲙⲛ̅
Fol. 22 b ⲑⲉⲱ̅ⲡⲓⲥⲧⲏ ⲧⲉϥⲥϩⲓⲙⲉ ⲉⲩϫⲱ ⲙ̅ⲙⲟⲥ ϫⲉ ⲧⲛ̅|ⲡⲁⲣⲁⲕⲁⲗⲉⲓ
ⲛ̅ⲉ̅ ⲙ̅ⲙⲟⲕ ⲡⲉⲛϫⲟⲉⲓⲥ ⲁⲣⲓ ⲉⲓⲣⲉ ⲛⲁⲛ ⲙ̅ ⲡⲉⲓ ⲛⲟϭ ⲛ̅ ⲁⲅⲁⲑⲟⲛ· ⲛⲅ̅ ϫⲱ ⲉ ⲣⲟⲛ ⲙ̅ ⲡⲉⲕⲣⲁⲛ ⲙ̅ⲙⲁⲧⲉ ⲛ̅ⲧⲛ̅ⲁⲓⲥⲑⲁⲛⲉ ⲉ ⲡϩⲱⲃ Ⲉⲡⲉⲓ ⲇⲏ ⲁⲛⲃⲱⲗ ⲉ ⲃⲟⲗ ⲉϫⲛ̅ ⲛⲉⲕϣⲁϫⲉ· ⲉⲧ

ⲉϫⲛ̅ ⲛⲕϣⲁϫⲉ· ⲉⲧ ⲉⲕϫⲱ ⲙ̅ⲙⲟⲟⲩ ⲛⲁⲛ· ⲁϥⲟⲩⲱϣⲃ̅ Oriental 7021.
ⲛ̅ϭⲓ ⲡⲁⲣⲭⲱⲛ ⲉⲧⲉ ⲙ[ⲓ]ⲭⲁⲏⲗ ⲡⲉ· ϫⲉ ϯⲛⲁϫⲱ ⲛⲏⲧⲛ̅ ⲙ̅
ⲡⲁ ⲣⲁⲛ ⲙⲛ̅ ⲡⲁ ⲡⲁ ϫ̅ⲥ̅ ⲡⲣ̅ⲣⲟ | ⲙⲛ̅ ⲡⲣⲙ̅ (*sic*) ⲧⲁ ⲡⲟⲗⲓⲥ· Fol. 38 *b*
ⲑⲓ̈ⲉⲗⲏⲙ̅ · ⲁⲩⲱ ⲉϣϫⲉ ⲧⲉⲧⲛ̅ⲟⲩⲱϣ ⲉ ⲉⲓⲙⲉ ⲉ ⲣⲟⲟⲩ ⲟ̅ⲁ̅
ⲥⲱⲧⲙ̅ ⲛ̅ⲧⲁⲧⲁⲙⲱⲧⲛ̅ :—ⲁⲛⲟⲕ ⲡⲉ ⲙⲓⲭⲁⲏⲗ· ⲡⲁⲣⲭⲱⲛ·
ⲛ̅ ⲛⲁ ⲧⲡⲉ ⲙⲛ̅ ⲛⲁ ⲡⲕⲁϩ· ⲁⲛⲟⲕ ⲡⲉ ⲙⲓⲭⲁⲏⲗ·
ⲡⲁⲣⲭⲏⲥⲧⲣⲁⲧⲏⲅⲟⲥ· ⲛ̅ ⲧϭⲟⲙ ⲛ̅ ⲙ̅ⲡⲏⲩⲉ· ⲁⲛⲟⲕ ⲡⲉ
ⲙⲓⲭⲁⲏⲗ· ⲡⲁⲣⲭⲏⲁⲅⲅⲉⲗⲟⲥ· ⲛ̅ ⲛⲓ ⲁⲓⲱⲛ ⲙ̅ ⲡⲟⲩⲟⲉⲓⲛ·
ⲁⲛⲟⲕ ⲡⲉ ⲙⲓ̈ⲭⲁⲏⲗ· ⲡⲁⲩⲛⲁⲧⲟⲥ ⲉⲧ ϭⲱⲧⲡ̅· ⲛ̅ ⲙ̅ⲡⲟⲗⲩ-
ⲙⲟⲥ· ϩⲓⲑⲏ ⲙ̅ ⲡⲉϥⲣ̅ⲣⲟ· ⲁⲛⲟⲕ ⲡⲉ ⲙⲓ̈ⲭⲁⲏⲗ· ⲡⲥⲟⲗⲥⲗ̅
ⲁⲩⲱ ⲡϣⲟⲩϣⲟⲩ· ⲛ̅ ⲛⲁ ⲙ̅ⲡⲏⲩⲉ· ⲙⲛ̅ ⲛⲁ ⲡⲕⲁϩ·
ⲁⲛⲟⲕ ⲡⲉ ⲙⲓⲭⲁⲏⲗ· ⲡⲁ ϩⲟ ⲉⲧ ⲉⲣⲉ ⲙ̅ ⲙⲛ̅ⲧϣⲁⲛϩⲧⲏϥ·
ⲙ̅ ⲡⲛⲟⲩⲧⲉ ⲛ̅ ϩⲏⲧϥ· ⲁⲛⲟⲕ ⲡⲉ ⲙⲓⲭⲁⲏⲗ· ⲡⲁⲣⲭⲏ-
ⲁⲅⲅⲉⲗⲟⲥ· ⲛ̅ ⲛⲓ ⲁⲓⲱⲛ ⲙ̅ ⲡⲟⲩⲟⲉⲓⲛ· ⲁⲩⲱ ⲡⲟⲓⲕⲟⲛⲟⲙⲟⲥ
ⲛ̅ ⲧⲙⲛ̅ⲧⲉⲣⲟ ⲛ̅ ⲙ̅ⲡⲏⲩⲉ· ⲁⲛⲟⲕ ⲡⲉ ⲙⲓⲭⲁⲏⲗ· ⲡⲉⲧ ϫⲓ̈
ⲛ̅ ⲛ̅ⲑⲩⲥⲓⲁ· ⲙⲛ̅ ⲛ̅ⲥⲟⲡⲥⲡ̅ ⲛ̅ ⲛ̅ⲣⲱⲙⲉ· ⲉⲓⲡⲣⲟⲥⲉⲛⲉⲅⲕⲉⲓ
ⲙ̅ⲙⲟⲟⲩ· ⲙ̅ ⲡⲛⲟⲩⲧⲉ· ⲡⲣ̅ⲣⲟ ⲙ̅ ⲙⲉ ⲓ̅ⲥ̅ ⲡⲉⲭ̅ⲥ̅·

ⲉⲕⲧⲁⲩⲟ ⲙ̅ⲙⲟⲟⲩ ⲉ ⲣⲟⲛ· ⲁϥⲟⲩⲱϣⲃ̅ ⲛ̅ϭⲓ ⲡⲁⲣⲭⲱⲛ Oriental 6781.
ⲉ̅ⲧⲉ ⲙⲓⲭⲁⲏⲗ [ⲡⲉ] ⲉϥϫⲱ ⲙ̅ⲙⲟⲥ ϫⲉ ϯⲛⲁϫⲱ ⲉ ⲣⲱⲧⲛ̅ ⲙ̅
ⲡⲁ ⲣⲁⲛ ⲙⲛ̅ ⲡⲣⲁⲛ ⲙ̅ ⲡⲁ ϫⲟⲉⲓⲥ ⲡⲣ̅ⲣⲟ ⲙⲛ̅ ⲡⲣⲁⲛ ⲛ̅ ⲧⲁ
ⲡⲟⲗⲓⲥ· ⲁⲩⲱ ⲉϣϫⲉ ⲉ̅ⲧⲉⲧⲛ̅ⲟⲩⲱϣⲉ ⲉ ⲉⲓⲙⲉ ⲥⲱⲧⲙ̅ ⲛ̅ⲧⲁⲧⲁ-
ⲙⲱⲧⲛ̅· Ⲁⲛⲟⲕ ⲡⲉ ⲙⲓⲭⲁⲏⲗ ⲡⲁⲣⲭⲱⲛ ⲛ̅ ⲛⲁ ⲧⲡⲉ
ⲙⲛ̅ ⲛⲁ ⲡⲕⲁϩ· Ⲁⲛⲟⲕ ⲡⲉ ⲙⲓⲭⲁⲏⲗ ⲡⲁⲣⲭⲏⲥⲧ[ⲣ]ⲁⲧⲏⲕⲟⲥ
ⲛ̅ ⲧϭⲟⲙ ⲛ̅ ⲙ̅ⲡⲏⲩⲉ Ⲁⲛⲟⲕ ⲡⲉ ⲙⲓⲭⲁⲏⲗ ⲡⲁⲣⲭⲁⲅⲅⲉⲗⲟⲥ
ⲛ̅ ⲛ̅ⲁⲓⲱⲛ ⲙ̅ ⲡⲟⲩⲟⲉⲓⲛ· ⲁⲛⲟⲕ ⲡⲉ ⲙⲓⲭⲁⲏⲗ ⲡⲁⲩⲛⲁⲧⲟⲥ
ⲉⲧ ϭⲱⲧⲡ̅ ⲙ̅ ⲡⲟⲗⲉⲙⲟⲥ ϩⲓⲑⲏ ⲙ̅ ⲡⲉϥⲣ̅ⲣⲟ Ⲁⲛⲟⲕ ⲡⲉ
ⲙⲓⲭⲁⲏⲗ ⲡⲥⲟⲗⲥⲗ̅ ⲁⲩⲱ ⲡϣⲟⲩϣⲟⲩ ⲛ̅ ⲙ̅ⲡⲏⲩⲉ ⲙⲛ̅
ⲡⲕⲁϩ· Ⲁⲛⲟⲕ ⲡⲉ ⲙⲓⲭⲁⲏⲗ ⲡⲁ ϩⲟ ⲉⲧ ⲉⲣⲉ ⲙ̅ ⲙⲛ̅ⲧ-
ϣⲛ̅ϩⲧⲏϥ ⲙ̅ ⲡⲛⲟⲩⲧⲉ ⲛ̅ϩⲏⲧϥ· Ⲁⲛⲟⲕ ⲡⲉ ⲙⲓⲭⲁⲏⲗ
ⲡⲟⲓⲕⲟⲛⲟⲙⲟⲥ ⲛ̅ ⲧⲙⲛ̅ⲧⲉⲣⲟ ⲛ̅ ⲙ̅ⲡⲏⲩⲉ· ⲁⲛⲟⲕ ⲡⲉ ⲙⲓ-
ⲭⲁⲏⲗ ⲡⲁⲣⲭⲁⲅⲅⲉⲗⲟⲥ ⲉⲧ ⲁϩⲉ ⲉ ⲣⲁⲧϥ ⲛ̅ⲥⲁ ⲟⲩⲛⲁⲙ·
ⲙ̅ ⲡⲉⲓ̈ⲱⲧ ⲛ̅ⲛⲁⲩ ⲛⲓⲙ Ⲁⲛⲟⲕ ⲡⲉ ⲙⲓⲭⲁⲏⲗ ⲡⲉⲧ ϫⲓ
ⲛ̅ ⲛ̅ⲥⲟⲡⲥⲡ̅ ⲙⲛ̅ ⲛⲉⲑⲩⲥⲓⲁ ⲉ̅ⲧⲟⲩⲡⲣⲟⲥⲉⲛⲉⲅⲕⲏ ⲙ̅ⲙⲟⲟⲩ ⲙ̅

Oriental 7021. ⲡⲉⲛⲥⲱ̄ⲣ̄ · ⲁⲛⲟⲕ ⲡⲉ ⲙⲓⲭⲁⲏⲗ · ⲡⲉⲧ ⲙⲟⲟϣⲉ ⲙⲛ̄
ⲣⲱⲙⲉ ⲛⲓⲙ · ⲉⲣⲉ ⲧⲉⲩϩⲉⲗⲡⲓⲥ ϩⲙ̄ ⲡⲛⲟⲩⲧⲉ · ⲁⲛⲟⲕ ⲡⲉ
ⲙⲓⲭⲁⲏⲗ · ⲡⲁⲣⲭⲏⲁⲅⲅⲉⲗⲟⲥ · ⲡⲉⲧ ⲇⲓⲁⲕⲱⲛⲉⲓ ⲉ
ⲧⲙⲛ̄ⲧⲣⲱⲙⲉ ⲧⲏⲣⲥ̄ · ϩⲛ̄ ⲟⲩⲟⲩⲣⲟⲧ · ⲁⲩⲱ ⲉⲧ ⲇⲓⲁⲕⲱⲛⲉⲓ
ⲉ ⲣⲱⲧⲛ̄ ϫⲓⲛ ⲧⲉⲧⲛ̄ⲙⲛ̄ⲧⲕⲟⲩⲓ ϣⲁ ⲧⲉⲛⲟⲩ · ⲱ̄ ⲇⲱⲣⲟⲑⲉⲟⲥ
Fol. 39 a ⲙⲛ̄ ⲑⲉⲱ̄ⲡⲓⲥⲧⲏ · | ⲁⲩⲱ ⲟⲛ ϯⲛⲁⲗⲟ ⲁⲛ · ⲉϯⲁⲕⲱⲛⲉⲓ ⲉ
ⲟ̄ⲉ̄ ⲣⲱⲧⲛ̄ · ϣⲁⲛ ϯⲡⲣⲟⲥⲉⲛⲉⲅⲕⲉⲓ ⲙ̄ⲙⲱⲧⲛ̄ ⲙ̄ ⲡⲣ̄ⲣⲟ ⲛ̄ ⲛⲁ
ⲧⲡⲉ · ⲙⲛ̄ ⲛⲁ ⲡⲕⲁϩ · ⲉⲡⲉⲓ ⲇⲏ ⲁⲧⲉⲧⲛ̄ⲇⲓⲁⲕⲱⲛⲉⲓ ⲛⲁⲓ
ϩⲱ ⲙⲛ̄ ⲡⲁ ϫ̄ⲥ̄ · ϩⲛ̄ ⲟⲩⲛⲟϭ ⲛ̄ ϭⲟⲙ · ϯⲛⲁⲟⲃϣ̄ⲧ̄ ⲁⲛ ⲉ
ⲛⲉⲧⲛ̄ⲑⲩⲥⲓⲁ · ⲙⲛ̄ ⲛⲉⲧⲛ̄ⲁⲅⲁⲡⲏ · ⲛⲁⲓ ⲉⲧⲉⲧⲛ̄ϯ ⲙ̄ⲙⲟⲟⲩ
ⲙ̄ ⲡⲛⲟⲩⲧⲉ · ϩⲙ̄ ⲡⲁ ⲣⲁⲛ · ⲙⲏ ⲛⲉⲓⲁϩⲉ ⲣⲁⲁⲧ ⲛ̄ⲥⲁϥ
ⲉⲓⲥⲱⲧⲙ̄ ⲉ ⲣⲱⲧⲛ̄ ϩⲛ̄ ⲛⲉⲧⲉⲧⲛ̄ϫⲱ ⲙ̄ⲙⲟⲟⲩ · ⲙⲛ̄ ⲛⲉⲧⲛ̄ⲣⲏⲩ
ϩⲓ ⲟⲩⲥⲟⲡ · ⲉ ⲧⲃ̄ⲏⲏⲧ · ⲉ ⲧⲃⲉ ⲡⲧⲱϣ ⲛ̄ ⲧⲉⲡⲣⲟⲥⲫⲟⲣⲁ ·
ⲙⲛ̄ ⲧⲁⲅⲁⲡⲏ · ⲉⲧⲉⲧⲛ̄ϯ ⲙ̄ⲙⲟⲥ ϩⲙ̄ ⲡⲁ ⲣⲁⲛ ϩⲙ̄ ⲡⲁ ϣⲁ ·
ⲙⲏ ϯⲟⲩⲏⲩ · ⲙ̄ⲙⲱⲧⲛ̄ ⲙ̄ ⲡⲛⲁⲩ · ⲛ̄ⲧⲁ ⲧⲉⲧⲛ̄ⲣⲓ̈ⲙⲉ ·
ⲉⲧⲉⲧⲛ̄ⲥⲟⲡⲥⲡ̄ ⲙ̄ⲙⲟⲓ̈ · ϫⲉ ⲡⲁⲣⲁⲕⲁⲗⲉⲓ · ⲁⲩⲱ ⲛ̄ⲅ̄
ⲥⲟⲡⲥⲡ̄ ⲙ̄ ⲡⲛⲟⲩⲧⲉ ⲉ ϫⲱⲛ · ⲛ̄ϥⲡⲟⲟⲛⲉⲛ ⲉ ⲃⲟⲗ

Oriental 6781. ⲡⲛⲟⲩⲧⲉ ⲡⲉⲛⲣ̄ⲣⲟ · ⲀⲚⲟⲕ ⲡⲉ ⲙⲓⲭⲁⲏ̄ⲗ̄ · ⲡⲉⲧ ⲙⲟⲟϣⲉ
ⲙⲛ̄ ⲣⲱⲙⲉ ⲛⲓⲙ ⲉⲣⲉ ⲧⲉϥϩⲉⲗⲡⲓⲥ ϩⲓ ⲡⲛⲟⲩⲧⲉ ⲀⲚⲟⲕ
ⲡⲉ ⲙⲓⲭⲁⲏ̄ⲗ̄ ⲡⲁⲣⲭⲁⲅⲅⲉⲗⲟⲥ ⲉⲧ ⲇⲓⲁⲕⲟⲛⲉⲓ ⲉ̄ ⲧⲙⲛ̄ⲧ-
ⲣⲱⲙⲉ ⲧⲏⲣⲥ̄ ϩⲛ̄ ⲟⲩⲟⲩⲣⲟⲧ · ⲁⲩⲱ ⲁⲛⲟⲕ ⲡⲉⲧ ⲇⲓⲁ̄ⲕⲟⲛⲉⲓ
ⲉ ⲣⲱⲧⲛ̄ ϫⲓⲛ̄ ⲧⲉⲧⲛ̄ⲙⲛ̄ⲧⲕⲟⲩⲓ ϣⲁ ⲧⲉⲛⲟⲩ ⲱ̄ ⲇⲱⲣⲟⲑⲉⲟⲥ ·
ⲙⲛ̄ ⲑⲉⲱ̄ⲡⲓⲥⲧⲏ · ⲁⲩⲱ ⲛ̄ ϯⲛⲁⲗⲟ ⲁⲛ ⲉⲓⲇⲓ̈ⲁⲕⲟⲛⲉⲓ |
Fol. 23 a ⲉ ⲣⲱⲧⲛ̄ · ϣⲁⲛ ⲧⲁⲡⲣⲟⲥⲉ̄ⲛⲉⲅⲕⲏ ⲙ̄ⲙⲱⲧⲛ̄ ⲙ̄ ⲡⲣ̄ⲣⲟ · ⲛ̄
ⲛ̄ⲍ̄ ⲛⲁ ⲧⲡⲉ ⲙⲛ̄ ⲛⲁ ⲡⲕⲁϩ Ⲉⲡⲉⲓ ⲇⲏ ⲁⲧⲉⲧⲛ̄ⲇⲓⲁⲕⲟⲛⲉⲓ ⲛⲁⲓ
ϩⲱⲧ · ⲙⲛ̄ ⲡⲁ ϫⲟⲉⲓⲥ ϩⲛ̄ ⲟⲩⲛⲟϭ ⲛ̄ ϭⲟⲙ ⲙⲏ ⲉⲓⲟ̄ⲃ̄ϣ̄ ⲉ
ⲛⲉⲧⲛ̄ⲑⲩⲥⲓⲁ ⲙⲛ̄ ⲛⲉⲧⲛ̄ⲁⲅⲁⲡⲏ · ⲉⲧⲉⲧⲛ̄ⲉⲓⲛⲉ ⲙ̄ⲙⲟⲟⲩ
ⲙ̄ ⲡⲛⲟⲩⲧⲉ ϩⲙ̄ ⲡⲁ ⲣⲁⲛ · ⲙⲏ ⲛⲉⲓⲁϩⲉ ⲣⲁⲧ ⲁⲛ ⲛ̄ⲥⲁϥ
ⲉⲓⲥⲱⲧⲙ̄ ⲉ ⲣⲱⲧⲛ̄ · ϩⲛ̄ ⲛⲉⲧⲉⲧⲛ̄ϫⲱ ⲙ̄ⲙⲟⲟⲩ ⲙⲛ̄ ⲛⲉⲧⲛ̄-
ⲉⲣⲏⲩ · ⲉ ⲧⲃⲉ ⲧⲉⲡⲣⲟⲥⲫⲟⲣⲁ ⲙ̄ ⲡϣⲁ̄ · ⲙⲏ ⲉⲓⲟⲩⲉ̄ ⲙ̄-
ⲙⲱⲧⲛ̄ ⲙ̄ ⲡⲛⲁⲩ · ⲉⲧⲉⲧⲛ̄ⲣⲓⲙⲉ ⲁⲩⲱ ⲉⲧⲉⲧⲛ̄ⲥⲟⲡⲥⲡ̄
ⲙ̄ⲙⲟⲓ · ϫⲉ ⲡⲁⲣⲁⲕⲁⲗⲉⲓ ⲙ̄ ⲡⲛⲟⲩⲧⲉ ⲛ̄ϥⲡⲟⲟⲛⲉⲛ ⲉ

ⲙ̄ ⲡⲁⲧ ⲉⲥⲟⲩⲱϫⲛ̄ ⲛ̄ϭⲓ ⲧⲉⲑⲩⲥⲓⲁ ⲙⲛ̄ ⲧⲁⲅⲁⲡⲏ· ⲙ̄ Oriental 7021.
ⲡⲁⲣⲭⲁⲅⲅⲉⲗⲟⲥ· ⲙⲏ ⲛ̄ ϯⲛⲁⲩ ⲉ ⲣⲱⲧⲛ̄ ⲁⲛ ⲙ̄ ⲡⲛⲁⲩ
ⲛ̄ⲧⲁ ⲧⲉⲧⲛ̄ϯ ⲉ ⲃⲟⲗ· ⲛ̄ ⲛⲉⲧⲛ̄ϩⲃ̄ⲥⲱ· ⲛ̄ ⲥⲩⲛⲁⲅⲉ·
ⲁⲧⲉⲧⲛ̄ⲧⲁⲁⲥ ⲉ ⲃⲟⲗ ϩⲁ ⲧⲉⲡⲣⲟⲥⲫⲟⲣⲁ· ⲙ̄ ⲡⲁ ϣⲁ· ϯ-
ϫⲱ ⲙ̄ⲙⲟⲥ ⲛⲏⲧⲛ̄· ϫⲉ ϯ ⲛ̄ⲙ̄ⲙⲏⲧⲛ̄ ϩⲛ̄ ⲛⲁï ⲧⲏⲣⲟⲩ·
ⲁⲩⲱ ⲛⲉⲛ̄ⲧⲁ ⲧⲉⲧⲛ̄ⲧⲁⲁⲩ· ϫⲓⲛ ⲧⲉⲧⲛ̄ⲙⲛ̄ⲧⲕⲟⲩⲓ ϩⲙ̄ ⲡⲁ
ⲣⲁⲛ· ⲛ̄ ϯⲟⲃϣ̄ ⲁⲛ ⲉ ⲣⲟⲟⲩ ⲧⲏⲣⲟⲩ· ⲁⲗⲗⲁ ⲁⲓⲡⲣⲟⲥⲉ-
ⲛⲉⲩⲕⲉⲓ ⲙ̄ⲙⲟⲟⲩ ⲧⲏⲣⲟⲩ· ⲙ̄ ⲡⲛⲟⲩⲧⲉ ϩⲁ ⲣⲱⲧⲛ̄ ϩⲛ̄
ⲟⲩⲙⲉ | ⲁⲓϫⲓ ⲛ̄ ⲛⲉⲧⲛ̄ⲑⲩⲥⲓⲁ· ⲛ̄ ⲧⲟⲟⲧⲏⲩⲧⲛ̄ ϩⲛ̄ ⲟⲩⲙⲉ· Fol. 39 b
ⲙⲛ̄ ⲛⲉⲧⲛ̄ⲇⲱⲣⲟⲛ· ⲛ̄ⲑⲉ ⲛ̄ ⲛⲁ ⲁⲃⲉⲗ· ϫⲉ ⲁⲧⲉⲧⲛ̄ⲧⲁⲁⲩ ⲟ̄ⲥ̄
ϩⲛ̄ ⲟⲩⲥⲟⲟⲩⲧⲛ̄· Ϣ̄ ⲇⲱⲣⲟⲑⲉⲟⲥ ⲙⲛ̄ ⲑⲉⲟⲡⲓⲥⲧⲏ· ⲛⲁⲓⲁⲧ
ⲧⲏⲩⲧⲛ̄· ⲁⲩⲱ ⲡⲉⲧ ⲛⲁⲛⲟⲩϥ ϥⲛⲁϣⲱⲡⲉ ⲙ̄ⲙⲱⲧⲛ̄ ⲕⲁⲧⲁ
ⲑⲉ ⲉⲧ ⲥⲏϩ· ⲁⲩⲱ ⲕⲁⲧⲁ ⲑⲉ· ⲙ̄ ⲡⲉⲧⲛ̄ⲣⲁⲛ· ⲧⲁⲓ ⲧⲉ ⲑⲉ
ⲙ̄ ⲡⲉⲧⲛ̄ ⲕⲉ ⲥⲙⲟⲩ· ⲇⲱⲣⲟⲑⲉⲟⲥ ⲇⲉ ⲡⲉ ⲡⲇⲱⲣⲟⲛ ⲙ̄
ⲡⲛⲟⲩⲧⲉ· ⲑⲉⲟⲡⲓ̈ⲥⲧⲏ ϩⲱⲱⲥ· ⲧⲉⲧ ⲉⲧ ⲡⲓⲥⲧⲉⲩⲉ· ⲉ
ⲡⲛⲟⲩⲧⲉ· ⲁⲛⲟⲕ ⲡⲉ ⲙⲓⲭⲁⲏⲗ· ⲡⲁⲣⲭⲏⲁⲅⲅⲉⲗⲟⲥ· ⲡⲉ-
ⲛⲧⲁ ⲧⲉⲧⲛ̄ⲕⲁⲁϥ· ⲛⲏⲧⲛ̄ ⲙ̄ ⲡⲣⲟⲥⲧⲁⲧⲏⲥ ⲛ̄ ⲛⲁϩⲣⲙ̄

ⲃⲟⲗ· ⲙ̄ ⲡⲁⲧ ⲉⲥⲱ̄ϫⲛ̄ ϩⲙ̄ ⲡⲉⲛⲏⲓ ⲛ̄ϭⲓ ⲧⲉⲑⲩⲥⲓⲁ̄· ⲙⲛ̄ Oriental 6781.
ⲧⲁⲅⲁⲡⲏ ⲙ̄ ⲡⲁⲣⲭⲁⲅⲅⲉⲗⲟⲥ· ⲙⲏ ⲛ̄ ⲧⲓⲛⲁⲩ ⲉ ⲣⲱⲧⲛ̄ ⲁⲛ
ⲙ̄ ⲡⲛⲁⲩ ⲛ̄ⲧⲁ ⲧⲉⲧⲛ̄ⲧⲓ ⲛⲉⲧⲛ̄ϩⲃ̄ⲥⲱ ⲛ̄ ⲥⲩⲛⲁⲅⲉ ⲉ ⲃⲟⲗ
ⲁⲧⲉⲧⲛ̄ⲧⲁⲁⲥ ϩⲁ ⲧⲉⲡⲣⲟⲥⲫⲟⲣⲁ ϩⲙ̄ ⲡⲁ ϣ̄ⲁ· ⲧⲓ̈ϫⲱ ⲙ̄-
ⲙⲟⲥ ⲛⲏⲧⲛ̄· ϫⲉ ⲧⲓ ⲛ̄ⲙ̄ⲙⲏⲧⲛ̄ ϩⲛ̄ ⲛⲁⲓ ⲧⲏⲣⲟⲩ· ⲁⲩⲱ
ⲛⲉⲛⲧⲁ ⲧⲉⲧⲛ̄ⲧⲁⲁⲩ ϫⲓⲛ̄ ⲧⲉⲧⲛ̄ⲙⲛ̄ⲧⲕⲟⲩⲓ· ϩⲙ̄ ⲡⲁ ⲣⲁⲛ
ⲛ̄ ⲧⲓⲟⲃϣ̄ ⲁⲛ ⲉ ⲣⲟⲟⲩ ⲧⲏⲣⲟⲩ· ⲁⲗⲗⲁ ⲁⲓ̈ⲡⲣⲟⲥⲉⲛⲉⲩⲕⲏ
ⲙ̄ⲙⲟⲟⲩ ⲧⲏⲣⲟⲩ ⲙ̄ ⲡⲛⲟⲩⲧⲉ ϩⲁ ⲣⲱⲧⲛ̄ ϩⲛ̄ ⲟⲩⲙⲉ· ⲁⲓϫⲓ
ⲛ̄ ⲛⲉⲑⲩⲥⲓⲁ ⲛ̄ ⲧⲟⲟⲧ ⲧⲏⲩⲧⲛ̄· ⲙⲛ̄ ⲛⲉⲇⲱⲣⲟⲛ ⲛ̄ⲑⲉ ⲛ̄ ⲛⲁ̄
ⲁⲃⲉⲗ· ⲙⲛ̄ ⲛⲱϩⲉ ⲙⲛ̄ ⲧⲉⲑⲩⲥⲓⲁ ⲛ̄ ⲁⲃⲣⲁϩⲁⲙ· ϫⲉ ⲁⲧⲉⲧⲛ̄-
ⲧⲁⲁⲩ ϩⲛ̄ ⲟⲩⲥⲟⲟⲩⲧⲛ̄· Ϣ̄ ⲇⲱⲣⲟⲑⲉⲟⲥ ⲙⲛ̄ ⲑⲉⲱ̄ⲡⲓⲥⲧⲏ·
ⲛⲁⲓⲁⲧ ⲧⲏⲩⲧⲛ̄ ⲁⲩⲱ ⲡⲡⲉⲧ ⲛⲁⲛⲟⲩϥ ⲛⲁϣⲱⲡⲉ ⲙ̄ⲙⲱⲧⲛ̄
ϫⲉ ⲕⲁⲧⲁ ⲑⲉ ⲙ̄ ⲡⲉⲧⲛ̄ⲣⲁⲛ· ⲧⲁⲓ ⲧⲉ ⲑⲉ ⲙ̄ ⲡⲉⲧⲛ̄
ⲕⲉ ⲥⲙⲟⲩ· ⲇⲱⲣⲟⲑⲉⲟⲥ ⲡⲉ ⲡⲇⲱⲣⲟⲛ ⲙ̄ ⲡⲛⲟⲩⲧⲉ·
ⲑⲉⲱ̄ⲡⲓ̈ⲥⲧⲏ ϩⲱⲱⲥ ⲧⲉⲧ ⲉⲧ ⲡⲓ̈ⲥⲧⲉⲩⲉ ⲉ ⲡⲛⲟⲩⲧⲉ· ⲁⲛⲟⲕ Fol. 23 b
ⲡⲉ ⲙⲓⲭⲁⲏ̄ⲗ | ⲡⲁⲣⲭⲁⲅⲅⲉⲗⲟⲥ ⲡⲉⲛⲧⲁ ⲧⲉⲧⲛ̄ⲕⲁⲁϥ ⲡ̄ⲏ̄

Oriental 7021. ⲡⲛⲟⲩⲧⲉ :—ⲁⲛⲟⲕ ⲡⲉ ⲙⲓⲭⲁⲏⲗ· ⲡⲉⲛⲧⲁϥϫⲓ ⲛ̄ ⲛⲉⲧⲛ̄-
ϣⲗⲏⲗ· ⲙⲛ̄ ⲛⲉⲧⲛ̄ⲑⲩⲥⲓⲁ· ⲙⲛ̄ ⲛⲉⲧⲛ̄ⲡⲣⲉⲙⲏⲧ· ⲉ ϩⲣⲁⲓ
ϣⲁ ⲡⲛⲟⲩⲧⲉ· ⲛ̄ⲑⲉ ⲛ̄ ⲕⲟⲣⲛⲏ̈ⲗⲓⲟⲥ ⲙ̄ ⲡⲉⲟⲩⲟⲉⲓϣ· ⲁⲩⲱ
ⲟⲛ ⲕⲉ ⲕⲟⲣⲛⲏⲗⲓⲟⲥ· ⲁⲛⲟⲕ ⲁⲓⲃⲱⲕ ϣⲁ ⲣⲟϥ· ⲁⲓⲧⲥⲁⲃⲟϥ
ⲉ ⲧⲉϩⲓⲏ· ⲙ̄ ⲡⲟⲩϫⲁï ⲉⲧⲉ ⲡⲃⲁⲡϯⲥⲙⲁ ⲡⲉⲛ̄ⲧ ⲁϥ-
ⲫⲟⲣⲉⲓ ⲙ̄ⲙⲟϥ ϩⲓⲧⲛ̄ ⲡⲉⲧⲣⲟⲥ· ⲙ̄ⲡⲉⲣ ⲣ̄ ϩⲟⲧⲉ· ϯⲟⲩⲏⲏⲩ
ⲙ̄ⲙⲱⲧⲛ̄ ⲁⲛ· ⲕⲁⲧⲁ ⲑⲉ ϩⲱⲧ ⲧⲏⲩⲧⲛ̄· ⲛ̄ⲧⲁ ⲧⲉⲧⲛ̄ϩⲱⲛ
ⲉ ⲣⲟï ⲙⲛ̄ ⲡⲁ ⲭ̅ⲥ̅ :—ⲉⲡⲉⲓ ⲇⲏ ϥⲥⲏϩ ϫⲉ ϩⲱⲛ ⲉ ϩⲟⲩⲛ ⲉ
ⲡⲛⲟⲩⲧⲉ· ⲧⲁⲣⲉϥϩⲱⲛ ⲉ ϩⲟⲩⲛ· ⲉ ⲣⲱⲧⲛ̄ :—ⲧⲉⲛⲟⲩ ⲱ̄
ⲇⲱⲣⲟⲑⲉⲟⲥ ⲙⲛ̄ ⲑⲉⲟⲡⲓⲥⲧⲏ ϫⲓ ⲛⲏⲧⲛ̄ ⲛ̄ ⲟⲩϭⲟⲙ· ⲧⲱⲟⲩⲛ
Fol. 40 *a* ⲁϩⲉ ⲣⲁⲧ | ⲧⲏⲩⲧⲛ̄· ϫⲓ ⲛ̄ ⲛⲓ ⲇⲱⲣⲟⲛ ⲛⲏⲧⲛ̄ ϩⲛ̄ ⲛⲁϭⲓϫ·
ⲟ̅ⲍ̅ ⲉⲡⲉⲓ ⲇⲏ ⲁⲓⲟⲩⲱ· ⲉⲓϫⲱ ⲙ̄ⲙⲟⲥ· ⲛⲏⲧⲛ̄ ϫⲉ ϩⲉⲛⲙⲏⲏⲥⲉ
ⲛⲉ ⲛⲁï· ⲁⲩⲱ ⲉⲧⲉϣⲁⲛⲡⲱⲛⲉ ⲉ ⲃⲟⲗ· ϩⲙ̄ ⲡⲉⲓ ⲃⲓⲟⲥ·
ϯⲛⲁϯ ⲛⲏⲧⲛ̄ ⲙ̄ ⲡⲕⲉⲫⲁⲗⲓⲟⲛ ϩⲛ̄ ⲑⲓⲉⲣⲟⲩⲥⲁⲗⲏⲙ· ⲛ̄
ⲧⲡⲉ· ⲧⲡⲟⲗⲓⲥ ⲛ̄ ⲛⲉⲧ ⲟⲩⲁⲁⲃ ⲧⲏⲣⲟⲩ· ⲁⲓⲟⲩⲱ ⲅⲁⲣ
ⲉⲓϫⲓ ⲛ̄ⲧⲏⲩⲧⲛ̄ ⲛ̄ϩⲙⲟⲧ· ⲛ̄ ⲧⲟⲟⲧϥ ⲙ̄ ⲡⲛⲟⲩⲧⲉ· ⲉ ⲡⲙⲁ
ⲛ̄ ⲛⲉⲧⲛ̄ⲑⲩⲥⲓⲁ· ⲙⲛ̄ ⲛⲉⲧⲛ̄ⲡⲣⲟⲥⲫⲟⲣⲁ· ⲙⲛ̄ ⲛⲉⲧⲛ̄-

Oriental 6781. ⲛⲏⲧⲛ̄ ⲙ̄ ⲡⲣⲟⲥⲧⲁⲧⲏⲥ ⲛ̄ⲛⲁϩⲣⲛ̄ ⲡⲛⲟⲩⲧⲉ· ⲁⲛⲟⲕ
ⲡⲉ ⲙⲓⲭⲁⲏⲗ ⲡⲉⲛⲧ ⲁϥϫⲓ ⲛ̄ⲛⲉⲧⲛ̄ϣⲗⲏⲗ ⲙⲛ̄ ⲛⲉⲧⲛ̄-
ⲑⲩⲥⲓⲁ̄· ⲙⲛ̄ ⲛⲉⲧⲛ̄ⲡⲣⲉⲙⲏⲧ ⲉ ϩⲣⲁⲓ ϣⲁ ⲡⲛⲟⲩⲧⲉ ⲛ̄ⲑⲉ ⲛ̄
ⲕⲟⲣⲛⲏⲗⲓⲟⲥ· ⲁⲓⲃⲱⲕ ϣⲁ ⲣⲟϥ ⲁⲓⲧⲥⲁⲃⲟϥ ⲉ ⲧⲉϩⲓⲏ ⲙ̄ ⲡⲟⲩ-
ϫⲁⲓ· ⲉ ⲧⲃⲉ ϫⲉ ⲡⲃⲁⲡⲧⲓⲥⲙⲁ ⲡⲉⲛ̄ⲧ ⲁϥⲫⲱⲣⲉⲓ ⲙ̄ⲙⲟϥ ϩⲓⲧⲛ̄
ⲡⲉⲧⲣⲟⲥ· ⲙ̄ⲡⲣ̄ ⲣ̄ ϩⲟⲧⲉ ⲧⲓⲟⲩⲏⲏⲩ ⲙ̄ⲙⲱⲧⲛ̄ ⲁⲛ· ⲕⲁⲧⲁ
ⲑⲉ ϩⲱⲧ ⲧⲏⲩⲧⲛ̄ ⲛ̄ⲧⲁ ⲧⲉⲧⲛ̄ϩⲱⲛ ⲉ ⲣⲟⲓ ⲙⲛ̄ ⲡⲁ ϫⲟⲉⲓⲥ·
ⲉⲡⲉⲓ ⲇⲏ ⲉϥⲥⲏϩ ϫⲉ ϩⲱⲛ ⲉ ϩⲟⲩⲛ ⲉ ⲡⲛⲟⲩⲧⲉ ⲧⲁⲣⲉϥϩⲱⲛ
ⲉ ϩⲟⲩⲛ ⲉ ⲣⲱⲧⲛ̄ Ⲧⲉⲛⲟⲩ ϭⲉ ⲇⲱⲣⲟⲑⲉⲟⲥ· ⲙⲛ̄ ⲑⲉⲱ̄-
ⲡⲓⲥⲧⲏ· ϫⲓ ⲛⲏⲧⲛ̄ ⲉ̄ⲛⲉⲟⲩϭⲟⲙ· ⲧⲱⲟⲩⲛ ⲁ̄ϩⲉ ⲉⲣⲁⲧ
ⲧⲏⲩⲧⲛ̄ ϫⲓ ⲛⲏⲧⲛ̄ ⲛ̄ ⲛⲉⲓ ⲇⲱⲣⲟⲛ ϩⲛ̄ ⲛⲁϭⲓϫ Ⲉⲡⲉⲓ ⲇⲏ
ⲁⲓⲟⲩⲱ̄ ⲉⲓϫⲱ ⲙ̄ⲙⲟⲥ ⲛⲏⲧⲛ̄ ϫⲉ ϩⲉⲛⲙⲏⲏⲥⲉ ⲛⲉ ⲛⲁⲓ· ⲁⲩⲱ
ⲉⲧⲉⲧⲛ̄ϣⲁⲛⲡⲱⲱⲛⲉ ⲉ ⲃⲟⲗ· ϩⲙ̄ ⲡⲉⲓ ⲃⲓⲟⲥ· ⲧⲓⲛⲁϯ ⲛⲏⲧⲛ̄
ⲙ̄ ⲡⲕⲉⲫⲁⲗⲓⲟⲛ· ϩⲛ̄ ⲑⲓⲉ̄ⲗⲏⲙ ⲛ̄ ⲧⲡⲉ· ⲧⲡⲟⲗⲓⲥ ⲛ̄ⲛⲉⲧ
ⲟⲩⲁⲁⲃ ⲧⲏⲣⲟⲩ· ⲁⲓⲟⲩⲱ̄ ⲅⲁⲣ ⲉⲓϫⲓ ⲙ̄ⲙⲱⲧⲛ̄ ⲛ̄ ϩⲙⲟⲧ
ⲛ̄ ⲧⲟⲟⲧϥ ⲙ̄ ⲡⲛⲟⲩⲧⲉ ⲉ ⲡⲙⲁ ⲛ̄ ⲛⲉⲧⲛ̄ⲑⲩⲥⲓⲁ̄ ⲙⲛ̄ ⲛⲉⲧⲛ̄-

ⲁⲅⲁⲑⲟⲛ· Ⲛⲁⲓ ⲇⲉ ⲛ̅ ⲧⲉⲣ ϥϫⲟⲟⲩ ⲛⲁⲩ ⲛ̅ϭⲓ ⲡⲁⲣⲭⲏ- Oriental 7021.
ⲁⲅⲅⲉⲗⲟⲥ· ⲙⲓⲭⲁⲏⲗ· ⲉⲩⲛⲏϫ ⲉ ⲃⲟⲗ ϩⲓϫⲙ̅ ⲡⲕⲁϩ·
ⲛ̅ⲑⲉ ⲛ̅ⲛⲉⲧ ⲙⲟⲟⲩⲧ· ⲁϥⲁⲙⲁϩⲧⲉ ⲛ̅ ⲛⲉⲩϭⲓϫ· ⲁϥⲧⲟⲩ-
ⲛⲟⲥⲟⲩ· ⲁϥⲛⲟⲩϫⲉ ⲛ̅ ⲑⲟⲧⲉ ⲛ̅ⲥⲁ ⲃⲟⲗ· ⲙ̅ⲙⲟⲟⲩ· ⲁϥϯ
ⲛⲁⲩ ⲛ̅ ⲛ̅ⲛⲟⲩⲃ ⲉϥϫⲱ ⲙ̅ⲙⲟⲥ· ϫⲉ ⲛ̅ⲛⲉⲩⲱϫⲛ̅· ⲟⲩⲇⲉ
ⲛ̅ⲛⲉⲩϣⲱⲱⲧ· ⲟⲩⲇⲉ ⲛ̅ ⲛⲉⲧⲛ̅ⲣ ϩⲁⲛ ⲛ̅ ⲗⲁⲁⲩ· ⲛ̅ ⲁⲅⲁ-
ⲑⲟⲛ· ⲟⲩⲇⲉ ⲛ̅ ⲛⲉⲧⲛ̅ⲛⲉϊ ⲉ ⲡⲁϩⲟⲩ· ϩⲛ̅ ⲛⲉⲧⲛ̅ⲑⲩⲥⲓⲁ·
ⲙⲛ̅ ⲛⲉⲧⲛ̅ⲁⲅⲁⲡⲏ· ϫⲓⲛ ⲡⲟⲟⲩ· ϣⲁⲛ ⲧⲉⲧⲛ̅ϫⲱⲕ ⲉ ⲃⲟⲗ·
ⲙ̅ ⲡϣⲁ ϩⲛ̅ ⲟⲩⲥⲡⲟⲩⲇⲏ ⲉⲛⲁⲛⲟⲩⲥ· ⲁⲩⲱ ⲛ̅ⲧⲉⲧⲛ̅ϫⲱⲕ
ⲉ ⲃⲟⲗ· ⲙ̅ ⲡⲉⲧⲛ̅ⲣⲁϣⲉ· ⲛ̅ⲧⲉⲧⲛ̅ⲕⲱ ⲉ ⲃⲟⲗ· ⲛ̅ ⲛⲉⲥⲛⲏⲩ·
ⲛ̅ⲧⲁⲩⲉϊ ϣⲁ ⲣⲱⲧⲛ̅ ϩⲙ̅ ⲡⲁ ⲣ̅ | ⲡⲙⲉⲉⲩⲉ· ⲛ̅ⲅ̅ ⲧⲛ̅ⲛⲟⲟⲩ Fol. 40 *b*
ⲧⲁⲥⲟⲩ· ⲙ̅ ⲡⲉⲥⲟⲟⲩ· ⲙⲛ̅ ⲡⲧⲉⲃⲧ̅· ⲁⲩⲱ ⲛ̅ⲅ̅ ⲥⲱⲧⲉ ⲛ̅ ⲟ̅ⲏ̅
ⲧⲉϣⲧⲏⲛ· ⲁⲩⲱ ⲡϣⲟⲙⲛ̅ⲧ ⲛ̅ϣⲉ· ⲛ̅ϩⲟⲗⲟⲕⲟⲧϯⲛⲟⲥ·
ⲙⲛ̅ ⲡⲕⲉ ϣⲟⲙⲛ̅ⲧ ⲛ̅ⲧⲉⲣⲙⲏⲥⲓⲟⲛ· ⲁⲩⲱ ⲉⲣⲉ ⲧⲉⲥⲫⲣⲁⲅⲓⲥ·
ϩⲓ ϫⲱⲟⲩ· ⲉⲩⲧⲟⲟⲃⲉ ϩⲙ̅ ⲡⲣⲁⲛ ⲙ̅ ⲡⲉϊⲱⲧ· ⲙⲛ̅ ⲡϣⲏⲣⲉ·
ⲙⲛ̅ ⲡⲉⲡⲛ̅ⲁ̅ ⲉⲧ ⲟⲩⲁⲁⲃ· ⲟⲩⲙⲛ̅ⲧⲛⲟⲩⲧⲉ ⲛ̅ ⲟⲩⲱⲧ ⲉⲥϫⲏⲕ

ⲡⲣⲟⲥⲫⲟⲣⲁ· ⲙⲛ̅ ⲛⲉⲧⲛ̅ⲁⲅⲁⲑⲟⲛ· Ⲛⲁⲓ ⲇⲉ ⲛ ⲧⲉⲣⲉ Oriental 6781.
ϥϫⲟⲟⲩ ⲛⲁⲩ· ⲛ̅ϭⲓ ⲡⲁⲣⲭⲁⲅⲅⲉⲗⲟⲥ ⲙⲓⲭⲁⲏ̅ⲗ ⲉⲩⲛⲏϫ
ⲉ ⲃⲟⲗ ϩⲓϫⲙ̅ ⲡⲕⲁϩ ⲛ̅ⲑⲉ ⲛ̅ⲛⲉⲧ ⲙⲟⲟⲩⲧ· ⲁϥⲁ̅ⲙⲁϩⲧⲉ
ⲛ̅ ⲛⲉⲩϭⲓϫ· ⲁϥⲧⲟⲩⲛⲟⲥⲟⲩ· ⲁϥⲛⲟⲩϫ ⲛ̅ ⲑⲟⲧⲉ ⲛ̅ ⲥⲁ
ⲃⲟⲗ ⲙ̅ⲙⲟⲟⲩ· ⲁϥϯ ⲛⲁⲩ ⲛ̅ⲛⲟⲩⲃ ⲉϥϫⲱ ⲙ̅ⲙⲟⲥ· ϫⲉ
ⲛ̅ⲛⲉⲩⲱ̅ϫⲛ̅ ⲟⲩⲇⲉ ⲛ̅ⲛⲉⲩϣⲱⲱⲧ ⲟⲩⲇⲉ ⲛ̅ⲛⲉⲧⲛ̅ⲣ ϩⲁⲛ̅ ⲛ̅
ⲗⲁⲁⲩ ⲛ̅ ⲁⲅⲁⲑⲱⲛ· ⲟⲩⲇⲉ ⲛ̅ⲛⲉⲧⲛ̅ⲛⲉⲓ ⲉ ⲡⲁϩⲟⲩ ϩⲛ̅ ⲛⲉⲧⲛ̅-
ⲑⲩⲥⲓⲁ̅· ⲙⲛ̅ ⲛⲉⲧⲛ̅ ⲁ̅ⲅⲁⲡⲏ ϫⲓⲛ ⲙ̅ⲡⲟⲟⲩ ϣⲁ ⲡⲉⲧⲛ̅ϫⲱⲕ
ⲉ ⲃⲟⲗ· Ⲧⲱⲟⲩⲛ ϭⲉ ⲧⲉⲛⲟⲩ ⲛ̅ⲧⲉⲧⲛ̅ϫⲱⲕ ⲉ ⲃⲟⲗ ⲙ̅ ⲡϣⲁ̅
ϩⲛ̅ ⲟⲩⲥⲡⲟⲩⲇⲏ ⲉⲛⲁⲛⲟⲩⲥ | ⲁⲩⲱ ⲛ̅ⲧⲉⲧⲛ̅ϫⲱⲕ ⲉ ⲃⲟⲗ ⲙ̅ Fol. 24 *a*
ⲡⲉⲧⲛ̅ⲣⲁϣⲉ· ⲛ̅ⲧⲉⲧⲛ̅ⲕⲱ ⲉ ⲃⲟⲗ ⲛ̅ ⲛⲉⲥⲛⲏⲩ ⲛ̅ⲧⲁⲩⲉⲓ ϣⲁ ⲛ̅ⲑ̅
ⲣⲱⲧⲛ̅· ϩⲙ̅ ⲡⲁ ⲣ̅ ⲡⲙⲉⲉⲩⲉ̅ ⲛ̅ⲅ̅ ⲧⲛ̅ⲛⲟⲟⲩ ⲧⲁⲥⲟⲩ ⲙ̅ ⲡⲉⲥⲟⲟⲩ·
ⲙⲛ̅ ⲧⲁ ⲡⲧⲃ̅ⲧ· ⲁⲩⲱ ⲛ̅ⲅ̅ ⲥⲱⲧⲉ ⲛ̅ ⲧⲉϣⲧⲏⲛ· ⲁⲩⲱ ⲡϣⲟⲙⲛ̅ⲧ
ⲛ̅ϣⲉ ⲛ̅ϩⲟⲗⲟⲕⲟⲧϊⲛⲟⲥ· ⲙⲛ̅ ⲡⲕⲉ ϣⲟⲙⲛⲧ ⲛ̅ⲧⲏⲣⲙⲏⲥⲓⲟⲛ·
ⲁⲩⲱ ⲉⲣⲉ ⲧⲉⲥⲫⲣⲁⲅⲓⲥ ϩⲓ ϫⲱⲟⲩ ⲉⲩⲧⲟⲟⲃⲉ· ϩⲙ̅ ⲡⲣⲁⲛ
ⲙ̅ ⲡⲉⲓⲱⲧ ⲙⲛ̅ ⲡϣⲏⲣⲉ ⲙⲛ̅ ⲡⲉⲡⲛ̅ⲁ̅ ⲉⲧ ⲟⲩⲁⲁⲃ· ⲟⲩⲙⲛ̅ⲧ-
ⲛⲟⲩⲧⲉ ⲛ̅ ⲟⲩⲱ̅ⲧ ⲉⲥϫⲏⲕ ⲉ ⲃⲟⲗ· Ⲛⲁⲓ ⲇⲉ ⲛ̅ ⲧⲉⲣⲉ ϥϫⲟⲟⲩ

Oriental 7021.

ⲉ ⲃⲟⲗ · Ⲛⲁⲓ ⲇⲉ ⲛ̄ ⲧⲉⲣ ϥ̄ϫⲟⲟⲩ ⲛⲁⲩ · ⲁⲩϯ ⲛⲁⲩ ⲛ̄ ϯⲣⲏⲛⲏ · ⲁϥⲃⲱⲕ ⲉ ϩⲣⲁⲓ ⲉ ⲙ̄ⲡⲏⲩⲉ · ϩⲛ̄ ⲟⲩⲉⲟⲟⲩ · ⲙⲛ̄ ⲛⲉϥⲁⲅⲅⲉⲗⲟⲥ ⲧⲏⲣⲟⲩ ⲛ̄ⲙ̄ⲙⲁϥ · ⲉⲣⲉ ⲇⲱⲣⲟⲑⲉⲟⲥ ⲙⲛ̄ ⲑⲉⲟⲡⲓⲥⲧⲏ · ϭⲱϣⲧ̄ ⲛ̄ⲥⲱϥ · ϣⲁⲛⲧ ⲉϥⲃⲱⲕ ⲉ ϩⲣⲁ̈ⲓ ⲉ ⲧⲡⲉ · ϩⲛ̄ ⲟⲩⲉⲓⲣⲏⲛⲏ ϩⲁⲙⲏⲛ · Ⲇⲱⲣⲟⲑⲉⲟⲥ ⲇⲉ ⲙⲛ̄ ⲑⲉⲟⲡⲓⲥⲧⲏ · ⲧⲉϥⲥϩⲓⲙⲉ · ⲁⲩⲉⲓⲣⲉ ⲕⲁⲧⲁ ⲑⲉ ⲛ̄ⲧⲁϥϩⲱⲛ ⲉ ⲧⲟⲟⲧⲟⲩ · ⲛ̄ϭⲓ ⲡⲁⲣⲭⲁⲅⲅⲉⲗⲟⲥ ⲉⲧ ⲟⲩⲁⲁⲃ · ⲙⲓⲭⲁⲏⲗ · ⲁⲩϫⲱⲕ ⲉ ⲃⲟⲗ ⲙ̄ ⲡϣⲁ ϩⲛ̄ ⲟⲩⲥⲡⲟⲩⲇⲏ ⲉⲛⲁⲛⲟⲩⲥ · ⲁⲩⲱ ⲙ̄ⲡ ⲟⲩⲕⲁ ⲧⲟⲟⲧⲟⲩ ⲉ ⲃⲟⲗ · ⲙ̄ ⲡⲉⲧ ⲟⲩⲉⲓⲣⲉ ⲙ̄ⲙⲟϥ ϩⲛ̄ ϩⲉⲛⲑⲩⲥⲓⲁ · ⲙⲛ̄ ϩⲉⲛⲡⲣⲟⲥⲫⲟⲣⲁ · ϩⲙ̄ ⲡⲣⲁⲛ · ⲙ̄ ⲡⲁⲣⲭⲁⲅⲅⲉⲗⲟⲥ ⲉⲧ ⲟⲩⲁⲁⲃ · ⲙⲓⲭⲁⲏⲗ · ϣⲁ ⲡⲉϩⲟⲟⲩ ⲙ̄ ⲡⲉⲩϫⲱⲕ ⲉ ⲃⲟⲗ · Ⲁⲩⲱ ⲙ̄ⲙⲉⲣⲓⲧⲉ ⲁⲧⲉⲧⲛ̄ⲡⲗⲏⲣⲟ-|

Fol. 41 *a* ⲟ̄ⲑ̄

ⲫⲟⲣⲉⲓ̈ ⲛ̄ ⲟⲩⲕⲟⲩⲓ̈ ⲉϫⲛ̄ ⲛⲉⲛⲧ ⲁⲧⲉⲧⲛ̄ⲥⲟⲧⲙⲟⲩ ⲧⲏⲣⲟⲩ ⲧⲉⲛⲟⲩ · ⲁⲣⲁ ⲙ̄ⲡⲉ ⲛⲓ̈ ⲁⲓ̈ⲛⲓⲅⲙⲁ ⲣⲱϣⲉ · ⲉ ⲧⲉⲧ ⲡⲉⲧⲛ̄ϩⲏⲧ · Ⲁⲣⲁ ⲧⲉⲧⲛⲁϫⲟⲟⲩ ⲟⲛ ⲉ ϯ ⲙ̄ ⲡⲛⲟⲩⲧⲉ ϩⲙ̄ ⲡϣⲁ ⲙ̄ ⲡⲁⲣⲭⲁⲅⲅⲉⲗⲟⲥ ⲉⲧ ⲟⲩⲁⲁⲃ ⲙⲓⲭⲁⲏⲗ · ⲁⲣⲁ ⲁⲧⲉⲧⲛ̄ⲑⲁⲣⲉⲓ ⲉϫⲛ̄ ⲛⲉⲛⲧ ⲁⲧⲉⲧⲛ̄ⲧⲁⲁⲩ ϩⲙ̄ ⲡϣⲁ ⲙ̄ ⲡⲁⲣⲭ-

---

Oriental 6781.

ⲛⲁⲩ ⲁϥϯ ⲛⲁⲩ ⲛ̄ ϯⲣⲏⲛⲏ ⲁϥⲃⲱⲕ ⲉ ϩⲣⲁⲓ ⲙ̄ ⲡⲏⲩⲉ ϩⲛ̄ ⲟⲩⲉⲟⲟⲩ ⲙⲛ̄ ⲛⲉϥⲁⲅⲅⲉⲗⲟⲥ ⲉⲧ ⲟⲩⲁⲁⲃ · ⲉⲣⲉ ⲇⲱⲣⲟⲑⲉⲟⲥ · ⲙⲛ̄ ⲑⲉⲱ̄ⲡⲓ̈ⲥⲧⲏ ϭⲱϣⲧ̄ ⲛ̄ⲥⲱϥ · ϣⲁⲛⲧ ⲉϥⲃⲱⲕ ⲉ ϩⲣⲁⲓ ⲉ̄ ⲧⲡⲉ̄ ϩⲛ̄ ⲟⲩⲉⲓⲣⲏⲛⲏ ϩⲁⲙⲏⲛ · ⲇⲱⲣⲟⲑⲉⲟⲥ ⲇⲉ ⲙⲛ̄ ⲑⲉⲱ̄ⲡⲓⲥⲧⲏ · ⲁⲩⲉⲓⲣⲉ ⲕⲁⲧⲁ ⲑⲉ ⲛ̄ⲧⲁϥϩⲱⲛ ⲉ ⲧⲟⲟⲧⲟⲩ ⲛ̄ϭⲓ ⲡⲁⲣⲭⲁⲅⲅⲉⲗⲟⲥ ⲉⲧ ⲟⲩⲁⲁⲃ ⲙⲓⲭⲁⲏ̄ⲗ · ⲁⲩϫⲱⲕ ⲉ ⲃⲟⲗ ⲙ̄ ⲡϣⲁ · ϩⲛ̄ ⲟⲩⲥⲡⲟⲩⲇⲏ · ⲉⲛⲁⲛⲟⲩⲥ · ⲁⲩⲱ ⲙ̄ⲡ ⲟⲩⲕⲁ ⲧⲟⲟⲧⲟⲩ ⲉ ⲃⲟⲗ ⲙ̄ ⲡⲉⲧ ⲟⲩⲉⲓⲣⲉ ⲙ̄ⲙⲟϥ ϩⲛ̄ ϩⲉⲛⲑⲩⲥⲓⲁ ⲙⲛ̄ ϩⲉⲛⲡⲣⲟⲥⲫⲟⲣⲁ · ϩⲙ̄ ⲡⲣⲁⲛ ⲙ̄ ⲡⲁⲣⲭⲁⲅⲅⲉⲗⲟⲥ ⲙⲓⲭⲁⲏ̄ⲗ · ϣⲁ ⲡⲉϩⲟⲟⲩ ⲙ̄ ⲡⲉⲩϫⲱⲕ ⲉ ⲃⲟⲗ · Ⲁⲣⲁ ⲛⲁⲙⲉⲣⲁⲧⲉ · ⲁⲧⲉⲧⲛ̄ⲡⲗⲏⲣⲟⲫⲟⲣⲉⲓ ⲛ̄ ⲟⲩⲕⲟⲩⲓ · ⲉϫⲛ̄ ⲛⲉ-ⲛⲧ ⲁⲧⲉⲧⲛ̄ⲥⲟⲧⲙⲟⲩ ⲧⲏⲣⲟⲩ · ⲁⲣⲁ ⲙ̄ⲡⲉ ⲛⲓ ⲁⲓⲛⲓ̈ⲅⲙⲁ ⲧⲏ-ⲣⲟⲩ ⲣⲱϣⲉ ⲉ ⲧⲉⲧ ⲡⲉⲧⲛ̄ϩⲏⲧ · ⲁⲣⲁ ⲉⲧⲉⲧⲛ̄ⲁϫⲛⲁⲩ ⲟⲛ ⲉ ⲧ̄ⲓ ⲙ̄ ⲡⲛⲟⲩⲧⲉ ϩⲙ̄ ⲡϣⲁ̄ ⲙ̄ ⲡⲁⲣⲭⲁⲅⲅⲉⲗⲟⲥ ⲙⲓⲭⲁⲏ̄ⲗ · ⲁⲣⲁ ⲁⲧⲉⲧⲛ̄ⲑⲁⲣⲉⲓ ⲉ̄ϫⲛ̄ ⲛⲉⲛⲧ ⲁⲧⲉⲧⲛ̄ⲧⲁⲁⲩ ϩⲙ̄ ⲡϣⲁ̄ ⲙ̄ ⲡⲁⲣⲭⲁⲅⲅⲉⲗⲟⲥ ⲉⲧ ⲟⲩⲁⲁⲃ ⲙⲓⲭⲁⲏⲗ · ϫⲉ ϥⲛⲁ-

ⲁⲅⲅⲉⲗⲟⲥ ⲉⲧ ⲟⲩⲁⲁⲃ ⲙⲓ̈ⲭⲁⲏⲗ· ϫⲉ ϥⲛⲁⲧⲁⲁⲩ ⲛⲏⲧⲛ̄ Oriental 7021.
ⲙⲛ̄ ⲧⲉⲩⲙⲏⲥⲉ:—Ⲉⲓⲥ ϩⲏⲏⲧⲉ ⲅⲁⲣ ⲱ̄ ⲛⲁⲙⲉⲣⲁⲧⲉ·
ⲁⲧⲉⲧⲛ̄ⲛⲁⲩ ⲉ ⲧⲛⲟϭ ⲛ̄ ⲇⲱⲣⲉⲁ ⲙ̄ ⲡⲛⲟⲩⲧⲉ· ⲛ̄ⲧⲁⲥⲧⲁϩⲉ
ⲡⲉⲓ̈ ⲣⲱⲙⲉ ⲉⲧ ⲟⲩⲁⲁⲃ· ⲇⲱⲣⲟⲑⲉⲟⲥ· ⲙⲛ̄ ⲧⲉϥⲥϩⲓⲙⲉ
ⲑⲉⲟⲡⲓⲥⲧⲏ· ϫⲉ ⲛ ⲧⲉⲣ ⲟⲩⲥⲟⲩⲧⲱⲛ ⲧⲉⲩϩⲏⲧ ⲉ ϩⲟⲩⲛ ⲉ
ⲡⲛⲟⲩⲧⲉ· ⲙⲛ̄ ⲡⲁⲣⲭⲁⲅⲅⲉⲗⲟⲥ ⲉⲧ ⲟⲩⲁⲁⲃ ⲙⲓⲭⲁⲏⲗ·
ⲁ ⲡⲛⲟⲩⲧⲉ ϩⲱⲱϥ ⲥⲟⲩⲧⲱⲛ ⲧⲉϥⲁⲅⲁⲡⲏ· ⲉ ϩⲟⲩⲛ ⲉ
ⲣⲟⲟⲩ· ⲁϥⲧⲛ̄ⲛⲟⲟⲩ ⲛⲁⲩ ⲙ̄ ⲡⲉϥⲛⲟϭ ⲛ̄ ⲁⲣⲭⲁⲅⲅⲉⲗⲟⲥ·
ⲙⲓ̈ⲭⲁⲏⲗ· ⲁϥⲥⲟⲃⲧⲉ ⲛⲁⲩ ⲛ̄ ⲟⲩⲛⲟϭ ⲙ̄ ⲙⲛ̄ⲧⲣⲙ̄ⲙⲁⲟ·
ⲛ̄ ⲁⲧ ⲱϫⲛ̄ ⁝—ⲙⲛ̄ ⲡⲕⲉ ⲥⲟⲗⲥⲗ̄ ⲛ̄ ⲧⲙⲛ̄ⲧⲣⲙ̄ⲙⲁⲟ ⲛ̄
ⲙ̄ⲡⲏⲩⲉ· Ⲁⲛⲟⲛ ⲇⲉ ϩⲱⲱⲛ· ⲱ̄ ⲛⲁⲙⲉⲣⲁⲁⲧⲉ· ⲁⲩⲱ
ⲛⲁⲥⲛⲏⲩ· ⲉⲓⲥ ϩⲏⲏⲧⲉ ⲁⲛⲉⲓⲙⲉ· ϩⲛ̄ ⲟⲩⲙⲉ· ϫⲉ ⲛ̄ⲕⲁ
ⲛⲓⲙ· ⲉⲛⲛⲁⲧⲁⲁⲩ ⲙ̄ ⲡⲛⲟⲩⲧⲉ· ⲙ̄ ⲡⲣⲁⲛ ⲙ̄ ⲡⲁⲣⲭ-
ⲁⲅⲅⲉⲗⲟⲥ ⲙⲓⲭⲁⲏⲗ ⲧⲛ̄ⲛⲁϫⲓⲧⲟⲩ· ⲙⲛ̄ ⲡⲉⲩⲕⲱⲃ ϩⲙ̄ |
ⲡⲉⲓ ⲕⲟⲥⲙⲟⲥ· ⲙ̄ⲡⲁⲧ ⲛ̄ⲡⲱϩ ⲣⲱ ⲉ ⲛⲁ ⲙ̄ⲡⲏⲩⲉ· Ⲧⲉⲛⲟⲩ Fol. 41 b
ϭⲉ ⲱ̄ ⲛ̄ⲁⲕⲣⲟⲁⲧⲏⲥ ⲙ̄ⲡⲣ̄ ϫⲛⲁⲁⲩ ⲉ † ⲕⲁⲧⲁ ⲧⲉⲛϭⲟⲙ· ⲡ̄
ⲉⲛⲥⲟⲟⲩⲛ· ϫⲉ ⲡⲉⲧ ⲛ̄ⲛⲁⲧⲁⲁϥ· ⲙ̄ ⲡⲁⲣⲭⲏⲁⲅⲅⲉⲗⲟⲥ·

ⲧⲁⲁⲩ ⲛⲏⲧⲛ̄ ⲙⲛ̄ ⲧⲉⲩⲙⲏⲏⲥⲉ· Ⲉⲓⲥ ϩⲏⲏⲧⲉ ⲅⲁⲣ ⲱ̄ ⲛⲁⲙⲉ- Oriental 6781.
ⲣⲁⲧⲉ· ⲁⲧⲉⲧⲛ̄ⲛⲁⲩ ⲉ ⲧⲛⲟϭ ⲛ̄ ⲇⲱⲣⲉⲁ̄ ⲙ̄ ⲡⲛⲟⲩⲧⲉ· ⲛ̄ⲧⲁⲥ-
ⲧⲁϩⲉ ⲡⲉⲓ ⲣⲱⲙⲉ ⲉⲧ ⲟⲩⲁⲁⲃ ⲇⲱⲣⲟⲑⲉⲟⲥ ⲙⲛ̄ ⲧⲉϥⲥϩⲓⲙⲉ
ⲑⲉⲱ̄ⲡⲓⲥⲧⲏ | ϫⲉ ⲛ̄ ⲧⲉⲣ ⲟⲩⲥⲟⲩⲧⲱⲛ ⲙ̄ ⲡⲉⲩϩⲏⲧ ⲉ̄ ϩⲟⲩⲛ ⲉ̄ Fol. 24 b
ⲡⲛⲟⲩⲧⲉ ⲙⲛ̄ ⲡⲁⲣⲭⲁⲅⲅⲉⲗⲟⲥ ⲙⲓⲭⲁⲏⲗ̄· ⲁ̄ ⲡⲛⲟⲩⲧⲉ ⲍ̄
ϩⲱⲱϥ ⲥⲟⲟⲩⲧⲛ̄ ⲛ̄ ⲧⲉϥⲁⲅⲁⲡⲏ ⲉ ϩⲟⲩⲛ ⲉ ⲣⲟⲟⲩ· ⲁϥⲧⲛ̄-
ⲛⲟⲟⲩ ⲛⲁⲩ· ⲙ̄ ⲡⲉϥⲛⲟϭ ⲛ̄ ⲁⲣⲭⲁⲅⲅⲉⲗⲟⲥ ⲙⲓⲭⲁⲏⲗ·
ⲁϥⲥⲟⲟⲩⲧⲛ̄ ⲛⲁⲩ ⲛ̄ ⲟⲩⲛⲟϭ ⲙ̄ ⲙⲛ̄ⲧⲣⲙ̄ⲙⲁⲟ ⲛ̄ ⲁⲧ ⲱϫⲛ̄·
ⲙⲛ̄ ⲡⲕⲉ ⲥⲟⲗⲥⲗ̄ ⲛ̄ ⲧⲙⲛ̄ⲧⲉⲣⲟ̄ ⲛ̄ ⲙ̄ⲡⲏⲩⲉ· Ⲁⲛⲟⲛ ⲇⲉ
ϩⲱⲱⲛ ⲱ̄ ⲛⲁⲙⲉⲣⲁⲧⲉ· ⲁⲩⲱ ⲛⲁⲥⲛⲏⲩ ⲉⲓⲥ ϩⲏⲏⲧⲉ ⲁⲛⲉⲓ-
ⲙⲉ ϩⲛ̄ ⲟⲩⲙⲉ ϫⲉ ⲛ̄ⲕⲁ ⲛⲓⲙ· ⲉⲧ ⲛ̄ⲛⲁⲧⲁⲁⲩ ⲙ̄ ⲡⲛⲟⲩⲧⲉ
ϩⲙ̄ ⲡⲣⲁⲛ ⲙ̄ ⲡⲁⲣⲭⲁⲅⲅⲉⲗⲟⲥ ⲧⲛ̄ⲛⲁϫⲓⲧⲟⲩ ⲙⲛ̄ ⲡⲉⲩ-
ⲕⲱⲃ ϩⲙ̄ ⲡⲉⲓ ⲕⲟⲥⲙⲟⲥ ⲙ̄ⲡⲁⲧ ⲛ̄ⲡⲱϩ ⲣⲱ ⲉ ⲛⲁ ⲙ̄ⲡⲏⲩⲉ·
Ⲧⲉⲛⲟⲩ ϭⲉ ⲱ̄ ⲛ̄ⲁⲕⲣⲱ̄ⲁⲧⲏⲥ· ⲙ̄ⲡⲣ̄ ⲧⲣⲉⲛϫⲛⲁⲩ· ⲉ †
ⲕⲁⲧⲁ ⲧⲛ̄ϭⲟⲙ· ⲉⲛⲥⲟⲟⲩⲛ̄ ϫⲉ ⲡⲉⲧ ⲛ̄ⲛⲁⲧⲁⲁϥ ⲙ̄ ⲡⲁⲣⲭ-

Oriental 7021. ⲙⲓⲭⲁⲏⲗ · ϥⲛⲁⲇⲓⲁⲕⲱⲛⲉⲓ ⲙ̅ⲙⲟϥ ⲛⲁⲛ · ϩⲛ̅ ⲟⲩⲣⲁϣⲉ · ⲕⲁⲛ ⲟⲩⲕⲟⲩⲓ ⲡⲉ · ⲕⲁⲛ ⲟⲩⲛⲟϭ ⲡⲉ ϥⲛⲁϫⲓ̈ ⲛ̅ ⲧⲙ̅ⲡⲣⲟϩⲁⲓⲣⲉⲥⲓⲥ · ⲛ̅ⲧⲟⲟⲧⲛ̅ :—ⲙⲉⲣⲉ ⲡⲛⲟⲩⲧⲉ ⲅⲁⲣ ϫⲛⲟⲩⲕ ⲉⲩϩⲱⲃ · ⲡⲁⲣⲁ ⲧⲕ̅ϭⲟⲙ · ⲁⲗⲗⲁ ⲟⲩⲡⲣⲟϩⲁⲓⲣⲉⲥⲓⲥ ⲙ̅ⲙⲁⲧⲉ · ⲧⲉ ⲧⲉϥϣⲓⲛⲉ ⲛ̅ⲥⲱⲥ :—ⲉϣϫⲉ ⲙ̅ⲙⲟⲛ ⲥⲱⲧⲙ̅ ⲙ̅ ⲡⲉⲟⲩⲟⲉⲓϣ ⲉⲣⲉ ⲡⲉⲛⲥⲏⲣ · ϩⲙ̅ ⲡⲕⲟⲥⲙⲟⲥ ⲛ̅ⲙⲙⲁⲛ · ⲛⲉⲣⲉ ⲛ̅ⲣⲙ̅ⲙⲁⲟ ⲉⲓⲛⲉ ⲙ̅ⲙⲟⲟⲩ ⲧⲏⲣⲟⲩ · ⲉⲩⲛⲟⲩϫⲉ ⲙ̅ⲙⲟⲟⲩ · ⲉ ⲡⲕⲁⲍⲟⲫⲓⲗⲁⲕⲓⲟⲛ · ⲁⲩⲱ ⲙ̅ⲡⲉ ⲡⲛⲟⲩⲧⲉ ⲧⲙⲁⲓⲟⲟⲩ · ⲛ̅ϩⲟⲩⲟ ⲁⲗⲗⲁ ⲛ̅ ⲧⲉⲣⲉ ⲧⲉⲭⲏⲣⲁ ⲛ̅ϩⲏⲕⲉ ⲕⲱⲧⲉ ϩⲙ̅ ⲡⲉⲥⲏⲓ · ⲁⲥϩⲉ ⲉ ⲗⲉⲡⲧⲱⲛ ⲥⲛⲁⲩ · ⲉⲧⲉ ⲛⲟⲙⲓⲥⲙⲁ ⲥⲛⲁⲩ ⲡⲉ · ⲛ̅ⲧⲁⲥⲛ̅ⲧⲟⲩ ϩⲛ̅ ⲟⲩϭⲉⲡⲏ · ⲁⲥⲛⲟϫⲟⲩ ⲉ ⲡⲕⲁⲍⲟⲫⲓⲗⲁⲕⲓⲟⲛ · ⲁⲩⲱ ⲁ ⲡⲛⲟⲩⲧⲉ ϫⲓ ⲛ̅ ⲧⲉⲥⲡⲣⲟϩⲁⲓⲣⲉⲥⲓⲥ ⲛ̅ ⲧⲟⲟⲧⲥ̅ · ⲁⲩⲱ ⲁϥⲙⲁⲕⲁⲣⲓⲍⲉ ⲙ̅ⲙⲟⲥ · ϫⲉ ⲡⲉⲛ̅ⲧ ⲁⲥϩⲉ ⲉ ⲣⲟϥ ⲧⲏⲣϥ̅ ϩⲙ̅
Fol. 42 *a* ⲡⲉⲥⲏⲓ̈ · ⲁⲥⲧⲁⲁϥ ⲙ̅ ⲡϫⲟⲉⲓⲥ · ⲛ̅ⲧⲟⲕ ⲇⲉ ϩⲱⲱⲕ | ⲱ̅ ⲡⲁ
ⲡⲁ ⲙⲉⲣⲓⲧ · ⲁⲣⲓ̈ ⲁⲡⲁ ⲧⲟⲟⲧⲕ̅ ⲉ ϯ ⲙ̅ ⲡⲛⲟⲩⲧⲉ · ϩⲙ̅ ⲡϣⲁ ⲙ̅ ⲡⲁⲣⲭⲁⲅⲅⲉⲗⲟⲥ ⲉⲧ ⲟⲩⲁⲁⲃ ⲙⲓⲭⲁⲏⲗ · ⲁⲩⲱ ⲡⲛⲟⲩⲧⲉ

Oriental 6781. ⲁⲅⲅⲉⲗⲟⲥ ⲙⲓⲭⲁⲏⲗ̅ ϥⲛⲁⲇⲓⲁⲕⲟⲛⲉⲓ ⲙ̅ⲙⲟⲟⲩ ⲛⲁⲛ ϩⲛ̅ ⲟⲩⲣⲁϣⲉ · ⲕⲁⲛ ⲟⲩⲕⲟⲩⲓ ⲡⲉ · ⲕⲁⲛ ⲟⲩⲛⲟϭ ⲡⲉ · ϥⲛⲁϫⲓ ⲛ̅ ⲧⲙ̅ⲡⲣⲟϩⲩⲣⲉⲥⲓ̈ⲥ ⲛ̅ ⲧⲟⲟⲧⲛ̅ · ⲙⲉⲣⲉ ⲡⲛⲟⲩⲧⲉ ⲅⲁⲣ ϫⲓⲛⲟⲩⲛ ⲉⲩϩⲱⲃ · ⲡⲁⲣⲁ ⲧⲉⲛϭⲟⲙ · ⲁⲗⲗⲁ ⲟⲩⲡⲣⲟϩⲩⲣⲉⲥⲓⲥ ⲙ̅ⲙⲁⲧⲉ ⲧⲉ ⲧⲉϥϣⲓⲛⲉ ⲛ̅ⲥⲱⲥ · ⲉϣϫⲉ ⲙ̅ⲙⲟⲛ ⲥⲱⲧⲙ̅ ⲙ̅ ⲡⲉⲟⲩⲟⲉⲓϣ ⲉⲣⲉ ⲡⲉⲛⲥⲱ̅ⲧⲏⲣ ϩⲙ̅ ⲡⲕⲟⲥⲙⲟⲥ ⲛ̅ⲙⲙⲁⲛ · ⲛⲉⲧ ⲉⲣⲉ ⲛ̅ⲣⲙ̅ⲙⲁⲟ̅ ⲉⲓⲣⲉ ⲙ̅ⲙⲟⲟⲩ ⲧⲏⲣⲟⲩ ⲉⲩⲛⲟⲩϫ ⲙ̅ⲙⲟⲟⲩ · ⲉ ⲡⲕⲁⲍⲟⲫⲩⲗⲁⲕⲓⲟⲛ · ⲁⲩⲱ ⲙ̅ⲡⲉ ⲡⲛⲟⲩⲧⲉ ⲧⲙⲁⲓⲟⲟⲩ ⲛ̅ϩⲟⲩⲟ̅ · ⲁⲗⲗⲁ ⲛ̅ ⲧⲉⲣⲉ ⲧⲉⲭⲏⲣⲁ ⲛ̅ϩⲏⲕⲉ ⲕⲱⲧⲉ ϩⲙ̅ ⲡⲉⲥⲏⲓ ⲁⲥϩⲉ ϩⲙ̅ ⲡⲉⲥⲏⲓ ⲉ ⲗⲉⲡⲧⲏⲛ ⲥⲛⲁⲩ · ⲉⲧⲉ ⲛⲟⲙⲓⲥⲙⲁ ⲥⲛⲁⲩ ⲡⲉ · ⲛ̅ⲧⲁⲥⲛ̅ⲧⲟⲩ ϩⲛ̅ ⲟⲩϭⲉⲡⲏ ⲁⲥⲛⲟϫⲟⲩ ⲉ̅ ⲡⲕⲁⲍⲟⲫⲩⲗⲁⲕⲓⲟⲛ · ⲁⲩⲱ ⲁ ⲡⲛⲟⲩⲧⲉ ϫⲓ ⲛ̅ ⲧⲉⲥⲡⲣⲟϩⲩⲣⲉⲥⲓⲥ ⲛ̅ⲧⲟⲟⲧⲥ̅ · ⲁⲩⲱ ⲁϥⲙⲁⲕⲁⲣⲓⲍⲉ ⲙ̅ⲙⲟⲥ · ϫⲉ ⲡⲉⲛⲧ ⲁⲥϩⲉ ⲉ ⲣⲟϥ ⲧⲏⲣϥ̅ ϩⲙ̅ ⲡⲉⲥⲏⲓ ⲁⲥⲧⲁⲁϥ ⲙ̅ ⲡϫⲟⲉⲓⲥ
Fol. 25 *a* Ⲛ̅ⲧⲟⲕ ⲇⲉ ϩⲱⲱⲕ ⲱ̅ ⲡⲁ ⲙⲉⲣⲓⲧ · ⲁⲣⲓ ⲁⲡⲁ ⲧⲟⲟⲧⲕ̅ ⲉ ϯ
ⲝⲁ ⲙ̅ ⲡⲛⲟⲩⲧⲉ · ϩⲙ̅ | ⲡϣⲁ̅ ⲙ̅ ⲡⲁⲣⲭⲁⲅⲅⲉⲗⲟⲥ ⲙⲓⲭⲁⲏⲗ̅ ·

ϩⲱⲱϥ ⲛⲁϯ ⲛⲁⲕ ⲛ̅ ⲟⲩⲁϣⲏ ⲛ̅ⲁⲅⲁⲑⲟⲛ · ⲁⲩⲱ ⲙⲓⲭⲁⲏⲗ Oriental 7021.
ⲛⲁⲇⲓⲁⲕⲱⲛⲉⲓ ⲙ̅ⲙⲟⲟⲩ ⲛⲁⲕ · Ⲉⲕϣⲁⲛϯ ⲛ̅ ⲟⲩⲡⲣⲟⲥ-
ⲫⲟⲣⲁ ⲙ̅ ⲡⲛⲟⲩⲧⲉ · ϩⲙ̅ ⲡⲣⲁⲛ ⲙ̅ ⲡⲁⲣⲭⲁⲅⲅⲉⲗⲟⲥ ⲉⲧ
ⲟⲩⲁⲁⲃ ⲙⲓⲭⲁⲏⲗ · ⲡⲛⲟⲩⲧⲉ ⲛⲁⲧⲙ̅ⲙⲟⲕ ⲙ̅ ⲡⲟⲉⲓⲕ ⲙ̅
ⲡⲱⲛϩ ϩⲛ̅ ⲙ̅ⲡⲏⲩⲉ ⁘ Ⲉⲕϣⲁⲛϩⲉⲃⲥ̅ ⲟⲩⲁ ⲉϥⲕⲏ ⲕⲁ ϩⲏⲩ ·
ϩⲙ̅ ⲡϣⲁ ⲙ̅ ⲡⲁⲣⲭⲁⲅⲅⲉⲗⲟⲥ ⲙⲓⲭⲁⲏⲗ · ⲡⲛⲟⲩⲧⲉ
ϩⲱⲱϥ · ⲛⲁϯ ϩⲓⲱⲱⲕ ⲛ̅ ⲟⲩϩⲃⲥⲱ ⲛ̅ ⲟⲩⲟⲉⲓⲛ ϩⲛ̅ ⲙ̅ⲡⲏⲩⲉ ·
Ⲉⲕϣⲁⲛϯ ⲛ̅ ⲟⲩⲁⲡⲟⲧ ⲛ̅ ⲏⲣⲡ ⲛ̅ ⲟⲩⲁ · ϩⲙ̅ ⲡϣⲁ ⲙ̅
ⲡⲁⲣⲭⲁⲅⲅⲉⲗⲟⲥ ⲉⲧ ⲟⲩⲁⲁⲃ ⲙⲓⲭⲁⲏⲗ · ⲡⲛⲟⲩⲧⲉ ϩⲱⲱϥ
ⲛⲁⲧⲥⲟⲕ · ⲉ ⲃⲟⲗ ϩⲙ̅ ⲡⲉⲛⲏⲙⲁ · ⲛ̅ ⲧⲃⲱ · ⲛ̅ ⲉⲗⲟⲟⲗⲉ ⲙ̅
ⲙⲉ · ⲁⲩⲱ ⲕⲁⲛ ⲟⲛ ⲙⲛ̅ⲧⲁⲁⲕ ⲏⲣⲡ ⲙ̅ⲙⲁⲩ · ⲙ̅ ⲡⲛⲁⲩ
ⲛ̅ⲣ ⲡⲁⲓ̈ · ⲧⲥⲉ ⲟⲩⲁ ⲙ̅ⲙⲁⲧⲉ · ϩⲙ̅ ⲡⲣⲁⲛ ⲙ̅ ⲙⲓ̈ⲭⲁⲏⲗ ·
ⲁⲩⲱ ⲡⲛⲟⲩⲧⲉ ϩⲱⲱϥ ⲛⲁⲧⲥⲟⲕ ⲉ ⲃⲟⲗ · ϩⲛ̅ ⲧⲡⲩⲅⲏ
ⲙ̅ⲙⲟⲩ ⲛ̅ ⲱⲛϩ · ⲉⲧⲥⲱⲕ · ⲉ ⲃⲟⲗ ϩⲁ ⲡⲉϥⲑⲣⲟⲛⲟⲥ ⲉⲧ
ⲟⲩⲁⲁⲃ · Ⲉⲕϣⲁⲛⲃⲱⲕ ⲛⲅ̅ ϭⲙ̅ ⲡϣⲓⲛⲉ · ⲛ̅ ⲟⲩⲁ · ⲉϥ-
ϣⲱⲛⲉ ⲙ̅ⲙⲁⲧⲉ · ⲙ̅ ⲡⲉϩⲟⲟⲩ ⲙ̅ ⲡⲁⲣⲭⲁⲅⲅⲉⲗⲟⲥ

ⲁⲩⲱ ⲡⲛⲟⲩⲧⲉ ϩⲱϥ ⲛⲁϯ ⲛⲁⲕ ⲛ̅ ⲟⲩⲁϣⲏ ⲛⲁⲅⲁⲑⲟⲛ Oriental 6781.
ⲁⲩⲱ ⲙⲓⲭⲁⲏⲗ ⲛⲁⲇⲓⲁⲕⲟⲛⲉⲓ ⲙ̅ⲙⲟⲟⲩ ⲛⲁⲕ · ⲉⲕϣⲁⲛϯ
ⲛ̅ ⲟⲩⲡⲣⲟⲥⲫⲟⲣⲁ ⲙ̅ ⲡⲛⲟⲩⲧⲉ ϩⲙ̅ ⲡⲣⲁⲛ ⲙ̅ ⲡⲁⲣⲭⲁⲅⲅⲉ-
ⲗⲟⲥ ⲙⲓⲭⲁⲏⲗ · ⲡⲛⲟⲩⲧⲉ ϩⲱⲱϥ ⲛⲁⲧⲙ̅ⲙⲟⲕ ⲙ̅ ⲡⲟⲉⲓⲕ
ⲙ̅ ⲡⲱⲛϩ ϩⲛ̅ ⲙ̅ⲡⲏⲩⲉ · ⲉⲕϣⲁⲛϩⲉⲃⲥ̅ ⲟⲩⲁ̅ ⲉϥⲕⲏ ⲕⲁ ϩⲏⲩ
ϩⲙ̅ ⲡϣⲁ̅ ⲙ̅ ⲡⲁⲣⲭⲁⲅⲅⲉⲗⲟⲥ ⲙⲓⲭⲁⲏⲗ · ⲡⲛⲟⲩⲧⲉ
ϩⲱⲱϥ ⲛⲁⲧⲓ ⲛⲁⲕ ⲛ̅ ⲟⲩϩⲃⲥⲱ ⲛ̅ ⲟⲩⲟⲉⲓⲛ ϩⲛ̅ ⲙ̅ⲡⲏⲩⲉ ·
ⲉⲕϣⲁⲛϯ ⲛ̅ ⲟⲩⲁⲡⲟⲧ ⲛ̅ ⲏⲣⲡ ⲛ̅ ⲟⲩⲁ̅ ϩⲙ̅ ⲡϣⲁ̅ ⲙ̅ ⲡⲁⲣⲭ-
ⲁⲅⲅⲉⲗⲟⲥ ⲉⲧ ⲟⲩⲁⲁⲃ ⲙⲓⲭⲁⲏⲗ · Ⲡⲛⲟⲩⲧⲉ ϩⲱⲱϥ ⲛⲁⲧ-
ⲥⲟⲕ ⲉ ⲃⲟⲕ *(sic)* ϩⲙ̅ ⲡⲉⲛⲏⲙⲁ ⲛ̅ ⲧⲃⲱ ⲛ̅ ⲉⲗⲟⲟⲗⲉ ⲙ̅ ⲙⲉ ·
ⲁⲩⲱ ⲕⲁⲛ ⲟⲛ ⲙⲛ̅ⲧⲁⲕ ⲏⲣⲡ ⲙ̅ⲙⲁⲩ ⲙ̅ ⲡⲛⲁⲩ ⲛ̅ⲣ ⲡⲁⲓ ·
ⲧⲥⲉ ⲟⲩⲁ̅ ⲙ̅ⲙⲟⲟⲩ ⲙ̅ⲙⲁⲧⲉ ϩⲙ̅ ⲡⲣⲁⲛ ⲙ̅ ⲙⲓⲭⲁⲏⲗ
Ⲡⲛⲟⲩⲧⲉ ϩⲱⲱϥ ⲛⲁⲧⲥⲟⲕ ⲉ ⲃⲟⲗ ϩⲛ̅ ⲧⲡⲩⲅⲏ ⲙ̅ⲙⲟⲩ ⲛ̅
ⲱⲛϩ ⲉⲧ ⲥⲱⲕ ⲉ ⲃⲟⲗ ϩⲁ ⲡⲉϥⲑⲣⲟⲛⲟⲥ ⲉⲧ ⲟⲩⲁⲁⲃ :—
Ⲉⲕϣⲁⲛⲃⲱⲕ ⲉ̅ ϭⲙ̅ ⲡϣⲓⲛⲉ ⲛ̅ⲟⲩⲁ̅ ⲉϥϣⲱⲛⲉ ⲙ̅ⲙⲁⲧⲉ ·
ⲙ̅ ⲡⲉϩⲟⲟⲩ ⲙ̅ ⲡⲁⲣⲭⲁⲅⲅⲉⲗⲟⲥ ⲉⲧ ⲟⲩⲁⲁⲃ ⲙⲓⲭⲁⲏⲗ̅ ·

Oriental 7021. Fol. 42 b ⲡ̅ⲃ̅

ⲙⲓⲭⲁⲏⲗ · | ⲡⲛⲟⲩⲧⲉ ϩⲱⲱϥ · ⲛⲁⲧⲛ̅ⲛⲟⲟⲩ ⲙ̅ ⲙⲓⲭⲁⲏⲗ · ⲛϥϭⲙ̅ ⲡⲉⲕϣⲓⲛⲉ · ϩⲙ̅ ⲡⲉϩⲟⲟⲩ ⲙ̅ ⲡⲉⲕⲛⲟϭ ⲛ̅ ϣⲱⲛⲉ · ⲉⲧⲉ ⲡⲁⲓ ⲡⲉ · ⲡϣⲱⲛⲉ ⲙ̅ ⲡⲉⲕⲙⲟⲩ · Ⲁⲩⲱ ⲉⲕϣⲁⲛⲃⲱⲕ · ϣⲁ ⲟⲩⲁ · ⲉϥϩⲙ̅ ⲡⲉϣⲧⲉⲕⲟ · ϩⲙ̅ ⲡⲉϩⲟⲟⲩ ⲙ̅ ⲡϣⲁ ⲙ̅ ⲙⲓ̈ⲭⲁⲏⲗ · ⲛ̅ⲅ̅ ⲥⲗ̅ⲥⲱⲗϥ · ⲡⲛⲟⲩⲧⲉ ϩⲱⲱϥ · ⲛⲁⲧⲛ̅ⲛⲟⲟⲩ ⲛⲁⲕ · ⲙ̅ ⲙⲓⲭⲁⲏⲗ · ⲛϥⲛⲁϩⲙ̅ⲕ ⲉ ⲃⲟⲗ ϩⲙ̅ ⲡⲉϣⲧⲉⲕⲟ ⲛ̅ ⲁⲙⲛ̅ⲧⲉ · ⲁⲩⲱ ⲡⲛⲟⲩⲧⲉ ϩⲱⲱϥ ⲛⲁϫⲟⲟⲥ ⲛⲁⲕ · ϫⲉ ⲛⲉⲓ ϩⲙ̅ ⲡⲉϣⲧⲉⲕⲟ ⲁⲧⲉⲧⲛ̅ⲉⲓ ϣⲁ ⲣⲟⲓ̈ · Ⲉⲕϣⲁⲛⲕⲱⲧ · ⲛ̅ ⲟⲩⲉⲕⲕⲗⲏⲥⲓⲁ · ϩⲓϫⲙ̅ ⲡⲕⲁϩ · ⲉ ⲡⲣⲁⲛ ⲙ̅ ⲙⲓⲭⲁⲏⲗ · ⲡⲛⲟⲩⲧⲉ ϩⲱⲱϥ ⲛⲁⲕⲱⲧ ⲛⲁⲕ ⲛ̅ ⲟⲩⲏⲓ · ⲛ̅ ⲁⲧ ⲙⲟⲩⲛⲅ̅ ⲛ̅ϭⲓϫ · ϩⲣⲁⲓ ϩⲛ̅ ⲙ̅ⲡⲏⲩⲉ · Ⲉⲕϣⲁⲛⲛⲁⲩ ⲉⲩⲕⲱⲃ · ⲛ̅ ⲟⲩⲁ ⲉⲣⲉ ϩⲉⲛⲡⲗⲩⲅⲏ ϩⲙ̅ ⲡⲉϥⲥⲱⲙⲁ · ⲛ̅ⲅ̅ ⲑⲉⲣⲁⲡⲉⲩⲉ ⲙ̅ⲙⲟϥ · ϩⲙ̅ ⲡϣⲁ ⲙ̅ ⲡⲁⲣⲭⲁⲅⲅⲉⲗⲟⲥ ⲙⲓⲭⲁⲏⲗ · ⲡⲛⲟⲩⲧⲉ ϩⲱⲱϥ · ⲛⲁϣⲛ̅ϩⲧⲏϥ ϩⲁ ⲣⲟⲕ · ⲛϥⲑⲉⲣⲁⲡⲉⲩⲉ ⲙ̅ⲙⲟⲕ · ⲉ ⲃⲟⲗ ϩⲛ̅ ⲛⲉⲡⲗⲩⲅⲏ ⲛ̅ ⲁⲙⲛ̅ⲧⲉ · ϫⲉ ϥⲥⲏϩ · ϫⲉ ⲛⲁⲓⲁⲧⲟⲩ ⲛ̅ ⲛ̅ⲛⲁⲏⲧ · ϫⲉ ⲛ̅ⲧⲟⲟⲩ ⲛⲉⲧ ⲟⲩⲛⲁⲛⲁ ⲛⲁⲩ · ⲁⲩⲱ ⲟⲛ · ϫⲉ ⲛ̅ⲧⲁ ⲧⲁⲣⲟⲩⲛⲁ ⲛⲏⲧⲛ̅ · ⲁⲩⲱ ϫⲉ ⲡⲛⲁ

Oriental 6781.

ⲡⲛⲟⲩⲧⲉ ϩⲱⲱϥ ⲛⲁⲧⲛ̅ⲛⲟⲟⲩ ⲙ̅ ⲙⲓⲭⲁⲏⲗ · ⲛϥϭⲙ̅ ⲡⲉⲕϣⲓⲛⲉ ϩⲙ̅ ⲡⲉϩⲟⲟⲩ ⲙ̅ ⲡⲛⲟϭ ⲛ̅ ϣⲱⲛⲉ · ⲉⲧⲉ ⲡϣⲱⲛⲉ ⲡⲉ ⲙ̅ ⲡⲉⲕⲙⲟⲩ · ⲁⲩⲱ ⲉⲕϣⲁⲛⲃⲱⲕ ϣⲁ ⲟⲩⲁ̅ ⲉϥϩⲙ̅ ⲡⲉϣⲧⲉⲕⲟ ϩⲙ̅ ⲡⲉϩⲟⲟⲩ ⲙ̅ ⲡϣⲁ̅ ⲙ̅ ⲙⲓⲭⲁⲏ̅ⲗ ⲛ̅ⲅ̅ ⲥⲗ̅ⲥⲱⲗϥ · ⲡⲛⲟⲩⲧⲉ ϩⲱⲱϥ ⲛⲁⲧⲛ̅ⲛⲟⲟⲩ ⲛⲁⲕ ⲙ̅ ⲙⲓⲭⲁⲏⲗ · ⲛϥⲛⲁϩⲙⲉⲕ ⲉ ⲃⲟⲗ ϩⲙ̅ ⲡⲉϣⲧⲉⲕⲟ ⲛ̅ ⲁⲙⲛ̅ⲧⲉ · ⲁⲩⲱ ⲡⲛⲟⲩⲧⲉ ϩⲱⲱϥ ⲛⲁϫⲟⲟⲥ ⲛⲁⲕ ϫⲉ ⲛⲉⲓ ϩⲙ̅ ⲡⲉϣⲧⲉⲕⲟ

Fol. 25 b ⲍ̅ⲃ̅

ⲁ̅ⲧⲉⲧⲛ̅ⲉⲓ ϣⲁ ⲣⲟⲓ̈ · ⲉⲕϣⲁⲛⲕⲱⲧ ⲛ̅ ⲟⲩⲉⲕⲕⲗⲏⲥⲓⲁ · ϩⲓ|ϫⲙ̅ ⲡⲕⲁϩ ⲉ̅ ⲡⲣⲁⲛ ⲙ̅ ⲙⲓⲭⲁⲏ̅ⲗ · ⲡⲛⲟⲩⲧⲉ ϩⲱⲱϥ ⲛⲁⲕⲱⲧ ⲛⲁⲕ ⲛ̅ ⲟⲩⲏⲓ ⲛ̅ ⲁⲧ ⲙⲟⲩⲛⲅ̅ ⲛ̅ϭⲓϫ ϩⲛ̅ ⲙ̅ⲡⲏⲩⲉ · ⲉⲕϣⲁⲛⲛⲁⲩ ⲉⲩϭⲱⲃ ⲛ̅ ⲟⲩⲁ̅ ⲉⲣⲉ ϩⲉⲛⲡⲗⲩⲅⲏ ϩⲙ̅ ⲡⲉϥⲥⲱⲙⲁ · ⲛ̅ⲅ̅ ⲑⲩⲣⲁⲡⲉⲩⲉ ⲙ̅ⲙⲟϥ ϩⲙ̅ ⲡϣⲁ̅ ⲙ̅ ⲡⲁⲣⲭⲁⲅⲅⲉⲗⲟⲥ ⲙⲓⲭⲁⲏⲗ · ⲡⲛⲟⲩⲧⲉ ϩⲱⲱϥ ⲛⲁϣⲛ̅ϩⲧⲏϥ ϩⲁ ⲣⲟⲕ ⲛϥⲑⲩⲣⲁⲡⲉⲩⲉ ⲙ̅ⲙⲟⲕ ⲉ ⲃⲟⲗ ϩⲛ̅ ⲛⲉⲡⲗⲩⲅⲉ ⲛ ⲁⲙⲛ̅ⲧⲉ · ϫⲉ ϥⲥⲏϩ ϫⲉ ⲛⲁⲓⲁⲧⲟⲩ ⲛ̅ ⲛ̅ⲛⲁⲏⲧ · ϫⲉ ⲛ̅ⲧⲟⲟⲩ ⲛⲉⲧ ⲟⲩⲛⲁⲛⲁⲩ ⲁⲩⲱ ⲟⲛ ϫⲉ ⲛ̅ⲧⲁ ⲧⲁⲣⲟⲩⲛⲁ̅ ⲛⲏⲧⲛ̅ · ⲁⲩⲱ ϫⲉ ⲡⲛⲁ

ϣⲁϥϣⲟⲩ[ϣⲟⲩ] ⲙ̅ⲙⲟϥ ϩⲓϫⲛ̅ ⲧⲉⲕⲣⲓⲥⲓⲥ · ⲁⲩⲱ | ⲟⲛ ϫⲉ Oriental 7021.
ϣⲁⲣⲉ ⲧⲁⲅⲁⲡⲏ ϩⲱⲃⲥ̅ · ⲉ ⲃⲟⲗ ⲉϫⲛ̅ ⲟⲩⲙⲏⲏϣⲉ ⲛ̅ⲛⲟⲃⲉ ⁘— Fol. 43 *a*
Ⲱ ⲛⲁⲙⲉⲣⲁⲁⲧⲉ ⲁⲩⲱ ⲛⲁⲥⲛⲏⲩ · ⲙⲁⲣⲛ̅ ⲡⲁⲣⲁⲕⲁⲗⲉⲓ
ⲙ̅ ⲡⲛⲟⲩⲧⲉ · ⲛ̅ⲧⲛ̅ⲣ ⲁⲡⲁ ⲧⲟⲟⲧⲛ̅ ⲉ ⲙⲉⲣⲉ ⲧⲁⲅⲁⲡⲏ · ⲙ̅
ⲡⲉϩⲟⲟⲩ ⲙ̅ ⲡⲁⲣⲭⲁⲅⲅⲉⲗⲟⲥ · ⲙⲓⲭⲁⲏⲗ · ⲉⲛⲥⲟⲟⲩⲛ ·
ϫⲉ ⲟⲩϩⲓⲕⲁⲛⲟⲥ ⲡⲉ · ⲁⲩⲱ ϥϩⲏⲛ ⲉ ϩⲟⲩⲛ ⲉ ⲡⲛⲟⲩⲧⲉ · ⲛ̅
ⲛⲁⲩ ⲛⲓⲙ · ⲁⲩⲱ ϥⲛⲁϯ ⲙ̅ ⲡⲟⲩⲁ ⲡⲟⲩⲁ · ⲕⲁⲧⲁ ⲛⲉϥ-
ϩⲃⲏⲩⲉ ⁘ Ⲙⲁⲣⲛ̅ ⲡⲱⲧ ⲛ̅ⲥⲁ ⲧⲁⲅⲁⲡⲏ · ⲱ̅ ⲛⲁⲙⲉⲣⲁⲧⲉ ·
ϫⲉ ⲧⲁⲅⲁⲡⲏ · ⲟⲩ ⲉ ⲃⲟⲗ ϩⲙ̅ ⲡⲛⲟⲩⲧⲉ ⲧⲉ · ⲁⲩⲱ ⲡⲛⲟⲩⲧⲉ
ⲡⲉ ⲧⲁⲅⲁⲡⲏ · Ⲟⲩⲛⲁ ⲅⲁⲣ ⲡⲉⲛⲧⲁ ⲡⲛⲟⲩⲧⲉ ⲁⲁϥ · ⲙⲛ̅
ⲡⲉⲛⲉⲓⲱⲧ · ⲛ̅ ⲁⲇⲁⲙ · ⲙⲛ̅ ⲉⲩϩⲁ · ⲁϥϫⲓ ⲛ̅ ⲧⲟⲟⲧⲟⲩ · ⲛ̅
ⲧⲉⲩⲙⲉⲧⲁⲛⲟⲓⲁ · ϩⲓⲧⲛ̅ ⲛ̅ⲥⲟⲡⲥⲛ̅ ⲙ̅ ⲙⲓⲭⲁⲏⲗ · ⲁϥⲕⲱ
ⲛⲁⲩ ⲉ ⲃⲟⲗ · ⲛ̅ ⲧⲉⲩⲡⲁⲣⲁⲃⲁⲥⲓⲥ ⁘ ⲧⲁⲅⲁⲡⲏ ⲛ̅ⲧⲁϥⲁⲁⲥ ·
ⲙⲛ̅ ⲁⲃⲉⲗ · ⲡⲇⲓⲕⲁⲓⲟⲥ · ⲁϥϫⲓ ⲛ̅ ⲧⲟⲟⲧϥ̅ ⲛ̅ ⲧⲉϥⲑⲩⲥⲓⲁ ·
ϩⲓⲧⲛ̅ ⲛ̅ⲥⲟⲡⲥⲛ̅ ⲙ̅ ⲙⲓⲭⲁⲏⲗ · ⲟⲩⲛⲁ ϩⲱⲱϥ ⲡⲉⲛⲧⲁ
ⲡⲛⲟⲩⲧⲉ ⲁⲁϥ ⲙⲛ̅ ⲉⲛⲱⲭ ⲁϥⲡⲟⲟⲛϥ̅ ⲉ ⲃⲟⲗ · ⲉ ⲧⲙ̅ⲙ

ϣⲁϥϣⲟⲩϣⲟⲩ ⲙ̅ⲙⲟϥ ϩⲓϫⲛ̅ ⲧⲉⲕⲣⲓⲥⲓⲥ · ⲁⲩⲱ ⲟⲛ ϫⲉ Oriental 6781.
ϣⲁⲣⲉ ⲧⲁⲅⲁⲡⲏ ϩⲱⲃⲥ ⲉ ⲃⲟⲗ ⲉ̅ϫⲛ ⲟⲩⲙⲏⲏϣⲉ ⲛ̅ⲛⲟⲃⲉ ·
ⲙⲁⲣⲛ̅ ⲡⲁⲣⲁⲕⲁⲗⲉⲓ ⲙ̅ ⲡⲛⲟⲩⲧⲉ ⲱ̅ ⲛⲁⲙⲉⲣⲁⲧⲉ · ⲁⲩⲱ
ⲛⲁⲥⲛⲏⲩ ⲛ̅ⲧⲛ̅ⲣ ⲁ̅ⲡⲁ ⲧⲟⲟⲧⲛ̅ ⲉ ⲙⲉⲣⲉ ⲧⲁⲅⲁⲡⲏ ⲙ̅ ⲡⲉϩⲟⲟⲩ
ⲙ̅ ⲡⲁⲣⲭⲁⲅⲅⲉⲗⲟⲥ ⲉⲧ ⲟⲩⲁⲁⲃ ⲙⲓⲭⲁⲏ̅ⲗ · ⲉⲛⲥⲟⲟⲩϩ
ⲉ ϩⲟⲩⲛ ⲉⲛⲥⲟⲟⲩⲛ ϫⲉ ⲟⲩϩⲓⲕⲁⲛⲟⲥ ⲡⲉ · ⲁⲩⲱ ⲉϥϩⲏⲛ ⲉ
ϩⲟⲩⲛ ⲉ ⲡⲛⲟⲩⲧⲉ ⲛ̅ⲛⲁⲩ ⲛⲓⲙ · ⲁⲩⲱ ϥⲛⲁϯ ⲙ̅ ⲡⲟⲩⲁ̅ ⲡⲟⲩⲁ̅
ⲕⲁⲧⲁ ⲡⲉϥϩⲱⲃ · Ⲙⲁⲣⲛ̅ ⲡⲱⲧ ⲛ̅ⲥⲁ ⲧⲁⲅⲁⲡⲏ ⲱ̅ ⲛⲁⲙⲉ-
ⲣⲁⲧⲉ · ϫⲉ ⲧⲁⲅⲁⲡⲏ ⲟⲩ ⲉ ⲃⲟⲗ ϩⲙ̅ ⲡⲛⲟⲩⲧⲉ · ⲁⲩⲱ
ⲡⲛⲟⲩⲧⲉ ⲡⲉ ⲧⲁⲅⲁⲡⲉ (*sic*) · ⲟⲩⲛⲁ̅ ⲅⲁⲣ ⲡⲉⲛⲧⲁ ⲡⲛⲟⲩⲧⲉ
ⲁⲁϥ ⲙⲛ̅ ⲡⲉⲛⲉⲓⲱⲧ ⲁⲇⲁⲙ · ⲙⲛ̅ ⲉⲩϩⲁ̅ · ⲁϥϫⲓ ⲛ̅ ⲧⲟⲟⲧⲟⲩ
ⲛ̅ ⲧⲉⲩⲙⲉⲧⲁⲛⲟⲓⲁ̅ · ϩⲓⲧⲛ̅ ⲛ̅ⲥⲟⲡⲥⲛ̅ ⲙ̅ ⲙⲓⲭⲁⲏ̅ⲗ · ⲁϥⲕⲱ
ⲛⲁⲩ ⲉ ⲃⲟⲗ ⲛ̅ ⲧⲉⲩⲡⲁⲣⲁⲃⲁⲥⲓⲥ · ⲧⲁⲅⲁⲡⲏ ϩⲱⲱⲥ ⲛ̅ⲧⲁϥ-
ⲁⲁⲥ ⲙⲛ̅ ⲁⲃⲉⲗ ⲡⲇⲓ̈ⲕⲁⲓⲟⲥ ⲁϥϫⲓ ⲛ̅ ⲧⲟⲟⲧϥ̅ ⲛ̅ ⲛⲉϥⲑⲩⲥⲓⲁ
ϩⲓⲧⲛ̅ ⲛ̅ⲥⲟⲡⲥⲛ̅ ⲙ̅ ⲙⲓⲭⲁⲏ̅ⲗ · ⲟⲩⲛⲁ̅ ϩⲱⲱϥ ⲡⲉⲛⲧⲁ
ⲡⲛⲟⲩⲧⲉ ⲁⲁϥ ⲙⲛ̅ ⲉⲛⲱⲭ ⲁϥⲡⲟⲟⲛⲉϥ ⲉ̅ ⲃⲟⲗ · ⲉ ⲧⲙ̅ⲙ

Oriental 7021. ⲧⲣⲉϥⲛⲁⲩ · ⲉ ⲡⲙⲟⲩ · ϩⲓⲧⲛ̅ ⲛ̅ⲥⲟⲡⲥⲡ̅ ⲙ̅ ⲙⲓⲭⲁⲏⲗ · ⲙⲛ̅ ⲧⲉϥⲧⲁⲝⲓⲥ · ⲟⲩⲁⲅⲁⲡⲏ ⲟⲛ ⲧⲛ̅ⲧⲁ ⲡⲛⲟⲩⲧⲉ ⲁⲁⲥ · ⲙⲛ̅ ⲛⲱϩⲉ · ⲁϥⲧⲁⲙⲓⲟ ⲛⲁϥ ⲛ̅ ⲟⲩⲕⲓⲃⲱⲇⲟⲥ · ⲁϥⲟⲩ[ⲟϫϥ̅] ⲙⲛ̅ ⲡⲉϥⲏⲓ · ⲧⲏⲣϥ̅ ϩⲙ̅ ⲡⲙⲟⲟⲩ [ⲙ̅]ⲡⲕⲁⲧⲁⲕⲗⲏⲥⲙⲟⲥ ·
Fol. 43 b ϩⲓⲧⲛ̅ ⲛ̅ⲥⲟⲡⲥⲡ̅ | ⲙ̅ ⲙⲓⲭⲁⲏⲗ · ⲙⲛ̅ ⲧⲉϥⲧⲁⲝⲓⲥ ⲛ̅ⲁⲅⲅⲉ-
ⲡ̅ⲇ̅ ⲗⲓⲕⲟⲛ · ⲟⲩⲛⲁ ⲡⲉⲛⲧⲁ ⲡⲛⲟⲩⲧⲉ ⲁⲁϥ · ⲙⲛ̅ ⲡⲉⲛⲉⲓⲱⲧ · ⲁⲃⲣⲁϩⲁⲙ · ⲁϥⲥⲙⲛ̅ ⲇⲓ̈ⲁⲑⲏⲕⲏ ⲛ̅ⲙ̅ⲙⲁϥ · ⲁϥⲭⲁⲣⲓⲍⲉ ⲛⲁϥ · ⲛ̅ ⲓⲥⲁⲕ ϩⲓ̈ⲧⲛ̅ ⲛ̅ⲥⲟⲡⲥⲡ̅ ⲙ̅ ⲙⲓⲭⲁⲏⲗ · ⲙⲛ̅ ⲧⲉϥⲧⲁⲝⲓⲥ ⁘ ⲁⲩⲱ ⲁⲅⲁⲡⲏ ϩⲱⲱⲥ ⲧⲛ̅ⲧⲁ ⲡⲛⲟⲩⲧⲉ ⲁⲁⲥ ⲙⲛ̅ ⲓⲥⲁⲁⲕ ⲁϥϣⲱⲡ ⲉ ⲣⲟϥ · ⲛ̅ ⲧⲉϥⲑⲩⲥⲓⲁ · ⲁⲩⲱ ⲁϥϫⲓ ⲛ̅ ⲟⲩⲉⲥⲟⲟⲩ ⲉ ⲡⲉϥⲙⲁ · ϩⲓⲧⲛ̅ ⲛ̅ⲥⲟⲡⲥⲡ̅ ⲙ̅ ⲙⲓⲭⲁⲏⲗ ⁘ ⲟⲩⲛⲁ ⲡⲉⲛⲧⲁ ⲡⲛⲟⲩⲧⲉ · ⲁⲁϥ ⲙⲛ̅ ⲓⲁⲕⲱⲃ · ⲁϥϯ ⲛⲁϥ ⲛ̅ ⲟⲩⲭⲁⲣⲓⲥ · ⲛ̅ ⲛⲁϩⲣⲛ̅ ⲏⲥⲁⲩ · ⲡⲉϥⲥⲟⲛ · ϩⲓⲧⲛ̅ ⲛ̅ⲥⲟⲡⲥⲡ̅ ⲙ̅ ⲙⲓⲭⲁⲏⲗ · ⲙⲛ̅ ⲧⲉϥⲧⲁⲝⲓⲥ ⁘ ⲟⲩⲁⲅⲁⲡⲏ ϩⲱⲱⲥ · ⲧⲛ̅ⲧ ⲁϥⲁⲁϥ · ⲙⲛ̅ ⲓⲱⲥⲏⲫ · ⲁϥⲛⲁϩⲙ̅ⲉϥ · ⲉⲛϭⲓϫ · ⲛ̅ ⲛⲉϥⲥⲛⲏⲩ ⲁⲩⲱ ⲉ ⲧⲟⲟⲧⲥ̅ ⲛ̅ ⲧⲣⲙ̅ ⲛ̅ ⲕⲏⲙⲉ · ϩⲓⲧⲛ̅ ⲛ̅ⲧⲱⲃϩ̅ ⲙ̅ ⲙⲓⲭⲁⲏⲗ · ⲙⲛ̅ ⲛⲉϥⲥⲟⲡⲥⲡ̅ · ⲟⲩⲛⲁ ⲡⲉⲛⲧⲁ ⲡⲛⲟⲩⲧⲉ

Oriental 6781. ⲧⲣⲉϥⲛⲁⲩ ⲉ̅ ⲡⲙⲟⲩ · ϩⲓⲧⲛ̅ ⲛ̅ⲥⲟⲡⲥⲡ̅ ⲙ̅ ⲙⲓⲭⲁⲏⲗ̅ ⲙⲛ̅
Fol. 26 a ⲧⲉϥⲧⲁⲝⲓⲥ · | ⲟⲩⲁⲅⲁⲡⲏ ⲟⲛ · ⲧⲉⲛ̅ⲧⲁ ⲡⲛⲟⲩⲧⲉ ⲁⲁⲥ ⲙⲛ̅
ⲝ̅ⲅ̅ ⲛⲱϩⲉ ⲁϥⲧⲁⲙⲓⲟ ⲛⲁϥ ⲛ̅ ⲟⲩⲕⲓⲃⲱⲧⲱⲥ ⲁϥⲧⲟⲩϫⲟ[ϥ] ⲙⲛ̅ ⲡⲉϥⲏⲓ ⲧⲏⲣϥ̅ · ϩⲓⲧⲛ̅ ⲛ̅ⲥⲟⲡⲥⲡ̅ ⲙ̅ ⲙⲓⲭⲁⲏⲗ̅ ⲙⲛ̅ ⲧⲉϥⲧⲁⲝⲓⲥ ⲛ̅ⲁⲅⲅⲉⲗⲓⲕⲟⲛ · ⲟⲩⲛⲁ̅ ⲡⲉⲛⲧⲁ ⲡⲛⲟⲩⲧⲉ ⲁⲁϥ · ⲙⲛ̅ ⲡⲉⲛⲉⲓⲱⲧ ⲁⲃⲣⲁϩⲁⲙ · ⲁϥⲥⲙⲛ̅ ⲇⲓⲁⲑⲏⲕⲏ ⲛ̅ⲙ̅ⲙⲁϥ · ⲁϥⲭⲁⲣⲓⲍⲉ ⲛⲁϥ ⲛ̅ ⲓⲉⲥⲁ̅ⲕ ϩⲓⲧⲛ̅ ⲛ̅ⲥⲟⲡⲥⲡ̅ ⲙ̅ ⲙⲓⲭⲁⲏⲗ̅ ⲙⲛ̅ ⲧⲉϥⲧⲁⲝⲓⲥ · ⲟⲩⲁⲅⲁⲡⲏ ⲟⲛ ϩⲱⲱⲥ ⲧⲉⲛⲧⲁ ⲡⲛⲟⲩⲧⲉ ⲁⲁⲥ ⲙⲛ̅ ⲓⲉⲥⲁⲕ · ⲁϥϣⲱⲡ ⲉ ⲣⲟϥ ⲛ̅ ⲧⲉϥⲑⲩⲥⲓⲁ̅ · ⲁⲩⲱ ⲁϥϫⲓ ⲉⲛ ⲟⲩⲉ̅ⲥⲟⲟⲩ ⲉ ⲡⲉϥⲙⲁ · ϩⲓⲧⲛ̅ ⲛ̅ⲥⲟⲡⲥⲡ̅ ⲙ̅ ⲙⲓⲭⲁⲏⲗ̅ · ⲟⲩⲛⲁ ⲡⲉⲛⲧⲁ ⲡⲛⲟⲩⲧⲉ ⲁⲁϥ ⲙⲛ̅ ⲓⲁⲕⲱⲃ · ⲁϥϯ ⲛⲁϥ ⲛ̅ ⲟⲩⲭⲁⲣⲓⲥ ⲛ̅ ⲛⲁϩⲣⲛ̅ ⲏⲥⲁⲩ ⲡⲉϥⲥⲟⲛ ϩⲓⲧⲛ̅ ⲛ̅ⲥⲟⲡⲥⲡ̅ ⲙ̅ ⲙⲓⲭⲁⲏⲗ̅ ⲙⲛ̅ ⲧⲉϥⲧⲁⲝⲓⲥ · ⲟⲩⲁⲅⲁⲡⲏ ⲟⲛ ⲧⲉⲛⲧ ⲁϥⲁⲁⲥ ⲙⲛ̅ ⲓⲱⲥⲏⲫ · ⲁϥⲛⲁϩⲙ̅ⲉϥ ⲛ̅ϭⲓϫ ⲛ̅ ⲛⲉϥⲥⲛⲏⲩ · ⲁⲩⲱ ⲉ̅ ⲧⲟⲟⲧⲥ̅ ⲛ̅ ⲧⲣⲙ̅ ⲛ̅ ⲕⲏⲙⲉ · ϩⲓⲧⲛ̅ ⲛ̅ⲧⲱⲃϩ̅ ⲙ̅ ⲙⲓⲭⲁⲏⲗ̅ ⲙⲛ̅ ⲛⲉϥⲥⲟⲡⲥⲡ̅ · Ⲟⲩⲛⲁ̅ ⲉ ⲡⲉⲛⲧⲁ

ⲁⲁϥ · ⲙⲛ̄ ⲙⲱⲩⲥⲏⲥ · ⲡⲉⲡⲣⲟⲫⲏⲧⲏⲥ · ⲁϥⲛⲁϩⲙⲉϥ · ⲉ ⲧⲙⲛ̄ⲧϩⲙ̄ϩⲁⲗ · ⲙ̄ ⲫⲁⲣⲁⲱ · ⲁⲩⲱ ⲁϥⲙⲁϩϥ̄ ⲛ̄ ⲭⲁⲣⲓⲥ · ⲡⲁⲣⲁ ⲣⲱⲙⲉ ⲛⲓⲙ · ϩⲓⲧⲛ̄ ⲛ̄ⲥⲟⲡⲥⲡ̄ · ⲙ̄ ⲙⲓⲭⲁⲏⲗ · ⲙⲛ̄ ⲧⲉϥⲧⲁⲝⲓⲥ · ⲟⲩⲁⲅⲁⲡⲏ ϩⲱⲱⲥ ⲧⲉ ⲛ̄ⲧⲁ ⲡⲛⲟⲩⲧⲉ ⲁⲁⲥ · ⲙⲛ̄ ⲓⲥⲟⲩ ⲛ̄ ⲛⲁⲩⲏ · ⲁϥⲧⲣⲉ ⲡⲣⲏ̄ ⲁϩⲉ ⲣⲁⲧϥ̄ ⲉ ⲣⲟϥ · ϩⲛ̄ ⲅⲁⲃⲁⲱⲛ · ⲁϥⲡⲁⲧⲁⲥⲥⲉ | ⲛ̄ ⲛⲉϥϫⲁϫⲉ ⲧⲏⲣⲟⲩ · ϩⲓⲧⲛ̄ ⲛ̄ⲧⲱⲃϩ̄ ⲙ̄ ⲙⲓⲭⲁⲏⲗ · ⲙⲛ̄ ⲧⲉϥⲧⲁⲝⲓⲥ ⲧⲏⲣⲥ̄ · Ⲟⲩⲛⲁ ⲟⲛ ⲡⲉⲛⲧⲁ ⲡⲛⲟⲩⲧⲉ ⲁⲁϥ ⲙⲛ̄ ⲙⲱⲩⲥⲏⲥ · ⲁϥϯ ⲛⲁϥ ⲙ̄ ⲡⲉϥⲛⲟⲙⲟⲥ · ⲁϥⲧⲁⲁϥ ⲛ̄ ⲛ̄ϣⲏⲣⲉ ⲙ̄ ⲡⲓⲏ̄ⲗ · Ⲟⲩⲛⲁ · ⲟⲛ ⲡⲉⲛⲧⲁ ⲡⲛⲟⲩⲧⲉ ⲁⲁϥ · ⲙⲛ̄ ⲇ̄ⲁ̄ⲇ̄ ⲡⲣ̄ⲣⲟ · ⲁϥⲥⲟⲧⲡϥ̄ ⲛ̄ ⲧⲙⲏⲏⲧⲉ ⲛ̄ ⲛⲉϥⲥⲛⲏⲩ · ⲁϥⲧⲁϩⲟϥ ⲉ ⲣⲁⲧϥ̄ ⲛ̄ⲣ̄ⲣⲟ ⲉϫⲙ̄ ⲡⲓⲥⲣⲁⲏⲗ · ϩⲓⲧⲛ̄ ⲛ̄ⲥⲟⲡⲥⲡ̄ · ⲙ̄ ⲙⲓⲭⲁⲏⲗ · ⲙⲛ̄ ⲧⲉϥⲧⲁⲝⲓⲥ · Ⲟⲩⲁⲅⲁⲡⲏ ⲟⲛ ⲧⲉⲛⲧ ⲁϥⲁⲁⲥ · ⲙⲛ̄ ⲥⲟⲗⲟⲙⲱⲛ · ⲡⲉϥϣⲏⲣⲉ · ⲁϥⲟⲩⲉϩⲥⲁϩⲛⲉ ⲛⲁϥ ⲉ ⲕⲱⲧ ⲙ̄ ⲡⲏⲓ ⲙ̄ ⲡϫⲥ̄ ϩⲓⲧⲛ̄ ⲛ̄ⲥⲟⲡⲥⲡ̄ ⲙ̄ ⲙⲓⲭⲁⲏⲗ · ⲡⲁⲣⲭⲁⲅⲅⲉⲗⲟⲥ ⲉⲧ ⲟⲩⲁⲁⲃ · Ⲟⲩⲛⲁ ⲟⲛ ⲡⲉⲛⲧⲁ ⲡⲛⲟⲩⲧⲉ · ⲁⲁϥ ⲙⲛ̄ ⲉⲍⲉⲕⲓⲁⲥ ⲡⲣ̄ⲣⲟ ⲛ̄ ⲇⲓⲕⲁⲓⲟⲥ · ⲁϥⲟⲩⲉϩ ⲕⲉ ⲙⲛ̄ⲧⲏ · ⲛ̄ⲣⲟⲙⲡⲉ · ⲉϫⲛ̄

Oriental 7021.

Fol. 44 a

ⲡⲉ̄

ⲡⲛⲟⲩⲧⲉ ⲁⲁϥ ⲙⲛ̄ ⲙⲱⲩⲥⲏⲥ ⲡⲉⲡⲣⲟⲫⲏⲧⲏⲥ · ⲁϥⲛⲁϩⲙⲉϥ ⲉ ⲧⲙⲛ̄ϩⲙ̄ϩⲁⲗ *(sic)* ⲛ̄ ⲫⲁⲣⲁⲱ̄ · ⲁⲩⲱ ⲁϥⲙⲁϩϥ̄ ⲛ̄ ⲭⲁⲣⲓⲥ ⲡⲁⲣⲁ ⲣⲱⲙⲉ ⲛⲓⲙ · ϩⲓⲧⲛ̄ ⲛ̄ⲥⲟⲡⲥⲡ̄ ⲙ̄ ⲙⲓⲭⲁⲏⲗ ⲙⲛ̄ ⲧⲉϥⲧⲁⲝⲓⲥ · ⲟⲩⲁⲅⲁⲡⲏ ϩⲱⲱⲥ ⲧⲉ ⲛ̄ⲧⲁϥⲁⲁⲥ ⲙⲛ̄ ⲓ̄ⲥ̄ ⲛ̄ ⲛⲁⲩⲏ̄ · ⲁϥⲧⲣⲉ ⲡⲣⲏ̄ ⲁϩⲉ ⲣⲁⲧϥ̄ ⲉ ⲣⲟϥ · ϩⲛ̄ ⲅⲁⲃⲁⲱⲛ ⲁϥⲡⲁⲧⲁⲥⲥⲉ ⲛ̄ ⲛⲉϥϫⲁϫⲉ ⲧⲏⲣⲟⲩ · ϩⲓⲧⲛ̄ ⲛ̄ⲧⲱⲃϩ̄ ⲙ̄ ⲙⲓⲭⲁⲏⲗ ⲙⲛ̄ ⲧⲉϥⲧⲁⲝⲓⲥ ⲧⲏⲣⲥ̄ : ⲟⲩⲛⲁ̄ ⲟⲛ ⲡⲉⲛⲧⲁ ⲡⲛⲟⲩⲧⲉ ⲁⲁϥ ⲙⲛ̄ ⲙⲱⲩ̄ⲥⲏⲥ ⲁϥϯ ⲛⲁϥ ⲙ̄ ⲡⲉϥⲛⲟⲙⲟⲥ · ⲁϥⲧⲁⲁϥ ⲛ̄ ⲛ̄ϣⲏⲣⲉ ⲙ̄ ⲡⲓ̈ⲏ̄ⲗ · ⲟⲩⲛⲁ ⲟⲛ ⲡⲉⲛⲧⲁ ⲡⲛⲟⲩⲧⲉ | ⲁⲁϥ ⲙⲛ̄ ⲇⲁⲩⲉⲓⲇ ⲡⲣ̄ⲣⲟ̄ ⲁϥⲥⲟ(ⲧ)ⲡϥ̄ ⲛ̄ ⲧⲙⲏⲏⲧⲉ ⲛ̄ⲛⲉϥⲥⲛⲏⲩ ⲁϥⲧⲁϩⲟϥ ⲉ ⲣⲁⲧϥ̄ ⲛ̄ⲣ̄ⲣⲟ̄ ⲉϫⲙ̄ ⲡⲓⲏ̄ⲗ · ϩⲓⲧⲛ̄ ⲛ̄ⲥⲟⲡⲥⲡ̄ ⲙ̄ ⲙⲓⲭⲁⲏⲗ ⲙⲛ̄ ⲧⲉϥⲧⲁⲝⲓⲥ · Ⲟⲩⲁⲅⲁⲡⲏ ⲟⲛ ⲧⲉⲛⲧ ⲁϥⲁⲁⲥ ⲙⲛ̄ ⲥⲱⲗⲟⲙⲱⲛ ⲡⲉϥϣⲏⲣⲉ · ⲁϥⲟⲩⲉϩⲥⲁϩⲛⲉ ⲛⲁϥ ⲉ ⲕⲱⲧ ⲙ̄ ⲡⲏⲓ ⲙ̄ ⲡϫⲥ̄ ϩⲓⲧⲛ̄ ⲛ̄ⲥⲟⲡⲥⲡ̄ ⲙ̄ ⲙⲓⲭⲁⲏⲗ ⲡⲁⲣⲭⲁⲅⲅⲉⲗⲟⲥ : Ⲟⲩⲛⲁ ⲟⲛ ⲡⲉⲛⲧⲁ ⲡⲛⲟⲩⲧⲉ ⲁⲁϥ ⲙⲛ̄ ⲉⲍⲉⲕⲓⲁⲥ ⲡⲣ̄ⲣⲟ̄ ⲛ̄ ⲇⲓⲕⲁⲓⲟⲥ · ⲁϥⲟⲩⲉϩ ⲕⲉ ⲙⲛ̄ⲧⲏ ⲛ̄ⲣⲟⲙⲡⲉ

Oriental 6781.

Fol. 26 b

ⲍ̄ⲇ̄

Oriental 7021. ⲛ̄ⲣⲙ̄ⲙ̄ⲡⲟⲟⲩⲉ · ⲙ̄ ⲡⲉϥⲱⲛϩ̄ · ϩⲓⲧⲛ̄ ⲛ̄ⲥⲟⲡⲥⲡ̄ ⲙ̄ ⲙⲓⲭⲁⲏⲗ ·
ⲡⲛⲟϭ ⲛ̄ ⲁⲣⲭⲱⲛ ⲙⲛ̄ ⲧⲉϥⲧⲁⲝⲓⲥ · Ⲟⲩⲁⲅⲁⲡⲏ ϩⲱⲱⲥ ·
ⲧⲛ̄ⲧⲁ ⲡⲛⲟⲩⲧⲉ ⲁⲁⲥ · ⲙⲛ̄ ⲡⲅⲉⲛⲟⲥ ⲛ̄ ⲁⲇⲁⲙ · ⲁϥⲕⲁ-
ⲧⲁⲝⲓⲟⲩ · ⲙ̄ⲙⲟϥ · ⲁϥⲕⲁⲗⲉⲓ ⲙ̄ⲙⲟⲛ · ϩⲙ̄ ⲡⲉⲓ ⲛⲟϭ ⲛ̄
ϣⲁ ⲙ̄ⲡⲟⲟⲩ · ϩⲙ̄ ⲡⲣⲉϥϫⲓ ⲥⲁⲣⲝ̄ · ϩⲙ̄ ⲙⲁⲣⲓⲁ ⲧⲡⲁⲣ-
ⲑⲉⲛⲟⲥ · ⲉⲧ ⲟⲩⲁⲁⲃ · ⲁϥⲧⲁⲁϥ ϩⲁ ⲣⲟⲛ ⲧⲏⲣⲛ̄ ϣⲁⲛⲧ
Fol. 44 *b* ⲉϥⲥⲟⲧⲛ̄ | ⲛ̄ ⲧⲟⲟⲧϥ̄ ⲛ̄ ⲁⲙⲛ̄ⲧⲉ · ⲛϥ̄ⲕⲱ ⲛⲁⲛ ⲉ ⲃⲟⲗ ⲛ̄
ⲡⲉ̄ ⲛⲉⲛⲛⲟⲃⲉ · ϩⲓⲧⲛ̄ ⲛ̄ⲥⲟⲡⲥⲡ̄ ⲙ̄ ⲙⲓⲭⲁⲏⲗ · ⲙⲛ̄ ⲧⲉϥⲧⲁⲝⲓⲥ
ⲧⲏⲣⲥ̄ · Ⲟⲩⲛⲁ ⲟⲛ ⲡⲉⲛⲧⲁ ⲡⲛⲟⲩⲧⲉ ⲁⲁϥ ⲙⲛ̄ ⲛⲉⲛⲉⲓⲟⲧⲉ ·
ⲛ̄ⲁⲡⲟⲥⲧⲟⲗⲟⲥ · ⲁϥⲥⲟⲧⲡⲟⲩ ⲉ ⲃⲟⲗ · ⲟⲩⲧⲉ ⲡⲕⲟⲥⲙⲟⲥ
ⲧⲏⲣϥ̄ · ⲁⲩⲱ ϩⲓⲧⲛ̄ ⲡⲉⲩⲧⲁϣⲉⲟⲉⲓϣ · ⲛ̄ⲧⲁⲛⲉⲓ ⲧⲏⲣⲛ̄ ⲉ
ϩⲟⲩⲛ ⲉ ⲡⲥⲟⲟⲩⲛ ⲙ̄ ⲙⲉ · ϩⲓⲧⲛ̄ ⲛ̄ⲥⲟⲡⲥⲡ̄ · ⲙ̄ ⲙⲓⲭⲁⲏⲗ ·
ⲡⲛⲟϭ ⲛ̄ ⲁⲣⲭⲁⲅⲅⲉⲗⲟⲥ · ⲉⲧ ⲟⲩⲁⲁⲃ · Ⲧⲉⲛⲟⲩ ϭⲉ ⲱ̄
ⲛⲁⲙⲉⲣⲁⲧⲉ · ⲉⲓⲥ ϩⲏⲏⲧⲉ ⲁⲛⲉⲓⲙⲉ · ϫⲉ ⲉⲣⲉ ⲡⲟⲩⲱϣ ⲙ̄
ⲡⲛⲟⲩⲧⲉ ϣⲟⲟⲡ ϩⲛ̄ ⲧⲁⲅⲁⲡⲏ ⲙⲛ̄ ⲡⲛⲁ · ⲁⲩⲱ ϫⲉ
ⲡⲁⲣⲭⲁⲅⲅⲉⲗⲟⲥ · ⲙⲓⲭⲁⲏⲗ · ⲡⲉⲧ ⲟ ⲛⲁⲛ ⲙ̄ ⲡⲣⲟⲥⲧⲁ-
ⲧⲏⲥ · ⲁⲩⲱ ⲡⲣⲉⲥⲃⲉⲩⲧⲏⲥ · ⲛ̄ ⲛⲁϩⲣⲙ̄ ⲡⲛⲟⲩⲧⲉ · ⲙⲁⲣⲛ̄

Oriental 6781. ⲉϫⲛ̄ ⲛ̄ⲣⲙ̄ⲙ̄ⲡⲟⲟⲩ (*sic*) ⲙ̄ ⲡⲉϥⲱⲛϩ̄ · ϩⲓⲧⲛ̄ ⲛ̄ⲥⲟⲡⲥⲡ̄ ⲙ̄ ⲡⲛⲟϭ
ⲛ̄ ⲁⲣⲭⲱⲛ: Ⲟⲩⲁⲅⲁⲡⲏ ϩⲱⲱⲥ ⲧⲉⲛ̄ⲧⲁ ⲡⲛⲟⲩⲧⲉ ⲁⲁⲥ
ⲙⲛ̄ ⲡⲅⲉⲛⲟⲥ ⲛ̄ ⲁⲇⲁⲙ · ⲁϥⲕⲁⲧⲁⲝⲓⲟⲩ ⲙ̄ⲙⲟϥ ⲁϥⲕⲁⲗⲉⲓ
ⲙ̄ⲙⲟⲛ ϩⲙ̄ ⲡⲉⲓ ⲛⲟϭ ⲛ̄ ϣⲁ̄ ⲙ̄ⲡⲟⲟⲩ · ϩⲙ̄ ⲡⲧⲣⲉϥϫⲓ ⲥⲁⲣⲝ̄
ϩⲙ̄ ⲙⲁⲣⲓⲁ ⲧⲡⲁⲣⲑⲉⲛⲟⲥ ⲉⲧ ⲟⲩⲁⲁⲃ · ⲁϥⲧⲁⲁϥ ϩⲁ ⲣⲟⲛ
ⲧⲏⲣⲛ̄ · ϣⲁⲛⲧ ⲉϥⲥⲟⲧⲛ̄ ⲛ̄ ⲧⲟⲟⲧϥ̄ ⲛ̄ ⲁⲙⲛ̄ⲧⲉ · ⲛϥ̄ⲕⲱ ⲛⲁⲛ
ⲉ ⲃⲟⲗ ⲛ̄ ⲛⲉⲛⲛⲟⲃⲉ · ϩⲓⲧⲛ̄ ⲛ̄ⲥⲟⲡⲥⲡ̄ ⲙ̄ ⲙⲓⲭⲁⲏⲗ ⲙⲛ̄
ⲧⲉϥⲧⲁⲝⲓⲥ ⲧⲏⲣⲥ̄ · Ⲟⲩⲛⲁ ⲟⲛ ⲡⲉⲛⲧⲁ ⲡⲛⲟⲩⲧⲉ ⲁⲁϥ ⲙⲛ̄
ⲛⲉⲛⲉⲓⲟⲧⲉ ⲛ̄ⲁⲡⲟⲥⲧⲟⲗⲟⲥ ⲁϥⲥⲟⲧⲡⲟⲩ ⲟⲩⲇⲉ ⲡⲕⲟⲥⲙⲟⲥ
ⲧⲏⲣϥ̄ · ⲁⲩⲱ ϩⲓⲧⲛ̄ ⲡⲉⲩⲧⲁϣⲉⲟ̄ⲉⲓϣ ⲛ̄ⲧⲁⲛⲉⲓ ⲧⲏⲣⲛ̄ ⲉ
ϩⲟⲩⲛ ⲉ ⲡⲥⲟⲟⲩⲛ ⲙ̄ ⲙⲉ · ϩⲓⲧⲛ̄ ⲛ̄ⲥⲟⲡⲥⲡ̄ ⲙ̄ ⲙⲓⲭⲁⲏⲗ ·
ⲡⲛⲟϭ ⲛ̄ ⲁⲣⲭⲁⲅⲅⲉⲗⲟⲥ ⲉⲧ ⲟⲩⲁⲁⲃ · Ⲧⲉⲛⲟⲩ ϭⲉ ⲱ̄ ⲛⲁ-
ⲙⲉⲣⲁⲧⲉ ⲉⲓⲥ ϩⲏⲏⲧⲉ ⲁⲛⲉⲓⲙⲉ ϫⲉ ⲉⲣⲉ ⲡⲟⲩⲱϣⲉ ⲙ
ⲡⲛⲟⲩⲧⲉ ϣⲱⲡⲉ ϩⲛ̄ ⲧⲁⲅⲁⲡⲏ ⲙⲛ̄ ⲡⲛⲁ̄ · ⲁⲩⲱ ϫⲉ
ⲡⲁⲣⲭⲁⲅⲅⲉⲗⲟⲥ ⲙⲓⲭⲁⲏⲗ ⲡⲉⲧ ⲟ ⲛⲁⲛ ⲙ̄ ⲡⲣⲟⲥⲧⲁ-
ⲧⲏⲥ · ⲁⲩⲱ ⲙ̄ ⲡⲣⲉⲥⲃⲉⲩⲧⲏⲥ ⲛ̄ ⲛⲁϩⲣⲙ̄ ⲡⲛⲟⲩⲧⲉ · Ⲙⲁⲣⲛ̄

ⲡⲱⲧ ⲛ̄ⲥⲁ ⲡⲛⲁ· ⲙⲛ̄ ⲧⲁⲅⲁⲡⲏ· ϫⲉ ϥⲥⲏϩ ϫⲉ ⲡⲛⲁ Oriental 7021.
ϣⲁϥϣⲟⲩ ⲙ̄ⲙⲟϥ· ϩⲓⲧⲛ̄ ⲧⲉⲕⲣⲓⲥⲓⲥ· ⲁⲩⲱ ϫⲉ ⲡⲛⲁ
ϣⲁϥϫⲓ̈ⲥⲉ· ⲁⲩⲱ ⲧⲁⲅⲁⲡⲏ· ϣⲁⲥⲥⲟⲟⲩⲧⲛ̄· ϣⲁⲣⲉ
ⲡⲛⲁⲏⲧ ⲟⲛ ϫⲟⲟⲥ· ϫⲉ ⲛⲁ ⲧⲁⲣⲟⲩⲛⲁ ⲛⲏⲧⲛ̄· ϯ ⲧⲁⲣⲟⲩ-
ϯ ⲛⲏⲧⲛ̄· ϩⲙ̄ ⲡϣⲓ ⲅⲁⲣ ⲉⲧⲉⲧⲛ̄ⲛⲁϣⲓ ⲙ̄ⲙⲟϥ· ⲉⲩⲛⲁϣⲓ̈
ⲛⲏⲧⲛ̄ ⲙ̄ⲙⲟϥ· ⲙⲁⲣⲛ̄ϣⲓ̈ ⲛ̄ ⲟⲩϣⲓ̈ ⲉⲛⲁⲛⲟⲩϥ· ⲙ̄ⲡⲟⲟⲩ·
ϩⲙ̄ ⲡϣⲁ | ⲙ̄ ⲡⲁⲣⲭⲁⲅⲅⲉⲗⲟⲥ· ⲙⲓ̈ⲭⲁⲏⲗ· ϫⲉ ⲕⲁⲥ Fol. 45 *a*
ϩⲱⲱϥ· ⲉϥⲉϣⲓ ⲛⲁⲛ· ⲛ̄ ⲟⲩϣⲓ ⲉⲛⲁⲛⲟⲩϥ· ⲁⲩⲱ ⲛ̄ⲛⲟϭ· ⲡ̄ⲍ
ϩⲛ̄ ⲧⲙⲛ̄ⲧⲉⲣⲟ ⲛ̄ ⲙ̄ⲡⲏⲩⲉ· ⲙⲁⲣⲛ̄ⲣ̄ ϣⲁ ⲟⲛ ⲙ̄ⲡⲟⲟⲩ ϩⲛ̄
ⲟⲩϣⲁ ⲙ̄ ⲡⲛ̄ⲕⲟⲛ· ϩⲙ̄ ⲡϣⲁ ⲙ̄ ⲡⲁⲣⲭⲁⲅⲅⲉⲗⲟⲥ·
ⲙⲓⲭⲁⲏⲗ· ϫⲉ ⲕⲁⲥ ⲉϥⲉⲣ̄ ϣⲁ· ⲛ̄ⲙ̄ⲙⲁⲛ ⲙⲛ̄ ⲡⲉⲛϫ̄ⲥ̄·
ϩⲙ̄ ⲡϣⲁ ⲉⲧ ⲙⲏⲛ· ⲉ ⲃⲟⲗ ϩⲛ̄ ⲙ̄ⲡⲏⲩⲉ· Ⲙⲁⲣⲛ̄ⲕⲱ ϭⲉ·
ⲛ̄ⲥⲱⲛ ⲛ̄ ⲛⲉϩⲃⲏⲩⲉ ⲙ̄ ⲡⲕⲁⲕⲉ· ⲙ̄ⲡⲟⲟⲩ· ϩⲙ̄ ⲡϣⲁ· ⲙ̄
ⲡⲁⲣⲭⲁⲅⲅⲉⲗⲟⲥ· ⲙⲓⲭⲁⲏⲗ· ϫⲉ ⲕⲁⲥ· ϩⲱⲱϥ ⲉϥⲉϯ
ϩⲓ̈ⲱⲱⲛ ⲛ̄ ⲛ̄ϩⲟⲡⲗⲟⲛ ⲙ̄ ⲡⲟⲩⲟⲉⲓⲛ :—Ⲙⲁⲣⲛ̄ϯ ⲉⲟⲟⲩ ⲙ̄
ⲡⲛⲟⲩⲧⲉ· ⲙ̄ⲡⲟⲟⲩ ϩⲙ̄ ⲡϣⲁ ⲙ̄ ⲡⲉϥⲛⲟϭ· ⲛ̄ ⲁⲣⲭⲱⲛ·
ϫⲉ ⲕⲁⲥ ⲉϥⲉϯ ⲉⲟⲟⲩ ⲛⲁⲛ· ϩⲙ̄ ⲡⲉϥⲛⲟϭ ⲛ̄ ⲉⲟⲟⲩ· ⲉⲧ

ⲡⲱⲧ ⲛ̄ⲥⲁ ⲡⲛⲁ ⲙⲛ̄ ⲧⲁⲅⲁⲡⲏ· ϫⲉ ⲉϥⲥⲏϩ ϫⲉ ⲡⲛⲁ Oriental 6781.
ϣⲁϥϫⲓⲥⲉ· ⲁⲩⲱ ⲧⲁⲅⲁⲡⲏ | ϣⲁⲥⲥⲟⲟⲩⲧⲛ̄· ϣⲁⲣⲉ Fol. 27 *a*
ⲡⲛⲁⲏⲧ ⲟⲛ ϫⲟⲟⲥ ϫⲉ ⲛⲁ̄ ⲧⲁⲣⲟⲩⲛⲁ̄ ⲛⲏⲧⲛ̄ ⲧⲓ ⲧⲁⲣⲟⲩϯ ⲍ̄ⲉ
ⲛⲏⲧⲛ̄· ϩⲙ̄ ⲡϣⲓ ⲅⲁⲣ ⲉⲧⲉⲧⲛⲁϣⲓ ⲙ̄ⲙⲟϥ· ⲉⲩⲛⲁϣⲓ
ⲛⲏⲧⲛ̄ ⲙ̄ⲙⲟϥ· Ⲙⲁⲣⲛ̄ϣⲓ ⲛ̄ ⲟⲩϣⲓ ⲉ̄ⲛⲁⲛⲟⲩϥ ⲙ̄-
ⲡⲟⲟⲩ· ϩⲙ̄ ⲡϣⲁ̄ ⲙ̄ ⲡⲁⲣⲭⲁⲅⲅⲉⲗⲟⲥ ⲙⲓⲭⲁⲏⲗ· ϫⲉ
ⲕⲁⲥ ϩⲱⲱϥ ⲉϥⲉϣⲓ ⲛⲁⲛ· ϩⲛ̄ ⲟⲩϣⲓ ⲉⲛⲁⲛⲟⲩϥ· ⲛ̄ⲛⲟϭ
ⲉϥⲛⲉϩⲛⲟⲩϩ ⲉϥⲡⲏⲛ ⲉ ⲃⲟⲗ ϩⲛ̄ ⲧⲙⲛ̄ⲧⲉⲣⲟ ⲛ ⲙ̄ⲡⲏⲩⲉ·
Ⲙⲁⲣⲛ̄ⲣ̄ ϣⲁ̄ ⲟⲛ ⲙ̄ⲡⲟⲟⲩ ϩⲛ̄ ⲟⲩϣⲁ̄ ⲙ̄ ⲡⲛⲓⲕⲟⲛ ϩⲙ̄ ⲡϣⲁ̄
ⲙ̄ ⲡⲁⲣⲭⲁⲅⲅⲉⲗⲟⲥ ⲙⲓⲭⲁⲏⲗ· ϫⲉ ⲕⲁⲥ ⲉϥⲉⲣ̄ ϣⲁ̄ ⲛ̄ⲙ̄-
ⲙⲁⲛ ⲙⲛ̄ ⲡⲉⲛϫⲟⲉⲓⲥ ϩⲙ̄ ⲡϣⲁ̄ ⲉⲧ ⲙⲏⲛ ⲉ ⲃⲟⲗ ϩⲛ̄ ⲙ̄-
ⲡⲏⲩⲉ· Ⲙⲁⲣⲛ̄ⲕⲱ ϭⲉ ⲛ̄ⲥⲱⲛ ⲛ̄ ⲛⲉϩⲃⲏⲩⲉ ⲙ̄ ⲡⲕⲁⲕⲉ ϩⲙ̄
ⲡϣⲁ ⲙ̄ ⲡⲁⲣⲭⲁⲅⲅⲉⲗⲟⲥ ⲙⲓⲭⲁⲏⲗ· ϫⲉ ⲕⲁⲥ ϩⲱⲱϥ ⲉϥⲉ-
ⲧ̄ⲃ̄ⲃⲟⲛ· ⲛϥϯ ϩⲓⲱⲱⲛ· ⲛ̄ ⲛ̄ϩⲟⲡⲗⲟⲛ ⲙ̄ ⲡⲟⲩⲟⲉⲓⲛ· ⲙⲁⲣⲛ̄ϯ
ⲉⲟⲟⲩ ⲙ̄ ⲡⲛⲟⲩⲧⲉ ⲙ̄ⲡⲟⲟⲩ· ϩⲙ̄ ⲡϣⲁ̄ ⲙ̄ ⲡⲉϥⲛⲟϭ ⲛ̄
ⲁⲣⲭⲱⲛ· ϫⲉ ⲕⲁⲥ ⲉϥⲉϯ ⲉⲟⲟⲩ ⲛⲁⲛ ϩⲙ̄ ⲡⲉϥⲛⲟϭ ⲛ̄ ⲉⲟⲟⲩ.

Oriental 7021. ϫⲏⲕ ⲉ ⲃⲟⲗ · Ⲡⲁⲣⲡ̄ϯ ⲡⲉⲛⲟⲩⲟⲓ ⲉ ⲡⲁⲣⲭⲁⲅⲅⲉⲗⲟⲥ · ⲉⲧ
ⲟⲩⲁⲁⲃ ⲙⲓⲭⲁⲏⲗ · ϩⲙ̄ ⲡⲉϥⲛⲟϭ ⲛ̄ ϣⲁ ⲙ̄ⲡⲟⲟⲩ · ⲉⲣⲉ
ⲛⲉⲛⲥⲱⲙⲁ ϫⲁϩⲙ̄ ϩⲛ̄ ⲟⲩⲙⲟⲟⲩ · ⲉϥⲟⲩⲁⲁⲃ · ⲉⲛⲫⲟⲣⲉⲓ̈
ⲛ̄ ⲟⲩϩⲃ̄ⲥⲱ · ⲛ̄ⲉⲥⲟⲟⲩ · ⲉⲣⲉ ⲛⲉⲛϭⲓϫ · ⲙⲉϩ ⲛ̄ⲕⲗⲁⲇⲟⲥ ·
ⲛ̄ⲥϯ ⲛⲟⲩϥⲉ ⲉⲛⲥⲟⲡⲥⲡ̄ ⲙ̄ⲙⲟϥ ⲉⲛϫⲱ ⲙ̄ⲙⲟⲥ · ϫⲉ
ⲡⲁⲣⲭⲁⲅⲅⲉⲗⲟⲥ · ⲁⲩⲱ ⲡⲁⲣⲭⲏⲥⲧⲣⲁϯⲅⲟⲥ · ⲛ̄ ⲧϭⲟⲙ
Fol. 45 b ⲡ̄ⲏ̄ ⲛ̄ ⲙ̄ⲡⲏⲩⲉ · ⲙⲓⲭⲁⲏⲗ · ⲥⲟⲡⲥⲡ̄ ⲙ̄ ⲡⲛⲟⲩ|ⲧⲉ ⲉ ϩⲣⲁⲓ ⲉ
ϫⲱϥ · ⲛϥ̄ⲕⲱ ⲛⲁⲛ ⲉ ⲃⲟⲗ ⲛ̄ ⲛⲉⲛⲛⲟⲃⲉ · ⲡⲁⲣⲭⲁⲅⲅⲉ-
ⲗⲟⲥ ⲥⲟⲡⲥⲡ̄ · ⲙ̄ ⲡⲛⲟⲩⲧⲉ · ϩⲁ ⲣⲟⲛ ⲛϥ̄ⲧⲱϣ ⲛⲁⲛ ⲛ̄ ⲧⲛ̄-
ⲧⲣⲟⲫⲏ · ⲙⲛ̄ ⲧⲛ̄ϩⲃ̄ⲥⲱ ⲕⲁⲧⲁ ⲡⲉϥⲟⲩⲱϣ · ⲙⲓⲭⲁⲏⲗ
ⲡⲛⲟϭ ⲛ̄ ⲁⲣⲭⲁⲅⲅⲉⲗⲟⲥ · ⲥⲟⲡⲥⲡ̄ ⲙ̄ ⲡⲛⲟⲩⲧⲉ ϩⲁ ⲣⲟⲛ ·
ⲛϥ̄ⲭⲁⲣⲓⲍⲉ ⲛⲁⲛ · ⲛ̄ ⲟⲩⲉⲓⲣⲏⲛⲏ · ⲉ ϩⲟⲩⲛ ⲉ ⲛⲉⲛⲉⲣⲏⲩ ·
ϫⲉ ⲛ̄ⲧⲟⲕ ⲉⲧ ⲟ ⲛ̄ ⲉⲓⲣⲏⲛⲏ · Ⲕⲥⲟⲟⲩⲛ ⲡⲉⲛⲡⲣⲟⲥⲧⲁⲧⲏⲥ ·
ϫⲉ ⲁⲛⲟⲛ ⲟⲩⲕⲁϩ ⲙⲛ̄ ⲟⲩⲕⲉⲣⲙ̄ⲉⲥ · ⲁⲩⲱ ⲧⲛ̄ⲫⲩⲥⲓⲛ
ⲟⲩⲣⲉϥⲥⲗⲁⲁⲧⲉ ⲧⲉ · ⲁⲗⲗⲁ ⲡⲛⲟⲩⲧⲉ ⲟⲩⲛⲁⲏⲧ ⲡⲉ · ⲛ̄-
ⲣϥ̄ⲕⲱ ⲉ ⲃⲟⲗ · ⲡⲱⲛ ⲡⲉ ⲣ̄ ⲛⲟⲃⲉ · ⲡⲱⲕ ϩⲱⲱⲕ ⲡⲉ ⲥⲟⲡⲥⲡ̄

Oriental 6781. ⲉⲧ ϫⲏⲕ ⲉ ⲃⲟⲗ · Ⲡⲁⲣⲡ̄ϯ ⲡⲉⲛⲟⲩⲟⲓ ⲉ ⲡⲁⲣⲭⲁⲅⲅⲉⲗⲟⲥ
ⲙⲓⲭⲁⲏⲗ ϩⲙ̄ ⲡⲉϥⲛⲟϭ ⲛ̄ ϣⲁ̄ ⲙ̄ⲡⲟⲟⲩ · ⲉⲣⲉ ⲛⲉⲛⲥⲱⲙⲁ
ϫⲟⲕⲙ̄ ϩⲛ̄ ⲟⲩⲙⲟⲟⲩ ⲉϥⲟⲩⲁⲁⲃ · ⲉⲛⲫⲱⲣⲉ ⲛ ⲟⲩϩⲃ̄ⲥⲱ
ⲛ̄ⲉⲥⲟⲟⲩ · ⲉⲣⲉ ⲛⲉⲛϭⲓϫ ⲙⲉϩ ⲛ̄ⲕⲗⲁⲇⲟⲥ ⲛ̄ⲥⲧⲓ ⲛⲟⲩϥⲉ ·
ⲉⲛⲥⲟⲡⲥⲡ̄ ⲙ̄ⲙⲟϥ · Ⲉⲛϫⲱ ⲙ̄ⲙⲟⲥ · ϫⲉ ⲡⲁⲣⲭⲁⲅⲅⲉⲗⲟⲥ
ⲉⲧ ⲟⲩⲁⲁⲃ ⲙⲓⲭⲁⲏⲗ ⲡⲁⲣⲭⲏⲥⲧ[ⲣ]ⲁⲧⲏⲅⲟⲥ ⲛ̄ ⲧϭⲟⲙ ⲛ̄
ⲙ̄ⲡⲏⲩⲉ · ⲥⲟⲡⲥⲡ̄ ⲙ̄ ⲡⲛⲟⲩⲧⲉ ⲉ ϩⲣⲁⲓ̈ ⲉ ϫⲱⲛ ⲛϥ̄ⲕⲱ ⲛⲁⲛ
ⲉ ⲃⲟⲗ ⲛ̄ ⲛⲉⲛⲛⲟⲃⲉ · Ⲡⲁⲣⲭⲁⲅⲅⲉⲗⲟⲥ ⲥⲟⲡⲥⲡ̄ ⲙ̄ ⲡⲛⲟⲩⲧⲉ
ϩⲁ ⲣⲟⲛ ⲛϥ̄ⲧⲱϣ ⲛⲁⲛ ⲛ̄ ⲧⲉⲛⲧⲣⲟⲫⲏ · ⲙⲛ̄ ⲧⲉⲛϩⲃ̄ⲥⲱ ·
Fol. 27 b ⲍ̄ⲥ̄ ⲕⲁⲧⲁ ⲡⲉϥⲟⲩⲱϣⲉ · Ⲙⲓⲭⲁⲏⲗ ⲡⲛⲟϭ ⲛ̄ ⲁⲣⲭⲁⲅ|ⲅⲉⲗⲟⲥ
ⲥⲟⲡⲥⲡ̄ ⲙ̄ ⲡⲛⲟⲩⲧⲉ ϩⲁ ⲣⲟⲛ · ⲛϥ̄ⲭⲁⲣⲓⲍⲉ ⲛⲁⲛ ⲛ̄ ⲟⲩⲉ-
ⲣⲏⲛⲏ ⲉ ϩⲟⲩⲛ̄ ⲉ ⲛⲉⲛⲉⲣⲏⲩ · ϫⲉ ⲛ̄ⲧⲟⲕ ⲉⲧ ⲟ ⲛⲉⲓⲣⲏⲛⲏ ·
ⲕ̄ⲥⲟⲟⲩⲛ ⲡⲉⲛⲡⲣⲟⲥⲧⲁⲧⲏⲥ ϫⲉ ⲁⲛⲟⲛ ⲟⲩⲕⲁϩ ⲙⲛ̄ ⲟⲩⲕⲣ̄-
ⲙⲉⲥ · ⲁⲩⲱ ⲧⲉⲛⲫⲩⲥⲓⲥ ⲟⲩⲣⲉϥⲥⲗⲁⲁⲧⲉ ⲧⲉ · ⲁⲗⲗⲁ ⲡⲛⲟⲩⲧⲉ
ⲟⲩⲛⲁⲏⲧ ⲡⲉ ⲛ̄ⲣⲉϥⲕⲱ ⲉ ⲃⲟⲗ · ⲡⲱⲛ ⲡⲉ ⲣ̄ ⲛⲟⲃⲉ · ⲡⲱⲕ
ϩⲱⲱⲕ ⲡⲉ ⲥⲟⲡⲥⲡ̄ ⲉ ϫⲱⲛ · ⲛ̄ ⲛⲁϩⲣⲙ̄ ⲡⲛⲟⲩⲧⲉ ⲛϥ̄ⲕⲱ

ⲉ ϫⲱⲛ· ⲛ̅ ⲛⲁϩⲣⲙ̅ ⲡⲛⲟⲩⲧⲉ· ⲛϥ̅ⲕⲱ ⲛⲁⲛ ⲉ ⲃⲟⲗ· ⲛ̅ Oriental 7021.
ⲛⲉⲛⲛⲟⲃⲉ· Ⲡⲱⲛ ⲡⲉ ⲥⲟⲡⲥ̅ ⲙ̅ ⲡⲛⲟⲩⲧⲉ· ⲡⲱⲕ ϩⲱⲱⲕ ⲱ̅
ⲙⲓⲭⲁⲏⲗ ⲡⲉ· ⲡⲁⲣⲁⲕⲁⲗⲉⲓ· ⲙ̅ ⲡⲛⲟⲩⲧⲉ ϩⲁ ⲣⲟⲛ·
ⲛϥ̅ⲕⲱ ⲛⲁⲛ ⲉ ⲃⲟⲗ· ⲱ̅ ⲙⲓⲭⲁⲏⲗ ⲡⲉⲛⲁⲣⲭⲱⲛ· ⲡⲱⲛ
ⲡⲉ ϣⲱϥⲧ̅· ⲡⲱⲕ ϩⲱⲱⲕ ⲟⲛ ⲡⲉ ⲇⲓⲟⲣⲑⲟⲩ· ⲙ̅ⲙⲟⲛ·
ⲛ̅ ⲛⲁϩⲣⲙ̅ ⲡⲛⲟⲩⲧⲉ ⲡⲉⲛⲣ̅ⲣⲟ· ⲧⲛ̅ⲥⲟⲟⲩⲛ ⲙ̅ ⲡⲁⲓ ϩⲛ̅
ⲟⲩⲙⲉ· ⲱ̅ ⲡⲁⲣⲭⲁⲅⲅⲉⲗⲟⲥ· ⲙⲓⲭⲁⲏⲗ· ϫⲉ ⲛ̅ⲧⲟⲕ
ⲡⲉⲛⲁϩⲱⲣ· ⲛ̅ ⲧⲙⲛ̅ⲧϣⲁⲛϩⲧⲏϥ ⲙ̅ ⲡⲛⲟⲩⲧⲉ· ⲉⲕⲉ-|
ⲡⲣⲉⲥⲃⲉⲩⲉ ϩⲁ ⲣⲟⲛ· ⲧⲉⲛⲟⲩ ⲧⲏⲣⲛ̅ ⲛ̅ ⲛⲁϩⲣⲙ̅ Fol. 46 *a*
ⲡⲛⲟⲩⲧⲉ· ⲡⲉⲭ̅ⲥ̅· ⲡⲛⲟⲩⲧⲉ ⲛ̅ⲥⲟⲡⲥ̅ ⲛⲓⲙ· ⲡⲉⲧ ⲥⲙⲁ- ⲡ̅ⲑ̅
ⲙⲁⲁⲧ ϣⲁ ⲉⲛⲉϩ· ⲛϥ̅ⲕⲱ ⲛⲁⲛ ⲉ ⲃⲟⲗ· ⲛ̅ⲛⲉⲛⲛⲟⲃⲉ
ⲧⲏⲣⲟⲩ· ⲛ̅ⲧ ⲁⲛⲁⲁⲩ· ⲛϥ̅ϯⲑⲉ ⲛⲁⲛ ϩⲱⲱⲛ· ⲛ̅ⲧⲛ̅ⲕⲱ
ⲛ̅ⲥⲱⲛ ⲛ̅ ⲛⲁ ⲡⲁϩⲟⲩ· ⲛ̅ⲧⲛ̅ⲡⲟⲣϫⲛ̅· ⲉ ⲛⲁ ⲑⲏ· ⲛ̅ⲧⲉ ⲡⲣⲟⲥ-
ⲉⲛⲉⲅⲕⲉⲓ ⲙ̅ⲙⲟⲛ· ⲛⲁϥ ⲛ̅ⲟⲩⲁⲁⲃ· ⲉⲛⲟ ⲛ̅ⲁⲧ ⲧⲱⲗⲙ̅·
ⲙ̅ ⲡⲉϥⲙ̅ⲧⲟ ⲉ ⲃⲟⲗ· ϩⲛ̅ ⲟⲩⲁⲅⲁⲡⲏ· ϫⲉ ⲛ̅ⲧⲟⲕ· ⲱ̅
ⲡⲛⲟϭ· ⲛ̅ ⲁⲣⲭⲁⲅⲅⲉⲗⲟⲥ ⲙⲓⲭⲁⲏⲗ· ⲡⲉ ⲡⲉⲛϥⲁⲓ-
ⲣⲟⲟⲩϣ· ϫⲉ ⲕⲁⲥ ϩⲱⲱⲛ ⲉⲛⲛⲁϣⲱⲡⲉ· ϩⲛ̅ ⲛⲉⲕⲙⲁ ⲛ̅

ⲛⲁⲛ ⲉ ⲃⲟⲗ ⲛ̅ ⲛⲉⲛⲛⲟⲃⲉ· ⲡⲱⲛ ⲡⲉ ⲥⲟⲡⲥ̅ ⲙ̅ ⲡⲛⲟⲩⲧⲉ· Oriental 6781.
ⲡⲱⲕ ϩⲱⲱⲕ ⲱ̅ ⲙⲓⲭⲁⲏⲗ ⲡⲉ ⲡⲁⲣⲁⲕⲁⲗⲉⲓ ⲙ̅ ⲡⲛⲟⲩⲧⲉ
ϩⲁ ⲣⲟⲛ ⲛϥ̅ⲕⲱ ⲛⲁⲛ ⲉ ⲃⲟⲗ· ⲱ̅ ⲙⲓ̈ⲭⲁⲏⲗ ⲡⲉⲛⲁⲣⲭⲱⲛ
ⲡⲱⲛ ⲡⲉ ϣⲱϥⲧ̅· ⲡⲱⲕ ϩⲱⲱⲕ ⲟⲛ ⲡⲉ ⲇⲓⲟⲣⲑⲟⲩ ⲙ̅ⲙⲟⲛ
ⲛ̅ ⲛⲁϩⲣⲙ̅ ⲡⲛⲟⲩⲧⲉ ⲡⲉⲛⲣ̅ⲣⲟ· Ⲧⲛ̅ⲥⲟⲟⲩⲛ ⲙ̅ ⲡⲁⲓ ϩⲛ̅
ⲟⲩⲙⲉ ⲱ̅ ⲡⲁⲣⲭⲁⲅⲅⲉⲗⲟⲥ ⲙⲓⲭⲁⲏⲗ· ϫⲉ ⲛ̅ⲧⲟⲕ ⲡⲉ
ⲡⲁⲛⲁϩⲱⲱⲣ ⲛ̅ ⲧⲙⲛ̅ⲧϣⲛ̅ϩⲧⲏϥ ⲙ̅ ⲡⲛⲟⲩⲧⲉ· ⲉⲕⲉϣⲱⲡⲉ
ⲧⲉⲛⲟⲩ ⲉⲕⲡⲣⲉⲥⲃⲉⲩⲉ ϩⲁ ⲣⲟⲛ ⲧⲏⲣⲛ̅· ⲛ̅ ⲛⲁϩⲣⲙ̅ ⲡⲛⲟⲩⲧⲉ
ⲡⲉⲭ̅ⲥ̅ ⲓ̅ⲥ̅ ⲡⲛⲟⲩⲧⲉ ⲛ̅ⲥⲟⲡⲥ̅ ⲛⲓⲙ· ⲡⲉⲧ ⲥⲙⲁⲙⲁⲁⲧ ϣⲁ
ⲉⲛⲉϩ ⲛϥ̅ⲕⲱ ⲛⲁⲛ ⲉ ⲃⲟⲗ ⲛ̅ⲛⲉⲛⲛⲟⲃⲉ ⲛ̅ⲧ ⲁⲛⲁⲁⲩ·
ⲛϥ̅ⲧⲓⲑⲉ ⲛⲁⲛ ⲛ̅ⲧⲛ̅ⲕⲱ ⲛ̅ⲥⲱⲛ ⲛ̅ ⲛⲁ ⲛ̅ⲡⲁϩⲟⲩ ⲛⲧⲛ̅ⲡⲟⲣϫⲛ̅ ⲉ
ⲛⲁ ⲛ ⲑⲏ· ⲛ̅ⲧⲉ ⲡⲣⲟⲥⲉⲛⲉⲅⲕⲏ ⲙ̅ⲙⲟⲛ ⲉⲛⲟⲩⲁⲁⲃ· ⲉ̅ⲛⲱ ⲛ̅ⲁⲧ
ⲧⲱⲗⲙ̅ ⲙ̅ ⲡⲉϥⲙ̅ⲧⲟ ⲉ ⲃⲟⲗ ϩⲛ̅ ⲟⲩⲁⲅⲁⲡⲏ· ϫⲉ ⲛⲧⲟⲕ ⲱ̅
ⲡⲛⲟϭ ⲛ̅ ⲁⲣⲭⲏⲥⲧⲣⲁⲧⲏⲅⲟⲥ ⲙⲓⲭⲁⲏⲗ· ⲡⲉ ⲡⲉⲛϥⲁⲓ-
ⲣⲟⲟⲩϣ· ϫⲉ ⲕⲁⲥ ϩⲱⲱⲛ ⲛ̅ⲛⲁϣⲱⲡⲉ· ϩⲛ̅ ⲛⲉⲕⲙⲁ ⲛ̅

Oriental 7021. ⲙ̄ⲧⲟⲛ · ϩⲙ̄ ⲙ̄ⲡⲏⲩⲉ · ⲁⲗⲏⲑⲱⲥ ⲕⲁⲗⲱⲥ ⲁⲕⲉï ϣⲁ ⲣⲟⲛ
ⲙ̄ⲡⲟⲟⲩ · ⲱ̄ ⲡⲛⲟϭ ⲛ̄ ⲁⲣⲭⲁⲅⲅⲉⲗⲟⲥ · ⲙⲓⲭⲁⲏⲗ ·
ⲕⲁⲗⲱⲥ ⲁⲕⲉⲓ ⲛⲁⲛ · ⲉⲕⲛⲏⲩ · ⲙⲛ̄ ⲡⲉⲛϫ̄ⲥ̄ ⲡⲉⲛⲣ̄ⲣⲟ ·
ⲕⲁⲗⲱⲥ ⲁⲥⲉⲓ ⲛ̄ϭⲓ ⲧⲉⲕⲧⲁⲝⲓⲥ · ⲧⲏⲣⲥ̄ ⲛ̄ ⲁⲅⲅⲉⲗⲓⲕⲟⲛ ·
ϩⲙ̄ ⲡⲉⲓ ⲛⲟϭ [ⲛ̄ ϣⲁ] ⲉⲧ ⲡⲟⲣϣ̄ · ⲛⲁⲛ ⲉ ⲃⲟⲗ ⲙ̄ⲡⲟⲟⲩ · ⲁⲕⲣ̄
ⲟⲩⲛⲟϭ ⲛ̄ ⲁⲣⲓⲥⲧⲟⲛ ⲉ ⲣⲟⲛ ⲙ̄ⲡⲟⲟⲩ · ⲱ̄ ⲙⲓⲭⲁⲏⲗ · ⲁⲩⲱ
ⲡⲁⲣⲓⲥⲧⲟⲛ ⲛ̄ⲧⲁⲕⲁⲁϥ · ⲉ ⲣⲟⲛ · ⲛ̄ ⲟⲩⲁⲣⲓⲥⲧⲟⲛ ⲁⲛ ⲡⲉ ·
ⲛ̄ϩⲏⲕⲉ · ⲁⲗⲗⲁ ⲟⲩⲁⲣⲓⲥⲧⲟⲛ ⲡⲉ ⲛ̄ⲣⲙ̄ⲙⲁⲟ · ⲛ̄ ⲣ̄ⲣⲟ
Fol. 46 *b* ⲡⲉ · ⲛ̄ ϩⲉⲛⲁⲣⲭⲱⲛ ⲁⲛ ⲛⲉ ⲛ ⲧⲉⲓ ⲙⲓ|ⲛⲉ ⲉⲧ ⲛⲏϫ · ϩⲙ̄
ϥ̄ ⲡⲉⲓ ⲁⲣⲓⲥⲧⲱⲛ · ⲁⲗⲗⲁ ⲡϫ̄ⲥ̄ ⲡⲉ ⲛ̄ⲛⲁ ⲧⲡⲉ · ⲙⲛ̄ ⲛⲁ
ⲡⲕⲁϩ · ⲛ̄ ϩⲉⲛⲣⲱⲙⲉ ⲁⲛ · ⲛ̄ ⲧⲉⲓ ϩⲉ · ϩⲁⲡⲗⲱⲥ · ⲛⲉⲧ
ⲇⲓⲁⲕⲱⲛⲉⲓ ⲉ ⲣⲟⲛ · ⲁⲗⲗⲁ ϩⲉⲛⲁⲅⲅⲉⲗⲟⲥ · ⲛⲉ ⲉⲩϣⲙ̄ϣⲉ ·
ϩⲁ ⲣⲁⲧⲛ̄ · ⲛ̄ ⲟⲩⲧⲣⲁⲡⲉⲍⲁ · ⲛ̄ⲥⲁⲣⲕⲓⲕⲟⲛ · ⲁⲛ ⲧⲉ ·
ⲁⲗⲗⲁ ⲟⲩⲡⲛ̄ⲁ̄ϯⲕⲟⲛ ⲧⲉ · ⲉⲥⲙⲉϩ ⲛ̄ ⲱⲛϩ̄ ϣⲁ ⲉⲛⲉϩ ·
ⲛ̄ ⲟⲩⲣⲱⲙⲉ ⲁⲛ · ⲡⲉⲧ ⲣ̄ ϣⲁ ⲛ̄ⲙ̄ⲙⲁⲛ ⲙ̄ⲡⲟⲟⲩ · ϩⲙ̄
ⲡϣⲁ ⲙ̄ ⲙⲓⲭⲁⲏⲗ · ⲁⲗⲗⲁ ⲡⲛⲟⲩⲧⲉ ⲡⲉ ϩⲙ̄ ⲟⲩⲙⲉ ·
ⲉϥⲥⲟⲟⲩⲧⲛ̄ ⲉ ⲃⲟⲗ · ⲛ̄ ⲧⲉϥϭⲓϫ · ⲉⲧ ⲟⲩⲁⲁⲃ · ⲉϥϫⲱ

Oriental 6781. ⲙ̄ⲧⲟⲛ · ϩⲙ̄ ⲙ̄ⲡⲏⲩⲉ̄ · ⲁⲗⲏⲑⲱⲥ ⲕⲁⲗⲱⲥ ⲁⲕⲉⲓ ϣⲁ ⲣⲟⲛ
ⲙ̄ⲡⲟⲟⲩ · ⲱ̄ ⲡⲛⲟϭ ⲛ̄ ⲁⲣⲭⲏⲥⲧⲣⲁⲧⲏⲅⲟⲥ ⲙⲓⲭⲁⲏⲗ · Ⲕⲁ-
ⲗⲱⲥ ⲁⲕⲉⲓ ⲛⲁⲛ ⲉⲕⲛⲏⲩ ⲙⲛ̄ ⲡⲉⲕϫ̄ⲥ̄ ⲡⲉⲛⲣ̄ⲣⲟ̄ · Ⲕⲁⲗⲱⲥ
Fol. 28 *a* ⲁⲥⲉⲓ ⲛ̄ϭⲓ ⲧⲉⲕⲧⲁⲝⲓⲥ ⲧⲏⲣⲥ̄ ⲛ̄ ⲁⲅⲅⲉⲗⲓⲕⲟⲛ | ϩⲙ̄ ⲡⲉⲓ ⲛⲟϭ ⲛ̄
ⲝ̄ⲋ ϣⲁ̄ ⲉⲧ ⲡⲟⲣϣ̄ ⲛⲁⲛ ⲉ ⲃⲟⲗ ⲙ̄ⲡⲟⲟⲩ · ⲁⲕⲣ̄ ⲟⲩⲛⲟϭ ⲛ̄
ⲁⲣⲓⲥⲧⲟⲛ ⲉ ⲣⲟⲛ ⲙ̄ⲡⲟⲟⲩ ⲱ̄ ⲙⲓⲭⲁⲏⲗ · ⲁⲩⲱⲡⲁⲣⲓⲥⲧⲱⲛ
ⲛ̄ⲧⲁⲕⲁⲁϥ ⲉ ⲣⲟⲛ ⲛ̄ ⲟⲩⲁ̄ⲣⲓⲥⲧⲱⲛ ⲁⲛ ⲡⲉ ⲛ̄ϩⲏⲕⲉ · ⲁⲗⲗⲁ
ⲟⲩⲁⲣⲓⲥⲧⲱⲛ ⲡⲉ ⲛ̄ⲣⲙ̄ⲙⲁⲟ̄ · ⲛ̄ ϩⲉⲛⲁⲣⲭⲱⲛ ⲁⲛ ⲛ̄ ⲧⲉⲓ
ⲙⲓⲛⲉ ⲛⲉⲧ ⲛⲏϫ ϩⲙ̄ ⲡⲉⲓ ⲁⲣⲓⲥⲧⲱⲛ · ⲁⲗⲗⲁ ⲡϫⲟⲉⲓⲥ ⲡⲉ
ⲛ̄ ⲛⲁ ⲧⲡⲉ̄ ⲙⲛ̄ ⲛⲁ ⲡⲕⲁϩ · ⲛ̄ ϩⲉⲛⲣⲱⲙⲉ ⲁⲛ ⲛ̄ ⲧⲉⲓ ϩⲉ
ϩⲁⲡⲗⲱⲥ ⲛⲉⲧ ⲇ̈ⲓⲁⲕⲟⲛⲉⲓ ⲉ ⲣⲟⲛ · ⲁⲗⲗⲁ ϩⲉⲛⲁⲅⲅⲉⲗⲟⲥ
ⲛⲉ ⲉⲩϣⲙ̄ϣⲉ ϩⲁ ⲣⲁⲧⲛ̄ ⲛ̄ ⲟⲩⲧⲣⲁⲡⲓⲍⲁ ⲁⲛ ⲧⲉ ⲛ̄ⲥⲁⲣ-
ⲕⲓⲕⲟⲛ · ⲁⲗⲗⲁ ⲟⲩⲡⲛⲓⲕⲟⲛ ⲧⲉ ⲉⲥⲙⲉϩ ⲛ̄ ⲱⲛϩ̄ ϣⲁ ⲉⲛⲉϩ ·
ⲛ̄ ⲟⲩⲣⲱⲙⲉ ⲁⲛ ⲡⲉⲧ ⲣ̄ ϣⲁ̄ ⲛ̄ⲙ̄ⲙⲁⲛ ⲙ̄ⲡⲟⲟⲩ · ⲁⲗⲗⲁ
ⲡⲛⲟⲩⲧⲉ ϩⲙ̄ ⲟⲩⲙⲉ ⲡⲉ · ⲉϥⲥⲟⲟⲩⲧⲛ̄ ⲉ ⲃⲟⲗ ⲛ̄ ⲧⲉϥϭⲓϫ

ⲙ̄ⲙⲟⲥ · ⲛⲁⲛ · ϫⲉ ⲕⲁⲗⲱⲥ · ⲁⲧⲉⲧⲛ̄ⲡⲉⲓ̈ ϣⲁ ⲣⲟⲛ ⲙ̄ⲡⲟⲟⲩ · Oriental 7021.
ϯⲣⲏⲛⲏ ⲛⲏⲧⲛ̄ ⲛⲁⲥⲛⲏⲩ · ⲁⲩⲱ ϯⲣⲁϣⲉ ⲛ̄ⲙ̄ⲙⲏⲧⲛ̄
ⲧⲏⲣⲧⲛ̄ · ϥⲥⲏϩ ⲅⲁⲣ · ϫⲉ ⲡⲙⲁ ⲉⲧ ⲉⲣⲉ ⲥⲛⲁⲩ · ⲛ̄
ϣⲟⲙⲛ̄ⲧ · ⲥⲟⲟⲩϩ ⲛ̄ϩⲏⲧϥ ϩⲙ̄ ⲡⲁ ⲣⲁⲛ · ϯϣⲟⲟⲡ
ⲛ̄ⲙ̄ⲙⲁⲩ ϩⲛ̄ ⲧⲉⲩⲙⲏⲏⲧⲉ · ⲗⲟⲓⲡⲟⲛ ⲉϣϫⲉ ⲁϥϫⲟⲟⲥ ⲛ̄
ⲧⲉⲓ ϩⲉ · ⲉ ⲧⲃⲉ ⲥⲛⲁⲩ ⲛ̄ ϣⲟⲙⲛ̄ⲧ · ⲙ̄ⲙⲁⲧⲉ · ⲉⲓⲉ ⲟⲩⲏⲣ ·
ⲧⲉⲛⲟⲩ · ⲡⲉ ⲡⲣⲁϣⲉ ⲙ̄ ⲡϫ̄ⲥ̄ ⲡⲉⲛⲣ̄ⲣⲟ · ⲙⲛ̄ ⲛⲉϥⲁⲅⲅⲉ-
ⲗⲟⲥ ⲉⲧ ⲟⲩⲁⲁⲃ · ⲉⲩϣⲟⲟⲡ ϩⲛ̄ ⲧⲛ̄ⲙⲏⲏⲧⲉ ⲙ̄ⲡⲟⲟⲩ · ⲉⲩⲣ̄
ϣⲁ · ⲛ̄ⲙ̄ⲙⲁⲛ · ϩⲙ̄ ⲡⲉⲛⲛⲟϭ ⲛ̄ ⲁⲣⲓⲥⲧⲟⲛ ⲙⲛ̄ ⲡⲉⲓ̈ |
ⲥⲱⲟⲩϩ ⲉ ϩⲟⲩⲛ · ⲛ̄ϩⲟⲟⲩⲧ · ϩⲓ ⲥϩⲓⲙⲉ ϩⲓ ϣⲏⲣⲉ ⲕⲟⲩⲓ · Fol. 47 *a*
ϩⲓ ⲛⲟϭ ⲛ̄ⲣⲱⲙⲉ · ϩⲓ̈ ⲡⲟⲓⲥⲧⲟⲥ (*sic*) · ⲉⲩϣⲟⲟⲡ ϩⲙ̄ ⲡⲉⲓ ϥⲁ
ⲛⲟϭ ⲛ̄ ϣⲁ ⲙ̄ⲡⲟⲟⲩ · ⲉⲧⲉ ⲡϣⲁ ⲡⲉ · ⲙ̄ ⲙⲓⲭⲁⲏⲗ ·
ⲡⲛⲟϭ ⲛ̄ ⲁⲣⲭⲁⲅⲅⲉⲗⲟⲥ ⲉⲧ ⲟⲩⲁⲁⲃ · Ⲉϥϯ ⲉⲟⲟⲩ ·
ⲙⲉⲛ ⲛ̄ ⲟⲩⲟⲛ ⲛⲓⲙ · ⲉⲧ ⲣ̄ ϣⲁ ⲛⲁϥ · ϩⲙ̄ ⲡϣⲁ ⲙ̄
ⲡⲁⲣⲭⲁⲅⲅⲉⲗⲟⲥ ⲉⲧ ⲟⲩⲁⲁⲃ · ⲙⲓⲭⲁⲏⲗ · ⲡⲛⲟϭ ⲛ̄
ⲥⲧⲣⲁⲧⲏⲗⲁⲧⲏⲥ · ⲉⲧ ⲟⲩⲁⲁⲃ · Ⲁⲗⲏⲑⲱⲥ ⲱ̄ ⲛⲁⲙⲉⲣⲁⲧⲉ ·
ⲁⲓϩⲓ ⲧⲟⲟⲧ · ⲉⲩⲛⲟϭ ⲛ̄ ⲕⲉⲫⲁⲗⲁⲓⲟⲛ ⲡⲁⲣⲁ ⲧⲁ ϭⲟⲙ ·

ⲉⲧ ⲟⲩⲁⲁⲃ ⲉϥϫⲱ ⲙ̄ⲙⲟⲥ ⲛⲁⲛ ϫⲉ ⲕⲁⲗⲱⲥ ⲁⲧⲉⲧⲛ̄ⲡⲉⲓ Oriental 6781.
ϣⲁ ⲣⲟⲛ ⲙ̄ⲡⲟⲟⲩ · ⲧⲓⲣⲏⲛⲏ ⲛⲏⲧⲛ̄ ⲛⲁⲥⲛⲏⲩ ⲁⲩⲱ ⲧⲓⲣⲁ-
ϣⲉ ⲛ̄ⲙ̄ⲙⲏⲧⲛ̄ ⲧⲏⲣⲧⲛ̄ · ϥⲥⲏϩ ⲅⲁⲣ ϫⲉ ⲡⲙⲁ ⲉⲧ ⲉⲣⲉ
ⲥⲛⲁⲩ ⲛ̄ ϣⲟⲙⲛ̄ⲧ · ⲥⲟⲟⲩϩ ⲛ̄ϩⲏⲧϥ ϩⲙ̄ ⲡⲁ ⲣⲁⲛ ⲧⲓϣⲟⲟⲡ
ⲛ̄ⲙ̄ⲙⲁⲩ ϩⲛ̄ ⲧⲉⲩⲙⲏⲏⲧⲉ · ⲗⲟⲓⲡⲟⲛ ⲉϣϫⲉ ⲁϥϫⲟⲟⲥ ⲛ̄
ⲧⲉⲓ ϩⲉ ⲉ ⲧⲃⲉ ⲥⲛⲁⲩ ⲛ̄ ϣⲟⲙⲛ̄ⲧ · ⲙ̄ⲙⲁⲧⲉ · ⲉⲓⲉ ⲟⲩⲏⲏⲣ
ⲧⲉⲛⲟⲩ ⲡⲉ ⲡⲣⲁϣⲉ ⲙ̄ ⲡϫⲟⲉⲓⲥ ⲡⲉⲛⲣ̄ⲣⲟ ⲙⲛ̄ ⲛ̄ⲉϥⲁⲅⲅⲉ-
ⲗⲟⲥ ⲉⲧ ⲟⲩⲁⲁⲃ · ⲉⲩϣⲟⲟⲡ ϩⲛ̄ ⲧⲉⲛⲙⲏⲏⲧⲉ ⲙ̄ⲡⲟⲟⲩ · ⲉⲩⲣ̄
ϣⲁ̄ ⲛ̄ⲙ̄ⲙⲁⲛ · ϩⲙ̄ ⲡⲉⲓ ⲛⲟϭ ⲛ̄ ⲁⲣⲓ̈ⲥⲧⲟⲛ · ⲙⲛ̄ ⲡⲉⲓ ⲥⲱⲟⲩϩ
ⲉ ϩⲟⲩⲛ ⲛ̄ϩⲟⲟⲩⲧ ϩⲓ ⲥϩⲓⲙⲉ · ϩⲓ ϣⲏⲣⲉ ⲕⲟⲩⲓ ϩⲓ̈ ⲛⲟϭ
ⲛ̄ⲣⲱⲙⲉ ⲙ̄ⲡⲓⲥⲧⲟⲥ ⲉⲩϣⲟⲟⲡ ϩⲙ̄ ⲡⲉⲓ ⲛⲟϭ ⲛ̄ ϣⲁ ⲙ̄ⲡⲟⲟⲩ ·
Ⲉⲧⲉ ⲡϣⲁ̄ ⲡⲉ ⲙ̄ ⲙⲓⲭⲁⲏⲗ̄ · ⲡⲛⲟϭ ⲛ̄ ⲁⲣⲭⲁⲅⲅⲉⲗⲟⲥ
ⲉⲧ ⲟⲩⲁⲁⲃ · ⲉϥϯ ⲉⲟⲟⲩ | ⲙⲉⲛ ⲛ̄ ⲟⲩⲟⲛ ⲛⲓⲙ ⲉⲧ ⲣ̄ ϣⲁ Fol. 28 *b*
ⲛⲁϥ ϩⲙ̄ ⲡϣⲁ̄ ⲙ̄ ⲡⲁⲣⲭⲁⲅⲅⲉⲗⲟⲥ ⲉⲧ ⲟⲩⲁⲁⲃ ⲙⲓ- ⲍ̄ⲏ
ⲭⲁⲏⲗ̄ · ⲡⲛⲟϭ ⲛ̄ ⲥⲧⲣⲁⲧⲏⲕⲟⲥ ⲉⲧ ⲟⲩⲁⲁⲃ · Ⲁⲗⲏⲑⲱⲥ
ⲱ̄ ⲛⲁⲙⲉⲣⲁⲧⲉ ⲁⲓϩⲓ ⲧⲟⲟⲧ ⲉⲩⲛⲟϭ ⲛ̄ ⲕⲉⲫⲁⲗⲓⲟⲛ ⲡⲁⲣⲁ

Oriental 7021. ⲁⲩⲱ ⲁⲓϯ ⲙ̅ ⲡⲁ ⲟⲩⲟⲓ̈ ⲉ ⲃⲟⲗ · ⲉⲩⲛⲟϭ ⲙ̅ ⲡⲉⲗⲁⲅⲟⲥ · ⲉϥⲟⲩⲏⲏⲩ · ⲙⲛ̅ϭⲟⲙ ⲉ ϯⲁⲡⲉⲣⲁ ⲙ̅ⲙⲟϥ · ⲉ ⲃⲟⲗ ϫⲉ ⲁⲓϫⲟⲟⲥ · ϩⲛ̅ ⲧⲁⲣⲭⲏ ⲙ̅ ⲡⲉⲓ ⲉⲅⲕⲱⲙⲓⲟⲛ · ϫⲉ ⲟⲩⲕⲟⲩⲓ̈ · ⲡⲉ ⲡⲁ ⲥⲕⲁⲫⲟⲥ · ⲁⲩⲱ ⲡⲁⲩⲉⲓⲛ ⲥⲟⲃⲕ̅ · ⲁⲩⲱ ϫⲉ ϯⲛⲟⲉⲓ̈ ⲁⲛ ⲛ̅ ⲛⲏⲛⲃⲉ · ⲁⲩⲱ ⲟⲛ ϫⲉ ⲡⲡⲉⲗⲁⲅⲟⲥ · ⲛⲁϣⲧ̅ ⲉⲙⲁⲧⲉ · ⲉⲧⲉ ⲡⲁⲓ ⲡⲉ ⲡⲉⲅⲕⲱⲙⲓⲟⲛ · ⲙ̅ ⲡⲛⲟϭ ⲛ̅ ⲁⲣⲭⲁⲅⲅⲉⲗⲟⲥ ⲉⲧ ⲟⲩⲁⲁⲃ · ⲙⲓⲭⲁⲏⲗ · ϯⲡⲁⲣⲁⲕⲁⲗⲉⲓ̈ ⲙ̅ⲙⲱⲧⲛ̅ ⲛⲁⲥⲛⲏⲩ · ϯ ⲧⲟⲟⲧ ⲧⲏⲩⲧⲛ̅ ⲛ̅ⲙ̅ⲙⲁⲓ̈ · ϫⲉ ⲕⲁⲥ ⲉⲓⲉⲛⲟⲩϩⲙ̅ ⲉ ⲃⲟⲗ ϩⲛ̅ ⲧⲙⲏⲏⲧⲉ ⲙ̅ ⲡⲡⲉⲗⲁⲅⲟⲥ ⲛ̅ ⲁⲧ ⲁⲣⲏϫϥ̅ · ⲛ̅ⲧⲁⲉⲓ̈ ⲟⲛ ϣⲁ ⲣⲱⲧⲛ̅ · ⲉ ⲡⲉⲕⲣⲟ · ϩⲛ̅ ⲟⲩⲥⲟⲟⲩⲧⲛ̅ · Ⲉⲡⲉⲓ ⲇⲏ ⲁⲓϩⲓ ⲧⲟⲟⲧ · ⲉ ϣⲁϫⲉ · ⲛ̅ⲙ̅ⲙⲛⲧⲛ̅
Fol. 47b ⲉⲛ ⲉⲅⲕⲱⲙⲓⲟⲛ · ⲙⲛ̅ ⲛ̅ⲧⲁⲓⲟ · | ⲉⲧ ⲡⲣⲉⲡⲉⲓ̈ · ⲙ̅ ⲡⲉⲧ ⲛ̅ⲣ̅
ϥ̅ⲃ̅ ϣⲁ ⲛⲁϥ ⲙ̅ⲡⲟⲟⲩ · ⲡⲛⲟϭ ⲛ̅ ⲁⲣⲭⲁⲅⲅⲉⲗⲟⲥ · ⲙⲓⲭⲁⲏⲗ · ⲁⲗⲗⲁ ⲟⲩⲥⲁⲣⲝ̅ ⲡⲉ ⲡⲁ ⲗⲁⲥ · ⲁⲩⲱ ⲟⲩⲥⲱⲙⲁ ⲛ̅ ⲕⲁϩ ⲡⲉ ⲡⲁ ⲥⲱⲙⲁ · ⲙⲛ̅ ⲓ̈ⲉϣϭⲙ̅ϭⲟⲙ · ⲉ ⲡⲱϩ ⲉ ⲡϣⲓ · ⲙ̅ ⲡⲉϥⲉⲟⲟⲩ · ⲙⲛ̅ ⲡϫⲱⲕ ⲙ̅ ⲡⲉϥⲁⲝⲓⲱⲙⲁ ⲉⲧ ⲟⲩⲁⲁⲃ · ⲱ̅

Oriental 6781. ⲧⲁ ϭⲟⲙ ⲁⲩⲱ ⲁⲓⲧⲓ ⲙ̅ ⲡⲁ ⲟⲩⲟⲓ ⲉⲩⲛⲟϭ ⲙ̅ ⲡⲉⲗⲁⲅⲟⲥ ⲉϥⲟⲩⲏⲏⲩ · ⲉⲙⲁⲧⲉ · ⲉⲙⲛ̅ϭⲟⲙ ⲙ̅ⲙⲟⲓ ⲉ̅ ϯⲁⲡⲉⲣⲁ ⲙ̅ⲙⲟϥ ⲉ ⲃⲟⲗ ϫⲉ ⲁⲓϫⲟⲟⲥ ϩⲛ̅ ⲧⲁⲣⲭⲏ ⲙ̅ ⲡⲉⲓ ⲉⲅⲕⲱⲙⲓⲟⲛ ϫⲉ ⲟⲩⲕⲟⲩⲓ ⲡⲉ ⲡⲁ ⲥⲕⲁⲫⲟⲥ · ⲁⲩⲱ ⲡⲁⲩⲉⲓⲛ ⲥⲟⲃⲕ̅ ⲁⲩⲱ ϫⲉ ⲧⲓⲛⲟⲓ ⲁⲛ ⲛ̅ ⲛⲏⲛⲃⲉ · ⲁⲩⲱ ⲟⲛ ϫⲉ ⲡⲡⲉⲗⲁⲅⲟⲥ ⲛⲁϣⲧ̅ ⲉⲙⲁⲧⲉ ⲉⲧⲉ ⲡⲁⲓ ⲡⲉ ⲡⲉⲓ [ⲉⲅ]ⲕⲱⲙⲓⲟⲛ ⲙ̅ ⲡⲛⲟϭ ⲛ̅ ⲁⲣⲭⲁⲅⲅⲉⲗⲟⲥ ⲙⲓⲭⲁⲏ̅ⲗ̅ · Ϯⲡⲁⲣⲁⲕⲁⲗⲉⲓ ⲙ̅ⲙⲱⲧⲛ̅ ⲱ̅ ⲛⲉⲥⲛⲏⲩ · ϯ ⲧⲟⲟⲧ ⲧⲏⲩⲧⲛ̅ ⲛ̅ⲙ̅ⲙⲁⲓ ϫⲉ ⲕⲁⲥ ⲉⲓⲉ̅ⲛⲟⲩϩⲙ̅ ⲉ ⲃⲟⲗ ϩⲛ̅ ⲧⲙⲏ̅ⲧⲉ ⲙ̅ ⲡⲡⲉⲗⲁⲅⲟⲥ ⲛ̅ ⲁⲧ ⲁⲣⲏϫϥ̅ · ⲛ̅ⲧⲁⲉⲓ̈ ⲟⲛ ϣⲁ ⲣⲱⲧⲛ̅ ⲉ ⲡⲉⲕⲣⲟ ϩⲛ̅ ⲟⲩⲥⲟⲟⲩⲧⲛ̅ · ⲉⲡⲉⲓ ⲇⲏ ⲁⲓϩⲓ ⲧⲟⲟⲧ ⲉ ϣⲁϫⲉ ⲛ̅ⲙ̅ⲙⲛⲧⲛ̅ ϩⲙ̅ ⲡⲉⲓ ⲉⲅⲕⲱⲙⲓⲟⲛ · ⲙⲛ̅ ⲛ̅ⲧⲁⲓⲟ̅ ⲉⲧ ⲡ̅ⲣⲉⲡⲉ ⲙ̅ ⲡⲉⲧ ⲛ̅ⲣ̅ ϣⲁ̅ ⲛⲁϥ ⲙ̅ⲡⲟⲟⲩ · ⲡⲛⲟϭ ⲛ̅ ⲁⲣⲭⲁⲅⲅⲉⲗⲟⲥ ⲙⲓⲭⲁⲏ̅ⲗ̅ · ⲁⲗⲗⲁ ⲟⲩⲗⲁⲥ ⲛ̅ ⲥⲁⲣⲝ̅ ⲡⲉ ⲡⲁ ⲗⲁⲥ · ⲁⲩⲱ ⲟⲩⲥⲱⲙⲁ ⲛ̅ ⲕⲁϩ ⲡⲉ ⲡⲁ ⲥⲱⲙⲁ · ⲙ̅ⲡⲉ ⲓⲉϣϭⲙ̅ϭⲟⲙ ⲉ ⲡⲱϩ ⲙ̅ ⲡϣⲓ ⲙ̅ ⲡⲉϥⲉⲟⲟⲩ · ⲙⲛ̅ ⲡϫⲱⲕ ⲙ̅ ⲡⲉϥⲁⲝⲓⲱ̅ⲙⲁ ⲉⲧ ⲟⲩⲁⲁⲃ · Ⲱ̅ ⲡⲁ ϫⲟⲉⲓⲥ ⲙⲛ̅ⲛ̅ⲥⲁ

ⲡⲁ ϫ︦ⲥ︦ ⲙⲛ̅ⲛ̅ⲥⲁ ⲡⲛⲟⲩⲧⲉ ⲉ ⲃⲟⲗ · ⲱ ⲙⲓⲭⲁⲏⲗ · ⲡⲧⲉⲗⲏⲗ · Oriental 7021.
ⲙ̅ ⲡⲁ ϩⲏⲧ · ⲱ ⲡⲁⲣⲭⲏⲁⲅⲅⲉⲗⲟⲥ · ⲉⲧ ⲟⲩⲁⲁⲃ · ⲡⲥⲟⲗⲥⲗ̅
ⲙ̅ ⲡⲁ ϩⲏⲧ ⲱ ⲡⲁⲣⲭⲏⲁⲅⲅⲉⲗⲟⲥ · ⲉⲧ ⲟⲩⲁⲁⲃ · ⲡⲥⲟⲗⲥⲗ̅
ⲙ̅ ⲡⲁ ⲗⲁⲥ · ⲱ ⲙⲓⲭⲁⲏⲗ ⲡϣⲁϫⲉ · ⲛ̅ ⲧⲁ ⲧⲁⲡⲣⲟ · ⲁⲩⲱ
ⲡⲥⲟⲗⲥⲗ̅ ⲙ̅ ⲡⲁ ϩⲏⲧ · ⲙⲛ̅ ⲡⲁ ϣⲗⲏⲗ · ⲛ̅ ⲛⲁϩⲣⲛ̅ ⲡⲛⲟⲩⲧⲉ ·
ⲁϣ ⲛ̅ ϣⲟⲩⲱⲃⲉ · ⲏ ⲛ̅ ϩⲏⲧ · ⲛ̅ ⲣⲉϥⲛⲟⲓ · ⲡⲉⲧ ⲛⲁϣⲉⲓⲙⲉ ·
ⲏ ⲛϥⲉⲓⲱⲣϩ̅ ⲙ̅ ⲡϫⲱⲕ · ⲙ̅ ⲡⲕⲁⲍⲓⲱⲙⲁ · ⲙⲛ̅ ⲡⲉⲟⲟⲩ ·
ⲛ̅ⲧⲁ ⲡⲛⲟⲩⲧⲉ ⲥⲧⲟⲗⲓⲍⲉ ⲙ̅ⲙⲟⲕ · ⲛ̅ϩⲏⲧϥ̅ · Ⲛⲁⲓ ⲧⲏⲣⲟⲩ ·
ⲛ̅ⲧ ⲁⲓϫⲟⲟⲩ ⲱ ⲡⲁⲣⲭⲱⲛ ⲛ̅ ⲧⲙⲛ̅ⲧⲉⲣⲟ ⲛ̅ ⲙ̅ⲡⲏⲩⲉ · ⲙⲛ̅
ⲛⲉⲧ ⲟⲩⲟⲧⲃ̅ ⲉ ⲛⲁï · ⲥⲉⲡⲣⲉⲡⲉï ⲙ̅ ⲡⲉⲕⲛⲟϭ ⲛ̅ ⲉⲟⲟⲩ ·
ⲁⲗⲗⲁ ⲕⲱ ⲛⲁⲓ ⲉ ⲃⲟⲗ · ⲱ ⲡⲁⲣⲭⲁⲅⲅⲉⲗⲟⲥ · Ⲉ ⲃⲟⲗ ϫⲉ
ⲁⲛⲅ̅ ⲟⲩⲣⲱⲙⲉ ⲛ̅ ⲣⲉϥⲣ̅ ⲛⲟⲃⲉ · ⲁⲩⲱ ϯϭⲟϫⲃ̅ ⲉⲙⲁⲧⲉ · ϩⲛ̅
ⲛⲁⲡⲣⲁⲍⲓⲥ · ϯⲡⲁⲣⲁⲕⲁⲗⲉï | ⲙ̅ⲙⲟⲕ · ⲱ ⲡⲁ ⲣⲉϥϯ ⲧⲟⲟⲧ · Fol. 48 *a* ϥ︦ⲅ︦
ⲙⲓ̈ⲭⲁⲏⲗ · ϫⲓ̈ ⲛ̅ⲧⲟⲟⲧ · ϩⲱⲱⲧ ⲙ̅ ⲡⲁ ⲧⲱⲃϩ̅ · ⲙⲛ̅ ⲡⲁ
ⲥⲟⲡⲥⲡ̅ · ⲉⲧⲉ ⲡⲁ ⲕⲟⲩⲓ ⲛ̅ ⲇⲱⲣⲟⲛ ⲡⲉ · ⲉⲧ ϭⲟϫⲃ̅ · ⲡⲁⲓ
ⲛ̅ⲧⲁϥⲣ̅ ⲁⲧⲟⲟⲧ (*sic*) · ⲉ ⲧⲁⲁϥ ⲛⲁⲕ ϩⲙ̅ ⲡⲉⲕϣⲁ · ⲙ̅ⲡⲣ̅ ϭⲛ̅

ⲡⲛⲟⲩⲧⲉ ⲉ ⲃⲟⲗ · ⲱ ⲙⲓ̈ⲭⲁⲏⲗ ⲡⲧⲉⲗⲏⲗ ⲙ̅ ⲡⲁ ϩⲏⲧ · Ⲱ Oriental 6781.
ⲡⲁⲣⲭⲁⲅⲅⲉⲗⲟⲥ ⲉⲧ ⲟⲩⲁⲁⲃ ⲡⲥⲟⲗⲥⲗ̅ ⲙ̅ ⲡⲁ ϩⲏⲧ · Ⲱ
ⲡⲁⲣⲭⲏⲥⲧⲣⲁⲧⲏⲅⲟⲥ · ⲉⲧ ⲟⲩⲁⲁⲃ ⲡⲥⲟⲗⲥⲗ̅ ⲙ̅ ⲡⲁ ⲗⲁⲥ ·
Ⲱ ⲙⲓⲭⲁⲏⲗ ⲡϣⲁϫⲉ ⲛ̅ ⲧⲁ ⲧⲁⲡⲣⲟ · ⲁⲩⲱ ⲡⲥⲟⲟⲩⲧⲛ̅ ⲙ̅
ⲡⲁ ϩⲏⲧ ⲙⲛ̅ ⲡⲁ ϣⲗⲏⲗ ⲛ̅ ⲛⲁϩⲣⲛ̅ ⲡⲛⲟⲩⲧⲉ · ⲁϣ ⲛ̅
ϣⲟⲩⲱ̅ⲃⲉ · ⲏ ⲁϣ ⲛ̅ ϩⲏⲧ ⲛ̅ⲣⲉϥⲛⲟⲓⲉ · ⲡⲉⲧ ⲛⲁϣⲉⲓⲙⲉ ·
ⲏ ⲛϥⲉⲓⲱⲣϩ̅ ⲙ̅ ⲡϫⲱⲕ | ⲙ̅ ⲡⲉⲕⲁⲍⲓⲱⲙⲁ̅ · ⲙⲛ̅ ⲡⲉⲟⲟⲩ Fol. 29 *a*
ⲛⲧⲁ ⲡⲛⲟⲩⲧⲉ ⲥⲧⲟⲗⲓⲍⲉ ⲙ̅ⲙⲟⲕ ⲛ̅ϩⲏⲧϥ̅ · Ⲛⲁⲓ ⲧⲏⲣⲟⲩ ⲍ︦ⲑ︦
ⲛ̅ⲧⲁⲓϫⲟⲟⲩ ⲱ ⲡⲁⲣⲭⲱⲛ ⲛ̅ ⲧⲙⲛ̅ⲧⲉⲣⲟ ⲛ̅ ⲙ̅ⲡⲏⲩⲉ · ⲙⲛ̅
ⲛⲉⲧ ⲟⲩⲟⲧⲃⲉ ⲉ̅ ⲛⲁⲓ ⲥⲉⲡ̅ⲣⲉⲡⲉ ⲙ̅ ⲡⲉⲕⲛⲟϭ ⲛ̅ ⲉⲟⲟⲩ ·
ⲁⲗⲗⲁ ⲕⲱ̅ ⲛⲁⲓ ⲉ ⲃⲟⲗ ⲱ ⲡⲁⲣⲭⲁⲅⲅⲉⲗⲟⲥ ⲉⲧ ⲟⲩⲁⲁⲃ · ⲉ
ⲃⲟⲗ ϫⲉ ⲁⲛⲅ̅ ⲟⲩⲣⲱⲙⲉ ⲛ̅ ⲣⲉϥⲣ̅ ⲛⲟⲃⲉ · ⲁⲩⲱ ⲛ̅ ⲧⲓϭⲟϫⲃ̅
ⲁⲛ ⲙ̅ⲙⲁⲧⲉ ϩⲛ̅ ⲛⲁⲡⲣⲁⲍⲓⲥ · ϯⲡⲁⲣⲁⲕⲁⲗⲉⲓ ⲙ̅[ⲙ]ⲟⲕ
ⲱ ⲡⲁ ⲣⲉϥϯ ⲧⲟⲟⲧ ⲙⲓ̈ⲭⲁⲏⲗ · ϫⲓ ⲛ̅ⲧⲟⲟⲧ ϩⲱⲧ ⲙ̅ ⲡⲁ
ⲧⲱⲃϩ̅ · ⲉⲧⲉ ⲡⲁ ⲕⲟⲩⲓ ⲛ̅ ⲇⲱⲣⲟⲛ ⲡⲉ ⲉⲧ ϭⲟϫⲃ̅ ⲡⲁⲓ
ⲛ̅ⲧⲁϥⲣ̅ ⲁⲧⲟⲟⲧ (*sic*) ⲉ ⲧⲁⲁϥ ⲛⲁⲕ ϩⲙ̅ ⲡⲉⲕϣⲁ ⲙ̅ⲡⲟⲟⲩ ·

Oriental 7021.
ⲁⲣⲓⲕⲉ ⲉ ⲡⲉⲕϩⲙ̅ϩⲁⲗ · ϫⲉ ⲡⲁ ⲇⲱⲣⲟⲛ ⲥⲟⲃⲕ̅ · ⲁⲗⲗⲁ
ϣⲱⲡⲉ ⲉ ⲣⲟⲕ ⲛ̅ ⲧⲁ ⲡⲣⲟϩⲁⲓⲣⲉⲥⲓⲥ · ⲛ̅ⲑⲉ ⲙ̅ ⲡⲗⲉⲡⲧⲟⲛ
ⲥⲛⲁⲩ ⲉⲙⲁⲧⲉ · Ϯⲥⲟⲟⲩⲛ ⲅⲁⲣ · ϫⲉ ⲛ̅ⲧⲟⲕ ⲟⲩⲛⲁⲏⲧ ·
ⲁⲩⲱ ⲛ̅ ϣⲁⲛϩⲧⲏϥ · ⲉ ⲧⲃⲉ ⲡⲁⲓ ⲣⲱ Ϯ ⲙ̅ ⲡⲁ ⲟⲩⲟⲓ̈ ⲉ
ⲣⲟⲕ · ⲉⲓⲥⲟⲟⲩⲛ̅ · ϫⲉ ⲙⲛ̅ⲧⲁⲓ ⲙ̅ⲙⲁⲩ · ⲛ̅ ⲕⲉ ⲗⲁⲁⲩ ⲙ̅
ⲡⲣⲟⲥⲧⲁⲥⲓⲁ · ⲛ̅ ⲛⲁϩⲣⲛ̅ ⲡⲛⲟⲩⲧⲉ ⲛ̅ⲥⲁⲃⲗ̅ⲗⲁⲕ · ⲱ
ⲡⲁⲣⲭⲁⲅⲅⲉⲗⲟⲥ ⲉⲧ ⲟⲩⲁⲁⲃ ⲙⲓⲭⲁⲏⲗ · ⲉⲕϣⲁⲛⲣ̅ ⲡⲛⲁ ·
ⲛ̅ⲙ̅ⲙⲁⲓ̈ ⲛⲅ̅ ϫⲓ ⲛ̅ ⲧⲟⲟⲧ · ⲙ̅ ⲡⲁ ⲧⲱⲃϩ̅ · ⲙⲛ̅ ⲡⲁ ⲕⲟⲩⲓ
ⲛ̅ ⲧⲁⲓⲟ · ⲕⲁⲛ ⲉϣϫⲉ ϥϭⲟϫⲃ̅ ⲟⲛ · Ϯⲛⲁⲣ̅ ⲁⲡⲁⲧⲟⲟⲧ ⲟⲛ ·
ⲉϮ ⲛⲁⲕ ⲙ̅ ⲡⲧⲁⲓⲟ · ⲙ ⲡⲁ ⲗⲁⲥ · ⲙⲛ̅ ⲡⲁ ϩⲏⲧ · ⲛ̅ⲥⲏⲩ
ⲛⲓⲙ · ⲛ̅ ⲛⲉϩⲟⲟⲩ ⲧⲏⲣⲟⲩ · ⲙ̅ ⲡ[ⲁ] ⲱⲛϩ̅ · ⲁⲩⲱ Ϯⲑⲁⲣⲉⲓ
ⲙ̅ ⲡⲁⲓ ϩⲛ̅ ⲟⲩⲙⲉ · ϫⲉ ⲉⲓϣⲁⲛⲕⲱ ⲛⲁⲓ ⲙ̅ⲙⲁⲧⲉ · ϩⲙ̅
ⲡⲁ ϩⲏⲧ · ⲙ̅ ⲡⲉⲣ ⲡⲙⲉⲉⲩⲉ ⲙ̅ ⲡⲉⲕⲣⲁⲛ · ⲛ̅ ⲁⲣⲭⲁⲅⲅⲉ-
ⲗⲓⲕⲟⲛ ⲛ̅ⲛⲁⲩ ⲛⲓⲙ · Ϯⲛⲁϣⲱⲡⲉ ⲁⲛ ⲉϫⲛ̅ (sic) ⲃⲉⲉⲕⲉ · ⲁⲩⲱ
Fol. 48 b ϥⲇ ⲉϫⲛ̅ (sic) ⲕⲁⲣⲡⲟⲥ ⲛ̅ ⲛⲁϩⲣⲙ̅ | ⲡⲛⲟⲩⲧⲉ · ⲉⲣⲉ ⲡⲉⲣ̅ ⲡⲙⲉⲉⲩⲉ ·
ⲙⲛ̅ ⲙ̅ ⲡⲕ̅ⲣⲁⲛ · ⲱ ⲡⲁⲣⲭⲁⲅⲅⲉⲗⲟⲥ ⲉⲧ ⲟⲩⲁⲁⲃ

Oriental 6781.
ⲙ̅ⲡⲣ̅ ϭⲛ̅ⲁⲣⲓⲕⲉ ⲉ ⲡⲉⲕϩⲙ̅ϩⲁⲗ ϫⲉ ⲡⲁ ⲇⲱⲣⲟⲛ ⲥⲟⲃⲕ̅ ·
ⲁⲗⲗⲁ ϣⲱⲡ ⲉ ⲣⲟⲕ ⲛ̅ ⲧⲁ ⲡⲣⲟϩⲉⲣⲉⲥⲓⲥ ⲛ̅ⲑⲉ ⲙ̅ ⲡⲗⲉⲡ-
ⲧⲱⲛ ⲥⲛⲁⲩ ⲛ̅ ⲧⲉⲭⲏⲣⲁ · Ϯⲥⲟⲟⲩⲛ ⲅⲁⲣ ϫⲉ ⲛ̅ⲧⲕ̅ ⲟⲩ-
ⲛⲁⲏⲧ ⲁⲩⲱ ⲛ̅ ϣⲛ̅ϩⲧⲏϥ · ⲉ ⲧⲃⲉ ⲡⲁⲓ ⲣⲱ ⲁⲓϮ ⲙ̅ ⲡⲁ ⲟⲩⲟⲓ
ⲉ ⲣⲟⲕ ⲉⲓⲥⲟⲟⲩⲛ · ϫⲉ ⲙⲛ̅ⲧⲁⲓ ⲙ̅ⲙⲁⲩ ⲛ̅ⲕⲉ ⲗⲁⲁⲩ ⲙ̅
ⲡⲣⲟⲥⲧⲁⲥⲓⲁ ⲛ̅ ⲛⲁϩⲣⲙ̅ ⲡⲛⲟⲩⲧⲉ · ⲛ̅ⲥⲁⲃⲗ̅ⲗⲁⲕ ⲱ ⲡⲁⲣⲭ-
ⲁⲅⲅⲉⲗⲟⲥ ⲉⲧ ⲟⲩⲁⲁⲃ ⲙⲓⲭⲁⲏⲗ ⲉⲕϣⲁⲛⲣ̅ ⲡⲛⲁ ⲛ̅ⲙ̅ⲙⲁⲓ ·
ⲛⲅ̅ ϫⲓ ⲛ̅ⲧⲟⲟⲧ ⲙ̅ ⲡⲁ ⲧⲱⲃϩ̅ ⲙⲛ̅ ⲡⲁ ⲕⲟⲩⲓ ⲛ̅ ⲧⲁⲉⲓⲟ̅ · Ⲕⲁⲛ
ⲉϣϫⲉ ⲉϥϭⲟϫⲃ̅ ⲟⲛ ⲧⲓⲛⲁⲣ̅ ⲁⲡⲁⲧⲟⲟⲧ ⲟⲛ ⲉϮ ⲛⲁⲕ ⲛ̅ⲥⲁⲑⲏ ·
ⲙ̅ ⲡⲧⲁⲉⲓⲟ̅ ⲙ̅ ⲡⲁ ⲗⲁⲥ · ⲙⲛ̅ ⲡⲁ ϩⲏⲧ ⲛ̅ⲥⲏⲩ ⲛⲓⲙ ⲛ̅
ⲛⲉϩⲟⲟⲩ ⲧⲏⲣⲟⲩ ⲙ̅ ⲡⲁ ⲱⲛϩ̅ · Ⲁⲩⲱ ⲧⲓⲑⲁⲣⲉⲓ ⲙ̅ ⲡⲁⲓ ϩⲛ̅
ⲟⲩⲙⲉ · ϫⲉ ⲉⲓϣⲁⲛⲕⲱ ⲛⲁⲓ ⲙ̅ⲙⲁⲧⲉ ϩⲙ̅ ⲡⲁ ϩⲏⲧ · ⲙ̅ⲡⲣ̅
ⲡⲙⲉⲉⲩⲉ ⲙ̅ ⲡⲉⲕⲣⲁⲛ ⲛ̅ ⲁⲣⲭⲁⲅⲅⲉⲗⲓⲕⲟⲛ · ⲛ̅ⲛⲁⲩ ⲛⲓⲙ ·
ⲧⲓⲛⲁϣⲱⲡⲉ ⲁⲛ ⲉϫⲛ̅ (sic) ⲃⲉⲉⲕⲉ ⲁⲩⲱ ⲉϫⲛ̅ (sic) ⲕⲁⲣⲡⲟⲥ ·
ⲛ̅ ⲛⲁϩⲣⲙ̅ ⲡⲛⲟⲩⲧⲉ · ⲉⲣⲉ ⲡⲉⲣ̅ ⲡⲙⲉⲉⲩⲉ ⲙ̅ ⲡⲉⲕⲣⲁⲛ ⲱ
ⲡⲁⲣⲭⲁⲅⲅⲉⲗⲟⲥ ⲉⲧ ⲟⲩⲁⲁⲃ ⲙⲓⲭⲁⲏⲗ ϩⲟⲗϭ̅ ϩⲛ̅ ⲧⲁ

ⲙⲓⲭⲁⲏⲗ· ϩⲟⲗϭ̄ ⲛ̄ ⲧⲁ ⲧⲁⲡⲣⲟ· ⲡ̄ⲑⲉ ⲛ̄ ⲟⲩⲉⲃⲓⲱ· ⲉϥϩⲛ̄ Oriental 7021.
ⲣⲱⲓ· ⲉⲣⲉ ⲡⲣ̄ ⲡⲙⲉⲉⲩⲉ ⲙ̄ ⲡⲉⲕⲣⲁⲛ· ⲉⲧ ⲟⲩⲁⲁⲃ· ⲱ̄
ⲡⲁⲣⲭⲏⲁⲅⲅⲉⲗⲟⲥ ⲉⲧ ⲟⲩⲁⲁⲃ ⲙⲓⲭⲁⲏⲗ· ⲟⲩ ⲛⲁⲓ ⲛ̄
ⲥⲧⲟⲗⲏ· ϩⲛ̄ ⲧⲁ ϭⲓⲛϩⲉ· ⲙⲛ̄ ⲧⲁ ϭⲓⲛⲧⲱⲟⲩⲛ· ⲱ̄ ⲡⲛⲟϭ
ⲛ̄ ⲁⲣⲭⲁⲅⲅⲉⲗⲟⲥ ⲉⲧ ⲟⲩⲁⲁⲃ ⲙⲓⲭⲁⲏⲗ· ⲛ̄ⲧⲁ ⲡⲅⲉⲛⲟⲥ·
ⲛ̄ ⲁⲇⲁⲙ ϭⲛ̄ ⲡⲁⲣϩⲏⲥⲓⲁ ⲛ̄ ⲛⲁϩⲣⲙ̄ ⲡⲛⲟⲩⲧⲉ· ⲉ ⲧⲃⲏⲏⲧⲕ̄·
ⲱ̄ ⲡⲁⲣⲭⲁⲅⲅⲉⲗⲟⲥ ⲉⲧ ⲟⲩⲁⲁⲃ ⲙⲓⲭⲁⲏⲗ· ⲉⲣⲉ ⲡⲉⲥϯ
ⲛⲟⲩϥⲉ· ⲛ̄ ⲛⲉⲛϣⲗⲏⲗ ⲃⲏⲕ ⲉ ϩⲣⲁⲓ ϣⲁ ⲡⲛⲟⲩⲧⲉ· ⲉ
ⲧⲃⲏⲏⲧⲕ̄· ⲱ̄ ⲙⲓⲭⲁⲏⲗ· ⲡⲁⲣⲭⲁⲅⲅⲉⲗⲟⲥ ⲉⲧ ⲟⲩⲁⲁⲃ·
ⲛ̄ⲧⲟⲕ ⲡⲉⲧ ϥⲓ ⲉ ϩⲣⲁï ϣⲁ ⲡⲛⲟⲩⲧⲉ· ϣⲁⲛⲧ ϥ̄ϣⲡ̄ϩⲧⲏϥ
ϩⲁ ⲣⲟⲛ· ⲉⲥⲉϣⲱⲡⲉ ⲟⲛ ⲙ̄ⲡⲟⲟⲩ· ϩⲙ̄ ⲡⲉⲕⲛⲟϭ ⲛ̄ ϣⲁ·
ⲉ ⲧⲣⲉⲕⲡⲣⲉⲥⲃⲉⲩⲉ ϩⲁ ⲣⲟⲛ· ⲛ̄ ⲛⲁϩⲣⲙ̄ ⲡⲛⲟⲩⲧⲉ· ⲡⲉⲓⲱⲧ
ⲛϥϣⲱⲡ ⲉ ⲣⲟϥ· ⲛ̄ ⲧⲡ̄ⲡⲣⲟϩⲁⲓⲣⲉ[ⲥⲓⲥ] ⲉⲧ ⲡ̄ⲉⲓⲛⲉ· ⲙ̄ⲙⲟⲥ
ⲛⲁϥ· ϩⲙ̄ ⲡⲕ[ⲣ̄ ⲡⲙ]ⲉⲉⲩⲉ ⲉⲧ ⲟⲩⲁⲁⲃ· ⲱ̄ ⲡⲛⲟϭ ⲙ̄
ⲡⲣⲟⲥⲧⲁⲧⲏⲥ· ⲙⲓⲭⲁⲏⲗ· ⲥⲟⲡⲥ̄ ⲉ ϫⲱⲛ· ⲛ̄ ⲛⲁϩⲣⲙ̄
ⲡⲛⲟⲩⲧⲉ ⲉ ⲧⲣ ⲡ̄ⲙⲟⲟϣⲉ· ϩⲙ̄ ⲡⲉⲧ ⲉⲣⲁⲛⲁϥ ⲛ̄ ⲟⲩ | ⲟⲉⲓϣ Fol. 49 *a*
ⲛⲓⲙ· ⲛϥⲧⲟⲩϫⲟⲛ ⲉ ⲃⲟⲗ ϩⲛ̄ ⲛ̄ϭⲟⲣϭⲥ̄ ⲙ̄ ⲡⲇⲓⲁⲃⲟⲩⲗⲟⲥ· ϥⲉ̄

ⲧⲁⲡⲣⲟ· ⲡ̄ⲑⲉ ⲛ̄ ⲟⲩⲉⲃⲓⲱ̄ ⲉϥϩⲛ̄ ⲣⲱⲓ· | ⲉⲣⲉ ⲡⲉⲕⲣⲁⲛ ⲉⲧ Oriental 6781.
ⲟⲩⲁⲁⲃ ⲱ̄ ⲡⲁⲣⲭⲁⲅⲅⲉⲗⲟⲥ ⲙⲓⲭⲁⲏⲗ̄ ⲟ̄ ⲛⲁⲓ ⲛ̄ ⲥⲧⲟⲗⲏ· Fol. 29 *b*
ϩⲛ̄ ⲧⲁ ϭⲓⲛϩⲉ· ⲙⲛ̄ ϭⲓⲛⲧⲱⲟⲩⲛ· ⲱ̄ ⲡⲁⲣⲭⲁⲅⲅⲉⲗⲟⲥ ⲉⲧ ⲟ̄
ⲟⲩⲁⲁⲃ ⲙⲓⲭⲁⲏⲗ̄ ⲛ̄ⲧⲁ ⲡⲅⲉⲛⲟⲥ ⲉⲛ ⲁⲇⲁⲙ ϭⲛ̄ ⲡⲁⲣ-
ⲣⲏⲥⲓⲁ̄ ⲛ̄ ⲛⲁϩⲣⲙ̄ ⲡⲛⲟⲩⲧⲉ ⲉ ⲧⲃⲏⲏⲧⲕ̄· ⲱ̄ ⲡⲁⲣⲭⲁⲅⲅⲉ-
ⲗⲟⲥ ⲉⲧ ⲟⲩⲁⲁⲃ· ⲱ̄ ⲙⲓⲭⲁⲏⲗ ⲉⲣⲉ ⲛⲉⲛⲥⲧⲉ ⲛⲟⲩϥⲉ ⲙⲛ̄
ⲛⲉⲛϣⲗⲏⲗ ⲃⲏⲕ ⲉ ϩⲣⲁⲓ ϣⲁ ⲡⲛⲟⲩⲧⲉ ⲉ ⲧⲃⲏⲏⲧⲕ̄· Ⲱ ⲙⲓ-
ⲭⲁⲏⲗ ⲡⲁⲣⲭⲁⲅⲅⲉⲗⲟⲥ ⲉⲧ ⲟⲩⲁⲁⲃ· ⲛ̄ⲧⲟⲕ ⲡⲉⲧ ϥⲓ ⲉ
ϩⲣⲁⲓ ϣⲁ ⲡⲛⲟⲩⲧⲉ ϣⲁⲛⲧ ⲉϥϣⲡ̄ϩⲧⲏϥ ϩⲁ ⲣⲟⲛ· ⲉⲥⲉ-
ϣⲱⲡⲉ ⲟⲛ ⲙ̄ⲡⲟⲟⲩ ϩⲙ̄ ⲡⲉⲕⲛⲟϭ ⲛ̄ ϣⲁ̄· ⲉ̄ ⲧⲣⲉⲕⲡⲣⲉⲥ-
ⲃⲉⲩⲉ ϩⲁ ⲣⲟⲛ ⲛ̄ ⲛⲁϩⲣⲛ̄ ⲡⲛⲟⲩⲧⲉ ⲡⲉⲓⲱ̄ⲧ ⲛϥϣⲱⲡ ⲉ̄ ⲣⲟϥ
ⲛ̄ ⲧⲡ̄ⲡⲣⲟϩⲉⲣⲁⲓⲥⲓⲥ (*sic*) · ⲉⲧ ⲡ̄ⲉⲓⲛⲉ ⲙ̄ⲙⲟⲥ ⲛⲁⲕ ϩⲙ̄ ⲡⲉⲕⲣ̄
ⲡⲙⲉⲉⲩⲉ ⲉⲧ ⲟⲩⲁⲁⲃ· Ⲱ ⲡⲛⲟϭ ⲙ̄ ⲡⲣⲟⲥⲧⲁⲧⲏⲥ ⲙⲓⲭⲁⲏⲗ̄
ⲥⲟⲡⲥ̄ ⲉ ϫⲱⲛ ⲛ̄ ⲛⲁϩⲣⲛ̄ ⲡⲛⲟⲩⲧⲉ· ⲛϥϯⲑⲉ ⲛⲁⲛ ⲉ ⲧⲣⲉⲛ-
ⲙⲟⲟϣⲉ ϩⲙ̄ ⲡⲉⲧ ⲣ̄ⲁⲛⲁϥ ⲧⲏⲣⲛ̄ ⲛϥⲧⲟⲩϫⲟⲛ ⲉ̄ ⲃⲟⲗ ϩⲛ̄

Oriental 7021.

ⲛϥⲧⲁϩⲉⲛ ⲛⲁϥ ⲉ ⲣⲁⲧϥ̄· ⲛ̄ ⲟⲩⲙⲛ̄ⲧⲉⲣⲟ· ⲙⲛ̄ ⲟⲩⲙⲛ̄ⲧⲟⲩⲏⲏⲃ· ⲟⲩϩⲉⲑⲛⲟⲥ ⲉϥⲟⲩⲁⲁⲃ· ⲟⲩⲗⲁⲟⲥ ⲉ ⲡⲱⲛϩ̄· ϩⲓⲧⲛ̄ ⲛ̄ⲧⲱⲃϩ̄ ⲉⲧ ϥ̄ⲉⲓⲣⲉ ⲙ̄ⲙⲟⲟⲩ· ϩⲁ ⲣⲟⲛ· ⲛ̄ϭⲓ ⲡⲛⲟϭ ⲛ̄ ⲁⲣⲭⲁⲅⲅⲉⲗⲟⲥ ⲉⲧ ⲟⲩⲁⲁⲃ· ⲙⲓⲭⲁⲏⲗ· ⲡⲁⲓ ⲉⲧ ⲛ̄ⲣ̄ ϣⲁ ⲛⲁϥ ⲙ̄ⲡⲟⲟⲩ· ⲙⲛ̄ ⲛⲉⲡⲣⲉⲥⲃⲓⲁ· ⲉⲧ ⲉⲥⲉⲓⲣⲉ ⲙ̄ⲙⲟⲟⲩ ϩⲁ ⲣⲟⲛ· ⲛ̄ϭⲓ ⲧⲛ̄ϫⲥ· ⲧⲏⲣⲛ̄ ⲧⲉ ⲑⲉⲟⲧⲟⲕⲟⲥ ⲉⲧ ⲟⲩⲁⲁⲃ ⲑⲁⲅⲓⲁ ⲙⲁⲣⲓⲁ· ⲧⲣⲉϥϫⲡⲉ ⲡⲛⲟⲩⲧⲉ· ϩⲛ̄ ⲟⲩⲙⲉ· ⲙⲛ̄ ⲛ̄ⲧⲱⲃϩ̄ ⲛ̄ ⲡϥ̄ⲕⲉ ϣⲃⲏⲣ· ⲁⲣⲭⲁⲅⲅⲉⲗⲟⲥ ⲅⲁⲃⲣⲓⲏⲗ· ⲡϥⲁⲓ ϣⲙ̄ ⲛⲟⲩϥⲉ· ⲛ̄ⲛⲓⲁⲓⲱⲛ ⲙ̄ ⲡⲟⲩⲟⲉⲓⲛ· ϩⲓⲧⲛ̄ ⲧⲉⲭⲁⲣⲓⲥ ⲙⲛ̄ ⲧⲙⲛ̄ⲧⲙⲁⲓ ⲣⲱⲙⲉ· ⲙ̄ ⲡⲛ̄ϫ̄ⲥ̄ ⲓ̄ⲥ̄ ⲡⲉⲭ̄ⲥ̄· ⲡⲁⲓ ⲉ ⲃⲟⲗ ϩⲓ ⲧⲟⲟⲧϥ̄· ⲡⲉⲟⲟⲩ ⲛⲁϥ· ⲙⲛ̄ ⲡⲉϥⲉⲓⲱⲧ ⲛ̄ ⲁⲅⲁⲑⲱⲥ· ⲙⲛ̄ ⲡⲉⲡⲛ̄ⲁ̄ ⲉⲧ ⲟⲩⲁⲁⲃ· ⲛ̄ ⲣϥ̄ⲧⲁⲛ̄ϩⲟ· ⲁⲩⲱ ⲛ̄ ϩⲟⲙⲟⲟⲩⲥⲓⲟⲛ· ⲧⲉⲛⲟⲩ ⲁⲩⲱ ⲛ̄ ⲟⲩⲟⲉⲓϣ ⲛⲓⲙ· ϣⲁ ⲉⲛⲉϩ· ϥ̄ⲑ̄·

Oriental 6781.

ⲛ̄ϭⲟⲣϭⲥ̄ ⲙ̄ ⲡⲇⲓⲁⲃⲟⲗⲟⲥ· ⲛϥⲧⲁϩⲟⲛ ⲛⲁϥ ⲉ ⲣⲁⲧϥ̄· ⲛ̄ ⲟⲩⲙⲛ̄ⲧⲉⲣⲟ ⲙⲛ̄ ⲟⲩⲙⲛ̄ⲧⲟⲩⲏⲏⲃ ⲟⲩϩⲉⲑⲛⲟⲥ ⲉϥⲟⲩⲁⲁⲃ· ⲟⲩⲗⲁⲟⲥ ⲉ ⲡⲱⲛϩ̄· ϩⲓⲧⲛ̄ ⲛ̄ⲧⲱⲃϩ̄ ⲉⲧ ⲉϥⲉⲓⲣⲉ ⲙ̄ⲙⲟⲟⲩ ϩⲁ ⲣⲟⲛ ⲛ̄ϭⲓ ⲡⲛⲟϭ ⲛ̄ ⲁⲣⲭⲁⲅⲅⲉⲗⲟⲥ ⲡⲁⲓ ⲉⲧ ⲛ̄ⲣ̄ ϣⲁ ⲛⲁϥ ⲙ̄ⲡⲟⲟⲩ· ⲙⲛ̄ ⲛⲉⲡⲣⲉⲥⲃⲓⲁ̄ ⲛ̄ⲧⲛ̄ϫⲟⲉⲓⲥ ⲧⲏⲣⲛ̄ ⲧⲉ ⲑⲉⲱ̄ⲇⲱⲕⲟⲥ ⲉⲧ ⲟⲩⲁⲁⲃ ⲙⲁⲣⲓⲁ· ⲙⲛ̄ ⲛ̄ⲧⲱⲃϩ̄ ⲙ̄ ⲡⲁⲣⲭⲁⲅⲅⲉⲗⲟⲥ ⲉ̄ⲧ ⲟⲩⲁⲁⲃ ⲅⲁⲃⲣⲓⲏⲗ ⲡϥⲁⲓ ϣⲙ̄ ⲛⲟⲩϥⲉ ⲛ̄ⲛⲓⲁⲓⲱⲛ ⲙ̄ ⲡⲟⲩⲟⲉⲓⲛ ϩⲓⲧⲛ̄ ⲧⲉⲭⲁⲣⲓⲥ ⲙⲛ̄ ⲧⲙⲛ̄ⲧⲙⲁⲓ ⲣⲱⲙⲉ ⲙ̄ ⲡⲉⲛϫ̄ⲥ̄ ⲓ̄ⲥ̄ ⲡⲉⲭ̄ⲥ̄ ⲡⲉⲟⲟⲩ ⲛⲁϥ ⲙⲛ̄ ⲡⲉϥⲉⲓⲱⲧ ⲛ̄ ⲁⲅⲁⲑⲟⲥ ⲙⲛ̄ ⲡⲉⲡⲛ̄ⲁ̄ ⲉⲧ ⲟⲩⲁⲁⲃ ⲛ̄ ⲣⲉϥⲧⲁⲛ̄ϩⲟ ⲁⲩⲱ ⲛ̄ ϩⲟⲙ̄ⲟⲟⲩⲥⲓⲟⲛ̄ ⲧⲉⲛⲟⲩ· ⲁⲩⲱ ⲛ̄ ⲟⲩⲟ̄ⲉⲓϣ ⲛⲓⲙ ϣⲁ ⲉ̄ⲛⲉϩ ⲛ̄ⲉⲛⲉϩ ϩⲁⲙⲏⲛ̄·

COLOPHON

εγραψε μηνη επηφ ι̅θ̅ *ινδ* ι̅ε̅ . . . .
απο των αγιω̄ μαρτ †π *ετου* . . . .

✠ ϩⲓⲧⲛ̄ ⲇⲉ ⲥⲡⲟⲇⲏ (*sic*) · ⲙⲛ̄ ⲧⲙⲛ̄ⲧϥⲁⲓⲣⲟⲟⲩϣ · ⲙ̄ Oriental 7021. Fol. 49 *b*
ⲡⲉⲛⲙⲁⲓ ⲛⲟⲩⲧⲉ ⲛ̄ ⲥⲟⲛ · ⲉⲧ ⲧⲁⲓⲏⲩ · ⲥⲓⲣⲏ ⲡϣⲏⲣⲉ ·
ⲙ̄ ⲡⲙⲁⲕⲁⲣⲓⲥ ⲡϩⲏⲩ · ⲡⲁⲓ ⲉⲧ ϣⲟⲟⲡ · ϩⲛ̄ ⲧⲡⲉⲇⲓⲁⲥ ϥ̄ⲉ̄
ⲧⲁⲣⲏⲥ · ⲛ̄ ⲧⲡⲟⲗⲓⲥ ⲥⲛⲏ · ϩⲙ̄ ⲡ†ⲙⲏ · ⲉⲧⲟⲩⲙⲟⲩⲧⲉ
ⲉ ⲣⲟϥ · ϫⲉ ⲡⲕⲟⲩⲣⲟⲥⲏ · ⲁϥⲥⲙⲛ̄ ⲙ̄ ⲡⲉⲓ ϫⲱⲱⲙⲉ
ϩⲛ̄ ⲛⲉϥϩⲓⲥⲉ ⲙ̄ⲙⲓⲛ ⲙ̄ⲙⲟϥ · ⲁϥⲇⲱⲣⲓ̈ⲍⲉ ⲙ̄ⲙⲟϥ
ⲉ ϩⲟⲩⲛ · ⲉ ⲡⲧⲟⲡⲟⲥ ⲙ̄ ⲡⲁⲣⲭⲁⲅⲅⲉⲗⲟⲥ ⲉⲧ ⲟⲩⲁⲁⲃ
ⲙⲓⲭⲁⲏⲗ · ϩⲙ̄ ⲡⲧⲟϣ ⲛ̄ ⲧⲃⲱ · ϩⲁ ⲡⲟⲩϫⲁⲓ ⲛ̄ ⲧⲉϥⲯⲩⲭⲏ ·
ϫⲉ ⲕⲁⲥ · ⲉⲣⲉ ⲡⲛⲟⲩⲧⲉ ⲙ̄ ⲡⲁⲣⲭⲁⲅⲅⲉⲗⲟⲥ ⲙⲓⲭⲁⲏⲗ
ⲛⲁⲥⲙⲟⲩ ⲉ ⲣⲟϥ · ⲙⲛ̄ ⲧⲉϥⲥϩⲓⲙⲉ · ⲙⲛ̄ ⲛⲉϥϣⲏⲣⲉ · ⲙⲛ̄
ⲛⲉϥⲧⲃ̄ⲛⲟⲟⲩⲉ · ⲙⲛ̄ ⲛ̄ⲕⲁ ⲛⲓⲙ ⲉⲧ ϣⲟⲟⲡ ⲛⲁϥ · ⲉϥϣⲁⲛⲉⲓ
ⲇⲉ ⲟⲛ ⲉ ⲃⲟⲗ ϩⲛ̄ ⲥⲱⲙⲁ · ⲉϥⲉⲣ̄ ⲙⲉϣⲁ ⲛ̄ ⲥⲱⲧⲙ̄ ⲉ ⲧⲉⲥⲙⲏ
ⲉⲥ ⲙⲉϩ ⲛ̄ ⲣⲁϣⲉ ϫⲉ ⲁⲙⲏⲓⲧⲛ̄ [ⲛⲉⲧⲥⲙⲁ]ⲙⲁⲁⲧ ⲛ̄ⲧⲉ ⲡⲁ
ⲉⲓⲱⲧ · ⲛ̄ⲧⲉⲧⲛ̄ [ⲕⲗⲏ]ⲣⲟⲛⲟⲙⲉⲓ ⲛ †ⲙⲛ̄ⲧⲉⲣⲟ ⲛ̄ ⲧⲁⲩ[ⲥⲃ̄-
ⲧⲱⲧⲥ̄] ⲛⲏⲧⲛ̄ ϫⲓⲛ ⲧⲕⲁⲧⲁⲃⲟⲗⲏ ⲙ̄ ⲡⲕⲟⲥⲙⲟⲥ · ϩⲁⲙⲏⲛ ·
ⲉⲥⲉϣⲱⲡⲉ

[The following is to be read at the time of lamp-lighting at the festival of Saint Michael.]

Oriental 6781.

Fol. 30 a ⲟ̄ⲁ̄

ⲠⲖⲀⲠⲈ ⲤⲞⲨ ⲒⲂ ⲠⲀⲨⲬⲎⲚⲒⲔⲞⲚ Ⲙ̄ ⲠⲀⲢⲬⲀⲄⲄⲈⲖⲞⲤ ⲘⲒ̈ⲬⲀⲎⲖ ⲠⲈⲨⲀⲄⲄⲈⲖⲒⲞⲚ Ⲛ̄ ⲔⲀⲦⲀ ⲘⲀⲐⲐⲀⲒⲞⲤ· (xxiv. 24–37)

Ⲥⲉⲛⲁⲧⲱⲟⲩⲛ ⲅⲁⲣ ⲛ̄ϭⲓ ϩⲉⲛⲭ︦ⲣ︦ⲥ︦ ⲛ̄ⲛⲟⲩϫ· ⲙⲛ̄ ϩⲉⲛⲡⲣⲟⲫⲏⲧⲏⲥ ⲛ̄ⲛⲟⲩϫ· ⲛ̄ⲥⲉϯ ⲛ̄ϩⲉⲛⲛⲟϭ ⲙ̄ⲙⲁⲉⲓⲛ· ⲙⲛ̄ ϩⲉⲛϣⲡⲏⲣⲉ ϩⲱⲥ ⲇⲉ ⲉⲛⲉⲟⲩϣϭⲟⲙ ⲉ ⲡⲗⲁⲛⲁ ⲛ̄ⲛⲁⲕⲉⲥⲱⲧⲡ̄· ⲉⲓⲥ ϩⲏⲏⲧⲉ ⲁⲓϣⲉⲣⲡ̄ ϫⲟⲟⲩ ⲛⲏⲧⲛ̄· ⲉϣⲱⲡⲉ ϭⲉ ⲉⲩϣⲁⲛϫⲟⲟⲥ ⲛⲏⲧⲛ̄ ϫⲉ ⲉⲓⲥ ϩⲏⲏⲧⲉ ⲉϥϩⲙ̄ ⲡϫⲁⲓⲉ· ⲙ̄ⲡⲣ̄ ⲉⲓ ⲉ ⲃⲟⲗ· ⲉⲓⲥ ϩⲏⲏⲧⲉ ⲉϥϩⲛ̄ ⲛ̄ⲧⲁⲙⲓⲟⲛ· ⲙ̄ⲡⲣ̄ ⲡⲓⲥⲧⲉⲩⲉ̄ ⲛ̄ⲑⲉ ⲅⲁⲣ ⲙ̄ ⲡⲉⲃⲣⲏϭⲉ ⲉϣⲁⲥⲉⲓ ⲉ̄ ⲃⲟⲗ ϩⲛ̄ ⲙ̄ ⲙⲁ ⲛ̄ ϣⲁ̄· ⲛⲥⲣ̄ ⲟⲩⲟⲉⲓⲛ ϣⲁ ⲙ̄ ⲙⲁ ⲛ̄ ϩⲱⲧⲡ̄· ⲧⲁⲓ ⲧⲉ ⲑⲉ ⲉⲧ ⲛⲁϣⲱⲡⲉ ⲙ̄ ⲡϣⲏⲣⲉ· ⲙ̄ ⲡⲣⲱⲙⲉ· ⲡⲙⲁ ⲉⲧ ⲉⲣⲉ ⲡⲥⲱⲙⲁ ⲛⲁϣⲱⲡⲉ ⲙ̄ⲙⲟϥ· ⲉⲩⲛⲁⲥⲱⲟⲩϩ ⲉ ⲣⲟϥ ⲛ̄ϭⲓ ⲛⲁⲉⲓⲧⲟⲥ· Ⲛ̄ⲧⲉⲩⲛⲟⲩ ⲇⲉ ⲙⲛ̄ⲛ̄ⲥⲁ ⲧⲉⲑⲗⲓⲯⲓⲥ ⲙ̄ ⲡⲉϩⲟⲟⲩ ⲉⲧ ⲙ̄ⲙⲁⲩ· ⲡⲣⲏ ⲛⲁⲣ̄ ⲕⲁⲕⲉ· ⲁⲩⲱ ⲡⲟⲟϩ ⲛⲁϯ ⲁⲛ ⲙ̄ ⲡⲉϥⲟⲩⲟⲉⲓⲛ· ⲛ̄ⲥⲓⲟⲩ ⲥⲉⲛⲁϩⲉ ⲉ ⲃⲟⲗ· ⲛ̄ϭⲟⲙ ⲛ̄ ⲙ̄ⲡⲏⲩⲉ̄ ⲥⲉⲛⲁⲛⲟ̄ⲉⲓⲛ· ⲧⲟⲧⲉ ϥⲛⲁⲟⲩⲱⲛϩ̄ ⲉ ⲃⲟⲗ ⲛ̄ϭⲓ ⲡⲙⲁⲉⲓⲛ· ⲙ̄ ⲡϣⲏⲣⲉ ⲙ̄ ⲡⲣⲱⲙⲉ ⲉ ⲃⲟⲗ· ϩⲛ̄ ⲧⲡⲉ· ⲁⲩⲱ ⲧⲟⲧⲉ ⲥⲉⲛⲁⲛⲁⲩ ⲛ̄ϭⲓ ⲛⲉⲫⲩⲗⲏ ⲧⲏⲣⲟⲩ ⲙ̄ ⲡⲕⲁϩ· ⲛ̄ⲥⲉⲛⲁⲩ ⲉ̄ ⲡϣⲏⲣⲉ ⲙ̄ ⲡⲣⲱⲙⲉ ⲉϥⲛⲏⲩ ⲉ ϩⲣⲁⲓ ϩⲓϫⲛ̄ ⲛⲉⲕⲗⲟⲟⲗⲉ ⲛ̄ ⲧⲡⲉ̄· ⲙⲛ̄ ⲟⲩϭⲟⲙ· ⲁⲩⲱ ⲟⲩⲉⲟ̄ⲟⲩ ⲉ̄ⲛⲁϣⲱϥ· ⲛϥ̄ϫⲟⲟⲩ ⲉ ⲃⲟⲗ ⲛ̄ⲛⲁⲅⲅⲉⲗⲟⲥ· ⲙⲛ̄ ⲟⲩⲛⲟϭ ⲛ̄ϩⲣⲟⲟⲩ ⲛ̄ ⲥⲁⲗⲡⲓ̈ⲅ︦ⲝ︦· ⲛ̄ⲥⲉⲥⲱⲟⲩϩ ⲉ̄ ϩⲟⲩⲛ ⲛ̄ ⲛⲉϥⲥⲱⲧⲡ̄ ⲉ ⲃⲟⲗ ϩⲙ̄ ⲡⲉϥⲧⲟⲟⲩ

Fol. 30 b ⲟ̄ⲃ̄

ⲛ̄ⲧⲏⲩ· ⲁⲩⲱ ϫⲓⲛ ⲁⲣⲏϫ ⲛ̄ ⲟⲩ· ⲛ̄ ⲙ̄ⲡⲏⲩⲉ̄· ϣⲁ ⲁⲣⲏ|ϫ ⲛ̄ ⲟⲩ· ⲉ ⲃⲟⲗ ϩⲛ̄ ⲧⲃⲱ ⲛ̄ ⲕⲛ̄ⲧⲉ· ⲉⲓⲙⲉ ⲉ ⲧⲡⲁⲣⲁⲃⲟⲗⲏ· ⲛ̄ⲑⲉ ⲅⲁⲣ ⲉⲣϣⲁⲛ ⲡⲉϭⲗⲁⲇⲟⲥ ϣⲱⲡⲉ ⲉϥⲗⲏϭ· ⲁⲩⲱ ⲛ̄ⲧⲉⲛ̄ϭⲱⲃ ⲉ ϯ ⲱ̄ⲱ̄· ϣⲁ ⲧⲉⲧⲛ̄ⲉⲓⲙⲉ ϫⲉ ⲁϥϩⲱⲛ ⲉ ϩⲟⲩⲛ ⲛ̄ϭⲓ ⲡϣⲱⲙ· ⲧⲁⲓ ϩⲱⲱⲧ ⲧⲏⲩⲧⲛ̄ ⲧⲉⲧⲛ̄ϩⲉ· ϩⲟⲧⲁⲛ ⲉ̄ⲧⲉⲧⲛ̄-

ϣⲁⲛⲛⲁⲩ ⲉ ⲛⲁⲓ ⲧⲏⲣⲟⲩ· ⲉⲓⲙⲉ ϫⲉ ⲁϥϩⲱⲛ ⲉ ϩⲟⲩⲛ ⲉ̄ⲣⲡ̄ⲡⲣⲟ· ϩⲁⲙⲏⲛ ϯϫⲱ ⲙ̄ⲙⲟⲥ ⲛⲏⲧⲛ̄ ϫⲉ ⲛⲉ ⲧⲉⲓ ⲅⲉⲛⲓⲁ̄ ⲟⲩⲉⲓⲛⲉ ⲙ̄ⲡⲉ ⲛⲁⲓ ⲧⲏⲣⲟⲩ ϣⲱⲡⲉ· ⲧⲡⲉ ⲙⲛ̄ ⲡⲕⲁϩ ⲛⲁⲡⲁⲣⲁⲅⲉ· ⲛⲁϣⲁϫⲉ ϭⲉ ⲛⲁⲡⲁⲣⲁⲅⲉ ⲁⲛ· ⲉ ⲧⲃⲉ ⲡⲉϩⲟⲟⲩ ⲇⲉ· ⲙⲛ̄ ⲧⲉⲩⲛⲟⲩ ⲉ̄ⲧ ⲙ̄ⲙⲁⲩ· ⲙⲛ̄ ⲗⲁⲁⲩ ⲥⲟⲟⲩⲛ ⲟⲩⲇⲉ ⲛ̄ⲁⲅⲅⲉⲗⲟⲥ ⲉⲧ ϩⲛ̄ ⲙ̄ⲡⲏⲩⲉ· ⲉⲓ ⲙⲏ ⲧⲉⲓ ⲉ ⲡⲉⲓⲱⲧ ⲙⲁⲩⲁⲁϥ· ⲛ̄ⲑⲉ ⲅⲁⲣ ⲛ̄ ⲛⲉϩⲟⲟⲩ ⲛ̄ ⲛⲱϩⲉ· ⲧⲁⲓ ⲧⲉ ⲑⲉ ⲉⲧ ⲉⲥⲛⲁϣⲱ ⲙ̄ⲙⲟⲥ· ⲛ̄ϭⲓ ⲧⲡⲁⲣⲟⲩⲥⲓⲁ ⲙ̄ ⲡⲉϣⲏⲣⲉ ⲙ̄ ⲡⲣⲱⲙⲉ·

[The following is to be read at dawn on the day of the festival of Saint Michael.]

Ⲟ̄ⲘⲀⲒⲞⲤ ⲠⲞⲢⲐⲢⲒⲚⲞⲚ· ⲞⲚ ⲠⲈⲨⲀⲄⲄⲈⲖⲒⲞⲚ Ⲛ̄ ⲔⲀⲦⲀ ⲘⲀⲐⲐⲀⲒⲞⲤ· (xiii. 43–52)

Ⲧⲟⲧⲉ ⲛ̄ⲇⲓⲕⲁⲓⲟⲥ ⲥⲉⲛⲁⲣ̄ ⲟⲩⲉⲓⲛ ⲛ̄ⲑⲉ ⲙ̄ ⲡⲣⲏ ϩⲛ̄ ⲧⲙⲛ̄ⲧⲉⲣⲟ ⲙ̄ ⲡⲉⲩⲉⲓⲱⲧ· ⲡⲉⲧⲉ ⲟⲩⲛ̄ⲧⲁϥ ⲙⲁⲁϫⲉ ⲙ̄ⲙⲁⲩ ⲉ ⲥⲱⲧⲙ̄ ⲙⲁⲣⲉϥⲥⲱⲧⲙ̄· ⲉⲥⲧⲛ̄ⲧⲱⲛ ⲛ̄ϭⲓ ⲧⲙⲛ̄ⲧⲉⲣⲟ ⲛ̄ ⲙ̄ⲡⲏⲩⲉ ⲉⲩⲁ̄ϩⲟ ⲉϥϩⲏⲡ ϩⲛ̄ ⲧⲥⲱϣⲉ· ⲡⲁⲓ ⲛ̄ⲧⲁ ⲟⲩⲣⲱⲙⲉ ϩⲉ ⲉ ⲣⲟϥ ⲁϥϩⲟⲡϥ̄ :—ⲁⲩⲱ ⲉ ⲃⲟⲗ ⲙ̄ ⲡⲉϥⲣⲁϣⲉ ϣⲁϥⲃⲱⲕ· ⲛϥ̄ϯ ⲉ ⲃⲟⲗ ⲛ̄ ⲛ̄ⲕⲁ ⲛⲓⲙ ⲉ̄ⲧ ⲛ̄ⲧⲁϥ· ⲛϥ̄ϣⲱⲡ ⲛ̄ ⲧⲥⲱϣⲉ ⲉⲧ ⲙ̄ⲙⲁⲩ· Ⲡⲁⲗⲓⲛ ⲟⲛ ⲉⲥⲧⲛ̄ⲧⲱⲛ ⲛ̄ϭⲓ ⲧⲙⲛ̄ⲧⲉⲣⲟ ⲛ̄ ⲙ̄ⲡⲏⲩⲉ :—ⲉⲩⲣⲱⲙⲉ ⲉⲛⲉϣⲱⲱⲧ ⲉϥϣⲓⲛⲉ ⲛ̄ⲥⲁ ϩⲉⲛⲉⲓⲛⲉ ⲙ̄ⲙⲉ ⲉⲛⲁⲛⲟⲩ· ⲛ̄ ⲧⲉⲣⲉ ϥϩⲉ ⲇⲉ ⲉⲩⲱ̄ⲛⲉ ⲙ̄ ⲙⲉ ⲉⲛⲁϣⲉ ⲥⲟⲩⲛ̄ⲧϥ̄· ⲁϥⲃⲱⲕ ⲁϥϯ ⲉ ⲃⲟⲗ ⲛ̄ⲛ̄ⲕⲁ ⲛⲓⲙ ⲉⲧ ⲛ̄ⲧⲁϥ· ⲁϥ|ϣⲟⲡϥ̄ ⲛⲁϥ· ⲧⲙⲛ̄ⲧⲉⲣⲟ ⲛ̄ ⲙ̄ⲡⲏⲩⲉ ⲉⲥⲧⲛ̄- Fol. 31 *a*
ⲧⲱⲛ ⲉⲩⲁ̄ⲃⲱ· ⲉ̄ ⲁⲩⲛⲟϫⲥ̄ ⲉ ⲑⲁⲗⲗⲁⲥⲥⲁ ⲁⲥⲥⲱⲟⲩϩ ⲉ ⲟ̄ⲅ̄
ϩⲟⲩⲛ ⲛ̄ⲅⲉⲛⲟⲥ ⲛⲓⲙ ⲛ̄ⲧⲃ̄ⲧ· ⲧⲁⲓ ⲇⲉ ⲛ̄ ⲧⲉⲣⲉ ⲥⲙⲟⲩϩ· ⲁⲩⲉⲓⲛⲉ ⲙ̄ⲙⲟⲥ ⲉ ϩⲣⲁⲓ· ⲁⲩϩⲙⲟⲟⲥ ϩⲓ ⲡⲉⲕⲣⲟ· ⲁⲩⲕⲱⲧϥ̄ ⲛ̄ ⲛⲉⲧ ⲛⲁⲛⲟⲩ ⲉⲛⲉⲩϩⲛⲁⲩ ⲛⲉⲑⲟⲟⲩ ⲇⲉ ⲁⲩⲛⲟϫⲟⲩ ⲉ ⲃⲟⲗ· ⲧⲁⲓ ⲧⲉ ⲑⲉ ⲉⲧⲛⲁϣⲱⲡⲉ ϩⲣⲁⲓ ϩⲛ̄ ⲧⲥⲩⲛ̄ⲧⲉⲗⲓⲁ̄ ⲙ̄ ⲡⲁⲓⲱⲛ· ⲥⲉⲛⲏⲩ ⲉ ⲃⲟⲗ ⲛ̄ϭⲓ ⲛ̄ⲁⲅⲅⲉⲗⲟⲥ·

ⲛ̄ⲥⲉⲡⲱⲣϫ̄ ⲉ ⲃⲟⲗ ⲛ̄ⲙ̄ⲡⲟⲛⲏⲣⲟⲥ ⲛ̄ ⲧⲙⲏⲏⲧⲉ ⲛ̄ⲛ̄ⲇⲓ̈ⲕⲁⲓⲟⲥ · ⲛ̄ⲥⲉⲛⲟⲩϫ̄ ⲙ̄ⲙⲟⲟⲩ ⲉ̄ ϩⲣⲁⲓ ⲉ ⲧⲉϩⲣⲱ ⲛ̄ ⲥⲁⲧⲉ · ϥⲛⲁϣⲱⲡⲉ ⲙ̄ⲙⲁⲩ ⲛ̄ϭⲓ ⲡⲣⲓⲙⲉ · ⲁⲩⲱ ⲡϭⲁϩϭⲉϩ ⲛ̄ⲛⲟⲃϩⲉ · ⲁ̄ⲧⲉⲧⲛ̄ⲛⲟⲓ ⲛ̄ⲛⲁⲓ ⲧⲏⲣⲟⲩ · ⲡⲉϫⲁⲩ ⲛⲁϥ · ϫⲉ ⲉ̄ϩⲉ ⲡϫⲟⲉⲓⲥ · Ⲡⲉϫⲁϥ ⲛⲁⲩ ϫⲉ ⲉ ⲧⲃⲉ ⲛⲁⲓ ⲅⲣⲁⲙⲙⲁⲧⲉⲩⲥ̄ ⲛⲓⲙ · ⲉ ⲁϥϫⲓ ⲥⲃⲱ ⲉ ⲧⲙⲛ̄ⲧⲉⲣⲟ ⲛ̄ ⲙ̄ⲡⲏⲩⲉ ⲉϥⲧⲛ̄ⲧⲱⲛ ⲉⲩⲣⲱⲙⲉ ⲛ̄ ⲣⲙ̄ⲙⲁⲟ̄ · ⲡⲁⲓ ⲉⲧ ⲛⲟⲩϫ ⲉ ⲃⲟⲗ · ϩⲙ̄ ⲡⲉϥⲁϩⲟ · ⲛ̄ ϩⲉⲛⲃⲣ̄ⲣⲉ ⲙⲛ̄ ϩⲉⲛⲁⲁⲥ :—

———•••———•••———•••———•••———

[The following is to be read at the 'setting ready' on the day of the festival of Saint Michael.]

ⲠⲀⲀⲚⲈ ⲤⲞⲨ ⲒⲂ̄ ⲠⲈϨⲞⲞⲨ Ⲛ̄ ⲠⲀⲢⲬⲀⲄⲄⲈⲖⲞⲤ ⲈⲦ ⲞⲨⲀⲀⲂ ⲘⲒⲬⲀⲎⲖ ⲠⲈⲠⲢⲞⲔⲒⲘⲈⲚⲞⲚ · (Ps. lxviii. 11–28)

———•••———•••———•••———•••———

Ⲡϫⲟⲉⲓⲥ ⲛⲁϯ ⲛ̄ ⲟⲩϣⲁϫⲉ ⲛ̄ ⲛⲉⲧ ⲉⲩⲁⲅⲅⲉⲗⲓⲍⲉ · ϩⲛ̄ ⲧϭⲟⲙ ⲉⲧ ⲛⲁϣⲱⲥ ⲡ̄ⲣⲣⲟ ⲛ ⲛ̄ϭⲟⲙ ⲡⲙⲉⲣⲓⲧ · ⲁⲩⲱ ⲡⲥⲁ ⲙ̄ ⲡⲁⲓ ⲉ ⲡⲱϣ ⲛ̄ϩⲉⲛϣⲱⲗ · ⲉⲣϣⲁⲛ ⲧⲉⲧⲛ̄ⲛ̄ⲕⲟⲧⲕ̄ ⲛ̄ ⲧⲙⲏⲏⲧⲉ ⲛ̄ ⲛⲉⲕⲗⲏⲣⲟⲥ · ϩⲛ̄ ϩⲉⲛⲧⲛϩ̄ ⲛ̄ϭⲣⲟⲙⲡⲉ ⲉⲩⲗⲁⲗⲱⲟⲩ ⲛ̄ϩⲁⲧ · ⲁⲩⲱ ⲡⲕⲱⲧⲉ ⲛ̄ ⲛⲉⲥⲛⲁϩⲃ̄ · ϩⲙ̄ ⲡⲟⲩⲟ̄ⲧⲟⲩⲉⲧ · ⲙ̄ ⲡⲛⲟⲩⲃ · ⲇⲓⲁⲯⲁⲗⲙⲁ · | (Fol. 31 b, ⲟ̄ⲇ̄) ϩⲙ̄ ⲡⲧⲣⲉ ⲛⲉⲧ ϩⲛ̄ ⲙ̄ⲡⲏⲩⲉ ⲡⲉⲣ̄ϫ ⲛⲉⲓ ⲉ̄ⲣⲱⲟⲩ ⲉ ϩⲣⲁⲓ ⲉ ϫⲱⲥ ⲥⲛⲁⲟⲩⲁϣ ϩⲛ̄ⲥⲉⲗⲙⲱⲛ ⲱⲉⲓⲙ · ⲡⲧⲟⲟⲩ ⲙ̄ ⲡⲛⲟⲩⲧⲉ ⲡⲧⲟⲟⲩ ⲉⲧ ⲕⲓⲱⲟⲩ · ⲡⲧⲟⲟⲩ ⲉⲧ ϫⲟⲥⲉ ⲡⲧⲟⲟⲩ ⲉⲧⲏⲕ · ⲡⲧⲟⲟⲩ ⲡⲉ ⲡⲁⲓ ϣⲁ ⲉⲛⲉϩ ⲛ̄ⲧⲁ ⲡⲛⲟⲩⲧⲉ ⲟⲩⲱϩ ⲛ̄ϩⲏⲧϥ̄ :—Ⲕⲁⲓ ⲅⲁⲣ ⲡϫⲟⲉⲓⲥ ⲛⲁⲟⲩⲱϩ ⲛ̄ϩⲏⲧϥ̄ ϣⲁ ⲃⲟⲗ · ⲡϩⲁⲣⲙⲁ ⲙ̄ ⲡⲛⲟⲩⲧⲉ ⲟⲩⲧⲃⲁ ⲛ̄ϭⲱⲃ · ϩⲉⲛϣⲟⲛⲉ ⲉⲩⲣⲟⲟⲩⲧ · ⲡϫⲟⲉⲓⲥ ⲛ̄ϩⲏⲧⲟⲩ · ϩⲛ̄ ⲥⲓⲛⲁ ⲡⲉϥⲡⲉⲧ ⲟⲩⲁⲁⲃ · ⲁϥⲁ̄ⲗⲩ ⲉ̄ ⲡϫⲓⲥⲉ · ⲁϥⲉ̄ⲭⲙⲁⲗⲱⲧⲉⲩⲉ ⲛ̄ ⲟⲩⲉⲭⲙⲁⲗⲱⲥⲓⲁ ⲁϥϯ ϩⲉⲛⲧⲁⲓⲟ ⲛ̄ ⲛ̄ⲣⲱⲙⲉ · ⲉⲩⲱ ⲛ̄ⲁⲧ ⲛⲁϩⲧⲉ ⲉ ⲡⲉⲩⲱⲛϩ̄ · Ⲡϫⲟⲉⲓⲥ ⲡⲛⲟⲩⲧⲉ ⲥⲙⲁⲙⲁⲁⲧ ϣⲁ ⲉⲛⲉϩ · ⲡϫⲟⲉⲓⲥ ⲡⲛⲟⲩⲧⲉ ⲙ̄ ⲡⲉⲛⲟⲩϫⲁⲓ ⲉϥⲉ-ⲥⲟⲃⲧⲛ̄ ⲛⲁⲓ ⲇⲓⲁⲯⲁⲗⲙⲁ · ⲡⲉⲛⲛⲟⲩⲧⲉ ⲡⲉ ⲡⲛⲟⲩⲧⲉ [ⲉ]ⲧⲧⲁⲛϩⲟ · ⲧⲁ ⲡϫⲟⲉⲓⲥ ⲧⲉ ⲑⲟⲧⲉ ⲙ̄ ⲡⲙⲟⲩ · ⲡⲗⲏⲛ ⲡⲛⲟⲩⲧⲉ ⲛ̄ⲁⲟⲩⲉ̄ϣϥ ⲧⲁⲡⲉ ⲛ̄ ⲛⲉϥϫⲓϫⲉⲩⲉ · ⲛ̄ ⲧⲙⲏⲛⲧⲉ ϫⲉ ⲛ̄ⲧⲁⲡⲉ ⲛ̄ ⲛⲉⲧ ⲙⲟⲟϣⲉ ϩⲛ̄ ⲛⲉⲥⲛⲁϩⲃ̄ · Ⲁ ⲡϫⲟⲉⲓⲥ ϫⲟⲟⲥ ⲉϥⲕⲱⲧⲉ ⲙ̄ⲙⲟϥ ϩⲛ̄ ⲧⲃⲁⲥⲁϩⲛⲉ ϫⲉ ϯⲛⲁⲕⲧⲟⲓ ϩⲛ̄ ⲛⲉⲧ ϣⲏⲕ ⲛ̄ⲑⲁⲗⲗⲁⲥⲥⲁ · ϩⲙ̄ ⲡⲧⲣⲉ ⲧⲉϥⲟⲩⲣⲏⲏⲧⲉ ϫⲱⲗⲕ̄ ϩⲛ̄ ⲟⲩⲥⲛⲟϥ · ⲉϥⲉⲗⲱϫϩ̄ ⲛ̄ϭⲓ̈ ⲡⲗⲁⲥ ⲛ̄ ⲛⲉϥⲟⲟⲩⲟⲣ · ϩⲛ̄ ⲡ̄ϫⲁϫⲉ ⲉⲧ ϯ ⲟⲩⲃⲏ · ⲁⲓⲛⲁⲩ ⲉ ⲛⲉⲕⲙⲁ ⲙ̄ⲙⲟⲟϣⲉ ⲙ̄ ⲙⲁ ⲙ̄ⲙⲟⲟϣⲉ ⲙ̄ ⲡⲁ ⲛⲟⲩⲧⲉ ⲡⲁ ⲣ̄ⲣⲟ ⲉⲧ ϩⲛ̄ ⲡⲉⲧ ⲟⲩⲁⲁⲃ · Ⲁⲩⲣ̄ ϣⲟⲣⲡ ⲛ̄ϭⲓ ⲛⲁⲣⲭⲱⲛ ⲉⲩϩⲏⲛ ⲉ ϩⲟⲩⲛ ⲉ ⲛⲉⲧ ⲯⲁⲗⲗⲉⲓ · ⲉⲩϩⲛ̄ ⲧⲙⲏⲛⲧⲉ ⲛ̄ⲛϣⲏⲣⲉ ϣⲏⲙ ⲛ̄ⲣⲉϥϫⲡ̄ϫⲡ̄ · ⲥⲙⲟⲩ ⲉ ⲡⲛⲟⲩⲧⲉ ϩⲛ̄ ⲛⲉⲕⲕⲗⲏⲥⲓⲁ ⲁⲩⲱ ⲡϫⲟⲉⲓⲥ ⲉ ⲃⲟⲗ · ϩⲛ̄ ⲛ̄ⲡⲩⲅⲏ · ⲛ̄ⲧⲉ ⲡⲓⲏ̄ⲗ | ⲉϥⲙ̄ⲙⲁⲩ ⲛ̄ϭⲓ ⲃⲉⲛⲓⲁ̄ⲙⲓⲛ Fol. 32 *a* ⲡⲕⲟⲩⲓ ⲉ ⲃⲟⲗ ϩⲛ̄ ⲧⲉⲕⲥⲧⲁⲥⲓⲥ · ⲉⲣⲉ ⲛⲁⲣⲭⲱⲛ (*sic*) ⲛ̄ ⲓⲟⲩⲇⲁ ⲙ̄ⲙⲁⲩ ⲛ̄ⲧⲟⲟⲩ ⲙⲛ̄ ⲛⲉⲩϩⲩⲅⲉⲙⲱⲛ · ⲙⲛ̄ ⲛ̄ⲁⲣⲭⲱⲛ ⲛⲉⲥⲁⲃⲟⲩⲗⲱⲛ · ⲙⲛ̄ ⲛ̄ⲁⲣⲭⲱⲛ ⲛⲉⲓⲉⲫⲑⲁⲗⲉⲓⲙ · ⲡⲛⲟⲩⲧⲉ ϩⲱⲛ ⲉ ⲧⲉⲕϭⲟⲙ ⲡⲛⲟⲩⲧⲉ ϯ ϭⲟⲙ · ⲙⲡⲁⲓ · ⲟ̄ⲉ̄

[The Epistle.]

ⲠⲀⲠⲞⲤⲦⲞⲖⲞⲤ ⲦⲈ ⲠⲢⲞⲤ ⲦⲒⲘⲞⲐⲈⲞⲤ ·

(1 Tim. ii)

ϯⲡⲁⲣⲁⲕⲁⲗⲉⲓ ϭⲉ ϩⲁ ⲑⲏ ⲛ̄ϩⲱⲃ ⲛⲓⲙ ⲉ ⲧⲣⲉ ⲧⲉⲧⲛ̄ⲉⲓⲣⲉ ⲛ̄ ϩⲉⲛⲥⲟⲡⲥⲡ̄ · ⲙⲛ̄ ϩⲉⲛϣⲗⲏⲗ · ⲙⲛ̄ ϩⲉⲛⲧⲱⲃϩ̄ · ⲙⲛ̄ ϩⲉⲛϣⲡ̄ ϩⲙⲟⲧ ⲉ ϩⲣⲁⲓ ⲉ̄ϫⲛ̄ ⲣⲱⲙⲉ ⲛⲓⲙ ⲉϫⲛ̄ ⲛⲉⲣⲣⲱⲟⲩ · ⲙⲛ̄ ⲟⲩⲟⲛ ⲛⲓⲙ · ⲉⲧ ϩⲛ̄ ⲙ̄ ⲙⲛ̄ⲧⲛⲟϭ · ϫⲉ ⲕⲁⲥ ⲉⲛⲉⲉⲓⲣⲉ ⲉⲛⲟⲩⲁ̄ϩⲉ ⲉϥⲥϭⲣⲁϩⲧ̄ · ⲁⲩⲱ ⲉϥϩⲟⲣⲕ̄ · ϩⲙ̄ ⲙⲛ̄ⲧⲉⲩⲥⲉⲃⲏⲥ ⲛⲓⲙ · ϩⲓ ⲙⲛ̄ⲧⲥⲉⲙⲛⲟⲥ ⲛⲓⲙ · ⲛⲁⲛⲟⲩ ⲡⲁⲓ ⲁⲩⲱ ⲉϥϣⲏⲡ ⲙ̄ ⲡⲙ̄ⲧⲟ ⲉ ⲃⲟⲗ ⲙ̄ ⲡⲛⲟⲩⲧⲉ ⲡⲉⲛⲥⲱⲧⲏⲣ · ⲡⲁⲓ ⲉⲧ ⲟⲩⲱ̄ϣⲉ ⲉ ⲧⲣⲉ ⲣⲱⲙⲉ ⲛⲓⲙ ⲱⲛ̄ϩ̄ · ⲁⲩⲱ ⲛ̄ⲥⲉⲉⲓ ⲉ̄ ⲡⲥⲟⲟⲩⲛ ⲛ̄ ⲧⲙⲉ · Ⲟⲩⲁ̄ ⲅⲁⲣ ⲡⲉ ⲡⲛⲟⲩⲧⲉ ⲁⲩⲱ ⲟⲩⲁ̄ ⲡⲉ ⲡⲙⲉⲥⲁⲧⲏⲥ ⲙ̄ ⲡⲛⲟⲩⲧⲉ · ⲙⲛ̄ ⲛ̄ⲣⲱⲙⲉ · ⲡⲣⲱⲙⲉ

ⲡⲉ ⲡⲉⲭ̅ⲥ̅ ⲓ̅ⲥ̅· ⲡⲉⲛⲧ ⲁϥⲧⲁⲁϥ ⲛ̅ ⲥⲱⲧⲉ ϩⲁ ⲟⲩⲟⲛ ⲛⲓⲙ
ⲡⲙⲛ̅ⲧⲣⲉ ϩⲙ̅ ⲛⲉϥⲟⲩⲟ̅ⲉⲓϣ· ⲡⲁⲓ ⲛⲧⲁⲩⲕⲁⲁⲧ ⲁⲛⲟⲕ ⲉ
ⲣⲟϥ ⲛ̅ⲕⲏⲣⲩⲝ̅ ⲁⲩⲱ ⲛ̅ ⲁⲡⲟⲥⲧⲟⲗⲟⲥ· Ⲟⲩⲙⲉ ⲧⲉ ϯϫⲱ ⲙ̅-
ⲙⲟⲥ ⲛ̅ ϯϫⲓϭⲟⲗ ⲁⲛ· ⲛ̅ⲥⲁ ϩⲙ̅ ⲛ̅ϩⲉⲑⲛⲟⲥ· ϩⲙ̅ ⲧⲡⲓⲥⲧⲓⲥ
ⲙⲛ̅ ⲧⲙⲉ· ϯⲟⲩⲱϣⲉ ϭⲉ ⲉ ⲧⲣⲉ ⲛ̅ⲣⲱⲙⲉ ϣⲗⲏⲗ· ϩⲙ̅
ⲙⲁ ⲛⲓⲙ ⲉⲩⲏⲓ ⲉ ϩⲣⲁⲓ ⲛ̅ⲛⲉⲩϭⲓϫ ⲉⲩⲟⲩⲁⲁⲃ· ⲭⲱⲣⲓⲥ
Fol. 32b ⲟ̅ⲉ̅ ⲟⲣⲅⲏ ϩⲓ ⲙⲟⲕⲙⲉⲕ· | ⲛⲉϩⲓⲟ̅ⲙⲉ ⲟⲛ ⲛ̅ⲧⲉⲓ ϩⲉ ⲉⲩⲕⲟⲥⲙⲉⲓ·
ϩⲙ̅ ⲟⲩⲥϭⲣⲁϩ̅ⲧ· ϩⲙ̅ ⲟⲩⲙⲛ̅ⲧⲣⲉϥϣⲓ̈ⲡⲉ· ⲙⲛ̅ ⲟⲩⲙⲛ̅-
ⲧⲣ̅ⲙⲛ̅ϩⲏⲧ· ⲉ ⲧⲣⲉⲩ ⲧⲥⲁⲛⲟⲟⲩ ϩⲙ̅ ϩⲉⲛϩⲱⲗⲕ̅ ⲁⲛ· ⲙⲛ̅
ⲟⲩⲛⲟⲩⲃ ⲙⲛ̅ ϩⲉⲛⲉ̅ⲛⲉ ⲙ̅ⲙⲉ· ⲁⲩⲱ ϩⲉⲛ ϩⲟⲓⲧⲉ ⲉⲛⲁϣⲉ
ⲥⲟⲩⲛ̅ⲧⲟⲩ· Ⲁⲗⲗⲁ ⲡⲉⲧ ⲉϣϣⲉ ⲡⲉ ⲉ ⲛⲉϩⲓⲟⲙⲉ· ⲉⲧ ϫⲱ
ⲙ̅ⲙⲟⲥ· ϫⲉ ⲉⲛ ϩⲙ̅ ⲟⲩⲙⲛ̅ⲧⲣⲉϥϣⲙ̅ϣⲉ̅ ⲛ̅ⲛⲟⲩⲧⲉ· ϩⲓⲧⲛ̅
ϩⲉⲛϩ̅ⲃⲏⲩⲉ̅ ⲉⲛⲁⲛⲟⲩ· ⲟⲩⲧⲉ ⲥϩⲓⲙⲉ· ⲙⲁⲣⲉⲥϫⲓ ⲥⲃⲱ ϩⲙ̅
ⲟⲩⲙⲛ̅ⲧⲣ̅ⲙ̅ⲣⲁϣ· ϩⲣⲁⲓ ϩⲙ̅ ϩⲩⲡⲟⲧⲁⲅⲏ ⲛⲓⲙ· ϯϯ ⲙⲁ
ⲇⲉ ⲁⲛ ⲛ̅ ⲥϩⲓⲙⲉ· ⲉ ϯⲥⲃⲱ ⲟⲩⲇⲉ ⲉ ⲣ̅ ϫⲟⲉⲓⲥ ⲉ ⲡⲉⲥϩⲁⲓ·
ⲁⲗⲗⲁ ⲉ ⲧⲣⲉⲥϣⲱⲡⲉ ϩⲙ̅ ⲟⲩⲙⲛ̅ⲧⲣ̅ⲙ̅ⲣⲁϣ· ⲁⲇⲁⲙ ⲅⲁⲣ
ⲡⲉⲛⲧ ⲁⲩⲡⲗⲁⲥⲥⲉ ⲙ̅ⲙⲟϥ ⲛ̅ ϣⲟⲣⲡ· ⲙⲛ̅ⲛ̅ⲥⲱϥ ⲉⲩϩⲁ·
ⲁⲩⲱ ⲁⲇⲁⲙ· ⲙ̅ⲡ ⲟⲩⲁ̅ⲡⲁⲧⲁ ⲙ̅ⲙⲟϥ· ⲧⲉⲥϩⲓⲙⲉ ⲇⲉ ⲛ̅
ⲧⲉⲣ ⲟⲩⲁ̅ⲡⲁⲧⲁ ⲙ̅ⲙⲟⲥ· ⲁⲥϣⲱⲡⲉ ϩⲙ̅ ⲟⲩⲡⲁⲣⲁⲃⲁⲥⲓⲥ·
ⲥⲛⲁⲟⲩϫⲁⲓ ⲇⲉ· ϩⲓⲧⲛ̅ ⲡⲉϫⲡⲉ̅ ϣⲏⲣⲉ ⲉⲩϣⲁⲛϭⲱ ϩⲙ̅
ⲧⲡⲓⲥⲧⲓⲥ· ⲙⲛ̅ ⲧⲁⲅⲁⲡⲏ ⲙⲛ̅ ⲡⲧⲃ̅ⲃⲟ ⲙⲛ̅ ⲟⲩⲙⲛ̅ⲧ-
ⲣ̅ⲙⲛ̅ϩⲏⲧ·

[The General Epistle.]

ⲠⲔⲀⲐⲞⲖⲒⲔⲞⲚ ⲦⲈⲈⲠⲒⲤⲦⲞⲖⲎ Ⲛ̅ ⲠⲈⲦⲢⲞⲤ

(1 Pet. i. 1–12)

Ⲡⲉⲧⲣⲟⲥ ⲡⲁⲡⲟⲥⲧⲟⲗⲟⲥ ⲛ̅ ⲓ̅ⲥ̅ ⲡⲉⲭ̅ⲥ̅ ⲉϥⲥϩⲁⲓ ⲛ̅ ⲛ̅ⲥⲱⲧⲡ̅
ⲉⲧ ⲟⲩⲏⲛϩ· ϩⲙ̅ ⲇⲓⲁⲥⲡⲟⲣⲁ· ⲙ̅ ⲡⲡⲟⲛⲧⲟⲥ ⲙⲛ̅ ⲧⲅⲁⲗⲁ-
ⲧⲓⲁ· ⲙⲛ̅ ⲧⲕⲁⲡⲡⲁⲇⲟⲕⲓⲁ· ⲙⲛ̅ ⲧⲁⲥⲓⲁ̅· ⲙⲛ̅ ⲧⲃⲏⲑⲏⲛ-
ⲓⲁ̅· ⲕⲁⲧⲁ ⲡϣⲣ̅ⲡ ⲥⲟⲟⲩⲛ̅ ⲙ̅ ⲡⲛⲟⲩⲧⲉ ⲡⲉⲓⲱⲧ ϩⲙ̅
ⲡⲧⲃ̅ⲃⲟ̅ ⲙ̅ ⲡⲉⲡⲛ̅ⲁ̅ ⲉ̅ ⲧⲉⲥⲱⲧⲙ̅· ⲛ̅ ⲧⲡⲓⲥⲧⲓⲥ· ⲙⲛ̅ ⲡⲥⲟϣ-

ϭⲉϣ ⲙ̅ ⲡⲉⲥⲛⲟϥ | ⲛ̅ ⲓ̅ⲥ̅ ⲡⲉⲭ̅ⲥ̅ · ⲧⲉⲭⲁⲣⲓⲥ ⲛⲏⲧⲛ̅ · ⲙⲛ̅ Fol. 33*a*
ϯⲣⲏⲛⲏ ⲉⲙⲁⲛ̅ϣⲟ · ϥ̅ⲥⲙⲁⲙⲁⲁⲧ ⲛ̅ϭⲓ ⲡⲛⲟⲩⲧⲉ ⲡⲉⲓⲱⲧ ⲟ̅ⲍ̅
ⲙ̅ ⲡⲉⲛϫⲟⲉⲓⲥ ⲓ̅ⲥ̅ ⲡⲉⲭ̅ⲥ̅ · ⲡⲁⲓ ⲛⲧⲁϥϫⲡⲟⲛ ⲕⲁⲧⲁ ⲡⲉϥⲛⲁ̅
ⲉⲧ ⲛⲁϣⲱϥ ⲉ ϩⲟⲩⲛ ⲉⲩϩⲉⲗⲡⲓⲥ ⲉⲥⲟⲛ̅ϩ · ϩⲓⲧⲙ̅ ⲡⲧⲱⲟⲩⲛ ⲛ̅
ⲓ̅ⲥ̅ ⲡⲉⲭ̅ⲥ̅ ⲉ ⲃⲟⲗ ϩⲛ̅ ⲛⲉⲧ ⲙⲟⲟⲩⲧ · ⲉⲩⲕⲗⲏⲣⲟⲛⲟⲙⲉⲓ ⲛ̅
ⲁⲧ ⲧⲁⲕⲟ ⲁⲩⲱ ⲛ̅ ⲁⲧ ⲧⲱⲗⲙ̅ ⲉⲙⲉⲥϩⲱϭⲃ̅ ⲉⲩϩⲁⲣⲉϩ ⲉ ⲣⲟⲥ
ⲛⲏⲧⲛ̅ · ϩⲛ̅ ⲙⲡⲏⲩⲉ̅ Ⲛⲁⲓ ⲉⲧⲟⲩϩⲁⲣⲉϩ ⲉ ⲣⲟⲟⲩ ϩⲛ̅ ⲧϭⲟⲙ
ⲙ̅ ⲡⲛⲟⲩⲧⲉ ϩⲛ̅ ⲧⲡ̈ⲓⲥⲧⲓⲥ ⲙ̅ ⲡⲟⲩϫⲁⲓ · ⲉⲧ ⲥⲉⲃⲧⲱⲧ :—
ⲉ ⲡϭⲱⲗⲡ̅ ⲉ ⲃⲟⲗ ⲙ̅ ⲡⲉⲩⲟⲩⲟⲉⲓϣ ⲛ̅ϩⲁⲉ̅ · ⲡⲁⲓ ⲉⲧⲉⲧⲛ̅-
ⲧⲉⲗⲏⲗ ⲛ̅ϩⲏⲧϥ̅ · ⲉ ⲁ̅ⲧⲉⲧⲛ̅ⲗⲩⲡⲉⲓ ⲧⲉⲛⲟⲩ ⲛ̅ ⲟⲩⲕⲟⲩⲓ ·
Ⲉϣϫⲉ ϩⲟⲡⲥ̅ ⲡⲉ ⲉ ϩⲣⲁⲓ ϩⲛ̅ ϩⲉⲛⲡ̈ⲓⲣⲁⲥⲙⲟⲥ ⲉⲩϣⲟⲃⲉ · ϫⲉ
ⲕⲁⲥ ⲉⲩⲉ̅ϩⲉ ⲉ ⲧⲙⲛ̅ⲧⲥⲱⲧⲡ̅ · ⲛ̅ⲧⲉⲧⲛ̅ⲡⲓⲥⲧⲓⲥ · ⲉⲥⲧⲁⲛ̅ⲩ̅
ⲛ̅ϩⲟⲩⲟ · ⲉ̅ ⲡⲛⲟⲩⲃ ⲉⲧ ⲛⲁⲧⲁⲕⲟ · ⲡⲁⲓ ⲉ̅ϣⲁⲩⲇⲟⲕⲓⲙⲁⲍⲉ
ⲙ̅ⲙⲟϥ ϩⲓⲧⲙ̅ ⲡⲕⲱϩⲧ̅ · ⲉⲩⲧⲙⲁⲉⲓⲟ̅ ⲛⲏⲧⲛ̅ ⲙⲛ̅ ⲟⲩⲉⲟⲟⲩ
ⲙⲛ̅ ⲟⲩⲧⲁⲉⲓⲟ̅ · ϩⲙ̅ ⲡϭⲱⲗⲡ̅ ⲉ ⲃⲟⲗ ⲛ̅ ⲓ̅ⲥ̅ ⲡⲉⲭ̅ⲥ̅ · ⲡⲁⲓ
ⲙ̅ⲡⲉⲧⲛ̅ⲛⲁⲩ ⲉ ⲣⲟϥ ⲧⲉⲧⲛ̅ⲙⲉ ⲙ̅ⲙⲟϥ · ⲁⲩⲱ ⲡⲁⲓ ⲟⲛ
ⲧⲉⲛⲟⲩ · ⲛ̅ⲧⲉⲧⲛ̅ⲛⲁⲩ ⲁⲛ ⲉ ⲣⲟϥ · ⲉ̅ⲧⲉⲧⲛ̅ⲡⲓⲥⲧⲉⲩⲉ ⲇⲉ
ⲉ ⲣⲟϥ · ⲧⲉⲧⲛ̅ⲧⲉⲗⲏⲗ ϩⲛ̅ ⲟⲩⲣⲁϣⲉ ⲉϥϩⲏⲡ · ⲁⲩⲱ ⲉϥ-
ⲧⲁⲉⲓⲏⲩ̅ · ⲉ̅ⲧⲉⲧⲛ̅ϫⲓ ⲙ̅ ⲡϫⲱⲕ ⲉ ⲃⲟⲗ ⲛ̅ ⲧⲡⲓⲥⲧⲓⲥ ⲡⲟⲩ-
ϫⲁⲓ ⲛ̅ ⲛⲉⲧⲛ̅ⲯⲩⲭⲏ · Ⲉⲁⲩϣⲓⲛⲉ ⲁⲩⲱ ⲁⲩϩⲟⲧϩⲉⲧ · ⲉ̅ ⲧⲃⲉ
ⲡⲉⲓ ⲟⲩϫⲁⲓ ⲛ̅ϭⲓ ⲛⲉⲡⲣⲟⲫⲏⲧⲏⲥ · ⲛⲁⲓ ⲛ̅ⲧⲁ ⲡⲣⲟⲫⲏⲧⲉⲩⲉ ·
ⲉ ⲧⲃⲉ ⲧⲉⲭⲁⲣⲓⲥ | ⲉⲧ ϫⲓ ⲉ ϩⲟⲩⲛ̅ ⲉ ⲣⲱⲧⲛ̅ ⲉⲩϣⲓⲛⲉ ϫⲉ Fol. 33*b*
ⲉⲣⲉ ⲡⲉⲡⲛ̅ⲁ̅ ⲙ̅ ⲡⲉⲭ̅ⲥ̅ ⲉⲧ ⲛ̅ϩⲏⲧⲟⲩ · ϣⲁϫⲉ ⲉ̅ ⲁϣ ⲛ̅ⲟⲩⲟ̅- ⲟ̅ⲏ̅
ⲉⲓϣ ⲉϥⲣ̅ ⲙⲛ̅ⲧⲣⲉ ϫⲓⲛ ⲛ̅ ϣⲟⲣⲡ̅ · ⲛ̅ⲙ̅ⲙⲟⲕϩⲥ̅ ⲉⲧ ⲛⲁϣⲱⲡⲉ
ⲙ̅ ⲡⲉⲭ̅ⲥ̅ · ⲙⲛ̅ ⲛⲉⲟⲟⲩ ⲉ̅ⲧ ⲛⲁϣⲱⲡⲉ ⲙⲛ̅ⲛ̅ⲥⲱⲟⲩ · ⲛⲁⲓ
ⲛ̅ⲧⲁϥ ⲟⲩⲱⲛ̅ϩ ⲛⲁⲩ ⲉ ⲃⲟⲗ ϫⲉ ⲛⲉⲩⲇⲓⲁⲕⲟⲛⲉⲓ ⲙ̅ⲙⲟⲟⲩ
ⲁⲛ ⲛⲁⲩ ⲁⲗⲗⲁ ⲛⲏⲧⲛ̅ · ⲛⲁⲓ ⲛ̅ⲧⲁⲩⲧⲁⲙⲱⲧⲛ̅ ⲉ ⲣⲟⲟⲩ
ⲧⲉⲛⲟⲩ · ϩⲓⲧⲛ̅ ⲛⲉⲛⲧ ⲁⲩⲧⲁϣⲉⲟⲉⲓϣ ⲛⲏⲧⲛ̅ ⲙ̅ ⲡⲉⲡⲛ̅ⲁ̅ ⲉⲧ
ⲟⲩⲁⲁⲃ · ⲛ̅ⲧⲁⲩⲧⲛ̅ⲛⲟⲟⲩϥ ⲛⲏⲧⲛ̅ ⲉ ⲃⲟⲗ ϩⲛ̅ ⲧⲡⲉ · ⲛⲁⲓ
ⲉⲧ ⲉⲣⲉ ⲛⲁⲅⲅⲉⲗⲟⲥ ⲉⲡⲉⲑⲩⲙⲉⲓ ⲛ̅ ⲛⲁⲩ ⲉ ⲣⲟⲟⲩ ·

ⲠⲈⲠⲢⲀⲜⲒⲤ (Chap. x. 1–13)

Ⲛⲉⲩⲛ ⲟⲩⲣⲱⲙⲉ ⲇⲉ ϩⲛ̄ ⲕⲩⲥⲁⲣⲓⲁ ⲉ ⲡⲉϥⲣⲁⲛ ⲡⲉ ⲕⲟⲣⲛⲏⲗⲓⲟⲥ· ⲟⲩϩⲉⲕⲁⲧⲱⲛⲧⲁⲣⲧⲁⲣⲭⲟⲥ (*sic*) ⲡⲉ ⲉ ⲃⲟⲗ ϩⲛ̄ ⲧⲉⲥⲡⲓⲣⲏ· ⲉⲧ ⲟⲩⲙⲟⲩⲧⲉ ⲉ ⲣⲟⲥ ϫⲉ ⲧϩⲩⲧⲁⲗⲓⲕⲉ· ⲟⲩⲉⲃⲥⲉⲃⲏⲥ ⲡⲉ ⲉϥⲣ̄ ϩⲟⲧⲉ ϩⲏⲧϥ̄ ⲙ̄ ⲡⲛⲟⲩⲧⲉ· ⲙⲛ̄ ⲡⲉϥⲏⲓ ⲧⲏⲣϥ̄ ⲉϣⲁϥⲣ̄ ϩⲁϩ ⲙ̄ ⲙⲛ̄ⲧⲛⲁ̄ ⲙ̄ ⲡⲗⲁⲟⲥ· ⲁⲩⲱ ⲉϥⲥⲟⲡⲥⲛ̄ ⲙ̄ ⲡⲛⲟⲩⲧⲉ ⲛ̄ ⲟⲩⲟⲉⲓϣ ⲛⲓⲙ· ⲁϥⲛⲁⲩ ⲉⲩϩⲟⲣⲟⲙⲁ ϩⲛ̄ ⲟⲩⲱⲛϩ̄ ⲉ ⲃⲟⲗ· ⲙ̄ ⲡⲛⲁⲩ ⲛ̄ ϫⲡ̄ ⲯⲓⲧⲉ ⲙ̄ ⲡⲉϩⲟⲟⲩ· ⲟⲩⲁⲅⲅⲉⲗⲟⲥ ⲛ̄ⲧⲉ ⲡⲛⲟⲩⲧⲉ ⲁϥⲃⲱⲕ ⲉ ϩⲟⲩⲛ ϣⲁ ⲣⲟϥ· ⲁⲩⲱ ⲡⲉϫⲁϥ ⲛⲁϥ ϫⲉ ⲕⲟⲣⲛⲏⲗⲓⲉ̄· ⲁⲩⲱ ⲛ ⲧⲉⲣⲉ ϥϭⲱϣⲧ̄ ⲉ ϩⲟⲩⲛ ⲛ̄ ϩⲣⲁϥ· ⲁϥⲣ̄ ϩⲟⲧⲉ ⲡⲉϫⲁϥ ⲛⲁϥ ϫⲉ ⲟⲩ ⲡⲉⲧ ϣⲟⲟⲡ ⲡϫⲟⲉⲓⲥ :—Ⲡⲉϫⲁϥ ⲇⲉ ⲛⲁϥ ϫⲉ ⲛⲉⲕϣⲗⲏⲗ· ⲙⲛ̄ ⲛⲉⲕⲙⲛ̄ⲧⲛⲁ̄· ⲁⲩⲃⲱⲕ ⲉ ϩⲣⲁⲓ ⲉⲩⲣ̄ ⲡⲙⲉⲉⲩⲉ ⲛⲁⲕ ⲙ̄ ⲡⲙ̄ⲧⲟ ⲉ ⲃⲟⲗ ⲙ̄ ⲡⲛⲟⲩⲧⲉ· Ⲧⲉⲛⲟⲩ ϭⲉ ⲙⲁ ϫⲟⲟⲩ ⲛ̄
Fol. 34 *a* ϩⲉⲛⲣⲱⲙⲉ ⲉ ϩⲣⲁⲓ | ⲉ ⲓⲟⲡⲡⲏ· ⲛⲅ̄ ⲧⲛ̄ⲛⲟⲟⲩ ⲛ̄ⲥⲁ ⲥⲓⲙⲱⲛ
ⲟ̄ⲑ̄ ⲡⲉⲧⲉ ϣⲁⲩⲙⲟⲩⲧⲉ ⲉ ⲣⲟϥ ϫⲉ ⲡⲉⲧⲣⲟⲥ· ⲉϥⲟⲩⲏⲛϩ ϩⲁϩⲧⲏ ⲛ̄ ⲟⲩⲁ̄ ϫⲉ ⲥⲓⲙⲱⲛ ⲡⲃⲁⲕϣⲁⲣ· ⲡⲁⲓ ⲉ̄ⲣⲉ ⲡⲉϥⲏⲓ ϩⲓϫⲛ̄ ⲑⲁⲗⲁⲥⲥⲁ· ⲛ̄ ⲧⲉⲣⲉ ⲡⲁⲅⲅⲉⲗⲟⲥ ⲇⲉ ⲃⲱⲕ ⲉⲧ ϣⲁϫⲉ ⲛ̄ⲙ̄ⲙⲁϥ· ⲁϥⲙⲟⲩⲧⲉ ⲉ ⲥⲛⲁⲩ ⲛ̄ ⲛⲉϥϩⲙ̄ϩⲁⲗ ⲁⲩⲱ ⲟⲩⲙⲁⲧⲟⲓ ⲛ̄ⲣⲙ̄ⲛ̄ⲛⲟⲩⲧⲉ· ⲉ ⲃⲟⲗ ϩⲛ̄ ⲛⲉⲧ ⲡⲣⲟⲥⲕⲁⲣⲧⲏⲣⲉⲓ ⲉ ⲣⲟϥ· ⲁϥϫⲉ ϣⲁϫⲉ ⲛⲓⲙ ⲉ ⲣⲟⲟⲩ ⲁϥϫⲟⲟⲩ ⲥⲟⲩ ⲉ ϩⲣⲁⲓ ⲉ ⲓⲟⲡⲡⲏ· ⲙ̄ ⲡⲉϥⲣⲁⲥⲧⲉ ⲇⲉ· ⲉⲩⲙⲟⲟϣⲉ ⲛ̄ϭⲓ ⲛⲉⲧ ⲙ̄ⲙⲁⲩ· ⲛ̄ ⲧⲉⲣ ⲟⲩϩⲱⲛ ⲉ ϩⲟⲩⲛ ⲉ ⲧⲡⲟⲗⲓⲥ· ⲡⲉⲧⲣⲟⲥ ⲇⲉ ⲛ̄ ⲧⲉⲣⲉ ϥⲃⲱⲕ ⲉ ϩⲣⲁⲓ ⲉϫⲛ̄ ϫⲉⲛⲉⲡⲱⲣ ⲉ ϣⲗ̄ⲗ̄ ⲙ̄ ⲡⲛⲁⲩ ⲛ̄ ϫⲡ̄ ⲥⲟⲉ· ⲁϥϩⲕ̄ⲟ ⲇⲉ ⲁϥⲣ̄ ϩⲛⲁϥ ⲉ ⲟⲩⲱⲙ· ⲉⲩⲥⲟⲃⲧⲉ ⲇⲉ ⲛⲁϥ ⲁⲩⲉⲕⲥⲧⲁⲥⲓⲥ ϩⲉ ⲉ ϩⲣⲁⲓ ⲉ ϫⲱϥ· ⲁⲩⲱ ⲁϥⲛⲁⲩ ⲉ ⲧⲡⲉ ⲉⲥⲟⲩⲏⲛ· ⲁⲩⲱ ⲉⲓ ⲟⲩⲥⲕⲉⲟⲥ (*sic*) ⲉϥⲙⲏⲣ ⲉ ⲡⲉϥⲧⲟⲟⲩ ⲛ̄ⲧⲟⲡ ⲛ̄ⲑⲉ ⲛ̄ ⲟⲩⲛⲟϭ ⲛ̄ ϩⲃⲟⲥ ⲉⲩⲭⲁⲗⲁ ⲙ̄ⲙⲟϥ ⲉ ϩⲣⲁⲓ ⲉϫⲙ̄· ⲡⲕⲁϩ ⲉⲣⲉ ⲛ̄ⲧⲃⲛⲟⲟⲩⲉ̄ ⲧⲏⲣⲟⲩ ⲛ̄ϩⲏⲧϥ̄ ⲁⲩⲱ ⲛ̄ϫⲁⲧϥⲉ ⲙ̄ ⲡⲕⲁϩ ⲙⲛ̄ ⲛ̄ϩⲁⲗⲁⲁⲧⲉ ⲛ̄ ⲧⲡⲉ· ⲁⲩⲥⲙⲏ ⲇⲉ ϣⲱⲡⲉ ϣⲁ ⲣⲟϥ· ϫⲉ ⲧⲱⲟⲩⲛ ⲛⲅ̄ ⲡⲉⲧⲣⲉ ⲛⲉⲕϣⲱⲱⲧ ⲛⲅ̄ ⲟⲩⲱⲙ·

ⲠⲈⲨⲠⲞⲮⲀⲖⲘⲀ (Ps. cxlviii)

ⲥⲙⲟⲩ ⲉ ⲡϫⲟⲉⲓⲥ ϩⲛ̅ ⲙ̅ⲡⲏⲩ̅ⲉ̅· ⲥⲙⲟⲩ ⲉ ⲣⲟϥ ⲉ ⲃⲟⲗ
ϩⲛ̅ ⲛⲉⲧϫⲟⲥⲉ· ⲥⲙⲟⲩ ⲉ ⲣⲟϥ ⲛⲉϥⲁⲅⲅⲉⲗⲟⲥ ⲛⲉϥϭⲟⲙ
ⲧⲏⲣⲟⲩ· ⲥⲙⲟⲩ ⲉ ⲣⲟϥ· ⲥⲙⲟⲩ ⲉ ⲣⲟϥ ⲡⲣⲏ· ⲙⲛ̅ ⲡⲟⲟϩ
ⲛ̅ⲥⲓⲟⲩ ⲙⲛ̅ ⲡⲟⲩⲟⲉⲓⲛ· ⲥⲙⲟⲩ ⲉ ⲣⲟϥ· ⲙ̅ⲡⲏⲩ̅ⲉ̅ ⲛ̅ ⲙ̅ⲡⲏⲩ̅ⲉ̅·
ⲥⲙⲟⲩ ⲉ ⲣⲟϥ· ⲙⲁⲣⲉ ⲙⲟⲟⲩ ⲉⲧ ⲥⲟⲧⲡ̅ ⲛ̅ ⲙ̅ⲡⲏⲩ̅ⲉ̅ ⲙⲁ-
ⲣⲟⲩ ⲥⲙⲟⲩ ⲧⲏⲣⲟⲩ ⲉ ⲡⲣⲁⲛ ⲙ̅ ⲡⲣⲁⲛ ⲙ̅ ⲡϫⲟⲉⲓⲥ | ϫⲉ ⲛ̅ⲧⲟϥ Fol. 34 b
ⲡⲉ ⲛ̅ⲧⲁϥϫⲟⲟⲥ ⲁⲩϣⲱⲡⲉ· ⲛ̅ⲧⲟϥ ⲡⲉⲛⲧ ⲁϥϩⲱⲛ ⲁⲩⲱ ⲡ
ⲁⲩⲥⲱⲛⲧ· ⲁϥⲧⲁϩⲟⲟⲩ ⲉ ⲣⲁⲧⲟⲩ ϣⲁ ⲉⲛⲉϩ ⲛ̅ ⲉⲛⲉϩ·
ⲁϥⲕⲁⲁⲩ ⲛ̅ⲟⲩⲡⲣⲟⲥⲧⲁⲅⲙⲁ ⲛ̅ⲛⲉ ⲩⲉⲓⲛⲉ· ⲥⲙⲟⲩ ⲉ ⲡϫ̅ⲥ̅
ⲉ ⲃⲟⲗ ϩⲙ̅ ⲡⲕⲁϩ· ⲛⲉⲇⲣⲁⲕⲱⲛ ⲙⲛ̅ ⲛ̅ⲛⲟⲩⲛ ⲧⲏⲣⲟⲩ
ⲡⲕⲱϩⲧ· ⲧⲉⲭⲁ̅ⲗⲁⲥⲥⲁ (*sic*)· ⲡⲉⲭⲩⲱⲛ ⲡⲉⲕⲗⲩⲥⲧⲁⲗⲟⲥ
ⲡⲉⲡⲛ̅ⲁ̅ ⲛ̅ϩⲁⲧⲏⲩ· ⲉⲧ ⲉⲓⲣⲉ ⲙ̅ ⲡⲉϥϣⲁϫⲉ· ⲛ̅ⲧⲟⲩⲓⲛ
ⲙⲛ̅ ⲛ̅ⲥⲉⲃⲧ̅ ⲧⲏⲣⲟⲩ· ⲙⲛ̅ ⲛ̅ϣⲏⲛ ⲛ̅ⲣⲉϥϯ ⲕⲁⲣⲡⲟⲥ ⲙⲛ̅
ⲛ̅ⲕⲉⲇⲣⲟⲥ ⲛⲉⲑⲩⲣⲓⲟⲛ· ⲙⲛ̅ ⲛ̅ⲧⲃ̅ⲛⲟⲟⲩⲉ ⲛ̅ϫⲁⲧⲃⲉ ⲙⲛ̅ ⲛ̅ϩⲁ-
ⲗⲁⲁⲧⲉ· ⲛⲉⲣⲣⲱⲟⲩ ⲙ̅ ⲡⲕⲁϩ ⲛ̅ⲗⲁⲟⲥ ⲛⲓⲙ ⲛ̈ⲓⲙ (*sic*) ⲉⲛ-
ⲁⲣⲭⲱⲛ· ⲙⲛ̅ ⲛ̅ⲣⲉϥϯϩⲁⲡ ⲛ̅ϩⲣϣⲓⲣⲉ ⲙⲛ̅ ⲛ̅ⲡⲁⲣⲑⲉⲛⲟⲥ
ⲛ̅ϩⲗ̅ⲗⲟ ⲙⲛ̅ ⲛ̅ϣⲏⲣⲉ ϣⲏⲙ· ⲙⲁⲣⲟⲩ ⲥⲙⲟⲩ ⲧⲏⲣⲟⲩ ⲉ
ⲡⲣⲁⲛ ⲙ̅ ⲡϫⲟⲉⲓⲥ· ϫⲉ ⲁ ⲡⲉϥⲣⲁⲛ ϫⲓⲥⲉ ⲙⲁⲩⲁⲁϥ:—:—:—

ⲠⲈⲨⲀⲄⲄⲈⲖⲒⲞⲚ Ⲛ̅ ⲔⲀⲦⲀ ⲖⲞⲨⲔⲀⲤ·

(Chap. xiv. 1–15)

ⲁⲥϣⲱⲡⲉ ⲇⲉ ϩⲙ̅ ⲡⲧⲣⲉϥⲃⲱⲕ ⲉ ϩⲟⲩⲛ ⲉ̅ ⲡⲏⲓ ⲛ̅ⲟⲩ[ⲁⲣ]-
ⲭⲱⲛ ⲙ̅ ⲫⲁⲣⲓⲥⲁⲓⲟⲥ· ϩⲙ̅ ⲡⲥⲁⲃⲁⲧⲱⲛ ⲉ̅ ⲟⲩⲉⲙ ⲟⲩⲟⲉⲓⲕ:—
ⲛ̅ⲧⲟⲟⲩ ⲇⲉ ⲛⲉⲩⲡⲁⲣⲁⲧⲏⲣⲉⲓ ⲉ̅ ⲣⲟϥ ⲡⲉ:—Ⲛⲉⲩⲛ̅ ⲟⲩⲣⲱⲙⲉ
ⲇⲉ ⲛ̅ϩⲩⲇⲣⲟⲡⲓⲕⲟⲥ ϩⲁ ⲧⲉϥϩⲏ ⲁ̅ ⲓ̅ⲥ̅ ⲟⲩⲱ̅ϣⲃ̅ ⲡⲉϫⲁϥ ⲛ̅
ⲛ̅ⲛⲟⲙⲓⲕⲟⲥ· ⲙⲛ̅ ⲛⲉⲫⲁⲣⲓⲥⲁⲓⲟⲥ· ⲉϥϫⲱ ⲙ̅ⲙⲟⲥ· ϫⲉ
ⲉⲛ ⲉⲝⲉⲥⲧⲉⲓ ⲉ ⲣ̅ ⲡⲁϩⲣⲉ ϩⲙ̅ ⲡⲥⲁⲃⲃⲁⲧⲱⲛ· ϫⲓⲛ ⲟⲩⲕ

ⲉϩⲉⲓⲥⲧⲉ· ⲛ̅ⲧⲟⲟⲩ ⲇⲉ ⲁⲩⲕⲁ ⲣⲱⲟⲩ· ⲁϥⲁⲙⲁϩⲧⲉ ⲇⲉ
ⲙ̅ⲙⲟϥ ⲁϥⲧⲁⲗϭⲟϥ ⲁϥⲕⲁⲁϥ ⲉ ⲃⲟⲗ· ⲡⲉϫⲁϥ ⲇⲉ ⲛⲁⲩ
Fol. 35 *a* ϫⲉ ⲛⲓⲙ ⲡ̅ϩⲏⲧ ⲧⲏⲩⲧⲛ̅ ⲡⲉⲧ ⲉ|ⲣⲉ ⲡⲉϥϣⲏⲣⲉ· ⲏ̅ ⲡⲉϥ-
ⲡ̅ⲁ̅ ⲙⲁⲥⲉ ⲛⲁϩⲉ ⲉⲩϣⲱⲧⲉ:—ⲙⲏ ⲛ̅ϥⲛ̅ⲧϥ̅ ⲁⲛ ⲉ ϩⲣⲁⲓ
ⲛ̅ⲧⲉⲩⲛⲟⲩ ⲙ̅ ⲡⲉϩⲟⲟⲩ ⲙ̅ ⲡⲥⲁⲃⲃⲁⲧⲱⲛ· ⲁⲩⲱ ⲙ̅ⲛ
ⲟⲩⲉϣϭⲙ̅ϭⲟⲙ· ⲉ ⲟⲩⲟ̅ϣⲃϥ ⲛ̅ ⲛⲁϩⲣⲛ̅ ⲛⲁⲓ· Ⲁϥϫⲱ ⲇⲉ
ⲛ̅ⲟⲩⲡⲁⲣⲙ̅ⲃⲟⲗⲏ ⲛ̅ ⲛⲁϩⲣⲛ̅ ⲛⲉⲧ ⲧⲁϩⲙ̅· ⲉϥⲛⲁⲩ ⲉ ⲑⲉ
ⲉⲧⲟⲩⲥⲱⲧⲛ̅ ⲛⲁⲩ ⲛ ⲙ̅ⲙⲁ ⲛ̅ⲛⲟϫⲟⲩ ⲛ̅ ⲧⲡⲉ· ⲉϥϫⲱ
ⲙ̅ⲙⲟⲥ ⲛⲁⲩ ϫⲉ ϩⲟⲧⲁⲛ· ⲉⲣϣⲁⲛ ⲟⲩⲁ̅ ⲧⲁϩⲙⲉ̅ⲕ ⲙ̅ⲡⲉⲣ
ⲛⲟϫⲕ̅ ⲛ̅ⲧⲡⲉ· ⲙⲏ ⲡⲟⲧⲉ ⲁϥⲧⲉϩⲙ̅ ⲟⲩⲁ̅ ⲉϥⲧⲁⲉⲓⲏⲩ̅ ⲉ
ⲣⲟⲕ· ⲛ̅ϥⲉⲓ ⲛ̅ϭⲓ ⲡⲉⲛⲧ ⲁϥⲧⲁϩⲙⲉ̅ⲕ ⲛ̅ⲙ̅ⲙⲁϥ ⲛ̅ϥⲙⲟⲩⲧⲉ
ⲉ ⲣⲟⲕ· ⲛ̅ϥϫⲟⲟⲥ ⲛⲁⲕ· ϫⲉ ⲕⲁ ⲡⲙⲁ ⲙ̅ ⲡⲁⲓ· ⲧⲟⲧⲉ
ⲕⲛⲁⲁⲣⲭⲉⲓ ϩⲛ̅ ⲟⲩϣⲓⲡⲉ· ⲉϫⲓ ⲙ̅ ⲡⲙⲁ ⲛ̅ ϩⲁⲉ̅:—ⲁⲗⲗⲁ
ⲉⲩϣⲁⲛⲧⲁϩⲙⲉⲕ ⲃⲱⲕ ⲛ̅ⲅ̅ ⲛⲟϫⲕ̅ ϩⲙ̅ ⲡⲙⲁ ⲛ̅ ϩⲁⲉ̅· ϫⲉ
ⲕⲁⲥ ⲉⲣϣⲁⲛ ⲡⲉⲛⲧ ⲁϥⲧⲁϩⲙⲉ̅ⲕ· ⲉⲓ ⲛ̅ϥϫⲟⲟⲥ ⲛⲁⲕ· ϫⲉ
ⲡⲉϣⲃⲏⲣ ⲟ̅ⲗⲕ̅ ⲉ ϩⲣⲁⲓ ⲉ ⲡϫⲓⲥⲉ· ⲧⲟⲧⲉ ⲟⲩⲛ̅ ⲟⲩⲉⲟⲟⲩ
ⲛⲁϣⲱⲡⲉ ⲛⲁⲕ ⲙ̅ ⲡⲙ̅ⲧⲟ ⲉ ⲃⲟⲗ ⲛ̅ⲛⲉⲧⲛⲏϫ ⲛ̅ⲙ̅ⲙⲁⲕ
ⲧⲏⲣⲟⲩ ϫⲉ ⲟⲩⲟⲛ ⲛⲓⲙ ⲉⲧ ϫⲓⲥⲉ ⲙ̅ⲙⲟϥ ⲥⲉⲛⲁⲑⲃ̅ⲃⲓⲟϥ·
ⲡⲉⲧⲑⲃ̅ⲃⲓⲟ̅ ⲇⲉ ⲙ̅ⲙⲟϥ ⲥⲉⲛⲁϫⲓⲥⲧϥ̅:—Ⲡⲉϫⲁϥ ⲟⲛ ⲙ̅
ⲡⲉⲛⲧ ⲁϥⲧⲁϩⲙⲉϥ· ϫⲉ ⲉⲕϣⲁⲛⲣ̅ ⲟⲩⲁ̅ⲣⲓⲥⲧⲱⲛ· ⲏ̅ ⲟⲩⲇⲓⲡ-
ⲛⲟⲛ· ⲙ̅ⲡⲣ̅ ⲙⲟⲩⲧⲉ ⲉⲛⲉⲕϣⲃⲏⲣ· ⲟⲩⲇⲉ ⲛⲉⲕⲥⲛⲏⲩ· ⲟⲩⲇⲉ
ⲛ̅ⲣⲙ̅ⲙⲁⲟ̅ ⲉⲧ ϩⲓⲧⲟⲩⲱⲕ· ⲟⲩⲇⲉ ⲛⲉⲕⲥⲩⲅⲅⲉⲛⲏⲥ· ⲙⲏ̅
ⲡⲟⲧⲉ ϩⲱⲟⲩ ⲛ̅ⲥⲉⲧⲁϩⲙⲉⲕ ⲛ̅ⲧⲉ ⲟⲩⲧⲟⲩⲉⲓⲟ̅ ϣⲱⲡⲉ ⲛⲁⲕ·
Fol. 35 *b* ⲁⲗⲗⲁ ⲉⲕ|ϣⲁⲛⲣ̅ ⲟⲩϣⲟⲡⲥ̅· ⲧⲉϩⲙ̅ ⲛ̅ϩⲏⲕⲉ ⲙⲛ̅ ⲛⲉⲧ
ⲡ̅ⲃ̅ ⲙⲟⲕϩ̅ ⲙⲛ̅ ⲛ̅ϭⲁⲗⲉ ⲙⲛ̅ ⲛ̅ⲃⲗ̅ⲗⲉ ⲁⲩⲱ ⲕⲛⲁϣⲱⲡⲉ ⲙ̅
ⲙⲁⲕⲁⲣⲓⲟⲥ· ϫⲉ ⲙⲛ̅ⲧⲁⲩ ⲙ̅ⲙⲁⲩ ⲉ̅ ⲧⲱⲱⲃⲉ ⲛⲁⲕ· ⲥⲉⲛⲁ-
ⲧⲟⲟⲃⲟⲩ ⲛⲁⲕ ϩⲛ̅ ⲧⲁⲛⲁⲥⲧⲁⲥⲓⲥ ⲛ̅ ⲛ̅ⲇⲓⲕⲁⲓⲟⲥ· ⲁ̅ ⲟⲩⲁ̅ ⲇⲉ
ⲛ̅ ⲛⲉⲧ ⲛⲏϫ ⲛ̅ⲙ̅ⲙⲁϥ ⲥⲱⲧⲙ̅ ⲉ ⲛⲁï ⲡⲉϫⲁϥ ⲛⲁϥ ϫⲉ
ⲛⲁⲓⲁ̅ⲧϥ̅ ⲙ̅ ⲡⲉⲧ ⲛⲁⲟⲩⲱⲙ ⲛ̅ⲟⲩⲟⲉⲓⲕ ϩⲛ̅ ⲧⲙⲛ̅ⲧⲉⲣⲟ ⲙ̅
ⲡⲛⲟⲩⲧⲉ·

COLOPHON

Ⲡⲁⲓ ⲡⲉ ⲡⲉⲣⲏⲧ· ⲁⲩⲱ ⲡⲇⲱⲣⲟⲛ ⲉⲛⲁⲡⲉⲣⲁⲧⲟⲛ ⲛ̅ ⲧⲁ
ⲙⲁⲓⲛⲟⲩⲧⲉ ⲛ̅ ⲥⲱⲛⲉ ⲕⲟⲩⲛⲧⲓⲧⲉ(?) ⲧϣⲉⲉⲣⲉ ⲙ̅ ⲡⲙⲁⲕⲁ-
ⲣⲓⲟⲥ [name wanting] ϩⲛ̅ ⲧⲡⲟⲗⲓⲥ ⲣ̅ⲙⲟⲛ̅ⲧ̅· ⲁⲥϥⲓ ⲡⲉϥⲓ(?)
ⲣⲟⲟⲩϣ ϩⲛ̅ ⲛⲉⲥϩⲓⲥⲉ ⲙ̅ⲙ̅ⲙⲓⲛ ⲙ̅ⲙⲟⲥ· ⲁⲥⲧⲁⲁϥ ⲉ ϩⲟⲩⲛ
ⲉ ⲡⲧⲟⲡⲧⲟⲡⲟⲥ (*sic*) ⲙ̅ ⲡⲁⲣⲭⲁⲅⲅⲉⲗⲟⲥ ⲙⲓⲭⲁⲏⲗ ⲙ̅
ϩⲁ ⲡⲟⲩϫⲁⲓ ⲛ̅ ⲧⲉⲥⲯⲩⲭⲏ ⲙⲛ̅ ⲧⲁ ⲡⲉⲥϩⲁⲓ ⲙⲛ̅ ⲧⲁ ⲛⲉⲥ-
ϣⲏⲣⲉ· ϫⲉ ⲕⲁⲥ ⲉⲣⲉ ⲡⲁⲣⲭⲁⲅⲅⲉⲗⲟⲥ ⲙⲓⲭⲁⲏⲗ
ⲛⲁⲥⲙⲟⲩ ⲉ ⲣⲟⲥ ⲙⲛ̅ ⲡⲉⲥϩⲁⲓ ⲙⲛ̅ ⲛⲉⲥϣⲏⲣⲉ· ⲛ̅ⲑⲉ
ⲛ̅ⲧⲁϥⲥⲙⲟⲩ ⲉ ⲛⲉⲛⲉⲓⲟⲧⲉ ⲙ̅ ⲡⲡⲁⲧⲣⲓⲁⲣⲭⲏⲥ· ⲁⲃⲣⲁ-
ϩⲁⲙ ⲙⲛ̅ ⲓⲉⲥⲁⲕ· ⲙⲛ̅ ⲓⲁⲕⲱⲃ· ⲙⲛ̅ ⲥⲁⲣⲣⲁ· ⲙⲛ̅
ϩⲉⲣⲉ[ⲃⲉ]ⲕⲕⲁ· ⲙⲛ̅ ⲗⲓⲁ· ⲙⲛ̅ ϩⲣⲁⲭⲏⲗ· ⲁⲩⲱ ⲉⲩϣⲁⲛⲉⲓ
ⲉ ⲃⲟⲗ ϩⲙ̅ ⲡⲉⲓ ⲃⲓⲟⲥ ⲛ̅ⲧⲉ ⲡⲁⲣⲭⲁⲅⲅⲉⲗⲟⲥ ⲉⲧ ⲟⲩⲁⲁⲃ
ⲙⲓⲭⲁⲏⲗ ϫⲓ ϩⲙⲟⲧ ⲉ ϩⲣⲁⲓ ⲉ ϫⲱⲟⲩ· ⲛϥ̅ⲧⲟⲩϫⲟⲟⲩ
ⲉⲛⲕⲟⲗⲁⲥⲓⲥ ⲉⲧ ϩⲁ ϩⲟⲧⲉ· ⲛϥ̅ϫⲓⲧⲟⲩ ⲉ ϩⲟⲩⲛ ⲙ̅ ⲙⲁ ⲛ
ⲙ̅ⲧⲟⲛ ⲛ̅ ⲧⲙⲛ̅ⲧⲉⲣⲟ ⲛ ⲙ̅ⲡⲏⲩⲉ· ⲛϥ̅ⲧ ⲙ̅ⲙⲟⲟⲩ ⲉ ⲃⲟⲗ ϩⲙ̅
ⲡϣⲏⲛ ⲙ̅ ⲡⲱⲛϩ̅· ⲛϥ̅ⲁⲁⲩ ⲛⲙ̅ⲡϣⲁ ⲛ̅ ⲥⲱⲧⲙ̅ ⲉ ⲧⲉⲥⲙⲏ
ⲙ̅ ⲙⲁⲕⲁⲣⲓⲟⲛ ⲉⲧ ⲙⲉϩ ⲛ̅ ⲣⲁϣⲉ ϩⲓ ⲉⲩⲫⲣⲟⲥⲩⲛⲏ ϫⲉ
ⲁⲙⲏⲓⲧⲛ̅ ⲛⲉⲧ ⲥⲙⲁⲙⲁⲁⲧ ⲛ̅ⲧⲉ ⲡⲁ ⲉⲓⲱⲧ ⲛ̅ⲧⲉⲧⲛ̅ⲕⲗⲏ-
ⲣⲟⲛⲟⲙⲉⲓ ⲛ̅ ⲧⲙⲛ̅ⲧⲉⲣⲟ ⲛ̅ⲧⲁⲩⲥⲃ̅ⲧⲱⲧⲥ̅ ⲛⲏⲧⲛ̅ ϫⲓⲛ ⲧⲕⲁ-
ⲧⲁⲃⲟⲗⲏ ⲙ̅ ⲡⲕⲟⲥⲙⲟⲥ· ⲁⲛⲟⲛ ⲙⲛ̅ ⲡⲅⲉⲛⲟⲥ ⲧⲏⲣϥ̅ ⲛ̅
ⲛⲉⲭⲣⲓⲥ†ⲁⲛⲟⲥ· ⲁⲙⲏⲛ· ⲁⲙⲏⲛ· ⲉϥⲉϣⲱⲡⲉ·

ⲧⲉⲗⲓⲟⲩ ⲙⲛ ⲟⲩⲙϣⲓⲣ ⲥⲟⲩ ⲏ̅
ⲧⲟⲛ ⲁⲅⲓⲟⲛ ⲙⲁⲣͭ ⲭ̅ϥ̅ⲑ̅· ⲥⲁⲣⲁ-
ⲕⲉⲛⲟⲥ ⲧ̅ⲟ̅ⲁ̅

ⲁⲛⲟⲕ ⲡⲉⲓ ⲉⲗⲁⲭⲓⲥ-
ⲧⲟⲥ ⲙⲁⲣⲕⲟⲥ ⲇⲓ[ⲁ]ⲕ[ⲟⲛⲟⲥ] ⲅⲣⲁⲯⲁⲥ
ϣⲗⲏⲗ ⲉϫⲱⲓ ⲛⲁⲅⲁⲡⲏ·

[HISTORIES OF THE MONKS IN THE EGYPTIAN DESERT BY PAPHNUTIUS]

(Brit. Mus. MS. Oriental, No. 7029)

[Some pages wanting]

Fol. 1 *a* [Ⲁⲩ]ⲱ ⲧⲇⲓⲁⲕⲟⲛⲓⲁ · ⲛ̅ⲧ ⲁⲛⲧⲁⲛ[ϩⲟⲩ]ⲧ̅ⲕ̅ ⲉ ⲣⲟⲥ · ⲱ̅ ⲛⲁⲓ-
ⲁⲧⲡ̅ ⲁⲛⲟⲛ ⲡⲉⲛⲕⲁϩ · ⲣ ⲡ̅ⲙ̅ⲡϣⲁ · ⲛ ⲛⲉⲕⲧⲁϭⲥ[ⲉ] [ⲉ]ⲧ
ⲟⲩⲁⲁⲃ · ⲕⲁⲗⲱⲥ ⲁϥϫⲟⲟⲥ ⲛ̅ϭⲓ ⲡ[ⲣϥ̅]ⲯⲁⲗⲗⲉⲓ ⲇⲁ̅ⲇ̅ · ϫⲉ
ϩⲉⲛⲙⲉⲣⲓⲧ ⲛⲉ [ⲛⲉⲕ]ⲙⲁ · ⲛ̅ ϣⲱⲡⲉ · ⲁⲩⲱ ⲟⲛ · ϫⲉ ϩⲉⲛ-
ⲙⲉⲣ[ⲓⲧ] ⲛⲉ · ⲉ ⲧⲃⲉ ⲛⲉⲩⲉⲓⲟⲧⲉ · ⲡϫⲟⲉⲓⲥ ⲡⲉⲧ [ϫⲟⲟⲥ] ϫⲉ
ⲁϥϣⲱⲡⲉ · ϩ̅ⲛ̅ ⲟⲩⲱ̅ ⲙ̅ⲛ̅ ⲟⲩⲛⲟϭ · ⲛ ⲧⲉ · ⲙ̅ⲛ̅ ⲟⲩⲟⲩ-
ⲣⲟⲧ · ⲉ ϩⲟⲩⲛ ⲉ ⲣⲟⲛ · ⲁⲓ[ⲣ] [ⲡ]ⲙⲉⲉⲩⲉ · ⲙ ⲡϣⲁϫⲉ ⲛⲧⲁ
ⲡϫⲟⲉⲓⲥ ϫⲱ[ϥ ϩ̅ⲙ̅] ⲡⲉⲩⲁⲅⲅⲉⲗⲓⲟⲛ · ϫⲉ ⲡⲏⲓ ϫⲉ ⲡⲉ ⲧⲉⲧ-
ⲛⲁⲃⲱⲕ ⲉ ϩⲟⲩⲛ ⲉ ⲣⲟϥ · ⲁϫⲓⲥ ⲛ̅[ϣⲟ]ⲣⲡ̅ ϫⲉ ϯⲣⲏⲛⲏ ⲙ
ⲡⲉⲓ ⲏⲓ ⲉϣⲱⲡⲉ ⲛ̅ ⲛ̅ϣⲏⲣⲉ · ⲛ ⲉⲓⲣⲏⲛⲏ ⲙⲙⲁⲩ · ⲙⲁⲣⲉ
ⲧⲉ[ⲧⲛ̅ⲉⲓ]ⲣⲏⲛⲏ ⲙⲧⲟⲛ ⲙⲙⲟⲥ ⲉ ϩⲣⲁⲓ ⲉ ϫⲱϥ · [ⲉ]ϣⲱⲡⲉ
ⲙⲙⲟⲛ · ⲉⲣⲉ ⲧⲉⲧⲛ̅ⲉⲓⲣⲏⲛⲏ [ⲕⲟⲧⲥ̅] ⲉ ϫⲱⲧⲛ̅ · ⲛ̅ ⲧⲉⲣⲉ ⲓϩⲉ
ⲇⲉ ⲉ ⲣⲟⲟⲩ [ⲛ̅]ϣⲏⲣⲉ ⲛ̅ ⲏⲣⲏⲛⲏ ⲛⲉ · ⲁⲓⲕⲱ ⲛ ⲧⲁ ⲉⲓ[ⲣⲏ]ⲛⲏ
ⲉ ϩⲣⲁⲓ · ⲉ ϫⲱⲟⲩ · ⲕⲁⲧⲁ ⲡϣⲁϫⲉ [ⲛ̅]ⲥⲁϩ · ⲧⲏⲣⲛ̅ ⲡⲉⲭ̅ⲥ̅
ⲓ̅ⲥ̅ ⲡⲉⲛϫⲟⲉⲓⲥ ⁘ [ⲛ̅ ⲧⲉ]ⲣⲉ ⲡⲛⲁⲩ ⲇⲉ ϣⲱⲡⲉ · ⲁⲛⲉⲓⲣⲉ
ⲛ[ⲥⲩⲛⲁ]ⲝⲓⲥ · ⲁⲩⲕⲱ ϩⲁ ⲣⲱⲛ ⲛⲧⲉ ⲧⲣⲁ[ⲡⲏⲍⲁ] [ⲁ]ⲛϣⲗⲏⲗ

Fol. 1 *b* ⲁⲛⲟⲩⲱⲙ [one or two lines wanting] | [ⲟⲩ]ⲱⲙ ·
ⲙ̅ⲛ̅ ⲛⲉⲓ ϩⲁⲅⲓⲟⲥ ⲛ̅ⲧⲉ ⲡⲛⲟ[ⲩⲧⲉ] [ⲛ̅]ⲑⲉ ⲙ ⲡϩ̅ⲙ̅ϩⲁⲗ · ⲛ̅
ⲁⲃⲣⲁϩⲁⲙ · ⲛⲧⲁ ϥ ⲉ ϩⲟⲩⲛ ϩ̅ⲛ̅ ⲟⲩⲣⲁϣⲉ · ⲁⲩⲱ
ⲁⲩ[ϫⲱⲕ ⲉ ⲃⲟ]ⲗ · ⲙ ⲡⲉⲩⲟⲩⲱϣ · ⲧⲏⲣ̅ϥ̅ ⲁⲛⲟⲕ [ⲣⲱ] ⲁⲓϯ
ⲉⲟⲟⲩ ⲙ ⲡⲛⲟⲩⲧⲉ · ϫⲉ ⲙⲡⲉϥϥⲟ ⲧ · ⲙ ⲡⲉϯϣⲓⲛⲉ · ⲛ
ⲥⲱϥ ⲕⲁⲧⲁ ⲡⲉⲧ ⲥⲏϩ ϫⲉ ⲁ ⲡⲉⲧ ⲉϩⲛⲁϥ · ⲙ ⲡⲣⲱⲙⲉ ϫⲱⲕ
ⲉ ⲃⲟⲗ ⲟⲩⲱϣⲧ̅ · ⲙ ⲡⲛⲟⲩⲧⲉ · ⲙ̅ⲛ̅ⲛ̅ⲥⲁ ⲧⲣⲛ̅ ⲉ ⲇⲉ ⲙ̅
ⲡⲗⲩⲭⲛⲓⲕⲟⲛ · ⲁⲛϫⲉⲕ ⲧⲉⲩ ⲧⲏⲣ̅ⲥ̅ ⲉ ⲃⲟⲗ ⲉⲛϣⲗⲏⲗ ·

ⲉⲛϣⲁϫⲉ ▒ ⲡϣⲁϫⲉ ⲙ ⲡⲛⲟⲩⲧⲉ ⲙⲛ̄ ⲛⲉⲥⲃⲟⲟⲩⲉ ⲉⲧ
ⲟⲩⲁⲁⲃ· ⲉⲓⲧⲁ· ⲡⲉϫⲁⲓ ⲙ ⲡϩⲗ̄ⲗⲟ [ⲉⲧ] ⲟⲩⲁⲁⲃ· ⲁⲡⲁ
ⲡⲥⲉⲗⲉⲩⲥⲓⲟⲥ ⲛⲥⲁ ⲟⲩⲥⲁ[ϩ] ⲟⲩⲥⲟⲛ ⲉⲛⲁⲛⲟⲩϥ· ⲡⲉⲧ
ⲉⲕⲟⲩⲏⲛϩ· [ⲛⲙ̄]ⲙⲁϥ ⲉⲧⲉ ⲁⲡⲁ ⲍⲁⲩⲃⲟⲩⲗⲱⲛ ⲡⲉ·
ⲁⲩ[ⲱ] ▒ ⲣⲙ̄ ⲛ̄ϩⲏⲧ ⲡⲉ ⲉ ⲁⲛϯ ϩⲏⲩ ⲉ ⲣⲟϥ ⲉ[ⲙⲁⲁ]ⲧⲉ·
ⲡⲉϫⲁϥ ⲛⲁⲓ ϫⲉ ⲁⲛⲟⲕ· ϩⲱ▒ⲛ ⲁⲓϯ ϩⲏⲩ ⲕⲁⲧⲁ ⲧⲉⲓ
ϩⲉ ⲁⲓϫⲓ ▒· ⲉ ⲃⲟⲗ· ϩⲓ ⲧⲟⲟⲧϥ̄· ϩⲓⲧⲙ̄ ⲡⲉⲑⲃ̄[ⲃⲓⲟ] ⲙⲛ̄
ⲡⲕⲁ ⲣⲱϥ· ⲉⲙ ⲉϥⲟⲩⲱϣ· ⲉⲉⲓ▒ ⲙ ⲡⲉϥϣⲁϫⲉ· ⲉ ⲑⲏ
ϩⲙ̄ⲡⲗⲁⲁⲩ· ⲛ̄▒ ⲕⲁⲛ ⲟⲩⲕⲟⲩⲓ· ⲡⲉⲧ ϣⲁϫⲉ· ⲛⲙ̄[ⲙⲁϥ]·
ⲕⲁⲛ ⲟⲩⲛⲟϭ ⲡⲉ· ϣⲁϥϫⲟⲟⲥ ϫ[ⲉ ⲙⲛ ⲉⲓ]ⲥⲟⲟⲩⲛ·
ⲡⲉϫⲁⲓ ⲛⲁϥ ϫⲉ ⲛ̄▒ⲉⲉ· [ⲁ]ϣ ⲛ̄ ϩⲉ· ϩⲙ̄ ⲡⲉⲓ ▒ |
ⲉⲣⲅⲁⲥⲓⲁ· ⲛ ϯ ⲙⲓⲛⲉ· ⲡⲉϫⲁϥ ⲛ[ⲁⲓ] [ⲛ̄]ϭⲓ ⲡϩⲗ̄ⲗⲟ ϫⲉ Fol. 2*a*
ⲥⲱⲧⲙ̄· ⲛ̄ⲧⲁⲧⲁⲙ[ⲟⲕ] [ⲁϥ]ϫⲓ ⲛⲁϥ ⲛ ⲟⲩⲥϩⲓⲙⲉ· ϩⲛ̄
ⲧⲉϥⲙ[ⲛ̄]ⲧⲃ̄ⲣ̄ⲣⲉ· ⲁⲩⲱ ⲛⲉϥⲡⲣⲟⲕⲟⲡⲧⲉⲓ· ϩⲛ̄ ϩⲱⲃ· ⲛⲓⲙ·
ⲛⲉ ⲟⲩⲡⲁⲣⲑⲉⲛⲟⲥ ⲡⲉ· ϫⲓⲛ ⲧⲉϥⲙⲛ̄ⲧⲕⲟⲩⲓ· ⲁⲩⲱ ⲛⲉϥ-
ⲡⲏⲧ ⲉ ⲃⲟⲗ ⲛ̄ ⲥⲩⲛⲧⲉⲭⲓⲁ· ⲛⲓⲙ· ⲛ̄ⲧⲉ ⲛⲉϩⲓⲟⲟⲙⲉ· ⲉϥⲣ̄-
ϩⲟⲧⲉ· ϩⲏⲧϥ̄· ⲙ ⲡϣⲁϫⲉ ⲉⲧ ⲥⲏϩ ϫⲉ ⲡⲉⲧ ⲛⲁϭⲱϣⲧ·
ⲛ̄ⲥⲁ ⲟⲩⲥϩⲓⲙⲉ· ⲉ ⲉⲡⲓⲑⲩⲙⲉⲓ ⲉ ⲣⲟⲥ· ⲁϥⲟⲩⲱ· ⲉϥⲟ ⲛ
ⲛⲟⲉⲓⲕ ⲉ ⲣⲟⲥ ϩⲙ̄ ⲡⲉϥϩⲏⲧ· ⲁⲩⲱ ⲧⲉⲡⲓⲑⲩⲙⲓⲁ ⲉ ⲁⲥⲱ̄·
ϣⲁⲥϫⲡⲟ· ⲙ ⲡⲛⲟⲃⲉ· ⲡⲛⲟⲃⲉ ⲇⲉ ⲉϥϣⲁⲛϫⲱⲕ ⲉ ⲃⲟⲗ·
ϣⲁϥⲙⲓⲥⲉ· ⲙ ⲡⲙⲟⲩ· ⲁⲩⲱ ⲛⲉϥⲙⲟⲟϣⲉ· ϩⲛ̄ ⲑⲃ̄ⲃⲓⲟ
ⲛⲓⲙ· ⲛ ⲧⲉⲓ ϩⲉ ⲇⲉ ⲁϥⲛⲁⲩ· ⲉⲩϩⲟⲣⲟⲙⲁ ϩⲱⲥ ϫⲉ ⲉϥ-
ⲛⲁⲩ ⲉⲩⲣⲱⲙⲉ ⲉϥϩⲁⲉⲟⲟⲩ· ⲙ ⲡⲉϥⲙⲧⲟ ⲉ ⲃⲟⲗ· ⲉϥϫⲱ
ⲙ̄ⲙⲟⲥ· ϫⲉ ⲙⲛ̄ϭⲟⲙ· ⲛ̄ ⲗⲁⲁⲩ· ⲉⲣ̄ ϩⲙ̄ϩⲁⲗ· ⲛ̄ϫⲟⲉⲓⲥ·
ⲥⲛⲁⲩ· ⲏ ⲛϥ̄ⲙⲉⲣⲉ ⲟⲩⲁ· ⲏ ⲛϥ̄ⲙⲉⲥⲧⲉ ⲟⲩⲁ· ⲧⲁⲓ
ϩⲱⲱϥ· ⲧⲉ ⲧⲉⲕϩⲉ· ⲡⲁ ⲥⲟⲛ· ⲡⲥⲉⲗⲉⲩⲥⲓⲟⲥ· ⲉ ⲁⲕⲥⲡⲟⲩ-
ⲇⲁⲍⲉ· ⲉⲩϩⲱⲃ· ⲉⲛⲁⲛⲟⲩϥ· ⲕⲁⲧⲁ ⲑⲉ· ⲉⲧ ⲥⲏϩ· ϩⲙ̄-
ⲡⲁⲡⲟⲥⲧⲟⲗⲟⲥ· ϫ[ⲉ] [ⲙ]ⲉⲣⲉ ⲗⲁⲁⲩ· ⲉϥⲟ ⲙ ⲙⲁⲧⲟⲓ·
ⲧⲁϩⲉϥ· ⲙⲛ̄ [one line wanting] | ▒ⲡⲉⲛⲧ ⲁϥⲁⲁϥ· ⲙ Fol. 2*b*
ⲙⲁⲧⲟⲓ· ⲉϣ[ⲱⲡⲉ] ⲇⲉ ⲟⲛ· ⲉⲣϣⲁⲛ ⲟⲩⲁ· ⲣ̄ ϣⲟⲉⲓϫ
[ⲙ]ⲉϥϫⲓ ⲕⲗⲟⲙ· ⲉⲓ ⲙⲏ ⲧⲉⲓ ⲛ̄ϥ̄ⲙⲓϣ[ⲉ] ⲕⲁⲗⲱⲥ·
ⲕⲛⲁϫⲣⲟ· ⲛⲥⲁ ⲟⲩⲛⲁⲙ ⲁⲩ[ⲱ] ⲛⲥⲁ ϩⲃⲟⲩⲣ· ⲁⲩⲱ
ⲛ̄ⲧⲉⲩⲛⲟⲩ· ⲁϥⲣ̄ ⲁⲧ ⲟⲩⲱⲛ̄ϩ ⲉ ⲃⲟⲗ· ⲛ̄ϭⲓ ⲡⲉⲧ ϣⲁϫⲉ
ⲛⲙ̄ⲙⲁϥ· ⲁϥⲗⲟ ⲉϥⲛⲁⲩ· ⲉ ⲣⲟϥ· ⲛ̄ ⲧⲉⲣⲉ ϩⲧⲟⲟⲩⲉ

ⲇⲉ ϣⲱⲡⲉ· ⲛⲉⲩⲛ̄ ⲟⲩⲣⲱⲙⲉ· ⲛ ϩⲗⲗⲟ ⲟⲩⲏⲛϩ· ϩⲓ-
ⲧⲟⲩⲱϥ· ⲉ ⲟⲩⲛⲧⲁϥ ⲙⲙⲁⲩ ⲙ ⲡⲥⲟⲟⲩⲛ ⲛ ⲛⲉⲅⲣⲁ-
ⲫⲏ· ⲛⲉϣⲁϥⲃⲱⲕ ϣⲁ ⲣⲟϥ ⲛϩⲁϩ ⲛⲥⲟⲡ· ⲛϥϣⲓⲛⲉ ⲉ
ⲃⲟⲗ· ϩⲓ ⲧⲟⲟⲧϥ̄· ⲉ ⲧⲃⲉ ⲛⲁⲛⲁⲅⲛⲱⲥⲓⲥ· ⲉϣⲁⲩⲟ̄ϣⲟⲩ
ϩⲛ̄ ⲧⲉⲕⲕⲗⲏⲥⲓⲁ· ⲛⲉ ⲟⲩⲙⲁⲓ ϩⲛⲕⲉ· ⲧⲱⲛⲟⲩ ⲡⲉ· ⲁⲩⲱ
ⲟⲛ· ⲛⲉϣⲁϥϫⲱ ⲉ ⲣⲟϥ· ⲛ̄ ⲡ̄ⲉϥⲙⲉⲉⲩⲉ· ⲛ̄ϩⲁϩ ⲛ̄ⲥⲟⲡ·
ⲛϥ̄ⲧⲉⲧ ⲡⲉϥϩⲏⲧ· ϩⲛ̄ ⲛⲉⲅⲣⲁ[ⲫ]ⲏ ⲉⲧ ⲟⲩⲁⲁⲃ· ⲛ̄ ⲧⲉⲣ
ϥ̄ⲃⲱⲕ ⲟⲩⲛ [ϣ]ⲁ ⲣⲟϥ· ⲛϥϫⲱ ⲉ ⲣⲟϥ ⲙ ⲡϩⲟⲣⲟⲙⲁ·
ⲛⲧⲁϥⲛⲁⲩ· ⲉ ⲣⲟϥ· ϫⲉ ⲉϥⲥⲩⲙⲃⲟⲩⲗⲉⲩ[ⲉ]· ⲡⲉϫⲁϥ ⲉ
ⲁⲡⲟⲧⲁⲥⲥⲉ ⲙ ⲡⲉⲧ ⲁⲛⲧⲁϥ ⲧⲏⲣϥ̄· ⲛⲅ̄ϥⲓ· ⲙ ⲡⲉⲕⲥ̄ϯⲟ̄ⲥ̄·
ⲛⲅ̄ⲟⲩⲁϩⲕ̄· ⲛⲥⲁ ⲡⲉⲕϫⲟⲉⲓⲥ· ⲛⲅ̄ⲕⲱ ⲛⲉⲧ ⲙ[ⲟ]ⲟⲩⲧ·
ⲉ ⲧⲉⲙⲉ̄· ⲛⲛⲉⲩⲣϥ̄ⲙⲟⲟⲩⲧ· ⲉⲧ |
Fol. 3a ⲉⲧ ϣⲟⲩⲉⲓⲧ· ⲙⲏ ⲙⲡⲉ ⲕⲥⲱⲧⲙ̄· ⲉ ⲡϫ̄ⲥ̄ ⲉϥⲱϣ ⲉ ⲃⲟⲗ·
ⲉ̄ (*sic*) ϩⲛ̄ ⲛⲉⲩⲁⲅⲅⲉⲗⲓⲟⲛ· ϫⲉ ⲙⲉⲣⲉ ⲗⲁⲁⲩ ⲧⲁⲗⲉ ⲧⲟⲟⲧϥ̄
ⲉϫⲛ̄ ⲟⲩϩⲃ̄ⲃⲉ· ⲛϥ̄ⲕⲟⲧϥ̄ ⲉ ⲡⲁϩⲟⲩ· ⲛϥ̄ⲥⲟⲟⲩⲧⲛ̄ ⲉ ϩⲟⲩⲛ·
ⲉ ⲧⲙⲛ̄ⲧⲉⲣⲟ ⲛ̄ ⲙⲡⲏⲩⲉ· ⲡⲉⲓ ϣⲁϫⲉ· ⲇⲉ ϫⲉ ϭⲱϣⲧ̄· ⲉ
ⲡⲁϩⲟⲩ· ϥⲥⲩⲙⲁⲛⲉ· ⲛ̄ⲡⲣⲟⲟⲩϣ· ⲙ̄ ⲡⲕⲟⲥⲙⲟⲥ ⲉⲧ
ϣⲟⲩⲉⲓⲧ· ⲙⲛ̄ ⲛⲉϥϩⲩⲗⲉⲓ ⲛ̄ⲧⲛ̄ ⲧⲙ̄ ⲥⲩⲱⲛⲟⲩ· Ⲧⲉⲛⲟⲩ
ϭⲉ ⲡⲁ ⲙⲉⲣⲓⲧ ⲛ ⲥⲟⲛ· ϯⲟⲩⲱϣ ⲙⲉⲛ ⲁⲛ· ⲉ ⲧⲣ̄ ⲕ̄ⲃⲱⲕ
ⲛ̄ⲅ̄ⲕⲁⲁⲧ ⲉ ⲧⲃⲉ ⲧⲉⲕⲉⲡⲓⲥⲧⲏⲙⲉⲓ· ⲙⲛ̄ ⲧⲉⲕⲉⲓ ϣⲁ ⲣⲟⲓ·
ⲉⲧ ⲙⲉϩ· ⲡ̄ϩⲏⲩ ⲁⲗⲗⲁ ϯⲟⲩⲱϣ ⲟⲛ ⲉ ⲧⲣⲉⲕⲙⲟⲟϣⲉ·
ϩⲙ̄ ⲡⲧⲱϩⲙ̄· ⲛⲧⲁⲩⲧⲁϩⲙⲉⲕ ⲉ ⲣⲟϥ· ⲧⲱⲟⲩⲛ ⲛⲅ̄ⲃⲱⲕ·
ϣⲁ ⲛⲉⲥⲛⲏⲩ· ⲛⲥⲉϯ ϩⲓⲱⲱⲕ· ⲙ ⲡⲉⲥⲭⲏⲙⲁ ⲛ ⲧⲙⲛ̄ⲧ-
ⲙⲟⲛⲟⲭⲟⲥ· ⲁⲩⲱ ⲥⲉⲛⲁⲧⲁⲙⲟⲕ· ⲉⲑⲉ ⲉⲧ ϣ̄ϣⲉ ⲉ ⲣⲟⲕ·
ⲉ ⲁⲁⲥ· ⲁⲩⲱ ⲛ ⲧⲉⲓ ϩⲉ· ⲁϥⲃⲱⲕ· ⲕⲁⲧⲁ ⲑⲉ· ⲛ̄ⲧⲁϥϫⲟⲟⲥ
ⲛϭⲓ ⲡϩ̄ⲗⲗⲟ· ⲁϥⲃⲱⲕ· ⲉ ⲣⲁⲧⲟⲩ· ⲛ̄ ⲛⲉⲥⲛⲏⲩ· ⲉ ⲡⲙⲁ
ⲉⲧⲟⲩⲙⲟⲩⲧⲉ· ⲉ ⲣⲟ[ϥ]
ⲙⲉ· ⲉϥⲟⲩ ⲣⲁⲛ·
Fol. 3b ⲧⲉ | ⲁⲩⲱ ⲛ̄ ⲁⲥϯⲟⲥ ⲉ
ⲍ̄ ⲡⲉϩⲟⲩⲟ· ⲉⲣⲉ ⲡⲉϥϩⲟ ⲟⲩⲉⲧⲟⲩⲱⲧ· ⲉⲙⲁⲧⲉ· ⲙⲛ̄ ⲡⲉϥⲥⲱⲙⲁ
ⲧⲏⲣϥ̄· ⲉ ⲃⲟⲗ· ⲙ ⲡⲉϩⲟⲩⲟ· ⲛ̄ ⲛⲁⲥⲕⲏⲥⲓⲥ· ⲕⲁⲧⲁ ⲑⲉ ⲉⲧ
ⲥⲏϩ· ϫⲉ ϩⲉⲛⲧⲡ̄ϩ ⲛ̄ ϭⲣⲟⲙⲡⲉ ⲉⲩⲗⲁⲗⲱⲟⲩ· ⲛ ϩⲁⲧ ⲁⲩⲱ
ⲡⲕⲱⲧⲉ ⲛ̄ ⲛⲉⲥⲛⲁϩⲃ̄· ϩⲙ̄ ⲡⲟⲩⲟⲧⲟⲩⲉⲧ ⲙ ⲡⲛⲟⲩⲃ·
ⲛⲧⲁϥϫⲉ ⲡⲁⲓ· ⲉ ⲧⲃⲉ ⲡⲉϥⲓ ⲉ ϩⲣⲁⲓ ⲛ ⲛ̄ϭⲓϫ· ⲙ ⲡϩ̄ⲗⲗⲟ·

ⲙ̄ ⲡⲧⲩⲡⲟⲥ ⲛ̄ ⲛ̄ⲧⲛ̄ϩ ⲕⲁⲧⲁ ⲛⲉⲅⲣⲁⲫⲏ · ⲁⲩⲱ ⲡⲡⲓⲣⲉ ⲙ̄
ⲡϩⲁⲧ ⲉϥⲉⲓⲛⲉ ⲙ̄ⲙⲟϥ ⲉϫⲛ̄ ⲛⲉϣⲗⲏⲗ · ⲉⲧ ⲧⲃ̄ⲃⲏⲩ ⲁⲩⲱ
ⲛⲟⲩⲟⲧⲟⲩⲉⲧ ⲙ̄ ⲡⲛⲟⲩⲃ · ⲉϫⲛ̄ ⲛⲟⲩⲟⲧⲟⲩⲉⲧ · ⲛ̄ ⲛⲁⲥⲕⲏ-
ⲥⲓⲥ ⲕⲁⲧⲁ ⲡⲉⲧ ⲥⲏϩ · ϫⲉ ⲛⲁⲓⲁⲧⲟⲩ ⲛ̄ ⲛⲉⲧ ⲟⲩⲁⲁⲃ [ϩ]ⲙ̄
ⲡⲉⲩϩⲏⲧ ϫⲉ ⲛ̄ⲧⲟⲟⲩ · ⲛⲉⲧ ⲛⲁ[ⲛ]ⲁⲩ · ⲉ ⲡⲛⲟⲩⲧⲉ · ⲛⲉ
ⲟⲩⲣϥϣⲡ̄ ϩⲓⲥⲉ [ⲡ]ⲉ · ⲁⲩⲱ ⲛⲉϣⲁϥⲣ̄ ⲟⲩϣⲏⲛ ⲛ̄ⲣⲟⲉⲓⲥ ⲡⲉ
[ⲛ̄]ϩⲁϩ · ⲛ̄ⲥⲟⲡ · ⲛⲉϣⲁϥⲟⲩⲱⲙ · ⲇⲉ ⲟⲛ [ⲛ̄]ϩⲁϩ · ⲛ̄ⲥⲟⲡ
ϩⲛ̄ ⲛⲉⲛⲧⲏϭ · ⲛ̄ⲑⲉ ⲛ̄ ⲓⲱ[ϩⲁ]ⲛⲛⲏⲥ · ⲡⲃⲁⲡⲧⲓⲥⲧⲓⲥ · ⲛ̄ⲧⲁⲩ-
ⲣ̄ⲙⲛ̄ⲧⲣⲉ ϩⲁ ⲣⲟϥ [ϫⲉ ⲧⲉϥϩⲣⲉ ⲇⲉ ⲡⲉ ϩⲉⲛϣϫⲉ ⲡⲉ ⲙ̄]ⲛ̄
ⲟⲩⲉⲃⲉⲓⲉ ϩⲟⲟⲩⲧ … ⲟⲛ …
… | Ⲉ ⲧⲃⲉ ⲛ̄ⲧⲃ̄ⲃⲟ ⲙ̄ ⲡⲉϥϩⲏⲧ · ⲙⲛ̄ ⲡⲧ[ⲃ]ⲃⲟ · Fol. 4 *a* ⲏ̄
ⲙ̄ ⲡⲉϥⲥⲱⲙⲁ · ⲁϥϫⲟⲟⲥ ⲛ̄ϭⲓ ⲡ[ⲉⲓ]ⲱⲧ · ⲉⲧ ⲟⲩⲁⲁⲃ · ⲁⲡⲁ
ⲡⲥⲉⲗⲉⲩⲥⲓⲟⲥ · [ϫⲉ] ϣⲁϥⲛⲁⲩ ⲉ ϩⲁϩ · ⲛ̄ϭⲱⲗⲡ̄ ⲉ ⲃⲟⲗ ·
ⲛ̄ϩⲁ[ϩ] ⲛ̄ⲥⲟⲡ · ⲁⲩⲱ ϣⲁϫⲉ ⲛⲓⲙ · ⲉϣⲁϥϫⲟ[ⲟⲥ] ⲛⲉϣⲁⲩ-
ϣⲱⲡⲉ ⲙ̄ⲙⲉ · ⲛⲉϣⲁϥⲛⲁⲩ ϩⲛ̄ ⲛⲉϥϩⲟⲣⲁⲥⲓⲥ · ⲛ̄ⲑⲉ ⲙ̄
ⲇⲁⲛⲓⲏⲗ · ⲡⲉ[ⲧ ⲉϥ]ⲛⲁⲩ ⲉ ⲃⲟⲗ · ⲡⲉϫⲁϥ ⲟⲛ ⲛ̄ϭⲓ ⲁⲡⲁ
[ⲡⲥⲉ]ⲗⲉⲩⲥⲓⲟⲥ ϫⲉ ⲛ̄ ⲧⲉⲣ ⲓⲉⲓ · ⲟⲩⲛ̄ ϣⲁ ⲣⲟϥ · ⲉⲧⲉ ⲡⲉⲛⲧ
ⲁⲓϣⲣ̄ⲡ ϣⲁϫⲉ ⲉ ⲣⲟϥ · ⲉⲧⲉ [ⲓⲱ]ϩⲁⲛⲛⲏⲥ ⲡⲉ ⲡⲉⲛⲧ ⲁⲓϫⲉ
ⲛⲉⲓ ϣⲁϫⲉ ⲧⲏⲣⲟⲩ · ⲉ ⲧⲃⲏⲏⲧϥ · ⲁϥϣⲟⲡⲧ ⲉ ⲣ[ⲟⲓ] ϩⲛ̄
ⲟⲩⲛⲟϭ · ⲛ̄ ⲙ̄ ⲙⲛ̄ⲧⲙⲁⲓⲣⲱⲙⲉ · ⲁ[ⲩⲱ] ⲙⲡⲉ ⲓϭⲛ̄ ⲗⲁⲁⲩ
ϩⲙ̄ ⲡⲉϥⲙⲁ · ⲛ̄ ϣⲱ[ⲡⲉ] ⲉⲓ ⲙⲏ ⲧⲉⲓ ϣⲟⲙⲛ̄ⲧ ⲛ̄ⲟⲉⲓⲕ ·
ⲙ̄ⲙⲁⲧⲉ ⲉⲧⲙ̄ⲙⲁⲩ · ⲉ ⲧⲃⲉ ⲛ̄ϣⲙ̄ⲙⲟ ⲉⲧ ⲛⲁⲡⲁ[ⲣⲁ]ⲅⲉ ·
ⲙⲏ ⲡⲟⲧⲉ · ⲛ̄ⲥⲉϫⲟⲟⲥ · ϫⲉ ⲡϩⲗ̄ⲗ[ⲟ] ⲟⲩⲉⲙ ⲟⲉⲓⲕ · ⲁⲛ ·
ⲛ̄ ⲧⲉⲣ ⲓϭⲱ ⲇⲉ ϩⲁϩ[ⲧⲏϥ] ⲁⲓⲡⲁⲣⲁⲕⲁⲗⲉⲓ ⲙ̄ⲙⲟϥ · ⲉ ⲧⲣ̄
ϥϯ ϩⲓⲱ[ⲱⲧ] ⲙ̄ ⲡⲉⲥⲭⲏⲙⲁ [ⲛ̄ ⲙ̄ ⲙⲛ̄ⲧ]ⲙⲟⲛⲟⲭⲟⲥ …
… ⲛ̄ⲧⲉ …
… ϫⲓ | … ⲛⲕⲱⲧ · ⲛ̄ ⲧⲙⲛ̄ⲧⲙⲟⲛⲟⲭⲟⲥ · Ⲁⲩⲱ Fol. 4 *b* ⲑ̄
[ⲡ]ⲉϫⲁϥ · ⲛⲁⲓ ϫⲉ ⲟⲩ ⲡⲁ ⲥⲟⲛ · ⲡⲥⲉⲗⲉⲩⲥⲓ[ⲟⲥ] ϥⲥⲏϩ ·
ϫⲉ ⲁ ⲛⲉⲕϣⲁϫⲉ · ϩⲗⲟϭ · ϩⲛ̄ [ⲧ]ⲁ ϣⲟⲩⲱⲃⲉ · ⲡϫ̄ⲥ̄ ·
ⲛ̄ϩⲟⲩⲟ ⲉⲩⲉⲃⲓⲱ … ϩⲛ̄ ⲣⲱⲓ · ⲉⲡⲉⲓ ⲇⲏ ⲁⲕϫⲛⲟⲩⲓ ⲡⲁ
[ϣ]ⲏⲣⲉ · ⲉ ⲧⲃⲉ ⲧⲉⲥⲃⲱ · ϫⲉ ϣⲱⲡⲉ · ⲉ[ⲧ]ⲉⲧⲛ̄ⲧⲥⲁⲛⲏⲩ ·
ⲛ̄ ⲛⲁϩⲣⲛ̄ ⲛⲁ ⲡⲃⲟⲗ ⁘ [ⲁⲩ]ⲱ ⲉⲧⲉⲧⲛ̄ϫⲟⲕⲣ̄ · ϩⲙ̄ ⲡⲉϩⲙⲟⲩ ·
ⲛ̄[ⲑⲉ] ⲛ̄ⲧⲁ ⲡ̄ⲥ̄ⲏ̄ⲣ̄ · ϫⲟⲟⲥ ϩⲙ̄ ⲡⲉⲩⲁⲅⲅⲉⲗⲓⲟⲛ [ⲙ̄]ⲛ ⲛⲉϥⲁⲡⲟ-
ⲥⲧⲟⲗⲟⲥ · ϫⲉ ⲛ̄ⲧⲱⲧⲛ̄ · ⲡⲉ [ⲡⲉ]ϩⲙⲟⲩ ⲙ̄ ⲡⲕⲁϩ ϣⲱⲡⲉ

ⲛⲣ̄ⲙ̄ⲣⲁϣ [ⲁⲩ]ⲱ ⲛ̄ⲃⲁⲗϩⲏⲧ · ⲕⲁⲧⲁ ⲑⲉ ⲛ̄ⲧⲁ ⲡⲉⲛ[ϫⲟ]ⲉⲓⲥ
ϫⲟⲟⲥ ϫⲉ ⲉⲓⲥ ϩⲏⲏⲧⲉ ⲁⲛⲟⲕ ϯ[ϫⲟ]ⲟⲩ ⲙ̄ⲙⲱⲧⲛ̄ · ⲛ̄ⲑⲉ
ⲛ ϩⲉⲛⲉⲥⲟⲟⲩ ⲉ ⲧⲙⲏ[ⲏⲧ]ⲉ ⲛ ϩⲉⲛⲱⲛϣ̄ · ϣⲱⲡⲉ ϭⲉ ⲛ̄ⲥⲁⲃⲉ
[ⲛⲑⲉ] ⲛ̄ⲛⲉⲓ ϩⲟϥ · ⲁⲩⲱ ⲛⲁⲕⲁⲓⲣⲁⲓⲟⲥ ⲛⲑⲉ · [ⲛ]ⲉⲓ ϭⲣⲟⲙ-
ⲡⲉ ⁘ ⲁϥϫⲟⲟⲩⲥⲟⲩ ϩⲱⲥ ⲉⲥⲟⲟⲩ · [ⲁⲗ]ⲗⲁ ⲙⲡⲉ ϥⲧⲁⲛϩⲉⲧ
ⲧⲙⲛ̄ⲧⲁⲧⲣⲟⲟⲩϣ [ⲛⲛ]ⲉⲥⲟⲟⲩ · ⲉ ⲧⲣⲉϥⲙⲟⲟϣⲉ ⲛϩⲏⲧⲥ̄ ·
ⲛⲥⲉ[ⲕⲁ] [...] ⲉⲩϩⲏⲧ ⲉ ⲃⲟⲗ · ⲉ ⲧⲃⲉ ⲛⲙⲉⲉⲩⲉ · ⲛ̄ⲛ̄[ⲇⲁⲓ]-
ⲙⲟⲛⲓⲟⲛ · [...]ⲣⲡ̄ · ϫⲉ[...]
[...]ⲧⲡ̄[...]ⲛ[...]

Fol. 5 *a* [...] | ϩⲛ̄ ⲟⲩⲃⲱⲗ · ⲉ ⲃⲟⲗ · ⲟⲩⲇⲉ ·
ī ⲉ ⲧⲙ̄ ⲕⲁ ⲡⲉϩⲏⲧ · ⲉ ⲃⲟⲗ · ϩⲛ̄ ⲟⲩⲱⲙ · ⲙⲛ̄ ⲟⲩⲥⲱ ⲙⲛ̄
ⲟⲩϩⲏⲇⲟⲛⲏ ϫⲉ ⲡⲉⲛⲁⲛⲇⲓⲁⲓⲕⲟⲥ ⲡⲇⲓⲁⲃⲟⲗⲟⲥ · ⲙⲟⲟϣⲉ
ⲉϥϭⲟⲣϭ̄ · ⲉ ⲡⲣⲱⲙⲉ ⲉϥⲉⲗϩⲏⲙ · ⲛ̄ⲑⲉ · ⲛ̄ⲛⲉⲓ ⲙⲟⲩⲓ ·
ⲉϥϣⲓⲛⲉ ⲛⲥⲁ ⲱⲙⲕ · ⲛ̄ ⲛⲉⲛⲯⲩⲭⲏ · ⲛ̄ ⲧⲉⲣ ⲓⲣ ϩⲉⲛϩⲟⲟⲩ
ⲇⲉ ϩⲁϩⲧⲏϥ · ⲉϥ[...]ⲉ ⲣⲟⲓ ⲛ̄ⲛⲉⲓ ϣⲁϫⲉ ⲙⲛ̄ ⲛⲉⲧ ⲧⲛ̄ⲧⲱⲛ ·
ⲉ ⲣⲟⲟⲩ · ⲁⲓⲡⲁⲣⲁⲕⲁⲗⲉⲓ ⲙ̄ⲙⲟϥ · ⲉ ⲧⲣⲉϥϫⲓⲧ ⲉⲩⲙⲁ
ⲙⲁⲩⲁⲁⲧ · ⲛ̄ ⲧⲉⲓ ϩⲉ ⲇⲉ ⲁϥⲉⲛⲧ̄ · ⲉ ⲡⲉⲓ ⲙⲁ · ⲁϥϭⲱ
ϩⲁϩⲧⲏⲛ ⲛ̄ϩⲉⲛϩⲟⲟⲩ · ϣⲁⲛⲧ ⲉϥⲧⲥⲁⲃⲟⲓ · ⲉ ⲧϭⲓⲛⲟⲩⲱϩ ·
ⲙⲁⲩⲁⲁⲧ ϩⲓ ⲡϫⲁⲓⲉ · ⲉ ⲁϥϯ ⲉ ⲧⲟⲟⲧ · ⲛ̄ϩⲉⲛⲉⲛⲧⲟⲗⲏ ·
ⲙⲛ̄ ⲧϭⲓⲛϥⲓ ⲉ ϩⲣⲁⲓ ϩⲁⲛⲙⲉⲉⲩⲉ · ⲛ̄ ⲛ̄ⲇⲁⲓⲙⲟⲛⲓⲟⲛ ·
ⲙⲛ̄ ⲧϭⲓⲛⲙⲓϣⲉ · ⲉⲧ ⲥⲁϣⲉ · ⲁϥⲕⲁⲁⲧ · ⲙⲁⲩⲁⲁⲧ ϣⲁⲛⲧⲉ
ⲡⲁ ⲥⲟⲛ · ⳅⲁⲃⲟⲩⲗⲱⲛ ⲉⲓ ϣⲁⲣⲟⲓ · ⲉⲓⲧⲁ ⲡⲉϫⲁϥ · ⲛⲁⲓ
ϫⲉ ϯⲡⲁⲣⲁⲕⲁⲗⲉⲓ ⲙ̄ⲙⲟⲕ ⲡⲁ ⲉⲓⲱⲧ ⲛ̄ⲥⲉⲗⲉⲩⲥⲓⲟⲥ · ⲉⲡⲉⲓ

Fol. 5 *b* ⲇⲏ · ⲟⲩⲛ̄ · [three lines wanting] | ⲁϥⲟⲩⲱϣⲃ̄ · ⲛ̄ϭⲓ ⲡϩⲗ-
ⲓⲁ ⲗⲟ · ⲡⲉϫⲁϥ ⲛⲁⲓ ϫⲉ ⲉⲡⲉⲓ ⲇⲏ · ⲁⲕϣⲓⲛⲉ ϯⲛⲁⲧⲁⲙⲟⲕ
ⲁⲩⲱ ⲙⲛ̄ ⲗⲁⲁⲩ · ϩⲏⲡ ⲉ ⲣⲟⲕ · ⲛⲉⲑⲏⲡ ⲟⲛ ⲉ ⲣⲟⲕ ·
ϩⲁϩⲧⲛ̄ ⲛ̄ⲣⲱⲙⲉ · ⲡⲉⲡ̄ⲛ̄ⲁ̄ · ⲉⲧ ⲟⲩⲁⲁⲃ · ϭⲱⲗⲡ̄ · ⲙ̄ⲙⲟⲟⲩ ·
ⲛⲁⲕ · ⲉ ⲃⲟⲗ · ⲡⲉϫⲁⲓ ⲛⲁϥ · ϫⲉ ⲁⲣⲓ ⲧⲁⲅⲁⲡⲏ · ⲛ̄ⲙ̄ⲙⲁⲓ
ⲡⲁ ⲉⲓⲱⲧ · ⲙ̄ⲡⲣ̄ ⲥⲛ̄ⲧ ⲡⲉⲕϩⲙ̄ϩⲁⲗ : ⲉ ⲃⲟⲗ · ⲁϥⲟⲩⲱϣⲃ̄ ·
ⲉϥϫⲱ ⲙ̄ⲙⲟⲥ ⲛⲁⲓ · ϫⲉ ⲉⲡⲉⲓ ⲇⲏ · ⲁⲕϣⲓⲛⲉ · ϯⲛⲁⲧⲁ-
ⲙⲟⲕ · ⲡⲉϫⲁϥ ϫⲉ ⲁⲓⲃⲱⲕ · ⲛ̄ⲟⲩⲟⲉⲓϣ ⲉ ϩⲟⲩⲛ · ⲉ ⲧⲉⲣⲏ-
ⲙⲟⲥ · ⲉⲧ ϩⲓ ϩⲟⲩⲛ · ⲉⲛⲁϩⲟⲟⲩ ⲥⲛⲁⲩ ⲙ ⲙⲟⲟϣⲉ ⲁⲓϭⲓⲛⲉ
ⲛ̄ϩⲉⲛⲕⲟⲩⲓ ⲛ̄ⲃⲛ̄ⲛⲉ · ϩⲛ̄ⲟⲩⲉⲓⲁ · ⲙⲛ̄ ⲟⲩⲡⲏⲅⲏ ⲙ̄ⲙⲟⲟⲩ ·
ⲙⲛ̄ ϩⲉⲛⲉⲛⲧⲏϭ · ⲙ ⲡⲕⲱⲧⲉ ⲙ̄ⲙⲟⲟⲩ · ⲁⲓϩⲙⲟⲟⲥ ϩⲓϫⲛ̄

ⲧⲡⲩⲅⲏ ⲉ ⲧⲣⲁⲙⲧⲟⲛ · ⲙⲙⲟⲓ · ⲛ ⲟⲩⲕⲟⲩⲓ · ⲉⲓϩⲙ̅ ⲡϩⲓⲥⲉ ·
ⲙ̅ⲡⲉϩⲓⲟⲟⲩⲉ · ⲉⲓϫⲱ · ⲙⲙⲟⲥ ϫⲉ [ⲁ]ⲣⲁ · ⲟⲩⲛⲥⲟⲛ · ⲙ̅
ⲡⲉⲓ ⲙⲁ ϫⲓⲛ ⲙⲙⲟⲛ ϩⲟⲥⲟⲛ · ⲇⲉ · ⲉⲓⲙⲉⲉⲩⲉ · ⲛ̅ϯϩⲉ ·
ⲁⲓϭⲱϣⲧ [ⲁⲓ]ⲛⲁⲩ · ⲉ ⲣ[ⲱⲙⲉ] [...]
[ⲙ]ⲟⲩⲧ[ⲉ] [...]
[...] [one line wanting] | ϩⲉⲛⲃ̅ⲛ̅ⲛⲉ · ⲁⲩⲱ Fol. 6 *a*
ⲁⲩⲉⲓⲛⲉ · ⲛ̅ ⲟⲩⲕⲟⲩⲓ · ⲙⲙⲟⲟⲩ · ⲉ ⲧⲣⲁⲥⲱ · ⲁⲛⲟⲕ ⲇⲉ [ⲓ̅ⲃ̅]
ⲁⲓⲟⲩⲱϣ ⲉ ⲧⲣⲁϭⲱ · ϩⲁϩⲧⲏⲩ · ϩⲙ̅ ⲡⲙⲁ ⲉⲧ ⲙ̅ⲙⲁⲩ
ⲁⲗⲗⲁ · ⲁⲓⲣ̅ ⲡⲙⲉⲉⲩⲉ · ⲙ̅ ⲡⲁ ⲥⲟⲛ · ⲍⲁⲃⲟⲩⲗ[ⲱⲛ] ⲙⲡⲉ
ⲓⲉϣϭⲱ ⲙ ⲡⲉϥⲃⲟⲗ · ⲕⲁⲧⲁ ⲑⲉ ⲉⲧ ⲉⲣⲉ ⲡⲁⲡⲟⲥⲧⲟⲗⲟⲥ
ϫⲱ ⲙⲙⲟⲥ ϫⲉ ⲛ̅ ⲧⲉⲣⲉ ⲟⲩⲛⲟϭ · ⲛ ⲣⲟ · ⲟⲩⲏⲛ ⲛⲁⲓ ϩⲙ̅
[...] ⲙⲡⲉ ⲓⲙⲧⲟⲛ · ϩⲙ̅ ⲡⲁ ⲡ̅ⲛ̅ⲁ̅ · ⲉϯⲧⲟⲥ · ⲡⲁ
ⲥⲟⲛ ⁘ ⲁⲩⲱ ⲟⲛ ϫⲉ ⲁⲛⲟⲕ ⲁⲓⲧⲱϭⲉ · ⲁⲡⲱⲗⲗⲱ ⲡⲉⲛⲧ
ⲁϥⲧⲥⲟ · ⲡⲛⲟⲩⲧⲉ · ⲡⲉⲛⲧ ⲁϥⲁⲩⲝⲁⲛⲉ · ⲁⲓϫⲟⲟⲥ ⲇⲉ ⲛⲁⲩ
ϫⲉ ⲛⲧⲁⲧⲉⲧⲛ̅ⲉⲓ · ⲉ ⲡⲉⲓ ⲙⲁ · ⲛ̅ ⲁϣ ⲛ̅ ϩⲉ · ⲁⲩⲱ
ⲉⲧⲉⲧⲛ̅ⲡⲟⲩⲉⲙ ⲟⲩ · ⲁⲩⲱ ⲛⲓⲙ ⲛⲉ ⲛⲉⲧⲛ̅ⲣⲁⲛ · ⲁⲩⲱ
ⲛⲧⲉⲧⲛ̅ϩⲉ ⲛⲣⲙ̅ ⲧⲱⲛ · ⲁⲩⲱ ⲉⲧⲉⲧⲛ̅ ⲥⲩⲛⲁⲅⲉ · ⲛ ⲁϣ
ⲛ̅ ϩⲉ ⲉⲧⲉⲧⲛ̅ ⲙ ⲡⲉⲓ ⲙⲁ · ⲛ̅ⲧⲟⲟⲩ ⲇⲉ ⲡⲉϫⲁϥ ϫⲉ
ⲁⲛⲟⲛ · ϩⲉⲛⲣⲙ̅ⲧⲡⲟⲗⲓⲥ · ⲥⲟⲩⲁⲛ ⲉ ⲁⲛϣⲱⲡⲉ · ϩⲛ̅
ⲟⲩϩⲏⲧ · ⲛⲟⲩⲱⲧ · ϫⲓⲛ ⲉⲛ ϩⲙ̅ ⲡⲕⲟⲥⲙⲟⲥ · ⲉⲛⲟⲛϣⲃⲏⲣ
ⲉⲛⲉⲛⲉⲣⲏⲩ · ⲛⲉϣⲁⲛⲃⲱⲕ · ⲉ ⲧⲉⲕⲕⲗⲏⲥⲓⲁ ⲙⲛ̅ ⲛⲉⲛⲉⲣⲏⲩ ·
ⲙⲙⲏⲛⲉ · ⲉⲣⲟⲩϩⲉ · ⲙⲛ̅ ϩⲧⲟⲟⲩⲉ · ⲉⲛⲥⲱⲧⲙ̅ · ⲉ ⲛⲉⲅⲣⲁ-
ⲫⲏ · ⲉⲧ ⲟⲩⲁⲁⲃ · ⲉⲧⲟⲩⲱϣ · ⲙⲙⲟⲟⲩ · ⲙⲛ̅ ⲛ̅ⲁⲛⲁⲅ-
ⲛⲱⲥⲓⲥ · ϩⲙ̅ ⲡⲉⲩⲁⲅⲅⲉⲗⲓⲟⲛ · ⲙⲉⲛ ϫⲉ ⲡⲉⲧ ⲙⲉ · ⲡ̅ⲉ ⲓⲱⲧ ·
ⲏ ⲙⲁⲁⲩ ⲉϩⲟⲩⲉ ⲣⲟⲓ | ⲛϥⲙ̅ⲡϣⲁ · ⲙⲙⲟⲓ ⲁⲛ · ⲁⲩⲱ Fol. 6 *b*
ⲡⲉⲧⲉ ⲛϥ[ⲛ]ⲁϥⲓ ⲁⲛ ⲙ ⲡⲉϥⲥϯⲟⲥ · ⲛϥⲟⲩⲁϩϥ · ⲛⲥⲱⲓ [ⲓ̅ⲅ̅]
ⲛϥⲙ̅ⲡϣⲁ ⲙⲙⲟⲓ ⲁⲛ · ⲁⲛⲟⲛ ⲇⲉ ⲛ ⲧⲉⲣ ⲛ̅ⲥⲱⲧⲙ̅ · ⲉ ⲛⲉⲓ
ϣⲁϫⲉ · ⲛⲱⲛ̅ϩ ⲉ ⲃⲟⲗ ϩⲛ̅ ⲧⲧⲁⲡⲣⲟ · ⲙ ⲡⲉⲛϫⲟⲉⲓⲥ · ⲓ̅ⲥ̅
ⲡⲉⲭ̅ⲥ̅ ⲡⲉⲛⲥ̅ⲱ̅ⲣ̅ · ⲙ ⲙⲁⲓ ⲣⲱⲙⲉ · ⲙⲛ̅ ⲛⲉⲧ ⲧⲛ̅ⲧⲱⲟⲩⲛ ·
ⲉ ⲣⲟϥ · ⲉⲧⲉ ⲛⲁⲓ ⲛⲉ · ϫⲉ ⲡⲉⲧ ⲙⲉ · [ⲛ̅ ⲧⲉϥ]ⲯⲩⲭⲏ ·
ϥⲛⲁⲥⲟⲣⲙⲉⲥ · ⲁⲩⲱ ⲡⲉⲧ [ⲛⲁⲥⲟⲣ]ⲙ̅ · ⲛ̅ ⲧⲉϥⲯⲩⲭⲏ ·
ⲉ ⲧⲃⲏⲏⲧ · ϥⲛⲁϩⲉ · ⲉ ⲣⲟⲥ · ⲉⲓⲧⲁ · ⲟⲛ · ϫⲉ ⲉⲣϣⲁⲛ
ⲡⲣⲱⲙⲉ · ϯϩⲏⲩ · ⲙ ⲡⲕⲟⲥⲙⲟⲥ ⲧⲏⲣϥ̅ · ⲛϥϯⲟⲥⲉ ⲇⲉ ·
ⲛ̅ ⲧⲉϥⲯⲩⲭⲏ ⲏ ⲟⲩ ⲡⲉⲧ ⲉⲣⲉ ⲡⲣⲱⲙⲉ · ⲛⲁⲧⲁⲁϥ · ⲛ

ϣⲃ̄ⲃⲓⲱ · ⲛ̄ⲧⲉϥⲯⲩⲭⲏ ⁘ ⲛⲁⲓ ⲇⲉ · ⲛ ⲧⲉⲣ̄ ⲛ̄ⲥⲟⲧⲙⲟⲩ ·
ⲁⲛⲣ ⲟⲩϩⲏⲧ · ⲛ̄ ⲟⲩⲱⲧ ⲙⲛ̄ ⲛⲉⲛⲉⲣⲏⲩ · ⲁ ⲡϣⲁϫⲉ · ⲙ̄
ⲡⲛⲟⲩⲧⲉ · ϩⲗⲟϭ · ⲛ̄ ⲧⲟⲟⲧⲛ̄ · ⲛ̄ϩⲟⲩⲟ · ⲉ ⲡⲉⲃⲓ̄ⲱ̄ ⲙⲛ̄
ⲡⲙⲟⲗϩ · ⲁⲛⲥⲩⲛⲧⲁⲍⲉ · ⲙⲛ̄ ⲛⲉⲛⲉⲣⲏⲩ · ⲉⲩϩⲟⲟⲩ · ⲉ
ⲧⲣⲛ̄ⲉⲓ · ⲉ ⲃⲟⲗ ϩⲛ̄ ⲧⲡⲟⲗⲓⲥ · ⲛ̄ϩⲏⲧϥ̄ · ⲁⲛϭⲱ ⲙⲉⲛ ·
ⲛ̄ϩⲉⲛϩⲟⲟⲩ ⲉⲛϫⲱ ⲙⲙⲟⲥ ϫⲉ ϩⲁⲣⲏⲩ ⲛ̄ⲇⲁⲓⲙⲱⲛ ⲛⲉⲧ
ⲡⲓⲣⲁⲍⲉ · ⲙⲙⲟⲛ · ⲛ ⲧⲉⲣ ⲛ̄ⲁⲓⲥⲑⲁⲛⲉ · ⲇⲉ · ⲉ ⲡⲙⲉⲉⲩⲉ ·
ⲉⲧ ⲛⲁⲛⲟⲩϥ · ⲉϥⲧⲱⲃ̄ⲥ̄ · ⲙⲙⲟⲛ · ⲉ ⲧⲙ̄ ⲕⲁ ⲧⲟⲟⲧⲛ̄ ·
ⲉ ⲃⲟⲗ · ⲁⲛⲥⲱⲣ · ⲙ ⲡⲉⲧ ⲣ̄ ϩⲟⲩⲟ · ⲉ ⲣⲟⲛ · ⲛ̄ⲛⲉⲧ
Fol. 7 *a* [ϣ]ⲁⲁⲧ · ⲁⲛϫⲓ · ⲛϩⲉⲛⲕⲟⲩⲓ · ⲛ̄ⲟⲉⲓⲕ | ⲁⲛⲉⲓ ⲉ ⲃⲟⲗ · ϩⲛ̄
[ⲓ̄ⲇ̄] ⲧⲡⲟⲗⲓⲥ · ⲁⲛⲧⲁⲗⲟ · ⲉⲩⲕⲟⲩⲓ · ⲛ ⲥⲕⲁⲫⲟⲥ · ⲁⲛⲉⲓ ⲉ
ⲡⲧⲟⲟⲩ · ⲉ ⲡⲙ[ⲁ] ⲉⲧⲟⲩⲙⲟⲩⲧⲉ · ⲉ ⲣⲟϥ · ϫⲉ ⲡⲕⲟⲟϩ ·
ⲁⲛⲁⲩⲱϩ · ⲙⲛ̄ ϩⲉⲛⲥⲛⲏⲩ · ⲉⲩⲟⲩⲁⲁⲃ ⲉⲩ ϩⲙ̄ ⲡⲙⲁ · ⲉⲧ
ⲙ̄ⲙⲁⲩ · ⲉ ⲧⲃⲉ ϫⲉ ⲟⲩⲛ ⲟⲩⲛⲟϭ ⲛϩⲉⲛⲟⲩϥⲉ · ϣⲟⲟⲡ ·
ϩⲙ̄ ⲡⲉ ⲟⲩⲟⲉⲓϣ · ⲉⲧ [ⲙ̄]ⲙⲁⲩ ⲕⲁⲧⲁ ⲡⲛⲟⲩⲧⲉ · ⲁⲛⲁ-
ⲡⲁⲛⲧⲁ · ⲉ[ⲩ]ϩⲗⲗⲟ ⲉϥⲟⲩⲁⲁⲃ · ⲉ ⲡⲉϥⲣⲁⲛ · ⲡⲉ ⲍⲁⲭⲁ-
[ⲓⲟⲥ] ⲉ ⲁϥⲱⲥⲕ̄ · ϩⲛ̄ ⲧⲁⲛⲁⲭⲱⲣⲓⲥⲓⲥ · ⲉⲩⲁⲥⲕ[ⲏ]ⲧⲏⲥ ·
ⲉⲙⲁⲧⲉ ⲡⲉ · ⲉⲩⲛ̄ ⲕⲉ ⲥⲟⲛ · ⲥⲛⲁⲩ [ⲉⲩ]ⲛⲏϩ · ϩⲓⲧⲟⲩⲱϥ ·
ⲉ ⲛⲉϥⲙⲁⲑⲏⲧⲏⲥ [ⲛⲉ] ⲡⲣⲁⲛ · ⲙ ⲡⲟⲩⲁ ⲙⲙⲟⲟⲩ ⲡⲉ
ⲥⲁⲣⲁⲡⲁⲙ[ⲱⲛ] ⲁⲩⲱ ⲡⲣⲁⲛ · ⲙ ⲡⲕⲉⲟⲩⲁ · ⲡⲉ ⲙⲁⲑ-
ⲑⲁⲓ[ⲟⲥ] ⲉ ⲁⲩⲉⲓ ⲉ ϩⲣⲁⲓ · ϩⲛ̄ ⲟⲩⲛⲟϭ · ⲛⲁⲑⲗⲏⲥⲓⲥ ⲙⲛ̄ⲧ-
ⲣϥϣⲡ̄ ϩⲙⲟⲧ · ⲉⲩⲥⲱⲧⲙ̄ · ⲛⲥⲁ ⲡϩⲗⲗⲟ · ⲁⲡⲁ ⲍⲁⲭⲁⲓⲟⲥ ·
ϩⲛ̄ ϩⲱⲃ ⲛ[ⲓⲙ] ⲉⲧ ϥ̄ⲛⲁϫⲟⲟⲩ · ⲛⲁⲩ · ⲥⲁⲣⲁⲡⲁⲙⲱⲛ ·
[ⲇⲉ] ⲁϥϫⲡⲟ ⲛⲁϥ · ⲛ ⲟⲩⲁⲅⲁⲡⲏ · ⲉⲧⲉ ⲧⲁⲓ ⲧ[ⲉ] · ⲉⲣϣⲁⲛ
ⲟⲩⲣⲱⲙⲉ ⲉⲓ ⲉϥϣⲓⲛⲉ · ⲛⲥⲁ ⲡϩⲱⲃ · ⲛ̄ϭⲓϫ · ⲉ ⲧⲣⲉϥϣⲟⲡϥ̄ ·
ⲛ̄ ⲧⲟⲟⲧϥ̄ · ϣⲁϥⲕⲱⲧⲉ · ⲉ ⲛⲉⲥⲛⲏⲩ · ⲛϣⲟⲣⲡ̄ · [ⲁϥ]-
ϫⲟⲟⲥ · ⲛⲁⲩ · ϫⲉ ⲡⲉⲧⲉ ⲟⲩⲛⲧⲁϥ · ϩ[ⲱⲃ] [ⲛ̄ϭⲓ]ϫ · ⲙ-
ⲙⲁⲩ · ⲙⲁⲣϥ̄ⲧⲉⲛⲧϥ̄ · ⲛⲁⲓ · [ⲛⲧⲁϥϯ] ⲧⲉϥϯⲙⲏ · ⲛⲁϥ ·
ⲁⲩⲱ · ⲛⲉϣ[ⲁϥ] ... [ϩⲱⲃ] ⲛ̄ϭⲓϫ · ⲉϥⲥⲡⲟⲩⲇ[ⲁⲍⲉ] ...
Fol. 7 *b* ... ϩⲱⲃ ⲛ̄ϭⲓϫ ... | ⲉⲓ ϣⲁ ⲣⲟϥ ⲉϥⲥⲟⲟⲩⲛ · ϫⲉ
ⲓ̄ⲉ̄ ϣⲁϥϫⲓⲧϥ · ⲛ̄ ϭⲟⲛ̄ⲥ̄ ϣⲁϥϯ ⲡⲱϥ · ⲛⲁϥ · ⲉϥⲙⲉ ⲇⲉ ⲟⲛ
ⲙ ⲡⲟⲥⲉ · ⲛ̄ϩⲟⲩⲟ̄ · ⲉ ⲡϩⲏⲩ · ⲁⲩⲱ ⲡⲥⲱϣ ⲛ̄ϩⲟⲩⲟ · ⲉ
ⲡⲧⲁⲓⲟ · ⲁϥϭⲱ ϩⲛ̄ ϯⲁⲅⲁⲡⲏ ϣⲁ ⲡⲉϩⲟⲟⲩ · ⲙ ⲡⲉϥϫⲱⲕ ·
ⲉ ⲃⲟⲗ · ⲙⲁⲑ[ⲑ]ⲁⲓⲟⲥ ⲇⲉ ϩⲱⲱϥ · ⲁϥϫⲡⲟ · ⲛ ⲧⲉⲓ ⲡⲟⲗⲩ-

[ⲧ]ⲁ · ⲧⲁⲓ ⲛⲉ ⲙⲉϥⲡⲓⲑⲉ ⲅⲁⲣ · ⲉⲛⲉϩ · ⲉⲛ ⲡⲉϥ[ϣ]ⲁϫⲉ ·
ⲉⲑⲏ ϩⲛ̅ ⲗⲁⲁⲩ · ⲛ̅ϣⲁϫⲉ · ⲁⲩⲱ [...]ⲉⲣϣⲁⲛ ⲟⲩⲁ · ϫⲛⲟⲩϥ ·
ⲉⲩⲗⲉⲝⲓⲥ · ϩⲛ̅ [ⲛⲉ]ⲅⲣⲁⲫⲏ · ϣⲁϥⲟⲩⲱϣⲃ̅ · ⲛⲁϥ · ⲛ̅ϯϩⲉ
[ⲛ̅ⲅ̅]ⲕⲱ ⲛⲁⲓ · ⲉ ⲃⲟⲗ · ⲛ̅ϯϩⲉ · ⲛ ϯⲛⲟⲓ · ⲁⲛ [ⲕⲁⲓ] ⲡⲉⲣ
ⲟⲩⲛⲟϭ · ⲛ ⲥⲁϩ ⲡⲉ · ⲉ ⲁⲩⲡⲁⲓⲇⲉⲩⲉ [ⲙⲙ]ⲟϥ · ϩⲛ̅ ⲛⲉⲥ-
ϩⲁⲓ · ⲛ̅ ⲛⲉⲅⲣⲁⲫⲏ · ⲉⲧ ⲟⲩ[ⲁⲁⲃ] · ⲁⲩⲱ ⲛ ⲧⲉⲓ ϩⲉ
ⲁϥⲙⲧⲟⲛ · ⲙⲙⲟϥ ⲥⲟⲩ ⲙⲛ̅ⲧⲏ · ⲙ ⲡⲉⲃⲟⲧ · ⲡⲁⲱ̅ⲛⲉ :—
[ⲡϩ]ⲗ̅ⲗⲟ ⲇⲉ ϩⲱⲱϥ · ⲛ̅ⲧⲁⲛϣⲣ̅ⲡ ϣⲁ[ϫⲉ] ⲉ ⲣⲟϥ · ⲉⲧⲉ
ⲁⲡⲁ ⲍⲁⲭⲁⲓⲟⲥ ⲡⲉ ⲛⲧⲟϥ · [ⲡⲉⲛ]ⲧ ⲁϥⲧⲥⲁⲃⲟⲛ · ⲉ ⲧϭⲓ-
ⲛⲟⲩⲱϩ · ϩⲓ ⲡ[ϫⲁⲓⲉ] · ⲁⲩⲱ ⲛⲧⲟϥ · ⲡⲉⲛⲧ ⲁϥϯ · ϩⲓⲱⲱⲛ
[ⲡⲉ]ⲥⲭⲏⲙⲁ · ⲛ̅ ⲧⲙⲛ̅ⲧⲙⲟⲛⲟⲭⲟⲥ ⲁⲩⲱ [ⲡⲉϩ]ⲗ̅ⲗⲟ · ⲉⲣ-
ϣⲁϫⲉ · ⲛ̅ⲙⲙⲁⲛ · ⲉ ⲧⲃⲉ ⲛⲁⲣⲉ[ⲧⲏ ⲛ]ⲛⲉⲧ ⲟⲩⲁⲁⲃ · ⲉⲧ ϩⲓ
ⲡϫⲁⲓⲉ · ⲛⲁⲓ ⲉⲧ[ⲟⲩⲥⲡⲟⲩ]ⲇⲁⲍⲉ · ⲉ ⲧⲙ̅ⲙ̅ ⲛⲁⲩ · ⲉ ⲣⲱⲙⲉ ·
ⲁϥϯ[...] · ⲛⲟⲩⲁⲥⲕⲓⲥⲓⲥ · ⲉⲥϫⲁϫⲱ · [...]ⲥⲉ · ⲁⲩⲱ
ⲛⲉϥϩⲱⲛ · ⲉ ⲧⲟⲟⲧⲛ̅[...]ⲛ̅ⲛⲉⲧⲛ̅ⲯⲩⲭ[ⲏ] · [...] |
[...]ⲁϥⲉⲓ [ⲉ] ϩⲣⲁⲓ · ϩⲛ̅ ⲧⲡⲟⲗⲩⲧⲁ · ⲛⲧ[...]ⲉϥϫⲁϫⲱ · Fol. 8 *a*
ⲕⲁⲓ ⲡⲉⲣ · ⲉϥϩⲛ̅ ⲧⲉⲓ ⲙⲛ̅[ⲧϩ]ⲗ̅ⲗⲟ · ⲛⲉ ⲟⲩⲡⲁⲣⲑⲉⲛⲟⲥ · [ⲓ̅ⲉ̅]
ⲡⲉ ϫⲓⲛ ⲡⲉϥϫⲡⲟ ⲉϥⲡⲏⲧ · ⲉ ⲃⲟⲗ · ⲛ ⲥⲩⲛⲧⲉⲭⲓⲁ · ⲛⲓⲙ ·
ⲛⲧⲉ ⲛⲉϩⲓⲟⲟⲙⲉ · ⲙⲛ̅ ϫⲓ ϩⲣⲁϥ · ⲛⲓⲙ · ⲉϥⲙⲉ · ⲙ
ⲡⲣⲓⲙⲉ · ⲛ̅ ϩⲟⲩⲟ · ⲉ ⲡⲥⲱⲃⲉ · ⲉⲙⲉϥⲕⲁ ⲧⲟⲟⲧϥ · ⲉ ⲃⲟⲗ ·
ⲙ ⲡⲣⲓⲙⲉ · ⲙ ⲡⲉϩⲟⲟⲩ · ⲙⲛ̅ ⲧⲉⲩϣⲏ · ⲁⲛϫⲟⲟⲥ ⲇⲉ
ⲛⲁϥ · ⲛ ⲟⲩϩⲟⲟⲩ ϫⲉ ⲡⲁ ⲉⲓⲱⲧ · ⲉ ⲧⲃⲉ ⲟⲩ · ⲕⲣⲓⲙⲉ ⲛ̅
ⲧⲉⲓ ϩⲉ · ⲛⲧⲟϥ ⲇⲉ · ⲡⲉϫⲁϥ · ϫⲉ ϣϣⲉ ⲉⲣ ⲁⲡⲟⲧⲁⲕϯⲕⲟⲥ ·
ⲛⲓⲙ · ⲉ ⲧⲙ̅ⲙ̅ ⲕⲁ ⲧⲟⲟⲧϥ̅ · ⲉ ⲃⲟⲗ ⲙ ⲡⲉϩⲟⲟⲩ · ⲙⲛ̅
ⲧⲉⲩϣⲏ · ⲉϥⲣⲓⲙⲉ · ⲉϫⲛ̅ ⲛⲉϥⲛⲟⲃⲉ · ⲛⲑⲉ ⲉⲧ ⲥⲏϩ · ϫⲉ
ⲛⲁⲓⲁⲧⲟⲩ ⲛⲛⲉⲧ ⲣ̅ ϩⲏⲃⲉ · ϫⲉ ⲛⲧⲟⲟⲩ · ⲛⲉⲧ ⲟⲩⲛⲁⲥⲡ̅ⲥⲱ-
ⲡⲟⲩ · ⲉⲣϣⲁⲛ ⲧⲉⲓ ⲗⲉⲝⲓⲥ · ⲧⲁϩⲉ ⲧⲏⲩⲧⲛ̅ · ⲧⲉⲧⲛⲁⲙⲧⲟⲛ ·
ⲙⲙⲱⲧⲛ̅ ⲉ ⲃⲟⲗ · ϩⲛ̅ ⲛⲉⲧⲛ̅ϩⲓⲥⲉ · ϣϣⲉ ⲅⲁⲣ · ⲉ ⲣⲱⲙⲉ ·
ⲛⲓⲙ · ⲉ ⲕⲱ ϩⲁⲉⲓⲁⲧⲟⲩ · ⲙ ⲡⲉⲓ ϣⲟⲙⲛ̅[ⲧ] ⲛϩⲱⲃ · ⲉⲧⲉ ⲛⲁⲓ
ⲛⲉ · ⲧⲉⲩϭⲓⲛⲉⲓ · ⲉ ⲃⲟ[ⲗ] ϩⲛ̅ ⲥⲱⲙⲁ · ⲡ̅ⲣ ⲡⲙⲉⲉⲩⲉ · ⲛ
ⲧⲁⲡⲟⲫⲁⲥⲓⲥ ⲉⲧ ⲛⲁⲧⲁϩⲟⲛ · ⲙ ⲡⲉϩⲟⲟⲩ · ⲙ ⲡⲛⲟϭ · ⲛ̅
ϩⲁⲡ · ⲉⲧ ϩⲁϩⲟⲧⲉ · ⲕⲁⲓ · ⲅⲁⲣ · ⲧⲛ̅ⲥⲱⲧⲙ̅ ⲉ ⲧⲃⲉ ⲡⲛⲟϭ ·
ⲙⲱⲩⲥⲏⲥ · ϫⲉ ϩⲙ̅ⲙ̅ ⲛⲧⲣ̅ϥϥⲓ · ⲉ ϩⲣⲁⲓ · ⲛⲧⲉϥϭⲓϫ ⲥⲛ̅ⲧⲉ ·
ⲛ̅ϭⲓϫ · ϣⲁϥⲧϥ̅ϭⲱⲧⲡ̅ · ⲙ ⲡⲁⲙⲁⲗⲏⲕ · ⲁⲩⲱ ⲟⲛ · ϫⲉ

Fol. 8 b ϩⲙ̄ⲡⲧⲣⲉϥⲉⲛⲧⲟⲩ · ⲉ ⲡⲉⲥⲏⲧ · ϣⲁϥϭⲱⲧⲡ | [...]
[ⲓ̄ⲍ̄] ⲛ̄ϥϭⲙ̄ϭⲟⲙ · ⲛ̄ϭⲓ ⲡⲙⲁⲗⲏⲕ · ⲁⲥϫⲱ ⲅⲁⲣ · ⲛ̄ϭⲓ
ⲧⲉⲅⲣⲁⲫⲏ ⲉⲧ ⲟⲩⲁⲁⲃ ϫⲉ ⲛⲉⲣⲉ ⲁⲁⲣⲱⲛ · ϥⲓ ⲉ ϩⲣⲁⲓ ·
ϩⲁ ⲧϭⲓϫ · ⲛ̄ ⲟⲩⲛⲁⲙ · ⲙ ⲙⲱⲩⲥⲏⲥ · ⲱⲣ · ϩⲱⲱϥ · ϩⲁ
ⲧⲉϥϩⲃⲟⲩⲣ · ⲁⲩⲱ ⲛ̄ ⲧⲉⲓ ϩⲉ · ϩⲙ̄ ⲡⲧⲣⲉⲩⲧⲱⲟⲩⲛ · ⲉ
ϩⲣⲁⲓ · ϩⲓ ⲟⲩⲥⲟⲡ · ϩⲛ̄ ⲟⲩϩⲟⲙⲟⲛⲓⲁ · ⲛ ⲟⲩⲱⲧ · ϩⲁ
ⲛⲉϥϭⲓϫ · ϣⲁϥϭⲱⲧⲡ ⲛϭⲓ ⲡⲙⲁⲗⲏⲕ · ⲡⲉϫⲁϥ ⲟⲛ ⲛ̄ϭⲓ
ⲡⲉⲥϩⲁⲓ · ⲉⲧ ⲟⲩⲁⲁⲃ · ϫⲉ ⲁⲩⲱ ⲛⲉⲣⲉ ⲁⲁⲣⲱⲛ ϥⲓ ⲉ ϩⲣⲁⲓ ·
ϩⲁ ⲛⲉϥϭⲓϫ · ϣⲁ ⲡⲛⲁⲩ · ⲛ̄ ⲣⲟⲩϩⲉ · ⲉⲧⲉ ⲡⲁⲓ ⲡⲉ ⲡⲁϩⲉ ·
ⲧⲏⲣϥ · ⲙ ⲡⲣⲱⲙⲉ ⲧⲁⲓ ⲧⲉ ⲑⲉ · ⲙ̄ⲡⲣⲱⲙⲉ · ⲛⲓⲙ · ⲉϥ-
ⲛⲁϥⲓ · ⲛ̄ⲛⲉϥϭⲓϫ · ⲉ ϩⲣⲁⲓ · ⲙ ⲡⲧⲩⲡⲟⲥ · ⲙ ⲡⲉⲥ⳨̄ⲟ̄ⲥ̄ ·
ⲙ̄ ⲡⲉⲭ̄ⲥ̄ · ϣⲁϥϭⲱⲧⲡ · ⲛ̄ⲛⲉϥϫⲁϫⲉ · ⲧⲏⲣⲟⲩ · ⲛⲑⲉ ·
ⲙ ⲙⲱⲩⲥⲏⲥ · ⲛⲧⲁϥϭⲱⲧⲡ ⲙ̄ ⲡⲙⲁⲗⲏⲕ · ϩⲙ̄ ⲡϥⲓ · ⲉ
ϩⲣⲁⲓ · ⲛ̄ ⲛⲉϥϭⲓϫ · ⲁⲁⲣⲱⲛ · ⲙⲉⲛ · ⲉⲣⲉ ⲧⲉⲅⲣⲁⲫⲏ ·
ⲉⲓⲛⲉ ⲙⲙⲟϥ ⲉϫⲛ̄ ⲙⲙⲁ · ⲛ̄ ⲙⲧⲟⲛ · ⲉⲧ ϩⲛ̄ ⲙ̄ⲡⲏⲩⲉ ⲙⲛ̄
ⲧⲉⲩⲫⲣⲟⲥⲩⲛⲏ · ⲉⲧ ϩⲛ̄ ⲑⲓⲉⲗⲏⲙ ⲛ̄ ⲧⲡⲉ · ⲙⲛ̄ ⲡⲉⲑⲣⲟ-
ⲛⲟⲥ · ⲁⲩⲱ ⲛⲉⲥⲧⲟⲗⲏ ⲉⲧⲟⲩⲛⲁⲧⲁⲁⲩ · ϩⲓ ⲛⲉⲧ ⲟⲩⲁⲁⲃ ·
ⲕⲁⲧⲁ ⲑⲉ · ⲉⲧ ⲥⲏϩ · ϫⲉ ⲁⲕⲡⲉϣ ⲧⲁ ϭⲟⲟⲩⲛⲉ · ⲁⲕⲙⲟⲣⲧ ·
ⲛ̄ ⲟⲩⲟⲩⲛⲟϥ · ⲁⲩⲱ ⲟⲛ · ⲉⲥⲛⲁⲣ̄ ⲡⲙ̄ⲡϣⲁ · ⲛ ⲕⲟⲓⲛⲱⲛⲟⲥ ·
ⲙⲛ̄ ⲛ̄ϣⲣⲡ ⲙⲓⲥⲉ · ⲉⲧ ⲥⲏϩ · ϩⲛ̄ ⲙⲡⲏⲩⲉ · ⲙⲛ̄ [ⲡⲡⲁ] |-
Fol. 9 a ⲣⲁⲇⲉⲓⲥⲟⲥ · ⲉⲧ ϩⲛ̄ ⲙⲙⲁ̄ ⲛ̄ ϣ[ⲁ ⲙ̄] ⲡⲉⲃⲁⲗ · ⲛⲁⲩ ⲉ
[ⲓ̄ⲏ̄] ⲣⲟⲟⲩ · ⲙ ⲡⲉ ⲙⲁⲁϫ[ⲉ] ⲥⲱⲧⲙⲟⲩ · ⲙ̄ⲡ ⲟⲩⲁⲗⲉ ⲉ ϩⲣⲁⲓ ·
ⲉϫⲙ̄ ⲡ[ϩⲏⲧ] ⲛ̄ⲛⲣⲱⲙⲉ · ⲛⲁⲓ ⲁ ⲡⲛⲟⲩⲧⲉ · ⲥⲃ̄ⲧⲱ[ⲧⲟⲩ] ⲛ̄ ⲛⲉⲧ
ⲙⲉ ⲙⲙⲟϥ · ⲱⲣ ⲇⲉ ϩⲱⲱϥ · ⲧⲉⲅⲣⲁⲫⲏ · ⲉⲓⲛⲉ ⲙⲙⲟϥ ·
ⲉϫⲛ̄ ⲛⲕ[ⲣⲓ]ⲥⲓⲥ · ⲙⲛ̄ ⲡ̄ϥⲧ ⲛ ⲁⲧ ⲛ̄ⲕⲟⲧⲕ · ⲙⲛ̄ [...] ⲁ ·
ⲙ ⲡⲣⲓⲙⲉ · ⲙⲛ̄ ⲡϭⲟϩϭⲉϩ · ⲛ̄ⲛⲟⲃ[ϩⲉ] · ⲙⲛ̄ ⲡⲕⲁⲕⲉ ⲉⲧ ϩⲓ
ⲃⲟⲗ · ⲙⲛ̄ ⲧϣⲱⲧⲉ ⲙ̄ ⲡⲛⲟⲩⲛ · ⲁⲩⲱ ⲡⲉⲓⲉⲣⲟ · ⲛ̄ ⲕⲱϩⲧ ·
[ⲡ]ⲉⲧ ⲥⲱⲕ · ⲉⲧ ϯ ϩⲟⲧⲉ ⲉⲙⲁⲁⲧⲉ · ⲉⲣϣ[ⲁⲛ] ⲟⲩⲁ ·
ⲅⲁⲣ · ⲕⲁ ⲡⲉⲣ ⲡⲙⲉⲉⲩⲉ · ⲛ ⲛⲁⲓ · ϩ[ⲙ̄] ⲡⲉϥϩⲏⲧ · ⲙ
ⲡⲛⲁⲩ · ⲉⲧ ⲉϥⲛⲁϣⲗⲏ[ⲗ] · ϣⲁⲣⲉ ⲡⲉϥⲥⲟⲡⲥ̄ⲡ · ⲡⲱϩ ϣⲁ
ⲡⲉⲑⲣⲟ[ⲛⲟⲥ] ⲙ̄ ⲡⲛⲟⲩⲧⲉ · ⲁⲩⲱ ϩⲱⲃ · ⲛⲓⲙ · ⲉⲧⲉ[ϥⲛⲁ]-
ⲁⲓⲧⲉⲓ ⲙⲙⲟⲟⲩ · ⲛⲧ ⲙ̄ ⲡⲛⲟⲩⲧⲉ · ⲥⲉⲛⲁ[ϣⲱ]ⲡⲉ ⲛⲁϥ ·
ⲕⲁⲧⲁ ⲡⲉⲧ ⲥⲏϩ · ϫⲉ ⲡⲥⲟⲡⲥ̄ⲡ [ⲛ̄] ⲡⲇⲓⲕⲁⲓⲟⲥ · ϭⲙ̄ϭⲟⲙ ·
ⲉⲙⲁⲁⲧⲉ · ⲁⲩ[ⲱ] ϥⲉⲛⲉⲣⲅⲉⲓ · ⲁⲩⲱ ϣⲁϥϭⲱⲧⲡ · ⲙ

ⲡⲁ[ⲙⲁ]ⲗⲏⲕ · ⲉⲧ ⲑⲏⲡ · ⲙⲡ̅ ⲛⲉϥⲉⲛⲉⲣⲅ̅ⲓⲁ · [ⲁⲩ]ⲱ ·
ⲡϩⲱⲃ · ⲥⲛⲁⲩ · ⲉⲧⲉϥϣⲗⲏⲗ · ⲉ ⲧ[ⲃⲏ]ⲛⲧⲟⲩ · ⲡⲣⲁϣⲉ ·
ⲙⲡ̅ ⲡⲣⲓⲙⲉ · ⲡⲣ[ⲁϣⲉ] ⲙⲉⲛ · ⲉ ⲧⲃⲉ ⲡⲣⲓⲙⲉ · ⲙⲡ̅ ⲡⲣ̅
ⲡ̅ⲙⲉ[ⲉⲩⲉ] ⲛ̅ⲙ̅ⲙ̅ⲁ · ⲡ̅ ⲙⲧⲟⲛ · ⲉⲧ ϩ̅ⲙ̅ ⲛⲡⲏⲩⲉ · ⲡⲣⲓⲙⲉ ·
ⲇⲉ ϩⲱⲱϥ · ⲉ ⲧⲃⲉ ⲡ̅ⲣ̅ ⲡⲙ[ⲉⲉⲩⲉ] ⲛ ⲛⲕⲟⲗⲁⲥⲓⲥ · ⲉⲧ ϩⲡ̅
ⲁⲙⲡ̅ⲧⲉ · | [ⲱ ⲛⲁⲥⲛⲏⲩ ⲛ]ⲁ ϣⲏⲣⲉ · ϣϣⲉ · ⲉ ⲣⲱⲙⲉ [ⲛⲓⲙ Fol. 9 *b*
ⲉ ⲕ]ⲱ ϩⲁⲉⲓⲁⲧⲟⲩ ⲙ ⲡ̅ⲣ̅ ⲡⲙⲉⲉⲩⲉ [ⲙ] ⲡⲉⲓ ϩⲱⲃ · ⲥⲛⲁⲩ · [ⲓ̅ⲑ̅]
ⲧⲁⲛⲁⲡⲁⲩⲥⲓⲥ · ⲁⲩⲱ ⲡ̅ϩⲓⲥⲉ ⁘ ⲡ̅ ⲧⲉⲣ ⲡ̅ϩⲓⲥⲉ · ⲟⲩⲛ · ⲛ ⲟⲩⲕⲟⲩⲓ
ⲛ ⲁϩⲉ · ⲉ ⲧⲁⲛⲁⲡⲁⲩⲥⲓⲥ · ⲛⲁⲓ ⲇⲉ · ⲛ ⲧⲉ[ⲣ ⲡ̅ⲥ]ⲱⲧⲙ̅ ·
ⲉ ⲣⲟⲟⲩ ⲛ ⲧⲟⲟⲧϥ̅ · ⲙ ⲡϩ̅ⲗ̅ⲗ̅ⲟ̅ [ⲉⲧ ⲟ]ⲩⲁⲁⲃ · ⲁⲡⲁ
ⲍⲁⲭⲁⲓⲟⲥ · ⲁⲛⲙⲟⲩϩ [ⲙ̅ ⲡⲣⲁ]ϣⲉ · ⲁⲩⲱ ⲡⲉϫⲁⲛ · ⲛⲁϥ
ϫⲉ ⲁⲣⲓ ⲡ[ⲛⲁ] ⲛ̅ⲙ̅ⲙⲁⲛ · ⲛⲅ̅ ϫⲓⲧⲡ̅ · ⲉⲩⲙⲁ · ⲡ̅[ϣⲱⲡ]ⲉ ·
ⲉⲕⲥⲟⲟⲩⲛ · ϫⲉ ⲧⲡ̅ⲛⲁⲟⲩϫⲁⲓ · ⲡ̅[ϩⲏ]ⲧϥ̅ · ⲁⲩⲱ ⲛ ⲧⲉⲓ ϩⲉ
ⲁϥϯ · ⲛⲁⲛ [ⲡ̅] ⲡ̅ⲟⲉⲓⲕ · ⲙⲡ̅ ϫⲱⲱⲙⲉ · ⲥⲛⲁⲩ · ⲁϥ-
[ⲙⲟⲟ]ϣⲉ · ⲛ̅ⲙ̅ⲙⲁⲩ (*sic*) · ϣⲁⲧ ⲉϥⲉⲛⲧⲡ̅ · ⲉ [ϩⲟⲩ]ⲛ · ⲉ ⲡⲉⲓ
ⲙⲁ · ⲁϥϭⲱ · ϩⲁϩⲧⲏⲛ · ⲡ̅ [ϩⲡ̅]ⲕⲟⲩⲓ · ⲡ̅ϩⲟⲟⲩ · ϣⲁⲛⲧ
ⲡ̅ⲛⲟⲓ · ⲛ ⲧϭⲓⲛ[ⲟⲩ]ⲱϩ · ϩⲓ ⲡϫⲁⲓⲉ · ⲉ ⲁϥϯ ⲉ ⲧⲟⲟⲧⲡ̅ ·
ⲡ̅ [ϩⲡ̅]ⲉⲛⲧⲟⲗⲏ · ⲉⲩϭⲙ̅ϭⲟⲙ · ⲙⲡ̅ ϩⲉⲛⲟⲩ[ϣⲏ] ⲛⲣⲟⲉⲓⲥ ·
ⲁⲩⲱ ⲟⲩϭⲓⲛⲟⲩⲱⲙ · ⲙⲡ̅ [ⲟⲩϭ]ⲓⲛⲥⲱ · ϩⲡ̅ ⲟⲩⲣⲱϣⲉ ·
ⲁⲩⲱ ⲁϥⲧⲥⲁ[ⲃⲟⲛ] ⲉⲑⲉ ⲉⲧ ⲉⲣⲉ ⲡ̅ⲇⲁⲓⲙⲱⲛ · ⲡⲓⲣⲁⲍⲉ ⲡ̅
ⲡ̅ⲣⲱⲙⲉ · ⲙⲙⲟⲥ · ϩ̅ⲡ̅ ⲟⲩⲁϣⲏ · ⲡ̅ⲥⲙⲟⲧ · ⲕⲁⲧⲁ ⲑⲉ · ⲉⲧ
ⲥⲏϩ · ϩ̅ⲙ̅ ⲡⲁⲡⲟⲥⲧⲟ[ⲗⲟⲥ] ϫⲉ ⲉⲣⲉ ⲡⲉⲛⲙⲓϣⲉ · ϣⲟⲟⲡ ·
ⲛⲁⲛ [ⲁⲛ ⲟⲩ]ⲃⲉ ⲥⲛⲟϥ · ϩⲓ ⲥⲁⲣ̅ⲍ̅ · ⲁⲗⲗⲁ · ⲟⲩⲃⲉ ⲛⲁⲣⲭⲏ
ⲟⲩⲃⲉ ⲛⲉⲍⲟⲩⲥⲓⲁ · ⲟⲩⲃⲉ | ⲛⲉⲡⲛⲓⲕⲟⲛ · ⲡ̅ ⲧⲡⲟⲛⲏⲣⲓⲁ · Fol. 10 *a*
ⲉⲧ ϩⲁ ⲙ[ⲡⲏⲩⲉ] ϣⲁⲣⲉ ⲛⲇⲁⲓⲙⲱⲛ · ⲅ̅ⲁⲣ · ⲙⲓϣⲉ · ⲙⲡ̅ [ⲕ̅]
ⲛⲉⲩⲉⲣⲏⲩ · ⲉⲩⲕⲏ ⲕⲁ ϩⲏⲩ · ⲛ ⲧⲉⲩϣⲏ · ⲁⲩⲱ ⲁϥⲧⲁⲙⲟⲛ ·
ⲉ ϩⲉⲛⲕⲱⲧ · ϫⲉ ⲕⲁⲥ · ⲉⲣϣⲁⲛ ϩⲉⲛⲥⲛⲏⲩ ⲉⲓ · ϣⲁ ⲣⲟⲛ
ⲉⲛⲉⲁⲁⲩ · ⲛ̅ⲙ̅ⲙⲁⲩ · ⲁⲩⲱ ⲧⲁⲓ ⲧⲉ ⲑⲉ · ⲡ̅ⲧⲁϥⲃⲱⲕ · ⲉ
ⲃⲟⲗ · ϩⲓ ⲧⲟⲟⲧⲡ̅ · ⲁϥⲙⲧⲟⲛ · ⲙⲙⲟϥ · ϩⲡ̅ ⲥⲟⲩ ⲙⲡ̅ⲧⲟⲩⲉ
ⲛ ⲑ̅ⲱ̅ⲑ̅ · ⲁⲛⲟⲛ ⲇⲉ ⲁⲛϭⲱ · ⲙ ⲡⲉⲓ ⲙⲁ · ϣⲁ ϩⲣⲁⲓ · ⲉ
ⲡⲟⲟⲩ · ⲱ ⲡⲉⲛⲉⲓⲱⲧ · ⲉⲧ ⲟⲩⲁⲁⲃ · ⲉⲣⲉ ⲧⲡ̅ⲧⲣⲟⲫⲏ · ϣⲟⲟⲡ ·
ⲛⲁⲛ · ⲉ ⲃⲟⲗ · ϩⲡ̅ ⲛⲉⲓ ⲃ̅ⲛ̅ⲛⲉ · ⲁⲩⲱ ⲉⲛϣⲁⲛⲉⲓ ⲉ ⲃⲟⲗ ·
ⲉ ⲡⲧⲟⲟⲩ ⲉⲧ ϩⲓ ⲃⲟⲗ · ⲡ̅ⲧⲡ̅ⲥⲩⲛⲁⲅⲉ · ⲙⲡ̅ ⲛⲉⲥⲛⲏⲩ ϩ̅ⲙ̅

ⲡⲥⲁⲃⲃⲁⲧⲱⲛ · ⲙⲛ̄ ⲧⲕⲩⲣⲓⲁⲕⲏ · ⲉⲓⲥ ϩⲏⲏⲧⲉ ⲁⲛⲧⲁⲙⲟⲕ ·
ⲉ ⲧⲡ̄ϭⲓⲛⲁⲡⲟⲧⲁⲥⲥⲉ · ⲛ̄ⲧⲟⲕ · ϩⲱⲱⲕ · ⲁⲣⲓ ⲧⲁⲅⲁⲡⲏ ϣⲗⲏⲗ
ⲉ ϫⲱⲓ · ⲱ̄ ⲡⲉⲛⲉⲓⲱⲧ ⲉⲧ ⲟⲩⲁⲁⲃ · ⲁⲛⲟⲕ ⲇⲉ · ⲁⲉⲓ ⲉ ⲃⲟⲗ ·
ϩⲓ ⲧⲟⲟⲧⲟⲩ · ⲁⲓⲟⲩⲱϩ · ϩⲙ̄ ⲡⲁ ⲙⲁ · ⲡ̄ ϣⲱⲡⲉ · ⲡⲣⲁⲛ ·
ⲙ̄ ⲡⲟⲩⲁ ⲙ̄ⲙⲟⲟⲩ · ⲡⲉ ⲁⲛⲓⲁⲛⲟⲥ · ⲁⲩⲱ ⲡⲣⲁⲛ · ⲙ̄ ⲡⲕⲉ
ⲟⲩⲁ · ⲡⲉ ⲡⲁⲩⲗⲟⲥ · ⲡ̄ϩⲟⲩⲛ · ⲇⲉ ⲛ̄ ϩⲉⲛⲕⲟⲩⲓ · ⲛ̄ϩⲟⲟⲩ
ⲁⲛⲥⲱⲧⲙ̄ · ⲉ ⲃⲟⲗ ϩⲓ ⲧⲟⲟⲧϥ̄ · ⲛ̄ ⲟⲩⲥⲟⲛ · ⲡⲁⲓ ⲉ ϣⲁϥ-
ⲃⲱⲕ ϣⲁ ⲣⲟⲟⲩ · ⲛ̄ϩⲁϩ · ⲛ̄ⲥⲟⲡ · ⲉϥϭⲓⲛⲉ · ⲙ̄ ⲡⲉϥϣⲓⲛⲉ ·
ϫⲉ ⲁⲩⲙⲧⲟⲛ · ⲙ̄ⲙⲟⲟⲩ · ⲙ̄ ⲡⲉⲥ[ⲛⲁⲩ] · ⲁⲛⲓⲁⲛⲟⲥ · ⲙⲉⲛ ·
Fol. 10 b ⲛ̄ ⲥⲟⲩ ϫⲟⲩⲱⲧ | [ⲡⲁⲩⲗ]ⲟⲥ · ⲇⲉ · ϩⲛ̄ ⲥⲟⲩ ϣⲟⲙⲛ̄ⲧ · ⲙ̄
[ⲕⲁ] ⲡⲁⲟⲡⲉ · ⲛ̄ ⲧⲉⲣ ϥ̄ⲥⲱⲧⲙ̄ · ⲇⲉ · ⲛ̄ϭⲓ ⲡⲉⲛⲥⲟⲛ ⲃⲁⲛⲟⲩ-
ⲫⲓⲏⲗ · ⲁϥⲃⲱⲕ · ⲁϥⲉⲓⲛⲉ · ⲛ̄ⲛⲉⲩⲥⲱⲙⲁ · ⲁϥⲧⲟⲙⲥⲟⲩ ·
ϩⲁϩⲧⲏϥ ⁘ ⲉⲓⲥ ⲛⲁⲓ ⲟⲩⲛ · ⲁⲛϫⲟⲟⲩ ⲉ ⲣⲟⲕ · ⲡⲁ ⲥⲟⲛ ·
ⲡⲁⲡⲛⲟⲩⲧⲉ · ⲉ ⲧⲃⲉ ⲛⲉⲧ ⲟⲩⲛⲏϩ · ϩⲓ ⲡϫⲁⲓⲉ ⲉ ⲧⲃⲉ ⲛⲉⲛⲧ
ⲁⲓⲛⲁⲩ ⲉ ⲣⲟⲟⲩ · ⲙⲛ̄ ⲛⲉⲛⲧ ⲁⲓⲥⲟⲧⲙⲟⲩ · ⲁⲩⲱ ⲡⲣ̄
ⲡⲙⲉⲉⲩⲉ · ⲛ̄ⲛⲉⲩⲉⲓⲟⲧⲉ · ⲛ̄ⲧⲁⲩⲉⲓ · ⲉ ϩⲣⲁⲓ · ϩⲓ ⲧⲟⲟⲧⲟⲩ ·
ⲙⲛ̄ ⲡⲉⲩϫⲱⲕ · ⲉ ⲃⲟⲗ · ⲟⲩⲟⲛ · ⲡⲉⲧ ⲛ̄ⲛⲁϫⲟⲟϥ ⲉ ⲧⲃⲉ
ⲡϩⲗ̄ⲗⲟ ⲉⲧ ⲟⲩⲁⲁⲃ · ⲁⲡⲁ ⲓⲥⲁⲁⲕ · ⲡⲁ ⲡⲉⲓ ⲣ̄ ⲡⲙⲉⲉⲩⲉ ·
ⲉⲧ ⲛⲁⲛⲟⲩϥ · ⲡⲁⲓ · ⲛ̄ⲧⲁϥⲣ ⲁ ⲧⲁⲣⲭⲏ · ⲙ̄ ⲡⲉϥⲃⲓⲟⲥ
ϩⲁ ⲑⲏ · ⲙ̄ⲡⲁⲧ ⲉϥⲣ̄ ⲙⲟⲛⲟⲭⲟⲥ · ⲙ̄ ⲡⲉⲓ ⲙⲁ · ⲡⲁⲓ ⲉⲧ
ⲟⲩⲏⲏϩ · ϩⲛ̄ ⲧⲛⲏⲥⲟⲥ · ⲉⲧ ϩⲛ̄ ⲧⲙⲏⲏⲧⲉ · ⲙ̄ ⲡⲕⲁⲧⲁ-
ϩⲣⲁⲕⲧⲏⲥ · ⲙ̄ ⲡⲣⲏⲥ · ⲙ̄ⲙⲟⲛ · ⲛⲁ ϥⲧⲟⲟⲩ · ⲙ̄ⲙⲏⲛ-
ⲗⲓⲟⲛ · ⲉ ⲁϥⲙⲁⲑⲏⲧⲉⲩⲉ ϩⲱⲱϥ ϩⲁ ⲣⲁⲧϥ̄ · ⲙ̄ ⲡϩⲗ̄ⲗⲟ ·
ⲉⲧ ⲟⲩⲁⲁⲃ ⲁⲡⲁ ϩⲁⲣⲱⲛ · ⲁⲩⲱ ⲁϥ† ⲙⲟⲟⲩ · ⲉ ⲛⲉϥ-
ϭⲓϫ · ⲛ̄ⲑⲉ ⲙ̄ ⲡⲛⲟϭ · ⲉⲗⲉⲥⲁⲓⲟⲥ · ⲉ ⲧⲟⲟⲧϥ̄ · ⲙ̄ ⲡⲉⲡⲣⲟ-
ⲫⲏⲧⲏⲥ ϩⲏⲗⲓⲁⲥ · ⲡⲣⲱⲙⲉ · ⲛⲁⲙⲉ · ⲉⲧ ϫⲏⲕ ⲉ ⲃⲟⲗ ·
ⲛ̄ϩⲁϩ · ⲛ̄ⲁⲣⲉⲧⲏ · ⲉⲩϣⲟⲃⲉ · ⲉ ⲛⲉⲩⲉⲣⲏⲩ · ⲛ̄ ⲧⲉⲣ ⲓⲥⲱ-
ⲧⲙ̄ · ⲟⲩⲛ · ⲙ̄ ⲙⲁⲕⲁⲣⲓⲥⲙⲟⲥ ⲙ̄ ⲡⲉⲓ ⲣⲱⲙⲉ · ⲛ̄ ⲧⲉⲓ
Fol. 11 a ⲙⲓⲛⲉ · ⲁⲓⲥⲡ̄ⲥⲡ ⲡⲁ ⲉⲓⲱⲧ | [ⲡⲥ]ⲉⲗⲉⲩⲥⲓⲟⲥ · ⲉⲓϫⲱ ⲙ̄-
[ⲕⲃ] ⲙⲟⲥ [...] ϣⲁ ⲣⲟϥ · ⲛ̄ⲧⲁⲣ ⲡⲙ̄ⲡϣⲁ · ⲙ̄ ⲡⲉϥⲥⲙⲟ[ⲩ] [...]
[...][ⲧⲁ]ⲓ ⲧⲉ ⲑⲉ ⲛⲧⲁⲛϣⲗⲏⲗ · ϩⲙ̄ ⲡⲉϥⲙⲁ · ⲛ̄ϣⲱⲡⲉ · ⲁⲛⲉⲓ
ⲉ ⲃⲟⲗ · ⲁⲛⲁⲗⲉ ⲉⲩⲕⲟⲩⲓ · ⲛ̄ⲥⲕⲁⲫⲟⲥ · ⲁⲛⲣ̄ϩⲱⲧ · ⲉ ⲣⲏⲥ ·
ⲉ ⲧⲣⲛ̄ⲃⲱⲕ · ϣⲁ ⲡϩⲗ̄ⲗⲟ · ⲉⲧ ⲟⲩⲁⲁⲃ · ⲁⲡⲁ ⲓⲥⲁⲁⲕ ·
ⲛⲉⲩⲛ ϩⲉⲛⲛⲟϭ · ⲇⲉ · ⲛ̄ⲱⲛⲉ · ⲣⲏⲧ · ϩⲙ̄ ⲡⲙⲟⲟⲩ ·

ⲛⲧⲙⲏⲛⲧⲉ · ⲙ ⲡⲉⲓⲉⲣⲟ · ⲉⲣⲉ ⲡⲙⲟⲟⲩ · ⲉⲧ ⲙ̄ⲙⲁⲩ ⲱϣ ·
ⲉ ⲃⲟⲗ · ⲉϥⲟ ⲛ̄ϩⲟⲧⲉ · ⲛ̄ ⲧⲉⲣ ⲡ̄ⲉⲓ ⲇⲉ ⲉ ⲣⲏ[ⲥ] ⲁⲛϩⲱⲛ ⲉ
ϩⲟⲩⲛ · ⲉ ⲡⲙⲁ · ⲛ̄ ϣⲱⲡⲉ · ⲙ ⲡϩⲗⲗⲟ · ⲡⲁⲣⲁ ⲟⲩⲕⲟⲩⲓ ·
ⲁⲩⲧⲥⲁⲃⲉⲉⲓⲁⲧϥ̄ · ⲉ ⲃⲟⲗ ϩⲓⲧⲛ̄ ⲡⲉ ⲡ̄ⲛ̄ⲁ · ⲁϥⲉⲓ ⲉ ⲃⲟⲗ ·
ⲁϥⲁⲁϩ · ⲉⲣⲁⲧϥ̄ ϩⲓϫⲙ̄ ⲡⲉⲥⲡⲟⲧⲟⲩ · ⲙ ⲡⲉⲓⲉⲣⲟ · ⲡⲣⲱⲙⲉ
ϫⲉ · ⲛⲉ ⲟⲩⲣⲙ̄ ⲛ ⲭⲁⲣⲓⲥ ⲡⲉ · ⲉ ⲁϥⲁⲓⲁⲓ · ϩⲛ̄ ⲛⲉϥϩⲟⲟⲩ ·
ⲛ ⲧⲉⲣ ⲡ̄ⲙⲟⲟⲛⲉ ⲇⲉ ⲉ ⲡⲉⲕⲣⲟ · ⲁϥⲣ̄ ϣⲟⲣⲡ̄ · ⲁϥⲙⲟⲩⲧⲉ
ⲉ ⲡⲁ ⲣⲁⲛ · ϫⲉ ⲕⲁⲗⲱⲥ · ⲁⲕⲉⲓ ϣⲁ ⲣⲟⲛ · ⲡⲁ ⲥⲟⲛ ·
ⲡⲁⲡⲛⲟⲩⲧⲉ · ⲡⲁⲓ ⲛⲧⲁϥⲣ̄ ⲡⲙ̄ⲡϣⲁ · ⲛ ⲁⲥⲡⲁⲍⲉ · ⲛ̄ⲛⲉⲧ
ⲟⲩⲁⲁⲃ · ⲁⲩⲱ ⲛ ⲧⲉⲣ ϥ̄ⲁⲥⲡⲁⲍⲉ ⲙ̄ⲙⲟⲛ · ⲁϥϫⲓⲧⲛ̄ · ⲉ
ϩⲟⲩⲛ · ⲉ ⲡⲉϥⲙⲁ · ⲛ̄ ϣⲱⲡⲉ · ϩⲛ̄ ⲟⲩⲣⲁϣⲉ ⲁⲩⲱ ⲡⲉϫⲁϥ ·
ⲛⲁⲛ · ϫⲉ ⲁⲣⲓ ⲧⲁⲅⲁⲡⲏ · ⲛⲧⲉⲧⲛ̄ϣⲗⲏⲗ ϫⲉ ⲛⲧⲉⲧⲛ̄ϩⲉⲛ-
ⲣⲱⲙⲉ · ⲉⲩ[ⲟⲩ]ⲁⲁⲃ · ⲉ ⲁⲧⲉⲧⲛ̄ⲉⲓ ϣⲁ ⲣⲟⲓ · ⲙ̄ⲡⲟⲟⲩ ·
ⲁⲩⲱ ⲛ̄ ⲧⲉⲣ ⲡ̄ϣⲗⲏⲗ · ⲁⲛϩⲙⲟⲟⲥ · ⲁϥⲉⲓⲛⲉ · ⲛ ⲟⲩⲗⲁ-
ⲕⲁⲛⲏ · ⲙ̄ⲙⲟⲟⲩ · ⲁⲛⲉⲓⲱ̄ · ⲛ̄ⲛⲉⲛⲟⲩⲣⲉⲧⲉ ⁘— | [...] Fol. 11 b
[...] ⲙⲟⲟⲩ [...] ⲉϥϫⲱ ⲙ̄ⲙⲟⲥ · [ⲕⲅ]
ϫⲉ ⲁⲓⲣ̄ ⲡⲙ̄ⲡϣ[ⲁ ⲁⲛ ⲛ ⲟⲩ]ⲛⲟϭ · ⲛ ϩⲙⲟⲧ ϫⲉ ⲁⲧⲉⲧⲛ̄ⲉⲓ · ϣⲁ
ⲣ[ⲱⲓ] ⲙ̄ⲡⲟⲟⲩ ⲱ ⲛⲉⲥⲛⲏⲩ · ⲉⲧ ⲟⲩⲁⲁⲃ · ⲙ̄ⲛ̄ⲛ̄ⲥⲱⲥ · ⲁϥⲕⲱ
ϩⲁ ⲣⲱⲛ · ⲛ̄ ⲟⲩⲧⲣⲁⲡⲉⲍⲁ · ⲁⲛⲟⲩⲱⲙ · ⲁⲩⲱ ⲁⲛϯ · ⲙ
ⲡϣⲡ̄ ϩⲙⲟⲧ · ⲁⲛϩⲙⲟⲟⲥ · ⲁⲛⲟⲕ ⲇⲉ ⲁⲓϣⲁϫⲉ ⲛ̄ⲙ̄ⲙⲁϥ ·
ⲉ ⲧⲃⲉ ⲧⲉϥϭⲓⲛⲣ̄ ϩⲱⲃ · ⲁⲩⲱ ⲁⲓϫⲟⲟⲥ ⲛⲁϥ ϫⲉ ⲡⲁ ⲉⲓⲱⲧ ·
ⲁⲕⲁⲁⲓ · ⲧⲱⲛⲟⲩ · ϩⲛ̄ ⲑⲩⲗⲓⲕⲓⲁ · ⲁϥⲟⲩⲱϣⲃ̄ · ⲛϭⲓ
ⲡϩⲗⲗⲟ ⲉⲧ ⲟⲩⲁⲁⲃ · ⲡⲉϫⲁϥ · ⲛⲁⲓ ϩⲛ̄ ⲟⲩⲥⲙⲏ · ⲉⲥⲙⲉϩ ·
ⲛ̄ⲣⲁϣⲉ ϫⲉ ⲕⲱ ⲛⲁⲓ ⲉ ⲃⲟⲗ · ⲡⲁ ⲉⲓⲱⲧ ⲡⲁ ⲥⲟⲛ ⲡⲁ-
ⲡⲛⲟⲩⲧⲉ · ⲁⲛⲅ̄ ⲟⲩⲣⲱⲙⲉ · ⲛ ⲉⲗⲁⲭⲓⲥⲧⲟⲛ · ⲛ̄ ⲣⲉϥⲣ̄ ⲛⲟⲃⲉ ·
ⲉⲡⲉⲓ ⲇⲏ · ⲁⲕϫⲛⲟⲩⲓ ⲉ ⲧⲁ ϭⲓⲛⲣ̄ ϩⲱⲃ · ϯⲛⲁⲧⲁⲙⲟⲓ (*sic*) · ⲉ
ⲛⲉⲛⲧ ⲁⲓⲛⲁⲩ ⲉ ⲣⲟⲟⲩ · ⲙⲛ̄ ⲛⲉⲛⲧ ⲁⲓⲥⲟⲧⲙⲟⲩ · ⲛ̄ⲧ ⲙ̄ ⲡⲁ
ⲉⲓⲱⲧ ⲉⲧ ⲟⲩⲁⲁⲃ · ⲁⲡⲁ ϩⲁⲣⲱⲛ · ⲕⲁⲓ ⲅⲁⲣ · ⲁⲛⲟⲕ · ⲛⲧ ⲁⲓ-
ⲙⲁⲑⲏⲧⲉⲩⲉ · ϩⲁ ⲣⲁⲧϥ̄ · ⲁⲩⲱ ⲁⲓⲥⲡ̄ⲥⲱⲡϥ̄ · ⲉ ⲧⲣⲉϥϫⲱ ⲉ ⲣⲟⲓ
ⲛⲛⲉⲛⲧ ⲁϥⲛⲁⲩ ⲉ ⲣⲟⲟⲩ · ⲙⲛ̄ ⲛⲉⲛⲧ ⲁⲩϣⲱⲡⲉ · ϩⲁ
ⲧⲉϥϩⲏ · ⲡⲉϫⲁϥ ⲅⲁⲣ · ⲛ̄[ϭⲓ] ⲡⲁ ⲉⲓⲱⲧ · ⲉⲧ ⲟⲩⲁⲁⲃ ·
ⲁⲡⲁ ϩⲁⲣⲱⲛ [...] ⲉ ϯⲛⲁϫⲱ ⲉ ⲣⲟⲕ · ⲡⲁ ϣⲏⲣⲉ · ⲛⲛⲉⲛⲧ
ⲁⲓ[ⲛⲁ]ⲩ ⲉ ⲣⲟⲟⲩ · ⲙⲛ̄ ⲛⲉⲛⲧ ⲁⲓⲥⲟⲧⲙⲟⲩ · ⲛ [ⲧⲟⲟ]ⲧϥ̄ · Fol. 12 a
ⲙ ⲡⲙⲁⲕⲁⲣⲓⲟⲥ · ⲁⲡⲁ ⲙⲁⲣⲕⲉⲇⲟⲛⲓⲥ̄ | [ⲡⲉⲡⲓ]ⲥⲕⲟⲡⲟⲥ · [ⲕⲇ]

ⲁϥϫⲟⲟⲥ ⲅⲁⲣ · [...]ⲉⲓⲟ ⲛ ⲁⲣⲭⲱⲛ · ⲉ ⲁⲓϫⲓ
ⲁⲣⲭⲏ ⲛ ⲧ[...]ⲗⲟⲩⲥⲓⲟⲥ ⲁⲓⲉⲓ ⲉ ⲣⲏⲥ ⲉⲓⲡⲁⲅⲁⲣⲭⲏ ·
ⲉϫⲛ̄ ⲛⲉⲓ ⲡⲟⲗⲓⲥ · ⲁⲓⲃⲱⲕ ⲇⲉ ⲉ ϩⲟⲩⲛ · ⲉ ⲡⲉⲓⲗⲁⲕ · ⲁⲩ-
ⲥⲁⲃⲃⲁⲧⲱⲛ · ϣⲱⲡⲉ · ⲁⲓϣⲓⲛⲉ ⲛⲥⲁ ⲟⲩⲙⲁ · ϫⲉ ⲉⲓⲛⲁ-
ⲥⲩⲛⲁⲅⲉ ϫⲉ ⲁⲛⲅ̄ ⲟⲩⲟⲣⲑⲟⲇⲟⲝⲟⲥ · ⲉ ⲧⲃⲉ ϫⲉ ⲛⲉⲩϣⲙ̄ϣⲉ
ⲉⲓⲇⲟⲗⲟⲛ · ⲙ ⲡⲙⲁ · ⲉⲧ ⲙ̄ⲙⲁⲩ · ⲁⲩⲱ ⲡϣⲱϫⲡ̄ · ⲟⲛ ·
ⲛ̄ⲛⲟⲣⲑⲟⲇⲟⲝⲟⲥ ⲉⲧ ⲛ̄ϩⲏⲧⲟⲩ · ⲛⲉ ⲙⲛ̄ⲧⲁⲩ ⲡⲁⲣϩⲏⲥⲓⲁ ·
ⲙⲙⲁⲩ ⲉ ⲧⲃⲉ ⲡⲁϣⲁⲓ · ⲛ̄ ⲛ̄ⲣⲉϥϣⲙ̄ϣⲉ ⲉⲓⲇⲟⲗⲟⲛ · ⲁⲓ-
ϣⲓⲛⲉ · ⲟⲩⲛ · ⲛ̄ ⲧⲟⲟⲧϥ̄ ⲛ̄ ⲟⲩⲣⲱⲙⲉ · ⲛ̄ ⲭⲣⲓⲥϯⲁⲛⲟⲥ ·
ⲉ ⲧⲃⲉ ⲑⲉ · ⲛ̄ ⲥⲩⲛⲁⲅⲉ · ⲛⲧⲟϥ ⲇⲉ · ⲡⲉϫⲁϥ · ⲛⲁⲓ ϫⲉ
ⲟⲛⲧⲱⲥ · ⲕⲩⲣⲓ ⲡⲁⲣⲭⲱⲛ · ⲥⲉϫⲏⲩ · ⲛ̄ϭⲟⲛⲥ̄ · ⲛ̄ϭⲓ ⲛⲁ
ϯⲡⲟⲗⲓⲥ · ⲛ̄ⲧⲟⲟⲧⲟⲩ · ⲛ̄ ⲛ̄ⲣⲉϥϣⲙ̄ϣⲉ ⲉⲓⲇⲟⲗⲟⲛ · ⲕⲁⲓ ⲅⲁⲣ
ⲉϣⲁⲩⲉⲓ ⲉ ϩⲣⲁⲓ · ϣⲁ ⲣⲟⲛ ⲛ̄ϭⲓ ϩⲉⲛⲕⲗⲏⲣⲓⲕⲟⲥ · ⲛ̄
ⲧⲡⲟⲗⲓⲥ · ⲥⲟⲩⲁⲛ · ⲛⲥⲉⲥⲩⲛⲁⲅⲉ ⲙ̄ⲙⲟⲛ · ϩⲙ̄ ⲡⲥⲁⲃⲃⲁ-
ⲧⲱⲛ · ⲙⲛ̄ ⲧⲕⲩⲣⲓⲁⲕⲏ · ⲁⲛⲟⲕ ⲇⲉ ⲙⲁⲕⲉⲇⲟⲛⲓⲟⲥ · ⲁⲓⲕⲁ
ⲛⲉⲓ ϣⲁϫⲉ · ϩⲙ̄ ⲡⲁ ϩⲏⲧ · ⲁⲩⲱ ⲛ̄ ⲧⲉⲣⲉ ⲓⲃⲱⲕ · ⲉ ⲧⲡⲟ-
ⲗ[ⲓⲥ] ⲣⲁⲕⲟⲧⲉ · ⲉ ⲧⲣⲁⲡⲣⲟⲥⲕⲩⲛⲉⲓ · ⲙ ⲡⲉⲥⲧ[ⲣⲁⲧⲏ]ⲗⲁⲧⲏⲥ ·
ⲁⲓϣⲓⲛⲉ ⲛⲥⲁ ⲁⲡⲁ ⲁⲑ[ⲁⲛⲁⲥⲓⲟⲥ ⲡⲁⲣ]ⲭⲏⲉⲡⲓⲥⲕⲟⲡⲟⲥ ·
Fol. 12 *b* ⲛ̄ ⲣⲁⲕⲟⲧ[ⲉ] | [ⲁⲓϫ]ⲱ ⲉ ⲣⲟϥ · ⲛⲑⲉ ⲧⲏⲣϥ̄ · ⲛ̄ⲧⲁⲓⲛ[ⲁⲩ
[ⲕ̄ⲉ̄] ⲉ ⲣⲟϥ] · ⲡⲉϫⲁϥ ⲛⲁⲓ ⲛϭⲓ ⲡⲥⲟⲫⲟⲥ · ⲉⲧ ⲟⲩⲁ[ⲁⲃ...] · ⲁⲩⲱ
ⲡⲡⲁⲧⲣⲓⲁⲣⲭⲏⲥ ⲛⲁⲙⲉ · ϫⲉ ⲟⲩ[ⲏⲣ] ⲛ̄ⲣⲉϥϣⲙ̄ϣⲉ ⲛⲟⲩⲧⲉ ·
ϩⲙ̄ ⲡⲙⲁ · ⲉⲧ ⲙ̄ⲙⲁⲩ · ⲁⲛⲟⲕ ⲇⲉ ⲡⲉϫⲁⲓ ⲛⲁϥ ϫⲉ ⲥⲉ
ⲡⲁ [ⲉⲓ]ⲱⲧ · ⲕⲁⲓ ⲅⲁⲣ ⲟⲩⲣⲱⲙⲉ · ⲛ ⲭⲣⲓⲥϯⲁⲛ[ⲟⲥ] ⲡⲉⲛⲧ
ⲁϥϫⲟⲟⲥ ⲉ ⲣⲟⲓ · ϫⲉ ϣⲁⲣⲉ ⲛⲉⲕⲣⲓⲣⲓⲕⲟⲥ (*sic*) · ⲛ ⲧⲡⲟⲗⲓⲥ ·
ⲥⲟⲩⲁⲛ ⲉⲓ ⲉ ϩⲣⲁⲓ · ⲛⲥⲉⲥⲩⲛⲁⲅⲉ · ⲙ̄ⲙⲟⲛ · ⲙ̄ ⲡⲥⲁⲃⲃⲁ-
ⲧⲱⲛ ⲙⲛ̄ ⲧⲕⲩⲣⲓⲁⲕⲏ · ⲧⲉⲛⲟⲩ ϭⲉ ⲡⲁ ϫⲥ̄ · ⲛ ⲉⲓⲱⲧ ·
ⲁⲛⲁⲩ ⲉ ⲟⲩⲁ · ⲉϥⲙⲡϣⲁ · ⲛ ⲇⲓⲁⲕⲟⲛⲉⲓ · ⲉ ⲡⲉⲓ ϩⲱⲃ ·
ⲛⲁⲛⲁⲅⲕⲁⲓⲟⲛ · ⲛⲅ̄ ⲭⲉⲓⲣⲟⲇⲟⲛⲉⲓ · ⲙ̄ⲙⲟϥ · ⲛ ⲉⲡⲓⲥⲕⲟ-
ⲡⲟⲥ · ⲛ̄ⲧⲁϫⲓⲧϥ̄ · ⲉ ⲣⲏⲥ · ⲛ̄ⲙ̄ⲙⲁⲓ · ⲡⲁⲣⲭⲏⲉⲡⲓⲥⲕⲟⲡⲟⲥ ·
ⲇⲉ ⲉⲧ ⲟⲩⲁⲁⲃ · ⲁϥⲟⲩⲱϣⲃ̄ ⲡⲉϫⲁϥ ⲛⲁⲓ · ϫⲉ ⲉ ⲃⲟⲗ ϫⲉ
ⲁⲕϣⲓⲛⲉ ⲛⲥⲁ ⲡϩⲱⲃ · ⲉⲧ ⲛⲁⲛⲟⲩϥ · ⲛⲓⲙ · ⲡⲉ ⲡⲥⲁⲃⲉ ·
ⲛϩⲟⲩⲟ ⲉ ⲣⲟⲕ · ⲏ ⲛⲓⲙ · ⲡⲉ ⲡⲣⲙ̄ ⲛ̄ ϩⲏⲧ · ⲉϥⲧⲛ̄ⲧⲱⲛ ·
ⲉ ⲣⲟⲕ · ⲛⲧⲟⲕ · ⲡⲉⲧ ⲛⲁϣⲱⲡⲉ · ⲛϣⲱⲥ · ⲉϫⲛ̄ ⲛⲉⲥⲟⲟⲩ ·
ⲉⲧ ϩⲙ̄ ⲡⲙⲁ · ⲉⲧ ⲙ̄ⲙⲁⲩ · ⲁⲛⲟⲕ ⲇⲉ ⲡⲉ[ϫ]ⲁⲓ ⲛⲁϥ ·

ϫⲉ ⲕⲱ · ⲛⲁⲓ ⲉ ⲃⲟⲗ ⲡⲁ ⲉⲓⲱⲧ [ⲉⲧ] ⲟⲩⲁⲁⲃ · ⲛ ϯⲙⲡϣⲁ ·
ⲁⲛ · ⲉ ϩⲱⲃ · ⲛ̄ [ϯ ⲙ]ⲓⲛⲉ · ⲛ̄ⲧⲟϥ ⲇⲉ · ⲁϥⲡⲓⲑⲉ · ⲙⲙ[ⲟⲓ] |
ϩⲛ̄ ⲛⲉϥϣⲁϫⲉ ⲉⲧ ϩⲟ[ⲗϫ̄][...]ⲛⲉⲓ · ⲙⲙⲟⲓ · ⲛ̄ ⲧⲉⲣⲉ Fol. 13 *a*
ⲓⲉⲓ · ⲇⲉ · ⲉ ⲣ[ⲏⲥ ⲁⲓ]ⲥⲱⲣ · ⲙ ⲡⲉⲧ ⲣ̄ ϩⲟⲩⲟ ⲉ ⲣⲟⲓ · ⲛⲛⲉⲧ [ⲕ̄ⲉ̄]
[...]ⲁⲉⲓ ⲉ ⲡⲉⲓ ⲙⲁ · ⲱ ⲡⲁ ⲥⲟⲛ · ϩⲁⲣⲱⲛ · ⲙ̄[ⲡⲉ ⲓ]ⲉϣ-
ⲡⲁⲣϩⲏⲥⲓⲁⲍⲉ · ⲙⲙⲟⲓ · ϩⲱⲥ ⲉⲡⲓⲥⲕ[ⲟⲡⲟⲥ] ⲁⲗⲗⲁ · ⲛⲉⲓ-
ⲙⲟⲟϣⲉ · ϩⲱⲥ ⲉⲗⲁⲭⲓⲥⲧⲟⲥ · [ϩⲛ̄] ⲧⲉⲩⲙⲏⲏⲧⲉ · ⲁⲓⲛⲁⲩ
ⲇⲉ · ⲉ ⲣⲟⲟⲩ [ⲉⲩ]ⲃⲏⲕ · ⲉ ϩⲟⲩⲛ · ⲉ ⲛⲉⲣⲡⲏⲩⲉ · ⲉⲩϣⲙ[ϣⲉ]
ⲟⲩϩⲁⲗⲏⲧ · ⲉⲩⲙⲟⲩⲧⲉ ⲉ ⲣⲟϥ · ϫⲉ ⲡ[ⲃⲏϭ] ⲛϩⲟⲩⲛ · ϩⲛ̄
ϩⲉⲛⲙⲁⲅⲕⲁⲛⲟⲛ · ⲁⲥ[ϣⲱ]ⲡⲉ ⲇⲉ · ⲙⲛ̄ⲛⲥⲁ ϩⲉⲛϩⲟⲟⲩ · ⲉⲓ
ⲛϩⲟⲩⲛ [...]ⲧⲏⲩ · ⲁ ⲡⲟⲩⲏⲏⲃ · ⲉⲓ ⲉ ⲃⲟⲗ ϩⲛ̄ ⲧⲡⲟⲗⲓⲥ
ⲁϥⲃⲱⲕ · ⲛ ⲟⲩⲁⲡⲟⲕⲣⲓⲥⲓⲥ · ⲡⲉϥϣⲏⲣⲉ · [ⲇⲉ] ⲥⲛⲁⲩ ·
ⲛⲉⲩⲡⲣⲟⲥⲕⲁⲣⲧⲏⲣⲉⲓ · ⲉ ⲧⲃⲉ ⲟⲩⲁ [ⲛ]ⲉϥⲛⲁⲣ ⲑⲩⲥⲓⲁ · ⲙ
ⲡⲉⲓⲇⲟⲗⲟⲛ · ⲁⲛⲟⲕ [ⲇⲉ] ⲙⲁⲕⲉⲇⲟⲛⲓⲟⲥ · ⲁⲓⲃⲱⲕ · ϣⲁ
ⲣⲟⲟⲩ · ⲁⲓϣ[ⲁ]ϫⲉ · ⲛ̄ⲙⲙⲁⲩ ϩⲛ̄ ⲟⲩⲕⲣⲟϥ · ⲉⲓϫⲱ ⲙ-
ⲙⲟ[ⲥ] ϫⲉ ϯⲟⲩⲱϣ · ⲉ ⲧⲁⲗⲉ ⲑⲩⲥⲓⲁ · ⲉ ϩⲣⲁⲓ · ⲙ
ⲡⲛⲟⲩⲧⲉ · ⲙⲡⲟⲟⲩ · ⲛⲧⲟⲟⲩ ⲇⲉ ⲡⲉϫⲁⲩ [ⲛⲁⲓ] ϫⲉ ⲁⲙⲟⲩ
ⲛⲅ̄ⲧⲁⲗⲟⲥ · ⲉ ϩⲣⲁⲓ · ⲛ̄ ⲧⲉⲣ ϥ̄ⲃⲱⲕ ⲇⲉ ⲉ ϩⲟⲩⲛ · ⲁϥⲟⲩ-
ⲉϩⲥⲁϩⲛⲉ · ⲉ ⲧⲣⲉⲩⲧⲁⲗⲉ ⲛϣⲉ · ⲉϫⲛ̄ ⲧϣⲏⲩⲉ · ⲛⲥⲉϫⲉⲣⲉ
ⲡⲕ[ⲱ]ϩⲧ̄ · ϩⲁ ⲣⲟⲟⲩ · ⲡϣⲏⲣⲉ ⲇⲉ ⲥⲛⲁⲩ · ⲙ ⲡⲟ[ⲩ]ⲏⲏⲃ ·
ⲛⲉⲩⲡⲣⲟⲥⲕⲁⲣⲧⲏⲣⲉⲓ · ⲉⲛϣⲉ · ϣⲁⲧ ⲟⲩⲣ̄ ϫ̄ⲃ̄ⲃ̄ⲥ̄ | [...] Fol. 13 *b*
ⲛ ⲉⲡⲓⲥⲕⲟⲡⲟⲥ · ⲁⲡⲁ ⲙⲁ[ⲕⲉ]ⲇⲟⲛⲓⲟⲥ · ⲁϥϯ ⲡⲉϥⲟⲩⲟⲓ · [ⲕ̄ⲍ̄]
ⲉ ⲡⲙⲁ · ⲉⲧⲉ · [ⲡ]ⲙⲁⲅⲕⲁⲛⲟⲛ · ⲛ̄ϩⲏⲧϥ̄ · ⲁϥⲉⲓⲛⲉ ⲉ ⲃⲟⲗ
[ⲡ]ⲃⲏϭ · ⲁϥⲥⲱⲗⲡ · ⲛ̄ ⲧⲉϥⲁⲡⲉ · ⲁϥⲛⲟⲩ[ϫⲉ] ⲉ ⲃⲟⲗ ·
ⲙⲙⲟϥ · ⲉϫⲛ̄ ⲧϣⲏⲩⲉ · ⲉⲧ [ⲙⲟ]ⲩϩ · ⲁϥⲉⲓ ⲉ ⲃⲟⲗ · ϩⲙ̄
ⲡⲣ̄ⲡⲉ · ⲁϥⲃⲱⲕ · [ⲡ̄ϣⲏ]ⲣⲉ · ⲇⲉ ⲙ ⲡⲟⲩⲏⲏⲃ · ⲛ ⲧⲉⲣ ⲟⲩ-
ⲛⲁⲩ [ⲉ ⲡⲉⲛ]ⲧ ⲁϥϣⲱⲡⲉ · ⲁⲩⲡⲱϩ · ⲛ̄ ⲛⲉⲩϩⲟⲓ[ⲧⲉ · ⲁ]ⲩⲱ
ⲡⲉϫⲉ ⲡⲛⲟϭ · ⲙ ⲡⲕⲟⲩⲓ ϫⲉ ⲟⲩ [ⲡⲉⲧ] ⲛ̄ⲛⲁⲁⲁϥ · ⲧⲛ̄-
ϩⲛⲁϣ · ⲛⲥⲁⲥⲁ · ⲛⲓⲙ · ⲉⲩ[ϣⲁ]ⲛⲥⲱⲧⲙ̄ · ⲛ̄ϭⲓ ⲛⲁ ⲧⲡⲟ-
ⲗⲓⲥ · ⲥⲉⲛⲁϩⲓ ⲱ[ⲛⲉ] · ⲉ ⲣⲟⲛ · ϫⲉ ⲁⲛⲁⲙⲉⲗⲉⲓ · ϣⲁⲛ-
ⲧⲟⲩⲣⲱⲕϩ̄ [ⲙ̄] ⲡⲉⲩⲛⲟⲩⲧⲉ · ⲡⲁⲗⲓⲛ · ⲟⲛ · ⲉⲛϣⲁⲛⲛⲟ-
[ⲩϩ]ⲙ · ⲛ̄ ⲧⲟⲟⲧⲟⲩ · ⲧⲛ̄ⲛⲁⲣ ⲃⲟⲗ · ⲁⲛ · ⲛⲧⲟ[ⲟ]ⲧϥ̄ · ⲙ
ⲡⲉⲛⲉⲓⲱⲧ · ⲉ ⲃⲟⲗ · ϫⲉ ϥⲙⲉ · ⲙ ⲡ[ⲛ]ⲟⲩⲧⲉ ⲡⲃⲏϭ · ⲛ
ϩⲟⲩⲟ ⲉ ⲣⲟⲛ · ⲧⲉⲛⲟⲩ [ϭⲉ] ⲡⲁ ⲥⲟⲛ · ⲙⲁⲣⲛ̄ⲧⲱⲟⲩⲛ ·

ⲛⲧⲡ̄ⲡⲱⲧ [ⲛ]ⲁⲛ· ⲉⲧⲙⲁ· ⲡ̄ ϫⲁⲓⲉ· ϩⲁⲣⲏⲩ· ⲧⲡ̄ⲛⲁⲣ ⲃⲟⲗ
[ⲁ]ⲩⲱ ⲧⲁⲓ ⲧⲉ ⲑⲉ· ⲛⲧⲁⲩⲉⲓ· ⲉ ⲃⲟⲗ· ϩⲙ̄ ⲧⲡⲟ-
[ⲗⲓ]ⲥ· ⲙ ⲡⲉⲥⲛⲁⲩ· ⲙ ⲡⲉϩⲟⲟⲩ· ⲉⲧ ⲙ̄ⲙⲁⲩ· [ⲙ̄]-
ⲡⲉ ⲗⲁⲁⲩ· ⲉⲓⲙⲉ· ⲉ ⲃⲟⲗ· ϫⲉ ⲛⲉⲣⲉ ⲡⲛⲟⲩ[ⲧ]ⲉ ⲥⲕⲉ-
ⲡⲁⲍⲉ· ⲙ̄ⲙⲟⲟⲩ· ⲉ ⲧⲃⲉ ϫⲉ ⲛⲉⲩ[ⲧ]ⲏϣ· ⲉⲩⲟⲓⲕⲟⲛⲟ-
ⲙⲓⲁ· ⲉⲛⲁⲛⲟⲩⲥ· ⲁⲩ[ϫⲓ]ⲟⲟⲣ· ⲇⲉ· ⲙ̄ⲙⲟⲟⲩ· ⲁⲩⲉⲓ·
ⲉ ⲡⲉⲓⲉⲃ̄ⲧ̄· ⲁⲩ[ⲛ]ⲁⲩ· ⲉ ϩⲟⲩⲛ· ⲉ ⲡⲧⲟⲟⲩ· ⲉⲧ ϩⲓ ϩⲟⲩⲛ· |

Fol. 14 *a* ⲉⲩϫⲱ ⲙ̄ⲙⲟⲥ· ϫⲉ ⲛⲁⲛⲟⲩⲥ· ⲛⲁⲛ· ⲉ[ⲛ]ⲙⲟⲩ· ⲛ̄ⲧⲉ
[ⲕⲏ] ⲡⲉⲑⲏⲣⲓⲟⲛ· ⲟⲩⲱⲙ· ⲛⲛⲉⲛⲥ[ⲁⲣⲝ] ⲛ̄ϩⲟⲩⲟ ⲉ ⲣⲟⲥ· ⲉ
ⲧⲣⲉⲩϩⲓ ⲱⲛⲉ· ⲉ ⲣⲟⲟⲩ· ϩⲓⲧ[ⲛ̄] ⲛⲁ ⲧⲡⲟⲗⲓⲥ ⁘ ⲁⲥϣⲱⲡⲉ·
ⲇⲉ· ⲛ̄ ⲧⲉⲣⲉ ⲡⲉⲩⲉⲓⲱⲧ· ⲉⲓ· ⲛ̄ϥⲃⲱⲕ· ⲉ ϩⲟⲩⲛ· ⲉ ⲡ̄ⲣ̄ⲡⲉ
ⲉ ⲧ̄ⲣ̄ⲉϥⲟⲩⲱϣ̄ⲧ̄· ⲙ ⲡⲉⲓⲇⲱⲗⲟⲛ· ⲛ̄ ϣⲟⲣⲡ̄ ⲕⲁⲧⲁ ⲡⲉϥ-
ⲉⲑⲟⲥ· ⲙ̄ⲡⲁⲧ ⲉϥⲃⲱⲕ· ⲉ ⲡⲉϥⲏⲓ· ⲛ ⲧⲉⲣ ϥ̄ⲃⲱⲕ· ⲇⲉ ⲉ
ϩⲟⲩⲛ· ⲙⲡⲉ ϥϩⲉ ⲉ ⲛⲉϥϣⲏⲣⲉ· ⲁϥϯ ⲡⲉϥⲟⲩⲟⲓ· ⲉ ⲡⲙⲁ·
ⲉⲧ ϩⲓ ϩⲟⲩ[ⲛ]· ⲙ̄ⲡⲉ ϥϩⲉ ⲉ ⲣⲟⲟⲩ· ⲁϥⲕⲱⲧⲉ ⲟⲛ· ϩⲙ̄
ⲡⲙ[ⲁ]ⲛ̄ⲕⲁⲛⲟⲛ· ⲉⲧ ⲉⲣⲉ ⲡⲃⲏϭ· ⲛ̄ϩⲏⲧϥ̄· ⲙⲡⲉ ϥϩⲉ· ⲉ
ⲣⲟϥ· ⲁϥⲉⲓ ⲇⲉ· ⲉ ⲃⲟⲗ· ⲉϥⲁⲡⲟⲣⲉⲓ· ⲉϥϫ[ⲱ] ⲙ̄ⲙⲟⲥ·
ϫⲉ ⲟⲩ ⲡⲉⲛⲧ ⲁϥϣⲱⲡⲉ· ⲉ ⲃⲟⲗ ϫⲉ ⲙⲡⲉ ⲓϩⲉ· ⲉ ⲛⲁ-
ϣⲏⲣⲉ· ⲟⲩⲇⲉ· ⲡⲕⲉ ⲛⲟⲩⲧⲉ· ⲡⲃⲏϭ· ⲁⲥⲥⲱⲧⲙ̄· ⲉ
ⲣⲟϥ· ⲛ̄ϭⲓ ⲟⲩϩⲗⲗⲟⲩ· ⲛ ⲥϩⲓⲙⲉ· ⲉⲥⲟⲩⲏⲏϩ· ϩⲓⲧⲟⲩⲱϥ·
ⲙ ⲡⲣ̄ⲡⲉ· ⲁⲥⲙⲟⲩⲧⲉ· ⲟⲩⲃⲏϥ ⲉⲥϫⲱ ⲙ̄ⲙⲟⲥ ϫⲉ ⲁⲙⲟⲩ·
ϣⲁ ⲣⲟⲓ· ⲡⲟⲩⲏⲏⲃ· ⲉⲧ ⲥⲙⲁⲙⲁⲁⲧ ⲛⲧⲁⲧⲁⲙⲟⲕ· ⲉ
ⲡⲉⲛⲧ ⲁⲓⲛⲁⲩ· ⲉ ⲣⲟϥ· ⲙⲡⲟⲟⲩ· ⲁⲓⲛⲁⲩ· ⲅⲁⲣ· ⲉ ⲡⲉⲓ
ⲡⲁⲣⲁⲃⲁⲧⲏⲥ· ⲙ ⲙⲟⲛⲟⲭⲟⲥ· ⲡⲁⲓ ⲉⲧ ⲡⲗⲁⲛⲁ· ⲛ̄ϩⲟⲓⲛⲉ·
ϩⲙ̄ ⲛⲁ ⲧⲉ[ⲓ] ⲡⲟⲗⲓⲥ· ⲁϥⲃⲱⲕ· ⲉ ϩⲟⲩⲛ· ⲉ ⲡⲣ̄ⲡⲉ· ⲙⲡ̄
ⲛⲉⲕϣⲏⲣⲉ· ⲟⲩ ⲡⲁⲛⲧⲱⲥ· ⲛ̄ⲧⲟϥ· ⲡⲉⲛ[ⲧ ⲁϥ]ⲧⲁⲕⲉ ⲡⲉⲩ-
ϩⲏⲧ· ⲁⲩϥⲓ ⲡⲛⲟⲩⲧⲉ [ⲡⲃⲏϭ] ⲁⲩⲡⲱⲧ· ⲡⲟⲩⲏⲏⲃ· ⲇⲉ :— |

Fol. 14 *b* [ⲛ̄ ⲧⲉⲣ] ϥⲥⲱⲧⲙ̄· ⲉ ⲛⲉⲓ ϣⲁϫⲉ· ⲛ̄ⲧⲟⲟⲧⲥ̄ [ⲛ̄] ⲑⲗⲗⲟⲩ *(sic)*·
[ⲕⲑ] ⲁϥⲙⲟⲟϣⲉ· ⲉϥϯ ⲟⲩⲟⲓ· ϩⲙ̄ ⲧ[ⲡ]ⲟⲗⲓⲥ· ⲛⲥⲁ ⲛⲉϥϣⲏⲣⲉ·
ϫⲉ ⲟⲩ ⲙⲟⲛⲟⲛ [ⲛ]ⲁ ϣⲏⲣⲉ· ϯⲛⲁϩⲟⲧⲃⲟⲩ· ⲁⲗⲗⲁ·
ⲡⲕⲉⲙⲟ[ⲛ]ⲟⲭⲟⲥ· ⲉⲓϣⲁⲛϩⲉ· ⲉ ⲣⲟϥ· ϯⲛⲁⲡⲁⲧⲁⲥ[ⲥⲉ]
ⲙ̄ⲙⲟϥ· ⲟⲩⲣⲱⲙⲉ· ⲇⲉ ⲙ ⲡⲓⲥⲧⲟⲥ ⲛ̄ ⲧⲉⲣ ϥ̄ⲥⲱⲧⲙ̄· ⲉ
ⲣⲟⲥ· ⲉϥϣⲁϫⲉ *(sic)*· ⲙⲡ̄ ⲡⲟⲩⲏⲏⲃ· ⲁϥⲃⲱⲕ· ϣⲁ ⲡⲉⲡⲓⲥⲕⲟⲡⲟⲥ·

ⲉⲧ ⲟⲩ[ⲁ]ⲁⲃ· ⲡⲉϫⲁϥ· ⲛⲁϥ· ϫⲉ ⲡⲁ ⲉⲓⲱⲧ· ⲉⲧ ⲧⲁⲓ[ⲏⲩ]
▨ⲥⲉⲧⲙ̄ ⲟⲩϣⲁϫⲉ· ⲛ̄ ⲧⲟⲟⲧϥ̄· ⲙ̄ ⲡⲉⲓ ⲟⲩ[ⲏ]ⲏⲃ· ⲉⲧ
ⲥϩⲣⲟⲩⲣⲧ· ⲛⲧⲉ ⲡ̄ⲣ̄ⲡⲉ· ⲉ ⲧⲃⲏⲏ[ⲧ]ⲕ̄· ⲉϥϫⲱ ⲙ̄ⲙⲟⲥ· ϫⲉ
ⲉⲓϣⲁⲛϩⲉ· ⲉ ⲣⲟϥ [ϯ]ⲛⲁⲙⲟⲟⲩⲧϥ̄· ⲧⲉⲛⲟⲩ ϭⲉ ⲡⲁ ⲉⲓⲱⲧ·
ⲉ[ⲧ] ⲟⲩⲁⲁⲃ· ⲧⲱⲟⲩⲛ· ⲛ̄ⲅ̄ ⲃⲱⲕ· ⲛⲁⲕ· ⲉⲩⲙⲁ· ⲉϥ-
ϭⲣⲁϩⲧ̄· ⲛ̄ϩⲉⲛϩⲟⲟⲩ· ϣⲁⲛⲧⲉ ⲡϩⲱⲃ· ⲟⲩⲉⲓⲛⲉ· ⲡⲉϫⲉ
ⲡⲉⲡⲓⲥⲕⲟⲡⲥ̊ ⲙ̄ ⲡⲣⲱⲙⲉ ⲉⲧ ⲙ̄ⲙⲁⲩ ϫⲉ ⲟⲩ· ⲡⲁ ϣⲏⲣⲉ
ⲉⲧ ⲧⲁⲓⲏⲩ· ⲁⲓⲥⲱⲧⲙ̄· ϩⲛ̄ ⲧⲧⲁⲡⲣⲟ· ⲉⲧ ⲥⲙⲁⲙⲁⲁⲧ ⲙ̄
ⲡⲉⲛⲛⲟⲩⲧⲉ· ⲡⲉⲛ̄ⲥⲏⲣ· ⲓ̄ⲥ̄ ⲡⲉⲭ̄ⲥ̄· ⲡⲉⲛϫ̄ⲥ̄· ⲉϥϫⲱ ⲙ̄-
ⲙⲟⲥ ϫⲉ ⲙ̄ⲡ̄ⲣ̄ [ⲣ̄]ϩⲟⲧⲉ· ϩⲏⲧⲟⲩ· ⲛ ⲛⲉⲧ ⲛⲁⲙⲟⲟⲩⲧ·
ⲙ̄ ⲡⲉⲧⲛ̄ⲥⲱⲙⲁ· ⲉⲙⲛ̄ϣϭⲟⲙ· ϫⲉ ⲙ̄ⲙⲟⲟⲩ [ⲉ] ⲙⲟⲟⲩⲧ·
ⲛ̄ ⲡ̄ⲉⲧⲙ̄ⲯⲩⲭⲏ· ⲡⲉϫⲉ [ⲡ]ⲣⲱⲙⲉ· ⲉⲧ ⲙ̄ⲙⲁⲩ· ⲙ̄
ⲡⲉⲡⲓⲥⲕⲟⲡⲟⲥ ▨ ⲉⲁϥϫⲟⲟⲥ ⲟⲛ· ϫⲉ ⲉⲩϣⲁⲛⲡⲱⲧ· ⲛ̄- | Fol. 15 a
ⲥⲱⲧⲡ̄· ϩⲛ̄ ϯ ⲡⲟⲗⲓⲥ· ⲡⲱⲧ· ⲉ ϩⲣⲁⲓ ⲉ ⲕⲉ ⲟⲩⲉⲓⲉ· ⲡⲉϫⲉ [ⲗ̄]
ⲡⲉⲡⲓⲥⲕⲟⲡⲟⲥ ϫⲉ ⲛⲓⲙ [ⲡⲉⲛ]ⲧ ⲁϥⲧⲁⲙⲟϥ· ϫⲉ ⲁⲓⲃⲱⲕ· ⲉ
ϩⲟⲩⲛ· ⲉ ⲡ̄ⲣ̄ⲡⲉ· ⲛ̄ⲧⲟϥ ⲇⲉ ⲡⲉϫⲁϥ ⲛⲁϥ ϫⲉ ⲁⲓⲥⲱⲧⲙ̄·
ϫⲉ ⲟⲩϩⲗ̄ⲗⲟⲩ· ⲛ̄ ⲥϩⲓⲙⲉ ⲧⲉ· ⲉⲥⲟⲩⲏⲏϩ· ϩⲓⲧⲟⲩⲱϥ·
ⲙ̄ ⲡ̄ⲣ̄ⲡⲉ· ⲡⲉϫⲉ ⲡⲉⲡⲓⲥⲕⲟⲡⲟⲥ ϩⲛ̄ ⲟⲩϣⲱⲱⲧ· ⲉ ⲃⲟⲗ·
ϫⲉ ⲉⲣⲉ ⲡⲉⲥⲗⲁⲥ ⲛⲁϣⲱⲡⲉ ⲙ̄ ⲡⲉⲛⲓⲡⲉ ⲛϥϭⲱ ⲉϥⲕⲓⲙ·
ⲁⲛ ϣⲁ ⲉⲛⲉϩ· ϣⲁⲛⲧⲉ ⲧⲁⲱⲣⲉⲁ ⲙ̄ ⲡⲛⲟⲩⲧⲉ· ⲟⲩⲱⲛ̄ϩ
ⲉ ⲃⲟⲗ· ⲁⲩⲱ ⲁⲥϣⲱⲡⲉ· ⲕⲁⲧⲁ ⲡⲉϥϣⲁϫⲉ· ⲛⲑⲉ· ⲛⲧⲁ
ⲡⲉⲧⲣⲟⲥ ⲡⲁⲡⲟⲥⲧⲟⲗⲟⲥ ϫⲟⲟⲥ ⲛ ⲥⲓⲙⲱⲛ· ϫⲉ ⲉⲕⲉϣⲱⲡⲉ
ⲉⲕⲟ ⲛ̄ⲃ̄ⲗ̄ⲗⲉ· ⲛ̄ⲅ̄ ⲛⲁⲩ ⲉ ⲃⲟⲗ· ⲁⲛ· ⲉ ⲡⲣⲏ· ϣⲁ ⲟⲩⲟ-
ⲉⲓϣ· ⲛ ⲧⲉⲣ ϥ̄[ϫⲱ] ⲛⲁⲓ· ⲛϭⲓ ⲡⲉⲡⲓⲥⲕⲟⲡⲟⲥ· ⲉⲧ ⲟⲩⲁⲁⲃ·
ⲁ ⲡⲣⲱⲙⲉ· ⲁⲛⲁⲭⲱⲣⲉⲓ· ⲛⲁϥ· ⲉ ⲃⲟⲗ· ϩⲓⲧⲟⲟⲧϥ̄·
ⲙⲡⲉⲧ ⲟⲩⲁⲁⲃ· ⲁϥⲧⲱⲟⲩⲛ· ϩⲱⲱϥ· ⲁϥⲃⲱⲕ· ⲉϩⲏⲧ· ⲉ
ⲡⲙⲁ· ⲉⲧⲟⲩⲙⲟⲩⲧⲉ· ⲉ ⲣⲟϥ· ϫⲉ ⲡⲓⲁ· ⲁϥϣⲱⲡⲉ·
ϩⲙ̄ ⲡⲙⲁ· ⲉⲧ ⲙ̄ⲙⲁⲩ· ⲉϥⲥⲟⲡⲥ̄ⲡ̄ ⲙ̄ ⲡⲛⲟⲩⲧⲉ· ϩⲛ̄ ϩⲉⲛ-
ⲛⲏⲥϯⲁ· ⲙⲛ̄ ⲛ̄ϩⲉⲛⲟⲩϣⲏ· ⲛ̄ⲣⲟⲉⲓⲥ· ⲉⲛⲁϣⲱⲟⲩ· ⲉϥ-
ϫⲱ ⲙ̄[ⲙⲟⲥ] ϫⲉ ⲡϫ̄ⲥ̄· ⲡⲛⲟⲩⲧⲉ· ⲕⲧⲟ· ⲙ̄ ⲡϩⲏⲧ· ⲙ̄
ⲡⲣⲱⲙⲉ· ⲉⲩⲙⲉⲧⲁⲛⲟⲓⲁ ϩⲛ̄ ⲧⲉⲓ ⲟⲩϣⲏ· ▨ⲩ·
ⲁϥⲛⲁⲩ· ⲉⲩϩⲟⲣⲟⲙⲁ· ⲉϣϫ[ⲉ](?) ▨ [ⲡⲣⲱ]ⲙⲉ ⲁϩ· ⲉⲣⲁⲧϥ̄·
ⲉⲣⲉ ϣ[ⲏⲣⲉ | ⲥⲛⲁⲩ] ϩⲓⲧⲟⲩⲱϥ· ⲉⲩⲁⲁϩ· ⲉⲣⲁⲧⲟⲩ· ⲟⲩⲁ Fol. 15 b
[ϩⲓ ⲟ]ⲩⲛⲁⲙ· ⲙ̄ⲙⲟϥ· ⲁⲩⲱ ⲟⲩⲁ· ϩⲓ ϩⲃⲟⲩⲣ ⲙ̄ⲙⲟϥ· [ⲗ̄ⲁ̄]

ⲉⲩⲛⲕⲟⲧⲕ̄ · ⲁϥⲉⲓ · ⲛϭⲓ ⲟⲩⲣⲱⲙⲉ ⲛ ⲟⲩⲟⲉⲓⲛ · ⲁϥⲁⲁϩ ·
ⲉⲣⲁⲧϥ̄ ϩⲓ ϫⲱⲟⲩ · ⲁϥϯ ⲛ ⲟⲩⲕⲗⲟⲙ · ⲉϫⲛ̄ ⲧⲁⲡⲉ · ⲙ̄
ⲡⲉⲧ ϩⲓ ⲟⲩⲛⲁⲙ · ⲙⲙⲟϥ · ⲉⲧⲉ ⲡⲛⲟϭ ⲡⲉ · ⲁⲩⲱ ⲕⲉ
ⲕⲗⲟⲙ · ⲉϫⲛ̄ ⲧⲁⲡⲉ · ⲙ̄ ⲡⲉⲧ ϩⲓ ϩⲃⲟⲩⲣ ⲙⲙⲟϥ · ⲁⲩⲱ
ⲁϥϯ · ⲛ̄ ⲟⲩϭⲉⲣⲱⲃ · ⲉ ⲧϭⲓϫ · ⲙ̄ ⲡⲉⲧ ϩⲓ ⲟⲩⲛⲁⲙ ⲉⲣⲉ
ⲟⲩϣⲟϣⲧ ⲙⲏⲣ ⲙⲙⲟϥ · ⲁⲩⲱ · ⲕⲉ ϭⲉⲣⲱⲃ · ⲉ ⲧϭⲓϫ
ⲙ ⲡⲉⲧ ϩⲓ ϩⲃⲟⲩⲣ · ⲙⲙⲟϥ · ⲉⲣⲉ ⲕⲉ ϣⲟϣⲧ̄ ⲙⲏⲣ ·
ⲙⲙⲟϥ · ⲁϥⲃⲱⲕ · ⲉ ϩⲣⲁⲓ · ⲉ ⲧⲡⲉ · ⲉⲓⲟⲣⲙ̄ · ⲛⲥⲱϥ ·
ⲁϥⲧⲱⲟⲩⲛ ⲇⲉ ⲉϩⲧⲟⲟⲩⲉ ⲛ̄ϭⲓ ⲡⲉⲡⲓⲥⲕⲟⲡⲟⲥ · ⲉⲧ ⲟⲩⲁⲁⲃ ·
ⲁⲡⲁ ⲙⲁⲕⲉⲇⲱⲛⲓⲟⲥ · ⲉϥϫⲱ ⲙⲙⲟⲥ · ϫⲉ ⲟⲩ · ⲡⲉ ⲡⲉⲓ
ϩⲟⲣⲟⲙⲁ · ⲛⲧⲁⲓⲛⲁⲩ · ⲉ ⲣⲟϥ · ⲙⲏ ⲉⲩⲛⲁϫⲡⲟ · ⲛⲁⲓ ·
ⲛ̄ ϩⲉⲛϣⲏⲣⲉ · ⲙⲛ̄ⲛⲥⲁ ⲧⲣⲁ ⲁⲡⲟⲧⲁⲥⲥⲉ · ⲉⲣⲉ ⲡϩⲱⲃ ·
ⲟ̄ⲥ̄ⲕ̄ · ⲡⲗⲏⲛ · ⲡⲉⲕⲟⲩⲱϣ · ⲙⲁⲣ̄ϥ̄ϣⲱⲡⲉ · ⲡⲁ ϫ̄ⲥ̄ · ⲓ̄ⲥ̄
ⲡⲉⲭ̄ⲣ̄ⲥ̄ · Ⲉⲧⲓ ⲇⲉ · ⲉⲣⲉ ⲡⲉⲡⲓⲥⲕⲟⲡⲟⲥ · ⲙⲟⲕⲙⲉⲕ [ⲙ̄]-
ⲙⲟϥ · ⲛ ⲧⲉⲓ ϩⲉ · ⲁ̀ⲩⲥⲙⲏ · ϣⲱⲡⲉ · ϣⲁ [ⲣⲟ]ϥ · ⲉⲥϫⲱ
ⲙⲙⲟⲥ · ϫⲉ ϣⲁⲧ ⲛⲁⲩ ⲉⲕⲁ[ⲙ]ⲉⲗⲉⲓ ⲉⲛⲉⲥⲟⲟⲩ · ⲛ̄ⲧⲁⲩ-
ⲧⲁⲛϩⲟⲩⲧⲕ̄ [ⲉ] ⲣⲟⲟⲩ · ⲧⲱⲟⲩⲛ · ⲛⲅ̄ϯ ⲡⲉⲕⲟⲩⲟⲓ · [ⲉ
Fol. 16 *a* ⲣ]ⲟⲟⲩ · ⲕⲛⲁϩⲉ · ⲉ ϩⲉⲛⲥⲕⲉⲩⲟⲥ · ⲛ̄ [ⲥⲱⲧⲡ̄] | [ϩⲙ̄ ⲡ]ⲙⲁ ·
ⲗ̄ⲃ̄ ⲉⲧ ⲙ̄ⲙⲁⲩ · Ⲁϥⲧⲱⲟⲩⲛ · ⲁϥ[ⲙⲟⲟϣ]ⲉ · ⲕⲁⲧⲁ ⲑⲉ ⲛⲧⲁⲩ-
ϫⲟⲟⲥ ⲛⲁϥ · ⲁⲩ[ⲱ ⲛ̄] ⲧⲉⲣ ϥ̄ⲟⲩⲉ ⲉ ϩⲟⲩⲛ · ϩⲓ ⲡⲧⲟⲟⲩ ·
ⲛⲁ [ϣⲟ]ⲙⲛ̄ⲧ · ⲙ ⲙⲏⲗⲓⲟⲛ · ⲁϥϭⲱϣ̄ⲧ · ⲛⲥⲁ [ⲟⲩ]ⲛⲁⲙ ·
ⲙⲙⲟϥ · ⲁϥϩⲉ ⲉ ⲡϣⲏⲣⲉ · ⲥⲛⲁⲩ [ⲉ]ⲩⲛⲏϫ · ϩⲁ ⲟⲩⲕⲟⲟϩ ·
ⲛ̄ ⲧⲟⲟ · ⲉ ⲁⲩ[illegible]ⲧⲟⲟⲩ ⲉ ⲃⲟⲗ · ⲉ ⲡⲙⲟⲩ ⲉ ⲧⲃⲉ ⲡⲉϩⲕⲟ
[ⲙ]ⲛ̄ ⲡⲉⲓⲃⲉ · ⲉ ⲃⲟⲗ · ϫⲉ ⲡⲉⲩⲥⲟⲟⲩ ⲡⲉ · ⲙ̄ⲡ ⲟⲩⲉⲙ
ⲟⲉⲓⲕ · ⲟⲩⲇⲉ · ⲙⲡ ⲟⲩⲥⲉ ⲙⲟⲟⲩ · ⲛ̄ ⲧⲉⲣⲉ ⲡⲉⲡⲓⲥⲕⲟⲡⲟⲥ ·
ⲛⲁⲩ ⲉ ⲣⲟⲟⲩ · ⲁϥⲣ̄ ⲡⲙⲉⲉⲩⲉ · ⲙ ⲡϩⲟⲣⲟⲙⲁ · ⲛⲧⲁϥ-
ⲛⲁⲩ ⲉ ⲣⲟϥ · ⲁⲩⲱ ⲡⲉϫⲁϥ · ϫⲉ ⲛⲁⲓ ⲛⲉ ⲡϣⲏⲣⲉ ⲥⲛⲁⲩ ·
ⲛⲧⲁⲩⲧⲥⲁⲃⲟⲓ · ⲉ ⲣⲟⲟⲩ ϩⲙ̄ ⲡϩⲟⲣⲟⲙⲁ · ⲁⲩⲱ ⲛⲁⲓ ⲟⲛ ·
ⲛⲉ ⲛⲧⲁⲩϫⲟⲟⲥ ⲛⲁ ⲉ ⲧⲃⲏⲏⲧⲟⲩ · ϫⲉ ⲃⲱⲕ · ⲕⲛⲁϭⲓⲛⲉ ·
ⲛ̄ ϩⲉⲛⲥⲕⲉⲩⲱⲥ · ⲛⲥⲱⲧⲡ · ⲁⲓⲙⲟⲟϣⲉ · ⲇⲉ ⲉ ϩⲟⲩⲛ · ⲉ
ⲣⲟⲟⲩ · ⲡⲉϫⲁϥ · ⲁⲩⲱ̄ · ⲛ̄ ⲧⲉⲣ ⲟⲩⲛⲁⲩ ⲉ ⲣⲟⲓ · ⲁⲩ-
ⲧⲱⲕ · ⲛ̄ ϩⲏⲧ · ⲁⲩⲧⲱⲟ̄ⲛ ⲁⲩⲡⲁϩⲧⲟⲩ · ϩⲁ ⲛⲁⲟⲩⲣⲏⲏⲧⲉ ·
ⲁⲩϯⲡⲓ ⲉ ϫⲱⲟⲩ · ⲁⲛⲟⲕ ⲇⲉ ϩⲱⲱⲧ · ⲁⲓϯ ⲧⲟⲟⲧⲟⲩ
ⲁⲓⲧⲟⲩⲛⲟⲥⲟⲩ · ⲛ̄ ⲧⲉⲣ ⲓⲛⲁⲩ ⲇⲉ ⲉ ⲣⲟⲟⲩ ⲉⲩⲥⲟϣⲙ̄ · ϩⲁ

ⲡⲉϩⲕⲟ ⲙⲡ̄ ⲡⲉⲓⲃⲉ· ⲁⲓϩⲙⲟⲟⲥ· ⲉ ϩⲣⲁⲓ· ⲛ̄ⲙ̄ⲙⲁⲩ·
ⲡⲛⲟϭ· ⲇⲉ· ⲉⲧ ⲙ̄ⲙⲁⲩ [ⲁϥ]ϫⲱⲣⲙ̄· ⲟⲩⲃⲉ· ⲡⲕⲟⲩⲓ |
[ϫⲉ] ϣⲁϫⲉ· ⲡⲕⲟⲩⲓ ⲇⲉ ϩⲱⲱϥ· ⲁϥ[ϫⲱⲣ]ⲙ̄· ⲟⲩⲃⲉ Fol. 16 *b*
ⲡⲛⲟϭ ϫⲉ ϣⲁϫⲉ· ⲛⲧⲟⲕ· [ⲁϥ]ⲟⲩⲱϣⲃ̄· ⲛϭⲓ ⲡⲛⲟϭ· [ⲗ̄ⲅ̄]
ϫⲉ ⲱⲛⲧⲱⲥ· [ⲡⲁ] ⲉⲓⲱⲧ· ⲁⲓⲣⲑⲉ ⲉϣϫⲉ ⲛⲧⲁⲓⲟⲩⲱⲙ·
ⲁ[ⲩⲱ] ⲛ ⲧⲉⲣⲉ ⲓⲛⲁⲩ· ⲉ ⲣⲟⲕ· ⲕⲁⲓ ⲅⲁⲣ ϫⲓⲛ ⲡⲉ[ϩⲟⲟⲩ]
ⲛⲧⲁⲛⲉⲓ· ⲉ ⲃⲟⲗ· ϩⲙ̄ ⲧⲡⲟⲗⲓⲥ· ⲙⲡⲉ ⲛⲟ[ⲩ]ⲱⲙ· ⲟⲩⲇⲉ·
ⲙⲡⲉ ⲛⲥⲱ· ⲟⲩⲇⲉ· ⲙⲡⲉ ⲓⲛⲁⲩ ⲉ ⲣⲱⲙⲉ ⲛⲥⲁⲃⲗⲗⲁⲕ·
ⲡⲉⲛⲥⲟⲟⲩ ⲅⲁⲣ· ⲡⲉ ⲡⲟⲟⲩ· ⲁⲥϣⲱⲡⲉ ⲅⲁⲣ ⲙⲙⲟⲛ ϩⲙ̄
ⲧⲉⲓ ⲟⲩϣⲏ· ⲛⲧⲁⲥⲟⲩⲉⲓⲛⲉ· ⲁⲛⲟⲕ ⲇ[ⲉ] ⲛⲉⲓⲱⲃϣ̄· ⲁⲛ ⲡⲉ·
ⲁⲗⲗⲁ· ⲛⲉⲣⲉ ⲛⲁⲃⲁⲗ ⲟⲩⲱⲛ· ⲁϥⲉⲓ ⲛϭⲓ ⲟⲩⲣⲱⲙⲉ ⲛ
ⲟⲩⲟⲉⲓⲛ ⲉⲣⲉ ⲟⲩϫⲱⲱⲙⲉ· ⲛ ⲧⲟⲟⲧϥ· ⲉϥⲉⲓⲣⲉ· ⲙ̄ [ⲛ](?)ϥⲧⲟⲟⲩ·
ⲁⲩⲱ ⲟⲩⲛ ϩⲉⲛϩⲃⲥⲱ· ⲉⲩⲧⲁⲓⲏⲩ ⲉⲙⲁⲁⲧⲉ· ⲧⲁⲗⲏⲩ·
ⲉϫⲙ̄ ⲧⲉϥⲛⲁϩⲃ̄· ⲁϥⲁⲁϩ· ⲉⲣⲁⲧϥ̄· ϩⲓ ϫⲱⲓ· ⲁϥⲕⲓⲙ· ⲉ
ⲣⲟⲓ· ⲛ ⲧⲉⲣⲉ ⲓⲧⲱⲟⲩⲛ· ⲇⲉ ⲉ ϩⲣⲁⲓ· ⲁϥϯ ϩⲓⲱⲱⲧ· ⲛ
ⲟⲩϣⲧⲏⲛ· ⲁϥϭⲟⲗⲧ̄· ⲛ ⲟⲩⲉⲡⲱ[ⲙⲓⲥ]· ⲙ̄ ⲧⲉⲣⲉ ⲓⲣ̄ ⲟⲩⲁ-
ⲡⲣⲏⲧⲉⲓ· ⲇⲉ· ⲉⲥϩⲓⲱⲱⲧ· ⲁϥⲟⲩⲃⲟϣⲧ̄ ⲙⲙⲟⲥ· ⲁϥⲧⲁⲁⲥ·
ϩⲓ ⲡⲁ ⲕⲟⲩⲓ· ⲙ̄ ⲥⲟⲛ· ⲁⲩⲱ ⲁϥϭⲟⲟⲗϥ̄· ϩⲱⲱϥ· ⲛ
ⲟⲩⲉⲡⲱⲙⲓⲥ· ⲛ ⲧⲉⲣ ⲉ̄ⲣ ⲟⲩⲁⲡⲣⲏⲧⲉ· ⲇⲉ· ϩⲓⲱⲱϥ·
ⲁϥⲟⲩⲟⲃϣϥ̄· ⲙⲙⲟⲥ ⲁϥⲧⲁⲁⲥ· ϩⲓⲱⲱⲧ· ⲛ ⲕⲉ ⲥⲟⲛ·
ⲛⲧⲁⲣⲉ ⲁⲓϭⲱϣⲧ̄· ⲛ̄ⲥⲁ ⲟⲩⲛⲁⲙ· ⲙⲙ[ⲟⲓ ⲁⲩⲱ] | ⲁⲓⲛⲁⲩ· Fol. 17 *a*
ⲉ ⲣⲟⲕ· ⲡⲁ ⲉⲓⲱⲧ· ⲉⲧ ⲟⲩⲁⲁⲃ· [ⲁϥϫ]ⲓⲧ· ϩⲙ̄ ⲛⲉϥϭⲓϫ· [ⲗ̄ⲇ̄]
ⲛ ⲟⲩⲟⲉⲓⲛ· ⲛϭⲓ ⲡⲣⲱⲙ[ⲉ] ⲛ ⲟⲩⲟⲉⲓⲛ· ⲉⲧ ⲙ̄ⲙⲁⲩ· ⲁϥ-
ⲛⲟϫⲧ̄· ⲉ ϩⲣⲁⲓ ⲉ ⲕⲟⲩⲟⲛⲡ̄ⲧ̄· ⲙⲛ̄ⲛⲥⲱⲥ ⲁϥϥⲓ· ⲙ ⲡⲁ
ⲥⲟⲛ ⲁϥⲛⲟϫϥ̄· ⲉ ϩⲣⲁⲓ· ⲉ ⲕⲟⲩⲱⲛⲡ̄ⲧ̄· ⲁⲩⲱ· ⲛ̄ⲧⲉⲩⲛⲟⲩ·
ⲁϥⲣ̄ ⲁⲧ ⲟⲩⲱⲛϩ̄· ⲉ ⲃⲟⲗ· ⲁⲓⲗⲟ ⲉⲓⲛⲁⲩ· ⲉ ⲣⲟϥ· ⲧⲉⲛⲟⲩ
ϭⲉ ⲡⲁ ⲉⲓⲱⲧ ⲉⲓⲥ ϩⲏⲏⲧⲉ· ⲁⲛⲣ̄ ⲡⲙⲡϣⲁ· ⲉ ⲧⲣⲉⲕⲉⲓ ϣⲁ
ⲣⲟⲛ· ⲉⲓⲥ ⲛⲉⲛⲯⲩⲭⲏ ⲛ̄ ⲧⲟⲟⲧⲕ· ⲙⲛ̄ ⲡⲉⲛⲥⲱⲙⲁ· ⲕⲁⲓ
ⲅⲁⲣ· ⲛ̄ⲧⲁⲛⲡⲱⲧ ⲣ[ⲱ] ⲉ ⲃⲟⲗ· ϩⲙ̄ ⲧⲡⲟⲗⲓⲥ ⲛ̄ ⲧⲉⲕⲁ-
ⲫⲟⲣⲙⲏ· ⲁ[ⲛ]ⲉⲓ ⲉ ⲡⲉⲓ ⲙⲁ· ⲁⲥϣⲱⲡⲉ ⲇⲉ ⲛ̄ ⲧⲉⲣⲉ
ⲡⲉⲡⲓⲥⲕⲟⲡⲟⲥ ⲥⲱⲧⲙ̄· ⲉ ⲛⲉⲓ ϣⲁϫⲉ· ⲁϥⲣ̄ ⲡⲙⲉⲉⲩⲉ· ⲙ
ⲡⲉⲛⲧⲁ ⲡⲁⲡⲟⲥⲧⲟⲗⲟⲥ ϫⲟⲟϥ· ϫⲉ ⲛⲧⲉ ⲛⲉ ⲡ̄ⲛ̄ⲁ· ⲛ ⲛⲉ-
ⲡⲣⲟⲫⲏⲧⲏⲥ· ⲉⲓ ⲉ ϫⲱⲧⲛ̄· ⲡⲉϫⲁϥ ⲛⲁⲩ ϫⲉ ⲧⲱⲟⲩⲛ·
ⲙⲁⲣⲟⲛ ⲛⲁϣⲏⲣⲉ· ϫⲉ ⲧⲁⲓ· ⲧⲉ ⲑⲉ ⲛ̄ⲧⲁ ⲡⲛⲟⲩⲧⲉ·

ⲧⲟϣⲥ· ⲉ ⲧⲣ̅ ⲡ̅ⲟⲩⲱϩ ⲙⲛ̅ ⲛⲉⲛⲉⲣⲏⲩ· ⲁⲩⲧⲱⲟⲩⲛ ⲁⲩⲉⲓ·
ⲉ ⲃⲟⲗ ϩⲓ ⲡⲧⲟⲟⲩ· ϩⲓ ⲟⲩⲥⲟⲡ· ⲁⲩⲃⲱⲕ· ⲉ ϩⲟⲩⲛ ⲉ
ⲡⲙⲁ· ⲉⲧ ⲉϥⲟⲩⲏⲛϩ· ⲛ̅ϩⲏⲧϥ· ⲛ̅ϭⲓ ⲡⲡⲉⲧ ⲟⲩⲁⲁⲃ· ⲛ
ⲉⲡⲓⲥⲕⲟⲡⲟⲥ· ⲁⲩⲱ ⲁⲩⲟⲩⲱϩ· ⲙⲛ̅ ⲛⲉⲩⲉⲣⲏⲩ· ⲙ ⲡ-
Fol. 17 b ϣⲟⲙⲛ̅ⲧ· [ⲁϥϫⲱ] ⲙ̅ⲙⲟⲥ· ⲛ̅ϭⲓ ⲡⲉⲡⲓⲥⲕⲟⲡⲟⲥ | [ϫⲉ] ϯⲛⲁ-
ⲗ̅ⲉ̅ ⲟⲩⲱⲙ ⲡ̅ⲙ̅ⲙⲁⲩ ⲁⲛ· ⲉ ⲃⲟⲗ· ϫⲉ ⲙⲛ ⲟⲩϫⲓ ⲃⲁⲡϯⲥⲙⲁ·
ⲁϥⲧⲱⲟⲩⲛ̅ ⲇⲉ ⲁϥⲙⲟⲩϩ· ⲛ̅ ⲟⲩⲛ̅ⲕⲁ ⲙ̅ⲙⲟⲟⲩ· ⲕⲁⲧⲁ ⲑⲉ·
ⲉ ϣⲁϥⲁⲁⲥ· ⲁϥϣⲗⲏⲗ ⲉ ϫⲱⲟⲩ ⲕⲁⲧⲁ ⲡⲕⲁⲛⲱⲛ· ⲁⲩⲱ
ⲡⲉϫⲁϥ ⲛⲁⲩ ϫⲉ ⲛⲓⲙ· ⲛⲉ ⲛⲉⲧⲛ̅ⲣⲁⲛ· ⲡⲉϫⲁϥ ⲛ̅ϭⲓ
ⲡⲛⲟϭ· ϫⲉ ⲛⲉⲛⲣⲁⲛ· ϩⲟⲥⲉ ⲛ̅ϭⲛ̅ⲧⲟⲩ· ⲉ ⲃⲟⲗ ϫⲉ ⲛⲣⲁⲛ·
ⲛⲛⲟⲩⲧⲉ ⲛⲉ ⲛⲧⲁⲩⲙⲟⲩⲧⲉ [ⲉ] ⲣⲟⲛ ⲙ̅ⲙⲟⲟⲩ· ⲁⲩⲱ ⲁⲩ-
ϫⲟⲟⲩ· ⲉ ⲡⲉⲡⲓⲥ[ⲕ]ⲟⲡⲟⲥ· ⲛⲧⲟϥ ⲇⲉ· ⲡⲉϫⲁϥ ϫⲉ ⲛⲛⲉ
ⲥ[ϣ]ⲱⲡⲉ· ⲉ ⲧⲣⲉⲩⲙⲟⲩⲧⲉ· ⲉ ⲣⲱⲧⲛ̅· ⲛ ⲛⲉⲓ ⲣⲁⲛ· ϫⲓⲛ
ⲧⲉⲛⲟⲩ· ⲁⲩⲱ ⲁϥⲙⲟⲩⲧⲉ ⲉ ⲡⲛⲟϭ· ⲁϥⲃⲁⲡϯⲍⲉ· ⲙ-
ⲙⲟϥ· ⲁϥⲙⲟⲩⲧⲉ ⲉ ⲣⲟϥ ϫⲉ ⲙⲁⲣⲕⲟⲥ· ⲁⲩⲱ ⲡⲙⲉϩ
ⲥⲛⲁⲩ ϫⲉ ⲓⲥⲁⲏⲁⲥ· ⲛ̅ ⲧⲉⲣ̅ ϥ̅ⲃⲁⲡϯⲍⲉ· ⲙ̅ⲙⲟⲟⲩ ⲁϥⲥⲩ-
ⲛⲁⲅⲉ· ⲙ̅ⲙⲟⲟⲩ· ⲙⲛ̅ⲛⲥⲱⲥ ⲁϥⲕⲱ ϩⲁ ⲣⲱⲟⲩ· ⲛ ⲟⲩ-
ⲧⲣⲁⲡⲉⲍⲁ· ⲉ ⲧⲣⲉⲩⲱⲙ· ⲁⲥϣⲱⲡⲉ· ⲇⲉ· ⲙⲛ̅ⲛⲥⲁ ϩⲉⲛ-
ϩⲟⲟⲩ· ⲉⲩ ϩⲁϩⲧⲏϥ· ⲉⲩϯ ⲡ̅ϩⲧⲏⲩ ⲉ ⲧⲉϥϭⲓⲛϣⲗⲗ
ⲙⲛ̅ ⲧⲉϥϭⲓⲛϩⲙⲟⲟⲥ· ⲙⲛ̅ ⲧⲉϥⲕⲁⲧⲁⲥⲧⲁⲥⲓⲥ· ⲉ ⲃⲟⲗ·
ϫⲉ ⲛⲉⲩⲥⲟⲟⲩⲛ ⲁⲛ· ⲛϣⲗⲏⲗ· ⲛⲥⲁⲃⲏⲗ· ϫⲉ ⲁⲩⲱϩ·
ⲙⲛ̅ ⲡⲡⲉⲧ ⲟⲩⲁⲁⲃ· ⲡⲉϫⲉ ⲙⲁⲣⲕⲟⲥ ϫⲉ ⲡⲁ ⲉⲓⲱⲧ |
Fol. 18 a [ⲉⲧ] ⲟⲩⲁⲁⲃ· ⲧⲛ̅ⲟⲩⲱϣ· ⲉ ⲧⲣ̅ⲕϣⲱⲃ· [ⲡⲉϥ]ⲱ ⲛ̅ⲧⲛ̅ⲁⲡⲉ·
ⲗ̅ⲋ̅ ϫⲉ ⲕⲁⲥ ⲉⲛⲉϣⲙ̅ϣⲉ· ϩⲁ ⲣⲁⲧⲕ̅· ⲁⲩⲱ ⲁϥϣⲱⲃ· ⲛ̅ⲧⲉⲩ-
ⲁⲡⲉ· ⲁⲩⲱ ⲛⲉⲩⲥⲱⲧⲙ̅· ⲛⲥⲱϥ· ϩⲛ̅ ϩⲱⲃ· ⲛⲓⲙ·
[ⲁⲥ]ϣⲱⲡⲉ ⲇⲉ· ⲙⲛ̅ⲛⲥⲁ ϩⲉⲛϩⲟⲟⲩ· ⲁϥⲣ̅ⲡⲙⲉⲉⲩⲉ· ⲙ
ⲡϩⲟⲣⲟⲙⲁ· ⲛ̅ⲧⲁϥⲛⲁⲩ ⲉ ⲣⲟϥ· ⲛ̅ϭⲓ ⲡⲉⲡⲓⲥⲕⲟⲡⲟⲥ
ⲉⲧ ⲟⲩⲁⲁⲃ· ⲉ ⲧⲃⲉ ⲡϣⲏⲣⲉ ⲥⲛⲁⲩ· ⲁⲩⲱ ⲡⲉϫⲁϥ
ϫⲉ ⲛⲁⲙⲉ· ⲡⲁⲓ ⲡⲉ ⲡϣⲏⲣⲉ· ⲥⲛⲁⲩ ⲛⲧⲁⲓⲛⲁⲩ·
ⲉ ⲣⲟⲟⲩ· ⲡⲟⲩⲁ ϩⲓ ⲟⲩⲛⲁⲙ· ⲁⲩⲱ ⲡⲟⲩⲁ· ϩⲓ ϩⲃⲟⲩⲣ
ⲙⲙⲟⲓ· ⲁϥⲁⲙⲁϩⲧⲉ· ⲙ ⲙⲁⲣⲕⲟⲥ ⲛ̅ ϣⲟⲣⲡ̅· ⲁϥⲁⲁϥ
ⲙ ⲡⲣⲉⲥⲃⲩⲧⲉⲣⲟⲥ· ⲁⲩⲱ ⲏⲥⲁⲓⲁⲥ· ⲡⲉϥⲥⲟⲛ ⲁϥⲁⲁϥ·
ⲛⲇⲓⲁⲕⲟⲛⲟⲥ ⁘ ⲁⲥϣⲱⲡⲉ ⲇⲉ ⲛ ⲧⲉⲣⲉ ⲡⲉⲡⲓⲥⲕⲟⲡⲟⲥ
ϩⲙⲟⲟⲥ· ϩⲙ̅ ⲡⲉϥⲙⲁ· ⲛ̅ ϣⲱⲡⲉ· ⲉϥⲱϣ· ⲛ̅ⲛⲉⲩ-

ⲁⲅⲅⲉⲗⲓⲟⲛ· ⲉⲧ ⲟⲩⲁⲁⲃ· ⲙⲁⲣⲕⲟⲥ ϩⲱⲱϥ· ⲡⲉϥϩⲙⲟⲟⲥ·
ϩⲁϩⲧⲙ̄ ⲡⲣⲟ· ⲁⲩⲉⲓ ⲛ̄ϭⲓ ϩⲉⲛⲁⲛⲟⲩⲃⲁ ⲁⲩϭⲟⲓⲗⲉ· ⲉ
ⲡⲙⲁ· ⲉⲧ ⲙ̄ⲙⲁⲩ· ⲙⲛ̄ ⲛⲉⲩϭⲁⲙⲟⲩⲗ· ⲁ ⲡⲉⲧ ϫⲟⲟⲣ·
ⲛϩⲏⲧⲟⲩ· ⲣⲉϩⲧ̄ ⲡⲉⲧ ϭⲟⲟⲃ· ⲉ ⲡⲉⲥⲏⲧ· ⲁϥⲟⲩⲱϭⲡ̄· ⲛ
ⲧⲉϥⲟⲩⲣⲏⲏⲧⲉ· ⲛ ⲧⲉⲣ ⲟⲩⲛⲁⲩ· ⲛϭⲓ ⲛⲁⲛⲟⲩⲃⲁ· ⲉ
ⲡⲉⲛⲧ ⲁϥϣⲱⲡⲉ· ⲁⲩⲙⲓϣⲉ· ⲙⲛ̄· [ⲛ]ⲉⲩⲉⲣⲏⲩ· ⲡϫⲥ̄
ⲇⲉ· ⲙ ⲡⲉⲛⲧⲁ ⲧⲉϥⲟⲩⲣⲏⲏⲧⲉ· ⲟⲩ[ⲱϭⲡ] ‖ [ⲁ]ϥϫⲱ ⲙ- Fol. 18 *b*
ⲙⲟⲥ· ⲙ ⲡⲕⲉ ⲟⲩⲁ· ϫⲉ ⲉⲓⲛ[ⲁ]ϥⲓ ⲙ ⲡⲉⲕϭⲁⲙⲟⲩⲗ· ⲉ [ⲗ̄ⲍ̄]
ⲡⲙⲁ· ⲙ ⲡⲱⲓ· [ⲁⲩ]ⲱ· ⲛⲉⲣⲉ ⲟⲩⲛⲟϭ· ⲛ ϯⲧⲱⲛ· ϩⲛ̄
ⲧⲉⲩ [ⲙⲏ]ⲏⲧⲉ· ⲙ̄ ⲡⲉⲥⲛⲁⲩ· ⲙⲁⲣⲕⲟⲥ ⲇⲉ· ⲡⲉⲡⲣⲥ̄
ⲛ ⲧⲉⲣ ϥ̄ⲛⲁⲩ· ⲉ ⲣⲟⲟⲩ ⲉⲩⲙⲓϣⲉ· ⲙⲛ̄ ⲛⲉ[ⲩ]ⲉⲣⲏⲩ·
ⲁϥⲃⲱⲕ ⲉ ϩⲣⲁⲓ· ⲁϥⲧⲁⲙⲉ ⲡⲉⲡⲓⲥⲕⲟⲡⲟⲥ· ⲛⲉ ⲁϥⲕⲁⲁⲥ·
ϩⲙ̄ ⲡⲉϥϩⲏⲧ· ⲉ ⲧⲙ̄ ⲃⲱⲕ· ⲉ ⲡⲉⲥⲏⲧ· ϣⲁ ⲣⲟⲟⲩ· ⲛ
ⲧⲉⲣ ϥ̄ⲉⲓ ⲉ ⲑⲏ· ⲉϫⲛ̄ ⲧⲗⲉⲝⲓⲥ ⲉⲧ ⲥⲏϩ· ϫⲉ ⲛⲁⲓⲁⲧⲟⲩ· ⲛ̄
ⲛ̄ⲣϥ̄ⲣⲉⲓⲣⲏⲛⲏ· ϫⲉ ⲛⲧⲟⲟⲩ ⲛⲉⲧ ⲟⲩⲛⲁⲙⲟⲩⲧⲉ· ⲉ ⲣⲟⲟⲩ ϫⲉ
ⲛϣⲏⲣⲉ ⲙ ⲡⲛⲟⲩⲧⲉ· ⲛⲧⲉⲩⲛⲟⲩ· ⲁϥⲙⲟⲩⲣ ⲙ ⲡϫⲱⲱⲙⲉ
ⲁϥⲉⲓ ⲉ ⲡⲉⲥⲏⲧ· ϣⲁ ⲣⲟⲟⲩ· ⲛ ⲧⲉⲣ ⲟⲩ ⲛⲁⲩ ⲇⲉ ⲉ ⲣⲟϥ·
ⲁ ⲡⲉⲧ ϫⲏⲩ· ⲛ[ϭ]ⲟⲛⲥ̄· ⲡⲱⲧ· ⲉ ϩⲟⲩⲛ· ⲉ ⲣⲟϥ· ⲁⲩⲱ
ⲡⲉϫⲁϥ ϫⲉ ⲁⲙⲟⲩ· ⲛ̄ⲅ̄ ϩⲙⲟⲟⲥ· ⲡⲁ ⲉⲓⲱⲧ· ⲛ̄ⲅ̄ ⲥⲉⲧⲙ̄
ⲡⲉⲛϩⲁⲡ· ⲁⲩⲱ ⲁϥϩⲙⲟⲟⲥ· ⲛϭⲓ ⲡⲉⲡⲓⲥⲕⲟⲡⲟⲥ· ⲡⲉϫⲁϥ
ⲛⲁϥ ⲛϭⲓ ⲡⲁⲛⲟⲩⲃⲁ· ϫⲉ ⲁⲓⲙⲟⲩⲣ· ⲙ ⲡⲁ ϭⲁⲙⲟⲩⲗ·
ⲡⲁ ϣⲃⲏⲣ· ⲇⲉ ⲛⲧⲟϥ· ⲙ̄ⲡⲉ ϥⲙⲟⲩⲣ· ⲙ ⲡⲱϥ· ⲁϥⲉⲓ·
ⲛϭⲓ ⲡⲉϥ ϭⲁⲙⲟⲩⲗ· ⲁϥⲣⲉϩⲧ̄ ⲡⲱⲓ ⲉ ⲡⲕⲁϩ· ⲁϥⲟⲩⲱϭⲡ̄·
ⲛ̄ ⲧⲉϥⲟⲩⲣⲏⲏⲧⲉ· ⲛ ⲧⲉⲣⲉ ⲡⲁⲓ ⲇⲉ ⲟⲩⲱ ⲉϥϣⲁϫⲉ· ⲁ ⲡⲕⲉ
ⲟⲩ[ⲁ] ▨▨ ⲉϥϫⲱ ⲙⲙⲟⲥ· ϫⲉ ▨▨ ‖ [ⲙ]ⲉⲛ· ⲁⲓⲙⲟⲣϥ̄· Fol. 19 *a*
ⲉ ϩⲟⲩⲛ· ⲁⲗⲗⲁ· ⲛⲧⲁϥⲣ̄ [ⲡ]ⲃⲟⲗ· ⲙ̄ⲡⲉ ⲓⲉⲓⲙⲉ· ⲡⲉⲡⲓ- ⲗ̄ⲏ̄
ⲥⲕⲟⲡⲟⲥ· ⲇⲉ ⲛ̄ⲡϥϩⲙⲟⲟⲥ· ⲉϥⲕⲱ ⲛ ⲣⲱϥ· ϣⲁⲛⲧ ⲟⲩϫⲱ
ⲛ ⲛⲉⲩϣⲁϫⲉ· ⲧⲏⲣⲟⲩ· ⲡⲉϫⲉ ⲡⲡⲉⲧ ⲟⲩⲁⲁⲃ ⲛ ⲉⲡⲓ-
ⲥⲕⲟⲡⲟⲥ ⲛⲁⲩ· ϫⲉ ⲙⲛ̄ ⲗⲁⲁⲩ· ⲛϩⲱⲃ ⲛ ϯⲧⲱⲛ· ϩⲛ̄
ⲧⲉⲧⲛ̄ⲙⲏⲏⲧⲉ ϩⲁ ⲑⲏ ⲙ̄ⲡⲟⲟⲩ ⲉⲓ ⲙⲏ ⲧⲉ· ⲡϩⲱⲃ· ⲙ
ⲡϭⲁⲙⲟⲩⲗ ⲙⲙⲁⲁⲧⲉ· ⲡⲉϫⲉ ⲡⲟⲩⲁ· ⲛϩⲏⲧⲟⲩ ϫⲉ
ϯⲛⲁϫⲉ ⲧⲙⲉ· ⲉ ⲣⲟⲕ· ⲡⲁ ⲉⲓⲱⲧ· ⲉⲧ ⲟⲩⲁⲁⲃ ⲉⲓⲥ
ⲙⲁⲁⲃⲉ ⲛⲣⲟⲙⲡⲉ ⲧⲛ̄ⲙⲟⲟϣⲉ· ⲙⲛ̄ ⲛⲉⲛⲉⲣⲏⲩ ⲁⲩⲱ
ⲙ̄ⲡⲉ ⲟⲩⲁ ⲙⲙⲟⲛ· ⲙⲓϣⲉ ⲙⲛ̄ ⲛⲉⲛⲉⲣⲏⲩ· ⲛ ⲟⲩϩⲟⲟⲩ·

ⲡⲉϫⲉ ⲡⲡⲉⲧ ⲟⲩⲁⲁⲃ· ⲛ ⲉⲡⲓⲥⲕⲟⲡⲟⲥ ϫⲉ ⲁⲙⲓⲛⲉ· ϣⲁ
ⲣⲟⲓ· ⲙ ⲡϭⲁⲙⲟⲩⲗ· ⲛⲧⲁ ⲧⲉϥⲟⲩ[ⲣ]ⲏⲏⲧⲉ· ⲟⲩⲱϭ̅ⲡ̅·
ⲁⲩⲱ ⲁⲩⲉⲛⲧϥ̅ ϣⲁ ⲣⲟϥ· ⲛⲉ ⲁ ⲡⲕⲉⲉⲥ· ⲅⲁⲣ· ⲛ̅ⲧⲉϥⲟⲩ-
ⲣⲏⲏⲧⲉ· ⲟⲩⲱϭ̅ⲡ̅· ⲡϣⲁⲁⲣ· ⲙⲙⲁⲁⲧⲉ [ⲡ]ⲉⲧ ⲁⲙⲁϩⲧⲉ·
ⲁⲩⲱ ⲛϥ̅ⲙⲟⲟϣⲉ· ϩⲙ̅ ⲟⲩ[ϭⲓ] ⲛϭⲟⲛⲥ̅· ⲉϥϫⲟⲩϩⲉ· ⲛⲧⲉϥ-
ⲟⲩⲣⲏⲏ[ⲧⲉ]· ⲛ ⲧⲉⲣ ϥ̅ⲛⲁⲩ ⲇⲉ· ⲉ ⲡⲧⲃ̅ⲛ̅ⲏ· ⲛϭⲓ ⲡ[ⲡⲉ]ⲧ
ⲟⲩⲁⲁⲃ· ⲛ ⲉⲡⲓⲥⲕⲟⲡⲟⲥ· ⲙⲡⲉ ϥⲟⲩ▨ⲉⲣ ⲡϩⲱⲃ· ϩⲁ
ⲡⲉϥϩⲧⲟⲣ· ⲟⲩⲁⲁϥ:—▨ϫⲉ ⲛⲉϥⲡⲏⲧ· ⲉ ⲃⲟⲗ· ⲙ-
Fol. 19 *b* ⲡⲉⲟⲥⲩ▨ⲉⲓⲧ· ⲡⲉϫⲁϥ· ⲙ ⲡⲕⲟⲩⲓ ⁘ | Ⲉⲧⲉ ⲏⲥⲁⲓⲁⲥ ⲡⲉ·
ⲗ̅ⲑ̅ ⲡⲇⲓⲁⲕⲱⲛ· ϫⲉ ⲃⲱⲕ ⲁⲙⲓⲛⲉ ⲛⲁⲓ· ⲛ ⲟⲩⲕⲟⲩⲓ· ⲙⲙⲟⲟⲩ·
ϩⲙ̅ ⲧⲗⲁⲕⲁⲛⲏ· ⲁϥⲃⲱⲕ· ⲁϥⲉⲛⲧϥ̅ ϣⲁ ⲣⲟϥ· ⲡⲉϫⲁϥ
ⲛⲁϥ ϫⲉ ϭⲟϣϭ̅ϣ̅· ⲉϫⲙ̅ ⲧⲉϥⲟⲩⲣⲏⲏⲧⲉ· ⲉⲕϫⲱ ⲙⲙⲟⲥ·
ϫⲉ ϩⲙ̅ ⲡⲣⲁⲛ· ⲙ̅ ⲡⲉⲓⲱⲧ· ⲙⲛ̅ ⲡⲉⲡ̅ⲛ̅ⲁ̅· ⲉⲧ ⲟⲩⲁⲁⲃ·
ⲁⲩⲱ ⲁⲥⲫⲣⲁⲅⲓⲍⲉ (*sic*)· ⲙⲙⲟⲥ· ⲕⲁⲧⲁ ⲑⲉ ⲛⲧⲁϥϫⲟⲟⲥ·
ⲛⲁϥ· ⲁⲥⲧⲱⲱϭⲉ ⲛ̅ϭⲓ ⲧⲉϥⲟⲩⲣⲏⲏⲧⲉ· ϩⲱⲥ ⲉϣϫⲉ ⲙⲡⲉ
ⲥⲟⲩⲱϭ̅ⲡ̅ ⲉ ⲡⲧⲏⲣϥ̅· ⲛ ⲧⲉⲣ ⲟⲩⲛⲁⲩ ⲇⲉ· ⲉ ⲡⲉⲛⲧ ⲁϥ-
ϣⲱⲡⲉ ⲛϭⲓ ⲛⲁⲛⲟⲩⲃⲁ· ⲁⲩⲣ ϣⲡⲏⲣⲉ· ⲉ ⲃⲟⲗ ϫⲉ ⲛⲥⲉ-
ⲥⲟⲟⲩⲛ ⲁⲛ· ⲙ ⲡⲛⲟⲩⲧⲉ· ⲁ ϩⲉⲛⲣⲱⲙⲉ· ⲉⲓ· ⲉⲩⲡⲁⲣⲁⲅⲉ·
ⲉ ϩⲉⲛⲣⲙ̅ⲙ̅ ⲡⲉⲗⲁⲕ ⲛⲉ· ⲛ ⲧⲉⲣ ⲟⲩⲛⲁⲩ· ⲉ ⲡⲉⲛⲧ ⲁϥ-
ϣⲱⲡⲉ· ⲁⲩϯ ⲉⲟⲟⲩ ⲙ ⲡⲛⲟⲩⲧⲉ· ⲁⲩⲱ ⲁⲩⲃⲱⲕ· ⲉ ϩⲟⲩⲛ·
ⲉ ⲧⲡⲟⲗⲓⲥ· ⲁⲩϯ ⲡⲥⲟⲉⲓⲧ· ⲙ ⲡⲡⲉⲧ ⲟⲩⲁⲁⲃ· ⲛ ⲉⲡⲓ-
ⲥⲕⲟⲡⲟⲥ· ⲉ ⲧⲃⲉ ⲛⲉⲛⲧ ⲁⲩⲛⲁⲩ· ⲉ ⲣⲟⲟⲩ· ⲁⲩⲱ ⲁⲩⲧⲁⲙⲉ
ⲡⲁⲣⲭⲓⲉⲣⲉⲩⲥ· ⲙ ⲡⲣ̅ⲡⲉ ⲉⲧⲉ ⲡⲟ[ⲩ]ⲏⲏⲃ ⲡⲉ ⲉ ⲧⲃⲉ ⲡⲉϥ-
ϣⲏⲣⲉ· ⲥⲛⲁⲩ· ⲁ[ⲩ]ⲱ· ϫⲉ ⲡⲕⲟⲩⲓ· ⲉⲧ ⲛ̅ϩⲏⲧⲟⲩ ⲡⲉⲛ[ⲧ]
ⲧⲉϣⲡⲏⲣⲉ· ϣⲱⲡⲉ ⲉ ⲃⲟⲗ· ϩⲓ ⲧⲟⲟⲧ[ϥ]· Ⲛ ⲧⲉⲣ
ϥ̅ⲥⲱⲧⲙ̅· ⲇⲉ ⲛϭⲓ ⲡⲟⲩⲏ[ⲏⲃ] ⲁϥⲥⲡⲟⲩⲇⲁⲍⲉ· ⲉ ⲉⲓ ⲉ
Fol. 20 *a* ⲃⲟⲗ· ϩⲙ̅ [ⲡⲉⲣⲡⲉ] | ⲁϥⲃⲱⲕ· ⲉ ⲡⲙⲁ· ⲉⲧ ⲉⲣⲉ ⲡⲉⲡⲓ-
ⲙ̅ ⲥⲕⲟⲡⲟⲥ [ⲛ]ϩⲏⲧϥ̅· ⲙⲛ̅ ⲛⲉϥϣⲏⲣⲉ· ⲛ ⲧⲉⲣ ϥ̅ϩⲱⲛ ⲇⲉ ⲉ
ϩⲟⲩⲛ· ⲉ ⲡⲙⲁ· ⲛ ϣⲱⲡⲉ ⲁⲩⲧⲁⲙⲉ ⲡⲉⲡⲓⲥⲕⲟⲡⲟⲥ· ϩⲓⲧⲙ̅
ⲡⲉⲡ̅ⲛ̅ⲁ̅· ⲁϥⲧⲱⲟⲩⲛ ⲛⲧⲉⲩⲛⲟⲩ· ⲁϥⲉⲓ ⲉ ⲃⲟⲗ· ϩⲏⲧϥ̅·
ⲁⲩⲱ· ⲡⲉϫⲁϥ· ⲛⲁϥ ϫⲉ ⲁⲣⲓⲥⲧⲟⲥ· ⲛⲧⲁⲕϯ ϩⲏⲩ· ⲛ ⲟⲩ·
ϫⲉ ⲁⲕⲡⲗⲁⲛⲁ· ⲙ ⲡⲉⲓ ⲙⲏⲏϣⲉ· ⲉ ⲧⲣⲉⲩϯ ⲟⲥⲉ ⲛ̅ ⲧⲉⲩ-
ⲯⲩⲭⲏ· ⲁⲩⲱ ⲛⲧⲉⲩⲛⲟⲩ· ⲁϥⲡⲁϩⲧϥ̅· ϩⲁ ⲛⲉϥⲟⲩⲣⲏⲏⲧⲉ·
ⲁϥϭⲱ ⲉϥϯⲡⲉⲓ· ⲉ ϫⲱⲟⲩ· ⲉϥϫⲱ ⲙⲙⲟⲥ· ϫⲉ ⲕⲱ ⲛⲁⲓ·

ⲉ ⲃⲟⲗ· ⲡⲁ ϫⲟⲉⲓⲥ· ⲛ ⲉⲓⲱⲧ· ⲛⲧⲟϥ ⲇⲉ ⲁϥⲁⲙⲁϩⲧⲉ·
ⲛ̄ⲛⲉϥϭⲓ[ϫ] ⲁϥⲧⲟⲩⲛⲟⲥϥ̄· ⲁϥϫⲓⲧϥ̄· ⲉ ϩⲟⲩⲛ· ⲉ ⲡⲉϥⲙⲁ·
ⲛ ϣⲱⲡⲉ· ⲁⲥϣⲱⲡⲉ ⲇⲉ ⲛ ⲧⲉⲣⲉ ⲡⲟⲩⲏⲏⲃ· ⲛⲁⲩ· ⲉ
ⲡⲉϥⲛⲟϭ· ⲛ ϣⲏⲣⲉ· ⲙⲁⲣⲕⲟⲥ· ⲁϥϯ ⲡⲉϥⲟⲩⲟⲓ ⲉ ϩⲟⲩⲛ
ⲉ ⲣⲟϥ· ϫⲉ ⲉϥⲛⲁⲁⲥⲡⲁⲍⲉ· ⲙⲙⲟϥ· ⲛⲧⲟϥ ⲇⲉ ⲙⲡⲉ
ϥ[ⲁ]ⲛⲉⲭⲉⲓ· ⲉϥϫⲱ ⲙⲙⲟⲥ· ϫⲉ ⲙⲡⲁⲧⲉ ⲕⲣ̄ [ⲙ]ⲡϣⲁ·
ⲙ ⲡⲃⲁⲡϯⲥⲙⲁ· ⲉⲧ ⲟⲩⲁⲁⲃ· ⲛ [ⲧⲉ]ⲣ ϥ̄ⲛⲁⲩ ⲇⲉ ⲛϭⲓ
ⲡⲉϥⲉⲓⲱⲧ· ⲉϥⲣϣⲡⲏ[ⲣⲉ]· ⲡⲉϫⲁϥ ⲛⲁϥ· ϫⲉ ⲙⲏ· ⲛⲧⲟⲕ
ⲁⲛ ⲡⲉ [ⲡⲁ ϣ]ⲏⲣⲉ· ⲛⲧⲟϥ ⲇⲉ ⲡⲉϫⲁϥ ⲛⲁϥ· ϫⲉ ⲛ
▨ϯⲟ ⲛⲁⲕ· ⲛ ϣⲏⲣⲉ· ⲙⲡⲟⲟⲩ ϩⲱⲱϥ ⲁⲓⲙⲁⲧⲉ· ⲛ
ⲟⲩⲉⲓⲱⲧ· ⲉⲛⲁⲛⲟⲩϥ· | [ⲡ]ⲉϫⲁϥ ⲛ̄ϭⲓ ⲡⲉϥⲉⲓⲱⲧ ϫⲉ ⲙⲁ- Fol. 20 *b*
ⲧⲁⲙⲟⲓ ϩ[ⲛ̄ⲥⲙ]ⲟⲧ ⲟⲛ· ⲉ ⲑⲉ· ⲉⲧ ϣ̄ϣⲉ· ⲉ ⲱⲛ̄ϩ· ⲛϩⲏⲧⲥ̄· ⲙ̄ⲁ̄
ⲡⲉϫⲉ ⲙⲁⲣⲕⲟⲥ ⲡⲉϥϣⲏⲣⲉ· ⲛⲁϥ· ϫⲉ ⲉⲓⲥ ⲡⲉⲛⲉⲓⲱⲧ·
ⲡⲉⲡⲓⲥⲕⲟⲡⲟⲥ· ⲛⲧⲟϥ· ⲡⲉⲧ ⲛⲁⲧⲁⲙⲟⲕ· ⲉ ⲑⲉ· ⲛⲱⲛ̄ϩ·
ⲁϥⲁⲣⲭⲉⲓ ⲇⲉ▨ϣⲁϫⲉ ⲛⲙ̄ⲙⲁϥ· ⲛ̄ϭⲓ ⲡⲉⲡⲓⲥⲕⲟⲡⲟⲥ· ⲉ
[ⲃ]ⲟⲗ· ϩⲛ̄ ⲧⲉⲅⲣⲁⲫⲏ· ⲉⲧ ⲟⲩⲁⲁⲃ· ⲉ ⲁϥϯ ⲉ [ⲧ]ⲟⲟⲧϥ̄·
ⲙ ⲡⲧⲱϣ· ⲙ ⲡⲃⲁⲡⲧⲓⲥⲙⲁ [ⲙ]ⲛ̄ ⲧⲡⲓⲥⲧⲓⲥ· ⲉⲧ ⲥⲟⲩⲧⲱⲛ·
ⲛⲁⲓ ⲇⲉ [ⲛ]ⲧⲉⲣ ϥ̄ⲥⲟⲧⲙⲟⲩ· ⲛϭⲓ ⲡⲟⲩⲏⲏⲃ· ⲡⲉ[ϫ]ⲁϥ· ⲙ
ⲡⲉⲡⲓⲥⲕⲟⲡⲟⲥ· ϫⲉ ⲛⲁⲓⲁⲁⲧ · ϩⲱ [ⲡ]ⲁ ⲉⲓⲱⲧ· ⲉⲧ ⲟⲩⲁⲁⲃ ϫⲉ
ⲁⲓⲣ ⲡⲙ̄ⲡϣⲁ [ⲉ] ⲥⲱⲧⲙ̄· ⲉ ⲛⲉⲓ ϣⲁϫⲉ ⲉⲧ ϩⲟⲗϭ· ⲉ ⲃⲟⲗ
[ϩ]ⲛ̄ ⲧⲉⲕⲧⲁⲡⲣⲟ· ⲉⲧ ⲟⲩⲁⲁⲃ· ϯⲡⲁⲣⲁⲕⲁ[ⲗ]ⲉⲓ· ⲟⲩⲛ· ⲙ-
ⲙⲟⲕ ⲡⲁ ⲉⲓⲱⲧ· ⲉⲧ ⲟⲩⲁⲁⲃ [ⲉ] ⲧⲣⲕ̄ϯ ⲛⲁⲓ· ⲙ ⲡⲃⲁⲡⲧⲓⲥⲙⲁ·
ⲉⲧ ⲟⲩⲁⲁⲃ ⲛⲑⲉ ⲛⲧⲁⲕⲧⲁⲁϥ· ⲛ ⲛⲁϣⲏⲣⲉ· ⲛ ⲧⲉⲣ ϥ̄ⲉⲓⲙⲉ·
ⲇⲉ· ⲛϭⲓ ⲡⲉⲡⲓⲥⲕⲟⲡⲟⲥ ϫⲉ ⲁ ⲑⲟⲧⲉ ⲙ ⲡⲛⲟⲩⲧⲉ· ⲕⲓⲙ·
ⲉ ⲣⲟϥ· ⲁⲩⲱ· ⲁϥⲧⲁϫⲣⲟ· ϩⲙ̄ ⲡⲉϥϩⲏⲧ· ⲉ ϩⲟⲩⲛ· ⲉ
ⲡⲛⲟⲩⲧ[ⲉ]· ⲡⲉϫⲁϥ ϫⲉ ϯⲛⲁⲃⲁⲡϯⲍⲉ· ⲙⲙⲟⲕ· ⲁ[ⲛ] ϩⲙ̄
ⲡⲉⲓ ⲙⲁ· ⲁⲗⲗⲁ· ⲧⲱⲟⲩⲛ· ⲛⲅ̄ ⲃⲱ[ⲕ] ⲉ ϩⲟⲩⲛ· ⲉ ⲧⲡⲟⲗⲓⲥ
ⲛⲅ̄ ϥⲓⲡⲣⲟⲟⲩϣ· [ⲙ ⲡⲕ]ⲏⲓ· ⲛⲅ̄ ⲕⲟⲧϥ̄· ⲛ̄ ⲟⲩⲉⲕⲕⲗⲏ[ⲥⲓⲁ]· |
[ⲛ] ⲧⲉⲣⲉ ⲟⲩⲛⲟϭ· ⲇⲉ ⲛ ⲛⲁⲩ· ϣⲱ[ⲡⲉ ⲕⲁ]ⲑⲏⲅⲉⲓ ⲙⲙⲟⲟⲩ· Fol. 21 *a*
ⲡⲉϫⲁⲩ· ⲙ̄ⲡⲟ▨ⲁⲣⲓ ⲡⲧⲱϣ· ⲛ ⲟⲩⲙⲟⲟⲩ· ⲛⲧⲟϥ [ⲙ̄ⲃ̄]
ⲇ[ⲉ ⲁϥ]ⲧⲱⲧϥ̄· ⲡⲉϫⲁϥ ⲟⲛ ϫⲉ ⲁⲛⲓⲛⲉ· [ⲛⲁⲓ] ⲛⲛⲉϩ·
ⲛⲧⲟϥ· ⲇⲉ ⲁϥⲉⲛⲧϥ̄· ⲁϥϯ▨ⲛϭⲓ ⲡⲉⲡⲓⲥⲕⲟⲡⲟⲥ ⲁϥ-
ϣⲗⲏⲗ ⲉϫⲛ̄▨ⲙⲛ̄ ⲡⲛⲉϩ· ⲕⲁⲧⲁ ⲛⲕⲁⲛⲱⲛ ⲛ ⲛⲉ[ⲓⲟⲧⲉ]
ⲉⲧ ⲟⲩⲁⲁⲃ· ⲛⲁⲡⲟⲥⲧⲟⲗⲟⲥ· ⲁⲩⲱ ⲡⲉϫⲁϥ ⲙ ⲙⲁⲣⲕⲟⲥ·

ⲡⲉⲡⲣⲉⲥⲃⲩⲧⲉⲣⲟⲥ· ϫ[ⲉ] ⲕⲩⲣⲓⲥⲥⲉ· ϩⲛ̄ ⲧⲉⲕⲕⲗⲏⲥⲓⲁ ϫⲉ
ⲡⲉⲧⲟⲩ[ⲱ]ϣ ⲡϫⲥ̄· ⲙⲁⲣⲉϥⲉⲓ· ϣⲁ ⲣⲟⲓ· ⲁⲩⲱ ⲛⲉⲩϯ·
ⲡⲉⲩ ⲟⲩⲟⲓ· ⲉ ⲣⲟϥ· ϩⲓ ⲟⲩⲥⲟⲡ· ϩⲛ̄ ⲟⲩⲟⲩ[ⲣ]ⲟⲧ· ⲉ ϩⲟⲩⲛ
ⲉ ⲣⲟϥ· ⲉϥⲃⲁⲡϯⲍⲉ· ⲙ̄ⲙⲟⲟⲩ· [ⲁ]ϥⲣ̄ ϣⲟⲣⲡ̄· ⲇⲉ ⲉ
ⲡⲟⲩⲏⲏⲃ· ⲁϥⲃⲁⲡϯⲍⲉ [ⲙ̄]ⲙⲟϥ· ⲁϥⲙⲟⲩⲧⲉ· ⲉ ⲡⲉϥⲣⲁⲛ·
ϫⲉ ⲓⲁⲕⲱⲃ· ⲙⲛ̄ⲛⲥⲱⲥ· ⲛⲁ ⲧⲡⲟⲗⲓⲥ· ⲧⲏⲣⲥ̄ ⲛ̄ϩⲟⲟⲩⲧ· ⲙⲛ̄
ⲛⲉϩⲓⲟⲟⲙⲉ· ⲙⲛ̄ ⲛϣⲏⲣⲉ [ⲕ]ⲟⲩⲓ· ⲙⲡⲉ ⲗⲁⲁⲩ· ϣⲱϫⲡ̄· ⲉ
ⲡⲁϩⲟⲩ· ⲛ̄ϩⲏⲧⲟⲩ· ⲙⲡⲉ ϥϫⲓ ⲃⲁⲡⲧⲓⲥⲙⲁ· ⲙ ⲡⲉϩⲟⲟⲩ· ⲉⲧ
ⲙ̄ⲙⲁⲩ· ⲛⲧⲉⲣ ϥ̄ⲃⲱⲕ· ⲇⲉ· ⲉ [ⲧ]ⲉⲕⲕⲗⲏⲥⲓⲁ· ⲛ ⲧⲉⲣ ϥ̄ⲟⲩⲱ
ⲇⲉ· ⲉ [ⲃⲁⲡ]ϯⲍⲉ· ⲙ̄ⲙⲟⲟⲩ· ⲛϭⲓ ⲡⲉⲡⲓⲥⲕⲟⲡⲟⲥ ⲁϥ[ϫⲟⲟ]ⲥ·
ⲁϥⲙⲟⲩⲧⲉ ⲉ ⲡ[ⲣ]ⲱⲙⲉ· ⲉⲧ ⲉϥⲟ· ⲟ[ⲩⲱϣ ⲉ] ⲭⲉⲓⲣⲟⲇⲟ-
ⲛⲉⲓ· [ⲙ̄]ⲙⲟϥ ⲙ̄ ⲡⲣⲉⲥⲃ[ⲩⲧⲉⲣⲟⲥ] ⲱⲥ· ⲟⲛ· ⲡ
Fol. 21 b | ⲡⲉⲛϫⲥ̄· ⲓ̄ⲥ̄· ⲁϥⲧⲱⲟⲩⲛ· [ⲇⲉ] ⲏ
[ⲙ̄ⲅ̄] ⲁϥⲃⲱⲕ· ⲕⲁⲧⲁ ⲑⲉ· ⲛⲧⲁϥ[ϩⲱⲛ ⲉ] ⲧⲟⲟⲧϥ̄· ⲁϥϥⲓ
ⲡⲣⲟⲟⲩϣ· ⲙ ⲡⲉϥ[ⲏⲓ] ⲉ ⲉ ⲃⲟⲗ· ⲛ̄ⲛⲕⲁ· ⲛⲓⲙ· ⲉⲧ
ϣⲟ[ⲟⲡ ⲛⲁϥ]· ⲁϥⲙⲉϩ ⲙⲟⲟⲩ· ⲁϥⲉⲓⲁⲁϥ· ⲉ ⲃⲟⲗ
[ⲁ]ϥⲥⲧⲉⲫⲁⲛⲟⲩ ⲙ̄ⲙⲟϥ· ϩⲛ̄ ϩⲉⲛϩ̄ⲃⲥⲟ ⲛⲥⲓⲛⲇⲱⲛⲓⲟⲛ·
ⲁϥϫⲟⲟⲩ ⲛϭⲓ ⲡⲟⲩⲏⲏⲃ ϣⲁ ⲡⲉⲡⲓⲥⲕⲟⲡⲟⲥ· ⲉϥ[ϫ]ⲱ
ⲙ̄ⲙⲟⲥ· ϫⲉ ⲁⲓⲡⲣⲟⲟⲩϣ· ⲛ̄ϩⲱⲃ ⲛⲓⲙ· ⲕⲁⲧⲁ ⲑⲉ·
ⲛ̄ⲧⲁⲕⲕⲉⲗⲉⲩⲉ· ⲛⲁⲓ· ⲧⲱⲟⲩⲛ· ⲛⲅ̄ ⲉⲓ ⲉ ϩⲟⲩⲛ· ⲉ
ⲧⲡⲟⲗⲓⲥ· ⲁⲩⲱ ⲁϥⲧⲱⲟⲩⲛ· ⲛϭⲓ ⲡⲉⲡⲓⲥⲕⲟⲡⲟⲥ· ⲛⲧⲟϥ
ⲙⲛ̄ ⲛⲉϥⲙⲁⲑⲏⲧⲏⲥ· ⲁⲩⲃⲱⲕ· ⲛ̄ ⲧⲉⲣ ⲟⲩⲥⲱⲧⲙ̄· ⲛϭⲓ
ⲛⲁ ⲧⲡⲟⲗⲓⲥ· ⲁⲩⲣⲁϣⲉ ϩⲓ ⲟⲩⲥⲟⲡ· ϫⲓⲛ ⲡⲉⲩⲕⲟⲩⲓ· ϣⲁ
ⲡⲉⲩⲛⲟϭ· ⲁⲩⲉⲓ ⲉ ⲃⲟⲗ· ϩⲏⲧϥ̄· ⲁⲩϫⲓⲧϥ̄ [ⲉ] ϩⲟⲩⲛ· ⲉ
ⲡⲏⲓ· ⲙ ⲡⲟⲩⲏⲏⲃ· ⲁⲩⲕⲱ ϩⲁ ⲣⲁⲧϥ̄ ⲛⲟⲩⲑⲣⲟⲛⲟⲥ· ⲁⲩⲱ ⲛ̄
ⲧⲉⲣ ϥ̄ϩⲙⲟⲟⲥ [ⲁ ⲡ]ⲙⲏⲏϣⲉ· ⲥⲟⲟⲩϩ· ⲉ ⲣⲟϥ· ⲁϥⲕⲁⲑⲏ-
[ⲅⲉⲓ ⲙ]ⲙⲟϥ· ϩⲛ̄ ⲡ̄ⲗⲟⲅⲟⲥ ⲙ ⲡⲛⲟⲩⲧⲉ [ⲙ]ⲙⲟⲟⲩ·
ⲉ ⲡⲧⲱϣ· ⲙ ⲡⲃⲁⲡⲧⲓⲥ[ⲙⲁ ⲉⲧ] ⲟⲩⲁⲁⲃ· ⲁⲩ[ⲱ ⲉ] ⲧⲣⲉⲩ-
ⲙⲉⲣⲉ ⲛⲛⲉⲩⲉⲣⲏⲩ· ϩⲛ̄ ⲟⲩⲁ[ⲅⲁⲡⲏ]· ⲉⲙⲛ̄ ϩⲩⲡ[ⲟⲕⲣⲓⲥⲓⲥ]
Fol. 22 a ⲛ̄ϩⲏⲧⲥ̄ | ⲣⲟϥ· ⲁϥⲧⲁⲙⲟϥ· ⲉ ⲧⲣϥ̄ϩⲟⲡϥ̄· ϫⲉ ⲥⲉ-
ⲙ̄[ⲇ] ⲇⲓⲱⲕⲉⲓ· ⲛⲥⲱϥ· ϩⲓⲧⲙ̄ ⲡⲟⲩⲏⲏⲃ· ⲁϥⲭⲉⲓⲣⲟⲇⲟⲛⲉⲓ·
ⲙ̄ⲙⲟϥ· ⲛ ⲇⲓⲁⲕⲟⲛ· ⲉⲓⲧⲁ ⲡⲉϫⲁϥ ⲛⲁⲩ ϫⲉ ⲉⲣⲉ ⲛⲉⲥ-
ⲕⲉⲩⲏ ⲉⲧⲉ ϣⲁⲩⲥⲩⲛⲁⲅⲉ· ⲙ̄ⲙⲱⲧⲛ̄· ϩⲓⲱⲟⲩ ⲧⲱⲛ· ⲡⲉ-
ϫⲁⲩ ⲛⲁϥ ϫⲉ ⲥⲉϩⲛ̄ ⲟⲩⲙⲁ ⲉϥϩⲏⲡ· ⲛⲧⲟϥ ⲇⲉ ⲁϥ-

ⲕⲉⲗⲉⲩⲉ · ⲉ ⲧⲣⲉⲩⲛⲧⲟⲩ · ϩⲛ̄ ⲟⲩϭⲉⲡⲏ · ⲁⲩⲃⲱⲕ ⲇⲉ ⲛⲧⲉⲩⲛⲟⲩ · ⲁⲩⲧⲱⲟⲩⲛ · ⲁⲩⲉⲛⲧⲟⲩ · ⲛⲧⲉⲩⲛⲟⲩ · ⲉⲩⲧⲱⲛ · ⲙ̄ⲙⲟⲟⲩ ϩⲓ ⲧⲉⲩⲛⲁϩⲃ̄ · ⲁⲩⲱ ⲁ ⲡⲉⲡⲓⲥⲕⲟⲡⲟⲥ · ⲕⲉⲗⲉⲩⲉ · ⲉ ⲧⲣⲉⲩⲕⲁⲁⲩ ⲉ ϩⲣⲁⲓ · ϩⲛ̄ ⲧⲙⲏⲏⲧⲉ · ⲙ ⲡⲙⲁ · ⲡⲉϫⲁϥ · ⲙ ⲙⲁⲣⲕⲟⲥ ⲡⲉ ⲡⲣⲉⲥⲃⲩⲧⲉⲣⲟⲥ ϫⲉ ⲕⲱⲗϩ · ⲛ̄ ⲛⲕⲉⲗⲉⲉⲗⲉ · ⲧⲁⲣⲉ ⲡⲙⲏⲏϣⲉ · ⲥⲱⲟⲩϩ · ⲉ ⲧⲉⲕⲕⲗⲏⲥⲓⲁ · ⲛⲧⲟϥ ⲇⲉ · ⲁϥⲉⲓⲣⲉ · ⲕⲁⲧⲁ ⲑⲉ · ⲛⲧⲁϥϫⲟⲟⲥ · ⲛⲁϥ ⲁⲩⲱ ⲁ ⲡⲙⲏⲏϣⲉ · ⲧⲏⲣϥ̄ · ⲥⲱⲟⲩϩ ⲡⲉϫⲉ ⲡⲉⲡⲓⲥⲕⲟⲡⲟⲥ · ⲛ ⲓⲁⲕⲱⲃ · ϫⲉ ϥⲓ ⲡⲣⲟⲟⲩϣ · ⲛ ⲟⲩⲏⲣⲡ̄ · ⲙⲛ̄ ϩⲉⲛⲟⲉⲓⲕ [ⲉⲧ ⲥⲱ]ⲧⲡ̄ · ϫⲉ ⲕⲁⲥ · ⲉⲓⲛⲁⲥⲩⲛⲁⲅⲉ ⲙ ⲡ[...] ⲁϥⲣ̄ ⲡⲙⲉⲉⲩⲉ ⲛ[...]ⲉ ⲕⲱ ⲉ ⲃⲟⲗ [...]ⲟⲛ [...] ϣⲁ | ⲡⲉ ⲡⲉⲧⲛⲉⲓⲱⲧ Fol. 22 *b*
ⲉⲧ ϩⲛ̄ ⲙⲡⲏⲩⲉ · ⲁϥϫ[ⲱ] ⲉ ⲧⲣⲉⲩⲉⲓⲛⲉ · ⲛ̄ ⲧϩⲗⲗⲟⲩ · ϣⲁ ⲙ̄ⲉ̄
ⲣⲟϥ · ϩⲓϫⲛ̄ ⲟⲩϭⲗⲟϭ · ⲉ ⲃⲟⲗ ϫⲉ ⲛⲉ ⲙⲛ̄ϭⲟⲙ · ⲙ̄ⲙⲟⲥ ⲉ ⲙⲟⲟϣⲉ · ⲁⲩⲉⲛⲧⲥ̄ · ⲁⲩⲕⲁⲁⲥ ϩⲓ ⲑⲏ · ⲙ ⲡⲉⲡⲓⲥⲕⲟⲡⲟⲥ · ⲡⲉϫⲁϥ · ⲛⲁⲥ ⲛϭⲓ ⲡⲉⲡⲓⲥⲕⲟⲡⲟⲥ · ϫⲉ ⲡⲓⲥⲧⲉⲩⲉ · ⲱ ⲧϩⲗⲗⲱ ϫⲉ ⲡⲛⲟⲩⲧⲉ · ϣⲟⲟⲡ · ⲛ̄ⲧⲟⲥ ⲇⲉ · ⲁⲥⲕⲓⲙ · ⲛ̄ ⲧⲉⲥⲁⲡⲉ · ⲉⲥϫⲱ ⲙ̄ⲙⲟⲥ · ϫⲉ ⲥⲉ · ⲉ ⲃⲟⲗ · ϫⲉ ⲉϣϫⲉ ϣⲁϫⲉ ⲁⲛ · ⲉ ⲧⲃⲉ ⲧⲉⲥⲧⲁⲡⲣⲟ · ⲉⲧ ⲥⲁϣ[...] ϩⲓⲧⲛ̄ ⲧⲁⲡⲟⲫⲁⲥⲓⲥ · ⲙ ⲡⲉⲡⲓⲥⲕⲟⲡⲟⲥ · ⲛⲧⲁϥⲧⲁⲩⲟⲥ · ⲉ ϫⲱⲥ · ⲁϥⲧⲱⲟⲩⲛ ⲇⲉ ⲛϭⲓ ⲡⲉⲡⲓⲥⲕⲟⲡⲟⲥ · ⲁⲡⲁ ⲙⲁⲕⲉⲇⲱⲛⲓⲟⲥ ⲁϥⲙⲟⲟϣⲉ · ⲉ ϩⲟⲩⲛ · ⲉ ⲡⲉϭⲗⲟϭ · ⲁϥϯ ⲡⲉϥⲧⲏⲏⲃⲉ · ⲉ ϩⲟⲩⲛ · ⲉ ⲣⲱⲥ ⲁⲩⲱ · ⲛⲧⲉⲩⲛ[ⲟⲩ] ⲁⲩⲃⲱϣ · ⲛϭⲓ ⲛⲙⲣ̄ⲣⲉ · ⲙ ⲡⲉⲥⲗⲁⲥ · ⲁⲥϣⲁϫⲉ · ⲕⲁⲗⲱⲥ · ⲁⲥϯ ⲉⲟⲟⲩ · ⲙ ⲡⲛⲟⲩⲧⲉ · ⲡⲙⲏⲏϣⲉ ⲇⲉ ⲛ ⲧⲉⲣ ⲟⲩⲛⲁⲩ ⲉ ⲡⲉⲛⲧ ⲁϥϣⲱⲡⲉ · ⲁⲩϥⲓ ϩⲣⲁⲩ ⲉ ⲃⲟⲗ · ϩⲛ̄ ⲟⲩⲛⲟϭ ⲛ ⲥⲙⲏ · ⲉⲩϫⲱ ⲙ̄ⲙⲟⲥ · ϫⲉ ⲟⲩⲁ · ⲡⲉ ⲡⲛⲟⲩⲧⲉ ⲙ ⲡⲡⲉⲧ ⲟⲩⲁⲁⲃ · ⲁⲡⲁ ⲙⲁ[ⲕ]ⲉⲇⲱⲛⲓⲟⲥ · ⲡⲉⲡⲓⲥⲕⲟⲡⲟⲥ · [...]ⲉⲛⲟⲩⲧⲉ · [...] [...]ⲉ ⲃⲁⲡϯ[ⲥⲙⲁ] [...]ⲥⲩ[...] [ⲛ ⲧⲉⲣⲉ] | ⲉϥⲥⲩⲛⲁⲅⲉ · ⲙ ⲡⲙⲏⲏϣⲉ · ⲁϥⲃⲱⲕ · ⲉ ⲧⲉⲕ- Fol. 23 *a*
ⲕⲗⲏⲥⲓⲁ · ⲁϥϩⲙⲟⲟⲥ ϩⲁϩⲧⲏⲩ · ⲛ ϩⲟⲃⲇⲟⲙⲁⲥ ⲛ̄ϩⲟⲟⲩ · ⲙ̄ⲋ̄
ⲁϥⲭⲉⲓⲣⲟⲇⲟⲛⲉⲓ ⲛⲁⲩ · ⲛ̄ ϩⲉⲛⲡⲣⲉⲥⲃⲩⲧⲉⲣⲟⲥ ⲙⲛ̄ ϩⲉⲛⲇⲓⲁⲕⲟⲛⲟⲥ · ⲉ ⲁϥⲧⲁⲙⲟⲟⲩ · ⲉⲛ̄ⲕⲱⲧ · ⲙⲛ̄ ⲛ̄ⲕⲁⲛⲱⲛ · ⲛ̄ ⲧⲉⲕⲕⲗⲏⲥⲓⲁ · ⲙⲛ̄ⲛⲥⲁ ⲡⲥⲁϣϥ̄ ⲇⲉ ⲛϩⲟⲟⲩ ⲁϥⲃⲱⲕ ·

ⲉ ⲡⲉϥⲙⲁ· ⲛ ϣⲱⲡⲉ· ⲁⲥϣⲱⲡⲉ ⲇⲉ ⲙⲛ̄ⲛ̄ⲥⲁ ϩⲉⲛϩⲟⲟⲩ· ⲁ ⲡⲉϥⲥⲱⲙⲁ ϩⲣⲟϣ· ⲉ ⲣⲟϥ· ⲛⲉⲁϥⲁⲁⲓ ⲡⲉ· ϩⲙ̄ ⲛⲉϥϩⲟⲟⲩ· ⲁϥⲙⲟⲩⲧⲉ ⲉ ⲙⲁⲣⲕⲟⲥ· ⲡⲉⲡⲣⲉⲥⲃⲩⲧⲉⲣⲟⲥ· ⲙⲛ̄ ⲏⲥⲁⲓⲁⲥ· ⲡⲇⲓⲁⲕⲱⲛ· ⲡⲉϫⲁϥ ⲛⲁⲩ· ϫⲉ ⲉⲓⲥ ϩⲏⲏⲧⲉ· ⲁⲩϩⲱⲛ· ⲉ ϩⲟⲩⲛ· ⲛϭⲓ ⲛⲉϩⲟⲟⲩ· ⲙ ⲡⲁ ϭⲙ̄ⲡϣⲓⲛⲉ· ⲛⲧⲟⲕ ⲇⲉ ⲡⲁ ϣⲏⲣⲉ· ⲙⲁⲣⲕⲟⲥ· ⲙⲛ̄ⲛ̄ⲥⲁ ⲡⲁ ϫⲱⲕ ⲉ ⲃⲟⲗ· ⲡⲛⲟⲩⲧⲉ ⲛⲁⲕⲁⲑⲓⲥⲧⲁ ⲙⲙⲟⲕ ⲉ ⲡⲁ ⲙⲁ· ⲛⲅ̄ ϩⲙⲟⲟⲥ· ⲉϫⲙ̄ ⲡⲁ ⲑⲣⲟⲛⲟⲥ ⲙⲟⲟⲛⲉ ⲕⲁⲗⲱⲥ ⲙ ⲡⲟⲟϩⲉ· ⲙ ⲡⲛⲟⲩⲧⲉ [ⲱ ⲡⲁ]ϣⲏⲣⲉ· ⲕⲁⲧⲁ ⲑⲉ ⲛⲧⲁⲓⲧⲁⲁⲥ ⲉ ⲧⲟⲟⲧⲕ̄· ... ⲧⲟⲟⲧϥ̄· ⲛϭⲓ ... ⲉⲙⲁ

Fol. 23 b ... | ⲁϥϣⲱⲛⲉ ⲁⲩⲱ ⲁ

ⲙⲍ ⲡϣⲱⲛⲉ· ϩⲣⲟϣ· ⲉ ϫⲱϥ ⲉ ⲡⲉϩⲟⲩⲟ· ⲁⲩⲱ ⲡ̄ϥϯ ⲉ ⲡⲁϩⲟⲩ ϣⲁ ⲥⲟⲩ ⲥⲁϣϥ̄· ⲛ ⲙ̄ⲭⲓⲣ· ⲁϥⲙⲟⲩⲧⲉ ⲉ ⲛⲉϥⲙⲁⲑⲏⲧⲏⲥ· ⲁϥϩⲱⲛ· ⲉ ⲧⲟⲟⲧⲟⲩ ⲛϩⲱⲃ ⲛⲓⲙ· ⲉⲧ ⲉϣϣⲉ· ⲉ ⲣⲟⲟⲩ· ⲉ ⲁⲁⲩ· ϩⲧⲟⲟⲩⲉ ⲇⲉ ⲛ ⲥⲟⲩ ϣⲙⲟⲩⲛ· ⲙ̄ⲙ̄ⲭⲓⲣ· ⲁϥⲙⲧⲟⲛ ⲙⲙⲟϥ ϩⲙ̄ ⲟⲩⲙ̄ⲛ̄ⲧϩⲗⲗⲟ· ⲉⲛⲁⲛⲟⲩⲥ ⲛϭⲓ ⲡⲉⲡⲓⲥⲕⲟⲡⲟⲥ· ⲉⲧ ⲟⲩⲁⲁⲃ· ⲁⲡⲁ ⲙⲁⲕⲉⲇⲱⲛⲓⲟⲥ· ⲛ ⲧⲉⲣ ⲟⲩⲥⲱⲧⲙ̄ ⲇⲉ ⲛ̄ϭⲓ ⲛⲁ ⲧⲉϥⲡⲟⲗⲓⲥ ⲁⲩⲉⲓ ⲉ ⲃⲟⲗ· ⲉ ⲡⲙⲁ· ⲉⲧ ϥ̄ⲛ̄ϩⲏⲧϥ̄ ⲁⲩⲉⲓⲣⲉ· ⲛⲁϥ· ⲛ̄ ⲟⲩⲛⲟϭ· ⲛ ϩⲏⲃⲉ· ⲉ ⲧⲃⲉ ϫⲉ ⲛⲉⲩⲙⲉ· ⲙⲙⲟϥ· ⲉⲙⲁⲁⲧⲉ ⲁⲩⲱ· ⲁⲩⲕⲟⲥϥ̄· ⲕⲁⲧⲁ ⲡⲉϥⲙⲡϣⲁ· ⲁⲩⲱ ⲁⲩⲧⲱⲙⲥ̄· ⲙⲙⲟϥ ⲡⲃⲟⲗ· ⲙ ⲡⲉⲩⲙⲁ ⲛ ϣⲱⲡⲉ ⁘ ⲁⲥϣⲱⲡⲉ ⲇⲉ ⲙⲛ̄ⲛ̄ⲥⲁ ϩⲉⲛϩⲟⲟⲩ· ⲉⲣⲉ ⲡⲙⲁ· ⲕⲏ ⲉ ⲃⲟⲗ· ⲉϥⲟ ⲛ ⲁⲧ ⲉⲡⲓⲥⲕⲟⲡⲟⲥ· ⲁⲩⲥⲱⲟⲩϩ· ⲉ ϩⲟⲩⲛ ⲛϭⲓ ⲡⲗⲁⲟⲥ ⲧⲏⲣϥ̄· ⲡⲉϫⲁⲩ· ⲛⲛⲉⲩⲉⲣⲏⲩ ϫⲉ ϣⲁ ⲧⲛⲁⲩ· ⲉⲛⲁⲙⲉⲗⲉⲓ· ⲉ ⲡⲉⲓ ⲛⲟϭ· ⲛ ⲕⲉⲫⲁⲗⲓⲟⲛ· ⲛⲧⲛ̄ϣⲓⲛⲉ· ⲁⲛ ⲛ ⲟ ... ϣⲱⲥ· ⲉⲧⲣ̄ ... ⲡⲉⲛ ...

Fol. 24 a ... | ⲕⲉ ⲟⲩⲁ· ϫⲉ ⲙⲓϣ· ⲛ

ⲙⲏ ⲛⲓⲙ· ⲡ̄ⲇⲓⲁⲕⲟⲛ· ⲛⲉ ⲁⲩⲣ ϣⲟⲙⲛ̄ⲧ· ⲇⲉ ⲛ̄ϩⲟⲟⲩ· ⲉⲩϣⲁϫⲉ ⲙⲛ̄ ⲛⲉⲩⲉⲣⲏⲩ· ⲛ̄ ⲧⲉⲓ ϩⲉ ⲁⲩⲱ ⲙⲡ ⲟⲩⲧⲉϣ ⲗⲁⲁⲩ ⲛϩⲱⲃ· ⲁϥⲧⲱⲟⲩⲛ· ⲇⲉ· ⲁϥⲁⲁϩ· ⲉⲣⲁⲧϥ̄· ⲛ̄ϭⲓ ⲡⲛⲟϭ· ⲙ ⲡⲣⲉⲥⲃⲩⲧⲉⲣ̅ ⲛ ⲧⲉⲕⲕⲗⲏⲥⲓⲁ· ⲡⲉϫⲁϥ· ⲙ ⲡⲙⲏⲏϣⲉ ϫⲉ ϯⲛⲁϫⲱ· ⲛⲏⲧⲛ̄· ⲛ̄ ⲟⲩϣⲁϫⲉ ⲡⲁⲓ ⲉϥⲙⲡϣⲁ· ⲛⲁⲁϥ· ⲉϣⲱⲡⲉ· ⲧⲉⲧⲛⲁⲥⲱⲧⲙ̄ ⲛⲥⲱⲓ· ⲡⲉϫⲁⲩ

ⲛⲁϥ ⲛ̄ϭⲓ ⲡⲉϩⲟⲩⲟ ⲙ ⲡⲗⲁⲟⲥ· ϫⲉ ⲁϫⲓϥ ⲉ ⲣⲟⲛ·
ⲉϥϣⲱⲡⲉ· ⲉϥⲡⲣⲉⲡⲉⲓ ⲧⲛ̄ⲛⲁⲁϥ· ⲛⲧⲟϥ ⲇⲉ ⲡⲉϫⲁϥ ⲛⲁⲩ·
ϫⲉ ⲙⲁⲣⲛ̄ⲥⲱⲧⲡ̄· ⲛ ϩⲉⲛⲣⲱⲙⲉ ⲉ ⲃⲟⲗ· ⲛ̄ϩⲏⲧⲛ̄· ⲕⲁⲧⲁ
ⲑⲉ ⲙ̄ ⲥⲧⲉⲫⲁⲛⲟⲥ· ⲙⲛ̄ ⲛⲉϥϣⲃⲏⲣ· ⲛⲥⲉⲛⲉϫ ⲕⲗⲏⲣⲟⲥ·
ⲡⲉⲧ ⲉⲣⲉ ⲡⲉⲕⲗⲏⲣⲟⲥ· ⲛⲁⲧⲁϩⲟϥ· ⲛⲧⲛ̄ϫⲓⲧϥ̄· ⲛ̄ⲧⲛ̄ⲭⲉⲓ-
ⲣⲟⲇⲟⲛⲉⲓ· ⲙⲙⲟϥ· ⲛ ⲉⲡⲓⲥⲕⲟⲡⲟⲥ· ⲁⲥϣⲱⲡⲉ ⲇⲉ ⲛ ⲧⲉⲣⲉ
ⲡⲉⲡⲣⲉⲥⲃⲩⲧⲉⲣⲟⲥ ⲟⲩⲱ· ⲉϥϣⲁϫⲉ· ⲁϥⲟⲩⲱϣⲃ̄· ϩⲱⲱϥ
ⲛϭⲓ ⲡⲁⲣⲭⲏⲇⲓⲁⲕⲛ̄^ⲟ· ⲡⲉϫⲁϥ ϫⲉ ⲟⲩⲛⲧⲁ [...] ⲙ-
ⲙⲁⲩ· ⲉ ⲧⲣⲁϫⲟⲟϥ· ⲁ [...] ϫⲉ ⲁϫⲓϥ
[...] ⲱⲙ [...]
[...] | ⲡⲉϫⲁⲩ· ϫⲉ ⲛⲉϥϣⲏⲣⲉ ⲛⲉ· ⲡⲉϫⲉ ⲡⲁⲣⲭⲏ- Fol. 24 b
ⲇⲓⲁⲕⲛ̄^ⲟ· ϫⲉ ⲉⲓⲥ ϩⲏⲏⲧⲉ ⲥⲉϣⲟⲟⲡ· ⲧⲉⲛⲟⲩ ⲛϭⲓ ⲛⲉⲕⲗⲏ- ⲙⲑ
ⲣⲟⲛⲟⲙⲟⲥ· ⲁⲩⲱ· ⲙⲡⲉ ⲧⲉⲧⲛ̄ϣⲓⲛⲉ· ⲛⲥⲱⲟⲩ· ⲛ̄ ⲧⲉⲣ
ϥ̄ϫⲉ ⲡⲁⲓ· ⲇⲉ· ⲁⲩⲣ̄ ⲡⲙⲉⲉⲩⲉ· ⲙ ⲙⲁⲣⲕⲟⲥ· ⲙⲛ̄
ⲏⲥⲁⲓⲁⲥ· ⲁⲩⲟⲩⲱϣⲃ̄· ⲛ̄ϭⲓ ⲡⲗⲁⲟⲥ ⲧⲏⲣϥ̄· ϫⲉ ⲡϣⲁϫⲉ·
ⲙ ⲡⲁⲣⲭⲏⲇⲓⲁⲕⲟⲛ· ⲡⲉⲧⲉ ϣⲁϥϣⲱⲡⲉ· ⲁⲩⲱ ⲛⲧⲉⲩⲛⲟⲩ
ⲁⲩϫⲟⲟⲩ· ⲁⲩⲉⲛⲧⲟⲩ· ϩⲙ̄ ⲡⲙⲁ· ⲉⲛⲉⲩⲛ̄ϩⲏⲧϥ̄· ⲁⲩ-
ϩⲙⲟⲟⲥ ϩⲛ̄ ⲧⲉⲕⲕⲗⲏⲥⲓⲁ· ⲁⲩϫⲉ ⲡϣⲁϫⲉ ⲉ ⲙⲁⲣⲕⲟⲥ·
ⲡⲉⲡⲣⲉⲥⲃⲩⲧⲉⲣⲟⲥ· ⲛ̄ⲧⲟϥ ⲇⲉ ⲡⲉϫⲁϥ ⲛⲁⲩ ϫⲉ ⲕⲱ ⲛⲁⲓ
ⲉ ⲃⲟⲗ· ⲛⲁⲉⲓⲟⲧⲉ· ⲛ ϯⲙⲡϣⲁ· ⲁⲛ ⲛ ϩⲱⲃ· ⲛ ϯ ⲙⲓⲛⲉ
ⲁⲛⲁⲩ· ⲛⲏⲧⲛ̄· ⲉ ⲕⲉ ⲟⲩⲁ· ⲉϥⲛⲁϥⲓ ⲡⲣⲟⲟⲩϣ ⲙ̄ ⲡⲟⲟϩⲉ·
ⲙ ⲡⲉⲭ̄ⲣ̄ⲥ̄· ⲡⲗⲁⲟⲥ ⲇⲉ ⲧⲏⲣϥ̄ ⲛϥⲙⲉ· ⲙ̄ ⲙⲁⲣⲕⲟⲥ· ⲉ
ⲧⲃⲉ ⲧⲉϥⲉⲡⲓⲥϯⲙⲉⲓ· ⲙⲛ̄ ⲧⲉϥⲥⲟⲫⲓⲁ· ⲉ ⲃⲟⲗ ϫⲉ ⲁⲩⲡⲁ-
ⲇⲉⲩⲉ· ⲙⲙⲟϥ· ⲕⲁⲗⲱⲥ· ϩⲓⲧⲛ̄ ⲡⲉϥⲉⲓⲱⲧ ⲡⲉⲡⲓⲥⲕⲟⲡⲟⲥ·
ⲁⲡⲁ ⲙⲁⲕⲉⲇⲱⲛⲓⲟⲥ [ⲁ]ⲩϫⲓⲧϥ̄ ⲇⲉ ⲛϫⲛⲁϩ· ⲁⲩⲥϩⲁⲓ·
ⲙ ⲡⲁⲣ[ⲭ]ⲏⲉⲡⲓⲥⲕⲟⲡⲟⲥ· ⲉⲧ [ⲟⲩⲁⲁⲃ] [ⲁⲡⲁ ⲁⲑⲁⲛⲁ-
ⲥⲓ]ⲟⲥ· ϩⲁ ⲣⲟϥ· [...] [ⲁ]ⲩⲱ [...]
[...] | ⲁⲩⲥϭⲏⲣ· ⲛ̄ⲙ̄ⲙⲁϥ· ⲉ ⲣⲁⲕⲟⲧⲉ· Fol. 25 a
ⲛ̄ ⲧⲉⲣ ⲛ̄ⲃⲱⲕ· ⲇⲉ ⲉ ϩⲟⲩⲛ· ⲉ ⲧⲡⲟⲗⲓⲥ· ⲁⲛϣⲓⲛⲉ· ⲛ̄ⲥⲁ ⲛ̄
ⲡⲡⲁⲧⲣⲓⲁⲣⲭⲏⲥ· ⲙⲡⲉ ⲛϩⲉ· ⲉ ⲣⲟϥ· ⲙ ⲡⲉϩⲟⲟⲩ· ⲉⲧ
ⲙ̄ⲙⲁⲩ· ϩⲛ̄ ⲧⲉⲕⲕⲗⲏⲥⲓⲁ· ⲉ ⲃⲟⲗ ϫⲉ ⲟⲩϩⲁⲅⲓⲟⲥ ⲡⲉ·
ⲉϥⲙⲉ· ⲙ ⲡⲉⲥϭⲣⲁϩⲧ̄· ⲉⲙⲁⲁⲧⲉ· ⲛ ⲧⲉⲣ ⲟⲩⲧⲁⲙⲟⲛ
ⲇⲉ ⲛ̄ϭⲓ ϩⲉⲛⲣⲱⲙⲉ ⲛⲣⲉϥⲣ̄ϩⲟⲧⲉ· ϫⲉ ⲉϥⲉⲥⲩⲭⲁⲍⲉ· ⲙ-
ⲙⲟϥ ϩⲛ̄ ⲟⲩⲕⲟⲩⲓ· ⲙ ⲙⲟⲛⲁⲥⲧⲏⲣⲓⲟⲛ· ⲛ ⲥⲁ ⲡⲉⲙⲛ̄ⲧ·

ⲛ̄ ⲧⲡⲟⲗⲓⲥ · ⲁⲛⲡⲁⲣⲁⲕⲁⲗⲉⲓ · ⲛ ⲟⲩⲁ · ⲛ̄ϩⲏⲧⲟⲩ · ⲉ ⲧⲣⲉϥ-
ϫⲓⲧⲛ̄ · ϣⲁ ⲣⲟϥ · ⲉ ⲃⲟⲗ ϫⲉ ⲛⲧⲛ̄ⲥⲟⲟⲩⲛ · ⲁⲛ · ⲙ̄ ⲡⲙⲁ ·
ⲛ ⲧⲉⲣ ⲛ̄ⲡⲱϩ · ⲇⲉ ⲟⲩⲛ · ⲉ ⲡⲧⲟⲡⲟⲥ · ⲉⲧ ϥ̄ⲛ̄ϩⲏⲧϥ̄ ⲁϥⲉⲓ
ⲉ ⲃⲟⲗ · ⲛ̄ϭⲓ ⲟⲩⲇⲓⲁⲕⲱⲛ · ⲁⲛϫⲱ ⲉ ⲣⲟϥ · ⲙ̄ ⲡϩⲱⲃ · ⲛⲧ
ⲁⲛⲉⲓ ⲉ ⲧⲃⲏⲏⲧϥ̄ · ⲁϥⲃⲱⲕ ⲉ ϩⲣⲁⲓ · ⲁϥⲧⲁⲙⲉ ⲡⲁⲣⲭⲏ-
ⲉⲡⲓⲥⲕⲟⲡⲥ̄ ⲁⲩⲱ ⲁϥⲧⲛ̄ⲛⲟⲟⲩ · ⲉ ⲃⲟⲗ · ⲁϥϫⲓⲧⲛ̄ · ⲉ ϩⲟⲩ[ⲛ]
ⲁⲛⲡⲁϩⲧⲛ̄ · ⲉϫⲙ̄ ⲡⲕⲁϩ · ⲁⲛⲟⲩⲱϣⲧ ⲉϫⲛ̄ ⲛⲉϥⲟⲩⲣⲏⲏⲧⲉ ·
ⲉⲩ ⲟⲩⲁⲁⲃ · ⲡⲁⲣⲭⲏⲉⲡⲓⲥⲕⲟⲡⲟⲥ ⲇⲉ · ⲉⲧ ⲟⲩⲁⲁⲃ · ⲁⲡⲁ
ⲁ[ⲑⲁⲛ]ⲁⲥⲓⲟⲥ · ⲛⲉⲁⲩⲧⲁⲙⲟϥ · ϩⲓⲧⲙ̄ ⲡⲉⲡⲛ[ⲁ]
ⲛ̄ϩⲟⲟⲩ · ⲙ̄
ϩⲁⲧⲛ̄
Fol. 25 *b* ⲉ · | ⲁϥⲟⲩⲱϣⲃ̄ · ⲛ̄ϭⲓ ⲡϩⲁⲅⲓⲟⲥ ⲁⲑⲁⲛⲁⲥⲓⲟⲥ
ⲡ̄ⲁ̄ ⲡⲉϫⲁϥ ⲙ̄ ⲙⲁⲣⲕⲟⲥ · ϫⲉ ⲁⲕⲣ̄ ⲡⲱⲃϣ̄ ⲡⲁ ϣⲏⲣⲉ · ⲙ̄
ⲡⲛⲁⲩ · ⲛⲧⲁⲩϯ ϩⲓⲱⲱⲕ ⲛ ⲧⲉϣⲧⲏⲛ · ⲁⲩⲱ ⲁⲩϭⲟⲟⲗⲕ̄ ·
ⲛ̄ ⲧⲉⲡⲟⲩⲙⲓⲥ · ⲡⲁⲓ ⲡⲉ ⲡⲉϩⲟⲟⲩ · ⲛⲧⲁⲩⲧⲟϣϥ̄ ⲛⲁⲕ · ⲱ̄
ⲡⲉⲡⲣⲉⲥⲃⲩⲧⲉⲣⲟⲥ · ⲉⲧ ⲛ̄ϩⲟⲧ · ⲁϥⲣ̄ ϣⲡⲏⲣⲉ ⲇⲉ · ⲛ̄ϭⲓ
ⲙⲁⲣⲕⲟⲥ · ⲉϫⲙ̄ ⲡϣⲁϫⲉ · ⲛⲧⲁϥϫⲟⲟϥ ⲛⲁϥ · ϫⲉ ⲁϥⲉⲓ-
ⲙⲉ · ⲉ ⲡϩⲟⲣⲟⲙⲁ · ⲉ ⲃⲟⲗ · ϫⲉ ⲙⲡⲉ ϥⲧⲁⲙⲉ ⲗⲁⲁⲩ
ⲅⲁⲣ · ⲛ̄ⲣⲱⲙⲉ ⲉ ⲣⲟϥ · ⲉⲓ ⲙⲏ ⲧⲉⲓ · ⲁⲡⲁ ⲙⲁⲕⲉⲇⲱⲛⲓⲟⲥ
ⲡⲉⲡⲓⲥⲕⲟⲡⲟⲥ · ⲙⲛ̄ ⲡⲉϥⲥⲟⲛ · ⲏⲥⲁⲓⲁⲥ · ⲙⲁⲣⲕⲟⲥ ⲇⲉ
ⲡⲉϫⲁϥ · ϫⲉ ⲛ̄ⲧⲕ̄ ⲟⲩϩⲁⲅⲓⲟⲥ · ⲛⲁⲙⲉ ⲛⲧⲉ ⲡⲛⲟⲩⲧⲉ · ⲱ
ⲡⲁ ϫ̄ⲥ̄ · ⲛ ⲉⲓⲱⲧ · ⲉⲧ ⲥⲙⲁⲙⲁⲁⲧ · ⲡⲉϫⲁϥ ⲛ̄ϭⲓ ⲡⲁⲣⲭⲏ-
ⲉⲡⲓⲥⲕⲟⲡⲟⲥ · ϫⲉ ⲛⲧⲟⲕ · ⲙⲁⲩⲁⲁⲕ · ⲉ ⲡⲉϩⲟⲩⲟ · ϫⲉ
[ⲁ]ⲕⲙⲁⲑⲏⲧⲉⲩⲉ · ϩⲁ ⲣⲁⲧϥ̄ · ⲛ ⲟⲩⲉⲡⲓⲥⲕⲟⲡⲟⲥ [ⲙ̄]ⲛ̄
ⲟⲩⲡⲉⲧ ⲟⲩⲁⲁⲃ · ⲉϥⲟⲩⲁⲁⲃ · ⲛⲁⲓ ⲇⲉ [ⲛ]ⲧⲉⲣ ϥ̄ϫⲟⲟⲩ ·
ⲁϥⲟⲩⲉϩⲥⲁϩⲛⲉ · ⲛ ⲟⲩⲇⲓⲁⲕⲟ[ⲛⲟ]ⲥ · ⲉ ⲧⲣⲉϥϫⲓⲧⲛ · ⲉⲩⲙⲁ ·
ⲛ̄ⲥⲉⲑⲟ · ⲙⲁⲩⲁⲁⲛ · [ⲁⲩ]ⲱ · ⲁϥⲟⲩⲉϩⲥⲁϩⲛⲉ ·
[ⲛ] ⲧⲉⲣⲉ ϩⲧⲟⲟⲩ[ⲉ ⲇⲉ ϣⲱⲡⲉ]
ⲧⲣⲉⲩ
Fol. 26 *a* |ⲁⲩⲉⲓ ϩⲱⲱⲟⲩ ⲟⲛ · ⲛ̄ϭⲓ ϩⲉⲛⲁⲣⲭⲱⲛ ·
ⲡ̄ⲃ̄ ⲛⲧⲉ ⲡⲥⲁ ⲛ ⲉϩⲙⲓⲧ · ⲉⲩⲟⲩⲱϣ ⲉ ϫⲓ ⲥⲙⲟⲩ · ⲛⲧⲟⲟⲧϥ̄ ·
ⲁ ⲡⲇⲓⲁⲕⲟⲛⲟⲥ · ⲉⲓ ⲉ ϩⲟⲩⲛ · ⲁϥⲧⲁⲙⲟⲟⲩ ⲉ ⲧⲃⲏⲏⲧϥ̄ · ⲡⲉ-
ϫⲁϥ · ϫⲉ ⲛ ⲥ̄ⲭⲟⲗⲁⲍⲉ · ⲁⲛ ⲡⲉϫⲁϥ · ⲛ̄ ⲟⲩⲁ ⲙⲙⲟⲟⲩ
ϫⲉ ⲥⲕⲩⲗⲗⲉⲓ · ⲙⲙⲱⲧⲛ̄ ⲛⲧⲉⲧⲛ̄ⲁⲛⲁⲭⲱⲣⲉⲓ · ⲛⲏⲧⲛ̄ ·

ϣⲁ ϩⲧⲟⲟⲩⲉ ⲉ ⲃⲟⲗ· ϫⲉ ⲥⲉϩⲁϩⲧⲏⲛ· ⲛϭⲓ ϩⲉⲛⲥⲛⲏⲩ· ⲉ
ⲛⲁ ⲡⲙⲁ ⲣⲏⲥ ⲛⲉ· ⲁⲩⲱ ⲛ ⲧⲉⲣ ϥ̅ⲧⲁⲙⲟⲟⲩ ⲁⲩⲃⲱⲕ·
ⲉⲩϫⲱ ⲙⲙⲟⲥ ϫⲉ ϣⲗⲏⲗ· ⲉ ϫⲱⲛ· ⲛⲧⲱⲧⲛ̅· ⲛⲧⲛ̅ⲃⲱⲕ
ⲛⲧⲛ̅ϣⲗⲏⲗ· ϩⲙ̅ ⲡⲙⲟⲛⲁⲥⲧⲏⲣⲓⲟⲛ· ⲛ ⲁⲡⲁ ⲙⲏⲛⲁ·
ⲛⲧⲛ̅ⲕⲧⲟⲛ· ϣⲁ ⲣⲟⲕ· ⲁⲛⲟⲛ ⲇⲉ ⲁⲛϯ ⲛⲁϥ· ⲙ ⲡⲉⲯⲩ-
ⲫⲓⲥⲙⲁ ⲁⲩⲱ ⲛ ⲧⲉⲣ ϥ̅ⲟϣⲥ̅· ⲁϥⲣⲁϣⲉ ⲉⲙⲁⲁⲧⲉ· ⲁⲩⲱ
ⲡⲉϫⲁϥ· ⲛⲁⲛ· ϫⲉ ϯⲣⲁϣⲉ ⲧⲱⲛⲟⲩ· ⲉϫⲛ̅ ⲛⲉⲥⲟⲟⲩ· ⲉⲧ
ⲥⲟⲣⲙ̅· ⲉⲧ ϩⲛ̅ ⲧⲉⲧⲛ̅ⲡⲟⲗⲓⲥ· ⲛⲧⲁ ⲡⲛⲟⲩⲧⲉ· ⲡⲙⲁⲓ
ⲣⲱⲙⲉ· ⲕⲧⲟⲟⲩ· ⲉⲩⲙⲉⲧⲁⲛⲟⲓⲁ· ⲁϥⲧⲁⲙⲟⲟⲩ ⲇⲉ ⲟⲛ·
ⲉ ⲧⲃⲉ ⲛⲕⲁⲛⲱⲛ· ⲛ̅ⲧⲉⲕⲕⲗⲉⲥⲓⲁ· ⲁⲩⲱ· ϫⲉ ⲉⲧⲉⲧⲛ̅ⲱϣ·
ⲛ ⲁϣ· ⲛ ϩⲉ· ⲁⲛⲧⲁ[...]ⲉⲑⲉ· ⲛ̅ⲧⲁ ⲡⲉⲛⲉⲛⲉⲓⲱⲧ *(sic)*· ⲁⲡⲁ
ⲙⲁⲅⲉ[ⲇⲱⲛⲓⲟⲥ][...]ⲛ̅· ⲛ ⲧⲉⲣ ϥ̅ⲥⲱⲧⲙ̅[...]
[...]ⲁⲃ· ⲡⲉ[...]ⲭⲏ | ⲁⲛⲕⲱⲧ· Fol. 26 *b*
ⲉ ϫⲱⲥ· ⲟⲛⲧⲱⲥ ⲛⲁϣⲏⲣⲉ ϫⲉ ⲟⲩ ⲙⲟⲛⲟⲛ· ϫⲉ ⲁⲡⲉⲧⲛ̅- ⲛ̅ⲅ̅
ⲉⲓⲱⲧ ⲉⲧ ⲟⲩⲁⲁⲃ· ⲕⲱ ⲉ ϩⲣⲁⲓ· ⲛ ⲧ̅ⲥⲛ̅ⲧⲉ ⲁⲗⲗⲁ· ⲁϥⲕⲱⲧ
ϣⲁⲛⲧ ⲉϥϫⲱⲕ· ⲉ ⲃⲟⲗ· ⲛ ⲧ̅ⲥⲛ̅ⲧⲉ· ⲁⲗⲗⲁ ⲁϥⲕⲱⲧ·
ϣⲁⲛⲧ ⲉϥϫⲱⲕ̅ⲥ̅· ⲉ ⲃⲟⲗ· ⲛ̅ϥ̅ϯ· ⲡⲗⲱⲃϣ̅· ⲛⲧⲱⲧⲛ̅ ⲇⲉ
ϩⲱⲱⲧ ⲧⲏⲩⲧⲛ̅· ⲡⲱⲧⲛ̅· ⲡⲉ ϩⲁⲣⲉϩ· ⲉ ⲛⲉⲛⲧ ⲁϥϩⲟⲛⲟⲩ·
ⲉⲧⲉ ⲧⲏⲩⲧⲛ̅· ⲛ ⲧⲉⲣ ϥ̅ⲟⲩⲱ ⲇⲉ ⲉϥϣⲁϫⲉ ⲛ̅ⲙ̅ⲙⲁⲛ·
ⲡⲉϫⲉ ⲙⲁⲣⲕⲟⲥ ⲡⲉⲡⲣⲉⲥⲃⲩⲧⲉⲣⲟⲥ ϫⲉ ⲟⲩⲛ ⲟⲩϣⲁϫⲉ· ⲟⲛ̅
ϫⲣⲟⲡ· ⲉ ⲣⲟⲓ· ⲉⲓⲟⲩⲱϣ· ⲉⲧⲁⲙⲟⲕ· ⲉ ⲣⲟϥ ⲡⲁ ⲉⲓⲱⲧ
ⲉⲧ ⲟⲩⲁⲁⲃ· ⲡⲉϫⲉ ⲡⲁⲣⲭⲏⲉⲡⲓⲥⲕⲟⲡⲟⲥ ϫⲉ ⲁϫⲓϥ·
ⲡⲉϫⲉ ⲙⲁⲣⲕⲟⲥ ϫⲉ ⲟⲩⲛ ⲟⲩϩⲉⲑⲛⲟⲥ· ⲛⲥⲁ ⲡⲉⲓⲉⲃⲧ
ⲙⲙⲟⲛ ⲁⲩⲱ ϩⲙ̅ ⲡⲉⲙⲛ̅ⲧ ⲙ ⲡⲣⲏⲥ· ⲛ ⲧⲙ̅ⲡⲟⲗⲓⲥ ⲉⲩ-
ⲙⲟⲩⲧⲉ· ⲉ ⲣⲟϥ· ϫⲉ ⲁⲛⲟⲩⲃⲁ· ⲉϥⲣ ϭⲣⲱϩ ⲉⲙⲁⲁⲧⲉ·
ϣⲁϥϣⲱⲡⲉ ⲅⲁⲣ· ⲛⲥⲉⲙⲟⲩⲧⲉ ⲉ ϩⲟⲩⲛ· ⲉ ⲣⲟⲛ· ϫⲉ
ϯ ⲟⲩⲟⲉⲓⲕ· ⲛⲁⲛ· ϣⲁⲣⲉ ⲡⲁ ⲗⲟⲅⲓⲥⲙⲟⲥ· ⲕⲓⲙ ⲉ ⲣⲟⲓ·
ⲉ ⲧⲙ̅ϯ· ⲛⲁⲩ[...]ϫⲉ ⲟⲩϩⲉⲑⲛⲟ[ⲥ][...]
ⲛⲟⲩⲧⲉ[...]ⲧⲟⲟ[...]
[...] | ϭⲓⲛⲉ· ⲧⲱϩⲙ̅· ⲧⲁⲣⲟⲩⲱⲛ· ⲛⲏⲧⲛ̅· ⲙⲏ Fol. 27 *a*
ⲙⲡⲉ ⲕⲥⲱⲧⲙ̅· ⲉ ⲡⲁⲡⲟⲥⲧⲟⲗⲟⲥ ⲉϥϫⲱ ⲙⲙⲟⲥ· ϫⲉ ⲛ̅ⲇ̅
ⲙⲏ· ⲡⲛⲟⲩⲧⲉ· ⲡⲁ ⲛⲓⲟⲩⲇⲁⲓ ⲙⲁⲩⲁⲁⲩ ⲡⲉ· ⲙ ⲡⲁ
ⲛ̅ⲕⲉϩⲉⲑⲛⲟⲥ ⲁⲛ· ⲡⲉ ⲉϩⲉ· ⲡⲁ ⲛⲕⲉϩⲉⲑⲛⲟⲥ ⲡⲉ· ⲉ ⲧⲃⲉ
ϫⲉ ⲟⲩⲁ ⲡⲉ ⲡⲛⲟⲩⲧⲉ· ⲡⲉϫⲁϥ· ⲛ ⲁⲃⲣⲁϩⲁⲙ· ϫⲉ ⲉⲓⲥ

ϩⲏⲛⲧⲉ ⲁⲓⲕⲱ ⲙⲙⲟⲕ · ⲛ ⲉⲓⲱⲧ · ⲛ̄ϩⲁϩ ⲛϩⲉⲑⲛⲟⲥ · ⲁⲩⲱ
ⲟⲛ ⲡⲉϫⲁϥ · ⲛ̄ⲕⲟⲣⲛⲓⲗⲓⲟⲥ ϩⲛ̄ ⲛⲉⲡⲣⲁⲝⲓⲥ · ϫⲉ ⲟⲩϩⲉⲑⲛⲟⲥ
ⲡⲉ · ⲉ ⲧⲃⲉ ϫⲉ ⲟⲩⲁ ⲡⲉ ⲡⲛⲟⲩⲧⲉ · ⲁ ⲡⲛⲟⲩⲧⲉ ⲧⲛ̄ⲛⲟⲟⲩ
ϣⲁ ⲣⲟϥ · ⲙ ⲡⲉⲧⲣⲟⲥ · ⲡⲛⲟϭ · ⲛⲁⲡⲟⲥⲧⲟⲗⲟⲥ ⲁϥⲃⲁⲡ-
ϯⲍⲉ · ⲙⲙⲟϥ · ⲉ ⲁϥⲧⲟⲩⲛⲟⲉⲓⲁⲧϥ̄ ⲉ ⲃⲟⲗ · ϩⲙ̄ ⲡϩⲟ-
ⲣⲟⲙⲁ · ⲉ ⲧⲙ̄ ⲉⲡ ⲗⲁⲁⲩ · ⲛⲣⲱⲙⲉ ϫⲉ ϥϫⲁϩⲙ̄ ⲏ ϫⲉ
ⲟⲩⲁⲕⲁⲑⲁⲣⲧⲟⲛ ⲡⲉ · ⲕⲁⲓ · ⲛ ⲟⲩⲏⲏⲣ · ⲙ̄ⲙⲛ̄ⲧⲙⲛ̄ⲧⲣⲉ ·
ⲉ ⲣⲟⲕ ⲱ ⲙⲁⲣⲕⲟⲥ ⲡⲁ ϣⲏⲣⲉ ⲉ ⲧⲣⲉⲩⲡⲗⲏⲣⲟⲫⲟⲣⲉⲓ ·
ⲙⲙⲟⲕ · ⲉ ⲃⲟⲗ · ϩⲛ̄ ⲛⲉⲅⲣⲁⲫⲏ · ⲉⲧ ⲟⲩⲁⲁⲃ · ⲡⲉϫⲉ
ⲙⲁⲣⲕⲟⲥ ϫⲉ ⲁⲓϣⲓⲛⲉ · ⲁⲩⲱ · ⲁⲓ[...]
ⲧⲟⲩⲱⲛ · ⲛⲁⲓ[...]ϫⲓⲛ[...]

Fol. 27 *b* [...] | ⲡⲉϫⲉ ⲡⲁⲣⲭⲏⲉⲡⲓⲥⲕⲟⲡⲟⲥ
ⲡ̄ⲉ ⲛⲁϥ ϫⲉ ⲟⲩⲕ ⲟⲛ ⲉⲕⲟ · ⲛ ⲁⲧ ⲥⲟⲟⲩⲛ · ⲉ ⲛⲁⲓ ϣⲁ
ⲧⲉⲛⲟⲩ · ⲙⲡⲉ ⲕⲱϣ ϩⲛ̄ ⲛⲉⲩⲁⲅⲅⲉⲗⲓⲟⲛ · ϫⲉ ⲛⲧⲁ ⲡⲉⲛ-
ⲥⲱⲧⲏⲣ ϫⲟⲟⲥ ϫⲉ ⲟⲩ · ⲛ̄ ⲧⲉⲥϩⲓⲙⲉ ⲛ ⲭⲁⲛⲁⲛⲁⲓⲁ · ⲡⲉϫⲁϥ
ϫⲉ ⲛⲁⲛⲟⲩⲥ · ⲁⲛ ⲉ ϫⲓ ⲙ ⲡⲟⲉⲓⲕ ⲛ̄ⲛϣⲏⲣⲉ · ⲉ ⲛⲟⲩϫⲉ
ⲙⲙⲟϥ · ⲛ̄ⲛⲉⲩϩⲟⲟⲣ ⲛⲧⲟⲥ · ϫⲉ ⲁⲥⲟⲩⲱϣⲃ · ⲉⲥϫⲱ ⲙ̄-
ⲙⲟⲥ ϫⲉ ⲥⲉ ⲡϫⲟⲉⲓⲥ · ⲛ̄ⲕⲉ ⲟⲩϩⲟⲟⲣ · ϣⲁⲩⲟⲩⲱⲙ ⲉ ⲃⲟⲗ ·
ϩⲛ̄ ⲛⲉⲥⲡⲓⲥⲡⲓϥⲉ · ⲉⲧ ϩⲏⲩ · ⲉ ⲃⲟⲗ · ϩⲛ̄ ⲧⲉⲧⲣⲁⲡⲉⲍⲁ · ⲛ̄
ⲛⲉⲩϫⲓⲥⲟⲟⲩⲉ · ⲁⲛⲁⲩ ϫⲉ ⲛⲧⲁ ⲡⲉⲛⲥⲏⲣ · ⲉⲡⲁⲓⲛⲟⲩ · ⲛ̄
ⲧⲉⲥⲁⲡⲟⲗⲟⲅⲓⲁ · ⲛ ⲁϣ · ⲛ̄ ϩⲉ · ⲡⲉϫⲁϥ · ⲛⲁⲥ ϫⲉ ⲟⲩ (*sic*)
ⲧⲉⲥϩⲓⲙⲉ ⲟⲩⲛⲟϭ · ⲧⲉ ⲧⲟⲩⲡⲓⲥⲧⲓⲥ · ⲙⲁⲣⲉⲥϣⲱⲡⲉ · ⲛⲏ ·
ⲛ̄ⲑⲉ · ⲉⲧⲣⲟⲩⲁϣⲥ · ⲁⲩⲱ ⲁⲥⲗⲟ · ⲛ̄ϭⲓ ⲡⲉⲥϣⲉⲉⲣⲉ · ϫⲓⲛ
ⲧⲉⲩⲛⲟⲩ · ⲉⲧ ⲙ̄ⲙⲁⲩ · ⲉ ⲧⲃⲉ ⲡⲉⲓ ϣⲁϫⲉ · ⲙⲙⲁⲁⲧⲉ ·
ⲡⲉϫⲁϥ · ⲟⲛ · ⲛϭⲓ ⲡⲁⲣⲭⲏⲉⲡⲓⲥⲕⲟⲡⲟⲥ · ϫⲉ ϯⲛⲁϫⲱ ·
ⲉ ⲣⲟⲕ · ⲛ ⲕⲉ ⲡⲁⲣⲁⲃⲟⲗⲏ · ⲉ ⲁⲓⲥⲟⲧⲙ̄ⲉⲥ ⲛⲧⲟⲟⲧⲟⲩ · ⲛ̄ⲛⲉ-
ⲛⲉⲓⲟⲧⲉ · ⲙⲙⲟⲛⲟⲭⲟⲥ · ⲛⲁⲓ ⲉⲧϣⲟⲟⲡ · ϩⲛ̄[...]
[...]ⲣⲓⲕⲉ · [...]

Fol. 28 *a* ⲡⲉ[...][ⲥⲉ ⲛⲁ-] | ⲛⲟⲩ ⲡⲉϥϩⲱⲃ · ⲁⲛ ·
[ⲡ̄ⲋ] ⲉϥⲉⲓⲣⲉ · ⲙⲉ[...]ϩⲱⲡ · ⲙ ⲡⲉⲧ ⲉϥⲉⲓⲣⲉ · ⲙⲙⲟϥ · ⲁⲛ
[ⲡ]ⲉϫⲁϥ ⲟⲛ · ⲛϭⲓ ⲓⲁⲕⲕⲱⲃⲟⲥ · ϩⲛ̄ ⲛⲉϥⲕⲁⲑⲟⲗⲓⲕⲟⲛ ϫⲉ
ⲡⲉⲧ ϫⲱ ⲙⲙⲟⲥ · ϫⲉ ⲁⲛⲟⲕ · ⲟⲩⲣϥϣⲙ̄ϣⲉ ⲛϥⲭⲁⲗⲓ-
ⲛⲟⲩ · ⲁⲛ · ⲙ ⲡⲉϥⲗⲁⲥ · ⲁⲗⲗⲁ · ⲉϥⲁⲡⲁⲧⲁ · ⲙ ⲡⲉϥ-
ϩⲏⲧ · ⲡⲁⲓ ⲡⲉϥϣⲙ̄ϣⲉ ϣⲟⲩⲉⲓⲧ · ⲡⲉϫⲉ ⲡⲕⲉ ⲟⲩⲁ ·

ϩⲱⲱϥ · ϫⲉ ⲥⲉⲛⲁⲛⲟⲩ ⲡⲉϥϩⲱⲃ · ϥϫⲱ ⲙ̄ⲙⲟⲥ · ⲛ̄ϭⲓ
ⲡⲉⲯⲁⲗⲙⲟⲇⲟⲥ ⲉⲧ ⲟ̄ⲩⲁⲁⲃ ⲇⲁ̄ⲇ · ϫⲉ ϯⲛⲁϯ · ⲛ̄ⲛⲁ-
ϣⲗⲏⲗ ⲙ̄ⲡⲉⲙ̄ⲧⲟ · ⲉ ⲃⲟⲗ · ⲛ ⲟⲩⲟⲛ · ⲛⲓⲙ · ⲉⲧ ⲣ̄ ϩⲟⲧⲉ
ϩⲏⲧϥ · ⲙ ⲡϫⲥ̄ · ⲁⲩⲱ ⲟⲛ ⲡⲁⲡⲟⲥⲧⲟⲗⲟⲥ · ϫⲱ ⲙ̄ⲙⲟⲥ ·
ϫⲉ ϣⲗⲏⲗ · ⲁϫⲛ̄ ⲱϫⲛ̄ · ⲉⲓⲥ ϩⲏⲏ[ⲧⲉ] ⲥⲉⲡⲗⲏⲣⲟⲫⲟⲣⲉⲓ ·
ⲙ̄ⲙⲟⲛ · ⲉ ⲃⲟⲗ · ϩⲛ̄ ⲛⲉⲅⲣⲁⲫⲏ ϩⲛ̄ϩⲁϩ · ⲙ̄ⲙⲁ · ⲉ ⲧⲃⲉ
ⲡⲉϣⲗⲏⲗ · ⲡⲉϫⲁϥ ⲟⲛ ⲛ̄ϭⲓ ⲡⲕⲉ ⲥⲟⲛ · ⲉⲧ ⲙ̄ⲙⲁⲁⲩ · ϫⲉ
ⲁ ⲡⲉⲛⲥⲱⲧⲏⲣ ⲧⲁⲙⲟⲛ · ϫⲉ ⲛ̄ⲧⲟⲕ · ⲉⲕⲛⲁϣⲗⲏⲗ · ⲃⲱⲕ
ⲉ ϩⲟⲩⲛ ⲉ ⲡⲉⲕⲧⲁⲙⲓⲟⲛ · ⲛ̄ⲅ̄ ϣⲧⲁⲙ · ⲙ̄ ⲡⲉⲕⲣⲟ · ⲉ ⲣⲟⲕ
ⲛ̄ⲅ̄ ϣⲗⲏⲗ · ⲉ ⲡⲉⲕⲉⲓⲱⲧ · ⲉⲧ ϩⲙ̄ ⲡⲡⲉⲧ ⲑⲏⲡ ⲁⲩⲱ
ⲡⲉⲕⲉⲓⲱⲧ · ⲉⲧ ϭⲱϣⲧ̄ · ⲉ ⲣⲟⲕ · ϩⲙ̄ ⲡⲡⲉⲧ ⲑⲏⲡ · ϥⲛⲁ-
ⲧⲱⲱⲃⲉ · ⲛⲁⲕ · ⲡⲉϫⲉ ⲡⲕⲉ ⲟⲩⲁ ⲟⲛ · ϩⲱⲙⲁⲓⲟⲥ · ϫⲉ
ⲁⲛⲟⲕ · ⲣⲱ ⲛ ϯⲡⲓⲥⲧⲉⲩⲉ ⲁ[ⲛ] ⲉ ⲡⲉⲓϩⲱⲃ · ⲡⲉϫⲉ ⲡⲕⲉ
ⲥⲟⲛ · ⲛⲁϥ · ϫⲉ ⲙⲁⲣⲛ̄ϫⲛⲟⲩ · ⲁⲡⲁ ⲫⲟⲩ · ⲡⲕⲱϩ̄ⲧ · ⲁⲩⲱ
ϥⲛⲁ[ⲧⲁ]ⲙⲟⲛ · ⲉ ⲡⲃⲱⲗ · ⲙ ⲡⲉⲧⲛ̄ϣⲓⲛⲉ · ⲛ̄ⲥⲱϥ [...]
[...] ⲛⲉⲣⲏⲩ [...] | [...] ⲇⲉ · ⲁ Fol. 28 b
ⲛⲉⲥⲛⲏⲩ ϯ ⲟⲩⲣⲁⲛ · ⲉ ⲣⲟϥ · ϫⲉ [...][ⲫⲟⲩ ⲡⲕ]ⲱϩ[ⲧ ⲉ] ⲃⲟⲗ · [ⲛ̄ⲍ]
ϫⲉ ⲙⲉϥⲁⲣⲓⲥⲕⲉ ⲛ̄ⲗⲁⲁⲩ · ⲛ̄ⲣⲱⲙⲉ · ϩⲙ̄ ⲡⲉⲧ ⲥⲙⲟⲛⲧ ·
ⲁ ⲡⲥⲟⲛ · ⲇⲉ ⲥⲛⲁⲩ ⲧⲱⲟⲩⲛ · ⲁⲩⲡⲱⲧ · ϣⲁ ⲣⲟϥ · ⲁⲩⲱ
ⲁⲩⲙⲟⲩⲧⲉ ⲉ ϩⲟⲩⲛ ⲕⲁⲧⲁ ⲡⲕⲁⲛⲱⲛ · ⲛ̄ⲛⲉⲥⲛⲏⲩ · ⲁϥⲉⲓ
ⲉ ⲃⲟⲗ · ⲁϥϫⲓⲧⲟⲩ ⲉ ϩⲟⲩⲛ · ⲉ ⲡⲉϥⲧⲟⲡⲟⲥ · ⲁⲩϣⲗⲏⲗ ·
ⲁⲩϩⲙⲟⲟⲥ · ⲉ ϩⲣⲁⲓ ϩⲓ ⲟⲩⲥⲟⲡ · ⲁⲩⲱ ⲡⲉϫⲁϥ · ⲛⲁⲩ ϫⲉ
ⲕⲁⲗⲱⲥ · ⲁⲧⲉⲧⲛ̄ⲉⲓ · ⲛ̄ⲛⲉⲥⲛⲏⲩ ⲛ̄ⲧⲟⲟⲩ · ⲡⲉϫⲁⲩ · ⲛⲁϥ ·
ϫⲉ ⲕⲱ ⲛⲁⲛ ⲉ ⲃⲟⲗ ⲡⲉⲛⲉⲓⲱⲧ · ⲉⲧ ⲟⲩⲁⲁⲃ · ⲁ ⲡⲟⲩⲁ
ⲇⲉ ⲛ̄ϩⲏⲧⲟⲩ ϫⲱⲣⲙ̄ · ⲉ ⲡⲕⲉ ⲟⲩⲁ ϫⲉ ϣⲁϫⲉ · ⲁϥⲟⲩⲱϣⲃ̄ ·
ⲛ̄ϭⲓ ⲡⲉⲧ ϭⲛ̄ⲡⲁⲣⲓⲕⲉ · ⲉ ⲡⲥⲟⲛ · ϫⲉ ⲉϥⲉⲓⲣⲉ ⲛ̄ⲛⲉϥⲡⲟ-
ⲗⲩⲧⲁ · ϩⲛ̄ ⲟⲩⲱⲛϩ̄ · ⲉ ⲃⲟⲗ · ⲁϥⲧⲁⲙⲟϥ ⲉ ⲧⲃⲉ ⲛ̄ϯⲧⲱⲛ ·
ⲉⲧ ϩⲛ̄ ⲧⲉⲩⲙⲏⲧⲉ · ⲁϥⲟⲩⲱϣⲃ̄ · ⲛ̄ϭⲓ ⲡ̄ϩⲗⲗⲟ · ϫⲉ ⲕⲱ
ⲛⲁⲓ · ⲉ ⲃⲟⲗ · ⲛⲉⲥⲛⲏⲩ · ⲟⲩϩⲓⲥⲉ · ⲡⲉ ϯⲧⲱⲛ · ϩⲛ̄ ⲛⲉ-
ⲅⲣⲁⲫⲏ · ⲉ ⲃⲟⲗ · ϫⲉ ϣⲁⲥⲙⲟⲩⲣ ϩⲛ̄ ⲟⲩⲙⲁ · ⲛ̄ⲥⲃⲱⲗ
ϩⲛ̄ ⲟⲩⲙⲁ · ⲡⲗⲏⲛ · ϯⲛⲁϫⲱ · ⲉ ⲣⲱⲧⲛ̄ · ⲛ ⲟⲩϣⲁϫⲉ ·
ⲉ ⲡⲁ ⲡⲉⲓ ⲕⲟⲥⲙⲟⲥ ⲡⲉ · ⲁⲥϣⲱⲡⲉ ⲇⲉ · ⲛ ⲟⲩⲣⲟⲙⲡⲉ
ⲙ̄ⲡⲉ ⲧⲁⲛⲁⲃⲁⲥⲓⲥ · ϣⲱⲡⲉ ⲛ̄ⲧⲉⲛⲥⲱϣⲉ · ⲧⲏⲣⲟⲩ · ϫⲓ
ⲙⲟⲟⲩ · ⲁⲗⲗⲁ · ϩⲉⲛⲕⲟⲩⲓ · ⲛⲉⲩⲛ ⲣⲱⲙⲉ · ⲇⲉ ⲥⲛⲁⲩ ·

ϩⲙ̄ ⲟⲩ[ⲏ]ⲓ · ⲛ ⲟⲩⲱⲧ · ⲡⲉϫⲉ ⲟⲩⲁ · ⲛϩⲏⲧⲟⲩ · ϫⲉ
ϯ[ⲛ]ⲁⲡⲱⲧ · ⲉ ⲃⲟⲗ · ⲉ ⲧⲥⲱϣⲉ · ⲛⲧⲁⲛⲁⲩ · ϫⲉ [ϯ]ⲛⲁ-
Fol. 29 a ⲉϣϫⲱ · ⲛ̄ ⲟⲩⲕⲟⲩⲓ · ⲛⲉ ⲡⲟⲩⲉⲓⲏ[...] | ⲙⲏⲡⲟⲥ · ⲛⲧⲡ̄ⲙⲟⲩ ·
[ⲡ̄ⲏ] ϩⲁ ⲡⲉϩⲕⲟ · ϩ[ⲓ][...]ⲡ · ⲡⲉϫⲉ ⲡⲕⲉ ⲟⲩⲁ · ϫⲉ ⲛ ϯⲛⲁⲃⲱⲕ ·
ⲁⲛ ⲁⲛⲟⲕ · ϫⲉ ⲙⲡⲉ ⲛⲥⲱϣⲉ · ⲧⲏⲣⲟⲩ · ϫⲓ ⲙⲟⲟⲩ · ⲉ ⲧⲃⲉ
ϫⲉ ⲛⲥⲉⲛⲁⲣϣⲁⲩ · ⲁⲛ ⲁϥⲃⲱⲕ · ⲇⲉ · ⲉ ⲃⲟⲗ ⲛϭⲓ ⲡⲉⲛⲧ
ⲁϥϫⲉ ⲡϣⲁϫⲉ · ⲉ ⲡⲉϥϣⲃⲏⲣ · ⲁϥϫⲱ ⲛ ⲟⲩⲕⲟⲩⲓ ·
ⲛⲥⲟⲩⲟ · ⲙⲛ̄ ⲟⲩⲕⲟⲩⲓ · ⲛ̄ ⲉⲓⲱⲧ · ⲙⲛ̄ ⲟⲩⲕⲟⲩⲓ · ⲛ ⲁⲣ-
ϣⲓⲛ · ⲙⲛ̄ ⲟⲩⲕⲟⲩⲓ ⲛ ⲟⲩⲣⲱ · ⲙⲛ̄ ⲡⲕⲉ ⲥⲉⲡⲉ · ⲛ̄ ⲛⲉϭ-
ⲣⲟⲟϭ · ⲕⲁⲧⲁ ϯϩⲉ · ⲛϩⲉⲃⲱⲛ ⲇⲉ · ⲁϥϭⲙϭⲟⲙ · ⲉ ϩⲣⲁⲓ
ⲉϫⲙ̄ ⲡⲕⲁϩ · ⲧⲉⲛⲟⲩ ϭⲉ · ⲛⲁⲥⲛⲏⲩ · ⲛⲓⲙ ⲛϩⲏⲧⲟⲩ · ⲡⲉⲧ-
ⲛⲁⲱⲛ̄ϩ · ⲡⲉⲛⲧ ⲁϥϫⲱ ⲛ ⲟⲩⲕⲟⲩⲓ ⲡⲉ · ϫⲓⲛ ⲙ̄ⲙⲟⲛ ·
ⲡⲉⲧⲉ ⲙⲡⲉ ϥϫⲱ · ⲉ ⲡⲧⲏⲣϥ̄ ⲡⲉ · ⲁϥⲟⲩⲱϣⲃ̄ · ⲛϭⲓ ⲡⲉⲧ
ϯⲧⲱⲛ · ϫⲉ ⲡⲉⲛⲧ ⲁϥϫⲱ · ⲛ ⲟⲩⲕⲟⲩⲓ · ⲛ ϭⲣⲟⲟϭ ⲡⲉ ·
ⲡⲉϫⲉ ⲡⲡⲉⲧ ⲟⲩⲁⲁⲃ · ⲛⲁϥ · ϫⲉ ⲁⲕⲕⲣⲓⲛⲉ · ϩⲙ̄ ⲟⲩ-
ⲥⲟⲟⲩⲧⲛ̄ · ⲡⲁ ϣⲏⲣⲉ ⲕⲁⲓ ⲅⲁⲣ · ⲡⲉⲧ ⲛⲁⲉⲓⲣⲉ · ϩⲟⲗⲱⲥ ·
ⲛ ⲟⲩⲕⲟⲩⲓ ⲛⲉⲛⲧⲟⲗⲏ · ϥⲛⲁⲱⲛ̄ϩ · ⲡⲁⲣⲁ ⲡⲉⲧⲉ ⲙⲡⲉ
ϥⲉⲓⲣⲉ · ⲉ ⲡⲧⲏⲣϥ̄ · ⲛⲧⲉⲩⲛⲟⲩ ⲁ ⲡⲥⲟⲛ · ⲉⲧ ⲙ̄ⲙⲁⲩ ·
ⲡⲁϩⲧϥ̄ · ⲙ ⲡⲉⲧⲉ ϥϯⲧⲱⲛ · ⲙ̄ⲙⲟϥ · ϩⲙ̄ ⲡⲧⲣⲉϥⲥⲱⲧⲙ̄
ϫⲡⲓⲟ ⲉϥϫⲱ ⲙ̄ⲙⲟⲥ · ϫⲉ ⲕⲱ ⲛⲁⲓ[...]
Fol. 29 b ⲙⲛ̄ⲧ · ⲁⲩⲱ ⲧⲁⲓ[...]ⲛ ⲧⲟⲟⲧϥ̄ · | Ⲉ[...]
[ⲡ̄ⲑ] ϯϩ[...]ⲙ ⲡⲉⲥⲛⲁⲩ · ⲧⲉⲛⲟⲩ ϭⲉ · ⲡⲁ ϣⲏⲣⲉ ⲙⲁⲣⲕⲟⲥ ·
ⲛⲧⲁⲓϫⲉ ⲛⲁⲓ · ⲛⲁⲕ ⲉ ⲧⲃⲉ ⲛϩⲉⲑⲛⲟⲥ ⲛⲧⲁⲕϫⲟⲟⲥ · ⲛⲁⲓ ⲉ
ⲧⲃⲏⲏⲧϥ̄ · ⲟⲩϩⲏⲩ ⲡⲉ ϩⲓⲟⲟⲩⲉ · ⲉ ⲣⲟⲕ · ⲉ ⲧⲃⲉ ⲧⲁⲅⲁⲡⲏ ·
ⲛ ϩⲟⲩⲟ · ⲉ ⲣⲟⲥ · ⲉ ⲧⲣⲉⲩϩⲓⲟⲩⲉ · ⲉ ⲣⲟⲕ · ϫⲉ ⲙⲛ̄
ⲁⲅⲁⲡⲏ · ϩⲙ̄ ⲡⲉⲕϩⲏⲧ · ⲉ ⲃⲟⲗ · ϫⲉ ϣⲁⲣⲉ ⲧⲁⲅⲁⲡⲏ ·
ϩⲱⲥ ⲉ ⲃⲟⲗ ⲉϫⲙ̄ ⲟⲩⲙⲏⲏϣⲉ · ⲛ̄ⲛⲟⲃⲉ · ⲛϩⲉⲑⲛⲟⲥ · ⲉⲧ
ⲙ̄ⲙⲁⲩ · ϩⲁⲡⲥ̄ ⲡⲉ · ⲉ ⲧⲣⲉϥⲡⲓⲥⲧⲉⲩⲉ · ⲉ ⲡⲛⲟⲩⲧⲉ ⲙⲛ̄ⲛⲥⲁ
ⲟⲩⲟⲉⲓϣ · ⲉ ⲧⲃⲉ ⲡⲁⲓ · ⲛⲧⲁⲓϫⲱ · ⲉ ⲣⲟⲕ · ⲛⲛⲁⲓ ⲧⲏⲣⲟⲩ
ϫⲉ ⲁⲓϩⲉ ⲉ ⲣⲟⲕ · ⲛ̄ⲑⲉ · ⲛ ⲟⲩⲃⲓⲗⲃⲓⲗⲉ · ϩⲙ̄ ⲡⲉⲥⲙⲁϩ ·
ⲕⲁⲧⲁ ⲑⲉ ⲛ̄ⲧⲁϥϫⲟⲟⲥ · ⲛϭⲓ ⲏⲥⲁⲓⲁⲥ · ϫⲉ ⲙⲡⲣ̄ ⲧⲁⲕⲟϥ
ϫⲉ ⲟⲩⲛ ⲟⲩⲥⲙⲟⲩ · ⲛⲧⲉ ⲡϫⲟⲉⲓⲥ · ⲛ̄ϩⲏⲧϥ̄ · Ⲁⲥϣⲱⲡⲉ ⲇⲉ
ⲛ̄ ⲧⲉⲣ ϥ̄ϫⲉ ⲛⲁⲓ · ⲛϭⲓ ⲡⲁⲣⲭⲏⲉⲡⲓⲥⲕⲟⲡⲟⲥ · ⲉⲧ ⲟⲩⲁⲁⲃ ·
ⲁⲡⲁ ⲁⲑⲁⲛⲁⲥⲓⲟⲥ ⲡⲉϫⲁϥ ⲙ ⲡⲉϥⲇⲓⲁⲕⲟⲛⲟⲥ · ϫⲉ ϥⲓ

ⲡⲣⲟⲟⲩϣ ⲛ ⲧⲉⲡⲣⲟⲥⲫⲟⲣⲁ· ϫⲉ ⲉⲛⲛⲁⲭⲉⲓⲣⲟⲇⲟⲛⲉⲓ ⲙ
ⲡⲉⲡⲓⲥⲕⲟⲡⲟⲥ· ⲁⲩⲱ ⲧⲁⲓ ⲧⲉ ⲑⲉ· ⲛⲧⲁϥⲧⲱⲟⲩⲛ· ⲁϥⲁ-
ⲙⲁϩⲧⲉ ⲛ ⲧϭⲓϫ· ⲙⲙⲁⲣⲕⲟⲥ [ⲁ]ϥϫⲓⲧϥ̅· ⲉ ϩⲟⲩⲛ· ⲉ
ⲧⲉⲕⲕⲗⲉⲥⲓⲁ· ⲉⲣⲉ ⲡ[ⲙ]ⲏⲏϣⲉ· ⲧⲏⲣϥ̅· ⲙⲟⲟϣⲉ· ⲛ̅ⲙ̅-
ⲙⲁϥ· ⲁϥⲭⲓ[ⲣⲟ]ⲇⲱⲛⲉⲓ· ⲙⲙⲟϥ· ⲁϥⲉⲓ ⲉ ⲃⲟⲗ· ⲁϥ-
ⲃⲱⲕ [ⲉ ⲡ]ⲙⲁ· ⲉⲛⲉϥⲡ̅ϩⲏⲧϥ̅· ⲁⲩⲱ ⲡⲉϫⲁϥ [ⲙ ⲡⲉϥ]ⲇⲓⲁ-
ⲕⲟⲛⲟⲥ [illegible] | ⲛⲧⲡⲟⲩⲱⲙ· ⲛ Fol. 30 *a*
ⲟⲩⲟⲉⲓⲕ· ⲙ[ⲛ ⲛⲉⲛⲉ]ⲣⲏⲩ ⲁⲩⲱ ⲧⲁⲓ ⲧⲉ ⲑⲉ· ⲛⲧⲁⲛ- [ⲍ̅]
ⲙⲡϣⲁ· ⲛϫⲓ ⲡⲉⲥⲙⲟⲩ· ⲛ ⲧⲉϥⲙⲛ̅ⲧⲉⲓⲱⲧ· ⲉⲧ ⲟⲩⲁⲁⲃ·
ⲁⲛⲣ̅ ϣⲟⲙⲛ̅ⲧ· ⲛϩⲟⲟⲩ· ϩⲁϩⲧⲏϥ· ⲉⲛⲉⲓⲣⲉ· ⲕⲁⲧⲁ ϯϩⲉ·
ϩⲙ̅ ⲡⲙⲉϩ ϥⲧⲟⲟⲩ ⲇⲉ ⲛϩⲟⲟⲩ ⲁϥϯ· ⲛⲁⲛ ⲛ̅ ⲧⲉⲩⲥⲧⲁⲕⲏ·
ⲛ̅ ⲧⲙⲛ̅ⲧⲉⲡⲓⲥⲕⲟⲡⲟⲥ· ⲁϥⲕⲁⲁⲛ· ⲉ ⲃⲟⲗ ⲛ ⲧⲉⲣ ⲛ̅ⲣ̅
ⲡⲃⲟⲗ· ⲙ̅ ⲡⲣⲟ· ⲁϥⲧⲛ̅ⲛⲟⲟⲩ· ⲙ ⲡ[ⲉϥ]ⲇⲓⲁⲕⲟⲛⲟⲥ· ϣⲁ
ⲁⲡⲁ ⲙⲁⲣⲕⲟⲥ· ⲡⲉⲡⲓⲥⲕⲟⲡⲟⲥ ⲁϥϫⲓⲧϥ̅· ⲉ ϩⲟⲩⲛ· ϣⲁ
ⲣⲟϥ· ⲁⲩⲱ ⲡⲉϫⲁϥ ⲛⲁϥ· ϫⲉ ⲉⲕϣⲁⲛⲃⲱⲕ· ⲉ ⲣⲏⲥ·
ⲉ ⲡⲉⲕⲧⲟⲡⲟⲥ ⲧⲁⲗⲉ ϭⲓϫ· ⲉϫⲙ̅ ⲡⲉⲕⲥⲟⲛ· ⲛ ϣⲟⲣⲡ·
ⲛ̅ⲅ̅ ⲡⲟϣⲛⲉϥ· ⲛ ⲇⲓⲁⲕⲟⲛⲟⲥ· ⲙⲛ̅ⲛⲥⲱⲥ· ⲙ ⲡⲣⲉⲥⲃⲩ-
ⲧⲉⲣⲟⲥ· ⲉ ⲧⲃⲉ ϫⲉ ⲉϥⲧⲏϣ· ϩⲱⲱϥ ⲉⲩⲟⲓⲕⲟⲛⲟⲙⲓⲁ· ⲉ
ⲃⲟⲗ· ϫⲉ ⲁⲩϯ ϩⲓⲱⲱϥ ⲛ ⲧⲉϣⲧⲏⲛ· ⲁⲩϭⲟⲟⲗϥ̅· ⲛ̅
ⲧⲉⲡⲟⲩⲙⲓⲥ· ⲁⲩⲱ ⲛⲧⲟⲕ· ⲙⲉⲛ· ⲛⲧⲁⲩⲛⲟϫⲕ̅· ⲉⲕⲟⲩ-
ⲱⲛϥ̅· ⲙ ⲡⲉⲕⲉⲓⲱⲧ· ⲡⲉⲕⲥⲟⲛ· ϩⲱⲱϥ ⲛⲧⲁⲩⲛⲟϫϥ̅·
ⲉⲕⲟⲩⲛ̅ⲕ· ⲉ ⲧⲃⲉ ⲡⲁⲓ· ⲙⲛ̅ⲛⲥⲁ ⲧⲣⲕ̅ϫⲱⲕ· ⲉ ⲃⲟⲗ·
ⲛⲧⲟϥ· ⲡⲉⲧ ⲛⲁϩⲙⲟⲟⲥ· ⲉ ⲡⲉⲕⲙⲁ· ⲛⲁⲓ ⲇⲉ· ⲛ ⲧⲉⲣ
ϥ̅ⲥⲟⲧ[ⲙⲟⲩ] [illegible] ⲁⲣⲭⲏⲉⲡⲓⲥⲕⲟⲡ[ⲟⲥ] [illegible]
[illegible] ⲧⲁⲓ ⲧⲉ ⲑⲉ | ⲁⲩⲱ ⲧ[ⲁⲓ ⲧⲉ] ⲑⲉ ⲛⲧⲁⲛⲉⲓ· ⲉ ⲃⲟⲗ· Fol. 30 *b*
ϩⲓ ⲧⲟⲟⲧϥ̅· ⲁⲛⲃⲱⲕ· ⲉ ⲣⲁⲕⲟⲧⲉ ⲁⲛⲁⲗⲉ ⲉⲩⲕⲟⲩⲓ ⲛ [ⲍ̅ⲁ̅]
ⲥⲕⲁⲫⲟⲥ ⲁⲛⲉⲓ· ⲉ ⲃⲟⲗ· ⲉⲩⲙⲁ· ⲉϣⲁⲩⲙⲟⲩⲧⲉ· ⲉ ⲣⲟϥ·
ϫⲉ ⲥⲭⲓⲥⲥⲁ· ⲁⲩⲱ ⲛⲉⲣⲉ ⲟⲩⲙⲏⲏϣⲉ ⲛϫⲟⲓ ⲙⲟⲟⲛⲉ·
ϩⲙ̅ ⲡⲙⲁ· ⲉⲧ ⲙ̅ⲙⲁⲩ· ⲁⲛⲙⲟϣⲧⲟⲩ· ⲧⲏⲣⲟⲩ· ⲙⲡⲉ
ⲛϩⲉ ⲉ ⲟⲩⲟⲛ ⲉϥⲛⲁⲣ ϩⲱⲧ· ⲉ ⲁⲛϯⲛⲱⲟⲩ· ⲧⲡⲟⲗⲓⲥ ⲉ ⲃⲟⲗ·
ϫⲉ ⲉⲩⲧⲁⲗⲉ ⲥⲟⲩⲟ· ϩⲛ̅ ⲛⲧⲟϣ ⲉⲧ ⲙ̅ⲙⲁⲩ· ⲁⲩⲱ ⲉⲡⲉⲓ
ⲇⲏ ⲉⲣⲉ ⲡⲛⲟⲩⲧⲉ· ⲛⲁⲧⲟϣ· ⲛⲁⲛ· ⲛ ⲟⲩⲉⲩⲕⲁⲓⲣⲓⲁ· ⲉⲛⲁ-
ⲛⲟⲩⲥ· ⲛ ⲧⲉⲣ ⲛ̅ⲣ̅ ⲟⲩⲕⲟⲩⲓ· ⲇⲉ ⲛϩⲟⲟⲩ ϩⲙ̅ ⲡⲙⲁ· ⲉⲧ
ⲙ̅ⲙⲁⲩ· ⲙⲛ̅ ⲛⲉⲥⲛⲏⲩ· ⲙⲛ̅ ⲡⲉⲡⲓⲥⲕⲟⲡⲟⲥ· ⲉⲩϫⲱ ⲙ-

ⲙⲟⲥ · ϫⲉ ⲉ ⲧⲃⲉ ⲟⲩ ⲙ̄ⲡⲉ ⲛ̄ϩⲉ ⲉⲩϫⲟⲓ · ϩⲛ̄ ⲛⲉⲓ ⲉϫⲛⲧ ·
ⲧⲏⲣⲟⲩ ⲉϥⲛⲁⲃⲱⲕ · ⲉ ⲡⲉⲛⲧⲟϣ · ⲡⲉϫⲉ ⲡⲉⲡⲓⲥⲕⲟⲡⲟⲥ ·
ⲛⲁⲩ (*sic*) · ϫⲉ ϩⲣⲟϣ · ⲛ̄ϩⲏⲧ · ⲡⲛⲟⲩⲧⲉ · ⲛⲁⲧⲛ̄ⲛⲟⲟⲩ ·
ⲛⲁⲛ · ⲛⲧⲉⲩⲕⲁⲓⲣⲓⲁ ⲛⲧⲛ̄ⲃⲱⲕ · ⲉ ⲡⲉⲛⲏⲓ · ϩⲛ̄ ⲟⲩⲉⲓⲣⲏⲛⲏ ·
Ϩⲛ̄ ⲧⲉⲩϣⲏ ⲇⲉ ⲉⲧ ⲛⲏⲩ · ⲁⲩϫⲟⲓ · ⲙⲟⲟⲛⲉ · ⲉϥⲛⲏⲡ ·
ⲉ ⲧⲡⲟⲗⲓⲥ · ⲥⲟⲩⲁⲛ · ⲟⲩⲙⲁ · ⲛ̄ϥⲟⲩⲏⲏⲩ · ⲁⲛ ⲉ ⲧⲉϥ-
ⲡⲟⲗⲓⲥ · ⲡⲁⲓ ⲇⲉ · ⲛⲉⲁϥⲉⲓⲛⲉ · ⲙ ⲡⲉϥⲁⲩⲉⲓⲛ · ⲉϩⲏⲧ
ϣⲁ ⲧⲡⲟⲗⲓⲥ [...] ⲡⲣⲓϫ · [...]
Fol. 31 *a* [...] | ⲕⲟⲟⲃⲉϥ · ⲛϭⲓ ϩⲉⲛⲁⲣⲭⲱⲛ ·
ⲝ̄ⲃ̄ ⲁⲩⲁⲗⲉ ⲉ ⲣⲟϥ ⲙⲛ̄ ⲛⲉⲩϩⲓⲟⲟⲙⲉ · ⲙⲛ̄ ⲛⲉⲩϣⲏ · ⲁⲩⲱ
ⲧⲉⲩⲁⲡⲟⲥⲕⲉⲩⲏ · ⲧⲏⲣⲥ̄ · ⲙⲛ̄ ⲛⲉⲩϩⲙ̄ϩⲁⲗ · ⲁⲩⲉⲓ · ⲉ
ⲣⲁⲕⲟⲧⲉ · ϩⲧⲟⲟⲩⲉ · ⲇⲉ ⲛ ⲧⲉⲣ ϥ̄ϣⲱⲡⲉ ⲁⲩϭⲱϣⲧ ·
ⲛϭⲓ ⲛⲉⲥⲛⲏⲩ ⲉⲧ ⲙⲟⲟϣⲉ · ⲙⲛ̄ ⲡⲉⲡⲓⲥⲕⲟⲡⲟⲥ · ⲁⲩⲱ
ⲛ ⲧⲉⲣ ⲟⲩⲛⲁⲩ · ⲉ ⲡϫⲟⲓ · ⲁⲩⲉⲓⲙⲉ ϫⲉ ⲛⲧⲁϥⲙⲟⲟⲛⲉ
ⲛ̄ⲧⲉⲩϣⲏ ⲉⲧ ⲙ̄ⲙⲁⲩ · ⲁϥⲃⲱⲕ · ⲛ̄ⲧⲉⲩⲛⲟⲩ · ⲛϭⲓ
ⲟⲩⲁ · ⲛ ⲛⲉⲥⲛⲏⲩ ⲁϥϣⲁϫⲉ · ⲙⲛ̄ ⲡⲛⲉⲉϥ · ⲙ
ⲡϫⲟⲓ · ⲉϥϫⲱ ⲙⲙⲟⲥ · ϫⲉ ⲧⲉⲧⲛⲁϣⲧⲁⲗⲟⲛ · ⲛ̄ⲙⲙⲏⲧⲛ
ⲉⲧⲉⲧⲛ̄ⲃⲏⲕ · ⲉ ⲣⲏⲥ · ⲡⲉϫⲉ ⲡⲛⲉⲉϥ · ⲛⲁϥ ϫⲉ ⲛ̄ⲧⲉⲧⲛ̄ ϩⲉ-
ⲛⲣⲙ̄ ⲧⲱⲛ · ϫⲉ ϯⲛⲁⲩ ⲉ ⲧⲉⲕⲁⲥⲡⲉ · ⲉⲥⲧⲛ̄ⲧⲱⲛ · ⲉ ⲧⲱⲛ ·
ⲛ̄ⲧⲟϥ ⲇⲉ · ⲡⲉϫⲁϥ · ϫⲉ ⲉⲛⲏⲡ · ⲉ ⲡⲓⲗⲁⲕ · ⲡⲉϫⲁϥ
ⲛⲁϥ · ϫⲉ ⲛⲧⲁⲕⲉⲓ · ⲉ ⲧⲱⲛ · ⲙ ⲡⲉⲓ ⲙⲁ · ⲏ [ⲛ]ⲧⲕⲉⲓ ·
ⲉ ⲧⲃⲉ ⲟⲩ · ⲛ̄ ϩⲱⲃ · ⲁϥⲁⲣⲭⲉⲓ · ⲛ̄[...]
[...]ⲟⲥ ϫⲉⲛⲧⲁⲛ[...]ⲡⲟⲥ[...]
Fol. 31 *b* [...]ⲛⲙ̄ [two or three lines wanting] | ⲁϥϩⲉ ·
ⲝ̄ⲅ̄ ⲉ ⲣⲟϥ · ⲉϥϩⲙⲟⲟⲥ ϩⲓⲣⲙ̄ ⲡⲣⲟ · ⲛ̄ ⲧⲉⲕⲕⲗⲏⲥⲓⲁ · ⲁϥ-
ⲡⲁϩⲧϥ̄ · ⲁϥⲟⲩⲱϣⲧ̄ · ϩⲁ ⲛⲉϥⲟⲩⲣⲏⲏⲧⲉ · ⲁⲩⲱ ⲡⲉϫⲁϥ ·
ϫⲉ ⲁⲓⲙⲡϣⲁ ⲛ ⲟⲩⲛⲟϭ · ⲛ̄ ϩⲙⲟⲧ · ⲙⲡⲟⲟⲩ ⲡⲁ ⲉⲓⲱⲧ
ⲉⲧ ⲟⲩⲁⲁⲃ · ⲁⲩⲱ ⲁϥϣⲁϫⲉ · ⲁⲩⲱ · ⲛⲧⲁⲩⲟ ⲉ ⲣⲟϥ ·
ⲛⲑⲉ · ⲛⲧⲁⲩⲕⲉⲉϥⲉ ⲡⲉϥϫⲟⲓ · ⲡⲉϫⲉ ⲡⲉⲡⲓⲥⲕⲟⲡⲟⲥ · ⲛⲁϥ ·
ϫⲉ ⲥⲉⲛⲁⲕⲁⲁϥ ⲉ ⲃⲟⲗ ⲙⲡⲟⲟⲩ · ⲉϣⲱⲡⲉ · ⲡⲟⲩⲱϣ ·
ⲙ ⲡⲛⲟⲩⲧⲉ ⲡⲉ · ⲁ ⲡⲛⲉⲉϥ · ⲇⲉ · ⲡⲱⲧ · ⲉ ⲃⲟⲗ · ⲉ ⲡϫⲟⲓ ·
ⲁϥⲧⲁⲩⲉ ⲑⲉ · ⲉⲛⲁⲣⲭⲱⲛ · ⲙⲛ̄ ⲛⲉϥϣⲃⲏⲣ · ⲛⲉⲉϥ
ⲛⲧⲟⲟⲩ · ϩⲱⲟⲩ · ⲟⲛ · ⲛ̄ⲧⲟⲟⲩ ⲇⲉ · ϩⲱⲟⲩ ⲁⲩⲡⲱⲧ · ⲉ
ϩⲣⲁⲓ · ⲉ ⲧⲉⲕⲕⲗⲉⲥⲓⲁ · ⲉ ⲧⲣⲉⲩϫⲓ ⲥⲙⲟⲩ · ⲛⲧⲟⲟⲧϥ̄ · ⲙ

ⲡⲉⲡⲓⲥⲕⲟⲡⲟⲥ· ⲁϥⲡⲁⲣⲁⲕⲁⲗⲉⲓ· ⲛ̄ ⲡ̄ⲁⲣⲭⲱⲛ· ⲉ ⲧⲣⲉⲩⲕⲁ
ⲡϫⲟⲓ ⲉ ⲃⲟⲗ· ⲛ̄ ⲛ̄ϩⲏⲕⲉ· ⲛⲥⲉⲧⲁⲗⲟϥ· ⲉ ⲣⲏⲥ· ⲛⲧⲟⲟⲩ
ⲇⲉ· ⲡⲉϫⲁⲩ· ϫⲉ ⲛⲑⲉ· ⲛ̄ⲧⲁⲕⲕⲉⲗⲉⲩⲉ· ⲙ̄ⲙⲟⲥ· ⲡⲉⲛ-
ⲉⲓⲱⲧ· ⲉⲧ ⲟⲩⲁⲁⲃ· ⲥⲛⲁϣⲱⲡⲉ· ⲁⲩⲱ ⲧⲁⲓ ⲧⲉ ⲑⲉ· ⲛⲧⲩ-
ⲭⲉⲓ(?) ϩⲛ̄ ⲟⲩⲛⲟϭ· ⲁⲡⲟⲩ
[five or six lines wanting] |
ⲛⲑⲓⲁ· ⲙ ⲡⲉⲭ̄ⲥ̄· ⲛⲉⲣⲉ ⲡⲧⲏⲩ· ⲥⲱⲕ ⲙ̄ⲙⲟⲛ ϩⲛ̄ ⲕⲟⲧⲥ̄· Fol. 32 *a*
ⲛⲓⲙ· ϣⲁⲛⲧ ⲟⲩⲕⲁⲧⲁⲛⲧⲁ· ⲉ ⲧⲉϥⲡⲟⲗⲓⲥ· ⲛ ⲧⲉⲣ ⲟⲩⲉⲓ ⲝ̄ⲁ̄
ⲇⲉ ⲉ ⲣⲏⲥ· ⲉ ⲡⲉⲩⲏⲓ· ⲁⲩⲉⲓⲣⲉ ⲛ ⲟⲩⲛⲟϭ· ⲙ̄ⲙⲛ̄ⲧⲙⲁⲓ
ⲣⲱⲙⲉ· ⲉ ⲡⲉⲡⲓⲥⲕⲟⲡⲟⲥ· ⲁⲩⲧⲱϣ ⲇⲉ ⲛⲁϥ· ⲛ̄ ϩⲉⲛⲧⲃ̄-
ⲛⲟⲟⲩⲉ ϫⲉ ⲕⲁⲥ· ⲉⲩⲉⲧⲁⲗⲟϥ· ⲛⲥⲉϫⲓⲧϥ̄· ⲉ ⲧⲉϥⲡⲟⲗⲓⲥ
Ⲛ ⲧⲉⲣ ⲟⲩⲥⲱⲧⲙ̄· ⲇⲉ· ⲛ̄ϭⲓ ⲡⲗⲁⲟⲥ· ⲁⲩⲉⲓ ⲉ ⲃⲟⲗ·
ϩⲏⲧϥ̄· ⲧⲏⲣⲟⲩ· ϩⲛ̄ ϩⲉⲛⲯⲁⲗⲙⲟⲥ ⲙⲛ̄ ϩⲉⲛϩⲩⲙⲛⲟⲥ·
ⲁⲩⲯⲁⲗⲗⲉⲓ· ϩⲁ ⲧⲉϥϩⲏ ϣⲁⲛⲧ ⲟⲩϫⲓⲧϥ̄· ⲉ ϩⲟⲩⲛ· ⲉ
ⲧⲉⲕⲕⲗⲏⲥⲓⲁ ⲛⲥⲉⲑⲙ̄ⲙⲥⲟϥ· ϩⲓϫⲙ̄ ⲡⲉⲑⲣⲟⲛⲟⲥ· ⲁⲩⲱ ⲁϥϯ
ⲛⲁⲩ· ⲛ̄ ⲧⲉⲩⲥⲧⲁⲗⲓⲕⲏ· ⲛ̄ ⲧⲙ̄ⲛ̄ⲧⲉⲡⲓⲥⲕⲟⲡⲟⲥ· ⲁϥϫⲓⲧⲥ̄·
ⲛ̄ϭⲓ ⲡⲇⲓⲁⲕⲟⲛⲟⲥ ⲛⲧⲁϥϫⲟⲟⲥ· ⲉ ⲡⲗⲁⲟⲥ ⲉ ⲧⲃ̄ⲏⲏⲧϥ̄·
ϫⲉ ⲥⲉϣⲟⲟⲡ ⲛ̄ϭⲓ ⲛⲉⲕⲗⲏⲣⲟⲛⲟⲙⲟⲥ· ⲁϥⲱϣⲥ̄· ⲉ
ⲡⲗⲁⲟⲥ· ⲁⲩⲱ ⲁϥⲧⲣⲉⲩϥⲓ ⲡⲣⲟⲟⲩϣ· ⲛ̄ⲧⲉ ⲡⲣⲟⲥⲫⲟ[ⲣⲁ]
ⲁϥⲥⲩⲛⲁⲅⲉ· ⲙ̄ⲙⲟⲟⲩ· ⲧⲏⲣⲟⲩ· ϩⲛ̄ ⲛⲉϥϭⲓϫ· ϫⲓⲛ
ⲡⲉⲩⲕⲟⲩⲓ· ϣⲁ ⲡⲉⲩⲛⲟϭ ⲁϥⲣ̄ ϣⲟⲙⲛ̄ⲧ· ⲛϩⲟⲟⲩ ϩⲛ̄ ⲧⲉⲕ-
ⲕⲗⲉⲥⲓⲁ [ⲁϥ]ⲕⲁⲑⲏⲅⲉⲓ· ⲙ̄ⲙⲟⲟⲩ· ϩⲙ̄
[three or four lines wanting] | ⲉϥⲉⲓⲣⲉ· ⲛ ϩⲉⲛⲙⲛ̄ⲧⲛⲁ· Fol. 32 *b*
ⲉⲛⲁϣⲱⲟⲩ· ⲉϥϩⲁⲣⲉϩ ⲉ ⲛⲉⲛⲧⲟⲗⲏ· ⲧⲏⲣⲟⲩ· ⲙ ⲡⲉϥ- ⲝ̄ⲉ̄
ⲉⲓⲱⲧ· ⲉⲧ ⲟⲩⲁⲁⲃ· ⲁⲡⲁ ⲙⲁⲕⲉⲇⲱⲛⲓⲟⲥ ⲡⲉⲡⲓⲥⲕⲟ-
ⲡⲟⲥ· ⲙⲛ̄ⲛ̄ⲥⲁ ϩⲉⲛϩⲟⲟⲩ ⲇⲉ ⲁϥϣⲱⲡⲉ· ⲛ̄ϭⲓ ⲟⲩⲛⲟϭ
ⲛ ϣⲁ· ⲁ ⲡⲗⲁⲟⲥ· ⲧⲏⲣϥ̄· ⲡⲁⲣⲁⲕⲁⲗⲉⲓ· ⲙ̄ⲙⲟͦϥ ⲉ
ⲧⲣϥ̄ⲉⲓ· ⲉ ϩⲟⲩⲛ· ⲉ ⲧⲡⲟⲗⲓⲥ ⲛ̄ϥ̄ⲥⲩⲛⲁⲅⲉ ⲙ̄ⲙⲟⲟⲩ· ⲁⲩⲱ
ϩⲙ̄ ⲡⲧⲣⲉⲩϥⲓ ⲙ ⲡⲣⲟⲟⲩϣ ⲛ ⲧⲉⲡⲣⲟⲥⲫⲟⲣⲁ ⲁϥⲙⲟⲩⲧⲉ·
ⲉ ⲏⲥⲁⲓⲁⲥ ⲡⲉϥⲥⲟⲛ· ⲁϥⲁⲙⲁϩⲧⲉ ⲙ̄ⲙⲟϥ· ⲁϥⲭⲓⲣⲟ-
ⲇⲟⲛⲉⲓ· ⲙ̄ⲙⲟϥ· ⲙ ⲡⲣⲉⲥⲃⲩⲧⲉⲣⲟⲥ ⲕⲁⲧⲁ ⲑⲉ ⲛⲧⲁϥ-
ϩⲱⲛ· ⲉ ⲧⲟⲟⲧϥ̄· ⲛ̄ϭⲓ ⲡⲁⲣⲭⲏⲉⲡⲓⲥⲕⲟⲡⲟⲥ· ⲁⲡⲁ ⲁⲑⲁⲛⲁ-
ⲥⲓⲟⲥ· ⲁⲩⲱ ⲧⲁⲓ ⲧⲉ ⲑⲉ ⲛⲧⲁϥⲥⲩⲛⲁⲅⲉ· ⲙ ⲡⲗⲁⲟⲥ·
ⲁϥⲥⲙⲟⲩ· ⲉ ⲣⲟⲟⲩ ⲁϥⲕⲁⲁⲩ· ⲉ ⲃⲟⲗ· ϩⲛ̄ ⲟⲩⲉⲓⲣⲏⲛⲏ·

ⲙ̄ⲡⲛ̄ⲥⲱⲥ · ⲛ ⲧⲉⲣ ϥⲣ̄ ϩⲉⲛϩⲟⲟⲩ · ⲉϥⲙⲟⲟⲛⲉ · ⲙ ⲡⲉϥ-
ⲗⲁⲟⲥ · ϩⲛ̄ ⲑⲟⲧⲉ · ⲙ ⲡⲛⲟⲩⲧⲉ · ⲁ ⲡⲉϥⲥⲱⲙⲁ · ⲕⲁ ϭⲟⲙ ·
ⲉ ⲃⲟⲗ · ⲁϥⲙⲟⲩⲧ[ⲉ] ⲉ ⲏⲥⲁⲓⲁⲥ · ⲡⲉϥⲥⲟⲛ · ⲡⲉϫⲁϥ · ⲛⲁϥ ·
ϫⲉ ⲥⲱⲧⲙ̄ · ⲛⲧⲁⲧⲁⲙⲟⲕ · ⲉⲡⲉⲓ ⲇⲏ · ⲁϥϫⲟⲟⲥ ⲛϭⲓ
ⲡⲁⲣⲭⲏⲉⲡⲓⲥⲕⲟⲡⲟⲥ · ⲉⲧ ⲟⲩⲁⲁⲃ · ⲁⲡⲁ ⲁ[ⲑⲁⲛⲁⲥⲓⲟⲥ] [ⲉ ⲧⲁ]
Fol. 33 *a* ⲛ̄ϩⲟⲩⲧⲕ̄ · ⲉϯⲗ [three or four lines wanting] | ϫⲟⲟⲩ ·
ⲝ̄ⲉ̄ ⲁϥϣⲧⲟ · ⲉ ⲡϣⲱⲛⲉ · ⲛ̄ ⲥⲟⲩ ⲙⲏⲧ ⲛ ⲧⲱⲃⲉ · ⲁⲩⲱ ⲧⲁⲓ ⲧⲉ
ⲑⲉ · ⲛ̄ⲧⲁϥⲙⲧⲟⲛ ⲙ̄[ⲙⲟϥ] ⲛ̄ ⲥⲟⲩ ⲙⲛ̄ⲧⲁϥⲧⲉ · ⲙ ⲡⲉⲓ
ⲉⲃⲟⲧ ⲛ̄ ⲟⲩⲱⲧ · ⲁⲩⲱ ⲛ̄ ⲧⲉⲣ ⲟⲩⲧⲁⲙⲉ ⲡⲗⲁⲟⲥ ⲁⲩⲉⲓ ⲉ
ⲃⲟⲗ · ⲁⲩⲥⲕⲉⲡⲁⲍⲉ · ⲙ̄ ⲡⲉϥⲥⲱⲙⲁ · ⲁⲩⲱ ⲁⲩⲣⲓⲙⲉ
ⲉ ⲣⲟϥ ⲧⲏⲣⲟⲩ · ϫⲉ ⲟⲩⲣⲱⲙⲉ ⲡⲉ · ⲛ ⲁⲅⲁⲑⲟⲥ ⲡⲉ ⲁⲩⲱ
ⲧⲁⲓ ⲧⲉ ⲑⲉ ⲛⲧⲁⲩⲧⲟⲙⲥ̄ · ⲙⲙⲟϥ · ϩⲁϩⲧⲙ̄ ⲡⲥⲱⲙⲁ · ⲛ
ⲁⲡⲁ ⲙⲁⲕⲉⲇⲱⲛⲓⲟⲥ ⲡⲉⲡⲓⲥⲕⲟⲡⲟⲥ · ⲛⲧⲉⲩⲛⲟⲩ · ⲉⲧ ⲙ̄-
ⲙⲁⲩ · ⲁⲩⲁⲙⲁϩⲧⲉ · ⲛ̄ ⲏⲥⲁⲓⲁⲥ · ⲡⲉⲡⲣⲉⲥⲃⲩⲧⲉⲣⲟⲥ · ⲁⲩ-
ϫⲓⲧϥ̄ ⲉ ϩⲟⲩⲛ ⲉ ⲧⲡⲟⲗⲓⲥ · ϩⲙ̄ ⲡⲉϩⲟⲟⲩ ⲛ ⲟⲩⲱⲧ · ⲁⲩ-
ⲡⲓⲑⲉ · ⲙⲙⲟϥ · ⲧⲏⲣⲟⲩ · ⲉ ⲧⲣⲉⲩⲧⲁϩⲟϥ · ⲉ ⲣⲁⲧϥ̄ · ⲛ̄
ϣⲱⲥ ⲉ ϩⲣⲁⲓ · ⲉ ϫⲱⲟⲩ · ⲉ ⲡⲙⲁ · ⲙ ⲙⲁⲣⲕⲟⲥ ⲡⲉϥ-
ⲥⲟⲛ · ⲁⲩⲱ ⲧⲁⲓ ⲧⲉ ⲑⲉ · ⲛⲧⲁⲩⲥϩⲁⲓ · ⲙ ⲡⲉϥⲯⲓⲥⲙⲁ (ⲫⲓⲥ above) (*sic*) ·
ϩⲁ ⲣⲟϥ · ⲁⲩⲧⲁⲁϥ · ⲛ ϩⲉⲛⲥⲛⲏⲩ · ⲙ ⲙⲁⲓ ⲛⲟⲩⲧⲉ ·
ⲛⲥⲉϫⲓⲧϥ̄ · ⲉ ⲣⲁⲕⲟⲧⲉ · ⲛ̄ⲥⲉⲭⲉⲓ[ⲣ]ⲟⲇⲟⲛⲉⲓ · ⲙⲙⲟϥ ·
ⲛⲧⲉⲩⲛⲟⲩ · ⲁϥⲉⲓ · ⲉ ⲃⲟⲗ [ⲉ] ⲡϫⲟⲓ · ⲁⲩⲁⲗⲉ · ⲁⲩϭⲏⲣ ·
ⲉ ϩⲏⲧ · ⲁⲩⲱ ϩⲙ̄ [ⲡ]ⲟⲩⲱϣ · ⲙ ⲡⲛⲟⲩⲧⲉ · ⲙⲡ
[ⲁ]ⲩⲕⲁⲧⲁⲛⲧⲁ · ⲉⲧ [three or four lines
Fol. 33 *b* wanting] | ⲡⲉϫⲁϥ ⲛⲁⲩ ϫⲉ ϥⲛⲏⲩ · ⲙⲡⲟⲟⲩ · ⲁⲩⲱ
ⲝ̄ⲋ̄ ϯ ⲟⲩⲓ · ⲛ ⲉⲕⲕⲗⲉⲥⲓⲁ · ⲉⲧⲉⲧⲛ̄ⲛⲁⲩ · ⲉ ⲣⲟⲥ · ⲉϥ-
ϣⲁⲛⲉⲓ · ϣⲁϥⲃⲱⲕ · ⲉ ϩⲟⲩⲛ · ⲉ ⲣⲟⲥ · ⲛ̄ϥⲥⲩⲛⲁⲅⲉ · ⲙ-
ⲡⲟⲟⲩ · ⲛ̄ϩⲏⲧⲥ̄ · ⲉϯ ⲇⲉ · ⲉⲩϣⲁϫⲉ ⲙⲛ̄ ⲡⲣⲱⲙⲉ · ⲉⲓⲥ
ⲡⲁⲣⲭⲏⲉⲡⲓⲥⲕⲟⲡⲟⲥ [ⲁ]ϥⲉⲓ · ⲉⲩⲯⲁⲗⲗⲉⲓ · ϩⲁ ⲧⲉϥϩⲏ ·
ⲁⲩϯ ⲙ ⲡⲉⲩⲟⲩⲟⲓ · ⲁⲩⲡⲁϩⲧⲟⲩ · ⲁⲩⲟⲩⲱϣⲧ̄ · ϩⲁ ⲣⲟϥ
ⲙ ⲡⲁⲣⲭⲏⲉⲡⲓⲥⲕⲟⲡⲟⲥ · ⲛⲧⲟϥ ⲇⲉ ⲁϥⲧⲟⲩⲛⲟⲥⲟⲩ · ⲉϥϫⲱ
ⲙⲙⲟⲥ · ϫⲉ ⲧⲱⲟⲩⲛ · ⲉ ϩⲣⲁⲓ ⲛⲁϣⲏⲣⲉ · ⲛ̄ⲧⲟⲟⲩ ⲇⲉ
ⲁⲩⲧⲱⲟⲩⲛ · ⲉ ϩⲣⲁⲓ ⲁⲩϫⲓ ⲥⲙⲟⲩ · ⲛⲧⲟⲟⲧϥ̄ · ⲁⲩϯ
ⲛⲁϥ · ⲙ̄ ⲡⲉϥⲯⲓⲥⲫⲓⲥⲙⲁ · ⲛⲧⲙ̄ⲛ̄ⲧⲉⲡⲓⲥⲕⲟⲡⲟⲥ · ⲁⲩ-
ⲙⲟⲟϣⲉ ⲛⲙ̄ⲙⲁϥ · ⲉ ϩⲟⲩⲛ · ⲉ ⲧⲉⲕⲕⲗⲏⲥⲓⲁ ⲁϥϩⲙⲟⲟⲥ ·

ⲛ ⲧⲉⲣ ϥ̄ⲱϣ · ϫⲉ ⲙ ⲡⲉⲯⲩⲫⲓⲥⲙⲁ · ⲁϥⲕⲉⲗⲉⲩⲉ · ⲉ
ⲧⲣⲉⲩϥⲓ · ⲙ̄ ⲡⲣⲟⲟⲩϣ ⲛ ⲧⲉⲡⲣⲟⲥⲫⲟⲣⲁ · ⲁϥⲧⲱⲟⲩⲛ ·
ⲁϥⲁⲙⲁϩⲧⲉ ⲛ ⲏ̄ⲥⲁⲓⲁⲥ · ⲁϥϫⲓⲧϥ · ⲉ ⲡⲥⲁ ⲛ ϩⲟⲩⲛ ·
ⲁϥⲭ[ⲉⲓ]ⲣⲟⲇⲱⲛⲉⲓ · ⲙⲙⲟϥ ⲛ ⲉⲡⲓⲥⲕⲟⲡⲟⲥ · ⲁϥⲥⲩⲛⲁ[ⲅⲉ]
░░ ϩⲙ̄ ⲛⲉϥϭⲓϫ · ⲉⲧ ⲟⲩⲁⲁⲃ · ⲛⲧ░░░░[ⲁ]ϥ-
ϩⲙⲟⲟⲥ · ⲁϥⲧⲣⲉⲩⲥϩ[ⲁⲓ]░░ [three or four lines wanting] |
ⲁⲛⲁⲗⲉ · ⲁⲛⲕⲱ ⲉ ⲃⲟⲗ · ⲁⲩⲱ ϩⲙ̄ ⲡⲟⲩⲱϣ · ⲙ̄ ⲡⲛⲟⲩⲧⲉ · Fol. 34 *a*
ⲙ ⲡϩⲟⲩⲛ · ⲛ ϩⲉⲛⲕⲟⲩⲓ · ⲛϩⲟⲟⲩ ⲁⲛⲙⲟⲟⲛⲉ ⲉ ⲧⲡⲟⲗⲓⲥ · ⲍ̄ⲏ
ⲥⲟⲩⲁⲛ · ⲁϥⲥⲱⲧⲙ̄ · ⲛ̄ϭⲓ ⲡⲗⲁⲟⲥ · ⲁⲩⲉⲓ ⲉ ⲃⲟⲗ · ⲉ ⲧⲉϥ-
ⲁⲡⲁⲛⲧⲏ ⲁⲩⲱ ⲁⲩⲯⲁⲗⲗⲉⲓ · ϩⲁ ⲧⲉϥϩⲏ · ⲁⲩϫⲓⲧϥ · ⲉ
ϩⲟⲩⲛ ⲉ ⲧⲉⲕⲕⲗⲉⲥⲓⲁ · ⲁⲩⲑⲣⲟⲛⲓⲁⲍⲉ · ⲙⲙⲟϥ · ⲁⲩⲱ ⲁϥϯ
ⲛⲁⲩ · ⲛ ⲛⲉⲥϩⲁⲓ · ⲙ ⲡⲁⲣⲭⲏⲉⲡⲓⲥⲕⲟⲡⲟⲥ ⲁⲩⲟϣⲟⲩ ·
ⲁⲩⲱ ⲛϯϩⲉ · ⲁϥⲕⲁⲁⲩ · ⲉ ⲃⲟⲗ · ϩⲙ̄ ⲟⲩⲉⲓⲣⲏⲛⲏ · ⲙⲛ̄-
ⲛⲥⲁ ϣⲟⲙ̄ⲛ̄ⲧ · ⲇⲉ ⲛϩⲟⲟⲩ · ⲉϥ ϩⲙ̄ ⲧⲉⲕⲕⲗⲉⲥⲓⲁ · ⲁϥⲉⲓ
ⲉ ⲃⲟⲗ · ⲁϥⲁⲛⲁⲭⲱⲣⲉⲓ ⲉ ⲡⲉϥⲙⲁ · ⲛ ϣⲱⲡⲉ · ⲁⲩⲱ
ⲙⲉϥⲃⲱⲕ · ⲉ ⲧⲡⲟⲗⲓⲥ · ⲉⲓ ⲙⲏ ⲧⲉⲓ · ⲟⲩⲛⲟϭ · ⲛ̄ϩⲟⲟⲩ ·
ⲛ ϣⲁ · ⲁⲩⲱ ϩⲓ ⲛⲁⲓ ⲟⲛ · ⲛⲉ ϣⲁⲣⲉ ⲡⲉⲕⲗⲏⲣⲟⲥ · ⲉⲓ ⲙⲛ̄
ⲛⲉⲕⲗⲏⲣⲓⲕⲟⲥ · ⲙⲛ̄ ⲛⲛⲟϭ · ⲙ ⲡⲗⲁⲟⲥ · ⲛⲥⲉⲡⲁⲣⲁⲕⲁⲗⲉⲓ ·
ⲙⲙⲟϥ · ϣⲁⲛⲧ ⲉϥⲟⲩⲁϩ̄ϥ̄ · ⲛⲥⲱⲟⲩ ⲛⲧⲟϥ · ⲇⲉ · ⲡ
ⲙⲁⲕⲁⲣⲓⲟⲥ · ⲁⲡⲁ ⲏⲥⲁⲓⲁⲥ · ⲛⲉ ⲟⲩⲣⲱⲙⲉ ⲡⲉ · ⲉⲛⲁ-
ⲛⲟⲩϥ · ⲙ ⲡⲣⲟⲥⲟⲡⲟⲛ · ⲁⲩⲱ [ⲛ ⲟⲩ]ⲁⲅⲁⲡⲏⲧⲟⲥ ⲡⲉ ⲙ-
ⲙⲁⲁⲧⲉ · ⲛⲉⲣⲉ ⲛⲣⲙ̄ⲙⲁⲟ░░░░░░
░░ⲉ ⲧⲣϥ [three or four lines wanting] | ⲁⲩⲉⲓ · ⲉ ⲃⲟⲗ · Fol. 34 *b*
ⲁⲩⲥⲕⲉⲡⲁⲍⲉ · ⲙ ⲡⲉϥⲗⲩⲯⲁⲛⲟⲛ ⲉⲧ ⲧⲁⲓⲏⲩ · ⲁⲩⲱ ⲍ̄ⲑ
ⲛⲉⲩⲛⲉϩⲡⲉ · ⲉ ⲣⲟϥ · ⲧⲏⲣⲟⲩ ⲉ ⲃⲟⲗ · ϫⲉ ⲟⲩⲣⲱⲙⲉ ⲡⲉ ·
ⲛ ⲁⲅⲁⲑⲟⲥ · ⲉⲙⲁⲁⲧⲉ ⲛ ⲧⲉⲣ ⲟⲩⲕⲟⲥϥ · ⲟⲛ · ⲕⲁⲧⲁ
ⲡⲉϥⲙⲡϣⲁ · ⲁⲩⲧⲟⲙⲥϥ · ϩⲁϩⲧⲙ̄ ⲛⲉϥϣⲃⲏⲣ · ⲗⲩⲧⲟⲩⲣ-
ⲅⲟⲥ ⲉⲧ ⲟⲩⲁⲁⲃ · ⲙⲙⲁⲕⲁⲣⲓⲟⲥ · ⲉⲧⲉ ⲁⲡⲁ ⲙⲁⲕⲉⲇⲱⲛⲓⲟⲥ
ⲡⲉ · ⲙⲛ̄ ⲁⲡⲁ ⲙⲁⲣⲕⲟⲥ · ⲁⲩⲱ ⲧⲁⲓ ⲧⲉ ⲑⲉ ⲛⲧⲁ ⲡⲟⲩⲁ ·
ⲡⲟⲩⲁ · ⲁⲛⲁⲭⲱⲣⲉⲓ · ⲉ ⲡⲉϥⲙⲁ ⲛ ϣⲱⲡⲉ · ⲁ ⲧⲡⲟⲗⲓⲥ ·
ⲣ̄ ϩⲉⲛϩⲟⲟⲩ · ⲉⲥⲕⲛⲉⲃ · ⲛⲁⲧⲉⲡⲓⲥⲕⲟⲡⲟⲥ · ⲉⲛⲉϥϣⲟⲟⲡ · ⲇⲉ
ⲟⲛ ϩⲙ̄ ϯⲛⲏⲥⲟⲥ · ⲛ̄ϭⲓ ⲟⲩⲙⲟⲛⲟⲭⲟⲥ · ⲉ ⲡⲉϥⲣⲁⲛ ⲡⲉ
ⲡⲥⲟⲩⲗⲟⲩⲥⲓⲁ · ⲉⲩⲣ ⲙ̄ⲛⲧⲣⲉ · ϩⲁ ⲛⲉϥⲡⲣⲁⲝⲓⲥ · ⲛ̄ϭⲓ
ⲟⲩⲟⲛ ⲛⲓⲙ · ⲉⲧ ⲥⲟⲟⲩⲛ · ⲙⲙ[ⲟϥ] ⲛⲁⲓ ⲛⲧⲁ ⲡⲉⲛⲉⲓⲱⲧ ·

ⲁⲡⲁ ϩⲁⲣⲱⲛ · ⲣ̅ ⲧⲉϥⲙⲛ̅ⲧⲙⲟⲛⲟⲭⲟⲥ · ϩⲙ̅ ⲧⲉϥⲙⲛ̅ⲧ-
ⲉⲡⲓⲥⲕⲟⲡ(ⲟ)ⲥ ⲡⲛⲟⲩⲧⲉ · ⲇⲉ · ⲁϥⲧⲁⲁⲥ · ⲉ ⲡϩⲏⲧ · ⲙ ⲡⲗⲁⲟⲥ
ⲉ ⲧⲣⲉⲩϣⲓⲛⲉ ⲛⲥⲱϥ · ⲁⲩⲉⲓ ⲉ ⲃⲟⲗ · ⲉ ϯⲛⲏⲥⲟⲥ ⲛϭⲓ ⲡⲉⲕⲗⲏ-
ⲣⲟⲥ · ⲙⲛ̅ ⲡⲗⲁⲟⲥ · ⲁⲩⲱ [...] ⲛ̅ [...] [three or four
Fol. 35 *a* lines wanting] | ⲛⲓⲙ · ⲁⲛⲟⲕ · ⲅⲁⲣ · ⲁⲛ̅ⲅ̅ ⲟⲩϩⲓⲇⲓⲱ̄ⲧⲏⲥ ⲛ
ⲟ̄ ϯⲥⲟⲟⲩⲛ · ⲁⲛ · ⲛ̅ ⲧⲁ ⲟⲩⲛⲁⲙ · ⲙⲛ̅ ⲧⲁ ϩⲃⲟⲩⲣ · ⲛ ⲧⲉⲣ
ⲉⲩⲣ ⲟⲩⲛⲟϭ · ⲇⲉ · ⲛ ⲁⲡⲣⲏⲧⲉ · ⲉⲩⲡⲁⲣⲁⲕⲁⲗⲉⲓ ⲙⲙⲟϥ ·
ⲁⲩⲱ ⲙ̅ⲡⲉ ϥⲡⲓⲑⲉ · ⲛⲁⲩ · ⲁⲩϫⲓⲧϥ̅ · ⲇⲉ ⲛ ϫⲛⲁϩ · ⲁⲩ-
ⲧⲁⲗⲟϥ · ⲁⲩϫⲓⲧϥ̅ ⲉ ϩⲟⲩⲛ ⲉ ⲧⲡⲟⲗⲓⲥ · ⲁⲩⲥϩⲁⲓ · ⲙ
ⲡⲉⲯⲩⲫⲓⲥⲙⲁ · ϩⲁ ⲣⲟϥ ⲁⲩⲧⲛ̅ⲛⲟⲟⲩ · ⲛ̅ⲙ̅ⲙⲁϥ · ⲛ̅ ϩⲉⲛ-
ⲕⲉⲥⲛⲏⲩ · ⲙⲙⲁⲓ ⲛⲟⲩⲧⲉ · ⲉ ⲁⲩϩⲱⲛ · ⲉ ⲧⲟⲟⲧⲟⲩ · ⲉ
ⲧⲣⲉⲩⲧⲣⲟⲉⲓⲥ ⲉ ⲣⲟϥ · ϣⲁⲛⲧ ⲟⲩϫⲓⲧϥ̅ · ⲉ ⲣⲁⲕⲟⲧⲉ · ⲛⲥⲉ-
ⲭⲉⲓⲣⲟⲇⲟⲛⲉⲓ · ⲙⲙⲟϥ · ⲛⲧⲟⲟⲩ ⲇⲉ ⲛ ⲧⲉⲣ ⲟⲩⲡⲱϩ ⲉ
ⲧⲙ̅ⲣⲱ · ⲛ ⲥⲭⲓⲥⲥⲁ · ⲁⲩⲁⲗⲉ · ⲉⲩⲕⲟⲩⲓ · ⲛ ⲥⲕⲁⲫⲟⲥ ·
ϣⲁⲛⲧ ⲟⲩⲃⲱⲕ · ⲉ ϩⲟⲩⲛ · ⲉ ⲧⲡⲟⲗⲓⲥ · ⲛ ⲧⲉⲣ ⲟⲩⲡⲱϩ ·
ⲇⲉ · ⲉ ⲡⲡⲉⲓⲗⲱⲛ · ⲁⲩϩⲉ · ⲉⲩⲥⲟⲛ · ⲁⲩⲡⲁⲣⲁⲕⲁⲗⲉⲓ ·
ⲙⲙⲟϥ · ⲉ ⲧⲣⲉϥⲧⲁⲙⲟⲟⲩ · ⲉ ⲡⲙⲁ · ⲉⲧ ⲉⲣⲉ ⲡⲁⲣⲭⲏ-
ⲉⲡⲓⲥⲕⲟⲡⲟⲥ · ⲛϩⲏⲧϥ̅ ⲛ̅ⲧⲟϥ · ⲇⲉ · ⲡⲁⲣⲭⲏⲉⲡⲓⲥⲕⲟⲡⲟⲥ ·
ⲉⲛⲉϥϩⲙ(ⲟ)ⲟⲥ ⲡϩⲟⲩⲛ · ⲙ ⲡⲡⲩⲗⲱⲛ · ⲉϥⲥⲩⲛⲧⲉⲭⲉⲓ [...] [ⲉ]
ⲡⲓⲥⲕⲟⲡⲟⲥ · ⲥⲛⲁⲩ · ⲟⲩⲁ · ⲛⲧⲉ ⲁⲑⲣⲓⲃⲉ [...]
Fol. 35 *b* [...] ϫ · ⲁϥ [three or four lines wanting] | ⲁⲡⲁ ⲥⲉⲗⲗⲟⲩ-
ⲟ̄ⲁ̄ ⲥⲓⲁ · ⲡⲉϫⲁϥ ⲛⲁϥ · ϩⲙ̅ ⲟⲩⲥⲙⲏ · ⲉⲥⲙⲉϩ · ⲛ ⲣⲁϣⲉ ·
ϫⲉ ⲙ ⲙⲏⲛⲓⲛⲉ · ⲱ ⲡⲙⲟⲛⲟⲭⲟⲥ · ⲕϣⲟⲟⲡ · ϩⲙ̅ ⲟⲩⲙⲛ̅ⲧ-
ⲁⲧⲣⲟⲟⲩϣ · ⲙⲡⲟⲟⲩ · ⲕⲛⲁϥⲓ ⲣⲟⲟⲩϣ · ⲛⲧⲛ̅ϩⲉ · ϩⲱⲱⲛ
ⲛⲁⲓ ⲇⲉ · ⲛ̅ ⲧⲉⲣ ϥ̅ϫⲟⲟⲩ · ⲛϭⲓ ⲡⲁⲣⲭⲏⲉⲡⲓⲥⲕⲟⲡⲟⲥ ·
ⲁϥⲧⲱⲟⲩⲛ · ⲁϥϫⲓⲧⲛ ⲉ ϩⲟⲩⲛ · ⲉ ⲧⲉⲕⲕⲗⲏⲥⲓⲁ · ⲁϥ-
ⲧⲣⲉⲩϥⲓ ⲡⲣⲟⲟⲩϣ · ⲛ ⲧⲉⲡⲣⲟⲥⲫⲟⲣⲁ · ⲙⲛ̅ ⲡⲉⲑⲩⲥⲓⲁ-
ⲥⲧⲏⲣⲓⲟⲛ · ⲁϥϣ(ⲏ)ⲗⲗ ⲉ ϫⲱϥ · ⲁϥⲡⲟϣⲛ̅ϥ · ⲛ ⲁⲛⲁⲅ̅ⲛⲱ-
ⲥⲧⲏⲥ · ⲉⲓⲧⲁ · ⲁϥⲡⲟϣⲛ̅ϥ · ⲛ ⲇⲓⲁⲕⲟⲛⲟⲥ · ⲉⲓⲧⲁ · ⲁϥⲁⲁϥ
ⲙ ⲡⲣⲉⲥⲃⲩⲧⲉⲣⲟⲥ · ϩⲱⲙⲁⲓⲟⲥ · ⲁϥⲭⲓⲣⲟⲇⲟⲛⲉⲓ ⲙⲙⲟϥ ·
ⲛ ⲉⲡⲓⲥⲕⲟⲡⲟⲥ · ⲁϥⲕⲁⲁⲛ · ⲉ ⲃⲟⲗ ⲉϥϫⲱ ⲙⲙⲟⲥ · ϫⲉ
ⲃⲱⲕ · ϩⲙ̅ ⲟⲩⲉⲓⲣⲏⲛⲏ ⲁⲛⲉⲓ ⲇⲉ ⲉ ⲃⲟⲗ · ϩⲓⲧⲟⲟⲧϥ̅ · ⲁⲛⲣ̅
ⲡⲱⲃϣ̅ · ⲛ̅ⲧⲉⲩⲥⲧⲁⲇⲓⲕⲏ · ⲛ ⲧⲙ̅ⲛ̅ⲧⲉⲡⲓⲥⲕⲟⲡⲟⲥ · ⲁⲛⲕ-
ⲧⲟⲛ · ϣⲁ ⲣⲟϥ · ⲁⲛⲡⲁⲣⲁⲕⲁⲗⲉⲓ · ⲙⲙⲟϥ ⲉ ⲧⲃⲏⲛⲧⲉ ·

ⲛⲧⲟϥ ⲇⲉ ⲁϥⲕⲉⲗⲉⲩⲉ · ⲙ ⲡⲉϥⲇⲓⲁⲕⲟⲛⲟⲥ · ⲁϥⲉⲕⲗⲁⲃⲉ ·
ⲙⲙⲟⲥ · ⲛ̄ⲧⲟⲟⲧϥ̄ [......] ⲁϥⲥⲁ [......]
[three or four lines wanting] | [......] ⲛϩⲱⲃ · ⲛⲓⲙ · ⲛⲧⲉ Fol. 36 *a* ⲟ̄ⲃ̄
ⲧⲙⲛ̄ⲧⲉⲡⲓⲥⲕⲟⲡⲟⲥ · ⲛⲧⲁⲥⲧⲁϩⲟⲓ ⲡⲁⲣⲁ ⲡⲁ ⲙⲡϣⲁ · ⲉϥ-
ϫⲱ ⲙⲙⲟⲥ · ϫⲉ ⲁⲓⲛⲁⲩ · ⲉ ⲣⲟⲕ · ⲛⲧⲁⲩϭⲟⲟⲗⲕ̄ · ⲛ
ⲟⲩⲥⲧⲟⲗⲏ · ⲁⲩⲱ ⲁⲩϯ · ⲛ ϩⲉⲛϣⲟϣⲧ̄ · ⲉ ϩⲣⲁⲓ · ⲉ ⲛⲉⲕ-
ϭⲓϫ · ⲁⲥϣⲱⲡⲉ ⲇⲉ · ⲙⲛ̄ⲛⲥⲁ ⲧⲣⲉϥⲉⲓ · ⲉ ⲣⲏⲥ ⲁϥⲃⲱⲕ ·
ⲛ ϣⲟⲣⲡ̄ · ⲛϭⲓ ⲡⲉⲡⲓⲥⲕⲟⲡⲟⲥ · ⲉ ⲡⲉϥⲧⲟⲡⲟⲥ · ⲉⲧ ϩ̄ⲛ̄
ⲧⲛⲏⲥⲟⲥ · ⲛⲧⲟϥ · ⲙⲛ̄ ⲛⲉⲧ ⲡ̄ⲙ̄ⲙ̄ⲁϥ ⲁϥϩⲙⲟⲟⲥ · ϩ̄ⲙ̄
ⲡⲙⲁ · ⲉⲧ ⲙ̄ⲙ̄ⲁⲩ · ⲉ ⲃⲟⲗ ϫⲉ ⲟⲩⲣⲱⲙⲉ ⲡⲉ · ⲉϥⲟⲩⲉϣ
ⲧⲉⲥⲩⲭⲓⲁ · ⲙⲙⲁⲁⲧⲉ · ⲡⲗⲁⲟⲥ · ⲇⲉ · ⲛ ⲧⲉⲣ ϥ̄ⲥⲱⲧⲙ̄ ·
ⲁϥⲣ̄ϩⲃⲁ · ⲁⲩⲱ ⲁⲩⲁⲗⲉ · ⲉ ϩⲉⲛⲥⲕⲁⲫⲟⲥ · ⲁⲩⲉⲓ · ⲉ ⲃⲟⲗ ·
ⲉ ⲧⲛⲏⲥⲟⲥ · ⲁⲩⲱ ⲛ ⲧⲉⲣ ⲟⲩϫⲓ ⲥⲙⲟⲩ · ⲇⲉ · ⲛ̄ ⲧⲟⲟⲧϥ̄ ·
ⲁⲩⲧⲁⲙⲟϥ · ⲉ ⲧⲃⲉ ⲧⲙⲛ̄ⲧⲉⲡⲓⲥⲕⲟⲡⲟⲥ ⲁ ⲛⲉⲥⲛⲏⲩ ⲉⲧ
ⲙⲟⲟϣⲉ · ⲡ̄ⲙ̄ⲙ̄ⲁϥ ⲧⲁⲙⲟⲟⲩ · ϫⲉ ⲁⲩⲭⲓⲣⲟⲇⲟⲛⲉⲓ · ⲙ-
ⲙⲟϥ · ⲡⲉϫⲉ ⲡⲗⲁⲟⲥ · ⲛⲁϥ · ϫⲉ ⲉ ⲧⲃⲉ ⲟⲩ ⲙⲡⲉ ⲕⲉⲓ ·
ⲉ ϩⲟⲩⲛ · ⲉ ⲧ̄ⲡⲟⲗⲓⲥ · ⲱ ⲡⲉⲛⲉⲓⲱⲧ ⲛⲑⲉ · ⲛⲛⲉⲡⲓⲥⲕⲟ-
ⲡⲟⲥ · ⲧⲏⲣⲟⲩ ※ · ⲛⲧⲟϥ · ⲇⲉ ⲡⲉϫⲁϥ · ϫⲉ ⲡⲓⲥⲧⲉⲩⲉ
ⲛⲁⲓ · ⲱ ⲛⲁϣⲏⲣⲉ ϫⲉ ⲛ ϯⲉⲡⲓⲑⲩⲙⲉⲓ · ⲉ ⲡⲁ ⲕⲟⲩⲓ ·
ⲙⲙⲁ · ⲛ ϣⲱⲡⲉ · ⲉ ⲧⲣⲁⲛⲁⲩ · ⲉ ⲣⲟϥ · ⲛ ϣⲟⲣⲡ̄ ·
ⲁⲩⲉⲛⲧϥ̄ · ⲇⲉ ⲉ ⲃⲟⲗ · ⲁⲩⲧⲁⲗⲟϥ · ⲉⲩⲕⲟⲩⲓ · ⲛ ⲥⲕⲁⲫⲟⲥ ·
ⲁⲩⲯⲁⲗⲗⲉⲓ · ϩⲁ ⲧⲉϥϩⲏ ϣⲁⲛⲧ ⲟⲩϫⲓⲧϥ̄ · ⲉ ϩⲟⲩⲛ · ⲉ
ⲧⲉⲕⲕⲗⲉⲥⲓⲁ · ⲛⲥⲉ[ⲑ]ⲙ̄ⲥⲟϥ · ⲉϫⲙ̄ ⲡⲉⲑⲣⲟⲛⲟⲥ · ⲕⲁⲧⲁ
ⲧⲉⲩⲛⲏⲑⲓⲁ · ⲁⲩⲱ [ⲧ]ⲁⲓ ⲧⲉ ⲑⲉ · ⲛⲧⲁϥⲥⲩⲛⲁⲅⲉ · ⲙⲙⲟⲟⲩ
ⲧⲏⲣⲟⲩ · ⲁϥ[ⲕ]ⲁⲁⲩ ⲉ ⲃⲟⲗ · ϩⲛ̄ ⲟⲩⲉⲓⲣⲏⲛⲏ · ⲡⲉⲡⲓⲥⲕⲟⲡⲟⲥ
ⲇⲉ [ⲁ]ⲡⲁ ⲡⲥⲩⲗⲟⲩⲥⲓⲁ · ⲁϥⲃⲱⲕ · ⲉ ϩⲣⲁⲓ · ⲉ ⲧⲉⲕⲕⲗⲏ-
ⲥⲓⲁ · | ⲁϥⲣ̄ ⲙⲛⲧⲁⲥⲉ · ⲛ̄ϩⲟⲟⲩ · ⲉϥⲕ[ⲁⲑⲏⲅⲉⲓ ⲡⲗⲁ]ⲟⲥ · Fol. 36 *b* ⲟ̄ⲅ̄
ϩⲛ̄ ⲡⲗⲟⲅⲟⲥ · ⲙ ⲡⲛⲟⲩⲧⲉ · ⲉ ⲁϥ[ϩⲱⲛ ⲉⲧ]ⲟⲟⲧⲟⲩ · ⲉ
ⲧⲣⲉⲩϩⲁⲣⲉϩ · ⲉ ⲡⲧⲃ̄ⲃⲟ · ⲁⲩⲱ ⲧⲁⲅⲁⲡⲏ · ⲉ ϩⲟⲩⲛ · ⲉⲛⲉⲩ-
ⲉⲣⲏⲩ · ⲙⲛ̄ⲛⲥⲱⲥ ⲇⲉ ⲟⲛ · ⲁϥⲕⲟⲧϥ̄ · ⲉ ϩⲟⲩⲛ · ⲉ
ⲡⲉϥⲙⲁ · ⲛ̄ ϣⲱⲡⲉ ⲁⲥϣⲱⲡⲉ · ⲇⲉ ⲙⲛ̄ⲛⲥⲁ ⲛⲁⲓ · ⲁϥⲙ-
ⲧⲟⲛ ⲙⲙⲟϥ ⲛϭⲓ ⲁⲡⲁ ϯⲙⲟⲑⲉⲟⲥ · ⲉ ⲁϥⲕⲁⲑⲓⲥⲧⲁ · ⲛ ⲁⲡⲁ
ⲑⲉⲟⲫⲓⲗⲟⲥ · ⲁⲩⲱ ⲁⲛⲉⲡⲓⲥⲕⲟⲡⲟⲥ · ⲧⲏⲣⲟⲩ · ⲃⲱⲕ ⲉ
ⲣⲁⲕⲟⲧⲉ · ⲉ ⲧⲣⲉⲩⲡⲣⲟⲥⲕⲩⲛⲉⲓ · ⲙⲙⲟϥ · ⲁϥⲃⲱⲕ ⲇⲉ

ϩⲱⲱϥ · ⲛ̄ϭⲓ ⲡⲡⲉⲧ ⲟⲩⲁⲁⲃ · ⲁⲡⲁ ⲡⲥⲩⲗⲟⲩⲥⲓⲁ · ⲛ ⲧⲉⲣ
ⲟⲩⲕⲁⲧⲁⲛⲧⲁ · ⲇⲉ · ⲉ ⲧⲡⲟⲗⲓⲥ · ⲁⲩϩⲉ · ⲉ ⲡⲁⲣⲭⲏ-
ⲉⲡⲓⲥⲕⲟⲡⲟⲥ · ⲉϥⲛ̄ϩⲟⲩⲛ · ⲛ ⲧⲉⲕⲕⲗⲏⲥⲓⲁ · ⲉⲩⲥⲱⲟⲩϩ ·
ⲉ ⲣⲟϥ · ⲛ̄ϭⲓ ⲡⲉⲕⲗⲏⲣⲟⲥ ⲁⲩⲱ ⲡⲗⲁⲟⲥ · ⲧⲏⲣϥ̄ · ⲉⲛⲉ
ⲑⲃ̄ⲧⲱⲙⲁⲥ ⲧⲉ ⲙ ⲡⲥⲁⲃⲃⲁⲧⲟⲛ · ⲉϣⲁⲩⲃⲁⲡϯⲍⲉ · ⲛ̄ϩⲏⲧⲥ ·
ⲛ ⲧⲉⲣ ⲟⲩⲙⲟⲩϩ · ⲇⲉ · ⲛ ⲧⲕⲟⲗⲩⲙⲃⲏⲑⲣⲁ · ⲙ̄ⲙⲟⲟⲩ ·
ⲁ ⲡⲁⲣⲭⲏⲉⲡⲓⲥⲕⲟⲡⲟⲥ · ⲃⲱⲕ · ⲉ ϩⲟⲩⲛ · ⲙⲛ̄ ⲡⲕⲉ ⲥⲉⲉⲡⲉ ·
ⲛⲉⲡⲓⲥⲕⲟⲡⲟⲥ · ⲁⲩϣⲗⲏⲗ · ⲉϫⲙ̄ ⲡⲓⲟⲣⲇⲁⲛⲏⲥ · ⲁⲡⲁ
ⲡⲥⲉⲗⲗⲟⲩⲥⲓⲁ · ⲇⲉ ϩⲱⲱϥ ⲉⲛⲉϥⲁⲁϩ · ⲉⲣⲁⲁⲧϥ̄ · ϩⲓⲣⲙ̄
ⲡⲣⲟ · ⲙ̄ ⲡⲃⲁⲡϯⲥⲧⲏⲣⲓⲟⲛ · ⲉϥⲟⲩⲉ · ⲙ̄ⲙⲟϥ · ⲛ ⲟⲩⲕⲟⲩⲓ ·
ⲙ̄ⲡⲉ ϥⲃⲱⲕ ⲉ ϩⲟⲩⲛ · ⲉ ⲙⲁⲩ · ⲉϥⲱⲡ · ⲙ̄ⲙⲟϥ · ⲛ ⲁⲧ
ⲙ̄ϣⲁ ⲁⲩⲧⲃ̄ⲥ ⲡⲁⲣⲭⲏⲉⲡⲓⲥⲕⲟⲡⲟⲥ · ⲇⲉ · ⲉ ⲧⲃⲏⲏⲧϥ̄ ϩⲙ̄
ⲡⲉⲡⲛ̄ⲁ · ⲁϥⲟⲩⲉϩⲥⲁϩⲛⲉ · ⲉ ϫⲓⲧϥ̄ · ⲉ ϩⲟⲩⲛ ⲁⲩⲱ ⲡⲉϫⲁϥ ·
Fol. 37 *a* ⲛⲁϥ · ϫⲉ ⲉ ⲧⲃⲉ ⲟⲩ · ⲙ̄ⲡⲉ ⲕⲉⲓ | [ⲉ ⲧⲉⲕⲕⲗⲏⲥⲓⲁ] · ⲉ
ⲟ̄ⲇ̄ ⲧⲣⲕϣⲗⲏⲗ · ⲛ̄ⲙ̄ⲙⲁⲛ [ⲛⲧⲟϥ ⲇⲉ] ⲡⲉϫⲁϥ · ⲙ ⲡⲁⲣⲭⲓ-
ⲉⲡⲓⲥⲕⲟⲡⲟⲥ · ϫⲉ ⲕⲱ ⲛⲁⲓ ⲉ ⲃⲟⲗ · ⲡⲁ ⲉⲓⲱⲧ · ⲉⲧ ⲟⲩⲁⲁⲃ ·
ⲁⲛⲅ̄ ⲟⲩⲣⲱⲙⲉ · ⲉϥⲥⲟϫⲃ̄ · ⲁⲩⲱ ⲛ̄ⲧⲉⲩⲛⲟⲩ · ⲛⲧⲁϥ-
ⲡⲱⲣϣ̄ · ⲛ ⲛⲉϥϭⲓϫ · ⲉ ⲃⲟⲗ · ⲁϥϣⲗⲏⲗ · ⲙ̄ⲙⲁⲩ ϩⲓ
ⲟⲩⲥⲟⲡ · ⲁⲥⲃⲣ̄ⲃⲣ̄ · ⲛϭⲓ ⲧⲕⲟⲗⲩⲙⲃⲏⲑⲣⲁ ⲛⲑⲉ ⲛⲟⲩ-
ⲭⲁⲗⲭⲓⲟⲛ · ⲉⲩⲥⲁϩⲧⲉ · ϩⲁ ⲣⲟϥ · ⲡⲁⲣⲭⲏⲉⲡⲓⲥⲕⲟⲡⲟⲥ ⲇⲉ ·
ⲙⲛ̄ ⲡⲕⲉⲥⲉ[ⲉⲡⲉ] · ⲛⲛⲉⲡⲓⲥⲕⲟⲡⲟⲥ ⲧⲏⲣⲟⲩ · ⲛ ⲧⲉⲣ ⲟⲩⲛⲁⲩ ·
ⲉ ⲧⲉϣⲡⲏⲣⲉ · ⲛⲧⲁⲥϣⲱⲡⲉ · ⲁⲩϯ ⲉⲟⲟⲩ · ⲙ ⲡⲛⲟⲩⲧⲉ
ⲙⲛ̄ ⲡⲡⲉⲧ ⲟⲩⲁⲁⲃ · ⲛⲉⲡⲓⲥⲕⲟⲡⲟⲥ · ⲁⲡⲁ ⲡⲥⲉⲗⲟⲩⲥⲓⲁⲥ ⲉ
ⲧⲃⲉ ⲡⲉϥⲧⲃ̄ⲃⲟ · ⲛ ⲧⲉⲣ ϥ̄ⲟⲩⲱ · ⲇⲉ ⲉϥⲃⲁⲡϯⲍⲉ · ⲛ̄ϭⲓ
ⲡⲁⲣⲭⲏⲉⲡⲓⲥⲕⲟⲡⲟⲥ · ⲁϥⲥⲩⲛⲁⲅⲉ · ⲙ̄ⲙⲟⲟⲩ · ⲁϥⲕⲁⲁϥ
ⲉ ⲃⲟⲗ · ⲁⲛⲉⲡⲓⲥⲕⲟⲡⲟⲥ ϭⲱ ϩⲁϩⲧⲏϥ · ⲙ ⲡⲉϩⲟⲟⲩ · ⲉⲧ
ⲙ̄ⲙⲁⲩ · ⲙ ⲡⲉϥⲣⲁⲥⲧⲉ ⲇⲉ · ⲁϥⲁⲡⲟⲗⲉⲓ · ⲙ̄ⲙⲟⲟⲩ · ⲉ
ⲧⲣⲉ ⲡⲟⲩⲁ ⲡⲟⲩⲁ · ⲃⲱⲕ · ⲉ ⲧⲉϥⲡⲟⲗⲓⲥ · ⲡⲡⲉⲧ ⲟⲩⲁⲁⲃ ·
ⲇⲉ ϩⲱⲱϥ · ⲁⲡⲁ ⲡⲥⲉⲗⲟⲩⲥⲓⲁⲥ · ⲁϥϭⲱ · ⲉϥⲥϭⲣⲁϩⲧ ϩⲙ̄
ⲡⲧⲟⲡⲟⲥ · ⲉⲛⲉϥⲛ̄ϩⲏⲧϥ̄ · ⲛ ϣⲟⲣⲡ · ⲙ̄ⲡⲁⲧⲉ ϥⲣ̄ ⲉⲡⲓ-
ⲥⲕⲟⲡⲟⲥ · ϣⲁ ⲡⲉϩⲟⲟⲩ · ⲛⲧⲁϥϫⲱⲕ ⲉ ⲃⲟⲗ · ⲛ̄ϩⲏⲧϥ̄ · ⲉⲛⲉ-
ⲁϥϫⲧⲟ ⲇⲉ · ⲉ ⲡϣⲱⲛⲉ · ϫⲓⲛ ⲥⲟⲩ ϫⲟⲩⲱⲧ · ⲙ ⲡⲁⲱⲛⲉ ·
ⲙ̄ⲡⲛ̄ⲥⲱⲥ ⲁϥⲙⲧⲟⲛ · ⲙ̄ⲙⲟϥ · ⲛ ⲥⲟⲩ ϫⲟⲩⲧϣⲟⲙⲧⲉ ·
ⲙ ⲡⲉⲓ ⲉⲃⲟⲧ · ⲛ ⲟⲩⲱⲧ · ⲁⲩⲉⲓ ⲇⲉ ⲉ ⲃⲟⲗ · ⲛϭⲓ ⲛⲉⲕⲗⲏ-

ⲣⲟⲥ · ⲧⲏⲣϥ̄ · ⲙⲛ̄ ⲡⲗⲁⲟⲥ · ⲁⲩⲥⲕⲉⲡⲁⲍⲉ ⲙ̄ ⲡⲉϥⲥⲱⲙⲁ |
ⲉⲧ ⲧⲁⲓⲏⲩ · ⲁⲩⲧⲱⲙⲥ̄ · ⲙ̄ⲙⲟϥ ▨▨▨▨ ⲙⲓⲧⲏⲣⲓⲟⲛ · ⲉⲧ Fol. 37 *b*
ⲧⲁⲓⲏⲩ ⲙ̄ⲙⲓⲛ · ⲙ̄[ⲙⲟϥ · ⲧⲉ]ⲛⲟⲩ · ϭⲉ ⲡⲁ ⲥⲟⲛ ⲡⲁⲡⲛⲟⲩⲧⲉ · ⲟ̄ⲉ̄
ⲉⲡⲉⲓ ⲇⲏ ⲁⲕⲧⲁⲙⲟⲓ · ⲉ ⲧⲃⲉ ϩⲉⲛⲕⲟⲩⲓ · ⲉⲓⲥ ϩⲏⲏⲧⲉ · ⲁⲓⲧⲁ-
ⲙⲟⲕ · ⲉ ⲧⲃⲉ ⲛⲉⲡⲓⲥⲕⲟⲡⲟⲥ · ⲛⲧⲁⲩϣⲱⲡⲉ ϩⲙ̄ ⲡⲓⲗⲁⲕ ·
ⲛϭⲉ ⲛⲧⲁ ⲡⲁ ⲉⲓⲱⲧ · ⲁⲡⲁ ϩⲁⲣⲱⲛ ⲧⲁⲙⲟⲓ · ϩⲱⲱⲧ · ⲁ
ⲡⲉϥⲉⲓⲟⲧⲉ ⲇⲉ · ϩⲱⲟⲩ ϯ ⲛ ϩⲉⲛⲭⲣⲏⲙⲁ · ⲁⲩⲥⲧⲣⲁⲧⲉⲩⲉ ·
ⲙ̄ⲙⲟϥ ϩⲱⲱϥ · ⲁⲩⲱ ⲛϥϫⲓ · ⲛ̄ⲥⲁϣϥⲉ · ⲛ̄ⲁⲛⲛⲱⲛⲁ
ⲙ̄ⲙⲏⲛⲉ · ⲉⲛⲉ ⲙⲉϥⲟⲩⲉⲙ ⲗⲁⲁⲩ · ⲛ̄ϩⲏⲧⲟⲩ · ⲁⲗⲗⲁ ·
ⲛϥϯ ⲙ̄ⲙⲟⲟⲩ · ⲉ ⲧⲡ̄ⲧⲟⲗⲏ ⲉⲛⲉ ⲁ ⲛⲉϥⲉⲓⲟⲧⲉ · ⲟⲩⲱϣ ·
ⲉϫⲓ ⲥϩⲓⲙⲉ · ⲛⲁϥ ⲛⲧⲟϥ · ϫⲉ ⲙ̄ⲡⲉ ϥⲟⲩⲱϣ · ⲁⲗⲗⲁ ·
ⲁϥϩⲁⲣⲉϩ ⲉ ⲡⲉϥⲥⲱⲙⲁ · ϩⲛ̄ ⲟⲩⲙⲛ̄ⲧⲡⲁⲣⲑⲉⲛⲟⲥ · ϫⲓⲛ
ⲡⲉϥϫⲡⲟ · ϣⲁ ⲡⲉϥϫⲱⲕ · ⲉ ⲃⲟⲗ · ⲁⲥϣⲱⲡⲉ ⲇⲉ · ⲛ
ⲟⲩϩⲟⲟⲩ · ⲁⲩⲧⲛ̄ⲛⲟⲟⲩ · ⲛ̄ ϩⲉⲛⲥϩⲁⲓ ⲉ ⲛⲁ ⲡ̄ⲣ̄ⲣⲟ ⲛⲉ · ϫⲉ
ⲕⲁⲥ ⲉⲩⲛⲁϫⲓⲧⲟⲩ · ⲉ ⲕⲉ ⲡⲟⲗⲓⲥ · ⲁ ⲡⲟⲣⲇⲓⲛⲟⲛ ⲇⲉ ·
ⲛ ⲁⲡⲁ ϩⲁⲣⲱⲛ · ⲧⲁϩⲟϥ · ⲉ ⲧⲣⲉϥϫⲓⲧⲟⲩ · ⲛ̄ϥⲃⲱⲕ · ⲙ̄ⲙ-
ⲙⲁⲩ · ⲛ̄ ⲧⲉⲣ ϥ̄ⲉⲓ ⲇⲉ ⲉ ⲃⲟⲗ · ϩⲙ̄ ⲧⲡⲟⲗⲓⲥ ⲁⲩⲙⲟⲩⲓ
ⲧⲱⲙⲛ̄ⲧ ⲉ ⲣⲟϥ · ϩⲓ ⲧⲉϩⲓⲏ · ⲙ ⲡⲛⲁⲩ ⲛ ⲣⲟⲩϩⲉ · ⲉϥⲟⲩⲱϣ ·
ⲉ ϩⲁⲣⲡⲁⲍⲉ · ⲙ̄ⲙⲟϥ · ⲁⲩⲱ ⲡⲉϫⲁϥ · ⲛϭⲓ ⲡⲇⲓⲕⲁⲓⲟⲥ ·
ϫⲉ ⲛ̄ ⲧⲉⲣ ϥ̄ⲣ̄ ⲡⲙⲉⲉⲩ[ⲉ] ⲙ ⲡϣⲁϫⲉ · ⲛⲧⲁ ⲡⲉⲡⲣⲟⲫⲏ-
ⲧⲏⲥ · ⲇⲁ̄ⲇ̄ ϫⲟⲟϥ · ϫⲉ ⲡⲙⲟⲩⲓ · ⲙⲛ̄ ⲧⲁⲣⲍ̄ · ⲡⲉⲕϩⲙ̄-
ϩ[ⲁⲗ] ⲁϥⲡⲁⲧⲁⲥⲥⲉ · ⲙ̄ⲙⲟⲟⲩ · ⲁⲓϥⲓ ⲛ ⲛⲁⲃⲁⲗ | ▨▨ Fol. 38 *a*
▨ ⲡⲉϫⲁⲓ · ϫⲉ ⲡⲁ ϫⲟⲉⲓⲥ · ⲓ̄ⲥ̄ ⲡⲉⲭ̄ⲥ̄ ▨▨ ϯ ⲙ ⲡⲉⲓ ⲟ̄ⲋ̄
ⲑⲩⲣⲓⲟⲛ · ⲉ ϩⲣⲁⲓ ⲉ ⲛⲁϭⲓϫ ϯⲛⲁⲁⲡⲟⲧⲁⲥⲥⲉ · ⲛ ⲛ̄ⲁ ⲡⲁⲛⲓ ·
ⲧⲏⲣⲟⲩ · ⲙⲛ̄ ⲛⲁϩⲩⲡⲁⲣⲭⲟⲛⲧⲁ · ⲧⲏⲣⲟⲩ · ⲁⲩⲱ ⲛ̄ⲧⲁⲣ-
ϣⲙ̄ⲙⲟ · ⲉ ⲛⲁⲉⲓⲟⲧⲉ · ⲙⲛ̄ ⲛⲁⲣⲱⲙⲉ · ⲧⲏⲣⲟⲩ · ⲁⲩⲱ ·
ⲛⲧⲁⲣϣⲙ̄ⲙⲟ · ⲉ ⲛⲁ ⲡⲉⲓ ⲕⲟⲥⲙⲟⲥ · ⲛⲧⲁϯ ϩⲓⲱⲱⲧ · ⲙ
ⲡⲉⲥⲭⲏⲙⲁ · ⲛ̄ ⲧⲙⲛ̄ⲧⲙⲟⲛⲟⲭⲟⲥ ⲉ ⲧⲃⲉ ⲡⲉⲕⲣⲁⲛ · ⲉⲧ
ⲟⲩⲁⲁⲃ · ⲡⲉϫⲁϥ ⲇⲉ ⲛϭⲓ ⲡⲡⲉⲧ ⲟⲩⲁⲁⲃ · ⲁⲡⲁ ϩⲁⲣⲱⲛ ·
ϫⲉ ⲛ̄ ⲧⲉⲣ ⲉⲓϫⲉ ⲛⲁⲓ · ⲁⲓⲥⲟⲃⲧⲛ̄ · ⲉ ⲃⲟⲗ · ⲙ ⲡⲕⲟⲛⲧⲁ-
ⲣⲓⲟⲛ · ⲉⲧ ϩⲛ̄ ⲧⲁ ϭⲓϫ · ⲁⲓⲗⲟⲅⲭⲓⲍⲉ · ⲙ ⲡⲙⲟⲩⲓ · ⲁϥ-
ⲙⲟⲩ · ⲁⲩⲱ · ⲛⲧⲉⲩⲛⲟⲩ · ⲙ̄ⲡⲉ ⲓⲕⲧⲟⲓ · ⲉ ⲧⲡⲟⲗⲓⲥ · ⲛⲕⲉ
ⲥⲟⲡ · ⲁⲗⲗⲁ · ⲁⲓⲃⲱⲕ ⲉ ⲕⲉ ⲡⲟⲗⲓⲥ · ⲉⲧ ϩⲓ ⲡⲥⲁ ⲣⲏⲥ ·
ⲙ̄ⲙⲟⲓ · ⲛⲕⲉ ϣⲟⲙⲛ̄ⲧ · ⲛ̄ϩⲟⲟⲩ · ⲙ ⲙⲟⲟϣⲉ · ⲁⲓϯ · ⲉ

ⲃⲟⲗ · ⲙ̅ ⲡⲁ ϩⲧⲟ · ⲙⲛ̅ ⲧⲁ ⲕⲁⲙⲓⲥⲉ · ⲁⲩⲱ ⲛⲁⲧⲥⲁⲧⲃ̅ϥ̅
ⲙⲛ̅ ⲛⲁⲥⲕⲉⲩⲏ · ⲧⲏⲣⲟⲩ · ⲉⲧ ⲛ̅ ⲧⲟⲟⲧ · ⲁⲓϣⲱⲡ ⲛⲁⲓ ·
ⲛ ⲟⲩϩⲃ̅ⲥⲱ · ⲙ ⲡⲁⲅⲁⲛⲟⲥ · ⲡⲕⲉ ⲥⲉⲡⲉ ⲇⲉ · ⲁⲓⲇⲓⲁⲕⲟⲛⲉⲓ
ⲙ̅ⲙⲟⲟⲩ · ⲛ̅ ⲛ̅ϩⲏⲕⲉ · ⲉⲧ ϩⲙ̅ ⲡⲙⲁ · ⲉⲧ ⲙ̅ⲙⲁⲩ ·
ⲁⲓⲃⲱⲕ · ⲉ ⲡⲧⲟⲟⲩ ⲛ ϣⲓⲏⲧ · ⲁⲓϯ ⲉ ϫⲱⲓ · ⲙ ⲡⲉⲥⲭⲏ-
ⲙⲁ · ⲙ ⲙⲟⲛⲟⲭⲟⲥ · ϩⲙ̅ ⲡⲙⲁ · ⲉⲧ ⲙ̅ⲙⲁⲩ · ⲡⲁⲗⲓⲛ
ⲟⲛ · ⲙⲡⲉ ⲓⲉϣϭⲱ · ϩⲙ̅ ⲡⲙⲁ · ⲉⲧ ⲙ̅ⲙⲁⲩ · ⲉ ⲧⲃⲉ
ⲛⲁⲉⲓⲟⲧⲉ · ϫⲉ ⲛⲛⲉⲩϯ ⲟⲩⲟⲓ · ⲛⲥⲱϥ (*sic*) ⲁⲓⲙⲟⲟϣⲉ ⲇⲉ ⲉ
ⲣⲏⲥ · ⲕⲟⲩⲓ · ⲕⲟⲩⲓ · ϣⲁⲛⲧ ⲁⲉⲓ · ⲉ ⲡⲉⲓ ⲧⲟⲟⲩ · ⲧⲉⲛⲟⲩ ·
Fol. 38 *b* ⲛⲁⲓ ⲇⲉ ⲛⲧⲁⲓϫⲟⲟⲩ | ⲉ ⲣⲟⲕ · ⲡⲁ ⲥⲟⲛ · ⲡⲁⲡⲛⲟⲩⲧⲉ · [...]
ⲟ̅ⲍ̅ [...]ⲛ ⲧⲟⲟⲧϥ · ⲙ ⲡⲁ ⲉⲓⲱⲧ · ⲁⲡⲁ ϩⲁⲣ[ⲱⲛ] · [...][ⲛ]
ⲧⲉⲣ ⲓⲥⲡⲥⲱⲡϥ · ⲉ ⲧⲣⲉϥϫⲱ ⲉ ⲣⲟⲓ · ⲛⲧⲉϥϭⲓ[...]ⲁⲡⲟⲥ-
ⲧⲁⲥⲥⲉ · ⲙⲛ̅ⲛⲥⲱⲥ · ⲟⲛ · ⲉⲕϣⲁⲛϣⲗⲏⲗ ⲉ ϫⲱⲓ · ϯⲛⲁϫⲱ
ⲉ ⲣⲟⲕ · ⲛ̅ⲛⲉ ⲛⲧⲁⲓⲛⲁⲩ ⲉ ⲣⲟⲟⲩ · ϩⲛ̅ ⲛⲁⲃⲁⲗ · ⲁⲥϣⲱⲡⲉ ·
ⲇⲉ ⲙⲙⲟⲓ ⲉⲓⲟ · ⲛ̅ ϣⲏⲣⲉ ϣⲏⲙ · ϩⲙ̅ ⲡⲏⲓ · ⲛ̅ ⲛⲁⲉⲓⲟⲧⲉ ·
ⲁ ⲛⲁⲉⲓⲟⲧⲉ ⲧⲁⲁⲧ · ⲉ ⲧⲁⲛⲥⲏⲃⲉ ⲉ ⲧⲣⲉⲩⲧⲥⲁⲃⲟⲓ · ⲉ ⲥϩⲁⲓ
ⲡⲁ ⲥⲁϩ ⲇⲉ ⲛⲉϥⲥⲡⲟⲩⲇⲁⲍⲉ ⲉ ⲣⲟⲓ · ⲙ ⲙⲏⲛⲏⲉ · ϣⲁⲛⲧ
ⲉϥⲧⲥⲁⲃⲟⲓ · ⲉ ⲥϩⲁⲓ · ϩⲛ̅ ϩⲉⲛⲥϩⲁⲓ ⲉⲩⲟⲩⲁⲁⲃ ⲛ ⲧⲉⲣ ⲉⲓⲉⲓ ·
ⲉ ⲑⲏ · ⲉϫⲛ̅ ⲧⲗⲉⲝⲓⲥ · ⲉⲧ ϩⲙ̅ ⲡⲉⲩⲁⲅⲅⲉⲗⲓⲟⲛ · ϫⲉ ⲡⲉⲧⲉ
ⲛ̅ϥⲛⲁⲕⲁ ⲉⲓⲱⲧ · ⲁⲛ ⲛⲥⲱϥ · ⲏ ⲙⲁⲁⲩ · ⲙⲛ̅ ⲡⲕⲉ ⲥⲉⲡⲉ ·
ⲉⲧ ⲛⲏⲩ ⲙⲛ̅ⲛⲥⲁ ⲛⲁⲓ · ⲛ̅ϥⲟⲩⲁϩϥ̅ · ⲛⲥⲱⲓ · ⲛ̅ϥⲙⲡϣⲁ ·
ⲙ̅ⲙⲟⲓ · ⲁⲛ · ⲁⲛⲟⲕ · ⲇⲉ · ⲁⲓϯϩⲧⲏⲓ ⲉ ⲡⲉϩⲣⲏⲧⲟⲛ ·
ⲁⲓϭⲱ · ⲉⲓⲙⲉⲗⲉⲧⲁ · ⲙ̅ⲙⲟϥ ϩⲙ̅ ⲡⲁ ϩⲏⲧ · ⲧⲏⲣϥ̅ · ⲁⲥ-
ϣⲱⲡⲉ · ⲇⲉ ⲙⲛ̅ⲛⲥⲁ ϩⲉⲛϩⲟⲟⲩ · ⲁⲓⲥⲱⲧⲙ̅ · ⲉ ⲡⲥⲟⲉⲓⲧ ·
ⲙ ⲡⲉⲛⲉⲓⲱⲧ · ⲉⲧ ⲟⲩⲁⲁⲃ · ⲁⲡⲁ ϩⲁⲣⲱⲛ · ϫⲉ ⲉϥⲡⲟⲗⲩ-
ⲧⲉⲩⲉ · ϩⲛ̅ ⲟⲩⲙⲁ · ⲉⲩⲙⲟⲩⲧⲉ · ⲉ ⲣⲟϥ ϫⲉ ⲡⲉⲓⲁ · ⲉϥⲉⲓⲣⲉ ·
ⲛ ⲟⲩⲙⲏⲏϣⲉ · ⲛⲧⲁⲗϭⲟ · ⲛ̅ ⲛⲉⲧ ϣⲱⲛⲉ · ⲧⲏⲣⲟⲩ ·
ⲁⲓⲧⲱⲟⲩⲛ · ⲁⲓⲃⲱⲕ ⲉ ⲡⲙⲁ · ⲉⲛⲉϥⲛ̅ϩⲏⲧϥ̅ · ⲁⲓϩⲙⲟⲟⲥ ·
ϩⲓⲣⲙ̅ ⲡⲣⲟ · ⲙ ⲡⲉϥⲙⲁ · ⲛ ϣⲱⲡⲉ · ϣⲁⲛⲧⲉ ⲡⲣⲏ
Fol. 39 *a* ϩⲱⲧⲡ̅ · ⲉⲛⲉ ⲡⲟⲩⲱϣ ⲅⲁⲣ · ⲡⲉ ⲡⲉϩⲟⲟⲩ | ⲉⲧ ⲙ̅ⲙⲁⲩ · ⲛ
ⲟ̅ⲏ̅ ⲧⲉⲣⲉ ⲣⲟⲩϩⲉ · ϣⲱⲡⲉ · ⲙⲡⲉ ϥⲉⲓ · ⲁⲓⲧⲱⲟⲩⲛ · ⲁⲓⲙⲟⲟ-
ϣⲉ · ϩⲙ̅ ⲡⲧⲟⲟⲩ · ⲛⲁ ϣⲟⲙⲛ̅ⲧ · ⲙ̅ⲙⲓⲗⲓⲟⲛ · ⲙⲛ̅ⲛⲥⲱⲥ
ⲁⲓϭⲱϣⲧ · ⲉ ⲡⲉⲥⲏⲧ · ⲉϫⲙ̅ ⲡϣⲟ · ⲁⲓⲛⲁⲩ · ⲉ ϩⲉⲛⲧⲁϭⲥⲉ ·
ⲛⲣⲱⲙⲉ · ⲉⲩⲥⲱⲕ · ⲉ ϩⲟⲩⲛ · ϩⲁ ⲟⲩⲕⲱⲱϩ ⲙ ⲡⲉⲧⲣⲁ ·

ⲁⲓⲙⲟⲟϣⲉ ϩⲁ ⲣⲁⲧⲟⲩ· ⲁⲓϭⲓⲛⲉ ⲙ̅ ⲡⲁ ⲉⲓⲱⲧ· ⲉⲧ ⲟⲩⲁⲁⲃ·
ⲁⲡⲁ ϩⲁⲣⲱⲛ· ⲉⲣⲉ ⲟⲩⲛⲟⲩϩ ⲙⲏⲣ· ⲉⲩⲛⲟϭ· ⲛ ⲱⲛⲉ·
ⲉϥⲁϣⲉ ⲉ ⲡⲉϥⲙⲁⲕ̅ϩ̅· ⲛ ⲧⲉⲣ ⲓⲙⲟⲩⲧⲉ ⲇⲉ ⲟⲩⲃⲏϥ ϫⲉ
ⲥⲙⲟⲩ· ⲉ ⲣⲟⲓ ⲁϥⲥⲁϩⲉ ⲡⲉϥⲙⲁⲕ̅ϩ̅· ⲉ ⲃⲟⲗ· ϩ̅ⲙ̅ ⲡⲛⲟⲩϩ·
ⲁϥⲛⲉϫ ⲡⲱⲱⲛⲉ· ϩⲓϫ̅ⲙ̅ ⲡⲕⲁϩ· ⲁϥϯ ϩⲓⲱⲱϥ· ⲛ ⲧⲉϥ-
ⲥⲧⲟⲗⲏ· ⲁϥϭⲱϣ̅ⲧ̅· ⲉ ϩⲟⲩⲛ· ⲉ ϩⲣⲁⲓ· ⲡⲉϫⲁϥ· ⲛⲁⲓ·
ϫⲉ ⲉⲕⲛⲏⲩ· ⲧⲱⲛ· ⲡⲁ ϣⲏⲣⲉ ⲙ̅ ⲡⲉⲓ ⲙⲁ· ⲁⲛⲟⲕ· ⲇⲉ
ⲡⲉϫⲁⲓ ⲛⲁϥ ϫⲉ ⲕⲱ ⲛⲁⲓ ⲉ ⲃⲟⲗ ⲡⲁ ⲉⲓⲱⲧ· ⲙⲙⲟⲛ ⲛⲧⲁⲓ-
ⲥⲱⲣ̅ⲙ̅· ⲡⲉϫⲁϥ ⲛⲁⲓ ϫⲉ ⲁⲙⲟⲩ· ⲛ̅ⲅ̅ ϩⲙⲟⲟⲥ· ⲡⲁ ϣⲏⲣⲉ·
ⲙⲙⲟⲛ ⲛⲧⲁⲕⲥⲱⲣ̅ⲙ̅· ⲁⲛ· ⲁⲗⲗⲁ· ⲛⲧⲁⲕϩⲉ· ⲉ ⲧⲉϩⲓⲏ
ⲉⲧ ⲛⲁⲛⲟⲩⲥ· ⲛ̅ ⲧⲉⲣ ⲓϩⲙⲟⲟⲥ ⲇⲉ ϩⲁϩⲧⲏϥ ⲁⲓⲡⲁⲣⲁ-
ⲕⲁⲗⲉⲓ ⲙⲙⲟϥ· ϫⲉ ⲉⲓⲟⲩⲱϣ ϩⲱⲱⲧ· ⲉ ⲧ̅ⲣ̅ⲕ̅ⲕⲁⲁⲧ· ⲙ̅
ⲙⲟⲛⲟⲭⲟⲥ· ϩⲁϩⲧⲏⲕ· ⲡⲉϫⲁϥ· ⲛⲁⲓ· ϩ̅ⲛ̅ ⲟⲩⲙ̅ⲛ̅ⲧ̅ⲣ̅ⲙ̅ⲛ̅-
ϩⲏⲧ· [ϫ]ⲉ ⲛⲧⲁ ⲡⲉⲛⲥⲱⲧⲏⲣ ϫⲟⲟⲥ· ϩ̅ⲙ̅ ⲡⲉⲩⲁⲅⲅⲉⲗⲓⲟⲛ·
ϫⲉ ⲁⲙⲏⲓⲧ̅ⲛ̅· ϣⲁ ⲣⲟⲓ ⲟⲩⲟⲛ· ⲛⲓⲙ· ⲉⲧ· ϩⲟⲟⲥⲉ· ⲁⲩⲱ
ⲁⲛⲟⲕ· ϯⲛⲁϯⲙ̅ⲧⲟⲛ· ⲛⲏⲧ̅ⲛ̅ ⲡⲣⲁⲛ· ⲛ̅ ⲧ̅ⲙ̅ⲛ̅ⲧ̅ⲙ̅ⲟⲛⲟⲭⲟⲥ |
ⲛⲁⲛⲟⲩϥ· ⲁⲗⲗⲁ· ⲡⲉⲓ ⲃⲓⲟⲥ ϩⲟⲟⲥⲉ· ⲛ ϫⲟⲕ̅ϥ̅ ⲉ ⲃⲟⲗ· ⲡⲉ- Fol. 39 *b*
ϫⲁⲓ ⲇⲉ ⲛⲁϥ· ϫⲉ ⲛⲧ ⲁⲓⲉⲓ· ⲉ ϩⲣⲁⲓ ⲉ ⲡⲉⲓ ⲙⲁ· ⲉ ⲧⲃⲉ ⲟ̅ⲑ̅
ⲡⲉⲓ ϩⲱⲃ· ⲱ ⲡⲁ ⲉⲓⲱⲧ· ⲉⲧ ⲟⲩⲁⲁⲃ· ⲉϣⲱⲡⲉ ϯⲛⲁϣ-
ϫⲟⲕ̅ϥ̅· ⲉ ⲃⲟⲗ· ⲛ̅ⲅ̅ⲣ̅ ⲡⲛⲁ· ⲛ̅ⲙ̅ⲙⲁⲓ· ⲡⲉϫⲁϥ ⲛⲁⲓ ϫⲉ
ⲟⲩϩⲱⲃ ⲉⲛⲁⲛⲟⲩϥ· ⲡⲉⲧ ⲉⲕϣⲓⲛⲉ· ⲛ̅ⲥⲱϥ· ⲱ ⲡⲁ ϣⲏⲣⲉ·
ⲉⲕϫⲉ (*sic*) ⲁⲕϩⲓ ⲧⲟⲟⲧ̅ⲕ̅· ⲉ ⲡϩⲱⲃ· ⲉⲧ ⲛⲁⲛⲟⲩϥ ⲛⲓⲙ· ⲡⲉⲧ
ⲛⲁϣⲕⲱⲗⲩ· ⲙⲙⲟⲕ· ⲱ ⲡⲁ ϣⲏⲣⲉ· ⲁⲛⲧⲱⲟⲩⲛ ⲇⲉ
ⲁⲛⲉⲓ ⲉ ⲃⲟⲗ· ϩ̅ⲙ̅ ⲡⲧⲟⲟⲩ ⲁϥϫⲓⲧ· ϣⲁ ⲟⲩⲡⲣⲉⲥⲃⲩⲧⲉⲣⲟⲥ·
ⲉ ⲧⲣ̅ϥ̅ϯ· ϩⲓⲱⲱⲧ· ⲙ̅ ⲡⲉⲥⲭⲏⲙⲁ· ⲛ ⲧ̅ⲙ̅ⲛ̅ⲧ̅ⲙ̅ⲟⲛⲟⲭⲟⲥ·
ⲁⲩⲱ ⲛ̅ ⲧⲉⲣ ⲡ̅ⲙ̅ⲟⲩⲧⲉ· ⲉ ϩⲟⲩⲛ· ⲁϥⲉⲓ· ⲉ ⲃⲟⲗ· ⲛϭⲓ
ⲡⲉⲡⲣⲉⲥⲃⲩⲧⲉⲣⲟⲥ· ⲁϥⲁⲥⲡⲁⲍⲉ ⲙⲙⲟⲛ· ⲁϥϫⲓⲧ̅ⲛ̅· ⲉ
ϩⲟⲩⲛ· ⲉ ⲡⲉϥⲧⲟⲡⲟⲥ ⲁ ⲡⲁ ⲉⲓⲱⲧ· ϫⲟⲟⲥ· ⲛⲁϥ· ⲛⲧⲉⲩ-
ⲛⲟⲩ· ⲉ ⲧⲃⲏⲏⲧ ⲁⲩⲱ ⲛⲧⲉⲩⲛⲟⲩ· ⲁϥϣⲱⲃ· ⲙ̅ ⲡϥⲱ· ⲛ
ⲧⲁ ⲁⲡⲉ· ⲁϥϯ ⲉ ϫⲱⲓ· ⲙ̅ ⲡⲉⲥⲭⲏⲙⲁ· ⲛ ⲧ̅ⲙ̅ⲛ̅ⲧ̅ⲙ̅ⲟⲛⲟ-
ⲭⲟⲥ· ⲁⲛⲧⲱⲟⲩⲛ· ⲁⲛⲃⲱⲕ· ⲉ ⲡⲉⲛⲙⲁ ⲛ ϣⲱⲡⲉ· ⲡⲁ
ⲉⲓⲱⲧ ⲇⲉ· ⲉⲧ ⲟⲩⲁⲁⲃ· ⲁⲡⲁ ϩⲁⲣⲱⲛ· ⲁϥⲣ̅ ⲟⲩϩⲃⲇⲟⲙⲁⲥ·
ⲛ̅ϩⲟⲟⲩ· ⲉϥⲕⲱⲧ· ⲙⲙⲟⲓ· ϩ̅ⲛ̅ ⲛⲉϩⲃⲏⲩⲉ· ⲛ̅ ⲧ̅ⲙ̅ⲛ̅ⲧ̅ⲣ̅ⲉϥ-
ϣⲙ̅ϣⲉ ⲛⲟⲩⲧⲉ· ⲙⲛ̅ⲛ̅ⲥⲁ ⲛⲁⲓ· ⲡⲉϫⲁϥ ⲛⲁⲓ ϫⲉ ϩⲙⲟⲟⲥ

ⲛⲁⲕ · ϩⲙ̄ ⲡⲉⲓ ⲙⲁ · ⲧⲁⲃⲱⲕ ⲧⲁϭⲙ̄ ⲡϣⲓⲛⲉ · ⲙ̄ ⲡⲉⲓ
ⲥⲟⲛ · ⲧⲁⲕⲧⲟⲓ · ϣⲁ ⲣⲟⲕ ⲙ̄ⲡⲉ ϥⲟⲩⲱϣ ⲇⲉ · ⲉ ⲧⲣⲁⲉⲓⲙⲉ
Fol. 40 *a* ϫⲉ ⲉϥⲟⲩⲱϣ | ⲉ ⲃⲱⲕ ⲉ ⲛⲉϥⲡⲟⲗⲩⲧⲉⲩⲉ · ⲡⲉϫⲁⲓ ⲇⲉ ⲛⲁϥ
ⲡ̄ ϫⲉ ⲉⲕⲛⲏⲩ · ⲙ̄ⲡⲟⲟⲩ · ⲡⲉϫⲁϥ ⲇⲉ · ⲛⲁⲓ ϫⲉ ⲙ̄ⲙⲟⲛ ·
ⲙⲉⲣⲉ ⲡⲥⲟⲛ · ⲕⲁⲁⲧ ⲉ ⲃⲟⲗ · ϣⲁ ⲡⲥⲁⲃⲃⲁⲧⲟⲛ · ⲉⲛⲉ
ⲡϣⲟⲣⲡ · ⲛ̄ϩⲟⲟⲩ · ⲛ̄ⲧⲁϥⲃⲱⲕ · ⲉ ⲃⲟⲗ · ϩⲓ ⲧⲟⲟⲧ ⲡⲉ
ⲡⲟⲩⲱϣ ⲁⲩⲱ ⲁϥⲣ̄ ⲡϣⲟⲣⲡ · ⲛϩⲟⲟⲩ · ⲙⲛ̄ ⲡⲙⲉϩ ⲥⲛⲁⲩ ·
ⲙⲛ̄ ⲙⲡⲉϩ ϣⲟⲙⲛ̄ⲧ · ϣⲁ ϩⲣⲁⲓ · ⲉ ⲡⲙⲉϩ ϥⲧⲟⲟⲩ · ⲙⲛ̄
ⲡⲙⲉϩ ϯⲟⲩ · ⲁⲛⲟⲕ · ⲇⲉ ⲁⲛⲇⲁⲓⲙⲱⲛⲓⲟⲛ · ϯ ϩⲓⲥⲉ ⲛⲁⲓ ·
ⲉⲙⲁⲁⲧⲉ · ϫⲉ ⲉ ⲧⲃⲉ ⲟⲩ · ⲁ ⲡⲉⲕⲉⲓⲱⲧ · ⲕⲁⲁⲕ · ⲙⲁⲩⲁⲁⲕ
ⲁϥⲃⲱⲕ · ⲉ ⲧⲃⲉ ⲟⲩ · ⲙ̄ⲡⲉ ϥϫⲓⲧⲕ̄ · ⲛ̄ⲧⲟⲕ ⲛ̄ⲅ̄ϫⲓ ⲥⲙⲟⲩ ·
ⲛ̄ⲧ ⲙ̄ ⲡⲥⲟⲛ · ⲉⲧ ⲙ̄ⲙⲁⲩ · ⲛ̄ ⲧⲉⲣ ⲟⲩϭⲱ ⲇⲉ · ⲉⲩⲉⲛⲱⲭ-
ⲗⲉⲓ · ⲛⲁⲓ · ⲁⲓⲧⲱⲟⲩⲛ · ⲁⲓϩⲓ ⲧⲟⲟⲧ · ⲉ ϩⲟⲩⲛ · ϩⲙ̄ ⲡⲧⲟⲟⲩ
ϣⲁ ⲡⲙⲁ · ⲛ̄ⲧ ⲁⲓϩⲉ ⲉ ⲣⲟϥ · ⲙ̄ ⲡϣⲟⲣⲡ ⲛ ⲥⲟⲡ
ⲁⲓϭⲛ̄ⲧϥ · ⲉϥⲁⲁϩ · ⲉⲣⲁⲧϥ · ϩⲛ̄ ⲧⲙⲏⲏⲧⲉ ⲙ̄ ⲡϣⲟ · ⲉⲣⲉ
ⲟⲩⲛⲟϭ · ⲛⲕⲁⲩⲥⲱⲛ · ⲛ ⲃⲟⲗ ϫⲉ ⲛⲉ ⲡⲕⲁⲓⲣⲟⲥ · ⲙ̄
ⲡⲙⲟⲩϩ · ⲙ̄ ⲡⲙⲟⲟⲩ ⲁⲩⲱ ⲛⲉⲣⲉ ⲟⲩⲛⲟϭ · ⲛ ⲱⲛⲉ ·
ⲧⲁⲗⲏⲩ · ⲉ ⲣⲟϥ · ⲉⲁ ⲛⲉϥⲃⲁⲗ · ϩⲱⲛ · ⲉ ⲡⲱⲣⲕ̄ · ⲉ ⲧⲃⲉ
ⲡⲕⲁⲩⲥⲱⲛ ⲉⲧ ⲛ̄ ⲃⲟⲗ · ⲁϥϩⲉ ⲉϫⲙ̄ ⲡⲕⲁϩ · ⲁϥⲕⲁ
ⲧⲟⲟⲧϥ ⲉ ⲃⲟⲗ · ⲉ ⲧⲣⲉϥⲙⲟⲩ · ⲁⲛⲟⲕ · ⲇⲉ ⲁⲓⲁⲙⲁϩⲧⲉ
ⲙ̄ⲙⲟϥ · ⲁⲓⲧⲟⲩⲛⲟⲥϥ ⲉⲓⲣⲓⲙⲉ · ⲉ ϩⲟⲩⲛ ⲉ ϩⲣⲁϥ · ⲉⲓϫⲱ
ⲙ̄ⲙⲟⲥ · ϫⲉ ⲁϩⲣⲟⲕ · ⲉⲕϯ ϩⲓⲥⲉ · ⲛⲁⲕ · ⲛ̄ϯϩⲉ ⲧⲏⲣⲥ̄ ·
Fol. 40 *b* ⲱ ⲡⲁ ⲉⲓⲱⲧ ⲉⲧ ⲟⲩⲁⲁⲃ | ⲛ̄ⲧⲟϥ ⲇⲉ ⲡⲉϫⲁϥ · ⲛⲁⲓ · ϫⲉ
ⲡ̄ⲁ̄ ⲛⲧⲁⲕⲉⲓ ⲉ ⲡⲁⲓ ⲙⲁ · ⲉ ⲧⲃⲉ ⲟⲩ ⲱ ⲡⲁ ϣⲏⲣⲉ · ⲡⲉϫⲁⲓ
ⲛⲁϥ ϫⲉ ⲁⲛⲁⲛⲟⲩⲃⲁ · ϯ ϩⲓⲥⲉ · ⲛⲁⲓ · ⲁⲉⲓⲉⲓ ⲉ ⲧⲁⲙⲟⲕ ·
ⲁϥⲛⲉⲧⲃ̄ ⲣⲱϥ · ⲛ̄ ⲥⲱⲃⲉ ⲡⲉϫⲁϥ · ϫⲉ ⲁⲗⲏⲑⲱⲥ · ⲛⲁ-
ⲛⲟⲩⲃⲁ · ⲉⲧ ⲑⲏⲡ ⲛⲉ · ⲱ ⲡⲁ ϣⲏⲣⲉ · ⲁⲓⲡⲁⲣⲁⲕⲁⲗⲉⲓ ·
ⲇⲉ · ⲙ̄ⲙⲟϥ · ⲉⲓϫⲱ ⲙ̄ⲙⲟⲥ ϫⲉ ϯⲥⲟⲡⲥ̄ⲡ̄ · ⲛ̄ ⲧⲉⲕⲙⲛ̄ⲧ-
ⲉⲓⲱⲧ · ⲉⲧ ⲟⲩⲁⲁⲃ · ϫⲉ ⲉ ⲧⲃⲉ ⲟⲩ · ⲕϯ ⲙ̄ⲙⲟⲕ · ⲉ ⲛⲉⲓ
ϩⲓⲥⲉ · ⲙⲛ̄ ⲛⲉⲓ ⲡⲟⲗⲩϯⲁ · ⲁϥⲟⲩⲱϣⲃ̄ · ⲛ̄ϭⲓ ⲡϩⲗ̄ⲗⲟ ·
ⲛⲁⲙⲉ · ⲁⲡⲁ ϩⲁⲣⲱⲛ · ϫⲉ ⲛ ϯⲛⲁϩⲡ̄ · ⲗⲁⲁⲩ · ⲁⲛ ⲉ
ⲣⲟⲕ ⲡⲁ ϣⲏⲣⲉ ϩⲛ̄ ⲛⲉⲧ ⲉⲕϣⲓⲛⲉ · ⲛ̄ⲥⲱⲟⲩ · ⲙ̄ ⲡⲛⲁⲩ ·
ⲅⲁⲣ ⲡⲉϫⲁϥ ⲉ ϯⲛⲁⲣ̄ ⲡⲙⲉⲉⲩⲉ · ⲛ̄ⲛ̄ϩⲓⲥⲉ · ⲛ̄ⲧⲁϥϣⲟⲡⲟⲩ
ϩⲁ ⲣⲟⲛ ⲛ̄ϭⲓ ⲡⲁ ⲥ̄ⲛ̄ⲣ̄ · ⲛ ⲁⲅⲁⲑⲟⲛ · ϣⲁⲛⲧ ⲉϥϯⲥⲟ ·

ⲉ ⲡⲉⲛ ⲅⲉⲛⲟⲥ · ⲉ ⲃⲟⲗ · ϩⲛ̅ ⲧⲉⲭⲙⲁⲗⲱⲥⲓⲁ · ⲙ ⲡⲇⲓⲁ-
ⲃⲟⲗⲟⲥ · ⲁϥϯ ⲙ ⲡⲉϥⲥⲱⲙⲁ · ⲙⲛ̅ ⲡⲉϥⲥⲛⲟϥ · ϩⲁ ⲣⲟⲛ ·
ϣⲁⲓϫⲟⲟⲥ ⲗⲟⲓⲡⲟⲛ ϫⲉ ⲉϣϫⲉ ⲁ ⲡⲛⲟⲩⲧⲉ · ⲁⲛⲉⲭⲉ ⲉ ϣⲡ̅
ϩⲓⲥⲉ ϩⲁ ⲣⲟⲛ · ⲁⲛⲟⲛ · ϩⲱⲱⲛ · ϣϣⲉ ⲉ ⲣⲟⲛ · ⲉ ⲧⲣⲛ̅ϥⲓ
ϩⲁ ϩⲓⲥⲉ · ⲛⲓⲙ · ϣⲁⲛⲧ ⲉϥⲣ ⲟⲩⲛⲁ · ⲛ̅ⲙⲙⲁⲛ ⲙ ⲡⲉϩⲟⲟⲩ ·
ⲙ ⲡⲉⲛϭⲙ ⲡϣⲓⲛⲉ · ⲛⲁⲓ ⲇⲉ ⲛ ⲧⲉⲣ ⲉ̅ϥϫⲟⲟⲩ · ⲁⲛⲧⲱⲟⲩⲛ ·
ⲁⲛⲉⲓ ⲉ ⲃⲟⲗ · ⲁⲛⲃⲱⲕ · ⲉ ⲡⲉⲛⲙⲁ · ⲛ ϣⲱⲡⲉ · ⲙ ⲡⲉ-
ϩⲟⲟⲩ ⲉⲧ ⲙ̅ⲙⲁⲩ · ⲁⲩⲱ ⲛ̅ϥⲡⲟⲗⲩⲧⲉⲩⲉ · ϩⲙ̅ ⲡⲉⲓ ⲥⲙⲟⲧ ·
ϩⲙ̅ ⲡⲉϩⲟⲟⲩ · ⲉⲧ ⲙ̅ⲙⲁⲩ · ⲉⲧ ⲉϥⲛⲁⲟⲩⲱⲙ · ⲉⲛⲉ |
ⲙⲉϥⲥⲉ ⲙⲟⲩ · ⲛϩⲏⲧϥ̅ · ⲁⲩⲱ ⲡⲉϩⲟⲟⲩ ⲉⲧ ⲉϥⲛⲁⲥⲉ Fol. 41 *a*
ⲙⲟⲟⲩ · ⲉⲛⲉⲙⲉϥⲟⲩⲱⲙ · ⲁⲥϣⲱⲡⲉ ⲇⲉ ⲛ̅ ⲟⲩⲟⲩϣⲏ · ⲡ̅ⲃ̅
ⲉⲛⲉⲛⲕⲟⲧⲕ · ⲙ ⲡⲉⲥⲛⲁⲩ · ϩⲙ̅ ⲡⲉⲛⲙⲁ · ⲛ ϣⲱⲡⲉ · ⲁⲛ-
ⲇⲁⲓⲙⲟⲛⲓⲟⲛ · ⲉⲓⲣⲉ · ⲛ̅ ⲟⲩⲫⲁⲛⲧⲁⲥⲓⲁ · ϩⲣⲁⲓ ϩⲙ̅ ⲡⲉⲓⲁ
ⲉⲩⲱϣ ⲉ ⲃⲟⲗ · ⲛ ⲧⲁⲥⲡⲉ · ⲛ̅ⲛⲗⲉϩⲙⲟⲟⲩⲉ · ⲁⲛⲟⲕ · ⲇⲉ
ⲛ ⲧⲉⲣ ⲓⲥⲱⲧⲙ̅ ⲉ ⲣⲟⲟⲩ · ⲁⲓϣⲧⲟⲣⲧⲣ̅ · ⲁⲩⲱ ⲁⲓⲕⲓⲙ · ⲉ ⲡⲁ
ⲉⲓⲱⲧ ⲉⲓϫⲱ ⲙⲙⲟⲥ ϫⲉ ⲁⲛⲃⲉⲗϩⲙⲟⲟⲩⲉ · ⲉⲓ ⲉ ⲣⲟⲛ ·
ⲛⲧⲟϥ ⲇⲉ · ⲡⲉϫⲁϥ ⲛⲁⲓ ϫⲉ ⲙⲡⲣ̅ ⲣ̅ ϩⲟⲧⲉ · ⲡⲁ ϣⲏⲣⲉ ·
ϥⲥⲏϩ ⲅⲁⲣ ϫⲉ ϩⲙ̅ ⲡⲉⲛⲛⲟⲩⲧⲉ ⲧⲛ̅ⲛⲁⲉⲓⲣⲉ ⲛ ⲟⲩϭⲟⲙ
ⲁⲩⲱ ⲟⲛ · ϫⲉ ⲙⲁⲣⲉ ⲡⲛⲟⲩⲧⲉ · ⲧⲱⲟⲩⲛ ⲛⲧⲉ ⲛⲉϥϫⲁϫⲉ ·
ϫⲱⲱⲣⲉ · ⲉ ⲃⲟⲗ · ⲛⲁⲓ ⲇⲉ ⲛ ⲧⲉⲣ ⲉ̅ϥϫⲟⲟⲩ · ⲁⲛⲧⲱⲟⲩⲛ ·
ⲉ ϩⲣⲁⲓ · ⲁⲛⲃⲱⲕ · ⲉ ⲡⲙⲁ ⲛ ⲧⲡⲉ · ⲁⲩⲱ ⲛⲉⲣⲉ ⲛⲇⲁⲓⲙⲱⲛ ·
ⲱϣ ⲉ ⲃⲟⲗ ⲛϯϩⲉ · ϩⲟⲓⲛⲉ · ⲙⲉⲛ · ϫⲉ ⲁⲛⲓⲥⲟⲩ · ⲉ ⲃⲟⲗ ·
ⲛⲧⲛ̅ϩⲟⲧⲃⲟⲩ · ϩⲉⲛⲕⲟⲟⲩⲉ ϫⲉ ⲙⲁⲣⲛ̅ϩⲟⲧⲃⲟⲩ ϩⲓϫⲙ̅
ⲡⲙⲁ · ⲉⲛⲉⲩⲛϩⲏⲧϥ̅ · ⲡϩⲁⲅⲓⲟⲥ ⲇⲉ ⲁϥⲉⲓⲙⲉ · ϩⲙ̅ ⲡⲉ-
ⲡ̅ⲛ̅ⲁ̅ · ϫⲉ ϩⲉⲛ ⲇⲁⲓⲙⲟⲛⲓⲟⲛ ⲛⲉ · ⲡⲉϫⲁϥ ⲛⲁⲓ · ϫⲉ
ⲙⲁⲣⲛ̅ⲧⲁⲁⲛ · ⲉ ⲡⲉϣⲗ⸌ⲏ⸍ⲗ ⲁⲩⲱ ⲛⲧⲉⲩⲛⲟⲩ · ⲁⲛⲧⲁⲁⲛ ·
ⲉ ⲡⲉϣⲗⲏⲗ · ⲁⲩⲱ ⲛⲧⲉⲩⲛⲟⲩ · ⲛⲧⲁⲛⲧⲁⲁⲛ · ⲉ ⲡⲉϣⲗⲏⲗ ·
ⲁⲩⲡⲱⲧ · ϩⲙ̅ ⲡⲉⲓⲁ · ⲁⲛⲟⲕ · ⲇⲉ ⲁⲓⲣϣⲡⲏⲣⲉ ⲡⲉϫⲁⲓ ·
ⲙ ⲡϩⲗ̅ⲗⲟ · ⲉⲧ ⲟⲩⲁⲁⲃ · ⲁⲡⲁ ϩⲁⲣⲱⲛ ϫⲉ ⲙⲏ · ϣⲁⲩⲣ ϯ
ⲁϣⲏ · ⲛⲥⲙⲟⲧ · ⲛϭⲓ ⲛ̅ⲇⲁⲓⲙⲟⲛⲓⲟⲛ ⁘— | ⲛⲧⲟϥ ⲇⲉ ⲡⲉ- Fol. 41 *b*
ϫⲁϥ · ϫⲉ ⲛⲧⲁⲕⲛⲁⲩ ⲱ ⲡⲁϣⲏⲣⲉ · ⲟⲩⲕⲟⲩⲓ ⲛ ϩⲱⲃ · ⲡ̅ⲅ̅
ⲡⲉ ⲡⲁⲓ · ⲛⲧⲁⲕⲁⲁϥ · ⲕⲁⲓ ⲅⲁⲣ · ⲁⲩⲥⲟⲛ · ϫⲟⲟⲥ · ⲛⲁⲓ
ϫⲉ ⲁⲥϣⲱⲡⲉ ⲙⲙⲟⲓ · ⲛ ⲟⲩⲥⲟⲡ · ⲉⲓⲁⲁϩ · ⲉⲣⲁⲁⲧ · ϩⲁ
ⲟⲩⲕⲟⲟϩ ⲛ̅ ⲧⲟⲟⲩ · ϩⲛ̅ ⲛⲉϩⲟⲟⲩ · ⲙ ⲡϣⲱⲙ · ⲉⲛⲉ ⲡⲁ ⲥⲟⲟⲩ

ⲡⲉ· ⲙⲡⲉ ⲓⲟⲩⲱⲙ· ⲟⲩⲇⲉ· ⲙⲡⲉ ⲓⲥⲱⲟⲩ ⲇⲉ· ⲙⲡⲉ
ⲓϩⲙⲟⲟⲥ· ⲉ ϩⲣⲁⲓ· ⲁϥⲉⲓ ⲛ̄ϭⲓ ⲟⲩⲇⲁⲓⲙⲟⲛⲓⲟⲛ· ⲉⲣⲉ ⲟⲩ-
ϩ̄ⲣⲁⲃⲇⲟⲥ· ⲛ̄ ⲛ̄ⲛⲟⲩⲃ ϩⲛ̄ ⲧⲉϥϭⲓϫ· ⲡⲉϫⲁϥ ⲛⲁⲓ· ϫⲉ ϫⲣⲟ
ⲙⲙⲟⲕ ⲱ̄ ⲡϣⲟⲉⲓϫ· ⲙ ⲡⲉⲭ̄ⲥ̄· ⲛⲧⲁϥⲙⲓϣⲉ ⲕⲁⲗⲱⲥ·
ⲁⲓⲛⲁⲩ· ⲅⲁⲣ· ⲉ ⲡⲉⲕϩⲓⲥⲉ· ⲁⲩⲧⲛ̄ⲛⲟⲟⲩⲕ· ⲉ ⲥⲗ̄ⲥⲱ̄ⲗ̄ⲕ·
ⲡⲥⲟⲛ· ⲇⲉ ⲉⲧ ⲙ̄ⲙ̄ⲙ̄ⲁⲩ· ⲛ ⲧⲉⲣ ϥ̄ⲛⲁⲩ· ⲉⲛⲕⲟⲧ̄ⲥ̄· ⲙ
ⲡⲇⲓⲁⲃⲟⲗⲟⲥ· ⲁϥϣⲱⲗ̄ϩ ⲛ ⲟⲩⲥⲫ̄ⲟ̄ⲥ̄· ⲉ ⲡⲕⲁϩ· ⲛⲧⲉⲩ-
ⲛⲟⲩ· ⲁϥⲣ ⲁⲧ ⲟⲩⲱ̄ⲛ̄ϩ· ⲉ ⲃⲟⲗ· ⲛϭⲓ ⲡⲇⲁⲓⲙⲟⲛⲓⲟⲛ·
ⲁⲥϣⲱⲡⲉ ⲇⲉ ⲛ ⲧⲉⲣ ϥ̄ϫⲉ ⲛⲁⲓ· ⲛϭⲓ ⲡⲡⲉⲧ ⲟⲩⲁⲁⲃ· ⲁⲡⲁ
ϩⲁⲣⲱⲛ· ⲁⲓⲡⲁϩ̄ⲧ̄· ϩⲁ ⲛⲉϥⲟⲩⲣⲏⲏⲧⲉ· ⲁⲓⲡⲁⲣⲁⲕⲁⲗⲉⲓ
ⲙⲙⲟϥ· ϫⲉ ⲛⲓⲙ· ⲡⲉ ⲡⲥⲟⲛ· ⲉⲧ ⲙ̄ⲙ̄ⲙ̄ⲁⲩ· ⲛⲧⲟϥ ⲇⲉ
ⲡⲉϫⲁϥ· ϫⲉ ⲧⲱⲟⲩⲛ ⲉ ϩⲣⲁⲓ ⲁⲩⲱ ϯⲛⲁⲧⲁⲙⲟⲕ· ⲛ ⲧⲉⲣ
ⲉⲓⲧⲱⲟⲩⲛ· ⲇⲉ ⲉ ϩⲣⲁⲓ· ⲡⲉϫⲁϥ· ⲛⲁⲓ· ϫⲉ ϭⲱϣⲧ·
ⲙⲡ̄ⲣ̄ ϫⲟⲟⲥ ⲛ ⲗⲁⲁⲩ· ⲁⲛⲟⲕ ⲡⲉ ⲡⲉⲓ ϩ̄ⲙ̄ϩⲁⲗ· ⲛ ⲁⲧ
ϣⲁⲩ ⲁ ⲡⲁⲓ ϣⲱⲡⲉ· ⲙⲙⲟⲓ· ⲁⲥϣⲱⲡⲉ ⲇⲉ ⲟⲛ· ⲛ̄ ⲟⲩ-
ϩⲟⲟⲩ· ⲉⲛϩⲙⲟⲟⲥ· ⲙⲛ̄ ⲛⲉⲛⲉⲣⲏⲩ· ⲁϥⲉⲓ ⲉ ⲃⲟⲗ· ϩ̄ⲙ̄
ⲡⲧⲟⲟⲩ· ⲛϭⲓ ⲟⲩⲁ ⲛⲟⲩⲃⲁ· ⲙⲛ̄ ⲡⲉϥϣⲏⲣⲉ· ϫⲉ ⲉⲩⲛⲁⲥⲉ
Fol. 42 *a* ⲙⲟⲟⲩ· ϩ̄ⲙ̄ ⲡⲉⲓⲉⲣⲟ· | ⲁⲩⲱ ⲛ ⲧⲉⲣⲉ ⲡϣⲏⲣⲉ· ⲕⲟⲩⲓ·
ⲡ̄ⲇ̄ ⲛⲉϫ ⲧⲉϥϭⲓϫ ⲉ ⲡⲙⲟⲟⲩ· ϫⲉ ϥⲛⲁⲥⲱ· ⲁϥⲥⲟⲕ̄ϥ̄· ⲛϭⲓ
ⲟⲩⲛⲟϭ ⲛⲉⲙⲥⲁϩ· ⲁϥϩⲁⲣⲡⲁⲍⲉ· ⲙⲙⲟϥ· ⲁϥⲃⲱⲕ·
ⲛⲧⲉⲩⲛⲟⲩ· ⲇⲉ· ⲁ ⲡⲉϥⲉⲓⲱⲧ· ⲛⲟϫ̄ϥ̄· ⲉϫ̄ⲙ̄ ⲡⲕⲁϩ·
ⲁϥⲁϣⲕⲁⲕ· ⲉ ⲃⲟⲗ· ⲁϥⲣⲓⲙⲉ· ϩⲛ̄ ⲟⲩⲥⲓϣⲉ ⲉⲛⲉ ⲙⲛ̄-
ⲧⲁϥϣⲏⲣⲉ· ⲛⲥⲁⲃ̄ⲗ̄ⲗⲁϥ· ⲉⲛⲉϥⲡⲏⲧ ⲇⲉ· ϩⲓ ⲡⲧⲟⲟⲩ·
ⲉϥϫⲓ ϣⲕⲁⲕ· ⲉ ⲃⲟⲗ· ⲁϥⲥⲟⲗⲡ̄ ⲛ̄ ⲛⲉϥⲥⲱⲙⲁ· ϩⲛ̄
ⲛ̄ⲱⲛⲉ· ⲉⲧ ϫⲏⲣ· ϩⲛ̄ ⲙ ⲡⲉⲧⲣⲁ· ⲁϥⲡⲗⲩⲅⲉⲓ· ⲙ ⲡⲉϥ-
ⲥⲱⲙⲁ· ⲙⲙⲁⲁⲧⲉ ⲁⲛⲟⲕ· ⲇⲉ· ⲛ ⲧⲉⲣ ⲉⲓⲛⲁⲩ· ⲉ ⲡⲉϥ-
ⲛⲟϭ· ⲛ̄ ⲙ̄ⲕⲁϩ ⲛϩⲏⲧ· ⲁⲓϫⲟⲟⲥ· ⲙ ⲡⲁ ⲉⲓⲱⲧ· ⲁϥ-
ⲧⲱⲟⲩⲛ ⲁϥⲉⲓ· ⲉⲣ̄ⲙ̄ ⲡⲣⲟ· ⲁϥϫⲱⲣ̄ⲙ̄· ⲙ ⲡⲁⲛⲟⲩⲃⲁ·
ⲛ ⲧⲉϥϭⲓϫ· ⲉ ⲧⲣ̄ϥ̄ⲃⲱⲕ· ϣⲁ ⲣⲟϥ· ⲛ̄ ⲧⲉⲣ ϥ̄ⲉⲓ ⲇⲉ·
ⲁϥⲛⲁⲩ· ⲉ ⲛⲉⲡⲗⲩⲅⲏ· ⲉⲧ ϩ̄ⲙ̄ ⲡⲉϥⲥⲱⲙⲁ· ⲁϥϥⲱⲧⲉ·
ⲉ ⲃⲟⲗ· ⲛ̄ ⲛⲉⲥⲛⲟϥ· ⲉⲧ ⲥⲱⲕ ⲉ ⲡⲉⲥⲏⲧ ϩ̄ⲙ̄ ⲡⲉϥⲥⲱⲙⲁ·
ⲁϥⲁⲙⲁϩⲧⲉ ⲙⲙⲟϥ· ⲁϥϫⲓⲧ̄ϥ̄· ⲉ ϩⲟⲩⲛ· ⲉ ⲡⲉϥⲙⲁ· ⲛ
ϣⲱⲡⲉ· ⲁϥϫⲓⲧ̄ϥ̄ ⲛ̄ϫ̄ⲛⲁⲁϩ· ⲁϥⲧⲣ̄ϥ̄ϩⲙⲟⲟⲥ· ⲛ ⲧⲉⲣ
ⲣ̄ϫⲛⲟⲟⲩϥ· ⲇⲉ· ⲉ ⲡⲉⲛⲧ ⲁϥϣⲱⲡⲉ ⲙⲡⲉ ϥⲉⲓⲙⲉ· ⲉ ⲡⲉⲧ

ϥ̄ϫⲱ · ⲙ̄ⲙⲟϥ · ⲛⲁϥ ⲡⲉϫⲉ ⲡⲁ ⲉⲓⲱⲧ· ⲛⲁⲓ · ϫⲉ ⲧⲱⲟⲩⲛ·
ⲁⲛⲁⲩ ϫⲉ ⲕⲛⲁϭⲛ̄ ⲟⲩⲣⲱⲙⲉ· ϩⲛ̄ ⲧⲉϩⲓⲏ · ⲙ̄ⲡⲙⲟⲩⲧⲉ ⲉ
ⲣⲟϥ· ⲁⲣⲏⲩ · ⲕⲛⲁϭⲛ̄ⲧϥ̄ · ⲉϥⲥⲟⲟⲩⲛ· ⲙ̄ⲡϣⲁϫⲉ ⲙ̄ⲡⲉ-
ⲙⲁϥ· ⲛ ⲧⲉⲣ ⲓ̈ⲃⲱⲕ ⲇⲉ ⲁⲓϭⲛ̄ · ⲟⲩⲣⲙ̄ ⲡⲓⲗⲁⲕ· ⲉϥ-
ⲧⲁⲗⲏⲩ· ⲉⲡⲉⲓⲱ · ⲉϥⲛⲁⲃⲱⲕ· ⲉⲥⲟⲩⲁⲛ· ⲁⲓⲙⲟⲩⲧⲉ· ⲉ
ⲣⲟϥ ⁘ | ⲡⲉϫⲁⲓ ⲛⲁϥ ϫⲉ ⲁⲣⲁ ⲕⲛⲟⲓ ⲛ ⲧⲁⲥⲡⲉ ⲛ ⲛⲁⲛⲟⲩⲃⲁ · Fol. 42 *b*
ⲡⲉϫⲁϥ ϫⲉ ⲥⲉ · ⲁⲓϫⲓⲧϥ ⲇⲉ ϣⲁ ⲡⲁ ⲉⲓⲱⲧ· ⲁⲡⲁ ϩⲁⲣⲱⲛ · ⲡ̄ⲉ̄
ⲡⲣⲱⲙⲉ ⲇⲉ ⲉⲧ ⲙ̄ⲙⲁⲩ· ⲛ̄ ⲧⲉⲣ ϥ̄ⲛⲁⲩ· ⲡⲁⲛⲟⲩⲃⲁ· ϩⲛ̄
ⲛⲉⲡⲗⲩⲅⲏ· ⲉⲧ ϩⲙ̄ ⲡⲉϥⲥⲱⲙⲁ· ⲁϥⲣϣⲡⲏⲣⲉ ⲉⲙⲁⲁⲧⲉ·
ⲡⲉϫⲁϥ ⲛⲁϥ ϫⲉ ⲁϩⲣⲟⲕ· ⲉⲕⲡⲗⲩⲅⲏ · ⲡⲁⲛⲟⲩⲃⲁ· ⲇⲉ
ⲁϥⲧⲁⲙⲟϥ · ⲉ ⲡⲉⲛⲧ ⲁϥϣⲱⲡⲉ· ⲡⲡⲉⲧ ⲟⲩⲁⲁⲃ· ⲇⲉ ⲁⲡⲁ
ϩⲁⲣⲱⲛ ⲁϥϫⲓ ⲛ̄ ⲟⲩⲗⲁⲕⲙ̄ · ⲛ̄ ϣⲉ ⲁϥⲧⲁⲁⲥ · ⲛⲁϥ ⲉϥϫⲱ
ⲙ̄ⲙⲟⲥ ϫⲉ ϫⲓⲧⲥ̄ · ⲛⲟϫⲥ̄ · ⲉ ⲡⲉⲥⲏⲧ ⲉ ⲡⲉⲓⲉⲣⲟ · ⲡⲙⲁ·
ⲛⲧⲁ ⲡⲙ̄ⲥⲁϩ· ϥⲓ· ⲙ ⲡⲉⲕϣⲏⲣⲉ· ⲛϩⲏⲧⲥ̄ · ⲁⲩⲱ ⲁϥ-
ⲃⲱⲕ · ⲕⲁⲧⲁ ⲑⲉ ⲛⲧⲁϥϫⲟⲟⲥ ⲛⲁϥ · ⲁⲥϣⲱⲡⲉ ⲇⲉ · ⲛ̄ ⲧⲉⲣ
ϥ̄ⲛⲟϫⲥ̄ · ⲧⲗⲁⲕⲙ̄ · ⲛ̄ ϣⲉ · ⲉ ⲡⲙⲟⲟⲩ · ⲁϥⲉⲓ · ⲙ̄ⲡⲟⲩⲛⲟϭ ·
ⲙ̄ⲙ̄ⲥⲁϩ· ⲁϥⲛⲟⲩϫⲉ · ⲙ̄ ⲡϣⲏⲣⲉ ⲕⲟⲩⲓ ⲉ ⲡⲉⲕⲣⲟ · ⲉⲙⲡ̄
ⲗⲁⲁⲩ · ⲛ ⲧⲁⲕⲟ· ϣⲟⲟⲡ · ⲙ̄ ⲡⲉϥⲥⲱⲙⲁ · ⲁⲩⲱ ⲁϥ-
ⲁⲙⲁϩⲧⲉ· ⲛ̄ ⲧⲉϥϭⲓϫ· ⲁϥⲉⲛⲧϥ̄ · ϣⲁ ⲡ̄ϩ̄ⲗ̄ⲗ̄ⲟ̄· ⲉⲧ
ⲟⲩⲁⲁⲃ · ⲁⲡⲁ ϩⲁⲣⲱⲛ ⲡⲁⲛⲟⲩⲃⲁ· ⲇⲉ· ⲛ̄ ⲧⲉⲣ ϥ̄ⲛⲁⲩ·
ⲉ ⲧⲉϣⲡⲏⲣⲉ ⲁϥⲉϣⲗⲟⲩⲗⲁⲓ· ⲉ ⲃⲟⲗ· ϩⲁ ⲡⲣⲁϣⲉ· ⲉ
ⲁϥϩⲱⲗϭ̄ · ⲉ ⲣⲟϥ· ⲁϥϯⲡⲓ · ⲉ ⲣⲟϥ· ⲡⲣⲱⲙⲉ ⲇⲉ ⲁϥ-
ⲃⲱⲕ · ⲉ ⲡⲓⲗⲁⲕ · ⲙ̄ⲡⲉ ϥⲃⲱⲕ · ⲉ ⲥⲟⲩⲁⲛ · ⲙ̄ ⲡⲉϩⲟⲟⲩ ·
ⲉⲧ ⲙ̄ⲙⲁⲩ · ⲁⲗⲗⲁ · ⲛⲉϥⲙⲟⲟϣⲉ ⲡⲉ ⲉϥⲧⲁϣⲉⲟⲉⲓϣ · ⲛ̄
ⲧⲉϣⲡⲏⲣⲉ· ⲛⲧⲁⲥϣⲱⲡⲉ · ⲡⲁⲛⲟⲩⲃⲁ· ⲇⲉ· ⲛ ⲧⲉⲣ ϥ̄ⲛⲁⲩ·
ⲉ ⲧⲉϣⲡⲏⲣⲉ· ⲛⲧⲁⲥϣⲱⲡⲉ· ⲁϥⲃⲱⲕ · ⲉ ⲡⲉϥⲏⲓ · ⲉϥϯ
ⲉⲟⲟⲩ | ⲙ ⲡⲛⲟⲩⲧⲉ· ⲁⲩⲱ· ⲉϥⲧⲁϣⲉⲟⲉⲓϣ · ⲙ ⲡⲉⲛⲧ Fol. 43 *a*
ⲁϥϣⲱⲡⲉ· ⲁⲩⲱ ⲟⲩⲟⲛ · ⲛⲓⲙ · ⲛⲧⲁⲩⲥⲱⲧⲙ̄ · ⲁⲩϯ ⲉⲟⲟⲩ ⲡ̄ⲋ̄
ⲙ ⲡⲛⲟⲩⲧⲉ· ⲙ̄ⲛ̄ ⲡⲡⲉⲧ ⲟⲩⲁⲁⲃ· ⲁⲡⲁ ϩⲁⲣⲱⲛ· ϣⲁ
ϩⲣⲁⲓ · ⲉ ⲡⲟⲟⲩ · ⲛϩⲟⲟⲩ ⲁⲥϣⲱⲡⲉ ⲇⲉ ⲟⲛ· ⲛ ⲟⲩϩⲟⲟⲩ ·
ⲉⲛϩⲙⲟⲟⲥ · ϩⲙ̄ ⲡⲉⲛⲙⲁ · ⲛ ϣⲱⲡⲉ · ⲁⲩⲣⲱⲙⲉ · ⲛ ⲟⲩⲱϩⲉ
ⲉⲓ ϣⲁ ⲣⲟⲛ · ⲉⲣⲉ ⲛⲉϥϩⲟⲓⲧⲉ ⲡⲏϩ · ϩⲓⲱⲱϥ · ⲉⲣⲉ ⲧⲉϥⲁⲡⲉ ·
ⲙⲉϩ ⲉⲓⲁⲧⲛ̄ · ⲉϥⲣⲓⲙⲉ ⲉⲙⲁⲁⲧⲉ ϩⲛ̄ ⲟⲩⲥⲓϣⲉ · ⲁⲛⲟⲕ ⲇⲉ
ⲁⲓϯ ⲙ ⲡⲁ ⲟⲩⲟⲓ · ⲉ ⲣⲟϥ ⲉⲓϫⲱ ⲙ̄ⲙⲟⲥ · ϫⲉ ⲟⲩ ⲡⲉⲛⲧ ⲁϥ-

ϣⲱⲡⲉ · ⲙⲙⲟⲕ · ⲛⲧⲟϥ · ⲇⲉ ⲡⲉϫⲁϥ · ⲛⲁⲓ ϫⲉ ⲁⲥϣⲱⲡⲉ ·
ⲙⲙⲟⲓ · ⲉⲓⲥⲱⲕ · ⲙ ⲡⲉϣⲏⲛ ⲙⲡ̄ ⲡⲁ ⲕⲟⲩⲓ ⲛ ϣⲏⲣⲉ ·
ⲉϥϩⲙ̄ ⲡϫⲟⲓ ϩⲛ̄ ⲟⲩⲥϣⲛⲉ · ⲁϥϩⲉ ⲉ ⲡⲉⲥⲏⲧ · ⲉ ⲡⲙⲟⲟⲩ ·
ⲁϥⲃⲱⲕ · ⲉ ϩⲣⲁⲓ · ⲉ ⲧⲁⲃⲱ ⲁⲩⲱ ⲙⲡⲉ ⲓⲉϣϭⲙϭⲟⲙ ·
ⲉ ⲥⲉⲕ ⲡⲉϣⲏⲛ ⲉ ϩⲣⲁⲓ · ⲉ ⲃⲟⲗ · ϫⲉ ⲉⲣⲉ ⲡⲙⲟⲟⲩ ·
ⲛⲁϣⲧ̄ · ⲉⲙⲁⲁⲧⲉ · ⲛ ⲧⲉⲣ ⲓⲣ̄ ⲡⲙⲉⲉⲩⲉ · ⲙ ⲡⲁ ϫⲥ̄ · ⲛ
ⲉⲓⲱⲧ ⲉⲧ ⲟⲩⲁⲁⲃ · ⲁⲡⲁ ϩⲁⲣⲱⲛ · ⲁⲓⲧⲱⲟⲩⲛ · ⲁⲓⲉⲓ · ϣⲁ
ⲣⲟϥ · ϫⲉ ⲉⲣⲉ ⲡⲉϥⲛⲁ · ⲛⲁⲧⲁϩⲟⲓ · ϫⲉ ⲟⲩϣⲏⲣⲉ ⲛ
ⲟⲩⲱⲧ · ⲛⲁⲓ ⲡⲉ · ⲁⲛⲟⲕ ⲇⲉ · ⲁⲓⲧⲱⲟⲩⲛ · ⲁⲓⲃⲱⲕ · ⲁⲓ-
ⲧⲁⲙⲉ ⲡⲁ ⲉⲓⲱⲧ · ⲁϥⲧⲱⲟⲩⲛ · ⲁϥⲉⲓ ⲉ ⲡⲉⲥⲏⲧ · ⲡⲣⲱⲙⲉ
ⲇⲉ · ⲁϥⲡⲁϩⲧϥ̄ · ϩⲁ ⲛⲉϥⲟⲩⲣⲏⲏⲧⲉ · ⲁϥⲟⲩⲱϣⲧ̄ · ⲛⲁϥ ·
ⲉϥϫⲱ ⲙⲙⲟⲥ ϫⲉ ⲃⲟⲏⲑⲉⲓ · ⲉ ⲣⲟⲓ · ⲛ̄ⲅ̄ⲥⲡ̄ⲥⲡ̄ ⲡⲉⲭ̄ⲥ̄ ·
ⲛ̄ϥⲭⲁⲣⲓⲍⲉ · ⲛⲁⲓ ⲙ̄ ⲡⲁ ϣⲏⲣⲉ ϫⲉ ⲟⲩⲟⲛ ⲛⲧⲁⲓ · ⲛⲥⲁⲃⲗ̄-
ⲗⲁϥ · ⲡ̄ϩⲗ̄ⲗⲟ · ⲇⲉ · ⲉⲧ ⲧⲁⲓⲏⲩ · ⲡⲉϫⲁϥ ⲛⲁϥ ⁘ |
Fol. 43 b ϫⲉ ⲃⲱⲕ · ⲡⲁ ϣⲏⲣⲉ ϩⲙ̄ ⲡⲣⲁⲛ ⲙ̄ ⲡϫⲥ̄ ϯⲡⲓⲥⲧⲉⲩⲉ · ϫⲉ
ⲡ̄ⲍ̄ ⲕⲛⲁϩⲉ · ⲉ ⲛⲉⲕϣⲏⲣⲉ ⲉϥϩⲙⲟⲟⲥ ϩⲙ̄ ⲡϫⲟⲓ · ⲛ̄ⲧⲟϥ ⲇⲉ
ⲡⲉϫⲁϥ ϫⲉ ϯⲡⲓⲥⲧⲉⲩⲉ · ⲉ ⲡⲛⲟⲩⲧⲉ · ϫⲉ ϥⲛⲁϣⲱⲡⲉ · ⲕⲁⲧⲁ
ⲑⲉ ⲛⲧⲁⲕϫⲟⲟⲥ · ⲛⲧⲟϥ ⲇⲉ ⲁϥⲃⲱⲕ · ⲉ ⲡϫⲟⲓ ⲁϥϩⲉ · ⲉ
ⲡⲉϥϣⲏⲣⲉ · ⲕⲁⲧⲁ ⲑⲉ ⲛ̄ⲧⲁϥϫⲟⲟⲥ ⲛⲁϥ · ⲁϥϫⲛ ⲉ
ⲡⲉϥϣⲏⲣⲉ ϫⲉ ⲟⲩ · ⲡⲉⲛⲧ ⲁϥϣⲱⲡⲉ · ⲙⲙⲟⲕ · ⲛⲧⲟϥ
ⲇⲉ ⲡⲉϫⲁϥ · ϫⲉ ⲁⲥϣⲱⲡⲉ · ⲙⲙⲟⲓ · ⲛ ⲧⲉⲣ ⲉⲓⲃⲱⲕ ·
ⲉ ϩⲣⲁⲓ · ⲉ ⲧⲁⲃⲱ · ⲉϯ ⲇⲉ · ⲉⲣⲉ ⲡⲁ ϩⲁⲛ · ⲡ̄ⲛⲓϥⲉ ·
ϩⲛ̄ ⲛⲁϭⲃϣⲁ · ⲁⲓϭⲱϣⲧ̄ · ⲁⲓⲛⲁⲩ · ⲉⲩⲣⲱⲙⲉ · ⲛ̄ ⲟⲩⲟⲉⲓⲛ
ⲉⲁϥⲁⲙⲁϩⲧⲉ · ⲛ̄ ⲧⲁ ϭⲓϫ · ⲁϥⲉⲛⲧ̄ · ⲉ ϩⲣⲁⲓ · ϩⲛ̄ ⲧⲁⲃⲱ ·
ⲁϥⲧⲁⲗⲟⲓ · ⲉ ⲡϫⲟⲓ · ⲁⲩⲱ ⲛ̄ⲧⲉⲩⲛⲟⲩ ⲁⲓⲗⲟ · ⲉⲓⲛⲁⲩ · ⲉ
ⲣⲟϥ · ⲡⲉϥⲉⲓⲱⲧ ⲇⲉ ⲁϥⲁⲙⲁϩⲧⲉ · ⲙⲙⲟϥ · ⲁϥⲉⲛⲧϥ̄ · ⲉ
ⲣⲁⲧϥ̄ · ⲙ ⲡⲡⲉⲧ ⲟⲩⲁⲁⲃ · ⲁⲡⲁ ϩⲁⲣⲱⲛ · ⲁϥϣⲡ̄ ϩⲙⲟⲧ ·
ⲛ̄ⲧ ⲙ ⲡⲛⲟⲩⲧⲉ · ⲙⲛ̄ ⲡⲡⲉⲧ ⲟⲩⲁⲁⲃ · ⲁⲡⲁ ϩⲁⲣⲱⲛ̄ Ⲛⲉⲩⲛ
ⲟⲩⲣⲱⲙⲉ · ⲇⲉ ⲟⲛ · ⲛⲟⲩⲟⲉⲓⲛ · ⲙ ⲡⲣⲏⲥ ⲙⲙⲟⲛ · ⲛ
ⲟⲩⲕⲟⲩⲓ · ⲉϥⲣ̄ ϩⲱⲃ · ⲉⲩⲙⲁ · ⲛ̄ ⲉⲗⲟⲟⲗⲉ · ⲁⲥϣⲱⲡⲉ ⲇⲉ ·
ⲛ ⲧⲉⲣ ϥ̄ⲁⲗⲉ ⲉⲩⲃⲛ̄ⲛⲉ · ϫⲉ ⲉϥⲛⲁⲕⲱⲧϥ̄ · ⲛⲛⲉϥⲕⲁⲣⲡⲟⲥ
ⲁⲧϣⲏⲧⲉ · ⲥⲟⲗⲡ̄ ⲁϥϩⲉ · ⲛⲥⲁ ⲡⲁϩⲟⲩ · ϩⲓϫⲙ̄ ⲡⲕⲁϩ ·
ⲁϥⲣⲟⲉ · ⲡ̄ⲡⲉⲧ ⲙⲟⲟⲩⲧ · ⲡⲉϥϣⲏⲣⲉ · ⲇⲉ · ⲛ̄ϥϩⲙⲟⲟⲥ ·
ϩⲁ ⲧⲃⲛ̄ⲛⲉ · ⲁⲩⲱ ⲛ ⲧⲉⲣ ϥ̄ⲛⲁⲩ · ⲉ ⲡⲉⲛⲧ ⲁϥϣⲱⲡⲉ ⲁϥ-

ⲣⲓⲙⲉ ϩⲛ̅ ⲟⲩⲥⲓϣⲉ· ⲛ̅ ⲣⲱⲙⲉ ⲇⲉ· ⲉⲧ ⲙ̅ ⲡⲉϥⲕⲱⲧⲉ· | ⲛ Fol. 44 *a* ⲡⲏ̅
ⲧⲉⲣ [ⲟⲩⲥⲱⲧ]ⲙ̅ ⲉ ⲣⲟϥ· ⲉϥⲱϣ· ⲉ ⲃⲟⲗ· ⲁⲩⲃⲱⲕ· ⲉ ⲛⲁⲩ ⲉ
ⲡⲉⲛⲧ ⲁϥϣⲱⲡⲉ· ⲛ ⲧⲉⲣ ⲟⲩⲛⲁⲩ ⲇⲉ ⲡⲁⲓ· ⲉϥⲛⲏϫ· ⲉ
ⲃⲟⲗ· ⲉϫⲙ̅ ⲡⲕⲁϩ ⲉⲧⲉ ⲡⲉⲩϣⲃⲏⲣ ⲡⲉ· ⲉϥⲟ ⲛⲑⲉ· ⲙ̅ⲡⲉⲧ
ⲙⲟⲟⲩⲧ· ⲡⲉϫⲁⲩ· ⲙ ⲡⲉϥϣⲏⲣⲉ· ϫⲉ ⲃⲱⲕ· ϣⲁ ⲡⲡⲉⲧ
ⲟⲩⲁⲁⲃ· ⲁⲡⲁ ϩⲁⲣⲱⲛ· ⲛ̅ⲅ̅ϫⲓ ⲛ ⲟⲩϭⲁⲡⲏ ⲙⲙⲟⲟⲩ·
ⲛ ⲧⲟⲟⲧϥ̅· ϩⲛ̅ ⲟⲩⲡⲓⲥⲧⲓⲥ· ⲛ̅ⲅ̅ⲛⲟϫϥ̅ · ⲉ ϫⲱϥ· ⲙⲉϣⲁⲕ·
ϥⲛⲁⲛⲉϩⲥⲉ· ⲡϣⲏⲣⲉ ϣⲏⲙ· ⲁϥⲃⲱⲕ· ϣⲁ ⲡⲡⲉⲧ ⲟⲩⲁⲁⲃ
ⲉϥⲣⲓⲙⲉ· ⲡⲡⲉⲧ ⲟⲩⲁⲁⲃ· ⲇⲉ ⲛ̅ⲡϥ̅ϩⲙⲟⲟⲥ· ϩⲁϩⲧⲛ̅ ⲡⲣⲟ·
ϫⲉ ⲛⲧⲁϥⲉⲓ ϩⲛ̅ ⲟⲩⲕⲁⲩⲙⲁ· ⲉϥϩⲟⲟⲥⲉ· ⲡϣⲏⲣⲉ ⲇⲉ
ϣⲏⲙ· ⲁϥⲡⲁϩⲧϥ̅· ⲛⲁϥ ⲁϥⲧⲁⲙⲟϥ· ⲉ ⲡⲉⲛⲧ ⲁϥϣⲱⲡⲉ·
ⲡⲇⲓⲕⲁⲓⲟⲥ ⲇⲉ ⲛ ϣⲡ̅ϩⲧⲏϥ· ⲛ ⲧⲉⲣ ϥ̅ⲥⲱⲧⲙ̅· ⲉ ⲡⲉⲛⲧ
ⲁϥϣⲱⲡⲉ· ⲁϥⲙ̅ⲕⲁϩ· ⲙ̅ⲡϩⲏⲧ· ⲡⲉϫⲁϥ ⲛⲁⲓ ϫⲉ ⲁⲛⲓⲛⲉ·
ⲛⲁⲓ· ⲛ ⲟⲩⲕⲟⲩⲓ· ⲙⲙⲟⲟⲩ ⲛ̅ϥϥⲓⲧϥ̅· ⲛ̅ϥⲛⲟϫϥ̅·
ⲉ ϫⲱϥ· ϩⲙ̅ ⲡⲣⲁⲛ· ⲙ̅ ⲡⲉⲭ̅ⲥ̅· ⲁⲓⲉⲛⲧϥ̅ ⲇⲉ· ⲛⲁϥ·
ⲁϥⲥⲫⲣⲁⲅⲓⲍⲉ ⲙⲙⲟϥ· ⲁϥⲧⲁⲁϥ ⲛⲁϥ· ϫⲉ ϫⲓⲧϥ̅·
ⲛ̅ⲅ̅ⲛⲟϫϥ̅ ⲉ ϫⲱϥ· ⲁⲩⲱ ⲛ ⲧⲉⲣ ϥ̅ⲛⲟϫⲕϥ̅· ⲉ ϫⲱϥ·
ⲁϥⲧⲱⲟⲩⲛ· ⲛⲧⲉⲩⲛⲟⲩ· ⲁϥⲉⲓ· ⲙⲛ̅ ⲡⲉϥϣⲏⲣⲉ ⲁϥⲟⲩ-
ⲱϣⲧ̅· ⲙ ⲡⲡⲉⲧ ⲟⲩⲁⲁⲃ· ⲁⲡⲁ ϩⲁⲣⲱⲛ̅ ⲛⲧⲟϥ ⲇⲉ· ⲁϥ-
ⲧⲟⲩⲛⲟⲥϥ̅· ⲉϥϫⲱ ⲙⲙⲟⲥ ϫⲉ ⲟⲩⲱϣⲧ̅· ⲙ̅ ⲡⲛⲟⲩⲧⲉ·
ⲁⲛⲟⲕ· ⲅⲁⲣ· ⲁⲛⲅ̅ ⲟⲩⲉⲗⲁⲭⲓⲥⲧⲟⲥ· ⲛ ⲧⲉⲣ ϥ̅ⲧⲱⲟⲩⲛ
ⲇⲉ· ⲁ ⲡⲉϥϣⲏⲣⲉ· ⲧⲁⲙⲟϥ· ⲉ ⲡⲉⲛⲧ ⲁϥϣⲱⲡⲉ ⲉϥϫⲱ
ⲙⲙⲟⲥ | ϫⲉ ⲛ ⲧⲉⲣ ⲓⲛⲟⲩϫⲕ̅· ⲙ ⲡⲙ[ⲟⲟⲩ ⲉ ϫⲱ]ⲕ· ⲁⲕ- Fol. 44 *b* ⲡⲑ̅
ⲃⲟϭⲕ· ⲁⲕⲁⲁϩ· ⲉⲣⲁⲧⲕ· ϩⲱⲥ ⲉϣϫⲉ ⲛⲧⲁⲕⲛⲉϩⲥⲉ· ϩⲁ
ⲡϩⲓⲛⲏⲃ· ⲁⲩⲱ ⲧⲁⲓ ⲧⲉ ⲑⲉ ⲛⲧⲁⲩⲃⲱⲕ· ⲉ ⲃⲟⲗ· ϩⲓ ⲧⲟⲟⲧϥ̅·
ϩⲛ̅ ⲟⲩⲉⲓⲣⲏⲛⲏ· ⲟⲩⲥϩⲓⲙⲉ ⲇⲉ ϩⲙ̅ ⲡⲉⲓⲗⲁⲕ ⲛ ⲧⲉⲣⲥⲉⲓ·
ⲉⲥⲛⲁⲙⲓⲥⲉ· ⲁ ⲡⲉⲥϣⲏⲣⲉ· ϫⲟϩⲧ̅ ⲛϩⲏⲧⲥ̅· ⲁϥⲙⲟⲩ· ⲁⲩⲱ
ⲛ̅ ⲧⲉⲣ ⲥ̅ⲣ̅ ⲡⲙⲉⲉⲩⲉ ⲛ ⲛⲉⲥϣⲏⲣⲉ· ⲉⲧ ⲉⲣⲉ ⲡⲛⲟⲩⲧⲉ·
ⲉⲓⲣⲉ ⲙⲙⲟⲟⲩ ⲉ ⲃⲟⲗ· ϩⲓⲧⲙ̅ ⲡⲡⲉⲧ ⲟⲩⲁⲁⲃ· ⲁⲡⲁ ϩⲁⲣⲱⲛ
ⲁⲥⲱϣ· ⲉ ⲃⲟⲗ· ⲉⲥϫⲱ· ⲙⲙⲟⲥ ϫⲉ ⲡⲛⲟⲩⲧⲉ· ⲙ̅ ⲡⲡⲉⲧ
ⲟⲩⲁⲁⲃ· ⲁⲡⲁ ϩⲁⲣⲱⲛ· ⲉⲕⲉⲥⲱⲧⲙ̅ ⲉ ⲣⲟⲓ· ϩⲛ̅ ⲧⲟⲩⲛⲟⲩ
ⲛ ⲁⲛⲁⲅⲕⲏ· ⲛⲧⲉⲩⲛⲟⲩ ⲁⲥⲙⲓⲥⲉ· ⲙ̅ ⲡϣⲏⲣⲉ ϣⲏⲙ·
ⲉϥⲙⲟⲟⲩⲧ· ⲛⲉⲥⲉⲓⲟⲧⲉ· ⲇⲉ· ⲁⲩⲗⲩⲡⲉⲓ· ⲉⲙⲁⲁⲧⲉ· ⲉ
ⲧⲃⲉ ⲡϣⲏⲣⲉ ϣⲏⲙ· ⲛ ⲧⲉⲣⲉ ⲧϣⲉⲉⲣⲉ ⲇⲉ ϣⲏⲙ· ⲛⲁⲩ

ⲉ ⲛⲉⲥⲉⲓⲟⲧⲉ · ⲉⲩⲙⲟⲕϩ̄ · ⲙ̄ϩⲏⲧ · ⲡⲉϫⲁⲥ · ⲛⲁⲩ ϫⲉ
ⲁϩⲣⲱⲧⲛ̄ · ⲉⲧⲉⲧⲛ̄ⲙⲟⲕϩ̄ · ⲙ̄ϩⲏⲧ · ⲉ ⲧⲃⲉ ⲡϣⲏⲣⲉ ϣⲏⲙ ·
ⲙ̄ⲥⲁⲃⲏⲗ ⲅⲁⲣ ϫⲉ ⲁⲓⲁⲓⲧⲉⲓ ⲙ ⲡⲛⲟⲩⲧⲉ · ⲙ ⲡⲡⲉⲧ ⲟⲩⲁⲁⲃ ·
ⲁⲡⲁ ϩⲁⲣⲱⲛ · ⲉϣϫⲉ ⲁⲓϩⲱⲛ · ⲉ ⲙⲟⲩ · ⲁⲛⲟⲕ · ⲙ ⲡⲁ
ⲥⲱⲙⲁ · ⲛ ⲧⲉⲣ ⲟⲩⲥⲱⲧⲙ̄ · ⲇⲉ · ⲛϭⲓ ⲛⲉⲥⲉⲓⲟⲧⲉ · ⲉⲛⲉ
ϩⲛ̄ⲣⲙ̄ⲙⲁⲟ · ⲅⲁⲣ · ⲙⲙⲁⲁⲧⲉ ⲛⲉ · ⲁⲩϫⲓ ⲛ̄ ϩⲉⲛⲭⲣⲏ-
ⲙⲁ · ϩⲛ̄ ⲛⲉⲩϭⲓϫ · ⲁⲩⲃⲱⲕ · ϣⲁ ⲡⲡⲉⲧ ⲟⲩⲁⲁⲃ · ⲁⲡⲁ
ϩⲁⲣⲱⲛ · ⲛⲧⲟϥ ⲇⲉ ⲁⲩⲧⲁⲙⲟϥ · ϩⲙ̄ ⲡⲉⲡ̄ⲛ̄ⲁ̄ · ϫⲉ
ⲥⲉⲛⲏⲩ · ϣⲁ ⲣⲟⲕ ⲡⲉϫⲁϥ ⲛⲁⲓ ϫⲉ ϣⲧⲁⲙ · ⲙ ⲡⲣⲟ ·
ⲙⲡⲣ̄ ⲕⲁ ⲣⲱⲙⲉ · ⲛⲁⲓ · ⲉ ϩⲟⲩⲛ · ⲙⲡⲟⲟⲩ · ⲛ ⲧⲉⲣ
Fol. 45 *a* ⲟⲩⲉⲓ | ⲇⲉ · ⲟⲩⲣ̄ · ⲟⲩⲛⲟϭ · ⲛ ⲁⲡⲣⲏⲧⲉ · ⲉⲩⲧⲱϩⲙ̄ ·
ϥ̄ ⲉϩⲟⲩⲛ ⲛⲧⲟϥ · ⲇⲉ · ⲁϥϭⲱϣⲧ · ⲉ ⲃⲟⲗ · ϩⲛ̄ ⲟⲩϣⲟϣⲧ̄
ⲡⲉϫⲁϥ · ⲛⲁⲩ ϫⲉ ⲉⲧⲛ̄ϣⲓⲛⲉ · ⲛⲥⲁ ⲟⲩ · ⲁⲩⲟⲩⲱϣⲃ̄ ·
ϫⲉ ⲉⲛϣⲓⲛⲉ · ⲛⲥⲁ ⲧⲉⲕⲙⲛ̄ⲧⲡⲉⲧⲟⲩⲁⲁⲃ · ⲉⲓⲧⲁ · ⲡⲉϫⲁϥ ·
ϫⲉ ⲉⲧⲉⲧⲛ̄ⲣ̄ ⲭⲣⲓⲁ · ⲛ̄ ⲟⲩ · ⲡⲉϫⲁⲩ · ϫⲉ ⲛⲧⲁⲛⲉⲓ · ϫⲉ
ⲉⲛⲉⲁⲡⲁⲛⲧⲁ · ⲉ ⲧⲉⲕⲙⲛ̄ⲧⲡⲉⲧⲟⲩⲁⲁⲃ · ϫⲓ ⲛ ⲧⲟⲟⲧⲛ̄ ⲛ ϯ
ⲕⲟⲩⲓ ⲛ ⲉⲩⲗⲟⲅⲓⲁ · ⲛⲧ̄ϣⲗⲏⲗ · ⲉϫⲙ̄ ⲡⲕⲟⲩⲓ · ⲛ ϣⲏⲣⲉ
ⲛ̄ϥⲱⲛϩ̄ · ⲛ ⲧⲉϥⲙⲁⲁⲩ · ⲕⲁⲓ ⲅⲁⲣ ⲛⲧⲁ ⲧⲉϥⲙⲁⲁⲩ ⲉⲡⲓ-
ⲕⲁⲗⲉⲓ · ⲙ ⲡⲉⲕⲣⲁⲛ · ⲙ ⲡⲛⲁⲩ · ⲛⲧⲁⲥⲉⲓ · ⲉⲥⲛⲁⲙⲓⲥⲉ ·
ⲉⲛⲉ ⲙⲙⲟⲛ ⲡⲉ · ⲁⲩⲙⲟⲩ · ⲙ ⲡⲉⲥⲛⲁⲩ · ⲡⲉϫⲉ ⲡϩⲁⲅⲓⲟⲥ ·
ⲁⲡⲁ ϩⲁⲣⲱⲛ · ⲛⲁⲩ · ϫⲉ ⲕⲁⲗⲱⲥ ⲁ ⲡⲁⲡⲟⲥⲧⲟⲗⲟⲥ ϫⲟⲟⲥ ·
ϫⲉ ⲧⲛⲟⲩⲛⲉ · ⲙ ⲡⲉⲑⲟⲟⲩ ⲛⲓⲙ · ⲧⲉ ⲧⲙⲛ̄ⲧⲙⲁⲓ ϩⲟⲙⲛ̄ⲧ ·
ⲁⲩⲱ ⲟⲛ ⲁ ⲡⲉⲧⲣⲟⲥ · ⲉⲡⲓϯⲙⲁ · ⲛ̄ ⲥⲓⲙⲱⲛ · ⲉϥϫⲱ ·
ⲙⲙⲟⲥ · ϫⲉ ⲡⲉⲕϩⲁⲧ · ⲙⲛ̄ ⲡⲉⲕⲛⲟⲩⲃ · ⲉϥⲉϣⲱⲡⲉ ⲛⲙ̄-
ⲙⲁⲕ · ϩⲓ ⲡⲧⲁⲕⲟ · ϫⲉ ⲁⲕⲙⲉⲉⲩⲉ · ϫⲉ ⲧⲇⲱⲣⲉⲁ ⲙ
ⲡⲛⲟⲩⲧⲉ · ϣⲁⲩϫⲡⲟⲥ · ϩⲓⲧⲛ̄ ⲭⲣⲏⲙⲁ · ⲧⲁⲓ ⲅⲁⲣ · ⲉ ⲧⲃⲉ
ⲧⲙⲛ̄ⲧⲙⲁⲓ ϩⲟⲙⲛ̄ⲧ · ⲛⲧⲁⲩⲥϩⲟⲩⲉⲣ (*sic*) ⲅⲓⲉⲓⲥⲉⲓ · ϩⲛ̄ ⲟⲩ-
ⲥⲱⲃϩ̄ · ⲡⲉⲛ ϫⲟⲉⲓⲥ ⲓ̄ⲥ̄ ⲟⲛ · ⲛⲧⲁϥϫⲟⲟⲥ · ⲙ ⲡⲃⲁⲥⲓⲗⲓⲕⲟⲥ ϫⲉ
ⲃⲱⲕ · ⲡⲉⲕϣⲏⲣⲉ · ⲟⲛϩ̄ · ⲛⲧ ⲁϥϯ ⲛⲟⲩⲃ · ⲛⲁϥ ⲁⲛ · ⲟⲩⲇⲉ
ϩⲁⲧ · ⲛⲧⲱⲧⲛ̄ ⲇⲉ · ϩⲱⲱⲧ ⲧⲏⲩⲧⲛ̄ · ⲉϣⲱⲡⲉ · ⲟⲩⲛ ⲧⲉⲧⲛ̄-
ⲡⲓⲥⲡⲓⲥ (*sic*) · ⲙⲙⲁⲩ · ⲧⲇⲱⲣⲉⲁ ⲙ̄ ⲡⲉⲭ̄ⲥ̄ ⲛⲁϣⲱⲡⲉ ⲛⲏⲧⲛ̄ ·
ⲁⲩⲟⲩⲱϣⲃ̄ [ϫ]ⲉ ⲧⲛ̄ⲡⲓⲥⲧⲉⲩⲉ · ⲉ ⲡⲉⲛⲉⲓⲱⲧ · ⲉⲧ ⲟⲩⲁⲁⲃ
Fol. 45 *b* ϩⲱⲃ · ⲛⲓⲙ · ⲉⲧ ⲉⲕⲛⲁϫⲟⲟⲩ · ⲛⲁⲛ · ϫⲉ ⲡⲉⲭ̄ⲥ̄ · ⲛⲁϫⲟ-
ϥ̄ⲁ̄ ⲕⲟⲩ · ⲉ ⲃⲟⲗ ⁘— | ⲡⲉⲓⲱⲧ · ⲇⲉ ⲙ ⲡϣⲏⲣⲉ ϣⲏⲙ [ⲁϥϫⲓ]

ⲟⲩⲕⲟⲩⲓ ⲛⲕⲁϩ· ϩⲓⲣⲙ̄ ⲡⲣⲟ· ⲙ ⲡⲉϥⲙⲁ· ⲛ ϣⲱⲡⲉ·
ⲁϥ[ⲙⲟ]ⲣϥ̄· ⲉ ⲡⲉϥⲣϣⲱⲛ· ⲁⲩⲱ ⲛ ⲧⲉⲣ ⲟⲩⲉⲓ· ⲉ ϩⲟⲩⲛ ⲉ
ⲡⲏⲓ· ⲁⲩϩⲉ ⲉⲩⲛⲟϭ· ⲙⲙⲏⲏϣⲉ· ⲉⲩⲥⲱⲟⲩϩ· ⲙⲛ̄ ⲧⲉϥ-
ⲥϩⲓⲙⲉ· ⲙⲛ̄ ⲡⲉϥϣⲏⲣⲉ· ⲁ ⲡⲉϥⲉⲓⲱⲧ ⲃⲱⲗ· ⲉ ⲃⲟⲗ· ⲙ
ⲡⲕⲟⲩⲓ· ⲛ ⲕⲁϩ· ⲉⲧ ⲙⲏⲣ· ⲉ ⲡⲉϥⲣϣⲱⲛ· ⲁϥⲛⲟϫϥ̄· ⲉϫⲙ̄
ⲡϣⲏⲣⲉ ⲕⲟⲩⲓ ⲉⲧ ⲙⲟⲟⲩⲧ· ⲛⲧⲉⲩⲛⲟⲩ· ⲁϥⲕⲓⲙ· ⲙ ⲡⲉϥ-
ⲥⲱⲙⲁ ⲁⲩⲱ ⲁϥⲟⲩⲱⲛ· ⲛ̄ ⲛⲉϥⲃⲁⲗ· ⲁⲩⲣ ϣⲡⲏⲣⲉ ⲛ̄ϭⲓ
ⲛⲉⲧ ϩⲙⲟⲟⲥ· ϩⲁϩⲧⲏⲥ· ⲁⲩϯ ⲉⲟⲟⲩ· ⲙ ⲡⲛⲟⲩⲧⲉ· ⲙ
ⲡⲡⲉⲧ ⲟⲩⲁⲁⲃ· ⲁⲡⲁ ϩⲁⲣⲱⲛ· ⲟⲩⲙⲏⲏϣⲉ ⲇⲉ· ⲉⲩϣⲟⲟⲡ·
ϩⲛ̄ ϩⲉⲛϣⲱⲛⲉ ⲉⲛⲉ ϣⲁⲩⲉⲛⲧⲟⲩ· ϣⲁ ⲣⲟϥ· ⲛ̄ϥⲧⲁⲗ-
ϭⲟⲟⲩ· ⲉϥϣⲟⲟⲡ· ⲛⲑⲉ ⲛⲛⲁⲡⲟⲥⲧⲟⲗⲟⲥ· ⲛⲧⲁ ⲡⲛⲟⲩⲧⲉ·
ϯ ⲛⲁⲩ· ⲛ ⲧⲉⲝⲟⲩⲥⲓⲁ· ⲉϫⲛ̄ ϣⲱⲛⲉ ⲛⲓⲙ· ⲁⲩⲣⲱⲙⲉ ⲇⲉ
ⲟⲛ· ⲉⲓ ϣⲁ ⲣⲟϥ· ⲛ ⲟⲩϩⲟⲟⲩ· ⲉϥⲏⲡ· ⲉ ⲧⲡⲟⲗⲓⲥ ⲥⲟⲩⲁⲛ·
ⲁϥϭⲱ ⲉϥⲣⲓⲙⲉ· ⲉ ϩⲟⲩⲛ· ⲉ ⲣⲟϥ· ⲉϥϫⲱ ⲙⲙⲟⲥ· ϫⲉ
ⲟⲩⲣⲱⲙⲉ· ⲛ ⲣ̄ⲙⲙⲁⲟ· ⲉϥϩⲛ̄ ⲧⲁ ⲡⲟⲗⲓⲥ· ⲉⲓⲭⲣⲉⲱⲥⲧⲉⲓ·
ⲛⲁϥ· ⲙ ⲙⲛⲧ· ⲛϩⲟⲗⲟⲕⲟⲧϯⲛⲟⲥ· ⲙⲡⲉ ⲓϩⲉ· ⲉ ⲣⲟⲟⲩ·
ⲛⲧⲁⲩⲧⲁⲁⲩ ⲛⲁϥ· ⲁⲓⲡⲁⲣⲁⲕⲁⲗⲉⲓ ⲙⲙⲟϥ· ϫⲉ ϩⲣⲟϣ
ⲛ̄ϩⲏⲧ· ⲉ ϩⲣⲁⲓ· ⲉ ϫⲱⲓ· ⲛⲧⲁⲧⲁⲁⲩ ⲛⲁϥ· ⲛⲧⲟϥ ⲇⲉ·
ⲙ̄ⲡⲉ ϥⲁⲛⲉⲭⲉⲓ· ⲁⲗⲗⲁ· ⲁϥⲁⲙⲁϩⲧⲉ· ⲙⲙⲟⲓ· ⲉ ⲧⲃⲉ
ⲡⲉϥⲭⲣⲉⲱⲥⲧⲉⲓ· ⲉϥⲟⲩⲱϣ· ⲉ ϥⲓ ⲛⲧⲟⲟⲧ ⲙ ⲡⲁ ⲙⲁ·
ⲛ ⲉⲗⲟⲟⲗⲉ· ⲛⲧⲁⲓⲧⲁϩⲟϥ· ϩⲁ ⲛⲁⲉⲓⲟⲧⲉ· ⲉ ϯϭⲓⲛⲉ· ⲙ
ⲡⲕⲟⲩⲓ· ⲙ ⲡⲁⲣⲁⲙⲩⲑⲓⲁ· ⲉ ⲃⲟⲗ ⲛ̄ϩⲏⲧϥ̄· ⲉ ⲧⲃⲉ ⲧⲁ
ϭⲓⲛⲱⲛ̄ϩ· ⲙⲛ̄ ⲛⲁϣⲏⲣⲉ | ⲛϩⲏⲕⲉ· ⲁⲩⲱ ⲉⲓϯ ⲛⲁϥ· Fol. 46 *a*
ⲛ̄ⲧⲉϥⲙⲏⲛⲥⲉ· ϯⲡⲁⲣⲁⲕⲁⲗⲉⲓ· ⲛ ⲧⲉⲕⲙⲛ̄ⲧⲡⲉⲧⲟⲩⲁⲁⲃ· ϥ̄ⲃ̄
ⲉ ⲧⲣⲕⲧⲛ̄ⲛⲟⲟⲩ· ⲛⲁϥ· ⲛ̄ϥⲁⲛⲉⲭⲉ· ⲙⲙⲟⲓ· ⲛⲧⲁ ⲟⲩⲁ
ⲥⲁⲣ· ϩⲛ̄ ⲛⲁ ⲡⲉϥⲏⲓ· ϫⲟⲟⲥ ⲉ ⲣⲟⲓ ϫⲉ ϥⲛⲁϯ ⲁⲛⲁⲅⲕⲏ
ⲉ ⲣⲟⲕ· ⲉ ⲧⲃⲉ ⲡⲕⲁⲓⲫⲁⲗⲓⲟⲛ· ϥⲛⲁⲧⲣⲕ̄ϩⲱϣ· ⲛ̄ⲅⲁⲡⲟ-
ⲧⲁⲥⲥⲉ· ⲙ ⲡⲉⲕⲙⲁ· ⲛ ⲉⲗⲟⲟⲗⲉ· ⲁⲩⲱ ϯⲡⲓⲥⲧⲉⲩⲉ· ϫⲉ
ⲉⲕϣⲁⲛⲧⲛ̄ⲛⲟⲟⲩ· ⲛⲁϥ· ⲛ̄ϥⲛⲁⲣ ⲁⲧ ⲥⲱⲧⲙ̄ ⲛⲥⲱⲕ· ⲁⲛ
ⲛⲁⲓ ⲇⲉ ⲉϥϫⲱ ⲙⲙⲟⲟⲩ· ⲉϥⲣⲓⲙⲉ· ⲛⲉ ⲁ ⲡⲛⲁⲩ ⲛ
ⲣⲟⲩϩⲉ· ϣⲱⲡⲉ· ⲛⲧⲟϥ ⲇⲉ ⲁϥⲧⲱⲟⲩⲛ ϫⲉϥⲛⲁⲃⲱⲕ·
ⲉ ⲡⲉϥⲏⲓ· ⲁⲡⲁ ϩⲁⲣⲱⲛ· ⲇⲉ ⲛ ⲧⲉⲣ ϥ̄ⲛⲁⲩ· ⲉ ⲡⲉϥⲙ-
ⲕⲁϩ· ⲛϩⲏⲧ· ⲡⲉϫⲁϥ ⲛⲁϥ· ϫⲉ ϩⲙⲟⲟⲥ ⲛⲁⲕ· ⲙ ⲡⲉⲓ
ⲙⲁ· ϣⲁ ϩⲧⲟⲟⲩⲉ· ϫⲉ ⲁ ⲡⲛⲁⲩ· ⲡⲣⲟⲕⲟⲡⲧⲉⲓ· ⲁⲩⲱ

ⲁϥϩⲙⲟⲟⲥ ϩⲓ ⲧⲁⲩⲗⲏ · ϩⲓ ⲃⲟⲗ · ⲡⲉϫⲉ ⲡⲁ ⲉⲓⲱⲧ ⲛⲁⲓ ·
ϫⲉ ϫⲓ · ⲛⲁⲕ · ⲛ ⲟⲩⲟⲉⲓⲕ · ⲙ̅ⲛ̅ ⲟⲩⲙⲟⲟⲩ ⲛ̅ⲅ̅ⲧⲁⲁⲩ ·
ⲛⲁϥ · ⲛ̅ⲅ̅ϫⲟⲟⲥ ⲛⲁϥ · ϫⲉ ϩⲙⲟⲟⲥ ⲛⲁⲕ · ϣⲁ ϩⲧⲟⲟⲩⲉ ·
ⲁⲩⲱ ⲡⲛⲟⲩⲧⲉ · ⲛⲁⲃⲟⲏⲑⲉⲓ · ⲉ ⲣⲟⲕ · ⲁⲛⲟⲕ ⲇⲉ ⲁⲓⲉⲓⲣⲉ
ⲕⲁⲧⲁ ⲑⲉ ⲛⲧⲁϥϫⲟⲟⲥ ⲛⲁⲓ · ⲁⲩⲱ ⲙⲡⲉ ⲡⲣⲱⲙⲉ ⲟⲩⲱϣ ·
ⲉ ϫⲓ ϯⲡⲉ · ⲛ ⲗⲁⲁⲩ · ⲉ ⲧⲃⲉ ⲧⲗⲩⲡⲉⲓ · ⲁⲩⲱ ⲁⲓⲃⲱⲕ ·
ⲁⲓⲧⲁⲙⲉ ⲡⲁ ⲉⲓⲱⲧ · ⲁϥⲉⲓ · ⲉ ⲃⲟⲗ · ϣⲁ ⲣⲟϥ · ⲡⲉϫⲁϥ
ⲛⲁϥ · ϫⲉ ⲙ̅ⲡ̅ⲣ̅ ⲣ̅ ⲁⲧ ⲥⲱⲧⲙ̅ · ⲡⲁ ϣⲏⲣⲉ · ⲧⲱⲟⲩⲛ ⲛ̅ⲅ̅
ⲟⲩⲱⲙ · ⲛ̅ ⲟⲩⲕⲟⲩⲓ · ⲙ̅ⲡⲟⲉⲓⲕ · ⲁⲩⲱ · ϯⲡⲓⲥⲧⲉⲩⲉ
Fol. 46 *b* ⲡⲛⲟⲩⲧⲉ ⲛⲁⲃⲟⲏⲑⲉⲓ · ⲉ ⲣⲟⲕ · | ⲁⲩⲱ ⲧⲁⲓ ⲧⲉ ⲑⲉ · ⲛⲧⲁϥ-
ϥ̅ⲅ̅ ⲉϣⲡⲓⲑⲉ ⲙⲙⲟϥ · ⲁϥⲧ[ⲱ]ⲟⲩⲛ · ⲁϥⲟⲩⲱⲙ · ⲡⲡⲉⲧ ⲟⲩⲁⲁⲃ
ⲇⲉ · ⲁⲡⲁ ϩⲁⲣⲱⲛ · ⲁϥⲧⲱⲟⲩⲛ · ⲁϥⲃⲱⲕ · ⲉ ϩⲣⲁⲓ · ⲉ ⲡⲙⲁ
ⲛ ⲧⲡⲉ · ⲁϥⲉⲣ ⲧⲉⲩϣⲏ · ⲧⲏⲣ̅ⲥ̅ · ⲉϥⲥⲟⲡⲥ̅ⲡ̅ ⲙ ⲡⲛⲟⲩⲧⲉ ·
ⲁⲩⲱ ⲉϥϣⲗⲏⲗ · ⲉ ⲧⲃⲏⲏⲧ̅ϥ̅ ϩⲧⲟⲟⲩⲉ ⲇⲉ · ⲛ ⲧⲉⲣ ⲉ̅ϥ̅ϣⲱⲡⲉ ·
ⲁ ⲡⲣⲱⲙⲉ ϣⲓⲛⲉ · ⲛⲥⲁ ⲃⲱⲕ · ⲉ ⲡⲉϥⲏⲓ · ⲡⲡⲉⲧ ⲟⲩⲁⲁⲃ ·
ⲇⲉ ⲁⲡⲁ ϩⲁⲣⲱⲛ · ⲡⲉϫⲁϥ · ⲛⲁϥ · ϫⲉ ϭⲱ ⲛⲁⲕ · ⲛ̅ ⲕⲉ
ⲕⲟⲩⲓ · ⲕⲛⲁⲃⲱⲕ · ⲉ ⲡⲉⲕⲏⲓ · ⲉⲣⲉ ⲡⲉⲕϩⲏⲧ ⲙⲟⲧⲛ̅ · ⲁⲩⲱ
ⲙⲡⲁⲧⲉ ⲡϣⲁϫⲉ · ⲟⲩⲱϩ ϩⲛ̅ ⲣⲱϥ · ⲉⲓⲥ ⲡⲣⲱⲙⲉ · ⲛ
ⲣ̅ⲙ̅ⲙⲁⲟ · ⲁϥⲉⲓ ⲉϥⲧⲁⲗⲏⲩ · ⲉⲩⲉⲓⲱ · ⲉⲩⲁⲙⲁϩⲧⲉ · ⲙⲙⲟϥ ·
ⲉⲣⲉ ⲕⲉ ⲥⲛⲁⲩ · ⲙ̅ⲡⲣⲱⲙⲉ · ⲟⲩⲏⲏϩ · ⲛⲥⲱϥ · ⲉⲩϫⲓ ⲙⲟⲉⲓⲧ ·
ϩⲏⲧ̅ϥ̅ · ϣⲁ ⲡⲇⲓⲕⲁⲓⲟⲥ · ⲉⲣⲉ ⲛⲉϥⲃⲁⲗ ⲟⲩⲱⲛ · ⲛ̅ϥ̅ⲛⲁⲩ ·
ⲉ ⲃⲟⲗ · ⲁⲛ · ⲁϥⲡⲁϩⲧ̅ϥ̅ · ⲁϥⲟⲩⲱϣⲧ̅ · ⲉϫⲛ̅ ⲛ̅ ⲟⲩⲣⲏⲏⲧⲉ ·
ⲙ ⲡⲁ ⲉⲓⲱⲧ · ⲁϥⲁⲙⲁϩⲧⲉ ⲙⲙⲟϥ · ⲁϥⲧⲱⲟⲩⲛ · ⲙⲙⲟϥ ·
ⲉ ϩⲣⲁⲓ Ⲉⲓⲧⲁ · ⲡⲉϫⲉ ⲡⲡⲉⲧ ⲟⲩⲁⲁⲃ · ⲛⲁϥ ϫⲉ ⲙⲡⲉ
ⲕⲥⲱⲧⲙ̅ · ⲉ ⲡⲛⲟⲙⲟⲥ · ⲉϥϫⲱ · ⲙⲙⲟⲥ ϫⲉ ⲟⲩ ϫⲉ ⲛⲛⲉ-
ⲕⲉⲡⲓⲑⲩⲙⲉⲓ · ⲉ ⲗⲁⲁⲩ · ⲛ̅ⲛ̅ⲕⲁ ⲙ ⲡⲉⲧ ϩⲓⲧⲟⲩⲱⲕ ⲟⲩⲇⲉ
ϩⲙ̅ ⲡⲉϥⲏⲓ · ⲟⲩⲇⲉ ⲧⲉϥⲥⲱϣⲉ · ⲟⲩⲇⲉ ⲡⲉϥⲧ̅ⲃ̅ⲛⲏ · ⲟⲩⲇⲉ
ⲡⲉϥⲙⲁ · ⲛ ⲉⲗⲟⲟⲗⲉ · ⲟⲩⲇⲉ · ⲡⲉϥⲙⲁ · ⲛ ϫⲟⲉⲓⲧ ⲉϣϫⲉ
ⲛⲛⲉⲛϫⲟⲟⲩ · ⲧⲏⲣⲟⲩ · ⲛⲧⲉ ⲡϣⲁ
[ⲡⲉϫ]ⲁϥ ⲟⲛ ⲛⲓ |
Fol. 47 *a* ⲉⲩⲏⲓ · ⲉⲧ ⲧⲱϭⲉ ⲛ̅ ⲟⲩⲥⲱϣⲉ · ⲉⲩⲥⲱϣⲉ · ϫⲉ ⲉⲩⲉϥⲓ ·
ϥ̅ⲇ̅ ⲛⲧⲉ ⲡⲉⲧ ϩⲓⲧⲟⲩⲱⲟⲩ · ⲡⲉⲓ ϣⲁϫⲉ · ϫⲉ ⲟⲩⲟⲓ · ⲟⲩⲟⲛ̅ϩ̅ ·
ⲙ ⲡϩⲱⲃ · ⲉ ⲃⲟⲗ · ϫⲉ ⲟⲩⲛ ⲟⲩⲛⲟϭ · ⲛ ⲕⲟⲗⲁⲥⲓⲥ ϭⲉⲉⲧ ·
ⲉ ⲡⲉⲧ ⲛⲁⲉⲡⲓⲑⲩⲙⲉⲓ ⲉ ⲛⲉⲛⲕⲁ · ⲙ ⲡⲉⲧ ϩⲓⲧⲟⲩⲱϥ · ϫⲓⲛ

ⲟⲩⲛⲟϭ ϣⲁ ϩⲣⲁⲓ· ⲉⲩⲕⲟⲩⲓ· ⲛ ⲉⲗⲁⲭⲓⲥⲧⲟⲛ· ⲉϥϣⲱϣ ⲉ
ⲃⲟⲗ ⲟⲛ· ⲛϭⲓ ⲡⲥⲏⲣ̅· ϫⲉ ⲛⲁⲓⲁⲧⲟⲩ· ⲡ̅ ⲡ̅ⲛⲁⲛⲧ· ϫⲉ
ⲛⲧⲟⲟⲩ· ⲛⲉⲧ ⲟⲩⲛⲁⲛⲁ· ⲛⲁⲩ· ⲉⲓⲧⲁ ⲟⲛ· ϫⲉ ⲡⲛⲁ·
ϣⲁϥϣⲟⲩϣⲟⲩ· ⲙⲙⲟϥ· ϩⲓϫⲡ̅ ⲧⲉⲕⲣⲓⲥⲓⲥ· ⲛⲁ· ⲙ ⲡⲉⲓ
ⲙⲁ· ⲡⲁ ϣⲏⲣⲉ· ⲧⲁⲣⲟⲩⲛⲁ· ⲛⲁⲕ ϩⲙ̅ ⲡⲕⲉ ⲙⲁ· ⲉⲧ
ⲉⲕⲛⲁⲃⲱⲕ· ⲉ ⲣⲟϥ ⲛⲁⲛⲟⲩⲥ ⲛⲁⲕ· ⲉ ⲧⲣⲕϣⲡ̅ϩⲧⲏⲕ· ϩⲁ
ⲡϩⲏⲕⲉ· ϫⲉ ⲛⲛⲉ ⲧⲙ̅ⲡⲧⲉⲃⲓⲏⲛ· ⲛⲛⲓⲛⲉⲩⲏ· ⲡⲁⲧ ⲛⲁ·
ⲧⲁϩⲟⲕ· ⲉ ⲃⲟⲗ· ϫⲉ ⲧⲉⲕⲣⲓⲥⲓⲥ· ⲟⲩⲁⲧ ⲛⲁ ⲧⲉ· ⲙ ⲡⲉⲧⲉ
ⲙⲡⲉ ϥⲉⲓⲣⲉ· ⲙ ⲡⲛⲁ· ⲁⲩⲱ ⲟⲛ· ϫⲉ ⲡⲛⲁ· ϣⲁϥϣⲟⲩ-
ϣⲟⲩ· ⲙⲙⲟϥ· ϩⲓϫⲡ̅ ⲧⲉⲕⲣⲓⲥⲓⲥ· ⲙⲏ ⲙⲡⲉ ⲕⲥⲱⲧⲙ̅· ⲉ
ⲧⲃⲉ ⲁⲭⲁⲃ ϫⲉ ⲛⲧⲁⲟⲩ· ϣⲱⲡⲉ· ⲙⲙⲟϥ· ⲛ ⲧⲉⲣ ϥ̅ⲉⲡⲓ-
ⲑⲩⲙⲉⲓ· ⲉ ⲡⲙⲁ· ⲛ ⲉⲗⲟⲟⲗⲉ ⲛ ⲛⲁⲃⲟⲩⲑⲁⲓ· ⲡⲓⲥⲣⲁⲉⲓⲗⲏ-
ⲧⲏⲥ· ⲛⲁⲓ ⲇⲉ ⲛ ⲧⲉⲣ ϥ̅ϫⲟⲟⲩ· ⲙ ⲡⲣⲱⲙⲉ ⲛ ⲣ̅ⲙⲙⲁⲟ·
ⲛϭⲓ ⲡⲡⲉⲧ ⲟⲩⲁⲁⲃ· ⲁⲡⲁ ϩⲁⲣⲱⲡ̅ ⲁϥⲟⲩⲱϣⲃ̅· ⲉϥϫⲱ
ⲙⲙⲟⲥ ϫⲉ ⲛⲁ· ⲛⲁⲓ ⲡⲇⲓⲕⲁⲓⲟⲥ· ⲉⲧ ϩⲁⲉⲟⲟⲩ· ⲛⲥ̅-
ⲥⲟⲡⲥⲡ̅· ⲙ ⲡⲉⲭ̅ⲥ̅· ϩⲁ ⲣⲟⲓ· ⲛⲧⲉ ⲡⲉⲓ ⲕⲁⲕⲉ· ⲗⲟ ⲙ-
ⲙⲁⲩ· ϩⲓϫⲡ̅ ⲛⲁⲃⲁⲗ· ⲁⲩⲱ ⲡ̅ ϯⲡⲁⲣ ⲁⲧ ⲥⲱⲧⲙ̅· ⲡ̅ⲥⲱⲕ
ϩⲡ̅ ⲗⲁⲁⲩ ⲛϩⲱⲃ· ⲡⲉϫⲉ ⲡⲡⲉⲧ ⲟⲩⲁⲁⲃ ⲛⲁϥ | ϫⲉ Fol. 47 *b*
ⲉⲕⲡⲓⲥⲧⲉⲩⲉ· ϫⲉ ⲟⲩⲛϭⲟⲙ· ⲙⲙⲟⲓ ⲉⲣ ⲡⲁⲓ· ⲁϥⲟⲩⲱϣⲃ̅· ϥ̅ⲉ̅
ϫⲉ ⲥⲉ ⲧⲱⲛⲟⲩ· ⲱ ⲡⲁ ⲉⲓⲱⲧ· ⲉⲧ ⲟⲩⲁⲁⲃ· ⲗⲟⲓⲡⲟⲛ ⲥⲱⲧⲙ̅·
ⲉ ⲣⲟⲓ· ⲡ̅ⲧⲁϫⲱ· ⲉ ⲧⲉⲕⲁⲅⲁⲡⲏ· ⲙ ⲡⲉⲛⲧ ⲁϥϣⲱⲡⲉ·
ⲙⲙⲟⲓ· ⲁⲥϣⲱⲡⲉ ⲇⲉ· ϩⲙ̅ ⲡⲧⲣⲉ ⲡⲣⲱⲙⲉ· ⲉⲧ ⲉⲕϣⲁϫⲉ·
ⲡ̅ⲙⲙⲁⲓ· ⲉ ⲧⲃⲏⲏⲧϥ̅· ⲃⲱⲕ· ⲉ ⲃⲟⲗ· ϩⲓ ⲧⲟⲟⲧ· ⲛⲥⲁϥ
ⲁⲓⲃⲱⲕ· ⲉ ϩⲣⲁⲓ ⲉ ⲡⲁ ⲏⲓ· ⲁⲓⲛⲕⲟⲧⲕ· ⲁⲓⲛⲉϩⲥⲉ ⲉ ϩⲣⲁⲓ·
ⲛⲧⲉⲩϣⲏ· ⲁⲓⲁⲓⲥⲑⲁⲛⲉ· ⲉ ⲡⲉⲓ ⲛⲟϭ· ⲛⲕⲁⲕⲉ· ϩⲓϫⲡ̅
ⲛⲁⲃⲁⲗ· ⲁⲩⲱ ⲛ ⲧⲉⲣⲉ ϩⲧⲟⲟⲩⲉ ϣⲱⲡⲉ· ⲡⲉϫⲁⲓ ⲡ̅ ⲛⲁ-
ⲣⲱⲙⲉ· ϫⲉ ⲛ ϯⲛⲁⲩ· ⲉ ⲃⲟⲗ· ⲁⲛ· ⲙⲡⲟⲟⲩ· ⲛⲧⲟⲟⲩ
ⲇⲉ· ⲡⲉϫⲁⲩ ⲛⲁⲓ ϫⲉ ⲡⲁⲛⲧⲱⲥ ⲛⲧⲁ ⲡⲁⲓ· ⲧⲁϩⲟⲕ· ⲉ ⲧⲃⲉ
ⲡⲡⲉⲧ ⲟⲩⲁⲁⲃ· ⲁⲡⲁ ϩⲁⲣⲱⲛ· ⲁⲛⲛⲁⲩ· ⲉ ⲡⲣⲱⲙⲉ ⲛⲧⲁⲕ-
ϣⲁϫⲉ ⲛⲙⲙⲁϥ· ⲛⲥⲁϥ· ⲉ ⲧⲃⲉ ⲛ ⲛⲟⲩⲃ ⲛⲧⲁϥⲃⲱⲕ· ϣⲁ
ⲣⲟϥ· ⲛ ⲧⲉⲣⲉ ⲓⲥⲱⲧⲙ̅ ⲇⲉ ϫⲉ ⲁϥⲉⲓ· ϣⲁ ⲧⲉⲕⲙⲡ̅ⲧⲡⲉⲧ-
ⲟⲩⲁⲁⲃ· ⲁⲓⲉⲓⲙⲉ ϫⲉ ⲛⲧⲁ ⲡⲉⲓ ϩⲱⲃ· ⲧⲁϩⲟⲓ· ⲉ ⲧⲃⲏⲏⲧϥ̅·
ⲁⲉⲓ ϣⲁ ⲣⲟⲕ· ϩⲱⲱⲧ· ⲉ ⲧⲃⲉ ⲡⲁⲓ ϯⲡⲓⲥⲧⲉⲩⲉ· ϫⲉ ⲟⲩ-
ⲛϭⲟⲙ· ⲙⲙⲟⲕ· ⲉ ⲧⲁⲗϭⲟⲓ· ⲡⲉϫⲉ ⲡⲡⲉⲧ ⲟⲩⲁⲁⲃ ⲛⲁϥ·

ϫⲉ ⲉⲕϣⲁⲛⲣ̄ ⲡⲛⲁ · ⲙⲛ̄ ⲡϩⲏⲕⲉ · ⲡⲉⲭ︦ⲥ︦ ϩⲱⲱϥ · ⲛⲁⲧⲁⲗ-
ϭⲟⲕ · ⲁϥⲙⲟⲩⲧⲉ · ⲉ ⲟⲩⲁ · ⲛ̄ⲛⲉⲧ ⲙⲟⲟϣⲉ · ⲛ̄ⲙⲙⲁϥ
ⲁϥϫⲓ · ⲙ ⲡⲉⲕⲣⲁⲙⲙⲁϯⲟⲛ · ⲛ̄ ⲧⲟⲟⲧϥ̄ ⲁϥⲧⲁⲁϥ · ⲙ ⲡⲇⲓ-
ⲕⲁⲓⲟⲥ · ⲁⲡⲁ ϩⲁⲣⲱⲛ · ⲡⲉϫⲉ ⲡⲡⲉⲧ ⲟⲩⲁⲁⲃ · ⲁⲡⲁ ϩⲁⲣⲱⲛ
Fol. 48 *a* ⲛⲁϥ [two lines illegible] | ϩⲙ̄ ⲡⲉⲓ ⲕⲟⲥⲙⲟⲥ ⲛ̄ϥϯ ⲛⲁⲕ · ⲙ
ϥ︦ⲉ︦ ⲡⲉⲕⲃⲉⲉⲕⲉ · ϩⲙ̄ ⲡⲉⲓ ⲁⲓⲱⲛ · ⲉⲧ ⲛⲏⲩ · ⲛⲧⲉⲩⲛⲟⲩ · ⲁϥ-
ⲥⲫⲣⲁⲅⲓⲍⲉ · ⲛ̄ⲛⲉϥⲃⲁⲗ · ⲁϥⲙⲟⲩⲧⲉ · ⲉ ⲣⲟⲓ ⲡⲉϫⲁϥ ⲛⲁⲓ ·
ϫⲉ ⲁⲛⲓⲛⲉ · ⲛ ϯⲗⲁⲕⲏⲛⲏ · ⲙⲙⲟⲟⲩ ⲁⲩⲱ ⲡⲉϫⲁϥ · ⲛⲁϥ ·
ϫⲉ ⲉⲓⲁ ⲡⲉⲕϩⲟ · ϩⲛ̄ ⲟⲩⲡⲓⲥⲧⲓⲥ · ⲛⲧⲉⲩⲛⲟⲩ · ⲇⲉ · ⲛⲧⲁϥⲉⲓⲟ
ⲙ̄ ⲡⲉϥϩⲟ · ⲁϥⲛⲁⲩ · ⲉ ⲃⲟⲗ · ⲁⲩⲣ̄ ϣⲡⲏⲣⲉ · ⲛϭⲓ ⲛⲉⲧ
ϩⲁϩⲧⲏϥ · ⲁⲩϯ ⲉⲟⲟⲩ · ⲙ ⲡⲛⲟⲩⲧⲉ · ⲁϥⲧⲱⲟⲩⲛ · ⲁϥ-
ⲟⲩⲱϣⲧ̄ · ⲙ ⲡⲡⲉⲧ ⲟⲩⲁⲁⲃ · ⲁⲡⲁ ϩⲁⲣⲱⲛ · ⲉϥϣⲡ̄ ϩⲙⲟⲧ ·
ⲙ ⲡⲛⲟⲩⲧⲉ · ⲛ̄ⲙⲙⲁϥ ⲉϫⲙ̄ ⲡⲉϥⲛⲁⲩ · ⲉ ⲃⲟⲗ · ⲡⲡⲉⲧ
ⲟⲩⲁⲁⲃ · ⲇⲉ ⲁϥϯ ⲙ ⲡⲉⲕⲣⲁⲙⲙⲁϯⲟⲛ ⲙ ⲡⲣⲱⲙⲉ ⲛ
ϩⲏⲕⲉ · ⲁϥϩⲱⲛ · ⲉ ⲧⲟⲟⲧϥ̄ · ⲉϥϫⲱ ⲙⲙⲟⲥ · ϫⲉ ⲛ̄ⲧⲟⲕ ·
ϩⲱⲱⲕ · ⲁⲣⲓ ⲡⲛⲁ · ⲙⲛ̄ ⲡⲉⲧ ϩⲓⲧⲟⲩⲱⲕ ⲛⲑⲉ ⲛⲧⲁⲩⲁⲁϥ ·
ⲛ̄ⲙⲙⲁⲕ ⲙⲏⲡⲟⲧⲉ ⲛ̄ⲧ̄ ϫⲟⲟⲥ ϫⲉ ⲁⲛ̄ⲧ̄ ⲟⲩϩⲏⲕⲉ · ⲙⲛ̄ϭⲟⲙ ·
ⲙⲙⲟⲓ · ⲉⲣ ⲧⲉⲛⲧⲟⲗⲏ · ⲙ ⲡⲉⲩⲁⲅⲅⲉⲗⲓⲟⲛ · ⲙⲡⲉ ⲡⲉⲩ-
ⲁⲅⲅⲉⲗⲓⲟⲛ · ϣⲡ̄ ϫⲡ̄ ⲗⲁⲁⲩ ⲛ ⲗⲟⲓϭⲉ · ⲛⲁⲕ · ⲱ ⲡϩⲏⲕⲉ ·
ⲉ ⲧⲣⲕ̄ϫⲟⲟⲥ ⲁⲗⲗⲁ · ϣⲁ ϩⲣⲁⲓ · ⲉⲩϫⲱ ⲙⲙⲟⲟⲩ ⲛ ⲱⲣϣ̄ ·
ⲡⲛⲟⲩⲧⲉ ⲛⲁϯ ⲃⲉⲉⲕⲉ · ⲛⲁⲕ · ϩⲁ ⲣⲟϥ · ⲙⲡⲣ̄ ⲣⲟⲉ · ⲙ
ⲡϩⲙ̄ϩⲁⲗ ⲛ ⲁⲧ ϣⲁⲩ · ⲛⲧⲁ ⲡⲉϥϫⲟⲉⲓⲥ · ⲕⲁ ϩⲁϩ · ⲛ̄ϭⲓⲛ-
ϭⲱⲣ · ⲛⲁϥ ⲉ ⲃⲟⲗ · ⲁϥⲃⲱⲕ · ⲁϥⲱϭⲧ̄ ⲙ̄ ⲡⲉϥϣⲃⲏⲣ ·
ϩⲙ̄ϩⲁⲗ · ⲉ ⲧⲃⲉ ϩⲉⲛⲕⲟⲟⲩⲉ ⲉⲧ ⲉ ⲣⲟϥ · ⲁⲗⲗⲁ · ϣⲱⲡⲉ ·
ⲛⲧⲟϥ (*sic*) · ⲛⲑⲉ ⲙ̄ ⲡϩⲙ̄ϩⲁⲗ · ⲛ̄ ⲥⲁⲃⲉ · ⲛ̄ⲧⲁ ⲡⲉϥϭⲓⲛϭⲱⲣ
Fol. 48 *b* ϭⲱⲃ ⲛⲁϥ · | ⲁϥⲟⲩⲱϣⲃ̄ · ⲛ̄ϭⲓ ⲡⲣⲱⲙⲉ · ⲛ̄ ϩⲏⲕⲉ · ϫⲉ
ϥ︦ⲋ︦ ϣⲗⲏⲗ ⲉ ϫⲱⲓ · ⲡⲁ ⲉⲓⲱⲧ · ⲉⲧ ⲟⲩⲁⲁⲃ · ⲁⲩⲱ ϯⲛⲁϩⲁⲣⲉϩ
ⲉ ϩⲱⲃ · ⲛⲓⲙ · ⲛ̄ⲧⲁⲕϩⲟⲛⲟⲩ · ⲉ ⲧⲟⲟⲧ · ⲁⲩⲱ ⲧⲁⲓ ⲧⲉ ⲑⲉ
ⲛⲧⲁⲩϯϩⲏⲩ · ⲙ ⲡⲉⲥⲛⲁⲩ · ⲁⲩⲃⲱⲕ ⲉ ⲃⲟⲗ ϩⲓ ⲧⲟⲟⲧϥ̄ ·
ⲉⲩϯ ⲉⲟⲟⲩ · ⲙ ⲡⲛⲟⲩⲧⲉ · ⲡⲣ̄ⲙ̄ⲙⲁⲟ ⲇⲉ · ⲛ ⲧⲉⲣ ⲉ̄ϥ̄ⲃⲱⲕ ·
ⲉ ⲡⲉϥⲏⲓ · ⲁϥϫⲱ ⲉ ⲛⲉϥⲣⲱⲙⲉ · ⲛϩⲱⲃ · ⲛⲓⲙ · ⲛ̄ⲧⲁⲩ-
ϣⲱⲡⲉ · ⲙⲙⲟϥ ⲛⲉⲩⲛ̄ ⲟⲩⲣⲱⲙⲉ ⲇⲉ ⲟⲛ ϩⲙ̄ ⲡⲉϥⲏⲓ ·
ⲉⲣⲉ ⲛⲉϥⲟⲩⲣⲏⲏⲧⲉ · ϯⲧⲕⲁⲥ · ⲉ ⲣⲟϥ · ⲛ ⲟⲩⲛⲟϭ · ⲛ
ⲟⲩⲟⲉⲓϣ · ⲛ ⲧⲉⲣ ⲉ̄ϥ̄ⲥⲱⲧⲙ̄ · ⲉ ⲛⲉϣⲡⲏⲣⲉ · ⲉⲧ ⲉⲣⲉ ⲡⲡⲉⲧ

ⲟⲩⲁⲁⲃ· ⲉⲓⲣⲉ· ⲙⲙⲟⲟⲩ· ⲡⲉϫⲁϥ· ϫⲉ ϩⲁⲙⲟⲓ· ⲉⲓⲉ·
ⲁⲛⲟⲕ· ⲡⲉⲛⲧ ⲁⲓⲙⲡϣⲁ· ⲛ ⲁⲡⲁⲛⲧⲁ· ⲉ ⲣⲟϥ· ⲛ̄ϥⲛⲁ·
ϩⲁ ⲧⲁ ⲙ̄ⲛ̄ⲧⲉⲃⲓⲏⲛ· ⲧⲁⲙⲁⲧⲉ· ⲙ ⲡⲧⲁⲗϭⲟ· ⲡⲉϫⲁϥ·
ⲛ̄ϭⲓ ⲡⲣⲱⲙⲉ· ⲉⲧ ϯⲧⲕⲁⲥ· ⲙ ⲡⲣⲱⲙⲉ· ⲛ̄ ⲣ̄ⲙⲙⲁⲟ·
ϫⲉ ⲙⲡⲉ ⲁⲡⲁ ϩⲁⲣⲱⲛ· ϫⲱϩ· ⲉ ⲗⲁⲁⲩ· ⲙ ⲙⲉⲗⲟⲥ
ⲛⲧⲁⲕ ⲡⲉϫⲁϥ ϫⲉ ⲁϩⲉ· ⲁϥϫⲱϩ· ⲉ ⲛⲁϭⲓϫ· ⲁⲩⲱ
ⲁⲓⲡⲁϩⲧ̄ ϩⲁ ⲣⲁⲧϥ̄· ⲁⲓⲧⲁⲗⲟ· ⲛ̄ⲛⲁϭⲓϫ· ⲉϫⲛ̄ ⲛⲉϥⲟⲩ-
ⲣⲏⲏⲧⲉ· ⲁⲓⲟⲩⲱϣⲧ̄· ⲛⲁϥ· ⲡⲉϫⲁϥ ⲛⲁⲓ (*sic*)· ϫⲉ ⲁⲣⲓ
ⲧⲁⲅⲁⲡⲏ· ⲛⲅ̄ϩⲛ̄ⲧⲕ̄· ⲉ ϩⲟⲩⲛ [ⲉ ⲣ]ⲟⲓ· ⲛ ⲧⲉⲣ ϥ̄ϩⲱⲛ· ⲇⲉ
ⲉ ϩⲟⲩⲛ· ⲉ ⲣⲟϥ· ⲁϥ[ⲁⲙⲁϩ]ⲧⲉ· ⲛ ⲧⲉϥϭⲓϫ· ⲁϥⲧⲟϭ̄ⲥ̄·
ⲉ ⲛⲉϥⲟⲩⲣⲏⲏⲧⲉ· ⲉϥϫⲱ· ⲙⲙⲟⲥ· ϫⲉ ϯⲡⲓⲥⲧⲉⲩⲉ [...]
ϭⲓϫ [...] ⲡⲡⲉⲧ ⲟⲩⲁⲁⲃ ⲁⲡⲁ ϩⲁⲣⲱⲛ [one line illegible] |
ⲙ ⲡⲧⲁⲗϭⲟ· ⲁⲩⲱ ⲧⲁⲓ ⲧⲉ ⲑⲉ ⲛ̄ⲧⲁ ⲛⲉϥⲟⲩⲣⲏⲏⲧⲉ· ⲗⲟ· Fol. 49 *a*
ⲉⲩϯⲧⲕⲁⲥ· ϫⲓⲛ ⲧⲉⲩⲛⲟⲩ· ⲉⲧ ⲙ̄ⲙⲁⲩ· ⲁⲩⲱ ⲟⲩⲟⲛ· ⲛⲓⲙ· ϥ̄ⲏ̄
ⲛⲧⲁⲩⲥⲱⲧⲙ̄· ⲁⲩϯ ⲉⲟⲟⲩ· ⲙ ⲡⲛⲟⲩⲧⲉ· ⲛ ⲁⲡⲁ ϩⲁⲣⲱⲛ·
Ⲛⲉⲩⲛ ⲟⲩⲣⲱⲙⲉ ⲇⲉ ⲟⲛ· ϩⲙ̄ ⲡⲓⲗⲁⲕ· ⲉ ⲟⲩⲛⲧⲁϥ· ⲙⲙⲁⲩ·
ⲛⲟⲩⲉⲓⲱ· ⲉϥⲣ̄ ϩⲱⲃ· ⲛ̄ϩⲏⲧϥ̄ ϩⲙ̄ ⲡⲟⲩⲉⲓⲧ· ⲛ ⲧⲉⲣ ϥ̄ⲉⲓ
ⲇⲉ ϫⲉ ϥⲛⲁⲃⲱⲕ· ⲉ ⲡⲉϥⲏⲓ· ⲁ ⲡⲉⲓⲱ ϩⲉ· ϩⲁ ⲣⲁⲧϥ̄·
ⲙ ⲡⲟⲉⲓⲧ ⲁϥⲙⲟⲩ· ⲛⲧⲟϥ ⲇⲉ· ϩⲓⲧⲛ̄ ⲧⲉϥⲛⲟϭ· ⲙ ⲡⲓⲥ-
ⲧⲓⲥ· ⲉ ϩⲟⲩⲛ· ⲉ ⲡⲇⲓⲕⲁⲓⲟⲥ· ⲁϥⲕⲁ ⲡⲉⲓⲱ ⲉϥⲛⲏϫ· ⲉ
ⲃⲟⲗ· ⲉϥⲙⲟⲟⲩⲧ· ⲁϥⲉⲓ ϣⲁ ⲣⲟϥ· ⲁϥⲧⲁⲩⲉⲑⲉ· ⲉ ⲣⲟϥ·
ⲡⲇⲓⲕⲁⲓⲟⲥ ⲇⲉ· ⲡⲉϫⲁϥ ⲛⲁϥ ϫⲉ ⲙⲡⲉ ϥⲙⲟⲩ· ⲡⲁ
ϣⲏⲣⲉ ⲁⲗⲗⲁ· ⲉϥⲟ ⲛⲕⲛⲁⲁⲩ· ⲁϥϯ ⲛⲁϥ· ⲛ̄ ⲟⲩϭⲉⲣⲱⲃ·
ⲉϥϫⲱ ⲙⲙⲟⲥ· ϫⲉ ⲃⲱⲕ· ⲛⲅ̄ⲣⲁϩⲧϥ̄· ⲛ̄ϩⲏⲧϥ̄· ⲛ̄ϩⲏⲧϥ̄ (*sic*)·
ⲛ ϣⲟⲙⲛ̄ⲧ· ⲛⲥⲟⲡ· ⲁⲩⲱ ϥⲛⲁⲧⲱⲟⲩⲛ· ⲁϥϫⲓⲧϥ̄ ⲇⲉ·
ⲁϥⲃⲱⲕ· ⲁϥⲣⲁϩⲧϥ̄ ⲛϩⲏⲧϥ· ⲛϣⲟⲙⲛⲧ· ⲛⲥⲟⲡ· ⲁϥ-
ⲧⲱⲟⲩⲛ ⲁϥⲁϩⲉ· ⲉⲣⲁⲧϥ̄· ⲛ̄ⲑⲉ· ⲉⲛⲉϥⲟ· ⲙⲙⲟⲥ·
ⲡⲣⲱⲙⲉ· ⲁϥⲉⲓ· ϣⲁ ⲡⲁ ⲉⲓⲱⲧ· ⲉϥϫⲱ· ⲙⲙⲟⲥ· ϫⲉ
ϯⲉⲩⲭⲁⲣⲓⲥⲧⲟⲩ· ⲛⲁⲕ· ⲡⲁ ⲉⲓⲱⲧ ⲉ ⲧⲃⲉ ⲡⲉϩⲙⲟⲧ· ⲛⲧⲁϥ-
ⲧⲁϩⲟⲓ· ⲛⲧⲟϥ ⲇⲉ ⲁϥϩⲱⲛ ⲉ ⲧⲟⲟⲧϥ̄· ⲉ ⲧⲙ̄ ϫⲉ ⲡⲉⲛⲧ
ⲁϥϣⲱⲡⲉ· ⲉ ⲗⲁⲁⲩ ⲙ̄ⲡⲣ̄ ⲧⲣⲉ· ⲗⲁⲁⲩ ⲅⲁⲣ· ⲣ̄ ⲁⲡⲓⲥⲧⲟⲥ·
ⲛ ⲛⲉⲛ ϣⲁϫⲉ· ⲕⲁⲓ ⲅⲁⲣ· ⲁ ⲡⲉⲛⲥⲱⲧⲏⲣ· ϫⲟⲟⲥ ϫⲉ ⲡ [...]
[...] ⲣⲉⲙ | ⲡⲁⲓ ϩⲱⲱϥ· Fol. 49 *b*
ϥⲛⲁⲁⲩ· ⲁⲩⲱ· ϥⲛⲁⲣ̄ ⲛⲉⲧ ⲛⲁⲁⲩ ⲉ ⲣⲟⲟⲩ· ⲛⲧⲟϥ ⲇⲉ ϥ̄ⲑ̄

ϩⲱⲱϥ ⲛⲡⲉⲧ ⲟⲩⲁⲁⲃ· ⲁⲡⲁ ϩⲁⲣⲱⲛ· ⲉⲛⲉϥⲣ̄ ϩⲱⲃ·
ⲉⲛⲉϥϭⲓϫ· ⲙⲙⲁⲁⲧⲉ· ⲉϥⲉⲓⲣⲉ· ⲙ ⲡⲙⲉⲉⲩⲉ· ⲙ ⲡⲉⲧ
ⲥⲏϩ ϫⲉ ⲁⲡⲣ̄ ϩⲱⲃ· ⲛ̄ϭⲓϫ· ⲙ ⲡⲉϩⲟⲟⲩ· ⲙⲛ̄ ⲧⲉⲩϣⲏ·
ϫⲉ ⲛⲛⲉ ⲛⲟⲩⲉϩ ϩⲓⲥⲉ· ⲉ ⲟⲩⲟⲛ· ⲙⲙⲱⲧⲛ̄· ϩⲉⲛⲥⲟⲡ
ⲙⲉⲛ· ⲛ̄ϥⲧⲁⲙⲓⲟ· ⲛ̄ ϩⲉⲛⲕⲩⲣⲓⲁ· ϩⲉⲛⲥⲟⲡ· ⲙⲉⲛ ⲉϥ-
ϣⲉϣ ⲛⲟⲩϩ· ⲉⲛⲉ ⲙⲉϥϭⲉⲡⲏ· ⲅⲁⲣ· ⲉ ϣⲁϫⲉ ⲉⲓ ⲙⲛ
ⲧⲉⲓ· ⲛ̄ⲧⲉ ⲟⲩⲛⲟϭ· ⲛ ⲭⲣⲓⲁ· ϣⲱⲡⲉ· Ⲁⲩⲣⲱⲙⲉ· ⲉⲓ
ϣⲁ ⲣⲟϥ· ⲛ ⲟⲩⲥⲟⲡ· ⲁϥϣⲡ̄ ⲛⲟⲩϩ ⲛ ⲧⲟⲟⲧϥ̄· ⲉ ⲧⲉ-
ⲭⲣⲓⲁ· ⲙ ⲡⲉϥⲙⲁ· ⲛ ⲉⲗⲟⲟⲗⲉ ⲡⲙⲁ· ⲛ ⲉⲗⲟⲟⲗⲉ· ⲇⲉ·
ⲉⲧ ⲙ̄ⲙⲁⲩ· ⲉⲛⲉⲣⲉ ⲡⲉϥϭⲉⲗⲙⲁ· ϫⲁϫⲱ ⲉⲙⲁⲁⲧⲉ· ⲛ̄
ⲧⲉⲣ ϥ̄ϫⲓ ⲇⲉ ⲛ ⲛ̄ⲛⲟⲩϩ· ⲛ̄ ⲧⲟⲟⲧϥ̄· ⲁϥⲙⲟⲣⲟⲩ· ⲉ ⲡⲉϥ-
ⲙⲁ· ⲛ̄ ⲉⲗⲟⲟⲗⲉ· ⲁϥϣⲱⲡⲉ· ⲛ̄ ⲟⲩⲅⲉⲛⲏⲙⲁ· ⲉⲛⲁ-
ⲛⲟⲩϥ· ⲙⲙⲁⲁⲧⲉ· ⲁⲩⲱ ⲛⲉⲛⲧ ⲁⲩⲥⲱⲧⲙ̄ ⲁⲩ† ⲉⲟⲟⲩ·
ⲙ ⲡⲛⲟⲩⲧⲉ· ⲁ ϩⲉⲛⲣⲱⲙⲉ ⲇⲉ ⲟⲛ ⲛⲃⲟⲩϩⲉ· ⲉⲓ ϣⲁ ⲣⲟϥ·
ⲛ ⲟⲩⲥⲟⲡ· ⲉⲩⲙⲟⲕϩ̄· ⲛϩⲏⲧ ⲁⲩⲡⲁⲣⲁⲕⲁⲗⲉⲓ ⲙⲙⲟϥ·
ϫⲉ ⲁⲣⲓ ⲧⲁⲅⲁⲡⲏ· ⲛⲅ̄ ϣⲗⲏⲗ· ⲉ ϫⲱⲛ ϫⲉ ⲥⲉⲉⲛⲱⲭⲗⲉⲓ·
ⲛⲁⲛ· ϩⲓⲧⲛ̄ ⲟⲩⲁⲣⲭⲱⲛ· ⲛ ϩⲉⲛⲁϣⲏ ⲛⲧⲃ̄ⲧ· ⲁⲩⲱ·
ⲙⲡⲉ ⲛϭⲓⲛⲉ· ⲉ † ⲛⲁϥ· ⲉⲛⲣ̄ ϩⲟⲧⲉ· ϫⲉ ⲛⲛⲉϥϩⲟⲣⲓ-
[ⲍⲉ] ⲉ ϫⲱⲛ· ⲛ̄ϥϣⲁⲁⲧⲛ̄· ⲛ ⲟⲩⲟⲥⲉ ⲡⲁⲣⲁ ⲧⲛ̄ϭⲟⲙ· [...]
[...] ⲁϥⲛⲁⲩ· ϫⲉ ⲛⲧⲉⲧⲛ̄ [...]
Fol. 50 *a* ⲛⲧⲉⲧⲛ̄ [...] | ⲡⲉⲧⲣⲟⲥ·
ⲣ̄ ϫⲉ ⲛⲟⲩϫⲉ· ⲙ ⲡⲉϣⲏⲛ· ⲛⲥⲁ ⲟⲩⲛⲁⲙ· ⲙ ⲡϫⲟⲓ·
ⲧⲉⲧⲛⲁϩⲉ· ⲉ ⲟⲩⲟⲛ· ⲛⲧⲁϥϫⲟⲟⲥ ⲁⲛ ϫⲉ ⲥⲁ ϩⲃⲟⲩⲣ·
ⲁⲗⲗⲁ· ⲛ̄ⲥⲁ ⲟⲩⲛⲁⲙ ⲉⲧⲉ ⲡⲁⲓ ⲡⲉ· ϫⲉ ⲉⲣϣⲁⲛ ⲡⲣⲱⲙⲉ·
ⲕⲱ ⲛⲥⲱϥ ⲛ̄ⲙ̄ⲙⲉⲉⲩⲉ· ⲉⲧ ⲑⲟⲟⲩ· ⲉⲧⲉ ⲛⲁⲓ ⲛⲉ ⲛⲉⲛⲉⲧ ϩⲓ
ϩⲃⲟⲩⲣ· ⲛϥⲣ̄ ⲛⲉⲧ ϩⲓ ⲟⲩⲛⲁⲙ· ⲉⲧⲉ ⲙ ⲡⲉⲧ ⲛⲁⲛⲟⲩϥ
ⲡⲉ· ϩⲱⲃ· ⲛⲓⲙ· ⲉⲧⲉ ϥⲛⲁⲁⲓⲧⲉⲓ· ⲙⲙⲟⲟⲩ ⲛⲧ ⲙ̄
ⲡⲛⲟⲩⲧⲉ· ⲥⲉⲛⲁϣⲱⲡⲉ· ⲛⲁϥ· ϥϫⲱ ⲅⲁⲣ ⲙⲙⲟⲥ·
ⲛ†ϩⲉ· ⲛ ⲛⲉⲧ ϩⲓ ϩⲃⲟⲩⲣ· ϫⲉ ⲥⲁϩⲉ ⲧⲏⲩⲧⲛ̄· ⲉ ⲃⲟⲗ·
ⲙⲙⲟⲓ· ⲛⲉⲧ ⲥϩⲟⲩⲣ̄ⲧ· ⲉ ⲧⲥⲁⲁⲧⲉ· ⲛ ϣⲁ ⲉⲛⲉϩ ⲛⲧⲁⲩ-
ⲥ̄ⲃ̄ⲧⲱⲧⲥ̄· ⲙ ⲡⲇⲓⲁⲃⲟⲗⲟⲥ· ⲙⲛ̄ ⲛⲉϥⲁⲅⲅⲉⲗⲟⲥ· ⲛⲉⲧ ϩⲓ
ⲟⲩⲛⲁⲙ ϩⲱⲱϥ· ϫⲉ ⲁⲙⲏⲓⲧⲛ̄· ϣⲁ ⲣⲟⲓ· ⲛⲉⲧ ⲥⲙⲁ-
ⲙⲁⲁⲧ ⲛⲧⲉ ⲡⲁ ⲉⲓⲱⲧ· ⲁⲩⲱ ⲟⲛ ϫⲉ ⲁⲙⲏⲓⲧⲛ̄· ϣⲁ ⲣⲟⲓ
ⲟⲩⲟⲛ· ⲛⲓⲙ· ⲉⲧ ϩⲟⲟⲥⲉ· ⲁⲩⲱ ⲉⲧ ⲟⲧⲡ̄· ⲁⲩⲱ ⲁⲛⲟⲕ·

ϯⲛⲁϯ ⲙⲧⲟⲛ ⲛⲏⲧⲛ̄ · ⲁⲩⲱ ⲟⲛ ϫⲉ ⲧⲉⲧ ⲛⲁⲕⲗⲏⲣⲟⲛⲟ-
ⲙⲉⲓ · ⲛ ⲧⲙⲛ̄ⲧⲉⲣⲟ · ⲛ̄ⲧⲁⲩⲥⲃ̄ⲧⲱⲧⲥ̄ · ⲛⲏⲧⲛ̄ · ϫⲓⲛ ⲧⲕⲁ-
ⲧⲁⲃⲟⲗⲏ ⲙ ⲡⲕⲟⲥⲙⲟⲥ · ⲉ ⲧⲃⲉ ⲟⲩ · ⲡⲉϫⲁϥ ϫⲉ ⲛⲉⲓ-
ϩⲕⲟⲉⲓⲧ · ⲁⲧⲉⲧⲛ̄ⲧⲙ̄ⲙⲟⲓ · ⲛⲉⲓⲟⲃⲉ · ⲁⲧⲉⲧⲛ̄ⲧⲥⲟⲓ ⲛⲉⲓⲕⲏ
ⲕⲁ ϩⲏⲩ · ⲁⲧⲉⲧⲛ̄ϯ · ϩⲓⲱⲱⲧ · ⲛⲉⲓⲟ ⲛ ϣⲙ̄ⲙⲟ · ⲁⲧⲉⲧⲛ̄-
ϣⲟⲡⲧ̄ · ⲉ ⲣⲱⲧⲛ̄ *(sic)* · ⲛⲉⲓϣⲱⲛⲉ · ⲁⲧⲉⲧⲛ̄ϭⲙ̄ · ⲡⲁ ϣⲓⲛⲉ ·
ⲛⲉⲓϩⲙ̄ ⲡⲉϣⲧⲉⲕⲟ · ⲁⲧⲉⲧⲛ̄ⲉⲓ · ϣⲁ ⲣⲟϥ *(sic)* · ⲛⲁⲓ ⲛⲉ ⲛⲉ
ⲡ… ⲉ ϣⲁⲩϫⲉ ⲡⲧⲏⲣϣⲏⲛ ⲉ ⲡⲥⲁ ⲛ ⲟⲩⲛⲁⲙ · | ⲛⲧⲱⲧⲛ̄ · Fol. 50 *b*
ϩⲱⲧ ⲧⲏⲩⲧⲛ̄ · ⲉⲧⲉⲧⲛ̄ⲁⲁⲩ · ⲧⲉⲧⲛⲁϭⲱⲡⲉ · ⲛ̄ ϩⲉⲛⲁϣⲏ · ⲣ̄ⲁ
ⲛⲧⲃ̄ⲧ · ⲕⲁⲧⲁ ⲧⲉⲧⲛ̄ⲭⲣⲓⲁ · ⲛⲧⲟⲟⲩ ⲇⲉ ⲡⲉϫⲁⲩ · ϫⲉ ϣⲉ
ⲡⲉⲕⲟⲩϫⲁⲓ · ⲱ ⲡⲁ ⲉⲓⲱⲧ · ⲉⲧ ⲟⲩⲁⲁⲃ · ⲉ ⲧⲃⲉ ⲧⲙⲛ̄ⲧ-
ϩⲏⲕⲉ · ⲙⲛ̄ ⲥⲉⲣϥⲉ · ⲉ ⲃⲱⲕ · ⲉ ⲧⲉⲕⲕⲗⲏⲥⲓⲁ ⲙ ⲡⲥⲁⲃⲃⲁ-
ⲧⲱⲛ · ⲙⲛ̄ ⲧⲕⲩⲣⲓⲁⲕⲏ · ⲡⲉϫⲁϥ ⲛⲁⲩ · ϫⲉ ⲙⲏ · ⲙⲡⲉ
ⲓϫⲟⲟⲥ · ⲛⲏⲧⲛ̄ · ϫⲉ ⲛⲧⲉⲧⲛ̄ⲃⲏⲕ · ⲁⲛ · ⲉ ⲧⲉⲕⲕⲗⲏⲥⲓⲁ ·
ⲙ ⲡⲛⲟⲩⲧⲉ · ⲛ̄ⲧⲉⲧⲛ̄ⲡⲁⲣⲁⲕⲁⲗⲉ ⲙⲙⲟϥ · ⲛϥⲣ̄ ⲡⲛⲁ ·
ⲡⲙ̄ⲙⲛⲧⲛ̄ · ⲛ̄ϥⲧⲙ̄ⲕⲁ ⲧⲏⲩⲧⲛ̄ · ⲉⲧⲉⲧⲛ̄ϣⲁⲁⲧ · ⲛ̄ ⲗⲁⲁⲩ ·
ϣϣⲉ ⲅⲁⲣ · ⲉ ⲭⲣⲓⲥϯⲁⲛⲟⲥ · ⲛⲓⲙ · ⲉ ϣⲟⲣⲡⲟⲩ · ⲉ ⲡⲏⲓ ·
ⲙ ⲡⲛⲟⲩⲧⲉ · ⲛⲥⲉⲉⲡⲥⲱⲡϥ̄ · ⲛ̄ϥⲥⲟⲃⲧⲉ · ⲙ ⲡⲉⲩϩⲱⲃ · ⲛ̄
ϭⲓϫ · ⲛⲧⲟⲟⲩ ⲇⲉ ⲁⲩⲟⲩⲱϣⲧ̄ · ϩⲁ ⲛⲉϥⲟⲩⲣⲏⲏⲧⲉ · ⲉⲩϫⲱ ·
ⲙⲙⲟⲥ ϫⲉ ϣⲗⲏⲗ · ⲉ ϫⲱⲛ · ⲡⲉⲛⲉⲓⲱⲧ · ⲉⲧ ⲟⲩⲁⲁⲃ ⲁⲩⲱ ·
ⲧⲛ̄ⲛⲁϩⲁⲣⲉϩ · ⲉ ⲛⲉⲕϣⲁϫⲉ · ⲧⲏⲣⲟⲩ · ⲁⲩⲱ ⲧⲁⲓ ⲧⲉ ⲑⲉ ·
ⲛⲧⲁϥϣⲗⲏⲗ · ⲉ ϫⲱⲟⲩ · ⲁϥϯ ⲛⲁⲩ · ⲛ ⲟⲩϭⲁⲡⲉⲓ · ⲙ-
ⲙⲟⲟⲩ · ϫⲉ ϭⲟϣϭϣ̄ · ⲉϫⲛ̄ ⲛⲉⲧⲛ̄ϣⲏⲏⲩ · ⲁⲩⲱ ⲧⲉⲧ-
ⲛⲁϩⲉ · ⲉ ⲟⲩⲟⲛ ⲛⲧⲟⲟⲩ ⲇⲉ · ⲁⲩⲃⲱⲕ · ϩⲛ̄ ⲟⲩⲡⲓⲥⲧⲓⲥ
ⲁⲩϭⲱⲡⲉ · ⲛ ϩⲉⲛⲁϣⲏ · ⲛⲧⲃ̄ⲧ ⲁⲩϯ ⲛ ⲧⲉⲭⲣⲓⲁ · ⲙ̄
ⲡⲁⲣⲭⲱⲛ · ⲛⲁϥ · ⲁⲩϯ ⲡⲕⲉ ⲥⲉⲉⲡⲉ · ⲉ ⲧⲉⲭⲣⲓⲁ ⲙ
ⲡⲉⲩⲏⲓ · ⲁⲩⲉⲓ ϣⲁ ⲡ̄ⲇⲓⲕⲁⲓⲟⲥ · ⲉⲩⲉⲩⲭⲁⲣⲓⲥⲧⲉⲓ · ⲙ
ⲡⲛⲟⲩⲧⲉ · ⲙⲛ̄ ⲛⲉϥϣⲗⲏⲗ · ⲉⲧⲟⲩⲁⲁⲃ · …
…
… | ⲧⲉⲩⲛⲟⲩ · ⲕⲉ ⲟⲩⲁ · ⲇⲉ ⲟⲛ · ⲉⲁ Fol. 51 *a*
ⲡⲉϥϫⲟⲓ · ⲕⲩⲛⲇⲉⲛⲉⲩⲉ · ⲁⲩⲱ ϩⲙ̄ ⲡⲧⲣϥⲉⲡⲓⲕⲁⲗⲉⲓ · ⲙ ⲣ̄ⲃ
ⲡⲛⲟⲩⲧⲉ · ϩⲙ̄ ⲡⲉϥⲣⲁⲛ · ⲁ ⲡⲉϥϫⲟⲓ · ⲧⲟⲩϫⲟ · ⲙⲛ̄
ⲡⲉϥⲁⲩⲉⲓⲛ · ⲧⲏⲣϥ̄ · ⲁⲥϣⲱⲡⲉ ⲇⲉ ⲟⲛ · ⲛ̄ ⲟⲩϩⲟⲟⲩ ⲉⲩ-
ⲙⲟⲟϣⲉ · ⲙⲛ̄ ⲛⲉⲩⲉⲣⲏⲩ · ⲛ̄ϭⲓ ⲁⲛⲟⲩⲃⲁ · ⲥⲛⲁⲩ ⲉⲩⲛⲁ-

ⲃⲱⲕ · ⲉ ⲥⲟⲩⲁⲛ · ⲡⲟⲩⲁ · ⲇⲉ ⲉ ⲃⲟⲗ · ⲛ̄ϩⲏⲧⲟⲩ · ⲟⲩⲃⲁⲗ · ⲛ ⲟⲩⲱⲧ · ⲡⲉⲧ ⲙ̅ⲙⲟϥ · ⲡⲉϫⲉ ⲡⲉϥϣⲃⲏⲣ ⲛⲁϥ · ϫⲉ ⲁⲙⲟⲩ · ⲛⲧⲛ̄ϫⲓ ⲥⲙⲟⲩ ⲛ ⲧⲟⲟⲧϥ̄ · ⲙ ⲡⲉⲓ ⲛⲟϭ · ⲛ ⲣⲱⲙⲉ ⲡⲉϫⲉ ⲡⲁ ⲡⲃⲁⲗ · ⲛ̄ ⲟⲩⲱⲧ · ϫⲉ ⲟⲩⲛⲟϭ · ⲛ̄ⲣⲱⲙⲉ ⲁⲛ ⲡⲉ · ⲉϣϫⲉ ⲉϩⲉ · ⲙⲁⲣ̄ϥ ⲟⲩⲱⲛ · ⲙ ⲡⲁ ⲃⲁⲗ · ⲁⲩⲱ · ⲙⲡⲁⲧⲉ ⲡϣⲁϫⲉ · ⲟⲩⲱϩ ⲛ̄ⲣⲱϥ · ⲁ ⲡⲉϥⲃⲁⲗ · ⲉⲧⲟ ⲛ ⲃ̄ⲗ̄ⲗⲉ · ⲛⲁⲩ · ⲉ ⲃⲟⲗ · ⲁ ⲡⲉⲧ ⲛⲁⲩ ⲉ ⲃⲟⲗ · ⲣ̄ ⲃ̄ⲗ̄ⲗⲉ · ⲛ ⲧⲉⲣⲉ ⲡⲉϥϣⲃⲏⲣ · ⲛⲁⲩ · ⲉ ⲡⲉⲛⲧ ⲁϥϣⲱⲡⲉ · ⲁϥⲣ̄ ϣⲡⲏⲣⲉ · ⲉⲙⲁⲁⲧⲉ · ⲁⲩⲱ ⲡⲉϫⲁϥ · ⲛⲁϥ · ϫⲉ ⲙⲡⲉ ⲓϫⲟⲟⲥ ⲛⲁⲕ · ϫⲉ ⲟⲩⲛⲟϭ · ⲛ̄ ⲣⲱⲙⲉ · ⲉⲙⲁⲁⲧⲉ · ⲡⲉϫⲁϥ · ϫⲉ ⲙⲡⲉ ⲓϯⲟⲥⲉ · ⲛ̄ ⲗⲁⲁⲩ · ϫⲉ ⲁⲩϣⲧⲁⲙ · ⲛ ⲟⲩⲁ · ⲁⲩⲟⲩⲱⲛ · ⲛ ⲟⲩⲁ · ⲡⲗⲏⲛ · ⲙⲁⲣⲛ̄ⲃⲱⲕ · ϣⲁ ⲣⲟϥ · ⲙⲉϣⲁⲕ · ⲛ̄ϥϯ ⲡⲟⲩⲟⲉⲓⲛ · ⲙ ⲡⲕⲉ ⲟⲩⲁ · ⲁⲩⲱ · ⲁⲩⲉⲓ ⲙ ⲡⲉⲥⲛⲁⲩ · ϣⲁ ⲡⲡⲉⲧ ⲟⲩⲁⲁⲃ · ⲁⲡⲁ ϩⲁⲣⲱⲛ ⲡⲉϫⲉ ⲡⲁ ⲉⲓⲱⲧ ⲙ ⲡⲁⲛⲟⲩⲃⲁ · ⲛ̄ⲧⲁϥⲣ ⲁⲧⲛⲁϩⲧⲉ ϫⲉ ⲉϣϫⲉ ⲕⲥⲟⲟⲩⲛ · ϫⲉ ⲙⲡⲉ ⲕϯⲟⲥⲉ ⲉⲕⲣ ⲟⲩ · ⲙ ⲡⲉⲓ ⲙⲁ · ⲛⲧⲉⲩⲛⲟⲩ · ⲁⲩⲛⲟϭ ⲛ ϩ[...]ⲉ[...] [ⲁϥ]-ⲟⲩⲱϣⲧ̄ · ⲛⲁϥ · ⲉϥϫⲱ ⲙⲙⲟⲥ · ϫⲉ · [ⲟⲩⲱⲛ ⲙ ⲡⲁ] ⲃⲁⲗ ·
Fol. 51 b ⲁⲩⲱ · ⲛⲧⲉⲩⲛⲟⲩ | ⲁϥⲛⲁⲩ · ⲉ ⲃⲟⲗ · ϩⲙ̅ ⲡⲕⲉ ⲟⲩⲁ · ⲁⲩⲱ
ⲣ̅ⲅ̅ ⲁⲩⲡⲓⲥⲧⲉⲩⲉ ⲙ ⲡⲉⲥⲛⲁⲩ · ⲁⲩⲃⲱⲕ · ⲉ ⲃⲟⲗ · ϩⲓ ⲧⲟⲟⲧϥ̄ · ϩⲛ̄ ⲟⲩⲣⲁϣⲉ · ⲉⲩⲧⲁϣⲉⲟⲉⲓϣ · ⲛ ⲧⲉϣⲡⲏⲣⲉ · ⲛⲧⲁⲥϣⲱⲡⲉ · ϩⲛ̄ ⲧⲉⲭⲱⲣⲁ · ⲧⲏⲣⲥ̄ ⲉⲧ ⲙ̅ⲙⲁⲩ Ⲛⲉⲩⲛ̄ ⲟⲩⲣⲱⲙⲉ ⲇⲉ ⲟⲛ · ⲛ ⲣ̄ϥⲣ̄ϩⲟⲧⲉ · ϩⲛ̄ ⲧⲡ̄ⲟⲗⲓⲥ · ⲥⲟⲩⲁⲛ · ⲉⲩⲡⲓⲥⲧⲟⲥ ⲡⲉ · ⲉϥⲛⲏⲩ · ϣⲁ ⲣⲟⲛ · ⲛ̄ϩⲁϩ · ⲛ̄ⲥⲟⲡ · ⲁⲥϣⲱⲡⲉ ⲇⲉ ⲛ ⲟⲩϩⲟⲟⲩ ⲁϥⲟⲩⲱϣ · ⲉ ⲉⲓ ϣⲁ ⲣⲟⲛ · ⲡⲉϫⲉ ⲧⲉϥⲥϩⲓⲙⲉ ⲛⲁϥ ϫⲉ ⲉⲕϣⲁⲛⲃⲱⲕ · ϣⲁ ⲡⲡⲉⲧ ⲟⲩⲁⲁⲃ ⲁⲡⲁ ϩⲁⲣⲱⲛ · ⲡⲁⲣⲁⲕⲁⲗⲉⲓ ⲙⲙⲟϥ · ⲛ̄ϥⲧⲱⲃϩ ⲙ ⲡⲉⲭ̄ⲣ̄ⲥ̄ · ⲉ ϫⲱⲛ · ⲛ̄ϥϯ ⲛⲁⲛ · ⲛ ⲟⲩⲥⲡⲉⲣ-ⲙⲁ ⲛⲣⲱⲙⲉ · ⲕⲁⲓ ⲅⲁⲣ ⲁⲓⲥⲱⲧⲙ̅ · ϫⲉ ⲛ ⲧⲉⲣⲉ ⲟⲩϣⲉⲣⲉ ϣⲏⲙ · ⲉⲓ ⲉⲥⲛⲁⲙⲓⲥⲉ · ⲁⲥⲥⲱϣⲧ̄ · ⲛ̄ ⲧⲉⲣ ⲉ̄ⲡⲓⲕⲁⲗⲉⲓ ⲇⲉ · ⲙⲙⲟϥ · ⲉ ⲧⲃⲉ ⲡⲉⲓ ϩⲱⲃ · ⲁⲥⲙⲓⲥⲉ · ⲙ ⲡⲉⲥϣⲏⲣⲉ · ⲉϥⲙⲟⲟⲩⲧ · ⲁ ⲡⲉⲥⲉⲓⲱⲧ ⲃⲱⲕ · ϣⲁ ⲣⲟϥ · ⲁϥⲡⲁⲣⲁ-ⲕⲁⲗⲉⲓ · ⲙⲙⲟϥ · ⲁⲩⲱ ⲡⲉϫⲁⲩ · ϫⲉ ⲛ̄ ⲧⲉⲣ ϥ̄ϫⲓ · ⲛ̄ ⲟⲩⲕⲟⲩⲓ · ⲛ ⲕ̄ⲣⲙⲉⲥ ϩⲓⲣⲙ̅ · ⲡⲣⲟ · ⲙ ⲡⲉϥⲙⲁ · ⲛ ϣⲱⲡⲉ · ⲁϥⲛⲟϫϥ̄ · ⲉϫⲙ̅ ⲡϣⲏⲣⲉ ⲕⲟⲩⲓ · ⲉⲧ ⲙⲟⲟⲩⲧ · ⲁϥⲱⲛ̄ϩ ⲛⲧⲉⲩⲛⲟⲩ · ⲛⲧⲟⲕ ϩⲱⲱⲕ · ⲉⲕϣⲁⲛⲥⲡ̄ⲥⲱⲡϥ̄ · ϯⲡⲓⲥⲧⲉⲩⲉ ·

ϫⲉ ⲡⲉⲧ ⲉⲕⲛⲁϫⲟⲟϥ· ϥⲛⲁϣⲱⲡⲉ ⲛⲧⲟϥ· ⲇⲉ· ⲛ ⲧⲉⲣ
ϥ̄ⲉⲓ· ϣⲁ ⲣⲟⲛ· ⲁϥⲧⲁⲩⲉ ⲡϣⲁϫⲉ ⲉ ⲡⲁ ⲉⲓⲱⲧ· ⲉϥϫⲱ
ⲙ̄ⲙⲟⲥ ϫⲉ ⲁⲓϩⲙⲟⲟⲥ· ⲙ̄ⲛ̄ ⲧⲁ ⲥϩⲓⲙⲉ· ϫⲓⲛ ⲧⲁ ⲙ̄ⲛ̄ⲧ-
ⲕⲟⲩⲓ· ⲁⲩⲱ ⲙⲡⲉ ϣⲏⲣⲉ … ⲛⲣⲟⲙⲡⲉ·
ⲧⲉⲛⲟⲩ ϭⲉ … | … ⲙ̄ⲙⲟⲟⲩ· ⲛⲧⲉ- Fol. 52 *a* ⲣ̄ⲇ̄
ⲡⲛⲟⲩⲧⲉ· ϥⲛⲁⲧⲁⲁⲩ· ⲛⲁⲕ· ⲛⲧⲟϥ ⲇⲉ ⲡⲇⲓⲕⲁⲓⲟⲥ· ⲁϥ-
ⲃⲱⲕ· ⲉ ⲡⲙⲁ· ⲉ ⲧⲉϥⲉⲍⲩⲭⲁⲍⲉ· ⲛ̄ϩⲏⲧ̄ϥ̄· ⲁϥϣⲗⲏⲗ·
ⲛ̄ϯϩⲉ ⲉϥϫⲱ ⲙ̄ⲙⲟⲥ· ϫⲉ ⲡⲁ ϫ̄ⲥ̄· ⲛⲧⲟⲕ· ⲡⲉⲛⲧ ⲁⲕϯ ⲛ̄
ⲥⲁⲣⲣⲁ· ⲧⲁϭⲣⲓⲛ ⲙ ⲡⲉⲛⲉⲓⲱⲧ· ⲓⲥⲁⲁⲕ· ⲁⲩⲱ ⲁⲕϯ ⲛ
ⲓⲱⲥⲏⲫ· ⲛ ϩⲣⲁⲭⲏⲗ· ⲁⲕϯ ⲛ̄ⲥⲁⲙⲟⲩⲏⲗ· ⲛ ⲁⲛⲛⲁ·
ⲧⲉⲛⲟⲩ ϭⲉ ⲡϫⲟⲉⲓⲥ· ⲛⲧⲟⲕ ⲡⲉ ⲛ̄ⲥⲁϥ· ⲛⲧⲟⲕ ⲟⲛ ⲙⲡⲟⲟⲩ·
ⲁⲩⲱ ⲟⲛ· ϣⲁ ⲛⲓⲉⲛⲉϩ· ϯⲥⲟⲟⲩⲛ · ⲛ ⲧⲉⲕⲙⲛ̄ⲧⲁⲅⲁⲑⲟⲥ·
ⲡϫⲟⲉⲓⲥ ⲉⲕⲉⲥⲱⲧⲙ̄· ⲉ ⲡⲁ ⲧⲱ̄ⲃ̄ϩ̄· ⲛ̄ⲧ̄ϥ̄ϫⲱⲕ ⲉ ⲃⲟⲗ· ⲙ
ⲡⲉⲧⲛⲙⲁ· ⲙ ⲡⲉⲓ ⲣⲱⲙⲉ ⲛⲧⲁϥⲉⲓ· ϣⲁ ⲣͦⲏ ⲛ ⲧⲉⲣ ϥ̄ⲟⲩⲱ
ⲇⲉ ⲉϥϣⲗⲏⲗ· ⲁϥⲉⲓ ϣⲁ ⲡⲣⲱⲙⲉ ⲡⲉϫⲁϥ ⲛⲁϥ· ϫⲉ
ⲃⲱⲕ· ⲡⲁ ϣⲏⲣⲉ· ϩⲙ̄ ⲡⲣⲁⲛ· ⲙ ⲡⲉⲭ̄ⲣ̄ⲥ̄· ϯⲡⲓⲥⲧⲉⲩⲉ
ϫⲉ ⲛⲑⲉ ⲛⲧⲁ ⲡⲛⲟⲩⲧⲉ ϫⲟⲟⲥ ⲙ ⲡⲉⲛⲉⲓⲱⲧ· ⲁⲃⲣⲁϩⲁⲙ·
ϫⲉ ϯⲛⲏⲩ· ⲕⲁ ⲡⲉⲟⲩⲟⲉⲓϣ· ⲛ̄ⲧⲉ ⲟⲩϣⲏⲣⲉ· ϣⲱⲡⲉ ⲛ
ⲥⲁⲣⲣⲁ ⲥⲛⲁϣⲱⲡⲉ· ⲙ̄ⲙⲟⲕ ϩⲱⲱⲕ· ⲁⲩⲱ ⲕⲁⲧⲁ ⲑⲉ
ⲛⲧⲁϥϫⲟⲟⲥ· ⲧⲁⲓ ⲧⲉ ⲑⲉ ⲛⲧⲁⲥϣⲱⲡⲉ· ⲙ ⲡⲉϩⲟⲩⲛ ⲇⲉ ⲛ
ⲟⲩⲣⲟⲙⲡⲉ ⲁϥⲉⲓ ϣⲁ ⲣⲟⲛ· ⲉⲣⲉ ⲡϣⲏⲣⲉ ⲕⲟⲩⲓ ⲧⲁⲗⲏⲩ·
ⲉ ⲣⲟϥ· ⲁϥⲥⲟⲟⲩⲧⲛ̄· ⲙ̄ⲙⲟϥ· ⲉ ⲡⲁ ⲉⲓⲱⲧ ϫⲉ ⲉⲓⲥ ⲡⲕⲁⲣ-
ⲡⲟⲥ ⲛⲧⲁ ⲡⲛⲟⲩⲧⲉ· ⲧⲁⲁϥ ⲛⲁⲓ· ϩⲓⲧⲛ̄ ⲛⲉⲕϣⲗⲏⲗ· ⲡⲡⲉⲧ
ⲟⲩⲁⲁⲃ· ⲇⲉ ⲁⲡⲁ ϩⲁⲣⲱⲛ ⲁϥϫⲓⲧϥ̄· ⲉ ⲡⲉϥϩⲁⲙⲏⲣ·
ⲁϥⲥⲙⲟⲩ· ⲉ ⲡⲛⲟⲩⲧⲉ ⲉϥϫⲱ ⲙ̄ⲙⲟⲥ· ϫⲉ ⲕⲥⲙⲁⲙⲁⲁⲧ·
ⲡϫⲟⲉⲓⲥ· ϩⲛ̄ ⲛⲉⲕϩⲃⲏⲩⲉ· ⲧⲏⲣⲟⲩ· ⲉⲓⲧⲁ· ⲁϥⲧⲁⲁϥ ⲙ
ⲡⲉϥⲉⲓⲱⲧ· ⲉϥϫⲱ ⲙ̄ⲙⲟⲥ· ϫⲉ ⲁⲛⲁⲩ· ⲉ ⲡⲉϩⲙⲟⲧ ⲙ
ⲡⲛⲟⲩⲧⲉ· ⲛⲧⲁϥⲧⲁϩⲟⲕ· ⲡⲉⲭ̄ⲥ̄· ⲡⲉⲛⲧ ⲁϥⲭⲁⲣⲓⲍⲉ ⲙ̄-
ⲙⲟϥ ⲛⲁⲕ· ⲡⲁ ϣⲏⲣⲉ· ⲉϥⲉⲁⲩⲝⲁⲛⲉ … ⲛⲁⲕ | ⲛϥ̄ϯⲑⲉ· Fol. 52 *b* ⲣ̄ⲉ̄
ⲛⲁⲛ· ⲉ ⲧⲣⲛ̄ⲣ̄ ⲡⲉϥⲟⲩⲱϣ· ⲟⲩⲣⲱⲙⲉ ⲇⲉ ⲟⲛ· ⲉⲣⲉ ⲟⲩ-
ⲇⲁⲓⲙⲟⲛⲓⲟⲛ· ⲉⲛⲱⲭⲗⲉⲓ· ⲛⲁϥ· ⲉ ⲡⲉϩⲟⲩⲟ ⲛ ⲧⲉⲣⲉ
ⲛⲉϥⲉⲓⲟⲧⲉ· ⲥⲱⲧⲙ̄· ⲉ ⲡⲥⲟⲉⲓⲧ· ⲛ̄ ⲁⲡⲁ ϩⲁⲣⲱⲛ· ⲁⲩ-
ⲥⲟⲛϩϥ̄· ⲉ ⲛⲉϥϭⲓϫ· ⲙⲛ̄ ⲛⲉϥⲟⲩⲣⲏⲏⲧⲉ· ⲁⲩⲧⲁⲗⲟϥ·
ⲉⲩⲉⲓⲱ· ⲁⲩϫⲓⲧϥ̄· ϣⲁ ⲣⲟϥ ⲉⲩⲁⲙⲁϩⲧⲉ· ⲙ̄ⲙⲟϥ· ⲛϭⲓ

ϥⲧⲟⲟⲩ· ⲡⲣⲱⲙⲉ· ⲛ ⲧⲉⲣ ⲟⲩⲉⲛⲧϥ̄· ⲇⲉ· ⲁⲩⲟⲩⲁϩϥ̄·
ⲉ ⲃⲟⲗ· ϩⲙ̄ ⲡⲉⲓⲱ ⲁⲩⲕⲁⲁϥ· ⲉϥⲛⲏϫ· ⲉ ⲃⲟⲗ· ϩⲓⲣⲙ̄
ⲡⲣⲟ· ⲡⲇⲁⲓⲙⲟⲛⲓⲟⲛ· ⲇⲉ· ⲛⲉϥϣⲁϫⲉ ⲉ ⲃⲟⲗ· ϩⲙ̄
ⲡⲣⲱⲙⲉ· ⲉϥⲧⲁⲩⲟ· ⲛ̄ ϩⲉⲛⲛⲟϭ· ⲙ ⲙⲛ̄ⲧⲁⲧ ϣⲓⲡⲉ· ⲉ
ⲡⲁ ⲉⲓⲱⲧ· ⲉϥϫⲱ ⲙⲙⲟⲥ· ϫⲉ ⲙⲏ ⲛⲧⲕ̄· ⲟⲩⲙⲁⲧⲟⲓ·
ⲣⲱ ⲁⲛ ⲉⲕⲟⲩⲉ ⲙ ϫⲓⲛϭⲟⲛⲥ̄· ⲙⲛ ⲛ ϩⲉⲛⲁⲣⲭⲱⲛ· ⲁⲛ
ⲛⲉ ⲛⲉⲕⲉⲓⲟⲧⲉ· ⲉⲩⲟⲩⲱⲙ· ⲙ ⲡⲉⲧⲉ ⲙ ⲡⲟⲩϣⲡ̄ ϩⲓⲥⲉ ⲉ
ⲣⲟϥ· ϯⲥⲟⲟⲩⲛ· ⲉⲩϩⲟⲟⲩ· ⲉⲁ ⲡⲉⲕⲉⲓⲱⲧ· ϯ ⲙⲛⲧ ⲛϩⲟ-
ⲗⲟⲕⲟⲧϯⲛⲟⲥ· ⲛ ⲟⲩⲣⲱⲙⲉ· ⲉ ⲡⲉⲩϣⲁⲡ· ⲁⲩⲱ ⲛ ⲧⲉⲣ
ϥ̄ⲧⲙ̄ⲙⲉ· ⲉ ⲣⲟⲟⲩ· ⲛ̄ϥⲧⲁⲁⲩ· ⲛⲁϥ· ⲉ ⲧⲃⲉ ⲧⲉⲩⲙⲛ̄ⲧ-
ϩⲏⲕⲉ· ⲁϥⲧⲱⲣⲡ̄· ⲙ ⲡⲉϥⲏⲓ· ϩⲁ ⲣⲟⲟⲩ ⲙⲛ ⲛ ⲟⲩⲛⲟⲃⲉ
ⲁⲛ· ⲡⲉ ⲡⲁⲓ· ⲛⲧⲁϥⲁⲁϥ· ⲛ̄ⲧⲟⲕ ϩⲱⲱⲕ· ⲁⲕⲉⲓ· ⲉ ⲡⲉⲓ
ⲙⲁ· ϫⲉ ⲉⲓⲉⲣ ⲡⲁϩⲣⲉ· ⲉ ⲛⲉⲓ ⲣⲱⲙⲉ· ⲉⲧ ϣⲱⲡⲉ· ⲙ-
ⲛⲧⲕ̄ ⲟⲩϩⲓⲁⲧⲣⲟⲥ· ⲣⲱ ⲡⲁ ⲉⲓⲱⲧ ⲇⲉ· ⲁϥⲁⲛⲉⲭⲉ ϣⲁⲛ-
ⲧⲉϥϫⲱ ⲛⲛⲉϥϣⲁϫⲉ· ⲧⲏⲣⲟⲩ· ⲡⲉϫⲁϥ ⲛⲁϥ· ϫⲉ ⲛⲧⲟⲕ
ⲣⲱ ⲛⲅ̄ ⲙⲡϣⲁ· ⲁⲛ· ⲉ ⲟⲩⲱϣⲃ̄· ⲛⲁⲕ· ⲧⲉⲛⲟⲩ ϫⲉ·
ϯⲡⲁⲣⲁⲛⲅⲉⲗⲉ ⲛⲁⲕ· ϩⲙ̄ ⲡⲣⲁⲛ· ⲙ ⲡⲉⲭ̄ⲥ̄ ⲡⲉⲛⲧ
ⲁⲩϯⲟⲩ· ⲙ̄ⲙⲟϥ· ⲉ ⲧⲣⲕⲉⲓ· ⲉ ⲃⲟⲗ· ⲛ̄· ⲡⲇⲁⲓ-
ⲙⲟⲛⲓⲟⲛ ⲇⲉ· ⲛ ⲧⲉⲣ ϥ̄ⲥⲱⲧⲙ̄ ⲛ
Fol. 53 *a* | ⲛϥⲓ ⲡⲣⲱⲙⲉ· ⲛ̄ϥⲡⲱⲧ· ⲧⲟⲧⲉ· ⲡⲡⲉⲧ ⲟⲩⲁⲁⲃ ⲁϥⲙⲉϩ
ⲣ̄ⲥ̄ ⲧⲉϥϭⲓϫ· ⲙ̄ⲙⲟⲟⲩ· ⲁϥⲛⲟϫⲥ̄· ⲉ ϩⲟⲩⲛ· ϩⲙ̄ ⲡⲉϥϩⲟ·
ⲛϣⲟⲙⲛ̄ⲧ· ⲛⲥⲟⲡ ⲉϥϫⲱ ⲙⲙⲟⲥ· ϫⲉ ϩⲙ̄ ⲡⲣⲁⲛ· ⲛ
ⲧⲉⲧⲣⲓⲁⲥ· ⲉⲧ ⲟⲩⲁⲁⲃ· ⲁⲙⲟⲩ· ⲉ ⲃⲟⲗ· ⲛ̄ϩⲏⲧϥ̄· ⲡⲇⲁⲓ-
ⲙⲟⲛⲓⲟⲛ· ⲇⲉ· ⲁϥⲉⲓ ⲉ ⲃⲟⲗ· ⲡⲉϫⲉ ⲡⲡⲉⲧ ⲟⲩⲁⲁⲃ· ⲛⲁϥ·
ϫⲉ ⲃⲱⲕ· ⲛⲁⲕ· ⲉ ⲧⲃⲁⲃⲩⲗⲱⲛ ⲙ ⲛⲉⲭⲁⲗⲇⲁⲓⲟⲥ· ⲛⲅ̄
ϭⲱ ϩⲙ̄ ⲡⲙⲁ· ⲉⲧ ⲙ̄ⲙⲁⲩ ϣⲁ ⲡⲉϩⲟⲟⲩ· ⲙ ⲡϩⲁⲡ· ⲉⲧ
ⲉⲣⲉ ⲡⲟⲩⲁ· ⲡⲟⲩⲁ ⲛⲁϫⲓ· ⲕⲁⲧⲁ ⲛⲉⲛⲧ ⲁϥⲁⲁϥ· ⲛⲧⲟⲕ
ϩⲱⲱⲕ· ⲥⲉⲛⲁⲛⲟϫⲕ̄· ⲉ ⲡϣⲓⲕ· ⲛ ⲁⲙⲛ̄ⲧⲉ· ⲡⲇⲁⲓⲙⲟ-
ⲛⲓⲟⲛ ⲇⲉ· ⲛ̄ ⲧⲉⲣ ϥ̄ⲥⲱⲧⲙ̄· ⲉ ⲛⲁⲓ· ⲁϥⲃⲱⲕ· ⲉϥϭⲟⲛⲧ·
ⲡⲣⲱⲙⲉ· ⲇⲉ· ⲛ ⲧⲉⲣⲉ ⲡⲉϥϩⲏⲧ· ⲥ̄ⲙⲛⲧϥ ⲉ ⲣⲟϥ· ⲁϥϯ
ⲉⲟⲟⲩ· ⲙ ⲡⲛⲟⲩⲧⲉ· ⲙⲛ̄ ⲛⲉϥⲉⲓⲟⲧⲉ· ⲙⲛ̄ ⲟⲩⲟⲛ· ⲛⲓⲙ
ⲉⲧ ⲙⲟⲟϣⲉ ⲛ̄ⲙⲙⲁϥ· ⲧⲟⲧⲉ ⲁⲩⲡⲁⲣⲁⲕⲁⲗⲉⲓ· ⲙ ⲡⲡⲉⲧ
ⲟⲩⲁⲁⲃ· ⲉ ⲧⲣⲉϥϫⲓ ⲛ ⲟⲩⲗⲁⲁⲩ· ⲛⲧⲟϥ ⲇⲉ· ⲙⲡⲉ
ϥⲁⲛⲉⲭⲉⲓ ⲉ ⲃⲟⲗ· ϫⲉ ⲙⲡⲉ ϥϫⲓ ⲥⲩⲗⲁⲁⲩ· ⲛ ϯⲙⲓⲛⲉ·

ϫⲓⲛ ⲧⲁϥⲣ̄ ⲙⲟⲛⲟⲭⲟⲥ · ⲉⲛⲉϣⲁϥϫⲟⲟⲥ ⲉ ⲣⲟⲓ ⲛ̄ϩⲁϩ
ⲛ̄ⲥⲟⲡ · ϫⲉ ⲙⲡⲣ̄ ϭⲱϣⲧ · ⲛⲥⲁ ⲛⲉϩⲃⲏⲩⲉ · ⲙ̄ ⲡⲉⲓ ⲕⲟⲥ-
ⲙⲟⲥ · ⲛⲁⲓ · ⲉⲧⲉ ⲛⲥⲉⲛⲁϯ ϩⲏⲩ · ⲁⲛ ⲛ ⲗⲁⲁⲩ · ⲁⲗⲗⲁ ·
ⲛ̄ ϩⲟⲥⲟⲛ · ⲟⲩⲛ̄ⲧⲁⲛ · ⲙⲙⲁⲩ ⲛ ⲧⲉϩⲣⲉ ⲙⲛ̄ ⲑⲃⲥⲱ · ⲛⲁⲓ ·
ⲛⲁⲣⲱϣⲉ · ⲉ ⲣⲟⲛ · ⲕⲁⲓ ⲅⲁⲣ · ⲁ ⲡⲉⲛⲥ̄ⲏ̄ⲣ̄ · ϫⲟⲟⲥ · ⲛ̄
ⲛⲉϥⲁⲡⲟⲥⲧⲟⲗⲟⲥ · ϫⲉ ⲙⲡⲣ̄ ϫⲡⲟ ⲛⲏⲧⲛ̄ · ⲛ ⲟⲩⲛⲟⲩⲃ ·
ⲏ ⲟⲩ ϩⲁⲧ · ⲟⲩⲇⲉ · ϩⲟⲙⲛ̄ⲧ · ϩⲛ̄ · ⲛⲉⲧⲛ̄ⲙⲟⲕϫ (*sic*) · ⲉ ⲧⲃⲉ ·
ⲡⲁⲓ · ϣϣⲉ · ⲉ ⲡⲙⲟⲛⲟⲭⲟⲥ · ⲉ ⲧⲣⲉϥⲙⲟⲟϣⲉ | ϩⲛ̄ ⲟⲩ- Fol. 53 *b*
ⲥⲙⲟⲧ · ⲛ ϯⲙⲓⲛⲉ · ⲙⲛ̄ ⲟⲩⲃⲓⲟⲥ · ⲉⲛⲁⲛⲟⲩϥ Ⲉⲡⲉⲓ ⲇⲉ · ⲢⲌ
ⲁⲩⲁⲡⲟⲧⲁⲥⲥⲉ · ⲙ ⲡⲉⲓ ⲕⲟⲥⲙⲟⲥ · ⲁⲩⲟⲩⲁϩⲟⲩ · ⲛ̄ⲥⲁ
ⲡϫⲟⲉⲓⲥ · ⲁⲥϣⲱⲡⲉ ⲇⲉ ⲙⲛ̄ⲛⲥⲁ ⲛⲁⲓ · ⲁϥⲧⲱⲟⲩⲛ · ⲛ̄ϭⲓ
ⲡⲡⲉⲧ ⲟⲩⲁⲁⲃ · ⲁⲡⲁ ϩⲁⲣⲱⲛ ⲁϥⲙⲟⲟϣⲉ · ⲉ ϩⲟⲩⲛ · ϩⲙ̄
ⲡⲙⲁ · ⲁⲛⲟⲕ · ⲇⲉ ⲁϥϩⲱⲛ ⲉ ⲧⲟⲟⲧ · ⲉϥϫⲱ ⲙⲙⲟⲥ · ϫⲉ
ϩⲙⲟⲟⲥ ⲛⲁⲕ · ⲙ ⲡⲉⲓ ⲙⲁ · ⲉⲣϣⲁⲛ ⲟⲩⲣⲱⲙⲉ · ⲉⲓ ⲉϥ-
ϣⲓⲛⲉ ⲛⲥⲱⲓ · ⲁϫⲓⲥ ⲛⲁϥ · ϫⲉ ⲁϥⲃⲱⲕ · ⲉ ϭⲙ̄ⲡϣⲓⲛⲉ ⲛ̄
ⲟⲩⲥⲟⲛ · ⲧⲁⲓ ⲅⲁⲣ ⲧⲉ ⲧⲉϥⲡⲟⲗⲩϯⲁ · ⲉⲧ ⲉϥⲉⲓⲣⲉ ⲙⲙⲟⲥ ·
ⲉϥϣⲁⲛⲡⲱϩ · ⲉ ⲧⲉⲡⲣⲱ · ϣⲁϥϩⲱⲣⲡ̄ · ⲛ̄ ⲧⲉϥⲗⲩⲃⲩ-
ⲧⲱⲛ · ⲙⲙⲟⲟⲩ · ⲛ̄ⲥⲧⲁⲁⲥ ϩⲓⲱⲱϥ · ⲛ̄ϥⲁⲁϩ ⲉⲣⲁⲧϥ̄ · ⲉ
ϯⲱⲧⲉ · ⲛ̄ϥⲣ̄ ⲧⲉⲩϣⲏ · ⲧⲏⲣ̄ⲥ̄ ⲉϥϣⲗⲏⲗ ⲉⲣϣⲁⲛ ϩⲧⲟⲟⲩⲉ ·
ϣⲱⲡⲉ · ϣⲁϥⲃⲱⲕ · ⲉ ϩⲟⲩⲛ ϩⲁ ϩⲉⲛϩⲟⲕⲟⲟϩ (*sic*) · ⲙ ⲡⲉⲧⲣⲁ ·
ⲉⲩⲱϭⲃ · ⲉⲛⲉⲙⲉϥϯ ⲙⲧⲟⲛ · ⲛⲁϥ · ϩⲟⲗⲱⲥ · ⲙ ⲡⲉ-
ϩⲟⲟⲩ · ⲙⲛ̄ ⲧⲉⲩϣⲏ · ϩⲙ̄ ⲡϣⲱⲙ · ϫⲉ ϩⲱⲱϥ · ϣⲁ-
ϥⲁⲁϩ · ⲉⲣⲁⲧϥ̄ · ϩⲛ̄ ⲧⲙⲏⲏⲧⲉ · ⲙ ⲡⲕⲁⲩⲙⲁ · ⲛ̄ϥϣⲗⲏⲗ ·
ⲁϥⲣ̄ ⲡⲉϥⲟⲩⲟⲉⲓϣ · ⲧⲏⲣ̄ϥ̄ · ⲉϥⲙⲏⲛ ⲉ ⲃⲟⲗ · ϩⲛ̄ ⲛⲉⲓ ⲛⲟϭ ·
ⲙ ⲡⲟⲗⲩϯⲁ · ⲁⲥϣⲱⲡⲉ · ⲇⲉ ⲛ ⲟⲩⲣⲟⲙⲡⲉ · ⲙⲡⲉ ⲁⲛⲁ-
ⲃⲁⲥⲓⲥ · ϣⲱⲡⲉ ⲛ ⲧⲉⲛⲥⲱϣⲉ · ⲧⲏⲣⲟⲩ · ϫⲓ ⲙⲟⲟⲩ · ⲁⲩⲉⲓ ·
ⲛϭⲓ ϩⲛ̄ ⲙⲏⲛϣⲉ · ⲛ̄ϩⲏⲕⲉ · ⲁⲩⲣⲓⲙⲉ · ⲉ ϩⲟⲩⲛ · ⲉ ⲣⲟϥ
ⲉⲩϫⲱ ⲙⲙⲟⲥ · ϫⲉ ⲡⲉⲛⲉⲓⲱⲧ · ⲉⲧ ⲟⲩⲁⲁⲃ ⲛ̄ⲡⲁⲙⲟⲩ ·
ⲙⲛ̄ ⲛⲉⲛϣⲏⲣⲉ · ϫⲉ ⲙⲡⲉ ⲧⲁⲛⲁⲃⲁⲥⲓⲥ · ϣⲱⲡⲉ · ⲡⲉϫⲁϥ ·
ⲛⲁⲩ ϫⲉ ⲡⲓⲥⲧⲉⲩⲉ

| ϫⲉ ⲡⲉϣⲗⲏⲗ · Fol. 54 *a*
ⲙ ⲡϩⲏⲕⲉ · ⲉϥϣⲁⲛⲙ̄ⲕⲁϩ · ⲛ̄ϩⲏⲧ ϣⲁϥⲡⲱϩⲧ · ⲙ ⲡⲉϥ- ⲢⲎ
ⲥⲟⲡⲥⲡ̄ · ⲙⲡⲙⲧⲟ · ⲉ ⲃⲟⲗ · ⲙ̄ ⲡϫⲟⲉⲓⲥ · ⲉⲓⲧⲁ · ⲟⲛ ϫⲉ ⲁ
ⲡϫⲟⲉⲓⲥ ⲥⲱⲧⲙ̄ · ⲉ ⲡⲟⲩⲱϣ · ⲛ̄ ⲛ̄ϩⲏⲕⲉ · ⲁϥϫⲱ ⲉ ⲣⲟⲟⲩ

ⲟⲛ· ⲛ̄ϩⲉⲛⲕⲉ ⲙⲏⲏϣⲉ· ⲛϣⲁϫⲉ ⲛ̄ⲧⲉ ⲛⲉⲅⲣⲁⲫⲏ·
ⲉϥⲃⲱⲗ· ⲙ̄ⲙⲟⲟⲩ· ⲉ ⲣⲟⲟⲩ· ⲁⲩⲱ ⲉϥⲥⲟⲗⲥⲗ̄· ⲙⲙⲟⲟⲩ·
ⲁⲩⲱ ⲧⲁⲓ ⲧⲉ ⲑⲉ· ⲛⲧⲁⲩⲃⲱⲕ ⲉ ⲃⲟⲗ· ϩⲓ ⲧⲟⲟⲧϥ̄· ⲉⲩⲥⲙⲟⲩ
ⲉ ⲡⲛⲟⲩⲧⲉ· ⲡⲡⲉⲧ ⲟⲩⲁⲁⲃ· ϫⲉ ⲁⲡⲁ ϩⲁⲣⲱⲛ· ⲙⲡⲉ
ϥⲁⲙⲉⲗⲉⲓ· ⲉ ⲡⲉⲩϩⲱϣ· ⲁⲗⲗⲁ· ⲛⲉϣⲁϥⲃⲱⲕ ⲉ ⲡⲉⲓⲉⲣⲟ·
ⲕⲁⲧⲁ ⲟⲩϣⲏ ⲛ̄ϥⲟⲩⲱⲙ̄ⲥ̄· ⲉ ϩⲣⲁⲓ ϣⲁ ⲡⲉϥⲙⲁⲕϩ̄·
ⲛ̄ϥⲥⲟⲡⲥ̄ⲡ̄· ⲙ̄ ⲡⲛⲟⲩⲧⲉ· ⲉϥϫⲱ· ⲙⲙⲟⲥ· ϫⲉ ⲡⲉⲭ̄ⲥ̄·
ⲡⲁⲅⲁⲑⲟⲥ· ϣⲡ̄ϩⲧⲏⲕ· ⲱ̄ ⲡϣⲡ̄ϩⲧⲏϥ· ϩⲁ ⲡⲉⲕⲉⲓⲛⲉ· ⲙⲛ̄
ⲧⲉⲕϩⲓⲕⲱⲛ ⲉⲛⲉⲁϥϭⲱ ⲅⲁⲣ· ⲉϥⲙⲏⲛ· ⲉ ⲃⲟⲗ· ⲛ̄ϯϩⲉ·
ϣⲁⲛⲧⲉ ⲡⲛⲟⲩⲧⲉ ϣⲡ̄ϩⲧⲏϥ· ϩⲁ ⲛⲉϥⲣ̄ⲙ̄ⲉⲓⲟⲟⲩⲉ· ⲛ̄ϥⲧⲣⲉ-
ⲡⲙⲟⲟⲩ· ⲉⲓ ⲉϫⲙ̄ ⲡ̄ϩⲟ ⲙ ⲡⲕⲁϩ· ⲧⲏⲣϥ̄· ⲁⲥϣⲱⲡⲉ ϫⲉ
ⲟⲛ· ⲛ ⲟⲩⲣⲟⲙⲡⲉ· ⲁ ϩⲉⲛⲣⲱⲙⲉ· ⲉⲓ ϣⲁ ⲣⲟϥ· ⲉⲩϫⲉⲕ
ϯⲟⲩ· ⲕⲁⲧⲁ ⲑⲉ ⲉⲧ ⲉⲣⲉ ⲧϩⲓⲥⲧⲟⲣⲓⲁ· ⲛⲁⲧⲁⲙⲟⲛ·
ⲉⲛϣⲁⲛⲙⲟⲟϣⲉ· ⲉⲑⲏ· ⲛ ⲧⲉⲣ ⲟⲩϭⲱ· ϫⲉ ⲉⲩⲥⲟⲡⲥ̄ⲡ̄
ⲙⲙⲟϥ· ⲉ ⲧⲣⲉϥⲧⲱⲃϩ̄· ⲙ̄ ⲡⲉⲭ̄ⲥ̄· ⲛ̄ϥⲧⲛⲛⲟⲟⲩ· ⲛⲁⲩ·
ⲙ ⲡⲙⲟⲟⲩ ⲉ ⲧⲃⲉ· ⲧⲁⲛⲁⲃⲁⲥⲓⲥ· ⲛ̄ ⲛ̄ⲣⲱⲙⲉ· ⲉ ⲃⲟⲗ· ϫⲉ
ⲉⲩϣⲧⲣ̄ⲧⲱⲣ· ⲉ ⲃⲟⲗ· ϫⲉ· ⲁ ⲡⲕⲁⲓⲣⲟⲥ· ⲙ ⲡⲙⲟⲩϩ ⲙ
ⲡⲙⲟⲟⲩ· ⲟⲩⲉⲓⲛ· ⲛ̄ⲧⲟⲟⲩ· ϫⲉ· ⲁⲩϭⲱ ⲉⲩⲣⲓ̈ⲙⲉ· [...]
[...] ⲁϥ [...] ϩⲏⲧϥ̄ [...]
Fol. 54 b [...] ⲉϥϫⲱ ⲙⲙⲟⲥ· ϫⲉ ⲡⲛⲟⲩⲧⲉ· ⲙⲡⲣ̄
ⲣ̄ⲑ̄ ⲕⲱ ⲛⲥⲱⲕ ⲛ ⲛⲉϩⲃⲏⲩⲉ ⲛ̄ ⲛⲉⲕϭⲓϫ· ⲛ̄ⲣⲱⲙⲉ ⲙⲛ̄
ⲛⲧⲃⲛⲟⲟⲩⲉ· ⲕⲁⲓ ⲅⲁⲣ ⲛⲧⲁⲕⲥⲟⲛⲧⲛ̄· ⲧⲏⲣⲛ̄ ϩⲙ̄ ⲡⲉⲕ·
ⲥⲛⲟϥ· ⲉⲁ ⲕⲕⲁⲧⲁⲝⲓⲟⲩ· ⲙⲙⲟⲕ· ⲁⲕⲉⲓ· ⲉ ⲡⲕⲟⲥⲙⲟⲥ·
ⲁⲩϫⲡⲟⲕ· ϩⲱⲥ ⲣⲱⲙⲉ· ⲉ ⲧⲃⲉ ⲡⲉⲛⲟⲩϫⲁⲓ· ⲧⲛ̄ⲥⲟⲟⲩⲛ·
ϫⲉ ⲙⲛ̄ ⲗⲁⲁⲩ· ⲟ ⲛ ⲁⲧ ϭⲟⲙ ⲛ ⲛⲁϩⲣⲁⲕ· ⲡⲛⲟⲩⲧⲉ·
ⲙⲡⲣ̄ ⲣ̄ ⲡⲱⲃϣ· ⲛ ⲧⲉⲯⲩⲭⲏ· ⲛ̄ ⲛ̄ϩⲏⲕⲉ· ⲙⲏⲡⲟⲧⲉ ⲛⲥⲉⲣ̄
ⲛⲟⲃⲉ· ϩⲛ̄ ⲛⲉⲩⲥⲡⲟⲧⲟⲩ· ⲙ̄ ⲡⲉⲕⲙ̄ⲧⲟ· ⲉ ⲃⲟⲗ· ϯⲉⲓⲣⲉ
ⲅⲁⲣ· ⲙ ⲡⲙⲉⲉⲩⲉ· ⲙ ⲡⲉⲛⲧⲁ ⲡⲥⲟⲫⲟⲥ· ⲥⲟⲗⲟⲙⲱⲛ·
ϫⲟⲟϥ· ϫⲉ ⲙⲡⲣ̄ ϯ ⲛⲁⲓ· ⲛ ⲟⲩⲙⲛ̄ⲧⲣ̄ⲙ̄ⲙⲁⲟ· ⲙⲛ
ⲟⲩⲙⲛ̄ⲧϩⲏⲕⲉ· ⲁⲩⲱ ϩⲟⲧⲁⲛ ⲉϥϣⲁⲛⲉⲓⲛⲉ ⲙ ⲡⲙⲟⲟⲩ· ⲙ
ⲡⲉⲓⲉⲣⲟ· ⲉ ϩⲣⲁⲓ· ⲉϥⲉⲓⲛⲉ· ⲙⲙⲟϥ· ⲁⲛ· ⲉ ⲧⲃⲉ
ⲧⲡⲁⲛⲁⲡⲁⲩⲥⲓⲥ· ⲙⲁⲩⲁⲁⲛ· ⲟⲩⲉⲛϭⲟⲙ· ⲅⲁⲣ· ⲙ
ⲡⲛⲟⲩⲧⲉ· ⲉ ⲧⲣⲉⲡⲉϥⲥⲱⲛⲧ· ⲧⲏⲣϥ̄ ϩⲉ ⲉ ⲧⲉⲭⲣⲓⲁ· ⲛ̄
ⲧⲉⲩϭⲓⲛⲱⲛ̄ϩ ⲁⲗⲗⲁ· ⲛⲧⲁ ⲡⲛⲟⲩⲧⲉ· ⲕⲁ ⲛ̄ϩⲏⲕⲉ· ⲉ

ⲧⲣϥⲁⲓⲧⲉⲓ· ⲙ̄ ⲡⲣ̄ⲙ̄ⲙⲁⲟ· ϫⲉ ⲕⲁⲥ· ⲉⲣϣⲁⲛ ⲡⲣ̄ⲙ̄ⲙⲁⲟ
ⲣ̄ ⲡⲛⲁ· ⲉⲩⲣ̄ ⲡⲛⲁ· ⲛ̄ⲙ̄ⲙⲁϥ· ⲙ̄ ⲡⲉϩⲟⲟⲩ ⲙ̄ ⲡⲉϥϭⲙ̄
ⲡϣⲓⲛⲉ· ⲡϩⲏⲕⲉ ⲇⲉ ϩⲱⲱϥ· ⲉϥϣⲁⲛⲧⲱⲟⲩⲛ· ϩⲁ
ⲧⲉϥⲙⲛ̄ⲧϩⲏⲕⲉ· ⲉϥⲛⲁⲃⲱⲕ· ⲉ ⲧⲙⲛ̄ⲧⲉⲣⲟ … ϩⲛ̄ …
… ⲧ …
… |
ⲧⲉ ⲧⲙⲛ̄ⲧⲉⲣⲟ· ⲛ̄ⲙ̄ⲡⲏⲩⲉ· ⲡⲣⲱⲙⲉ ⲛ̄ⲛⲁⲛⲧ ⲉϥⲧⲛ̄ⲧⲱⲛ· Fol. 55 a
ⲉ ⲧⲉϭⲗⲟⲟϭⲉ· ⲛⲧⲁ ⲓⲁⲕⲱⲃ· ⲛⲁⲩ ⲉ ⲣⲟⲥ ⲉⲣⲉ ⲣⲁⲧⲥ̄· ⲣ̄ⲓ̈
ⲧⲁϫⲣⲏⲩ· ⲉϫⲙ̄ ⲡⲕⲁϩ· ⲉⲣⲉ ⲧⲉⲥⲁⲡⲉ· ⲡⲏϩ· ϣⲁ ϩⲣⲁⲓ·
ⲉⲧⲡⲉ· ⲉⲣⲉ ⲛⲁⲅⲅⲉⲗⲟⲥ· ⲙ̄ ⲡⲛⲟⲩⲧⲉ· ⲧⲁϫⲣⲏⲩ ⲉ ϫⲱⲥ·
ⲉⲧⲉ ⲡⲁⲓ ⲡⲉ ⲡⲉⲓⲱⲧ· ⲙ̄ ⲡⲛⲁ· ⲁⲛⲁⲩ ϫⲉ ⲛⲧⲁϥϫⲟⲟⲥ ϫⲉ
ⲛⲉⲓ ⲕⲟⲩⲓ· ⲉⲧⲉ ⲡⲁⲓ ⲡⲉ· ⲉⲩⲥⲟⲃⲕ· ⲛⲑⲉ ⲟⲛ ⲛ̄ⲧⲁϥϫⲟⲟⲥ
ϫⲉ ⲉⲕϣⲁⲛⲉⲓⲣⲉ· ⲛ̄ ⲟⲩⲁⲣⲓⲥⲧⲟⲛ· ⲏ ⲟⲩⲇⲓⲡⲛⲟⲛ· ⲙ̄ⲡⲣ̄
ⲙⲟⲩⲧⲉ· ⲉ ⲛⲉⲕϣⲃⲏⲣ· ⲟⲩⲇⲉ ⲛⲉⲕⲥⲩⲅⲅⲉⲛⲏⲥ· ⲁⲗⲗⲁ·
ⲧⲱϩⲙ̄· ⲛ̄ ⲛ̄ϩⲏⲕⲉ ⲙ̄ⲛ̄ ⲛ̄ⲃⲗ̄ⲗⲉ· ⲙ̄ⲛ̄ ⲛ̄ϭⲁⲗⲉ· ϫⲉ ⲙ̄ⲛ̄
ⲧⲁⲩ ⲗⲁⲁⲩ ⲙ̄ⲙⲁⲩ· ⲛ̄ϣⲃ̄ⲃⲓⲱ· ⲛⲥⲉⲧⲱⲱⲃⲟⲩ· ⲛⲁⲕ·
ⲥⲉⲛⲁⲧⲟⲃⲟⲟⲩ ⲅⲁⲣ ⲛⲁⲕ· ϩⲛ̄ ⲧⲁⲛⲁⲥⲧⲁⲥⲓⲥ· ⲛ̄ⲛ̄ⲇⲓⲕⲁⲓⲟⲥ·
ⲁⲩⲱ ⲕⲁⲛ· ⲉϣϫⲉ ⲙ̄ⲛ̄ϭⲟⲙ ⲙ̄ⲙⲟⲕ ⲉ ⲁⲗⲉ· ⲉ ϩⲣⲁⲓ·
ⲉϫⲛ̄ ⲧⲁⲡⲉ· ⲛ ⲧⲉϭⲗⲟⲟϭⲉ· ⲉⲧⲉ ⲡⲁⲓ ⲡⲉ· ⲉ ⲧⲣⲛ̄ϯ· ϩⲛ̄
ⲟⲩⲱⲱⲗⲉ· ⲛⲧⲛ̄ϩⲉ ⲉ ⲡⲛⲁ· ⲉⲧ ϫⲏⲕ· ⲉ ⲃⲟⲗ· ⲉ ⲧⲃⲉ ⲡⲁⲓ·
ⲙⲁⲣⲛ̄ⲛⲁ· ϫⲉ ⲡⲛⲁ· ϣⲁϥϣⲟⲩϣⲟⲩ· ⲙ̄ⲙⲟϥ· ϩⲓϫⲛ̄
ⲧⲉⲕⲣⲓⲥⲓⲥ· ⲛⲁⲓ ⲇⲉ ⲛ ⲧⲉⲣ ⲉ̄ϥϫⲟⲟⲩ· ⲛ̄ϭⲓ ⲡⲡⲉⲧ ⲟⲩⲁⲁⲃ·
ⲁⲡⲁ ϩⲁⲣⲱⲛ· ⲁϥϣⲗⲏⲗ· ⲁϥⲕⲁⲁⲩ ⲉ ⲃⲟⲗ· ϩⲛ̄ ⲟⲩ-
ⲉⲓⲣⲏⲛⲏ· ϫⲉ ⲡⲛⲟⲩⲧⲉ ⲛⲁⲧⲣⲉ ⲡⲉⲓⲉⲣⲟ· ⲙⲟⲩϩ ⲙ̄ⲙⲟⲟⲩ·
ⲛ̄ϥⲉⲛⲧϥ̄· ⲉ ⲛⲉϥϣⲓ· ⲙ̄ⲡⲣ̄ ⲣ̄ ϩⲟⲧⲉ· ⲟⲩⲇⲉ· ⲙ̄ⲡⲣ̄ ⲣ̄ ⲁⲧ
ⲛⲁϩⲧⲉ· ⲛⲧⲉⲧⲛ̄ϫⲟⲟⲥ ϫⲉ ⲁⲡⲥⲏⲩ· ⲙ̄ ⲡⲙⲟⲩϩ· ⲙ̄ ⲡⲙⲟⲟⲩ·
ⲟⲩⲉⲓⲛⲉ· ⲁⲗⲗⲁ ⲡⲓⲥⲧⲉⲩⲉ· ⲛ̄ⲧⲟϥ | ϫⲉ ⲟⲩⲛ̄ϭⲟⲙ· ⲙ̄ Fol. 55 b
ⲡⲛⲟⲩⲧⲉ· ⲉ ϩⲱⲃ· ⲛⲓⲙ· ⲁⲩⲧⲱⲟⲩⲛ ⲇⲉ· ⲁⲩⲃⲱⲕ· ϩⲛ̄ ⲣ̄ⲓ̈ⲁ
ⲟⲩⲉⲓⲣⲏⲛⲏ· ϩⲛ̄ ⲧⲉⲩϣⲏ ⲇⲉ· ⲉⲧ ⲛⲏⲩ· ⲁϥⲃⲱⲕ· ⲉϫⲙ̄
ⲏ
ⲡⲓⲉⲣⲟ· ⲁϥϣⲗⲗ ⲉϥϫⲱ ⲙ̄ⲙⲟⲥ· ϫⲉ ⲡϫⲟⲉⲓⲥ ⲛⲧⲟⲕ
ⲡⲉⲛⲥⲁϥ ⲡⲉ· ⲁⲩⲱ ⲛⲧⲟⲕ· ⲟⲛ· ⲙ̄ⲡⲟⲟⲩ· ⲁⲩⲱ ⲟⲛ· ϣⲁ
ⲛⲓⲉⲛⲉϩ· ⲛⲧⲟⲕ ⲡⲉⲛⲧ ⲁⲕⲡⲱϩ· ⲛ̄ ⲟⲩⲡⲉⲧⲣⲁ· ⲁ ϩⲉⲛⲙⲟⲟⲩ·
ⲉⲓ ⲉ ⲃⲟⲗ· ⲁⲕⲧⲥⲟ ⲛ̄ ⲟⲩⲗⲁⲟⲥ ⲁⲩⲱ ⲛ ⲧⲉⲣⲉ ⲥⲁⲙⲯⲱⲛ·
ⲉⲓⲃⲉ ⲁⲕⲧⲣⲉ ⲟⲩⲙⲉⲣ ⲟⲩⲟⲓϭⲉ· ⲛⲉⲓⲱ̄· ⲧⲁⲩⲉ ⲙⲟⲟⲩ· ⲉ

ⲃⲟⲗ· ⲁⲥⲧⲁⲗϭⲟ· ⲙ̄ ⲡⲉϥⲉⲓⲃⲉ· ⲉ ⲧⲃⲉ ⲡⲁⲓ ϯⲥⲟⲡⲥ̄ⲡ̄
ⲙ̄ⲙⲟⲕ· ⲙ̄ⲡⲟⲟⲩ ϫⲉ ⲕⲁⲥ· ⲉⲕⲉⲧⲛ̄ⲛⲟⲟⲩ· ⲙ̄ ⲡⲙⲟⲟⲩ·
ⲙ̄ ⲡⲉⲓⲉⲣⲟ· ⲉ ϩⲣⲁⲓ· ⲉϫⲙ̄ ⲡⲕⲁϩ ⲧⲏⲣϥ̄ ϫⲉ ⲕⲁⲥ ⲉⲣⲉ
ⲛ̄ϩⲏⲕⲉ· ⲙ̄ ⲡⲉⲕⲗⲁⲟⲥ ⲛⲁϩⲉ· ⲉ ⲧⲉⲩⲧⲣⲟⲫⲏ· ⲛ̄ⲥⲉⲥⲙⲟⲩ·
ⲉ ⲣⲟⲕ· ⲙ̄ⲛ̄ ⲡⲉⲕⲣⲁⲛ ⲉⲧ ⲟⲩⲁⲁⲃ· ⲁⲩⲱ ⲁϥϫⲉⲕ ⲧⲉⲩϣⲏ·
ⲧⲏⲣⲥ̄· ⲉ ⲃⲟⲗ· ⲉϥϣⲗⲏⲗ· ⲉϥⲥⲟⲡⲥ̄ⲡ̄· ⲙ̄ ⲡⲛⲟⲩⲧⲉ· ⲉ
ⲧⲃⲉ ⲡⲙⲟⲟⲩ· ⲙ̄ ⲡⲉⲓⲉⲣⲟ ⲛ̄ϭⲓ ⲡⲡⲉⲧ ⲟⲩⲁⲁⲃ ⲁⲡⲁ ϩⲁⲣⲱⲛ·
ⲁⲩⲱ ⲧⲁⲓ ⲧⲉ ⲑⲉ ⲛ̄ⲧⲁ ⲡⲙⲟⲟⲩ ϭⲱ ⲉϥⲙⲟⲩϩ· ϩⲛ̄ ⲟⲩ-
ⲙⲟⲩⲛ ⲉ ⲃⲟⲗ· ⲙ̄ⲡⲉ ϥⲉⲓ ⲉ ⲡⲁϩⲟⲩ· ⲛ̄ ⲟⲩϩⲟⲟⲩ· ϣⲁⲛ
ⲧⲉⲛⲥⲱϣⲉ· ⲧⲏⲣⲟⲩ ϫⲓ ⲙⲟⲟⲩ· ⲉ ⲁⲩⲛⲟϭ· ⲛ̄ϩⲟⲩⲛⲟⲩϥⲉ·
ϣⲱⲡⲉ ⲛ ⲧⲉ ⲣⲟⲙⲡⲉ· ⲉⲧ ⲙ̄ⲙⲁⲩ· ϩⲓⲧⲛ̄ ⲛⲉϣⲗⲏⲗ ⲙ̄
ⲡⲡⲉⲧ ⲟⲩⲁⲁⲃ· ⲕⲁⲧⲁ ⲡⲡⲉⲧ ⲥⲏϩ· ϫⲉ ⲡⲥⲟⲡⲥ̄ⲡ̄ ⲙ̄ ⲡⲇⲓ-
ⲕⲁⲓⲟⲥ· ϭⲙϭⲟⲙ· ⲁⲩⲱ ϥⲉⲛⲉⲣⲅⲉⲓ ⲉϣⲁⲛϩⲓ· ⲧⲟⲟⲧ·
ⲉ ⲧⲁⲩⲉ ⲛⲉϥⲙⲁⲉⲓⲛ· ⲧⲏⲣⲟⲩ .... ⲛⲟⲩⲧⲉ·
Fol. 56 *a* ⲉⲛⲉⲣⲅⲉⲓ .... [ⲡⲡⲉⲧ ⲟⲩ]ⲁⲁⲃ | ⲁⲡⲁ
ⲣⲓⲃ̄ ϩⲁⲣⲱⲛ ⲡϣⲁϫⲉ· ⲛⲁⲟⲩⲱϣ̄ⲥ̄· ⲉ ⲃⲟⲗ· ⲉ ⲡⲉϩⲟⲩⲟ· ⲁⲥ-
ϣⲱⲡⲉ ⲇⲉ ⲛ̄ⲟⲩϩⲟⲟⲩ· ⲉϥϩⲙⲟⲟⲥ· ⲉⲣⲉ ϩⲉⲛⲣⲱⲙⲉ·
ⲥⲟⲟⲩϩ· ⲉ ⲣⲟϥ· ⲁϥⲉⲓ ⲛ̄ϭⲓ ⲟⲩⲣⲱⲙⲉ· ⲛ̄ ϩⲏⲕⲉ· ⲉⲣⲉ
ⲟⲩⲉⲣⲧⲁⲩ· ⲛⲉⲓⲱⲧ· ⲧⲁⲗⲏⲩ ⲉ ⲣⲟϥ· ⲁϥⲡⲁⲣⲁⲕⲁⲗⲉⲓ
ⲙ̄ⲙⲟϥ· ⲉϥϫⲱ ⲙ̄ⲙⲟⲥ ϫⲉ ⲥⲙⲟⲩ· ⲉ ⲣⲟϥ· ⲡⲁⲓ· ⲡⲁ
ⲉⲓⲱⲧ· ⲉⲧ ⲟⲩⲁⲁⲃ· ⲛ̄ⲧⲁⲃⲱⲕ· ⲛ̄ⲧⲁⲧⲁⲙⲓⲟϥ· ⲛⲟⲉⲓⲕ· ⲛ̄
ⲡ̄ⲁϣⲏⲣⲉ· ϫⲉ ⲁⲛⲟⲕ· ⲟⲩⲣⲱⲙⲉ· ⲛ ϩⲏⲕⲉ· ⲡⲡⲉⲧ ⲟⲩⲁⲁⲃ
ⲇⲉ· ⲁⲡⲁ ϩⲁⲣⲱⲛ· ⲁϥⲙⲉϩ ⲡⲉϥϣⲱϣⲧ ⲙ̄ⲙⲟⲟⲩ· ⲁϥ-
ⲛⲟϫϥ̄· ⲉϫⲙ̄ ⲡⲉⲣⲧⲁⲩ· ⲛⲉⲓⲱⲧ ⲉϥϫⲱ ⲙ̄ⲙⲟⲥ· ϫⲉ ⲃⲱⲕ·
ⲛ̄ⲅ̄ ⲧⲁⲙⲓⲟ ⲛ̄ⲛⲉⲕϣⲏⲣⲉ· ϩⲙ̄ ⲡⲣⲁⲛ· ⲙ̄ ⲡⲉⲭ̄ⲥ̄· ⲛ̄ⲧⲟϥ ⲇⲉ
ⲁϥϫⲓⲧϥ̄ ⲁϥⲃⲱⲕ· ⲁϥⲧⲁⲙⲓⲟϥ ⲁⲩⲛⲟϭ· ⲛ̄ ⲥⲙⲟⲩ· ϣⲱⲡⲉ
ⲛ̄ϩⲏⲧϥ̄ ⲡⲣⲱⲙⲉ ⲇⲉ· ⲁϥⲉⲓ ϣⲁ ⲣⲟⲛ· ⲉϥϯ ⲉⲟⲟⲩ· ⲙ̄
ⲡⲛⲟⲩⲧⲉ· ⲙ̄ⲛ̄ ⲡⲡⲉⲧ ⲟⲩⲁⲁⲃ ⲁⲡⲁ ϩⲁⲣⲱⲛ· ⲉⲓⲥ ϩⲏⲏⲧⲉ
ⲱ ⲡⲁ ⲥⲟⲛ· ⲡⲁⲡⲛⲟⲩⲧⲉ· ⲁⲓϫⲱ ⲉ ⲣⲟⲕ· ⲛ ϩⲉⲛⲕⲟⲩⲓ ⲉ
ⲃⲟⲗ ϩⲛ̄ ⲙ̄ⲡⲟⲗⲩⲧⲓⲁ· ⲙ̄ ⲡⲡⲉⲧ ⲟⲩⲁⲁⲃ· ⲁⲡⲁ ϩⲁⲣⲱ̄ⲛ̄ ⲉ
ⲃⲟⲗ ϫⲉ ⲁⲛⲅ̄ ⲟⲩⲗⲁⲥ ⲛ ⲥⲁⲣⲝ̄· ⲙ̄ⲡϭⲟⲙ ⲙ̄ⲙⲟⲓ· ⲉ ϫⲱ·
ⲙ̄ ⲡⲧⲁⲓⲟ· ⲛ ⲛⲉϥⲁⲣⲉⲧⲏ· ϯⲛⲁⲧⲁⲙⲟⲕ· ⲉ ⲧⲉϥϭⲓⲛ-
ⲙⲧⲟⲛ· ⲉⲧ ⲟ ⲛ̄ϣⲡⲏⲣⲉ ⲉⲛⲉ ⲟⲩϩⲗⲗⲟ ⲡⲉ· ⲁϥⲁⲁⲓ· ϩⲛ̄
ⲛⲉϥϩⲟⲟⲩ· ⲁ ⲡⲉϥⲥⲱⲙⲁ· ⲁⲛϩⲁⲗⲓⲥⲕⲉ· ϩⲓⲧⲙ̄ ⲡⲉϩⲟⲩⲟ

ⲛ ⲧⲁⲥⲕⲓⲥⲓⲥ · ⲁϥϣⲱⲡⲉ ⲇⲉ ⲛ ⲥⲟⲩ ϯⲟⲩ ⲙ ⲡⲁϣⲟⲛⲥ̅ ·
ⲁⲩⲱ ⲙ̅ ⲡⲉϥⲣⲁⲥⲧⲉ ⲉⲧⲉ ⲥⲟⲩ ⲥⲟⲟⲩ ⲡⲉ · ⲁⲓⲥⲱⲧⲙ̅ · ⲉ ϩⲛ̅-
ⲥⲙⲏ · ⲛⲧⲉ ϩⲛ̅ⲭⲟⲣⲟⲥ | ⲛⲁⲅⲅⲉⲗⲟⲥ ⲉⲩⲱϣ · ⲉ ⲃⲟⲗ · ϫⲉ Fol. 56 *b*
ⲙⲁⲕⲁⲣⲓⲟⲥ · ⲙⲁⲕⲁⲣⲓⲟⲥ · ⲙⲡⲉ ⲓⲉⲓⲉⲓⲙⲉ (*sic*) · ⲉ ⲡⲉⲧ ⲟⲩϫⲱ ⲣⲓⲅ
ⲙⲙⲟϥ ⲁⲛⲟⲕ · ⲇⲉ ⲡⲁⲡⲛⲟⲩⲧⲉ · ⲡⲉϫⲁⲓ ⲛⲁϥ · ϫⲉ ⲡⲁⲓ ⲡⲉ
ⲡⲉϥⲃⲱⲗ · ϫⲉ ⲁⲩⲙⲁⲕⲁⲣⲓⲍⲉ · ⲙⲙⲟϥ · ϩⲛ̅ ⲙⲡⲏⲩⲉ · ⲛⲑⲉ
ⲛ̅ⲧⲁⲩⲙⲁⲕⲁⲣⲓⲍⲉ ⲙⲙⲟϥ · ϩⲓϫⲙ̅ ⲡⲕⲁϩ · ⲉⲛⲉⲩⲙⲏⲛ ⲇⲉ ⲉ
ⲃⲟⲗ · ⲛϯϩⲉ ϣⲁ ⲡⲛⲟϭ (*sic*) · ⲛϣⲱⲣⲡ̅ ⲛⲥⲟⲩ ⲯⲓⲥ ⲙ ⲡⲉⲃⲟⲧ ·
ⲡⲁϣⲟⲛⲥ̅ · ⲙ ⲡⲛⲁⲩ · ⲇⲉ ⲛϫⲡ̅ ⲥⲁϣϥⲉ ⲙ ⲡⲉϩⲟⲟⲩ ⲉⲧ
ⲙ̅ⲙⲁⲩ · ⲁϥⲙⲧⲟⲛ ⲙⲙⲟϥ · ϩⲛ̅ ⲟⲩⲙⲛ̅ⲧϩⲗⲗⲟ · ⲉⲥⲕⲓⲱⲟⲩ ·
ⲛϭⲓ ⲡⲡⲉⲧ ⲟⲩⲁⲁⲃ · ⲁⲡⲁ ϩⲁⲣⲱⲛ ⲁⲛⲟⲛ ⲇⲉ · ⲁⲛⲕⲱⲱⲥ ·
ⲙ ⲡⲉϥⲥⲱⲙⲁ · ϩⲛ̅ ⲟⲩⲉⲟⲟⲩ ⲙⲛ̅ ⲟⲩϯⲙⲏ · ⲁⲛⲕⲁⲁϥ ·
ϩⲁϩⲧⲙ̅ ⲡⲥⲱⲙⲁ · ⲙ̅ⲡⲉⲡⲓⲥⲕⲟⲡⲟⲥ · ⲉⲧ ⲟⲩⲁⲁⲃ · ⲛⲧⲁⲩ-
ϣⲱⲡⲉ · ϩⲙ̅ ⲡⲓⲗⲁⲕ · ⲉⲧⲉ ⲁⲡⲁ ⲙⲁⲕⲉⲇⲱⲛⲓⲟⲥ ⲡⲉ · ⲙⲛ̅
ⲁⲡⲁ ⲙⲁⲣⲕⲟⲥ · ⲙⲛ̅ ⲁⲡⲁ ⲏⲥⲁⲓⲁⲥ · ⲧⲉⲛⲟⲩ ϭⲉ ⲡⲁ ⲥⲟⲛ
ⲡⲁⲡⲛⲟⲩⲧⲉ · ϣⲗⲏⲗ · ⲉ ϫⲱⲓ · ⲛⲧⲉ ⲡⲛⲟⲩⲧⲉ · ⲣ ⲟⲩⲛⲁ ·
ⲛ̅ⲙ̅ⲙⲁⲓ · ⲛϥⲛ ⲧⲁ ϩⲁⲏ · ⲉ ⲃⲟⲗ · ϩⲙ̅ ⲡⲉⲓ ⲕⲟⲥⲙⲟⲥ ·
ⲉⲥⲣⲁ · ⲛⲁϥ · ⲁⲛⲟⲕ ⲇⲉ · ⲡⲉϫⲁⲓ ⲛⲁϥ · ϫⲉ ⲁⲕⲣ ⲙⲡϣⲁ ·
ⲛ ⲟⲩⲛⲟϭ · ⲛ ϩⲙⲟⲧ · ϫⲉ ⲁⲓⲥⲱⲧⲙ̅ · ⲉ ⲛⲉⲓ ⲡⲟⲗⲩϯⲁ ·
ⲉ ⲃⲟⲗ · ϩⲓ ⲧⲟⲟⲧⲕ̅ ⲉⲛⲁ ⲡⲉⲓ ⲡⲉⲧ ⲟⲩⲁⲁⲃ · ⲉ ⲧⲃⲉ ⲡⲁⲓ ·
ⲁⲛⲟⲕ ϩⲱ ϯⲛⲁⲥϩⲁⲓⲥⲟⲩ · ⲛⲧⲁⲕⲕⲁⲁⲩ · ⲉ ϩⲣⲁⲓ · ⲉⲩⲡⲣⲟⲥ-
ⲧⲁⲅⲙⲁ ⲛⲛⲅⲉⲛⲉⲁ · ⲧⲏⲣⲟⲩ · ⲉⲧ ⲛⲁϣⲱⲡⲉ ⲁⲩⲱ ⲧⲁⲓ ⲧⲉ
ⲑⲉ · ⲛⲧⲁⲓⲥϩⲁⲓⲥⲟⲩ · ⲛ ⲧⲉⲣ ⲡ̅ⲟⲩⲱ ⲇⲉ · ⲉⲛϣⲁϫⲉ ⲙⲛ̅
ⲛⲉⲛⲉⲣⲏⲩ · ⲁⲛⲟⲕ · ⲙⲛ̅ ⲁⲡⲁ ⲓⲥⲁⲁⲕ [...] ⲁⲡⲁ
ϩⲁⲣⲱⲛ · ⲁϥϭⲱ[...]ⲁⲓ ⲛ ⲟⲩⲧⲣⲁⲡⲉⲍⲁ · ⲁⲛⲟⲩⲱⲙ ⲁⲩⲱ
ⲁⲛⲥⲟ | ⲙⲛ̅ ⲛⲉⲛⲉⲣⲏⲩ · ⲁⲛⲧⲱⲟⲩⲛ · ⲁⲛϣⲗⲏⲗ · ⲁⲓⲉⲓ ⲉ Fol. 57 *a*
ⲃⲟⲗ · ϩⲓ ⲧⲟⲟⲧϥ̅ · ⲉ ⲧⲣⲁⲃⲱⲕ · ⲉϭⲙ̅ ⲡϣⲓⲛⲉ ⲛ̅ ⲡ̅ⲉⲥⲛⲏⲩ · ⲣⲓⲇ
ⲉⲧ ϩⲓ ⲡⲥⲁ · ⲛ ⲙⲣⲓⲧ · ⲙ̅ⲙⲟϥ · ⲡⲁⲓ ⲡⲉ ⲡⲃⲓⲟⲥ · ⲙ
ⲡⲡⲉⲧ ⲟⲩⲁⲁⲃ · ⲛ ⲁⲛⲁⲭⲱⲣⲓⲧⲏⲥ · ⲛ̅ ⲣⲙ̅ ⲡⲓⲗⲁⲕ · ⲁⲡⲁ
ϩⲁⲣⲱⲛ · ⲉ ⲁϥϫⲉⲕ ⲡⲉϥⲇⲣⲟⲙⲟⲥ · ⲉ ⲃⲟⲗ · ϩⲙ̅ ⲡⲧⲟⲟⲩ ·
ⲙ ⲡⲉⲓⲉⲃ̅ⲧ̅ · ⲙ ⲡⲉⲓⲗⲁⲕ ⲉⲩⲉⲟⲟⲩ ⲛⲧⲉⲧⲣⲓⲁⲥ · ⲉⲧ ⲟⲩⲁⲁⲃ
ⲡⲉⲓⲱⲧ · ⲙⲛ̅ ⲡϣⲏⲣⲉ · ⲙⲛ̅ ⲡⲉⲡⲛ̅ⲁ̅ · ⲉⲧ ⲟⲩⲁⲁⲃ · ⲛ
ⲣ̅ϥⲧⲁⲛϩⲟ · ⲁⲩⲱ ⲛϩⲟⲙⲟⲟⲩⲥⲓⲟⲥ · ⲧⲉⲛⲟⲩ · ⲁⲩⲱ ⲛ
ⲟⲩⲟⲉⲓϣ · ⲛⲓⲙ · ϣⲁ ⲉⲛⲉϩ ·

ⲠϢⲀ· Ⲛ ⲀⲠⲀ ϨⲀⲢⲰⲚ ⲠⲈⲠⲢⲞⲔⲒⲘⲈⲚⲞⲚ·

(Ps. xcix. 1–9)

Ⲡϫⲟⲉⲓⲥ ⲁϥⲣ̄ⲣⲣⲟ· ⲙⲁⲣⲉ ⲛⲗⲁⲟⲥ· ⲛⲟⲩϭ̄ⲥ̄· ⲡⲉⲧ
ϩⲙⲟⲟⲥ· ⲉϫⲛ̄ ⲛⲉⲭⲉⲓⲣⲟⲩⲃⲓⲛ· ⲙⲁⲣⲉ ⲡⲕⲁϩ ⲕⲓⲙ·
ⲟⲩⲛⲟϭ· ⲡⲉ ⲡϫⲟⲉⲓⲥ· ϩⲛ̄ ⲥⲓⲱⲛ ⲉϥϫⲟⲟⲥⲉ ⲉϫⲛ̄ ⲛⲗⲁⲟⲥ
ⲧⲏⲣⲟⲩ· ⲙⲁⲣⲟⲩⲱⲛ̄ϩ ⲉ ⲃⲟⲗ· ⲙ̄ ⲡⲉⲕⲛⲁϭ (*sic*)· ⲛ ⲣⲁⲛ
ϫⲉ ⲟⲩϩⲟⲧⲉ ⲡⲉ· ⲁⲩⲱ ϥⲟⲩⲁⲁⲃ ⲡⲧⲁⲓⲟ ⲛ̄ ⲟⲩⲣ̄ⲣⲟ·
ⲡⲉ ⲙⲉⲣⲉ ⲡϩⲁⲡ· ⲛⲧⲟⲕ· ⲁⲕⲥⲃ̄ⲧⲉ ⲡⲥⲟⲟⲩⲧⲛ̄· ⲁⲩⲱ
ⲁⲕⲉⲓⲣⲉ· ⲙ̄ ⲡϩⲁⲡ· ⲙⲛ̄ ⲧⲇⲓⲕⲁⲓⲟⲥⲩⲛⲏ· ⲡⲛⲟⲩⲧⲉ· ϩⲛ̄
ⲓⲁⲕⲱⲃ· ϫⲉⲥⲧ̄ ⲡϫⲟⲉⲓⲥ· ⲡⲉⲛⲛⲟⲩⲧⲉ ⲛⲧⲉⲧⲛ̄ⲟⲩⲱϣⲧ̄ ⲙ̄
ⲡϩⲩⲡⲟⲡⲟⲇⲓⲟⲛ ⲛ ⲛⲉϥⲟⲩⲣⲏⲏⲧⲉ· ϫⲉ ⲙⲱⲩⲥⲏⲥ·
ⲟⲩⲁⲁⲃ· ⲙⲛ̄ ⲁⲁⲣⲱⲛ· ϩⲛ̄ ⲛⲉϥⲟⲩⲏⲏⲃ ⲁⲩⲱ ⲥⲁⲙⲟⲩⲏⲗ·
ϩⲛ̄ ⲛⲉⲧ ⲉⲡⲓⲕⲁⲗⲉⲓ· ⲙ̄ ⲡⲉϥⲣⲁⲛ· ⲁⲩⲱϣ· ⲉ ϩⲣⲁⲓ· ⲉ
ⲡϫⲟⲉⲓⲥ· ⲁⲩⲱ ⲛⲧⲟϥ· ⲁϥⲥⲱⲧⲙ̄· ⲉ ⲣⲟⲟⲩ· ⲁϥϣⲁϫⲉ
ⲛ̄ⲙ̄ⲙⲁⲩ ⲉ ⲃⲟⲗ· ϩⲛ̄ ⲟⲩⲥⲧⲩⲗⲗⲟⲥ ⲛ ⲕⲗⲟⲟⲗⲉ·
ⲁⲩϩⲁⲣⲉϩ· ⲉ ⲛⲉϥⲙⲛ̄ⲧⲙⲛ̄ⲧⲣⲉ· ⲁⲩⲱ· ⲛⲉϥⲡⲣⲟⲥ-
ⲧⲁⲅⲙⲁ· ⲉⲛⲧ ⲁϥⲧⲁⲁⲩ· ⲛⲁⲩ· ⲡϫⲟⲉⲓⲥ· ⲡⲉⲛⲛⲟⲩⲧⲉ·
Fol. 57 *b* ⲛ̄ⲧⲟⲕ· ⲉⲛⲧⲁⲕⲥⲱⲧⲙ̄· | ⲉ ⲣⲟⲟⲩ ⲡⲛⲟⲩⲧⲉ ⲛ̄ⲧⲟⲕ· ⲡⲉⲛⲧ
ⲣ̄ⲓ̄ⲉ̄ ⲁⲕⲕⲱ ⲛⲁⲩ ⲉ ⲃⲟⲗ· ⲁⲕⲣ ⲡⲉⲕⲃⲁ· ⲛ ⲛⲉⲩϩⲃⲏⲩⲉ·
ϫⲁⲥⲧ̄ ⲡϫ̄ⲥ̄ ⲡⲉⲛⲛⲟⲩⲧⲉ ⲛⲧⲉⲧⲛ̄ⲟⲩⲱϣⲧ̄· ⲙ̄ ⲡⲉϥⲧⲟⲟⲩ ⲉⲧ
ⲟⲩⲁⲁⲃ· ϫⲉ ϥⲟⲩⲁⲁⲃ ⲛϭⲓ ⲡϫ̄ⲥ̄ ⲡⲉⲛⲛⲟⲩⲧⲉ·

ⲠⲀⲠⲞⲤⲦⲞⲖⲞⲤ ⁘ (Heb. iv. 14–v. 6)

Ⲉⲟⲩⲛⲧⲁⲛ ⲇⲉ ⲙⲙⲁⲩ· ⲛ ⲟⲩⲛⲟϭ· ⲛ ⲁⲣⲭⲓⲉⲣⲉⲩⲥ ⲉ ⲁϥϫⲉⲧ ⲙⲡⲏⲩⲉ· ⲓ̄ⲥ̄ ⲡⲉⲭ̄ⲥ̄· ⲡϣⲏⲣⲉ ⲙ̄ ⲡⲛⲟⲩⲧⲉ· ⲙⲁⲣⲛ̄ⲁⲙⲁϩⲧⲉ· ⲛ ⲧⲉϥϩⲟⲙⲟⲗⲟⲅⲓⲁ· ⲛ ⲟⲩⲁⲣⲭⲓⲉⲣⲉⲩⲥ· ⲅⲁⲣ ⲁⲛ· ⲡⲉⲧⲉ ⲟⲩⲛ̄ⲧⲁⲛϥ· ⲉⲙⲛ̄ϭⲟⲙ ⲙⲙⲟϥ· ⲉ ϣⲡ̄ ϩⲓⲥⲉ· ⲛ̄ⲙ̄ⲙⲁⲛ· ϩⲛ̄ ⲛⲉⲛⲁⲥⲑⲉⲛⲓⲁ· ⲁⲗⲗⲁ· ⲉϥϫⲟⲡⲧ· ⲛϩⲱⲃ· ⲛⲓⲙ· ⲛ ⲧⲉⲛϩⲉ· ϣⲁⲧⲛ̄ ⲛⲛⲟⲃⲉ· ⲙⲁⲣⲛ̄ϯ ⲡⲉⲛⲟⲩⲟⲓ· ϩⲛ̄ ⲟⲩⲡⲁⲣϩⲏⲥⲓⲁ· ⲉ ⲡⲉⲑⲣⲟⲛⲟⲥ ⲛ ⲧⲉⲭⲁⲣⲓⲥ· ϫⲉ ⲕⲁⲥ· ⲉⲛⲉϫⲓ ⲛ̄ ⲟⲩⲛⲁ· ⲁⲩⲱ ⲛⲧⲛ̄ϩⲉ· ⲉⲩϩⲙⲟⲧ ⲛⲟⲩⲟⲉⲓϣ ⲛ̄ⲁ ⲛ̄ⲃⲟⲏⲑⲓⲁ· ⲁⲣⲭⲓⲉⲣⲉⲩⲥ· ⲅⲁⲣ ⲛⲓⲙ· ⲉⲧⲟⲩϫⲓ

ⲙ̄ⲙⲟⲟⲩ· ⲉ ⲃⲟⲗ ϩⲛ̄ ⲛ̄ⲣⲱⲙⲉ· ⲉϣⲁⲩⲕⲁⲑⲓⲥⲧⲁ ⲙ̄ⲙⲟⲟⲩ·
ⲉϫⲛ̄ ⲛ̄ⲣⲱⲙⲉ· ⲛ ⲛⲁϩⲣⲛ̄ ⲡⲛⲟⲩⲧⲉ· ⲇⲉ ϫⲉ ⲉϥⲉⲧⲁⲗⲉ
ⲇⲱⲣⲟⲛ ⲉ ϩⲣⲁⲓ ϩⲓ ⲑⲩⲥⲓⲁ· ϩⲁ ⲛⲟⲃⲉ ⲉⲟⲩⲛϭⲟⲙ·
ⲙ̄ⲙⲟϥ· ⲉ ϣⲡ̄ ϩⲓⲥⲉ· ⲙⲛ̄ ⲛⲉⲧ ⲟ ⲛ ⲁⲧ ⲥⲟⲟⲩⲛ· ⲙⲛ̄
ⲛⲉⲧ ⲡⲗⲁⲛⲁ· ⲉ ⲃⲟⲗ· ϩⲱⲱϥ ϫⲉ ϥϣⲟⲟⲡ· ϩⲛ̄ ⲟⲩ-
ⲙⲛ̄ⲧϭⲱⲃ· ⲁⲩⲱ· ⲉ ⲧⲃⲏⲏⲧⲥ̄· ϣϣⲉ ⲉ ⲣⲟϥ· ⲕⲁⲧⲁ
ⲑⲉ· ⲉϣⲁϥⲧⲁⲗⲟ· ⲉ ϩⲣⲁⲓ· ϩⲁ ⲡⲗⲁⲟⲥ· ⲛϥⲧⲁⲗⲟ·
ϩⲱⲱϥ· ϩⲁ ⲣⲟϥ· ⲛ̄ϯϩⲉ ϩⲁ ⲛⲉϥⲛⲟⲃⲉ […] ⲟⲩⲁ· ⲇⲉ
ⲡⲟⲩⲁ· ϫⲓ ⲛⲁϥ ⲁⲛ· ⲙ ⲡⲧⲁⲓⲟ· ⲁⲗⲗⲁ ⲉⲩⲉⲓⲛⲉ· ⲙ̄ⲙⲟϥ·
ⲉ ⲃⲟⲗ ϩⲓⲧⲛ̄ ⲡⲛⲟⲩⲧⲉ· […]ⲁⲁⲣⲱⲛ· ⲧⲁⲓ ⲧⲉ ⲑⲉ· ⲙ̄
ⲡⲉⲭ̄ⲥ̄· ⲛⲧⲁϥ[…]ⲁⲁϥ ⲁⲛ· […]
ⲛ̄ ⲁⲣⲭⲓⲉⲣⲉⲩⲥ· ⲁⲗⲗⲁ ⲡⲉⲛⲧ ⲁϥϣⲁϫⲉ ⲛ̄ⲙ̄ⲙⲁϥ ⲡⲉ· Fol. 58 *a*
ϫⲉ ⲛⲧⲟⲕ· ⲡⲉ ⲡⲁ ϣⲏⲣⲉ· ⲁⲛⲟⲕ· ⲁⲓϫⲡⲟⲕ· ⲙⲡⲟⲟⲩ· ⲣⲓⲉ̄
ⲕⲁⲧⲁ ⲑⲉ ⲟⲛ· ⲉϣⲁϥϫⲟⲟⲥ ϩⲛ̄ ⲕⲉ ⲙⲁ· ϫⲉ ⲛⲧⲟⲕ· ⲡⲉ
ⲡⲟⲩⲏⲏⲃ· ϣⲁ ⲉⲛⲉϩ· ⲕⲁⲧⲁ ⲧⲧⲁⲝⲓⲥ· ⲙ̄ ⲙⲉⲗⲭⲓⲥⲉⲇⲉⲕ·

ⲠⲔⲀⲐⲞⲖⲒⲔ̊· ⲒⲀⲔⲔⲰⲂ̊ ⁘ (James v. 10–16)

ϫⲓ ⲙ ⲡⲉⲥⲙⲟⲧ· ⲛⲁⲥⲛⲏⲩ· ⲙ̄ ⲡϩⲓⲥⲉ· ⲙⲛ̄ ⲧⲙⲛⲧϩⲁ-
ⲣϣϩⲏⲧ· ⲛ̄ ⲛⲉⲡⲣⲟⲫⲏⲧⲏⲥ· ⲛⲁⲓ ⲛⲧⲁⲩϣⲁϫⲉ ϩⲙ̄ ⲡⲣⲁⲛ·
ⲙ ⲡϫ̄ⲥ̄· ⲉⲓⲥ ϩⲏⲏⲧⲉ· ⲧⲛ̄ⲙⲁⲕⲁⲣⲓⲍⲉ· ⲛ̄ⲛⲉⲛⲧ ⲁⲩϩⲩⲡⲟ-
ⲙⲓⲛⲉ· ⲁⲧⲉⲧⲛ̄ⲥⲱⲧⲙ̄· ⲉ ⲑⲩⲡⲟⲙⲟⲛⲏ ⲛ ⲓⲱⲃ· ⲁⲩⲱ·
ⲁⲧⲉⲧⲛ̄ⲛⲁⲩ· ⲉ ⲑⲁⲏ· ⲙ ⲡϫ̄ⲥ̄ ϫⲉ ⲟⲩϣⲁⲛϩⲧⲏϥ· ⲡⲉ
ⲡϫ̄ⲥ̄· ⲁⲩⲱ ⲟⲩⲛⲁⲏⲧ ⲡⲉ· ϩⲁⲑⲏ ⲇⲉ ⲛϩⲱⲃ· ⲛⲙ̄·
ⲛⲁⲥⲛⲏⲩ· ⲙⲡⲣ̄ ⲱⲣⲕ· ⲗⲁⲁⲩ ⲟⲩⲇⲉ· ⲧⲡⲉ ⲟⲩⲇⲉ
ⲡⲕⲁϩ· ⲟⲩⲇⲉ ⲗⲁⲁⲩ· ⲛ̄ⲁⲛⲁϣ· ⲙⲁⲣⲉϥϣⲱⲡⲉ· ⲛϭⲓ
ⲡⲉⲧⲛ̄ⲥⲉ· ⲛ ⲥⲉ· ⲁⲩⲱ ⲡⲉⲧⲛ̄ⲙ̄ⲙⲟⲛ ⲛ̄ ⲙ̄ⲙⲟⲛ· ϫⲉ ⲕⲁⲥ·
ⲛ̄ⲛⲉ ⲩⲕⲣⲓⲛⲉ· ⲙ̄ⲙⲱⲧⲛ̄· ⲡⲉⲧ ϣⲡ̄ ϩⲓⲥⲉ· ⲙ̄ⲙⲱⲧⲛ̄·
ⲙⲁⲣⲉϥϣⲗⲏⲗ· ⲡⲉⲧ ⲣⲟⲟⲩⲧ· ⲙⲁⲣⲉϥⲯⲁⲗⲗⲉⲓ ⲡⲉⲧ ϣⲱⲛⲉ·
ⲛ̄ϩⲏⲧ ⲧⲏⲩⲧⲛ ⲙⲁⲣⲉϥⲙⲟⲩⲧⲉ ⲉ ⲛⲉⲡⲣⲉⲥⲃⲩⲧⲉⲣⲟⲥ· ⲛ̄ ⲧⲉⲕ-
ⲕⲗⲏⲥⲓⲁ· ⲛⲥⲉϣⲗⲏⲗ· ⲉ ϩⲣⲁⲓ ⲉ ϫⲱϥ· ⲉ ⲁⲩⲧⲁϩⲥϥ·
ⲛ ⲟⲩⲛⲉϩ· ϩⲙ̄ ⲡⲣⲁⲛ· ⲙ ⲡϫ̄ⲥ̄· ⲁⲩⲱ ⲡⲉϣⲗⲏⲗ· ⲙⲛ̄
ⲧⲡⲓⲥⲧⲓⲥ ⲛ ⲁⲧ ⲟⲩϫⲉ ⲡⲉⲧ ϣⲱⲛⲉ· ⲁⲩⲱ ⲡϫ̄ⲥ̄· ⲛ̄ⲁⲧⲟ̄-

ⲛⲟⲩⲥϥ· ⲕⲁⲛ· ⲉϣⲱⲡⲉ· ⲉ ⲁϥⲣ̄ ϩⲉⲛⲕⲉⲛⲟⲃⲉ· ⲥⲉⲛⲁ-
ⲕⲁⲁⲩ· ⲛⲁϥ· ⲉ ⲃⲟⲗ· ⲟⲩⲱⲛ̄ϩ· ϭⲉ ⲉ ⲃⲟⲗ· ⲛ̄ⲛⲉⲧ-
ⲛ̄ⲛⲟⲃⲉ· ⲉ ⲛⲉⲧⲛ̄ⲉⲣⲏⲩ· ⲛ̄ⲧⲉⲧⲛ̄ϣⲗⲏⲗ· ϩⲁ ⲛⲉⲧⲛ̄ⲉⲣⲏⲩ·
ϫⲉ ⲕⲁⲥ· ⲉ ϥⲉⲕⲱ ⲛⲏⲧⲛ̄· ⲉ ⲃⲟⲗ· ⲡⲥⲟⲡⲥ̄· ⲙ̄ ⲡⲇⲓ-
ⲕⲁⲓⲟⲥ· ϭⲙ̄ϭⲟⲙ· ⲉⲙⲁⲁⲧⲉ· ⲁⲩⲱ ϥⲉⲛⲉⲣⲅⲉⲓ·|

ⲠⲢⲀⲜⲒⲤ (Acts vii. 34–43)

Fol. 58 *b* Ⲧⲉⲛⲟⲩ ϭⲉ· ⲁⲙⲟⲩ· ⲛ̄ⲧⲁϫⲟⲟⲩⲕ ⲉ ϩⲣⲁⲓ ⲉ ⲕⲏⲙⲉ· ⲡⲁⲓ
ⲣⲓⲍ ⲡⲉ ⲙⲱⲩⲥⲏⲥ· ⲛⲧⲁⲩⲁⲣⲛⲁ· ⲙ̄ⲙⲟϥ ⲉⲩϫⲱ ⲙ̄ⲙⲟⲥ· ϫⲉ
ⲛⲓⲙ· ⲡⲉⲛⲧ ⲁϥⲕⲁⲑⲓⲥⲧⲁ ⲙ̄ⲙⲟⲕ· ⲛ ⲁⲣⲭⲱⲛ· ⲁⲩⲱ ⲛ̄
ⲣⲉϥϯϩⲁⲡ· ⲉ ϩⲣⲁⲓ· ⲉ ϫⲱⲛ· ⲡⲁⲓ ⲁ ⲡⲛⲟⲩⲧⲉ· ϫⲟⲟⲩϥ·
ⲛ ⲁⲣⲭⲱⲛ· ⲁⲩⲱ ⲛ ⲣⲉϥⲥⲱⲧⲉ· ϩⲙ̄ ⲧϭⲓϫ· ⲙ ⲡⲁⲅⲅⲉⲗⲟⲥ·
ⲡⲁⲓ ⲛ̄ⲧⲁϥⲟⲩⲱⲛ̄ϩ· ⲛⲁϥ· ⲉ ⲃⲟⲗ· ϩⲙ̄ ⲡⲃⲁⲧⲟⲥ· ⲡⲁⲓ
ⲡⲉⲛⲧ ⲁϥⲉⲛⲧⲟⲩ· ⲉ ⲃⲟⲗ· ⲉ ⲁϥⲉⲓⲣⲉ ⲛ̄ ϩⲉⲛⲙⲁⲉⲓⲛ· ⲙⲛ̄
ϩⲉⲛϣⲡⲏⲣⲉ ϩⲙ̄ ⲕⲏⲙⲉ· ⲁⲩⲱ ϩⲙ̄ ⲧⲉⲗⲩⲑⲣⲁ ⲑⲁⲗⲁⲥⲥⲁ·
ϩⲙ̄ ⲡϫⲁⲓⲉ· ⲛ ϩⲙⲉ· ⲛ̄ⲣⲟⲙⲡⲉ· ⲡⲁⲓ ⲡⲉⲛⲧ ⲁϥϫⲟⲟⲥ·
ⲛ̄ ⲛϣⲏⲣⲉ· ⲙ ⲡⲓⲏⲗ· ϫⲉ ⲡⲛⲟⲩⲧⲉ· ⲛⲁⲧⲟⲩⲛⲟⲥ ⲟⲩ-
ⲡⲣⲟⲫⲏⲧⲏⲥ· ⲛⲏⲧⲛ̄· ⲉ ⲃⲟⲗ· ϩⲙ̄ ⲛⲉⲧⲛ̄ⲥⲛⲏⲩ· ⲛ ⲧⲁ ϩⲉ·
ⲡⲁⲓ ⲡⲉⲛⲧ ⲁϥϣⲱⲡⲉ· ϩⲙ̄ ⲧⲉⲕⲕⲗⲏⲥⲓⲁ· ⲙⲛ̄ ⲡⲉⲧ ϣⲁϫⲉ·
ⲛ̄ⲙ̄ⲙⲁϥ ϩⲙ̄ ⲡⲧⲟⲟⲩ· ⲛ ⲥⲓⲛⲁ· ⲁⲩⲱ ⲙⲛ̄ ⲛⲉⲛⲉⲓⲟⲧⲉ·
ⲡⲁⲓ [ⲡⲉ]ⲛⲧ ⲁϥϫⲓ· ⲛ̄ ϩⲉⲛϣⲁϫⲉ ⲉⲩⲟⲛ̄ϩ· ⲉ ⲃⲟⲗ· ⲉ ⲧⲁⲁⲩ
ⲛⲏⲧⲛ̄· ⲁⲩⲱ ⲙ ⲡⲟⲩⲱϣ· ⲉ ⲥⲱⲧⲙ̄· ⲛ̄ⲥⲱϥ· ⲛϭⲓ
ⲛⲉⲛⲉⲓⲟⲧⲉ· ⲁⲗⲗⲁ· ⲁⲩⲕⲁⲁϥ ⲛⲥⲱⲟⲩ· ⲁⲩⲕⲟⲧⲟⲩ· ⲉ
ⲕⲏⲙⲉ· ⲁⲩϫⲟⲟⲥ· ⲛ ⲁⲁⲣⲱⲛ· ϫⲉ ⲧⲁⲙⲓⲟ ⲛⲁⲛ· ⲛ
ϩⲉⲛⲛⲟⲩⲧⲉ ⲛⲥⲉϫⲓ ⲙⲟⲉⲓⲧ· ϩⲏⲧⲛ̄· ⲙⲱⲩⲥⲏⲥ· ⲅⲁⲣ
ⲡⲁⲓ· ⲛⲧⲁϥⲉⲛⲧⲛ̄ ⲉ ⲃⲟⲗ· ϩⲙ̄ ⲡⲕⲁϩ ⲛ ⲕⲏⲙⲉ· ⲁⲩⲱ
ⲛⲧⲛ̄ⲥⲟⲟⲩⲛ· ⲁⲛ ϫⲉ ⲛⲧⲁ ⲟⲩ· ϣⲱⲡⲉ· ⲙ̄ⲙⲟϥ· ⲁⲩⲱ
ⲁⲩⲧⲁⲙⲓⲉ ⲥⲕⲩⲛⲏ· ϩⲙ̄ ⲛⲉϩⲟⲟⲩ ⲉⲧ ⲙ̄ⲙⲁⲩ· ⲁⲩⲧⲁⲗⲉ·
ⲑⲩⲥⲓⲁ· ⲉ ϩⲣⲁⲓ ⲙ ⲡⲉⲓⲇⲱⲗⲟⲛ· ⲁⲩⲱ· ⲁⲩⲉⲩⲫⲣⲁⲛⲉ·
ϩⲙ̄ ⲛⲉϩⲃⲏⲩⲉ· ⲛ̄ⲛⲉⲩϭⲓϫ· ⲁⲩⲕⲧⲟⲟⲩ· ⲇⲉ ⲛ̄ϭⲓ·
Fol. 59 *a* ⲡⲛⲟⲩⲧⲉ· ⲉ ⲧⲣⲉⲩϣⲙ̄ϣⲉ·| ⲛ ⲧⲉⲥⲧⲣⲁϯⲁ· ⲛ ⲧⲡⲉ· ⲕⲁⲧⲁ
ⲣⲓⲏ ⲑⲉ ⲉⲧ ⲥⲏϩ· ϩⲙ̄ ⲡϫⲱⲱⲙⲉ· ⲛ̄ ⲛ̄ⲡⲣⲟⲫⲏⲧⲏⲥ· ϫⲉ ⲙⲏ·

ⲁⲧⲉⲧⲛ̄ⲧⲁⲗⲟ ⲛⲁⲓ ⲉ ϩⲣⲁⲓ· ⲛ ϩⲉⲛϣⲱⲱⲧ ⲙⲛ̄ ϩⲉⲛⲑⲩⲥⲓⲁ· ⲛ ϩⲙⲉ· ⲛⲣⲟⲙⲡⲉ· ϩⲛ̄ ⲧⲉⲣⲏⲙⲟⲥ· ⲡⲏⲓ ⲙ ⲡⲓⲏ̄ⲗ̄· ⲁⲩⲱ ⲁⲧⲉⲧⲛ̄ϫⲓ· ⲛ̄ ⲧⲉⲥⲕⲩⲛⲏ· ⲙ ⲙⲟⲗⲟⲭ· ⲙⲛ̄ ⲡⲥⲓⲟⲩ ⲙ ⲡⲛⲟⲩⲧⲉ ⲫⲉⲣⲁⲛ· ⲛⲉⲥⲙⲟⲧ· ⲛⲧⲁ ⲧⲉⲧⲛ̄ⲧⲁⲙⲓⲟⲟⲩ ⲉ ⲟⲩⲱϣ̄ⲧ̄ ⲛⲁⲩ· ⲁⲩⲱ ϯⲛⲁⲡⲉⲛⲉ ⲧⲏⲩⲧⲛ̄· ⲉ ⲃⲟⲗ ⲉ ⲡⲉⲓ ⲥⲁ· ⲛ ⲧⲃⲁⲃⲩⲗⲱⲛ·

ⲠⲀⲖⲖⲎ· ⲠⲈϤⲬⲠⲞ ⳼ (Ps. lxxvii. 18–20)

ⲁ ⲛⲉⲕⲉⲩⲣⲏⲏϭⲉ· ⲣ ⲟⲩⲟⲉⲓⲛ· ⲉ ⲧⲟⲓⲕⲟⲩⲙⲉⲛⲏ· ⲁ ⲡⲕⲁϩ· ⲕⲓⲙ· ⲁϥⲥⲧⲱⲧ· ⲉⲣⲉ ⲧⲉⲕϩⲓⲏ· ϩⲛ̄ ⲑⲁⲗⲗⲁⲥⲁ ⲁⲩⲱ ⲛⲉⲕⲙⲁ· ⲙ ⲙⲟⲟϣⲉ ϩⲛ̄ ϩⲉⲛⲙⲟⲟⲩ· ⲉⲛⲁϣⲱⲟⲩ ⲁⲩⲱ· ⲥⲉⲛⲁⲥⲟⲩⲛ ⲛⲉⲕⲧⲁϭⲥⲉ ⲁⲛ· ⲁⲕϫⲓ ⲙⲟⲉⲓⲧ· ϩⲏⲧϥ̄· ⲙ ⲡⲉⲕⲗⲁⲟⲥ· ⲛⲑⲉ· ⲛ ⲛⲉⲓⲉⲥⲟⲟⲩ· ⲉⲩϩⲛ̄ ⲧϭⲓϫ ⲙ ⲙⲱⲩⲥⲏⲥ· ⲙⲛ̄ ⲁⲁⲣⲱⲛ·

ⲠⲔⲀⲦⲀ ⲘⲀⲐⲐⲀⲒⲞⲤ ⳼ (Matt. iv. 23–v. 16)

ⲁϥⲉⲓ ⲇⲉ ⲉ ⲃⲟⲗ· ϩⲛ̄ ⲧⲅⲁⲗⲓⲗⲁⲓⲁ· ⲧⲏⲣⲥ̄· ⲉϥϯ ⲥⲃⲱ ϩⲣⲁⲓ· ϩⲛ̄ ⲛⲉⲩⲥⲩⲛⲁⲅⲱⲅⲏ· ⲁⲩⲱ· ⲉϥⲧⲁϣⲉⲟⲉⲓϣ ⲙ ⲡⲉⲩⲁⲅⲅⲉⲗⲓⲟⲛ· ⲛ ⲧⲙⲛ̄ⲧⲉⲣⲟ· ⲁⲩⲱ ⲉϥⲣ̄ ⲡⲁϩⲣⲉ· ⲉ ϣⲱⲛⲉ· ⲛⲓⲙ· ϩⲓⲗⲟϫⲗ̄ϫ̄ ⲛⲓⲙ· ϩⲙ̄ ⲡⲗⲁⲟⲥ· ⲡⲉϥⲥⲟⲉⲓⲧ ⲁϥⲃⲱⲕ· ⲉ ⲃⲟⲗ· ϩⲛ̄ ⲧⲥⲩⲣⲓⲁ· ⲧⲏⲣⲥ̄· ⲁⲩⲉⲓⲛⲉ· ⲛⲁϥ· ⲛ̄ ⲟⲩⲟⲛ ⲛⲓⲙ· ⲉⲧ ⲙⲟⲕϩ̄· ϩⲛ̄ ϩⲉⲛϣⲱⲛⲉ· ⲉⲩϣⲟⲃⲉ· ⲁⲩⲱ ⲉⲩϣⲟⲟⲡ ϩⲛ̄ ϩⲉⲛⲧⲕⲁⲥ· ⲙⲛ̄ ⲛⲉⲧ ⲟ· ⲛ̄ ⲇⲁⲓⲙⲟⲛⲓⲟⲛ· ⲙⲛ̄ ⲛⲉⲧ ϩⲓⲧⲉ ⲙⲛ̄ ⲛⲉⲧ ⲥⲏϭ ⲁⲩⲱ ⲁϥⲣ̄ ⲡⲁϩⲣⲉ ⲉ ⲣⲟⲟⲩ· ⲁⲩⲟⲩⲁϩⲟⲩ ⲛⲥⲱϥ· ⲛϭⲓ ϩⲉⲛⲙⲏⲏϣⲉ· ⲉⲛⲁϣⲱⲟⲩ· ⲉ ⲃⲟⲗ· ϩⲛ̄ ⲧⲇⲉⲕⲁⲡⲟⲗⲓⲥ· ⲙⲛ̄ ⲑⲓⲉⲣⲟⲥⲟⲗⲩⲙⲁ· ⲙⲛ̄ ⲡⲉⲕⲣⲟ· ⲙ ⲡⲓⲟⲣⲇⲁⲛⲏⲥ·|
Ⲛ ⲧⲉⲣ ϥ̄ⲛⲁⲩ ⲇⲉ· ⲉ ⲙⲙⲏⲏϣⲉ· ⲁϥⲁⲗⲉ· ⲉ ϩⲣⲁⲓ Fol. 59 *b*
ⲉϫⲙ̄ ⲡⲧⲟⲟⲩ· ⲁⲩⲱⲛ ⲧⲉⲣ ϥ̄ϩⲙⲟⲟⲥ· ⲁⲩϯ ⲡⲉⲩⲟⲓ· ⲣ̄ⲓ̄ⲑ̄
ⲉ ⲣⲟϥ· ⲛϭⲓ ⲛⲉϥⲙⲁⲑⲏⲧⲏⲥ· ⲁϥⲟⲩⲱⲛ ⲛ ⲣⲱϥ· ⲁϥϯ ⲥⲃⲱ ⲛⲁⲩ· ⲉϥϫⲱ ⲙⲙⲟⲥ· ϫⲉ ⲛⲁⲓⲁⲧⲟⲩ ⲛ̄ ⲛ̄ϩⲏⲕⲉ·

ϩⲙ̅ ⲡⲉⲡⲛ̅ⲁ · ϫⲉ ⲧⲱⲟⲩ · ⲧⲉ ⲧⲙⲛ̅ⲧⲉⲣⲟ ⲛ ⲙ̅ⲡⲏⲩⲉ ⁘
ⲛⲁⲓⲁⲧⲟⲩ · ⲛ̅ ⲛ̅ⲉⲧ ⲣ̅ϩⲏⲃⲉ ϫⲉ ⲛⲧⲟⲟⲩ ⲛⲉⲧ ⲟⲩ ⲛⲁⲥⲡ-
ⲥⲱⲡⲟⲩ ⁘ ⲛⲁⲓⲁⲧⲟⲩ ⲛ̅ ⲛ̅ⲣⲙ̅ⲣⲁϣ ϫⲉ ⲛ̅ⲧⲟⲟⲩ ⲛⲉⲧ ⲛⲁ-
ⲕⲗⲏⲣⲟⲛⲟⲙⲉⲓ · ⲙ ⲡⲕⲁϩ ⁘ ⲛⲁⲓⲁⲧⲟⲩ · ⲛⲛⲉⲧ ϩⲕⲁⲉⲓⲧ
ⲉⲧ ⲟⲃⲉ · ⲛ ⲧⲇⲓⲕⲁⲓⲟⲥⲩⲛⲏ · ϫⲉ ⲛⲧⲟⲟⲩ ⲛⲉⲧ ⲛⲁⲥⲉⲓ ⁘
ⲛⲁⲓⲁⲧⲟⲩ ⲛ ⲛⲉⲧ ⲟⲩⲁⲁⲃ · ϩⲙ̅ ⲡⲉⲩϩⲏⲧ · ϫⲉ ⲛⲧⲟⲟⲩ ⲛⲉⲧ
ⲛⲁⲛⲁⲩ · ⲉ ⲡⲛⲟⲩⲧⲉ ⁘ ⲛⲁⲓⲁⲧⲟⲩ ⲛ ⲛⲛⲁⲏⲧ · ϫⲉ ⲛⲧⲟⲟⲩ ·
ⲛⲉⲧ ⲟⲩⲛⲁⲛⲁ · ⲛⲁⲩ ⁘ ⲛⲁⲓⲁⲧⲟⲩ · ⲛ̅ ⲛ̅ⲣϥⲣ̅ ⲉⲓⲣⲏⲛⲏ ·
ϫⲉ ⲛⲧⲟⲟⲩ ⲛⲉⲧ ⲟⲩⲛⲁⲙⲟⲩⲧⲉ · ⲉ ⲣⲟⲟⲩ ϫⲉ ⲛϣⲏⲣⲉ ·
ⲙ̅ ⲡⲡⲛⲟⲩⲧⲉ (*sic*) ⁘ ⲛⲁⲓⲁⲧⲟⲩ · ⲛ ⲛⲉⲛⲧ ⲁⲩⲡⲱⲧ ⲛⲥⲱⲟⲩ ·
ⲉ ⲧⲃⲉ ⲧⲇⲓⲕⲁⲓⲟⲥⲩⲛⲏ · ϫⲉ ⲧⲱⲟⲩ ⲧⲉ ⲧⲙⲛ̅ⲧⲉⲣⲟ · ⲛ̅
ⲙⲡⲏⲩⲉ ⁘ ⲛⲁⲓⲁⲧ ⲧⲏⲩⲧⲛ̅ ⲉⲩϣⲁⲛⲛⲉϭⲛⲉϭ ⲧⲏⲩⲧⲛ̅ ·
ⲛⲥⲉⲡⲱⲧ ⲛⲥⲱⲧⲛ̅ ⲛⲥⲉϫⲉ ϩⲱⲃ · ⲛⲓⲙ · ⲉϥϩⲟⲟⲩ · ⲉ ϩⲟⲩⲛ ·
ⲉ ⲣⲱⲧⲛ̅ · ⲉⲩϫⲓ ϭⲟⲗ · ⲉ ⲣⲱⲧⲛ̅ ⲉ ⲧⲃⲏⲏⲧ · ⲣⲁϣⲉ · ⲛⲧⲉⲧⲛ̅-
ⲧⲉⲗⲏⲗ · ϫⲉ ⲡⲉⲧⲛ̅ⲃⲉⲉⲕⲉ ⲛⲁϣⲱϥ · ϩⲣⲁⲓ ϩⲛ̅ ⲙ̅ⲡⲏⲩⲉ ·
ⲧⲁⲓ ⲅⲁⲣ ⲧⲉ ⲑⲉ · ⲛⲧⲁⲩⲡⲱⲧ · ⲛⲥⲁ ⲛⲉⲡⲣⲟⲫⲏⲧⲏⲥ · ⲉⲧ
ϩⲁ ⲧⲉⲧⲛ̅ϩⲏ · ⲛ̅ⲧⲱⲧⲛ̅ · ⲡⲉ ⲡⲉϩⲙⲟⲩ ⲙ ⲡⲕⲁϩ · ⲉⲣϣⲁⲛ ·
Fol. 60 *a* ⲡⲉϩⲙⲟⲩ ⲇⲉ ⲃⲁⲃⲉ · ⲉⲩⲛⲁⲙⲁⲗϩϥ | ⲛ ⲟⲩ ⲙⲉϥⲣ̅ϣⲁⲩ ·
ⲣⲕ ⲉ ⲗⲁⲁⲩ · ⲛⲥⲁ ⲛⲟϫϥ · ⲉ ⲃⲟⲗ ⲛⲥⲉϩⲟⲙϥ · ϩⲓⲧⲛ̅ ⲛⲣⲱⲙⲉ ·
ⲛⲧⲱⲧⲛ̅ ⲡⲉ ⲡⲟⲩⲟⲉⲓⲛ · ⲙ ⲡⲕⲟⲥⲙⲟⲥ · ⲙⲛ̅ϣϭⲟⲙ · ⲛ
ⲟⲩⲡⲟⲗⲓⲥ · ⲉ ϩⲱⲡ ⲉⲥⲕⲏ · ⲉ ϩⲣⲁⲓ ⲉϫⲛ̅ ⲟⲩⲧⲟⲟⲩ · ⲟⲩⲇⲉ
ⲙⲉⲩϫⲉⲣⲉ ⲟⲩϩⲏⲃⲥ · ⲛⲥⲉⲕⲁⲁϥ ϩⲁ ⲟⲩϣⲓ · ⲁⲗⲗⲁ · ⲉ-
ϣⲁⲩⲕⲁⲁϥ · ⲉϫⲛ̅ ⲧⲗⲩⲭⲛⲓⲁ · ⲛ̅ϥⲣ̅ ⲟⲩⲟⲉⲓⲛ · ⲉ ⲛⲉⲧ
ϣⲟⲟⲡ · ⲧⲏⲣⲟⲩ ϩⲙ̅ ⲡⲏⲓ · ⲧⲁⲓ ⲧⲉ ⲑⲉ · ⲙⲁⲣⲉϥⲣ̅ ⲟⲩⲟⲉⲓⲛ ·
ⲛϭⲓ ⲡⲉⲧⲛ̅ⲟⲩⲟⲉⲓⲛ · ⲙ̅ⲡⲙ̅ⲧⲟ · ⲉ ⲃⲟⲗ ⲛ̅ ⲛ̅ⲣⲱⲙⲉ · ϫⲉ
ⲕⲁⲥ · ⲉⲩⲉⲛⲁⲩ ⲉ ⲛⲉⲧⲛ̅ϩⲃⲏⲩⲉ ⲉⲧ ⲛⲁⲛⲟⲩ · ⲛⲥⲉϯ ⲉⲟⲟⲩ ·
ⲙ ⲡⲉⲧⲛ̅ⲉⲓⲱⲧ · ⲉⲧ ϩⲛ̅ ⲙ̅ⲡⲏⲩⲉ ·

ⲞⲘⲀⲒⲰⲤ ⲔⲈ ⲞⲨⲀ · ⲀⲚⲀⲤⲦⲀⲤⲒⲤ · ⲠⲔⲀⲦⲀ ⲘⲀⲢⲔⲞⲤ · (Chapter xvi)

ⲁⲩⲱ ⲛ ⲧⲉⲣⲉ ⲡⲥⲁⲃⲃⲁⲧⲱⲛ · ⲟⲩⲉⲓⲛⲉ · ⲙⲁⲣⲓⲁ ⲧⲙⲁⲅ-
ⲇⲁⲗⲓⲛⲏ · ⲁⲩⲱ ⲙⲁⲣⲓⲁ · ⲧⲁ ⲓⲁⲕⲕⲱⲃⲟⲥ ⲙⲛ̅ ⲥⲁⲗⲱⲙⲏ ·

ⲁⲩϣⲡ ϩⲉⲛϩⲛⲛⲉ · ϫⲉ ⲕⲁⲥ · ⲉⲩⲉⲉⲓ · ⲛ̄ⲥⲉⲧⲁϩⲥ̄ϥ · ϩⲧⲟⲟⲩⲉ
ⲇⲉ · ⲛ̄ϣⲱⲣⲡ · ⲙ̄ ⲡⲟⲩ̄ⲁ ⲙ̄ ⲡⲥⲁⲃⲃⲁⲧⲱⲛ · ⲁⲩⲉⲓ ⲉ ϩⲣⲁⲓ ⲉ
ⲡ̄ⲙ̄ϩⲁⲁⲩ · ⲙ̄ⲡⲁⲧⲉ ⲡⲣⲏ · ϣⲁ · ⲁⲩⲱ ⲛⲉⲩϫⲱ ⲙ̄ⲙⲟⲥ ·
ⲛ̄ⲛⲉⲩⲉⲣⲏⲩ ϫⲉ ⲛⲓⲙ · ⲁⲣⲁ · ⲡⲉⲧ ⲛⲁⲥⲕⲣ̄ⲕⲣ̄ ⲡⲱⲱⲛⲉ ·
ⲛⲁⲛ ⲉ ⲃⲟⲗ · ϩⲓⲣⲛ̄ ⲧⲧⲁⲡⲣⲟ · ⲙ̄ ⲡⲉⲩϩⲁⲁⲩ · ⲛ̄ ⲧⲉⲣ ⲟⲩⲉⲓ
ⲇⲉ · ⲉ ϩⲣⲁⲓ · ⲁⲩⲛⲁⲩ · ⲉ ⲡⲱⲱⲛⲉ · ⲉ ⲁⲩϥⲓⲧϥ̄ ⲙ̄ⲙⲁⲩ
ⲛⲉ ⲟⲩⲛⲟϭ · ⲅⲁⲣ · ⲉⲙⲁⲁⲧⲉ ⲡⲉ · ⲁⲩⲱ ⲛ̄ ⲧⲉⲣ ⲟⲩⲃⲱⲕ
ⲉ ϩⲟⲩⲛ · ⲉ ⲡ̄ⲙ̄ϩⲁⲁⲩ · ⲁⲩⲛⲁⲩ · ⲉⲩϩⲣ̄ϣⲉⲉⲣⲉ ⲉϥϩⲙⲟⲟⲥ
ⲉ ϩⲣⲁⲓ · ⲛ̄ⲥⲁ ⲟⲩⲛⲁⲙ ⲙ̄ⲙⲟϥ · ⲉϥϭⲟⲟⲗⲉ · ⲛ̄ ⲟⲩⲥ-
ⲧⲟⲗⲏ · ⲛ̄ ⲟⲩⲱⲃϣ̄ · ⲁⲩⲱ · ⲁ ⲑⲟⲧⲉ ϫⲓⲧⲟⲩ · ⲛ̄ⲧⲟϥ · ⲇ[ⲉ
ⲁ]ϥϣⲁϫⲉ · ⲛ̄ⲙ̄ⲙⲁⲩ · ϫⲉ ⲙ̄ⲡⲣ̄ ⲣ̄ ϩⲟⲧⲉ · [...][ϯ]ⲥⲟⲟⲩⲛ ·
ⲅⲁⲣ · ϫⲉ · ⲉⲧⲉⲧⲛ̄ϣⲓⲛⲉ ⲛ̄ⲥⲁ ⲓ̄ⲥ̄ | ⲡⲛⲁⲍⲱⲣⲁⲓⲟⲥ · ⲡⲉⲛⲧ Fol. 60 *b*
ⲁⲩⲥϯⲟⲩ ⲙ̄ⲙⲟϥ · ⲛ̄ϥ ⲙ̄ ⲡⲉⲓ ⲙⲁ · ⲁⲛ · ⲁϥⲧⲱⲟⲩⲛ · ⲣ̄ⲕ̄ⲁ̄
ⲅⲁⲣ · ⲕⲁⲧⲁ ⲑⲉ ⲛ̄ⲧⲁϥϫⲟⲟⲥ · ⲁⲩⲱ ⲉⲓⲥ ⲡⲙⲁ · ⲛ̄ⲧⲁⲩ-
ⲕⲁⲁϥ ⲛ̄ϩⲏⲧϥ̄ · ⲁⲗⲗⲁ · ⲃⲱⲕ · ⲛ̄ⲧⲉⲧⲛ̄ϫⲟⲟⲥ · ⲛ̄ ⲛⲉϥⲙⲁ-
ⲑⲏⲧⲏⲥ · ⲙⲛ̄ ⲡⲕⲉ ⲡⲉⲧⲣⲟⲥ · ϫⲉ ϥⲛⲁⲣϣⲟⲣⲡ̄ · ⲉ ⲣⲱⲧⲛ̄
ⲉ ⲧⲅⲁⲗⲓⲗⲁⲓⲁ · ⲉⲧⲉⲧⲛⲁⲛⲁⲩ · ⲉ ⲣⲟϥ ϩⲙ̄ ⲡⲙⲁ ⲉⲧ
ⲙ̄ⲙⲁⲩ · ⲕⲁⲧⲁ ⲑⲉ ⲛ̄ⲧⲁϥϫⲟⲟⲥ · ⲛⲏⲧⲛ̄ · ⲛ̄ ⲧⲉⲣ ⲟⲩⲥⲱⲧⲙ̄ ·
ⲁⲩⲉⲓ ⲉ ⲃⲟⲗ · ϩⲙ̄ ⲡⲙ̄ϩⲁⲁⲩ · ⲁⲩⲡⲱⲧ · ⲛⲉⲣⲉ ⲟⲩϩⲟⲧⲉ ⲅⲁⲣ ·
ⲛ̄ⲙ̄ⲙⲁⲩ ⲡⲉ ⲁⲩⲱ ⲛⲉⲩⲣ̄ ϣⲡⲏⲣⲉ · ⲙⲡ ⲟⲩϫⲉ ⲗⲁⲁⲩ · ⲇⲉ
ⲛ̄ϣⲁϫⲉ ⲉ ⲗⲁⲁⲩ · ⲛⲉⲩⲣ̄ ϩⲟⲧⲉ ⲅⲁⲣ ⲡⲉ · ⲛ̄ ⲧⲉⲣ ϥ̄ⲧⲱⲟⲩⲛ
ⲇⲉ · ⲉ ϩⲧⲟⲟⲩⲉ · ⲛ̄ ϣⲱⲣⲡ · ⲛ̄ⲥⲟⲩⲁ · ⲙ̄ ⲡⲥⲁⲃⲃⲁⲧⲟⲛ ·
ⲁϥⲟⲩⲱⲛϩ̄ · ⲉ ⲃⲟⲗ ⲛ̄ ϣⲟⲣⲡ · ⲉ ⲙⲁⲣⲓⲁ ⲧⲙⲁⲅⲇⲁⲗⲓⲛⲏ ·
ⲧⲁⲓ ⲛ̄ⲧⲁϥⲛⲉϫ ⲥⲁϣϥ̄ · ⲛ̄ⲇⲁⲓⲙⲟⲛⲓⲟⲛ · ⲉ ⲃⲟⲗ · ⲛ̄ϩⲏⲧⲥ̄ ·
ⲧⲉⲧ ⲙ̄ⲙⲁⲩ ⲇⲉ · ⲁⲥⲃⲱⲕ · ⲁⲥⲧⲁⲙⲉ ⲛⲉⲛⲧ ⲁⲩϣⲱⲡⲉ
ⲛ̄ⲙ̄ⲙⲁϥ · ⲉⲩⲣ̄ ϩⲏⲃⲉ · ⲁⲩⲱ ⲉⲩⲣⲓⲙⲉ · ⲛ̄ⲧⲟⲟⲩ · ⲇⲉ
ϩⲱⲟⲩ ⲛ̄ ⲧⲉⲣ ⲟⲩⲥⲱⲧⲙ̄ · ϫⲉ ϥⲟⲛϩ̄ · ⲁⲩⲱ ϫⲉ ⲁⲥⲛⲁⲩ
ⲉ ⲣⲟϥ · ⲁⲩⲣ̄ ϩⲟⲧⲉ · ⲙ̄ⲛ̄ⲛ̄ⲥⲁ ⲛⲁⲓ ⲇⲉ ⲥⲛⲁⲩ · ⲉ ⲃⲟⲗ
ⲛ̄ϩⲏⲧⲟⲩ · ⲉⲩⲙⲟⲟϣⲉ · ⲁϥⲟⲩⲱⲛϩ̄ ⲉ ⲣⲟⲟⲩ · ϩⲛ̄ ⲕⲉ
ⲙⲟⲣⲫⲏ · ⲉⲩⲃⲏⲕ · ⲉ ⲧⲥⲱϣⲉ · ⲛⲉⲧ ⲙ̄ⲙⲁⲩ ϩⲱⲟⲩ · ⲟⲛ · ⲁⲩ-
ⲃⲱⲕ · ⲁⲩⲧⲁⲙⲉ ⲡⲕⲉ ⲥⲉⲉⲡⲉ · ⲟⲩⲇⲉ ⲟⲛ · ⲙⲡ ⲟⲩⲡⲓⲥⲧⲉⲩⲉ ·
ⲛ̄ ⲛ̄ⲉⲧ ⲙ̄ⲙⲁⲩ · ⲙ̄ⲛ̄ⲛ̄ⲥⲁ · ⲉⲩⲛⲏϫ · ⲙ̄ ⲡⲙⲛ̄ⲧⲟⲩⲉ · ⲁϥⲟⲩ-
ⲱⲛϩ̄ ⲉⲩⲟⲩⲱⲙ ⲁⲩⲱ · ⲁϥⲛⲟϭⲛⲉϭ · ⲛ̄ⲧⲉⲩⲙⲛ̄ⲧⲁⲧⲛⲁϩⲧⲉ ·
ⲧⲉⲩⲙⲛ̄ⲧⲛⲁϣⲧϩⲏⲧ · [...] ⲙ [...] |

Fol. 61 *a* ⲡⲉϫⲁϥ· ⲇⲉ ⲛⲁⲩ· ϫⲉ ⲃⲱⲕ· ⲉ ⲃⲟⲗ· ϩⲙ̅ ⲡⲕⲟⲥⲙⲟⲥ
ⲣ̅ⲕ̅ⲃ̅ ⲧⲏⲣϥ̅· ⲛⲧⲉⲧⲛ̅ⲧⲁϣⲉⲟⲉⲓϣ· ⲙ ⲡⲉⲩⲁⲅⲅⲉⲗⲓⲟⲛ· ⲙ
ⲡⲥⲱⲛⲧ̅· ⲧⲏⲣϥ̅· ⲡⲉⲧ ⲛⲁⲡⲓⲥⲧⲉⲩⲉ· ⲇⲉ ⲛ̅ϥϫⲓⲃⲁⲡⲧⲓⲥⲙⲁ·
ϥⲛⲁⲟⲩϫⲁⲓ· ⲡⲉⲧⲉ ⲛ̅ϥⲛⲁⲡⲓⲥⲧⲉⲩⲉ· ⲇⲉ ⲁⲛ· ⲥⲉⲛⲁⲧ-
ϭⲁⲓⲟϥ· ⲛⲉⲓ ⲙⲁⲉⲓⲛ· ⲇⲉ ⲛⲁⲟⲩⲱϩ· ⲉ ⲛⲉⲧ ⲛⲁⲡⲓⲥⲧⲉⲩⲉ·
ⲥⲉⲛⲁⲛⲉϫ ⲇⲁⲓⲙⲟⲛⲓⲟⲛ· ⲉ ⲃⲟⲗ· ϩⲙ̅ ⲡⲁ ⲣⲁⲛ· ⲥⲉⲛⲁ-
ϣⲁϫⲉ ϩⲛ̅ ⲛⲁⲥⲡⲉ· ⲥⲉⲛⲁϥⲓ ⲛ ϩⲉⲛϩⲟϥ· ϩⲛ̅ ⲛⲉⲩϭⲓϫ·
ⲕⲁⲛ ⲉⲩϣⲁⲛⲥⲱ ⲛ ⲟⲩⲡⲁϩⲣⲉ ⲙⲙⲟⲩ· ⲛ̅ⲥⲛⲁⲣⲃⲟⲟⲛⲉ
ⲛⲁⲩ ⲁⲛ· ⲥⲉⲛⲁⲧⲁⲗⲉ ⲧⲟⲟⲧⲟⲩ· ⲉϫⲛ̅ ⲛⲉⲧϣⲱⲛⲉ
ⲛⲥⲉⲙⲧⲟⲛ· ⲡϫⲟⲉⲓⲥ ⲇⲉ ⲓ̅ⲥ̅ ⲙⲛ̅ⲛⲥⲁ ⲧⲣⲉϥϣⲁϫⲉ ⲛ̅ⲙ̅ⲙⲁⲩ·
ⲁⲩϫⲓⲧϥ̅ ⲉ ϩⲣⲁⲓ ⲉ ⲧⲡⲉ· ⲁϥϩⲙⲟⲟⲥ ⲛⲥⲁ ⲟⲩⲛⲁⲙ· ⲙ
ⲡⲛⲟⲩⲧⲉ· ⲛⲧⲟⲟⲩ ⲇⲉ· ⲛ ⲧⲉⲣ ⲟⲩⲉⲓ· ⲉ ⲃⲟⲗ· ⲁⲩⲧⲁϣⲉ-
ⲟⲉⲓϣ· ⲛ̅ⲙ̅ⲙⲁⲉⲓⲛ· ⲉⲣⲉ ⲡϫⲟⲉⲓⲥ ϯ ⲛ ⲧⲟⲟⲧⲟⲩ· ⲉϥⲧⲁ-
ϫⲣⲟ· ⲙ ⲡϣⲁϫⲉ· ϩⲓⲧⲛ̅ ⲙ̅ⲙ̅ⲙⲁⲉⲓⲛ· ⲉⲧ ⲟⲩⲏⲛϩ· ⲛ̅ⲥⲱⲟⲩ·

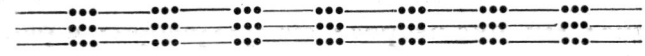

THE PRAYER OF SAINT ATHANASIUS

(Brit. Mus. MS. Oriental, No. 7029)

ⲠⲈϢⲖⲎⲖ· Ⲙ ⲠϨⲀⲄⲒⲞⲤ· ⲀⲐⲀⲚⲀⲤⲒⲞⲤ ⲚⲦⲀϤⲦⲀⲨⲞϤ Ⲙ ⲠⲘⲀⲨ (sic)· ⲈⲦ ⲈϤⲚⲀⲔⲀ ⲤⲰⲘⲀ· Ⲉ ϨⲢⲀⲒ ⲚϨⲎⲦϤ· ⲈⲦⲈ ⲠⲞⲞⲨ· ⲚϨⲞⲞⲨ ⲠⲈ ϨⲚ̄ ⲤⲞⲨ ⲤⲀϢϤ· Ⲙ ⲠⲈⲂⲞⲦ ⲠⲀϢⲞⲚⲤ̄· ϨⲚ̄ ⲞⲨⲈⲒⲢⲎⲚⲎ· ⲚⲦⲈ ⲠⲚⲞⲨⲦⲈ· ⲤⲘⲞⲨ· Ⲉ ⲢⲞⲚ· ϨⲀⲘⲎⲚ·

ⲉⲓⲃⲏⲕ· ⲉ ϩⲣⲁⲓ ⲉⲛϭⲓϫ· ⲙ ⲡⲛⲟⲩⲧⲉ· ⲛϭⲓϫ ⲛⲣⲱⲙⲉ·
ⲁⲛ· ⲉ ⲧⲃⲉ· ⲡⲁⲓ· ⲡϫⲟⲉⲓⲥ ⲡⲛⲟⲩⲧⲉ ⲙ̄ⲡϭⲟⲙ· ⲥⲱⲧⲙ̄· ⲉ
ⲡⲉϣⲗⲏⲗ· ⲙ ⲡⲉⲕϩⲙ̄ϩⲁⲗ· ⲁⲑⲁⲛⲁⲥⲓⲟⲥ· ⲛ̄ⲅ̄ ⲧⲙ̄ ⲧⲙ̄ⲛⲟⲟⲩ
ⲛⲥⲁ ⲧⲁⲯⲩⲭⲏ | ϫⲉ ⲁⲛ̄ⲅ̄ ⲟⲩⲣⲱⲙⲉ ⲛⲥⲛⲟϥ· ϩⲓ ⲥⲁⲣⲝ̄· ⲁⲩⲱ Fol. 61 *b*
ⲕⲥⲟⲟⲩⲛ̄ ⲛ ⲧⲙⲛ̄ⲧϭⲱⲃ· ⲛ̄ ⲛ̄ϣⲏⲣⲉ ⲛ ⲁⲇⲁⲙ ϫⲉ ⲉⲣϣⲁⲛ ⲣ̄ⲕ̄ⲅ̄
ⲟⲩⲕⲟⲩⲓ· ⲙ ⲡⲱⲗ̄ϩ· ⲧⲁϩⲉ ⲟⲩⲁ ϣⲁϥⲧⲁϩⲉ ⲟⲩⲁ ϣⲁϥⲕⲓⲛ-
ⲇⲉⲩⲛⲉⲉⲩⲉ· ⲁⲩⲱ ⲟⲩϩⲟⲧⲉ· ⲛ ⲁϣ ⲛ̄ϭⲟⲧ· ⲡⲉ ϩⲉ ⲉ ϩⲣⲁⲓ·
ⲉⲛ̄ϭⲓϫ ⲙ ⲡⲛⲟⲩⲧⲉ· ⲉⲩⲙⲙ[ⲁ]ⲩ· ⲛϭⲓ ⲛⲕⲟⲗⲁⲥⲓⲥ· ⲛ̄ⲧⲁⲕ-
ⲧⲁⲙⲓⲟⲟⲩ ⲉ ϫⲓⲕⲃⲁ· ⲛ̄ ⲛ̄ⲣϥ̄ⲣ ⲛⲟⲃⲉ· ⲙⲛ̄ ⲧⲅ̄ⲉⲛϩⲉⲛ ⲁ (sic)·
ⲛ ⲥⲁⲁⲧⲉ· ⲙⲛ̄ ⲡϫⲁϥ· ⲙⲛ̄ ⲡ̄ⲛ̄ⲡ̄ϥ̄ⲧ̄ (sic)· ⲛ̄ ⲁⲧ ⲛⲕⲟⲧ̄ⲕ·
ⲉⲓϣⲁⲛϫⲟⲟϥ ϫⲉ ⲁⲛ̄ⲅ̄ ⲟⲩⲇⲓⲕⲁⲓⲟⲥ ⲁⲩⲱ ⲁⲓϣⲡ̄ ϩⲓⲥⲉ·
ⲉϫⲙ̄ ⲡⲉⲕⲣⲁⲛ· ⲛ̄ⲅ̄ ϩⲉ ⲉ ⲣⲟⲓ·· ⲉ ⲁⲓⲣ̄ ⲛⲟⲃⲉ· ϩⲙ̄
ⲡⲉⲓ ⲕⲉ ⲟⲩⲁ ϫⲉ ⲛⲕⲉ ⲁⲅⲅⲉⲗⲟⲥ· ⲁⲩⲙⲉⲉⲩⲉ· ⲉⲩϭⲱⲱⲙⲉ·
ⲛⲧⲁⲩⲧⲁⲙⲓⲟⲟⲩ· ⲅⲁⲣ· ⲉ ⲃⲟⲗ ϩⲛ̄ ⲟⲩⲡ̄ⲛ̄ⲁ̄· ⲉϥⲟⲩⲁⲁⲃ·
ⲙⲛ̄ ⲟⲩⲥⲁⲁⲧⲉ· ⲉⲓⲉ ⲡⲟⲥⲱ ⲙⲁⲗⲗⲟⲛ· ⲁⲛⲟⲕ· ⲁⲛ̄ⲅ̄
ⲟⲩⲕⲁϩ· ϩⲓ ⲕⲉⲣⲙⲉⲥ· ⲁⲩⲱ ⲁⲛ̄ⲅ̄ ⲟⲩⲥⲁⲣⲝ̄· ⲉϣⲁⲥⲃⲱⲗ·
ⲉ ⲃⲟⲗ· ⲛⲥ̄ϣⲱⲡⲉ· ⲛ ⲟⲩⲕⲁϩ· ϩⲓ ⲕⲉⲣⲙⲉⲥ· ⲁⲩⲱ ⲛⲧⲁⲕ-
ⲧⲁⲙⲓⲟⲓ· ⲉ ⲃⲟⲗ· ϩⲛ̄ ⲟⲩⲙⲏⲧⲣⲁ· ⲛ ⲥϩⲓⲙⲉ· ⲁⲕⲧⲟϭⲧ̄
ⲛ̄ⲑⲉ· ⲛ ⲟⲩⲥⲟⲟϩⲉ· ⲉϣⲁⲥⲡⲓⲥⲉ· ϩⲙ̄ ⲡⲕⲱϩⲧ̄ ⲁⲕϯ ⲉ ⲣⲟⲓ·
ⲛ̄ ϩⲉⲛⲕⲉⲉⲥ· ⲁⲕⲙⲟⲣⲧ̄· ⲛ ϩⲉⲛⲙⲟⲩⲧ ⲙⲛ̄ ϩⲉⲛⲥⲁⲣⲝ̄· ⲁⲕ-
ϭⲟⲟⲗⲧ̄· ⲛ̄ ⲟⲩϣⲁⲁⲣ· ⲁⲕϯ ⲉ ⲣⲟⲓ ⲛ ⲟⲩⲡⲛⲟⲏ· ⲙⲛ̄ ⲟⲩⲡ̄ⲛ̄ⲁ̄·

ⲉϥⲟⲩⲁⲁⲃ· ⲙⲛ̄ ⲛ[...]ⲟⲩⲓ ϣⲁⲣⲉ ⲡⲉⲡⲛ̄ⲁ̄· ⲕⲁⲁⲩ· ⲛ̄ϥⲕⲟⲧϥ̄·
ⲉⲩ[...]ⲉ ⲃⲟⲗ· ⲛ̄[...]
Fol. 62 *a* ⲣ̄ⲕ̄ⲇ̄ [...] | ⲛⲧⲉ ⲡⲕⲁϩ· ⲥⲧⲱⲧ· ϣⲁ ⲛⲉϥⲥⲛ̄ⲧⲉ ⲡⲉⲧ ϩⲙⲟⲟⲥ ⲉ
ϩⲣⲁⲓ ⲉϫⲛ̄ ⲛⲉⲭⲉⲣⲟⲩⲃⲓⲛ· ⲛⲟⲩⲟⲉⲓⲛ ⲉⲩⲁϩ ⲉⲣⲁⲧⲟⲩ ⲉ ⲣⲟϥ·
ⲛϭⲓ ϩⲉⲛϣⲟ· ⲛ̄ϣⲟ ⲙⲛ̄ ϩⲉⲛⲧⲃⲁ· ⲛ̄ⲧⲃⲁ· ⲉⲩϯ ⲉⲟⲟⲩ ⲛ̄
ⲧⲉϥⲙⲛ̄ⲧⲛⲟϭ· ⲡⲉⲛⲧ ⲁϥⲕⲱ ⲛ̄ⲥⲁϣϥⲉ ⲙ̄ⲡⲉ· ⲙⲛ̄ ⲥⲁϣϥ̄·
ⲛ̄ⲥⲧⲉⲣⲉⲱⲙⲁ· ϩⲙ̄ ⲡϣⲁϫⲉ ⲛ ⲧⲉϥϭⲟⲙ· ⲡⲉⲧ ϯ ⲛ̄
ⲟⲩⲧⲟϣ· ⲉ ⲑⲁⲗⲗⲁⲥⲁ ⲉⲙⲉⲥⲉϣ ⲥⲁⲁⲧϥ̄· ⲡⲉⲧ ⲃⲱⲗ· ⲉ ⲃⲟⲗ·
ⲙ̄ ⲯⲩⲭⲏ· ⲛⲓⲙ· ⲉⲧ ⲧⲟⲩⲛⲟⲥ· ⲙ̄ⲙⲟⲟⲩ· ⲁⲩⲱ ⲉϥϯ
ⲛⲁⲩ ⲛ ⲟⲩⲙⲛ̄ⲧϣⲁⲛϩⲧⲏϥ· ⲡⲁⲓ· ⲉⲧⲉ ⲙⲛ̄ ⲗⲁⲁⲩ·
ⲛ̄ⲁⲅⲅⲉⲗⲟⲥ ⲛⲁϣⲟⲩⲱϩⲙ̄· ⲛⲁϥ· ⲉⲓ ⲙⲏ ⲧⲉⲓ· ⲡⲉϥϣⲏⲣⲉ·
ⲛ ⲁⲅⲁⲑⲟⲥ· ⲙⲛ̄ ⲡⲉϥⲡ̄ⲛ̄ⲁ̄· ⲛ̄ ϩⲁⲅⲓⲟⲛ· ⲏ ⲉⲣⲉ ⲧⲁ ⲯⲩⲭⲏ·
ⲛ̄ ⲧⲁⲗⲁⲓⲡⲱⲣⲟⲥ· ⲁⲩⲱ ⲛ̄ⲣϥ̄ⲣ̄ ⲛⲟⲃⲉ· ⲛⲁⲟⲩⲱⲛ̄ϩ ⲉ ⲃⲟⲗ·
ⲛ̄ ⲛⲁϩⲣⲛ̄ ⲧⲉⲕⲙⲛ̄ⲧϫⲟⲉⲓⲥ· ⲉⲓ ⲙⲏ ⲧⲉⲓ· ⲧⲉⲕⲙⲛ̄ⲧϣⲁⲛ-
ϩⲧⲏϥ· ⲡϫⲟⲉⲓⲥ· ⲛ̄ ⲧⲁ ⲯⲩⲭⲏ· ⲙⲛ̄ ⲡⲁ ⲥⲱⲙⲁ· ⲙⲛ̄ ⲡⲁ
ⲡ̄ⲛ̄ⲁ̄ ⲥⲱⲧⲙ̄ ⲉ ⲣⲟⲓ ⲡⲛⲟⲩⲧⲉ· ⲙ ⲡⲁ ⲱⲛ̄ϩ ⲛ̄ⲅϫⲓ ⲛ̄ ⲧⲟⲟⲧ·
ⲛ̄ ⲧⲁ ⲉⲝⲟⲙⲟⲗⲟⲅⲓⲥⲓⲥ ⲛ̄ⲅ ϯ ⲛ ⲟⲩⲛⲁ· ⲛ ⲧⲁ ⲯⲩⲭⲏ·
ⲉⲓⲛⲏⲩ ⲉ ⲣⲁⲧⲕ̄· ⲡϫ̄ⲥ̄· ⲡⲇⲉⲥⲡⲟⲇⲏⲥ· ⲙ ⲡⲧⲏⲣϥ̄· ⲡⲉⲛⲧ
ⲁϥϫⲓ· ⲙ ⲡⲉϣⲗⲏⲗ· ⲙ ⲡϣⲟⲣⲡ̄· ⲛ̄ ⲣⲱⲙⲉ· ⲁⲇⲁⲙ
ⲁϥϯ ⲙⲉⲧⲁⲛⲓⲁ· ⲛⲁϥ· ⲉⲕⲉϫⲓ ⲙ ⲡⲁ ⲧⲱⲃ̄ϩ· ⲛ̄ⲧⲟⲟⲧ·
ⲛ̄ⲅ ⲧⲛ̄ⲛⲟⲟⲩ· ⲛ̄ⲥⲁ ⲧⲁ ⲯⲩⲭⲏ· ϩⲛ̄ ⲟⲩⲟⲩⲛⲟⲩ· ⲉⲥⲣϣⲁⲩ·
ⲙⲛ̄ ⲟⲩⲙⲛ̄ⲧϣⲁⲛϩⲧⲏϥ· ⲁⲩⲱ ϩⲛ̄ ⲟⲩⲙⲛ̄ⲧⲟⲩⲁϩⲓⲏⲧ· ⲁⲛ·
ⲡⲉⲛⲧ ⲁϥⲥⲱⲧⲙ̄· ⲉ ⲡⲉϣⲗⲏⲗ· ⲙ̄ ⲡϣⲟⲣⲡ̄· ⲙ̄ ⲙⲁⲣ-
ⲧⲩⲣⲟⲥ ⲁⲃⲉⲗ· ⲉⲕⲉⲥⲱⲧⲙ̄· ⲉ ⲡⲱⲓ· ϩⲱ ⲙ̄ⲡⲟⲟⲩ· ⲛ̄ⲅ
ⲧⲛ̄ⲛⲟⲟⲩ· ⲛⲥⲁ ⲧⲁ ⲯⲩⲭⲏ· ⲛ ⲟⲩⲁⲅⲅⲉⲗⲟⲥ· ⲛⲧⲉ
Fol. 62 *b* ⲣ̄ⲕ̄ⲉ̄ ⲧⲇⲓⲕⲁⲓⲟⲥⲩⲛⲏ· | ⲡⲉⲛⲧ ⲁϥⲥⲱⲧⲙ̄· ⲉ ⲡⲉϣⲗⲏⲗ· ⲛ
ⲁⲃⲣⲁϩⲁⲙ ⲡⲉⲛⲉⲓⲱⲧ· ⲉϥϣⲟⲟⲡ· ϩⲙ̄ ⲡⲕⲁϩ· ⲛ ⲭⲁⲛⲁⲁⲛ
ⲁϥϭⲟϫϭⲉϫ ⲛ ϩⲉⲛⲣ̄ⲣⲟ· ⲉⲩⲧⲁϫⲣⲏⲩ· ⲁⲩⲱ ⲉⲩⲟϣ· ⲙ
ⲙⲏⲏϣⲉ ⲛϩⲟⲩⲟ ⲉ ⲣⲟϥ· ⲉⲕⲉⲥⲱⲧⲙ̄ ⲉ ⲣⲟⲓ ϩⲱ ⲙ̄ⲡⲟⲟⲩ·
ⲡⲉⲛⲧ ⲁϥⲥⲱⲧⲙ̄· ⲉ ⲡⲉϣⲗⲏⲗ· ⲛ ⲓⲥⲁⲁⲕ· ⲁϥⲛⲁϩⲙⲉϥ·
ⲉ ⲧϭⲓϫ· ⲛ̄ ⲛ̄ⲡⲉⲫⲩⲗⲉⲥⲧⲉⲉⲓⲙ· ⲉⲕⲉⲥⲱⲧⲙ̄ ⲉ ⲣⲟⲓ ϩⲱ
ⲙ̄ⲡⲟⲟⲩ· ⲛ̄ⲅⲭⲁⲣⲓⲍⲉ ⲛⲁⲓ· ⲛ̄ ⲟⲩⲁⲡⲁⲛⲧⲏⲙⲁ· ⲉⲛⲁ-
ⲛⲟⲩⲥ· ⲡⲉⲛⲧ ⲁϥⲥⲱⲧⲙ̄· ⲉ ⲡⲉϣⲗⲏⲗ ⲛ ⲓⲁⲕⲱⲃ· ⲉϥⲃⲏⲕ·
ⲉ ⲧⲙⲉⲥⲟⲡⲟⲧⲁⲙⲓⲁ· ⲛ ⲧⲥⲩⲣⲓⲁ· ⲁϥⲟⲩⲱⲛ̄ϩ· ⲛⲁϥ ⲉ

ⲃⲟⲗ· ⲛϭⲓ ⲡⲛⲟⲩⲧⲉ· ⲁϥϯ ⲛⲁϥ· ⲛ ⲧⲙ̅ⲛⲧⲣⲙ̅ⲙⲁⲟ̅· ⲛ
ⲗⲁⲃⲁⲛ ⲉⲕⲉⲥⲱⲧⲙ̅ ⲉ ⲣⲟⲓ· ϩⲱ ⲙ̅ⲡⲟⲟⲩ· ⲡⲉⲛⲧ ⲁϥⲥⲱⲧⲙ̅·
ⲉ ⲓⲱⲥⲏⲫ ϩⲛ̅ ⲕⲏⲙⲉ ⲉⲕⲉⲥⲱⲧⲙ̅· ⲉ ⲣⲟⲓ ϩⲱ· ⲙ̅ⲡⲟⲟⲩ·
ⲉⲓⲛⲏⲩ ⲉ ⲣⲁⲧⲕ̅· ⲡⲉⲛⲧ ⲁϥⲥⲱⲧⲙ̅ ⲉ ⲡⲉϥϣⲗⲏⲗ· ⲙ ⲡⲛ̅ⲟϭ
ⲙ ⲡⲣⲟⲫⲏⲧⲏⲥ· ⲙⲱⲩⲥⲏⲥ· ⲉ ⲁϥⲉⲓⲛⲉ· ⲙ ⲡⲗⲁⲟⲥ ⲙ
ⲡ̅ⲓ̅ⲏ̅ⲗ̅· ⲉ ⲃⲟⲗ· ϩⲛ̅ ⲕⲏⲙⲉ· ⲉⲕⲉⲥⲱⲧⲙ̅· ⲉ ⲣⲟⲓ ϩⲱ ⲙ
ⲡⲟⲟⲩ· ⲁⲛⲟⲕ ⲡⲉⲕϩⲙ̅ϩⲁⲗ· ⲁⲑⲁⲛⲁⲥⲓⲟⲥ· ⲁⲕⲥⲱⲧⲙ̅· ⲉ
ⲡⲉϣⲗⲏⲗ· ⲛ ⲓⲉⲥⲟⲩ· ⲡϣⲏⲣⲉ· ⲛ̅ ⲛⲁⲩⲏ ⲉϥⲙⲓϣⲉ· ⲙⲛ̅
ⲛⲉϥϫⲁϫⲉ· ⲁⲕⲧⲛ̅ⲛⲟⲟⲩ· ⲛⲁϥ ⲙ ⲡⲁⲣⲭⲏⲥⲧⲣⲁⲧⲏⲅⲟⲥ·
ⲛ ⲧϭⲟⲙ· ⲛ ⲙ̅ⲡⲏⲩⲉ· ⲉ ⲧⲣⲉϥϫⲓⲕⲃⲁ· ⲛ̅ ⲛⲉϥϫⲁϫⲉ·
ⲉⲕⲉⲥⲱⲧⲙ̅· ⲉ ⲣⲟⲓ ϩⲱ ⲙ̅ⲡⲟⲟⲩ ⲉⲓⲛⲏⲩ· ⲉ ⲣⲁⲧⲕ· ⲱ· ⲡⲁ
ϫⲟⲉⲓⲥ· ⲧⲉϩⲓⲏ ⲅⲁⲣ· ⲙ̅ⲡⲣⲱⲙⲉ· ⲛⲓⲙ· ⲧⲉ ⲧⲁⲓ· ⲁⲗⲗⲁ·
ⲉⲓⲛⲁⲃⲱⲕ ϩⲛ̅· ⲟⲩϩⲓⲏ· ⲛ ϯⲥⲟⲟⲩⲛ· ⲙ̅ⲙⲟⲥ ⲁⲛ· ϩⲁⲑⲏ·
ⲛⲥⲁϥ ⲙⲛ̅ ϣⲙ̅ⲧⲉ ⲛⲟⲟⲩ· ⲛ̅ϩⲟⲟⲩ· ⲧⲁⲓ· ⲉⲧⲉ ⲟⲩⲛ̅ⲧⲁⲥ [...]
[...] ⲛϣⲁ [...] | Fol. 63 a
ⲙⲟⲕϩ̅· ⲛ ⲧⲁ ⲯⲩⲭⲏ ⲛⲑⲉ ⲛ̅ ⲟⲩⲧⲣⲟⲭⲟⲥ· ⲛ̅ ⲡⲁϩⲣⲛ̅ ⲣ̅ⲕ̅ⲥ̅
ⲟⲩⲕⲱϩⲧ· ⲁⲩⲱ ⲛⲑⲉ ⲛ ⲟⲩⲗⲁⲁⲩ· ⲛ̅ ⲛⲁϩⲣⲛ̅ ⲟⲩⲧⲣⲓⲣ·
ⲉ ⲧⲃⲉ ⲡⲁⲓ ϯⲛⲁⲉⲝⲟⲙⲟⲗⲟⲅⲉⲓ· ⲛⲁⲕ· ⲡⲛⲟⲩⲧⲉ· ⲙ ⲡⲁ
ⲱⲛϩ̅ ⲁⲩⲱ ⲟⲛ ϯⲥⲟⲟⲩⲛ ϫⲉ ⲁⲕⲥⲱⲧⲙ̅· ⲉ ⲡⲉϩⲣⲟⲟⲩ
ⲛⲛⲉⲕϩⲙ̅ϩⲁⲗ· ⲥⲱⲧⲙ̅ ⲉ ⲡⲱⲓ ϩⲱ ⲡ̅ϫ̅ⲥ̅· ⲡⲁ ⲛⲟⲩⲧⲉ ⲡⲉⲛⲧ
ⲁϥⲉⲛⲧ· ⲉ ⲃⲟⲗ ϩⲙ̅ ⲡⲕⲁⲕⲉ· ⲛ ⲧⲙ̅ⲛ̅ⲧⲁⲧⲥⲟⲟⲩⲛ·
ⲉⲕⲉⲉⲓⲛⲉ· ⲛ̅ ⲧⲁ ⲯⲩⲭⲏ· ⲉ ⲃⲟⲗ ϩⲙ̅ ⲡⲁ ⲥⲱⲙⲁ· ϩⲛ̅
ⲟⲩⲟⲩⲛⲟⲩ ⲉⲙⲛ̅ ϩⲓⲥⲉ· ⲛϩⲏⲧⲥ̅ ϫⲉ ⲛⲧⲕ̅ ⲟⲩⲛⲟⲩⲧⲉ· ⲛ
ⲁⲅⲁⲑⲟⲥ· ⲛⲧⲟⲕ· ⲟⲛ ⲡⲉⲛⲧ ⲁⲕⲥⲱⲧⲙ̅· ⲉ ⲡⲉϣⲗⲏⲗ· ⲛ̅
ⲛⲉⲕⲣⲓⲧⲏⲥ· ⲃⲁⲣⲁⲕ· ⲥⲁⲙⲯⲱⲛ· ⲓⲉⲫⲑⲁⲉ· ⲅⲉⲇⲉⲱⲛ·
ⲙⲛ̅ ⲇⲉⲃⲱⲣⲣⲁ· ⲅⲟⲑⲟⲛⲓⲏⲗ ⲙⲛ̅ ⲁⲱⲑ· ϣⲁⲛⲧⲟⲩⲕⲣⲓⲛⲉ·
ⲙ ⲡⲉⲕⲗⲁⲟⲥ· ⲛⲥⲉⲙⲟⲟⲛⲉ ⲙ̅ⲙⲟⲟⲩ· ϩⲓ ⲡϫⲁⲓⲉ ⲉⲕⲉ-
ⲥⲱⲧⲙ̅· ⲉ ⲣⲟⲓ ϩⲱ· ϩⲙ̅ ⲡⲁ ⲧⲱⲃϩ̅· ⲉⲓϣⲗⲏⲗ· ⲉ ϩⲣⲁⲓ·
ⲉ ⲧⲉⲕⲙⲛ̅ⲧⲁⲅⲁⲑⲟⲥ· ⲡϫⲟⲉⲓⲥ· ⲡⲛⲟⲩⲧⲉ· ⲙ ⲡ̅ⲓ̅ⲏ̅ⲗ̅· ⲁⲕ-
ⲥⲱⲧⲙ̅· ⲉ ⲡⲉϣⲗⲏⲗ· ⲛ ⲓ̈ⲉⲣⲉⲙⲓⲁⲥ· ⲡⲉⲡⲣⲟⲫⲏⲧⲏⲥ
ⲉϥϩⲙ̅ ⲡϣⲏⲓ· ⲙ ⲡⲗⲟⲓϩⲉ· ⲉⲕⲉⲥⲱⲧⲙ̅· ⲉ ⲣⲟⲓ· ϩⲱ ϩⲙ̅
ⲡⲁ ⲥⲟⲡⲥⲡ̅· ⲙⲛ̅ ⲡⲁ ⲧⲱⲃϩ̅· ⲉ ϯⲧⲱⲃϩ̅ ⲙ̅ⲙⲟⲕ ⲛ̅ϩⲏⲧϥ̅·
ⲡⲛⲟⲩⲧⲉ· ⲛ ⲣⲉϥⲥⲱⲧⲙ̅· ⲁⲕⲥⲱⲧⲙ̅ ⲟⲛ· ⲉ ⲏⲥⲁⲓⲁⲥ ⲡⲛⲟϭ·
ⲙ ⲡⲣⲟⲫⲏⲧⲏⲥ· ⲉϥⲱϣ ⲉ ϩⲣⲁⲓ ⲉ ⲣⲟⲕ· ⲉϥϣⲗⲏⲗ ϩⲁ

ⲡⲉⲕⲗⲁⲟⲥ · ⲁⲕⲛⲁϩⲙⲉϥ · ⲉ ⲡⲧⲁⲕⲟ · ⲉⲕⲉⲥⲱⲧⲙ̅ · ⲉ ⲣⲟⲓ
ϩⲱ · ⲛ̅ⲅ̅ⲛⲉϩⲙ̅ · ⲧⲁ ⲯⲩⲭⲏ · ⲉ ⲡⲧⲁⲕⲟ · ⲁⲕⲥⲱⲧⲙ̅ · ⲟⲛ ·
ⲉ ⲡⲉϣⲗⲏⲗ · ⲛ̅ ⲓⲉⲍⲉⲕ[ⲓⲏⲗ] · ⲡⲉⲡⲣⲟⲫⲏⲧⲏⲥ [...] ⲉ ϩⲣⲁⲓ ·
Fol. 63 *b* ⲉ ⲣⲟⲟⲩ · ⲁⲕⲧⲟⲩⲛⲟⲥ · ⲛⲁϥ(?) ⲛ ϩⲉⲛ [...] | ⲁⲩϣⲱⲡⲉ ⲛ
ⲣ̅ⲕ̅ⲍ̅ ⲟⲩⲡⲛⲟⲛ · ⲛ ⲱⲛ̅ϩ · ⲛⲕⲉ ⲥⲟⲡ · ⲉⲕⲉⲥⲱⲧⲙ̅ · ϩⲱ ⲉ ⲡⲁ
ϣⲗⲏⲗ · ⲛ̅ⲅ̅ⲛⲁ · ⲛ ⲧⲁ ⲯⲩⲭⲏ · ⲡϫⲟⲉⲓⲥ ⲡⲛⲟⲩⲧⲉ · ⲙ
ⲡⲁ ⲱⲛ̅ϩ · ⲛ̅ⲧⲟⲕ ⲡⲉⲛⲧ ⲁⲕⲥⲱⲧⲙ̅ · ⲉ ⲇⲁⲛⲓⲏⲗ · ⲡⲉⲡⲣⲟ-
ⲫⲏⲧⲏⲥ ⲉϥϩⲙ̅ ⲡϣⲏⲓ · ⲛ ⲙ̅ⲙⲟⲩⲓ · ⲁⲕⲧⲛ̅ⲛⲟⲟⲩ · ϣⲁ
ⲣⲟϥ ⲛ ⲁⲃⲃⲁⲕⲟⲩⲙ · ⲙⲛ̅ ⲡⲁⲣⲓⲥⲧⲟⲛ · ⲁⲕⲥⲱⲧⲙ̅ ⲉ ⲓⲱⲛⲁⲥ ·
ⲉϥϩⲛ̅ ϩⲏⲧⲥ · ⲙ ⲡⲕⲏⲧⲟⲥ ⲛ̅ϣⲟⲙⲛ̅ⲧ ⲛ̅ϩⲟⲟⲩ · ⲙⲛ̅
ϣⲟⲙⲧⲉ · ⲛⲟⲩϣⲏ · ⲉⲙⲡ̅ⲑⲉ · ⲉ ⲧⲣⲉϥⲟⲩⲱⲙ · ⲙⲙⲟϥ ·
ⲁⲕⲧⲣ̅ϥⲛⲟϫϥ · ⲉ ⲡⲡⲉⲧ ϣⲟⲩⲱⲟⲩ · ⲉⲕⲉⲥⲱⲧⲙ̅ · ⲉ ⲣⲟⲓ
ϩⲱ ⲙ̅ⲡⲟⲟⲩ · ⲡⲛⲟⲩⲧⲉ · ⲉⲧ ⲛⲟϩⲙ̅ ⲙ̅ⲙⲟⲓ · ϩⲛ̅ ⲑⲗⲓⲯⲓⲥ ·
ⲛⲓⲙ ⲉⲕⲉⲛⲁϩⲙⲉⲧ · ϩⲛ̅ ϯ ⲕⲉ ⲟⲩⲉⲓⲉ · ⲉⲧ ⲟ ⲛ ϩⲟⲧⲉ ⲡⲉⲛⲧ
ⲁϥⲥⲱⲧⲙ̅ · ⲉ ⲡⲉϣⲗⲏⲗ · ⲛ ϩⲏⲗⲓⲁⲥ ⲡⲛⲟϭ · ⲙ̅ ⲡⲣⲟ-
ⲫⲏⲧⲏⲥ · ⲁⲕϣⲧⲁⲙ · ⲛ ⲧⲡⲉ · ⲛ̅ ϣⲟⲙⲧⲉ ⲛ̅ⲣⲟⲙⲡⲉ · ⲙⲛ̅
ⲥⲟⲟⲩ · ⲛⲉⲃⲟⲧ · ⲉⲕⲉⲥⲱⲧⲙ̅ ⲉ ⲣⲟⲓ ϩⲱ ⲙ̅ⲡⲟⲟⲩ · ⲡϫⲟⲉⲓⲥ
ⲛ̅ ⲧⲡⲉ · ⲙⲛ̅ ⲡⲕⲁϩ · ⲡⲉⲛⲧ ⲁϥⲥⲱⲧⲙ̅ · ⲉ ⲉⲗⲓⲥⲁⲓⲟⲥ ·
ⲁϥⲧⲟⲩⲛⲟⲥ ⲡϣⲏⲣⲉ · ⲛ̅ ⲧⲉⲥϩⲓⲙⲉ ⲛ̅ ⲥⲱⲙⲁⲛⲓⲧⲏⲥ ⲛⲁⲥ ·
ⲥⲱⲧⲙ̅ · ⲉ ⲣⲟⲓ · ⲉⲓⲱϣ · ⲉ ϩⲣⲁⲓ · ⲉ ⲣⲟⲕ · ϩⲛ̅ ⲧⲁϭⲓⲛⲉⲓ ·
ⲉ ⲃⲟⲗ ϩⲛ̅ ⲥⲱⲙⲁ · ⲡⲛⲟⲩⲧⲉ · ⲙ ⲡⲁ ⲟⲩϫⲁⲓ · ⲛ̅ⲧⲟⲕ
ⲡⲉⲛⲧ ⲁⲕⲥⲱⲧⲙ̅ · ⲉ ⲡⲉϣⲗⲏⲗ · ⲛ ⲇ̅ⲁ̅ⲇ̅ · ⲉϥⲡⲏⲧ · ϩⲏⲧϥ ·
ⲛ̅ⲡⲉϥϫⲁϫⲉ · ⲛⲉϩⲙ̅ ⲧⲁ ⲯⲩⲭⲏ ϩⲱ · ⲉ ⲧϭⲓϫ · ⲙ
ⲡⲕⲁⲧⲏⲅⲟⲣⲟⲥ · ⲁⲕϣⲱⲡⲉ ⲟⲛ ⲙⲛ̅ ⲛⲉⲛⲉⲓⲟⲧⲉ ⲙ ⲡⲣⲟ-
ⲫⲏⲧⲏⲥ · ⲙⲛ̅ ⲛⲉⲛⲉⲓⲟⲧⲉ ⲛ̅ⲁⲡⲟⲥⲧⲟⲗⲟⲥ · ϣⲁⲛⲧⲟⲩⲉⲓⲣⲉ ·
ⲛ̅ⲛⲉⲓ · ϭⲟⲙ ⲧⲏⲣⲟⲩ · ⲙⲛ̅ ⲛⲉⲓϣⲡⲏⲣⲉ ⲙⲛ̅ ⲛⲉⲓ [...] ⲙⲛ̅
ⲛⲉⲓ [...] ⲉⲕⲉϣⲱⲡⲉ ⲛ̅ⲙ̅ⲙⲁⲓ |
Fol. 64 *a* ϩⲱ · ⲡⲛⲟⲩⲧⲉ · ⲙ̅ ⲡⲁ ⲱⲛ̅ϩ · ⲁⲛⲟⲕ ⲡⲉⲕϩⲙ̅ϩⲁⲗ ⲁⲑⲁ-
ⲣ̅ⲕ̅ⲏ̅ ⲛⲁⲥⲓⲟⲥ · ϯⲥⲟⲟⲩⲛ · ϫⲉ ⲁⲕⲥⲱⲧⲙ̅ · ⲉ ⲣⲟⲓ · ϩⲛ̅ ϩⲁϩ ·
ⲛ̅ⲑⲗⲓⲯⲓⲥ · ⲉⲓⲱϣ ⲉ ϩⲣⲁⲓ · ⲉ ⲣⲟⲕ · ⲥⲱⲧⲙ̅ · ⲉ ⲣⲟⲓ
ⲧⲉⲛⲟⲩ ⲡⲁ ϫⲟⲉⲓⲥ ⲛ̅ⲅ̅ⲧⲛ̅ⲛⲟⲟⲩ · ⲛⲁⲓ · ⲙ ⲙⲓⲭⲁⲏⲗ
ⲡⲉⲕⲛⲟϭ · ⲛ̅ ⲁⲣⲭⲁⲅⲅⲉⲗⲟⲥ · ϩⲛ̅ ⲟⲩⲙⲛ̅ⲧϣⲁⲛϩⲧⲏϥ
ⲛ̅ⲅ̅ϫⲓ ⲛ ⲧⲁ ⲯⲩⲭⲏ ϩⲛ̅ ⲟⲩⲁⲛⲁⲡⲁⲩⲥⲓⲥ · ⲛ̅ϥⲟⲩⲟⲥϥ · ⲙ
ⲡϣⲟϫⲛⲉ · ⲙ ⲡⲕⲁⲧⲏⲅⲟⲣⲟⲥ · ⲡⲁⲓ ⲉⲧ ⲙⲉⲉⲩⲉ · ⲉ

ⲕⲁⲧⲏⲅⲟⲣⲉⲓ · ⲙ̄ⲙⲟⲛ · ⲙ̄ⲡⲉⲕⲙ̄ⲧⲟ · ⲉ ⲃⲟⲗ · ⲛⲧ̄ ⲧⲙ̄ⲉ ϫⲓ
ⲕⲁⲧⲏⲅⲟⲣⲓⲁ · ⲉ ϩⲟⲩⲛ · ⲉ ⲡⲉⲕϩⲙ̄ϩⲁⲗ ⲛ̄ⲧ̄ⲣⲱϩⲧ̄ · ⲡ̄ⲛⲉⲧ
ϩⲓ ϩⲃⲟⲩⲣ · ⲙ̄ⲙⲟⲓ · ⲛ̄ⲧ̄ⲣⲉϥⲱϣⲙ̄ · ⲛ̄ϭⲓ ⲡϣⲁϩ · ⲙ̄
ⲡⲕⲱϩⲧ̄ · ⲛ̄ⲧⲉϯⲑⲉ · ⲡⲁⲓ ⲉ ⲧⲣⲁⲁϩ · ⲉ ⲣⲁⲁⲧ · ⲙ̄ⲡⲉⲕⲙ̄ⲧⲟ ·
ⲉ ⲃⲟⲗ · ⲡⲉⲧ ⲕⲣⲓⲛⲉ ⲛ ⲧⲟⲓⲕⲟⲩⲙⲉⲛⲏ · ⲧⲏⲣⲥ̄ · ϩⲙ̄ ⲟⲩϩⲟ ·
ⲉⲙⲛ̄ ϣⲓⲡⲉ ⲛ̄ϩⲏⲧϥ̄ · ⲙⲁⲣⲟⲩϫⲓ ϣⲓⲡⲉ · ⲛ̄ϭⲓ ⲛⲉⲧ ϩⲓ ϩⲃⲟⲩⲣ
ⲛⲧⲉ ⲛⲉⲧ ϩⲓ ⲟⲩⲛⲁⲙ · ⲁⲁϩ · ⲉ ⲣⲁⲧⲟⲩ · ϩⲁϩⲧⲏⲓ ·
ⲙⲁⲣϥ̄ⲱϫⲡ̄ · ⲛ̄ϭⲓ ⲡⲕⲱϩⲧ̄ · ⲛ ⲁⲧ ϫⲉⲛⲁ · ⲛ̄ⲧⲉⲑⲙ̄ⲕⲟ · ⲛ
ⲧⲥⲁⲁⲧⲉ · ⲙ ⲡⲁⲧ ϣⲓⲡⲉ · ⲙⲛ̄ ⲛⲉϥⲇⲩⲛⲁⲙⲓⲥ · ⲙⲁ ϯⲑⲉ
ⲛⲁⲓ · ⲉ ⲧⲣⲁⲥⲟⲡⲥ̄ⲡ̄ · ⲉϫⲛ̄ ϣⲓⲡⲉ ϩⲓ ϩⲟⲧⲉ · ϫⲉ ⲛⲧⲟⲕ ·
ⲡⲉ ⲡⲛⲟⲩⲧⲉ · ⲙⲙⲉ ⲙⲁⲩⲁⲁϥ ⲡⲉⲧ ⲉⲣⲉ ⲟⲩϩⲟⲧⲉ · ⲙⲛ̄
ⲟⲩⲥⲧⲱⲧ · ⲙⲛ̄ ⲟⲩⲛⲉϩϣⲗ̄ϥ · ⲙ̄ⲡⲉϥⲙ̄ⲧⲟ · ⲉ ⲃⲟⲗ ·
ⲡⲛⲟⲩⲧⲉ · ⲙⲁⲩⲁⲁϥ ⲡⲉⲧ ⲉⲣⲉ ⲧⲁ ⲯⲩⲭⲏ · ⲙⲛ̄ ⲡⲁ ⲡ̄ⲛ̄ⲁ̄ ·
ϩⲙ̄ ⲛⲉϥϭⲓϫ ϯⲥⲟⲡⲥ̄ⲡ̄ · ⲙ̄ⲙⲟⲕ · ⲡⲁ ϫ̄ⲥ̄ · ⲉⲓⲛⲏⲩ · ⲉ
ϩⲣⲁⲓ · ⲉⲛⲉⲕϭⲓϫ · ⲡⲁⲓ · ⲉⲧ ⲉⲣⲉ ⲟⲩϩⲟⲧⲉ · ⲙⲛ̄ ⲟⲩⲥ-
ⲧⲱⲧ ⲙ̄ⲡⲉϥⲙ̄ⲧⲟ · ϩⲙ̄ ⲡⲉϥϣⲁϫⲉ · ϣⲁⲣⲉ ⲧⲡⲉ · ⲙⲛ̄
ⲡⲕⲁϩ · ⲃⲱⲗ · ⲉ ⲃⲟⲗ · ⲛ̄ⲧⲉ ⲛⲧⲟⲟⲩ · ⲥⲧⲱⲧ ϣⲁ ⲛⲉⲩⲥⲛⲧⲉ ·
[ⲛ̄ⲧⲉ] ⲛⲉⲧⲣ[...] ⲛ̄ⲛⲟⲩⲛ · ⲥⲧⲱⲧ · | ⲛⲧⲉ ⲛⲧⲁⲣⲧⲁⲣⲟⲥ Fol. 64 b
ϣⲧⲟⲣⲧⲣ̄ · ϫⲉ ⲡⲁⲓ · ⲡⲉ ⲡⲛⲟⲩⲧⲉ ⲛ ⲁⲟⲣⲁⲧⲟⲥ · ⲟⲩϩⲱⲱϥ · ⲣ̄ⲕ̄ⲑ̄
ⲧⲉ ⲧⲉϥⲯⲩⲭⲏ · ⲡ̄ ⲁⲑⲁⲛⲁⲥⲓⲟⲥ · ⲛ ⲛⲁϩⲣⲙ̄ ⲡⲉⲓ ⲛⲟϭ · ⲉⲧ
ϩⲁ ϩⲟⲧⲉ · ⲉⲓϣⲁⲛϫⲟⲟⲥ ϫⲉ ⲁⲛⲅ̄ ⲟⲩⲇⲓⲕⲁⲓⲟⲥ · ⲁⲛⲅ̄ ⲟⲩ-
ⲣϥ̄ⲣ̄ ⲛⲟⲃⲉ · ⲛⲓⲙ · ⲡⲉⲧ ⲛⲁϣⲟⲩⲱϩⲙ̄ · ⲛⲁϥ · ⲛ̄ϥⲛⲉϫ ⲧⲁ
ⲯⲩⲭⲏ · ⲡ̄ ⲧⲁⲣⲧⲁⲣⲟⲥ · ⲛⲓⲙ ⲡⲉⲧ ⲛⲁϣⲟⲩⲱϩⲙ̄ · ⲛⲁϥ ·
ϩⲙ̄ ⲧⲉϥⲉⲝⲟⲩⲥⲓⲁ · ⲉϥϣⲁⲛⲧⲟⲩⲛⲟⲥⲟⲩ · ⲟⲛ · ⲡⲱϥ ⲡⲉ
ⲡⲁⲙⲁϩⲧⲉ · ⲙⲛ̄ ⲗⲁⲁⲩ ϩⲏⲡ · ⲉ ⲣⲟϥ · ⲡ̄ ⲛⲉⲧ ϩⲏⲡ · ϩⲙ̄
ⲡϩⲏⲧ ⲙ ⲡⲣⲱⲙⲉ · ⲛⲧⲟϥ · ⲉⲧ ⲇⲟⲕⲓⲙⲁⲍⲉ · ⲛ ⲛϩⲏⲧ · ⲙⲛ̄
ⲛⲉϭⲗⲟⲟⲧⲉ · ⲉϥⲛⲟⲓ · ⲡ̄ ⲛⲉⲧ ⲛⲁⲛⲟⲩⲟⲩ ⲙⲛ̄ ⲛⲉⲧ ⲑⲟⲟⲩ ·
ⲉⲧ ϩⲙ̄ ⲡϩⲏⲧ · ⲙ ⲡⲣⲱⲙⲉ · ϫⲉ ⲛ̄ⲧⲟϥ · ⲡⲉ ⲡⲛⲟⲩⲧⲉ ·
ⲛⲧⲟϥ · ⲡⲉ ⲡϫⲟⲉⲓⲥ · ⲛ ⲧⲁⲣⲉⲧⲏ · ⲉⲓϣⲟⲟⲡ · ϩⲙ̄ ⲧⲉⲓ ⲥⲁⲣⲝ ·
ⲁⲕⲧⲁⲁⲥ · ⲡⲁⲓ ⲉⲣ ⲡⲁ ⲟⲩⲱϣ · ϩⲓϫⲙ̄ ⲡⲕⲁϩ · ⲉ ⲥⲁϩⲟⲩ ·
ⲁⲩⲱ ⲉ ⲥⲙⲟⲩ ⲉⲓϣⲁⲛⲉⲓ ⲉ ⲃⲟⲗ · ϩⲙ̄ ⲥⲱⲙⲁ · ⲧⲉⲕⲉⲝⲟⲩ-
ⲥⲓⲁ · ⲧⲉⲧ ⲟ · ⲡ̄ ϫⲟⲉⲓⲥ · ⲉ ⲣⲟⲓ · ⲉ ϣⲁϫⲉ · ⲁⲩⲱ ⲉ ⲧⲙ̄
ϣⲁϫⲉ · ⲉ ⲧⲃⲉ ⲡⲁⲓ · ⲉⲓϣⲟⲟⲡ · ϩⲙ̄ ϯⲥⲁⲣⲝ ⲛ ϯⲛⲁⲕⲁ
ⲧⲟⲟⲧ · ⲉ ⲃⲟⲗ · ⲁⲛ · ⲉⲓϩⲱⲥ · ⲉⲓⲥⲙⲟⲩ · ⲉⲓϯ ⲉⲟⲟⲩ · ⲛⲁⲕ ·

ϫⲉ ⲁⲓⲙⲡϣⲁ · ⲉ ⲟⲩⲱϣⲧ · ⲙ ⲡⲉⲕⲛⲟⲙⲟⲥ · ⲁⲩⲱ ⲉ ⲁϩ ·
ⲉⲣⲁⲧ · ⲙ ⲡⲉⲕⲗⲁⲟⲥ ⲡⲉϯⲕⲱ ⲛϩⲧⲏⲓ · ⲉ ⲣⲟϥ · ϫⲓⲛ ⲧⲁ
ⲙⲛⲧⲕⲟⲩⲓ ϣⲁ ϩⲟⲩⲛ ⲉ ⲡⲟⲟⲩ · ⲛϩⲟⲟⲩ · ϯⲛⲁⲛⲁϩⲧⲉ ·
ϩⲁ ⲛⲉϥⲧⲛϩ · ⲁⲩⲱ ϯⲛⲁⲣϩⲟⲧⲉ · ⲁⲛ · ϩⲏⲧϥ · ⲛϩⲟⲩⲧⲟⲛ
ⲙⲛ ⲟⲩⲇⲁⲓⲙⲟⲛⲓⲟⲛ · ⲙ ⲡⲛⲁⲩ ⲙ ⲙⲉⲉⲣⲉ [ ]
Fol. 65 a ⲡⲣⲱⲙⲉ [ ] | ⲛⲁⲓ ⲉⲧ ϣⲟⲩϣⲟⲩ · ⲙⲙⲟⲟⲩ · ϩⲓϫⲙ
ⲣⲗ
ⲡⲕⲁϩ · ⲉⲩϫⲱ ⲙⲙⲟⲥ · ⲙⲙⲁⲧⲉ · ϫⲉ ⲡⲉⲓ ⲕⲟⲥⲙⲟⲥ · ⲡⲉⲛⲧ
ⲁⲛⲥⲟⲩⲱⲛϥ · ⲙⲁⲣⲛⲧⲣⲩⲫⲁ · ϩⲛ ⲟⲩⲱⲙ ⲙⲛ ⲟⲩⲥⲱ ⲙⲛ
ⲟⲩϩⲩⲇⲟⲛⲏ · ⲉⲩϣⲟⲩⲉⲓⲧ ϫⲉ ⲛⲧⲛⲥⲟⲟⲩⲛ · ⲁⲛ · ϫⲉ
ⲛⲛⲁⲙⲟⲩ · ⲛ ⲁϣ ⲛ ϩⲟⲟⲩ ⲛⲁⲓ ⲉⲧ ⲥⲁⲛϣ · ⲛⲛⲉⲩⲯⲩⲭⲏ ·
ⲙ ⲡⲉϩⲟⲟⲩ · ⲙ ⲡⲕⲟⲛⲥⲟⲩ · ⲛⲁⲓ ⲉⲧ ϩⲉⲗⲡⲓⲍⲉ ⲉ ⲡⲁϣⲁⲓ ⲛ
ⲧⲉⲩⲙⲛⲧⲣⲙⲙⲁⲟ · ⲧⲁⲓ ⲉⲧⲉ ⲛⲥⲛⲁⲃⲟⲏⲑⲉⲓ ⲉ ⲣⲟⲟⲩ ⲁⲛ
ϩⲙ ⲡⲉϩⲟⲟⲩ · ⲛ ⲧⲉⲩⲑⲗⲓⲯⲓⲥ · ⲟⲩⲇⲉ ⲛⲥⲛⲁϣϥⲓ ⲁⲛ · ⲉ
ⲃⲟⲗ · ϩⲓ ϫⲱⲟⲩ ⲛ ⲟⲩⲕⲟⲩⲓ ⲛ ϩⲙⲟⲙ · ⲟⲩⲇⲉ ⲛⲥⲛⲁϣϫⲉ
ⲟⲩϣⲁϫⲉ ⲁⲛ · ϩⲙ ⲡⲃⲏⲙⲁ · ⲙ ⲡⲉⲭⲥ · ⲉ ⲧⲃⲉ ⲡⲁⲓ
ⲧⲟⲩⲙⲉⲣⲓⲥ · ⲟⲩⲙⲉⲣⲓⲥ ⲧⲉ · ⲉⲥⲟⲩⲟϣϥ · ⲁⲩⲱ ⲡⲉⲩϭⲙ-
ⲡϣⲓⲛⲉ · ⲟⲩϭⲙⲡϣⲓⲛⲉ ⲡⲉ · ⲛ ⲭⲟⲗⲏ · ϩⲓ ϭⲱⲛⲧ · ⲁⲛⲟⲕ ·
ⲅⲁⲣ · ⲁⲛⲅ ⲟⲩϩⲙϩⲁⲗ · ⲙ ⲡⲉⲭⲥ ϫⲓⲛ ⲧⲁ ⲙⲛⲧⲕⲟⲩⲓ · ϣⲁ
ⲧⲁⲙⲛⲧϩⲗⲗⲟ · ⲁⲩⲱ ⲛ ϯⲛⲁⲕⲁ ⲧⲟⲟⲧ · ⲉ ⲃⲟⲗ · ⲁⲛ ·
ⲉⲓⲥⲙⲟⲩ ⲉ ⲣⲟϥ · ⲙⲛ ⲡⲉϥⲙⲉⲣⲓⲧ · ⲛϣⲏⲣⲉ ⲡⲁⲓ ⲛⲧⲁⲓ-
ϣⲱⲡⲉ · ⲛⲁϥ ⲛ ⲇⲓⲁⲧⲟⲭⲟⲥ ⲙ ⲡⲁ ⲟⲩⲟⲉⲓϣ · ⲧⲏⲣϥ ⲉⲣⲉ
ⲛⲓⲙ · ⲧⲁⲓⲛⲩ · ⲛ ⲧⲉⲕϩⲉ ⲡⲉⲭⲥ · ⲡⲉⲧ ⲉⲣⲉ ⲟⲩⲟⲛ · ⲛⲓⲙ ·
ⲉⲡⲓⲑⲩⲙⲉⲓ · ⲛ ⲛⲁⲩ ⲉ ⲣⲟϥ · ⲛⲧⲟⲕ ⲡⲉ ⲓⲥ · ⲧⲛⲟϭ ·
ⲛϭⲟⲙ ⲙ ⲡⲉⲓⲱⲧ · ⲡⲉϫⲡⲟ · ⲉ ⲃⲟⲗ ϩⲛ ⲧⲡⲁⲣⲑⲉⲛⲟⲥ ·
ⲭⲱⲣⲓⲥ ϩⲟⲟⲩⲧ · ⲛ ϯⲛⲁⲗⲟ ⲁⲛ · ⲉⲓⲥⲙⲟⲩ · ⲉ ⲣⲟⲕ ·
ⲡⲙⲁⲕⲁⲣⲓⲧⲏⲥ · ⲉⲧ ⲟⲩⲁⲁⲃ ⲛ ϯⲛⲁⲗⲟ ⲁⲛ · ⲉⲓⲥⲙⲟⲩ ·
ⲉ ⲣⲟⲕ · ⲡⲉⲧ ⲙⲏⲛ · ⲉ ⲃⲟⲗ ϣⲁ ⲉⲛⲉϩ · ⲛⲧⲟⲕ · ⲡⲉ ⲓⲥ ·
ⲡϣⲏⲣⲉ · ⲙ ⲡⲉⲓⲱⲧ · ⲥⲉ ϩⲁⲙⲏⲛ · ⲛⲧⲟⲕ · ⲡⲉⲧ ⲟⲩⲉϩ-
ⲥⲁϩⲛⲉ ⲛ ⲛⲉⲭⲉⲓⲣⲟⲩⲃⲓⲛ · ⲙⲛ · ⲛⲉⲥⲉⲣⲁⲫⲓⲛ · ⲥⲉ ϩⲁⲙⲏⲛ · |
Fol. 65 b ⲛⲧⲟⲕ · ⲡⲉⲧ ϣⲟⲟⲡ · ⲙⲛ ⲡⲉⲓⲱⲧ · ⲙ ⲙⲉ ⲛⲟⲩⲟⲉⲓϣ ·
ⲣⲗⲁ
ⲛⲓⲙ · ⲥⲉ ϩⲁⲙⲏⲛ ⁘ ⲛⲧⲟⲕ ⲡⲉⲧ ⲧⲱϣ · ⲛ ⲛⲁⲅⲅⲉⲗⲟⲥ ·
ⲥⲉ ϩⲁⲙⲏⲛ ⁘ ⲛⲧⲟⲕ ⲡⲉⲧ ϭⲟⲙ · ⲛ ⲙⲡⲏⲩⲉ ⲥⲉ ϩⲁⲙⲏⲛ ⁘
ⲛⲧⲟⲕ ⲡⲉ ⲡⲉⲕⲗⲟⲙ ⲛ ⲙⲙⲁⲣⲧⲩⲣⲟⲥ · ⲥⲉ ϩⲁⲙⲏⲛ ⁘
ⲛⲧⲟⲕ · ⲡⲉ ⲡϣⲟϫⲛⲉ ⲛ ⲛⲉⲧ ⲟⲩⲁⲁⲃ · ⲧⲏⲣⲟⲩ · ⲥⲉ

ϩⲁⲙⲏⲛ ⁘ ⲛⲧⲟⲕ · ⲡⲉⲧ ⲉⲣⲉ ⲛ ϣⲟϫⲛⲉ · ⲙ̄ ⲡⲉⲓⲱⲧ ·
ϩⲏⲡ ⲛϩⲏⲧϥ̄ · ⲥⲉ ϩⲁⲙⲏⲛ · ⲛ̄ⲧⲟⲕ · ⲡⲉ ⲧⲧⲁⲡⲣⲟ · ⲛ̄
ⲛⲉⲡⲣⲟⲫⲏⲧⲏⲥ · ⲥⲉ ϩⲁⲙⲏⲛ ⁘ ⲛ̄ⲧⲟⲕ · ⲡⲉ ⲡⲗⲁⲥ · ⲛ̄
ⲛ̄ⲁⲅⲅⲉⲗⲟⲥ ⲥⲉ ϩⲁⲙⲏⲛ ⁘—ⲛ̄ⲧⲟⲕ ⲡⲉ ⲓ̅ⲥ̅ ⲡⲁ ⲱⲛ̄ϩ · ⲥⲉ
ϩⲁⲙⲏⲛ ⁘—ⲛ̄ⲧⲟⲕ ⲡⲉ ⲓ̅ⲥ̅ ⲡϣⲟⲩϣⲟⲩ · ⲙ ⲡⲕⲟⲥⲙⲟⲥ
ⲧⲏⲣϥ̄ ⲥⲉ ϩⲁⲙⲏⲛ ⁘ ⲓ̅ⲥ̅ ⲡⲉⲭ̅ⲥ̅ · ⲑⲉⲗⲡⲓⲥ · ⲛ ⲟⲩⲟⲛ ·
ⲛⲓⲙ · ⲉⲧ ⲕⲱ ⲛϩⲧⲏⲩ · ⲉ ⲣⲟϥ · ⲉⲣⲉ ⲛⲓⲙ · ⲧⲁⲓⲏⲩ ·
ⲛⲧⲉⲕϩⲉ · ⲏ ⲛⲓⲙ ⲡⲉⲧ ⲧⲛ̄ⲧⲱⲛ · ⲉ ⲣⲟⲕ · ⲡⲣ̄ⲣⲟ · ⲡⲉⲧ
ϩⲙⲟⲟⲥ ⲉ ϩⲣⲁⲓ ⲉϫⲛ̄ ⲛⲉⲭⲉⲣⲟⲩⲃⲓⲛ ⲉⲣⲉ ⲛⲥⲉⲣⲁⲫⲉⲓⲛ ·
ⲁϩ · ⲉⲣⲁⲧⲟⲩ · ⲙⲡⲉϥⲙ̄ⲧⲟ · ⲉ ⲃⲟⲗ · ⲉⲣⲉ ⲧⲡⲉ · ⲙⲛ̄
ⲡⲕⲁϩ ϭⲱϣⲧ̄ · ⲉ ⲃⲟⲗ · ϩⲏⲧϥ̄ · ⲙ ⲡⲉⲕⲛⲁ · ⲉⲧ ⲱϣ ⲛⲁⲩ ·
ⲙ ⲡⲉⲩⲱⲛ̄ϩ · ⲛ̄ ⲣⲱⲙⲉ · ⲙⲛ̄ ⲛ̄ⲧⲃⲛⲟⲟⲩⲉ · ⲙⲛ̄ ⲛⲉⲑⲏ-
ⲣⲓⲟⲛ · ⲙⲛ̄ ⲛ̄ϩⲁⲗⲁⲁⲧⲉ · ⲉⲕⲥⲁⲛ̄ϣ · ⲙⲙⲟⲟⲩ · ⲧⲏⲣⲟⲩ ·
ⲛ̄ⲧⲟⲕ · ⲡⲉⲛⲧ ⲁⲩϩⲉⲣⲙⲏⲛⲉⲩⲉ · ⲙⲙⲟⲕ ϫⲉ ⲉⲙⲙⲁ-
ⲛⲟⲩⲏⲗ ⲡⲁⲓ ⲉϣⲁⲩⲟⲩⲁϩⲙⲉϥ · ϫⲉ ⲡⲛⲟⲩⲧⲉ · ⲡⲙ̅ⲙ̅ⲁ̅ⲛ̅ ·
ⲛⲧⲟⲕ · ⲡⲉⲧ ⲟⲩⲙⲟⲩⲧⲉ ⲉ ⲣⲟϥ · ϫⲉ ϩⲣⲁⲃⲟⲩⲛⲏ ·
ⲡⲛⲟⲩⲧⲉ ⲁⲩⲱ ⲡⲥⲁϩ ⲡⲕⲟⲩⲓ · ϩⲛ̄ ⲧⲉϥϭⲓⲛⲙⲓⲥⲉ ·
ⲡⲛⲟϭ ϩⲱⲱϥ · ϩⲛ̄ ⲧⲉϥⲙⲛ̄ⲧⲛⲟⲩⲧⲉ · ⲉⲓϣⲁⲛⲥⲙⲟⲩ ⲉ
ⲣⲟⲕ · ⲡⲱⲕ · ⲡⲉ · ⲡⲉⲥⲙⲟⲩ · ⲉⲓϣⲁⲛϯ ⲉⲟⲟⲩ · ⲛⲁⲕ ·
ⲡⲱⲕ ⲡⲉ ⲡⲉⲟⲟⲩ [...] ⲧⲙⲛ̄ⲧϣⲁⲛϩⲧⲏϥ · ⲡⲁ ⲛⲟⲩⲧⲉ
[...] ⲣⲟⲥ | ⲁ ⲡⲉⲕ- Fol. 66 *a*
ⲥⲛⲟϥ · ⲉⲧ ⲟⲩⲁⲁⲃ · ⲥⲟⲟⲩϩⲟⲩ · ⲉ ϩⲟⲩⲛ · ⲉⲩⲁⲅⲉ- ⲣ̅ⲗ̅ⲃ̅
ⲗⲏ · ⲛ ⲟⲩⲱⲧ ⲁⲕⲥⲟⲟⲩϩⲟⲩ · ⲉ ϩⲟⲩⲛ · ⲉ ⲡⲙⲁ · ⲙ
ⲙⲟⲟⲛⲉ ⲉⲧ ⲟⲣϫ · ⲡⲁⲓ ⲉⲧ ⲉⲣⲉ ⲡⲱⲛ̄ϣ ⲛⲁϩⲉ · ⲉ ⲣⲟϥ ·
ⲁⲛ · ϣⲁ ⲉⲛⲉϩ · ⲁⲕⲕⲁⲑⲓⲥⲧⲁ · ⲉ ϫⲱⲟⲩ · ⲛ̄ϩⲉⲛϣⲱⲥ ·
ⲉⲩⲛ̄ϩⲟⲧ · ⲡⲁⲓ ⲉⲩⲛⲁⲙⲟⲟⲛⲉ ⲙⲙⲟⲟⲩ ⲡⲉ · ϩⲛ̄ ⲟⲩⲇⲓⲕⲁⲓⲟ-
ⲥⲩⲛⲏ · ⲙⲡⲣ̄ ⲟⲩⲉ · ⲙⲙⲟⲓ · ⲡⲉⲭ̅ⲥ̅ · ϫⲉ ⲛⲧⲕ̄ ⲟⲩⲛⲁⲏⲧ ·
ⲁⲩⲱ ⲙ ⲙⲁⲓ ⲯⲩⲭⲏ · ⲁⲕⲛⲁϩⲙⲉⲧ ⲉ ⲃⲟⲗ · ϩⲓⲧⲛ̄ ⲧⲁⲙⲉ-
ⲗⲓⲁ ⲛ̄ ⲛⲁⲉⲓⲟⲧⲉ · ⲁⲕⲕⲁⲁⲧ · ⲛ̄ϣⲱⲥ ⲉ ⲡⲉⲕⲗⲁⲟⲥ ⲁⲓ-
ⲙⲟⲟⲛⲉ · ⲙⲙⲟⲟⲩ · ⲕⲁⲧⲁ ⲡⲉⲕⲟⲩⲱϣ · ϯⲥⲙⲟⲩ ⲉ ⲣⲟⲕ ·
ⲡⲣϥ̄ⲛⲟϩⲙ̄ · ⲙⲙⲟⲓ · ϯⲥⲙⲟⲩ · ⲉ ⲣⲟⲕ ⲡⲁ ⲛⲉⲓ ⲥⲙⲟⲩ ·
ⲧⲏⲣⲟⲩ ⲡϣⲟⲩϣⲟⲩ · ⲛ̄ ⲛⲉⲧⲟⲩⲁⲁⲃ · ⲓ̅ⲥ̅ · ⲧϭⲟⲙ · ⲛ̄
ⲛⲉⲭⲉⲣⲟⲩⲃⲓⲛ · ⲙⲛ̄ ⲛⲥⲉⲣⲁⲫⲓⲛ · ϯⲛⲁⲥⲙⲟⲩ ⲉ ⲣⲟⲕ ·
ⲡⲉⲧ ϯ ⲕⲓⲙⲉ · ⲙ ⲡⲕⲁϩ · ⲉϥⲁⲩⲝⲁⲛⲉ · ⲓ̅ⲥ̅ ⲡⲥⲟⲫⲟⲥ ⲛ̄

ⲛϫⲱⲱⲣⲉ· ϯⲛⲁⲥⲙⲟⲩ· ⲉ ⲣⲟⲕ· ⲧⲉϭⲣⲏⲏⲡⲉ· ⲛ̄ ⲛ̄ⲣ-
ⲣⲱⲟⲩ· ⲛ̄ ⲛ̄ⲇⲓⲕⲁⲓⲟⲥ· ⲡⲉⲕⲗⲟⲙ· ⲉⲧⲉ ⲙⲉϥϩⲱϭⲃ̄
ⲡⲱⲛ̄ϩ· ⲛ ⲟⲩⲟⲛ· ⲛⲓⲙ· ϯⲥⲙⲟⲩ· ⲉ ⲣⲟⲕ· ⲧⲁⲛⲁⲥ-
ⲧⲁⲥⲓⲥ ⲛ̄ ⲟⲩⲟⲛ· ⲛⲓⲙ· ⲁⲩⲱ ⲡⲟⲩⲟⲉⲓⲛ· ⲉ ⲃⲟⲗ· ϩⲙ̄
ⲡⲟⲩⲟⲉⲓⲛ· ⲡⲉⲧ ⲉⲣⲉ ⲧⲡⲉ· ⲙⲛ̄ ⲡⲕⲁϩ· ⲁϣⲉ ⲛⲥⲁ ⲡⲉϥ-
ϣⲁϫⲉ· ⲛⲑⲉ ⲛ̄ ⲟⲩⲧⲗ̄ϯⲗⲉ· ⲙⲙⲟⲟⲩ· ⲉⲥⲁϣⲉ ⲛ̄ⲥⲁ
ⲟⲩⲕⲗⲁⲇⲟⲥ· ⲡⲉⲓⲱⲧ· ⲙ̄ ⲡⲧⲏⲣϥ̄· ⲡⲉⲛⲧ ⲁϥϣⲱⲗ· ⲛ
ⲁⲙⲛ̄ⲧⲉ· ⲁϥⲧⲁⲕⲟ ⲛ̄ⲉⲇⲱⲙ ⲁϥⲉⲓⲛⲉ ⲛ̄ ⲁⲇⲁⲙ· ⲉ ϩⲣⲁⲓ·
ⲙⲛ̄ ⲛⲉϥϣⲏⲣⲉ· ⲁϥϭⲱⲧⲡ̄· ⲙ̄ ⲡϫⲁϫⲉ· ⲙⲛ̄ ⲧⲉϥϭⲟⲙ·
ⲧⲏⲣⲥ̄· ⲁϥϯ ⲡⲟⲩⲟⲉⲓⲛ· ⲙ ⲡⲣⲏ· ⲁϥⲧⲱϣ· ⲛ̄ ⲛⲉⲧⲣⲟ-
Fol. 66 *b* ⲭⲟⲥ ⲙ ⲡⲟⲟϩ· ⲁϥϯ ⲣⲁⲛ· ⲡⲙⲛⲏϣⲉ· ⲛ ⲛⲥⲓⲟⲩ· | ⲁϥ-
ⲣⲗⲅ ⲧⲱϣ· ⲛ̄ⲥⲁϣϥⲉ· ⲙ ⲡⲉ· ⲙⲛ̄ ⲥⲁϣϥ̄· ⲛⲥⲧⲉⲣⲉⲱⲙⲁ·
ⲁϥⲥⲙⲛ̄ⲥⲛ̄ⲧⲉ· ⲙ ⲡ̄ⲕⲁϩ· ϩⲓϫⲙ̄ ⲙⲟⲟⲩ ⲁϥⲕⲱ ⲡⲙⲟⲟⲩ·
ϩⲁ ⲡⲕⲁϩ· ⲁⲩⲱ ⲛ̄ⲛⲟⲩⲛ· ⲛ̄ⲥⲁ ⲡⲉⲥⲏⲧ· ⲙ ⲡⲕⲁϩ· ϯⲥ-
ⲙⲟⲩ ⲉ ⲣⲟⲕ· ⲡⲉⲛⲧ ⲁϥⲧⲁⲙⲓⲉ ⲡⲥ̄ⲱⲛⲧ̄ ⲧⲏⲣϥ̄· ϩⲙ̄ ⲡⲉϥ-
ϣⲁϫⲉ· ⲉ ⲁϥⲙⲧⲟⲛ· ⲙⲙⲟϥ· ϩⲙ̄ ⲡⲙⲉϩ ⲥⲁϣϥ̄·
ⲛ̄ϩⲟⲟⲩ· ϯⲥⲙⲟⲩ· ⲉ ⲣⲟⲕ· ⲡⲁⲗⲫⲁ· ⲙⲛ̄ ⲡⲱ· ⲧⲁⲣⲭⲏ
ⲙⲛ̄ ⲡϫⲱⲕ· ⲛ ϯⲛⲁⲗⲟ ⲁⲛ· ⲉⲓⲥⲙⲟⲩ· ⲉ ⲣⲟⲕ ⲓ̄ⲥ̄ ⲡⲁⲓ
ⲉ ϯⲛⲏⲩ· ⲉ ϩⲣⲁⲓ· ⲉ ⲛⲉϥϭⲓϫ· ⲉ ⲃⲟⲗ ϫⲉ ⲛⲧⲟϥ ⲡⲉ
ⲡⲁ ⲣϥ̄ϣⲟⲡⲧ̄· ⲉ ⲣⲟϥ· ⲁⲩⲱ· ⲧⲛⲁϣⲧⲉ ⲡⲉ· ⲙ̄ ⲡⲁ ⲟⲩ-
ϫⲁⲓ· ⲙⲡⲣ̄ ϯ ϣⲓⲡⲉ· ⲛⲁⲓ· ϩⲙ̄ ⲡⲉ ϯ ϭⲱϣⲧ̄· ⲉ ⲃⲟⲗ
ϩⲏⲧϥ̄· ⲥⲱⲧⲙ̄· ⲡϫⲟⲉⲓⲥ· ⲉ ⲡⲁ ϣⲗⲏⲗ ⲙ̄ⲡⲟⲟⲩ· ⲛ̄ⲧⲉⲧⲛ̄-
ⲛⲟⲟⲩ ⲛⲁⲓ· ⲙ ⲙⲓⲭⲁⲏⲗ· ⲡⲉⲁⲣⲭⲁⲅⲅⲉⲗⲟⲥ· ⲛ̄ϥ̄ϫⲓ·
ⲛ̄ⲧⲟⲟⲧ· ⲛ̄ ⲧⲁ ⲯⲩⲭⲏ ϩⲛ̄ ⲟⲩⲁⲛⲁⲡⲁⲩⲥⲓⲥ· ⲛ̄ϥ̄ⲕⲁⲑⲓⲥⲧⲁ·
ⲙⲙⲟⲥ· ⲉ ⲧⲡⲟⲗⲓⲥ· ⲛ ⲛⲉⲕⲙⲛ̄ⲧϣⲁⲛϩⲧⲏϥ· ϫⲉ ⲡⲱⲕ·
ⲡⲉ ⲡⲉⲟⲟⲩ· ⲙⲛ̄ ⲡⲁⲙⲁϩⲧⲉ· ϣⲁ ⲉⲛⲉϩ· ⲛⲉⲛⲉϩ· ⲁⲙⲏⲛ·
ⲛ̄ ⲧⲉⲣ ϥ̄ϫⲱⲕ ⲇⲉ ⲉ ⲃⲟⲗ· ⲙ ⲡⲉϣⲗⲏⲗ· ⲉⲧ ⲟⲩⲁⲁⲃ·
ⲛϭⲓ ⲁⲡⲁ ⲁⲑⲁⲛⲁⲥⲓⲟⲥ· ⲁϥϯ ⲙ ⲡⲉϥⲡⲛ̄ⲁ̄ ⲛⲑⲉ· ⲛⲟⲩⲁ·
ⲉ ⲁϥⲟⲩⲱⲃϣ̄· ⲛ ⲥⲟⲩ ⲥⲁϣϥ̄· ⲙ ⲡⲁϣⲟⲛⲥ̄· ⲁⲛⲟⲕ ⲇⲉ
ϯⲙⲟⲑⲉⲟⲥ· ⲡⲇⲓⲁⲕⲟⲛⲟⲥ· ⲛⲉⲓⲁⲁϩ ⲉⲣⲁⲧ· ⲉ ⲡⲡⲉⲧ
ⲟⲩⲁⲁⲃ· ⲁⲑⲁⲛⲁⲥⲓⲟⲥ· ⲉϥⲛⲁⲕⲁ ⲥⲱⲙⲁ ⲉ ϩⲣⲁⲓ· ϯⲣ
ⲙⲛ̄ⲧⲣⲉ· ⲛⲏⲧⲛ̄ ⲙⲡⲙ̄ⲧⲟ· ⲉ ⲃⲟⲗ ⲙ ⲡⲛⲟⲩⲧⲉ· ⲛ […]
Fol. 67 *a* […] ⲛ […] ⲛ |
ⲣⲗⲇ ⲛⲑⲉ ⲛ ⲟⲩⲭⲓⲟⲛ ⲁⲓⲛⲁⲩ· ⲉ ⲙⲓⲭⲁⲏⲗ· ⲁϥϫⲓ· ⲛ̄ ⲧⲉϥⲯⲩ-

ⲭⲏ · ⲡ̄ ⲁⲑⲁⲛⲁⲥⲓⲟⲥ · ⲁϥϩⲱⲗ · ⲉ ⲡϫⲓⲥⲉ ⲛ̄ⲙ̄ⲙⲁⲥ · ⲉⲥⲟ ·
ⲙ ⲡⲧⲩⲡⲟⲥ · ⲛ ⲁⲑⲁⲛⲁⲥⲓⲟⲥ · ⲙⲙⲁⲁⲧⲉ · ⲁⲓⲛⲁⲩ · ⲉ
ⲡⲉⲭⲟⲣⲟⲥ · ⲛ̄ ⲛⲁⲅⲅⲉⲗⲟⲥ · ⲉⲩⲥⲙⲟⲩ ⲉ ⲡⲛⲟⲩⲧⲉ · ⲉⲩϫⲱ
ⲙⲙⲟⲥ · ϫⲉ ⲙⲁⲣⲛ̄ϯ ⲉⲟⲟⲩ ⲙ ⲡⲛⲟⲩⲧⲉ ϫⲉ ⲁϥϯ ⲉⲟⲟⲩ ·
ⲛ ⲛⲉϥⲡⲉⲧ ⲟⲩⲁⲁⲃ ⲁⲛⲟⲛ ⲇⲉ ϩⲱⲱⲛ · ⲛⲁⲙⲉⲣⲁⲁⲧⲉ ·
ⲙⲁⲣⲛ̄ ⲡⲱⲧ · ⲛ̄ⲥⲁ ⲛⲉⲥⲃⲟⲟⲩⲉ · ⲙ ⲡⲉⲛⲉⲓⲱⲧ · ⲁⲑⲁⲛⲁ-
ⲥⲓⲟⲥ ⲉⲛϯ ⲉⲟⲟⲩ · ⲙ ⲡⲛⲟⲩⲧⲉ · ⲕⲁⲛ ⲛⲧⲛ̄ⲛⲁϣⲡⲱϩ · ⲁⲛ
ⲉ ⲡϣⲓ ⲛ ⲛⲉⲛⲉⲓⲟⲧⲉ · ⲁⲗⲗⲁ · ⲙⲁⲣⲛ̄ ⲁⲡⲁⲧⲟⲟⲧⲛ̄ ⲉ ⲡϩⲱⲃ ·
ⲙⲙⲁⲁⲧⲉ ⲁⲩⲱ ⲡⲛⲟⲩⲧⲉ ⲛⲁϯ ⲧⲟⲟⲧϥ ⲛ̄ⲙ̄ⲙⲁⲛ · ⲛⲧⲛ̄-
ϫⲟⲕϥ · ⲉ ⲃⲟⲗ · ⲁⲧⲉⲧⲛ̄ⲛⲁⲩ ⲱ̄ ⲛⲁⲙⲉⲣⲁⲁⲧⲉ · ⲉ ⲡⲉⲓ
ⲛⲟϭ · ⲛ̄ ϣⲟⲉⲓϫ · ϫⲉ ⲛⲧⲁϥⲙⲓϣⲉ · ⲛ ⲁϣ ⲛ ϩⲉ · ϣⲁⲛⲧ
ⲉϥⲁⲡⲁⲛⲧⲁ · ⲉ ⲡⲛⲟⲩⲧⲉ · ⲛϥϫⲓ ⲙ ⲡⲉⲕⲗⲟⲙ ⲙ ⲡⲱⲛ̄ϩ ·
ⲉⲁ ⲡⲛⲟⲩⲧⲉ ϣⲁϫⲉ ⲛ̄ⲙ̄ⲙⲁϥ · ⲛ ⲧⲁⲡⲣⲟ · ϩⲓ ⲧⲁⲡⲣⲟ · ⲡⲁⲓ
ⲛⲧⲁⲩⲧⲁⲗⲟϥ · ⲉϫⲛ̄ ⲡⲉⲭⲉⲓⲣⲟⲩⲃⲓⲛ · ⲛϩⲁϩ · ⲛⲥⲟⲡ ⲉ ⲁϥϯ-
ϣⲓⲡⲉ · ⲛ ⲛ̄ⲣ̄ⲣ̄ⲱⲟⲩ · ⲙⲛ̄ ⲛϩⲁⲓⲣⲉϯⲕⲟⲥ ϩⲓⲧⲛ̄ ⲧϭⲟⲙ · ⲙ
ⲡⲛⲟⲩⲧⲉ · ⲉⲧ ⲛ̄ⲙ̄ⲙⲁϥ · ⲁⲛⲁⲩ ϫⲉ ⲟⲩⲁϣ · ⲛϭⲟⲧ · ⲡⲉ
ϩⲉ ⲉ ϩⲣⲁⲓ · ⲉⲛϭⲓϫ · ⲙ ⲡⲛⲟⲩⲧⲉ ⲉⲧ ⲟⲛ̄ϩ · ⲉ ⲧⲃⲉ ⲡⲁⲓ ·
ⲉⲕϣⲁⲛⲣ̄ ⲛⲟⲃⲉ · ⲉ ⲣⲟϥ ϥⲛⲁϯⲙⲱⲣⲉⲓ · ⲙⲙⲟⲕ · ⲉⲕ-
ϣⲁⲛⲉⲓⲣⲉ ⲇⲉ · ⲙ ⲡⲡⲉⲧ ⲛⲁⲛⲟⲩϥ · ϥⲛⲁⲣⲁϣⲉ ⲛ̄ⲙ̄ⲙⲁⲕ ·
ⲛϥⲧⲣⲉⲕⲁⲡⲁⲛⲧⲁ · ⲉ ⲣⲟϥ · ϩⲛ̄ ⲟⲩⲁⲡⲁⲛⲧⲏⲙⲁ ⲉⲛⲁⲛⲟⲩ ·
ⲛϥϯ · ⲛⲁⲕ · ⲙ ⲡⲉ[...] · ⲙⲛ̄[...]ⲱⲛ̄ϩ · ϣⲁ ⲉⲛⲉϩ · ϩⲓⲧⲛ
ⲓ̄ⲥ̄ ⲡⲉⲭ̄ⲥ̄ ⲡⲉⲛϫⲟⲉⲓⲥ | ⲡⲁⲓ ⲉ ⲃⲟⲗ · ϩⲓ ⲧⲟⲟⲧϥ · ⲉⲣⲉ ⲉⲟⲟⲩ · Fol. 67 *b*
ⲛⲓⲙ · ϩⲓ ⲧⲁⲓⲟ ⲛⲓⲙ ⲡⲣⲉⲡⲉⲓ ⲛⲁϥ · ⲙⲛ̄ ⲡⲉϥⲉⲓⲱⲧ · ⲛ ⲣ̄ⲗ̄ⲉ̄
ⲁⲅⲁⲑⲟⲥ · ⲙⲛ̄ ⲡⲉⲡⲛ̄ⲁ̄ · ⲉⲧ ⲟⲩⲁⲁⲃ · ⲛ ⲣ̄ϥⲧⲁⲛϩⲟ · ⲁⲩⲱ
ⲛ̄ ϩⲟⲙⲟⲟⲩⲥⲓⲟⲥ · ⲧⲉⲛⲟⲩ ⲁⲩⲱ ⲛⲟⲩⲟⲉⲓϣ · ⲛⲓⲙ · ϣⲁ
ⲉⲛⲉϩ ·

DISCOURSE ON SAINT MICHAEL THE ARCHANGEL BY TIMOTHY, ARCHBISHOP OF ALEXANDRIA

(Brit. Mus. MS. Oriental, No. 7029)

ⲞⲨⲖⲞⲄⲞⲤ· Ⲉ ⲀϤⲦⲀⲨⲞϤ Ⲛ ϬⲒ ⲠϨⲀⲄⲒⲞⲤ ⲆⲒⲘⲰⲐⲈⲞⲤ ⲠⲀⲢⲬⲎⲈⲠⲒⲤⲔⲞⲠⲞⲤ Ⲛ̄ ⲢⲀⲔⲞⲦⲈ· Ⲉ ⲦⲂⲈ ⲠϢⲀ· Ⲙ ⲠⲀⲢⲬⲀⲄⲄⲈⲖⲞⲤ· ⲈⲦ ⲞⲨⲀⲀⲂ ⲘⲒⲬⲀⲎⲖ· ⲈⲦⲈ ⲤⲞⲨ Ⲙ̄ⲚⲦⲤⲚⲞⲞⲨⲤ ⲠⲈ· Ⲙ ⲠⲈⲒ ⲈⲂⲞⲦ ⲠⲀⲰⲚⲈ ⲀϤϢⲀϪⲈ ⲆⲈ ⲞⲚ· Ⲉ ⲦⲂⲈ ⲚⲈϨⲒⲈⲒⲦ· ⲈⲦ Ϩ̄Ⲛ ⲚⲔⲞⲖⲀⲤⲒⲤ· Ⲙ̄Ⲛ ⲚⲈⲮⲨⲬⲞⲞⲨⲈ· ⲈⲦ ⲚϨⲎⲦⲞⲨ ⲀϤϢⲀϪⲈ ⲆⲈ ⲞⲚ· Ⲉ ⲦⲂⲈ ⲦⲘⲈⲦⲀⲚⲞⲒⲀ· Ⲛ̄ ⲦⲀⲚⲀⲂⲀⲤⲒⲤ· Ϩ̄Ⲛ ⲞⲨⲈⲒⲢⲎⲚⲎ· ⲚⲦⲈ ⲠⲚⲞⲨⲦⲈ· ⲤⲘⲞⲨ· Ⲉ ⲢⲞⲚ· ϨⲀⲘⲎⲚ· ⲌⲀⲘⲎⲚ (*sic*)**· Ϥ̄Ⲑ̄·**

——•••——•••——•••——•••——

Ⲟⲩⲛⲟϭ· ⲛϣⲁ· ⲡⲉ ⲡⲟⲟⲩ· ⲱ ⲛⲁⲙⲉⲉⲣⲁⲁⲧⲉ·
ⲙⲁⲣⲛ̄ⲥⲱⲟⲩϩ· ⲉ ϩⲟⲩⲛ ⲛⲧⲡ̄ⲉⲩⲫⲣⲁⲛⲉ ⲛⲧⲉⲛ-
ⲧⲉⲗⲏⲗ· ⲙⲙⲟⲛ· ⲛϩⲏⲧϥ̄· ϫⲉ ϯⲛⲁⲩ ⲁⲛⲟⲕ ⲙ-
ⲡⲟⲟⲩ· ⲉ ⲡⲛⲟϭ· ⲛ ⲁⲣⲭⲁⲅⲅⲉⲗⲟⲥ· ⲉⲧ ⲟⲩⲁⲁⲃ
ⲙⲓⲭⲁⲏⲗ· ⲉϥϯ ⲉ ⲧⲟⲟⲧⲛ̄· ⲛ̄ ϩⲉⲛⲧⲣⲟⲫⲏ· ⲙ ⲡⲛ̄ⲓ̄ⲕ̄ⲟ̄ⲛ̄·
ⲕⲁⲧⲁ ⲡϣⲁϫⲉ· ⲙ ⲡϩⲓⲉⲣⲟⲯⲁⲗⲧⲏⲥ ⲇ̄ⲁ̄ⲇ̄· ϫⲉ ⲓⲟⲩⲇⲁ·
ⲁⲣⲓ ⲛⲉⲕϣⲁ· ⲛⲅ̄ϯ ⲛ̄ⲛⲉⲕⲉⲣⲏⲧ ⲁⲩⲱ ⲟⲛ ϫⲉ ϣⲁⲣⲉ
ⲡⲁⲅⲅⲉⲗⲟⲥ ⲙ ⲡϫ̄ⲥ̄[...]ⲕⲱⲧⲉ· ⲉ ⲛⲉⲧ ⲣ̄ ϩⲟⲧⲉ ϩⲏⲧϥ̄·
ⲁⲩⲱ ϣⲁϥⲛⲁϩⲙⲟ(ⲩ)· [...]ϭⲉ· ⲧⲉⲛⲟⲩ· ⲡⲉ ⲡⲉⲓ ⲁⲅⲅⲉ-
ⲗⲟⲥ· ⲛ̄ⲛⲁⲛⲧ· ⲉⲧ ⲕⲱⲧⲉ ⲛⲉⲧ ⲣ̄ ϩⲟⲧⲉ ϩⲏⲧϥ̄ ⲉⲧ
ⲛⲟϩⲙ̄· ⲙⲙⲟⲟⲩ· [...]
Fol. 68 a ⲧⲟϥ[...] | ϣⲁϥⲁⲅⲱⲛⲓⲍⲉ·
ⲣ̄ⲗ̄ⲅ̄ ⲉ ϫⲱⲟⲩ ⲛ̄ϥⲥⲟⲡⲥⲡ̄· ⲙ ⲡⲛⲟⲩⲧⲉ ϣⲁⲛⲧ ⲉϥⲁⲡⲟⲕⲁⲑⲓⲥⲧⲁ·
ⲙⲙⲟⲟⲩ· ⲉ ⲛⲉⲓ ⲁⲓⲱⲛ· ⲙ ⲡⲟⲩⲟⲉⲓⲛ· ⲟⲩ ⲙⲟⲛⲟⲛ·

ⲛⲇⲓⲕⲁⲓⲟⲥ ⲁⲗⲗⲁ· ⲛⲕⲉ ⲣϥ̄ⲣ̄ ⲛⲟⲃⲉ ⲟⲛ· ⲛⲧⲁⲩⲕⲱ
ⲛϩⲏⲧⲟⲩ ⲉ ⲣⲟϥ· ϣⲁ ϩⲣⲁⲓ· ⲉ ⲛⲉⲛⲧ ⲁⲩⲡⲣⲟⲥⲫⲉⲣⲉⲓ·
ⲛ̄ ⲟⲩⲥⲟⲛ· ⲛ ⲟⲩⲱⲧ· ⲛ ⲟⲩⲡⲣⲟⲥⲫⲟⲣⲁ· ⲉ ⲡⲣⲁⲛ· ⲙ
ⲡⲛⲟⲩⲧⲉ· ⲙⲛ̄ ⲡⲁⲣⲭⲁⲅⲅⲉⲗⲟⲥ· ⲙⲓⲭⲁⲏⲗ· ⲛϥ̄ⲧⲁⲁϥ
ⲛ̄ ⲛ̄ϩⲏⲕⲉ· ϣⲁ ϩⲣⲁⲓ ⲉⲧⲟⲉⲓⲕ· ⲛ̄ ⲟⲩⲱⲧ· ⲙⲛ̄ ⲟⲩϫⲱ·
ⲙⲙⲟⲟⲩ ⲛ̄ ⲱⲣϣ̄ ⲛϥ̄ⲛⲁⲟⲃϣϥ̄· ⲁⲛ ⲉ ⲣⲟⲟⲩ· ϣⲁ ⲉⲛⲉϩ·
ⲛϭⲓ ⲡϣⲁⲛϩⲧⲏϥ· ⲙⲓⲭⲁⲏⲗ· ⲉϣϫⲉ ⲕⲟⲩⲱϣ· ⲥⲱⲧⲙ̄
ⲛ̄ⲧⲁⲧⲁⲙⲟⲕ· ⲁⲥϣⲱⲡⲉ ⲇⲉ ⲙⲙⲟⲓ ⲁⲛⲟⲕ· ⲡⲉⲓ ⲉⲗⲁⲭⲓⲥ-
ⲧⲟⲥ· ⲇⲓⲙⲟⲑⲉⲟⲥ ⲡⲉⲧⲛ̄ⲉⲓⲱⲧ· ⲁⲓⲃⲱⲕ· ⲉ ϩⲣⲁⲓ· ⲉ
ⲑⲓⲉⲗⲏⲙ· ⲉ ⲧⲣⲁⲟⲩⲱϣⲧ̄· ⲙ ⲡⲉⲥ†ⲟⲥ· ⲙ ⲡⲉⲛ̄ⲥⲏⲣ·
ⲙⲛ̄ ⲡⲧⲁⲫⲟⲥ· ⲛ ⲣϥ̄ⲧⲁⲛϩⲟ· ⲙⲛ̄ ⲛⲧⲟⲡⲟⲥ· ⲉⲧ ⲟⲩⲁⲁⲃ·
ⲛ̄ⲧⲁ ⲡⲉⲛ̄ⲥⲏⲣ· ⲙⲟⲟϣⲉ ⲛϩⲏⲧⲟⲩ· ⲙⲛ̄ⲛ̄ⲥⲱⲥ· ⲁⲓⲃⲱⲕ·
ⲉ ϩⲟⲩⲛ· ⲉ ⲡⲏⲓ· ⲙⲛ̄ ⲧⲙⲁⲁⲩ· ⲙ ⲡⲣⲟⲕⲗⲟⲥ· ⲡⲙⲁ-
ⲑⲏⲧⲏⲥ· ⲛ̄ⲓⲱ(ⲏ)ⲛⲛ ⲡⲉⲩⲁⲅⲅⲉⲗⲓⲥⲧⲏⲥ· ⲁⲓⲟⲩⲱϩ· ⲛ̄ϩⲏⲧϥ̄·
ⲁⲓϭⲓⲛⲉ ⲛ ⲟⲩϫⲱⲙⲉ· ⲙ ⲙⲉⲃⲣⲁⲛⲟⲛ· ⲛⲧⲁϥⲥϩⲁⲓϥ· ⲛϭⲓ
ⲡⲣⲟⲕⲗⲟⲥ ⲡⲙⲁⲑⲏⲧⲏⲥ ⲛ̄ⲓⲱϩⲁⲛⲛⲏⲥ· ⲛⲧⲁⲩⲕⲁⲁϥ· ⲛⲁⲩ·
ⲛϭⲓ ⲛ̄ⲣⲱⲙⲉ· ⲉⲧ ϩⲙ̄ ⲡⲏⲓ· ϩⲱⲥ ⲫⲩⲗⲁⲕⲧⲏⲣⲓⲟⲛ·
ⲁⲓⲱϣ· ⲛϩⲏⲧϥ̄· ⲁⲓϭⲓⲛⲉ· ⲙ ⲡⲉⲓ ⲛⲟϭ ⲛ̄ⲥⲟⲗⲥⲗ̄· ⲛⲑⲉ
ⲛⲧⲁ ⲡⲉⲩⲁⲅⲅⲉⲗⲓⲥⲧⲏⲥ· ⲣ̄ ⲙ̄ⲛⲧⲣⲉ ⲉ ⲧⲃⲏⲏⲧϥ̄· ⲁⲥϣⲱⲡⲉ·
ⲙⲙⲟⲓ ⲡⲉϫⲁϥ· ⲁⲛⲟⲕ· ⲓⲱϩⲁⲛⲛⲏⲥ· ⲉ ⲣⲉ ⲡⲁⲅⲅⲉ-
ⲗⲟⲥ· ⲙⲟⲟϣⲉ ⲛ̄ⲙ̄ⲙⲁϥ· ⲙⲩⲥⲧⲏ-
ⲣⲓⲟⲛ ⲉⲧ ⲉ ϩⲣⲁⲓ· Fol. 68 b
ⲉϫⲛ̄ ⲟⲩⲗⲁⲕⲕⲟⲥ· ⲉϥϩⲁ ϩⲟⲧⲉ· ⲉⲙⲁⲁⲧⲉ· ⲡⲗⲁⲕⲕⲟⲥ ⲣⲗⲍ
ⲇⲉ· ⲉⲧ ⲙ̄ⲙⲁⲩ· ⲛⲉϥϩⲛ̄ ⲧⲙⲏⲏⲧⲉ ⲛ̄ ⲛ̄ⲗⲁⲕⲕⲟⲥ· ⲁⲩⲱ
ⲛⲁϣⲉ ⲡⲉϥϣⲓⲕ· ⲙⲛ̄ ⲡⲉϥⲟⲩⲱϣⲥ̄· ⲡⲁⲣⲁ ⲛ ϣⲏⲓ·
ⲧⲏⲣⲟⲩ· ⲁⲓⲥⲱⲧⲙ̄· ⲉ ϩⲉⲛⲁϣⲏ· ⲛ̄ϩⲣⲟⲟⲩ· ⲛ̄ϩⲏⲧϥ̄·
ⲛⲑⲉ ⲙ ⲡⲉϩⲣⲟⲟⲩ· ⲛ ϩⲉⲛⲙⲟⲟⲩ· ⲉⲛⲁϣⲱⲟⲩ· ⲁⲓϫⲛⲉ
ⲡⲁⲅⲅⲉⲗⲟⲥ· ⲉⲧ ⲙⲟⲟϣⲉ· ⲛ̄ⲙ̄ⲙⲁⲓ· ϫⲉ ⲡⲁ ϫⲟⲉⲓⲥ· ⲟⲩ
ⲡⲉ ⲡⲧⲱϣ ⲙ ⲡⲉⲓ ϣⲏⲓ· ⲡⲁⲓ· ⲛⲧⲁⲓⲛⲁⲩ· ⲉ ⲣⲟϥ· ⲉϥ-
ⲛⲏⲩ ϩⲣⲁⲓ ⲛϩⲏⲧϥ̄· ⲛϭⲓ ⲟⲩⲛⲟϭ· ⲛ ⲕⲁⲡⲛⲟⲥ· ⲛ ⲕⲱϩⲧ̄
ϩⲱⲥⲧⲉ ⲛⲧⲉ ⲡϣⲁϩ· ⲙ ⲡⲉⲥⲕⲁⲡⲛⲟⲥ· ⲃⲱⲕ ⲉ ϩⲣⲁⲓ·
ⲛ̄ⲡⲁⲛϣⲁⲩ· ⲛϣⲟⲙⲛ̄ⲧ· ⲛϣⲉ· ⲛⲥⲧⲁⲇⲓⲟⲛ· ⲁⲓⲛⲁⲩ ⲉ
ϩⲉⲛⲙⲟⲩⲓ· ⲛⲕⲱϩⲧ̄· ⲉⲩⲱϭⲉ· ⲙⲛ̄ ϩⲉⲛⲇⲣⲁⲕⲱⲛ ⲛⲕⲱϩⲧ̄·

ⲙⲛ̄ ϩⲉⲛϩⲃⲟⲩⲓ· ⲙⲛ̄ ϩⲉⲛⲥⲓⲧ· ⲙⲛ̄ ⲧⲁⲣⲝ̄· ⲙ̄ ⲡⲕⲱϩⲧ·
ⲙⲛ̄ ⲡϥⲧ· ⲛ ⲁⲧ ⲛ̄ⲕⲟⲧⲕ· ⲉⲧ ⲃⲱϭⲉ ⲛϩⲏⲧϥ̄· ⲛⲉⲩ
ⲛ̄ⲧϭⲟⲧ· ⲛ̄ ⲛⲉⲃϩⲃⲱ (*sic*) ⲛϩⲟϥ· ⲁⲩⲱ ⲧⲉⲥⲧⲣⲟⲅⲅⲩⲗⲗⲟⲥ ⲛⲉⲣⲉ
ϩⲉⲛϣⲟ· ⲛ̄ϣⲟ ⲙⲛ̄ ϩⲉⲛⲧⲃⲁ· ⲛⲧⲃⲁ· ⲛⲉⲃⲣⲏϭⲉ· ⲛⲕⲱϩⲧ̄·
ϥⲱϭⲉ· ⲁⲩⲱ ⲉⲩⲛⲏⲩ· ⲉ ⲡⲉⲥⲏⲧ· ϣⲁ ⲡⲉⲭⲁⲱⲥ· ⲛ̄
ⲛ̄ⲧⲁⲣⲧⲁⲣⲟⲥ· ⲉϥⲣⲱⲕ̄ϩ̄· ⲡⲉϫⲉ ⲡⲁⲅⲅⲉⲗⲟⲥ· ⲛⲁⲓ ϫⲉ
ⲟⲩ· ⲡⲙⲉⲣⲓⲧ· ⲙ ⲡⲛⲟⲩⲧⲉ· ⲓⲱϩⲁⲛⲛⲏⲥ ⲁⲕⲛⲁⲩ· ⲉ
ϯⲕⲟⲗⲁⲥⲓⲥ· ⲧⲁⲓ· ⲉⲧ ϩⲁ ϩⲟⲧⲉ· ⲡⲁⲣⲁ ⲛ̄ⲕⲟⲗⲁⲥⲓⲥ
ⲧⲏⲣⲟⲩ· ⲟⲩⲟⲓ ⲛ̄ ⲛⲣⲉϥⲣ̄ ⲛⲟⲃⲉ· ⲧⲏⲣⲟⲩ· ⲉⲧ ⲟⲩⲛⲁⲛⲟ-
ϫⲟⲩ· ⲉ ϯⲕⲟⲗⲁⲥⲓⲥ ⲧⲁⲓ· ϫⲉ ⲉⲥϩⲟⲟⲩ [...] ⲙⲁⲁⲧⲉ· [...]
[...] · ⲧⲏⲣⲟⲩ· ⲛⲧⲁⲕ [...]
Fol. 69 *a* [...] ⲙⲛ̄ | ϯⲛⲁⲧⲁⲙⲟⲕ· ⲉ ⲣⲟϥ· ⲧⲉⲥⲧⲣⲟⲅⲅⲩⲗⲗⲟⲥ· ⲛ
ⲣⲗⲏ ⲕⲱϩⲧ· ⲉⲧ ⲉⲕⲛⲁⲩ· ⲉ ⲣⲟⲟⲩ· ⲉⲥⲁϣⲉ· ⲉ ⲡⲉⲥⲏⲧ· ⲉⲩ-
ϩⲏⲩ ⲉϫⲛ̄ ⲛⲣⲉϥⲣ̄ ⲛⲟⲃⲉ· ⲉⲧ ⲛ̄ϩⲏⲧϥ̄· ⲉⲩⲟⲙⲥ̄· ⲙⲙⲟⲟⲩ
ⲉ ⲡⲉⲥⲏ̄ⲧ̄· ⲛϣⲟⲙⲛ̄ⲧ ⲛϣⲉ ⲛϩⲟⲟⲩ· ⲙⲟⲅⲓⲥ ⲉⲣⲉ ⲡⲣⲱⲙⲉ
ⲛⲁⲉϣϭⲱⲗϫ̄· ⲉ ⲡⲉⲥⲏⲧ· ⲛϩⲏⲧϥ̄· ⲙⲛ̄ⲛ̄ⲥⲱⲥ ⲛⲥⲉⲕⲟⲧⲟⲩ·
ⲟⲛ· ⲉ ϩⲣⲁⲓ· ⲛⲑⲉ ⲛⲟⲩⲧⲣⲟⲭⲟⲥ ϩⲛ̄ ⲧⲙⲉϩ ϣⲟⲙⲧⲉ
ⲛ̄ⲣⲟⲙⲡⲉ· ⲉⲣⲉ ⲛⲕⲟⲗⲁⲥⲓⲥ ⲧⲏⲣⲟⲩ ⲙⲏⲣ· ⲛ̄ⲙ̄ⲙⲁϥ·
ⲉⲣⲉ ⲧⲉⲩϩⲓⲏ· ⲡⲏϩ· ⲧⲏⲣⲟⲩ ⲉ ⲡⲉⲥⲏⲧ· ⲉ ⲡϣⲏⲓ· ⲉⲧ ⲙ̄-
ⲙⲁⲩ· ⲁⲛⲟⲕ· ⲇⲉ· ⲁⲓⲣⲓⲙⲉ ⲛ̄ ⲟⲩⲛⲟϭ· ⲛ̄ⲛⲁⲩ· ⲉϫⲙ̄
ⲡⲧⲁⲕⲟ· ⲛ̄ ⲛⲣⲉϥⲣ̄ ⲛⲟⲃⲉ· ⲡⲉϫⲉ ⲡⲁⲅⲅⲉⲗⲟⲥ· ⲛⲁⲓ· ϫⲉ
ⲙⲡⲣ̄ ⲣⲓⲙⲉ· ⲱ ⲡⲙⲉⲣⲓⲧ· ⲙ ⲡⲛⲟⲩⲧⲉ· ⲓⲱϩⲁⲛⲛⲏⲥ· ϫⲉ
ⲉⲓⲥ ϩⲏⲏⲧⲉ· ⲕⲛⲁⲛⲁⲩ· ⲙ̄ⲡⲟⲟⲩ· ⲉⲩⲛⲟϭ· ⲛ̄ ϣⲡⲏⲣⲉ·
ϩⲓⲧⲙ̄ ⲡⲁⲣⲭⲁⲅⲅⲉⲗⲟⲥ· ⲙⲓⲭⲁⲏⲗ· ⲙⲛ̄ ⲧⲉϥⲛⲟϭ· ⲙ̄
ⲡⲁⲣϩⲏⲥⲓⲁ· ⲉⲓⲧⲁ· ⲉⲓϣⲁϫⲉ· ⲛ̄ⲙ̄ⲙⲁϥ· ⲉⲓⲥ ⲙⲓⲭⲁⲏⲗ·
ⲡⲁⲣⲭⲁⲅⲅⲉⲗⲟⲥ· ⲁϥⲉⲓ ⲉ ⲃⲟⲗ· ϩⲛ̄ ⲙ̄ⲡⲏⲩⲉ ⲉϥ-
ϩⲙⲟⲟⲥ· ϩⲓϫⲙ̄ ⲫⲁⲣⲙⲁ· ⲛ̄ ⲡ̄ⲉⲭⲉⲓⲣⲟⲩⲃⲓⲛ ⁘ ⲉⲣⲉ
ⲛⲁⲅⲅⲉⲗⲟⲥ· ϩⲩⲙⲛⲉⲩⲉ· ϩⲁ ⲧⲉϥϩⲏ· ⲉⲣⲉ ⲛ̄ⲇⲓⲕⲁⲓⲟⲥ
ⲧⲏⲣⲟⲩ· ⲟⲩⲏⲏϩ· ⲛ̄ⲥⲱϥ· ⲙⲛ̄ ⲙ̄ⲡⲁⲧⲣⲓⲁⲣⲭⲏⲥ· ⲙⲛ̄
ⲛⲉⲡⲣⲟⲫⲏⲧⲏⲥ ⲧⲏⲣⲟⲩ· ⲉⲩⲥⲧⲟⲗⲓⲍⲉ· ⲙⲙⲟⲟⲩ· ϩⲛ̄ ⲟⲩ-
ⲛⲟϭ· ⲛⲧⲁⲓⲟ· ⲙⲛ̄ ⲟⲩⲛⲟϭ ⲛ ⲉⲟⲟⲩ· ⲉⲣⲉ ϩⲉⲛⲧⲃⲁ· ϩⲛ̄
ⲛⲉⲩϭⲓϫ· ⲙⲛ̄ ϩⲉⲛⲕⲗⲁⲇⲟⲥ· ⲛⲥϯ ⲛⲟⲩϥⲉ· ⲉⲩⲭⲟⲣⲉⲩⲉ·
ⲁⲩⲱ ⲉⲩⲯⲁⲗⲗⲉⲓ· ϩⲁ ⲧⲉϥ ϩⲏ· ⲁϥⲉⲓ [...] ⲉϫⲛ̄ ⲛ̄ⲕⲟ-
ⲗⲁⲥⲓⲥ· ⲛ̄ⲧⲉⲩⲛⲟⲩ [...] ⲛ̄ϭⲓ ⲡϣⲁϩ· [...]

[lacuna] | ⲛϭⲓ ⲛⲉⲑⲩⲣⲓⲟⲛ ⲧⲏⲣⲟⲩ· Fol. 69 b
ⲉⲧ ⲡ̄ϩⲏⲧⲟⲩ· ⲁⲩⲣ ⲁⲧ ⲟⲩⲱ̄ⲛϩ̄ ⲉ ⲃⲟⲗ· ⲡ̄ⲧⲉⲩⲛⲟⲩ· ⲁ ⲣ̄ⲗ̄ⲑ̄
ⲡⲁⲣⲭⲁⲅⲅⲉⲗⲟⲥ· ⲙⲓⲭⲁⲏⲗ· ⲭⲁⲗⲁ· ⲉ ⲡⲉⲥⲏⲧ· ⲙ
ⲡⲉϥⲧⲡ̄ϩ· ⲛⲟⲩⲛⲁⲙ· ⲁⲩⲉⲓ· ⲉ ϩⲣⲁⲓ· ⲉ ϫⲱϥ ⲛϭⲓ
ⲟⲩⲁϣⲏ· ⲙ̄ⲯⲩⲭⲏ· ⲛ ⲁⲧ ϫⲓ ⲏⲡⲉ ⲙ̄ⲙⲟⲟⲩ· ϫⲓⲛ
ⲡⲉϭⲃⲟⲓ ⲙ ⲡⲁⲣⲭⲁⲅⲅⲉⲗⲟⲥ· ⲛ ϣⲁⲛϩⲧⲏϥ· ϣⲁ ⲡϩⲁⲛ
ⲛϩⲧⲏϥ· ⲙ ⲡⲉϥⲧⲡ̄ϩ ⲁϥⲉⲛⲧⲟⲩ· ⲉ ϩⲣⲁⲓ· ϩⲛ̄ ⲛⲕⲟⲗⲁ-
ⲥⲓⲥ· ⲁϥⲡⲱϩ̄ⲧ ⲙ̄ⲙⲟⲟⲩ· ⲉϫⲙ̄ ⲡⲕⲁϩ ⲁϥⲙⲟⲩϩ· ⲙ̄ⲙⲛ̄ⲧ-
ⲥⲛⲟⲟⲩⲥ· ⲡ̄ⲥϯⲱϩⲉ· ⲡⲁⲗⲓⲛ ⲟⲛ· ⲁϥⲭⲁⲗⲁ· ⲉ ⲡⲉⲥⲏⲧ·
ⲙ ⲡⲉϥⲧⲡ̄ϩ· ⲛ̄ϭⲓ ⲡⲁⲑⲁⲛⲁⲧⲟⲥ ⲙⲓⲭⲁⲏⲗ· ⲁϥϫⲓ ⲛ
ⲟⲩⲁϣⲏ ⲙ̄ⲯⲩⲭⲏ· ⲡ̄ϩⲟⲩⲟ· ⲉ ⲡϣⲟⲣⲡ· ⲛⲥⲟⲡ· ⲁϥⲉⲛ-
ⲧⲟⲩ· ⲉ ϩⲣⲁⲓ· ⲡⲉϫⲁϥ· ϫⲉ ⲙ̄ⲡⲛ̄ⲥⲱⲥ· ⲁⲩⲡⲣⲟⲥⲕⲩⲛⲉⲓ
ⲛⲁϥ· ⲧⲏⲣⲟⲩ· ⲛϭⲓ ⲛⲉⲭⲉⲓⲣⲟⲩⲃⲓⲛ ⲙⲛ̄ ⲛⲥⲉⲣⲁⲫⲓⲙ·
ⲙⲛ̄ ⲛⲇⲓⲕⲁⲓⲟⲥ· ⲧⲏⲣⲟⲩ· ⲛ̄ⲧⲁⲩⲉⲓ· ⲉ ⲃⲟⲗ· ⲉⲩⲟⲩⲏⲏϩ·
ⲛⲥⲱϥ· ⲁⲩⲡⲁⲣⲁⲕⲁⲗⲉⲓ· ⲙ̄ⲙⲟϥ· ⲉ ⲧⲣⲉϥⲭⲁⲗⲁ· ⲟⲛ·
ⲙ ⲡⲙⲉϩ ϣⲟⲙ̄ⲛⲧ· ⲛⲥⲟⲡ· ⲉ ⲡⲉⲥⲏⲧ· ⲛϭⲓ ⲡⲉⲧ ⲙⲉϩ·
ⲙ̄ⲙⲛ̄ⲧϣⲁⲛϩⲧⲏϥ· ⲛⲓⲙ· ⲙⲓⲭⲁⲏⲗ· ⲁϥⲉⲓⲛⲉ· ⲉ ϩⲣⲁⲓ
ⲛ ⲟⲩⲁϣⲏ ⲙ̄ⲯⲩⲭⲟⲟⲩⲉ· ⲉ ⲡⲉϩⲟⲩⲟ· ⲁϥⲛⲟϩⲙ̄ ⲙ̄ⲙⲟⲟⲩ·
ⲉⲛⲕⲟⲗⲁⲥⲓⲥ· ⲛ̄ ⲁⲧ ⲟⲩⲱϫⲡ̄· ⲛⲧⲉⲩⲛⲟⲩ· ⲁⲛⲁⲅⲅⲉⲗⲟⲥ·
ⲁⲙⲁϩⲧⲉ· ⲙ̄ⲙⲟⲟⲩ· ⲙⲛ̄ ⲛ̄ⲇⲓⲕⲁⲓⲟⲥ· ⲧⲏⲣⲟⲩ· ⲛⲧⲁⲩⲉⲓ·
ⲙⲛ̄ ⲙⲓⲭⲁⲏⲗ· [lacuna] ⲙⲟⲩ [lacuna] · ⲉ ⲓⲉⲣⲟⲥⲱⲗⲩ [lacuna]
[lacuna] ⲙ· ⲡⲧⲉ [lacuna] | ⲙⲓⲭⲁⲏⲗ· ⲉⲛⲧⲟⲩ· Fol. 70 a
ⲙ̄ⲡⲙ̄ⲧⲟ ⲉ ⲃⲟⲗ· ⲙ ⲡⲉⲓⲱⲧ ⲛⲧⲙ̄ⲛ̄ⲧⲁⲅⲁⲑⲟⲥ· ⲁⲩⲟⲩⲱϣⲧ· ⲣ̄ⲙ̄
ⲛⲁϥ· ⲧⲏⲣⲟⲩ ⲛϭⲓ ⲛⲉⲯⲩⲭⲟⲟⲩⲉ· ⲛⲧⲉⲩⲛⲟⲩ· ⲁ ⲡⲁⲣⲭⲁⲅ-
ⲅⲉⲗⲟⲥ ⲙⲓⲭⲁⲏⲗ· ϫⲓⲧⲟⲩ· ⲉ ϩⲟⲩⲛ· ⲉ ⲧⲁⲛⲁⲡⲁⲩⲥⲓⲥ ϣⲁ
ⲉⲛⲉϩ· ⲁⲛⲟⲕ ⲇⲉ· ⲓⲱϩⲁⲛⲛⲏⲥ ⲁⲓⲣϣⲡⲏⲣⲉ· ⲉⲙⲁⲁⲧⲉ
ⲉϫⲛ̄ ⲙ̄ⲙ̄ ⲙⲛ̄ⲧϣⲁⲛϩⲧⲏϥ· ⲙ ⲡⲛⲟⲩⲧⲉ· ⲙⲛ̄ ⲡⲁⲣⲭⲁⲅⲅⲉ-
ⲗⲟⲥ· ⲙⲓⲭⲁⲏⲗ· ⲁⲛⲟⲕ· ⲁⲓϯ ⲉⲟⲟⲩ· ⲙ ⲡⲉⲓⲱⲧ· ⲙⲛ̄
ⲡϣⲏⲣⲉ· ⲙⲛ̄ ⲡⲉⲡⲛ̄ⲁ ⲉⲧ ⲟⲩⲁⲁⲃ· ⲁⲩⲱ ⲁⲓϣⲡ̄ ϩⲙⲟⲧ·
ⲛⲧ ⲙ̄ ⲡⲛⲟⲩⲧⲉ ⲙⲛ̄ ⲡⲁⲣⲭⲁⲅⲅⲉⲗⲟⲥ· ⲙⲓⲭⲁⲏⲗ· ⲡⲉϫⲉ
ⲡⲁⲅⲅⲉⲗⲟⲥ· ⲉⲧ ⲙⲟⲟϣⲉ· ⲛ̄ⲙ̄ⲙⲁⲓ· ϫⲉ ⲱ ⲓⲱϩⲁⲛ̄ⲛⲏⲥ
ⲡⲙⲉⲣⲓⲧ· ⲙ ⲡⲛⲟⲩⲧⲉ· ϯϩⲧⲏⲕ· ⲉ ⲡⲉϩⲟⲟⲩ· ⲉⲧⲉ ⲡⲉ-
ϩⲟⲟⲩ· ⲙ ⲡϣⲁ· ⲙ ⲡⲁⲣⲭⲁⲅⲅⲉⲗⲟⲥ· ⲙⲓⲭⲁⲏⲗ ⲡⲉ·
ϣⲟⲣⲡ· ⲙⲉⲛ· ⲉⲧⲉ ⲥⲟⲩ ⲙ̄ⲛ̄ⲧⲥⲛⲟⲟⲩⲥ ⲡⲉ· ⲛ ⲁ̅ⲑ̅ⲱ̅ⲣ̅·

ⲁ ⲡⲉⲓⲱⲧ· ⲕⲁⲑⲓⲥⲧⲁ ⲙ̄ⲙⲟϥ ⲉϫⲛ̄ ⲧⲙⲛ̄ⲧⲉⲣⲟ· ⲛ ⲙ̄ⲡⲏⲩⲉ·
ⲉ ⲧⲃⲉ ⲧⲛⲩⲕⲏⲥⲓⲥ· ⲛⲧⲁϥϫⲣⲟ· ⲉ ⲣⲟⲥ· ⲉ ⲁϥⲙⲟⲩⲣ· ⲙ
ⲡϫⲁϫⲉ· ⲉⲧ ϯ ⲟⲩⲃⲉ ⲡⲉϥϫⲟⲉⲓⲥ· ⲡⲙⲉϩ ⲥⲛⲁⲩ ⲉⲧⲉ ⲥⲟⲩ
ⲙⲛ̄ⲧⲥⲛⲟⲟⲩⲥ ⲡⲉ ⲙ ⲡⲁⲱⲛⲉ· ⲁϥⲧⲁⲁϥ· ⲉ ⲡⲉⲓ [ⲛⲟϭ ⲛ]-
ϫⲱⲣⲉⲁⲥϯⲕⲟⲛ· ⲛ ⲁⲧ ⲟⲩⲱ· ϣⲁ ⲉⲛⲉϩ· [four lines wanting] |
Fol. 70 *b* ⲣ̄ⲙ̄ⲁ̄ ⲛ̄ ⲧⲉⲣ ⲟⲩⲛⲁⲩ· ⲇⲉ ⲉ ⲧⲙⲛ̄ⲧⲟⲩⲉⲓⲃⲁϩⲏⲧ· ⲛ̄ⲧⲁ ⲛⲓⲟⲩⲇⲁⲓ·
ⲁⲁⲥ· ⲉ ϩⲟⲩⲛ· ⲉ ⲣⲟϥ· ϩⲱⲥⲧⲉ· ⲛⲧⲉ ⲧⲡⲉ· ⲛ ⲙ̄ⲡⲏⲩⲉ·
ⲧⲙ̄ ⲉϣϥⲓ· ϩⲁ ⲡⲉϥⲙⲕⲁϩ ⲛ ϩⲏⲧ· ⲛ̄ ⲧⲉⲣ ϥ̄ⲧⲱⲟⲩⲛ·
ⲇⲉ· ⲉ ⲃⲟⲗ· ϩⲛ̄ ⲛⲉⲧ ⲙⲟⲟⲩⲧ· ⲙⲓⲭⲁⲏⲗ ⲡⲉⲛⲧ ⲁϥϣⲡ̄
ϩⲓⲥⲉ· ⲡ̄ⲙⲙⲁϥ· ϩⲓⲣⲙ̄ ⲡⲣⲟ· ⲙ ⲡⲧⲁⲫⲟⲥ· ϣⲁ ϩⲣⲁⲓ·
ⲉ ⲁⲙⲛ̄ⲧⲉ· ⲙⲓⲭⲁⲏⲗ· ⲟⲛ· ⲡⲉⲛⲧ ⲁϥⲙⲟⲩⲣ· ⲙ̄ ⲃⲉ-
ⲗⲓⲁⲣ· ϩⲓⲧⲛ̄ ⲧⲕⲉⲗⲉⲩⲥⲓⲥ· ⲙ ⲡⲉϥϫⲟⲉⲓⲥ· ⲁⲩⲱ ⲧⲉⲭ-
ⲙⲁⲗⲱⲥⲓⲁ· ⲧⲏⲣⲥ̄· ⲛⲧⲁ ⲡⲇⲓⲁⲃⲟⲗⲟⲥ ⲁⲩⲣⲁⲛⲛⲉⲩⲉ· ⲉ
ϫⲱⲟⲩ· ⲁϥⲉⲛⲧⲟⲩ· ϣⲁ ⲡ̄ⲥ̄ⲏ̄ⲣ̄ ⲉ ⲧⲃⲉ ⲡⲁⲓ· ⲁ ⲡⲉⲛ-
ⲥ̄ⲏ̄ⲣ̄ ⲃⲱⲕ· ⲉ ϩⲣⲁⲓ· ϣⲁ ⲡⲉⲓⲱⲧ ⲙⲛ̄ ⲧⲉⲭⲙⲁ-
ⲗⲱⲥⲓⲁ· ⲙⲛ̄ⲛⲥⲁ ⲧⲁⲛⲁⲥⲧⲁⲥⲓⲥ ⲁ ⲡⲉⲓⲱⲧ· ⲣⲁϣⲉ·
ⲉϫⲛ̄ ⲡⲉϥⲙⲉⲣⲓⲧ· ⲛ̄ ϣⲏⲣⲉ· ⲁϥⲁⲥⲡⲁⲍⲉ ⲙⲙⲟϥ·
ⲁϥⲭⲁⲣⲓⲍⲉ· ⲛⲁϥ· ⲛ ⲧⲉⲝⲟⲩⲥⲓⲁ· ⲉ ⲕⲣⲓⲛⲉ· ⲛⲛⲉⲧ
ⲟⲛ̄ϩ· ⲙⲛ̄ ⲛⲉⲧ ⲙⲟⲟⲩⲧ ⲧⲱϥ ⲣⲱ· ⲧⲉ ⲧⲉⲝⲟⲩⲥⲓⲁ· ⲛ̄
ⲧⲙⲛ̄ⲧⲛⲟⲩⲧⲉ ϫⲓⲛ ⲛⲉⲓ ⲁⲓⲱⲛ· ϣⲁ ⲉⲛⲉϩ· ⲧⲟⲧⲉ ⲁ
ⲡϣⲏⲣⲉ ⲛ ⲧⲙⲛ̄ⲧⲁⲅⲁⲑⲟⲥ· ⲓ̄ⲥ̄ ⲡⲉⲭ̄ⲥ̄ ⲥⲧⲟⲗⲓⲍⲉ· ⲙ ⲙⲓ-
ⲭⲁⲏⲗ· ϩⲛ̄ ⲟⲩⲛⲟϭ· ⲛⲉⲟⲟⲩ· ⲛ ⲁⲧ ϣⲁϫⲉ· ⲉ ⲣⲟϥ
ⲛ̄ϩⲟⲩⲟ· ⲉ ⲡϣⲟⲣⲡ̄· ⲛⲥⲟⲡ· ⲛⲧⲁϥⲕⲁⲑⲓⲥⲧⲁ ⲙⲙⲟϥ·
ⲛⲁⲣⲭⲱⲛ· ⲉϫⲛ̄ ⲧⲙⲛ̄ⲧⲉⲣⲟ· ⲛ ⲙ̄ⲡⲏⲩⲉ· [...]
[...] ⲛ̄ ⲟⲩ [...] ϫⲱⲣⲉⲁⲥϯⲕⲟⲛ [...]
Fol. 71 *a* ⲣ̄ⲙ̄ⲃ̄ [...] | ⲉϫⲛ̄ ⲛⲕⲟ-
ⲗⲁⲥⲓⲥ· ⲧⲏⲣⲟⲩ· ⲁⲩⲱ ϣⲁⲣⲉ ⲡⲟⲩⲁ ⲡⲟⲩⲁ· ⲛ̄ ⲛⲁⲅⲅⲉ-
ⲗⲟⲥ· ⲥⲧⲟⲗⲓⲍⲉ· ⲕⲁⲗⲱⲥ· ⲙ̄ⲡⲉⲩⲙⲁ· ⲉϥϣⲁⲛⲉⲓ ⲇⲉ ⲉ
ⲃⲟⲗ· ⲛϭⲓ ⲡⲁⲣⲭⲁⲅⲅⲉⲗⲟⲥ· ⲙⲓⲭⲁⲏⲗ· ⲙ ⲡⲃⲟⲗ· ⲙ
ⲡⲕⲁⲧⲁⲡⲉⲧⲁⲥⲙⲁ· ⲙ ⲡⲉⲓⲱⲧ· ϣⲁⲩⲥⲱⲟⲩϩ· ⲉ ⲣⲟϥ·
ⲛϭⲓ ⲛⲧⲁⲅⲙⲁ ⲧⲏⲣⲟⲩ· ⲛ̄ ⲙⲡⲏⲩⲉ· ϫⲓⲛ ⲁⲇⲁⲙ· ⲡⲉϥ-
ⲡⲗⲁⲥⲙⲁ· ⲉⲩⲭⲟⲣⲉⲩⲉ· ⲁⲩⲱ· ⲉⲩⲯⲁⲗⲗⲉⲓ· ϩⲓⲑⲏ· ⲙ̄
ⲡⲁⲣⲭⲁⲅⲅⲉⲗⲟⲥ· ⲙⲓⲭⲁⲏⲗ· ⲕⲁⲧⲁ ⲑⲉ· ⲛⲧⲁⲕⲛⲁⲩ· ⲉ
ⲣⲟⲟⲩ· ⲱ ⲡⲑⲉⲟⲗⲟⲅⲟⲥ· ⲓⲱϩⲁⲛⲛⲏⲥ ϣⲁⲛⲧ ⲉϥⲉⲓ· ⲉϫⲛ̄ ⲛⲕⲟ-

ⲗⲁⲥⲓⲥ · ⲧⲏⲣⲟⲩ · ⲛⲧⲉⲩⲛⲟⲩ · ϣⲁⲣⲉ ⲧⲉϩⲓⲏ · ⲛ̄ ⲛ̄ⲕⲟⲗⲁⲥⲓⲥ ·
ⲧⲏⲣⲟⲩ · ⲟⲩⲱⲛ̄ ⲉ ⲃⲟⲗ · ⲉ ⲧⲛⲟϭ · ⲛⲕⲟⲗⲁⲥⲓⲥ · ⲉⲧ ϣⲟⲕϩ̄ ·
ⲉⲙⲁⲁⲧⲉ ⲉⲧ ⲟ ⲛϩⲟⲧⲉ · ⲉⲙⲁⲁⲧⲉ · ϣⲁⲣⲉ ⲛⲉⲯⲩⲭⲟⲟⲩⲉ
ⲧⲏⲣⲟⲩ · ⲉⲧ ϩⲛ ⲛ̄ⲕⲟⲗⲁⲥⲓⲥ ⲥⲱⲟⲩϩ ⲉ ϩⲟⲩⲛ · ⲉ ⲡⲉⲓ ϣⲏⲓ ·
ⲛ ⲟⲩⲱⲧ ⲕⲁⲧⲁ ⲣⲟⲙⲡⲉ · ⲕⲁⲧⲁ ⲙⲙⲛⲧϣⲁⲛϩⲧⲏϥ · ⲙ̄
ⲡⲛⲟⲩⲧⲉ · ⲡⲉⲓⲱⲧ · ⲁⲩⲱ ϣⲁⲣⲉ ⲡⲁⲣⲭⲏⲥⲧⲣⲁⲧⲏⲅⲟⲥ ·
ⲙⲓⲭⲁⲏⲗ · ⲉⲓ ⲉϫⲛ̄ ⲛ̄ⲕⲟⲗⲁⲥⲓⲥ · ⲛϥ̄ⲭⲁⲗⲁ · ⲟⲛ · ⲙ
ⲡⲉϥⲧⲛϩ · ⲛ ⲟⲩⲛⲁⲙ · ⲉ ⲡⲉⲥⲏⲧ · ⲛϣⲟⲙⲛⲧ · ⲛⲥⲟⲡ ·
ⲛϥ̄ⲉⲓⲛⲉ ⲉ ϩⲣⲁⲓ · ⲛ ⲟⲩⲁϣⲏ · ⲙⲯⲩⲭⲟⲟⲩⲉ · ⲛ̄ϥϣⲟⲩ-
ⲱⲟⲩ ⲉϫⲙ̄ ⲡⲕⲁϩ · ⲛⲥⲟⲡ · ⲅⲁⲣ · ⲉϣⲁϥⲙⲟⲩϩ · ⲙ ⲡⲉϥ-
ⲧⲛϩ · ϩⲛ̄ ⲛⲉⲯⲩⲭⲟⲟⲩⲉ · ⲛ ⳁ ⲙⲓⲛⲉ · ϣⲁⲣⲉ ⲡⲉⲩⲁⲣⲓⲑ-
ⲙⲟⲥ · ⲉⲓⲣⲉ · ⲛϣⲏⲧ ⲛⲧⲃⲁ · ⲙⲛ̄ ⲯⲓⲥ · ⲛⲧⲃⲁ · ⲟⲩϭⲁⲥ ·
ⲙⲛ̄ ϣⲙⲟⲩⲛ · ⲛϣⲉ · ϣϥⲉ · ⲟ̄ · ϣⲟⲣⲡ̄ · ⲙⲉⲛ
ⲣϥⲣ ⲛⲟⲃⲉ [one line wanting] |
ⲙⲛ̄ ⲛϩⲏⲕⲉ · ⲙⲛ̄ ⲛⲉⲛⲧ ⲁⲩϩⲁⲣⲉϩ · ⲉ ⲧⲁⲛⲁⲥⲧⲁⲥⲓⲥ · ⲙ Fol. 71 *b*
ⲡⲉⲛⲥ̄ⲏⲣ · ⲉⲧⲉ ⲧⲁⲓ · ⲧⲉ ⲧⲕⲩⲣⲓⲁⲕⲏ · ϣⲁ ϩⲣⲁⲓ · ⲉⲩⲕⲗⲁⲥ- ⲣⲙⲅ
ⲙⲁ · ⲛ̄ ⲟⲩⲱⲧ ⲛ̄ⲟⲉⲓⲕ · ⲙⲛ̄ ⲟⲩⲁⲡⲟⲧ · ⲙⲙⲟⲟⲩ · ⲛ ⲱⲣϣ̄ ·
ⲛϥ̄ⲧⲁⲁϥ · ⲛ ⲟⲩϩⲏⲕⲉ ϩⲙ̄ ⲡⲉϩⲟⲟⲩ · ⲉⲧ ⲟⲩⲁⲁⲃ · ⲛ̄ ⲧⲕⲩ-
ⲣⲓⲁⲕⲏ · ⲧⲉⲩϫⲉⲣⲟⲛ · ϣⲁϥⲉⲛⲧⲟⲩ · ⲉ ϩⲣⲁⲓ · ϩⲙ̄ ⲡⲣⲁⲛ ·
ⲙ ⲡⲁⲣⲭⲁⲅⲅⲉⲗⲟⲥ ⲙⲓⲭⲁⲏⲗ · ϣⲁ ϩⲣⲁⲓ · ⲉ ⲛⲉⲛⲧ ⲁⲩⲣ̄
ⲡⲛⲁ · ⲙⲛ̄ ⲡϩⲏⲕⲉ · ϩⲛ̄ ⲟⲩⲕⲗⲁⲥⲙⲁ · ⲛ ⲟⲩⲱⲧ ⲛⲟⲉⲓⲕ ·
ⲛϥ̄ⲧⲁⲁϥ · ⲛ̄ⲟⲩⲁ · ⲛ̄ ⲛ̄ⲡⲉⲧ ⲣ̄ ϭⲣⲱϩ · ϩⲙ̄ ⲡⲣⲁⲛ ⲙ
ⲡⲛⲟⲩⲧⲉ · ⲙⲛ̄ ⲡⲁⲣⲭⲁⲅⲅⲉⲗⲟⲥ · ⲙⲓⲭⲁⲏⲗ ⲁⲩⲱ ϣⲁϥ-
ⲙⲟⲩⲧⲉ · ⲉ ⲧⲕⲟⲗⲁⲥⲓⲥ · ⲉⲧ ⲙ̄ⲙⲁⲩ ⲛϭⲓ ⲡⲉⲛϫⲥ̄ · ⲓ̄ⲥ̄ ⲡⲉⲭ̄ⲥ̄
ϫⲉ ⲕⲁⲥ ⲉⲩⲉⲙⲁⲁⲧⲉ · ⲛ̄ ⲟⲩⲁⲛⲁⲡⲁⲩⲥⲓⲥ · ⲉⲓⲧⲉ ⲭⲣⲓⲥ-
ⳁⲁⲛⲟⲥ · ⲉⲓⲧⲉ ϩⲉⲑⲛⲓⲕⲟⲥ · ⲉⲓⲧⲉ ⲓⲟⲩⲇⲁⲓ · ⲛⲧⲁⲩⲙⲁⲁⲧⲉ ·
ⲙ̄ ⲡⲥⲱⲙⲁ · ⲙⲛ̄ ⲡⲉⲥⲛⲟϥ ⲙ ⲡⲉⲛϫⲥ̄ ⲓ̄ⲥ̄ ⲡⲉⲭ̄ⲣ̄ⲥ̄ ⲛϥ̄-
ⲛⲁⲕⲁⲁⲩ · ⲛ̄ⲥⲱϥ ⲛ̄ϭⲓ ⲡⲛⲟⲩⲧⲉ · ⲁⲩⲱ ⲛⲧⲉⲩⲛⲟⲩ · ϣⲁⲣⲉ
ⲛⲇⲓⲕⲁⲓⲟⲥ · ⲧⲏⲣⲟⲩ · ⲙⲛ̄ ⲛ̄ϭⲟⲙ · ⲉⲧ ϩⲛ̄ ⲙⲡⲏⲩⲉ · ⲛⲉⲩ-
ⲡⲁⲣⲁⲕⲁⲗⲉⲓ · ⲙ̄ ⲡⲁⲣⲭⲁⲅⲅⲉⲗⲟⲥ ⲙⲓⲭⲁⲏⲗ · ⲛⲑⲉ
ⲛⲧⲁⲕⲛⲁⲩ ⲉ ⲣⲟⲟⲩ · ⲧⲉⲛⲟⲩ · ϫⲉ ⲕⲁⲥ · ⲉϥⲉϣⲛ̄ϩⲧⲏϥ ·
ⲉϫⲙ̄ ⲯⲩⲭⲏ · ⲛⲓⲙ · ⲛⲧⲁⲩⲣ̄ ⲡⲙⲉⲉⲩⲉ · ⲙ̄ ⲡⲉⲩⲣⲁⲛ (*sic*)
ϩⲓϫⲙ̄ ⲡⲕⲁϩ · ⲙⲛ̄ⲛⲥⲁ ⲛⲁⲓ ⲡⲙⲉϩ ⲥⲛⲁⲩ · ⲛ̄ⲥⲟⲡ · ⲛϥ̄-
ⲉⲓⲣⲉ ⲟⲛ · ⲕⲁⲧⲁ ⲧⲉⲓ ϩⲉ · ϣⲁ ϩⲣⲁⲓ · |

... · ⲉϥⲉⲓⲛⲉ ⲙ̄ ... ⲥⲟⲡⲥ̄ⲡ̄ |
Fol. 72 *a* ⲣ̄ⲙ̄ⲇ̄ ⲛ̄ ⲛⲉⲧ ⲟⲩⲁⲁⲃ · ⲙⲛ̄ ⲡ̄ⲙⲛ̄ⲧϣⲁⲛϩⲧⲏϥ ⲙ̄ ⲡⲛⲟⲩⲧⲉ ·
ⲁⲩⲱ ⲛ̄ϥⲉⲓⲣⲉ ⲙ̄ⲙⲟⲥ · ⲛ̄ϯϩⲉ · ⲛ̄ϭⲓ ⲡⲁⲣⲭⲁⲅⲅⲉⲗⲟⲥ ·
ⲙⲓⲭⲁⲏⲗ · ϫⲓⲛ ⲧⲁⲛⲁⲥⲧⲁⲥⲓⲥ · ⲙ̄ ⲡⲉⲛⲥ̄ⲣ̄ · ϣⲁ ϩⲣⲁⲓ ·
ⲉ ⲡⲟⲟⲩ · ⲛ̄ϩⲟⲟⲩ ⲁⲩⲱ ⲟⲛ · ⲙⲉϥⲗⲟ · ⲉϥⲉⲓⲣⲉ · ⲙ̄ⲙⲟⲥ ·
ⲕⲁⲧⲁ ⲥⲟⲩ ⲙⲛ̄ⲧⲥⲛⲟⲟⲩⲥ · ⲙ̄ ⲡⲁⲱⲛⲉ · ϣⲁ ⲧⲥⲩⲛⲧⲉⲗⲓⲁ
ⲙ̄ ⲡⲉⲓ ⲁⲓⲱⲛ ⲙⲛ̄ⲛ̄ⲥⲁ ⲛⲁⲓ · ⲛ̄ϥϫⲓⲧⲟⲩ ⲉ ϩⲟⲩⲛ ⲉⲛⲧⲟⲡⲟⲥ ·
ⲛⲟⲩⲁ · ⲛⲟⲩⲁ · ⲕⲁⲧⲁ ⲡⲉϥⲙⲡ̄ϣⲁ · ⲡⲁⲗⲓⲛ · ⲟⲛ ⲛ̄ϥⲃⲱⲕ
ⲉ ϩⲟⲩⲛ · ⲉ ⲡⲕⲁⲧⲁⲡⲉⲧⲁⲥⲙⲁ · ⲙ̄ ⲡⲉϩⲟⲟⲩ · ⲛ̄ ⲟⲩⲱⲧ ·
ⲛ̄ϭⲓ ⲙⲓⲭⲁⲏⲗ · ⲛ̄ϥⲡⲁϩⲧϥ̄ · ⲉϫⲛ̄ ⲙⲡⲁⲧ · ⲙ̄ ⲡⲉⲓⲱⲧ ·
ⲛ̄ϥⲟⲩⲱϣⲧ̄ ⲛⲁϥ · ⲉⲙ ⲉϥⲧⲱⲟⲩⲛ · ⲉ ϩⲣⲁⲓ · ϣⲁⲛⲧⲉ
ⲡⲉⲓⲱⲧ ϫⲓ ⲙ̄ ⲡⲉϥⲥⲟⲡⲥ̄ⲡ̄ · ⲛ̄ ⲧⲟⲟⲧϥ̄ · ⲛ̄ϥⲟⲓⲕⲟⲛⲟⲙⲉⲓ ·
ⲛ̄ ⲧϭⲓⲛⲱⲛ̄ϩ̄ · ⲛ̄ ⲛ̄ⲣⲱⲙⲉ ⲙⲛ̄ ⲛ̄ⲧⲃ̄ⲛⲟⲟⲩⲉ · ⲙⲛ̄ ⲡⲙⲟⲟⲩ
ⲙ̄ ⲡⲉⲓⲉⲣⲟ · ⲛⲁⲅⲅⲉⲗⲟⲥ ⲅⲁⲣ · ⲉⲧ ϩⲓϫⲛ̄ ⲛⲉⲝⲟⲩⲥⲓⲁ · ⲙ̄
ⲡⲕⲁϩ · ϣⲁⲩⲥⲱⲟⲩϩ · ⲉ ϩⲟⲩⲛ · ⲧⲏⲣⲟⲩ · ⲕⲁⲧⲁ ⲥⲟⲩ
ⲙⲛ̄ⲧⲥⲛⲟⲟⲩⲥ · ⲙ̄ ⲡⲁⲱⲛⲉ · ⲙ̄ ⲡⲃⲟⲗ · ⲙ̄ ⲡⲕⲁⲧⲁⲡⲉ-
ⲧⲁⲥⲙⲁ · ⲙ̄ ⲡⲉⲓⲱⲧ · ϣⲁⲛⲧⲉ ⲡⲁⲣⲭⲁⲅⲅⲉⲗⲟⲥ ⲙⲓⲭⲁⲏⲗ ·
ⲉⲓ ⲉ ⲃⲟⲗ · ⲙ̄ ⲡⲥⲁ ⲛ̄ ϩⲟⲩⲛ · ⲙ̄ ⲡⲕⲁⲧⲁⲡⲉⲧⲁⲥⲙⲁ ·
ⲛⲧⲉⲩⲛⲟⲩ · ϣⲁⲩⲛⲁⲩ · ⲉ ⲡⲉϥϩⲟ ⲛ̄ϭⲓ ⲛⲁⲅⲅⲉⲗⲟⲥ ⲛ̄
ⲧⲙⲏⲛⲉ · ⲛ̄ ⲑⲃ̄ⲥⲱ ⲛⲧⲁϥⲧⲁⲁⲥ ϩⲓⲱⲱϥ · ⲛ̄ϭⲓ ⲡⲉⲓⲱⲧ ·
ⲛⲧⲙⲛ̄ⲧⲁⲅⲁⲑⲟⲥ ϣⲁⲩⲉⲓⲙⲉ · ⲛⲧⲉⲩⲛⲟⲩ · ⲛ̄ϭⲓ · ⲛⲁⲅⲅⲉ-
ⲗⲟⲥ · ⲉⲧ ϩⲓϫⲛ̄ ⲛⲉϩⲃⲏⲩⲉ · ⲙ̄ ⲡⲕⲁϩ ... ⲩⲥⲓⲥ · ⲉⲧ
Fol. 72 *b* ⲣ̄ⲙ̄ⲉ̄ ⲛⲁϣⲱⲡⲉ | ϩⲓϫⲙ̄ ⲡⲕⲁϩ · ϩⲓⲧⲛ̄ ⲧⲙⲏⲛⲉ · ⲛ̄ ⲑⲃ̄ⲥⲱ · ⲉⲧ ·
ⲧⲱ ϩⲓⲱⲱϥ · ⲙ̄ ⲙⲓⲭⲁⲏⲗ · ϣⲁⲩⲣⲁϣⲉ ⲛ̄ϭⲓ ⲛⲁⲅⲅⲉⲗⲟⲥ ·
ϩⲛ̄ ⲟⲩⲛⲟϭ · ⲛ̄ ⲣⲁϣⲉ · ⲉ ⲧⲃⲉ ⲧⲙⲛ̄ⲧⲣⲱⲙⲉ ⲧⲏⲣⲥ̄ · ⲛⲧⲁ
ⲡⲛⲟⲩⲧⲉ · ⲡⲉⲓⲱⲧ · ϣⲛ̄ϩⲧⲏϥ ϩⲁ ⲣⲟⲟⲩ ϩⲓⲧⲛ̄ ⲛⲉⲥⲟⲡⲥ̄ · ⲙ̄
ⲡⲛⲁⲛⲧ · ⲙⲓⲭⲁⲏⲗ · ⲁϥⲟⲓⲕⲟⲛⲟⲙⲉⲓ · ⲛⲧⲉⲩϭⲓⲛⲱⲛ̄ϩ̄ ·
ⲁϥⲧⲣⲉ · ⲧⲁⲛⲁⲃⲁⲥⲓⲥ · ϣⲱⲡⲉ · ⲛ̄ ⲛ̄ⲣⲱⲙⲉ · ⲙⲛ̄ ⲛⲧⲃ̄-
ⲛⲟⲟⲩⲉ · ⲧⲉⲛⲟⲩ ϭⲉ ⲱ ⲓⲱϩⲁⲛⲛⲏⲥ · ⲛⲁⲓⲁⲧⲟⲩ · ⲛ̄
ⲡⲉⲧ ⲛⲁⲣ̄ ⲡⲙⲉⲉⲩⲉ ⲛ̄ ⲛ̄ϩⲏⲕⲉ · ϩⲙ̄ ⲡⲣⲁⲛ · ⲙ̄ ⲡⲁⲣⲭ-
ⲁⲅⲅⲉⲗⲟⲥ ⲙⲓⲭⲁⲏⲗ · ϯϫⲱ ⲙ̄ⲙⲟⲥ · ⲛⲁⲕ · ⲱ
ⲓⲱϩⲁⲛⲛⲏⲥ · ϫⲉ ⲉⲣϣⲁⲛ ⲟⲩⲣⲱⲙⲉ · ϥⲓ ⲡⲣⲟⲟⲩϣ · ⲙ̄
ⲡⲉⲓ ϫⲱⲱⲙⲉ · ⲛ̄ ϯ ⲡⲁⲣⲁⲅⲅⲉⲗⲓⲁ · ⲛ̄ ϯ ⲙⲓⲛⲉ · ⲛ̄ϥϩⲁⲓⲥ ·
ⲛ̄ϥⲧⲁⲁⲥ ⲉ ϩⲟⲩⲛ · ⲉ ⲧⲉⲕⲕⲗⲉⲥⲓⲁ · ⲉ ⲡⲣⲁⲛ · ⲙ̄

ⲡⲁⲣⲭⲁⲅⲅⲉⲗⲟⲥ · ⲙⲓⲭⲁⲏⲗ · ⲏ ⲡ̅ϥ̅ϯ ⲟⲩⲡⲣⲟⲥⲫⲟⲣⲁ ⲉ
ⲡⲏⲓ · ⲙ ⲡⲛⲟⲩⲧⲉ · ⲏ ⲡ̅ϥ̅ϫⲉⲣⲉ ⲟⲩⲗⲩⲭⲛⲓⲁ ⲛ ⲟⲩⲱⲧ ·
ϩⲙ̅ ⲧⲉⲕⲕⲗⲉⲥⲓⲁ · ⲉ ⲡⲣⲁⲛ · ⲙ ⲡⲁⲣⲭⲁⲅⲅⲉⲗⲟⲥ ·
ⲙⲓⲭⲁⲏⲗ · ⲏ ⲟⲩⲥ̅ϯ ⲛⲟⲩϥⲉ · ⲛ̅ϥ̅ⲧⲁⲗⲟⲥ · ⲉ ϩⲣⲁⲓ · ⲉ
ⲧⲃⲉ ⲡⲉϥⲣⲁⲛ · ϩⲁⲡⲁⲝ ϩⲁⲡⲗⲱⲥ · ϣⲁ ϩⲣⲁⲓ · ⲉⲩⲟⲉⲓⲕ ·
ⲛ ⲟⲩⲱⲧ · ⲛ̅ϥ̅ⲧⲁⲁϥ ⲛ ⲣ̅ ⲡⲙⲉⲉⲩⲉ ⲛⲁϥ · ⲉϣϫⲉ ⲟⲩⲣϥⲣ̅
ⲛⲟⲃⲉ ⲡⲉ ⲉⲡⲉϩⲟⲩⲟ · ⲡⲁⲣⲁ ⲟⲩⲟⲛ · ⲛⲓⲙ ⲛ ⲟⲩⲁⲙⲉⲗⲏⲥ
ⲡⲉ ⲧⲱⲛⲟⲩ ⲡⲉ · ϩⲟⲧⲁⲛ · ⲉϥϣⲁⲛⲉⲓ · ⲉ ⲃⲟⲗ · ϩⲙ̅ ⲡⲥⲱⲙⲁ ·
ϣⲁϥ[…]ⲉⲛ · ⲉⲛⲕⲟⲗⲁⲥⲓⲥ […]ⲛ̅ϥ̅ⲛⲁ-
ⲛⲁⲩ | ⲁⲛ · ⲉ ⲃⲁⲥⲁⲛⲟⲥ · ϩⲙ̅ ⲧⲕⲟⲗⲁⲥⲓⲥ · ⲉⲧ ⲉϥⲛ̅ϩⲏⲧⲥ̅ · Fol. 73*a* ⲣ̅ⲙ̅ⲉ̅
ⲉ ⲧⲃⲉ ⲙⲛ̅ⲧⲛⲁ · ⲉⲧ ⲉϥⲉⲓⲣⲉ · ⲙ̅ⲙⲟⲟⲩ · ϩⲙ̅ ⲡⲣⲁⲛ · ⲙ
ⲡⲁⲣⲭⲁⲅⲅⲉⲗⲟⲥ · ⲙⲓⲭⲁⲏⲗ · ⲁⲗⲗⲁ ⲉϥϣⲟⲟⲡ · ϩⲙ̅
ⲡ̅ⲕⲟⲗⲁⲥⲓⲥ · ⲛⲑⲉ ⲛ ⲟⲩⲁ · ⲉϥϣⲟⲟⲡ · ϩⲙ̅ ⲟⲩⲏⲓ · ⲉϥϩⲏⲙ ·
ϣⲁⲛⲧⲉ ⲡⲛⲟⲩⲧⲉ ϭⲙ̅ ⲡⲉϥϣⲓⲛⲉ ⲛ̅ϥ̅ⲣ̅ ⲟⲩⲛⲁ · ⲛ̅ⲙ̅ⲙⲁϥ ·
ⲛ̅ϥ̅ⲧⲣⲉⲩⲉⲛⲧϥ̅ · ⲉ ϩⲣⲁⲓ · ϩⲙ̅ ⲡ̅ⲕⲟⲗⲁⲥⲓⲥ · ⲛⲥⲉϫⲓⲧϥ̅ ·
ⲉⲙⲁ · ⲛ ⲙ̅ⲧⲟⲛ · ϩⲓⲧⲙ̅ ⲡ̅ⲥⲟⲡⲥ̅ ⲙ ⲙⲓⲭⲁⲏⲗ ⲧⲉⲛⲟⲩ ·
ϭⲉ ⲱ̅ ⲓⲱϩⲁⲛⲛⲏⲥ · ⲡⲙⲉⲣⲓⲧ · ⲙ ⲡⲛⲟⲩⲧⲉ · ⲣϣⲁⲛ
ⲟⲩⲣⲱⲙⲉ ϥⲓ ⲡⲣⲟⲟⲩϣ · ⲛ ϯⲇⲓⲁⲑⲏⲕⲏ · ⲉⲧ ϩⲁ ⲉⲟⲟⲩ ·
ⲛ̅ϥ̅ⲥϩⲁⲓⲥ ⲛ̅ϥ̅ⲧⲁⲁⲥ ⲉ ϩⲟⲩⲛ ⲉ ⲧⲉⲕⲕⲗⲉⲥⲓⲁ · ϩⲙ̅ ⲡⲣⲁⲛ ·
ⲙ ⲡⲁⲣⲭⲁⲅⲅⲉⲗⲟⲥ ⲙⲓⲭⲁⲏⲗ · ⲏ ⲛ̅ϥ̅ⲥϩⲁⲓⲥ ⲛ̅ϥ̅ⲕⲁⲁⲥ · ϩⲁ
ⲧⲟⲟⲧϥ̅ ϫⲉ ⲕⲁⲥ ⲛⲛⲉ ⲗⲁⲁⲩ · ⲙ̅ϣⲱⲛⲉ · ⲛ ⲗⲟⲓⲙⲟⲥ ⲟⲩⲇⲉ
ϩⲓ ⲃⲱⲱⲛ · ⲉϣⲃⲱⲕ · ⲉ ϩⲟⲩⲛ · ⲉ ⲡⲏⲓ · ⲉⲧ ⲉⲥ ⲛ̅ϩⲏⲧϥ̅ ·
ϣⲁ ⲉⲛⲉϩ · ⲟⲩⲇⲉ ϩⲓϫⲙ̅ ⲛⲉϥⲧⲃ̅ⲛⲟⲟⲩⲉ · ⲟⲩⲇⲉ ϩⲙ̅ ⲧⲉϥ-
ⲥⲱϣⲉ · ⲟⲩⲇⲉ ϩⲙ̅ ⲛⲉϥⲙⲁ · ⲛϣⲏⲛ · ⲙ̅ⲡⲉ ⲗⲁⲁⲩ · ⲛ
ϫⲃⲓⲛ · ⲧⲁϩⲟⲟⲩ ϩⲓⲧⲙ̅ ⲗⲁⲁⲩ · ⲙ̅ⲑⲩⲣⲓⲟⲛ ⲟⲩⲇⲉ · ⲡⲓⲛ ·
ⲟⲩⲇⲉ ⲡⲏⲣϣ̅ · ⲉϫⲙ̅ ⲧⲉϥⲥⲱϣⲉ · ⲟⲩⲇⲉ ⲙ̅ⲡⲉ ϭⲣⲱϩ ·
ϣⲱⲡⲉ · ϩⲙ̅ ⲡⲉϥⲏⲓ · ⲟⲩⲇⲉ ⲉϫⲙ̅ ⲛⲉϥϣⲏⲣⲉ · ⲙⲛ̅
ⲛϣⲏⲣⲉ · ⲛ̅ ⲛⲉϥϣⲏⲣⲉ · ϣⲁ ϩⲣⲁⲓ · ⲉϥⲧⲟ ⲉⲛⲅⲉⲛⲉⲁ ·
ϫⲉ ⲉⲣⲉ ⲡⲣⲁⲛ · ⲙ ⲙⲓⲭⲁⲏⲗ · ⲛⲁϣⲱⲡⲉ · ϩⲓ ϫⲱⲟⲩ ·
ⲛⲑⲉ ⲛ̅ ⲟⲩϩⲟⲡⲗⲟⲛ · ⲉϥⲧⲁϫⲣⲏⲩ · ⲣϣⲁⲛ ⲟⲩⲣⲱⲙⲉ ·
ⲥϩⲁⲓ · ⲛ̅ ⲛ̅ⲉⲓ ⲗⲉⲝⲓⲥ · ⲉⲧ ϩⲁⲉⲟⲟⲩ · […]
ⲉϫⲙ̅ ⲙ […] | ⲙ ⲡⲉϥⲏⲓ · ⲉⲧⲉ ⲛⲁⲓ ⲛⲉ · ϣ̅ⲍ̅ · Fol. 73*b* ⲣ̅ⲙ̅ⲋ̅

ϢⲠⲈ · ⲀⲒⲄ ⲨⲎⲄ ⲬⲎⲐ · ⲢⲎⲆ ⲬⲎ̅ (or **ⲬⲒⲒ**)

ⲀⲞ̅Ⲏ̅· ⲪⲔ̅Ⲅ̅· ⲂⲨⲖⲐ̅· ⲀⲤⲖ̅Ⲉ̅· ⲮⲔ̅Ⲇ̅ ⲀⲌ̅·
ⲬⲠ̅Ⲁ· Ⲣ̅Ⲓ̅Ⲅ̅· ⲀⲮⲔ̅Ⲇ̅· ⲂⲀ ⲮⲔ̅Ⲃ̅· ⲨⲠ̅Ⲇ̅·
ⲀⲮϤ̅Ⲍ· ⲨⲀ̅Ⲃ̅· Ⲩ̅Ⲏ̅· ⲀⲮⲖⲀ ⲬⲒⲂ· Ⲣ̅Ⲗ̅Ⲉ̅·
ⲀϢⲞ ⁘—

ⲙⲛ ⲗⲁⲁⲩ· ⲙ ⲡⲁⲛϯⲕⲟⲓⲙⲉⲛⲟⲥ ⲛⲁⲃⲱⲕ ϩⲓϫⲛ̅ ⲉ ⲡⲏⲓ·
ⲉⲧ ⲙ̅ⲙⲁⲩ· ⲟⲩⲇⲉ· ⲉⲡⲓⲃⲟⲩⲗⲏ· ⲛ ⲛ̅ⲣⲱⲙⲉ ⲙ̅ ⲡⲟⲛⲏ-
ⲣⲟⲥ· ⲛ̅ⲛⲉⲩⲉϣϭⲙ̅ϭⲟⲙ· ⲉ ⲣⲟϥ· ⲁⲗⲗⲁ ⲙⲁⲣⲟⲩϩⲁⲣⲉϩ·
ⲉ ϯⲇⲩⲁⲑⲩⲕⲏ· ⲛϭⲓ ⲟⲩⲟⲛ· ⲛⲓⲙ ⲉⲧ ⲛⲁⲥϩⲁⲓⲥ ⲛⲁϥ· ⲙ
ⲫⲩⲗⲁⲕⲧⲏⲣⲓⲟⲛ· ϫⲉ ⲕⲁⲁⲥ ⲛ̅ⲛⲉⲩⲕⲁⲁⲥ· ϩ̅ⲛ̅ ⲟⲩⲙⲁ ⲉ
ⲟⲩⲛ ⲥⲱⲱϥ· ⲛ̅ϩⲏⲧϥ̅ ϫⲉ ⲟⲩⲛⲟϭ· ⲧⲉ ⲧϭⲟⲙ· ⲛ̅ ⲛⲉⲓ
ⲣⲁⲛ· ⲉⲧ ϩⲁ ϣⲡⲏⲣⲉ· ⲛⲁⲓ ⲇⲉ· ⲛ ⲧⲉⲣ ϥ̅ϫⲟⲟⲩ ⲛⲁⲓ·
ⲛϭⲓ ⲡⲁⲅⲅⲉⲗⲟⲥ ⲙ ⲡⲭ̅ⲥ̅· ⲁϥⲉⲛ̅ⲧ̅· ⲉ ⲡⲉⲥⲏⲧ ⲉϫⲙ̅ ⲡⲕⲁϩ
ⲁⲛⲟⲕ· ⲓⲱϩⲁⲛⲛⲏⲥ· ⲁⲓⲁⲁϩ· ⲉⲣⲁⲧ· ϩⲓϫⲙ̅ ⲡⲧⲟⲟⲩ ⲛ̅
ⲛ̅ϫⲟⲉⲓⲧ· ⲁϥⲃⲱⲕ· ⲉ ϩⲣⲁⲓ· ⲉⲙ ⲡⲏⲩⲉ· ⲁⲛⲟⲕ ⲇⲉ·
ⲁⲓⲣ ϣⲡⲏⲣⲉ· ⲉⲙⲁⲁⲧⲉ· ⲉϫⲛ̅ ⲛⲉⲛⲧ ⲁⲩϭⲟⲗⲡⲟⲩ ⲛⲁⲓ ⲉ
ⲃⲟⲗ· ⲁⲓϯ ⲉⲟⲟⲩ· ⲙ ⲡⲛⲟⲩⲧⲉ· ⲙⲛ̅ ⲡⲉϥⲛⲟϭ ⲛ̅
ⲁⲣⲭⲁⲅⲅⲉⲗⲟⲥ· ⲙⲓⲭⲁⲏⲗ· ⲛⲁⲓ ⲛⲉⲛⲧ ⲁⲓϭⲛ̅ⲧⲟⲩ ϩⲛ̅
ⲑⲓⲉⲗⲏⲙ· ϩⲙ̅ ⲡⲏⲓ· ⲛ̅ ⲧⲙⲁⲁⲩ· ⲙ ⲡⲣⲟⲭⲟⲥ (*sic*) ⲡⲙⲁ-
ⲑⲩⲧⲏⲥ· ⲛ ⲓⲱϩⲁⲛⲛⲏⲥ ⲡⲉⲩⲁⲅⲅⲉⲗⲓⲥⲧⲏⲥ· ⲁⲛⲟⲕ·
ⲡⲉⲧⲛ̅ⲉⲓⲱⲧ· ϯⲙⲟⲑⲉⲟⲥ ⲁⲓⲕⲧⲟⲓ· ⲉ ⲧⲁ ⲡⲟⲗⲓⲥ ⲣⲁⲕⲟⲧⲉ·
ϩ̅ⲛ̅ ⲟⲩⲛⲟϭ· ⲛ ⲣⲁϣⲉ ⲧⲉⲛⲟⲩ ϭⲉ· ⲱ ⲛⲁⲙⲉⲣⲁⲧⲉ· ⲛ
ϩⲟⲥⲟⲛ· ⲁⲛⲥⲱⲧⲙ̅· ⲉ ⲛⲉⲓ· ⲛⲟ[ϭ] [...] ⲛ ⲁⲧ ⲟⲩⲱϫⲛ̅ |
Fol. 74 *a* ⲣ̅ⲙ̅ⲏ̅ ϩ̅ⲛ̅ ⲧⲧⲁⲡⲣⲟ· ⲙ ⲡⲁⲅⲅⲉⲗⲟⲥ· ⲕⲁⲧⲁ ⲑⲉ ⲛⲧⲁϥⲣ ⲙⲛ̅ⲧⲣⲉ
ⲛⲁⲛ· ⲛϭⲓ ⲡⲉⲩⲁⲅⲅⲉⲗⲓⲥⲧⲏⲥ· ⲧⲉⲛⲟⲩ ϭⲉ· ⲙⲡⲣ̅
ⲁⲙⲉⲗⲉⲓ· ⲉ ⲣ̅ ⲡⲛⲁ· ⲙⲛ̅ ⲛϩⲏⲕⲉ· ⲙⲛ̅ ⲛⲉⲧ ⲣ̅ ϭⲣⲱϩ·
ⲕⲁⲧⲁ ⲧϭⲟⲙ· ⲙ ⲡⲟⲩⲁ ⲡⲟⲩⲁ· ⲙⲙⲱⲧⲛ̅ ϩⲙ̅ ⲡⲣⲁⲛ·
ⲙ ⲡⲁⲣⲭⲁⲅⲅⲉⲗⲟⲥ ⲙⲓⲭⲁⲏⲗ· ϩⲓⲧⲛ̅ ⲡⲥⲟⲡⲥ̅ⲡ̅· ⲙ
ⲙⲓⲭⲁⲏⲗ ⲧⲛ̅ⲭⲣⲱ· ⲛ ⲧⲉⲓ ⲛⲟϭ· ⲙ ⲡⲁⲣϩⲏⲥⲓⲁ·
ϩⲁϩⲧⲛ̅ ⲡⲉⲛ̅ⲥ̅ⲏ̅ⲣ̅· ⲁⲛⲟⲛ· ⲛⲉⲓⲣ̅ϥ̅ⲣ̅ ⲛⲟⲃⲉ ⲛ̅ⲧⲁⲗⲁⲓⲡⲟⲣⲟⲥ·
ⲧⲛ̅ϭⲓⲛⲉ· ⲙ ⲡⲥ̅ⲟ̅ⲡ̅ⲥ̅ⲡ̅· ⲙ ⲙⲓⲭⲁⲏⲗ· ϩⲙ̅ ⲡⲙⲟⲟⲩ· ⲙ
ⲡⲉⲓⲉⲣⲟ· ⲙⲛ̅ ϯⲱⲧⲉ· ⲙⲛ̅ ⲡⲙⲟⲩ ⲛϩⲱⲟⲩ· ⲧⲛ̅ϭⲓⲛⲉ· ⲙ
ⲡⲥ̅ⲟ̅ⲡ̅ⲥ̅ⲡ̅ ⲙ ⲙⲓⲭⲁⲏⲗ· ϩ̅ⲛ̅ ⲧⲉⲩⲕⲣⲁⲥⲓⲁ· ⲛ̅ ⲛⲁⲏⲣ· ⲙ̅ⲛ̅

ⲧⲁⲩϫⲓⲥⲓⲥ · ⲛ ⲛⲕⲁⲣⲡⲟⲥ · ⲙ ⲡⲕⲁϩ ⲧⲡϭⲓⲛⲉ ⲙ ⲡⲥⲟⲡⲥ̄ⲡ ·
ⲙ ⲙⲓⲭⲁⲏⲗ · ϩⲛ̄ ⲛⲧⲣⲟⲫⲏ · ⲉⲧ ⲛⲟⲧⲙ̄ · ⲙ̄ ⲡ̄ⲛ̄ⲓ̄ⲕ̄ⲟ̄ⲛ̄ ·
ⲧⲡϭⲓⲛⲉ · ⲙ ⲡⲥⲟⲡⲥ̄ⲡ ⲙ ⲙⲓⲭⲁⲏⲗ ϩⲙ̄ ⲡⲏⲣⲡ · ⲉⲧ ⲡ̄ⲥⲱ
ⲙ̄ⲙⲟϥ · ⲙⲛ̄ ⲡⲕⲉⲥⲉⲉⲡⲉ ⲛ̄ ⲡ̄ϭⲓⲛⲟⲩⲱⲙ · ⲉⲧ ϩⲟⲗϭ̄ · ⲙ
ⲡ̄ⲛ̄ⲓ̄ⲕ̄ⲟ̄ⲛ̄ · ⲙⲛ̄ ⲡⲥⲉⲉⲡⲉ · ⲛⲛⲉⲧ ⲡ̄ⲥⲱ · ⲙ̄ⲙⲟⲟⲩ · ⲧⲏⲣⲟⲩ ·
ⲉ ⲧⲁⲅⲁⲡⲏ · ⲙ ⲡⲛⲟⲩⲧⲉ · ⲉϣϫⲉ ⲕⲟⲩⲱϣ ⲉ ⲧⲣⲉ ⲡⲣⲁⲛ̄
ⲙ ⲙⲓⲭⲁⲏⲗ · ⲥⲕⲉⲡⲁⲍⲉ · ⲙ̄ⲙⲟⲕ · ϩⲙ̄ ⲡⲓⲣⲁⲥⲙⲟⲥ ⲛⲓⲙ ·
ⲉⲕⲉⲥϩⲁⲓ · ⲙ ⲡⲣⲁⲛ · ⲙ ⲙⲓⲭⲁⲏⲗ · ⲉϫⲙ̄ ⲡⲉϥⲧⲟⲟⲩ ·
ⲛⲕⲟⲟϩ · ⲙ ⲡⲉⲕⲏⲓ · ϩⲓ ϩⲟⲩⲛ · ⲁⲩⲱ ϩⲓ ⲃⲟⲗ · ⲁⲩⲱ ⲟⲛ ·
ⲉϫⲙ̄ ⲡⲧⲟⲡ · ⲙ ⲡⲉⲕϩⲟⲓⲧⲉ · ϫⲉ ⲕⲁⲥ ⲉϥⲛⲁϩⲁⲣⲉϩ · ⲉ
ⲣⲟⲕ · ⲉ ⲃⲟⲗ · ϩⲙ̄ ⲡⲉⲑⲟⲟⲩ ⲛⲓⲙ ⲉⲧ ⲛⲁⲧⲱⲟⲩⲛ · ⲉ ϫⲱⲕ ·
ⲛⲉⲧ ϩⲏⲛ · ⲙⲛ̄ ⲛⲉⲧ ⲟⲩⲟⲛϩ · ⲉ ⲃⲟⲗ · ⲉⲕⲉⲥϩⲁⲓ · ⲙ ⲡⲣⲁⲛ ·
ⲙ ⲙⲓⲭⲁⲏⲗ · ⲉϫⲛ̄ ⲧⲉⲧⲣⲁⲡⲉⲍⲁ · ⲉⲧ ⲉⲕⲟⲩⲱⲙ · ⲛ̄-
ϩⲏⲧϥ […] ⲟⲉⲓⲕ · ⲛϥ† […]
[…] | ⲉⲕⲉⲥϩⲁⲓ ⲟⲛ · ⲉϫⲛ̄ ⲡⲡⲓⲛⲁⲝ · ⲉⲧ Fol. 74 b
ⲉⲕⲟⲩⲱⲙ · ⲛ̄ϩⲏⲧϥ̄ ϫⲉ ⲕⲁⲥ ⲉϥⲛⲁ† · ⲛ ⲟⲩϩⲗⲟϭ · ⲉ ⲣⲙ̄ⲑ
ⲧⲉⲕⲧⲁⲡⲣⲟ · ⲙⲛ̄ ⲟⲩⲥⲉⲓ ⲛ̄ⲥϩⲁⲓ ⲟⲛ · ⲉϫⲙ̄ ⲡⲁⲡⲟⲧ · ⲉⲧ
ⲉⲕⲥⲱ · ⲛ̄ϩⲏⲧϥ̄ ϫⲉ ⲕⲁⲥ ⲉϥⲛⲁϣⲱⲡⲉ · ⲛⲁⲕ ⲛ ⲟⲩⲣⲁϣⲉ ·
ⲙⲛ̄ ⲟⲩⲉⲩⲫⲣⲟⲥⲩⲛⲏ · ⲭⲱⲣⲓⲥ †ϩⲉ · ϩⲓ ⲙ̄ⲛⲧϣⲛⲁ · ⲛ
ⲟⲩ†ϩⲉ ⲁⲛ ⲡⲉ · ⲙ ⲡⲛⲁⲩ · ⲉⲧ ⲡ̄ⲥⲉ ⲏⲣⲡ · ⲉⲛⲯⲁⲗⲗⲉⲓ ·
ⲉⲛⲉϣⲗⲟⲩⲗⲁⲓ · ⲉ ⲃⲟⲗ · ⲕⲁⲧⲁ ⲡϣⲁϫⲉ · ⲙ ⲡⲁⲩⲗⲟⲥ ϫⲉ
ⲡⲉⲧ ⲣⲟⲟⲩⲧ · ⲙⲁⲣⲉϥⲯⲁⲗⲗⲉⲓ · ⲛⲓⲙ · ⲡⲉ ⲡⲣⲱⲙⲉ
ⲡ̄ϫⲱⲱⲣⲉ ϩⲛ̄ ⲧⲉϥϭⲟⲙ · ⲙⲛ̄ ⲧⲉϥⲥⲟⲫⲓⲁ · ⲉⲓ ⲙⲏ ⲧⲉⲓ ·
ⲡⲉⲛⲧⲁ ⲡⲣ̄ϥⲯⲁⲗⲗⲉⲓ ϫⲟⲟⲥ · ⲉ ⲧⲃⲏⲏⲧϥ̄ · ϫⲉ ⲁ ⲡϫⲟⲥ ·
ⲧⲱⲟⲩⲛ · ⲛⲑⲉ ⲙ ⲡⲉⲧ ⲟⲃϣ̄ ⲛⲑⲉ ⲛ ⲟⲩϫⲱⲱⲣⲉ · ⲉϥⲧⲁϩⲉ ·
ⲙ ⲡⲏⲣⲡ · ⲟⲩⲣⲱⲙⲉ ⲛⲇⲓⲕⲁⲓⲟⲥ ⲡⲉ ⲛⲱϩⲉ ⲁϥ†ϩⲉ ϩⲁ
ⲡⲏⲣⲡ · ⲕⲁⲧⲁ ⲑⲉ · ⲛⲧⲁ ⲧⲉⲅⲣⲁⲫⲏ · ϫⲟⲟⲥ · ϫⲉ ⲁϥⲧⲱϭⲉ ·
ⲛ̄ ⲟⲩⲙⲁ ⲛ ⲉⲗⲟⲟⲗⲉ ⲁϥⲟⲩⲱⲙ · ⲙ ⲡⲉϥⲕⲁⲣⲡⲟⲥ · ⲁϥ†ϩⲉ
ϩⲟⲧⲁⲛ · ⲉⲣϣⲁⲛ ⲡⲣⲱⲙⲉ · ⲥⲉ ⲏⲣⲡ · ⲛ̄ϥ†ϩⲉ · ⲛ̄ϥⲧⲁⲩⲟ ·
ⲛ̄ ϩⲉⲛϣⲁϫⲉ ⲛ ϣⲗⲟϥ · ϩⲓ ⲉⲃⲃⲏⲗ · ⲙⲁⲗⲗⲟⲛ ⲛ̄ϥⲉⲓⲣⲉ ⲛ
ⲟⲩⲡⲟⲣⲛⲓⲁ · ⲏ · ⲟⲩⲙⲛ̄ⲧⲁⲧϣⲓⲡⲉ · ⲙⲛ̄ ⲟⲩⲙⲛ̄ⲧϫⲁⲣⲃⲁⲗ ·
ⲉϥϩⲓⲕⲗⲁ · ⲉ ⲡⲉⲓ ⲥⲁ · ⲙⲛ̄ ⲡⲁⲓ ϩⲛ̄ ⲧⲁⲅⲟⲣⲁ · ⲙⲛ̄
ⲛⲉⲡⲗⲁⲧⲓⲁ · ⲛ ⲧⲡⲟⲗⲓⲥ · ⲡⲁⲓ ⲡⲉ ⲡ†ϩⲉ · ⲛⲁⲙⲉ · ⲉⲧ
ⲙⲉϩ · ⲛ ϣⲓⲡⲉ ⲉⲣⲉ ⲛⲉⲛⲉⲓⲟⲧⲉ ⲉⲧ ⲟⲩⲁⲁⲃ · ⲥⲟⲟⲩⲛ · ⲙ

ⲡⲟⲟⲥⲉ· ⲙ̄ ⲡⲏⲣⲡ̄· ⲙ̄ⲡⲁⲧ ⲟⲩϩⲱⲛ· ⲉ ⲧⲟⲟⲧⲛ̄· ⲉ
ⲧⲃ̄ⲛⲏⲧϥ̄· ⲙ̄ⲡⲱⲣ· ⲱ ⲡⲁⲙⲉⲣⲁⲁⲧⲉ· ⲛ̄ϣⲏⲣⲉ· ⲛ
ⲧⲉⲕⲕⲗⲏⲥⲓⲁ· ⲉⲧ ⲟⲩⲁⲁⲃ ⲡⲉⲓ ϩⲱⲃ· ⲅⲁⲣ [...]
Fol. 75 *a* ⲏⲣⲡ̄ · ⲧⲟⲟⲙⲉ [one line wanting] | ⲙⲁⲣⲛ̄ϩⲁⲣⲉϩ· ⲉ ⲣⲁⲧⲛ̄·
ⲣ̄ⲡ̄ ⲛ̄ⲛⲁⲩ· ⲛⲓⲙ· ⲉⲛϣ[ⲗⲏⲗ] ⲉⲣⲉ ⲡⲉⲛϩⲟ ⲡⲁϩⲧ̄ ⲉϫⲙ̄ ⲡⲕⲁϩ·
ⲉⲛⲡⲁⲣⲁⲕⲁⲗⲉⲓ· ⲉⲛϫⲱ· ⲙ̄ⲙⲟⲥ· ϫⲉ ⲡⲁⲣⲭⲁⲅⲅⲉⲗⲟⲥ·
ⲙⲓⲭⲁⲏⲗ ⲡⲁϩⲧⲕ̄· ⲙ̄ ⲡⲉⲓⲱⲧ ⲛ̄ ⲁⲅⲁⲑⲟⲥ· ⲛ̄ϥⲕⲱ ⲛⲁⲛ
ⲉ ⲃⲟⲗ· ⲛ̄ ⲛⲉⲛⲛⲟⲃⲉ ⲙⲛ̄ ⲛⲉⲛⲡⲁⲣⲁⲡⲧⲱⲙⲁ ⲧⲛ̄ⲧⲱⲃϩ̄·
ⲙ̄ⲙⲟⲕ· ⲙⲓⲭⲁⲏⲗ· ⲡ̄ⲥ̄ⲡ̄ ⲡⲇⲉⲥⲡⲟⲧⲏⲥ· ⲡⲉⲭ̄ⲥ̄ ⲉ ϫⲱⲛ·
ϫⲉ ⲕⲁⲥ· ⲉϥⲉⲥⲙⲟⲩ· ⲉ ⲛⲉⲛϩⲟⲟⲩ· ⲁⲩⲱ ⲛⲉⲛⲣⲙ̄ⲡⲟⲟⲩⲉ
ⲛⲉⲓⲣⲏⲛⲓⲕⲟⲛ· ⲡⲉⲛⲡⲣⲟⲥⲧⲁⲧⲏⲥ ⲙⲓⲭⲁⲏⲗ· ⲡⲁⲣⲁ-
ⲕⲁⲗⲉⲓ· ⲙ̄ ⲡⲉⲧ ⲉⲣⲉ ⲡⲉϥⲙⲁ· ϣⲟⲟⲡ ϩⲙ̄ ⲡⲉϥⲟⲩⲱϣ·
ⲡⲛⲟⲩⲧⲉ· ⲙ̄ ⲡⲧⲏⲣϥ̄· ϫⲉ ⲕⲁⲥ ⲉϥⲉⲧⲣⲉϥϩⲣⲟⲕ· ⲛϭⲓ
ⲡⲉⲭⲓⲙⲱⲛ· ⲉⲧ ϩⲓ ϫⲱⲛ· ⲡⲁⲣⲭⲁⲅⲅⲉⲗⲟⲥ ⲛ ϣⲁⲛϩⲧⲏϥ·
ⲙⲓⲭⲁⲏⲗ· ⲧⲉⲃϩ̄ ⲡϫ̄ⲥ̄· ⲉ ϫⲱⲛ· ⲛ̄ϥⲉⲓⲛⲉ ⲉ ϩⲣⲁⲓ· ⲙ̄
ⲡⲙⲟⲟⲩ· ⲙ̄ ⲡⲉⲓⲉⲣⲟ· ϫⲉ ⲕⲁⲥ ⲉϥⲉⲟⲩⲱⲛ· ⲛⲁⲛ·
ⲛⲧⲉϥⲟⲩⲛⲁⲙ· ⲉⲧ ⲙⲉϩ· ⲛⲁⲅⲁⲑⲟⲛ ⲛⲓⲙ· ⲡⲛⲟⲩⲧⲉ·
ⲡⲛⲁⲏⲧ· ⲡⲉⲧ ϯϩⲣⲉ· ⲛⲥⲁⲣⲝ̄· ⲛⲓⲙ· ⲕⲁⲧⲁ ⲡⲉⲧ ⲥⲏϩ·
ϫⲉ ⲉⲕϣⲁⲛ̄ⲁⲛⲟⲩⲱⲛ· ⲉ ⲧⲉⲕϭⲓϫ· ⲥⲉⲛⲁⲥⲉⲓ· ⲛ̄ⲧⲉⲕ-
ⲙⲛ̄ⲧⲭ̄ⲣ̄ⲥ̄· ⲡⲁⲣⲭⲁⲅⲅⲉⲗⲟⲥ· ⲙⲓⲭⲁⲏⲗ· ⲡⲁⲣⲭⲏⲥⲧⲣⲁ-
ⲅⲟⲥ (*sic*) ⲛ ⲧϭⲟⲙ· ⲙ̄ ⲡϫ̄ⲟ̄ⲥ̄· ⲡⲁⲣⲁⲕⲁⲗⲉⲓ· ⲙ̄ ⲡⲛⲟⲩⲧⲉ·
ⲡⲛⲁⲏⲧ· ϫⲉ ⲕⲁⲥ· ⲉϥⲉ̄ϩⲁⲣⲉϩ· ⲁⲩⲱ· ⲛϥⲁⲩⲝⲁⲛⲉ·
ⲛ ⲛ̄ϣⲏⲣⲉ ⲕⲟⲩⲓ· ϣⲁⲛⲧⲟⲩⲉⲓ· ⲉ ϩⲣⲁⲓ ⲉ ⲑⲩⲗⲓⲕⲓⲁ·
ⲧⲛ̄ⲧⲱⲃϩ̄· ⲙ̄ⲙⲟⲕ ⲡⲁⲣⲭⲁⲅⲅⲉⲗⲟⲥ· ⲙⲓⲭⲁⲏⲗ· ⲛ̄
ⲧⲙ̄ⲛ̄ⲧϣⲁⲛϩⲧⲏϥ· ⲥⲟⲡⲥⲛ̄· ⲉ ϫⲱⲛ· ⲛⲛⲁϩⲣⲙ̄ ⲡⲉⲓⲱⲧ·
ⲛⲣⲉϥⲕⲱ ⲉ ⲃⲟⲗ· ϫⲉ ⲕⲁⲥ· ⲉϥⲉϩⲁⲣⲉϩ· ⲉ ⲣⲟⲛ· ⲉ ⲃⲟⲗ·
ϩⲙ̄ ⲡⲓⲣⲁⲥⲙⲟⲥ ⲛⲓⲙ· ⲙ̄ ⲡ (*sic*) ⲡⲁⲛϯⲕ[ⲉⲓⲙⲉ]ⲛⲟⲥ· ⲁⲩⲱ·
Fol. 75 *b* ⲛϥϯⲑⲉ | [...] ⲙⲉⲧⲁⲛⲟⲓ· ⲛ̄ⲧⲛ̄ⲛⲟⲩϫⲁⲓ· ⲙ̄ⲡⲁⲧ ⲛ̄ϫⲱ[ⲕ]
ⲣ̄ⲡ̄ⲁ̄ [ⲉ ⲃⲟ]ⲗ· ⲙ̄ ⲡⲉⲛⲁϩⲉ· ϩⲛ̄ ⲟⲩⲙⲛ̄ⲧⲉⲡⲣⲁ· ϯⲡⲁⲣⲁⲕⲁⲗⲉⲓ·
ϫⲉ ⲙ̄ⲙⲱⲧⲛ̄· ⲱ̄ ⲛⲉⲥⲛⲏⲩ· ⲙ̄ⲙⲉⲣⲓⲧ· ⲁⲩⲱ ⲡⲥⲩⲛϩⲉ-
ⲇⲣⲓⲟⲛ· ⲙ̄ ⲙⲁⲓ ⲡⲉⲭ̄ⲣ̄ⲥ̄· ϫⲉ ⲕⲁⲥ ⲉⲧⲉⲧⲛⲁⲥⲁϩⲉ ⲧⲏⲩⲧⲛ̄·
ⲉ ⲃⲟⲗ· ⲛϫⲓⲛ̄ϭⲟⲛⲥ̄· ⲛⲓⲙ· ϩⲓ ⲕⲁⲧⲁⲗⲁⲗⲓⲁ· ϩⲓ ϫⲱϩⲙ̄
ϩⲓ ⲕⲱϩ· ϩⲓ ⲙⲟⲥⲧⲉ· ϩⲓ ϯⲧⲱⲛ· ϩⲓ ϫⲓⲟⲩⲉ· ϩⲓ ⲙⲟⲥⲧⲉ
ϩⲓ ϩⲱⲧⲃ̄· ϩⲓ ⲡⲟⲣⲛⲓⲁ· ϩⲓ ⲥⲱⲱϥ ϩⲓ ⲁⲕⲁⲑⲁⲣⲥⲓⲁ· ϩⲓ

ⲕⲣⲟϥ · ⲛⲧⲉⲧⲛ̄ϭⲉⲡⲏ · ⲛⲧⲉⲧⲛ̄ⲧⲁⲗⲟ · ⲛ̄ ⲡⲉⲧⲛ̄ϭⲓϫ · ⲙⲛ̄
ⲡⲉⲧⲛ̄ⲯⲩⲭⲏ ⲛⲧⲛ̄ϯⲡⲉⲛⲟⲩⲟⲓ · ϩⲛ̄ ⲟⲩⲡⲁⲣϩⲏⲥⲓⲁ · ⲙⲛ̄
ⲟⲩⲧⲃ̄ⲃⲟ · ⲙⲛ̄ ⲟⲩⲥⲩⲛⲏⲇⲓⲥⲓⲥ · ⲉⲛⲁⲛⲟⲩⲥ · ϣⲁ ⲡⲁⲣ-
ⲭⲏⲥⲧⲣⲁⲧⲏⲅⲟⲥ · ⲛ ⲧϭⲟⲙ · ⲛ ⲙ̄ⲡⲏⲩⲉ · ⲙⲓⲭⲁⲏⲗ ·
Ⲅⲉⲛⲟⲓⲧⲟ · ϭⲉ ϩⲱⲱⲛ · ⲱ ⲛⲉⲥⲛⲏⲩ · ⲛⲑⲉ · ⲛ̄ⲧⲁⲛⲥⲱⲟⲩϩ ·
ⲉ ϩⲟⲩⲛ · ⲉ ⲡⲉⲓ ⲧⲟⲡⲟⲥ · ⲉⲧ ⲟⲩⲁⲁⲃ ϩⲙ̄ ⲡⲉⲓ ⲛⲟϭ · ⲛ
ϣⲁ · ⲙⲡⲟⲟⲩ · ⲉϥⲉⲥⲟⲟⲩϩⲛ̄ · ⲉ ϩⲟⲩⲛ ⲉ ⲧⲉϥⲙⲛ̄ⲧⲉⲣⲟ ·
ⲁⲩⲱ · ⲛⲧⲉⲣⲙ̄ⲡϣⲁ (*sic*) · ⲁⲛⲟⲛ ⲧⲏⲣⲛ̄ · ϩⲓ ⲟⲩⲥⲟⲡ · ⲛ̄ⲧⲛ̄-
ⲥⲱⲧⲙ̄ · ⲉ ⲧⲉⲥⲙⲏ · ⲙ ⲙⲁⲕⲁⲣⲓⲁ · ⲉⲧ ⲙ̄ⲙⲁⲩ · ϫⲉ
ⲁⲙⲏⲓⲧⲛ̄ · ⲛⲉⲧ ⲥⲙⲁⲙⲁⲁⲧ · ⲛⲧⲉ ⲡⲁ ⲉⲓⲱⲧ · ⲛⲧⲉⲧⲛ̄-
ⲕⲗⲏⲣⲟⲛⲟⲙⲉⲓ · ⲛ ⲧⲙ̄ⲛ̄ⲧⲉⲣⲟ · ⲛ̄ⲧⲁⲩⲥⲃ̄ⲧⲱⲧⲥ̄ · ⲛⲏⲧⲛ̄
ϫⲓⲛ ⲧⲕⲁⲧⲁⲃⲟⲗⲏ ⲙ ⲡⲕⲟⲥⲙⲟⲥ · ϩⲓⲧⲛ̄ ⲧⲉⲭⲁⲣⲓⲥ · ⲙⲛ̄
ⲧⲙⲁⲓ ⲣⲱⲙⲉ · ⲙ ⲡⲉⲛϫⲥ̄ · ⲓ̄ⲥ̄ ⲡⲉⲭ̄ⲥ̄ ⲡⲁⲓ ⲉ ⲃⲟⲗ · ϩⲓ
ⲧⲟⲟⲧϥ̄ · ⲉⲣⲉ ⲟⲟⲩ · ⲛⲓⲙ · ϩⲓ ⲧⲁⲓⲟ ⲛⲓⲙ ⲡⲣⲉⲡⲉⲓ · ⲛⲁϥ ·
ⲙⲛ̄ ⲡⲉϥⲉⲓⲱⲧ · ⲛ ⲁⲅⲁⲑⲟⲥ · ⲙⲛ̄ ⲡⲉ ⲡⲉⲡⲛ̄ⲁ̄ [ⲉⲧ ⲟⲩⲁⲁⲃ ·
ⲛ̄ ⲣϥ̄ⲧⲁⲛϩⲟ · ⲁⲩⲱ ⲛ̄ ϩⲟⲙⲟⲟⲩⲥⲓⲟⲥ · ⲧⲉⲛⲟⲩ · ⲁⲩⲱ
ⲛⲟⲩⲟⲉⲓϣ ⲛⲓⲙ ϣⲁ ⲉⲛⲉϩ ·]

COLOPHON

✠ ϩⲓⲧⲛ̄ ⲧⲉⲥⲡⲟⲩⲇⲏ · ⲙⲛ̄ ⲧⲙⲛ̄ⲧϥⲁⲓ ⲣⲟⲟⲩϣ · [ⲙ̄ Fol. 76 *a*
ⲡⲑⲉ]ⲟⲥⲉⲃⲉⲥⲧ' · ⲛ̄ ⲇⲓⲁⲕⲟ[ⲛⲟ]ⲥ · ⲡⲁⲓ ⲉⲧ ⲉⲣⲉ ⲡⲛⲟⲩⲧⲉ · [ⲣⲛ̄ⲃ]
ⲥⲟⲟⲩⲛ · ⲙ̄ ⲡⲉϥⲣⲁⲛ · ⲁϥϥⲓ ⲡⲣⲟⲟⲩϣ · ⲙ̄ ⲡⲉⲓ
ⲕⲉⲫⲁⲗⲓⲟⲛ · ⲛ̄ ϫⲱ[ⲱ]ⲙⲉ · ϩⲛ̄ ⲛⲉϥϩⲓⲥⲉ · ⲙⲙⲓⲛ · ⲙ̄-
ⲙⲟϥ · ⲁϥⲥⲙⲛ̄ⲧϥ̄ · ⲁϥⲇⲱⲣⲓⲍⲉ ⲙ̄ⲙⲟϥ · ⲉ ϩⲟⲩⲛ · ⲉ
ⲡⲧⲟⲡⲟⲥ · ⲛ ⲁⲡⲁ ϩⲁⲣⲱⲛ · ϩⲙ̄ ⲡⲧⲟⲟⲩ ⲛ ⲧⲃⲱ · ϫⲉ ⲕⲁⲥ ·
ⲉⲣⲉ ⲡⲛⲟⲩⲧⲉ · ⲙ ⲡⲇⲓⲕⲁⲓⲟⲥ ⲉⲧ ⲥⲙⲁⲙⲁⲁⲧ ⲁⲡⲁ ϩⲁⲣⲱⲛ ·
ⲙⲛ̄ ⲡⲡⲁⲧⲣⲓⲁⲣⲭ[ⲏⲥ] · ⲁⲩⲱ ⲡⲁⲡⲟⲥⲧⲟⲗⲓⲕⲟⲛ · ⲁⲑⲁ-
ⲛⲁⲥⲓⲟⲥ · ⲡⲁⲣⲭⲉⲡⲓⲥⲕⲟ[ⲡⲟⲥ] · ⲙⲛ̄ ⲡⲁⲣⲭⲁⲅⲅⲉⲗⲟⲥ
ⲙⲓⲭⲁⲏⲗ · ⲛⲁⲥⲙⲟⲩ · ⲉ ⲡⲉⲛⲙⲁⲓ ⲛⲟⲩⲧⲉ · ⲙⲛ̄ ⲙ ⲙⲁⲓ
ⲁⲅⲁⲡⲏ · ϩⲛ̄ ⲥⲙⲟⲩ ⲛⲓⲙ · ⲉⲧ ϫⲏⲕ · ⲉ ⲃⲟⲗ · ⲙ ⲡⲛⲓⲕⲟⲛ ·
ⲛⲑⲉ · ⲛⲧⲁϥⲥⲙⲟⲩ · ⲉ ⲛⲉⲛⲉⲓⲟⲧⲉ · ⲙ ⲡⲁⲧⲣⲓⲁⲣⲭ[ⲏⲥ] ·
ⲁⲃⲣⲁϩⲁⲙ · ⲙⲛ̄ ⲓⲥⲁⲁⲕ · ⲙⲛ̄ ⲓⲁⲕⲱⲃ · ⲡⲁⲓ · ⲛⲧⲁ ⲡϩⲉⲑ-

ⲛⲟⲥ ⲧⲏⲣⲟⲩ · ϫⲓ ⲟⲩⲟⲉⲓⲛ (*sic*) · ⲉ ⲃⲟⲗ · ⲛ̄ϩⲏⲧⲟⲩ · ⲛ̄ϥ-
ⲛⲁϩⲙⲉϥ · ⲁⲩⲱ · ⲛ̄ϥⲧⲟⲩϫⲟϥ · ⲉⲛⲕⲟⲧ̄ⲥ̄ · ⲧⲏⲣⲟⲩ · ⲙ
ⲡⲇⲓⲁⲃⲟⲗⲟⲥ · ⲙⲛ̄ ⲧⲉⲡⲓⲃⲟⲩⲗⲏ · ⲛ ⲡ̄ⲣⲱⲙⲉ ⲙ̄ ⲡⲟⲛⲏⲣⲟⲛ ·
ⲛ̄ϥⲙⲟⲣϥ̄ · ϩⲛ̄ ⲧⲉϥϩⲩⲡⲟⲙⲟⲛⲏ · ⲙⲛ̄ⲛⲥⲁ ⲑⲉⲡⲓⲟ-
ⲑⲉⲥⲓⲥ · ⲟⲩⲛ ⲙ̄ ⲡⲉⲓ ϣⲁ ⲛⲧⲉ ⲛⲉⲧ ⲟⲩⲁⲁⲃ · ⲛⲁⲓ ·
ⲛⲧⲁϥⲣ̄ ⲡⲉⲩⲙⲉⲉⲩⲉ ϫⲓⲧϥ̄ · ⲛ̄ ϩⲙⲟⲧ · ⲛ ⲧⲟⲟⲧϥ̄ · ⲙ
ⲡⲉⲩⲣ̄ⲣⲟ ⲡⲉⲭ̄ⲥ̄ · ⲛⲥⲉⲁⲁϥ · ⲛ ⲙⲡϣⲁ · ⲛ ⲥⲱⲧⲙ̄ · ⲉ
ⲧⲉⲥⲙⲏ ⲉⲧ ⲙⲉϩ · ⲛ ⲣⲁϣⲉ · ⲛⲓⲙ · ϩⲓ ⲉⲩⲫⲣⲟⲥⲩⲛⲏ · ϫⲉ
ⲁⲙⲏⲓⲧⲛ̄ · ⲛⲉⲧ ⲥⲙⲁⲙⲁⲁⲧ · ⲛⲧⲉ ⲡⲁ ⲉⲓⲱⲧ · ⲛⲧⲉⲧⲛ̄-
ⲕⲗⲏⲣⲟⲛⲟⲙⲉⲓ · ⲛ ⲧⲙⲛ̄ⲧⲉⲣⲟ · ⲛⲧⲁⲩⲥⲃ̄ⲧⲱⲧⲥ̄ · ⲛⲏⲧⲛ̄ ·
ϫⲓⲛ ⲧⲕⲁⲧⲁⲃⲟⲗⲏ · ⲙ̄ ⲡⲕⲟⲥⲙⲟⲥ · ϩⲁⲙⲏⲛ · ⲍⲁⲙⲏⲛ · (*sic*)
ⲉⲥⲉϣⲱⲡⲉ · ϩⲁⲙⲏⲛ · ϥ̄ⲑ̄ ·

———•••———•••———•••———•••———•••———

Fol. 76 *b* ⲉⲅⲣⲁⲫⲏ [...] ⲉⲡⲏⲫ · ⲥⲟⲩ(?) ⲕ̄ [...] · ⲁⲡⲟ ⲇⲓⲟⲕⲗⲏ · ⲯ̄ⲏ̄
[ⲣ̄ⲏ̄ⲅ̄] ⲁⲡⲟ [...] ⲙⲓⲧⲏⲥ ·
ⲉⲗⲁⲭ · ⲡⲁⲓⲥ ⲧⲟⲩ ⲙⲁⲕⲁⲣⲓⲟⲩ · ⲓⲱⲥⲏⲫ · ⲁⲣⲭⲏ-
ⲇⲓⲁⲕⲟ · ⲉⲩⲍⲁⲥⲑⲉ ⲩⲡⲉⲣ ⲉⲙⲟⲩ ⲁⲙⲁⲣⲧⲟⲗⲟⲥ

———•••———•••———•••———•••———•••———

ⲁⲣⲓ ⲡⲁ ⲙⲉⲉⲩⲉ ⲛ ⲁⲅⲁⲡⲏ · ⲛⲁⲉⲓⲟⲧⲉ · ⲙⲛ̄ ⲛⲁⲥⲛⲏⲩ ·
ⲉⲓⲥ ⲧⲁ ⲙⲉⲧⲁⲛⲟⲓⲁ · ⲛⲧⲉⲧⲛ̄ⲧⲃ̄ϩ̄ · ⲡϫⲟⲉⲓⲥ ⲉ ϫⲱⲓ · ⲛ̄ϥⲕⲱ
ⲟⲩⲙⲉⲣⲟⲥ · ϣⲏⲙ · ⲛⲁⲓ ⲉ ⲃⲟⲗ · ϩⲛ̄ ⲛⲁⲛⲟⲃⲉ · ϫⲉ ⲥⲉⲟϣ
ⲉⲙⲁⲁⲧⲉ · ⲁⲩⲱ ⲛ̄ϥ† ⲟⲣⲑⲟⲩ ⲙⲙⲟⲓ · ⲛⲥⲁ ⲑⲏ · ⲡⲣⲟⲥ
ⲡⲉϥⲟⲩⲱϣ · ⲉⲧ ⲟⲩⲁⲁⲃ · ⲁⲩⲱ ⲙ ⲙⲁⲕⲁⲣⲓⲟⲛ · ⲁⲛⲟⲕ
ⲍⲱⲕⲣⲁⲧ[ⲱⲣ] · ⲡⲉⲓ ⲉⲗⲁⲭ[ⲓⲥⲧⲟⲥ] · ⲡϣⲏⲣⲉ · ⲙ ⲡⲙⲁ-
ⲕⲁⲣⲓⲟⲥ · ⲓ̄ⲱ̄ⲥⲏⲫ · ⲡⲁⲣⲭⲏⲇⲓⲁⲕⲟⲛⲟⲥ · ⲛ ⲧⲡⲟⲗⲓⲥ ·
ⲥⲛⲏ · ⲡⲟ̄ⲥ̄ † ⲙⲧⲟⲛ · ⲛⲁϥ · ⲛⲧⲉⲧⲛⲕⲱ · ⲛⲁⲓ · ⲉ ⲃⲟⲗ ·
ϩⲱⲧ ⲧⲏⲩⲧⲛ̄ · ⲛ̄ ⲡ̄ⲁϣⲟϥⲕ̄ⲥ̄ · ⲧⲏⲣⲟⲩ · ⲉ ⲧⲃⲉ ϫⲉ ⲛ †ⲛⲟⲓ ·
ⲁⲛ · ⲕⲁⲗⲱⲥ · ⲁⲗⲗⲁ · ⲉⲓϫⲓ ⲥⲃⲱ · ϩⲁ ⲣⲁⲧⲟⲩ ⲛ ⲡ̄ⲥⲁϩ ·
ⲉⲓⲥ ⲧⲁ ⲙⲉⲧⲁⲛⲓⲁ (*sic*) ⲁⲣⲓ ⲧⲁⲅⲁⲡⲏ · ⲕⲱ · ⲛⲁⲓ · ⲉ ⲃⲟⲗ ⁘

———•••———•••———•••———•••———•••———

ⲛⲧⲁⲛⲥϩⲁⲓ · ⲡⲉⲓ ϫⲱⲱⲙⲉ · ϩⲛ̄ † ⲣⲟⲙⲡⲉ · ⲧⲁⲓ · ⲯ̄ⲏ̄ ·
ⲥⲁⲣⲁⲅⲓⲛⲟⲩ · ⲧⲱⲃ (for ⲧⲟⲃ?) · ⲁⲩⲛⲟϭ · ⲛ̄ ϣⲡⲏⲣⲉ · ϣⲱⲡⲉ ·

ϩⲛ̄ ⲧⲁⲛⲁⲃⲁⲥⲓⲥ · ⲙ̄ ⲡⲉⲓⲉⲣⲟ · ⲙ̄ⲙⲟⲩ ⁘ ϩⲛ̄ ⲥⲟⲩ ⲙⲛ̄ⲧⲏ ·
ⲙⲉⲛ · ⲙ̄ⲙ̄ ⲙⲉⲥⲟⲩⲣⲏ · ⲁⲩⲥⲩⲛⲧⲁⲍⲉ · ⲛⲁⲛ · ⲉ ⲣⲟϥ ·
ⲉⲩⲙⲁϩⲉ · ⲙ̄ⲙⲟⲟⲩ · ⲙⲡ̄ⲛⲥⲱⲥ · ⲁϥⲱϣⲙ̄ · ϣⲁⲛⲧ
ⲉϥⲱ̄ϣⲙ̄ · ⲥⲛⲁⲩ · ⲙ̄ⲙⲁϩⲉ · ⲙ̄ⲙⲟⲟⲩ · ϩⲓⲧⲛ̄ ⲛⲉϣⲗ̄ⲗ̄ *(sic)*
ⲟⲩⲛ · ⲉⲧ ⲉⲥⲉⲓⲣⲉ · ⲙ̄ⲙⲟⲟⲩ · ϩⲁⲣⲟⲛ · ⲛϭⲓ ⲧⲡ̄ϫⲥ̄ ·
ⲧⲏⲣⲡ̄ · ⲑⲁⲅ̄ⲓⲁ · ⲙⲁⲣⲓⲁ · ⲁ ⲡⲛⲟⲩⲧⲉ · ϭⲙ̄ ⲡⲉⲛϣⲓⲛⲉ ·
ϩⲓⲧⲛ̄ ⲛⲉϥⲙⲛ̄ⲧϣⲁⲛϩⲧⲏϥ · ⲉ ϩⲟⲩⲛ [...]
ⲙ̄ ⲙⲉⲥⲟⲣ[ⲏ] · [...]

ENCOMIUM ON THE ARCHANGEL RAPHAEL BY SAINT JOHN CHRYSOSTOM

(Brit. Mus. MS. Oriental, No. 7022)

Ⲓ̄Ⲥ̄ ⁘ Ⲭ̄Ⲥ̄ ⁘ Ⲁ̄ ⁘ Ⲱ̄ ⁘

Fol. 1 *a* ⲞⲨⲖⲞⲄⲞⲤ Ⲉ ⲀϤⲦⲀⲨⲞϤ Ⲛ̄ϬⲒ ⲠϨⲀⲄⲒⲞⲤ
Ⲁ̄ ⲒⲰϨⲀⲚⲚⲎⲤ ⲠⲀⲢⲬⲒⲈⲠⲒⲤⲔⲞⲠⲞⲤ Ⲛ̄ ⲔⲰ-
ⲤⲦⲀⲚⲦⲒⲚⲞⲨⲠⲞⲖⲒⲤ· ⲀⲨⲰ ⲠⲈⲬⲢⲨⲤⲞⲤ-
ⲦⲞⲘⲞⲤ ⲀⲨⲰ ⲠⲀ ⲠⲖⲀⲤ Ⲛ̄ ⲚⲞⲨⲂ· Ⲛ̄ⲦⲀϤ-
ⲦⲀⲨⲞϤ ⲆⲈ Ⲉ ⲠⲀⲢⲬⲀⲄⲄⲈⲖⲞⲤ ⲈⲦ
ⲞⲨⲀⲀⲂ ϨⲢⲀⲪⲀⲎⲖ· ϨⲘ̄ ⲠⲈϨⲞⲞⲨ Ⲙ̄ ⲠⲈϤⲢ̄
ⲠⲘⲈⲈⲨⲈ ⲈⲦ ⲞⲨⲀⲀⲂ ⲈⲦⲈ ⲤⲞⲨ ϤⲦⲞⲞⲨ
ⲠⲈ Ⲛ̄ ⲀⲠⲀⲄⲞⲨⲘⲈⲚⲞⲚ· Ⲛ̄ⲦⲀϤⲦⲀⲨⲈ̄ ⲠⲈⲒ
ⲖⲞⲄⲞⲤ ⲆⲈ ϨⲘ̄ ⲠⲦⲞⲠⲞⲤ Ⲛ̄ⲦⲀⲨⲔⲞⲦϤ̄ ⲚⲀϤ
Ⲛ̄ ⲂⲢ̄ⲢⲈ· ⲠⲀⲒ Ⲛ̄ⲦⲀ ⲠⲢ̄ⲢⲞ Ⲙ̄ ⲘⲀⲒ ⲚⲞⲨⲦⲈ
ⲀⲢⲔⲀⲆⲒⲞⲤ· ⲔⲞⲦϤ̄ Ⲉ ⲠⲢⲀⲚ Ⲙ̄ ⲠⲀⲢⲬ-
ⲀⲄⲄⲈⲖⲞⲤ ⲈⲦ ⲞⲨⲀⲀⲂ ϨⲢⲀⲪⲀⲎⲖ· Ⲙ̄ ⲠⲢⲎⲤ
Ⲛ̄ ⲦⲠⲞⲖⲒⲤ· ⲘⲚ̄ⲚⲤⲀ ⲠⲬⲒⲖⲈⲒⲔ Ⲛ̄ ⲦⲔⲈ
ⲢⲞⲘⲠⲈ ⲈⲦ ⲚⲎⲨ: ⲚⲈ ⲀϤⲈⲒ ⲠⲈ Ⲛ̄ϬⲒ ⲠⲘⲀⲒ
ⲚⲞⲨⲦⲈ Ⲛ̄Ⲣ̄ⲢⲞ Ⲉ ϢⲖⲎⲖ· ⲀⲨⲰ ⲠⲢⲞⲤⲔⲨⲚⲈⲒ·
ϨⲘ̄ ⲠⲦⲞⲠⲞⲤ Ⲛ̄ ⲂⲢ̄ⲢⲈ Ⲛ̄ⲦⲀ ⲠⲈϤⲤⲞⲚ ⲔⲞⲦϤ̄·
ⲀⲨⲰ ⲀϤϨⲀⲄⲒⲀⲌⲈ Ⲙ̄ⲘⲞϤ: ⲀⲨⲰ ⲀⲨⲢ̄ ⲞⲨ-
ϨⲞⲘⲞⲚⲒⲀ Ⲛ̄ ⲞⲨⲰⲦ Ⲛ̄ϬⲒ Ⲛ ⲈⲨⲤⲈⲂⲎⲤ Ⲛ̄
Ⲣ̄ⲢⲞ ⲞⲚⲎⲚⲰⲢⲒⲞⲤ ⲘⲚ̄ Ⲛ̄ ⲀⲢⲔⲀⲆⲒⲞⲤ· Ⲉ ⲀⲨ-
ⲠⲀⲢⲀⲔⲀⲖⲈⲒ Ⲙ̄ ⲠⲚⲞϬ ⲒⲰ̄ϨⲀⲚⲚⲎⲤ ⲠⲈⲬⲢⲨ-

Ⲥ[ⲞⲤ]ⲦⲰⲘⲞⲤ· Ⲉ ⲦⲀⲨⲈ ϨⲈⲚⲔⲞⲨⲒ Ⲛ̄ⲀⲒⲠⲈ-
ⲚⲞⲤ Ⲉ ⲠⲀⲢⲬⲎⲀⲄⲄⲈⲖⲞⲤ ⲈⲦ ⲞⲨⲀⲀⲂ
ϨⲢⲀⲪⲀⲎⲖ· Ⲛ̄ⲦⲞϤ ⲆⲈ ϨⲰⲰϤ ⲠⲈⲬⲢⲨ-
ⲤⲞⲤⲦⲰⲘⲞⲤ ⲈⲦ ⲞⲨⲀⲀⲂ· ⲘⲀⲖⲖⲞⲚ ⲆⲈ
ⲘⲠⲀⲚⲦⲞⲬⲒⲞⲚ Ⲙ̄ ⲠⲈⲠⲚ̅Ⲁ̅ ⲈⲦ ⲞⲨⲀⲀⲂ·
ⲀϤⲆⲒⲀⲖⲈⲄⲈ Ⲙ̄ ⲠⲈⲒ ⲖⲞⲄⲞⲤ ⲈⲦ ⲞⲨⲀⲀⲂ·
Ⲉ ⲀϤⲦⲀⲨⲈ ϨⲈⲚⲔⲞⲨⲒ ⲘⲚ Ⲛ̄ϬⲞⲘ ⲘⲚ̄ Ⲙ̄
ⲘⲀⲈⲒⲚ ⲘⲚ̄ ⲚⲈϢⲠⲎⲢⲈ Ⲛ̄ⲦⲀⲨϢⲰⲠⲈ Ⲉ ⲂⲞⲖ
ϨⲒ ⲦⲞⲞⲦϤ̄ Ⲙ̄ ⲠⲀⲢⲬⲀⲄⲄⲈⲖⲞⲤ ⲈⲦ ⲞⲨⲀⲀⲂ
ϨⲢⲀⲪⲀⲎⲖ· ⲀⲨⲰ Ⲉ ⲦⲂⲈ ⲐⲈ Ⲛ̄ⲦⲀⲨⲘⲞⲨⲦⲈ
Ⲉ ⲢⲞϤ Ⲛ̄ⲦⲞϤ· ϪⲈ ⲠⲔⲀϢ Ⲙ̄ ⲠⲈⲠⲚ̅Ⲁ̅ ϨⲚ̄
ⲞⲨⲈⲒⲢⲎⲚⲎ Ⲛ̄ⲦⲈ̀ ⲠⲚⲞⲨⲦⲈ· ⲈⲢⲈ ⲚⲈϤ ⲤⲘⲞⲨ
ⲈⲦ ⲞⲨⲀⲀⲂ· ⲚⲀⲈⲒ Ⲉ ϨⲢⲀⲒ Ⲉ ϪⲰⲚ· Ⲛ̄ⲦⲚ̄-
ⲞⲨϪⲀⲒ ⲦⲎⲢⲚ̄ ϨⲒ ⲞⲨⲤⲞⲠ· ⲤⲘⲞⲨ Ⲉ ⲢⲞⲚ·
ϨⲀⲘⲎⲚ :—

Ⲛⲁⲙⲉⲣⲁⲧⲉ ⲛⲉⲣⲉ ⲡⲁⲅⲅⲉⲗⲟⲥ ⲙ̄ ⲡϫⲟⲉⲓⲥ ⲕⲱⲧⲉ ⲉ ⲛⲉⲧ Fol. 1 *b*
ⲣ̄ ϩⲟⲧⲉ ϩⲏⲧϥ̄ ⲛ̄ϥ̄ⲛⲁϩⲙⲟⲩ· Ⲟⲛⲧⲱⲥ ⲁ ⲡⲁⲣⲭⲁⲅⲅⲉⲗⲟⲥ ⲃ̄
ⲉⲧ ⲟⲩⲁⲁⲃ ⲙ̄ ⲡϫ̄ⲥ̄ ϩⲣⲁⲫⲁⲏⲗ ⲕⲱⲧⲉ ⲉ ⲛⲉⲧ ⲣ̄ ϩⲟⲧⲉ
ϩⲏⲧϥ̄ ⲧⲱⲃⲏⲁ ⲁϥⲛⲁϩⲙⲉϥ· Ⲁⲩⲱ ⲟⲛ ⲁϥϫⲟⲟⲥ· ϫⲉ
ϥⲛⲁϩⲱⲛ ⲉ ⲧⲟⲟⲧⲟⲩ ⲛ̄ ⲛⲉϥⲁⲅⲅⲉⲗⲟⲥ· ⲉ ⲧⲃⲏⲏⲧⲕ̄· ⲉ
ⲧⲣⲉⲩϩⲁⲣⲉϩ ⲉ ⲣⲟⲕ· ⲁⲩⲱ ⲛ̄ⲥⲉϥⲓⲧⲕ̄ ϩⲓϫⲛ̄ ⲛⲉⲩϭⲓϫ· ⲙⲏ
ⲡⲟⲧⲉ ⲛⲅ̄ ϫⲱⲣⲡ̄ ⲉⲩⲱⲛⲉ ⲛ̄ⲧⲉⲕⲟⲩⲣⲏⲏ[ⲧⲉ]· ϩⲛ̄ ⲟⲩⲙⲉ
ⲅⲁⲣ ⲁ ⲡϫⲟⲉⲓⲥ ϩⲱⲛ ⲉ ⲧⲟⲟⲧϥ̄ ⲙ̄ ⲡⲁⲣⲭⲁⲅⲅⲉⲗⲟⲥ ⲉⲧ
ⲟⲩⲁⲁⲃ ϩⲣⲁⲫⲁⲏⲗ· ⲉ ⲧⲣⲉϥϩⲁⲣⲉϩ ⲉ ⲧⲱⲃⲓⲁⲥ ⲡϣⲏⲣⲉ
ⲛ̄ ⲧⲱⲃⲓⲁ ϩⲛ̄ ⲛⲉϥϩⲓⲟⲟⲩⲉ ⲧⲏⲣⲟⲩ· ⲙⲏ ⲡⲟⲧⲉ ⲛⲅ̄ ϫⲱⲣⲡ̄
ⲉⲩⲱ̄ⲛⲉ ⲛ̄ ⲧⲉⲕⲟⲩⲣⲏⲛⲧⲉ· ⲛ̄ⲧⲁ ⲛ̄ϩⲁⲓ ⲛ̄ ⲥⲁⲣⲣⲁ ϫⲱⲣⲡ̄
ⲉⲩⲱ̄ⲛⲉ ⲁⲩⲱ ⲁⲩϩⲉ· ⲁϥϫⲟⲟⲩ ⲙ̄ ⲡϥ̄ϣⲁϫⲉ ⲁⲩⲱ ⲁϥ-
ⲧⲁⲗϭⲟⲟⲩ· ⲁⲩⲱ ⲁϥⲧⲟⲩϫⲟⲟⲩ ⲉ ⲃⲟⲗ ϩⲛ̄ ⲛⲉⲩⲑⲗⲓⲯⲓⲥ
ⲧⲏⲣⲟⲩ· ⲡⲉϫⲁϥ ⲛ̄ϭⲓ· ⲡⲣⲉϥⲯⲁⲗⲗⲉⲓ ⲇⲁⲩⲉⲓⲇ· Ⲁⲗⲏ-
ⲑⲱⲥ ⲁ ⲡⲛⲟⲩⲧⲉ ϫⲟⲟⲩ ⲙ̄ ⲡⲉϥϣⲁϫⲉ· ⲉⲧⲉ ⲡⲉϥⲛⲟϭ ⲛ̄
ⲁⲣⲭⲁⲅⲅⲉⲗⲟⲥ ϩⲣⲁⲫⲁⲏⲗ ⲡⲉ· ⲁϥⲧⲁⲗϭⲉ ⲥⲁⲣⲣⲁ

ⲧϣⲉⲉⲣⲉ ⲛ̄ ϩⲣⲁⲅⲟⲩⲏⲗ ϩⲙ̄ ⲡϣⲱⲛⲉ ⲉⲧ ⲛⲁϣⲧ ⲛ̄
ⲧⲙⲛ̄ⲧⲁϭⲣⲏⲛ· ⲁⲩⲱ ⲁϥⲧⲟⲩϫⲟⲥ ⲉⲡⲛⲟϭⲛⲉϭ ⲛ̄ ⲛ̄ϩⲙ̄-
Fol. 2*a* ⲅ̄ ϩⲁⲗ ⲙ̄ ⲡⲉⲥⲉⲓ|ⲱⲧ ⲕⲁⲧⲁ ⲡϣⲁϫⲉ ⲙ̄ ⲡϩⲓⲉⲣⲟⲥ ⲛ̄ⲁⲡⲟ-
ⲥⲧⲟⲗⲟⲥ ⲡⲁⲩⲗⲟⲥ ϫⲉ ⲙⲏ ⲛ̄ϩⲉⲛⲗⲩⲧⲟⲩⲣⲅⲓⲕⲟⲛ ⲁⲛ ⲛⲉ
ⲙ̄ ⲡⲛⲁ̄ ⲧⲏⲣⲟⲩ ⲛⲉ· ⲉⲩⲧⲛ̄ⲛⲟⲟⲩ ⲙ̄ⲙⲟⲟⲩ ⲉ ϩⲉⲛⲇⲓⲁ-
ⲕⲟⲛⲓⲁ· ⲉ ⲧⲃⲉ ⲛⲉⲧ ⲛⲁⲕⲗⲏⲣⲟⲛⲟⲙⲉⲓ ⲙ̄ⲡⲟⲩⲟⲩϫⲁⲓ:—
Ⲛⲁⲙⲉⲣⲁⲁⲧⲉ ⲉⲓϣⲁⲛⲙⲉⲉⲩⲉ ⲉ ⲃⲟⲗ ⲉ ⲧⲙⲛ̄ⲧⲙⲁⲓ ⲣⲱⲙⲉ
ⲉⲧ ⲟϣ ⲙ̄ ⲡⲛⲟⲩⲧⲉ ⲉ ϩⲟⲩⲛ ⲉⲛⲣⲱⲙⲉ· ⲙⲁⲗⲗⲟⲛ ⲇⲉ ⲉ
ϩⲟⲩⲛ ⲉⲛⲇⲓⲕⲁⲓⲟⲥ· ϣⲁⲓⲣ̄ ϣⲡⲏⲣⲉ ⲉⲙⲁⲁⲧⲉ· Ⲡϫⲟⲉⲓⲥ
ⲙⲉⲛ ⲛ̄ⲇⲓⲕⲁⲓⲟⲥ ⲕⲁⲧⲁ ⲡⲉⲧ ⲥⲏϩ· ⲛ̄ⲣⲉϥⲣ̄ ⲛⲟⲃⲉ ϣⲁϥⲕⲁ
ⲛⲉⲩⲛⲟⲃⲉ ⲛⲁⲩ ⲉ ⲃⲟⲗ· ⲕⲁⲧⲁ ⲑⲉ ⲛ̄ⲧⲁϥϫⲟⲟⲥ ϩⲛ̄ ⲧⲉϥ-
ⲧⲁⲡⲣⲟ ⲙ̄ⲡⲛⲟⲩⲧⲉ ⲛ̄ ⲁⲧ ϭⲟⲗ ϫⲉ ϣⲁⲣⲉ ⲟⲩⲣⲁϣⲉ ϣⲱⲡⲉ
ϩⲛ̄ ⲧⲡⲉ:—ⲙ̄ ⲡⲙ̄ⲧⲟ ⲉ ⲃⲟⲗ ⲙ̄ ⲡⲛⲟⲩⲧⲉ ⲙⲛ̄ ⲛⲉϥⲁⲅⲅⲉ-
ⲗⲟⲥ· ⲉϫⲛ̄ ⲟⲩⲣⲉϥⲣ̄ ⲛⲟⲃⲉ ⲉϥϣⲁⲛⲙⲉⲧⲁⲛⲟⲓ· ϩⲛ̄ ⲟⲩⲙⲉ
ⲥⲉⲙ̄ⲡϣⲁ (*sic*) ϩⲟⲩⲧⲁⲓⲟ̄ ⲛ̄ϭⲓ ⲛ̄ⲁⲅⲅⲉⲗⲟⲥ ⲉⲧ ⲟⲩⲁⲁⲃ· ⲙⲁⲗ-
ⲗⲟⲛ ⲇⲉ ϣϣⲉ ⲉ ⲣⲟⲛ ⲉ ⲧⲣ ⲛ̄ⲣⲁϣⲉ ⲛ̄ⲙ̄ⲙⲁⲩ: ϫⲉ ⲛ̄ⲇⲓⲕⲁⲓⲟⲥ
ⲙⲉⲛ ⲛ̄ⲧⲟⲟⲩ ⲛⲉⲧⲉ ϣⲁⲩⲇⲓⲁⲕⲟⲛⲉⲓ ⲛⲁⲩ· ϩⲓⲧⲛ̄ ⲧⲕⲉⲗⲉⲩ-
ⲥⲓⲥ ⲙ̄ ⲡⲇⲏⲙⲓⲟⲩⲣⲅⲟⲥ ⲡⲛⲟⲩⲧⲉ ⲡⲡⲁⲛⲧⲱⲕⲣⲁⲧⲱⲣ· ϩⲛ̄
ⲟⲩⲡⲣⲟϩⲁⲓⲣⲉⲥⲓⲥ ⲙⲛ̄ ⲟⲩⲥⲧⲱⲧ· ⲥⲉⲣⲁϣⲉ ⲇⲉ ⲉϫⲛ̄ ⲧϭⲓⲛⲕⲧⲟ
ⲛ̄ⲣⲉϥⲣ̄ ⲛⲟⲃⲉ· ⲛ̄ϭⲓ ⲛ̄ⲁⲅⲅⲉⲗⲟⲥ ⲉⲧ ⲥⲙⲁⲙⲁⲁⲧ ⲁⲩⲱ ⲟⲛ
ϫⲉ ⲥⲉⲣ̄ϩⲟⲩⲟ ⲣⲟⲟⲩⲧ ⲉ ⲇⲓⲁⲕⲟⲛⲉⲓ ⲛ̄ⲇⲓⲕⲁⲓⲟⲥ· ⲛ̄ⲑⲉ ⲛⲟⲩⲣ̄-
ⲣⲟ ⲛ̄ⲧⲉ ⲡⲕⲁϩ· ⲉⲣϣⲁⲛ ⲟⲩⲇⲩⲣⲁⲛⲛⲟⲥ ⲏ̄ ⲟⲩⲉⲛⲁⲣⲁⲧⲏⲥ
Fol. 2*b* ⲇ̄ ⲛ̄ⲣⲱⲙⲉ ⲧⲱⲟⲩⲛ | ϩⲛ̄ ⲛⲉϥⲉⲡⲁⲣⲭⲓⲁ ⲛϥ̄ⲉⲓⲣⲉ ⲛ̄ ϩⲉⲛ-
ⲁⲧⲁⲝⲓⲁ· ⲙⲛ̄ ϩⲉⲛⲙⲛ̄ⲧⲁⲩⲑⲁⲇⲏⲥ· ⲗⲟⲓⲡⲟⲛ ϣⲁⲣⲉ ⲡⲣ̄ⲣⲟ
ⲙⲉⲉⲩⲉ ϩⲙ̄ ⲡⲉϥϩⲏⲧ ϫⲉ ⲛ̄ ⲁϣ ⲛ̄ϩⲉ ⲉⲓⲛⲁϫⲣⲟ ⲉ ⲡⲉⲓ
ⲇⲩⲣⲁⲛⲛⲏ:—Ⲧⲟⲧⲉ ϣⲁϥⲙⲟⲩⲧⲉ ⲉ ⲟⲩⲁ ⲛ̄ ⲛⲉϥⲙⲉⲅⲓ-
ⲥⲧⲁⲛⲟⲥ ⲉⲧ ϥⲑⲁⲣⲉⲓ ⲉ ϫⲱⲟⲩ· ⲉ ⲧⲣⲉ ϥⲃⲱⲕ ⲉ ⲃⲟⲗ ⲛϥ̄-
ϭⲱⲧⲡ̄ ⲙ̄ ⲡⲁⲛⲧⲓⲇⲓⲕⲟⲥ ⲙ̄ ⲙ̄ⲡⲣ̄ⲣⲟ (*sic*)· ϩⲟⲧⲁⲛ ⲉϥϣⲁⲛ-
ϫⲣⲟ ⲉ ⲣⲟϥ ϣⲁϥⲕⲟⲧϥ̄ ϣⲁ ⲡⲉϥϫⲟⲉⲓⲥ ϩⲛ̄ ⲟⲩⲣⲁϣⲉ ⲙⲛ̄
ⲟⲩⲧⲉⲗⲏⲗ· ⲉⲣⲉ ⲡⲉⲧⲟ ⲛ̄ⲇⲩⲣⲁⲛⲛⲟⲥ ⲛ̄ⲥⲁϥ ϭⲟⲧⲡ̄ ⲉϥⲙⲏⲣ
ⲛ̄ⲥⲁ ⲡⲉϥϩⲧⲟ· ⲧⲟⲧⲉ ϣⲁⲣⲉ ⲡⲣ̄ⲣⲟ ϫⲓⲥⲉ ⲛϥ̄ⲣⲁϣⲉ· ϫⲉ ⲁ̄
ⲡⲉϥϫⲁϫⲉ ϩⲉ ϩⲁ ⲡⲉϥⲥⲧⲣⲁⲧⲏⲅⲟⲥ· ⲁⲩⲱ ϣⲁϥⲭⲁⲣⲓⲍⲉ
ⲛ̄ ϩⲉⲛⲕⲉ ⲛⲟϭ ⲛ̄ⲧⲁⲓⲟ· ⲙⲛ̄ ϩⲉⲛⲕⲉ ⲟⲩⲥⲓⲁ ⲛ̄ ⲛϥ̄ⲥⲧⲣⲁⲧⲱ-
ⲡⲉⲧⲁⲣⲭⲏⲥ· ⲡⲁⲣⲁ ⲛⲉⲧⲉ ⲟⲩⲛ̄ⲧⲁϥⲥⲟⲩ ⲧⲏⲣⲟⲩ ⲛ̄ ϣⲟⲣⲡ·

ⲧⲁⲓ ⲟⲩⲛ ⲧⲉ ⲑⲉ ⲛ̄ⲧⲁ ⲡϫ[ⲥ̄] ⲁⲁⲥ ⲡⲙⲁⲓ ⲣⲱⲙⲉ ⲙ̄ ⲡⲉⲓ
ⲙⲁ · ⲉⲡⲉⲓ ⲇⲏ ⲙⲓⲭⲁⲏⲗ ⲙⲛ̄ ⲅⲁⲃⲣⲓⲏⲗ ⲙⲛ̄ ϩⲣⲁⲫⲁⲏⲗ ·
ⲛ̄ⲧⲟⲟⲩ ⲛⲉⲧ ⲟ ⲛ̄ⲛⲟϭ ϩⲛ̄ ⲧⲧⲁⲝⲓⲥ ⲛ̄ⲧⲁⲅⲅⲉⲗⲓⲕⲏ ⲧⲏⲣⲥ̄ · Ⲉ
ⲧⲃⲉ ⲡⲁⲓ ⲙⲓⲭⲁⲏⲗ ⲙⲉⲛ · ⲁϥⲧⲛ̄ⲛⲟⲟⲩϥ ⲙ̄ ⲡϣⲟⲣⲡ̄
ⲛ̄ ⲥⲟⲡ · ⲁϥⲡⲁⲧⲁⲥⲥⲉ ⲙ̄ ⲡϩⲟϥ ⲛ̄ⲁⲣⲭⲁⲓⲟⲛ · ⲉⲧⲉ
ⲥⲁⲧⲁⲛⲁⲏⲗ ⲡⲉ · ⲁⲩⲱ ⲁϥϫⲣⲟ ⲉ ⲣⲟϥ · ⲁϥⲙⲟⲣϥ̄ ⲛ̄ϣⲟ
ⲛ̄ⲣⲟⲙⲡⲉ · ⲉ ⲧⲃⲉ ⲡⲁⲓ ⲁ ⲡϫⲟⲉⲓⲥ ⲭⲁⲣⲓⲍⲉ ⲛⲁϥ ⲙ̄ ⲡⲉⲓ
ⲛⲟϭ ⲛ̄ ⲁⲝⲓⲱⲙⲁ ⲛ̄ ⲧⲉⲓ ϭⲟⲧ · Ⲅⲁⲃⲣⲓⲏⲗ ϩⲱⲱϥ ⲁ ⲧⲉϥ-
ⲙⲛ̄ⲧⲡⲣⲟⲅⲛⲱⲥⲧⲏⲥ · ⲙⲟϣⲧϥ̄ | ⲙⲛ̄ ⲡⲉϥⲉⲓⲱⲧ ⲛ̄ ⲁⲅⲁⲑⲟⲥ Fol. 3 *a* [ⲉ̄]
ⲙⲛ̄ ⲡⲉⲡⲛⲁ ⲉⲧ ⲟⲩⲁⲁⲃ · ϫⲉ ϥⲛⲁⲃⲱⲕ ϣⲁ ⲧⲡⲁⲣⲑⲉⲛⲟⲥ
ⲙⲛ̄ ⲡϣⲙ̄ⲙⲟⲩϥⲉ :— Ϩⲣⲁⲫⲁⲏⲗ ϩⲱⲱϥ ϩⲱⲱϥ (*sic*) ⲉ
ⲣⲁⲧⲟⲩ ⲛ̄ⲛ̄ⲣⲱⲙⲉ ⲛ̄ⲇⲓⲕⲁⲓⲟⲥ ⲛϥⲇⲓⲁⲕⲟⲛⲉⲓ ⲛⲁⲩ ⲁⲩⲱ
ⲛϥϫⲓ ⲙⲟⲉⲓⲧ ϩⲏⲧⲟⲩ · ⲁⲩⲱ ⲛϥⲧⲁⲗϭⲟⲟⲩ : ⲁⲩⲱ ⲉⲙⲟⲩⲣ
ⲛ̄ ⲁⲥⲙⲟⲇⲁⲓⲟⲥ ⲡⲇⲁⲓⲙⲟⲛⲓⲟⲛ (*sic*) ⲉⲑⲟⲟⲩ · ⲁ ⲡⲛⲟⲩⲧⲉ ⲅⲁⲣ
ⲧⲱϣ ⲙ̄ ⲡⲟⲩⲁ ⲡⲟⲩⲁ ⲛ̄ ⲛ̄ⲁⲅⲅⲉⲗⲟⲥ ⲕⲁⲧⲁ ⲡϩⲱⲃ ⲉⲧ
ⲧⲟⲟⲙⲉ ⲉ ⲧⲟⲛⲟⲙⲁⲥⲓⲁ ⲛ̄ ⲛⲉⲩⲣⲁⲛ · Ⲙⲓⲭⲁⲏⲗ ⲙⲉⲛ
ⲁϥⲧⲟϣϥ̄ ⲉ ⲧⲣ ϥ̄ⲡⲣⲉⲥⲃⲉⲩⲉ ϩⲁ ⲛ̄ⲣⲱⲙⲉ ⲙ̄ ⲡⲙ̄ (*sic*) ⲉ ⲧⲃⲉ
ⲧⲉϥⲡⲣⲟⲥⲉⲓⲅⲱⲣⲓⲁ ⲉⲧ ⲧⲟⲙⲉ · Ⲙⲓⲭⲁⲏⲗ ⲉⲕϣⲁⲛϩⲉⲣ-
ⲙⲏⲛⲉⲩⲉ ⲙ̄ⲙⲟϥ ϫⲉ ⲧⲙⲛ̄ⲧϣⲁⲛϩⲧⲏϥ ⲙ̄ ⲡⲛⲟⲩⲧⲉ
ⲡⲉ ⲡⲁⲛⲧⲱⲕⲣⲁⲧⲱⲣ · Ⲅⲁⲃⲣⲓⲏⲗ ϩⲱⲱϥ ϫⲉ ⲛⲟⲩⲧⲉ ϩⲓ
ⲣⲱⲙⲉ · ⲉ ⲧⲃⲉ ⲡⲁⲓ ⲁϥⲧⲟϣϥ̄ ⲛ̄ⲇⲓⲁⲕⲟⲛⲓⲧⲏⲥ · ⲁⲩⲱ
ⲛϥⲁⲓ ϣⲙ̄ⲙⲟⲩϥⲉ ⲙ̄ ⲡⲛⲟⲩⲧⲉ ⲉⲧ ⲛⲁⲣ̄ ⲣⲱⲙⲉ · ⲧϩⲉⲣ-
ⲙⲏⲛⲓⲁ ⲅⲁⲣ ⲛ̄ ϩⲣⲁⲫⲁⲏⲗ ⲡⲉ ⲡⲛⲟⲩⲧⲉ ⲉⲧ ϫⲓ̈
ⲙⲟⲉⲓⲧ ϩⲏⲧⲟⲩ ⲛ̄ ⲛ̄ⲣⲱⲙⲉ · ⲛ̄ϯϩⲉ ⲇⲉ ⲁ ⲡⲛⲟⲩⲧⲉ ϣⲉⲣⲡ̄
ⲟⲛⲟⲙⲁⲍⲉ ⲙ̄ⲙⲟⲟⲩ ϩⲓⲧⲛ̄ ⲧⲉϥϭⲓⲛϣⲉⲣⲡ̄ ⲥⲟⲟⲩⲛ ⲛ̄ ⲛⲉⲧ
ⲛⲁϣⲱⲡⲉ ϩⲁⲑⲏ ⲙ̄ⲡⲁⲧ ⲟⲩϣⲱⲡⲉ · Ⲙⲁⲣⲛ̄ⲕⲧⲟⲛ ⲗⲟⲓⲡⲟⲛ
ⲉϫⲛ̄ ⲧⲩⲡⲟⲑⲉⲥⲓⲥ ⲙ̄ ⲡϣⲁϫⲉ : ⲛ̄ⲧⲛ̄ϣⲁϫⲉ ⲉ ⲧⲱⲃⲏⲁ
ⲡϣⲏⲣⲉ ⲛ̄ ⲧⲱⲃⲓⲏⲗ · Ⲡⲉϫⲁϥ ⲅⲁⲣ ⲛ̄ⲧⲟϥ ⲧⲱⲃⲏⲁ · ϫⲉ
ⲁⲛⲟⲕ ⲧⲱⲃⲏⲁ ⲛⲉⲓⲙⲟⲟϣⲉ | ϩⲓ ⲛⲉϩⲓⲟⲩⲉ ⲛ̄ ⲧⲙⲉⲉⲣⲉ Fol. 3 *b* [ⲋ̄]
ⲇⲓⲕⲁⲓⲟⲥⲩⲛⲏ ϩⲛ̄ ⲛⲁϭⲓϫ ⲛ̄ ⲟⲩⲟⲉⲓϣ ⲛⲓⲙ ⲛ̄ ⲛⲉϩⲟⲟⲩ
ⲧⲏⲣⲟⲩ ⲙ̄ ⲡⲁ ⲱⲛϩ̄ · ⲁⲗⲏⲑⲱⲥ ⲟⲩⲣⲉϥⲙⲟⲟϣⲉ ϩⲓ
ⲛⲉϩⲓⲟⲟⲩⲉ ⲛ̄ ⲧⲙⲉ ⲡⲉ ⲧⲱⲃⲓⲁ · ⲁⲩⲱ ⲟⲩⲣⲉϥⲧⲙⲛ̄ⲧⲛⲁ ⲡⲉ
ϩⲛ̄ ⲟⲩⲛⲟϭ ⲛⲉⲩⲙⲉⲛⲓⲁ · ⲁⲩⲱ ⲛⲉ ⲟⲩⲣⲉϥϯ ⲁⲡⲁⲣⲭⲏ
ⲡⲉ ϩⲓ ⲣⲉⲙⲛⲧ ⲉ ⲡⲏⲓ ⲙ̄ ⲡⲛⲟⲩⲧⲉ · ⲡⲉ ⲡϣⲏⲣⲉ ⲛ̄ ⲧⲱⲃⲓⲏⲗ ·

ⲉ ⲧⲃⲉ ⲛⲁⲓ ⲁⲛ ⲇⲓⲁⲃⲟⲗⲟⲥ ⲫⲑⲟⲛⲉⲓ ⲉ ⲣⲟϥ ⲁϥⲁⲁϥ ⲛ̄
ⲃⲗⲗⲉ· ⲡⲛⲟⲩⲧⲉ ϩⲱⲱϥ ⲁϥϫⲟⲟⲥ ϩⲙ̄ ⲧⲉϥⲧⲁⲡⲣⲟ ⲙ̄
ⲡⲉⲡⲣⲟⲫⲏⲧⲏⲥ ⲉⲧ ⲟⲩⲁⲁⲃ ⲇⲁⲩⲉⲓⲇ ϫⲉ ⲉⲓⲥ ϩⲏⲏⲧⲉ
ⲁⲓⲣ̄ϩⲗ̄ⲗⲟ ⲙ̄ⲡⲉ ⲓⲛⲁⲩ ⲉⲩⲇⲓⲕⲁⲓⲟⲥ ⲉⲁ ⲡϫⲟⲉⲓⲥ ⲕⲁⲁϥ
ⲛ̄ⲥⲱϥ· ⲗⲟⲓⲡⲟⲛ ⲁϥⲧⲛ̄ⲛⲟⲟⲩ ⲙ̄ ⲡⲉϥⲁⲅⲅⲉⲗⲟⲥ ⲉⲧ ⲟⲩⲁⲁⲃ
ϩⲣⲁⲫⲁⲏⲗ· ⲁϥⲭⲁⲣⲓⲍⲉ ⲛⲁϥ ⲙ̄ ⲡⲟⲩⲟⲉⲓⲛ ⲛ̄ ⲛⲉϥⲃⲁⲗ·
ϩⲙ̄ ⲡⲧⲣ ϥⲟⲩⲱϣ ⲇⲉ ⲟⲛ ⲉ ϫⲟⲟⲩ ⲙ̄ ⲡⲉϥϣⲏⲣⲉ ⲧⲱⲃⲓⲁⲥ
ⲉⲩⲁⲡⲟⲇⲩⲙⲓⲁ ⲉⲥⲟⲩⲏⲩ· ⲁϥⲧⲣⲉ ⲡⲁⲅⲅⲉⲗⲟⲥ ⲛ̄ⲁⲅⲁⲑⲟⲥ
ϫⲓ ⲙⲟⲉⲓⲧ ϩⲏⲧϥ̄ ⲁⲩⲱ ⲡⲙⲁ ⲟⲛ ⲛ̄ⲧⲁϥⲃⲱⲕ ⲉ ⲣⲟϥ
ⲁϥⲧⲁⲗϭⲉ ⲥⲁⲣⲣⲁ ⲧϣⲉⲉⲣⲉ ⲛ̄ ϩⲣⲁⲅⲟⲩⲏⲗ· ⲁϥⲙⲟⲩⲣ
ⲛ̄ⲁⲥⲙⲟⲇⲁⲓⲟⲥ ⲡⲣⲉϥϣⲟⲟⲣ· ⲛ̄ ⲧⲉⲓ ϩⲉ ⲟⲛ ⲡⲏⲓ ⲙ̄ ⲡϩⲏⲕⲉ
ⲁϥⲙⲁϩϥ ⲛ̄ ⲧⲉⲗⲏⲗ ⲡⲏⲓ ⲙ̄ ⲡⲣⲙⲙⲁϥ *(sic)* ⲙⲁϩϥ̄ ⲛ̄
ⲣⲁϣⲉ· ⲡⲏⲓ ⲙ̄ ⲡⲛⲟϭⲛⲉϭ ⲁϥⲙⲟϩϥ̄ *(sic)* ⲛ̄ ⲭⲟⲣⲁⲩⲗⲏⲥ·
ⲁϥⲧⲣⲉ ⲧⲗⲩⲡⲏⲓ ⲙⲛ̄ ⲡⲁϣⲁϩⲟⲙ ⲛ̄ ϩⲣⲁⲅⲟⲩⲏⲗ ⲡⲱⲧ
Fol. 4 *a* ⲉⲡⲟⲩⲉ: | ⲁⲩⲱ ⲟⲛ ⲁϥϥⲱⲧⲉ ⲉ ⲃⲟⲗ ⲛ̄ ⲛ̄ⲡⲣⲙⲉⲓⲟⲟⲩⲉ ϩⲙ̄
ⲍ̄ ⲛⲉϥⲃⲁⲗ· ⲁⲩⲱ ⲁϥϫⲓ ⲛ̄ ⲛⲉϣⲗⲏⲗ ⲛ̄ ⲥⲁⲣⲣⲁ ϣⲁ ⲧⲙⲉϩ
ⲥⲁϣϥⲉ ⲙ̄ ⲡⲉ· ϣⲁ ⲡⲛⲟⲩⲧⲉ ⲡⲡⲁⲛⲧⲱⲕⲣⲁⲧⲱⲣ· ⲡⲉⲓ
ⲁⲅⲅⲉⲗⲟⲥ ⲅⲁⲣ ⲱ ⲛⲁⲙⲉⲣⲁⲁⲧⲉ ⲟⲩⲁⲅⲅⲉⲗⲟⲥ ⲛ̄ ⲁⲅⲁⲑⲟⲥ
ⲡⲉ· ⲟⲩⲗⲩⲧⲟⲩⲣⲅⲟⲥ ⲡⲉ· ⲟⲩϣⲁϩ ⲛ̄ ⲥⲁⲧⲉ ⲡⲉ· ⲁⲩⲱ ⲉⲩⲡⲛⲁ
ⲡⲉ· ⲟⲩⲣⲙ̄ ⲛ̄ ϩⲓⲛ̄ ⲉϥⲛ̄ϩⲟⲧ ⲡⲉ· ⲟⲩⲁⲥⲱⲙⲁⲧⲟⲥ ⲡⲉ· ⲟⲩ-
ⲁⲣⲭⲁⲅⲅⲉⲗⲟⲥ ⲟⲛ ⲡⲉ· ⲟⲩⲣⲙ̄ ⲛ ⲇⲓⲁⲕⲟⲛⲉⲓ ⲕⲁⲗⲱⲥ
ⲡⲉ· ⲟⲩⲁⲅⲉⲣⲁⲣⲭⲏⲥ ⲡⲉ ⲟⲩⲣⲉϥⲣ̄ ϩⲱⲃ ⲡⲉ ⲛⲟⲙⲓⲥⲑⲟⲥ· ⲟⲩ-
ⲥⲁⲉⲓⲛ ⲡⲉ ⲛ̄ⲣⲉϥⲧⲁⲗϭⲟ ⲙⲉϥϫⲓ ⲃⲉⲕⲉ· ⲛⲁⲓ ⲇⲉ ⲧⲏⲣⲟⲩ
ⲛⲧⲁⲓϫⲟⲟⲩ ⲛ̄ⲧⲁ ⲡⲉⲓ ⲁⲣⲭⲁⲅⲅⲉⲗⲟⲥ ⲛ̄ ϩⲁⲣϣ̄ϩⲏⲧ ⲁⲁⲩ·
ϩⲓⲧⲛ̄ ⲧⲕⲉⲗⲉⲩⲥⲓⲥ ⲙ̄ ⲡⲉϥⲧⲉⲭⲛⲓⲧⲏⲥ ⲡⲛⲟⲩⲧⲉ· ⲧⲉⲧⲛ̄ⲟⲩⲱϣ
ϫⲉ ⲉ ⲉⲓⲙⲉ ⲱ ⲛⲉⲥⲛⲏⲩ ⲙ̄ⲙⲉⲣⲓⲧ· ϫⲉ ⲛⲉⲣⲁⲛ ⲧⲏⲣⲟⲩ
ⲧⲟⲟⲙⲉ ⲉ ⲡⲉⲓ ⲁⲣⲭⲁⲅⲅⲉⲗⲟⲥ ⲛ̄ ϣⲁⲛϩⲧⲏϥ· ϯⲛⲁⲟⲩⲉⲛ̄ϩ̄
ⲡϩⲱⲃ ⲛⲏⲧⲛ̄ ⲉ ⲃⲟⲗ· ⲉⲡⲉⲓ ⲇⲏ ⲁⲓϫⲟⲟⲥ ϫⲉ ⲟⲩⲁⲅⲅⲉⲗⲟⲥ
ⲛ̄ⲁⲅⲁⲑⲟⲥ ⲡⲉ· ⲉⲓⲥ ⲧⲉϥⲙⲛ̄ⲧϩⲁⲣϣ̄ϩⲏⲧ ⲁⲥⲟⲩⲱ̄ⲛϩ̄
ⲙ̄ⲙⲟⲥ ⲉ ⲃⲟⲗ· ⲉ ⲃⲟⲗ ϫⲉ ⲟⲩⲁⲅⲅⲉⲗⲟⲥ ⲉϥⲇⲓⲁⲕⲟⲛⲉⲓ
ⲙ̄ⲙⲟϥ ϩⲱⲟⲩ ⲙⲛ̄ⲧⲥⲛⲏⲧ ϣⲁ ϩⲣⲁⲓ ⲉ ⲥⲙ̄ⲛ̄ⲧ ϭⲓⲛⲟⲩⲱⲙ
ⲛⲁϥ· ⲟⲩⲣⲱⲙⲉ ⲡⲉ· ⲟⲩⲗⲩⲧⲟⲩⲣⲅⲟⲥ ⲡⲉ ⲉϥⲁⲁϩⲉ ⲣⲁⲧϥ̄
Fol. 4 *b* ⲉ ⲛ̄ⲣ̄ⲣⲟ ⲛ̄ ⲁⲧ ⲙⲟⲩ ⲡⲉⲭⲣ̄ⲥ̄ | ⲉϥⲗⲩⲧⲟⲩⲣⲅⲉⲓ ⲉ ⲡⲉϥⲟⲩ-
ⲏ̄ ⲉϩⲥⲁϩⲛⲉ· ⲕⲁⲧⲁ ⲡϣⲁϫⲉ ⲙ̄ ⲡⲗⲁⲥ ⲙ̄ ⲡⲉⲥϯ ⲛⲟⲩϥⲉ

ⲡⲁⲩⲗⲟⲥ· ϫⲉ ⲙⲏ ⲛ̄ ϩⲉⲛⲗⲩⲧⲟⲩⲣⲅⲓⲕⲟⲛ ⲁⲛ ⲛⲉ ⲙ̄
ⲡⲛⲁ̄ⲙⲁ (sic) ⲧⲏⲣⲟⲩ ⲛⲉ· ⲉⲩⲧⲛ̄ⲛⲟⲟⲩ ⲙ̄ⲙⲟⲟⲩ ⲉ ϩⲉⲛⲇⲓⲁ-
ⲕⲟⲛⲓⲁ̄ ⲉ ⲧⲃⲉ ⲛⲉⲧ ⲛⲁⲕⲗⲏⲣⲟⲛⲟⲙⲉⲓ ⲛ̄ ⲟⲩⲟⲩϫⲁⲓ· ⲕⲛⲁⲩ
ⲉ ⲧⲙⲛ̄ⲧⲙⲛ̄ⲧⲣⲉ ⲉⲧ ⲛ̄ϩⲟⲧ: ⲟⲩⲡⲛⲁ̄ ⲡⲉ ⲕⲁⲧⲁ ⲧⲉⲡⲣⲟⲫⲏ†ⲁ
ⲛ̄ ⲇ̄ⲁ̄ⲇ̄· ϫⲉ ⲡⲉⲧ ⲧⲁⲙⲓⲟ ⲛ̄ ⲛⲉϥⲁⲅⲅⲉⲗⲟⲥ ⲙ̄ ⲡⲛⲁ̄
ⲟⲩϣⲁϩ ⲛ̄ ⲥⲁⲁⲧⲉ ⲡⲉ ⲕⲁⲧⲁ ⲡⲉⲧ ⲥⲏϩ· ϫⲉ ⲛⲉϥⲗⲓⲧⲟⲩⲣ-
ⲅⲟⲥ ⲛ̄ ϣⲁϩ ⲛ̄ ⲥⲁⲧⲉ· ⲟⲩⲣⲙ̄ ⲛ̄ϩⲓⲏ ⲡⲉ· ⲉ ⲧⲃⲉ ϫⲉ ⲁϥϫⲓ
ⲙⲟⲉⲓⲧ ϩⲏⲧϥ̄ ⲛ̄ ⲧⲱⲃⲓⲁⲥ ⲉⲩⲕⲁϩ ⲛ̄ ϣⲙ̄ⲙⲟ· ⲉϫⲛ̄ (sic) ⲉ
ⲡⲗⲁⲛⲧⲉⲓ ⲗⲁⲁⲩ:—ⲟⲩⲁⲣⲭⲏⲙⲁⲅⲉⲣⲟⲥ ⲅⲁⲣ ⲡⲉ· ϫⲉ
ⲁϥⲥⲙⲛ̄ ⲡⲧⲃ̄ ⲙ̄ ⲡϣⲏⲣⲉ ϣⲏⲙ· ⲟⲩⲁⲅⲅⲉⲗⲟⲥ ⲣⲱ ⲡⲉ·
ⲟⲩⲛⲩⲙⲫⲁⲅⲱⲅⲟⲥ ⲟⲛ ⲡⲉ ϫⲉ ⲛ̄ⲧⲟϥ ⲁϥϣⲁϫⲉ ϩⲁ ⲧⲱⲃⲓⲁⲥ·
ⲁϥⲉⲓⲣⲉ ⲛ̄ ⲧϣⲉⲗⲉⲉⲧ· ⲟⲩⲁⲥⲱⲙⲁⲧⲟⲥ ϫⲉ ⲙ̄ ⲡⲉϥⲧⲉⲛ
ⲗⲁⲁⲩ ⲛⲛⲉϩⲟⲟⲩ ⲧⲏⲣⲟⲩ ⲛ̄ⲧⲁϥⲙⲟⲟϣⲉ ⲛ̄ⲙ̄ⲙⲁϥ· ⲟⲩ-
ⲡⲣⲉⲥⲃⲉⲩⲧⲏⲥ ⲡⲉ ⲉ ⲧⲃⲉ ϫⲉ ⲛ̄ⲧⲟϥ ⲁϥⲥⲟⲡⲥⲛ̄ ⲙ̄ ⲡⲁⲛⲁϩⲱⲣ
ⲛ̄ ⲧⲙⲛ̄ⲧϣⲁⲛϩⲧⲏϥ ⲡⲉⲭⲣ̄ⲥ̄ ϩⲁ ⲧⲱⲃⲓⲧ ⲙⲛ̄ ⲧⲱⲃⲓⲁⲥ· |
ⲡⲉϥϣⲏⲣⲉ ⲙⲛ̄ ⲥⲁⲣⲣⲁ ⲟⲩⲁⲕⲉⲣⲁⲣⲭⲏⲥ ⲡⲉ ϫⲉ ⲉⲣⲉ Fol. 5 *a*
ⲧⲱⲃⲓⲁⲥ ϩⲙ̄ ⲡⲙⲁ ⲛ̄ ϣⲉⲗⲉⲉⲧ: ⲁϥϫⲓ ⲛ̄ ⲟⲩϭⲁⲙⲟⲩⲗ ⲑ
ⲉ ⲉⲕⲃⲁⲧⲁⲛⲟⲥ ⲁϥⲉⲓⲛⲉ ⲛ̄ ⲛ̄ϩⲁⲧ· ⲟⲩϩⲓⲁⲧⲣⲟⲥ ⲡⲉ ⲉ ⲧⲃⲉ
ϫⲉ ⲁϥⲑⲉⲣⲁⲡⲉⲩⲉ ⲛ̄ ⲛ̄ⲃⲁⲗ ⲛ̄ⲧⲱⲃⲏⲧ ⲡⲣⲱⲙⲉ ⲛ̄ ⲛⲁⲏⲧ
ⲡⲉ ⲛⲧⲁϥϫⲟⲟⲥ ⲙ̄ ⲡⲉϥϣⲏⲣⲉ· ϫⲉ ⲛ̄ⲑⲉ ⲉⲧⲉ ⲟⲩⲛ̄ⲧⲁⲕ·
ⲕⲁⲧⲁ ⲡⲉⲕϩⲟⲩⲟ ⲁ̄ⲣⲓ ⲙⲛ̄ⲧⲛⲁ· ⲡⲛⲁ ⲅⲁⲣ ϣⲁϥⲛⲉϩⲙ̄
ⲡⲣⲱⲙⲉ ⲉ̄ ⲡⲙⲟⲩ· ⲟⲩⲁⲣⲭⲏⲥⲧⲣⲁⲧⲏⲅⲟⲥ ⲡⲉ ϫⲉ ⲁϥⲙⲟⲩⲣ
ⲛ̄ ⲁⲥⲙⲟⲇⲁⲓⲟⲥ· ⲟⲩⲁⲙⲓⲥⲑⲟⲩⲥⲧⲟⲥ ⲡⲉ ϫⲉ ⲙ̄ⲡⲉ ϥϫⲓ
ⲡⲃⲉⲕⲉ ⲛ̄ⲧⲁⲩⲥⲙⲛ̄ⲧϥ̄ ⲛ̄ⲙ̄ⲙⲁϥ· ⲟⲩϩⲩⲡⲉⲣⲉⲧⲏⲥ ⲡⲉ
ⲉⲡⲁⲛⲟⲩϥ· ϫⲉ ⲁϥϩⲩⲡⲉⲣⲉⲧⲏ ⲛ̄ ⲛⲉⲧ ϥ̄ⲣ ⲭⲣⲓⲁ ⲙ̄ⲙⲟⲟⲩ
ⲧⲏⲣⲟⲩ ⲟⲩⲣⲉϥⲇⲓⲁⲕⲟⲛⲉⲓ ⲡⲉ ϫⲉ ⲁϥⲁⲁϩⲉ ⲣⲁⲧϥ̄ ϩⲓ
ϫⲱϥ ⲁϥⲇⲓⲁⲕⲟⲛⲉⲓ ⲛ̄ⲑⲉ ⲛ̄ ⲟⲩϩⲙ̄ϩⲁⲗ ⲙ̄ ⲡⲓ̈ⲥⲧⲟⲥ· ⲱ
ⲡⲡⲉⲗⲁⲅⲟⲥ ⲛ̄ ⲧⲙⲛ̄ⲧϣⲁⲛϩⲧⲏϥ ⲙ̄ ⲡⲛⲟⲩⲧⲉ· ⲱ̄
ⲧⲙⲛ̄ⲧⲥⲙⲏⲧ ⲙ̄ ⲡⲉⲓ ⲁⲣⲭⲁⲅⲅⲉⲗⲟⲥ· ⲡⲁⲓ ⲉⲧ ⲁϩⲉ ⲣⲁⲧϥ̄
ⲉ ⲡϫⲟⲉⲓⲥ ⲥⲁⲃⲁⲱⲑ· ⲁϥⲁⲁϩⲉ ⲣⲁⲧϥ̄ ⲉϫⲛ̄ ⲟⲩⲣⲱⲙⲉ ⲉ
ⲇⲓⲁⲕⲟⲛⲉⲓ: Ⲁⲩⲉⲓⲥ ϭⲉ ⲟⲩⲛ ⲱ ⲛⲁⲙⲉⲣⲁⲧⲉ· ⲛ̄ⲧⲛ̄ⲉⲓⲛⲉ
ⲉ ⲧⲙⲏⲏⲧⲉ· | ⲛ̄ⲧⲛ̄ϫⲱ ⲉ ⲣⲱⲧⲛ̄· ⲛ ϩⲉⲛⲕⲟⲩⲓ ⲉ ⲧⲃⲉ Fol. 5 *b*
ⲡⲉⲙⲁⲣⲧⲏⲣⲓⲟⲛ ⲡⲁⲓ ⲉⲧⲛ̄ⲥⲟⲟⲩϩ ⲉ ⲣⲟϥ ⲉ ⲡⲣⲁⲛ ⲙ̄ ⲓ
ⲡⲁⲣⲭⲁⲅⲅⲉⲗⲟⲥ· ⲁⲥϣⲱⲡⲉ ⲇⲉ ⲙⲙⲟⲓ ⲛ ⲟⲩϩⲟⲟⲩ ⲁⲛⲟⲕ

ⲓⲱϩⲁⲛⲛⲏⲥ ⲉⲓⲉⲓⲣⲉ ⲛ̄ ⲧⲁ ⲥⲩⲛⲁⲝⲓⲥ ⲙ̄ ⲡⲛⲁⲩ ⲛ̄ ϫⲡ̄ ⲥⲟ
ⲁⲩⲛⲟϭ ⲛ̄ ⲟⲩⲟⲉⲓⲛ ϣⲁ ϩⲙ̄ ⲡⲏⲓ̈ ⲉⲛⲉⲓ ⲛ̄ϩⲏⲧϥ̄· ⲉⲓⲥ
ⲟⲩϩⲣ̄ϣⲓⲣⲉ ⲉⲛⲉⲥⲉ ϩⲣⲁϥ ⲉⲙⲁⲁⲧⲉ· ⲁϥⲉⲓ ⲉ ϩⲟⲩⲛ ⲛ̄
ϣⲁ ⲣⲟⲓ ⲉⲣⲉ ⲟⲩⲛⲟϭ ⲛ ⲉⲟⲟⲩ ⲕⲱⲧⲉ ⲉ ⲣⲟϥ· ⲉⲣⲉ ⲟⲩ-
ϭⲉⲣⲱⲃ̄ ⲛ̄ ⲛⲟⲩⲃ̄ ϩⲛ̄ ⲧⲉϥϭⲓϫ ⲛ̄ ⲟⲩⲛⲁⲙ· ⲉⲟⲩⲛ̄ ⲟⲩⲥ⳨ⲟⲥ
ϩⲓ ϫⲱϥ· ⲁϥⲙⲟⲩⲧⲉ ⲉ ⲣⲟⲓ ⲛ̄ ϣⲟⲙⲛ̄ⲧ ⲛ̄ ⲥⲟⲡ ⲉϥϫⲱ
ⲙ̄ⲙⲟⲥ ϫⲉ ⲓⲱϩⲁⲛⲛⲏⲥ ⲡⲕⲁϣ ⲙ̄ ⲡⲉⲡⲛ̄ⲁ̄ ⲉⲧ ⲟⲩⲁⲁⲃ̄·
ⲓ̈ⲱϩⲁⲛⲛⲏⲥ ⲡⲗⲁⲥ ⲛ̄ ⲣⲉϥⲑⲉⲣⲁⲡⲉⲩⲉ ⲛ̄ ⲛⲉⲯⲩⲭⲏ
ⲛ̄ⲧⲁⲩⲟⲩⲱ̄ϣϥ̄ ϩⲙ̄ ⲡⲛⲟⲃⲉ· Ⲓⲱϩⲁⲛⲛⲏⲥ ⲡⲗⲁⲥ ⲛ̄ ⲣⲉϥϣⲁϫⲉ
ϩⲓϫⲙ̄ ⲡⲕⲁϩ· ⲉ ⲧⲣⲉ ϥⲡⲓⲑⲉ ⲙ̄ ⲡⲛⲟⲩⲧⲉ ϩⲛ̄ ⲧⲙⲉϩ
ⲥⲁϣϥⲉ ⲙ̄ ⲡⲉ· ⲁⲛⲟ̀ⲕ ⲇⲉ ⲛ̄ ⲧⲉⲣⲉ ⲓⲥⲱⲧⲙ̄ ⲉ ⲛⲁⲓ·
ⲁⲓϣⲧⲟⲣⲧⲣ̄ ⲁⲩⲱ ⲁⲓϩⲉ ϩⲁ ⲛⲉϥⲟⲩⲣⲏⲏⲧⲉ· ⲉ ⲧⲣⲁ ⲟⲩⲱ̄ϣⲧ̄
ⲛⲁϥ· ⲁϥⲁⲙⲁϩⲧⲉ ⲛ̄ ⲧⲁ ϭⲓϫ ⲁϥⲧⲟⲩⲛⲟⲥⲧ̄ ⲡⲉϫⲁϥ ⲛⲁⲓ
ϫⲉ ⲙ̄ⲡⲣ̄ ⲣ̄ ϩⲟⲧⲉ· ⲙ̄ⲡⲱⲣ ⲁⲛⲧ̄ ⲡⲉⲕϣⲃⲏⲣ ϩⲙ̄ϩⲁⲗ·
Fol. 6 *a* ⲟⲩⲱϣⲧ̄ ⲙ̄ ⲡⲛⲟⲩⲧⲉ· ⲡⲉϫⲁⲓ ⲛⲁϥ ϩⲛ̄ ⲟⲩⲥⲧⲱⲧ | ϫⲉ ⲛ̄ⲧⲕ̄
ⲓⲁ̄ ⲛⲓⲙ· ⲛ̄ ⲧⲉⲓ ϩⲉ ⲡⲁ ϫⲟⲉⲓⲥ· ⲉⲣⲉ ⲡⲉⲓ ⲛⲟϭ ⲛ̄ ⲉⲟⲟⲩ ⲕⲱⲧⲉ
ⲉ ⲣⲟⲕ· ⲙ̄ⲡⲉ ⲓⲛⲁⲩ ⲉ ⲟⲩⲟⲛ ⲛⲧⲉⲕϩⲉ ⲉⲛⲉϩ ⲛ̄ⲧⲟϥ ⲇⲉ
ⲁϥϥⲓ ⲛ̄ ⲑⲟⲧⲉ ⲛ̄ⲥⲁ ⲃⲟⲗ ⲙ̄ⲙⲟⲓ· ⲡⲉϫⲁϥ ⲛⲁⲓ ϫⲉ ⲁⲛⲟⲕ
ⲡⲉ ϩⲣⲁⲫⲁⲏⲗ· ⲟⲩⲁ ⲉ ⲃⲟⲗ ϩⲙ̄ ⲡⲥⲁϣϥ̄ ⲛ̄ ⲁⲣⲭⲁⲅⲅⲉ-
ⲗⲟⲥ· Ⲁⲛⲟⲕ ⲡⲉ ϩⲣⲁⲫⲁⲏⲗ ⲡⲉ ⲛⲧⲁ ⲡⲁ ⲇⲉⲥⲡⲟⲧⲏⲥ
ϩⲟⲧⲣⲉϥ ⲙⲛ̄ ⲫⲓⲗⲟⲑⲉⲟⲥ ⲁⲓⲡⲣⲟⲥⲉⲛⲉⲅⲕⲉ ⲙ̄ⲙⲟϥ ⲙ̄
ⲡⲉϥⲉ̀ⲓⲱⲧ ⲙⲛ̄ ⲧⲉϥⲙⲁⲁⲩ ⲙ̄ ⲡⲉⲭⲣ̄ⲥ̄ ⲓⲥ̄· Ⲁⲛⲟⲕ
ⲡⲉ ϩⲣⲁⲫⲁⲏⲗ ⲡⲁⲣⲭⲁⲅⲅⲉⲗⲟⲥ Ⲉⲁ ⲡⲉⲭⲣ̄ⲥ̄ ⲧⲁⲁⲕ ⲉ
ⲧⲟⲟⲧ ϫⲓⲛ ⲉⲕⲟ ⲛ̄ ⲕⲟⲩⲓ· ⲁⲩⲱ ⲟⲛ ϫⲓⲛ ⲙ̄ ⲡⲉϩⲟⲟⲩ
ⲛ̄ⲧⲁⲩϫⲡⲟⲕ ϣⲁ ϩⲣⲁⲓ ⲉ ⲡⲟⲟⲩ ⲛ̄ϩⲟⲟⲩ ⲉⲙ ⲉⲓⲥⲡ̄ⲧⲉⲕ̄ ⲉ ⲃⲟⲗ
ⲛ̄ ⲟⲩⲟⲩⲛⲟⲩ ⲛ̄ ⲟⲩⲱⲧ: ⲏ̄ ⲧⲡⲁϣⲉ ⲛ̄ ⲟⲩⲟⲩⲛⲟⲩ ϣⲁ ⲡⲣⲓⲕⲉ
ⲛ̄ ⲟⲩⲃⲁⲗ· ⲁⲩⲱ ⲟⲛ ⲛ ϯⲛⲁⲥⲛ̄ⲧⲕ̄ ⲉ ⲃⲟⲗ ⲁⲛ ϣⲁ ⲡⲉϩⲟⲟⲩ
ⲉ ϯⲛⲁϫⲓⲧⲕ̄ ϣⲁ ⲡⲣ̄ⲣⲟ ⲡⲉⲭⲣ̄ⲥ̄ ⲛ̄ⲧⲉϥⲧⲁⲁⲕ ⲉ ⲧⲟⲟⲧ ⲉⲕⲟ
ⲛ̄ ⲁⲧ ⲧⲱⲗⲙ̄· ϣⲁ ϩⲣⲁⲓ ⲉ ⲡⲏⲓ ⲙ̄ ⲡⲥⲁϩ ⲛ̄ⲧⲁϥⲧⲥⲁⲃⲟⲕ
ⲉⲥϩⲁⲓ· ⲁⲩⲱ ⲟⲛ ϣⲁ ϩⲣⲁⲓ ⲉ ⲧⲉⲕϭⲓⲛϫⲓⲟⲟⲣ ⲛ̄ⲑⲁⲗⲁⲥⲥⲁ·
ϣⲁ ⲁⲑⲏⲛⲁⲓⲥ ⲙⲛ̄ ⲃⲉⲣⲏⲧⲟⲥ· ⲛⲉ ⲛⲧⲁⲕⲃⲱⲕ ⲉ ⲣⲟⲟⲩ :—|
Fol. 6 *b* ⲛⲉⲓⲙⲟⲟϣⲉ ⲛ̄ⲙ̄ⲙⲁⲕ ⲡⲉ ⲉⲓⲥⲟⲃⲧⲉ ⲛ̄ ⲛⲉⲕⲙⲁ ⲙ̄ ⲙⲟⲟϣⲉ·
ⲓⲃ̄ ⲁⲩⲱ ⲉⲓϩⲓϯⲙⲁⲍⲉ ⲛ̄ⲙ̄ⲙⲁⲑⲏⲙⲁ ⲙ̄ ⲡⲉⲕⲛⲟⲩⲥ· ⲙⲛ̄
ⲡⲉⲕϩⲏⲧ· ⲛ̄ⲑⲉ ⲙ ⲡⲟⲩⲟⲉⲉⲓ̈ ⲉⲧ ϣⲉⲣⲡ ⲥⲟⲃⲧⲉ ⲛ̄ ⲛⲉϥⲉⲃⲣⲁ·

ⲁⲩⲱ ⲉⲧ ϭⲱϫⲉ ⲙ̄ ⲡⲙⲟⲟⲩ ⲉ ⲛⲉⲧⲗⲟⲙ· Ⲧⲉⲛⲟⲩ ϭⲉ
ϫⲣⲟ ⲛ̄ⲅ̄ ϭⲙϭⲟⲙ· ⲙ̄ⲡⲣ̄ ⲣ̄ ϩⲟⲧⲉ ⲱ̄ ⲡϩⲟⲙⲟⲗⲟⲅⲓⲧⲏⲥ ⲡ̄
ϣⲏⲣⲉ· ⲉ ⲃⲟⲗ ϫⲉ ⲁⲛ̄ⲅ̄ ⲟⲩⲣⲉϥϯ ϩⲟⲧⲉ ⲁⲛ ⲡ̄ ⲛⲉⲯⲩⲭⲏ·
ⲁⲗⲗⲁ ⲁⲛ̄ⲅ̄ ⲟⲩⲣⲉϥϯϭⲡ̄ⲛⲉ ⲛ ⲛⲉⲯⲩⲭⲏ:—Ⲥⲉⲙⲟⲩⲧⲉ
ⲅⲁⲣ ⲉ ⲣⲟⲓ ϩⲓⲧⲡ̄ ⲛⲁϣⲃⲏⲣ ⲁⲅⲅⲉⲗⲟⲥ· ϫⲉ ⲡⲁⲅⲅⲉⲗⲟⲥ
ⲙ ⲙⲁⲧⲡ̄ ϩⲏⲧ· ϫⲣⲟ ⲁⲩⲱ ⲙⲁⲣⲉ ⲡⲉⲕϩⲏⲧ ⲧⲱⲕ· ⲙ̄ⲡⲣ̄
ⲣ̄ ϩⲟⲧⲉ ϫⲉ ⲁⲛⲟⲕ ⲡⲁ ⲡⲉ ϣⲧⲟⲣⲧⲣ̄ ⲁⲛ· ⲁⲗⲗⲁ ⲁⲛⲟⲕ
ⲡⲁ ϯⲣⲏⲛⲏ: Ⲧⲉⲛⲟⲩ ϭⲉ ⲱ̄ ⲓ̈ⲱϩⲁⲛⲛⲏⲥ· Ⲉⲓⲥ ⲡⲣ̄ⲣⲟ
ⲁⲣⲕⲁⲇⲏⲥ ⲛⲁϫⲛⲟⲩⲕ ⲉⲩϣⲁϫⲉ ⲡ̄ ⲣⲁⲧⲉ· ϫⲉ ϥⲛⲁⲕⲱⲧ
ⲛⲁⲓ ⲡ̄ ⲟⲩⲙⲁⲣⲧⲩⲣⲓⲟⲛ ϩⲙ̄ ⲡⲁ ⲣⲁⲛ· ⲡⲣⲟⲧⲣⲉⲡⲉ ⲙ̄ⲙⲟϥ
ϩⲛ̄ ⲛⲉⲕϣⲁϫⲉ ⲉⲧ ϭⲏⲛ· ⲉ ⲃⲟⲗ ϫⲉ ϥⲥⲏϩ· ϫⲉ ⲡⲗⲁⲥ
ⲙ̄ ⲡⲇⲓⲕⲁⲓⲟⲥ ⲥⲟⲧⲡ ⲉϩⲟⲩⲉ̄ ⲡⲛⲟⲩⲃ ⲙⲛ̄ ⲡϩⲁⲧ· ⲁⲩⲱ
ⲛ̄ⲅ̄ ϯ ⲟⲩⲣⲟⲧ ⲛⲁϥ ⲉ̄ ⲧⲟⲓⲕⲟⲇⲟⲙⲏ ⲙ̄ ⲡⲁ ⲧⲟⲡⲟⲥ·
ⲉⲕϣⲁⲛϩⲁⲅⲓⲁⲍⲉ ⲙ̄ ⲡⲁ ⲧⲟⲡⲟⲥ ϩⲛ̄ ⲡ̄ ⲧⲁⲓⲟ̄ ⲙⲛ̄ ⲡ̄ϯⲙⲏ ⲉⲧ
ⲉⲣⲉ ⲡⲣ̄ⲣⲟ ⲙ̄ ⲙⲁⲓ ⲛⲟⲩⲧⲉ ⲛⲁⲧⲁ| ... ⲛⲁ ... ⲧⲁⲧⲟϩⲓ Fol. 7 *a*
... ⲟⲩ· ⲧⲁⲩⲉ ⲛⲉⲓ ϣⲁ[ϫⲉ] ⲉ ⲡⲣ̄ⲣⲟ ⲡ̄ ⲉⲩⲥⲉⲃⲏⲥ· ... [ⲓⲅ̄]
ⲧⲙⲉⲣⲟⲑⲏⲕⲏ ... ⲉ ⲭⲣ̄ⲥ̄· ⲡⲉⲧ ⲉⲣⲉ ... ⲟϭ ⲡ̄ ⲙ ⲡⲉⲡⲛ̄ⲁ̄
[ⲉ]ⲧ ⲟⲩⲁⲁⲃ ⲉⲧ ⲟ ⲡ̄ [ⲥ]ϯ ⲛⲟⲩϥⲉ· ⲉϥϣⲟⲩⲟ ⲉ ⲃⲟⲗ ϩⲛ̄
ⲧⲉϥⲧⲁⲡⲣⲟ· ⲧⲱⲕ ⲡ̄ ϩⲏⲧ ϯⲣⲏⲛⲏ ⲙ̄ ⲡⲉⲓⲱⲧ ⲙⲛ̄ ⲡϣⲏⲣⲉ
ⲙⲛ̄ ⲡⲉⲡⲛ̄ⲁ̄ ⲉⲧ ⲟⲩⲁⲁⲃ ⲉⲥⲉϣⲱⲡⲉ ⲛ̄ⲙ̄ⲙⲁⲕ· ⲡ̄ ⲧⲉⲣ ϥ̄ϫⲉ
ⲛⲁⲓ ⲡ̄ϭⲓ ⲡⲁⲣⲭⲁⲅⲅⲉⲗⲟⲥ· ⲁϥⲃⲱⲕ ⲉ ϩⲣⲁⲓ ⲉ ⲙ̄ⲡⲏⲩⲉ
ϩⲛ̄ ⲟⲩⲛⲟϭ ⲡ̄ ⲉⲟⲟⲩ· Ⲁⲛⲟⲕ ⲇⲉ ⲓ̈ⲱϩⲁⲛⲛⲏⲥ ⲙ̄ⲡⲉ ⲓ̈ⲟⲩⲱⲙ
ⲟⲩⲇⲉ ⲙ̄ⲡⲉ ⲓⲥⲱ ⲙ̄ ⲡⲉϩⲟⲟⲩ ⲉⲧ ⲙ̄ⲙⲁⲩ· ⲉ ⲧⲃⲉ ⲡⲧⲉⲗⲏⲗ
ⲉⲧ ϩⲙ̄ ⲡⲁ ϩⲏⲧ ϩⲓⲧⲡ̄ ⲧϭⲓⲛϣⲁϫⲉ ⲛ̄ⲙ̄ⲙⲁⲓ ⲙ̄ ⲡⲁⲣⲭ-
ⲁⲅⲅⲉⲗⲟⲥ· [ⲁϥ]ϣⲱⲡⲉ ⲇⲉ ⲙ̄ ⲡⲉϥⲣⲁⲥⲧⲉ ⲁ ⲡⲣ̄ⲣⲟ ⲡ̄
ⲉⲩⲥⲉⲃⲏⲥ ⲁⲣⲕⲁⲇⲓⲟⲥ· ⲉⲓ ϣⲁ ⲧⲁ ⲙⲛ̄ⲧⲉⲗⲁⲭⲓⲥⲧⲟⲥ ⲉ
ⲡⲡⲁⲧⲣⲓⲁⲣⲭⲓ̈ⲟⲛ· ⲁϥϫⲓ ⲥⲙⲟⲩ ⲉ ⲃⲟⲗ ϩⲓ ⲧⲟⲟⲧ· ⲁⲩⲱ
ⲡⲉϫⲁⲓ ⲛⲁϥ ϫⲉ ϩⲙⲟⲟⲥ ⲛⲁⲕ ⲱ ⲡⲙⲁⲓ ⲡⲉⲭⲣ̄ⲥ̄· ⲱ ⲡⲉ
ⲛⲧⲁϥϩⲟϫϩⲉϫ ⲙ̄ ⲡⲉϥⲡⲛ̄ⲁ̄· ⲉ ⲧⲃⲉ ⲧⲟⲓⲕⲟⲇⲟⲙⲏ ⲙ̄
ⲡⲁⲣⲭⲁⲅⲅⲉⲗⲟⲥ ⲉⲧ ⲟⲩⲁⲁⲃ ϩⲣⲁⲫⲁⲏⲗ· Ϣ̄ ⲡⲉ ⲛⲧⲁ
ⲡⲉϥⲣ̄ ⲡⲙⲉⲉⲩⲉ̄ ⲉⲧ ⲛⲁⲛⲟⲩϥ ⲧⲣⲉϥⲥⲁϩⲉ ⲡϩⲓⲛⲏⲃ ⲛ̄ⲥⲁ
ⲃⲟⲗ ⲙ̄ⲙⲟϥ· ⲱ̄ ⲡⲉ ⲛ̄ⲧⲁ ⲡⲣ̄ ⲡⲙⲉⲉⲩⲉ ⲡ̄ ⲧⲇⲓⲁⲕⲟ-
ⲛⲓⲁ ⲡ̄ ⲛⲉⲧ ⲟⲩⲁⲁⲃ ⲧⲣⲉϥⲣ̄ ⲡⲱⲃϣ̄ ⲡ̄ ⲧⲁⲡⲟⲗⲁⲩⲥⲓⲥ Fol. 7 *b*
ⲡ̄ ⲧⲙⲛ̄ⲧⲉⲣⲟ:— | ⲛⲁⲓⲁ ... ⲱ ⲡⲉⲧ ⲛⲁⲛⲟⲩϥ ⲛⲁ- [ⲓⲇ̄]

ⲛⲟⲩϥ (sic) ⲛⲁϣⲱⲡⲉ ⲙ̅ⲙⲟⲕ · ⲟⲛⲧⲱⲥ ⲁϥϫⲱⲕ ⲉ ⲃⲟⲗ ⲉ ϫⲱⲕ ·
ⲛ̅ϭⲓ ⲡϣⲁϫⲉ ⲙ̅ ⲡⲑⲉⲥⲡⲉⲥⲓⲟⲥ ⲡⲁⲩⲗⲟⲥ · ϫⲉ ⲁⲧⲉⲧⲛ̅ⲇⲓⲁ-
ⲕⲟⲛⲉⲓ ⲉ ⲛⲉⲧ ⲟⲩⲁⲁⲃ · ⲁⲩⲱ ⲟⲛ ϫⲉ ⲛ̅ ⲟⲩⲇⲓⲕⲟⲥ ⲁⲛ
ⲡⲉ ⲡⲛⲟⲩⲧⲉ ⲉⲣ ⲡⲱⲃϣ̅ ⲙ̅ ⲡⲉⲧⲛ̅ϩⲱⲃ · ⲙⲛ̅ ⲧⲁⲅⲁⲡⲏ
ⲛ̅ⲧⲁ ⲧⲉⲧⲛ̅ⲟⲩⲟⲛϩⲥ̅ ⲉ ⲃⲟⲗ ⲉ ⲡⲉϥⲣⲁⲛ · ⲛ ⲧⲉⲣⲉ ⲓϫⲉ
ⲛⲁⲓ ⲇⲉ ⲛⲁϥ ⲁϥⲟⲩⲱⲛ▨▨ ⲉ ⲃⲟⲗ ⲛ̅ϭⲓ ⲡ̅ⲣ̅ⲣⲟ ⲉⲧ ⲥⲙⲁ-
ⲙⲁⲁⲧ ⲛ̅ ⲟⲩⲛⲟϭ ⲛ̅ⲛⲁⲩ · ⲁϥⲟⲩⲱϣⲃ̅ ⲡⲉϫⲁϥ ⲛⲁⲓ
ϫⲉ ⲛⲁⲓⲁⲧⲛ̅ ⲁⲛⲟⲛ ⲡⲓⲏ̅ⲗ̅ · ϫⲉ ⲛⲉⲧ ⲣ ⲁ̅ ⲛⲁϥ ⲙ̅ ⲡⲛⲟⲩⲧⲉ
ⲥⲉⲟⲩⲟⲛϩ̅ ⲛⲁⲛ ⲉ ⲃⲟⲗ ⲛⲁⲓⲁⲧⲛ̅ ⲟⲛ ϫⲉ ⲁ ⲡⲛⲟⲩⲧⲉ ⲧⲟⲩⲛⲟⲥ
ⲛⲁⲛ ⲛ̅ ⲟⲩⲉⲓⲱⲧ · [ⲛ ⲧⲉⲓ] ⲙⲓⲛⲉ ⲙ̅ ⲡⲛ̅ⲓⲕⲟⲛ · ϩⲛ̅ ⲟⲩⲙⲉ
ⲅⲁⲣ ⲛ̅[ⲧⲟⲕ] ⲟⲩⲁⲅⲅⲉⲗⲟⲥ ⲉⲕ[ⲙⲟ]ⲟϣⲉ ϩⲓϫⲙ̅ ⲡⲕⲁϩ ⲙⲛ̅
ⲛ̅ⲣⲱⲙⲉ · [ⲗⲟⲓ]ⲡⲟⲛ ⲁϥϫⲱⲕ ⲉ ⲃ[ⲟⲗ] ⲉ ϫⲱⲕ ⲛ̅ϭⲓ ⲡϣⲁ-
ϫⲉ ⲙ̅ ⲡϩⲩⲙⲛⲟⲇⲟⲥ ⲉⲧ ⲟⲩⲁⲁⲃ ⲇ̅ⲁ̅ ϫⲉ ⲧⲅⲉⲛⲉⲁ ·
ⲛⲛⲉⲧ ⲥⲟⲩⲧⲱⲛ ⲛⲁϫⲓ ⲥⲙⲟⲩ · ⲗⲟⲓⲡⲟⲛ ⲱ̅ ⲡⲁ ⲉⲓⲱⲧ ⲉⲧ
ⲟⲩⲁⲁⲃ · ⲉⲓⲥ ⲟⲩⲙⲏⲏϣⲉ ⲛ̅ϩⲟⲟⲩ ⲡⲁ ϩⲏⲧ ⲟϫⲓⲃⲉ (?) ⲙ̅ⲙⲟⲓ ·
ⲉ ⲧⲃⲉ ⲧⲟⲓⲕⲟⲇⲟⲙⲏ ⲙ̅ ⲡⲧⲟⲡⲟⲥ ⲙ̅ ⲡⲁⲣⲭⲁⲅⲅⲉⲗⲟⲥ ⲉ̅ⲧ
ⲟⲩⲁⲁⲃ ϩⲣⲁⲫⲁⲏⲗ · ϣⲉ ⲛⲉⲕϣⲗⲏⲗ ⲉⲧ ⲟⲩⲁⲁⲃ · ⲙ̅ⲡⲉⲓ-
ϫⲓ ⲟⲩⲣⲕ̅ⲣⲓⲕⲉ ϩⲱⲗⲱⲥ ⲛ̅ ⲧⲉⲓ ⲟⲩϣⲏ · ⲉ ⲧⲃⲉ ⲡⲉⲓ ϩⲱⲃ
ⲡⲁⲓ · ⲉⲓⲥ ϩⲏⲛⲧⲉ ⲉⲓⲥ ⲡⲉⲡⲛ̅ⲁ̅ [about eighty pages wanting] |
Fol. 8 *a* ⲁⲅⲁⲑⲟⲛ ⲙ̅ ⲡϫ̅ⲥ̅ ⲡⲛⲟⲩⲧⲉ ⲁϥϫⲓⲧ ⲟⲛ ⲉϫⲙ̅ ⲡⲓⲉⲣⲟ ⲛ̅
ϥ̅ⲉ̅ ⲉⲣⲱⲧⲉ ⲉⲧ ⲥⲁ ⲣⲏⲥ ⲛ̅ ⲧⲡⲟⲗⲓⲥ · ⲁⲓϭⲓⲛⲉ ⲛ̅ ⲛ̅ϣⲏⲣⲉ ⲕⲟⲩⲓ
ⲧⲏⲣⲟⲩ ⲛ̅ ⲧⲁϩⲏⲣⲱⲇⲏⲥ ϩⲟⲧⲃⲟⲩ ⲉ ⲧⲃⲉ ⲡⲣⲁⲛ ⲙ̅
ⲡⲉⲭ̅ⲣ̅ⲥ̅ · ⲁⲩⲁⲥⲡⲁⲍⲉ ⲙ̅ⲙⲟⲓ ⲧⲏⲣⲟⲩ · ⲡⲉϫⲁⲓ ⲙ̅
ⲡⲁⲅⲅⲉⲗⲟⲥ ϫⲉ ⲡⲁ ϫ̅ⲥ̅ ⲙⲉⲩⲕⲁ ⲣⲱⲙⲉ ⲛⲓⲙ ⲉ ϭⲱ
ϩⲁϩⲧⲛ̅ ⲛⲉⲓ ϣⲏⲣⲉ ϣⲏⲙ ⲉⲧ ⲟⲩⲁⲁⲃ · ⲡⲉϫⲉ ⲡⲁⲅⲅⲉⲗⲟⲥ
ϫⲉ ⲣⲱⲙⲉ ⲛⲓⲙ ⲉⲧ ⲛⲁϩⲁⲣⲉϩ ⲉ ⲡⲧⲃ̅ⲃⲟ ⲛ̅ ⲧⲉⲩⲡⲁⲣ-
ⲑⲉⲛⲓⲁ ⲉⲩⲟⲩⲁⲁⲃ · ⲉ ⲗⲁⲁⲩ ⲛ̅ ϫⲱϩⲙ̅ · ⲉⲩϣⲁⲛⲉⲓ ⲉ ⲃⲟⲗ
ϩⲛ̅ ⲥⲱⲙⲁ · ϣⲁⲩϫⲓⲧⲟⲩ ⲛ̅ⲥⲉⲟⲩⲱϣⲧ̅ ⲙ̅ ⲡⲛⲟⲩⲧⲉ ⲛ̅ⲥⲉ-
ⲧⲁⲁⲩ ⲉ ⲧⲟⲟⲧϥ̅ ⲙ̅ ⲙⲓⲭⲁⲏⲗ ⲛ̅ϥⲉⲛⲧⲟⲩ ⲉ ⲡⲉⲓ ⲙⲁ ·
ⲛ̅ϥⲧⲁⲁⲩ ⲉ ⲧⲟⲟⲧϥ̅ ⲙ̅ ⲡⲉⲓ ⲙⲏⲏϣⲉ ⲛ̅ ϣⲏⲣⲉ ⲕⲟⲩⲓ · ⲛ̅-
ⲥⲉⲁⲥⲡⲁⲍⲉ ⲙ̅ⲙⲟⲟⲩ ϫⲉ ⲛⲉⲩϣⲃ̅ⲏⲣ ⲙⲉⲗⲟⲥ ⲛⲉ ⲁⲩⲱ
ⲛⲉⲩⲥⲛⲏⲩ ⲛⲉ ⲛ̅ⲥⲉⲕⲗⲏⲣⲟⲛⲟⲙⲉⲓ ⲛ̅ⲙ̅ⲙⲁⲩ ⲛ̅ ⲧⲡⲟⲗⲓⲥ ⲙ̅
ⲡⲉⲭ̅ⲣ̅ⲥ̅ ⲓ̅ⲥ̅ ϣⲁ ⲉⲛⲉϩ ⲁϥϫⲓ ⲙ̅ⲙⲟⲓ ⲉ ⲃⲟⲗ ⲉϫⲙ̅ ⲡⲉⲓⲉⲣⲟ
ⲛ̅ ⲏⲣⲡ · ⲉⲧⲉ ⲡⲓⲉⲃⲧ̅ ⲛ̅ ⲧⲡⲟⲗⲓⲥ · ⲁⲓϭⲓⲛⲉ ⲛ̅ⲁⲃⲣⲁϩⲁⲙ ⲙⲛ̅

ⲓ̈ⲥⲁⲁⲕ ⲙⲛ̄ ⲓ̈ⲁⲕⲱⲃ· ⲁⲩⲱ ⲁⲩⲁⲥⲡⲁⲍⲉ ⲙⲙⲟⲓ· ⲡⲉϫⲁⲓ
ⲙ̄ ⲡⲁⲅⲅⲉⲗⲟⲥ· ϫⲉ ⲛⲓⲙ ⲛⲉ ⲛⲁⲓ· ⲡⲉϫⲁϥ ⲛⲁϥ ϫⲉ
ⲣⲱⲙⲉ ⲛⲓⲙ ⲉϥⲟ ⲙ̄ ⲙⲁⲓ ϣⲙ̄ⲙⲟ· ⲉⲩϣⲁⲛⲉⲓ ⲉ ⲃⲟⲗ
ϩⲛ ⲥⲱⲙⲁ ⲛ̄ⲥⲉⲃⲱⲕ ⲉ̄ ⲣⲁⲧϥ̄ ⲙ̄ ⲡⲛⲟⲩⲧⲉ· ⲛⲥⲉⲟⲩⲱϣⲧ̄
ⲛⲁϥ ϣⲁϥⲧⲁⲁⲩ ⲉ ⲧⲟⲟⲧϥ̄ ⲙ ⲙⲓⲭⲁⲏⲗ· ⲛϥϫⲓⲧⲟⲩ ⲉ
ϩⲟⲩⲛ ⲉ ⲧⲡⲟⲗⲓⲥ· ⲁⲩⲱ ϣⲁⲣⲉ ⲛ̄ⲇⲓⲕⲁⲓⲟⲥ ⲧⲏⲣⲟⲩ
ⲁⲥⲡⲁⲍⲉ ⲙ̄ⲙⲟϥ ϩⲓ ⲧⲉϩⲏ ⲉⲩϫⲱ ⲙ̄ⲙⲟⲥ· ϫⲉ ⲱ
ⲛⲉⲛϣⲏⲣⲉ ⲁⲩⲱ ⲛⲉⲛⲥⲛⲏⲩ· ⲁⲧⲉⲧⲛ̄ϫⲓ ⲛ̄ⲧⲙ̄ⲙⲛ̄ⲧⲙⲁⲓ
ϣⲙ̄ⲙⲟ | ⲁⲙⲏⲓⲧⲛ̄ ⲛ̄ⲧⲉⲧⲛ̄ⲕⲗⲏⲣⲟⲛⲟⲙⲉⲓ ⲛ̄ ⲧⲡⲟⲗⲓⲥ ⲙ̄ Fol. 8 *b*
ⲡϫⲥ̄ ⲡⲉⲛⲛⲟⲩⲧⲉ· ⲕⲁⲧⲁ ⲡϩⲱⲃ ⲙ̄ ⲡⲟⲩⲁ̄ ⲡⲟⲩⲁ̄· ϣⲁϥ- ϥⲉ̄
ϭⲓⲛⲉ ⲛ̄ ⲛ̄ⲣⲱⲙⲉ ⲉⲧ ϥ̄ⲉⲓⲛⲉ ⲙ̄ⲙⲟⲟⲩ ϩⲛ ⲧⲡⲟⲗⲓⲥ ⲙ̄
ⲡⲉⲭⲣ̄ⲥ̄ ⲓ̄ⲥ̄ ⲑⲓⲉⲗⲏⲙ̄· ⲁⲓϭⲱϣⲧ̄ ⲁⲓⲛⲁⲩ ⲉ ϩⲉⲛⲣⲱⲙⲉ ⲙ̄
ⲡϩⲟⲩⲛ ⲛ̄ ⲧⲡⲩⲗⲏ ⲉⲩⲯⲁⲗⲗⲉⲓ ⲁⲩⲱ ⲉⲩϯ ⲉⲟⲟⲩ ⲙ̄
ⲡⲛⲟⲩⲧⲉ· ⲁⲩⲱ ⲉⲩⲣⲟⲟⲩⲧ ⲉⲙⲁⲁⲧⲉ· ⲡⲉϫⲁⲓ ⲙ̄ ⲡⲁⲅⲅⲉ-
ⲗⲟⲥ ϫⲉ ϩⲉⲛⲟⲩ ⲛⲉ ⲛⲁⲓ· ⲁϥⲟⲩⲱϣⲃ̄ ⲉϥϫⲱ ⲙ̄ⲙⲟⲥ
ⲛⲁⲓ ϫⲉ ⲛⲁⲓ ⲛⲉⲧⲉ ϣⲁⲩϯ ⲡⲉⲩⲟⲩⲟⲓ ⲉ ⲡⲛⲟⲩⲧⲉ· ⲉⲙⲛ
ϩⲩⲡⲟⲕⲣⲓⲥⲓⲥ ⲙ̄ ⲙⲛⲧⲣⲱⲙⲉ ⲛ ϩⲏⲧⲟⲩ· ⲣⲱⲙⲉ ⲅⲁⲣ
ⲛⲓⲙ ⲉⲧ ⲣⲟⲟⲩⲧ ⲁⲩⲱ ⲉⲩⲯⲁⲗⲗⲉⲓ ⲉⲩϩⲩⲙⲛⲉⲩⲉ̄ ⲉ
ⲡⲛⲟⲩⲧⲉ ϩⲙ̄ ⲡⲉⲩϩⲏⲧ ⲧⲏⲣϥ̄· ϣⲁⲩⲉⲛⲧⲟⲩ ⲉ ϩⲟⲩⲛ ⲉ ⲧⲉⲓ
ⲡⲩⲗⲏ ⲛ̄ⲥⲉⲕⲁⲁⲩ ϩⲛ̄ ⲧⲉϥⲡⲟⲗⲓⲥ (*sic*)· ⲛ̄ⲥⲉⲕⲁⲁⲩ ϩⲁϩⲧⲛ̄ ⲛⲉⲧ
ⲟⲩⲁⲁⲃ ⲉⲧ ⲯⲁⲗⲗⲉⲓ ⲉ ⲡⲉⲭⲣ̄ⲥ̄ ⲛ̄ⲟⲩⲟⲉⲓϣ [ⲛⲓⲙ]· ⲁϥϫⲓⲧ
ⲉ̄ ϩⲟⲩⲛ ϣⲁ ⲧⲙⲏⲏⲧⲉ ⲛ̄ ⲧⲡⲟⲗⲓⲥ ϣⲁ ⲡⲙⲉϩ ⲙⲛ̄ⲧⲥⲛⲟⲟⲩⲥ
ⲛ̄ⲥⲟⲃⲧ̄· ⲁⲓϭⲛ̄ⲧϥ̄ ⲉϥⲟⲩⲟⲧⲃ̄ ⲉ ⲣⲟⲟⲩ ⲧⲏⲣⲟⲩ· ⲉⲟⲩⲛ̄
ⲟⲩⲛⲟϭ ⲛ̄ ⲉⲟⲟⲩ ϩⲙ̄ ⲡⲥⲟⲃⲧ̄ ⲉⲧ ⲙ̄ⲙⲁⲩ ⲡⲁⲓ ⲉⲙⲛ̄ϭⲟⲙ
ⲛ̄ ⲗⲁⲁⲩ ⲛ̄ ⲣⲙ̄ ⲛ̄ ⲥⲁⲣⲝ̄ ⲉ ϫⲱ ⲙ̄ ⲡⲉⲟⲟⲩ ⲙⲛ̄ ⲡⲧⲁⲓⲟ̄
ⲙ̄ ⲡⲥⲟⲃⲧ̄ ⲉⲧ ⲙ̄ⲙⲁⲩ· ⲁⲛⲟⲕ ⲇⲉ ⲡⲉϫⲁⲓ ⲙ̄ ⲡⲁⲅⲅⲉⲗⲟⲥ·
ϫⲉ ⲡⲁ ϫⲥ̄ ⲟⲩⲕ ⲟⲩⲛ ⲟⲩⲛ̄ (*sic*) ⲙⲁ ϩⲙ̄ ⲡⲉⲓ ⲙⲁ ⲉϥⲟⲩⲟⲧⲃ̄
ⲡⲁⲣⲁ ⲟⲩⲟⲛ· ⲡⲉϫⲉ ⲡⲁⲅⲅⲉⲗⲟⲥ ⲛⲁⲓ ϫⲉ ⲱ̄ ⲡⲥⲱⲧⲡ̄ ⲙ̄
ⲡⲛⲟⲩⲧⲉ ⲡⲁⲩⲗⲟⲥ· ⲉⲓⲥ ⲡⲙⲉϩ ⲥⲛⲁⲩ ⲛ̄ⲥⲟⲃⲧ̄ ⲟⲩⲟⲧⲃ̄
ⲡⲁⲣⲁ ⲡϣⲟⲣⲡ̄· ⲁⲩⲱ ⲡⲙⲉϩ ϣⲟⲙⲛⲧ ⲟⲩⲟⲧⲃ̄ | ⲉ ⲡⲙⲉϩ Fol. 9 *a*
ⲥⲛⲁⲩ: ⲥⲉⲟⲩⲟⲧⲃ̄ ⲉ ⲛⲉⲩⲉ̄ⲣⲏⲩ ⲧⲏⲣⲟⲩ ϣⲁ ϩⲣⲁⲓ ⲉ̄ ⲡⲙⲉϩ ϥⲋ̄
ⲙⲛ̄ⲧⲥⲛⲟⲟⲩⲥ ⲛ̄ⲥⲟⲃⲧ̄· ⲁⲛⲟⲕ ⲇⲉ ⲡⲉϫⲁⲓ ⲙ ⲡⲁⲅⲅⲉⲗⲟⲥ·
ϫⲉ ⲡⲁ ϫⲥ̄ ⲙⲁⲧⲟⲩ ⲛⲟⲉⲓⲁⲧ ⲉ ⲃⲟⲗ ϫⲉ ⲛ̄ ϯⲥⲟⲟⲩⲛ
ⲙ̄ⲙⲟⲟⲩ ⲁⲛ ⲡⲉϫⲉ ⲡⲁⲅⲅⲉⲗⲟⲥ ⲛⲁⲓ ϫⲉ ⲉϣⲱⲡⲉ ⲟⲩⲛ̄

ⲟⲩⲁ ⲉⲣⲉ ⲟⲩⲕⲟⲩⲓ ⲛ̄ ⲕⲁⲧⲁⲗⲁⲗⲓⲁ ⲛ̄ϩⲏⲧϥ̄· ⲏ̄ ⲟⲩⲕⲱϩ·
ⲏ̄ ⲟⲩⲙⲛ̄ⲧϫⲁⲥⲓϩⲏⲧ· ϣⲁⲩⲃⲟϭϥ̄ ⲙ̄ ⲡⲉϥⲧⲁⲓⲟ̄ ⲛ̄ ϩⲟⲩⲛ
ⲛ̄ ⲧⲡⲟⲗⲓⲥ ⲙ̄ ⲡⲉⲭⲣ̄ⲥ̄· ⲁⲛⲟⲕ ⲇⲉ ⲟⲛ ⲁⲓⲛⲁⲩ ⲉ̄ ϩⲉⲛ-
ⲑⲣⲟⲛⲟⲥ ⲛ̄ ⲛⲟⲩⲃ ⲉⲩⲥⲏⲣ ⲉ ⲃⲟⲗ ⲕⲁⲧⲁ ⲙⲁ· ⲙⲛ̄
ϩⲉⲛϭⲣⲏⲡⲉ ⲛ̄ⲉⲟⲟⲩ· ⲉⲩⲕⲏ ϩⲓϫⲛ̄ ⲧⲁⲡⲉ ⲛ̄ ⲛⲉⲑⲣⲟⲛⲟⲥ·
ⲁⲓϭⲱϣⲧ̄ ⲁⲓⲛⲁⲩ ⲉ̄ ⲡⲙⲉϩ ⲙⲛ̄ⲧⲥⲛⲟⲟⲩⲥ ⲛ̄ⲥⲟⲃⲧ̄· ⲁⲓⲛⲁⲩ
ⲉ ϩⲉⲛϣⲟⲉⲓⲙ (*sic*) ⲛ̄ⲑⲣⲟⲛⲟⲥ ⲛ̄ ϯⲛⲁϣϣⲁϫⲉ ⲁⲛ ⲉ ⲡⲉⲩ-
ⲧⲁⲓⲟ̄· ⲡⲉϫⲁⲓ ⲙ̄ ⲡⲁⲅⲅⲉⲗⲟⲥ· ϫⲉ̄ ⲡⲁ ϫⲟⲉⲓⲥ ⲛⲓⲙ ⲡⲉⲧ
ⲛⲁϩⲙⲟⲟⲥ ⲙ̄ ⲡⲉⲓ ⲙⲁ ϩⲓϫⲛ̄ ⲛⲉⲑⲣⲟⲛⲟⲥ· ⲡⲉϫⲉ ⲡⲁⲅⲅⲉ-
ⲗⲟⲥ ⲛⲁⲓ ϫⲉ ϩⲉ[ⲛ]ⲁⲕⲁⲓⲣⲉⲟⲥ ⲛ̄ⲣⲱⲙⲉ ⲛⲉ· ⲁⲩⲱ ⲛ̄ϩⲁ-
ⲡⲗⲟⲩⲥ ⲉⲩⲉⲓⲣⲉ ⲙ̄ⲙⲟⲟⲩ ⲛ̄ⲥⲟϭ ⲉ ⲧⲃⲉ ⲡⲛⲟⲩⲧⲉ· ⲛⲁⲓ
ⲉⲧⲉ ⲛ̄ⲥⲉⲥⲟⲟⲩⲛ ⲁⲛ ⲛ̄ϩⲁϩ ϩⲛ̄ ⲛⲉⲅⲣⲁⲫⲏ· ⲙⲛ̄ ϩⲁϩ
ⲙ̄ⲯⲁⲗⲙⲟⲥ· ⲁⲗⲗⲁ ϩⲉⲛⲗⲉⲝⲓⲥ ⲙ̄ⲙⲁⲧⲉ ⲛⲉⲧⲉ ϣⲁⲩ-
ⲥⲱⲧⲙ̄ ⲉ ⲣⲟⲟⲩ ϩⲛ̄ ⲛⲉⲅⲣⲁⲫⲏ ⲛⲧⲟⲟⲧⲟⲩ ⲛ̄ ⲛ̄ⲣⲙ̄ ⲛ̄
ⲛⲟⲩⲧⲉ· ⲛ̄ⲥⲉⲉⲓⲣⲉ ⲛ̄ ϩⲉⲛⲛⲟϭ ⲙ̄ ⲡⲟⲗⲩⲧⲉⲓⲁ ⲉⲣⲉ
ⲡⲉⲩϩⲏⲧ ⲥⲟⲩⲧⲱⲛ ⲉ ϩⲟⲩⲛ ⲉ̄ ⲡⲛⲟⲩⲧⲉ ⲁⲩⲱ ϣⲁⲩⲣ̄
ϣⲡⲏⲣⲉ ⲛϭⲓ ⲛ̄ⲇⲓⲕⲁⲓⲟⲥ· ⲛ̄ϩⲟⲩⲛ ⲛ̄ ⲧⲡⲟⲗⲓⲥ ⲙ̄ ⲡⲉⲭⲣ̄ⲥ̄
ⲉⲩϫⲱ ⲙ̄ⲙⲟⲥ· ϫⲉ ϭⲱϣⲧ̄ ⲛ̄ⲧⲉⲧⲛ̄ⲛⲁⲩ ⲉ ⲛⲉⲓ ϩⲓⲇⲓⲱ̄ⲧⲏⲥ
ⲉⲧⲉ ⲛ̄ⲥⲉⲥⲟⲟⲩⲛ ⲁⲛ ⲛ̄ ⲛⲉⲅⲣⲁⲫⲏ :—ⲛⲧⲁⲩϫⲓ ⲙ̄ ⲡⲉⲓ ⲛⲟϭ
Fol. 9 *b* ⲛ ⲧⲁⲓⲟ ⲉ ⲃⲟⲗ | ⲉ ⲃⲟⲗ (*sic*) ϩⲓⲧⲙ̄ ⲡⲛⲟⲩⲧⲉ ⲉ ⲧⲃⲉ ⲧⲉⲩⲙⲛ̄ⲧ-
ϥ̄ⲏ̄ ϩⲁⲡⲗⲟⲩⲥ· ⲁⲛⲟⲕ ⲇⲉ ⲟⲛ ⲡⲁⲩⲗⲟⲥ· ⲁⲓⲛⲁⲩ ⲉⲩⲛⲟϭ ⲛ̄
ⲑⲩⲥⲓⲁⲥⲧⲏⲣⲓⲟⲛ ϩⲛ̄ ⲧⲙⲏⲏⲧⲉ ⲛ ⲧⲡⲟⲗⲓ̈ⲥ· ⲉϥϫⲟⲟⲥⲉ
ⲉⲙⲁⲁⲧⲉ· ⲉⲣⲉ ⲟⲩⲣⲱⲙⲉ ⲁⲁϩⲉ ⲣⲁⲧϥ̄ ϩⲁϩⲧⲙ̄ ⲡⲉ-
ⲑⲩⲥⲓⲁⲥⲧⲏⲣⲓ̈ⲟⲛ ⲉⲣⲉ ⲡⲉϥϩⲟ ⲣ̄ ⲟⲩⲟⲉⲓⲛ ⲛ̄ⲑⲉ ⲙ̄ ⲡⲣⲏ·
ⲉⲣⲉ ⲟⲩⲕⲓⲑⲁⲣⲁ ⲛ̄ ⲧⲟⲟⲧϥ̄ ⲛ̄ ⲛⲟⲩⲃ· ⲙⲛ̄ ⲟⲩⲯⲁⲗⲧⲏⲣⲓⲟⲛ
ⲛ̄ ⲛⲟⲩⲃ· ⲉϥⲱϣ ⲉ ⲃⲟⲗ ϫⲉ ⲁⲗⲗⲏⲗⲟⲩⲓⲁ· ϣⲁⲣⲉ ⲛⲉⲧ
ϩⲓϫⲛ̄ ⲙ̄ ⲡⲩⲗⲏ ⲙⲛ̄ ⲛⲉⲧ ϩⲓϫⲛ̄ ⲙ̄ ⲡⲩⲣⲅⲟⲥ ⲟⲩⲱϩⲙ̄
ⲛ̄ⲥⲱϥ ⲧⲏⲣⲟⲩ ϫⲉ ⲁⲗⲗⲏⲗⲟⲩⲓⲁ· ⲁⲩⲱ ϣⲁⲣⲉ ⲛ̄ⲥⲛ̄ⲧⲉ ⲛ̄
ⲧⲡⲟⲗⲓⲥ· ⲛⲟⲉⲓ̈ⲛ· ⲡⲉϫⲁⲓ ⲙ̄ ⲡⲁⲅⲅⲉⲗⲟⲥ ϫⲉ ⲡⲁ ϫⲥ̄
ⲛⲓⲙ ⲡⲉ ⲡⲉⲓ ⲇⲩⲛⲁⲧⲟⲥ ⲛ̄ ⲧⲉⲓ ϩⲉ ⲁϥⲟⲩⲱ̄ϣⲃ̄ ⲛ̄ϭⲓ
ⲡⲁⲅⲅⲉⲗⲟⲥ ⲡⲉϫⲁϥ ⲛⲁⲓ : ϫⲉ ⲡⲁⲓ ⲡⲉ ⲇ̄ⲁ̄ⲇ̄ ⲡⲉⲓⲱⲧ ⲙ̄
ⲡⲉⲭⲣ̄ⲥ̄ ⲕⲁⲧⲁ ⲥⲁⲣⲝ̄· ⲉⲡⲉⲓ ⲇⲏ ⲑⲓ̈ⲉⲗⲏⲙ̄ ⲛ̄ ⲧⲡⲉ ⲧⲉ
ⲧⲁⲓ· ⲉⲣϣⲁⲛ ⲡⲉⲭⲣ̄ⲥ̄ ⲡⲛⲟⲩⲧⲉ ⲟⲩⲱ̄ⲛϩ̄ ⲉ ⲃⲟⲗ ϩⲛ̄ ⲧⲉϥ-
ⲙⲛ̄ⲧⲉⲣⲟ· ⲇ̄ⲁ̄ⲇ̄ ⲛ̄ⲣ̄ⲣⲟ ⲡⲉⲧ ⲛⲁⲯⲁⲗⲗⲉⲓ· ⲛ̄ⲧⲉ ⲛ̄ⲧⲉ (*sic*)

ⲛ̄ⲇⲓⲕⲁⲓⲟⲥ ⲟⲩⲱ̄ϩⲙ̄ ⲛ̄ⲥⲱϥ ϫⲉ ⲁⲗⲗⲏⲗⲟⲩⲓⲁ· ⲡⲉϫⲁⲓ ⲙ̄
ⲡⲁⲅⲅⲉⲗⲟⲥ ϫⲉ ⲡⲁ ϫ̄ⲥ̄ ⲉ ⲧⲃⲉ ⲟⲩ ⲇ̄ⲁ̄ⲇ̄ ⲡⲉⲧ ⲯⲁⲗⲗⲉⲓ
ⲟⲩⲇⲉ ⲛ̄ⲇⲓⲕⲁⲓⲟⲥ ⲧⲏⲣⲟⲩ· ⲡⲉϫⲁϥ ⲛⲁⲓ· ϫⲉ ⲡⲉⲭ̄ⲣ̄ⲥ̄
ⲡⲉⲛ ϫ̄ⲥ̄ ⲉϥϩⲙⲟⲟⲥ ϩⲓ ⲟⲩⲛⲁⲙ ⲙ̄ ⲡⲉⲓⲱⲧ· ϩⲛ̄ ⲙ̄ⲡⲏⲩⲉ·
ⲇ̄ⲁ̄ⲇ̄ ⲡⲉⲧ ⲯⲁⲗⲗⲉⲓ ⲉ ⲣⲟϥ ϩⲛ̄ ⲧⲙⲉϩ ⲥⲁϣϥⲉ ⲙ̄ ⲡⲉ·
ⲕⲁⲧⲁ ⲡⲧⲩⲡⲟⲥ ⲉⲧⲟⲩⲉⲓⲣⲉ ⲙ̄ⲙⲟϥ ϩⲓϫⲙ̄ ⲡⲕⲁϩ ⲙ̄ⲡϭⲟⲙ
ⲉ ⲧⲁⲗⲉ ⲑⲩⲥⲓⲁ ⲉ ϩⲣⲁⲓ ϩⲛ̄ ⲗⲁⲁⲩ ⲙ̄ⲙⲁ ⲁϫⲛ̄ ⲇ̄ⲁ̄ⲇ̄
ⲡⲉⲡⲣⲟⲫⲏ|ⲧⲏⲥ· ⲉϥⲯⲁⲗⲗⲉⲓ ⲉ ϩⲣⲁⲓ ⲉϫⲛ̄ ⲧⲥⲁⲣⲝ̄ ⲙ̄ Fol. 10 *a*
ⲡⲉⲭ̄ⲣ̄ⲥ̄ ⲙ̄ⲡ ⲡⲉⲥⲛⲟϥ ⲉⲧ ⲟⲩⲁⲁⲃ· ⲕⲁⲧⲁ ⲡⲧⲩⲡⲟⲥ ⲉ̄ⲧⲟⲩ- ϥ̄ⲑ̄
ⲉⲓⲣⲉ ⲙ̄ⲙⲟϥ ϩⲛ̄ ⲧⲡⲉ· ⲁⲛⲟⲕ ⲇⲉ ⲁⲓⲟⲩⲱ̄ϣⲃ̄ ⲡⲉϫⲁⲓ ⲙ̄
ⲡⲁⲅⲅⲉⲗⲟⲥ· ϫⲉ ⲡⲁ ϫ̄ⲥ̄ ⲟⲩ ⲡⲉ ⲁⲗⲗⲏⲗⲟⲩⲓⲁ· ⲡⲉϫⲁϥ
ⲛⲁⲓ ϫⲉ ⲡⲁⲩⲗⲟⲥ ⲡⲥⲁϩ ⲛ̄ ⲧⲉⲕⲕⲗⲏⲥⲓⲁ· ⲕⲁⲗⲱⲥ ⲉⲕϣⲓⲛⲉ
ⲛ̄ⲥⲁ ϩⲱⲃ ⲛⲓⲙ· ⲁⲗⲗⲁ ⲙ̄ⲙⲛ̄ⲧϩⲃ̄ⲣⲁⲓⲟⲥ ⲡⲉ ϯ ⲉⲟⲟⲩ ⲙ̄
ⲡⲛⲟⲩⲧⲉ ⲡⲛ̄ⲧ ⲁϥⲥⲉⲛ̄ⲧ ⲛ̄ⲕⲁ ⲛⲓⲙ· ⲁⲩⲱ ⲟⲛ ⲡⲉϥⲟⲩⲱϩⲙ̄
ⲡⲉ ⲡⲁⲓ ϫⲉ ⲙⲁⲣⲛ̄ ⲥⲙⲟⲩ ⲉ̄ ⲡⲛⲟⲩⲧⲉ ϩⲓ ⲟⲩⲥⲟⲡ· ⲁⲛⲟⲕ
ⲇⲉ ⲁⲓⲟⲩⲱ̄ϣⲃ̄ ⲡⲉϫⲁⲓ ⲙ ⲡⲁⲅⲅⲉⲗⲟⲥ· ϫⲉ ⲉⲓⲉ ⲣⲱⲙⲉ
ⲛⲓⲙ ⲉϥϫⲱ ⲙ̄ⲙⲟⲥ ϫⲉ ⲁⲗⲗⲏⲗⲟⲩⲓⲁ ⲉϥⲥⲙⲟⲩ ⲉ ⲡⲛⲟⲩⲧⲉ·
ⲡⲉϫⲁϥ ϫⲉ ⲁϩⲉ· ⲁⲩⲱ ⲟⲛ ⲉⲩϫⲱ ⲙ̄ⲙⲟⲥ ϫⲉ ϯ ⲉⲟⲟⲩ ⲙ̄
ⲡϫ̄ⲥ̄· ⲡⲉϫⲁⲓ ⲙ ⲡⲁⲅⲅⲉⲗⲟⲥ· ϫⲉ ⲉⲓⲉ ⲡⲉⲧ ϫⲱ ⲙ̄ⲙⲟⲥ
ϫⲉ ⲁⲗⲗⲏⲗⲟⲩⲓⲁ ⲛ̄ⲥⲉⲟⲩⲱ̄ϩⲙ̄ ⲛ̄ⲥⲱϥ ⲁⲛ: ⲡⲉϫⲉ ⲡⲁⲅ-
ⲅⲉⲗⲟⲥ ⲛⲁⲓ ϫⲉ ⲉϣⲱⲡⲉ ⲟⲩⲣⲱⲙⲉ ⲉϥϣⲱⲛⲉ ⲡⲉ ⲙ̄ⲡ
ⲁⲣⲓⲕⲉ ⲉ ⲣⲟϥ ϫⲉ ⲛϥⲟⲩⲱ̄ϩⲙ̄ ⲁⲛ· ⲉϣⲱⲡⲉ ⲇⲉ ⲟⲛ
ⲁϥⲣ̄ ϩ̄ⲗ̄ⲗⲟ ⲙ̄ⲡ ⲁⲣⲓⲕⲉ ⲉ ⲣⲟϥ· ⲁⲗⲗⲁ ⲉϣⲱⲡⲉ ⲟⲩ-
ϫⲱⲱⲣⲉ ⲡⲉ ⲉ̄ ⲟⲩⲛ̄ϭⲟⲙ ⲙ̄ⲙⲟϥ ⲛϥⲧⲙ̄ⲟⲩⲱ̄ϩⲙ̄· ⲡⲁⲓ
ⲟⲩϫⲁⲥⲓϩⲏⲧ ⲡⲉ· ⲁⲩⲱ ⲟⲩⲕⲁⲧⲁⲫⲣⲟⲛⲓⲧⲏⲥ ⲡⲉ· ⲛϥ-
ⲙ̄ⲡϣⲁ ⲁⲛ ⲛ̄ ⲥⲙⲟⲩ ⲉ ⲡⲉⲛⲧ ⲁϥⲧⲁⲙⲓⲟϥ: ⲧⲟⲧⲉ
ⲁϥⲉⲛⲧ ⲉ ⲃⲟⲗ ϩⲛ̄ ⲧⲡⲟⲗⲓⲥ· ϩⲛ̄ ⲧⲙⲏⲏⲧⲉ ⲛ̄ ⲛ̄ϣⲏⲛ:
ⲁⲩⲱ ⲉ ⲃⲟⲗ ⲛ̄ ⲧⲁⲭⲓⲉ ⲗⲩⲙⲏⲛ· ⲁϥⲉⲛⲧ ⲉ ⲃⲟⲗ ϩⲙ̄
ⲡⲕⲁϩ ⲛ̄ ⲛ̄ⲁⲅⲁⲑⲟⲥ ⲉ ϩⲣⲁⲓ ⲉϫⲙ̄ ⲡⲉⲓⲉ̄ⲣⲟ ⲛ̄ ⲉⲣⲱⲧⲉ ϩⲓ
ⲉⲃⲓⲱ̄· ⲁϥⲉⲓⲛⲉ ⲙ̄ⲙⲟⲓ ⲉ ⲃⲟⲗ ⲉϫⲙ̄ ⲡⲱⲕⲉⲁⲛⲟⲥ· ⲡⲁⲓ
ⲉⲧ ⲧⲱⲟⲩⲛ ϩⲁ ⲧⲡⲉ· ⲁϥϫⲓ ⲙ̄ⲙⲟⲓ ⲉ ϩⲣⲁⲓ ⲉ ⲧⲡⲉ:—|
ⲡⲉϫⲉ ⲡⲁⲅⲅⲉⲗⲟⲥ ⲛⲁⲓ· ϫⲉ ⲡⲁⲩⲗⲟⲥ ⲡⲁⲩⲗⲟⲥ ⲁⲕⲉⲓⲙⲉ Fol. 10 *b*
ϫⲉ ⲉⲕ ⲧⲱⲛ ⲧⲉⲛⲟⲩ· ⲡⲉϫⲁⲓ ⲛⲁϥ ϫⲉ ⲁϩⲉ ⲡⲁ ϫ̄ⲥ̄· ⲣ̄
ⲁϥⲟⲩⲱ̄ϣⲃ̄ ⲉϥϫⲱ ⲙ̄ⲙⲟⲥ ⲛⲁⲓ ϫⲉ ⲟⲩⲁϩⲕ̄ ⲛ̄ⲥⲱⲕ ⲧⲉⲛⲟⲩ·

ⲛ̄ⲧⲁⲧⲥⲁⲃⲟⲕ ⲉ ⲧⲉϥⲯⲩⲭⲏ ⲛ̄ ⲛ̄ⲁⲥⲉⲃⲏⲥ ⲙⲛ̄ ⲛ̄ⲣⲉϥⲣ̄ ⲛⲟⲃⲉ
ϫⲉ ⲉⲩϣⲁⲛⲙⲟⲩ ⲉⲩϫⲓ ⲙⲙⲟⲟⲩ ⲉ̄ ⲧⲱⲛ· ⲁⲛⲟⲕ ⲇⲉ
ⲁⲓⲙⲟⲟϣⲉ ⲙⲛ̄ ⲡⲁⲅⲅⲉⲗⲟⲥ· ⲁϥϫⲓ ⲙⲙⲟⲓ ϣⲁ ⲙ̄ⲙⲁ
ⲛ̄ϩⲱⲧⲡ̄ ⲙ̄ ⲡⲣⲏ· ⲁⲓϭⲓⲛⲉ ⲛ̄ ⲛ̄ⲥⲛ̄ⲧⲉ ⲛ ⲧⲡⲉ ⲉⲩⲧⲁϫⲣⲏⲩ
ⲉϫⲙ̄ ⲡⲉⲓⲉⲣⲟ ⲙ̄ⲙⲟⲟⲩ· ⲡⲉϫⲁⲓ ⲙ ⲡⲁⲅⲅⲉⲗⲟⲥ· ϫⲉ ⲟⲩ ⲡⲉ
ⲡⲉⲓⲉ̄ⲣⲟ ⲙⲙⲟⲟⲩ ⲉ̄ⲣⲉ ⲧⲉⲓ ⲡⲉ ⲧⲁϫⲣⲏⲩ ⲉ ϫⲱϥ ⲡⲉϫⲁϥ
ⲛⲁⲓ ϫⲉ ⲡⲁⲓ ⲡⲉ ⲡⲟⲕⲉⲁⲛⲟⲥ· ⲡⲁⲓ ⲡⲉ ⲡⲓⲉⲣⲟ ⲉⲧ ⲕⲱⲧⲉ ⲉ
ⲧⲟⲓⲕⲟⲩⲙⲉⲛⲏ ⲧⲏⲣⲥ̄· ⲁⲩⲱ ⲛ̄ ⲧⲉⲣⲉ ⲓⲣ̄ ⲡⲃⲟⲗ ⲙ̄
ⲡⲟⲅⲉⲁⲛⲟⲥ· ⲙ̄ⲡⲉ ⲓⲛⲁⲩ ⲉ ⲗⲁⲁⲩ ϩⲙ̄ ⲡⲙⲁ ⲉⲧ ⲙ̄ⲙⲁⲩ·
ⲛⲥⲁ ⲗⲩⲡⲉⲓ ϩⲓ ⲁϣⲁϩⲟⲙ· ϩⲓ ⲙ̄ⲕⲁϩ ⲛ̄ϩⲏⲧ ϩⲓ ⲅⲛⲟⲫⲟⲥ·
ϩⲓ ⲕⲁⲕⲉ ϩⲓ ϩⲧⲉⲙⲧⲙ̄ ϩⲓ ⲧⲁⲕⲟ· ⲧⲟⲧⲉ ⲁⲓϭⲱϣⲧ̄ ⲁⲛⲟⲕ
ⲡⲁⲩⲗⲟⲥ· ⲁⲓⲛⲁⲩ ⲉⲩⲛⲟϭ ⲛ̄ⲥⲱϣⲉ ⲉⲥⲟ ⲛ̄ ϣⲁⲣⲃⲁ·
ⲉⲩϩⲟⲧⲉ ⲡⲉ ⲛⲁⲩ ⲉ ⲣⲟⲥ· ⲉⲥⲟ ⲛ̄ϩⲓⲉⲓⲧ ϩⲓⲉⲓⲧ· ⲉⲥⲟ
ⲛ̄ϣⲓⲕϩ̄ ϣⲓⲕϩ̄ ⲉ ⲟⲩⲛ̄ ϣⲓⲕϩ̄ ⲉϥϣⲟⲕϩ̄ ⲉ ⲡⲉⲥⲏⲧ ⲛ̄ ϣⲉ
ⲙ̄ⲙⲁϩⲉ· ⲟⲩⲛ̄ ϣⲓⲕϩ̄ ⲉϥϣⲟⲕϩ̄ ⲉ̄ ⲡⲉⲥⲏⲧ ⲛ̄ⲧⲁⲓⲟⲩ
ⲙ̄ⲙⲁϩⲉ· ⲟⲩⲛ̄ ϣⲓⲕϩ̄ ⲉϥϣⲟⲕϩ̄ ⲉ ⲡⲉⲥⲏⲧ ⲙ̄ⲙⲁⲁⲃ
ⲙ̄ⲙⲁϩⲉ· ⲟⲩⲛ̄ ϣⲓ̈ⲕϩ ⲉϥϣⲟⲕϩ̄ ⲉ ⲡⲉⲥⲏⲧ ⲛ̄ϫⲟⲩⲱⲧ
ⲙ̄ⲙⲁϩⲉ· ⲟⲩⲛ̄ ϣⲓⲕϩ̄ ⲉϥϣⲟⲕϩ̄ ⲉ ⲡⲉⲥⲏⲧ ϣⲁ ⲁⲣⲏϫϥ̄
ⲙ̄ ⲡⲛⲟⲩⲛ· ⲟⲩⲛ̄ ϣⲓⲕϩ̄ ⲉϥⲙⲉϩ ⲛ̄ⲇⲣⲁⲕⲟⲛ· ⲟⲩⲛ̄ ϣⲓⲕϩ̄
ⲉϥⲙⲉϩ ⲛ̄ϫⲁϥ· ⲟⲩⲛ̄ ϣⲓⲕϩ̄ ⲉϥⲙⲉϩ ⲛ̄ⲗⲁϫⲁⲧⲡ̄ (*sic*) ϩⲓ
ⲑⲏⲛ· ⲉϥⲃⲣ̄ⲃⲣ̄ ⲉ̄ ϩⲣⲁⲓ ⲛ̄ⲑⲉ ⲛ̄ⲟⲩⲭⲁⲗⲭⲓⲟⲛ· ⲉⲣⲉ
ⲡⲉϥⲧⲁϭ ϥⲱϭⲉ ⲉ ϩⲣⲁⲓ ⲉ ⲡϫⲓⲥⲉ ⲙ̄ⲙⲁⲁⲃ ⲙ̄ⲙⲁϩⲉ |
Fol. 11 *a* ⲟⲩⲛ̄ ϣⲓⲕ[ϩ̄] ⲉϥⲙⲉϩ ⲛ̄ϥⲛⲧ ⲉϥⲗⲟⲙⲥ̄ ⲉⲙⲁⲁⲧⲉ· ⲟⲩⲛ̄
ⲣ̄ⲁ̄ ϣⲓⲕ ⲉϥⲙⲉϩ ⲛ̄ⲉⲓⲟⲟⲩⲉ ⲉϥϩⲁ ϩⲟⲧⲉ· ⲟⲩⲛ̄ ϣⲓⲕ ⲉϥⲙⲉϩ
ⲛ̄ⲕⲱϩⲧ̄· ⲉⲣⲉ ⲡⲉϥⲕⲱϩⲧ̄· ⲟ̄ ⲙ̄ ⲡⲁⲩⲁⲛ ⲙ̄ ⲡⲏϭⲉ· ⲟⲩⲛ̄
ϣⲓⲕϩ̄ ⲉⲣⲉ ⲡⲉϥⲕⲁⲡⲛⲟⲥ ⲃⲏⲕ ⲉ ϩⲣⲁⲓ ϣⲁ ⲡⲉⲥⲧⲉⲣⲉⲱⲙⲁ·
ⲟⲩⲛ̄ ϣⲓⲕϩ̄ ⲉⲣⲉ ϣⲉ ⲛ̄ⲇⲉⲕⲁⲛⲟⲥ ϩⲓ ϫⲱϥ :—ⲁⲓϭⲱϣⲧ̄
ⲁⲛⲟⲕ ⲡⲁⲩⲗⲟⲥ ⲁⲓⲛⲁⲩ ⲉⲩⲛⲟϭ ⲛ̄ⲉⲓⲉⲣⲟ ⲛ̄ⲕⲱϩⲧ̄· ⲉϥϥⲓ
ϩⲟⲉⲓⲙ ϩⲟⲉⲓⲙ· ⲉⲟⲩⲛ̄ ⲟⲩⲙⲏⲏϣⲉ ⲛ̄ⲣⲱⲙⲉ ϩⲓ ⲥϩⲓ̈ⲙⲉ
ⲟⲙⲥ̄ ⲉ ⲡⲉⲥⲏⲧ ⲉ ⲣⲟϥ· ϩⲟⲓⲛⲉ ⲙⲉⲛ ⲉⲩⲟⲙⲥ̄ ϣⲁ ⲛⲉⲩ-
ⲡⲁⲧ· ϩⲉⲛ̄ⲕⲟⲟⲩⲉ ϣⲁ ⲧⲉⲩⲙⲏⲏⲧⲉ· ϩⲟⲓⲛⲉ ϣⲁ ⲛⲉⲩⲥⲡⲟ-
ⲧⲟⲩ· ϩⲉⲛⲕⲟⲟⲩⲉ ϣⲁ ⲛⲉⲩϥⲱ· ⲁⲛⲟⲕ ⲇⲉ ⲁⲓⲟⲩⲱϣⲃ̄
ⲡⲉϫⲁⲓ̈ ⲙ̄ ⲡⲁⲅⲅⲉⲗⲟⲥ· ϫⲉ ⲡⲁ ϫⲥ̄ ϩⲉⲛⲟⲩ ⲛ̄ⲉ ⲛⲁⲓ ⲉⲧ
ϩⲛ̄ ⲛⲉⲓ ⲉⲣⲱⲟⲩ ⲛ̄ⲕⲱϩⲧ̄ ⲁϥⲟⲩⲱϣⲃ̄ ⲛ̄ϭⲓ ⲡⲁⲅⲅⲉⲗⲟⲥ·

ϫⲉ ⲛⲁⲓ ⲛⲉⲧ ⲉⲙ̄ⲡ ⲟⲩⲣ̄ ϩⲙ̄ⲙⲉ· ⲙ̄ⲡ ⲟⲩⲣ̄ ⲙⲟⲩ ⲛ
ⲱⲣϣ̄· ⲙ̄ⲡ ⲟⲩⲱⲡ ⲙⲛ̄ ⲛ̄ⲇⲓⲕⲁⲓⲟⲥ· ⲙ̄ⲡ ⲟⲩⲱⲡ ⲙⲛ̄
ⲛ̄ⲣⲉϥⲣ̄ ⲛⲟⲃⲉ· ⲁⲗⲗⲁ ⲁⲩⲧⲁⲕⲟ ⲙ̄ ⲡⲉⲩⲱ̄ⲛϩ̄ ⲙⲁⲩⲁⲁⲩ
ϩⲓϫⲙ̄ ⲡⲕⲁϩ· ϣⲁⲩⲣ̄ ϩⲉⲛϩⲟⲟⲩ ⲉⲩϣⲙ̄ϣⲉ ⲙ̄ ⲡⲛⲟⲩ[ⲧⲉ]·
ⲁⲩⲱ ϩⲉⲛϩⲟⲟⲩ ⲉⲩⲣ̄ ⲛⲟⲃⲉ ⲁⲩⲱ ⲉⲩⲡⲟⲣⲛⲉⲩⲉ: ⲙ̄ⲡ ⲟⲩⲗⲟ
ϩⲛ̄ ⲛⲉⲩⲛⲟⲃⲉ ϣⲁⲛⲧ ⲟⲩⲙⲟⲩ ϩⲣⲁⲓ ⲛ̄ϩⲏⲧⲟⲩ· ⲁⲛⲟⲕ ⲇⲉ
ⲁⲓⲟⲩⲱϣⲃ̄ ⲡⲉϫⲁⲓ ⲙ̄ ⲡⲁⲅⲅⲉⲗⲟⲥ· ϫⲉ ⲛⲓⲙ ⲛⲉ ⲛⲁⲓ ⲉⲧ
ⲟⲙⲥ̄ ϣⲁ ⲛⲉⲩⲡⲁⲧ: ⲡⲉϫⲁϥ ⲛⲁⲓ· ϫⲉ ⲛⲁⲓ ⲛⲉⲧⲉ ϣⲁⲩⲉⲓ
ⲉ ⲃⲟⲗ ϩⲛ̄ ⲧⲉⲕⲕⲗⲏⲥⲓⲁ̄· ⲛ̄ⲥⲉⲧⲁϩⲟⲩ ϩⲛ̄ ϩⲉⲛϩⲃⲏⲩⲉ
ⲛ̄ⲛⲱ ⲟⲩⲁⲛ· ⲉⲩⲣ̄ ⲛⲟⲃⲉ ⲙ̄ⲙⲏⲛⲉ· ⲛⲁⲓ ϩⲱⲟⲩ ⲉⲧ ⲟⲙⲥ̄
ϣⲁ ⲧⲉⲩⲙⲏⲛⲧⲉ· ⲛⲁⲓ ⲛⲉ ϣⲁⲩϫⲓ ⲉ ⲃⲟⲗ ϩⲛ̄ ⲧⲥⲁⲣⲝ̄ ⲙ̄
ⲡⲉⲭⲣ̄ⲥ̄ ⲙⲛ̄ ⲡⲉϥⲥⲛⲟϥ ⲉⲧ ⲟⲩⲁⲁⲃ· ⲛ̄ⲥⲉⲃⲱⲕ ⲛ̄ⲥⲉⲡⲟⲣ-
ⲛⲉⲩⲉ ⲙ̄ⲡ ⲟⲩⲗⲟ ϩⲛ̄ ⲛⲉⲩⲛⲟⲃⲉ· ⲛⲉⲧ ⲟⲙⲥ̄ ϩⲱⲟⲩ ϣⲁ
ⲛⲉⲩⲥⲡⲟⲧⲟⲩ ⲛⲁⲓ ⲛⲉ ϣⲁⲩⲕⲁⲧⲁⲗⲁⲗⲉⲓ ϩⲛ̄ ⲧⲉⲕⲕⲗⲏ-
ⲥⲓⲁ:—| ⲙⲛ̄ ⲛⲉⲩⲏⲓ· ⲛⲉⲧ ⲟⲙⲥ̄ ϩⲱⲟⲩ ϣⲁ ⲛⲉⲩϥⲟ ⲛⲉ Fol. 11 *b*
ⲛⲉⲧⲉ ϣⲁⲩⲕⲟⲙϣ̄ ⲛ̄ⲥⲁ ⲛⲉⲩⲉⲣⲏⲩ ϩⲛ̄ ⲟⲩⲙⲛ̄ⲧⲥⲁⲛⲕⲟⲧⲥ̄· ⲣ̄ⲃ̄
ⲉⲩⲟ̄ ⲛ̄ⲕⲣⲟϥ ⲉ̄ ⲛⲉⲩⲉⲣⲏⲩ ⲙ̄ ⲡⲉⲙⲛ̄ⲧ ϩⲱⲱϥ ⲙ̄ ⲡⲉⲓⲉⲣⲟ ⲛ̄-
ⲕⲱϩ̄ⲧ ⲉϥⲟ̄ ⲙ̄ⲙⲓⲛⲉ ⲛ̄ⲕⲟⲗⲁⲥⲓⲥ· ⲉϥⲙⲉϩ ⲛ̄ⲣⲱⲙⲉ ϩⲓ
ⲥϩⲓⲙⲉ· ⲉⲣⲉ ⲡⲉⲓⲉⲣⲟ ⲛ̄ⲕⲱϩ̄ⲧ ⲥⲱⲕ ϩⲁ ⲣⲟⲟⲩ· ⲁ̄ⲛⲟⲕ ⲇⲉ
ⲡⲁⲩⲗⲟⲥ ⲁⲓϭⲱϣ̄ⲧ ⲁⲓⲛⲁⲩ ⲉ ϩⲉⲛϩⲓⲣ ⲉⲩⲃⲏⲕ ⲉ ⲡⲉⲥⲏⲧ
ϣⲁ ϣⲟⲙⲛ̄ⲧ ⲛ̄ⲧⲃⲁ ⲙ̄ⲙⲁϩⲉ· ⲯⲩⲭⲏ ⲉϫⲙ̄ ⲯⲩⲭⲏ·
ⲅⲉⲛⲉⲁ ⲉϫⲛ̄ ⲅⲉⲛⲉⲁ· ⲡⲉⲩⲁϣⲁϩⲟⲙ ⲅⲁⲣ ⲧⲏⲣⲟⲩ ⲡⲉ·
ⲁⲩⲱ ⲛⲉⲩⲣⲓⲙⲉ ⲉⲩϫⲱ ⲙ̄ⲙⲟⲥ· ϫⲉ ⲛⲁ ⲛⲁⲛ ⲡϫⲥ̄· ⲁⲩⲱ
ⲙ̄ⲡ ⲟⲩⲛⲁ ⲛⲁⲩ ⲉ ⲡⲧⲏⲣϥ̄· ⲡⲉϫⲁⲓ ⲙ̄ ⲡⲁⲅⲅⲉⲗⲟⲥ ϫⲉ
ϩⲉⲛⲟⲩ ⲛⲉ ⲛⲁⲓ ⲡⲁ ϫⲥ̄· ⲁϥⲟⲩⲱ̄ϣⲃ̄ ⲉϥϫⲱ ⲙ̄ⲙⲟⲥ ⲛⲁⲓ̈
ϫⲉ ⲛⲁ ⲛⲉⲧⲉ ⲙ̄ⲡ ⲟⲩⲕⲁ ⲡⲛⲟⲩⲧⲉ ⲛⲁⲩ ⲛ̄ⲃⲟⲏⲑⲟⲥ· ϩⲙ̄
ⲡⲉⲟⲩⲟ̄ⲉⲓϣ ⲛ̄ ⲧⲉⲩⲑⲗⲓⲯⲓⲥ· ⲡⲉϫⲁⲓ ⲛⲁϥ ⲛⲁϥ (*sic*)· ϫⲉ
ⲉϣϫⲉ ⲟⲩⲛ̄ ⲙⲁⲁⲃⲉ ⲛ̄ⲅⲉⲛⲉⲁ ⲛ̄ ϩⲙⲉ ⲛ̄ⲅⲉⲛⲉⲁ ϩⲓϫⲛ̄
ⲛⲉⲩⲉⲣⲏⲩ· ⲉⲣⲉ ⲡϣⲓⲕϩ̄ ⲡϣⲓⲕϩ̄ (*sic*) ⲛⲁⲣ̄ ⲟⲩⲏⲣ· ⲡⲉϫⲁϥ
ⲛⲁⲓ ϫⲉ̄ ϯⲣ̄ ⲙⲛ̄ⲧⲣⲉ ⲛⲁⲕ ⲱ̄ ⲡⲁⲩⲗⲟⲥ ϫⲉ ⲡⲉⲓ ϣⲓⲕϩ̄ ⲡⲁⲓ
ϣⲟⲕϩ̄ ϣⲁ ⲁⲣⲏϫϥ̄ ⲙ̄ ⲡⲛⲟⲩⲛ· ⲁⲩⲱ ⲛⲉϥⲃ̄ⲣⲃ̄ⲣ ⲉ ϩⲣⲁⲓ̈
ⲛ̄ⲑⲉ ⲛ̄ ⲟⲩⲭⲁⲗⲭⲓⲟⲛ: ⲡⲉϫⲉ ⲡⲁⲅⲅⲉⲗⲟⲥ ⲛⲁⲓ̈ ϫⲉ ⲱ̄
ⲡⲁⲩⲗⲱⲥ ϯⲱⲣⲕ̄ ⲛⲁⲕ ⲙ̄ ⲡⲛⲟⲩⲧⲉ· ϫⲉ ⲡⲉⲓ ϣⲓⲕϩ̄ ⲡⲁⲓ
ⲉⲕϣⲁⲛⲭⲁⲗⲁ ⲛ̄ ⲟⲩⲁⲗⲱⲗⲉ ⲛ̄ⲱⲛⲉ ⲉ ⲡⲉⲥⲏⲧ ⲉ ⲣⲟϥ·

ⲙⲟⲩⲥⲉ ⲛ̄ⲥⲡⲱϩ ⲉ̄ ⲡⲉⲥⲏⲧ ⲉ ⲣⲁⲧϥ̄ ⲛ̄ϣⲉ ⲛ̄ⲣⲱⲙⲉ :—
Fol. 12 *a* ⲁⲛⲟⲕ ⲇⲉ ⲡⲁⲩⲗⲟⲥ ⲁⲓⲁϣⲁϩⲟⲙ ⲁⲩⲱ ⲁⲓⲣⲓⲙⲉ :— | ⲉϫⲙ̄
[ⲣⲅ] ⲡⲅⲉⲛⲟⲥ ⲧⲏⲣϥ̄ ⲛ̄ ⲧⲙⲛ̄ⲧⲣⲱⲙⲉ · ⲡⲉϫⲉ ⲡⲁⲅⲅⲉⲗⲟⲥ
ⲛⲁⲓ · ϫⲉ ⲁϩⲣⲟⲕ ⲉⲕⲣⲓⲙⲉ ⲱ̄ ⲡⲁⲩⲗⲟⲥ · ⲙⲏ ⲛ̄ⲧⲕ̄
ⲟⲩⲛⲁⲏⲧ ⲛⲧⲟⲕ ⲡⲁⲣⲁ ⲡⲛⲟⲩⲧⲉ · ⲉϥⲥⲟⲟⲩⲛ ⲅⲁⲣ ⲛ̄ϭⲓ
ⲡⲛⲟⲩⲧⲉ ϫⲉ ⲟⲩⲛ ⲕⲣⲓⲥⲓⲥ ϣⲟⲟⲡ · ⲉ ⲧⲃⲉ ⲡⲁⲓ ⲉϥϩⲟⲣϣ̄
ⲛ̄ϩⲏⲧ ⲉϫⲙ̄ ⲡⲟⲩⲁ ⲡⲟⲩⲁ ϣⲁⲛⲧ ϥ̄ⲉⲓⲣⲉ ⲙ̄ ⲡⲉϥⲟⲩⲱϣ
ϩⲓϫⲙ̄ ⲡⲕⲁϩ ⁘—Ⲧⲟⲧⲉ ⲁⲓϭⲱϣⲧ̄ ⲉϫⲙ̄ ⲡⲉⲓⲉⲣⲟ ⲛ̄ ⲕⲱϩⲧ̄ ·
ⲁⲓⲛⲁⲩ ⲉⲩϩⲗ̄ⲗⲟ ⲛ̄ ⲣⲱⲙⲉ ⲉ ⲁⲩⲉⲛⲧϥ ⲉⲩⲥⲱⲕ · ⲙ̄ⲙⲟϥ ·
ⲁⲩⲟⲙⲥϥ̄ ϣⲁ ⲛⲉϥⲡⲁⲧ · ⲁϥⲉⲓ ⲛ̄ϭⲓ̈ ⲡⲁⲅⲅⲉⲗⲟⲥ · ⲁϥ-
ⲧⲉⲙⲉⲗⲟⲩⲭⲟⲥ · ⲙⲛ̄ ⲟⲩⲛⲟϭ ⲛ̄ϣⲗⲓϭ ⲛ̄ ⲕⲱϩⲧ̄ · ⲉϥⲟ̄ ⲛ̄
ϣⲟⲙⲛ̄ⲧ · ⲛ̄ⲧⲁⲡ · ⲁϥⲉⲓⲛⲉ ⲛ̄ⲛⲉϥⲙⲁϩⲧ̄ ⲉ̄ ⲃⲟⲗ ϩⲛ̄ ⲣⲱϥ ·
ⲡⲉϫⲁⲓ ⲙ̄ ⲡⲁⲅⲅⲉⲗⲟⲥ ϫⲉ ⲛⲓⲙ ⲡⲉ ⲡⲉⲓ ϩⲗ̄ⲗⲟ ⲛ̄ ⲣⲱⲙⲉ
ⲉⲧⲟⲩϯ ϩⲓⲥⲉ ⲛⲁϥ ⲛ ⲧⲉⲓ ϩⲉ ⲧⲏⲣⲥ̄ · ⲡⲉϫⲁϥ ⲛⲁⲓ ϫⲉ ⲡⲁⲓ
ⲟⲩⲡⲣⲉⲥⲃⲩⲧⲉⲣⲟⲥ ⲡⲉ · ⲙ̄ⲡⲉ ϥϫⲱⲕ ⲉ ⲃⲟⲗ ⲕⲁⲗⲱⲥ ⲙ̄
ⲡⲣⲁⲛ ⲛ̄ⲧⲁⲩⲧⲁⲗⲟϥ ⲉ ϩⲣⲁⲓ ⲉ ϫⲱϥ · ⲉϥⲟⲩⲱⲙ ⲉϥⲥⲱ
ⲉϥⲡⲟⲣⲛⲉⲩⲉ ⲉϥⲃⲏⲕ ⲉ̄ ⲧⲁⲗⲉ ⲑⲩⲥⲓⲁ ⲉ ϩⲣⲁⲓ ϩⲓϫⲙ̄
ⲡⲕⲁϩ · ⲁⲛⲟⲕ ⲇⲉ ⲁⲓϭⲱϣⲧ̄ ⲁⲓⲛⲁⲩ ⲉ ⲕⲉ ⲥⲁ ⲛ̄ ⲕⲉ
ⲕⲟⲩⲓ · ⲁⲓⲛⲁⲩ ⲉⲩϩⲗ̄ⲗⲟ ⲛ̄ ⲣⲱⲙⲉ ⲉ ⲁⲩⲉⲛⲧϥ̄ ⲟ ⲛⲉⲩⲡⲏⲧ
ⲛ̄ⲙ̄ⲙⲁϥ ⲛ̄ϭⲓ ϥⲧⲟⲟⲩ ⲛ̄ⲁⲅⲅⲉⲗⲟⲥ ⲛ̄ⲧⲉ ⲧⲟⲣⲅⲏ : ⲁⲩ-
ⲟⲙⲥϥ̄ ϣⲁ ⲛⲉϥⲡⲁⲧ ϩⲙ̄ ⲡⲉⲓⲉⲣⲟ ⲛ̄ ⲕⲱϩⲧ̄ ⲉⲣⲉ ϩⲉⲛⲉⲃⲣⲏϭⲉ
ⲛ̄ ⲕⲱϩⲧ̄ ϩⲓⲟⲩⲉ ⲉ ϩⲟⲩⲛ ϩⲙ̄ ⲡⲉϥϩⲟ ⲛ̄ⲑⲉ ⲛ̄ ⲛⲉⲓ ϩⲁⲧⲏⲩ :—
ⲙ̄ⲡ ⲟⲩⲕⲁⲁϥ ⲉ̄ ϫⲟⲟⲥ ϫⲉ ⲛⲁ ⲛⲁⲓ ⲉ̄ ⲡⲧⲏⲣϥ̄ · ⲁⲛⲟⲕ ⲇⲉ
ⲡⲉϫⲁⲓ̈ ⲙ̄ ⲡⲁⲅⲅⲉⲗⲟⲥ ϫⲉ ⲡⲁ ϫⲥ̄ ⲛⲓ̈ⲙ ⲡⲉ ⲡⲁⲓ̈ · ⲡⲉϫⲁϥ
ⲛⲁⲓ ϫⲉ ⲡⲁⲓ ⲟⲩⲉⲡⲓⲥⲕⲟⲡⲟⲥ ⲡⲉ ⲙⲡⲉ ϥϫⲱⲕ ⲉ ⲃⲟⲗ
ⲕⲁⲗⲱⲥ ⲛ̄ ⲧⲉϥⲙⲛ̄ⲧⲉⲡⲓⲥⲕⲟⲡⲟⲥ · ⲉ ⲁⲩⲧⲁⲗⲉ ⲟⲩⲛⲟϭ ⲛ̄
ⲣⲁⲛ ⲉ ϩⲣⲁⲓ ⲉ ϫⲱϥ · ⲙ̄ⲡⲉ ϥϯ ⲟⲩϩⲁⲡ ⲉϥⲥⲟⲩⲧⲱⲛ
Fol. 12 *b* ⲛⲟⲩϩⲟⲟⲩ ⲛ̄ ⲟⲩⲱⲧ | ⲟⲩⲇⲉ ⲙ̄ⲡⲉ ϥⲙⲟⲟϣⲉ ϩⲛ̄ ⲧⲙⲛ̄ⲧ-
[ⲣⲇ] ⲁⲅⲁⲑⲟⲥ ⲙ̄ ⲡⲛⲟⲩⲧⲉ · ⲡⲁⲓ ⲛ̄ⲧⲁϥⲧⲁⲗⲉ ⲡⲉϥⲣⲁⲛ ⲉ ϩⲣⲁⲓ
ⲉ ϫⲱϥ · ⲟⲩⲇⲉ ⲙ̄ⲡⲉ ϥⲛⲁⲛⲟⲩ ⲭⲏ̈ⲣⲁ ⲙⲛ̄ ⲟⲩⲟⲣⲫⲁ-
ⲛⲟⲥ · ⲉϥⲟ ⲙ̄ ⲙⲁⲥⲧ̄ ⲣⲱⲙⲉ · ⲉⲙⲛ̄ ⲛⲁ ⲛⲧⲉ ⲡⲛⲟⲩⲧⲉ ϩⲙ̄
ⲡⲉϥϩⲏⲧ ⲉ ⲧⲃⲉ ⲡⲁⲓ ⲁⲩⲧⲱⲱ̄ⲃⲉ ⲛⲁϥ ⲕⲁⲧⲁ ⲛⲉϥϩⲃⲏⲩⲉ
ⲁⲩⲱ ⲟⲛ ⲁⲓϭⲱϣⲧ̄ ⲉ̄ ⲡⲉⲓ ⲥⲁ ⲙ̄ⲙⲟⲓ ϩⲓϫⲙ̄ ⲡⲉⲓⲉⲣⲟ ⲛ̄
ⲕⲱϩⲧ̄ · ⲁⲓⲛⲁⲩ ⲉ ⲕⲉ ⲣⲱⲙⲉ ⲉ ⲁⲩⲟⲙⲥϥ̄ ϣⲁ ⲛⲉϥⲡⲁⲧ ·

ⲉⲣⲉ ⲛⲉϥϭⲓϫ ⲧⲟⲗⲙ̅ ⲛ̅ ⲥⲛⲟϥ· ⲉⲣⲉ ϩⲉⲛϥⲛ̅ⲧ ⲥⲱⲕ ⲉ ⲃⲟⲗ ϩⲛ̅ ⲣⲱϥ ⲙⲛ̅ ϣⲁⲛⲧϥ̅· ⲉϥⲁϣⲁϩⲟⲙ ⲁⲩⲱ ⲉϥⲣⲓ̈ⲙⲉ ⲉϥϫⲱ ⲙⲙⲟⲥ· ϫⲉ ϯϫⲏⲩ ⲛ̅ϭⲟⲛⲥ̅ ⲡⲁⲣⲁ ⲛⲉⲧ ϩⲛ̅ ⲛ̅ⲕⲟⲗⲁⲥⲓⲥ ⲧⲏⲣⲟⲩ· ⲡⲉϫⲁⲓ̈ ⲙ̅ ⲡⲁⲅⲅⲉⲗⲟⲥ ϫⲉ ⲛⲓⲙ ⲡⲉ ⲡⲁⲓ ⲡⲁ ϫⲥ̅ ⲡⲉϫⲁϥ ⲛⲁⲓ ϫⲉ ⲡⲁⲓ ⲟⲩⲇⲓⲁⲕⲟⲛⲟⲥ ⲡⲉ· ⲉϥⲡⲟⲣⲛⲉⲩⲉ ⲙⲛ̅ ⲛⲉϩⲓⲟⲙⲉ ⲛ̅ ⲛⲟⲩϥ ⲁⲛ ⲛⲉ· ⲁⲩⲱ ⲛ̅ϥⲉⲓⲣⲉ ⲁⲛ ⲙ̅ ⲡⲉⲧ ⲥⲟⲩⲧⲱⲛ ⲙ̅ⲡⲙ̅ⲧⲟ ⲉ ⲃⲟⲗ ⲙ̅ ⲡⲛⲟⲩⲧⲉ· ⲉϥⲟⲩⲱⲙ ⲛ̅ ⲛⲉⲡⲣⲟⲥⲫⲟⲣⲁ ϩⲛ̅ ⲟⲩⲙⲛ̅ⲧⲁⲧ-ϩⲟⲧⲉ· ⲉϥⲃⲏⲗ ⲉ ⲃⲟⲗ ϩⲙ̅ ⲥⲙⲟⲧ· ⲛⲓⲙ ⲙ̅ⲙⲛ̅ⲧⲁⲧϣⲁⲩ: ⲙⲛ̅ ϥ̅ⲣ ϩⲟⲧⲉ ⲛ̅ ⲟⲩϩⲟⲟⲩ ϫⲉ ⲉⲣⲉ ⲟⲩⲣⲁⲛ ⲟⲩⲏⲛϩ ⲉ ϫⲱϥ· ⲁⲩⲱ ⲉⲣⲉ ⲡⲉⲥⲛⲟϥ ⲙ̅ ⲡⲉⲭ̅ⲣ̅ⲥ̅ ϩⲛ̅ ⲛⲉϥϭⲓϫ· ⲁϥⲧⲁⲕⲟ ⲙ̅ ⲡⲉϥⲟⲩⲟⲉⲓϣ ⲧⲏⲣϥ̅ ⲙ̅ⲡⲉ ϥⲙⲉⲧⲁⲛⲟⲓ ϣⲁⲛⲧ ϥ̅ⲙⲟⲩ· ⲉ ⲧⲃⲉ ⲡⲁ[ⲓ] ⲉϥϣⲟⲟⲡ ϩⲛ̅ ⲛⲉⲓ ⲃⲁⲍⲁⲛⲟⲥ ⲉⲑⲟⲟⲩ ⲉⲧ ⲙⲏⲛ ⲉ ⲃⲟⲗ· ⲁⲛⲟⲕ ⲇⲉ ⲟⲛ ⲁⲓϭⲱϣⲧ̅ ϩⲓ ⲡⲉⲓ ⲥⲁ ⲙ̅ⲙⲟⲓ· ϩⲓϫⲙ̅ ⲡⲉⲓⲉⲣⲟ ⲛ̅ ⲕⲱϩⲧ̅· ⲁⲓⲛⲁⲩ ⲉ ⲁⲩⲉⲛⲧϥ̅ ⲉⲩⲡⲏⲧ ⲛ̅ⲙ̅ⲙⲁϥ· ⲁⲩⲟⲙⲥϥ̅ ϩⲙ̅ ⲡⲉⲓⲉ̅ⲣⲟ ⲛ̅ ⲕⲱϩⲧ̅ ϣⲁ ⲛⲉϥⲥⲡⲟⲧⲟⲩ: ⲁϥⲉⲓ
ⲛ̅ϭⲓ ⲟⲩⲁⲅⲅⲉⲗⲟⲥ ⲛ̅ ⲁⲧ ⲛⲁ ⲙⲛ̅ ⲟⲩⲧⲟϭ | ⲛ̅ ⲕⲱϩⲧ̅· ⲁϥ- Fol. 13 *a*
ⲥⲱⲗⲡ̅ ⲉ ⲃⲟⲗ ⲙ̅ ⲡⲉϥⲗⲁⲥ ⲙⲛ̅ ⲛⲉϥⲥⲡⲟⲧⲟⲩ ⲕⲟⲩⲓ ⲕⲟⲩⲓ̈· ⲣ̅ⲉ̅
ⲁⲛⲟⲕ ⲇⲉ ⲁⲓⲁϣ̅ⲁϩⲟⲙ ⲁⲩⲱ ⲁⲓⲣⲓⲙⲉ· ⲡⲉϫⲁⲓ ⲙ̅ ⲡⲁⲅⲅⲉⲗⲟⲥ ϫⲉ ⲛⲓⲙ ⲡⲉ ⲡⲁⲓ ⲡⲁ ϫⲥ̅· ⲡⲉϫⲁϥ ⲛⲁⲓ ϫⲉ ⲡⲁⲓ ⲟⲩⲁⲛⲁⲅⲛⲱⲥⲧⲏⲥ ⲡⲉ ⲉϥϯⲥⲃⲱ ⲙ̅ ⲡⲗⲁⲟⲥ· ⲛ̅ϥ̅ⲉⲓⲣⲉ ⲁⲛ ⲛ̅ⲛⲉⲧ ϥ̅ⲱϣ ⲙ̅ⲙⲟⲟⲩ ⲙⲛ̅ ⲛ̅ⲛ̅ⲧⲟⲗⲏ ⲙ̅ ⲡⲛⲟⲩⲧⲉ:—ⲁⲛⲟⲕ ⲇⲉ ⲟⲛ ⲁⲓϭⲱϣⲧ̅ ⲁⲓⲛⲁⲩ ⲉ ϩⲉⲛϣⲓⲕ̅ϩ̅ ϩⲓϫⲙ̅ ⲡⲉⲓⲉⲣⲟ ⲛ̅ ⲕⲱϩ̅ⲧ ⲉ ⲟⲩⲛ̅ ϩⲉⲛⲣⲱⲙⲉ ⲙⲛ̅ ϩⲉⲛϩⲓⲟⲙⲉ ⲟⲙⲥ̅ ϩⲣⲁⲓ ⲛ̅ϩⲏⲧⲟⲩ: ⲉⲣⲉ ϩⲉⲛ ϥ̅ⲛ̅ⲧ ⲟⲩⲱⲙ ⲛ̅ⲥⲱⲟⲩ ⲉⲩⲁϣ̅ⲁϩⲟⲙ ⲁⲩⲱ ⲉⲩⲣⲓⲙⲉ· ⲁⲛⲟⲕ ⲇⲉ ⲁⲓⲣⲓⲙⲉ ⲁⲩⲱ ⲁⲓⲁϣⲁϩⲟⲙ· ⲡⲉϫⲉ ⲡⲁⲅⲅⲉⲗⲟⲥ ⲛⲁⲓ̈· ϫⲉ ⲡⲁⲩⲗⲟⲥ ⲛ̅ⲥⲱⲧⲡ̅ ⲙ̅ ⲡⲛⲟⲩⲧⲉ ⲕⲛⲁⲩ ⲉ ⲟⲩ· ⲡⲉϫⲁⲓ ⲙ̅ ⲡⲁⲅⲅⲉⲗⲟⲥ ϫⲉ ⲛⲓ̈ⲙ ⲛⲉ ⲛⲁⲓ ⲡⲁ ϫⲥ̅· ⲡⲉϫⲁϥ ⲛⲁⲓ ϫⲉ ⲛⲁⲓ ⲛⲉ ⲛ̅ⲣⲱⲙⲉ ⲉⲧ ϫⲓ ⲙⲏⲥⲉ ⲙ̅ⲙⲏⲥⲉ· ⲉⲩⲕⲱ ⲛ̅ϩⲧⲏⲩ ⲉ ⲧⲉⲩⲙⲛ̅ⲧⲣ̅ⲙ̅ⲙⲁⲟ· ⲙⲛ̅ ⲟⲩⲕⲁ ⲡⲛⲟⲩⲧⲉ ⲛⲁⲩ ⲛ̅ⲃⲟⲏ̅ⲑⲟⲥ ϩⲓ ϩⲉⲗⲡⲓⲥ· ⲁⲓⲛⲁⲩ ⲟⲛ ⲁⲛⲟⲕ ⲡⲁⲩⲗⲟⲥ ⲉ ⲕⲉ ⲙⲁ ⲛ̅ ϣⲁⲣⲃⲁ· ⲉϥⲟⲩⲏⲏⲩ ⲉ ⲃⲟⲗ ⲉⲙⲁⲁⲧⲉ· ⲉⲣⲉ ϩⲉⲛ̅ ⲕⲉ ⲣⲱⲙⲉ ⲙⲛ̅ ϩⲉⲛ ⲕⲉ ϩⲓⲟⲙⲉ ϩⲣⲁⲓ ⲛ̅ϩⲏⲧⲟⲩ: ⲉⲩⲟⲩⲟϭⲟⲩⲉϭ ⲛ̅ⲥⲁ ⲛⲉⲩⲗⲁⲥ· ⲡⲉϫⲁⲓ ⲙ̅ ⲡⲁⲅ-

ⲅⲉⲗⲟⲥ ϫⲉ ⲛⲓⲙ ⲛⲉ ⲛⲁⲓ ⲡⲁ ϫⲥ̅ · ⲡⲉϫⲁϥ ⲛⲁⲓ ϫⲉ ⲛⲁⲓ
ⲛⲉⲧⲉ ϣⲁⲩⲕⲁⲧⲁⲗⲁⲗⲉⲓ ϩⲛ̅ ⲧⲉⲕⲕⲗⲏⲥⲓⲁ̅ :—ⲙⲉⲩϯ ϩⲧⲏⲩ
ⲉ̅ ⲡⲗⲟⲅⲟⲥ ⲙ̅ ⲡⲛⲟⲩⲧⲉ · ⲁⲗⲗⲁ ⲉⲩϯ ϭⲱⲛⲧ̅ ⲙ̅ ⲡⲛⲟⲩⲧⲉ
ⲙⲛ̅ ⲛⲉϥⲁⲅⲅⲉⲗⲟⲥ · ⲉ ⲧⲃⲉ ⲛⲁⲓ ⲥⲉⲛⲁϫⲓ ⲛ̅ ⲧⲉⲓ ⲕⲟⲗⲁⲥⲓⲥ
ⲉⲥⲙⲏⲛ ⲉ ⲃⲟⲗ · ⲁⲓⲛⲁⲩ ⲟⲛ ⲉⲩⲉⲓⲁⲗ ϩⲣⲁⲓ ϩⲙ̅ ⲡϣⲓⲕ
ⲉⲥⲟ ⲙ̅ ⲡⲁⲧⲁⲛ ⲙ̅ ⲡⲉⲥⲛⲟϥ · ⲡⲉϫⲁⲓ ⲙ̅ ⲡⲁⲅⲅⲉⲗⲟⲥ · ϫⲉ
Fol. 13 *b* ⲡⲁ ϫⲟⲉⲓⲥ̅ ϩⲉⲛⲟⲩ ⲛⲉ ⲛⲁⲓ ⲉⲧ ϩⲟⲥⲉ · ⲡⲉϫⲁϥ ⲛⲁⲓ | ϫⲉ
ⲣ̅ⲉ̅ ⲛⲁⲓ ⲡⲉ ⲡⲙⲁ ⲉⲧ ⲉⲣⲉ ⲛ̅ⲕⲟⲗⲁⲥⲓⲥ ϣⲟⲟⲩ ⲉⲓⲁⲃⲉ ⲉ̅
ⲡⲉⲥⲏⲧ ⲉ ⲣⲟϥ · ⲁⲓⲛⲁⲩ ⲉ ϩⲉⲛⲣⲱⲙⲉ ⲙⲛ̅ ϩⲉⲛϩⲓⲟⲙⲉ
ⲉⲩⲟⲙ̅ⲥ̅ ⲉ̅ ⲡⲉⲥⲏⲧ ϣⲁ ⲛⲉⲩⲡⲁⲧ · ⲁⲩⲱ ϩⲉⲛⲕⲟⲟⲩⲉ
ⲉⲩⲟⲙ̅ⲥ̅ ϣⲁ ⲛⲉⲩⲥⲡⲟⲧⲟⲩ · ⲡⲉϫⲁï ⲙ̅ ⲡⲁⲅⲅⲉⲗⲟⲥ ϫⲉ
ϩⲉⲛⲟⲩ ⲛⲉ ⲛⲁⲓ ⲡⲁ ϫⲟⲉⲓⲥ · ⲡⲉϫⲁϥ ⲛⲁⲓ ϫⲉ ⲛⲁⲓ ⲛⲉ
ⲙ̅ⲙⲁⲅⲟⲥ ⲉⲧ ⲣ̅ ϩⲓϭⲉ ⲛ̅ⲣⲱⲙⲉ ⲙⲛ̅ ⲛⲉϩïⲟⲙⲉ · ⲛ̅ⲥⲉ-
ⲕⲁⲁⲩ ⲉⲩϩⲟⲥⲉ ϣⲁⲛⲧ ⲟⲩⲙⲟⲩ · ⲁⲛⲟⲕ ϫⲉ ⲟⲛ ⲁⲓϭⲱϣⲧ̅
ⲁⲓⲛⲁⲩ ⲉ ϩⲉⲛⲕⲉⲣⲱⲙⲉ ⲉⲩⲟⲙ̅ⲥ̅ ϣⲁ ⲧⲉⲩⲡⲁϣⲉ · ⲉ ⲁⲩ-
ϭⲙⲟⲙ ⲛ̅ϩⲟⲩⲟ ⲉⲩϭⲟⲟⲩⲛⲉ ⲛ̅ⲥⲁϣϥ ⲛ̅ϭⲱⲃ ⲛ̅ⲥⲟⲡ ⲉⲩⲙ-
ⲡⲉⲥⲏⲧ ϩⲛ̅ ⲟⲩⲉⲓⲁ̅ ⲛ̅ ⲕⲱϩⲧ̅ · ⲉⲩϣⲟⲟⲡ ϩⲛ̅ ⲟⲩⲛⲟϭ ⲛ̅ⲃⲁⲥⲁ-
ⲛⲟⲥ · ⲁⲛⲟⲕ ⲇⲉ ⲟⲛ ⲁⲓⲁϣⲁϩⲟⲙ ⲁⲩⲱ ⲁⲓⲣⲓⲙⲉ · ⲡⲉϫⲁⲓ
ⲙ̅ ⲡⲁⲅⲅⲉⲗⲟⲥ ϫⲉ ϩⲉⲛⲟⲩ ⲛⲉ ⲛⲁⲓ ⲡⲁ ϫⲥ̅ · ⲡⲉϫⲁϥ ⲛⲁⲓ
ϫⲉ ⲛⲁ[ⲓ] ⲛⲉ ⲛ̅ϣⲁⲩⲡⲟⲣⲛⲉⲩⲉ ⲙⲛ̅ ϩⲉⲛⲕⲟⲟⲩⲉ · ⲉ ⲟⲩⲛ̅ⲧⲁⲩ
ⲙ̅ⲙⲁⲩ ⲛ̅ⲛⲉⲩϩⲟⲟⲩⲧ ⲁⲩⲱ ⲟⲛ ϩⲉⲛϩⲟⲟⲩⲧ ⲉ ⲟⲩⲛ̅ⲧⲁⲩ ⲙ̅-
ⲙⲁⲩ ⲛ̅ⲛⲉⲩϩⲓⲟⲙⲉ · ⲉ ⲧⲃⲉ ⲛⲁⲓ ⲥⲉⲛⲁϫⲓ ⲛ̅ ⲧⲉⲓ ⲕⲟⲗⲁⲥⲓⲥ
ⲉⲥⲙⲏⲛ ⲉ ⲃⲟⲗ ϣⲁ ⲉⲛⲉϩ · ⲁⲛⲟⲕ ⲇⲉ ⲟⲛ ⲁⲓϭⲱϣⲧ̅ ⲁⲓⲛⲁⲩ
ⲉ ϩⲉⲛⲕⲟⲩⲓ ⲙ̅ⲡⲁⲣⲑⲉⲛⲟⲥ ⲉⲣⲉ ϩⲉⲛϩⲟⲓⲧⲉ ⲉⲩⲗⲁⲁⲙ ⲧⲟ
ϩⲓⲱⲟⲩ : ⲉⲣⲉ ϥⲧⲟⲟⲩ ⲛ̅ⲁⲅⲅⲉⲗⲟⲥ ⲧⲟ ⲉ ⲣⲟⲟⲩ · ⲉⲣⲉ ϩⲉⲛ-
ⲕⲗⲁⲗ ⲛ̅ ⲕⲱϩⲧ̅ ⲛⲧⲟⲟ̅ⲧⲟⲩ ⲉⲩϯ ⲙⲙⲟⲟⲩ ⲉ ⲛⲉⲩⲙⲁⲕϩ̅ ·
ⲁⲩϫⲓⲧⲟⲩ ⲉ̅ ϩⲉⲛⲙⲁ ⲛ̅ ⲕⲁⲕⲉ · ⲉⲩⲁ̅ϣⲁϩⲟⲙ ⲁⲩⲱ
ⲉⲩⲣⲓⲙⲉ · ⲡⲉϫⲁⲓ ⲙ ⲡⲁⲅⲅⲉⲗⲟⲥ ϫⲉ ⲛⲓⲙ ⲛⲉ ⲛⲁⲓ ⲡⲁ
ϫⲥ̅ · ⲡⲉϫⲁϥ ⲛⲁⲓ · ϫⲉ ⲛⲁⲓ ⲛⲉ ⲛⲧⲁⲩϫⲱϩⲙ̅ ⲛ̅ ⲧⲉⲩⲙⲛ̅ⲧ-
ⲡⲁⲣⲑⲉⲛⲟⲥ · ⲙ̅ⲡⲁⲧ ⲟⲩⲧⲁⲁⲩ ⲛ̅ϩⲁï · ⲙ̅ⲡⲁⲧ ⲟⲩⲣⲧⲏ ⲙ̅
Fol. 14 *a* ⲡϫⲱϩⲙ̅ · ⲟⲩⲇⲉ ⲙ̅ⲡⲉ ⲛⲉⲩⲕⲉⲉⲓ|ⲟⲧⲉ ⲉⲓⲙⲉ ⲉ ⲣⲟⲟⲩ · ⲉ ⲧⲃⲉ
ⲣ̅ⲋ̅ ⲛⲁⲓ ⲥⲉⲛⲁϫⲓ ⲛ̅ ⲧⲉⲓ ⲕⲟⲗⲁⲥⲓⲥ ⲉⲥⲙⲏⲛ ⲉ ⲃⲟⲗ · ⲁⲛⲟⲕ ⲇⲉ
ⲟⲛ ⲁⲓϭⲱϣⲧ̅ ⲁⲓⲛⲁⲩ ⲉ̅ ϩⲉⲛⲣⲱⲙⲉ ⲙⲛ̅ ϩⲉⲛⲕⲉϩⲓⲟⲙⲉ ·
ⲉⲣⲉ ⲛⲉⲩϭⲓϫ ⲙⲛ̅ ⲛⲉⲩⲟⲩⲣⲏⲏⲧⲉ ⲥⲟⲗⲡ̅ ⲉ ⲃⲟⲗ · ⲉⲛ ϩⲣⲁⲓ

ϩⲛ̅ ⲟⲩⲙⲁ ⲛ̅ ϫⲁϥ· ⲉⲣⲉ ϩⲉⲛϥⲛⲧ ⲟⲩⲱⲙ ⲛ̅ⲥⲱⲟⲩ· ⲁⲓⲁ̅-
ϣⲁϩⲟⲙ ⲁⲩⲱ ⲁⲓ̈ⲣⲓⲙⲉ· ⲡⲉϫⲁⲓ ⲙ̅ ⲡⲁⲅⲅⲉⲗⲟⲥ ϫⲉ ϩⲉⲛ
ⲟⲩ ⲛⲉ ⲛⲁⲓ ⲡⲁ ϫⲥ̅: ⲡⲉϫⲁϥ ⲛⲁⲓ ϫⲉ ⲛⲁⲓ̈ ϫⲉ ⲛⲁⲓ ⲛⲉⲧ
ϫⲓ ⲛ̅ ⲛ̅ϩⲏⲕⲉ ⲛ̅ϭⲟⲛⲥ̅ ⲙⲛ̅ ⲛ̅ⲟⲣⲫⲁⲛⲟⲥ· ⲙ̅ⲛ ⲟⲩⲕⲁ
ⲡⲛⲟⲩⲧⲉ ⲛⲁⲩ ⲛ̅ ϩⲉⲗⲡⲓⲥ ϩⲓ ⲃⲟⲏ̅ⲑⲟⲥ: ⲉ ⲧⲃⲉ ⲡⲁⲓ̈ ⲥⲉⲛⲁϫⲓ
ⲛ̅ ⲧⲉⲓ ⲕⲟⲗⲁⲥⲓⲥ ⲉⲥⲙⲏ̅ⲛ ⲉ ⲃⲟⲗ ϣⲁ ⲉⲛⲉϩ· ⲁⲓϭⲱϣⲧ̅ ⲟⲛ
ⲁⲓⲛⲁⲩ ⲉ̅ ϩⲉⲛⲕⲟⲟⲩⲉ ⲉⲩⲣⲟⲕⲉ ⲉ ⲃⲟⲗ ⲉϫⲛ̅ ⲟⲩⲟⲃⲉ
ⲙ̅ⲙⲟⲟⲩ ⲉⲁ ⲡⲉⲩⲗⲁⲥ ϣⲟⲟⲩ ⲉ ϩⲁ ⲡⲉⲓⲃⲉ ⲙ̅ⲛ ⲟⲩⲕⲁⲁⲩ ⲉ
ⲥⲱ ⲉⲩⲛ̅ ϩⲉⲛⲕⲁⲣⲡⲟⲥ ϩⲛ̅ ⲛ̅ϣⲏⲛ ⲉⲩⲕⲏ ⲉ ϩⲣⲁⲓ ⲙ̅-
ⲡⲉⲩⲙ̅ⲧⲟ ⲉ ⲃⲟⲗ· ⲙ̅ⲛ ⲟⲩⲕⲁⲁⲩ ⲉ ⲟⲩⲱⲙ ⲉ̅ ⲃⲟⲗ
ⲛ̅ϩⲏⲧⲟⲩ· ⲁⲛⲟⲕ ⲇⲉ ⲡⲉϫⲁⲓ ⲙ̅ ⲡⲁⲅⲅⲉⲗⲟⲥ ϫⲉ ⲛⲓⲙ ⲛⲉ
ⲛⲁⲓ ⲡⲁ ϫⲥ̅· ⲙ̅ⲛ ⲟⲩⲕⲁⲁⲩ ⲉ ⲟⲩⲱⲙ ⲟⲩⲇⲉ ⲉ̅ ⲥⲱ·
ⲡⲉϫⲁϥ ⲛⲁⲓ ϫⲉ ⲛⲁⲓ ⲛⲉ ϣⲁⲩⲃⲱⲗ ⲉ̅ ⲃⲟⲗ ⲛ̅ ⲛ̅ⲛⲏⲥⲧⲉⲓⲁ
ⲙ̅ⲡⲁⲧ ϥ̅ⲣ̅ ⲛⲁⲩ· ⲉ ⲧⲃⲉ ⲡⲁⲓ ⲥⲉⲛⲁϫⲓ ⲛ̅ ⲧⲉⲓ ⲕⲟⲗⲁⲥⲓⲥ
ⲉⲥⲙⲏⲛ ⲉ ⲃⲟⲗ ϣⲁ ⲉⲛⲉϩ· ⲁⲓⲛⲁⲩ ⲉ̅ ϩⲉⲛⲕⲉⲣⲱⲙⲉ ⲙⲛ̅
ϩⲉⲛⲕⲉϩⲓⲟⲙⲉ ⲉⲩⲁϣⲉ ⲉ̅ ϩⲣⲁⲓ ⲛ̅ⲥⲁ ⲡϥⲱ ⲛ̅ ⲧⲉⲩⲁⲡⲉ· ⲉⲣⲉ
ϩⲉⲛⲛⲟϭ ⲛ̅ⲗⲁⲙⲡⲁⲥ ⲛ̅ⲕⲱϩⲧ̅ ⲙⲟⲩϩ ϩⲁ ⲡⲉⲩϩⲟ̅· ⲉⲣⲉ
ϩⲉⲛⲇⲣⲁⲕⲱⲛ ⲛ̅ϩⲟϥ ⲙⲏⲣ ⲉ ϩⲟⲩⲛ ⲉ̅ ⲡⲉⲩⲥⲱⲙⲁ·
ⲉⲩⲟⲩⲱⲙ ⲛ̅ⲥⲱⲟⲩ· ⲡⲉϫⲁⲓ ⲙ̅ ⲡⲁⲅⲅⲉⲗⲟⲥ ϫⲉ ϩⲉⲛⲟⲩ
ⲛⲉ ⲛⲁⲓ ⲡⲁ ϫⲥ̅· ⲉⲩϯ ϩⲓⲥⲉ ⲛⲁⲩ ⲛ̅ ⲧⲉⲓ ϩⲉ· ⲡⲉϫⲁϥ ⲛⲁⲓ
ⲛ̅ϭⲓ ⲡⲁⲅⲅⲉⲗⲟⲥ:—ϫⲉ ⲛⲁⲓ ⲛⲉ ϣⲁⲩⲕⲟⲥⲙⲉⲓ ⲙⲙⲟⲟⲩ: |
ϩⲛ̅ ϩⲉⲛⲥⲟϭⲛ̅ ⲛ̅ⲧⲉ ⲡⲇⲓⲁⲃⲟⲗⲟⲥ· ⲉⲩⲃⲏⲕ ⲉ ⲛⲉⲕⲕⲗⲏⲥⲓⲁ Fol. 14 *b*
ⲉ ⲧⲃⲉ ϩⲉⲛⲙⲛ̅ⲧⲛⲟⲉⲓⲕ· ⲁⲩⲱ ⲉ ⲧⲃⲉ ⲛⲉⲩϩⲁⲓ ⲁⲛ· ⲉⲩⲉⲓⲣⲉ ⲣ̅ⲏ̅
ⲙ̅ ⲡⲛⲟⲩⲧⲉ ⲛ̅ϫⲁϫⲉ ⲉ ⲣⲟⲟⲩ ⲉ ⲧⲃⲉ ϩⲉⲛⲥⲟϭⲛ̅ ⲛ̅ⲁⲡⲁⲧⲏ·
ⲉ ⲧⲃⲉ ⲡⲁⲓ̈ ⲥⲉⲛⲁϫⲓ ⲛ̅ ⲧⲉⲓ ⲕⲟⲗⲁⲥⲓⲥ ⲉⲥⲙⲏ̅ⲛ ⲉ ⲃⲟⲗ ϣⲁ
ⲉⲛⲉϩ· ⲁⲓⲛⲁⲩ ⲟⲛ ⲁⲛⲟⲕ ⲡⲁⲩⲗⲟⲥ ⲉ ϩⲉⲛⲕⲉⲣⲱⲙⲉ ⲙⲛ̅
ϩⲉⲛⲕⲉϩⲓⲟ̅ⲙⲉ· ⲉⲩⲟⲙⲥ̅ ⲉ̅ ϩⲉⲛϩⲟ[ⲃⲟ]ⲗⲓⲥⲕⲟⲥ ⲛ̅ⲕⲱϩⲧ· ⲉⲣⲉ
ϩⲉⲛϩⲟⲓⲧⲉ ⲉⲩⲕⲏⲙ ⲧⲟ ϩⲓⲱⲟⲩ· ⲉⲩⲟ̅ ⲛ̅ⲃⲗⲗⲉ ⲉⲩⲃⲏⲕ ⲉ̅
ϩⲣⲁⲓ ⲉⲩϣⲓⲕ ⲛ̅ ⲟⲩⲱⲧ ⲉϥⲙⲉϩ ⲛ̅ⲕⲱϩⲧ̅· ⲡⲉϫⲁⲓ̈ ⲙ̅
ⲡⲁⲅⲅⲉⲗⲟⲥ ϫⲉ ϩⲉⲛ ⲟⲩ ⲛⲉ ⲛⲁⲓ ⲡⲁ ϫⲥ̅· ⲡⲉϫⲁϥ ⲛⲁⲓ
ϫⲉ ⲛ̅ϩⲉⲑⲛⲟⲥ ⲛ̅ⲁⲧⲛⲟⲩⲧⲉ ⲛⲉ· ⲙ̅ⲛ ⲟⲩⲥⲟⲩⲉⲛ ⲡⲛⲟⲩⲧⲉ
ⲉⲛⲉϩ· ⲉ ⲧⲃⲉ ⲡⲁⲓ ⲥⲉⲛⲁϫⲓ ⲛ̅ ⲧⲉⲓ ⲕⲟⲗⲁⲥⲓⲥ ⲉⲥⲙⲏⲛ ⲉ
ⲃⲟⲗ· ⲁⲓⲛⲁⲩ ⲟⲛ ⲉ ϩⲉⲛⲕⲉⲣⲱⲙⲉ ⲙⲛ̅ ϩⲉⲛⲕⲉϩⲓⲟⲙⲉ·
ⲉⲩⲡⲟⲣϣ̅ ⲉ ⲃⲟⲗ ⲉϫⲛ̅ ϩⲉⲛϩⲟⲃⲟⲗⲓⲥⲕⲟⲥ ⲛ̅ⲕⲱϩⲧ̅: ⲉⲣⲉ

ϩⲉⲛⲑⲩⲣⲓⲟⲛ ⲛ̄ⲟⲩⲁⲙ ⲥⲁⲣⲝ̄ ⲟⲩⲱⲙ ⲛ̄ⲥⲁ ⲛⲉⲩⲙⲁϩⲧ̄:
ⲙ̄ⲡ ⲟⲩⲕⲁⲁⲩ ⲉ̄ ϫⲟⲟⲥ ϫⲉ ⲛⲁ ⲛⲁⲛ ⲉ ⲡⲧⲏⲣϥ̄· ⲉⲣⲉ
ⲡⲁⲅⲅⲉⲗⲟⲥ ⲉⲧ ϩⲓϫⲛ̄ ⲛ̄ⲕⲟⲗⲁⲥⲓⲥ ⲉⲧⲉ ⲁϥⲧⲓⲙⲉⲗⲟⲩⲭⲟⲥ
ⲡⲉ ⲉⲡⲓϯⲙⲁ ⲛⲁⲩ ⲉϥϫⲱ ⲙ̄ⲙⲟⲥ ϫⲉ ⲥⲟⲩⲉⲛ ⲧⲉⲕⲣⲓⲥⲓⲥ
ⲙ̄ ⲡϣⲏⲣⲉ ⲙ̄ ⲡⲛⲟⲩⲧⲉ ⲁⲩϫⲟⲟⲩ ⲉ ⲣⲱⲧⲛ̄ ⲙ̄ⲡⲉ ⲧⲛ̄ⲥⲱⲧⲙ̄
ⲉ ⲣⲟⲟⲩ:—ⲁⲩⲟϣⲟⲩ ⲉ̄ ⲣⲱⲧⲛ̄ ⲙ̄ⲡⲉ ⲧⲛ̄ϫⲓ ⲥⲙⲏ ⲉ ⲣⲟⲟⲩ· ⲉ
ⲧⲃⲉ ⲡⲁⲓ ⲙⲛ̄ ϫⲓⲛϭⲟⲛⲥ̄ ϩⲛ̄ ⲧⲉⲕⲣⲓⲥⲓⲥ ⲙ̄ ⲡϣⲏⲣⲉ ⲙ̄
ⲡⲛⲟⲩⲧⲉ· ⲛⲉⲧⲛϩⲃⲏⲩⲉ̄ ⲅⲁⲣ ⲙⲙⲓⲛ ⲙ̄ⲙⲱⲧⲛ̄ ⲛⲉⲛⲧ
ⲁⲩⲉⲛ ⲧⲏⲩⲧⲛ̄ ⲉ ⲡⲉⲓ ⲙⲁ ⲛ̄ ⲕⲟⲗⲁⲥⲓⲥ· ⲁⲛⲟⲕ ⲇⲉ ⲁⲓⲁ-
Fol. 15 a ϣⲁϩⲟⲙ ⲁⲩⲱ ⲁⲓⲣⲓⲙⲉ ⲡⲉϫⲁⲓ ⲙ̄ ⲡⲁⲅⲅⲉⲗⲟⲥ | ϫⲉ ⲛⲓⲙ
ⲣ̄ⲑ̄ ⲛⲉ ⲛⲁⲓ· ⲡⲉϫⲁϥ ⲛⲁⲓ ϫⲉ ⲛⲁⲓ ⲛⲉ ⲛⲉⲭⲏⲣⲁ ⲙⲛ̄ ⲙ̄ⲡⲁⲣ-
ⲑⲉⲛⲟⲥ ⲛ̄ⲧⲁⲩⲙⲟⲟⲩⲧ ⲙ̄ ⲡⲉⲡⲗⲁⲥⲙⲁ ⲙ̄ ⲡⲛⲟⲩⲧⲉ· ⲉ
ⲁⲩⲑⲓⲉ ϩⲏⲧⲟⲩ ⲉ ⲡⲉⲥⲏⲧ ϩⲛ̄ ⲟⲩⲡⲟⲣⲛⲓ̈ⲁ· ⲁⲩⲱ ⲛ̄ⲕⲉ
ϩⲟⲟⲩⲧ ⲛ̄ⲧⲁⲩϣⲱⲡⲉ ⲛ̄ⲙ̄ⲙⲁⲩ ϩⲛ̄ ⲧⲉⲓ ⲕⲟⲗⲁⲥⲓⲥ ⲛ̄
ⲟⲩⲱⲧ ⲛ̄ⲙ̄ⲙⲁⲩ· ⲁⲩⲱ ⲛⲉⲩⲕⲉϣⲏⲣⲉ ⲛ̄ⲧⲁⲩⲙⲟⲟⲩⲧⲟⲩ
ⲛⲉⲩⲥⲙⲙⲉ ⲉ ⲣⲟⲟⲩ ⲙ̄ ⲡⲁⲅⲅⲉⲗⲟⲥ ⲉⲧ ϩⲓϫⲛ̄ ⲧⲉⲕⲣⲓⲥⲓ̈ⲥ·
ϫⲉ ⲁⲣⲓ ⲡⲉⲛϩⲁⲡ ⲙⲛ̄ ⲛⲛ̄ⲉⲓⲟⲧⲉ· ϫⲉ ⲁⲩⲧⲁⲕⲟ ⲙ̄
ⲡⲉⲡⲗⲁⲥⲙⲁ ⲙ̄ ⲡⲛⲟⲩⲧⲉ· ⲁⲩⲧⲁⲗⲟ ⲙ̄ ⲡⲉⲕⲣⲁⲛ ⲉ ϫⲱⲟⲩ
ϫⲉ ⲭⲣⲓⲥϯⲁ̄ⲛⲟⲥ ⲙ̄ⲡ ⲟⲩⲉⲓⲣⲉ ⲛ̄ ⲛ̄ⲉⲛⲧⲟⲗⲏ· ⲁⲗⲗⲁ
ⲁⲩⲣ̄ ⲡⲕⲉⲛⲟϫⲛ̄ ⲛ̄ⲛⲉⲩⲟⲩϩⲟⲟⲣ ⲙⲛ̄ ⲛⲉϣⲁⲩ: ⲙ̄ⲡ
ⲟⲩⲕⲁⲁⲛ ⲉϣⲱⲡⲉ ⲛ̄ⲇⲓⲕⲁⲓⲟⲥ ⲛ̄ⲧⲛ̄ϣⲙ̄ϣⲉ ⲙ̄ ⲡⲛⲟⲩⲧⲉ
ⲛ̄ⲕⲟⲩⲓ ⲇⲉ ⲛ̄ⲧⲁⲩϩⲟⲧⲃⲟⲩ ⲁⲩⲧⲁⲁⲩ ⲙ̄ ⲡⲁⲅⲅⲉⲗⲟⲥ ⲉⲧ ϩⲓϫⲛ̄
ⲛ̄ⲕⲟⲗⲁⲥⲓⲥ ϫⲉ ⲉϥⲉϫⲓⲧⲟⲩ ⲉⲩⲙⲁ ⲉϥⲟⲩⲟϣⲥ̄ ⲉ ⲃⲟⲗ·
ⲉⲩⲛⲁⲩ ⲉ ⲛⲉⲩⲉⲓⲟⲧⲉ ⲉⲩϩⲛ̄ ⲛ̄ⲕⲟⲗⲁⲥⲓⲥ ⲉⲩⲙⲏⲛ ⲉ ⲃⲟⲗ
ϣⲁ ⲉⲛⲉϩ· ⲁⲓϭⲱϣⲧ̄ ⲟⲛ ⲁⲓⲛⲁⲩ ⲉ̄ ϩⲉⲛⲣⲱⲙⲉ ⲙⲛ̄
ϩⲉⲛⲕⲉϩⲓⲟ̄ⲙⲉ· ⲉⲣⲉ ϩⲉⲛⲡⲟⲟ̄ϭⲉ ⲛ̄ϭⲟⲟⲩⲛⲉ ⲧⲟ ϩⲓⲱⲟⲩ
ⲉⲩⲙⲉϩ ⲛ̄ⲑⲏⲛ ϩⲓ ⲗⲁⲙϫⲁⲧⲛ̄· ⲉⲣⲉ ϩⲉⲛϩⲟϥ ⲛ̄ⲕⲱϩⲧ̄
ϭⲗ̄ⲙ̄ⲗⲱⲙ ⲉ ϩⲟⲩⲛ ⲉ ⲛⲉⲩⲙⲁⲕϩ̄· ⲙⲛ̄ ⲛⲉⲩϭⲓϫ ⲙⲛ̄
ⲛⲉⲩⲟⲩⲣⲏⲏⲧⲉ· ⲉⲣⲉ ϩⲉⲛⲁⲅⲅⲉⲗⲟⲥ ⲛ̄ ⲁⲧⲛⲁ ⲥⲱⲕ
ⲙ̄ⲙⲟⲟⲩ: ⲉⲣⲉ ϩⲉⲛⲧⲁⲡ ⲛ̄ⲕⲱϩⲧ̄ ϩⲓϫⲛ̄ ⲛⲉⲩⲁⲡⲏⲩⲉ·
ⲉⲩⲕⲱⲛⲥ̄ ⲙ̄ⲙⲟⲟⲩ· ⲉⲩϫⲡⲓⲟ̄ ⲙⲙⲟⲟⲩ ⲉⲩϫⲱ ⲙⲙⲟⲥ
ⲛⲁⲩ· ϫⲉ ⲉⲛⲉ ⲟⲩⲛ̄ϭⲟⲙ ⲙ̄ⲙⲱⲧⲛ̄ ⲉ ⲥⲟⲩⲉⲛ ⲡⲛⲟⲩⲧⲉ·
Fol. 15 b ⲛ̄ⲧⲉⲧⲛ̄ϣⲙ̄ϣⲉ ⲛⲁϥ· ⲁⲩⲱ ⲙ̄ⲡⲉ ⲧⲉⲧⲛ̄ϣⲙ̄ϣⲉ | ⲁⲛⲟⲕ
ⲣ̄ⲓ̄ ⲇⲉ ⲟⲛ ⲡⲉϫⲁⲓ ⲙ̄ ⲡⲁⲅⲅⲉⲗⲟⲥ· ϫⲉ ϩⲉⲛⲟⲩ ⲛⲉ ⲛⲁⲓ ⲡⲁ

ϫⲥ̄ ⲡⲉϫⲉ ⲡⲁⲅⲅⲉⲗⲟⲥ ⲛⲁⲓ ϫⲉ ⲛⲁⲓ ⲛⲉ ⲛⲧⲁⲩⲁⲡⲟⲧⲁⲥⲥⲉ
ⲙ̄ ⲡⲕⲟⲥⲙⲟⲥ ⲁⲩⲫⲟⲣⲉⲓ ⲙ̄ ⲡⲉⲥⲭⲏⲙⲁ ⲙ̄ ⲡⲉⲭⲣ̄ⲥ·
ⲁ ⲑⲩⲗⲏ ⲙ̄ ⲡⲕⲟⲥⲙⲟⲥ ⲙⲛ̄ ⲛ̄ⲣⲟⲟⲩϣ ⲁⲁⲩ ⲛ̄ⲉⲃⲓⲏⲛ· ⲙ̄ⲡ
ⲟⲩⲉⲓⲣⲉ ⲛ̄ ⲟⲩⲁⲅⲁⲡⲏ ⲛ̄ ⲟⲩϩⲟⲟⲩ· ⲟⲩⲇⲉ ⲙⲡ ⲟⲩⲛⲁ ⲛ̄
ⲟⲩⲭⲏⲣⲁ ⲙⲛ̄ ⲟⲩⲟⲣⲫⲁⲛⲟⲥ ⲛ̄ ⲟⲩϩⲟⲟⲩ ⲛ̄ ⲟⲩⲱⲧ: ⲙ̄ⲡ
ⲟⲩϣⲱⲡ ⲉ ⲣⲟⲟⲩ ⲛ̄ ⲟⲩϣⲙ̄ⲙⲟ· ⲟⲩⲇⲉ ⲙⲡ ⲟⲩⲛⲁ ⲙ
ⲡⲉⲧ ϩⲓⲧⲟⲩⲱⲟⲩ· ⲙ̄ⲡⲉ ⲟⲩϣ[ⲏ]ⲗ̄ⲗ ⲉϥⲟⲩⲁⲁⲃ ⲉ ⲡⲱⲟⲩ ⲡⲉ
ⲃⲱⲕ ⲉ ϩⲣⲁⲓ ϣⲁ ⲡⲛⲟⲩⲧⲉ ⲉⲛⲉϩ ⲉ ⲃⲟⲗ ϩⲓ ⲧⲟⲟⲧⲟⲩ· ⲙ̄ⲡⲉ
ⲛⲉⲩⲣⲟⲟⲩϣ ⲙⲛ̄ ⲛⲉⲩϩⲩⲗⲏⲕⲁ ⲁⲩⲉⲉⲓⲣⲉ ⲙ̄ ⲡⲉⲧ ⲥⲟⲩⲧⲱⲛ
ⲙ̄ⲡⲁϩⲣⲙ̄ ⲡⲛⲟⲩⲧⲉ· ⲁⲩⲱ· ⲛⲉϥϫⲓ ⲙ̄ⲙⲟⲟⲩ ⲉ ⲡⲉⲓ ⲥⲁ
ⲙⲛ̄ ⲡⲁⲓ ⲛ̄ϭⲓ ⲡⲉⲧ ϩⲓϫⲛ̄ ⲛ̄ⲕⲟⲗⲁⲥⲓⲥ· ⲉⲣⲉ ⲛⲉⲧ ϩⲛ̄
ⲛ̄ⲕⲟⲗⲁⲥⲓⲥ ⲧⲏⲣⲟⲩ ⲛⲁⲩ ⲉ ⲣⲟⲟⲩ· ⲡⲉϫⲁⲩ ⲛⲁⲩ ⲛ̄ϭⲓ
ⲛⲉⲧ ϩⲛ̄ ⲛ̄ⲕⲟⲗⲁⲥⲓⲥ· ϫⲉ ⲁⲛⲟⲛ ⲉⲛ ϩⲛ̄ ⲛ̄ⲕⲟⲗⲁⲥⲓ̈ⲥ· ϫⲉ
ⲙ̄ ⲡⲛⲁⲩ ⲉⲛϣⲟⲟⲡ ϩⲙ̄ ⲡⲕⲟⲥⲙⲟⲥ ⲉⲣⲉ ⲡⲥⲁⲧⲁⲛⲁⲥ ϯ
ⲛ̄ⲙⲙⲁⲛ· ⲛ̄ⲧⲱⲧⲛ̄ ϩⲱⲧ ⲧⲏⲩⲧⲛ̄ ⲉⲧⲉⲧⲛ̄ⲣ ⲟⲩ ⲙ̄ ⲡⲉⲓ̈ ⲙⲁ·
ⲁⲩⲱ ⲟⲛ ⲁϥϫⲱ ⲙ̄ⲙⲟⲟⲩ ⲉ ⲕⲉ ⲙⲁ̄· ⲡⲉϫⲁⲩ ⲛⲁⲩ ⲟⲛ
ⲛ̄ϭⲓ ⲛⲉⲧ ϩⲛ̄ ⲛ̄ⲕⲟⲗⲁⲥⲓⲥ· ϫⲉ ⲧⲛ̄ⲥⲟⲟⲩⲛ ϫⲉ ⲁⲛⲟⲛ
ϩⲉⲛⲣⲉϥⲣ̄ ⲛⲟⲃⲉ ⲁⲛⲟⲛ ⲛ̄ⲧⲱⲧⲛ̄ ⲇⲉ ⲁⲧⲉⲧⲛ̄ⲧⲁⲗⲉ ⲡⲣⲁⲛ
ⲙ̄ ⲡⲛⲟⲩⲧⲉ ⲉ ϫⲱⲧⲛ̄ ⲙ̄ⲙⲁⲁⲧⲉ ⲛ̄ ⲧⲉⲓ ϩⲉ ⲁ ⲗⲟⲅⲟⲥ· ⲉ
ⲧⲃⲉ ⲡⲁⲓ ⲧⲉⲧⲛⲁϫⲓ ⲛ̄ ⲧⲉⲓ ⲕⲟⲗⲁⲥⲓⲥ ϣⲁ ⲉⲛⲉϩ: ⲁⲛⲟⲕ ⲇⲉ
ⲁⲓⲁ̄ϣⲁϩⲟⲙ ⲁⲩⲱ ⲁⲓⲣⲓⲙⲉ· ϫⲉ ⲟⲩⲟⲓ̈ ⲙ̄ ⲡⲅⲉⲛⲟⲥ ⲛ̄
ⲛ̄ⲣⲱⲙⲉ· ⲟⲩⲟⲓ ⲙ̄ ⲡⲣⲉϥⲣ̄ ⲛⲟⲃⲉ ϫⲉ ⲁⲩϫⲡⲟϥ ⲉ̄ ⲡⲉⲓ̈
ⲕⲟⲥⲙⲟⲥ:—| ⲁϥⲟⲩⲱ̄ϣⲃ̄ ⲛ̄ϭⲓ ⲡⲁⲅⲅⲉⲗⲟⲥ ⲡⲉϫⲁϥ ⲛⲁⲓ: Fol. 16 *a*
ϫⲉ ⲟⲩ ⲡⲁⲩⲗⲟⲥ ⲁϩⲣⲟⲕ ⲕⲣⲓⲙⲉ· ⲙⲏ ⲛ̄ⲧⲕ̄ ⲟⲩϣⲁⲛϩ̄ⲧⲏϥ ⲣⲓⲁ
ⲣⲱ ⲛ̄ⲑⲉ ⲙ̄ ⲡⲛⲟⲩⲧⲉ· ⲉⲡⲉⲓ ⲇⲏ ⲉϥⲥⲟⲟⲩⲛ ⲛ̄ϭⲓ ⲡⲛⲟⲩⲧⲉ
ϫⲉ ⲟⲩⲛ̄ ⲕⲣⲓⲥⲓⲥ ϣⲟⲟⲡ· ⲉ ⲧⲃⲉ ⲡⲁⲓ ⲁϥⲕⲁ ⲡⲟⲩⲁ ⲡⲟⲩⲁ̄
ϣⲁⲛⲧ ϥ̄ⲉⲓⲣⲉ ⲙ̄ ⲡⲉⲧ ⲉϩⲛⲁϥ ϩⲓϫⲙ̄ ⲡⲕⲁϩ· ⲁⲩⲱ
ⲁⲩⲛⲟϭ ⲛ̄ ⲗⲩⲡⲉⲓ ⲉⲓ ⲛⲁⲓ ⲙⲛ̄ ⲟⲩⲣⲓ̈ⲙⲉ· ⲡⲉϫⲉ ⲡⲁⲅ-
ⲅⲉⲗⲟⲥ ⲇⲉ ⲛⲁⲓ: ϫⲉ ⲁϩⲣⲟⲕ ⲉⲕⲣⲓⲙⲉ ⲱ̄ ⲡⲁⲩⲗⲟⲥ·
ⲙ̄ⲡⲁⲧ ⲕ̄ⲛⲁⲩ ⲣⲱ ⲉ ⲧⲛⲟϭ ⲛ ⲕⲣⲓⲥⲓⲥ· ⲁⲗⲗⲁ ⲟⲩⲁϩⲕ̄
ⲛ̄ⲥⲱⲓ ⲛ̄ⲧⲁⲧⲥⲁⲃⲟⲕ ⲉ ⲛⲉⲧ ⲟⲩⲟⲧⲃ̄ ⲉ ⲛⲁⲓ ⲛ̄ⲥⲁϣϥ̄ ⲛ̄ϭⲱⲃ
ⲛ̄ⲥⲟⲡ· ⲧⲟⲧⲉ ⲁϥϫⲓ̈ ⲙ̄ⲙⲟⲓ ⲙⲙⲟⲓ ⲉ̄ ⲡⲉⲙⲛ̄ⲧ ⲛ̄ⲛ̄ⲕⲟⲗⲁⲥⲓⲥ
ⲧⲏⲣⲟⲩ· ⲁϥϫⲓⲧ ⲉϫⲛ̄ ⲧϣⲱⲧⲉ ⲙ̄ ⲡⲛⲟⲩⲛ· ⲁⲓϩⲉ ⲉ ⲣⲟⲥ
ⲉⲥⲧⲟⲟⲃⲉ ⲛ̄ⲥⲁϣϥⲉ ⲛ̄ⲥⲫⲣⲁⲅⲓⲥ ⲛ̄ ⲕⲱϩⲧ· ⲡⲉϫⲉ ⲡⲁⲅⲅⲉ-

ⲗⲟⲥ ⲉⲧ ⲙⲟⲟϣⲉ ⲛ̅ⲙ̅ⲙⲁⲓ̈ ⲙ̅ ⲡⲉⲧ ϩⲓϫⲛ̅ ⲧϣⲱⲧⲉ ⲙ̅ ⲡⲛⲟⲩⲛ
ϫⲉ ⲁⲩⲟⲩⲱⲛ ⲛ̅ ⲧϣⲱⲧⲉ ⲛ̅ⲧⲉ ⲡⲁⲩⲗⲟⲥ ⲡⲙⲉⲣⲓⲧ ⲙ̅
ⲡⲛⲟⲩⲧⲉ ⲛⲁⲩ ⲉ ⲣⲟⲥ· ϫⲉ ⲛ̅ⲧⲁⲩⲧⲁⲁⲥ ⲛⲁϥ ⲉ ⲛⲁⲩ ⲉ
ϩⲱⲃ ⲛⲓⲙ ⲉⲧ ϥ̅ϣⲓⲛⲉ ⲛ̅ⲥⲱⲟⲩ· ⲉⲧ ϣⲟⲟⲡ ϩⲛ̅ ⲛ̅ⲕⲟⲗⲁⲥⲓⲥ·
ⲡⲉϫⲉ ⲡⲁⲅⲅⲉⲗⲟⲥ ⲛⲁⲓ ϫⲉ ⲥⲁϩⲱⲕ ⲉ̅ ⲡⲟⲩⲉ̅ ⲛ̅ ⲟⲩⲕⲟⲩⲓ ϫⲉ
ⲙⲉⲕⲉϣϭⲙϭⲟⲙ ⲉ̅ ⲧⲱⲟⲩⲛ ϩⲁ ⲡⲉⲥϯ ⲃⲱⲛ· ⲛ̅ⲧⲉⲩⲛⲟⲩ ⲇⲉ
ⲛⲧⲁϥϭⲱⲗⲡ̅ ⲉ ⲃⲟⲗ ⲛ̅ ⲧϣⲱⲧⲉ ⲙ̅ ⲡⲛⲟⲩⲛ· ⲁⲩⲛⲟϭ ⲛ̅
ⲕⲁⲡⲛⲟⲥ ⲛ̅ ⲥϯ ⲃⲱⲛ ⲉⲓ ⲉ̅ ϩⲣⲁⲓ ϩⲛ̅ ⲧϣⲱⲧⲉ· ⲉϥⲛⲁϣⲧ
ⲉⲙⲁⲁⲧⲉ ⲡⲁⲣⲁ ⲛⲕⲟⲗⲁⲥⲓⲥ ⲧⲏⲣⲟⲩ· ⲁⲓϭⲱϣⲧ̅ ⲉ ⲡⲉⲥⲏⲧ
ⲉ ⲣⲟⲥ· ⲁⲓϭⲛ̅ⲧⲥ̅ ⲉⲥⲣⲏⲧ ⲉ ⲃⲟⲗ ⲛ̅ⲧⲁϭⲧⲁϭ ⲛ̅ ⲕⲱϩⲧ̅ ⲧⲏⲣⲥ̅·
Fol. 16 b ⲉⲩϫⲉⲣⲟ ⲛ̅ⲥⲁ ⲥⲁ ⲛⲓⲙ· ⲙⲟⲅⲓⲥ ⲛ̅ⲧⲉ ⲟⲩⲣⲱⲙⲉ | ⲛ̅
ⲣⲓⲃ ⲟⲩⲱⲧ ⲃⲱⲕ ⲉ ⲡⲉⲥⲏⲧ ⲉ ⲣⲟⲥ ϩⲛ̅ ⲟⲩϩⲟϫϩⲉϫ· ⲡⲉϫⲉ ⲡⲁⲅ-
ⲅⲉⲗⲟⲥ ⲛⲁⲓ· ϫⲉ ⲉⲩϣⲁⲛⲛⲟⲩϫⲉ ⲛ̅ ⲟⲩⲣⲱⲙⲉ ⲉ ⲡⲉⲥⲏⲧ ⲉ
ⲧⲉⲓ ϣⲱⲧⲉ ⲛ̅ⲥⲉⲧⲱⲃⲉ ⲉ ⲣⲱϥ· ⲙⲉⲣⲉ ⲡⲉϥⲣ̅ ⲡⲙⲉⲉⲩⲉ̅ ⲉⲓ
ⲉ ϩⲣⲁⲓ ⲙ̅ⲡⲙ̅ⲧⲟ ⲉ̅ ⲃⲟⲗ ⲙ̅ ⲡⲉⲓⲱⲧ ⲙⲛ̅ ⲡϣⲏⲣⲉ ⲙⲛ̅
ⲡⲉⲡⲛ̅ⲁ̅ ⲉⲧ ⲟⲩⲁⲁⲃ· ⲙⲛ̅ ⲛⲁⲅⲅⲉⲗⲟⲥ ⲧⲏⲣⲟⲩ· ⲁⲛⲕ̊ ⲇⲉ
ⲡⲉϫⲁⲓ̈ ⲙ̅ ⲡⲁⲅⲅⲉⲗⲟⲥ ϫⲉ ⲛⲓⲙ ⲛⲉⲧ ⲟⲩⲛⲟⲩϫⲉ ⲙ̅ⲙⲟⲟⲩ
ⲉ ⲡⲉⲥⲏⲧ ⲉ ⲧⲉⲓ ϣⲱⲧⲉ· ⲡⲉϫⲁϥ ⲛⲁⲓ ϫⲉ ⲟⲩⲟⲛ ⲛⲓⲙ ⲉⲧ
ϫⲱ ⲙ̅ⲙⲟⲥ ϫⲉ ⲙ̅ⲡⲉ ⲓ̅ⲥ̅ ⲉⲓ ϩⲛ̅ ⲧⲥⲁⲣⲝ̅· ⲟⲩⲇⲉ ⲙ̅ⲡ ⲟⲩϫ-
ⲡⲟϥ ϩⲙ̅ ⲙⲁⲣⲓⲁ̅ ⲧⲡⲁⲣⲑⲉⲛⲟⲥ ⲉⲧ ⲟⲩⲁⲁⲃ· ⲙⲛ̅ ⲛⲉⲧ ϫⲱ
ⲙ̅ⲙⲟⲥ ϫⲉ ⲡⲟⲉⲓⲕ ⲙⲛ̅ ⲡⲏⲣⲡ̅ ⲉϣⲁⲩⲧⲁⲩⲉ̅ ⲡⲣⲁⲛ ⲙ̅
ⲡⲛⲟⲩⲧⲉ ⲉ ϩⲣⲁⲓ ⲉ ϫⲱⲟⲩ· ⲛ̅ⲧⲟⲟⲩ ⲁⲛ ⲧⲉ ⲧⲥⲁⲣⲝ̅ ⲙ̅
ⲡⲉⲭ̅ⲣ̅ⲥ̅ ⲙⲛ̅ ⲡⲉϥⲥⲛⲟϥ· ⲙⲛ̅ ⲟⲩⲟⲛ ⲛⲓⲙ ⲉ ⲁⲩⲁⲡⲁⲣⲛⲁ
ⲙ̅ ⲡⲉⲩⲃⲁⲡϯⲥⲙⲁ· ⲛ̅ⲥⲉⲧⲁⲕⲟ ⲛⲧⲉⲩⲥⲫⲣⲁⲅⲓⲥ ϩⲛ̅ ⲟⲩ-
ⲙⲛⲧⲁⲩⲣⲁⲛⲛⲟⲥ· ⲡⲁⲓ ⲡⲉ ⲡⲉⲩⲙⲁ ⲛ̅ ϣⲱⲡⲉ ϣⲁ ⲉⲛⲉϩ·
ⲉⲣⲉ ⲡⲟⲩⲉ̅ ⲛⲧ̅ ⲡⲟⲩⲉ̅ ⲛⲧ̅ ⲉⲓⲣⲉ ⲛ̅ ⲟⲩⲙⲁϩⲉ ⲛ̅ ϣⲓⲏ· ⲉ ⲟⲩⲉ
ⲛⲁ ⲡⲉⲥⲛ̅ⲧⲉ ⲙ̅ⲙⲟϥ ⲁⲓⲛⲁⲩ ⲉ ϩⲉⲛⲣⲱⲙⲉ ⲙⲛ̅ ϩⲉⲛⲕⲉ-
ϩⲓⲟ̅ⲙⲉ ⲉⲩϣⲟⲟⲡ ϩⲙ̅ ⲡⲱϭⲃ̅ ⲙ̅ⲡϫⲁϥ· ⲙⲛ̅ ⲛ̅ϭⲁϩϭⲉϩ
ⲛ̅ ⲛ̅ⲃⲟϩⲉ· ⲡⲉϫⲁⲓ ⲙ̅ ⲡⲁⲅⲅⲉⲗⲟⲥ· ϫⲉ ⲡⲁ ϫⲟⲉⲓⲥ ⲛⲓⲙ
ⲛⲉ ⲛⲁⲓ ⲉⲧ ϣⲟⲟⲡ ϩⲛ̅ ⲛⲉⲓ ⲧⲟⲡⲟⲥ ⲉⲧ ϩⲟⲥⲉ· ⲡⲉϫⲁϥ ⲛⲁⲓ
ϫⲉ ⲛⲁⲓ ⲛⲉⲧ ϫⲱ ⲙ̅ⲙⲟⲥ ϫⲉ ⲙ̅ⲡⲉ ⲡⲉⲭ̅ⲣ̅ⲥ̅ ⲧⲱⲟⲩⲛ ⲉ
ⲃⲟⲗ ϩⲛ̅ ⲛⲉⲧ ⲙⲟⲟⲩⲧ· ⲟⲩⲇⲉ ⲧⲉⲓ ⲥⲁⲣⲝ̅ ⲛⲁⲧⲱⲟⲩⲛ ⲁⲛ:
Fol. 17 a Ⲡⲉϫⲁⲓ ⲙ̅ ⲡⲁⲅⲅⲉⲗⲟⲥ ϫⲉ ⲛ̅ϭⲁϩϭⲉϩ ⲛ̅ ⲛⲟⲃϩⲉ ⲙⲛ̅ ⲡⲱϭⲃ̅
ⲣⲓⲅ ⲛⲉⲧ ⲙ̅ ⲡⲉⲓ̈ | ⲙⲁ ⲙ̅ⲙⲁⲁⲧⲉ· ⲛⲉ ⲙⲛ̅ ϩⲙⲟⲙ ⲛ̅ⲧⲟϥ ϩⲙ̅

ⲡⲉⲓ ⲙⲁ· ⲡⲉϫⲁϥ ⲛⲁⲓ ϫⲉ ⲙ̄ⲙⲟⲛ· ⲡⲱϭⲃ̄ ⲙ̄ⲙⲁⲁⲧⲉ
ⲙⲛ̄ ⲡϫⲁⲥϥ ⲛⲉⲧ ⲙ ⲡⲉⲓ ⲙⲁ· ⲡⲉϫⲁⲓ ⲙ ⲡⲁⲅⲅⲉⲗⲟⲥ ϫⲉ
ⲉⲣϣⲁⲛ ⲡⲣⲏ ϣⲁ ⲉ ϫⲱⲟⲩ ⲥⲉⲛⲁϣⲙⲟⲙ ⲁⲛ· ⲡⲉϫⲉ ⲡⲁⲅ-
ⲅⲉⲗⲟⲥ ⲛⲁⲓ· ϫⲉ ⲉⲣϣⲁⲛ ⲥⲁϣϥ̄ ⲛ̄ⲣⲏ ϣⲁ ⲉ̄ ϫⲱⲟⲩ·
ⲛ̄ⲥⲉⲛⲁϩⲙⲟⲙ ⲁⲛ ⲉ ⲧⲃⲉ ⲡϫⲁⲥϥ ⲉⲧ ϩⲓ ϫⲱⲟⲩ· Ⲧⲟⲧⲉ
ⲁⲓⲡⲱⲣϣ̄ ⲉ ⲃⲟⲗ ⲛ̄ⲛⲁϭⲓϫ ⲁⲓⲁϣⲁϩⲟⲙ: ⲁⲩⲱ ⲁⲓⲣⲓⲙⲉ
ⲉⲓϫⲱ ⲙ̄ⲙⲟⲥ· ϫⲉ ⲛⲁⲛⲟⲩⲥ ⲙ̄ⲡ ⲟⲩϫⲡⲟ ⲙ̄ ⲡⲁⲥⲉⲃⲏⲥ
ⲉ̄ϫⲙ̄ ⲡⲕⲁϩ· ⲛ̄ϩⲟⲩⲟ ⲉ ⲣⲟⲥ ⲉ ⲁⲩϫⲡⲟϥ· ϩⲛ̄ ⲧⲉⲩⲛⲟⲩ
ⲛ̄ⲧⲁⲩⲛⲁⲩ ⲉ ⲣⲟⲓ ⲉⲓⲣⲓⲙⲉ· ⲁⲩⲱϣ ⲉ ⲃⲟⲗ ⲧⲏⲣⲟⲩ: ⲁⲩⲱ̄
ⲁⲩⲣⲓⲙⲉ ⲛ̄ϭⲓ ⲛⲉⲧ ϩⲛ̄ ⲛ̄ⲕⲟⲗⲁⲥⲓ̈ⲥ· ⲛⲉⲧ ϩⲓ ϩⲟⲩⲛ ⲙⲛ̄ ⲛⲉⲧ
ϩⲓ ⲃⲟⲗ· ⲁⲓϭⲱϣⲧ̄ ⲁⲛⲟⲕ ⲡⲁⲩⲗⲟⲥ ⲁⲓⲛⲁⲩ ⲉ ⲧⲡⲉ
ⲉⲥⲟⲩⲱⲛ ⁝ ⲁⲓⲛⲁⲩ ⲉ ⲙⲓⲭⲁⲏⲗ ⲡⲁⲣⲭⲁⲅⲅⲉⲗⲟⲥ ⲛ̄ ⲧⲇⲓⲁ-
ⲑⲩⲕⲏ· ⲁϥⲉⲓ ⲉ ⲃⲟⲗ ϩⲛ̄ ⲧⲡⲉ· ⲙⲛ̄ ⲧⲉⲥⲧⲣⲁⲧⲉⲓⲁ ⲧⲏⲣⲥ̄ ⲛ̄
ⲛ̄ⲁⲅⲅⲉⲗⲟⲥ· ⲁⲛⲁⲅⲅⲉⲗⲟⲥ ⲧⲏⲣⲟⲩ ⲡⲁϩⲧⲟⲩ ⲉϫⲙ̄ ⲡⲉⲩϩⲟ·
ⲁ ⲛⲉⲧ ϩⲛ̄ ⲛ̄ⲕⲟⲗⲁⲥⲓⲥ ⲧⲏⲣⲟⲩ ⲛⲁⲩ ⲉ ⲣⲟⲟⲩ ⲉⲩⲣⲓⲙⲉ:
ⲡⲉϫⲁⲩ ⲛⲁϥ ϫⲉ ⲛⲁ ⲛⲁⲛ ⲡⲁⲣⲭⲁⲅⲅⲉⲗⲟⲥ ⲛ̄ ⲧⲇⲓⲁ-
ⲑⲩⲕⲏ· ⲡⲛⲁⲛⲧ ⲡⲉⲧ ⲧⲱⲃϩ̄ ⲉϫⲛ̄ ⲧⲙⲛ̄ⲧⲣⲱⲙⲉ ⲛ̄ⲛⲁⲩ
ⲛⲓⲙ· ⲉⲣⲉ ⲡⲕⲟⲥⲙⲟⲥ ⲙⲟⲧⲛ̄ ⲉ ⲧⲃⲏⲏⲧⲕ̄ ⲱ̄ ⲙⲓⲭⲁⲏⲗ·
ⲁⲛⲛⲁⲩ ⲉ̄ ⲧⲉⲕⲣⲓⲥⲓⲥ ⲁⲛⲥⲟⲩⲉⲛ ⲡϣⲏⲣⲉ ⲙ̄ ⲡⲛⲟⲩⲧⲉ: ⲉⲛⲉ
ⲟⲩⲛϭⲟⲙ ⲅⲁⲣ ⲙ̄ⲙⲟⲕ ⲡⲉ ⲉ ⲣ̄ ⲡⲁϩⲣⲉ ⲉ ⲣⲟⲛ ⲙ̄ⲡⲁⲧ
ⲛ̄ⲉⲓ ⲉ ⲡⲉⲓ ⲧⲟⲡⲟⲥ· ⲉⲧ ⲙⲉϩ ⲛ̄ϩⲓⲥⲉ· ⲁⲛⲥⲱⲧⲙ̄ ϫⲉ
ⲧⲉⲕⲣⲓⲥⲓⲥ ϣⲟⲟⲡ ⲙ̄ⲡⲁⲧ ⲛ̄ⲉⲓ ⲉ ⲃⲟⲗ ϩⲛ̄ ⲥⲱⲙⲁ· ⲙ̄ⲡⲉ ⲛ̄
ⲣⲟⲟⲩϣ ⲙⲛ̄ ⲑⲩⲗⲏ ⲙ̄ ⲡⲕⲟⲥⲙⲟⲥ ⲕⲁⲁⲛ ⲱ ⲙⲓ̈ⲭⲁⲏⲗ
ⲉ ⲙⲉⲧⲁⲛⲟⲓ: Ⲁϥⲟⲩⲱϣⲃ̄ ⲇⲉ ⲛ̄ϭⲓ ⲙⲓⲭⲁⲏⲗ ⲉϥϫⲱ
ⲙ̄ⲙⲟⲥ· ϫⲉ ⲥⲱⲧⲙ̄ ⲉ ⲣⲟⲓ ⲱ̄ ⲛⲉⲧ ϩⲛ̄ ⲛ̄ⲕⲟⲗⲁⲥⲓⲥ:— |
ⲥⲱⲧⲙ̄ ⲉ ⲙⲓⲭⲁⲏⲗ ⲉϥϣⲁϫⲉ· ⲡⲁⲓ ⲉⲧ ⲁϩ ⲉ ⲣⲁⲧϥ̄ ⲛ̄ⲛⲁⲩ Fol. 17 b
ⲛⲓⲙ ⲙ̄ⲡⲙ̄ⲧⲟ ⲉ ⲃⲟⲗ ⲙ̄ ⲡⲛⲟⲩⲧⲉ· ϥⲟⲛϩ̄ ⲛ̄ϭⲓ ⲡⲛⲟⲩⲧⲉ ⲣⲓⲇ̄
ⲡⲁⲓ ⲉϯϣⲙ̄ϣⲉ ⲛⲁϥ· ⲁⲩⲱ ϥⲟⲛϩ̄ ⲛ̄ϭⲓ ⲡϫⲥ̄ ⲡⲁⲓ ⲉϯⲁⲁϩ
ⲉⲣⲁⲧ ⲙ̄ⲡⲉϥⲙ̄ⲧⲟ ⲉ ⲃⲟⲗ· ϫⲉ ⲙⲛ̄ ⲟⲩϩⲟⲟⲩ ⲛ̄ ⲟⲩⲱⲧ
ⲟⲩⲇⲉ ⲟⲩⲟⲩϣⲏ ⲛ̄ ⲟⲩⲱⲧ ⲟⲩⲉⲓⲛⲉ· ⲉ ⲧⲙ̄ ⲧⲱⲃϩ ⲉϫⲙ̄
ⲡⲅⲉⲛⲟⲥ ⲛ̄ ⲛ̄ⲣⲱⲙⲉ· ⲙⲓⲭⲁⲏⲗ ⲉϥⲧⲱⲃϩ̄ ϩⲛ̄ ⲧⲡⲉ·
ⲛ̄ⲣⲱⲙⲉ ϩⲱⲟⲩ ⲥⲉⲉⲓⲣⲉ ⲛ̄ ⲛⲉⲩϫⲏⲣ ϩⲓϫⲙ̄ ⲡⲕⲁϩ ⲙⲛ̄
ⲛⲉⲩⲡⲟⲣⲛⲓⲁ· ⲙ̄ⲡ ⲟⲩϯ ⲧⲟⲟⲧϥ̄ ⲙ̄ ⲙⲓⲭⲁⲏⲗ ⲛ̄ϭⲓ ⲛⲉⲧ
ϩⲓϫⲙ̄ ⲡⲕⲁϩ· ⲱ̄ ⲛ̄ⲣⲱⲙⲉ ⲁⲧⲉⲧⲛ̄ⲣ̄ ⲡⲉⲧⲛ̄ⲟⲩⲟⲉⲓϣ ⲧⲏⲣϥ̄

ⲙ̅ⲡⲉ ⲧⲙ̅ⲙⲉⲧⲁⲛⲟⲓ: ⲁⲛⲟⲕ ⲡⲉ ϣⲁⲓⲧⲱⲃ̅ϩ̅ ⲙ̅ ⲡϫ̅ⲥ̅
ϣⲁⲛⲧϥ̅ⲧⲛ̅ⲛⲟⲟⲩ ⲛⲏⲧⲛ̅ ⲛ̅ ⲧⲉϊⲱⲧⲉ ⲉ ⲃⲟⲗ ϩⲛ̅ ⲧⲡⲉ·
ⲁⲛⲟⲕ ⲟⲛ ⲡⲉ ϣⲁⲓⲧⲱⲃ̅ϩ̅ ⲙ̅ ⲡⲛⲟⲩⲧⲉ ϣⲁⲛⲧⲉ ⲡⲛⲟⲩⲛ
ⲟⲩⲱⲛ ⲛ̅ ⲣⲱϥ· ⲛϥ̅ϣⲟⲩⲟ̅ ⲙⲟⲟⲩ ⲉ ϩⲣⲁⲓ ⲉϫⲙ̅ ⲡⲕⲁϩ·
ⲛϥ̅ϯ ⲙ̅ ⲡⲉϥⲕⲁⲣⲡⲟⲥ· ϯⲣ̅ ⲙⲛ̅ⲧⲣⲉ· ⲛⲏⲧⲛ̅ ϫⲉ ⲉⲣϣⲁⲛ
ⲟⲩⲁ ⲣ̅ ⲟⲩⲕⲟⲩⲓ ⲛ̅ⲁⲅⲁⲑⲟⲛ· ϣⲁⲓϣⲱⲡⲉ ⲛⲁϥ ⲛ̅ ⲛⲁϣⲧⲉ
ϩⲓ ⲃⲟⲏ̅ⲑⲟⲥ: ϣⲁⲛⲧ ϥ̅ⲛⲟⲩϩⲙ̅ ⲉ ⲛ̅ⲕⲟⲗⲁⲥⲓⲥ· ⲉⲩⲧⲱⲛ ϭⲉ
ⲏ
ⲧⲉⲛⲟⲩ ⲛⲉⲧⲛ̅ϣⲗⲗ ⁖ ⲉⲩⲧⲱⲛ ⲛⲉⲧⲛ̅ⲙⲉⲧⲁⲛⲟⲓⲁ· ⲉⲩⲧⲱⲛ
ⲛⲉⲧⲛ̅ⲁⲅⲁⲡⲏ ⲛ̅ⲧⲁ ⲧⲉⲧⲛ̅ⲁⲁⲩ· ⲁⲧⲉⲧⲛ̅ⲧⲁⲕⲟ ⲙ̅ ⲡⲉⲧⲛ̅ⲟⲩ-
ⲟ̅ⲉⲓϣ ⲛ̅ⲧⲁⲧⲉⲧⲛ̅ⲁⲁϥ ϩⲓϫⲙ̅ ⲡⲕⲁϩ· ⲣⲓⲙⲉ ϭⲉ ⲱ ⲛ̅ⲣⲱⲙⲉ
ⲛ̅ⲧⲁⲣⲓⲙⲉ ϩⲱⲱⲧ ⲙⲛ̅ ⲛ̅ⲁⲅⲅⲉⲗⲟⲥ· ⲁⲩⲱ ⲡⲕⲉ ⲡⲁⲩⲗⲟⲥ
ⲡⲙⲉⲣⲓⲧ ⲙ̅ ⲡⲛⲟⲩⲧⲉ· ϥⲛⲁⲣⲓⲙⲉ ϩⲱⲱϥ ⲛ̅ⲙ̅ⲙⲏⲧⲛ̅·
ⲙⲉϣⲁⲕ ⲛ̅ⲧⲉ ⲡϣⲉⲛϩ̅ⲧⲏϥ ϯ ⲛⲏⲧⲛ̅ ⲛ̅ ⲟⲩⲕⲟⲩⲓ ⲙ̅ ⲙⲟⲧ-
Fol. 18 *a* ⲛⲉⲥ | ⲁⲩⲱϣ ⲉ ⲃⲟⲗ ⲧⲏⲣⲟⲩ ⲛ̅ϭⲓ ⲛⲉⲧ ϩⲛ̅ ⲛ̅ⲕⲟⲗⲁⲥⲓⲥ
ⲣ̅ⲓ̅ⲉ̅ ⲉⲩⲣⲓⲙⲉ· ⲁⲩⲱ ⲟⲛ ⲉⲩⲁϣⲁϩⲟⲙ ⲕⲁⲧⲁ ⲧⲉⲛⲧⲟⲗⲏ ⲙ
ⲙⲓ̈ⲭⲁⲏⲗ· ⲉⲩϫⲱ ⲙⲙⲟⲥ ϫⲉ ⲛⲁ ⲛⲁⲛ ⲡϣⲏⲣⲉ ⲙ̅
ⲡⲛⲟⲩⲧⲉ ⲉⲧ ⲟⲛϩ̅ :—ⲁ ⲡⲁⲩⲗⲟⲥ ϩⲱⲱϥ ⲟⲛ ⲱϣ ⲉ ⲃⲟⲗ
ⲉϥϫⲱ ⲙ̅ⲙⲟⲥ· ϫⲉ ⲡⲁ ϫ̅ⲥ̅ ⲓ̅ⲥ̅ ⲡⲉⲭ̅ⲣ̅ⲥ̅ ϣⲉⲛϩ̅ⲧⲏⲕ ϩⲁ
ⲡⲉⲕⲡⲗⲁⲥⲙⲁ· ⲧⲟⲧⲉ ⲙⲓⲭⲁⲏⲗ ⲁϥⲡⲁϩⲧϥ̅ ⲙⲛ̅ ϩⲉⲛⲧⲃⲁ
ⲛ̅ⲁⲅⲅⲉⲗⲟⲥ ⲙ̅ⲡⲙ̅ⲧⲟ ⲉ ⲃⲟⲗ ⲙ ⲡⲛⲟⲩⲧⲉ· ⲉⲩϫⲱ ⲙ̅ⲙⲟⲥ
ϫⲉ ϣⲉⲛϩ̅ⲧⲏⲕ ϩⲁ ⲡⲉⲕⲡⲗⲁⲥⲙⲁ· ϣⲛ̅ϩⲧⲏⲕ ϩⲁ ⲧⲉⲕϩⲓ-
ⲕⲱⲛ· ϣⲉⲛ̅ϩⲧⲏⲕ ϩⲁ ⲛ̅ϣⲏⲣⲉ ⲛ̅ⲁⲇⲁⲙ· ⲁⲓϭⲱϣⲧ̅ ⲁⲓⲛⲁⲩ
ⲉ̅ ⲧⲡⲉ ⲉⲥⲕⲓⲙ· ⲛ̅ⲑⲉ ⲛ̅ ⲟⲩϣⲏⲛ ⲉⲩⲕⲓⲙ ⲉ ⲣⲟϥ ϩⲓⲧⲛ̅ ⲟⲩ-
ⲧⲏⲩ :—ⲁⲩⲱ ⲛ̅ ⲧⲉⲣ ⲟⲩⲡⲁϩⲧⲟⲩ ⲙ̅ ⲡⲙ̅ⲧⲟ ⲉ ⲃⲟⲗ ⲙ̅
ⲡⲉⲑⲣⲟⲛⲟⲥ ⲙ̅ ⲡⲛⲟⲩⲧⲉ· ⲁⲓⲛⲁⲩ ⲉ̅ ⲡϫⲟⲩⲧⲁϥⲧⲉ ⲙ̅ⲡⲣⲉⲥ-
ⲃⲩⲧⲉⲣⲟⲥ ⲙⲛ̅ ⲡⲉϥⲧⲟⲟⲩ ⲛ̅ⲍⲱⲟⲛ ⲉ ⲁⲩⲡⲁϩⲧⲟⲩ: ⲁⲓⲛⲁⲩ
ⲉ ⲡⲉⲑⲩⲥⲓⲁⲥⲧⲏⲣⲓⲟⲛ ⲙⲛ̅ ⲡⲕⲁⲧⲁⲡⲉⲧⲁⲥⲙⲁ ⲉ ⲁⲩⲡⲁϩⲧⲟⲩ·
ⲁⲓⲥⲱⲧⲙ̅ ⲉⲩⲥⲙⲏ ⲉⲥϫⲱ ⲙ̅ⲙⲟⲥ· ϫⲉ ⲉ ⲧⲃⲉ ⲟⲩ ⲉ̅ⲧⲉⲧⲛ̅-
ⲧⲱⲃ̅ϩ̅ ⲙⲙⲟⲓ ⲙⲛ̅ ⲛⲁⲁⲅⲅⲉⲗⲟⲥ· ⲛ̅ⲗⲩⲧⲟⲩⲣⲅⲟⲥ· ⲁⲩⲥⲙⲏ
ϣⲱⲡⲉ ⲉⲥϫⲱ ⲙ̅ⲙⲟⲥ· ϫⲉ ⲉⲛⲧⲱⲃ̅ϩ̅ ⲉϫⲛ̅ ⲧⲙⲛ̅ⲧⲣⲱⲙⲉ·
ⲉⲛϭⲱϣⲧ̅ ⲉ ⲧⲉⲕⲙⲛ̅ⲧⲛⲁⲏⲧ· ⲁⲓⲛⲁⲩ ⲉ ⲧⲡⲉ ⲉⲥⲟⲩⲏⲛ· ⲁ
ⲡϣⲏⲣⲉ ⲙ̅ ⲡⲛⲟⲩⲧⲉ ⲉⲓ ⲉ ⲃⲟⲗ ϩⲛ̅ ⲧⲡⲉ· ⲉ̅ ⲟⲩⲛ̅ ⲟⲩ-
ϭⲣⲏⲡⲉ ϩⲓϫⲛ̅ ⲧⲉϥⲁⲡⲉ· ⲁ ⲛⲉⲧ ϩⲛ̅ ⲛ̅ⲕⲟⲗⲁⲥⲓⲥ ⲛⲁⲩ ⲉ
ⲣⲟϥ· ⲁⲩⲟⲩⲱϣ ⲉ ⲃⲟⲗ ⲉⲩϫⲱ ⲙⲙⲟⲥ ϫⲉ ⲛⲁ ⲛⲁⲛ: |

ⲡϣⲏⲣⲉ ⲙ̅ ⲡⲛⲟⲩⲧⲉ ⲉⲧ ⲟⲛϩ̅· ⲁⲕϯ ⲙ̅ⲧⲟⲛ ⲛ̅ ⲛⲁ ⲧⲡⲉ Fol. 18 *b*
ⲙⲛ̅ ⲛⲉⲧ ϩⲓϫⲙ̅ ⲡⲕⲁϩ· ϯ ⲙⲟⲧⲛⲉⲥ ⲛⲁⲛ ϩⲱⲱⲛ̅· ϫⲓⲛ ⲙ̅ ⲣ̅ⲓ̅ⲉ̅
ⲡⲛⲁⲩ ⲅⲁⲣ ⲛ̅ⲧⲁⲛⲛⲁⲩ ⲉ ⲣⲟⲕ ⲁ ⲧⲙⲟⲧⲛⲉⲥ ⲧⲁϩⲟⲛ· ⲁⲩⲱ
ϩⲛ̅ ⲧⲉⲩⲛⲟⲩ ⲉⲧ ⲙ̅ⲙⲁⲩ· ⲁ ⲧⲉⲥⲙⲏ ⲙ̅ ⲡϣⲏⲣⲉ ⲙ̅
ⲡⲛⲟⲩⲧⲉ ⲃⲱⲕ ⲉ ⲃⲟⲗ ϩⲛ̅ ⲛ̅ⲕⲟⲗⲁⲥⲓⲥ ⲧⲏⲣⲟⲩ ⲉϥϫⲱ
ⲙ̅ⲙⲟⲥ· ϫⲉ ⲁϣ ⲛ ϩⲱⲃ ⲉⲛⲁⲛⲟⲩϥ ⲡⲉⲛⲧ ⲁⲧⲉⲧⲛ̅ⲁⲁϥ·
ϩⲓϫⲙ̅ ⲡⲕⲁϩ· ϫⲉ ⲉⲓⲉ̅ϯ ⲙ̅ⲧⲟⲛ ⲛⲏⲧⲛ̅· ⲁⲩⲡⲱϩⲧ̅ ⲉ ⲃⲟⲗ
ⲙ̅ ⲡⲁ ⲥⲛⲟϥ ⲉ̅ ⲧⲃⲉ ⲧⲏⲩⲧⲛ̅· ⲙ̅ⲡⲉ ⲧⲛ̅ⲙⲉⲧⲁⲛⲟⲓ· ⲁⲩϯ
ⲕⲗⲟⲙ ⲛ̅ϣⲟⲛⲧⲉ ⲉ ϫⲱⲓ ⲉ̅ ⲧⲃⲉ ⲧⲏⲩⲧⲛ̅· ⲙ̅ⲡⲉ ⲧⲛ̅ⲙⲉⲧⲁ-
ⲛⲟⲓ· ⲛ̅ϭⲓϫ ⲛ̅ⲧⲁⲩⲡⲗⲁⲥⲥⲉ ⲙ̅ⲙⲱⲧⲛ̅· ⲁⲩⲟϥⲧⲟⲩ ⲛ̅ⲡⲉⲓϥⲧ̅
ⲉ ⲧⲃⲉ ⲧⲏⲩⲧⲛ̅· ⲁⲩⲱ ⲙ̅ⲡⲉ ⲧⲛ̅ⲙⲉⲧⲁⲛⲟⲓ· ⲁⲓⲁⲓⲧⲉⲓ ⲛ̅
ⲟⲩⲙⲟⲟⲩ ⲉ̅ ⲧⲣⲁⲥⲱ· ⲁⲩⲉⲓⲛⲉ ⲛⲁⲓ ⲛ̅ ⲟⲩⲥⲓϣⲉ ⲙⲛ̅ ⲟⲩ-
ϩⲙϫ̅· ⲉⲓⲟϥⲧ ⲉ ⲡⲉⲥϯⲟⲥ· ⲁⲩⲱ ⲙ̅ⲡⲉ ⲧⲛ̅ⲙⲉⲧⲁⲛⲟⲓ· ⲁⲩ-
ⲕⲟⲛⲥⲧ̅ ⲛ̅ ⲟⲩⲗⲟⲅⲭⲏ ⲉ ⲡⲁ ⲥⲡⲓⲣ ⲛ̅ ⲟⲩⲛⲁⲙ ⲉ̅ ⲧⲃⲉ
ⲧⲏⲩⲧⲛ̅ ⲙ̅ⲡⲉ ⲧⲛ̅ⲙⲉⲧⲁⲛⲟⲓ ⲛⲁⲡⲣⲟⲫⲏⲧⲏⲥ ⲙⲛ̅ ⲛⲁⲇⲓ-
ⲕⲁⲓⲟⲥ ⲧⲏⲣⲟⲩ ⲁⲩⲙⲟⲟⲩⲧⲟⲩ ⲉ̅ ⲧⲃⲉ ⲧⲏⲩⲧⲛ̅· ⲙ̅ⲡⲉ
ⲧⲛ̅ⲙⲉⲧⲁⲛⲟⲓ· ϩⲛ̅ ⲛⲁⲓ ⲧⲏⲣⲟⲩ· ⲁⲩϯ ⲙⲉⲧⲁⲛⲟⲓⲁ ⲛⲏⲧⲛ̅
ⲁⲩⲱ ⲙ̅ⲡⲉ ⲧⲛ̅ⲙⲉⲧⲁⲛⲟⲓ :—ⲁⲗⲗⲁ ⲉ̅ ⲧⲃⲉ ⲙⲓⲭⲁⲏⲗ ⲙⲛ̅
ⲡⲁ ⲙⲉⲣⲓⲧ ⲡⲁⲩⲗⲟⲥ· ⲛ̅ ϯⲟⲩⲱϣ ⲁⲛ ⲉ ⲗⲩⲡⲉⲓ ⲙ̅ⲙⲟⲟⲩⲛ̅
ⲙⲛ̅ ⲛⲉⲧ ϥⲓ ⲡⲣⲟⲥⲫⲟⲣⲁ ϩⲁ ⲣⲱⲧⲛ̅· ⲛⲉⲧⲛ̅ϣⲏⲣⲉ ⲙⲛ̅
ⲛⲉⲧⲛ̅ⲥ[ⲛ]ⲏⲩ· ϫⲉ ⲟⲩⲛ̅ ⲟⲩⲟⲛ ⲅⲁⲣ ⲛ̅ϩⲏⲧⲟⲩ ⲉϥⲉⲓⲣⲉ ⲛ̅
ⲛⲁⲉⲛⲧⲟⲗⲏ: ⲁⲩⲱ ⲉ̅ | ⲧⲃⲉ ⲧⲁ ⲙⲛ̅ⲧⲁⲅⲁⲑⲟⲥ ϫⲉ ⲁⲓⲧⲱⲟⲩⲛ Fol. 19 *a*
ⲉ ⲃⲟⲗ ϩⲛ̅ ⲛⲉⲧⲙⲟⲟⲩⲧ· ϯⲛⲁϯ ⲛⲏⲧⲛ̅ ⲛ̅ ⲧⲕⲩⲣⲓⲁⲕⲏ ⲣ̅ⲓ̅ⲍ̅
ⲛ̅ⲙⲧⲟⲛ ⲕⲁⲧⲁ ⲥⲁⲃⲃⲁⲧⲟⲛ· ⲁⲩⲱ ⲡⲧⲁⲓⲟⲩ ⲛ̅ϩⲟⲟⲩ ⲉⲧ
ⲙⲛ̅ⲛ̅ⲥⲁ ⲧⲁⲛⲁⲥⲧⲁⲥⲓⲥ· ⲛ̅ⲧⲁⲓⲧⲱⲟⲩⲛ ⲉ ⲃⲟⲗ ϩⲛ̅ ⲛⲉⲧ
ⲙⲟⲟⲩⲧ ⲛ̅ϩⲏⲧⲥ̅· ⲧⲟⲧⲉ ⲛⲉⲧ ϩⲛ̅ ⲛ̅ⲕⲟⲗⲁⲥⲓ̈ⲥ ⲧⲏⲣⲟⲩ ⲁⲩⲱϣ
ⲉ ⲃⲟⲗ ⲉⲩϫⲱ ⲙ̅ⲙⲟⲥ ϫⲉ ⲧⲛ̅ⲥⲙⲟⲩ ⲉ̅ ⲣⲟⲕ ⲓ̅ⲥ̅ ⲡϣⲏⲣⲉ
ⲙ̅ ⲡⲛⲟⲩⲧⲉ ⲉⲧ ⲟⲛϩ̅· ϫⲉ ⲛⲁⲛⲟⲩ ⲡⲉϩⲟⲟⲩ ⲛⲁⲛ ⲛ̅
ⲙ̅ⲧⲟⲛ· ⲡⲁⲣⲁ ⲡⲉⲛⲁϩⲉ ⲧⲏⲣϥ̅ ⲛ̅ⲧⲁⲛⲁⲁϥ ϩⲓϫⲙ̅ ⲡⲕⲁϩ·
ⲙ̅ⲡⲁⲧ ⲛ̅ⲉⲓⲙⲉ ϫⲉ ⲛⲉⲓ ϩⲓⲥⲉ ϣⲟⲟⲡ· ⲉⲛⲉ ⲛⲧ ⲁⲛⲉⲓⲙⲉ
ϫⲉ ⲛⲉⲓ ϩⲓⲥⲉ ⲧⲏⲣⲟⲩ ⲛⲁⲉⲓ ⲉ̅ ϫⲱⲛ· ⲛⲉⲛⲛⲁϫⲓ ⲁⲛ ⲡⲉ·
ⲟⲩⲇⲉ ⲛⲉⲛⲛⲁϯ ⲁⲛ ⲡⲉ ⲁⲩⲱ ⲛⲉⲛⲛⲁⲣ̅ ⲗⲁⲁⲩ ⲛ̅ϩⲱⲃ ⲁⲛ
ⲡⲉ ϩⲓϫⲙ̅ ⲡⲕⲁϩ:—ⲱ ⲅⲁⲣ ⲡⲉ ⲡⲉⲛϣⲁⲩ ϫⲉ ϫⲡⲟⲛ ⲉ
ⲡⲕⲟⲥⲙⲟⲥ· ⲁⲗⲏⲑⲱⲥ ⲉⲓⲥ ⲛ ⲉⲗϩⲱ[ⲃ] ⲉⲧ ⲛⲏⲩ ⲉ ϩⲣⲁⲓ ϩⲛ̅

ⲣⲱϥ ⲛ̄ ⲛⲉⲛⲉⲣⲏⲩ · ⲑⲱ ⲛ̄ⲙ̄ⲙⲁⲛ ⲙⲛ̄ ⲛ̄ⲣⲓⲙⲉ ⲉⲧ ⲛ̄ⲉⲓⲣⲉ
ⲙ̄ⲙⲟⲟⲩ · ⲙⲛ̄ ⲛ̄ϥⲛ̄ⲧ ⲉⲧ ϩⲁ ⲣⲟⲛ · ⲥⲉϩⲟⲥⲉ ⲛ̄ⲙ̄ⲙⲁⲛ
ⲛ̄ϩⲟⲩⲟ̄ ⲉ ⲧⲉⲕⲣⲓⲥⲓⲥ ⲉⲧ ⲛ̄ ⲛ̄ϩⲏⲧⲥ̄ · ⲁⲛⲁⲅⲅⲉⲗⲟⲥ ⲉⲧ ϩⲓϫⲛ̄
ⲛ̄ⲕⲟⲗⲁⲥⲓⲥ ⲉⲡⲓϯⲙⲁ ⲛⲁⲩ · ϫⲉ ⲉ ⲧⲃⲉ ⲟⲩ ⲧⲉⲧⲛ̄ⲣⲓⲙⲉ
ⲁⲩⲱ ⲧⲉⲧⲛ̄ⲱϣ ⲉ ⲃⲟⲗ · ⲙⲛ̄ ⲛⲁ ⲛ̄ϩⲏⲧⲛ̄ ⲉ ϩⲟⲩⲛ ⲉ ⲣⲱⲧⲛ̄ ·
ϫⲉ ⲙⲡⲉ ⲧⲛ̄ⲕⲁ ⲡⲛⲟⲩⲧⲉ ⲛⲏⲧⲛ̄ ⲛ̄ ⲃⲟⲏⲑⲟⲥ ϩⲓ ϩⲉⲗⲡⲓⲥ ·
ⲙⲛ̄ ⲛⲁ ϩⲛ̄ ⲧⲉⲕⲣⲓⲥⲓⲥ ⲙ̄ ⲡⲉⲧⲉ ⲙ̄ⲡⲉ ϥⲉⲓⲣⲉ ⲙ̄ ⲡⲛⲁ ·
ⲛ̄ⲧⲁ ⲡⲛⲁ ⲧⲁϩⲉ ⲧⲏⲩⲧⲛ̄ ⲙ̄ⲙⲁⲧⲉ ⲛ̄ⲧⲉⲩϣⲏ ⲛ̄ ⲧⲕⲩⲣⲓⲁⲕⲏ ·
ⲉ ⲧⲃⲉ ⲡⲙⲉⲣⲓⲧ ⲙ̄ ⲡⲛⲟⲩⲧⲉ ⲡⲁⲩⲗⲟⲥ ϫⲉ ⲁⲩⲉⲛⲧϥ ⲉ ⲡⲉⲓ̈
ⲙⲁ :—ⲡⲉϫⲉ ⲡⲁⲅⲅⲉⲗⲟⲥ ⲛⲁⲓ · ϫⲉ ⲡⲁⲩⲗⲟⲥ ⲡⲥⲱⲧⲡ̄
ⲙ̄ ⲡⲛⲟⲩⲧⲉ ⲁⲕⲛⲁⲩ ⲉ ⲛⲁⲓ ⲧⲏⲣⲟⲩ : ⲡⲉϫⲁⲓ ⲛⲁϥ ϫⲉ ⲁϩⲉ
Fol. 19 *b* ⲡⲁ ϫⲟⲉⲓⲥ | ⲡⲉϫⲁϥ ⲛⲁⲓ ϫⲉ ⲟⲩⲁϩⲕ̄ ⲛ̄ⲥⲱⲓ ⲟⲛ ⲧⲉⲛⲟⲩ ·
ⲣ̅ⲓ̅ⲏ̅ ⲛ̄ⲧⲁϫⲓⲧⲕ̄ ⲉ ⲡⲡⲁⲣⲁⲇⲉⲓⲥⲟⲥ · ϫⲉ ⲉⲣⲉ ⲛ̄ⲇⲓⲕⲁⲓⲟⲥ ⲧⲏⲣⲟⲩ
ⲛⲁⲛⲁⲩ ⲉ ⲣⲟⲕ ϩⲛ̄ ⲟⲩⲣⲁϣⲉ ⲙⲛ̄ ⲟⲩⲧⲉⲗⲏⲗ · ⲁⲩⲥⲃ̄ⲧⲱⲧⲟⲩ
ⲅⲁⲣ ⲛ̄ϭⲓ ⲛ̄ⲇⲓⲕⲁⲓⲟⲥ ⲉ ⲧⲣⲉⲩⲉⲓ ⲉ ⲃⲟⲗ ϩⲏⲧⲕ̄ ⲧⲏⲣⲟⲩ ·
ⲀⲚⲟⲕ ⲇⲉ ⲁⲓⲙⲟⲟϣⲉ ⲙⲛ̄ ⲡⲁⲅⲅⲉⲗⲟⲥ · ⲁϥⲧⲟⲣⲡⲧ̄ ϩⲙ̄
ⲡⲉⲡⲛ̄ⲁ · ⲁϥϫⲓ̈ ⲙ̄ⲙⲟⲓ ⲉ ⲡⲡⲁⲣⲁⲇⲉⲓⲥⲟⲥ · ⲡⲉϫⲉ ⲡⲁⲅⲅⲉ-
ⲗⲟⲥ ⲛⲁⲓ̈ · ϫⲉ ⲱ̄ ⲡⲁⲩⲗⲟⲥ ⲕⲛⲁⲩ ⲉ ⲡⲙⲁ ⲉ ϯⲛⲁϫⲓⲧⲕ̄
ⲉ ⲣⲟϥ · ⲉⲣⲉ ⲡⲡⲁⲣⲁⲇⲉⲓⲥⲟⲥ ϩⲙ̄ ⲡⲙⲁ ⲉⲧ ⲙ̄ⲙⲁⲩ : ⲡⲙⲁ
ⲛ̄ⲧⲁ ⲁⲇⲁⲙ ⲡⲁⲣⲁⲃⲁ ⲛ̄ϩⲏⲧϥ ⲙⲛ̄ ⲧⲉϥⲥϩⲓⲙⲉ · ⲛ̄ ⲧⲉⲣⲉ
ⲓϩⲱⲛ ⲇⲉ ⲉ ϩⲟⲩⲛ ⲉ̄ ⲡⲡⲁⲣⲁⲇⲉⲓⲥⲟⲥ · ⲁⲓⲛⲁⲩ ⲉ ⲧⲁⲣⲭⲏ
ⲙ̄ ⲡⲉϥⲧⲟⲟⲩ ⲛ̄ⲉⲓⲉⲣⲟ ϩⲙ̄ ⲡⲙⲁ ⲉⲧ ⲙ̄ⲙⲁⲩ · ⲁ ⲡⲁⲅⲅⲉ-
ⲗⲟⲥ ϫⲱⲣⲙ̄ ⲟⲩⲃⲏⲓ · ϫⲉ ⲡⲁⲓ ⲡⲉ ⲫⲓⲥⲱⲛ ⲉⲧ ⲕⲱⲧⲉ ⲉ
ⲡⲕⲁϩ ⲧⲏⲣϥ̄ ⲛ̄ ⲉⲩⲉⲓⲗⲁⲧ · ⲅⲉⲱⲛ ⲡⲉⲧ ⲕⲱⲧⲉ ⲉ ⲡⲕⲁϩ
ⲧⲏⲣϥ̄ ⲛ̄ ⲛⲉϭⲟⲟϣⲉ · ⲧⲉⲅⲣⲓⲥ ⲡⲁⲓ ⲡⲉⲧ ⲥⲱⲕ ⲙ̄ ⲡⲙ̄ⲧⲟ
ⲉ ⲃⲟⲗ ⲛ̄ⲛⲁⲥⲥⲩⲣⲓⲟⲥ · ⲡⲉⲩⲫⲣⲁⲧⲏⲥ ⲡⲁ ⲡⲉⲧ ⲥⲱⲕ ⲙ̄
ⲡⲙ̄ⲧⲟ ⲉ ⲃⲟⲗ ⲛ̄ ⲧⲙⲉⲥⲟⲡⲟⲧⲁⲙⲓⲁ : ⲛ̄ⲧⲉⲩⲛⲟⲩ ⲛ̄ⲧⲁⲓⲣ̄
ⲡϩⲟⲩⲛ ⲙ̄ ⲡⲡⲁⲣⲁⲇⲉⲓⲥⲟⲥ · ⲁⲓⲛⲁⲩ ⲉⲩϣⲏⲛ ⲉϥⲣⲏⲧ ⲉⲣⲉ
ⲧⲉϥⲛⲟⲩⲛⲉ ϣⲁⲩⲟ̄ ⲙⲟⲟⲩ ⲉ ⲃⲟⲗ ⲉⲩⲡⲩⲅⲏ · ⲉⲥϯ ⲙⲟⲟⲩ
ⲉ ⲧⲉϥⲧⲟⲉ ⲛ̄ⲁⲣⲭⲏ ⲙ̄ ⲡⲉϥⲧⲟⲟⲩ ⲛ̄ⲉⲓⲉⲣⲟ · ⲉ̄ⲣⲉ ⲡⲉⲡⲛ̄ⲁ
ⲙ̄ ⲡⲛⲟⲩⲧⲉ ⲛⲓϥⲉ ϩⲓϫⲙ̄ ⲡϣⲏⲛ ⲉϥϣⲁⲛⲥⲱⲕ ⲛ̄ϭⲓ ⲡⲙⲟⲟⲩ ·
ϣⲁⲣⲉ ⲡⲉⲡⲛ̄ⲁ · ⲱϣ · ⲡⲉϫⲁⲓ ⲙ̄ ⲡⲁⲅⲅⲉⲗⲟⲥ ϫⲉ ⲡⲁ ϫⲟⲉⲓⲥ
Fol. 20 *a* ⲟⲩ ⲡⲉ ⲡⲉⲓ ϣⲏⲛ ⲉⲧ ϣⲟⲩⲟ̄ ⲙⲟⲟⲩ ⲉ ⲃⲟⲗ · ⲁϥⲟⲩ[ⲱ]ϣⲃ̄
[ⲣ̅ⲓ̅ⲑ̅] ⲛ̄ϭⲓ ⲡⲁⲅⲅⲉ|ⲗⲟⲥ ⲡⲉϫⲁϥ ⲛⲁⲓ · ϫⲉ ϩⲁ ⲑⲏ ⲙ̄ⲡⲁⲧⲉ

ⲡⲛⲟⲩⲧⲉ ⲧⲁⲙⲓⲉ ⲧⲡⲉ ⲙⲛ̄ ⲡⲕⲁϩ· ⲙⲛ̄ ⲗⲁⲁⲩ ⲛ̄ⲥⲁ
ⲙⲟⲟⲩ ⲙ̄ⲙⲁⲁⲧⲉ· ⲁⲩⲱ ⲉⲣⲉ ⲡⲉⲡⲛⲁ ⲙ̄ ⲡⲛⲟⲩⲧⲉ ⲛⲁⲉϥ-
ⲛⲏⲩ ϩⲓϫⲛ̄ ⲙⲙⲟⲟⲩ· ⲛ̄ ⲧⲉⲣⲉ ⲡⲛⲟⲩⲧⲉ ⲇⲉ ⲧⲁⲙⲓ̈ⲉ ⲧⲡⲉ
ⲙⲛ̄ ⲡⲕⲁϩ· ⲡⲉⲡⲛ̄ⲁ ⲛ̄ϣⲟⲣⲡ̄ ⲡⲉ ϩⲓϫⲙ̄ ⲡⲙⲟⲟⲩ· ⲛ̄ⲧⲟϥ
ⲟⲛ ⲡⲉ ϩⲓ̈ϫⲙ̄ ⲡϣⲏⲛ· ⲉϥϣⲁⲛⲛⲓϥⲉ ⲇⲉ ⲛ̄ϭⲓ ⲡⲉⲡⲛ̄ⲁ·
ϣⲁϥⲥⲱⲕ· ⲛ̄ϭⲓ ⲡⲙⲟⲟⲩ· ⲁⲛⲟⲕ ⲇⲉ ⲁϥⲁⲙⲁϩⲧⲉ ⲛ̄ ⲧⲁ
ϭⲓϫ ⲁϥϫⲓⲧ ⲉ ⲧⲙⲏⲏⲧⲉ ⲙ̄ ⲡⲡⲁⲣⲁⲇⲉⲓⲥⲟⲥ· ⲁϥⲧⲥⲁⲃⲟⲓ
ⲉ ⲡϣⲏⲛ ⲛ̄ ⲥⲟⲩⲉⲛ ⲡⲡⲉⲧ ⲛⲁⲛⲟⲩϥ ⲙⲛ̄ ⲡⲡⲉⲧ ⲑⲟⲟⲩ·
ⲡⲉϫⲁϥ ⲛⲁⲓ ϫⲉ ⲡⲁⲓ ⲡⲉ ⲡϣⲏⲛ ⲛ̄ⲧⲁ ⲡⲙⲟⲩ ⲉⲓ ϩⲟⲩⲛ
ⲉ̄ ⲡⲕⲟⲥⲙⲟⲥ ⲉ ⲧⲃⲏⲏⲧϥ̄· ⲡⲁⲓ ⲡⲉ ⲛⲧⲁ ⲁⲇⲁⲙ ⲟⲩⲱⲙ
ⲉ ⲃⲟⲗ ⲛ̄ϩⲏⲧϥ ϣⲁⲛⲧⲉ ⲡⲙⲟⲩ ⲉⲓ ⲉϫⲛ̄ ⲣⲱⲙⲉ ⲛⲓⲙ·
ⲁϥⲧⲥⲁⲃⲟⲓ ⲟⲛ ⲉ ⲕⲉ ϣⲏⲛ ⲉϥⲣⲏⲧ ϩⲛ̄ ⲧⲙⲏⲏⲧⲉ ⲙ̄ ⲡⲡⲁⲣⲁ-
ⲇⲉⲓⲥⲟⲥ· ⲡⲉϫⲁϥ ⲛⲁⲓ ϫⲉ ⲡⲁⲓ ⲡⲉ ⲡϣⲏⲛ ⲙ̄ ⲡⲱⲛϩ̄·
ⲉⲣⲉ ⲟⲩⲭⲉⲣⲟⲩⲃⲉⲓⲛ ⲙⲛ̄ ⲟⲩⲥⲏϥⲉ ⲛ̄ ⲕⲱϩⲧ̄ ⲕⲱϩⲧ̄ (*sic*) ⲕⲱⲧⲉ
ⲉ ⲣⲟϥ· ⲉ ⲡⲕⲱⲧⲉ· ϩⲟⲥⲟⲛ ⲇⲉ ⲉⲓⲁⲁϩⲉ (*sic*) ⲣⲁⲧ ⲉ ϭⲱϣⲧ̄ ⲉ
ⲡⲉⲟⲟⲩ ⲙ̄ ⲡϣⲏⲛ ⲙ̄ ⲡⲱⲛ̄ϩ· ⲁⲓϭⲱϣⲧ̄ ⲁⲓⲛⲁⲩ ⲉ ⲧⲡⲁⲣ-
ⲑⲉⲛⲟⲥ ⲁⲥⲉⲓ ⲉⲣⲉ ϣⲟⲙⲛⲧ̄ ⲛ̄ⲁⲅⲅⲉⲗⲟⲥ ϩⲩⲙⲛⲉⲩⲉ ⲉ ⲣⲟⲥ·
ⲁⲛⲟⲕ ⲇⲉ ⲁⲓⲟⲩⲱϣⲃ̄ ⲡⲉϫⲁⲓ ⲙ ⲡⲁⲅⲅⲉⲗⲟⲥ ϫⲉ ⲛⲓⲙ ⲧⲉ
ⲧⲁⲓ ⲡⲁ ϫⲥ̄· ⲡⲉϫⲁϥ ⲛⲁⲓ ϫⲉ ⲧⲁⲓ ⲧⲉ ⲙⲁⲣⲓⲁ ⲧⲙⲁⲩ ⲙ̄
ⲡⲉⲛϫⲟⲉⲓⲥ ⲓ̄ⲥ̄ ⲡⲉⲭ̄ⲣ̄ⲥ̄· ⲉⲥϩⲙ̄ ⲡⲉⲓ ⲛⲟϭ ⲛ̄ ⲉⲟⲟⲩ· ⲁⲩⲱ
ⲛ̄ ⲧⲉⲣⲉ ⲥϩⲱⲛ ⲉ ϩⲟⲩⲛ ⲉ̄ ⲣⲟⲓ ⲡⲉϫⲁⲥ ⲛⲁⲓ· ϫⲉ ⲭⲁⲓⲣⲉ
ⲡⲁⲩⲗⲟⲥ ⲡⲙⲉⲣⲓⲧ ⲙ̄ ⲡⲛⲟⲩⲧⲉ ⲭⲁⲓⲣⲉ ⲡⲁⲩⲗⲟⲥ ⲡⲙⲉⲣⲓⲧ |
ⲡⲙⲉⲣⲓⲧ ⲛ̄ ⲛⲁⲅⲅⲉⲗⲟⲥ ⲙⲛ̄ ⲛ̄ⲣⲱⲙⲉ· ⲭⲁⲓⲣⲉ ⲡⲁⲩⲗⲟⲥ Fol. 20 *b*
ⲡⲉⲛⲧ ⲁϥϣⲱⲡⲉ ⲛ̄ ⲕⲩⲣⲓⲝ ⲛ̄ ⲧⲙⲉ ϩⲛ̄ ⲧⲡⲉ ⲁⲩⲱ ϩⲓϫⲙ̄ [ⲣⲕ]
ⲡⲕⲁϩ· ⲛ̄ⲇⲓⲕⲁⲓⲟⲥ ⲧⲏⲣⲟⲩ ⲥⲉⲧⲱⲃϩ̄ ⲙ̄ ⲡⲁ ϣⲏⲣⲉ· ⲓ̄ⲥ̄
ⲡⲉⲭ̄ⲥ̄ ⲉⲧⲉ ⲡⲁ ϫⲥ̄ ⲡⲉ· ϫⲉ ⲕⲛⲁⲡⲓⲑⲉ ⲙ̄ⲙⲟⲛ· ⲛ̄ⲅⲉⲓⲛⲉ
ⲙ ⲡⲁⲩⲗⲟⲥ ⲉ̄ ϩⲣⲁⲓ ϣⲁ ⲣⲟⲛ ⲛ̄ⲧⲛ̄ⲛⲁⲩ ⲉ ⲣⲟϥ ϩⲛ̄
ⲧⲥⲁⲣⲝ̄· ⲙ̄ⲡⲁⲧ ϥ̄ⲉⲓ ⲉ ⲃⲟⲗ ϩⲛ̄ ⲥⲱⲙⲁ· ⲡⲉϫⲉ ⲡⲁ ϣⲏⲣⲉ
ⲙⲙⲉⲣⲓⲧ ⲛⲁⲩ ϫⲉ ϩⲣⲟϣ ⲛ̄ ϩⲏⲧ ⲛ̄ ⲟⲩⲕⲟⲩⲓ ⲛ̄ ⲟⲩⲟⲉⲓϣ·
ϥⲛⲁϣⲱⲡⲉ ⲛ̄ⲙⲙⲏⲧⲛ̄ ϣⲁ ⲉⲛⲉϩ· ⲡⲉϫⲁⲩ ⲧⲏⲣⲟⲩ ϩⲛ̄
ⲟⲩⲧⲁⲡⲣⲟ ⲛ̄ ⲟⲩⲱⲧ· ϫⲉ ⲙ̄ⲡⲣ̄ ⲗⲩⲡⲉⲓ ⲙ̄ⲙⲟⲛ ⲡⲉⲛ-
ϫⲟⲉⲓⲥ· ⲧⲛ̄ⲟⲩⲱϣ ⲉ ⲧⲣⲛ̄ⲛⲁⲩ ⲉ ⲣⲟϥ ϩⲛ̄ ⲧⲥⲁⲣⲝ̄· ⲉ ⲁϥϫⲓ
ⲙ̄ ⲡⲉⲓ ⲛⲟϭ ⲛ̄ ⲉⲟⲟⲩ ⲛ ⲛ̄ ⲧⲉⲓ ϩⲉ· ⲉϥϥⲓ ϩⲁ ⲛⲉⲓ ⲛⲟϭ
ⲙⲛ̄ ⲛⲉⲓ ⲕⲟⲩⲓ· ⲉⲣϣⲁⲛ ⲡⲟⲩⲁ̄ ⲡⲟⲩⲁ ⲉⲓ ⲉ̄ ϩⲟⲩⲛ ⲉ ⲧⲉⲓ

ⲙ̄ⲡⲉⲣⲟ · ϣⲁⲛϣⲓⲛⲉ ϫⲉ ⲛ̄ⲧⲁ ⲡⲁï ⲉⲓ ⲉ ⲡⲉⲓ ⲙⲁ ⲉ ⲧⲃⲉ
ⲟⲩ · ϣⲁⲩϫⲟⲟⲥ ϫⲉ ⲟⲩⲁ̄ ϫⲉ ⲡⲁⲩⲗⲟⲥ ⲡⲉⲧ ϩⲓϫⲙ̄ ⲡⲕⲁϩ ·
ⲉϥⲧⲁϣⲉⲟⲉⲓϣ ⲙ̄ ⲡⲉⲭⲣ̅ⲥ̅ ϩⲛ̄ ⲛⲉϥϣⲁϫⲉ ⲉⲧ ϩⲟⲗϭ̄ ·
ⲉϥⲥⲱⲕ ⲛ̄ ϩⲉⲛⲙⲏⲏϣⲉ ⲉ ϩⲟⲩⲛ ⲉ ⲡⲉⲭⲣ̅ⲥ̅ · ⲉϥϫⲓ ⲙ̄-
ⲙⲟⲟⲩ ⲉ̄ ϩⲟⲩⲛ ⲉ ⲧⲡⲟⲗⲓⲥ ⲙ̄ ⲡⲉⲭⲣ̅ⲥ̅ ⲑⲓⲉⲗⲏ̅ⲙ̅ · Ⲉⲓⲥ
ⲛ̄ⲇⲓⲕⲁⲓⲟⲥ ⲧⲏⲣⲟⲩ ⲟⲩⲏⲏϩ ⲛ̄ⲥⲱⲓ ϫⲉ ⲉⲩⲛⲁⲁⲡⲁⲛⲧⲁ ⲉ ⲣⲟⲕ ·
ϯⲱⲣⲕ̄ ⲛ̄ ⲧⲟⲩⲛⲁⲙ ⲙ̄ ⲡⲁ ϣⲏⲣⲉ ⲱ̄ ⲡⲥⲱⲧⲡ̄ ⲙ̄ ⲡⲛⲟⲩⲧⲉ
ⲡⲁⲩⲗⲟⲥ · ϫⲉ ⲡⲉⲧ ⲛⲁⲥϩⲁⲓ ⲛ̄ ⲛ̄ϣⲁϫⲉ ⲛ ⲧⲉⲓ ⲁⲡⲟⲕⲁ-
Fol. 21 a ⲗⲩⲙⲯⲓⲥ · | ⲛ̄ⲧⲁⲕⲛⲁⲩ ⲉ ⲣⲟⲥ ϩⲛ̄ ⲙ̄ⲡⲏⲩⲉ · ⲛ̄ⲛⲉ ϥϫⲓ-
[ⲣⲕⲁ] ϯⲡⲉ ⲛ̄ ⲗⲁⲁⲩ ⲛ̄ ⲃⲁⲍⲁⲛⲟⲥ ϩⲛ̄ ⲛ̄ⲕⲟⲗⲁⲥⲓⲥ ⲛ̄ⲧⲁⲕⲛⲁⲩ
ⲉ ⲣⲟⲟⲩ ϩⲛ̄ ⲁⲙⲛ̄ⲧⲉ · ⲉⲓ ⲙⲏ ⲧⲉⲓ ⲧⲁⲛⲁⲅⲕⲏ ⲙ̄ⲙⲁⲁⲧⲉ ⲛ̄
ⲧⲉⲩϭⲓⲛⲉⲓ ⲉ ⲃⲟⲗ ϩⲛ̄ ⲥⲱⲙⲁ · ⲁⲩⲱ ⲡⲉⲧ ⲛⲁⲟ̄ϣⲥ̄ ϩⲛ̄
ⲟⲩⲡⲓⲥⲧⲓⲥ · ⲥⲉⲛⲁⲡⲱϩ ⲙ̄ ⲡⲉⲭⲉⲓⲣⲟⲅⲣⲁⲫⲟⲛ ⲛ̄ ⲛⲉϥ-
ⲛⲟⲃⲉ · ⲁⲩⲱ ⲡⲉⲧ ⲛⲁⲥⲱⲧⲙ̄ ⲉ ⲣⲟⲥ ⲛϥ̄ϩⲁⲣⲉϩ ⲉ̄ ⲛⲉⲛ-
ⲧⲟⲗⲏ ⲙ̄ ⲡⲁ ϣⲏⲣⲉ · ⲡⲁ ϣⲏⲣⲉ ⲛⲁⲥⲙⲟⲩ ⲉ ⲣⲟⲟⲩ ϩⲙ̄
ⲡⲉⲓ ⲕⲟⲥⲙⲟⲥ ⲁⲩⲱ ⲛϥ̄ⲣ̄ ⲟⲩⲛⲁ ⲛ̄ⲙ̄ⲙⲁⲩ ϩⲙ̄ ⲡⲉϩⲟⲟⲩ ⲙ̄
ⲡⲉⲩϭⲙ̄ⲡϣⲓⲛⲉ · ⲛⲁⲓⲁⲧⲕ̄ ⲛ̄ ⲟⲩⲙⲏⲏϣⲉ ⲛ̄ⲥⲟⲡ ⲱ̄ ⲡⲁⲩ-
ⲗⲟⲥ · ⲙ̄ⲡⲣ̄ ⲙⲉⲉⲩⲉ ⲱ̄ ⲡⲁⲩⲗⲟⲥ ϫⲉ ⲛ̄ⲧⲟⲕ ⲙⲁⲩⲁⲁⲕ
ⲡⲉⲛⲧ ⲁⲓⲉⲓ ⲉ ⲃⲟⲗ ϩⲏⲧⲕ̄ · ϯⲣ̄ ⲙⲛ̄ⲧⲣⲉ ⲛⲁⲕ ϫⲉ
ⲣⲱⲙⲉ ⲛⲓⲙ ⲉϥⲛⲁⲉⲓⲣⲉ ⲙ ⲡⲟⲩⲱϣ ⲙ̄ ⲡⲁϣⲏⲣⲉ · ⲁⲛⲟⲕ
ⲡⲉ ⲡϣⲟⲣⲡ̄ ⲉϣⲁⲓⲉⲓ ⲉ̄ ⲃⲟⲗ ϩⲏⲧⲟⲩ ⲙ ⲉⲓⲕⲁⲁⲩ ⲉⲣ̄ ϩⲁⲛ-
ϣⲙ̄ⲙⲟ · ϣⲁⲛⲧ ⲟⲩⲁⲡⲁⲛⲧⲁ ⲉ ⲡⲁ ⲙⲉⲣⲓⲧ ⲛ̄ ϣⲏⲣⲉ ϩⲛ̄
ⲟⲩⲉⲓⲣⲏⲛⲏ · ϩⲱⲥ ⲉⲣⲉ ⲧⲡⲁⲣⲑⲉⲛⲟⲥ ϣⲁϫⲉ ⲛ̄ⲙ̄ⲙⲁⲓ ⲉⲓⲥ
ⲕⲉ ϣⲟⲙⲛ̄ⲧ ⲁⲩⲉⲓ ⲙ̄ ⲡⲟⲩⲉ ⲉⲛⲉⲥⲱⲟⲩ ⲉⲙⲁⲁⲧⲉ ϩⲛ̄ ⲧⲉⲩϩⲓ-
ⲕⲱⲛ · ⲉⲣⲉ ⲛⲉⲩⲁⲅⲅⲉⲗⲟⲥ ϩⲩⲙⲛⲉⲩⲉ ⲉ ⲣⲟⲟⲩ · ⲡⲉϫⲁⲓ
ⲙ̄ ⲡⲁⲅⲅⲉⲗⲟⲥ · ϫⲉ ⲛⲓⲙ ⲛⲉ ⲛⲁⲓ ⲡⲁ ϫ̅ⲥ̅ · ⲛ̄ⲧⲁⲩⲛⲁⲩ ⲉ̄
ⲣⲟⲓ ⲁⲩⲣⲁϣⲉ ⲛ̄ⲙ̄ⲙⲁⲓ · ⲡⲉϫⲁϥ ϫⲉ ⲉⲓⲉ̄ ⲙⲡ ⲕ̄ⲥⲟⲩⲱ̄ⲛⲟⲩ
ⲡⲁⲩⲗⲟⲥ · ⲡⲉϫⲁï ϫⲉ ⲙⲡⲉ ⲡⲁ ϫⲟⲉⲓⲥ · ⲡⲉϫⲁϥ ⲛⲁⲓ ϫⲉ
Fol. 21 b ⲛⲁⲓ ⲛⲉ ⲛ̄ⲉⲓⲟⲧⲉ ⲙ̄ ⲡⲗⲁⲟⲥ · ⲁⲃⲣⲁϩⲁⲙ · | ⲙⲛ̄ ⲓⲥⲁⲁⲕ
ⲣ̅ⲕ̅ⲃ̅ ⲙⲛ̄ ïⲁⲕⲱⲃ · ϩⲛ̄ ⲧⲉⲩⲛⲟⲩ ⲛ̄ⲧⲁⲩⲛⲁⲩ ⲉ ⲣⲟⲓ ⲁⲩⲁⲥⲡⲁⲍⲉ
ⲙ̄ⲙⲟⲓ · ⲡⲉϫⲁⲩ ⲛⲁⲓ ϫⲉ ⲭⲁⲓⲣⲉ ⲡⲁⲩⲗⲟⲥ ⲡⲙⲉⲣⲓⲧ ⲙ̄
ⲡⲛⲟⲩⲧⲉ ⲙⲛ̄ ⲛ̄ⲣⲱⲙⲉ · ⲛⲁⲓⲁⲧϥ̄ ⲙ̄ ⲡⲉⲧ ⲛⲁϫⲓⲧϥ̄
ⲛ̄ϭⲟⲛⲥ̄ ⲉ ⲧⲃⲉ ⲡⲛⲟⲩⲧⲉ · ⲡⲉϫⲉ ⲁⲃⲣⲁϩⲁⲙ ϫⲉ ⲡⲁⲓ ⲡⲉ
ⲡⲁ ϣⲏⲣⲉ ïⲥⲁⲁⲕ ⲛ̄ⲧⲁⲓⲧⲁⲗⲟϥ ⲉ̄ ϩⲣⲁⲓ ⲙ̄ ⲡⲛⲟⲩⲧⲉ · ⲉⲓⲥ

ⲓⲁⲕⲱⲃ ⲡⲙⲉⲣⲓⲧ ⲙ̄ ⲡⲛⲟⲩⲧⲉ · ϩⲙ̄ ⲡⲧⲣⲛ̄ⲥⲟⲩⲉⲛ
ⲡⲛⲟⲩⲧⲉ ϩⲙ̄ ⲡⲕⲟⲥⲙⲟⲥ · ⲙ̄ⲡⲉ ϥⲗⲩⲡⲉⲓ ⲙ̄ⲙⲟⲛ ⲛ̄ϭⲓ
ⲡⲛⲟⲩⲧⲉ ⲛ̄ ⲧⲉⲣ ⲛ̄ⲉⲓ ⲉ̄ ⲣⲁⲧϥ · ⲛⲁⲓⲁⲧⲟⲩ ⲛ̄ⲣⲱⲙⲉ ⲛⲓⲙ
ⲉⲧ ⲛⲁⲡⲓⲥⲧⲉⲩⲉ ⲉ ⲃⲟⲗ ϩⲓ ⲧⲟⲟⲧⲕ̄ · ⲛ̄ⲥⲉϩⲩⲡⲟⲙⲉⲓⲛⲉ ⲉ
ⲡⲛⲟⲩⲧⲉ ϩⲛ̄ ⲟⲩϩⲓⲥⲉ ⲙⲛ̄ ⲟⲩⲙⲛ̄ⲧⲙⲁⲓ ⲣⲱⲙⲉ · ⲙⲛ̄
ⲟⲩⲧⲃ̄ⲃⲟ ⲙⲛ̄ ⲟⲩⲑⲃ̄ⲃⲓⲟ̄ · ⲙⲛ̄ ⲟⲩⲙⲛ̄ⲧⲣⲙ̄ⲣⲁϣ ⲙⲛ̄ ⲟⲩ-
ⲡⲓⲥⲧⲓⲥ ⲉ̄ ϩⲟⲩⲛ ⲉ̄ ⲡⲛⲟⲩⲧⲉ · ⲁⲗⲗⲁ ⲁⲛⲥⲙⲓⲛⲉ ⲛ̄ ⲟⲩⲇⲓⲁ-
ⲑⲩⲕⲏ ϩⲙ̄ ⲡⲁⲓ ⲉ̄ⲧ ⲉⲕⲕⲩⲣⲓⲥⲍⲉ ⲙ̄ⲙⲟϥ ϫⲉ ⲣⲱⲙⲉ ⲛⲓⲙ
ⲉⲧ ⲛⲁⲡⲓⲥⲧⲉⲩⲉ̄ ⲉ ⲃⲟⲗ ϩⲓ ⲧⲟⲟⲧⲕ̄ · ⲁⲛⲟⲛ ⲡⲉⲧ ⲛⲁⲇⲓⲁ-
ⲕⲟⲛⲉⲓ ⲛⲁⲩ : ϩⲟⲥⲟⲛ ⲉⲣⲉ ⲛⲁⲓ ϣⲁϫⲉ ⲁⲓϭⲱϣⲧ̄ ⲉ̄ ⲡⲟⲩⲉ
ⲁⲓⲛⲁⲩ ⲉ ⲕⲉ ⲙⲛ̄ⲧⲥⲛⲟⲟⲩⲥ ⲉ ⲁⲩⲉⲓ · ⲡⲉϫⲁⲓ ⲙ̄ ⲡⲁⲅⲅⲉ-
ⲗⲟⲥ ϫⲉ ⲛⲓ̈ⲙ ⲛⲉ ⲛⲁⲓ ⲡⲁ ϫⲟⲉⲓⲥ · [ⲡⲉϫⲁϥ ⲛⲁⲓ ϫⲉ ⲛⲓ̈ⲙ
ⲛⲉ ⲛⲁⲓ ⲡⲁ ϫⲟⲉⲓⲥ[1] ·] ⲡⲉϫⲁϥ ϫⲉ ⲛⲁⲓ ⲛⲉ ⲙ̄ ⲡⲁⲧⲣⲓ-
ⲁⲣⲭⲏⲥ · ϩⲛ̄ ⲧⲉⲩⲛⲟⲩ ⲛ̄ⲧⲁⲩⲡⲱϩ ⲉ ⲣⲟⲓ ⲁⲩⲁⲥⲡⲁⲍⲉ
ⲙ̄ⲙⲟⲓ · ⲁⲩⲱ ⲡⲉϫⲁⲩ ⲛⲁⲓ · ϫⲉ ⲭⲁⲓⲣⲉ ⲡⲁⲩⲗⲟⲥ |
ⲡⲙⲉⲣⲓⲧ ⲙ̄ ⲡⲛⲟⲩⲧⲉ ⲙⲛ̄ ⲛ̄ⲣⲱⲙⲉ · ⲙ̄ⲡⲉ ⲡⲛⲟⲩⲧⲉ ⲗⲩⲡⲉⲓ Fol. 22 *a*
ⲙ̄ⲙⲟⲛ ⲉ ⲁϥⲧⲣⲛ̄ⲛⲁⲩ ⲉ ⲣⲟⲕ ϩⲛ̄ ⲧⲥⲁⲣⲝ̄ · ⲙ̄ⲡⲁⲧ ⲕ̄ⲉⲓ ⲉ ⲣⲕ̄ⲅ̄
ⲃⲟⲗ ϩⲛ̄ ⲥⲱⲙⲁ · ⲁⲩⲱ ⲁ ⲡⲟⲩⲁ̄ ⲡⲟⲩⲁ̄ ⲧⲁⲩⲟ̄ ⲙ̄ ⲡⲉϥⲣⲁⲛ
ⲉ ⲣⲟⲓ ϫⲓⲛ ϩⲣⲟⲩⲃⲏⲛ ϣⲁ ⲃⲉⲛⲉⲁⲙⲉⲓⲛ · ⲡⲉϫⲉ ⲓ̈ⲱⲥⲏⲫ
ϫⲉ ⲁⲛⲟⲕ ⲡⲉ ⲓⲱⲥⲏⲫ ⲡⲉⲛⲧ ⲁⲩⲧⲁⲁⲧ ⲉ ⲃⲟⲗ · ϯⲣ̄ ⲙⲛ̄ⲧⲣⲉ
ⲛⲁⲕ ⲱ̄ ⲡⲁⲩⲗⲟⲥ ϫⲉ ⲛ̄ϩⲓⲥⲉ ⲧⲏⲣⲟⲩ ⲛ̄ⲧⲁⲓϣⲟⲡⲟⲩ ⲙⲛ̄
ⲛ̄ϫⲓⲛϭⲟⲛⲥ̄ ⲛ̄ⲧⲁⲩⲁⲁⲩ ⲛⲁⲓ · ⲙ̄ⲡⲉ ⲓⲕⲱ ⲛ̄ ⲟⲩⲕⲁⲕⲓⲁ ϩⲙ̄
ⲡⲁ ϩⲏⲧ ⲉ ϩⲟⲩⲛ ⲉ ⲣⲟⲟⲩ ⲛ̄ ⲟⲩϩⲟⲟⲩ ⲛ̄ ⲟⲩⲱⲧ · ⲡⲉⲧ-
ⲛⲁϫⲓⲧϥ̄ ⲅⲁⲣ ⲛ̄ϭⲟⲛⲥ̄ ⲉ ⲧⲃⲉ ⲡⲛⲟⲩⲧⲉ · ϣⲁⲣⲉ ⲡⲛⲟⲩⲧⲉ
ϩⲱⲱϥ ⲁⲁⲩ ⲛⲁϥ ⲛ̄ ⲟⲩⲙⲏⲛϣⲉ ⲛ̄ⲥⲟⲡ · ⲉϥϣⲁⲛⲉⲓ ⲉ ⲃⲟⲗ
ϩⲛ̄ ⲥⲱⲙⲁ · ϩⲱⲥ ⲉⲣⲉ ⲛⲁⲓ ϣⲁϫⲉ ⲛ̄ⲙ̄ⲙⲁⲓ ⲁⲓϭⲱϣⲧ̄ ⲉ
ⲡⲟⲩⲉ ⲁⲓⲛⲁⲩ ⲉ ⲕⲉ ⲟⲩⲁ ⲉⲣⲉ ⲡⲉϥⲁⲅⲅⲉⲗⲟⲥ ϩⲩⲙⲛⲉⲩⲉ ⲉ
ⲣⲟϥ · ⲡⲉϫⲁⲓ ⲙ ⲡⲁⲅⲅⲉⲗⲟⲥ ϫⲉ ⲛⲓ̈ⲙ ⲡⲉ ⲡⲁⲓ ⲉⲧ ⲛⲉⲥⲱϥ
ϩⲛ̄ ⲧⲉϥϩⲓⲕⲱⲛ · ⲡⲉϫⲁϥ ⲛⲁⲓ ϫⲉ ⲙ̄ⲡ ⲕ̄ⲥⲟⲩⲉⲛ ⲡⲁⲓ ·
ⲡⲉϫⲁⲓ ⲛⲁϥ ϫⲉ ⲙ̄ⲡⲉ ⲡⲁ ϫⲟⲉⲓⲥ ⲡⲉϫⲁϥ ⲛⲁⲓ ϫⲉ ⲡⲁⲓ ⲡⲉ
ⲙⲱⲩⲥⲏⲥ ⲡⲛⲟⲙⲟⲑⲉⲧⲏⲥ · ⲡⲉⲛⲧⲁ ⲡⲛⲟⲩⲧⲉ ϯ ⲛⲁϥ ⲙ̄
ⲡⲛⲟⲙⲟⲥ ⲁⲩⲱ ⲛ̄ ⲧⲉⲣⲉ ϥⲡⲱϩ ⲉ̄ ⲣⲟⲓ ⲁϥⲁⲥⲡⲁⲍⲉ ⲙ̄ⲙⲟⲓ
ⲁϥⲣⲓ̈ⲙⲉ · ⲡⲉϫⲁⲓ ⲛⲁϥ ϫⲉ ⲉ ⲧⲃⲉ ⲟⲩ ⲉⲕⲣⲓⲙⲉ · ⲁⲓⲥⲱⲧⲙ̄

[1] The scribe has repeated the words in brackets inadvertently.

ϫⲉ ⲛ̄ⲧⲕ̄ ⲟⲩⲣⲙ̄ⲙ̄ⲣⲁϣ ⲡⲁⲣⲁ ⲣⲱⲙⲉ ⲛⲓⲙ ⲉϥϩⲓϫⲙ̄ ⲡⲕⲁϩ·
ⲡⲉϫⲉ ⲙⲱⲩⲥⲏⲥ ⲛⲁⲓ: ϫⲉ ⲉⲓⲣⲓⲙⲉ· ϫⲉ ⲛⲁⲧⲱϭⲉ
ⲛ̄ⲧⲁⲓⲧⲟϭⲟⲩ ⲙ̄ⲡ ⲟⲩϫⲉ ⲛⲟⲩⲛⲉ ⲉ̄ ⲃⲟⲗ· ⲟⲩⲇⲉ ⲙ̄ⲡ
Fol. 22 b ⲟⲩϯ ⲕⲁⲣⲡⲟⲥ ⁖ ⲛⲁⲉⲥⲟⲟⲩ ⲉ̄ ϯ ⲙⲟⲟⲛⲉ ⲙⲙⲟⲟⲩ | ⲁⲩ-
ⲣⲕⲇ ϫⲱⲱ̄ⲣⲉ ⲉ ⲃⲟⲗ ⲛ̄ⲑⲉ ⲛ̄ ⲛⲉⲧⲉ ⲙⲛ̄ⲧⲟⲩ ⲛ̄ ϣⲱⲥ ⲙ̄ⲙⲁⲩ·
ⲛⲁϩⲓⲥⲉ ⲧⲏⲣⲟⲩ ⲛ̄ⲧ ⲁⲓⲁⲁⲩ ⲙⲛ̄ ⲛ̄ϣⲏⲣⲉ ⲙ ⲡⲓⲏ̄ⲗ
ⲁⲩⲥⲱⲣⲙ̄· ⲛ̄ϭⲟⲙ ⲧⲏⲣⲟⲩ ⲛ̄ⲧ ⲁⲓⲁⲁⲩ ⲛ̄ⲙⲙⲁⲩ ϩⲛ̄
ⲧⲉⲣⲏⲙⲟⲥ ⲙⲛ̄ ⲟⲩⲛⲟⲓ ⲙ̄ⲙⲟⲟⲩ· ⲉⲓⲣ̄ ϣⲡⲏⲣⲉ ⲛ̄ ϩⲉⲛ-
ⲁⲗⲗⲟⲫⲩⲗⲟⲥ ⲛ̄ ⲁⲧ ⲥⲃ̄ⲃⲉ· ⲁⲩⲱ ⲛ̄ⲣⲉϥϣⲙ̄ϣⲉ ⲉⲓⲇⲱⲗⲟⲛ·
ⲛⲉⲧ ⲛⲁⲉⲓ ⲉ̄ ϩⲟⲩⲛ ⲉ ⲧⲉⲕⲗⲏⲣⲟⲛⲟⲙⲓⲁ ⲙ̄ ⲡⲓⲥⲣⲁⲏ̄ⲗ·
ϯⲣ̄ ⲙⲛ̄ⲧⲣⲉ ⲛⲁⲕ ⲱ̄ ⲡⲁⲩⲗⲟⲥ· ϫⲉ ⲙ̄ ⲡⲛⲁⲩ ⲛ̄ⲧⲁⲩⲥ̄ϯⲟⲩ
ⲙ̄ ⲡϣⲏⲣⲉ ⲙ̄ ⲡⲛⲟⲩⲧⲉ· ⲛⲉⲣⲉ ⲙⲓⲭⲁⲏⲗ ⲙⲛ̄ ⲅⲁⲃⲣⲓⲏⲗ
ⲙⲛ̄ ⲛ̄ⲁⲅⲅⲉⲗⲟⲥ· ⲁⲩⲱ ⲁⲃⲣⲁϩⲁⲙ ⲙⲛ̄ ⲓⲥⲁⲁⲕ ⲙⲛ̄
ⲓⲁⲕⲱⲃ· ⲙⲛ̄ ⲛ̄ⲇⲓⲕⲁⲓⲟⲥ ⲧⲏⲣⲟⲩ ⲛⲉⲩⲣⲓⲙⲉ ⲡⲉ· ⲉⲣⲉ
ⲡϣⲏⲣⲉ ⲙ̄ ⲡⲛⲟⲩⲧⲉ ⲁϣⲉ ⲉ ⲡϣⲉ ⲙ̄ ⲡⲉⲥⲧⲁⲩⲣⲟⲥ· ⲛⲉⲩ-
ϫⲱⲣⲙ̄ ⲟⲩⲃⲏⲓ ⲉⲩϫⲱ ⲙⲙⲟⲥ· ϫⲉ ⲙⲱⲩⲥⲏⲥ ϭⲱϣⲧ̄ ⲉ̄
ⲡⲉⲕⲗⲁⲟⲥ· ϫⲉ ⲛ̄ⲧⲁⲩⲣ̄ ⲟⲩ ⲙ̄ ⲡϣⲏⲣⲉ ⲙ̄ ⲡⲛⲟⲩⲧⲉ·
ⲛⲁⲓⲁ̄ⲧⲕ ⲱ̄ ⲡⲁⲩⲗⲟⲥ· ⲁⲩⲱ ⲛⲁⲓⲁⲧϥ ⲙ̄ ⲡⲗⲁⲟⲥ ⲉⲧ
ⲛⲁⲥⲱⲧⲙ̄ ⲛ̄ⲥⲱⲕ· ⲛⲁⲓ ⲉⲧ ⲛⲁⲡⲓⲥⲧⲉⲩⲉ̄ ⲉ ⲡⲉⲕⲧⲁϣⲉⲟ̄ⲉⲓϣ:
Ϩⲟⲥⲟⲛ ⲉ̄ⲣⲉ ⲡⲁⲓ ϣⲁϫⲉ ⲉⲓⲥ ⲕⲉ ⲙⲛ̄ⲧ̄ⲥⲛⲟⲟⲩⲥ ⲁⲩⲉⲓ
ⲙ̄ⲡⲟⲩⲉ̄· ⲁⲩⲱ ⲛ̄ ⲧⲉⲣ ⲟⲩⲛⲱϩ ⲉ ⲣⲟⲓ ⲡⲉϫⲁⲩ ⲛⲁⲓ· ϫⲉ
ⲛ̄ⲧⲟⲕ ⲡⲉ ⲡⲁⲩⲗⲟⲥ ⲡⲙⲉⲣⲓⲧ ⲙ̄ ⲡⲛⲟⲩⲧⲉ· ⲁⲗⲏⲑⲱⲥ
ⲁⲕϫⲓ ⲉⲟⲟⲩ ϩⲛ̄ ⲧⲡⲉ ⲁⲩⲱ ϩⲓϫⲙ̄ ⲡⲕⲁϩ· ⲡⲉϫⲁⲓ ⲛⲁⲩ ϫⲉ
ⲛ̄ⲧⲉⲧⲛ̄ ⲛⲓⲙ· ⲡⲉϫⲁⲩ ϫⲉ ⲁⲛⲟⲛ ⲛⲉⲡⲣⲟⲫⲏⲧⲏⲥ· ⲡⲉϫⲉ
ⲟⲩⲁ ϫⲉ ⲁⲛⲟⲕ ⲡⲉ ⲏ̄ⲥⲁⲓⲁⲥ· ⲡⲉⲛⲧⲁ ⲙⲁⲛⲁⲥⲥⲏ ⲟⲩⲁⲥⲧϥ̄
ϩⲛ̄ ⲟⲩⲗⲁⲛⲑⲉ ⲛ ⲛ̄ϣⲉ· ⲡⲉϫⲉ ⲡⲕⲉⲟⲩⲁ ϫⲉ ⲁⲛⲟⲕ ⲡⲉ
ⲓ̈ⲉⲣⲉⲙⲓⲁⲥ ⲡⲉⲛⲧ ⲁⲛϣⲏⲣⲉ ⲙ̄ ⲡⲓⲏ̄ⲗ ⲛⲉϫ ⲱⲛⲉ ⲉ ⲣⲟϥ
Fol. 23 a ϣⲁⲛⲧ ⲟⲩⲙⲟⲟⲩⲧϥ̄· | ⲡⲉϫⲉ ⲡⲕⲉⲟⲩⲁ̄ ϫⲉ ⲁⲛⲟⲕ ⲡⲉ
ⲣⲕⲉ ⲓ̈ⲉⲍⲉⲕⲓⲏⲗ· ⲡⲉⲛⲧⲁ ⲛ̄ϣⲏⲣⲉ ⲙ̄ ⲡⲓⲏ̄ⲗ ⲁⲙⲁϩⲧⲉ ⲛ̄ ⲛ̄ϥ-
ⲟⲩⲣⲏⲏⲧⲉ· ⲁⲩⲥⲱⲕ ⲙ̄ⲙⲟϥ ϩⲓϫⲙ̄ ⲡⲉⲭⲁⲗⲁⲍ ⲉⲧ ϫⲟⲟⲥⲉ
ϣⲁⲛⲧ ⲟⲩⲛⲟⲩϩⲉ ⲉ ⲃⲟⲗ ⲛ̄ ⲧⲁ ⲁⲡⲉ· ⲛⲉⲓ ϩⲓⲥⲉ ⲧⲏⲣⲟⲩ·
ⲛ̄ⲧⲁⲛϣⲟⲡⲟⲩ· ⲉⲓⲟⲩⲱϣ ⲉ ⲧⲣⲉ ⲡⲓⲏ̄ⲗ ⲟⲩϫⲁⲓ· ϯⲣ̄
ⲙⲛ̄ⲧⲣⲉ ⲛⲁⲕ ϫⲉ ⲛⲉϣⲁⲩϯ ϩⲓⲥⲉ ⲛⲁⲓ ⲛ̄ϭⲓ ⲛ̄ϣⲏⲣⲉ ⲙ̄
ⲡⲓⲏ̄ⲗ· ϣⲁⲓⲡⲁϩⲧ̄ ⲉϫⲙ̄ ⲡⲁ ϩⲟ ⲧⲁⲧⲱⲃϩ ⲉ ϫⲱⲟⲩ· ϫⲓⲛ

ⲡⲣⲁⲥⲧⲉ ⲛ̄ ⲧⲕⲩⲣⲓⲁⲕⲏ· ϣⲁⲛⲧⲉ ⲡⲥⲁⲃⲃⲁⲧⲟⲛ ⲧⲏⲣϥ̄
ⲟⲩⲉⲓⲛⲉ· ⲉⲓⲡⲁϩⲧ̄ ⲉϫⲙ̄ ⲡⲁ ϩⲟ· ϣⲁⲛⲧⲉ ⲙⲓ̈ⲭⲁⲏⲗ ⲉⲓ
ⲛϥ̄ⲧⲟⲩⲛⲟⲥⲧ̄ ϩⲓ̈ϫⲙ̄ ⲡⲕⲁϩ· ⲛⲁⲓⲁⲧⲕ̄ ⲱ̄ ⲡⲁⲩⲗⲟⲥ· ⲁⲩⲱ
ⲛⲁⲓⲁⲧϥ̄ ⲙ̄ ⲡϩⲉⲑⲛⲟⲥ ⲉⲧ ⲛⲁⲡⲓⲥⲧⲉⲩⲉ ⲉ ⲃⲟⲗ ϩⲓⲧⲟⲟⲧⲕ̄·
ϩⲱⲥ ⲉⲣⲉ ⲛⲁⲓ ϣⲁϫⲉ ⲛ̄ⲙ̄ⲙⲁⲓ̈· ⲁϥⲉⲓ ⲛ̄ϭⲓ ⲕⲉ ⲟⲩⲁ̄
ⲉⲛⲉⲥⲱϥ ⲉⲙⲁⲁⲧⲉ ϩⲛ̄ ⲧⲉϥϩⲓⲕⲱⲛ· ⲡⲉϫⲁⲓ ⲙ̄ ⲡⲁⲅⲅⲉⲗⲟⲥ
ϫⲉ ⲛⲓⲙ ⲡⲉ ⲡⲁⲓ ⲡⲁ ϫⲥ̄ ⲛ̄ⲧⲁϥⲛⲁⲩ ⲉ ⲣⲟⲓ ⲁϥⲣⲁϣⲉ·
ⲡⲉϫⲉ ⲡⲁⲅⲅⲉⲗⲟⲥ ⲛⲁⲓ· ϫⲉ ⲡⲁⲓ ⲡⲉ ⲗⲱⲧ· ϩⲙ̄
ⲡⲉⲟⲩⲟ̄ⲉⲓϣ ⲛ̄ ⲥⲟⲇⲟⲙⲁ ⲙⲛ̄ ⲅⲟⲙⲟⲣⲣⲁ· ⲁⲩⲱ ⲛ̄ ⲧⲉⲣⲉ
ϥⲡⲱϩ ⲉ ⲣⲟⲓ ⲡⲉϫⲁϥ· ⲛⲁⲓ ⲉϥⲁⲥⲡⲁⲍⲉ ⲙ̄ⲙⲟⲓ· ϫⲉ
ⲛⲁⲓⲁⲧϥ̄ ⲱ̄ ⲡⲁⲩⲗⲟⲥ· ⲁⲩⲱ ⲛⲁⲓⲁⲧⲥ̄ ⲛ̄ ⲧⲉⲕⲅⲉⲛⲉⲁ·
ⲡⲉϫⲁϥ ⲛⲁⲓ ϫⲉ ⲁⲛⲟⲕ ⲡⲉ ⲗⲱⲧ ⲡⲉⲧ ϣⲟⲟⲡ ϩⲛ̄ ⲧⲡⲟⲗⲓⲥ
ⲛ̄ ⲛⲁⲥⲉⲃⲏⲥ· ⲉⲣⲉ ⲛⲁⲅⲅⲉⲗⲟⲥ ϭⲁⲗⲱⲟⲩ ⲉ ⲣⲟⲓ ⲛ̄ⲑⲉ ⲛ̄
ⲛⲉⲓ ϣⲙ̄ⲙⲟ ⲛ̄ⲣⲱⲙⲉ· ⲛ̄ ⲧⲉⲣⲉ ⲛⲁ ⲧⲡⲟⲗⲓⲥ ⲧⲱⲟⲩⲛ ⲉ
ϫⲱⲟⲩ ⲉⲩⲟⲩⲱϣ ⲉ ⲣ ⲡⲉⲑⲟⲟⲩ ⲛⲁⲩ· ⲁⲓϥⲓ ⲛ ⲧⲁ ϣⲉⲉⲣⲉ
ⲥⲛ̄ⲧⲉ ⲙ̄ ⲡⲁⲣⲑⲉⲛⲟⲥ ⲙ̄ⲡⲁⲧⲉ ϩⲟⲟⲩⲧ ⲥⲟⲩⲱ̄ⲛⲟⲩ· ⲁⲩⲱ
ⲁⲓⲧⲁⲁⲩ ⲛⲁⲩ : | ϫⲉ ϫⲓⲧⲟⲩ ⲛ̄ⲧⲉⲧⲛ̄ⲭⲣⲱ ⲛⲁⲩ ⲛ̄ⲑⲉ ⲉ̄ⲧⲉ- Fol. 23 b
ϩⲏⲛⲧⲛ̄· ⲙⲟⲛⲟⲛ ⲙ̄ⲡⲣ̄ ⲣ̄ ⲡⲉⲑⲟⲟⲩ ⲛ̄ⲛⲉⲓ ϣⲙ̄ⲙⲟ ⲛ̄ⲣⲱⲙⲉ ⲣ̄ⲕ̄ⲉ̄
ⲛ̄ⲧⲁⲩⲉⲓ ⲉ ϩⲟⲩⲛ ϩⲁ ⲧⲁ ⲟⲩⲉϩⲥⲟⲓ· ⲧⲉⲛⲟⲩ ϫⲉ ⲛⲉⲧ ⲉⲣⲉ
ⲡⲟⲩⲁ̄ ⲡⲟⲩⲁ̄ ⲛⲁⲁⲩ ϩⲙ̄ ⲡⲉⲓ ⲕⲟⲥⲙⲟⲥ· ϣⲁⲣⲉ ⲡⲛⲟⲩⲧⲉ
ⲧⲟⲟⲃⲟⲩ ⲛⲁϥ ⲛ̄ ⲟⲩⲙⲏⲏϣⲉ ⲛ̄ⲥⲟⲡ : ⲛⲁⲓⲁⲧⲕ̄ ⲱ̄ ⲡⲁⲩⲗⲟⲥ·
ⲁⲩⲱ ⲛⲁⲓⲁⲧϥ̄ ⲙ̄ ⲡϩⲉⲑⲛⲟⲥ ⲉⲧ ⲛⲁⲡⲓⲥⲧⲉⲩⲉ ⲉ ⲃⲟⲗ ϩⲓ
ⲧⲟⲟⲧⲕ̄· ϩⲱⲥ ⲉⲣⲉ ⲡⲁⲓ ϣⲁϫⲉ ⲛ̄ⲙ̄ⲙⲁⲓ· ⲁⲓϭⲱϣⲧ̄ ⲉ̄ ⲕⲉ
ⲟⲩⲁ̄ ⲉ ⲁϥⲉⲓ ⲙ̄ ⲡⲑ[ⲩ]ⲉ ⲉⲛⲉⲥⲱϥ ⲉⲙⲁⲁⲧⲉ· ⲉⲣⲉ ⲡⲉϥϩⲟ ⲣ̄
ⲟⲩⲟⲉⲓⲛ̄ ⲉϥⲛⲟⲧⲃ̄ ⲛ̄ⲥⲱⲃⲉ· ⲉⲣⲉ ⲛⲁⲅⲅⲉⲗⲟⲥ ϩⲩⲙⲛⲉⲩⲉ ⲉ
ⲣⲟϥ· ⲡⲉϫⲁⲓ ⲙ̄ ⲡⲁⲅⲅⲉⲗⲟⲥ· ϫⲉ ⲉⲓⲉ̄ ⲉⲣⲉ ⲟⲩⲁⲅⲅⲉⲗⲟⲥ
ⲙⲟⲟ̄ϣⲉ ⲙⲛ̄ ⲡⲟⲩⲁ ⲡⲟⲩⲁ ⲛ̄ ⲛ̄ⲇⲓⲕⲁⲓ̈ⲟⲥ· ⲡⲉϫⲁϥ ⲛⲁⲓ·
ϫⲉ ⲛⲉⲩⲁⲅⲅⲉⲗ[ⲟ]ⲥ ⲧⲏⲣⲟⲩ ϩⲩⲙⲛⲉⲩⲉ̄ ⲉ ⲣⲟⲟⲩ· ⲁⲩⲱ ⲙⲉⲩ-
ⲥⲛ̄ⲧⲟⲩ ⲉ ⲃⲟⲗ ⲛ̄ⲛⲁⲩ ⲛⲓⲙ· ⲁⲩⲱ ⲛ̄ ⲧⲉⲣⲉ ϥⲡⲱϩ ⲉ ⲣⲟⲓ
ⲁϥⲁⲥⲡⲁⲍⲉ ⲙ̄ⲙⲟⲓ ⲡⲉϫⲁϥ ⲛⲁⲓ· ϫⲉ ⲉⲕⲧⲁⲓⲏⲩ ⲱ̄
ⲡⲁⲩⲗⲟⲥ· ⲡⲙⲉⲣⲓⲧ ⲙ̄ ⲡⲛⲟⲩⲧⲉ ⲙⲛ̄ ⲛ̄ⲣⲱⲙⲉ· ⲁⲛⲟⲕ
ⲡⲉ ⲓⲱⲃ ⲛ̄ⲧⲁⲓϣⲉⲡ ⲛⲉⲓ ϩⲓⲥⲉ ⲧⲏⲣⲟⲩ ϩⲛ̄ ⲛⲉⲡⲗⲏⲅⲏ· ⲉ
ⲁⲓⲣ̄ ⲙⲁⲁⲃⲉ ⲛ̄ⲣⲙ[ⲟ]ⲙⲡⲉ ⲛ̄ⲣⲟⲙⲡⲉ ⲛ̄ϩⲏⲧϥ̄· ⲡⲥⲁϣ ⲉⲧ ⲛⲏⲩ
ⲉ ⲃⲟⲗ ϩⲓⲱⲱⲧ· ⲉϥⲟ ⲛ̄ ⲧϭⲟⲧ ⲛ̄ ⲟⲩⲃⲗ̄ⲃⲓⲗⲓ ⲛ̄ⲥⲟⲩⲟ̄· ϩⲓⲧⲛ̄

ϣⲟⲙⲛ̅ⲧ ⲛ̅ϩⲟⲟⲩ· ϣⲁϥⲣ̅ ⲧϭⲟⲧ ⲛ̅ ⲟⲩⲕⲁⲡ ⲛ̅ⲉⲓⲱ̅· ⲁⲩⲱ ⲛ̅ϥⲛ̅ⲧ
ⲉϣⲁⲩⲉⲓ ⲉ ⲃⲟⲗ ϩⲛ̅ ⲛⲁⲥⲁϣ· ⲛⲉϣⲁⲓϣⲓⲧⲟⲩ ⲛⲥⲉⲣ̅ ⲟⲩϣⲟⲡ
ⲛ̅ ϩⲓⲛ· ⲁ ⲡⲇⲓⲁⲃⲟⲗⲟⲥ ⲟⲩⲱ̅ⲛϩ̅ ⲉ ⲣⲟⲓ ⲛ̅ ϣⲟⲙⲛ̅ⲧ ⲛ̅ⲥⲟⲡ
Fol. 24 *a* ⲉϥϫⲱ ⲙ̅ⲙⲟⲥ :—[fifty-two pages wanting] | [...]ⲕ ϩⲁ ⲧⲉⲥϩⲏ
ⲟ̅ⲑ̅ ⲉϥϫⲱ ⲙ̅ⲙⲟⲥ ⲛⲁⲥ· ϫⲉ ⲱ ⲧⲧⲁⲗⲁⲓⲡⲱⲣⲟⲥ ⲙ̅ ⲯⲩⲭⲏ· ⲛ
ⲟⲩⲡⲉⲑⲟⲟⲩ ⲉ̅ⲧ ⲣ̅ⲉⲓⲣⲉ ⲙ̅ⲙⲟⲟⲩ ⲙ̅ ⲡⲉϩⲟ[ⲟ]ⲩ ⲙⲛ̅ ⲧⲉⲩϣⲏ·
ϯϫⲓ ⲙ̅ⲙⲟⲟⲩ ⲙⲙⲏⲛⲉ ⲉ ⲣⲁⲧϥ̅ ⲙ̅ ⲡⲛⲟⲩⲧⲉ· ⲉ ⲧⲃⲉ
ⲡⲟⲩⲱϣ ⲁⲛ· ⲁⲗⲗⲁ ⲉ̅ ⲧⲃⲉ ⲡⲟⲩⲱϣ ⲙ̅ ⲡⲛⲟⲩⲧⲉ· ⲉϥϩⲱⲛ
ⲉ̅ ⲧⲟⲟⲧ ϫⲉ ⲙ̅ⲡⲣ̅ ⲗⲟ ⲉⲕⲇⲓⲁⲕⲟⲛⲉⲓ ⲉ ⲣⲟⲟⲩ· ⲙⲉϣⲁⲕ
ⲛ̅ⲥⲉⲕⲧⲟⲟⲩ ⲛ̅ⲥⲉⲙⲉⲧⲁⲛⲟⲓ· ⲉⲓⲥ ϩⲏⲏⲧⲉ ⲁⲓⲣ̅ ϣⲙ̅ⲙⲟ ⲉ̅ ⲣⲟ
ⲙ̅ⲡⲟⲟⲩ· ⲙⲁⲣⲟⲛ ⲉ ⲣⲁⲧϥ̅ ⲙ̅ ⲡⲉⲕⲣⲓⲧⲏⲥ ⲙ̅ⲙⲉ· ⲁⲩⲱ ⲁ
ⲡⲉⲥⲡⲛ̅ⲁ̅ ⲉⲓ ⲉ ⲃⲟⲗ ϩⲏⲧⲥ̅ ⲉϥϫⲱ ⲙ̅ⲙⲟⲥ· ϫⲉ ⲱ̅ ⲧⲧⲁⲗⲁⲓⲡⲱ-
ⲣⲟⲥ [ⲙ̅] ⲯⲩⲭⲏ ⲙ̅ⲡⲣ̅ ϯ ⲙ̅[ⲧ]ⲟⲛ ⲛⲁⲓ ⲙ̅ ⲡⲁ ⲕⲟⲩⲓ [ⲛⲟ]ⲩⲟ-
ⲉⲓϣ ⲛ̅ⲧ ⲁⲓⲁⲁϥ [ⲁⲓϯ]ϭⲁⲗⲱⲟⲩ ⲉⲣⲟ· ⲉⲓⲉ ⲙ̅[...]ⲥⲉⲓ ⲛ̅ⲧⲟ ⲱ̅
ⲧⲧⲁ[ⲗⲁⲓ]ⲡⲱⲣⲟⲥ ⲙ̅ ⲯⲩⲭⲏ[...]ⲱⲟⲩⲛ ϩⲁ ⲛⲟⲩ[...]
ⲱⲱⲛ· ⲏ ⲙ̅ⲡⲟⲩϩⲏⲧ ⲕⲧⲟϥ· ϫⲉ ⲟⲩⲛ̅ ⲛⲓϥⲉ ⲛ̅ⲛⲓϥⲉ ⲛ ⲱ̅ⲛϩ̅
ⲛ̅ⲧⲉ ⲡⲛⲟⲩⲧⲉ ⲛ̅ϩⲏⲧⲉ· ⲙⲁⲣⲟⲛ ⲉ ⲣⲁⲧϥ̅ ⲙ̅ ⲡⲉⲕⲣⲓⲧⲏⲥ ⲙ-
ⲙⲉ· ⲛ̅ ϯⲛⲁⲕⲱ ⲁⲛ ⲛⲉ ⲉ ⲃⲟⲗ· ⲁⲓ̈ⲣ̅ ϣⲙ̅ⲙⲟ ⲉ ⲣⲟ ⲙⲡⲟⲟⲩ
ⲁⲩⲱ ⲁⲣⲉⲓⲣⲉ ⲉ ⲣⲟⲓ· ⲁ ⲡⲉⲥⲡⲛ̅ⲁ̅ ϫⲡⲓⲟⲥ· ⲁ ⲡⲉⲥⲁⲅⲅⲉⲗⲟⲥ
ⲑⲗⲓⲃⲉ ⲙ̅ⲙⲟⲥ· ⲛ̅ⲧⲉⲩⲛⲟⲩ ⲛ̅ⲧⲁⲥⲧⲁϩⲉ ⲛⲉⲝⲟⲩⲥⲓⲁ ⲉⲩ-
ⲛⲁϫⲓⲧⲥ̅ ⲉ̅ ϩⲣⲁⲓ ⲉ ⲧⲡⲉ· ϩⲓⲥⲉ ⲉϫⲛ̅ ϩⲓⲥⲉ ⲁ ⲧⲉⲃϣⲉ ⲉⲓ ⲉ
ⲃⲟⲗ ϩⲏⲧⲥ̅· ⲙⲛ̅ ⲧⲕⲁⲧⲁⲗⲁⲗⲓⲁ̅· ⲙⲛ̅ ⲡⲉⲡⲛ̅ⲁ̅ ⲛ̅ ⲧⲟⲣⲡ·
ⲙⲛ̅ ⲛⲉⲝⲟⲩⲥⲓⲁ ⲙ̅ ⲡⲕⲁⲕⲉ· ϩⲟⲓⲛⲉ ⲛ̅ϩⲟ ⲙ̅ⲙⲟ̅ⲓ ⲉⲣⲉ
ϩⲉⲛϩⲱⲕ ⲙ̅ ⲡⲉⲛⲓⲡⲉ ⲉⲩⲙⲟⲩϩ ⲛ̅ ⲕⲱϩ̅ⲧ ⲧⲟ ϩⲓⲱⲟⲩ· ⲉⲣⲉ
ϩⲉⲛⲥⲏϥⲉ ⲛ̅ⲕⲱⲛⲥ̅ ϩⲛ̅ ⲛⲉⲩϭⲓϫ· ϩⲟⲓⲛⲉ ⲛ̅ϩⲟ ⲙ̅ⲙⲁⲥⲉ
ⲉ̅ⲣⲉ ϩⲉⲛϭⲓϫ ⲙ̅ⲙⲟⲟⲩ ⲛ̅ⲑⲉ ⲛ̅ ⲛⲉⲓ ⲣⲱⲙⲉ· ⲉⲣⲉ ϩⲉⲛⲛⲟϭ
Fol. 24 *b* ⲛ̅ⲧⲁⲡ ⲛ̅ ⲕⲱϩ̅ⲧ ϩⲓϫⲛ̅ ⲛⲉⲩⲁⲡⲏⲩⲉ :—| ⲉⲣⲉ ϩⲉⲛⲙⲉⲣⲉϩ ⲛ̅ⲧⲟ-
ⲡ̅ ⲟⲧⲟⲩ ⲉⲩⲕⲱⲛⲥ̅ ⲛ ⲛⲉⲯⲩⲭⲟⲟⲩⲉ ⲛ̅ ⲛ̅ⲣⲉϥⲣ̅ ⲛⲟⲃⲉ ⲛ̅ϩⲏⲧⲟⲩ·
ϩⲟⲓⲛⲉ ⲛ̅ϩⲟ ⲛ̅ⲁⲣⲝ̅ ⲉⲣⲉ ⲛⲉⲩⲃⲁⲗ ⲛⲉϫ ⲕⲱϩ̅ⲧ ⲉ ⲃⲟⲗ ⲉ
ⲡⲉϥⲧⲟⲩ ⲥⲁ· ⲉⲣⲉ ⲧⲟⲣⲅⲏ ϣⲟⲟⲡ ϩⲙ̅ ⲡⲉⲩϩⲟ· ⲉⲣⲉ
ϩⲉⲛⲛⲟϭ ⲛ̅ⲧⲟϭ ⲙ̅ ⲡⲉⲛⲓⲡⲉ ⲛ̅ⲧⲟⲟⲧⲟⲩ· ⲉⲩⲥⲃ̅ⲧⲱⲧ ⲉ ϩⲓⲧⲉ ⲙ̅
ⲡⲥⲱⲙⲁ (*sic*) ⲛ̅ⲛⲁⲥⲉⲃⲏⲥ· ⲙ̅ⲡⲁⲧ ⲟⲩⲉⲓ ⲉ ⲃⲟⲗ ϩⲛ̅ ⲥⲱⲙⲁ·
ⲉⲩϯ ϩⲓⲥⲉ ⲛⲁⲩ ϩⲛ̅ ⲧⲁⲛⲁⲅⲕⲏ ⲙ̅ ⲡⲙⲟⲩ: ϩⲟⲓⲛⲉ ⲛ̅ϩⲟ
ⲛ̅ⲇⲣⲁⲕⲟⲛ ⲉⲣⲉ ⲟⲩⲕⲁⲡⲛⲟⲥ ⲛⲏⲩ ⲉ ⲃⲟⲗ ϩⲛ̅ ⲣⲱⲟⲩ: ⲙⲛ̅

ⲟⲩⲉⲗϩⲱ[ⲃ] ⲙⲛ̅ ⲟⲩⲕⲱϩⲧ· ⲉⲣⲉ ϩⲉⲛⲕⲟⲣⲁϩ ⲉⲩⲟ̅ ⲛⲗⲁ *(sic)*
ⲛ̅ⲃⲁϣⲟⲩⲣ ϩⲛ̅ ⲛⲉⲩϭⲓϫ· ⲉⲩⲃⲁⲥⲁⲛⲓⲍⲉ ⲛ̅ ⲛⲉⲓ ⲯⲩⲭⲏ
ⲛ̅ϩⲏⲧⲟⲩ: ϩⲟⲓⲛⲉ ⲛ̅ϩⲟ ⲛ̅ϩⲃⲟⲩⲓ· ⲉⲣⲉ ϩⲉⲛⲥⲁⲧ· ⲛ̅ϩⲏⲧⲟⲩ
ⲛ̅ⲑⲉ ⲛ̅ ⲛⲉⲓ ⲟⲩⲱ̅ϩⲉ· ⲉⲩⲥⲃ̅ⲧⲱⲧ ⲉⲗⲱϭⲥ̅ ⲛ̅ⲛⲉⲯⲩ[ⲭⲏⲟⲟⲩⲉ·]
ⲉⲩⲃⲁⲥⲁⲛⲓⲍⲉ ⲙ̅ⲙⲟⲟⲩ ϩⲛ̅ ⲟⲩⲙⲛ̅ⲧⲁⲧⲛⲁ· ϩⲟⲓⲛⲉ ⲛ̅ϩⲟ ⲛ̅
ⲉⲓⲱ̅ ⲉⲣⲉ ϩⲉⲛϩⲱⲕ ⲛ̅ⲕⲁⲕⲉ ⲧⲟ ϩⲓⲱ̅ⲟⲩ· ⲉⲣⲉ ϩⲉⲛϣⲗⲓϭ
ⲛ̅ ⲕⲱϩⲧ ϩⲛ̅ ⲛⲉⲩϭⲓϫ· ⲉⲩϭⲱⲗϫ̅ ⲛ̅ ⲛⲉⲯⲩⲭⲟⲟⲩⲉ ϩⲛ̅
ⲟⲩⲟⲣⲅⲏ· ϩⲟⲓⲛⲉ ⲛ̅ϩⲟ ⲛⲉⲙⲥⲁϩ· ⲉⲣⲉ ϩⲉⲛⲛⲟϭ ⲛ̅ϭⲟⲣⲧⲉ
ⲛⲧⲟⲟⲧⲟⲩ· ⲉⲩⲥⲱⲗⲡ· ⲉ ⲃⲟⲗ ⲛ̅ ⲙ̅ⲙⲉⲗⲟⲥ ⲛ̅ ⲧⲉⲯⲩⲭⲏ
ϩⲛ̅ ⲟⲩϩⲱⲡ· ϩⲟⲓⲛⲉ ⲛϩⲟ ⲛ̅ⲑⲏⲣⲓⲟⲛ ⲉⲣⲉ ⲛⲉⲩⲗⲁⲥ ⲟ̅ ⲛ̅
ⲕⲱϩⲧ· ⲉⲩⲥⲁⲃⲟⲗ ⲛ̅ⲧⲉⲩⲧⲁⲡⲣⲟ̅· ⲉⲣⲉ ϩⲉⲛⲛⲁϫ ⲙ̅ⲡ[ⲉ]-
ⲛⲓⲡⲉ ⲙ̅ⲙⲟⲟⲩ· ϣ[ⲁ]ⲣⲉ ⲛⲉⲧ ⲙ̅ⲙⲁⲩ ⲁ[ⲩϩⲓ]ⲧⲉ ⲛ̅
ⲛⲉⲯⲩⲭⲏ ⲛ̅ [ⲧⲉⲣ] ⲟⲩⲉϭⲟⲩϭⲟⲩ ϩⲛ̅ [ⲧⲉⲩ]ⲧⲁⲡⲣⲟ·
ⲛ̅ⲥⲉⲟ[ⲙⲕⲟⲩ ?] ⲛ̅ⲁⲟⲩⲛⲟⲩ· ⲙ[ⲛ̅ⲛ̅]ⲥⲱⲥ ⲛ̅ⲥⲉⲕⲁⲃ[ⲱⲗ ⲙ-]
ⲙⲟⲟⲩ ϩⲛ̅ ⲧⲉ[. . . | . . .]ⲉ ϩⲉⲛⲕⲟⲟⲩⲉ ⲟⲩⲉϭ[ⲟ]ⲩϭⲟⲩ Fol. 25 *a*
ⲟⲛ ⲛ̅ⲥⲉⲟⲙⲕⲟⲩ· ⲉⲣⲉ ϩⲟⲓⲛⲉ ϯ ⲙ̅ⲙⲟⲟⲩ ⲛ ϩⲉⲛⲕⲟⲟⲩⲉ· ⲡ̅ⲁ̅
ⲉⲩⲟ ⲛ̅ ⲁⲧ ⲛⲁ ⲉ̅ ϩⲟⲩⲛ ⲉ ⲛⲉⲯⲩⲭⲏ ⲛ̅ ⲛ̅ⲣⲉϥⲣ̅ ⲛⲟⲃⲉ·
ⲧⲟⲧⲉ ⲛⲉⲝⲟⲩⲥⲓⲁ ⲙ̅ ⲡⲕⲁⲕⲉ ⲁⲩϯ ⲡⲉⲩⲟⲩⲟⲓ ⲉ ϩⲟⲩⲛ ⲉ
ⲧⲉⲯⲩⲭⲏ ⲡⲉϫⲁⲩ ⲛⲁⲥ· ϫⲉ ⲉⲣⲃⲏⲕ ⲉ ⲧⲱⲛ ⲱ ⲧⲧⲁⲗⲁⲓ-
ⲡⲱⲣⲟⲥ ⲙ̅ ⲯⲩⲭⲏ· ⲉⲣⲃⲏⲕ ⲉ ⲧⲡⲉ· ϭⲱ ⲛ̅ⲧⲛ̅ⲛⲁⲩ ϫⲉ
ⲟⲩⲛⲧⲁⲛ ⲛ̅ϩⲏⲧⲉ· ⲙⲙⲟⲛ ⲙⲛ̅ ⲃⲟⲏⲑⲟⲥ ⲉϥⲟⲩⲁⲁⲃ
ⲙⲟⲟϣⲉ ⲛ̅ⲙⲙⲉ· ⲁⲓⲥⲱⲧⲙ ⲉⲩⲥⲙⲏ ϩⲣⲁⲓ ϩⲙ̅ ⲡϫⲓⲥⲉ
ⲉⲥϫⲱ ⲙ̅ⲙⲟⲥ· ϫⲉ ⲁⲛⲓ̈[ⲛ]ⲉ ⲛ̅ ⲧⲉⲓ ⲧⲁⲗⲁⲓⲡⲱⲣⲟⲥ
[ⲛ̅] ⲯⲩⲭⲏ ⲉ ϩⲣⲁⲓ· ϫⲉ ⲉⲥ[. .]ⲉⲓⲙⲉ ϫⲉ ⲡⲛⲟⲩⲧⲉ
[ϣ]ⲟⲟⲡ· ⲡⲁⲓ ⲛⲧⲁⲥⲕⲁⲧⲁ[ⲫ]ⲣⲟⲛⲉⲓ ⲙ̅ⲙⲟϥ· ⲛ̅ⲧⲉⲩ-
[ⲛ]ⲟⲩ ⲛ̅ⲧⲁⲥⲣ̅ ⲡϩⲟⲩⲛ ⲛ̅[ⲧ]ⲡⲉ· ⲁⲓⲥⲱⲧⲙ̅ ⲉ ϩⲉⲛ[ⲁⲅⲅ]ⲉⲗⲟⲥ
ⲙⲛ̅ ϩⲉⲛⲁⲣⲭⲁⲅⲅⲉⲗⲟⲥ ⲉⲩⲉⲓⲣⲉ ⲛ ϩⲉⲛⲧⲃⲁ ⲛ̅ⲧⲃⲁ·
ⲡⲉϫⲁⲩ ϫⲉ ⲙⲓⲱ̅ ⲁⲛ ⲱ̅ ⲧⲉⲯⲩⲭⲏ· ϩⲛ̅ ⲛⲟⲩϩⲃⲏⲩⲉ̅ ⲧⲏⲣⲟⲩ
ⲛ̅ⲧⲁⲣⲁⲁⲩ ϩⲙ̅ ⲡⲕⲟⲥⲙⲟⲥ· ⲛⲧⲉⲩⲛⲟⲩ ⲇⲉ ⲁ ⲣⲱⲥ ⲧⲱⲙ·
ⲙ̅ⲡⲉ ⲥⲉϣϫⲱ ⲛ̅ ⲟⲩϣⲁϫⲉ ⲙ̅ⲡⲙ̅ⲧⲟ ⲉ ⲃⲟⲗ ⲙ̅ ⲡⲛⲟⲩⲧⲉ·
ⲡⲉϫⲉ ⲡⲉⲥⲁⲅⲅⲉⲗⲟⲥ ϫⲉ ⲣⲓⲙⲉ ⲛ̅ⲙⲙⲁⲓ ⲱ̅ ⲛⲁϣⲃⲏⲣ
ⲁⲅⲅⲉⲗⲟⲥ· ϫⲉ ⲙ̅ⲡ ⲟⲩϯ ⲙ̅ⲧⲟⲛ ⲛ̅ ⲧⲉⲯⲩⲭⲏ ⲉ ϯϭⲁ-
ⲗⲱⲟⲩ ⲉ ⲣⲟⲥ· ⲁⲩⲟⲩⲱ̅ϣⲃ̅ ⲛ̅ϭⲓ ⲡ̅ⲁⲅⲅⲉⲗⲟⲥ ϫⲉ ϥⲓⲧⲥ̅
ϥⲓⲧⲥ̅ ϩⲛ̅ ⲧⲉⲛⲙⲏⲏⲧⲉ· ϫⲉ ϫⲓⲛ ⲙ̅ ⲡⲛⲁⲩ ⲛⲧⲁⲛⲛⲁⲩ ⲉ

ⲣⲟⲥ ⲁⲩⲛⲟϭ ⲛ̅ ⲥϯ ⲃⲱⲛ ϣⲱⲡⲉ ϩⲛ̅ ⲧⲉⲙⲏⲏⲧⲉ· ⲁⲩϫⲓ̈ⲧⲥ̅
ⲉ ⲧⲣ̅ⲥⲟⲩⲱ̅ϣⲧ̅ ⲙ̅ⲡⲙ̅ⲧⲟ ⲉ ⲃⲟⲗ ⲙ̅ ⲡⲛⲟⲩⲧⲉ ⲡⲁⲓ ⲛ̅ⲧⲁϥ-
Fol. 25 *b* ⲧⲁⲙⲓⲟⲥ ⲕⲁⲧⲁ ⲡⲉϥⲉⲓⲛⲉ ⲙⲛ̅ ⲧⲉϥϩⲓⲕⲱⲛ:—| ⲁ ⲡⲉⲥ-
ⲡ̅ⲃ̅ ⲁⲅⲅⲉⲗⲟⲥ ⲥⲙⲁⲛⲉ ⲉϥϫⲱ ⲙ̅ⲙⲟⲥ ϫⲉ ⲡϫ̅ⲥ̅ ⲡⲛⲟⲩⲧⲉ
ⲡⲡⲁⲛⲧⲱⲕⲣⲁⲧⲱⲣ ⲁⲛⲟⲕ ⲡⲉ ⲡⲁⲅⲅⲉⲗⲟⲥ ⲛ̅ ⲧⲉⲓ ⲯⲩⲭⲏ·
ⲉⲓⲉⲓⲛⲉ ⲛⲁⲕ ⲛ̅ ⲛⲉⲥϩⲃⲏⲩⲉ ⲛⲁ ⲡⲉϩⲟⲟⲩ ⲙⲛ̅ ⲛⲁ ⲧⲉⲩϣⲏ:
ⲕⲣⲓⲛⲉ ⲙ̅ⲙⲟⲥ ⲕⲁⲧⲁ ⲡⲉⲥϩⲁⲡ· ⲡⲉϫⲉ ⲡⲉⲥⲡⲛ̅ⲁ̅· ϫⲉ
ⲁⲛⲟⲕ ⲡⲉ ⲡⲉⲡⲛ̅ⲁ̅ ⲡⲛⲓϥⲉ ⲛ̅ ⲱ̅ⲛϩ̅ ⲉⲧ ϭⲁⲗⲱⲟⲩ ⲉ ⲣⲟⲥ·
ⲕⲣⲓⲛⲉ ⲙ̅ⲙⲟⲥ ⲕⲁⲧⲁ ⲡⲉⲥϩⲁⲡ· ⲁ ⲧⲉⲥⲙⲏ ⲙ̅ ⲡⲛⲟⲩⲧⲉ
ϣⲱⲡⲉ ⲉⲥϫⲱ ⲙ̅ⲙⲟⲥ· ϫⲉ ⲉⲩⲧⲱⲛ ⲙ̅ ⲡⲉⲧ ⲛⲁⲛⲱⲟⲩ
ⲧⲏⲣⲟⲩ ⲛ̅ⲧ ⲁⲣⲁⲁⲩ· ⲙⲏ ⲁⲓⲡⲟⲣϫⲉ ⲉ ⲃⲟⲗ ⲟⲩⲇⲉ ⲛⲁⲇⲓ-
ⲕⲁⲓⲟⲥ ⲛ̅ⲟⲩϩⲟⲟⲩ ⲛ ⲟⲩⲱⲧ· ⲉⲣⲉ ⲡⲁ ⲣⲏ ϣⲁⲥϫⲱ ⲁⲛ ⲙⲛ̅
ⲛ̅ⲇⲓⲕⲁⲓⲟⲥ ⲁⲩⲱ ⲛⲁⲥⲱⲧⲡ̅ ⲧⲏⲣⲟⲩ: ⲁ ⲧⲉⲥⲧⲁⲡⲣⲟ ⲟⲩⲛ-
ⲧⲱⲙ ⲙ̅ⲡⲉ ⲥϭⲛ̅ ϣⲁϫⲉ ⲉ ϫⲱ: ⲁ ⲧⲉⲥⲙⲏ ⲙ̅ ⲡⲛⲟⲩ[ⲧⲉ]
ϣⲱⲡⲉ ⲉⲥϫⲱ ⲙ̅ⲙⲟⲥ ϫⲉ ⲙⲛ̅ ϫⲓ ϩⲟ ⲙ̅ ⲡⲙ̅ⲧⲟ ⲉ ⲃⲟⲗ ⲙ̅
ⲡⲛⲟⲩⲧⲉ· ⲁⲩⲱ ⲟⲩϩⲁⲡ ⲙ̅ⲙⲉ ⲡⲉ ϣⲁϥϣⲱⲡⲉ· ⲡⲉϣⲁϥⲣ̅
ⲧⲙⲉ ϣⲁⲩⲣ ⲧⲙⲉ ⲛ̅ⲙ̅ⲙⲁϥ· ⲡⲉϣⲁϥⲣ̅ ⲡⲛⲁ ϣⲁⲩⲣ̅ ⲡⲛⲁ
ⲛ̅ⲙ̅ⲙⲁϥ: ⲉⲩⲛⲁⲧⲁⲁⲥ ⲉ̅ ⲧⲟⲟⲧϥ̅ ⲛ̅ ⲁϥⲧⲉⲙⲉⲗⲟⲩⲭⲟⲥ
ⲡⲁⲅⲅⲉⲗⲟⲥ ⲉⲧ ϩⲓϫⲛ̅ ⲛ̅ⲕⲟⲗⲁⲥⲓⲥ· ⲛϥⲛⲟϫ̅ⲥ̅ ⲉ̅ ⲡⲕⲁⲕⲉ ⲉⲧ ϩⲓ
ⲃⲟⲗ· ⲡⲙⲁ ⲉⲧ ⲉⲣⲉ ⲡⲣⲓⲙⲉ ⲛ̅ϩⲏⲧϥ̅ ⲙⲛ̅ ⲡϭⲁϩϭϩ̅ ⲛ̅ ⲛⲟⲃϩⲉ·
ϣⲁ ⲡⲉϩⲟⲟⲩ ⲛ̅ ⲧⲛⲟϭ ⲛ̅ ⲕⲣⲓⲥⲓ̈ⲥ ⲁⲛⲟⲕ ⲇⲉ ⲁⲓⲥⲱⲧⲙ̅ ⲉ
ⲡⲉϩⲣⲟⲟⲩ ⲛ̅ϩⲉⲛⲁⲅ[ⲅⲉ]ⲗⲟⲥ ⲙⲛ̅ ϩⲉⲛⲁⲣⲭ[ⲁⲅ]ⲅⲉⲗⲟⲥ·
ⲉⲩϫⲱ [ⲙ̅]ⲙⲟⲥ ϫⲉ ⲛ̅ⲧⲕ̅ ⲟⲩⲇ[ⲓⲕⲁⲓ]ⲟⲥ ⲡϫ̅ⲥ̅· ⲁⲩⲱ ϩⲉ[ⲛ]-
ⲙⲉ ⲛⲉ ⲛⲉⲕϩⲁⲡ· ⲙ[ⲛ̅]ⲛ̅ⲥⲱⲥ ⲟⲛ ⲁⲓϭⲱϣⲧ̅ [ⲁ]ⲛⲟⲕ
Fol. 26 *a* ⲡⲁⲩⲗⲟⲥ| ⲉ ⲕⲉ ⲯⲩⲭⲏ ⲉ ⲁⲩⲉⲛⲧⲥ̅ ⲉ ⲃⲟⲗ ϩⲛ̅ ⲥⲱⲙⲁ·
ⲡ̅ⲅ̅ ⲉⲩⲧⲟ ⲉ ⲣⲟⲥ ⲛ̅ϭⲓ ⲁⲅⲅⲉⲗⲟⲥ ⲥⲛⲁⲩ: ⲉⲥⲣⲓ̈ⲙⲉ ⲉⲥ (*sic*) ⲉⲥⲱϣ
ⲉ ⲃⲟⲗ ⲉⲥϫⲱ ⲙ̅ⲙⲟⲥ· ϫⲉ ⲛⲁ ⲛⲁⲓ̈ ⲱ̅ ⲡⲉⲕⲣⲓⲧⲏⲥ· ⲡⲁ
ⲥⲁϣϥ̅ ⲛⲟⲟⲩ ϫⲓⲛ ⲛ̅ⲧⲁⲓⲙⲟⲩ· ⲁⲩⲧⲁⲁⲧ ⲉ ⲧⲟⲟⲧϥ̅ ⲙ̅
ⲡⲉⲓ ⲁⲅⲅⲉⲗⲟⲥ ⲥⲛⲁⲩ: ⲁⲩϫⲓ ⲙ̅ⲙⲟⲓ ⲉ ϩⲉⲛⲙⲁ ⲛ̅
ϯⲥⲟⲟⲩⲛ ⲙ̅ⲙⲟⲟⲩ ⲁⲛ· ⲁϥⲟⲩⲱ̅ϣⲃ̅ ⲛ̅ϭⲓ ⲡⲉⲕⲣⲓⲧⲏⲥ ϫⲉ
ⲛ̅ⲧⲁⲣⲣ̅ ⲟⲩ ϩⲙ̅ ⲡⲕⲟⲥⲙⲟⲥ· ⲡⲁⲛⲧⲱⲥ ⲛ̅ⲧⲟⲟⲩ ⲁⲧ ⲛⲁ·
ϫⲉ ⲁⲩⲧⲁⲁⲧⲉ ⲉ ⲧⲟⲟⲧⲟⲩ ⲛ̅ ϩⲉⲛⲁⲧ ⲛⲁ· ⲙ̅ⲡ ⲉⲓⲣⲉ ⲙ̅
ⲡⲉⲧ ⲥⲟⲩⲧⲱⲛ: [ⲙ̅]ⲡ ⲟⲩⲉⲓⲣⲉ ⲙ̅ ⲡⲉⲧ [ⲥⲟ]ⲩⲧⲱⲛ ⲛ̅ⲙ̅ⲙⲉ·
[ⲙ̅]ⲡⲛⲁⲩ ⲛ̅ ⲧⲟⲩⲁ̅[ⲛ]ⲁⲅⲕⲏ· ϩⲟⲙⲟⲗⲟ[ⲅ]ⲉⲓ ⲛ̅ⲛⲟⲩⲛⲟⲃⲉ

ⲛⲧⲁⲣ[ⲁ]ⲁⲩ ϩⲙ̅ ⲡⲕⲟⲥⲙⲟⲥ · ⲁⲥⲟⲩⲱϣⲃ̅ ⲛ̅ϭⲓ ⲧⲉ ⲯⲩⲭⲏ
ⲉⲥϫⲱ ⲙ̅ⲙⲟⲥ ϫⲉ ⲡϫ̅ⲥ̅ ⲙ̅ⲡⲉ ⲓ̈ⲣ̅ ⲛⲟⲃⲉ : ⲛ̅ ⲧⲉⲣⲉ ⲥϫⲟⲟⲥ
ϫⲉ ⲙ̅ⲡⲉ ⲓ̈ⲣ̅ ⲛⲟⲃⲉ · ⲡⲉϫⲉ ⲡⲉⲕⲣⲓⲧⲏⲥ ⲛⲁⲥ · ϫⲉ ⲉⲣⲙⲉⲉⲩⲉ
ⲛⲉ ϫⲉ ⲡⲕⲟⲥⲙⲟⲥ ⲡⲉ ⲡⲁⲓ · ⲉⲣⲉ ⲡⲟⲩⲁ ⲡⲟⲩⲁ̅ ⲣ̅ ⲛⲟⲃⲉ
ⲉϥϩⲱⲡ ⲙ̅ ⲡⲉϥⲛⲟⲃⲉ ⲉ̅ ⲡⲉⲧ ϩⲓⲧⲟⲩⲱϥ · ⲉⲩϣⲁⲛⲉⲓ ⲇⲉ
ⲙ̅ⲡⲙ̅ⲧⲟ ⲉ ⲃⲟⲗ ⲙ̅ ⲡⲉⲑⲣⲟⲛⲟⲥ ⲙ̅ ⲡⲛⲟⲩⲧⲉ · ϣⲁⲣⲉ ⲡ̅-
ⲛⲟⲃⲉ ⲙ̅ ⲡⲟⲩⲁ ⲡⲟⲩⲁ̅ ⲙⲛ̅ ⲛⲉϥⲁⲅⲁⲑⲟⲛ ⲟⲩⲱⲛϩ̅ ⲉ ⲃⲟⲗ ·
ϩⲛ̅ ⲧⲉⲩⲛⲟⲩ ⲇⲉ ⲉⲧ ⲙ̅ⲙⲁⲩ ⲁ ⲧⲉⲥⲧⲁⲡⲣⲟ ⲧⲱⲙ · ⲙ̅ⲡⲉ
ⲥϭⲛ̅ ⲗⲁⲁⲩ ⲛ̅ ϣⲁϫⲉ ⲉ ϫⲱ · ⲁⲛⲟⲕ ⲇⲉ ⲁⲓⲥⲱⲧⲙ̅ ⲉ
ⲡⲉⲕⲣⲓⲧⲏⲥ ⲙ̅ⲙⲉ ⲉϥϫⲱ ⲙ̅ⲙⲟⲥ ϫⲉ ⲡⲁⲅⲅⲉⲗⲟⲥ ⲛ̅ ⲧⲉ
ⲯⲩⲭⲏ ⲁⲙⲟⲩ ⲉ̅ ⲧⲙⲏⲏⲧⲉ · ϩⲛ̅ ⲧⲉⲩⲛⲟⲩ ⲉ *(sic)* ⲉⲧ ⲙ̅ⲙⲁⲩ
ⲁϥⲉⲓ ⲉ ⲧⲙⲏⲏ̅ⲧⲉ ⲛ̅ϭⲓ ⲡⲁⲅⲅⲉⲗⲟⲥ : | ⲉⲣⲉ ⲟⲩⲭⲉⲓ̈ⲣⲟ- Fol. 26 *b*
ⲅⲣⲁⲫⲟⲛ ⲛ̅ ⲧⲟⲟⲧϥ · ⲡⲉϫⲁϥ ϫⲉ ⲡⲁ ϫ̅ⲥ̅ ⲛ̅ⲛⲟⲃⲉ ⲛ̅ ⲡ̅ⲇ̅
ⲧⲉ ⲯⲩⲭⲏ ⲛ ⲧⲟⲟⲧ ϫⲓⲛ ⲧⲉⲥⲙⲛ̅ⲧⲕⲟⲩⲓ · ⲕⲟⲩⲱϣ ⲱ̅ ⲡⲁ
ϫ̅ⲥ̅ ⲉ ⲧⲣⲁⲧⲁⲩⲟ̅ ⲛ̅ ⲛⲉⲥⲛⲟⲃⲉ ϫⲓⲛ ⲉⲥϩⲛ̅ ⲙⲏⲛ̅ⲧⲉ ⲛ̅ⲣⲟⲙⲡⲉ ·
ⲡⲉϫⲁϥ ⲛⲁϥ ⲛ̅ϭⲓ ⲡⲉⲕⲣⲓⲧⲏⲥ · ϫⲉ ⲱ ⲡⲁⲅⲅⲉⲗⲟⲥ ⲛ̅
ⲉⲓϫⲛⲟⲩ ⲙ̅ⲙⲟⲕ ⲁⲛ ⲉ ⲛⲉⲥⲛⲟⲃⲉ ϫⲓⲛ ⲉⲥϩⲛ̅ ⲙⲏⲛⲧⲉ ⲛ̅-
ⲣⲟⲙⲡⲉ · ⲏ̅ ⲙⲛ̅ⲧⲏ · ⲁⲗⲗⲁ ⲉⲓϣⲓⲛⲉ ⲛ̅ⲧⲟⲟⲧⲕ̅ ⲙ̅ⲙⲁⲁⲧⲉ
ⲛ̅ⲥⲁ ⲛ̅ⲛⲟⲃⲉ ⲛ̅ⲧⲁⲥⲁⲁⲩ ϩⲛ̅ ⲧⲉⲓ ⲣⲟⲙⲡⲉ ⲉⲧ ⲥ̅ⲛⲁⲙⲟⲩ
ⲛ̅ϩⲏⲧⲥ̅ · ϯⲱⲣⲕ̅ ⲙ̅ⲙⲟⲓ ⲙ̅ⲙⲓⲛ ⲙ̅ⲙⲟⲓ · ⲙⲛ̅ ⲛⲁⲁⲅⲅⲉⲗⲟⲥ
ⲙⲛ̅ ⲧⲁ ϭⲟⲙ ⲧⲏⲣⲥ̅ · ϫⲉ ⲉⲛ ⲛⲧⲁⲥⲙⲉⲧⲁⲛⲟⲓ ϩⲛ̅ ⲧⲉ ⲣⲟⲙⲡⲉ
ⲛ̅ⲧ ⲁⲥⲙⲟⲩ ⲛ̅ϩⲏⲧⲥ̅ · ⲛⲉⲓⲛⲁⲣ ⲡⲱⲃϣ̅ ⲛ̅ ⲛⲁ ⲡⲁϩⲟ̅ⲩ ⲧⲏⲣⲟⲩ
ⲛⲧⲁⲕⲁⲁⲩ ⲛⲁⲥ ⲉ ⲃⲟⲗ · ⲁϥⲙⲟⲩⲧⲉ ⲛ̅ϭⲓ [ⲡⲛⲟⲩ]ⲧⲉ ⲉ̅
ⲟⲩⲣⲓⲏⲗ ⲙⲛ̅ ⲥⲟⲩⲣⲓⲏⲗ ⲡⲉϫⲁϥ ⲛⲁⲩ · ϫⲉ ⲉⲓⲟⲩⲱϣ ⲉ
ⲧⲣⲉ ⲧⲉⲧⲛ̅ⲉⲓⲛⲉ ⲛ̅ ⲛⲉⲓ ⲯⲩⲭⲏ ⲉ ⲧⲙⲏⲏⲧⲉ · ϩⲛ̅ ⲧⲉⲩⲛⲟⲩ
ⲉ̅ⲧ ⲙ̅ⲙⲁⲩ ⲁⲩⲉⲛⲧⲟⲩ · ⲁⲥⲛⲁⲩ ⲉ ⲣⲟⲟⲩ ⲁⲥⲥⲟⲩⲱ̅ⲛⲟⲩ :
ⲡⲉϫⲉ ⲡⲛⲟⲩⲧⲉ ⲡⲉⲕⲣⲓⲧⲏⲥ ⲛⲁⲥ · ϫⲉ ⲁⲣⲥⲟⲩⲉⲛ ⲛⲁⲓ
ⲛ̅ⲧⲁⲩⲉⲛⲧⲟⲩ ⲙ̅ⲡⲟⲩⲙ̅ⲧⲟ ⲉ ⲃⲟⲗ · ⲁⲥⲟⲩⲱ̅ϣⲃ̅ ϫⲉ ⲁϩⲉ
ⲡⲁ ϫⲟⲉⲓ̈ⲥ̅ · ⲡⲉϫⲉ ⲡⲛⲟⲩⲧⲉ ⲛⲁⲥ ϫⲉ ⲟⲩ ⲡⲉⲛⲧ ⲁⲣⲁⲁϥ
ⲛⲁⲩ : ⲡⲉϫⲁⲥ ⲛ̅ϭⲓ ⲧⲉ ⲯⲩⲭⲏ ϫⲉ ⲱ ⲡⲁ ϫⲟⲉⲓⲥ · ⲙ̅ⲡⲁⲧⲉ
ⲟⲩⲣⲟⲙⲡⲉ ϣⲱⲡⲉ ϫⲓ[ⲛ]ⲧ ⲁⲓϩⲱⲧⲃ̅ ⲛ̅ⲧⲁⲥ ⲁⲓⲡⲱϩⲧ̅ ⲉ
ⲃⲟⲗ ⲙ̅ ⲡⲉⲥⲥⲛⲟϥ ϩⲓϫⲙ̅ ⲡⲕ[ⲁϩ ·] ⲁⲩⲱ ϯ ⲕⲉ ⲟⲩⲉⲓ ⲁⲓϩⲱⲧⲃ̅
ⲙ̅ⲙⲟⲥ ϩⲛ̅ ⲟⲩⲡⲟⲣⲛⲓⲁ · ⲁⲓϥⲓ ⲙ̅ ⲡⲉⲧ ⲛ̅ⲧⲁⲥ ⲧⲏⲣϥ̅ ϩⲛ̅ Fol. 27 *a*
ⲟⲩ[ϫⲓⲛ]‖[ϭⲟ]ⲛⲥ · ⲁⲓⲧⲱⲱⲃⲉ ⲛⲁⲥ ⲛ̅ ϩⲉⲛⲁϣⲏ ⲙ̅ ⲡⲉⲑⲟⲟⲩ ⲡ̅ⲉ̅

ⲉ ⲡⲙⲁ ⲛ̄ ⲙ̄ ⲡⲉⲧ ⲛⲁⲛⲟⲩⲟⲩ ⲧⲏⲣⲟⲩ ⲛ̄ⲧⲁⲩⲁⲁⲩ ⲛ̄ⲙ̄ⲙⲁⲓ·
ⲁϥⲟⲩⲱϣⲃ̄ ⲛ̄ϭⲓ ⲡⲉⲕⲣⲓⲧⲏⲥ· ϫⲉ ⲕⲁⲛ ⲉⲣϣⲁⲛ ⲟⲩⲁ ϫⲓ
ⲟⲩⲁ̄ ⲛ̄ϭⲟⲛⲥ̄ ⲛ̄ϥⲙⲟⲩ· ϣⲁⲩⲣⲟⲉⲓⲥ ⲉ ⲣⲟϥ· ϣⲁⲛⲧⲉ
ⲡⲛ̄ⲧ ⲁϥⲣ̄ ⲡϫⲓⲛϭⲟⲛⲥ̄ ⲉⲓ ⲛ̄ⲥⲉⲧⲁϩⲟⲟⲩ ⲉ̄ ⲣⲁⲧⲟⲩ ⲙ̄ⲡⲙ̄ⲧⲟ
ⲉ ⲃⲟⲗ ⲙ̄ ⲡⲉⲕⲣⲓⲧⲏⲥ ⲙ̄ⲙⲉ· ⲛ̄ⲧⲉ ⲡⲟⲩⲁ̄ ⲡⲟⲩⲁ̄ ϫⲓ ⲕⲁⲧⲁ
ⲛⲉϥϩⲃⲏⲩⲉ· ⲁⲓⲥⲱⲧⲙ̄ ⲉⲩⲥⲙⲏ ⲉⲥϫⲱ ⲙ̄ⲙⲟⲥ· ϫⲉ ϯ ⲛ̄
ⲧⲉ ⲯⲩⲭⲏ ⲉ ⲧⲟⲟⲧϥ̄ ⲙ̄ ⲡⲧⲁⲣⲧⲁⲣⲟⲩⲭⲟⲥ ⲛ̄ ⲁⲙⲛ̄ⲧⲉ·
ⲙⲁⲣϥ̄ⲃⲁ[ⲍ]ⲁⲛⲓⲍⲉ ⲙ̄ⲙⲟⲥ ϣⲁ ⲡⲉϩⲟⲟⲩ ⲛ̄ ⲧⲛⲟϭ ⲛ̄
ⲕⲣⲓⲥⲓⲥ· ⲁⲛⲟⲕ ⲇⲉ ⲁⲓ̈ⲥⲱⲧⲙ̄ ⲉ ϩⲉⲛⲧⲃⲁ ⲛ̄ⲧⲃⲁ ⲛ̄ⲁⲅⲅⲉ-
ⲗⲟⲥ· ⲉⲩϩⲱⲥ ⲁⲩⲱ ⲉⲩⲥⲙⲟⲩ ⲉ ⲡⲛⲟⲩⲧⲉ ⲉⲩϫⲱ ⲙ̄ⲙⲟⲥ
ϫⲉ ⲛ̄ⲧⲕ̄ ⲟⲩⲇⲓⲕⲁⲓⲟⲥ ⲡϫⲥ̄ ⲁⲩⲱ ϩⲉⲛⲙⲉ ⲛⲉ ⲛⲉⲕϩⲁⲡ·
ⲁϥⲟⲩⲱ̄ϣⲃ̄ ⲛ̄ϭⲓ ⲡⲁⲅⲅⲉⲗⲟⲥ ⲡⲉϫⲁϥ ⲛⲁⲓ̈· ϫⲉ ⲡⲁⲩⲗⲟⲥ
ⲡⲥⲱⲧⲡ̄ ⲙ̄ ⲡⲛⲟⲩⲧⲉ· ⲁⲕⲛⲁⲩ ⲉ ⲛⲁⲓ ⲧⲏⲣⲟⲩ: ⲡⲉϫⲁⲓ
ϫⲉ ⲁϩⲉ ⲡⲁ ϫⲟⲉⲓⲥ· ⲡⲉϫⲁϥ ⲛⲁⲓ ϫⲉ ⲟⲩⲁϩⲕ̄ ⲛ̄ⲥⲱⲓ
ⲧⲉⲛⲟⲩ· ⲛ̄ⲧⲁϫⲓⲧⲕ̄ ⲛ̄ⲧⲁⲧⲥⲁⲃⲟⲕ· ⲉ ⲡⲙⲁ ⲛ̄ϣⲱⲡⲉ ⲛ̄ⲛⲉⲧ
ⲟⲩⲁⲁⲃ ⲧⲏⲣⲟⲩ· ⲧⲟⲧⲉ ⲁⲓⲙⲟⲟϣⲉ ⲙⲛ̄ ⲡⲁⲅⲅⲉⲗⲟⲥ·
ⲁϥϫⲓ ⲙ̄ⲙⲟⲓ ϣⲁ ⲧⲙⲉϩ ϣⲟⲙⲧⲉ ⲙ̄ⲡⲉ· ⲁϥⲧⲁϩⲟⲓ ⲉ ⲣⲁⲧ
ϩⲓϫⲛ̄ ⲟⲩⲡⲩⲗⲱⲛ· ⲁⲓⲛⲁⲩ ⲉ ⲧⲡⲩⲗⲱⲛ ⲉ̄ⲧ ⲙ̄ⲙⲁⲩ ⲉⲩ *(sic)*
ⲉⲩⲛⲟⲩⲃ ⲧⲏⲣⲥ̄ ⲧⲉ· ⲁⲓⲛⲁⲩ ⲉ ⲥⲛⲁⲩ ⲛ̄ⲥⲧⲩⲗⲗⲟⲥ ⲛ̄ⲛⲟⲩⲃ
Fol. 27 *b* ϩⲓⲣⲛ̄ ⲧⲡⲩⲗⲏ· ⲉⲣⲉ ϩⲉⲛⲡⲗⲁⲝ ⲛ̄ⲛⲟⲩⲃ: | ϩⲓϫⲛ̄ ⲛⲉⲥ-
ⲡⲥ̄ ⲧⲩⲗⲗⲟⲥ ⲉⲩⲙⲉϩ ⲛ̄ⲥ[ϩ]ⲁⲓ· ⲁϥⲕⲟⲧϥ̄ ⲉ ⲣⲟⲓ ⲡⲉϫⲁϥ ⲛⲁⲓ̈
ⲛ̄ϭⲓ ⲡⲁⲅⲅⲉⲗⲟⲥ· ϫⲉ ⲛⲁⲓⲁⲧⲕ̄ ⲱ̄ ⲡⲁⲩⲗⲟⲥ ⲉⲩϣⲁⲛϫⲓⲧⲕ̄
ⲉ ϩⲟⲩⲛ ϩⲛ̄ ⲧⲉⲓ ⲡⲩⲗⲏ· ⲙ̄ⲛ ⲟⲩⲧⲁⲁⲥ ⲛ̄ ⲟⲩⲟⲛ ⲛⲓⲙ ⲉ
ⲧⲣⲉϥ̄ⲃⲱⲕ ⲉ̄ ϩⲟⲩⲛ ⲛ̄ϩⲏⲧⲥ̄· ⲉⲓ ⲙⲏ ⲧⲉⲓ ⲙⲁⲕⲁⲓⲣⲉⲟⲥ ⲙⲛ̄
ⲛ̄ⲃⲁⲗϩⲏⲧ· ⲙⲛ̄ ⲛⲉⲧⲉ ⲙⲛ̄ⲧⲁⲩ ⲕⲁⲕⲓⲁ̄ ⲉ ⲡⲧⲏⲣϥ̄· ⲡⲉϫⲁⲓ
ⲙ̄ ⲡⲁⲅⲅⲉⲗⲟⲥ ϫⲉ ϩⲉⲛ ⲟⲩ ⲛⲉ ⲛⲁⲓ ⲉⲧ ⲥⲏϩ ⲉ̄ ⲛⲉⲓ ⲡⲗⲁⲝ·
ⲡⲉϫⲁϥ ⲛⲁⲓ· ϫⲉ ⲛⲁⲓ ⲛⲉ ⲛ̄ⲣⲁⲛ ⲛ̄ ⲛ̄ⲇⲓⲕⲁⲓⲟⲥ ⲧⲏⲣⲟⲩ ⲉⲧ
ϣⲙ̄ϣⲉ ⲙ̄ ⲡⲛⲟⲩⲧⲉ ϩⲙ̄ ⲡⲉⲩϩⲏⲧ ⲧⲏⲣϥ̄· ⲡⲉϫⲁⲓ ⲙ̄
ⲡⲁⲅⲅⲉⲗⲟⲥ ϫⲉ ⲡⲁ ϫⲥ̄ ⲛⲉⲩⲣⲁⲛ ϩⲛ̄ ⲧⲡⲉ ⲙ̄ⲡⲁⲧ ⲟⲩⲉⲓ
ⲣⲱ ⲉ ⲃⲟⲗ ϩⲙ̄ ⲡⲉⲓ ⲕⲟⲥⲙⲟⲥ ⲁϥⲟⲩⲱ̄ϣⲃ̄ ⲛ̄ϭⲓ ⲡⲁⲅⲅⲉ-
ⲗⲟⲥ ⲡⲉϫⲁϥ ⲛⲁⲓ: ϫⲉ ⲟⲩ ⲙⲟⲛⲟⲛ ⲛⲉⲩⲣⲁⲛ ϩⲛ̄ ⲧⲡⲉ
ⲙ̄ⲙⲁⲁⲧⲉ· ⲁⲗⲗⲁ ⲛⲉⲧ ϣⲙ̄ϣⲉ ⲙ̄ ⲡⲛⲟⲩⲧⲉ ϩⲙ̄ ⲡⲉⲩϩⲏⲧ
ⲧⲏⲣϥ̄· ⲡⲉϥⲥⲙⲟⲧ ⲟⲛ ϩⲛ̄ ⲧⲡⲉ· ⲁⲩⲱ ⲛ̄ⲁⲅⲅⲉⲗⲟⲥ ⲥⲟⲟⲩⲛ
ⲙ̄ⲙⲟϥ· ϫⲉ ⲛⲁⲓ ⲡⲉ ⲡⲣⲱⲙⲉ ⲉⲧ ϣⲙ̄ϣⲉ ⲙ̄ ⲡⲛⲟⲩⲧⲉ

ϩⲙ̅ ⲡⲉϥϩⲏⲧ ⲧⲏⲣϥ̅ :—ⲙ̅ⲡⲁⲧ ϥ̅ⲉⲓ ⲉ ⲃⲟⲗ ϩⲙ̅ ⲡⲕⲟⲥⲙⲟⲥ·
ⲁⲩⲱ ⲛ̅ⲧⲉⲩⲛⲟⲩ ⲛ̅ⲧⲁϥⲟⲩⲱⲛ ⲛ̅ ⲧⲡⲩⲗⲏ· ⲉⲓⲥ ⲟⲩϩⲗ̅ⲗⲟ
ⲛ̅ ⲣⲱⲙⲉ ⲉⲣⲉ ⲡⲉϥϩⲟ ⲣ̅ ⲟⲩⲟⲉⲓⲛ ⲛ̅ⲑⲉ ⲙ̅ ⲡⲣⲏ· ⲁϥϩⲱⲛ
ⲉ ϩⲟⲩⲛ ⲉ ⲣⲟⲓ ⲉϥϫⲱ ⲙ̅ⲙⲟⲥ· ϫⲉ ⲭⲁⲓⲣⲉ ⲡⲁⲩⲗⲟⲥ
ⲡⲙⲉⲣⲓⲧ ⲙ̅ ⲡⲛⲟⲩⲧⲉ· ⲁⲩⲱ ⲛⲉϥⲥⲱⲃⲉ ⲡⲉ ⲉϥϯ[ⲡⲉ] ⲉ
ⲣⲟⲓ· ⲙⲛ̅ⲛ̅ⲥⲱⲥ ⲁϥⲗⲟ ⲉϥⲥⲱⲃⲉ ⲁϥⲣⲓ̈ⲙⲉ· ⲁⲛⲟⲕ ⲇⲉ
ⲡⲁⲩⲗⲟⲥ ⲁⲓϣⲧⲟⲣⲧⲣ̅ ⲡⲉϫⲁⲓ ⲛⲁϥ ϫⲉ ⲡⲁ ⲉⲓⲱⲧ ⲁϩⲣⲟⲕ
ⲉⲕⲣⲓ̈ⲙⲉ· | [ⲁϥ]ⲟⲩⲱ̅ϣⲃ̅ ⲉϥϫⲱ ⲙ̅ⲙⲟⲥ· ϫⲉ ⲉⲓⲙⲟⲕϩ̅ Fol. 28 *a*
ⲛ̅ϩⲏⲧ ⲉ ⲧⲃⲉ ⲡⲉⲓ ⲣⲁⲛ ϫⲉ ⲣⲱⲙⲉ· ⲉ ⲃⲟⲗ ϫⲉ ⲛⲁϣⲉ ⲛⲉⲣⲏⲧ ⲡ̅ⲍ̅
ⲙ̅ ⲡⲛⲟⲩⲧⲉ ⲙⲛ̅ ⲛⲉϥⲁⲅⲁⲑⲟⲛ· ⲁⲗⲗⲁ ⲙⲛ̅ ϩⲁϩ ⲛ̅ⲣⲱⲙⲉ
ⲛⲁϣϫⲓ ⲉ ⲃⲟⲗ ⲛ̅ϩⲏⲧⲟⲩ· ⲡⲉϫⲁⲓ̈ ⲙ̅ ⲡⲁⲅⲅⲉⲗⲟⲥ ϫⲉ
ⲛⲓⲙ ⲡⲉ ⲡⲁⲓ ⲡⲁ ϫⲟⲉⲓ̈ⲥ̅· ⲁϥⲟⲩⲱ̅ϣⲃ̅ ⲡⲉϫⲁϥ ⲛⲁⲓ ⲛ̅ϭⲓ
ⲡⲁⲅⲅⲉⲗⲟⲥ· ϫⲉ ⲡⲁⲓ ⲡⲉ ⲉ̅ⲛⲱⲭ ⲡⲉⲅⲣⲁⲙⲙⲁⲧⲉⲩⲥ ⲛ̅
ⲧⲇⲓⲕⲁⲓⲟ̅ⲥⲩⲛⲏ: ⲛ̅ⲧⲉⲩⲛⲟⲩ ⲛ̅ⲧ ⲁⲓ̈ⲣ̅ ⲡ̅ϩⲟⲩⲛ ⲙ̅ ⲡⲙⲁ ⲉⲧ
ⲙ̅ⲙⲁⲩ· ⲁⲓⲛⲁⲩ ⲉ̅ ⲡⲕⲉ ϩⲏⲗⲓⲁⲥ ⲁϥⲉⲓ ⲁϥⲁⲥⲡⲁⲍⲉ ⲙ̅ⲙⲟⲓ·
ⲁϥⲥⲱⲃⲉ· ⲙⲛ̅ⲛ̅ⲥⲱⲥ ⲟⲛ ⲁϥⲗⲟ ⲉϥⲥⲱⲃⲉ ⲁϥⲣⲓⲙⲉ·
ⲡⲉϫⲁϥ ⲛⲁⲓ ϫⲉ ⲱ̅ ⲡⲁⲩⲗⲟⲥ ⲁⲙⲟⲩ ⲛ̅ⲅ̅ⲛⲁⲩ· ϫⲉ ⲁⲩϫⲓ
ⲛⲉⲕϩⲓⲥⲉ ⲛ̅ ⲧⲟⲟⲧⲕ̅· ⲛⲁⲓ̈ ⲛ̅ⲧⲁⲕⲁⲁⲩ ⲙⲛ̅ ⲧⲙⲛ̅ⲧⲣⲱⲙⲉ·
ⲛⲁϣⲉ ⲛⲁⲅⲁⲑⲟⲛ ⲅⲁⲣ ⲙ̅ ⲡⲛⲟⲩⲧⲉ ⲙⲛ̅ ⲛⲉϥⲉⲣⲏⲧ·
ⲁⲗⲗⲁ ⲙⲛ̅ ϩⲁϩ ⲛ̅ⲣⲱⲙⲉ ⲛⲁϣϫⲓ ⲉ̅ ⲃⲟⲗ ⲛ̅ϩⲏⲧⲟⲩ· ϩⲓⲧⲛ̅
ϩⲉⲛⲟⲩⲟ̅ⲉⲓϣ ⲅⲁⲣ ⲙⲛ̅ ϩⲉⲛⲭⲣⲟⲛⲟⲥ ϣⲁⲩ ⲉⲛ ϩⲉⲛⲟⲩⲁ
ⲟⲩⲁ ⲉ ϩⲟⲩⲛ ⲉ ⲛⲉⲓ ⲧⲟⲡⲟⲥ· ⲁϥⲟⲩⲱ̅ϣⲃ̅ ⲛ̅ϭⲓ ⲡⲁⲅⲅⲉⲗⲟⲥ
ⲡⲉϫⲁϥ ⲛⲁⲓ· ϫⲉ ⲛⲉⲛⲧ ⲁⲕⲛⲁⲩ ⲉ ⲣⲟⲟⲩ ϩⲙ̅ ⲡⲉⲓ ⲧⲟⲡⲟⲥ
ⲙ̅ⲡⲣ̅ ⲟⲩⲟⲛϩⲟⲩ ⲉ ⲃⲟⲗ ϩⲛ̅ ⲧⲥⲁⲣⲝ̅· ⲁⲗⲗⲁ ⲟⲩⲁϩⲕ̅ ⲛ̅ⲥⲱⲓ
ⲛ̅ⲧⲁⲧⲥⲁⲃⲟⲕ ⲉ ⲡⲉⲧ ⲕ̅ⲛⲁⲟⲩⲟⲛϩϥ̅ ⲉ ⲃⲟⲗ· ⲁϥⲉⲛⲧ̅ ⲉ ⲃⲟⲗ
ϩⲛ̅ ⲧⲉⲓ ⲡⲩⲗⲏ· ⲁϥϫⲓ ⲙ̅ⲙⲟⲓ ⲉ ⲧⲙⲉϩ ⲥ̅ⲛ̅ⲧⲉ· ⲁϥⲉⲛⲧ̅ ⲉ
ⲃⲟⲗ ⲉϫⲙ̅ ⲡⲉⲥⲧⲉⲣⲉⲱⲙⲁ· ⲁϥϫⲓⲧ ⲉⲙ̅ⲙ̅ⲁ ⲛ̅ ϣⲁ ⲙ̅
ⲡⲣⲏ· ⲁⲓϭⲱϣⲧ ⲁⲓⲛⲁⲩ | ⲉⲡⲥ̅ⲛ̅ⲧⲉ ⲛ̅ ⲧⲡⲉ ⲉⲩϩⲓϫⲛ̅ Fol. 28 *b*
ⲟⲩⲉⲓⲉⲣⲟ ⲙ̅ ⲙⲟⲟⲩ· ⲉⲣⲉ ⲡⲉⲓⲉⲣⲟ ⲙ̅ ⲙⲟⲟⲩ ⲕⲱⲧⲉ ⲉ ⲡ̅ⲏ̅
ⲧⲟⲓ̈ⲕⲟⲩⲙⲉⲛⲏ ⲧⲏⲣⲥ̅ ⲡⲉϫⲁⲓ̈ ⲙ̅ ⲡⲁⲅⲅⲉⲗⲟⲥ ϫⲉ ⲡⲁ
ϫⲟⲉⲓⲥ ⲟⲩ ⲡⲉ ⲡⲉⲓⲉⲣⲟ ⲙ̅ ⲙⲟⲟⲩ ⲉⲧ ⲕⲱⲧⲉ ⲉ ⲡⲉⲓ ⲕⲟⲥⲙⲟⲥ
ⲧⲏⲣϥ̅· ⲡⲉϫⲁϥ ⲛⲁⲓ̈ ϫⲉ ⲡⲁⲓ ⲡⲉ ⲡⲟⲩⲕⲉⲁⲛⲟⲥ ⲡⲓⲉⲣⲟ·
ⲛⲧⲉⲩⲛⲟⲩ ⲛ̅ⲧ ⲁⲓⲣ̅ ⲡⲃⲟⲗ ⲙ̅ ⲡⲟⲩⲕⲉⲁⲛⲟⲥ· ⲁⲓϭⲛ̅ⲧⲥ̅
ⲡⲟⲩⲟⲉⲓⲛ ⲙ̅ ⲡⲣⲏ ⲡⲉⲧ ⲣ̅ ⲟⲩⲟⲉⲓⲛ ⲉ ⲡⲕⲁϩ ⲉⲧ ⲙ̅ⲙⲁⲩ·

ⲁⲩⲱ ⲛⲉⲣⲉ ⲡⲕⲁϩ ⲉⲧ ⲙ̅ⲙⲁⲩ ⲟⲩⲟⲃϣ̅ ⲛ̅ⲑⲉ ⲙ̅ ⲡϩⲁⲧ :
ⲛ̅ⲥⲁϣϥ̅ ⲛ̅ϭⲱⲃ ⲛ̅ⲥⲟⲡ · ⲡⲉϫⲁⲓ ⲙ̅ ⲡⲁⲅⲅⲉⲗⲟⲥ ϫⲉ ⲟⲩ ⲡⲉ
ⲡⲉⲓ ⲧⲟⲡⲟⲥ · ⲡⲉϫⲁϥ ⲛⲁⲓ ϫⲉ ⲡⲁⲓ ⲡⲉ ⲡⲕⲁϩ ⲛ̅ⲧⲉ ⲕⲗⲏ-
ⲣⲟⲛⲟⲙⲓⲁ · ⲙ̅ⲡⲉ ⲕⲥⲱⲧⲙ̅ · ⲛ̅ⲧⲟⲕ ϫⲉ ⲛⲁⲓⲁⲧⲟⲩ ⲛ̅
ⲛ̅ⲣⲙ̅ⲣⲁϣ · ϫⲉ ⲛ̅ⲧⲟⲟⲩ ⲛⲉⲧ ⲛⲁⲕⲗⲏⲣⲟⲛⲟⲙⲉⲓ̈ ⲙ̅ ⲡⲕⲁϩ ·
ⲛⲉⲯⲩⲭⲏ ⲇⲉ ⲛ̅ ⲛ̅ⲇⲓⲕⲁⲓⲟⲥ · ⲉⲩϣⲁⲛⲉⲓ ⲉ ⲃⲟⲗ ϩⲛ̅ ⲥⲱⲙⲁ
ⲛⲥⲉⲁⲛⲁⲧⲁ ⲉ̅ ⲡⲛⲟⲩⲧⲉ · ϣⲁⲩⲕⲁⲁⲩ ϩⲙ̅ ⲡⲉⲓ ⲕⲁϩ · ⲁⲛⲟⲕ
ⲇⲉ ⲡⲉϫⲁⲓ ⲙ̅ ⲡⲁⲅⲅⲉⲗⲟⲥ · ϫⲉ ⲉⲓⲉ ⲡⲉⲓ ⲕⲁϩ ⲛⲁⲟⲩⲱ̅ⲛϩ̅
ⲉ ⲃⲟⲗ ⲙⲛ̅ⲛ̅ⲥⲁ ⲟⲩⲟ̅ⲉⲓϣ · ⲁϥⲟⲩⲱ̅ϣⲃ̅ ⲛ̅ϭⲓ ⲡⲁⲅⲅⲉⲗⲟⲥ
ⲡⲉϫⲁϥ ⲛⲁⲓ : ϫⲉ ⲉⲣϣⲁⲛ ⲡⲉⲭ̅ⲣ̅ⲥ̅ ⲟⲩⲱ̅ⲛϩ̅ ⲉ ⲃⲟⲗ ϩⲛ̅
ⲧⲉϥⲙⲛ̅ⲧⲉⲣⲟ · ⲡⲉⲓ ⲕⲁϩ ϩⲱⲱϥ ⲛⲁⲟⲩⲱ̅ⲛϩ̅ ⲉ ⲃⲟⲗ ⲉϫⲙ̅
ⲡⲁⲓ ⲛ̅ⲑⲉ ⲛ̅ ⲟⲩⲛⲓϥⲉ ⲛ̅ⲉⲓⲱⲧⲉ : ⲛϥ̅ⲥⲟⲩⲉⲛ ⲛⲉϥⲡⲉⲧ ⲟⲩⲁⲁⲃ
ⲧⲏⲣⲟⲩ ⲛ̅ϭⲓ ⲡⲛⲟⲩⲧⲉ · ⲛ̅ⲧⲉ ⲡⲉⲭ̅ⲥ̅ ⲣ̅ ⲣ̅ⲣⲟ ⲉ ϫⲱ *(sic)* ⲛ̅
ⲟⲩⲙⲏⲛⲏϣⲏ ⲛ̅ⲣⲟⲙⲡⲉ · ⲛ̅ⲥⲉⲟⲩⲱⲙ ⲛ̅ ⲛ̅ⲁⲅⲁⲑⲟⲛ ⲙ̅ ⲡⲕⲁϩ ·
Fol. 29 *a* ⲛⲁⲓ ⲉ ϯⲛⲁⲧⲥⲁⲃⲟⲕ ⲉ ⲣⲟⲟⲩ ⲧⲉⲛⲟⲩ :| ⲁⲓϭⲱϣⲧ̅ ⲉ ⲃⲟⲗ
ⲡ̅ⲑ̅ ϩⲙ̅ ⲡⲕⲁϩ ⲉⲧ ⲙ̅ⲙⲁⲩ · ⲁⲓⲛⲁⲩ ⲉⲩⲉⲓⲉⲣⲟ ⲉϥⲥⲱⲕ ⲛ̅ ⲉⲣⲱⲧⲉ
ϩⲓ̈ ⲉⲃⲓⲱ̅ · ϩⲙ̅ ⲡⲉⲓ ⲥⲁ ⲙ̅ ⲡⲉⲓⲉⲣⲟ · ⲙⲛ̅ ⲡⲁⲓ̈ ⲙ̅ⲙⲟⲟϥ
ⲉⲛⲉϥⲣⲏⲧ ⲛ̅ϣⲏⲛ ⲉϥⲟ̅ⲧⲡ̅ ⲛ̅ⲕⲁⲣⲡⲟⲥ · ⲁⲛⲟⲕ ⲇⲉ ⲁⲓϭⲱϣⲧ̅
ⲉ̅ ⲡⲥⲁ ⲙ̅ ⲡⲓⲉⲃⲧ̅ · ⲁⲓϭⲓⲛⲉ ⲛ̅ⲥⲱⲛⲧ ⲛⲓⲙ ⲛ̅ⲧⲉ ⲡⲛⲟⲩⲧⲉ
ϩⲙ̅ ⲡⲙⲁ ⲉⲧ ⲙ̅ⲙⲁⲩ ⲁⲓⲛⲁⲩ ⲉ̅ ϩⲉⲛⲃⲛ̅ⲛⲉ ⲉⲩⲣⲏⲧ ϩⲙ̅
ⲡⲙⲁ ⲉ̅ⲧ ⲙ̅ⲙⲁⲩ · ⲟⲩⲉⲧ ⲧϭⲟⲧ ⲛ̅ⲧⲟⲩⲉⲓ ⲧⲟⲩⲉⲓ · ⲉ ⲟⲩⲛ̅
ⲟⲩⲟⲛ ⲛ̅ϩⲏⲧⲟⲩ ⲉϥⲛⲁⲣ̅ ⲙⲁⲁⲃ ⲙ̅ⲙⲁϩⲉ ⲛ̅ϣⲓⲏ · ⲟⲩⲛ̅
ⲟⲩⲁ ⲛⲉϥⲛⲁⲣ̅ ϫⲟⲩⲱⲧ · ⲟⲩⲛ̅ ⲟⲩⲟⲛ ⲉϥⲛⲁⲣ̅ ⲙⲏⲧ : ⲡⲕⲁϩ
ⲉⲧ ⲟⲩⲣⲏⲧ ϩⲓ ϫⲱⲥ ⲛⲉϥⲟⲩⲟ̅ⲃϣ̅ ⲛ̅ϩⲟⲩⲟ̅ ⲉ ⲡϩⲁⲧ ⲛ̅ⲥⲁϣϥ̅
ⲛ̅ⲥⲟⲡ · ϫⲓⲛ ⲧⲛⲟⲩⲛⲉ ⲛⲧⲟⲩⲉⲓ̈ ⲧⲟⲩⲉⲓ ϣⲁ ϩⲣⲁⲓ̈ ⲉ ⲡⲉⲥϩⲛⲧ ·
ⲟⲩⲛ̅ ⲟⲩⲧⲃⲁ ⲛ̅ϩⲱⲡϣ̅ · ϩⲓϫⲛ̅ ⲟⲩⲧⲃⲁ ⲛ̅ⲗⲱⲟⲩ : ⲉ̅ ⲟⲩⲛ̅ ⲟⲩⲧⲃⲁ
ⲛ̅ⲗⲱⲟⲩ ϩⲓ ⲡϩⲱⲡϣ̅ ⲡϩⲱⲡϣ̅ · ⲉ ⲟⲩⲛ̅ ⲟⲩⲧⲃⲁ ⲛ̅ⲃⲛ̅ⲛⲉ
ϩⲓ ⲡⲗⲱⲟⲩ ⲡⲗⲱⲟⲩ · ⲁⲩⲱ ⲧⲃⲱ ⲛ ⲉⲗⲟⲟⲗⲉ ⲟⲛ ⲕⲁⲧⲁ ⲧⲉⲓ
ϩⲉ · ⲉ ⲟⲩⲛ̅ ⲟⲩⲧⲃⲁ ⲛ̅ϣⲗϩ̅ ϩⲛ̅ ⲧⲃⲱ ⲛ ⲉⲗⲟⲟⲗⲉ · ⲁⲩⲱ
ⲛ̅ⲥⲙⲁϩ ϩⲙ̅ ⲡϣⲉⲗϩ̅ ⲡϣⲗϩ̅ · ⲉ ⲟⲩⲛ̅ ⲟⲩⲧⲃⲁ ⲛ̅ⲃⲗ̅ⲃⲓⲗⲉ
ϩⲙ̅ ⲡⲉⲥⲙⲁϩ ⲡⲉⲥⲙⲁϩ · ⲛ̅ⲕⲉ ϣⲏⲛ ⲧⲏⲣⲟⲩ ϩⲉⲛⲧⲃⲁ
ⲛ̅ⲧⲃⲁ ⲛⲉ · ⲁⲩⲱ ⲡⲉⲩⲕⲁⲣⲡⲟⲥ ⲕⲁⲧⲁ ⲧⲉⲓ ϩⲉ · ⲁⲛⲟⲕ ⲇⲉ
ⲟⲛ ⲡⲉϫⲁⲓ ⲙ̅ ⲡⲁⲅⲅⲉⲗⲟⲥ · ϫⲉ ⲟⲩ ⲡⲁ ϫⲟⲉⲓⲥ · ⲉ ⲧⲃⲉ ⲟⲩ
ⲛⲉⲓ ϣⲏⲛ ϩⲉⲛⲧⲃⲁ ⲛ̅ⲧⲃⲁ ⲛⲉ ⲛⲉⲩⲕⲁⲣⲡⲟⲥ : ⲁϥⲟⲩⲱ̅ϣⲃ̅

ⲡⲉϫⲁϥ ⲛⲁⲓ· ϫⲉ ⲱ̄ ⲡⲁⲩⲗⲟⲥ ⲡⲙⲉⲣⲓⲧ ⲙ̄ ⲡⲉⲭⲣⲓⲥⲧⲟⲥ·
ⲉⲣⲉ ⲡⲛⲟⲩⲧⲉ ϯ ⲙ̄ ⲡⲉϥϩⲏⲧ ⲧⲏⲣϥ· ⲛ̄ⲛⲉⲧ ⲛⲡ ⲉ ⲕⲗⲏ-
ⲣⲟⲛⲟⲙⲉⲓ ⲙ̄ⲙⲟⲟⲩ: ϫⲉ ⲁⲩϫⲓ ⲧⲟⲩⲛ̄ϭⲟⲛⲥ ϩⲙ̄ ⲡⲕⲟⲥⲙⲟⲥ
ⲉ ⲧⲃⲉ ⲡⲉϥⲣⲁⲛ· ⲡⲉϫⲁⲓ ⲟⲛ ⲙ̄ ⲡⲁⲅⲅⲉⲗⲟⲥ ϫⲉ ⲡ[ⲁ] ϫⲥ̄
ⲛⲉⲣⲏⲧ ⲙ ⲡⲛⲟⲩⲧⲉ ⲛⲉ ⲛⲁⲓ· ⲛ̄ⲧⲁϥⲥⲃ̄ⲧⲱⲧⲟⲩ·| ⲙ̄ⲡⲉϥ- Fol. 29 *b*
ⲡⲉⲧ ⲟⲩⲁⲁⲃ· ⲡⲉϫⲁϥ ⲛⲁⲓ ϫⲉ ⲟⲩⲛ̄ ⲛⲉⲧ ⲟⲩⲟ̄ⲧⲃ̄ ⲉ ⲛⲁⲓ ϥ
ⲛ̄ⲥⲁϣϥ ⲛ̄ϭⲱⲃ ⲛ̄ⲥⲟⲡ· ϯⲣ̄ ⲙⲛ̄ⲧⲣⲉ ⲛⲁⲕ ⲱ̄ ⲡⲁⲩⲗⲟⲥ·
ϫⲉ ⲉⲣϣⲁⲛ ⲟⲩⲇⲓⲕⲁⲓⲟⲥ ⲉⲓ ⲉ ⲃⲟⲗ ϩⲛ̄ ⲥⲱⲙⲁ· ⲛϥⲛⲁⲩ
ⲉ ⲛⲉⲣⲏⲧ ⲙ̄ ⲡⲛⲟⲩⲧⲉ ⲛⲧⲁⲩⲥⲃ̄ⲧⲱⲧⲟⲩ ⲛⲁⲩ· ϣⲁⲩⲁ-
ϣⲁϩⲟⲙ ⲁⲩⲱ ⲛ̄ⲥⲉⲣⲓⲙⲉ· ϫⲉ ⲉ̄ ⲧⲃⲉ ⲟⲩ ⲣⲱ ⲁⲩϣⲁϫⲉ
ⲉⲓ ⲉ ⲃⲟⲗ ϩⲛ̄ ⲧⲉⲛⲧⲁⲡⲣⲟ· ⲛ̄ ⲁⲓϭⲱⲛⲧ̄ ⲉ ⲡⲉⲧ ϩⲓⲧⲟⲩⲱⲓ
ⲛ̄ ⲟⲩϩⲟⲟⲩ ⲛ̄ ⲟⲩⲱⲧ· Ⲡⲉϫⲁⲓ ⲙ̄ ⲡⲁⲅⲅⲉⲗⲟⲥ ϫⲉ ⲡⲁ ϫⲥ̄
ⲟⲩⲛ̄ ⲉⲣⲏⲧ ⲙ̄ⲙⲁⲩ ⲉϥⲟⲩⲟⲧⲃ̄ ⲉ ⲛⲁⲓ· ⲡⲉϫⲉ ⲡⲁⲅⲅⲉⲗⲟⲥ
ⲛⲁⲓ· ϫⲉ ⲛⲉⲓ ⲉ̄ⲣⲏⲧ ⲛⲁⲓ ⲛⲁ ⲡ̄ ⲕⲟⲥⲙⲓⲕⲟⲛ ⲛⲉ· ⲛⲁⲓ
ⲛ̄ⲧⲁⲩϩⲁⲣⲉϩ ⲉ̄ ⲡⲉⲩⲅⲁⲙⲟⲥ ⲉϥⲟⲩⲁⲁⲃ· ⲛⲉⲧ ϩⲟⲣⲕ̄ ⲇⲉ
ⲛ̄ⲧⲟⲟⲩ ⲙⲛ̄ ⲙ̄ ⲡⲁⲣⲑⲉⲛⲟⲥ· ⲥⲉⲛⲁϫⲓ ⲛⲛⲉⲧ ⲧⲁⲓⲏⲩ ⲉ̄
ⲛⲁⲓ ⲛ̄ⲥⲁϣϥ ⲛ̄ϭⲱⲃ ⲛ̄ⲥⲟⲡ· ⲛⲉⲧ ⲙ̄ⲙⲁⲩ ⲇⲉ ⲟⲛ ϯⲛⲁⲧ-
ⲥⲁⲃⲟⲕ ⲉ ⲣⲟⲟⲩ ⲧⲏⲣⲟⲩ· ⲁϥϫⲓⲧ ⲟⲛ ⲛ̄ⲥⲁ ⲡⲓⲉⲃⲧ̄ ⲙ̄
ⲡⲉⲓⲉⲣⲟ ⲙ̄ⲡⲁⲅⲁⲑⲟⲛ· ⲁⲓϭⲱϣⲧ̄ ⲁⲓⲛⲁⲩ ⲉ ⲡⲓⲉⲣⲟ ⲉⲣⲉ
ⲡⲉϥⲙⲟⲟⲩ ⲟⲩⲟ̄ⲃϣ̄ ⲛ̄ϩⲟⲩ ⲉ ⲡⲉⲣⲱⲧⲉ· ⲡⲉϫⲁⲓ ⲟⲛ ⲙ̄
ⲡⲁⲅⲅⲉⲗⲟⲥ ϫⲉ ⲡⲁ ϫⲟⲉⲓⲥ ⲟⲩ ⲡⲉ ⲡⲁⲓ: ⲡⲉϫⲁϥ ⲛⲁⲓ ϫⲉ
ⲧⲁⲓ ⲧⲉ ⲧⲁⲣⲭⲏⲉ̄ⲣⲟⲩⲥⲁ ⲗⲩⲙⲏⲛ· ⲉⲣⲉ ⲧⲡⲟⲗⲓⲥ ⲙ̄ⲡⲉⲧ
ⲟⲩⲁⲁⲃ· ⲧⲁⲓ ⲛ̄ⲧⲁ ⲡⲉⲓⲱⲧ ⲕⲟⲧⲥ̄ ⲙ̄ ⲡⲉϥⲙⲟⲛⲟⲅⲉⲛⲏⲥ ⲛ̄
ϣⲏⲣⲉ ⲓ̄ⲥ̄ ⲡⲉⲭⲣ̄ⲥ̄ ϩⲓ ⲡⲓⲉⲃⲧ ⲙ̄ⲛⲁⲓ ⲧⲏⲣⲟⲩ· ⲙ̄ⲡ ⲟⲩⲧⲁⲁⲥ ⲛ̄
ⲟⲩⲟⲛ ⲛⲓⲙ ⲉ ⲃⲱⲕ ⲉ ϩⲟⲩⲛ ⲉ ⲣⲟⲥ· ⲉ ⲧⲃⲉ ⲡⲁⲓ ⲉⲣⲉ ⲧⲁⲣⲭⲏ-
ⲉ̄ⲣⲟⲩⲥⲁ ⲗⲩⲙⲏⲛ ϩⲓ ⲧⲉϩⲓⲏ̄· ⲉϣⲱⲡⲉ ⲟⲩⲡⲟⲣⲛⲟⲥ ⲛ̄ⲣⲱⲙⲉ·
ⲏ̄ ⲟⲩⲣⲉϥⲣ̄ ⲛⲟⲃⲉ ⲛϥⲕⲟⲧϥ ⲛϥⲙⲉⲧⲁⲛⲟⲓ· ⲛϥϯ ⲕⲁⲣⲡⲟⲥ
ⲉϥ|[ⲙ̄]ⲡϣⲁ ⲛ̄ ⲧⲙⲉⲧⲁⲛⲟⲓⲁ̄· ⲛϥⲉⲓ ⲉ ⲃⲟⲗ ϩⲛ̄ ⲥⲱⲙⲁ· Fol. 30 *a*
ϣⲁϥⲟⲩⲱ̄ϣⲧ̄ ⲙ̄ ⲡⲛⲟⲩⲧⲉ ⲙ̄ϣⲟⲣⲡ· ⲛ̄ⲥⲉⲧⲁⲁϥ ⲉ ⲧⲟⲟⲧϥ ϥⲁ
ⲙ̄ ⲙⲓⲭⲁⲏⲗ· ⲛϥϫⲟⲕⲙ̄ⲉϥ ϩⲛ̄ ⲧⲁⲣⲭⲓⲉⲗⲩⲙⲏⲛ·
ⲛ̄ⲥⲉϫⲓⲧϥ ⲉ ϩⲟⲩⲛ ⲉ ⲧⲡⲟⲗⲓⲥ ⲉ̄ⲣⲁⲧⲟⲩ ⲛ̄ ⲛⲉⲧⲉ ⲙ̄ⲡ ⲟⲩⲣ̄
ⲛⲟⲃⲉ· ⲁⲛⲟⲕ ⲇⲉ ⲡⲁⲩⲗⲟⲥ ⲁⲓⲣ̄ ϣⲡⲏⲣⲉ· ⲁⲩⲱ ⲁⲓⲥⲙⲟⲩ ⲉ
ⲡⲛⲟⲩⲧⲉ ⲉϫⲛ̄ ⲛⲉⲛⲧ ⲁⲓⲛⲁⲩ ⲉ ⲣⲟⲟⲩ: Ⲡⲉϫⲉ ⲡⲁⲅⲅⲉⲗⲟⲥ
ⲛⲁⲓ ϫⲉ ⲟⲩⲁϩⲕ̄ ⲛ̄ⲥⲱⲓ ⲡⲁⲩⲗⲟⲥ· ⲛ̄ⲧⲁϫⲓ̈ⲧⲕ̄ ⲉ ϩⲟⲩⲛ ⲉ̄

ⲧⲡⲟⲗⲓⲥ ⲙ̅ ⲡⲉⲭ̅ⲣ̅ⲥ̅· ⲛⲉⲓ ⲛ̅ ϩⲣⲁⲓ ⲡⲉ ϩⲓϫⲛ̅ ⲧⲁⲣⲭⲏⲉ-
ⲗⲏⲙⲛⲏ· ⲁϥⲧⲁⲗⲟ ⲙ̅ⲙⲟⲓ ⲉⲩϫⲟⲓ ⲛ̅ ⲛⲟⲩⲃ̅ ⲉϥϫⲓ ⲛ̅
ⲟⲩϩⲧⲏ ⲛ̅ ϩⲁⲧ· ⲛⲉϥⲛⲟⲩϩ ϩⲉⲛⲛⲟⲩⲃ̅ ⲛⲉ· ⲧⲉϥⲗⲁⲱ
ⲟⲩϩⲁⲧ ⲧⲉ· ⲉⲣⲉ ϩⲉⲛⲱ̅ⲛⲉ ⲙ̅ⲙⲉ ⲧⲟϭ̅ⲥ̅ ⲉ ⲣⲟⲥ· ⲉ ⲟⲩⲛ̅
ϣⲟⲙⲛ̅ⲧ ⲛ̅ϣⲟ̅ ⲛ̅ⲁⲅⲅⲉⲗⲟⲥ ⲧⲁⲗⲏⲩ ⲉ ⲣⲟϥ: ⲧⲟⲧⲉ ⲛ̅ⲁⲅ-
ⲅⲉⲗⲟⲥ ⲁⲩϩⲩⲙⲛⲉⲩⲉ ⲉ ⲣⲟⲓ· ⲁⲩϫⲓⲧ ⲉ ϩⲟⲩⲛ ⲉ ⲧⲡⲟⲗⲓⲥ
ⲙ̅ ⲡⲉⲭ̅ⲣ̅ⲥ̅· ⲁ ⲛⲉⲧ ϣⲟⲟⲡ ϩⲛ̅ ⲧⲡⲟⲗⲓⲥ ⲉⲓ ⲉ ⲃⲟⲗ ϩⲏⲧ ϩⲛ̅
ⲟⲩⲛⲟϭ ⲛ̅ ⲣⲁϣⲉ· ⲁⲓⲛⲁⲩ ⲉ̅ ⲧⲡⲟⲗⲓⲥ ⲙ̅ ⲡⲉⲭ̅ⲣ̅ⲥ̅ ⲉⲥⲣ̅
ⲟⲩⲟⲉⲓⲛ ⲡⲁⲣⲁ ⲡⲟⲩⲟⲉⲓⲛ ⲙ̅ ⲡⲣⲏ ⲛⲥⲁϣϥ̅ ⲛ̅ϭⲱⲃ̅ ⲛ̅ⲥⲟⲡ:
ⲉⲥⲕⲏⲧ ⲛ̅ⲛⲟⲩⲃ̅ ⲧⲏⲣⲥ̅ ⲉⲩⲛ ⲙⲛ̅ⲧⲥⲛⲟⲟⲩⲥ ⲛ̅ⲥⲟⲃⲧ̅ ⲛ̅ⲱⲛⲉ
ⲙ̅ⲙⲉ ⲕⲱⲧⲉ ⲉ̅ ⲧⲡⲟⲗⲓⲥ· ⲉ ⲟⲩⲛ̅ ϩⲉⲛⲡⲩⲣⲅⲟⲥ ⲕⲏⲧ ⲙ̅
ⲡϩⲟⲩⲛ ⲙ̅ ⲡⲥⲟⲃⲧ̅ ⲡⲥⲟⲃⲧ̅: ⲉⲣⲉ ⲡⲥⲟⲃⲧ̅ ⲡⲥⲟⲃⲧ̅ ⲟ̅ ⲛ̅ϣⲉ
ⲛ̅ⲥⲧⲁⲇⲓⲟⲛ ⲉⲩⲕⲱⲧⲉ· ⲡⲉϫⲁⲓ ⲙ̅ ⲡⲁⲅⲅⲉⲗⲟⲥ ϫⲉ ⲡⲁ ϫ̅ⲥ̅
ⲟⲩⲏⲣ ⲡⲉ ⲡⲉⲥⲇⲁⲇⲓⲟⲛ ⲙ̅ ⲡⲛⲟⲩⲧⲉ ⲡⲉϫⲉ ⲡⲁⲅⲅⲉⲗⲟⲥ
ⲛⲁⲓ ϫⲉ ϣⲁⲣⲉ ⲡⲉⲥⲧⲁⲇⲓⲟⲛ̅ ⲣ̅ ⲟⲩⲙⲟⲛⲏ· ⲙ̅ ⲡϩⲟⲩⲛ ⲇⲉ
ⲛ̅ ⲧⲡⲟⲗⲓⲥ· ⲉⲣⲉ ⲉⲓⲉ ⲛⲥⲁ ⲛⲓⲙ ⲛ̅ⲧⲉ ⲡⲉⲓ ⲕⲟⲥⲙⲟⲥ
Fol. 30 b ⲛ̅ϩⲏⲧⲥ̅· ⲁⲩⲱ ⲟⲩⲛ ϥⲧⲟⲟⲩ ⲛ̅ⲉⲓⲉⲣⲟ ⲕⲱⲧⲉ ⲉ ⲣⲟⲥ | ⲡⲉⲙⲛ̅ⲧ
ϥ̅ⲃ̅ ⲛ̅ ⲧⲡⲟⲗⲓⲥ ⲟⲩⲉⲓⲉⲣⲟ ⲛ̅ ⲉⲃⲓⲱ̅ ⲡⲉ· ⲡⲉⲧ ⲥⲁ ⲣⲏⲥ ⲛ̅ ⲧⲡⲟⲗⲓⲥ
ⲟⲩⲉⲓⲉⲣⲟ ⲛ̅ ⲉ̅ⲣⲱⲧⲉ ⲡⲉ· ⲡⲓⲉⲃⲧ̅ ⲛ̅ ⲧⲡⲟⲗⲓⲥ ⲟⲩⲉⲓⲉ̅ⲣⲟ ⲛ̅
ⲏ̅ⲣⲡ̅ ⲡⲉ· ⲡⲉⲙϩⲓⲧ ⲛ̅ ⲧⲡⲟⲗⲓⲥ ⲟⲩⲉⲓⲉ̅ⲣⲟ ⲛ̅ ⲛⲉϩ ⲡⲉ·
Ⲡⲉϫⲁⲓ ⲙ̅ ⲡⲁⲅⲅⲉⲗⲟⲥ ϫⲉ ϩⲉⲛⲟⲩ ⲛⲉ ⲛⲉⲓ ⲉⲓⲉⲣⲱⲟⲩ
ⲉⲧ ⲕⲱⲧⲉ ⲉ ⲧⲉ ⲧⲡⲟⲗⲓⲥ· ⲁϥⲟⲩⲱ̅ϣⲃ̅ ⲛ̅ϭⲓ ⲡⲁⲅⲅⲉⲗⲟⲥ
ⲡⲉϫⲁϥ ⲛⲁⲓ· ϫⲉ ⲡⲓ ϥⲧⲟⲟⲩ ⲛ̅ⲉⲓⲉⲣⲟ ⲉⲧ ⲕⲱⲧⲉ ⲉ ⲧⲉⲓ
ⲡⲟⲗⲓⲥ· ⲉⲩⲧⲛ̅ⲧⲱⲛ ⲉ ⲡⲉⲓ ϥⲧⲟⲟⲩ ⲛ̅ⲉⲓⲉⲣⲟ ⲉⲧ ϩⲓϫⲙ̅ ⲡⲕⲁϩ·
ⲡⲁⲓ ⲉⲧ ⲥⲱⲕ ⲛ̅ ⲉⲃⲓⲱ̅ ⲉⲣⲉ ⲫⲓⲥⲱⲛ ⲧⲛ̅ⲧⲱⲛ ⲉ ⲣⲟϥ· ⲡⲁⲓ
ⲉⲧ ⲥⲱⲕ ⲛ ⲉⲣⲱⲧⲉ ⲉ̅ⲣⲉ ⲡⲉⲩⲫⲣⲁⲧⲏⲥ ⲧⲛ̅ⲧⲱⲛ ⲉ ⲣⲟϥ:
ⲡⲁⲓ ⲉⲧ ⲥⲱⲕ ⲛ̅ ⲏⲣⲡ̅ ⲉⲣⲉ ⲅⲉⲱⲛ ⲧⲛ̅ⲧⲱⲛ ⲉ ⲣⲟϥ· ⲡⲁⲓ ⲉⲧ
ⲥⲱⲕ ⲛ̅ ⲛⲉϩ ⲉⲣⲉ ⲧⲓⲕⲣⲓⲥ ⲧⲛ̅ⲧⲱⲛ ⲉ ⲣⲟϥ ⲉⲡⲉⲓ ⲇⲏ ⲛ̅ⲇⲓ-
ⲕⲁ[ⲓ]ⲟⲥ ⲙⲡ ⲟⲩⲉϣ ⲣ̅ ⲧⲉⲩⲡⲁⲣϩⲏⲥⲓⲁ ϩⲓϫⲙ̅ ⲡⲕⲁϩ· ⲉⲩ-
ϩⲕⲁⲉⲓⲧ ⲉⲩⲟ̅ⲃⲉ· ⲉⲩϫⲏⲩ ⲛ̅ϭⲟⲛⲥ̅ ⲉ ⲧⲃⲉ ⲡⲛⲟⲩⲧⲉ· ⲉ ⲧⲃⲉ
ⲡⲁⲓ ⲛ̅ⲁⲅⲁⲑⲟⲛ ⲉⲧ ϩⲛ̅ ⲧⲉⲓ ⲡⲟⲗⲓⲥ· ϣⲁⲣⲉ ⲡⲛⲟⲩⲧⲉ ⲧⲁⲁⲩ
ⲛⲁⲩ ⲛ̅ ⲟⲩⲧⲃⲁ ⲛ̅ϭⲱⲃ̅ ⲛ̅ⲥⲟⲡ· ⲛ̅ ⲧⲉⲣⲉ ⲓⲃⲱⲕ ⲇⲉ ⲉ ϩⲟⲩⲛ
ⲉ ⲧⲡⲟⲗⲓⲥ ⲉ̅ⲧ ⲙ̅ⲙⲁⲩ ⲁⲓϭⲓⲛⲉ ⲛ̅ ϩⲉⲛⲛⲟϭ ⲛ̅ϣⲏⲛ ⲉⲩⲣⲏⲧ
ϩⲓⲣⲛ̅ ⲧⲡⲩⲗⲏ ⲛ̅ ⲧⲡⲟⲗⲓⲥ· ⲉⲙⲛ̅ ⲗⲁⲁⲩ ⲛ̅ⲕⲁⲣⲡⲟⲥ ϩⲓⲱⲟⲩ

ⲉⲓ ⲙⲏ ⲧⲉⲓ ⲉ̅ ⲛ̅ϭⲱⲱⲃⲉ ⲙ̅ⲙⲁⲁⲧⲉ· ⲉⲣⲉ ϩⲉⲛⲟⲩⲁ ⲟⲩⲁ̅
ⲛ̅ⲣⲱⲙⲉ ϩⲁ ⲣⲱⲙⲉ (*sic*) ϩⲁ ⲣⲟⲟⲩ· ⲛ̅ ⲛ̅ϣⲏⲛ ⲉⲩⲕⲏ ⲕⲁ ϩⲏⲩ·
ⲉⲩϣⲁⲛⲛⲁⲩ ⲉⲩⲣⲱⲙⲉ ⲛ̅ϭⲓ ⲛ̅ϣⲏⲛ· ϣⲁⲩⲑⲃ̅ⲃⲓⲟⲟⲩ ⲉ
ⲡⲉⲥⲏⲧ· ⲛ̅ⲥⲉⲧⲱⲟⲩⲛ ⲟⲛ ⲉ ϩⲣⲁϊ̈· ⲁⲩⲱ ⲛ̅ ⲧⲉⲣⲉ ⲓⲛⲁⲩ ⲉ
ⲣⲟⲟⲩ ⲁⲓⲣⲓⲙⲉ· ⲡⲉϫⲁⲓ ⲙ̅ ⲡⲁⲅⲅⲉⲗⲟⲥ ϫⲉ ϩⲉ[ⲛ]ⲟⲩ |
ⲛⲉ ⲛⲁⲓ ⲉⲧⲉ ⲙ̅ⲡ ⲟⲩⲕⲁⲁⲩ ⲉ ϩⲟⲩⲛ ⲉ ⲧⲉⲓ ⲡⲟⲗⲓⲥ ⲡⲉϫⲉ Fol. 31 *a*
ⲡⲁⲅⲅⲉⲗⲟⲥ ⲛⲁⲓ ϫⲉ ⲛ̅ϣϣⲉ ⲁⲛ ⲉ ⲣⲓⲙⲉ ⲉ̅ ⲛⲁⲓ ⲡⲁⲣⲁ ϥ̅ⲅ̅
ⲡⲕⲟⲥⲙⲟⲥ ⲧⲏⲣϥ̅· ⲡⲉϫⲁⲓ ⲛⲁϥ ϫⲉ ⲟⲩ ⲛ̅ⲧⲟϥ ⲛⲉ ⲛⲁⲓ·
ⲡⲉϫⲁϥ ⲛⲁⲓ ϫⲉ ⲛⲁⲓ ϩⲉⲛⲁⲡⲟⲧⲁⲕϯⲕⲟⲥ ⲛⲉ· ⲉⲩⲡⲟⲗⲓⲧⲉⲩⲉ
ⲁⲩⲱ ⲉⲩⲛⲏⲥⲧⲉⲩⲉ· ⲁⲗⲗⲁ ϩⲉⲛϫⲁⲥⲓϩⲏⲧ ⲛⲉ ⲡⲁⲣⲁ
ⲣⲱⲙⲉ ⲛⲓⲙ· ⲉⲩⲧⲙⲁⲓⲉⲓⲟ ⲙ̅ⲙⲟⲟⲩ ⲙⲁⲩⲁⲁⲩ· ⲉⲩⲥⲱϣ
ϩⲱⲟⲩ ⲛ̅ⲛⲉⲧ ϩⲓⲧⲟⲩⲱ̅ⲟⲩ· ⲉϣϫⲉ ⲉϩⲛⲁⲩ ϣⲁⲩϯ ⲭⲁⲓⲣⲉ
ⲛ̅ ⲛ̅ⲣⲱⲙⲉ· ⲉϣⲱⲡⲉ ⲉϩⲛⲁⲩ ⲁⲛ ⲙⲉⲩⲭⲁⲓⲣⲉ ⲛ̅ⲗⲁⲁⲩ
ⲛ̅ⲣⲱⲙⲉ· ⲉϣⲱⲡⲉ ⲉϩⲛⲁⲩ ϣⲁⲩⲟⲩⲱⲛ ϣⲁⲩⲟⲩⲱⲛ (*sic*) ⲙ̅
ⲡⲉⲩⲣⲟ ⲛ̅ ⲛ̅ⲣⲱⲙⲉ· ⲉϣⲱⲡⲉ ⲉϩⲛⲁⲩ ⲁⲛ ⲙⲉⲩⲟⲩⲱⲛ·
ⲉⲣϣⲁⲛ ⲟⲩⲁ ⲣ̅ ⲟⲩⲁ ⲣ̅ (*sic*) ⲟⲩⲁⲅⲁⲑⲟⲛ ⲛ̅ ⲟⲩⲣⲱⲙⲉ ϣⲁϥ-
ϫⲓⲥⲉ ⲙ̅ⲙⲟϥ ⲉ ϫⲱϥ· ϫⲉ ⲁⲛ[ⲟⲕ] ⲡⲉⲛⲧ ⲁⲓⲥⲁⲛⲟⲩϣ[ⲕ]
ϩⲙ̅ ⲛⲁⲉⲛⲕⲁ· ⲁⲛⲟⲕ ⲇⲉ ⲡⲉϫⲁⲓ ⲙ̅ ⲡⲁⲅⲅⲉⲗⲟⲥ· ϫⲉ
ⲡⲁ ϫ̅ⲥ̅ ⲟⲩⲕ ⲟ[ⲩⲛ] ⲧⲙⲛ̅ⲧϫⲁⲥⲓϩⲏⲧ ⲧⲉⲛⲧ ⲁⲥⲥⲁϩⲧⲟⲩ ⲙ̅ⲡⲉ
ⲥⲕⲁⲁⲩ ⲉ ⲃⲱⲕ ⲉ ϩⲟⲩⲛ ⲉ̅ ⲧⲡⲟⲗⲓⲥ ⲙ̅ ⲡⲉⲭ̅ⲣ̅ⲥ̅· ⲡⲉϫⲁϥ
ⲛⲁⲓ ϫⲉ ⲧⲛⲟⲩⲛⲉ ⲙ̅ ⲡⲉⲑⲟⲟⲩ ⲛⲓⲙ ⲧⲉ ⲧⲙⲛ̅ⲧϫⲁⲥⲓϩⲏⲧ:
ⲙⲏ ⲛⲁⲓ ⲁⲁⲩ ⲛ̅ⲧⲟⲟⲩ ⲉ̅ ⲡϣⲏⲣⲉ ⲙ̅ ⲡⲛⲟⲩⲧⲉ ⲛ̅ⲧⲁϥⲉⲓ ϩⲙ̅
ⲟⲩⲑⲃ̅ⲃⲓⲟ: ⲁⲛⲟⲕ ⲇⲉ ⲡⲉϫⲁⲓ ⲙ̅ ⲡⲁⲅⲅⲉⲗⲟⲥ ϫⲉ ⲉ ⲧⲃⲉ ⲟⲩ
ⲛ̅ϣⲏⲛ ⲑⲃ̅ⲃⲓⲟ ⲙ̅ⲙⲟⲟⲩ· ⲁⲩⲱ ⲟⲛ ⲥⲉⲧⲱⲟⲩⲛ: ⲉ ϩⲣⲁⲓ·
ⲁϥⲟⲩⲱ̅ϣⲃ̅ ⲛ̅ϭⲓ ⲡⲁⲅⲅⲉⲗⲟⲥ ⲡⲉϫⲁϥ ϫⲉ ⲙ̅ ⲡⲉⲟⲩⲟ̅ⲉⲓϣ
ⲉⲩϩⲓϫⲙ̅ ⲉⲩϣⲙ̅ϣⲉ ⲙ̅ ⲡⲛⲟⲩⲧⲉ· ϣⲁⲩⲑⲃ̅ⲃⲓⲟⲟⲩ ⲛ̅ ⲟⲩϩⲟⲟⲩ
ⲉ ⲧⲃⲉ ⲡϣⲓⲡⲉ ⲛ̅ ⲛ̅ⲣⲱⲙⲉ· ⲁⲗⲗⲁ ⲙ̅ⲡ ⲟⲩⲉϣϥⲓ ⲙ̅ⲙⲁⲩ
ⲛ̅ ⲧⲙⲛ̅ⲧϫⲁⲥⲓϩⲏⲧ ⲉⲧ ϩⲓ ϩⲟⲩⲛ ⲙ̅ⲙⲟⲟⲩ: | ⲡⲉϫⲁⲓ ⲙ̅ ⲡⲁⲅ- Fol. 31 *b*
ⲅⲉⲗⲟⲥ· ϫⲉ ⲡⲱⲥ ⲁⲩⲕⲁⲁⲩ [ϩ]ⲓⲣⲙ̅ ⲧⲉ ⲧⲡⲟⲗⲓⲥ· ⲡⲉ[ϫⲁϥ] ϥ̅ⲇ̅
ⲛⲁⲓ ϫⲉ ⲛ̅ⲧⲁⲩⲕⲁⲁⲩ ⲙ̅ ⲡⲉⲓ ⲙⲁ ⲉ ⲧⲃⲉ ⲙ̅ⲙⲛ̅ⲧⲁⲅⲁⲑⲟⲥ·
ⲙ̅ ⲡⲛⲟⲩⲧⲉ· ⲉ̅ⲡⲉⲓ ⲇⲏ ⲧⲉϩⲓⲏ ⲧⲉ ⲧⲁϊ̈ ⲉ ϣⲁⲣⲉ ⲛⲉⲧ ⲟⲩⲁⲁⲃ
ⲃⲱⲕ ⲉ̅ ϩⲟⲩⲛ ⲉ̅ ⲧⲡⲟⲗⲓⲥ ⲛ̅ϩⲓⲧⲥ̅ (*sic*)· ⲉⲣϣⲁⲛ ⲡⲉⲭ̅ⲣ̅ⲥ̅ ⲡ̅ⲣ̅ⲣⲟ
ⲛ ⲛ̅ⲡⲁⲓⲱⲛ ⲟⲩⲱ̅ⲛϩ̅ ⲉ ⲃⲟⲗ ϩⲙ̅ ⲧⲉϥⲡⲁⲣⲟⲩⲥⲓⲁ· ⲛ̅ⲇⲓⲕⲁⲓⲟⲥ
ⲧⲏⲣⲟⲩ ⲛⲁϫⲓ ϩⲙⲟⲧ ⲉ ϫⲱⲟⲩ· ⲛ̅ⲥⲉϫⲓⲧⲟⲩ ⲉ̅ ϩⲟⲩⲛ ϣⲁ

ⲟⲩⲟⲉⲓϣ · ⲁⲗⲗⲁ ⲥⲉⲛⲁϣⲡⲁⲣϩⲏⲥⲓⲁⲍⲉ ⲙ̅ⲙⲟⲟⲩ ⲁⲛ · ⲛ̅ⲑⲉ
ⲛ̅ⲛ̅ ⲛ̅ⲧⲁⲩⲣ̅ ⲡⲉⲩⲟⲉⲓϣ ⲧⲏⲣϥ̅ ⲉⲩϣⲙ̅ϣⲉ ⲙ̅ ⲡⲛⲟⲩ[ⲧⲉ] ϩⲛ̅
ⲑⲃ̅ⲃⲓⲟ̅ ⲛⲓⲙ · ⲁ ⲡⲁⲅⲅⲉⲗⲟⲥ ⲥⲱⲕ ϩⲏⲧ ⲉϫⲙ̅ ⲡⲉⲓⲉ̅ⲣⲟ ⲛ̅
ⲉⲃⲓⲱ ⲉⲧ ⲙ̅ ⲡⲉⲙⲛ̅ⲧ ⲛ̅ ⲧⲡⲟⲗⲓⲥ · ⲁⲓϭⲓⲛⲉ ⲛ̅ ⲏⲥⲁⲓⲁⲥ ⲛ̅
ϩⲟⲩⲛ ⲛ̅ ⲧⲡⲩⲗⲏ ⲙⲛ̅ ⲓⲉⲣⲉⲙⲓⲁⲥ · ⲙⲛ̅ ⲓⲉⲍⲉⲕⲓⲏⲗ · ⲙⲛ̅
ϩⲁⲙⲱⲥ · ⲙⲛ̅ ⲙⲓⲭⲁⲓⲁⲥ · ⲙⲛ̅ ⲛ̅ⲕⲟⲩⲓ ⲙ̅ⲡⲣⲟⲫⲏⲧⲏⲥ ·
ⲙⲛ̅ ⲛ̅ⲛⲟϭ · ⲁⲩⲁⲥⲡⲁⲍⲉ ⲙ̅ⲙⲟⲓ ⲛ̅ϩⲟⲩⲛ ⲛ̅ ⲧⲡⲟⲗⲓⲥ ·
ⲡⲉϫⲁⲓ ⲙ̅ ⲡⲁⲅⲅⲉⲗⲟⲥ ϫⲉ ⲛⲓⲙ ⲛⲉ ⲛⲁⲓ ⲡⲁ ϫⲥ̅ · ⲡⲉϫⲁϥ
ⲛⲁⲓ ϫⲉ ⲧⲁⲓ ⲧⲉ ⲧⲉϩⲓⲏ̅ ⲛ̅ ⲛⲉⲡⲣⲟⲫⲏⲧⲏⲥ · ⲣⲱⲙⲉ ⲛⲓⲙ
ⲉϥⲛⲁⲥⲱⲣⲙ̅ ⲛ̅ ⲧⲉϥⲯⲩⲭⲏ ⲉ̅ ⲧⲃⲉ ⲡⲛⲟⲩⲧⲉ · ⲙ̅ⲡ ⲉϥⲉⲓⲣⲉ
ⲙ̅ ⲡⲉⲧ ⲉϩⲛⲁϥ ⲉ ⲧⲃⲉ ⲡⲕⲟⲥⲙⲟⲥ · ⲉϥϣⲁⲛⲉⲓ ⲉ ⲃⲟⲗ ϩⲛ̅
ⲥⲱⲙⲁ ⲛ̅ϥⲃⲱⲕ ⲉ ⲣⲁⲧϥ̅ ⲙ̅ ⲡⲛⲟⲩⲧⲉ ⲛ̅ϥⲟⲩⲱ̅ϣⲧ̅ ⲛⲁϥ ·
ϣⲁϥⲧⲁⲁϥ ⲉ ⲧⲟⲟⲧϥ̅ ⲙ̅ ⲙⲓⲭⲁⲏⲗ · ⲛ̅ϥϫⲓⲧϥ̅ ⲉ ϩⲟⲩⲛ · ⲉ
ⲧⲉⲓ ⲡⲟⲗⲓⲥ · ⲛ̅ⲧⲉ ⲛⲉⲡⲣⲟⲫⲏⲧⲏⲥ ⲁⲥⲡⲁⲍⲉ ⲙ̅ⲙⲟϥ ⲉⲩϫⲱ
ⲙ̅ⲙⲟⲥ · ϫⲉ ⲡⲉⲛϣⲏⲣⲉ ⲡⲉ · ϫⲉ ⲁϥⲣ̅ ⲡⲟⲩⲱϣ ⲙ̅ ⲡⲛⲟⲩⲧⲉ
Fol. 32 a ϩⲓϫⲙ̅ ⲡⲕⲁϩ ⲁϥⲕⲗⲏⲣⲟⲛⲟⲙⲉ ⲛⲁⲓ | [thirty-four pages
ⲣⲕⲑ wanting] ⲙⲛ̅ ⲥⲟⲟⲩ ⲛ̅ⲉⲃⲟⲧ · ϫⲉ ⲡⲛⲟⲩⲧⲉ ⲟⲩⲉϣ ⲟⲩ-
ⲇⲓⲕⲁ[ⲓ]ⲟⲥ ⲡⲁⲣⲁ ⲡⲕⲟⲥⲙⲟⲥ ⲧⲏⲣϥ̅ · ⲁⲛⲁⲅⲅⲉⲗⲟⲥ ⲉⲓ ⲉⲩ-
ⲥⲟⲡⲥⲛ̅ ⲙ̅ⲙⲟⲥ ⲙ̅ⲡⲉϥⲙⲧⲟ ⲉ ⲃⲟⲗ ⲉ ⲧⲃⲉ ⲡⲙⲟⲩ ⲛ ϩⲱⲟⲩ ·
ⲡⲉϫⲉ ⲡⲛⲟⲩⲧⲉ ⲛⲁⲩ · ϫⲉ ⲉⲧⲉⲧⲛ̅ ⲧⲙ̅ ⲡⲓⲑⲉ ⲙ̅ ⲡⲁ ϩⲙ̅ϩⲁⲗ
ϩⲏⲗⲓⲁⲥ ⲛ̅ϥⲧⲱⲃϩ̅ ⲙ̅ⲙⲟⲓ · ⲛ̅ ϯⲛⲁⲕⲁ ⲙⲟⲩ ⲛ ϩⲱⲟⲩ ⲉ
ⲉⲓ ⲉϫⲙ̅ ⲡⲕⲁϩ · ⲛ̅ϩⲓⲥⲉ ⲉⲧ ⲉⲣⲉ ⲡⲟⲩⲁ ⲡⲟⲩⲁ̅ ⲛⲁϣⲟⲡⲟⲩ
ⲉ̅ ⲧⲃⲉ ⲡⲛⲟⲩⲧⲉ · ϣⲁⲣⲉ ⲡⲛⲟⲩⲧⲉ ⲧⲟⲃⲟⲩ ⲛⲁϥ ⲛ̅ ⲟⲩⲁⲡⲥ̅
ⲛ̅ⲥⲟⲡ ⲉⲩⲕⲏⲃ̅ · ⲛⲁⲓⲁⲧⲕ̅ ⲱ̅ ⲡⲁⲩⲗⲟⲥ · ⲁⲩⲱ ⲛⲁⲓⲁⲧϥ̅ ⲙ̅
ⲡϩⲉⲑⲛⲟⲥ ⲉⲧ ⲛⲁⲡⲓⲥⲧⲉⲩⲉ ⲉ ⲃⲟⲗ ϩⲓⲧⲟⲟⲧⲕ̅ · ϩⲱⲥ ⲉⲣⲉ ⲡⲁⲓ
ϣⲁϫⲉ · ⲁϥⲉⲓ ⲛ̅ϭⲓ ⲡⲕⲉ ⲉⲛⲱⲭ ⲁϥⲁⲥⲡⲁⲍⲉ ⲙ̅ⲙⲟⲓ ·
ⲡⲉϫⲁϥ ⲛⲁⲓ ϫⲉ ⲛ̅ϩⲓⲥⲉ ⲉⲧ ⲉⲣⲉ ⲡⲣⲱⲙⲉ ⲛⲁϣⲟⲡϥ̅ · ⲉ
ⲧⲃⲉ ⲡⲛⲟⲩⲧⲉ · ⲙⲉⲣⲉ ⲡⲛⲟⲩⲧⲉ ⲗⲩⲡⲉⲓ ⲙ̅ⲙⲟϥ ⲉϥϣⲁⲛⲉⲓ
ⲉ ⲃⲟⲗ ϩⲙ̅ ⲡⲕⲟⲥⲙⲟⲥ · ϩⲱⲥ ⲉⲣⲉ ⲡⲁⲓ ϣⲁϫⲉ ⲛ̅ⲙ̅ⲙⲁⲓ ·
ⲉⲓⲥ ⲕⲉ ⲥⲛⲁⲩ ⲁⲩⲉⲓ ⲙⲛ̅ ⲛⲉⲩⲉⲣⲏⲩ ⲉⲣⲉ ⲕⲉ ⲟⲩⲁ̅ ⲙⲟⲟϣⲉ
ϩⲓ ⲡⲁϩⲟⲩ ⲙ̅ⲙⲟⲟⲩ ⲉϥⲙⲟⲩⲧⲉ ⲉ ⲣⲟⲟⲩ · ϫⲉ ⲁϩⲉ ⲉ ⲣⲟⲓ
ϩⲱⲱⲧ ⲧⲁⲉⲓ ⲧⲁⲣⲉⲓⲛⲁⲩ ⲉ̅ ⲡⲙⲉⲣⲓⲧ ⲙ̅ ⲡⲛⲟⲩⲧⲉ ⲡⲁⲩⲗⲟⲥ :
ⲛ̅ⲧⲁⲩⲉⲥⲟⲧϥ̅ ⲛⲁⲛ ⲉ̅ ϩⲣⲁⲓ ϫⲉ ⲉⲛⲉⲛⲁⲩ ⲉ ⲣⲟϥ ⲉϯ ⲉϥϩⲙ̅
ⲡⲥⲱⲙⲁ · ⲡⲉϫⲁⲓ ⲙ̅ ⲡⲁⲅⲅⲉⲗⲟⲥ ϫⲉ ⲡⲁ ϫⲥ̅ ⲛⲓⲙ ⲛⲉ

ⲛⲁⲓ̈· ⲡⲉϫⲁϥ ⲛⲁⲓ· ϫⲉ ⲡⲁⲓ ⲡⲉ ⲍⲁⲭⲁⲣⲓⲁⲥ ⲙⲛ̄
ⲓⲱϩⲁⲛⲛⲏⲥ ⲡⲉϥϣⲏⲣⲉ· ⲡⲉϫⲁⲓ ⲙ̄ ⲡⲁⲅⲅⲉⲗⲟⲥ ϫⲉ ⲉⲓⲉ
ⲡⲉⲓ ⲕⲉ ⲟⲩⲁ ⲉⲧ ⲡⲏⲧ ϩⲓ ⲡⲁϩⲟⲩ ⲙ̄ⲙⲟⲟⲩ· ⲡⲉϫⲁϥ ϫⲉ
ⲡⲁⲓ ⲡⲉ ⲁⲃⲉⲗ ⲡⲉⲛⲧⲁ ⲕⲁⲉⲓⲛ ϩⲟⲧⲃⲉϥ· ⲁⲩⲱ ⲁⲩⲁⲥⲡⲁⲍⲉ
ⲙⲙⲟⲓ̈ ⲡⲉϫⲁⲩ ⲛⲁⲓ ϫⲉ ⲛⲁⲓⲁⲧⲕ̄ ⲱ̄ ⲡⲁⲩⲗⲟⲥ· ⲡⲣⲱⲙⲉ
ⲉⲧ ⲥⲟⲩⲧⲱⲛ ϩⲛ̄ ⲛⲉϥϩⲃⲏⲩⲉ ⲧⲏⲣⲟⲩ :—| ⲡⲉϫⲉ ⲓⲱϩⲁⲛⲛⲏⲥ Fol. 32 *b*
ϫⲉ ⲁⲛⲟⲕ ⲡⲉⲛⲧ ⲁⲩϥⲓ ⲛ ⲧⲁ ⲁⲡⲉ ϩⲙ̄ ⲡⲉϣⲧⲉⲕⲟ· ⲉ ⲧⲃⲉ ⲣ̄ⲗ̄
ⲟⲩⲥϩⲓⲙⲉ ⲉ ⲁⲥϭⲟⲥϭⲥ̄ ϩⲙ̄ ⲟⲩⲇⲉⲓⲡⲛⲟⲛ· ⲡⲉ[ϫⲉ] ⲍⲁⲭⲁ-
ⲣⲓⲁⲥ ϫⲉ ⲁⲛⲟⲕ ⲡⲉⲛⲧ ⲁⲩⲙⲟⲟⲩⲧ ⲙ̄ⲙⲟⲓ· ⲉⲓⲧⲁⲗⲟ ⲉ
ϩⲣⲁⲓ ⲙ̄ ⲡⲛⲟⲩⲧⲉ· ⲛ̄ ⲧⲉⲣⲉ ⲡ̄ⲁⲅⲅⲉⲗⲟⲥ ⲉⲓ ⲛ̄ⲥⲁ ⲧⲉⲑⲩⲥⲓⲁ̄·
ⲁⲩϥⲓ ⲙ̄ ⲡⲁ ⲥⲱⲙⲁ ⲉ ϩⲣⲁⲓ ⲉ̄ ⲣⲁⲧϥ̄ ⲙ̄ ⲡⲛⲟⲩⲧⲉ· ⲁⲩⲱ
ⲙ̄ⲡⲉ ⲣⲱⲙⲉ ϩⲉ ⲉ ⲡⲁ ⲥⲱⲙⲁ· ϫⲉ ⲛ̄ⲧⲁⲩϫⲓⲧϥ̄ ⲉ ⲧⲱⲛ·
ⲡⲉϫⲉ ⲁⲃⲉⲗ ϫⲉ ⲁⲛⲟⲕ ⲡⲉⲛⲧⲁ ⲕⲁⲉⲓⲛ ϩⲟⲧⲃⲉⲧ: ⲉⲓⲧⲁⲗⲉ
ⲑⲩⲥⲓⲁ ⲉ ϩⲣⲁⲓ ⲙ̄ ⲡⲛⲟⲩⲧⲉ· ⲛ̄ϩⲓⲥⲉ ⲛ̄ⲧⲁⲛϣⲟⲡⲟⲩ ⲉ ⲧⲃⲉ
ⲡⲛⲟⲩⲧⲉ ϩⲉⲛ̄ⲗⲁⲁⲩ ⲛⲉ· ⲛⲉⲛⲧ ⲁⲛⲁⲁⲩ ⲉ ⲧⲃⲉ ⲡⲛⲟⲩⲧⲉ
ⲁⲛⲣ̄ ⲡⲉⲩⲱ̄ⲃϣ̄· ⲁⲩⲱ ⲛⲉⲣⲉ ⲛ̄ⲇⲓⲕⲁⲓⲟⲥ ⲙⲛ̄ ⲛ̄ⲁⲅⲅⲉⲗⲟⲥ
ⲧⲏⲣⲟⲩ ⲕⲱⲧⲉ ⲉ ⲣⲟⲓ· ⲉⲩⲣⲁϣⲉ ⲛ̄ⲙ̄ⲙⲁⲓ· [ϫⲉ] ⲁⲩⲛⲁⲩ ⲉ
ⲣⲟⲓ ϩⲛ̄ ⲧⲥⲁⲣⲝ̄· ⲁⲓϭⲱϣⲧ̄ ⲁⲓⲛⲁⲩ ⲉ ⲕⲉ ⲟⲩⲁ ⲉϥϫⲟⲟⲥⲉ
ⲉ ⲣⲟⲟⲩ ⲧⲏⲣⲟⲩ· ⲉⲛⲉⲥⲱϥ ⲉ̄ⲙⲁⲁⲧⲉ· ⲡⲉϫⲁⲓ ⲙ̄ ⲡⲁⲅⲅⲉ-
ⲗⲟⲥ ϫⲉ ⲛⲓⲙ ⲡⲉ ⲡⲁⲓ ⲡⲁ ϫ̄ⲥ̄: ⲡⲉϫⲁϥ ⲛⲁⲓ ϫⲉ ⲡⲁⲓ ⲡⲉ
ⲁⲇⲁⲙ ⲡⲉⲧⲛ̄ⲉⲓⲱⲧ ⲧⲏⲣⲧⲛ̄ ⲛ̄ ⲧⲉⲣⲉ ϥⲡⲱϩ ⲉ ⲣⲟⲓ ⲁϥⲁⲥ-
ⲡⲁⲍⲉ ⲙ̄ⲙⲟⲓ ϩⲛ̄ ⲟⲩⲣⲁϣⲉ· ⲡⲉϫⲁϥ ⲛⲁⲓ ϫⲉ ϫⲣⲟ ⲙ̄ⲙⲟⲕ
ⲱ̄ ⲡⲁⲩⲗⲟⲥ ⲡⲙⲉⲣⲓⲧ ⲙ̄ ⲡⲛⲟⲩⲧⲉ· ⲡⲁⲓ ⲛ̄ⲧⲁϥⲧⲣⲉ ⲟⲩ-
ⲙⲏⲏϣⲉ ⲡⲓⲥⲧⲉⲩⲉ ⲉ ⲡⲛⲟⲩⲧⲉ ⲁⲩⲙⲉⲧⲁⲛⲟⲓ· ⲕⲁⲧⲁ ⲑⲉ
ϩⲱ ⲛ̄ⲧⲁⲓⲙⲉⲧⲁⲛⲟⲓ· ⲁⲓϫⲓ ⲙ̄ ⲡⲁ ⲉⲟⲟⲩ ϩⲓⲧⲙ̄ ⲡⲛⲁⲛⲧ ⲛ̄
ϣⲁⲛϩⲧⲏϥ: Ⲛⲛ̄ⲥⲁ ⲛⲁⲓ ⲇⲉ ⲧⲏⲣⲟⲩ ⲁⲩⲧⲟⲣⲡ̄ ϩⲛ̄
ⲟⲩⲕⲗⲟⲟⲗⲉ ⲁⲩϫⲓⲧ ϣⲁ ⲧⲙⲉϩ ϣⲟⲙⲧⲉ ⲙ̄ⲡⲉ· ⲁⲛⲟⲕ ⲇⲉ
ⲡⲁⲩⲗⲟⲥ | ⲁⲓⲣ̄ ϩⲟⲧⲉ ⲉⲙⲁⲁⲧⲉ ⲁⲓ̈ⲛⲁⲩ ⲉ ⲡⲁⲅⲅⲉⲗⲟⲥ ⲉⲧ Fol. 33 *a*
ⲙⲟⲟϣⲉ ⲛ̄ⲙ̄ⲙⲁⲓ ⲁϥϣⲓ̈ⲃⲉ ϩⲱⲱϥ ϩⲙ̄ ⲡⲉϥⲥⲭⲏⲙⲁ· ⲣ̄ⲗ̄ⲁ̄
ⲁϥϫⲉⲣⲟ ⲛ̄ⲑⲉⲣⲟ ⲛ̄ⲑⲉ ⲛ̄ⲟⲩⲕⲱϩⲧ̄: ⲁⲩⲱ ⲛ̄ⲧⲉⲩⲛⲟⲩ
ⲁⲩⲥⲙⲏ ϣⲱⲡⲉ ϣⲁ ⲣⲟⲓ̈· ϫⲉ ⲡⲁⲩⲗⲟⲥ ⲡⲙⲉⲣⲓⲧ ⲙ̄
ⲡⲛⲟⲩⲧⲉ· ⲛⲉⲧ ⲕ̄ⲛⲁⲛⲁⲩ ⲉ ⲣⲟⲟⲩ ⲙ̄ ⲡⲉⲓ ⲙⲁ· ⲙ̄ⲡⲣ̄
ⲟⲩⲟⲛϩⲟⲩ ⲉ ⲗⲁⲁⲩ ⲛ̄ⲣⲱⲙⲉ· ϫⲉ ϩⲉⲛϣⲁϫⲉ ⲛ̄ⲁϩⲟⲣⲁⲧⲟⲛ
ⲛⲉⲧ ⲕ̄ⲛⲁⲛⲁⲩ ⲉ ⲣⲟⲟⲩ· ⲁⲓϭⲱϣⲧ̄ ⲁⲓⲛⲁⲩ ⲉⲩⲥⲫⲣⲁⲅⲓⲥ

ⲉⲥⲁϣⲉ ϩⲛ̄ ⲟⲩⲉⲥⲩⲭⲓ̈ⲁ· ⲉⲣⲉ ⲟⲩⲉⲙⲉⲣⲉⲛⲓⲁ̄ ϣⲟⲟⲡ ϩⲛ̄
ⲟⲩⲫⲱⲛⲏ ⲛ̄ ⲟⲩⲟ̄ⲉⲓⲛ· ⲉⲣⲉ ⲥⲁϣϥ̄ ⲛ̄ⲁⲉⲓⲧⲟⲥ ⲛ̄ ⲟⲩⲟⲉⲓⲛ
ⲁⲁϩⲉ ⲣⲁⲧⲟⲩ ⲛ̄ⲥⲁ ⲟⲩⲛⲁⲙ ⲙ̄ ⲡⲉⲑⲩⲥⲓⲁⲥⲧⲏⲣⲓⲟⲛ· ⲁⲩⲱ
ⲥⲁϣϥ̄ ⲛ̄ⲥⲁ ϩⲃⲟⲩⲣ ⲙ̄ⲙⲟϥ· ⲉⲩϩⲩⲙⲛⲉⲩⲉ ϩⲛ̄ ⲟⲩⲭⲟⲣⲟⲥ
ⲛ̄ⲥⲙⲟⲩ ⲉ ϩⲟⲩⲛ ⲉ ⲡⲉⲓⲱⲧ: ⲉⲣⲉ ϩⲉⲛⲧⲃⲁ ⲛ̄ⲧⲃⲁ ⲛ̄ⲁⲅⲅⲉⲗⲟⲥ
ⲁⲁϩⲉ ⲣⲁⲧⲟⲩ ⲙ̄ⲡⲉϥⲙ̄ⲧⲟ ⲉ ⲃⲟⲗ· ⲁⲩⲱ ϩⲉⲛϣⲟ ⲛ̄ϣⲟ ⲉⲩ-
ⲕⲱ[ⲧⲉ] ⲉ ⲣⲟϥ ⲉⲩϫⲱ ⲙ̄ⲙⲟⲥ· ϫⲉ ϥⲧⲁⲓⲏⲩ ⲛ̄ϭⲓ ⲡⲉⲕⲣⲁⲛ·
ⲁⲩⲱ ϥϩⲁⲉⲟⲟⲩ ⲛ̄ϭⲓ ⲡⲉⲕⲉⲟⲟⲩ ⲡϫ̄ⲥ̄· ⲉⲣⲉ ⲛⲉⲭⲉⲓⲣⲟⲩ-
ⲃⲉⲓⲛ ⲙⲛ̄ ⲛ̄ⲥⲉⲣⲁⲫⲉⲓⲛ ϫⲱ ⲙⲙⲟⲥ ϫⲉ ϩⲁⲙⲏⲛ: ⲛ̄ ⲧⲉⲣⲉ
ⲓⲛⲁⲩ ⲉ̄ ⲣⲟⲟⲩ ⲁ̄ⲛⲟⲕ ⲡⲁⲩⲗⲟⲥ· ⲁⲓⲥⲧⲱⲧ· ϩⲛ̄ ⲛⲁⲙⲉⲗⲟⲥ
ⲧⲏⲣⲟⲩ· ⲁⲩⲱ ⲁⲓϩⲉ ⲉ̄ ϩⲣⲁⲓ ⲉϫⲙ̄ ⲡⲁ ϩⲟ· ⲉⲓⲥ ⲡⲁⲅⲅⲉⲗⲟⲥ
ⲉⲧ ⲙⲟⲟϣⲉ ⲛⲙ̄ⲙⲁⲓ: ⲁϥϯ ⲡⲉϥⲟⲩⲟⲓ ⲉ ⲣⲟⲓ ⲁϥⲧⲟⲩⲛⲟⲥⲧ̄:
ⲉϥϫⲱ ⲙ̄ⲙⲟⲥ ϫⲉ ⲙ̄ⲡⲣ̄ ⲣ̄ ϩⲟⲧⲉ· ⲡⲁⲩⲗⲟⲥ ⲡⲙⲉⲣⲓⲧ ⲙ̄
ⲡⲛⲟⲩⲧⲉ· ⲧⲱⲟⲩⲛ ⲧⲉⲛⲟⲩ ⲛ̄ⲅⲟⲩⲁϩⲕ̄ ⲛ̄ⲥⲱⲓ· ⲛ̄ⲧⲁⲧⲥⲁⲃⲟⲕ
ⲉ ⲡⲉⲕⲧⲟⲡⲟⲥ· ⲁϥϫⲓⲧ ⲛ̄ϭⲓ ⲡⲁⲅⲅⲉⲗⲟⲥ ⲉⲧ ⲙⲟⲟϣⲉ
Fol. 33 b ⲛⲙ̄ⲙⲁⲓ ⲉ ⲡⲡⲁⲣⲁⲇⲉⲓⲥⲟⲥ: | ⲁⲓⲛⲁⲩ ⲉⲩⲙⲏⲏϣⲉ ⲛ̄ⲣⲱⲙⲉ
ⲣⲗ̄ⲃ ⲉⲩⲙⲟⲟϣⲉ· ⲉⲩⲣⲟⲟⲩⲧ ⲉⲩⲯⲁⲗⲗⲉⲓ ⲉⲩⲥⲙⲟⲩ ⲉ ⲡⲛⲟⲩⲧⲉ
ⲉ ϩⲉⲛⲣⲙ̄ⲣⲁϣ ⲛⲉ ⲉ ⲡⲉϩⲟⲩⲟ· ⲉⲣⲉ ⲛⲉⲩϩⲟ ⲣ̄ ⲟⲩⲟ̄ⲉⲓⲛ
ⲛ̄ⲑⲉ ⲙ̄ ⲡⲣⲏ ⲛ̄ⲥⲁϣϥ̄ ⲛ̄ⲥⲱⲃ· ⲁⲩⲱ ⲉⲣⲉ ⲡϥⲱ ⲛ̄
ⲧⲉⲩⲁⲡⲉ ⲟ̄ ⲛ̄ⲑⲉ ⲛ̄ⲟⲩⲥⲁⲣⲧ̄ ⲛ̄ ⲟⲩⲱ̄ⲃϣ̄· ⲉⲣⲉ ⲟⲩⲙⲏⲛϣⲉ
ⲛ̄ⲑⲣⲟⲛⲟⲥ ϩⲙ̄ ⲡⲙⲁ ⲉ̄ⲧ ⲙ̄ⲙⲁⲩ ⲉⲩϩⲁⲉⲟⲟⲩ· ⲉ ⲟⲩⲉⲧ ⲡⲉⲟⲟⲩ
ⲙ̄ ⲡⲟⲩⲁ ⲡⲟⲩⲁ ⲡⲟⲩⲁ̄· ⲉⲣⲉ ⲟⲩⲟⲛ ⲟⲩⲟⲧⲃ̄ ⲉ ⲟⲩⲟⲛ ϩⲙ̄
ⲡⲉⲟⲟⲩ ϩⲛ̄ ⲧⲉⲩⲛⲟⲩ ⲛ̄ⲧⲁⲓⲡⲱϩ ϣⲁ ⲣⲟⲟⲩ· ⲁⲩⲟⲩⲱϣ ⲉ ⲃⲟⲗ
ϫⲉ ⲛⲁⲓⲁⲧⲕ̄ ⲱ̄ ⲡⲁⲩⲗⲟⲥ· ⲛⲁⲓⲁⲧϥ̄ ⲙ̄ ⲡϩⲉⲑⲛⲟⲥ ⲉⲧ ⲛⲁⲡⲓⲥ-
ⲧⲉⲩⲉ ⲉ ⲃⲟⲗ ϩⲓ ⲧⲟⲟⲧⲕ̄· ϫⲉ ⲁⲕⲣ̄ ⲙ̄ⲡϣⲁ ⲉ ⲧⲣⲉⲩⲉⲛⲧⲕ̄
ⲉ ⲛⲉⲓ ⲧⲟⲡⲟⲥ· ⲉⲕϣⲟⲟⲡ ϩⲛ̄ ⲧⲉⲓ ⲥⲁⲣⲝ̄· ⲁⲩⲁⲥⲡⲁⲍⲉ ⲙ̄-
ⲙⲟⲓ ⲧⲏⲣⲟⲩ· ⲁⲛⲟⲕ ⲇⲉ ⲁⲓⲟⲩⲱϣⲃ̄ ⲛ̄ⲥⲱⲟⲩ ⲉⲓⲥⲙⲟⲩ ⲉ
ⲡⲛⲟⲩⲧⲉ· ⲛⲙ̄ⲙⲁⲩ· ⲁⲛⲟⲕ ⲇⲉ ⲡⲉϫⲁⲓ ⲙ̄ ⲡⲁⲅⲅⲉⲗⲟⲥ
ϫⲉ ⲡⲁ ϫ̄ⲥ̄ ⲟⲩ ⲡⲉ ⲡⲉⲓ ⲧⲟⲡⲟⲥ· ⲁⲩⲱ ⲛⲓⲙ ⲛⲉ ⲛⲉⲓ ⲣⲱⲙⲉ·
ⲡⲉϫⲁϥ ⲛⲁⲓ ⲛ̄ϭⲓ ⲡⲁⲅⲅⲉⲗⲟⲥ· ϫⲉ ⲡⲁⲓ ⲡⲉ ⲡⲕⲁϩ ⲉ̄ⲧ
ⲟⲩⲁⲁⲃ ⲙ̄ ⲡϫ̄ⲥ̄· ⲁⲩⲱ ⲛⲁⲓ ϩⲱⲟⲩ ⲛⲉ ⲛⲉⲡⲣⲟⲫⲏⲧⲏⲥ
ⲧⲏⲣⲟⲩ· ⲉⲩⲛⲁϣⲱⲡⲉ ⲙ̄ ⲡⲉⲓ ⲙⲁ ϣⲁ ⲡⲉϩⲟⲟⲩ ⲙ̄
ⲡϩⲁⲡ· ⲙⲛ̄ ⲛⲉⲧⲉ ⲙ̄ⲡ ⲟⲩⲧⲱⲗⲙ̄ ϩⲙ̄ ⲡⲕⲟⲥⲙⲟⲥ· ⲁⲩⲱ
ⲛ̄ⲧⲟⲕ ϩⲱⲱⲕ ⲉⲣⲉ ⲡⲉⲕⲑⲣⲟⲛⲟⲥ ⲛⲁϣⲱⲡⲉ ⲙ̄ ⲡⲉⲓ ⲙⲁ:

ⲁⲩⲱ ϩⲁⲡⲥ̄ ⲡⲉ ⲉ ⲧⲣ̄ⲕⲛⲁⲩ ⲉ̄ ⲡⲉⲕⲑⲣⲟⲛⲟⲥ ⲙⲛ̄
ⲡⲉⲕⲕⲏⲓ ⲙ̄ⲡⲁⲧ ⲕⲃⲱⲕ ⲉ ⲡⲉⲥⲏⲧ ⲉ̄ ⲡⲕⲟⲥⲙⲟⲥ· ⲁⲩⲱ
ⲙⲁ ⲛⲓⲙ ⲉⲕⲛⲁⲧⲁϣⲉⲟⲉⲓϣ ⲛ̄ ⲧⲉⲓ ⲁⲡⲟⲕⲁⲗⲩⲙ|ⲯⲓⲥ Fol. 34 *a*
ϩⲙ̄ ⲡⲕⲟⲥⲙⲟⲥ ⲧⲏⲣϥ̄· ⲟⲩⲛ̄ ϩⲁϩ ⲅⲁⲣ ⲛⲁⲥⲱⲧⲙ̄ ⲛ̄ⲥⲉ- ⲣ̄ⲗ̄ⲅ̄
ⲙⲉⲧⲁⲛⲟⲓ· ⲛ̄ⲥⲉⲧⲙ̄ⲙⲉⲓⲉ ⲛⲕⲟⲗⲁⲥⲓⲥ· ⲙⲛ̄ ⲛ̄ⲧⲓⲙⲱⲣⲓⲁ ⲛ-
ⲧⲁⲕⲛⲁⲩ ⲉ ⲣⲟⲟⲩ· ⲁⲛⲟⲕ ⲇⲉ ⲛ̄ ⲧⲉⲣⲉ ⲓⲥⲱⲧⲙ̄ ⲉ̄ ⲛⲁⲓ
ⲛ̄ ⲧⲟⲟⲧϥ̄ ⲙ̄ ⲡⲁⲅⲅⲉⲗⲟⲥ ⲉⲧ ⲙⲟⲟϣⲉ ⲛ̄ⲙ̄ⲙⲁⲓ· ⲡⲉϫⲁⲓ
ⲛⲁϥ ϫⲉ ⲡⲁ ϫ̄ⲥ̄· ϯⲟⲩⲱϣ ⲙⲉⲛ ⲉ ϣⲱⲡⲉ· ϩⲙ̄ ⲡⲉⲓ
ⲧⲟⲡⲟⲥ· ⲁⲗⲗⲁ ⲛ̄ ϯ[ⲛ]ⲁⲣ̄ ⲁⲧ ⲥⲱⲧⲙ̄ ⲁⲛ· ⲙⲁⲧⲥⲁⲃⲟⲓ
ⲧⲉⲛⲟⲩ ⲉ ⲡⲁ ⲑⲣⲟⲛⲟⲥ ⲉϥϣⲟⲟⲡ ⲙ̄ ⲡⲉⲓ ⲙⲁ· ⲁϥϫⲓⲧ ⲛ̄ϭⲓ
ⲡⲁⲅⲅⲉⲗⲟⲥ ⲉⲩⲥⲕⲩⲛⲏ ⲛ̄ ⲟⲩⲟⲉⲓⲛ· ⲁϥⲧⲥⲁⲃⲟⲓ ⲉⲩⲑⲣⲟⲛⲟⲥ
ⲛ̄ ⲉⲟⲟⲩ: ⲉⲣⲉ ⲁⲅⲅⲉⲗⲟⲥ ⲥⲛⲁⲩ ϩⲩⲙⲛⲉⲩⲉ ⲉ̄ ⲣⲟϥ· ⲡⲉϫⲁⲓ
ⲙ̄ ⲡⲁⲅⲅⲉⲗⲟⲥ· ϫⲉ ⲡⲁ ϫ̄ⲥ̄ ⲡⲁ ⲛⲓⲙ ⲡⲉ ⲡⲉⲓ ⲑⲣⲟⲛⲟⲥ
ⲉⲧ ϣⲟⲟⲡ ϩⲙ̄ ⲡⲉⲓ ⲛⲟϭ ⲛ̄ ⲉⲟⲟⲩ· ⲁⲩⲱ ⲛⲓⲙ ⲛⲉ ⲛⲉⲓ
ⲁⲅⲅⲉⲗⲟⲥ ⲉⲧ ϩⲩⲙⲛⲉⲩⲉ ⲉ ⲣⲟϥ ⲡⲉϫⲁϥ ⲛⲁⲓ ϫⲉ ⲡⲁⲓ
ⲡⲉ ⲡⲉⲕⲑⲣⲟⲛⲟⲥ ⲱ ⲡⲁⲩⲗⲟⲥ· ⲁⲩⲱ ⲡⲉⲓ ⲁⲅⲅⲉⲗⲟⲥ ⲥⲛⲁⲩ
ⲡⲉ ⲟⲩⲣⲓⲏⲗ ⲙⲛ̄ ⲥⲟⲩⲣⲓⲏⲗ· ⲉⲩϩⲩⲙⲛⲉⲩⲉ̄ ⲉ ⲡⲉⲕⲑⲣⲟⲛⲟⲥ·
ⲙⲏ ⲛ̄ⲅ̄ⲥⲟⲟⲩⲛ ⲁⲛ ⲱ̄ ⲡⲁⲩⲗⲟⲥ· ϫⲉ ⲁ ⲡⲉⲕⲣⲁⲛ ⲣ̄ ⲥⲟⲉⲓⲧ
ϩⲛ̄ ⲧⲙⲏⲏⲧⲉ ⲛ̄ⲛⲁⲅⲅⲉⲗⲟⲥ ⲉⲧⲉ ⲙ̄ⲡⲧⲟⲩ ⲏⲡⲉ· ⲙⲏ ⲛ̄ⲅ̄-
ⲥⲟⲟⲩⲛ ϫⲉ ⲣⲱⲙⲉ ⲛⲓⲙ ⲉⲧ ⲛⲁϩⲓⲥⲉ ϩⲙ̄ ⲡⲕⲟⲥⲙⲟⲥ· ⲉ
ϩⲣⲁⲓ ⲉϫⲙ̄ ⲡⲣⲁⲛ ⲙ̄ ⲡⲉⲭ̄ⲣ̄ⲥ̄ ⲙⲛ̄ ⲧⲙⲛ̄ⲧⲣⲱⲙⲉ·
ϣⲁⲣⲉ ⲡⲛⲟⲩⲧⲉ ⲧⲱⲃⲉ ⲛⲁⲩ ⲛ̄ⲥⲁϣϥ̄ ⲛ̄ϭⲱⲃ ⲛ̄ⲥⲟⲡ ⲁⲩⲱ
ϣⲁⲣⲉ ⲛ̄ⲁⲅⲅⲉⲗⲟⲥ ⲧⲏⲣⲟⲩ ⲣⲁϣⲉ ⲛ̄ⲙ̄ⲙⲁϥ· ⲁϥϫⲓⲧ
ⲛ̄ϭⲓ ⲡⲁⲅⲅⲉⲗⲟⲥ ⲉⲧ ⲙⲟⲟϣⲉ ⲛ̄ⲙ̄ⲙⲁⲓ· | ⲁϥⲧⲥⲁⲃⲟⲓ ⲉⲩ- Fol. 34 *b*
ⲙⲏⲏϣⲉ ⲛ̄ϣⲏⲛ ⲉϥⲗⲉϩⲗⲱϩ· ⲉⲣⲉ ⲟⲩⲙⲏⲏϣⲉ ⲛ̄ⲣⲱⲙⲉ ⲣ̄ⲗ̄ⲇ̄
ⲕⲱⲧⲉ ⲉⲛϣⲏⲛ· ⲉⲣⲉ ⲛⲉⲩϩⲃⲥⲱ ⲛ̄ⲣⲉⲓⲱ̄ⲟⲩ:—ⲁⲩⲱϣ ⲉ
ⲃⲟⲗ ⲉ ⲣⲟⲓ ⲧⲏⲣⲟⲩ· ϫⲉ ⲭⲁⲓⲣⲉ ⲡⲁⲩⲗⲟⲥ ⲡⲙⲉⲣⲓⲧ ⲙ̄
ⲡⲛⲟⲩⲧⲉ ⲙⲛ̄ ⲛ̄ⲣⲱⲙⲉ· ⲁⲩⲁⲥⲡⲁⲍⲉ ⲙ̄ⲙⲟⲓ ⲧⲏⲣⲟⲩ·
ⲡⲉϫⲁⲓ ⲙ̄ ⲡⲁⲅⲅⲉⲗⲟⲥ· ϫⲉ ⲡⲁ ϫⲟⲉⲓⲥ ⲛⲓⲙ ⲛⲉ ⲛⲁⲓ·
ⲡⲉϫⲉ ⲡⲁⲅⲅⲉⲗⲟⲥ ⲛⲁⲓ· ϫⲉ ⲛⲁⲓ ⲛⲉ ⲛ̄ⲧⲱϭⲉ ⲧⲏⲣⲟⲩ
ⲛ̄ⲧⲁⲕⲧⲟϭⲟⲩ ϩⲙ̄ ⲡⲕⲟⲥⲙⲟⲥ· ⲁϥϫⲓⲧ ⲛ̄ϭⲓ ⲡⲁⲅⲅⲉⲗⲟⲥ
ⲡⲉϫⲁϥ ⲛⲁⲓ· ϫⲉ ⲁⲙⲟⲩ ⲛ̄ⲧⲁⲧⲣⲉⲕⲑⲉⲱ̄ⲣⲉⲓ ⲙ̄ ⲡⲡⲁⲣⲁ-
ⲇⲉⲓⲥⲟⲥ ⲛ̄ ⲧⲡⲉ· ⲙⲛ̄ ⲡⲉⲕⲑⲣⲟⲛⲟⲥ ⲙⲛ̄ ⲡⲉⲕⲕⲗⲟⲙ·
ⲁⲓⲛⲁⲩ ⲉ ⲡⲡⲁⲣⲁⲇⲉⲓⲥⲟⲥ· ⲁⲩⲱ ⲟⲩϣⲡⲏⲣⲉ ⲉⲙⲁⲁⲧⲉ ⲡⲉ·

ⲉⲩⲛ̄ ϣⲟⲙⲛ̄ⲧ̄ ⲛ̄ⲥⲟⲃⲧ̄ ⲕⲱⲧⲉ ⲉ ⲡⲡⲁⲣⲁⲇⲉⲓⲥⲟⲥ ⲛ̄ ⲧⲡⲉ·
ⲥⲛⲁⲩ ⲛ̄ ϩⲁⲧ ⲁⲩⲱ ⲟⲩⲥⲟⲃⲧ̄ ⲛ̄ ⲛⲟⲩⲃ ⲛ̄ ⲧⲙⲏⲧⲉ ⲙ̄
ⲡⲉⲥⲛⲁⲩ ⲛ̄ⲥⲟⲃⲧ̄ ⲛ̄ ϩⲁⲧ: ⲟⲩⲁ ⲙ̄ ⲡϩⲟⲩⲛ ⲛ̄ ⲟⲩⲁ· ⲉ̄ⲣⲉ
ⲡⲥⲟⲃⲧ̄ ⲡⲥⲟⲃⲧ̄ ⲉⲓⲣⲉ ⲛ̄ⲧⲁⲓⲟⲩ ϫⲟⲩⲧ ⲥⲛⲟⲟⲩⲥ ⲙ̄ⲙⲁϩⲉ ⲛ̄
ϫⲓⲥⲉ· ⲉⲩⲛ̄ ⲟⲩϣⲏⲙⲉ ⲛ̄ ⲥⲧⲣⲟⲃⲓⲗⲗⲟⲥ ⲙ̄ ⲡϩⲟⲩⲛ ⲙ̄
ⲡⲥⲟⲃⲧ̄ ⲡⲥⲟⲃⲧ̄· ϫⲓⲛ ⲡⲓⲉ̄ⲃⲧ̄ ϣⲁ ⲡⲉⲙⲛ̄ⲧ ϫⲓⲛ ⲡ̄ⲙ̄ϩⲓⲧ ϣⲁ
ⲡⲣⲏⲥ· ⲁⲩⲱ ϣⲁⲣⲉ ⲡⲡⲁⲣⲁⲇⲉⲓⲥⲟⲥ ⲣ̄ ϫⲟⲩⲧⲁϥⲧⲉ ⲛ̄ⲧⲃⲁ·
ⲙⲛ̄ ϥⲧⲟⲟⲩ ⲛ̄ϣⲉ ⲛ̄ⲕⲁϣ ⲉ ⲧϫⲟ̄· ⲉⲩⲛ̄ ϫⲟⲩⲧⲁϥⲧⲉ ⲛ̄ⲧⲃⲁ
ⲛ̄ⲥⲧⲩⲗⲗⲟⲥ ⲛ̄ϩⲏⲧϥ̄ ⲉⲩⲧⲁϫⲣⲏⲩ· ⲉⲣⲉ ⲡⲉⲥⲧⲩⲗⲗⲟⲥ |
Fol. 35 *a* ⲡⲉⲥⲧⲩⲗⲗⲟⲥ ⲉⲓⲣⲉ ⲛ̄ϣϥⲉ ⲥⲛⲟⲟⲩⲥ ⲙ̄ⲙⲁϩⲉ ⲛ̄ ϫⲓⲥⲉ·
ⲣ̄ⲗ̄ⲉ̄ ⲉⲩⲛ̄ ⲙⲛ̄ⲧϣⲙⲏⲛ ⲛ̄ ϣⲉ ⲙⲙⲓ̈ⲛⲉ ⲛ̄ϩⲩⲡⲱⲣⲁ ⲛ̄ϩⲏⲧϥ̄·
ⲉⲩⲛ̄ ϫⲟⲩⲱⲧ ⲛ̄ϣⲉ ⲛ̄ ⲃⲟⲧⲁⲛⲏ ⲛ̄ϩⲏⲧϥ̄ ⲉⲩⲧⲁⲓⲏⲩ: ⲉ ⲟⲩⲛ̄
ϩⲙⲉ ⲧⲏ ⲙ̄ⲙⲓⲛⲉ ⲛ̄ⲥϯ ⲛⲟⲩϥⲉ ⲛ̄ϩⲏⲧϥ· ⲉ ⲟⲩⲛ̄ ⲙⲛ̄ⲧ-
ⲥⲛⲟⲟⲩⲥ ⲛ̄ⲕⲩⲡⲁⲣⲓⲥⲟⲥ ⲛ̄ϩⲏⲧϥ̄· ⲉⲣⲉ ⲟⲩⲥⲟⲃⲧ ⲛ̄ ⲱ̄ⲛⲉ ⲕⲱⲧⲉ
ⲉ ⲣⲟⲥ ⲙ̄ ⲡⲁⲧⲁⲛ ⲙ̄ ⲡⲏϭⲉ· ⲉ ⲟⲩⲛ̄ ⲙⲛ̄ⲧⲥⲛⲟⲟⲩⲥ ⲛ̄ϣⲉ
ⲛ̄ⲗⲩⲭⲛⲓⲁ ⲛ̄ ⲛⲟⲩⲃ ⲛ̄ϩⲏⲧϥ̄· ⲉⲣⲉ ⲙⲛ̄ⲧⲁⲥⲉ ⲛ̄ⲥⲧⲩⲗⲗⲟⲥ
ⲛ̄ϩⲁⲧ ϩⲓ ⲙⲁⲣⲙⲁⲣⲟⲛ ⲕⲱⲧⲉ ⲉ ⲣⲟϥ· ⲁⲩⲱ ⲡⲉϥⲣⲟ̄ ⲟⲩ-
ⲑⲩⲛⲟⲛ ⲡⲉ· ⲉⲣⲉ ϣⲟⲙⲛ̄ⲧ ⲛ̄ⲁⲉⲓⲧⲟⲥ ϩⲓ ⲟⲩⲛⲁⲙ ⲙ̄ ⲡⲣⲟ·
ⲁⲩⲱ ϣⲟⲙⲛ̄ⲧ ϩⲓ ϩⲃⲟⲩⲣ ⲙ̄ ⲡⲣⲟ· ⲁⲩⲱ ⲡⲡⲁⲣⲁⲇⲉⲓⲥⲟⲥ
ⲧⲏⲣϥ̄ ⲛⲉϥⲟ̄ ⲛ̄ ⲟ̄ⲉⲓⲛ ⲙ̄ ⲡⲁⲧⲁⲛ ⲙ̄ⲡⲉ· ⲛ̄ⲑⲉ ⲙ̄ ⲡⲛⲁⲩ ⲙ
ⲙⲉⲉⲣⲉ ⲉⲙⲛ̄ ⲕⲁⲕⲉ ⲛ̄ϩⲏⲧϥ̄· ⲁⲗⲗⲁ ⲡⲟⲩⲟ̄ⲉⲓⲛ ⲙ̄ ⲡⲛⲟⲩⲧⲉ
ⲡⲉⲧ ϣⲟⲟⲡ ⲛ̄ϩⲏⲧ ⲙ̄ⲡⲛⲁⲩ ⲛⲓⲙ· ⲉϥϯ ⲟⲩⲟ̄ⲉⲓⲛ ⲧⲏⲣϥ̄·
ϣⲁⲣⲉ ⲡⲡⲁⲣⲁⲇⲉⲓⲥⲟⲥ ϣⲉϣ ⲥϯ ⲛ̄ϩⲩⲡⲱⲣⲁ ⲉ ⲃⲟⲗ ⲙ̄
ⲡⲛⲁⲩ ⲛ̄ϩⲧⲟⲟⲩⲉ· ⲁⲩⲱ ϣⲁϥϣⲉϣ ⲥϯ ⲙ̄ⲙⲓⲣⲓⲥ ⲉ ⲃⲟⲗ·
ⲙ̄ ⲡⲛⲁⲩ ⲙ̄ⲙⲉⲉⲣⲉ· ⲁⲩⲱ ⲉⲣϣⲁⲛ ⲡⲣⲏ ϩⲱⲧⲡ̄· ϣⲁⲣⲉ
ⲡⲉⲥϯ ⲛⲟⲩϥⲉ ⲛ̄ ⲛ̄ϣⲏⲛ ⲧⲏⲣⲟⲩ ⲉⲧ ϩⲙ̄ ⲡⲡⲁⲣⲁⲇⲉⲓⲥⲟⲥ
ϣⲱϣ ⲉ ⲃⲟⲗ· ϣⲁⲛⲧⲉ ⲧⲉⲩϣⲏ ⲙ̄ ⲡⲕⲟⲥⲙⲟⲥ ⲡⲁⲣⲁⲅⲉ·
ⲛ̄ⲃⲁⲥⲓⲥ ⲛ̄ ⲛⲉⲥⲧⲩⲗⲗⲟⲥ ⲉⲩⲣⲏⲧ ⲙ̄ⲙⲁⲗⲁⲃⲁⲑⲗⲟⲛ· ⲙⲛ̄
ⲡⲉⲥⲧⲩⲣⲁⲝ ⲙ̄ⲙⲉ ⲉⲣⲉ ⲛⲉⲩⲕⲉⲫⲁⲗⲏⲥ ⲛⲉϫ ⲕⲗⲁⲇⲟⲥ ⲉ
ⲃⲟⲗ ⲛ̄ⲁⲙⲉⲕⲇⲁⲗⲟⲛ· ⲉⲣⲉ ⲧⲉⲩⲛ̄ⲡⲉ ⲉⲓⲣⲉ ⲙ̄ ⲙⲛ̄ⲧⲁϥⲧⲉ
Fol. 35 *b* ⲛ̄ⲧⲃⲁ ⲙⲛ̄ ϣⲙⲟⲩⲛ ⲛ̄ϣⲉ:— | ⲉⲣⲉ ϩⲉⲛⲱⲛⲉ ⲙ̄ⲙⲉ ⲟⲩϥⲧ̄
ⲣ̄ⲗ̄ⲋ̄ ⲉ ϩⲟⲩⲛ ⲉ ⲣⲟⲟⲩ· ⲁⲩⲱ ⲛ̄ϣⲏⲛ ⲧⲏⲣⲟⲩ ⲙ̄ ⲡⲡⲁⲣⲁⲇⲉⲓⲥⲟⲥ
ⲛⲉⲩϩⲩⲙⲛⲉⲩⲉ̄ ⲉ̄ ⲡⲛⲟⲩⲧⲉ ⲛ̄ϣⲟⲙⲛ̄ⲧ ⲛ̄ⲥⲟⲡ ⲙ̄ ⲙⲏⲏⲛⲉ·
ⲙ̄ ⲡⲛⲁⲩ ⲛ̄ϩⲧⲟⲟⲩⲉ· ⲙⲛ̄ ⲡⲛⲁⲩ ⲙ̄ ⲙⲉⲉⲣⲉ ⲙⲛ̄ ⲡⲛⲁⲩ

ⲛ̄ ⲣⲟⲩϩⲉ ϣⲁⲩⲱϣ ⲉ̄ ⲃⲟⲗ ⲧⲏⲣⲟⲩ ⲉⲩⲥⲙⲟⲩ ⲉ ⲡⲛⲟⲩⲧⲉ ⲉⲩϫⲱ ⲙ̄ⲙⲟⲥ· ϫⲉ ϥⲟⲩⲁⲁⲃ· ϥⲟⲩⲁ̄ⲁ̄ⲃ· ϥⲟⲩⲁⲁⲃ ⲛ̄-ϣⲟⲙⲛ̄ⲧ ⲛ̄ⲥⲟⲡ· ϥϫⲓ ⲧⲁⲓⲟ ϥϫⲓ ⲉ̄ⲟⲟⲩ ⲛ̄ϭⲓ ⲡⲛⲟⲩⲧⲉ ⲡⲡⲁⲛⲧⲱⲕⲣⲁⲧⲱⲣ· ⲁⲩⲱ ϣⲁⲣⲉ ⲡⲡⲁⲣⲁⲇⲉⲓⲥⲟⲥ ⲱϣ ⲉ ⲃⲟⲗ ⲉϥⲥⲙⲟⲩ ⲉ ⲡⲛⲟⲩⲧⲉ· ⲁϥⲟⲩⲱϣⲃ̄ ⲛ̄ϭⲓ ⲡⲁⲅⲅⲉⲗⲟⲥ ⲡⲉϫⲁϥ ⲛⲁⲓ: ϫⲉ ⲱ̄ ⲡⲁⲩⲗⲟⲥ ⲁⲕⲛⲁⲩ ⲉ̄ ⲡⲡⲁⲣⲁⲇⲉⲓⲥⲟⲥ ⲛ̄ ⲧⲡⲉ· ⲙⲛ̄ ⲡⲉϥⲉⲟⲟⲩ· ⲡⲁⲓ ⲙⲡⲉ ⲗⲁⲁⲩ ⲛ̄ⲣⲱⲙⲉ ⲉ̄ⲛⲉϩ ϭⲙ̄ ⲡϫⲱⲕ ⲙ̄ ⲡⲉϥⲧⲁⲓⲟ̄· ⲡⲉϫⲁⲓ ⲛⲁϥ ϫⲉ ⲁϩⲉ ⲡⲁ ϫⲥ̄· ⲁⲗⲗⲁ ϯⲣ̄ ϩⲟⲧⲉ ϫⲉ ⲙⲉϣⲁⲕ ⲁⲣⲏⲩ ⲛ̄ ϯⲙ̄ⲡϣⲁ ⲁⲛ ⲛ̄ϭⲱ ϩⲙ̄ ⲡⲉⲓ ⲡⲁⲣⲁⲇⲉⲓⲥⲟⲥ ⲡⲁⲓ· ⲁϥⲟⲩⲱ̄ϣⲃ̄ ⲛ̄ϭⲓ ⲡⲁⲅⲅⲉⲗⲟⲥ ⲡⲉϫⲁϥ ⲛⲁⲓ· ϫⲉ ϫⲣⲟ ⲡⲉⲧ ⲛⲁϫⲣⲟ· ⲁⲩⲱ ⲕⲛⲁϫⲣⲟ ⲉ̄ ⲡⲕⲁⲧⲏⲅⲱⲣⲟⲥ ⲉⲧ ⲛⲏⲩ ⲉ̄ ϩⲣⲁⲓ ϩⲛ̄ ⲁⲙⲛ̄ⲧⲉ· ⲉⲕⲛⲁϫⲓ ⲉⲟⲟⲩ ⲇⲉ ⲛ̄ϩⲟⲩⲟ̄ ⲉⲕϣⲁⲛⲃⲱⲕ ⲉ ⲡⲉⲥⲏⲧ ⲉ ⲡⲕⲟⲥ-ⲙⲟⲥ ⲛ̄ⲕⲉ ⲥⲟⲡ· ⲁⲩⲱ ⲉⲩϣⲁⲛⲥⲱⲧⲙ̄ ⲉ ⲛ̄ϣⲁϫⲉ ⲛ̄ ⲧⲉⲓ ⲁⲡⲟⲕⲁⲗⲩⲙⲯⲓⲥ ⲛ̄ϭⲓ ⲡⲅⲉⲛⲟⲥ ⲧⲏⲣϥ̄ ⲛ̄ ⲛ̄ⲣⲱⲙⲉ· ⲥⲉⲛⲁ-ⲙⲉⲧⲁⲛⲟⲓ ⲛ̄ϭⲓ ϩⲁϩ ⲛ̄ⲥⲉⲱⲛ̄ϩ̄· ⲁⲩⲱ ⲟⲛ ϯⲛⲁϫⲓⲧⲕ̄ ⲛ̄ⲧⲁⲧ-ⲥⲁⲃⲟⲕ ⲉ ⲡⲉⲕⲑⲣⲟⲛⲟⲥ ⲙⲛ̄ ⲡⲉⲕⲕⲗⲟⲙ· ⲙⲛ̄ ⲡⲁ ⲛⲉⲕⲥⲛⲏⲩ ⲁ̄ⲡⲟⲥⲧⲟⲗⲟⲥ· ⲁϥϫⲓⲧ ⲛ̄ϭⲓ ⲡⲁⲅⲅⲉⲗⲟⲥ ⲙ̄ⲡⲙ̄|ⲧⲟ ⲉ ⲃⲟⲗ Fol. 36 *a*
ⲙ̄ ⲡⲕⲁⲧⲁⲡⲉⲧⲁⲥⲙⲁ· ϩⲙ̄ ⲡⲕⲁϩ ⲉ̄ⲧ ⲟⲩⲁⲁⲃ· ⲁⲓⲛⲁⲩ ⲣⲗⲍ
ⲉⲩⲑⲣⲟⲛⲟⲥ ⲉϥⲡⲟⲣϣ̄· ⲁⲩⲱ ⲟⲩⲥⲧⲟⲗⲏ ⲙ̄ ⲡⲉⲧⲛⲉ ⲙ ⲡⲉⲑⲣⲟⲛⲟⲥ· ⲉⲥϩⲓⲣⲁϣⲉ ⲉ ⲃⲟⲗ ⲉ̄ ⲙⲛ̄ ⲑⲉ ⲛ̄ϣⲁϫⲉ ⲉ ⲧⲉ-ⲥϯⲙⲏ· ⲉⲣⲉ ϩⲉⲛⲥⲙⲁⲥ ⲙ̄ⲙⲁⲣⲙⲁⲣⲟⲛ ⲙ̄ ⲡⲉⲧⲛⲉ ⲙ̄ ⲡⲉⲑⲣⲟⲛⲟⲥ· ⲁⲓⲟⲩⲱ̄ϣⲃ̄ ⲡⲉϫⲁⲓ ⲙ̄ ⲡⲁⲅⲅⲉⲗⲟⲥ ϫⲉ ⲡⲁ ϫⲥ̄ ⲁϣ ⲡⲉ ⲡⲙⲁ ⲛ̄ ϣⲱⲡⲉ ⲛ̄ ⲛⲁⲥⲛⲏⲩ ⲛⲁϣⲃⲏⲣ ⲁⲡⲟ-ⲥⲧⲟⲗⲟⲥ· ⲁϥϫⲓⲧ ⲛ̄ϭⲓ ⲡⲁⲅⲅⲉⲗⲟⲥ ⲙ̄ⲡⲙ̄ⲧⲟ ⲉ ⲃⲟⲗ ⲙ̄ ⲡⲕⲁⲧⲁⲡⲉⲧⲁⲥⲙⲁ· ⲁⲓⲛⲁⲩ ⲉⲩⲙⲏⲏϣⲉ ⲛ̄ⲑⲣⲟⲛⲟⲥ· ⲁⲩⲱ ⲟⲩⲙⲏⲏϣⲉ ⲛⲁⲅⲅⲉⲗⲟⲥ ⲉⲩⲯⲁⲗⲗⲉⲓ ⲉⲩϯ ⲉⲟⲟⲩ ⲙ̄ ⲡⲛⲟⲩⲧⲉ· ⲁⲓⲛⲁⲩ ⲉⲩⲙⲏⲏϣⲉ ⲛ̄ϩⲃⲥⲱ ⲙⲛ̄ ⲟⲩⲙⲏⲏϣⲉ ⲛ̄ⲕⲗⲟⲙ ⲉⲩⲕⲏ ⲉ ϩⲣⲁⲓ ⲙ̄ⲡⲙ̄ⲧⲟ ⲉ ⲃⲟⲗ ⲙ̄ ⲡⲉⲑⲣⲟⲛⲟⲥ· ⲁⲩⲱ ⲉⲣⲉ ⲟⲩⲥϯ ⲛⲟⲩϥⲉ ϣⲱϣ ⲉ ⲃⲟⲗ ϩⲙ̄ ⲡⲙⲁ ⲉ̄ⲧ ⲙ̄ⲙⲁⲩ· ⲡⲉϫⲁϥ ⲛⲁϊ ⲛ̄ϭⲓ ⲡⲁⲅⲅⲉⲗⲟⲥ· ϫⲉ ⲡⲁⲓ ⲡⲉ ⲡⲙⲁ ⲛ̄ ⲛⲉⲕⲥⲛⲏⲩ ⲛⲉⲕϣⲃⲏⲣ ⲁⲡⲟⲥⲧⲟⲗⲟⲥ· ⲁⲩⲱ ⲟⲛ ⲁⲓⲛⲁⲩ ⲉⲩⲣⲱⲙⲉ ⲉϥⲫⲟⲣⲉⲓ ⲛ̄ ⲛ̄ ⲟⲩϩⲃⲥⲱ ⲛ̄ ⲟⲩⲱ̄ⲃϣ̄ ⲉⲣⲉ ⲟⲩⲕⲓⲑⲁⲣⲁ ⲛ̄ ⲧⲟⲟⲧϥ̄ ⲉϥⲁⲁϩⲉ ⲣⲁⲧϥ̄ ⲛ̄ⲥⲁ ⲟⲩⲛⲁⲙ ⲙ̄

ⲡⲕⲁⲧⲁⲡⲉⲧⲁⲥⲙⲁ · ⲉϥⲯⲁⲗⲗⲉⲓ ⲁⲩⲱ ⲉϥⲕⲓⲑⲁⲣⲓⲍⲉ ϩⲛ̄
ⲧⲉϥⲕⲓⲑⲁⲣⲁ · ⲉⲣⲉ ⲛ̄ⲁⲅⲅⲉⲗⲟⲥ ⲟⲩⲱϩⲙ̄ ⲛ̄ⲥⲱϥ · ⲁⲓⲟⲩⲱϣⲃ̄
ⲡⲉϫⲁⲓ ⲙ̄ ⲡⲁⲅⲅⲉⲗⲟⲥ · ϫⲉ ⲛⲓⲙ ⲡⲉ ⲡⲁⲓ ⲡⲁ ϫⲥ̄ : ⲡⲉϫⲁϥ
ⲛⲁⲓ ϫⲉ ⲡⲁⲓ ⲡⲉ ⲇⲁ̄ⲇ̄ ⲉϥⲯⲁⲗⲗⲉⲓ̈ · ⲁⲩⲱ ⲁⲓⲛⲁⲩ ϩⲙ̄
ⲡⲕⲁϩ ⲉⲧ ⲟⲩⲁⲁⲃ̄ · ⲉⲩⲧⲟⲡⲟⲥ ⲉϥⲧⲟϭⲥ ⲛ̄ⲱⲛⲉ ⲙ̄ⲙⲉ ·
ⲛ̄ⲥⲁⲡⲡⲉⲓⲣⲟⲛ · ⲉⲣⲉ ⲡⲕⲁϩ ⲉⲧ ⲙ̄ⲙⲁⲩ ⲟⲩⲟⲃϣ̄ ⲛ̄ⲑⲉ ⲛ̄
Fol. 36 *b* ⲟⲩⲭⲓⲱⲛ · ⲉⲣⲉ ⲟⲩⲙⲏⲏϣⲉ ⲛ ⲕⲗⲟⲙ : | ⲁⲩⲱ ⲟⲩⲙⲏⲏϣⲉ
ⲣⲗⲏ ⲛ̄ⲑⲣⲟⲛⲟⲥ · ⲉⲩⲫⲟⲣⲉⲓ ⲧⲏⲣⲟⲩ · ⲛ̄ϩⲉⲛϩⲓ̈ⲡⲟⲙⲓⲥ ⲙⲛ̄ ϩⲉⲛ-
ⲕⲓⲇⲁⲣⲓⲥ ⲛ̄ϭⲓ ⲛⲉⲧ ϣⲟⲟⲡ ϩⲙ̄ ⲡⲙⲁ ⲉⲧ ⲙ̄ⲙⲁⲩ · ⲉⲣⲉ
ⲟⲩⲙⲏϣⲉ ⲛ̄ⲁⲅⲅⲉⲗⲟⲥ ϩⲩⲙⲛⲉⲩⲉ ⲉ̄ ⲣⲟⲟⲩ · ⲡⲉϫⲁⲓ ⲙ̄
ⲡⲁⲅⲅⲉⲗⲟⲥ ϫⲉ ⲛⲓⲙ ⲛⲉ ⲛⲁⲓ · ⲡⲉϫⲁϥ ⲛⲁⲓ ϫⲉ ⲛⲁⲓ ⲛⲉ
ⲙ̄ⲙⲁⲣⲧⲩⲣⲟⲥ ⲛⲧⲁⲩⲙⲁⲣⲧⲩⲣⲉⲓ ⲉϫⲙ̄ ⲡⲣⲁⲛ ⲙ̄ ⲡⲉⲭⲣⲥ̄ ·
ⲉ ⲧⲃⲉ ⲡⲉⲕⲧⲁϣⲉⲟⲉⲓϣ ⲙⲛ̄ ⲡⲁ ⲛⲉⲕⲥⲛⲏⲩ ⲁⲡⲟⲥⲧⲟⲗⲟⲥ ·
ⲥⲉⲛⲁϫⲓ ⲛ̄ ϩⲉⲛⲛⲟϭ ⲛ̄ⲧⲁⲓⲟ · ⲛ̄ⲧⲟⲟⲩ ⲇⲉ ⲁⲩϯ ⲡⲉⲩⲟⲩⲟⲓ
ⲉ ϩⲟⲩⲛ ⲉ ⲣⲟⲓ ⲁⲩϯⲡⲓ ⲉ ⲣⲱⲓ · ⲡⲉϫⲁⲩ ⲛⲁⲓ ϫⲉ ⲛⲁⲓⲁⲧⲕ̄
ⲙ̄ ⲡⲁⲩⲗⲟⲥ · ϫⲉ ⲁⲕⲣ̄ ⲙ̄ⲡϣⲁ ⲛ̄ ⲛⲉⲓ ⲧⲟⲡⲟⲥ · ⲁⲩⲱ ⲁⲛⲟⲛ
ϩⲓ ⲟⲩⲥⲟⲡ · ⲁⲩⲱ ⲁⲕⲣ̄ ⲙ̄ⲡϣⲁ ⲛ̄ⲛⲁⲩ ⲉ ⲛⲉⲓ ⲛⲟϭ
ⲛ̄ϣⲡⲏⲣⲉ ⲛⲁⲓ ⲙ̄ⲡⲉ ⲃⲁⲗ ⲛⲁⲩ ⲉ ⲣⲟⲟⲩ · ⲙ̄ⲡⲉ ⲙⲁⲁϫⲉ
ⲥⲟⲧⲙⲟⲩ · ⲁⲕⲛⲁⲩ ⲉ ⲣⲟⲟⲩ ϩⲙ̄ ⲡⲥⲱⲙⲁ · ⲉⲡⲉⲓ ⲇⲏ ⲛ̄ⲧⲁ
ⲡⲛⲟⲩⲧⲉ ⲛⲁⲩ ⲉ̄ ⲧⲉⲕⲉⲅⲕⲣⲁⲧⲉⲓⲁ̄ ⲉ̄ⲧ ⲉⲕϣⲟⲟⲡ ⲛ̄ϩⲏⲧⲥ̄ · ⲙⲛ̄
ⲛ̄ϩⲓⲥⲉ ⲙ̄ ⲡⲉⲕⲧⲁϣⲉⲟⲉⲓϣ ⲁϥⲧⲣⲉⲕⲣ̄ ⲙ̄ⲡϣⲁ ⲛ̄ ⲛⲉⲓ ⲛⲟϭ
ⲛ̄ⲧⲁⲓⲟ̄ · ⲁⲛⲟⲕ ⲇⲉ ⲡⲁⲩⲗⲟⲥ ⲁⲓⲙⲟⲟϣⲉ ⲉ ⲃⲟⲗ ϩⲙ̄ ⲡⲉⲡⲛⲁ
ⲉⲧ ⲟⲩⲁⲁⲃ̄ · ⲁⲩⲱ ⲁⲓⲥⲙⲟⲩ ⲉ ⲡⲛⲟⲩⲧⲉ ⲉⲓϫⲱ ⲙ̄ⲙⲟⲥ · ϫⲉ
ϯⲥⲙⲟⲩ ⲉ ⲣⲟⲕ ⲡⲛⲟⲩⲧⲉ ⲙ̄ ⲡⲧⲏⲣϥ̄ · ⲡⲉⲧ ⲛⲁⲩ ⲉ ⲣⲟϥ
ⲙⲁⲩⲁⲁϥ ⲉ ⲃⲟⲗ ϩⲙ̄ ⲡⲙⲩⲥⲧⲏⲣⲓⲟⲛ : ϥⲥⲙⲁⲙⲁⲁⲧ ⲛ̄ϭⲓ
ⲡⲉⲟⲟⲩ ⲛ̄ⲧⲉⲕⲙⲛ̄ⲧⲛⲟⲩⲧⲉ : ⲡⲉⲧ ⲧⲁⲓⲏⲩ ⲁⲩⲱ ⲉⲧ ϣⲟⲟⲡ
ϩⲙ̄ ⲡⲧⲁⲓ̈ⲟ ⲛ̄ ⲧⲉϥⲙⲛ̄ⲧⲛⲟϭ · ⲙⲛ̄ ⲡⲉϥⲙⲟⲛⲟⲅⲉⲛⲏⲥ ⲛ̄
ϣⲏⲣⲉ ⲓ̄ⲥ̄ ⲡⲉⲭⲣ̄ⲥ̄ ⲡⲉⲛϫⲥ̄ · ⲡⲉⲧ ⲁⲙⲁϩⲧⲉ ⲉϫⲙ̄ ⲡⲧⲏⲣϥ̄ :—
ⲁⲩⲱ ⲛ̄ⲧⲁ ⲡⲧⲏⲣϥ̄ ϣⲱⲡⲉ ⲉ ⲃⲟⲗ ϩⲓ ⲧⲟⲟⲧϥ̄ · ⲡⲁⲅⲅⲉ-
ⲗⲟⲥ ⲇⲉ ⲙ̄ ⲡϫⲟⲉⲓⲥ̄ ⲁϥⲧⲁⲗⲟⲓ ⲁϥⲉⲓⲛⲉ ⲙ̄ⲙⲟⲓ ⲉϫⲙ̄
ⲡⲧⲟⲟⲩ ⲛ̄ⲛ̄ϫⲟⲉⲓⲧ · ⲧⲟⲧⲉ ⲁⲛⲟⲕ ⲡⲁⲩⲗⲟⲥ ⲁⲓϩⲉ ⲉⲛⲁⲡⲟ-
ⲥⲧⲟⲗⲟⲥ ⲉⲩⲥⲟⲟⲩϩ ⲉⲛⲉⲩⲉ̄ⲣⲏⲩ ϩⲓ ⲟⲩⲥⲟⲡ · ⲁⲩⲱ ⲁⲓⲁⲥⲡⲁⲍⲉ
Fol. 37 *a* ⲙ̄ⲙⲟⲟⲩ :— | ⲁⲓⲁⲡⲁⲅⲅⲉⲓⲗⲉ ⲛⲁⲩ ⲛ̄ϩⲱⲃ ⲛⲓⲙ ⲛ̄ⲧⲁⲩ-
ⲣⲗⲑ ϣⲱⲡⲉ ⲙ̄ⲙⲟⲓ ⲙⲛ̄ ⲛⲉⲛⲧ ⲁⲓⲛⲁⲩ ⲉ ⲣⲟⲟⲩ : ⲙⲛ̄ ⲛ̄ⲧⲁⲓⲟ ⲉⲧ

ⲛⲁϣⲱⲡⲉ ⲛ̄ ⲛ̄ⲇⲓⲕⲁⲓⲟⲥ· ⲙⲛ̄ ⲡϩⲉ ⲙⲛ̄ ⲡϣⲟⲣϣⲣ̄ ⲉⲧⲛⲁ-
ϣⲱⲡⲉ ⲛ̄ ⲛ̄ⲁⲥⲉⲃⲏⲥ· ⲧⲟⲧⲉ ⲛⲁⲡⲥ̄ⲧⲟⲗⲟⲥ ⲁⲩⲣⲁϣⲉ ⲁⲩⲱ
ⲁⲩⲧⲉⲗⲏⲗ· ⲁⲩⲥⲙⲟⲩ ⲉ̄ ⲡⲛⲟⲩⲧⲉ· ⲁⲩⲕⲉⲗⲉⲩⲉ ⲛⲁⲛ ϩⲓ
ⲟⲩⲥⲟⲡ· ⲁⲛⲟⲕ ⲙⲁⲣⲕⲟⲥ ⲙⲛ̄ ϯⲙⲟⲑⲉⲟⲥ ⲙ̄ⲙⲁⲑⲏⲧⲏⲥ
ⲙ̄ ⲡϩⲁⲅⲓⲟⲥ ⲡⲁⲩⲗⲟⲥ· ⲡⲥⲁϩ ⲛ̄ ⲧⲉⲕⲕⲗⲏⲥⲓ̈ⲁ· ⲉ ⲧⲣⲛ̄-
ⲥϩⲁⲓ ⲛ̄ ⲧⲉⲓ ⲁⲡⲟⲕⲁⲗⲩⲙⲯⲓⲥ ⲉⲧ ⲟⲩⲁⲁⲃ· ⲉⲩϩⲏⲩ ⲙⲛ̄
ⲟⲩⲱⲫⲉⲗⲉⲓⲁ̄ ⲛ̄ ⲛⲉⲧ ⲛⲁⲥⲱⲧⲙ̄ ⲉ ⲣⲟⲟⲩ: ⲉϯ ⲉⲣⲉ ⲛⲁⲡⲟ-
ⲥⲧⲟⲗⲟⲥ ϣⲁϫⲉ ⲛ̄ⲙ̄ⲙⲁⲛ· ⲁ ⲡⲥ̄ⲏ̄ⲣ̄ ⲡⲉⲭ̄ⲣ̄ⲥ̄ ⲟⲩⲱ̄ⲛϩ̄ ⲛⲁⲛ
ⲉ ⲃⲟⲗ ϩⲓϫⲙ̄ ⲡϩⲁⲣⲙⲁ ⲛ̄ ⲛⲉⲭⲉⲣⲟⲩⲃⲉⲓⲛ· ⲡⲉϫⲁϥ ⲛⲁⲛ
ϫⲉ ⲭⲁⲓⲣⲉ ⲛⲁⲙⲁⲑⲏⲧⲏⲥ ⲉⲧ ⲟⲩⲁⲁⲃ· ⲛⲁⲓ ⲛ̄ⲧⲁⲓⲥⲟⲧⲡⲟⲩ
ⲟⲩⲧⲉ ⲡⲕⲟⲥⲙⲟⲥ· ⲭⲁⲓⲣⲉ ⲡⲉⲧⲣⲟⲥ ⲡⲉⲕⲗⲟⲙ ⲛ̄ ⲛⲁⲡⲟ-
ⲥ[ⲧⲟⲗⲟⲥ] ⲭⲁⲓⲣⲉ ⲓⲱϩⲁⲛⲛⲏⲥ ⲡⲁ ⲙⲉⲣⲓⲧ ⲭⲁⲓⲣⲉ ⲛⲁ-
ⲁⲡⲟⲥⲧⲟⲗⲟⲥ ⲧⲏⲣⲟⲩ· ϯⲣⲏⲛⲏ ⲙ̄ ⲡⲁ ⲉⲓⲱⲧ ⲛ̄ ⲁⲅⲁⲑⲟⲥ
ⲉⲥⲉϣⲱⲡⲉ ⲛ̄ⲙ̄ⲙⲏⲧⲛ̄· ⲉⲓⲧⲁ ⲁϥⲕⲟⲧϥ ⲉ ⲡⲉⲛⲉⲓⲱⲧ ⲡⲉϫⲁϥ
ⲛⲁϥ ϫⲉ ⲭⲁⲓⲣⲉ ⲡⲁⲩⲗⲟⲥ ⲡⲉⲡⲓⲥⲧⲟⲗⲟⲫⲟⲣⲟⲥ ⲉⲧ ⲧⲁⲓⲏⲩ:
ⲭⲁⲓⲣⲉ ⲡⲁⲩⲗⲟⲥ ⲡⲙⲉⲥⲓⲧⲏⲥ ⲛ̄ ⲧⲇⲓⲁⲑⲩⲕⲏ· ⲭⲁⲓⲣⲉ
ⲡⲁⲩⲗⲟⲥ ⲡⲗⲱⲃϣ̄ ⲁⲩⲱ ⲧⲥⲛ̄ⲧⲉ ⲛ̄ ⲧⲉⲕⲕⲗⲏⲥⲓ̈ⲁ· ⲁⲣⲁⲁ
ⲡⲉⲕϩⲏⲧ ⲧⲱⲧ ⲉ ⲣⲟⲕ ϩⲛ̄ ⲛⲉⲛⲧ ⲁⲕⲛⲁⲩ ⲉ ⲣⲟⲟⲩ· ⲁⲣⲁ
ⲁⲕⲡⲗⲏⲣⲟⲫⲟⲣⲉⲓ ⲉ̄ϫⲛ̄ ⲛⲉⲛⲧ ⲁⲕⲥⲟⲧⲙⲟⲩ· ⲁϥⲟⲩⲱϣⲃ̄
ⲛ̄ϭⲓ ⲡⲁⲩⲗⲟⲥ ϫⲉ ⲁϩⲉ ⲡⲁ ϫ̄ⲥ̄· ⲁ ⲡⲉⲕϩⲙⲟⲧ ⲙⲛ̄ ⲧⲉⲕ-
ⲁⲅⲁⲡⲏ ⲉⲓⲣⲉ ⲛ̄ⲙ̄ⲙⲁⲓ ⲛ̄ ϩⲉⲛⲛⲟϭ ⲙ̄ ⲡⲉⲧ ⲛⲁⲛⲟⲩϥ·
ⲁϥⲟⲩⲱϣⲃ̄ ⲛ̄ϭⲓ ⲡⲥ̄ⲏ̄ⲣ̄ ⲡⲉϫⲁϥ· ϫⲉ ⲱ̄ ⲡⲙⲉⲣⲓⲧ ⲙ̄
ⲡⲉⲓⲱⲧ: ϩⲁⲙⲏⲛ ϩⲁⲙⲏⲛ ϯϫⲱ ⲙ̄ⲙⲟⲥ ⲛⲏⲧⲛ̄· ϫⲉ
ⲥⲉⲛⲁⲧⲁϣⲉⲟ̄ⲉⲓϣ ⲛ̄ ⲛ̄ϣⲁϫⲉ ⲛ̄ ⲧⲉⲓ ⲁⲡⲟⲕⲁⲗⲩⲙⲯⲓⲥ
ϩⲙ̄ ⲡⲕⲟⲥⲙⲟⲥ ⲧⲏⲣϥ̄· ⲉⲩϩⲏⲩ ⲛ̄ ⲛⲉⲧ ⲛⲁⲥⲱⲧⲙ̄ ⲉ ⲣⲟⲥ·
ϩⲁⲙⲏⲛ ϩⲁⲙⲏⲛ ϯϫⲱ ⲙ̄ⲙⲟⲥ ⲛⲁⲕ ⲱ̄ ⲡⲁⲩⲗⲟⲥ ϫⲉ ⲡⲉⲧ
ⲛⲁϥⲓ ⲡⲣⲟⲟⲩϣ ⲛ̄ ⲧⲉⲓ ⲁⲡⲟⲕⲁⲗⲩⲙⲯⲓⲥ:— | ⲛ̄ϥ̄ⲥϩⲁⲓ̈ⲥ Fol. 37 *b*
ⲛ̄ϥ̄ⲕⲁⲁⲥ ⲉ ϩⲣⲁⲓ ⲉⲩⲙⲛ̄ⲧⲙⲛ̄ⲧⲣⲉ ⲛ̄ ⲛ̄ⲅⲉ[ⲛⲉ]ⲁ ⲉⲧ ⲛⲏⲩ· ⲣ̄ⲙ̄
ⲛ̄ ϯⲛⲁⲧⲥⲁⲃⲟⲟⲩ ⲁⲛ ⲉ̄ ⲁⲙⲛ̄ⲧⲉ ⲙⲛ̄ ⲡⲉϥⲣⲓⲙⲉ ⲉⲧ ⲥⲁϣⲉ·
ϣⲁ ϩⲣⲁⲓ ⲉ ⲧⲙⲉϩ ⲥ̄ⲛ̄ⲧⲉ ⲛ̄ⲅⲉⲛⲉⲁ ϩⲙ̄ ⲡⲉϥⲥⲡⲉⲣⲙⲁ·
ⲁⲩⲱ ⲡⲉⲧ ⲛⲁⲱϣ ⲙ̄ⲙⲟⲥ ϩⲛ̄ ⲟⲩⲡⲓⲥⲧⲓⲥ ϯⲛⲁⲥⲙⲟⲩ ⲉ
ⲣⲟϥ ⲙⲛ̄ ⲡⲉϥⲏⲓ· ⲡⲉⲧ ⲛⲁⲕⲱⲙϣ̄ ⲛ̄ⲥⲁ ⲛ̄ϣⲁϫⲉ ⲛ̄ ⲧⲉⲓ
ⲁⲡⲟⲕⲁⲗⲩⲙⲯⲓⲥ ϯⲛⲁϫⲓⲕⲃⲁ ⲙ̄ⲙⲟⲟⲩ· ⲁⲩⲱ ⲛ̄ⲛⲉⲩⲱϣ
ⲛ̄ϩⲏⲧⲥ̄ ⲉⲓ ⲙⲏ ⲧⲉⲓ ϩⲛ̄ ⲛⲉϩⲟⲟⲩ ⲉⲧ ⲧⲃ̄ⲃ̄ⲏⲩ ϫⲉ ⲙ̄ⲙⲉⲩ-

ⲥⲧⲏⲣⲓⲟⲛ ⲧⲏⲣⲟⲩ ⲛ̄ ⲧⲁ ⲙⲛ̄ⲧⲛⲟⲩⲧⲉ ⲁⲓⲟⲩⲟⲛϩⲟⲩ ⲉ ⲃⲟⲗ ⲉ̄ ⲣⲱⲧⲛ̄ ⲱ̄ ⲛⲁ ⲙⲉⲗⲟⲥ ⲉⲧ ⲟⲩⲁⲁⲃ· ⲉⲓⲥ ϩⲏⲏⲧⲉ ⲁⲓϣⲉⲣⲡ̄ ⲧⲁⲙⲱⲧⲛ̄ ⲉ ϩⲱⲃ ⲛⲓⲙ· ⲙⲟⲟϣⲉ ⲧⲉⲛⲟⲩ ⲛ̄ⲧⲉⲧⲛ̄ⲃⲱⲕ· ⲛ̄ⲧⲉⲧⲛ̄ⲧⲁϣⲉⲟⲉⲓϣ ⲙ̄ ⲡⲉⲩⲁⲅⲅⲉⲗⲓⲟⲛ ⲛ̄ ⲧⲁ ⲙⲛ̄ⲧⲉⲣⲟ· ⲉ̄ⲡⲉⲓ ⲇⲏ ⲁϥϩⲱⲛ ⲅⲁⲣ ⲉ ϩⲟⲩⲛ ⲛ̄ϭⲓ ⲡⲉⲧⲛ̄ⲇⲣⲟⲙⲟⲥ ⲙⲛ̄ ⲡⲉⲧⲛ̄ⲁⲅⲱⲛ ⲉⲧ ⲟⲩⲁⲁⲃ· ⲛ̄ⲧⲟⲕ ⲇⲉ ϩⲱⲱⲕ ⲙ̄ ⲡⲁ ⲥⲱⲧⲡ̄ ⲡⲁⲩⲗⲟⲥ· ⲕⲛⲁϫⲱⲕ ⲉ ⲃⲟⲗ ⲙ̄ ⲡⲉⲕⲇⲣⲟⲙⲟⲥ ⲛ̄ⲧⲟⲕ ⲙⲛ̄ ⲡⲁ ⲙⲉⲣⲓⲧ ⲡⲉⲧⲣⲟⲥ—ⲛ̄ ⲥⲟⲩ ϯⲟⲩ ⲙ̄ ⲡⲉⲃⲟⲧ ⲉⲡⲏⲫ ⲛ̄ⲅ ϣⲱⲡⲉ ϩⲛ̄ ⲧⲁ ⲙⲛ̄ⲧⲉⲣⲟ ϣⲁ ⲉⲛⲉϩ· ⲧⲁ ϭⲟⲙ ⲉⲥⲉϣⲱⲡⲉ ⲛⲙ̄ⲙⲏⲧⲛ̄· ⲁⲩⲱ ⲛ̄ⲧⲉⲩⲛⲟⲩ ⲁϥⲕⲉⲗⲉⲩⲉ ⲛ̄ ⲧⲉⲕⲗⲟⲟⲗⲉ ⲉ̄ ⲧⲣⲉⲥⲧⲁⲗⲟ ⲙ̄ⲙⲙⲁⲑⲏⲧⲏⲥ· ⲛ̄ⲥϫⲓⲧⲟⲩ ⲉ ⲧⲉⲩⲭⲱⲣⲁ ⲛⲧⲁϥⲧⲟϣⲥ̄ ⲛⲁⲩ· ⲁⲩⲱ ⲛ̄ⲥⲉⲧⲁϣⲉⲟ̄ⲉⲓϣ ϩⲙ̄ ⲙⲁ ⲛⲓⲙ ⲙ̄ ⲡⲉⲩⲁⲅⲅⲉⲗⲓⲟⲛ ⲛ̄ ⲧⲙⲛ̄ⲧⲉⲣⲟ ⲛ̄ ⲙ̄ⲡⲏⲩⲉ ϣⲁ ⲉⲛⲉϩ· ϩⲓⲧⲛ̄ ⲧⲉⲭⲁⲣⲓⲥ ⲙⲛ̄ ⲧⲙⲛ̄ⲧⲙⲁⲓ ⲣⲱⲙⲉ ⲙ̄ ⲡⲉⲛϫⲥ̄ ⲓⲥ̄ ⲡⲉⲭⲣⲥ̄ ⲡⲉⲛⲥⲏ̄ⲣ̄· ⲡⲁⲓ ⲡⲉⲟⲟⲩ ⲛⲁϥ ⲙⲛ̄ ⲡⲉϥⲉⲓⲱⲧ ⲛ̄ ⲁⲅⲁⲑⲟⲥ· ⲙⲛ̄ ⲡⲉⲡⲛ̄ⲁ̄· ⲉⲧ ⲟⲩⲁⲁⲃ ϣⲁ ⲉⲛⲉϩ ⲛ̄ ⲉⲛⲉϩ· ϩⲁⲙⲏⲛ:—

COLOPHON

ⲛ̄ⲧⲁ ⲡⲉⲓ ⲁⲅⲁⲑⲟⲛ ϣⲱⲡⲉ ⲉ ⲃⲟⲗ ϩⲓ ⲧⲟⲟⲧϥ̄ ⲙ̄ ⲡⲙⲁⲓ ⲛⲟⲩⲧⲉ ⲛ̄ ⲥⲟⲛ· ⲉⲧⲧ ⲯⲁⲧⲉ· ⲛ̄ ⲣⲙ̄ⲧⲙⲉⲕⲣⲁ· ϩⲙ̄ ⲡⲧⲟϣ ⲛ̄ ⲣ̄ⲙⲟⲛⲧ· ⲉⲣⲉ ⲡϫⲥ̄ ⲡⲛⲟⲩⲧⲉ ⲙ ⲡⲁⲣⲭⲁⲅⲅⲉⲗⲟⲥ ⲉⲧ ⲟⲩⲁⲁⲃ ϩⲣⲁⲫⲁⲏⲗ ⲙⲛ̄ ⲡⲁⲅⲓⲟⲥ ⲡⲁⲩⲗⲟⲥ ⲡⲁⲡⲟⲥⲧⲟⲗⲟⲥ· ⲛⲁⲥⲙⲟⲩ ⲉ ⲣⲟϥ ⲛ̄ⲧⲟϥ ⲯⲁⲧⲉ ⲙⲛ̄ ⲧⲉϥⲥϩⲓⲙⲉ ⲙⲛ̄ ⲛⲉϥϣⲏⲣⲉ· ⲙⲛ̄ ⲧϥ̄ϭⲓⲛ ⲣ̄ ϩⲱⲃ· ⲛϥⲁⲁϥ ⲛ̄ⲥⲩⲛⲕⲗⲏⲣⲟⲛⲟⲙⲟⲥ ⲙⲛ̄ ⲛⲉϥⲡⲉⲧ ⲟⲩⲁⲁⲃ ϩⲣⲁⲓ ϩⲛ̄ ⲧⲉϥⲙⲛ̄ⲧⲉⲣⲟ ⲉⲧ ϩⲛ̄ ⲙ̄ ⲙ̄ⲡⲏⲩⲉ· ϣⲁ ⲉⲛⲉϩ· ϩⲁⲙⲏⲛ·

TRANSLATION OF THE COPTIC TEXTS

THE ENCOMIUM OF THEODORE, ARCHBISHOP OF ANTIOCH, ON THEODORE THE GENERAL, THE ANATOLIAN[1]

(**Brit. Mus. MS. Oriental, No. 7030**)

THE ENCOMIUM WHICH SAINT APA THEODORE, ARCHBISHOP OF ANTIOCH, PRONOUNCED ON THE VALIANT SAINT, THE VICTORIOUS WARRIOR OF ANTIOCH, THE DESTROYER OF THE PERSIANS, SAINT THEODORE THE ANATOLIAN. HE SPAKE ALSO CONCERNING HIS ORIGIN, AND HIS RACE (OR, FAMILY), AND HIS CAREER AS A SOLDIER, AND HIS GLORIOUS CAREER AS A GENERAL, AND THE AMOUNT OF HIS ANNUAL INCOME. AND HE ALSO SPAKE CONCERNING THE DAY WHEREON HE ENDED HIS CAREER .... THAT IS TO SAY, THE TWELFTH DAY OF THE MONTH TÔBE. HE SPAKE ALSO CONCERNING APA GAIUS, THE ARCHBISHOP OF ANTIOCH, UNDER WHOM THE FIRST OF ALL THE MARTYRS SUFFERED. HE ALSO SPAKE BRIEFLY CONCERNING SAINT APA CLAUDIUS. IN THE PEACE OF GOD. AMEN. Fol. 1 *a* 1 ⲁ̅

THE orchard is a pleasant place, and the trees thereof cluster round about it, they flourish [and] are laden with fruit, O my beloved. The blossom is pleasant and glorious, and emitteth a sweet and choice odour. | All the great ones Fol. 1 *b* 1 ⲃ̅ are round about it, and the mighty men and the Generals rejoice and are glad therein. These words do not [apply] to

[1] He is commemorated in the Ethiopian Church on the twelfth day of the month Ṭer, i.e. December 7; a short life of him is given in the *Synaxarium* (Ṭer xii = the Coptic Tôbe xii), and a longer one in Brit. Mus. MS. Orient., No. 689, fol. 211 *b* ff.

Antioch only, but also to the heavenly Jerusalem, the habitation of all the saints. And even though Diocletian, the lawless one, overthrew the houses of the Generals of my city of Antioch because of his wrath against them, Christ Himself, the Beloved of the Father, hath built them up into a palace in His City of Truth, the Jerusalem of heaven. And even
Fol. 1 *b* 2 though Diocletian, | the lawless one, separated them (i. e. these Generals) from their parents, and from their brethren, and from their kinsfolk who were living upon the earth, Christ, the King of kings, called them 'brethren' and 'companions', even as He called the Apostles,[1] at the time when they were on the earth. An earthly king called the valiant men of my city to him as 'recruits', but the Deathless King, Christ, hath called them 'My victorious warriors in the strife'.[2] And I, Theodore, who am the least among men, when I look upon [the remains of] their habitations upon this earth which
Fol. 2 *a* 1 Diocletian made into a | desert, straightway I say, 'Where
ⲉ̅ are the kings who have died, and the Generals whom Diocletian made?'[3] The mighty ones of my city hath this evil beast cast down to the ground because of his hatred towards them. But God, Who loveth the race of man, hath received them unto Himself in His kingdom, and hath given unto them an inheritance in His kingdom, [which is] a city that cannot be laid waste, whereof the trees never wither, and the fruits of the trees never perish. This is the place of joy and
Fol. 2 *a* 2 of gladness and of exultation | for ever!

Take shame to thyself this day, O Diocletian, who art in the deepest Amente, whilst all the saints are in the kingdom that is in the heavens! The lawless kings have been cast into Amente because of the evil which they have done to the holy martyrs; and these holy men are in the kingdom that is in the heavens. Thou wouldst have carried them, O transgressor of the law, into a city over which a mortal king

[1] Matt. xxiii. 8; John xv. 15. [2] Compare Rom. viii. 36, 37.
[3] ⲡ̅ ϫⲁⲓⲉ repeated inadvertently (?).

reigned, but they removed themselves into a city over which death hath no power. Thou didst not make them die, O | transgressor of the law, as every one else [dieth], but Fol. 2 *b* 1
thou didst kill them by means of the death of violence. ⲇ̅
And in very truth, O Diocletian, when I remember thy rule, and the evil which thou hast done unto the noblemen of Antioch, I curse thee, [and] I revile thee, [and] I call thee by evil names, O thou evil, blood-shedding lion, thou bear that didst drink blood at all times, thou dragon that dost dwell in the abyss! Furthermore, when I remember also the honours which they have received in the heavens, and that their memorial shall abide [for ever] in the world, |
when the nations perceive that the power of healing is bound Fol. 2 *b* 2
up in their holy bodies, and that healing is graciously granted unto those who are sick in the name[s] of the saints, and that martyriums are built in their names, one after the other, upon the earth, I say straightway, that thou wast born with an evil destiny and for thine own destruction alone. But it was a glorious destiny for these saints and martyrs to bring their lives to an end through thee, for they have received indestructible crowns in the kingdom which is in the heavens.

For in very truth when I remember what thou didst do
unto Saint | Theodore the Anatolian, I am amazed, and Fol. 3 *a* 1
I quake with wonder, for indeed great were the evils which ⲉ̅
thou didst inflict upon that brave warrior of Antioch, O Diocletian. When I consider the tree whereon they crucified Theodore the Anatolian, the tree that was anointed with his holy blood, and I remember the one hundred and fifty-three nails which they drove into his holy body on the tree, I weep bitterly with many tears, and I curse thee, O Diocletian.
But when I gaze up into the heavens, | and I see his (i. e. Fol. 3 *a* 2
Theodore's) throne on the right hand of Michael, outside the Veil of the Father, straightway I utter cries of joy, and I say, 'Well it is that thou wast born, O Diocletian, so that thou mightest put to death this valiant warrior Theodore the

Anatolian, and so enable him to acquire this great honour in the heavens before Christ Jesus!' Behold, the tree whereon they crucified thee did the Emperor Constantine command to be made into the doors of his martyrium, and into the apse of his chamber of sacrifice, and into the bier
Fol. 3 *b* 1 whereon his holy body [lay]. | When I think, [O Diocletian,]
ⲋ̄ what thou didst do unto Victor,[1] the son of Romanus, I am smitten with wonder that thou wast not ashamed before his father who put him to death. When I look upon the stone slabs over which they dragged him, and which were smeared with his holy blood, and when I think upon the fetters which they bound on his feet and legs, and which now hang on the doors of his holy martyrium wherein he driveth out devils, and also upon the stone slabs that were smeared with his blood, and that are now laid down in his martyrium and
Fol. 3 *b* 2 illumine (?) the . . . . of my | city, I give thanks unto God, and I say, 'Well it is that thou wast born, O Diocletian, so that thou mightest put these saints to death whereby they became the equals of the angels in the heavens and on the earth!' When I look at the sword of Horion, the companion of the saint Apa Victor, and the flat shield of gold which hangeth in his martyrium, again do I lift up [2] my eyes to the heights of heaven, and I see his crown of gold, and his royal sceptre, and four and twenty angels bearing them in the
Fol. 4 *a* 1 heavens. And I also see the King | Christ comforting him,
ⲍ̄ saying, 'I liken Mine own sufferings unto thine, O My chosen one, Victor!' When I see his courtyard planted with trees, and a fountain of water placed in the midst thereof, and the pillars wherefrom honey is flowing at all times, and I see the joy in his monastery which is stablished in the heavens, and how they bear him from this side to that, I exclaim, 'Well it is that thou wast born, O Diocletian, so that thou mightest put to death upon earth this mighty warrior, and so enable

[1] For the martyrdom of this saint see my *Coptic Martyrdoms*, pp. 1–101, &c., London, 1914.
[2] For ⲉ ϩⲓⲁⲓ read ⲉ ϩⲣⲁⲓ.

him to receive an inheritance in the heavens!' And straightway I bless the true | Creator, the Christ, Who hath remembered my city of Antioch, and hath raised up unto us these great and brilliant luminaries, these true pearls in the house of righteous kings, these warriors who were mighty men of war. For at the moment when I am walking in their martyriums on the earth, and I see the pictures of them drawn side by side as if they had just come forth from the battle in which they had been fighting, straightway I rejoice, and I utter cries of gladness. I am unable to keep fast hold upon the seal of my lips a second time, neither am I able to | set a bridle in my lips and mouth concerning the state of joy in which I see them; and I cannot restrain my tongue and prevent it from performing its function, and I must declare their honourable estate. For when I look upon the palace of Diocletian, this murderer of the mighty men of Antioch, which is now under the settled governance of the God-loving Emperor, and when I see his places of idols, which are now laid waste, and which have been made into churches, wherein are ready the Books of the Gospels, and when I see his throne of lawlessness, which hath been removed | from under him, and his bedchamber of lawlessness, which hath been destroyed, I exclaim, 'Well it is that the pride of that arrogant man Diocletian hath been abased, and that there hath been raised up for us the humble and God-loving Emperor Constantine, who hath remembered his fellowship with them and his rank of General, and that the throne of Antioch hath been bestowed upon him!' For when I see Martha, the mother of Apa Victor, weeping for her son with burning of heart, and when I hear Thebasia, the sister of Apa Claudius,[1] weeping for her brother with | sorrow of heart, and when I see Tekharis, the sister of Theodore the Anatolian, at the foot of the tree

Fol. 4 *a* 2

Fol. 4 *b* 1 Ⲏ̅

Fol. 4 *b* 2

Fol. 5 *a* 1 Ⲑ̅

[1] Probably Claudius the martyr mentioned in the *Synaxarium* (Sanê 11 = June 5); for a fuller life of him see Brit. Mus. MS. Orient., No. 686, fol. 227 *b*.

weeping for her brother, and when I see Asennêth, the sister of Apa Stephen,[1] the son of Basilides, weeping for her brother, when, I say, I see all these [women] weeping, I exclaim, 'It is a dire calamity that thou wast born, O Diocletian!' Yet again, afterwards, when I lift up mine eyes to heaven, and see these saints sitting upon thrones of glory, and the angels crowning them with crowns, I exclaim, 'Well it is that thou wast born [O Diocletian], for it is Fol. 5 *a* 2 through thee that these | saints have received crowns!' And when I see their martyriums that have been built around my city of Antioch like a wall, and when I hear the bells of gold that hang in the innermost parts of their martyriums, and when I see the multitudes of people exulting in their holy festivals, straightway I rejoice, and I bless my King Christ, saying, 'Well it is that God hath raised up for us these great and brilliant light-givers, which illumine all our city, Fol. 5 *b* 1 these physicians who | are healers of our souls and of our ī bodies at the same time, these Generals who are to be feared, these fighters who contend at all times for the Name of Christ, these master-warriors who at all times do battle with Satan! Well also is it that God hath raised up for us the God-loving Emperor Constantine, who was a General like unto them when they were in the body with him, who hath built their martyriums with every possible honour, who hath sought out their bodies, and who hath brought them into the Fol. 5 *b* 2 light, and they comfort | their followers with us all, and they strengthen our whole city.'

Our God-loving Emperor hath known their might from the time when they were in the body with him, for they were warriors who did battle with the wicked Barbarians. When Constantine saw that he had become Emperor [he knew] that he had especial need of them in the war, for he knew that

[1] See the *Synaxarium* (Ṭeḳemt 9 = October 6); for a fuller life see Orient., No. 686, fol. 27 *b*; and for Lucian's account of the recovery of his relics see fol. 118 *a*.

they were of more value than many mighty men of war. He ascribed glory unto them, and especially because they had magnified him in the exalted dignity of his kingdom, in his wish to stablish the fellowship of the Anatolian. He knew his valour, | and the honourable renown which he possessed Fol. 6 *a* 1
through his parents, and he ascribed glory to him in order ⲓ̅ⲁ̅
that he might exalt him the more.

And I, Theodore, the least of all men, will not hold my peace concerning the commemoration of this holy man Theodore the Anatolian. For, if we eat at his table, his valour will give [me] courage; if I fall down, he will lift me up; if mine adversary pursue me, he will deliver me out of his hand; if my ship be about to be engulfed in the waters, he will act as pilot for me, and will bring me to dry land; if I blunder stupidly in my | encomium upon him, he will Fol. 6 *a* 2
bear patiently with me, until I cease to err, and until my mad fit turneth away from me. Therefore I will allow my tongue to perform its function in its own proper manner, and I will speak about the commemoration of this holy man, Theodore the Anatolian. I will open my mouth with gladness, and I will declare the things which the Holy Spirit shall cause to enter into my mouth.

Now, the holy man Theodore, whose festival we are celebrating this day, was the son of Soterichus, the brother of Ptolemy, the governor, the father of Apa | Claudius. They Fol. 6 *b* 1
were men of Tarsus of Cilicia, and they were in the same ⲓ̅ⲃ̅
garden together. And the fathers of the two men Apa Theodore and Apa Claudius were the sons of a man whose name was Samar. He was not indeed a man who possessed very large sums of money, but he grew wheat on large tracts of land, and he had gardens, and vineyards, and orchards. He was not, however, a merchant who trafficked in all the things which he had in that region, because of the greatness of his possessions. And after a long | time he died, like Fol. 6 *b* 2
every other man, and left whatsoever property he had to his

sons, Ptolemy, the father of Apa Claudius, and Soterichus, the father of Apa Theodore. And when the mourning ceremonies for their father had come to an end, a great strife broke out between the two brethren Ptolemy and Soterichus, concerning the property of their father. And the two [brothers] rose up and came to Antioch, to the feet of the king, so that he might settle the dispute between them. And Ptolemy, the father of Apa Claudius, was older than |

Fol. 7 *a* 1 Soterichus, the father of Apa Theodore. And Ptolemy gave

ⲓ̅ⲅ̅ a centenarius of gold behind the back of (i.e. unknown to) Soterichus, the father of Apa Theodore, to Euius the king, and when the king saw their wealth, and their military rank, he gave his daughter to Ptolemy to wife. And [concerning] Soterichus, the father of Theodore, Ptolemy informed Euius the king, saying, 'He is my brother, and the same father begat both [of us]'; and he made him a fellow ruler and councillor. And the king sent to Tarsus, and removed them

Fol. 7 *a* 2 to Antioch. | And the king gave his brother's daughter, whose name was Sophia, to Soterichus to wife. And the two [brothers] became exceedingly powerful, and they flourished in Antioch, for the king loved them. And whensoever [the troops] went out to exercise both brothers mounted the king's chariots. And, moreover, the matter became well known that each of the two brothers had married a daughter of the king.

And after these things the two brilliant luminaries, Theodore and Claudius, were born, and straightway the Archbishop,

Fol. 7 *b* 1 Apa Gaius, was sent for, | and he prayed over the two

ⲓ̅ⲇ̅ children. And [their fathers] made a great feast for the Archbishop, and for the nobles of the palace, and for all [the people of] Antioch on that day. And the fathers of the children would not give them names without the opinion of the Archbishop, and Apa Gaius blessed them in the impulse of his spirit. And when the days of their purification were accomplished, the Archbishop took the two children, and set them before the altar of sacrifice; and when he had prayed

over them | he uncovered their faces, and he saw the names Fol. 7 *b* 2
of both of them written upon their foreheads. The letter THETA was written upon [the forehead of] the son of Soterichus, and the letter GAMMA was written upon [the forehead of] the son of the daughter of the king; and these two written signs were visible to every one. And the people marvelled, and Apa Gaius the Archbishop was exceedingly astonished at what had happened to the little children. And a voice was heard from the support whereon the little children were lying, [saying], 'Theodore the Anatolian, | Claudius the Fol. 8 *a* 1
Persian.' And the Archbishop offered up sacrifice that day, ΙΕ
and [the fathers] lighted a great bonfire in Antioch, and made a great feast whereto every one came. And the dwellers in the palace loved Claudius because of his noble rank; now this was before his father Ptolemy became king, though he was [already] the equal of the king. And they appointed free women to be nurses to the two children, and to bring them up. And Father Apa Gaius the Archbishop | baptized Fol. 8 *a* 2
the two children, who were full cousins (literally, brethren) each of the other, and of the same stock (or, family), and he gave unto each a name according to the lot that had been ordained for him. And whilst he was considering the name of Saint Theodore, his mother called him 'the Anatolian', according to the name of her city Anatolia. And they gave to Saint Apa Claudius the name of 'the Persian', because his mother was by race a Persian.

And it came to pass that some years after these | holy men Fol. 8 *b* 1
were born Euius the king died, and [Ptolemy], the father of ΙϚ
Apa Claudius, became the king, and Soterichus, the father of Apa Theodore, became the equal of the king, and they administered the affairs of the kingdom.

And there was a certain great merchant in Antioch, who was a neighbour of Soterichus, and whose name was Romanus, and he was exceedingly rich, and he gave a centenarius of gold to Soterichus, the father of Apa Theodore, that he might

Fol. 8 *b* 2 make him a | General in the Imperial Army. And Soterichus took the money, and gave unto him the power and authority that belonged to the rank of General, for he was his sister's husband. And in those days, that is to say, in that very same year wherein these two saints Theodore and Claudius were born, [birthday] sacrifices were offered up on behalf of the two children, and all the people of Antioch marvelled at their magnificence. And their fathers made a feast for all the people of the city, and for twenty-seven days they celebrated the birthdays of the two little children, both in the
Fol. 9 *a* 1 palace and in the houses of the | widows and orphans. And
ιζ̄ they inscribed the names of the two [children] upon the four-gated castle of the city, thus, 'Theodore and Claudius, the sons of the king.' And the two children were taught in the same school. And all the people of the city desired to see them because of their beauty, and because of their noble rank, and their intelligence, and their handsome faces, and the splendour of their apparel. And a great number of cymbals and instruments of music played before them whensoever they
Fol. 9 *a* 2 wished to go into the church | to partake of the Sacrament, and a proclamation was made by the herald everywhere throughout the city, saying, 'Claudius and Theodore, the sons of the king, wish to go into the church to partake of the Sacrament.' Thereupon a multitude of people would gather together upon the dung-heaps of the city of Antioch, and upon the mounds in the city, and upon the roofs of their houses, so that they might see them sitting upon the king's chariot. And the people used to decorate the road by which they came to the church with [banners of] purple cloth and byssus, and with linen streamers, and with yellow banners (?),
Fol. 9 *b* 1 and they used to sweep the road clean, | and strew it with the
ιη̄ choicest aromatic herbs, and with [branches of] laurel and syringa. And whilst the two children sat side by side in the place of honour which was set apart for them in the church, all the people sat behind them and admired their beauty.

And their mothers made pomegranates in gold and silver wherefrom they sprinkled water over them. Their tables and their drinking cups were of gold and silver, and their stands were inlaid with precious stones, that is to say, emeralds, and topazes, and diamonds, and chrysolite. And the name of each of the children | was written upon their tables in equal size, Fol. 9 b 2
and in an equally splendid manner. And my Father, Apa Gaius, administered the Sacrament to them. And I, Theodore, the least of all men, acted as attendant at the feet of my Father, Apa Gaius, on that day. And when these children came into the church to partake of the Sacrament the Archangels Michael and Gabriel stood by their side. And Michael took hold of the hand of Saint Theodore, and placed his sword in his hand, saying, | 'Take this for thyself, O Theo- Fol. 10 a 1
dore. Thou shalt conquer, and thou shalt prevail, and thou ⲓ̅ⲑ̅
shalt put to flight thine enemy therewith, like Benaiah,[1] the mighty man of Israel. Thy hand shall fight, and thy right hand shall conquer. I am Michael the Archangel. Christ hath already given thee unto me as a favour in His kingdom, and thou shalt take my strength [with thee] into battle, for there hath already been given unto thee in the heavens the name of "Theodore, the mighty General".' And Gabriel, who was on the right hand of Claudius, | reached out to him Fol. 10 a 2
the sword of fire which was in his hand, saying, 'Take this for thyself, for the destruction of the Barbarians, and put to flight the Persians therewith. Take unto thee also, O Claudius, my great humility and glory. They call me God and man,[2] and they shall call thee "General and son of the King". Theodore hath been given into the hand of my fellow archangel in the heavens, and thou hast been given unto me in the heavens.'

[1] i.e. בְּנָיָה, the son of Jehoiada, who slew two lionlike men, a lion in a pit, and an Egyptian 5 cubits high, 2 Sam. xxiii. 20; 1 Chron. xi. 22.

[2] This assumes that the name Gabriel is derived from גֶּבֶר 'man' + אֵל 'God'.

And when Apa Gaius had seen the vision, he marvelled |
Fol. 10 *b* 1 and was exceedingly perturbed, and he rose up and said unto
ⲕ̅ me, 'My son Theodore, whether I die or whether I live, Claudius and Theodore shall be renowned throughout the whole world for their valour. For I say unto thee, O my son Theodore, that the names of these children shall be as famous as the names of the Apostles of Christ, and that their names shall reach even unto the Persians.' And I entreated pardon[1]
Fol. 10 *b* 2 from him, and I said, 'Forgive | me, O my holy father. Peradventure thou hast only imagined that thou hast seen these things concerning these sons of the king.' And he said unto me, 'My son Theodore, I saw the two children given into the hands of the two Archons of the Court of the King Christ, namely, Michael and Gabriel, who will make them to be victorious in battle. It hath been shewn unto me that the lot of Theodore appertaineth to Michael, and that Claudius hath been given into the hand of Gabriel. And I believe, O my son Theodore, that [these archangels] shall bless them in their life and in their death.'

Fol. 11 *a* 1 And after these things | they came out of the church that
ⲕ̅ⲁ̅ day in great honour and glory, both of them, and the holy men [directed] the ship of the government, and their names were written upon their banners (?) as captains of war and as sons of the king. And their fathers made a bracelet of gold for each of them, and unto each a thousand slaves were given, and the distinguishing apparel of a prince was [placed] upon each of them. They resembled each other in their features, and in their graciousness, and in their understanding, and in their noble bearing. And it was arranged that the sister of
Fol. 11 *a* 2 Theodore should be married to Apa Claudius, and | Theodore the Anatolian to the sister of Apa Claudius, for thus one royal family would be united to another royal family, and honourable rank would be added to honourable rank, and

[1] Literally, 'gave repentance to him.'

majesty would be added to majesty, and renown to renown. But from the moment wherein the angel of the Lord touched them he removed from them external pollution, and every blemish of this world, and they were made to forget marriage and the taking of wives, and they became like unto the angels, that is to say, like unto those who had been made eunuchs by the hands of men. From that day the holy men never entered into a bath to wash themselves therein, and they never stripped their bodies | naked. And the poor, and Fol. 11 *b* 1
the widows, and the orphans thronged to the road along ⲕⲃ
which the holy men passed, and they waited there to receive alms from the hands of their servants, to whom their lords gave money to give unto those who were in need in the streets; and the yearly allowance of each of the holy men from the king's palace was one thousand pieces of money. And the holy men never wished to be present at a feast accompanied by the music of cymbals and pipes. They had no liking whatsoever for the places where theatrical spectacles were exhibited, and they greatly disliked the places where instrumental | music was performed. They felt no desire for Fol. 11 *b* 2
any woman of pleasure, and they never allowed their gaze to rest upon any beautiful woman as the sons of a king are wont to do. They took no delight whatsoever in the pomp and ceremony of this world, but they passed their time in reciting the passages of Scriptures which they had learned by heart, and psalms and prayers, and they spent their nights in watching [and prayer]. When they wished to learn about military operations they used to take the BOOK OF ALEXANDER,[1] and read it, and they were made happy thereby. And these holy men passed fifteen years in the splendour of the kingdom. In their youth all the soldiers in the army | loved them as Fol. 12 *a* 1
they loved the angels of God, because of their generosity and ⲕⲅ

[1] Not, presumably, the famous work of Pseudo-Callisthenes, but the version of it which was common among the Arabic-speaking Christians and the Ethiopians, in which Alexander the Great is described as a Christian king. See my *Life and Exploits of Alexander the Great*, Cambridge, 1896.

because of their holy lives, and at length the Persians heard of their names, and marvelled thereat.

Now in those days there was war between the Persians and the Romans, because of certain ships which had been seized (or, plundered) on the road (i.e. on the high seas); and finally an exceedingly fierce struggle took place between them, and very large numbers of men were killed on several occasions during that war. And the Emperor of Rome dispatched
Fol. 12 *a* 2 his | army of soldiers and his own son with his own warlike host; and Soterichus was in the palace with his son Theodore, for they were in charge of the throne of the Kings (or, Emperors). Then after these things [there was] a second war, [and the two armies] came face to face on the river Tanobis. And the King of the Romans spake to his host, saying, 'Whatsoever ye are able to carry off as spoil from the Persians, ye are permitted to possess as your own
Fol. 12 *b* 1 property'; and the King of the | Persians spake to his
ⲔⲀ host in similar terms. For the rest, [the two armies] actually faced each other, and they spread out over very much ground, and they passed forty days, each army being spied upon by the other on the river Tanobis, and they allowed their beasts to graze before they fought. And they formed cunning schemes concerning the conduct of the war.

When the Devil, who is the hater of every good thing, saw that the Romans and the Persians did not join battle, he went to the Persians in the form of an envoy of the Romans, and he accused the King of the Persians and his host, saying, 'Wherefore are ye sitting down and not fighting
Fol. 12 *b* 2 each | other? The Romans despise you and your host. They call you "godless heathen". They hold in contempt your gods, the sun and the moon, and they say that they are not gods at all. They have determined to plunder your cities, and to burn them with fire, and to lay them waste, and to throw your temples down to the ground, and to seize your king, and to make him a slave at their feet. I know

the Romans well, and they are men who are altogether merciless. Behold, the things which I have heard I declare unto you. And if ye permit them to slip through your hands, and do not slay them, there will rise up from among
them certain | men of might and valour who shall reduce Fol. 13 *a* 1
you to slavery utterly, for, behold, a spirit hath come into ⲔⲈ
them which shall conquer irresistibly in the war. And I will tell you the names [of these men]. The greatest among them is Theodore the Anatolian, whose voice is like unto the roaring of a lion. His sword, wherewith he will fight against you, is a blazing fire. If he proveth himself to be greater than ye he will reduce you to absolute slavery. And there is another man, one Claudius, an exceedingly mighty man of valour; and if he proveth himself to be greater than
ye he will reduce you to absolute slavery. And | another Fol. 13 *a* 2
is Justus, and there are Stephen, and Dioscurus, and an Egyptian, that is to say, Theodore the General, and another is Apa Patêr, who is an exceedingly mighty man of valour, and another is Euius, and those who follow. Now therefore shew ye yourselves bold in dealing with these mighty men of war concerning whom I have told you, and concerning whom I have spoken to you with all these words, and with all the words of accusation.' And having said [these things] to the Persians, he disappeared from them.

And he changed his form (i. e. disguised himself), and
came | to the others (i. e. the Romans), and he took the form Fol. 13 *b* 1
of an envoy of the Persians, and corrupted the heart of[1] the ⲔⲊ
others (i. e. the Romans), saying, 'These are the things which the Persians are saying: We will not turn back until we have spoiled all the territory of the Romans. We will take its king to our country, with a yoke on his neck, like the collar on a dog, and we will make his sons slaves,

[1] i. e. discouraged.

and they shall labour for us even as do the men of Babylon.'

And when the envoy had said these things to the Romans, he disappeared from them. And he took his seat between the camps of the two armies, that is, between the Persians
Fol. 13 *b* 2 and | the Romans, and he cast dissension and enmity between them. The first time they joined in battle ten thousand men were killed. On the second day on which they fought twenty thousand men were killed. In the first defeat that took place the Romans captured the son of the King of the Persians in his chariot. And on the third day after the capture of the son of the King of the Persians the Persians took to flight, and their whole army
Fol. 14 *a* 1 scattered itself in all directions because of the defeat | that
ⲕⲍ had taken place, and because of the great quantity of blood that had been shed, and the putrefying dead bodies that were strewn about. And the Romans cried out, 'We have carried off the son of the King of the Persians,' and there was great joy [among them]; and [when] they came to the river Tanobis, the Romans bathed therein because of their fatigue and because of the blood of those whom they had killed.

And when the Persians had searched for their prince, and had not found him in his chariot, they were greatly dis-
Fol. 14 *a* 2 turbed. And they said, 'How is it possible for us | to explain to his father that he hath been captured? Since it is absolutely necessary for us to fill his father's hands, let us pursue the Romans and take the son of our king out of their hands before we depart to our own country.' Then straightway they pursued the Romans, who were halting by the river Tanobis, and were wishing to cross it, and to depart to their own country. And the Persians separated the chariot wherein Claudius was from the rest of the host,
Fol. 14 *b* 1 for they thought that he was the son | of their king. And
ⲕⲏ the Persians and the Romans fought together once again,

and the Persians killed five thousand men of the enemy, and they vanquished the Romans, and captured Claudius, and fled to their country. And the Romans grieved because the son of their king had been captured, and the Persians also grieved because the son of their king had been captured. And when at length the Persians took Claudius to the country of Persia, they set him before their king, and they said unto him, 'O our lord, thine enemy hath captured Kratôr thy son; but behold, we have brought the son of their king unto thee.' And when the king had looked at Claudius, he said unto him, 'Art thou the son of the | King Fol. 14 *b* 2 of the Romans?' And the king marvelled at him, because of his beauty and intelligent looks, and at the grace and dignity with which he wore his royal apparel, and his youthful head-dress and his whole bearing and appearance proclaimed him to be the son of a king. And the King of the Persians said unto him, 'Art thou the son of a king?' And Claudius answered and said, 'Once I was the son of the King of the Romans, but this day I am a slave at the feet of the king before whom I stand.'

And after these things, [when] the priests looked at Claudius, and saw that he was exceedingly fair in form, they said unto the king, 'Verily, this [man] is suitable for offering up as a sacrifice to the gods, for the salvation of thy son | whom the Romans have captured in battle.' And straight- Fol. 15 *a* 1 way the queen looked out of the window in her chamber, ⲕⲑ and when she saw that Claudius was very handsome she loved him exceedingly. And she came down in haste, and said unto the king, 'O king, live for ever! I entreat thee to do no evil to this young son of a king, for he is fair in his beauty, and in his bearing, and in his intelligence. Wilt thou not bear in thy mind, O king, that it was the womb of a woman which carried this [prince], | like every other person, Fol. 15 *a* 2 and that it was the breasts of a woman that suckled him, even as my beloved son was suckled at my breasts? And as I am

reduced to misery because of [the loss of] my beloved son, even so will the mother of this [prince] be reduced to misery because of [the loss of] him. And if thou dost destroy this prince, his father will hear the news thereof, and he will kill my beloved son, and through his death we shall be childless. For in very truth, O king, it is a righteous judgement, ordained by heaven, that each man shall have authority over
Fol. 15 *b* 1 his own son. | I will never permit thee, O king, to kill this
ⲗ̅ young man whose beauty is fair, and who is noble and is the son of a king. And thou knowest well that we had arranged this year to take a bride for our son, and a bridegroom for his sister, if we saw a bride and a bridegroom of sufficiently noble birth. And if it happen that our son be sent back to us, I will give Kesen my daughter to him (i.e. the prince here) to wife, and I will send him to his father in great honour.'
Fol. 15 *b* 2 And the queen | moved the heart of the king by [her] laudatory words concerning Claudius, and she caused him to reverse his intentions, and not to put him to death. And Claudius was shedding floods of tears in the house of the queen, saying, 'Who will make known to my father and to my mother concerning my tribulation, and who will tell them about the wretched state wherein I am, saying, Thy son Claudius is in the hand of Death, and in the power of the King [of Persia]? Who will be my envoy this day, and make known to my father and to my mother that I am alive
Fol. 16 *a* 1 by the | mercy of God? Who will console my father and my
ⲗ̅ⲁ̅ mother for my anguish? Who will instruct my father and my mother, saying, Treat with the greatest kindness and consideration the son of the King of the Persians who tarrieth with you as a guest, so that God may set mercy in respect of me in the heart of his father, and that he may shew mercy towards me? Who will bear a report of me, and inform my brother Theodore, saying, Claudius enquireth after thee lovingly? Who will bear a report of me, and inform my
Fol. 16 *a* 2 beloved sister concerning my tribulation of heart? | Who will

speak unto my beloved mother and say, Make mourning for your son Claudius, who is in the hand of a king [who is] a wicked tyrant? O would that I could find one kind friend unto whom I could send a letter, and who would take it and deliver it to Ptolemy my father! I know of no man in this country whom I could hire and dispatch to my father and to my mother, to give them information about me, and to tell them what I am doing.'

These and other things of like character did Saint Claudius utter in his bedchamber, | and he wept. And the daughter Fol. 16 *b* 1
of the king stood up, and heard the sounds of his [weeping], ⲗ̄ⲃ̄
and she herself wept because of the tender (or, affecting) words which he uttered. And straightway, behold, a vision of light rose up before him, and the whole place became as it were filled with burning fire, and even the palace of the king shot forth flames. And forthwith the Archangel Gabriel appeared unto the holy man Claudius, and he spake unto him, saying, 'Hail, Claudius, unto whom I gave thy name at the time of [thy] first reception of the Sacrament! Hail, thou | whom I have watched over from thy childhood! Why Fol. 16 *b* 2
dost thou weep and heave sighs? Although thou art in the hands of a mortal king, the King of heaven and of earth is watching over thee, and He is on every side. I am Gabriel, into whose hands the King of Truth, Christ, gave thee when thou wast a child, and Christ gave also Theodore the Anatolian into the hand of Michael the Archangel, so that he might watch over him. Why art thou afraid of mortal soldiers on earth whilst an Angel of God is watching over thee, | and is on every side of thee?' Fol. 17 *a* 1

And Claudius said unto him, 'My lord, I am afraid of ⲗ̄ⲅ̄
two things by turns since I have fallen into the hands of evil Barbarians: If they kill me, [or] if they make me a sacrifice to their god, my disgrace lieth with the God of heaven; but if they yoke me in polluted marriage against my will, I shall produce [for their benefit] a son of the race of my fathers.'

The Archangel Gabriel said unto him, 'I say unto thee that neither of the evils which thou art thinking of shall come upon thee. Since thou hast come to this country, Fol. 17 *a* 2 O | Claudius, needs must that Theodore the Anatolian shall come to thee, and thou shalt see him face to face, and the name of each one of you shall become famous, because a great commotion shall take place in all this country in connection with your names. The peace of my Lord Christ shall be with thee, and thou shalt have salvation in His holy Name.' And as the Archangel Gabriel was saying these words he disappeared from the saint.

And when the queen saw this vision of light which had risen upon Claudius, [who was] in the midst of fire, she was Fol. 17 *b* 1 very greatly disturbed in her mind, and | she came down to ⲗⲇ the king. And she said unto him straightway, 'O my lord the king, make haste and send away this son of a king to his father, for we are bound so to do. I have seen the fire which he hath been producing all the evening, in the chamber wherein he is, and it is certain that the God of his fathers will destroy our city for his sake.' And when the king heard these words he was willing to send away Claudius to his country, but the nobles of the palace would not permit him to do this. And the queen said unto him, 'If thou lovest Fol. 17 *b* 2 thy son, treat thou this son of a king with honour | and consideration, for perhaps God will incline the heart of his father to treat our own son well. And if my counsel be pleasing unto thee, and my words also enter into thine ears, give him parchment and ink, and let him write to his father with his own hand, saying, I am alive, and no evil thing whatsoever hath been done unto me. Peradventure [his father] will send our beloved son back to us, and we will Fol. 18 *a* 1 dispatch his son to him with great | honour. And if it be ⲗⲉ his wish, I will give unto him Gesen my daughter to wife.'

And the king was persuaded by the words of Aliphorus the queen, and straightway he made them set Claudius before

him. And the king said unto him, 'Tell me: Which of the gods of thy father was it who came to thee this evening, when the light of [his] fire was so great that it flamed throughout the palace? Was he not the Anatolian god whose name hath become famous everywhere? Behold, for three nights | I have been seeing a vision, and [have heard Fol. 18 *a* 2
voices] calling to me and saying, Behold, Theodore the Anatolian shall come unto you to blot you out. It must be he, and peradventure it was he who came unto thee this evening wishing to consume us.' And the holy man Apa Claudius said unto King Agaborne,[1] for this was his name, 'Nay, my lord the king, [he was not my God,] but only an angel of my Lord Jesus Christ, who came unto me this evening. It was he who saved me from death in the midst of thy | host, and it is he also who hath put mercy in thy Fol. 18 *b* 1
heart towards me, and caused thee to treat me in such ⲗ̅ⲋ̅
generous wise. As concerning Theodore the Anatolian, of whose name thou hast heard, he is my brother.' And the king said unto Saint Apa Claudius, 'I wish thee to write a letter to thy father with thine own hand, [and ask him] to send my son to me with Theodore the Anatolian, whom I should like to see; then I will release thee, and thou shalt depart to thy father with honour.'

And Saint | Apa Claudius wrote to his father the fol- Fol. 18 *b* 2
lowing words: 'In the Name of the Father, and of the Son, and of the Holy Ghost, the Trinity, holy, consubstantial, immutable, unchangeable, and unknowable, the Power Who supporteth the heavens and the earth and the elements, Who cannot be dissolved, Who, by His operation which is without fatigue, [maketh] the Sun to know [his course], Who maketh the Moon to change from his crescent shape to his complete circle, Who painteth the heavens with forms made of light-giving stars, and Who guardeth the kingdom of

[1] Or perhaps ⲁⲅⲁⲡⲟⲣⲛⲉ.

Fol. 19 *a* 1 Ptolemy | my father: Take joy to thyself, for I am alive.
λζ I am Claudius thy son, whom the Persians captured in the war; but God hath spared me, and hath given unto me favour before the king and the queen. But first of all, O my father, shew kindness and consideration to the son of the king who is in thy power. I write unto thee, O my beloved mother, and unto thee, O my sister Thebasia, and unto thee, my beloved brother Theodore the Anatolian, to enquire concerning (i.e. salute) you all in the Lord. And |
Fol. 19 *a* 2 next I enquire concerning the nobles in the palace, and my father Apa Gaius the Archbishop. Behold, I declare unto you that I am living in the apartments of the queen in great honour. Moreover, send the son of the king hither in charge of my friend Theodore the Anatolian. Then will the king release me, even as he hath promised. I am Claudius thy son, and I write unto thee, O Ptolemy my father, with mine own hand.' And he wrote in the letter other matters of a privy
Fol. 19 *b* 1 nature concerning | himself, and his father, and his mother,
λη and he gave the letter to the king.

And now, O my beloved, I must make known unto you what things were happening among the Romans after they had stopped fighting and had returned to their city. It came to pass that when they searched among their host, they could not find Claudius in his chariot. And what happened in the palace at the time when it was reported there that Claudius had been captured? As soon as his
Fol. 19 *b* 2 mother heard [this] she rent her garments, and put | ashes on her head, and plucked out her hair; and Thebasia, the sister of Claudius, did likewise, and Ptolemy his father [mourned] most of all; and the nobles of the palace [mourned] with him. And his slaves rent their garments, and all the widows and orphans wept for him, because of the alms which he had been in the habit of giving to them and to the poor and needy. And his mother made lamentation for him, saying, 'Woe is me, O my beloved

son Claudius! What can I, even I, do in the war, my son? Neither can a royal chariot [do aught], now that thou hast been taken from me. Who is the man, | and where Fol. 20 *a* 1
can I find him, by whom I can send to thee my questions ⲗ̅ⲑ̅
concerning thee? Thy sister Thebasia mourneth, and she weepeth bitterly because of thy sorrow of heart, O my beloved son! What shall I do with thy royal crown, since thy sweet face hath been snatched away from me? What shall I do with thine armlet (or, bracelet) of gold, O my son, now that thou hast been carried off into a foreign country? O would that I could make acquaintance with the barbarian who hath carried thee off, for I would give unto him thy price four times over, and then he would send thee to me. What barbarian is there wicked enough to do harm to Claudius, my | son, if he hath once seen him? I adjure Fol. 20 *a* 2
you, O ye generals of the king, and ye nobles of the palace, if my beloved son Claudius hath been slain, shew me the truth, and I will give everything which I possess if only I may bring his body into my house. And I will make it ready for burial in a manner that befitteth it, and I will lay it in the tomb of the king, and I will weep over it. Peradventure I shall be comforted somewhat thereby, though I think it to be impossible. There is no consolation for the queen when her lord is removed. There is no consolation in the palace wherein there is weeping. | There is no consolation Fol. 20 *b* 1
for the mother bird when they have stolen her young birds ⲙ̅
from her. There is no consolation for the orphan when they have carried away his parents. There is no rejoicing for the widow when her helper hath been removed, and it is impossible for me to find either consolation or rejoicing now that my beloved son Claudius hath been carried off from me. Thou hast no brother, O my son, from whom I might derive my consolation. Verily I have looked upon thee daily as an angel of God. I shall never be comforted again, because thy sweet face hath been snatched away from me.' | In brief, Fol. 20 *b* 2

there was very great lamentation spread abroad throughout the whole city of Antioch. Some said, 'How goodly was his form!' And others said, 'How suitable he was to hold royal rank!' And others said, 'What a soldierly [prince] he was!' And the king was wholly crushed by grief for [the loss of] his son Claudius.

Then after these things Soterichus, the father of Apa Theodore, went to [Ptolemy] and said unto him, 'O king, live for ever! Though thy son Claudius hath been taken captive, behold, the son of the King of Persia hath been
Fol. 21 *a* 1 brought | unto thee, and he is alive. Come, examine him,
ⲙⲁ and make him write to his father. If thy son Claudius is alive, the King of Persia will then release him, and thou wilt set at liberty his son.' And the king said unto Soterichus, 'Send a message to the archbishop, and let him bring the son of the King of the Persians to thee, and let him write to his father about my beloved son Claudius.' After these things each side waited for a month. When the letter of
Fol. 21 *a* 2 Claudius arrived in Antioch, O what great | rejoicing there was in it on that day! And when the letter had been read, and the name of Saint Theodore the Anatolian was found [mentioned] therein, the king asked about him, and wished to see him; and straightway the king sent for him and his company of soldiers. Now Theodore was stationed in a watch-tower on the frontier to keep the Barbarians in check, and he did not know what had happened to Claudius.

And when after these things Saint Theodore came to the palace, he found the servants of Claudius, with their garments that were upon them rent. And he asked them, saying,
Fol. 21 *b* 1 'What hath happened that ye | grieve so deeply and so
ⲙⲃ sorrowfully?' And they informed him of what had happened to Claudius, and he wept greatly for him. And he went into the presence of the king, and he began to praise Claudius his son to him, and he spake, saying unto him, 'Be not sad of heart, O king, for I will go and will bring back thy

son Claudius to thee in this place. Even if I have to die with him, I will never relax my efforts until I bring him back to thee.' And the king made every preparation possible for their | expedition, so as to make them set out [quickly] Fol. 21 *b* 2
on the road; but the queen could not be persuaded to send Theodore for her son lest the King [of Persia] should seize and keep him, because she loved him exceedingly. And she said, 'I am afraid lest the [Persian] king make himself master of them both, and I have to suffer grief because of them.' Then the king sent to the archbishop, and said unto him, 'My holy father, guard carefully the son of the king who is thy guest, until I require him at thy hands, because I would make peace with his father; he shall send | my son back to me, and I will send his son back Fol. 22 *a* 1
to him.' And the archbishop said unto him, 'My lord the ⲙⲅ
king, he is in the bishop's house with me, and I eat at the same table with him, but in his side there are the remains of a wound caused by an arrow during the war, and he is ill through it.' And the king said unto the archbishop, 'Take the state physician to him, and he shall heal him, and meanwhile I will write to his father. And do thou make thyself ready, O my father, [for] thou shalt go to the King of the Persians, and thou shalt | bring back Fol. 22 *a* 2
to me my son Claudius on account of whom I am grieving.' And the archbishop said unto him, 'According to thy command thy servant shall depart in haste.' And the king sent soldiers, and noblemen of his kingdom, and an exceedingly great number of rich presents, and Saint Theodore, but the son of the King of the Persians was kept under restraint. I, Theodore, the least of all men, was then a presbyter, and was under the direction of my father, Apa Gaius the archbishop, and I was his deputy.

Then after these things | they (i.e. the archbishop and Theo- Fol. 22 *b* 1
dore) took the road to the country of the Persians, and they sent ⲙⲇ
envoys before them to announce to the King of the Persians

that they were coming on a mission of peace. And the king sent out heralds to proclaim to all the inhabitants of the city, saying, 'Come ye to me, for my son hath arrived, and Theodore the Anatolian with him, and let us find out what kind of a man he is.' And they decorated the palace with lamps and garlands in their honour, and all the multitudes thronged out to meet
Fol. 22 *b* 2 them, for the name of the Anatolian | had spread abroad everywhere. And when the Romans had come into the city, all the people were greatly excited, and even the women went up on the roofs [to look at them]. And the archbishop disclosed his business unto the king. And the king said unto him, 'Art thou the god of the Romans that thou wearest the kind of garb which is upon thee?' And the archbishop said unto him, 'Nay, I am not God—let it not be [that any one should suppose that I am!]—but I am His high priest, and I pray for the sins of the people. The King of the Romans hath sent me
Fol. 23 *a* 1 unto thee that I may give unto thee | these gifts and good
ⲙⲉ news of thy son who is alive.' And the king said unto him, 'Why didst thou not bring him here?' The archbishop said unto him, 'He is in Antioch; but I swear, O king, by thy salvation, that thy son is alive, and that it is I who will bring him to thee if thou wilt release Claudius and give him to me.' The king said unto him, 'Where is Theodore the Anatolian? I would see him.' And the archbishop said unto him, 'He is outside in the palace, with the king's scribes, and the nobles
Fol. 23 *a* 2 of the | palace'; and straightway the king commanded that Theodore should be brought to him. And the king said unto him, 'Art thou Theodore the Anatolian? Tell me now why the strength (i. e. renown) of thy name hath spread abroad to such an extraordinary degree.' And the holy man said unto him, 'Strength, and might, and battle belong to the Lord. As for the name by which men call me, it was the Archangel Michael who gave it unto me.' And the king said unto him, 'I will not let thee depart. Wilt thou not perform acts of valour in this city, that I may see thee?' And the holy |

man said unto the king, 'I have already told thee that strength Fol. 23 *b* 1
and might belong unto the Lord. But I tell thee that if ⲙⲉ
I had been present at the fight thy soldiers would not have
been able to carry away Claudius out of our hands. However,
permit me to see Claudius, and let me hold converse with him
before I do the mighty thing which thou shalt see.' And the
king made them to bring forth Saint Claudius from the apart-
ments of the king, and he set him before Saint Theodore.
And when Theodore saw him, he and Claudius began to shed
tears together, | and they kissed each other's neck, and the Fol. 23 *b* 2
king permitted them to see each other and to hold converse
together for a week of days. And when the queen saw their
faces she lusted for the young men, and she sent for a painter
of portraits, who kept his gaze upon the two young men for a
long time, and then drew likenesses of them upon the wall of
her bedchamber. Then after these things Apa Claudius
enquired concerning the welfare of his kinsfolk and household,
and [Saint Theodore] said unto him, 'Hath the king done thee
any harm?' And Claudius said unto him, 'Nay, my beloved
brother, | he hath not, but he is seeking to yoke me in filthy Fol. 24 *a* 1
marriage with his daughter.' And Saint Theodore said unto ⲙⲍ
him, 'Fear thou not, O my beloved brother Claudius, behold,
Michael and Gabriel also are a defence for both of us, for
I declare unto thee that no evil thing shall happen unto us.'

And it came to pass after a month of days that the arch-
bishop went to the king, saying, 'O our lord the king, we
have tarried in this country sufficiently long for our business;
dismiss us now, | and let us depart to our country, and we Fol. 24 *a* 2
will send thy son to thee.' And the king said unto him, 'I
will not let Theodore go until thou hast sent hither to me my
son safe and sound'; and thereupon the archbishop made
known unto Saint Theodore the words of the king. And it
came to pass on the morrow that the queen went to the king,
and she asked him, saying, 'Wilt thou give our daughter to
Claudius to wife? for she loveth him exceedingly.' And Apa

Claudius said unto the queen, 'My parents and the archbishop
Fol. 24 *b* 1 have already yoked | me in marriage before I came to this
ⲙ̅ⲏ̅ place. It is impossible for me to put aside that marriage
and to break the law of my parents.' And when the queen
saw that she was unable to change their purpose, she became
exceedingly wroth, saying, 'Unless my son is restored to me
first of all I will not permit you to depart.'

And it came to pass after these things that, when Theodore
and Claudius were in prison, behold, Michael and Gabriel
came down from heaven [into the city], and they were in the
form of soldiers. And they cried out, saying, 'O ye Persians,
Fol. 24 *b* 2 what do ye | sitting down in this wise? Behold, Theodore
the Anatolian and Claudius have come against you to wipe
you off the earth. They shall fight with their swords, and
their hands shall obtain the mastery.' And the voices of the
angels filled the whole city with great terror and quaking,
and the angels opened the doors of the prison, and they seized
Theodore and Claudius, and they brought them outside. And
Michael handed his sword to Saint Theodore, and Gabriel
handed his sword of fire to Claudius, in order that they might
fight against the Persians with them. And Saint Theodore
Fol. 25 *a* 1 cried | out to the Persians, saying, 'I am Theodore the Ana-
ⲙ̅ⲑ̅ tolian, and have come to wipe you off the earth'; and the
angels cried out with their voices from one end of the city to
the other. Then the mighty men were terrified, and the
strong men cast away their swords and fled, and the free and
high-born folk were terrified, and those who were sucking at
the breast were afraid and fled. And straightway they (i. e.
Theodore and Claudius) fought against the Persians in the
middle of the market-place of the city, and they slew twenty
thousand of them. And the Persians cried out, 'Be content,
Fol. 25 *a* 2 O Theodore the Anatolian, | for thou hast captured the whole
country.' And they went back into the city, and they
seized the king on his throne, and they brought him out-
side the city, together with the archbishop. And the king

marvelled at what had taken place, for all his host had gathered together to him, and no man was able to withstand (or, contradict) him (i. e. Theodore), and his mighty men were not able to fight against him because of his valour. And the king said unto the archbishop, 'Did I not say unto thee, Thou art the god of the Romans? Thou hast given | such great power Fol. 25 *b* 1
unto these two young men that they have laid waste all this ⲡ̅
city, being afraid of no one, and they have put to confusion all these multitudes, and they have turned the city into a wilderness, and although there are six hundred thousand men in it, they are powerless to fight against Theodore, nay, they have betaken themselves to flight quickly.' And the archbishop said unto him, 'I told thee on a former occasion that I was not God—let it not be [that any one should think that I am!]—but that I was His high priest.' And Saint Theodore said unto the king, | 'Didst thou not say unto me, I wish to see some mighty deed Fol. 25 *b* 2
of valour performed by thee before I let you go? Now, behold, thou hast seen a little of my might, which my King hath given unto me. May His power never cease to be in the Romans.' And the king said unto the holy man Theodore, 'Yesterday I was king, but to-day I am thy slave. Come thou and sit upon my throne, and I will wait upon thee as a slave.' And the holy man said unto him, 'The thrones which | my Lord hath promised unto me and unto my brother Claudius Fol. 26 *a* 1
are in the kingdom that shall endure, and they shall be for ⲡ̅ⲁ̅
ever in the heavens; they do not belong to the earth, but to the heavens, and we both shall attain them in the same city. But fear thou not, O king, these same holy ones who permitted the archbishop to be brought into this country shall in like manner take thee to thy palace.' And they took him away on his throne, and he fell into a state of great fear.

Then the [arch]angels went to the temple wherein were | the priests, and they cried out, saying, 'Theodore the Anatolian Fol. 26 *a* 2
hath come against you to wipe you off the earth'; and the temple fell down upon their heads, and a fire broke out within

it. And, moreover, another great miracle took place in the
country of the Persians, which my father Apa Gaius related
unto me. The [arch]angels made the tablets in the queen's
bedroom, where she had had the portraits of these holy men
painted, to go forth therefrom throughout all the city in the
Fol. 26 *b* 1 form of soldiers of war, and the | [arch]angels cried out before
ⲡ̅ⲃ̅ them, saying, 'Behold, Theodore the Anatolian cometh against
you to wipe you off the earth.' And to this very day the
portraits of Theodore and Claudius march out to attack [the
foe in] all the land of the Persians. And whensoever there is
a war between the Persians and the Romans, and they begin
to fight each other, straightway Saint Theodore sendeth forth
Fol. 26 *b* 2 his voice into the | territory of the Persians, saying, 'Theodore
the Anatolian and Claudius are coming against you to wipe
you off the earth.' And immediately the horses, whereon are
mounted the portraits of these saints which were painted in
the queen's bedchamber, neigh, and they gallop forthwith
through the country of all the Persians, under the influence of
the names of Saint Theodore the Anatolian and Saint Claudius,
before the [troops] have begun to fight at all.

And it came to pass after these things they returned to
Fol. 27 *a* 1 their country of | Antioch, and the archbishop and those who
ⲡ̅ⲅ̅ had gone there with them did not carry away with them any
gifts (or, spoil) whatsoever from the Persians. And when the
Romans had entered into the royal city, certain envoys came
and informed the king, saying, 'Theodore hath come, and thy
son Claudius [with him].' Thereupon great rejoicings were
made, and all the people, from the least even unto the greatest,
were gathered together and waited in order to see these holy
men; and they decorated the whole city. And the mother of
Fol. 27 *a* 2 Apa Claudius | and his sister mounted the royal chariots, and
came out to meet them on the road, even as in days of old
Joseph went forth to meet his father Jacob.[1] Who can describe

[1] Gen. xlvi. 29.

the joy and gladness which [they felt] at that time? And the archbishop told the king and the members of the court concerning the greatness of God, and the mighty deeds of these holy men.

Now I, Theodore, the least of all men, acted as servant
to the son of the King of the | Persians in the episcopal Fol. 27 *b* 1
house of my father Apa Gaius. And when the prince died, ⲡⲇ
I went to my father and I informed him, saying, 'The son of the King of the Persians is dead.' And straightway the king sent and carried away his body to the palace, into the assembly of the nobles, and they examined it, and found in it no mark of any violence whatsoever, with the exception of the scar of the wound caused by an arrow, which he had received in the war. And the king and the archbishop grieved for him
exceedingly. And the king commanded | the archbishop to Fol. 27 *b* 2
prepare the body for burial with great honour, [and he swathed it] in rich clothes, and [anointed it] with sweet unguents, and laid it in a chest; and it was committed to the care of the archbishop until the letters that had been dispatched had reached the prince's father. And before much time had passed the father of Apa Claudius (i.e. Ptolemy) died, and [the people of the palace] asked for Claudius in order that they might make him king; but his mother carried him away and hid him. And there was a certain noble in the palace whose name was Umerianus, and they took him, and made him king, and they did not pay any further heed to the matter. |

And it came to pass after these things that a report Fol. 28 *a* 1
reached the King of the Persians that [Kratôr] the son of ⲡⲉ
the King of the Persians, who had been committed to the care of the archbishop, was dead, and war was declared against Umerianus, as at the beginning; and the Persians forgot the overthrow that had happened to them through the valour of Theodore the Anatolian. And when Umerianus had been informed of the report about the war he was greatly

disturbed, and he said, 'Woe is me! I gave all the wealth which I had gotten by trafficking, and all that which had been laid up by my fathers, in order to obtain it (i. e. this
Fol. 28 a 2 throne), and behold, the | Barbarians have risen up against me, and they wish to kill me.' And fear and trembling laid hold upon him, and he wept abundantly. And he summoned the nobles of the palace, Soterichus the father of Apa Theodore, and Romanus the father of Apa Victor, and Basilides the father of Apa Stephanus, and he said unto them, 'Let Claudius come and sit upon the throne in the place of his father, for I am not strong enough to fight against the Barbarians.' Saint Claudius said unto him, 'I will never
Fol. 28 b 1 sit | upon the royal throne. Let the heart of the king be
ⲡⲉ strong, and let him sit upon the throne, and we will be thy servants all the days of thy life, and thou must live in the faith of our fathers.' And the nobles of the palace swore unto the king, and Claudius and Theodore with them, 'There shall no evil befall thy kingdom.' And the king said unto them, 'Having seized the kingdom from his father (i. e. Ptolemy), I am afraid that he (i. e. Claudius) will commit some deed of treachery against me in the war, and
Fol. 28 b 2 will kill me. But, | even if he hath some quarrel against me in his heart, let them take an oath to me by the Gospel, and I will believe them.' And in this way was the heart of the king assured, and he dismissed them.

And the Devil appeared unto Umerianus, saying, 'O King Umerianus, what dost thou sitting down? Dost thou believe the oath of Theodore and Claudius? In war no promise and no word [are sacred], and in war there is neither brother nor
Fol. 29 a 1 friend. If thou wishest to rule as king rise up, | and to-
ⲡⲋ morrow send them to Egypt to join the recruits; for these are the men who will fight against thee. I tell thee, O king, that I know a certain young man in the country of the south who is called Akrippita, and he is a goat-herd on an estate which is situated in my own district of Psoi (i. e. Syis, or,

Ptolemaïs); send a messenger and bring him to this city, for he is the man who shall fight [successfully] against the Persians.' Now he spake these words concerning Diocletian, who was in the nome of Psoi, herding the goats of my father, namely Apa Psote. And Apa Psote himself tended the sheep | of his father, and they were neighbours (or, friends) Fol. 29 *a* 2
each of the other. And Apa Psote used to do deeds of charity, and he sang, and he danced. The Psalter was in the hand of Apa Psote, who recited from memory the Psalms both by day and by night; and the musical instrument (or, organ) was in the hand of Akrippita, and when he sang his goats used to butt at and scatter the sheep of Apa Psote. And he (i. e. Apa Psote) sought them out, saying, 'O flock of the nome of Psoi, he who hath reared you shall cease to slay beasts, and shall slay men.'

And it came to pass that an imperial officer was dispatched [to the south] by the command of Umerianus | the king, and Fol. 29 *b* 1
when he had arrived at the nome of Psoi, he found Akrippita ⲚⲎ
and Apa Psote pasturing their sheep in the fields. And Apa Psote said unto Akrippita, 'Behold, thy father hath summoned thee to make thee king.' Thereupon Akrippita leaped upon the horse of the imperial officer, and he galloped about hither and thither, and he took his sword, and drew it out of its sheath, and rushed into the midst of the sheep of Apa Psote, and slew a great number of them. Some of them he stabbed through the neck, and of others he hacked off their fore legs and | hind legs. And when Apa Fol. 29 *b* 2
Psote saw his savage fury, he said unto him, 'Hold, enough, for thou art shedding innocent blood. The heart of thy father should be well pleased that he hath begotten thee. Return thy sword to its sheath, for thy time to shed blood hath not yet come for thee. Where was Death that he came to thy father before coming to thee? Where were the nurses who kill the newly born infants that they did not kill thee when thou wast drinking thy mother's milk?' And when |

Fol. 30 *a* 1 Apa Psote had said these things the son of perdition drew
ⲡ̅ⲑ̅ his sword, and leaping upon his horse rode him at Apa Psote,
wishing to kill him. And Apa Psote said unto him, 'Be
content, and kill me not before my time hath come'; and
Anastasius the imperial officer marvelled at his bold and
warlike disposition, saying, 'Verily, he is well suited for
fighting.' And Apa Psote said unto him, 'He is well fitted
for the war of perdition.' And after these things the impious
Fol. 30 *a* 2 Akrippita was taken to the imperial city of Antioch; | now at
that time he was in the twentieth year of his age, and the
king issued an order announcing his appointment in the
army. And the eldest daughter of Umerianus lusted for
him, and he relinquished the duties of war, and performed
the duties of a stableman and fed the beasts, and she occupied
herself daily with him in works of self-indulgence and
luxury.

And it came to pass after these things that Umerianus
died in battle, and his daughter seized the kingdom [and
Fol. 30 *b* 1 held it] for three years, and Akrippita | was kept hidden in
ϥ̅ her power. And afterwards she gave a centenarius of gold
to the magnates of the palace, before they had inscribed her
name with his, and they bestowed great honours upon
Akrippita. Then she seated him upon the throne of
Umerianus her father, because he had abated her virginity.
And after these things Theodore the Anatolian came into
the war chamber, and they told him that Diocletian had
become king. And he said, 'Who is Diocletian? And
what manner of man is he?' And he went into the presence
Fol. 30 *b* 2 of Diocletian | with Claudius, and they said unto him, 'Who
hath made thee king of this city?' And Diocletian said
[unto them], 'It belongeth to you, and to your fathers.
I am not a king, and it is not my desire to possess the
kingdom.' And straightway Saint Theodore laid hold of
his hand, and lifted him off the throne, because he had
not as yet won a splendid victory, but was afraid. And

Saint Theodore said unto him, 'Get up. Thou wast a swine-herd in thy native country. Why should an Egyptian sit upon the | imperial throne whilst there are Romans alive to Fol. 31 *a* 1
sit upon it?' And they seated Claudius upon the throne. ⲝ̅ⲁ̅
Then a great cry broke out in the palace, and the people said, 'Theodore the Anatolian hath performed mighty deeds of valour this day in the palace, and there is no man in all Antioch who can gainsay him.' And the holy man Apa Claudius was not willing to sit upon the throne of kings, for he had no desire for the kingship (or, the kingdom); on the contrary, he rose up [and departed] speedily, whilst the whole multitude was crying out, | 'Worthy, worthy, worthy. Claudius Fol. 31 *a* 2
hath been made king.' And the impious Diocletian was afraid, and he had gone and hidden himself for seven days with the queen, and he could not be found, and the throne was vacant. And that royal whore looked out of a window in her bedroom, and she said, 'Who is the Anatolian that he should set the king upon his throne? Who is [this] soldier of my father that he should gainsay my father's daughter? Who is this marcher | on his feet that he should gainsay the Fol. 31 *b* 1
daughter of a king? The Anatolian belongeth to the army, ⲝ̅ⲃ̅
and the kingdom belongeth to Diocletian. But I am a second Herodias, and I have not yet performed my judgement upon him.' When Saint Theodore heard these things, he drew his sword, and he rushed from the royal throne to the door of the palace, and he slew eleven hundred officers and men of high rank, and thirteen hundred soldiers and men-at-arms. And the herald made a proclamation, saying, 'Many ask | of Fol. 31 *b* 2
me a king; the kingdom belongeth by right to Claudius, but Theodore hath fought and hath gained the victory.'

And when the queen heard these things she was greatly afraid, and she took her father's crown, and his sceptre, and his royal apparel, and she hid them deep down in a chamber below the foundations of the palace. And she cried out, saying, 'O Theodore the Anatolian, take these things and

do thou become king, for thou hast captured the whole country. From this day onwards I will be thy servant.
Fol. 32 *a* 1 I adjure thee by the salvation of Claudius, thy friend, | and
ⲝ̅ⲉ̅ by the life of Justus, my brother, not to destroy the kingdom because of me.' And after these things [Theodore] set fire to the gates of the palace in order that he might burn up every one in it, and this he did because Diocletian had been made king; and there was no man who was able to gainsay him. And Soterichus his father, and Basilides, and Romanus cast themselves down before him, saying, 'O our Lord Theodore, the kingdom hath belonged unto thee every day, and especially
Fol. 32 *a* 2 is it thine | this day wherein thy strength hath manifested itself. We all are thy slaves. Set thou a curb on thy power, and do not burn down the place or fight [against us], for [the evil] which hath been already done sufficeth.' And straightway he burst into tears, saying, 'O how awful is the act of violence which hath been perpetrated this day in this city! That a woman should make a goat-herd king over us whilst these hosts of fighting men are in Antioch! If there be any justice at all in the world Claudius and
Fol. 32 *b* 1 Justus merit | the sovereignty.'

ⲝ̅ⲋ̅ And there was great wonderment in the city of Antioch concerning the large number of people who had been slain in the palace, and for whom their parents wept. Some said, 'The Anatolian hath slain the King and the Queen'; and others said, 'Righteous judgement hath been performed this day'; and others said, 'The kingdom belongeth to his parents and brethren.' And it came to pass that a great riot broke out that day. And when the district had quieted down a
Fol. 32 *b* 2 little the queen came forth, | and she went very early in the morning to the house of Apa Claudius, to visit his mother, and his sister, and the sister of Apa Theodore; and she wept before them, for they were her cousins. And the sister of Apa Claudius and the sister of Apa Theodore came to the palace to their brothers, and they made supplication unto

them until they relented somewhat, and then they extinguished the fire which was burning down the gates of the palace. And straightway Michael came down from heaven, and he laid his right hand upon the breasts of these holy men, and he said unto Saint Theodore, | 'Put Fol. 33 a 1
thy sword into its sheath, for great is the slaughter that ⲝⲉ
hath taken place. Knowest thou not, O Saint Theodore, that when thou fightest no man is able to stand before thy anger? For strength and valour were given unto thee by the Lord.' And Saint Theodore said unto Michael, 'O my Lord, is it not a marvellous thing for an Egyptian goat-herd to be made king over us by the whim of a woman whilst a royal prince is in the palace?' And Michael said unto
him, 'The mighty man who is long-suffering | is the mighty Fol. 33 a 2
man whom the Lord loveth.' And straightway Saint Theodore cast himself down and worshipped God, saying, 'Forgive me, O my Lord Michael.' And Michael said unto him, 'It is not a wonderful thing that Diocletian hath become king, seeing that a time hath been granted unto him by God. But what is a wonderful thing is that Pilate and Herod remained seated whilst the Son of God stood before them. And this also is like unto it—Diocletian shall become king over the
Romans.' And Saint Theodore said unto Michael, | 'If it Fol. 33 b 1
be the command of God that Diocletian is made king, what ⲝⲋ
right have I to resist this commandment?' And Michael declared unto him other mysteries that concerned Diocletian, and he then disappeared from him in peace. Amen.

And as soon as it was daylight on the morrow Saint Theodore came to the palace, and he cried out, saying, 'Whosoever wisheth to become king, behold, the throne is vacant.' And the fear of the Anatolian filled all Antioch, and there was no
man who was able to sit | upon the throne for a month of Fol. 33 b 2
days, that is to say, until he gave the people the promise that he would not attack them a second time. And the impious queen gave very large sums of money to the soldiers, and at

length they found Diocletian, who had passed another forty days serving as a groom in a stable, fear, up to that time, having prevented him from becoming king. And then, when Diocletian had become king, he gained a little courage. And Saint Theodore went to visit him, and Diocletian rose up before him, and said unto him, 'Hail, Theodore! Come, and
Fol. 34 *a* 1 seat thyself upon the throne, and do thou become king.' | And
ⲍ̅ⲋ̅ the holy man said unto him, 'Keep the faith, and do what is just, and so shall thy kingdom be strong.' And the impious Diocletian gained power and authority by degrees, and he attended services in the church, and he received the Sacrament. And my father Apa Gaius used to go to see him daily, and to converse with him, and he encouraged him to do the things that were good. And Diocletian placed the whole of the country of Egypt under the authority of the archbishop, and made him rule over it. And he remembered Apa Psote in the region of the south (Marês), who was his friend and com-
Fol. 34 *a* 2 panion before he became king, and he had him | made a bishop. And the king lived in the faith, and he performed good works of all kinds up to the time when the Wicked Enemy, I mean to say the Devil, sowed his tares in him. And he passed a decree and sent an order to the people of Jerusalem to discover the Cross of our Lord Jesus the Christ, according to the advice of my father Apa Gaius. But the Wicked Enemy would not permit this to be brought about, for he knew that if the Cross were to be made manifest it would tear up all his paths.

Then the impious king felt fear because of Theodore the
Fol. 34 *b* 1 Anatolian, | and the queen spake unto him, saying, 'Be
ⲍ̅ⲏ̅ patient for a little time, until war shall break out, and I will give a large sum of money to the young soldiers so that they may put him to death.' And the king said unto her, 'I am afraid to send him out to the war, lest the men-at-arms (or, the army) rise up against me, and put me to death.' And Diocletian sent a message to Theodore very often, saying,

'Dost thou wish me to sit on the throne, or dost thou wish me to depart to my own country?' And Theodore would say unto Diocletian, 'Sit thou upon the throne, for the kingdom belongeth to thee. Be not | afraid, O king, for I will never Fol. 34 b 2
do anything that is evil unto thee'; and the archbishop used to go [to visit] Diocletian and those who restrained him from evil.

And in those days a great war broke out between the Romans and the Persians, and a report reached the king, saying, 'The Persians have arrived at a watch-tower on the frontier, and have laid waste the whole country.' And the king was greatly disturbed, and he said, 'What business is this of mine, and what have I to do with the kingdom? The kingdom belongeth to Theodore and Claudius.' And these holy men said unto the king, 'The kingdom belongeth unto thee, | because it was given unto thee by heaven.' And Fol. 35 a 1
when the king went into the presence of the queen, and she ⲝ̅ⲑ̅
saw that he was disheartened, and was troubled in his mind, she said unto him, 'Why art thou cast down and in such a terrible state of distress? I wish that thou wouldst promise Theodore and Claudius great honours, and that thou wouldst send them to the war, during which they would be killed, and then thou wouldst cease to be troubled by them.' And when the king heard these words he sent for the archbishop, and gave him a very large sum of money in order that he might offer up a sacrifice unto God, and that by these means he might obtain success in the war.

And | Diocletian sent a message to these holy men, saying, Fol. 35 a 2
'What is the meaning of this war that hath come upon us?' And they said unto him, 'The war is of God: it is He Who hath lifted Himself up against thee.' And the king said unto them, 'Let the baggage-waggons and the chariots be made ready, and get ye up on them together with those who belong to them, and take your regiments of soldiers, and depart to the war. And ye shall continue to inspire them with courage,

being behind them, until ye conquer in the fight.' And these
Fol. 35 *b* 1 ⲟ̄ holy men said unto the king, | 'We will get upon neither
chariot nor baggage-waggon; nevertheless we will go to the
war.' And the king said unto them, 'Go into the store where
the equipments for war are kept, and take therefrom whatso-
ever things will suffice for you and your soldiers during the
war, and until ye return in triumph.' And after these things
they departed to the war, and fought against the Persians,
and they were victorious, and they captured the son of the
King of the Persians, and they set him before the king (i.e.
Diocletian). And Theodore said unto him, 'Behold the son
of the King of the Persians, whom I have been able to bring
Fol. 35 *b* 2 before thee through the | might of my King, the Christ, but
we cannot allow him to pass under the care of any other man
except the archbishop.' And the king said unto them,
'Whatsoever ye wish to do in my kingdom that do, and no
man shall hinder your commands from being accomplished.'
And the king said unto the archbishop, 'Take the son of the
King of the Persians, and keep him under thy charge'; and
thus saying he gave the prince to him, and all the nobles were
gathered together there and were witnesses of this act.

Fol. 36 *a* 1 ⲟ̄ⲁ̄ And after these things, when the son of the | King of the
Persians had been under the care of the archbishop for a con-
siderable time, his father heard that he was under the care of
the archbishop. And the King of Persia sent many valuable
gifts to him, and the archbishop set free his son, and no man
knew anything about the matter. And the archbishop took
the money of the bribes, and spent it among the poor in the
city, and on the widows and the orphans, and on the sacrifices
and offerings of all kinds for the churches. And the Devil
appeared to the impious Diocletian and said unto him, 'Thou
art sitting down; what art thou doing? The archbishop
Fol. 36 *a* 2 hath set free the | son of the King of the Persians without
thy order! He hath received the price of the young man,
and he hath given it unto the poor of the city, and he hath

not considered thee at all in the matter. Behold, for years past the archbishop hath spent the money which he hath received in giving alms.' And the king called the nobles of the palace, and he informed them of the secret act of the archbishop concerning which the Devil had told him. And straightway Diocletian sent unto the archbishop, saying, 'My father, what is [this] rumour about the son of the King of the Persians who hath been living under thy charge?' | And the Fol. 36 *b* 1
archbishop said unto him, 'As the Lord Jesus Christ liveth, ⲟ̅ⲃ̅
and I swear by thy salvation, O King, that two months ago when he was committed to my charge there was a wound in his side which he received in battle, and that he died during thy absence at the war, O my Lord King. And I prepared him for burial in an honourable manner, and I laid him in the bishop's house.' And the king made them bring him (i.e. the body) into his presence, and the Persian prince was arrayed in purple. And the king said unto the archbishop, 'Thou shalt swear to me that this is indeed the son of the King of the Persians.' And straightway the archbishop took an oath to the king, saying, 'This is | indeed he'; and no man knew Fol. 36 *b* 2
wherefore he had taken the oath.

And the archbishop came out from the presence of the king. And the Devil in his mad rage was not satisfied about the archbishop until the third war which took place. And they (i.e. the Romans) captured Nikometes, the son of the King of the Persians, and they brought him before the company of soldiers. And when Saint Theodore and Saint Claudius saw him they recognized him, and knew that he was the son of the King of the Persians, | and that the archbishop had released Fol. 37 *a* 1
him. And straightway they wept, because of what had taken ⲟ̅ⲅ̅
place, and they sent him away in order that they might not shew him that their wish was to set him free for the sake of the archbishop. And news of the affair spread abroad through the camp that Nikometes, the son of the King of the Persians, had been captured, and the rumour of the capture entered the

ears of the king. And the king sent unto Saint Theodore, and said unto him, 'My lord general, they have informed me that thou hast conquered in the war, and that thou hast cap-
Fol. 37 *a* 2 tured the son of the King of the | Persians; if this be so, take his gold chain and collar for thyself. Tell me, however, so that I myself may know whether this thing be true or not, for the archbishop swore to me that he was dead.' And the holy man Theodore said unto the king, 'It is his brother whom we have captured.' And straightway the holy man (i.e. Theodore) stripped Nikometes of his royal apparel in order that he should not be recognized, and he gave him other raiment instead, and entreated him, saying, 'Tell not the king that thou art Nikometes, the son of the King of the Persians.'
Fol. 37 *b* 1 And the king called the holy man Theodore, and | said unto
ⲟ̅ⲇ̅ him, 'Describe unto me the son of the king whom thou hast captured in battle.' And the holy man said unto him, 'Nikometes is dead, and this prince whom we have captured is his brother; let us ask him concerning his brother. The archbishop wrote to his father saying that he was dead.' When the son of the king heard these words he did according to what the holy man [Theodore] had commanded him.

And when the king had come into the city of Antioch with his hosts, and with the son of the King of the Persians, |
Fol. 37 *b* 2 Saint Theodore and Saint Claudius received the prince in trust from the king's hand, for Diocletian was unable to prevent them since they were imperial noblemen, and they took him to the archbishop, and they wished to set him free. And the Persian noblemen Panikêros and Leontius came to Antioch, to the feet of Theodore and Claudius, and they brought very many gifts from the father of Nikometes, in order that they might let him go. And the Devil appeared
Fol. 38 *a* 1 unto Diocletian the king, and said unto him, | 'My son
ⲟ̅ⲉ̅ Diocletian, have I begotten thee in vain? Have I given unto thee all these gifts, and this royal sceptre in vain? O thou ungrateful one, I have given unto thee the wife of a king,

I have arrayed thee in the purple, I have put a royal sword
in thy hand instead of the cudgel of the goat-herd. O thou
ungrateful one, I have seated thee in authority over thousands
of thousands of people, and I have made the daughter of
a king to put the signet ring of her father upon thy finger.
All these things have I done for thee, and thou dost not
understand my glory!' And Diocletian answered, saying,
'Who art thou that darest to say such things as these unto
me? Thou art either the | Anatolian, the object of boasting Fol. 38 *a* 2
of the kingdom, or thou art Claudius, one of the kings who
reign jointly.' And the Devil said unto him, 'By Jupiter,
this day shall these two names be blotted out in the whole
world, and among men they shall nevermore be heard. What
hast thou to do with these men, who provoke me to anger,
that thou utterest their names to me?' And the king said
unto him, 'The Anatolian and Claudius are the objects of
boasting of [my] kingdom. I take refuge in them, for unto
them belongeth the kingdom through their parents.' And
the Devil said unto him, 'Until this very day thou art in fear
of those tyrants.' | And the king said unto the Devil, 'I know Fol. 38 *b* 1
that the queen did once gainsay Theodore, and that she raised ⲟ̅ⲉ̅
me up on the royal throne, and [that she was] in no wise
afraid of him.' And the Devil said unto him, 'Those days
have passed, but the fear of them will remain with thee
always. Understand what I will say unto thee. I am thy
father, and am possessed of demoniacal power. Why art
thou afraid of Theodore and Claudius? The son of the King
of the Persians hath been committed to the care of the arch-
bishop [by them], and they wish to let him escape and to say
unto thee "He is dead". Have they not already accepted his |
price (or, ransom)? They know that thou art afraid of them. Fol. 38 *b* 2
Will not the archbishop let him escape, and deceive thee once
again, saying, "He is dead," and "It is his brother whom we
have taken"? I want to make thee give me the promise
that thou wilt kill all three of them, the Anatolian, and the

archbishop, and Claudius, so that the kingdom may be thine, and thine only, and then I will stablish thy kingdom for thee.' And the king said unto the Devil, 'If I kill these men, who is there to fight for me, and prevent the Barbarians from
Fol. 39 *a* 1 wresting the kingdom from me?' | And the Devil said unto
ⲟ̅ⲍ̅ the king, 'Dost thou not yet know that it was I who, until this present, have fought for thee? It was not the Anatolian who captured the son of the King of the Persians, but I, and the soldiers who are under me, and it was my gods who gave me the strength that enabled me, at length, to capture him.' And the king said unto the Devil, 'Which of the gods shall we worship besides Jesus?' And the Devil said, 'Thou must never again utter the name of that other one [in my presence], and thou must cast forth from thy mind [the memory of]
Fol. 39 *a* 2 a God whom the Hebrews put to death. But | open thine eyes, and behold my gods, and see how very many they are in number, and look also at the multitudes of my soldiers!'

And straightway the Devil made a large number of demons to take the forms of soldiers, and they were gathered together to him, and were ready to join the war. And besides these seventy demons took the forms of false gods, and made themselves manifest to Diocletian. And the Devil said unto him, 'Thou wilt now know that the fear of the Anatolian and of Claudius need not terrify thee. And the archbishop hath
Fol. 39 *b* 1 sent away the son of the | King of the Persians, and hath
ⲟ̅ⲏ̅ taken his price, and hath divided it among the three of them without thy knowledge, and without considering that thou art the king. He swore a false oath to thee at the first time, and on this occasion also lies have been told to thee. Thou must know that the things which I tell thee are true. I swear by thy salvation, O Diocletian, that I will make thee to see the Anatolian and Claudius in great disgrace. I will bring upon them a death as evil as that which his (i.e. their) Lord suffered. I caused five nails to be driven through the hands
Fol. 39 *b* 2 of their Lord on the Cross, | and I have prepared one hundred

and fifty and three nails to be made ready to be driven into the body of the Anatolian, on the great persea tree which is by the gate of the palace, and his sister shall see his death. And as for Claudius, I will cause a spear to be thrust into his side, even as I caused a spear to be driven through the side of his Lord on the Cross. And as I caused to be slain Peter and Paul His Apostles with the sword, even so will I put to death these others, in order that the kingdom may become thine, | O Diocletian.' And when the Devil had said Fol. 40 *a* 1
these things to the king he disappeared. ⲡ̅ⲁ̅ (*sic*)

And the impious king went to the queen in her house early the following morning, and told her of everything which the Devil had said unto him. And that whore-queen rejoiced exceedingly over [the idea] of the death of these holy men, and she said unto him, 'Thou must know the truth. They brought the son of the King of the Persians hither, and then let him escape; and everything which hath been said to thee concerning them is true.' And after these things they brought the son of the King of the | Persians, and set him Fol. 40 *a* 2
before the king, and he made this confession to him, saying, 'I am he who was captured both on the first and on the second occasion, and concerning whom the archbishop swore an oath that the son of the King of the Persians, who had been committed to the care of the archbishop, was dead.' And when he had said these words the king rejoiced greatly. And he sent and brought the archbishop, who swore an oath to him similar to that which he had sworn the first time. And straightway the king became furiously angry, and he went into all the churches | of the city, and he carried away from Fol. 40 *b* 1
them the vessels of gold and silver and [inlaid with] precious ⲡ̅ⲃ̅ (*sic*)
stones, and he fell upon all the possessions in the house of the archbishop, and he killed him.

Now Saint Theodore was in the war with his soldiers. And his sister wrote to him and told him everything that had happened in the palace, and Saint Theodore grieved because of what

had taken place in the city. And after these things the
Fol. 40 *b* 2 whore-queen spake unto the king, saying, 'Thou | art sitting down; what art thou doing? Quick, quick, kill Theodore and Claudius at the beginning of the persecution.' And the king said unto the queen, 'By what means can we kill them whilst they have all their soldiers with them? [If we do, I fear] that the soldiers will revolt against me, and take away my kingdom from me.' And she said unto him, 'Fear not, O King. Write a letter unto him and say, "Come hither quickly by thyself, for there is a private matter concerning the King of the Persians, which I would discuss with thee."
Fol. 41 *a* 1 When he shall | come unto thee take him inside the bedroom,
ⲡ̅ⲅ̅ (*sic*) and whilst thou art holding converse with him and paying him compliments have the executioners ready, and cast fetters upon him, and kill him secretly.' And the impious king was persuaded by the pestilential words of the queen, and he prepared sixteen guards (?) for him and nails.

And he wrote to Saint Theodore flattering words which were full of craftiness, and the holy man Theodore came to the palace. And when the king saw him he smiled a crafty smile upon him, saying, 'Every one will die of joy because
Fol. 41 *a* 2 the mighty warrior | hath come into the palace! Thy arrival is auspicious (or, welcome), O lord Theodore, thou victorious war-captain! Death hath visited the Persians (?) and the son of the King of the Persians. Take these presents from his father into the house of the archbishop, for no other man is worthy of them.' And the holy man laid down his sword, and he went into the presence of the king, and the king rose up and saluted him, and he made a sign to the sixteen guards (?), and they cast fetters upon him. And the holy man said unto
Fol. 41 *b* 1 him, 'This day the treachery | with which Judas treated the
ⲡ̅ⲇ̅ (*sic*) Christ hath made itself manifest in thee, O king, but thou art more treacherous than Judas.' And the executioners made tighter their fetters upon Theodore as if they intended to kill him thereby. And they dragged him to the persea

tree which was in front of the palace gate that they might hang him upon it. And the holy man said unto them, 'My brethren, loosen the bonds on me for a little time, for I would utter a short prayer to my King, the Christ, before ye put me to death'; but they would not let them release him, for they were afraid that he would kill them. And Saint Theodore answered and said, | 'My brethren, release me, for I will never do evil unto any man. Have not I done for you many good things? By the might of my King, the Christ, I will not do evil unto you, for I have already bound myself in my own fetters for the sake of the Name of Christ.' Fol. 41 *b* 2

And when he saw that they would not be persuaded to release him, he threw out both his arms at the same moment, and broke the bonds wherewith he was fettered, and hurled the sixteen guards (?) back on the ground, and they fell upon their faces. And he knelt down, and worshipped | God, and he spread out his hands, and prayed thus: 'I give praise unto Thee, my Lord Jesus Christ, Who didst fashion me when I was in my mother's womb, Whose angel bestowed upon me [my] name from my childhood, Whose grace sustained me, Who didst give me strength in the war, even as Thou gavest strength to Joshua, the son of Nun,[1] [when] Thine angel fought for him, and as Thou didst to Shimei,[2] who destroyed the foreign tribes. And I myself have destroyed the Persians in Thy holy Name, and mine enemies have been put to shame, and have fallen at my feet. I give | thanks unto Thee, O my Lord, that Thou hast removed the fetters wherewith I was bound so that I might pray unto Thee. Give Thou me strength, O my Lord, so that I may be able to bear up under the tortures that are awaiting me, for I am flesh and blood, like every other man. Let Thy mighty angel stand by me in this hour and until I have completed my strife. Deprive

Fol. 42 *a* 1 [?]

Fol. 42 *a* 2

[1] Josh. x.

[2] Σαμαιὰ υἱὸς 'Ασὰ ὁ 'Αρουχαῖος . . . . . καὶ ἐπάταξεν τοὺς ἀλλοφύλους, 2 Sam. xxiii. 11, 12.

Thou me not, O my Lord, of Thy goodness, and count not against me the great quantity of blood which I have shed in
Fol. 42 b 1 [?] the war, for it was Thou Who didst strengthen me by | Thy power and Who didst make me slay them (i. e. the enemy). Let not my sword pass into the hand of any other man. Glory be unto Thee for ever and ever! Amen.'

And when he had said these words he called to the executioners that were round about him, saying, 'Call to the soldiers, and let them cease to be disturbed. My time hath passed, I have done nothing; my period of life hath come to an end.' And straightway he brought his hands to his side and stretched them down straight by the side of his body. And he said unto the executioners, 'Tie me up in fetters outside, for I have already fettered my spirit.' And straightway
Fol. 42 b 2 he ascended the persea tree | of his own accord, and he worshipped God, and he spake unto the executioners, saying, 'Come ye with your nails and your hammer, and finish that which ye have been commanded to do.' And these merciless men drove ten nails through his right hand, and ten nails through his left, and they drove the remainder into all the other parts of his body, and blood mingled with water ran down the [trunk of the] persea tree to the ground. And Saint
Fol. 43 a 1 ⲡⲉ̄ (*sic*) Theodore was well satisfied, and he lifted up his eyes | to heaven to invoke the Lord, and he saw Christ and His angel, and Michael comforted him, and Christ promised to him many mansions in the heavens. And when Christ saw the sufferings of the holy man Theodore He said unto him, 'Dost thou wish Me to give thee rest from thy sufferings? Dost thou wish Me to draw out the nails that are in thy body like water?' And the holy man said unto him, 'I wish Thee to give me rest from my sufferings, for I am suffering sorely.' And straightway he yielded up his spirit into the hands of
Fol. 43 a 2 God on the twelfth day of the | month Tôbe, in peace. Amen. And there was a great commotion throughout all the city because of the Anatolian who was hanging on the persea

tree, and some said, 'It would have been better for the king and queen to die rather than for these things to happen.' And Saint Apa Claudius made a great weeping for him as he hung upon the persea tree. And after this Saint Victor entreated his father to speak to the king for the body of Apa Theodore, and Romanus immediately asked the king for it, and he gave it | unto him. And Apa Victor, and the Fol. 43 *b* 1
sister of Apa Theodore, and Apa Claudius came, and they ⲡ̅ⲉ̅ (*sic*)
brought the body down from the persea tree, and laid it in the tomb of his fathers, and it worked great cures on those who were sick. And the grace of Jesus was with him, and he received a crown of life in the heavens. And after the end of the saint he ascended on high, and was held to be worthy to be with all the saints. I entreat thee, O Theodore, to pray to the Lord for me, Theodore, the least | of all men, Fol. 43 *b* 2
that He may forgive me, for I have been so very bold as to speak about thee, because thou art a general at the right hand of the general and war-captain Michael, the intercessor who maketh supplication to Christ for us, that He may forgive us our sins, through the favour and love to man of our Lord Jesus the Christ, to Whom, with the Father, and the vivifying and consubstantial Holy Spirit, be glory for ever and ever. Amen.

DISCOURSE ON MARY THEOTOKOS BY CYRIL, ARCHBISHOP OF JERUSALEM

(Brit. Mus. MS. Oriental, No. 6784)

Fol. 1 *a* [ⲁ̅] THE TWENTIETH EXPLANATION WHICH THE HOLY PATRIARCH, APA CYRIL, ARCHBISHOP OF JERUSALEM, COMPOSED ON THE LIFE OF THE HOLY THEOTOKOS MARY. AND HE DECLARED ALSO THAT HER PARENTS WERE A MAN AND A WOMAN, LIKE THE PARENTS OF EVERY OTHER PERSON. AND HE SPAKE ALSO CONCERNING THE DAY WHEREIN SHE WENT TO REST, THAT IS TO SAY, THE TWENTIETH DAY OF THE MONTH TÔBE.[1] IN THE PEACE OF GOD! AMEN.

When a rich man of high position wisheth to invite his friends to a breakfast or to a dinner, doth he not first of all sit down before those who are to be bidden are invited, and set out in array the various kinds of food wherewith he may stir up the appetite of those who see them, and make them to taste (i.e. partake) of them? And doth he not then cause his slaves to be summoned, and send them forth to his friends [inviting them] to the feast? And when they have come in, and have laid themselves down [on the cushions], doth not he who hath invited them give unto them first of all fine wine which hath a rich perfume, and which gratifieth
Fol. 1 *b* [ⲃ̅] the palate? | [And after this doth he not make his slaves] bring in all the meats, one after the other, and each one different and less dainty than the last? Now he who inviteth

[1] January 16.

his friends doeth this so that those who are sitting at meat may not say, 'We have already tasted this [dish].' Even thus is [my] invitation unto you this day, although ye may say concerning the things which I shall declare unto you, 'We have heard this already,' even as Paul saith concerning the Athenians, 'The Athenians wish to hear nothing except some new thing.'[1] And although David saith, 'Sing unto the Lord a new song, His blessing is in the church of the saints,'[2] yet the Gospel also saith, 'The kingdom of heaven is like unto a rich man.'[3] And ye have also heard of the honourableness of the Cross, and of its discovery, and of how the Gentiles and the Jews are coming into the know-
ledge of Jesus the Christ, and of how | Gastôr, the Jewish Fol. 2 *a*
nobleman, hath believed with his whole house. ⲅ̄
And I, Cyril, the least of all men, instructed him in the elements of the Faith, and I baptized him into the great Resurrection of the Christ, and he became a great and righteous and chosen vessel, loving the Faith of the Son of God. And I also baptized a large number of Samaritans, one of whom was Isaac, the handicraftsman (?), and he became a chosen Christian of Christ.

I mention all these, O my beloved, because I have already in times past directed your love to them. But the words of God can never become rusty, and they are sweeter than honey, and [more savoury] than salt, according to what our father David said, 'Thy words are sweeter in my throat than honey.'[4] Now, therefore, let us remember the pressing liability which is upon us, and let us see that we pay back
some | small part thereof. And if we are not able to pay Fol. 2 *b*
back the whole of it, let us give two mites at least, even as ⲇ̄
did that poor woman who was blessed,[5] or a denarius, that is to say, a *stater*, the like of that which Peter found in the

[1] Acts xvii. 21. [2] Ps. cxlix. 1.
[3] Compare Matt. xiii. 45, 52; xxii. 2. [4] Ps. xix. 10.
[5] Mark xii. 42; Luke xxi. 2.

mouth of the fish, and which he paid as tribute on behalf of himself and his Lord.[1] For if we give only a very little of that which we have we shall be upbraided like him that giveth nothing at all. Let us understand accurately in whose Name we have been invited into this place to-day, and Who it is Who hath invited us: it is Jesus, the God of truth, Who hath invited us, in remembrance of His mother, who became to Him a throne and a place of abode. Since He hath invited us it would be most unseemly for us to shew ourselves to be sluggish, and not fulfil that which we have promised you in the argument of this commentary. This is the day of the Holy Offering, which is wholly pure in soul
Fol. 3 *a* and spirit. This is the day | wherein the Queen, the mother
ⲉ̅ of the King of Life, tasted death like every other human being, because she was flesh and blood. And, moreover, she was begotten by a human father, and brought forth by a human mother, like every other man. Let Ebiôn[2] now be ashamed, and Harpocratius, these godless heretics who say in their madness that 'she was a force (or, abstract power) of God which took the form of a woman, and came upon the earth, and was called "Mary", and this force gave birth to Emmanuel for us'. Doth it not follow from thy imaginative words, which are wholly incongruous, that Christ did not take flesh upon Himself? Without flesh and without body 'forces' would be beings without bodies, and they could not die like mortal men. Notwithstanding [this], come hither ye deaf and blind and foolish, O Biôn (*sic*) and Harpocration, and I will question you. If ye say that Mary is a 'force',
Fol. 3 *b* a 'force' will die. Who is it then | whose falling asleep the
ⲋ̅ whole of the inhabited world commemorateth by keeping a festival this day? Is it not Saint Mary, the mother of our Lord Jesus the Christ? But pay attention to me with

[1] Matt. xvii. 27.

[2] The theory that the Ebionites had a founder called 'Ebion' seems now to be abandoned.

a tranquil mind and listening ears, and I will entreat the Paraclete, the Holy Spirit, to illumine my heart with the knowledge of all the Scriptures of God, so that I may explain clearly to you, in gladness, the life of the holy Virgin Mary, and what her race was, and what were the names of her parents according to the first genealogy which is written in the Scriptures. For we are wholly unable to follow the fictitious statements which are found in the fabulous lives of her, and which resemble the writings of the Greek poets, who in their works on theology relate mere myths about their gods; neither will we invent lives of her in order to gratify her. Now every gift of grace is of God. Of what kind is the gift of grace which came to man | or to woman from Fol. 4 *a* ⲍ̄ Adam until this day? Understand what happened unto her, O wise virgin, since thou art in heaven, and art [near] the throne of Him Who fashioned us. This gift of grace was not given unto the Patriarchs, who enjoyed friendly intercourse with God, and who ate with Him, and they never expected in the smallest degree that He would come in their time. This gift of grace was not given unto the Prophets, but they perceived Him afar off, and they saluted Him, and they continued to prophesy the advent of the Word of God until He came and dwelt in the womb of Mary the Virgin, who became the mother of the King Christ. Shew me, [O Paraclete], who their kinsfolk were,[1] and the house of their father, so that I may inform every one concerning the exalted position of their family.

And behold, the Virgin stretcheth out her hand to me, saying, 'O Cyril, if thou wishest to know concerning my Fol. 4 *b* family, and concerning the house of my fathers, hearken. Ⲏ̄ I was a child promised to God, and my parents dedicated me [to Him] before I came into the world. My parents who produced me were of the tribe of Judah and of the House of

[1] i.e. the kinsfolk of the father and mother of Mary.

David. My father was Joakim, which is, being interpreted, "Kleôpa". My mother was Anna, who brought me forth, and who was usually called "Mariham". I am Mary Magdalene (*sic*), because the name of the village wherein I was born was "Magdalia". My name is "Mary, who belongeth to Kleôpa". I am Mary who belongeth to Iakkôbos (James), the son of Joseph the carpenter, into whose charge they committed me. Enquire in the Scriptures, and thou shalt find abundant information concerning the things about which thou art asking questions. In ancient days when Joshua, the son of Nun, divided up the land [which he had taken] among the children of Israel, the tribe of Judah obtained for its inheritance Jebûselia,[1] that is to say, Jerusalem and the region round about it. From that time each
Fol. 5 *a* of the Twelve Tribes hath remained | in the region of its
ⲑ̄ inheritance. No tribe hath been in the habit of entering into the country of another tribe and of acquiring an inheritance therein, or property therein, and no man hath married a wife, and no woman hath taken a husband, from any tribe except their own, until the time when the Word of the Father was graciously pleased to come and to rescue us from the slavery of sin. And besides this He put on our flesh in a woman according to what He wished, [for] there was none to deliver us.'

Now I have made an examination of the ancient histories of Iosêppos (Josephus) and Eierennaios (Irenaeus), [and] those of the Hebrews which I have searched out for myself, and I am convinced of the correctness of that which I am now going to say. Mary was descended from the Jews, through the tribe of David, according to the blessing which the Lord spake, I mean to Abraham, saying, 'In thy seed all the peoples of the earth shall receive a blessing.'[2] Abraham

[1] הַיְבוּסִי Joshua xv. 8; xviii. 16: עִיר־הַיְבוּסִי Judges xix. 11. See also Joshua xviii. 28; 1 Chron. xi. 4; Zech. ix. 7.

[2] Gen. xii. 3.

begat Isaac, Isaac begat Jacob, and Jacob begat Judah and his brethren. | Our Lord was descended from the tribe of Fol. 5 *b* Judah, according to the blessing of Abraham, [which was] ⲓ̅ then and there fulfilled. Inasmuch as each one of you is anxious to know what I am now going to say, [I will tell you] what our fathers have taught us, according to what the Psalmist David saith, 'The things which our fathers have declared shall not be hidden from their children of the generation which is to come.'[1]

At the time when the Virgin was born there was a certain district of Jerusalem which was commonly called 'Magdalia', and there was situated upon it a small village which people called by this name, and in this village were a few people who were Jews. And among these people was a man who was commonly called 'David', and he was rich in possessions of every kind. He observed with great diligence the Law of Moses and the Prophets, which was sweeter to him than honey, and he performed manifold acts of charity to those who were in want; and he was awaiting the Redeemer of Israel, Who was to | come shortly. And this man was lying on his Fol. 6 *a* bed one evening, and he was caught in an ecstasy, and it seemed ⲓ̅ⲁ̅ to him as if some one said unto him, 'O Aaron, the Redeemer of Israel shall spring from thy family, for the time hath come when the root shall put forth fruit.' And he said within himself, 'What now is the meaning of this vision which I have seen? But, whatever it may be, whatsoever God wisheth let that happen.' And he had living there with him a woman who was a believer, and her name was Sara; and she bore unto him a man child, and his father called him Joakim, and his mother called him Kleôpa. And his father David gave unto him to wife Anna, the daughter of his brother Aminadab, and the two of them were pleasing before God. And it came to pass that after a time they gave all

[1] Ps. lxxviii. 3, 4.

Fol. 6 *b* their possessions unto Joakim their | son, and to Anna his
ⲓⲃ̄ wife, together with all the village of Magdalia. Now Anna was barren, and she had never borne a son, and the matter was one of anxiety to them, and they said, 'Who then is there to inherit our possessions?'

And it came to pass that after certain days (or, many days) Joakim said unto Anna, 'Let us go to the Temple of the Lord, and let us make supplication unto the Lord, that He may shew mercy unto us, and may grant us our petition which we shall ask of Him.' And they rose up and went into the Temple of the Lord, and they made supplication unto Him, and they paid their vows to the priest, and they prayed unto the Lord with their faces flat upon the earth. And Joakim prayed, saying, 'Lord God Almighty, Who didst hear our father Abraham in his old age, and didst graciously give to him Isaac, his child of promise, hearken Thou unto me also this day, and do Thou give me the seed of men. If this come to pass, and Thou dost give unto us either a man
Fol. 7 *a* child | or a woman child, we will dedicate him to Thy Temple
ⲓⲅ̄ all his days, and he shall minister unto Thee.' And straightway a voice came to them out of the place of the altar, saying, 'Joakim Kleôpa, the prayer which thou hast made to God hath been heard, and thy petition hath been fulfilled. Now therefore arise, and get thee into thy house, for the grace that hath come to thee hath never been [bestowed upon] any of the people of old.' And Joakim thought that it was the priest who was talking to him in the place of the altar, and he answered and said unto him, 'May it be according to thy word, O my lord!' And Joakim and Anna rose up and departed to their house.

And after certain days Joakim visited Anna, and she conceived, and all those who were acquainted with her rejoiced with her. And when the days were fulfilled for her to bring forth she gave birth to a woman child, according to the Providence of God; and the grace of God was upon her face.

And her parents | called her '. . . . Mary', and she increased Fol. 7 *b*
in beauty (?) every day, and all those who saw her marvelled ⲓⲇ̄
at her because of the glory of God that surrounded her at all times. And when three years were fulfilled the child was weaned from her mother's milk. And Joakim said unto Anna his wife, 'Let us give unto the Lord what we have vowed to Him, lest He be angry with us.' And they made themselves ready, together with their offerings of first-fruits, and they took them into the Temple with Mary their daughter, and they gave their offerings of first-fruits to the priests who were ruling at that time, that is to say, to Simeon and Zacharias. And they took their daughter Mary and gave her into the hands of the priests, saying unto them, 'Behold the child whom God hath graciously given unto us. We give her as a votive offering in the Temple of the Lord, so that she may minister unto Him all her days.' And the priests |
blessed Joakim and Anna, saying, 'According as ye have Fol. 8 *a*
vowed so have ye paid unto the Lord, Who will bestow His [ⲓⲉ̄]
good gifts upon you in such wise that ye shall have a son in the place of this daughter Mary, whom ye have given to the Lord, and whose name shall be known throughout the world.' And they said, 'Amen. So be it!' And they returned to their house. And they were in the habit of visiting their daughter once each month, when they carried to her whatsoever things of which she had need. And their little virgin daughter ministered in the Temple with the other women, who were aged virgins, and they taught her to work with her hands. And when she had become somewhat master of herself she used to go alone into the court of the Temple, but no man whatsoever saw her with the exception of the priest and her father. Her food consisted of bread and water and a few green herbs, and she did not fast for long
periods at a time; in short, it is [impossible to describe] | her Fol. 8 *b*
beauty of body, and soul, and spirit. [ⲓⲋ̄]

And when she had completed the fifteenth year of her age

the Shepherd was pleased to come and visit His sheep, and to snatch them away from the claws of the wolf, and the King was pleased to redeem those who belonged to Him and were in captivity in the hands of the Tyrant. And Gabriel the Archangel was sent from God to the holy Virgin Mary, and he announced to her the glad tidings that the Saviour was coming to her. But peradventure thou wilt say unto me, 'At what time, or in what manner (?), did these things take place? [Tell us] so that we may be certain about the words which thou sayest.' I will answer thy questions according to the Scriptures. God sent Gabriel on the seventh day of the month Xanthikos (April), which is the new moon Parmoute, in the year five thousand five hundred [1]; on this [day] was conceived the Life of all of us, and He was born on the |
Fol. 9 *a* twenty-ninth day of the month Khasileue (November), which
ιζ is Khoiak, in the fourth year of Augustus, the Emperor of the Romans, in the fifteenth year of the life of Mary. The place wherein He was born was Khabratha, which is Bethlehem, in the land of Judah, in the second year of Herod, the Governor of Judea. When Christ was brought to Egypt he was two years and four months old. But thou wilt in any case say unto me, 'Why did Joseph and Mary depart from Palestine and go so far away as Egypt by themselves, for it is said that there were twenty halting places [2] before they came into Egypt? And how was it that they were able to perform such a wearisome journey which necessitated so many days of difficult travelling? And where could they find food to eat?' I will tell thee, O thou unbelieving and feeble person, the things which thou shalt set in thy remembrance, and I will speak unto thee from out of the Scriptures. |

Fol. 9 *b* Peradventure thou wilt say unto me, 'The angel took
ιη Habakkuk to Babylon from Jerusalem, a road on which

[1] From the creation of the world.

[2] i.e. that there were twenty *khâns*, or guest-houses, on the old caravan road down the Syrian coast into the Eastern Delta.

there were seventy halting places, and which required a very long time to travel over.' Habakkuk, the Scripture saith, placed the loaves of bread in a basket, and he took them with the wine and the [other] food, and went to the field to carry them to his reapers. And the angel of the Lord lifted him up by the hair of his head under the impulse of his spirit, that is to say, by the strength of his flight, and he carried him straightway to the place that was above the den of lions in Babylon, and he gave food to Daniel, and he and the reapers ate of this food on the same day. If now the power of the angel was great enough to do this, then the Lord of the angels could come to Egypt riding upon a light cloud, and, indeed, it was by means of the light cloud that God came to Egypt. And when the young Child came into Egypt
He recalled to mind the works of Egypt, [for] He rode | upon Fol. 10 *a*
the light cloud which transporteth those who are without sin. ΙΘ
The spotless Lamb and the old man Joseph came into Egypt under the guidance (or, direction) of that whereupon they rode. And the mountains and the rocks levelled themselves before them, and smooth roads whereon they could walk easily made themselves ready for their feet, and they crossed rivers and streams without the help of ship or sailor. In short, our Saviour came into Egypt by the power of His Father, and He passed three years there, and He proclaimed to the Egyptians what they ought to do whilst He was at the breast of His mother Mary. And when Herod had received the punishment which he deserved for the slaughter of the innocent children whom he had put to death, the words which are written in the prophet, saying, 'I called My Son out of Egyp '[1] were fulfilled. And God sent a message
unto His beloved Son, and | His mother Mary and Joseph by Fol. 10 *b*
a . . . . guard, and He brought them out of Egypt, and Κ
settled them in Nazareth. All these things have I related

[1] Hos. xi. 1.

to you, beloved ones, because of the godless heretics, who say that Mary is a 'force' (or, abstract power). Behold, I have already pointed out to you in the words which I have addressed to you, saying that Mary was flesh like all other folk, and that the Lamb of God, Who took away the sins of the world, took flesh in her.

And now I wish to relate to you an incident that happened to me. There was a certain monk who lived in the neighbourhood of Maiôma of Gaza, who had received instruction in the heresy of Biôn and of Harpocratius his master, of whose books he obtained possession, and he expounded them publicly, and he became filled with blasphemies and with falsehoods, and he masqueraded with great pride and arrogance, and he deceived all the people who were in that neighbourhood by his pretensions, through those who used to come to the holy places
Fol. 11 a there to pray. And the things which he proclaimed | in his
ⲕⲁ corrupt heterodoxy were repeated to me, and I sent two ministers to the Bishop of Gaza, and I said unto him, 'I beseech thee to seek out on my behalf a certain monk who is in the neighbourhood of Maiôma, and do thou send him to me, together with his books.'

And when the bishop had received the letter and read it, he caused search to be made for that monk everywhere. And when they had brought him to the bishop he said unto him, 'My son, rise up and go to Jerusalem to the archbishop. If thou dost not go he will send for thee and thy books. He knoweth about thy doctrine, and about thy preaching, and whose it is.' And the monk replied, 'I will take my books and I will go to him in Jerusalem.' And the two ministers took him to Jerusalem to the archbishop, who said unto him, 'We have heard, O brother, that thou art teaching a strange doctrine, and that thou art changing the voices of the Holy Gospels.' The monk, [who was called]
Fol. 11 b Annarikhus, said unto him, 'My teaching (or, doctrine) is
[ⲕⲃ] not a strange doctrine, | but is that of our Fathers the

Apostles, and our own Fathers taught it everywhere as sound doctrine.' And Apa Cyril said unto him, 'Who were thy Fathers?' And the monk said, 'Satôr, and Ebiôn, who succeeded him.' And the archbishop said unto him, 'Thou hast become a disciple and hast made thyself a mule-like beast under the stupid yoke of the chariot of the Devil.' And the monk said unto him, 'Harpocratius used to cast out devils.' And the archbishop said unto him, 'Shew me by what means thou dost cast out devils, and in what way thou dost preach the Gospel, and what thou dost say concerning Christ and His Birth according to the flesh, and concerning His mother who brought Him forth, and concerning His death, which was full of salvation, and His resurrection from the dead after the third day.'

And that monk replied, 'It is written in | the [Gospel] to the Hebrews that when Christ wished to come upon the earth to men the Good Father called a mighty "power" in the heavens which was called "Michael", and committed Christ to the care thereof. And the "power" came down into the world, and it was called Mary, and [Christ] was in her womb for seven months. Afterwards she gave birth to Him, and He increased in stature, and He chose the Apostles, who preached Him in every place. He fulfilled the appointed time that was decreed for Him. And the Jews became envious of Him, they hated Him, they changed the custom of their Law, and they rose up against Him and laid a trap and caught Him, and they delivered Him to the governor, and he gave Him to them to crucify Him. And after they had raised Him up on the Cross the Father took Him up into heaven unto Himself.' And the Patriarch Cyril said unto the monk, 'Who sent thee about to teach these things?' And that monk said unto him, 'The Christ said, Go ye forth | into all the world, and teach ye all the nations in My Name, in every place.'[1] And Apa Cyril said unto him, 'Dost

Fol. 12 *a* ΚΓ

Fol. 12 *b* ΚΔ

[1] Matt. xxviii. 19, 20.

thou take the Gospels literally?' And the monk said, 'Yea, absolutely, my lord Father.' And the archbishop answered and said, 'Where in the Four Gospels is it said that the holy Virgin Mary, the mother of God, is a "force"?' And the monk answered and said, 'In the [Gospel] to the Hebrews.' And Apa Cyril answered and said, 'Then, according to thy words, there are Five Gospels?' And that monk replied, 'Yea, there are.' And Apa Cyril answered and said, 'What is the name of the fifth Gospel? for I should like to know whence this doctrine concerning Christ is derived, and to understand it. The Four Gospels have written above them: "[The Gospel] according to Matthew"; "[The Gospel] according to Mark"; "[The Gospel] according to Luke"; "[The Gospel] according
Fol. 13 a to John." | Whose is the fifth Gospel?' And that monk said
ⲕ̄ⲉ̄ unto him, 'It is [the Gospel] that was written to the Hebrews.' And Saint Cyril answered and said, 'If thou speakest the truth, O brother, must we not then reject the teaching of the Christ, and follow the misleading doctrine of the Hebrews? God forbid! The Hebrews wish for doctrine of this kind greatly, so that they may cast a blemish upon our purity and honour, even as it was said by the Christ in times of old, "Thou castest out devils by Berzeboul."[1] And is it not written, "He who doth not confess that Jesus the Christ hath come in the flesh is a deceiver and an Antichrist, like thyself"?[2] And again, "Whosoever shall come unto thee, and bring a doctrine that is different from thine, receive him not into thy house, neither say unto him, Hail!"[3] And again, "If they were of us they would have been like unto us; they came forth from us, but they are not of us."[4] Which meaneth
Fol. 13 b that they utter the Name of Christ with their mouths only,
ⲕ̄ⲋ̄ and that they make a pretence in their hearts. They heap up wrath for themselves in the day of the Judgement of Truth and the wrath that is from Jesus the Christ. The doctrine of

[1] Matt. xii. 24; Mark iii. 22; Luke xi. 15. [2] 2 John 7.
[3] 2 John 10. [4] 1 John ii. 19.

the Jews cannot be joined unto the doctrine of Christ. What connection can there be between the agreement of the [Gospel to the] Hebrews and the agreement of the Holy Gospels? But those heresies must spring up which Epiphanius describes in his work Ἀγκυρωτός, saying, "The error in each one of them is different, but evil is implanted in them all."' And Annarikhus the monk said unto Apa Cyril, 'The night cannot contend against the day, neither can darkness stand before the light. I am vanquished by thy great wisdom, and I know that I have made a mistake. Let thy fatherhood grant repentance unto me! And all these things which I have overthrown I will build up again. But take my books, and burn them in the fire, and my possessions do thou give to the poor. My heart followeth thy words and [those of] the Holy Gospel.'

And when I (i. e. Cyril) had burned his books, I said unto him, | 'Who . . . Fol. 14 *a*

[One leaf wanting] ⲔⲐ

'He to Whom no form can be assigned was born [in the form of] a son. He was the Beginning, and He Who had no beginning was brought forth. Now there was a beginning to that humanity, but the Godhead had no beginning, and was without form. And no addition took place to the Trinity in such wise that the Trinity, which consisteth of Three [Persons], became Four [Persons]. One σύνοδος entered one who was of two natures, and one son was brought forth, a unity of the flesh without any diminution. For He was neither changed in His nature, nor reduced in His strength, nor was He separated from His Ancient Begetter, that is to say, the Beginning. But the oneness of the flesh of God received one Nature. As for the coming to us of the blessed Offspring God the Word, it is the miracle that was hidden in God from eternity, I mean the miracle of God Who made Himself man. An impenetrable mystery is the Nature that abolished the curse and destroyed the sentence of death,

and taught us concerning the foundation, which had no beginning, of the Only-begotten One, Jesus the Christ, our Lord, the production, according to the flesh, of the womb of Saint Mary, the perpetual Virgin, in whose holy house we
Fol. 14 *b* are | gathered together this day to commemorate the day of
ⲗ̄ her death. If thou wilt confess these things with a true and sincere belief then we will prepare to receive thee into the fold of all the sheep of the loving Shepherd Christ. Have no doubt about the matter; thou must either follow the words which I have taught thee or thou must get outside this place.' And Annarikhus opened his mouth and anathematized the heresy of Ebiôn and Harpocratius, saying, 'Anathema be every heresy; the things which thou [Ebiôn] hast said unto me are not to be believed. And now, O my father, receive thou me into good fellowship with thyself.' And when I knew that his mind had received the light I baptized him in the name of the Lady of us all, Saint Mary, whose day is this day. Finally he went to a monastery in the Mount of Olives, and he builded upon the foundation of the Apostles until the day of his death.

I have now described unto you the whole of the story concerning the heresy of Ebiôn, who said, 'Mary, the mother
Fol. 15 *a* of the Lord, is a "force".' Let us now return to | that which
ⲗ̄ⲁ̄ we promised to you in the introduction to our explanation, that is to say, the [narrative of] the end of the life of the holy Virgin Mary. And I wish also to go back to what I promised from the beginning, and to declare it. Tell me, O Gabriel, thou mediator between God and men, what is the history of the kinswoman of Mary, this Elisabeth? I am listening to thee, and I hear thee preaching about her, saying, 'Behold, Elisabeth the kinswoman [of Mary] conceived a son in her old age, according to the prophecy in the Gospel. The parents of the Virgin were descended from the tribe of Judah, and Elisabeth was descended from the daughters of Aaron, and Aaron was descended from the tribe

of Levi. Thus this matter is twofold, and it reduceth itself to two persons. Judah and Levi were brethren, each of the other, and one father, that is to say, Jacob, and one mother produced them both. Since Elisabeth was a daughter of Levi, and Mary was descended from Judah, they are then daughters of two brethren ; are they not then kinswomen, each of the other? | I have also stated that the little Virgin Mary Fol. 15 *b*
was in the Temple, and that she remained by herself before ⲗ̅ⲃ̅
the Archangel Gabriel came to her with a sweet odour, and Zacharias, the husband of Elisabeth, spake unto her words of praise concerning the Virgin. I have said that she was in the Temple before the gift of the Lord was given unto her, and that there was no limit to her beauty, and the Temple was wont to be filled with angels because of her sweet odour, and they used to come to visit her for the sake of her conversation. And when Elisabeth heard these things she set out from Dôrinê and departed to Jerusalem, and she went into the Temple of the Lord. And when she saw Mary she marvelled at the grace of God which was on her face, and they saluted each other and sat down. And Elisabeth said unto Mary, 'Thy soul and body have been joined unto the Lord from thy childhood, and thou hast followed Him with thy whole heart so truly that the Redeemer of Israel shall proceed from thee.' And Mary said, 'Blessed be the God of Israel, Who hath appointed me for Himself from my childhood | to minister unto Him with perfect service.' And the Fol. 16 *a*
two women comforted each other from the Law and the ⲗ̅ⲅ̅
Prophets for many days. And afterwards Elisabeth returned to Dôrinê to her ordinary life, and she made it a habit to visit the Virgin several times that year, and she ministered unto her every need until the day wherein Gabriel came unto Mary and said unto her, 'Behold, Elisabeth thy kinswoman hath conceived.'[1] Behold, moreover, the matter is plain that Mary and Elisabeth were kinswomen, each of the other,

[1] Luke i. 36.

from what is written in the Gospel, the which I have already declared to you.

Behold now, let us return to the previous subject which we left [for a short time], because there is no trouble whatsoever in discussing the queen, who became the mother of the King, and he who listeneth is not wearied by her history. It is like unto one who goeth to draw water from a spring; as soon as he stretcheth forth his hand to draw therefrom the spring sendeth forth water in great abundance. And this is my own case when I begin [to describe] the life of the Virgin, for the fountain of my speech bubbleth up abundantly, and I cry out with the Prophet David, and I lift up my voice,
Fol. 16 b ϫ̅ⲇ̅ saying, | 'Thou hast made me wiser than all my teachers,'[1] and again, 'The manifestation of Thy words is what illumineth us.'[2] For I looked round about me, saying, 'Where shall I begin my discourse?' Then I remembered the words which the Saviour spake unto His mother when He was hanging upon the Cross, 'Thou woman, behold thy son!' referring to John. Then He turned to John, and said unto him, 'Behold thy mother!'[3] and from that day the disciple took her into his house and ministered unto her with service of every kind, even as doth a slave who serveth his lord. And she loved him even as a mother loveth her son. And she used to do many mighty works, and perform healings among the people, which were like unto those that were wrought by Jesus our God, but she never permitted the Apostles to know [about them], for she fled from the praise of men. And the Apostles were closely associated with her at all times when they were preaching. She gathered round about her a multitude of virgins, she assisted them, and she made them to rejoice in the benefits of virginity—she who had drawn nigh unto her God, Who at length came and |
Fol. 17 a ⲗ̅ⲉ̅ took up His abode in her womb for nine months—and she

[1] Ps. cxix. 99. [2] Ps. cxix. 130. [3] John xix. 26.

shewed the way, and that the entrance into heaven, to her beloved Son, was good and without obstacle.

And it came to pass that for ten years after our Lord rose from the dead, according to what the Ancient History of Josephus[1] and Irenaeus[2] and the Hebrew authorities say, John and Mary lived in the same house in Jerusalem. And it came to pass on a certain day, for so he saith, that the holy Virgin Mary called John and said unto him, 'Go and summon to me Peter and James, and let them come to me here in this place.' And John went in haste and summoned them, and they came, and the three [Apostles] sat down before her. And she said unto them, 'Hearken unto me, O ye whom God hath chosen to preach the Gospel throughout all the world. Ye have seen with your own eyes the mighty deeds and wonders which God performed in the time when He was in the world with you, and ye have no need of any to bear testimony to you. | Ye three did He take up to the Fol. 17 b
Mount of Olives; and your ears did hear the Voice of the ⲗ̄ⲅ̄
Father bearing witness concerning Him, saying, "This is My beloved Son, in Whom is My desire." Ye saw the sufferings which the Jews inflicted upon Him when He was raised up on the Cross, and that they put Him to death, and that His Father raised Him up from the dead on the third day. And I went to the tomb, and He appeared unto me, and He spake unto me, saying, "Go and inform My brethren what things ye have seen. Let those whom My Father hath loved come to Galilee." And He came in to you, the door being closed, and He spake unto you concerning the kingdom which is in the heavens. And at the end of forty days ye were all gathered together in one place on the Mount of Olives, and He was there with you. And the Lord came again to you,

[1] Born in Jerusalem in the winter of A.D. 37–8; died early in the second century.

[2] Presumably the famous bishop of Lyons who flourished in the second half of the second century.

and He said unto you, "I have fulfilled the dispensation which was laid down for Me in the world, and I am now going up to My Father." And ye replied, "Wilt Thou
Fol. 18 a depart and leave us | orphans?" And He said, "When I go
ⲖⲌ I will send unto you the Paraclete, the Holy Spirit, in My place, after many days, even until Pentecost. But behold, to her who was unto Me a dwelling-place I was a Son in the flesh, and she is under your care now. But I will be with you until the end of the world." And when He had said these things unto us He separated Himself from us a little, and ascended the mountain on the east, and mounted upon the Cherubim, and departed into the heights in the flesh, the which He had received from me. And thousands of thousands, and tens of thousands of tens of thousands [of angels] sang hymns to Him, and they followed Him with their eyes until He entered heaven. And we saw two men who were standing close to Him, and they said, "Ye men, why are ye looking up into heaven? This is Jesus Whom they crucified, and Who is being carried up into heaven, and He it is Who shall come to judge the quick and the dead."
Fol. 18 b And after the end of ten days He | sent upon you the Holy
ⲖⲎ Spirit, Who gave you power to do mighty works, according to your ability. Put not behind you the commandments of the Son of God; fear ye not the destruction of the kings and governors of the earth in such wise that ye shall put behind you the instructions of your Lord and Master. Now, therefore, be not grieved in your hearts at what I shall say unto you.

'The time of my visitation hath drawn nigh, and I must lay down my body so that my soul and my spirit may depart to the Lord, in order that He may give unto me the things which He hath promised to me. For my Lord came unto me on the evening of the Sabbath (?), as I was standing in prayer, and He said unto me, "Dost thou know Me?" And I said unto Him, "Thou art my Lord and my beloved Son;

what is it that Thou commandest me to do?" And He said unto me, "Inform Peter and John concerning these things, for it is they who shall lay their hands upon thine eyes. Now three more days have yet to pass before I shall come | for thee and take thy soul and thy body into My city of the Fol. 19 *a*
Jerusalem of heaven. And all My saints shall marvel at the ⲗⲑ
glory which I shall give unto thee in that place, for it is thou who shalt make God and His angels to be reconciled with man. And thou shalt be more exalted than all the saints, and I will make My angels to hymn thee at all times, for thou resemblest them in thy purity and thy virginity. All the angels and all the hosts of heaven shall rejoice when thou comest to meet them. The Patriarchs and the Prophets shall come forth to meet thee, and they shall exult because the mother of the Lord hath come to them, for they were not able to see her in the flesh. Behold, when they see her they shall praise her through God the Father. All the virgins who are in the heavens shall rejoice with thee when thou shalt meet them, and those who have preserved their virginity shall come forth to thee, and shall bow in homage before thee, saying, Well hast thou come (i.e. Welcome)! O mother of all | virgins! It was time for thee to come unto us, O thou Fol. 19 *b*
mother! Grieve thou not, O mother, about thy holy body, ⲙ
neither about what shall happen unto it, nor about where they shall lay it. What man is there who hath been begotten by the flesh who shall not taste death, and whose body shall not return to the earth wherefrom I took him? I tasted death, but I rose from the dead on the third day, I destroyed him that held the power of death. I will hide thy body in the earth, and I will make My angels to keep it in the earth always, and no man whatsoever shall find thy body in the earth in the place wherein I shall place it, until the day wherein I shall raise it up incorruptible. And a sweet odour shall arise from out of thy body until the day wherein it shall rise up. They shall build a great and glorious church over

thy body, and it shall be more splendid than a palace of kings. Haste thee [to do] the commandment of the Apostles, and |
Fol. 20 *a* give an ordinance to the virgins. I will come with My
ⲙⲁ angels, and I will hide thy body and thy soul; so then thou shalt not be afraid of Death when he shall come to thee." Now therefore call unto us all the virgins, and I will give them an ordinance.'

And the Apostles did according to what she told them; and when the virgins had come unto her they saluted her, and she said unto them, 'I declare unto you that I am about to depart to the Jerusalem of heaven'; and they paid no attention to the words. And Mary took hold of the hand of one of them who had waxed exceedingly old, that is to say, Mary Magdalene, out of whom the Christ had cast seven devils, and she said unto the virgins, 'Behold your mother from this time onwards. Give rest to her spirit, even as she hath given rest to me in my days. Observe the customs which ye arranged to keep with the Christ when ye were with Him.' These things did she say unto the virgins, but she did not inform them about her death. And she turned to the Apostles, and she said unto Simon Peter, 'Simon Peter,
Fol. 20 *b* whom the Lord loved, and preserved | for the kingdom that
ⲙⲃ is in the heavens, be merciful, even as your Father Who is in the heavens is merciful. James and John, watch over your holy Catholicus, and be kind and gracious to every man. And thou, O Peter, go thou into the house of thy disciple Bibros, and take the pieces of fine linen which thou didst commit to his care, and bring them hither to me.' And Peter did according as she told him, and he brought the pieces of fine linen which had been committed to the care of Bifros (*sic*). And she said unto James, 'Rise up, take a stater, and go to the sellers of sweet perfumes, and bring its value in spices to me hither'; and he did according as she told him.

And when the day wherein she was to be taken arrived, the Virgin Mary said unto John, 'Rise up, light a great

number of lamps, both large and small, for the evening hath come.' And she took the pieces of fine linen, and spread them out upon the ground, and she poured out upon them her sweet spices, and she stood up on them, and said unto
the Apostles, 'Let us pray to | the Lord, so that He may Fol. 21 *a*
have mercy upon us.' And she spread out her hands towards ϥϥⲅ
the east, and she made supplication to the Lord, saying, 'I give thanks unto Thee, O Lord God Almighty, and to Thine Only-begotten Son Jesus Christ, the Word of the Father, because He came to us, and built for Himself a fleshly tabernacle in my womb, according as He wished. I brought Him forth without pollution, without blemish. I nursed Him (or, reared Him) with anxious care, and it was He Who nourished me. I give thanks unto Him because Thy Holy Spirit came into me. And now, my Lord, the time hath come when Thou shalt draw nigh unto me, and shalt be gracious unto me. Scatter all the stones of stumbling that are before me, and [all] obstacles, and let all those that are in my path, both on the left hand and on the right hand, flee before me. Stand Thou near me with gladness. Let the powers of darkness be ashamed, for nothing of theirs hath been found in me. Open unto me the gates of righteousness, and let me go in through them, and I will make manifest Thy holy Name, O my God. Let the Dragon flee before me, for I have freedom of speech before Thee. May the river of fire be tranquil when I come unto Thee, and may it allow me
to cross over it, for | unto Thee belong the power and the Fol. 21 *b*
glory for ever and ever. Amen.' ϥϥⲇ

And when she had said these things she lay down upon the pieces of fine linen and the sweet spices, and her face was turned towards the east. And behold, the Lord Jesus Christ came unto her upon the Cherubim, with the angels before Him, and He came and stood at His mother's head, and He said unto her, 'Be not afraid of Death, for the Life of the whole world is with thee, but it is necessary that at least thou shouldst glance at him with thine eyes, and he will not come except he be commanded to do so.' And Jesus said unto Death, 'Come, O thou who art in the chambers of the south.' And when Mary saw him she cast her soul into the bosom of her Son, and He wrapped it up in a napkin (?) of light. And the Apostles laid their hands upon her eyes, and she fell asleep with a good falling asleep on the night of the twentieth day of Tôbe, in the peace of God! Amen.

And the Lord said unto the Apostles, 'Take up her body carefully, and take it to the Valley of Jehosaphat, which is opposite the Mount of Olives, the place where I broke bread in days of old. Set down there the bier whereon is the body, and withdraw yourselves because of the threatening of the Jews, for they will pursue you wishing to slay you. And I will hide the body according as it pleaseth Me.' Thereupon
Fol. 22 *a* the | Apostles took up the body and placed it upon a bier.

ⲙ̅ⲉ̅ And when the morning had come a great multitude was gathered together in the city, and the virgins cried out.[1] And straightway Peter and John lifted up the body to carry it out to the place of which the Saviour had told them, and a great multitude of people sang psalms and hymns before it, saying, 'The Lord . . . .,' and a multitude of angels sang hymns before her. And when they arrived at the Temple of the Jews all the members of the Sanhedrin were gathered together in the Temple on that day, and they heard the singing of the hymns over her holy body. And they said, 'Who is this who hath died in the city this day?' And [the people] said unto them, 'It is the mother of the Nazarene, that is, Jesus, who hath died, and they are taking her out to bury her.' And they passed a decree unanimously, saying, 'We must not let her be buried in the city, lest mighty deeds be worked [at her tomb] similar to those which her Son performed, and lest the people believe in her, and they

[1] i. e. they acted as wailing women, and raised the well-known death cry.

change our Law.' And the high priests and the scribes said, 'Let us go and burn her body with fire, so that no man will ever be able to find it.' And the Jews lighted a fire, and they pursued [the Apostles] with the bier whereon was the body of the Virgin. And when the Apostles had arrived at the Valley of Jehosaphat they looked behind them, | and they Fol. 22 *b*
saw the Jews pursuing them, and they dropped the bier upon ⲙⲉ
the ground, for they were afraid that the godless Jews would kill them. And whilst the Jews were rushing on to overtake them the Apostles betook themselves to flight and escaped. Now the body of the holy Virgin they could not find, and all that they found was the wooden bier, and they lighted a fire and threw the bier into it. And they went into every place, saying, 'Perhaps her body hath been carried away secretly,' but they could not find it. And a very strong sweet smell emanated from the place whereon the body of the Virgin had been laid, and a mighty voice came from heaven, saying unto them, 'Let no man give himself the trouble of seeking after the body of the Virgin until the great day of the appearing of the Saviour.' And the Jews fled greatly ashamed; and they came to the city and told their neighbours what had happened, and they commanded them, saying, 'Tell no man whomsoever what hath happened.'

Now, therefore, O my beloved, these are the things which we were able to discover for our discourse on the life of the holy Virgin Mary. The whole time of her life | was sixty Fol. 23 *a*
years. She gave birth to our Lord when she was fifteen years ⲙⲋ
old, she followed the Saviour when He was preaching for three and a half years after she gave Him birth, and after the Saviour rose from the dead[1] she lived eleven years and a half more. She ended her life on the twentieth day of the month Tôbe. Our Lord Jesus, the Christ, reigneth over us. And after the righteous Emperors, Constantine and his

[1] $15 + 3\frac{1}{2} + 11\frac{1}{2}$ years only = 30 years. Some words dealing with the other thirty years of Mary's life must have dropped out of the text.

son, rose up we built a holy church in the name of the holy Virgin Mary, the mother of the Lord, on the day of her holy commemoration. And let us send up to her thanksgiving, saying, 'Remember us, O true Queen, and do thou plead on our behalf before God, so that He may shew mercy unto us, and so that we may celebrate a festival to Him at all times.' Let us give alms to the poor in the name of the Virgin, [so that] she may not forsake us in the place to which we are going. Let us ascribe glory unto her by the utterances of our lips, and let us say, 'Through thee honours have been bestowed upon the city by our God.' And again, 'The death
Fol. 23 b of the saints is precious | in the sight of the Lord.'[1] And
ⲙ̅ⲏ̅ again, 'The sound of rejoicing and salvation is in the habitation of the righteous.'[2] And now the time hath arrived for us to offer up the Holy Offering, the Body and Blood of Jesus the Christ, our Lord, and moderation in everything is good. By the Will of God we will give the remainder of the exegesis in the holy shrine. Let us then bring to an end our discourse at this place, and let us ascribe glory to the Holy Trinity, the Father, and the Son, and the Holy Spirit, life-giving and consubstantial, now and always, and for ever and ever. Amen.

COLOPHON

May the Lord Jesus, the Christ, the True God, bless with life those who have undertaken the preparation of this gift, which is the choicest of heavenly gifts, and have placed it in the church of Ptjolpef,[3] in the nome of Pemdjê,[4] so that the

[1] Ps. cxvi. 15. [2] Ps. cxviii. 15.

[3] The site of this village is unknown.

[4] The Coptic ⲡⲙ̅ϫⲏ is the transcription of the Egyptian  or  Permetchet, later Pmetcha,

Virgin Mary may make supplication to her Son on their behalf, that He may tear up the bill of indictment of their sins, and may write their names in the Book of Life. Amen. So be it!

, the capital of Butchamui , the XIXth Nome of Upper Egypt (Oxyrhynchites). The site of the town of Pemdjê is usually believed to be marked by the modern town of Bahnasâ, which is situated about 130 miles to the south of Cairo.

DISCOURSE BY DEMETRIUS, ARCHBISHOP OF ANTIOCH, ON THE BIRTH OF OUR LORD AND ON THE VIRGIN MARY

(**Brit. Mus. MS. Oriental, No. 7027**)

Fol. 21 *b* ⲙⲃ THE DISCOURSE WHICH APA DEMETRIUS, ARCHBISHOP OF THE CITY OF ANTIOCH, WHO ORDAINED THE GREAT JOHN CHRYSOSTOM TO BE AN ELDER, PRONOUNCED ON THE BIRTH, ACCORDING TO THE FLESH, OF GOD THE WORD, ON THE TWENTY-NINTH DAY OF THE MONTH KHOIAKH,[1] AND ON MARY HIS MOTHER, THE VIRGIN WHO BROUGHT HIM FORTH. IN THE PEACE OF GOD! AMEN.

Now the beginning of the month of Khoiak is a joy unto
Fol. 22 *a* ⲙⲅ us, | and the end thereof is a subject of gladness for all mankind. For if we go [back] to the beginning of this month our whole body is wont to rejoice, because it indicateth to us the happiness of keeping a feast, for it was in this month that the Devil lost his power and strength, and was put to shame. The beginning of the month is the blossom of the fruits of the field, and the end thereof is the stablishing of our souls, and all mankind is occupied in keeping the feast. For the beginning of this month indicateth to us the birth, according to the flesh, of God the Word, and the end thereof indicateth to us manifestly that the Word of the Father was [then] brought forth. And who is it that sheweth us that the beginning of this month is a time for keeping a festival?

[1] This month begins on November 27.

It is David, the father, according to the flesh, of the Christ, who saith, 'Blow ye blasts on your trumpets in your new moons, the day which is appointed, which is our festival; for it was a statute unto Israel, | and a decree from the God of Jacob.'[1] And the matter is manifest, that He Whom the Virgin brought forth is He Who shall be the Only-begotten of all mankind. Now the Psalm of David also saith 'new moons and sabbaths'. And, moreover, the Psalm of David maketh [us] to remember the Sabbath, and the day whereon this great mystery took place, for the day whereon the holy Virgin brought forth for us the Only-begotten of the Father was the day of the new moon of Khoiak, which in that year was Sunday, and according to what we have found written in a book which treateth of Chronology, He was born on that day. [The writer] saith, 'The Psalm of David calleth to remembrance the Sabbath as if he would proclaim to all creation, saying, "Keep in remembrance this great festival, and do not forget this great festival this day." | He said, On the fifth, on the Sabbath.' For I desire, O brethren, to reveal unto you a great and marvellous mystery. If the commemoration of the one righteous man shall produce a good report, how much greater good, and how many more kinds of benefits shall there arise through the commemoration of all the righteous? However, let us lay aside mystery, and let us begin [our discourse] wherein we will glorify the Only-begotten of the Father. And we must bring into the midst[2] the birth of the Virgin, who was the Ark of the Governor, out of whom arose the Word of the Father, that is to say, the holy Virgin Mary.

Fol. 22 *b* ⲙⲇ — Fol. 23 *a* ⲙⲉ

There was a man in Jerusalem, whose name was Joakim, and he had a wife, whose name was Susanna (*sic*), and both of them | were old, and they had become aged in their days. And they drew nigh to God, now they were both together,

Fol. 23 *b* ⲙⲋ

[1] Ps. lxxxi. 3, 4; cf. Lev. xxiii. 24.

[2] i.e. bring forward for consideration.

and they made supplication to God, saying, 'O Thou Good and man-loving God, let not my wife be called "barren", but give unto us the seed of men, for it was Thou Who didst say through the speech of Moses Thy servant, There shall no barren or childless person be in Israel.'[1] And whilst he was saying these things, behold, a man of light appeared unto him from out of the darkness, saying, 'Joakim, Joakim, what aileth thee, and why is thy heart so grievously afflicted?' And Joakim said unto him, 'My Lord, I have become old in days, both I and my wife, and we have no child.' And the man of light said unto him, 'Behold, thy wife shall conceive, and she shall bring forth a female child, the like of which no |
Fol. 24 *a* woman hath ever produced, neither shall any woman bring
ⲙⲍ forth a daughter like unto her. Now take good heed, for on the day wherein she shall be born there shall be great joy unto thee, and thou shalt dedicate her to the Temple of the Lord, and thou shalt call her name "Mary".' And when the man of light had finished talking with him, Joakim rose up, and awoke Anna his wife, and told her all the words which had been said concerning her. And his wife became white of face, and she said unto him, 'May the Will of God be done.'

And after these things Anna his wife conceived, and she gave birth to this Great Gift. And the day wherein she gave birth to her was the Sabbath, that is to say, the fifteenth day of the month Athôr,[2] a day whereon the people of the Jews were celebrating a festival. And on the eighth day, which fell on the [following] Sabbath, they registered her name and the gift of her [to the Temple], and they dedicated her to the Temple, for she was the first-born child.[3] For this is
Fol. 24 *b* the | Law of the Hebrews: they give the name to the newly
ⲙⲏ born child on the eighth day after his birth, and it was for this reason that they treated the woman child thus. And

[1] Deut. vii. 14.
[2] This month begins on October 28.
[3] Num. iii. 13.

when Mary had grown, and had completed her third year, and they were about to give her to the Temple of the Lord, a great miracle happened, the like of which had never taken place from the foundation of the world. At the moment when her mother Anna set her upon her feet, inside the door of the Temple, before the priests, she walked by herself into the Temple, and went on until she arrived in the place behind the veil of the altar, whereon were offered up the sacrifices of the Lord. And when she had gone into [this place] she did not turn back to come out again, neither did one thought of her parents rise up | in her heart, nor any thought of any Fol. 25 *a*
earthly thing. She progressed daily, and she was praised by ⲙⲑ
the other virgins who were in the Temple. And when she had grown, and was eight or ten years old, she became a type to the priests, and they were afraid to meet her, for her whole body was pure, and her heart was firm in the Lord.

She was pure in her body and in her soul, she never put her face outside the door of the Temple, she never looked at a strange man, and she never moved herself to gaze upon the face of a young man. And she lived in chastity, and in the service of God, and in the ordered service of the Temple. Her apparel was dainty. Her tunic came down over her seal, and her head-cloth came down over her eyes; she wore a | girdle round her tunic, and her tunic was never soiled or torn. Fol. 25 *b*
She never put antimony (eye-paint) on her eyes, and she did ⲛ
not lay the unguent made from the crocus flower on her cheeks. She did not put slippers on her feet as ornaments, and she wore neither armlets nor bracelets, nor trinkets nor jewellery on her arms and hands. She never craved for a large quantity of food, neither did she ever walk about in the market-place of her city. She never lusted for the works of this world. She never stripped herself naked, and she never washed in the [public] bath, and she never examined with careful attention the members of her body. But she was experienced in the fear of God, and the Christ walked with her, and watched

over her in every place, for He knew that He had fashioned her to be for Him an ark and a dwelling-place.

Fol. 26 a ⲛ̅ⲁ̅ And she lived in the Temple in this | holy manner until she had completed her twelfth year. And when the priests who were in the Temple looked at her, and saw that she had become large of stature (i. e. grown up), they were afraid lest the way of women would come to her in the Temple, for they did not know of the dispensation which God had arranged should come to her. Then the priests took counsel and decided to commit her to the care of a man who would guard her until they saw what was to become of her. And they sat down, and they cast lots, and the lot fell upon the house of David; and they cast lots again for all those who belonged to that house, and the lot fell upon Joseph. Now Joseph was an old man, and he was a carpenter by trade, and he feared God, and he never at any time ate the bread of idleness. And he had no wife, for his wife was dead, and she had left him some wise sons and two daughters.
Fol. 26 b ⲛ̅ⲃ̅ And the priests | called him, and said unto him, 'The lot hath fallen upon thee that Mary the virgin, the daughter of Joakim, shall be thy wife. Behold, we deliver her into thy hands; take care of her until the time when we can make a marriage feast.' And the holy old man, whose grey hair was like unto the shoots of the tree of Paradise, that is to say, the Tree of Life which is in the middle of Paradise, made himself the protector of the garden wherein the Pearl stone was hidden. And he carried her to Nazareth, and took her into his own house, and she made his house into a place for prayer and a monastery. He took a virgin into his house to make her his wife, and she made his house into a church, and psalms, and prayers, and spiritual songs were said and sung therein. He took to himself a wife, and she became unto him salvation.

Fol. 27 a ⲛ̅ⲅ̅ And it came to pass that after he had | taken her into his house she went into her own room and took up her abode

therein, and she never came down the stairs except on the day wherein she departed to Torinê,[1] and also on the day wherein Joseph took her to Bethlehem to register his own name, and the names of herself and her Child. And the registration read thus: 'Joseph, the son of David, and Mary his wife, and Jesus their Son.' Behold, O my beloved, and consider this great miracle. A woman, who is a virgin, with child, and it is not known what is in her. I marvel at thee, O thou aged Joseph, thou blessed carpenter. What was it that came into thy heart when thou didst write down [the name of] this young Child after thine, even though thou didst not know whence He came? Thou wast bound to write down [the name of thy] wife after thine own, because she was committed to thy care, but didst thou know whence was the Son she was carrying in her womb? [And Joseph replieth,] 'Faithful is He Who spake to me, saying, Take Mary, thy wife, | into thy house, for that which shall be Fol. 27 b
born of her is of the Holy Ghost.'[2] Then must we not turn ⲠⲆ
to the matter from another aspect? The old man, the carpenter, took a door that was sealed into his house. He who had tasted marriage kept watch over the maiden who had never known man. The father of sons received to himself the Word of the Father. He who had had experience of the marriage in this world became the servant of the Spotless Lamb who carried the Only-begotten Son of God. When Joseph took Mary into his house the man unconsciously took to himself God.

And she sat in his house, and she worked at weaving purple into the veil of the Temple, according to the rule concerning virgins. She never saw any man whatsoever, but | the angels came and ministered unto her, and they Fol. 28 a
passed the whole day standing before her in the form of ⲠⲈ
young doves, and they gave her courage, and they comforted

[1] The village near Jerusalem where Mary's cousin Elisabeth lived.
[2] Matt. i. 20.

her. And she sat in Joseph's house for three years, and his sons ministered unto her, and the angels were round about her at all times, for they earnestly desired to remain with her because of her purity, and they were in the form of doves or some other kind of holy bird. They flew about her in the place where she used to sit working at her handicraft, and they would alight upon the window of her room, and they longed to hear her holy voice, which was sweet, and pretty, and holy. She blessed God, and she never ceased to
Fol. 28 *b* do so by day and by night. She blessed the Almighty, | and
ⲛ̄ⲉ̄ great tranquillity and the fear of God were round about the place wherein she lived her life of quiet contemplation. And all the Powers who were in the heavens were in a state of wonderment at her purity and her chastity, and they said, 'We never before saw a woman like unto this.' Sarra (Sarah), the wife of Abraham, cannot compare with her, and she did not occupy herself with works of this kind. Rebecca, the wife of Isaac, resembled her somewhat, but she cannot compare with this virgin. Leah and Rachel were married women, and they bore sons, and they never attained the honourable estate of this virgin. And Anna, the mother of Samuel, only laboured for one day; she poured out her tears before God, and He
Fol. 29 *a* granted to her her petition. As for the Virgin, | from the
ⲛ̄ⲋ̄ day wherein they placed her in the Temple, she never ceased from her regular rule in respect of her prayers, and her fastings, and her acts and works, and her numerous habits of asceticism.

And it came to pass after these things that the time arrived for God to remember His words to our holy fathers, the Prophets. And the Father took counsel with His Holy Word, Who had proceeded from Him, and Who was of like substance with Himself, and Who had lived with Him in the same honourable estate from the beginning, and in the same glory, and in the same strength, and in the same power, and with the same nature, I mean His Only-begotten Son, Who was like unto Him in the substance of His Godhead, saying, 'The time hath arrived, My beloved Son, for Thee to go down and to seek | after Thy sheep who have gone astray in the Fol. 29 b world through sin. ΜΗ I wish Thee to take good heed to Adam, and to open to him the gate of Paradise. Remember, My Son, that the time hath arrived for Thee to complete the sacrifice of Isaac,[1] which was insufficient to save the world. The daughter of Jephthah was offered up,[2] but her blood [only] saved herself. For the blood of Abel crieth out,[3] and it awaiteth Thee to go down into the world, and to shed Thy Blood, in order that Thy Blood may cry out and Abel's blood hold its peace. All the Prophets have awaited Thee, saying, How long, O Lord, before Thou wilt turn Thyself, and come down, and fulfil our prophecies and | our visions? Now, Fol. 30 a therefore, ΜΘ O My Son, be not unmindful of Thy creation, and let it not perish. Behold, Thy throne is prepared for Thee, O My beloved Son, until Thou hast vanquished the Devil. Behold, Thine abode is prepared for Thee on the earth, that is to say, the Virgin Mary, whom Thou hast fashioned with Thine own hands. Behold, I have prepared for Thee a father on the earth, that is to say, the old man Joseph, the blessed carpenter, who shall be unto Thee a servant and an attendant. When Thou goest down upon the earth it shall rejoice to its foundations, and the Devil shall take to flight. Depart, My Son, in peace, and Thou shalt return in peace. None compelleth Thee to depart. It is I Who command Thee to fulfil My command. Be not un|mindful of the work of Fol. 30 b Thy hands, Ν which is about to perish. I declared with My own mouth that a flood of water should not [again] come upon the earth,[4] but a deluge of sins hath increased on the earth, and hath swallowed up all people in the water-floods of iniquity. The ark of Noah preserved a seed upon the earth, and behold, I have prepared for Thee the womb of the Virgin

[1] Gen. xxii. 1–14.
[2] Judges xi. 29–40.
[3] Gen. iv. 10; Matt. xxiii. 35; Heb. xi. 4; xii. 24
[4] Gen. ix. 11.

Mary, and I will make Thee to be therein for nine months, so that Thou mayest deliver the whole world through her. We destroyed Sodom and Gomorrah,[1] and all the cities that were round about them, and up to this present they have not ceased to commit sin. Now therefore, O My beloved Son, make haste, get Thee down, and save the rest of mankind. We sent Jonah the prophet to Nineveh, the great city, and
Fol. 31 *a* he preached unto her repentance,[2] but his preaching | was not
ⲝ̅ⲁ sufficient to save them after they had repented, and they made themselves corrupt again. One part of the world having been destroyed, [we might think] that the other parts would be afraid, and would abandon their sins; but they were not afraid; on the contrary, they continue in their sins. Now therefore, O My beloved Son, come, get Thee down into the world, and save the rest of mankind. I gave the Law by Moses, but until Thou goest down into the world and fulfillest the Law, it will never be fulfilled (or, completed). All the Prophets prophesied concerning Thee, but all their prophecies will be things of naught until Thou goest down and dost confirm them. The whole world is expecting Thee, and all the earth is polluted with the error of idols; if Thou dost not go down, and pour out Thy Blood upon it, it will never be purified. Those who are in the nethermost Amente await
Fol. 31 *b* Thee, so that Thou mayest go and give | them redemption.
ⲝ̅ⲃ The time hath arrived for Thee to open the gate of Paradise, and to make Adam to enter it again. Eve, the mother of all the living, awaiteth Thy departure into the body of Mary, and Thy taking upon Thyself a human body in her womb, and Thy giving of freedom unto the whole race of women. When Thou goest, My Son, Thou shalt give rest (or, satisfaction) unto all nations. Get Thee gone, My Son, and pay diligent attention to the vine that hath become barren.' After these things the Only-begotten hearkened unto the

[1] Gen. xix. 24.

[2] Jonah iii. 4; Matt. xii. 41.

command of His Father, and of His own free-will made Himself ready to come down upon the earth, to fulfil the work which had been announced by the Law and the Prophets. For Paul, the chosen vessel, said, 'When the time | was Fol. 32 *a*
fulfilled, God sent His Son, He proceeded from a woman, ⲝⲅ
[and] He made Himself to be under the Law, that He might purchase those who were under the Law.'[1] What man is there who, on hearing these words of wonder, doth not marvel greatly thereat?

Now when I consider what happened to this virgin, my mind is disturbed, and I am seized with trembling, and I drop my hands helplessly, for I am unable to do anything. Many, many have wished to investigate this controversy, in the same way [as myself], but they have fallen into despair, and have known not [what to do]. For the matter is beyond the comprehension of human nature if one enquireth how did the Word become flesh or how did the Word become man? It belongeth to us to believe that He is Perfect God and in no way inferior to His Father. He is the Only-begotten | of Fol. 32 *b*
God the Father. He is the First-born of the womb of Mary ⲝⲇ
His Mother, a Virgin. He is God, He became man, and He fulfilled every [function] appertaining to human nature, with the exception of sin. He was of like substance with His Father, and He was not different from His Father according to the substance of divinity. He was a man, He was God, He advanced in every matter of childhood. He obeyed His parents. And when He wished to come to us, He spake unto the Archangel Gabriel, and said unto him, 'Come, fulfil the command of thy Lord. Come, perform the ministration of My service, and get thee gone to the holy Virgin Mary. Thou shalt indicate to her My presence. Thou shalt inform her that I will dwell in her. | Take good heed how thou shalt Fol. 33 *a*
talk to her. Do not frighten her by thy appearance. Disturb ⲝⲉ

[1] Gal. iv. 5.

her not by thy words. Trouble not her mind, for she is a young maiden, and cannot bear any fright from thee. She will be a great marvel by producing a man-child, for hearken, a virgin shall give birth to a child without [the help of] male seed. Do not put before her any [threat of] punishment, as thou didst to Za[cha]rias.[1] Appear unto her with joy and gladness, speak to her with words of tenderness, tell her about My glory, which shall be to her. It is good to hide the private affairs of the king,[2] but it is a good thing to make manifest with glory the works of God.'

And when Gabriel came unto her, he did not appear unto her in his glory, neither did he go into her presence in the
Fol. 33 *b* form of a man, for he | knew that it was not her custom to
ⲝⲉ see strange men. But he stood outside the door of her chamber, and he cried out to her, saying, 'Hail, thou maiden who hast found favour! The Lord is with thee.' And when she heard the strange voice she was disturbed, and she said, 'Of what kind is this salutation?' And she was agitated about these things, and she marvelled concerning the voice which she had heard. And Gabriel cried out yet a second time, saying, 'Hail, thou maiden who hast found favour! The Lord is with thee.' And when the angel saw that she was disturbed at [his] words, he began to enter into her presence with a joyful bearing, saying, 'Fear not, O Mary, for thou hast found favour with God. For behold, thou shalt conceive, and shalt bear a son, and shalt call Him Jesus.'
Fol. 34 *a* And the Virgin marvelled, saying, | 'In what way can this
ⲝⲋ possibly happen to me? I have never known a man, for I am a virgin.' And the archangel answered and said unto her, 'Fear not, O Mary, for thou hast found favour with God. Be strong, and of good cheer, for that which thou shalt bring forth is holy, and He shall be called the Son of God.

'Hail, Mary, thou woman whose fruit shall give salvation

[1] Luke i. 18-23. [2] Tobit xii. 7.

to the world and to all mankind! Hail, thou who hast found favour! The Lord is with thee.

'Hail, Mary, thou spotless dove! in whom there is no blemish, to whom is sent the choice, sweet odour by me, Gabriel. Hail, thou who hast found favour! The Lord is with thee!

'Hail, Mary, who shalt clothe the whole world in the apparel of salvation! Hail, thou who hast found favour! The Lord is with thee.

'Hail, Mary, through whom salvation shall come | to the Fol. 34 b
whole world, because of thy walking in it! Hail, thou who ⲍⲏ
hast found favour! The Lord is with thee.

'Hail, Mary, who art the choicest thing in heaven and upon earth! Hail, thou who hast found favour! The Lord is with thee.

'Hail, Mary, thou tower in which is the King's treasure! Hail, thou who hast found favour! The Lord is with thee.

'Hail, Mary, who hast given unto us a way of entrance into heaven! Hail, thou who hast found favour! The Lord is with thee.

'Hail, Mary, who hast opened to us the door of Paradise, after it had been closed through the transgression of Adam and Eve! Hail, thou who hast found favour! The Lord is with thee.

'Hail, thou second ark, which hath saved the world from the destruction of impiety! Hail, thou who hast found favour! The Lord is with thee.

'Hail, thou beautiful Lamb, who hast made to spring up
for us the pure wool and the apparel of | incorruption! Fol. 35 a
Hail, thou who hast found favour! The Lord is with thee. ⲍⲑ

'Hail, thou vase of gold, wherein was the manna! Hail, thou who hast found favour! The Lord is with thee.

'Hail, thou who didst remove the enmity which existed between God and us! Hail, thou who hast found favour! The Lord is with thee.

'Hail, Mary, thou sweet odour that hath mounted up before God Almighty until God hath become reconciled to His creation which He hath created! Hail, thou who hast found favour! The Lord is with thee.

'Hail, thou who art the tent of the Godhead, wherein the Only-begotten of the Father hath reposed! Hail, thou who hast found favour! The Lord is with thee.

'Hail, Mary, thou ark, whereof every part is covered with gold, and wherein God the Father sojourned in the form of His Holy Word! [Hail, thou who hast found favour! The Lord is with thee.]

Fol. 35 *b* 'Hail, Mary, thou bread that hath come forth | from
ō heaven, to satisfy the hungry and to fill souls with good things! Hail, thou who hast found favour! The Lord is with thee.

'Hail, Mary, who dost deliver every one from the storm of the Devil, and dost bring them into the haven of salvation. Hail, thou who hast found favour! The Lord is with thee.

'Hail, Mary, thou unpolluted bride without blemish, who hast prepared for us the path of salvation! Hail, thou who hast found favour! The Lord is with thee.

'Hail, Mary, through whom and by whom all the women in the world have acquired freedom of speech with her Lord! Hail, thou who hast found favour! The Lord is with thee.

'Hail, Mary, thou holy table, whereon the rational sacrifice is slain! Hail, thou who hast found favour! The Lord is with thee.

Hail, Mary, the light of whose Son hath filled the whole world! Hail, thou who hast found favour! The Lord is with thee. |

Fol. 36 *a* 'Hail, Mary, whose holy birth-pangs were awaited by
ōⲁ heaven and by earth! Hail, thou who hast found favour! The Lord is with thee.

'Hail, Mary, thou good root, who hast made to blossom

for us the fruit of righteousness! Hail, thou who hast found favour! The Lord is with thee.

'Hail, Mary, who hast made to blossom the blessed seed of the fruit of righteousness of the Tree of Life! Hail, thou who hast found favour! The Lord is with thee.

'Hail, Mary, thou golden candlestick! Hail, thou who hast found favour! The Lord is with thee.

'Hail, Mary, thou new cistern wherein is salt, which will make sweet that which is bitter! Hail, thou who hast found favour! The Lord is with thee.'

Verily, if all [the peoples of] the world were to come to one place, and verily, if I were to go round about in every direction, I should never come to the end of the [recital of the] blessings | which are thy due, O thou holy turtle-dove, who Fol. 36 *b*
hast come forth from the dovecot of the Great King, and who ⲞⲀ̄ (*sic*)
hast produced the Bridegroom of the whole world. And even if all the wise men in all the world, and all the men learned in books, and all the orators in every part of all the world were to gather themselves together, they would not be able to declare sufficiently the honour that belongeth unto thee. Or, what could they say concerning the great glory which thou hast acquired through thy Son that would be adequate? They might say, 'Heaven is high,' but it is not thy equal, for thy womb was loaded with Him Who filleth the heavens and the earth. And if people say unto me, 'The earth is great,' I reply, 'The earth is His footstool.' And if people would set the hosts of the heavens in comparison with thee, thou art greater | than they in thy purity. They call thee Fol. 37 *a*
the 'ark', but the ark of old preserved only Noah and his ⲞⲈ̄
sons, whilst thou hast saved the whole world, which was being destroyed by wickedness. They call thee the 'ark of the Covenant', but in that ark there were [only] the Two Tables[1] which had been written by the fingers of God,

[1] 1 Kings viii. 9.

whilst thou didst carry [the Lord of] the Universe, in the Word of His power. They call thee 'the vessel of gold', but that vessel only held a very little manna,[1] which served as a memorial for the children of Israel, whilst thou didst contain Him that fed the whole world with the manna of the mind, which is His Body of God and His Blood of truth,
Fol. 37 *b* which He gave for us until He redeemed us | from our sins.

ⲞⲈ And it came to pass after these things that Mary said unto the archangel, 'Behold, thou art speaking to me in words that are beyond the measure of all men's understanding, and thou art proclaiming to me a marvellous mystery. For I am a virgin, and can this thing possibly come to me who have never known man?' And the angel answered and said unto her, 'If thou wishest to verify the words which I have spoken unto thee, rise up and go to Elisabeth, the wife of Zacharias the priest, who dwelleth in Torinê, for she is thy kinswoman, and thou shalt be convinced of the truth of the words which I have spoken, by her example. For I was sent unto Zacharias her husband, some days ago, and I proclaimed to him also tidings of great joy, saying, "Behold, Elisabeth |
Fol. 38 *a* thy wife shall bear thee a son, and thou shalt call his name
Ⲟⲋ John."[2] And when Zacharias shewed that he did not believe my words, I inflicted upon him the punishment of dumbness. Now Elisabeth conceived a son, and Zacharias was dumb according to the word of my mouth, and there was great joy in the house of Zacharias. And this is the sixth month since Elisabeth conceived a son, according to the word which I announced to him. And thou, O wise virgin, art exalted above all the created beings and things which God hath formed; but I am unable to pronounce [upon thee] a decree of judgement in the same manner as I did concerning him,
Fol. 38 *b* inasmuch as thou art the treasury | of my Lord. For the
ⲞⲎ mystery that hath come to Zacharias hath come unto others

[1] Exod. xvi. 33. [2] Luke i. 13–22.

before him; but the mystery which hath come to thee hath never before happened, even from the beginning of creation, and it shall never happen again.'

And when Mary heard these things she spake unto Gabriel with a face of gladness, saying, 'Behold, I am the servant of the Lord, let it be to me according to thy word.' And the angel departed from her. And Mary in no wise forgot to do what she had been told to do, and she rose up quickly to go to Torinê. And she took with her the daughter (*sic*) of Joseph to be a companion on the road, and she set out on the journey, and undertook the fatigue and hardship of the road from Nazareth to Torinê. And she went into the house of Zacharias, and saluted | Elisabeth. I marvel at thee, O virgin, Fol. 39 *a*
how thou didst know where Torinê was, and who shewed thee ⲟ̅ⲑ̅
the house of Zacharias, and why thou didst not lose thy way to the town, or wander into a strange house, for thou hadst not been shewn how to enter it, since thou wast not in the habit of frequenting it. The virgin saith: 'I went to see this marvellous mystery which had been pointed out to me. When I found Elisabeth she was with child. And I saw with my own eyes that her womb, which had been barren, was thrust forward through the weight of the child which she was carrying in it, and that her breasts, which had been dry, were heavy with milk. And when I saw the joy and gladness about the delivery [that was to take place] in the house of the barren woman, and when I saw Zacharias dumb and his mouth closed, I believed | that the words which had Fol. 39 *b*
been spoken unto me [by the angel] were true. Nevertheless ⲡ̅
I did marvel at the statement that I should give birth to a child without [the help of] a man.' It was not merely a matter of making a woman who had been barren to conceive, for Isaac was given to Abraham when he was one hundred years old, and Sarra (Sarah) herself was ninety years old; and Isaac was sixty years old when he begat Jacob and Esau, and Rebecca was fifty years old; and Rachel was a barren

woman, and she bore Benjamin and Joseph; and Anna, the mother of Samuel, was a barren woman, and she gave birth to a prophet; but to make a virgin to bear a child without [the help of] a man was, indeed, a wonderful mystery.

And Mary went and entered into the house of Zacharias, and saluted Elisabeth, and she found that Elisabeth was with
Fol. 40 a child, and | that Zacharias was dumb, and that all the signs
ⲡⲁ̅ [of an approaching delivery] were present; and she saw that Zacharias had received the punishment of dumbness, and that he was sitting in silence. And she saw also that the aged barren woman was bowed by reason of the great weight of the child, and she saw that her breasts, which had been shrivelled and dried up for a long time past, were full and large and dripping with milk, and she saw that her womb, which had been shrivelled and dried up, was thrust forward, and she saw that she was carrying a child. And she saw the gladness and festivity which were in the house of Zacharias. And straightway, when she had gone in to Elisabeth, and had saluted her, she (i.e. Elisabeth) leaped up like a girl through the Holy Spirit Who had come upon her, and as she stood up John moved through gladness within her. And
Fol. 40 b straightway | she cried out with a loud voice, and said,
ⲡⲃ̅ 'Blessed art thou among women! And blessed is the fruit which is in thee! As for me, who am I that the mother of my Lord should come to me?[1] And behold, when the sound of thy salutation reached my ears, the child moved within me through gladness.' And blessed was the woman who believed that there would be a fulfilment of the words which were said unto her by the Lord.

O Elisabeth, whence didst thou know that the child which thou hadst conceived could bear witness, and that he moved in thy womb? For such a thing hath never been for a woman to know what is in her womb, before she hath brought it

[1] Luke i. 42, 43.

forth and hath seen what kind of a child it is which she beareth. However, Zacharias cannot have told her what the angel had said unto him, for from the time when Zacharias shewed himself unbelieving in respect of the angel dumbness | appeared in him, and from the time when he was in Fol. 41 *a*
the Temple he never spoke to Elisabeth. O Elisabeth, thou ⲡ̅ⲅ̅
wast bound to take care for that which thou wast to bring forth; but whence didst thou know the words which the angel had spoken to Mary, saying, 'And blessed is she because she hath believed that the words which have been spoken to her shall come to pass through the Lord?'[1] Was she, peradventure, present when Gabriel spake unto her? Assuredly not. It was the Holy Spirit that came upon her, and she prophesied concerning the things that were hidden. And the two young women had known each other from the time when they were in their mother's wombs, and they looked upon each other, and they rejoiced, and they wished to come forth before the time came. For this reason the Holy Spirit came upon them and Elisabeth prophesied. And when Mary was certain about the words of the angel she said, 'My soul is exalted in the Lord, and my spirit rejoiceth in God my Saviour; for He hath looked | upon the humility of His Fol. 41 *b*
servant. For behold, from henceforth, all generations shall ⲡ̅ⲇ̅
hold me to be justified. For He Who is mighty hath done great things for me, and His Name is holy. His mercy is from generation to generation on those who fear Him. He hath performed a mighty deed with His arm, He hath scattered the proud in the thought of their hearts. He hath overthrown the dynasts on their thrones, and hath exalted those who are humble. He hath satisfied the hungry with good things, and He hath sent the rich away empty. He hath helped Israel, keeping in remembrance mercy, according to what He spake unto our fathers, Abraham and his seed, for ever.'[2]

[1] Luke i. 45. [2] Luke i. 46–55.

And Mary remained with Elisabeth for three months, and returned to her house. That Mary remained with Elisabeth
Fol. 42 *a* for three months is an evident matter; but | did she not then
ⲡⲉ remain with her until she brought forth? Now although the Evangelist doth not make this [fact] perfectly clear, yet behold, the words that follow these statements will shew us [that she did]. He saith that 'the days of Elisabeth were fulfilled for her to bring forth',[1] and it is manifest that Mary would not have left her without seeing Elisabeth's joy in the little child to whom she was about to give birth, for which very purpose Mary had gone thither. For if the man who is invited to a banquet, whether it be a feast for a birthday or for some other day of rejoicing, cannot possibly leave the man who hath bidden him to the banquet until he hath seen the end of the rejoicings and the festivities, how much more would the mother of Him Who is life, and Who filleth the heavens and the earth, be obliged to remain until she had completed the matter for the purpose of which she had come! Therefore most certainly Mary remained with Elisabeth until
Fol. 42 *b* she had seen the little child, and had | spoken to Zacharias.
ⲡⲋ 'And after these things,' Scripture saith, 'Mary returned to her house,'[2] and sat down [there] composedly until she had fulfilled eight months.

And what happened after these things? 'It came to pass,' Scripture saith, 'that in those days an order came forth from the Emperor Augustus that all the world should be registered for taxation, each according to his village; this was the first registration which took place, and Cyrenius was the governor of Syria. And every one went to have his name registered according to his city, and Joseph went up also.'[3] And Joseph said unto Mary, 'What shall we do? Behold, they will lay hands on us, and make us go up to Bethlehem and have our names

[1] Luke i. 57.

[2] 'And Mary abode with her about three months, and returned to her house,' Luke i. 56.

[3] Luke ii. 1–4.

registered in the taxing-list.' And she said unto him, 'How
can we go | up? For, behold, the days are fulfilled for Fol. 43 a
me to bring forth.' And the good old man said unto her, ⲡⲍ
'I believe that God will direct the journey for us.' And they rose up and left Nazareth, and they took the road to go up to Bethlehem, and they happened to arrive there on the Day of the Preparation, which is the great [day] of the fast. On that day no one asked them questions, and also they did not enquire for a place wherein to sojourn. And they found a caravanserai within the city where strangers lodged, and they also went in and camped there; but they could not find any room wherein to sleep because of the large number of people who were [already lodged therein]. And at dawn on the following morning, which was the Sabbath, and the first day of the new moon of the month of Khoiak, they unrolled their
bedding by the side of a cattle-manger. | And the whole of Fol. 43 b
that day was passed by them in waiting for their turn to ⲡⲏ
come for their names to be registered. And that which was written above them in the register of taxes was as follows: 'Joseph the carpenter, of the tribe of David, and Mary his wife, and Jesus their Son.' Blessed art thou, O Joseph, for thou didst attain to a position which had never before been reached by man. Thou didst attain to the honour of writing the Name of the Logos of the Father after thy name, as if He were [thy] Son. From what didst thou come, and to what didst thou attain? From being a carpenter, working at thy handicraft, with thy tools in thy hands, thou didst attain to making thyself the father of Him that hath created everything! When a man acquireth the rank of a king, or weareth a crown, after a time he passeth away, and his rank also passeth away with him. As for thee, not only shall thy sovereignty not pass away from thee after thy death, but it
shall endure for ever. And we ourselves | who are sitting Fol. 44 a
upon lofty thrones, when our days are fulfilled, and we are ⲡⲑ
obliged to sleep with our fathers, our honourable rank and

our names sink into oblivion together. But as for thee, O righteous old man, thy name shall remain and endure for ever! How canst thou conceal the fact that thou wast the father and servant of Him that created everything with His own hands?

Then after all these things and the registration of their names on the twenty-seventh day, on the day of the . . . . . ., on the twenty-eighth day, which was the great day of the fast, they were not able to travel until the Sabbath was ended. And at midday of the twenty-eighth day Joseph looked into the face of Mary, and he saw that her whole body was shining brightly, and that she was greatly moved. And he spake unto her tenderly, saying, 'Why art thou disturbed this day?' And she said unto him in a terrified manner, 'O help me, for behold, the hidden fruit wisheth to come forth.' And
Fol. 44 *b* he | said unto her, 'Fear not, but be strong, for He Who
ϥ̅ shall come forth from thy womb is He Who shall help thee.' And after these things she was again greatly moved, because it was her first time of bringing forth, and she was a stranger in the place, and there was neither acquaintance nor kinswoman with her, and she had never seen a woman in this condition, and she had never been instructed in matters of this kind.

And there was a very large star in the middle of the heavens, and it illumined the whole world, and the men who were in Bethlehem were examining it with much attention, and they spake unto one another, saying, 'This star [indicateth] that a king is going to be born.' And Mary and Joseph heard all the words that were spoken about this matter, and Mary rejoiced [as] they marvelled, for there is a caravanserai in heaven wherein God and His angels dwell. And Mary passed the whole of that night in a restless condition, and she was greatly perturbed. And
Fol. 45 *a* at the moment | of dawn on the twenty-ninth day of the
ϥ̅ⲁ̅ month Khoiak, the fleecy cloud of light which overshadowed

the good servant said, 'Do an act of kindness for Me; enquire after a woman who knoweth how to take care of children who are newly born from the womb.' And Joseph said unto Mary, 'Fear not Him that spake unto thee, for thou shalt bear a faithful son, for He spake unto me, saying, He Who shall be brought forth by her is of the Holy Spirit.'

And when he had said these things unto her he walked out from the caravanserai, and he knew not whither he was walking. And he looked up, and he saw a tent outside the city, and there were a number of men in it. And he walked towards it, and he looked up, and he saw a woman standing on the roof of her house, and looking over the wall. And Joseph cried out unto her, saying, 'I adjure thee, O thou woman, tell me if there be in this place a woman who knoweth how to act as a midwife; | and let her come and Fol. 45 *b*
sit with this young woman until she bringeth forth, and I will ϥⲏ
give her her hire.' And straightway the Holy Spirit came upon this woman, and she said unto him, 'Thou art Joseph, the blessed and righteous old man, the husband of Mary, from whose womb the Word of the Father shall come forth.' And he said unto her, 'Come down'; and straightway, by the Holy Spirit Who came upon her, she made haste, and came down, and put on her finest apparel as if she knew that she was going to meet God. And she came outside the door, and she stretched out her hands upwards to heaven, saying, 'O Jesus, the Word of the Father, as I have left my door open, and followed Thee, even so do Thou open unto me a place of abode in Thy kingdom.' And whilst Joseph was outside the holy Virgin Mary brought forth the | Son of her first Fol. 46 *a*
labour; and she wrapped Him round with strips of stuff, and ϥⲑ
laid Him to rest in the cattle-manger, for there was no room for them in the caravanserai. Hail, thou caravanserai, which thus became the Church wherein the Christ abideth! Hail, thou manger, thou first altar whereon the Christ offered up His sacrifice! Hail, ye strips of stuff of incorruptibility,

which God the Word wore until He had reconciled us to Him, and to His Father! Hail, thou manger! Hail, thou caravanserai, which became [an abode] upon earth and a holy Temple for God the Word! Hail, thou manger, which became a place of rest for God and men, through the journey which He made to us! Hail, ye strips of stuff which protected us against the destruction of the Devil! May he never approach me again!

And it came to pass after these things that Joseph arrived
Fol. 46 *b* walking with that woman, | whose name was Salome. And
ϥⲇ they looked and saw the little Child in the manger, and they marvelled. And they saw also the Virgin sitting in a state of poverty, whilst her face was emitting rays of light, and they saw an ox and an ass protecting the little Child, and they saw that the whole caravanserai was filled with joy, for the Son of God was therein. And Salome went in to the manger, and she worshipped the Lord, saying, 'Mine eyes have seen Thy salvation, O Lord, which hath come to deliver all the sinners who are on the earth, of whom I am the first.' And after these things she went in to the Virgin, and she worshipped before her hands and her feet, saying, 'Blessed art thou, O Mary the Virgin, who hast set the whole world free from the curse which was on us through the transgression of Eve. O Mary, thou art the woman who hath been
Fol. 47 *a* awaited during all the long | ages which have passed. And
ϥⲉ as for me, I shall never again return to my own house.' Now this woman Salome was the first who recognized the Christ, and who worshipped Him, and believed on Him when He came upon the earth; and she did not return to her own house until the day of her death. Whithersoever Christ went to preach, with His mother the Virgin, there she followed Him with His disciples until the day when they crucified Him and [the day of] His holy Resurrection. She saw them all, with His mother the Virgin. I wish very much that I might describe unto you fully the life of that woman,

and her acts and deeds, and tell you from whom she was descended, and who were her kinsfolk; but we must not | scatter our words in another direction, and we must not Fol. 47 *b*
forget the plan which we have laid down. For this reason ፶፰
I return to the subject of this feast which is spread out for us this day.

And now, come thou into our midst, O Isaiah, thou mighty voice among the Prophets, and inform us this day what is the meaning of this manger, and the import of these ragged strips of stuff, and of these animals. 'The ox,' he saith, 'knoweth his master, and the ass knoweth his master's manger; [but] My people do not know Me, and Israel hath not found out who I am.'[1] And then the Evangelist said, 'There were shepherds in that country who were in the fields, keeping watch by night over their flocks of sheep, and when they had seen the star they were afraid, for they were unable to sleep all that night. But they spake unto each other, saying, This [star] which hath appeared unto us is a great mystery. And just as they were saying these words, behold, the angel of the Lord | appeared unto them, and the Fol. 48 *a*
glory of the Lord shone upon them, and they were afraid ፶፱
with an exceedingly great fear.'[2] And what man is there who would not be afraid if he saw an angel of the Lord standing in front of him, especially if he was arrayed in marvellous apparel? But through the visit of our Lord which He made to us, the angel straightway removed from them their fear, and he said unto them, 'Fear not. For behold, I proclaim unto you a great joy which shall be unto all people, for there is born unto you this day a Saviour, Who is Christ the Lord, in the city of David. And a sign (or, proof) unto you is this: Ye shall find the young Child wrapped in ragged strips of stuff, and lying in a manger.' And straightway their eyes were opened, and they saw a multitude of angels

[1] Isa. i. 3. [2] Luke ii. 8-18.

Fol. 48 *b* blessing God, saying, 'Glory be to God in | the heights, and
ϥⲏ His peace [be] upon the earth, in men, according to His wish.' And when the angels had made this confession, they straightway departed into heaven. And when the senses of the shepherds had returned to them, they said unto each other, 'These beings who spake unto us were angels. Now therefore let us rise up and go to Bethlehem, and let us see this great mystery by which the Lord hath appeared unto us.' Thereupon they came into Bethlehem, and the star drew onwards above them until it came over the place wherein the young Child was. And they saw Him with Mary His mother, and Joseph, and they knew that what had been told them was true; and the shepherds returned ascribing
Fol. 49 *a* blessing and glory to | God because of all the things that
ϥⲑ they had seen. And Mary kept all these words, and laid them up in her heart.

And when Herod saw the star, he knew that it was the star of a king, and he was troubled, and all Jerusalem with him, saying, 'What is the meaning of this mystery which hath taken place?'[1] Then behold certain Magi came out of the east, asking, 'Where is the King of the Jews Who hath been born? For we have seen His star in the east, and we have come to worship Him.' And when Herod heard these things he marvelled. Then he called the Magi secretly, and enquired of them concerning the time of the star that had appeared. And he said unto them, 'Come ye, and shew
Fol. 49 *b* me by means of your | art who this King is that hath been
ⲣ born.' And the Magi answered, 'He is not a king of this world, but a King Who will never come to an end, and His Kingdom shall never pass away. He is the King Who setteth all kings [upon their thrones], and Who removeth them [therefrom]. He is the King at Whose command heaven and earth shall pass away. He is the King Who shall give

[1] See Matt. ii.

judgement to the whole world in righteousness. He is the King Who exalteth one man and humbleth another. If thou wishest to know, then we will tell thee: He is Jesus the Christ, concerning Whom it is written, "He shall be born in Bethlehem of Judea."' When Herod heard these things from the Magi he was greatly disturbed, and he said unto them, 'It is impossible. Ye shall [not] find | rest until ye Fol. 50 *a*
find him. Accept ye [these] gifts, and ye shall go secretly ⲣⲁ
and enquire, and ye shall search carefully and diligently for the place wherein the great King hath been born, and ye shall give gifts unto Him; and when ye find Him, tell me also so that I may come and worship Him.' And he said these things unto them with deceit, for he wished to kill Him. And when the Magi had received the order from Herod the king they departed, and when they had journeyed a short distance from the city, behold, the star which they had seen in the east retreated before them, until it came and stood over the place where the young Child was. And they worshipped Him that had created everything which existeth, as He lay in a cattle-manger wrapped about in strips of ragged stuff, like [the child of] a poor man, | for there was no room Fol. 50 *b*
in the caravanserai wherein they could sleep. And the Magi ⲣⲃ
said, 'Assuredly a piece of great good fortune hath come upon us despite our evil deeds.'

And I myself marvel, O Magi, at what ye were and at what ye became. From being supporters (i. e. followers) of the books of Magianism, and from fighting against God, and provoking Him to wrath, ye were the first to come and worship Him. From corrupting the souls of kings, and deceiving them, and leading astray the souls of many, ye were the first to come and worship the King Christ. For this reason, having attained these great miracles, they brought unto Him gifts, gold, and frankincense, and myrrh. | And in Fol. 51 *a*
the night that followed they departed to their house. And ⲣⲅ
behold, on the morrow the angel of the Lord appeared unto

them in a dream, saying, 'Whither are ye going?' And they said, 'Thou, the Lord, art He Who knoweth what we are going to do.' And the angel said unto them, 'Return not to Herod, but depart into your own country by another road.' And they said unto him, 'We know not the road by which we shall depart.' And the angel guided them, and they did not know whither they were going until he had taken them into their city, and [into] all the country of Persia. And a great fear came upon Herod, and he sought no more either the Christ or the Magi. And when each of the Magi had entered his own district, they made haste and
Fol. 51 *b* burned their books dealing with | Magianism, and they
ⲣⲇ preached Christ Jesus in all the city, and in all the country of Persia.

Then the angel of the Lord appeared unto Joseph after the Magi had departed, and said unto him, 'Rise up, and get thee into Egypt, thou and the young Child and His mother, until I tell thee; for Herod will seek the young Child to destroy Him.'[1] And Joseph arose by night, and took Mary and Jesus and Salome, and they rose up and departed into Egypt. Whither didst thou go, O Thou of Whom God called Himself the Father? Or, whither didst Thou go, O Thou, before Whom heaven, and earth, and creation quake? Why didst Thou flee from this wolf? He saith, 'I fled in order that I might fulfil the whole nature of men, with the excep-
Fol. 52 *a* tion of sin only.' | He Who, if He but look upon the earth,
ⲣⲉ maketh it to tremble to its foundations, He Who, if He but touch the hills, they smoke, fled before the man whose breath was in His hand! 'I did not,' He saith, 'flee because I was afraid; but in order that I might go into the land of Egypt, and destroy therein the worship of idols, and prepare for Myself therein a people who were pure.'

Come thou into our midst this day, O Isaiah, thou greatest

[1] Matt. ii. 13.

of the Prophets, [come] into this festival this day and tell us the things which thou didst prophesy concerning the Christ and His mother the Virgin, from the beginning. He saith, 'Behold, the Lord of Hosts cometh into Egypt, sitting upon the light cloud, and all the images graven by the hand [of man] in Egypt shall be shaken.'[1] And again he saith, 'And all the men of Egypt shall become like unto women through fear and trembling, because of the hand | of the Lord of Fol. 52 b
Hosts which hath been brought upon them.'[2] Before ever ⲣ̄ⲉ̄
the Lord came into the world the Egyptians were mighty, and their sceptre was over a multitude of nations. It was a strong nation which, as was to be expected, was to be humbled, for the Egyptians were worshippers of idols, but they were neither afraid of God nor of any other people. And when the Christ came into the world, and came down into Egypt, the fear of Him, and the trembling caused by Him, came upon them. He purified the people, He was holy, He purified the nations, and He made the Sceptre of all the nations to come over them. Therefore he saith, 'Egypt's labour [and] the merchandise of the people of Kûsh, and of the Sabeans, men of high stature, shall come to thee, and they shall pray unto thee, [saying,] For thou art the God, and they | know not Fol. 53 a
that the God of Israel is our Saviour.'[3] Ye see, [my be- ⲣ̄ⲋ̄
loved,] how the prophecy hath made itself manifest. When the Word of the Father came down into Egypt, He came in humility. He did not come as one of high rank and dignity, neither did He wear the royal purple; but His kingdom is for ever and ever, and His dominion from generation to generation. He did not come seated on a waggon, but He walked on His feet, and His waggon was the cattle-manger. He, Who gave unto us the road whereby we may enter into heaven, instead of being arrayed in purple and in apparel unsoiled, was wrapped in strips of ragged stuff, even as we

[1] Isa. xix. 1. [2] Isa. xix. 16. [3] Isa. xlv. 14, 15.

are. For this reason every man who is a servant of Him cannot possibly walk in pride. Then he saith again, 'There
Fol. 53 b shall be an altar | to the Lord in Egypt, near the country
ρΗ of Kûsh, and they shall offer up a gift upon it unto the Lord.'[1]

Now the sweetness of thy words, O Isaiah the Prophet, maketh us to forget the other portions of the narrative which we have begun to relate. Because Herod found that the Magi had made a laughing-stock of him, and that he was unable to overtake them on their road, he was filled with wrath by his father the Devil, for he was afraid, inasmuch as they were masters in the arts of the sorcerer, lest they should do evil things to him, and he did not know where the Christ was so that he might seek Him out. Thus he continued to feel two evil passions, anger because the Magi had made him a laughing-stock, and hatred towards the Christ, Whom he wished to kill. And he continued to expect the Magi to
Fol. 54 a return | to him until fully two years had passed. Now it was
ρΘ not Herod who put restraint upon himself, but God Who set a restraint upon his heart, and prevented him from searching out the Christ at once, and He held him back until all the things that were written concerning the Christ were fulfilled. And they circumcised Christ on the eighth day, and they performed on Him all that the observance of the Law demanded. And they took Him into the Temple, and Simeon the priest received Him in his bosom, and he blessed Him. And He increased in stature like [any other] child, and He obeyed His parents, and performed all the other things which it was right for Him to do. After these things He departed into Egypt, Joseph being with Him.

And when Herod saw that the Magi did not return unto him, he was exceedingly angry, and he sent and slew all the young children who were in Bethlehem and the region round

[1] Isa. xix. 19, 21.

about of two years of age and under. For the Evangelist saith, | 'According to the time when he enquired of the Magians,'[1] and it is evident that he delayed before he slew the young children. And when the sacrifice was made, all the people who belonged to Bethlehem, and to the region round about, mourned for their little children who had been slain. But all the denizens of heaven rejoiced over the sacrifice of the children which had taken place after the departure of Christ, [Who] said unto His Father, with rejoicing, 'Behold My first sacrifice which I have offered up unto Thee after My coming upon the earth. Now therefore, O My Father, accept from My hand My sacrifice [of the children] in place of the animals which are slaughtered for devils. Behold, I send up to Thee a great quantity of innocent blood, and I give these precious gifts unto Thee, O My Father, so that they may bless Thee and Thy holy | angels until I come unto Thee. Forsake not the world, O My Father, and those who dwell therein. Remember that Our hands have made them, and that all these creatures are the work of Our hands.' And Herod saw that he had two sons whom he had called by his name Herod. And when he was about to yield up his spirit, the soldiers of his army spake unto him, saying, 'Which of thy sons shall reign after thee?' Then Herod looked at his elder son, and said unto him, 'Rule thy people.'[2] And the soldiers of the army set the royal crown upon his head, and they abolished his first name of Herod, and called him Archelaus,[3] according to that which his father had given unto him. And the Lord removed from his mind the intention | of seeking out Jesus. And the angel of the Lord appeared unto Joseph in Egypt, saying, 'Arise, take the young Child

Fol. 54 *b* ⲣ̅ⲓ̅ — Fol. 55 *a* ⲣ̅ⲓ̅ⲁ̅ — Fol. 55 *b* ⲣ̅ⲓ̅ⲃ̅

[1] Matt. ii. 16.

[2] ⲁⲣⲭⲉⲓ ⲉ ⲡⲉⲕⲗⲁⲟⲥ, a play on the name ⲁⲣⲭⲉⲗⲁⲟⲥ.

[3] He was the son of Herod by Malthace, a Samaritan woman, and was only named by Herod as his successor when the king discovered the treachery of Antipater, his eldest son.

and His mother, and get ye into the land of Israel; for he who sought for the soul of the young Child is dead.'[1] And straightway the good old man rose up, and took the young Child and Mary His mother, and departed into the land of Israel. And the young Child called Joseph 'My father', and Joseph instructed Him like a son, and the Child obeyed him like a good son.

Now Archelaus had two sons; the elder was called Philip, and the younger was called Herod, according to the name of
Fol. 56 *a* his father[2]; and Philip[3] had a wife whose name was Herodias.
ⲣⲓⲅ And after a few days Archelaus died and Herod was set up in his place. And he was a young man of goodly presence, and all the army loved him, but he had no wife, and he committed very great sin, for he slept with his brother's wife whilst his brother was still alive, but no one knew of this secret thing except John, the son of Zacharias the priest. And John lived in the desert of Torinê in those days, because at that time Herod was slaying the young children who were in Bethlehem. In seeking for the Christ, he sought also for John so that he might kill him, but his mother took him, |
Fol. 56 *b* and fled with him to the wilderness of Torinê. And Herod
ⲣⲓⲇ sent a message to Zacharias, the father of John, in the Temple, saying, 'Tell me where thy son is so that I may kill him.' And Zacharias said, 'I know not. His mother hath taken him and fled with him.' And Herod was angry, and he sent and killed Zacharias the priest, in the inner part of the apse, in the holy place on the steps [leading up to] the altar.

And it came to pass after these things that Philip died, and he left a daughter who was skilled as a dancer.[4] And

[1] Matt. ii. 20.

[2] The father of Archelaus (?).

[3] The writer seems to confuse Herod, who was surnamed Philip, and was the son of Herod the Great by Mariamne, the daughter of Simon the high priest, with Herod Antipas, the son of Herod the Great by Malthace. See Matt. xiv. 3; Mark vi. 17; Luke iii. 19.

[4] Presumably daughter of the Herodias of Matt. xiv. 6.

Herod continued in sin, and John rebuked him, and sent warnings unto him daily through a messenger, saying, 'It is not lawful for thee to take thy brother's wife'.[1] O John, |
than whom among those who are born of women none is Fol. 57 *a*
greater,[2] I would that thou didst inform me who was the ⲣⲓⲉ
messenger by whom thou didst send warnings daily to Herod! For this took place before thou didst reveal thyself to men, and there existed no [other] man who would dare to utter words of this kind to the face of the king. I think, O my brethren, that it was an angel who acted as John's messenger, and who sent to Herod and spake unto him the secrets of John. Therefore Herod did not know where John was, and he could not lay hold upon an envoy whom he could not see, and whose voice alone he heard. And, afterwards, when the holy forerunner [of Christ] had revealed himself unto men, he again rebuked Herod, but Herod was unable to speak unto
him according to his evil wish, | because the multitude Fol. 57 *b*
regarded John as a prophet. Now I should very much like ⲣⲓⲋ
to describe unto you what took place between Herod and John, but I am afraid that if I discuss this matter I shall entirely forget this great festival wherein we are engaged this day, namely, the festival of the holy Virgin Mary, who gave birth to God.

There hath never been any other miracle as great as this on the earth; the finding of a virgin who was with child and who brought forth a man-child.[3] And more miraculous still is it that when they did what was decreed for her, and when they had given her to a man, he neither knew her nor was he scandalized to find that she was with child by some one else. More miraculous still is it that the man accepted the paternity [of the Child], and ministered unto the Child she brought forth. Now had it been myself I should have said unto her, 'I wish to understand this matter which hath taken

[1] Matt. xiv. 4. [2] Matt. xi. 11; Luke vii. 28.

[3] Reading ⲛ̄ ⲟⲩϣⲏⲣⲉ ⲛ̄ ϩⲟⲟⲩⲧ (?).

Fol. 58 *a* place. Thou wast delivered over unto me as a | virgin, and ϸⲓⲍ I was going to make a marriage feast for thee. But now, before this feast could take place, I walk with thee, and I discover that thou art with child, and that thou hast come to thy time for bringing forth.' However, no such [thoughts as] these rose up in his heart.

O Isaiah, thou greatest of the Prophets, thou who hast talked with God on several occasions, and hast never kept silence concerning the miraculous virgin, what dost thou say? He saith, 'Before she felt the pangs of childbirth she brought forth. Before the pains of childbirth came upon her she was delivered, and gave birth to a man-child. Who hath ever heard of such a thing? Or, who hath ever seen a woman bring forth, and produce a whole nation at once?'[1] And this is a most marvellous thing: she was obliged to go through the process of parturition, just like all other women, but, although she brought forth with pain and trouble, the Fol. 58 *b* terror which is usually present in | all women who are in child-ϸⲓⲏ birth for the first time was absent from her. O Mary, what didst thou intend to do when thou didst find thyself alone in the caravanserai, in a strange country, when thou hadst no man who was known to thee near thee, and when thou couldst not find a place wherein to lie down in the caravanserai? Didst thou remain alone without agitation, and without terror? Didst thou not, peradventure, say in thine heart, 'I am a woman like any other woman. I see that I am with child, although I am a virgin, for that which hath happened to me is a wonderful mystery. I feel [my] fruit moving. I feel the birth-pangs flowing over me like the droppings of rain water. I feel myself to be in a state of great misery, and I am sorrowing because of my absence from home and friends. I know not what to say, and I do not see any person who will take care of me and provide me with oil and wine, and the other

[1] Isa. lxvi. 7.

necessary things | which are prepared for women who are about to bring forth children for the first time. More especially do I feel at this moment that I am without kinsfolk and am a stranger, and that I am obliged to entrust myself to a caravanserai. For when all other women who are about to bring forth for the first time arrive at the period of the ninth month, their parents attend to their wants, but I see no one round about me, and there is no other house except the caravanserai wherein I can take up my abode.' Fol. 59 *a* ⲣⲓⲑ

Nevertheless, why art thou disturbed, O Mary? Behold, all the hosts of heaven stand before thee instead of parents according to the flesh. Behold, God, the Lord of all creation, is unto thee a Father, in the place of brethren and kinsfolk. Behold, He Who hath created the whole world with His own hands is present, and He will protect thee and will take the place of wine, and oil, and the | other necessaries of the body, and He it is Who will give nourishment to the hungry Child Who shall come forth from thee. Instead of a house and a habitation the heaven of heavens shall be a house for thee and a habitation. Instead of couches, and feather pillows, and padded quilts and cushions, behold, the incorruptible, celestial clothing hath been prepared for thee, and instead of attendants and servants, behold, the old man Joseph, the blessed carpenter, hath prepared himself to be unto thee a servant and attendant. Be not afraid, O Mary, the Lord is with thee, even as He hath been in the time that is past, for the words of Gabriel unto thee were, 'Hail, thou who hast found favour! The Lord is with thee'[1]; and the abundance of every good thing that is in the heavens shall suffice for thee. What other woman in all the world hath found favour as thou hast, O thou holy city, | wherein is set even the throne of the Great King? Verily, O holy Virgin Mary, thou art far more highly exalted than all those who are Fol. 59 *b* ⲣⲕ Fol. 60 *a* ⲣⲕⲁ

[1] Luke i. 28.

exalted in the heavens and upon the earth. When I think of that which happened unto thee, I am as much stricken with amazement as I should be if I were to be transported from earth up to heaven.

Now very many learned bishops, and theologians, and inspired men have wished to describe thy blessed and honourable estate, and they have laboured hard and abandoned their task, because they could not find any end to thy honour and thy virtue, and they could not discover how to effect their plan, for they became powerless before the height of thy attainment. Behold, the impious Nestorius, [that ignorant] mouth[1] that deserved to be shut, and lo, it is already stopped with the unquenchable fire of Amente, meditated continually
Fol. 60 *b* upon the great mystery which had | taken place, but he became
ⲣⲕⲃ stupefied, and his mind became wholly unbalanced. And he fell into a depth of wickedness, and he received the sentence of judgement which he deserved. He became a stranger to [his] diocese in this world, and he made himself a stranger to the glory of the kingdom of heaven; and his name was clothed with darkness (or, oblivion), and another received his bishoprick. Whilst he was still alive he received the excommunication which he deserved, and the banishment of shame which was his just due. Therefore, for this reason, O my beloved, let us not seek to pry into the dispensation of the Son of God, or into the manner in which it was effected. For he saith in the Book of Proverbs, 'If thou forcest matters, fighting (or, strife) shall arise.'[2] It must be said: The Virgin brought forth the Word of the Father without the assistance of a man, and the fact is evident, but the investigation of the manner in which He came down, and of the means whereby he entered into the womb of the Virgin, is a thing |
Fol. 61 *a* that is difficult for us to understand. Moreover, another
ⲣⲕⲅ mystery is that which Gabriel spake unto her, saying, 'It is

[1] ⲡⲁⲧⲉⲓ perhaps = ⲡⲁⲧⲉⲓⲙⲉ.

[2] Prov. xxx. 33.

the Holy Spirit that shall come upon thee, and the might of the Most High that shall envelop thee. Therefore He Whom thou shalt bring forth is holy, and He shall be called the Son of God'.[1] These were the words that were entrusted to him to speak to the Virgin, and besides these he knew nothing whatsoever. And moreover, the Virgin herself also was marvelling at the salutation (or, greeting), and she was troubled, saying in her heart, 'Behold, the sweet odour hath reached me through the angel. And behold, his word is fulfilled, for lo, I have conceived, lo, my breasts are full of milk, and lo, my womb is swollen. But I know not whence this hath come to me.'

And now, O unbelieving heretic, if thou wilt not believe | after all these things which are full of wonder, arise, come Fol. 61 b
with me, and let us go into the town of Bethlehem, and ⲣⲕⲇ
I will make thee to know Him as He lieth in the cattle-manger, and I will compel thee to believe through the ox and the ass, which protected Him in the manger. Behold, the shepherds put to shame thy impiety because the hosts of heaven appeared unto them as they blessed God, and all the denizens of the heavens rejoiced in His holy birth. Behold, the Magi also who came out of the east with His star going before them from the east until it came to Bethlehem, they saw Him and worshipped Him, and [when] they saw Him they presented unto Him their gifts, and confessed their sins unto Him. The God to Whom the Virgin gave birth tore in pieces the bill of indictment of their sins through the burning of their books on Magianism, and they regarded Him | as Fol. 62 a
the King of earth, and acknowledged Him as the King of ⲣⲕⲉ
heaven.

Behold, Mary the Virgin sat in the caravanserai, and she gave her breast to the Son of God Whom she had brought forth. And behold, Salome, who had forsaken her own house,

[1] Luke i. 35.

and her previous manner of life and conversation, [said], 'Blessed art thou, O Mary, out of whose soul a sword hath come forth, in order that the thoughts (or, cogitations) of many hearts may be revealed! The sword that hath come from thy soul is the Word of the Father, and the thoughts [of many hearts are the thoughts of the] heretics who are lovers of vainglory, and who would separate the Divinity of the Only-begotten of the Father from Him, and of the Jews who lie concerning His holy resurrection, and [of the holders of] all the other impious dogmas which that sword shall make manifest. I entreat thee, O Holy Virgin, to come and give me thy hand during this great and holy festival this day, and hide not thy power from me, in order that we may
Fol. 62 *b* eat of the good things, | and be filled, and rejoice, for it is
ⲣ̄ⲕ̄ⲉ̄ the meat and drink of the Spirit which thou hast set before us on the table of the Son of God. O gracious David, come and rejoice with us this day on this great festival. He saith, I have come. I cry out, 'Stablish the festival with those that make answer, even unto the horns of the altar.[1] Thou art my God, I will praise Thee, and I will make Thee manifest. Thou art my God, I will exalt Thee.'[2] O thou Isaiah, thou greatest voice of the Prophets, come hither and tell us what thou didst foretell concerning the Virgin, who produced God. He saith, 'Open the gates, and let the people who keep righteousness, and who keep truth and judgement, enter in; they shall hope in Thee, O God, for ever.'[3] Verily, great is the festival this day, for [it is in honour of] the |
Fol. 63 *a* woman who gave birth to God, Whom no place can contain,
ⲣ̄ⲕ̄ⲍ̄ Whom the earth cannot support! The womb of Mary the Virgin embraced Him that made the heavens to stand fast by His word, and all the powers [thereof] by the Spirit of

[1] Psalm cxviii. 27. The Psalter Oriental, No. 5000 reads ⲙⲁⲧⲁϩⲟ ⲉⲣⲁⲧϥ̄ ⲛ̄ ⲟⲩϣⲁ ϩⲛ̄ ⲛⲉⲧ ƀⲁϩⲛ̄ ϣⲁ ϩⲣⲁï ⲉⲛⲧⲁⲡ̄ ⲙ̄ ⲡⲉⲑⲩⲥⲓⲁⲥⲧⲏⲣⲓⲟⲛ (Fol. 128 *b*, l. 12 ff.).

[2] Ps. cxviii. 28.

[3] Isa. xxvi. 2, 4.

His mouth. Come ye, and let us look upon Him now seated upon the knees of Mary the Virgin, who giveth Him her breast. Him Who brought water out of the hard rock, and gave those who were athirst to drink in the desert, behold Him, I say, now sucking at the breast! And He Who created the earth, and the men who are upon it, [lieth] now like a little child in the bosom of Mary the Virgin. Behold, He is now lying in a caravanserai without a place whereon to lay His head. Well did He say, 'The foxes have their holes, and the birds of the heavens have their nests, but the son of man hath no place whereon to lay | His head.'[1] Fol. 63 *b*

PKH

This day, O my beloved, is Christ born unto us, and let us [this day] renew our birth through repentance. He came down unto us through His own wish to us-ward, and let us go towards Him with purity. He rested Himself in the manger out of which the cattle ate, and let us make ourselves perfect in incorruptibility. He increased in wisdom, and in stature, and in favour before His Father in the heavens, and with men upon the earth, and let us increase in the stature of perfection, and in virtue before God and His angels. He obeyed His father and His mother like a man, and let us obey His commandments and His statutes which He hath given unto us. He ate and drank like a man, so that He might make man | eat and drink at His table in His kingdom. He suffered [as] He walked on the way, so that we might learn to suffer with Him, until at length we go up into heaven with Him. He rested at the fountain, so that we too might rest by the rivers of the water of life which flowed down from Him. He held converse with the Samaritan woman, so that we might become the sons of His mother the Virgin. He opened the eyes of the man who was blind from his birth, so that we might open the eyes of our heart and soul and make ourselves to rise up out of the ruin [caused by] Fol. 64 *a*

PKΘ

[1] Matt. viii. 20; Luke ix. 58.

the Devil. He raised the dead, so that He might raise us up
in our defeated state. He permitted sinful men to smite Him
in the face, so that He might teach us to forgive those who
Fol. 64 *b* sin against us. He permitted | sinful men to revile Him, so
ⲣ̅ⲗ̅ that we might [do likewise] and receive honour before His
Father and His holy angels. They stripped His apparel off
Him, and it was divided among the soldiers, so that He might
array us in incorruptible raiment in the heavens. They set
a crown of thorns upon His head, so that He might set up
on our [heads] the good crown of His never-failing mercy
when we shall go to meet His Good Father Who is in the
heavens. They placed a reed in His hand, and He was
mocked by the unbelieving Jews, so that He might place in
our hands the sceptre of dominion over the Devil and his
Fol. 65 *a* wicked fiends. They placed upon Him a purple robe, | so
ⲣ̅ⲗ̅ⲁ̅ that He might array us in glory and honour, and so that He
might strip the Devil naked, and leave him in a state of
shame and disgrace. He stood up before Pilate, so that He
might bring us to stand up boldly in the holy resurrection.
They cast Him into prison, so that He might bring us up out
of the prison of Amente, and might give us as a gift to His
Good Father. He ascended the wood of the Cross to be
crucified for us, so that He might destroy in us sin, and teach
us to spread out our hands, and to pray to Him and to His
Good Father. They placed Him in a tomb, so that He might
raise us up with Him, and forgive us our sins which we had
Fol. 65 *b* committed in ignorance. He rose | from the dead, so that He
ⲣ̅ⲗ̅ⲃ̅ might teach us concerning His glorious resurrection. He
went up into heaven, so that He might take us with Him at
His second appearance. He took His seat on the right hand
of His Father, so that He might make us to sit with Him
upon the throne on the day when He shall judge the living
and the dead.

O my beloved, behold, let us understand this great sea of goodness which hath come to us this day through the holy Virgin

Mary, who gave birth to God. Come, O all ye women who have borne children, and give glory to the Virgin who brought forth God. Come, all ye who have tasted marriage, and give glory to her who hath brought forth a child without the help of a man. Come, O ye widows, and rejoice this day, because the Judge of the widow and the Helper of the needy hath arrived. Come, O ye virgins, and gaze | at the King of Fol. 66 a
glory, and at the glorious Virgin, [the mother of] the Christ, ⲣⲗⲅ
Who glorifieth all virgins, and Who was born this day from the womb of the holy Virgin Mary, the Queen and Mother of all virgins, and the Lady of all creation. Come, O ye old men, and look at the mighty Sceptre, whereby ye establish yourselves, coming forth this day from the womb of Mary, the spotless Virgin. Come, O ye young men and children, and gaze upon this maiden who brought forth God. Come, O ye strangers, and look upon Him that made Himself a stranger, for our sakes, and upon His mother the virgin. Come, O all ye tribes of the earth, and all ye nations also, and look upon Him Who was born unto us this day in a caravanserai, and Who when a babe was like the child of poor and needy [parents], and was wrapped in strips of ragged stuff, and was laid in a cattle-manger. O all ye people of divers tongues in all the world, come ye | and look upon Him Who Fol. 66 b
confounded all tongues so that no man could hear (i. e. under- ⲣⲗⲇ
stand) the tongue of his neighbour, coming forth this day from the womb of Mary the Virgin. The whole world rejoiceth this day, because He Who created it hath come down upon it. All the denizens of heaven rejoice this day, because He Who created the heavens by His wisdom came forth this day from the womb of Mary the Virgin. The Prophets rejoice this day, because He Who shall fulfil their prophecies came forth from Mary this day. Abel rejoiceth this day, because He Who shall avenge his blood on his brother hath come. In short, all creation rejoiceth this day at this great festival, which extendeth throughout the whole world, because

the Word of the Father hath appeared in the little town of Bethlehem, and hath risen upon us from the holy Virgin Mary.

Fol. 67 *a* ⲣⲗⲉ Now therefore, O my brethren, | as far as we can participate in this great mystery this day, which is the birthday of the Christ, the Word of the Father and the King of kings, let us perform the good deeds that appertain to this great and holy festival. Let this festival be unto us a twofold occasion for joy; first, because we are called Christians, and secondly, because we are servants of the Christ. Let us not go forth from [this] church wherein we have been listening to His holy words, and have been instructed thereby, and forget them before we arrive at the doors of our houses. Let us put on splendid apparel, suitable to the honour that befitteth this great festival this day, that is to say, righteousness, and charity, and judgement, and every good [quality]. For this is the apparel that pleaseth God, and this it is that is befitting for us to put on at this festival. Let us never permit ourselves to be stripped bare of it through carelessness | (or, Fol. 67 *b* ⲣⲗⲋ apathy). Woe be unto those whom the Bridegroom shall see without the wedding garment on them when He cometh! For although they are seated in the midst of all those who have been invited to the feast according to their rank, He shall threaten them with a threat of severe punishment in the midst of all those who are sitting at meat, and He shall say unto them, 'My friend, by what means hast thou entered this place not being arrayed in the wedding garment?' And his mouth shall be stopped in the midst of all who are sitting at meat. And the King shall command those who are standing in attendance to bind his feet, and to cast him forth into the outer darkness, where there shall be weeping and gnashing of teeth. Woe unto those who have fallen asleep through listlessness, and to whom shall come the voice, 'Behold the Bridegroom! Come ye forth to meet Him.' Those who are ready shall go in to the wedding feast, |

and He shall shut the door. And those whose lamps have Fol. 68 *a*
burned out shall come and shall knock, saying, 'Lord, ρλζ
Lord, open unto us.' And they shall hear the voice full of threatening and terror, saying, 'Verily, I say unto you, I know you not.'

Now therefore let [the women] hearken to the following words which are spoken by the great master of the Church, Peter, the pillar of truth, who saith, 'Let there be no adorning which is outward, and scents, and gold ornaments, and [rich] apparel, and precious stones; but [let the adorning be of] the hidden man of the heart, with incorruptibility, and meekness of spirit, which before God is that which is precious. For after this manner did the women of old, and they adorned themselves, following the example of those who had been before them, and they inherited great riches, saying, In this way
did the holy women who | trusted in God adorn themselves, Fol. 68 *b*
even as Sarah, the holy wife of Abraham, who obeyed ρλη
Abraham her husband, and she called him "My lord". And he gave a proof to them in these words, saying, Ye shall be her daughters if ye do that which is good, and ye shall not be afraid with any fear whatsoever.'[1] So therefore every woman who followed good deeds of holy women like Sarah in the place wherein she was is now in the kingdom of heaven, and she shall obtain the selfsame good things in the habitation of those who rejoice, from which all sorrow of heart, and grief, and sighing have fled. But in any case, when ye have been into the church, and have displayed your works of vanity, and boasted yourselves over your observance of the festival,
and when afterwards ye go out of the | church, and ye depart Fol. 69 *a*
unto your houses, and ye see the tables laden with good ρλθ
things of every kind, whilst a multitude of poor people stand outside your doors in great need and in want of food and clothing, and hungering and athirst, and ye do not turn your

[1] 1 Pet. iii. 3–6.

faces towards them, and do not pay the smallest regard to them, what profit do ye gain in observing this festival as ye are doing? For assuredly Isaiah, the mightiest voice among the Prophets, calleth this thing to mind in the following words, and speaketh as if he were God, saying, 'Your new moons and your festivals doth my soul hate. Ye have become to me a satiety, and therefore I will not forgive you your sins'.[1]

Behold now, I see many standing among you here in this place with their faces made sad by what they have heard,
Fol. 69 *b* and their eyes are | filled with tears, but yet so soon as they
ⲣⲙ are outside the church they will forget forthwith the things which they have heard, and they will turn again to their former works, nay, they will even add to them. But why do I say 'When they have come out of church?' For before the tears which are in their eyes are dried, they will find themselves thinking about those who are coming out, and they will be directing their looks outside the church, thinking that they may perhaps find some foolish persons there like unto themselves. And they will stretch out their fingers to each other in order to display the gold rings that are on their fingers, and they will wave their hands to each other by way of speech [to shew] that they are not passing them by [without notice]. They make promises with their mouths whilst their hearts are filled with [thoughts of] adultery. Their hearts leap by reason of their excessive adulteries and lusts, and their lips speak words of depravity. Through their
Fol. 70 *a* excess of error | they desire to leave the church before they
ⲣⲙⲁ have received the benediction (or, peace). And such are the people who say, 'We are Christians. We stand up in church, and we pray, and we celebrate the festival of the Christ.' Let now those who belong to this class come and hearken unto Isaiah the Prophet, who saith, 'When ye shall stretch out

[1] Isa. i. 14.

your hands to me, I will turn mine eyes away from you; when ye shall multiply your supplications, I will not hearken unto you, for your hands are filled with blood, and your lips speak wickedness, and your tongues meditate violence.'[1] Are not these the rebukes which such men ought to hear? If thou wishest to keep the feast, O beloved, and to include thyself among the servants of the Christ, abandon thy former deeds, even as did the Magians, bless with the angels, even as did the shepherds, and leave the door open, even as did Salome. Follow thou Him, as did Joseph, and thou shalt obtain forgiveness of thy sins as did they of | old. Hearken unto Fol. 70 *b*
Solomon; what doth he say? 'Make ready works in thy ρϥβ
way, and prepare thy field, and [then] build thy house.'[2] For the settlement and arrangement of matters beforehand is the acquiring of the whole armour of salvation. Do thou follow after the Christ, Who is the new building. For what shall we give Him in exchange for this great reaching out which He hath made towards us? Verily, if we were to forsake the world, and to depart into the desert, we should not by any means be giving unto Him a recompense for this deed, and still less for all the sufferings which He bore for us willingly. For this reason, and since we know well that we are not able to offer him any excuse (or, explanation) or any recompense, let us give thanks unto Him for being permitted to suffer with Him, so that we may be able to destroy the snares of the Devil and his evil passion.

Now there will most certainly be | some one among the Fol. 71 *a*
well-fed and pleasure-loving people here present who will ρϥγ
say unto me, 'In what way shall I be saved? For I am worn out, and I have not sufficient strength to suffer in my body. Moreover, I am a townsman (or, citizen), and I am delicate in my body, and I have become weak because of my old age. What can I do?' And I say unto such an one,

[1] Isa. i. 15. [2] Prov. xxiv. 27.

'Thou art using thy blindness of heart as a pretext when thou sayest these things, for what He demandeth from us is always the same, that is to say, we must give up doing the evil works which we have been in the habit of doing, and we must not turn to them again. For the Word of God inviteth us at all times, saying, 'Turn ye unto Me, O sons who have gone astray, and I will receive you, and will not reject you, saith God, the Almighty.'[1] It is not men who have said
Fol. 71 b these things, but | God Almighty, Who hath spoken them
ⲣⲗⲇ by the mouth of His holy prophets. For behold, the prophet Isaiah is witness concerning the things which He hath spoken, saying, 'For the mouth of the Lord of Hosts it is that sayeth these things.'[2] For again in another place the Lord saith by His holy prophets, '[As] I live, saith the Lord, I do not desire the death of the sinner, but that he should turn from his sin, and live'[3]; and thou shalt be saved in the kingdom of God.

For when once a man hath cast God behind him, he committeth a multitude of sins, and he will go so far as to worship idols, but God doth not forsake him utterly, and He looketh out for his repentance. For very many are corrupt, especially at this present time, but these are they who deserve to be hated because of their evil deeds which they have committed from the beginning, for the evil deeds which they have committed from the beginning are so evil
Fol. 72 a that every one who heareth | of them placeth his hands over
ⲣⲗⲉ his ears. Nevertheless, the man loving God desireth to make their hearts incline to repentance, and to make them to turn from their state of carelessness, and to do the things that are good. Afterwards, their name, which is internal, is covered up in the earth, and [their] good name followeth them, and at length every man thinketh well of them and desireth to

[1] Jer. xviii. 8.
[2] Isa. i. 20; xl. 5; lviii. 14; and compare Jer. ix. 12; Mic. iv. 4.
[3] Ezek. xviii. 21, 32; xxxiii. 11.

hear of their good deeds, which are theirs at the last. Get thee outside this city a little way, and go into the monastery, and thou wilt see a multitude of men who in days gone by passed their lives in the theatres, and in places where races and feats of horsemanship were performed, and in committing fornication, but who subsequently renounced their former courses of life, and who at length became the equals of the angels, and who make people marvel at all their works. O my beloved, may we be made to stand up with Him, so that we may become | like unto those who are chosen Fol. 72 *b*
[to be] with Him Who hath drawn nigh for their salvation. ⲣⲙⲋ
Now I was not willing to utter the words of sorrow of heart during this great festival which extendeth this day throughout the whole world, but the Word of the Father Who hath honoured [me] hath come unto us for the salvation of our souls, in order that He may set us before Him being spotless. May the God of truth, Jesus the Christ, our Lord, Who hath come forth from this holy Virgin this day, make us all to be chosen before Him when we meet Him. For we all have need of His mercy, whether it be those who speak or those who hear, or whether they be small or great, or male, or female, or old man, or little child. Whosoever shall dedicate his heart to instruction (or, rebuke) shall be filled with good things. 'Come, my children,' he saith, 'hearken ye | unto me, Fol. 73 *a*
and I will teach you the fear of the Lord.'[1] For the fear of ⲣⲙⲍ
the Lord worketh for life, and the love of God is made manifest in man. We speak many things to your charity because of the coming to us of God the Word and His mother the Virgin, but chiefly because of our excessive carelessness (or, apathy) about this multitude of sorrowful words. May it be that we all shall find boldness of speech before Him when we meet Him, and that after our removal from this life He may receive us to Himself in His tabernacle for ever!

[1] Prov. vii. 24.

Glory be to the Father, and to the Son, and to the Holy Ghost, for ever and ever. Amen.

Bless us!

[The Coptic text of the Colophon is published in *Coptic Martyrdoms*, London, 1914, pp. 223, 224, and see Plates XXV and XXVI; the English translation will be found on pp. 472, 473 of the same work.]

THE DISCOURSE OF APA EPIPHANIUS, BISHOP OF CYPRUS, ON THE HOLY VIRGIN, MARY THEOTOKOS

(Brit. Mus. MS. Oriental, No. 6782)

THE DISCOURSE WHICH SAINT APA EPIPHA- Fol. 10 *a* 1
NIUS, BISHOP OF CYPRUS, PRONOUNCED ON ⲁ̅
THE HOLY VIRGIN MARY, WHO GAVE BIRTH TO GOD, ON THE DAY OF HER HOLY COMMEMORATION, WHICH IS THE TWENTY-FIRST DAY OF THE MONTH TÔBE.[1] IN THE PEACE OF GOD. AMEN.

Verily, O my beloved, the world was deprived of a great
and holy gift on this day, and the heavens | received a chosen Fol. 10 *a* 2
and most glorious pledge. Furthermore, it is right, on my own authority, to deliver an oration on the glory of this holy Virgin Mary, in whose honour we are celebrating a festival this day, for He Who dwelleth in the heavens took up His abode in her holy womb, and she became a resting-place for God the Word, and a resting-place for the King of glory. Verily the type of this holy Virgin is a great matter which
meriteth wonder. But | I appeal unto thee, O holy Virgin, Fol. 10 *b* 1
thou God-bearer, not to take into account my feebleness, for ⲃ̅
I am quite unable to reach the apse of thy virtues by means of my poor tongue, and still less by the limitation of my infirm mind. Nevertheless I beseech thee, O thou habitation of the Only-begotten of the Father, to lend me thy hand in the matter which I have undertaken, so that I may set out on my
way into the great treasury of thy virtues, which is worthy | of Fol. 10 *b* 2
wonder, and that I may speak thus with my poor tongue,

[1] January 16.

'Walk round about Zion, and go round about her.'[1] Verily this woman Mary is the true Zion, or rather, she is far more than Zion, and she is greater than the heavenly Jerusalem, the city which the Lord hath chosen, for men cannot rejoice in Zion in the same way as in the holy Virgin. Now Zion was a well-founded city, which was built of bricks and mortar by
Fol. 11 *a* 1 the hands of men; | but as concerning this Virgin, no man
ⲕ̄ knoweth where her foundations were laid, nor those of the building which was made in her by the hands of God, the great Artificer of heaven and earth, and of all things which are in them.

Moreover, as concerning the Jerusalem of which the Psalmist spake, saying, 'Whither the tribes go up, the tribes of the Lord, to the testimony of Israel,'[2] what doth the phrase 'for thither do the tribes go up' mean except that
Fol. 11 *a* 2 the true Israel | dwelleth in the Virgin, and that He delivereth all the tribes of the earth? And if thou dost say unto me, 'The Patriarchs were great men,' then I in reply say, 'They were great men, but they did not attain to the exalted state of this Virgin.' And if thou dost bring forward into the discussion the company of the Great Prophets, [I admit that] they were glorious in every particular, but they did not attain to the exalted honour of this Virgin. And if thou speakest to me about the
Fol. 11 *b* 1 honour of the | Martyrs, [I reply] that the honour of this
ⲁ̄ Virgin is more exalted than theirs. And if thou speakest of the Apostles and sayest that they were great, I, nevertheless, say the same thing; their honour was not equal to that of this Virgin. And this is true not only as concerning men, but also as concerning all the angels of heaven, for with the exception of the Father, and the Son, and the Holy Ghost, there is none whose honour is equal to that of the
Fol. 11 *b* 2 Virgin. But do not think that in saying | these things

[1] Ps. xlviii. 12. [2] Ps. cxxii. 4.

I am disparaging the saints, for I am not; God forbid that I should do so. Nay, I would instruct you concerning the honour of this holy and spotless Virgin, and I would add to the words of the Holy Scriptures, in all conformity with them, so that thou mayest know the truth. Whether it be Prophet, or Patriarch, or Judge, or Apostle, or righteous King, in short, from Adam the first man, and the first created thing by the hands of God | Almighty, until this Fol. 12 *a* 1
present and until the end of the world, they were all made ē
pure so that they might become pleasing unto Him Whom this Virgin brought forth, that is to say, unto Whom she gave birth, the Christ Jesus, our Lord. And he at Whom the Seraphim could not gaze, and into Whose face the angels were never able to look, did the holy Virgin dandle on her hands, and she put her breast into the mouth of God, without hesitation, and she made | bold, and without fear Fol. 12 *a* 2
called Him 'My Son', and He called her also 'My mother'.

But let not any man who may hear me uttering these things say in his simple mind, 'If this Virgin is so highly exalted as this, she cannot then possibly be of this earth, and she cannot have been begotten by a man, but she must have come from heaven, according to the mad words of those who go about publicly stirring up schism. On the contrary, let him believe with a certain mind that the Virgin really and truly belonged to this earth, | and that she was produced, Fol. 12 *b* 1
like all other folk, by a father and by a mother. And by the ϛ̄
might of Him that provideth us abundantly with speech, that is to say, the Holy Spirit, we will [now] give proofs in words concerning the parents of this Virgin, and the parents of her parents, of whom there were more than forty-two generations before the birth of this Virgin. Hearken now therefore unto me with diligent attention, O ye God-loving people, and do ye give steadfast heed unto my words, so that we may open the great | treasury which is filled with Fol. 12 *b* 2
genuine pearls, and so that we may pour into the ears of

your hearts words full of the benefits of the Holy Spirit
of every kind. Take therefore into your hands the glorious
Book of Saint Apa Matthew, which belongeth to the greatest
of the famous voices of the Evangelists, this keen-minded
man who searched deeply into hidden mysteries, this great
and powerful man who hath revealed unto us the genealogy
Fol. 13 *a* 1 of this holy Virgin. | And let us understand also the word,
ζ̄ which is full of holy mystery, of the teacher of the Gentiles,
the herald of piety, the teacher Paul, who crieth out, saying,
'For it is evident that our Lord sprang from Judah, of which
tribe Moses spake nothing concerning priesthood [coming]
from it.'[1] From what is it evident, O thou wise man Paul?
Explain to me in what way did our Lord spring from Judah.
Fol. 13 *a* 2 Who hath interpreted things | in this way, O maker of tents?
Tell me where thou hast found the matter made manifest in
this way. If thou reliest upon the words of his father Jacob,
who cried out, saying, 'A lion's whelp is Judah,'[2] and again,
'A ruler shall never cease in Judah'[3] [thou art in error], for
in these passages he referreth to the kings and the generals
who were to arise from the seed of Judah, the son of Israel.
Fol. 13 *b* 1 The matter is certainly not thus, O my opponent. | Now I
H̄ have several proofs from the Holy Scriptures which would
make the whole truth to be quite clear and certain, but
inasmuch as this is not the time in which to call all the saints
into the midst, because the hour is now far advanced, and
further since I must speak very concisely, I shall limit myself
to this one Gospel, and shall restore for myself the whole
Fol. 13 *b* 2 truth from it. Afterwards I shall describe | to you the life
of this Virgin, and then I shall bring my discourse to an end.

Read now in the Gospel of Saint Matthew, and hear [what] he saith: 'The Book of the generation of Jesus the Christ, the son of David, the son of Abraham.' From whom to whom, O Matthew? Thou sayest, 'from Abraham to David,

[1] Heb. vii. 14. [2] Gen. xlix. 9. [3] Gen. xlix. 10.

fourteen generations,' and thou makest David the first
[ancestor] towards Abraham. Listen now, and | I will shew Fol. 14 *a* 1
you. 'Abraham begat Isaac; and Isaac begat Jacob; and ⲑ̅
Jacob begat Isaac (*sic*) and his brethren; and Judah begat
Phares and Zara by Thamar.'[1] Pay great attention now to
this passage in truth. Tell me now why he mentioneth
Thamar in this passage. He doth not mention Sarah, the
wife of Abraham, he doth not mention Leah, and Rachel, and
Rebecca, those glorious | women! and he doth not mention Fol. 14 *a* 2
[the daughter of] Saua, the first wife of Judah, but he doth
say 'by Thamar'. Of what kin was Thamar? Hearken,
and I will tell thee. She was not descended from Israel, but
from an alien people who knew not God. He saith, 'Judah
took for his first-born son Er a wife whose name was Thamar.
Afterwards Er died, and Onan his brother took her. And
Onan did | evil before the Lord, and the Lord slew him.'[2] Fol. 14 *b* 1
And Judah said unto Thamar, 'Dwell thou in the house of ⲓ̅
thy parents, and remain a widow until my son Sêlôm (Shelah)
shall have grown up, and then I will take thee for him to
wife.' And when very many days had passed by, and Thamar
saw that his son Sêlôm (Shelah) had grown up, and that he
did not take her to wife, she was angry with Judah, since no
one else had taken her to dwell with him. For at that time,
when the husband of a woman died, | from the hour of his Fol. 14 *b* 2
death no man, except the brother of him that had died, was
able to take her to wife.

And further, when Thamar saw that Judah had deceived
her, and she heard that he was coming along the road to
go to his sheep-shearing, she rose up, and putting off the
garb of a widow which she was wearing, she dressed herself
in the attire of a harlot, and covered her face, and sat down
by the side of the | highway. And when Judah saw her, Fol. 15 *a* 1
he thought that she was a whore, for he did not recognize ⲓ̅ⲁ̅

[1] Matt. i. 3. [2] Gen. xxxviii. 6–10.

her because her face was covered. And when the words
which he spake unto her, and those which she spake unto
him, were ended, he gave her a pledge, and went in to her,
and afterwards he departed on his way. And when he came
among the sheep, he sent to her a young he-goat, but [his
Fol. 15 *a* 2 messenger] could not find her. And when subsequently | the
man asked, 'Where is the whore who was sitting here?' they
said unto him, 'There is no whore here.' Verily the story is
good, and its purpose is exceedingly beneficial; but this is not
the moment in which to explain it in particulars, because we
must not turn aside from our subject. Now take Thamar
as the type of the Christian Church, and take Judah as the
Fol. 15 *b* 1 type of the Father Almighty, and the | three witnesses[1]
ιϛ which he gave to Thamar become similitudes of the Father,
and the Son, and the Holy Ghost. And the shepherd whom
Judah sent to Thamar with the young he-goat is Moses, and
the he-goat is the Law which he gave, which Thamar did
not accept, but she held fast to that which she had. The
Church saith, 'The faith of the Holy Trinity is sufficient to
save me and my sons.'

Fol. 15 *b* 2 And after certain days | a report was received by Judah,
saying, 'Behold, Thamar, thy son's wife, is with child by
fornication.' And when he heard of the matter, to speak
briefly, he gave the command, 'Take her out, and burn her in
the fire'[2]; and they took her out to destroy her. And she
took with her the three silent witnesses, which, however, spake
more loudly than a multitude of witnesses, and these were
Fol. 16 *a* 1 the staff, the signet ring, and the necklace, which are | the
ιζ Name of the Father, and the Son, and the Holy Spirit. And
she sent these to Judah, saying, 'Identify these things, and
[say] whose they are. Deny not, by God, with the denial of
thy tongue.' And when Judah saw them he recognized
them, and he confessed, saying, 'They belong to me.' For

[1] The signet, the necklace (or, collar), and the staff, Gen. xxxviii. 18.
[2] Gen. xxxviii. 24.

he made no denial, neither did he desire the vain applause of men by putting to death his bride. If he had wished to do this of what avail would the testimony of the staff, and the | ring, and the necklace have been? Was there then in Fol. 16 *a* 2
the country no other staff, or ring, or necklace, save those of Judah? But Judah did not think thus, and he said, 'Thamar is more justified than I.' And add to this the fact that Judah did not recognize Thamar when he lay with her, and she had never lain with any man [before]. And through his absolution from this offence, and the confession of his penitence for what | he had done, and his approval Fol. 16 *b* 1
of the righteous judgement upon his offence, he obtained so ⲓⲇ
high a degree of honour that kings were made to descend from his seed, and even the King of kings, the Christ, Who was pierced for us, [was descended] from him, according to the words of the wise man Paul. And Scripture saith: Afterwards Thamar brought forth two sons at the same time.[1] The first stretched out his hand, and the midwife bound round it a scarlet thread, and | after he had withdrawn his hand, his Fol. 16 *b* 2
brother came out, according to what the Evangelist saith, 'And Judah begat Phares and Zara by Thamar.'[2] Now let us continue in the narrative a little further so that our discourse may come to an end, and we will complete our narrative with the wonderful words of the Evangelist Matthew, in order that we may know that, although the matter that has been mentioned was disreputable, it is shewn to have been one that was highly applauded.

And when he hath mentioned | Thamar, Matthew is not Fol. 17 *a* 1
wholly content, for having advanced a little further after ⲓⲉ
these things he saith, 'Phares begat Esrôm; and Esrôm begat Aram; and Aram begat Aminadab; and Aminadab begat Naassôn; and Naassôn begat Salmôn; and Salmôn begat Boes of Rachab.'[3] Now it is good for us to digress

[1] Gen. xxxviii. 27. [2] Matt. i. 3. [3] Matt. i. 4, 5

Fol. 17 *a* 2 in our discourse a little at this point, so that we may | find out who Rahab was, or from what place she came. There is no need for us to heap up many words, for all we have to do is to follow the Scriptures confidently. Who is Rahab, except Rahab the harlot, who received into her house the envoys of Joshua the son of Nun, who had sent them to spy out Jericho?[1] And after many other words between her and
Fol. 17 *b* 1 those men, she delivered them out of the hand | of [the people
ιε̄ of] Jericho, and she said unto them, 'According as I have done this good unto you, and have delivered you, ye shall swear unto me that ye will spare me and the house of my father.' And they swore an oath to her, and they gave to her a sign, namely, that she was to tie a red cord to her window whereby she helped them to escape, for her house was on the wall. Behold, O ye who are listening, in what way the facts concerning these two women are similar. Rahab was a
Fol. 17 *b* 2 harlot, | who received every one into her house, and Thamar dressed herself in the garb of a whore. Likewise, Rahab tied a red cord to her window, and it became a protection for her, and a red thread was tied round the hand of the son of Thamar. After the Israelites took the city [of Jericho], they destroyed it, but they preserved the house of Rahab, and it was kept safe, and she herself was numbered among
Fol. 18 *a* 1 Israel, and is numbered to this | day. She was the harlot
ιζ̄ whom Salmôn took to wife, and he begat Boes of her.

And afterwards, Matthew saith, 'Boes begat Iôbêd of Ruth.'[2] Verily how marvellous are these matters. Those who are sinners, according to the earth, are the princes of the Scriptures! Let us consider now in this place who Ruth was. Now Ruth was not an Israelitess, but she was descended from
Fol. 18 *a* 2 the children of Moab. | And Moab was the eldest son of Lot, whom he begot of his own daughter,[3] and he was descended from the seed of Sodom, through his mother, that is to say,

[1] Joshua ii. 1–22; vi. 17. [2] Matt. i. 5. [3] Gen. xix. 37.

the wife of Lot. Now I hear the Scriptures saying in a concise manner, 'Neither a Moabite nor an Ammonite shall enter the house of God,'[1] and yet Ruth herself was a Moabitess, and she obtained such great honour that | the Christ sprang Fol. 18 *b* 1
from her seed! Verily the things that appertain to our lives ΙΗ
are imaginings only.

And the Evangelist Matthew is not content with what is given above, but he continueth to the end, saying, 'And Iôbêd begat Jesse; and Jesse begat David; and David begat Solomon of the wife of Uriah.'[2] Who now is this wife of Uriah except Bersabee (Bathsheba)?[3] But because the name of Bersabe (*sic*) is not known unto | all men, for this reason Fol. 18 *b* 2
Matthew saith, 'The wife of Uriah,' and doth not mention her name, and the cause for this is very clearly manifest. And Matthew saith, 'David begat Solomon of the wife of Uriah; and Solomon begat Rehoboam; and Rehoboam begat Abia; and Abia begat Asaph; and Asaph begat Josaphat; and Josaphat begat | Joram; and Joram begat Ozias; and Fol. 19 *a* 1
Ozias begat Ioatham; and Ioatham begat Achaz; and Achaz ΙΘ
begat Ezekias; and Ezekias begat Manasse; and Manasse begat Amos; and Amos begat Josias; and Josias begat Jechonias and his brethren at [the time of the] removal to Babylon. And after the removal to Babylon, Jechonias begat | Zalathiel; and Zalathiel begat Zorobabel; and Soro- Fol. 19 *a* 2
babel (*sic*) begat Abiud; and Abiud begat Eleakim; and Eleakim begat Azor; and Azor begat Sadôk; and Sadôk begat Achim; and Achim begat Eliud; and Eliud begat Eleazar; and Eleazar begat Mathan; and Mathan begat Jacob; and Jacob begat Joseph the husband of Mary, who brought forth the Christ Jesus from her body.'[4] |

Therefore all the generations from Abraham to David are Fol. 19 *b* 1
fourteen generations, and from David to the removal to Κ
Babylon are fourteen generations. Thou canst see what his

[1] Deut. xxiii. 3; Neh. xiii. 1.
[2] Matt. i. 5, 6.
[3] 2 Sam. xi. 3.
[4] Matt. i. 6–16.

result is, and how the matter concludeth, and that there are forty and two generations from Abraham to the Christ. Of all these generations which passed the Evangelist mentions no
Fol. 19 *b* 2 women except the | four who have been referred to above, namely, Thamar, and Rahab, and Ruth, and Bersabee. And that he hath mentioned these is not due to the subject of the worship of God, but to the reason which we stated early in our discourse. Thamar was descended from the Philistines, and knew not God, and she, who was treated as a whore by Judah, and by whom she conceived, was not descended from
Fol. 20 *a* 1 the seed of Abraham | the blessed. Rahab, likewise, was
ⲕⲁ descended from a foreign tribe, and was of the race of the people of Jericho, but she was not rejected because of her sins. And Salmon, who consorted with her, and begat Boes of her, was descended from the tribe of Judah. And Ruth was descended from a Moabite, and from an abominable native of Sodom, and Boes was descended from a tribe of Israel, and
Fol. 20 *a* 2 derived his origin from the same tribe as Judah. | And Bersabee was descended from the sons of Khet, who were denounced by God.[1] And David was of royal rank, and was descended from the tribe of Judah, according to the statement in the table of genealogy in [the Gospel of] Saint Matthew the Evangelist.

Now these things happened in this wise in order that the righteous might not feel offended at sinners; and that those who have been begotten by righteous and well-conducted parents, who were properly married to suitable wives, might
Fol. 20 *b* 1 not | be offended at those who were brought forth by light
ⲕⲃ women, or who were begotten by parents irregularly married (who even themselves are in despair about themselves, and very often those who are of the circumcision of the seed of Abraham separate themselves from them), and that the matter might be evident to every one, namely, that it was for this reason, and many other good purposes, that the

[1] Compare Gen. xxvii. 46.

Christ was produced by women of this kind; | and that Fol. 20 *b* 2
those who were produced in sin, and those who were produced in righteousness, might be bound together in one communion, and that they all might have good hope. For He came to gather together those who were scattered, and those who were in despair about themselves, and He was produced by a virgin only, who produced Him from the seed | of two Fol. 21 *a* 1
kinds, which were bound together, that is to say, pious seed ⲕ̅ⲅ̅
and impious seed. Now those who are in despair about themselves at this time, and who have been saved by mercy, are of the seed of righteousness, and these are they who are fixed firmly in the wall of the spiritual edifice, and are with all the others who are with the Stone in the corner.[1] And that he who is of the circumcision | may not boast himself, Fol. 21 *a* 2
He of His own accord made the Christ, the Tree of Life, to blossom for us. And in order that those of the seed of Israel who believe in Christ may know that He is the true Stone, the chosen one for the corner, that is to say, our Lord Jesus Christ, this same Christ came to us, and swept away the two walls from each other, that is to say, circumcision and uncircumcision, righteousness and lawlessness, and yoked them together in one union.

And this same | Evangelist Matthew saith, 'Now the Fol. 21 *b* 1
bringing forth of Jesus the Christ was in this wise.'[2] ⲕ̅ⲇ̅
O Matthew, who hast the mouth that declareth every pleasant thing about our Lord, tell me, what is [the meaning of] this phrase which thou sayest at the end, 'was in this wise'? Matthew saith: I say that Jesus was descended from two kinds [of men], the sinful and the righteous, the worshippers of God and those who knew not God. Therefore, true | indeed Fol. 21 *b* 2
is the saying of the Lord, 'I did not come to invite the righteous, but the sinners to repentance.'[3] And according

[1] The allusion is to Ps. cxviii. 22; Matt. xxi. 42; Mark xii. 10; Luke xx. 17; Acts iv. 11; 1 Pet. ii. 7.

[2] Matt. i. 18.

[3] Matt. ix. 13; Mark ii. 17; Luke v. 32.

as His infinite mercy spreadeth over every one, He sheweth mercy to the righteous, He forgiveth the sinner, He loveth the righteous, He hath compassion on the sinner, He speaketh words of good cheer to the sinner, and He healeth his wounds which are putrefying and stinking. For this reason is it not
Fol. 22 *a* 1 ⲕⲉ for thee to say, O man, 'Behold, | the Word made Itself flesh, and dwelt with us, in order that He might shew mercy unto all men together, both the sinners and the righteous?' He rejecteth no man who goeth unto Him with repentance. And thou knowest that the harlot anointed His feet with unguent, and wiped them with her hair, and He blotted out her sins and iniquities.[1] The Magi came to Him, they worshipped Him,
Fol. 22 *a* 2 and He made them citizens of the kingdom of heaven. | And this holy Evangelist, who speaketh to us in this holy Gospel, himself beareth witness concerning Him, for he was a tax-gatherer, and when he forsook the collecting of taxes, He bestowed upon him the holy Gospel.[2] And even the thief who had shed blood, as soon as he made supplication to Him in the hour of his necessity, saying, 'Remember me, O Lord,'[3] straightway He took him to Paradise.

Fol. 22 *b* 1 ⲕⲋ For this reason, O | man, be not in despair concerning thyself. Whether thou art a fornicator, or a robber, or thou fallest into sin of any kind, only turn to the Lord, and He will forgive thee; for there is no sin which doth not become powerless before God, the Physician of our souls. Even though I wish to take my greatest fill of food at thy table, which is full of good things of all kinds of the Holy
Fol. 22 *b* 2 Spirit, O Saint | Matthew, yet I see another table, which is overladen, by my side, and it urgeth me to go to it, and to taste the sweetness of the food [upon it]. And if I be filled with the great number of things which I have eaten, and thou hast sated me with the sweetness of thy good things,

[1] Luke vii. 37–48.
[2] Matt. ix. 9; x. 3; Mark iii. 18; Luke vi. 15; Acts i. 13.
[3] Luke xxiii. 42.

O Matthew the Evangelist, yet I see thy fellow Evangelist, Luke, the physician and healer of all the sick | by means of spiritual medicines, and he inviteth me and draweth me to the cup of his wisdom. For even the rich men of this world, because of the savour and sweetness of the meats that are prepared for them, are wont to eat thereof again and again, and they enjoy themselves fully and live delicately on the things that perish. I entreat thee, O Saint Luke the theologian, to forgive me because I have forgotten thee in my discourse | up to now; nevertheless teach thou me thy spiritual words which thou hast framed concerning the Virgin, who is worthy of perpetual adoration. Luke saith, I have spoken thus: 'In the sixth month the angel Gabriel was sent by God to a Virgin, whose name was Mary.'[1] And what is the sixth month, O great teacher, Luke the physician? Turn back a little in this discourse, and thou wilt know what the | sixth month is. 'And it came to pass that when the days of the ministration of Zacharias in the Temple had come to an end, he departed to his house. And after these days Elisabeth his wife conceived, and she hid herself for five months, saying, This is what the Lord hath done for me in the days when He looked to remove my reproach from among men.'[2] So then it was in the sixth month after Elisabeth had conceived that Gabriel appeared to the | Virgin. And the day on which Elisabeth conceived John, the lamp of the truth, was the seventh day of the month Athôr.[3] Of this fact we are informed by certain Hebrew documents (or, copies), which are to be depended upon. And the day on which John was born was the twenty-seventh day of the month Epêp,[4] and according to this John was, in his life in the flesh, six months older than our Saviour. The day on which the Virgin conceived the Living Word was the seventh day | of the month Parmoute,[5] according to the narrative

Fol. 23 *a*. 1 ⲕⲍ̅
Fol. 23 *a* 2
Fol. 23 *b* 1 ⲕⲏ̅
Fol. 23 *b* 2
Fol. 24 *a* 1 ⲕⲑ̅

[1] Luke i. 26. [2] Luke i. 23-5. [3] November 3. [4] July 21. [5] April 2.

found in the writings of the honourable and apostolic
Saint Hippolytus[1] the Roman.

And when Gabriel had gone into her presence at the
first hour, he rejoiced and was glad, and he said, 'Hail,
thou who hast found favour! The Lord is with thee.
Hail, thou queen, and mother of the King! Hail, bearer
Fol. 24 *a* 2 of God! Hail, thou rational | dove! Hail, thou ark that
bearest up the Creator of all things! Hail, thou true vine,
who hast made to flourish in her abode the grapes of the
Father!' And Mary was disturbed at the address, and she
pondered within herself what this salutation might mean.
And the angel said unto her, 'Fear not, Mary, for thou hast
found favour with God. For behold, thou shalt conceive,
Fol. 24 *b* 1 and thou shalt bear a | Son, and thou shalt call His Name
ⲗ̅ JESUS. This Son shall be great, and He shall be called the
Son of the Highest.'[2] As soon as she heard the words,
'Thou shalt conceive,' the Virgin was disturbed greatly, and
she was afraid, for she thought that she was looking at some
lying phantom. And straightway she dropped the work which
was in her hands, and she made haste to lower her eyes, and
Fol. 24 *b* 2 she also began to pray quickly, and she offered up | her
petitions to God in very great agitation of mind, because
it had never been her habit to hold converse with men, and
because she was a little maiden, and was at that time only
fifteen years of age.

And Gabriel took away fear from her, and he spake unto
her gently, saying, 'Why art thou troubled at my words,
O Virgin? Knowest thou not that nothing is impossible
Fol. 25 *a* 1 with | God? Believe me, I am one of the Seven Arch-
ⲗ̅ⲁ̅ angels who stand before God at all times, and Gabriel is
my name. Open thy mouth, and receive into thee the
cloud of light; and thou shalt conceive and bear a Son,

[1] Hippolytus Romanus, the author of the famous Paschal Table and Chronology, who flourished in the second century of our era.

[2] Luke i. 30 ff.

and thou shalt call His Name JESUS, and the Lord God
shall give unto Him the throne of David His father.[1] And
He shall reign over the house of Jacob for ever, and there
shall be no end to His | kingdom. Receive my words, Fol. 25 a. 2
O holy Virgin, and dispute them not, lest the same sentence
that fell upon Zacharias fall also upon thee. But if thou
wishest to know and to test my words, rise up and go to
Elisabeth; get thee to thy kinswoman, get thee to the
barren old woman, get thee unto her in whom the way of
women had ceased through old age. And when thou hast
gone to her thou shalt see with thine own | eyes the large Fol. 25 b 1
size of her womb, and the young child leaping with joy in ⲗⲃ
her body. And she is filled with the Holy Spirit, and she
will declare unto thee the whole truth. For she hath conceived a child in her old age, and this is her sixth month.'
And Mary answered and said unto the angel, 'How can
this possibly happen to me, [for] I have never known man?
If the barren woman | hath conceived she hath done so in Fol. 25 b 2
the natural order of things and by the law of marriage.
Now the thing that hath happened to Elisabeth is marvellous; but that which thou proclaimest to me is beyond
all marvel and all thought.' And the angel continued to
talk to Mary, and he said, 'It is the Holy Spirit that shall
come upon thee, and it is the power of the Most High that
shall overshadow thee.'[2] And the Virgin was encouraged,
saying, 'God can do | everything.' And further, she said Fol. 26 a 1
unto the angel, 'Behold, I am the servant of the Lord; ⲗⲅ
let it be unto me according to thy word.' But we will say
no more on this point, because the time hath arrived when
we must continue our discourse, and bring to an end our
words about [these] holy mysteries. Let us, however, say
with the blessed woman Elisabeth, 'Blessed art thou among |
women, and blessed is the fruit which is in thee. Who Fol. 26 a 2

[1] Luke i. 31, 32. [2] Luke i. 35.

am I that the mother of my Lord should come unto me? Verily at all times blessed shalt thou be among women.'[1] And again, 'Thou who hast carried the Blessed One shalt be blessed in heaven and upon the earth. Thy womb is blessed because it hath carried for nine months Him that filleth heaven and earth. Blessed are thy breasts wherewith thou
Fol. 26 *b* 1 didst nourish | the Creator for three years. Blessed is thy
ⲗⲇ mouth which hath held sweet converse with the Son of God.' If I were to begin to make mention of all thy members, the internal and the external, the whole period of my life would not suffice me for the declaration of all thy virtues.

But I beseech thee, O Virgin, who didst give birth to God,
Fol. 26 *b* 2 to help me, | Epiphanius, thy worthless servant, and to make supplication to Christ on behalf of all the people of my city, nay more, of the whole world, and to be nigh unto me at all times. For unto thee more than to all the saints belongeth the power to make supplication unto Him, so that He may fill the hungry with bread, and may heal the sick, and may lead those who have gone astray back into His holy fold.
Fol. 27 *a* 1 And unto us all together may He grant | that we walk in
ⲗⲉ the ways that please Him at all times, and that we may cast away from us the old man[2] and his wickedness. Why dost thou distract thy mind so greatly, and labour for the things of men? Sufficient for the day is the evil thereof.[3] Three cubits of earth are all that remain to thee, and a few clods will be cast upon thee to preserve thy miserable carcase. Whose law dost thou transgress? Remember the judgement |
Fol. 27 *a* 2 of God and the moment when all the deeds which thou hast committed shall compass thee round about. What help wilt thou be able to obtain? The Judge Who shall preside will not accept possessions from thy hand and let thee go free. Riches shall have been unto thee a means of enjoyment and the cause of the punishment [that shall last] for ever. Thy

[1] Luke i. 42. [2] Eph. iv. 22; Col. iii. 9. [3] Matt. vi. 34.

glory and thy honour shall be [thy] betrayers. Thou shalt not find an advocate who will plead for thee. Thou shalt suffer anguish, and be in despair, and shalt be stupefied through fear. Behold the tears of the | orphan whom thou Fol. 27 *b* 1
hast oppressed! Behold the sighings of the widow whose λϛ
house thou hast plundered! Behold the poor men whose wages thou hast filched! Behold the slaves whom thou hast oppressed mercilessly! In short, all the sins which thou hast committed thou shalt find inhabiting thy soul, even as thou hast made them to do. Remember the day wherein [thy] natural disposition shall be revealed in heaven. Remember the glorious presence of Christ, according to what | our Saviour said, Fol. 27 *b* 2
'Those who have done what is good [shall have] the resurrection of life, and those who have done evil the resurrection of judgement.'[1] What shall I say unto thee, O my beloved? Behold, the kingdom which is in the heavens is prepared, and so likewise is Gehenna. Let the [hope for the] enjoyment of the kingdom which is in the heavens spur thee on. Let the threat of the fire of Gehenna stir thee up to turn away from the works of the Devil, and to walk in the | ways that please the Lord at all times. Then shalt Fol. 28 *a* 1
thou inherit the things that shall never pass away, the which λζ
eye hath not seen, nor the ear heard, nor hath the imagining of them entered into the mind of man, that is to say, the things which God hath prepared for those who love Him,[2] through the grace and love of man of our Lord Jesus, the Christ, to Whom, as is meet, and to His | Good Father, and Fol. 28 *a* 2
the Holy Spirit, the Life-giver, be glory, now and always, and for ever and ever. Amen.

COLOPHON

O my fathers, and my brethren, and every one who shall Fol. 28 *b* 1
read the volume of this book, do an act of grace, and pray λη

[1] John v. 29. [2] Isa. lxiv. 4; 1 Cor. ii. 9.

for our God-loving sister, who loved to give charities and alms to the poor, [the name of the sister has been scraped off the vellum] because she undertook the preparation thereof with [the wages of] her own labour, and she gave it to the shrine of [the name of the church, &c., in all four lines, are scraped out] in order that the Archangel Michael, and Saint John, and the holy Virgin Mary, may entreat the Christ on her behalf, and may bless her, and [the names of her husband and family are scraped out] and moreover, when
Fol. 28 *b* 2 they shall come out of the | body, according to what is ordained for every man, God may tear up the bill of indictment of their sins, and may write their names in the Book of Life, and may give unto them the things of heaven in the place of the things of earth, and the things of eternity in the place of the things of time, and may reward them one hundred fold in the heavenly Jerusalem, the city of all the righteous, for the gifts which they have made. So be it!

Of your charity remember me, the least of all men, whose name is not worthy of mention in this volume [three lines, including the scribe's name, erased]. Behold, repentance hath made me free! I made bold, and I wrote this book while I was in Rite Piom (?), in the seven hundred and sixth year of Diocletian (A. D. 990).

DISCOURSE OF SAINT CYRIL, ARCHBISHOP OF RAKOTE, ON THE VIRGIN MARY

(Brit. Mus. MS. Oriental, No. 6782)

THE DISCOURSE WHICH OUR HOLY FATHER, Fol. 29 *a* 1
WHO WAS GLORIOUS IN EVERY WAY, APA ⲙⲉ
CYRIL, ARCHBISHOP OF RAKOTE (ALEXANDRIA), PRONOUNCED IN HONOUR OF SAINT MARY, THE PERPETUAL VIRGIN, THE GOD-BEARER IN VERY TRUTH, WHEREIN HE MADE MANIFEST THE GREAT GLORY AND HONOUR WHICH SHE HATH RECEIVED FROM GOD. IN THE PEACE OF GOD! AMEN.

O MY beloved, ye God-loving people, open ye the ears of Fol. 29 *a* 2
your hearts, and hearken unto [the story of] the honour of the mother of God, the Queen of all women, the true Bride, whom the Son of God held in high esteem. He came and dwelt in her womb for nine months, and she bore Him for our sakes in Bethlehem. She wrapped Him in strips of ragged stuff, she laid Him in a cattle | manger; and the Fol. 29 *b* 1
beasts looked upon Him and recognized Him, and they ⲙⲋ
protected Him. Thou didst stretch out thy right arm, thou didst take Him and make to lie on thy left arm. Thou didst bend thy neck, and let thy hair fall down over Him. Thou didst kiss His mouth in the same way as the Father kissed His mouth in heaven, and thou didst seat Him upon thy knees. He lifted up His eyes to thy face. He stretched out His hand, He | took thy breast, and He drew into His Fol. 29 *b* 2
mouth the milk which was sweeter than manna. The savour

of thy sacrifice was sweeter unto Him than the savour of the sacrifice of Noah. Having drunk from thy spotless breasts, He called thee 'My mother'.

Come ye and behold God calling Mary 'My mother' and kissing her mouth. And as she kissed His mouth she called
Fol. 30 *a* 1 Him | always 'My Lord, and my Son'. She worshipped Him,
ⲝⲍ for when she used to give Him her breast she bowed down her head toward Him, whilst He stood up like a tower; and afterwards she worshipped Him, saying, 'My Lord, and my Son.' Then after these things she used to take hold of His hand and lead Him along the roads, saying, 'My sweet Son, walk
Fol. 30 *a* 2 a little way,' in the same manner as all other | babes are taught to walk. And He, Jesus, the Very God, followed after her untroubled, He clung to her with His little fingers, He stopped from time to time, and He hung on to the skirts of Mary His mother—He upon Whom the whole universe hangeth! He would lift His eyes up to her face—He upon Whom the whole universe hangeth and through Whom it is kept in good order—and she would catch Him up to herself, and lift Him up in her arms, and walk along with Him.

Fol. 30 *b* 1 Come, O all ye women, | and look upon Mary, and see
ⲝⲏ God, Who clave her side, lifting His face up and kissing her! Walk, walk, O daughter of Sion, I mean thee, O Mary. Behold, the King, the Christ, is on thee, for the King, the Christ, is with thee, He is sitting in thine arms! The Father hath made Himself a fellow worker with thee. The Son hath made Himself a kinsman of thine. The Holy Spirit hath made Himself inseparable from thee. The
Fol. 30 *b* 2 angels are subject unto thee, for He loveth | thee, and hath sojourned with thee because of thy purity. For thou alone among all women hast found favour with God, for the Lord is with thee. Lift up thine hands and thine arms into the height. Take from God the Father the Image of His Son and carry it on thine head. The Holy Spirit shall guide thee on thy way, and thou shalt walk through all the world,

and preach, and say, 'O ye people, | know ye Him, for He Fol. 31 *a* 1
is the Only Son of God, Whom I have brought forth.' ⲙ̅ⲑ̅
O Mary, I know that thou wast overjoyed in thine own manner. For unto every [other] woman who hath made a petition to Him God hath given according to the measure of mankind. But unto thee, O thou who hast asked Him to grant thee wisdom, God hath given thee His Gift, which is His Son. Thou didst hunger, and He gave thee milk in
thy | breasts in the heavens. Thou thyself wast brought Fol. 31 *a* 2
forth by Eve, but thou didst bring forth God, the King of beings celestial and of beings terrestrial. Thou wast of no account in the world and in the affairs thereof, but God hath bestowed upon thee the heavens and the earth. When thou didst bow the knee to thy Son, and didst worship Him, straightway the angels worshipped thee.

O Mary, nine and thirty years didst | thou complete, and Fol. 31 *b* 1
God glorified thee. Declare unto me this mystery, O Mary. ⲛ̅
She saith: 'Hearken, and I will tell thee. From my childhood upwards I lived a quiet life. I was of no account in the world and in the affairs thereof. My womb grew large without [the help of] a man, and my breasts became full of milk. I never held converse with any young man. I suffered no pain when I brought forth. I was not frightened. I saw
my | Child. I did not know whence I had conceived Him. Fol. 31 *b* 2
I knew that He Whom I had brought forth was God. Gabriel, the Archangel, was afraid, although he had announced these happenings unto me, for he knew that they were something new. I, however, was not afraid; on the contrary, I rejoiced, for I experienced gladness. When he saluted me he trembled, but I was filled with joy.' 'He
came,' saith Mary, 'he opened my | mouth, he went down Fol. 32 *a* 1
into my womb. And the holy Archangel clave to me, he ⲛ̅ⲁ̅
directed me, and he ministered unto that which was inside my innermost part. When I used to sing a hymn at eventide angels sang with me. When also I used to bow my

knees at dawn the powers (or, hosts) of heaven would worship that which was in my innermost part. At the
Fol. 32 *a* 2 third hour | the Trinity would give me strength until the sixth hour of the day, and joy and gladness were with me. When I ate the manna of pearls came to me, and again when the sun was about to set it was the manna of the sweet smell [that came]. I did not know that He, unto Whom I was singing the hymns, was He to Whom all the world ascribed glory, [an ignorance] which I shared with all those whom I knew.

And the whole world ascribed glory to me, and they cried
Fol. 32 *b* 1 out, saying, | 'Right well is it, O Virgin, who hast declared
ⲛ̅ⲃ̅ unto us the advent to us of our Saviour, the Christ! Right well is it that thou art held worthy to be the throne of God! Right well is it that thou hast delivered the whole world through thy childbirth! Right well is it, O virgin maiden, that God abideth with thee! Right well is it, O mother of
Fol. 32 *b* 2 all the monks and of all the nuns!' | Thou hast set free all mankind who were fast bound in the Devil's hand. Thou didst hate the married life, and yet thou art made the mother of the True Bridegroom. Thou didst mortify thy body with ascetic exercises, and thy spirit rejoiced, for God was with thee. Since He Who is uprightness loveth thee, then there remaineth nothing that is not subject unto thee. Since thy
Fol. 33 *a* 1 legs carried God when He was in | thy pure womb, then
ⲛ̅ⲅ̅ most assuredly they shall become pillars in the midst of the heavenly Jerusalem. Since thy legs carried God when He was a little Child, then most assuredly thou art at this moment standing before the altar of sacrifice of thy Son. Since thou didst cover His face with thy garments to shield it from the wind and snow, then most assuredly the Cherubim
Fol. 33 *a* 2 and the Seraphim shall stand by the altar of | sacrifice, and cover thy face with the splendour of their wings. Since thou didst carry Him in thy bosom, and didst hold Him on thy knees, then assuredly thou art sitting now upon a throne

of glory, and the Cherubim and the Seraphim are standing and singing hymns to Him Whom thou didst bring forth. Since thou didst nourish Him with the milk which was in thy virgin breasts, then assuredly His Body of God and His precious | Blood shall be placed in thy mouth. Of what Fol. 33 *b* 1
kind is the honour which shall be shewn to thee, O thou ⲡ̅ⲇ̅
woman unto whom are subject the denizens of heaven, and the beings of earth, and the starry luminaries, and the angels who are in the heights, because of Him Who dwelt in thee? Hearken unto Him, Who is on the right hand of His Father in the heavens, calling Mary 'My mother'. He obeyed Joseph as a father, with all obedience in everything. | The Fol. 33 *b* 2
angels acted as servants for Him, but He was subject to His mother according to the flesh. All these things shall be thine, O Mary, thou perfect Virgin.

Come, O all ye women who desire virginity, emulate the example of Mary, the mother of thy Lord. Consider ye her coarse and meagre food and her sleeping on the ground. | She Fol. 34 *a* 1
craved for none of the things of this world. The mention of ⲡ̅ⲉ̅
her was always in the mouths of the priests. She never washed herself in a [public] bath. She never adorned herself with face-paint, and eye-paint, and powder. She never decked herself out in brightly coloured raiment, as do all [other] women who love fine clothes. She never tasted wine. She used to sit always with her face turned | towards Fol. 34 *a* 2
the east, for she was always awaiting the Creator of the world. She never met and talked to any one, except her father, and her mother, and her brethren. For this reason, when Gabriel spake unto her, she was troubled at his words, and said, 'How can this possibly happen to me, seeing that I have never known a man?' And Gabriel said unto her, 'It is the Holy Spirit that shall come upon thee, and the power of the Most High shall overshadow thee; | therefore He Fol. 34 *b* 1
to Whom thou shalt give birth,[1] O Mary, shall deliver from ⲡ̅ⲋ̅

[1] Luke i. 34, 35.

captivity the race of Adam, through His Body of God and His precious Blood. He to Whom thou shalt give birth, O Mary the Virgin, hath fashioned every one with His divine Hands.'

How can the remembrance of thee be hidden? Or, how canst thou be forgotten, O wise Virgin? Thy name shall be proclaimed throughout all the world over the holy table by
Fol. 34 b 2 bishops | and presbyters, saying these words, 'We commemorate Thy holy birth of Mary the Virgin.' Blessed art thou, O Mary, thou who art the object of the boasting of the angels, thou subject of the talk of the Archangels, thou subject of the hymn of the Cherubim and Seraphim, thou woman who art praised by all the saints! On the day wherein thou didst give birth to the Son of God, Who hath existed for ever, and Who hath neither beginning nor end, we heard the hymns of joy and blessing among the hosts of
Fol. 35 a 1 heaven, who said, 'Glory to | God in the highest! His
ⲠⲌ peace be upon earth in men of His will.' All peoples saw the glory of God to Whom thou didst give birth. Therefore blessed art thou among women, and blessed is the fruit of thy body, O thou whose womb hath received into itself this indescribable [Being]! Blessed art thou, O Virgin, the entrance to whose womb carrieth Him to Whom heaven
Fol. 35 a 2 is a throne and the earth a footstool, even | as He said, 'Heaven is My throne, and the earth is My footstool.'[1] As for thee, thy womb served both as heaven and earth, for the entrance thereto received into itself Him that filleth heaven and earth. Who is like unto thee, O wise Virgin? O what a thing is this at which to marvel and to be amazed! In heaven He had no mother, and on earth He
Fol. 35 b 1 was without a father! | He was God in heaven, and on earth
ⲠⲎ He was the Only-begotten!

O holy Virgin, I cannot content myself in heaping blessings

[1] Isa. lxvi. 1.

upon thee; my heart cannot understand the greatness of thine exaltedness, O thou who didst carry in thy womb Him before Whom the Seraphim stand up! What tongue of flesh can declare the majesty of thine exaltedness, O thou cruse of oil wherein the fire burned, and was not consumed, | O thou place Fol. 35 *b* 2
of sojourn of God and His habitation, O thou concerning whom the prophets proclaimed, saying, 'This is the gate of the Lord, wherein the righteous enter!'[1] The Lord looked out of heaven upon the world, and among the whole race of women He found none like unto thee, and for this reason His Only-begotten Son sojourned in thee. Hail, mother of the Lord, | who hast found favour with God! Hail, blessing, and Fol. 36 *a* 1
joy and gladness! Hail, palladium of the True King! Hail, ⲛⲑ
laboratory of the True Physician! Hail, thou who didst bring forth to us Life, thyself being a Virgin!

O my beloved, what a hidden mystery is this which was revealed from heaven! In the beginning God created the heavens and the earth in six days, and rested from | all His Fol. 36 *a* 2
labours on the seventh day, and on the seventh day of the new month, according to the Law (i. e. reckoning of the Romans), that is to say, the seventh day of the month Parmoute, our Lord came down from heaven, and took [upon Himself] flesh of this Virgin. O wise Virgin, I beseech thee to bring the favour of God, Who is thy Son, upon us, and may He forgive us our sins, and deliver us from all the crafts | of the Adversary the Devil. Take us all to thyself, Fol. 36 *b* 1
lest the Devil take delight in us, and draw us down into the ⲝ
Gehenna of fire. O Mary, do thou draw nigh unto the King, the Christ, [so] that He may receive thy supplication on our behalf, for He is thy Son and thy Beloved, and thou didst bear Him, and He called thee 'My mother'. Verily, O Mary the Virgin, thy honour is greater than that of all | the other Fol. 36 *b* 2
women in the world. He Who breathed breath into every

[1] Ps. cxviii. 20; Isa. xxvi. 1, 2.

created being called thee 'My mother'! Thou art more exalted than the Cherubim and the Seraphim, thou art more blessed than the Thrones, because the Christ loved thee. He sojourned with thee because thou art Saint Mary, the perpetual Virgin. And she will do these things for us with her beloved Son, Jesus the Christ, our Lord, so that . . . .

[The rest is wanting]

THE TEACHING OF APA PSOTE, THE GREAT BISHOP OF PSOI

(Brit. Mus. MS. Oriental, No. 7597)

THE TEACHING OF OUR HOLY FATHER APA PSOTE,[1] THE GREAT BISHOP OF PSOÏ,[2] WHICH HE PRONOUNCED ON THE FIRST DAY OF THE WEEK, WHEN ARIANUS, THE GOVERNOR OF THEBAÏS, HAD SENT MESSENGERS TO HIM TO CUT OFF HIS HEAD. HE BESOUGHT THE IMPERIAL VELETARIUS AND THE SOLDIERS OF THE GOVERNOR TO PERMIT THEMSELVES TO BE INSTRUCTED BY HIM, AND HE PASSED THE WHOLE NIGHT IN PREACHING A HOMILY TO THE PEOPLE. Fol. 2 *a* ⲁ̅

I SALUTE you, O my beloved sons and daughters, and I salute you at the same time with the salutation of God. I command you this day with the commandments of life, to make you to walk in them at all times, so that ye may continue to perform my intention; for I know by this that

[1] The day of his commemoration is the 27th of Choiak; see Add. MS. 5996, fol. 144 *b*, quoted by W. E. Crum, *Catalogue*, p. 15, col. 2 (No. 59).

[2] ⲡⲥⲟ̀ⲓ, ⲡⲥⲱⲓ, ⲯⲟ̀ⲓ, ⲯⲱⲓ are the Coptic forms of the Ptolemaic city called by the Greeks Σύϊς, Egyptian Sɪ , or Πτολεμαῒς ἡ Ἑρμείου, the Egyptian Psɪ, Pᴛʟᴜᴍɪs-ᴛ . The Arab writers give as the equivalents of the city Menshîyah المَنشيّة, and Al-Abṣâi الابصاى, both in Upper Egypt. See Brugsch, *Geog. Inschriften*, plate 40, Nos. 973–6.

I shall never return again to you in the flesh. O my beloved sons, fight the good fight, for the contest in this world is of various kinds. Woe unto the man who shall continue to follow his evil works, but especially let there be woe unto Fol. 2 b those who | devote their whole attention to the things which ϩ̄ they are going to leave behind them, whether it be buildings, or estates, or any work of oppression. Now behold, ye see me this day. Whether I have done what is good, or whether I have committed acts of violence or deeds of evil, behold, messengers have been sent hither for me, to take me away from you, by the impious king. I testify to you that from my childhood upwards the angel of the Lord hath appeared unto me several times whilst I was pasturing my father's sheep, and he never ceased to recite the Scriptures to me in my abode until I knew them all by heart.

Behold now, moreover, through the command of the Good God, I already know that my blood shall be shed for the sake of the sweet Name of my Lord Jesus the Christ, according as these things have been revealed unto me. But I am afraid of the road whereby I shall depart to God, and of the Powers Fol. 3 a that stand on it, because I am flesh and blood, like every other ϣ̄ man, and no one is sinless in the sight of God. And the laws which are laid down for us in the Statutes of the Church are found written down for us, and they say, 'It is right that a bishop should not be blameworthy in anything'.[1] Now who is there whom God could not reprove for his sins? For Scripture saith, 'How long will they speak the same words of scoffing?'[2] Whatsoever a man shall utter he must account for at the impartial tribunal of God Almighty, the place where neither name nor apparel shall be of any use to us, and where each man shall receive according to his works. O my children, know ye the repentance whereunto ye are to cling, and according to the works of which ye are to walk,

[1] 1 Tim. iii. 2; Titus i. 7.

[2] Cf. Matt. xii. 34.

for the ways of going to God are difficult and bring [us] into tribulation; | for 'narrow is the gate'[1] through which the Lord leadeth His chosen, according to the word of the stone of truth, Matthew the Evangelist. And there is especially the great terror of the difficulty and of the great abomination of this river of fire, whereon roll waves upon waves [of flame], and of the burning flames from which no man can escape. For whether a man be righteous or a sinner, all must be dipped in this river of fire before they can reach the awful throne. O this river of fire which is full of trembling and horror! O this throne of terror! Every one must stand before it in fear, and trembling, and anxiety, and perturbation, and the knocking of the knees together. Fol. 3 b ϛ̄

Woe unto me, O my sons, for before I stand naked before the throne my evil deeds shall stand there before me, in the order in which I committed them, and I shall see them! Woe unto me at that moment when He Who seeth truly, and Who | knoweth everything beforehand, shall pass sentence of judgement upon me! Woe unto me when He Who is without anger shall be wroth with me, and shall say unto me, 'Alas for this old man and his grey hairs!' Alas for this name [of monk], and this Christian garb! even [the rank of] bishop will not benefit me at all. Behold, our sins shall stand before us, one after the other, even as we committed them. Then what shall we say? Shall we not keep silence? Shall not we fail to find a word to utter on that day? Is there any kind of denial which we can set before Him? What shall we do? If we deny our wickedness, then shall the angels who shall stand by that awful throne with us contradict us through our own angels who will act as our opponents, saying, 'Thou didst commit this sin on such and such a day, and in such and such a way, and I was standing by thee.' Woe unto every man whose angel shall reveal his character before Fol. 4 a ē

[1] Matt. vii. 14.

Fol. 4 *b* the throne of the Christ, | and before God and His angels,
ⲉ̅ and before the hosts of heaven! Woe unto the bishop who doth not instruct his people thoroughly, and his city, and his diocese, for assuredly these things shall be required of him! And also, [woe be unto the bishop] who shall forget (or, neglect) the churches of God which are deserted, and the widows, and the orphans! Woe unto the abbot who shall permit a rich man to lead him into shame, who shall destroy the truth, and shall pervert judgement, and shall hesitate to give a decision according to the word of truth, and who shall ignore those whom he seeth, and those who are brought unto him! Woe unto the judge who shall pervert judgement for the sake of a gift, and who shall accept the person of the rich man, and condemn the poor man who hath nothing to give [him]. Woe unto those [priests] who shall deceive laymen, and who shall appoint themselves to any work connected with the church, whilst pretending that they only wish to act as judges on its behalf, or to decide about certain of the ordi-
Fol. 5 *a* nances thereof! Let the laity drive such a man out of | this
ⲋ̅ occupation, and let him not offer up any decision on your behalf before God. Woe unto him that acteth deceitfully, as, for example, the head of the congregation, that is to say, the father of the monastery, who shall sell the works of God for money, or anything else, or who, knowing that there are certain brethren who rail at God, spareth them, and doth not expel them from the congregation! Woe unto the presbyter who doth neglect his people, and doth neither rebuke them nor teach them the things that would do good to their souls; assuredly the souls of his people shall be required of him, and he will have to defend them! Woe unto the deacon who shall profane the altar, and who shall devour the possessions of the Church, and shall perform the works (i. e. service) of God apathetically! Woe unto the layman who shall commit fornication, or who shall have union with the erring woman, or who shall look upon their forms shamelessly, or

who shall cast the results of their lust upon the earth,[1] | and those whose hands [2] shall serve them as wives, and those who shall pollute themselves with the irrational beasts. Men of this kind are those who pollute the temple of God. These are they whom God shall destroy by the breath of His mouth and by the smoke of His wrath. Fol. 5 b Ⲏ̄

My sons, do not by any means be envious of these, so that God may not abominate you speedily. Be not careless in anything, for all the carelessnesses of this world turn into punishments in the world which is to come. And we all know that our flesh is weak, and that our miserable souls are not able to bear the stripes which God shall lay upon us in the Righteous Judgement of our sins. If we continue in our sins God shall inflict pain upon us, more especially in the punishments which He shall bring upon us. O my sons, the end of each will come to him, and I shall find mine own end this day. For I know that they will take me to the feet of the governor, and that he will pass judgement | upon me for the sake of the Name of my Lord, to force me to renounce Him, but it shall never happen that I will renounce Him! I am prepared for him (i.e. the governor) to cut off my head for the Name of my True King and Saviour, Jesus the Christ. For this reason I adjure you, O my beloved sons, to continue to remember me, according to the love of God, and to continue to do diligently the things that are good for your own salvation; for the salvation of every man [consisteth] in the performance of the Law of God. For he who performeth the Law is a friend of God, whether he be in this world or in the next; whosoever transgresseth the Law is an enemy of Fol. 6 a Ⲑ̄

[1] i.e. who shall leave their offspring through fornication unprovided for, and allow them to perish or to be killed.

[2] Compare 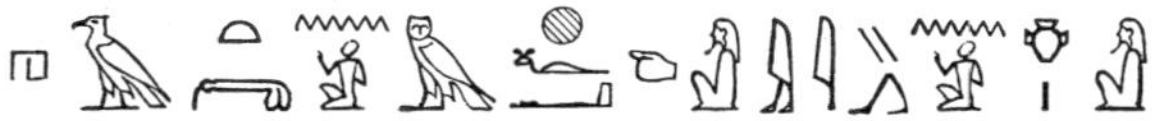
, *Book of Overthrowing Aapep*, xxviii. 27.

God, whether he be in this world or in that which is to come. Ye yourselves have heard the voice of the Gospel: in one place it blesseth, and in another it curseth, and is angry, and revileth. In one place [we have] 'Blessed are the poor',[1] that is to say, those who have not put the Law of God |
Fol. 6 *b* behind them.

ⲓ̄ Woe unto those whom the world hath deceived by means of the things of vanity, that is to say, woe unto thieves, and murderers, and whoremongers, and adulterers, and magicians, and sorcerers, and necromancers, and soothsayers, and those who divine by means of cups! These are they whose hope is in the men who are magicians, and they set their minds upon them, saying that they will be able to endow them with strength in their tribulation. O ye silly, ignorant, and senseless men, tell me how [the matter standeth]. If God wisheth to bring an illness upon a man as a trial and as a lesson to him, is it not for the man, who is but dust and ashes, to bear it? Or, is he to turn backwards the commandment of God? But the guile and deceits of the Devil are the things that draw a man backwards, and they smile at him, one after the other, for the Devil wisheth to take him |
Fol. 7 *a* down into the pit into which he was forced to descend
ⲓ̄ⲁ̄ because of [his] disobedience. Behold now, ye see me in your midst this day, and I wish to fill myself with [the sight of] your gladness, and the sight of your sweet faces. O my sons, in a very short time now the soldiers of the governor will seize me, according to his order. And behold, the governor will come from Siût (Lycopolis), and go to Tkôou (Antaeopolis), and they will take me to him; and they will take off my head in that place for the sake of the Name of Emmanuel, which, being interpreted, meaneth 'God with us'.

Strive ye earnestly, O my sons, so that ye may walk in the ways of the Lord, and put not His commandments behind

[1] Luke vi. 20 (?).

your backs in the smallest degree, lest ye bring upon me, as well as upon yourselves, a sentence of doom which can never be removed. For, it is written, 'The disobedient is a son of perdition,'[1] and perdition belongeth unto the Devil and his demons. | And the kingdom of God is in the Fol. 7 *b* ⲓ̅ⲃ̅
heavens, and it is that which He hath prepared for those who shall do His Will, even as He saith in the Gospel according to Matthew, 'Behold, Thy mother and Thy brethren are standing outside wishing to see Thee.'[2] And He said, 'Whosoever shall do the Will of My Father Which is in the heavens, the same is My brother, and My sister, and My mother.'[3] Similarly, He might have inverted the words and said of those who shall put the Law and the Prophets behind their backs, 'Whosoever shall not do the Will of My Father Which is in the heavens, the same is My enemy. And as he hath hated Me, even so will I hate him. And as he hath denied Me in this world, I will deny him before the angels in the world that is everlasting. And as he hath forgotten to keep My Law, I also will forget him when he is in the darkness wherein there is no ray of light whatsoever.'

For He said with His mouth wherein there is no lie, 'Love not the world, nor | the things which are in the world; for Fol. 8 *a* ⲓ̅ⲅ̅
the world shall pass away, and the desires thereof.'[4] For as it is in the case of a man to whom a span of life hath been allotted, now he is not told 'thou shalt die at such and such a moment', neither is he told 'thy neighbour shall die at such and such a time', even so is it in the case of the world, for no one knoweth when the period of its duration shall be fulfilled, and the time of its end shall come, save Him Who hath defined the completion of the period, that is to say, God Almighty. Nothing whatsoever shall remain when the world hath passed away except God, the Master of the Universe,

[1] Compare 2 Thess. ii. 3, and compare Matt. xxv. 30; Eph. v. 6.
[2] Matt. xii. 47; Mark iii. 32; Luke viii. 20.
[3] Matt. xii. 50; Mark iii. 35.
[4] 1 John ii. 15, 17.

the Lord of everything which hath been and which shall be. And blessed are those who shall die in the Lord now, henceforth, and for ever. But woe unto those who shall die in [their] wickedness, for no other opportunity for repentance shall be afforded to them! nay, the sin, and the wickedness, and the other kinds of impiety which they have committed are the things that shall condemn them, and it is death that shall walk before them. For Scripture saith in the Psalms, 'Death shall shepherd them.'[1] And again, 'He who hateth
Fol. 8 b the righteous | committeth sin.'[2] It saith too in the Catholic
ⲓⲇ [Epistle], 'He who hateth his brother is a slayer of man.'[3] Then how great will be the condemnation of him that hateth Him Who created him! Every man who committeth sin hateth the God Who hath created him, and those who do not hate the Christ Jesus do not commit sin. I declare unto you a true saying: If ye examine your own understanding [ye will find that] every man who is a sinner is a hater of his own soul.

In what way doth a man [shew that] he hateth his own soul? Now very often a man saith unto me, 'No man ever hated his own soul.' I myself know this quite well, but direct thy attention to me, O simple brother. A certain man saith this day, 'I cherish my soul,' and he eateth and drinketh all his days. And when he dieth his soul is taken away and made into material for the blazing fire and into food for
Fol. 9 a worms, because of the sins which | he committed during the
ⲓⲉ time when he was in the world. Now he saith in his folly, 'I love my soul,' yet notwithstanding he loveth to commit sin against it daily. And he knoweth not that the things which he doeth daily are written down in the books which never grow old, and cannot be destroyed, for they are books of the spirit, and in these our sins are written down one by one. And since every sin hath a different character, and the

[1] Ps. lv. 15; xlix. 14. [2] Cf. Mic. iii. 2–4. [3] 1 John iii. 15.

gravity of each varieth, even so the characters of the punishments and their severity are different, to say nothing of the monsters with horrible faces which are on the roads, and the merciless avengers, and the dekans, who are without form, and who preside over [the infliction of] punishment. With mercilessness and very great frenzy they strip the skin off each man.

Remember the father of every sinner, [the Devil]. He goeth round and about, and raveneth like a lion; he wandereth about with his nets, and he cometh in many forms, and he wisheth to swallow up our souls. And the snares of death are in his hands when he cometh into | the heart of a man, Fol. 9 *b*
and he sendeth therein the passion of wickedness. And he ιε̅
hasteneth impudently to a man in his early years, and he cometh with an apology before the face of those who are older. Afterwards he cometh in the lust of the eye, and in jealousy (or, envy) of heart. He cometh also in avarice (?), and in pride, and in vainglory, and in lasciviousness, and in gluttony, and in wantoning, and in the love of the Sacrament, [and] in arrogance, [and] in fornications, and in adulteries, and in magic, and in sorcery. All these things are wont to attack a man during the first and second periods of his life. And when he cometh to the third period, that is to say, to old age, the Devil attacketh him with babbling, and littleness of heart (or, lack of courage), and the swearing of false oaths, as his strength faileth and he knoweth that it is old age that cometh [upon him]; and he maketh him to crave for food, and to suffer from hunger and thirst like the dogs. These and other such like things doth the Devil | make to come upon Fol. 10 *a*
man in the third period of his life. But blessed is the man ιϛ̅
whom the Devil shall tempt, and who shall overcome the Devil with repentance, for great shall be his reward from God on the day of his coming forth from the body.

O my beloved sons, behold, ye see that the lights have burned low, and that the sun hath begun to rise. Let us offer up the Holy Offering, for the time hath arrived for us to partake of the Holy Mysteries, the Body and Blood of the Christ, before I am taken from you. For, behold, the Imperial Veletarius said unto the soldiers of the governor, 'Let us take him and depart, for daylight hath appeared.' And when the blessed Apa Psote, the bishop, had said these things he made the Sign of the Cross over the people three times, in the Name of the Father, and of the Son, and of the Holy Ghost. And he administered the Holy Mysteries to them, and gave them the Benediction; and he dismissed them, and they went to their houses glorifying his Lord Jesus, the Christ, to Whom be glory, and to His Good Father, and to the Holy Spirit, for ever and ever. Amen.

A DISCOURSE ON THE COMPASSION OF GOD AND ON THE FREEDOM OF SPEECH OF THE ARCHANGEL MICHAEL, BY SEVERUS, ARCHBISHOP OF ANTIOCH

(**Brit. Mus. MS. Oriental, No. 7597**)

THE DISCOURSE WHICH THE MAN, WHO WAS TRULY INSPIRED BY THE CHRIST, THE HOLY PATRIARCH AND ARCHBISHOP OF ANTIOCH, SAINT SEVERUS,[1] PRONOUNCED ON THE COMPASSION OF GOD AND THE BOLDNESS OF THE HOLY ARCHANGEL MICHAEL. HE ALSO SPAKE A LITTLE CONCERNING HOLY SUNDAY (I. E. EASTER SUNDAY), BECAUSE THE FESTIVAL OF THE ARCHANGEL FELL BY CHANCE ON THE SAME DAY THAT YEAR. HE SPAKE ALSO CONCERNING MATTHEW THE MERCHANT, AND HIS WIFE, AND HIS SONS. THIS DISCOURSE WAS PRONOUNCED ON THE TWELFTH DAY OF THE MONTH HATHOR,[2] WHEN ALL THE PEOPLE OF THE CITY WERE ASSEMBLED AND WERE CELEBRATING THE FESTIVAL OF THE HOLY ARCHANGEL MICHAEL IN PEACE. Fol. 10 *b* ΙΗ̄

HEAR ye the Psalmist David, who indicateth to us that we are all to gather together at this holy festival to-day. And I see also that this festival is a double one, and I see that tranquillity

[1] He sat from 512–19. [2] November 8.

existeth, and that there are no winds of fire [blowing] upon us to disturb us; on the contrary, we are prepared to receive
Fol. 11 a those who together will do | good to our souls, whether it be
ιθ to us who speak or to you who hearken. And assuredly in us shall be fulfilled these words, 'One yieldeth a hundredfold, and another sixtyfold, and another thirtyfold.'[1] And I know that He Who is the true Giver of rewards, our Lord Jesus, the Christ, the Son of God, is not remote from us, for He spake by His true mouth, saying, 'In the place where two or three are gathered together in My Name, there I am with them in their midst.'[2] And inasmuch as God is with us this day, let us apply to ourselves the word of God which He spake unto us by the mouth of the sacred singer David, who saith, 'Be ye quiet, and know that I am God. I will be exalted among the heathen, I will be exalted in the earth.'[3]

Ye know, O my beloved, that to-day is the festival of the salvation of us all, that is to say, the Sunday of the
Fol. 11 b deliverance of the whole | world. It is right therefore for
κ us to address a few words of adoration to the Christ, Who hath existed before all worlds. I hear Scripture at this moment saying in the Gospel, 'The angel of the Lord came down from heaven, and he went, and rolled away the stone, and sat upon it. And his appearance was like unto that of a flash of lightning, and his apparel was white as the snow. Then he said unto the women, Fear ye not; for I know that ye are seeking Jesus, Whom they crucified; He is not here, for He hath risen, according to what He said.'[4] Furthermore, let us celebrate the festival this day in the festival of the Resurrection of the Lord, more especially because the Lord is present with us, and also His glorious Archangel Michael, who maketh supplication to God to forgive us our sins. For verily he is the intercessor with

[1] Matt. xiii. 8; Mark iv. 8, 20. [2] Matt. xviii. 20.
[3] Ps. xlvi. 10. [4] Matt. xxviii. 2–6.

God on our behalf, and he pleadeth until God delivereth us from every | tribulation. And if we wish to be sure Fol. 12 *a* that it is he who maketh supplication on behalf of the ⲕⲁ whole race of Adam, hearken and I will shew you [that it is so].

There[1] was a certain merchant in the country of Entikê whose name was Gedsôn, and he was a very rich man, and he was the owner of a very large business. His method of business was as follows: he bought certain products in one country, and, taking them to another, he sold them in accordance with [his] skill in the craft of the merchant. Besides all these things he was a Hellên (i. e. pagan), and he knew not God. Now whilst he was still living in his paganism, God, Who is a treasury filled with compassion of every kind, and Who delivereth every one who hopeth in Him, wished to deliver this man. And it came to pass that on a certain occasion he loaded up all his merchandise in a ship, and went in the beginning of the month of Hathôr to a city in the country | of the Philippians, the name of Fol. 12 *b* which was Galonia, where he wished to dispose of his mer- ⲕⲃ chandise. And he made [the voyage], and arrived [there] during the festival of the holy Archangel [Michael]. Now the evening of the eleventh day of Hathôr was the time for lighting the festival lamps. And the merchant saw that the shrine had been cleaned and decorated, and that it was brightly illuminated with a very large number of lamps, and that great crowds of people were thronging there, and they sang hymns and psalms from the evening until the dawn. And when the day was come the people began to celebrate the festival, and the bishop, and the clergy, and all the magistrates of the city were gathered together, and they decorated all the city, and every house, and every quarter (or, street). And when the merchant saw these things he mar-

[1] Compare the Memphitic version published from a Zouche MS., with translation, in my *Saint Michael the Archangel*, London, 1894, pp. 63 ff.

velled, for he was a pagan, and he did not like a thing of this kind; and it seemed to him as if he had been transferred from this world into another, by reason of the things which
Fol. 13 *a* he saw | and heard, and he was greatly disturbed in his
ⲔⲄ mind. And he went to two men and said unto them, 'What is it that hath been happening from the day before yesterday until to-day? And the men, [who] were Christians, spake unto him, saying, 'It is the festival of the Archangel Michael, which we celebrate in his honour, for it is he who maketh supplication to God on our behalf that He will save us all.' And the merchant said unto the Christians, 'Where is he, for I myself would entreat him to deliver me from every evil thing?' And the men said unto him, 'Thou wilt not be able to see him unless thou becomest a Christian; but if thou wilt become a Christian thou mayest entreat him, and he will deliver thee from every evil thing.' And the merchant said unto them, 'Take two pieces of money, one for each of you, and take me with
Fol. 13 *b* you to the shrine of the | Archangel Michael, and I will
ⲔⲆ become even as ye are.' And the men said unto him, 'Ye cannot become as we are except our father the bishop baptize you.' And the merchant, by the Providence of God Who had called him, entreated them, saying, 'Do an act of grace, and take me to the bishop.'

And it came to pass on the morrow that the men of the city brought the merchant to the bishop, and they related to him all that had happened to him. And the bishop said unto the merchant, 'From what city art thou, O my son, or from what country?' And the merchant said, 'I am from the country of Entikê.' And the bishop said, 'My son, dost thou really wish to transfer thyself from thine own service (or, religion), and to be numbered among us?' And he said, 'Because of what I have seen with my own eyes,
Fol. 14 *a* and | what I have heard with my own ears, it pleaseth
ⲔⲈ me to transfer myself to thy service.' And the bishop

said unto him, 'What God dost thou worship?' And the pagan said unto him, 'I worship the great luminary the sun, because it is he who illumineth the world by his power.' And the bishop said unto him, 'When the sun setteth the night cometh, and tribulation falleth upon us; where dost thou find the sun to deliver thee out of thy tribulation?' The merchant said unto him, 'I beseech thee to permit thy compassion to come upon me, even as upon all the people of the city.' And the bishop said unto him, 'Hast thou a wife or son?' The merchant said unto him, 'My father, my wife and my sons are in my own city.' And the bishop said unto him, 'If this be so, my son, I will not baptize thee now, lest | thy wife be Fol. 14 *b*
not persuaded to [become a Christian] with thee, for in ⲕⲥ
this case a scandal would arise among us, and she would separate herself from thee, or she would make thee to deny the baptism which thou hadst received. For from the very beginning transgression hath been due to the wife.' And when the merchant had heard these things he was exceedingly grieved. And after he had received a blessing from the hands of the bishop he came forth from him, and embarked in his ship to go to his own house. And when he had reached the middle of the great, deep sea, the Devil (who is the hater of everything that is good, and who was envious of him with a great envy and wrath, because he had made his heart right with God, and had turned to Him to deliver him from destruction), through the hatred of his heart towards him, raised up a mighty storm against him. And he made the waves of the sea to beat upon the ship with such violence | that it was about to sink into the sea. And Fol. 15 *a*
the merchant was afraid, and he did not find (i.e. know) what ⲕⲍ
he should do nor to whom to appeal for help. And he cried out, shedding tears as he did so, 'My lord, thou holy Archangel Michael, help me in this great necessity wherein I am, and [deliver me] from the great tribulations which are round

about me. O my lord Michael, I solemnly declare this day, by the glory which I saw in thy shrine, that if thou wilt deliver me on this occasion I will return with my wife and my children, and we will be Christians until the day of our death.' And straightway a voice came to him from the sky, saying, 'Fear not, no evil shall befall thee.' And immediately after the voice [had spoken] a great calm took place, and the waves ceased to boil up, and the ship became steady, and there was no further pitching and rolling. And straight-
Fol. 15 *b* way, | through the grace of God and the supplication of the
ΚΗ Archangel Michael, the ship sailed swiftly over its course until it at length arrived at the city of its destination in peace.

And when the merchant had come into his house he told his wife and his children the things which he had seen, and the things which he had heard, and the things which had happened to him in the city of Galonia of the Philippians. And afterwards he continued to discourse to them, little by little, saying, 'Verily, I have discovered that the sun which we have been worshipping is not a god at all, but that he is a servant of the God of the Galileans.' Now his eldest son was an educated youth, and he said unto his father, 'I will ascertain whether this is so or not at once.' And the youth went up on to the roof of his house, and he cried out to the sun, saying, 'I adjure thee, by thy great
Fol. 16 *a* light and thy heat which fill all this | world, to inform me
ΚΘ if thou art not the True God, or if thou art His servant, according to what my father hath told me.' And straightway there came to him a voice, saying, 'Well done, O youth, who dost seek after the True God. I am not God—far be it from me [to say so], as the Greeks say; but I am a servant of His, and I obey His command. Nevertheless, if thou art seeking after the True God, behold, thy father hath learned to know Him since he was in Kalonia, the city of the Philippians. And thee thyself also doth He call to Him,

for thou art suitable [for doing] a great service for Him.' And when the voice had said these words it became silent. And the youth said unto his father, 'Is it true that thou hast only known God from the time when thou didst enter that country? Now I am with thee, and we will go thither together with joy.' | And his father said unto Toulê his Fol. 16 b
wife, 'If thou art displeased, behold, we have eight thousand λ
pieces of money; take them for thyself if it be that thy heart is not in unity with me. I myself will take a thousand pieces of money, and I will go and obtain forgiveness of my sins.' And his wife said unto him, 'O my brother, I am ready to go with thee to any place where thou wishest to go.' Thereupon they made all their preparations, and they embarked in a ship and came to the city of Kalonia.

And when they met the two Christian men who had acted as his guides, and whom he had found during his first visit, he talked to them, and they took him, and his wife, and his sons to the bishop. And when the bishop saw them he rejoiced exceedingly over the conversion of their souls, and he asked them, saying, 'Have ye prepared yourselves with all your hearts to become Christians?' And they answered |
and said unto him, 'Yea, by the Will of God and through Fol. 17 a
thy prayers, we are ready to become Christians all together.' λα
Then the bishop caused preparations to be made in the baptistery of the shrine of the Archangel Michael, and he baptized them in the Name of the Father, and of the Son, and of the Holy Ghost, the Consubstantial Trinity. And he changed the merchant's name at the holy font—now his former name was Gedsôn—and he called him 'Matthew'. And the name of his wife was Toulê, and her he called 'Irene', and of the four sons he called the name of the eldest 'John', and the second 'Stephen', and the third 'Joseph', and the fourth 'Daniel'. And after they had received baptism they passed twenty days in the city, and the bishop instructed them in the dogmas of the Orthodox

Fol. 17 *b* ⲗ̅ⲃ̅ Faith. | And by reason of his great joy Matthew gave six thousand pieces of money to the shrine of the Archangel Michael, saying, 'I give these moneys for the redemption of my own soul and the souls of my children, and that they may serve as an offering in the shrine of the archangel, for it was he who made entreaty to Christ on my behalf until He granted me knowledge to go unto Him, and to make me to be worthy of His grace.' And after these things he received a blessing from our father the bishop, as did also his wife and his sons. And they came out from the city, and the magistrates thereof set them on their way, and they rejoiced with them over the conversion of their souls. And by the Will of God and His holy Archangel Michael they arrived in their city, and they rejoiced with their kinsfolk,
Fol. 18 *a* ⲗ̅ⲅ̅ and their kinsfolk rejoiced with them. | And after they had come into their house they gave great gifts and charities to the poor and destitute. And all the people of the city blessed them, even as it is written, 'There is nothing hidden that shall not be revealed,'[1] that is to say, these holy people made their most excellent virtues to light up [the city]. And after two months that distinguished man Matthew died; he came at the eleventh hour, and received the hire of a whole day, through the supplication of the holy Archangel Michael.

And a few days after the distinguished man Matthew had gone to his rest the enemy of God and man, and the opponent of the angels, that is to say, the Devil, stirred up a great nobleman of the city against his wife [Irene] and against his
Fol. 18 *b* ⲗ̅ⲃ̅ (*sic*) sons in an | exceedingly cruel way, and he carried away their possessions (?) from them by force, and robbed them of everything that they had, and he even took away their granary from them. And John, the eldest son, who was wise, said unto his mother and his brethren, 'Rise up, and let us fulfil the word which our Saviour spake, saying, "When they

[1] Matt. x. 26.

persecute you in [one] city flee to another."[1] For, behold, they are persecuting us and afflicting us in this city, let us flee to another and save ourselves. And since they are afflicting us in this place, let us depart to the city of Entia, and take up our abode there, and be safe.' Thereupon they rose up, and took their father's possessions, and fled to Entia, the metropolis of the country, and took up their abode there. And John and his mother and his brethren gave large gifts
to the poor, and to | those who were destitute, and to every Fol. 19 a
one who was suffering from sickness. And the Devil, who ⲗⲅ (sic)
hateth what is good, could not contain himself [when] he saw the charities which they were performing, and he ravened like a lion. And a few days after these things the house of one of the magistrates of the city was broken into, and a large amount of valuable goods belonging thereto was carried away in the night, and the magistrate reported the matter to the governor. And the governor enquired concerning the matter of the officers (or, guardians) who were set over the various wards of the city, and of those who were set to watch over the regions round about the city. And whilst they were making these enquiries, behold, the enemy of righteousness, that is to say, the Devil, took the form of an informer, and cried out, saying, 'These strange young men, the four of them, who have come and taken up their abode in this city, are they who have robbed the house of the magistrate;
behold, they dwell in the quarter [called] "Zeus". | Pursue Fol. 19 b
them forthwith, and when ye have examined them closely the ⲗⲇ
truth shall be revealed.'

And immediately, the matter having spread abroad, the neighbours seized the young men and delivered them into the hands of the guards, and the guards took them to the governor, because the matter was one of which they could take no cognizance. And when the young men had been

[1] Matt. x. 23.

dragged into the market-place they lifted up their eyes, saying, 'O God of the Archangel Michael, perform an act of power for us. Thou, O our God, knowest everything, and that we did not know Thee from the beginning. And now we confess Thee, and Thy Archangel Michael, and we declare that Thou art the Living God. We are innocent of the lying charge which hath been framed against us this day. O thou holy Archangel Michael, in whom we have believed, forsake us not, for thou art he to whom we have clung from the moment when we were held to be worthy of the holy seal, which is in Christ, that is to say, the holy pledge of Chris-
Fol. 20 *a* tianity. O God, in Whom we have | believed, help Thou us.'
λε̄ And whilst they were saying [these words] a voice came unto them from heaven, saying, 'Fear not, O John, and ye his brethren, for no evil shall befall you. I am Michael unto whom ye have made your appeal.' And they said, 'May thy grace be upon us.' And Michael said unto them, 'Let your hearts be strong; fear ye not at all. I tell you that through Jesus the Christ, in Whose Name ye received baptism, no evil shall befall you. Nay more, I will continue to watch over you, and I will deliver you, and not you only, but every one who shall cry out and say, "O God of the Archangel Michael, help us," and I will come unto him quickly by the command of God, and I will grant him his petition, and I will not permit any evil whatsoever to befall him.' |

Fol. 20 *b* And when the Archangel Michael had said these things
λϛ̄ unto them he gave them [the salutation of] peace, and hid himself from them. Then the guard brought the young men before the governor so that he might pass judgement upon them, and when he had set them before the judgement-seat they said with one voice, 'O God of the holy Archangel Michael, help us; O our Lord, Thou knowest that we are innocent of this deed wherewith they have charged us. Nevertheless, Thy Will be done, O Lord!' And immediately,

before the words were ended in their mouths, behold, the holy Archangel Michael took the form of an imperial nobleman of King Gesanthos, the king of Entia (?), the [chief] city of the district, and came [there]. And when the governor saw the Archangel Michael walking towards him in the form of an officer of Gesanthos the king, he rose up straightway and stood before him, and gave place to his royal rank, | saying, Fol. 21 *a*
'I beseech thee, my lord nobleman, to turn and seat thyself ⲗ̅ⲍ̅
here with me, and to listen to this defence.' And the holy Archangel Michael, inasmuch as he had come for this very purpose, sat down at the right hand of the governor, and the governor gave the order to place before him at the tribunal the four young men all together. And as soon as they had set the young men before him at the tribunal the governor spake unto them with anger and abuse, saying, 'This matter is one which is due to the Devil . . . . . Make haste and bring hither to me the property of Sulôm, the archon, which ye have taken, and do not die a terrible death. Testimony hath been borne against you that it is you who have carried away the property of the archon, and if ye do not produce it here before me ye shall die an evil death.' And with one voice they said unto the governor, 'As the True God, Jesus the Christ, liveth, and His holy Archangel | Michael, in this Fol. 21 *b*
affair we have never taken any part whatsoever, neither ⲗ̅ⲏ̅
have we any knowledge thereof. For in very truth, O governor, stealing is held by us to be an abominable thing, according to the precepts of our fathers and their teaching.'

And the Archangel Michael, who was in the form of a nobleman, spake unto the governor, saying, 'If thou wishest [to know] the truth, let them seize the little brother of these men, and take him into the house of this man Prosthuros, who hath a savage hatred against these sinless men, and let him cry out, saying, "In the Name of Jesus the Christ, and the mighty miracles of the Archangel Michael, let the property

of Sulôm the archon appear which hath been carried off, and which myself and my brethren have been accused of stealing"; and I declare unto thee that the truth shall appear imme-
Fol. 22 *a* ϫ̅ⲗ̅ⲑ̅ diately.' And the governor | made the two soldiers and the attendants to take hold of the hand of the young man, and they went into the house of Prosthuros. And straightway the young man cried out, saying, 'In the Name of Jesus the Christ, the God of those who are in the heavens and of those who are on the earth, and in the name of the Archangel Michael and of his great power, let Thy grace come upon us, O God, and do Thou send forth from heaven Thy holy Archangel Michael, and let him reveal the property of Sulôm the archon; for the stripes which I and my brethren have received from this merciless man Prosthuros are not few.' And immediately he had said these things a voice came unto him, and unto those who were with him, and also to the soldiers who were close to him, and to the guards who were holding him, saying thus, 'O ye men who have come seeking after the
Fol. 22 *b* ⲙ̅ property which hath been carried off | from the house of Sulôm the archon, come ye down into this cellar, and ye shall find that for which ye are seeking, so that the truth may be revealed to every one, for these men are innocent of the charge which is laid against them; and when this hath been done the truth shall be revealed through the greatness of the strength of the Archangel Michael.' And immediately the people heard the voice they went down into the cellar, and they found the property of the archon in a cellar under the house of Prosthuros, the merciless man who had behaved arrogantly towards the young men, that is to say, towards John and his brethren.

And straightway the governor released the young men, and they departed to their house, and glorified God and His Archangel Michael. And the archangel hid himself forth-
Fol. 23 *a* ⲙ̅ⲁ̅ with from the [sight of the] governor, and he appeared unto the four | brethren who were coming to their house. And

the holy Archangel Michael, the commander-in-chief of the army of the Lord, spake unto them, saying, 'O John and thy brethren, behold, I have saved you [once], and ye have suffered no harm, and I will save you again, and ye shall put the Devil to shame. And, moreover, I will give you boldness and fatherhood, and ye shall be heads over all people. And furthermore ye shall become fathers to King Gesanthos.' And John and his brethren related to their mother everything that had happened to them, and she said, 'Let the Will of God be [done]. Besides, O my sons, let us not at any time abandon what is good, so that that which is good may be a means of salvation for us in this world, and in that which is to come.'

And it came to pass that within ten days of the time in which these things happened John came and walked across
the | market-place of the town, and he saw two men who Fol. 23 *b*
were clad in the livery of King Gesanthos, and they were ⲙ̅ⲋ̅
demanding from every person one hundred oboli on penalty of death. And John said unto the soldiers, 'Will a man be seized and put to death or be in any danger if he giveth two hundred oboli?' And the soldiers said unto him, 'No.' And John said unto them, 'Wait for me a little, O my brethren.' And straightway he went into his house, and he took two hundred oboli, and four other oboli, and gave them to two men, and they gave them to the soldiers of the king, and the four other oboli he gave to the soldiers. And the Devil did not know what to do when he saw the deeds of charity which the four young men were performing.

And it came to pass after these things that a certain man, who lived hard by the house of the holy men, invited a friend of his to his house, [and he went and] he ate and drank with him until the evening. And the guest rose up and came
forth from the house of his neighbour, and he entered | the Fol. 24 *a*
market-place of the town in order to pass into his house. ⲙ̅ⲍ̅
And whilst he was walking along the path a cerastes stung

him, and he died. And when the night watchman was going his rounds to safeguard the town he found the man lying stretched out dead upon the ground. And he lighted a lamp, and examined the whole body, and he found therein no wound whatsoever; and he had the body prepared for burial and buried in a tomb. And the Devil went round about throughout the whole city proclaiming and saying, 'This murder hath been committed by the four young men who have come into the town during these [last] days'; and the report reached the governor, and the governor [made known] the matter to King Gesanthos. And when the king heard of this matter he commanded immediately that the four young men should be brought before him all together. And
Fol. 24 b the soldiers arrested the young men, and they put halters | on
ⲙⲇ their necks, and brought them out through the open space of all the town to take them to the feet of King Gesanthos. And straightway there came a voice to them, saying, 'O John, and ye his brethren, fear ye not when ye shall go into the presence of the king, for no evil shall befall you. The time of suffering hath passed, and the season of fatherhood hath drawn nigh unto you through the Lord.' And straightway they brought the young men before the king, and the young men made supplication to God and to the holy Archangel Michael to deliver them.

And behold, straightway the mighty and holy Archangel Michael, whose name is sweet in the mouth of every one, took the form of a mighty general in the service of Kôstantinos (Constantine), Emperor of the Romans, and came into [the presence], and great majesty clothed him. And when Gesanthos saw him he rose and stood up before him, and
Fol. 25 a he yielded place to his royal | rank, and after these things
ⲙⲉ they sat down together. And King Gesanthos commanded them to bring in the four brethren before him, and he said unto them, 'For what reason did ye rise up against this man and slay him?' And the four brethren answered and said,

'[We have not committed] this murder of which thou accusest us; we are innocent.' And the king commanded [his men] to bring the instruments for the infliction of torture and to torture them. And the Archangel Michael, inasmuch as he taketh care of every one who is a true servant of the Lord, was pleased to make manifest the glory of these holy men, nay more, to save alive the town of the king and the whole multitude. And as he saved Nineveh, whose population amounted to twelve times ten thousand people,[1] even so was it pleasing to God to save this town from destruction. | Then Fol. 25 *b*
the Archangel Michael answered and said unto Gesanthos, ⲙ̅ⲉ̅
'It would be a most marvellous event for us in this town supposing that a contradiction [of this charge] were to take place in the following manner. Supposing they were to bring the man who hath died and to set him before the whole multitude of the town, and we asked him, "What happened unto thee?" and straightway he told the truth before all the multitude! Therefore let them bring him that hath died and let us ask him. I declare that [if we do this] the truth shall become manifest, and the liar shall be put to shame.'

Then, when the king had heard these things from the archangel—now he did not know that he was Michael, but he told [him] that he was one of the Emperor's most honourable noblemen, as we have already said, although the archangel hath far higher rank than any nobleman of this world—he commanded [his men] to go into the tomb | and to bring Fol. 26 *a*
out the dead man, and to set him before him and before all ⲙ̅ⲍ̅
the multitude that were gathered together unto him. And Michael the archangel rose up before the king and before all the multitude of the city, and he who was in the form of a general cried out to the youngest of the four young men, saying, 'O Daniel, thou brother of John, come, my son, and say thou unto this dead man, "Who is it that slew thee?

[1] Jonah iv. 11.

Tell the truth before the king and all the multitude."' And the young man Daniel was one of those whom they were going to torture, and he rose up and went to the dead man, and took hold of his hand, saying, 'O man, tell us who it was that slew thee. Speak the truth, and do not permit innocent blood to be shed unavenged through thee.' And the Good God made the soul of the dead man to return again to his body for the salvation of the whole town and the king, and through the great power of God and of His
Fol. 26 *b* holy | Archangel Michael the man came to life again. And
ϩϩⲏ he cried out in the midst of all the multitude, saying with a loud voice, 'Woe unto thee, O Gesanthos! Art thou so utterly bold as to sit by the side of the general of the King of all those who are in heaven and on the earth, the holy Archangel Michael? It is he who maketh supplication at all times for the whole race of men and animals, it is he who maketh supplication for the fruits of the earth until God sendeth the good dew upon them for the sustenance of men and beasts, and also for the sustenance of everything that breatheth and blesseth God.' And he who had come to life also said, 'Forgive these men, . . . they are holier than I, and the Archangel Michael will inform thee concerning everything which hath happened to me.'

And straightway the Archangel Michael revealed himself
Fol. 27 *a* in his angelic | glory, and he went up into heaven whilst all
ϩϩⲑ the people were looking at him, and he took the soul of the man with him. And afterwards the Archangel Michael spake down to the king and the multitude, saying, 'Behold, I will make supplication to the Lord on behalf of thy soul and the souls of all the multitude of this city for the sake of these young men; therefore let John and his brethren be held in honour by thee, for thou and all thy city have been saved through them. And as for this man whom thou sayest they killed, they did not kill him, but he died like any ordinary man through the bite of a cerastes.' And when the

heart of the king had returned to him he rose up, and brought in John and his brethren, and he kissed them, saying, 'Blessed is the hour wherein ye entered this city, O John and | ye his brethren, against whom we have meditated evil Fol. 27 *b*
things; behold, very many great benefits have accrued to us ⲛ̅
through you.' And the king caused his palace to be decorated with garlands, and all the people arrayed themselves in festal apparel and rejoiced with very great joy for seven whole days. And the king said unto John, 'Speak, and we all will hearken unto thee.' And John spake unto the king, saying, 'Write a letter to Constantine, the Emperor of the Romans, and [ask him] to send unto us an archbishop to sanctify us and all our city, and let him give unto us the things which shall conduce to the salvation of our souls.'

And Gesanthos the king wrote a letter to Constantine, the Emperor of the Romans, [wherein] was written thus: 'Gesanthos, who is called the King of | Endikê, maketh bold Fol. 28 *a*
to write to Constantine, the great Emperor of the Romans, ⲛ̅ⲁ̅
the servant of Jesus the Christ. Greeting! A great act of grace hath come to us through the Good God, Who hath remembered us, and hath brought us out of the darkness of the service of idols, and hath drawn us to Him through the supplication of His great Archangel Michael, and hath made us worthy to look upon Him face to face. And he hath made the man who was dead to talk with us once again after he had been buried, and he ascended up into the heights of heaven in glory when we all were looking on. Therefore we beseech thy divine person to send unto us from before thee one of the great bishops to enlighten us concerning the Orthodox Faith, and to teach us the way whereby we may go to God, and to give us | the holy seal [of baptism]. If Fol. 28 *b*
thou wilt perform this good deed for us thou shalt receive ⲛ̅ⲃ̅
crowns of glory from the True King, the Christ, and the God-loving Emperor shall be saved by the might of God.' And the king sent off the letter to Constantine in all haste,

and the Emperor received it, and when he had taken it and read it he marvelled exceedingly at the greatness of God's love for man and at the beneficence of the Archangel Michael. And with very great carefulness he made haste and wrote a letter to John, the Archbishop of Ephesus, wherein he wrote the following: 'Before all things I kiss the holy hand wherewith thou hast touched the holy Flesh of the Son of God. Greeting! Now a great joy hath come unto us from
Fol. 29 *a* the | True God, our Lord Jesus the Christ, and behold, we
ⲡⲉ ourselves send on the news of that joy to thy fatherhood, so that thou mayest rejoice the more with us. For the sake of God then bear thou a little inconvenience, and go to the town of Endikê, and administer thy healing medicine of the doctrine of Christ unto those who dwell therein, and bring thou them out from the service of filthy idols. Devote thou thyself [to this work] with all thy heart, for thy trouble shall not be utterly wasted, nay, it shall be unto thee for a crown of glory before the Great King, the Christ. Do this therefore for the sake of Christ, Who suffered on behalf of the whole race of Adam. Thou shalt give thyself the trouble to go to them and treat them with the healing medicine of thy spiritual ointment, and thou shalt teach them the matters of the holy
Fol. 29 *b* theology which is full of the Holy | Spirit. Thou shalt give
ⲡⲋ them the holy seal which is in the Christ, and shalt baptize them in the Name of the Father, and of the Son, and of the Holy Spirit, the Holy Trinity in Unity, and Unity in the Holy and Consubstantial Trinity. And this shall be unto thee a praiseworthy act before the Christ Jesus and His holy angels.'

And Constantine the Emperor sent the epistle with haste to the Archbishop of Ephesus. And when the archbishop had received it he read it, and rejoiced exceedingly in the Holy Spirit because of the gift of God Almighty, and because of the conversion of the town to God through the supplication of the holy Archangel Michael. And straightway the archbishop took with him a deacon, and two presbyters, and a reader, and | three singers, and twelve 'labourers', and priests Fol. 30 *a* also. And he took with him everything necessary for the ⲡⲉ equipment of the baptistery and for the service of the altar, and a table of gold, and four vessels of silver which were plated with gold, and a censer of gold, and a napkin worked with fine gold, and some coverings made of pure silk, and the Four Gospels, and the Book of the Acts of the Apostles, and the Apostolic Epistles—in short, everything that was necessary for the service of the altar. And they prayed to God, and set out on the road joyfully.

And when they had drawn nigh to the city, [the arrival of] the archbishop was announced to the king. And the king and all the multitude of the city came out from it, and made obeisance to him, and they received a blessing at his hand, and the king himself received a blessing from the archbishop. | And when the archbishop saw John he straightway Fol. 30 *b* kissed him, and said unto him, 'Rightly shall the good tree ⲡⲋ which yieldeth fruit be in the paradise of delight.' And the king related to the archbishop everything that had happened through John and his brethren, saying, 'For the sake of this man and his brethren hath God had mercy upon us.' Wherefore the archbishop went into the city in great awe. And the king entreated him [to come], and he brought him into the palace, for as yet no church had been built in the city. And on the morrow the archbishop said unto the king, 'Before everything else let us build a church.' And the king said unto the archbishop, 'My father, there is a new site whereon we can build one. Come and inspect it, and if, peradventure, it be suitable thou canst build a church there.' And the archbishop | went with the king, and the archbishop Fol. 31 *a* approved [of the site] with the exception of the small walled ⲡⲍ building which was in the middle of it, and [the king] ordered it to be pulled down. And the king made the heralds to summon every man from every part of the city, and ordered them to assemble and to do work [on the church], whether archon, or rich man, or poor man, and even the king worked with his own hands; and they knew that they would receive their reward through the Christ. And by the Will of God the church was completed in twenty-six days, and the archbishop consecrated the shrine in the name of the holy Theotokos Mary.

And when the archbishop saw the great size of the multitude who wished to receive baptism, he said unto the king, 'Where shall we baptize this multitude?' For as yet no church with a bath for baptisms in it had been built in the
Fol. 3 city. And the exceedingly wise John | answered and said unto
ⲠⲎ the archbishop and the king, 'In the lake of water which is to the east of the city, for I tell you that it is suitable for this honour.' And straightway a voice came from heaven, and every one heard it, saying, 'This is ordained by God, O John, thou wise one, thou son of the Apostles.' And the archbishop and the king rejoiced greatly over what they had heard, and they made the heralds order all the people of the city to be gathered together to the lake of water to receive forgiveness for their sins. And the archbishop went to the lake of water, and he made ready everything according to the Canon of the Church. And afterwards he prayed over
Fol. 32 *a* the lake, and the deacon followed him, | doing everything
ⲠⲐ that was ordered in connection with the bath for baptisms. And a very great miracle took place at that moment, for when the archbishop came to the words of consecration the whole multitude heard a great choir of singers above the waters, and they repeated the words of consecration after the archbishop. And afterwards a voice cried out, saying, 'Whosoever receiveth baptism in this water shall receive at once the forgiveness of his sins.' And when the archbishop had finished the holy prayers he commanded that the whole multitude should hasten down to the lake, and should all receive baptism. And they all cried out, saying, 'We are

baptized in the Name of the Father, and of the Son, and of the Holy Spirit.'

And when the king and all the multitude had received baptism, the archbishop gave them | the Benediction, and they Fol. 32 *b*
assembled in the church. And the archbishop shaved the ⲝ̅
head of John and consecrated him bishop, and he also appointed his three brothers to be elders. And the king had a son whose name was Achillas, and him the archbishop appointed to be a deacon. And all the multitude rejoiced in the Lord, and they said, 'Behold and see this stranger who came to this city, and was considered to be a man of no importance whatsoever, and, lo, he is now sitting with the archbishop, and is, as it were, a father to all this multitude.' Then the archbishop made ready the Offering, and elevated the Offering upon the altar, and he presented it. | And the king and all the multitude marvelled Fol. 33 *a*
because they had never been accustomed to a ceremony of ⲝ̅ⲁ̅
this kind, and they had never seen zeal of this kind displayed. Now this was the first time the Offering was ever offered up in that country. And the archbishop administered the Sacrament to all the people, and he gave them the Benediction, and each departed to his own house. And the archbishop remained in that city for one month of days after this work, and he catechized the people daily, and taught them the whole Law of the Church; and after this he returned to his city in peace. And Gesanthos and all the multitude of the city glorified John and his brethren, and they progressed in the knowledge of the teaching (or, doctrine) of the Lord.

And within a few days the holy bishop John said unto the king, | 'Let us build a church in the name of the holy Fol. 33 *b*
Archangel Michael, because it is through his supplication that ⲝ̅ⲃ̅
we have all been saved.' And the king said unto him, 'Do whatsoever thou wishest, O my father, and we will hearken unto thee.' And the holy bishop John laid the foundation of a holy church, and all the people of the city rejoiced with him,

and they helped him in everything which he commanded them to do. And he finished the church, [and provided it] with everything with great zeal, and he put on its roof on the eighth day of the month. And the holy bishop John consecrated it in the name of the holy Archangel Michael, and the day of its dedication fell by chance upon the twelfth
Fol. 34 *a* ⲝ̅ⲅ̅ day of the month Hathor. And all the | people of the city assembled therein; moreover, the feast became unto them a double one, for the festival of its founding and of its dedication were celebrated on the same day in the new church. And after the dedication the holy bishop John went into the temple with the king, and with all the multitude of the city, and they overthrew it, and burnt the statue of Zeus with fire. And the demon who dwelt in the idol cried out, saying, 'Thou art afflicting me exceedingly, O John, [for] thou hast turned me out of my dwelling.' And the king made the people to build on the site of the temple a splendid church, and he made them to dedicate it in the name of the Twelve Apostles. And Saint John turned every one to the
Fol. 34 *b* ⲝ̅ⲇ̅ Orthodox Faith, and every one glorified | God through him. And when the Emperor Constantine had heard of everything which John had done, he glorified God exceedingly, and he wrote to him a letter, wherein he besought him to bless him and all his kingdom, and he addressed him in it as 'the new Daniel, the destroyer of idols'. And the country of Endikê praised Saint John the bishop all his days, because of the multitude of the miracles which God worked by his hands.

Ye see then, O my beloved, how great is the goodness of God, and how great is the boldness of the holy Archangel Michael, who cometh to every one who feareth God, and
Fol. 35 *a* ⲝ̅ⲉ̅ who keepeth His commandment. | For our father Daniel said, 'None standeth with me except Michael, our archon.'[1] And again, 'The angel of the Lord laid hold upon Ambakoum

[1] Dan. x. 21.

(Habakkuk), and brought him to Babylon and the food which was in his hand, and took him to the pit of lions, and he gave the food to Daniel.'[1] And again it saith in the Acts of the Apostles, 'The angel of the Lord opened the door of the prison by night, and brought Peter out.'[2] The holy Archangel Michael ministered unto each one of the martyrs until they completed their strife, and they departed to heaven in glory through the supplication of Michael. The sun riseth upon all the world through the supplication of Michael. The great spring of Edem (Eden) sent forth its waters into the Four Rivers through the supplication of Michael. The earth beareth its fruits through the supplication of Michael. | The Fol. 35 b
whole world was reconciled again to God [by Michael], and ⲝⲉ
he it is who delivereth every one from the snares of the Devil. We find the intercession of Michael in the strenuous work of our hands. We find the intercession of the archangel in the quietness of the oxen, and the growth of the lambs. We find the intercession of Michael in the growth of the wool of the sheep, and in the milk of the goats. We find the intercession of the archangel in the growth of all the fruits of the field. Through the intercession of Michael the trees bring forth their fruits. We find the intercession of Michael in the body of the vine and in the gladness [which is] in the wine. We find the intercession of Michael in the joy, and in the fatness, and in the savour of the olives. We find the intercession of Michael in the slumber of a man, and in his rest by night. We find the intercession of Michael | in the Fol. 36 a
winds which stir up the seas, from which he delivereth [men]. ⲝⲋ
We find the intercession of the archangel in the flight of the birds in the heavens, and in the motion of those upon the earth. We find the intercession of Michael in the union of holy matrimony, wherein men beget their children for blessing. We find the intercession of Michael in the war that destroyeth the ungodly, and establisheth peace, and delivereth

[1] Bel and the Dragon, vv. 23 ff. [2] Acts v. 19; xii. 7.

the righteous. We find the intercession of Michael in the midst of brethren [who live] together, and he is among them. We find the intercession of Michael among the ascetics in the desert (or, mountain), and it giveth them strength. We find the intercession of Michael in the assembly of the monks, and it at the same time acteth as a peace-maker. We find the intercession of the archangel
Fol. 36 *b* in the prayer of the bishops, and elders, | and deacons at the
ⲍⲏ holy table. We find the intercession of Michael in the voice of the readers and the leaders of the choir when they sing their hymns in church. We find the intercession of Michael when he is gentle towards those who are weary, and when he giveth them strength. We find the intercession of the archangel when he giveth help unto those who are vexed by processes in the law-court. We find the intercession of Michael when he giveth relief to those who suffer punishment. In short, he giveth strength to the living in their necessity, and as for the dead, he entreateth God at all times on their behalf that He will shew mercy upon them. For of all the righteous who are in the heavens, unto which of them did [not] the Archangel Michael go when they were in trouble and help them? And unto which of all the martyrs who are in heaven did not Michael go, and give them
Fol. 37 *a* strength, and deliver them from all their tribulations? | For
ⲍⲑ the archangel standeth by every one who crieth up to God with all his heart, and helpeth him.

Behold then, O my beloved, we know of a certainty of the love of God towards man, and of the loving-kindness (or, compassion) of the Archangel Michael for all mankind, and that he is a minister on their behalf before the Father, and that he causeth Him to shew mercy towards every one, and to make straight his ways. And as for us, let us, O my beloved, give unto him the things for which he wisheth, and let us make entreaty unto him by means of them, so that he may love us exceedingly, and may make intercession for us with God, and may let us live together in one fraternal bond. Let us keep our marriage bond holy and undefiled, and let there be no fornication whatsoever among us. Let there be no slanderous gossiping | on our lips, for it is a sharp spear, and it is a hateful thing before God. Fornication is death in poverty and a friend of the Devil. Fornication is a thing that is hated by the Christians, and it is an enemy unto God and His angels, and a friend of perdition. Consider the sons of Eli the priest; when once they loved fornication destruction came upon them.[1] Observe also the sons of King David; when once they loved fornication more than holy matrimony God cut them off, shortness of life laid hold upon them, and not one of them saw his children in Israel. Amnôn slept with his half-sister [Tamar], and Absalom slew him.[2] Similarly Absalom slept with | the concubines of his father, and God brought upon him a rebellion, and he died in the fight.[3] Adônias (Adonijah)[4] also made Abisats (Abishag), the Sômanite,[5] his father's wife, to be with child (?), and he died because of her. Fol. 37 *b* ō Fol. 38 *a* ōⲁ

Now therefore, O my beloved sons, let us cast forth from us all perverse ways, and let us be without impurity, and sin, and scandalous gossip. 'Holy matrimony never defiled [any] man.' Observe that Moses spake with God several times, and yet he had his wife and his children, and these did not hinder him from going into the darkness to speak unto God. But do not make us to multiply our words overmuch concerning these things, and let the witnesses of the Old and the New [Testaments] be sufficient for us. And further, let us bring to an end | our discourse on the Archangel Michael, whose festival we are celebrating this day. This festival to-day hath no need of the rich man who weareth splendid apparel, whilst the poor man hideth himself from the draught Fol. 38 *b* ōⲃ

[1] 1 Sam. ii. 12 ff.
[2] 2 Sam. xiii. 28.
[3] 2 Sam. xvi. 22; xviii. 15.
[4] 1 Kings i. 5; ii. 12 ff.
[5] 'Abishag the Shunammite,' 1 Kings ii. 17 (LXX) Ἀβεισὰ τὴν Σωμανεῖτιν.

of the door. This festival hath no need of the rich man who is sated with wine, whilst the poor man lacketh bread as he lieth in [his] quarter. This festival to-day hath no need of the person who eateth by himself in gladness, whilst the poor man in prison lacketh food. This festival to-day hath no need of the person who maketh merry and rejoiceth in his house by himself, whilst the poor man remaineth in his house with no man to visit him. These commandments are not of men, but of God. For God shall judge the whole
Fol. 39 *a* race of men | by the six commandments which are in the
ⲟ̅ⲉ̅ holy Gospels. Moreover, O my beloved, let us supplicate the holy Archangel Michael with a right heart, so that God may receive his prayers on our behalf, and so that He may forgive us the sins which we have committed in times past, and may give unto us restoration for the future. And now I see that the moment hath arrived for us to go and fulfil that which it is incumbent upon us to do, that is to say, [the offering up of] the Holy Offering. This we must do, and receive the Holy Mysteries, the Body and Blood of our Lord Jesus the Christ, to Whom be all glory, which is meet, and to the Father with Him, and to the Holy Spirit, life-giving and consubstantial, now, and always, and for ever and ever. Amen.

THE DISCOURSE OF CYRIL, ARCHBISHOP OF JERUSALEM, ON THE CROSS

(Brit. Mus. MS. Oriental, No. 6799)

THE DISCOURSE WHICH SAINT CYRIL, ARCH- Fol. 2 *a* 1
BISHOP OF JERUSALEM, PRONOUNCED CON- [ⲁ̄]
CERNING THE CROSS OF OUR LORD JESUS THE CHRIST, ON THE DAY OF ITS DISCOVERY, WHICH IS THE SEVENTEENTH DAY OF THE MONTH THOTH.[1] AND HE SPAKE ALSO ABOUT THE WORD WHICH THE LORD SPAKE IN THE LAW OF MOSES, 'CELEBRATE A FEAST TO ME THREE TIMES EACH YEAR'.[2] AND HE SPAKE ALSO ABOUT THE HONOUR OF THE CROSS, WHICH APPEARED ABOVE THE GRAVE OF THE SAVIOUR. AND HE SPAKE ALSO ABOUT ISAAC THE SAMARITAN, WHOM HE BAPTIZED. AND HE PRONOUNCED DISCOURSES IN THE SHRINE OF
THE RESURRECTION, | THAT IS TO SAY, SAINT Fol. 2 *a* 2
EIRÊNÊ. HE CELEBRATED THE FESTIVAL OF THE CROSS WITH ALL THE ORTHODOX PEOPLE, WHO WERE GATHERED TOGETHER INTO THE HOLY CHURCH. IN THE PEACE OF GOD. AMEN.

'THE Lord reigneth; let the earth rejoice; let the isles, which are many, be glad.[3] The Lord reigneth; He hath arrayed Himself in splendour. The Lord reigneth; He hath arrayed Himself in strength, He hath girded Himself therewith.[4] O [my] hearers, who love instruction, who love

[1] September 14.
[2] Exod. xxiii. 14, 17; Deut. xvi. 16.
[3] Ps. xcvii. 1.
[4] Ps. xciii. 1.

reasoning, and who love God, I observe that the understandings [of men] are different, each from the other, and even so is it in
Fol. 2 *b* 1 the case of the holy | Prophets. David, the father of the
ⲋ̄ Christ according to the flesh, said, 'The Lord reigneth; let the earth rejoice; and let the isles, which are many, be glad.' He spake also in the same spirit, saying, 'The Lord reigneth from the wood.'[1] For it is the Holy Spirit, Who spake by the mouths of all His Prophets, Who maketh Himself manifest, like the tongues of fire on the day of the holy Pentecost.[2]
Fol. 2 *b* 2 Moreover David, the righteous king, | saith, 'The Lord reigneth; let the nations rage furiously.'[3] O David, thou hymn-writer, only a little way back thou didst say, 'The Lord reigneth; let the earth rejoice,'[4] but thou dost not say 'rejoicing in all the earth'. And again thou dost speak, making a distinction between the islands and gladness and the tribulation of heart of the men who do what is evil. For wrath in a man is wont to bring in its train sorrow of heart. But simple readings will not delight the hearts of those who
Fol. 3 *a* 1 listen if | they do not find the interpretations thereof or that
ⲍ̄ which shall declare unto them the meanings thereof. And behold, we will invoke the Holy Spirit, Who is One and is the same as the Father and the Son, so that He may open the eyes of our hearts in order that we may be able to understand a few particulars of His true knowledge, which He spake by the mouth of His holy Prophets. Now I myself alone am not capable of doing this. We will, however, keep with joy the festival of the Cross together with all the orthodox
Fol. 3 *a* 2 people who | have assembled in this holy place this day from all parts of the country to glorify the Cross, and to worship and to bow down before Him Who ascended the Cross, our Saviour, Jesus the Christ, in order that He may permit all of us to enquire into His law and to understand His commandments.

[1] Ps. xcvi. 10, 12. [2] Acts ii. 3.
[3] Compare Ps. ii. 1; xlvi. 6; xcix. 1. [4] Ps. xcvii. 1.

Seeing that the Lord hath become King, we must know that He hath taken heed to time in order that He may manifestly become the King therein. Did not Daniel (*sic*) the prophet, the man | beloved, say, 'His kingdom is an ever- Fol. 3 *b* 1
lasting kingdom, and His sovereignty (or, dominion) is from ⲇ̅
generation to generation, and His power is from sea to sea, and from the river to the end of the world?'[1] And again, 'The Lord is the King of all the earth.'[2] And again, 'God is our King from everlasting.'[3] If thou wishest to know, O thou heretic who art a hater of God, that the Christ is the King of kings, hearken unto Matthew and Luke the Evangelists, who say, | 'When the Christ was born the Magi came Fol. 3 *b* 2
out from the place of the sunrise to Jerusalem, saying, Where is the King of the Jews Who hath been born? For we have seen His star in the place of the sunrise, and we have come to worship Him. And they presented great gifts unto Him as King.'[4] And if thou wishest to hear I will tell thee.

Now the case is like that of the king against whom a tyrant riseth up, wishing to have the mastery over him and his country. | The tyrant taketh captive his soldiers and slayeth Fol. 4 *a* 1
them, and he taketh his cities, and placeth them under his ⲉ̅
own rule, and maketh them pay him tribute. Then doth that king become exceedingly sorrowful because of all his host which another king hath carried away. And he taketh counsel with himself, saying, 'How can I possibly fight against this tyrant? For those who are in his power are turned into slaves of his, and they obey him.' If, however, this king go out to war, and fight against the tyrant, and conquer him, and seize the soldiers of his | host, and set all of them free Fol. 4 *a* 2
from the power of the tyrant who had carried them off into captivity, they (i.e. these soldiers) will blow blasts on their trumpets, and they shout joyfully that their own king hath delivered them, and that he hath become king over them

[1] Dan. vii. 27; Ps. lxxii. 8; cxlv. 13.
[2] Ps. xlvii. 2.
[3] Ps. xli. 13; cvi. 48; Hab. i. 12.
[4] Matt. ii. 1–11; Luke ii. 8.

once again. In times of old Sin had power and ruled in the world, and lawlessness transacted its business therein, and evil choked the lawful mastering influence, which was the mind. And the Tyrant led them all away captive, and slew them,
Fol. 4 *b* 1 and each | one did what seemed to be good in his own eyes;
ϛ̅ in short, the chatterings of the Devil were spread abroad over the whole world, and there was no one that resisted the Tyrant who did these things unto them. Now had they fled away they would have ceased to be under the yoke of that Tyrant, and they would have been saved, but they did not do so, and that which is written was fulfilled in them, saying, 'They forsook the fountain of the waters of life'[1]; and again, 'It was death that pastured them.'[2] Therefore the
Fol. 4 *b* 2 prophet cried out, | saying, 'Not him that saveth, and not him that delivereth—men cannot save them.'[3] For, for no men, whether it be those who have been crushed under the weight of poverty, or those who have been fettered by some disease (or, sickness), or those who have been ruined in the law-courts, can death make an excuse for everything which they have done, neither can the angels save them. For the angels are immaterial beings, and they have neither bones nor flesh, and they are immortal; and the ministers are flames of fire,[4] and they are slaves in the service of those who created
Fol. 5 *a* 1 them, and they are unable to set free those who are in | cap-
ⲍ̅ tivity. But if the Lord of the slaves wished to make them free He could make them so in the twinkling of His eye.

Furthermore, the King of the denizens of heaven and the beings of earth paid good heed to those who had been led away captive by the wicked Tyrant, that is to say, the wicked Devil, who had conquered the men who had performed his will. Thereupon the King of glory came forth from heaven, but He did not bring with Him great multitudes to enable

[1] Jer. ii. 13. [2] Compare Ps. xlix. 14.
[3] Compare Ps. xlix. 7. 8; Job xxxvi. 18, 19.
[4] Ps. civ. 4; Heb. i. 7.

Him to remove those who were captives from the hand of the wicked Tyrant in Amente. | He did not come in a form visible Fol. 5 *a* 2
to every one, or in great glory, but only in the glory of His Father, which He did not leave behind Him, and the Father did not wish to take it from Him. And He arrayed Himself in that humility wherewith He waged war against the wicked Devil, I mean to say the holy Flesh wherewith He clothed Himself, the Flesh wherein He arrayed Himself in accordance with His own desire, the Flesh which was not produced by human seed, and which did not make seed to proceed from it, the Flesh wherein was included everything with the exception of sin and guile. For He never committed sin, | neither was Fol. 5 *b* 1
guile found in [His] mouth. Inside the Flesh was God, and Η̄
outside it also. Inside was God, but man could not see Him. And outside He wrought great miracles and healings of all kinds. His hand that was stretched out raised the dead, that is to say, the son of the widow who was in Nain. Now on this occasion the dead man came to life again after he had been dead for a night, on the day following his death when they took him out to the tomb to bury him. He stretched out His hand of human flesh and God, and | ordered [the Fol. 5 *b* 2
bearers] to set down the bier whereon he was, and those who bore him stood still. And with one single word He raised him, and gave him to his mother, and she took him and departed to her house.[1] He danced for joy and blessed God, and she drew back from him, and gazed into his face, and marvelled. And crowds of people were running up to him uttering cries, and wishing to be sure that it was he. And the men and the women who had come forth [from the village] with him to follow him to the grave, according to the pagan custom, turned back before they decided to depart to their houses, and they did not return to their houses until Fol. 6 *a* 1
they had | seen the miracle which had happened. They saw Θ̄

[1] Luke vii. 11-15.

the winding sheet and the grave clothes, they handled him that had been dead, they mounted on the shoulders of men, and they departed into the city and became witnesses concerning things that were incredible. And when every one had seen the miracle they believed on Jesus the Christ.

Now when the Pharisees, and the scribes, and the elders of the people had heard of this, they were wroth with Jesus, because He who had given life unto them had raised the
Fol. 6 *a* 2 dead, and they | spake evil things concerning Him. Therefore was that which is written fulfilled in Him, 'The Lord is King! Let the nations rage furiously.'[1] The Lord is King! He hath raised the dead. The stupid Jews were wroth with Him, they wished to kill Him. The Lord is King! He drove away devils, He made Beelzebub to be a creature of contempt, He cast out the devils. The Lord is King! He cleansed the lepers. [The stupid Jews] were wroth with Him, and they wished to put Him to death because of Lazarus.[2]
Fol. 6 *b* 1 All the people went to see Him, and | they all believed in
ī Him. The Lord is King! He healed those who were paralysed.[3] The ungrateful were wroth with Him, and they called Him 'the son of Joseph the carpenter'.[4] And similarly the Devil and his demons are wroth with a sinner when he repenteth, even as they were in the present case of Isaac the Samaritan, who was a native of the village which is called Iôppê (Joppa). He heard a multitude of men in that place saying, 'Let us go into Jerusalem, and let us worship the
Fol. 6 *b* 2 Cross | of Jesus, for the festival draweth nigh'; now the Samaritan custom is for all men to take all their property with them. And Isaac the Samaritan also said unto his household, 'Saddle our beasts, load up our gold and silver [upon them], and let us take them to Jerusalem with the multitude which is departing thither. Let us go to the well

[1] Compare Ps. ii. 1.
[2] John xi. 14, 46, 53.
[3] Matt. ix. 2; Mark ii. 10; Luke v. 24.
[4] Matt. xiii. 55; Mark vi. 3.

of Gabaôn, and purify ourselves, and all our belongings. Let us go together with all the faithful who are going thither to the festival, so that the Lebarites may not fall upon us, and rob us of our possessions.' | Now this was the Fol. 7 *a* 1
custom of the Samaritan people: They used to take all their ⲓ̅ⲁ̅
possessions, from that of the highest value to that of the lowest, and sprinkle them over with the water [from this well], according to the desire of their evil hearts. If one of them died [on the road], or a woman who was pregnant resumed the way of women, [the kinsmen] when they arrived [at the water] used to wash them in it, because of the accursed (?) wish of their hearts. Besides these things, [Isaac] the Samaritan journeyed with the believers, and he wished to wash himself in the [waters of the] well which is in Gabaôn, and also all | his possessions. Now this is the well Fol. 7 *a* 2
by which Jesus (Joshua) the son of Naue (Nun) built an altar. When he had divided the land of promise among the children of Israel, he circumcised them at that place by the well.[1] Therefore the Samaritans say that whosoever shall wash in [the waters of] that well, or shall dip his feet or his possessions therein, shall never have need to wash them again. It maketh the sun to travel in his course, | and when Fol. 7 *b* 1
thou sayest, 'The sun hath set,' the darkness cometh upon ⲓ̅ⲃ̅
them immediately.

And the believers and the Samaritan came to a lake of water, and the believers went down to it in order that they might drink, and their children, and their beasts. And the Samaritan found water and he drank, and his men and his beasts did so according to their need (?). And the Samaritan said unto one of the Christians, 'It must be a vexatious (?) thing for you to have to go to Jerusalem to worship | a log of Fol. 7 *b* 2
dried up wood, whereon a man who was a prophet was put to death. It is not right to worship it, for through this ye and

[1] Compare Joshua v. 3–9

your children, and [your] beasts shall die of thirst, for God will be wroth with you, and will make the waters to become putrid.' And a certain God-loving presbyter whose name was Apa Bacchus heard these words; now he belonged to the Orthodox Faith, and he paid attention to the things which the Samaritan was saying, for he was uttering terrible blasphemies against the Holy Wood of the Cross of our Lord
Fol. 8 *a* 1 Jesus, the Christ. And Apa Bacchus answered and | said
ⲓⲉ unto the Samaritan, 'What is thy name, and of what place art thou a native?' And the Samaritan answered, 'Isaac is my name, and Moses and Joshua are they who gave to me the Law, and they spake from God. The Son of Mary was a Prophet of God Whom the Jews crucified because he abrogated the law of the Sabbath. God delivered Him over into their hands. He went up on a certain mountain, and it
Fol. 8 *a* 2 is not known what | became of Him. They seized other thieves and another man, one Jesus, who was also a prophet, and Him they put to death on the wood of the Cross. This is He Whom ye now receive. Of Him nothing is found, in vain do ye go to worship Him. And it is not seemly to worship the work of men's hands, nay, we must worship God alone, even as He spake unto our father Moses, for He gave unto him the Law, saying, 'Thou shalt not worship any strange god.'[1]

And when Apa Bacchus the presbyter had heard these
Fol. 8 *b* 1 things he was wroth | with a divine wrath, and he said unto
ⲓⲋ the Samaritan, 'The name which the Patriarch gave unto thee is good, but thy faith is vanity, and thou hast become diseased through thy sins. However, neither the name nor the apparel of a man can save him if he be not perfect in the Orthodox Faith. Verily I hold the pagans to be more blessed than thou, for they have no right knowledge whatsoever, and they have never read about the Creator-God as

[1] Compare Exod. xx. 3; Deut. v. 7; vi. 14.

thou hast done. Thou sayest, All the works which God hath created, and which the faithful receive with thanksgiving, are abominable to me. Hast thou never enquired, O Samaritan, or dost thou know what is written, "Everything which God hath created is good, and nothing is to be despised, and all are to be received with thanksgiving?"[1] O thou senseless Samaritan, we do not worship the Cross as God, but we bow down to it, and we glorify it because the Son of God glorified it, inasmuch as He | completed His Fol. 9 *a* 1
dispensation upon it. Hearken unto me, O Samaritan, and ιε
I will speak to thee. The serpent of brass which Moses made in the desert in days of old, and which was made manifest, was a marvellous thing, for it resembled a living serpent; and if one of the children of Israel came to the serpent of brass quickly when he was bitten by a serpent, and looked at it, he obtained relief. For ancient [writers] say that the serpents which God sent among the children of Israel were so deadly that | if a man were bitten by one of them Fol. 9 *a* 2
his limbs rotted away and fell from [him] little by little until his whole body perished. If then the serpent of brass, concerning which God spake to Moses, made the spitting serpent, that is to say, the viper, to be of no effect, shall not the wood of the Cross make to be of no effect the poison of the serpent of the mind, that is to say, the Devil, to which thou givest a place within thee? The wood of the Cross became a resting-place for my Lord Jesus, the Christ. He Who was the God of the wood of the Cross Himself went up on it | of His own Fol. 9 *b* 1
free will. He died for our sakes, for us sinful men. When ιϛ
the Lord bowed His head upon it, and yielded up His breath, according to the wish of His Good Father, it was the wood of the Cross that removed the "middle wall of partition"[2] which was between us and God, our Father, through His Only-begotten Son, Jesus the Christ, Who went up on it for us.

[1] 1 Tim. iv. 3. [2] Eph. ii. 14.

The ark which Noah made in days of old, according to the command of God, carried both men and beasts, which were saved from the waters of the Flood. But thou, O Cross, didst
Fol. 9 b 2 carry | Him Who commanded Noah to make the ark, and to gather together in it creatures of every kind, and food for their sustenance, like a good steward, and to give a remnant to the world. And again, O Cross, thou didst create a new world, when the blood of the spotless Lamb, the Christ Jesus, the Son of the Living God, was shed upon thee.'

And when Isaac the Samaritan had heard these things which Apa Bacchus was saying he marvelled, and spake unto
Fol. 10 a 1 him, saying, 'Behold, thou sayest that Moses | wrought
ιζ great miracles, and that he made powerless the spitting serpent[1] which used to kill those who were bitten by it. [Very well. Now tell me] what miracle the Cross ever did, so that I also may believe in it.' And Apa Bacchus answered and said unto him, 'O Isaac the Samaritan, thou hast neither seen Moses nor his miracles, and hast, in any case, only heard about him, [and yet thou believest in him]; if thou wert to
Fol. 10 a 2 see the power of the | Christ, wouldst thou believe on Him, and on His Holy Cross?' The Samaritan said unto him, 'Even if Moses and Joshua were to speak to me I should never believe in this wood of which thou speakest, unless I had seen some mighty deed performed by it.' And Apa Bacchus the presbyter answered, saying, 'Not for thy sake only will I perform this wonderful sign, but for the sake of this multitude of people who have come to worship the wood of the
Fol. 10 b 1 Holy Cross of our | Lord Jesus the Christ, so that they may
ιη not be offended like thyself, and I will pray to Him that went up on the Cross, and died for us of His own free will, and for our salvation.' And he prayed by the side of the lake, saying, 'O Thou Who didst make the rivers to flow with sweetness, so that men of every race might drink

[1] Num. xxi. 9.

thereof, O Thou Who didst make the sea to be bitter, and then didst cause the rivers to flow into it, whereupon it ceased to be bitter, and became salt, who is there, O Thou man-loving | God, that can comprehend Thy wisdom? For in the very beginning Thou didst gather together the floods and waters into one place, and Thou didst make firm the earth in the heart of the waters. Thou didst divide the waters and didst make them into three parts. One part Thou didst make the firmament, and another part Thou didst make the sea and the rivers, and the third part Thou didst place under the earth, and Thy foresight did make beneficent regulations for them. Thus in the countries which have no rivers Thy goodness gathereth together the rains, and those who have need of the water which is | under the earth will find it there. He who hath heard of Moses the Prophet [knoweth] that he made sweet the waters in Elim[1] that were in twelve wells. Thou didst shew him a certain kind of wood, that is to say, the wood of the Holy Cross. Thou art able to make these waters sweet, for unto Thee alone belongeth power over everything. Now therefore, O Lord my God, as Thou didst reveal this wood to Moses, so that every one who belonged to the people of Israel might believe, let now also Thy Name be glorified, even as Thou hast | been glorified by all Thy works. And let not the heathen say, Where is their God?'

Fol. 10 *b* 2

Fol. 11 *a* 1

ιθ

Fol. 11 *a* 2

And as Apa Bacchus was praying to God a voice came unto him, saying, 'He who believeth upon Me shall say to this mountain, Remove thyself to this place, and it shall move itself [there], and nothing shall be impossible for him that believeth.[2] For whosoever shall believe in the Cross shall be able to do these miracles, and he shall obtain whatsoever he seeketh; and whosoever receiveth Me receiveth Him that sent Me. | Now therefore, that for which thou hast asked Me shall be [given] unto thee, for the sake of the faith that is in

Fol. 11 *b* 1

κ

[1] Exod. xv. 23–7; Num. xxxiii. 9.

[2] Matt. xvii. 20; xxi. 21; Mark xi. 23.

thy heart. Whosoever layeth hold of perfect faith unto him belongeth everything.' Thereupon the holy man, Apa Bacchus, took two little pieces of wood, and tied them together in the form of the Holy Cross, and threw them into the lake of water, and cried out, saying, 'This lake hath Christ healed by His Cross, and the waters thereof shall be sweet from this time forth, and for ever and ever. Let every one who |
Fol. 11 *b* 2 believeth in the Cross of Christ drink thereof in faith. But let not those who are enemies of Christ, and who do not believe in Him or His Cross, drink of the water of this lake, for it shall [taste] to them like vinegar and bitter gall.'

And when Apa Bacchus had finished pronouncing these words he cried out to the multitude in the voice of the Gospel, 'Whosoever thirsteth let him come to me and drink,[1] and whosoever believeth in the Cross of Christ.' And a multitude of believers went to the lake, and took [water] from it, and they found it to be sweeter than honey, and exceedingly good. And when those who were pouring out (or, drawing) the water
Fol. 12 *a* 1 looked down into the lake, they discovered and saw | there
ⲕⲁ a little cross in the form of a torch of light, and they all cried out, 'One is the Christ Jesus and His glorious Cross.' And when the Samaritan heard these things he was afraid, and he did not wish to speak against the Cross again. And when the Samaritan was thirsty he went to drink water at his own watering place, and when he did not find any there he was greatly troubled in his mind, and he did not know what to do, for he and his men were consumed by thirst. And when he was suffering sorely from thirst, he rose up and
Fol. 12 *a* 2 went to the lake, he and his men, to draw | water to drink, and the Samaritan looked down into the lake, and he saw the similitude of a cross which was in the form of a torch of light. Then taking boldness to his heart, and casting fear from him, he drew some water from the lake and drank, and he found that it was like unto vinegar, and that it was bitter and was

[1] Isa. lv. 1; John vii. 37.

stinking. And the Samaritan cried out, 'Verily, the Christ and His Cross are not working miracles for us to-day.'

And straightway he went to the holy man, Apa Bacchus, and he said unto him, 'Take my possessions which I have brought on the road with me, and give them to the | poor, and Fol. 12 *b* 1
shew thou me the place of the wood of the Holy Cross, and ⲕ̄ⲃ̄
I will worship it.' And the presbyter said unto him, 'My son, money may not be taken for the gift of the Holy Spirit. Nevertheless, if thou wouldst become perfect, arise, go into Jerusalem, and seek out the holy place of the Resurrection. Go thou into the church there, and thou wilt find our father the bishop, and the orthodox believers assembled with him, for they are celebrating the festival of the Holy Cross, to-day being the day of the festival of the finding thereof. And when thou hast gone in he will instruct thee in the way of salvation, and thou shalt see | the power of the Christ and Fol. 12 *b* 2
of His Holy Cross.' Then the holy presbyter, wishing to strengthen the heart of the Samaritan, and to confirm him in the faith, made the Sign of the Cross over the waters which had been drawn from the lake, and which were as acid as vinegar, and straightway they became sweet, and [the Samaritan] and his men drank of them in faith. And a very great multitude of people came to the holy man, Apa Bacchus the presbyter, and received a blessing at his hands. And when the [Samaritan] saw the multitudes he was greatly afflicted, and he departed and hid himself, and then he came into Jerusalem. And the multitudes of people who were by the lake rose up and came to Jerusalem, and | Isaac the Fol. 13 *a* 1
Samaritan came with them, following after them with those ⲕ̄ⲅ̄
who formed his company.

We will [now] describe unto you a great miracle which took place, and which is worthy not to be passed over. Now certain men, who were round about the lake whereof we have been speaking, told us that the holy man, Apa Bacchus the presbyter, was praying over us, and when he ceased the water

which had been stinking and full of worms became sweet water. And they said, moreover, 'When Apa Bacchus had gone into the lake we saw with our own eyes the form of the Cross, which was like unto a fiery torch, and shone exceedingly |
Fol. 13 *a* 2 brightly.' And when the people had drunk they found the water exceedingly sweet, and they would never have known that the waters were at one time putrid had it not been that one of them knew how to read. He saw certain letters written upon a wall which was plastered with ashes, and there were written upon it letters which had been traced by the holy man, Apa Bacchus, thus: 'Concerning the matter of its waters. The Christ and His Holy Cross made them sweet, so that believing men might drink of the same freely, and with thanksgiving, and so that they might be unto them for healing. When, however, the enemies of the Christ, who believe neither in Him nor in His life-giving and saving |
Fol. 13 *b* 1 Cross, drink this water it shall become unto them as acid as
ⲕⲇ strong vinegar and bitter.' And when the believing men heard these things from the man who knew how to read letters they drew some of the water, and they drank, and they found it to be exceedingly sweet. And they marvelled when they saw the place of the Cross of light at the bottom of the lake; now it was like unto a torch of fire. And when those who were sick bathed themselves in the water they obtained
Fol. 13 *b* 2 relief. Now the lake was in the field of Pidôn, in | Diospolis.[1] And when those who were enemies of the Christ passed on to drink from the lake the water thereof became [in their mouths] like exceedingly strong acid, and it was to them putrid; but to those who confessed the Christ and who believed on His Holy Cross with all their hearts the water was sweet and cool. And because of this matter many pagans transferred themselves to the faith of the Christ, that is to say, through the appearance of the Cross which was visible to

[1] The pool, or lake, referred to is clearly the famous pool now called by the Arabs *'Ain ash-Shems,* at Heliopolis, near Cairo.

every one at the bottom of the lake, for it was shining brightly like a flame of fire. | And the very large number of believers from that district gathered themselves together, and they were all of the same mind, and they built a church close to that lake, and they called it the 'Similitude of the Cross'. And I, Cyril, the least of men, consecrated it, and the miracle which took place therein I myself saw with mine own eyes. And behold, I will tell you about it by the love of God. Now lest it should appear to you that we are forgetting the principal subjects [of our discourse], that is to say, the Cross of our Lord Christ, | and the verse which is written in the Psalms, 'The Lord is King; let the earth rejoice,'[1] and the words which God spake unto Moses, saying, 'Make ye to Me a feast three times every year,'[2] and also Isaac the Samaritan, whom I baptized, we will now finish our discourse on these subjects, and we will then bring it to a close, by the Will of God, to the glory of the Cross, the festival of which we are celebrating this day, and by Him Who went up on it, our Lord Jesus the Christ.

Fol. 14 a 1 ⲕⲉ

Fol. 14 a 2

And it came to pass that when Isaac the Samaritan had come | into Jerusalem he enquired at once for Cyril, my feeble self, and he was told by a deacon, 'Cyril is celebrating the festival in the shrine of the Resurrection, the festival of the Holy Cross.' And Isaac said, 'Wilt thou take me to him? I am not a Christian, but a Samaritan; I have, however, seen a great miracle in connection with the power of the Cross.' And the deacon came and told me, and I gave him permission to bring Isaac to me. And I said, 'Go, bring in the | wandering sheep, and take him into the church of the Christ, and let him hear the words of the catechism; and when his repentance is manifest to every one we will baptize him.' And the deacon went to Isaac and said unto him, 'Come into the church, and thou shalt see the might of the Holy Cross.'

Fol. 14 b 1 ⲕⲋ

Fol. 14 b 2

[1] Ps. xcvii. 1. [2] Exod. xxiii. 14.

And he put the men of his company into a certain part of the church, and he saw what made him greatly afraid, namely, a multitude of beings dressed in white. And he was terrified and seized with quaking, and he would most
Fol. 15 *a* 1 certainly have fled from the church if the | deacon had not
ⲕⲍ put courage into his heart, saying, 'Fear not, for the Christ shall receive thee to Him.' And he remained and listened to the passage that was being read, that is to say, the verse that we read in [the Book of] Ezekiel the Prophet (and the words were fulfilled in him), 'I do not desire the death of a sinner, but that he turn, and repent of his evil ways, and live.'[1] And again, 'There is joy in heaven over a sinner that repenteth.'[2]

And when he heard these things he drove fear out of himself, and his spirit exulted, and he hearkened to the word
Fol. 15 *a* 2 of God, and | he paid diligent attention to the words which he heard. And they burned within him like a fire, and they were as sharp as a sword, according to what the prophet spake, saying, 'The Lord spake unto me, saying, Behold, I have set my words in thy mouth like a fire, and my people like wood for the burning.'[3] Thus then do we complete the fundamental argument of our discourse on the verse which is written in the Psalms, 'The Lord is King; let the earth rejoice.'[4] The kingdom [is that of] the Only-begotten Son of God the Father, and of His great exaltedness. He arrayed
Fol. 15 *b* 1 Himself in humility, He came to us, | He humbled [His]
ⲕⲏ pride, [and He was] not like the sacrifice which is slaughtered straightway, but He was left bound until the appointed time of the Father. And when the appointed time for which He had come was fulfilled, according to His own free will, and according to the dispensation of the Will of His Father, [the Jews] crucified Him for our sake, and He died and rose from the dead. He despoiled Amente, He brought up therefrom

[1] Ezek. xviii. 32; xxxiii. 11.
[2] Luke xv. 7, 10.
[3] Jer. v. 14.
[4] Ps. xcvii. 1.

the [souls who were in] captivity, and departed with them to His Good Father, and sat down upon the glorious throne on the right hand of His Father. And the hosts of heaven cried out, saying, 'The Lord is King, from the trees of the | wood Fol. 15 b 2 . . . . Let the heavens be glad, let the earth be glad, for He hath had mercy on His people, and hath redeemed their captivity. The Lord is King. He hath put on strength, He hath girded it on,'[1] that is to say, the flesh which He took from the holy Virgin Mary, and which she put on Him. And she became one with Him in His Godhead. He went up into heaven, He sat down at the right hand of His Father upon the throne of His glory, He created a thing of might, He bound Himself to it, that is to say, the wood of the Holy Cross, and He loaded Himself therewith, and took it up with Him into heaven. And He will bring it again with Him at His second coming | when Fol. 16 a 1 He shall come to judge those who are living and those who ΚΘ are dead.[2] The righteous and the sinners, [and] those who have believed in the Cross, shall see [it] going before Him, and the angels carrying along the Cross like the standard-bearers of an army.

But some one will say unto me, 'Why did they crucify Him, and bring the Cross to the place of giving judgement? Why did they bring Him?' [They did so] because of the stupid Jews, and because of every one who did not believe in the Cross of Jesus, and in order that they might not think that He was different from Him that would come as a judge to judge those who were living and those who were dead. For He shall come in the glory of His Father, and with His angels, and He shall display the Symbol of | the Fol. 16 a 2 Cross of heaven (?), that Cross which is the hope of every one who shall be sealed therewith. To sum up the matter: Baptism is incomplete without [the Sign of] the Cross. And

[1] Ps. lxxxv. 1; xciii. 1; xcvi. 6, 12. [2] Acts x. 42; 2 Tim. iv. 1.

doth not the priest make the Sign of the Cross over the vessel of baptism with his finger? Otherwise it would lack the Holy Spirit. It is the Cross wherewith demons and unclean spirits are driven away, and when the Sign of the Cross is made against them they flee from (?) the Holy Life; it is the pledge of the kingdom which is in the heavens.

Now observe, O my sons and daughters, that the hour is far advanced. And I observe also the multitude of people who have come to the festival, wishing to hear the word of God in purity, and to celebrate the festival, for the Lord said, |
Fol. 16 *b* 1 'Make three seasons [of the year] festivals to Me,' that is
ⲗ̄ to say, 'Make a festival to Me three times.' On the fourteenth day of the new month, which is Parmoute,[1] God commanded Moses to cause to be slain a sheep, perfect in every respect and a full year old, and to smear the doorposts of their houses [with the blood], so that the destroyer might not destroy their first-born.[2] And for us also who are Christians a spotless Lamb hath been slain for us, Christ Jesus the Lord, to Whom the true lamb, Mary, the spotless Virgin, gave birth. For He was slain upon the Cross on the fourteenth |
Fol. 16 *b* 2 day of the new month, and He was slain upon the rock of stone, Golgotha,[3] that is to say, 'the place of a skull'.[4] And they pierced His right side, and blood and water came out. On what was His Blood poured out? Behold, it was shed on a rock of stone, on Golgotha, and that Blood shall never disappear until the end of the world, and that Blood shall be a mark of shame for the Jews, and of disgrace for the people. And we Christians take that Blood and shed it on the doorposts of our houses, that is to say, on our mouths, and on our lips. And when we have received His perfect Blood, and

[1] April 9. [2] Exod. xii. 1–13.

[3] Heb. גֻּלְגֹּלֶת, Chald. גֻּלְגַּלְתָּא, Ar. جلجلة.

[4] The skull referred to is said to be that of Adam, whose bones were buried in this place by Melchizedek, الموضع الذى دفن فيه ملكيزاداق عظام ادم. See Bar Bahlûl, ed. Duval, col. 448.

have drunk thereof, | we eat His Flesh, and we are safe from destruction, and we trample upon the Devil and all his evil thoughts. Fol. 17 *a* 1 ⲗ̅ⲁ̅

Where did they lay the Body of the Lord? They laid it in a tomb, which was in the place wherein we celebrate the festival this day. And who was it that raised Him from the dead? No man is able to find out this matter, nor doth any one know it, except the Father alone, Who raised Him up from the dead. For it saith in the Book of Psalms, 'The Lord hath risen like a man who hath been asleep, and like a warrior who hath been | drunk with wine.'[1] Who was the Fol. 17 *a* 2 first person to meet Him, or unto whom did He shew Himself except Mary the Magdalene, the Mary who was the sister of His mother, who conceived Him without [the help of] a man, and brought Him forth without birth pangs, and reared Him without anxiety and pain? For a period of forty days He appeared unto the Apostles eating and drinking with them. And afterwards He addressed them, and spake unto them, saying, 'Go ye forth into all the world, teach ye all the heathen, and baptize them in the Name of the Father, and of the Son, and of the Holy Spirit.'[2] | And He promised to Fol. 17 *b* 1 ⲗ̅ⲃ̅ them straightway the Spirit, the Comforter,[3] after the holy Pentecost.

As concerning the season of which God spake unto Moses, saying, 'Thou shalt rejoice therein, and thy wife, and thy son, and thy servant, and thy cattle, and thy servants whom thou hast bought for money, and everything which is thine,'[4] this season is for us the seventh festival, that is the festival of Pentecost, which is the first day [of the week] whereon the Spirit came upon the Apostles. For as the diligent husbandman is wont to go into his field, and to cleanse it, and to pluck up the thistles and the tares, which have taken root therein, | and afterwards to sow it with seed with a generous Fol. 17 *b* 2

[1] Ps. lxxviii. 65.
[2] Matt. xxviii. 19.
[3] John xiv. 26.
[4] Deut. xvi. 14.

hand, and to plough it with a plough, and as the diligent husbandman also considereth the weather at that season of the year, and whether rain will be likely to fall on the seed and make it to sprout vigorously, and whether the seed will become a good crop through the wind and the dew which shall come upon it from heaven through God, even so did our Lord Jesus the Christ act towards the holy men, that is to say, towards our Fathers the Apostles. He cleansed them from every defilement, and from every kind of guile, up to the time of the holy Pentecost, wherein He sent upon them the Paraclete, the Holy Spirit, the Spirit of truth, and He filled
Fol. 18 *a* 1 them with all knowledge, and they spake | with divers tongues,[1]
ⲗⲉ which they knew not, and they performed mighty deeds and miracles, and they brought forth the things which belonged unto the Lord, some a hundredfold, some sixtyfold, and some thirtyfold. This now is the season wherein we keep the festival according to the command of the Lord, not with over-eating and not with excess of wine and merriment, but with partakings of the Sacrament, and with the singing of psalms and hymns, saying, 'Let us come out openly, and let us sing psalms unto Him joyfully; for He is our God, and we are His people.'[2]

And when He had gone up to His Father, and had seated Himself on His right hand, [the angels] cried out, saying, |
Fol. 18 *a* 2 'The Lord is King over all the heathen, the Holy God sitteth upon His Holy Throne.'

Now the Lord said unto Moses, 'Make a feast to Me three times each year.'[3] Which then of your festivals is the greatest to-day, O my beloved? [Is it not] this which taketh place in the first month of each year, that is to say, the festival of the Manifestation of the Cross? And we will now make the matter clear to you, and shew you why we celebrate the festival of the Holy Cross to-day. Now the

[1] Acts ii. 4; x. 46; xix. 6. [2] Ps. c. 2, 3. [3] Exod. xxiii. 14.

Jews lied concerning the Resurrection of the Lord, and they said, 'He did not rise from the dead, but His disciples came by night and carried Him away secretly whilst we were sleeping.'[1] And | it was their intention to conceal the glory Fol. 18 *b* 1
of the Cross, according to the representations of Irenaeus, ϫ̅ϫ̅
and Josephus, and Philemon on the authority of Hebrew writers, because of the wrath of the Jews against the disciples of our Lord and the Cross of our Lord. And there was very great wickedness in the hearts of the Jews, who crucified the Lord upon the wood of the Holy Cross, and they wished to burn the Cross after the Lord had risen from the dead. Now the wood of the Cross was fixed in the ground, in the place where they had crucified the Lord upon it. And when, little by little, a tumult [had arisen]—now the disciples | hid themselves because of the fear of the Jews— Fol. 18 *b* 2
Joseph of Arimathea rose up, and came to Nicodemus, and said unto him, 'Behold, the Jews, and the chief priests, and the other [members] of the Sanhedrim are taking counsel together, saying, Let us burn the Cross. Now therefore, let us take it and hide it, so that they may not be able to carry into effect what they are planning.' And the two men rose up, and came to the 'Skull' by night, and they found the holy wood of the Cross of Jesus and the superscription which Pilate affixed thereto. And there were nails that were standing in it, that is to say, the nails that had been driven into the body of the Lord, and through His | hands and His Fol. 19 *a* 1
feet, and they hid them, and also those of the thieves, for ⲗ̅ⲉ̅
they could not [carry them away], because of [their] fear of the Jews. And Joseph said unto Nicodemus, 'Let us cut the wood of the Cross off close to the base, and carry the Cross away together with the [other] crosses, and place them in the tomb, in the place where they laid the body of the Lord; for the tomb is mine, and I have never laid in it any

[1] Matt. xxvii. 64; xxviii. 13.

other body except the body of Jesus, and behold, He hath risen from the dead.' And they did according to these words, and they took [the crosses] into the tomb, which was hard by the place where they had crucified Jesus; and they
Fol. 19 a 2 rolled | a stone before the mouth of the tomb and departed, and no man knew what they had done for a very long time. Now the disciples used to go into the tomb daily, and they prayed there by night secretly. And they used to carry thither the sick, who received healing through Jesus and His Holy Cross. And when the devils who had taken up their abode in men approached the tomb they used to cry out, saying, 'Jesus laid a penalty on us in the flesh. And now that they have crucified Him the wood of the Cross continueth His work in the tomb, and inflicteth suffering upon us, and casteth us out from the bodies wherein we have sojourned.'

Fol. 19 b 1 Hear, moreover, another great miracle which our | lords
ⲗⲉ fathers the ancients have related unto us. A certain man who was a Jew used to live in Jerusalem in the old days, and he was exceedingly rich, and his name was Kleopa. He suffered cruelly from gout, and he was never able to walk upon his own feet, and he was wholly unable to mount a beast to ride, and he was always carried about on a litter; and [his servants] used to wash him, and carry him whithersoever he wished to go. And that man had not entered into the counsels of the lawless Jews who crucified the Lord of glory for our sakes, and he commanded his slaves, saying, 'Take no part with these lawless Jews who wish to put to |
Fol. 19 b 2 death Jesus the Nazarene through jealousy and envy, for I know that He is the Son of God, according to the prophecy of our Fathers the Prophets, and that Mary, our sister, conceived Him by the Holy Spirit. Now this Mary is the daughter of Kleopa, who is surnamed Joachim, the brother of my father, and I believe that she never knew man, and that it was the Holy Spirit Who came upon her,

according to the voice of the archangel.' And this righteous man, that is to say, Kleopa, had an only son whose name was Rufus, and who was grievously sick of a fatal disease. And when only a few days remained | before Rufus would Fol. 20 *a* 1
die, Kleopa called his slaves, and said unto them, 'Get ye ⲗ̅ⲍ̅
a stone-mason, who can hew stone, and let him hew a tomb for my son in the rock near the tomb of Jesus the Nazarene. There will I bury my son, and when I die do ye bury me in it.' And they did according to his word, and prepared the tomb. I have made to live Rufus, the son of Kleopa.[1]

And it came to pass that after two days Rufus died. Now the day on which he died was the Sabbath, and Kleopa did not wish to take his body out to the tomb [on that day], so that the Sabbath might not be profaned. And on the morrow, which was the first day of the week, | they took Fol. 20 *a* 2
the body to the tomb upon a bier. And his father put himself on a litter (?) and they lifted him up, and carried him out with the body, and he kept close to it, and wept for his son with very bitter sorrow. And when they had arrived at the tomb of Jesus, they set down the body of Rufus on the ground, and they placed his father by the tomb of Jesus. And Kleopa was sorrowing for his son, and he wept and cried out, saying, 'O my beloved son, would that these were the days when Jesus the Nazarene, Who raised the dead, was on the earth, for then I would have gone to Him, and made entreaty to Him, and He would have raised thee up for me. For He raised up others, | and they are in the body with us Fol. 20 *b* 1
to-day. He raised up Anna,[2] the daughter of Jairus, the ⲗ̅ⲏ̅
chief of the synagogue, thy mother's brother, and behold, she also is in the body this day. He raised up Lazarus[3] our brother from the dead. If, however, it be His will, may the Lord Jesus receive thee into His kingdom for ever.'

And Kleopa said these words to the Christ Jesus in great

[1] Either some words are omitted or this sentence is out of place.
[2] Mark v. 22, 42; Luke viii. 41. [3] John xi. 44.

faith. And straightway a strong, sweet odour came forth from the tomb of Jesus, and Kleopa saw with his own eyes the form of a Cross of light that proceeded from the tomb, and rested on the bier of the dead man; and straightway the dead
Fol. 20 *b* 2 man | rose and sat up. And when his father saw that his son had risen and sat up, he leaped up in the joy of his heart, and stood upon his feet, and became like a man who had never been ill at all. And a mighty fear seized upon those Jews who were walking with him, for they saw the dead man sitting up, and his father, who had been sick of the gout, rushing about from one place to another. And they removed the grave-clothes [from Rufus his son], and they dressed him [in others], and he rose up and stood in their midst. And the Jews said unto him, 'Who is it that raised thee up?' And he said unto them, 'It was a Man of light
Fol. 21 *a* 1 Who came forth | from the tomb bearing a Cross of light,
ⲗ̅ⲑ̅ and He stood over me, and raised me up, and I have come to life once again, even as ye see.' And they said unto Kleopa, 'By what means art thou able to walk? Who healed thee?' And Kleopa answered with great joy, saying, 'He Who hath raised up my son, who had been dead for two days, He it is Who hath healed me.' And he took hold of his son's hand, and went with him into the city with great joy, and they blessed God and His Only-begotten Son Jesus the Christ, our Lord, and they cried out, saying, 'Great is Thy power,
Fol. 21 *a* 2 O Jesus the Nazarene, for Thou hast put | Thy power into Thy Holy Cross, which giveth life unto those who believe in Him. In the place of grief Thou hast given unto me twofold joy and gladness, and the resurrection of my son, and the healing that hath come to me.'

And when all the people heard what had happened unto them they marvelled, saying, 'Kleopa hath recovered from the disease from which he suffered, and his son hath been raised up from the dead.' And they brought to Kleopa the widows and the orphans, and he provided full meals for them,

and he distributed among them much money, and on the morrow he made his slaves free men. And he and his son went to the Apostles, and together with all his household received | baptism in the Name of the Father, and of the Son, Fol. 21 *b* 1
and of the Holy Spirit, and they became excellent disciples, ⲙ̅
and they preached the Christ and His Cross. And when the Jews saw the miracle which had taken place they believed on the Christ Jesus.

Now when the scribes and the Pharisees heard of the great miracle which had taken place at the tomb of Jesus they said, 'Let us burn it with fire.' And the chiefs of the synagogue and the Jews said unto the high priests, 'Let the fire seize it [if ye wish], but rather let the Jews | defile the place with Fol. 21 *b* 2
their filth, so that the tomb may nevermore be had in remembrance.' And this counsel was pleasing unto them all, and a proclamation was sent out through the whole city of Jerusalem, saying, 'Let men and women, when they clear out the dung from their houses, and from their workshops and stables, bring it every day, and cast it on the tomb of this deceiver Jesus. Whosoever shall be found not doing this shall be expelled from the synagogue and shall be fined a drachma of copper.' And this decision was promulgated throughout all Jerusalem, and the people were in the habit of carrying out their dung every day until the time of the Emperor | Vespasian, who laid waste Jerusalem. And up to Fol. 22 *a* 1
the time of his coming against all the Jews they did not ⲙ̅ⲁ̅
cease to do thus, according to the descriptions of Josephus, and Irenaeus, and other historiographer[s]. And the gate of light was defiled (?)[1] from that time until [the coming of] Vespasian, so that there was a vast mass of dung over the grave of Jesus, which was brought thither from the whole city. Now Vespasian brought great destruction upon the Jews. He slew thirty thousand of them, and he banished

[1] Rendering very doubtful.

three thousand to Egypt, and he wrote to Ptolemy, the
Fol. 22 *a* 2 Governor of Ekeptia,[1] | saying, 'Thou shalt not permit the Jews to possess any freedom whatsoever in the country of Egypt. Thou shalt neither permit them to traffic in things which are slain for sacrifice nor shalt thou permit them to have control over the milk and the wine. They shall have no control whatsoever over the oil-presses, and the wine-presses, and the threshing-floors, and the places wherein field produce is sold. But let them do the work of watering and tending the cattle in the country of Egypt, until they have gotten it all out of your hands.'

And the Egyptians afflicted the Jews severely, and they reduced them to a state of misery, which was worse than that wherein they suffered under the ancestors of the Egyptians in days of old under Pharaoh, when they were the bond-slaves of the Egyptians. If a young man encountered ten strong men of the Hebrews, even though they were not doing
Fol. 22 *b* 1 any harm to him, they would cry out to him | to spare them;
ⲙ̅ⲃ̅ to this degree had God humbled them because of the arrogant wickedness which [they] had committed towards Him. Moreover, the whole of that generation which had crucified the Lord of glory came near to perish utterly, for they were slain by kings, and God also brought pestilences and famines upon them because of their sins. And the rest [of the Jews] who were left in Jerusalem forgot the custom of their fathers, and did not shoot out dung on the tomb again. And there was a very large quantity of dung on the tomb of Jesus, and on Golgotha; so great was it that no man remembered that the tomb was there. Moreover, men called the heap of dung |
Fol. 22 *b* 2 the 'Skull of Jesus', that is to say, 'Golgotha'. And the Devil was pleased with this, saying, 'I will remove the remembrance of the Cross from among those who were followers

[1] The Coptic equivalent of Ḥe-t ka Ptaḥ-t 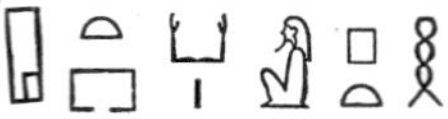
, i.e. 'temple of the double of Ptaḥ,' one of the names of Memphis.

(or, ministers) of Jesus.' Assuredly the Devil did not know that the Cross would very surely receive glory from kings, and from all those who believed upon Jesus, and that those kings would close the doors of the temples.

And even though these people were the instruments (or, tools) of the Devil, who wished to hide the Cross, they were not able to hide it either partially or wholly. For the Cross was graven in the hearts of the faithful, and they all remembered it as if it were an *eikon*, and they contemplated | it as Fol. 23 *a* 1
if it were an *eikon*; and if it were hidden for a short time ⲙ̅ⲅ̅
they awaited [its reappearance]. But it was like unto the sun in its strength, which setteth in the evening, and sheweth itself during the day. It was like unto a bridegroom who cometh forth from his marriage chamber; even so was the Cross. The Jews hid it because of their wicked jealousy of the Lord Jesus the Christ, but it made its appearance again, being more splendid than ever, and it beautifieth the altar and the sacrifice. It is the Cross that strengtheneth the God-loving kings, and they mount it on their crowns, and they set it on the | golden sceptres in their hands. The Cross is Fol. 23 *a* 2
sculptured in the royal palace, and men set it up by the roadside. It is raised upon pillars and upon the corners of houses, so that it may be strength [for those who dwell therein], and for every one who passeth by. The Cross is also [found] on ships, and it delivereth them from storms and violent gales. It is in the coenobium of kings, and it giveth grace unto them; and [the mark of] the Holy Cross is prefixed to the documents of every kind that are written under their orders. Hail, thou strength and object of boasting of the Christians and the believing people! | Nothing Fol. 23 *b* 1
is done in the world without the Cross. No church is built ⲙ̅ⲇ̅
without the Cross. No altar is dedicated without the Cross. No Sacrifice is offered up without the Cross. No bishop or member of the clergy is ordained without the Cross. None is baptized without the Cross, for those who are baptized are

sealed with the Sign of the Cross at the baptismal vessel. Whosoever hath the Cross with him hath a great help near him. For the Cross putteth a bridle on littleness of heart (i. e. depression), and the Sign thereof maketh anger to disappear, and it giveth tranquillity in the place of wrath at the [holy] Table.

Fol. 23 *b* 2 As for believers, | the Cross blesseth their food through those who make the Sign over it. It is present at dinners (or, suppers), and with those who drink wine with joy. The Cross destroyeth the infidel enemies of the Cross, even as it destroyed Diocletian, and made him blind in both his eyes, and left him without strength; moreover, it became an exceedingly bitter enemy to him. And the Cross destroyed also Maximinianus, whose body suffered putrefaction whilst he was still alive, and whose tongue rotted in his mouth, because he had blasphemed the Cross. And again the Cross destroyed Julian the Apostate, because he forsook Jesus. And
Fol. 24 *a* 1 that apostate became a horn of the Devil | before Antichrist.
ⲙⲉ He reviled the Holy Scriptures on which he had meditated very many times, and which he had recited with his mouth, which deserveth to be stopped for ever, and with his tongue, which deserveth to be cut out, because he read them and then reviled them. Verily he neither read them [with seriousness] nor understood them. For if he had known their meaning he would have glorified the object of praise of the Christians, that is to say, the Cross, and he would not have died an evil death. For he made himself an enemy of the Holy Cross whilst he was alive, and for this reason [he drank] waters other than those wherewith men are wont to slake their thirst, and this lawless man died through thirst.
Fol. 24 *a* 2 Now he drank the urine | of horses, and made himself mad (?). And his body was not worthy of a tomb, and it was not worth preparing for burial, and it was even as that of a poor man, since he made himself an enemy of the Holy Cross. Therefore let us not make ourselves love those who do works of this

kind, lest we inherit their destruction. Let us not make ourselves enemies of the Cross, so that those things which happened to the Jews may not befall us. For those who defiled the wood of the Cross, wishing to hide it, slew their children with their own hands, and they devoured their own flesh, because of the great hunger which was sent upon them by the God of truth, Jesus the Christ, | our Lord, in return Fol. 24 *b* 1
for the impudent and wicked act which they committed ⲙⲉ
against Him when they crucified Him.

And again, they wished to hide His Holy Cross, according to what Josephus and Irenaeus, who report Hebrew tradition, have said in their histories of ancient things and times concerning the events that happened to the Jews. O brethren, far be it from us to make ourselves unbelievers in the Christ and in His Holy Cross, lest all these evils come upon us, for great is the might of the Cross. And I dare to say concerning the father of all mankind, Adam (and concerning all his sons, that is to say, ourselves), whom God | formed in His Fol. 24 *b* 2
own image and likeness, that if Adam was the image and the likeness of God, according to the Scriptures, with the exception of the [death on the] Cross, the whole of him was God the Word. When [Jesus] spread out His hands on the Holy Cross, He was of the same type as Adam, until He delivered us from our sins. And we who have believed in Him are of the same type as He when we spread out our hands in prayer. Finally, let us make ourselves to resemble our orthodox Fathers, who have gone to their rest, glorifying the Cross which giveth salvation.

I will now declare unto you | the principal object [of my Fol. 25 *a* 1
discourse], especially as God hath acted graciously towards ⲙⲋ
us through Constantine, the God-loving Emperor, who rose like a bright and shining star, and who rose upon us from heaven. Now this Emperor Constantine was sprung from a stock that loved God exceedingly, and because of this the Christ gave him glory through His Holy Cross, and He

guided him through every country, and through every war until the day of his death. Constantine adorned the Church with every kind of royal adornment, and he placed his hope
Fol. 25 *a* 2 in God the Christ Jesus, and in | His Holy Cross. And he continued to cling to Him with a firm faith, and he caused the doors of the temples of those who worshipped idols to be closed. He bestowed great honours on the orthodox Fathers the Bishops, and great benefactions on the holy churches in every country that was in subjection unto him; and Constantine, who glorified the Holy Cross, made their enemies to disappear, and suppressed them. Now this Constantine knew nothing about the Cross at first, because of the numerous kinds of idolatry which had spread throughout every country with the help of the apostate Emperors Diocletian and
Fol. 25 *b* 1 Maximinianus. Constantine was | descended from parents who
ⲗⲏ were righteous men and Christians, and under their influence he became like unto them; and he shone like a bright and shining light upon those who were in the whole earth. Because of his skill in the art of the physician, and his knowledge, and his strength, every one was eager to see him. He suppressed idolatry of every kind, and for this reason Diocletian loved him, and delivered over into his hands the whole administration of his kingdom, for he was his equal as an Emperor, and was of the race of the old Roman Emperors. And he was such a mighty man of war that, in every war which he
Fol. 25 *b* 2 undertook, God humbled [his adversaries] | before him, for He loved him.

And it came to pass on a certain day that the God-loving Emperor Constantine was, during his early manhood, engaged in fighting the Persians in a place which is called Kallamakh. Now the Persian host was very numerous, for they had hired seven other nations to join them and to give them assistance, and they said, 'We will take all the countries of the Roman Empire, and we will subdue their people with them.' And they made bridges (? pontoons) in the ships so that they

might cross the river on the morrow. And they said, 'We will kill Constantine, the general | of the army, who hath Fol. 26 *a* 1
laid waste our country, and we will go into Antioch, and ⲙ̅ⲑ̅
seize the Emperor, and all his possessions, and take all the captives who are there.' And Constantine was afflicted in his spirit, and he said, 'Who is there that hath power sufficient to do battle with this host of nations?' And when he rose up he sent a message to the Persians, saying, 'Let us not fight against each other until we and our hosts are overthrown. If we are not strong enough to fight you [successfully], we will abandon our country to you, and we will go away.' Thereupon the Persians rejoiced, because they believed that Constantine was faint-hearted. | And Fol. 26 *a* 2
Constantine went to his bed that night with his heart sad within him. And slumber fled from him, and his eyes were staring up into the sky, and he was thinking deeply because of the sore sorrow which was upon him. And he saw among the stars a Cross of light, and there was an inscription written upon it in Greek (Roman) letters, and he read the inscription which was written thus: 'Constantine, through this sign thou shalt conquer those who are fighting against thee. Seek thou the God of thy fathers, and thou shalt find Him.'

And when he rose up in the morning he was marvelling and saying, 'Unto which God doth this sign belong?' And he caused the priests to be called | and the chiefs of all Fol. 26 *b* 1
the Government, and he asked them about the sign which [ⲛ̅]
he had seen, saying, 'Unto which God doth this sign belong?' And some of them said unto him, 'Assuredly it belongeth to Phiblarion, the conqueror and disposer of battles, who hath appeared unto thee to give thee the victory; therefore let us pour out libations unto him.' And others said, 'It belongeth to Herakles, and we must pour out libations unto him. It is he who wisheth to give thee victory in the war.' Now Constantine did not know what he ought to do. He was a Christian, and the son of a Christian, and yet he did

Fol. 26 *b* 2 not know the Sign (or, symbol) | of the Cross, because at that
time no church was being built, and the Cross was as yet
unknown [to him], because it was the period wherein they
were pulling down churches. Now Constantine was born
during a time of persecution, and he and his parents went
to Christ secretly. And whilst the noble Constantine was
meditating upon these things, a certain soldier, who was
a mighty man of war and a believer in God, and whose name
was Eusignius, and who was very honest—now he did not
declare himself openly because it was the time of persecution—
this man, I say, went unto Constantine, and said unto him
Fol. 27 *a* 1 secretly, | 'My lord, hearken unto the word of thy servant.
ⲛⲁ The sign which thou didst see in the sky doth not belong
unto any one of the gods of the Emperor Diocletian, but it
belongeth to Jesus, the Christ, the Son of the Living God.
He came down into this world, and took flesh in Mary, the
holy Virgin, and became the selfsame flesh and Godhead.
He lived for thirty-three years, and He did everything which
men do in the same manner as ourselves, with the exception
of committing sin. He effected very many cures, He raised
Fol. 27 *a* 2 the dead, to the blind He gave the | light, He cast out the
devils, He cleansed the lepers, and He healed those who were
sick of the palsy. In short, His miracles and the mighty
works which He did upon earth are innumerable. The godless
Jews were jealous of Him, and they rose up against Him.
They bound Him, they delivered Him over into the hand of
Pilate the governor, who ruled over Palestine for Tiberius,
and when he found in Him no offence [which merited] death
he wished to set Him free. And the Jews were wroth [at this],
and they rose in rebellion, and against his free will he delivered
Fol. 27 *b* 1 Him over into their hands, and they did unto Him | according
ⲛⲃ to their wish. And the Jews took Jesus, and they raised
Him up on the wood of the Cross, and they crucified Him
along with two thieves, and He died upon the Cross. And
they brought Him down, and they laid Him in a tomb, and

He rose on His third day, according to the Scriptures. He went up into heaven, He sat down at the right hand of God, and He shall come to judge the living and the dead. This sign which thou hast seen in the sky bringeth His heart (?).'

And when Constantine had heard these things from Eusignius he said, 'Shall not then this sign which I have seen give me victory? I believe | in it, because that same Jesus Fol. 27 *b* 2
is the God of my fathers.' And straightway Constantine took his good spear, and fixed upon it a cross of gold, and set it before him. And when the period which Constantine had agreed upon with the Persians had come to an end, he passed over the river to do battle with them, and he trusted boldly in the sign which he had seen in the sky, and God gave unto him that day victory from out of heaven. And all the host of the Persians took to flight before him, and all those who were with them, and the two hosts took the same road, and the Romans slew the Persians as far as their frontier. And Constantine saw with his own eyes | [angels] Fol. 28 *a* 1
among the host of the soldiers with their swords drawn in [ⲛ̄ⲉ̄]
their hands awaiting them. And having obtained the victory through the Cross he returned to the city with his company of soldiers, and not one of them was wounded. And these things happened thus according to the statements which we have gathered together from early Hebrew writers. And God, Who establisheth kings, and removeth them out of their places, destroyed the two eyes of Diocletian, because of what he had done in the matter of the worship of idols, and likewise thrust him from his throne. And by the forethought of God, the Members of the Senate, and the Councillors of the two cities, Rome | and Antioch, took Constantine, and seated him Fol. 28 *a* 2
upon the throne of Rome, and put the crown of sovereignty upon his head, and the sceptre [in his hand]. And the nobles of the two cities brought him gifts, and glorified God because of His gracious goodness and loving-kindness towards men,

which He had made manifest to every one. And straightway Constantine remitted taxes to all classes of people everywhere, and he caused great peace to be in all the churches, and he wrote epistles to the orthodox bishops in every diocese wherein he ordered them to pray for him and for all his kingdom, so
Fol. 28 *b* 1 that God might protect him. And great | peace encompassed
ⲛⲇ̅ Constantine on every side, and God bestowed upon the churches great benefactions through him, and also on the heads of the churches, to whom he entrusted the work of building churches everywhere on a scale worthy of the glory of his kingdom. And there was born to him a son, and he called his name Konstantos (Constantinus II), according to his own name. And after these things another son was born
Fol. 28 *b* 2 to him, and he called his name | Kos[tantos] (Constantius II), according to his name, and when they were grown up a little they were crowned with the crown of sovereignty, and the sceptre [was put into their hands]. And the Emperor Constantine, being informed that the worship of idols went on in many places, straightway issued an order to every city to close the temples, and to take away their keys, and to give them to those who were in charge of the churches. And they took away from them large quantities of money, which they spent in building churches everywhere, according to the Emperor's decree.

Fol. 29 *a* 1 And | Constantine rose up quickly, and he took with him
ⲛⲉ̅ his mother, and his sister, who was a virgin, and a large quantity of baggage, and a large escort of soldiers and slaves, and many holy bishops, and he departed with them to Jerusalem. And he caused to be brought before him the chief Jews, and he asked them questions, saying, 'I wish you to shew me the place where [stood] the Cross whereon Jesus was hung, and the tomb wherein His Divine Body was laid, for the glorification of my kingdom.' And the Jews said,
Fol. 29 *a* 2 'O Lord Emperor, | behold, it is a long time since they crucified Jesus, and lo, this event happened six generations

ago. And the city was laid waste and burnt with fire by the order of the Emperor Vespasian. They slew our fathers first of all, and then they led [some] away into captivity, and [others] they banished to Egypt. And if a remnant remained [after] the destruction of Vespasian, behold, we have been slaves of our lord the Emperor of the Romans, until this present.' And the Emperor said unto them, 'Ye may expect a very heavy punishment from me if ye are unwilling to shew | me the place wherein they crucified the Lord, and the Fol. 29 *b* 1
wood of the Cross itself, and the tomb wherein they laid His ⲡⲉ
Body.' And the Jews made answer, saying, 'O our Lord Emperor, enquire of those who understand the Law thoroughly among the Jews, and the high priests among them, and they will be able to inform the Emperor concerning the matters about which he maketh enquiries. There is no one among us who hath knowledge about this city, but there may be some one of whom the Emperor could ask questions.' And the Emperor said unto them, 'Tell me [the names] of those among you who are well instructed in the Law. [If] ye [do this, I will] | dismiss you in peace, and ye can depart to Fol. 29 *b* 2
your houses.' And they gave him [the names of] seven men, saying, 'These men are well instructed in the Law, for they are chief priests. And these are their names: Judas, [Ben]jamin (?), Abidôn, Adôth-Iêsou, Iêsou (Joshua), Sulôm, Iassôn.'

And the Emperor said unto them, 'If ye wish to live your lives in [this] world, and your lives in the next, make haste and tell me where is the place of the wood of the Cross of my Lord Jesus, the Christ, and where is the tomb in which His Body was laid. If ye will not tell me where it is then I will destroy | your bodies by a cruel punishment, and the Lord Fol. 30 *a* 1
shall burn up your souls in the fire which can never be ⲡⲋ
quenched.' And one of the Jews whose name was Iamîn answered and said, 'May my Lord Emperor live for ever! Command me, and I will declare that which I know.

Now this city was destroyed three times by the Roman
Emperors, and they slew our fathers, and a certain few
of the people they banished to Egypt, and in that country
they are until this day, and they have never rebuilt their
houses [here]. If there be a remnant of our race existing,
Fol. 30 *a* 2 behold, they are in this | city. We live under the yoke of
the Roman Emperors, and pay them tribute. And we do not
[seek to] circumcise any one of all those who live about us,
but we seek to live according to the Law of our fathers. As,
however, for the matter concerning which thou dost ask us
questions, we have no knowledge thereof.' And Constantine
had the men thrown into a pit wherein there was no water,
and he [ordered] that they were to be kept there without
bread and water until they died.

And after they had been in the pit for seven days the
Jews cried out, saying, 'Let our Lord Emperor command us
to be taken up [out of this pit], and we will inform our
Fol. 30 *b* 1 Lord | Emperor concerning the matter about which he hath
ΝΗ enquired of us.' And the Emperor commanded them to be
brought up, for their bodies were transformed by the cold of
the pit, which went a long way down into the ground. And
one of them, whose name was Judas, said, 'Let the Emperor
order [his servants] to give me a little water, and I will tell
thee about everything concerning which thou hast asked
me'; and the Emperor ordered them to bring some pure
bread and some water, and he made them eat and drink.
And when Judas had strengthened his heart with this food
he cried out, saying, 'O my God-loving and man-loving
Fol. 30 *b* 2 Lord | Emperor, our father David said in the Spirit, "The
things which we have heard we know, and the things which
our fathers have spoken are not hidden from their children of
another generation."[1] My father Simeon said unto me, "My
father Judas informed me, saying, 'At the time when they

[1] Compare Ps. xliv. 1; lxxviii. 3.

crucified Jesus the Jews were gathered together, and they decided upon a plan. When they knew that Jesus had risen from the dead they gave a large sum of money to the soldiers who were keeping guard over the tomb, saying, [Say ye] that it was His disciples who | came [and stole Him away [1]] by night, whilst we were asleep, and we knew nothing about it. And our fathers denied the Resurrection of the Lord because of the blindness of heart. Then, afterwards, miracles took place at the tomb of Jesus, and He even raised those who were dead, and He cast out devils from men. And the Jews became jealous of Him because of this thing, and, having thought out the following plan, they made a proclamation, saying, "Let all the Jews who are in Jerusalem, and in every place which is nigh unto them, cast their dung upon the tomb of Jesus." And they issued the following abominable proclamation also, "Let [all the Jews] throw all the filth which they | clear out of their houses upon the tomb of Jesus." And this thing they did for a very long time, in fact until the Roman Emperor Vespasian came. He put to death our kinsmen, who did not cease from acting in this wise until a very large quantity of filth covered [the tomb]. Of this thou hast proofs from the Book of the Gospels of Jesus the Christ, O Emperor, in the words, "Where have they laid Him?"'"' [2] And the Emperor commanded them to bring a Book of the Gospels to him, and he read them through, and he found that there was no difference in the Four Gospels,[3] but that each said, They | took Him to the place of Golgotha, that is to say, the 'place of the Skull',[4] and that they crucified Him there, and that the tomb wherein they laid His Body was nigh thereto. And the Emperor Constantine answered and said unto Judas, 'Shew me the place of Golgotha, and thou shalt become a free man.' And Judas

Fol. 31 *a* 1 ⲡⲑ

Fol. 31 *a* 2

Fol. 31 *b* 1 ⲝ̅

[1] Supply ⲁⲩϥⲓⲧϥ ⲛ̄ϫⲓⲟⲩⲉ (?).

[2] John xx. 15.

[3] Matt. xxvii. 33; Mark xv. 22; Luke xxiii. 33; John xix. 17.

[4] i. e. the Skull of Adam.

said, 'Let thy lordship take the trouble to come with me, and I will shew thee Golgotha, which is the place of the Skull.' And the Emperor rose up, and his God-loving
Fol. 31 *b* 2 mother | Helena, and the nobles who were with him, and Judas took them up on Golgotha, and he also took them up on the great mound of dung which towered above all the city by many cubits. The mound covered twenty arable fields, and the dung enveloped and filled the place of the tomb and [the place of] the Skull. And Judas said unto the Emperor, 'According to thy language [it is called] Golgotha, but in Hebrew, our own language, Gabbatha.'[1]

And when the Emperor had looked at the immense quantity of dung, and the waste character of the place, he was filled with tribulation. And when Judas saw that the Emperor was sorrowful of heart he said unto him, 'Let not my Lord
Fol. 32 *a* 1 Emperor be sad, for [it is | very easy] to perform all thy will.
ⲝ[ⲁ] Inasmuch as it was the men of our race who committed this great act of wickedness, send an order throughout all thy kingdom, and let [thine officers] seize all the Jews in thy kingdom, and let them bring them hither, from every region, together with their beasts, and their implements for digging, and their carts, [and let them clear the dung away]; because the fathers heaped up the dung there their children must be those who shall carry it away, for our fathers have eaten sour grapes, therefore let their children's teeth be set on edge.'[2] And this counsel at once pleased the Emperor and
Fol. 32 *a* 2 his nobles, | and straightway the Emperor issued an edict to all his kingdom, saying, 'I am the Emperor Constantine, a beggar at the feet of Jesus the Christ, the Great King in truth. I hereby write unto the chief officers of every city in every country and district, even those of the village or hamlet wherein there are ten men, who are under the dominion of my kingdom, and order you to seize all the Jews who dwell among you, and to send them to Jerusalem, together with

[1] John xix. 13. [2] Jer. xxxi. 29; Ezek. xviii. 2.

their beasts, and their implements for digging, and their carts. And whosoever | concealeth one of these shall be seized as a criminal, and he and his house shall be put to death.' Fol. 32 *b* 1 ⲝ̅ⲃ̅

And when the copies of this decree of the Emperor were received [the officers] seized all the Jews in every place, and they sent them to Jerusalem, together with their implements for digging, and their beasts, and their carts. And they came out from every country to Jerusalem, and they were as many in number as the stars of the heavens. And the Emperor appointed over them taskmasters to oversee them in their labour. And he appointed two thousand soldiers in Jerusalem, and captains of thousands, | and captains of hundreds, and gangers to compel all the Jews to work both by day and by night until the command of the Emperor Constantine was fulfilled. And he appointed to be with his mother certain holy bishops, that is to say, Apa Athanasius, Archbishop of Antioch, and Apa Joseph, Archbishop of Jerusalem, who was the fourteenth bishop of the circumcision who sat in Jerusalem after the Holy Apostles. And I myself, Cyril, am the successor of the [God-loving] |. . . . . . . he brought me into the church [and] I preached in his holy name. And the God-loving and truly charity-loving Emperor Constantine rose up and departed to Rome because of the business of the kingdom. Then the Empress Helena called the chiefs of the Jews, and she said unto them, 'Come ye and finish that which the Emperor commanded to be done, so that ye may not become liable to punishment by death'; and the soldiers hurried on the Jews by day and by night. And the word of the Emperor was exceedingly urgent, and the Jews were anxious to fulfil the | bidding of the Emperor. And they worked from the first day in which they worked, which was, in our opinion, the twelfth day of the month of Martius, that is to say, the month of Paremhot,[1] until the sixteenth

Fol. 32 *b* 2

Fol. 33 *a* 1 [ⲝ̅ⲅ̅]

Fol. 33 *a* 2

[1] i. e. April 7.

day of the month Thoth,[1] before the top of the tomb became clearly visible. And they told the Empress, saying, 'Behold, they have found the tomb of the Saviour.' And she rose up straightway, and all the bishops, and all the nobles, and they came to see the tomb, and they threw themselves down upon the ground and worshipped before it. And, behold, a great light burst out therefrom like a flash of lightning. And
Fol. 33 *b* 1 Judas took | a digging tool, and he dug a hole close to the
ⲝⲇ wall on the eastern side of the tomb, and there were many bishops with him who dug also, and they found a great stone which they rolled away, and then the opening of the tomb appeared. Now the time of day was the evening, and they went away from the tomb until the following day, and did not enter it; and those who were believers slept in that place, and they saw the light emitting a flame like unto a fire until
Fol. 33 *b* 2 the daylight appeared. And | [the Empress rose up] early, and the bishops, and the believing folk, and they went forth to the grave of Jesus. And they took with them [censers of burning] incense and lighted lamps, and they looked into the grave of Jesus, and they saw three crosses resting one on the top of the other, and there was a leather roll lying upon them.

And when they had cleared out the tomb the bishops went in, and they took up the leather roll, and found that it was inscribed in Hebrew characters; and they gave it to Judas, who read them whilst the Empress and all the multitude listened. And this is what was written on the leather roll:
Fol. 34 *a* 1 'We, that is to say, Joseph of Arimathea and | Nicodemus,
ⲝⲉ have carried away the Cross of Jesus and the crosses of the two thieves from Golgotha and have laid them in this tomb, which is the place wherein they laid the Body of Jesus, Who rose from the dead. And we did this by night because of [our] fear of the Jews. We have not permitted [any] man

[1] i. e. September 13.

to have knowledge of what we have done, because the Jews took counsel to burn the Cross of Jesus the Christ. For this reason therefore we removed them from the place of the Skull, and have put them in the place wherein the Body of the Lord was laid.' And the Cross whereon was written the
legend 'This belongeth to Jesus the | Christ' the bishops laid Fol. 34 *a* 2
hold upon, and they clasped it to their bosoms, and they kissed it, and they lifted it up and carried it to the Empress. And the Empress laid her breast upon it for a very long time, and she clung to it, together with the most honourable and the most believing men. And she had it swathed in the purple apparel which belonged to the Emperor Constantine, and she had it wrapped in costly stuffs, and she made [the bishops] guard it most carefully for her until she wrote to the Emperor and told him what had happened. And she made the soldiers compel the Jews to cleanse the place well, and
she | took the number of all the people [there], and she found Fol. 34 *b* 1
them to be one hundred and three thousand in number of the ⲝ̅ⲉ̅
race of the Hebrews.

And the Empress Helena wrote a letter to her son, saying, 'Blessed art thou, and well shall it be with thee, for that which thou hast asked from God He hath granted unto thee. Thou hast sought, O my beloved son, and thou hast found, thou hast knocked, and there hath been opened unto thee the door of the Resurrection of the Lord. Thou hast found that which is of more value than all the world, that is to say, the Holy Cross of our Lord Jesus the Christ. Blessed art thou, |
O my beloved son, for thou hast cast behind thee the affection Fol. 34 *b* 2
for this world, and the vain possessions thereof, until at length thou hast found the choicest of all choice possessions, which is not a precious stone of great value. Trouble thyself, and come and look upon that which carried God upon it, nay more, that which God carried. Thou shalt look upon it in its beauty and splendour, and thy weakness shall renew itself like [the strength of] an eagle. Trouble thyself, O my

beloved son, and come, and bow down, and worship, and kiss
Fol. 35 *a* 1 this very Cross which thou didst see | clearly, and which hath
ⲝⲍ given thee victory in battle.' And when Constantine had received his mother's letter he read it, and when he knew that they had found that for which he had been seeking, that is to say, the Holy Cross of our Lord, he felt very great joy and gladness. And he rose up quickly and came to Jerusalem. And when his mother and all the bishops had been told that the Emperor was coming, and that he was nigh unto them, they took the Precious Cross, which had been wrapped up in the imperial purple and in napkins of costly
Fol. 35 *a* 2 stuffs, | and they lifted it up on a white mule, and they went with it to the Emperor for a distance of about six miles. And when the God-loving Emperor, the Emperor Constantine, saw the Cross he reached down from his chariot, and took the Cross, and lifted it up to his bosom, and wept over it. And he lifted up his eyes to heaven and said, 'I see my Lord Jesus the Christ, the God of my righteous fathers, during [His] exile in the flesh working great miracles by means of that
Fol. 35 *b* 1 whereon He rested, | the Life-giving Cross. And I also
ⲝⲏ see the Saviour of the whole world giving strength by the Holy Cross to those who seek Him and who believe on Him.' And the bishops and the 'work-lovers'[1] sang spiritual songs, and they went on before the Emperor and the Cross to the interior of the city.

And when they reached the city and were entering in through the gates they sang the following hymn, 'Rejoice, O Sion, the city of the Great King, the Christ, for behold, thy King hath come unto thee with joy.' And the nobles
Fol. 35 *b* 2 who were with him | glorified the King, the Lord, Who became King from the wood of the Cross. And the Emperor went to the place where the work had been carried on, and he entered into the tomb of Jesus, and he bowed down to the

[1] A class of religious workers.

ground and worshipped, saying, 'I give thanks unto Thee, O Only-begotten Son of the Father, that I am held to be worthy to bow before Thee in homage in the place wherein Thy Holy Body was laid.' And he inspected the whole of the sites which the Jews had cleared out and cleansed, and he went to the Rock of the Skull, the place whereon the Lord was crucified, and he bowed down and worshipped on it. And besides these things he took [the Cross] and laid it in Fol. 36 *a* 1
the tomb until he could build for it a shrine which should be ⲝ̅ⲑ̅
worthy of its glory. And the Emperor spake unto the bishops, saying, 'I wish to build a new city on the spot where the Lord appeared to me in a cloud because of His wish to deliver me from the hands of those who sought to slay me, that is to say, the Persians. And I will build churches meet for the Christ in this place, to the glory of His Holy Cross.' And the bishops answered and said unto him, 'May God Almighty, | unto Whom belongeth the Fol. 36 *a* 2
Universe, and His Only-begotten Son Jesus the Christ, our Lord, and the Holy Spirit, maintain for thee and thy great dominions a long period of peace, so that thou mayest bring to completion everything which thou hast planned.'

And forthwith they began to burn bricks for the church, and Constantine set handicraftsmen to work, each at his own trade, and he made foremen to supervise the work which was carried on in all the workshops. And he also gave to his mother a very large amount of money from his own private purse, so that the building of the churches might be completed thereby. | And he ordered to be brought to him vast Fol. 36 *b* 1
quantities of alabaster, and stone slabs for tesselated pave- ⲟ̅
ments, and marble, and well-grown timber (?), and silver, and copper, and a very large quantity of lead; in short, he made to be brought everything which was required for the building. And he gave charge of the whole affair into the hands of his mother, and he appointed her to build in Jerusalem one church in the place of the tomb, which was to be called [the 'Church

of] the Holy Resurrection, Holy Love, Holy Peace', and an-
Fol. 36 *b* 2 other, which was to be called 'Saint | Dimiou .... the Skull'; and she built fine courtyards and other works. And the Emperor Constantine returned [to Rome] safely, and he glorified the Christ and the Holy Cross. And he sent to his mother in Jerusalem whatsoever things she found to be necessary. And those who were working at building the new Jerusalem were very many, and one may say that they were more in number than those who worked on the Temple of Solomon in days of old. And the work was carried on until the shrines were completed, and they decorated them
Fol. 37 *a* 1 and made them to be like unto the | firmament of heaven in
ⲟⲁ̄ its beauty. And the holy man Apa Joseph consecrated the [Church of] .... in the city, and there were with him many orthodox bishops who had come for the festival of the dedication of the Holy Cross. And the day whereon they consecrated the holy church was the seventeenth day of the month of Thoth,[1] which is the day of the manifestation of the Holy Cross and the Holy Tomb. And Judas was baptized by Apa Joseph the bishop and other orthodox bishops, and he |
Fol. 37 *a* 2 became an orthodox man and an excellent Christian. And a multitude of Jews and a multitude of the heathen were baptized, and they came to partake of the Holy Offering.

And on the holy evening Apa Joseph related [the following]: Behold, a Cross of light appeared above the tomb of the Saviour, from the first hour of the day until the ninth. And they all saw it, that is to say, every heathen who was living in Jerusalem, and every one who lived around the city. And at the ninth hour of the day the Cross went up into
Fol. 37 *b* 1 heaven, and the gaze of every one followed it, both | righteous
ⲟⲃ̄ and sinners, and they were sorrowful of heart because they did not see it again. And when the morning had come they came to the tomb to pray, and they saw a Cross of light

[1] i. e. September 14.

within the tomb, and it shot out rays of light like flashes of lightning. And things having happened in this wise, the holy Apa Joseph, the God-loving and pious man, wrote letters and informed the Emperor Constantine of everything that had happened. And after these things Apa Joseph went to his rest (i.e. died), and Judas was appointed in his room; now he was the fifteenth | [bishop] of the circumcision Fol. 37 *b* 2
from our Fathers the Apostles. And he became famous in his diocese because of the confession of his orthodoxy. And when Judas died one Mark received his bishopric, and he was the first man who was not a native of Jerusalem to fill the office of bishop [in that city]. I have related all these things to your beloved persons, and I have revealed them unto you, for it is right so to do, so that we may keep the feast of the manifestation of the Cross, that is to say, the seventeenth day of the month of Thoth. Behold now the matter is manifest to us, through all | the proofs [which we have adduced con- Fol. 38 *a* 1
cerning] the manifestation of the Cross, and the dedication of ⲟ̅ⲉ̅
the Holy Church of the Resurrection, which is [commemorated] on the seventeenth day of the month of Thoth, according to the [reckoning of the] Egyptians.

Behold, up to this point I have spoken about the glory and honour of the Holy Cross, and now let us rest satisfied, and go into the baptistery to the Holy Sacrifice, for the hour is advanced. More especially let us do this because of the fatigue of those who have come to us in this holy place to-day, and who ascribe glory to the Lord Jesus the Christ, and His Holy Cross, which saveth every one who | believeth Fol. 38 *a* 2
in Him. For the words of God are more excellent than gold and precious stones, and sweeter than honey and wax (i.e. honey in the comb). The servants of God must have a single aim: Let us not find ourselves celebrating the festival of the Holy Cross openly, and at the same time mixing ourselves up with the works of the heathen. Let us not find ourselves ascribing glory to the Christ, and blessing Him with our lips

only, whilst our thoughts are outside our hearts and are running on the polytheism of the Greeks. For the word is one thing and the thought is another; and the confession of the tongue is one thing and the faith that is perfect in the
Fol. 38 *b* 1 heart is another. The natural philosopher | [informeth] us
ⲟ̄ⲇ̄ about a certain animal which is not endowed with reason, and which liveth in the wilderness, and is called a 'camelopard'. It is an exceedingly large animal, and its forepart is like unto the forepart of a camel, and it has the face of a lion, and its hind-quarters are like those of a camel, and its habits are like those of the camel, as, for example, it thrusteth itself into the heart of high trees, and eateth their branches. It is irregular in form and variegated in colour. The inside of it is foul, and its body is likewise. Exactly thus are the godless heretics, and their thoughts are like unto this animal. |
Fol. 38 *b* 2 . . . .[1] the name of the Cross, and they make Him to be a mere man. If the Christ is merely a man, and He is not God, O thou heretic, thou thyself dost worship a mere man. Now thy heart (or, mind) is inconsistent, and thou dost not always hold the same opinion, O heretic; a very little more and thou wouldst say, 'Emmanuel is not God.' For thy hatred, O heretic, is the indication of our orthodoxy from which thou fleest. Thy hatred and thy thought utter what is vain. Thou eatest |
Fol. 39 *a* 1 [parts of six lines are wanting] and hide their words [as]
[ⲟ̄ⲉ̄] the madness of old men (?). O ye Christians, let us never think upon the things that are heretical, neither let us go into their churches to pray, for they are not churches. But produce within yourselves the thought that is good, and the faith that is perfect towards God and His Holy Cross. And ye shall say with all your hearts, Emmanuel Who became
Fol. 39 *a* 2 man was not | God and His divinity was not transferred to His humanity in one moment or in the twinkling of an eye,

[1] Text mutilated.

but He glorified us exceedingly, for He put on flesh. He
was God in truth of the Substance of the Father and the
Holy Spirit, Who made His Cross an altar. And it was
He Who received to Himself His own sacrifice. And thou,
O Isaac the Samaritan, who didst wish to . . . . . the Christ
through the baptism which thou wouldst receive. . . . .[1] |
and the words of Apa Ba . . . . . the presbyter, and thou didst Fol. 39 *b* 1
believe in God with thy whole heart. Thou didst go to [ⲟⲉ]
baptism, thou didst receive it in purity and faith, for it was
the character of thy faith and the readiness of thy will [which
are praiseworthy]. Since thou wast pleasant in all thy heart,
we ourselves would have been prepared to fulfil all thy desire.
And Isaac the Samaritan cried out with a loud voice, '[I]
believe, and I confess our Lord | . . . .[1] Fol. 39 *b* 2
holy [Virgin], and . . . . . ., and was crucified for us, He rose
from the dead on the third day, He ascended into heaven, He
sat down at the right hand of God, and He shall come to
judge the living and the dead, He shall reward every man
according to [his] works.' And he, and all those who were
with him, confessing these things with a right heart, received
baptism in the Name of the Father, and of the Son, and of
the [Holy | Ghost]. [About five lines wanting.] Let [us] Fol. 40 *a* 1
ascribe glory to God and to His Holy Cross. For verily [ⲟⲋ]
great is the glory of our God, and the glory which He
hath bestowed upon us, and upon the race of us who are
Christians, to make us to become like unto Him in all the
works which we shall do, so that they may please God at all
times, and so that we shall worship the Cross because He
went up on it. | . . . . to Whom, and to His Good Father Fol. 40 *a* 2
with Him, and the life-giving and consubstantial Holy Spirit,
be glory now, and always, and for ever and ever. Amen.

[1] Text mutilated.

COLOPHON

This day [is] the fifteenth of the month Paône, and this year [is] the seven hundred and sixty-ninth of the Era of the Martyrs (i.e. A.D. 1053), and the four hundred and forty-eighth year of the Era of the Saracens, i. e. A.D. 1070. Christ is King over us! Amen.

Of your charity remember me, me the greatest sinner on all the earth, the man who is unworthy of the name of . . . . . Mercurius. Remember me with kindliness, for I am little (or, incompetent) and I do not well understand . . . . and Fol. 40 b learned matters, | [one or two lines wanting and seven lines [ОН] broken] . . . . . our father . . . . widow Irene . . . . of our father . . . . our God-loving . . . . the son of Mashenka . . . . my district, my country which he spent of his own toil. He had the volume of this book made, and deposited it in the Church of the Cross in the [village of ?] Serrah (?), for the salvation of his soul. May God bless him with every spiritual and celestial blessing, him and his wife, and his children, and everything that is his. May He write his name in the Book of Life, may He hold him to be worthy of the joy of his resurrection with all the saints. Amen.

Let there be mercy on the scribe, understanding to the reader, and repentance to him that heareth. Amen. So be it!

THE MARTYRDOM OF SAINT MERCURIUS THE GENERAL

(Brit. Mus. MS. Oriental, No. 6801)

THE MARTYRDOM OF SAINT MERCURIUS THE GENERAL, THE HOLY MARTYR OF THE CHRIST, WHICH HE COMPLETED THIS DAY, THAT IS TO SAY, THE TWENTY-[FIFTH] DAY OF THE MONTH ATHÔR,[1] IN PEACE. AMEN. Fol. 2 *a* ⲁ̅

At the time when Decius and Valerianus were reigning in the great city of Rome they promulgated a decree, and issued a general order to compel every one, in every place, to offer up sacrifices and to pour out libations to the gods. And they summoned all the nobles of senatorial rank, and they set before them the terms which they had thought out concerning this general law, and the Emperors found that the nobles were of the same opinion as themselves, and they rejoiced exceedingly, saying, 'We give thanks unto you, O ye immortal gods, who have revealed this same opinion.' And in that hour they ordered an ordinance to be drafted to this effect, and it was written in the imperial | writing and ran as Fol. 2 *b* ⲃ̅ follows: 'Decius and Valerianus, the pious Emperors with absolute power, and all the nobles of senatorial rank in Rome, [hereby] write unto those who dwell in every place, and we consider that it is incumbent upon us to make you to know the things that seem good in our sight. Now for a very long time past we have been sure that it is the gods of our fathers who maintain our own kingdom, and who graciously

[1] November 21.

bestow benefits upon every one who is under our dominion, and we know their benevolent goodness and the benefits which they give according to what hath been said. And, moreover, it is through their means that we enjoy victory over all nations, and not this only, but they also supply us with crops and fruit in very great abundance, through our temperate climate. For these reasons we and all the men of senatorial
Fol. 3 *a* rank have, with great readiness, | drawn up a general ordinance
ⲉ̄ which is to compel every one, in every place, both freemen and bondmen, and soldiers and rustics, to bring sacrifices to the gods and to pour out libations to them, and to make prayers and supplications unto them. If, however, there be any man who shall wilfully reject this our holy ordinance, which we have promulgated by common consent, our authority ordereth that he shall be forthwith committed to a dark prison, where he shall be delivered over to the most severe punishments. And whosoever shall hearken unto our decree shall receive very great honour at our hands. If there be any man who shall shew himself disobedient to us and to our ordinance they shall deliver him over to the death penalty by the sword or by water, or they shall give him to be the food for wild beasts and birds of prey; and Christians especially shall be liable to death sentences of this kind. And those
Fol. 3 *b* who shall hearken to | our ordinance shall continue to live in
ⲋ̄ a state of happiness.' And when this Imperial Edict was published the whole of the city of Rome was filled with quaking and fear, and not only was the city of Rome troubled, but likewise all the other cities, because this general order was dispatched also to them. And the governors of all the cities commanded the multitudes to do what they were ordered to do with all possible speed.

And it came to pass at that time that war broke out among the Barbarians, who attacked the Romans. And the Romans equipped their ships, and made them ready to receive their troops, to [go and] fight against them. And [the Emperors]

ordered regiments from every district and every city to come and give them help; and when they had arrived from all the various remote cities they prepared [for war] with all diligence. | And there came also the regiment which was called Fol. 4 *a*
the 'Martusian', which had served formerly in Armenia, ⲉ̅
and which was commanded by a tribune whose name was Sardonicus. And Decius came out to the war, but Valerianus remained in Rome directing the affairs of the kingdom. And the battle waxed fierce between the Barbarians and the Romans, and each army resisted the other. And when they had continued to do this for many days, a certain man in the regiment which was called 'Martusian', whose name was Mercurius, saw the vision of a man of light; and the man was tall, and he was dressed in gorgeous apparel, and he held a drawn sword in his right hand. And the man of light said unto him, 'O Mercurius, fear not, neither be cast down, for I have been sent to help thee, and to enable thee to shew thyself the conqueror. | Take this sword from my hand, and go and attack Fol. 4 *b*
the Barbarians, and thou shalt conquer them. Forget thou ⲋ̅
not the Lord thy God.' Now these things happened to him in an ecstasy, and he thought that it was one of the Emperor's chief governors who had spoken to him. And having taken the sword, and being filled with the Holy Spirit, he dashed into the midst of the Barbarians, and slew the captain who commanded them and so large a number of the men who were with him that his arm became tired and fell [by his side]; and the quantity of blood [which he shed] was so great that his hand slipped up and down on the handle of the sword. This was how the Barbarians were put to flight, and how they were vanquished before the Romans.

And when Decius learned concerning the valour of this mighty man of war he summoned him to his presence, and promoted him to honour, and he made him a general, and commander-in-chief of his whole | army. And Decius thought Fol. 5 *a*
that he had conquered in the war through the Providence of ⲍ̅

God, and he rejoiced exceedingly, and he distributed a large amount of money among the soldiers on that day, and the troops were dispatched to their own quarters. And Decius celebrated a festival in every city which he passed through as he was marching to Rome. And it came to pass in the night season, whilst the army was asleep, that the angel stood by the side of Mercurius in the form of the man whom he had seen in the battle, and he touched his side, and woke him; and when Mercurius saw the angel he was afraid. And the angel said unto him, 'Dost thou remember the words which I spake unto thee during the fight, O Mercurius? See that thou dost not forget the Lord thy God, for needs must
Fol. 5 *b* that thou shalt suffer | for His Holy Name. And thou shalt
Ⲏ̅ receive the crown of victory of the kingdom in the heavens, which is prepared for all those who love Him.' And when the angel had said these words he straightway withdrew himself from him. And when the blessed man had recovered his senses he remembered the words, and he marvelled at the strength of God's love for man.

Now Mercurius had heard about the Christian faith through his parents. His father [was called] Gordianus, and he was the commander of the First Regiment; and Mercurius was, at that time, a young man, about twenty years of age. And many and many a time he heard his father say, 'Blessed is the man who is a soldier in the service of the King of heaven, [for] God shall bestow upon him great honours, which shall never pass away, and he shall fight for Him
Fol. 6 *a* against His enemies. And that King | is He Who created
Ⲑ̅ the universe by His words. The heavens He hath stablished like a canopy, which He hath adorned with light-giving stars. He made the earth and the multitudes of flowers which produce sweet odours, and they are [intended] for the gratification and the healing of men. He made the sea that ships might sail thereon, and He made it to be a place for the rearing of fish. And also, it is He Who shall come to

judge the living and the dead, and He shall give unto each man according to his works.' And when Saint Mercurius remembered within himself the words of his father, and the revelation which he had seen, he was greatly moved, and he began to weep and to heave sighs, saying, 'Woe unto me, a sinner! I am like a tree which is without fruit, and which, even though it hath abundant foliage, hath no root, that is to say, the knowledge of the glory of God.'

And whilst he was saying [these things], | straightway the Fol. 6 *b*
king sent two of the messengers who are called 'Silentiarii', ⲓ̅
and a few other attendants with them, to summon him into his presence, because he was in the habit of taking counsel with him. And Mercurius begged to be excused from going, saying, 'My body hath no strength'; and the Emperor held his peace that day. And on the following day likewise Decius sent messengers to fetch him, and when Mercurius had entered his presence they took counsel together concerning the matter which was before them. And the Emperor said unto him, 'Let us [go], O Mercurius, to the great temple of Artemis, and we will offer unto her sacrifice.' And when the Emperor set out on the road a great crowd of people followed him. And the blessed Mercurius turned back, and hid himself in the praetorium. And a certain man, wishing to stir up a quarrel between Mercurius and the Emperor, said, 'O great and powerful Emperor, victorious and pious,
who hast been | chosen by the gods to govern the whole Fol. 7 *a*
kingdom of Rome, give me permission and let me speak, ⲓ̅ⲁ̅
and do thou hearken unto me graciously. Mercurius, whom thy mighty right hand hath exalted, and whom thou hast made most honourable in the kingdom of the Romans, hath not, in accordance with thy command, come with us to offer up sacrifice in the temple of the great goddess Artemis, and to bring offerings unto her, according to thy mighty command.' And the Emperor answered and said, 'Who is this man?' And [the slanderer] said, 'It is Mercurius, unto

whom thou didst ascribe victory and greatness yesterday and the day before. And thou didst promote him to high rank, and especially to greatness. And this is not all, for he hath not only made himself disobedient to thy Majesty, but he hath made bold (?) to persuade many folk to cease to worship the gods. If thou wilt make enquiries thou wilt find full proof of the things which I have said unto thee.'

Fol. 7 b And Decius | said unto him, 'Perhaps thou art envious of
ιϛ̄ the man in thy heart, and dost therefore say these things against him. However, I will not believe thee except I know the truth of a certainty, and I see the matter absolutely with my own eyes, face to face; for the sight of the eyes rather than the hearing of the ears is what usually maketh one believe. Be silent then, and do not utter another word against the man. If thou hast made these accusations against him through jealousy, as I have already told thee, know thou that thou shalt very soon receive severe punishment; if the things which thou hast spoken are really true thou shalt receive great gifts from my hands, since thou art of one mind with us in respect to the gods, and art [well disposed] towards the Emperors.' And Decius commanded [his servants] to bring Saint Mercurius into his presence with the honour which was his due. And when he had come into his presence the
Fol. 8 a Emperor said unto him, 'Mercurius, was | it not I who
ιζ̄ bestowed upon thee this great honour and promotion? Did I not make thee general over all the governors because of thine intelligence, and because of the victory which the gods bestowed upon us in the war? Why shouldst thou change this great affection which is in me towards thee into bitter hatred? These great honours [which I bestowed upon thee] thou hast turned into nothingness. By such behaviour thou dost treat the gods with contempt, according as we have been informed concerning thy piety (?).'

Then the truly noble soldier of the Christ stripped himself of the old man and his works, according to the word of Paul

the Apostle,[1] and put on himself the new man, which through God was created in him by baptism. And the holy man answered with gentleness and courage, and said, 'Let this honour be unto thee, for even though I did go out to the war and fight, | it was not I who conquered, but God, Who hath Fol. 8 *b*
been gracious unto me in Christ. Furthermore, take back ⲓ̅ⲇ̅
thine honour about which thou hast spoken, for when I came forth from my mother's womb I was naked,[2] and I will depart hence naked.' And having said these words he stripped off his military cloak, and took off his belt, and he threw them at the feet of the Emperor, and he cried out, saying, 'I am a Christian. Hear, O all ye people, I am a Christian.' Then Decius became like unto one of the stupefied, and he stared into the face of Mercurius for a long time. And he marvelled at the youthful beauty of Mercurius, for the blessed man was of a most goodly presence, and his countenance was very handsome, and his complexion was red and white, and his hair was red. His body was adorned with beauty and strength, and the looks of many were directed after him, and the people admired him. And after these things the Emperor Decius shook his head, and he | commanded [his men] to cast him Fol. 9 *a*
into the prison, saying, 'Let now the man who cannot ⲓ̅ⲉ̅
appreciate honour obtain some experience of disgrace.' And this he said thinking that his ordinary good sense would return to him. So they took the martyr of the Christ to prison, and he rejoiced and was glad in the Spirit, and glorified God. And that night an angel stood by him, and said unto him, 'Mercurius, be of good cheer, and fear thou not the revilings of the tyrant. Believe thou on the Christ God, and confess that He is the Christ God, for He is able to save thee from every tribulation.' And the martyr was greatly strengthened by these words. These were the words which the angel spake unto him when he appeared unto him.

[1] Eph. iv. 22. [2] Job i. 21.

And on the following day Decius took his seat on the tribune, and he commanded that the blessed man should be
Fol. 9 b brought before him. | And he said unto him, 'Peradventure
ΙΕ the honour which thou hast just received from me, that is to say, the disgrace which thou alone didst choose for thyself, is the kind of honour which suiteth thee?' And the blessed man answered and said [unto him], 'It suiteth me exceedingly well, for I have received a mark of honour which is indestructible.' And the Emperor said unto him, 'Tell me concerning thy family and thy native city, for I would know from what grade of life thou hast sprung.' And Saint Mercurius said unto him, 'If thou wishest to know about my family and my native city I will tell thee. As to my father according to the flesh, he was a native of Scythia, and his name was Kordianus (Gordianus). He once served as a soldier in the Martusian regiment, but at the present time he is acting as the chief officer of this same Regiment. My father is a follower of the True God, and my city is the
Fol. 10 a Jerusalem of | heaven, the city of the Great King.' And the
Ιϛ Emperor said unto him, 'Wast thou called by this name of Mercurius by thy parents or did some of the soldiers give it unto thee?' And Saint Mercurius said, 'My father used to call me Philopator, the interpretation of which is "lover of his parents", but when I became a soldier I was called Mercurius because the captain called me thus.' And the Emperor said unto him, 'Mercurius, consider well what thou art going to say. Wilt thou do according to our ordinance which we have published abroad for every man, and bow down to the gods, and take again thy former rank and honour in the army or not? Consider what thou art going to say, and tell us what it is quickly, for thou knowest well that thou hast been brought to this place for this very purpose.' And the martyr answered and said, 'Inasmuch as I have come to this place
Fol. 10 b I shall conquer thee and thy father Satan, through whom
ΙΗ all evil | existeth. And when I shall have conquered a

crown will be set upon my head by the true Master of the contest, my Lord Jesus the Christ. Therefore whatsoever thou wishest to do unto me that do quickly, and make no long tarrying. For I have upon me the whole armour of God, and the breastplate of faith, by means of which things I shall overcome all thy designs and all thy crafty arts in respect of me.'

Then the Emperor was filled with wrath and said, 'Although this man saith "I have upon me the whole armour for work", he is nevertheless standing naked. I therefore command that he be fastened to four stakes, and that he be stretched at the height of a cubit above the ground.'[1] And when they had done these things unto him the Emperor said, 'Where now is the armour wherein thou didst put thy trust? By the great god Zeus they shall stretch thee well.' And | the holy man looked up into heaven and said, 'My Lord, help Thou me, Thy servant.' And the Emperor further commanded them to make gashes in his body with sharp knives instead of with scourges, and afterwards to scatter red-hot coals upon him so that he might be consumed; but little by little the flames of the coals were extinguished by the blood of the righteous man which was flowing freely. And the holy man bore himself with great bravery under this severe torture. And Decius commanded him to be released in order that he might not die [too] quickly, and to remove him at once to a dark place, and to set a strict watch over him. And the soldiers lifted him up, and he was half dead, but there was still a little breath left in him, although they thought he was dying. And after a very little time | the angel of the Lord appeared unto him, and said unto him, 'Peace be unto thee, O valiant athlete!' And having said these words the angel healed the wounds which were in his body, and he made him so sound and whole that he rose, and stood up, and glorified God Who had helped him.

Fol. 11 *a* ΙΘ

Fol. 11 *b* Κ̄

[1] Rendering doubtful.

And after these things the Emperor commanded the soldiers to set him up before the tribune, and when he saw him he said unto him, 'When thou wast taken away from me [last night] thou wast half dead; how is it now that thou art able to walk? Perhaps there are no wounds in thy body at all.' Then Decius commanded his spear-bearers to make a thorough examination of his body, [and when they had done so] these men said unto the Emperor, 'We swear by thy might, O pious Emperor, that his whole body is sound, and that there is no diseased spot in it, and that it is like that of one whose body hath never been touched by a finger.' And
Fol. 12 *a* Decius | said, 'Assuredly will he say, It is the Christ Who
ⲕⲁ hath made me sound and hath healed me. But did ye not take a physician into the prison to treat him?' And they said unto the Emperor, 'We swear by thy glorious majesty which ruleth the whole world, that assuredly no physician treated him, and, moreover, we thought that he would die. Now in what way he hath maintained his life, or in what way he hath been healed, we know not.' And Decius said unto them, 'Ye know now what the magic of the Christians is like! How is it that yesterday he was only fit for burial, and yet to-day he is standing up well and whole?' And Decius was filled with wrath, and he said unto Mercurius, 'Who was it that healed thee without magic?' And Saint Mercurius answered, saying, 'It was my Lord Jesus
Fol. 12 *b* the Christ, the True Physician of our souls | and of our
ⲕⲃ bodies, Who was pleased to bestow healing upon me, even as I have said. The dealers in magical drugs, and those who use enchantments, and the worshippers of idols, are strangers unto Him. And He will bind them in bonds which can never be loosed, and He will deliver them over unto the fire of Gehenna, because they do not recognize the True God Who created them.'

And the Emperor said, 'I am now going to make an end of thy body by means of severe torturings; let me see if the

Christ, in Whom thou trustest, will heal thee.' And the saint
said, 'I believe in my Lord Jesus the Christ, and though thou
mayest bring upon me multitudes of punishments thou wilt
not be able to disturb me. For He saith, "Fear not those
who can kill the body, but cannot | kill your souls; but Fol. 13 *a*
fear ye rather Him that hath the power to destroy [both] ⲕⲅ
your souls and your bodies in the Gehenna of fire."'[1] Then
the Emperor commanded the soldiers to bring a red-hot iron
instrument and to thrust it under his members, and after that
to apply blazing torches to his sides. And when they had
done this, instead of smoke, a strong, sweet odour was spread
abroad to every one who was in that place; and, although he
was suffering the most agonizing tortures, Mercurius neither
uttered a groan nor dropped a tear. And Decius said unto
him, 'Where now is thy physician? Let him come and heal
thee. And moreover, thou didst say, He hath power to raise
me up if I die.' And Saint Mercurius said unto him, 'Do
whatsoever | pleaseth thee. Thou hast power over my body, Fol. 13 *b*
but as concerning my soul God is its master. And even if ⲕⲇ
thou destroy my body, my soul shall endure, for it is incor-
ruptible.' And the Emperor then commanded the soldiers to
hang him upon a tree head downwards, and to suspend a large
stone from his neck, in order that it might cause him to
suffocate and to die quickly; but as the power of God and
His grace dwelt in the martyr, he was able to bear this torture
for a long space of time. And when Decius saw that the
martyr was enduring the punishment valiantly, and that no
manner of torture had any fatal effect upon him, he com-
manded them to remove the stone from his neck, and to bring
a leather whip with four thongs, and to flog him with it until
the ground was saturated with his blood. And the noble man
was like unto a stone of adamant, and he bore this torture |
bravely, and he said, 'I give thanks unto Thee, my Lord, that Fol. 14 *a*
ⲕⲉ

[1] Matt. x. 28; Luke xii. 5.

Thou hast held me to be worthy to suffer for Thy Holy Name.' And when the Emperor saw that his determination was immovable, and that he was unable to persuade him to offer sacrifice, and having, moreover, received advice that he himself must make haste to go to Rome, he passed sentence of death upon him, and ordered him to be slain by the sword, saying: 'The head of this man Mercurius, who hath treated the gods with contempt, and hath despised [our] holy and gracious ordinance, and hath slighted our Majesty, shall be taken off in the country of Cappadocia, in that place where every one shall see him. Stripes shall be given unto him that, having received glory from the Emperor, speaketh against his commands, and finally they shall deliver him over into the hand of the sword.'

And those who were appointed to carry Mercurius away
Fol. 14 *b* took him up, and set him upon a beast, | and tied him on it,
ⲕ̅ⲉ̅ because the body of the martyr swayed about on all sides, and it was like unto a dead body. And they travelled on the road, which was long, and after a few days' journeying they arrived at the city of Kaisaria (Caesarea), and in this way, little by little, they brought him down. And the Lord stood by him, and said unto him, 'O Mercurius, come thou and rest with Me, for thou hast finished thy course. Thou hast kept the faith. Receive thou the warrior's crown, which it hath been appointed for thee to inherit.' And when the Lord appeared unto him the martyr gained strength, and he said unto those who were near him, 'Do what ye have been commanded to do quickly, and the Lord Who inviteth every one to repentance shall make you worthy of His grace, for He is rich, and He
Fol. 15 *a* sheweth grace unto those who go to Him | with a gift and
ⲕ̅ⲋ̅ without envy.' And when he had said these words they took off his head, and he completed a good confession of our Saviour on the twentieth day of the month of November, that is to say, the month Athôr. And a very great miracle took place which is worthy of mention. After the martyr

had finished [his course] his body became as white as snow, and it exhaled a sweet odour like unto that of the choicest incense and aromatic herbs. Now because of this sign very many men became Christians. And they laid the holy man in a shrine in a prominent place (?), where very many miracles and cures took place to the glory of God the Father, and of His Only-begotten Son Jesus the Christ our Lord, and of the Holy Spirit, for ever. Amen.

[This is] the miracle which was manifested through Saint Mercurius, and how the saint smote Julian, the lawless Emperor, with his spear; | and the [account] thereof is written Fol. 15 *b*
in the ninth [section] of the History of the Church. Amen. **ⲕⲏ**
Now at that time, when Cyril was bishop of Jerusalem, a mighty sign of the Christ was made manifest. From the third until the ninth hour of the day a great cross of light appeared standing above the grave of the Saviour, in the sight of all flesh, both believers and unbelievers, Barbarians and Romans. [It was so wonderful] that all the multitudes who lived in the city gathered together with their meat, and their drink, and their wine, [and whilst they were eating they gazed upon[1]] the cross until it ascended into heaven [about] the ninth hour. And the eyes of every one were gazing after it.

And Cyril, the Bishop of Jerusalem, wrote [an account of] the miracle which had taken place, and he wrote a letter, and sent it to the Emperor Kôstos (Constantius), | to the Province Fol. 16 *a*
wherein was the town of Athanasius. Now Athanasius ruled **ⲕⲑ**
over the Church of Rakote (Alexandria) for twenty years consecutively, and no strife whatsoever rose up against him; and the time which he passed in his diocese and in exile was twenty-two years. And when the Emperor Kôstos died Julian became Emperor in his place. He was a lawless pagan, and was descended from the sister of Constantine the Great,

[1] The text is here illegible to me, the leaves having been stuck together by damp.

whose husband was a pagan.[1] And the sons of Constantine saw that the young man had a strong voice, and fearing that he could not endure the . . . . . . of the empire . . . . they gave him to the Church, and made him a reader.[2] And certain men of his father's household led him into paganism,
Fol. 16 *b* and when Kôstos was dead Julian | reigned in his stead.
ⲗ̄ And Julian gave himself over to paganism straightway, and he sought to open the temples with the general consent of the public. Now he dwelt in the palace of Antioch, for he was unworthy to take up his abode in the buildings which had been occupied by Constantine. And he went into a place (i.e. shrine) of the pagans and their idols, and he took a hawk, and gave it to the priest, who offered it up as a sacrifice to the demon; and the priest took out the liver and gave it to Julian, who ate it up. And Julian was the son of his sister, and the empire was confided to him. And when he saw the purpose of the brother of his mother he seized Theodorichus the presbyter and steward of the church, and put him to death. And Julian came and received a report concerning him, and he was exceedingly angry, and said,
Fol. 17 *a* 'Though thou disturbest me I do not | wish to put the
ⲗ̄ⲁ̄ people to death, in order that they may not boast themselves and say, We have been made martyrs by thee. But when I shall come into the country of Persia I will impose a law upon them, namely, the Christians [shall pay] each year three oboli of the pagan per head, and the councillor three *ouggia*.[3] And these things he did so that he might harass the Christians by every means possible.

At that time the Church was rich in the valour of the men who were arrayed in the Spirit, and it was supported by

[1] Julian was the son of Julius Constantius by his second wife Basilina, the grandson of Constantius Chlorus by his second wife Theodora, and the nephew of Constantine the Great.

[2] The text is here illegible to me, the leaves having been stuck together by damp.

[3] The οὐγγία = the twelfth part of the *libra*.

four pillars, and these were they: Athanasius of Rakote, and Anthony and Pachomius in the southern country, and Basilius in Cappadocia. Basilius was a friend of Julian, because they had passed their childhood together at school. | And when Basilius heard of Julian's evil deeds he went to Fol. 17 b
visit him, together with certain God-worshipping friends who ⲗ̅ⲃ̅
belonged to his diocese. And when they had entered into Julian's presence, and he saw the humility of their condition, and that their beards were grown long, he said unto them, 'What are these men seeking after?' And Basilius answered and said, 'We are seeking after a shepherd who will be good to his flocks.' And the Emperor said unto Basilius, 'Where hast thou left the Son of the carpenter, that thou comest here?' And Basilius said unto him, 'I have left Him making a chest (?) for thee wherein thou shalt be cast [into hell].' And the Emperor said unto him, 'I am not going to enter upon a philosophical discussion with thee, because thou art my friend, and I do not want to have thy head taken off.' And Basilius said unto him, 'Thou art not a philosopher. If thou wert a philosopher thou wouldst not cast behind thy back the wisdom which thou didst learn when thou wast a reader of the | Books of the true wisdom.' The Emperor said unto Fol. 18 a
him, 'I read them, and I understood them.' And Basilius ⲗ̅ⲅ̅
said [unto the Emperor], 'Thou didst neither read them carefully, nor didst thou understand them, for if thou hadst understood them thou wouldst never have reviled them.' And the Emperor said unto them, 'I will shut you up until I have arrived in Persia, and I will make you to know what it is to oppose the Emperor. Ye shall be filled with affliction in the place of restraint.' And Basilius said, 'If thou shalt go into Persia and shalt return, then hath God not spoken by Basilius.' And Julian said, 'What shall I do to the Galilean, the liar? For He said in His heart, They shall not leave one stone upon another[1] in the Temple of the Jews. I myself will build an

[1] Matt. xxiv. 2; Mark xiii. 2; Luke xix. 44; xxi. 6.

imperial palace, and I will make His word to be a lie, and
I will make you to know that He is a liar.' |

Fol. 18 *b* And the Emperor commanded Basilius and the other two
ⲗⲇ men who were with him to be shut up in prison, and he
betook himself to his expedition into Persia. And he came
to Jerusalem, and he saw the ruins of the Temple, and that
there was not one wall standing round about it; and it was
in the same state as when Vespasian destroyed it at the time
of the destruction which he wrought against the Jews. And
Julian commanded his servants to clear out the place in order
that he might build an exceedingly splendid palace thereon.
And he appointed a count over the Temple who should clear
the site so that he might lay the foundations and build [the
palace]. And he betook himself to Persia, and waged war
there, and he left the holy men shut up in prison. And they
cleared out the ruins of the Temple, of which not one stone
remained that had not been torn away from the other,
according to the word of our Saviour; and they began to
Fol. 19 *a* build, | and they used to work on the building from sunrise
ⲗⲉ to sunset. [When] the workmen arrived in the morning they
used to find the portion which had been built up [the day
before] thrown down, but this was not done by the hand of
man. And they continued to work for two months of days
with the same result, and they were miserable, for their work
did not progress, according to the Divine Providence that
hindered them. And the Jews there spake to the workmen,
saying, 'Burn the tombs in which the Christians have buried
[bodies], and then ye will be able to build'; and they
hearkened unto them, and burned the tombs. And when they
came to the tombs wherein were John the Baptist and Elisha
the Prophet the fire would not touch them. And for many,
many days the fire filled the region round about them, but
it would not touch them. And certain of the brethren gave
Fol. 19 *b* unto him (i.e. the count?) | money, and entreated him to
ⲗⲋ allow them to take away the bones of the holy men; and he

took the money and did even as they spake unto him. And he let them have their will, and made them come by night and carry away the bones of the holy men John the Baptist and Elisha the Prophet. And the hand of the Lord was with them, and they were moved [thereby] to take the bones to Egypt unto Athanasius, because he very much desired to see them. And they came to the sea, and they embarked in a ship hurriedly, and they sailed and came to Rakote very quickly, and they gave the bones to Athanasius, and he rejoiced over them as if he could see them, that is to say, as if he were looking upon John the Baptist and Elisha in the flesh. And he hid the bones in the baptistery, and looked forward to the time when he would be able to build a martyrium over them.

And Saint Athanasius used to eat by | day in the garden Fol. 20 *a*
of our fathers with the brethren, and daily he invited the ⲗ̅ⲍ̅
chief clergy [to come there], and he ate with those who came to him of their own accord. And they did not only eat, but they hearkened also unto the words of the wisdom which God had given unto him, according to that which is written, 'Everything to the glory of God.'[1] Whether at the moment of fasting, or at the moment of eating and of drinking, he ate [and] he drank by the word of God at all times. He ate then with the brethren, and with the clergy, and with the chief 'lovers of work' of the Church in the garden which he had in the quarter of the city which was called 'Hermes', [and which was situated] to the south of the city. It was open towards (i. e. faced) the dunghills and the open spaces formed by waste ground. And he was wont to say, 'If I can find the time I will clear away the dunghills and will build |
on the site where they stand a martyrium to John the Fol. 20 *b*
Baptist.' And at that moment Theophilus was standing by ⲗ̅ⲏ̅
the table eating, because he acted as secretary to him, and he

[1] 1 Cor. x. 31.

heard the words which Athanasius said, and kept them in his heart. And Julian, according as he was impelled by wrath to go to Persia, [went thither], and the Christ Jesus God gave him into the hands of the Persians because he had left the holy men shut up in prison when he departed to Persia.

And the death that he died took place thus: He saw one night a multitude of soldiers coming against him in the air, and, behold, a spear transfixed him in his loins, and he knew that they (i. e. the soldiers) were the holy men (Mercurius and his friends). And he took his blood and threw it up towards heaven, saying, 'Take this, O Christ, for Thou hast taken the
Fol. 21 *a* whole world.' And having uttered [this] | blasphemy he
ⲗ̅ⲑ̅ straightway fell down, and God took away his rule from the people, and delivered us, and the Romans occupied their country. Three days before the death of Julian, Basilius in prison saw a vision, and he awoke and spake unto his companions, saying, 'This night I have seen the holy martyr Saint Mercurius. He went into his martyrium, and drawing forth his spear said, "Shall I permit this lawless man to blaspheme the God of heaven in this manner?" And having said these words he departed, and I ceased to see him.' And the two companions of Basilius answered, saying, 'In very truth we also ourselves have just seen this very same vision.' And when they perceived this purpose which God had shewn
Fol. 21 *b* them they believed, and they said unto each other, | 'Let us
ⲙ̅ send in to the martyrium of Saint Mercurius and see if his spear is fixed in its place or not.' And they sent, and finding not the spear they believed in the vision. And after three days letters were sent to Antioch, saying, 'The king hath died in battle.'[1] And as the result of a vote [directed] by God the whole Senate took Jovianus and made him Emperor in place of Julian; now Jovianus was a believer, and he had been a man of God from his youth. And he set at liberty

[1] June 26, A. D. 363.

immediately the holy men, Basilius, the pillar of truth, the Cappadocian, and the brethren. Thus then, according to the word of Basilius, Julian did not return. In the peace of God. May the prayer and supplication of this great general, Saint Mercurius, come upon us, and may we all be saved [thereby].

[Here follow in the MS. the extracts from the Psalms and the passages from the Holy Scriptures which are to be sung and read on the day of the festival of Saint Mercurius. These are: Ps. viii. 6, 7; xxi. 4, 5; Luke xiv. 25–35; Matt. ii. 1–12; Mark i. 1–11; and Matt. viii. 5–13. The Colophon states that the MS. was written by the most miserable of sinners and the most wretched and unworthy among men, Aurillios (Aurelius) Victor, the deacon, the son of the blessed Mercurius, deacon of the church of Saint Mercurius, the great General, in the city of Asna in Upper Egypt, who asks for the prayers of those who shall read the book, &c.]

THE MARTYRDOM AND MIRACLES OF MERCURIUS THE GENERAL

(Brit. Mus. MS. Oriental, No. 6802)

Fol. 1 *a* THE MARTYRDOM OF SAINT MERCURIUS THE GENERAL, WHO COMPLETED HIS GLORIOUS STRIFE ON THE TWENTIETH DAY OF THE MONTH ATHÔR, IN THE PEACE OF GOD. MAY HIS HOLY BLESSINGS BE WITH US. AMEN.

AND it came to pass in the twelfth year [of the reign] of the Emperor Decius, Valerianus and Maximinianus being Caesars and rulers with absolute authority, a persecution arose of all the . . . . and of every one who confessed the Christ. And he published an edict in every city, and in every country, and in every province compelling every race of men
Fol. 1 *b* . . . . . to offer up sacrifice to the gods . . . . | in the whole world at that time. And these were the words which were written in this ordinance: 'Decius, Valerianus, and Maxentius, the great Emperors who rule with absolute authority, and who are masters of the whole world, hereby issue a decree to [all those who are] in the world, and in the countries and provinces under our dominion, ... victory . . . . . the glorious gods have made manifest to us, according as they have had a care for us through their benevolent providence, more especially in the matter of the great victory which they give unto us in the contest of war, and they deliver us from out of the hands of our enemies, who rise up against us from time to time, and who make the dominion of

the Romans glorious in every country, and the barbarians become subject unto us . . . .

[The rest is wanting, as also is the text of the First, and that of a part of the Second Miracle.]

[THE SECOND MIRACLE.]

'I will teach thee.' And he came forward immediately to leap upon the animal, and to beat the man, who was a poor workman. And straightway Saint Mercurius turned himself on the bier, and the mule, whereon the man was riding, backed, and his feet were at once caught up in the saddle, and the animal ran away and fled with him, with the man hanging [head downwards] . . . . . blind. And the mule took the voice of men, and she cried out, saying, 'O thou man of perdition, and O ye pagans, whose god hath been destroyed, come ye out and look upon the holy martyr Mercurius, and the punishment (?) of your son, and believe ye on Jesus the Christ, the God of heaven and of earth.' And again the mule took to flight with him, and did not return . . . . [five or six lines wanting]. | O how very many were the wonderful things and sights which took place that day! There was not a single man who remained in all the city; for whether he were small or whether he were great, they came forth before the holy martyr, being driven out by [his] power. And the man, and his wife, and his daughter gave chase to the mule, and they suffered trouble, ... [seven or eight lines wanting] with him, and she took the image of gold which she used to worship, now it was in two halves, and [she] came out into the midst of the city, and every one was looking at her idol. And her daughter went to her like one of those who are demented, and she cried out, saying, 'O Saint Mercurius, look thou upon my wretched state, and upon my great disgrace, and the disgrace of my image, and have mercy upon me.' And when she had come out, her daughter told her, saying, Saint [Mercurius] . . . . [five or six lines

Fol. 2 *a* K̄

Fol. 2 *b* K̄Ā

Fol. 3 *a* wanting] | the coffin, she cried out, saying, 'O thou martyr,
ⲕⲋ who didst receive the [power?] from the King, the Christ, forgive me. I will believe in thee, and in thy God, Whose Name I am not worthy to utter from my polluted mouth.' And straightway the white matter ran down from her eyes as if she were shedding tears, and she was able to see, and her eyesight was restored, and it became even as it had been originally. And afterwards she hacked to pieces the image, and she pounded the fragments of it together, and she cried out, saying, 'O Apollo, take shame to thyself! O Christ, take honour to Thyself! May His martyr do the same!' And when her parents saw the healing which had taken place during the night, they cried out, saying, 'We are Christians! Alike are the God of heaven and His holy martyr, Saint Mercurius. Glory be unto Him for ever and ever! Amen.'

THE THIRD MIRACLE OF SAINT MERCURIUS.

And it came to pass after these things that the Christian folk held converse together, saying, 'Let us take the body of the martyr into the city'; and a few of them answered and
Fol. 3 *b* said, 'Perhaps | the heart of the righteous man will not be
ⲕⲍ persuaded [to allow this].' And after these things they began to strive each against the other, and straightway the righteous man moved of his own accord, and he departed into the city. And the mule cried out, saying, 'Sing praises to the martyr.' And the father of the young man who had been dragged at the saddle of the mule cried out, saying, 'I beseech thee, O my lord the martyr, as thou hast given light unto my daughter, let thy mercy assist also another child of mine, who is suffering, and is hung up (?).' And straightway the martyr put himself upon the ground, and he rose up and stood upon his feet, and there was not any [sign of] corruption in his body, neither was there in it any mark of a wound, and it had suffered in no way whatsoever. And

the clergy and the 'lovers of work' sang hymns before him, and censers (?) filled with burning incense of the choicest kind were there, and branches of shrubs with sweet-smelling flowers, [and these went with him] until they brought him into the city. And a certain man wished to take him into his house, but the righteous man would not be persuaded to allow this; now his body was as heavy as lead, and the people were not able to move it at all. And the multitude cried out, saying, 'He will not be persuaded to allow this; let us take him into the | church'; and he went with them, Fol. 4 *a*
and they took him into the church, and they left him there ⲔⲆ
until a martyrium worthy of him was built. Glory be unto him for ever and ever! Amen.

The Fourth Miracle of Saint Mercurius.

And it came to pass after seven days, during which all the multitude of the city had eaten and drunk, and had kept the festival with exceedingly great joy because of the manifestation of the body of the saint, that the father of the maiden unto whom the saint had given the light went to the bishop and asked him for holy baptism. And when the bishop had appointed to him a certain number of days wherein to fast, he baptized him and all his house, in the Name of the Father, and of the Son, and of the Holy Ghost. And when the number of his kinsfolk who had received baptism with him openly was made clear, it was found that fifty-three souls had been baptized.

And after all these things, behold, Saint Mercurius appeared unto the poor man as he did formerly, and he said unto him, | 'Why art thou lying here leading a life of ease? Why Fol. 4 *b*
dost thou not get up and make bricks for my shrine?' And ⲔⲈ
the man said unto him, 'My lord, I am a poor man, and I have no workmen, and I have neither beasts of burden nor money for the expenses [of the same].' And the saint said unto him, 'I will give unto thee whatsoever thou hast need

of, only thou must remain a poor man. When thou goest into my house, if thou shalt have no doubt in thy mind, thou shalt see my power. And when thou hast risen up early to-morrow morning, come thou to the eastern part of the first of the quarters of the city, and thou shalt find there the young man [who owneth] the mule and who shall go thither by chance, because he is wishful to meet thee and to talk about my body. Say thou unto him, "Whatsoever thou hast in thine hand give thou unto me, for I have need thereof." And he shall give unto thee three oboli, which he is wishing to give as alms. Assuredly I will not permit thee to lack anything, and they shall bring [money] unto thee [in such a quantity] that thou wilt not know what to do therewith. And if he shall ask thee, "Whence didst thou know that I had anything in my hand?" say thou unto him, "It was Mercurius, who healed thee, and it was he who told me to speak
Fol. 5 *a* unto thee." And, moreover, the young man shall | speak
ⲔⲈ unto his father, saying, Thou knowest at the moment when thou didst entreat me how I made haste, and hearkened unto thee, and how I gave light (i.e. sight) to thy daughter. And again I gave thee thy son, safe and sound. If there be anything that is lacking, make use of thy friend the martyr, for the honour of a friend [resteth] upon a friend, and the martyr is wont to perform abundantly. For to-morrow, however, this is abundance. If he shall give work unto thee, do thou do it; and if he will not hearken unto thee, feed thyself on the three oboli until we come to thee, by the Will of God, for I will come unto thee again and will not tarry.' And when the [saint] had said these things unto him he came out from him in peace.

And when the morning of the next day had come, the poor man rose up, and he walked into the first quarter of the city, and came upon the young man, and took [from him] the three oboli, and told him everything which Saint Mercurius had said unto him in the dream; and the young

man went and told | his father in fear. And when his father Fol. 5 *b*
had heard these things he glorified God and His holy martyr ⲕ̅ⲍ̅
Saint Mercurius. And he was not unmindful in the least degree, for he made ready his camels, and a large number of hired workmen, and a large number of waggons, and he collected a very large quantity of materials for building, and delivered them over into the hands of the poor man, so that the men might make bricks. And he gave him tools for digging up the ground, and everything of which he had need.

And it came to pass on a certain day that, whilst the beasts were occupied in ploughing, suddenly one of the oxen attacked the other, and gored him with his horns. And when the poor man saw what had happened he was greatly grieved, and he said, 'Woe unto me because of this thing, for the archon's servant hath slain his beast! Would that I had never related this dream to the young man, and would that he had not told it to his father, because he trusted me in this matter, and now this serious calamity hath come upon me.' And whilst he was
saying these things, behold, Saint | Mercurius took the form Fol. 6 *a*
of an archon of the city, and came out for a walk, and he ⲕ̅ⲏ̅
saw the poor man, and went up to him, and feigning to be surprised at what he saw said unto him, 'O man, why didst thou let thy beasts be so close together that one of them could gore the other? His master will hold thee liable for him.' And the labourer grieved exceedingly; and again he glorified the God of Saint Mercurius. And when the people unto whom the ox belonged heard [of this] they came to see what had happened, and they were exceedingly sorrowful, because the animal was a very fine one, and was very strong. And Saint Mercurius was sitting some way off, and no one saw him except the poor man. And a very large number of people collected round about the animal, and they took him into the city, into a place where he would be by himself; and they put food before him to make him eat, but he would not taste the food at all. And his master was very much

Fol. 6 *b* ⲔⲐ grieved | about him, for he was a powerful animal, and his body was goodly and large. And when the people had departed to their houses the poor man remained behind and was alone with the animal; and he was exceedingly sorrowful, and he was meditating upon his poverty. And suddenly, behold, Saint Mercurius came in, and he smiled a holy smile, and stood up by the side of the animal of the poor man, because he was in the habit of appearing unto him face to face. And the saint said unto him with a smile, 'Thou hast not tarried in becoming fatigued, O brother.' And the man said unto him, 'Come, and see what hath happened.' And after these things Saint Mercurius moved the ox with his feet, and he said unto him, 'In the Name of Jesus the Christ, my Lord, rise up, and perform thy work without suffering.' And the ox rose up with great vigour, just as if he had not received any injury whatsoever, and he ate some of the grass that was there. And straightway Saint Mercurius rebuked the ox which had fought with the other ox, and he said unto Fol. 7 *a* Ⲗ him, 'Thy horn shall fall out of thy head, | and thou shalt never again have the power to drive it into any man or animal, and thou shalt be gentle for evermore.' And straightway his horn withered away and fell out of his head, and he became gentle and docile. And the poor man cast himself down before Saint Mercurius, and said unto him, 'I thank thee, O my lord Mercurius, thou martyr of Christ Jesus, for the sake of whose Holy Name thou didst become a martyr'; and straightway Saint Mercurius hid himself (i.e. disappeared) from him. And the man came out, rejoicing and saying, 'Saint Mercurius hath appeared unto me and hath healed the ox, and hath rebuked the quarrelsome animal that attacked him, and he hath become a rational creature.' And the multitude came to see what had taken place, and they all cried out, 'One is the God of Saint Mercurius. Glory be unto Him for ever and ever. Amen.'

The Fifth Miracle of Saint Mercurius.

And it came to pass after these things that the people began to work at the making of bricks for the shrine | of Saint Mercurius, and, behold, the pagan archon himself came and put himself near to the workmen who were making the bricks for the shrine of Saint Mercurius. And he quickly prepared for himself a place on his property for making bricks, which was nigh unto theirs, for he wished to build an entrance hall (or, portico) to his house. And he came one day and sat down by the workmen who were making bricks for him, and he rose up and examined the bricks, and when at length he came to the bricks that were being made for the saint he felt that he would rather have [a few of] those than all his own put together. And he said, moreover, [within himself] 'I will carry away one hundred loads of these bricks which [are made by] the Christians, and I will give orders to the workmen to set them aside [for me]. And if they say we cannot permit thee to take them away, I will beat them, and then carry away the bricks by force, and I will see what this person Mercurius shall do unto me.' And he departed to his house on that day. And when a few days had passed he went and looked at the bricks of the saint, and he heaved deep sighs because both small and great in the city had turned themselves into day-labourers, and were working [at the brick-making] because they were eager to | [help in] building the martyrium for the saint. And, moreover, the alien pagan coveted with a great covetousness, which was of the devil, the bricks of the holy man. After these things he called to the poor man unto whom Saint Mercurius used to appear, and he said unto him, 'Come, shew me the limit of my stack of bricks and of thine, for I wish to add a building to my house.' And the man said unto him, 'Thy men know the number of thy bricks.' And the archon said unto him, 'I have taken no man with me except thyself, but, according to

Fol. 7 *b* ⲗⲁ

Fol. 8 *a* ⲗⲃ

my own opinion, up to this place the bricks belong to me.' And the poor man became greatly terrified, and said unto the [pagan], 'Punish not thine own soul, and lay not a finger on the bricks of this holy man, lest some calamity befall thee. Nevertheless, if thou dost determine to take them, I know thy might and thy strength.' And the pagan struck the poor man a blow, and said unto him, 'It is not as thou sayest. That one (i. e. the saint) shall strike a blow at thee, and I shall carry away more than these, [and then] I shall know thy strength, and [the strength] of that one, and what
Fol. 8 *b* he will do unto me.' And the [poor] man said | unto him,
ⲗⲅ 'Do whatsoever pleaseth thee. Behold, the God of Saint Mercurius is looking at thee, and thou wilt certainly not overcome Him.' And the archon straightway, with arrogance, sent a message to his servant, and he went and brought camels, and he walked before them in a haughty manner, and he loaded the camels with the bricks of the saint. And as he was standing before a very large male camel which belonged to him, he ordered with great arrogance his servant to load this camel with bricks, and he said, 'Let me now see the power of this Mercurius.' And straightway, before the words ceased in his mouth, the camel in front of which he was standing opened his mouth, and seizing the pagan archon he cast him down under him, and then lay down (or, rolled) upon him. And behold, straightway Saint Mercurius came riding upon his horse of the spirit,[1] and he stood by the camel who had gained the mastery over the man, and he smote him with his spear in his left leg, and |

[One leaf wanting—pages ⲗⲇ and ⲗⲉ]

Fol. 9 *a* 'now he threateneth me, for thou art he who shall give
ⲗⲋ a mark (or, sign) in my martyrium, and thou shalt hang [therein] head downwards.' And the multitude followed after him in fear and trembling until he entered (?) the lower part

[1] i.e. a phantom horse.

of the shrine hanging head downwards. And the man cried out, saying, 'My lord, Saint Mercurius, forgive me because of my ignorance, and I will give unto thee all my bricks for the building of thy shrine. And I will give unto thee the finest wood of every kind, and all the materials which I have collected in my house, and all the members of my house shall become Christians. And I will set at liberty my servants, and they shall become free men, and I myself will become the door-keeper of thy shrine until the day of my death.' And when the man had said these words the camel let him down on the ground, and Saint Mercurius laid his hands upon his wounds, and he healed him, and he set him free, and there was no sign of any wound whatsoever in all his body. And great fear seized upon every one who had been standing by and
looking on whilst | the camel was inflicting wounds on the Fol. 9 b
archon. And the archon made a confession before them and λζ
said, 'I saw Saint Mercurius driving his spear into me,' but when the man examined his body he could not find in it the mark of any wound whatsoever. And the people enquired of him, saying, 'Where is the wound in thy body? Assuredly thou didst cry out, saying, "Behold, the righteous man speared me in my legs with his spear."' And the archon said unto them, 'From the very moment wherein the camel dropped me, and [the saint] laid his hands upon all my body, I became healed.' And immediately the archon went to the bishop, who baptized him, and all the people of his house, and all his slaves, whom he set at liberty, and they left in peace. And he gave to the shrine of the saint all the materials which he had collected for the building of his own house, and the wood, and the stone, and all his bricks. And he sent them into the shrine, together with fine gold, and many cart-loads of materials. And he himself worked with his own hands among the workmen, and all his men did likewise, and all his beasts worked [for the saint] for nothing. And he said unto those who were working, 'Continue, and

build the house of this mighty man.' And he died, according
Fol. 10 *a* to the fate of all men, before the martyrium | was completed.
ⲗⲏ Glory be to God, and to His holy martyr Saint Mercurius!

The Sixth Miracle of Saint Mercurius.

And it came to pass that, when the building of the martyrium of Saint Mercurius had once been begun, it progressed rapidly, for the materials were abundant, and the workmen on the shrine of the saint were many. And after these things a certain man in the city came and walked about the shrine, and when he saw the timber and bricks for the shrine of the martyrium he marvelled, and he coveted some of the wood which was lying about. And he said, 'I have need of this fine plank of wood, and I am going to carry it off.' And he went to where the wood was, and lifted it up on his back, and he walked away with it until he came to within a short distance of the city. He then lost his way, and did not know where he was walking, because the saint had made his mind to wander, and at length he came and stood at the door of the poor man, the steward of Saint Mercurius, unto whom the saint used to appear. Now the man who had stolen the wood did not know whither he was going. And, behold, the saint spake unto the steward,
Fol. 10 *b* and said unto him, 'What doest thou | sitting here [idle]?
ⲗⲑ Behold, the wood is being stolen from my shrine! Rise up, and go to the door of thy house, and there thou shalt find the man with the wood on his back, and he is staggering about hither and thither, and he doth not know whither he is going. Now it is I who have made him lose his way, and I have prevented him from knowing where he was going, until at length he came to this place. Thou wilt see him there carrying the wood which he hath stolen.' And when the thief saw the house in front of him, and that one had opened the door to him, he recognized that the opener of the door was the steward of the martyrium, for his understanding

had returned unto him. And straightway he cried out, saying, 'One is the God of Saint Mercurius! Have mercy upon me, and be not angry with me, and bring [not] evil upon me. I have sinned against thee and I have stolen thy wood.' And, behold, the saint spoke again unto the steward, saying, 'Speak thou unto the man in this wise: Why didst thou dare to come and commit this outrageous robbery at my shrine? Moreover, the wood which thou didst go and steal was given unto my shrine [by men] for the redemption and salvation of their souls. But through the compassion of God, behold, I will set thee free. Take the wood and carry it away and lay it in the place wherein thou didst find it, and then get thee to thine own house. And when the morning hath come let him proclaim what hath been | done to him, in Fol. 11 *a*
order that others may fear, and may not again steal the ⲁⲁ
building materials from my shrine, lest I bring evil upon them.' And when the saint had said these things he disappeared from the steward.

And the poor man rose up, and came forth, and he found the man with the wood on his back, standing by the door of his house; now the thief knew not whither he had come. And he was saying, 'O Saint Mercurius, have compassion upon me, and have mercy upon me, for I have sinned, O my lord.' And the poor man spake unto him, saying, 'O my beloved brother, whence camest thou carrying [this] wood on thy back? I say unto thee this wood belongeth to Saint Mercurius; moreover, tell me all that hath happened unto thee.' And the man told him how he had carried off the wood, and how Saint Mercurius had made his mind to wander so much that he at length arrived at the door of the house of the poor man without knowing what he was doing. And the man unto whom Saint Mercurius [was wont to appear] announced to the man who had stolen the wood everything which Saint Mercurius had declared unto him. Fol. 11 *b*
And when the thief had heard these words he marvelled | and ⲁⲁⲇ

said, 'I will not do it for one day only, but if the God of Saint Mercurius will graciously grant unto me health, I will never cease to labour at his shrine until it be finished. And I will proclaim his mighty power in every place whereinto I shall go.' And straightway his senses returned unto him, and he departed to his house, and glorified God and His holy martyr, and he lay down and slept until the morning.

And when daylight appeared [the thief] proclaimed in all the city what had happened. And he went to the place where the wood had been brought, and he lifted it up on his shoulders—now every one was looking at him—and he carried it to the shrine of the saint, and laid it down in the place wherefrom he had taken it. And great fear fell upon every one who saw him, and no other man again laid a hand upon any other material for the shrine until it was completed. And the man [who had stolen the wood] did not cease to toil in mixing mud and making bricks for the shrine of the saint until [the building] was completed. And he glorified the Fol. 12 *a* God of Saint | Mercurius.

ⲙⲃ

THE SEVENTH MIRACLE OF SAINT MERCURIUS.

Hearken also, O my beloved, to the following great miracle, which is to the glory of the God of Saint Mercurius. And it came to pass that when the building of the shrine had been successfully finished, and it had been beautified with adornments of every kind, they made and placed in it a screen (or, grating) made of *shouebe* wood. Now there were three large *shouebe* trees which were the property of the woman unto whom Saint Mercurius had given the light, and these had belonged to her blessed husband, who before his death had intended them to be made into a large *kinbêl*. And besides [these], when God visited him, according to the fate of every man, and he died, he left very large possessions to her. Thereupon the apse was made of good and sound *shouebe* wood. And when a very large number of men had been gathered

together to lift it up into its place, a few of the workmen said among themselves in a jesting manner, 'I really do wish that the heart of Saint Mercurius would be gracious unto us who are building his martyrium, and that he would make the *shouebe*-wood apse to put forth | branches, laden with fruit, Fol. 12 *b*
just as if it were growing, so that we might eat thereof.' ⲙⲅ
And suddenly, whilst yet the words were coming out of their mouths, the wood sent forth branches laden with very fine ripe fruit. And when the multitude saw what had taken place, they cried out with a loud voice, and glorified God, and His holy martyr who doeth great and mighty and marvellous things. And certain zealous men brought away some of the fruit, and laid it up for themselves in their houses as a phylactery. And O how very many were the cures which were performed by means of that fruit! And the multitudes ate, and drank, and gave thanks unto God and to His holy martyr, Saint Mercurius. And every person who was in the city and in its neighbourhood, both small and great, heard of this, and they came with one accord to see the great miracle; and both men and women came and saw what had happened, and [learned] that it had been done by the righteous man.

And there was in the city a certain Jew who was called Gaipios, and he behaved in an | uncouth and savage manner Fol. 13 *a*
to every man, more especially to the Christians. And he too ⲙⲇ
heard of the wonderful thing which had taken place in the shrine of the saint, and he said, 'I will go and see if these things which these Christians are saying are true or not; peradventure they are telling lies.' And he commanded one of his slaves to saddle a white she-mule, and he mounted her, and he said unto his servant, 'Come, and let us see the stupid fraud which the Christians are celebrating.' Thereupon they set out together, and went on until they came to the shrine of Saint Mercurius, and the Jew went into the shrine riding upon his beast. And one of the Christian young men who cleaned and tended the shrine said unto him, 'Whither goest

thou, O godless man, with this beast? Wouldst thou go into the church of God [riding upon an ass]?' And the Jew paid not the smallest regard to him, nor to his words, but he
Fol. 13 *b* went in and stood still, and looked up | into the apse, which
ⲙⲉ was laden with fruit and leaves that seemed to be growing upon a tree in the ground. And the Jew said, 'Who is it that hath been adding leaves which are out of season to the crowns? They tell lies about the saint in saying that it is he who hath done this.' And the incorruptible young man, who had at first spoken to the Jew about [bringing] the beast upon which he was riding [into the shrine], answered and said unto him, 'He who shall destroy thee forthwith is he who maketh manifest all the miracles.' And straightway [the Jew] was filled with wrath, and in a mighty passion he rode his beast at the young man in order to trample him under foot. And straightway the feet of the mule sank down into the ground, as if it had been mud, and the Jew fell upon his face, and cut himself on the stones and bricks which were lying scattered about on the floor of the building. And, behold, straightway Saint Mercurius came to the door, and he was accompanied by an angel, and he was holding his spear in his
Fol. 14 *a* hand. | And he said unto the Jew, 'What doest thou in this
ⲙⲋ place, O thou man? . . . This place is not one in which to stable beasts, [though] thou hast brought thy mule into it. The leaves (or, foliage) are out of season, and so likewise is the fruit. Thou hast come into this place for the purpose of driving away those who are working at my shrine. Thou wilt neither work thyself [for me] nor wilt thou let others work.' And straightway the saint thrust his spear into the middle of the body of the Jew, and his bowels came out, but no man saw the saint except the Jew, whom the saint was piercing. All they saw was a man lying stretched out upon the ground in a state of unconsciousness, and knowing nothing whatsoever about what had happened to him.

And it came to pass that after a time the Jew cried out

with a loud voice, saying, 'O Saint Mercurius, help thou me in this hour of necessity, and I will never, never again be ignorant concerning any of the saint's deeds. And if thou wilt shew mercy unto me, and wilt bring me out of this sickness, I will become a Christian. And | I will make and Fol. 14 b
dedicate a stele to thee whereon thou shalt be represented in ⲙⲍ
all thy glory, and I will make thee [to appear as thou art] now, with thy spear thrust into me; and I will also make a figure of myself lying prostrate under thy feet, in great shame and helplessness.[1] And I will gild thy figure with the finest gold, and will [inlay it] with precious stones which shall sparkle like fire, that is to say, with chrysolites, and the figure of thy spear I will inlay with precious stones of great price, that is to say, with diamonds. Help thou me, O my Lord Mercurius.' And having said these words he fell back prostrate and lay there half dead.

And after these things the angel of the Lord spake unto Saint Mercurius, saying, 'Withdraw thy spear from him, if he will truly believe in our King the Christ. Far better is the sinner [who repenteth] that he hath sinned than a righteous man, and there is joy among the angels over a sinner who shall repent of | his sins,[2] even according to what the Saviour Fol. 15 a
told His disciples when He was with them, saying, "Let Thy ⲙⲏ
mercy come to him, for he is without knowledge."'[3] And the saint released the Jew. And when his senses returned to him, he related unto the multitude that were gathered together everything that had happened to him, and they glorified God Who worketh these miracles by the hand of His holy martyr.

And after these things the man rose up, and departed to his house, and he related to his wife and to his servants everything that had happened unto him; now he had no son, for [his wife] was barren. And on the morrow he said unto his wife, 'Whatsoever God willeth let it come to me.' And

[1] See Plate XIV. [2] Luke xv. 10.
[3] Compare Luke xxiii. 34.

he took his wife and his servants, and he went to the bishop, who baptized them in the Name of the Father, and of the Fol. 15 b Son, and of the Holy Ghost. And the bishop called | the ⲡ̄ (sic) name of the Jew Zacharias, and that of his wife Elisabeth. And when he had gone into his house he knew his wife, and she conceived two male children at one time. And when nine months were fulfilled, she brought forth male twins. And she called the first-born Mercurius, after the name of the saint, because, [said she], 'I have obtained salvation through him'; and the second she called John, after the name of the Baptist. And after all these things the Jew summoned an artificer in metals, and gave unto him ten pounds of fine gold, and a number of very fine precious stones, and the artificer made a portrait figure of Saint Mercurius, holding in his hand his spear, which was inlaid with diamonds. And he made also a figure of himself (i. e. of the Jew) in gold, inlaid with precious stones, [lying] at the feet of Saint Mercurius, who was thrusting his spear into his body. And the Jew took | Fol. 16 a this stele into the church, and after it had been consecrated ⲡ̄ⲁ̄ at the shrine he deposited it in the sanctuary, where it remaineth to this day. And it is at this moment a testimony of the miracles of the holy martyr, Saint Mercurius. In the peace of God! Amen.

The Eighth Miracle of Saint Mercurius.

And it came to pass that, after the shrine of the saint had been consecrated, the report of the miracles which were performed therein spread abroad into every region. And a great multitude of people came to visit his holy relics, and worshipped them, and those who were sick obtained healing, and departed to their houses. And he (the saint) cast out devils, and the people paid many vows and gave offerings to his shrine. And there was a certain archon who lived on an estate which was nigh unto this place, and who was called, according to his name, that is to say, 'Kuri[o]s Hermapollo.'

And he had | a little daughter, who was an only child, for he Fol. 16 *b*
had not begotten a son, and had no child except her. He [ⲡ̅ⲃ̅]
had brought her up [from the time when] she was a little orphan, and he was wont to regard her in the same way as he regarded God. And he heard of the mighty deeds and miracles of Saint Mercurius, and he rose up and took as a little benefaction thirty oboli, and he went into the shrine of the saint, and he prayed, and gave the thirty oboli to the steward of the shrine. And the clergy made a great feast in his honour, for they were very hospitable men, and they drank a large quantity of wine, and they ate very much food, and they pleased the archon very greatly. And when at length the opportunity offered itself the archon said, 'Of what thing have ye need? Tell me, and I will dedicate it to this shrine.' And the clergy and the steward said unto him, 'We wish to have a good bier whereon we can carry
the body of the martyr.' And the | archon made answer, Fol. 17 *a*
saying, 'If the God of Saint Mercurius will fulfil the petition [ⲡ̅ⲅ̅]
which I shall make, I will have made a bier for the martyr. I will decorate it with the finest carvings in ivory, and it shall be like unto the couches of the Roman Emperors.' And after these things the archon laid himself down to sleep in the night, and behold, Saint Mercurius appeared unto him in the form of a general, and he said unto him, 'When thou shalt have risen up, and mounted thy beast, and entered into thy house, do not omit to have this bier made for me even as thou hast promised. For I know that thou art liable to be a little careless about the ordering of the bier concerning which the clergy informed thee in the evening. Now I will not make a bargain with thee, but I know that after a certain time thou shalt beget [a son]. Come to my shrine, and I will shew mercy unto thee.' And the archon awoke from his dream, and he marvelled exceedingly. |

And when the morning was come the archon went into the Fol. 17 *b*
church and worshipped before the body of the martyr, and ⲡ̅ⲇ̅

he came forth and mounted his beast, and departed to his own house. And when the day had arrived whereon the archon was to come into the martyrium of the saint, a certain archon of the city, hearing that his daughter was a virgin, and that she was very beautiful, sent some of the people of the city to him, saying, 'I wish to take thy daughter to be my son's wife. And I will give thee [for her] a crown (or, sceptre) in gold and silver, and men slaves and women slaves, and camels, and ships with crews that sail on the sea, in such numbers as befit the honour of thy greatness.' Then the mother of the maiden, that is to say, the wife of the archon, called to him, and she informed him of the matter. And the archon said, 'If I cannot find a young man whom I can bring into my house, and to whom I can transfer all my
Fol. 18 *a* income, I shall never | be able to let her leave me[1]; and
ⲚⲈ besides her I have no other child. I regard her as I regard God.' Then the wife of the archon told everything [which the archon said] to the women who had come [from the other archon], and they departed sorrowfully, and reported the matter to the young man and to his parents, and they were grieved exceedingly, and spake never a word.

And when the evening had come the parents of the young man called to their son, and they spake unto him about several other maidens in the city, but they did not please the young man; on the contrary, he was sad of heart because of the maiden. Now he knew that she was exceedingly beautiful. And the young man was still a minor, and he attended school (or, college), and was under the direction of his master. And the master was in the habit of sending the young man daily to the maiden, and he told her the things which his master wrote down for him upon his writing tablet. And besides this the young man, because of the intensity of his love for her, would spend the whole night lying on his bed pondering

[1] Rendering doubtful in places.

what he could possibly do to obtain possession of the | maiden, either by lawful matrimony or by fornication. In short, he continued to be in a very sorrowful state, but he told no man [the cause] of his sorrow. Fol. 18 *b* ⲡⲉ

And it came to pass that in less than a month after these things had taken place the mother of the young man died, and because of his great grief for the young man's mother the archon did not again seek out a wife for his son. And as for the young man, his mind never ceased to run upon the maiden, and he pined away daily, and at length he came nigh to die. And he paid visits to many magicians, for he wished to compel the minds of the parents of the maiden to incline to the giving of her to him, but he did not attain this object. And at last he found a mighty magician who said, 'I will make thee to see her, and thou shalt have speech with her several times mouth to mouth.' And the young man by reason of the intensity of the desire of his heart for [the maiden] |

[One leaf, or more, wanting]

the corner. And they made the wooden supports to stand on bases, and they carved leaves in ivory [and affixed them to them]. And they made the bier, and they fastened to it the image of the martyr made in brilliant precious stones, and three crosses of gold and three crosses of silver. At length the bier was finished satisfactorily, and with great splendour, and he laid the bier upon his beasts by night, and he and his wife, and his sick daughter, and his servant set out and arrived at the shrine of the saint on the third day, which was [the day of] the festival of Saint Mercurius, that is to say, the twentieth day of the month Athor. And when the clergy saw the bier they marvelled exceedingly, and they sang hymns of praise, and they took it into the church. And the archon, and his wife, and his daughter went into the martyrium, and they worshipped before the body of the saint with great joy. And the steward took them away into a place by themselves, where Fol. 19 *a* [?]

Fol. 19 b [?] they rested | from the fatigue of the journey. And their daughter was suffering greatly, because her disease, which was like unto that caused by a devil, was aggravated by the church.

And, behold, Saint Mercurius arrayed himself in the garb of a general, and he went to the city of the archon, and entered into the house of the young man who had brought the serious sickness upon the maiden. And he appeared unto him in a very terrifying manner, with his drawn sword in his hand, and he struck him thrice with [the flat] of the sword, being full of wrath. And the young man awoke from his sleep, and he saw the holy man standing over him, face to face, and he rose up quickly upon his bed so that he might leap to his feet and make his escape. And straightway he fell upon his face at the feet of the saint, who continued to beat him very severely for a long time. And the young man kissed the feet of the saint, saying, 'Woe unto me! I am a sinful man!' And he wept, and he said, 'What is the sin which I have committed against thee, O my lord?' And
Fol. 20 a [?] the holy man said | unto him, 'Hast thou never heard what is written: "Thou shalt not curse the governor of thy people, neither shalt thou [raise] thine hand against the anointed of the Lord?"'[1] And the young man said, 'It is thus written, my lord. But tell me thy name, and do thou make me to know my sin, for I repent of my sin, and I know that there is repentance [for me].' And the holy man said unto him, 'I am Mercurius, who work these miracles in this city of Caesarea. I have come to scourge thee and thy magician, who hath caused this severe illness to fall wrongfully upon the daughter of Hermapollo of this city. But inasmuch as I see repentance in thee, I will not destroy thee this time. Only take heed, and when thou risest in the morning forget not to go unto the magician who is causing [this] sinful thing,

[1] Exod. xxii. 28 Θεοὺς οὐ κακολογήσεις, καὶ ἄρχοντας τοῦ λαοῦ σου οὐ κακῶ ἐρεῖς.

[and bid him cease]. And when thou comest to my shrine thy joy shall be fulfilled in every particular.' And the young man said unto the saint, 'I myself will come joyfully, but perhaps that magician will not agree to come.' And Saint Mercurius answered and said unto him, 'Deliver thyself, | and do not Fol. 20 b
permit that man to come and assume authority over thee.' [?]
Then the holy man disappeared from him.

And when the morning had come the young man went to [his] father, and said unto him, 'My father, help me. I wish to go to the shrine of Saint Mercurius and pray.' And his father cherished him exceedingly, for he had no other child besides him, and he said unto him, 'Go, my son, but do not tarry in coming back, for my bowels yearn for thee, O thou light of mine eyes.' And he gave him a large quantity of goods, and three male slaves to escort him on his way. And he travelled on his way in great haste, and came to the city wherein lived the man who was a magician. And the young man said unto him, 'Magician, rise up, let us go to the shrine of Saint Mercurius, and pray there'; and he related to the magician everything which had happened unto him. And when the magician heard that the man and his daughter were in the martyrium of the saint he was afraid, and he said, 'If thou wert to kill me at this moment I would not come [with thee] to the shrine of Saint Mercurius, for it hath been revealed unto me that the father of the | maiden will kill me because of Fol. 21 a
[the illness of] his daughter.' And straightway the young [?]
man continued his journey, with great strenuousness, until he came to the martyrium of the saint in great fear; and he worshipped before the body of the saint, and he saw the maiden lying as it were on the body of the saint, and her father and her mother were crying to the saint to help her, and he afforded her some relief (?). And the young man called the steward, and gave to him ten oboli. And the archon, who was the father of the maiden, looked [behind,] and saw the young man, and he recognized him, and he went

to him, knowing nothing about the matter, and saluted him, and enquired of him concerning the health of his house. And when the two of them had prayed the archon urged the young man, and took him to the upper chamber wherein he lodged, and they ate and drank together, and the young man saw the maiden, and he rejoiced exceedingly; but he was grieved for her because she had suffered torments, and the Fol. 21 *b* heart of | her parents was shamed because [she had not [?] recovered] from her illness. And besides this the young man was afraid that the martyr would not appear, and, in short, there was very great anxiety in the heart of the young man.

And Saint Mercurius appeared to the father of the maiden, and he lifted him up as he lay upon his bed, and he took him outside the place wherein he slept, and he said unto him, 'Give thy daughter to the young man who is with thee, if thou wishest to have her healed, and do not seek out evil in him, lest some other trouble, far more serious than this, come upon her.' And he informed him that after three [months] had passed his (the young man's) father would die, and that the young man would attain full age, and he said, 'Neglect not to take him for thy daughter after the death of his father.' And the saint told him how the young man had caused magic to be worked upon his daughter, and how she had fallen sick through his longing for her; and he also told him how he himself had appeared to the young man, and how he had chastised him with his own hand, and concerning everything which had happened to the young man until he came to the martyrium. And when Saint Mercurius had said these Fol. 22 *a* things | he disappeared. And the archon awoke from his [?] dream, and he smelled a very strong sweet smell, and he said, 'Verily it is Saint Mercurius himself who hath come and appeared unto me.' And he continued to think about the young man, and about what he had done to his daughter, because of his desire for her, and about the giving of his daughter to him, and he pondered and wondered whether or not it would be the wish of the saint to make the mystery clear, and whether he should keep [the matter] secret.

And whilst he was meditating upon these matters a trumpet was sounded to make all those who were sleeping in the shrine to get up, and to come to church, and to sing hymns with the 'lovers of work' (?), because it was the day of the great festival of the saint, that is to say, the twentieth day of the month Athor. And the people rose up, and arrayed themselves in white garments with joy, and they came into the church, and they continued to sing hymns until the day came. And the archon also rose up, and he called his wife and his daughter, and they came to the shrine, followed by their slaves, and the young man also came with his slaves, and they went in | and worshipped at the body of the saint; Fol. 22 *b*
and they rejoiced. And the young man looked at the bier and [?]
marvelled at its beauty, and he found the magician tied to the bier of the martyr like a muzzled dog. And when he saw the young man he cried out, saying, 'Woe is me, O my lord brother. Come and look upon my most wretched state.' And the young man said unto him, 'Wherefore hast thou come into this place?' And the magician said unto him, 'O my brother, it came to pass when thou didst depart from me that Saint Mercurius came to me, and he gagged me, and he brought me hither, and tied me up to this bier, and the people treat me with scorn.' And forthwith he cried out, 'Help me, [O] my beloved brother, for even whilst I am talking to thee the saint is slapping my face, and I am greatly shamed.' [And the young man] said unto him, 'Have they not informed thee concerning the mystery—that it hath been revealed? Why dost thou seek to make it manifest?' And behold, immediately, a demon leaped upon the magician, and | he overpowered Fol. 23 *a*
him, and thrust him to the ground, and cried out, saying, [?]
'Let me alone. I will teach him! Saint Mercurius hath commanded me [to do so], for very great are the blasphemies which he hath made (i. e. uttered) against God Who made

him.' And behold, a devil took possession of a woman also, even in the presence of the body of the saint.

And when the Eucharist was ended all the people gathered themselves together to see how the saint had put to shame the devils. And the archon came and sat down. And the woman who was possessed of the devil cried out, 'O Hermapollo, ...[1] the evil of this magician, for it is he who hath enchanted (or, bewitched) thy daughter. And, moreover, give thou thy daughter to the young man, according to what thou wast told in [thy] dream, otherwise she will never be healed. And do not thou neglect to accept the person of the young man for thy daughter's sake, for his father hath only another three months [to live]. And after these things thy heart shall have rest.' And the heart of the archon's wife wondered by reason of the things which she had heard; |
Fol. 23 b [?] and behold, immediately the mother (?) of the maiden looked upon her, she was relieved of the torturing pain, and she was as if she had never been ill at all. And the woman through whom Saint Mercurius had spoken said unto the magician, 'From this moment onwards thou shalt never dwell among men, but thou shalt flee to a remote place, and thither shalt thou abide by thyself in the wilderness until the day of thy death.' And he (Mercurius) rebuked the spirit which was in him, and cast him out, and he made good his faculty of sight, and the magician departed into the desert, and there he dwelt until the day of his death.

And when the day of the festival was over Hermapollo mounted his beast, and he, and his wife, and his daughter, and his slave[s], and the young man, and his slave[s] departed, and they came to their native city. And the archon announced to his wife everything which the saint had said to him in the dream. And when his wife knew (or, understood) what the archon told her of the dream she saw that what he had told

[1] Text illegible.

her was the same as that which the saint spake by the mouth of the woman who was possessed of a devil. And when the people heard [these things] a great trembling of heart took place in their midst, and they sent | messengers to him, and they ate and drank with him. And they told him, saying, 'Cease to be anxious, and we will arrange the marriage according to what Saint Mercurius spake unto us.' And when the young man heard these things he rejoiced exceedingly; and when the feast was ended the young man went into his house, and he told his father everything, and his father rejoiced exceedingly. And when the morning had come the father of the young man gathered together all the rich noblemen of the city, and they came to the house of Kuri[o]s Hermapollo, and they spake to him concerning his daughter. And they agreed together, and the archon gave her a large quantity of gold and silver, and numerous ornaments of jewellery, and men slaves and women slaves, and boats and ships with crews that sailed the sea. And they brought singers, and players upon pipes and tambourines and [other] musical instruments, and play actors, and acrobats and buffoons, and they celebrated the wedding with very great pomp and ceremony. And one week later a very large number of rich men and a very large number of archons were invited, and they celebrated the | wedding with great splendour and they rejoiced exceedingly. And within three months after the wedding the father of the young man died at a ripe old age. And when the days of mourning were fulfilled, the young man took his gold and his silver, and all his possessions, and his slaves, and brought them to the house of his father-in-law, and they remained together until the day of their death. And they (i.e. the young man and his wife) used to come every year to the shrine of Saint Mercurius, on the day of his holy festival, and pray there and give thanks unto God, to Whom belongeth mighty miracles. And, O my beloved, ye see these great and gracious acts which God

Fol. 24 *a* [?]

Fol. 24 *b* [?]

performeth for His chosen ones from time to time! And, O ye God-loving people, I wish I could set a few of them before you; but I know that I have not the strength to complete the description of the miracles [of any one] of the saints, especially those of the martyr Saint Mercurius! And, moreover, moderation is good in everything. Blessed be every one who readeth . . . . . .

[The rest is wanting]

THE ENCOMIUM OF ACACIUS, BISHOP OF CAESAREA, ON MERCURIUS THE MARTYR

(**Brit. Mus. MS. Oriental, No. 6802**)

THE ENCOMIUM WHICH SAINT APA ACACIUS,[1] Fol. 25 *a*
BISHOP OF CAESAREA, PRONOUNCED IN THE [ⲁ̅]
MARTYRIUM WHICH WAS BUILT IN THE NAME OF SAINT MERCURIUS, ON THE DAY OF HIS HOLY COMMEMORATION, THAT IS TO SAY, THE TWENTIETH DAY OF THE MONTH ATHÔR, WHEREIN HE PRAISED THE NUMEROUS MIGHTY DEEDS AND MIRACLES WHICH TOOK PLACE THROUGH THE HOLY MARTYR, SAINT MERCURIUS. IN THE PEACE OF GOD. MAY HIS HOLY BLESSING BE WITH US ALL TOGETHER. AMEN.

VERILY, 'the light hath risen upon the righteous,' in respect of this Saint Mercurius, according to the words which the sacred singer, the father of the Christ according to the flesh, the righteous king, the hymn-writer, David spake.[2] He crieth
out, he crieth out | with his sweet voice, and he singeth to Fol. 25 *b*
his harp with the plectrum in his hand, saying, 'The light [ⲃ̅]
hath risen upon the righteous.'[2] And again he saith, 'The light hath risen in the darkness for those who are right in their hearts.'[3] The Christ Himself saith in the Gospel, 'Then shall the righteous shine like the sun in the kingdom

[1] Perhaps Acacius the 'one-eyed' who ascended the episcopal throne about A. D. 340.

[2] Ps. xcvii. 11.

[3] Ps. cxii. 4.

of their Father.'[1] Now Saint Mercurius . . . .[2] was a pagan before thou didst know the Christ well. And having buckled on his armour he went forth to fight against the Barbarians. Now before these things he served as an officer under Decius, the lawless Emperor. He took in his hands arrows, and ceased (?) not to destroy the Barbarians with them. And the angel of the Lord came down from heaven, and gave unto him a sword, saying, 'Destroy the Barbarians [with this] . . . . [several

Fol. 26 *a* ⲡⲁ words are wanting here] | it is seemly that we should manifest great readiness of disposition towards them (i. e. the gods), and that we should pay honour and glory unto them according to their merit, and offer gifts and offerings in return for the good things which they have performed for us in times past. We order the doors of all the temples to be opened, in every city and in every town, from Rômania [in the north] to Pilak (Philae) and Kûsh[3] in the south, and incense to be offered up therein to the glorious gods, and their worship to be performed therein with great zeal. And we command that no Christian shall be allowed to appear in any sacred place, and that the governors of the provinces shall pursue the Christians in every place, whether bishop, or presbyter, or reader, or monk, or layman, or male, or female, or soldier, or peasant, or civil officer; in short, every

Fol. 26 *b* ⲡⲃ class of man [that existeth] for the | administering of my kingdom, and shall compel them to offer up sacrifices to the glorious gods. And whosoever shall gainsay (or, resist) my command him shall they deliver over unto severe tortures of various kinds until he dieth.'

Then Decius, the lawless Emperor, ordered the herald to make a proclamation throughout the whole city, saying, 'Take heed, O all ye people, whether soldier or peasant, and

[1] Matt. xiii. 43.

[2] Text mutilated.

[3] A portion of the Nile Valley which lies between the First and Second Cataracts.

every man of every class and of every age whatsoever, and come, all of you, to the temple of the gods and offer up sacrifice to them therein. Build firmly altars at the gate of the temple, offer up sacrifices upon them, frankincense, and bulls, and goats, and feathered fowl, and let the firmament be filled full with the smoke of the heavy fumes of their burning carcases.' And there was great quaking among the Christians, for [the servants of Decius] pursued them, and beat them, and dragged them to the gates [of the temples], and to the secret shrines, and they compelled | them to offer up Fol. 27 *a*
sacrifices. And there was very great trouble in every place, ⲉ̅
for the tyrant commanded [his soldiers] to produce before him every kind of terrifying instrument of torture in order that when the Christians saw them they might fear the glittering swords, and the iron beds, and the instruments for drawing out the sinews, and the knives for slitting and cutting out the tongue, and the metal helmets, and the sharp butchers' knives, and the brazen cauldrons filled with boiling bitumen, and the brazen cauldrons filled with [boiling] oil (?), and the wheels with knives attached thereto, and all the other terrifying instruments of torture. And that impious Emperor said, 'Whosoever shall gainsay (or, resist) my command I will gouge out his eyes, I will tear out his tongue, I will take out his entrails, I will cut through the soles of his feet, and I will take out his brains, and the rest | of his Fol. 27 *b*
body I will give to the fire that it may consume it.' And ⲋ̅
when the men who were pious saw these things great despair laid hold upon them, and they were afraid, and they dropped their hands by their sides in helplessness. Every man was delivering his neighbour over unto death, fathers were delivering their sons over unto death, and forgot the truth (i. e. tie) of nature, and brethren dragged out [brethren], and thrust them forward, and delivered them over unto death. And every one who confessed the Name of Jesus was greatly disturbed.

And there was in the army a certain valiant young man

whose name was Mercurius, and he was an officer in the Martusian regiment, and he feared God. He was exceedingly goodly in appearance, and the whole army loved him because
Fol. 28 *a* of his intelligence and his cultivated manners. | He was by
ⲍ̄ race a native of Cappadocia, and he was a Christian from his childhood, and his parents were Christians. He was a mighty man in battle, and God was with him in all his works. And when the tribune saw that he was far advanced in his knowledge of the theory and practice of the craft of the soldier he made him a commander[1] of his regiment. And when the Emperor saw the valour of the young man he loved him, and clave to him, and took counsel with him about the affairs of the Government. And it came to pass after these things, when the persecution had spread abroad, that the heathen Barbarians revolted against the Romans. And the Emperor Decius and the whole Senate found themselves in a position of great difficulty through their great lack of troops and equipment, and through the defeat which had come upon
Fol. 28 *b* them suddenly. For the Barbarians | had fought against
ⲏ̄ them with such success that they captured the great country of Armenia which was on the frontier between them and the Romans. And the Emperor Decius commanded the soldiers of every troop and regiment to be called up to go to the war and to fight against the Barbarians. Then the Emperor reserved for his own command certain armies and regiments, and he marched out to do battle with the Barbarians. He crossed the Euphrates, the great river, which is on the frontiers of Armenia, and he conquered the Barbarians in the twinkling of an eye, and defeated their king and his army.

And it was at that time that the great valour of this noble man, Saint Mercurius, the true believer, the commander of the Martusian regiment, was revealed. He was a man who was perfect in his service of God, and in his daily life and conver-

[1] **ⲧⲣⲓⲙⲏⲕⲓⲣⲓⲟⲥ**, for **ⲡⲣⲓⲙⲏⲕⲓⲣⲓⲟⲥ** = primicerius (?); see **ⲡⲣⲏⲙⲓⲕⲓⲣⲓⲟⲥ**, p. 864, note, and **ⲡⲣⲓⲙⲏⲕⲧⲣⲓⲟⲥ**, p. 234, l. 25.

sation he practised piety of every kind. The Word of God was sweeter than honey in his | mouth every moment. And Fol. 29 *a* ⲑ̅ it came to pass that one night when he was sleeping among his troops, having finished reciting his prayers, he lost consciousness for a little while. And behold, the angel of the Lord stood over him, and touched his side, and awoke him. And the angel had a sword in his right hand, and his appearance was awe-inspiring, and he was arrayed in the panoply of war which was marvellous [to behold]; and when Saint Mercurius saw him he was greatly afraid. And the angel answered and said unto him, 'Mercurius.' And Mercurius said unto him, 'Behold me, O Lord.' And Mercurius opened his eyes, and when he saw the angel he was greatly afraid, and he thought that he was one of the imperial officers or a general. And the angel reached out to him the sword which was in his hand, now it was in his | hand and drawn from Fol. 29 *b* ⲓ̅ its sheath, saying unto him, 'Take this drawn sword which is in my hand, for by means of it thou shalt destroy the whole host of the Barbarians. I am the Commander-in-Chief of the hosts of the Lord. I have come to help thee and thy fellow soldiers who believe in the Lord Jesus the Christ. Now therefore conquer and prevail, for I will be with thee until the end of thy strife, in peace. Behold, the time hath come, and behold, the contest is arranged. Strive in such wise that thou mayest receive thy strength,[1] for no athlete receiveth the crown unless he hath striven skilfully, and the husbandman who hath toiled strenuously is he who receiveth the fruits first. Now, therefore, hearken unto the words which I shall speak unto thee, and delay not to place thy confidence in the Lord thy God. For a mighty contest is prepared for thee, and thou shalt be a valiant | martyr. The fame of thy Fol. 30 *a* ⲓ̅ⲁ̅ martyrdom shall be bruited abroad throughout the whole world, and every one who heareth concerning it shall marvel at thy valour, and they shall glorify God because of the

[1] Read ⲙ̅ ⲡⲉⲕⲕⲗⲟⲙ, 'thy crown' (?).

mighty deeds, and miracles, and works of valour which the Lord thy God shall have performed for thee. Great tortures await thee at the hands of the lawless Emperor, and cruel tribulations; but endure patiently, and thou shalt receive a crown incorruptible. Whosoever is held to be worthy to touch thy body shall be saved. And if any man shall be in any need or necessity, or shall be suffering torture (?), or [in peril] in the desert, or in peril by sea or by river, or in tribulation, or in prison, if he remember thy name with faith, and call upon thee, he shall be saved. Whosoever shall build
Fol. 30 *b* a | shrine in thy name, and shall give an offering in thy
ιϛ̄ name on the day of thy commemoration, on them will I bestow my blessing and happiness in their habitations, and I will never allow them to lack anything whatsoever. Of the man who shall make a copy of the book of thy martyrdom I will tear up the bill of indictment of his sins, and I will nevermore remember all the evil deeds which he hath committed, and I will bestow him upon thee as a son in my kingdom. And behold, I will bestow upon thee three crowns; one for thy riches (*sic*), one for the sufferings which thou hast endured in My Name, and one for thy virginity. Be strong and prevail, for I am with thee.' And when the archangel had said these things unto him he went up into heaven surrounded with splendour. Now, when these men who were
Fol. 31 *a* round about Saint Mercurius saw the | great vision which
ιζ̄ appeared, they became like unto those who are dead.

And on the morrow the Emperor Decius commanded his officers to set the hosts and troops in battle array, and when they had arrayed themselves in the panoply of war to attack the Barbarians in battle. Then the truly valiant man Saint Mercurius set out to attack the host of the Barbarians, and he rushed in among them through the power of God which was with him. And he lifted up his eyes to heaven, and saw the Archangel Michael, who was in the form of a general of the army. There was a drawn sword in his

right hand, and he reached it out to Saint Mercurius, saying
unto him, 'Be of good cheer! Take this sword, and make
thy way to the Barbarians, and slaughter them therewith in
the Name of the | Christ Who shall give strength unto thee.' Fol. 31 *b*
And Saint Mercurius stretched out his hand and took the ⲓ̅ⲇ̅
sword from the hand of the Archangel Michael, and he set
out for the hosts of the Barbarians. And he slaughtered
them in the Name of the Christ, giving them no quarter, until
his hand stuck to the sword by reason of the great quantity
of blood [upon it]. And he destroyed the Barbarians with an
exceedingly great and severe slaughter that day. And the
remnant betook themselves to flight and made themselves
invisible, and these fire from heaven consumed. And when
the Emperor saw the deeds of valour which Saint Mercurius
performed, through the strength of God, which was with him,
he rejoiced exceedingly over the victory and the conquest which
had accrued to the Romans. And the Emperor bestowed
upon Saint Mercurius great | honours and very many posses- Fol. 32 *a*
sions, and he determined to make him the captain of the ⲓ̅ⲉ̅
Martusian regiment.

And it came to pass after these things that the Emperor
Decius commanded all his army, and all the troops and
companies thereof, and the *exarchs*, and the generals, and the
patricians, and all the Romans of senatorial rank, to assemble
in the temple of Apollo, and to offer up sacrifice. Then,
when the blessed man perceived the grievous error which had
obtained dominion over the Emperor and over the army
through the Devil, he withdrew himself from them, and he
went into his house, and he made supplication unto the Lord,
saying, 'O Lord Almighty, the Father of our Lord Jesus the
Christ, take good heed unto Thy clay which Thou hast
fashioned, and scatter Thou abroad the | stumbling-blocks Fol. 32 *b*
which the Devil hath cast into the hearts of all mankind. ⲓ̅ⲋ̅
Stablish Thou the hearts of the people, and of [every] one
who feareth Thy Holy Name. O Lord, give Thou strength

to Thy Church, so that every one may believe in Thy Holy Name. Glory be unto Thee, and unto Thy Good Father, and unto the Holy Spirit, for ever and ever. Amen.'

And it came to pass that when the Emperor had come to
the door of the temple, the whole army was gathered together
inside it to offer up sacrifice, each one according to his rank.
And when it came to the turn of Saint Mercurius to offer up
sacrifice, he was not to be found among the soldiers. And
when the Emperor had sought for him, he found him in his
house sitting in sackcloth and ashes, and he was grieving
Fol. 33 *a* exceedingly over the great schism which had arisen | through-
ΙΖ out all the world through the Devil. Then certain of the
soldiers of the regiment of Mercurius made their way to the
Emperor, and they laid information against the blessed Mer-
curius, saying, 'O our Lord Emperor, live for ever! Thy
glorious sovereignty hath commanded all classes of men to
offer up sacrifices to the glorious gods. Behold now, there are
those who are nigh unto thee, and who are attached to thy
personal service, who treat thy glorious decree with contempt,
to wit, Mercurius, who is under the rule of thy kingdom, and
whom thou hast exalted to honour, and thou hast bestowed
upon him the rank of Count, and hast set him over the
regiment. So great is this honour that the whole of the
Roman army, when it heard of it, glorified him, and put
Fol. 33 *b* itself into subjection to him because of the great | honour
ΙΗ which thou hadst conferred upon him. Behold, he hath
treated thy sovereign power with contempt, and he hath not
joined us in the temple to offer up sacrifices to the gods; but
he hath gone into his house, and stripped off himself the
insignia of his rank, and hath thereby disgraced the Roman
fame, and hath cast a blemish on the holy law. We found
him in his house, sitting in sackcloth and ashes, and praying
to the Lord his God with tears. And he was persuading
every one to turn away from the worship of the gods, and was
making them follow Jesus the Nazarene, Whom they crucified,

and he said, "It is He Who is God; He created the heavens and the earth"; in this wise he was making every one withdraw from the gods.'

And the Emperor spake unto those who related these things unto him, saying unto them, 'These | things which ye say Fol. 34 *a*
unto me about Mercurius, who was attached to me, to the ιθ
effect that he treateth me with contempt, may be true; nevertheless, let two of the officers who are here go and summon him hither, so that I may know that these things which ye say unto me about him are really true or not.' Then they brought the blessed Mercurius into the presence of the Emperor Decius. His eyes were filled with tears, he was arrayed in the garb of humiliation, and they set him in the presence of the Emperor. When Decius saw him in the garb of humiliation he shook his head, and he found it very difficult to understand what had happened [unto him]. Then he spake unto Mercurius, saying, 'Mercurius, tell me what hath happened unto thee, and what excuse thou hadst for treating with contempt the great honours and the high rank which I have bestowed upon thee. I held thee to be worthy of the forethought of the gods, and thou hast reckoned as dross the high rank which I conferred upon thee, which was above that of | every one else in the Army. Furthermore, explain unto Fol. 34 *b*
me whence this error hath come to thee. The whole of the κ
Roman army is assembled in the temple to offer sacrifice to the righteous gods, and it is thou only who hast separated thyself from the troops. And further, tell me what is the country of which thou art a native. Did thy parents call thee by this name [of Mercurius]?'

And the blessed Mercurius answered and said unto the Emperor, 'Thou wishest to know of what country I am a native: listen, then, [and I will tell thee] about my origin (or, kin). I am a native of Cappadocia, so far as this world is concerned; but as for my own native city, I belong to the heavenly Jerusalem, the mother city of the saints. The name

which my parents gave unto me originally was Philopator,
Fol. 35 *a* the | interpretation whereof is "lover of his father", but
ⲕⲁ when I became a soldier I was called Mercurius by the commander[1] of my regiment. I am a servant of Jesus the Christ, my Lord, the Son of the Living God.' And when the Emperor heard these things he remained stupefied for a very considerable time. Then he shook his head, saying, 'Cast away from thee this silly boasting and this mad idea of thine, and get thee into the temple, and offer up sacrifice to the great god Apollo. Then get thee back to thy troop, where thy fellow soldiers are, and take up thy rank and duty as before.' And the holy man Mercurius said unto the lawless Emperor, 'Let this fact be quite plain before thee, O lawless Emperor: I will not offer up sacrifice unto thy [god] Apollo,
Fol. 35 *b* that vain thing, and forsake my God, Who is the | Creator of
ⲕⲃ the heavens and the earth, and of everything [in them]. For I am a Christian. To the liberty and the life of the soldier of this world I bid farewell, and as for the high rank [which thou gavest me] I need it not. I am a servant of the Christ Jesus, the Son of the Living God.'

And the Emperor Decius answered and said unto him, 'Mercurius, up to the present I did not believe the things which thy accusers told me concerning thee, for I knew well how envious [of thee] were those who made accusations against thee, and that they did so because they saw the great honour which I had conferred upon thee over the whole regiment, and over the whole army. Now, therefore, hearken unto me: Sacrifice to the gods. Do not let the matter force me to forget the friendly disposition which I had towards
Fol. 36 *a* thee, and to deprive | thee of thy rank, and to inflict severe
ⲕⲅ tortures upon thee.' And the blessed Mercurius answered and said unto the Emperor, 'The friendship of this world is of no account whatsoever, and it is a thing inimical to God. Similarly, these honours are for a season only, but the glory of

[1] ⲡⲣⲏⲙⲓⲕⲓⲣⲓⲟⲥ.

God endureth for ever. Now, therefore, trouble not thyself to no purpose, for I am a Christian, and I will not offer up sacrifice to thine abominable god; moreover, whatsoever thou wishest to do unto me that do.' And Decius said unto him, 'O Mercurius, offer up sacrifice, and do not die a terrible death.' And the blessed Mercurius said unto him, 'O Emperor, let [this] one word be sufficient for thee. I will not hearken unto thee and serve strange gods, and cast my God, Jesus | the Christ, behind my back.' And when Decius Fol. 36 *b* heard these things he was exceedingly wroth, and he com- ⲔⲌ manded them to strip off his apparel, and to make ten soldiers lay him on the ground, and all of them to beat him with leather whips at once; [and they did so] until the ground under him [was soaked with] his blood. And Decius the Emperor said unto him, 'Mercurius, thou findest tortures to be troublesome things. Are they worse than thy offering of sacrifice or no?' And the blessed Mercurius answered, saying, 'As long as I have with me my Lord Jesus the Christ to help me, I shall not sink under thy tortures. For I am a servant of my Lord Jesus the Christ, Who helpeth me, and Who is the King of what is in heaven and of what is on the earth.'

And when the Emperor Decius heard these things he said, 'Mercurius, hearken unto me. Offer sacrifice unto the gods, and take heed | to these terrible tortures, in order that thou Fol. 37 *a* mayest [not] die an evil death. Up to this point I have had ⲔⲈ compassion upon thee, and have been long-suffering in respect of thee. For I did not wish to do thee harm, especially because thou wast my friend during the attack upon me in the war. Hearken unto me, and offer up sacrifice to the gods. Destroy not thy early manhood by [these] divers tortures. I am considering carefully thy youth and thy friendship [in speaking thus].' And the blessed Mercurius answered and said, 'Every suffering which shall be unto me through confessing [my] God will add to my holy reward, for the

sufferings of this present are not worthy of the glory which shall be revealed unto us.'[1] And when the Emperor Decius heard these things he said unto Mercurius, 'Since thou hast stablished thy heart on words of folly, and reckonest Roman
Fol. 37 *b* honours to be as dross, | and since thou wilt not permit thyself
Ⲕⲋ to sacrifice to the righteous gods, according to the ordinance of the Senate, and wilt not obey the Imperial Law, I will punish thee according to thy foolishness, and I shall see whether the God in Whom thou believest can save thee from my hands.' And Saint Mercurius said unto the Emperor, 'It is written in [the Book of] the Holy Apostle, "Who shall separate us from the love of God? Not tribulation, or affliction, or persecution, or hunger, or nakedness, or danger, or the sword. Even as it is written, For Thy sake they slay us all the day long. For we are persuaded that neither death, nor life, nor angel, nor principality, nor power, nor things which are, nor things which shall be, shall be able to separate
Fol. 38 *a* us from | the love of the Christ."'[2]

ⲔⲌ And when the blessed Mercurius had said these things the Emperor Decius was wroth, and he commanded [his men] to put Mercurius on the rack and to rack him. And the executioners racked him until the bones of his back were pulled asunder, yet the blessed man never ceased to bless God, saying, 'O Lord Jesus the Christ, the Only-begotten of the Father, Who wast born of the holy virgin Mary, Who didst take flesh upon Thyself of the true lamb, and didst at length deliver the whole race of Adam, and didst set us free from the slavery of our sins, I give thanks unto Thee that Thou hast made us worthy of Thy great goodness. Hearken Thou unto me this day. I am Thy servant Mercurius. Make Thou me to be worthy of Thine invitation, and of the participation in Thy holy sufferings, and of the faithful witness of Thy God-
Fol. 38 *b* head. Now, therefore, | O my Lord, forsake me not, and go
ⲔⲎ

[1] Rom. viii. 18. [2] Rom. viii. 35-9.

not Thou far from me, for tribulations await me, and fetters have fallen upon me. But give Thou me strength, O my Lord, until I have finished my contest in peace. Let not my enemies rejoice over me, and let not them say among the heathen, Where is their God?'[1] And when he had said these things, behold, a voice came unto him, saying, 'Be of good cheer, O My athlete Mercurius. Bear patiently, O My chosen hero, for I will be with thee, I will give strength unto thee, and I will be with thee as a Protector. I will help thee in every suffering which thou shalt endure in My Name. Be not dismayed, neither be thou downhearted at the tortures. I will be with thee; I will give strength unto thee, until thou hast completed thy contest bravely.' Then straightway the | Archangel Michael kissed him, and made the Sign of Fol. 39 *a*
the Cross over his whole body, and immediately the rack split ⲕⲑ
asunder and became two parts, and the fetters wherewith he was bound were burst asunder, and he leaped up, and stood upon his feet, and there was no injury on him; on the contrary, he was glorifying God.

And when the Emperor saw what had taken place he was filled with wrath, and he said, 'Since this man said, "We have a panoply in which to fight," I hereby give the order for him to be stretched out on four stakes, and to suspend him between heaven and earth one cubit.'[2] And when they had done this unto him the Emperor said, 'Where is now thy panoply in which to fight, wherein thou didst put thy trust? I swear by the greatest of the great gods, Zeus, that thou hast been well handled.' And the holy man looked up into heaven and said, 'O Lord, help me, | I am Thy servant.' Fol. 39 *b*
And the Emperor further commanded them to make gashes ⲗ
in his body with sharp knives and goads of iron, and after-

[1] Ps. lxxix. 10; cxv. 2; Joel ii. 17.

[2] Rendering doubtful. The four stakes were probably well sharpened, and the martyr's body probably rested on their points at the height of one cubit from the ground.

wards to sprinkle burning coals of fire upon it, so that little by little it might be consumed; and [when they did these things] the fiery coals were extinguished by the blood which flowed from the righteous man. And the holy man bore up under this new torture with great fortitude. Then Decius made them carry him away, saying, 'Let him die quickly'; and the soldiers bore him away quickly into a place of darkness. And when they were carrying him away he was half dead, but there was a little breath left in him, although they thought he was dead.

And behold, a very short time after this, the angel of the Lord appeared unto him, and said unto him, 'Peace be unto
Fol. 40 *a* thee, O thou mighty | athlete!' And when he had said this
ⲗⲁ he healed the wounds which were in his body, and made him to stand up, and he was so sound and well that when he rose and stood up he [was able to] glorify God Who had helped him. And after these things the Emperor made them to set him before the tribune. And when the Emperor [saw] him he said unto him, 'Hast thou been rescued from my hands? Thou art half dead. By what means now wilt thou walk? Perhaps even there are no wounds on thy body?' Then he commanded his spearmen to examine carefully the body of Mercurius, and they said unto the Emperor, 'We swear by thine own power, O pious Emperor, that his entire body is in a healthy state, and that there is no sign of injury upon it, and that it is as if it had never been touched.' And Decius
Fol. 40 *b* said, 'Assuredly he will say, | "It was Christ Who healed
ⲗⲃ me." Did ye not take a physician into the prison to treat him with medicines?' And they said, 'By thy glorious majesty which ruleth the whole world, it was none of the men who heal that cured him. We thought that he would die, and how he is alive and how he hath been relieved we do not understand at all. The magic of the Christians is exceedingly powerful. Yesterday he was a dead man, and to-day he standeth up whole and well.' And the Emperor was filled

with wrath, and he said unto Mercurius, 'Tell me truly who it was that healed thee without magic.' And Saint Mercurius answered and said, 'It was my Lord Jesus the Christ, the Physician of souls and bodies, who bestowed a cure upon me: for it is said, "The man who useth magical drugs, and the men who use incantations, and the worshippers of idols shall be | strangers unto Him; and He shall bind them with fetters Fol. 41 *a* that cannot be loosened, and shall deliver them over to the ⲗⲅ fire of Gehenna, because they know not the God Who made them."'[1]

And [the Emperor] said, 'I am going to inflict the most terrible tortures upon thy body; let me see if the Christ, on Whom thou believest, will heal thee.' And Saint Mercurius said, 'I believe on my Lord Jesus the Christ; even though thou shalt inflict multitudes of punishments upon me, thou shalt not make me to be troubled. For He said, "Fear not those who can kill your bodies, [but] who have no power to kill your souls; but fear Him Who hath the power to destroy both your souls and your bodies in Gehenna."'[2] Then the Emperor commanded [the executioners] to bring a red-hot iron and to apply it to his members, and to apply blazing torches to his | ribs; and when they had done this, instead of Fol. 41 *b* smoke, a sweet odour arose and it spread about among all ⲗⲇ those who were in that place. Now although they tortured him horribly he neither uttered a groan nor wept. And the Emperor said unto him, 'Where is thy Physician now? Let Him come and heal thee. And thou didst also say, If I die He is able to raise me up [again].' And Saint Mercurius said unto him, 'Do whatsoever thou wishest. For thou hast power over my body, but God is the master of my soul. And even if thou shalt destroy my body, my soul shall endure, it being incorruptible.' And the Emperor further ordered them to hang him up head downwards, and to bring a large stone

[1] Compare Rev. xxi. 8.

[2] Matt. x. 28.

and to suspend it from his neck, so that he might become suffocated and die quickly. And the power of God dwelt in
Fol. 42 *a* the martyr, and [His] grace, and he subsisted | for a long time
ⲗⲉ under this punishment.

And when the Emperor Decius saw that he bore the pain with fortitude, and that the torture in no way affected him, he ordered them to remove the stone which was attached to his neck, and to bring a leather whip with four thongs, and to beat him until the ground [under him] was saturated with his blood. And the noble man bore up under this torture also, and he was even like unto an adamantine stone in his fortitude. And Mercurius said, 'I give thanks unto Thee, O my Lord, that Thou hast held me to be worthy to suffer for Thy holy Name.' And when the Emperor saw that his resolution was immovable, and that he could never persuade him to offer up sacrifice [to the gods], he came to a decision, for it was urgent for him to go to Rome, and he passed the sentence of death upon him, and ordered them to dispatch him with the
Fol. 42 *b* sword, | saying, 'Mercurius having treated the gods with
ⲗⲋ scorn, and despised the holy dogma of our compassion, and esteemed our power of no account, [I] hereby command that he be taken to the city of Cappadocia, and that he be beheaded there, in the sight of all men. For unto every one who, having received honour from the Emperor, shall contradict his command, shall stripes be given, and finally he shall be delivered over to the sword.' When those who had been appointed to remove him lifted him up, and set him on a beast, they had to tie him on because the body of the martyr swayed about from side to side, for he was, as it were, dead. And they journeyed on the high road, and after a few days they reached the city of Caesarea, and in this state they
Fol. 43 *a* carried him along, | little by little. And the Lord stood by
ⲗⲍ him, and He said unto him, 'Mercurius, come, take thy rest with Me, since thou hast finished thy course, and hast kept the faith; receive thou the crown of the athlete's craft, and

that which hath been allotted to thee thou shalt inherit.' And when the Lord had appeared unto him the martyr became strong, and he said unto those who were in charge of him, 'Do quickly that which ye have been commanded to do. The Lord Who calleth every man to repentance shall make you to be worthy of His grace. For He is rich, and He is wont to be gracious unto those who go to Him willingly, and without ill will.' And when he had said these things they took off his head, and he completed the good confession of our Saviour on the twentieth day of November, which is Athor. |

And a great miracle took place which is worthy of mention. Fol. 43 *b*
After the martyr had ended [his course] his body became as ⲗ̅ⲏ̅
white as snow, and it emitted a sweet smell which was like unto choice incense, and because of this sign very many men became Christians. And they laid the holy man in a prominent place, wherein very many works of power and miracles were performed. Glory be to God the Father, and to His Only-begotten Son, Jesus the Christ, our Lord, and to the Holy Spirit, now and always, for ever and ever. Amen.

A DISCOURSE ON THE ARCHANGEL GABRIEL BY CELESTINUS, ARCHBISHOP OF ROME

(Brit. Mus. MS. Oriental, No. 7028)

Fol. 2 *a* ⲁ THE DISCOURSE WHICH THE GLORIOUS PATRIARCH, WHO BECAME A HABITATION FOR THE HOLY SPIRIT, APA CELESTINUS, THE ARCHBISHOP OF THE GREAT CITY OF ROME, PRONOUNCED ON THE GREAT HONOUR OF THE MESSENGER OF GOOD TIDINGS OF THE WORDS OF LIGHT, THE ARCHANGEL GABRIEL, ON THE DAY OF HIS HOLY FESTIVAL, WHICH IS THE TWENTIETH DAY OF THE MONTH KHOIAK[1] (*sic*). AND HE SPAKE ALSO CONCERNING THE DEEDS OF POWER AND THE MARVELLOUS THINGS THAT TOOK PLACE IN HIS HOLY SHRINE WHICH HAD BEEN BUILT IN [HIS HONOUR] IN THE CITY OF ROME. AND [HE SPAKE] ALSO ABOUT THE WORDS WHICH ARE WRITTEN IN THE LAW, 'WHATSOEVER THING THOU WOULDST NOT WISH TO BE DONE UNTO THEE, THAT DO NOT UNTO ANY ONE.'[2] AND [HE SPAKE] ALSO CONCERNING [THE WORDS], THE GREATEST SIN [OF ALL] IS A LYING TESTIMONY,[3] ESPECIALLY THE CONFIRMATION OF THE LIE BY MEANS OF FALSE SWEARING.

[1] December 18 or 19.

[2] Compare Lev. xix. 18; Matt. v. 43; xix. 19; Mark xii. 31; Luke x. 27; Rom. xiii. 9; Gal. v. 14; Jas. ii. 8.

[3] Compare Exod. xx. 16; Prov. xxv. 18; Zech. viii. 17.

AND [HE SPAKE] ALSO CONCERNING [THE WORDS], PRAYER HELPETH A MAN,[1] AND DELIVERETH HIM FROM THE SNARES OF SATAN. IN THE PEACE OF GOD! BLESS US. AMEN. AMEN.

THANKS be unto God! Now His grace hath acted as a protector | to us, and He hath prepared us by His invisible Fol. 2 b hand, and hath brought us into the circle of this year of our lives, and hath brought us together in the shrine of the announcer of glad tidings of the worlds of light, the holy Archangel Gabriel. For this reason I will take (i. e. borrow) the voice of the holy hymn-writer David, the collector of the words (?) that are sweet, and the righteous king, and I will say with my poor tongue, 'This is the day which the Lord hath made; let us gather ourselves together and rejoice and be glad in it.'[2] And [to] Judah [he] saith, 'Celebrate thy feast, and give the things which thou hast vowed.'[3] Therefore blessed be God, for He hath made us worthy, and hath gathered us together in the shrine of His holy steward and messenger of glad tidings of the worlds of light, the holy Archangel | Gabriel. Let us assemble then in purity of heart and purity Fol. 3 a of body, and let us celebrate the festival of him whose festival both God and His angels keep. Let us cast out from us every blemish and all hypocrisy, and let us celebrate the festival of the Archangel Michael, and let us cry out and say with the sacred Psalmist David, 'Bless the Lord, O all ye His angels, ye mighty ones of power, who perform their words.'[4] Verily, O holy Archangel Gabriel, great is the glory which God hath given unto thee over all the spiritual and angel hosts that are in the heights of heaven, O thou archangel who wast called by this name of 'Gabriel' by God from the beginning, and who dost continue to serve the

[1] Compare Jas. v. 16.
[2] Ps. cxviii. 24.
[3] Compare Ps. l. 14; lxxvi. 11.
[4] Ps. ciii. 20.

Fol. 3 *b* offspring of God, that is to say, the Word. | Now the interpretation [of the name] of Gabriel is 'God and man', according to the type of our Lord,[1] Who came in humility, and Who put on the flesh for our sakes. He was God and man, and His Godhood was not separated from His manhood, not even for the twinkling of an eye, God forbid! But He was God and man, completely and at the same time, in the womb of His mother. She brought Him forth: He was God and man. They crucified Him: He was God and man. He became the very same flesh [as man], in Godhood in the same nature, indivisible, immutable, inseparable each from the other.

ⲇ̅

Come now, O Nestorius, thou truly godless man, thou mouthless person, who didst deserve to be buried, fill thyself full of shame, and hold thyself to be covered with disgrace! Come now, and look at the King Christ. He is One One.[2] He is God and man. Kings and their armies come and bow down to Him in worship, and the whole world partaketh of |
Fol. 4 *a* His Body and of His Blood. They cry out in the voice of that blessed man, saying, 'Remember Thou me, O Lord, when Thou shalt come into Thy kingdom.'[3] And thou, O thou profane man, didst languish in thy misery (?), and didst die in exile because of thy blasphemy, and because of thy tongue which was full of poison.[4]

ⲉ̅

Now we had well nigh gone and forgotten thy honour and thy glory, O thou great Archangel Gabriel. But shew unto us consideration, for I am exceedingly helpless in my actions, and my feeble tongue is unable to describe the glory which God hath given unto thee, O Gabriel, thou archangel of joy. What tongue of flesh and what human mouth is there that can describe thy honour, O thou holy priest of the Great King? Let my withered (?) face rejoice, O Gabriel, thou

[1] גַּבְרִיאֵל = 'man of God'. See Dan. viii. 16; ix. 21; Luke i. 19, 26.

[2] Compare  Maspero, *Mission Arch.* i. 594.

[3] Luke xxiii. 42.

[4] See Evagrius, *H. E.* i. 7.

messenger of glad tidings of the angel hosts, | O thou true Fol. 4 *b*
ministrant, who dost minister to the offspring of his Lord, ϛ̄
O thou orator of the truth, thou herald of the kingdom which is in the heavens! I wish to see thee, O holy Archangel Gabriel, who didst hold converse with the Virgin; O thou traveller for the journey from heaven of God, the Almighty One of mankind, I desire to see thee. O thou who didst hold converse with the Queen of Women, I wish to see thy face resplendent with joy. Thou didst hold converse with the choicest woman in heaven and in earth, thou didst say unto her, 'Hail, O thou who hast found favour! The Lord is with thee.'[1] O thou Commander-in-Chief of the King of kings, my feeble tongue is incapable of describing thy glory! I will, however, say, 'Blessed be God, the Merciful, who did say with His mouth of God (i. e. divine mouth), "In the place
where two | or three are in My Name, there am I in their Fol. 5 *a*
midst."'[2] If God is with two or three, then who shall be able ζ̄
to estimate this day His joy, and that of His Good Father, and that of the Holy Spirit, when they see this great multitude of listeners who are gathered together to glorify His great and holy Archangel Gabriel, the archangel of joy? Let us then drive away from us all violence, and all backbiting, and all blasphemy, and all hatred, and all lying, and every evil deed, for those who do them [fall] under a curse. For every man who uttereth a lie is like unto the Devil, who never stood in the truth. Hast thou never heard what is
written, 'The Lord shall destroy | every one who uttereth Fol. 5 *b*
a lie?'[3] and also, 'Every one who uttereth a lie is not of the Ⲏ̄
truth, but is of Satan.'[4] Therefore, he who uttereth a lie, or taketh a false oath about the possessions of this world, [which] he must depart and leave, is like unto Judas the Iscariot, who betrayed his Lord for the sake of money. Hast

[1] Luke i. 30.
[2] Matt. xviii. 20.
[3] Compare Ps. v. 6; lii. 4, 5.
[4] 1 John ii. 21, 22.

thou not heard what is written, ‘Cursed is the man who shall utter the Name of the Lord over a matter which is vain?’[1]

Now I wish to speak to you for the benefit of your souls, but it is our God of the Archangel Gabriel, whose feast we are celebrating this day, Who urgeth me on. For all the angels whom God sent under the Old [Covenant] ministered unto men who died; but it was thou thyself, O holy archangel, whom the Father sent under the New Covenant unto Mary, the holy Virgin, to announce to her the birth, according to the flesh, of His Only-begotten Son. O thou Archangel Gabriel, to whom honour is meet, O thou wise herald, O thou
Fol. 6 *a* holy innocent, whose | wings are laden with sweet odour,
ϴ̄ O thou master of the house who art ready, and who preparedst a house for Him that laid the foundation of all the world! God looked through all creation, and He found among the whole race of women none who could be compared with Mary, and He was pleased to dwell in her under a dispensation, until He had redeemed our race. God looked through all the hosts of angels in heaven, and He found no one who could be compared with thee in the dispensation of thy holy name [O Gabriel]. For this reason He sent thee to His Mother, the Virgin, to give her glad tidings, and a being incorporeal was sent unto the holy and believing woman. He sent the messenger of the glad tidings of life to the Queen of the race of women. And Gabriel was sent, and upon him rested the cloud of life, wherein was the life of every man, and it was his duty to make it to dwell for nine months in the womb of her who was the choicest woman of heaven and earth. And when the [arch]angel appeared unto her, he said unto her, ‘Hail, O thou who hast found favour! The Lord is with thee. Behold, thou shalt conceive,
Fol. 6 *b* and thou shalt bring forth | a Son, and thou shalt call His
Ī Name Jesus.’[2] And immediately he had said these words to

[1] Compare Exod. xx. 7.

[2] Luke i. 31.

her, she conceived through the hearing of her ears, and through the salutation of the Archangel Gabriel, and the Son of God went down into her womb, she being unconscious of it.

I beseech thee, O holy Archangel Gabriel, thou messenger of the good tidings of life, when thou comest into our midst this day, wherein this great festival is celebrated everywhere, bless thou this great multitude which is gathered together in thy Holy Name. For, behold, thy Lord, and the Lord of us all, is with us this day, together with all His holy angels, and His Mother, the Virgin, and they celebrate the festival in thine honour. And all the incorporeal angel hosts rejoice with thee on the day of the revelation of thy holy name. O Gabriel, thou consolation of the angel hosts, thou object of boasting of the ranks of angels who are in the heavens, great is the honour which God hath given unto thee | in heaven Fol. 7 *a*
and on earth. ⲓ̅ⲁ̅ In heaven thou art called 'messenger of glad tidings of the worlds of light', and on earth thou art called 'angel of joy', because of the great and marvellous services which have been entrusted unto thee, O Gabriel, thou truly faithful ministrant. For when persecution (?) rose up against Daniel the Prophet, and they cast him down into a pit of lions, and he was in sore affliction through hunger and thirst, the holy Archangel Gabriel had pity upon him, by the command of his Lord. And he seized Habakkuk by the hair of the head—now he had the dinner in his hand—and by the fervour of the Spirit he transported him from Judea to Babylon, a distance of forty caravan stages, and took him straightway into the den of the lions, and gave the dinner to Daniel. And Daniel ate, and blessed God, saying, 'Thou hast | remembered me, O Lord, O Thou Who forsakest not Fol. 7 *b*
those who love Thee.'[1] ⲓ̅ⲃ̅

And it was also Gabriel who shut the mouths of the lions, so that during the seven days[2] in which he (Daniel) was at

[1] Bel and the Dragon, *vv.* 33-8. [2] Bel and the Dragon, *v.* 39.

the bottom of the pit of the lions they attacked him not. And it was the Archangel Gabriel who appeared unto Daniel, and taught him [the meaning] of the vision, even as it is written, 'Gabriel, make me to understand the vision'[1]; and, 'Behold, the man Gabriel came to me, and gave me strength according to the former [measure]'.[2] It was the Archangel Gabriel who appeared unto Zacharias in the Temple, and announced to him the birth of John, and when he made himself unbelieving he caused dumbness to make its appearance in him.[3] And it was Gabriel who appeared unto the shepherds, and proclaimed unto them the glad tidings, that is to say, the news of the birth of God the Word, of the truly spotless lamb, the God-bearer Mary.[4] It was the Archangel Gabriel who brought out the Hebrews from captivity, and
Fol. 8 *a* delivered the people in the land of their servitude. | And he
ⲓⲑ̄ saved them in the desert, and wrought all these signs by the hand of Moses, the greatest of the Prophets. And Gabriel is the faithful messenger who is equipped for service in the midst of the angel host, and it is he who bringeth glad tidings among the angels. And Gabriel is the body-guard (?)[5] of God Almighty, and the steward of the kingdom which is in the heavens. O Gabriel, thou faithful messenger of glad tidings, who is there that can declare thy glory? What tongue of flesh belonging to the men who are on the earth can declare thy great glory, O thou Archangel Gabriel? Thou standest before God at all times, according to what thou thyself didst testify to Zacharias in the Temple, saying, 'I am Gabriel who stand before God.'[3] And what human heart, even though it be that of the wisest man on earth, can make manifest unto us thy honour, O thou Archangel Gabriel, unto whom belongeth the face that radiateth gladness
Fol. 8 *b* and | joy?
ⲕ̄

[1] Dan. viii. 16. [2] Dan. ix. 21. [3] Luke i. 19, 20.
[4] Luke i. 19. [5] ⲙⲓⲧⲁⲧⲱⲣ seems to be an incomplete word.

Moreover, there is no honour which is like unto thine, for thou standest before God at all times, and thou dost make supplication unto Him on behalf of the whole race of Adam. And at the moment when all the orders of angels, and these Cherubim and Seraphim cast themselves down before God, and confess the glory, and honour, and power of God, the King of heaven and earth, and they cry out always, saying, 'Holy art Thou, Holy art Thou, Holy art Thou, Lord of Hosts, the heavens and the earth are full of Thy glory,'[1] [at that moment I say] the great Commander-in-Chief, the messenger of the good tidings of life, Gabriel, and the great Commander-in-Chief Michael, the governor of the heavens, cast themselves down before God, Who is seated on His throne, | saying, 'O Lord God Almighty, have mercy on Thy Fol. 9 *a*
people. Shew compassion on Thy likeness and image. Redeem ΙΕ
the work of Thy hands. Accept not the accusation of the Enemy against them, for he hateth Thy servants. Give strength unto the men whom Thou hast created according to Thine image and likeness. Bless the work of their hands. Increase the fruits of their ground. Send unto them the dew and rain at all times. Make thou the waters of the river [Nile] to rise for them, according to Thy will. Forgive them their foolish wickednesses. Make not a reckoning with them of their iniquities, for Thou well knowest that it is [their] ignorance of the [wiles of the] Devil which hath led astray their hearts from Thee.' And they neither cease from their prostration on their faces, nor from their invocations of Him by day and by night until | He hath forgiven His Fol. 9 *b*
image and His likeness, and this His loving-kindness and ΙΓ
compassion come upon them (i.e. men) through their supplication.

But, I beseech thee, O holy archangel, forgive me, for I have made bold to undertake a work of which I am un-

[1] Isa. vi. 3.

worthy, and which is beyond the measure of my ability, that is to say, to declare thy honour; nevertheless the excuse of my halting tongue shall not prevent me from singing a little song in thine honour. And He Who is in truth the Great King shall be able to [pay unto thee] honour according to thy merit. I will now turn back, and will declare unto you certain of the works of power and of the marvellous deeds of the great Archangel Gabriel, which took place in the holy martyrium wherein we are gathered together to the glory of God and of His great and holy Archangel Gabriel, whose festival we are celebrating this day.

There was a certain rich man in this city whose name was
Fol. 10 *a* Philip, and this man was | exceedingly rich in gold and
ΙΖ silver, and in flocks and herds. And according to what was commonly reported about him, he possessed more than fifty denarii of gold, for he was a very great merchant, and he carried on business in many countries. And a very large number of men in his employ used to work in foreign countries, and they brought to him great quantities of merchandise from all lands. And the people used to shower upon him blessings innumerable because of the good works that he did. And this good man was naturally charitable, and he was very generous to the poor whom he loved, and he used frequently to give large gifts and alms to the poor and to the orphans, and besides these he gave large offerings to the shrine of the holy Archangel Gabriel. Now he lived hard by the shrine of the holy Archangel Gabriel, and there was a certain poor man
Fol. 10 *b* who lived near him, | whose name was Stephen, and he begged
ΙΗ his bread day by day. And Philip, the rich man, in his goodness used to provide the poor man with everything which he needed, for the love of God, and as I have already said he lived near him. Now the poor man Stephen knew how to read and write well, and the rich man Philip was uneducated, and did not know how to read or write. And Philip often made the poor man conduct his correspondence

for him with his customers, and with the men who did business under his directions, and he trusted him with all his confidential matters; and Stephen wrote letters about every matter which concerned Philip's business. And very often the men who bought from the rich man and sold to him gave much money to the poor | man secretly, to make him to keep Fol. 11 *a*
the rich man ignorant of his various transactions in business, ΙΘ
and to prevent him from knowing what [moneys] he should be receiving from them day by day. In this wise the poor man gradually became a rich man, but the riches which he had gathered together wrongfully were scattered abroad suddenly, even as I shall now make clear unto you, according to the words of the honey-sweet writer David, who saith, 'Trust not in wrongdoing, neither set thy heart to snatch at riches; if [riches] come unto thee, set not thy heart upon them.'[1]

And when the poor man had, little by little, gained wealth, he found bread, and ate thereof. And on a certain day he went to the rich man, and said unto him, 'I wish thee to do me a favour. Give unto me a little gold, for I want to become a merchant and, together with my sons, to traffic therewith, and when | the time [cometh] wherein thou shalt Fol. 11 *b*
ask for thy gold to be returned I will give it unto thee, Κ
together with thy share of the profit which I shall make, and I shall be under an obligation to thee.' And the rich man said unto him, 'Go, and prepare thy bond for me, setting out therein of what thou hast need, and I will give it unto thee.' And the poor man sat down, and prepared the bond [asking] the rich man for seven hundred oboli, and he swore by God Almighty that, when the business was done, he would give unto the rich man one half of the profit which he should make on them. And the rich man took the bond, and gave the seven hundred oboli to the poor man, who went and traded with them for three years. And although he gained

[1] Ps. lxii. 10.

a very large sum of money thereby he made no attempt to give any of it to the rich man, either as capital or as interest. Fol. 12 a And when many days had passed, | the rich man brought the ⲔⲀ poor man into his house to set his accounts in order for him. And when he had opened the chest wherein the bonds (or, contracts) and the ledgers were kept, he set Stephen to search for the documents of which he was in need. And when Stephen, the man of whom we are speaking, found his own bond he slipped it inside his under garment (or, shirt), without the rich man, on account of his innocence and want of suspicion, knowing anything about it; and he came out of the house without the rich [man] knowing [that he had it].

Thus day by day the poor man waxed rich little by little, but the riches which are gathered together by means of wrongdoing perish quickly and become scattered, even as I have already said. And when Stephen went into his own house he rent his bond and tore it up into little pieces, and he said in his heart, through his evil thoughts which Satan Fol. 12 b thrust into his mind, 'Verily I shall | never now pay this ⲔⲂ man any part of the seven hundred oboli which I owe him. And if he shall say unto me, "Give me the oboli," I will say unto him, "I owe thee nothing. Produce [my] bond (or, contract) which thou must hold if I really owe thee [money], and if thou canst not do so I owe thee nothing. I have no need of gold for myself." Then I will take them for myself and become rich thereby, and they will suffice me for a very long time. I will eat with them, and I will drink, and I will heal my soul.' And he did not remember that which is written, saying, 'Thou fool, thy soul shall be taken from thee. The things which thou hast prepared, whose shall they be?'[1]

We are, however, delaying our narrative. Now when four years had passed, and the rich man saw that the poor man had

[1] Luke xii. 20.

paid him nothing, | either as regards principal or interest, he Fol. 13 *a*
made haste and sent a message unto Stephen by his servants, ⲔⲄ
summoning him to him. And when the poor man had come to him, he said unto him, 'Give me the seven hundred oboli which thou owest me, for I am in need of them.' And that godless man began to make a denial to the pious rich man, saying, 'I have no money whatsoever of thine, and thou didst never give me any.' And the rich man said unto him angrily, 'O thou wicked man, behold, have I not in my hands the bond (or, contract) which thou didst make with me, for seven hundred oboli? Behold, it is five years since I gave them to thee. Not only hast thou not paid me any interest on them, but lo, thou now wishest to take possession altogether of that
which belongeth to another.' And the poor man | answered Fol. 13 *b*
and said, 'If the bond is in thy possession, produce it here so ⲔⲆ
that I may see it, and then I will go and deliver unto [thee] my house and my children, and thou wilt be master of seven hundred oboli.' And the rich man examined all the bonds and all the [other] documents [in the chest], and when he could not find the bond he knew forthwith that it had been stolen and carried away. And he said unto the poor man, 'I know of a certainty that it is thou who hast carried it away by theft. But if thou art bold enough in thy heart to say that I did not give thee seven hundred oboli, come and let us go to the shrine of the holy Archangel Gabriel which is in our quarter of the city, and [if] thou wilt swear unto me [there], and wilt convince me, I will make no further claim upon thee.'

Then that fool thrust aside all fear of the Lord from him, and the [remembrance of] the very many benefits which he
had received from | the rich and pious man, and he forgot Fol. 14 *a*
altogether that which is written, saying, 'The Lord shall ⲔⲈ
destroy every one who uttereth a lie.'[1] And he said unto

[1] Ps. lxiii. 11; Prov. xix. 9.

the rich man, 'Let us [go], and I will swear to thee'; and straightway they walked to the shrine of the Archangel Gabriel. And when they arrived there [they found] a great multitude of people gathered together, and they wondered what had happened. And the rich man said unto the poor man, 'Give me the seven hundred oboli which I gave unto thee. Swear not to a lie lest evil come upon thee.' And that fool said, 'I owe thee nothing.' And the rich man said unto him, 'If thou owest me nothing, swear it to me so that I may depart.' And that godless man held in contempt the powers
Fol. 14 *b* of the holy Archangel Gabriel | in respect of moneys which
ⲔⲈ were lost (i.e. bad debts). And in his foolish stupidity he laid his hand upon the door of the altar-chamber, and he swore an oath, saying, 'I swear by the mighty power of the Archangel Gabriel that I owe thee nothing, and that thou didst never give unto me the seven hundred oboli for which thou art harassing me.' And straightway, whilst yet the words were in his mouth, a power smote him, and he fell headlong on his face, and both his eyes became blind, and his face was turned round behind him, and his tongue filled his mouth. And he fell down on the pavement of the sanctuary, and he bit his own tongue and lips in great agony, and he foamed at the mouth like a man who is possessed of a devil.
Fol. 15 *a* And when the multitude saw what had happened | they
Ⲕⲋ marvelled and were greatly amazed, and they cried out with a loud voice, saying, 'One is the God of the Archangel Gabriel.' And after a considerable space of time, during which he was suffering torture, the poor man Stephen cried out with a loud voice, saying, 'Forgive me, O my Lord Archangel Gabriel, that I dared to swear a false oath in thy name. This rich man did lend me seven hundred oboli five years ago, and I worked (i.e. traded) with them, and I have not given him anything at all for them. And having found a favourable opportunity I stole and carried away the bond, and I deceived him, wishing to keep possession of the oboli

and to become rich thereby. Woe is me! What shall I do? For I have sworn a false oath.' And straightway he sent a messenger to his house in haste, and his wife brought seven hundred oboli, and gave them to the rich man. And the man Stephen | remained in a state of torture the whole day, Fol. 15 *b*
and it seemed to him as if a spear was being driven into his ⲢⲎ
body, and he yielded up his spirit in the most miserable way that it is possible for a man to do. He swore a false oath, and he gained nothing at all thereby except the destruction of both his soul and his body. Thus ye see, O my beloved, the manner in which the power of the Archangel Gabriel prevaileth, in whose honour we are celebrating the festival this day, and that he who sweareth a false oath in his name shall surely die in misery. Let us put ourselves far away from lying, that evil vice, and especially from those who confirm the lie by a false oath. Do ye not hear the Lord crying out to every one, 'Let your words be Yea, Yea, and Nay, Nay, so that judgement may not be passed on you?'[1] And let us take care to guard our life against | the terrible oaths Fol. 16 *a*
which we are in the habit of swearing, especially concerning ⲢⲐ
subjects of the most trivial character, lest we receive great condemnation and punishment everlasting in the place wherein a man will not be deemed worthy of visitation.[2]

And this maketh me remember that I promised to relate unto you a few of the works of power and of the miracles of the great Archangel Gabriel, whose festival we are celebrating this day, to the glory of God and of His great Archangel Gabriel, the messenger of glad tidings. Now there was another man in this city who had been blind in both eyes from his childhood. And when he heard about the works of power and the miracles of the Archangel Gabriel, he asked the servants of his household to take him into the shrine of the Archangel Gabriel, saying, 'Assuredly his mercy will come to me, and he will graciously give me the light of mine

[1] Matt. v. 37; Jas. v. 12. [2] Rendering doubtful.

Fol. 16 *b* ⲗ̅ eyes.' And they took him into the shrine | of the Archangel Gabriel, and he was saying, 'Assuredly his mercy shall come to me.' And when he had gone inside he cast himself on his face before the holy altar, and he wept, saying, 'O my lord, thou holy Archangel Gabriel, shew compassion upon my misery, and graciously grant unto me the light of my eyes, for I suffer exceedingly.' And whilst he was weeping, and saying these words, he felt the hand of a man touch his eyes.[1] And when all the people who were gathered together in the shrine of the Archangel Gabriel saw that the man who was blind could see, and that he was uttering loud cries for joy, saying, 'One is the God of the holy Archangel Gabriel, for His mercy hath come to me, and He Fol. 17 *a* ⲗ̅ⲁ̅ hath | bestowed upon me the light of my eyes,' the whole multitude rushed to him, and the people asked him, saying, 'Tell us what hath happened unto thee, and how it is that thou canst see.' And he told them the good news and about everything which had happened unto him, saying, 'It happened to me after I had come unto this holy shrine. I cast myself down before the holy altar, and I made entreaty to the holy Archangel Gabriel. And straightway I felt the hand of a man come down over my face, and it made the Sign of the Cross over my eyes, and straightway I was able to see. And I heard a voice saying unto me, "Behold, I grant unto thee the light of thine eyes, according to the supplication which thou didst make to me." And I said unto him, "Who art thou, my lord?" And he said unto Fol. 17 *b* ⲗ̅ⲃ̅ *ic* me, | "I am Gabriel, the archangel." These are the words which I heard, but I saw no man talking to me.' And when the people heard these things they lifted up their voices and cried out loudly, saying, 'One is the God of the Archangel Gabriel.' And the man who had recovered his sight remained in the shrine of the Archangel Gabriel, and ministered therein until the day of his death.

[1] Some words seem to have fallen out of the text here.

And there was another man, who was rich in gold and in silver, and he was dumb, and he after a time fell sick of the disease which is called 'gout', and he suffered excruciating pains in his feet by day and by night. And he had spent ample means on the physicians, and was in no way benefited thereby; on the contrary, his disease became more severe. And when he heard of the works of power and the miracles which took place in the shrine of the holy | Arch- Fol. 18 *a*
angel Gabriel, he made his slaves take him up and carry him ⲗ̅ⲇ̅
into his holy shrine. And he lay down in the shrine, and he was in great pain, and he cried out, saying, 'My lord, thou holy Archangel Gabriel, have compassion upon me, and graciously heal me, for I am suffering exceedingly great pain.' And there was likewise another man there who was paralysed in his legs, and he had always to drag himself along the ground like a child. And he was in the shrine lying down, and he was entreating the archangel to grant him healing, and he was lying down by the side of the blind man in the shrine, and he was suffering agony in his feet, and the two men were seeking for healing at the hands of the holy Archangel Gabriel. And at that moment the archangel had compassion upon them, and he was pleased in his | benevolence Fol. 18 *b*
to bestow healing upon both of them at the same moment. ⲗ̅ⲉ̅
Thereupon he appeared unto the paralysed man in a dream, and he was in the form of a man of light, whose face was emitting rays of light. And he said unto the man who was paralysed, 'If thou wishest earnestly to be healed and to recover [thy] health stay where thou art until all the people who are in the shrine have lain down. And when thou art sure that they are all asleep rise up, uncover thy hands and thy feet, and go to the bed of the rich man who is suffering pain in his feet, and begin to lift up (or, carry off) the bed whereon he is, and thou shalt find healing. Thou shalt walk on thy feet, and thou shalt recover straightway, and thou shalt depart to thy house like one who hath never | suffered Fol. 19 *a*
from illness.' ⲗ̅ⲋ̅

And when the man awoke from his dream he marvelled, and he said within himself, 'Verily I have been deceived by this dream. If I were to do this, and to go and carry away the rich man's clothes, he would certainly wake up, and his slave would seize me. And, moreover, I am helpless, being paralysed, and they would deliver me over into the hands of the Eparch of the city, and he would kill me. I should be going in quest of healing for my body, and should ruin my soul through the tortures which they would inflict upon me. No, I will never do this thing.' And on the coming night the Archangel Gabriel came to him, wearing royal apparel of great magnificence, and he was shining more brightly than the sun. And he spake unto the paralytic—now a very strong
Fol. 19 *b* sweet odour | issued from his mouth—and said unto him,
λζ 'For what reason hast thou been careless, and hast not done that which I commanded thee? Be certain of this thing: if thou wilt not obey me never till thy dying day shalt thou be relieved of thy disease. If, however, thou wilt do what I command thee thou shalt recover thy health forthwith.' And when the archangel had said these things unto him he departed from him immediately; and the paralytic woke up trembling and afraid. And he strengthened his heart boldly, saying, 'Verily it was the Archangel Gabriel who spake unto me. Now, therefore, even though it happen that [the slaves of the rich man] seize me and put me to death, I will not be disobedient on this occasion. Let the will of the Lord be done.' Thus the paralytic hid the matter in his heart, and he informed no man of what had taken place.

Fol. 20 *a* And when the evening was come | the paralytic waited
λη until all the people who slept in the shrine were asleep, and then he rose up, and stripped his hands and his feet, and he went to the deaf man, who was suffering [from gout] in his feet, and he seized the clothing which was on him and began to pull it off him. And the man who was diseased in his feet and who was dumb awoke from his sleep in a state

of fright, and God and the Archangel Gabriel had compassion upon him, and the fetter of his tongue was broken straightway, and he spake, although he had never uttered a word before, and he cried out with a loud voice to his slaves, saying, 'Get up quickly and seize this thief who hath come and carried off my clothes which were on me.' And the paralytic trembled lest the slaves of the rich man should seize him, and straightway | the power of control came to his hands and Fol. 20 *b*
his feet, and he leaped up from the ground, and took to flight ⲗ̄ⲑ̄
on his feet like unto a trained runner until he reached the place wherein he slept. So likewise also was it with the man who had gout in his feet, for the power of control came to him, and he jumped down from his bed like a man who had never ailed at all, and pursued the paralytic and his servants, and he wished to seize him. And after a little time, when they had realized the act of grace which had been vouchsafed to the two of them, that is to say, to the rich man who had been relieved of his gout and also of his dumbness, and to the paralytic, and that they had gotten control of their limbs, the two men came forward, and they acknowledged the healing which had come to them both, and they cried out both together, | 'One is the God of the holy Arch- Fol. 21 *a*
angel Gabriel.' ⲙ̄

And when the whole multitude of people who were gathered together in the shrine of the holy Archangel Gabriel had seen this great miracle they were filled with very great fear, and stupefaction came upon them. Then they asked the paralytic, 'What happened to thee to make thee act thus?' And he declared unto them everything that had happened to him, saying, 'Behold, this is what happened to me. It was the Archangel Gabriel, who appeared unto me twice, dressed in a garb of light, who did this.' And all the people who were gathered together in the shrine of the holy Archangel Gabriel lifted up their voices and cried out, saying, 'One is Fol. 21 *b*
the God of the | valiant archangel! Great are the works of ⲙ̄ⲁ̄

power of the messenger of the glad tidings of life, Gabriel, whose name is most honourable.' And the men who had obtained healing remained in the shrine of the Archangel Gabriel, and they prayed and fasted therein until the day of their death. What shall I say about the miracles which thou hast wrought, O thou mighty orator of God the Word, thou holy Archangel Gabriel? Verily, if I were to carry out my intention to its full extent, I would do my utmost to describe each and every one of thy miracles, and I would not narrate a part of them only. However, I must only describe a few, and I therefore make a selection from the great and important works which thou hast performed, to the glory of the Christ our Saviour and of His great and holy Archangel Gabriel, whose festival we are celebrating this day.

There was a certain man who lived in a village which was about six or eight miles distant from the city, and this man
Fol. 22 *a* had an only son | who had arrived at the age of manhood.
ⲙ̅ⲃ̅ After a time he fell sick of the disease of the gout (?), and he suffered excruciating pains in his hands and his feet, both by day and by night, and he was wholly unable to lift up his head. And he passed six years lying upon a bed, and never once rose up from it during that period. And his parents and his kinsfolk often fell into despair about him, and said, 'Verily death would be far better for him than this suffering which attacketh him.' And his parents spent very large sums of money on physicians, from whom he received no benefit whatsoever; on the contrary, he became worse. And when his father heard of the works of power and the miracles that were taking place in the shrine of the holy Archangel Gabriel, which was in the city of Rome, he made a vow, saying, 'If the God of the Archangel Gabriel will hearken unto my supplication, and will graciously bestow healing upon
Fol. 22 *b* my son, I will give six | oboli to thy shrine yearly until the day
ⲙ̅ⲅ̅ of my death. For I know well, O my lord Archangel, that thou art [able] to do everything. Now I cannot bring my

son to thy shrine, for he is neither able to walk nor to ride a beast because of the pain that is upon him, but I believe that thy holy power filleth every place. Let thy mercy come to me, and grant unto me the healing of my little son, and [if thou wilt] I will acknowledge thy power until the day of my death.' And straightway the Archangel Gabriel hearkened unto the entreaty of the man, and he wished to bestow healing upon his son, for he is compassionate. And he brought a little drowsiness upon the young man, and he slept more than he usually did, for he slept neither by day nor by night, and he was [always] crying | out because of the excruciating pain Fol. 23 *a*
which consumed him. And when the young man had fallen ⲘⲆ
asleep the holy Archangel Gabriel came unto him in a dream. He was arrayed in great and indescribable glory, and he was enveloped in a mantle which emitted rays of light, and he said unto the young man, 'Behold, I am going to remove the pain from thee, and no suffering shall attack thee from this hour.' And the young man said, 'My lord, who art thou that art surrounded with such great glory as this?' And he said unto him, 'I am Gabriel the Archangel'; and straightway he disappeared from him. And when the young man awoke in the morning he found that all his body was bathed in sweat. And when he perceived that healing had come to him, and that there was no pain whatsoever in his body, he leaped off his bed | and stood upright, and he ran Fol. 23 *b*
along and skipped, and he blessed God; now he had become ⲘⲈ
like unto one who had never been ill at all. And straightway he cried out, saying, 'I glorify thee, O great and holy Archangel Gabriel, because thou hast remembered me, and hast granted healing unto me.' And when his father and his mother saw the healing which had come to their son unexpectedly they wept many tears, and then they asked their son, saying, 'What was it that happened unto thee, O our beloved son?' And he described unto them the dream which he had seen, and straightway they cried out, saying, 'One is the God

of the holy Archangel Gabriel. Great is the benefit which thou hast performed for us, O good messenger of glad tidings.' And there was great rejoicing in all their house because of the healing of the young man which had taken place, more espe-
Fol. 24 *a* cially because he was the only son. And every | one who
ⲙⲉ heard marvelled exceedingly, and they glorified God and the holy Archangel Gabriel, and the report [of the healing] reached every one.

And on the morrow, which was Sunday, the man called his son and gave unto him the six oboli and certain other gifts of value, and he sent him to the city of Rome to present them to the shrine of the holy Archangel Gabriel, according to the vow which he had made. And the young man took them with gladness, and he put them in his [wallet] to go to the shrine of the holy Archangel Gabriel. And having journeyed on by himself until he drew nigh unto the city, which was about three miles off, he came to a wood (or, forest) of large trees and thick undergrowth through which it was very difficult to travel. And behold, straightway a very fierce lion rushed out of that dense forest, and with a roar sprang
Fol. 24 *b* upon the young man, | and leaped upon him, and digging his
ⲙⲋ teeth into his side dragged him away into the forest, wishing to devour him. And the young man cried out in great distress, saying, 'O my lord, thou Archangel Gabriel, help me in this great distress, for thou knowest, O my lord, that my father hath sent me to thy shrine to present these little gifts to thy holy shrine, and then to return to my house, but behold, I shall die through this lion.' And at that very moment, behold, the holy Archangel Gabriel came forth from heaven, wearing a garb of light, and he took the young man out of the mouth of the lion, and he made the Sign of the Cross over his side, and healed him of the wound which the lion had inflicted upon his |

[The remainder of the Encomium is wanting]

ENCOMIUM OF THEODOSIUS, ARCHBISHOP OF ALEXANDRIA, ON SAINT MICHAEL THE ARCHANGEL

(**Brit. Mus. MS. Oriental, No. 7021**)

THE ENCOMIUM WHICH OUR HOLY FATHER, WHO IS HONOURABLE IN EVERY RESPECT, APA THEODOSIUS,[1] ARCHBISHOP OF RAKOTE, PRONOUNCED ON THE FESTIVAL OF THE HOLY ARCHANGEL MICHAEL, WHICH IS THE TWELFTH DAY OF THE MONTH ATHOR. HE RELATED ALSO VERY MANY APHORISMS CONCERNING ALMS AND OBLATIONS. HE SAID, 'IT IS THE ARCHANGEL MICHAEL WHO SERVETH EVERY ONE WHO GIVETH ALMS, AND HE TAKETH THEIR ALMS AND THEIR COMMEMORATION INTO THE PRESENCE OF GOD, AND HE FULFILLETH ALL THEIR PETITIONS'; AND HE SAID, 'THE CHEERFUL GIVER IS HE WHOM GOD LOVETH'.[2] AND HE DISCOURSED ALSO CONCERNING ALL THE SAINTS WHO ARE [MENTIONED] IN THE SCRIPTURES, AND WHOM THE ARCHANGEL MICHAEL ASSISTED IN ALL THEIR TRIBULATIONS, AND DELIVERED FROM ALL THEIR AFFLICTIONS. IN THE PEACE OF GOD. BLESS US. AMEN. Fol. 2 *a* ⲁ̄

I RECEIVE the first-fruits of the speech of my mouth from the hand of Him Who shall give me consolation and en-

[1] He ascended the patriarchal throne about A. D. 536.

[2] 2 Cor. ix. 7.

Fol. 2 *b* couragement | in everything, Who knoweth everything,
ⲇ̄ Who openeth the door of speech to those who seek Him, Who giveth wisdom to the wise, Who alloweth Himself to be seen by every one that seeketh Him with benevolent eagerness. Who is this, except the Word of the Good Father, Who is broken in His Holy Body by my sinful hands, Whose precious Blood I pour out into the cup and administer unto those who crave for it, my Lord and my God, Jesus the Christ, the God and Saviour of us all? He crieth out, saying, 'Every one who asketh shall receive, and he who seeketh shall find, and to him who knocketh it shall be opened.'[1] And now I have seen the munificence of my Lord with gladness, and I will go unto Him this day, and I will ask that I may receive in large measure, and I will knock so that He shall open unto me. But now, O thou who art listening, and who lovest to be instructed, thou wilt say,
Fol. 3 *a* 'What is this petition which thou wilt ask of Him | this day,
ⲉ̄ after what thou hast already received? Thou hast previously uttered a Discourse on the New Moon, which is the beginning of all the festivals of each year in the Lord. Similarly thou hast already pronounced an Encomium on the life of him than whom among those who were born of women none hath arisen who is greater, the holy forerunner of our Lord Jesus the Christ, and His kinsman, John the Baptist.[2] And thou now sayest, "I am going to ask for something else." O my holy father, dost thou not know that moderation in everything is good, and whether thou eatest, or whether thou drinkest, or whether thou prayest, there must be moderation in everything,[3] even according to what the master Paul saith, "The worship of God in a sufficient degree is a great advantage (or profit)?"'[4]

And I will make answer unto thee straightway, O beloved friend, saying, 'Right well doest thou in speaking, for thou hast revealed friendly anxiety on my account. Nevertheless,

[1] Matt. vii. 7; Luke xi. 9.
[2] Matt. xi. 11; Luke vii. 28.
[3] Compare Phil. iv. 5, 6.
[4] 1 Tim. iv. 8.

I shall make bold to speak, even as did the "Friend of God" who became the father of a multitude of nations, namely, our father Abraham the | Patriarch, who said, Since I have already Fol. 3 *b*
once taken upon myself to speak to my Lord, I will speak ⲇ̅
this time also.'[1] And even though it may be over [bold] on my part to make myself equal unto him with whom God and His angels sojourned, I will nevertheless make a petition unto Him even thrice, and He will not repulse me, for this God is the same God, and this Lord is the same Lord, and this loving-kindness is the same, and it abideth for ever. Behold, I will further prove to thy mind that it is God Who hath commanded us to receive from His hand, and if it be not so, why did ye ask me to bring into your midst on this great festival to-day not only the whole world, but all the heavens likewise? Ye all cry out to me, whether small or great, or male or female, saying, 'We beseech thee not to defraud us of this great benefit, but to lead us to this great festival this day. We wish to hold converse with him, and to enjoy the honour of thy commemoration of him this day. He it is who serveth on behalf of all of us before God, Who sheweth compassion upon all mankind. He it is who is full of mercy and loving-kindness towards | all the images of Fol. 4 *a*
God.' Who is this? It is the great Archangel Michael, ⲉ̅
the Commander-in-Chief of the hosts of heaven.

I conjure you, O my beloved, my God-loving children, to stretch out your hands to me this day to help me in this great undertaking, lest, having set sail on this boundless sea, I shall not be able to guide my little boat to land; now ye all know my poverty, and that I have not great stores laid up in my barns. [Help me] to load up a great ship which shall be able to sail over the sea, and to bear up under gales of winds. But my cargo is a little one, and my boat is very small, and I fear lest, when I have begun to sail my boat

[1] Gen. xviii. 32.

with its cargo out of this harbour into the next, it will approach the quarter whence the winds blow, and the squalls will capsize my boat, and hurl my cargo and myself into the sea. And alas! I know not how to swim and to save even my own life. And assuredly every one will say, [if I escape,] that I have found favour (i.e. been fortunate), for the soul of man is better than the whole world filled with money. For this very reason I am afraid to launch my boat
Fol. 4 *b* on the sea, for I know that [my] boat is frail, | and that
ⲉ̄ I do not know how to swim, and that perhaps if I were to set out I should not be able to return to shore in comfort. And besides, even if I were able to endure all the dangers and all the sufferings of the sea, I should not be able to bear the ridicule, that is to say, the following words which men would most assuredly cast at me, saying: 'O thou man, who was it that compelled thee to attempt to do a piece of work that was beyond thy power? Since thou knowest that thou art a wretched creature, set not thy hand to a task which is wholly beyond thy capacity. Behold, there are large numbers of shipping merchants who are well versed in the craft of seamanship, and if thou hadst committed thy little freight to them they would have traded with it, and thou wouldst have had thy profit on the price of its sale; and besides, thine own boat would have been safe. And thou dost not know how to swim.'

Now I will shew you, O brethren, what manner of boat mine is, and of what kind is the freight thereof, and what I mean by [my ignorance of] swimming. My boat is my sinful body, which I have never been able to steer properly; the freight, which is very insignificant, is the blindness of my heart; the art of swimming, [which] I know
Fol. 5 *a* [not], is the knowledge of the Holy | Scriptures of which
ⲍ̄ I have no [adequate] understanding. And [yet] ye compel me this day to set my hand [to a task] which is beyond my power, especially as ye have asked me to make a discourse

about the honourableness of this great and holy Archangel Michael. Still more especially is this the case seeing that Michael doth not belong to the earth as do we, and that he is a denizen of the heavens and not a being of flesh like unto ourselves. On the contrary, he is an angel of light, and he is not a creature of the earth but of the Holy Spirit. He is not a messenger of the earth who shall come to an end, but he is a ministrant, a flame of fire. He is not an archon who will perish, but an archangel in the heavens. He is not an earthly Commander-in-Chief who will come to an end, and whom the king can dismiss whensoever he pleaseth, but he is the Commander-in-Chief of the hosts of heaven, and he shall endure, with the King thereof, for ever. He is not one who taketh counsel about souls to destroy them, but he is a minister unto both souls and bodies at all times before God the Creator. He maketh no accusation, but is a messenger of Fol. 5 *b*
glad tidings unto every one. He is not a foe of man, but Ⲏ
a friend that loveth the image of God. He is not an enemy against us, but one who ensueth peace for every one. He is not haughty (or, arrogant), but gracious, and all the qualities of compassion of the Father abide in him. His arrival is not announced unto the King, but he is wont to go before the throne of his Lord with boldness, because of his being known unto Him. His rule is not over one order [of angels] only, but all orders of heaven are subject unto him, according to the command of the Almighty. In short, his station is not on the left hand, but he standeth on the right hand of God at all times, and he taketh counsel for the salvation of man, who is the image and likeness of the Living God.

And who is this being who is clothed with such great honours as these, and with the glories that are never-ending? Hearken, and I will tell you. It is Michael, the great archangel of the King of all the denizens of heaven, | and of Fol. 6 *a*
all the beings of earth, and all virtues befit him, that is to Ⲑ
say, Michael, the archangel of the hosts of heaven. And

who is this being on whom the King of kings bestoweth such majestic rank and royal dignities as these? It is Michael, the governor of the kingdom. And who is this being to whom the Great King giveth such great glories, and such splendid consolations as these? He hath girded him with a girdle set with precious stones of great price, and hath arrayed him in a glorious mantle, of the measure of the majesty of which no man can describe, for it is immeasurably superior to anything which man can compare with it. It is Michael who contended against and seized the Enemy who opposed his Lord, and chastised him. And who is this with whom all the ranks of heaven rejoice when they have crowned themselves with crowns? It is Michael the archangel whom God hath this day established to be the governor over all His kingdom. And who is this being who giveth commands unto the heavens, and they obey him? It is Michael the arch-
Fol. 6 b angel, | who obeyed the word of his King, and cast out the
ī Accuser who worked evil round about him. And who is this being for whose sake the whole world standeth idle, and every handicraftsman ceaseth work in order that they may celebrate his festival with great honour? It is Michael the archangel, the comforter of the denizens of the heavens, and he delivereth those who are on the earth, and bringeth them to our God the Creator, in his love towards us which is very great.

But assuredly ye will say unto me, 'The denizens of the heavens indeed celebrate the festival [of Michael] this day, and they rejoice because God hath appointed over them their Commander-in-Chief, but why should the beings of earth rejoice in exactly the same manner? And why should they celebrate the festival of the holy Archangel Michael? He is not formed in exactly the same way as those who are upon the earth. In his glory he is unable to stand upon the earth, according to what is written in another place. For he is a spirit, and he is [not] flesh. Michael is an incorporeal

being, | and no corporeal being is able to look upon him and Fol. 7 *a*
to abide his glory.' ⲓⲁ

And I will make answer to thee, and I will give thee satisfactory proofs that it is most right for the beings of earth to rejoice [over Michael]. Now the denizens of heaven do not commit sin, and they have in them neither hatred, nor envy, nor enmity, nor backbiting, nor murder, nor theft, nor impurity, nor fornication, nor any evil quality whatsoever, but they are holy, and they dwell in holiness and rest in holiness, through Him that is exalted for ever. And they celebrate an endless festival with Him at all times, because there hath been cast out from them him that made accusations against them, him that was the Enemy of Him that created them, the Enemy of all righteousness, the Hater and the Satan, that is to say, the Devil. Therefore this day do they celebrate the festival of the archangel, for it was he who
fought and prevailed, and it was he who hum|bled the Fol. 7 *b*
haughty one speedily. And when he had made him helpless ⲓⲃ
he cast him out into a place from which there was no escape on the earth. And the Archangel Michael did not [only defeat] this [being] and set him down upon the earth, but he received power from the Lord in such wise that he came down and seized him, and bound him with fetters which cannot be loosed. And he did not leave him merely bound on the earth, but it is written that he cast him into the lake of fire, which blazeth with flames of fire and sulphur (or, bitumen), wherein he shall be kept until the day of the Great Judgement. For if he had been left upon the earth no creature of flesh would have been able to escape from his snare. But I think that when it is said that he was cast down into the lake of fire, and [into] the abyss, and [into] the darkness, it is [said so] that thou mayest know the truth, for it is written, 'Those
who are in the heavens, and those who are on the earth, and Fol. 8 *a*
those who are | below the earth.' And I say unto you that ⲓⲅ

from that time until this present he hath been punished in the lake of fire.

Now thou wilt say unto me, 'O friend, if the Devil is fettered [as we read] in the Book of Job, why was he able to inflict all these evils upon Job[1] at the moment when the angels of God were standing [near]?' Listen with attention and I will shew you [why], not with my own words, but with those that come unto me from another place, for it saith that 'The Devil taketh upon himself the form of an angel of light.'[2] But if one [testimony] be not [sufficient for thee], the Master Paul saith, 'The messenger of Satan inflicteth buffetings upon me, lest I become exalted above measure.[3] And our Saviour said as He drove him away, 'Get thee behind me, Satan,' and Scripture saith also that the Devil tempted |
Fol. 8 *b* Him.[4] And David also said, 'Let the Devil stand at his
ⲓⲇ right hand.'[5] And the Apostle also saith in the Catholic Epistle, 'From the beginning the Devil received disgrace, and was a worker of sin.'[6] I must not, however, tarry in [my] discourse because of him who hateth our race, but hearken, and I will describe [the matter to] you. When a king, or a governor, or any one whatsoever who is under authority, sendeth an order to one of his fortresses, those who go [to the garrison] take great pains to carry out their orders, because it is the business of the king upon which they have come. And they say, 'Let us perform the orders of the master, lest he revile and abuse us.' In precisely the same way is the existence of the evil with the good. However, at the moment when the Devil was cast out of heaven, a multitude of angels followed him; now these were they who loved cursing, and they . . . .[7] and they came to the end of their glory, and they were . . . .[7] Moreover, the Devil had meditated
Fol. 9 *a* so much upon his own greatness | in his heart that he dared
ⲓⲉ to say concerning Him that created him, 'I will become like

[1] Job i. 6–19. [2] 2 Cor. xi. 14. [3] 2 Cor. xii. 7.
[4] Matt. iv. 1, 10. [5] Ps. cix. 6. [6] 1 John iii. 8.
[7] Some words obliterated by damp.

unto Him.' And in his pride he set himself to appoint certain orders of angels under his authority, and to make himself like unto his Lord. And straightway God sent His great Archangel Michael, and he bound him in fetters and placed him in a region of darkness under the earth, and those who were in his following became devils along with him. For this reason they are called by a name that indicateth their close association with him, that is to say 'demon', which is 'devil', and until this day they have assisted him in all his evil deeds; now in his pride he had massed armies under his authority, and he made himself to be like unto his God. And straightway God sent His great governor, His Archangel Michael, [who] curtailed his power and placed him in a region of darkness which was under the earth, together with those who were in his following, even as it is written, 'The [evil ones], and the [wicked], and [the abominable], | and the perverse.'[1] Fol. 9 b ⲓⲋ

Behold now, I have shewn thee, O friend, that the Devil is fettered; but the demons still perform his will, according to his envy and his hatred towards us. But let the words of the fable (or, legend) which we have just uttered concerning these matters suffice us, and let us return to the consideration of the victorious warrior bearing the crown of victory, the mighty one, the greatest of the great masters of war, the Commander-in-Chief of the armies of the heavens, who hath made for us the heavens to be the table of his great festival, which is spread for us this day in the heavens and on the earth, according to the command of our Lord Jesus the Christ. For He is One God and One Lord, and One Kingdom, which endureth [for ever], and which is the type of the Holy Trinity, and is One substance with the Father, and the Son, and the Holy Spirit, inseparable, unchangeable, indivisible, incomprehensible, cannot be searched out, inscrutable. . . . . His power (?), ...[2] those who are in |

[1] Compare 1 Cor. v. 11. [2] Some words obliterated by damp.

Fol. 10 *a* the heavens, and those who are on the earth. And as for us,
ⲓ̅ⲍ̅ O my beloved, inasmuch as we know, O my beloved, that great is the joy of this great feast which is spread for us this day, let us also keep the feast which God and His angels are celebrating in his honour. Let us array ourselves gloriously within and without this day, and let us this day go into the great banquet of the great warrior of the King of kings, the holy Archangel Michael.

But ye will say, 'Since this is a royal banquet, is it not meet that we should keep ourselves in the background until those who are great nobles have been summoned first of all into the hall of the King and of His Commander-in-Chief Michael, and then for us to follow in after them?' Right well is it that ye asked the question, O my beloved, for humility exalteth and directeth rightly; but come ye, follow me, for the great nobles have already gone into the banquet with Michael, and have taken their places. These are the nobles who went in first of all, hearken ye attentively: Adam, and |
Fol. 10 *b* Seth and Abel, his sons. Enoch, and Methuselah, and Noah.
ⲓ̅ⲏ̅ Abraham, and Isaac, and Jacob, and Joseph his son. Moses, and Aaron, and Joshua the son of Nun. Gideon, and Barak, and Samson, and Jephthah. David, and Solomon, and Hezekiah, the righteous kings. Isaiah, and Jeremiah, and Ezekiel, and the three holy men, and Elijah and Daniel, these great prophets. Zacharias the priest and John his son. The Twelve Apostles. And Stephen the archdeacon. And the holy and aged priest Simeon. And the martyrs and all the righteous.

And why should I speak [only] of the beings of earth, for there are there the Lord in glory, and all the Hosts of heaven, the Angels and the Archangels, the Cherubim and the Seraphim, the Principalities and Powers, the Thrones and
Fol. 11 *a* Dominions; and all these hosts | are there. And they
ⲓ̅ⲑ̅ ascribe glory unto God and unto His great and holy Archangel Michael. Verily the great and holy men who have lived upon earth feast with us, and I will enquire of them

concerning this great feast which is spread out for us this day throughout the whole world, and I know well that I myself shall rejoice with those who rejoice,[1] according to the words of Paul the Apostle. And more than this, I will begin first of all with our father of all mankind, whom God created in His image and likeness, our father Adam, for I see that he is the first at the feast this day in the place where those who belong to the earth are reclining at meat. What shall I, peradventure, be bold enough to say unto him? I am afraid and I tremble with awe. And behold, now, I observe also that all those who are with him this day at this banquet yield place to him, and I reckon myself among their number. And though I be a sinner I will also give unto him joy (i. e. congratulations) with my tongue in these words, saying, 'Hail, my holy father, lord! Hail, thou father of my fathers and | of all the men who have been and who shall be!' And Fol. 11 *b*
if I give unto him these three congratulations, which are Ʞ
appropriate to his glory, assuredly he will cry out like a father to his son, saying, 'My son, come thou and rejoice with me at this great banquet this day.' And finding freedom of speech before him I ask him, saying, 'My lord father, art thou not he whom God formed with His own hand? And did He not fill thee with the glory of His own image and likeness? Art thou not he concerning whom God [spake] unto all His hosts in heaven, saying, "Come ye, and worship the work of My hands, My image and My likeness?"' And Adam answereth and saith, 'Yea, my son, I am indeed he to whom all these things have happened.' And I make answer to him also, and I say unto him, 'My lord father, did not all these things take place, that is to say, that all the angels bowed down in homage before thee with the exception of one only and his host?' And Adam [answereth and saith], 'Yea, | my Lord made everything subject unto Fol. 12 *a*
ꞰⲀ

[1] Rom. xii. 15.

me when He placed me in the Paradise.' And I make bold and say unto him, 'Why art thou at this banquet this day? The angels are not more exalted than thyself, [for] thou art the likeness and the complete image of God.'

Adam saith, 'Hearken unto me, O my son, and I will inform thee concerning [my] honour at this great banquet this day, for I have more knowledge than thou, and I was present when these things happened. At the time when [my] Lord and my God and my Creator made me in His own likeness and image He fashioned me splendidly. He breathed into my face a breath of life, He set me upon an exceedingly glorious throne, and He commanded all the hosts of heaven who were in truth under His power, saying, "Come ye, and worship the work of My hands, My likeness and My image." And there was there [a hateful being], who was of the earlier
Fol. 12 *b* creation, that is to say, Satanaêl, | who is called the Devil,
[ⲕ]ⲃ and he was an archangel. Furthermore, when the command had issued from the mouth of God, Michael, the archangel, who was one of the Seven Archangels, and his host came and worshipped first of all God our King, Jesus the Christ, and afterwards they worshipped me; and they answered and said, "We worship Thee, O God the Creator of the Universe, and we worship the work of Thy hands, Thy likeness and Thy exact image." And afterwards Gabriel the archangel and his host came, and they bowed low in homage even as did Michael, and so likewise did all the hosts of angels, each rank in its proper order. Finally the Master said unto that Mastêma, the interpretation of which is "hater", "Come thou also, and worship the work of My hands, which I have fashioned in Mine own likeness and image, even as have thy companions all the other ministrants." And Satanaêl
Fol. 13 *a* answered | boldly and said, "There is no rank under Thine
[ⲕⲅ] which is superior to mine, Thine own alone excepted. And besides, I am in glory, and I am [of] the first creation, and shall I come and worship a thing of earth? Far be it from

Thee to make me worship this thing! On the contrary, it is he who should worship me, for I existed before he was."

'And the compassionate God said unto him, "Satanaêl, hearken unto Me! I am thy Lord, I am thy Creator. Come now, and worship the work of My hands." And the Mastêma said, "Far be it from me! Neither myself nor any of my legion will do so. Far be it from us to worship that which is inferior to us! Moreover, we are beings of spirit, but this creature is of the earth, and we will not worship him." And God spake unto him the third time, saying, "O thou who dost belong to My first creation, was it not I Who appointed thee to be a general under My authority, and made My angels | subject unto thee in this Fol. 13 *b*
place? Wouldst thou now set in revolt My kingdom? [ⲕⲇ]
Wouldst thou now display disobedience, which shall be [an example] for ever? Wouldst thou now make foolish servants to rise up against their masters? Wouldst thou now point out the way to disobedience, O Mastêma? Art thou not My servant? Am I not thy Lord? Have I not the power to cast thee away from before My face, and to take away from thee thy great glory, O thou with whom there is no equal in all My kingdom except Myself, and My Father, and the Holy Spirit? Now hearken unto Me, Come thou and worship My clay." And that boastful and envious being said unto Him unto Whom all Creation is in subjection, "Far be it from me for ever to worship two Lords! I and all my host will never do so, especially since, besides Thyself, there is no one greater than myself in all the kingdom of heaven. And if I should be willing to do so, | I should not be able to make my host Fol. 14 *a*
do so, for they worship me only.[1] Far be it from me to ⲕⲉ
worship a being who is inferior to myself!"

'And straightway God was angry, and He commanded a mighty Cherubim (*sic*), who smote him and reduced him to

[1] Rendering doubtful.

helplessness. And He ordered Michael to take away from him his sceptre, and his crown, and his staff which was of light, and his girdle of sapphire, and He removed from him all his glory, and He gave him a staff of darkness, and He expelled all those who were with him from His kingdom. And Michael did everything which he had been commanded to do, and he seized him, and he broke him by his power, and he cast him and all those who were with him forth from heaven. And the Good God cried out unto Michael when He saw the archangel's good will and compassion towards His clay, and said unto him as he stood in the midst of all the hosts of the heavens, "Michael" [now the interpretation of this name is] the 'strength of Êl', "come, O My holy general
Fol. 14 b Michael. Come, O thou who hast | contended and prevailed.
ⲕⲉ̅ Come unto Me, O Michael, thou minister of the commands of thy King. For behold, I know thy desire towards Me, and towards all My created beings, and I also will make straight My desire towards thee. And thy mouth shall be opened, O Michael, and thou shalt receive all My loving-kindnesses within thee, so that thou mayest continue to make supplication unto Me at all times on behalf of My likeness and My image, and I will shew mercy unto them. For I know that the Mastêma will fight against My created being, wishing to cast him away from Me even as I cast Mastêma forth from My kingdom. But behold, I entrust My created beings unto thee so that thou mayest deliver them from his snares. And thou shalt entreat Me on their behalf when they shall commit sin, for I am long-suffering. Behold, O Michael, I appoint thee this day to be the General-in-Chief of all the hosts of the
Fol. 15 a heavens, and with the exception of Myself, | and My Father,
ⲕⲍ̅ and the Holy Spirit, among all the ranks of angels which are in the heavens there is none so great as thou, O thou General-in-Chief Michael. Come, stand thou at My right hand, and strengthen thou My throne at all times, and thou shalt command all the hosts in the heavens, and they shall obey thee in every-

thing, O Michael. It is thou who shalt teach all the ranks of angels in the heavens to serve thee with integrity, O Michael, the object of [My] boasting, thou rectitude of My kingdom. Come, lift up thy head which thou didst bow low, and with which thou didst worship My created being, and I will put upon it this great crown, which I removed from the head of the Enemy. Stretch out thy [right] hand, and receive the staff of office, and thou shalt be Commander-in-Chief in the place of the Accuser of shame. O Michael, stretch out thy left hand and receive this mighty armour, and be thou prepared to fight against | the enemies of thy King. O Michael, take Fol. 15 *b*
the girdle of sapphire, and [gird it] about thy loins, so that KH
when those who are waging war against thy Lord see thee they may be quickly overcome. Open thou thy mouth, O My minister, and receive strength, so that thy word may become like the sound of the roar of a multitude. Come, array thyself in My glory, O Michael, so that thou mayest teach every one to glorify Me. Behold, I know, O Michael, all thy desire towards My clay, come now, and serve Me during the whole life of My image. Behold now, thou seest that Adam is alone and that he hath no one with him of his own kind, but behold, I have placed a mark on his side which shall become a being like unto himself. And since, O Michael, I have said, It is not good for man to remain alone,[1] let us make for him a helper of his own kind, O Michael the helper, and she shall be of the same kind as himself at the moment when I fashioned him, before | I bring her unto him. O Michael, Fol. 16 *a*
if I had created Adam and made him to remain by himself, KΘ
it would have been unnecessary for Me to have planted the Paradise. O Michael thou Archangel, all this world which is beneath My throne I will make to be inhabited by the likeness of Adam, that is to say, by My image. And now, O Michael, I have appointed thee to be the steward of my

[1] Gen. ii. 18.

kingdom, so that thou mayest minister compassionately unto My clay. O Michael, the whole of the race of Adam shall know God through thee, O Michael, thou Commander-in-Chief of My kingdom. Thou, Michael, art the governor of the denizens of heaven, and also of the beings of the earth. O Michael, thou art the sweet-smelling savour at the moment of the Holy Sacrifice, and thou, O Michael, art he who shall present the Offering on behalf of the whole race of the sons of Adam. Very many things shall arise through the sons of Adam, and thou, O Michael, art he who shall make supplication unto Me on their behalf and I will forgive them. The
Fol. 16 *b* sons of the race of Adam | shall blaspheme Me through him
ⲗ̅ that shall lead them astray, but I will forgive them through thy supplication, O Michael." And when the Lord had said all these things unto Michael, He stretched out His hand, and put upon Michael's head the crown, and He made him an archangel. And he set upon it three seals in the form of the Holy Trinity, and the similitude of His image was upon the seals, so that the Archangel Michael might continue to invoke God at all times on behalf of His image, that is to say, of myself. For this reason I, your father Adam, have come to the banquet of Michael.'

And thou, O Abel, the righteous man, the little sinless child, I entreat thee also [to tell me why thou art rejoicing] at this great festival this day, which is the festival of the holy Archangel Michael. Abel saith, 'I rejoice because he whose festival we celebrate this day was [the angel] who made supplication [to God] on behalf of my father and my mother, and God forgave them their transgressions, and it
Fol. 17 *a* was he who took | my gifts up to God, Who received my
ⲗ̅ⲁ̅ sacrifice from me, and Who paid not attention [to that of my brother, because he brought it not] with a right heart. Therefore do I rejoice this day.'

And I see thee, Seth, this day, and I see that thou art rejoicing at the festival of the holy Archangel Michael.

[Why dost thou rejoice?] Seth saith, 'I am rejoicing because, when Kaein (Cain) had slain Abel my brother, God gave me as a gift to my parents. And my mother could not find milk to suckle me, for she had ceased to produce any on account of her grief for my brother Abel. But the holy Archangel Michael gave me every kind of spiritual food from heaven. Therefore do I rejoice this day.'

O Enoch, thou righteous man whom God removed from [the earth], wherefore art thou present at this great festival this day, which is the festival of the holy Archangel Michael? The righteous man saith, 'I am rejoicing because it is I who write with my own hands in the register the sins, and the wickednesses, and the good deeds which are committed in the whole world. And the holy Archangel Michael taketh them into the presence of God, and presenteth unto Him the good deeds, and for the bad deeds he maketh supplication unto Him, and He forgiveth those who belong to my race. For this reason I rejoice this day.'

O Methuselah, thou righteous old man, who didst wax exceedingly old in days, is not thy joy this day genuine, for I see that thou art very glorious | in the midst of this banquet Fol. 17 *b*
this day? Methuselah saith, 'Wherefore should I not rejoice? ⲗ̅ⲃ̅
I am the eighth from Adam. The Archangel Michael took my prayer up to God, and He bestowed upon me so long a life that my age and my years exceeded those of our father Adam by thirty-nine years.[1] Therefore do I rejoice this day.'

O Noah, thou righteous man, I see that thou art rejoicing this day. Noah saith, 'Hearken, wherefore should I not rejoice and be glad? For when God was wroth, [and wished] to destroy the world, He put me, and my wife, and my children, and all the creatures that move on the earth, into the Ark, and shut the door of the Ark. And the cataracts of the heavens and of the earth were opened, and they surrounded

[1] Gen. v. 4, 27.

us for forty days and forty nights, and we saw neither sun, nor moon, nor star. But the holy Archangel Michael acted as steersman for us and the Ark, and he continued to make supplication to God until the waters diminished, and [the land] that was dry appeared, and I and those who were with
Fol. 18 *a* me were | delivered. Therefore do I rejoice this day.'

ⲗⲅ And dost thou, O thou patriarch Abraham, rejoice this day at the festival of the holy Archangel Michael? 'Yea,' saith Abraham, 'I do rejoice this day; for I am the first man with whom Michael, and my Lord, and his fellow Archangel Gabriel became friends. And Michael made supplication to God on my behalf, and He gave me my son Isaac. And I ate with him—would that I had been worthy!—under the tree of Mabrê (Mamre). Therefore do I rejoice this day.'

And thou, Isaac, thou righteous man, thou son of a holy promise, the holy sacrifice which was accepted by the living God, why art thou so splendidly arrayed at the festival of the holy Archangel Michael? Isaac saith, 'I am arrayed thus gloriously because I was the only son of my father and my mother. My mother was a barren woman, and she had no child except myself, neither did she give birth to any child after me. My father bound my hands and my feet, and offered me up on a stone [which was set] upon a desert mountain. I saw with my eyes the sacrificial knife in the hand of my father as he was about to drive it into me, when straightway the Archangel Michael came, and snatched the sacrificial knife from the hand of my father, and he provided
Fol. 18 *b* a sheep for the offering in my stead, | and my sacrifice was
ⲗⲇ completed. Therefore do I rejoice this day.'

And thou, O patriarch Jacob, who prevailedst with God, and wast a mighty one with men, dost thou also rejoice this day at the festival of the Archangel Michael? Jacob saith, 'I rejoice exceedingly this day, because when my brother Esau pursued me to slay me I departed to Mesopotamia of Syria to the feet of Laban. And Michael came to me, and apportioned to me [my wages from the cattle], and blessed me, and my children, and my wives, and because of this Israel took the name from me. Therefore do I rejoice this day.'

And thou, O Joseph, thou righteous man, thou man of understanding, who wast envied [by thy brethren], what art thou doing in this place this day? Dost thou rejoice at the festival of the Archangel Michael? Joseph the righteous man saith, 'Verily I am right in rejoicing this day. For when my brethren, who were envious of me, sold me into a strange land, and when I became a miserable outcast, and was without friends in my great tribulations, the Archangel Michael came to me, and delivered me, and made me king. Therefore do I rejoice this day.'

O Moses, and Aaron, and Joshua, | the son of Nun, why Fol. 19 *a*
do ye rejoice so greatly at the festival of the Archangel ⲗ̄ⲉ̄
Michael? The saints say, 'The festival assuredly belongeth unto us, and we rejoice therein, for it was Michael who walked with us and with his people, and who captured our enemies, and guided us into the land of promise. Therefore do we rejoice this day.'

And thee also, O Gideon, do I see rejoicing at the banquet of Michael? Gideon saith, 'I rejoice this day because it was Michael who came to me, and filled me with his power, and went and crushed Midian, and delivered my people.'

O Manoah, and Anna thy wife, how great is your joy this day! And the judges say, 'Because we were barren from our youth, and had no children, we continued to pray and to offer up offerings to God, that they might be a memorial for us; and God gave us Samson, the strong man, and our son also rejoiceth with us this day.'

And thee, O David, thou father of the Christ according to the flesh, thou righteous king, do I see this day striking a ten-stringed harp of the spirit at the banquet of Michael?[1] |

[1] The words ⲕⲁⲗⲉⲓ ⲙ̄ⲙⲟⲓ̈ ⲉ ⲣⲟϥ ⲙ̄ⲡⲟⲟⲩ, 'calling me to him this day,' make no sense here.

Fol. 19 *b* ⲗⲉ David saith, 'Yea, I do rejoice, and I am arrayed in rich apparel, because all the verses of the words of God and His Words are [inscribed] upon the tablet of my heart, and the verse which is appropriate to this festival is this: The angel of God campeth round about those who fear Him and delivereth them.[1] Therefore do I rejoice this day.'

Solomon, thou wise man, dost not thou rejoice this day in the joy of the holy Archangel Michael? Solomon saith, 'Yea, I do rejoice this day, for it was Michael the archangel who stood by my side from my youth up, and he made peace to be in my days, and he took my prayer up to God, and I builded His house.'

Hezekiah, thou righteous king, dost thou rejoice this day at the festival of Michael, the Commander-in-Chief? Hezekiah saith, 'Yea, I do rejoice, for when the Assyrians camped round about me and my people, Michael the archangel went and crushed them by night. And their number amounted to eighteen and a half times ten thousand men, and I and my people were delivered. Therefore do I rejoice this day.'

O Isaiah, thou great Prophet, hast thou occasion for rejoicing at the festival of the Archangel Michael? | Fol. 20 *a* ⲗⲍ Isaiah saith, 'This is the occasion of my joy: Through all the revilings and abuse which were heaped upon me by Manasseh and those who were with him, it was Michael who stood by my side, and it was he who gave me strength to endure even up to the point when they sawed me down in twain with a wood-saw. Therefore do I rejoice this day, O my holy father.'

And do I see thee also this day, O thou holy man Jeremiah, with thy great lamp of light, rejoicing at the festival of the Archangel Michael? Jeremiah saith, 'Yea, I do rejoice greatly this day, because I passed seven years in captivity with my people, and the holy Archangel Michael made supplication [on my behalf] unto Him that liveth for ever, and

[1] Ps. xxxiv. 7.

He put mercy into the hearts of the Babylonian men, and they set me free, and I returned to Jerusalem with my people. Therefore do I rejoice this day.'

Come, Ezekiel the Prophet, and shew us what is the reason that thou dost leap with joy and boldness at the festival this day of the holy Archangel Michael. Ezekiel saith, 'I leap and I rejoice [this day] because it was Michael, the great archangel, who brought unto me the roll of the books, and he commanded me, and I ate it, and the prophecies were revealed unto me. | Therefore do I rejoice this day.' Fol. 20 *b*

And, O Ananias, Azarias, and Misael, peradventure ye are rejoicing this day at the festival of the holy Archangel Michael? 'Yea,' say the three holy saints, 'we rejoice and are glad because it was he, whose festival we are celebrating this day, who came into the midst of the blazing fiery furnace and quenched the flames for us, and he made the king to believe in God. Our martyrdom was completed, and we rejoice this day at this great festival.' ⲗⲏ

[And thou Daniel,] I think that thou art rejoicing exceedingly, and what kind of joy is thine? Daniel saith, 'Neither once is it, nor twice, that I have seen Michael, who is the governor in very truth. And at the moment when I was cast into the den of lions, it was the Commander-in-Chief, Michael, who came to us, and shut the mouths of the lions. Therefore do I rejoice this day.'

O ye Twelve Apostles, do ye rejoice this day at this great festival, and are ye rejoicing greatly? They say, 'We do rejoice, for after the great sorrow which came upon us at the time when they crucified our Lord Jesus the Christ, and we hid ourselves through fear of the Jews, Mary | the Virgin Fol. 21 *a*
came and informed us, saying, I and those who were with me ⲗⲑ
went to see the tomb at the break of day on the first day of the week, and we found the holy Archangel Michael. He had rolled away the stone, and was sitting upon it, and he gave us the good news, "The Lord hath risen." Therefore do we rejoice this day.'

And thou, O holy priest Zacharias, and John thy son, do ye rejoice at the festival of the holy Archangel Michael? The holy men say, 'We rejoice because the holy archangel was appointed to be Commander-in-Chief, and I am priest unto him, and my son John is the son of Elisabeth the kinswoman of Mary; and the mother of Jesus is my kinswoman, according to the flesh. Therefore do I rejoice this day.'

And thou Stephen, thou archdeacon and protomartyr, dost thou rejoice this day at the festival of the Archangel Michael? Stephen saith, 'Yea, my joy is great. For when they were stoning me, I lifted up mine eyes unto heaven, and I saw the heavens open, and I saw the Archangel Michael and all his angels, and they were making supplication on my behalf. And I saw Jesus standing by the right hand of God the Father. Therefore do I rejoice this day.'

O all ye Martyrs and Righteous, do ye rejoice at the |
Fol. 21 *b* festival of Michael this day? The saints say, 'Yea, verily,
ⲙ̅ we do rejoice this day because in all the tribulations that came upon us, and in all the tortures which they inflicted upon us, it was the Archangel Michael who gave us strength, and we bore them until at length we completed our strife; and we received great honours because of him. Therefore do we rejoice this day.'

O all ye orders of angels who are in the heavens, do ye rejoice this day with us at the festival of the holy Archangel Michael? They say, 'Yea, all joy is ours because on the day when our Creator rebuked the Proud One, He set us at the feet of the Humble One, the great and holy Archangel Michael. Therefore do we rejoice this day.'

Verily, O my beloved, great is the honour of this great feast which is spread out for us this day, not only upon earth, but in the heavens also. Now therefore, O [my] listeners, who love instruction, let us hasten to betake ourselves to the feast of the Archangel Michael, so that we ourselves may partake of the multitude of good things that shall be laid out

before us and before all the saints whose names we have enumerated. Perhaps, O my beloved, if we dare to go into the banquet of the Commander-in-Chief, and we are not arrayed in | rich apparel, and we enter in [dressed] in mean Fol. 22 *a*
attire, with our bodies full of imperfections, we shall find ⲙ̅ⲁ̅
ourselves in a state of shame among those who wear their rich garments draped about them. And they will thrust us away so that we may not approach them, and so that they may not be defiled by us, and after looking upon us with looks of disgust and contempt they will betake themselves to casting us forth [from the hall]. And assuredly those who are arrayed in splendid attire will reproach us with words of abuse as follows: 'O ye fools of men, are ye not ashamed to be in this state? And if ye are not ashamed, are ye not afraid of Him Who is the King in truth, the Christ, and of His holy Archangel Michael? Is it possible that ye do not know unto Whom this hall belongeth, and whose banquet this is? If ye do not, then learn that the hall belongeth to the King, and the banquet is that of the holy Archangel Michael, who conquered in the war in the presence of his Lord, Who, because of his valour, hath bestowed upon him all these honours. Verily, I am stricken with wonder that ye were so bold as to come into the inner hall, and especially so seeing that your bodies are uncovered. Have ye never heard Him say, "Come not into My marriage chamber | without being arrayed in the wedding garment?" Have Fol. 22 *b*
ye not heard Him [speak] concerning the man who was so ⲙ̅ⲃ̅
bold as to go therein dressed in mean apparel, like unto your own? Ye know well what happened unto him, for it is written, He made them bind his hands and his feet, and he cast him out into the outer darkness, where there is weeping and the gnashing of teeth.'[1]

Now therefore, O brethren, rise up and withdraw yourselves

[1] Matt. xxii. 13.

into the outer hall, a little way from the door, so that when our Lord the King cometh in with His holy archangel we may make supplication unto him. Peradventure he will shew a little mercy unto us, even as he doth unto those others who beg for alms at the door of the hall, for the archangel is compassionate, and if ye shall keep the festival in his honour he will never forsake you in any matter whatsoever. But take heed to your outward apparel, and do not let them find us in an unprepared state in the midst of this festival this day, so that we may not depart to the sufferings of the others. Behold, I have told you, and ye have heard, O my beloved, the rebukes which these men suffered, more especially [because] they were men [like unto themselves] who spake
Fol. 23 *a* unto them, and not God. | But perhaps one will say unto
ⲙ̅ⲉ̅ me, 'What kind of mean garments are these to which ye refer, and what are these imperfections of the body? There is no respect of persons with God, and God doth not care more for the rich man than the poor man. Cannot I wear what I like? No man wisheth to receive an insult.'

O my beloved, the matter is not in this wise at all. Far be it from us to cause any man to say that God is a respecter of persons, or that He hath more pleasure in a rich man than in a poor man. Hearken, and I will tell thee what is goodly and what is mean apparel. When thou goest to enter into the banquet of Michael, anoint thy head, and wash thy face, and cast away from thee hypocrisy, and thou wilt do what is very useful for thyself. When they invite thee to the banquet of Michael, cleanse thy heart wholly from every kind of wickedness, and cast away from thee backbiting gossip, and thine apparel shall be splendid, and thou shalt rejoice, and shalt do very well for thyself. When thou goest into the church of God, that is to say, into the house of Michael, strip off thyself fornication and every kind of foul passion, and array thyself in gentleness, and in purity, and in righteousness. And thou shalt go into the hall with joy,

and thou shalt keep the feast with the holy Archangel Michael. When they summon | thee to the wedding of the Fol. 23 *b*
King and His great general, let thine alms and thy charities ⲙⲇ
open for thee the door of the bride-chamber; and the things which thou shalt give thou shalt find tenfold on thy table. If thou wishest to glorify Michael, the King's Commander-in-Chief, let the widows and the orphans come away from thee with their faces joyful, and their hearts happy, and arrayed in apparel according to thy ability. And I say unto thee that thy gift shall be great before God and the holy Archangel Michael. If thou wishest to go into the banquet of Michael joyfully, receive strangers into thy house on the festival of the Archangel Michael, and do thou acts of kindness unto them, and Michael shall come forth with joy, and shall take thee into the hall of his King in peace. If any man maketh supplication unto thee, and asketh thee for something in the name of Michael, refuse not to give it unto him. I tell thee, O my beloved, that whatsoever thou shalt give to men, Michael shall take into his hands and present before God on thy behalf, and He shall reward thee twofold | upon earth in everything, and God shall shew Fol. 24 *a*
mercy unto thee in His kingdom, for it is written, 'Mercy ⲙⲉ
shall enable a man to triumph over judgement,'[1] and again, 'Shew mercy, and mercy shall be shewn unto you.'[2] If thou shalt continue to keep the festival of the holy Archangel Michael once each month, that is to say, on the twelfth day, the day on which it is celebrated, and thou shalt keep in remembrance his offering, and an oblation, and an act of service, according to thine ability, the archangel shall continue to make supplication to God on thy behalf at all times, and he shall bestow upon thee everything of which thou hast need, as the thought thereof ariseth in thy mind.

But perhaps there is some one who will say unto me,

[1] Jas. ii. 13. [2] Matt. v. 7.

'If I must give alms and oblations I will give them to God. Michael is not God that I should offer up sacrifices unto him. There is no god except the God of heaven, the Father, and the Son, and the Holy Spirit.' And I on my part will make answer unto thee, saying, Thou speakest well; a faithful man indeed is he whose faith is right towards his Lord. But hearken, and I will tell thee. Let us take the case of a king who hath taken possession of a certain (?) country, and who hath a vast number of soldiers (or, armies) with
Fol. 24 *b* him; wilt not thou find among all these hosts one man | who
ⲙⲉ is superior to all the rest, even though the king is over them all? And if it happen that the king hath an affection for some individual among these royal troops he will bestow upon him honours and possessions. And these will not be given unto him because of the troop of which he is a member, but they will be bestowed upon him because the king knoweth well that his company is mighty. And he hath power to approach the king at all times, and he is able to deliver him from every [evil] thing, and from every danger, and he is such a valuable member of his body-guard that other folk find favour through [him]. And thus it is with every man who giveth alms and oblations unto God on the day of Michael; for the archangel taketh the sacrifices and gifts from his hands, and presenteth them unto God as a sweet-smelling savour, and he receiveth commands from God concerning these men, and he prepareth for them a multitude of good things, and he offereth them up before God as acceptable gifts, and they escape punishment for ever. Furthermore, if ye wish to know what things men give as alms and oblations to God on the day of the holy Archangel Michael, and how he is wont to
Fol. 25 *a* minister | unto them whilst they are in the world, listen to
ⲙⲍ the following great and wonder-worthy history which redoundeth to the glory of God and of His holy Archangel Michael.

There was a certain righteous man who was a lover of God,

and who loved to give alms, and he lived in close agreement with his wife, who was a prudent and pious woman, and who was as wholly devoted to works of charity and almsgiving as was her husband. And these two people were devoted followers of the holy Archangel Michael; now the name of the man was Dorotheus, and the name of his wife was Theopistê. And from the time when they were married—now both of them were still quite young—they had each possessed a large and certain income, which had descended to them from their parents, and they possessed flocks and herds, and also other necessary goods of this world. And these two people observed a good custom in respect of the holy Archangel Michael on the twelfth day of each month. When the twelfth day was drawing nigh they prepared offerings on the eleventh day of each month, and on the morning of the | twelfth day, at Fol. 25 b
daybreak, they used to send their first-fruits and their offerings ⲘⲎ
with gladness to the shrine of the holy Archangel Michael. And afterwards they used to kill a sheep, and stew the meat thereof with pot-herbs in a cooking pot, and they baked as much bread as was likely to be required. And when they had made an end of these preparations they would receive the Holy Mysteries, and then they would summon every needy person whom they could find and bring him into their house, and the blind, and the halt, and the widows, and the orphans, and the strangers (i. e. pilgrims), and every one whom they could find. And when they had brought them into their houses they would stand by them, and both Dorotheus and Theopistê would minister unto their wants until they had eaten, and then they gave them wine in abundance. And when the [guests] saw fit to come out they would anoint their heads with oil, and set them on their way with joy, saying, 'Depart ye in peace, O beloved brethren, for we esteem your coming unto us as a great act of grace.' And these things they did on the twelfth day of each month, until at length the sweet savour of their alms and charities entered

Fol. 26 *a* ⲙⲑ into the presence of God | in the heavens, and every man glorified them in their turn because of their excellent dispositions. And they hid their virtues entirely, and sought not for any glory from men; on the contrary, all their hope was in God and in the Archangel Michael.

And it came to pass that after they had acted in this manner for a very long time God gave the command for a cessation[1] to take place, and He prevented the waters [of the river] from coming upon the land, in order to admonish the children of men concerning their sins. Moreover, He made this to happen in the country for three successive years, and at length there was exceedingly great distress in the land of Egypt; and those who lived there forgot wholly the former abundance (or, plenty) of Egypt,[2] even as it is written. Furthermore, multitudes of men and cattle died because the waters did not come upon the land for three successive years. And this holy man and his wife did not cease to do that which they had been in the habit of doing every month, and they made supplication unto God and unto His holy Archangel Michael, saying, 'Let not cease [materials for] thy gift and thy offering in the hands of thy servants.' And thus were they when they themselves began to be in want, Fol. 26 *b* ⲛ and a very large number | of their beasts died. In brief, they had passed through the second year [of scarcity], and they entered upon the third year, and everything which they had came to an end, and all their sheep died one after the other. And the pious and believing man said unto his wife, 'My sister, bestir thyself, for to-morrow will be the twelfth day of the month Paone,[3] and let us take care to prepare the offering. Let us kill the sheep and celebrate the festival of the holy Archangel Michael, for if we die we belong unto God, and if we live we belong unto God.' And she said unto him, 'As the lord my brother liveth, this duty hath been

[1] i. e. a low Nile. [2] Gen. xli. 30, 31.
[3] Paone = May 26–June 24.

present in my mind for the last two days, but I found no opportunity to ask thee about it. See what hath happened unto us. I rejoice greatly this day that thou hast not forgotten the sacrifice of God; do, O my brother, according to what thou sayest.' And Dorotheus rose up early in the morning on the twelfth day of the month of Paone, and they performed all their service; but of their former abundance they had no remains whatsoever, and there was nothing at all
left them except a little bread and a very small | quantity of Fol. 27 *a*
wine. And all the apparel which they had were the gar- ⲛⲁ
ments wherein they partook of the Sacrament, and in these they returned thanks unto God ⌈and the holy Archangel Michael.

And they prayed and blessed God by day and by night with tears, saying, 'O holy Archangel Michael, entreat thou God on our behalf, and beseech Him to open His hand for us for blessing, so that there may not cease from us the hope of thy alms and sacrifice which we give in thy name. O Michael, thou great and holy archangel, thou knowest well our heart and our good will towards thee, and that we have no protection whatsoever except thine. Thou hast been our protector from our earliest youth until this present, and thou hast ministered on our behalf before God our King. And now, we beseech thee, O our good guardian Michael, if it be that this great sorrow of heart is really to continue with us to our death, notwithstanding these agreements which we have established with thee and with God not to make to cease thy sacrifices and thy oblations, then let thy goodness intercede for all the likenesses (or, images) of God, and do thou perform
this great favour for us. | Entreat thou God, the King of Fol. 27 *b*
kings, on our behalf, so that He may shew mercy unto us, ⲛⲃ
and remove us from this life, even as He hath removed all our fathers. For behold, O our protector, thou seest the misery that hath come upon us. But all these things have come upon us in return for our sins. And it is far better for us to

die than to forget thy sacrifice and thy offering. For poverty is very many times worse than [death], because it maketh those who are suffering from it to deny out of sheer fear the Name of Him Who created them. And now, also, we cast ourselves down before thee, O thou holy Commander-in-Chief Michael; forget not thou us, [for] we are thy servants. For we know well that thou dost go into the presence of the King at all times, and that thou art never afar off from those who call upon thee, and that thou dost draw nigh unto them, as it is written, 'The angel of the Lord encampeth round about those who fear Him, and delivereth them.'[1] And he saith in another place, 'He sheweth mercy, and he giveth all the day long.'[2] Behold then, O thou ministrant Michael, thou seest that all
Fol. 28 *a* our necessity resteth upon us, | and that we have no words to
ⲛⲉ utter with the exception of these, "We are utterly destitute; help us, O God our Saviour, and relieve us for the glory of Thy Name." And there is yet one other thing which we must say with thanksgiving: It is the Lord Who gave, it is the Lord Who hath taken away; what hath come to pass is that which hath pleased the Lord. Blessed be the Name of the Lord for ever![3] Amen.'

And when the holy man and woman had said these things, they continued in supplication to God and to His holy Archangel Michael from the twelfth day of the month Paope to the ninth hour of the twelfth day of the month Athôr, which is [the day of] the great festival of the holy Archangel Michael. And when the morning had come—now the time for their making ready the offering was from the evening of the eleventh day, and they had always been in the habit of preparing it early in the festival—the holy and truly believing man went to his wife, and said unto her in humility and shamefacedness of heart, 'My sister, what art thou doing sitting down? Knowest thou not what kind of a festival

[1] Ps. xxxiv. 7. [2] Compare Jas. i. 5. [3] Job i. 21.

it is to-morrow? Do not, O my sister, forget our good custom, and do not let the remembrance of the holy Archangel Michael | cease from thy heart. Do not, my sister, do not, I say, fall into despair and abandon hope.' Hearken now to the words of consolation which this blessed woman addressed to her husband with understanding. She said unto him, 'Right well is it that thou hast come, O my lord brother! Right well is it that thou hast come hither to me now with the comfort of our wealth, that is to say, the joy of our souls united! Verily, O my brother, from the first hour of this day until the moment wherein thou hast come to me hither, a fountain of tears hath not ceased to flow from my eyes. A fire consumeth my innermost parts because of the remembrance of our protector and our ambassador, the holy Archangel Michael. Now therefore, O my brother, consider what we shall do, so that our sacrifice may not cease from us; let us give unto him anything which we have left unto us. Furthermore, I have heard our master Paul the Apostle say, Whosoever hath begun [to do] a good work, let him complete it until the day of the being present of our Lord Jesus the Christ.[1] Now behold [we have begun], let us fulfil our quest.' Fol. 28 *b* ⲛⲇ

And her husband said unto her, 'What is there [left] to us [to give], O my | sister? [Tell me] so that we may know if it will be sufficient for our wants or not.' And she said unto him, 'We have some broken pieces of bread left, but they are not sufficient to set before the brethren to eat, and there is a little oil in the flask which might be sufficient for us to use in anointing the head[s] of the guests after their meal, but there is not a loaf of bread nor any flour left.' And her husband said, 'In truth, my sister, even if we had these there is no sheep to kill; nevertheless, let God's Will be done! God will not demand from us anything which is beyond our strength, and Fol. 29 *a* ⲛⲉ

[1] Phil. i. 6.

it is far better for us to give a little than not to give at all. Moreover, that which hath entered into my mind I will carry out, and I will tell thee what it is. Behold, we each have still left to us the apparel in which we receive the Sacrament. I will arise, and will take the cloak that is mine first of all, and I will exchange it for flour for the offering. Its price, however, will hardly suffice [to buy sufficient flour] for the guests, because it is very much torn. If we succeed in exchanging the cloak, I will go and see if God will provide us with a sheep, and I will give thy cloak in exchange for it, and we will slay it for the festival, and we will celebrate the festival of the archangel to-morrow gloriously, for this is
Fol. 29 *b* his great | festival. If we find [a sheep] we shall eat, and if
ⲡⲉ we do not find [it], it is the dispensation of the Lord.' And the wise and understanding woman said unto him, 'My lord brother, not only will I sell my cloak together with thine, but I will sell my very soul for my lord the archangel.' And her husband said unto her, 'My sister, very right is the good disposition which thou hast exhibited towards the holy Archangel Michael.'

Thereupon the man took his cloak, and sold it, and bought some wheat, and he gave it to the miller to grind, and he returned to his house rejoicing, and he said to his wife, 'Behold, God hath arranged the matter of the offering for us.' And, moreover, when they came to the twelfth day of Athôr, the worthy woman went to her husband early in the morning, and she said unto him, 'My brother, take my cloak, and get thee gone and sell it, and see if thou canst find a sheep, so that we may be able to provide for the feast for the brethren who will come unto us.' And he, wishing to find out the extent of her [good] disposition towards Michael, said unto her, 'My sister, if I take away thy cloak, how wilt thou be
Fol. 30 *a* able to go and partake of the Sacrament on this | great
ⲡⲋ festival this day? Now I am a man, and I can go about just as I am everywhere, but it is seemly for a woman to

take good heed to herself in respect of her body, and most of all in church.' And she lifted up her voice and wept, saying, 'Woe is me, my brother! What is this thing which thou hast said unto me this day? Am I to make myself a stranger unto thee this day? Are we to separate ourselves this day and become two people? Am I not of the same flesh as thyself? Have I not a portion with thee in the sacrifices? Wouldst thou rob me this day of my love towards the holy Archangel Michael? Do not, my brother, do not, I say, think in thy heart that I can abandon my purpose towards the Archangel Michael. The Apostle hath already fully proved to us that there is neither male nor female in Christ.'[1] And as she spake these words she wept, and her soul was sorely disquieted within her. The man, however, rejoiced very greatly over the greatness of her faith, and he took the cloak from her hands, saying, 'Make ready the offering, and the first-fruits, and the oil, so that we may send them to the Church; and set out the table in the midst and the bread, and make ready the vegetables by the time I return, according to the Will of God, | with the sheep.' Fol. 30 b

And the man went out, and as he walked along he suppli- ⲠⲎ
cated the holy archangel to make straight his ways before him. And as he was walking along he came upon a shepherd, and he said unto him, 'Hail, friend!' And the shepherd said unto him, 'Peace be unto thee, O honourable man!' And the believing man said unto him, 'Can I find with thee this day a sheep [suitable] for this great man who is coming unto us this day?' And the shepherd said, 'A sheep of what price dost thou wish for?' And the believing man said unto him, 'I want one worth a *termĕsion*.'[2] And the shepherd said unto him, 'Give me the price and I will give thee the sheep.' And the believing man reached out to him

[1] Gal. iii. 28.

[2] A coin that seems to have been worth about half a crown or three shillings.

the cloak of his wife, saying, 'Take the cloak, which belongeth to my wife, and keep it in thy hands for three days; if I do not bring the money to thee [before the end of that time], I will assign it to thee.' And the shepherd answered and said, 'What can I do with this thing? There is nothing in my house except wool and stuff; I will not take it.'

And when the believing man saw that the shepherd spurned both him and the cloak, he turned away on his road with great sorrow of heart and abundant tears. And whilst he was walking along sadly and thinking what he should do, or
Fol. 31 *a* what he should | say to his wife, suddenly he looked straight
ⲛ̅ⲑ̅ before him and saw the Archangel Michael riding upon a white horse, and he was in the form of one of the chief imperial noblemen. And the believing man was greatly afraid, and he withdrew himself to one side out of the way of the archangel's path until he should have passed by. And when the archangel in the form of a nobleman came up to him, he pulled his horse's bridle, and stood still and said unto the man, 'Hail, Dorotheus! Whither walkest thou by thyself?' And with trembling Dorotheus said unto him, 'Hail, master, my lord archon! Welcome is thy coming unto us this day.' And the nobleman, who was Michael, said unto him, 'Is Theopistê thy wife still alive?' And Dorotheus, with his face turned towards the ground through shame, said unto him, 'Yea, thy servant is alive.' And the nobleman, who was Michael, said unto him, 'What is this which thou art carrying?' And Dorotheus said unto him with confusion, 'It is a cloak which belongeth to my wife.' And the nobleman, who was Michael, said unto him, 'What art thou doing with it in this place?' And Dorotheus said unto him, 'A very great man is coming to visit me this day, and I
Fol. 31 *b* have not been able to find everything | which I wanted, and
ⲝ̅ there is no gold in my possession. And because of the time of suffering whereunto we have come, I brought the cloak hither to give in exchange for a sheep, but no one will take it

from me, and I do not know what to do.' And the nobleman, who was Michael, said unto Dorotheus, 'I will make myself surety for a sheep, and I will obtain it for thee, and thou shalt cook it for me and for those who are with me this day.' And Dorotheus answered, 'Yea, very gladly will I do so, my lord. May I be found worthy! Come thou into my habitation.'

And Michael said unto one of the angels who were journeying with him under the forms of soldiers, 'Walk thou with Dorotheus, and go to this shepherd, and say unto him thus: The nobleman who passed thee by recently saith, Send me a sheep of the value of a *termêsion.* I will be responsible for it, and will send unto thee the price thereof by the hour of noon this day.' And the soldier walking with Dorotheus went unto the shepherd in the name of the nobleman, and they brought away the sheep. And the nobleman said unto Dorotheus, 'Behold, the sheep is ready for the need of the great man whom thou hast invited. See now if thou canst find some wood and a fish for my need, because I do not eat [the flesh of] sheep.' And Dorotheus said unto him, | 'I only wish that I could find a fish, my father, and [if] I Fol. 32 *a* could obtain one I would rejoice.' ⲝⲁ And the nobleman said unto Dorotheus, 'What wouldst thou give for a fish?' And Dorotheus said, 'I would deposit my wife's cloak as a surety for one until I could send the price for the same.' And the nobleman, who was Michael, said unto him, 'If the matter be thus, let the cloak stay with thee. I will send in my own name, and I will take the fish until thou art able to send the price thereof.' And the nobleman called one of the soldiers who, in the forms of angels, were travelling with him, [and said unto him], 'Get thee to the river, and cry out to the fishermen there, and say unto them, The nobleman who came and passed by you and spake to you this day saith, Send me a fine fish worth a *termêsion,* and I will send you the price thereof by the hand of Dorotheus the husbandman, by the hour of noon this day.' And the soldier went to the fishermen, and spake unto them in the name of the nobleman according to the message which he spake to him. And the fishermen gladly gave him a large fish, which was still alive, and he brought it quickly to the nobleman, who was Michael.

And the nobleman, who was Michael, said unto Dorotheus, 'What more dost thou wish for? Is not the matter good?
Fol. 32 *b* Is not the need supplied? | Is not the material for the dinner
ⲝ̄ⲇ provided?' And Dorotheus answered and said, 'Yea, my lord. Thou hast performed for me this day a very kind act. The day hath advanced, and our business hath prospered well, and thou hast done a very great favour to thy servant.' And the nobleman said, 'Let us make haste'; and they took the sheep and the fish, and they departed. And as Dorotheus was walking along he was thinking about the price of the sheep and of the fish, and where he would be able to find the things required by the nobleman, both apparel and wine, and where he could get bread suitable for him; in short, multitudes of thoughts were surging up in him. And he made supplication to God with his whole heart, saying, 'O Archangel Michael, my protector, stand thou by thy servant this day, for I am doing all these things in thy name, and in that of thy Lord, this day'; and whilst he was pondering these things the archangel knew his thoughts and his patient long-suffering.

And after these things they knocked at the door of the house of Dorotheus, and Michael was the first to knock, and he saw that it (i.e. the house) was decorated with garlands. And he walked inside [the courtyard], and the God-loving woman came out to him and said, 'Welcome, O my lord nobleman!' And the nobleman said unto her, 'Hail,
Fol. 33 *a* Theopistê,' | the interpretation of which [name] is 'she who
ⲝ̄ⲉ believeth in God'; 'what art thou doing in these days?' And Theopistê answered, saying, 'Thou art welcome, my lord, and we glorify God and thy grace. Come thou in,

O nobleman, and do not stand outside.' And whilst she was saying these words, behold, Dorotheus brought in the sheep, and the large fish, and the cloak, and set them before her. And she said unto him, 'Whence hast thou obtained these things (i. e. the sheep and the fish), my brother ? For I see that thou hast brought back the cloak.' And Dorotheus said unto her, 'The nobleman made himself responsible for me, and they were given unto me.' And Theopistê said, 'Well spoken, my brother ! God and the archangel have brought the nobleman and those who are with him unto us this day.' And the nobleman, who was Michael, said unto them, 'We are going to the Sacrament, for it is a festival, and the time of service hath come, but remain ye here, both thou and thy wife. Kill the sheep, make [your] preparations here carefully and suitably. And look to this fish, and do not touch him until I come, when I will dress him according to my own liking.' And they said, 'As my lord nobleman commandeth even so shall it be.' And the nobleman went forth | from them. And Dorotheus Fol. 33 *b*
and his wife did not know who he was, but they thought ⲝ̅ⲇ̅
that he was a nobleman of the district.

Then Dorotheus said unto Theopistê, 'My sister, what shall we do ? How shall we be able to prepare for the nobleman's reception ? Where shall we find bread or wine suitable for him ? Would that we could do as we did in the days that are past, when our path was prosperous !' And Theopistê said, 'My brother, God will not forsake us. Meanwhile arise, and let a man kill the sheep, and we two will do what is necessary here'; and they did so. And Theopistê said unto him (i. e. the servant), 'Let us go and bring out a little wine, and let us see if it be suitable for the nobleman or not.' And when they went [to the wine cellar] and opened the door they found that it was filled with [jars of] wine up to the very door. And Dorotheus was greatly disturbed, and he said unto his wife, 'Hath any man been bringing [jars of] wine in here since I went out this morning ?' And his wife

said unto him, 'As the Lord liveth, since the time when I brought out the offering of first-fruits this morning, only one jar of wine hath been brought in here.' And Dorotheus
Fol. 34 *a* said unto her, 'Be patient, my sister, until | we see what is
ⲝ̅ⲉ̅ the end of the matter.' Afterwards he said unto Theopistê, 'Let us go in and fetch out a little oil for the meal and for the needs of the brethren.' And they both went into the cellar, and they found seven jars filled with oil up to their very brims, and they found there also large vessels and jars filled with every kind of rich meats and sweets according to the need of the house. And very great fear fell upon Dorotheus and Theopistê. And afterwards they went also into the house and into their bedchamber, and they found there the boxes wherein they kept their clothing filled with splendid apparel of every kind, which was similar to that which they had worn in the time of their wealth, and one might almost say that, in very truth, they were the actual garments. And after these things they went into the chamber wherein the bread was kept, and they found it full of loaves of bread of the finest quality and of whiteness like unto snow. Then straightway they perceived that it was the favour of God which had come unto them, and they glorified God and the holy Archangel Michael.

Then Dorotheus said unto Theopistê, 'Behold, God hath prepared everything. Let us make ready for the nobleman,
Fol. 34 *b* because it is time for us to go | to the Sacrament'; and they
ⲝ̅ⲋ̅ did everything that was necessary. And they made ready their large broad cushions whereon the nobleman might recline at meat, and they covered them with costly cloths befitting his exalted rank; and they set out the tables for the brethren in their places, according to their custom. And they dressed themselves carefully in fair white apparel, and went to the Sacrament in the shrine of the holy Archangel Michael with great fervour and with great joy. And when they had gone into the church they cast themselves down

upon their faces together before the holy place, and they prayed to God and made great thanksgivings unto Him. And they gave thanks unto the holy Archangel Michael with great earnestness, saying, 'We render thanks unto Thee, O my Lord Jesus the Christ, and we glorify Thy Good Father, and we render thanks unto Thy great, holy Archangel Michael, because Thou hast neither deprived us of Thy mercy, nor been unmindful of our supplication, but hast quickly sent unto us Thy loving-kindness.' Then after these things they partook of the Sacrament and received the benediction.

And they made haste and went home and opened with great zeal their house to the brethren who were in attendance | upon the nobleman. Moreover, they compelled to come into Fol. 35 *a*
it every one, that is to say, men, and women, and children, in ⲝⲍ
such numbers that the whole hall was full. And Dorotheus and Theopistê his wife girded up their loins, and stood and ministered unto the brethren in all their wants, and they supplied them with wine in great abundance. And whilst matters were happening in this way, behold, the nobleman, who was Michael, and who was with all his company of soldiers, knocked at the door of the house. And Dorotheus and his wife made haste and came forth therefrom rejoicing, and they bowed low in homage before him, saying, 'Right well is it that thou hast come to us this day, together with all thy company of soldiers, O our lord nobleman. Verily we rejoice exceedingly that we have been held worthy for thee to come unto us on a day that is especially glorious. May the Archangel Michael rejoice with thee! Come in, O blessed man! The Lord be with thee!' And the archangel, who was the nobleman, went into the hall of the house, and he found it to be filled with men, and women, and children, both small and great. And pretending to be astonished, he said unto Dorotheus | and Theopistê his wife, Fol. 35 *b*
'Brethren, why have ye with you this company of people ⲝⲏ

whom I see in such great numbers here? Peradventure ye are giving yourselves additional trouble on my account, because I have come to you this day. Do ye not perceive what serious difficulty and trouble arise therefrom? Surely ye could only, with the greatest difficulty, have made [such a feast as] this in the days when ye were prosperous and wealthy.' And Dorotheus and Theopistê answered and said, 'O our lord nobleman, forgive us. We have not added to our trouble because of thee--thanks be unto God and unto the holy Archangel Michael—and among all these people whom thou seest here this day there is no stranger present, for they all belong to our family, and all are descended from our fathers.'

And as they said these words the Archangel Michael rejoiced over their perfect dispositions, and he said unto them, 'Come, the time hath arrived when I and those who are with me would take the food we need.' And they went into the place which they had prepared for him, and when they had entered the dining hall the nobleman took his seat upon a chair, and he commanded, saying, 'Bring hither the fish to me so that I may prepare it for dressing according to my wish'; and they made haste and brought the fish to
Fol. 36 *a* him. And the nobleman said | unto Dorotheus, 'Open his
ⲝ̅ⲑ̅ belly'; and he did so. And the nobleman said unto him, 'Take out his stomach'; and when he had taken it out it was very large. And the nobleman said unto Dorotheus, 'Open it'; and he opened it, and he found inside the stomach a large bag which was sealed with a seal. And Dorotheus was struck with wonder at the matter, saying, 'What is this, O nobleman, which I have found in this stomach?' And the nobleman said unto him, 'It happeneth that large fish swallow everything which they find; meanwhile open the bag, and let us see what is inside it.' And Dorotheus said unto him, 'My lord, how can I possibly open it? Behold, it is sealed.' And Michael, that is to say, the nobleman, stretched out his hand, and took the bag, and opened it, and he found

it full of choice pieces of gold; and they counted the gold pieces and found that they amounted to three hundred oboli with heads.[1] And afterwards he found under all the gold pieces three *termêsia*, one under the other. And Dorotheus lifted up his eyes to heaven | and said, 'Righteous art Thou, Fol. 36 *b*
O Lord, and Thy Name is true; there is no limit [to Thy ⲟ̅
gifts] for those who love Thee.' And the nobleman, who was Michael, cried out to Dorotheus and Theopistê his wife, and said unto them, 'Come hither to me, O brethren. Since ye are compassionate folk ye have obtained a large sum of money through me; I came to you indeed, but, behold, God prepared you. And I know these gold pieces and the seal, and I find that they belong to my Lord the King. Now therefore, in return for the hospitality which ye have shewn to me and to my company this day, behold, I will bestow upon you three hundred oboli and also the three *termêsia*. Take them, and give one to the shepherd [in payment for the sheep], and one to the fisherman in payment for the fish; now I made myself responsible for them on your behalf, and, behold, the time of noon hath arrived when, according to the agreement [the money is to be paid], and as for the third take it and give it to the man with whom thou didst deposit thy cloak, and from whom thou didst take | the wheat for the offering.' Fol. 37 *a*

And Dorotheus and Theopistê cast themselves down before ⲟ̅ⲁ̅
the nobleman, saying, 'What is this which thou sayest unto us, O our lord nobleman? We are thy servants. Didst thou come unto us that we should take anything from thy hand? Is it not an honour for us to receive into our house any officer of the Imperial Army? Art thou not master of our bodies, and canst thou not do what thou wishest with us? And besides these [considerations] also we cannot accept anything except the gift of God. Thou well knowest, O our lord, what day this day is. The little bread which we eat this day with

[1] Rendering doubtful. Perhaps the oboli were stamped with a figure of the head and bust of some Roman Emperor.

our kinsfolk doth not belong unto us, but unto God and His great and holy Archangel Michael, whose festival we are celebrating this day. Nevertheless, if it be thy will, O our lord, we will accept the [three] *termêsia* only, wherewith we will pay for the sheep and the fish, and redeem the cloak [pledged for the flour of] the offering, according to thy command.' And the nobleman said unto them, 'Verily, by God's Truth and by the salvation of my Lord the King, ye shall take
Fol. 37 *b* everything, leaving nothing | whatsoever behind. And lest
ⲟ̅ⲃ̅ ye be afraid that should the King hear about this He may threaten you with punishment, I myself will explain the matter on your behalf to my Lord the King, and He shall bestow upon you also other great honours. And if ye would persuade yourselves that these are all the things which ye have to take from my hands [ye are mistaken], for this is only the interest on the same. When, however, I return to my city, by the Will of God, I will send to you in full measure the principal and the great honours which I wish to give to you.'

And Dorotheus and his wife Theopistê rejoiced when they heard these words, and they said unto the nobleman, 'O our lord, we beseech thee not to lead us thy servants astray by these words, for we, O our lord, we are thy servants. Take back from us the words, for they are beyond our measure [of understanding]. Where could thy servants obtain money [to give thee?] And besides, how can we accept interest [for money which we never lent]? On what day did our lord, unto whom we minister, come to us? For, by God's
Fol. 38 *a* Truth, we have never | seen thee enter our house [before].
ⲟ̅ⲅ̅ We did not even know thy face before this day. And how canst thou possibly say unto us, O our lord, that thou hast received anything from us?' And the nobleman answered and said, 'It is I who will explain to you how I entered into your house, and when I did so. From the day whereon your parents died, and ye obtained possession of their substance,

I have been coming into your house once every month. And after I entered your house ye sent very great gifts to my city, to my Lord the King. And your names are written upon all of them, in order that when ye shall go to the city of the King He will reward you for them twofold.'

And Dorotheus and Theopistê answered, saying, 'We entreat thee, O our lord, to do us a very great favour and to tell us thy name, for then, perhaps, we shall understand the matter, and be able to find an explanation for thy words which thou speakest unto us.' And the nobleman, that is to say, Michael, answered and said, 'I will tell thee my name, and the Name of my King, | and the name of my city Jerusalem; and if ye wish to learn them hearken, and I will declare them unto you. I am Michael, the governor of the beings of heaven and the beings of the earth. I am Michael, the Commander-in-Chief of the hosts of heaven. I am Michael, the archangel of the worlds of light. I am Michael, the victorious warrior in battle before his King. I am Michael, the comforter and the object of boasting of the denizens of heaven and of the beings on the earth. I am Michael, in whose face is placed the loving-kindness of God. I am Michael, the archangel of the world of light, and the steward of the kingdom of heaven. I am Michael, and I receive the sacrifices and the supplications of men, and present them unto God, the King in truth, Jesus the Christ, our Saviour. I am Michael, who walk with all the men whose hope is in God. I am Michael, the archangel who ministereth unto all mankind with joy, and who hath ministered unto you, O Dorotheus and Theopistê, from your youth up even until this present. | And I will never cease to minister unto you until I present you to the King of the denizens of heaven and of the beings of earth. Inasmuch as ye have ministered unto us ourselves, as well as unto my Lord, with great strenuousness, I will not forget your sacrifices and your charities, which ye have been wont to give unto God in my

Fol. 38 b ⲟ̅ⲇ̅

Fol. 39 a ⲟ̅ⲉ̅

name. Was I not standing by you yesterday, and did I not hear you holding converse together concerning myself and the customary offering and gifts which ye give in my name during my festival? I was not remote from you (i. e. very close to) at the moment when ye were weeping and making supplication to me, saying, "Entreat thou and beseech God for us that He may remove us out of the [world] rather than that [our] sacrifices and charity towards the archangel shall come to an end." Did I not see you at the moment when ye bartered away your cloaks wherein ye were wont to receive the Sacrament, and gave them in exchange for the offering for my festival? I declare unto you that I was with you on all these occasions. Moreover, all the things which from your youth up ye have given in my name I have never forgotten; on the contrary, I have presented them all to God on your behalf.
Fol. 39 *b* Verily, | I have taken your sacrifices from you in truth, and
ⲟⲋ your gifts, even as I did those of Abel, because ye gave them with a true intent. O Dorotheus and Theopistê, blessed are ye, yea and ye shall be blessed,[1] even as it is written, and according to your names, which are also a blessing unto you, for Dorotheus [meaneth] the "gift of God", and Theopistê meaneth "she who believeth in God". I am Michael the archangel whom ye have appointed to be your protector before God. I am Michael, who take your prayers, and your sacrifices, and your tithes up to God, even as I did for Cornelius in olden time.[2] And also, as regards Cornelius, I went to him, and I taught him the way of salvation, that is to say, baptism, which he put on through Peter. Fear not, I am not remote from you (i. e. I am very near you) even as ye yourselves have drawn nigh unto me and unto my Lord, since it is written, "Draw nigh unto God, and He will draw nigh unto you."[3] And now, O Dorotheus and Theopistê,
Fol. 40 *a* take to yourselves strength, and arise, stand up, | and accept
ⲟⲍ

[1] Gen. xxvii. 33. [2] Acts x. 3. [3] Jas. iv. 8.

these gifts from my hands, for, as I have already declared unto you, these things are merely the interest, and when ye shall remove yourselves from this life I will give unto you the principal in the Jerusalem of the heavens, the city of all the saints. For I have already received you to favour at the hand of God in return for your sacrifices and your pious charities.'

And when the Archangel Michael had said these things to Dorotheus and Theopistê as they lay prostrate on the ground like dead folk, he took hold of their hands, and raised them up, and dispelled their fear. And he gave unto them the gold pieces, saying, '[Your offerings and charities] shall neither come to an end nor cease. And ye shall not be last in any good thing, and ye shall not fall behind in your sacrifices and your charities, which ye shall continue with praiseworthy zeal from this day, this festival, until ye end [your lives]. Now ye shall end [your lives] with joy. And ye shall send away [satisfied] the brethren who shall come unto you at my | commemoration. Thou shalt send to the [owners] the price Fol. 40 *b*
of the sheep, and the price of the fish, and thou shalt redeem ОН
the cloak. And the three hundred oboli, and also the three *termêsia*, whereon is the seal (i.e. the Sign of the Cross), are given unto thee as a reward in the Name of the Father, and of the Son, and of the Holy Spirit, One perfect Godhead.' And when he had said these things unto them he gave them the salutation of peace, and went up into heaven with glory, and all his angels with him; and Dorotheus and Theopistê continued to gaze after him until he entered into heaven, in peace. Amen. And Dorotheus and Theopistê his wife did as the holy Archangel Michael had commanded them. And they kept the festival to the end of their lives with great zeal, and they did not cease to offer what they had been wont to offer in respect of sacrifices and offerings, in the name of the holy Archangel Michael, until the end of their lives.

Fol. 41 *a* And, O my beloved, do ye | fulfil even a very little of all
ⲟ̄ⲑ̄ the things which ye have just heard. Are not these profound proofs (or, examples) sufficient to convince your hearts? Is it possible that ye will hesitate any longer to give gifts to God on the festival of the holy Archangel Michael? Will ye not obtain boldness through the things which ye have given on the festival of the holy Archangel Michael, and which he shall give [back] to you, together with their increase (i. e. interest)? For behold, O my beloved, ye have seen the great gift of God which reached these holy people Dorotheus and his wife Theopistê, and how, since their hearts were right with God and His holy Archangel Michael, God Himself directed His love (or, charity) to them, and sent unto them His great Archangel Michael, and prepared for them great and unending riches, as well as the consolation of the riches of the heavens. And, O my beloved, my brethren, behold, we know in very truth that everything which we shall give unto God in the name of the Archangel Michael we shall
Fol. 41 *b* receive twofold in | this world, before we arrive at the things
ⲡ̄ that appertain to heaven. Now therefore, O my hearers, let us not hesitate to give according to our ability, for we know that whatsoever we shall give unto the Archangel Michael he will employ in ministering unto us with gladness, and that whether it be little, or whether it be much, he will accept the good motive from us. For God doth not demand from you anything that is beyond thine ability, but it is the good intent which He requireth. If [ye think this is] not so, hearken: In days of old [when] our Saviour was in the world with us, all the rich men brought [gifts] and cast them into the treasury, yet God did not hold them to be justified over much. But when the poor widow woman had gone round about in her house, and had found two *lepta*, that is to say, two *nomisma*,[1] and had brought them quickly and cast them into

[1] ἔβαλε λεπτὰ δύο, ὅ ἐστι κοδράντης, Mark xii. 42.

the treasury, God accepted her intention, and ascribed blessing to her, saying, 'Everything which she found in her house hath she given to the Lord.'[1]

And do thou thyself, | O my beloved, use all care and diligence in giving gifts unto God on the festival of the holy Archangel Michael, and God shall give unto thee a multitude of benefits, and Michael shall minister unto thee therewith. If thou shalt give an offering unto God in the name of the holy Archangel Michael, God will feed thee with the bread of life in the heavens. If thou shalt clothe a naked man on the festival of the Archangel Michael, God Himself will array thee in apparel of light in the heavens. If thou shalt give a cup of wine to a man on the festival of the holy Archangel Michael, God Himself will give thee to drink of the produce of the True Vine. And if thou hast not wine wherewith to do this, give a man a drink of water in the name of Michael, and God Himself will give thee to drink of the fountain of the Water of Life, which floweth forth from the holy throne. And if thou shalt go and shalt visit any one who is sick on the day of the Archangel Michael, | God Himself will send Michael to visit thee on the day of thy great sickness, that is to say, the sickness whereof thou shalt die. And if thou shalt go to any one who is in prison on the day of the festival of Michael, and shalt comfort him, God will send unto thee Michael, and he will deliver thee from the prison of Amente, and God Himself will say unto thee, 'I was in prison, and ye visited me.'[2] And if thou shalt build a church upon earth in the name of Michael, God Himself will build for thee a house not made with hands in the heavens. If thou shalt see a man who is helpless through disease, or who hath a wound in his body, and thou shalt treat him with medicines on the festival of the Archangel Michael, God Himself will shew compassion

Fol. 42 *a* ⲡⲁ̅

Fol. 42 *b* ⲡⲃ̅

[1] Mark xii. 44; Luke xxi. 4.

[2] Matt. xxv. 36.

unto thee, and will heal thee of the wounds of Amente. For it is written, 'Blessed are the merciful, for unto them shall mercy be shewn.'[1] And again, 'Shew mercy, and mercy shall be shewn unto you.'[2] And 'Mercy shall make a man to
Fol. 43 *a* triumph over judgement.'[3] And again, | 'Charity covereth
ⲡ̄ⲅ̄ a multitude of sins.'[4]

O my beloved, my brethren, let us call upon God, and let us take care and be diligent to love charity on the day of the Archangel Michael, for we know that he is an efficient being, and that he entereth into the presence of God at all times, and that he giveth unto every man according to his works. Let us follow after love, O my beloved, for love is from God, and God is Love. It was love which God shewed to our father Adam, and to Eve, and He accepted their repentance through the supplication of Michael, and forgave them their transgression. It was love which He shewed to Abel, the righteous man, when He accepted his sacrifice from him through the supplication of Michael. It was love which God shewed to Enoch, [when] He removed him and did not let him see death, through the supplication of Michael. It was love which God shewed to Noah, [when] He made him an ark, and kept him and all his house safe amid the waters of
Fol. 43 *b* the Flood, | through the supplication of Michael and his
ⲡ̄ⲇ̄ angelic hosts. It was love which God shewed to our father Abraham, [for] He established a covenant with him, and He bestowed upon him Isaac, through the supplication of Michael and his hosts. And it was love which God shewed to Isaac, [for] He accepted his sacrifice, and took a sheep in his stead, through the supplication of Michael. [And it was] love which God shewed to Jacob, for He gave him favour in the sight of Esau his brother, through the supplication of Michael and his hosts. It was love which God shewed to Joseph, [for] He delivered him from the hands of his

[1] Matt. v. 7.
[2] Compare Ps. xli. 1.
[3] *κατακαυχᾶται ἔλεος κρίσεως*, Jas. ii. 13.
[4] 1 Pet. iv. 8.

brethren, and out of the hand of the Egyptian woman, through the prayer of Michael and his supplication. It was love which God shewed unto Moses the Prophet, [for] He delivered him from the servitude of Pharaoh, and filled him with more grace than any other man, through the supplication of Michael and his host. It was love which God shewed unto Joshua [the son] of Nun, [when] He made the sun to stand still in Gabaôn (Gibeon), and Joshua destroyed | all Fol. 44 *a* ⲡⲉ his enemies by the prayer of Michael and all his host. And it was love which God shewed to Moses [when] He gave unto him His Law, and Moses gave it unto the children of Israel. It was also love which God shewed unto King David, [when] He chose him from among his brethren, and set him to be king over Israel, through the supplication of Michael and his host. And it was also love which God shewed unto David's son Solomon, when He commanded him to build a house to the Lord, through the supplication of Michael, the holy archangel. And it was also love which God shewed unto Hezekiah, the righteous king, [when] he added fifteen years to the years of his life, through the supplication of Michael, the greatest of the governors, and of his host. It is love also which God shewed unto the race of Adam when He esteemed it to be worthy for Him to invite us to this great festival this day with Him Who took flesh in the holy Virgin Mary, and when He gave Him for us all so that He might withdraw us | from Fol. 44 *b* ⲡⲋ Amente and forgive us our sins, through the supplication of Michael and all his host. And it was also love which God shewed unto our Fathers the Apostles, whom He chose from the whole world, and through whose preaching we all have come into the knowledge of the truth, through the supplication of Michael, the great and holy archangel.

Now therefore, O my beloved, behold, we know that the Will of God existeth in love and charity, and that the Archangel Michael is our helper and minister with God. Let us follow after love and charity, for it is written, 'Charity (or, love) shall make a man to triumph over judgement,'[1] and 'Charity exalteth, and love maketh straight.'[2] And the Compassionate said, 'Be merciful, and mercy shall be shewed unto you. Give, and it shall be given unto you. For with the measure wherewith ye measure, it shall be meted out to you.'[3] Let us measure with good measure this day, on the

Fol. 45 *a* festival | of the Archangel Michael, in order that he may
ΠZ measure for us with a generous and abundant measure in the Kingdom of Heaven. Let us keep a spiritual festival this day, on the festival of the Archangel Michael, in order that he may keep the festival with us and with our Lord at the festival which shall endure for ever in the heavens. Let us then cast behind us the works of darkness this day at the festival of the Archangel Michael, in order that he may put upon us the armour of light.[4] Let us glorify God this day at the festival of His mighty governor, in order that He may glorify us with His great and perfect glory. Let us go to the holy Archangel Michael at his festival this day, with our bodies cleansed with holy water, and arrayed in garments [made from] the sheep, and our hands filled with branches of sweet-smelling trees. And let us make supplication unto him, saying, 'O thou archangel and Commander-in-Chief of the

Fol. 45 *b* hosts of heaven, Michael, do thou entreat God | on our behalf
ΠH to forgive us our sins. O thou archangel, entreat God on our behalf to allot unto us our food and our apparel, according to His wish. O Michael, thou great archangel, entreat God on our behalf, so that He may graciously grant unto us peace with one another, for thou thyself art peace. Thou, O our helper, knowest well that we are dust and ashes, and that our nature is prone to fall (or, slide). But God is the Compassionate and the Forgiver. Unto us belongeth the attribute of committing sin, and unto thee belongeth the attribute of making supplication on our behalf before God to forgive us

[1] Jas. ii. 13. [2] Cf. Eph. ii. 4–8.
[3] Matt. v. 7; vii. 2; Mark iv. 24; Luke vi. 38. [4] Rom. xiii. 12.

our sins. Unto us it belongeth to make supplication to God, and unto thee it belongeth to invoke God on our behalf to forgive us, O Michael our governor. Unto us it belongeth to go out of the right way, and unto thee it belongeth to set us in the right way before God our King.'

O Archangel Michael, of a truth we know that thou art our treasury of the compassion of God, and that thou dost | minister on behalf of us all at this moment before God Fol. 46 *a* the Christ, the God of all supplication, Who is blessed for ⲡⲉ̅ ever. May He forgive us all our sins which we have committed, may He make it acceptable unto us to cast behind us the things which are behind, and to separate ourselves from those which are useless. And do thou present us to Him [as] holy folk, without blemish before Him, in love. For thou, O our great Archangel Michael, art he who careth for us, in order that we may live in thy place of rest in the heavens. Happily indeed hast thou come unto us, O great Archangel Michael. Happily hast thou come unto us, coming with our Lord, thy King! Happily hast thou come unto us, coming with our Lord, our King! Happily have all thine angelic hosts come at this great festival, which is spread before us this day, O Michael.

And the banquet which thou hast made for us is not a banquet for poor men, but a banquet for the rich men of an Emperor. They are not governors who are | sitting Fol. 46 *b* at meat at this banquet, but the Lord of the denizens of ϥ̅ heaven and of the beings of earth. And they are not mere human beings who are waiting upon us, but those who serve us are angels. And this table is not a material table, but a spiritual, and it is a similitude which is filled with life for ever. Those who keep the festival with us this day are not men only, but it is God in very truth, Who stretcheth out His holy hand, saying, 'Right well is it that ye have come unto Us this day! Peace be unto you, O My brethren. And I rejoice with you all, for it is written, "Wheresoever

two or three are gathered together in My Name, there am I in their midst.”’[1] Furthermore, if He spake in this manner about two or three only, how very great must be the joy of the Lord our King and of His holy angels at this moment this day, when they are in our midst and are celebrating the
Fol. 47 *a* festival with us at this great banquet, and with this | great
ϥⲁ̅ assembly of men, and women, and little children, and great men, and believers, who are present at this great festival this day, which is the festival of Michael, the great and holy archangel! Besides [this] He glorifieth every one who keepeth the feast to Him in the festival of the holy Archangel Michael, the great, holy general.

Verily, O my brethren, I have set my hand to a task which is beyond my strength, and I have set sail upon a great and wide sea which I am unable to traverse. Now, I said at the beginning of this Encomium that my boat was a small one, and that my cargo was light, and that I did not understand the craft of the mariner, and that the sea, that is to say, the Encomium on the great, holy Archangel Michael, was exceedingly difficult. I entreat you, O my brethren, to give me your help in order that I may be delivered in the depth of [this] boundless sea, and may come to you on shore once more without mishap (or, directly). Furthermore, I undertook
Fol. 47 *b* to speak unto you the words of praise and honour | which are
ϥⲃ̅ proper for him whose festival we celebrate this day, the great Archangel Michael. But my tongue is flesh, and my body is a body of earth, and I am not able to describe adequately the measure of his splendour and the fullness of his glory. O thou who, after God, art my lord! O Michael, thou art the joy of my heart! O holy archangel, thou art the comfort of my tongue! O Michael, thou art the word of my mouth and the comfort of my heart, and my prayer before God! What tongue, or what heart, or what understanding is there

[1] Matt. xviii. 20.

that can know or comprehend the perfectness of thine honourable rank and the glory wherewith God hath endued thee!

All these words which I have uttered, O thou governor of the kingdom which is in the heavens, and those which are like unto them, are appropriate to thy great glory; but, forgive me, O archangel, because I am a sinful man, and
I am exceedingly weak in my deeds. I beseech | thee, O my Fol. 48 *a*
helper Michael, accept from me my prayer and my supplica- ϥⲉ
tion, that is to say, my insignificant offering which I have taken pains to give unto thee at thy festival. Blame not thy servant because my gift is little, but let my willing intent be before thee like the two *lepta* [of the widow], for I know that thou art merciful and long-suffering, and therefore I come to thee. I know that I have no other help but thine before God, O holy Archangel Michael. If thou wilt shew mercy unto me, and wilt accept my prayer at my hands, and my little gift, [good and well,] and if it be still too poor, I will be diligent in presenting unto thee as a gift my tongue and my heart at all times, all the days of my life. And indeed I am confident that, if I treasure up all these things rightly in my heart at the mention of thine angelic name at all times,
I shall not be without reward and without fruit before | God. Fol. 48 *b*
The remembrance of thy name, O holy Archangel Michael, ϥⲋ
is as sweet upon my tongue as is honey in my mouth. The mention of thy holy name, O holy Archangel Michael, is to me an equipment in my lying down and in my rising up. O great and holy Archangel Michael, the race of Adam hath found freedom of speech before God through thee. O holy Archangel Michael, the sweet scent of our prayers riseth up to God through thee; O Michael, thou holy archangel, it is thou who dost lift [them] up to God until He sheweth compassion upon us. And this day also, on thy great festival, mayest thou minister on our behalf before God the Father, and may He accept our intention which we bring

unto Him at thy holy commemoration. O thou great helper, Michael, make supplication on our behalf before God, and make us to walk in those [paths] that are pleasing unto Him
Fol. 49 *a* at all | times. May He deliver us from the snares of the
ϥⲉ Devil, may He make us to be to Him a kingdom, and a priesthood, and a holy nation, and a people [destined] to life, through the prayers which the great and holy Archangel Michael, whose festival we celebrate this day, maketh on our behalf; and through the ministrations of our Lady, the pure God-bearer, Saint Mary, who in very truth gave birth to God; and through the prayers also of his fellow archangel, the bearer of good tidings of the worlds of light, through the grace and love to man of our Lord Jesus the Christ, unto Whom, and His Good Father, and the Holy, Vivifying and Consubstantial Spirit, be glory, now, and always, and for ever. Amen.

[Here follow in Oriental 6781 the texts of the passages from the Old and New Testaments which are ordered to be read on Saint Michael's Day.]

1. St. Matthew xxiv. 24–37. To be read at the time of lamp-lighting on the twelfth day of the month Paape (October 9). Fol. 30 *a*. ⲟ̅ⲁ̅.

2. St. Matthew xiii. 43–52. To be read at dawn on the day of the festival. Fol. 30 *b*. ⲟ̅ⲃ̅.

3. Psalm lxviii. 11–28. To be read at the 'setting ready' on the day of the festival. Fol. 31 *b*. ⲟ̅ⲇ̅.

4. 1 Timothy ii. The Epistle. Fol. 32 *a*. ⲟ̅ⲉ̅.

5. 1 Peter i. 1–12. The General Epistle. Fol. 33 *a*. ⲟ̅ⲋ̅.

6. Acts of the Apostles x. 1–13. Fol. 33 *b*. ⲟ̅ⲏ̅.

7. Psalm cxlviii (supplementary). Fol. 34 *a*. ⲡ̅.

8. St. Luke xiv. 1–15. The Gospel. Fol. 34 *b*. ⲡ̅.

COLOPHON

This book was produced by the zeal and care of our noble and God-loving brother, Sirê, the son of the blessed Phêu (?), who liveth on the plain to the south of the city of Snê (Asnâ), in the village which is called Pkourosê (?), with [money obtained by] his own labour. He hath given it to the shrine of the holy Archangel Michael in the district of Tbô for the salvation of his soul, and in order that the God of the Archangel Michael might bless him, and his wife, and his children, and his flocks and herds, and every possession which he hath. And when he goeth forth from the body may he also be held worthy to hear with joy [the words], 'Come, ye blessed of My Father, and inherit the kingdom which hath been prepared for you from the foundation of the world.'[1] Amen. So be it. Fol. 49 *b* ϥⲉ

[The date is obliterated.]

[1] Matt. xxv. 34.

[HISTORIES OF THE MONKS IN THE EGYPTIAN DESERT BY PAPHNUTIUS]

(Brit. Mus. MS. Oriental, No. 7029)

[Some pages wanting]

Fol. 1 *a* 'and the service whereunto we have committed thee. Blessed are we [in] our country, which was worthy of Thy holy footprints! Rightly did the Psalmist David say, "Lovely are Thy dwellings."[1] And again, "Lovely are they because of their fathers." It is the Lord Who [speaketh], it cometh to pass with . . . . and with great [fear] and joy towards us. I remember the word which the Lord spake in the Gospel, "In the house into which ye shall enter, say first of all, 'Peace [be] in this house. If there be therein the sons of peace, let your peace abide therein; but if not, then let your peace return to you.'"[2] And when I found that they were sons of peace I permitted my peace to rest upon them, according to the word of the Master of us all, the Christ Jesus our Lord. And when the hour had come we celebrated the Sacrament. And they set before us a table, and we prayed, and we ate, [and we drank] |

[One or two lines wanting]

Fol. 1 *b* ate, and these saints of God, even as did the servant of Abraham, whom [he brought] in with joy, and they fulfilled all their desires. And I myself ascribed glory to God, Who doth not reject (?) him that seeketh after Him, even as it is written, '. . . . . fulfilleth the worship of God.' And after we had lighted the lamp we fulfilled all their [desires ?], and we prayed, and we talked about the words of God and the teaching of the holy men. Then I spake unto the holy old

[1] Ps. lxxxiv. 1. [2] Matt. x. 13.

man Apa Pseleusius, and asked about a certain sage, the good brother with whom thou didst dwell, that is to say, Apa Zauboulôn (Zebulon?), and he was a man who was profitable, and we profited by him exceedingly. And he said unto me, 'I myself profit in these respects; I received benefit from him by reason of his humility and his silence. He never wished to decide by his speaking any matter whatsoever. Whether it was a humble person who spoke to him, or whether it was a man of importance, he was wont to say, "I do not know."' I said unto him, 'How is it that [thou art able to speak thus], and to act | in this wise?' The old man said unto me, **Fol. 2a**
'Hearken, and I will tell thee. He took unto himself a wife in his youth. And he progressed in every work; he was a virgin from his childhood. And he fled from all intercourse with women, for he was afraid, according to the word which is written, "Whosoever looketh upon a woman to desire her hath already committed adultery with her in his heart."[1] And "lust, [when] it hath conceived, bringeth forth sin; and the sin, when it is fulfilled, giveth birth to death."[2] And he walked in all humility. And he saw a vision in this wise: It was as if he saw a man shining with glory, who stood before him, and said, "It is impossible for any man to act as the servant of two masters; either he loveth one, or he hateth one."[3] This is thy case exactly, my brother Pseleusius. Thou wouldst be zealous in a good work, according to that which is written by the Apostle, "No man who is a soldier hampereth himself with [the affairs of this life that he may please him] | that **Fol. 2b**
hath made him a soldier. And, moreover, if one strive he doth not receive the crown unless he hath striven lawfully."[4] Thou shalt be victorious on the right hand and on the left. And straightway the man who was speaking to him in the vision disappeared, and he ceased to see him. And there was a certain old man who lived close by him who had a knowledge

[1] Matt. v. 28.
[2] Jas. i. 15.
[3] Matt. vi. 24; Luke xvi. 13.
[4] 2 Tim. ii. 4, 5.

of the Scriptures, and a certain brother used to go unto him frequently and enquire of him concerning passages in the Lectionary which they read in the church (now he loved the poor exceedingly), and the brother used to tell his thoughts frequently to this old man, who would explain to him the Holy Scriptures. And it came to pass that when the morning had come the brother went to this old man, and when he had come to him he described to him the vision which he had seen, and he [asked him what] it was intended to mean. And the old man told him that he must strip himself of whatsoever he possessed, and "take up thy Cross and follow thy Lord, and let
Fol. 3 *a* the dead bury their dead"[1] | [one line wanting] vanity.
ⲉ̅ (*sic*) Hast thou not heard the Lord saying in the Gospel, "No man who putteth his hand to the plough and looketh back shall enter into the kingdom which is in the heavens?"[2] And this word "looketh back" indicateth the affections for [this] vain world and for the things thereof, the which we have not renounced. And now, my beloved brother, I do not wish to make thee to go away and leave me because of thy knowledge and because of thy visits to me, which are full of profit [to me], but I wish also to make thee to go through the invitation with which thou hast been invited. Rise up, get thee gone to the brethren, and they will dress thee in the garb of the monk, and they will shew thee what it is right for thee to do.' And thereupon the brother departed according to what the old man said. And he went to the brethren who were in a place which is called . . . .

[Three lines wanting]

Fol. 3 *b* | and graciously courteous. And his face was exceedingly
ⲍ̅ pallid, and his whole body also by reason of the excessive severity of his ascetic labours, even as it is written, 'The wings of a dove which are pale like silver, and the parts round about her neck which have the greenness of gold.'[3]

[1] Matt. viii. 22; Mark x. 21. [2] Luke ix. 62. [3] Ps. lxviii. 13.

He speaketh thus because the lifting up of the hands of the old man was like unto the [lifting up of] the wings [of the dove], according to the Scriptures. And he likened him unto the paleness of silver because of the purity of his prayers, and unto the greenness of gold because of the vigour of his asceticism, even as it is written, 'Blessed are the pure in heart, for it is they who shall see God.'[1] He was a man who suffered greatly, for he passed the whole night in vigil, and very frequently he ate tares, even as did John the Baptist, concerning whom it is testified, 'his food was locusts and wild honey.'[2]

[One line at least wanting]

| because of the purity of his heart and the purity of his body. Fol. 4 *a* H̄
And the holy father Apa Pseleusius said that he was in the habit of receiving revelations very frequently, and that every thing which he spake (i. e. foretold) used to come to pass in truth. And he used to see visions like Daniel the seer. And Apa Pseleusius also said, 'When then I had come to him, that is to say, unto the John of whom I spake first, and of whom I have said all these things, he received me with great hospitality, and I found nothing at all in his habitation except three cakes of bread, and they were only there for the sake of the strangers who used to pass by, lest they should say, "The old man doth not eat bread." And when I had tarried there some time I begged him to endue me with the garb of the monk

[Three lines wanting]

| the rules of life of the monk. And he said unto me, 'O (?) Fol. 4 *b* Θ̄
my brother Pseleusius, it is written, "Thy words are sweeter in my throat, O Lord, than is honey in my mouth."[3] Since, however, thou dost ask me, O my son, concerning instruction [say], Be ye honest with those who are outside. And be ye seasoned with salt, according to what the Saviour saith in the

[1] Matt. v. 8. [2] Matt. iii. 4. [3] Ps. cxix. 103.

Gospel to His Apostles, "Ye are the salt of the earth."[1] Be ye mild and simple, according to what our Lord saith, "Behold, I send you forth like sheep among wolves; be ye then wise as serpents and harmless as doves."[2] He said unto them, "like sheep," but He had no faith in the carelessness of sheep to make [them] to walk therein . . . . . . their hearts . . . . . . through the thoughts of the devil.

[Nearly four lines wanting]

Fol. 5 a | destruction, nor that we should abandon our hearts to eating,
ι̅ and drinking, and pleasure, for our adversary the Devil walketh about and lieth in wait for men, roaring like these lions and seeking to swallow up our souls.'[3]

And whilst I was passing some days with him he said these words and others which were like unto them. And I entreated him to take me to a place by myself. Thereupon he brought me to this place, and he remained with us for some days until he had instructed me concerning living by myself in the desert, and he gave me certain commands [concerning] the resisting of the thoughts of the Devil which rise up in the mind, and the bitter conflict therewith. And he left me by myself until my brother Zaboulôn came to me. Then he said unto me, 'I beseech thee, O my father Pseleusius, since there is . . . .

[Three or four lines wanting]

Fol. 5 b | The old man answered and said unto me, 'Since thou askest
ι̅α̅ me I will tell thee, and nothing shall be hidden from thee; and the things which are hidden from thee before men shall the Holy Spirit reveal unto thee.' I said unto him, 'Do an act of grace unto me, O my father, and pass not by me thy servant.' He answered and said unto me, 'Since thou askest I will tell thee.' He said, 'I went once into the inner desert, and I journeyed therein for two days, and I found a few palm trees in a little ravine and a spring of water, and round about

[1] Matt. v. 13; and see Col. iv. 6.
[2] Matt. x. 16.
[3] Compare 1 Pet. v. 8.

the waters there were trees and plants. I sat down by the spring to rest myself a little, for I was exhausted by the fatigue of the road. I said, "I wonder if there is a brother living in this place or not." Whilst I was thinking in this wise I looked and I saw a man . . . . . .

[Four lines wanting]

| the palm trees, and they brought a little water for me to drink. Fol. 6 *a*
And I wished to remain with them in that place, but I ιⲃ̄
remembered my brother Zaboulôn, and I could not remain without him, according to what the Apostle saith, 'A great door hath been opened unto me [by] the Lord. And I could not rest in my spirit because I found not Titus my brother.'[1] And again, 'I have planted, it is Apollos who hath watered, and it is God Who hath given the increase.'[2] And I said unto them, 'How was it that ye were able to come to this place? How do ye obtain food? What are your names? Of what places are ye natives? And how do ye partake of the Sacrament whilst ye are in this place?' And they said unto me, 'We are natives of the town of Souan (Syene, Aswân), wherein we lived together, in one mind, ever since we [came] into the world. We were, moreover, friends each of the other. We used to go to church together daily, both evening and morning, and we heard [together] the Holy Scriptures, when they were read, and the passage in the Lectionary from the Gospel, which saith, "Whosoever loveth father or mother more than Me | is not worthy of Me," and Fol. 6 *b*
"He who will not take up his cross and follow Me is not [ιⲅ̄]
worthy of Me."[3] And when we heard these words of life from the mouth of our Lord Jesus the Christ, our Saviour, the Lover of men, and those which were like unto them, that is to say, the following, "Whosoever loveth his soul shall lose it"; and "Whosoever shall lose his soul for My sake shall find it"; and again, "If a man gain the whole world and

[1] 2 Cor. ii. 12, 13. [2] 1 Cor. iii. 6.
[3] Matt. x. 37, 38.

lose his soul [what shall it profit him], or what shall a man give in exchange for his soul?"[1];—when we heard these [words], we all made up our minds together, for the word of God was sweeter unto us than honey and the honeycomb, and we agreed together to go forth on a certain day from the town wherein we were. Now we waited for a few days, saying, "Peradventure it is the Devil who is tempting us." And when we felt the good resolve prompting us not to abandon our plan, we distributed among those who were in need the things that were superfluous for us, and we took

Fol. 7 *a* a few bread cakes | and came forth from the town, and we

ΙΔ embarked in a small boat, and came to a mountain which is called the "Bend". And we dwelt with the holy brethren who were in that place, because there was great abundance [in the land] at that time by [the Will of] God. And we met a holy old man whose name was Zacchaeus, who had grown old in the life of the anchorite, and he was a very strict ascetic. And two brethren lived close by him, and they were his disciples; the name of the one was Sarapamôn, and the name of the other was Matthew. They were greatly advanced in the practice of ascetic valour, and in the giving of thanks, and they obeyed the old man Apa Zacchaeus in everything, doing all which he told them [to do]. And Sarapamôn developed a lovable quality, which was this: When a man came seeking for handiwork which he could buy from him, he would first of all gather round him the brethren, and would say unto them, "Whosoever hath any handiwork ready by him, let him bring it to me, [and I will give] to him its price." And he used to |

[Parts of two lines wanting]

Fol. 7 *b* came to him, he knowing, and he would take it from him

ΙЄ by force and give him his own. And he loved loss more than gain, and contumely more than honour. And he continued

[1] Matt. xvi. 26.

to exercise this lovable quality until the day of his perfection (i. e. death). And Matthew developed the following habit: he could never be persuaded to bring his speech (i. e. to discuss) to any passage [of Scripture]. And if any man asked him concerning a reading of the Scriptures, he was in the habit of replying to him thus: "Excuse me; I do not understand it," although he was a very learned man, and had been well grounded in the Holy Scriptures. And thus he died on the fifteenth day of the month Paone.

'And as for the old man, of whom we have already spoken, that is to say, Apa Zacchaeus, he it was who taught us concerning dwelling in the desert, and he it was who endued us with the garb of monasticism. And the old man talked to us concerning the virtues of the holy men who were in the desert, and who desired earnestly never to see a human being. He laid down [for us] rules for a very strict form of the ascetic life, and he commanded us [saying, "Take good heed] to your souls!" | He himself led a very hard life of self- Fol. 8 *a*
abnegation, and although he was at that time in his old age [ιε]
he was a virgin, and had been one from his birth. He fled from all and every kind of intercourse with women, and all light conversation and jesting. He loved tears more than laughter, and he ceased not to weep, either by day or by night. And one day we said unto him, "My father, why dost thou weep in this fashion?" And he said, "It is meet to do in every way that which is specially ordained, and not to cease from doing it by day or by night." He wept for his sins, even as it is written, "Blessed are those who mourn, for they shall be comforted."[1] If this passage be kept strictly by you, ye shall have relief from your sufferings. For it is right that all men should keep before them these three (*sic*) things, that is to say, their departure from the body, and the sentence that shall be passed upon us on the great and

[1] Matt. v. 4.

terrible Day of Judgement. And besides, ye have heard concerning Moses the Great, and how while he kept both his hands raised he continued to vanquish Amalek, and how when Fol. 8 b he dropped them Amalek vanquished | [the Israelites] and [ιζ] prevailed. For Holy Scripture saith that Aaron held up the right hand of Moses, and Ôr (Hur) his left.[1] And in this manner, by their lifting up his hands together under one impulse, Moses vanquished Amalek. And the holy scribe saith also that Aaron supported the hand of Moses until the second hour of the night, that is to say, he supported it the whole day.

'And thus is it with a man. Every man who shall lift up his hands, after the manner of the Cross of the Christ, shall vanquish all his enemies, even as Moses vanquished Amalek by the lifting up of his hands. As for Aaron, the Scripture likeneth him unto the place of rest which is in the heavens, and the rejoicing in the Jerusalem which is in heaven, and the throne and the apparel which shall be given unto the saints, even as it is written, "Thou hast rent my sackcloth, Thou hast girded me with joy."[2] And again, "He shall be held worthy to be a partner with the first-born whose [names Fol. 9 a are] written in the heavens, and [in] the Paradise | which is [ιη] in the East."[3] "Eye hath not seen, nor ear heard, neither hath it entered into the heart of man [to imagine] the things which God hath prepared for those who love Him."[4] And Ôr (Hur) the Scripture likeneth unto the judgement (?), and the worm which never sleepeth, and the [flood] of tears, and the gnashing of teeth, and the outer darkness, and the pit of the abyss, and the river of fire which punisheth and causeth exceedingly great fear. For when a man setteth the remembrance of these things in his heart at the moment wherein he prayeth, his supplication shall reach the throne of God, and everything which he shall ask for in [the Name of] God shall be [given]

[1] Exod. xvii. 12, 13.
[2] Ps. xxx. 11.
[3] Compare Heb. xii. 22, 23.
[4] Isa. lxiv. 4; 1 Cor. ii. 9.

unto him, even as it is written, "The supplication of the righteous man is exceedingly mighty and it hath effect,"[1] and it vanquisheth the hidden Amalek and his power. And the second matter for which a man shall pray is joy and weeping, but joy because of weeping, and because the remembrance of the place of rest which is in the heavens; and weeping because of the remembrance of the punishments which are in Amente. | [O my brethren], my sons, it is Fol. 9 *b*
right for all men to set before themselves the remembrance [ⲓⲑ]
of these two matters—death and suffering—and when we have suffered a little, death cometh (?).'

And when we had heard these things from the holy old man Apa Zacchaeus, we were filled with joy, and we said unto him, 'Do us an act of grace, and take us to some place which is known unto thee, and wherein we can obtain salvation.' Thereupon he gave unto us . . . . loaves of bread and two books, and he journeyed with us until he brought us unto this place; and he tarried with us a few days until we understood how to live in the desert. And he gave us a number of very strict rules, and certain regulations concerning vigils, and eating and drinking in proper quantities. And he instructed us as to the way in which the devils tempt men in all their numerous forms, even as it is written in the [Book of the] Apostle, 'For our fight is not against blood and flesh, but against principalities and powers, and against the spirits | of wickedness which are under the heavens.'[2] For Fol. 10 *a*
the demons fight with each other naked at night. And he [ⲕ]
gave us certain regulations which shewed us how to behave towards any brethren who should visit us. And thus, having departed from us, he went to his rest on the eleventh day of the month of Thoth, and we have remained in this place until this day, O our holy father. We obtain our nourishment here, and we go forth into the outer mountain (i. e. desert)

[1] Jas. v. 16. [2] Eph. vi. 12.

and partake of the Sacrament with the brethren on the Sabbath and on the first day of the week. Behold, we have informed thee about our appointed course of life. As for thee, do an act of grace, and pray for us, O our holy father.' And I came forth from them and I abode in my habitation. The name of one of them was Anianus, and the name of the other was Paul. And within a few days we heard from a certain brother who was in the habit of visiting them, and who had visited them frequently, that both of them had died,
Fol. 10 b Anianus on the twentieth day, | and Paul on the third day
[ⲕⲁ] of the month Paope. And when our brother Banouphiel heard [this] he went and brought their bodies and buried them in a spot near him.

Behold now, O my brother Papnoute (Paphnutius), these things do we tell thee concerning those who dwell in the desert, as the result of what I have seen and what I have heard, and of what I remember of the fathers who succeeded them there, and of the end of their lives. And there remaineth that which we have to say concerning the holy old man Apa Isaac, the remembrance of whom is good (i. e. blessed), whose life was ill-regulated before he became a monk in this place, and who dwelt on an island which was in the middle of the Cataract, about four miles to the south of us. He was a disciple of the old man Apa Harôn (Aaron), and he poured water on his master's hands, even as did Elisha the Great on the hands of the Prophet Elijah. He was in very truth a perfect man, and he possessed very many virtues widely different in character. And when I heard of the blessedness of this man, which was so exceedingly great, I entreated my
Fol. 11 a father | Pseleusius, and I said [unto him, 'I will go] to him
[ⲕⲃ] and make myself worthy of his blessing, and we will pray in his habitation.' And we came forth, and we embarked in a little boat, and we sailed towards the south to go to the holy old man Apa Isaac. And there were very large rocks growing up (i. e. standing) in the water in the middle of

the river, and the waters thereof roared in a terrifying manner. And when we had arrived at the south, and were drawing nigh to the habitation of the old man, a short time before [we arrived] he was informed by the Spirit of our coming, and he came out and stood on the bank of the river. And the man possessed a gracious appearance, and he was very far advanced in years.

And when we had tied up our boat to a post on the bank, he cried out to me by my name, saying, 'Welcome is thy coming unto us, O my brother Paphnutius, who hast been held worthy to salute the saints!' And when he had greeted us, he took us into his habitation with joy, and he said unto us, 'Do an act of grace, and let us offer up a prayer together, for ye are holy men who have come unto me this day.' And after we had offered up prayer we sat down, and he brought a vessel of water, and we washed our feet. | [And when we Fol. 11 *b*
had washed our feet in] the water [he spake], saying, 'I am [ⲕⲅ]
[not] worthy of this great favour, namely, your coming unto me this day, O holy brethren.' And afterwards he set before us a table, and we ate, and we returned thanks, and we sat down. And I talked to him about his system of work, and I said unto him, 'My father, thou art very far advanced in years.' And the holy old man answered and said unto me in a voice that was full of joy, 'Forgive me, O my father, my brother Paphnutius, I am the very least of men and a sinner. Since, however, thou dost ask me concerning my system of work, I will declare unto thee the things which I saw, and those which I heard when [I was] with my holy father Apa Aaron. Besides this I was a disciple at his feet, and I entreated him to relate unto me the things which he himself had seen, and those which had happened before his time. My holy father Apa Aaron said, "Assuredly I will declare unto thee, O my son, the things which I have seen, and those which I have heard from the blessed Apa Marcedonios (*sic*) | Fol. 12 *a*
the bishop." [ⲕⲇ]

'Now he said, "When I became governor, and took over the rule of [Syene], I came to the South, and I passed through the towns in this district, and went into Pilak (Philae). And it was the Sabbath day, and I made enquiries for a place wherein I might receive the Sacrament, for I was an orthodox Christian. The people who lived there worshipped idols, and the very few orthodox Christians who dwelt in their midst possessed neither freedom of speech nor liberty of action because the majority of the people were idolaters. I next asked a man, who was a Christian, where I could receive the Sacrament, and he said unto me, O my lord governor, those of us who live in this town suffer violence at the hands of the worshippers of idols who are therein, but nevertheless certain clergy who belong to the city of Souan (Syene, Aswân) are in the habit of visiting us, and they administer the Sacrament to us on the Sabbath and on the Lord's Day. And I, Macedonius, laid up these words in my heart. And when I had [returned and] entered Rakote (Alexandria) to pay my respects to the military governor, I sought out Apa
Fol. 12 b [ⲔⲈ] Athanasius, Archbishop of Alexandria, | and I related unto him everything which I had seen. And the holy sage and veritable patriarch said unto me, Are there many worshippers of God in that place? And I said unto him, Yea, my father, for a certain man who was a Christian, and who spoke to me said, Certain of the clergy belonging to the city of Souan visit us, and administer the Sacrament unto us on the Sabbath and on the Lord's Day. Now, therefore, O my lord father, do thou look out a man who is worthy to minister in this most necessary work, and do thou consecrate him bishop, and then I will take him to the South with me.' And the holy archbishop answered and said unto me, Because thou hast sought after a good work, what man hath more prudence than thyself, or who is there that can be compared with thee in understanding? It is thou who shalt be the shepherd of the sheep who are in that place. And I said

unto him, Forgive me, O my holy father, I am wholly unworthy of work of this kind; but he persuaded me | with Fol. 13 *a* his gracious words, and [prevailed over] me. [ⲕⲉ]

'And when I had come to the south I distributed the things which it was unnecessary to keep among the [dwellers] in this place, O my brother Aaron, and I did not permit myself to act with freedom of speech and as a bishop, but I behaved as one who was of the very least importance in their midst. And I saw them going into their temple, and worshipping a certain bird, which is called "hawk", inside a mechanical contrivance. And it came to pass that after some days I came into the court of the temple, and the priest had gone forth from the city, having departed on certain business, and his two sons remained [in the temple], so that one of them might offer up sacrifices to the idol. And I, Macedonius, went to them, and I spake unto them with guile, and I said, I wish to offer up sacrifice unto God this day. And they said, Come, and offer it up. And when [the young man] had gone into [the temple], he commanded [the servants] to lay wood upon the altar, and to kindle fire beneath it, and the two sons of the priest remained by the side of the wood until it had become thoroughly burnt through.' | [Meanwhile] the [holy] Fol. 13 *b* bishop Apa Macedonius went to the place wherein was the [ⲕⲋ] mechanical contrivance, and he took out the hawk, and cut off its head, and threw it from him upon the blazing altar; and he went forth from the temple and departed.

When the two sons of the priest saw what had happened they rent their garments. And the elder said unto the younger, 'What shall we do? We are in difficulties on every side. When the inhabitants of the city hear about it they will stone us, because we have been careless and permitted their god to be burned. And again, supposing that we are able to save ourselves from them, we shall not be able to escape from the hands of our father, because he loveth the divine hawk more than us. Now therefore, O my brother, let us rise up and flee

unto some place in the desert; peradventure we shall escape from him.' And in this way did it happen that the two young men came forth from the city that day, and no one knew about their flight because God watched over them, and they were set apart for a good stewardship. And they crossed the water (i. e. the Nile), and they came to the east, and they
Fol. 14 *a* looked at the mountain in the inner desert, | saying, 'It is
[ⲔⲎ] better for us to die [here] where the wild beasts will eat our bodies than to let the people of the city stone us.'

And it came to pass that their father came and went into the temple to offer worship to the idol early in the morning, according to his habit, before he departed to his house. And when he had gone into the temple and did not find his sons he went to the innermost part (i. e. the sanctuary), and when he did not find them there he turned back to the mechanical contrivance wherein the hawk had been, and found it not, and he came out in a state of bewilderment, saying, 'What can have happened? For I can find neither my sons nor the divine god.'

And a certain old woman who was standing nigh unto him in the temple heard him, and she cried out to him, saying, 'Come to me, O blessed priest, and I will tell thee what I saw this day. This day I saw that wicked monk, who is leading into error certain of the people of this city, go into the temple with thy sons, and this is not all, for he it is who is corrupting their minds, and they carried away the divine [hawk], and
Fol. 14 *b* then betook themselves to flight.' And when the priest | had
[ⲔⲐ] heard these words from the old woman he departed and made his way towards the city [to seek for] his sons, saying, 'I will not only kill my sons, but if I can find that monk I will destroy him.'

And a certain man, who was a believer, having heard the old woman talking to the priest, went to the holy bishop, and said unto him, 'My noble father, hearken unto the words which this cursed priest of the temple spake concerning thee, saying, "If I can only find him, I will kill him." Now therefore, O my holy father, arise, and get thee gone into a quiet place for some days until the matter hath passed by.' And the bishop said unto that man, 'Wherefore, my noble son? I have heard the blessed mouth of our God, our Saviour Jesus the Christ, our Lord, saying, "Fear ye not those who can kill your bodies, but who are unable to kill your souls."'[1] And that man said unto the bishop, 'He said also, "When they persecute you | in this city, flee unto another."'[2] And the bishop said [unto that man], 'Who told him that I went into the temple?' And the man said unto him, 'I heard a certain old woman who was near him in the temple [tell him].' And the bishop said shortly, 'May her tongue become like iron and remain without motion until the gift of God shall make itself manifest.' And this took place according to the bishop's words, even as were fulfilled the words which Peter the Apostle spake unto Simon, saying, 'Thou shalt be blind and shalt never see the sun again.'[3] And when the holy bishop had said these words the man went forth from the presence of the holy man.

Fol. 15 *a* [λ̅]

And [the bishop] rose up and departed to the north, to a place which is called Pia (or, the Valley). And he lived in that place, and made supplication to God, and he fasted and passed whole nights in vigil frequently. And he said, 'O Lord God, turn the heart of the men (?) to repentance this night.' [And straightway] he saw a vision, and it seemed as if he himself was standing up, | with the two sons of the priest before him, the one on the right side of him, and the other on his left side, and they were kneeling down. And a man of light came and stood over them. And he placed a crown upon the head of him that was on his right side, who was the elder, and another crown upon the head of him that was on his left side. And he placed in the hand of him that was on his right side

Fol. 15 *b* [λ̅ⲁ̅]

[1] Matt. x. 28. [2] Matt. x. 23. [3] Acts xiii. 11.

a sceptre whereunto was tied a key, and in the hand of him that was on his left he placed another sceptre whereunto was tied a key. And the [man of light] went up into heaven, and he (the bishop) watched him depart.

And the holy bishop Apa Macedonius rose up in the morning, saying, 'What is [the meaning of] this vision which I have seen? Are sons to be born unto me after I am become worn out? The matter is somewhat late. Nevertheless, Thy Will be done, O my Lord Jesus the Christ.' And whilst the bishop was pondering over the matter in this wise, a voice came to him, saying, 'How long art thou going to remain careless about the sheep which have been committed to thy charge? Rise up, get thee to them, and thou shalt find chosen vessels |
Fol. 16 *a* in that place.' And he rose up and set out on the journey
[λ̅ϐ̅] according to what he had been told. And when he had travelled into the desert a distance of about three miles he looked to the right side of him. And he found the two sons [of the priest] lying under the top of the mountain, being half dead of hunger and thirst, for for six days they had neither eaten bread nor drunk water. And when the bishop saw them he remembered the vision which he had seen, and he said, 'These are the two young men about whom I was instructed in the vision, and these also are they concerning whom I was told, saying, Go, thou shalt find chosen vessels.' And Macedonius the bishop said, I went towards the young men, and when they saw me they plucked up courage, and they rose up and cast themselves down at my feet, and they showered kisses on them; and I helped them, and I raised them up, and having seen that they were exhausted by hunger and thirst, I tarried there with them. And the elder
Fol. 16 *b* brother made a sign to the younger, | saying, 'Speak,' and the
[λ̅ γ̅] younger brother made a sign to the elder, saying, 'Do thou speak.' And the elder brother answered and said, 'In very truth, my father, I felt as if I had eaten when I saw thee, though from the day wherein we came forth from the city

we have neither eaten nor drunk, and I have seen no man whatsoever with the exception of thyself. And this is our sixth day. And it happened during the night which is past—now I was not asleep, and my eyes were open—that a man of light came unto us, and he had a book in his hand, and his sandals were ...., and he was arrayed in very splendid apparel; and he stood over me, and he made me rise up. And when I had risen up he dressed me in a tunic and fastened it by a band over the shoulders. And when I had passed a short time in the tunic he stripped it off me, and gave it to my younger brother, and fastened it by a band over his shoulders; and when the tunic had been on him for a short time he stripped it off him, and put it on me again. And I looked on my right hand, and | I saw thee, O my holy father. And that man of light seized me with his hand of light and threw me up into his bosom, and afterwards he seized my brother and threw him up into his bosom. And straightway he became invisible, and I ceased to see him. And now, O my father, since we are held to be worthy of thy visiting us, behold, our souls and our bodies are in thy hand, for it was actually through thee that we fled from the city and came unto this place.'

Fol. 17 *a* [ⲗⲇ]

And when the bishop had heard these word he remembered that the apostle had said, 'The spirit of the prophets shall come upon thee.'[1] And he said unto them, 'Arise, my sons, let us away, for it hath been appointed by God that we should dwell together.' And they rose up, and they came forth from the mountain together, and departed to the place wherein the holy bishop lived, and all three of them dwelt together. And the bishop said, | 'I cannot eat with them because they have not received baptism.' And he rose up, and filled a vessel with water, according to his usual practice, and he prayed over the water, according to the Canon, and he said unto

Fol. 17 *b* ⲗⲉ

[1] Cf. Acts ii. 17.

them, 'What are your names?' And the elder brother said, 'It is difficult to find out our names, because the titles whereby we are called are the names of gods'; and they told them to the bishop. And he said, 'From this time onwards ye must never be called by them again.' And he gave a name to the eldest when he baptized him, and called him Mark, and the other brother he called Isaêas (Isaiah); and when he had baptized them he administered to them the Sacrament. And afterwards he set a table before them so that they might eat. And after they had been living with him for a number of days, they paid great attention to his habits of prayer, and to his manner of life, and to his methods of work; for they knew no prayers and could only follow the holy man [when
Fol. 18 *a* he said his prayers]. And Mark said, 'O my holy | father,
ⲗⲉ we wish thee to shave the hair of our heads, in order that we may serve before thee'; and he shaved their heads, and they obeyed him in everything. And it came to pass that after some days the holy bishop remembered the vision of the two young men which he had seen, and he said, 'Verily, these are the two young men whom I saw, one on my right hand and one on my left.' And he took Mark first and made him a presbyter, and Isaiah his brother he made a deacon.

And it came to pass [one day] when the bishop was in his habitation reading the Holy Gospel, and when Mark was sitting by the door, that certain Anouba men, who were sojourning in that place, approached with their camels, and one of the strong savage camels knocked one of the weak ones down, and broke its leg; and when the Anouba saw what had happened they quarrelled with each other over it. And the master of the camel, the leg of which was broken, |
Fol. 18 *b* said unto the other, 'I shall take thy camel in place of mine';
[ⲗⲍ] and great strife broke out between the two men. And when Mark the presbyter saw them fighting together he went up and informed the bishop, who decided in his mind not to go down to them. When, however, he came at length to the

passage which is written, 'Blessed are the peacemakers, for it is they who shall be called the sons of God,'[1] he straightway tied (or, wrapped) up the Book, and came down to the Anouba men. And when they saw him, he who had suffered an injury rushed to him, and said, 'Come, sit down, my father, and hear our case'; and the bishop sat down. And the Anouba man said, 'I tethered my camel, but my neighbour did not do so, and his camel came and knocked mine down on the ground, and broke its leg.' And when he had finished speaking the other man said, | 'Indeed, I did Fol. 19 *a*
tether [my camel], but it broke loose without my knowing ⲗ̄ⲏ̄
it.' Meanwhile the bishop sat and held his peace until they had finished all their arguments. And the bishop said unto them, 'Hath there never been any matter of dispute between you before this day? Is the matter of the camel the only one about which ye have quarrelled?' And one of the Anouba men said, 'I will declare the truth unto thee, O my holy father. Behold, we have travelled together for thirty years, and neither of us hath quarrelled with the other even for a day.' And the holy bishop said, 'Bring hither to me the camel the leg of which hath been broken'; and they brought the camel to him. Now the bone was broken, and the fractured parts were only kept in position by the hide, and the camel walked with the greatest difficulty dragging its leg. And when the holy bishop had looked at the beast,[2] . . . . he said unto the younger brother, |
that is, unto Isaiah the deacon, 'Go and bring me a little water Fol. 19 *b*
in a basin,' and Isaiah went and brought it to him. And the ⲗ̄ⲑ̄
bishop said unto Isaiah, 'Sprinkle it on its leg, saying, In the Name of the Father, and of the Son, and of the Holy Spirit.' And he made the Sign of the Cross over the broken leg, according as he was told, and the broken bones of the leg rejoined, and it became as if it had never been broken at all. And when the Anouba men saw what had happened

[1] Matt. v. 9.

[2] The beginnings of three lines are wanting.

they marvelled, for they knew not God. And certain men who were inhabitants of Pilak (Philae) passed by, and when they saw what had taken place they ascribed glory to God, and they went into the city, and they published therein the fame of the holy bishop, because of what they had seen. And they told the high priest of the temple, that is to say, the priest, about his sons, through one of whom, the younger, the miracle had taken place.

And when the priest heard thereof he made haste to come
Fol. 20 *a* forth from [the temple], | and he went to the place wherein
ⲙ̅ was the bishop with his sons. And when he was approaching the bishop's habitation, the bishop was informed of his coming by the Spirit, and he went forth and said unto him, 'Aristus, what benefit hast thou in leading astray this multitude and in inflicting harm upon their souls?' And straightway Aristus cast himself down at the feet of the bishop, and he kissed them again and again, saying, 'Forgive me, O my lord father.' And the bishop took him by his hands, and raised him up, and took him into his dwelling. And it came to pass that when the priest saw his elder son Mark, he went towards him to embrace him, but Mark would not permit him to do so, saying, 'Thou art not yet worthy of holy baptism.' And when his father saw this he marvelled, and he said unto Mark, 'Art thou not my son?' And Mark said unto him, 'Indeed I am no son of thine; this very day
Fol. 20 *b* have I gotten a Good Father.' | And his father said unto him,
ⲙ̅ⲁ̅ 'Shew me the way in which it is meet for me to live.' And Mark, his son, said unto him, 'Behold our father the bishop! He it is who shall tell us how we ought to live.' And the bishop began to speak to Aristus out of the Holy Scripture, and he helped him to [understand] the ordinance of baptism and the Orthodox Faith. And when the priest had heard these words he said unto the bishop, 'Blessed indeed am I, O my holy father, in that I am held to be worthy to hear these sweet words from thy holy mouth. I beseech thee,

moreover, O my holy father, to give me holy baptism, even as thou hast given it to my sons.' And when the bishop knew that the fear of God was stirring [in] him, and that his heart was firmly fixed on God, he said unto him, 'I will not baptize thee in this place. But arise, get thee into the city, and attend to the affairs of thy house, and build a church.' |

And when the bishop had been instructing them for a con- Fol. 21 *a*
siderable time they said [unto him], 'Delay no longer; [ⲙ̅ⲃ̅
perform the ordinance of the water'; and the bishop consented. And the bishop said, 'Bring me the oil'; and he (i. e. Mark) brought it. And the bishop took it, and prayed over [the water] and the oil, according to the Canons of our holy Fathers the Apostles, and he said unto Mark the presbyter, 'Make a proclamation in the church, saying, Let him that wisheth for the Lord come unto me.' And [the people] went to him in a body with joy and gladness, and he baptized them; and the bishop baptized the priest first of all, and he called his name Jacob. And after him [he baptized] all the people of the city, men, and women, and young children, and there was not one person left who did not receive baptism on that day. And when, having finished baptizing the people, the bishop went into the church, he sent and called the man whom he was wishing to ordain presbyter, ...[1] | . . . .[1] our Fol. 21 *b*
Lord Jesus. And the man (i. e. the priest) rose up and [ⲙ̅ⲅ̅]
departed, even as the bishop had commanded him, and he put his house in order, and [gave away] everything which he had. And he filled [a vessel] with water, and washed himself, and he arrayed himself in festal linen apparel. And the priest sent a message to the bishop, saying, 'I have set everything in order, even as thou didst command me; rise up, and come into the city'; and the bishop rose up, he and his disciple, and departed thither.

And when the people of the city heard [of this] they all rejoiced together, from the youngest to the oldest. And

[1] Mutilations in the text.

they came forth, and they took him into the house of the priest, and they set a throne under him. And when he had sat down the multitude gathered themselves together about him, and he taught the people the words of doctrine about God, [and exhorted] them to the ordinance of holy baptism, and to love each other with the love wherein there is no
Fol. 22 *a* hypocrisy | . . . .[1] him. [And] he motioned to him
ⲙ[ⲇ] to hide himself, lest the people might pursue him because of the priest, and he ordained him [to be] a deacon. Then the bishop said unto the people, 'Where are the vessels wherewith ye celebrate the Sacrament?' And they said unto him, 'They are in a secret place.' And he commanded them to bring them quickly, and they rose up and went straightway, and brought them forthwith upon their shoulders from the place where they were; and he commanded them to set them down in the middle of the place. And the bishop said unto Mark the presbyter, 'Strike the bells, and let the multitude assemble in the church'; and Mark did according to what he had been commanded, and all the multitude was gathered together. And the bishop said unto Jacob, 'Provide wine and fine bread in order that I may administer the Sacrament to [the multitude] . . . . . .[1] remember . . . .[1] forgive [their sins] . . . .[1] |

[Two lines wanting]

Fol. 22 *b* your Father which is in heaven.'

ⲙⲉ And the bishop commanded the people to bring unto him the old woman[2] upon a stretcher, because she was unable to walk; and they brought her, and they set her down in front of the bishop. And the bishop said unto her, 'Dost thou believe, O old woman, that there is a God?' And she nodded her head as much as to say 'Yes'; now she was unable to speak by reason of her mouth having been struck

[1] Mutilations in the text.

[2] The old woman whom the bishop had cursed for telling the high priest of Philae that he had cut off the head of the sacred hawk.

by the ban which the bishop had pronounced on it. And Apa Macedonius the bishop rose up and went to the stretcher, and he placed his finger in her mouth, and straightway the bonds of her tongue were relaxed, and she spake freely, and ascribed glory to God. And when the multitude saw what had happened they cried out with loud voices, saying, 'One is the God of the holy man Apa Macedonius, the bishop.' [And the bishop baptized the old woman] . . . .[1], | and when Fol. 23 *a* ϩϩⲉ
he had administered the Sacrament to the multitude he went to the church, and sat down there for a week of days. And he consecrated [some of the men] presbyters and deacons, and taught them the Ordinances and Canons of the Church; and after the seventh day he departed to his abode.

And it came to pass that after some days his body caused him exceedingly great pain, for he was very far advanced in years. And he called Mark the presbyter and Isaiah the deacon, and he said unto them, 'Behold, the days of my visitation have drawn nigh. After I have ended my course, thou, O my son Mark, shall God set in my place. Sit thou upon my throne, and do thou pasture diligently the flock of God, O my son, even as I have committed it into thy hand.'

[Three lines wanting]

. . . . . | he became sick, and his sickness waxed sore upon Fol. 23 *b* ϩϩⲋ
him, and he grew worse and worse until the seventh day of the month Mekhir. And he called his disciples, and he commanded them about everything which it was meet for them to do, and on the morning of the eighth day of Mekhir the holy bishop Apa Macedonius went to his rest at a good old age. And when the people of his city heard [of his death] they came out to the place where he was, and they made a great mourning for him because they loved him exceedingly, and they made his body ready for burial in a manner befitting his rank, and they buried him outside his house.

[1] Mutilation in the text.

And it came to pass that when the episcopal throne had remained empty for some time and without a bishop, all the people were gathered together, and they said unto each other, 'How long shall we remain careless of the great duty which is incumbent upon us, and not seek out a shepherd. . . . .[1]

[Three lines wanting]

Fol. 24 *a* . . . | . . .[1] of the deacons.' And they passed three days
ⲙⲏ together discussing the matter in this manner, and they arrived at no decision. And the chief presbyter of the church rose up and said unto the congregation, 'I will declare unto you a matter which is worth your carrying out, if ye will hearken unto me.' And the majority of the people said, 'Tell us what it is, and if it be suitable we will carry it out.' And he said unto them, 'Let us select certain men from among us, that is to say, Stephen and men like unto him, and let lots be cast, and him upon whom the lot shall fall let us take and lay hands upon him and make him bishop.' And it came to pass that when the presbyter had finished speaking the archdeacon answered and said, 'I have that which I would say. . . . .[1]

[Three lines wanting]

Fol. 24 *b* . . . .'[1] And they said, 'They are his sons.' And the
ⲙⲑ archdeacon said, 'Behold, they are [his] heirs, and ye shall not overlook them'; and when he had said these things they remembered Mark and Isaiah. And all the people answered and said, 'What the archdeacon hath said is what shall be.' And straightway they sent and brought Mark and Isaiah unto the place wherein they were, and they sat down in the church, and their choice fell upon Mark the presbyter. And Mark said unto them, 'Forgive me, O my fathers, I am wholly unworthy of a duty of this kind. Seek ye out some one who shall [be more able to] shepherd the flock of Christ.' And all the people loved Mark because of

[1] Mutilations in the text.

his understanding and wisdom, and because he had been thoroughly well instructed by his father the bishop, Apa Macedonius, and they took him by force.

And they wrote a letter to the [holy] Archbishop [Apa Athanasius concerning him, and they took him and made him to embark in a ship],[1] and | they sailed with him to Rakote Fol. 25 *a*
(Alexandria). And when we had entered the town we ⲡ̄
enquired for the Patriarch, and we did not find him in the church that day, because he was a holy man and loved solitary contemplation exceedingly. And certain [God-] fearing men having informed us that he was wont to withdraw for peace and quiet to a little monastery in the western quarter of the city, we summoned one of them to take us to him, because we were unacquainted with the neighbourhood. And when we had arrived at the place wherein he was a certain deacon came out, and we told him the matter on account of which we had come. And the deacon went in and informed the archbishop, who sent and brought us in, and we cast ourselves down upon the ground, and we did homage at his holy feet. And Apa Athanasius had been informed by the Spirit [concerning the matter of our journey some] days [before we arrived] . . . .[2]

[Two lines wanting]

| And Saint Athanasius answered and said unto Mark, 'My Fol. 25 *b*
son, hast thou forgotten the moment when the tunic was put ⲡ̄ⲁ̄
on thee and was fastened by a band over thy shoulder? This day is the day that was appointed for thee, O thou faithful presbyter!' And Mark marvelled at the words which were addressed to him; he remembered the vision, but he had told no man whatsoever about it except Apa Macedonius the bishop and his brother Isaiah. And Mark said, 'Thou art indeed a holy man of God, O my lord and blessed father.' And the archbishop said, 'Thou alone hast specially sat as

[1] Three and a half lines wanting. [2] Mutilation in the text.

a disciple at the feet of a bishop and a holy man who was indeed holy.' And when he had said these words he commanded a deacon to take us to a place where we could be alone, and he commanded

[One line wanting]

And when it was morning [on the following day]

[Two and a half lines wanting]

Fol. 26 *a* ϩ̅ⲃ̅ . . . . .[1] | . . . . and there came also the great folk of the western quarter [of the city] wishing to receive a blessing from him. And the deacon came in and informed Athanasius concerning them, and Athanasius said, 'I am not disengaged.' And the deacon said unto one of them, 'Pray trouble yourselves and go away until to-morrow morning, because we have with us here certain brethren who [have come] on behalf of the people in the South.' And when he had told them [these things] they departed, saying, 'Pray ye for us, and meanwhile we will go and pray in the Monastery of Apa Mêna, and we will return unto thee.' And we gave unto Athanasius the document containing the resolution which had been passed by the majority, and when he had read it he rejoiced exceedingly, and he said unto us, 'I rejoice very greatly over the wandering sheep in your city whom God hath turned unto repentance.' And he told them concerning the Canons of the Church [on the subject], saying, 'In what way do ye read? . . . .[1] we . . . . . .[1] according to what our father Apa Macedonius [told] us. And when the [holy archbishop] heard [these words] he said . . . .

[Two or three lines wanting]

Fol. 26 *b* ϩ̅ⲅ̅ | 'built upon it. Verily, my children, your holy father did not lay the foundation only and build until he had finished the foundation, but he built until he had finished the whole building, and had laid the coping stone upon it. And to you yourselves doth it belong to keep the things which he commanded.'

[1] Mutilations in the text.

And when he had made an end of speaking to us, Mark the presbyter said, 'There is one matter which is a stumbling-block to me, and I wish to tell thee what it is, O my holy father'; and the archbishop said, 'Tell me what it is.' And Mark said, 'Certain heathen men [live] to the east of us and to the west of the south of our city; they are called Anouba, and they are very poor. And it happeneth that when they cry out to us, saying, "Give us bread," my understanding moveth me not to give it to them, because they are heathen.' [And the holy archbishop said unto him, 'Have ye not read in the Gospel, "Seek, and ye shall] | find; knock, and it shall be opened unto you?"[1] Have ye not heard the Apostle saying, "Doth God belong to the Jews only? Is He not the God of the Gentiles also? Yea, He belongeth to the Gentiles also, for God is One."[2] He said unto Abraham, "Behold, I will make thee to be a father of many nations."[3] And again, He said of Cornelius in the Acts of the Apostles, that he was "one of another nation", yet because God is One, He sent unto him Peter, the chief of the Apostles, who baptized him, and God taught him by means of a vision not to consider any man to be polluted or unclean.[4] And, O Mark, thou canst collect for thyself a multitude of testimonies from the Holy Scriptures that will convince thee completely [of the truth of this].' And Mark said, 'I will seek, and I [shall find; I will knock, and it shall be opened unto me] . . . .[5]

Fol. 27 *a* ⲡⲇ̅

[Two or three lines wanting]

| . . . .[5] And the archbishop said unto him, 'It cannot be that thou hast not known these things until now! Hast thou not read in the Gospel what our Saviour said unto the Canaanitish woman? He said, "It is not good to take the bread of the children and throw it to the dogs." And she answered and said, "Yea, Lord, [but] the dogs also eat of the fragments which fall from the table of their masters." And observe the

Fol. 27 *b* ⲡⲉ̅

[1] Matt. vii. 7; Luke xi. 9.
[2] Rom. iii. 29, 30.
[3] Gen. xvii. 4, 5.
[4] Acts x. 28.
[5] Mutilations in the text.

manner in which our Saviour applauded her answer. He said unto her, "O woman, great is thy faith; let it be unto thee even as thou wishest."[1] And her daughter was better from that hour.'

And the archbishop said also [unto him], 'I will relate unto thee another parable which I heard from the fathers who were monks and who lived in . . . .[2]

[Three or four lines wanting]

Fol. 28 *a* [ⲡⲉ] | . . . .[2] not good is his work. That which he doth [he doth not do] in secret. Moreover, James saith in his Catholic Epistle, "He who saith, I am a worshipper [of God], and bridleth not his tongue [is no worshipper], but he deceiveth his heart, and the worship of this man is vain."[3] And another brother said, "Yea, his work is good." The holy psalmist David saith, "I will give (i. e. make) my prayer before every one who feareth the Lord."[4] And again, the Apostle saith, "Pray without ceasing."[5] And behold, there are very many other passages in the Scriptures which will make us certain about prayer. And the other brother said, 'Our Lord told us thus: "When thou art going to pray, go thou into thy chamber; shut the door on thyself, pray to thy Father Who is in secret, and thy Father Who seeth thee in secret shall reward thee [openly]."'[6] And the other brother said, 'Similarly I myself do not believe this matter.' And the other brother said unto him, 'Let us enquire of Apa Phou-p-kôḥt, and he will give us the explanation of the matter into which we are enquiring. . . . .[2] [And the two brethren set out] together |

Fol. 28 *b* [ⲡⲋ] . . .[2] Now the brethren had bestowed upon him the name of [Phou-p-k]ôḥ[t], because he was not satisfied with any man's [performance] of the things which it was right for [them to do]. And the two brethren rose up, and went quickly to him, and they called into [his cell], according to the rule of the

[1] Matt. xv. 28; Mark vii. 28. [2] Mutilations in the text.
[3] Jas. i. 26. [4] Ps. xxii. 25.
[5] 1 Thess. v. 17. [6] Matt. vi. 6.

brethren. And he came out, and took them into his place, and they prayed and then sat down together. And he said unto them, 'Welcome to you, O brethren'; and they said unto him, 'Forgive us, O our holy father.' And one of them made a sign to the other to speak, and he who had made the accusation against the brother that he performed his daily works and deeds in public made answer and told him about the strife which was between them. And the old man answered and said, 'Forgive me, O brethren; strife concerning the Scriptures is labour and weariness, for as soon as it is restrained in one place it breaketh out in another. But I will relate unto you a matter which is connected with the affairs of this world. It came to pass during a certain year when the inundation did not permit all our fields to be watered because the level of the Nile-flood was not sufficiently high. Now there were two men in one house, and one of them said, "I will run out to the field so that I may sow a little seed, | lest we die of hunger and [perish]." And the other brother Fol. 29 *a*
said, "I myself will not go, because there is not sufficient [ⲚⲎ]
water to enable all our fields to be watered." And the brother who had first spoken to his companion departed, and sowed a little wheat, and a little barley, and a few lentils, and a few beans, and a little of each of the other kinds of seeds. And the famine waxed sore in the land. Now, therefore, my brethren, which of these two brethren shall live: he who sowed a little seed, or he who sowed none at all?' And the brother who was engaged in the strife answered, saying, 'He who sowed a little seed.' And the holy man said unto him, 'Thou hast judged rightly, my son, for he who performeth a little commandment well shall live rather than he who performeth no commandment at all.' And straightway that brother, when he heard this rebuke, cast himself at the feet of the brother with whom he had the dispute, saying, 'Forgive me . . . .[1]

[1] Mutilation in the text.

[Two lines wanting]

Fol. 29 b | . . . .[1] the two of them.

[ⲡⲑ] And now [said the archbishop], my son Mark, I have told thee these things because of the heathen Anouba of whom thou hast spoken unto me. It is more profitable for thee to force thyself, especially for love's sake, than to be forced without any love in thy heart; for love covereth a multitude of sins. Needs must that after a certain time [hath elapsed] that heathen man shall believe in God, and therefore have I said these things unto thee. For I find thee to be like unto a seed in its nest, according to what Isaiah saith, 'Destroy not him that hath the blessing of God in him.'[2]

And it came to pass, when the holy Archbishop Apa Athanasius had said these things, that he spake unto his deacon, saying, 'Prepare the Offering; we will consecrate the bishop.' And thus [saying] he rose up, and grasped the hand of Mark, and led him into the church—now all the people were accompanying him—and he laid his hands upon him. And the archbishop came out and departed to the place wherein he lived. And he said unto his deacon,

Fol. 30 a ['Make ready a table] | so that we may eat bread with each

[ϥ] other'; and thus it happened that we were held to be worthy of the blessing of his holy fatherhood. And we passed three days with him, according to custom, and on the fourth day he sent the episcopal licence, and dismissed us. And when we had come outside the door he sent his deacon to Apa Mark the bishop, and he led him into his presence. And [the archbishop] said unto him, 'When thou shalt have entered the South [and returned] to thy place, lay thine hands upon thy brother. Thou shalt ordain him deacon first of all, and subsequently presbyter, because he hath been appointed to the stewardship, for the tunic was also put upon him, and was fastened over the shoulder. Now, as for thyself, as

[1] Mutilation in the text.

[2] Compare Isa. xlii. 3; lxv. 8.

thou didst come under the protection of thy father, even so shall thy brother come under thy protection. For this reason, after thou hast run thy course he shall sit in thy place.' And when Mark had heard these things from [Apa Athanasius, the holy] archbishop, [he departed].

Now | when we had come forth from him we departed to Fol. 30 b
Rakote, and we embarked in a small boat, and sailed unto [ⲍⲁ]
a place which is called Skhissa. And there was a very large number of boats tied up at that place, and we examined them all and did not find one bound for the city of Antinoë, because in that nome they are [engaged in] the transport of wheat. However, God decreed a piece of good fortune for us, for when we had passed a few days in that place with the brethren and with the bishop, and were saying, 'Why is it that we have not been able to find among all the ships lying here one that is going to sail to our region?' the bishop said unto [us], 'Be patient, God will send one unto us opportunely, and we shall depart to our house in peace.' And the following evening there came into port a ship which belonged to the city of Souan (Syene, Aswân), a place which was not very far from his city. [The captain] had brought his cargo to the North, to the city . . . .[1]

[Nearly two lines wanting]

. . . .[1] | and the noblemen were in ill health, and they brought Fol. 31 a
him and their wives, and their goods, and all their baggage, ⲍⲃ
and their slaves, and they came to Rakote. And when the morning had come the brethren who were travelling with the bishop looked, and as soon as they saw the ship they knew that it had arrived in port during the night. And straightway one of the brethren went, and spake unto the captain of the ship, saying, 'Wilt thou allow us to embark with thee when thou shalt depart to the South?' The captain said unto him, 'Of what place are ye natives? I see that

[1] Mutilations in the text.

your speech resembleth ours.' And the brother said, 'We belong to Pilak (Philae).' And the captain said, 'Whither goest thou in this place, and for what purpose hast thou come?' . . . .[1]

[Five or six lines wanting]

Fol. 31 b ⲝ̅ⲉ̅ . . . .[1] | he found him (i.e. the bishop) sitting at the door of the church, and he cast himself down and did homage at his feet. And he said, 'I am worthy of a great favour this day, O my holy father'; and he spake and related unto the bishop how his ship was being delayed. And the bishop said unto him, 'They shall release it this day, if it be God's Will.' And the captain ran off to the ship, and told [this] to the noblemen and to his fellow sailors, and they too ran up to the church to receive a blessing from the bishop. And [the bishop] entreated the noblemen to let the ship go, and to carry him to the South; and they said, 'As thou commandest, O our holy father, so shall it be.' And thus

[Five or six lines wanting]

Fol. 32 a ⲝ̅ⲋ̅ | by the help of the Christ, the wind drove us on with all its power until the company arrived at his city. And when they had arrived in their house in the South, they made a great entertainment in honour of the bishop, and they gave him a sheep to carry back to his city. And when the people heard of his arrival they all flocked out, and they sang psalms and hymns before him until they brought him into the church, and seated him upon the throne. And he gave unto them the deed of his appointment to the bishopric, and the deacon took it and told the people about it, and [how Mark] was the heir, and he read it to the people. And he made ready the Offering, and he administered the Sacrament to them all with his own hand, from the least to the greatest of them. And he passed three days in the church teaching them,

[Three or four lines wanting]

[1] Mutilations in the text.

| he performed many charities, and he kept all the commandments of his holy father Macedonius the bishop. And after some days there was a great festival, and all the people besought him to come into the city and to administer the Sacrament unto them. And whilst they were making the Offering ready Mark called to his brother Isaiah, and he took him, and ordained him a presbyter, according to the command which the Archbishop Apa Athanasius had commanded him. And when he had administered the Sacrament to the people he blessed them, and sent them away in peace. Fol. 32 b ⲍⲉ

And when he had passed [many] days in shepherding his people in the fear of God, his body failed in strength, and he called his brother, and said unto him, 'Hearken, and I will tell thee. Since the holy Archbishop Apa Athanasius said that the office of [bishop] was to be committed to thee

[Three or four lines wanting]

| he succumbed to the sickness on the tenth day of the month Tôbe, and he departed to his rest on the fourteenth day of this same month. And when the people were informed [of his death] they came out, and they kept watch over his body, and they all wept over him, saying, 'He was a good man'; and then they buried him with the body of Apa Macedonius the bishop. And the people straightway laid hands on Isaiah the presbyter and took him into the city the selfsame day, and they all persuaded him to let them appoint him shepherd over them in the place of Mark his brother. Thereupon they wrote out the list of the votes which had been cast in his favour, and they handed Isaiah over [with it] to certain God-loving brethren, so that they might take him to Rakote where he would be consecrated bishop. And straightway he came forth to the ship, and they embarked therein, and sailed to the North, and, by the Will of God, [they suffered no delay], and they arrived at the Fol. 33 a ⲍⲋ

[Three or four lines wanting]

Fol. 33 b | he said unto them, 'He is coming this day. Get ye gone
ⲝⲋ to the church, and watch it. When he shall come he will go into it and receive the Sacrament therein this day.' And whilst they were talking to the man, behold, the archbishop came, and the people were singing psalms before him; and they went to him, and they cast themselves down on the ground and did homage to the archbishop. And he raised them up, saying, 'Rise up, my children.' And they rose up, and they received a blessing at his hands, and they gave him the list of the votes concerning the bishopric, and accompanied him into the church, and he sat down. And when he had read the document, he ordered the Offering to be prepared, and he rose up and took Isaiah and led him into the innermost part, and he consecrated him bishop; and Isaiah received the Sacrament from his holy hands. [And when the archbishop had administered the Sacrament] he sat down, and caused [the deed of his (Isaiah's) appointment to the bishopric] to be written

[Three or four lines wanting]

Fol. 34 a | we embarked, and we let go, and, by the Will of God, within
ⲝⲏ a few days we came into port in the city of Souan (Syene, Aswân). And the people heard [of the bishop's arrival], and they came out to meet him, and they sang before him, and took him into the church, and enthroned him. And Isaiah gave unto them the archbishop's deed of appointment, and they read it, and then the bishop dismissed them in peace. And after Isaiah had passed three days in the church he came forth, and departed to his own abode. And he did not go into the city except on the day of some great festival, and on the occasions when the clerks came with the clergy and the nobles of the people, and entreated him to favour them with his presence. And the blessed man Apa Isaiah was a man of benevolent countenance, and he was greatly beloved, and the rich

[Three or four lines wanting]

| they came forth, and they watched his noble corpse, and they all mourned for him, saying, 'He was an exceedingly good man.' And when they had prepared his body for burial in a manner befitting his rank, they buried him by the side of his holy and blessed fellow ministrants, that is to say, Apa Macedonius and Apa Mark, and each went to his own abode. **Fol. 34 *b*** ⲝ̅ⲑ̅

And the people of the city passed a certain number of days without a bishop. Now there lived on the island a certain monk whose name was Psoulousia, and every one who knew him bore witness to his [good] deeds; and our father Apa Aaron had established him in the monkish life when he was bishop. And God put it into the heart of the people to seek him out, and the clergy and the people came out to the island, and

[Three or four lines wanting]

| 'every [one]. For I am a foolish man, and I know not which is my right hand and which is my left.' And after they had passed a considerable time in entreating him, and although he refused to be persuaded by them, they seized him by force, and lifted him up and carried him into the city. And they wrote out the list of the votes which had been cast for him, and they sent with him certain God-loving brethren whom they admonished to keep a good watch over him until they had brought him to Rakote and he had been consecrated. **Fol. 35 *a*** ⲟ̅

And when they had arrived at the quay of Skhissa they embarked in a small boat, and sailed therein until they entered the city. And when they came to the gateway they found a certain brother, and they besought him to tell them the place where the archbishop was. And the archbishop himself was sitting inside the gateway, and was conversing with two bishops, the one from Athribis, [and the other from . . . .

[Three or four lines wanting]

Fol. 35 *b* ōa | Apa Sellousia (*sic*). And [the archbishop] said unto him in a voice which was full of joy, 'Hitherto thou hast lived day by day in a state of irresponsibility, but to-day thou shalt take upon thyself responsibility which is like unto our own.' And when the archbishop had said these words he rose up and took him into the church. And he made them prepare the Offering and the altar, and he prayed over him, and appointed him to be a reader; then he made him a deacon, then he made him a presbyter, and then he likewise consecrated him bishop. And he dismissed us, saying, 'Depart in peace.' And we came forth from his presence having forgotten the deed of appointment to the bishopric; and we went back to him, and we asked him about it. And he commanded his deacon, and he drafted (?) it with his own hand, and he

[Three or four lines wanting]

Fol. 36 *a* ōb | 'everything concerning the bishopric which hath come to me is above my merits, saying, I saw thee with men wrapping thee in a garment, and placing a key in thy hands.'

And it came to pass that when he had come to the South, the bishop went first of all to his own place which was on the island, he and those who were with him. And he sat down in that place because he was a man who wished exceedingly for peace and quietness; and when the people heard of this they were sad. And they embarked in boats, and they came to the island, and when they had received a blessing at his hands they told him about the episcopate (or, diocese); and the brethren who had travelled with him told them that he had been consecrated bishop. And the people said unto him, 'Why dost thou not come into our city, O our father, even as all the [other] bishops have done?' And he said, 'Believe me, O my children, I did in truth crave to see my own small habitation first of all.' And they brought him out, and they made him embark in a boat, and they sang before him until they brought him into the church; and they seated him upon the throne, according to custom. And

having administered the Sacrament unto them all he dismissed them in peace. And the bishop Apa Psulousia went into the church, | and passed sixteen days in teaching the Fol. 36 *b*
people the Word of God, and he commanded them to pre- ⲟ̄ⲉ̄
serve [their] purity and their love towards each other, and afterwards he returned to his place of abode.

And it came to pass after these things that Apa Timothy died, and Apa Theophilus occupied the [archi]episcopal throne [of Rakote, or Alexandria]. And all the bishops went to Rakote to do homage unto him, and among them there went also the holy man Apa Psulousia. And when they had arrived in the city they found the archbishop in the church, with all the clergy and the laity gathered together round about him, for it was the seventh day after the Sabbath on which the people were baptized. And when they had filled the font with water the archbishop and the other bishops went in and prayed over the 'Jordan', but Apa Psellousia stood by the door of the baptistery, at a little distance from it, and he did not go inside because he considered himself to be unworthy. And the archbishop was informed concerning him by the spirit, and he ordered him to be brought in, and he said unto him, 'Why didst thou not come | into the church and pray Fol. 37 *a*
with us?' And he said unto the archbishop, 'Forgive me, ⲟ̄ⲋ̄
O my holy father, I am a feeble man.' And when he had stretched out his hands, and prayed with them, the font boiled like a brazen cauldron, and became red-hot. And when the archbishop and all the other bishops saw the miracle which had taken place, they glorified God and the holy bishop Apa Pselousias (*sic*) because of his purity. And when the archbishop had administered the Sacrament to them he dismissed him. And the bishops remained with him that day, and on the morrow he sent them away so that each one might depart unto his own city.

And the holy man Apa Pselousias continued to remain quietly in the place wherein he had lived first of all, before he

became a bishop, until the day wherein he finished his course. He succumbed to the sickness on the twentieth day of the month Paône; and subsequently he went to his rest on the twenty-third day of this same month. And all the clergy and the laity came out, and they took charge of his glorious |
Fol. 37 *b* body, and they buried it [in his] own glorious . . . .[1]
ⲟⲉ Now therefore, my brother Papnoute (Paphnutius), since thou didst ask (?) me for a little [information], behold, I have told thee concerning the bishops who lived in Pilak (Philae). According to what my father Apa Aaron himself told me, his parents paid money and bought him a commission in the army; and he received seven loaves of bread daily, but he never ate any of them, and he gave them to the company. His parents wished to take a wife for him, but he had no desire for one, and he preserved his body in a virgin state from his birth to the end of his course. And it came to pass on a certain day that letters were sent unto the imperial troops ordering their transfer to another city; and the order came to Apa Aaron to take command of them and to march with them. And when he had come outside the city a lion met him on the road at eventide, and wished to destroy him. And the righteous man said, 'When I remembered the word which the Prophet David spake, saying, "The lion and the
Fol. 38 *a* bear did Thy servant slay,"[2] I lifted up my eyes | [to heaven]
ⲟⲋ and I said, "O my Lord Jesus the Christ, [if Thou wilt] deliver this wild beast into my hands, I will give up everything that belongeth to my house, and all my possessions, and I will make myself a stranger to my parents and to all my slaves, and I will make myself a stranger to the things of this world, and I will dress myself in the garb of the monk for Thy holy Name's sake."' And the holy man Apa Aaron said: When I had said these words, I got ready the spear which was in my hand, and I drove it through the lion's

[1] Mutilation in the text. [2] 1 Sam. xvii. 36.

body, and he died. And I did not return again to the city at once, but I departed to another city which was situated in the country to the south of me at a distance of three days' march.

[When I arrived there] I sold my horse, and my tunic, and all that appertained thereto, and all the things which I had with me. [With some of the money] I bought myself some clothes like unto those that were worn by the country folk, and the rest I devoted to the poor who were in that place. I then went to Mount Shiêt,[1] and in that place I donned the garb of the monk. But I did not remain in that place because of my parents, for I did not want them to follow me. And I travelled to the South, little by little, until I came unto this mountain. These things which I have related | unto thee, my brother Papnoute (Paphnutius), [have I heard] Fol. 38 b
from my father Apa Aaron. And when I entreated him to ⲟ̄ⲋ̄
relate unto me also what happened subsequently (?) [he said]: If thou wilt pray for me I will tell thee the things which I have seen with mine own eyes. It came to pass that when I was a child in the house of my parents, my parents put me to school that I might be taught to write, and my master took great pains with me daily until he had taught me to write the holy letters. And having made progress I was able to read the passage in the Gospel, 'Whosoever will not forsake father or mother,' and the rest which follows these words, 'and follow Me, is not worthy of Me.'[2] And I pondered on the passage, and I continued to meditate upon it with my whole heart. And it came to pass that after some days I heard a report about our holy father Apa Aaron, to the effect that he was living in a place which is called Peia (?), and was performing a multitude of cures on those who were

[1] i. e. the Scete Desert. The Greek form Σκήτη or Σκῆτις, and the Arabic form الإسقيط are derived from the Coptic ϣⲓⲏⲧ or ϣⲓϩⲏⲧ, which is supposed to mean the 'measure of the heart'. See Wright, *Cat. Syr. MSS.*, p. li, note *.

[2] Compare Matt. x. 37.

sick of all kinds of diseases. And I rose up, and I went to the place where he was, and I sat down by the door of his habitation until the sun set, for that day was the . . . . |

Fol. 39 *a* And when the evening had come, and he did not come out,
ⲞⲎ I rose up and I walked into the desert (or, mountain) a distance of about three miles. And after some time I looked down on the sand, and I saw the footprints of men which were directed to a bend in the rock. And I followed them, and I found there my holy father Apa Aaron, and there was a rope to which was tied a large stone hanging from his neck. And when I had called out to him 'Bless me', he withdrew his neck from the rope, and threw the stone upon the ground, and put on his garment. And he looked into my face, and said unto me, 'My son, whither goest thou in this region?' And I said unto him, 'Forgive me, my father, I only lost my way.' And he said unto me, 'Come, sit down, my son; thou hast not lost thy way; on the contrary, thou hast found the good path.' And when I had seated myself near him I besought him, saying, 'I would that thou wouldst permit me to become a monk with thee.' And he said unto me compassionately, 'Our Saviour saith in the Gospel, "Come unto Me every one who is weary, and I will give you rest."[1] The
Fol. 39 *b* name of the monastic life | is good, but this life is [full of]
ⲞⲐ weariness even to its very end.' And I said unto him, 'I have come to this place for this very thing, O my holy father; if I am to be successful in it thou must shew kindness unto me.' And he said unto me, 'The thing which thou seekest is good, O my son. If thou hast put forth thy hand to a work which is good, who shall hold thee back, O my son?' And we rose up and came forth into the desert (or, mountain), and he took me to a certain presbyter to array me in the garb of monkhood. And when we had cried out into [the dwelling] the presbyter came out, and saluted us, and took us into his abode;

[1] Matt. xi. 28.

and straightway my father told him concerning me. And forthwith the presbyter shaved off the hair of my head and arrayed me in the garb of monkhood; and we rose up and departed to our own place. And my holy father Apa Aaron passed a week of days in building me up in the works of the service of God.

After these things he said unto me, 'Sit thou down here in this place, and I will go and pay a visit to my brother, and then I will come back to thee'; now he did not wish to let me know that he wanted | to go to his ascetic exercises Fol. 40 *a*
which he performed daily. And I said unto him, 'Wilt thou ⲡ̅
come [back] this day?' And he said unto me, 'Nay, beloved (?) brother, leave me free until the Sabbath.' Now the first day on which he departed from me was the ...... And he passed the first day, and the second, and the third, and even the fourth day and the fifth day [away from me]. As for me, devils were torturing me exceedingly, saying, 'Why hath thy father left thee alone and departed? Why did he not take thee so that thou mightest receive the blessing which is with that brother?' And when these [thoughts] continued to obsess my mind I rose up and I set out to go into the desert (or, mountain) to the place wherein I had found him on the first occasion. And I found him standing up in the sand, now it was exceedingly hot weather, for it was the season of the filling of the waters (i.e. the rise of the Nile), and there was a great stone lying upon his head, and his eyeballs were well-nigh bursting [out of their sockets] on account of the heat. And he fell upon the ground and gave himself up to die. And I laid hold upon him, and I raised him up, and I wept in his face, saying, 'Wherefore dost thou torment thyself with such excessive severity, O my holy father?' | And Fol. 40 *b*
he said unto me, 'For what purpose didst thou come to this ⲡ̅ⲁ̅
place, O my son?' And I said unto him, 'Certain Nubians have been tormenting me, and I have come to tell thee.' And his mouth parted in a smile, and he said, 'Verily they

are invisible Nubians, O my son.' And I made supplication unto him, saying, 'I beseech thy holy paternity [to tell me], why thou dost condemn thyself to such severe suffering and labour.' And Apa Aaron, the very aged man, made answer, saying, 'I will hide from thee nothing, O my son, in respect of the matters concerning which thou askest questions. For,' said he, 'the moment I remembered the sufferings which my Good Saviour endured for us until He redeemed our race from the captivity of the Devil, and gave His Body and His Blood for us, I said, Henceforward, since God took it upon Himself to suffer on our behalf, it is meet that we ourselves should endure sufferings of every kind so that He may shew mercy unto us in the day of our visitation.' And we rose up and came forth and departed to our place of abode on that day.

Now this was his manner of life. On the day whereon he
Fol. 41 *a* ate bread he | drank no water, and the day whereon he drank
ⲡ̄ⲃ̄ water he ate no bread. And it came to pass one night when both of us were sleeping in our place of abode that the demons assumed forms and appeared in the valley, and they uttered cries like the roarings of savage lions (?).[1] And when I heard them I was terrified, and I threw myself on my father, saying, 'The savage lions (?) have come upon us.' And he said unto me, 'Fear thou not, my son, for it is written, "Through our God we shall do a mighty thing."[2] And again [it is written], "Let God arise, and let His enemies be scattered."'[3] When he had said these things we rose up, and we departed to the upper chamber. And certain of the demons were crying out, and some of them said, 'Bring them out and we will slay them'; and others said, 'Let us slay them in the place wherein they are.' Now the saint knew through the spirit that they were demons, and he said unto me, 'Let us give ourselves to prayer'; and as soon

[1] The scribe wrote ⲡ̄ⲛⲗⲉϩⲙⲟⲟⲩⲉ, and then tried to alter the second ⲛ into ⲃ. Three lines lower down we have ⲁⲛⲃⲉⲗϩⲙⲟⲟⲩⲉ, as printed.

[2] Ps. lx. 12.

[3] Ps. lxviii. 1.

as we had given ourselves to prayer the demons fled along the valley. And I marvelled, and I said unto the holy old man Apa Aaron, 'Are not the demons wont to assume many forms?' | And he said, 'Thou wilt see, O my son, that Fol. 41 *b* that which thou hast done is a very small matter. For ⲡⲉ a certain brother spake unto me, saying, It happened unto me on an occasion that I was standing under a mountain one summer's day. It was my sixth day wherein I had neither eaten bread, nor drunk water, nor sat down. And the Demon came, and there was a staff of gold in his hand, and he said unto me, "Be strong, O warrior of the Christ, who fightest nobly. For I have seen thy sufferings, and I have been sent unto thee to give thee consolation." And that brother, having perceived the craft of the Devil, drew the Sign of the Cross on the ground, and straightway the Devil made himself invisible.' And it came to pass that when the holy man Apa Aaron had said these things unto me, I cast myself down at his feet, and I besought him, saying, 'Who was that brother?' And he said, 'Stand up, and I will tell thee.' And when I had stood up he said unto me, 'See, tell no man, I was this servant, and I was wholly unworthy that this should have happened unto me.'

And it came to pass on another occasion that we were sitting together, and there came out from the mountain a certain Nubian and his son to drink water from the river. | And as soon as the child thrust his hand into the water to Fol. 42 *a* drink a great crocodile seized him, and dragged him under, ⲡⲋ and departed with him. And straightway his father cast himself upon the ground, and uttered loud cries, and wept bitterly, for besides that son he had no other child. And as the man ran up the mountain making loud outcries he cut himself against the sharp edges of the rocks, and he bruised and wounded himself exceedingly. And when I saw the depth of his sorrow of heart I told my father; and he rose up and came to the door, and made signs to the Nubian with

his hand that he should come unto him. And when he had come and he (i.e. Apa Aaron) saw the wounds in his body he wiped away the blood which had run down over his limbs, and he seized him and brought him into his place of abode; and he drew him in by force and made him sit down. And when he had questioned him about what had happened, now Apa Aaron could not understand what the Nubian said unto him, my father said unto me, 'Rise up, and see if thou canst find a man on the road, [and if thou canst] call him hither. Peradventure thou canst find [one] who will know how to talk to him.' And having gone out I found a man of Pilak (Philae), who was riding upon an ass, going to Souan (Aswân),
Fol. 42 *b* and I called him | and said unto him, 'Dost thou understand
ⲡ̅ⲉ̅ the language of the Nubians?' And he said, 'Yea'; and I took him to my father Apa Aaron. And when that man had looked at the Nubian and saw the wounds that were in his body he marvelled exceedingly, and he said unto him, 'In what way wast thou wounded?' And the Nubian told him what had happened. And the holy man Apa Aaron took a chip of wood, and gave it unto him, saying, 'Take it, and cast it into the river at the place where the crocodile carried away thy son'; and the man departed [and did] even as he was commanded. And it came to pass that when he had cast the chip of wood into the water a mighty crocodile appeared, and cast the little boy up on the shore, and there was no injury whatsoever in his body. And the man took him by the hand and brought him to the holy old man Apa Aaron. And when the Nubian saw this miracle he uttered loud cries of joy, and embraced him and kissed him. And the man[1] departed to Pilak (Philae), and he did not go to Souan (Aswân) that day, but he went about preaching the miracle which had taken place. And when the Nubian saw this miracle that
Fol. 43 *a* had taken place he departed to his house, glorifying | God
ⲡ̅ⲋ̅

[1] i.e. the man who had acted as interpreter.

and proclaiming abroad that which had happened. And all those who heard glorified God and His holy man Apa Aaron until this day.

And it came to pass on another occasion that, on a certain day while we were sitting together in our place of abode, a fisherman came to us; his garments were rent, his head was filled (i. e. covered) with dust, and he was shedding floods of bitter tears. And I went to him, and said unto him, 'What hath happened unto thee?' And he said unto me, 'It happened that I and my little son, who was in the boat with me, were dragging in the net, when suddenly he fell into the water, and went down into the net. And I could not draw up the net because of the strength of the current which was very great. But remembering my lord, the holy father Apa Aaron, I rose up, and I have come to him so that his favour may help me, for the boy was my only son.' And I rose up and I went and I told my father, who rose up and came down, and the fisherman cast himself down at his feet, and worshipped him, saying, 'Help me! Entreat the Christ that He may graciously give me [back] my son, for besides him I have no other child.' And the glorious old man said unto him, 'Get thee gone, my son, for by the Name of the Lord Fol. 43 *b*
I believe that thou wilt find thy son sitting in the boat.' ⲡⲍ
And the fisherman said, 'I believe, by God, that it shall be even as thou sayest'; and he went to the boat, and he found his son even as Apa Aaron had said unto him. And he enquired of his son, saying, 'What happened unto thee?' And the boy said unto him, 'It happened to me that when I went down into the net, and when my last breath was in my windpipe, I looked, and I saw a man of light, who took me by the hand, and brought me up out of the net, and lifted me up on the boat, and then, quite suddenly, I ceased to see him.' And his father took him, and brought him to the feet of the holy man Apa Aaron, and gave thanks unto God and unto the holy man Apa Aaron.

And there was also a certain husbandman a little way to the south of us, who worked in a vineyard, and it came to pass that when he had climbed up a palm tree to gather the fruit thereof the band [round the tree in which he sat] frayed through, and he fell backwards to the ground, and he became like one of the dead. And when his son, who was sitting under the tree, saw what had happened he wept bitterly. And when the men who were round about him | Fol. 44 *a* ⲡⲏ heard him crying out they went to see what had happened, and when they saw the man who was their companion lying on the ground like a dead man they said unto his son, 'Get thee to the holy man Apa Aaron, and bring a bowl of water from him in faith, and sprinkle it over him; perhaps he will then wake up.' And the youth went to the holy man weeping; and the holy man was sitting by the door, for he was suffering from fever and was exceedingly weary. And the youth cast himself down before him, and told him what had happened. And when the compassionate and righteous man had heard what had happened he became very sad of heart, and he said unto me, 'Bring me a little water hither, and let the youth take it and sprinkle it over him (i. e. his father) in the Name of the Christ.' And I brought the water to him, and he made the Sign of the Cross over it, and he gave it to the youth, saying, 'Take it and sprinkle it over him'; and as soon as the youth had sprinkled it over his father he stood up. And the man came with his son, and worshipped at the feet of the holy man Apa Aaron, who raised him up, saying, 'Worship God, for I am the least [of God's creatures].' And having risen up his son shewed him what had happened Fol. 44 *b* ⲡⲑ unto him, | saying, 'When I had sprinkled the water over thee thou didst tremble (or, shiver), and then stand up just as if thou hadst woke up from slumber.' Thereupon they went forth from his presence in peace.

And there was in Peilak (Philae) a certain woman who was about to give birth to a child, but her child stuck inside

her, and died. And having remembered the miracles which God had worked through the holy man Apa Aaron, she cried out, saying, 'O God of the holy man Apa Aaron, do Thou hear me in this hour of distress,' and straightway she gave birth to her child, and he was dead; and her parents mourned exceedingly for the child. And when the young woman saw her parents sorrowful of heart she said unto them, 'Why are ye sorrowful of heart about the child? Had I not begged the God of the holy man Apa Aaron to help me, I myself would most certainly have drawn nigh unto death.' And when her parents heard these words—now they were exceedingly rich—they took money in their hands, and they went to the holy man Apa Aaron. And he, having been told by the spirit, 'They will come unto thee,' said unto me, 'Shut the door, and do not admit any man into my presence this day.' And
the parents having arrived | they spent a considerable time Fol. 45 *a*
in calling out to those who were in the house. And ϥ̅
Apa Aaron looked out through a window, and said unto them, 'What seek ye?' And they answered and said, 'We are seeking thy holiness.' Then he said, 'Of what have ye need?' And they said, 'We have come to meet thy holiness face to face. Accept from us this little gift, and pray thou for the little child that he may live for his mother's sake. For his mother called upon thy name at the moment when she was about to give birth, and had she not done so they would both have died.'

And Saint Apa Aaron said unto them, 'Well hath the Apostle said, "The love of money is the root of all evil."[1] And again, Peter rebuked Simon, saying, "May thy silver and thy gold go with thee to perdition, because thou thinkest that the gift of God is to be acquired by money."[2] And it was through his love of money that Gehazi was cursed with leprosy.[3] And again, our Lord said unto the imperial officer, who had given Him neither gold nor silver, "Thy child

[1] 1 Tim. vi. 10. [2] Acts viii. 20. [3] 2 Kings v. 27.

liveth."[1] And to you, even you, if ye believe, shall the gift of the Christ be [given].' And they answered and said, 'We believe, O our holy father, that everything which thou shalt
Fol. 45 *b* say unto us Christ shall fulfil.' | And the father of the child
ϥⲁ [took] a little of the dust from the doorway of the abode of Apa Aaron, and tied it up in his neck-cloth. And when they had come into the house they found a great multitude of people gathered together, and the man's wife and her child. And the father of the child unrolled the small quantity of dust which was tied up in his neck-cloth and sprinkled it on the little dead child, and straightway the child moved his body and opened his eyes. And the people who were seated by his mother marvelled, and they glorified the God of the holy man Apa Aaron. And the people used to bring unto Apa Aaron multitudes of folk who were suffering from diseases and sicknesses, and he healed them. And he was like unto the Apostles, to whom God gave power over every kind of sickness.

And on another occasion a certain man who was a native of the city of Souan (Syene, Aswân) came unto him one day, and continued to weep before him, saying, 'There is a certain rich man living in my city to whom I am in debt ten oboli, and I am unable to find them to pay to him. I have entreated him, saying, "Be patient with me, and I will pay thee." But he will not agree to this, and he hath seized me for his debt, and he wisheth to take away from me my vineyard, which I inherited from my fathers, and wherefrom I obtain a small
Fol. 46 *a* profit whereon I and my poor | children subsist. And
ϥⲃ besides I pay him interest [on his money]. I beseech thy holiness to send a message to him to lift his hand from me. Moreover, a certain member of his household spake unto me, saying, "He will press thee for the principal, and he will make thee to suffer a legal process, and thou wilt be obliged to assign [to him] thy vineyard." But I believe that if thou

[1] John iv. 50.

wert to send a message to him he would not refuse to listen to thee'; and as he said these words he wept. Now it was evening, and the debtor rose up to go to his house. And when Apa Aaron saw his grief of heart he said unto him, 'Sit thou down in this place until the morning, for it is now very late'; and he sat down in the outer court. And my father Apa Aaron said unto me, 'Take a loaf of bread and some water, and give them to him, and do thou say unto him, "Sit thou down [here] until the morning, and the Lord shall help thee."' And I did as [my father] had told me, but the man had no appetite for any food because of his grief. And I went and told my father, and he came forth to him, and he said unto him, 'Be not disobedient, O my son. Rise up and eat a little bread, and I believe that God will help thee'; | and **Fol. 46b**
in this way he was able to persuade him, and the man rose ⲯⲉ
up and ate [bread].

And the holy man Apa Aaron rose up and went to the upper chamber. And he passed the whole night in making supplication unto God and in praying on the debtor's behalf. And when the morning had come the man wished to depart to his house, but the holy man Apa Aaron said unto him, 'Tarry thou here for a little while longer, and thou shalt depart to thy house with thy heart glad.' And whilst these words were still in his mouth, behold, the rich man arrived riding upon an ass, which was being held (i.e. led), and there were two other men following him in order to shew him the way to the righteous man; and his eyes were open, but he could not see. And he cast himself down at the feet of my father and did homage unto him; and Apa Aaron took him and lifted him up. Then the holy man said unto him, 'Hast thou never heard the law which saith, "Thou shalt not covet anything of the possessions of thy neighbour, nor his house, nor his field, nor his beast, nor his vineyard, nor his olive garden[1] . . . .[2]

[1] Exod. xx. 17; Deut. v. 21. [2] Text mutilated.

[Two lines wanting]

. . . .[1] [And he saith also, 'Woe unto him that joineth
Fol. 47 a house unto house, | and unto him that joineth field to field,
ϥⲇ and who carrieth off the things that belong to their neighbours.'[2] This word 'Woe' maketh perfectly manifest the fact that a severe punishment is prepared for him that shall covet the possessions of his neighbour, from the greatest even to the very least. And again, the Saviour cried out, 'Blessed are the merciful, for unto them shall mercy be shewn.'[3] Then again, 'Mercy shall make a man to triumph over judgement.'[4] Be merciful in this world, O my son, so that mercy may be shewn unto thee in the other world whereunto thou shalt depart. It is good for thee to shew compassion on the poor, so that the merciless misery of Nineveh may not come upon thee, for judgement is cruel towards him that doeth not mercy. And again, 'Mercy shall make a man to triumph over judgement.' Hast thou never heard about Ahab, and about what happened unto him when he coveted the vineyard of Nabouthai (Naboth) the Jezreelite?[5]

And when the holy man Apa Aaron had said these words unto the rich man, the rich man answered, saying, 'Have mercy upon me, O righteous and noble man! Do thou make supplication unto Christ on my behalf that this darkness over my eyes may cease, and I will never disobey thee in any matter whatsoever.' And the holy man said unto him, |
Fol. 47 b 'Dost thou believe that I am able to do this?' And the
ϥⲉ rich man answered, 'Yea, most firmly, O my holy father. Furthermore, hearken unto me, and I will relate unto thy holiness what happened unto me. It came to pass that, when the man concerning whom thou hast spoken unto me had departed from my presence yesterday, I went up to my house,

[1] Text mutilated.
[2] Isa. v. 8; Micah ii. 2.
[3] Matt. v. 7; vi. 14.
[4] Jas. ii. 13.
[5] 1 Kings xxi. 13-19; xxii. 34-8.

and I lay down to sleep. And I awoke in the night, and I perceived this great blackness over my eyes. And when the morning had come I said unto the men of my house, "I am unable to see this day." And they said unto me, "Assuredly this hath befallen thee through the holy man Apa Aaron, for we saw the man with whom thou wast talking about money go to him." And as soon as I heard that he had gone to thy holiness I knew that this thing had come to me because of him, and I myself have come unto thee because I believe that thou art able to heal me.' And the holy man said unto him, 'If thou wilt shew mercy to the poor man, Christ Himself will heal thee.' And the rich man called one of those who were accompanying him, and he took the deed of the debt from his hand, and gave it unto the righteous man Apa Aaron. And the holy man Apa Aaron said unto him . . . .[1]

[Two lines illegible]

'. . . .[1] | in this world, and He will give thee thy wages in the world which is to come'; and straightway he made the Sign of the Cross over the rich man's eyes. And Apa Aaron cried out to me, and said unto me, 'Bring me a bowl of water.' And Apa Aaron said unto him, 'Wash thy face in firm belief.' And immediately he had washed his face he was able to see; and those who were near him marvelled, and they glorified God. And the rich man rose up, and did homage to the holy man Apa Aaron, giving thanks both unto God and unto Apa Aaron because he could see.

Fol. 48 *a*
ϥⲉ

And the holy man gave the deed of debt to the poor man, and he commanded him, saying, 'Do thou thyself also shew mercy unto him that is thy neighbour, even as mercy hath been shewn unto thee. Say thou not "I am a poor man, I am not able to perform the commandment in the Gospel," for the Gospel will never accept from thee any excuse, O poor

[1] Text mutilated.

man, which thou mayest utter, but, even for as little as a cup of cold water, God will give unto thee a reward. Be not thou like that worthless servant unto whom his lord forgave a debt of many talents, and who went and squeezed the throat of his fellow servant on account of the few [moneys] which he owed him,[1] but be thou like unto the
Fol. 48 *b* wise servant who doubled his talent.'[2] | And the wretched
ϥⲍ man answered and said, 'Pray for me, my holy father, and I will keep every commandment which thou shalt lay upon me.' Thus the two men received benefit, and they went forth from the presence of Apa Aaron, glorifying God. And when the rich man had entered into his house he related unto his household everything that had happened unto him. And there was in his house a certain man whose legs had caused him very great pain (i. e. they were gouty) for a very long time, and when he heard of the miracles which the holy man was working he said, 'How I wish that I were one worthy of meeting him, and that he might shew mercy on my misery, for then I should obtain healing.' And the man with the gout said unto the rich man, 'Did not Apa Aaron touch any of the members of thy body?' And the rich man said, 'Yea, he did, he touched my hands. I had cast myself down at his feet, and I lifted up my hands on his feet, and I did homage unto him.' And the gouty man said unto him, 'Do me a favour, and come close to me.' And when the rich man had drawn close to him the gouty man seized his hand, and laid it upon his feet and legs, saying, 'I believe [that if the hand which hath touched] the holy man Apa Aaron [touch
Fol. 49 *a* my legs] I shall find | healing.' And thus it came to pass
ϥⲏ that the gout ceased from his legs from that very hour, and every one who heard glorified the God of Apa Aaron.

And there was also in Pilak (Philae) a man who owned an ass which he worked in a building (?), and when he came to

[1] Matt. xviii. 28. [2] Matt. xxv. 20, 21.

go into his house the ass fell down therein at his feet, and died. And the man, by reason of his great faith in the righteous man, left the ass lying there dead, and came and told him about it. And the righteous man said unto him, 'He is not dead, my son, but is in a fainting fit.' And he gave the man a staff, saying, 'Go and smite the ass with it thrice, and he shall stand up.' And the man took the staff and went and smote the ass therewith thrice, and the ass rose up and stood upon his feet according to his wont. And the man came unto my father, saying, 'My father, I thank thee greatly for the favour which hath been vouchsafed to me.' And my father admonished him not to tell any man whatsoever what had happened, [saying], 'No man must be allowed to disbelieve our words.' And moreover our Saviour said, '[Verily, verily, I say unto you, whosoever shall believe on Me, the works which I do] | he shall do also, and he Fol. 49 b
shall do things which are greater than these.'[1] ϥⲑ

And the holy man Apa Aaron used to work very much with his own hands, for he remembered what was written, 'We worked with our hands by day and by night, so that we might not add to the toil of any one of you.'[2] Sometimes he made baskets, and sometimes he plaited rope, and he never made haste to speak unless there was very urgent need for so doing. On one occasion a man came to him and bought some cord from him for the needs of his vineyard. And the shoots of the vines were very backward, but when the man had taken the cord from him, and tied it round his vines, an exceedingly abundant harvest of grapes was the result. And those who heard thereof glorified God.

And on one occasion certain fishermen came to him, being sad at heart, and they made supplication unto him, saying, 'Do us an act of grace and pray for us, for we are being harassed by a certain nobleman about a large quantity of fish,

[1] John xiv. 12.

[2] 1 Thess. ii. 9 ; and see Acts xviii. 3 ; xx. 34 ; 1 Cor. iv. 12.

which we are unable to obtain to deliver to him. And we are afraid that he will hold us liable, and mulct us of a fine beyond our power [to pay] . . .[1]

[Three lines illegible]

Fol. 50 *a* . . .[1] [said unto] | Peter, 'Cast the net on the right side of
ⲣ̄ the ship, and ye shall catch something.'[2] He did not say on the left side, but on the right side, the meaning of which is: When a man abandoneth himself to evil thoughts, that is to say, to the things that are on the left hand, [he doeth evil]. When he doeth the things of the right hand, that is to say, the things that are good, everything which he shall ask in God shall be given unto him. For He spake in this wise unto those who were on the left hand, 'Depart from Me, ye accursed, into the everlasting fire which hath been prepared for the Devil and his angels.'[3] [And unto] those on His right hand He said, 'Come ye unto Me, O ye blessed of My Father.'[4] And again, 'Come unto Me, all ye who are weary and heavy laden, and I will give you rest.'[5] And again, 'Inherit the kingdom of heaven which hath been prepared for you from the foundation of the world.'[6] For what reason? He saith, 'I was an hungered, and ye fed Me: I was athirst, and ye gave Me drink: I was naked, and ye clothed me: I was a stranger, and ye received Me: I was sick, and ye visited Me: I was in prison, and ye came to Me'[7]; which is to say, If ye cast your net on the right side |
Fol. 50 *b* ye yourselves shall catch many fish, according to your need.
ⲣⲁ̄ And they said unto him, 'We swear by thy salvation, O our holy father, it is only because of [our] poverty that we have not gone regularly to the church on the Sabbath Day and on the Lord's Day.' And he said unto them, 'I have not said unto you, "Ye do not go to the church of God." If ye invoke Him He will shew mercy unto you, and He will never

[1] Text mutilated. [2] John xxi. 6. [3] Matt. xxv. 41.
[4] Matt. xxv. 34. [5] Matt. xi. 28. [6] Matt. xxv. 34.
[7] Matt. xxv. 35, 36.

let you want for anything whatsoever. Now it is meet that Christians should go to the house of God early in the morning, and should make supplication unto Him to stablish the work of their hands.' And they bowed down and did homage at his feet, saying, 'Pray over us, O our holy father, and we will keep all thy words.' Thereupon he prayed over them, and gave them a cruse of water, saying, 'Sprinkle this over your nets and ye shall catch something.' And they departed in faith, and they caught a large number of fish, and they gave the nobleman as many as he wanted, and they kept the remainder for use in their houses. And they came to the righteous man, and they gave thanks unto God, and to him for his holy prayers . . . .[1]

[Three lines illegible]

. . | . .[1] immediately. Fol. 51 *a* ⲣ̅ⲃ̅

And in the case of another man also whose ship was in danger [of sinking], when he cried out to God in the name of Apa Aaron his ship was saved, and all its cargo likewise. And it came to pass on another occasion that one day two Nubians were walking together, and were going into Souan (Syene), and one of them had only one eye. And his companion said unto him, 'Come, let us take a blessing from the hand of this great man' (i.e. Apa Aaron). And the man who had only one eye said, 'He is not a great man. If he be really a great man let him open my eye'; and whilst the words were in his mouth, his eye, which had been blind hitherto, recovered its sight, and that, which had up to that time been able to see, became blind. And when his friend saw what had happened unto him he marvelled exceedingly, and said unto him, 'Did I not tell thee that he was an exceedingly great man?' And his companion said, 'I have suffered no loss: for one eye hath been shut and another opened. However, let us go and visit him, for perhaps he will give light to the other eye'; and the two of them came

[1] Text mutilated.

to the holy man Apa Aaron. And my father said unto the Nubian who had played the part of an unbeliever, 'Since thou knowest that thou hast not suffered loss, what doest thou in this place?' And straightway mighty [fear fell upon him], and he did homage to Apa Aaron, saying, '[Open mine] eye';
Fol. 51 *b* and straightway | he was able to see with the other eye.
ⲣ̅ⲅ̅ And the two Nubians believed, and they went forth from his presence with gladness, and proclaimed abroad throughout the whole of that country the miracle which had taken place.

And again, there was a certain [God-]fearing man in the city of Souan (Syene) who was a believer, and he came to visit us on several occasions. And it came to pass, on a certain day when he was wishing to come to us, that his wife said, 'If thou art going to the holy man Apa Aaron, beseech him to pray to the Christ for us, so that He may give unto us male seed. For I have heard that when a certain girl came to the time of her delivery she could not bring her child to the birth, but that when she had invoked Apa Aaron she gave birth to her son, who was, however, dead. And her father went to him, and entreated him, and people say that when her father took a little dust from the door of Apa Aaron's place of abode and sprinkled it over the little dead boy he came to life immediately. And in thy case also I believe that if thou wilt make entreaty to Apa Aaron, whatsoever thou shalt ask from him shall come to pass.' And when the man had come unto us he related the matter to my father, saying, 'I have lived with my wife from the time when I was a youth, and we have no child [even after] .....[1] years. Now therefore, ...[1]

[One line and a half illegible]

Fol. 52 *a* ... | .....[1] God, He will give them to thee.' And the
ⲣ̅ⲇ̅ righteous man went into the chamber wherein he meditated alone, and he prayed, saying, 'O my Lord, it is Thou Who didst give to Sarah, the barren woman, our father Isaac, and

[1] Text mutilated.

Thou didst give Joseph to Rachel, and Thou didst give Samuel to Hannah. Now therefore, O Lord, what Thou wast yesterday Thou art to-day, and Thou wilt be the same for ever. I know Thy goodness, O Lord. Do Thou hearken unto my supplication, and fulfil the petition of this man who hath come unto us.' And when Apa Aaron had finished his prayer he came unto the man, and he said unto him, 'Depart, my son, in the Name of Christ. I believe that even as God spake unto our father Abraham, saying, "I will come, let the time [pass] for Sarah to have a son,"[1] and it was so, even so shall it be with thee.' And according to what he said, even so did it come to pass, for within a year the man came unto us with the child perched upon his shoulder, and he thrust him out to my father, saying, 'Behold the fruit which God hath given unto me through thy prayer.' And the holy man Apa Aaron took him to his bosom, and blessed God, saying, 'Blessed art Thou, O God, in all Thy works.' Then he gave the child to his father, saying, 'Take heed to the favour of God which hath come unto thee! May the Christ, Who hath graciously bestowed him upon thee, increase him and thee, | and may He Fol. 52 b
make us to do His Will.' ϼ̅ⲉ̅

And again, there was a certain man whom a demon troubled exceedingly. And when his parents heard of the report of Apa Aaron they bound him hand and foot, and set him upon an ass, and carried him to him; now four men [were needed to] hold him. And when they had brought him they lifted him off the ass, and set him down by the door, and laid him on the ground. And the demon uttered from within the man many shameless words, saying, 'Art thou a soldier that protecteth violence (or, oppression)? Were not thy fathers noblemen who devoured whatsoever the poor man had? I know of a day wherein thy father lent a certain man ten oboli, and when the man, because of his poverty, could not

[1] Gen. xviii. 10.

find them to give them to him, thy father seized his house in lieu of them. Is not this thing which he did a sin? And thou thyself hast come to this place, saying, "I will heal this sick man," but thou art no physician at all!' And my father restrained himself until the man had said all that he had to say, and [then] he said unto him, 'Thou art unworthy that [any] should answer thee. Now therefore I adjure thee in the Name of the Christ, Whom they crucified, to come forth
Fol. 53 *a* from [this man].' [And when the devil] heard ......[1] | carry
ⲣⲉ off the man ......[1] Then the holy man filled his hand with water and sprinkled it in his face three times, saying, 'In the Name of the Holy Trinity, come forth from him'; and the devil came out. And the holy man said unto him, 'Get thee gone to the Babylon of the Chaldeans, and remain thou in that place until the Day of Judgement, wherein every man shall receive according to what he hath done. As for thee, they shall cast thee into the pit of Amente.' And when the devil heard these things he departed, being full of rage. And when the mind of the man had recovered its balance, he, and his parents, and all those who were accompanying him, glorified God. Then they entreated the holy man to accept some reward, but he would not suffer them to make him a gift, saying that he had never accepted any gift whatsoever since he became a monk. And he was wont to say unto me often, 'Set not your gaze upon the works of this world which shall profit in no way whatsoever, but as long as we have food and raiment these things should suffice us. Moreover, our Saviour said unto His Apostles, "Get not to yourselves gold, or silver, or copper in your girdles."[2] There-
Fol. 53 *b* fore it is meet for the monk to walk | in this wise, and [to
ⲣⲋ lead] a good life.' And henceforward [the parents of the man] renounced this world, and followed after the Lord.

And it came to pass after these things that the holy old

[1] Text mutilated.

[2] Matt. x. 9.

man Apa Aaron rose up and walked in the valley (?), and he commanded us, saying, 'Sit thou down in this place. And if any man cometh seeking after me say thou unto him, "He hath gone to visit a brother."' Now this was the manner of his daily life: When the winter arrived he would dip his body-garment into water, and then put it on and stand up in the dew,[1] and he would pass the whole night praying, and when it was dawn he would go into the crevices of the bitterly cold rocks. He gave himself no rest at all, either by day or by night. During the summer he used to stand in burning heat and pray; and he spent his whole time in the constant practice of these strenuous exercises.

And it came to pass one year that the Nile-flood did not rise high enough to water all our fields, and a multitude of poor folk came weeping unto him, saying, 'O our holy father, we and our children shall die because the Nile-flood hath not risen.' And he said unto them, 'Believe . . . .[2]

[One or two lines illegible]

. . . .[2] | the prayer of the poor man who is in sorrow of heart, his supplication shall be poured out before God.'[3] Then again, 'The Lord heareth the wish of the poor.'[4] And he quoted to them a very large number of passages from the Scriptures, and explained them unto them, and he comforted them, and then they departed from him blessing God. And the holy man Apa Aaron was not unmindful of their distressful suffering, for he used to go to the river each evening and immerse his body therein up to his neck, and make supplication unto God, saying, 'O Thou Good Christ, have compassion, O Thou Compassionate One, upon Thine image and likeness.' And he continued to do thus regularly until God had compassion upon his tears, and made the waters [of the Nile] to flow over the whole country.

Fol. 54 *a*
ΡΗ

[1] i.e. when the dew was falling in the chill of the evening.
[2] Text mutilated.
[3] Compare Ps. xxxiv. 6.
[4] Ps. xii. 5; lxix. 33.

And it came to pass one year that certain men came to him filled [with complaints]—even as the narrative will shew us if we proceed to the end—and when they had remained for some time entreating him to pray to the Christ that He would send to them water for the preservation of the people, they became terrified because the time of the filling of the waters had passed, and they continued to weep . . . . .[1]

[Three lines illegible]

Fol. 54 *b* . . . .[1] | saying, 'O God, cast not behind Thee the works of
ⲣ̅ⲉ̅ Thy hands, that is to say, man and beast. And, moreover, Thou hast created us all of Thy Blood, and Thou didst deem us worthy of Thy coming into [this] world. Thou wast born after the manner of a man for our salvation. We know well that with Thee nothing is impossible. O God, forget not the souls of the poor, lest they commit sin with their lips before Thee. For I remember what the wise man Solomon saith, "Give me neither riches nor poverty."[2] And whether He bringeth up the waters of the river, or whether He bringeth them not, it is for our recreation only. For God hath the power to make all His creatures fall into the want of their food. Nevertheless God permitteth the poor man to beg from the rich man, so that when the rich man sheweth mercy mercy may be shewn to him on the day of his visitation. And if the poor man beareth up under his poverty he shall go into the kingdom . . . .[1]

[Three or four lines illegible]

Fol. 55 *a* . . . .[1] | the kingdom which is in the heavens. The merciful
ⲣ̅ⲓ̅ man is like unto the ladder which Jacob saw, with the foot thereof planted firmly on the earth, whilst the head thereof reached up into heaven,[3] that is to say, the Father of mercy. Consider that He said, "these little ones,"[4] that is to say, those who are of little account. And again, as He said, "When thou makest a dinner or a supper do not call thy

[1] Text mutilated. [2] Prov. xxx. 8. [3] Gen. xxviii. 12.
[4] Matt. x. 42; xviii. 6, 10, 14; xxv. 40; Mark ix. 42; Luke xvii. 2.

neighbour or thy kinsman, but invite the poor, and the blind, and the lame,[1] because they have nothing whatsoever which they can give unto thee in exchange, and they shall reward thee at the resurrection of the righteous. And if we are not able to ascend to the head of the ladder, that is to say, if we cannot give in abundance, let us find the mercy which is perfect. Therefore let us shew mercy, for mercy maketh a man to triumph over judgement.'[2]

And when the holy man Apa Aaron had said these words he prayed, and he dismissed the men in peace, saying, 'God shall make the river to be full of water, and He will bring the water up to its proper measure. Be neither afraid nor unbelieving. Ye say that the time for the filling of the waters hath passed; nevertheless, believe that | God is able Fol. 55 *b*
[to do] everything.' And they departed in peace. ⲣⲓⲁ̄

And the following evening the holy man went to the river, and prayed, saying, 'O Thou God Who art the same yesterday, to day, and for ever, Thou it was Who didst cleave the rock,[3] and the water flowed forth, and Who didst give the people to drink. And when Samson was athirst Thou didst make the jawbone of an ass to give forth water which healed (i.e. quenched) his thirst.[4] Therefore I make supplication unto Thee this day in order that Thou mayest send the waters of the river over all the land, so that those who are poor among Thy people may find means for their subsistence, and may bless Thy holy Name.' And the holy man Apa Aaron passed the whole night in praying and making supplication to God that the water of the river [might rise]; and thereupon the water rose and went on rising and filling [the river], and it did not fall for a whole day, that is, not until the whole of our fields had been watered. Thus there was prosperity and there was abundance in that year through the prayers of the holy man, even as it is written, 'The supplication of

[1] Luke xiv. 21. [2] Jas. ii. 13.
[3] Exod. xvii. 6; Num. xx. 11; Ps. lxxviii. 20. [4] Judges xv. 19.

a righteous man is mighty and prevaileth.'[1] If we were to undertake to narrate all the signs and wonders [which] God [wrought] . . . .[2]

[One line illegible]

Fol. 56 *a* ϸιƃ . . . .[2] by the holy man | Apa Aaron [my] discourse would prolong itself inordinately.

And it came to pass one day when he was sitting down, and some people were gathered together round about him, that a poor man with a sack of barley upon his back came to him and entreated him, saying, 'Bless it for me, O my holy father, and then I will go and make it into bread for my children, for I am a poor man.' And the holy man Apa Aaron filled his hand with water, and sprinkled it on the sack of barley, saying, 'Go, make it [into bread] for thy children in the Name of the Christ.' And the man took the barley and departed, and made it [into bread], and there was a great blessing in it. And the man came to us glorifying God and the holy man Apa Aaron.

Behold, O my brother Papnoute (Paphnutius), I have told thee a few [facts] concerning the life and ascetic practices of the holy man Apa Aaron, but because I am a tongue of flesh it is impossible for me to describe his virtues adequately. I will now narrate unto thee the marvellous manner of his death. He was an aged man, and very far advanced in his days. His body was completely worn out by his excess in the practice of asceticism. He fell sick on the fifth day of the month Pashons,[3] and on the following day, which was the sixth

Fol. 56 *b* ϸιγ day, I heard the voices of angelic | choirs singing, 'Blessed! Blessed!' [but] I did not know whom they were describing. And I, O Paphnutius, said concerning him, 'This is his end. The denizens of heaven are blessing him, even as he hath been blessed upon earth.' And they continued to do this until the first hour (?) of the ninth day of the month Pashons, and on the seventh hour of that day the holy man

[1] Jas. v. 16. [2] Text mutilated. [3] April 30.

Apa Aaron died, at a very old age. And we buried his body with splendour and honour, and we laid it with the bodies of the holy bishops that were in Pilak (Philae), that is to say, Apa Macedonius, and Apa Mark, and Apa Isaiah. Now, therefore, O my brother Paphnutius, pray for me, and pray that God will shew mercy unto me, and that He will make my end in this world pleasing unto Him. And I said unto him, 'Thou hast made thyself worthy of a great act of grace, for from thee I have heard of the lives and practices of these holy men. Moreover, I will write them down in a book, so that they may be laid up as authoritative directions for all the generations [of monks] that shall be'; and even so have I written them. And when we had finished talking together, I, and Apa Isaac . . . . . .[1] Apa Aaron, he made ready a table, and we ate and drank | together, and we rose up and Fol. 57 *a*
prayed, and I came forth from him to go and visit the ϷⲒⲀ
brethren who were to the north of him.

This is the life of the holy man and anchorite of Philae, Apa Aaron, who finished his course in the mountain to the east of Philae. Glory be to the Holy Trinity, Father, Son, and vivifying and consubstantial Holy Spirit, now, and always, and for ever.

[Here follow the passages of Scripture that were read on the festival of the commemoration of Apa Aaron (May 2). These are:—

At the setting forth, Ps. xcix. 1–9.

The Epistle, Heb. iv. 14–v. 6.

The Catholic Epistle, Jas. v. 10–16.

Acts vii. 34–43.

Ps. lxxvii. 18–20.

Matt. iv. 23–v. 16.

Mark xvi, including the twelve verses not usually found in manuscripts.]

[1] Text mutilated.

THE PRAYER OF SAINT ATHANASIUS

(Brit. Mus. MS. Oriental, No. 7029)

THE PRAYER WHICH SAINT ATHANASIUS UTTERED AT THE MOMENT WHEN HE WAS ABOUT TO LAY DOWN THE BODY, THAT IS TO SAY, ON THE SEVENTH DAY OF THE MONTH PASHONS.[1] IN THE PEACE OF GOD! BLESS US. AMEN.

I AM departing into the hands of God, and not into the hands of men. Therefore, O Lord God of Powers, hearken Thou unto the prayer of Thy servant Athanasius, and send
Fol. 61 b not Thou them after my soul. | For I am a man of blood and
ⲣⲕⲋ flesh, and Thou knowest the weakness of the sons of Adam, and how when even a slight wound is inflicted upon any one [of them] he is laid low and is in danger [of death]. And what an awful thing it is to fall into the hands of God, wherein are the tortures which Thou hast made for the punishment of sinners, and the Gehenna of fire, and the cold, and the worm which never sleepeth. If I say, 'I am a righteous man, and I have endured suffering for Thy Name's sake,' Thou wouldst find that I had committed sin even in this case. And if the angels whom Thou didst create of holy spirit and fire are considered to be perverse [by Thee], then how much more will it be the case with me, for I am dust and ashes. I am a creature of flesh which shall dissolve away and become dust and ashes. And Thou didst fashion me in the womb of a woman, Thou didst plant me like a thistle which shrivelleth up in the fire, Thou didst give me bones,

[1] May 2.

Thou didst gird me about with sinews and flesh, Thou didst spread over me a skin, Thou didst put into me breath, and a holy spirit, and [the other things] . . . .[1]

[Two lines illegible]

. . . .[1] | the earth shook to its foundation, Who sitteth upon Fol. 62 *a*
the Cherubim of light, before Whom stand thousands of ⲣ̅ⲕ̅ⲁ̅
thousands, and tens of thousands of tens of thousands [of angels], ascribing glory unto His Majesty, Who stablished the Seven Heavens and the Seven Firmaments by the word of His power, Who set a boundary to the sea which it hath been unable to pass over, Who dissolveth all souls, Who raiseth them up and placeth them under His compassion, Whom no angel whatsoever dare oppose, except His Good Son, and His Holy Spirit, and before Whose Godhead my miserable and sinful soul cannot appear, except through Thy compassion.

O Lord of my soul, and my body, and my spirit, hearken unto me. O God of my life, accept from my hand my confession, and shew mercy upon my soul. I come unto Thee, O Lord and Master of the Universe, Who didst accept the prayer of the first man Adam, and didst give him repentance, accept Thou my prayer from me, and send Thou after my soul at this fitting moment, with loving-kindness and tenderness of heart. O Thou Who didst hear the prayer of the first martyr Abel, hearken Thou unto my prayer, and send the angel of righteousness after my soul. | O Thou Who didst Fol. 62 *b*
hear the prayer of Abraham our father, when he was in the ⲣ̅ⲕ̅ⲉ̅
land of Canaan and slew mighty kings, whose hosts were far more numerous than his own, hearken Thou unto me this day. O Thou Who didst hear the prayer of Isaac, and didst deliver him from the hands of the Philistines, hearken Thou unto me this day, and graciously grant unto me a favourable reception. O Thou Who didst hear the prayer of Jacob,

[1] Text mutilated.

when he had departed into Syria, and didst appear unto him, the God, and didst give him the riches of Laban, hearken Thou unto me this day. O Thou Who didst hear [the prayer of] Joseph in Egypt, hearken Thou unto me this day. I come unto Thee, O Thou Who didst hear the prayer of the great Prophet Moses, who brought the people of Israel out of Egypt, hearken Thou unto me this day. I am Thy servant Athanasius. O Thou Who didst hear the prayer of Joshua, the son of Nun, [when] he was fighting against his enemies, and didst send to him the General-in-Chief of the powers (or, hosts) of heaven to enable him to take vengeance upon his enemies, hearken Thou unto me this day.

I come unto Thee, O my Lord, for this is the road of all men, but I go by a road which I have not known before, neither to-day, nor yesterday, nor the day before, a road wherein there is . . . .[1]

[Two lines illegible]

Fol. 63 *a* PKE . . . .[1] | my soul is afflicted like a round cake before the fire, and is like a thing in the furnace; for this reason I make my confession unto Thee, O God of my life. I know, moreover, that Thou dost hearken unto the cry of Thy servants. Hearken Thou unto my cry, O my God, Who hast brought me out of the night of ignorance, and do Thou bring my soul out of my body quickly and without suffering, for Thou art the Good God. O Thou Who didst hearken unto the prayer of the Judges, Barak, Samson, Jephthah, Gideon, and Deborah, Gothoniel (Othniel),[2] and Aôth (Achsah),[3] so that they judged Thy people and shepherded them in the desert, do Thou hearken unto my prayer, which I pray to Thy Goodness, O Lord God of Israel. Thou Who didst hearken unto the prayer of Jeremiah the prophet when he was in the pit, in the mud,

[1] Text mutilated.

[2] Γοθονιὴλ υἱὸς Κενὲζ ἀδελφοῦ Χαλὲβ ὁ νεώτερος, Judges i. 13.

[3] 'Αζά, or 'Ασχά (?).

do Thou hearken unto me and unto my prayer wherein I make supplication unto Thee, O God, [Thou] hearer [of prayer]. Thou Who didst also hearken unto Isaiah, the great prophet, when he cried unto Thee, and prayed on behalf of Thy people, and didst deliver him from destruction, do Thou hearken unto me, and deliver my soul from destruction. Thou Who didst hearken also unto the prayer of Ezekiel the prophet, and didst breathe (?) upon the [dry bones], and didst raise them up, and |
the breath of life came to them again, do Thou hearken unto my Fol. 63 *b*
prayer, and have mercy upon my soul, O Lord God of my life. ⲣⲕⲍ
Thou Who didst hear Daniel the prophet when he was in the pit of the lions, and didst send Habakkuk unto him with the dinner, [do Thou hearken unto me this day]. Thou Who didst hear Jonah when he was in the body of the great fish for three days and three nights without any to give him food to eat, and didst make the great fish to cast him up on the dry land, do Thou hearken unto me this day.

O God, Who hast delivered me in every tribulation [hitherto], do Thou deliver me on this terrible occasion also. O Thou Who didst hearken unto the prayer of Elijah, the great Prophet, and didst shut up the heavens for three years and six months, do Thou hearken unto me this day. O Lord of heaven and earth, Who didst hearken unto Elijah, who raised up the son of the Sômanite (Shunammite) woman to her, hearken unto me as I cry out to Thee at my departure from my body, O God of my salvation. Thou Who didst hearken unto the prayer of David when he was fleeing before his enemies, do Thou deliver my soul out of the hand of the Accuser. Thou Who wast with our Fathers the Prophets, and with our Fathers the Apostles until they had performed all these mighty works, and these wonders, and these [signs ?], and
these [mighty deeds], do Thou be with me, | O God of my Fol. 64 *a*
life. I am Thy servant Athanasius. I know that Thou didst ⲣⲕⲏ
hearken unto me in many tribulations when I cried unto Thee, hearken then unto me now, my Lord. Send Thou unto

me Michael, Thy great archangel, in loving-kindness, and receive my soul into rest, and let him make of no effect the cunning device of the Accuser, who meditateth to make accusation against us before Thee. Receive no accusation against Thy servant. Crush and destroy those who are on my left hand, and extinguish the flame of the fire. Permit me to stand up before Thee, O Thou that judgest the whole world, with a face wherein there is no shame. Let those who are on the left hand be ashamed, and let those who are on the right hand stand by me. Let the fire that cannot be quenched be extinguished, and do Thou heap fire upon the Shameless One and his Powers. Graciously grant that I may make entreaty through [my] shame and fear, for Thou alone art the True God, before Whom are fear, and trembling, and terror. O Thou Who art God alone, in Whose hands are my soul and my spirit, I make supplication unto Thee.

O my Lord, I come into Thy hands, O Thou before Whom are fear and trembling, and at Whose Word the heavens and the earth melt away, and the mountains shake to their very foundations, and the [powers] that are in the abyss quake, |
Fol. 64 *b* and Tartarus trembleth. This is the Invisible God. A mere
ⲣⲕⲑ thing of naught is the soul of Athanasius before this great and terrible [God]. Whether I say 'I am a righteous man', or whether I say 'I am a sinner', who is there that can prevent Him from casting my soul into Tartarus? Who is there that can oppose Him in His power? If He willeth to raise [men] up again, unto Him belongeth the power so to do. None of the things that are hidden in the heart of a man are hidden from Him. He scrutinizeth the heart and the reins. He understandeth the good qualities and the bad qualities that are in the heart of man. He is God. He is the Lord of my virtue whilst I am in this flesh. Thou hast permitted me to perform my wish upon earth for cursing and for blessing. When I go forth from this body it is Thy power which shall be my Master, to speak and not to speak.

For this reason so long as I am in the flesh I will never cease to praise, and to bless, and to glorify Thee. For I have been held worthy to worship Thy Law, and to stand before Thy people unto whom I have ministered from my youth up until this present day. I will have confidence under His wing, and I will not be afraid of the evil hap, nor of the devil of the midday hour.[1]

[Nearly two lines broken and illegible]

. . . . | those who boast themselves upon earth, saying, 'This world is what we know. Let us live delicately, and eat, and drink, and enjoy ourselves with fleeting pleasures, for we do not know on what day we shall die'[2]; those who nourish their souls on the day of their slaughter; those who set their hope upon vastness of riches, which shall not help them on the day of their tribulation, neither shall it relieve them in the least degree in an attack of fever, nor utter a word [in their defence] before the judgement-seat of the Christ. Therefore their portion is a portion which is diminished, and their visitation is a visitation of anger and wrath. Fol. 65 *a* $\overline{\text{ρλ}}$

For I have been a servant of the Christ from my youth even to my old age, and I will never cease to bless God and His beloved Son, of Whom I have been a follower during all my time. Who is as glorious as Thou art, O Christ, Whom every one eagerly desireth to see? Thou art Jesus, the mighty Power of the Father. Thou art the Offspring of the Virgin, without [the help of] a man. I will never cease to bless Thee, O Thou Holy Pearl. I will never cease to bless Thee, O Thou Who endurest for ever.

Thou art Jesus, the Son of the Father. Yea, Amen.

Thou art He Who commandeth the Cherubim and the Seraphim. Yea, Amen. |

Thou hast existed with the Father, in truth, always. Yea, Amen. Fol. 65 *b* $\overline{\text{ρλα}}$

[1] Ps. xci. 6.

[2] Luke xii. 19; 1 Cor. xv. 32.

Thou rulest the angels. Yea, Amen.

Thou art the Power of the Heavens. Yea, Amen.

Thou art the Crown of the Martyrs. Yea, Amen.

Thou art the deep counsel of the Saints. Yea, Amen.

Thou art He in Whom the deep counsel of the Father is hidden. Yea, Amen.

Thou art the Mouth of the Prophets. Yea, Amen.

Thou art the Tongue of the Angels. Yea, Amen.

Thou art Jesus, my life. Yea, Amen.

Thou art Jesus, the object of the boast of the world. Yea, Amen.

O Jesus, the Christ, the hope of every one who setteth his mind on Thee, who is as glorious as Thou art, or who can be compared unto Thee? [Thou art] the King Who sittest above the Cherubim, and the Seraphim stand before Thee. Heaven and earth await Thy mercy. O Thou Who dispensest life to men and cattle, and to wild beasts and the feathered fowl, Thou feedest them all. Thou art He Whose [Name] they interpreted Emmanuel, the translation of which is 'God, with us'. Thou art He Who was called Rabboni, God and Master. Thou wast of lowly birth, but mighty in Thy Godhead. If I would ascribe blessing unto Thee, blessing is Thy attribute. If I would ascribe glory unto Thee, glory is Thy attribute . . . . . compassion, my God . . .

[One line illegible]

Fol. 66 *a* . . .[1] | Thy Holy Blood gathered them together into one flock, ρλβ and Thou didst gather them together into one safe fold, which the wolf shall never find. Thou hast appointed over them faithful shepherds, who shall shepherd them in righteousness. Be not Thou far from me, O Christ, for Thou art merciful, and a Lover of souls. Thou didst deliver me because of the apathy of my fathers, and didst place me to be the shepherd

[1] Text mutilated.

of Thy people, whom I have shepherded according to Thy wish. I will bless Thee, O Thou my Deliverer; I will bless Thee, of Whom all these blessings are Thy attribute, Thou subject of boasting of the saints, Jesus, the Power of the Cherubim and Seraphim. I will bless thee, O Thou Who dost make fat the earth, and it increaseth, Jesus, the Wise One of the valiant ones. I will bless Thee, Thou Sceptre of righteous kings, Thou Crown that never fadeth, the Life of every one. I will bless Thee, the Resurrection of every one, and the Light that proceeded from Light. Heaven and earth hang upon His word, even as a drop of water hangeth from the potter's vessel.

[Thou art] the Father of the universe, Who spoiled Amente, and destroyed Edôm, and brought up Adam and his sons, and crushed the Enemy and all his power, and gave light to the sun, and ordained the revolutions of the moon, and gave names to the multitude of the stars, | and ordered the Seven Fol. 66 b
Heavens and the Seven Firmaments, and laid the foundations ρλϛ
of the earth on the waters, and placed the waters upon (?) the earth and the abyss under the earth. I will bless Thee, O Thou Who didst make all Creation by Thy word, and didst rest on the seventh day. I will bless Thee, O Thou Alpha and Omega; the Beginning and the End. I will not cease to bless Thee, O Jesus, into Whose hands I am about to come, for Thou art my succourer, and the strength of my salvation. Put Thou me not to shame, for I put my trust in Thee. Hearken, O Lord, unto my prayer this day, and send Thou unto me Michael Thy archangel that he may receive my soul in rest, and do Thou establish it in the city of Thy loving-kindness, for Thine is the glory, and the power, for ever and ever. Amen.

And when Apa Athanasius had finished [his] holy prayer he yielded up his spirit, like one who falleth asleep, on the seventh day of the month Pashons. And I, Timothy the deacon, was standing by the side of the holy man Athanasius when he was about to lay down the body, and I testify unto you, in the presence of God . . . .[1]

[Three lines illegible]

Fol. 67 *a* . . . .[1] | [as white] as snow, I saw Michael take the soul of
ρλδ Athanasius, and ascend into the height of heaven therewith, and it was of the selfsame form as Athanasius. I saw the choirs of the angels blessing God and saying, 'Let us ascribe glory unto God because He glorifieth His saints.' And as for us, O my beloved, let us follow the teachings of our father Athanasius, and ascribe glory unto God. And even if we are not able to attain to the measure of our fathers, nevertheless let us be exceedingly diligent in the matter, and God shall help us, and we shall bring it to perfection. Ye must consider, O my beloved, how strenuously this mighty athlete fought until he met God face to face, and received the crown of life, and how God held converse with him, mouth to mouth, and how he was on very many occasions carried up above the Cherubim, and how he put kings and heretics to shame through the might of God, which was with him. Consider also what an awful thing it is to fall into the hands of the Living God.[2] Therefore, if thou committest sin against Him, He will punish thee, and if thou doest what is good, He will rejoice with thee, and will cause thee to meet Him face to face, and will accord thee a gracious reception, and will give unto thee . . . . . in this [world] and life everlasting through
Fol. 67 *b* Jesus the Christ, our Lord, | to Whom be all glory and all
ρλε honour as is meet for Him, and to His good Father, and to the vivifying and consubstantial Holy Spirit, now and always, and for ever.

[1] Text mutilated. [2] Heb. x. 31.

DISCOURSE ON SAINT MICHAEL THE ARCHANGEL BY TIMOTHY, ARCHBISHOP OF ALEXANDRIA

(Brit. Mus. MS. Oriental, No. 7029)

THE DISCOURSE WHICH SAINT TIMOTHY, THE ARCHBISHOP OF RAKOTE, PRONOUNCED ON THE FESTIVAL OF THE HOLY ARCHANGEL MICHAEL, THAT IS TO SAY, ON THE TWELFTH DAY OF THIS MONTH OF PAÔNE.[1] AND HE DISCOURSED ALSO ON THE CAVERNS OF THOSE WHO ARE UNDERGOING PUNISHMENTS, AND ON THE SOULS WHO ARE IN THEM. AND HE DISCOURSED ALSO ON REPENTANCE, AND THE RISING [OF THE NILE]. IN THE PEACE OF GOD! BLESS US! AMEN. ZAMEN (*sic*). AMEN.

THIS day is a great festival, O my beloved. Let us assemble together, and let us rejoice, and let us be glad therein. I behold this day the mighty archangel, the holy Michael, placing in our hands spiritual food, according to the words of the holy singer David, who said, 'Judah, celebrate thy festival, and pay thou the things which thou hast vowed.'[2] And again [he saith], 'The angel of the Lord campeth round about those who fear Him, and delivereth them.'[3] Now this merciful angel who campeth round about those who fear Him and delivereth them [is Michael]

[Two lines illegible]

. . . .[4] | Michael striveth on their behalf, and he maketh Fol. 68 *a*

ⲣⲗⲉ

[1] May 6.
[2] Ps. l. 14; lxxvi. 11.
[3] Ps. xxxiv. 7.
[4] Text mutilated.

supplication to God until He re-establisheth them in these worlds of light. And [this he doth], not for the righteous only, but also for the sinners who have turned their hearts to Him, even those who have once only offered up an offering in the Name of God and that of the Archangel Michael. And Michael the compassionate will never forget that man who shall give unto the poor even one loaf of bread or one cup of cold water. If thou wishest to hear [it] I will relate [a story] unto thee.

Now it came to pass that I, the least of all men, Timothy your father, went up to Jerusalem to worship the Cross of our Saviour, and [His] life-giving tomb, and the holy places wherein our Saviour walked about. Afterwards I went into the house with the mother of Proclus, the disciple of Iônên (*sic*) the Evangelist, and I dwelt therein, and I found a parchment book which Proclus, the disciple of John, had written; and the people who were in the house had taken it and were using it as a phylactery. And I read therein, and I found this great consolation, which was like unto that about which the Evangelist testifieth, and he said: It came to pass that I John with whom the angel walked . . .[1]

[Two lines illegible]

Fol. 68 *b* . . .[1] | . . up on a lake which was exceedingly terrible. And
ρλζ that lake was situated amongst lakes, and the depth and the breadth of that lake were greater than the depth and breadth of all [the other] lakes. And I heard great noises therein, which were like unto the roar of mighty waters. And I asked the angel who walked with me, saying, 'My lord, what is the meaning of this pit which I see? Up from the midst thereof there riseth such a great smoke of fire that the fiery fumes of its smoke go up for a distance of three hundred stadia.' I saw lions of fire which made [me] ill, and dragons of fire, and serpents, and scorpions, and the bear of fire, and the worm

[1] Text mutilated.

which never sleepeth coiling itself in folds, and vipers and asps of frightful aspect. And there was a wheel (?), and thousands of thousands, and tens of thousands of tens of thousands of fiery lightnings leaped forth, and shot down into the chaos of Tartarus, that burned with fire.

And this angel said unto me, 'O beloved of God, John, thou seest this punishment, which is the most terrible of all punishments. Woe be unto all those sinners who shall be cast into this punishment, for it is exceedingly severe . . . .[1]

[Two lines illegible]

. . . .[1] | I will tell thee about it. The wheel (?) of fire which Fol. 69 a
thou hast seen beareth down the sinners who are on it, and ⲣⲗⲏ
it submergeth them for three hundred days; only with the greatest difficulty can a man remain fast in the lower part thereof, [for] afterwards they are cast up again, like a wheel, in the third year. All those who are to be punished are bound thereto, and the path of all of them leadeth to the bottom of that pit.' And I wept for a long time over the destruction of the sinners. And the angel said unto me, 'Weep thou not, O John, beloved of God, for, behold, thou shalt this day see a mighty miracle wrought by the Archangel Michael and his great boldness.'

Then, whilst I was talking with him, behold, Michael the archangel came forth from heaven sitting upon the chariot of the Cherubim. The angels went before him singing, and there followed him all the righteous, and the Patriarchs, and all the Prophets, and they were decked with great splendour and with great glory. And there were . . . .[2] in their hands, and branches of sweet-smelling shrubs, and they went before him dancing and singing praises to him. And he came [and stood] over [those who were suffering] punishments, and

[1] Text mutilated.

[2] Perhaps we are to understand that there were tens of thousands of branches of sweet-smelling flowering shrubs, or ⲧⲃⲁ may be some kind of musical instrument.

straightway the flames [were extinguished], and all the wild beasts which were in them . . .

[Two lines broken and illegible]

Fol. 69 *b* ρλθ | and they disappeared. And straightway Michael the archangel lowered [into the lake] his right wing, and there came up on it a multitude of souls, whereof the number could not be told, [for they reached] from the arm of the compassionate archangel to the extreme tip of his wing, and he brought them up out of [their] tortures, and set them down upon the earth, and he filled twelve meadows [therewith]. And again Michael, the mighty one, lowered his wing into [the lake], and he seized a larger number of souls than on the first occasion, and brought them up. And afterwards the Cherubim, and the Seraphim, and all the righteous who had come forth and followed him, bowed low before him, and they entreated him to lower [his wing into the lake] for the third time. And Michael, who is full of compassion, did so, and he brought up [on it] an exceedingly great number of souls, [whom] he delivered from unending tortures. And straightway the angels, and all the righteous who had come forth with Michael, [took] them [and carried them] into the Jerusalem [which is in the heavens] . . .[1]

[Two lines broken and illegible]

Fol. 70 *a* ρμ . . . .[1] | Michael brought them before the Father of goodness, and all the souls worshipped Him; and straightway the Archangel Michael took them into the rest which is everlasting.

And I John marvelled exceedingly at the compassion of God and His Archangel Michael, and I ascribed glory to the Father, and to the Son, and to the Holy Spirit, and I gave thanks unto God, and unto the Archangel Michael. And the angel who was accompanying me said, 'O John, thou beloved of God, take good heed unto the day which is the

[1] Text mutilated.

day of the festival of the Archangel Michael. Now the first is the twelfth day of the month of Athôr,[1] wherein the Father established him over the kingdom that is in the heavens, because of the victory which he gained, and because he bound in fetters the Enemy who was fighting against his Lord. The second festival is on the twelfth day of the month of Paône,[2] whereon [God] gave this never-ending gift . . . .[3]

[Four lines broken and illegible]

. . .[3] | when they had seen the insolent contempt which the Fol. 70 *b*
Jews shewed to Him, [which was so great that even] the ⲣⲙⲁ
heaven of heavens was not able to bear His sorrow of heart. And when He had risen from the dead . . . .[4] It was Michael who suffered with Him from the door of the tomb to Amente. And again, it was Michael who bound Beliar (i.e. Satan) in fetters, by the order of his Lord, and it was Michael who brought to the Saviour all the captive souls over whom the Devil had tyrannized, and our Saviour went up to the Father with the captive souls. And after the Resurrection the Father rejoiced over His beloved Son, and kissed Him, and granted to Him the power to judge the living and the dead. Unto Him belongeth the power of the Godhead henceforth and for ever. Then the Son of Goodness, Jesus the Christ, arrayed Michael in great and indescribable splendour, which was greater than the glory that He had bestowed upon him on the first occasion, when He established Him as Governor over the kingdom which is in the heavens . . . . .[3]

[Four lines broken and illegible]

. . .[3] | over all the tortures, and each of the angels is arrayed Fol. 71 *a*
splendidly in his place. And when the Archangel Michael ⲣⲙⲃ
cometh forth from the veil of the Father all ranks of angels, from Adam His created being, are gathered together unto him, and they sing hymns of praise before him, even as thou

[1] November 8. [2] June 6. [3] Text mutilated.
[4] Some words seem to have dropped out of the text.

hast seen them, O John the Theologian, until he cometh to [the place of] all the tortured. And forthwith the way of all the tortured is open, and the great torture which is excruciating and is most terrible [is relaxed]. And all the souls that are undergoing torture assemble together in this lake year by year, according to the compassion of God the Father. And the Archangel Michael cometh to these [beings who are] tortured, and lowereth his right wing into the lake three times, and bringeth up a multitude of souls, and setteth them down upon the earth. Now, when his wing is filled (i.e. covered) with souls in this manner, their number amounteth to two hundred times ten thousand, and nine times ten thousand, and a half of ten thousand, and eight hundred and seventy (i.e. 2,095,870 souls).

Now the first . . .[1]

[Two lines wanting]

Fol. 71 *b* ϸⲗⲉⲅ . . .[1] | and the poor, and those who have kept [the day of] the Resurrection of our Saviour, that is to say, the Lord's Day, and those who have given a crust of bread and a cup of cold water to the poor on the holy day of the Lord's Day. The second [class] he bringeth up in the name of the Archangel Michael, and it includeth those who have been merciful to the poor in respect of the crust of bread which they gave to the needy in the Name of God, and [that of] the Archangel Michael. And our Lord Jesus the Christ crieth to the class of tortured souls so that they may obtain rest whether they be Christian, or Gentile, or Jew. Those who have partaken of (?) the Body and the Blood of our Lord Jesus, the Christ, doth God let alone. And straightway all the righteous, and all the hosts which are in the heavens, invoke the Archangel Michael, even as thou hast now seen them do, in order that he may shew compassion upon all the souls that have remembered his name upon the earth. After these things he doeth in this manner a second time . . . .[1]

[1] Text mutilated.

[Two lines wanting]

. . .[1] the supplications | of the saints, and the compassion of God. And the Archangel Michael hath acted in this wise from [the time of] the Resurrection of our Saviour until this day, and moreover, he will not cease to do so on every twelfth day of the month Paône until the end of this world. And he taketh them (i. e. the souls) each into the place which it hath merited; furthermore, Michael goeth inside the veil on the same day, and casteth himself down at the feet of the Father, and worshippeth Him, and doth not rise up [again] until the Father hath accepted his supplications and until He provideth the means of subsistence for men and beasts, and water in the river [Nile]. For all the angels who are over the Powers of the earth are gathered together every twelfth day of the month Paône, outside the veil of the Father, [and wait there] until the Archangel Michael cometh forth from inside the veil. Immediately the angels see his face and the kind of apparel which the Father of Good hath put upon him, straightway the angels who are over the operations of the earth know what [manner of crops] shall be | upon the earth; this they know through the kind of apparel wherein Michael is arrayed. And the angels rejoice with an exceedingly great joy on behalf of all mankind because God the Father hath had compassion upon them, through the supplication of the merciful Michael, and hath provided for their sustenance, and for the river to rise for men and beasts.

Fol. 72 *a* ⲣⲙⲇ

Fol. 72 *b* ⲣⲙⲉ

Now therefore, O John, blessed are those who shall remember the poor in the name of the Archangel Michael. I declare unto thee, O John, that if a man shall provide for making a copy of this book, or shall have copied a similar work of instruction, and shall give it to a church in the name of the Archangel Michael, or shall give an offering to the house of God, or shall light a lamp in the church in the name of the Archangel Michael, or shall offer up incense for his name's sake, or even if he give a loaf of bread in remembrance

of him, whether he be the greatest of all sinners, or whether he be a man who is utterly careless, when he cometh forth from the body, [and he is borne to the places of] punishment,
Fol. 73 a he shall not feel | the torture of the place of punishment
ⲣⲁⲁⲥ wherein he shall be, because of the deeds of charity which he did in the name of the Archangel Michael. But he shall be in the places of punishment as one who is in a house which is comfortably warm until God shall visit him and shall shew mercy unto him, and bring him out of the places of punishment, and take him to a place of rest through the supplication of Michael.

Now therefore, O John, the beloved of God, if a man shall provide a copy of the glorious Covenant (i.e. the New Testament), and shall have one written, and shall give it to a church in the name of the Archangel Michael, or if he hath one written, and keepeth it in his own possession, neither sickness, nor pestilence, nor ill luck shall enter the house wherein it is for ever. And upon his beasts and cattle, and upon his fields, and upon his fruit trees and vineyards no harm shall fall through any wild animal or rat, and there shall be no wastage in his fields, and there shall be no privation in his house, and his children and his children's children shall lack nothing, even to the fourth generation. The name of Michael shall be over them like a strong coat of armour. If a man shall write down the following legends, [or shall paint them] upon the [wall ?] of his house, that is to say:

ⲱⲝ · ⲱⲡⲉ · ⲁⲓⲅ ⲩⲏⲅ ⲭⲏⲑ · ⲣⲏⲇ ⲭⲏ |
Fol. 73 b (or ⲭⲡ) ⲁⲟⲏ · ⲫⲕⲅ · ⲃⲩⲗⲑ · ⲁⲥⲗⲉ · ⲯⲕⲇ
[ⲣ]ⲁⲁⲍ ⲁⲍ · ⲭⲡⲁ · ⲣⲓⲅ · ⲁⲯⲕⲇ · ⲃⲁ ⲯⲕⲃ · ⲩⲡⲇ ·
ⲁⲯϥⲍ · ⲩⲁⲃ · ⲩⲏ · ⲁⲯⲗⲁ ⲭⲓⲃ · ⲣⲗⲉ ·
ⲁⲱⲟ ⁘—

no harmful thing of the adversary shall fall upon that house, and no device whatsoever of evil men shall prevail against it. Now, let every man who shall have written [a copy of] the Covenant (i.e. the New Testament) keep it carefully as a phylactery, and not lay it in a place wherein there is any unclean thing, for mighty is the power of these wonderful Names. And when the angel of the Lord had said these things unto me he brought me down upon the earth, and I John stood upon the Mount of Olives, and he went up into the heavens. And I marvelled exceedingly at the things which had been revealed unto me, and I ascribed glory to God and to His great Archangel Michael.

These are the things which I found in Jerusalem in the house of the mother of Proclus, the disciple of John the Evangelist; and I, your father Timothy, returned to my city Rakote in great joy. Now therefore, O my beloved, inasmuch as we have heard these great and imperishable | [words] from Fol. 74 *a*
the mouth of the angel, according to the testimony which ⲣⲙⲏ
the Evangelist hath borne to us, be not apathetic in shewing mercy to the poor and to those who are needy, each one of you according to his ability, in the name of the Archangel Michael. Through the supplication of Michael we obtain this great freedom of speech before our Saviour. We, miserable sinners that we are, obtain through the supplication of Michael the waters of the river Nile, and the dew, and the rain. We obtain through the supplication of Michael a fine climate, and the growth of the fruits of the earth. We obtain through the supplication of Michael sweet spiritual foods. We obtain through the supplication of Michael the wine which we drink, and the other kinds of sweet spiritual foods, and all the rest of the drinks which we drink to the love of God. If thou wishest to make the name of Michael protect thee in every temptation, write thou the name of Michael upon the four corners of thy house, inside and outside. And also write it upon the edge of thy garment so that it may protect thee from every evil which shall rise up against

thee, both that which is hidden and that which is manifest. Write thou the name of Michael upon the table at which thou
Fol. 74 b eatest, ...[1] [thy] bread, [and] it will make it ....[1] | Write
ⲣⲁⲍ it also upon the platter wherefrom thou eatest, so that it may give sweetness to thy mouth and satisfaction. Write it also upon the cup wherefrom thou drinkest, in order that it may bring thee joy and gladness without drunkenness and arrogance; there must be no drunkenness. When we drink wine we should sing psalms and make a merry noise, according to the words of Paul: 'He who would rejoice, let him sing psalms.'[2] Who is mighty in his strength and in his wisdom except Him concerning Whom the Psalmist saith, 'The Lord hath risen up like a man from sleep, and like a mighty man drunk with wine?'[3] The righteous man Noah was drunk with wine, even as the Scripture saith, 'He planted a vineyard, he ate of the fruit thereof, he became drunk.'[4] When a man drinketh wine, and becometh drunk, he uttereth obscene and foul words, nay, more than this, he committeth fornication, or doeth disgraceful and bold and impudent deeds, and he staggereth about from one side of the road to the other in the market-place and streets of the city. Such is the man who is drunk indeed, and who is full of disgrace, and our holy fathers knew of the danger of wine before they gave us admonitions about it; do not, under any circumstances, O my beloved sons of the Holy Church, [get drunk]. For this matter (or, habit) clingeth ....[1]

[One line wanting]

Fol. 75 a ....[1] | Let us keep watch over our feet at all times, and pray
ⲣⲏ with our faces cast down to the earth, and let us make entreaty, saying, 'O Archangel Michael, abase thyself before the Good Father that He may forgive us our sins and our transgressions. We beseech thee, O Michael, to make supplication to the Master, the Christ, on our behalf, so that He

[1] Text mutilated.
[2] Eph. v. 19; Jas. v. 13.
[3] Ps. lxxviii. 65.
[4] Gen. ix. 20, 21.

may bless our days, and [give us] peaceful years. O our helper, Michael, entreat Him Whose mercy is according to His desire, the God of the universe, so that He may make the storm which [is blowing] over us to sink to rest. O compassionate Archangel Michael, make entreaty to the Lord for us that He may bring up the water in the river Nile, and that God, the Compassionate, may open unto us His right hand, which is full of good things of all kinds and which giveth food unto all flesh, even as it is written, 'When Thou openest Thy hand they shall become filled with Thy goodness.'[1] O Archangel Michael, Commander-in-Chief of the armies of the Lord, entreat God the Merciful One to keep guard over and to bring up our little sons until they arrive at a full and perfect state of manhood. We beseech thee, O Archangel Michael, of thy compassion to make supplication on our behalf to the Father, Who forgiveth, that we may be guarded from every temptation of the Adversary, and that He may permit us | to repent, and that we may be saved before we Fol. 75 b
bring to an end our life in lying vanities. ⲣⲛⲁ

I beseech you, O beloved brethren, O Christ-loving congregation, to withdraw yourselves from injustice of every kind, and from slander, and impurity, and envy, and hatred, and strife, and theft, and enmity, and slaughter, and fornication, and pollution, and uncleanness, and guile. And ye must make haste to lift up your hands and your souls, and to go with boldness, and with purity, and with honest intent to the Commander-in-Chief of the armies that are in the heavens, that is to say, Michael. And may it happen unto us, O brethren, that as we gather ourselves together in this holy place on this great festival this day, even so He may gather us together in His kingdom, and that having made us all worthy we may hear that blessed voice, saying, 'Come, ye blessed of My Father, and inherit the kingdom which hath been prepared

[1] Ps. civ. 28.

for you from the foundation of the world,'[1] through the grace and love of man of our Lord Jesus the Christ, to Whom be all glory and honour, which befit Him, and His Good Father, and the [Holy] Spirit, [life-giving and consubstantial, for ever and ever. Amen.]

COLOPHON

Fol. 76 *a* [ⲣⲛⲃ] [This book was copied] through the zeal and care of the most God-fearing deacon whose name God knoweth. He provided the money for the copying of the volume of this book by his own labour, and he had it written, and he gave it to the shrine of Apa Aaron in the mountain of Tebô (Edfû), so that the God of this blessed and righteous man Apa Aaron, and of the Patriarch and Apostolic Archbishop Athanasius, and of the Archangel Michael, might bless our God-loving and charitable [deacon] with every perfect and spiritual blessing, even as He blessed our Fathers, the Patriarchs Abraham, Isaac, and Jacob, from whom all the nations have received light, and that He might deliver and save him from all the wiles of the Devil, and from all the evil designs of wicked men, and gird him about with patient endurance. And after the stablishing (?) of this festival of the saints which he hath commemorated may he receive favour from their King, the Christ, and may they cause him to be worthy to hear the voice which is full of joy and gladness of every kind, saying, 'Come, ye blessed of My Father, inherit the kingdom which hath been prepared for you from the foundation of the world.'[1] Amen. Zamen (*sic*). So be it! Amen. Amen.

Fol. 76 *b* [ⲣⲛⲅ] | It was written on the twenty . . . . . . day of the month Epêp, in the seven hundred and eighth year of the Era of

[1] Matt. xxv. 34.

Diocletian (i. e. A. D. 992), by . . . . . .[1] [Zôkratôr] . . . .[1] the least of all men, the son of the blessed Archdeacon Joseph. Pray for me a sinner.

—•••—•••—•••—•••—•••—•••—•••—•••—

I, Zôkratôr, the least of all men, the son of the blessed Joseph, the archdeacon of the city of Snê (Asnâ), may God give him rest! beg you to remember me, of your love, O my fathers and brethren. Behold my repentance. Entreat ye God on my behalf that He may forgive me a few of my sins, which are exceedingly many, and that He may lead me henceforward in the right way, according to His holy and blessed wish. And do ye yourselves forgive me all my blunders, because I am not very learned, and I only received my instruction from the school teachers. Behold my repentance. Do an act of grace and forgive me.

In this year wherein we have written this volume, which is the seven hundred and eighth year [of the Era of Diocletian] (i. e. A. D. 992) and the three hundred and seventy-second year of the Saracens (i. e. of the Era of the Hijrah = A. D. 982), a great miracle took place in connection with the rise of the river Nile. On the fifteenth day of the month of Mesore,[2] we were taxed (?) on a cubit of water, but afterwards it (i. e. the flood) . . . . . until it . . . . . two cubits. Thus through the prayers which Saint Mary, the Lady of us all, made on our behalf, God visited us through His compassion towards [us] . . . . . Mesore . . . . . .[3]

[1] Text mutilated. [2] August 8.

[3] I do not understand exactly what happened.

ENCOMIUM ON THE ARCHANGEL RAPHAEL BY SAINT JOHN CHRYSOSTOM

(**Brit. Mus. MS. Oriental, No. 7022**)

Fol. 1 *a* THE DISCOURSE WHICH SAINT JOHN CHRY-
ⲁ̅ SOSTOM, THAT IS TO SAY, HE OF THE TONGUE OF GOLD, ARCHBISHOP OF CONSTANTINOPLE, PRONOUNCED CONCERNING THE HOLY ARCHANGEL RAPHAEL, ON THE DAY OF HIS FESTIVAL, WHICH IS CELEBRATED ON THE FOURTH OF THE EPAGOMENAL DAYS.[1] THIS DISCOURSE WAS PRONOUNCED IN THE SHRINE THAT HAD BEEN NEWLY BUILT BY THE GOD-LOVING EMPEROR ARCADIUS IN THE NAME OF THE HOLY ARCHANGEL RAPHAEL IN THE SOUTHERN PART OF THE CITY. AND AFTER THE DEDICATION IN THE FOLLOWING YEAR, THE GOD-LOVING EMPEROR CAME TO PRAY AND TO BOW DOWN IN THE NEW SHRINE WHICH HIS BROTHER HAD BUILT, AND HE (CHRYSOSTOM) CONSECRATED IT. AND THE PIOUS EMPERORS HONORIUS AND ARCADIUS WERE IN ACCORD, AND THEY INVITED THE GREAT JOHN CHRYSOSTOM TO PRONOUNCE A FEW WORDS OF LAUDATION ON THE HOLY ARCHANGEL RAPHAEL. AND THE HOLY CHRYSOSTOM, OR RATHER, THE HOSTEL OF THE HOLY SPIRIT, UTTERED THIS DISCOURSE. AND HE RELATED A FEW OF THE MIGHTY DEEDS, AND SIGNS,

[1] August 27.

AND MIRACLES, WHICH TOOK PLACE THROUGH THE HOLY ARCHANGEL RAPHAEL, AND EXPLAINED WHEREFORE HE WAS CALLED THE REED OF THE SPIRIT. IN THE PEACE OF GOD. MAY HIS HOLY BLESSING COME UPON US, AND MAY WE ALL BE SAVED TOGETHER. BLESS US. AMEN.

My beloved, 'the angel of the Lord encampeth round about them that fear Him and delivereth them,'[1] and in very truth the holy Archangel Raphael did encamp round about those who fear Him, [that is to say, the family of] Tobit, and delivered him. And again the Scripture saith, 'He will give His angels charge concerning thee, that they keep thee, and bear thee up on their hand, lest thou strike a stone with thy feet.'[2] For in truth the Lord did give His holy Archangel Raphael charge concerning Tobias, the son of Tobit, to keep him in all his ways, 'lest thou strike a stone with thy feet.' When the husbands of Sarra (Sara) struck a stone, and fell down,[3] He sent His word and healed them, and delivered them out of all their tribulations. The Psalmist David saith, 'Verily God sent His word,'[4] that is to say, His great Archangel Raphael. He healed Sarra, the daughter of Raguel, of the cruel disease of barrenness, and delivered her from the revilings of the servants of her | father, according to the word of the holy Apostle Paul, who said, 'Are they not all ministers of the Spirit who are sent out to [perform] service for those who shall inherit salvation?'[5]

Fol. 1 *b* ⲃ̄ — Fol. 2 *a* [ⲅ̄]

My beloved, when I think of the loving-kindness of God towards man, which is very great, and especially towards the righteous, I marvel exceedingly. Now the righteous Lord, even as it is written, 'putteth away the sins of the sinners,' even as hath been said by the mouth of the Lord, which

[1] Ps. xxxiv. 7. [2] Ps. xci. 12. [3] Tobit iii. 8; vi. 13.
[4] Ps. cvii. 20. [5] Heb. i. 14.

cannot lie, 'There is joy in heaven before God and His angels over a sinner when he repenteth.'[1] In truth the holy angels merit honour, and it is meet especially for us to rejoice with them. Now it is the righteous who minister unto them, through the command of the Creator God Almighty, with willingness and trembling. The blessed angels rejoice in the conversion of sinners, and they also minister unto the righteous with exceedingly great gladness. Even so is it with a king of [this] earth. When a tyrant,
Fol. 2 *b* ⲇ̅ or an arrogant oppressor, riseth up | in his province, and committeth lawless acts and doeth deeds of aggression, the king straightway meditateth in his heart, saying, 'By what means can I put down this tyranny?' Then he summoneth to him one of his chief captains in whom he hath confidence, and he dispatcheth him to depose the adversary of the king. And when the captain hath done this he returneth to his lord with joy and gladness, the tyrant of yesterday being vanquished and lashed to his horse. Then doth the joy of the king rise up, because his enemy hath fallen before his general, and he bestoweth upon his chief captain honours and gifts which are greater than any which he hath ever bestowed on any one before. And in this manner doth the man-loving God act in this world.

Now Michael, and Gabriel, and Raphael are they who are the greatest of all the angelic hosts. As concerning this Michael, God sent him in primeval time, and he smote the Old Serpent, that is to say, Satanaêl, and he vanquished him, and bound him in fetters for one thousand years, and because of this God bestowed upon him this great and exalted position. And as for Gabriel, because of his faculty of
Fol. 3 *a* ⲉ̅ knowing things beforehand, the Lord, | and His Father, and the Holy Spirit decided that he should go to the Virgin with the good news. Raphael [goeth] to the righteous men,

[1] Luke xv. 7, 10.

and serveth them, and acteth as guide to them, and healeth them [of their sicknesses], and [it belongeth to him] to bind the wicked demon Asmodeus with fetters. For God hath appointed unto each of the angels the work which is associated with the meaning of their names. Michael He appointed to act as a minister to men [before Him] because of his faculty of watchfulness (or, keeping awake). If thou wouldst translate [the name] Michael [its signification is] 'The Compassion of God Almighty'. [The name] Gabriel [meaneth] 'God and man', and for this reason God made him the minister and the messenger of the good tidings of what God is about to do unto man. The meaning of [the name] Raphael is 'God Who guideth men'. And God gave unto these angels these names through His foreknowledge of those who were about to be before they came into being.

And now let us return to the subject of the discourse and speak about Tobit, the son of Tobiel. Tobit saith, 'I Tobit
was walking | on the road at midday. Righteousness was Fol. 3 b
in my hands at all times all the days of my life.' Verily ⲥ̄
Tobit was a traveller on the ways of truth, and a doer of charity with a benevolent mind, and the son of Tobiel gave first-fruits and tithes to the house of God. For this reason the Devil became envious of him, and made him blind. God Himself saith by the mouth of the holy Prophet David, 'Behold, I have become old, and I never saw a righteous man whom God had forsaken.'[1] Subsequently God sent His holy Angel Raphael, and he bestowed upon him the light of his eyes. And also, when he wished to send his son Tobias into a region afar off, He made the good angel to act as his guide.[2] And in the place whereunto he departed he healed Sarra, the daughter of Raguel, and bound the demon Asmodeus with fetters. Thus he filled the house of the poor man with joy, and the house of the rich man he filled with

[1] Ps. xxxvii. 25.

[2] Tobit v. 4 ff.

gladness, and the house of chiding and abuse[1] he filled with singing and music, and he made the grief and sighing
Fol. 4 a of Raguel[2] to flee away. | And he wiped away also the tears
ζ̄ from the eyes of Sarra, and took up her prayers to the Seventh Heaven, to God Almighty.

For, O my beloved, this [Raphael] is a good angel, he is a minister, he is a flame of fire, he is a spirit, he is a faithful guide, he is incorporeal, he is also an archangel. He is a good servant (?), he is a wakeful watcher (?), he is a workman who is to be trusted. He is a physician who healeth and accepteth no fee. All these things which I declare unto you this merciful archangel doeth at the command of his Handicraftsman, God. And if ye wish to know, O beloved brethren, how it is that all these names are applicable to this compassionate archangel, I will make the matter manifest to you. Now I have already told you that the [arch]angel is a good being. Behold, his loving-kindness manifesteth itself openly, because the archangel serveth [man with] obedience, even to the preparation of food for him. He is a man, he is a minister who standeth before the deathless King, the Christ. |
Fol. 4 b He ministereth at His command, according to the word of the
H̄ sweet-smelling tongue of Paul, 'Are they not all ministers of the Spirit who are sent out to [perform] service for those who shall inherit salvation?'[3] Thou seest the faithful testimony! He is a spirit, according to the prophecy of David, saying, 'Who maketh His angels spirits'[4]; he is a flame of fire, even as it is written, 'His ministers a flame of fire.'[4] He is a guide, and therefore he guided Tobias in a foreign land, without any injury whatsoever.[5] He is a chief cook, for he cooked the fish for the young man.[6] He is an angel. He is a master of the bridal ceremonies, for he spake unto Tobias, and he made a marriage.[7] He is a being without body, for he tasted no food whatsoever all the days wherein he was

[1] Tobit iii. [2] Tobit xiv. 12. [3] Heb. i. 14. [4] Ps. civ. 4; Heb. i. 7.
[5] Tobit v. [6] Tobit vi. 5. [7] Tobit vi. 10.

travelling with him. He is a messenger, for he made supplication to the Treasury of Compassion, the Christ, on behalf of Tobit and Tobias | his son, and Sarra. He was a . . . . . . Fol. 5 *a*
when Tobias was in the bride-chamber.[1] He took a camel[2] ⲑ̄
to Ecbatana and brought back silver. He is a physician, for he healed the eyes of Tobit,[3] who was a charitable man, for he said unto his son, 'According to what thou hast, and according to thy superabundance, do acts of charity, for charity delivereth a man from death.'[4] He is a Commander-in-Chief, for he bound Asmodeus in fetters. He is an unpaid [minister], for he would not take the hire which had been agreed upon with him.[5] He is a good servant, for he performed service for all those who needed it from him. He is a [faithful] minister, for he stood before him and served like a loyal servant. O how deep is the sea of the compassion of God! O how great is the obedience of this archangel, who standeth before the Lord of Hosts, and standeth [as] ever a man to serve!

Now therefore, permit us, O my beloved, to bring forward |
and to declare unto you a few matters concerning this mar- Fol. 5 *b*
tyrium wherein we are gathered together in the name of ⲓ̄
the archangel. It happened to me one day, when I John was celebrating my Eucharist at the sixth hour, that a great light rose up in the house wherein I was, and, behold, a young man with an exceedingly beautiful countenance came in to me. He was enveloped in great splendour, and he had a staff of gold, surmounted by a cross, in his right hand, and he called unto me three times, saying, 'John, thou reed of the Holy Spirit! John, thou tongue that healeth the souls which have been shattered by sin! John, thou tongue of the speaker who is able to persuade God in the Seventh Heaven!' And when I heard these words I was troubled, and I fell down at

1 Tobit vi. 16; viii. 2.
2 Two camels, Tobit ix. 2.
3 Tobit xi. 7, 8.
4 Tobit iv. 8–10.
5 Tobit hired him at the rate of a drachma per day (Tobit v. 14).

his feet that I might worship him. And he took hold of my hand, and raised me up, and said unto me, 'Fear not. Do not [worship me], for I am thy fellow servant, but worship
Fol. 6 *a* God.' And I said unto him with fear and trembling, | 'Who
ⲓ̅ⲁ̅ art thou, O my lord, who art enveloped in such great splendour? I have never seen any one like unto thee.' And he removed fear from me, and he said unto me, 'I am Raphael, one of the Seven Archangels. I am Raphael whom my Master joined to Philotheus, and I presented him and his father and his mother to the Christ Jesus. I am Raphael the archangel, and the Christ gave thee into my hand from the time when thou wast a child. And moreover, from the time when thou wast born until this day, I have never left thee for an hour, or for half an hour, or even for the twinkling of an eye. And I will never leave thee until the day [cometh] when I shall take thee to the King, the Christ. He gave thee into my hand when thou wast spotless. [I was with thee] in the house of the learned man who taught thee letters, and also when thou didst make thy passage by sea to Athens and
Fol. 6 *b* Bêrût, into which cities thou didst enter. | I walked with
ⲓ̅ⲃ̅ thee and I prepared the path whereon thou wast to travel, and I prepared for thee the instruction which was peculiarly suitable for thy mind and heart, even as the husbandman prepareth his seed beforehand, and diggeth his furrows in the water.[1] And now, be strong and prevail. Fear thou not, O thou marvellous confessor, for I am not one to strike fear into souls; on the contrary, I am one who giveth comfort unto souls, for I am called by my fellow angels, "The merciful angel." Be strong, let thy heart be bold, and fear thou not, for I am not associated with disturbance, but with peace. Now therefore, O John, behold the Emperor Arcadius will ask thee about a matter which concerneth me, for he would like to build a martyrium in my name. Encourage him with

[1] i. e. who clears out the furrows for the seed whilst the irrigation or flood water is still on the land.

thy softest speech, for it is written, "The tongue of the righteous man is more excellent than gold and silver"[1]; and make him to be happy in the building of my shrine. When thou shalt consecrate my shrine and the gifts of great price and beauty which the God-loving Emperor shall give | unto it (?) ......[2] Declare these words unto the pious Emperor ......[2] the Christ ......[2] the Holy Spirit, which is like unto a sweet odour that floweth from his mouth. Be of good cheer, and the peace of the Father, and of the Son, and of the Holy Spirit be with thee.' And when he had said these things unto me he went up into heaven with great glory. Fol. 7 *a* [ⲓⲅ]

And I John neither ate nor drank that day because of the joy which was in my heart through the archangel's talk with me. And it came to pass on the following day that the pious Emperor Arcadius came unto my lowliness in the Patriarch's house and received a blessing from my hand. And I said unto him, 'Sit thou down, O lover of the Christ, O thou who art troubled in thy mind about the building of the shrine of the holy Archangel Raphael, whose gracious remembrance [of the saint] driveth away sleep from thee, whose remembrance of the service of the saints maketh thee to forget the enjoyment of the Empire. | Blessed (?) [art thou who .....[2]] that which is good, ...[2] shall be unto thee. In very truth is fulfilled in thee the word of the ineffable Paul, "Minister to the saints"[3]; and again, "God is not unjust to forget your labour, and the love which ye manifest in His Name."'[3] And when I had said these words unto him the blessed Emperor [was astonished] for a long time. And he answered and said unto me, 'We are blessed, O Israel, because the things which are pleasing unto God are manifest unto us. And blessed are we also because God hath raised up unto us such a spiritual father as thyself. Verily thou art an angel who dost walk upon earth with men. Fol. 7 *b* [ⲓⲇ]

[1] Cf. Prov. viii. 10, 19. [2] Text mutilated. [3] Heb. vi. 10.

Furthermore, in thee is fulfilled the word of David, the holy psalmist, saying, "The generation of the upright shall receive blessing."[1] Furthermore, O my holy father, behold for many days my heart hath been troubling me concerning the building of the shrine of the holy Archangel Raphael. I swear by thy holy prayers that I have not slept at all during the past night because of this matter. Behold, behold the Spirit . . . .

[About sixty-four pages wanting]

[1] Ps. cxii. 2.

THE APOCALYPSE OF PAUL

(Brit. Mus. MS. Oriental, No. 7022)

| . . . . before it, saying unto it, ‘O thou most wretched soul! Fol. 24 *a*
The evil things which thou doest by day and by night I take ⲟⲑ
daily into the presence of God, not through [my] will, but through the Will of God, Who commanded me, saying, “Cease not to minister unto them. Perhaps they will turn and repent.” Behold, I have made myself a stranger unto thee this day. Let us [go] to the Judge of Truth.’ And its spirit came forth from it, saying, ‘O thou wretched soul, thou didst not give me rest during my little time which I passed in sojourning with thee. Or, O thou wretched soul, didst thou endure . . . . or did thy heart turn? The breath of the breath of life of God was in thee. Let us [go] to the presence of the Judge of Truth. I will never forgive thee; and I have made myself a stranger unto thee this day, and do thou do likewise [to me].’ Thus the spirit of the soul abuseth it (i. e. the soul), and its angel afflicteth it, and as soon as it standeth up the Powers shall snatch it up into heaven, [and inflict upon it] suffering after suffering. And sluggishness shall come forth from it, and scandal-mongering, and the spirit of rapine. And as for the Powers of the Darkness, some have the faces of lions and wear plates of armour filled with fire,

and have slaughtering swords in their hands. Some have the faces of bulls, and their hands are like unto the hands of men, Fol. 24 *b* and huge horns of fire project from their heads, | and the ⲡ̄ spears which they hold in these hands they drive into the souls of sinners. Some have the faces of bears, and their eyes shoot out fire on all four sides. There is fury in their faces, and there are huge iron butchering knives in their hands, and they are ready to crush the souls (?) of the ungodly before they come forth from the body, and to inflict upon them sufferings during the agony of death. Some have the faces of serpents, and have smoke issuing from their mouths, and fumes, and fire. Some [have the faces of] ravens, and hold in their hands saw-like weapons wherewith they torture souls. Some have the faces of vipers, and have spears like unto those of fishermen, which they are ready to drive into the souls [of sinners], and to torture them with pitiless cruelty. Some have the faces of asses, and are arrayed in black armour, and hold in their hands shearing knives of fire which they thrust into the souls [of sinners] in furious anger. Some have the faces of crocodiles, and have in their hands huge knives, with which they secretly lop off the limbs of the souls [of sinners]. Some have the faces of wild beasts, and tongues of fire which project from their mouths, and their teeth are of iron. Those who are there seize the souls, and when they have chewed them up in their mouths they swallow them straightway; and afterwards they vomit them into Fol. 25 *a* . . . .[1] | and others chew them up and swallow ⲡ̄ⲁ̄ them, and some of these give what they have chewed in turn unto others, [for] they are pitiless towards the souls of sinners.

Then the Powers of Darkness go to the soul, and they say unto it, 'Whither wouldst thou go, O wretched soul? Wouldst thou go to heaven? Tarry hither that we may

[1] Text mutilated.

see what is in thee. If thou dost not, no holy helper will accompany thee.' And I heard a voice up in the height, saying, 'Bring up hither this wretched soul, in order that it may know that the God Whom it hath despised doth exist.' And immediately the soul entered into heaven I heard angels and archangels who were in number tens of thousands of tens of thousands, saying, 'Boast not thyself, O soul, of all the works which thou hast done in the world.' And straightway the mouth of the soul was closed, and it was unable to utter a single word before God. And its angel said, 'Weep with me, O my fellow angels, because no rest shall be given unto the soul wherewith I sojourned.' And the angels answered and said, 'Away with it! Away with it! For from the moment wherein we saw it there hath been a foul smell in our midst.' And they took away the soul to enable it to pay worship unto the God Who created it in His own image and likeness. | And its angel made a sign, saying, 'O Lord God Fol. 25 b
Almighty, I am the angel of this soul, and I brought unto Thee ⲡⲃ̄
its deeds, both those belonging to the day and those belonging to the night; judge it according to its judgement.' And the spirit of the soul said, 'I am the spirit, the breath of life which sojourned with it; judge it according to its judgement.' And the voice of God came unto the soul, saying, 'Where are all the good works which thou shouldst have done? Have I separated Myself even from the unrighteous for a single day, and did not My Son speak unto the righteous and unto all My chosen ones?' And the mouth of the soul was closed, and it could not find a word to utter. And the voice of God came, saying, 'There is no acceptance of persons before God, and the Judgement of Truth is what shall be. He who hath done what is truth, unto him shall truth be done. He who hath shewn mercy, unto him shall mercy be shewn.' And they shall give the soul into the hand of Aftemeloukhos, the Angel who is over the punishments, and he shall cast it into

the outer darkness, the place wherein there is weeping and gnashing of teeth, until the day of the Great Judgement. And I heard the voices of the angels and the archangels, saying, 'Righteous art Thou, O Lord, and Truth is Thy Name.'

Fol. 26 *a* And afterwards I Paul looked, and I saw | another soul
ⲡⲅ which had just been brought forth from the body, and two angels held it. And it was weeping and crying out, saying, 'Have mercy upon me, O Judge! This day is the seventh day since I died and was given into the hands of these two angels; but whither they are going to take me I know not.' And the Judge answered and said, 'What didst thou do in the world? Assuredly thy deeds were without mercy, for thou hast been given over into the hands of those who have no mercy. Thou hast not done that which is upright, and that which is upright will not be done unto thee in the hour of thy necessity. Confess the sins which thou hast committed in the world.' And the soul answered and said, 'Lord, I have not committed sin.' And when it had said, 'I have not committed sin,' the Judge said unto it, 'Dost thou think that this place is like the world, wherein each man committeth sin, and hideth his sin from his neighbour? When [souls] appear before the throne of God, the sins of each man, as well as his good deeds, become manifest.' And at that moment the mouth of the soul was stopped, and it was unable to find a single word to utter. And I heard the Judge of Truth saying, 'O angel of this soul, come into the midst.' And at that moment the angel came into the
Fol. 26 *b* midst, | with the bill of indictment of its sins in his hand,
ⲡⲇ and he said, 'My Lord, the sins which this soul hath committed since its youth are in my hand; dost Thou wish me, O my Lord, to recite its sins from the time when it was ten years old?' And the Judge said unto the angel of the soul, 'O angel, I do not seek to know what sins it hath committed since the time when it was ten years of age or fifteen; on the

contrary, I only ask thee concerning the sins which it hath committed in this year, the year in which it died. I swear unto thee by Myself, and by My angels, and by My hosts, that if the soul repented in that same year in which it died, I will forget all the sins which it committed in the time that preceded it.'

And God called Uriêl and Suriêl, and said unto them, 'I wish you to bring these souls into the midst'; and straightway they brought them, and the soul looked at them, and recognized them. And God the Judge said unto the soul, 'Dost thou know these [souls] who have been brought into My presence?' And the soul answered and said, 'Yea, my Lord.' And God said unto the soul, 'What didst thou do unto them?' And the soul said, 'A year hath not yet passed since I slew [this soul], and shed its blood on the earth. And this other soul I slew by means of fornication. I took everything which it had by violence, | and I rewarded Fol. 27 *a*
it with a multitude of evils instead of all the good things ⲡⲉ
which it had done unto me.' And the Judge answered, saying, 'If a man doeth violence to another man, and the man dieth, watch is kept until the man who hath done the violence cometh, and then they (the two souls) are presented before the Judge of Truth so that each one may receive according to his works.' And I heard a voice saying, 'Give this soul over into the hand of the governor of the abyss of Amente, and let him torture it until the day of the Great Judgement.' And I heard the tens of thousands of tens of thousands of the angels praising and blessing God, saying, 'Righteous art Thou, O Lord, and true are Thy judgements.'

And the angel answered and said unto me, 'O Paul, thou chosen one of God, hast thou seen all these things?' And I said, 'Yea, my lord.' And he said unto me, 'Follow thou me now, and I will take thee and shew thee the place of abode of all the angels.' Then I went with the angel, and

he took me to the Third Heaven, and he set me by a gate, and I saw that that gate was of gold throughout. And I saw two pillars of gold before the gate, and there were tablets
Fol. 27 *b* of gold, which were full of (i.e. covered with) writing | upon
ⲡ̄ⲉ̄ the pillars. And the angel turned and said unto me, 'Blessed art thou, O Paul, for they shall take thee inside this gate. It is not permitted to every one to enter inside it, [and none doeth so] except the fortunate, and the innocent, and those who have in them no wickedness whatsoever.' And I said unto the angel, 'What are these things which are written upon these tablets?' And he said unto me, 'These are the names of all the righteous who serve God with all their heart.' And I said unto the angel, 'My lord, are their names really written in heaven before they have come forth from the world?' And the angel answered and said unto me, 'Not only are the names of those who serve God with their whole heart [written] in heaven, but the form [of each of them] is in heaven, and the angels recognize it, and they say, "This is [the form of] the man who serveth God with his whole heart," before he leaveth [this] world.'

And when the gate was opened, behold, an old man, whose face shone like the sun, drew nigh unto me straightway, saying, 'Hail, Paul, thou beloved of God!' And he smiled and [kissed] me at first, but afterwards he ceased to smile, and he wept. And I Paul was troubled, and I said unto
Fol. 28 *a* him, 'My father, wherefore dost thou weep?' | And he
ⲡ̄ⲋ̄ answered and said unto me, 'I am distressed in heart because of this name of "man". Many are the promises of God and His good gifts, but not very many men shall partake of them.' And I said unto the angel, 'Who is this, my lord?' And the angel answered and said unto me, 'This is Enoch, the scribe of righteousness.' And immediately I had passed inside that place I saw another being, namely, Helias (Elijah), who came and saluted me, and he was smiling; and

afterwards he ceased to smile, and he wept. And he said unto me, 'O Paul, come and see, for the labours which thou hast wrought for mankind have been accepted from thy hands. Many are the good gifts of God and His promises, but not very many men shall partake of them; for only at certain seasons, and at certain times, one by one are they fit [to enter] these places.' And the angel answered and said unto me, 'The things which thou hast seen in this place thou shalt not reveal [whilst thou art] in the flesh; but follow thou me, and I will shew thee that which thou mayest make manifest.'

And he brought me out from this gate, and took me to the Second [Gate], and he led me into the firmament, and took me to the place where the sun riseth. And I looked and I saw | the foundations of heaven which were [resting] upon Fol. 28 b
a river of water, and the river of water was encircling the ПН
whole world. And I said unto the angel, 'My lord, what is this river of water which encircleth all this world?' And he said unto me, 'This is the river "Ocean".' And immediately I had gone beyond Ocean, I discovered that it was the light of the sun that illumined that country, and that the country was seven times brighter than silver. And I said unto the angel, 'What is this place?' And he said unto me, 'This is the country of inheritance. Hast thou never heard [the words], "Blessed are the meek in spirit, for it is they who shall inherit the earth?"[1] When the souls of the righteous come forth from their bodies to meet God they are placed in this country.' And I said unto the angel, 'Shall this country then appear after a time?' And the angel answered and said unto me, 'When the Christ shall appear in His kingdom, this country [also] shall appear above this, like a breath of the dew. God knoweth all His saints, and the Christ shall reign over [them] for a great number of years, and they

[1] Matt. v. 5.

shall eat of the good things of the country, the which I shall now shew you.'

Fol. 29 *a* ⲡⲑ And | I looked out on that country, and [I saw] a river flowing with milk and honey, and on this side of the river and on that were growing trees that were laden with fruit. And I looked to the east, and I discovered every kind of thing which God had created in that place. I saw palm trees growing there, and each one was wholly different from the other; some of them were thirty cubits in height, and some of them twenty, and some of them ten, and the ground whereon they were growing was seven times whiter than silver. From the root of each tree up to its heart there were ten thousand branches with tens of thousands of clusters, and there were ten thousand clusters on each branch, and there were ten thousand dates in each cluster. And thus was it also with the vines. Each vine had ten thousand branches, and each branch had upon it [ten thousand] bunches of grapes, and each bunch had in it ten thousand grapes. And there were other trees there, tens of thousands of tens of thousands of them, and their fruit was in the same proportion. And again I said unto the angel, 'My lord, why is it that the fruits of these trees are tens of thousands of tens of thousands in number?' And he answered and said unto me, 'O Paul, thou beloved of the Christ, God giveth with all His heart unto those who are appointed to receive them (His gifts), that is to say, those who have suffered wrongfully for His Name's sake.' And again I said unto the angel, 'My lord, are these the promised things which [God] hath

Fol. 29 *b* ϥ prepared | for His saints?' And he said unto me, 'There are things which are seven times better than these. I testify unto thee, O Paul, that when the righteous come out of the body, and see the promised things of God which have been prepared for them, they are wont to heave sighs and to weep, saying, Wherefore did the matter come forth from our mouths, or why was I angry with my neighbour one day?'

And I said unto the angel, 'My lord, are there then other promised things which are superior to these?' And the angel said unto me, 'These promised things appertain to the world, and they are kept for men of holy marriage; but those who are chaste and are virgins shall receive the things which are seven times more splendid. As for the things which are there, I will shew them all to thee.'

And he took me to the eastern side of the river of good things, and I looked and I saw that the water of this river was very much whiter than milk, and I said unto the angel, 'My lord, what is this?' And he said unto me, 'This is the Archêerousa Lake.[1] The City of the Saints which the Father built for His Only-begotten Son Jesus, the Christ, lieth to the east of all these. It is not permitted unto every man to enter therein. And the Archêerousa Lake hath been placed on this road for the following reason: If a man who is a fornicator or a sinner turneth away [from his sin] and repenteth, and bringeth forth fruit meet | for repentance, when he cometh Fol. 30 *a*
forth from the body he first of all worshippeth God, and ϥⲁ
then he is delivered over into the hand of Michael, and he washeth himself in the Archêerousa Lake, and he is then taken into the city to those who have never committed sin.' And I Paul marvelled, and I blessed God because of the things which I had seen. And the angel said unto me, 'Follow thou me, Paul, and I will take thee into the city of the Christ.' And when we had arrived at the Archêerousa Lake he made me embark in a ship of gold, with a prow of silver, and cordage and tackle of gold, and sails of silver; and the ship was inlaid with precious stones, and it was manned by three thousand angels. Then the angels sang to me, and they took me into the city of the Christ, and those who were in the city came forth to greet me with great joy. And I saw

[1] ⲁⲭⲓⲉ ⲗⲩⲙⲙⲏ (p. 537, l. 28), ⲁⲣⲭⲏⲉ̄ⲣⲟⲩⲥⲁ ⲗⲩⲙⲛⲏ (p. 563, l. 25), ⲁⲣⲭⲓⲉ ⲗⲩⲙⲛⲏ (p. 563, l. 30), ⲁⲣⲭⲏⲉ ⲗⲏⲙⲛⲏ (p. 564, l. 1) = Ἀχερουσία λίμνη, a lake which was supposed to be connected with the Underworld.

the city of the Christ, which shone with light that was seven times brighter than that of the sun. It was built wholly of gold, and was encircled by twelve walls [built of] precious stones; and there was a tower built inside each wall, and the circumference of each wall was one hundred stadia. And I said unto the angel, 'My lord, how great is the stadium of God?' And the angel said unto me, 'The stadium is equal to one stage on the road (or, a day's journey). And in the interior of the city there is every . . . .[1] of this
Fol. 30 *b* world. And four rivers encircle the city. | The river on the
ϥⲏ western side of the city is of honey, the river on the southern side of the city is of milk, the river on the eastern side of the city is of wine, and the river on the northern side of the city is of oil.' And I said unto the angel, 'What are these rivers which encircle the city?' And the angel answered and said unto me, 'The four rivers which encircle this city resemble the four rivers which are upon the earth. With that which floweth with honey the Phisôn is to be compared, with that which floweth with milk the Euphrates is to be compared, with that which floweth with wine the Geôn (Gihon) is to be compared, and with that which floweth with oil the Tigris is to be compared. And since the righteous do not seek to obtain their freedom upon the earth, and since they suffer hunger, and are athirst, and endure violence for God's sake, for this reason God giveth unto them the good things that are in this city ten thousandfold.'

And when I had gone into that city I found great trees growing before the gate of the city, and there was no fruit upon them, and nothing except leaves. And certain of the men who were under the trees were naked, and whensoever the trees saw a man they bowed themselves down [before him], and then raised themselves up again. And when I saw them
Fol. 31 *a* I wept. And I said unto the angel, | 'What is the matter
ϥⲑ

[1] A few words seem to be wanting in the manuscript.

with these [men] that they are not allowed in this city?' And the angel said unto me, 'It is not meet to weep for these more than for all the rest of the world.' And I said unto him, 'What is the matter with these [men]?' And he said unto me, 'These are men who are specially set apart. They do works and they fast, but they are more proud than all other men. They make themselves out to be the only people who are justified, and they treat with contempt those who are their neighbours. If they feel the desire they give salutation to men; if they do not feel the desire they salute no man, no matter who he may be. If they feel the desire they open their mouths to men, and if they do not feel the desire to do so they do not open them. If any one [of them] doeth a favour to a man he exalteth himself over him, saying, "I am he who nourished thee with my goods."' And I said unto the angel, 'Is it not then pride which hath corrupted them, and which doth not permit them to go into the city of the Christ?' And he said unto me, 'Pride is the root of every evil. These have not made themselves like unto the Son of God Who came in humility.' And I said unto the angel, 'Wherefore do the trees bow themselves low and then raise themselves up?' And the angel answered and said, 'In times of old they were on [the earth], and they worshipped God, and one day they bowed themselves because of the disgrace of man, for they cannot endure the pride which is in him.' | And I said unto the angel, 'How were they (the Fol. 31 *b*
naked men) placed in front of the city?' And he said unto ϥ̅ⲁ̅
me, 'They were set in this place through the goodness of God. Furthermore, this is the road whereby the saints enter into the city. When the Christ, the King of the Worlds, shall appear at His [second] coming, all the righteous shall find favour with them (the saints), and they (the men) shall be taken into [the city] for a time, but they shall not enjoy full freedom in the same degree as those who have passed their whole time in serving God in all humility.'

And the angel drew me to the river which is to the west of the city. In the gate I found Isaiah, and Jeremiah, and Ezekiel, and Amos, and Micah, and the Lesser and the Greater Prophets, and they saluted me inside the city. And I said unto the angel, 'Who are these, my lord?' And he said unto me, 'This is the Road of the Prophets. Every man who loseth his soul for God's sake, and who doth not do what he willeth for the world's sake, when he cometh forth from the body he goeth into the presence of God, and worshippeth Him. And He delivereth him over into the hand of Michael, who taketh him into this city, [where] the Prophets salute him, saying, "He is our son, because he hath done the Will of God upon the earth; he shall inherit these things" . . .'

Fol. 8 *a* the good . . . . of the Lord God took me to the river of milk
ϥⲉ which was to the south of the city, and I found all the little children whom Herod had slain for the sake of the Name of the Christ, and they all kissed me. And I said unto the angel, 'My lord, it is not permitted to every man to abide with these holy children, is it?' And the angel said, 'All those who keep their virginity, and are pure and without blemish, when they go forth from the body are taken to worship God, and they are then given into the hand of Michael, who bringeth them unto this place, and giveth them into the hands of this multitude of little children, who kiss them as their fellow members and brethren, and they receive an inheritance with them in the city of the Christ Jesus for ever.'

And [the angel] took me to the river of wine which is to the east of the city, and I found there Abraham, and Isaac, and Jacob, and they kissed me. And I said unto the angel, 'Who are these?' And the angel said, 'When all those who have received strangers hospitably go forth from the body, they depart to the presence of God, and worship Him, and He giveth them into the hand of Michael, who taketh them into the city. And all the righteous salute each man on

the way, saying, "O our son and brother, receive ye our hospitality. | Come ye and inherit the city of the Lord our Fol. 8 *b*
God, each according to his work." And each man findeth ϥ̄ⲉ̄
men to take them into the city of the Christ Jesus, Jerusalem.'

And I looked and saw certain men in the gate singing psalms and hymns, and ascribing glory to God, and they were rejoicing greatly. And I said unto the angel, 'Who are these?' And he answered, saying, 'These are they who went to God without the hypocrisy of men in them. All those who rejoice and sing psalms and hymns to God with their whole hearts are brought into this gate, and are set in this city, and they are placed with the saints who sing to the Christ always.'

And [the angel] took me into the middle of the city, to the Twelfth Wall (or, tower), and I found it to be the most splendid of them all. There was such great glory in that Wall that no being of flesh could describe the magnificence and splendour thereof. And I said unto the angel, 'Is there not in this place one part which is the best of all?' And the angel said unto me, 'O Paul, thou chosen one of God, behold, the Second Wall is better than the First Wall, and the Third Wall is better | than the Second Wall, and all the Walls are Fol. 9 *a*
better, each than the preceding, up to the Twelfth Wall.' And ϥ̄ⲋ̄
I said unto the angel, 'My lord, make me to know the meaning of this matter, for I do not understand it.' And the angel said unto me, 'If there be any man in whom there existeth the least wish to slander, or to feel envy or pride, he is stripped of his honour in the city of the Christ.'

And, moreover, I saw certain thrones of gold which were set about in divers places, and there were crowns of glory lying on the top of the thrones. And I looked and I saw the Twelfth Wall, and I saw . . . . the thrones, the magnificence of which I cannot possibly describe. And I said unto the angel, 'My lord, who are they who shall sit in this place on these thrones?' And the angel said unto me, 'They

are the inept and useless men, and the simple-minded, who make themselves to be foolish for God's sake. They are those who know very little indeed of the Scriptures and the Psalms, in fact nothing except the passages which they hear from the Scriptures through men of God; nevertheless they perform many religious labours, their hearts being right with God. And the righteous who are within the city of the Christ marvel, saying, 'Look and see these ignorant folk who have no knowledge of the Scriptures, and how they have received
Fol. 9 *b* this great honour from God | because of their foolishness!'

ϥⲏ And I Paul saw in the midst of the city a large altar which was of very great height, and there was a man standing before the altar, and his face was shining like the sun, and there was a harp of gold and a psaltery of gold in his hand, and he was crying out 'Hallelujah!' and those who were on the gate and those who were on the Wall were answering him and crying out 'Hallelujah!' and the foundations of the city were shaken. And I said unto the angel, 'My lord, who is this who is so mighty?' And the angel answered and said unto me, 'This is David, the father of the Christ according to the flesh. And this [city] is the heavenly Jerusalem, and when the Christ God sheweth Himself in His kingdom, David the king must play music so that the righteous may answer him and cry "Hallelujah!"' And I said unto the angel, 'My lord, why is David the only one who playeth a harp, and why do not all the righteous [play harps]?' And the angel said unto me, 'The Christ, our Lord, sitteth on the right hand of the Father in the heavens, and David playeth to Him in the Seventh Heaven, according to the manner in
Fol. 10 *a* which he played upon earth. Without David the | Prophet it
ϥⲑ is impossible to offer up a sacrifice in any place. He playeth the harp over the flesh of the Christ and over His Holy Blood, according to the manner of his doing in heaven.' And I answered and said unto the angel, 'My lord, what is [the meaning of] "Hallelujah?"' And he said unto me, 'Paul,

thou master of the Church, rightly dost thou enquire concerning everything. Now the word "Hallelujah" is the Hebrew for "Give glory unto God, Who hath created everything"; and the interpretation thereof is, "Let us bless God together."' And I answered and said unto the angel, 'Then any man who saith "Hallelujah" blesseth God?' And he said, 'Yea, [and he also] saith, "Give glory to the Lord."' And I said unto the angel, 'Then he who saith "Hallelujah" hath no need to translate the word?'[1] And the angel said unto me, 'If a man be suffering from sickness there is no blame [attached] to him if he doth not make answer, and if he hath waxed old there is no blame [attached] to him; but if he be strong and vigorous, and he answer not, this man is arrogant and contemptuous, and he is unworthy to bless Him Who created him.'

Then he brought me out of the city into the middle of a wood, and from thence to the Acherausian Lake.[2] And he brought me through a good country to the river of milk and honey, and he brought me to the ocean that supporteth the sky, and he took me up into the sky. | And the angel said Fol. 10 b
unto me, 'Paul, Paul, dost thou know where thou art now?' ⲣ̄
And I said unto him, 'Yea, my lord.' And the angel answered and said unto me, 'Follow me, and I will shew thee where they take the souls of wicked men and sinners when they die.' And I went with the angel, and he took me to the place where the sun setteth, and I discovered the foundations of the heavens firmly laid on the river of water. And I said unto the angel, 'What is [this] river of water whereon the sky resteth firmly?' And he said unto me, 'This is the Ocean. This is the river that goeth round the whole world.' And when I had come beyond the Ocean, I saw nothing whatsoever in that place except misery, and sighing, and sorrow of heart, and gloom, and darkness, and smoke (or, mist),

[1] Rendering doubtful.

[2] ⲧⲁϫⲓⲉ ⲗⲩⲙⲛⲏ.

and destruction. And I Paul looked and I saw a large desolate region which had been dried up by a burning wind, and was awful to contemplate; and it was [full of] pits and deep holes in the ground. There was a pit which had been dug to a depth of one hundred cubits, there was a pit which had been dug to a depth of fifty cubits, there was a pit which had been dug to a depth of thirty cubits, there was a pit which had been dug to a depth of twenty cubits, and there was a pit which had been dug so deep that [its end] reached the confines of the abyss. There was a pit filled with dragons, there was a pit filled with ice (or, snow), there was a pit filled with pitch and sulphur which boiled up like [the water in] a boiling cauldron, and from which portions of pitch and sulphur
Fol. 11 *a* ⲣ̄ⲁ̄ belched up [into the air] to a height of thirty cubits, | there was a pit filled with worms (or, serpents), which stank exceedingly, there was a pit filled with some most horrible liquid, there was a pit filled with fire, the flame of which was like unto leeks in colour, there was a pit the smoke of which rose up to the very firmament, and there was a pit over which the angels of death presided.

And I Paul looked and I saw a great river of fire upon the surface of which rolled many waves. And there was a multitude of men and women immersed therein: some were immersed up to their knees, and some were immersed up to their waist, and some were immersed up to their lips, and some were immersed up to their hair. And I answered and said unto the angel, 'My lord, who are these in these rivers of fire?' And the angel answered and said unto me, 'These are they who never governed themselves, and those who never gave away a cup of cold water, and those who never joined themselves wholly to the righteous, and those who never joined themselves wholly to sinners; and they themselves destroyed their own lives upon earth. They were in the habit of passing a few days in worshipping God, and then they would pass a few days in committing sin and in fornica-

tion; and they ceased not from their sins until they died in the middle of them.' And I answered and said unto the angel, 'Who are these who are immersed up to their knees?' And the angel said unto me, 'These are they who used to go out of church and occupy themselves with works of various kinds, and commit sin daily. Those who are immersed up to their waists are those who used to receive the Body of the Christ and His Holy Blood, and go away and commit fornication, and ceased not from their sins. Those who are immersed up to their lips are those who used to slander the
church | and their own houses. Those who are immersed up Fol. 11 *b*
to their hair are those who were wont to deride each other ρ̄β̄
with crooked counsel, and to behave deceitfully towards each other.'

To the west of this river of fire there was a place of torture, which was filled with men and women, and the river of fire flowed on over them. And I Paul looked and I saw a hollow place which went downwards for a depth of thrice ten thousand cubits, and in it souls were heaped up one above the other, and one generation above the other, and they were all heaving sighs and weeping, and saying, 'Have mercy upon us, O Lord,' but no mercy whatsoever was shewn unto them. And I said unto the angel, 'Who are these, my lord?' And he answered, saying, 'These are they who never made God their helper in the time of tribulation.' And I said unto the angel, 'Since there are thirty or forty generations [heaped] one above the other, surely the depth of the pit must be very great?' And the angel said unto me, 'I testify unto thee, O Paul, that this pit goeth downwards, even to the very confines of the abyss, and that it boileth inside it, like [the waters of a boiling] cauldron.' And the angel said unto me, 'O Paul, I swear unto thee by God, that if thou wert to cast down into it a piece of stone it would scarcely reach
the bottom in one hundred years.' And I Paul heaved Fol. 12 *a*
a sigh, and I wept | over the whole race of mankind. And ρ̄γ̄

the angel said unto me, 'Why dost thou weep, O Paul? Thou canst not be more merciful than God. For God knoweth that the Judgement will come, and therefore He waiteth patiently for each man until he hath performed his wish upon the earth.'

Then I looked at the river of fire, and I saw an old man who was being dragged along, and they immersed him up to his knees. And the angel Aftemeloukhos[1] came with a great fork of fire which had three prongs, and with it he dragged out the entrails of the old man through his mouth. And I said unto the angel, 'Who is this old man who is made to suffer so severely?' And the angel said unto me, 'This is an elder who did not fully act up to the name that had been conferred upon him. He ate, he drank, and he committed fornication, and then went to offer up the Sacrifice upon earth.'

And I looked and behold, I saw a little to the other side an old man, whom the Four Angels of wrath were dragging along, and they were running by him, and they immersed him in the river of fire up to his knees, and flashes of fire were beating upon his face like these storm winds, and they did not permit him to say, 'Have mercy upon me,' at all. And I said unto the angel, 'My lord, who is this?' And he said unto me, 'This is a bishop who did not fulfil satisfactorily the duties of his bishoprick. Although the august name of bishop had been conferred upon him, he did not even for one day give a right judgement, neither did he walk in the
Fol. 12 b goodness of God, | Who had conferred his title of bishop
ⲣ̄ⲁ̄ upon him, nor did he do good unto the widow and orphan. He was an enemy of man, and the things which appertained

[1] Read ⲁϥⲧⲉⲙⲉⲗⲟⲩⲭⲟⲥ, which is here regarded as a proper name; the name seems, however, to be composed of ⲁϥⲧⲉ, 'four,' and ⲙⲉⲗⲟⲩ-ⲭⲟⲥ, 'angels' (Arab. ملائكة). The 'Four Angels' are mentioned further on. The form ⲁϥⲧⲓⲙⲉⲗⲟⲩⲭⲟⲥ occurs on p. 544, l. 3.

to God were not in his heart, and therefore he is rewarded according to his works.'

And I looked once again at my side, at the river of fire, and I saw another man who was being immersed up to his knees; his hands were stained with blood, the worms crawled out of his mouth and nostrils, and he was heaving sighs and weeping, saying, 'I am being treated more unjustly than all the others who are suffering torture.' And I said unto the angel, 'Who is this, my lord?' And the angel said unto me, 'This is a deacon who committed fornication with women who did not belong to him, and he did not act rightly before God. He ate the Offerings fearlessly, and he wasted himself in every kind of worthless manner. He held not in reverence the day wherein the title [of deacon] was conferred upon him, and the Blood of the Christ was in his hands. He destroyed his whole life, and he repented not until he died; for this reason he shall abide in these tortures which shall long endure.'

And again I looked at my side, at the river of fire, and I saw one by the side of whom [the angels of wrath] were running, and they dragged him along, and they immersed him in the river of fire up to his lips. And a pitiless angel came with a red-hot | instrument, and he burned away his tongue Fol. 13 *a*
and his lips little by little. And I heaved a sigh, and I wept, ⲡ̄ⲉ̄
and I said unto the angel, 'Who is this, my lord?' And he said unto me, 'This is a reader whose duty it was to teach the people, but he did not act in accordance with the things which he read to them, and with the commandments of God.'

And again I looked, and I saw pits by the river of fire wherein men and women were immersed, and the worms were eating them, and they were sighing and weeping; and I also wept and sighed. And the angel said unto me, 'O Paul, thou chosen one of God, what seest thou?' And I said unto the angel, 'Who are these, my lord?' And he said unto me, 'These are the people who took usury and devoted their minds to their riches, and did not make God their helper.' And

I Paul saw another region which had been parched by a hot wind, and it was very spacious, and there were men and women also there, and they were gnawing their tongues. And I said unto the angel, 'Who are these, my lord?' And he said unto me, 'These are they who used to slander the Church. They paid no heed to the Word of God, but provoked God and His angels; therefore they shall receive this torture which shall endure.'

And I saw also a pool in the pit which was of the colour of blood. And I said unto the angel, 'My lord, who are those who have suffered [here]?' And he said unto me, |
Fol. 13 b 'This is the pool into which floweth the blood of those who
ⲣ̅ⲉ̅ suffer torture.' And I saw certain men and women who were immersed [in the blood] up to their knees, and certain others were immersed up to their lips. And I said unto the angel, 'Who are these, my lord?' And he said unto me, 'These are the magicians who worked enchantments on men and women, and they will be left here to suffer until they die.' And I looked again and I saw some other men who were immersed up to their waists, and they were exceedingly black, yea, seven times blacker than sackcloth, and they were low down in the valley of fire, and were suffering grievous torments. And again I heaved sighs and wept. And I said unto the angel, 'Who are these, my lord?' And he said unto me, 'These are the women who used to commit fornication with strange men, although they had their own husbands available, and the men who [used to commit fornication with strange women, although they] had their own wives available. Therefore shall they receive this torture which shall endure for ever.' And again I looked and I saw some tender virgins wearing filthy garments, and the Four Angels were stripping them. And they had collars (or, necklaces) of fire in their hands, and they were putting them on their necks, and they were being taken to places of darkness, and they were heaving sighs and weeping. And I said unto the angel, 'Who are

these, my lord?' And he said unto me, 'These are they who defiled their virginity before they were given to [their] husbands and before they were of age to be married, neither did their parents | know of their doings. Therefore do they Fol. 14 *a*
receive this punishment which shall last for ever.' ρζ̅

And again I looked and I saw some men and women with their hands and feet cut off in a place of coldness, and worms were devouring them; and I heaved a sigh and wept. And I said unto the angel, 'Who are these, my lord?' And he said unto me, 'These are they who oppressed and wronged the poor and the orphans, and who did not make God their hope and help; therefore shall they receive this punishment for ever.'

And I looked again and I saw some others who were exhausted through their craving for water, and whose tongues were parched with thirst, and who were not allowed to drink. And fruits from gardens had been set before them, but they were not permitted to eat thereof. And I said unto the angel, 'Who are these, my lord, who are not permitted either to eat or to drink?' And he said unto me, 'These are they who broke [their] fast before it had been kept by them; therefore they shall receive this punishment for ever.'

And I saw some men and some women suspended head downwards; and great torches of fire were burning before their faces, and dragon-serpents were girt about their bodies and were devouring them. And I said unto the angel, 'Who are these, my lord, who are suffering in this terrible manner?' And the angel said unto me, 'These are the women who used to beautify themselves with | the paints and unguents of the Fol. 14 *b*
Devil, and then go to church to find occasions for committing ρη̅
adultery, and not [to seek] their lawful husbands; and through their deceitful paints and unguents they made God their enemy. Therefore shall they receive this punishment which shall endure for ever.'

And I Paul looked again and I saw other men and other

women who were immersed [in fire], and [lying on] gridirons of fire. They were wearing black raiment, and they were blind, and they were [all] going to one pit, which was filled with fire. And I said unto the angel, 'Who are these, my lord?' And the angel said unto me, 'These are the godless heathen who never knew God; therefore shall they receive this punishment which shall last [for ever].' And I also saw some other men and women laid out upon gridirons of fire, and savage carnivorous beasts were tearing out their entrails and devouring them, and they were not once permitted to say, 'Have mercy upon us.' And the angel who was over the punishments, who was Aftemeloukhos, rebuked them, saying, 'Remember ye the Judgements of the Son of God, which were declared unto you, but unto which ye would not listen; they were described to you, but ye would not accept the report of the same. Therefore it is not the severity of the Judgement of the Son of God, but your own deeds which have brought you to this place of punishment.' And I heaved
Fol. 15 *a* a sigh and I wept, and I said unto the angel, | 'Who are
ⲣ̅ⲑ̅ these?' And he said unto me, 'These are the widows and the virgins who have killed the image of God,[1] and who have abused their bodies by means of fornication; and with them, and suffering the same punishment, are the men who had carnal intercourse with them. And their children whom they put to death made an accusation against them to the Angel who is over the Judgement, saying, "Mete out judgement on our parents for our sakes, for they destroyed the image of God. And although they bore Thy name, that is to say 'Christian', they did not perform Thy commandments; but they also cast us to their dogs, and to their swine, and did not permit us to grow up into righteous men and to serve God." And the little ones who had been slain were given to the Angel who was over the punishments so that he might take them

[1] i. e. committed infanticide.

to a place which was spacious, wherefrom they could see their parents who were enduring the punishments which shall last for ever.'

And I looked again and I saw some other men and women, and they were arrayed in pieces of sackcloth saturated with pitch and sulphur. And serpents of fire were coiling themselves round their necks, and their arms, and their feet, and the pitiless angels were dragging them along, and were thrusting into them the horns of fire which were on their foreheads, and they reviled them, saying, 'It was possible for you to know God, and to worship Him, and ye did not worship | [Him].' And again I said unto the angel, 'Who Fol. 15 b
are these, my lord?' And the angel said unto me, 'These pı
are they who withdrew themselves from the world, and who donned the garb of the Christ, but the possessions of the world and the cares thereof made them miserable beings. They never performed an act of charity any day. They never shewed mercy to a widow and to an orphan on the same day. They never received a stranger into their houses. They never did a kindness to their neighbour. Never did a pure prayer of their own ascend to God from them. Never because of their anxiety about their possessions did they act in a right manner before God.'

And he who was over the punishments carried them from this side to that, and all those who were suffering punishments looked at them. And those who were suffering punishments said unto them, 'We are suffering punishments because when we were in the world Satan was with us, but what do ye here in this place?' And again [the Angel who was over the punishments] sent them to another place, and those who were suffering punishment there also said unto them, 'Right well do we know that we are sinners, whereas ye carry upon yourselves the Name of God, but it is only by word of mouth: therefore shall ye receive this punishment for ever.' And I heaved a sigh and I wept, saying, 'Woe to the race of men!

Woe unto the sinner who is born into this world!' And |
Fol. 16 *a* the angel answered and said unto me, 'O Paul, why dost
ⲣⲓⲁ thou weep? Wouldst thou be more compassionate than God? God knoweth that there is judgement to come, and for this reason He alloweth each one to do what he pleaseth upon the earth.' And great grief fell upon me, and [I shed] tears. And the angel said unto me, 'Why dost thou weep, O Paul, before thou seest the Great Judgement? Follow thou me, however, and I will shew thee [punishments] which are seven times more [terrible] than these.'

Then he took me to the place where all kinds of punishments were inflicted. He took me to the pit of the abyss, and I found it sealed with seven seals of fire. And the angel who accompanied me said unto him that was over the pit of the abyss, 'Open the pit in order that Paul, the beloved of God, may see it, for he is to be permitted to see everything relating to the punishments which he wisheth to see.' And the angel said unto me, 'Withdraw thyself a little way because thou wilt not be able to bear the evil stench.' And immediately he uncovered the pit of the abyss the strong fumes of an evil stench rose up from the pit, and it was far worse than all the torturings. And I looked down into the pit, and I found that it was filled throughout and heaped up everywhere with masses of fire which were blazing in all directions, and I saw that it would be most difficult even for
Fol. 16 *b* one | person to descend into it without the greatest danger.
ⲣⲓⲃ And the angel said unto me, 'When a man is cast down into this pit as a punishment, the remembrance of him never ascendeth before the Father, and the Son, and the Holy Ghost, and before all the angels.' And I said unto the angel, 'Who are those who are cast down into this pit?' And he said unto me, 'Every one who saith that Jesus hath not come in the flesh, and that He was not brought forth by Mary, the Holy Virgin; and those who say that the bread and the wine over which the Name of God is pronounced are not

the Body of the Christ and His Blood; and all those who deny their baptism, and who pollute their seal with violence; this shall be their place of habitation for ever.' Now the distance of each one from the other was a cubit of length.

At a distance from the foundation thereof I saw some men and women who were living among ice and snow, and were gnashing their teeth. And I said unto the angel, 'My lord, who are these who are living in this place of torment?' And he said unto me, 'These are they who say that the Christ hath not risen from the dead, and that this flesh [of ours] cannot rise [from the dead].' And I said unto the angel, 'Is there nothing at all except the gnashing of the teeth and ice, which those which are in this place | possess? Is Fol. 17 *a*
there no heat at all here?' And the angel said unto me, ⲣⲓⲉ
'Nothing at all; ice and snow are the only things that exist in this place.' And I said unto the angel, 'If the sun were to rise upon them would they become warm?' The angel said unto me, 'If seven suns were to rise upon them they would never become warm, because of the ice and snow which are over them.' Then I spread out my hands, and I heaved a sigh, and I wept, saying, 'It is far better not to have begotten a wicked man upon the earth than to have done so.' And straightway when the men and women saw me weeping they all cried out, and those who were suffering punishments, both those who were inside and those who were outside, wept.

And I Paul looked and I saw the heavens opened, and I saw Michael, the [Arch]angel of the Covenant, come forth from heaven with all the hosts of the angels, and all the angels cast themselves down on their faces. And when all those who were suffering punishments saw them they wept, and they said unto him, 'Have mercy upon us, O Archangel of the Covenant, thou compassionate one, who dost pray for mankind at all times; the world is at peace through thee, O Michael. We see the Judgement, and we know the Son of God. If only it had been possible for thee to have healed

us before we came to this place which is full of suffering! We heard that the Judgement was to take place before we came forth from the body, and we did not occupy ourselves with the things of the world. Permit us, O Michael, to repent.' And Michael answered and said, 'Hear me, O ye
Fol. 17 *b* who are suffering punishments, | and hear Michael speak, who
ϸϊⲇ standeth at all times before God. As God liveth, Whom I serve, and as the Lord liveth before Whom I stand, neither a day nor a night hath passed wherein [I have] not prayed on behalf of the race of men. Michael prayeth in heaven, and meanwhile men carry on their plays and amusements upon the earth, and their fornications, and those who are upon the earth do not assist Michael. O men, ye passed all your time upon the earth and did not repent. I am he who maketh entreaty to the Lord until He sendeth to you dew out of heaven. I am he who prayeth unto God until the abyss openeth its mouth, and poureth out water upon the earth, and it giveth its fruits. I testify unto you that when a man doeth one small good thing, I become unto him a strong defence and helper, until he is delivered from punishments. Where now are your prayers? Where is your repentance? Where are your charities which ye have done? Ye have wasted your time which ye have passed upon the earth. Weep ye therefore, O men, and I myself will weep, and the angels also, and Paul also, the beloved of God, will weep with you. Perhaps He Who is compassionate will grant unto you a little respite.' |

Fol. 18 *a* And again those who were suffering punishments lifted up
ϸιⲉ their voices and wept, and again they heaved sighs, according to the commandment of Michael, saying, 'Have mercy upon us, O Son of the Living God.' And Paul himself also cried out, saying, 'O my Lord Jesus the Christ, have compassion upon Thy created beings.' Then Michael, followed by ten thousand angels, cast himself down before God, saying, 'Have compassion upon Thy created beings! Have compassion upon

Thine image! Have compassion upon the sons of Adam!' And I looked and I saw heaven shake, even like a tree which is shaken by the wind. And when they had cast themselves down before the throne of God, I saw the Four and Twenty Elders and the Four Beasts cast themselves down. And I saw the altar and the veil cast themselves down, and I heard a voice, saying, 'Why do ye pray to Me and to My ministering angels?' And a voice [spake], saying, 'We make entreaty on behalf of mankind, and we await Thy loving-kindness and compassion.' And I saw the heavens open, and the Son of God came forth from heaven, and He had a crown upon His head. And when those who were suffering punishments saw Him they cried out, saying, 'Have mercy upon us, | O Son Fol. 18 *b*
of the Living God. Thou hast given rest to the denizens of ⲣⲓⲋ
heaven, and to those who are upon the earth, grant rest even unto us; for from the moment wherein we saw Thee rest hath come to us.'

And straightway the voice of the Son of God went forth among all those who were suffering punishments, saying, 'What good things have ye ever done upon earth that I should give you rest? They poured out My Blood for your sakes, but ye did not repent. They set a crown of thorns upon My Head, but ye did not repent. The hands which fashioned you had nails driven through them for your sakes, but ye did not repent. I asked for some water to drink, and they brought unto Me gall and honey. I was nailed to the Cross, but ye did not repent. They pierced My right side with a spear for your sakes, but ye did not repent. All My prophets and righteous men were put to death for your sakes, but ye did not repent. In all these things repentance was given unto you, but ye would not repent. But, for the sake of Michael and My beloved Paul, I do not wish to grieve you, and those (i. e. Michael and Paul) offer up offerings on your behalf, and on behalf of your children and brethren, for there is one among them who performeth

Fol. 19 *a* My commandments. And because | of My goodness, and
ⲣⲓⲍ because I rose from the dead [on that day], I will give unto you rest upon the Lord's Day every week, and during the fifty days which follow the [day of the] Resurrection, whereon I rose from the dead.' Then all those who were suffering punishments cried out, saying, 'We bless Thee, O Jesus, the Son of the Living God, for the day of rest to us is worth more than the whole of our life which we led upon earth before we knew that such sufferings as these existed. If we had known that all these sufferings were to come upon us, we should not have bought, neither should we have sold, and we should have done nothing whatsoever upon the earth. For [what] benefit to us is it to be born into the world? Behold, verily [our life] is [like unto] the breath which each draweth into his mouth! With us [here] there are the tears which we shed, and the worm which is under us, and they cause us more suffering than the judgement under which we are.' And the Angel who was over the punishments rebuked them, saying, 'Why do ye weep and cry out? There is no mercy in us towards you, because ye did not make God your help and hope, and there is no mercy for you in the Judgement on the part of him that sheweth not mercy. Mercy shall reach you only on the night of the Lord's Day, because of Paul, the beloved of God, who hath been brought into this place.'

And the angel said unto me, 'Paul, thou chosen one of God, hast thou seen all these things?' And I said unto him,
Fol. 19 *b* 'Yea, my lord.' | And he said unto me, 'Follow thou me now,
ⲣⲓⲏ and I will take thee into Paradise, and all the righteous will behold thee with joy and gladness, for all the righteous are ready to come forth for thy sake.' And I accompanied the angel, and he caught me up in the spirit, and took me to Paradise. And the angel said unto me, 'O Paul, thou shalt see the place whereunto I shall take thee. Paradise is in that place, the place wherein Adam and his wife transgressed.'

And when I had drawn nigh unto Paradise, I saw the beginnings of the four rivers in that place. And the angel made a sign to me, saying, 'This is Phisôn, which surroundeth the whole country of Eueilat (Havilah). [This is] Geôn (Gihon), which surroundeth the whole country of the peoples of Cush. This is Tigris, which floweth towards [the country of] the Assyrians. [This is] Euphrates, which floweth towards Mesopotamia.' And immediately I had gone into Paradise I saw a tree growing, and the root thereof poured forth water [like] a spring, and it supplied water to the four heads of the four rivers. And the Spirit of God blew upon the trees, and when the water flowed forth the Spirit cried out. And I said unto the angel, 'My lord, what is this tree which poureth out water?' And the | angel answered and said Fol. 20 *a*
unto me, 'At the time when as yet God had not made the [ριθ]
heavens and the earth, nothing at all existed except water; and the Spirit of God used to come (i.e. breathe) upon the water. When God had made the heavens and the earth, the Spirit [breathed] first on the waters, and secondly on [this] tree, and when the Spirit breathed [upon it] the waters flowed out.'

And the angel took me by my hand, and brought me into the middle of Paradise. He shewed me the Tree of Knowledge of what is good and what is evil, and he said unto me, 'This is the tree through which death came into the world. This is the tree of [the fruit of] which Adam ate, and through which ultimately death came upon every man.' And he also shewed me [another] which was growing in the middle of Paradise, and he said unto me, 'This is the Tree of Life.' And there was a Cherubim with a revolving sword of fire by the tree. And as soon as I stood still to gaze at the beauty of the Tree of Life, I looked and I saw a virgin appear, and three angels who were singing to her. And I answered and said unto the angel, 'Who is this virgin, my lord?' And he said unto me, 'This is Mary, the mother of our Lord Jesus Christ, who dwelleth amid this great

splendour.' And when she had drawn nigh unto me, she said unto me, 'Hail, Paul, thou beloved of God! Hail, beloved
Fol. 20 b Paul, | beloved of angels and men! Hail, Paul, who wast
[ⲣⲕ] a herald of the truth in the heavens and upon the earth! All the righteous make entreaty to my Son, Jesus the Christ, Who is my Lord, saying, "Grant Thou our entreaty, and do Thou bring Paul up to Thyself, so that we may see him in the flesh, before he cometh forth from the body." And my beloved Son said unto them, "Be patient for a little time, and he shall be with you for ever." And they all said with one mouth, "Do not cause us grief, O our Lord. We desire to see in the flesh Paul, who hath received such a great measure of this great glory, and who supporteth these great ones and these little ones. When each one cometh into this kingdom he asketh whether this one (i. e. Paul) hath arrived in this place." And they say, "One is Paul who is on the earth. He preacheth the Christ with his sweet words, he draweth multitudes to the Christ, and he taketh them to Jerusalem, the city of the Christ." Behold, all the righteous are gathered together unto me that they may meet thee. I swear by the right hand of my Son, O Paul, thou chosen one of God, that whosoever shall write down in words this Apocalypse,
Fol. 21 a [describing] | what thou hast seen in the heavens, shall never
[ⲣⲕⲁ] taste any torture whatsoever or any of these punishments which thou hast seen in Amente, with the exception of that which must of necessity accompany his departure from the body. Whosoever shall read it in faith, the bill of indictment of his sins shall be torn up and destroyed. Whosoever shall hear it read, and shall keep the commandments of my Son, him shall my Son bless in this world, and He shall shew mercy unto him on the day of his visitation. Many, many times blessed art thou, O Paul. Think not, O Paul, that thou art the only one for whose sake I have come forth, for I testify unto thee that I will be the first to come forth to all who shall do the will of my Son, and I will never

permit them to be treated as strangers, and at length they shall meet my beloved Son in peace.'

And whilst the Virgin was holding converse with me, behold, three other beings came from a distance and they were beautiful in their forms, and their angels were singing to them. And I said unto the angel, 'Who are these, my lord, who rejoice at seeing me?' [And the angel] said [unto me], 'Then thou dost not recognize them, O Paul?' And I said, 'I do not, my lord.' [And the angel] said unto me, 'These are the Fathers of the people, Abraham, and Isaac, | and Jacob.' And straightway when they saw me they saluted Fol. 21 *b*
me, and they said unto me, 'Hail, Paul, beloved of God and ⲣ̄ⲕ̄ⲃ̄
man! Blessed is the man who is calumniated for God's sake!' And Abraham said, 'This is my son Isaac whom I offered up to God. Behold Jacob, the beloved of God. Because of our knowing God in the world, He did not punish us when we came to Him. Blessed be every man who shall believe through thee! They shall abide patiently on God with sufferings, and with the love of man (i. e. hospitality), and purity, and humility, and tender compassion, and faith towards God. Moreover, we will make a covenant with Him Whom thou proclaimest to this effect: We agree to minister unto all those men who shall believe through thee.'

Whilst he was speaking to me, I looked afar off, and I saw twelve other [beings], and I said unto the angel, 'Who are these, my lord?' And he said unto me, 'These are the Patriarchs.' And immediately they had come up to me they saluted me, and said unto me, 'Hail, Paul, | beloved of God Fol. 22 *a*
and man! God hath not caused us grief in letting us see thee ⲣ̄ⲕ̄ⲅ̄
in the flesh, before thou hast come forth from the body.' And each of them repeated his name to me, from Reuben to Benjamin. And Joseph said, 'I am Joseph whom they sold. I testify unto thee, O Paul, that notwithstanding all the sufferings which I have suffered, and all the wrong which they did unto me, I have never kept any evil feeling in

my heart against them, even for a single day. Whosoever suffereth wrong for God's sake God shall repay many times over when he goeth forth from the body.'

And whilst this Joseph was talking to me I looked afar off and saw another being, whose angel was singing to him. And I said unto the angel, 'Who is this angel with the beautiful form?' And he said unto me, 'Dost thou not know this being?' And I said unto the angel, 'I do not, my lord.' And the angel said unto me, 'This is Moses the Law-giver, unto whom God gave the Law.' And when he had come up to me he saluted me and wept. And I said unto him, 'Wherefore dost thou weep? I have heard that thou art the meekest man who ever lived on the earth.' And Moses said unto me, 'I weep because my plants which I planted have neither taken root nor brought forth fruit. My sheep
Fol. 22 b which I pastured | are scattered abroad like unto those who
ⲣⲕⲁ have no shepherd at all. All the trouble which I took for the Children of Israel is wasted, and all the mighty deeds which I performed for them in the desert they have not understood. I marvel at the uncircumcised strangers and worshippers of idols who have entered into the inheritance of Israel. I testify unto thee, O Paul, that at the time when they crucified the Son of God, Michael, and Gabriel, and the angels, and Abraham, and Isaac, and Jacob, and all the righteous were weeping. And whilst the Son of God was hanging upon the wood of the Cross they made signs unto me, saying, "Moses, look at thy people and see what they are doing to the Son of God." Blessed art thou, O Paul, and blessed are the people who shall hearken unto thee, and who shall believe at thy preaching.'

And whilst Moses was talking to me, behold, another twelve [beings] were approaching from afar, and when they came up to me they said unto me, 'Thou art Paul, beloved of God! Verily thou hast acquired glory both in the heavens and on the earth.' And I said unto them, 'Who are ye?'

And they said, 'We are the Prophets.' And one of them said, 'I am Isaiah, whom Manasseh sawed in twain with a wood-saw.' Another said, 'I am Jeremiah, on whom the Children of Israel cast stones until they had killed him.' | Another said, 'I am Ezekiel, whom the Children of Israel seized by my legs, and dragged over large stones (?) until my brains were shaken out of my head. Such were the sufferings which we endured, but I wished to save Israel. I testify unto thee [O Paul], that those who inflicted sufferings upon me were the Children of Israel. I used to cast myself down upon my face and pray for them from the morning following the Lord's Day until the whole week had passed, and I cast myself down upon my face until Michael came and set me upright upon the earth. Blessed art thou, O Paul, and blessed is the nation who shall believe through thee.' Fol. 23 *a* ⲣⲕⲉ

Whilst he was saying these things unto me there came another angel who was exceedingly beautiful in his form. And I said unto the angel, 'Who is this, my lord, for as soon as he saw me he rejoiced?' The angel said unto me, 'This is Lot, [who lived] in the time of Sodom and Gomorrah.' And when he came up to me he saluted me, saying, 'Blessed art thou, Paul, and blessed is thy generation.' And he said unto me, 'I am Lot, who lived in the city of the ungodly, when the angels sojourned with me in the forms of strange men. When the people of my city rose up against them wishing to do evil unto them, I took my two daughters, who were virgins that had not yet known men, and I gave them unto them, | saying, "Take them and do whatsoever ye please with them, only do no harm unto these strange men who have come in [under] my roof." And now, the things which each one shall do in this world shall God requite to him many, many times over. Blessed art thou, O Paul, and blessed shall the heathen be who shall believe through thee.' Fol. 23 *b* ⲣⲕⲉ

And whilst this [angel] was talking to me, I looked, and, behold, another was coming from afar who was exceedingly beautiful [in his form], and his face was radiant and was bursting with smiles, and an angel was singing to him. And I said unto the angel, 'Is it so that an angel accompanieth each of the righteous?' And he said unto me, 'The angels of all of them sing unto them, and never leave them.' And when the angel had come up to me, he saluted me and said unto me, 'Noble art thou, O Paul, thou beloved of God and man. I am Job who suffered all these sufferings and strokes of ill-fortune, and under them I passed forty years. The sore which broke out in my body was like unto a grain of wheat for three days, and it resembled the hide of an ass, and the worms which came out from my sores when I measured them were the width of the palm of my hand in length. The Devil appeared unto me three times, saying, |

[Fifty-two pages wanting]

Fol. 32 *a* '. . . . | and six months, for God loveth a righteous man more
ⲣⲕⲑ than all the world, [and] the angels come and make supplication before Him for rain. And God saith unto them, "Except ye persuade My servant Elijah and he entreat Me, I will not permit the rain to come upon the earth. The sufferings which each endureth for God's sake will God requite unto him twofold. Blessed art thou, O Paul, and blessed are the heathen who shall believe through thee."' And whilst this angel was speaking Enoch also came and saluted me, and he said unto me, 'The man who endureth suffering for God's sake God will not afflict when he goeth forth from the world.'

And whilst this Enoch was speaking with me, behold, two other angels came up together, and there was an angel who was running behind them, and was calling out to them, 'Stand (i.e. wait) for me, so that I may come and see Paul, the beloved of God; there will be redemption for us[1] if we can see Paul whilst he is still in the body.' And I said unto the angel, 'My lord, who are these?' And he said unto me,

[1] Rendering doubtful.

'This is Zacharias, and [this is] John his son.' And I said unto the angel, 'Then [who is] the other who is running behind them?' And he said unto me, 'This is Abel whom Cain slew.' And they saluted me, and they said unto me, 'Blessed art thou, O Paul, who art righteous in all thy works.' | And John said, 'I am he whose head they cut off in Fol. 32 *b*
prison for the sake of a woman who danced at a feast.' And ρλ
Zacharias said, 'I am he whom they killed whilst I was offering up the Offering unto God. And when the angels came for the Offering they carried my body up to God, and no man found my body [or knew] whither it had been taken.' And Abel said, 'I am he whom Cain slew whilst I was offering up a sacrifice to God. The sufferings which we have endured for God's sake are nothing, and the things which we have done for God's sake we have forgotten.' And the righteous and all the angels surrounded me, and they rejoiced with me [because] they had seen me in the flesh.

And I looked and I saw another angel who was taller than they all, and who was exceedingly fair to behold. And I said unto the angel, 'Who is this, my lord?' And he said unto me, 'This is Adam, the father of you all.' And when Adam came up to me he saluted me with gladness, and he said unto me, 'Strength [to thee], O Paul, thou beloved of God, who hast made multitudes to believe in God and to repent, even as I myself have repented, and have received my glory from the Compassionate and Merciful One.'

And after all these things I was caught up into a cloud, and carried into the Third Heaven. And I Paul | was greatly Fol. 33 *a*
afraid when I saw that the angel who was accompanying me ρλα
changed his apparel (or, form), and that he burst into flames like a fire. And straightway a voice came to me, saying, 'O Paul, thou beloved of God, the things which thou hast seen in this place reveal not unto any man whatsoever, for the things which thou hast seen are things that are not commonly seen.'

And I looked and I saw a seal (cross ?) hanging in a solitary

place. There was a . . . . in a voice of light; and there were seven eagles of light standing at the right side of the altar, and seven to the left of the same. And companies of singers were singing and ascribing blessing to the Father, and tens of thousands of tens of thousands of angels were standing before Him, and thousands of thousands of angels were surrounding Him, saying, 'Honourable is Thy Name and splendid is Thy glory, O Lord'; and the Cherubim and the Seraphim said, 'Amen.' And when I Paul saw them I quaked in all my members, and I fell down upon my face. And, behold, the angel who accompanied me came to me and raised me up, saying, 'Fear thou not, O Paul, thou beloved of God; rise up now and follow me, and I will shew thee thy place.' And the angel who accompanied me took
Fol. 33 *b* me into the Paradise, | and I saw a multitude of men walking
ⲣⲗⲃ about, and they were happy, and were singing and ascribing blessing to God. And they were exceedingly meek, and their faces shone like the sun, [only] seven times [brighter], and the hair of their heads was like unto white wool. There was in that place a vast number of glorious thrones, and the glory of each one of them was different, and the glory of each was greater than that which was next to it. And when I had come up to them straightway [those who sat on them] cried out 'Blessed art thou, O Paul! Blessed are the heathen who shall believe through thee, O thou who art worthy to be brought into these places whilst thou art in the flesh!' And they all saluted me, and I made answer to them, and I blessed God with them.

And I said unto the angel, 'My lord, what is this place, and who are these men?' And the angel said unto me, 'This is the holy country of the Lord, and these men are all the Prophets who shall live in this place until the Day of Judgement, together with those who have not defiled themselves in the world. And thine own throne shall be in this place, and needs must that thou shouldst see thy throne and thy house before thou goest down into the world. And in every place throughout all the world wherein thou shalt preach this Apocalypse, | there shall be many who shall hear, Fol. 34 *a* and shall repent, and shall escape the tortures and punish- ⲣⲗⲅ ments which thou hast seen.' And when I heard these things from the angel who accompanied me, I said unto him, 'My lord, indeed I do desire to be in this place, and I will not be disobedient (?). Now shew me my throne in this place.' And the angel took me into a tabernacle of light, and shewed me a throne of glory, before which two angels were singing. And I said unto the angel, 'My lord, unto whom doth belong this throne which is so splendidly glorious, and who are these angels who are singing before it?' And he said unto me, 'This is thy throne, O Paul, and these two angels are Uriêl and Sûriêl singing before thy throne. Knowest thou not, O Paul, that thy name is renowned among angels who cannot be counted for number? Knowest thou not that every man who shall endure suffering in this world for the sake of Christ's Name, and for mankind, doth God reward sevenfold, and that all the angels rejoice with him?'

And the angel who accompanied me | shewed me a great Fol. 34 *b* number of magnificent trees, and there was a multitude of ⲣⲗⲇ men round about the trees, and their raiment was glorious. And they all cried out to me, 'Hail, Paul, thou beloved of God and man!' and they all saluted me. And I said unto the angel, 'My lord, who are these?' And the angel said unto me, 'These are all the plants which thou hast planted in the world.' And the angel took hold of me, and he said unto me, 'Come, I am going to make thee to see the Paradise of heaven, and thy throne, and thy crown'; and I saw the Paradise, and it was exceedingly wonderful. Three walls surrounded the Paradise of heaven; two [of these] were of silver, and there was a wall of gold between the two walls of silver, one within the other.[1] Each wall was fifty and

[1] i. e. the three walls were concentric.

twenty and two cubits in height, and there was a curving (?)[1] path (?) inside each wall, from east to west, and from north to south. And the Paradise was two hundred and forty-four thousand and four hundred measures along (?) the wall. There were two hundred and forty-four thousand strong
Fol. 35 *a* pillars in it, and each pillar | was seventy-two cubits in
ⲣ̄ⲗ̄ⲉ height. There were eighteen hundred different kinds of vegetables (?) therein, and twenty hundred [different kinds] of splendid flowering plants, and forty and five different kinds of sweet-smelling plants, and twelve cypress trees. A wall of stone of the colour of the leek surrounded it. There were twelve hundred gold lamps inside it, and round about it were sixteen [hundred ?] pillars of silver and marble, and its door was a single gem (?).[2] On the right side of the door were three eagles, and on the left side were three eagles. And all the Paradise was [lighted with] caerulean blue light, and this light was like unto that of noonday wherein there is no greyness, and the light of God was in it always, and it lighted up every part of it. And the Paradise emitted the odour of garden herbs at the hour of dawn, and it emitted the odour of myrrh at the season of noonday, and when the sun set the sweet odours of all the trees which were in the Paradise flowed forth and spread themselves over the world during the night. The bases of the pillars were planted with malabathrum (cinnamon ?) and real styrax plants, and branches of almond trees hung down over their capitals, and they were in number one hundred and forty thousand
Fol. 35 *b* and eight hundred; | and stones of great price were inlaid in
ⲣ̄ⲗ̄ⲋ them. And all the trees of the Paradise sang praises to God three times daily, namely, at dawn, at the hour of noon, and at eventide. And they all cried out and ascribed blessing to God, saying, 'He is holy, He is holy, He is holy,' three times. 'God, the Almighty, receiveth honour, and receiveth

[1] The meaning of ⲟⲩϣⲏⲙⲉ ⲡ̄ ⲥⲧⲣⲟⲃⲓⲗⲗⲟⲥ is not clear to me.

[2] ⲑⲩⲛⲟⲛ seems to be an incomplete word.

glory!' And the Paradise cried out and ascribed blessing to God.

And the angel answered and said unto me, 'O Paul, hast thou seen the Paradise of heaven and the glory thereof, of the splendour of which no man whatsoever hath been able to discover the end?' And I said unto him, 'Yea, my lord, I have, but I am afraid lest peradventure I may not be worthy to abide in this Paradise.' And the angel answered and said unto me, 'Be strong, O thou who shalt be strong, and thou shalt prevail over the Accuser who shall come in Amente. And thou shalt receive glory exceedingly great when thou shalt go down into the world again. And when the whole race of man shall hear the words of this Apocalypse very many shall repent and shall live. And, moreover, I will take thee and shew thee thy throne, and thy crown, and thy brethren the Apostles.'

And the angel took me | before the veil[1] in the holy Fol. 36 *a*
country. And I saw a throne spread out, and there was ρλζ
lying upon the throne a garment, the preciousness of which was indescribable; and there were slabs of marble upon the throne. And I answered and said unto the angel, 'My lord, of what kind is the place of abode of my brethren, my fellow Apostles?' And the angel took me before the veil, and I saw a great number of thrones and a multitude of angels singing and glorifying God. And I saw a great number of garments and a great number of crowns laid before the throne; and a sweet odour came forth from that place. And the angel said unto me, 'This is the place [of abode] of thy brethren, thy fellow Apostles.' And I also saw a man wearing white apparel, and there was a harp in his hand, and he stood on the right-hand side of the veil; and he sang and played his harp, and the angels made answer to his songs. And I answered and said unto the angel, 'Who is this, my lord?' He said unto me, 'This is David singing praises.'

[1] i.e. the curtain which concealed the Deity.

And I saw in the holy country a place which was set with real sapphires, and that country was white like unto snow. And
Fol. 36 *b* there was a great number of crowns | and a great number
ρλн of thrones therein; and all those who were in that place wore cloaks and tiaras, and a multitude of angels were singing praises to them. And I said unto the angel, 'Who are these?' He said unto me, 'These are the martyrs who suffered martyrdom for the Name of Christ, through the preaching of thyself and that of thy brethren the Apostles, and they receive very great honours.' And they came to me, and they kissed me, and they said unto me, 'Blessed art thou, O Paul, because thou art held worthy of these places, and we with thee, and because thou art held worthy to see these great wonders which eye hath not seen, nor ear heard, and thou hast seen them in the body. Inasmuch as God hath seen the self-restraint under which thou livest, and thy toil and labour in preaching, He hath esteemed thee worthy of these great honours.' And I Paul walked in the Holy Spirit, and I blessed God, saying, 'I bless Thee, the God of the Universe, Who can only be seen in a mystery. Blessed be the glory of Thy Godhead, Honoured One, Who liveth in the honour of His majesty, and [in] His Only-begotten Son Jesus the Christ, our Lord, Who sustaineth the Universe, through Whom the Universe existeth.'

And the angel of the Lord lifted me up, and brought me [down] upon the Mount of Olives. There I Paul found the
Fol. 37 *a* Apostles gathered together, and I saluted them, | and I
ρλθ declared unto them everything that had happened to me, and the things which I had seen, and the honours which the righteous shall have, and the ruin and the uprooting that shall be to the wicked. Then the Apostles rejoiced and were glad, and they blessed God, and they commanded us, that is to say me, Mark, and Timothy the disciple of Saint Paul, the Doctor of the Church, to do into writing this holy Apocalypse, for the behoof and benefit of others who shall

hear it. And whilst the Apostles were talking to us the Saviour appeared unto us from out of the chariot of the Cherubim, and He said, 'Hail, my holy disciples, whom I have chosen out of the world! Hail, Peter, crown of the Apostles! Hail, John, My beloved! Hail, all ye Apostles! The peace of My Good Father be with you.' Then He turned to our father and said unto him, 'Hail, Paul, glorious writer of Epistles! Hail, Paul, mediator of the Covenant! Hail, Paul, coping-stone and foundation of the Church! Hath thy heart been convinced by the things which thou hast seen? Art thou satisfied to the full by the things which thou hast heard?' And Paul answered, 'Yea, my Lord, Thy grace and Thy love have performed for me great benefits.' And the Saviour answered and said, 'O beloved of the Father, Amen, Amen. I say unto you that the words of this Apocalypse shall be preached in the whole world for the profit of those who shall hear it, Amen, Amen. I say unto thee, O Paul, that the man who shall have provided for the making of a copy of this Apocalypse | or shall do it into writing himself, and shall Fol. 37 *b*
make it a testimony to the generations that shall come after, ⲣⲁⲁ
shall never be shewn by Me Amente and the bitter weeping thereof to the second generation of his seed. And the man who shall read it with faith, himself and his house will I bless, and on him who shall deride the words of this Apocalypse I will take vengeance; let not men read therein except on the holy days, because I have [therein] revealed unto you, O My holy members, all the mysteries of My Godhead. Behold, I have already told you everything. Go now, depart, and preach ye the Gospel of My kingdom, notwithstanding that [the end of] your course and of your holy contests draweth nigh. And thou, O Paul, My chosen one, and thou, My beloved Peter, shall complete your course on the fifth day of the month Epêph,[1] and shall be in My kingdom for ever. My power be with you!'

[1] June 29.

And straightway He commanded the cloud to take upon itself the disciples, and to carry them each to the country which He had set apart for him. And He commanded them to preach the Gospel of the kingdom of heaven in every place for ever, through the grace and love for man of our Lord Jesus the Christ, our Saviour, unto Whom be glory, and unto His Good Father, and unto the Holy Spirit, for ever and ever! Amen.

COLOPHON

May this benefit be through Him to the God-loving brother, Psate, a native of the town of Mekra, in the nome of Ermont! May the Lord God of the holy Archangel Raphael and of Saint Paul the Apostle bless this same man Psate, and his wife, and his son, and his business undertakings; and may He make him to be a joint heir with His saints in His kingdom which is in the heavens for ever! Amen.

COPTIC FORMS OF GREEK WORDS

NAMES OF PERSONS, COUNTRIES, ETC.

FOREIGN WORDS

ⲕⲁⲙⲓⲥⲉ 472, Latin *camisia* } Arab. قَمِيص, plur. قُمُص.
ⲕⲁⲙⲓⲥⲓⲟⲛ 309

ⲕⲓⲇⲁⲣⲓⲥ 572, Heb. כֶּתֶר, Chald. כִּיתְרָא, Gk. κίταρις, κίδαρις, probably borrowed from the Persian.

ⲙⲁⲗϩ— in the verb ⲉⲩⲛⲁⲙⲁⲗϩϥ, Arab. ملح. See Oriental, No. 7029, fol. 59 *b*, last word of last line.

ⲡⲁⲣⲁⲇⲓⲥⲟⲥ 28, 81, 342, &c., ⲡⲁⲣⲁⲇⲉⲓⲥⲟⲥ 444, 571, &c., from the Zend PAIRI-DAÊZA, Pers. پاليز which means something like 'enclosed garden' or 'a garden with a mud wall round it'. From Persian the word passed into Assyrian (*pardisu*), Hebrew (פַּרְדֵּס), Syriac (ܦܪܕܝܣܐ), Arabic (فِرْدَوس), Greek (παράδεισος), &c. In the Greek version of the bilingual inscription on the Rosetta Stone the Egyptian words  'irrigated land' (Dem. 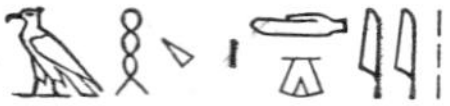 'garden lands', i. e. 'planted lands') are rendered by the Greek ΚΑΙ ΤΩΝ ΠΑΡΑΔΕΙΣΩΝ. See Révillout, *Revue égyptologique*, tom. xiii (1911), p. 53.

ⲥⲁⲃⲁⲧⲱⲛ 429, Chald. שַׁבַּתָּא.

ⲥⲁⲃⲁⲱⲑ 100, 101, 117, 307, 531, Heb. צְבָאוֹת.

ⲥⲁⲃⲃⲁⲧⲟⲛ 75, 76, 93, 196, 204, 470, 474, 501, 549, 555; ⲥⲁⲃⲃⲁⲧⲱⲛ 429, 430, 442, 444, 487, 500, 511, Chald. שַׁבַּתָּא.

ⲥⲉⲣⲁⲫⲉⲓⲛ 306, 332, 509, 568; ⲥⲉⲣⲁⲫⲓⲛ 122, 332, 508, 509, 515, Heb. שְׂרָפִים.

ⲫⲁⲣⲁⲱ 207, 409, Egyptian PER-ĀA .

ⲫⲁⲣⲓⲥⲥⲁⲓⲟⲥ 187, 206; ⲫⲁⲣⲓⲥⲁⲓⲟⲥ 429, Heb. פְּרוּשִׁים.

ⲭⲁⲓⲣⲟⲩⲃⲓⲛ 66, 70, 144; ⲭⲉⲓⲣⲟⲩⲃⲉⲓⲛ 306, 332, 338, 568; ⲭⲉⲓⲣⲟⲩⲃⲓⲛ 496, 504, 508, 509, 511, 514, 515; ⲭⲉⲣⲟⲩⲃⲉⲓⲛ 551, 573; ⲭⲉⲣⲟⲩⲃⲓⲛ 142, 143, 146, 332, 338, Heb. כְּרוּבִים, Syr. ܟܪܘܒܐ.

ϩⲁⲙⲏⲛ 1, 36, 46, 47, 48, 49, 56, 70, 73, 114, 119, 120, 137, 138, 139, 155, 181, 183, 229, 230, 243, 254, 256, 258, 259, 272, 283, 290, 299, 301, 321, 372, 402, 420, 421, 423, 503, 508, 512, 524, 527, 568, 573, 574.

ϩⲉⲣⲙⲁⲛ 10, Heb. רִמּוֹן, Arab. رُمَّان, Eth. and Amhar. ሮማን፡.

APPENDIX TO THE DISCOURSE OF APA PSOTE (see pp. 725 ff.).

THE MARTYRDOM OF THE EGYPTIAN BISHOPS ABSÂDÎ (PSOTE) AND ALÂNÎḲÔS (HELLANICUS?).

(**Brit. Mus. MS. Oriental, Nos. 687, 688**)

ገድል፡ ወስምዕ፡ ዘቅዱስ፡ አባ፡ አብሳዲ፡ ለብሔረ፡ Fol. 180 *a* 1
ግብጽ፡ በሰላመ፡ እግዚአብሔር፡ አሜን ፡፡

አብሳዲ፡ ወአላኒቆስ፡ ኤጲስ፡ ቆጶሳት፡ ዓቢይት፡ እለ፡
ሰበኩ፡ ቃለ፡ እግዚአብሔር፡ ውስተ፡ ኵሉ፡ አህጉር፡
ወሐነፁ፡ አብያተ፡ ክርስቲያናት፡ ወአጽንዕዎሙ፡ ለእለ፡
የአምኑ፡ በእግዚእነ፡ ኢየሱስ፡ ክርስቶስ፡ ወይምህርዎሙ፡
እመጻሕፍት፡ ቅዱሳት፡ በነገሮሙ፡ ማሕየዊ፡ ዘይወጽአ፡
እምአፉሆሙ፡፡ ወይቤልዎሙ፡ ኅድግዎ፡ ለዝንቱ፡ መዋዕል፡

THE CONTENDING AND MARTYRDOM OF SAINT ABBÂ ABSÂDÎ OF THE COUNTRY OF EGYPT. IN THE PEACE OF GOD. AMEN. Fol. 180 *a* 1

ABSÂDÎ and Alânîḳôs were great bishops who preached the Word of God in every city, and they builded churches, and they encouraged those who believed in our Lord Jesus Christ, and they taught them the Holy Scriptures with their life-giving speech which came forth from their mouths, and they said unto them, 'Flee from this transitory time (or, days), for it destroyeth the riches that are for ever.' And when

ኀላፊ፡ በዮኀጕል፡ ብዕለ፡ ዘለዓለም፡፡ ወሰሚዖ፡ አርያኖስ፡
መኰንነ፡ ብሔረ፡ ግብጽ፡ ተምዓ፡ ፈድፋደ፡ ወለአከ፡ ኀበ፡
ዲዮቅልጥያኖስ፡ እንዘ፡ ይብል፡ ናሁ፡ አብሳዲ፡ ወአላኒቆስ፡
ኤጲስ፡ ቆጶሳት፡ ዓበይት፡ ለብሔረ፡ ግብጽ፡ ኢፈቀዱ፡
ይስምዑ፡ መልእክተከ፡ ጸሐፍከ፡ አላ፡ አፈድፈዱ፡
እምዘቀዲሙ፡ ወሜጥዎሙ፡ ለእለ፡ ተረፉ፡ ከመ፡
ኢይስምዑ፡ ከኢያቅርቡ፡ ለአማልክት፡ ወኢያብኡ፡ ዕጣነ፡
ውብዙኃን፡ እለ፡ ፈቀዱ፡ ይስምዑ፡ ትእዛዘከ፡ ሜጥዎሙ፡
Fol. 180 *a* 2 ኀበ፡ ትምህርተ፡ ክርስቲያን፡፡ ወዘንተ፡ ሰሚዖ፡ ዲ|ዮ
ቅልጥያኖስ፡ መልዐ፡ መዓተ፡ ወለአከ፡ እንዘ፡ ይብል፡ አብሳዲ፡
ወአላኒቆስ፡ ኤጲስ፡ ቆጶሳት፡ ዓበይት፡ ለብሔረ፡ ግብጽ፡
እመ፡ ኢሰምዑ፡ ትእዛዝየ፡ ወኢሠዑ፡ ለአማልክት፡ ወኢ
ሰገዱ፡ ሎሙ፡ ይቅትልዎሙ፡፡ ወለእለ፡ ሰምዑ፡ ወተአዘዙ፡
ይንሥኡ፡ ክብረ፡ ወያዕብይዎሙ፡ በኵሉ፡ መንግሥትየ፡፡

Aryânôs (Arianus) the Governor of the country of Egypt heard of [these things] he was exceedingly wroth, and he sent a messenger with a dispatch to Diocletian, saying, ‘Behold, Absâdî and Alânîḳôs, the archbishops of the country of Egypt, do not desire to obey thine Edict, which thou hast written; on the contrary, they have exceeded all that they have done hitherto. They have led astray those who were left, and prevented them from obeying thee, and they will not make offerings to the gods, and will not offer up incense. And many who were desirous of obeying thine Edict have they converted
Fol. 180 *a* 2 to the Christian Doctrine.’ And when | Diocletian heard this he was filled with wrath, and he sent a messenger with a dispatch, saying, ‘If Absâdî and Alânîḳôs, the great bishops of Egypt, will not obey my Edict, and will not offer up sacrifices to the gods, and will not worship them, let them be killed. But as for those who have heard and have sub-

ወናሁ፡ ጸሐፍኩ፡ ወለአኩ፡ ለኵሉሔረ፡ ግብጽ፡፡ ወበጽሐ፡ መልእክቱ፡ ኀበ፡ መስፍን፡ ሰርከ፡ ሰንበት፡ ለጸቢሐ፡ እሑድ፡፡ ወጸውዖሙ፡ ለዓበይተ፡ ሀገር፡ ወነገሮሙ፡ ዘከመ፡ ለአከ፡ ዲዮቅልጥያኖስ፡ በእንተ፡ አብሳዲ፡ ወአላኒቆስ፡ ዓበይት፡ ኤጲስ፡ ቆጶሳት፡ ወሖሩ፡ በሌሊት፡ ምስለ፡ መልእክቱ፡ ኀበ፡ ቤተ፡ ክርስቲያን፡ እንዘ፡ ዕፁው፡ ኆኅት፡ ወሀሎ፡ አባ፡ አብሳዲ፡ ይጼሊ፡ ውስተ፡ ቤተ፡ ክርስቲያን፡ ወአእመረ፡ በመንፈስ፡ ቅዱስ፡ ከመ፡ ይፈቅዱ፡ የአኅዝዎ፡፡ ወበጽሐ፡ አርኃወ፡ ኆኅተ፡ ወረከቦሙ፡ ለዓበይተ፡ ሀገር፡ ወይቤልዎ፡ ናሁ፡ ንጉሠ፡ ለአከ፡ በእንቲአክሙ፡፡ ወነሥአ፡ አብሳዲ፡ ለይእቲ፡ መጽሐፍ፡ ወአንበበ፡ ኀበ፡ ይብል፡ ዲዮቅልጥያኖስ፡ ንጉሠ፡ ለአከ፡ ኀበ፡ አርያኖስ፡ መስፍን፡ ለኵሉሔረ፡ ግብጽ፡ በእንተ፡ አብሳዲ፡ ወአላኒቆስ፡ ዓበይት፡ ኤጲስ፡ ቆጶሳት፡ ለእመ፡

---

mitted themselves [to my Edict], they shall receive honour, and they shall be made noblemen throughout the Empire. And behold, I have written and have sent [this] dispatch to the country of Egypt.' And his dispatch reached the Governor at eventide of the Sabbath, towards the dawn of the first day of the week. And the Governor summoned the great men of the city, and he told them how Diocletian had sent a dispatch in respect of Absâdî and Alânîḳôs, the great bishops. And they went by night with the dispatch to the church, the doors of which were closed; and Abbâ Absâdî was inside the church praying, and he knew by the Holy Spirit that they wished to take him. And he came and opened the door, and he found [there] the great men of the city, and they said unto him, 'Behold, the Emperor hath sent a dispatch concerning you.' And Absâdî took that dispatch and read that which the Emperor Diocletian had written and sent to Arianus, the Governor of the land of Egypt, concerning Absâdî and Alânîḳôs, the great bishops,

ሰምዑ፡ መልእክተነ፡ ወለእመ፡ ሦዑ፡ ለአማልክተ፡ ንጉሠ፡
Fol. 180 a 3 ወሰ|ገዱ፡ሎሙ፡ ወይወስክ ወሙ፡ ክብረ፡ ወሢመተ፡፡
ወለእመ፡ ዓበዩ፡ ትእዛዘ፡ ይቅትልወሙ፡፡ ወሰሚዖ፡ ዘንተ፡
አበ፡ አብሳዲ፡ ተሐዘነ፡ በመንፈሱ፡ ወሠናይ፡ ላህዩ፡ ወቦቱ፡
ሞገስ፡ በኀበ፡ እግዚአብሔር፡ ወምሉዕ፡ ጸጋ፡ ወፍጹም፡
በሃይማኖተ፡ እግዚአብሔር፡ ኢየሱስ፡ ክርስቶስ፡፡ ወይቤሎ፡
አብሳዲ፡ ለላእካን፡ ተዓገሡኒ፡ እስከ፡ ጌሠም፡ ወዘፈቀድክ፡
ግበር፡፡ ወይቤሎ፡ ላእክ፡ ለአብሳዲ፡ ታአምር፡ ከመ፡
በትእዛዘ፡ ንጉሠ፡ መጻእኩ፡ ኢትትሐተተኒ፡ በዘትገብር፡፡
ወውእቱ፡ ላእክ፡ ይፈርህ፡ እግዚአብሔርሂ፡ ወኀደጎ፡ እስከ፡
ጌሠም፡፡ ወእምዝ፡ ብፁዕ፡ አበ፡ አብሳዲ፡ አስተጋብአሙ፡
ለኵሎሙ፡ ሕዝብ፡ ንዑሳሙ፡ ወዓቢዮሙ፡ አብዕልተ፡
ወነዳያነ፡ ዕቤራተ፡ ወዕጓለ፡ ማውታ፡ አስተጋብአሙ፡ ኀበ፡

---

saying, 'If they have obeyed our Edict, and if they have
Fol. 180 a 3 sacrificed to the Imperial Gods, and worshipped | them, honour and rank shall be added unto them; but if they have rejected [my] command, let them be killed.' And when Abbâ Absâdî had heard this he was grieved in his spirit. Now he was of goodly form and appearance, and he was in favour with God, and full of grace, and perfect in the faith of our Lord Jesus Christ. And Absâdî said unto the messengers, 'Wait ye for me until to-morrow morning, and [then] do whatsoever ye wish.' And the messenger said unto Absâdî, 'Thou knowest that I have come by the Emperor's command: ask no question of me concerning that which thou wouldst do.' And that messenger feared God, and he left him until the morning. Then the blessed Abbâ Absâdî gathered together all the people, their great ones and their little ones, and the rich and the poor, and the widows and the orphans, and he took them to the church, and he passed the whole night in admonishing each one of them, and in

ቤተ፡ ክርስቲያን፡ ወወዓለ፡ ወቤት፡ እንዘ፡ ይጌሠጽሙ፡
ለሰ፬፡ ወይግሮሙ፡ እመጻሕፍተ፡ ቅዱሳን፡ ወአልቦ፡ ዘይ
ፈቅድ፡ ይብላዕ፡ እክለ፡ እስመ፡ ይሰምዑ፡ ቃለ፡ ሕይወት፡
ዘይወጽእ፡ እምአፉሁ። ወይበክዩ፡ ንዑሶሙ፡ ወዓቢዮሙ፡
በእንተ፡ ተፈልጦቱ፡ እምኔሆሙ፡ ወርኅቀቱ። ወይቤሎሙ፡
ለቀሳውስተ፡ ወለዲያቆናት፡ ዕቀብዎሙ፡ ለመርዔት፡ ወአ
ጽንዕዎሙ፡ በአሚነ፡ ክርስቲያን፡ ወአንሰ፡ አሐውር፡ ከመ፡
እፈጽም፡ ጺዋዔየ፡ በከመ፡ | ተጸቀዕኩ፡ ከመ፡ እኩን፡ Fol. 180 *b* 1
ሰማዕተ፡ በእንተ፡ ስሙ፡ ለእግዚእነ፡ ኢየሱስ፡ ክርስቶስ።
ወዘንተ፡ ሰሚዖሙ፡ በከዩ፡ ኵሎሙ፡ ወይቤልዎ፡ አይቴ፡
ተሐውር፡ ወተኀድገነ፡ አባግዓ፡ ዘአልቦ፡ ኖላዊ፡ በአይቴ፡
ንረክብ፡ ከልአ፡ ዘይሬኢ፡ መርዔተ፡ ዘከማከ። ወፈድፋደሰ፡
በዝንቱ፡ መዋዕለ፡ አምልኮ፡ ጣዖት። ወይቤሉ፡ ዓበይቶሙ፡
ውስተ፡ እደ፡ መኑ፡ ተኀድገነ፡ ወተሐውር፡ እምኔነ፡ ንብለከ፡

---

instructing them from the Holy Scriptures, and no man wished to eat food because [all] were intent on listening to the Word of Life which went forth from his mouth. And they wept, their little ones and their great ones, because he was about to be separated from them and because of his departure from them. And he said unto the priests and deacons, 'Pasture ye the flock and make them strong in the Christian Religion. As for me I am going to finish my calling, even as | I am called to become a martyr for the Fol. 180 *b* 1
sake of the Name of our Lord Jesus Christ.' And when they heard this they all wept, and they said unto him, 'Whither wilt thou go and leave us, a flock without a shepherd? Where shall we find another who will supervise the flock like thee, especially during these days of the worship of idols?' And the chief men [of the congregation] said, 'In whose hand wilt thou leave us? And we say unto thee, Wilt thou depart from us, seeing that all our country is being destroyed,

ሶበ፡ ይትኃጐል፡ ኵሉ፡ ብሔርነ፡ ወኵሉ፡ አህጉሪነ፡
ወነሀብ፡ ኵሎ፡ ንዋየነ፡ ኢነኃድገከ፡ ትሑር፡ እምኔነ።
ወይቤሎሙ፡ አባ፡ አብሳዲ፡ ኅድጉ፡ ደቂቅየ፡ እስመ፡ ዛቲ፡
ዕለት፡ እንተ፡ ተሰፈውኩ፡ እሑር፡ ኀበ፡ እግዚእየ፡ ኢየሱስ፡
ክርስቶስ፡ ወፈድፋደሰ፡ ከመ፡ አስአል፡ በእንቲአክሙ።
ወይቤልዎ፡ ዕቤራት፡ ወዕጓለ፡ ማውታ፡ ለአብሳዲ፡ ለመኑ፡
ተኃድገኒ፡ ወመነ፡ ንረክብ፡ ዘይሄሊ፡ በእንቲአነ፡ ከመ፡
ዋሕድ። ውሉድከ፡ ንሕነ፡ ወታፈቅረነ፡ ለንዑሳን፡ ወለዓቢያን፡
ወኮንኩ፡ አበ፡ ወናዛዜ። ወዘንተ፡ ብሂሎ፡ ሰገዱ፡
በገጾሙ፡ ወይውኅዝ፡ አንብዕሙ፡ ኀበ፡ እገሪሁ። ወከ
ልአሙ፡ እንዘ፡ ይብል፡ የአክለክሙ፡ እምዘ፡ ትበክዩ፡
ወትቴክዙ፡ ሕያው፡ እግዚአብሔር፡ ከመ፡ አፈቅድ፡
Fol. 180 b 2 ለክሙ፡ ከመ፡ ነፍስየ፡ ወአፈቅሮ፡ ለእግዚእየ፡ | ክርስቶስ፡
ፈድፋደ፡ እምኔክሙ። ወዘንተ፡ ወዘይመስሎ፡ ነገሮሙ፡

---

and all our cities, and all our possessions wasted? We will not let thee depart from us.' And Abbâ Absâdî said unto them, 'Cease ye, my children, for this is the day which I have expected wherein I shall go to my Lord Jesus Christ, and [I desire it] the more since I shall be able to make supplications on your behalf.' And the widows and the orphans said unto Absâdî, 'Unto whom wilt thou leave us? Whom shall we find to take thought for us, like the One? We are thy children, and thou dost love us, little and great.' [And Absâdî said unto them], 'I shall be a father and a comforter.' And when he had said this to them they bowed their faces, and their tears poured down on his feet. And he restrained them, saying, '[God] shall feed you, even though ye weep and be sorrowful. As God liveth I have loved you even
Fol. 180 b 2 as I love my own soul, but I love my Lord | Christ more than you.' And these [words] and others which were like unto them he spake unto them, but their hearts were not comforted in their

ወሊተናዘዘ፡ ልበሙ፡ እምብካይ፡ ወኀዘን። ወይቤሎሙ፡ አብሳዲ፡ በጽሐ፡ ጊዜሁ፡ ከመ፡ ናዕርግ፡ ቍርባነ፡ ወለብሰ፡ አልባስ፡ ቅዳሴ፡ ወሠርዓ፡ ቍርባነ፡ ወአቅረበሙ፡ ለሕዝብ፡ ወጸለዩ፡ ላዕሌሆሙ፡ ወይቤ፡ እግዚእየ፡ ኢየሱስ፡ ክርስ ቶስ፡ ዋህድ፡ ወልደ፡ አብ፡ ዘአልሐቀኒ፡ እምንዕስየ፡ እስከ፡ ዛቲ፡ ዕለት፡ ወዓቀበኒ፡ እምኵሉ፡ መንሱት፡ ዕቀበሙ፡ ለእሉ፡ ውሉድየ፡ ወአዋልድየ፡ ከመ፡ ኢይመውኦሙ፡ እኩይ፡ ወዕቀብ፡ ኵሎ፡ ዘተጋብአ፡ በዝየ፡ በእንተ፡ ስምከ፡ ቅዱስ፡ እስመ፡ ለከ፡ ይደሉ፡ ስብሐት፡ ለአቡከ፡ ኄር፡ ወለመንፈስ፡ ቅዱስ፡ እስከ፡ ለዓለም፡ አሜን። ወወሀበሙ፡ ሰላመ፡ ወወፅአ፡ እምኔሆሙ፡ ወሖረ፡ ጽምሚተ፡ ኀበ፡ ውእቱ፡ ላዕክ፡ ወወሰዶ፡ በሐመር፡ ኀበ፡ አርያኖስ፡ መስፍን። ወዓቀምዖ፡ ቅድሚሁ። ወይቤሎሙ፡ ምንትኑ፡ አብሳዲ፡ ዓቢይ፡ ኤጲስ፡ ቆጶስ። ወይቤ፡ እወ፡ አነ፡ ውእቱ።

---

weeping and sorrow. And Absâdî said unto them, ‘The time hath arrived for us to offer up the Offering.’ And he put on the holy vestments, and made ready the Offering, and he brought the people nigh, and he prayed over them, saying, ‘My Lord Jesus Christ, [Thou] One, Son of the Father, Who hast nourished me from my youth up until this day, and hast protected me from every temptation, do Thou protect these my sons and my daughters so that the Evil One may not overcome them. And do Thou protect all those who are gathered together here for Thy holy Name’s sake, for unto Thee praise is meet, and to Thy Good Father, and to the Holy Spirit for ever. Amen.’ And he gave them the benediction and went forth from them. And he departed fasting to that [imperial] messenger, who carried him by boat to Arianus the Governor, and set him before him. And the Governor said unto them (*sic*), ‘Art thou Absâdî the great bishop?’ And Absâdî said, ‘I am he.’ And the

ወይቤሎ፡ መስፍን፡ ናሁ፡ ነገሥት፡ ያከብሩከ፡፡ ወይቤሎ፡
መስፍን፡ ስማዕ፡ ይእዜ፡ መጽሐፎሙ፡ ዘአዘዙ፡ በእንቲአከ፡
ወአንተ፡ አላኒቆስ፡ ወለእመ፡ አበይከሙ፡ ዕጣነ፡ ለአ
ማልክተ፡ ንጉሥ፡ ትነሥኡ፡ ዐቢየ፡ ኵነኔ፡ ወሢመተ፡ አኮ፡
Fol. 180 b 3 ብ|ሔርክሙ፡ አላ፡ በኵሉ፡ በሐውርት፡ ወበከመ፡ አክ
በርከ፡ ንጉሥ፡ ስምዖ፡ ወትረክብ፡ ሕይወተ፡ ወተዓቅብ፡
ሕዝበከ፡ እስመ፡ እሬእየከ፡ ብእሲ፡ ዓቢይ፡ ወሠናይ፡
ወከማሁ፡ ይኩን፡ ምግባሪከ፡ አዕርግ፡ ዕጣነ፡ ለአማልክት፡
ወትረክብ፡ ሥልጣነ፡ ወሢመተ፡ ወክብረ፡ ዘይሁበከ፡ ንጉሥ፡
ለእመ፡ ሰማዕከኒ፡ ወትከውን፡ አርከ፡ ለንጉሥ፡፡ ወይእዜኒ፡
አሆ፡ በለኒ፡ ከመ፡ ትርከብ፡ ብዙኀ፡ ብዕለ፡ ወክብረ፡
ወሢመተ፡ ወሶበ፡ ኢያፈቅረከ፡ እመ፡ ኢነገርኩከ፡ ዘንተ፡፡

Governor said unto him, 'Behold, the Emperors would do thee honour.' And the Governor [further] said, 'Hearken now to their dispatch and to what they have decreed concerning thee, Absâdî, and concerning thee, Alânîḳôs. If ye do refuse [to burn] incense to the Imperial Gods ye shall receive severe punishment, [and if ye do not ye shall receive] positions of
Fol. 180 b 3 authority, not only in your own district, | but in all [other] districts. And as thou dost hold the Emperor in honour, hearken unto him, and thou shalt find life, and thou shalt preserve thy people. Now I observe that thou art a great man and of goodly appearance, therefore let thy behaviour be in accordance therewith. Offer up incense to the gods, and thou shalt obtain power, and an exalted position of authority, and honour, which the Emperor shall give unto thee if thou wilt obey me, and thou shalt be the Emperor's friend. And now tell me that thou dost consent, so that thou mayest acquire great riches, and honour, and an exalted position of high authority. Had I not loved thee dearly I would not have spoken these words unto thee.' And the bishop said unto

ወይቤሎ: ሴጺስ: ቆጵስ: ለመስፍን: ለምንት: ለከ: ትብል: ዘንተ: መሪረ: ነገረ: ኅሡመ: ዘይወፅእ: እምአፉከ: ዘአልቦ: በቍዕ: ወኢኮነ: ነገረ: ጠቢባን: እስመ: ጽሑፍ: በ መጽሐፈ: ክርስቲያን: ዘይብል: ነገሮሙ: ለጠቢባን: ድልው: በመደልው: ወዲ(sic)ደ: ጠቢብሰ: የአምር: ዘይወፅእ: እምአፉሁ:: ወይእዜኒ: አብሳዲ: ኢየዓርግ: ዕጣነ: አላ: ጠቢብ: ውእቱ: ወየዓርግ: ዕጣነ: ለአምላከ: ሰማይ: ዘልማድየ: እምንእስየ: እፎ: አዓርግ: ዕጣነ: ለአማልክት: ርኩሳን: በልህቃትየ: ኢይከውንኒ: ዝንቱ: ነገር: ኢይፈርሃከ: ለከ: ወኢለንጉሥከ:: አላ: ለእግዚአብሔር: ዘፈጠረ:| ሰማየ: ወምድረ: ዘሎቱ: ዓርግ: ዕጣነ: ለባሕቲቱ: ወኢያ Fol.181 *a* 1 ቀርብ: ለአማልክት: ርኩሳን: ዘፈቀድከ: ግበር:: ወይቤሎ: አርያኖስ: ለአብሳዲ: አዕርግ: ዕጣነ: እስመ: አአመርከ:

the Governor, 'What aileth thee that thou sayest these bitter things [to me]? Abominable and bitter is the word which goeth forth from thy mouth, and there is nothing profitable therein, and it is not the speech of wise men. For it is written in the Scripture of the Christians, saying, "The word of the wise is weighed in the balance,"[1] and again, "The wise man knoweth that which goeth forth from his mouth."[2] Now Absâdî will not offer up incense [to the Imperial Gods]; but he is wise, and will offer up incense to the God of heaven; since I have been accustomed to serve Him from my childhood, how can I offer up incense to polluted gods in my riper age? Far be this thing from me! I fear thee not, neither do I fear thy Emperor, but I fear God Almighty Who created | the heavens and the earth, unto Whom alone doth the offering up of incense belong. Fol.181 *a* 1 I will not make offerings to polluted gods as thou wishest me to do.' And Arianus said unto Absâdî, 'Offer up incense

[1] Compare Eccles. xii. 10, 11. [2] Compare Ps. xxxix. 1; Prov. xvi. 23.

ኵነኔ፡ ዘይከውን፡ በምኵናነ፡ ነገሥት፡፡ ከመ፡ ኢያበ
ጽሕከ፡ ወኢታዕርግ፡ ዕጣነ፡ ተደፊረከ፡፡ ወይቤሎ፡ አባ፡
አብሳዲ፡ ለመስፍን፡ ኦአብድ፡ ታመክሮኑ፡ ለአብሳዲ፡ ከመ፡
ታእምር፡ ኵነኔከ፡ ለእመ፡ ክልኤ፡ ልቡ፡ አላ፡ ጽኑዕ፡ አነ፡
በአሚነ፡ እግዚአብሔር፡ ዘአእምሮ፡ እምንእስየ፡ እስመ፡
ጽሑፍ፡ በመጽሐፈ፡ ክርስቲያን፡ ዘይብል፡ ዝብጥ፡ በህለት፡
ንጹሐ፡ ወይነጽሕ፡ ኵለንታሁ፡፡ ወይእዜኒ፡ አመክሮ፡
ለአብሳዲ፡ በኵሉ፡ ኵነኔከ፡ ወተአምር፡ ለእመ፡ ይጸንዕ፡፡
ወሶቤሃ፡ ተምዓ፡ አርያኖስ፡ ወአዘዘ፡ ይእስርዎ፡ ወይስቅልዎ፡
ዲበ፡ አዕማድ፡፡ ወይቤሎ፡ ላዕከ፡ ንጉሠ፡ ኢይከውነከ፡
ትኰንኖ፡ ዘእንበለ፡ በመበሕተ፡ ንጉሠ፡ ለእመ፡ ኢያዕረገ፡
ዕጣነ፡ እስመ፡ ይቤ፡ ንጉሠ፡ ይኰንንዎ፡ በሞት፡፡ ወይእዜኒ፡

---

so that the punishment which, as thou well knowest, proceedeth from the tribunal of the Emperors may not fall upon thee if thou art so bold as not to offer up incense.' And Abbâ Absâdî said unto the Governor, 'O foolish one, thinkest thou to tempt Absâdî by telling him about this punishment, as if there was any hesitation in my heart? But I am strong in the faith of God Almighty, Whom I have known from my youth up. For it is written in the Scriptures of the Christians, saying, "Beat him with a pure reed and the whole of him shall be pure."[1] Put now Absâdî to the test with all thy torturing, and thou shalt know whether he be strong [or not].' And straightway Arianus was wroth, and he gave the order to bind Absâdî and to suspend him upon stakes (or, pillars). And the envoy of the Emperor said unto him, 'Thou mayest not torture him except with the Emperor's permission. If he will not offer up incense, the Emperor saith he shall be punished with death. Now do not scourge Absâdî.' And Arianus said unto Absâdî, 'Do not imagine,

[1] Compare Ps. li. 7.

ኢትቅለሠፎ፡ ለአብሳዲ። ወይቤሎ፡ አርያኖስ፡ ኢይምሰልከ፡
ኦአብሳዲ፡ ዘከልአኒ፡ እስመ፡ እኳንነከ፡ ዘይአኪ፡ እመ
ዝንቱ፡ ወእመ፡ አኮ፡ አዕርግ፡ ዕጣነ፡ ከመ፡ | ኢትሙት፡ Fol. 181 a 2
ሞተ፡ እኩየ። ወይቤሎ፡ አባ፡ አብሳዲ፡ ለአርያኖስ፡ አንሰ፡
ወዳዕኩ፡ ወነገርኩከ፡ ኢትትዋለሠአኒ። እስመ፡ ኢየዓርግ፡
ዕጣነ፡ ግበር፡ ዘፈቀድከ። ወሶቤሃ፡ አዘዘ፡ መስፍን፡
ይልህቡ፡ ዕቶነ፡ እስከ፡ ይከውን፡ ከመ፡ እሳት፡ ወአዘዘ፡
ይደይወ፡ ውስቴታ፡ እስከ፡ ዓሠር፡ መዋዕል፡ ወኢይበልዕ፡
ወኢይስቲ። ወእምድኅሬሁ፡ አዘዘ፡ ያውፅእወ፡ ወዓቀምዎ፡
ቅድሜሁ፡ ወይቤሎ፡ ጠባዕከኑ፡ አብሳዲ፡ አዕርግኬ፡ ዕጣነ፡
ከመ፡ ኢትወስክ፡ እከየ፡ ፈድፋደ፡ እምዝንቱ። ወይቤ፡
አብሳዲ፡ ለመስፍን፡ ኦአብድ፡ ዘኢኮነ፡ ጠቢበ፡ ይመስለከኑ፡

O Absâdî, that there are any to restrain me from inflicting upon thee a worse punishment than this. However, offer up incense so that | thou mayest not die an evil death.' And Fol. 181 a 2
Abbâ Absâdî said unto Arianus, 'I have already told thee, and do not thou oppose (or, contradict) me, that I will not offer up incense; do as thou wishest.' And straightway the Governor commanded them to heat a furnace until it became red-hot, and to cast Absâdî therein for ten days, [during which] he was neither to eat nor to drink. And after [these days] Arianus commanded them to bring Absâdî out, and they set him before him. And Arianus said unto him, 'Art thou satisfied, Absâdî? Offer up incense then in order that thou mayest not add greatly to the evil which hath already befallen thee.' And Absâdî said unto the Governor, 'O fool, who art without understanding, dost thou imagine that thou hast worn me out, or that thou hast terrified me with this torture whereof I have had experience from my youth up? Thou art as helpless as thy father Satan, who is unable to effect anything whatsoever. Thou art unable to exhaust and to wear out Abbâ Absâdî by

ዘአጸመወኒ፡ እስመ፡ ገረምከኒ፡ በዝንቱ፡ ተፈተንኩ፡ እም
ንእስየ፡፡ ወይእዜኒ፡ ድኩም፡ አንተ፡ ከመ፡ አቡከ፡ ሰይጣን፡
ዘኢይክል፡ ወኢምንተኒ፡ ወበዘንቱ፡ ኢይከውነከ፡ ዒማ፡
ወኢይዒሙ፡ አበ፡ አብሳዲ፡ ወእስከ፡ ይእዜ፡ ኢያሚክረኒ፡
ኰነኔከ፡ ዘይመስለከ፡ ታጸምወኒ፡፡ ወኢየዓርግ፡ ዕጣነ፡
ለባዕድ፡ አምላክ፡ ለዘኢኮነ፡ ንጹሐ፡ ግበር፡ ዘፈቀድከ፡፡
ወካዕበ፡ ተምዓ፡ መስፍን፡ ወአዘዘ፡ ይወስኩ፡ ላህበ፡
ወይደይዎ፡ ሐሙስ፡ መዋዕለ፡ ኢይብላዕ፡ ወኢይስተይ፡፡
ወካዕበ፡ አውፅአ፡ ወይቤሎ፡ አዕርግ፡ ዕጣነ፡ ከመ፡ ኢትሙት፡
Fol. 181*a* 3 በረኃብ፡ ወበላህበ፡ ዝንቱ፡ ዕቶን፡፡ ወአውሥአ፡ ሰማ | ዕተ፡
ክርስቶስ፡ ወይቤ፡ አንሰ፡ ኢየዓርግ፡ ዕጣነ፡ ግበር፡ ዘፈቅድከ፡፡
ወአዘዘ፡ ካዕበ፡ ያንዱ፡ በገቦሁ፡ ዕቶነ፡ ወይደይዎ፡ ውስቴቱ፡
ወይክድንዎ፡ በእብን፡ እስከ፡ ሰዱስ፡ መዋዕል፡ እንዘ፡

---

means of this kind. Up to the present thy punishment, which thou didst imagine would try me beyond my strength, hath failed to wear me out. Moreover, I will not offer up incense to any strange god or to any polluted being; do as thou wishest.' And again the Governor was wroth, and he commanded them to make the furnace hotter, and to cast Absâdî into it for five days, without food and without drink. And again Arianus had him brought out, and he said unto him, 'Offer up incense that thou mayest not die of hunger and
Fol. 181*a* 3 of this blazing fiery furnace.' And the | martyr of Christ answered and said, 'I will not offer up incense; do as thou wishest.' And Arianus commanded them to light a fire inside the furnace, and to cast him into it, and to cover it over with a stone for six days, [during which time] he was neither to drink nor to eat. And they brought Absâdî out after twenty-one days, and all those who were in the judgement chamber saw him, and his face shone like the sun, and his flesh was even as wool; and they were all astonished

ኢይሰቲ፡ ወኢይበልዕ። ወአምድኅረ፡ ፯ወ፬ዕለት፡ አው
ፅእዎ፡ ለአብሳዲ፡ ወርእይዎ፡ ኵሎሙ፡ እለ፡ ውስተ፡
ምኵናን፡ ወገጹ፡ ይበርህ፡ ከመ፡ ፀሐይ፡ ወሥጋሁ፡ ከመ፡
ጽጌ፡ ወተሐውኩ፡ ኵሎሙ፡ እለ፡ ርእዩ፡ ወአንከሩ።
ወይቤሎ፡ አርያኖስ፡ ለአብሳዲ፡ ዮጊ፡ በላዕከ፡ በኅቡእ፡
ምንትኑ፡ ዝአርአያ፡ ወይቤሎ፡ አባ፡ አብሳዲ፡ አብዳን፡
አለ፡ አልብክሙ፡ ልብ፡ ምስለ፡ ንጉሥከ፡ ጽሑፍ፡ ውስተ፡
መጽሐፈ፡ ክርስቲያን፡ ከመ፡ አኮ፡ በኅብስት፡ ከመ፡
ዘየሐዩ፡ ሰብእ፡ አላ፡ በኵሉ፡ ቃል፡ ዘይወፅእ፡ እምአፈሁ፡
ለእግዚአብሔር። ወነቢያትኒ፡ እለ፡ ርእዩ፡ ስብሐተ፡ እግ
ዚአብሔር፡ ይነብሩ፡ በበሰሙን፡ ኢይበልዑ፡ ወኢይሰትዩ።
ወጣለ፡ እግዚአብሔር፡ ይከውን፡ ሲሳዮሙ፡ ወእፎ፡ እነግረከ፡
እመጻሕፍት፡ እስመ፡ ይቤ፡ በወንጌል፡ ወኢተሀቡ፡ ቅድሳተ፡
ለከለባት፡ ወኢታንብሩ፡ ባሕርየክሙ፡ ቅድመ፡ አኅርው፡
ከመ፡ ኢይኪዱዎ፡ በእገሪሆሙ፡ ወተመይጠሙ፡ ይነስ

---

and they marvelled. And Arianus said unto Absâdî, 'Peradventure thou didst eat food secretly. What was it? Shew it to me.' And Abbâ Absâdî said, '[Ye are] fools, thou and thy Emperor are without understanding. It is written in the Scriptures of the Christians, "Man doth not live by bread [alone], but by every word which cometh forth from the mouth of God."[1] And the Prophets who saw the glory of God lived for a week at a time without eating and without drinking, and the dew of God was their nourishment. And I will quote further unto thee from the Scriptures. It saith in the Gospels, "Give not holy things unto the dogs, and set not your pearls before the swine, lest they trample upon them with their feet, and [then] turn themselves about and bite you."'[2] And Arianus said unto Absâdî,

[1] Deut. viii. 3; Matt. iv. 4; Luke iv. 4.
[2] Matt. vii. 6.

Fol. 181 *b* 1 ኵክሙ። ወይቤሎ፡ አርያኖስ፡ ለአብሳዲ፡ በአማንኑ፡ | ከልብ፡ ትብለኒ፡ ወይቤሎ፡ አንተ፡ ተአኪ፡ እምከልብ፡ ምስለ፡ ነገሥትከ፡ ወከለባትሰ፡ የአምሩ፡ እግዚኦሙ፡ ወአንትሙሰ፡ ኢተአምሩ፡ ዘፈጠረክሙ። ወሰሚዖሙ፡ ሕዝብ፡ ከልሑ፡ ወይቤሉ፡ ፩ውእቱ፡ አምላኩ፡ ለአብ፡ አብሳዲ። ወከለሑ፡ ሐራ፡ ወይቤሉ፡ አፍጥን፡ ኰንኔሁ፡ ከመ፡ ኢያስሕት፡ ኵሎ፡ ሕዝበ። ወይቤሎሙ፡ አምጽእዎ፡ ለአላኒቆስ፡ ወአሕምምዎ፡ ወእምድኅሬሁ፡ እቀትሎሙ፡ ለክልኤሆሙ፡ በከመ፡ አዘዘ፡ ንጉሥ፡ እስመ፡ አስሐትዎሙ፡ ለኵሉ፡ ሰብእ። ወይቤልዎ፡ ግበር፡ ዘንተ፡ ይእዜኒ። ወአዘዘ፡ ይምትሩ፡ ርእሶ፡ ለአበ፡ አብሳዲ፡ ወወፂአ፡ አብሳዲ፡ ለብሰ፡ አልባሰ፡ ቅዳሴ፡ ወይቤሎ፡ ወልድ፡ ዘይተልዎ፡ አናጕንስጢስ፡ አባ፡ አይቴ፡ ትወስዶ፡ አልባሲከ፡ ሠናያተ፡ ወኢይንሥኡከ፡ ቀታልያን። ወይቤሎ፡ አባ፡ አብሳዲ፡

Fol. 181 *b* 1 'Dost thou indeed call me | a dog?' And Absâdî said unto him, 'Thou and thy Emperors are worse than dogs, for the dogs know their masters, but ye do not know your Creator.' And when the people heard this they cried out, saying, 'One is the God of Abbâ Absâdî.' And the [imperial] messengers cried out and said unto Arianus, 'Make haste, and finish his punishment lest all the people be led astray.' And Arianus said unto them, 'Bring hither Alânîḳôs and torture him, and afterwards I will kill them both, even as the Emperor hath commanded, because they have led all men astray.' And [Absâdî] said unto him, 'Do this forthwith.' And Arianus commanded [them] to cut off the head of Abbâ Absâdî. And having gone forth, Absâdî put on [his] holy vestments. And the young man who attended him, a reader, said unto him, 'Abbâ, where wilt thou put thy fine apparel so that the murderers may not take [it] from thee?' And Abbâ Absâdî said unto the reader, 'Is my apparel better than the

ለአናጕንስጢስ፡ ኣልበስየኑ፡ ይኄይስ፡ እምአልባሰ፡ እግ
ዚእየ፡ ኢየሱስ፡ ክርስቶስ፡ ዘተከፈሉ፡ ሐራ፡ ለርእሶሙ፡፡
ወሶበ፡ ብየ፡ እምዘ፡ ይኄይስ፡ እምለበስኩ፡ እስመ፡
ዘይጸንሕ፡ ከብካበ፡ አው፡ ዘይነሥእ፡ መርዓተ፡ አው፡
የሐውር፡ ኀበ፡ ዓበይት፡ ይለብስ፡ ዘይሤኒ፡ ወአንሰ፡ ዛቲ፡
ዕለትየ፡ እንተ፡ ተሰፈኩ፡ ይደልወኒ፡ እሠረገወ፡ በኵሉ፡
ሠናይ፡ ውስጠ፡|ወአፍአ፡ ከመ፡ እሑር፡ ኀበ፡ እግዚእየ፡ Fol. 181 b 2
ኢየሱስ፡ ክርስቶስ፡፡ ወወሰድዎ፡ ለአበ፡ አብሳዲ፡ ኀበ፡
ይቀትልዎ፡ ወወፅኡ፡ ኵሎሙ፡ ሰብአ፡ ሀገር፡ ወወሰዱ፡
መብልዓ፡ ጸቃውዓ፡ ወአስተብቍዕዎ፡ ይንሣእ፡ ሒቀ፡፡
ወይቤሎሙ፡ ደቂቅየ፡ አንሰ፡ አሐውር፡ በጾምየ፡ ቅድመ፡
እግዚእየ፡ ኢየሱስ፡ ክርስቶስ፡ ወሶበ፡ ቀርበ፡ ይምትሩ፡
ርእሶ፡ ወይቤሎ፡ አበ፡ አብሳዲ፡ ኅድገኒ፡ እጼሊ፡፡ ወቆመ፡
አበ፡ አብሳዲ፡ ወሰፍሐ፡ እደዊሁ፡ መንገለ፡ ሰማየ፡ ወይቤ፡

---

apparel of my Lord Jesus Christ, which the soldiers divided among them? If I had any better than what I have I would put it on, because when a man goeth to a wedding, or when he taketh a bride, or when he goeth into the presence of the great, he arrayeth himself in splendid raiment. And on this day, for which I have waited, it is meet for me to adorn myself both within | and without since I am going to my Lord Jesus Christ.' And they took Abbâ Absâdî to the place where they were going to kill him. And all the people of the city went forth and set before him food and drink sweetened with honey, and they entreated him to partake of a little of it. And he said unto them, 'My children, I will go fasting as I am into the presence of my Lord Jesus Christ.' And when [the executioner] came to cut off his head Abbâ Absâdî said unto him, 'Permit me to pray.' And Abbâ Absâdî stood up and stretched out his hands to heaven, and said, 'My Lord and my God, Thou Sustainer Fol. 181 b 2

እስእለከ፡ እግዚእየ፡ ወአምላኪየ፡ አኀዜ፡ ኵሉ፡ ዘመጻእከ፡
በእንተ፡ ኵሉ፡ ዘመደ፡ ሰብእ፡ እምአጽናፈ፡ ምድር፡ እስከ፡
አጽናፊሃ፡ ከመ፡ ትኅጽር፡ ላዕሌየ፡ ወፈድፋደሰ፡ ለሕዝብ፡
ክርስቲያን፡ ከመ፡ ይትባረኩ፡ ወይትሌዓሉ፡ ወትክላእ፡ እም
ኔሆሙ፡ ዘንተ፡ ግፍዓ፡ መሪረ። ወእስእለከ፡ እግዚኦ፡ ከመ፡
ታሠኒ፡ ፍኖትየ፡ ወይዕቀብዎ፡ ለገብርከ፡ መላእክቲከ፡
ቅዱሳን፡ ወይምርሕኒ፡ አምጻእ፡ ኀቤከ፡ በሰላም። አወ፡
እግዚኦ፡ ስምዓኒ፡ ጸሎትየ፡ ለገብርከ፡ በተፍጻሜተ፡ መዋ
ዕልየ። ወእንዘ፡ ይጼሊ፡ አኀዘ፡ ሐራዊ፡ እዴሁ፡ ለአባ፡
አብሳዲ፡ እንዘ፡ ይበክዩ፡ ኵሉ፡ ሕዝብ። ወሰሐቦ፡ ከመ፡
በግዕ፡ ዘይጠባሕ። ወይቤሎ፡ ነዓ፡ ኅድግ፡ ንሖር፡ ኀበ፡
Fol. 181 b 3 ግብርነ፡ ወይቤሎ፡ አባ፡ አብሳዲ፡ ለሐ|ራዊ፡ ኦክዓዌ፡
ደመ፡ ቅዱሳን፡ በአማን፡ ሳዘን፡ ለከ፡ እስመ፡ ኮንከ፡
ኀርቱመ፡ እምኵሉ፡ ሰብእ፡ ወአልብከ፡ ተዝካር፡ በዕለተ፡

---

of the universe, Who didst come [upon earth] for the sake of every race of man, from one end of the earth to the other, and to watch over me, and especially over the Christian peoples, so that they might be blessed and exalted, and to keep away from them this bitter injury, I beseech Thee, O Lord, to make straight my path, and may Thy holy angels protect Thy servant, and may they bring me unto Thee in peace. O Lord, hearken unto me, and unto the prayers of Thy servant at the end of my days.' And whilst he was praying the soldier took hold of the hand of Abbâ Absâdî—now all the people were weeping—and he drew him away like a lamb which was to be slain, and he said unto him, 'Come, cease [thy prayer], and let us go to [our] work.'
Fol. 181 b 3 And Abbâ Absâdî said unto | the soldier, 'O thou who dost shed the blood of the saints, in truth there is sorrow [in store] for thee, for thou art accursed above all men, and thou shalt have no memorial in the Day of the Resurrection, and

ትንሣኤ፡ ወአልቦ፡ ዘይምህረከ፡ ወዘያንሥአከ፡ እስመ፡ ኢመሐርከ፡ አግብርቲሁ፡ እስመ፡ መኰንን፡ ኢይምህሮ፡ ለዘኢመሀረ። ወይቤሎ፡ ሐራዊ፡ አነ፡ እፈጽም፡ ፍትወትየ፡ በዝየ፡ ወአመ፡ ሞትኩ፡ ኅድግ፡ ይደዩኒ፡ ውስተ፡ ኵነኔ። ወይቤሎሙ፡ አባ፡ አብሳዲ፡ ለሐራዊ፡ አብደርከ፡ መርገመ፡ ወትመጽአከ፡ አበይከ፡ ለበረከት፡ ወትርኅቅ፡ እምኔከ። ወዘንተ፡ ብሂሎ፡ መጠወ፡ ክሳዶ፡ ቅዱስ፡ አብሳዲ፡ ወመተሩ፡ ርእሶ። ወሀሎ፡ ፩ብእሲ፡ ፈራሄ፡ እግዚአብሔር፡ ወሰፍሐ፡ ልብሶ፡ ላዕሌሁ፡ ወኢሐደጎ፡ ይረድ፡ ዲበ፡ ምድር። ወኮነ፡ ፈውሰ፡ ለኵሉ፡ ዘገሠሦ፡ ወነሥኡ፡ ሥጋሁ፡ ሰብአ፡ ሀገሩ፡ ወጸርዎ፡ ዲበ፡ መታክፍቲሆሙ፡ ወወሰድዎ፡ መንገለ፡ ጽባሕ፡ ወቀበርዎ። ወዝንቱ፡ ኤጲስ፡ ቆጶስ፡ ሰማዕት፡ ፈጸመ፡ ገድሎ፡ አመ፳ወ፯ለወርኅ፡ ታኅሣሥ፡ በመንግሥተ፡ ዲዮቅልጥያኖስ፡ በሰላም።

---

there shall be none to have compassion upon thee, and none to lift thee up, because thou hast not shewn compassion on His servants, and because the Judge will not shew compassion upon him that hath not shewn compassion.' And the soldier said unto him, 'I will fulfil my desire in this world, and when I am dead let them cast me into the place of punishment.' And Abbâ Absâdî said unto the soldier, 'Thou hast chosen what is accursed, and it shall come unto thee; thou hast rejected blessing, and it shall be remote from thee.'[1] And saying these words the holy man Absâdî stretched out his neck, and they cut off his head. And there was a certain God-fearing man who spread out his garment over it and did not let it fall on the ground; and it healed every man who touched it. And the people of his city took his body and carried it upon their shoulders, and they bore it away towards the east and buried it. And this bishop who was a martyr ended his strife on the twenty-seventh day of the month Takhshâsh, in the reign of Diocletian, in peace.

[1] Compare Ps. cix. 17.

THE MARTYRDOM OF ABSÂDÎ AND ALÂNÎḲÔS.

From the Ethiopic *Synaxarium.*

(**Brit. Mus. MS. Oriental, No. 656**)

Fol. 148 *a* 3 አመ: ፳ወ፯: ለታኅሣሠ:: በዛቲ: ዕለት: ኮነ: ሰማዕተ: ቅዱስ: አብሳዲ: ኤጲስ: ቆጶስ:: አሜሃ: ሶበ: ሰምዓ: ዲዮቅልጥያኖስ: ንጉሠ: ዜናሆሙ: ለኤጲስ: ቆጶሳት: ዓቢያን: አባ: አብሳዲ: ኤጲስ: ቆጶስ: ወአባ: አላኒቆስ: ዘላዕላይ: ግብጽ:: ከመ: እሙንቱ: ያጸንዕምሙ: ለክርስቲያን: ውስተ: ሃይማኖት: ርትዕት: ዘእግዚእነ: ክርስቶስ: ወይሠዕሩ: አምልኮ: ጣዖታት: ወፈነወ: ላእካነ: ወአብጽሖሙ: ኀቤሁ:: ወኰነኖሙ: ኵነኔ: ዓቢየ: ወቅዱስሰ: አባ: አብሳዲ: ሰአሎ: ለላእክ: ንጉሠ: ከመ: ይትዓገሠ: ላዕሌሁ: አሐተ: ዕለተ:: ወውእቱሰ: ሠርዓ: ቅዳሴ: ቍርባን: ገብረ: ወመጠዎሙ: ለሕዝቡ: ምሠ

Fol. 148 *a* 3 TWENTY-SEVENTH DAY OF TAKHSHÂSH. On this day the holy man Absâdî the bishop became a martyr. Now when the Emperor Diocletian heard the report of the great bishops, Abbâ Absâdî the bishop, and Abbâ Alânîḳôs, who were over Egypt, and that they were encouraging (or, strengthening) the Christians in the true faith of our Lord Christ, and suppressing the worship of idols, he sent messengers and had them brought unto him, and inflicted severe tortures upon them. And the holy man Absâdî asked the imperial messenger to bear with him for one day (i.e. give him a day's grace). And he made ready the Holy Offering, and administered to

ጢራተ: ቅድሳት: ወአዘዞሙ: ከመ: ይጽንዑ: በሃይማኖት:
ርትዕት: ወአምኆሞሙ: ወወፅአ: እምኀቤሆሙ: ወመጠወ:
ነፍሶ: ውስተ: እደ: እግዚአ|ብሔር: ወወሰዶ: ላእከ: Fol. 148 *b* 1
ኃበ: አርያኖስ: መኰንን: ዘሀገረ: አንዴናው:: ወሶበ:
ርእየ: ገጾ: ለአበ: አብሳዲ: አንከረ: አርአያሁ: ወግርማሁ:
ኃዘነ: ሎቱ: ወይቤሎ: አንተ: ብእሲ: ግሩም: መሐክ:
ነፍሰከ: ወስማዕ: ቃሎ: ለንጉሥ:: ወአውሥአ: ንጉሥ:
ወይቤሎ: አንሰ: ኢይሰምዕ: ትእዛዞ: ለንጉሥ: ከሐዲ:
ወኢይዌልጥ: መንግሥተ: ሰማያት: በሕይወትዝ: ዓለም:
ኃላፊ: ወኮነ: ማእከሌሆሙ: ብዙኅ: ነገር: ወቅዱስ:
አብሳዲ: ኢተመይጠ: እምክሩ: ሠናይ:: ወእምዝ: አዘዘ:
መኰንን: ከመ: ይኰንንዎ: በመንኰራኵር: ወይደይዎ:
ውስተ: እቶን: እሳት:: ወካዕበ: ወደይዎ: ውስተ: ምንዳበ:

---

the people the Holy Mysteries, and commanded them to be strong in the true faith; and he embraced them, and went forth from them, and placed himself in the hand of God. |
And the messenger took him to Arianus, governor of the city Fol. 148 *b* 1
of Andênâwe (Antinoë), and when Arianus saw the face of Abbâ Absâdî he marvelled at his appearance and at his reverend dignity, and was sorry for him. And he said unto him, 'Thou art a man of reverend dignity: have pity on thyself and hearken unto the word of the Emperor.' And Absâdî answered and said unto him, 'I will not obey the command of the apostate Emperor, and I will not exchange the kingdom of heaven for the sake of this transitory life.' And many words passed between Arianus and Absâdî, and the holy man Absâdî did not turn from his good counsel. Then the governor commanded [his men] to torture him on the rack, and to cast him into a red-hot furnace. And after that they cast him into the furnace of a bath, and the holy

ኍብሉኒ፡ ወኮነ፡ ቅዱስ፡ አባ፡ አብሳዲ፡ ይትዔገሥ፡ ዘንተ፡ ኵሎ፡ ኵነኔ፡ ወእግዚአብሔር፡ ያነሥኦ፡ ዘእንበለ፡ ሙስና። ወእምዝ፡ አዘዘ፡ መኰንን፡ ከመ፡ ይምትሩ፡ ርእሶ፡ በሰይፍ። ወሶበ፡ ሰምዓ፡ ዝንቱ፡ ቅዱስ፡ ተፈሥሐ፡ ዓቢየ፡ ፍሥሐ፡ ወለብሰ፡ አልባሰ፡ ክህነት፡ ወሰፍሐ፡ እዴሁ፡ ወመተሩ፡ ርእሶ፡ ክቡርተ፡ ወነሥአ፡ አክሊለ፡ ስምዕ፡ በመንግሥተ፡ ሰማያት።

ሰላም፡ ለክሙ፡ ኤጲስ፡ ቆጶሳት፡ ዘግብጽ።
አባ፡ አብሳዲ፡ ወአላኒቆስ፡ አብያጽ።
እምታምልኩ፡ እብነ፡ ወእምትስግዱ፡ ለዕፀ።
ዘአጥበዕክሙ፡ በረዊጽ፡ እንበለ፡ ተዓቅፎ፡ ወዳኅፀ።
መንገለ፡ መጥባሕት፡ በሊሕ፡ ወእሳት፡ ብቍጽ።

---

man Abbâ Absâdî bore all these tortures patiently, and God raised him up uninjured. Then the governor commanded them to cut off his head with a sword, and when the holy man heard this he rejoiced with an exceeding great joy. And he arrayed himself in priestly apparel, and he stretched out his neck, and they cut off his glorious head, and he received a crown of martyrdom in the kingdom of the heavens:

Salutation to you, O ye bishops of Egypt,
Ye companions Abbâ Absâdî and Alânîḳôs!
Who did not worship stone, and did not bow down to wood,
Who ran gladly without a slip or a stumble
Towards the sharp sword and burning coals of fire.

THE MARTYRDOM OF MERCURIUS.

(Brit. Mus. MS. Oriental, Nos. 687, 688)

ዝንቱ: ነገር: ዘቅዱስ: ወብፁዕ: ሰማዕት: መርቆርዮስ:: Fol. 109 *a* 2

በመዋዕለ: ዴኬዎስ: ንጉሠ: ሮሜ: ተወልደ: ሕፃን: ፒሉፓዴር: ዘበትርጓሜሁ: መርቆሬዎስ:: ወስሙ: አቡሁ: አሮስ: ወስሙ: እምሔው: ሲደሮስ: ወ፪ሆሙ: ነዓውያን: አራዊት:: ወእምከመ: አኀዙ: ይወስዱ: ለነገሥት: ወለመኳንንት: ወለመላእክት: ወይሁብዎሙ: ዓሥቦሙ:: ወመጽኡ: ፪ገጸ: ከልብ: እምርኁቅ: ብሔር: ወበጽሑ: ኀበ: መሠገርት: ወኀሡም: ርእዮቶሙ: ወሠዕርተ: ርእሶሙ: ከመ: ሠዕርተ: ፈረስ: ወስነኒሆሙ: ከመ: ስነነ: አናብስት: ወአዕይንቲሆሙ: ከመ: እሳት: እደዊሆሙ: ወእገሪሆሙ: ከመ: በትረ: ሐፂን: ወአጽፋሪ

This is the story of the holy and blessed martyr Mercurius.[1] Fol. 109 *a* 2

In the days of Decius, the Emperor of Rome, was born the child Philopator, which is interpreted Mercurius. And the name of his father was Arôs, and the name of his grandfather was Sîdôrôs, and they were both hunters of wild animals. And when they began to serve (?) kings (or, emperors) and governors and rulers [their chiefs] gave them their wages. And two Dog-faces came from a far country, and they came to the net. Their heads were horrible [to see], and the hair thereof was like unto the manes of horses, and their teeth were like unto the teeth of lions, their eyes were like fire, their hands and feet were like a rod of iron, and

[1] See a brief summary from the Arabic in Butler, *Coptic Churches*, ii, pp. 357–9.

ሆሙ፡ ከመ፡ አፅፋረ፡ አናብስት። ወአመከመ፡ ሰምዓ፡
አሮስ፡ ድምፀ፡ ደል፡ ወነሥአ፡ አስይፋቲሆሙ፡ ሖሩ፡
ወጕዩ፡ ከመ፡ የአኀዙ፡ ዘተሠግረ። ወሶበ፡ ርእይዎሙ፡
ለገጸ፡ ከልብ፡ ወድቁ፡ በገጾሙ፡ ወደንገፀ፡ ልበሙ፡ ወኮኑ፡
ከመ፡ አብድንተ፡ ወአኀዝዎ፡ ለሲደርስ፡ አቡሁ፡ ወበልዕዎ፡
ሥጋሁ። ወአኀዝዎ፡ ካዕበ፡ ለወልዱ፡ አሮስ፡ ወረቀዱ፡
ይብልዕዎ። ወሰምዑ፡ ቃለ፡ እምኀበ፡ እግዚአብሔር፡
Fol. 109 a 3 ዘይብል፡ እሉ፡ ገጸ፡ ከ|ልብ፡ ሐሮፎስ፡ ወአርጋኔ፡
ኅድግዎ፡ ወኢትብልዕዎ፡ እስመ፡ ተወልደ፡ እምኔሁ፡
ቅዱስ። ወኀደግዎ፡ ሶቤሃ። ወይቤልዎ፡ ገጸ፡ ከልብ፡
ተንሥእ፡ ኦሊቅነ፡ እምይእዜ፡ ኢንገብር፡ እኩየ፡ በዲቤከ፡
እስመ፡ እግዚአብሔር፡ አዘዘነ፡ ከመ፡ ኢናኅሥም፡ ላዕሌከ፡
ተንሥእ፡ ወኢትፍራህ። ወተንሥአ፡ ሶቤሃ፡ ወነበረ፡ ወነ
ጸሮሙ፡ ወፈርሃ፡ ወተናገሮሙ፡ ወይቤሎሙ፡ ክድኑ፡
ገጸክሙ፡ እስመ፡ ኢይክል፡ ነጽሮ፡ ገጽየ፡ ወነዑ፡ ምስሌየ፡

---

their nails were like unto the claws of lions. And when Arôs heard the noise he [and Sîdôrôs] rose up and took their swords, and went and ran to begin to set out their nets. And when they saw the Dog-faces they fell down on their faces, and their hearts quaked, and they became like dead men. And they seized Sîdôrôs, his father, and devoured his body, and then they seized his son Arôs and wanted to eat him. And a voice from God was heard saying unto these
Fol. 109 a 3 Dog-faces, | 'Harôpôs and Argânê, let him alone, and devour him not, for a holy man shall be begotten by him'; and they let him alone straightway. And the Dog-faces said unto him, 'Rise up, O our master. From this time forth we will do thee no harm, for God hath commanded us not to do what is evil to thee. Rise up and be not afraid.' And Arôs rose up forthwith, and he sat and gazed at them, and was afraid. And he said unto them, 'Cover your faces, for I am not able [to bear] the sight of them, and come

ብሔርየ፡ እስመ፡ እግዚአብሔር፡ ገብረ፡ ሰላመ፡ ማእከሌየ፡
ወማእከሌክሙ። ነሥእሙ፡ ወሖሩ፡ ምስሌሁ። ወሶበ፡
አልጸቁ፡ ለሀገር፡ ይቤሎሙ፡ ንበሩ፡ ዝየ፡ እስከ፡ ይመሲ፡
ወሶበ፡ ይሬእዩ፡ ሰብአ፡ ሀገር፡ ይቀትሉክሙ። ወዪቤልዎ፡
ገጸ፡ ከልብ፡ ኦሊቅነ፡ ንሕነሰ፡ ኢንፈርህ፡ ወኢመነሂ።
ወይቤሎሙ፡ ኦፍቁራንየ፡ አንሰ፡ ኢይፈቅድ፡ እግበር፡ እኩየ፡
ወኢለመኑሂ። ወይቤሎሙ፡ ንበሩ፡ ዝየ፡ እስከ፡ እገብእ።
ሖረ፡ ወቦአ፡ ውስተ፡ ሀገሩ፡ ወአኀዘ፡ ይንግራ፡ ለብእሲቱ፡
ወተቤሎ፡ አርምም፡ ኀድገኒ፡ እንግርከ፡ ዘርኢኩ፡ በአ
ዕይንትየ፡ በህልም፡ ዘኮነ፡ ላዕሌከ። ርኢኩ፡ ገጸ፡ ከልብ፡
ወበልዕዎ፡ ለአቡከ፡ ወአምጸእኮሙ፡ ምስሌከ፡ ወአንበ
ርኮሙ፡ ታሕተ፡ ደብር፡ ወይእዜኒ፡ ንሠእ፡ ወሀቦሙ፡
ዘይበልዑ፡ ወወሀበ|ቶ፡ ኅብስተ፡ ወወይነ፡ ወበለሰ፡ ነሥአ፡ Fol. 109 b 1
ወወሰዶ፡ ሎሙ፡ ወወሀቦሙ፡ ወ[በ]ልዑ። ወአንከሩ፡ ጣዕመ፡
ውእቱ፡ መብልዕ፡ ነሥእሙ፡ በሌሊት፡ ወአብአሙ፡ ውስተ፡

with me to my country, for God hath made peace between me and you'; and they rose up and went with him. And when they had reached the city, Arôs said unto them, 'Tarry ye here until the evening, for if the men of the city see you they will kill you.' And the Dog-faces said unto him, 'O our master, we are not in the least afraid.' And he said unto them, 'O my beloved, I do not wish to do evil unto any one whatsoever'; and he said unto them, 'Sit ye here until I return.' And Arôs came into the city and told his wife. And she said unto him, 'Be silent, and let me speak unto thee, for I have seen with mine eyes a dream concerning thee. I saw Dog-faces and they devoured thy father. And thou didst bring them with thee and place them under a mountain; rise up now, and give them food to eat.' And she gave him | bread, and wine, and figs, and Fol. 109 b 1
he took them and carried them and gave them to the Dog-faces, and they did eat, and they marvelled at the taste of

ቤተ፡ ወእምድኅረ፡ ቦኡ፡ ረከብዎ፡ ለሕፃን፡ መርቆሬዎስ፡
ወሰዓምዎ፡ ርእሶ፡ ወነበሩ፡ ምስሌሁ። ወዓቃቤ፡ አንቀጸ፡
ሀገር፡ ሶበ፡ ርእዮሙ፡ ለእሙንቱ፡ ገጸ፡ ከልብ፡ ሖረ፡
ወነገሮ፡ ለመኰንነ፡ ሀገር፡ ወይቤሎ፡ አሮስ፡ ነዓዊ፡
አምጽአ፡ አራዊተ፡ ዘኅሡም፡ ራእዮሙ። ወሶበ፡ ሰምዓ፡
ዘንተ፡ ነገረ፡ መኰንን፡ ለአከ፡ ኀበ፡ አሮስ፡ ያምጽእዎ፡
ኀቤሁ፡ ወአብጽሕዎ፡ ለአሮስ፡ ኀበ፡ መኰንን።
ወይቤሎ፡ መኰንን፡ ሰማዕነ፡ ከመ፡ አኀዝከ፡ አራዊተ፡
ሀበኒ፡ ኪያሆሙ፡ ወአሁበከ፡ ዓሥበከ። ወይቤሉ፡
አሮስ፡ ነዓዊ፡ ኢትክል፡ ትርአዮሙ፡ ወተምዓ፡ መኰ
ንን፡ ለአሮስ፡ ወይቤሎ፡ በእንተ፡ ምንት፡ ትክልአኒ፡
አራዊተ። ወይቤሎሙ፡ ለሠራዊቱ፡ ንዑ፡ ንሑር፡ ውስተ፡
ቤቱ፡ ወሖረ፡ መኰንን፡ ውስተ፡ ቤተ፡ አሮስ፡ ወቦኡ፡
ምስሌሁ፡ ብዙኅ፡ ሰብእ፡ እድ፡ ወአንስት። ወሶበ፡ ርእዮሙ፡

---

that food. And Arôs took them by night and brought them into the house, and after they had come they found the boy Mercurius, and they kissed his head, and they abode with him. And when the gate-keeper of the city saw the Dog-faces, he went and told the governor of the city, and he said unto him, 'Arôs the hunter hath brought back some wild beasts, the appearances of which are horrible.' And when the governor heard these words he sent a messenger to Arôs to bring him to him; and the messenger brought Arôs. And the governor said unto him, 'We have heard that thou hast captured [some] wild beasts; give them to me and I will pay thee thy price.' And Arôs the hunter said unto him, 'It is impossible for thee to see them.' And the governor was wroth with Arôs, and he said unto him, 'Wherefore dost thou prevent me from [having] the beasts?' And the governor said unto his soldiers, 'Come, let us go into the house.' And the governor went into the

መኰንን፡ ለእልክቱ፡ ገጸ፡ ከልብ፡ ወደቀ፡ በገጹ፡ ወሞተ፡
ወሰብእኒ፡ ዘምስሌሁ፡ ፈርሁ፡ ዓቢየ፡ ፍርሃተ፡ ወወድቁ፡
ኰሎሙ። ወአውፅአ፡ አንስትኒ፡ ዘውስተ፡ ከርሦን፡ እም
ብዝኃ፡ ፍርሃት። ወእሙንቱሰ፡ ገጸ፡ ከልብ፡ ነ|በሩ፡ Fol. 109b 2
ውስተ፡ ቤተ፡ አሮስ፡ እንተ፡ በሕቲቶሙ፡ ወተሰምዓ፡
ዜናሆሙ፡ በኀበ፡ ንጉሠ፡ እምርኁቅ፡ ብሔር፡ ወሶበ፡
ሰምዓ፡ ንጉሠ፡ ለአከ፡ ኀበ፡ አሮስ፡ እንዘ፡ ይብል፡
ዘአኀዝከ፡ አራዊተ፡ አምጽአአ፡ ሊተ። ወሶበ፡ ሰምዓ፡
አሮስ፡ ነዓዊ፡ ነሥአ፡ ብእሲቶ፡ ወወልደ፡ መርቆሬዎስሃ፡
አግብርቲሁ፡ ወአዕማቲሁ፡ ወእልክተኒ፡ ገጸ፡ ከልብ፡
ምስሌሁ፡ ሖሩ፡ ኀበ፡ ንጉሠ። ወሶበ፡ ርእዮሙ፡ ንጉሠ፡
ለእልክቱ፡ ገጸ፡ ከልብ፡ ፈርሃ፡ ዓቢየ፡ ፍርሃተ፡ ወኰሉ፡
ዘውስተ፡ ተዓይኒሁ። ወይቤሎ፡ ንጉሠ፡ ለአሮስ፡ ነዓዊ፡
ለእልክቱ፡ ገጸ፡ ከልብ፡ ኢታምጽኦሙ፡ ኀቤሃ፡ ወወሰዶሙ፡

---

house of Arôs, and many people came with him, both men and women. And when the governor saw these Dog-faces, he fell down on his face and died, and the people also feared with a great fear, and they all fell down likewise, and because of their fear the women brought forth what was in their wombs. And the Dog-faces | abode in the house of Arôs by Fol. 109b 2
themselves. And the report of them was heard by the king of a far country, and when he heard [it] he sent unto Arôs, saying, 'Thou hast trapped some wild beasts; bring them to me.' And when Arôs the hunter heard [this] he took with him his wife, and his son Mercurius, and his man-servants, and his maid-servants, and these Dog-faces, and they went to the king. And when the king saw these Dog-faces, he feared with a great fear, and all those who were in his following. And the king said unto Arôs the hunter, 'Bring not these Dog-faces into [the palace]'; so he took them into his house. And at that period Arôs did not know Christ,

አሮስ፡ ውስተ፡ ቤቱ። ወበውእቱ፡ መዋዕል፡ ኢየአምር፡
አሮስ፡ ክርስቶስሃ። ወንጉሠ፡ ወሀቦሙ፡ ለአሮስ፡ ወለእ
ልክቱ፡ ገጸ፡ ከልብ፡ ለኤጲስ፡ ቆጶስ፡ ወይቤሎ፡ አጥምቀኒ፡
በስመ፡ ኢየሱስ፡ ክርስቶስ፡ ምስለ፡ ብእሲተየ፡ ወወልድየ፡
መርቆሬዎስ፡ ወምስለ፡ አግብርትየ፡ ወአዕማትየ፡ ወእልክቱኒ፡
ገጸ፡ ከልብ። ወኤጲስ፡ ቆጶስ፡ መሀሮሙ፡ ሕገ፡ ክርስቶስ፡
ወይቤሎሙ፡ ጹሙ፡ ፵መዒልተ። ወአጥመቆሙ፡ በሰመ፡
አብ፡ ወወልድ፡ ወመንፈስ፡ ቅዱስ። ወእምድኅረ፡ አጥመቆ፡
ሰመዮ፡ ኖኅ፡ ወሰመያ፡ ለብእሲቱ፡ ታቦት፡ ወሰመዮ፡ ለወልዱ፡
ፒሉፓዴር፡ መርቆሬቃስ። ወሶበ፡ አምጽእዎሙ፡ ለእልክቱ፡
Fol. 109b3 ገጸ፡ ከ|ልብ፡ ርእዮ፡ ኤጲስ፡ ቆጶስ፡ ፈርሃ፡ ወአዘዘ፡
ይክድኑ፡ ገጾሙ፡ በልብስ፡ እምኅሠመ፡ ራእዮሙ፡ ወኅ
ሠመ፡ ገጾሙ፡ ወአጥመቆሙ፡ በስመ፡ አብ፡ ወወልድ፡
ወመንፈስ፡ ቅዱስ። ወሰመዮ፡ ለ[ሐ]ሮፎስ፡ ግልስጠፎሮስ፡

---

and the king gave Arôs and these Dog-faces to the bishop. And [Arôs] said unto him, 'Baptize thou me and my wife, and my son Mercurius, and my men-servants, and my maid-servants, and these Dog-faces in the Name of Jesus Christ.' And the bishop taught them the Law of Christ, and said unto them, 'Fast ye for forty days.' And he baptized them in the Name of the Father, and of the Son, and of the Holy Ghost. And after he had baptized Arôs he gave him the name of Noah, and his wife he named Tâbôt, and his son Philopator he named Mercurius. And when he (Arôs-Noah)
Fol. 109b3 brought forward these | Dog-faces, and the bishop saw them, he was afraid, and he ordered them to cover their faces with a cloth, because of their terrible appearance and the horribleness of their faces. And he baptized them in the Name of the Father, and of the Son, and of the Holy Ghost, and to Harôpôs he gave the name of Gelesṭâpôrôs (Christophorus?),

ወሰመየ፡ ለአርጋኔ፡ ማርያነ። ወንጉሠ፡ አዕበዮሙ፡ ለኖኅ፡
ወለደቂቁ፡ ወለገጸ፡ ከልብ፡ ወአኰንኖሙ፡ ላዕለ፡ ብዙኅ፡
አህጉር። ወአዘዘ፡ ንጉሠ፡ ለኖኅ፡ ወይቤሎ፡ አጽንዖሙ፡
ለእልክቱ፡ ገጸ፡ ከልብ፡ ወሶበ፡ ነሐውር፡ ውስተ፡ ፀብዕ፡
ይርድኡነ፡ ወይስብርዎሙ፡ ለፀርነ። ወንጉሠ፡ ነበረ፡
ውስተ፡ ሀገር፡ ወፈነዎ፡ ለኖኅ፡ ወእልክቱኒ፡ ገጸ፡ ከልብ፡
ምስለ፡ ብዙኅ፡ ሰብእ፡ ወሠራዊት። ወሖሩ፡ ርኁቀ፡ ብሔረ፡
ከመ፡ ይቅትልዎ፡ ለካልእ፡ ንጉሠ፡ ከመ፡ ይንሥኡ፡ ሀገሮ።
ወኅደጎሙ፡ ኖኅ፡ ለእልክቱ፡ ገጸ፡ ከልብ፡ ማእከለ፡
ሠራዊት፡ ወነሥአ፡ ምስለሁ፡ ፰ሰብአ፡ ዓይን፡ ወሖሩ፡ ከመ፡
ይርአዩ፡ ፀረ፡ ወእሙንቱኒ፡ መጽኡ፡ ከመ፡ ይርአይዎሙ፡
ለእልክቱ፡ ወተራከቡ፡ በፍኖት፡ ገጸ፡ በገጽ፡ መዒወውዎ፡
ለኖኅ፡ ወወሰድዎ፡ ኀበ፡ ንጉሠ። ወይቤሎ፡ ንጉሠ፡
ለኖኅ፡ አንተኑ፡ መጻእከ፡ ከመ፡ ታጥፍእ፡ ብሔርየ።

---

and to Argânê the name of Mâryâna. And the king magnified Noah, and his son, and the Dog-faces, and made them governors over many cities. And the king commanded Noah and said unto him, 'Make bold these Dog-faces, and when we go into battle, let them help us and break in pieces our enemies.' And the king sat down in the city, and sent forth Noah and these Dog-faces with a host of men and soldiers, and they departed to a far country in order to kill another king and to capture his city. And Noah left these Dog-faces among the soldiers, and he took with him eight spies and departed to spy upon the enemy. Now the enemy came out to spy upon them, and the two sets of spies met face to face on the road; and the spies of the enemy made Noah a prisoner, and carried him to the king. And the king said unto Noah, 'Hast thou come to destroy my country?' And the king commanded them to cast him into prison, saying,

ወአዘዘ: ይደይዎ: ቤተ: ሞቅሕ:: ወይቤ: ንጉሠ: በጊዜ:
Fol. 110a1 ጽባሕ: ሀቡ: ሥጋሁ: ለአንበ|ሳ: ወለአራዊት:: ወይቤሎ:
ለኖኅ: ዓቃቤ: ቤተ: ሞቅሕ: ጌሠመ: ይሁቡ: ሥጋከ:
ለአራዊት: ይብልዑ:: ወሶበ: ሰምዓ: ዘንተ: ነገረ: በከየ:
ወይቤ: መኑ: ይነግሮሙ: ለአኃውየ: ገጸ: ከልብ: ወይ
ቤሎሙ: ነዑ: ርእዩ: ቢጸክሙ: ዘከመ: ይሁብ: ሥጋሁ:
ለአራዊት: ይብልዑ:: ቆመ: ኖኅ: ወጸለየ: ወሰአለ: ወይቤ:
እግዚእየ: ኢየሱስ: ክርስቶስ: አንሰ: ኢይፈርህ: ሞተ:
በእንተ: ስምከ: አላ: ከመ: ኢያማስኑ: ሥጋየ: አራዊት::
ወወረደ: ሚካኤል: ሊቀ: መላእክት: ወሖረ: ኀበ: አል[ክ]ቱ:
ገጸ: ከልብ: ወይቤሎሙ: ሖሩ: ኀቤ: ቢጽክሙ: ኖኅ:
ውስተ: ቤተ: ሞቅሕ: ወአድኅንዎ: እስመ: ይፈርህ: የሀቡ:
ሥጋሁ: ለአራዊት: ይብልዑ: እስመ: ኖሁ: ወሀበክሙ:

Fol. 110a1 'Give his body to the lions | and [the other] wild beasts to-morrow morning.' And the keeper of the prison said unto Noah, 'To-morrow thy body is to be given to the beasts to devour.' And when Noah heard these words he wept and he said, 'Who is there that will tell my brethren the Dog-faces, saying, "Come ye, and see how the body of your companion (or, friend) is to be given to the wild beasts for them to devour [it]?"' And Noah stood up and prayed, and made supplication, saying, 'O my Lord Jesus Christ, I am not afraid of death because of Thy Name, but let not the wild beasts befoul my body.' And Michael the archangel came down, and flew to those Dog-faces, and said unto them, 'Get ye to your friend Noah [who is] in prison, and deliver him, for he is afraid because they are going to give his body to the beasts that they may devour [it]. For behold, God hath given you strength in your hearts in the greatest degree.' And when the Dog-faces heard this they departed to the city. And when they came

እግዚአብሔር፡ ከመ፡ ቀዳሚ፡ ጽንዓተ፡ ልብክሙ። ወሶበ፡
ሰምዑ፡ ዘንተ፡ ሐሩ፡ ለሀገር። ወሶበ፡ ቦኡ፡ ውስተ፡ ሀገር፡
ርእይዎሙ፡ ሠራዊተ፡ ንጉሠ፡ ወሰብአ፡ ሀገር፡ ወድቁ፡
በገጾሙ፡ ወእምብዝኃ፡ ፍርሃት፡ ሞቱ፡ ብዙኃን፡ እምውስ
ቴቶሙ፡ ወአንስትኒ፡ ኀደጋ፡ ደቂቆን፡ ወአንስትኒ፡ ወውፅአ፡
ዘውስተ፡ ከርሦን። ወይቤ፡ ንጉሠ፡ ለወዓልያኒሁ፡ አም
ጽእዎሙ፡ ለአንበሳ፡ ወለአራዊት፡ ከመ፡ ይብልዕዎሙ፡
ለእልክቱ፡ ገጸ፡ ከልብ። ወሶበ፡ ርእይዎሙ፡ ገጸ፡ ከልብ፡|
ለአንበሳ፡ ወለአራዊት፡ ወአፅሐሱ፡ በእደዊሆሙ፡ እስከ፡ Fol. 110 a2
ይበጽሕ፡ ፀበለ፡ እገሪሆሙ፡ ላዕለ፡ ወአኀዝዎሙ፡ ለአንበሳ፡
ወላአራዊት፡ ወመተርዎሙ፡ ሥጋሆሙ፡ ወወገርዎሙ፡ ላዕለ፡
ወኢፈቀደ፡ እግዚአብሔር፡ ያብልዖሙ፡ ሥጋ፡ በድን፡ በእንተ፡
ጥምቀት። ወሰበሩ፡ ቤተ፡ ሞቅሕ፡ ወአውፅእዎ፡ ለቢጾሙ፡
ኖኅ፡ እምቤተ፡ ሞቅሕ። ወፈርሃ፡ ንጉሠ፡ ወቆመ፡ ላዕለ፡

---

into the city, and the soldiers of the king, and the men of the city saw them, they fell down on their faces, and because of their very great fear many of them died; and some women gave birth to their babes, and others brought forth untimely fruit from their wombs. And the king said unto his officers, 'Bring out the lions and the [other] wild beasts so that they may devour these Dog-faces.' And when the Dog-faces saw | the lions, and the [other] wild beasts, Fol. 110 a2
they beat the ground with their hands until the dust of their feet ascended, and they seized the lions and the [other] wild beasts, and rent their bodies and tossed them away, but God did not wish to let them eat the flesh of dead bodies because of the baptism [which they had received]. Then the Dog-faces broke open the prison and brought out their friend Noah from it. And the king was afraid, and he stood upon the roof of his house and said unto Noah, 'Destroy not our city,

ጠፈረ: ቤቱ: ወይቤሎ: ለኖኅ: ሊታማስን: ሀገረነ: ኦገብረ: ክርስቶስ: ወኢትትቀየመነ:: ወይቤሎ: ንጉሠ: ለኖኅ: ክድን: ገጾሙ: ለእልክቱ: ገጸ: ከልብ: እስከ: ይገብእ: ልብየ: ወእትናገር: ምስሌከ:: ወጸለየ: ላዕሌሆሙ: ኖኅ: ወዓ ተሰሙ: በስመ: አብ: ወወልድ: ወመንፈስ: ቅዱስ: ወከደነ: ገጾመ:: ወይቤሎ: ንጉሠ: ለኖኅ: ኦብእሲ: እግዚአብሔር: ክፍለ: መንግሠትየ: ለከ: እሁብ: ወብየ: ኀምስቱ: አዋልድ: ወእሁበከ: አሐተ: እምኔሆን: ትኩንከ: ብእሲት:: ወይቤሎ: ኖኅ: ለንጉሠ: አንሰ: ኢይፈቅድ: ወለተከ: ወክፍለ: መንግሠትከ: ዘእንበለ: ብሔርየ: ብሔረ: ክርስ ቲያን: ወኀደገ: ብሔረ: ንጉሠ: ወሖረ: እምህየ:: ወሶበ: ገብኡ: ሠራዊተ: ኖኅ: ገብኡ: ኅበ: ንጉሦሙ: ወይቤልዎ: ተፄወወ: ኖኅ: ወጠፍኡ: እልክቱ: ገጸ: ከልብ:: ወሰሚዖ: Fol. 110 *a* 3 ንጉሠ: ተፈሥሐ: | በእንተ: ጥፍአቶሙ: ለገጸ: ከልብ:

O servant of Christ, and take not vengeance upon us.' And the king said unto Noah, 'Cover the faces of these Dog-faces, so that my senses may return to me, and I can speak to thee.' And Noah prayed over them, and made the Sign of the Cross over them in the Name of the Father, and of the Son, and of the Holy Ghost, and he covered their faces. And the king said unto Noah, 'O man of God, a share of my kingdom is thine, I give it unto thee. I have five daughters, and I will give thee one of them to wife.' And Noah said unto the king, 'I desire neither thy daughter nor a share in thy kingdom; I only want my country, the country of the Christians.' And he left the country of the king, and departed from it. And when the soldiers who were with Noah returned to their king, they said unto him, 'Noah has been made a prisoner, and these Dog-faces have been destroyed.' When the king heard Fol. 110 *a* 3 this he rejoiced | at the destruction of the Dog-faces. And

ወፈቀደ፡ ንጉሠ፡ ያውስብ፡ ብእሲተ፡ ኖኅ። ወሰሚዖ፡ ፩ሕፅው፡ እምአግብርቲሁ፡ ለኖኅ፡ ሖረ፡ ወነገራ፡ ለብእሲተ፡ ኖኅ፡ ወይቤላ፡ እግዝእትየ፡ ዮም፡ አምጻእኩ፡ ለኪ፡ ፪ተ፡ ነገረ፡ ኅሡማተ፡ ፩በእንተ፡ ቅትለተ፡ ምትኪ፡ ሰማዕኩ፡ በቤተ፡ ንጉሠ፡ ወ፩በእንተ፡ ዘይፈቅድ፡ ንጉሠ፡ ይንሣእኪ። ወትቤሎ፡ ኦወልድየ፡ ሠናየ፡ ገበርከ፡ እግዚአብሔር፡ ይበርከ፡ ላዕሌከ። ወትቤሎ፡ አንሰ፡ እፈቅድ፡ እትገኃሠ፡ እምዝየ፡ ትፈቅዱኑ፡ ትምጻእ፡ ምስሌየ፡ አው፡ አልቦ። ወይቤላ፡ እግዚእትየ፡ እመጽእ፡ ምስሌኪ፡ ወወሀቦ፡ ንስቲተ፡ ወርቀ። ወትቤሎ፡ ሀብ፡ ለዓቃቤ፡ አንቀጽ። ወነሥአት፡ ወልዳ፡ ምስሌሃ፡ መርቆሬዎስሃ፡ ወሕፅወኒ፡ ወወፅአት፡ በሌሊት፡ ወሖረት፡ እምብሔር፡ ለብሔር፡ እስከ፡ ትበጽሕ፡ ብሔረ፡ ሮሜ፡ ወነበረት። ወገብአ፡ ኖኅ፡ ምስ[ለ]፡ እሉ፡ ገጸ፡

---

the king wished to marry the wife of Noah, and a certain eunuch among the servants of Noah went and told the wife of Noah, and he said unto her, 'My lady, this day I bring unto thee two pieces of frightful news. The one concerneth the murder of thy husband, which I heard in the house of the king, and the other concerneth the wish which the king hath to take thee to wife.' And she said unto him, 'O my son, thou hast behaved nobly; may God bless thee!' And she said unto him, 'I want to escape from this place; art thou able to come with me? Yea or nay?' And the eunuch said unto her, 'My lady, I am coming with thee.' And she gave him a little gold, and said unto him, 'Give [this] to the gate-keeper.' And she took her son Mercurius with her, and the eunuch also, and she went out by night, and she passed from country to country until she arrived in the country of Rome, and she sat down [there]. And Noah returned with these Dog-faces, and he passed through the Aramî country.

ከልብ፡ ወኀለፈ፡ እንተ፡ ብሔረ፡ አረሚ። ወእምንቴኒ፡ ገጸ፡
ከልብ፡ ፩እምኔሆሙ፡ ዘስሙ፡ ግልስጣፎሮስ፡ ኮነ፡ ሰማዕተ፡
ወካልኦ፡ ማርያና፡ ፈለሰ። ወገብአ፡ ኖኅ፡ ብሔሮ፡ ወአ
ዘዘሙ፡ ንጉሠ፡ ለሠራዊቱ፡ ኢይንግርዎ፡ ለኖኅ፡ ወኢይ
Fol. 110 b 1 በልዎ፡ ፈቀደ፡ ንጉሠ፡ ይንሣእ፡ ብእሲተከ። | ወመሰሎ፡
ለንጉሠ፡ ዘመጽኡ፡ እልክቱ፡ ገጸ፡ ከልብ፡ ምስሌሁ፡
አዕበዮ፡ ወወሀበ፡ ብዙኀ፡ ንዋየ። ወይቤሎ፡ ንጉሠ፡ ለኖኅ፡
ኢትኅዝን፡ አነ፡ እፌኑ፡ ኀበ፡ ሀለወት፡ ብእሲትከ፡ ወአ
መጽእ፡ ለከ። ወኖኅ፡ በእንተ፡ ብእሲቱ፡ ወወልዱ፡ መር
ቆሬዎስ፡ የኀዝን፡ ዓቢየ፡ ኀዘነ፡ ወወትረ፡ የሐውር፡ ኀበ፡
ኤጲስ፡ ቆጶስ፡ ወይትናዘዝ፡ በኀቤሁ። ወይቤሎ፡ ኖኅ፡
ለኤጲስ፡ ቆጶስ፡ ኦአቡየ፡ ኵሎ፡ ጊዜ፡ በዕለተ፡ ተዘከረ፡
ሚካኤል፡ በህልም፡ እሬኢ፡ እንዘ፡ ያመጽኡ፡ ሊተ፡ ኅብስተ፡
በልብስ፡ ክዱነ፡ ወወይነ፡ በጽዋዕ። ወይቤሎ፡ ኤጲስ፡

And one of the Dog-faces, whose name was Gelesṭâpôrôs, became a martyr, and Maryâna the other left the country, and Noah returned to his native land [alone]. And the king commanded his soldiers not to talk to him, and not to tell
Fol. 110 b 1 him, 'The king wanted thy wife.' | Now the king thought that these Dog-faces had returned with Noah, and he magnified him, and gave him much money, and said unto him, 'Grieve not, I will send to the place where thy wife is, and will bring her back to thee.' And Noah was grieved exceedingly about [the absence of] his wife and his son Mercurius, and he used to go continually to the bishop and seek to obtain consolation from him. And Noah said unto the bishop, 'O my father, at every hour of the day I remember Michael as I saw him in a dream when they brought me bread in a folded cloth and wine in a cup.' And the bishop said unto Noah, 'There is an explanation of this matter. Thy wife

ቆጸስ፡ ለኖኅ፡ ፋከሬሁ፡ ለዝ፡ ፴ነገር፡ ወመሰላ፡ ለብእሲትከ፡
ዘሞትከ፡ በበበዓለ፡ ሚካኤል፡ ትሁብ፡ በእንቲአከ፡ መበዓ፡
ወቍርባነ። ወእግዚአብሔር፡ ዘይክል፡ ኵሎ፡ ይደምርከ፡
ምስሌሃ። ወፈቀደ፡ ንጉሥ፡ ይትቃተል፡ ምስለ፡ ንጉሠ፡
ሮሜ፡ ወሖረ፡ ንጉሥ፡ ወተቃተለ፡ ምስሌሁ፡ ወሠራዊተ፡
ንጉሠ፡ ሮሜ፡ ፄወውዎ፡ ለኖኅ፡ ወወሰድዎ፡ ኀበ፡
ንጉሦሙ። ወይቤሎ፡ ንጉሠ፡ ሮሜ፡ ለኖኅ፡ አንተኑ፡
መጻእከ፡ ተጥፍእ፡ ብሔረነ፡ በአይ፡ ኃይልከ፡ መጽእከ፡
ትባእ፡ ሀገረነ። ወይቤሎ፡ ኖኅ፡ ለንጉሠ፡ ሮሜ፡ አልብየ፡
ኃይል፡ ዘእንበለ፡ ኃይለ፡ ክርስቶ|ስ። ወይቤሎ፡ ንጉሥ፡ Fol. 110 b 2
ርሜ፡ ለኖኅ፡ ክርስቶስሃ፡ ተአምርኑ። ወይቤሎ፡ ኖኅ፡
ለንጉሥ፡ ትካት፡ ኢየአምሮ፡ ወይእዜሰ፡ አአምሮ።
ወይቤሎ፡ ንጉሥ፡ ርቱዓ፡ ተናገር። ወይቤሎ፡ ኖኅ፡ ለንጉሥ፡
ትካት፡ አረማይ፡ ወነዓዊ፡ አራዊት፡ አነ። ወኢየሱስ፡
ክርስቶስ፡ በምሕረቱ፡ ረሰየኒ፡ ክርስቲያናዊ። ወሶበ፡ ርእዮ፡

---

imagined that thou wast dead, and on each festival of Michael she presenteth on thy behalf gifts and an offering. God, Who is able to do everything, shall unite thee to her.' And the king wished to do battle with the king of Rome, and he went and fought against him, and the soldiers of the king of Rome made Noah a prisoner, and they carried him to the king of Rome. And the king of Rome said unto Noah, 'Hast thou come to destroy our kingdom? By what power of thine didst thou come to our city?' And Noah said unto the king
of Rome, 'I have no power except the power of Christ.' | And Fol. 110 b 2
the king of Rome said unto Noah, 'Dost thou know Christ?' And Noah said unto the king, 'Formerly I knew Him not, but now I know Him.' And the king said unto him, 'Dost thou speak the truth?' And Noah said unto him, 'Formerly I was an Aramâi and a hunter of wild animals, but Jesus

ንጉሠ፡ ለኖኅ፡ ጽንዓተ፡ ሃይማኖቱ፡ በኢየሱስ፡ ክርስቶስ፡
መሐሮ፡ ወወሀቦ፡ ፭፻መስተፅዕናነ፡ አፍራስ፡ ይኩንዎ፡
ሠራዊተ። ወበዕለተ፡ ሰንበት፡ ቦአ፡ ኖኅ፡ ውስተ፡ ቤተ፡
ክርስቲያን፡ ወአሚሃ፡ ሀለወት፡ ብእሲቱ፡ ውስተ፡ ቤተ፡
ክርስቲያን። ወርእየቶ፡ ለምታ፡ ኖኅ፡ ወትቤ፡ በልባ፡ ዝኩኑ፡
እንጋ፡ ምትየ፡ ወሚመ፡ ካልእ፡ ዘይመስሎ። ወትቤሎን፡
ለአንስት፡ ዝብእሲ፡ መኰንን፡ ዘብሔርክሙኑ። ወይቤላ፡
አንስት፡ አልቦ፡ ፀራዊ፡ ወይፀብዕ፡ ብሔረነ፡ ወይትቃተል፡
ምስለ፡ ሠራዊተ፡ ንጉሠ፡ ፄወውዎ፡ ወነሠእዎ፡ ወወሰድዎ፡
ኀበ፡ ንጉሦሙ፡ ወእግዚአብሔር፡ ገብረ፡ ምሕረተ፡ ውስተ፡
ልበ፡ ንጉሠ፡ ወመሀሮ፡ ለኖኅ። ወወፅአ፡ እምቤተ፡
ክርስቲያን፡ ወቦአ፡ ውስተ፡ ሐይመቱ፡ ወኮነ፡ ማኅደራ፡
ለብእሲቱ፡ ቅሩበ፡ ማኅደረ፡ ኖኅ። ወአለበሰቶ፡ ልብሰ፡
Fol. 110 *b* 3 ቅድወ፡ ለመርቆሬዎስ፡ ወአቅነተቶ፡ ቅ|ናተ፡ ወርቅ፡ ወትቤሎ፡

Christ in His mercy hath made me a Christian.' And when the king saw the strength of his belief in Jesus Christ, he had pity upon him, and he gave him five hundred mounted horsemen as his troop. And on the day of the Sabbath Noah came into the church, and his wife who was at the time in the church saw her husband Noah, and she said in her heart, 'Is this indeed my husband, or is it some one else who is like him?' And she said unto the wife of the governor, 'Doth he belong to your country?' And she said unto her, 'By no means. He is an enemy who waged war against our country. He fought against the king's soldiers, and they made him prisoner, and took him and carried him to their king. God put mercy into the heart of the king, and he had pity on Noah.' And Noah went out of the church and came into his tent, and the abode of his wife was nigh unto Noah's abode. And she dressed Mercurius in fine apparel, and she
Fol. 110 *b* 3 girded him with a | belt of gold, and she said unto him,

ተፀዓን፡ ላዕለ፡ ዝንቱ፡ ፈረስ፡ ዘመኰንን። ወይቤላ፡ ለእሙ፡ ምንትዝ። ወትቤሎ፡ እመከመ፡ ርእየከ፡ ይሬስየከ፡ ወዓሊሁ። ወሶበ፡ ሰምዓ፡ ዘንተ፡ መርቆሬዎስ፡ በከየ፡ ወይቤላ፡ ለእሙ፡ እሮ፡ ኢኮነ፡ በመዋዕለ፡ አቡየ፡ ዝነገር፡ እምተፈሣሕኩ፡ እምአዕበዩኒ፡ ወእምአክበሩኒ። ወትቤሎ፡ ኦወልድየ፡ እግዚአብሔር፡ ዘይክል፡ ኵሎ፡ እምኀቤሁ፡ ያከብረከ፡ ከመ፡ አቡከ። ወሖረ፡ ሕፃን፡ መርቆሬዎስ፡ ወተፅዕነ፡ ዲበ፡ ፈረሰ፡ መኰንን፡ ጸርኁ፡ ላዕሌሁ፡ ሐራ። ወይቤልዎ፡ረድ።ወይቤሎሙ፡መኰንን፡ለሐራሁ፡ኅድግዎ፡ ይምጻእ፡ ኀቤሃ። ወይቤሎ፡ መኰንን፡ ለሕፃን፡ መርቆሬዎስ፡ ምንተ፡ ትፈቅድ። ወይቤሎ፡ አነ፡ እፈቅድ፡ እኩን፡ ሐራከ። ወእሙ፡ ለመርቆሬዎስ፡ መጽአት፡ ድኅሬሁ፡ ወይቤላ፡ መኰንን፡ ዝንቱ፡ ሕፃን፡ ወልድኪኑ። ወትቤሎ፡ እወ፡

'Ride this horse of the governor.'[1] And he said unto his mother, 'What is this?' And she said unto him, 'If the governor should happen to see thee he will make thee one of his body-guard.' And when Mercurius heard this he wept, and he said unto his mother, 'Alas, this manner of thing never happened to me in the days of my father, when I enjoyed myself, and people magnified me and paid honour unto me.' And his mother said unto him, 'O my son, God, Who is able to do all things of Himself, shall bless thee as He blessed thy father.' And the boy Mercurius went and mounted the governor's horse. And the soldiers cried out to him saying, 'Dismount.' And the governor said unto his soldiers, 'Let him alone and let him come hither.' And the governor said unto the boy Mercurius, 'What dost thou want?' And Mercurius said unto him, 'I want to be a soldier of thine.' And the mother of Mercurius came behind him, and the governor said unto her, 'Is this boy thy son?'

[1] The governor was Noah.

ወልድየ:: ወይቤላ: እምዝኩ: ብሔር: አንቲ:: ወትቤሎ:
ብሔርየሰ: ብሔረ: ፋርስ:: ወይቤላ: መኑ: ስምኪ: ወትቤሎ:
ታቦት:: ወይቤላ: መኑ: ስሙ: ዝንቱ: ወልድኪ: ወትቤሎ:
ቀዳማይ: ስሙ: ፊሉፓዴር፤ ወእምድኅረ: ተጠምቀ:
Fol. 111 a 1 ሰመይዎ: መርቆሬዎስ:: ወእምድኅረ: ሰማዓ: ዘንቱ: ኖ|ኅ:
ነሥአ: ለሕፃን: መርቆሬዎስ: ወልዱ: ሐቀፎ: ወሰዓሞ:
ገጾ: ወበከየ: ወይቤሎ: አንተኑ: ወልድየ:: ወይቤላ:
አንቲኑ: እሙ: መርቆሬዎስ: ብእሲትየ:: ወአእኰቶ: ለእ
ግዚአብሔር: ዘአስተራከበ: ምስለ: ብእሲቱ: ወወልዱ:
መርቆሬዎስ:: ወሶበ: ሰምዓ: ንጉሠ: ዳኬዎስ: አእኰቶ:
ለእግዚአብሔር: ወአንከረ:: ወንጉሠ: ዳኬዎስ: ጸውዖ:
ለኖኅ: ወለመርቆሬዎስ: ወልዱ: ወወሀበ: ብዙኀ: ንዋየ:
ወረሰዮ: ለኖኅ: መልዕልተ: ኵሉ: ሠራዊቱ: ወነበረ: ኖኅ:

And she said, 'Yea, [he is] my son.' And he said unto her, 'Art thou a native of this country?' And she said unto him, 'My country is the country of Persia.' And he said unto her, 'What is thy name?' And she said unto him, 'Tâbôt.' And he said unto her, 'What is the name of this thy son?' And she said unto him, 'Formerly his name was Philopator, but when he was baptized [the bishop] gave him
Fol. 111 a 1 the name of Mercurius.' After Noah | heard this he took up the boy, his son Mercurius, and he hugged him and kissed his face, and wept, and said unto him, 'Art thou my son?' And Noah said unto the woman, 'Art thou the mother of Mercurius, my wife?' And he gave thanks unto God because he had found his wife and his son Mercurius. And when the Emperor Decius heard [this] he gave thanks unto God and marvelled. And the Emperor Decius called Noah and Mercurius his son, and he gave him much money, and he appointed Noah to be over all his army. And Noah sat down for a few days, and died, and the Emperor Decius gave

ኅዳጠ: መዋዕለ: ወሞተ:: ወንጉሠ: ዳኬዎስ: ወሀበ:
ለመርቅሬዎስ: ርስተ: አቡሁ:: ወእምድኅረ: ኅዳጥ:
መዋዕል: ለአከ: ንጉሠ: አራም: ወይቤሎ: ለዳኬዎስ:
እፈቅድአ: እፃብዕከ: ወእትቃተል: ምስሌከ:: ወይቤሎ:
ዳኬዎስ: ለላእክ: ይኩን:: ወጸውዖ: ዳኬዎስ: ለመር
ቆሬዎስ: ወይቤሎ: ንሣእ: ሠራዊተ: ወተቃተለ: ምስለ:
ንጉሠ: አራም:: ወመርቆሬዎስ: ምስለ: ሠራዊቱ: ተዓየነ:
ወሖረ: ምድረ: አራም:: ወንጉሠ: አራም: ምስለ: ሠራዊቱ:
ተዓየነ: ወተናጸሩ: በበይናቲሆሙ:: ወለአከ: ኀበ: ንጉሠ:
አራም: መርቆሬዎስ: እንዘ: ይብል: ጌሠመ: ንትቃተል:
ወወዓሉ:: ወመስየ: ወኖመ: መርቆሬዎስ: ምስለ: ሰራዊቱ:
ወአ|ስተርአዮ: ለመርቆሬዎስ: በህልም: ገብርኤል: መለ Fol. 111a2
አከ: እግዚአብሔር: ወወሀበ: ሰይፈ: ወይቤሎ ንሣእ:
ወሀበከ: እግዚአብሔር: ኃይለ: ወጌሠመ: ትመውዖሙ:

Mercurius the inheritance of his father. And after a few days the king of Arâm sent a messenger unto Decius, saying, 'I wish to fight thee and to do battle with thee'; and Decius said unto him, 'So let it be.' And Decius called Mercurius, and said unto him, 'Take troops and [go and] fight the king of Arâm.' And Mercurius mustered his troops and departed to the land of Arâm. And the king of Arâm mustered his troops, and the two armies were drawn up facing each other. And Mercurius sent a message unto the king of Arâm, saying, 'To-morrow we will do battle.' And they passed the day, and the night came, and Mercurius and his soldiers slept. And Gabriel, the angel of God, appeared | unto Mercurius in Fol. 111a2
a dream, and he gave him a sword and said unto him, 'Take it. God hath given unto thee power, and to-morrow thou shalt conquer thine enemy.' And the angel Gabriel said unto Mercurius, 'The Emperor Decius hath forsaken the

ለፀርከ። ወይቤሎ፡ መለአክ፡ ገብርኤል፡ ለመርቆሬዎስ፡
ዳኬዎስ፡ ንጉሠ፡ ኀደገ፡ ሕገ፡ ክርስቲያን፡ ወሰገደ፡ ለጣዖት፡
ወያቤሎ፡ ለመርቆሬዎስ፡ ዕቀብ፡ ሃይማኖት፡ ክርስቶስ፡
ዘተመሀርከ፡ እምኀበ፡ አቡከ። ወነቅሆ፡ መርቆሬዎስ፡
ኀዘነ፡ ዓቢየ፡ ኀዘነ፡ ወመጽኡ፡ መኳንንት፡ ይናዝዝዎ፡
ወርእይዎ፡ እንዘ፡ ይቴክዝ፡ ዓቢየ፡ ትካዘ፡ ወይቤልዎ፡
ኦሊቅነ፡ ለእመ፡ ያቴክዘከ፡ ቀትል፡ አላ፡ ንሕነ፡ ንትቃተል፡
ህየንቴከ። ወይቤሎሙ፡ መርቆሬዎስ፡ በኀበ፡ ፀብዕሰ፡
ንሕነ፡ ንመውዕ፡ ኢትፍርሁ፡ ወአንሰ፡ እቴክዝ፡ በእንተ፡
ዳኬዎስ፡ ንጉሠ፡ እስመ፡ ኀደገ፡ ሃይማኖተ፡ ክርስቶስ፡
ወሰገደ፡ ለጣዖት። ወሶበ፡ ሰምዑ፡ ዘንተ፡ ነገረ፡ ኀዘኑ፡
መኳንንት፡ በእንቲአሁ፡ ወወፅኡ፡ ለቀትል፡ ይትቃተሉ።
ወአስተርአዮ፡ መልአከ፡ እግዚአብሔር፡ ለመርቆሬዎስ፡
ወወሀቦ፡ እሉንተ፡ አስይፍተ፡ ወይቤሎ፡ እግዚአብሔር፡

Christian Religion, and he worshippeth idols'; and he said unto Mercurius, 'Keep the faith of Christ which thou didst learn from thy father'; and Mercurius awoke. And he was sorrowful with a great sorrow, and the officers comforted him, for they saw that he was suffering great tribulation, and they said unto him, 'O our master, surely the war doth not cause thee sorrow? If it doth we will fight for thee.' And Mercurius said unto them, 'In so far as the war is concerned we shall conquer; fear not. But I am grieved on account of Decius the Emperor, for he hath forsaken the faith of Christ and he worshippeth idols.' And when they had heard these words the officers were sorry for him; and they went out to the battle and fought. And the angel of the Lord appeared unto Mercurius and gave him these swords, and he said unto him, 'God hath given [these] unto thee, and thou shalt fight with them, and multitudes shall

ወሀበከ፡ ተቃተሉ፡ ውብዙኃን፡ ሞቱ፡ እምአራም፡ ወመርቆ
ሬዎስ፡ ብዙኃነ፡ ቀተለ፡ እስከ፡ ይጠብቅ፡ እዴሁ፡ ምስለ፡
ሰይፍ፡ እምደመ፡ ሰብእ፡ ወዘረወሙ። ወገብአ፡ ብሔር፡
ወንጉሠ፡ ዳኬዎስ፡ ሰምዐ፡ ከመ፡ መርቆሬዎስ፡ ሞዐ፡ ፀሮ፡
ወፈነወ፡ ሎቱ፡ ብዙ|ኃ፡ ንዋየ፡ ወሰሚዖ፡ መርቆሬዎስ፡ Fol. 111 *a* 3
ከመ፡ ዳኬዎስ፡ ሰገደ፡ ለጣዖት፡ አግብአ፡ ሎቱ፡ ንዋዮ፡
ወመርቆሬዎስ፡ ሶበ፡ ቀርበ፡ ውስተ፡ ሀገር፡ ረከበሙ፡
አብድንተ፡ዘቀተሎሙ፡ዳኬዎስ፡በእንተ፡ክርስቶስ። ወወረደ፡
መርቆሬዎስ፡ እምላዕለ፡ ፈረሱ፡ ኅዘነ፡ ወበከየ፡ ወዳግመ፡
ኢተፅዕነ፡ ዲበ፡ ፈረሱ፡ ወዓበየ፡ በዊዐ፡ ቤተ፡ ንጉሠ፡ ወሖረ፡
ቤተ። ወይቤሎ፡ ንጉሠ፡ ነዓ፡ ንግረኒ፡ ዘኮነ፡ ላዕሌከ፡
በውስተ፡ ፀብዕ። ወይቤሎ፡ መርቆሬዎስ፡ አንሰ፡ ደከምኩ፡
በውስተ፡ ፀብዕ፡ ወኢይክል፡ መጺአ፡ ወኀደገ፡ አልባሲሁ፡
ወለብሰ፡ ሠቀ፡ ቆመ፡ ወጸለየ፡ ለእግዚአብሔር፡ ወይቤ፡

---

die through their mouths (i.e. edges).' And Mercurius slew so many men in battle that his hand stuck to [the handle of] the sword through the blood of the men whom he slew. And Mercurius returned to his country, and when the Emperor Decius heard that Mercurius had vanquished the enemy, he sent unto him very many | gifts and possessions; but Mer- Fol. 111 *a* 3
curius, having heard that Decius had worshipped idols, sent back to him his gifts and possessions. And when Mercurius had drawn nigh to the city, he found the dead bodies of those whom Decius had slain for Christ's sake. And Mercurius got down from his horse, and he was sorrowful and wept; and he never mounted his horse again, and he refused to enter the Emperor's palace and departed to his own house. And the Emperor said unto him, 'Come, tell me what hath happened unto thee in the war.' And Mercurius said unto him, 'I am exhausted by the war, and am unable to come.' And Mercurius put off his garb [of a soldier], and put on

እግዚኦ፡ አድኅነኒ፡ እምሰጊድ፡ ለጣዖት። ወበሳኒታ፡
ፀውዖ፡ ንጉሠ፡ ወይቤሎ፡ እስመ፡ ሕሙም፡ አነ፡ ኢይክል፡
መጺአ፤ ወይቤ፡ ንጉሠ፡ ኅድግዎ። ወነበረ፡ መዓልተ፡
ይጸውም፡ ወይጼሊ፡ ወይቤ፡ አድኅነኒ፡ እግዚአ፡ እምት
ምይንቱ፡ ለሰይጣን። ወደገመ፡ ለአከ፡ ንጉሠ፡ ኀበ፡
መርቆሬዎስ፡ ወሖረ፡ ኀቤሁ፡ ወይቤሎ፡ ንጉሠ፡ ለመርቆሬ
ዎስ፡ በእንተ፡ ምንተ፡ ኢመጻእከ፡ ኀቤከ፡ ከመ፡ ትንግረኒ፡
ዘኮነ፡ በውስተ፡ ፀብዕ። ወይቤሎ፡ መርቆሬዎስ፡ አንሰ፡
ኢኮንኩ፡ ሕሙመ። ወይቤሎ፡ ንጉሠ፡ ዳኬዎስ፡ ለመርቆ
ሬዎስ፡ ለምንት፡ ዘወሀብኩከ፡ ንዋየ፡ ዓበይከ። ወይቤሎ፡
Fol. 111 b1 መርቆሬዎስ፡ ለንጉሠ፡ ትካት፡ | አንተ፡ ታፈቅሮ፡ ለክርስቶስ፡
ወይእዚሰ፡ ኃደገ፡ ለእግዚእነ፡ ኢየሱስ፡ ክርስቶስ፡ ወኢይፈ
ቅድ፡ ንዋየከ። ወይቤሎ፡ መርቆሬዎስ፡ ለንጉሠ፡ አነ፡
ቀዳሚ፡ ኮንኩ፡ ሐራከ፡ ወእለብስ፡ ከማከ፡ አልባሰ፡

---

sackcloth. And he stood up and prayed to God, saying, 'O Lord, deliver thou me from the worship of idols.' And the Emperor summoned him a second time, and Mercurius said unto him, 'I am suffering from fever and I cannot come'; and the Emperor said, 'Let him alone.' And Mercurius continued to fast daily and to pray, and he said, 'Deliver Thou me, O Lord, from the wiles of Satan.' And again the Emperor sent to Mercurius, and he went to him, and the Emperor said unto him, 'For what reason didst thou not come to me and report what happened in the war?' And Mercurius said unto him, 'I was unable to do so having fever.' And the Emperor Decius said unto Mercurius, 'Why hast thou rejected the gifts which I gave thee?' And Mer-
Fol. 111 b1 curius said unto the Emperor, 'In days of old | thou didst love Christ, but now thou hast forsaken our Lord Jesus Christ; I do not wish for thy gifts and possessions.' And he said

መንግሥትየ: (*sic*) ወአነ: ይእዜ: ገብሩ: ለኢየሱስ: ክርስቶስ: ወመጽአ: ኢየሱስ: በትሕትና: ወተምዐ: ንጉሠ: ወመከረ: በልቡ: ወይቤ: ኢይረክብ: ዘይፀብዕ: ፀርየ:: ወይቤ: ንጉሠ: ለሠራዊቱ: ጠፍአ: ልቡ: ለመርቆሬዎስ: እስከ: ይመክር: ሰሙነ: ዕለተ:: ወእምድኅረ: ሰሙን: ዕለት: አምጽእዎ: ኀቤሁ:: ወይቤሎ: ንጉሠ: ለመርቆሬዎስ: ገብአኑ: ልብከ:: ወይቤሎ: መርቆሬዎስ: ለንጉሠ: እምንዕስየ: እስከ: ይእዜ: ኢኀደጉ: ክርስቶስሃ: ወአንተ: ንጉሠ: ትካት: አመ: ተፈቅሮ: ለክርስቶስ: ሀለወከ: ልብ: ወይእዜኒ: ዓበድከ: ወኀደግ: ለክርስቶስ:: ወተምዐ: ንጉሠ: ለመርቆሬዎስ: ወአዘዘ: ከመ: ይሰድዎ: ቤተ: ሞቅሕ:: ወተከዘ: ንጉሠ: በእንተ: መርቆሬዎስ: ወበእንተ: ላህዩ: ወዘይመውዕ: ፀሮ:: ወእምድኅረ: ሠሉስ: መዋዕል: ለአከ: ንጉሠ: ያምጽእዎ: ኀቤሁ: ወአመጽአዎ: ኀቤሁ::

---

unto the Emperor, 'Formerly I was thy soldier, and I wore, like thyself, the uniform of thy kingdom; but now I am a servant of Jesus Christ, and Jesus came in humility.' And the Emperor was wroth, and he took council within himself, saying, 'I cannot find any to fight against mine enemies [like him].' And the Emperor said unto his soldiers, 'Mercurius hath lost his senses; let him alone for eight days that he may meditate'; and after eight days they brought Mercurius before him. And the Emperor said unto Mercurius, 'Have thy senses returned unto thee?' And Mercurius said unto the Emperor, 'From my youth up even unto this day I have never forsaken Christ, and in days of old thou thyself, O Emperor, didst love Christ, and thou wast a man of understanding; but now thou hast become a fool, for thou hast forsaken Christ.' And the Emperor was wroth with Mercurius, and he commanded them to carry him to the prison.

ወይቤሎ፡ ንጉሥ፡ ለመርቆሬዎስ፡ ኢተማስን፡ ላሀየከ፡ አንሰ፡
ኢይምሕረከ። ወይቤሎ፡ መርቆሬዎስ፡ ለንጉሥ፡ ይቤ፡
እግዚአብሔር፡ በወንጌል፡ ኢትፍርህዎሙ፡ እምእለ፡
Fol. 111 *b* 2 ይቀትሉክሙ፡ ሥጋክሙ፡ ፍርህዎሰ፡ ዘይ|ክል፡ ነፍሰሂ፡
ወሥጋኒ። ወአዘዘ፡ ንጉሥ፡ ይዝብጥዎ፡ በሰውጥ፡ እስከ፡
ይትመተር፡ ሥጋሁ፡ ወይውኅዝ፡ ደሙ፡ ውስተ፡ ምድር።
ወይቤሎ፡ ንጉሥ፡ ለመርቆሬዎስ፡ ይኄይሰከኑ፡ ዝ፡ ወወ
ሰድዎ፡ ውስተ፡ ቤተ፡ ሞቅሕ፡ ወአሰርዎ፡ እደዊሁ፡
ወእገሪሁ፡ ወመንፈቀ፡ ሌሊት፡ ቆመ፡ ወጸለየ፡ ወይቤ፡
እግዚእየ፡ ኢየሱስ፡ ክርስቶስ፡ ኅድግ፡ ሊተ፡ ኃጢአትየ፡
ወአጽንዓኒ፡ እስከ፡ እመውት፡ በእዓተ፡ ስምከ፡ ወደምረኒ፡
ምስለ፡ ቅዱሳን፡ ወሰማዕት። ወወረደ፡ ሚካኤል፡ ሊቀ፡
መላእክት፡ ወአስተርአዮ፡ በቤተ፡ ሞቅሕ። ወይቤሎ፡

And the Emperor was sad about Mercurius, for his person was goodly and he had conquered his enemies. And after three days the Emperor sent a message for them to bring him before him, and they brought him before him. And the Emperor said unto Mercurius, 'Destroy not thy goodly person; I shall not have pity upon thee.' And Mercurius said unto the Emperor, 'The Lord saith in the Gospel, "Fear ye not those who can destroy your bodies, but fear him who can destroy
Fol. 111 *b* 2 both soul and body."'[1] And the Emperor commanded them to beat him with whips until his flesh was cut to pieces and his blood poured down on the ground. And the Emperor said unto Mercurius, 'Art thou able to get the better of this?' And they cast him into prison, and bound him hand and foot. And at midnight he stood up and prayed, and said, 'O my Lord Jesus Christ, forgive me my sins, and give me strength to endure even unto death for Thy Name's sake,

[1] Matt. x. 28; Luke xii. 5.

ወሀበከ፡ እግዚአብሔር፡ ኀይለ፡ ወደመረከ፡ ምስለ፡
ሰማዕት፡፡ ወጌሠመ፡ ትከውን፡ ሰማዕተ፡፡ ወኵሉ፡ ዘያበውዕ፡
መሥዋዕተ፡ ወዕጣነ፡ ወቍርባነ፡ በእንተ፡ ስምከ፡ ቅዱስ፡
ይሰሪ፡ ሎቱ፡ እግዚአብሔር፡ ኀጢአቶ፡፡ ወኵሉ፡ ዘይሁብ፡
ለነዳይ፡ ወለምስኪን፡ ወለእንግዳ፡ በእንተ፡ ስምከ፡ ቅዱስ፡
እግሂአብሔር፡ ይሰሪ፡ ሎቱ፡ ኀጢአቶ፡ ወይጽሕፍ፡ አስማቲሁ፡
ውስተ፡ መጸሐፈ፡ ሕይወት፡፡ ወይናዝዞሙ፡ ለሙቁሓን፡
ወያሀሄኒ፡ ሎሙ፡ ይሰሪ፡ ሎቱ፡ እግዚአብሔር፡ ኀጢአቶ፡፡
ወዘሐነፀ፡ መርጡለ፡ በእንተ፡ ስምከ፤ ይጽሕፍ፡ ስሞ፡
ውስተ፡ መጽሐፈ፡ ሕይወት፡ ወይዴምሮ፡ ምስለ፡ አብርሃም፡
ይስሐቅ፡ ወያዕቆብ፡ በመንግሥተ፡ ሰማያት፡፡ ወይቤሎ፡
መልአከ፡ እግዚአብሔር፡ ለመርቆሬዎስ፡ | ኀይለ፡ እግዚአ Fol. 111 *b* 3
ብሔር፡ ምስሌከ፤ ወዘንተ፡ እምድኅረ፡ ይቤ፡ ሖረ፡ መልአከ፡

---

and make me to company with the saints and martyrs.' And Michael the archangel came down, and appeared unto him in person, and said unto him, 'God hath given strength unto thee, and hath made thee a companion of the martyrs, and to-morrow thou shalt become a martyr. And God shall forgive the sins of every one who shall bring sacrifices and incense and offerings in thy holy name. And God shall forgive the sins of every man who shall give alms to the poor and the needy and the stranger in thy holy name, and shall write his name in the Book of Life. And God shall forgive the sins of [every man] who shall comfort the afflicted and do good unto them [in thy holy name]. And God shall write in the Book of Life the name of him that shall build a martyrium in thy name, and shall make him to be a companion of Abraham, Isaac, and Jacob in the kingdom of the heavens.' And the angel of the Lord said unto Mercurius, | 'The might of God is with thee'; and having said Fol. 111 *b* 3

እግዚአብሔር፡ እምኔሁ። ወሶቤሃ፡ ተፈትሐ፡ መዋቅሕተ፡
ሐፂን፡ እምእደዊሁ፡ ወእገሪሁ። ቆመ፡ መርቆሬዎስ፡
ወሰአለ፡ ወሴብሐ፡ ለእግዚአብሔር፡ ወበሳኒታ፡ አዘዘ፡
ንጉሠ፡ ያምጽእዎ፡ ለመርቆሬዎስ፡ ወይቤሎ፡ ንጉሠ፡
ለመርቆሬዎስ፡ መሐር፡ ላህየከ፡ ወይቤሎ፡ መርቆሬዎስ፡
ኅድግ፡ አንተኒ፡ ሰጊደ፡ ለጣዖት፡ ወመሐር፡ ነፍሰከ።
ወተምዐ፡ ንጉሠ፡ ላዕለ፡ መርቆሬዎስ፡ ወይቤሎሙ፡
ለሐራሁ፡ ንሥእዎ፡ ወምትርዎ፡ ርእሶ። ወመተርዎ፡
ርእሶ፡ አመ፡ ፳ወ፭ለኀዳር። ወነበረ፡ ዳኬዎስ፡ ንጉሠ፡
ኅዳጠ፡ መዋዕለ፡ ወሐመ፡ እስከ፡ ዕፄያት፡ ይወፅአ፡ እም
ሥጋሁ። ወወፅአ፡ ልሳኑ፡ እምአፈሁ፡ ወሞተ፡ እኩየ፡
ሞተ። ወነግሠ፡ ህየንቴሁ፡ ዑልያኖስ፡ ዘይሰግድ፡ ለጣዖት፡
ወይእኅዞሙ፡ ለካህናት፡ ወለዲያቆናት፡ ወለክርስቲያን፡

---

this the angel of the Lord departed from him. And straightway the fetters of iron on his hands and feet were loosed, and Mercurius stood up, and prayed and blessed God. And on the following day the Emperor commanded them to bring Mercurius [before him], and he said unto him, 'Spare thy goodly person.' And Mercurius said unto him, 'Forsake thou the worship of idols, and spare thyself.' And the Emperor was wroth with Mercurius, and he said unto his soldiers, 'Take him away and cut off his head.' And they cut off his head on the twenty-fifth day of the month of Hadâr. And the Emperor Decius remained a few days, and fell sick of a disease in which at length worms crawled out from his body, and his tongue protruded from his mouth, and he died an evil death.

And there reigned in his stead Julian, who was a worshipper of idols. And he seized the priests, and the deacons, and the Christians, and if they refused to worship idols he cut off

ወለእመ፡ ዓበዩ፡ ሰጊደ፡ ለጣዖት፡ ይመትር፡ ክሳዶሙ።
ወአምጽአ፡ ንጉሠ፡ ፪ኤጲስ፡ ቆጶሳተ፡ ለ፩ስሙ፡ ባስልዮስ፡
ወስሙ፡ ካልኡ፡ ጎርጎርዮስ፡ ወአኀው፡ ፪ሆሙ፡ ወጠቢባን፡
እሙንቱ፡ በሕገ፡ ክርስቶስ። ወይቤሎሙ፡ ዑ|ልያኖስ፡ ነዑ፡ Fol. 112 *a* 1
ንስግድ፡ ለጣዖት፡ ወይቤልዎ፡ ኤጲስ፡ ቆጶሳት፡ አንጉሠ፡
ንሕነሰ፡ ኢንስግድ፡ ዘእንበለ፡ ለኢየሱስ፡ ክርስቶስ፤ ወተምዓ፡
ንጉሠ፡ ወአዘዘ፡ ይሰድዎሙ፡ ቤተ፡ ሞቅሕ። ወበሳኒታ፡
አዘዘ፡ ንጉሠ፡ ያምጽኡ፡ ኤጲስ፡ ቆጶሳተ፡ ወይቤሎ፡
ንጉሠ፡ ዑልያኖስ፡ ለባሰልዮስ፡ ኦጽሕመ፡ ጠሊ፡ አይቴ፡
ኀደጎ፡ ለአምላክከ፡ ወልደ፡ ፀራቢ። ወይቤሎ፡ ባስልዮስ፡
ኀደግዎ፡ ይፀርብ፡ ሣፁናተ፡ መቃብሪሆሙ፡ ለሰማዕት።
ወይቤሎ፡ ንጉሠ፡ ዑቅ፡ ለነፍስከ፡ አንሰ፡ እትዔገሠከ፡
በእንተ፡ ዘልህቁ፡ ምስሌከ። ወይእዜኒ፡ ተማከር፡ ለሊከ፡
በልብከ፡ እስከ፡ አገብእ፡ እምፀብዕ፡ ወእምድኅረ፡ ገባእኩ፡
ለእመ፡ ኢሰገድከ፡ ለጣዖት፡ እመትር፡ ክሳደከ። ወይቤሎ፡

---

their heads. And the Emperor Julian brought two bishops, one of whom was called Bâsilyôs (Basil) and the other Gôrgôryôs (Gregory), and they were brothers, and were learned in the Law of Christ, and he said unto them, | 'Come, let us worship idols.' And the bishops said unto him, 'O Emperor, we only worship Jesus Christ'; and the Emperor was wroth with them, and he commanded them to be cast into prison. And on the following day the Emperor Julian commanded them to bring the bishops before him, and he said unto Basil, 'O goat's beard, where didst thou leave thy God, the Son of the carpenter?' And Basil said unto him, 'I left Him making coffins in which to bury the martyrs.' And the Emperor said unto him, 'Take heed to thyself. I only bear with thee because I grew up with thee. And now, take counsel with thine own heart until I return from the war; and if after I have returned thou Fol. 112 *a* 1

ባስልዮስ፡ ለንጉሠ፡ ዑልያኖስ፡ ሐዊረከ፡ ፀብአ፡ ለእመ፡
ገባዕከ፡ ሊተሠገወ፡ ክርስቶስ፡ እማርያም። ወተምዐ፡
ንጉሠ፡ ወአዘዘ፡ ይደይወሙ፡ ቤተ፡ ሞቅሐ፡ ወይቤ፡
ዕቀቡወሙ፡ እስከ፡ እገብእ፡ እምፀብዕ፡ ወሖረ፡ ይትቃተል።
ወነበሩ፡ ባስልዮስ፡ ወጎርጎርዮስ፡ ውስተ፡ ቤተ፡ ሞቅሐ፡
በጾም፡ ወበጸሎት። ወውስተ፡ ውእቱ፡ ቤተ፡ ሞቅሐ፡
ሀለወት፡ ንስቲት፡ ቤተ፡ [ክ]ርስቲያን። ወሶበ፡ መስየ፡ ቦኡ፡
Fol. 112 a2 ቤተ፡ ክርስቲያን፡ ወጸለዩ። ወእንዘ፡ ይጸልዩ፡ ባስል|ዮስ፡
ወጎርጎርዮስ፡ ርእዩ፡ ውስተ፡ ዓምድ፡ ሥዕለ፡ ቅዱስ፡ መር
ቆሬዎስ፡ ወይቤሎ፡ ባስልዮስ፡ መርቆሬዎስ፡ መርቆሬዎስ፡
አማኅፀነ፡ ነፍሰነ፡ ኀቤከ፡ ወኀበ፡ እግዚአብሔር፡ ከመ፡
ትቅትሎ፡ ለዑልያኖስ፡ በውስተ፡ ፀብዕ። ወሖሩ፡ ኤጲስ፡
ቆጶሳት፡ ወኖሙ፡ ወአስተ[ር]አዮ፡ ለባስልዮስ፡ በህልም፡
መርቆሬዎስ፡ እንዘ፡ ይብል፡ ቀተልክዎ፡ ለዑልያኖስ፡ መም

---

wilt not worship idols, I will cut off thy head.' And Basil said unto the Emperor, 'Julian, if thou returnest from the war on which thou art departing, then Christ never took upon Himself flesh from Mary.' And the Emperor was wroth, and he commanded them to cast the bishops into prison, and he said, 'Guard them very carefully until I return from the war'; and he went and was slain. And Basil and Gregory remained in prison fasting and praying. And there was in the prison a little church, and when the evening came they would go into the church and pray. And whilst Basil |
Fol. 112 a2 and Gregory were praying they saw on the pillar a picture of Saint Mercurius. And Basil said unto him, 'Mercurius, Mercurius, in sure confidence and trust we rely upon thee and God to slay Julian in the war.' And the bishops went out from the church, and they fell asleep. And Mercurius appeared to Basil in a dream, saying, 'I have slain Julian the Apostate.' And Basil woke Gregory and told him what

ዕሳይ:: ወአንቅሆ: ባስልዮስ: ለጎርጎርዮስ: ወነገሮ: ዘርእየ:
በህልም:: ትንሥኡ: ወሖሩ: ቤት: ክርስቲያን:: ወሶበ: ቦኡ:
ቤተ: ክርስቲያን: ርእዩ: ሥዕለ: መሮቅሬዎስ: ወኲናተ:
ውስተ: እዴሁ: ዘምሉዕ: ደመ:: ወይቤሎ: ባስልዮስ:
ለመርቆ|ሬዎ[ስ:] ቀተልከኑ: ለኡልያኖስ: መምዕሳይ: Fol. 112 a 3
ወዝኲ: ሥዕል: አፅነነ: ርእሶ:: ወሶበ: ርእዩ: ኤጲ.ስ: ቆጶሳት:
ተፈሥሑ: ወባረክዎ: ለእግዚአብሔር:: አመ: የሐውር:
ውስተ: ፀብዕ: መርቆሬዎስ: ቀተሎ: ለኡልያኖስ: መም
ዕሳይ:: ወሶበ: ወግዖ: ወድቀ: እምላዕለ: ፈረሱ: ወኡል
ያኖስ: ነሥአ: ሐመደ: እምድር: ወዘረወ: ላዕለ: ወሞተ:
እኩየ: ሞተ:: ወጋብኡ: ሠራዊቱ: ወአንገሡ: ህየንቴሁ:
አኖሬዎስሃ: መራቀሬ: ሃይማኖተ: ክርስቶስ: ወሐነፀ:
አብያተ: ክርስቲያናት: ወአጽንዖሙ: በሀገረ: ሮሜ: በስመ:
መርቆሬዎስ: ወአስተርአየ: ብዙኃ: ተአምራት: እምይእቲ:
ቤተ: ክርስቲያን::

---

he had seen in a dream. And they rose up and went into the church, and when they had come into the church they looked at the picture of Mercurius, and saw that the spear in his hand was full of blood. And Basil said unto Mercurius, | 'Hast thou slain Julian the Apostate?' And the picture Fol. 112 a 3 nodded its head. And when the bishops saw [this] they rejoiced, and they blessed God because Mercurius had gone to the war and slain Julian the Apostate. Now when Julian was smitten he fell from his horse, and he took some dust off the ground and threw it up in the air; and he died an evil death. And the soldiers returned and made Honorius, the lover of the faith of Christ, king in his stead. And he built churches and established [shrines] in the city of Rome in the name of Mercurius. And many miracles were made manifest in that church.

ORIENTAL MSS., NOS. 6806 A, 6780, AND 6800

I. Oriental MS., No. 6806 A, contains four very much mutilated leaves, which probably belong to Oriental 7022 or a manuscript resembling it. When complete the text supplied the continuation of the conversation between Chrysostom and the Emperor Arcadius, and described the building of a shrine to Raphael, and a miracle wrought by the archangel. The first part of the Encomium is printed on pp. 526–34. The most complete fragments of text read:

Fol. 1 *a*. ⲉⲧ ⲟⲩⲁⲁⲃ· ⲁϥϣⲉⲣⲡ̄ ϭⲱⲗⲡ̄ ⲛⲁⲕ ⲉ ⲃⲟⲗ ⲙ̄ ⲡⲁ ⲥⲕⲟⲡⲟⲥ· ⲧⲉⲛⲟⲩ ϭⲉ ⲡⲛⲟⲩⲧⲉ ⲙⲛ̄ ⲡⲁⲣⲭⲁⲅⲅⲉⲗⲟⲥ ⲉⲧ ⲟⲩⲁⲁⲃ ϩⲣⲁⲫⲁⲏⲗ· ⲙⲛ̄ ⲧⲉⲕⲙⲛ̄ⲧⲉⲓⲱⲧ ⲡⲉⲧ ⲣⲱϣⲉ ⲉ ⲡⲉⲓ ϩⲱⲃ ⲡⲁ̄ⲓ̄· Ⲡⲉϫⲁⲓ ⲇⲉ ⲛⲁϥ ⲁⲛⲟⲕ ⲓⲱϩⲁⲛⲛⲏⲥ· ϫⲉ ⲡⲛⲟⲩⲧⲉ ⲉϥⲉϯ ⲧⲟⲟⲧⲕ̄ ϩⲛ̄ ϩⲱⲃ ⲛⲓⲙ ⲉⲛⲁⲛⲟⲩϥ· ⲉⲕⲛⲁⲁⲣⲭⲉⲓ ⲉ ⲣⲟϥ· ⲁⲗⲗⲁ ϥⲥⲏϩ ϫⲉ ⲡⲛ̄ⲧ ⲁϥⲁⲣⲭⲉⲓ ⲉ̄ ⲡϩⲱⲃ ⲉⲧ ⲛⲁⲛⲟⲩϥ ⲙⲁⲣⲉ̄ϥϫⲟⲕϥ̄ ⲉ̄ ⲃⲟⲗ· ⲗⲟⲓⲡⲟⲛ ⲙ̄ⲡⲣ̄ϫⲟⲟⲥ ϫⲉ ⲣⲁⲥⲧⲉ· ⲛ̄ⲅ̄ ⲥⲟⲟⲩⲛ ⲅⲁⲣ ⲁⲛ·

Fol. 1 *b*. ⲛ̄ⲧⲟⲕ ⲅⲁⲣ ⲁⲕϫⲟⲟⲥ ϩⲛ̄ ⲧⲉⲕ ⲧⲁⲡⲣⲟ ⲛ̄ⲛⲟⲩⲧⲉ ⲉ ⲃⲟⲗ ϩⲓⲧⲛ̄ ⲛⲉⲕⲡⲣⲟⲫⲏⲧⲏⲥ ϫⲉ ⲡⲥⲟⲡⲥⲛ̄ ⲙ̄ ⲡⲇⲓⲕⲁⲓⲟⲥ ϭⲙ̄ϭⲟⲙ ⲉⲙⲁⲁⲧⲉ· ⲛ̄ϩⲟⲩⲟ̄ ⲉ ϩⲉⲛⲧⲃⲁ ⲙ̄ ⲙⲏⲏϣⲉ ⲉⲛⲁϣⲱⲟⲩ:—Ⲛ̄ⲧⲟⲕ ⲅⲁⲣ ⲡⲉⲛⲧ ⲁⲕϫⲟⲟⲥ· ϫⲉ ⲁⲓⲧⲉⲓ ⲁⲩⲱ ⲧⲉⲧⲛⲁϫⲓ· ⲛ̄ ⲧⲉⲣⲉ ⲓϫⲉ ⲛⲁⲓ ⲇⲉ ⲉⲓϣⲗⲏⲗ· ⲁⲩⲥⲙⲏ ϣⲱⲡⲉ ϣⲁ ⲣⲟⲓ ⲉ ⲃⲟⲗ ϩⲛ̄ ⲧⲡⲉ ⲉⲥϫⲱ ⲙ̄ⲙⲟⲥ· ϫⲉ Ⲓⲱϩⲁⲛⲛⲏⲥ ⲡⲉⲅⲗⲱⲥⲥⲟⲅⲟⲙⲱⲛ ⲛ̄ ⲧⲡⲓⲥⲧⲓⲥ· ⲡⲉϩⲟⲟⲩ ⲛ̄ⲧⲁⲕ ⲁⲓⲧⲉⲓ ⲙ̄ⲙⲟⲓ·

Fol. 2 *a*. ⲅⲉⲗⲟⲥ ⲉⲧ ⲟⲩⲁⲁⲃ ϩⲣⲁⲫⲁⲏⲗ· ϭⲉⲡⲏ ⲇⲉ ⲙⲁⲣⲉ̄ϥⲁⲣⲭⲉⲓ ⲛ̄ ⲕⲱⲧ· ⲁⲛⲟⲕ ⲇⲉ ⲛ ⲧⲉⲣⲉ ⲓⲥⲱⲧⲙ̄ ⲉ ⲛⲁⲓ ⲁⲓϯ ⲉⲟⲟⲩ ⲙ̄ ⲡⲛⲟⲩⲧⲉ· ϩⲧⲟⲟⲩⲉ ⲇⲉ ⲙ̄ ⲡⲉϥⲣⲁⲥⲧⲉ ⲁϥⲣ̄ϣⲟⲣⲡ̄ ⲁϥⲉⲓ ϣⲁ ⲣⲟⲓ ⲛ̄ϭⲓ ⲡⲣ̄ⲣⲟ ⲙ̄ⲙⲁⲓ ⲛⲟⲩⲧⲉ ⲁⲣⲕⲁⲇⲓⲟⲥ· ⲁϥⲧⲣⲉ ⲩⲕⲁⲑⲁⲣⲓⲍⲉ ⲙ̄ ⲡⲙⲁ ⲉⲧ ⲟⲩⲛⲁⲕⲁ ⲧⲥⲛ̄ⲧⲉ ⲛ̄ ϩⲏⲧϥ̄ ⲙ̄ ⲡⲧⲟⲡⲟⲥ· ⲁⲩⲱ ⲡⲉϫⲁⲓ ⲛⲁϥ ϫⲉ ⲁⲕⲁⲓⲧⲉⲓ ⲁⲕϫⲓ ⲁⲕⲧⲱϩⲙ̄ ⲁⲩⲟⲩⲱⲛ ⲛⲁⲕ· ⲁⲕϣⲓⲛⲉ ⲁⲕϭⲓⲛⲉ· ⲁⲩⲱ ⲙ̄ⲡⲉ ⲡⲛⲟⲩⲧⲉ ϩⲟⲩ[...] ·

Fol. 2 *b*. ϣⲁⲛϩⲧⲏϥ· ⲁϥⲕⲱⲣϣ̄ ⲉ ⲧⲁ ⲙⲛ̄ⲧⲉⲗⲁⲭⲓⲥⲧⲟⲥ· ⲉ ⲧⲣⲁ ϣⲗⲏⲗ· ⲉϫⲙ̄ ⲡϣⲏⲣⲉ ϣⲏⲙ· ⲁⲩⲱ ⲛ̄ⲧⲉⲩⲛⲟⲩ ⲁ ⲡⲇⲁⲓⲙⲟⲛⲓⲟⲛ ⲉⲧ ϩⲙ̄ ⲡϣⲏⲣⲉ ϣⲏⲙ ⲱϣ ⲉ ⲃⲟⲗ ⲉϥϫⲱ ⲙ̄ⲙⲟⲥ· ϫⲉ ϯⲧⲁⲣⲕⲟ ⲙ̄ⲙⲟⲕ ⲱ̄ ⲓⲱϩⲁⲛⲛⲏⲥ ⲛ̄ ⲧϭⲟⲙ ⲙ̄ ⲡⲁⲣⲭⲁⲅⲅⲉⲗⲟⲥ ⲉⲧ ⲟⲩⲁⲁⲃ ϩⲣⲁⲫⲁⲏⲗ· ⲡⲁⲓ ⲉⲧ ⲙⲟⲟϣⲉ ϩⲛ̄ ⲧⲉⲧⲛ̄ⲙⲏⲧⲉ· ⲡⲁⲓ ⲉⲧⲉⲧⲛ̄ⲟⲩⲱϣ ⲉ ⲕⲱⲧ ⲛ̄ ⲟⲩⲧⲟⲡⲟⲥ ⲉ ⲡⲉϥⲣⲁⲛ· ⲙ̄ⲡⲣ̄ ⲧⲁⲕⲟ[ⲓ] ϩⲁⲑⲏ ⲙ̄ ⲡⲁ ⲟⲩⲟ̈ⲉⲓϣ· ⲛ̄ⲧⲉⲩⲛⲟⲩ ⲇⲉ·

Fol. 3 *a*. ⲛ̄ ⲧⲉⲣ ϥ̄ⲛⲁⲩ ⲉ̄ ⲡⲉⲛⲧ ⲁϥϣⲱⲡⲉ· ⲁϥⲁⲁϩⲉ ⲣⲁⲧϥ̄ ⲁϥⲉϣⲗⲟⲩⲗⲁⲓ ⲉ ⲃⲟⲗ ϩⲛ̄ ⲟⲩⲛⲟϭ ⲛ̄ ⲥⲙⲏ ⲉϥϫⲱ ⲙ̄ⲙⲟⲥ· ϫⲉ ⲕⲁⲥ ⲁⲕⲉⲓ ⲉ ⲧⲉⲛⲡⲟⲗⲓⲥ ϩⲣⲁⲫⲁⲏⲗ ⲡⲁⲅⲅⲉⲗⲟⲥ ⲙ̄ ⲡⲣⲁϣⲉ· ⲙⲛ̄ ⲡⲧⲉⲗⲏⲗ ⲡϣⲟⲩϣⲟⲩ ⲛ̄ ⲧⲙⲛ̄ⲧⲣⲱⲙⲉ ⲧⲏⲣⲥ̄· ⲡⲟⲓⲕⲟⲛⲟⲙⲟⲥ ⲙ̄ ⲡⲡⲁϫⲉⲗⲉ (*sic*) ⲉⲧ ⲛ̄ ⲧⲡⲉ: ⲱ̄ ⲛⲁⲓⲁⲁⲧ ⲁⲛⲟⲕ ⲉⲩⲙⲉⲛⲓⲟⲥ· ϫⲉ ⲁ ⲛⲁⲃⲁⲗ ⲛⲁⲩ ⲉ ⲛⲉⲕϭⲟⲙ· ⲙⲛ̄ ⲛⲉⲕϣⲡⲏⲣⲉ ⲙ̄ⲡⲟⲟⲩ· ⲕⲥⲙⲁⲙⲁⲁⲧ ⲱ̄ ⲡⲗⲓⲧⲟⲩⲣ[ⲅⲟⲥ] ⲉⲧ ⲥⲙⲁⲙⲁⲁⲧ·

Fol. 3 *b*. ϫⲉ ⲡⲁⲅⲅⲉⲗⲟⲥ ⲛ̄ ⲧⲙⲛ̄ⲧϣⲁⲛϩⲧⲏϥ· ⲁⲛⲟⲕ ⲇⲉ ϩⲱⲱⲧ ⲉⲩⲙⲉⲛⲓⲟⲥ ⲙⲛ̄ ⲙⲁⲣⲕⲉⲗⲗⲓⲟⲥ ⲙⲛ̄ ⲑⲉⲟ̄ⲇⲟⲥⲓⲟⲥ ⲛⲁϣⲏⲣⲉ ⲛ̄ⲧⲛ̄ⲛⲁⲣ ⲡⲃⲟ̄ⲗ ⲁⲛ ⲙ̄ ⲡⲣⲟ ⲙ̄ ⲡⲉⲕⲏⲓ ϣⲁ ⲉⲛⲉϩ ϣⲁ ⲡⲉϩⲟⲟⲩ ⲙ̄ ⲡⲉⲛⲙⲟⲩ: ⲁⲩⲱ ⲧⲁⲓ ⲧⲉ ⲑⲉ ⲛ̄ⲧⲁⲩϭⲱ ⲉⲩⲇⲓⲁⲕⲟⲛⲉⲓ ⲙ̄ ⲡⲧⲟⲡⲟⲥ ⲙ̄ ⲡⲁⲣⲭⲁⲅⲅⲉⲗⲟⲥ ϩⲣⲁⲫⲁⲏⲗ· ϣⲁ ⲡⲉϩⲟⲟⲩ ⲙ̄ ⲡⲉⲩⲙⲟⲩ· ⲡⲃⲉⲕⲉ ⲇⲉ ⲛ̄ⲧⲁ ⲡⲣ̄ⲣⲟ ⲧⲁⲁϥ ⲛⲁϥ· ⲁϥⲧⲁⲁϥ ⲙ̄ ⲙⲛ̄ⲧⲛⲁ ⲛ̄ ⲛ̄ϩⲏⲕⲉ· ⲛⲉⲁ[ϥ]ϯ ⲅⲁⲣ ⲛⲁϥ ⲛ̄[...]ⲟⲩ ⲛ̄ϣⲟ ⲛ̄[ⲛⲟⲙⲓⲥ]ⲙⲁ ϩⲁ ⲡⲃ[...] ·

Fol. 4 *a*. ⲁⲛϩⲁⲅⲓⲁⲍⲉ ⲙ̄ⲙⲟϥ ⲧⲁ ⲙⲛ̄ⲧⲉⲗⲁⲭⲓⲥⲧⲟⲥ·

ⲁⲛⲟⲕ ⲓⲱϩⲁⲛⲛⲏⲥ · ⲁⲓⲛⲟⲩϫⲕ̅ ⲙ̅ ⲡⲙⲟⲟⲩ ⲙ̅ ⲡⲧⲃ̅ⲃⲟ · ⲁⲓϩⲁⲅⲓⲁⲍⲉ ⲙ̅ⲙⲟϥ :—ϯⲛⲁϫⲱ ⲇⲉ ⲟⲛ ⲉ ⲧⲉⲧⲛ̅ⲙⲛ̅ⲧⲙⲁⲓ ⲛⲟⲩⲧⲉ · ⲛ̅ⲕⲉ ⲛⲟϭ ⲛ ϣⲡⲏⲣⲉ · ⲙⲛ̅ⲛ̅ⲥⲁ ⲧⲣⲉ ⲛⲉⲓⲣⲉ ⲇⲉ ⲟⲛ ⲙ̅ ⲡϫⲁⲓⲉⲓⲕ ⲙ̅ ⲡⲧⲟⲡⲟⲥ · ⲛⲉⲩⲛ̅ ⲕⲟⲩⲓ ⲇⲉ ⲛ̅ ⲗⲩⲙⲛⲏ ϩⲙ̅ ⲡⲥⲁ ⲛ̅ ⲉⲓⲉⲃⲧ̅ ⲛ̅ ⲧⲡⲟⲗⲓⲥ · ⲉⲣⲉ ⲛⲉⲑⲏⲣⲓⲟⲛ ⲙⲛ̅ ⲛ̅ϫⲁⲧϥⲉ ⲛϩⲏⲧⲥ̅ ⲛ̅ ⲧⲉⲩϣⲏ ϫⲉ ⲡⲉⲥⲙⲟⲟⲩ ϩⲟⲗϭ̅ · ⲛⲉⲩⲛ̅ ϩⲉⲛⲙⲟ[ⲟⲩⲓ] ⲇⲉ ϩⲙ̅ ⲡⲧⲟ[ⲟⲩ ⲉⲧ ⲙ̅]ⲙⲁⲩ · [...] ⲛⲉⲩⲛⲏⲩ ⲇⲉ ⲉ ⲡⲉⲥⲏⲧ ϩⲓ ⲡⲧⲟⲟⲩ ⲛ̅ϭⲓ ⲙⲙⲟⲩⲓ · ⲛⲉⲧⲉ ϣⲁⲩϭⲛ̅ⲧⲟⲩ ⲇⲉ ⲛ̅ⲣⲱⲙⲉ ⲙⲛ̅ ⲛ̅ ⲧⲃⲛⲟⲟⲩⲉ ϣⲁⲩⲙⲟⲟⲩⲧⲟⲩ :—ⲙⲛ̅ⲛ̅ⲥⲁ ⲧⲣ ⲛ̅ϩⲁⲅⲓⲁⲍⲉ ⲙ̅ ⲡⲧⲟⲡⲟⲥ ⲁⲓⲧⲣⲉ ⲩϫⲓ ⲛ̅ ⲟⲩⲕⲟⲩⲓ ⲙ̅ⲙⲟⲟⲩ ⲉⲧⲉ ⲡⲙⲟⲟⲩ ⲡⲉ ⲙ̅ ⲡⲧⲃ̅ⲃⲟ · ⲁⲩⲛⲟϫϥ̅ ⲉ ⲧⲗⲩⲙⲛⲏ ⲙⲙⲟⲟⲩ · ϩⲛ̅ ⲧⲡⲁϣⲉ ⲇⲉ ⲛ̅ ⲧⲉⲩϣⲏ ⲉⲧ ⲛⲏⲩ · ⲉⲓⲥ ϣⲟⲙⲛ̅ⲧ ⲙ̅ⲙⲟⲩⲓ ⲙⲛ̅[...]

Fol. 4 *b*. ⲙⲛ̅ ⲡⲉϥⲁⲣⲭⲁⲅⲅⲉⲗⲟⲥ ⲉⲧ ⲟⲩⲁⲁⲃ ϩⲣⲁⲫⲁⲏⲗ · ⲙⲛ̅ⲛ̅ⲥⲁ ⲛⲁⲓ ⲇⲉ ⲧⲏⲣⲟⲩ ⲛⲉ ⲁ ⲡⲣ̅ⲣⲟ ⲛ̅ ⲉⲩⲥⲉⲃⲏⲥ ⲧⲁⲙⲓⲟ̅ ⲙ ⲡⲗⲩⲙⲏⲛ ⲙ̅ ⲡⲁⲣⲭⲁⲅⲅⲉⲗⲟⲥ ⲉⲧ ⲟⲩⲁⲁⲃ ϩⲣⲁⲫⲁⲏⲗ · ϩⲛ̅ ⲟⲩⲛⲟⲩⲃ ⲉϥⲥⲟⲧⲛ̅ :—ⲁϥⲧⲟϭⲥϥ̅ ⲛ̅ⲱⲛⲉ ⲙ̅ⲙⲉ · ⲁⲩⲱ ⲁϥⲡⲏⲥⲥⲉ ⲙⲙⲟϥ ⲙ̅ ⲡϩⲟⲧ ⲉ ⲃⲟⲗ ⲙ̅ ⲡⲉ[ⲑ]ⲩⲥⲓⲁⲥⲧⲏⲣⲓⲟⲛ : [about ten lines wanting] ⲅⲉⲗⲟⲥ ⲉⲧ ⲟⲩⲁⲁⲃ ϩⲣⲁⲫⲁⲏⲗ · ⲁ ⲡⲇⲓⲁⲃⲟⲗⲟⲥ ⲙⲉϩ ⲡⲉϥϩⲏⲧ ⲉϥϫⲱ ⲙ̅ⲙⲟⲥ · ϫⲉ ⲉⲓϣⲁⲛϥⲓⲟⲩⲁϩ ⲛ̅ⲛⲉⲓ ⲕⲩⲙⲓⲗⲓⲟⲛ ⲛ̅ϫⲓⲟⲩⲉ̅ · ⲧⲉϥϯⲙⲏ ⲛⲁⲣⲱϣⲉ ⲉ ⲣⲟⲓ ϣⲁⲛⲧⲁⲙⲟⲩ :—ϩⲣⲁⲫⲁⲏⲗ ⲇⲉ ϩⲱⲱϥ ⲟⲩⲁⲅⲅⲉⲗⲟⲥ ⲛ̅ ⲁⲅⲁⲑⲟⲥ ⲡⲉ ⲛϥ̅ⲛⲁϫⲛⲟⲩⲓ ⲁⲛ ϩⲁ ⲡⲉⲓ ϩⲱⲃ · ⲉⲛⲉϥⲛⲁϫⲛⲟⲩⲓ ⲣⲱ ⲡⲉ · ⲛⲉϥⲛⲁϫⲓ ⲡⲃⲉⲕⲉ ⲡⲉ · ⲙ̅ ⲡⲛⲁⲩ ⲛ̅ⲧⲁ ⲧⲱⲃⲓⲁⲥ ⲧⲁⲁϥ ⲛⲁϥ · ⲕⲁⲓ ⲅⲁⲣ [ⲙⲛ̅]ⲉ ϥⲱⲡ ⲛ̅ⲛⲉ[...]ⲣⲱ ⲛ̅ϭⲓ [ϩⲣⲁⲫⲁⲏ]ⲗ · ⲉ ⲃⲟⲗ ·

II. Oriental MS., No. 6780, consists of 18 vellum leaves, stained and yellow, measuring $11\frac{3}{4}$ in. in height and 10 in. in width. Each page is filled with two columns of writing, with 25 or 26 lines to the column. The pagination runs from ⲙ̅ⲍ̅–ⲝ̅ⲃ̅, and from ⲟ̅ⲑ̅–ⲡ̅ⲅ̅. The manuscript contains :

1. Fragments of an Encomium on the Archangel Gabriel by Celestinus, Archbishop of Rome. Fol. 1 *a*.

2. Encomium by Theophilus, Archbishop of Alexandria, on the Assumption of Mary Theotokos. ⲟⲩⲗⲟⲅⲟⲥ ⲉ ⲁϥⲧⲁⲩⲟϥ ⲛ̄ϭⲓ ⲡⲛ̄ ⲡⲉⲧ ⲟⲩⲁⲁⲃ ⲛ̄ ⲉⲓ̈ⲱⲧ ⲉⲧ ⲧⲁⲏⲩ· ⲕⲁⲧⲁ ⲥⲙⲟⲧ ⲛⲓⲙ ⲁⲡⲁ ⲑⲉⲱⲫⲓⲗⲟⲥ ⲡⲁⲣⲭⲏⲉⲡⲓⲥⲕⲟⲡⲟⲥ ⲛ̄ ⲧⲛⲟϭ ⲙ̄ ⲡⲟⲗⲓⲥ ⲣⲁⲕⲟⲧⲉ· ⲛ̄ⲧⲁϥⲧⲁⲩⲟϥ ⲇⲉ ⲉ ⲧⲡ̄ϫ̄ⲥ̄ ⲧⲏⲣⲡ̄ ⲧⲉⲑⲉⲟⲧⲟⲕⲟⲥ ⲉⲧ ⲟⲩⲁⲁⲃ ⲙⲁⲣ[ⲓⲁ]· ⲧⲣϥ̄ϫⲡⲉ ⲡ[ⲛⲟⲩ]ⲧⲉ· ϩⲛ̄ ⲟⲩⲙ[...]ⲁⲩ ⲉⲡ[...]ⲟⲥ ⲇⲉ ⲛ̄ ⲥⲟⲩ ⲙⲛ̄ⲧⲁⲥⲉ ⲙ̄ ⲙⲉⲥⲟⲩⲣⲉ· ⲉⲧⲉⲥⲁⲛⲁⲗⲏⲙⲯⲓⲥ ⲉⲧ ⲟⲩⲁⲁⲃ ⲛ̄ⲧⲁⲩϫⲓⲧⲥ̄ ⲉ ϩⲣⲁⲓ̈ ⲉⲙⲡⲏⲩⲉ ⲛ̄ ϩⲏⲧϥ̄· ⲁϥϣⲁϫⲉ ⲇⲉ ⲟⲛ· ⲉ ⲧⲃⲉ ⲟⲩⲣⲱⲙⲉ ⲛ̄ ϩⲃ̄ⲣⲁⲓⲟⲥ ⲉⲧ ⲟⲩⲏⲏϩ ϩⲛ̄ ⲧⲡⲟⲗⲓⲥ ⲣⲁⲕⲟⲧⲉ· ⲁϥⲡⲓⲥⲧⲉⲩⲉ ⲉ ⲡⲉⲭ̄ⲥ̄ ⲉ ⲧⲃⲉ ⲑⲉⲓⲕⲱⲛ ⲛ̄ ⲧⲡ̄ϫ̄ⲥ̄ ⲧⲏⲣⲡ̄ ⲧⲑⲁⲅⲓⲁ ⲙⲁⲣⲓⲁ· ⲉⲥⲥⲏϩ ⲉⲩⲡⲟϭⲉ ⲛ̄ϣⲉ ⲛ̄ ϩⲟⲩⲛ· ⲉⲩⲁⲡⲟⲑⲩⲕⲏ· ⲁϥϣⲁϫⲉ ⲇⲉ ⲟⲛ ⲉ ⲧⲃⲉ ⲧⲛⲟϭ ⲙ̄ ⲙⲛ̄ⲧⲉⲃⲓ̈ⲏⲛ ⲙ̄ ⲡⲣⲱⲙⲉ· ϩⲛ̄ ⲟⲩⲉⲣⲏⲛⲏ ⲛ̄ⲧⲉ ⲡⲛⲟⲩⲧⲉ ϩⲁⲙⲏⲛ· ϥ̄ⲑ̄· Fol. 7 *b*.

The Colophon (Fol. 17 *b*) states that the manuscript was copied by John, the son of Colluthus, and was finished on the fourth day of the month Paremhot (Pharmuthe) in the 695th year of the Era of Diocletian, i. e. A. D. 979, which in this manuscript is equated with A. H. 360, i. e. A. D. 970. ⲉⲅⲱ ⲓⲱⲁⲛⲛⲟⲩ ⲉⲗⲁ̄ⲭ̄ ⲡⲣ̄ⲥ̄ⲃⲩⲧⲉⲣⲟⲩ ⲩ̄ⲓ̄ⲉ̄ ⲕⲟⲗⲗⲟⲑⲟⲥ· ⲧⲟⲩ ⲁⲅⲓⲟⲩ ⲙⲉⲣⲕⲟⲩⲣⲓ̈ⲟⲩⲥ ⲟⲓ̈ⲕⲱⲛⲟⲙⲟⲩ ⲧⲟⲩ ⲁⲣⲭⲁⲅ-ⲅⲉⲗⲟⲩ ⲅⲁⲃⲣⲓⲏⲗ ⲟⲡⲟⲥ ⲡⲣⲉ(?)ⲥⲃⲓⲉⲟⲥ ⲉⲩⲭ°/ⲟ· ⲉⲅⲣⲁⲫⲏ-ⲙⲏⲛⲏ ⲡⲁⲣⲙ̄ϩⲟⲧ ⲇ̄ . ⲛ̄ⲇⲓⲕⲇⲓⲟⲛⲟⲥ ⲁⲡⲟ ⲇⲓⲟⲕⲗⲏ ⲭ̄ϥ̄ ⲉⲧⲟⲩⲥ ⲧ̄ⲍ̄· The copying of the manuscript and its binding were paid for by the God-loving brother Sisinnius, the son of the blessed Philip (?), the shipmaster (ⲛⲁⲩⲕⲗⲏⲣⲟⲥ). ⲡⲙⲁⲓⲛⲟⲩⲧⲉ ⲛ ⲥⲟⲛ ⲥⲓⲥⲓⲛⲛⲓⲟⲥ ⲡϣⲏⲣⲉ ⲙ ⲡⲙⲁⲕⲁⲣⲓⲟⲥ ⲫⲓⲗⲡ (?), who gave it to the library of the church of the holy Archangel Gabriel in Esnâ, in Upper Egypt.

The text of the fragment of the Encomium on the Archangel Gabriel supplies a part of the continuation of the text printed on pp. 300–20, and reads:

ⲛⲁϫⲉ · Ⲁⲩⲱ ⲡⲉϫⲁϥ ⲛⲁϥ ϫⲉ ⲁⲕⲥⲟⲩⲱⲛⲧ̅ ⲱ̅ ⲡϣⲏⲣⲉ Fol. 1 *a*
ϣⲏⲙ · ⲁϥⲱ̅ϣⲃ̅ ϫⲉ ⲙ̅ⲡⲁⲓ ⲡⲁ ϫⲥ̅ · Ⲡⲉϫⲁϥ ⲛⲁϥ ϫⲉ · ⲙ̅ⲍ̅
ⲁⲛⲟⲕ ⲡⲉ ⲅⲁⲃⲣⲓⲏⲗ ⲡⲁⲣⲭⲁⲅⲅⲉⲗⲟⲥ ⲡⲉⲧ ⲉⲕⲃⲏⲕ ⲉ
ⲡϥ̅ⲧⲟⲡⲟⲥ · ⲁⲛⲟⲕ ⲡⲉⲛⲧ ⲁïⲉⲓ ϣⲁ ⲣⲟⲕ · ⲁïⲧⲁⲗϭⲟⲕ ϩ̅ⲙ̅
ⲡⲉⲕϣⲱⲛⲉ · ⲁⲛⲟⲕ ⲟⲛ ⲡⲛ̅ⲧ ⲁⲓⲛⲟϩⲙ̅ⲕ̅ · ⲉ ⲧⲁⲡⲣⲟ ⲙ
ⲡⲉⲑⲩⲣⲓⲟⲛ · ⲁⲩⲱ ⲛ̅ ⲧⲉⲣ ϥ̅ϫⲉ ⲛⲁⲓ ⲁϥⲁⲙⲁϩⲧⲉ ⲛ̅ ⲧϥ̅ϭⲓϫ ·
ⲁϥⲧⲁⲗⲟϥ ⲉϫⲙ̅ ⲡⲥⲟï ⲙ̅ ⲡⲙⲟⲩï · ⲁⲩⲱ ⲙ̅ⲡⲉ ⲡⲙⲟⲩï
ⲗⲟ ⲉϥϫⲱⲣⲙ̅ ϩⲁ ⲣⲟϥ ϣⲁⲛⲧ ϥ̅ⲛ̅ⲧϥ̅ ⲉ ϩⲟⲩⲛ ⲉ ⲡⲧⲟ-
ⲡⲟⲥ ⲙ̅ ⲡⲁⲣⲭⲁⲅⲅⲉⲗⲟⲥ ⲉⲧ ⲟⲩⲁⲁⲃ ⲅⲁⲃⲣⲓⲏⲗ · ⲉⲣⲉ
ⲡ[ⲙ]ⲏⲏϣⲉ ⲧⲏⲣϥ̅ ⲑ[ⲉⲱ]ⲣⲉⲓ ⲙ̅ⲙⲟϥ · ⲉⲩⲣ̅ ϣⲡⲏⲣⲉ
ⲙ̅ⲙⲟϥ · ⲛ̅ ⲧⲉⲣ ϥ̅ⲟⲩⲁ[ϩ]ϥ̅ ϩⲉ ⲉ ⲡⲉⲥⲏ[ⲧ] ϩⲓ ϫⲱϥ · ⲛ̅ϭⲓ
ⲡⲙⲟ[ⲩⲓ ⲇⲉ] ⲁϥⲉⲓ ⲉ ⲃⲟⲗ [ϩⲛ̅] ⲧⲙⲏ[ⲏ]ⲧⲉ ⲙ̅ ⲡⲙⲏⲏϣⲉ
Ⲁϥⲁⲛⲁⲭⲱⲣⲉⲓ : ⲛ(?)[. . .]ⲉ ⲧϥ̅ⲙⲁ · ⲉⲣⲉ ⲟⲩⲟⲛ ⲛⲓⲙ
ϭⲱϣⲧ̅ ⲛ̅ ⲥⲱϥ · ⲉⲩⲣ̅ ϣⲡⲏⲣⲉ · ⲙⲛ̅ⲛ̅ⲥⲁ ⲛⲁⲓ Ⲇ ⲡⲙⲏⲏϣⲉ
ⲧⲏⲣϥ̅ ϫⲛ̅ ⲉ ⲡϣⲏⲣⲉ ϣⲏⲙ ϫⲉ ⲟⲩ ⲡⲉⲛⲧ ⲁϥ| ϣⲱⲡⲉ Fol. 1 *b*
ⲙ̅ⲙⲟⲕ ⲛ̅ⲧⲟⲕ ⲉⲓ ⲧⲱⲛ · ⲉⲕⲁⲗⲏⲩ ⲉ ⲡⲉï ⲙⲟⲩï · ⲛ̅ⲧⲟϥ ⲙ̅ⲏ̅
ⲇⲉ [ⲛ] ⲧⲉⲣⲉ ⲡϥ̅ϩⲏⲧ ⲉⲓ ⲉ ⲣⲟϥ ϩⲓ[ⲧ]ⲛ̅ ⲑⲟⲧⲉ ⲛ[ⲧ ⲁϥ]ϣⲱⲡⲉ
ⲙⲙ[ⲟϥ] · ⲛ̅ ⲧⲉⲣⲉ ⲡⲗⲁⲟⲥ ⲧⲏⲣϥ̅ ⲙⲛ̅ ⲧⲉⲩⲅⲗⲏⲧⲟⲥ ⲉⲧ
[ⲥ]ⲱⲟⲩϩ ⲉ ϩⲟⲩⲛ [ⲉ ⲡ]ⲧⲟⲡⲟⲥ ⲙ̅ ⲡⲁⲣⲭⲁⲅⲅⲉⲗⲟⲥ ⲉⲧ ⲟⲩⲁⲁⲃ
ⲅⲁⲃⲣⲓⲏⲗ ⲉⲩⲉⲓⲣⲉ ⲛ̅ ⲧⲉⲩⲛⲁⲍⲓⲥ · ⲛ̅ ⲧⲉⲣⲟⲩⲥⲱ[ⲧⲙ̅] ⲉ ⲛⲁï
ⲁⲩⲱϣ ⲉ ⲃⲟⲗ · ⲉⲩϫⲱ ⲙ̅ⲙⲟⲥ ϫⲉ ⲟⲩⲁ ⲡⲉ ⲡⲛⲟⲩⲧⲉ ⲙ̅
ⲡⲁⲣⲭⲁⲅⲅⲉⲗⲟⲥ ⲛ̅ ϫⲱⲱⲣⲉ ⲅⲁⲃⲣⲓⲏⲗ · ⲟⲩⲛⲟϭ ⲧⲉ
ⲧⲉⲕϭⲟⲙ ⲱ̅ ⲡⲁⲣⲭⲁⲅⲅⲉⲗⲟⲥ ⲉⲧ ⲟⲩⲁⲁⲃ ⲅⲁⲃⲣⲓⲏⲗ ·
ⲉⲕⲛⲟϩⲙ̅ ⲛ̅ ⲟⲩⲟⲛ ⲛⲓⲙ ⲉⲧ ϩⲉⲗⲡⲓⲍⲉ ⲉ ⲣⲟⲕ · ⲡϣⲏⲣⲉ ⲇⲉ
ϣⲏⲙ ⲁϥϯ ⲛ̅ⲛ̅ⲇⲱⲣⲟⲛ · ⲉⲧ ⲛ̅ ⲧⲟⲟⲧϥ̅ ⲉ ϩⲟⲩⲛ ⲉ ⲡⲧⲟⲡⲟⲥ
ⲙ̅ ⲡⲁⲣⲭⲁⲅⲅⲉⲗⲟⲥ ⲉⲧ ⲟⲩⲁⲁⲃ Ⲅⲁⲃⲣïⲏⲗ · ⲙⲛ̅ⲛ̅ⲥⲟⲥ (*sic*)
ⲙ̅ⲡ ϥⲟⲩⲱϩ ⲉ ⲧⲟⲟⲧϥ̅ ⲉ ⲕⲧⲟϥ ⲉ ⲡϥ̅ⲏï · ⲁⲗⲗⲁ ⲁϥϭⲱ
ϩⲙ̅ ⲡⲧⲟⲡⲟⲥ ⲙ̅ ⲡⲁⲣⲭⲁⲅⲅⲉⲗⲟⲥ ⲅⲁⲃⲣⲓⲏⲗ · ⲉϥϣⲗⲏⲗ
Ⲁⲩⲱ ⲉϥⲛⲏⲥⲧⲉⲩⲉ · ⲁⲩⲱ ⲛ̅ ⲧⲉⲣⲉ ⲛⲉϥⲉⲓⲟⲟⲧⲉ ⲉⲓ ϣⲁ
ⲣⲟϥ · Ⲁϥϫⲱ ⲉ ⲣⲟⲟⲩ ⲛ̅ ϩⲱⲃ ⲛⲓⲙ ⲛ̅ⲧⲁⲩϣⲱⲡⲉ ⲙ̅ⲙⲟϥ Fol. 2 *a*
ⲁⲩⲣⲁϣⲉ ⲉⲙⲁⲧⲉ · | ⲁⲩⲱ ⲁⲩϯ ⲉⲟⲟⲩ ⲙ̅ ⲡⲛⲟⲩⲧⲉ · ⲛ̅ⲧⲟϥ ⲙ̅ⲑ̅

ⲇⲉ ⲁϥϭⲱ ϩⲙ̅ ⲡⲧⲟⲡⲟⲥ ⲉϥⲧⲓⲁⲅⲱⲛⲉⲓ ϣⲁ ⲡⲉϩⲟⲟⲩ ⲙ̅
ⲡⲉϥⲙⲟⲩ· ⲉϥⲉⲓ̈ⲣⲉ ⲛ̅ ϩⲉⲛⲛⲟϭ ⲙ̅ ⲡⲟⲗⲩⲧⲓⲁ· ⲁⲩⲱ
ⲁϥϣⲱⲡⲉ ⲛ̅ ⲟⲩⲣⲱⲙⲉ ⲛ̅ ⲥⲱⲧⲡ̅· ϩⲱⲥ ⲇⲉ ⲛⲉϥⲙ̅ⲡϣⲁ ⲛ̅
ⲛⲁⲩ ⲉ ϩⲁϩ ⲛ̅ϭⲱⲗⲡ̅ ⲉ ⲃⲟⲗ· ⲙ̅ ⲡⲧⲟⲡⲟⲥ ⲙ̅ ⲡⲁⲣⲭⲁⲅ-
ⲅⲉⲗⲟⲥ ⲉⲧ ⲟⲩⲁⲁⲃ ⲅⲁⲃⲣⲓⲏⲗ· ⲁⲩⲱ ⲛⲉϥⲙⲏⲛ ⲉ ⲃⲟⲗ
ϩⲛ̅ ⲥⲟⲡⲥⲡ̅ ⲙⲛ̅ ϩⲉⲛϣⲗⲏⲗ ⲉⲛⲁϣⲱⲟⲩ· ⲁⲧⲉⲧⲛ̅ⲛⲁⲩ ⲱ̅
ⲛⲁⲙⲉⲣⲁⲧⲉ ϫⲉ ⲉⲩϭⲙ̅ϭⲟⲙ ⲛ̅ ⲁϣ ⲛ̅ ϩⲉ· ⲛ̅ϭⲓ ⲙⲛ̅ⲧϣⲁ-
ⲛⲉϩⲧⲏϥ ⲙ̅ ⲡⲛⲟⲩⲧⲉ ⲙⲛ̅ ⲛ̅ⲥⲟⲡⲥⲡ̅ ⲙ̅ ⲡⲁⲣⲭⲁⲅⲅⲉⲗⲟⲥ
ⲉⲧ ⲟⲩⲁⲁⲃ ⲅⲁⲃⲣⲓⲏⲗ ⲡⲁⲓ̈ ⲉⲧ ⲛ̅ⲣ ϣⲁ ⲛⲁϥ ⲙ̅ⲙⲟⲟⲩ·
ⲁⲛⲟⲛ ⲇⲉ ϩⲱⲱⲛ ⲙ̅ⲡⲣ̅ ⲧⲣ ⲛ̅ⲣ̅ ⲁⲡⲓⲥⲧⲟⲥ ⲉ ⲛⲓⲙⲁⲉⲓⲛ
ⲙⲛ̅ ⲛⲉϣⲡⲏⲣⲉ ⲛ̅ⲧⲁⲩϣⲱⲡⲉ· ϩⲙ̅ ⲡⲉϥⲧⲟⲡⲟⲥ ⲉⲧ ⲟⲩⲁⲁⲃ
ϫⲉ ⲕⲁⲥ ⲛ̅ⲛⲉ ⲛϫⲓ ⲛ̅ ⲟⲩⲛⲟϭ ⲛ̅ ⲕⲣⲓⲙⲁ· ⲕⲁⲓ ⲅⲁⲣ ϩⲛ̅
ⲟⲩⲙⲉ· ⲁⲩⲑⲉⲱⲣⲉⲓ̈ ⲛ̅ ⲛⲉϣⲡⲏⲣⲉ ⲧⲏⲣⲟⲩ· ϩⲛ̅ ⲛⲁⲃⲁⲗ·
ⲁⲩⲱ ⲁϩⲁϩ ⲛ̅ϩⲏⲧ ⲧⲏⲩⲧⲛ̅ ⲛⲁⲩ ⲉ ⲣⲟⲟⲩ· ⲗⲟⲓⲡⲟⲛ
ⲙⲁⲣⲛ̅ ⲡⲓⲥⲧⲉⲩⲉ ⲛ̅ϭⲟⲙ ⲙⲛ̅ ⲛⲉϣⲡⲏⲣⲉ ⲙ̅ ⲡⲁⲣⲭⲁⲅⲅⲉ-
Fol. 2 *b* ⲗⲟⲥ ⲅⲁⲃⲣⲓⲏⲗ | ϩⲙ̅ ⲡⲉⲛϩⲏⲧ ⲧⲏⲣϥ̅· ϫⲉ ⲕⲁⲥ ⲛ̅ⲛⲁϫⲓ
ⲛ̅ ⲛ̅ ⲟⲩⲛⲟϭ· ⲛ̅ ⲇⲱⲣⲉⲁ ⲉ ⲃⲟⲗ ϩⲓⲧⲙ̅ ⲡⲛⲟⲩⲧⲉ· ⲡⲗⲏⲛ
ⲥⲱⲧⲙ̅ ⲉ ⲣⲟⲓ ⲱ̅ ⲛⲁⲙⲉⲣⲁⲧⲉ ⲛ̅ⲧⲁϫⲱ ⲉ ⲣⲱⲧⲛ̅· ⲛ̅ ⲧⲓ ⲛⲟϭ
ⲛ̅ ϣⲡⲏⲣⲉ ⲙ̅ ⲡⲁⲣⲁⲇⲟⲝⲟⲛ· ⲉⲓⲟⲩⲱⲛϩ̅ ⲉ ⲃⲟⲗ ⲛ̅
ⲧⲙⲛ̅ⲧⲛⲁⲏⲧ ⲙ̅ ⲡⲁⲣⲭⲁⲅⲅⲉⲗⲟⲥ Ⲅⲁⲃⲣⲓⲏⲗ ⲙⲛ̅ ⲧⲙⲛ̅ⲧ-
ⲟⲩⲁϩⲓ̈ϩⲏⲧ ⲙ̅ ⲡⲇⲓⲁⲃⲟⲗⲟⲥ ⲙⲛ̅ ⲛⲉϥⲇⲁⲓ̈ⲙⲱⲛ· ϫⲉ
ⲥⲉϭⲟⲣϭ̅· ⲉ ⲡⲣⲱⲙⲉ ⲙ̅ ⲡⲉϩⲟⲟⲩ ⲙⲛ̅ ⲧⲉⲩϣⲏ ⲉⲩⲟⲩⲱϣ
ⲉ ⲣ̅ ⲡⲡⲉⲧ ⲑⲟⲟⲩ ⲛⲁϥ· Ⲛⲉⲩⲛ̅ ⲟⲩⲣⲱⲙⲉ ⲇⲉ ⲟⲛ ⲛ̅ⲣⲅⲁⲧⲏⲥ
ⲟⲩⲏϩ ϩⲓ̈ⲧⲟⲩⲱϥ ⲙ̅ ⲡⲧⲟⲡⲟⲥ ⲙ̅ ⲡⲁⲣⲭⲁⲅⲅⲉⲗⲟⲥ
ⲅⲁⲃⲣⲓⲏⲗ· ⲡⲁⲓ̈ ⲇⲉ ⲛⲉ ⲟⲩⲁⲙⲣⲏ ⲡⲉ ϩⲛ̅ ⲟⲩⲧⲉϥⲧⲏⲭⲏⲛ (*sic*)·
Ⲉϥϩⲟⲧⲣ̅ ⲉϥⲣ̅ ϩⲱⲃ ϩⲁ ⲡⲉϥⲃⲉⲕⲉ· ⲉϥϣⲁⲛⲧⲱⲟⲩⲛ ⲇⲉ
ⲛ̅ ϣⲱⲣⲡ̅ ⲙ̅ⲙⲏⲛⲉ· ϩⲁⲑⲉ ⲙ̅ⲡⲁ ⲧⲉϥⲃⲱⲕ ⲉ ⲡⲉϥⲙⲁ ⲛ̅ ⲣ̅
ϩⲱⲃ· ϣⲁϥⲃⲱⲕ ⲉ ϩⲟⲩⲛ ⲉ ⲡⲧⲟⲡⲟⲥ ⲙ̅ ⲡⲁⲣⲭⲁⲅⲅⲉⲗⲟⲥ
ⲅⲁⲃⲣⲓⲏⲗ ⲛⲉϥⲥⲉⲡⲥⲱⲡϥ̅ ⲉϥϫⲱ ⲙ̅ⲙⲟⲥ ϫⲉ ⲡⲁⲣⲭⲁⲅⲅⲉ-
ⲗⲟⲥ ⲉⲧ ⲟⲩⲁⲁⲃ· ⲉⲕⲉⲥⲟⲟⲩⲧⲛ̅ ⲛ̅ⲛⲁϩⲓⲟⲟⲩⲉ· ⲁⲩⲱ ⲛ̅
Fol. 3 *a* ⲧⲉⲓ̈ ϩⲉ ϣⲁϥⲧⲁⲩⲟ ⲛ ϣⲟⲙⲛ̅ⲧ ⲛ̅|ⲥⲟⲡ ⲛ̅ϣⲗⲏⲗ ⲛϥ̅-
ⲛ̅ⲁ ⲥⲫⲣⲁⲅⲓⲍⲉ ⲙ̅ⲙⲟϥ ⲛⲉϥⲃⲱⲕ ⲉ ⲡⲉϥⲙⲁ ⲛ̅ ⲣ̅ ϩⲱⲃ· ⲉⲛⲉ
ⲙⲛ̅ ⲗⲁⲁⲩ ⲙ̅ ⲡⲉⲧ ⲛⲁⲛⲟⲩϥ ϩⲙ̅ ⲡⲉϥⲃⲓ̈ⲟⲥ ⲧⲏⲣϥ̅·
ⲟⲩⲇⲉ ⲛⲏⲥⲧⲓⲁ ⲟⲩⲇⲉ ⲙⲛ̅ⲧⲛⲁ ⲛ̅ⲥⲁ ⲡⲁⲓ̈ ⲙ̅ⲙⲁⲧⲉ·

Ⲡⲇⲓⲁⲃⲟⲗⲟⲥ ⲇⲉ ⲡⲙⲟⲥⲧⲉ ⲡⲉⲧ ⲛⲁⲛⲟⲩϥ ⲛⲓⲙ ⲁϥϩⲓⲥⲉ
ⲉϥϭⲟⲣϭ̅ ⲉ ⲣⲟϥ· ⲉϥⲟⲩⲱϣ ⲉ ⲉⲓⲣⲉ ⲛⲁϥ ⲛ̅ ϩⲉⲛ ⲡⲉⲧ
ⲑⲟⲟⲩ ⲙ̅ⲡⲉ ϥⲉϣϭⲙ̅ϭⲟⲙ ⲉ ⲣⲟϥ· ⲉ ⲧⲃⲉ ⲡϣⲟⲙⲛ̅ⲧ ⲛ̅ⲥⲟⲡ
ⲛ̅ϣⲗⲏⲗ ⲉⲧ ϥ̅ⲉⲓⲣⲉ ⲙ̅ⲙⲟⲟⲩ· ⲙⲛ̅ ⲧⲃⲟⲏⲑⲉⲓⲁ ⲙ̅ ⲡⲛⲟⲩⲧⲉ·
ⲙⲛ̅ ⲡⲁⲣⲭⲁⲅⲅⲉⲗⲟⲥ ⲉⲧ ⲟⲩⲁⲁⲃ ⲅⲁⲃⲣⲓ̈ⲏⲗ· ⲉⲥⲕⲉⲡⲁⲍⲉ
ⲙ̅ⲙⲟϥ· ⲁⲥϣⲱⲡⲉ ⲇⲉ ⲙ̅ⲙⲟϥ ⲛ̅ ⲟⲩϩⲟⲟⲩ ⲁϥⲱⲥⲕ̅ ⲉϥ-
ϩⲓⲛⲏⲃ· ⲁ ⲡⲣⲏ ϣⲁ ⲙ̅ⲡⲁⲧ ϥ̅ⲃⲱⲕ ⲉ ⲧϥ̅ⲣ̅ⲅⲁⲥⲓⲁ· ⲁⲩⲱ
ⲡⲉϫⲁϥ ⲉ ϩⲣⲁⲓ̈ ⲛ̅ ϩⲏⲧϥ̅ ϫⲉ ⲁⲓ̈ⲱⲥⲕ̅ ⲧⲱⲛⲟⲩ ⲙ̅ⲡⲟⲟⲩ ⲉ
ⲧⲣⲁⲃⲱⲕ ⲉ ⲡⲁ ⲙⲁ ⲛ̅ ⲣ̅ ϩⲱⲃ· Ⲛ̅ ⲧⲉⲓ̈ ϩⲉ ϭⲉ ⲁ ⲧⲁⲙⲉⲗⲓⲁ
ⲙⲛ̅ ⲡⲣⲟⲟⲩϣ· ⲉⲧ ϣⲟⲩⲉⲓⲧ ⲉⲱⲕ ⲙ̅ⲙⲟϥ· ⲁϥⲣ̅ ⲡⲱⲃϣ̅
ⲉ ⲧⲣ ϥ̅ⲃⲱⲕ ⲉ ϩⲟⲩⲛ ⲉ ⲡⲧⲟⲡⲟⲥ· ⲙ̅ ⲡⲁⲣⲭⲁⲅⲅⲉⲗⲟⲥ ⲉⲧ
ⲟⲩⲁⲁⲃ ⲅⲁⲃⲣⲓⲏⲗ· ⲕⲁⲧⲁ ⲧϥ̅ⲥⲩⲛⲏⲑⲓⲁ ⲙ̅ⲙⲏⲛⲉ· ⲁϥ-
ⲃⲱⲕ ⲇⲉ ⲉ ⲧϥ̅ⲣ̅ⲅⲁⲥⲓⲁⲧⲓ̈ⲣⲓ̈|ⲟⲛ· ⲁϥⲧⲁⲗⲟ ⲇⲉ ⲧⲉⲧⲣⲓⲣ ⲉ Fol. 3 *b*
ⲧⲣ ϥ̅ⲙⲟϩⲥ̅ ⲛ̅ⲟⲉⲓⲕ· ⲛ̅ ⲧⲉⲣ ϥ̅ⲁⲣⲭⲉⲓ̈ ⲛ̅ ⲡⲇⲓ̈[ⲁ]ⲃⲟⲗⲟⲥ ⲛ̅ⲃ̅
ⲡⲣϥ̅ⲙⲉⲥⲧⲉ ⲡⲉⲧ ⲛⲁⲛⲟⲩϥ ⲛⲓⲙ· ⲁϥⲁⲙⲁϩⲧⲉ ⲛ̅ⲧϥ̅ⲟⲩ-
ⲣⲏⲛⲧⲉ· ϩⲓ ⲡⲁϩⲟⲩ ⲁϥⲭⲁⲗⲁ ⲙ̅ⲙⲟϥ ⲉ ⲡⲉⲥⲏⲧ ⲉ ⲧⲉⲧⲣⲓⲣ
ⲛ̅ ⲕⲱϩⲧ̅· ⲁⲩⲱ ⲛϥ̅ϫⲱ ⲙ̅ⲙⲟⲥ· ϫⲉ ⲱ̅ ⲡⲁⲧⲁⲕⲧⲟⲥ·
ⲁⲓ̈ϩⲓⲥⲉ ⲉⲓ̈ϭⲟⲣϭ̅ ⲉ ⲣⲟⲕ ⲉⲓⲥ ϣⲟⲙⲧⲉ ⲛ̅ⲣⲟⲙⲡⲉ· ⲧⲓ̈ⲥ
ⲉⲣⲡⲁϣ ⲉ ⲃⲟⲗ ⲉ ⲣⲟⲕ ⲙ̅ⲙⲏⲛⲉ· ⲁⲗⲗⲁ ϣⲁⲣⲉ ⲡⲓ̈
ϣⲟⲙⲛ̅ⲧ ⲛ̅ⲥⲟⲡ ⲛ̅ϣⲗⲏⲗ· ⲉⲧ ⲉⲕⲉⲓⲣⲉ ⲙ̅ⲙⲟⲟⲩ ⲙ̅ⲙⲏⲛⲉ
ϩⲙ̅ ⲡⲧⲟⲡⲟⲥ· ⲙ̅ ⲡⲁⲣⲭⲁⲅⲅⲉⲗⲟⲥ ⲅⲁⲃⲣⲓⲏⲗ· ⲉⲩⲉⲓⲣⲉ
ⲛ̅ϣⲟⲙⲛ̅ⲧⲉ ⲛ̅ⲗⲁⲙⲡⲁⲥ ⲛ̅ⲕⲱϩⲧ̅· ⲉⲩⲣ̅ ⲟⲩⲟⲉⲓⲛ ⲛ̅ⲥⲉ-
ⲧⲓ̈ⲱⲕⲉⲓ̈ ⲙ̅ⲙⲟⲓ̈ ⲛⲥⲁ ⲃⲟⲗ ⲙ̅ⲙⲟⲕ· ⲛ̅ ⲧⲉⲣ ⲓ̈ϩⲉ ⲉⲧⲉⲩ-
ⲕⲉⲣⲓ̈ⲁ ⲉ ϩⲟⲩⲛ ⲉ ⲣⲟⲕ ⲙ̅ⲡⲟⲟⲩ· ⲧⲓⲛⲁⲉⲓ̈ⲣⲉ ⲛⲁⲕ ⲕⲁⲧⲁ
ⲡⲉⲕⲙ̅ⲡϣⲁ· ⲉϥϫⲱ ⲇⲉ ⲛ̅ⲛⲁⲓ̈ ⲛ̅ϭⲓ ⲡⲇⲉⲙⲱⲛ· ⲛ̅ ⲁⲅⲁ-
ⲑⲁⲣⲧⲟⲥ· ⲁϥⲛⲉϫ ⲡⲣⲱⲙⲉ· ⲉ ⲡⲉⲥⲏⲧ ⲉ ⲧⲉⲧⲣⲓⲣ· ⲁϥ-
ⲡⲗⲩⲅⲏ ⲙ̅ ⲡⲉϥⲥⲱⲙⲁ ⲧⲏⲣϥ̅· ⲛ̅ⲣⲱⲙⲉ ⲇⲉ ⲁⲩⲣ̅ ϩⲟⲧⲉ·
ⲁⲩⲣ̅ ϩⲟⲧⲉ (*sic*) ⲉⲙⲁⲧⲉ· ⲁⲩⲱ ⲙⲟⲅⲓ̈ⲥ ϩⲓⲧⲛ̅ ϩⲉⲛⲛⲟϭ
ⲛ̅ϩⲓⲥⲉ· ⲁⲩⲛ̅ⲧϥ̅ ⲉ ϩⲣⲁⲓ̈ ϩⲛ̅ ⲧⲉⲧⲣⲓⲣ ⲉϥⲟ ⲙ̅ ⲡⲁϣ ⲙⲟⲩ·
ⲁⲩⲱ ⲧϥ̅ⲥϩⲓⲙⲉ | ⲙⲛ̅ ⲛⲉϥϣⲏⲣⲉ ⲁⲩⲡⲉϣ ⲛⲉⲩϩⲟⲓ̈ⲧⲉ· Fol. 4 *a*
Ⲁⲩⲁϣⲕⲁⲕ ⲉ ⲃⲟⲗ ⲁⲩⲣⲓⲙⲉ ϩⲛ̅ ⲟⲩⲛⲟϭ ⲛ̅ ⲥⲓϣⲉ· ⲁⲩⲧⲁ- ⲛ̅ⲅ̅
ⲗⲟϥ ⲉϫⲛ̅ ⲟⲩⲙⲁ ⲛ̅ ⲛ̅ⲕⲟⲧⲕ̅· ⲁⲩϫⲓⲧϥ̅ ⲉ ϩⲟⲩⲛ ⲉ ⲡⲧⲟⲡⲟⲥ·
ⲙ̅ ⲡⲁⲣⲭⲁⲅⲅⲉⲗⲟⲥ ⲅⲁⲃⲣⲓⲏⲗ· ⲉⲩⲡⲣⲟⲥⲇⲟⲕⲓ ϫⲉ ⲉϥ-
ⲛⲁⲙⲟⲩ ⲙ̅ⲡⲁⲧⲉ ⲡⲣⲏ ϩⲱⲧⲡ̅· ⲁⲩⲱ ⲁⲩⲕⲱⲧⲉ ⲉ ⲣⲟϥ

ⲧⲏⲣⲟⲩ · ⲛ̄ ⲧⲡⲓ̈ϣⲉ ⲇⲉ ⲛ̄ ⲧⲉⲩϣⲏ · ⲉⲓⲥ ⲡⲁⲣⲭⲁⲅⲅⲉⲗⲟⲥ
ⲅⲁⲃⲣⲓⲏⲗ · ⲁϥⲟⲩⲟⲛϩ̄ ⲉ ⲃⲟⲗ · ⲙ̄ ⲡⲣⲱⲙⲉ ϩⲛ̄ ⲟⲩϩⲟ-
ⲣⲟⲙⲁ · ⲉϥⲟ ⲙ̄ ⲡⲉⲥⲙⲟⲧ ⲛ̄ ⲟⲩⲥⲧⲣⲁⲧⲏⲗⲁⲧⲏⲥ ⲛ̄ⲧⲉ
ⲡⲣ̄ⲣⲟ ⲉϥⲫⲟⲣⲉⲓ ⲛ̄ ⲟⲩⲥⲭⲏⲙⲁ ⲛ̄ ⲟⲩⲟⲉⲓⲛ · ⲡⲉϫⲁϥ ⲛⲁϥ
ϫⲉ ⲁⲕⲥⲟⲩⲱⲛⲧ̄ ⲱ̄ ⲡⲣⲱⲙⲉ · ⲁϥⲟⲩⲱϣⲃ̄ ⲛ̄ϭⲓ ⲡⲣⲱⲙⲉ
ⲡⲉϫⲁϥ ϫⲉ ⲙ̄ⲡⲁⲓ̈ ⲡ[ⲁ] ϫⲥ̄ · ⲡⲉϫⲉ ⲡⲁⲣⲭⲁⲅⲅⲉⲗⲟⲥ ⲛⲁϥ
ϫⲉ ⲉϣϫⲉ ⲙ̄ⲡⲉ · ⲁⲛⲟⲕ ⲡⲉ ⲅⲁⲃⲣⲓⲏⲗ ⲡⲁⲣⲭⲁⲅⲅⲉⲗⲟⲥ ·
ⲡⲉⲧ ⲕ̄ⲛⲏⲩ ⲙ̄ⲙⲏⲛⲉ ⲉ ϩⲟⲩⲛ ⲡⲉ̄ⲧⲟⲡⲟⲥ · ⲉⲕⲥⲟⲡⲥⲡ̄
ⲙ̄ⲙⲟϥ · ⲉ ⲧⲣ ϥ̄ⲛⲁϩⲙⲉⲕ ⲉ ⲃⲟⲗ ϩⲛ̄ ⲛⲉⲕⲑⲗⲓ̈ⲯⲓⲥ
ⲧⲏⲣⲟⲩ · ⲁⲛⲟⲕ ⲡⲉⲧ ⲛⲟⲩϩⲙ̄ ⲙ̄ⲙⲟⲕ ⲛ̄ϭⲟⲣϭⲥ̄ ⲙ̄ ⲡⲇⲓⲁ-
ⲃⲟⲗⲟⲥ · ⲛ̄ϩⲁϩ ⲛ̄ⲥⲟⲡ ⲁⲗⲗⲁ ⲉⲡⲉⲓ ⲇⲏ · ⲁⲕⲣ̄ ⲁⲙⲉⲗⲏⲥ
ⲛ̄ⲥⲁϥ ⲙ̄ⲡⲉ ⲕⲉⲓ̈ ⲉ ⲡⲧⲟⲡⲟⲥ ⲛ̄ⲅ̄ϣⲗⲏⲗ · ⲉ ⲧⲃⲉ ⲡⲁⲓ̈ ⲁ
Fol. 4 *b* ⲡⲇⲓⲁⲃⲟⲗⲟⲥ ⲉⲓⲛⲉ ⲉ ϫⲱⲕ ⲛ̄ ⲧⲓ ⲛⲟϭ | ⲙ̄ ⲡⲗⲏⲅⲏ ·
ⲡ̄ⲇ̄ ⲁⲛⲟⲕ ⲇⲉ ⲙ̄ⲡ ⲓⲱⲃϣⲧ̄ ⲉ ⲣⲟⲕ ⲉ ⲧⲁⲗϭⲟⲕ · ϫⲉ ⲕⲁⲥ ⲉⲣⲉ
ⲟⲩⲟⲛ ⲛⲓⲙ ⲱ̄ⲛϩ̄ · ⲁⲩⲱ ⲛ̄ⲥⲉⲉⲓⲙⲉ · ⲉ ⲧⲙⲛ̄ⲧϭⲱⲃ ⲙ̄
ⲡⲇⲓⲁⲃⲟⲗⲟⲥ · ⲁⲩⲱ ϫⲉ ⲧⲃⲟⲏⲑⲉⲓ̈ⲁ ⲙ̄ ⲡⲛⲟⲩⲧⲉ ⲙⲛ̄ ⲛⲉϥ-
ⲁⲅⲅⲉⲗⲟⲥ ⲉⲧ ⲥⲕⲉⲡⲁⲍⲉ ⲛ̄ ⲧⲙⲛ̄ⲧⲣⲱⲙⲉ ⲧⲏⲣⲥ̄ · ⲁⲩⲱ ⲛ̄
ⲧⲉⲣ ϥ̄ϫⲉ ⲛⲁⲓ̈ · ⲁϥⲥⲫⲣⲁⲅⲓ̈ⲍⲉ ⲙ̄ ⲡⲥⲱⲙⲁ ⲧⲏⲣϥ̄ ⲙ̄
ⲡⲣⲱⲙⲉ ⲛ̄ⲧ ⲁϥⲣⲟⲕϩ̄ ϩⲙ̄ ⲡⲕⲱϩⲧ̄ ϩⲙ̄ ⲡⲙⲁⲉⲓⲛ · ⲙ̄
ⲡⲉⲥⲧⲁⲩⲣⲟⲥ · ⲁⲩⲱ ⲡⲉϫⲁϥ ⲛⲁϥ ϫⲉ ⲉⲓⲥ ϩⲏⲏⲧⲉ ⲁⲓⲧⲁⲗ-
ϭⲟⲕ · ⲙ̄ⲡⲣ̄ ⲟⲩⲱϩ ⲉ ⲧⲟⲟⲧⲕ̄ ⲉⲣ ⲁⲙⲉⲗⲏⲥ ⲉ ⲧⲕ̄ⲕⲗⲏⲥⲓⲁ ·
ϫⲉ ⲛ̄ⲛⲉ ⲡⲉⲧ ⲑⲟⲟⲩ ⲉ ⲡⲁⲓ ϣⲱⲡⲉ ⲙ̄ⲙⲟⲕ · ⲁⲩⲱ ⲛ̄ ⲧⲉⲣ
ϥ̄ϫⲉ ⲛⲁⲓ ⲛⲁϥ ⲁϥⲗⲟ ⲉϥⲛⲁⲩ ⲉ ⲣⲟϥ · ⲡⲣⲱⲙⲉ ⲇⲉ ⲁϥ-
ϥⲟϭϥ̄ ⲉ ϩⲣⲁⲓ̈ ⲉϥⲥⲧⲱⲧ ϩⲁ ⲑⲟⲧⲉ · ⲁϥϩⲉ ⲉ ⲣⲟϥ ⲉⲁ ⲛⲉⲡⲗⲏ-
ⲅⲏ ⲧⲏⲣⲟⲩ ⲉⲧ ϩⲙ̄ ⲡⲉϥ̄ⲥⲱⲙⲁ ⲗⲟ · ⲁϥⲣ̄ ϩⲃⲁ ⲁϥⲁϣⲕⲁⲕ
ⲉ ⲃⲟⲗ ϩⲛ̄ ⲟⲩⲛⲟϭ ⲛ̄ ⲥⲙⲏ ϫⲉ ⲟⲩⲁ ⲡⲉ ⲡⲛⲟⲩⲧⲉ ⲙ̄ ⲡⲁⲣⲭ-
ⲁⲅⲅⲉⲗⲟⲥ ⲅⲁⲃⲣⲓⲏⲗ · ⲛ̄ⲣⲱⲙⲉ ⲇⲉ ⲧⲏⲣⲟⲩ ⲉⲧ ⲥⲟⲟⲩϩ
ⲉ ϩⲟⲩⲛ ⲉ ⲡⲧⲟⲡⲟⲥ ⲙ̄ ⲡⲁⲣⲭⲁⲅⲅⲉⲗⲟⲥ ⲅⲁⲃⲣⲓⲏⲗ · ⲁⲩⲡⲱⲧ
Fol. 5 *a* ⲉ ϩⲣⲁⲓ ⲉ ϫⲱϥ · ⲉⲩⲟⲩⲱϣ ⲉ ⲛⲁⲩ | ⲉ ⲧⲛⲟϭ ⲛ̄ϣⲡⲏⲣⲉ
ⲡ̄ⲉ̄ ⲛ̄ⲧⲁⲥϣⲱⲡⲉ :—ⲁⲩⲱ ⲁⲩⲛⲁⲩ ⲉ ⲡⲉⲧ ⲟⲩⲙⲉⲉⲩⲉ ⲉ ⲣⲟϥ · ϫⲉ
ⲉϥⲛⲁⲙⲟⲩ ⲙ̄ⲡⲁⲧⲉ ⲡⲣⲏ ϩⲱⲧⲡ̄ · ⲉϥⲟⲩⲟϫ ⲉⲙⲛ̄ ⲟⲩ-
ⲡⲗⲏⲅⲏ · ⲛ̄ ⲟⲩⲱⲧ · ϩⲙ̄ ⲡⲉϥⲥⲱⲙⲁ · ⲁⲩⲣ̄ ϩⲟⲧⲉ ⲉⲙⲁⲧⲉ ·
ⲁⲩⲱϣ ⲉⲩϫⲱ ⲙ̄ⲙⲟⲥ ϫⲉ ⲧⲓⲥⲙⲟⲩ ⲉ ⲣⲟⲕ ⲡⲛⲟⲩⲧⲉ ⲙ̄
ⲡⲁⲣⲭⲁⲅⲅⲉⲗⲟⲥ ⲉⲧ ⲟⲩⲁⲁⲃ ⲅⲁⲃⲣⲓⲏⲗ · ⲙⲛ̄ⲛ̄ⲥⲁ ⲛⲁⲓ

ⲁⲩϫⲛⲉ ⲡⲣⲱⲙⲉ ϫⲉ ⲱ̄ ⲡⲉⲛⲧ ⲁϥϣⲱⲡⲉ ⲙ̄ⲙⲟⲕ · ⲛ̄ⲥⲁϥ
ⲁⲕϩⲉ ⲉ ⲡⲉⲥⲏⲧ ⲉ ⲧⲉⲧⲣⲓⲣ ⲁⲕⲣⲱⲕϩ̄ ⲧⲏⲣⲕ̄ ⲁⲩⲱ ϫⲉ
ⲛ̄ⲧⲁⲕⲗⲟ · ⲛ̄ ⲁϣ ⲛ̄ ϩⲉ ϩⲛ̄ ϯ ⲛⲟϭ ⲙ̄ ⲡⲗⲩⲡⲏ · ⲛⲧⲟϥ
ⲇⲉ ⲁϥⲧⲁⲩⲟ ⲉ ⲣⲟⲟⲩ ⲛ̄ϩⲱⲃ ⲛⲓⲙ ⲛ̄ⲧⲁⲩϣⲱⲡⲉ ⲙ̄ⲙⲟϥ ·
ⲉϥϫⲱ ⲙ̄ⲙⲟⲥ ⲛ̄ ⲧⲉⲓ ϩⲉ · ϫⲉ ⲁⲥϣⲱⲡⲉ ⲙ̄ⲙⲟⲓ ⲛ̄ⲥⲁϥ ·
ⲛ̄ ⲧⲉⲣⲉ ⲧⲱⲕ ⲉ ⲧⲉⲧⲣⲓⲣ · ϫⲉ ⲉ̈ⲓⲛⲁⲙⲟϩⲥ̄ ⲛⲟⲉⲓⲕ · ⲁⲓϭⲱϣⲧ̄
ⲁⲓⲛⲁⲩ ⲉⲩⲛⲟϭ ⲛ̄ ⲉϭⲱϣ ⲉϥϣⲟⲓ̈ ⲉⲣⲉ ⲛⲉϥⲃⲁⲗ ⲛⲏϫ ϣⲁϩ
ⲛ̄ ⲕⲱϩⲧ ⲉ ⲃⲟⲗ ⲉ ϩⲟⲩⲛ ϩⲙ̄ ⲡⲁϩⲟ · ⲁϥⲁϩⲉ ⲣⲁⲧϥ̄ ⲙ̄
ⲡⲁ ⲙⲧⲟ ⲉ ⲃⲟⲗ ⲉϥϫⲱ ⲙ̄ⲙⲟⲥ ϫⲉ · ⲁⲓ̈ϩⲓⲥⲉ ⲉⲓϭⲟⲣϭ̄ ⲉ
ⲣⲟⲕ ⲱ̄ ⲡⲁⲧⲁⲕⲧⲟⲥ ⲉⲓⲥ ϣⲟⲙⲧⲉ ⲛ̄ⲣⲟⲙⲡⲉ · ⲉⲓϭⲟⲣϭ̄
ⲉ ⲣⲟⲕ ⲙ̄ ⲡⲉϩⲟⲟⲩ ⲙⲛ̄ ⲧⲉⲩϣⲏ · ϣⲁ|ⲣⲉ ⲡⲉⲓ ϣⲟⲙⲛ̄ⲧ Fol. 5 b
ⲛ̄ⲥⲟⲡ · ⲛ̄ϣⲗⲏⲗ ⲉⲧ ⲉⲕⲉⲓⲣⲉ ⲙ̄ⲙⲟⲟⲩ · ϩⲙ̄ ⲡⲧⲟⲡⲟⲥ ⲙ̄ ⲛ̄ⲉ̄
ⲡⲁⲣⲭⲁⲅⲅⲉⲗⲟⲥ ⲅⲁⲃⲣⲓⲏⲗ · ⲣ̄ ϣⲟⲙⲛ̄ⲧⲉ ⲛ̄ⲗⲁⲙⲡⲁⲥ
ⲛ̄ⲟⲩⲟⲉⲓⲛ · ⲛ̄ⲕⲱϩⲧ ⲛ̄ⲥⲉⲧⲉⲓⲟⲕⲉ ⲙ̄ⲙⲟⲓ̈ · ⲛ̄ⲥⲁ ⲃⲟⲗ ⲙ̄-
ⲙⲟⲕ · ⲛ̄ ⲧⲉⲣ ⲓ̈ϩⲉ ⲇⲉ ⲉ ⲧⲉⲩⲕⲉⲣⲓ̈ⲁ ⲉ ⲣⲟⲕ ⲙ̄ⲡⲟⲟⲩ ·
ⲁⲓ̈ⲉⲓ ⲛⲁⲕ ⲉ ⲧⲣⲁ ⲉⲓⲣⲉ ⲛⲁⲕ ⲕⲁⲧⲁ ⲡⲉⲕⲙ̄ⲡϣⲁ · ⲁⲩⲱ
ⲛ̄ ⲧⲉⲣ ϥ̄ϫⲉ ⲛⲁⲓ̈ · ⲁϥⲁⲙⲁϩⲧⲉ ⲛ̄ ⲧⲁ ⲟⲩⲣⲏⲛⲧⲉ ⲥⲉⲛⲧⲉ ·
ⲁϥⲛⲟⲩϫⲉ ⲙ̄ⲙⲟⲓ̈ · ⲉ ⲡⲉⲥⲏⲧ ⲉ ⲧⲉⲧⲣⲓⲣ · ⲁⲓ̈ⲣⲱⲕϩ̄ ⲧⲏⲣⲧ̄ ·
ⲗⲟⲓⲡⲟⲛ · ⲁⲓ̈ⲉⲓⲙⲉ ϫⲉ ⲁⲩⲛ̄ⲧ ⲉ ⲡⲓ ⲙⲁ · ⲛ ⲧⲓⲥⲟⲟⲩⲛ ⲁⲛ
ϫⲉ ϣⲁⲓ̈ⲟⲩⲟⲛϩ̄ ⲏ ϫⲉ ϣⲁⲓ̈ⲙⲟⲩ · ⲉ ⲃⲟⲗ ϫⲉ ⲁⲓ̈ϩⲱⲛ
ⲉ ϩⲟⲩⲛ ⲉ ⲡⲙⲟⲩ · ⲁⲩⲱ ϩⲛ̄ ⲧⲓ̈ ⲟⲩϣⲏ · ⲁⲓ̈ⲛⲁⲩ ⲉ
ⲡⲁⲣⲭⲁⲅⲅⲉⲗⲟⲥ ⲉⲧ ⲟⲩⲁⲁⲃ ⲅⲁⲃⲣⲓⲏⲗ · ⲁϥⲉⲓ ϣⲁ ⲣⲟⲓ̈
ⲁϥⲥⲫⲣⲁⲅⲓⲍⲉ ⲙ̄ⲙⲟⲓ̈ · ⲁϥⲧⲁⲗϭⲟⲓ̈ · ⲁϥⲃⲱⲕ ⲉ ϩⲣⲁⲓ̈ ⲉ
ⲧⲡⲉ ϩⲛ̄ ⲟⲩⲥⲭⲏⲙⲁ ⲛ̄ ⲟⲩⲟⲉⲓⲛ · ⲡⲗⲁⲟⲥ ⲇⲉ ⲧⲏⲣϥ̄ ⲛ̄
ⲧⲉⲣ ϥ̄ⲛⲁⲩ ⲉ ⲛⲁⲓ̈ ⲁⲩⲣ̄ ϣⲡⲏⲣⲉ ⲉⲙⲁⲧⲉ · ⲁⲩⲱ ⲁⲩⲙⲟⲩϩ
ⲛ̄ ϩⲟⲧⲉ · ⲁⲧⲉⲧⲛ̄ⲛⲁⲩ ⲱ̄ ⲛⲁⲙⲉⲣⲁⲧⲉ ϫⲉ ⲉⲩϭⲙ̄ϭⲟⲙ ⲛ̄
ⲁϣ ⲛ̄ ϩⲉ ⲛ̄ϭⲓ ⲥⲟⲡⲥⲡ̄ ⲙ̄ ⲡⲁⲣⲭⲁⲅⲅⲉⲗⲟⲥ ⲉⲧ ⲟⲩⲁⲁⲃ
ⲅⲁⲃⲣⲓⲏⲗ · ⲁⲩⲱ ϫⲉ ⲣⲱⲙⲉ ⲛⲓⲙ | ⲉⲧ ⲃⲏⲕ ⲉ ⲧⲉⲕⲕⲗⲏ- Fol. 6 a
ⲥⲓⲁ ⲙ̄ⲙⲏⲛⲉ ⲙⲉⲣⲉ ⲗⲁⲁⲩ · ⲛ̄ ⲇⲁⲓⲙⲱⲛⲓⲟⲛ ⲉϣ ϩⲱⲛ ⲛ̄ⲋ̄
ⲉ ϩⲟⲩⲛ ⲉ ⲣⲟϥ ⲉ ⲡⲧⲏⲣϥ̄ · ⲁⲗⲗⲁ ⲧⲃⲟⲏⲑⲉⲓⲁ ⲙ̄ ⲡⲛⲟⲩⲧⲉ
ⲛⲁⲛⲁϩⲙⲉϥ ⲛ̄ ϭⲟⲣϭⲥ̄ ⲙ̄ ⲡⲥⲁⲧⲁⲛⲁⲥ · ⲡⲉϣⲗⲏⲗ ⲡⲉⲧⲉ
ϣⲁϥⲛⲟⲩϫⲉ ⲉ ⲃⲟⲗ ⲛ̄ⲛ̄ⲇⲁⲓ̈ⲙⲱⲛⲓⲟⲛ · ⲡⲉϣⲗⲏⲗ ⲡⲉⲧ
ⲛⲟϩⲙ̄ ⲛ̄ ⲛⲉⲧ ϩⲛ̄ ⲡ̄ⲕⲩⲛⲧⲓⲛⲟⲥ ⲙ̄ ⲡⲉⲭⲓ̈ⲙⲱⲛ · ⲙⲛ̄
ⲛ̄ⲡⲁⲑⲟⲥ · ⲡⲉϣⲗⲏⲗ ⲡⲉⲧ ⲥⲟⲗⲥⲗ̄ ⲛ̄ ⲛⲉⲧ ϩⲛϣ · ⲧⲉⲕ-

ⲕⲗⲏⲥⲓ̈ⲁ ⲡⲉ ⲡⲙⲁ ⲛ̄ ⲥⲟⲗⲥⲉⲗ· ⲁⲩⲱ ⲛ̄ ⲥⲱⲟⲩϩ ⲛ̄ⲛⲁⲅⲅⲉ-
ⲗⲟⲥ· ⲧⲉⲕⲕⲗⲏⲥⲓⲁ ⲡⲉ ⲡⲙⲁ ⲛ̄ ⲥⲱⲟⲩϩ ⲛ̄ ⲛⲉⲓ ⲭⲉⲓⲣⲟⲩ-
ⲃⲉⲓⲛ· ⲙⲛ̄ ⲛ̄ⲥⲉⲣⲁⲫⲉⲓⲛ· ⲧⲉⲕⲕⲗⲏⲥⲓⲁ ⲡⲉ ⲡⲙⲁ ⲛ̄
ⲙ̄ⲧⲟⲛ ⲙ̄ⲯⲩⲭⲏ ⲛⲓⲙ· ⲁⲛⲟⲛ ⲇⲉ ϩⲱⲛ ⲙⲁⲣⲛ̄ⲙⲉ
ⲧⲕ̄ⲕⲗⲏⲥⲓ̈ⲁ· ⲛ̄ⲑⲉ ⲛ̄ ⲧⲡ̄ⲯⲩⲭⲏ ⲧⲏⲣⲥ̄· ⲡⲉⲧⲟ ⲛ̄ ⲁⲙⲉⲗⲓⲥ
ⲉ ⲧⲕ̄ⲕⲗⲏⲥⲓⲁ· ⲉϥⲛⲟⲩϫⲉ ⲛ̄ ⲑⲟⲧⲉ ⲙ̄ ⲡϫ̅ⲥ̅ ⲛ̄ⲥⲁ ⲃⲟⲗ
ⲙ̄ⲙⲟϥ· ⲁⲩⲱ ⲡⲉⲧ ⲛⲁⲥⲩⲅⲉ· ⲙ̄ⲡⲁⲧϥ̄ⲥⲱⲧⲙ̄ ⲉ ⲛⲁⲛⲁⲅ-
ⲛⲱⲥⲓⲥ ⲧⲏⲣⲟⲩ· ⲉϥⲥⲩⲛⲁⲅⲉ ⲙ̄ ⲡⲓϣⲉ ⲙ̄ ⲡⲉϥⲥⲩⲛⲁⲅⲉ ⲉⲧ
ϫⲏⲕ ⲉ ⲃⲟⲗ· ⲡⲉⲧ ⲛⲁⲉⲓ̈ ⲉ ⲃⲟⲗ ϩⲛ̄ ⲧⲕ̄ⲕⲗⲏⲥⲓⲁ ⲙⲛ̄ⲛ̄ⲥⲁ
ⲧⲣⲉϥ̄ⲥⲱⲧⲙ̄ ⲉⲛⲁⲛⲁⲅⲛⲱⲥⲓⲥ ⲧⲏⲣⲟⲩ· ⲛϥ̄ϩⲙⲟⲟⲥ ϩⲓⲣⲛ̄ ⲛ̄
Fol. 6 *b* ⲣⲟ ⲛ̄ ⲧⲕ̄ⲕⲗⲏⲥⲓⲁ ⲡⲁⲓ̈ ⲛ̄ ⲧⲓ̈ ⲙⲓⲛⲉ ⲟⲩ | ⲡⲓϣⲉ ⲙ̄ ⲡⲓⲥⲧⲟⲥ
ⲡ̅ⲏ̅ ⲡⲉ· ⲡⲉⲧ ϣⲁϫⲉ ⲉⲩⲱϣ ⲏ̄ ⲉⲩⲯⲁⲗⲗⲉⲓ̈ ϩⲛ̄ ⲧⲕ̄ⲕⲗⲏⲥⲓ̈ⲁ·
ⲡⲉ ⲡϣⲗⲏⲗ· ⲙ̄ ⲡⲁⲓ̈ ⲃⲏⲧ· ⲙ̄ ⲡⲙ̄ⲧⲟ ⲉ ⲃⲟⲗ ⲙ̄ ⲡϫ̅ⲥ̅·
ⲡⲉⲧ ⲛⲁⲉⲓ ⲉ ⲃⲟⲗ· ϩⲛ̄ ⲧⲉⲕⲕⲗⲏⲥⲓⲁ ⲙ̄ⲡⲁⲧ ϥ̄ϫⲓ̈ ⲛ̄
ⲧⲓ̈ⲣⲏⲛⲏ· ϣⲁⲣⲉ ⲡⲁⲅⲅⲉⲗⲟⲥ ⲙ̄ ⲡϫ̅ⲥ̅ ⲣ̄ ⲡⲉϩⲟⲟⲩ ⲉⲧ
ⲙ̄ⲙⲁⲩ ⲉϥⲡⲟⲣϫ̄ ⲉ ⲣⲟϥ· ⲁⲩⲱ ⲙⲛ̄ ⲗⲁⲁⲩ ⲛ̄ ⲃⲟⲏⲑⲉⲓⲁ
ⲛ̄ⲧⲉ ⲡⲛⲟⲩⲧⲉ ϣⲟⲟⲡ ⲛⲁϥ· ϫⲉ ⲙ̄ⲡⲉ ϥϫⲓ̈ ⲛ̄ ϯⲣⲏⲛⲏ·
ⲙ̄ⲡⲁⲧ ϥ̄ⲃⲱⲕ ⲉ ⲡⲉϥ̄ⲏⲓ̈· ⲧⲉⲛⲟⲩ ϭⲉ· ⲱ̄ ⲛⲁⲙⲉⲣⲁⲧⲉ·
ⲙⲁⲣⲛ̄ⲙⲉⲣⲉ ⲧⲕ̄ⲕⲗⲏⲥⲓⲁ· ϫⲉ ⲕⲁⲥ ⲛ̄ⲛⲁⲙⲁⲧⲉ ⲙ̄ ⲡⲕⲱ
ⲉ ⲃⲟⲗ ⲛ̄ ⲛⲉⲛⲛⲟⲃⲉ· ⲙⲁⲣⲛ̄ ⲣ̄ ϣⲁ ⲙ̄ⲡⲟⲟⲩ ⲙ̄ ⲡⲁⲣⲭ-
ⲁⲅⲅⲉⲗⲟⲥ ⲅⲁⲃⲣⲓⲏⲗ· ⲡⲉϥⲁⲓϣⲙ̄ⲛⲟⲩϥⲉ· ⲛ̄ ⲛⲁⲓⲱⲛ ⲙ̄
ⲡⲟⲩⲟⲉⲓⲛ· ϩⲛ̄ ⲟⲩϣⲁ ⲙ̄ ⲡⲛⲉⲩⲙⲁϯⲕⲟⲛ· ϩⲱⲥ ⲛ̄ⲥⲟⲟⲩⲛ
ϫⲉ ⲛ̄ⲧⲟϥ ⲡⲉ ⲡⲁⲅⲅⲉⲗⲟⲥ ⲙ̄ ⲡⲣⲁϣⲉ· ⲁⲩⲱ ⲡⲉⲧ ⲛⲟϩⲙ̄
ⲛ̄ ⲟⲩⲟⲛ ⲛⲓⲙ· ⲉⲧⲟⲩϫⲓ ⲙ̄ⲙⲟⲟⲩ ⲛ̄ ϭⲟⲛⲥ̄ ⲉ ⲃⲟⲗ ϩⲓⲧⲛ̄
ⲡⲇⲓⲁⲃⲟⲗⲟⲥ· ⲙⲁⲣⲛ̄ⲥⲱⲧⲉ ⲛ̄ⲧⲟⲟⲧⲛ̄ ⲛ̄ⲛ̄ϩⲏⲕⲉ· ⲡⲣⲟⲥ
ⲧⲛ̄ϭⲟⲙ· ⲡⲟⲩⲁ ⲡⲟⲩⲁ ⲙ̄ⲙⲟⲛ· ϫⲉ ⲕⲁⲥ ⲉⲣⲉ ⲡⲁⲣⲭ-
Fol. 7 *a* ⲁⲅⲅⲉⲗⲟⲥ ⲅⲁⲃⲣⲓⲏⲗ· ⲛⲁⲟⲩⲱⲛ ⲛⲁⲛ ⲛ̄ⲛⲁϩⲱⲱⲣ ⲛ̄ | ⲛ̄
ⲡ̅ⲑ̅ ⲧⲙ̄ⲛ̄ⲧⲉⲣⲟ ⲛ̄ ⲙ̄ⲡⲏⲩⲉ· ⲙⲁⲣⲛ̄ ⲥⲁϩⲱⲛ ⲉ ⲃⲟⲗ ⲛ̄ⲕⲁⲕⲓⲁ
ⲛⲓⲙ ϩⲓ ⲡⲁⲛⲟⲩⲣⲅⲓⲁ ϩⲓ ⲫⲑⲟⲛⲟⲥ ⲛⲓⲙ· ϫⲉ ⲕⲁⲥ ⲛ̄ⲛⲁⲣ̄
ϣⲁ ⲙ̄ ⲡⲁⲣⲭⲁⲅⲅⲉⲗⲟⲥ ⲅⲁⲃⲣⲓⲏⲗ ϩⲛ̄ ⲧⲙ̄ⲛ̄ⲧⲉⲣⲟ ⲛ̄ ⲙ̄-
ⲡⲏⲩⲉ· ϫⲉ ⲡⲁⲓ ⲛⲁⲙⲉ ⲡⲉ ⲡⲣⲁϣⲉ ⲛ̄ ⲁⲧ ⲟⲩⲱ· ⲙⲁⲣⲛ̄ϥⲓ
ⲛ̄ ⲛⲓⲡⲟⲛⲏⲣⲓⲁ ⲛ̄ⲥⲁⲃⲟⲗ ⲙ̄ⲙⲟⲛ· ⲙⲛ̄ ⲛⲓⲕⲁⲧⲁⲗⲁⲗⲓⲁ·
ⲛ̄ⲥⲟⲟⲩⲛ ϫⲉ ϩⲱⲃ ⲛⲓⲙ· ⲉⲧ ⲛ̄ⲉⲓ̈ⲣⲉ ⲙ̄ⲙⲟⲟⲩ ϩⲓϫⲙ̄ ⲡⲕⲁϩ·
ⲡⲛⲟⲩⲧⲉ ⲙⲛ̄ ⲛⲉϥⲁⲅⲅⲉⲗⲟⲥ· ϭⲱϣⲧ̄ ⲉ ϩⲣⲁⲓ̈ ⲉ ϫⲱⲛ·

ⲁⲩⲱ ϥⲛⲁⲩ ⲉ ⲣⲟⲛ · ϩⲛ̄ ⲛⲉⲛϩⲃⲏⲩⲉ ⲧⲏⲣⲟⲩ · ϩⲁⲡⲥ̄ ⲅⲁⲣ ⲉ ⲣⲟⲛ ⲡⲉ ⲉ ⲧⲣ ⲛ̄ⲉⲓ̈ ⲉ ⲃⲟⲗ ϩⲙ̄ ⲡⲉⲓ̈ ⲙⲁ ⲛ ϭⲟⲓⲗⲉ · ⲙⲛ̄ⲛ̄ⲥⲁ ⲛⲁⲩ ⲛⲓⲙ · ⲛ̄ⲥⲉϫⲛⲟⲩⲛ ⲉ ⲛⲉⲛⲧ ⲁⲛⲁⲁⲩ ⲧⲏⲣⲟⲩ ⲉⲓⲧⲉ ⲁⲅⲁⲑⲟⲛ ⲉⲓⲧⲉ ⲡⲉⲧ ⲑⲟⲟⲩ · ⲛ ⲉⲓⲟⲩⲱϣ ⲙⲛ̄ ⲡⲉ ⲉⲧ ⲁϣⲉ ⲡϣⲁϫⲉ ⲉ ⲡⲉϩⲟⲩⲟ · ⲉ ⲧⲃⲉ ⲛⲁⲓ̈ · ⲁⲗⲗⲁ ϯⲥⲟⲟⲩⲛ · ϫⲉ ⲛⲁⲛⲟⲩ ⲡϣⲓ ϩⲛ̄ ϩⲱⲃ ⲛⲓⲙ · ⲙⲁⲗⲓⲥⲧⲁ ϫⲉ ⲁ ⲡⲛⲁⲩ ϣⲱⲡⲉ ⲛ̄ⲧⲉⲛⲉⲡⲓⲧⲉⲗⲓ̈ ⲛ̄ ⲧⲉⲡⲣⲟⲥⲫⲟⲣⲁ · ⲉⲧ ⲟⲩⲁⲁⲃ · ⲡⲥⲱⲙⲁ ⲙⲛ̄ ⲡⲉⲥⲛⲟϥ · ⲓ̅ⲥ̅ ⲡⲉⲭ̅ⲥ̅ · ⲙⲁⲣⲛ̄ϯ ⲛ ⲟⲩϫⲱⲕ ⲙ̄ ⲡϣⲁϫⲉ ϣⲁ ⲡⲉⲓ ⲙⲁ · ⲡⲛⲟⲩⲧⲉ ⲡⲡⲁⲛⲧⲱⲕⲣⲁⲧⲱⲣ · ⲉϥⲥⲙⲟⲩ ⲉ ⲡⲉⲛⲣ̄ⲣⲟ ⲙ̄ ⲙⲁⲓⲛⲟⲩⲧⲉ ⲡⲁⲓ ⲉⲧ ϩⲛ̄ ⲧⲙ̄-
ⲙⲏⲏⲧⲉ · | ⲙ̄ⲡⲟⲟⲩ · ⲁⲩⲱ ⲛ̄ϥⲣⲟⲉⲓⲥ ⲉ ⲣⲟϥ ⲛ̄ⲑⲉ ⲛ̄ Fol. 7 *b*
ⲇ̅ⲁ̅ⲇ̅ ⲙⲛ̄ ⲥⲟⲗⲟⲙⲱⲛ · ⲙⲛ̄ ⲓⲉⲥⲉⲕⲓⲁⲥ · ⲙⲛ̄ ⲓⲱⲥⲓ̈ⲁⲥ ⲍ̅
ⲛ̄ⲣ̄ⲣⲱⲟⲩ ⲛ̄ⲇⲓⲕⲁⲓⲟⲥ · ⲁⲩⲱ ⲉϥⲉϩⲁⲣϩ̄ · ⲉ ⲧⲥⲩⲛⲕⲗⲩⲧⲟⲥ · ⲙⲛ̄ ⲧⲕⲩⲣⲟⲩⲥⲓⲁ ⲧⲏⲣⲥ̄ ⲛ̄ ⲛⲉϩⲣⲱⲙⲁⲓⲟⲥ ⲙⲛ̄ ⲡ̄ⲇⲏⲙⲟⲥ ⲧⲏⲣϥ̄ ⲛ̄ ⲧⲡⲟⲗⲓⲥ · ⲉⲓⲧⲉ ϩⲟⲟⲩⲧ ⲉⲓⲧⲉ ⲥϩⲓⲙⲉ · ⲉⲓⲧⲉ ⲕⲟⲩⲓ ⲉⲓⲧⲉ ⲛⲟϭ · ⲛϥⲣ̄ ⲟⲩⲛⲁ · ⲛ̄ ⲧⲙ̄ⲯⲩⲭⲏ ⲙ̄ ⲡⲉϩⲟⲟⲩ ⲉⲧ ⲛⲛⲁⲁⲡⲁⲛⲧⲁ ⲉ ⲣⲟϥ ϩⲓⲧⲛ̄ ⲛ̄ ⲥⲟⲡⲥⲡ̄ · ⲙⲛ̄ ⲡⲧⲱⲃϩ̄ · ⲙ̄ ⲡⲁⲣⲭⲁⲅⲅⲉⲗⲟⲥ ⲉⲧ ⲟⲩⲁⲁⲃ ⲅⲁⲃⲣⲓⲏⲗ ⲡⲁⲓ ⲉⲧ ⲛ̄ⲣ ϣⲁ ⲛⲁϥ ⲙ̄ⲡⲟⲟⲩ ϩⲛ̄ ⲧⲡⲉ ⲁⲩⲱ ϩⲓϫⲙ̄ ⲡⲕⲁϩ · ϩⲓⲧⲛ̄ ⲧⲉⲭⲁⲣⲓⲥ ⲙⲛ̄ ⲧⲙⲛ̄ⲧⲙⲁⲓ̈ ⲣⲱⲙⲉ ⲙ̄ ⲡⲉⲛϫⲟⲉⲓⲥ ⲓ̅ⲥ̅ ⲡⲉⲭ̅ⲥ̅ ⲡⲉⲛⲥⲱⲧⲏⲣ · ⲡⲁⲓ̈ ⲉ ⲃⲟⲗ ϩⲓ ⲧⲟⲟⲧϥ̄ [ⲉⲣⲉ ⲟⲟⲩ ⲛⲓⲙ ϩⲓ ⲧⲁⲓⲟ ⲛⲓⲙ ⲉⲧ ⲣ̄ ⲡⲣⲉⲡⲉⲓ ⲛⲁϥ] ⲙⲛ̄ ⲡⲉϥⲉⲓⲱⲧ ⲛ̄ ⲁⲅⲁⲑⲟⲥ ⲙⲛ̄ ⲡⲡⲛ̅ⲁ̅ ⲉⲧ ⲟⲩⲁⲁⲃ · ⲧⲉⲛⲟⲩ ⲁⲩⲱ ⲛ̄ⲟⲩⲟⲉⲓϣ ⲛⲓⲙ ϣⲁ ⲉⲛⲉϩ ⲛ̄ⲉⲛⲉϩ · ϩⲁⲙⲏⲛ ϥ̅ⲑ̅ ·

TRANSLATION

. . . . . And he said unto him, 'Dost thou know me, O young Fol. 1 *a*
man?' And he answered, 'Nay, my lord.' And he said ⲙ̅ⲍ̅
unto him, 'I am the Archangel Gabriel into whose shrine thou wast entering. It was I who came unto thee, and I healed thee of thy sickness. Moreover, it was I who delivered thee from the mouth of the wild beast.' And having said these things Gabriel took hold of his hand, and lifted him up on

the back of the lion, and the lion did not cease to advance under him until he brought him into the shrine of the holy Archangel Gabriel. And all the people were looking on at him, and marvelling at him; and when he stood still the young man came down from the lion to the ground. And the lion slipped out from among the crowd, and departed [speedily] to his place, and every one followed him with his eyes, and marvelled. After these things all the multitude
Fol. 1 *b* asked the young man, saying, 'What | happened unto thee?
ⲙⲏ Whence didst thou come mounted upon this lion?' And when he had recovered from the shock of terror which had come upon him [he told them]. And when all the people and the nobles who were gathered together in the shrine of the holy Archangel Gabriel to partake of the Sacrament had heard these things, they cried out, saying, 'One is the God of the valiant Archangel Gabriel! Great is thy might, O holy Archangel Gabriel, and thou dost deliver every man who putteth his trust in thee.' And the young man gave the gifts which he had with him to the shrine of the holy Archangel Gabriel. Afterwards he did not return to his house, but remained in the shrine of the Archangel Gabriel praying and fasting. And when his parents had come unto him he told them everything that had happened to him, and they
Fol. 2 *a* rejoiced greatly, | and ascribed glory to God. And the young
ⲙⲑ man remained in the shrine, and ministered therein until the day of his death. And he performed great ascetic labours, and he became such a chosen [vessel] that he was deemed worthy to see many revelations in the shrine of the holy Archangel Gabriel; and he continued to make supplications [unto God], and very many prayers. Ye see, O my beloved, how efficacious (or, powerful) are the loving-kindness of God and the supplication of the holy [Archangel] Gabriel, whose festival we are celebrating this day. And let us not permit ourselves to be unbelieving in respect of the signs and miracles which have taken place in his holy shrine, lest we receive

great condemnation, for in very truth I have seen all the miracles with mine own eyes, and very many ye yourselves have seen also. Furthermore, let us believe in the mighty deeds and miracles of the Archangel Gabriel | with all our Fol. 2 *b*
hearts, in order that we may receive a great gift through ⲛ̄
God. Moreover, hearken unto me, O my beloved, and I will relate unto you the following great and incredible miracle. And I will make manifest unto you the loving-kindness of the Archangel Gabriel, and the impudence of the Devil and his demons, for they lie in wait to snare man by day and by night, wishing to do what is evil unto him. There was a certain workman who dwelt hard by the shrine of the Archangel Gabriel, and he was a baker by trade, and he was married and worked for his hire. Each day, as soon as he rose in the morning, he was wont, before he went to his place of work, to go into the shrine of the Archangel Gabriel, and to pray unto him, saying, 'O holy archangel, make thou straight (or, prosperous) my ways.' And he would recite this prayer thrice, | and make the Sign of the Cross over himself, Fol. 3 *a*
and [then] go into his place of work. In all his life he had ⲛ̄ⲁ̄
never performed any religious exercises whatsoever except this [prayer], and he neither fasted nor gave money in charity. And the Devil, who hateth everything that is good, took pains to lay a snare for him, wishing to inflict upon him a stroke of evil which he would not be able to withstand, because of his threefold repetition of the prayer, and because of the help of God and the holy Archangel Gabriel which protected him. And it happened to him on a day that he overslept himself, and the sun had risen before he went to his work, and he said within himself, 'I am very late indeed to-day in going to my place of work.' Thereupon carelessness and anxiety about a vain matter drew him away, and he forgot altogether to go into the shrine of the holy Archangel Gabriel, according to his daily wont. He went into his workshop | and got up on the Fol. 3 *b*
oven and filled it with bread, and when he began to bake, ⲛ̄ⲃ̄

the Devil, the hater of everything that is good, seized him by his feet behind, and dropped him down into the fiery oven, and said unto him, 'O thou disorderly man, for the last three years I have striven to catch thee in a snare; but who could catch thee day by day? These three repetitions of thy prayer which thou didst pray daily in the shrine of the Archangel Gabriel became three brightly shining lamps of fire which drove me away from thee. Since I have found a favourable opportunity against thee this day, I will do unto thee what thou deservest to have done unto thee.' And as the foul demon was saying these words he cast the man down into the fire, and all his body was covered with burns. And all the people were exceedingly afraid [to approach the oven], and it was only with the greatest difficulty and with very great efforts that they got the man up out of the oven, and he was
Fol. 4 *a* half dead. And his wife | and his children rent their garments,
ΠΓ and they cried and wept very bitterly. And they lifted the man upon a bed and carried him into the shrine of the Archangel Gabriel, and they expected that he would die before the sun set, and they all were [standing] round about him. And at midnight behold the Archangel Gabriel appeared unto the man in a dream—now he was in the form of an imperial general, and he was dressed in a robe of light—and he said unto the baker, 'Dost thou know who I am, O man?' And the man answered and said unto him, 'Nay, my lord.' And the archangel said unto him, 'If thou dost not know, now know that I am the Archangel Gabriel, into whose shrine thou didst come daily to beseech him to deliver thee from all thy tribulation. It was I who on very many occasions delivered thee from the snares of the Devil; but inasmuch as thou wast careless yesterday, and didst not come into the shrine to pray, the
Fol. 4 *b* Devil hath brought upon thee this great | wounding. I have
ΠΔ not forgotten thee and I will heal thee, so that to every one shall be manifest the impotence of the Devil and the help of God and of His archangel which protecteth all mankind, and

they shall know concerning the same.' And when he had said these things he made the Sign of the Cross over the man who had been burned in the fire, and he said unto him, 'Behold, I have healed thee. Never again shalt thou be careless about [thy attendance] in church, lest something worse than this befall thee.' And when the archangel had said these things the baker ceased to see him. And the man leaped up, trembling with fear, and he found that all the burns which were in his body had been made whole; and he was greatly moved, and he cried out with a loud voice, 'One is the God of the Archangel Gabriel!' And all the people who were gathered together in the shrine of the Archangel Gabriel ran to the baker, wishing to see | the great miracle Fol. 5 *a* ⲡⲉ
which had taken place. And they saw the man, concerning whom it was thought that he would die before sunset, whole and without a single burn on his body. And they were greatly afraid, and they cried out, saying, 'We bless thee, O God of the holy Archangel Gabriel.' And after these things they said unto him, 'Tell us, O man, what hath happened unto thee, and how it is that thou, who didst fall down yesterday into a [red-hot] oven, and wast burned all over thy body, art now healed of such severe wounds.' And the man related unto them everything that had happened unto him, saying thus: 'It happened unto me yesterday that, when I had heated the oven, and was filling it with bread, I looked and saw a tall black man (or, Nubian), whose eyes shot out flames of fire into my face. And he stood up before me, saying, "I have taken the trouble to lay snares for thee, O thou disorderly man, and behold, I have during the past three | years laid Fol. 5 *b* ⲡⲋ
snares for thee day and night. These three repetitions of the prayer which thou prayest in the shrine of the Archangel Gabriel became three brightly shining lamps of fire which drove me away from thee. Since I have found a favourable opportunity against thee this day, I have come unto thee to do unto thee what thou deservest to have done unto thee."

And having said these things unto me he laid hold of my two feet, and threw me down into the oven, and the whole of me was burned. I was conscious that they were carrying me to this place, but I did not know whether I was going to live or die. And during this night I saw the holy Archangel Gabriel, and he came to me, and he made the Sign of the Cross over me, and healed me, and went up into heaven in garments of light.' And when all the people had seen these things they marvelled exceedingly, and they were filled with fear. Ye see, O my beloved, how mighty are the supplications of the holy Archangel Gabriel. And no demoniacal thing
Fol. 6 *a* whatsoever approacheth | any man who goeth into [his]
ⲡⲍ church daily; on the contrary, the help of God shall deliver him from the snares of Satan. It is prayer that casteth out the demons. It is prayer that shall deliver those who are in peril through storms and passions. It is prayer that is the comforter of those who are distressed. The church is the place of consolation and [the place] of assembly of the angels. The church is the place wherein the Cherubim and the Seraphim assemble. The church is the place of rest of every soul. As for us, let us love the church like our own souls, all of it. He who is indifferent towards the church casteth the fear of God away from him. He who partaketh of the Sacrament before he heareth all the Lessons read partaketh in part only, and his participation is not perfect. He who cometh out of the church after he hath heard all the Lessons read, and sitteth by the door of the church, such
Fol. 6 *b* a man is only | half a believer. The prayer of the man who
ⲡⲏ prayeth or who singeth too noisily is an abomination before God. He who cometh out of the church before receiving the 'Peace' (i.e. the Benediction), the angel of God shall mark the day on which he separated himself from him, and because he did not receive the Benediction before he departed to his house none of the help of God shall be his. Now therefore, O my beloved, let us love the church in order that

we may obtain the forgiveness of our sins. Let us celebrate the festival of the Archangel Gabriel, the bearer of glad tidings of the worlds of light, and make it a spiritual festival this day, for we know that he is the angel of joy, and the deliverer of every one who hath suffered the oppression of the Devil. Let us succour the poor, each one of us according to his power, in order that the Archangel Gabriel may open unto
us the treasuries of the | kingdom which is in the heavens. Fol. 7 *a*
Let us cast away from us all wickedness, and knavery, and ⲡ̄ⲑ̄
malice, in order that we may keep the feast of the Archangel Gabriel in the kingdom which is in the heavens, for this indeed is the joy which is endless. Let us put away from us all lawlessness and slanderous gossip. We know that God and His angel are looking upon us in everything which we do on the earth, and that God seeth us in all our works. As it is certain that, after the various periods of life which are allotted to us, we have to go forth from this place of sojourn, so is it certain that we shall be questioned concerning all the things which we have done, whether they be good or whether they be evil. Now I do not wish to multiply words overmuch concerning these things—on the contrary, I know that 'moderation in everything is good'—especially as the time hath arrived when we must administer the Holy Offering, the Body and Blood of Jesus the Christ, and let us therefore bring our discourse to an end at this point. May God Almighty
bless our God-loving king who is in our midst | this day! Fol. 7 *b*
And may He watch over him as He watched over David, ϥ̄
and Solomon, and Hezekiah, and Josiah, the righteous kings. And may He protect all who are of senatorial rank, and all the Roman nobility, and all the people of the city, whether male or female, little or great! May He shew mercy upon our souls on the day whereon we shall meet Him through the prayers and supplications of the holy Archangel Gabriel, whose festival we celebrate this day both in heaven and upon earth, through the grace and love for man of our Lord Jesus

the Christ, our Saviour, to Whom [be, as is most meet, all honour and glory], and to His Good Father, and to the Holy Spirit, now and always, and for ever and ever. Amen.

III. Oriental MS., No. 6800, consists of 19 vellum leaves, many of which are very much stained and damaged, measuring 10 in. in height and 8½ in. in width. Each page is filled with two columns of writing, with 24 or 25 lines to the column. The pagination is as follows: ⲁ̅–ⲓ̅ⲉ̅, ⲓ̅ⲉ̅ (*sic*), ⲓ̅ⲍ̅–ⲓ̅ⲑ̅, one page without number, ⲕ̅ⲃ̅–ⲗ̅; the numbers on the last two folios are wanting. On Fol. 1 *b* are painted a large cross as frontispiece and the letters Ⲁ Ⲱ. The manuscript was copied by Shenoute (?)[1] in the seven hundred and forty-eighth year of the Era of the Martyrs ⲭⲣⲟⲛⲟⲩ ⳨ ⲯ̅ⲙ̅ⲏ̅, i. e. A.D. 1042, and contains a Discourse by Apa Pisenthius of Mount Tsinti ⲁⲡⲁ ⲡⲓⲥⲉⲛⲑⲓⲟⲥ ⲙ̅ ⲡⲧⲟⲟⲩ ⲛ̅ ⲧⲥⲓ̅ⲛⲧⲓ on the holy man Apa Ouanofre ⲉ ⲧⲃⲉ ⲡⲡⲉⲧ ⲟⲩⲁⲁⲃ ⲁⲡⲁ ⲟⲩⲁ-ⲛⲟϥⲣⲉ. The name of the person who paid for the copying and binding of the manuscript is not mentioned, but he prays, 'O God, Who didst receive the sacrifice of Abel, and likewise the two *lepta* of the widow, Thou same God, do Thou bless the man who provided for the making of this book of remembrance of the holy man Apa Ouanofre so that he may receive favour with God, and that He may graciously forgive him his sins. Amen.' ⲡⲛⲟⲩⲧⲉ ⲡⲉⲛⲧⲁϥϫⲓ ⲛ ⲧⲉⲑⲩⲥⲓⲁ ⲛ ⲁⲃⲉⲗ· ⲙⲛ̅ ⲡⲗⲉⲡⲧⲟⲛ ⲥⲛⲁⲩ ⲛ ⲧⲏⲭⲏⲣⲁ ⲛϯϩⲉ ϩⲱⲱϥ (?) ⲡϫⲟⲉⲓⲥ· ⲉⲕⲉⲥⲙⲟⲩ ⲉ ⲡⲉⲛⲧ ⲁϥϥⲓ ⲡⲣⲟⲟⲩϣ· ⲙ̅ ⲡⲉⲓ ϫⲱⲱⲙⲉ· ⲉⲩⲣ̅ ⲡⲙⲉⲉⲩ[ⲉ] ⲙ̅ ⲡⲡⲉⲧ ⲟⲩⲁⲁⲃ ⲁⲡⲁ ⲟⲩⲁⲛⲟϥⲣⲉ· ϫⲉ ⲕⲁⲥ ⲉϥⲛⲁϫⲓ ϩⲙⲟⲧ ⲉ ϫⲱϥ· ⲛ̅ⲛⲁϩⲣ[ⲛ̅] ⲡⲛⲟⲩⲧⲉ· ⲛϥ̅ⲭⲁⲣⲓⲍⲉ ⲛⲁϥ· ⲙ̅ ⲡⲕⲱ ⲉ ⲃⲟⲗ ⲛ ⲛⲉϥⲛⲟⲃⲉ· ⲁⲙⲏⲛ· The following extract illustrates the general character of the Discourse:

Ⲡⲁⲣⲉ ⲡⲟⲩⲁ ⲇⲉ ⲡⲟⲩⲁ ⲙⲙⲱⲧⲛ̅· ⲱ ⲛⲁⲙⲉⲣⲁⲧⲉ

[1] ⲁⲣⲓ ⲡⲁ ⲙⲉⲉⲩⲉ ⲛ ⲁⲅⲁⲡⲉ ⲁⲛⲟⲕ ϣⲉⲛⲟⲩ[ⲧⲉ] ⲛⲧⲉⲧⲛ̅ⲧⲉⲃϩ̅ ⲡⲟ̅ⲥ̅ ⲉ ϫⲱⲛ· ⲛϥ̅ⲣ̅ ⲟⲩⲛⲁ ⲛ̅ⲙ̅ⲙⲁⲛ :—ϩⲁⲙⲏⲛ :—(Fol. 19 *a*).

ⲛϣⲏⲣⲉ · ϯϩⲧⲏϥ ⲉ ⲧⲁⲛⲁⲥⲧⲣⲟⲫⲏ ⲙ̄ ⲡⲉⲓ ⲡⲉⲧ ⲟⲩⲁⲁⲃ
ⲙ ⲙⲁⲕⲁⲣⲓⲟⲥ · ⲁⲩⲱ ⲛⲁ[ⲅⲱⲛ]ⲟⲑⲉⲧⲏⲥ [ⲡⲉⲓ] ϣⲟⲉⲓϫ
ⲛⲁⲙⲉ ⲛ ⲣⲉϥⲙⲓϣⲉ ⲕⲁⲗⲱⲥ · ⲁⲡⲁ ⲟⲩⲁⲛⲟϥⲣⲉ ⲡⲁⲛⲁ-
ⲭⲱⲣⲓⲧⲏⲥ ⲡⲁⲓ ⲉⲧ ⲉⲛⲥⲟⲟⲩϩ ⲉⲙⲡⲟⲟⲩ · ⲉ ⲡⲉϥⲧⲟⲡⲟⲥ ⲉⲧ
ⲟⲩⲁⲁⲃ [ⲛϫⲱⲕ ⲉ ⲃⲟⲗ · ⲙ ⲡⲉϥⲣ ⲡⲙⲉⲉⲩⲉ ⲉⲧ ⲟⲩⲁⲁⲃ ·][1]
ϫⲉ ⲕⲁⲥ ⲉⲧⲉⲧⲛ̄ⲉⲟⲩⲱⲛϩ ⲉ ⲃⲟⲗ ⲛ ⲧⲉⲓ ϩⲉ · ϫⲉ ⲁⲧⲉⲧⲛ̄-
ϣⲱⲡⲉ ⲉⲧⲉⲧⲛ̄ⲧⲛ̄ⲧⲱⲛ · ⲉ ⲧⲉϥⲡⲓⲥⲧⲓ̈ⲥ · ⲙⲛ̄ ⲡⲉϥⲃⲓⲟⲥ ⲉⲧ
ⲥⲟⲩⲧⲱⲛ · ⲛ ⲟⲩⲧⲁⲓⲟ | ⲡⲉⲧⲉⲧⲛ̄ϯ ⲙⲙⲟϥ ⲙ ⲡⲇⲓ- Fol. 6 *b*
ⲕⲁⲓⲟⲥ · ϩⲛ ⲧⲉⲧⲛ̄ ϭⲓⲛⲥⲱⲟⲩϩ ⲉ ⲡⲉ[ϥⲧⲟⲡ]ⲟⲥ ⲉⲧ ⲟⲩⲁⲁⲃ · ⲓ̄
Ⲉϣⲱⲡⲉ ⲉⲧⲉⲧⲛ̄ϣⲁⲛⲉⲓⲣⲉ · ⲛ ⲛⲉⲧ ⲉϥⲙⲟⲥⲧⲉ ⲙⲙⲟⲟⲩ ·
ⲡⲧⲁⲉⲓⲟ ⲛ ⲛⲉⲧ ⲟⲩⲁⲁⲃ ⲟⲩⲟⲧⲃ ⲉ ⲧⲁⲓⲟ ⲛⲓⲙ ⲉⲧ ϩⲓϫⲙ
ⲡⲕⲁϩ · ⲛⲥⲉⲙⲉ ⲅⲁⲣ ⲁⲛ ⲛϭⲓ ⲛⲉⲧ ⲟⲩⲁⲁⲃ ⲛ ⲣⲉϥϫⲏⲣ ·
ϩⲓ ⲣⲉϥⲥⲱⲃⲉ · ϩⲓ ⲣⲉϥϯϩⲉ · ϩⲓ ⲣⲉϥϫⲁⲕ ⲛ ⲛⲉⲩϭⲓϫ · ⲛⲑⲉ
ⲛ ⲛⲉⲓ ⲣⲱⲙⲉ ⲉⲧ ⲡⲟϣⲥ̄ · ϩⲓ ⲣⲉϥⲟⲣⲭⲉⲓ · ⲙⲛ̄ ⲡⲕⲉⲉ (*sic*)
ⲥⲉⲉⲡⲉ ⲛ ϣⲗⲟϥ · ⲛ ⲣⲉϥⲁⲡⲁⲧⲁ · ⲁⲩⲱ ⲁⲩⲱ (*sic*) ⲉⲩⲙⲉ ⲛ
ϩⲟⲩⲟ ⲛ ⲛⲉⲛⲧ ⲁⲩⲕⲱⲱϩ ⲉ ⲡⲉⲩ[ϩⲏⲧ ?] · ⲁⲩⲱ ⲁⲩⲙ[ⲟⲟϣⲉ
ⲛ]ϩⲏⲧϥ [...]ϣⲉ · ⲁⲩⲱ[...] ⲛⲉⲛⲥⲁⲛ[...] ⲙⲙⲟⲟⲩ
ⲉ[...]ⲛⲉⲩ ⲛⲉⲩⲛⲟⲃⲉ ⲛⲥⲉⲙⲉⲧⲁⲛⲟⲓ · Ⲉⲩⲙⲉ ⲅⲁⲣ ⲛⲛⲉⲧ
ϩⲁⲣⲉϩ ⲉ ⲛⲉⲩⲛⲏⲥⲧⲓⲁ ⲛ ⲟⲩⲟⲉⲓϣ ⲛⲓⲙ · ⲁϫⲛ ⲧⲱⲗⲙ ·
Ⲉⲩⲙⲉ ⲛⲛⲉⲧ ϣⲗⲏⲗ ⲉ ⲡⲛⲟⲩⲧⲉ ϩⲛ ⲟⲩϩⲏⲧ · ⲉϥⲧⲃⲃⲏⲩ ·
Ⲉⲩⲙⲉ ⲛⲛⲉⲧ ϩⲁⲣⲉϩ ⲉ ⲡⲉⲩⲅⲁⲙⲟⲥ ⲉϥⲟⲩⲁⲁⲃ · Ⲉⲩⲙⲉ
ⲛⲛⲉⲧ ϩⲁⲣⲉϩ ⲉ ⲧⲡⲁⲣⲑⲉⲛⲓⲁ ⲉⲥⲟⲩⲁⲁⲃ · ϩⲛ ⲡⲏⲓ̈ | ⲛ Fol. 7 *a*
ⲛⲉⲩⲉⲓⲟⲧⲉ · ⲛⲁⲓ ⲛⲁⲙⲉ ⲛⲉⲧ ⲉⲣⲉ [ⲛⲉⲧ ⲟ]ⲩⲁⲁⲃ ϣⲓⲛⲉ ⲓ̄ⲁ
[ⲙⲙⲟ]ⲟⲩ · [ⲁⲩⲱ ⲉⲩ]ⲟⲩⲱϣ ⲉⲩⲥⲱⲟⲩϩ ⲉ ϩⲟⲩⲛ ⲉ ⲛⲉⲩ-
ⲧⲟⲡⲟⲥ ⲉⲧ ⲟⲩⲁⲁⲃ · ⲛϥⲛⲁⲡⲉⲓⲑⲉ ⲛϭⲓ ⲡⲇⲓⲕⲁⲓⲟⲥ · ⲉ ⲧⲣⲉ
ⲕⲧⲁⲉⲓⲟϥ · ϩⲛ ⲧⲉⲕⲧⲣⲁⲡ (*sic*) ⲣⲟ ⲙⲙⲁⲧⲉ · Ⲉⲕϫⲱ ⲙ-
ⲙⲟⲥ ⲛⲁϥ · ϫⲉ ⲡⲁ ⲉⲓⲱⲧ ⲁⲩⲱ ⲡⲁ ϫⲟⲉⲓⲥ · ⲁⲩⲱ ⲡⲡⲉⲧ
ⲟⲩⲁⲁⲃ · ⲁⲩⲱ ⲡⲇⲓⲕⲁⲓⲟⲥ · ⲛ̄ⲅ̄ ϭⲱ ⲇⲉ ϩⲱⲱϥ ⲉⲕϩⲙⲟⲟⲥ
ϩⲛ ⲛⲉϩⲃⲏⲩⲉ̄ · ⲉⲧ ⲉϥⲙⲟⲥⲧⲉ ⲙⲙⲟⲟⲩ · ⲛⲑⲉ ⲉⲧⲉ ⲙⲡⲉ
ⲡϫⲟⲉⲓⲥ ⲁⲛⲉⲓⲭⲉ · ⲛⲛⲉⲧ ⲧⲁⲉⲓⲟ̄ ⲙⲙⲟϥ · ϩⲙ̄ ⲧⲉⲩⲧⲁ-
ⲡⲣⲟ ⲙⲙⲁⲧⲉ · ⲛⲑⲉ ⲛⲧⲁϥϫⲟⲟⲥ ⲛⲁⲩ ϩⲛ ⲟⲩϫⲡⲓⲟ̄ · ϫⲉ
ⲁϩⲣⲱⲧⲛ̄ ⲧⲉⲧⲛ̄ⲙⲟⲩⲧⲉ ⲉ ⲣⲟⲓ ϫⲉ ⲡϫⲟⲉⲓⲥ · ⲛⲧⲉⲧⲛ̄ⲉⲓⲣⲉ

[1] The words in brackets, ⲛϫⲱⲕ . . . ⲟⲩⲁⲁⲃ, are repeated in the text.

ⲁⲛ ⲛⲛⲉ[ⲧ] ϯϫⲱ ⲙ̄ⲙⲟⲟⲩ · Ⲉϣϫⲉ ⲉⲕⲟⲩⲱϣ ⲇⲉ ⲉ ⲧⲁⲉⲓⲟ
ⲙ̄ ⲡⲇⲓⲕⲁⲓⲟⲥ · ⲧⲁⲉⲓⲟϥ ϩⲙ̄ ⲡⲧⲃ̄ⲃⲟ ⲙ̄ ⲡⲉⲕⲥⲱⲙⲁ · ⲛⲧⲁ
ⲡⲇⲓⲕⲁⲓⲟⲥ ⲅⲁⲣ ⲁⲡⲁ ⲟⲩⲁⲛⲟϥⲣⲉ ⲡⲁⲓ ⲉⲧⲉⲛⲉⲣ ϣⲁ ⲛⲁϥ
ⲙ̄ⲡⲟⲟⲩ · ϫⲉⲕ ⲡⲉϥⲃⲓⲟⲥ ⲉ ⲃⲟⲗ ϩⲛ ⲟⲩϩⲕⲟ ⲙⲛ ⲟⲩⲉⲓⲃⲉ ·
Fol. 7 b ⲙⲛ ϩⲉⲛⲟⲩϣⲏ ⲛ̄ⲣⲟⲉⲓⲥ · Ⲛⲧⲟⲕ ⲇⲉ ϩⲱⲱⲕ | ⲱ ⲡⲣⲱⲙⲉ
ⲓ̅ⲃ̅ ⲕⲁⲛ ⲉϣϫⲉ· ⲛⲅ̄ ⲛⲁϣⲛⲏⲥⲧⲉⲩⲉ̄ ⲁⲛ ⲛⲛⲁⲩ ⲛⲓⲙ ϣⲁ ϫⲡ ⲯⲓⲧⲉ
ⲙ̄ⲙⲁⲧⲉ · Ⲉⲓⲉ ⲕⲁⲛ ⲙⲁⲣⲉⲕ ⲛⲏⲥⲧⲉⲩⲉ ⲛⲛⲉϩⲙⲉ ⲛ̄ϩⲟⲟⲩ
ⲉⲧ ⲟⲩⲁⲁⲃ · ⲙⲛ̄ ⲧⲛⲏⲥⲧⲓⲁ ⲥⲉⲛⲧⲉ ⲕⲁⲧⲁⲥⲁⲃⲃⲁⲧⲱⲛ · Ⲁⲩⲱ
ⲛⲅ̄ ϩⲱ ⲉ ⲣⲟⲕ ⲉⲩⲕⲟⲩⲓ ⲛ ⲏⲣⲡ ϩⲉⲛ ⲟⲩϣⲓ · ⲙⲛ̄ ⲟⲩⲣⲱϣⲉ
ϩⲛ ⲡⲉⲭⲣⲓⲁ ⲛⲁⲛⲁⲅⲕⲁⲓⲟⲛ · ⲛⲅ̄ ⲧⲙ ⲥⲉⲩϩ ϩⲟⲙⲛⲧ̄ ⲛⲁⲕ
ⲉ ϩⲟⲩⲛ ϩⲛ ⲟⲩⲙⲛⲧⲁⲧⲛⲁ · Ⲉϣⲱⲡⲉ ⲇⲉ ⲱ̄ ⲡⲣⲱⲙⲉ ⲛ
ⲁⲙⲉⲗⲏⲥ · ⲡⲁⲓ ⲉⲧ ⲃⲏⲕ ⲉ ⲡⲧⲟⲡⲟⲥ ⲛ ⲛⲉⲧ ⲟⲩⲁⲁⲃ · ⲛⲧⲕ
ⲟⲩⲡⲟⲣⲛⲟⲥ · ⲏ ⲛⲧⲕ ⲟⲩ[ⲛⲟⲉⲓⲕ ?] · ⲏ ⲉⲕⲇⲓⲁ▨▨▨ ⲙ ⲡⲉⲧ
ϩⲓ[ⲧⲟⲩⲱ]ⲱⲕ ϩⲛ ⲟⲩ[ⲏⲣⲡ] · ⲉ ⲧⲣⲉ ⲩⲣ ⲡⲉⲑⲟⲟⲩ ⲛⲁϥ · ⲏ
ⲉⲕⲡⲟⲛⲏⲣⲉⲩⲉ · ⲉⲛⲉⲛⲕⲁ ⲙ ⲡⲉⲧ ϩⲓⲧⲟⲩⲱⲱⲕ · ⲉ ϥⲓⲧⲟⲩ ⲛ
ⲧⲟⲟⲧϥ · ⲏ ⲉⲕⲙⲟⲥⲧⲉ ⲙ̄ⲙⲟϥ · ⲏ ⲉⲕⲕⲱϩ ⲉ ⲣⲟϥ ϩⲛ̄ ⲟⲩⲕⲱϩ
ⲉϥⲥⲁϣⲉ · ⲏ̄ ⲛ̄ⲧⲕ̄ ⲟⲩⲣⲉϥϭⲱⲱⲙⲉ ⲙ ⲡϩⲁⲡ ⲙ ⲡⲉⲧ
ϩⲓⲧⲟⲩⲱⲱⲕ ⲉ ⲧⲃⲉ ⲇⲱⲣⲟⲛ · ⲏ ⲛⲧⲕ̄ ⲟⲩⲣⲉϥϯϩⲉ · ⲏ ⲛⲧⲕ̄
Fol. 8 a ⲟⲩⲣⲉϥϫⲓ ϩⲣⲁⲕ ϩⲛ ⲛϣⲁϫⲉ ⲛⲁⲣⲅⲱⲛ · | ϩⲛ ϩⲉⲛϫⲱ
ⲓ̅ⲅ̅ ⲉⲩⲥⲱⲱϥ · Ⲉϣⲱⲡⲉ ϭⲉ ⲛⲧⲉⲧⲛ̄ϩⲉ ⲛ ϯ ⲙⲉⲓⲛⲉ▨▨ ·
ⲉⲧⲛⲉⲓⲣⲉ ▨▨ · ⲱ ⲛⲉⲧ ⲃⲏⲕ ⲛⲧⲟⲡⲟⲥ ⲛⲛⲉⲧ ⲟⲩⲁⲁⲃ ·
ⲏ ⲉ ⲡϫⲓⲛϫⲏ ⲛⲏⲧⲛ̄ ⲡⲉ · ⲉⲧⲉⲧⲛⲃⲏⲕ · Ⲛⲉⲓ ϩⲃⲏⲩⲉ ⲅⲁⲣ
ⲛ ⲧⲉⲓ ⲙⲉⲓⲛⲉ · ⲛⲉⲓ ⲛⲉⲧ ⲉⲣⲉ ⲛⲉⲧ ⲟⲩⲁⲁⲃ ⲙⲟⲥⲧⲉ ⲙ̄ⲙⲟⲟⲩ ·
ⲛⲥⲉ ⲛⲁⲡⲉⲓⲑⲉ ⲁⲛ ⲛⲏⲧⲛ̄ · ⲛⲧⲉⲧⲛⲟⲩⲟⲛϩⲟⲩ ⲉ ⲃⲟⲗ ⲛ̄ϩⲏⲧ
ⲧⲏⲩⲧⲛ̄ · ⲙⲁⲗⲓⲥⲧⲁ ⲛⲧⲉ ⲟⲩⲁ ⲛϩⲏⲧ ⲧⲏⲩⲧⲛ̄ ⲣ ⲛⲁⲓ · ϩⲙ
ⲡⲧⲣⲉ ⲩⲥⲱⲟⲩϩ ⲉ ⲛⲉⲩⲧⲟⲡⲟⲥ ⲉⲧ ⲟⲩⲁⲁⲃ · ⲉⲕϣⲁⲛⲃⲱⲕ
ⲅⲁⲣ ϩⲛ̄ ⲟⲩⲡⲣⲁⲅⲙⲁⲧⲓⲁ · ⲛⲧⲉ ⲡⲉⲓ ⲕⲟⲥⲙⲟⲥ · ⲱ ⲡⲣⲱⲙⲉ ·
ϣⲁⲕⲥⲡⲟⲩⲇⲁⲍⲉ ⲡⲁⲛⲧⲱⲥ ⲉⲙⲁⲧⲉ · ϩⲛ ⲥⲡⲟⲩⲇⲏ ⲛⲓⲙ ·
Ⲟⲩ ⲙⲟⲛⲟⲛ ⲉ ⲧⲙ ⲧⲣⲉ ⲕϯⲟⲥⲉ · ⲁⲗⲗⲁ ⲉ ⲧⲣⲉ ⲕ ⲕⲉⲣ-
ⲇⲁⲛⲉ · ϩⲛ ⲧⲉⲕⲉⲓ ⲉ ⲡϣⲱⲱⲧ · Ⲁⲩⲱ ⲉⲕϣⲁⲛⲕⲧⲟⲕ ⲛⲑⲉ
ⲛⲧⲁⲕⲃⲱⲕ ⲙ̄ⲙⲟⲥ · ⲉⲙ ⲉⲕϯ ϩⲏⲩ ⲛⲗⲁⲁⲩ · ϣⲁⲣⲉ ⲡϩⲱⲃ
ⲉϥϩⲟⲣϣ ⲛ ⲛⲁϩⲣⲁⲕ ⲉ ⲡⲉϩⲟⲩⲟ̄ · ⲙⲁⲗⲗⲟⲛ ⲇⲉ ⲉⲕϣⲁⲛϯ
Fol. 8 b ⲟⲥⲉ · ϩⲛ ⲛⲉⲛⲧ ⲁⲕϥⲓⲧⲟⲩ ⲛ̄ⲙⲙⲁⲕ · ⲛⲁⲓ ⲉⲧ ⲉⲕⲡⲣⲟⲥ-
ⲓ̅ⲇ̅ ⲇⲟⲕⲁ | ⲉ ⲣⲟⲟⲩ · ⲉ ⲧⲣⲉ ⲩⲕⲱⲃ ⲛⲁⲕ · ϣⲁⲣⲉ ⲟⲩⲛⲟϭ ⲛ

ⲗⲩⲡⲏ ϣⲱⲡⲉ ⲛⲁⲕ ⲛ ⲟⲩⲛⲟϭ ⲛ ⲟⲩⲟⲉⲓϣ · Ⲉϣϫⲉ ϯⲛⲟϭ
ⲟⲩⲛ ⲛ ⲥⲡⲟⲩⲇⲏ ϣⲟⲟⲡ ⲛⲁⲕ ⲱ ⲡⲣⲱⲙⲉ ⲛ ⲁⲑⲏⲧ · ϩⲛ
ⲛⲉⲧ ⲛⲁⲧⲁⲕⲟ ⲙⲛⲛ̄ⲥⲁ ⲟⲩⲕⲟⲩⲓ · ⲛⲁⲓ ⲉⲧⲉ ⲙⲛϣϭⲟⲙ
ⲙⲙⲟⲟⲩ · ⲉ ⲃⲟⲏⲑⲉⲓⲁ ⲉ ⲣⲟⲕ · ⲟⲩⲇⲉ ⲉ ϥⲓⲧⲟⲩ ⲛⲙⲙⲁⲕ
ⲉ ⲡⲙⲁ ⲉⲧ ⲉⲕⲛⲁⲃⲱⲕ ⲉ ⲣⲟϥ · ⲏ ⲉϣϣⲉ ⲉ ⲣⲟⲕ ⲛ ⲟⲩⲏⲣ ·
ⲉ ⲧⲣⲉ ⲕⲥⲡⲟⲩⲇⲁⲍⲉ ⲉ ϯ ⲉ ⲡϣⲱⲱⲧ ⲛⲁⲙⲉ ⲙ ⲡⲛ̄ⲕⲟⲛ ·
ⲉ ⲧⲣⲉ ⲕϫⲡⲟⲥ ⲛⲁⲕ · ⲡⲉϣⲱⲱⲧ ⲅⲁⲣ ⲛ ⲧⲙⲛⲧⲣⲣⲟ ⲛ
ⲙⲡⲏⲩⲉ · ⲛⲉ ⲛⲉⲧ ⲟⲩⲁⲁⲃ · ⲁⲩⲱ ⲛⲣⲉϥϫⲓⲛ[ϭⲟⲛⲥ̄] ⲉ ⲛⲉⲧ
ⲧⲱⲙⲛ[...]ⲙⲟⲥ · ⲉⲧⲉⲧⲛϫⲓ ⲛⲛⲉⲩⲯⲩⲭⲏ ⲛϭⲟⲛⲥ̄ ⲛⲉ ·
ϩⲛ ⲛⲉϩⲃⲏⲩⲉ ⲉⲧ ϣⲟⲩⲉⲓⲧ ⲙⲡⲉⲓ ⲕⲟⲥⲙⲟⲥ · ϯ ⲡⲉⲕϩⲏⲧ
ϭⲉ ⲟⲩⲛ ⲱ ⲡⲣⲱⲙⲉ ⲉ ⲡⲃⲓⲟⲥ ⲙ ⲡⲉⲓ ⲣⲱⲙⲉ ⲛⲇⲓⲕⲁⲓⲟⲥ ·
ⲁⲩⲱ ⲙ ⲡⲉⲧ ⲟⲩⲁⲁⲃ ⲛⲁⲑⲗⲏⲧⲏⲥ ⲛⲁⲙⲉ · ⲁⲡⲁ ⲟⲩⲁ-
ⲛⲟϥⲣⲉ · ⲛⲅ̄ ⲉⲓⲙⲉ ϫⲉ ⲛⲧⲁϥⲣⲙⲙⲁⲟ̄ ⲛ ⲁϣ ⲛ ϩⲉ · ϩⲛ
ⲧⲙⲛⲧⲣ̄ⲣⲟ ⲛ ⲙⲡⲏⲩⲉ · ⲉⲧ ⲙⲏⲛ ⲉ ⲃⲟⲗ ϣⲁ ⲉⲛⲉϩ · ⲛⲅ̄
ⲥⲡⲟⲩⲇⲁⲍⲉ ϩⲱⲱⲕ · | ⲱ ⲡⲣⲱⲙⲉ ⲛⲣⲙⲙⲁⲟ ⲛ ⲧⲉⲓ ϩⲉ ϩⲛ Fol. 9 *a*
ⲧⲙⲛⲧⲉⲣⲟ ⲛ ⲙ[ⲡⲏⲩ]ⲉ · ⲉⲧ ⲙⲏⲛ ⲉ [ⲃⲟⲗ] ϣⲁ ⲉⲛⲉϩ · ⲓ̄ⲉ̄
Ϩⲁⲣⲉϩ ϭⲉ ⲟⲩⲛ ⲉ ⲣⲱⲧⲛ · ⲱ ⲛⲁⲙⲉⲣⲁⲧⲉ · ⲙⲛ ⲛⲁ-
ϣⲏⲣⲉ · ϩⲛ̄ ⲧⲉⲧⲛ̄ϭⲓⲛ ⲥⲱⲟⲩϩ ⲉ ϩⲟⲩⲛ ⲛⲧⲟⲡⲟⲥ ⲛⲛⲉⲧ
ⲟⲩⲁⲁⲃ · ϩⲙ ⲡⲉϩⲟⲟⲩ ⲙ ⲡⲉϥⲣ ⲡⲙⲉⲉⲩⲉ ⲉⲧ ⲟⲩⲁⲁⲃ ·
ϫⲉ ⲕⲁⲥ ⲛⲛⲉⲧⲛ̄ⲥⲱⲟⲩϩ ⲉ ϩⲟⲩⲛ · ⲉ ϫⲓ ⲛⲟⲩⲥⲙⲟⲩ ·
ⲛⲧⲉⲧⲛϫⲓ ⲛⲟⲩⲥⲁϩⲟⲩ ⲉ̄ ⲡⲙⲁ ⲛ ⲟⲩⲥⲙⲟⲩ · Ϩⲁⲣⲉϩ ϭⲉ ⲉ
ⲣⲱⲧⲛ̄ ⲱ ⲛⲁϣⲏⲣⲉ ⲙⲙⲉⲣⲓⲧ · ⲛⲧⲉⲧⲛ̄ϣⲱⲡⲉ · ϩⲛ̄ ⲙⲛⲧ-
ⲥⲁⲃⲉ ⲛⲓⲙ · ⲉⲓⲧⲉ ϩⲛ ⲧϭⲓⲛϭⲱϣⲧ ⲛ ⲛⲉⲧⲛⲃⲁⲗ · ⲉⲓⲧⲉ ϩⲛ
ⲧϭⲓⲛⲙⲟⲟϣⲉ · ⲉⲓⲧⲉ ϩⲛ̄ ⲧⲉⲧⲛϭⲓⲛϣⲁϫⲉ · ⲛⲉϩⲓⲟⲙⲉ ⲇⲉ
ⲟⲛ · ⲉ ⲧⲙ ⲧⲣⲉ ⲩⲙⲟⲟϣⲉ · ϩⲛ ⲟⲩⲙⲛⲧⲁⲥⲃⲁⲗ · ⲉⲣⲉ
ⲛⲉⲩⲃⲁⲗ ⲉⲓⲟⲣⲙ ⲉ ϩⲟⲩⲛ ϩⲙ ⲡⲣⲟ ⲛ ⲗⲁⲁⲩ ⲛ ϩⲟⲟⲩⲧ ·
ϩⲛ ⲟⲩⲙⲛⲧⲁⲧϣⲓⲡⲉ · ⲟⲩⲇⲉ ⲙⲡⲉⲣ ⲧⲣⲉ ⲩⲙⲟⲟϣⲉ · ⲉⲣⲉ
ϩⲣⲁⲩ ϭⲟⲗⲡ ⲉ ⲃⲟⲗ · ϩⲙ ⲡⲉⲓ ⲙⲁ ⲙⲙⲁⲧⲉ ⲁⲛ · ⲁⲗⲗⲁ
ϩⲛ ⲛϩⲓⲣ ⲟⲛ ⲙ ⲡⲉⲧⲉⲛϯⲙⲉ · Ⲧⲉⲧⲛⲥⲟⲟⲩⲛ ⲅⲁⲣ ϫⲉ ⲉⲓⲥ
ϩⲁϩ ⲛⲥⲟⲡ · ⲁⲓⲁⲡⲉⲓⲗⲏ ⲉ ⲣⲱⲧⲛ̄ | ⲱ ⲛⲉϩⲓⲟⲙⲉ ⲉ ⲧⲃⲉ ⲛⲉⲓ Fol. 9 *b*
ⲉⲛⲧⲟⲗⲏ · ⲁⲩⲱ ⲙⲡⲉⲧⲉⲛⲁⲛⲉⲓⲭⲉ · ⲛⲧⲉⲧⲛϣⲓⲡⲉ · ⲛⲧⲉⲧⲛ- ⲓ̄ⲋ̄
ⲗⲟϩ ⲛⲧⲉⲧⲛⲙⲁⲛⲓⲁ · Ⲧⲉⲛⲟⲩ ⲇⲉ ⲟⲛ ⲉⲓⲥϩⲁⲓ · ⲉⲓⲡⲁⲣⲁ-
ⲕⲁⲗⲉⲓ ⲙ̄ⲙⲱⲧⲛ̄ · ⲁⲩⲱ ⲉⲓϩⲱⲛ ⲉ̄ⲧⲱⲧ ⲛⲏⲧⲛ̄ ⲉⲙⲁⲧⲉ ·
ϩⲛ ⲟⲩⲛⲟϭ ⲙ ⲡⲁⲣⲁⲅⲅⲉⲗⲉⲓⲁ · ⲉ ⲧⲙ ⲧⲣⲉ ⲗⲁⲁⲩ

ⲛⲥϩⲓⲙⲉ ⲉ ⲡⲧⲏⲣϥ ⲣ ⲡⲃⲟⲗ ⲙ ⲡⲣⲟ ⲙ ⲡⲉⲥⲏⲓ · ⲉⲣⲉ ϫⲱⲥ
ϭⲟⲗⲡ ⲉ ⲃⲟⲗ · ⲟⲩⲇⲉ ⲉ ⲧⲙ ⲧⲣⲉ ⲥϥⲉⲓ ⲛⲛⲉⲥⲃⲁⲗ ⲉ ϩⲣⲁⲓ
ϩⲁ ⲡϩⲟ ⲛ ⲗⲁⲁⲩ ⲛ ϩⲟⲟⲩⲧ ⲛϣⲙⲙⲟ ⲉ ⲡⲧⲏⲣϥ̄ · ⲁⲗⲗⲁ
ⲉ ⲧⲣⲉ ⲧⲉⲧⲛ̄ⲙⲟⲟϣⲉ ⲛ ⲟⲩⲟⲉⲓϣ ⲛⲓⲙ · ⲱ ⲛⲉϩⲓⲟⲙⲉ ⲉⲣⲉ
ⲛⲉⲧⲛ̄[ⲃⲁⲗ] ⲛⲁϩⲧ ⲉ ⲡⲉⲥⲏⲧ ⲉϫⲙ ⲡⲕⲁϩ · ⲉⲣⲉ ⲡⲉⲧⲉⲛϩⲟⲃⲥ̄
ⲛ ⲥⲁ ⲥⲁ ⲛⲓⲙ ϩⲙ̄ ⲙⲛ̄ⲧⲉⲗⲉⲩⲑⲉⲣⲟⲥ ⲛⲓⲙ · Ⲁⲩⲱ ⲧⲉⲧⲛ̄-
ⲕⲟⲥⲙⲉⲓ ⲇⲉ ⲟⲛ ⲛⲙⲙⲱⲧⲛ · ⲙⲁⲣⲉⲥϣⲱⲡⲉ · ϩⲛ ⲟⲩϣⲓ
ⲙⲙⲉ ⲙⲛ ⲟⲩⲙⲛⲧⲥⲉⲙⲛⲟⲥ · ⲉⲧⲉⲧⲛ̄ϯ ⲛϩⲧⲏⲧⲛ̄ ⲛ ⲟⲩⲟⲉⲓϣ
ⲛⲓⲙ · ⲉ ⲡϣⲁϫⲉ ⲙ ⲡⲛⲟⲩⲧⲉ ϩⲛ ⲟⲩⲛⲟϭ ⲛ ϯϩⲧⲏϥ · ⲁⲩⲱ
ⲉⲧⲉⲧⲛ̄ⲟⲃⲉ ⲙⲙⲟϥ ⲛ ⲟⲩⲟⲉⲓϣ ⲛⲓⲙ · ϯⲥⲃⲱ ⲟⲛ ⲛⲛⲉⲧⲛ̄-
Fol. 10 *a* ϣⲏⲣⲉ ⲕⲟⲩⲓ | ⲉ ⲧⲣⲉ ⲩⲙⲟⲟϣⲉ ϩⲱⲟⲩ ⲕⲁⲗⲱⲥ · Ⲛⲉⲧⲛ-
ⲓ̅ⲉ̅ (*sic*) ϣⲏⲣⲉ ⲇⲉ ⲟⲛ ⲛⲥϩⲓⲙⲉ · ⲉ ⲧⲣⲉ ⲩⲣ̄ ⲙⲁⲓ ⲛⲉⲩⲏⲓ̈ · ⲁⲩⲱ ⲉ
ⲣ̄ ⲙⲁⲓ ⲛⲉⲩϩⲁⲓ · Ⲕⲁⲓ ⲅⲁⲣ ⲧⲉⲥⲃⲱ ⲛⲉⲛⲉⲓⲟⲧⲉ · ⲧⲉⲧⲉϣⲁⲥ
ⲡ̄ϣⲏⲣⲉ ⲉ ϩⲣⲁⲓ ϩⲛ ⲟⲩⲙⲛ̄ⲧⲉⲗⲉⲩⲑⲉⲣⲟⲥ · Ⲁⲩⲱ ⲧⲉⲩϭⲓⲛ-
ϯⲥⲃⲟ ⲇⲉ ⲛⲁⲩ ϩⲛ ⲟⲩⲗⲱⲕϣ · ⲛⲑⲉ ⲛϩⲩⲗⲉⲓ · ⲛⲧⲟⲥ
ϣⲁⲥⲧⲣⲉ ⲧⲙⲛⲧⲁⲧⲛⲁϩⲧⲉ ϯⲟⲩⲱ ⲉ ⲣⲁⲓ · Ⲛⲧⲱⲧⲛ̄ ⲇⲉ ϩⲱⲧ
ⲧⲏⲩⲧⲛ̄ ⲛϩⲟⲟⲩⲧ ⲛⲣⲉϥⲥⲱⲧⲙ · ⲁⲩⲱ ⲙ ⲙⲁⲓ ⲡⲉⲭ̄ⲥ̄
ⲡⲁⲣⲁⲅⲅⲉⲗⲉⲓ · ⲛⲛⲉⲧⲛϣⲏⲣⲉ · ⲉ ⲙⲟⲟϣⲉ ϩⲛ ⲙⲛⲧⲥⲁⲃⲉ
ⲛⲓⲙ · Ⲧⲉⲧⲛ̄ⲥⲟⲟⲩⲛ ⲅⲁⲣ ϫⲉ ⲛ ϯⲗⲟ ⲁⲛ ⲉⲓϯ ⲥⲃⲱ ⲛⲏⲧⲛ̄ ·
ⲁⲩⲱ ⲉⲓϩⲱⲛ ⲉ ⲧⲟⲟⲧ ⲧⲏⲩⲧⲛ ⲉ ⲧⲃⲉ ⲡⲉⲓ ϩⲱⲃ · ⲙⲡⲉⲣ
ⲕⲁⲁⲩ ⲉ ϫⲓ ϩⲣⲁⲩ ϩⲛ ϩⲉⲛϫⲓ ϩⲣⲁϥ ⲉⲙⲛ̄ ϩⲏⲩ ⲛϩⲏⲧⲟⲩ ·
ⲟⲩⲇⲉ ϩⲛ̄ ϩⲉⲛϫⲱ ⲛⲁⲣⲅⲱⲛ · ⲉⲧⲉ ⲙⲛ ϩⲏⲩ ⲛϩⲏⲧⲟⲩ ·
ⲟⲩⲇⲉ ϩⲛ̄ ϩⲉⲛⲟⲩⲉⲗⲗⲉ · ⲉⲩⲟⲩⲉⲣⲃⲟⲟⲛⲉ · ⲏ ⲛⲉⲧ ϫⲁϩϫ̄
ϩⲛ ϩⲉⲛⲃⲁⲕⲗⲉ ⲛⲑⲉ ⲉϣⲁⲩⲁⲁⲥ ⲛ̄ϭⲓ ⲛ ⲁⲧ ⲥⲃⲱ · ⲏ ϩⲛ
Fol. 10 *b* ⲛⲕⲓⲑⲁⲣⲱⲇⲟⲥ · ⲏ ⲗⲁⲁⲩ ⲛϩⲱⲃ ⲛ ⲧⲉⲓ ⲙⲉⲓⲛⲉ · | Ⲟⲩ-
ⲓ̅ⲍ̅ ϣⲏⲣⲉ ⲉϥϫⲓ ϩⲣⲁϥ ⲛϩⲁϩ ⲛⲥⲟⲡ ⲉϥϫⲉⲣϭⲟⲣⲧⲉ ⲉ ⲣⲟϥ
ⲙⲁⲩⲁⲁϥ · ⲉⲓⲥ ϩⲏⲏⲧⲉ ϯⲣ ⲙⲛ̄ⲧⲣⲉ ⲛⲏⲧⲛ̄ · ⲱ ⲛⲁϣⲏⲣⲉ ·
ϫⲉ ⲡⲉⲧ ⲛⲁⲁⲙⲉⲗⲉⲓ ⲉ ⲡⲉϥϣⲏⲣⲉ · ⲉϥϩⲛ ⲟⲩⲡⲟⲣⲛⲓⲁ ⲉ
ⲧⲙ ϯ ⲥⲃⲱ ⲛⲁϥ · ⲛϥ̄ⲕⲧⲟϥ ⲛϥⲙⲉⲧⲁⲛⲟⲓ · ⲡⲉϥⲕⲣⲓⲙⲁ
ⲛⲏⲩ ⲉ ϩⲣⲁⲓ ⲉ ϫⲱϥ · ϩⲙ ⲡⲉⲓ ⲕⲟⲥⲙⲟⲥ ϩⲙ ⲡⲕⲉ ⲁ̈ⲓⲱⲛ
ⲧⲉϥⲯⲩⲭⲏ ⲉⲧ ⲉⲣ ⲛⲟⲃⲉ · ⲛⲧⲟⲥ ⲉⲧ ⲛⲁⲙⲟⲩ · ⲕⲁⲧⲁ ⲡⲉⲧ
ⲥⲏϩ ⲙⲡⲱⲣ ϭⲉ ⲧⲉⲛⲟⲩ · ⲱ ⲛⲁ ϣⲏⲣⲉ ⲙⲙⲉⲣⲓⲧ · ⲙ-
ⲡⲉⲣⲁⲛⲉⲓⲭⲉ ⲉⲣ ⲛⲉⲓ ϩⲃⲏⲩⲉ · ⲡ̄ ϣⲗⲟϥ ⲉⲧⲉ ⲙⲛ ϩⲏⲩ
ⲛϩⲏⲧⲟⲩ · ⲛϩⲟⲩⲟ ⲇⲉ ϩⲛ ⲛϣⲁϫⲉ ⲛⲁⲣⲅⲟⲥ · ϫⲉ ⲕⲁⲥ

ⲛⲛⲉⲛϯ ⲛⲟⲩϭⲥ ⲙ ⲡⲛⲟⲩⲧⲉ ϩⲛ̄ ⲛⲉⲡⲣⲁⲝⲓⲥ ⲉⲑⲟⲟⲩ·
ⲁⲗⲗⲁ ⲥⲟⲩⲛ̄ ⲧϭⲓⲛⲣ ϣⲁ ⲉⲧ ⲡⲣⲉⲡⲉⲓ ⲱ ⲛⲉⲭⲣⲓⲥⲧⲓ-
ⲁⲛⲟⲥ ⲉⲧ ⲟⲩⲁⲁⲃ· ⲙⲏⲡⲱⲧⲏ· ⲛⲧⲛ̄ⲥⲱⲧⲙ ϩⲱⲱⲛ ⲉ
ⲣⲟϥ ϩⲓⲧⲙ ⲡⲉⲡⲣⲟⲫⲏⲧⲏⲥ· ⲉⲧ ⲟⲩⲁⲁⲃ· ⲉϥϫⲱ ⲙ-
ⲙⲟⲥ ⲛⲁⲛ· ϫⲉ ϯⲛⲁⲕⲧⲟ ⲛ ⲛⲉⲧⲛϣⲁ ⲉⲩϩⲃⲃⲉ· ⲁⲩⲱ
ⲟⲛ ϫⲉ ⲁⲓⲙⲉⲥⲧⲉ ⲛⲉⲧⲉⲛϣⲁ· ⲁⲓⲕⲧⲟⲓ ⲉ ⲃⲟⲗ ⲙⲙⲟⲟⲩ·
ⲁⲩⲱ ϫⲉ ϯⲛⲁϭⲱ|ϣⲧ ⲁⲛ· ⲉ̄ϫⲛ̄ ⲛⲉⲧⲛ̄ ⲟⲩⲱⲛϩ̄ ⲉ Fol. 11 *a* ⲓ̄ⲏ̄
ⲃⲟⲗ ϩⲛ ⲛⲉⲧⲉⲛⲛⲟϭ ⲛϣⲁ· Ⲁⲩⲱ ⲟⲛ ϫⲉ ⲛⲉⲧⲉⲛϣⲁ·
ⲧⲁ ⲯⲩⲭⲏ ⲙⲟⲥⲧⲉ ⲙⲙⲟⲟⲩ· ⲉⲧⲉⲧⲛ̄ⲥⲟⲟⲩϩ ϭⲉ ⲟⲩⲛ ⲉ
ϩⲟⲩⲛ· ⲱ ⲛⲁⲙⲉⲣⲁⲧⲉ· ⲉ ⲡⲉⲣ ⲡⲙⲉⲉⲩⲉ ⲙ ⲡⲉⲓ ⲙⲁⲕⲁ-
ⲣⲓⲟⲥ· ⲙ ⲡⲣⲟⲥⲧⲁⲧⲏⲥ ⲉⲧ ⲟⲩⲁⲁⲃ ⲡϩⲁⲅⲓⲟⲥ ⲁⲡⲁ ⲟⲩⲁ-
ⲛⲟϥⲣⲉ· ⲡⲁⲛⲁⲭⲱⲣⲓⲧⲏⲥ· ⲉⲧ ⲥⲙⲁⲙⲁⲁⲧ· ⲙⲡⲟⲟⲩ ⲱ
ⲛⲁϣⲏⲣⲉ ⲙⲙⲉⲣⲓⲧ· Ⲟⲩⲁⲛⲁⲅⲕⲁⲓⲟⲛ ⲡⲉ ⲉ ⲡⲉϩⲟⲩⲟ·
ⲁⲩⲱ ⲟⲩⲥⲟⲉⲓⲧ ⲅⲁⲣ ⲉ ⲛⲁⲛⲟⲩϥ ⲡⲉ ⲡⲉⲣ ⲡⲙⲉⲉⲩⲉ ⲙ
ⲡⲇⲓⲕⲁⲓⲟⲥ· ϣⲟⲣⲡ ⲙⲛ̄ ⲙⲟⲟϣⲉ ϩⲛ̄ ⲙⲛⲧⲥⲉⲙⲛⲟⲥ ⲛⲓⲙ·
ⲙⲛ ⲙⲛⲧⲥⲁⲃⲉ ⲛⲓⲙ ⲉⲧ ϩⲙ ⲡⲉⲭ̄ⲥ̄ ⲓ̄ⲥ̄ ⲡⲉⲛϫⲟⲉⲓⲥ· ⲛⲑⲉ
ⲛⲧⲁⲓϣⲣⲡ ϫⲟⲟⲥ· ⲉⲧⲉⲧⲛϯ ⲉ̄ⲟ̄ⲟ̄ⲩ̄ ⲙ ⲡⲛⲟⲩⲧⲉ· ⲁⲩⲱ
ⲉⲧⲉⲧⲛϯ ⲉⲟⲟⲩ ⲛⲛⲁⲣⲏⲧⲉ ⲧⲏⲣⲟⲩ ⲙ ⲡⲇⲓⲕⲁⲓⲟⲥ· ⲁⲩⲱ
ⲉⲧⲉⲧⲛⲧⲁⲉⲓⲟ̄ ⲛⲉⲛⲟⲩⲏⲏⲃ ⲙ ⲡⲛⲟⲩⲧⲉ· ⲙⲛ ⲛϣⲙϣⲓⲧ ⲙ̄
ⲡⲉϥⲑⲩⲥⲓⲁⲥⲧⲏⲣⲓⲟⲛ ⲉⲧ ⲟⲩⲁⲁⲃ· Ⲛϣⲟⲣⲡ ⲙⲛ ⲉⲧⲉⲧⲛ-
ϣⲁⲛⲟⲩⲱϣ ⲉ ⲉⲓ ⲉ ⲃⲟⲗ ϩⲙ ⲡⲉⲧⲛⲏⲓ· ⲉ ⲃⲱⲕ ⲉ ⲡϣⲁ·
ϣⲗⲏⲗ ⲛ ϣⲟⲣⲡ ⲉⲧⲉⲓ ⲉⲧⲉⲧⲉⲛ ϩⲙ̄ | ⲡⲉⲧⲛⲏⲓ̈· ⲛⲧⲉⲧⲛ- Fol. 11 *b* ⲓ̄ⲑ̄
ⲧⲉⲃϩ ⲡϫⲟⲉⲓⲥ ⲧⲁⲣⲉϥⲥⲟⲟⲩⲧⲛ ⲛ̄ⲧⲉⲧⲛ̄ϩⲓⲏ· ϭⲱ ⲟⲛ·
ⲉⲧⲉⲧⲛϣⲁϫⲉ· ϩⲛ ⲛϣⲁϫⲉ ⲙ ⲡⲛⲟⲩⲧⲉ· ⲙⲛ ⲛⲁⲅⲱⲛ ⲙⲛ
ⲙⲡⲟⲗⲩⲧⲉⲓⲁ ⲛ ⲛⲉⲧ ⲟⲩⲁⲁⲃ· ⲛⲧⲉⲧⲛⲧⲙ ⲁⲛⲉⲓⲭⲉ ⲉ̄ ⲣ̄ ⲛⲉⲓ
ⲙⲛⲧⲁⲑⲏⲧ· ⲛⲁⲓ ⲉⲧ ⲁⲓϣⲉⲣⲡ̄ ϫⲟⲟⲩ ⲉ ⲣⲱⲧⲛ ⲛ ⲕⲉ ⲥⲟⲡ·
ⲉⲧⲉⲛϫⲱ ⲛⲉⲙⲛ̄ ⲛϫⲁⲕ· ϩⲛ ⲛⲉⲧⲛϭⲓϫ· ⲛⲁⲓ ⲉⲧⲉⲧⲛⲉⲓⲣⲉ·
ⲙⲙⲟⲟⲩ· ⲛⲧⲱⲧⲛ ⲇⲉ ⲱ ⲛⲉϩⲓⲟⲙⲉ ⲉⲧ ⲃⲏⲗ ⲉ ⲃⲟⲗ· ⲙⲛ
ⲛϣⲁϫⲉ ⲛϣⲃⲱ· ⲛⲁⲓ ⲉⲧⲉⲧⲛ̄ϫⲱ ⲙⲙⲟⲟⲩ ϫⲉ ⲧⲟⲉⲓⲧ·
ⲁⲩⲱ ⲟⲛ ⲉⲧⲉⲧⲛ̄ϣⲁⲛⲡⲱϩ ⲉ ⲡⲙⲁⲣⲧⲏⲣⲓⲟⲛ· ⲛ ⲛⲉⲧ
ⲟⲩⲁⲁⲃ· ϯ ⲙ ⲡⲉⲧⲛⲟⲩⲟⲓ· ⲛ ⲥⲟⲟⲩⲧⲛ ⲉ ⲧⲉⲕⲕⲗⲏⲥⲓⲁ·
ⲛⲧⲉⲧⲛ̄ϣⲗⲏⲗ· ⲁⲩⲱ ⲛⲧⲉⲧⲛⲥⲟⲡⲥ̄ ⲙ ⲡⲇⲓⲕⲁⲓⲟⲥ ⲉⲧ
ⲟⲩⲁⲁⲃ· ⲉ ⲧⲣⲉ ϥϯ ⲑⲉ ⲛⲛⲧⲛ̄ ⲉ̄ ⲣ̄ ⲛⲉϩⲃⲏⲩⲉ· ⲉⲧⲉ
ⲣⲁⲛⲁ̄ϥ· ϩⲙ ⲡⲉⲧⲛⲱⲛϩ̄· Ⲡⲛⲛⲥⲱⲥ ⲇⲉ ⲟⲛ ⲛⲧⲉⲧⲛⲥⲟⲡⲥ̄

ⲙ ⲡⲇⲓⲁⲕⲟⲛⲟⲥ ⲉⲧ ⲟⲩⲁⲁⲃ· ⲁⲡⲁ ⲟⲩⲁⲛⲟϥⲣⲉ· ⲉ ⲧⲣⲉ ϥϫⲓ
ϩⲙⲟⲧ ⲉ ϫⲱⲧⲡ̅ ⲛ ⲛⲁϩⲣⲙ ⲡϫⲟⲉⲓⲥ· ⲛϥⲣ ⲧⲏⲩⲧⲛ ⲛ
Fol. 12 *a* ⲙ̅ⲡϣⲁ | ⲛⲟⲩ ⲉ ⲕⲗⲩⲣⲟⲛⲟⲙⲉⲓ̈ ⲛⲙⲙⲁϥ ϩⲛ ⲙⲡⲏⲩⲉ·
[?] ⲁⲩⲱ ⲧⲉⲧⲛⲥⲡⲟⲩⲇⲁⲍⲉ· ⲉ ⲣ̅ ⲧⲉⲩϣⲏ ⲛ ⲣⲟⲉⲓⲥ ϩⲛ̅ ⲟⲩ-
ⲙⲛⲧⲙⲁⲓ ϩⲓⲥⲉ· ⲉⲧⲉⲧⲛϯ ⲟⲩⲃⲉ ⲉ ⲡϩⲓⲛⲏⲃ· ϩⲛ ⲛⲉⲯⲁⲗ-
ⲙⲟⲥ ⲉⲧ ⲟⲩⲁⲁⲃ· ⲉⲧⲉⲧⲛ̅ⲡⲟⲩⲱϣⲃ̅ ⲛⲥⲁ ⲡⲉⲧ ⲯⲁⲗⲗⲉⲓ ϩⲛ
ⲟⲩⲙⲛⲧⲣⲙ ⲛ ϩⲏⲧ· ⲉⲙⲡ̅ ⲗⲁⲁⲩ ϣⲁϫⲉ· ⲙⲡ̅ ⲡⲉⲧ
ϩⲓⲧⲟⲩⲱⲟⲩϥ ϩⲛ ⲧⲉⲕⲕⲗⲏⲥⲓⲁ ϩⲛ ⲗⲁⲁⲩ ⲛ ϣⲁϫⲉ ⲛⲁⲣⲅⲟⲛ·
Ⲁⲩⲱ ⲟⲛ ⲙⲡⲉⲣ ⲉⲓ ⲉ ⲃⲟⲗ ϩⲛ ⲧⲉⲕⲕⲗⲏⲥⲓⲁ· ⲛⲧⲉⲧⲛ-
ϩⲙⲟⲟⲥ ϩⲓⲣⲙ ⲡⲣⲟ· ⲛⲧⲉⲧⲛ̅ϣⲁϫⲉ ϩⲛ ϩⲉⲛϣⲁϫⲉ ⲉⲩ-
ϣⲟⲩⲉⲓⲧ· ⲙⲛ ⲛⲉⲧⲛⲉⲣⲏⲩ· ⲙⲛ ϩⲉⲛⲥⲩⲛⲧⲉⲭⲓⲁ· Ϩⲙ
ⲡⲁⲓ ⲅⲁⲣ ⲉⲧⲉⲧⲛⲕⲁⲧⲁⲫⲣⲟⲛⲉⲓ ⲙ ⲡϣⲁϫⲉ ⲙ ⲡⲛⲟⲩⲧⲉ·
ⲁⲩⲱ ⲉⲧⲉⲧⲛⲧⲁⲉⲓⲟ ⲙ ⲡϫⲓ ϩⲣⲁϥ ⲉⲧ ϣⲟⲩⲉⲓⲧ· ⲛϩⲟⲩⲟ
ⲇⲉ ⲛϣⲁϫⲉ ⲉⲧ ⲟⲩⲁⲁⲃ ⲙ ⲡⲛⲟⲩⲧⲉ· Ⲁⲗⲗⲁ ϣⲱⲡⲉ
ⲉⲧⲉⲧⲛϯ ϩⲧⲏⲧⲛ· ⲉ ⲛⲉⲧ ⲟⲩⲱϣ ⲙⲙⲟⲟⲩ ⲉ ⲣⲱⲧⲛ̅ ϩⲛ
ⲧⲉⲕⲕⲗⲏⲥⲓⲁ ⲛⲧⲉⲧⲛⲕⲁⲁⲩ ϩⲛ ⲛⲉⲧⲛϩⲏⲧ· ϫⲉ ⲕⲁⲥ·
ⲉⲧⲉⲧⲛⲁϭⲱ ⲉⲧⲉⲧⲛ̅ϣⲁϫⲉ ⲛϩⲏⲧⲟⲩ· ϩⲛ ⲛⲉⲧⲉⲛⲏⲓ· ⲙⲛ̅ |
Fol. 12 *b* ⲛⲉⲧⲉⲛϣⲏⲣⲉ· ⲙⲛ̅ ⲛⲉⲧ ϩⲓⲧⲟⲩⲱⲧⲛ̅ ⲛ ⲟⲩⲟⲉⲓϣ ⲛⲓⲙ·
ⲕ̅ⲃ̅ (*sic*) Ⲉⲧⲉⲧⲛ̅ϣⲁⲛϫⲱⲕ ⲇⲉ ⲉ ⲃⲟⲗ ⲛ ⲧⲉⲩϣⲏ ⲛ ⲣⲟⲉⲓⲥ· ⲛ ⲧⲉⲓ ϩⲉ
ϩⲛ ⲟⲩⲙⲛⲧⲣⲙ ⲛ ϩⲏⲧ· ⲉⲧ ⲡⲣⲉⲡⲉⲓ ⲛ ⲛⲉⲧ ⲟⲩⲁⲁⲃ·
Ⲥⲡⲟⲩⲇⲁⲍⲉ ⲇⲉ ⲟⲛ ⲉ ⲧⲙ ⲧⲱⲛ ⲗⲁⲁⲩ ⲛⲉⲛⲕⲁ ⲛⲟⲩⲱⲙ·
ⲏ̅ ⲉ ⲥⲱ· ⲏ ⲉ ϫⲓ ϯⲡⲉ ⲛⲗⲁⲁⲩ ⲉ ⲡⲧⲏⲣϥ· ϣⲁⲛⲧⲉ
ⲧⲛ̅ⲥⲩⲛⲁⲅⲉ· ⲛⲧⲉⲧⲛⲥⲱⲧⲙ ϩⲓⲧⲛ ⲡⲇⲓⲁⲕⲟⲛⲟⲥ· ϫⲉ
ⲙⲟⲟϣⲉ ϩⲛ̅ ⲟⲩⲉⲓⲣⲏⲛⲏ· ⲁⲩⲱ ⲟⲛ ⲡⲉⲓ ⲕⲉ ϩⲱⲃ ⲛ ⲁⲛⲁⲅ-
ⲕⲁⲓⲟⲛ· ⲛⲧⲉⲧⲛⲣⲟⲉⲓⲥ ⲉ ⲣⲱⲧⲛ ⲉ ⲣⲟϥ ⲉⲙⲁⲧⲉ· ⲉ ⲧⲣⲉ
ⲧⲉⲧⲛⲙⲟⲟϣⲉ ⲉ ϩⲣⲁⲓ ⲉϫⲙ ⲡⲉⲑⲩⲥⲓⲁⲥⲧⲏⲣⲓⲟⲛ ϩⲛ̅ ⲟⲩⲛⲟϭ
ⲛ ⲉⲡⲓ̅ⲥⲧⲏⲙⲉⲓ· ⲉⲧⲉⲧⲛϣⲧⲉⲣⲧⲱⲣ ⲁⲛ ϩⲛ ⲧⲉⲧⲉⲛϭⲓⲛ-
ⲙⲟⲟϣⲉ· ⲁⲗⲗⲁ ⲉⲧⲉⲧⲛⲙⲟⲟϣⲉ ϩⲛ̅ ⲟⲩⲧⲥⲁⲛⲟ· ⲙⲛⲛⲥⲁ
ⲧⲣⲉ ⲧⲉⲧⲛ̅ⲥⲁⲛⲁⲅⲉ (*sic*)· ⲛⲧⲉⲧⲛⲥⲱⲧⲙ· ϩⲓⲧⲙ ⲡⲇⲓⲁⲕⲟⲛⲟⲥ·
ϫⲉ ⲙⲟⲟϣⲉ ϩⲛ ⲟⲩⲉⲓⲣⲏⲛⲏ· ⲙⲛ ⲛⲉⲧⲛϣⲉⲉⲣⲉ· Ⲉⲧⲉⲧⲛ-
ⲃⲏⲕ ⲇⲉ ⲉ ⲛⲉⲧⲉⲛⲏⲓ· ⲙⲡⲉⲣ ⲣ ϩⲟⲩⲟ ϩⲙ ⲡⲟⲩⲱⲙ· ⲙⲛ
Fol. 13 *a* ⲡⲥⲱ· ⲁⲗⲗⲁ ⲛⲧⲉⲧⲛ̅ϯ ⲙ ⲡⲥⲱⲙⲁ ⲛⲛⲁ|ⲧⲉϥⲭⲣⲓ̈ⲁ
ⲕ̅ⲅ̅ ⲙⲙⲁⲧⲉ· ⲥⲡⲟⲩⲇⲁⲍⲉ ⲟⲛ ⲱ ⲛⲁⲙⲉⲣⲁⲧⲉ ⲛϣⲏⲣⲉ· ⲉ ϯ
ⲟⲩⲙⲉⲣⲟⲥ ⲛⲛϩⲏⲕⲉ· ϩⲛ ⲛⲉⲧⲛⲉⲓⲟⲉⲓⲕ· ⲙⲛ ⲛⲉⲧⲉⲛϭⲓⲛ-

ⲟⲩⲱⲙ· ⲙⲛ̄ ⲛⲉⲧⲛⲏⲣⲡ̄· ϫⲉ ⲕⲁⲥ ⲉⲣⲉ ⲡϫⲟⲉⲓⲥ ⲥⲙⲟⲩ
ⲉ ⲣⲱⲧⲛ̄ ⲙⲛ ⲛⲉⲧ ⲉⲧⲛⲁⲟⲩⲟⲙⲟⲩ· ϩⲱⲥ ⲉ ⲁⲧⲉⲧⲛ̄ⲣ
ϣⲟⲣⲡ· ⲁⲧⲉⲧⲛ† ⲙ ⲡⲛⲟⲩⲧⲉ ⲛϩⲏⲧⲟⲩ ⲧⲏⲣⲟⲩ· ⲛⲧⲟϥ
ⲅⲁⲣ ⲡⲉⲛⲧ ⲁϥϫⲟⲟⲥ· ϫⲉ ⲡⲉⲧ ⲛⲁⲧⲥⲉ ⲟⲩⲁ ⲛ ⲛⲉⲓ ⲕⲟⲩⲓ·
ⲛ ⲟⲩϫⲱ ⲙⲙⲟⲟⲩ ⲛ ⲱⲣϣ· ⲙⲙⲁⲧⲉ· ⲉ ⲡⲣⲁⲛ ⲛ ⲟⲩⲙⲁ-
ⲑⲏⲧⲏⲥ· ⲛϥⲛⲁⲥⲱⲣⲙ ⲁⲛ ⲙ ⲡⲉϥⲃⲉⲉⲕⲉ· Ⲉⲧⲉⲧⲛ̄ⲟⲩⲱⲙ
ⲇⲉ· ⲟⲩⲱⲙ ϩⲛ̄ ⲟⲩϩⲟⲧⲉ ⲛⲧⲉ ⲡⲛⲟⲩⲧⲉ· ϩⲛ ⲟⲩⲙⲛⲧⲁⲧ
ⲥⲉⲓ ⲁⲛ· ⲁⲗⲗⲁ ϩⲛ̄ ⲟⲩⲥⲙⲟⲩ ⲙⲛ̄ ⲟⲩⲥⲉⲓ· ⲟⲩⲇⲉ ϩⲛ ⲟⲩ-
†ϩⲉ ⲁⲛ· ⲁⲗⲗⲁ ϩⲛ ⲟⲩⲉⲩⲫⲣⲟⲥⲩⲛⲏ· ⲙⲛ̄ ⲟⲩⲟⲩⲣⲟⲧ·
ⲉⲧⲉⲧⲛ̄ⲯⲁⲗⲗⲉⲓ ϩⲛ ⲛⲉⲧⲛϩⲏⲧ ⲁⲩⲱ ⲉⲧⲉⲧⲛⲥⲙⲟⲩ ⲉ
ⲡⲛⲟⲩⲧⲉ· Ⲙⲁⲣⲉ ⲡϣⲁϫⲉ· ⲙ ⲡⲛⲟⲩⲧⲉ ϣⲱⲡⲉ ϩⲛ ⲧⲉⲧⲛ̄-
ⲧⲁⲡⲣⲟ ϩⲛ ⲧⲉⲧⲛ̄ⲧⲣⲟⲫⲏ ϩⲓ ⲟⲩⲥⲟⲡ· ⲛⲑⲉ ⲉⲧⲉ ⲟⲩⲁⲛⲁⲅ-
ⲕⲁⲓⲟⲛ ⲉⲭⲣⲱ· ⲛ ⲧⲉ|ⲧⲣⲟⲫⲏ· ϩⲓ ⲟⲩⲥⲟⲡ ⲛⲥⲱⲙⲁⲧⲓⲕⲟⲛ· Fol. 13 *b*
Ⲟⲩϩⲟⲩⲟ ⲁⲛⲁⲅⲕⲁⲓⲟⲛ ⲟⲛ ⲡⲉ· ⲉ ⲭⲱⲣⲏⲅⲉⲓ ⲛ ⲧⲉϥⲯⲩⲭⲏ· ⲕⲇ
ⲛ ⲧⲉ ϩⲣⲉ ⲙ ⲡⲛ̄ⲓⲕⲟⲛ· ⲉⲧⲉ ⲡⲁⲓ ⲡⲉ ⲡϣⲁϫⲉ ⲙ ⲡⲛⲟⲩⲧⲉ·
ⲙⲁⲣⲉⲕϭⲛ ⲡⲉⲕⲥⲱⲙⲁ ϭⲉ ⲟⲩⲛ ⲉϥⲟⲩⲱⲙ ϩⲛ ⲧⲉϩⲣⲉ: ⲙ
ⲡⲉⲓ ⲕⲟⲥⲙⲟⲥ· ⲉⲣⲉ ⲧⲉϥⲯⲩⲭⲏ ⲇⲉ ϩⲱⲱⲥ ⲥⲁⲁⲛϣ̄ ϩⲛ
ⲛⲁ ⲡⲛⲟⲩⲧⲉ· ⲧⲉⲧⲣⲟⲫⲏ ⲅⲁⲣ ⲛ ⲧⲉϥⲯⲩⲭⲏ ⲡⲉ ⲡϣⲁϫⲉ
ⲙ ⲡⲛⲟⲩⲧⲉ· ⲧⲉⲧⲣⲟⲫⲏ ⲅⲁⲣ ⲙ ⲡⲥⲱⲙⲁ ϣⲁⲥⲣ̄ ⲭⲣⲓ̈ⲁ
ⲛ ϣⲟⲡⲥ̄ ϩⲁ ϩⲟⲙⲛ̄ⲧ· ⲁⲩⲱ ϣⲁⲥⲣ ⲭⲣⲓⲁ ⲟⲛ ⲛ̄ ϩⲉⲛⲡⲉⲓ-
ⲣⲁⲥⲙⲟⲥ ϣⲁⲛⲧ ⲉⲕⲥⲟⲟⲩϩⲥ̄ ϩⲟⲩⲛⲛⲁⲕ· Ⲧⲉⲧⲣⲟⲫⲏ ⲇⲉ
ϩⲱⲱⲥ ⲛ ⲧⲉϥⲯⲩⲭⲏ ⲡⲉ ⲡϣⲁϫⲉ ⲙ ⲡⲛⲟⲩⲧⲉ· ϣⲁⲕϩⲉ
ⲉ ⲣⲟⲥ ⲛ ϫⲓⲛϫⲏ ⲛⲟⲩⲉϣ ⲙ ⲡⲉⲓⲣⲁⲥⲙⲟⲥ· Ⲉⲧⲉⲧⲛ-
ϣⲁⲛϫⲉⲕ ϩⲱⲃ ⲛⲓⲙ ⲉ ⲃⲟⲗ ⲉⲧ ⲡⲣⲉⲡⲉⲓ· ⲛⲛϣⲁ ⲉⲧ
ⲟⲩⲁⲁⲃ· ⲛⲧⲉⲧⲛⲕⲧⲉ ⲧⲏⲩⲧⲛ· ⲉ ⲛⲉⲧⲛⲏⲓ ϩⲛ ⲟⲩⲉⲓⲣⲏⲛⲏ·
Ⲙⲡⲉⲣ ⲗⲟ ⲉⲧⲉⲧⲛⲉⲓⲣⲉ ⲙ ⲡⲙⲉⲉⲩⲉ ⲙ ⲡⲉⲭⲥ̄ ⲛⲛⲁⲩ ⲛⲓⲙ·
ⲡⲉⲛⲧ ⲁϥ† ϭⲟⲙ ⲛⲛⲇⲓⲕⲁⲓⲟⲥ· ⲙⲛ̄ | ⲙⲙⲁⲣⲧⲏⲣⲟⲥ Fol. 14 *a*
ⲧⲏⲣⲟⲩ· ⲁⲩⲱ ⲉⲧⲉⲧⲛ̄ϭⲱ ⲉⲧⲉⲧⲛ *(sic)* ⲙⲙⲟϥ· ⲙ ⲡⲉϩⲟⲟⲩ [ⲕⲉ]
ⲙⲛ ⲧⲉⲩϣⲏ· ⲧⲁⲣⲉϥ ⲧⲏⲩⲧⲛ̄ ⲛ ⲙⲡϣⲁ ⲛ ⲕⲗⲏⲣⲟⲛⲟⲙⲉⲓ·
ⲙⲛ ⲛⲉⲧ ⲟⲩⲁⲁⲃ· ⲧⲁⲓ ⲧⲉ ⲑⲉ ⲛⲧⲁϥϩⲱⲛ ⲉ ⲧⲟⲟⲧⲛ ⲛϭⲓ
ⲡⲉⲥϩⲁⲓ ⲉⲧ ⲟⲩⲁⲁⲃ· ϫⲉ ⲙⲉⲉⲩⲉ· ⲉ ⲡϫⲟⲉⲓⲥ ⲁⲩⲱ ⲕⲛⲁⲣ
ⲛⲁⲟⲩⲱϣ ⲧⲏⲣⲟⲩ· Ⲁⲛⲟⲛ ⲇⲉ ϩⲱⲱⲛ ⲉⲣϣⲁⲛ ⲡⲉⲣ
ⲡⲙⲉⲉⲩⲉ ϭⲱ· ⲉϥⲙⲏⲛⲉ ⲉ ⲃⲟⲗ ϩⲛ ⲛⲉⲛⲯⲩⲭⲏ· ⲛ
ⲟⲩⲟⲉⲓϣ ⲛⲓⲙ· ⲧⲛⲛⲁϫⲟⲟⲥ ϩⲱⲱⲛ ⲙⲛ̄ ⲡⲉⲯⲁⲗⲙⲟⲇⲟⲥ

ⲉⲧ ⲟⲩⲁⲁⲃ ⲇⲁⲩⲉⲓⲇ· ⲡⲟⲩⲁ ⲡⲟⲩⲁ ⲙⲙⲟⲛ ϫⲉ ⲛⲉⲓⲛⲁⲩ
ⲉ ⲡϫⲟⲉⲓⲥ ⲙ ⲡⲁ ⲙⲧⲟ ⲉ ⲃⲟⲗ ⲛ ⲟⲩⲟⲉⲓϣ ⲛⲓⲙ· ϫⲉ ⲉϥϩⲓ
ⲟⲩⲛⲁⲙ ⲙⲙⲟⲓ ϫⲉ ⲕⲁⲥ ⲛⲛⲁⲕⲓⲙ· ⲉⲧⲉⲓ ⲧⲉ ⲧⲁ ⲕⲉ ⲥⲁⲣⲝ̄
ⲛⲁⲟⲩⲱϩ ϩⲛ ⲟⲩϩⲉⲗⲡⲓⲥ· Ⲧϭⲓⲛⲕⲓⲙ ⲅⲁⲣ ⲉ ⲧⲉϥϣⲁϫⲉ
ⲉ ⲣⲟⲥ ⲧⲉ ⲧϭⲓⲛⲣⲓⲕⲉ ⲙ ⲡⲛⲟⲃⲉ· ⲉⲣϣⲁⲛ ⲡⲣⲱⲙⲉ ⲅⲁⲣ
ⲕⲁ ⲡⲛⲟⲩⲧⲉ ⲙ ⲡⲉϥⲙⲧⲟ ⲉ ⲃⲟⲗ ⲛ ⲟⲩⲟⲉⲓϣ ⲛⲓⲙ· ⲉϥ-
ϭⲱϣⲧ ⲉ ⲣⲟϥ ϩⲛ ⲛⲃⲁⲗ ⲛ ⲧⲉϥⲯⲩⲭⲏ· ⲉϥϩⲁϩⲧⲏϥ·
Fol. 14 *b* ⲛϥⲛⲁⲣⲓⲕⲉ ⲁⲛ ⲡⲉ· ⲉⲡ|ⲉⲡⲛⲟⲃⲉ (*sic*) ⲉⲛⲉϩ· Ⲡⲁⲓ ⲅⲁⲣ
ⲕ̅ⲉ̅ ⲡⲉ ⲡⲙⲉⲉⲩⲉ ⲛⲧⲁ ⲛⲉⲧ ⲟⲩⲁⲁⲃ ⲧⲏⲣⲟⲩ· ⲫⲓⲗⲟⲥⲟⲫⲓⲁ·
ⲛϩⲏⲧϥ̄ ϣⲁⲛⲧ ⲟⲩⲡⲱϩ ⲉ ⲡϣⲓ ⲛ ⲧⲙⲛ̄ⲧⲧⲉⲗⲓⲟⲥ· Ⲁⲛⲟⲕ
ⲇⲉ ϩⲱⲱⲧ ⲛⲉⲥⲛⲏⲩ· ⲁⲩⲱ ⲛⲁϣⲏⲣⲉ ⲙⲙⲉⲣⲓⲧ· ⲙⲁⲣⲉ
ⲧⲉⲛϭⲓⲛⲡⲁⲱⲛⲉ ⲉ ⲃⲟⲗ ϩⲙ ⲡⲉⲓ ⲙⲁ ⲛ ϭⲟⲓⲗⲉ· ϣⲱⲡⲉ
ⲉⲥϩⲁⲉⲓⲁⲧⲛ ⲛϩⲟⲟⲩ ⲛⲓⲙ· ⲁⲩⲱ ⲛ ⲧⲉⲓ ϩⲉ ⲧⲛⲛⲁⲡⲁⲣⲁⲓⲧⲉⲓ·
ⲙ ⲡⲛⲟⲃⲉ· Ⲕⲁⲓ ⲅⲁⲣ ⲛⲁⲙⲉ ⲛ̄ⲧⲛ̄ⲥⲟⲟⲩⲛ ⲁⲛ· ⲙ ⲡⲉ-
ϩⲟⲟⲩ· ⲟⲩⲇⲉ ⲧⲉⲩⲛⲟⲩ· ⲉⲧ ⲟⲩⲛⲁϥⲓⲧⲛ̄ ⲉϩⲛⲁⲛⲁⲛ ⲉ ⲃⲟⲗ
ϩⲙ ⲡⲉⲓ ⲙⲁ ⲛ ϭⲟⲓⲗⲉ· ⲛⲧⲛ̄ ⲣ ϣⲙⲙⲟ ⲉ ⲣⲟϥ ϣⲁ ⲉⲛⲉϩ·
Ⲧⲙⲉⲗⲉⲧⲁ ⲅⲁⲣ ⲙ ⲡⲙⲟⲩ· ⲟⲩϭⲓⲛⲡⲱⲧ ⲉ ⲃⲟⲗ ⲙ
ⲡⲛⲟⲃⲉ ⲡⲉ· Ⲉ ⲧⲃⲉ ⲡⲁⲓ ϯⲡⲁⲣⲁⲕⲁⲗⲉⲓ ⲙⲙⲱⲧⲛ̄ ⲥⲁϩⲉ
ⲧⲏⲩⲧⲛ ⲉ ⲃⲟⲗ ⲙ ⲡⲛⲟⲃⲉ· Ⲕⲁⲛ ⲉϣϫⲉ ⲁ ⲛⲁϣⲁ ϫⲉ
ⲱⲕⲙ ⲛ ϩⲟⲓⲛⲉ ⲛϩⲏⲧ ⲧⲏⲩⲧⲛ· Ⲁⲗⲗⲁ ⲙⲛϭⲟⲙ ⲙⲙⲟⲓ
ⲉ ⲕⲁ ⲣⲱⲓ ⲉ ⲧⲙ ϣⲁϫⲉ· ⲡⲙⲙⲏⲧⲛ· ⲉ ⲧⲃⲉ ⲡⲉⲧⲛⲟⲩϫⲁⲓ·
Fol. 15 *a* ⲟⲩⲇⲉ ⲟⲩⲕⲟⲩⲓ ⲛ ⲙ|ⲕⲁϩ ⲛ ϩⲏⲧ ⲁⲛ ⲡⲉⲧ ⲛⲁⲧⲱⲙⲛⲧ ⲉ
[ⲕ̅ⲍ̅] ⲣⲟï· ⲉⲓϣⲁⲛⲛⲁⲩ· ⲉⲩϩⲓⲥⲉ ⲉ ⲁϥⲧⲱⲙⲧ ⲉ ⲣⲱⲧⲛ· ⲉϥϫⲉ
ⲛⲧⲉⲧⲛⲣ ϩⲟⲧⲉ ⲁⲛ· ⲁⲛⲟⲕ ϯϣⲧⲣ̄ⲧⲱⲣ ⲉⲙⲁⲧⲉ· ⲉ ⲧⲃⲉ
ⲧⲏⲩⲧⲛ̄· ⲉ ⲧⲃⲉ ⲟⲩ ⲡⲁⲛⲧⲱⲥ ⲧⲉⲧⲛ̄ ⲟⲛ ⲁⲧ ⲥⲟⲟⲩⲛ ϫⲉ ϯⲣ
ϩⲟⲧⲉ ϩⲁⲣⲱⲧⲛ· Ⲁⲧⲉⲧⲛⲛⲁⲩ ⲅⲁⲣ ⲉ ⲛⲉⲓ ⲛⲟϭ ⲛϣⲱⲛⲉ
ⲉⲧ ⲟϣ ⲛⲧⲁϥⲛⲧⲟⲩ ⲉ ϫⲱⲛ ⲛϩⲁϩ ⲛⲥⲟⲡ ⲛϭⲓ ⲡⲛⲟⲩⲧⲉ ⲉ
ⲧⲃⲉ ⲛⲉⲛⲛⲟⲃⲉ· Ⲧⲉ ⲅⲣⲁⲫⲏ ⲙⲉⲛ ⲅⲁⲣ ⲉⲧ ⲟⲩⲁⲁⲃ ϫⲱ
ⲙⲙⲟⲥ· ϫⲉ ⲛⲛⲉⲧⲉⲛⲉⲓⲣⲉ ⲛ̄ⲑⲉ ⲛⲛⲉⲓ ϩⲉⲑⲛⲓⲕⲟⲥ· Ⲉ ⲧⲃⲉ
ⲡⲁⲓ· ⲉⲓⲟⲩⲱϣ ⲉ ⲧⲣⲉ ⲧⲉⲧⲛ ⲕⲉⲧ ⲧⲏⲩⲧⲛ ⲉ ⲃⲟⲗ ⲛⲛⲉⲧⲉⲛ-
ⲛⲟⲃⲉ· Ⲡⲟⲩⲁ ⲇⲉ ⲡⲟⲩⲁ ⲕⲁⲧⲁ ⲧⲉϥⲙⲉⲉⲓⲛⲉ· Ⲁⲣⲏⲩ
ⲡⲛⲟⲩⲧⲉ ⲛⲁϣⲉⲛⲉ ϩⲧⲏϥ ⲉ ϩⲣⲁⲓ ⲉϫⲙ ⲡⲉⲛⲕⲧⲟ· ⲛϥⲧⲣⲉ
ⲧⲉϥⲟⲣⲅⲏ ⲗⲟ ϩⲓ ϫⲱⲛ· ⲡⲉϥⲛⲁ ⲅⲁⲣ ⲥⲃⲧⲱⲧ ⲛⲛⲉⲧ
ⲕⲧⲟⲟⲩ ⲉ ⲃⲟⲗ ϩⲛ ⲛⲉⲩⲛⲟⲃⲉ· ⲛⲥⲉⲉⲓⲣⲉ ⲛϩⲉⲛⲕⲁⲣⲡⲟⲥ·

ⲉⲩⲙⲡϣⲁ ⲛⲧⲙⲉⲧⲁⲛⲟⲓⲁ · Ⲛⲧⲟϥ ⲅⲁⲣ ⲡⲉⲛⲧ ⲁϥϫⲟⲟⲥ ·
ϩⲓⲧⲙ ⲡⲉⲡⲣⲟⲫⲏⲧⲏⲥ ⲓⲉⲍⲉⲕⲓⲏⲗ · ϫⲉ | ⲧⲁⲛⲟⲙⲉⲓⲁ · ⲙ Fol. 15 *b* ⲕ̅ⲏ̅
ⲡⲁⲥⲉⲃⲏⲥ · ⲛⲁⲑⲙⲕⲟϥ · ϩⲙ ⲡⲉϩⲟⲟⲩ ⲉⲧ ⲉϥⲛⲁⲕⲧⲟϥ ⲉ
ⲃⲟⲗ ϩⲛ ⲧⲉϥⲁⲛⲟⲙⲉⲓⲁ · Ⲛϣⲁⲛⲧⲙ ⲕⲧⲟⲛ ⲇⲉ ⲡⲁⲛⲧⲱⲥ
ϥⲛⲁϫⲱⲣ ⲛ ⲧⲉϥⲥⲏϥⲉ · ⲛⲑⲉ ⲛⲧⲁϥϫⲟⲣⲥ̅ ⲉ ϩⲉⲛⲕⲟⲟⲩⲥ ·
Ϩⲁϩ ⲇⲉ ⲟⲛ · ⲁⲩⲛⲉϫ ϩⲟⲟⲩⲛ · ⲥⲁϩⲟⲟⲩ ⲉⲩϩⲛ̅ ⲛⲉⲩⲛⲟⲃⲉ ·
ⲁ ⲧⲉⲩⲛⲟⲩ ⲉⲧ ϩⲁϩⲟⲧⲉ ⲉⲧ ⲙⲙⲁⲩ · ⲉⲓ ⲉ̅ ϫⲱⲟⲩ ⲙⲡⲁⲧ
ⲟⲩⲉⲓⲙⲉ · Ⲉⲩⲥⲟⲟⲩⲛ ⲁⲛ ϫⲉ ⲁⲩϣⲱⲡⲉ ⲛϩⲣⲉ ⲙ ⲡⲕⲱϩⲧ ·
ⲙⲛ ⲡⲃⲛⲧ̅ ⲛ ϣⲁ ⲉⲛⲉϩ · ⲟⲩⲟⲓ ⲇⲉ ⲇⲉ (*sic*) ⲛⲛⲉⲧⲛⲁⲣ
ⲁⲙⲉⲗⲏⲥ · ⲉ ⲡⲉⲩⲟⲩϫⲁⲓ ⲙⲁⲩⲁⲁⲩ · ⲛⲥⲉϭⲱ ⲉⲩⲙⲏⲛⲉ
ⲉ ⲃⲟⲗ ϩⲛ ⲛⲉⲩⲛⲟⲃⲉ ϣⲁⲛⲧ ⲟⲩⲙⲟⲩ · Ⲛⲧⲁ ⲛⲓⲙ ⲕⲱⲗⲩ
ⲙⲙⲟⲕ ⲉ ϫⲓ ⲥϩⲓⲙⲉ ⲱ ⲡⲣⲱⲙⲉ ϣⲁⲛⲧ ⲉⲕⲕⲱ ⲉⲕⲡⲟⲣⲛⲉⲩⲉ ·
ⲏ ⲛⲓⲙ ⲡⲉⲛⲧ ⲁϥⲕⲱⲗⲩ ⲙⲙⲟ ⲱ ⲧⲉ ⲥϩⲓⲙⲉ ⲉ ϫⲓ ϩⲁⲓ ·
ⲕⲁⲧⲁ ⲡⲛⲟⲙⲟⲥ · ϫⲉ ⲛⲛⲉ ⲣ ϩⲉ ⲉⲩⲗⲟⲓϭⲉ · ⲙ ⲡⲟⲣⲛⲓⲁ ·
ⲉϣϫⲉ ⲙ ⲙⲛϣϭⲟⲙ ⲙⲙⲱⲧⲛ · ⲉⲅ̅ⲕⲣⲁⲧⲉⲩⲉ ⲙ̅ⲙⲱⲧⲛ ·
Ⲉⲓⲥ ⲡⲅⲁⲙⲟⲥ ⲉⲧ ⲧⲃⲃⲏⲩ ⲕⲏ ⲉ ϩⲣⲁⲓ ⲙ ⲡⲣⲱⲙⲉ · ϫⲓ |
ⲥϩⲓⲙⲉ ⲛⲁⲕ ⲕⲁⲧⲁ ⲡⲛⲟⲙⲟⲥ · ⲁⲩⲱ ⲙⲁⲣⲉ ⲥϫⲓ ϩⲁⲓ ϩⲱⲱⲥ Fol. 16 *a* ⲕ̅ⲑ̅
ⲛϭⲓ ⲧⲉ ⲥϩⲓⲙⲉ · ⲉⲙⲛ ⲛⲟⲃⲉ ϫⲓ ⲉ ⲣⲱⲧⲛ̅ · Ⲙⲟⲛⲟⲛ ⲙⲡⲉⲣ
ⲡⲟⲣⲛⲉⲩⲉ · ϫⲉ ⲛⲧⲉⲧⲛϩⲉ ⲛⲉⲃⲓⲏⲛ ⲅⲁⲣ · ⲛⲧⲉⲧⲛ̅ⲛⲁϣϥⲉⲓ
ⲁⲛ ϩⲁ ⲛⲕⲟⲗⲁⲥⲓⲥ · Ϣ ⲛⲉⲧ ⲥⲟⲟϥ ⲙ ⲡⲉⲩⲥⲱⲙⲁ · ϩⲛ
ⲟⲩⲡⲟⲣⲛⲓⲁ · ⲉⲓⲧⲉ ϩⲟⲟⲩⲧ · ⲉⲓⲧⲉ ⲥϩⲓⲙⲉ · ⲉⲕϣⲁⲛⲛⲁⲩ
ⲅⲁⲣ ⲉⲩⲕⲉⲗⲉⲃⲓⲛ · ⲏ ⲟⲩⲥⲏϥⲉ ⲉⲥⲥⲃⲧⲱⲧ ⲉ ⲡⲟⲧⲡⲉⲧ ⲉ
ⲡⲉⲥⲏⲧ · ⲙ ⲡⲉⲧⲛⲥⲱⲙⲁ ⲙⲛ ⲛⲉⲧⲛ̅ⲥⲁⲣⲝ̅ · ⲑⲟⲧⲉ ⲙⲛ
ⲡⲉⲥⲧⲱⲧ ⲛⲁⲧⲣⲉ ⲕⲱϭⲣ ⲥⲭⲉⲧⲱⲛ · ⲛⲑⲉ ⲛ̅ⲛⲉⲓ ⲱⲛⲉ ·
Ⲁⲩⲱ ⲕⲛⲁⲥⲟⲡⲥ̅ ⲉ̅ⲙⲁⲧⲉ ϩⲛ ϩⲉⲛⲣⲙⲉⲓⲟⲟⲩⲉ · ⲉⲕϯ ⲛϩⲉⲛ-
ϩⲟⲙⲟⲗⲟⲅⲓⲁ · ⲉⲕⲉⲣⲏⲧ ⲉ ⲧⲙ ⲣ ⲛⲟⲃⲉ · ϫⲓⲛ ⲙ ⲡⲉⲓ
ⲛⲁⲩ · ⲛⲉⲛⲣⲱⲙⲉ ⲉⲧ ⲕⲟⲗⲁⲍⲉ ⲙⲙⲟⲕ · Ⲉϣϫⲉ ⲧⲉⲛⲟⲩⲱ̅
ⲡⲣⲱⲙⲉ · ⲁⲕⲣ̅ ϩⲟⲧⲉ ϩⲏⲧ ⲟⲩⲛ ⲡ̅ⲣⲱⲙⲉ ⲉⲧ ⲕⲟⲗⲁⲍⲉ
ⲙⲙⲟⲕ · ⲉ ⲧⲃⲉ ⲡⲧⲁⲕⲟ · ⲙ ⲡⲉⲕⲥⲱⲙⲁ · ⲱ ⲡⲣⲱⲙⲉ ⲛ
ⲉⲃⲓⲏⲛ · ⲏ̅ ⲉⲕⲙ|ⲡϣⲁ ⲛ ⲟⲩⲏⲣ ⲛⲉⲣ ϩⲟⲧⲉ ϩⲏⲧϥ ⲙ Fol. 16 *b* ⲗ̅
ⲡⲛⲟⲩⲧⲉ · ⲡⲉⲧⲉ ⲟⲩⲛϭⲟⲙ ⲙⲙⲟϥ ⲉ ⲧⲁⲕⲟ ⲛ ⲧⲉⲕⲯⲩⲭⲏ
ⲙⲛ ⲡⲉⲕⲥⲱⲙⲁ · ϩⲣⲁⲓ ϩⲛ ⲧⲅⲉϩⲉⲛⲛⲁ · ϫⲉ ⲙⲡⲉ ⲕⲥⲁ-
ϩⲱⲕ ⲉ ⲃⲟⲗ ⲙ ⲡⲛⲟⲃⲉ · Ⲕⲥⲱⲧⲙ ⲅⲁⲣ ⲉ ⲧⲉⲕⲁⲡⲟⲫⲁⲥⲓⲥ ⲛ
ⲟⲩⲟⲉⲓϣ ⲛⲓⲙ · ⲱ ⲡⲉⲧ ⲡⲟⲣⲛⲉⲩⲉ ⲉⲩϫⲱ ⲙⲙⲟⲥ ⲛⲁⲕ · ϫⲉ

ⲡⲉⲧ ⲥⲱⲱϥ ⲙ̄ ⲡⲉⲣⲡⲉ ⲙ̄ ⲡⲛⲟⲩⲧⲉ ⲡⲁ ⲡⲛⲟⲩⲧⲉ ⲛⲁⲧⲁ-
ⲕⲟϥ· Ⲁⲩⲱ ⲟⲛ ⲉⲕⲥⲱⲧⲙ̄ ⲉ ⲧⲃⲉ ⲛⲉ ⲛⲧⲁⲩⲣ ⲛⲟⲃⲉ· ϫⲉ
ⲛⲉⲩⲥⲁⲣⲝ̄ ⲛⲁⲡⲟⲧⲡⲉⲧ ⲉ ⲡⲉⲥⲏⲧ· ⲉⲩⲁϩⲉ ⲉⲣⲁⲧⲟⲩ ⲉϫⲙ̄
ⲛⲉⲩⲟⲩⲉⲣⲏⲧⲉ· ⲁⲩⲱ ⲛⲉⲩⲃⲁⲗ ⲛⲁϣⲟⲩⲟ ⲙ̄ⲙⲟⲟⲩ· ⲉ
ⲃⲟⲗ ϩⲛ ⲛⲉⲩⲕⲱⲗⲙ̄· Ⲁⲩⲱ ⲡⲉⲩⲗⲁⲥ ⲛⲁⲟⲩⲟⲧⲟⲩⲉⲧ ϩⲛ
ⲧⲉⲩⲧⲁⲡⲣⲟ· ⲁⲩⲱ ⲟⲛ ϫⲉ ⲙ̄ⲡⲉ ⲡ̄ⲃⲛ̄ⲧ ⲛⲁⲙⲟⲩ ⲁⲛ·
ⲁⲩⲱ ⲡⲉⲩⲕⲱϩⲧ̄ ⲛⲁϫⲉⲛⲁ· ⲛⲥⲉϣⲱⲡⲉ ⲉⲣⲉ ⲥⲁⲣⲝ̄ ⲛⲓⲙ
ⲛⲁⲩ ⲉ ⲣⲟⲟⲩ· Ⲛⲁⲥⲛⲏⲩ ⲙⲁⲣⲉⲛⲣ ⲃⲟⲗ ⲉ ⲧⲟⲣⲅⲏ· ⲁⲩⲱ
ⲙⲁⲣⲉⲛⲣ ϩⲟⲧⲉ ϩⲏⲧϥ̄ ⲙ̄ ⲡⲛⲟⲩⲧⲉ· ⲙⲁⲣⲉⲛⲣ ϩⲟⲧⲉ ϭⲉ
ⲧⲉⲛⲟⲩ ⲉ ⲃⲟⲗ· ⲛⲛⲉⲛⲥⲩⲛⲏⲑⲓⲁ ⲉⲑⲟⲟⲩ· ⲙ̄ⲡ̄ ⲛⲉⲓ ⲡⲁⲑⲟⲥ |
Fol. 17 *a* ⲉⲧ ⲥⲟⲟϥ· ⲛⲧⲁⲩⲣ̄ ⲟⲩⲁ ⲛ ⲟⲩⲱⲧ ⲛ̄ⲙ̄ⲙⲁⲛ· ϫⲉ ⲕⲁⲥ
[ⲗ̄ⲁ̄] ⲛⲛⲁϫⲟⲟⲥ ϩⲱⲱⲛ ϩⲛ ⲟⲩ ⲡⲁⲣⲣⲏⲥⲓⲁ· ϯⲛⲁⲟⲩⲱⲧⲃ
ⲛ ⲟⲩⲥⲟⲃⲧ̄· ⲉⲓϣⲁϫⲉ ⲉ ⲡⲥⲟⲃⲧ̄ ⲛ ⲙ̄ⲡⲁⲑⲟⲥ· ⲉⲧ ⲕⲱⲧⲉ
ⲉ ⲣⲟⲛ· ⲉⲧⲉ ⲛⲧⲟⲟⲩ ⲛⲉ ⲛⲉⲛⲛⲟⲃⲉ ⲙ̄ ⲙⲉⲓⲛⲉ ⲙ̄ⲙⲟⲛ·

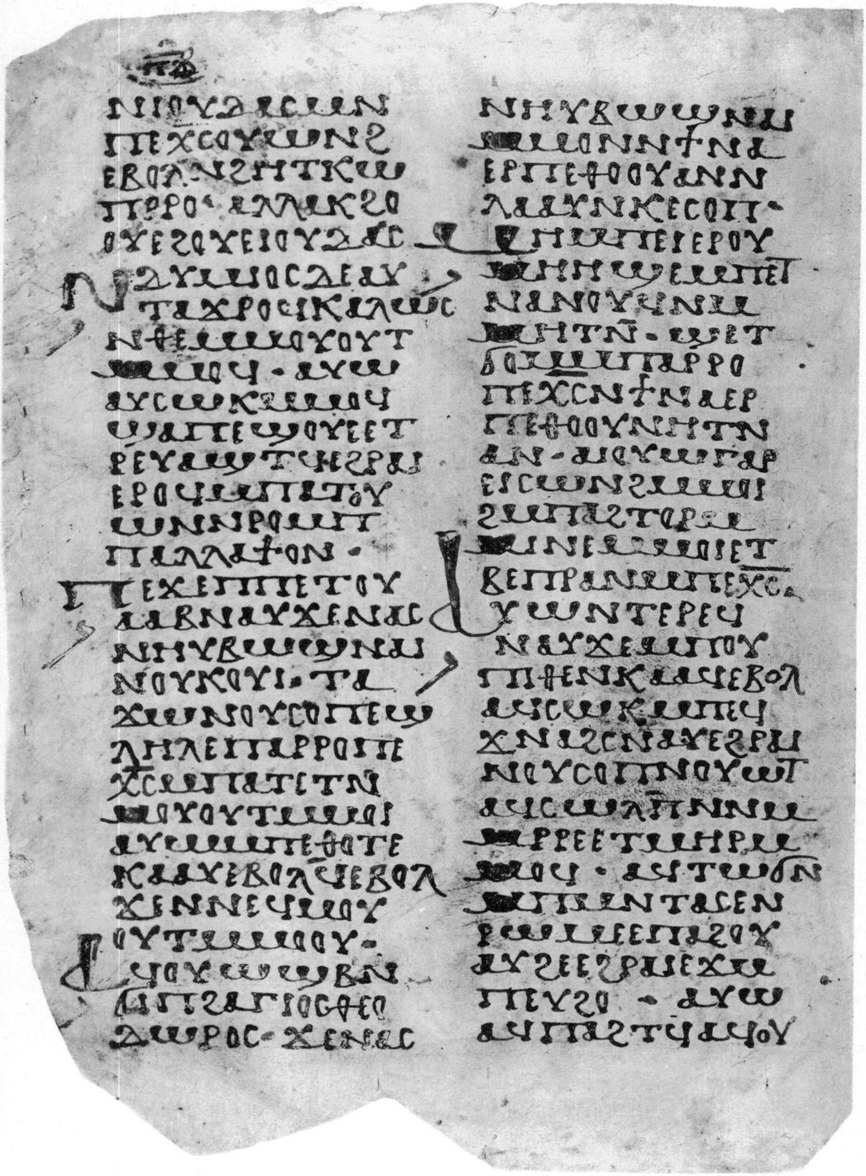

THE MARTYRDOM OF SAINT THEODORE THE ANATOLIAN.

(BRIT. MUS. MS. ORIENTAL No. 7030, Fol. 41 *b*.)

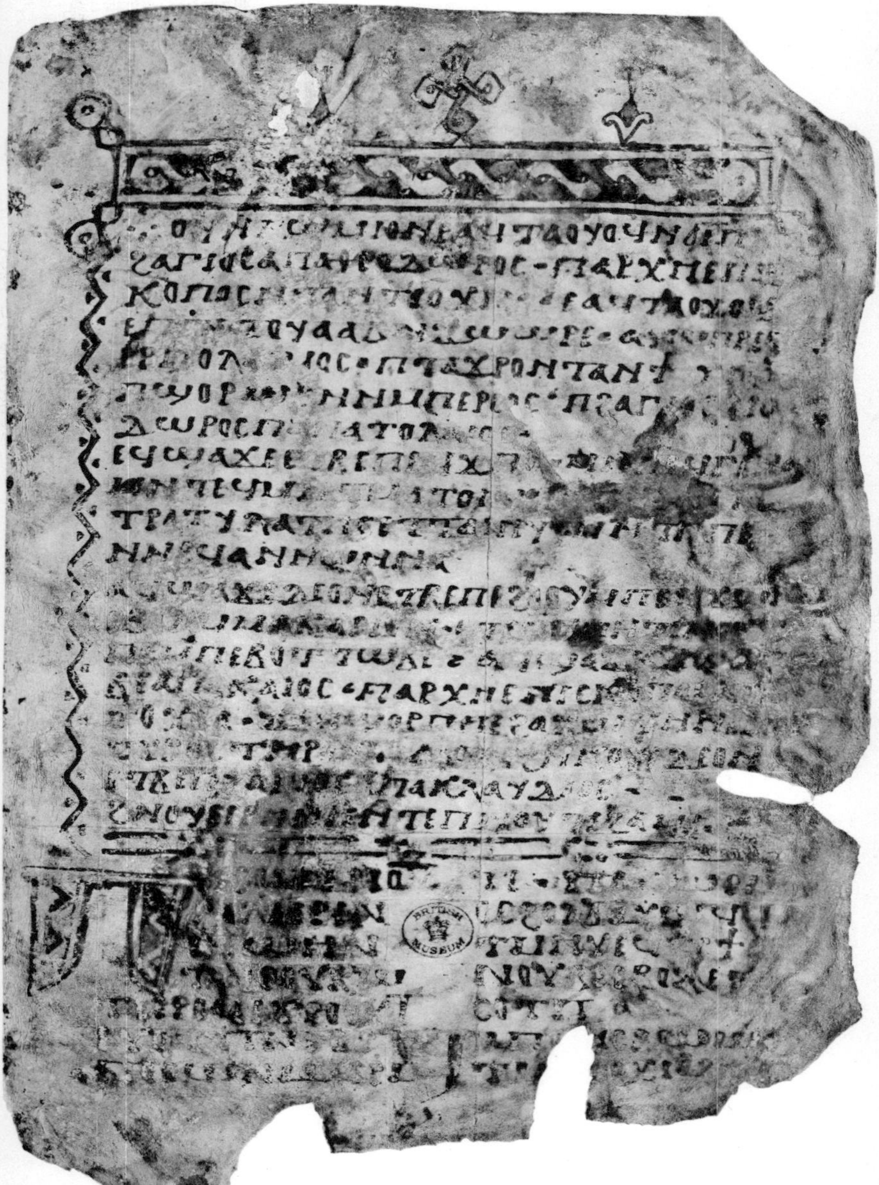

THE MARTYRDOM OF SAINT THEODORE THE ANATOLIAN.

(BRIT. MUS. MS. ORIENTAL NO. 7030, Fol. 1 *a*.)

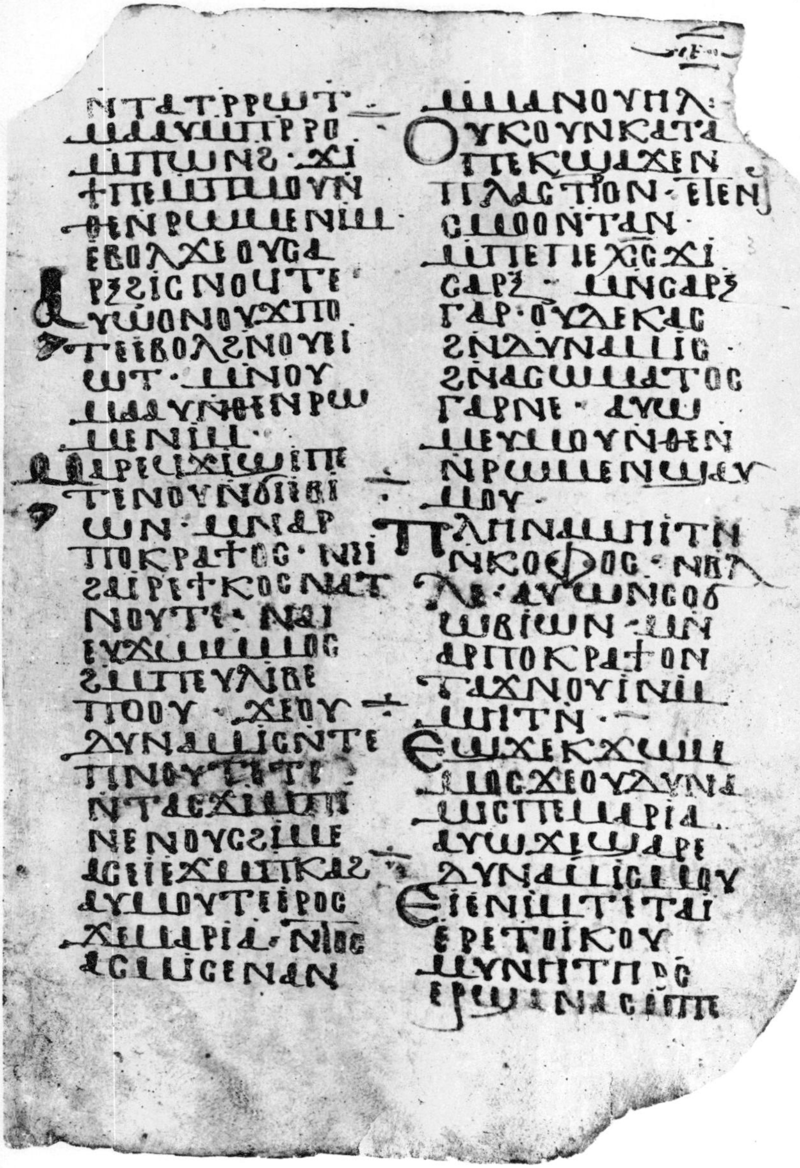

The Discourse on Mary Theotokos by Cyril, Archbishop of Jerusalem.

(Brit. Mus. MS. Oriental No. 6784, Fol. 3 *a*.)

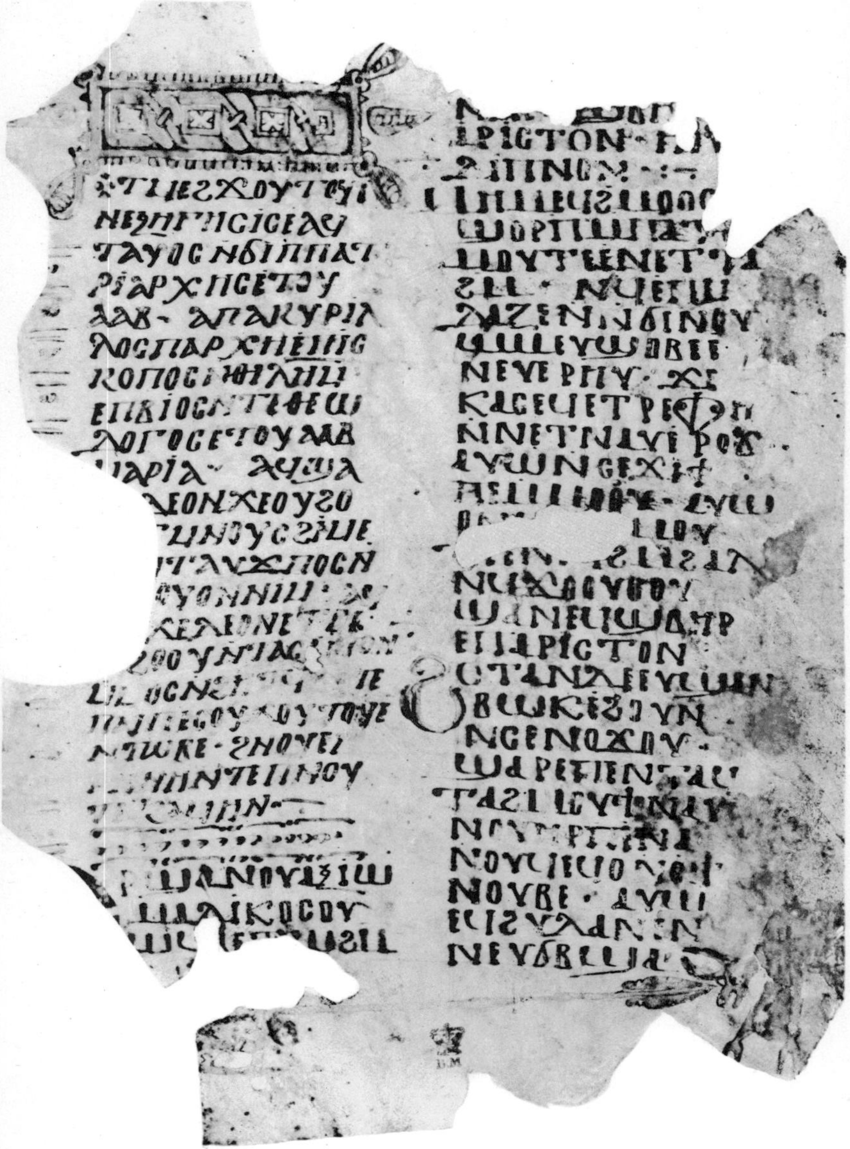

THE DISCOURSE ON MARY THEOTOKOS BY CYRIL, ARCHBISHOP OF JERUSALEM.

(BRIT. MUS. MS. ORIENTAL No. 6784, Fol. 1 *a*.)

THE DISCOURSE ON MARY THEOTOKOS BY CYRIL, ARCHBISHOP OF JERUSALEM—COLOPHON.

(BRIT. MUS. MS. ORIENTAL No. 6784, Fol. 23 *b*.)

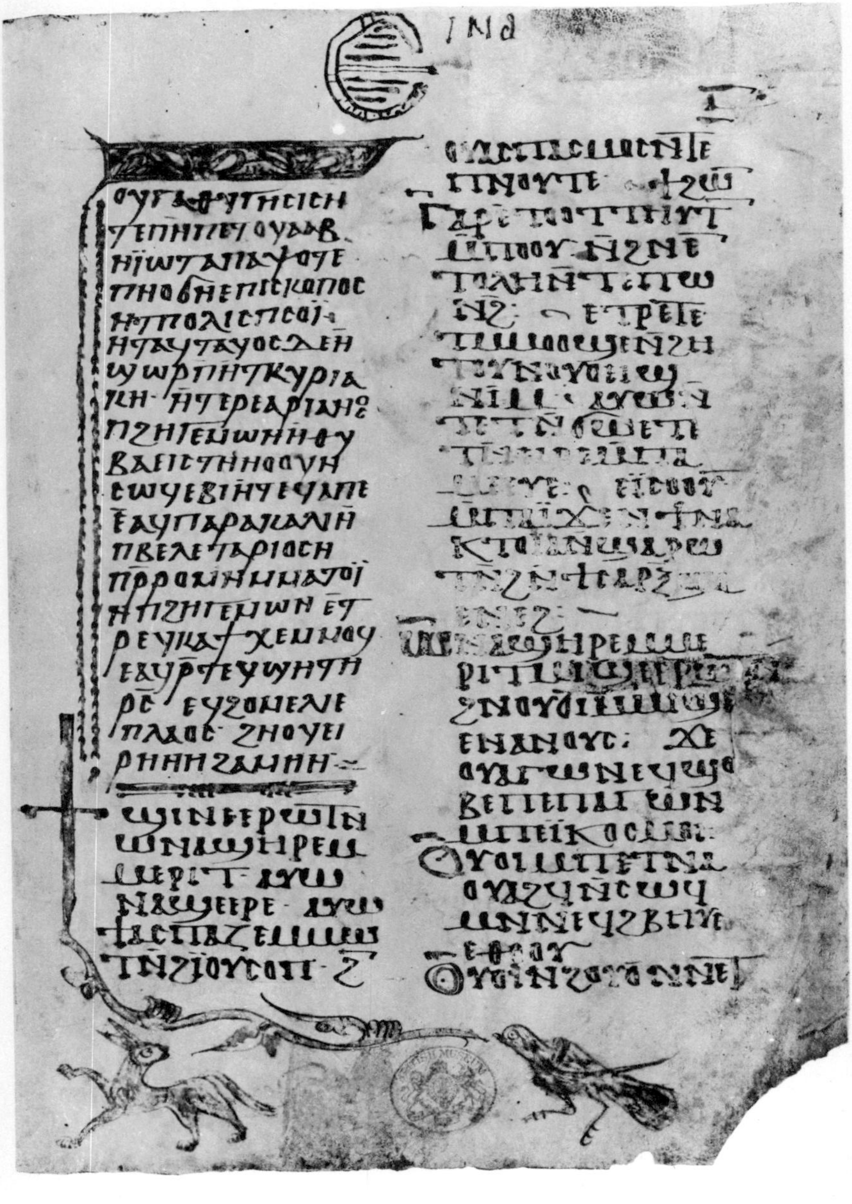

The Teaching of Apa Psote, Bishop of Psoï.
(Brit. Mus. MS. Oriental No. 7597, Fol. 2 *a*.)

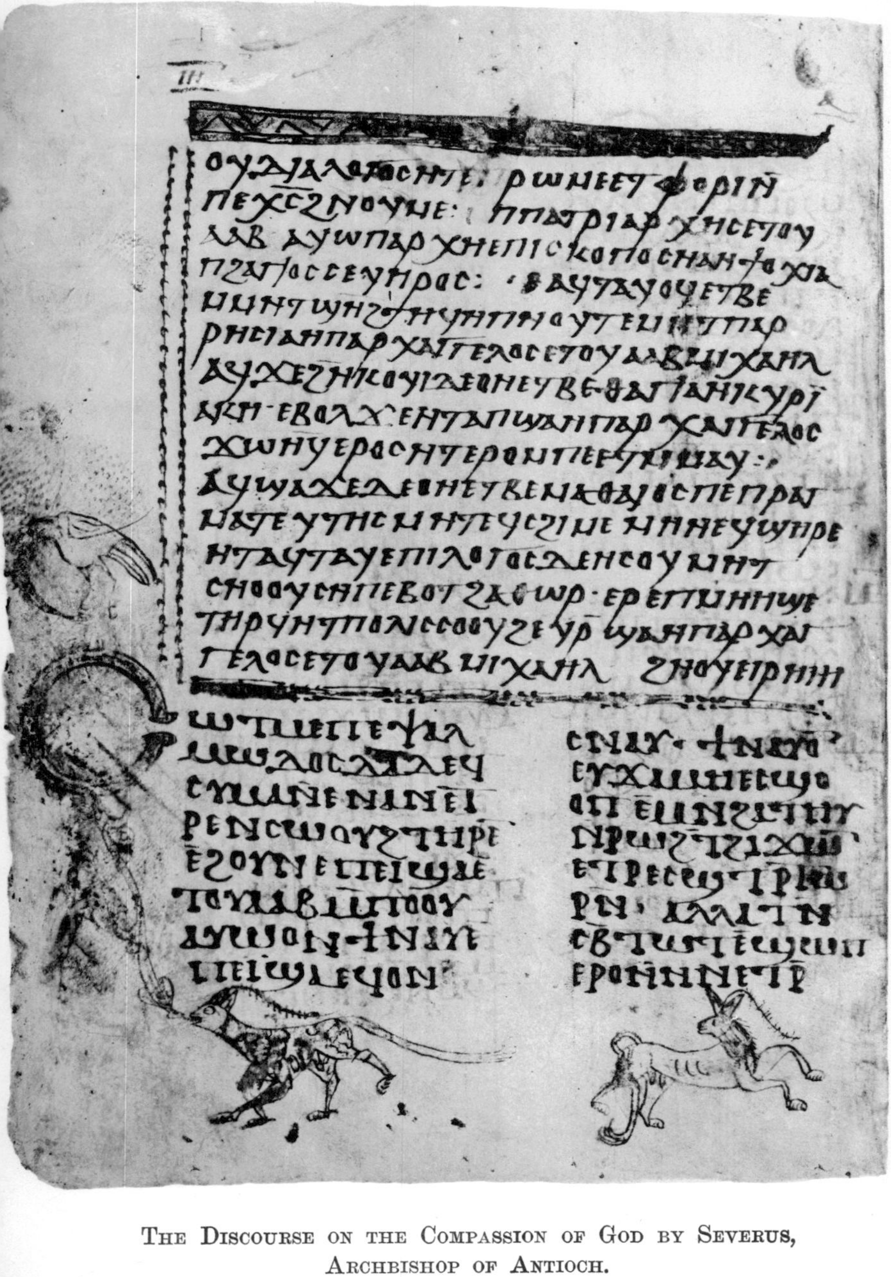

The Discourse on the Compassion of God by Severus, Archbishop of Antioch.

(Brit. Mus. MS. Oriental No. 7597, Fol. 10 *b*.)

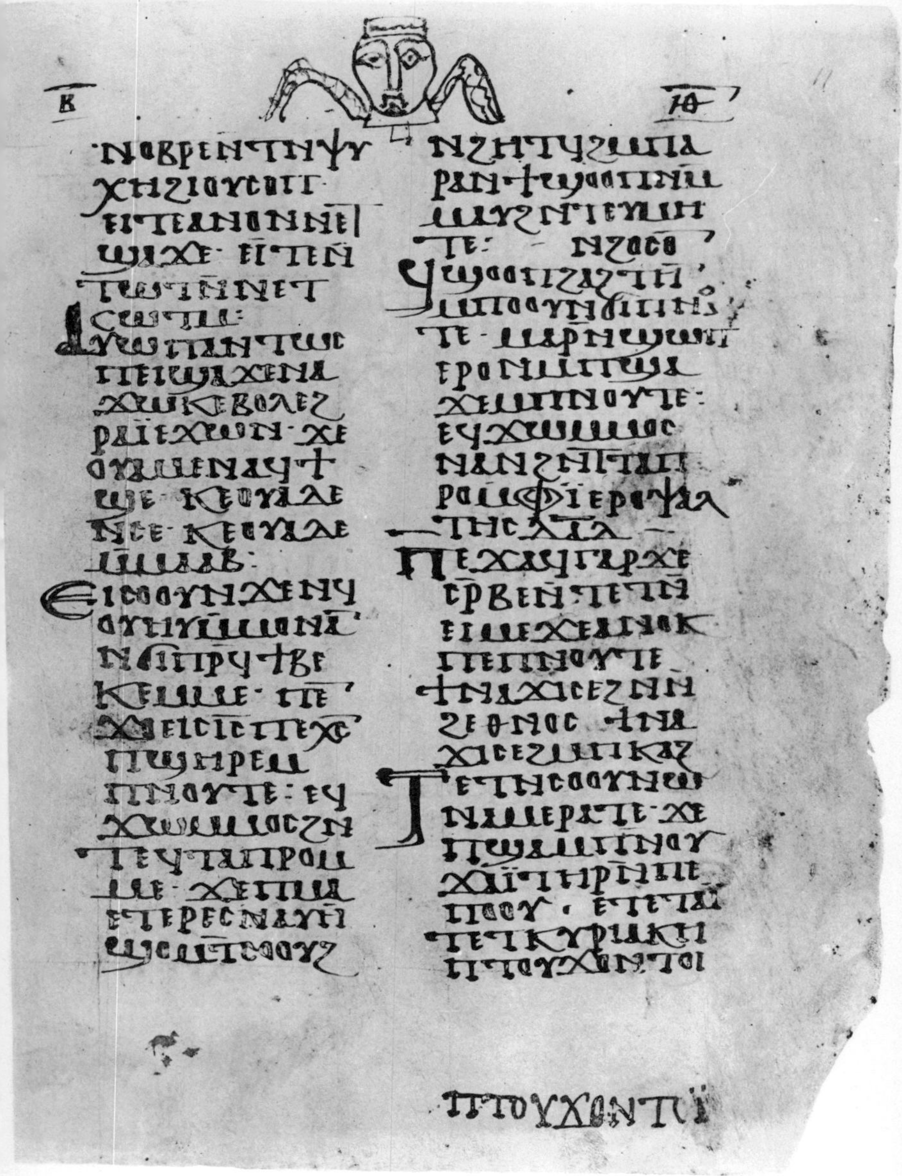

THE DISCOURSE ON THE COMPASSION OF GOD BY SEVERUS, ARCHBISHOP OF ANTIOCH.

(BRIT. MUS. MS. ORIENTAL No. 7597, Fol. 11 *a*.)

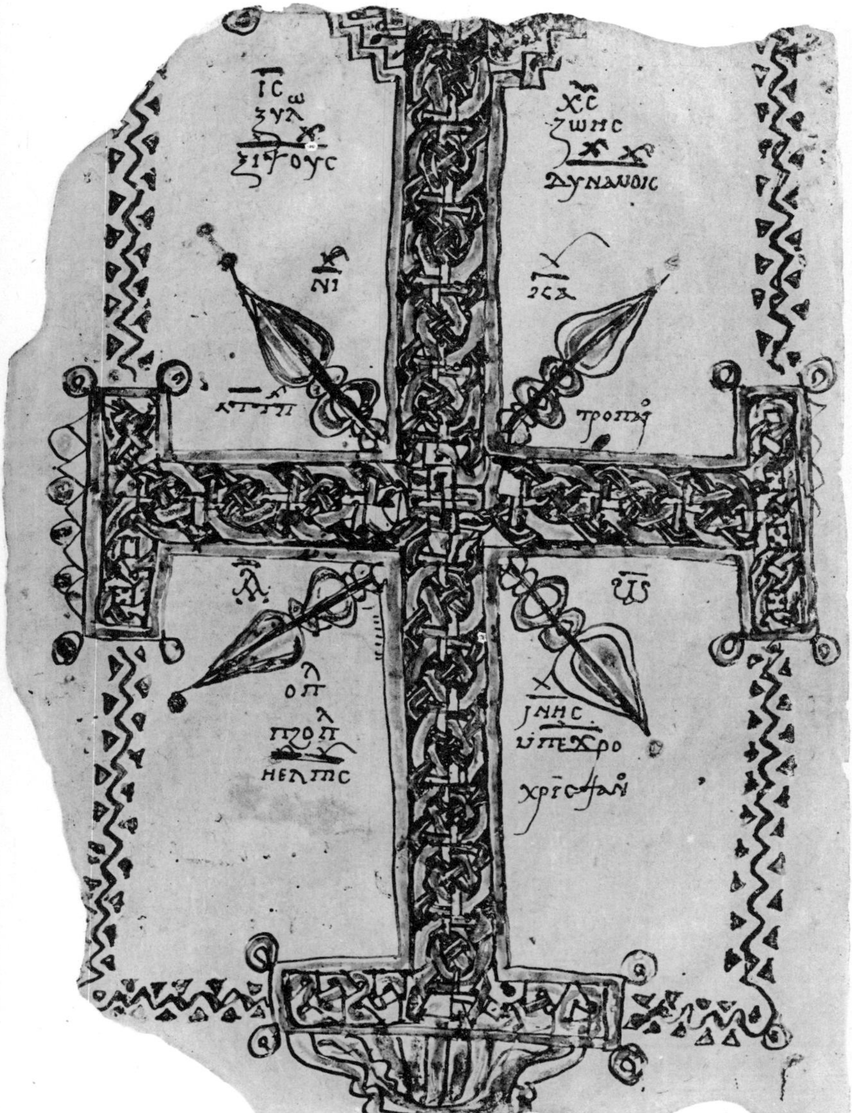

Frontispiece from the Discourse on the Cross by Cyril, Archbishop of Jerusalem.

(Brit. Mus. MS. Oriental No. 6799, Fol. 1 *b*.)

THE DISCOURSE ON THE CROSS BY CYRIL, ARCHBISHOP OF JERUSALEM.

(BRIT. MUS. MS. ORIENTAL No. 6799, Fol. 2 *a*.)

ⲡⲅ

ⲕⲁⲛⲟⲥ· ⲧⲓⲛⲁ ⲁⲝ
ⲁⲣⲉⲛⲧⲛⲁϥ· ⲉⲓ ⲁⲝ
ⲱϣϣⲟⲥ· ⲝⲉ ⲡⲡⲣ
ⲉⲣⲥⲟⲧ· ⲝⲉ ⲡⲉⲭⲥ̄ ⲛ̄
ⲁ ⲱⲟⲡ ⲕⲉⲣⲟⲩ·
ⲅⲱ ⲁ ⲩ ⲇ ⲱ ⲉ ⲩⲥ ⲱ ⲧ̄ⲙ̄
ⲉⲛⲉⲧϫⲱ ⲙ̄ⲙⲟⲩ· ⲉ
ⲁⲡⲉⲣⲏ ⲧⲟⲛ ⲛ̄ⲧⲁⲛ
ϣⲁϫⲉ ⲉⲣⲟⲩ· ϩⲛ̄ ⲡ
ⲍⲉ ⲕ ⲓ ⲏ ⲗ· ⲡⲉ ⲡⲣ ⲟ
ⲫ ⲏ ⲧ ⲏ ⲥ ϫ ⲱ ⲕ ⲉ
ⲃⲟⲗ ⲉϫ ⲱ ϥ· ϫⲉ
ⲧ̄ ⲟ ⲩ ⲉ ϣ ⲡⲧ ⲟ ⲩ ⲁⲛ
ϣ ⲡⲧ ⲣ ⲩ ⲉⲣ ⲛⲟ ⲃ ⲉ ⲛ̄ⲑ ⲉ
ⲉⲧ ⲣ ⲩ ⲕⲧ ⲟ ⲩ· ⲛ ⲥ̄
ϣ ⲉⲧ ⲁⲛⲟ ⲓ· ⲉⲃ ⲟ ⲗ ϩⲛ̄
ⲧ ⲩ ⲥ ⲓ ⲏ ⲉ ⲑⲟⲟ ⲩ ⲛ̄ ⲩ
ⲱⲛ ϩ̄
ⲩ ⲱ ⲛ ϫ ⲉ ϣⲁ ⲣ ⲉ ⲟ ⲩ
ⲣ ⲁ ϣ ⲉ· ϣ ⲱ ⲡ ⲉ ϩ̄
ⲛ̄ ⲧ ⲡ ⲉ· ⲉ ϫ ⲛ̄ ⲟ ⲩ ⲣ ⲩ
ⲣ̄ⲛⲟⲃⲉ ⲉ ⲩ ⲛ ⲁ ϣ ⲉ ⲧ ⲁⲛ
ⲟⲓ· ⲛ̄ⲧ ⲉ ⲣ ⲩ
ⲱ ⲧ ⲙ ⲉⲛ ⲁ ⲓ· ⲁ ϩ ⲟ ⲧ ⲉ
ⲥ ⲁ ϩ ⲱ ⲩ ϭ ⲉ ⲃ ⲟ ⲗ ⲙ̄
ⲟ ⲩ· ⲁ ⲡ ⲩ ⲡ ⲛ ⲁ ϫ ⲓ
ⲃ ⲟ ⲟ ϭ ⲉ ⲣ ⲟ ⲩ· ⲉ ⲩ ⲥ ⲱ ⲧ̄ⲙ̄
ⲛ̄ ϣ ⲁ ϫ ⲉ ⲙ̄ ⲡ ⲛ ⲟ ⲩ ⲧ ⲉ

ⲩ ⲱ ⲛ ⲩ ϯ ⲉ ⲡ ⲩ ⲕ ⲁ ⲗ
ⲟ ⲥ· ⲛ̄ ϣ ⲁ ϫ ⲉ ⲧ ⲩ ⲥ ⲱ
ⲧ ⲙ ⲉ ⲣ ⲟ ⲩ· ⲁ ⲩ ⲱ ⲛ
ⲉ ⲩ ⲭ ⲏ ⲩ ⲛ ⲁ ⲉ ⲣ ⲁ ⲩ ⲛ̄ ⲑ ⲉ
ⲛ ⲟ ⲩ ⲕ ⲱ ⲧ· ⲉ ⲩ ⲭ ⲏ̄
ⲛ̄ ⲑ ⲉ ⲛ ⲟ ⲩ ⲥ ⲏ ⲃ ⲉ· ⲕ ⲁ ⲧ ⲁ
ⲑ ⲉ ⲛ̄ ⲧ ⲁ ⲩ ϫ ⲟ ⲟ ⲥ ⲛ̄ϭ ⲓ ⲡ ⲉ
ⲡ ⲣ ⲟ ⲫ ⲏ ⲧ ⲏ ⲥ :⁓
ϫ ⲉ ⲡ ⲉ ϫ ⲉ ⲡ ϫ ⲟ ⲉ ⲓ ⲥ ⲛ ⲁ ⲓ̈
ϫ ⲉ ⲉ ⲓ ⲥ ⲥ ⲏ ⲏ ⲧ ⲉ· ϩ̄ ⲧ ⲛ̄
ⲛ ⲁ ϣ ⲁ ϫ ⲉ ⲧ ⲉ ⲕ ⲧ ⲁ ⲡ
ⲣ ⲟ· ⲛ̄ ⲑ ⲉ ⲛ ⲟ ⲩ ⲕ ⲱ ⲧ·
ⲁ ⲩ ⲱ ⲡ ⲗ ⲁ ⲟ ⲥ· ⲛ̄ⲑ ⲉ ⲛ
ϩ̄ ⲛ ⲱ ⲉ ⲡ ⲣ ⲟ ⲕ ⲥ ⲟ ⲩ·⁓
ⲩ ⲉ ⲓ ⲥ ⲟ ⲩ ⲛ̄ ⲛ̄ ⲧ ⲛ̄ ϫ ⲱ ⲕ
ⲉ ⲃ ⲟ ⲗ· ⲛ ⲑ ⲩ ⲡ ⲟ ⲑ ⲉ
ⲥ ⲓ ⲥ ⲛ̄ ⲡ ⲗ ⲟ ⲅ ⲟ ⲥ· ⲉ ⲧ ⲃ ⲉ
ⲡ ϣ ⲁ ϫ ⲉ ⲧ ⲥ ⲏ ϩ ⲛ̄ ⲛ̄
ⲉ ϯ ⲁ ⲗ ⲱ ϣ· ϫ ⲉ ⲁ ⲡ
ⲉ ⲙ̄ ⲡ ϫ ⲟ ⲉ ⲓ ⲥ ⲉ ⲣ ⲡ ⲣ ⲟ ⲙ
ⲣ ⲉ ⲧ ⲓ ⲕ ⲁ ⲥ ⲧ ⲉ ⲗ ⲏ ⲗ
ⲓ ⲛ̄ ⲧ ⲉ ⲣ ⲣ ⲟ ⲱ ⲡ ⲱ ⲟ
ⲛ ⲟ ⲓ ⲧ ⲉ ⲛ ⲓ ⲓ ⲥ ⲛ̄ ϣ ⲱ ⲡ ⲉ ⲛ
ⲧ ⲉ ⲡ ⲛ ⲟ ⲩ ⲧ ⲉ· ⲡ ⲉ ⲓ
ⲱ ⲧ ⲛ̄ ⲧ ⲛ̄ ⲡ ⲩ ⲛ ⲃ ⲁ ⲛ̄
ϫ ⲓ ⲥ ⲉ· ⲁ ⲩ ϭ ⲟ ⲟ ⲗ ⲩ
ⲡ ⲉ ⲑ ⲃ ⲓ ⲟ ⲁ ⲩ ⲉ ⲓ ϣ ⲁ ⲣ

THE DISCOURSE ON THE CROSS BY CYRIL, ARCHBISHOP
OF JERUSALEM.

(BRIT. MUS. MS. ORIENTAL No. 6799, Fol. 15 a.)

THE DISCOURSE ON THE CROSS BY CYRIL, ARCHBISHOP OF JERUSALEM—COLOPHON.

(BRIT. MUS. MS. ORIENTAL No. 6799, Fol. 40 *a*.)

Ⲇⲉ ⲉⲍⲣⲙⲉⲧⲡⲉⲛⲟⲓⲡⲡⲉⲧⲟⲩⲗⲁⲃ
ⲡⲉⲭⲁⲩ ϫⲉ ⲡⲁ ⲭⲥ ⲃⲟⲏⲑⲉⲓ ⲉⲣⲟⲓ
ⲁ ⲛⲟⲕ ⲡⲉⲕ ϩⲙ̄ϩⲁⲗ · ⲡⲁⲗⲓⲛⲟⲛ
ⲗⲩⲕⲉ ⲁⲥ ⲉⲩⲉ ⲛ̄ⲟⲓ ⲡ ⲡⲣⲟ ⲉ ⲧ ⲣⲉⲩ ⲱ
ⲧⲃ̄ ⲙ̄ⲡⲉϥⲉ̄ⲓⲱ ⲧ ⲛ̄ ⲥⲉⲛ ⲃⲟⲣ ⲧⲉ
ⲉⲩⲭⲏ ⲣⲉ ⲡⲡⲁ ⲓ ϩⲉ ⲛ ⲛⲁⲥ ϯ ⲣ̄ⲥ
ⲁ ⲩ ⲱⲛ ⲛⲥⲱⲥ ⲛ̄ ⲥⲉⲧⲡⲉⲣ ⲱ ⲍⲉⲛ
ϫ ⲃⲃⲥ̄ ⲛ̄ ⲕ ⲱ ⲧ̄ ϩⲁ ⲣ ⲟ ⲩ ϫⲉ ⲕ ⲁ ⲥ ·
ⲉ ϥ ⲉ ⲣ ⲱ ⲕ ⲥ̄ ⲕ ⲁ ⲧ ⲁ ⲕ ⲟ ⲩ ⲓ ⲕ ⲟ ⲩ ⲓ ⲁ ϣ ⲱ
ϣⲁⲛ ⲇ ⲓ ⲡ ϣ ⲁ ⲛ̄ ⲧ ⲕ ⲱ ⲧ ⲉ ⲛ̄
ⲡ ⲉ ⲥ ⲛ ⲟ ⲩ ϣ ⲡⲁⲓ ⲕ ⲁ ⲓ ⲟ ⲥ ⲉ ⲧ ϩⲁ ⲧ ⲉ
ⲉ ⲡ ⲉ ⲥ ⲏ ⲧ · ⲡ ⲍ ⲁ ⲅ ⲓ ⲟ ⲥ ⲁ ⲉ ⲁ ⲩ ϭ ⲓ
ⲉ ⲣ ⲟ ⲩ ϩ ⲛ̄ ⲟ ⲩ ⲛ ⲟ ϭ ϣ ϣ ⲡ ⲧ ϫ ⲱ ⲱ ⲣ ⲉ
ϩ ⲛ ̄ ⲧ ⲉ ⲓ ⲛ ⲟ ϭ ⲛ̄ ⲃ ⲁ ⲥ ⲁ ⲛ ⲟ ⲥ ⲁ ⲉ ⲕ ⲓ ⲟ ⲥ
ⲁ ⲉ ⲁ ⲓ ⲕ ⲉ ⲗ ⲉ ⲩ ⲉ ⲉ ⲧ ⲣ ⲉ ⲩ ⲃ ⲟ ⲗ ϥ ⲉ ⲃ ⲟ ⲗ
ϫ ⲉ ⲕ ⲁ ⲥ ⲛ̄ ⲛ ⲉ ⲩ ϣ ⲟ ⲩ ϩ ⲛ ⲟ ⲩ ⲇ ⲉ ⲡ ⲏ
ⲛ ⲥ ⲉ ⲟ ⲩ ⲱ ⲡ ϣ ⲉ ⲥ ⲟ ⲩ ⲛ ⲉ ⲩ ϣ ⲁ ⲛ ⲕ ⲁ ⲕ ⲉ
ⲛ ⲥ ⲉ ⲱ ⲣ ϫ ⲉ ⲣ ⲱ ϥ ⲉ ⲛ ⲟ ⲩ ⲇ ⲉ ⲡ ⲏ ·
ϣ ⲙ ⲁ ⲧ ⲟ ⲓ ⲇ ⲉ ⲁ ⲩ ϫ ϥ ⲉ ϩ ⲣ ⲁ ⲓ ϩ ⲁ ⲣ ⲟ ⲩ
ⲉ ⲧ ϣ ⲙ ⲡ ⲧ ⲱ ⲙ ⲟ ⲩ ⲉ ⲩ ⲛ ⲟ ⲩ ⲕ ⲟ ⲩ ⲓ
ⲛ ⲛ ⲓ ϥ ⲉ ϣ ⲟ ⲭ ⲡ ⲛ ϩ ⲏ ⲧ ϥ ⲉ ⲩ ϣ ⲉ
ⲉ ⲩ ⲉ ϫ ⲉ ⲉ ⲩ ⲛ ⲁ ϣ ⲟ ⲩ · ⲱ ⲛ ⲛ ⲥ ⲁ
ⲟ ⲩ ⲕ ⲟ ⲩ ⲓ ⲇ ⲉ ⲛ̄ ⲧ ⲉ ⲩ ⲛ ⲟ ⲩ ⲉ ⲧ ⲙ̄
ⲙ ⲁ ⲩ

THE MARTYRDOM OF MERCURIUS THE GENERAL.
(BRIT. MUS. MS. ORIENTAL No. 6801, Fol. 11*a*.)

Plate XIV.

MERCURIUS THE GENERAL SPEARING GAIPIOS THE JEW.

(BRIT. MUS. MS. ORIENTAL No. 6801, Fol. 1 *a*.)

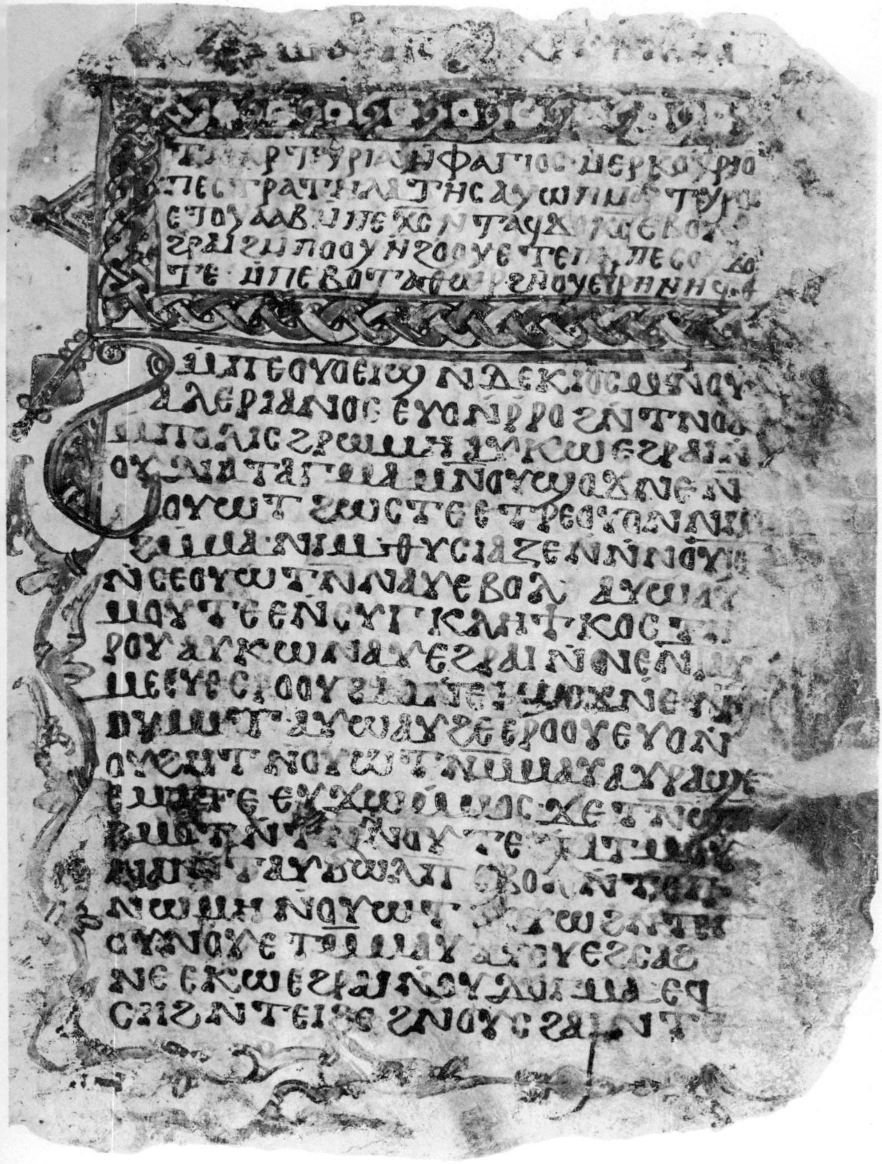

THE MARTYRDOM OF MERCURIUS THE GENERAL.
(BRIT. MUS. MS. ORIENTAL No. 6801, Fol. 2*a*.)

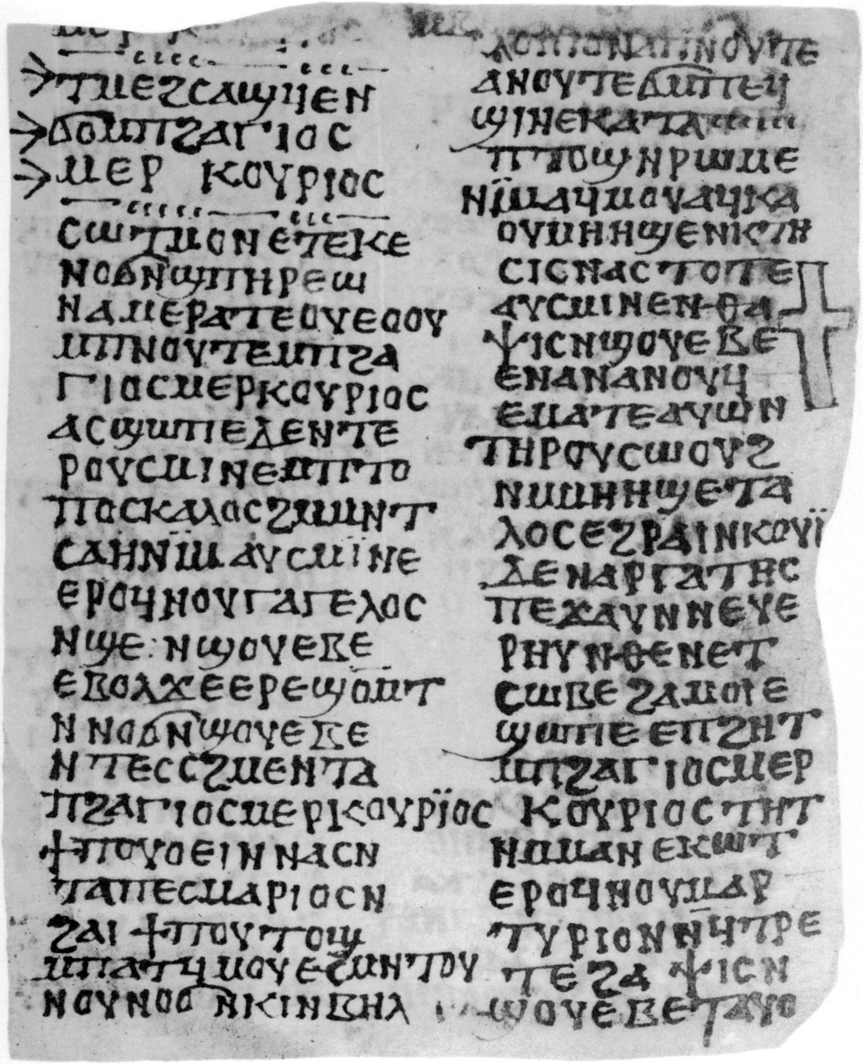

THE MIRACLES OF SAINT MERCURIUS.

(BRIT. MUS. MS. ORIENTAL No. 6802, Fol. 12 *a*.)

THE ENCOMIUM OF ACACIUS, BISHOP OF CAESAREA, ON SAINT MERCURIUS.

(BRIT. MUS. MS. ORIENTAL NO. 6802, Fol. 20 *a*.)

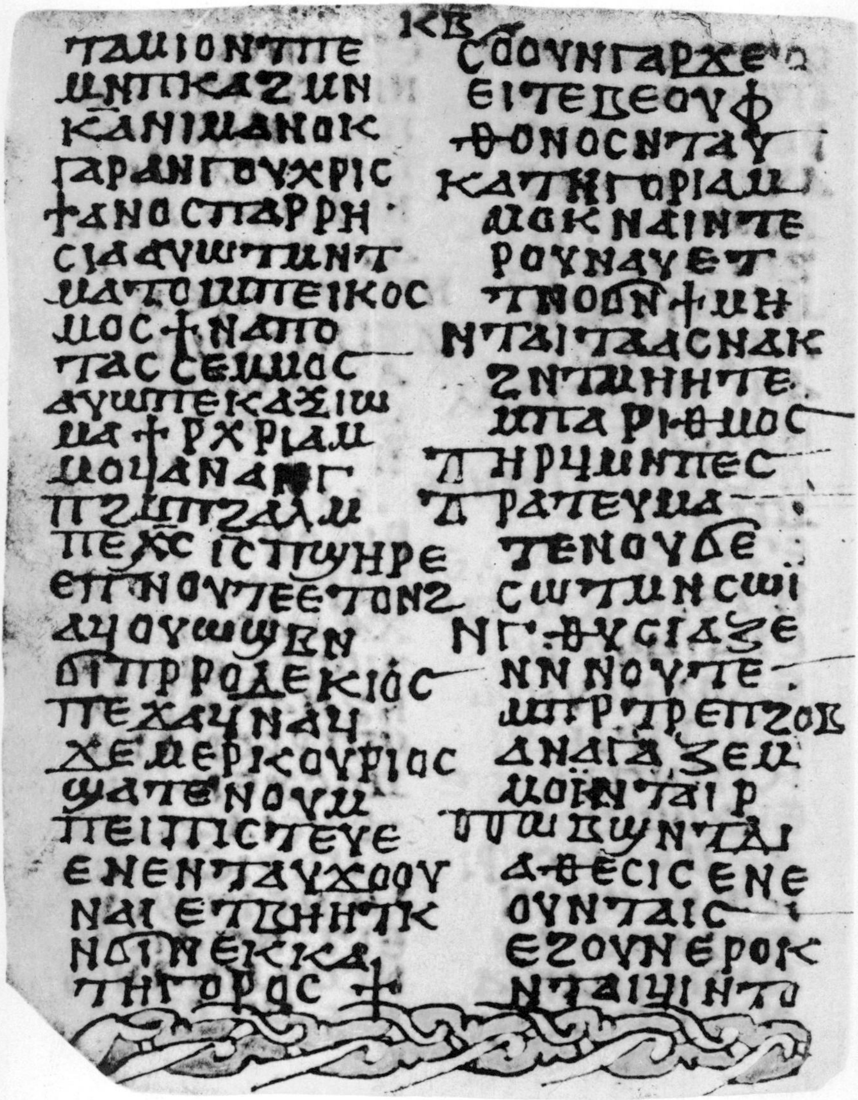

THE ENCOMIUM OF ACACIUS, BISHOP OF CAESAREA, ON SAINT MERCURIUS.

(BRIT. MUS. MS. ORIENTAL No. 6802, Fol. 35 *b*.)

THE DISCOURSE ON THE ARCHANGEL GABRIEL BY CELESTINUS, ARCHBISHOP OF ROME.

(BRIT. MUS. MS. ORIENTAL No. 7028, Fol. 9 *b*.)

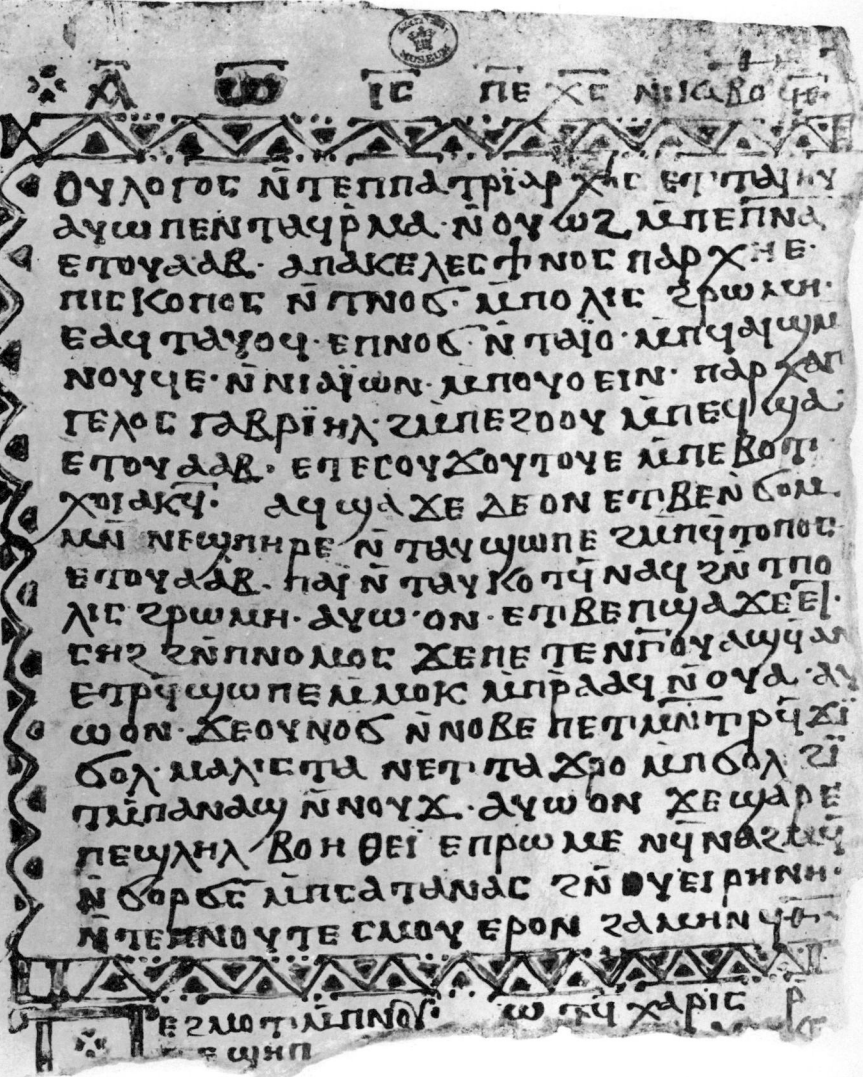

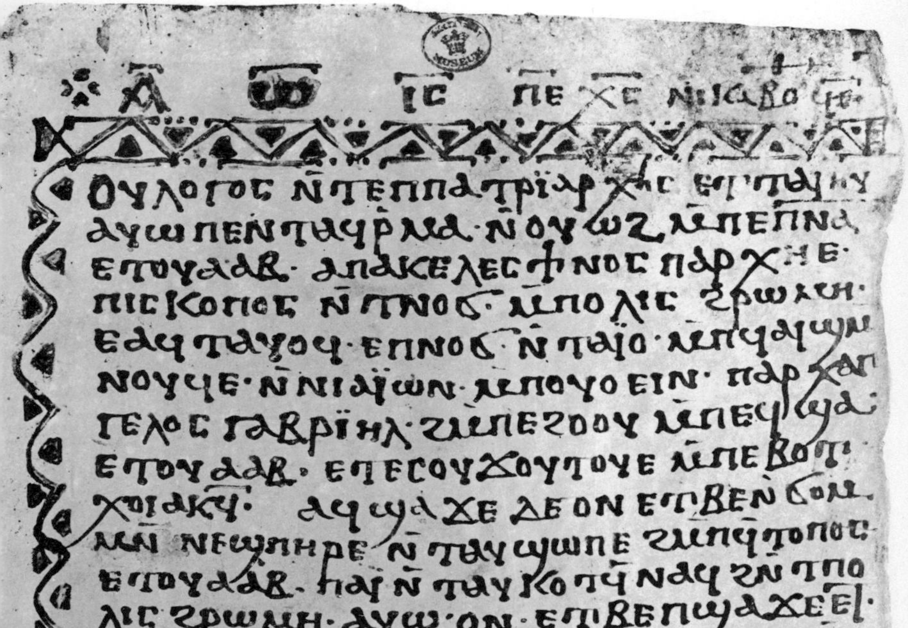

THE DISCOURSE ON THE ARCHANGEL GABRIEL BY CELESTINUS, ARCHBISHOP OF ROME.

(BRIT. MUS. MS. ORIENTAL No. 7028, Fol. 2 *a*.)

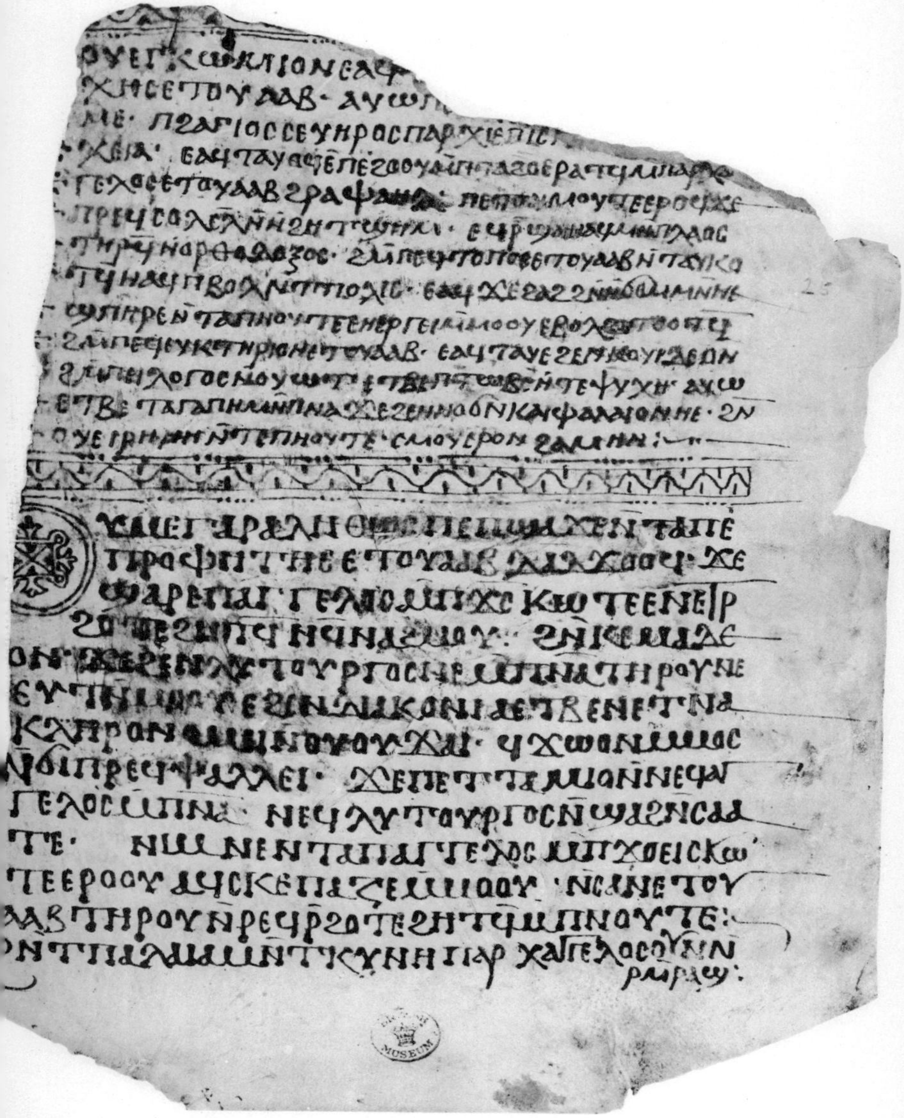

The Encomium on the Archangel Raphael by Severus, Patriarch and Archbishop of Antioch.

(Brit. Mus. MS. Oriental No. 7028, Fol. 25 *a*.)

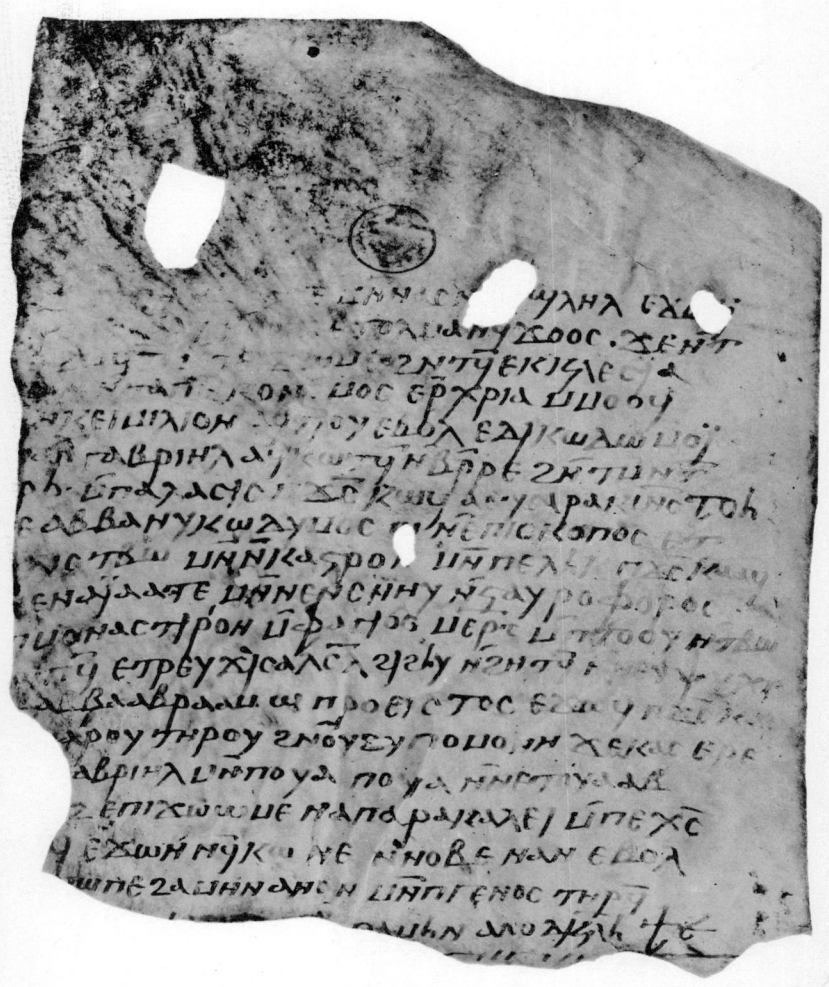

THE DISCOURSE ON THE ARCHANGEL GABRIEL BY CELESTINUS, ARCHBISHOP OF ROME—COLOPHON.

(BRIT. MUS. MS. ORIENTAL No. 7028, Fol. 1 *b*.)

SAINT MICHAEL THE ARCHANGEL.

(BRIT. MUS. MS. ORIENTAL No. 7021, Fol. 1 *a*.)

THE ENCOMIUM ON SAINT MICHAEL BY THEODOSIUS, ARCHBISHOP OF ALEXANDRIA.

(BRIT. MUS. MS. ORIENTAL No. 7021, Fol. 2 *a*.)

ⲑⲉ ⲱⲛⲓⲙ ⲛ̄ϥⲧⲟⲩϫⲁ ⲓⲉⲃⲟⲗ ⲥⲛ̄ⲛ̄
ⲇⲟⲣⲟⲥ ⲙ̄ⲡⲇⲓⲁⲃⲟⲗⲟⲥ ⲛⲉⲧ ⲁϩⲛ̄
ⲛⲁⲥ ⲉⲣⲁⲧⲩ ⲛ̄ⲟⲩⲙ̄ⲛ̄ⲧⲉⲣⲟ ⲙ̄ⲡⲉⲛ
ⲙ̄ⲡⲧⲟⲩⲏⲏⲃ̄ ⲟⲩⲥⲟⲛⲟⲥ ⲉϥⲟⲩⲁⲁⲃ
ⲟ ⲩⲗⲁⲟⲥ ⲉⲡⲱⲛⲉ ⲥⲓⲧ ⲛⲛ̄ⲧⲱⲃ̄
ⲉⲧ ϥⲉⲓⲣⲉ ⲙ̄ⲙⲟⲟⲩ ϩⲁⲣⲟⲓ ⲛⲟ ⲧⲡⲟⲩ
ⲛⲁⲣⲭⲁⲅⲅⲉⲗⲟⲥ ⲉⲧⲟⲩⲁⲁⲃ ⲙⲓⲭⲁⲏⲗ
ⲡⲁⲓ ⲉⲧ ⲛ̄ⲣⲱⲙⲉ ⲙⲁⲓ ⲙ̄ⲡⲟⲩ ⲙⲛ̄
ⲛⲉⲡⲣⲉⲥⲃⲓⲁ ⲉⲧϭⲟⲥⲓⲣⲉ ⲙ̄ⲙⲟⲟⲩ ϩⲁⲣⲟⲛ
ⲛ̄ϭⲓ ⲧⲛ̄ϫⲥ̄ ⲧⲏⲣⲛ̄ ⲧⲉ ⲑⲉⲟⲧⲟⲕⲟⲥ
ⲉ ⲧⲟⲩⲁⲁⲃ ⲑⲁⲅⲓⲁ ⲙⲁⲣⲓⲁ ⲧⲣⲉ ϥⲭⲡⲓ
ⲧⲓ ⲛⲟⲩⲧⲉ ϩⲛ̄ⲟⲩⲙⲉ ⲙ̄ⲡⲛ̄ⲧⲱⲃ̄
ⲛ̄ⲡ̄ⲕⲉ ⲥ̄ⲩⲙⲏⲣ ⲁⲣⲭⲁⲅⲅⲉⲗⲟⲥ ⲧⲁⲃ
ⲣⲓⲏⲗ ⲡ̄ϥⲁⲓ ϣⲙ̄ⲛⲟⲩ ϥⲉⲛ ⲛⲓⲁⲓⲱⲛ
ⲙ̄ⲡⲟⲩⲟⲉⲓⲛ ⲥⲓⲧ ⲟⲡⲉ ⲭⲁⲣⲓ ⲥⲙⲛ
ⲧⲩⲛ̄ⲧⲙⲁⲓ ⲣⲱⲙⲉ ⲙ̄ⲡⲛ̄ϫⲥ̄
ⲡⲉⲭⲥ̄ ϯⲁⲓⲉ ⲃⲟⲗ ϩⲓ ⲧⲟⲟⲧⲩ ⲡⲉ ϥⲟⲩ
ⲛⲁ ϥ ⲙ̄ⲡⲉϥ ⲉⲓⲱⲧ ⲛ̄ⲁⲅⲁⲑⲟⲥ
ⲙ̄ⲡⲉ ⲡⲛ̄ⲁ ⲉ ⲧⲟⲩⲁⲁⲃ ⲛ̄ⲣⲉ ϥⲧⲛ̄
ϩⲟ ⲓ ⲱⲛ ϩⲟ ⲙⲟⲟ ⲥⲓⲟⲛ ϯⲉⲛⲟⲩ
ϣ̄ⲱ ⲁⲛϫⲟⲉⲓ ⲙⲁⲙⲓⲟⲩ ⲉ ⲛⲉ ⲃⲓⲏⲛ

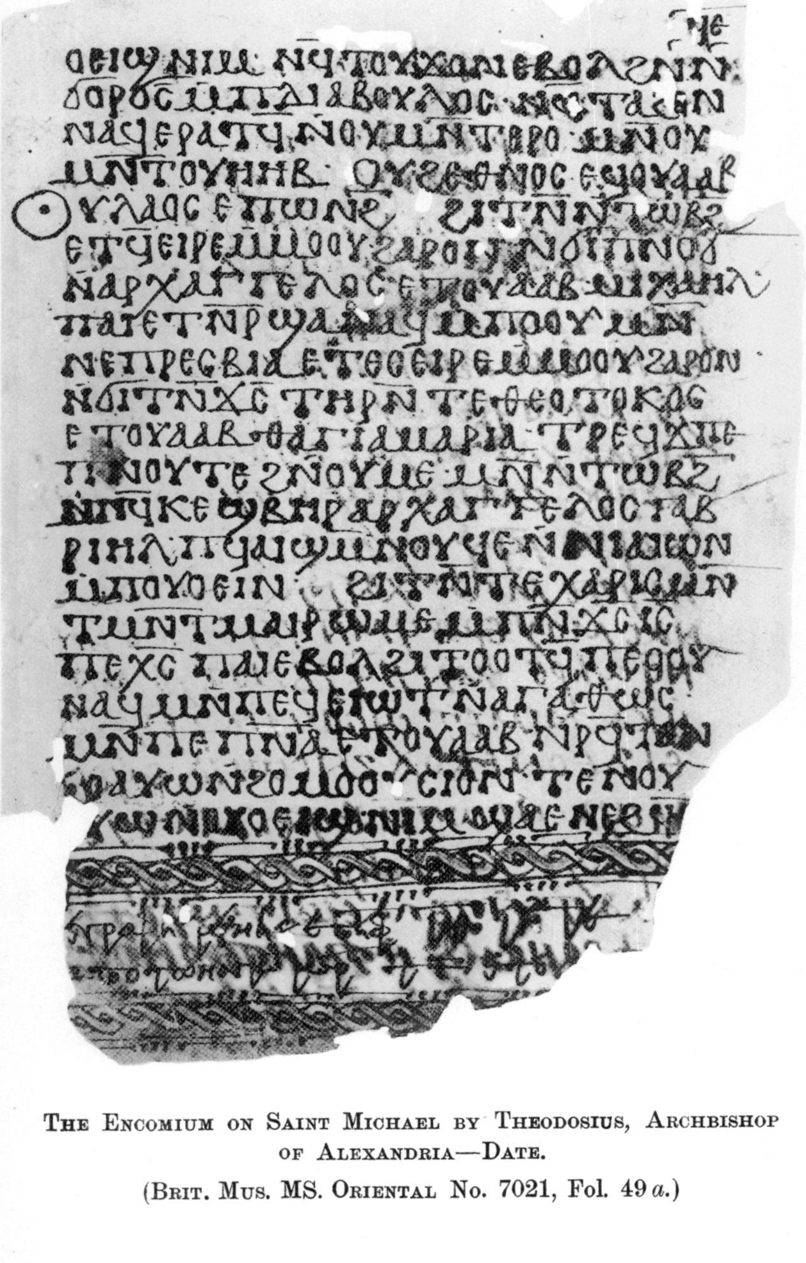

THE ENCOMIUM ON SAINT MICHAEL BY THEODOSIUS, ARCHBISHOP
OF ALEXANDRIA—DATE.

(BRIT. MUS. MS. ORIENTAL No. 7021, Fol. 49 a.)

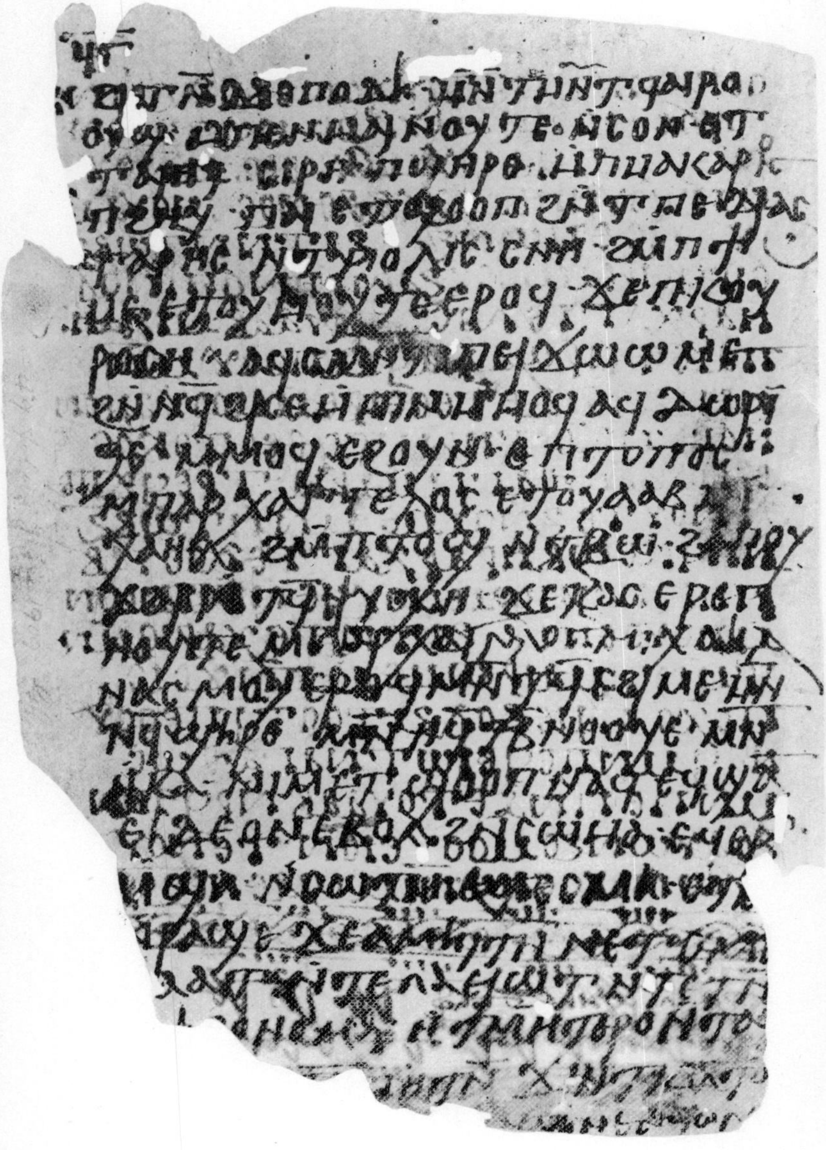

THE ENCOMIUM ON SAINT MICHAEL BY THEODOSIUS, ARCHBISHOP OF ALEXANDRIA—COLOPHON.

(BRIT. MUS. MS. ORIENTAL No. 7021, Fol. 49 *b*.)

The Encomium on Saint Michael by Theodosius, Archbishop of Alexandria.

(Brit. Mus. MS. Oriental No. 6781, Fol. 3*a*.)

ⲕⲉ

ⲉⲧⲱⲙⲛⲧⲙⲇⲉⲣⲏ
ⲉⲧⲃⲉⲧⲁⲓ⳿·ⲡⲁⲱⲉⲙⲡⲟⲟⲩ
ⲡⲇⲓⲕⲁⲓⲟⲥ ⲓⲉⲥⲇⲕ
ⲡⲉⲣⲏ ⲧⲉⲧⲟⲩⲁⲁⲃ· ⲁⲩⲱ
ⲧⲉ ⲟⲩⲥⲓⲁ ⲉⲧⲟⲩⲁⲁⲃ
ⲉⲧⲱⲙ ⲡⲉⲙ ⲛⲟⲩⲧⲉ
ⲉⲧⲟⲛ̅ϩ· ⲁⲉⲣⲟⲕ ⲉ ϣⲱⲕ
ⲉⲕ ⲥ ⲧⲟ ⲇⲍ ⲉⲛⲧⲉⲓ ⲉⲑⲏ
ⲣ ⲥ ϩⲙⲡϣ ⲙⲡⲁ ⲣⲭⲁⲓ
ⲅⲉⲗⲟⲥ ⲉ ⲧⲟⲩⲁⲁⲃ ⲙⲓⲭⲁ
ⲏⲗ· ⲉⲓⲥ ⲧⲟⲇ ⲍⲉ ⲡⲉ
ⲭⲁⲉⲩ ⲭⲁⲓ ⲅⲧⲟⲩ ϣⲏⲣⲉ
ⲛⲟⲩ ⲱⲧ ⲛ ⲧⲉ ⲡ ⲉⲓ ⲱⲧ
ⲙ ⲡ ⲧⲏⲣ ⲁ⳿· ⲉⲙⲛ ⲧ ⲁ ⲙ
ϣⲏⲣⲉ ⲙⲙⲁⲩ ⲛ ϭⲓⲣⲉϥⲃ
ⲟⲩ ⲇⲉ ⲛ ϭⲉⲛ ⲁ ⲭ ⲧ ⲓ ⲁ ⲛ
ⲙ ⲛ ⲛ ϭⲱⲓ· ⲙ ⲡⲓ ⲧ ⲓⲣ
ⲙ ⲟ ⲣ ⲧ ⲉ ⲛ ⲁ ⲇⲓ ⲭ ⲙ ⲛ ⲛ ⲧⲁ
ⲟⲩ ⲣ ⲏ ⲙ ⲧⲉ ⲁ ϥ ⲧ ⲁ ⲗⲟ ϥ
ⲉ ⲭ ⲛ ϩ ⲉ ⲛ ⲙ ⲱ ⲛ ⲉ ⲛ ⲟ ⲩ
ⲧ ⲟ ⲟ ϥ ⲛ ϫ ⲁ ⲓ ⲉ· ⲙ ⲛ ⲛ ⲁ ⲩ ⲉ ⲛ
ⲛ ⲁ ⲃⲓ ⲁ ⲉ ⲇ ⲟ ⲣ ⲧ ⲉ ⲍ ⲛ
ⲧ ⲇⲓ ⲭ ⲙ ⲓ ϣ ⲓ ⲱ ⲧ ⲭ ⲉ
ⲥ ⲛ ⲓ ⲕ ⲱ ⲛ ϭ ⲙ ⲙ ⲟ ϥ
⳿ⳁⲉⲛⲟⲩ ⲉ ⲥ ⲟ ⲟ ⲩ ⲉ ⲧ ⲡ ⲱ ⲱ
ⲛ ⲁ ⲙ ⲡ ⲁ ⲣ ⲭ ⲁ ⲅ ⲅ ⲉ ⲗ ⲟ ⲥ ⲙ
ⲭ ⲁ ⲏ ⲗ· ⲁ ϥ ⲙ ⲙ ⲉ ⲧ ⲉ
ⲛ ⲧ ⲁ ⲟ ⲣ ⲧ ⲉ ⲉ ⲧ ⲉ ⲛ ⲧ ⲁ ⲭ
ⲙ ⲡ ⲉ ⲓ ⲱ ⲧ ⲭ ⲉ ⲩ ⲛ ⲁ

ⲕ ⲱ ⲛ ⲥ ⲓ ⲱ ⲓ · ⳁ ⲧ ⲉ ⲟ̅ⲛ̅
ⲥ ⲓ ϣ ⲱ ⲡ ⲉ ⲥ ⲭ ⲏ ⲕ ⲉ ⲃ ⲟ
ⲉ ⲧ ⲃ ⲉ ⲧ ⲁ ⲓ⳿ · ⲡ ⲁ ⲱ ⲉ ⲙ ⲡ ⲟ ⲟ ⲩ
ⲡ ⲓ ⲧ ⲣ ⲓ ⲁ ⲣ ⲭ ⲏ ⲥ ⲓ ⲁ ⲕ ⲱ ⲃ
ⲡ ⲉ ⲛ ⲧ ⲁ ϥ ⲁ ⲓ ⲁ ⲓ ⲗ
ⲙ ⲛ ⲧ ⲓ ⲛ ⲟ ⲩ ⲧ ⲉ· ⲁ ⲩ ⲱ ⲛ
ⲁ ⲩ ⲛ ⲁ ⲧ ⲟ ⲥ ⲉ ⲛ ⲛ ⲣ ⲱ ⲙ ⲉ
ⲁ ⲣ ⲓ ϣ ⲱ ⲕ ⲕ ⲣ ⲁ ϣ ⲉ ⲙ
ⲧ ⲟ ⲟ ⲩ· ⲥ ⲉ ⲛ ⲁ ⲭ ⲁ ϥ ⳿ⳁ ⲣ ⲁ
ϣ ⲉ ⲙ ⲡ ⲟ ⲟ ⲩ· ⲉ ⲡ ⲉ ⲓ ⲇ ⲏ
ⲛ ⲧ ⲉ ⲣ ⲉ ⲓ ⲥ ⲁ ⲭ ⲩ ⲧ ⲓ ⲥ ⲟ ⲛ
ⲁ ⲓ ⲱ ⲕ ⲉ ⲓ ⲛ ⲥ ⲱ ⲓ ⲉ ⲙ ⲟ ⲟ ⲩ
ⲓ ⲃ ⲱ ⲕ ⲉ ϩ ⲣ ⲁ ⲓ ⲉ ⲧ ⲓ ⲉ ⲥ ⲟ
ⲡ ⲟ ⲧ ⲁ ⲙ ⲓ ⲁ ⲛ ⲧ ⲥ ⲩ ⲣ ⲓ ⲁ
ⲉ ⲣ ⲁ ⲧ ϥ ⲛ ⲗ ⲁ ⲃ ⲁ ⲛ· ⲙ
ⲭ ⲁ ⲏ ⲗ ⲡ ⲉ ⲛ ⲧ ⲁ ϥ ⲉ ⲓ ⲱ ⲧ
ⲣ ⲟ ⲓ ⲁ ϥ ⲧ ⲱ ⲣ ⲭ ⲛ ϥ ⲉ ⲃ ⲟ ⲗ
ⲙ ⲡ ⲓ ⲃ ⲉ ⲕ ⲉ ϩ ⲛ ⲛ ⲧ ⲣ
ⲛ ⲟ ⲟ ⲩ ⲉ ⲁ ϥ ⲥ ⲙ ⲟ ⲩ ⲉ ⲣ ⲟ ⲓ
ⲙ ⲛ ⲛ ⲁ ϥ ⲏ ⲣ ⲉ ⲙ ⲛ ⲛ ⲁ
ϩ ⲓ ⲟ ⲟ ⲙ ⲉ ⲉ ⲧ ⲃ ⲉ ⲡ ⲓ ⲛ ⲧ
ⲧ ⲏ ⲓ ⲭ ⲁ ⲓ ⲣ ⲁ ⲛ ⲉ ⲃ ⲟ ⲗ ⲛ ϩ ⲏ
ⲉ ⲧ ⲃ ⲉ ⲧ ⲁ ⲓ⳿ ⳁ ⲡ ⲁ ⲱ ⲉ ⲙ ⲡ ⲟ ⲟ ⲩ
ⲓ ⲱ ⲥ ⲏ ⲫ ⲡ ⲇ ⲓ ⲕ ⲁ ⲓ ⲟ ⲥ
ⲛ ϭ ⲓ ⲃ ⲉ ⲡ ⲉ ⲛ ⲧ ⲁ ϥ ⲕ ⲱ
ⲉ ⲣ ⲟ ϥ ⲉ ⲧ ⲃ ⲉ ⲟ ⲩ ϩ ⲱ ⲱ ⲕ
ⲙ ⲡ ⲗ ⲟ ⲟ ⲩ ⲉ ⲕ ⲣ ⲁ ϣ ⲉ ⳿ⳁ ⲧ ⲉ
ⲭ ⲁ ⲩ ⲛ ⲁ ⲓ ⲱ ⲥ ⲏ ⲫ·

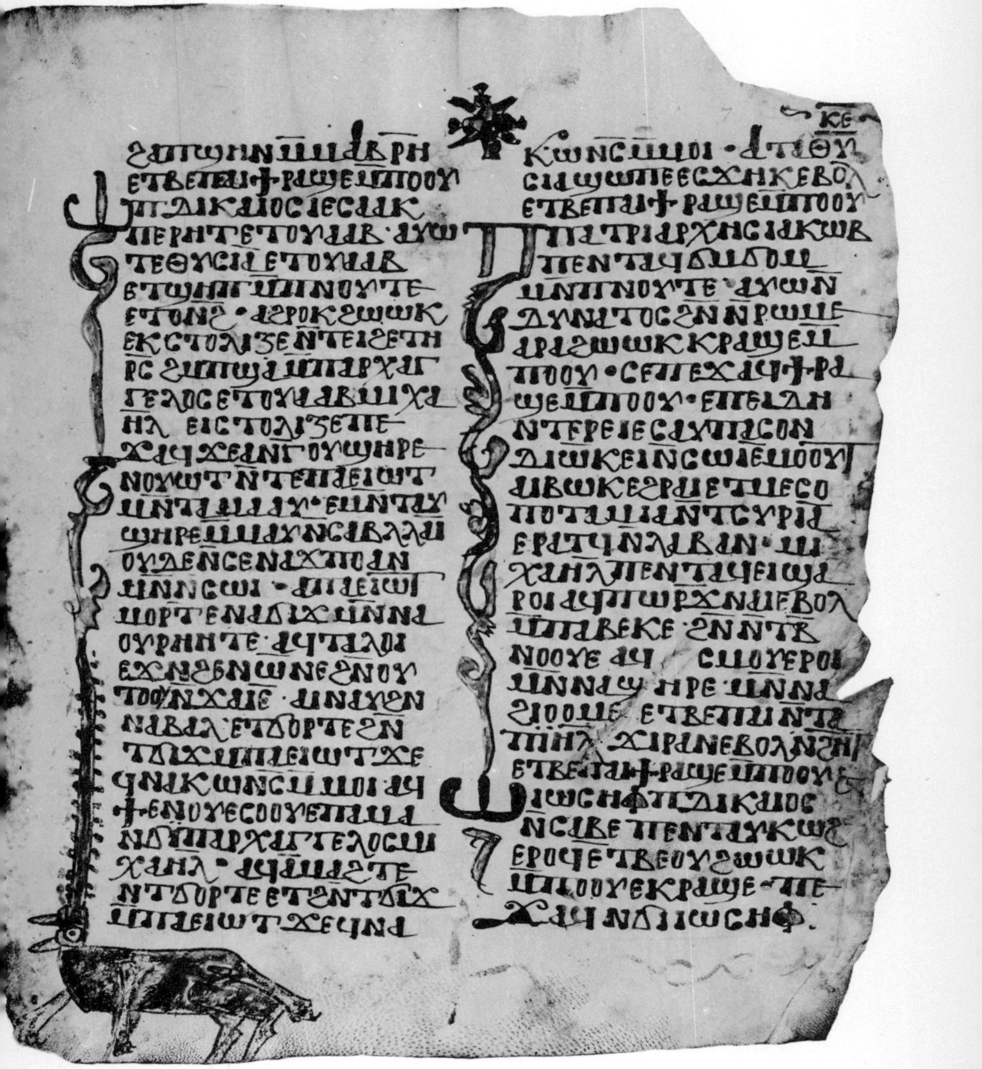

THE ENCOMIUM ON SAINT MICHAEL BY THEODOSIUS, ARCHBISHOP
OF ALEXANDRIA.

(BRIT. MUS. MS. ORIENTAL No. 6781, Fol. 7 *a*.)

The Encomium on Saint Michael by Theodosius, Archbishop of Alexandria.

(Brit. Mus. MS. Oriental No. 6781, Fol. 7 *b*.)

THE ENCOMIUM ON SAINT MICHAEL BY THEODOSIUS, ARCHBISHOP OF ALEXANDRIA.

(BRIT. MUS. MS. ORIENTAL No. 6781, Fol. 9*b*.)

THE ENCOMIUM ON SAINT MICHAEL BY THEODOSIUS, ARCHBISHOP OF ALEXANDRIA.

(BRIT. MUS. MS. ORIENTAL No. 6781, Fol. 15 *a*.)

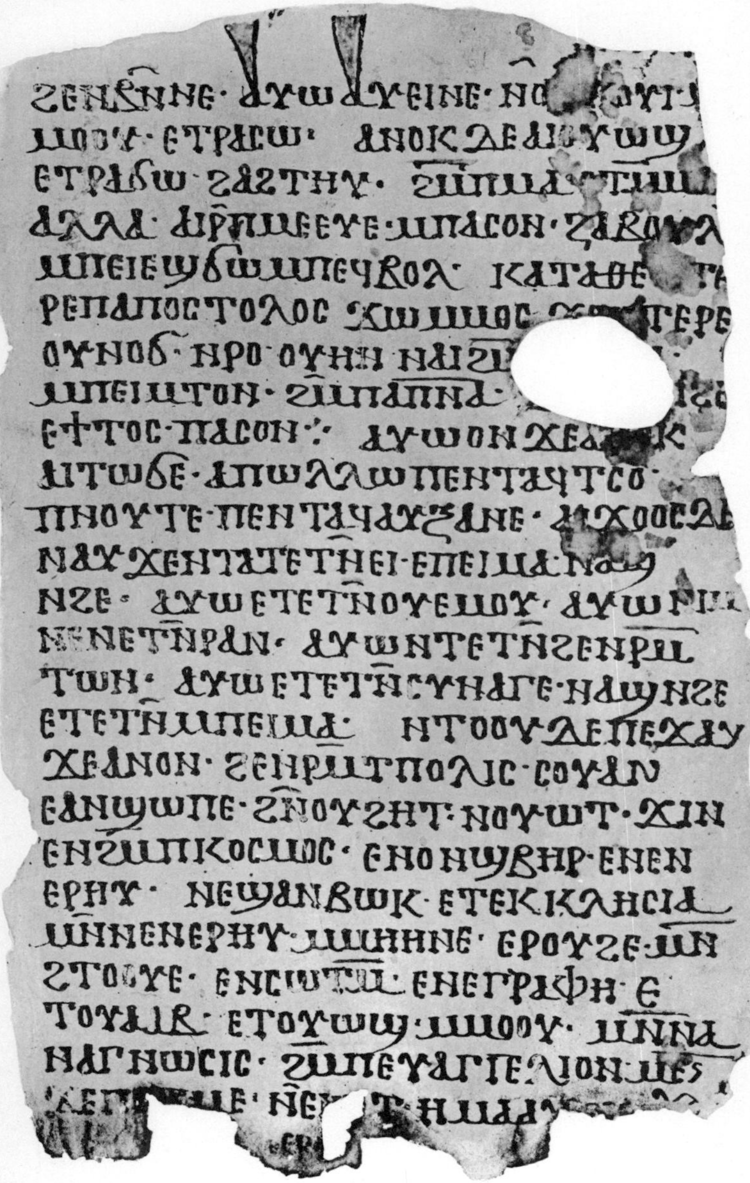
ϩⲉⲛϩⲛⲛⲉ· ⲁⲩⲱ ⲁⲩⲉⲓⲛⲉ· ⲛⲟ[illegible]
ⲙⲙⲟⲟⲩ· ⲉⲧⲣⲁⲥⲱ· ⲁⲛⲟⲕ ⲇⲉ ⲁⲓⲟⲩⲱϣ
ⲉⲧⲣⲁϭⲱ ϩⲁϩⲧⲏⲩ· ϩⲙ̄ⲡⲙⲁ ⲉⲧⲙ̄ⲙ[illegible]
ⲁⲗⲗⲁ ⲁⲓⲣ̄ⲡⲙⲉⲉⲩⲉ ⲙ̄ⲡⲁⲥⲟⲛ· [illegible]
ⲙ̄ⲡⲉⲓⲉϣϭⲱ ⲙ̄ⲡⲉϥⲃⲟⲗ· ⲕⲁⲧⲁ ⲑⲉ [illegible]
ⲣⲉⲡⲁⲡⲟⲥⲧⲟⲗⲟⲥ ϫⲟⲟⲥ ⲙ̄ⲙⲟⲥ [illegible] ⲧⲉⲣⲉ
ⲟⲩⲛⲟϭ ⲛ̄ⲣⲟ ⲟⲩⲏⲛ ⲛⲁⲓ ϩⲓ[illegible]
ⲙ̄ⲡⲉⲓⲙ̄ⲧⲟⲛ· ϩⲙ̄ⲡⲁⲡⲛ̄ⲁ [illegible] ⲓⲥⲟ
ⲉⲧⲧⲟⲥ ⲡⲁⲥⲟⲛ· ⲁⲩⲱ ⲟⲛ ϫⲉ [illegible]ⲕ
ⲙ̄ⲧⲱϭⲉ· ⲁⲡϣⲱⲗ ⲁⲱ ⲡⲉⲛⲧⲁϥⲧⲥⲟ
ⲡⲛⲟⲩⲧⲉ ⲡⲉⲛⲧⲁϥⲁϫϩⲛⲉ· ⲁϥϫⲟⲟⲥ ⲇⲉ
ⲛⲁⲩ ϫⲉ ⲛ̄ⲧⲁⲧⲉⲧⲛ̄ⲉⲓ ⲉⲡⲉⲓⲙⲁ ⲛⲁϣ
ⲛ̄ϩⲉ· ⲁⲩⲱ ⲉⲧⲉⲧⲛ̄ⲟⲩⲉϣ ⲟⲩ· ⲁⲩⲱ [illegible]
ⲛⲉⲛⲉⲧⲛ̄ⲣⲁⲛ· ⲁⲩⲱ ⲛ̄ⲧⲉⲧⲛ̄ϩⲉⲛⲣⲙ̄
ⲧⲱⲛ· ⲁⲩⲱ ⲉⲧⲉⲧⲛ̄ⲥⲩⲛⲁⲅⲉ ⲛⲁϣ ⲛ̄ϩⲉ
ⲉⲧⲉⲧⲛ̄ⲙ̄ⲡⲉⲓⲙⲁ· ⲛ̄ⲧⲟⲟⲩ ⲇⲉ ⲡⲉϫⲁⲩ
ϫⲉ ⲁⲛⲟⲛ ϩⲉⲛⲣⲙ̄ⲧⲡⲟⲗⲓⲥ ⲥⲟⲩⲁⲛ
ⲉⲁⲛϣⲱⲡⲉ ϩⲛ̄ⲟⲩϩⲏⲧ ⲛ̄ⲟⲩⲱⲧ· ϫⲓⲛ
ⲉⲛϩⲙ̄ⲡⲕⲟⲥⲙⲟⲥ· ⲉⲛⲟ ⲛ̄ϣⲃⲏⲣ ⲉⲛⲉⲛ
ⲉⲣⲏⲩ· ⲛⲉϣⲁⲛⲃⲱⲕ ⲉⲧⲉⲕⲕⲗⲏⲥⲓⲁ
ⲙⲛ̄ⲛⲉⲛⲉⲣⲏⲩ ⲙ̄ⲙⲏⲛⲉ· ⲉⲣⲟⲩϩⲉ ⲙⲛ̄
ϩⲧⲟⲟⲩⲉ· ⲉⲛⲥⲱⲧⲙ̄ ⲉⲛⲉⲅⲣⲁⲫⲏ ⲉ
ⲧⲟⲩⲁⲁⲃ· ⲉⲧⲟⲩⲱϣ ⲙ̄ⲙⲟⲟⲩ· ⲙⲛ̄ⲛⲁ
ⲛⲁⲅⲛⲱⲥⲓⲥ· ϩⲙ̄ⲡⲉⲩⲁⲅⲅⲉⲗⲓⲟⲛ [illegible]
[illegible]

Histories of the Monks.

(Brit. Mus. MS. Oriental No. 7029, Fol. 6 *a*.)

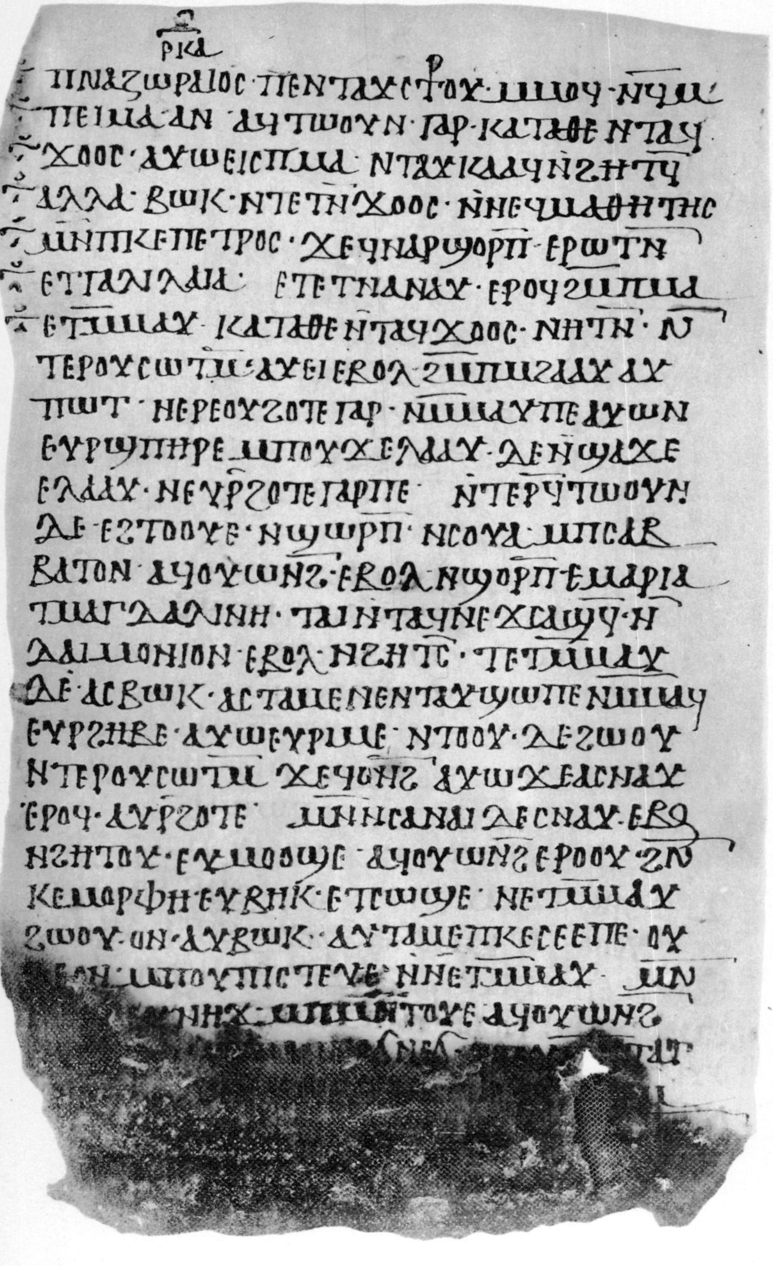

ⲣⲕⲁ

ⲡⲛⲁⲍⲱⲣⲁⲓⲟⲥ ⲡⲉⲛⲧⲁⲩⲥⲧⲟⲩ ⲙ̄ⲙⲟϥ· ⲛ̄ϥⲙ̄-
ⲡⲉⲓⲙⲁ ⲁⲛ ⲁϥⲧⲱⲟⲩⲛ· ⲅⲁⲣ· ⲕⲁⲧⲁⲑⲉ ⲛ̄ⲧⲁϥ-
ϫⲟⲟⲥ· ⲁⲩⲱ ⲉⲓⲥ ⲡⲙⲁ ⲛ̄ⲧⲁⲩⲕⲁⲁϥ ⲛ̄ϩⲏⲧϥ
ⲁⲗⲗⲁ· ⲃⲱⲕ· ⲛ̄ⲧⲉⲧⲛ̄ϫⲟⲟⲥ· ⲛ̄ⲛⲉϥⲙⲁⲑⲏⲧⲏⲥ
ⲙⲛ̄ ⲡⲕⲉⲡⲉⲧⲣⲟⲥ· ϫⲉ ϥⲛⲁⲣ̄ ϣⲟⲣⲡ ⲉⲣⲱⲧⲛ̄
ⲉⲧⲅⲁⲗⲓⲗⲁⲓⲁ· ⲉⲧⲉⲧⲛⲁⲛⲁⲩ· ⲉⲣⲟϥ ϩⲙ̄ ⲡⲙⲁ
ⲉⲧⲙ̄ⲙⲁⲩ· ⲕⲁⲧⲁⲑⲉ ⲛ̄ⲧⲁϥϫⲟⲟⲥ· ⲛⲏⲧⲛ̄· ⲛ̄-
ⲧⲉⲣⲟⲩⲥⲱⲧⲙ̄ ⲇⲉ ⲁⲩⲉⲓ ⲉⲃⲟⲗ ϩⲙ̄ ⲡⲙ̄ϩⲁⲁⲩ ⲁⲩ-
ⲡⲱⲧ· ⲛⲉⲣⲉ ⲟⲩϩⲟⲧⲉ ⲅⲁⲣ· ⲛ̄ⲙⲙⲁⲩ ⲡⲉ ⲁⲩⲱ ⲛ
ⲉⲩⲣ̄ϣⲡⲏⲣⲉ ⲙ̄ⲡⲟⲩϫⲉ ⲗⲁⲁⲩ· ⲇⲉ ⲛ̄ϣⲁϫⲉ
ⲉⲗⲁⲁⲩ· ⲛⲉⲩⲣ̄ϩⲟⲧⲉ ⲅⲁⲣ ⲡⲉ ⲛ̄ⲧⲉⲣϥⲧⲱⲟⲩⲛ
ⲇⲉ ϩⲛ̄ ⲧⲟⲟⲩⲉ· ⲛ̄ϣⲱⲣⲡ· ⲛ̄ⲥⲟⲩⲁ ⲙ̄ⲡⲥⲁⲃ-
ⲃⲁⲧⲟⲛ· ⲁϥⲟⲩⲱⲛϩ ⲉⲃⲟⲗ ⲛ̄ϣⲟⲣⲡ ⲉⲙⲁⲣⲓⲁ
ⲧⲙⲁⲅⲇⲁⲗⲏⲛⲏ· ⲧⲁⲓ ⲛ̄ⲧⲁϥⲛⲉϫ ⲥⲁϣϥ· ⲛ̄
ⲇⲁⲓⲙⲟⲛⲓⲟⲛ· ⲉⲃⲟⲗ ⲛ̄ϩⲏⲧⲥ· ⲧⲉⲧⲙ̄ⲙⲁⲩ
ⲇⲉ ⲁⲥⲃⲱⲕ· ⲁⲥⲧⲁⲙⲉ ⲛⲉⲛⲧⲁⲩϣⲱⲡⲉ ⲛⲙ̄ⲙⲁϥ
ⲉⲩⲣ̄ϩⲏⲃⲉ· ⲁⲩⲱ ⲉⲩⲣⲓⲙⲉ· ⲛ̄ⲧⲟⲟⲩ· ⲇⲉ ϩⲱⲟⲩ
ⲛ̄ⲧⲉⲣⲟⲩⲥⲱⲧⲙ̄ ϫⲉ ϥⲟⲛϩ ⲁⲩⲱ ϫⲉ ⲁⲥⲛⲁⲩ
ⲉⲣⲟϥ· ⲁⲩⲣ̄ϩⲟⲧⲉ ⲙⲛ̄ⲛ̄ⲥⲁ ⲛⲁⲓ ⲇⲉ ⲥⲛⲁⲩ· ⲉⲃⲟ
ⲛ̄ϩⲏⲧⲟⲩ· ⲉⲩⲙⲟⲟϣⲉ ⲁϥⲟⲩⲱⲛϩ ⲉⲣⲟⲟⲩ ϩⲛ̄
ⲕⲉⲙⲟⲣⲫⲏ ⲉⲩⲃⲏⲕ ⲉⲧⲥⲱϣⲉ· ⲛⲉⲧⲙ̄ⲙⲁⲩ
ϩⲱⲟⲩ ⲟⲛ· ⲁⲩⲃⲱⲕ· ⲁⲩⲧⲁⲙⲉ ⲡⲕⲉⲥⲉⲉⲡⲉ· ⲟⲩ
[illegible]ⲟⲛ· ⲙ̄ⲡⲟⲩⲡⲓⲥⲧⲉⲩⲉ ⲛ̄ⲛⲉⲧⲙ̄ⲙⲁⲩ· ⲙⲛ̄
[illegible]ⲛⲏϫ· [illegible]ⲧⲟⲟⲩⲉ ⲁϥⲟⲩⲱⲛϩ
[illegible]

Festival Service of Apa Aaron.
(Brit. Mus. MS. Oriental No. 7029, Fol. 60 *b*.)

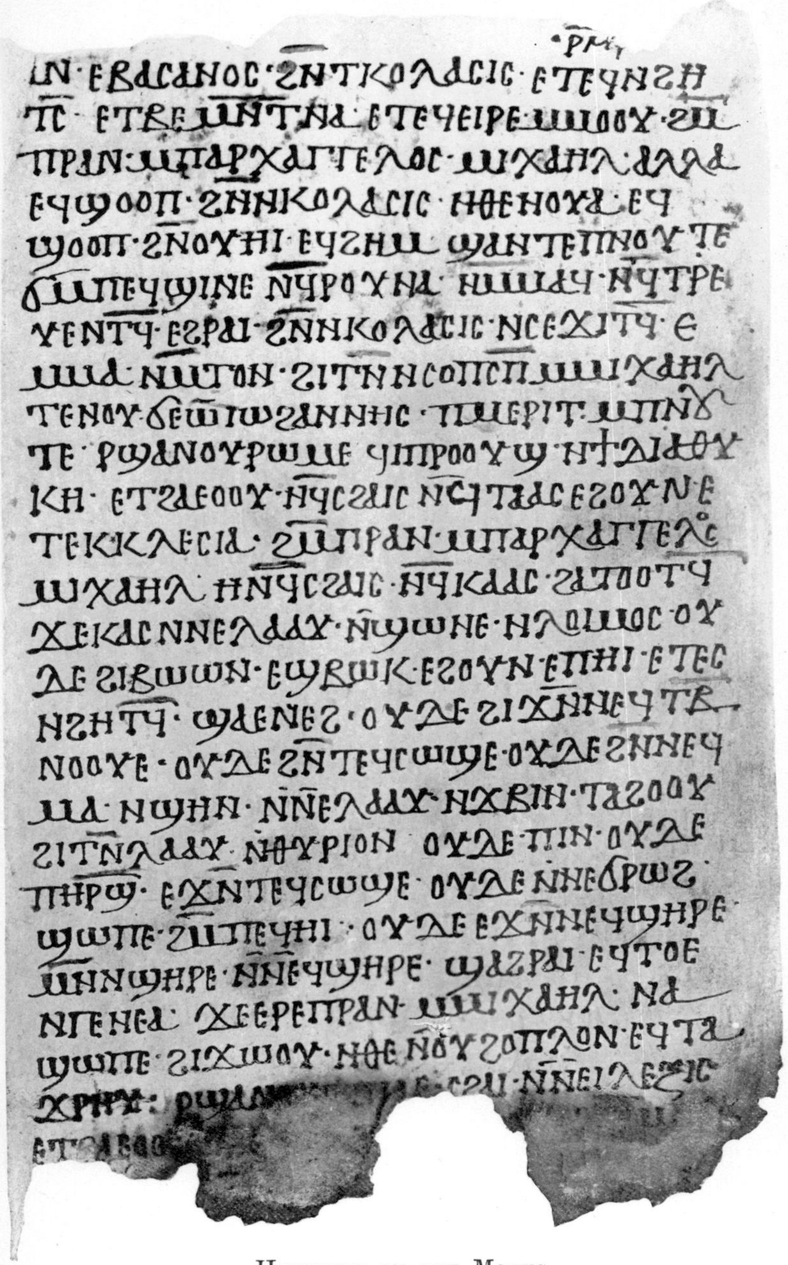
ⲣⲙ
ⲙⲛ̄ ⲛⲉⲃⲁⲥⲁⲛⲟⲥ ϩⲛ̄ ⲛⲕⲟⲗⲁⲥⲓⲥ ⲉⲧⲉϥⲛ̄ϩⲏ
ⲧⲥ̄ ⲉⲧⲃⲉ ⲙⲛ̄ⲧⲛⲁ ⲉⲧⲉϥⲉⲓⲣⲉ ⲙ̄ⲙⲟⲟⲩ ϩⲙ̄
ⲡⲣⲁⲛ ⲙ̄ⲡⲁⲣⲭⲁⲅⲅⲉⲗⲟⲥ ⲙⲓⲭⲁⲏⲗ ⲁⲗⲗⲁ
ⲉϥϣⲟⲟⲡ ϩⲛ̄ ⲛⲕⲟⲗⲁⲥⲓⲥ ⲛ̄ⲑⲉ ⲛⲟⲩⲁ ⲉϥ
ϣⲟⲟⲡ ϩⲛ̄ ⲟⲩⲏⲓ ⲉϥϩⲏⲙ ϣⲁⲛⲧⲉⲡⲛⲟⲩⲧⲉ
ϭⲙ̄ⲡⲉϥϣⲓⲛⲉ ⲛ̄ϥⲣ̄ⲟⲩⲛⲁ ⲛ̄ⲙ̄ⲙⲁϥ ⲛ̄ϥⲧⲣⲉ
ⲩⲉⲛⲧϥ ⲉϩⲣⲁⲓ ϩⲛ̄ ⲛⲕⲟⲗⲁⲥⲓⲥ ⲛ̄ⲥⲉϫⲓⲧϥ ⲉ
ⲙⲙⲁ ⲛ̄ⲙ̄ⲧⲟⲛ ϩⲓⲧⲛ̄ ⲛⲥⲟⲡⲥⲡ ⲙ̄ⲙⲓⲭⲁⲏⲗ
ⲧⲉⲛⲟⲩ ϭⲉ ⲱ̄ ⲓⲱϩⲁⲛⲛⲏⲥ ⲡⲙⲉⲣⲓⲧ ⲙ̄ⲡⲛⲟⲩ
ⲧⲉ ⲣ̄ϣⲁⲛⲟⲩⲣⲱⲙⲉ ϥⲓ ⲡⲣⲟⲟⲩϣ ⲛ̄ⲧⲇⲓⲁⲕⲟⲩ
ⲕⲏ ⲉⲧϩⲁⲉⲟⲟⲩ ⲛ̄ϥⲥϩⲁⲓⲥ ⲛ̄ϥⲧⲁⲁⲥ ⲉϩⲟⲩⲛ ⲉ
ⲧⲉⲕⲕⲗⲏⲥⲓⲁ ϩⲙ̄ ⲡⲣⲁⲛ ⲙ̄ⲡⲁⲣⲭⲁⲅⲅⲉⲗⲟⲥ
ⲙⲓⲭⲁⲏⲗ ⲏ ⲛ̄ϥⲥϩⲁⲓⲥ ⲛ̄ϥⲕⲁⲁⲥ ϩⲁⲧⲟⲟⲧϥ
ϫⲉⲕⲁⲥ ⲛ̄ⲛⲉⲗⲁⲁⲩ ⲛ̄ϣⲱⲛⲉ ⲏ ⲗⲟⲓⲙⲟⲥ ⲟⲩ
ⲇⲉ ϩⲓⲃⲱⲱⲛ ⲉϣⲃⲱⲕ ⲉϩⲟⲩⲛ ⲉⲡⲏⲓ ⲉⲧⲉⲥ
ⲛ̄ϩⲏⲧϥ ϣⲁⲉⲛⲉϩ ⲟⲩⲇⲉ ϩⲓϫⲛ̄ ⲛⲉϥⲧⲃ
ⲛⲟⲟⲩⲉ ⲟⲩⲇⲉ ϩⲛ̄ ⲧⲉϥⲥⲱϣⲉ ⲟⲩⲇⲉ ϩⲛ̄ ⲛⲉϥ
ⲙⲁ ⲛ̄ϣⲏⲛ ⲛ̄ⲛⲉⲗⲁⲁⲩ ⲛ̄ϫⲃⲓⲛ ⲧⲁϩⲟⲟⲩ
ϩⲓⲧⲛ̄ ⲗⲁⲁⲩ ⲛ̄ⲑⲩⲣⲓⲟⲛ ⲟⲩⲇⲉ ⲡⲓⲛ ⲟⲩⲇⲉ
ⲡⲏⲣⲡ ⲉϫⲛ̄ ⲧⲉϥⲥⲱϣⲉ ⲟⲩⲇⲉ ⲛ̄ⲛⲉϭⲣⲱϩ
ϣⲱⲡⲉ ϩⲙ̄ ⲡⲉϥⲏⲓ ⲟⲩⲇⲉ ⲉϫⲛ̄ ⲛⲉϥϣⲏⲣⲉ
ⲙⲛ̄ ⲛ̄ϣⲏⲣⲉ ⲛ̄ⲛⲉϥϣⲏⲣⲉ ϣⲁϩⲣⲁⲓ ⲉϥⲧⲟⲉ
ⲛ̄ⲅⲉⲛⲉⲁ ϫⲉ ⲉⲣⲉ ⲡⲣⲁⲛ ⲙ̄ⲙⲓⲭⲁⲏⲗ ⲛⲁ
ϣⲱⲡⲉ ϩⲓϫⲱⲟⲩ ⲛ̄ⲑⲉ ⲛⲟⲩϩⲟⲡⲗⲟⲛ ⲉϥⲧⲁ
ϫⲣⲏⲩ ... ⲥⲙ ⲛ̄ⲛⲉⲓⲗⲉⲝⲓⲥ
ⲉⲧϩⲁⲉⲟⲟ...

Histories of the Monks.

(Brit. Mus. MS. Oriental No. 7029, Fol. 73 *a*.)

ⲣⲛⲉ

ⲡⲁⲓⲉⲃⲟⲗ· Ϩⲓⲧⲟⲟⲧϥ ⲉⲣⲉⲥⲟⲟⲩ· ⲛⲓⲙ ⲉ/ⲧⲁⲓⲟⲛⲓⲙ
ⲡⲣⲉⲡⲉⲓⲱⲁϥ ⲛⲙⲡⲉϥⲉⲓⲱⲧ· ⲛⲁⲅⲁⲑⲟⲥ· ⲛⲙⲡⲉ
ⲡⲛⲁ· ⲉⲧⲟⲩⲁⲁⲃ· ⲛϥⲣⲧⲁⲛϨⲟ ⲁⲩⲱ ⲛϨⲟⲙⲟⲟⲩ
ⲥⲓⲟⲥ· ⲧⲉⲛⲟⲩ ⲁⲩⲱ ⲛⲟⲩⲟⲉⲓϣ ⲛⲓⲙ· ⲁϣⲁⲉⲛⲉϩ·

ⲟⲩⲗⲟⲅⲟⲥ· ⲉⲁϥⲧⲁⲩⲟϥ ⲛϭⲓ ⲡⲁⲅⲓⲟⲥ ⲇⲓⲙⲱⲑⲉⲟⲥ
ⲡⲁⲣⲭⲏⲉⲡⲓⲥⲕⲟⲡⲟⲥ ⲛⲣⲁⲕⲟⲧⲉ· ⲉⲧⲣⲉⲡϣⲁ ⲙⲡⲁⲣ
ⲭⲁⲅⲅⲉⲗⲟⲥ ⲉⲧⲟⲩⲁⲁⲃ ⲙⲓⲭⲁⲏⲗ ⲉⲧⲉⲥⲟⲩⲙⲛⲧ
ⲥⲛⲟⲟⲩⲥⲡⲉ ⲙⲡⲉⲓⲉⲃⲟⲧ ⲡⲁϣⲛⲉ ⲁⲩϣⲁϫⲉ ⲇⲉ
ⲟⲛ· ⲉⲧⲣⲉⲛⲉϨⲓⲉⲓⲧ ⲉⲧⲉⲛⲛⲕⲟⲗⲁⲥⲓⲥ· ⲙⲛⲛⲉϥⲩ
ⲭⲟⲟⲩⲉ ⲉⲧⲛϨⲏⲧⲟⲩ ⲁⲩϣⲁϫⲉ ⲇⲉ ⲟⲛ· ⲉⲧⲣⲉ ⲑⲉ
ⲧⲁⲛⲟⲓⲁ· ⲛⲧⲁⲛⲁⲃⲁⲥⲓⲥ Ϩⲛⲟⲩⲉⲓⲣⲏⲛⲏ ⲛⲧⲉⲡⲛⲟⲩ
ⲧⲉ· ⲥⲙⲟⲩ ⲉⲣⲟⲛ· Ϩⲁⲙⲏⲛ· ϩⲁⲙⲏⲛ· ⳨ⲑ

ⲛⲟϭ ⲛⲱⲁ ⲡⲉⲡⲟⲟⲩ ⲱⲛϩⲙⲉⲉⲣⲁⲧⲉ ⲙⲁ ⲣⲙⲉ
ⲣⲛⲥⲱⲟⲩϩ· ⲉϨⲟⲩⲛ ⲛⲧⲛⲉⲩⲫⲣⲁⲛⲉ ⲛⲧⲉⲛ
ⲧⲉⲗⲏⲗ ⲙⲙⲟⲛ· ⲛϨⲏⲧϥ ϫⲉⲧⲛⲁⲁ ⲁⲛⲟⲕ
ⲙⲡⲟⲟⲩ· ⲉⲡⲛⲟϭ ⲛⲁⲣⲭⲁⲅⲅⲉⲗⲟⲥ ⲉⲧⲟⲩⲁⲁⲃ
ⲙⲓⲭⲁⲏⲗ ⲉϥⲧⲉⲧⲟⲟⲧⲛ ⲛϨⲉⲛⲧⲣⲟⲫⲏ ⲙ
ⲡⲛⲓⲕⲟⲛ ⲕⲁⲧⲁⲡϣⲁϫⲉ ⲙⲡϣⲓⲉⲣⲟⲩ ϣⲁⲧⲏⲥ
ⲗⲁⲁ· ϫⲉⲓⲟⲩⲁⲁ ⲁⲣⲓⲛⲉⲕϣⲁ ⲛⲅⲧ ⲛⲛⲉⲕ
ⲉⲣⲏⲧ ⲁⲩϣⲟⲛ ϫⲉⲁⲣⲉⲡⲁⲅⲅⲉⲗⲟⲥ ⲙⲡⲭⲥ
ⲓⲕⲱⲧⲉ ⲉⲛⲉⲧⲣϨⲟⲧⲉ Ϩⲏⲧϥ ⲁⲩⲱ ⲱⲁⲩⲛⲁϨⲙⲉⲩ
ⲧⲉⲛⲟⲩ ⲡⲉⲡⲉⲓⲁⲅⲅⲉⲗⲟⲥ ⲛⲛⲁⲏⲧ ⲉⲧ
ⲙⲙⲟⲟⲩ

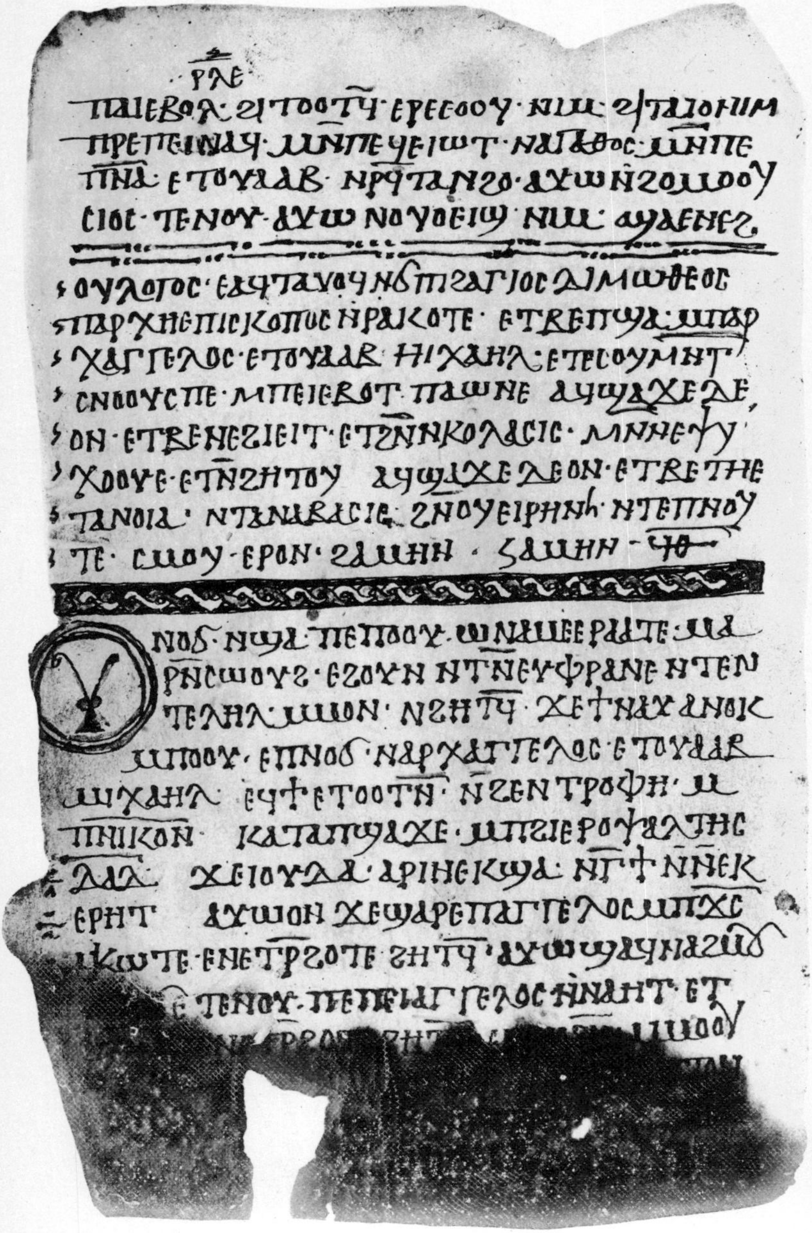

The Discourse on Saint Michael by Timothy, Archbishop of Rakote.

(Brit. Mus. MS. Oriental No. 7029, Fol. 67 *b.*)

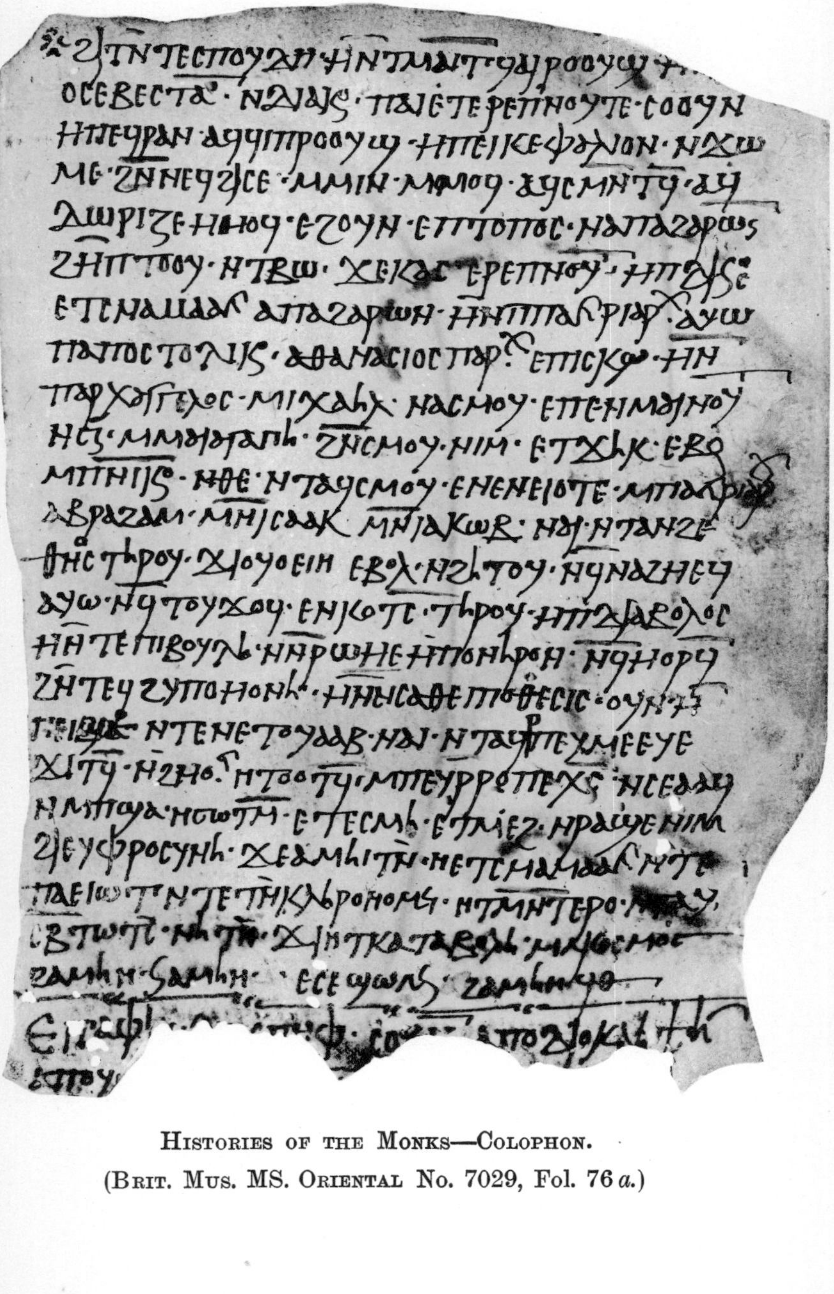

HISTORIES OF THE MONKS—COLOPHON.

(BRIT. MUS. MS. ORIENTAL No. 7029, Fol. 76 *a*.)

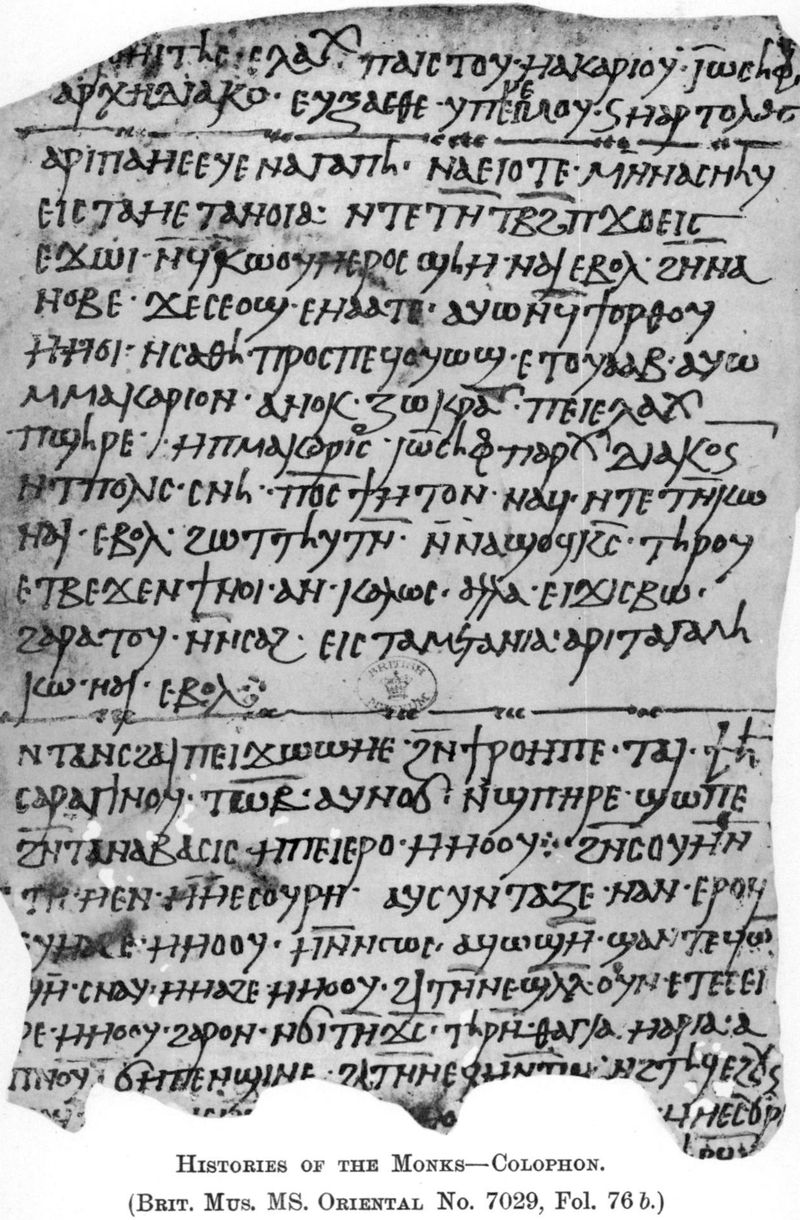

HISTORIES OF THE MONKS—COLOPHON.

(BRIT. MUS. MS. ORIENTAL No. 7029, Fol. 76 *b*.)

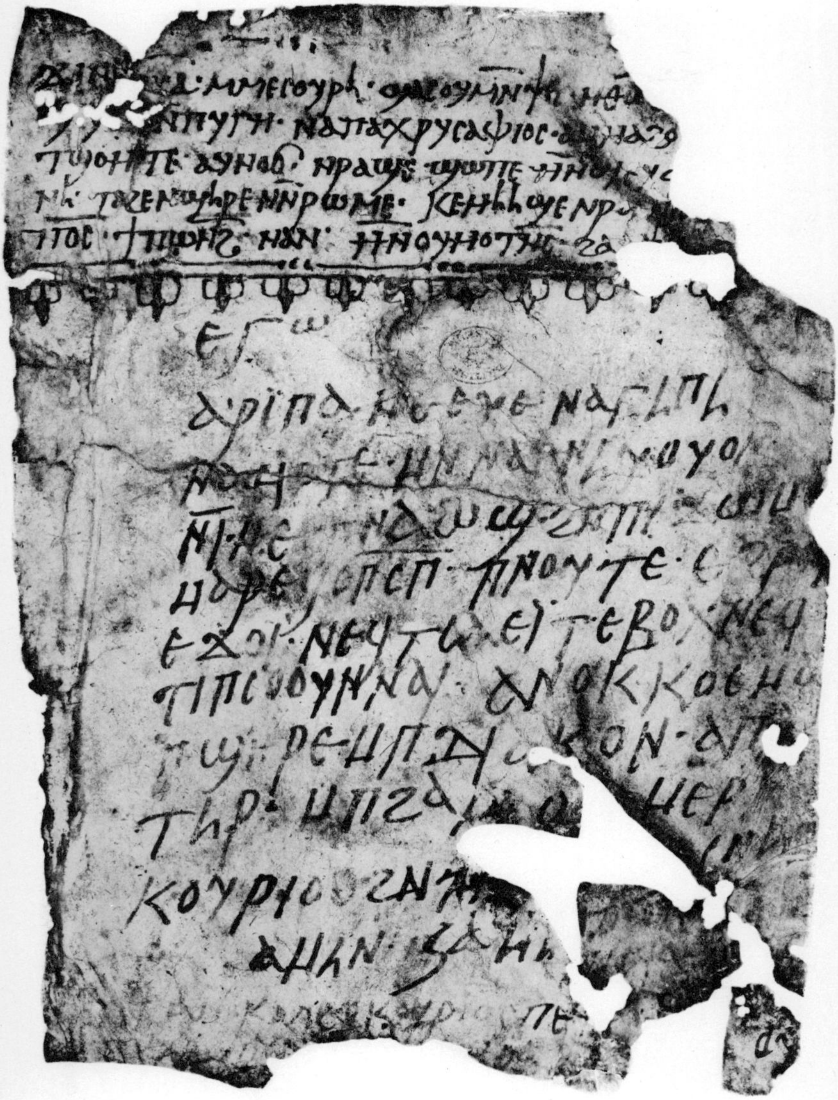

HISTORIES OF THE MONKS—COLOPHON.

(BRIT. MUS. MS. ORIENTAL No. 7029, Fol. 77 *a*.)

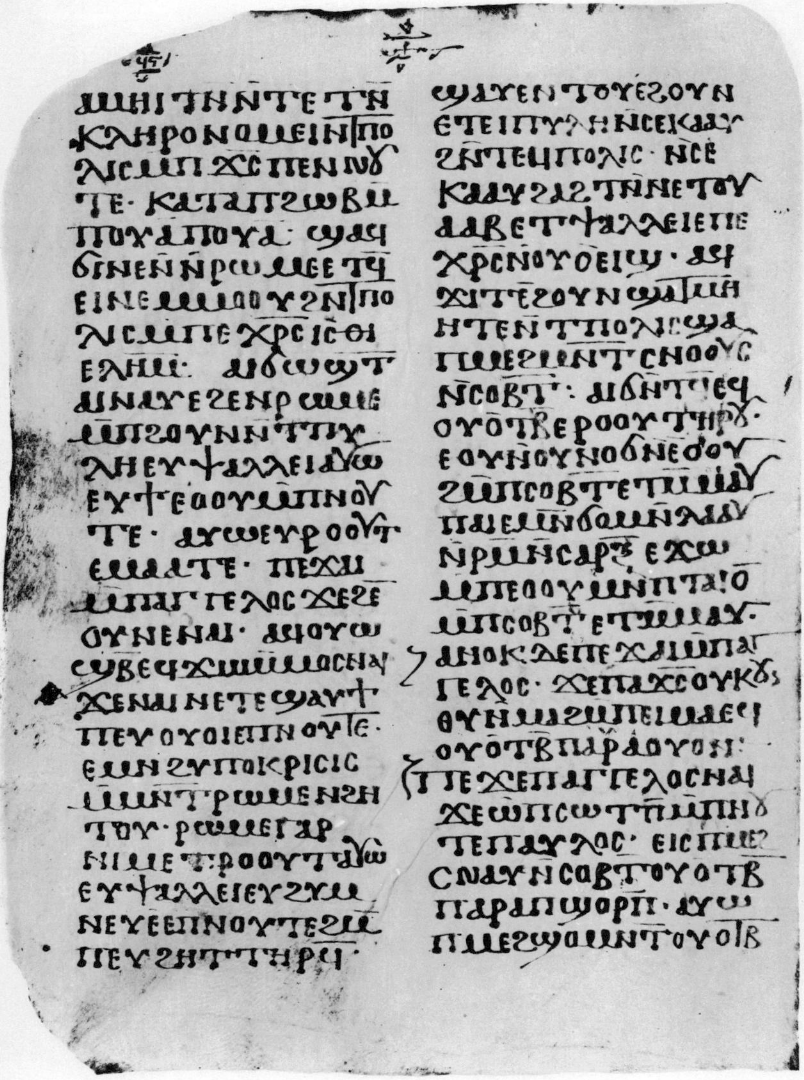

THE APOCALYPSE OF SAINT PAUL.

(BRIT. MUS. MS. ORIENTAL NO. 7023, Fol. 8 *b*.)

The Apocalypse of Saint Paul—Colophon.

(Brit. Mus. MS. Oriental No. 7023, Fol. 37*b*.)